Ex libris Domini Ludovici de Vienne de Geraudot
in parlamento parisiensi senatoris .

Gosset fc

DICTIONNAIRE

DES ARRESTS,

OU

JURISPRUDENCE UNIVERSELLE

DES PARLEMENS DE FRANCE,

ET AUTRES TRIBUNAUX·

TOME TROISIÉME.

P–Z

DICTIONNAIRE
DES ARRESTS,
OU
JURISPRUDENCE UNIVERSELLE
DES PARLEMENS DE FRANCE,
ET AUTRES TRIBUNAUX,

CONTENANT PAR ORDRE ALPHABETIQUE

LES MATIERES BENEFICIALES, CIVILES ET CRIMINELLES:
Les principales maximes du Droit Ecclefiaftique, du Droit Romain,
des Coûtumes & des Ordonnances.

TIRÉES DES PLUS CELEBRES CANONISTES, JURISCONSULTES,
& Commentateurs.

FONDÉES SUR L'USAGE ET SUR LES DECISIONS DES COURS:
AVEC
UNE CITATION FIDELE DES ARRETISTES ANCIENS ET MODERNES,
& une indication exacte des Auteurs.

Par M^e. PIERRE JACQUES BRILLON, *Avocat au Parlement.*

TOME TROISIÉME.

A PARIS,
Chez MICHEL BRUNET, dans la grand'Salle du Palais, au Mercure Galant.

M. DCCXI.
AVEC APPROBATION ET PRIVILEGE DU ROY.

DICTIONNAIRE
DES ARRESTS
OU
JURISPRUDENCE UNIVERSELLE
DES PARLEMENS DE FRANCE

DICTIONNAIRE
DES ARRESTS
OU
JURISPRUDENCE UNIVERSELLE
DES PARLEMENS DE FRANCE.

PAC   PAC

DE PACIFICIS POSSESSORIBUS.

LE Decret de *Pacificis*, porte, *Qui-cumque non violentus , sed habens coloratum titulum , pacificè , & si-ne lite prælaturam, dignitatem , be-neficium , vel officium trienno pro-ximo hactenus possedit , vel in fu-turum possidebit , non possit postea in petitorio vel possessorio, à quo-quam , etiam ratione juris noviter impetrati , molestari , excepto hostilitatis casu, vel alterius legitimi impedimenti, de quo protestari , & illud juxtà Concilium Viennense intimare teneatur.*

Ce Decret celebre , & dont il est souvent parlé dans les matieres Beneficiales, est tiré du Concile de Bâle tenu en 1431. il est observé en France, non com-me une regle de Chancellerie Romaine, mais comme un Decret d'un Concile reçû en France , approuvé par la Pragmatique sanction, & autorisé par le Con-cordat. Rebuffe en a fait un ample traité qu'il faut voir avec la glose de la Pragmatique , tit. *de Pacificis pos-sessoribus.*

La vingtiéme Regle de Chancellerie Romaine, intitulée *de annali possessore*, & qui est d'Innocent VIII. lequel monta sur la Chaire de saint Pierre en 1484. est conçûë en ces termes :

Item idem Dominus noster (ut improbi lites exqui-rentium motus reprimantur) voluit , statuit , & ordi-navit, quod quicumque Beneficium Ecclesiasticum (tunc per annum immediatè præcedentem pacificè possessum) & quod certo modo vacare prætendit : deinceps impe-traverit , nomen , gradum & nobilitatem possessoris ejus-dem , & quot annis illud ipse possedit , & pacificam, & determinatum (ex quâ clarè constare poterit quod nul-lum ipsi possessori in dicto Beneficio jus competat) cau-sam in hujusmodi impetratione exprimere , & infrà sex menses ipsum possessorem ad judicium evocari facere , Tome III.

causamque extunc desuper , infrà annum usque ad sen-tentiam diffinitivam exclusivè prosequi debeat & tenea-tur , alioquin impetratio prædicta & quæcumque inde se-cuta nullius existant firmitatis : & idem impetrans de damnis & interesse possessorem prædictum propterea con-tingéntibus ei satisfacere , & si possessorem ipsum injustè, frivolè ac indebitè molestasse repertus extiterit , quinqua-ginta florenos auri persolvere cameræ apostolicæ sit astri-ctus , nec alius quàm premissæ vacationis modus etiam per litteras , si neutri , aut subrogationis , vel aliàs sibi quoad hæc ut hujusmodi Beneficium eâ vice consequi vel obtinere valeat , quomodolibet suffragetur , illud-que nullatenus in anteà litigiosum propterea censeatur.

Cette Regle n'est pas expressément reçuë dans le Royaume , mais elle ne doit pas laisser d'être obser-vée , *est enim valdè laudabilis*, dit M. Charles du Moulin, *ut potè lata contrà involatores illos alienorum Beneficiorum litiumque artifices , quos devolutarios vul-gò vocant : ideò in omni foro , etiam in hoc regno omnino practicanda est.*

Cette Regle *de annali possessore* ne convient point en toutes ses dispositions à nos mœurs & à nos usa-ges; le commentaire de M. Charles du Moulin renfer-me tous les principes de décision établis parmi nous sur le fait de la paisible possession , autrement sur le decret *de pacificis possessoribus.*

De pacificis possessoribus. Voyez Pinson au titre qui- **3**
bus modis conserventur Beneficia, §. 4. & Tournet, lettre D. nomb. 1. & suiv.

De la Regle *de pacificis possessoribus*, ou *de annali pos-* **4**
sessore, & plusieurs décisions sur cette matiere. *Voyez* la Bibliotheque Can. tome 2. p. 158. & suiv. & l'Au-teur des Définitions Canoniques, verbo Possession.

Quando quis possedit per annum , quod tunc non **5**
valet impetratio apostolica, nisi fiat mentio de tali pos-sessore. Voyez Franc. Marc. 10. 1. quest. 1253.

Simoniaco non prodest titulus de pacificis. Du Mou- **6**
lin, sur la Regle *de Publicandis* n. 30.

A

7 Si le resignant se peut aider du Decret *de pacificis possessoribus* contre son resignataire, aprés avoir joüi paisiblement pendant trois années depuis la resignation faite ? Du Moulin sur la même Regle *de publicandis*, *n.* 771 soûtient que non ; dés que le resignataire a accepté la resignation faite en sa faveur, & qu'il en étoit capable ; il y a une exception, sçavoir si d'ailleurs il n'avoit quelqu'autre droit à luy donner couleur à sa possession, comme si le resignataire luy avoit retrocedé le Benefice, ou bien s'il avoit revoqué la resignation : car en ce cas quoique la resignation, ou la revocation ne fussent pas absolument valables, elles ne laisseroient pas de rendre sa possession de bonne foy, & de luy meriter la grace du Decret *de pacificis*.

8 C'est une regle constante que jamais le decret *de pacificis* ne peut avoir lieu, lorsqu'il y a sujet d'appeller comme d'abus du titre qui a donné lieu à la possession paisible, étant certain que l'abus ôte non seulement toute la couleur à un titre, mais de plus qu'il le rend radicalement nul. *Du Moulin*, sur la Regle *de infirmis n.*106 où il dit *abusus non solùm reddit titulum discoloratum, sed etiam funditus nullum.* Voyez *M. Loüet* sur la même regle, *n.* 15. où il dit *ubi tanquam ab abusu potest appellari, cessat regula de pacificis.*

9 La Regle *de pacificis possessoribus*, regarde la possession qui est de fait, & qui appartient au Juge Royal, & non au Juge Ecclesiastique. Jugé le 25. Juin 1493. Le Decret *de pacificis possessoribus* n'a lieu au possesseur incapable de tenir le Benefice, comme si un seculier est pourvû par le Pape d'un Benefice regulier à la charge de prendre l'habit, *&c.* sans l'avoir fait, & qu'il ait joüi par trois ans paisiblement du Benefice, cela ne luy sert de rien. *Charondas*, *li.* 1. *Rép.* 37.

10 Le Decret *de pacificis possessoribus* ne peut servir à **&** un Curé de Ville murée non gradué, parce qu'il n'a **11** point de titre coloré. *Mainard*, *livre* 1. *chap.* 56. *Papon*, *li.* 8. *n.* 6. *Charondas*, *li.* 13. *chap.* 10.

12 Arrêt pour la Cure de Montmartre, que celuy qui a obtenu Arrêt de recreance le peut faire executer contre celuy qui se prétend trois ans paisible possesseur, *quia in fraudem arresti*, il s'aide de la possession. *Bibliot. Can.* to. 2. *p.* 159. *col.* 1.

13 Possession triennale est valable aprés la recreance, si la matiere demeure sans poursuite pendant trois ans. Jugé au Parlement de Paris de l'an 1509. qu'alors le Decret *de pacificis possessoribus* a lieu. *Papon*, *liv.* 8. *tit.* 9. *n.* 2.

14 Opposant du Decret *de pacificis possessoribus* doit auparavant justifier de son titre. Arrêt du Parlement de Paris des Grands Jours de Moulins du premier Septembre 1534. *Idem*, *nomb.* 6.

15 Le Decret *de pacificis possessoribus* a lieu, & ne peut être empêché par procez poursuivi contre un autre que le possesseur paisible du Benefice, qui a toûjours l'exception assûrée, *quoad te liberas ædes habeo*, quelque procez qu'il y ait pour raison du même Benefice entr'autres personnes. Arrêt du Parlement de Paris du 14. Août 1554. *Ibidem*, *n.* 7. & 8.

16 Celuy qui obtient Lettres *in formâ de pacif. poss.* en vertu de sa possession en titre, obtient toûjours la recreance contre celuy qui n'est Clerc ni Tonsuré. Arrêt du 15. Juin 1564. La regle *in formâ de pacif. poss.* n'a point lieu à l'égard des Hôpitaux, Maladeries, Leproseries. Arrêt du 4. Avril 1532. *Ibidem*, *n.* 6.

17 *Voyez decis.* 78. *Francisci Stephani*, où en parlant de la triennale possession, il dit qu'elle est si favorable, que même *incapax retinetur potiùs quam regula violetur de triennali* ; en rapporte un Arrêt du Parlement d'Aix du 2. Mars 1585. suivi de cette addition, *tanta vis hujus regula de triennali, ut publicè Præses doctissimus admonuerit advocatos indignum esse professione extrà casus regula, ne postea triennalem possessorem litigio ulla ex consilio vexarent, & post triennalem possessorem concremari posse bullas aut quascunque provisionis.*

18 Le Decret *de pacificis possessoribus*, par lequel un possesseur triennal ne peut être inquieté au possessoire, ni au petitoire, s'entend de la possession de son chef, à laquelle il ne peut joindre la possession de son predecesseur ; il faut aussi qu'il ait titre coloré, car s'il étoit faux, la possession luy seroit inutile. Arrêt du Parlement de Toulouse en 1587. quant au titre celuy qui a été donné par l'Evêque suffit, quoique la collation appartienne à un autre. *Mainard*, *liv.* 1. *chap.* 64.

19 Le triennal paisible possesseur d'un Benefice, est recevable en sa possession & lettres *de pacificis possessoribus*, quelque Sentence ou Arrêt de recreance qui ait été donné entr'autres pour raison du même Benefice. Jugé au mois de Juillet 1598. *Charondas*, *liv.* 1. *Réponse* 30. *V. Rép.* 37.

20 L'effet de la Regle *de pacificis possessoribus*, est de maintenir le paisible possesseur par trois ans d'un Benefice au droit & titre du Benefice, tant au petitoire qu'au possessoire, pourvû qu'il ait titre, *ne videatur intrusus.* Jugé le 22. Fevrier 1602. *Charondas*, *Livre* 13. *Rép.* 10.

21 Collation contenant une fausse expression, le titre *de pacificis* ne peut servir à celuy qui a été pourvû. *Montholon*, *Arrêt* 122. à la Nôtre-Dame de Septembre 1613.

22 Il a été jugé en la seconde des Enquêtes au semestre de Janvier, aprés en avoir demandé avis aux Chambres, qu'un possesseur triennal ne peut sous ombre des irregularitez, incapacitez, & pluralitez contre luy alleguées, être troublé & inquieté en son Benefice duquel il a été canoniquement pourvû, & joüissant paisiblement par trois ans. *Biblioth. Can. tome* 2. *p.* 159. *col.* 2.

23 Le Collecteur des décisions forenses, *au livre* 1. *titre* 49. de la Regle du triennal paisible d'un Benefice, & autre temps à la negligence des prétendans droit, côte les Arrêts par lesquels les questions qui suivent ont été jugées.

Possession triennale exclut un complaignant. *Decis.* 1. elle vaut aprés la recreance. *Decis.* 2.

Possession n'est necessaire à prendre de nouveau par nouveau titre. *Decis.* 4.

Opposant du Decret *de pacif. possessorib.* est tenu de montrer d'abord son titre. *Decis.* 5.

Decret *de pacificis poss. possorib.* a lieu en Benefice litigieux entr'autres personnes que le paisible possesseur non inquieté, *decis.* 6.

Chanoine possesseur par 3. ans, ne peut être delaisi par le Chapitre, *decis.* 7.

Paisible possesseur par procez entr'autres, n'est troublé à *decis.* 8.

Triennal possesseur, n'est tenu montrer son titre, *decis.* 9.

Cette regle aide à celuy qui dans l'an, n'est promeu aux Ordres sacrez, *decis.* 10.

24 Jugé au Parlement de Toulouse le 18. Fevrier 1650. que le Decret *de pacif. possessorib.* mettoit à couvert le possesseur d'une Chapelle de Patronage & Collation Laïque possedée plus de trois ans en vertu d'une resignation ou démission en faveur du possesseur, & titre fait en consequence par l'Ordinaire. Il n'y avoit pas lieu de douter qu'il ne fût une simonie, mais la qualité de simonie qui paroissoit être de pure ignorance, jointe à la qualité de la Chapelle purement laïque ou prestimonie ou legs pieux, plûtôt que Benefice garantirent le possesseur ; cet Arrêt est rapporté par *M. de Catellan*, *liv.* 1. *chap.* 31.

25 En regale la Regle *de pacificis poss. possoribus*, la Regle *de verisimili notitiâ*, ni la Regle des vingt jours, n'ont lieu. *Chenu première Centurie*, *quest.* 5. cite un Arrêt du 10. Decembre 1602. dans le cas de la Regle *de pacificis.* Toutefois le Journal du Palais dit que la Regle *de pacificis* y a lieu, & cite un Arrêt du 8. Mars 1672. & y ajoûte l'Ordonnance de 1606. *Voyez*

au même Journal du Palais, un Arrêt du 14. Mars 1679.
Touchant la Regle *de verisimili notitiâ. Voyez* Cha-rondas, li. 1. Rép. 6. *Brodeau sur M. Loüet, lettre R. somm.* 49. *& lettre V. somm.* 2.

PACTE.

PActe, Convention *Pactum, Pactio.*
    De pactis. D. 2. 14... C. 2. 3... C. Th. 2.9... *Lex* 12. *tabb, t. 5. Paul.* 1. 1.
    Dec. Gr. 22. q. 4... *Extr.* 1. 35... *S.* 1. 18 *& Inst. L.* 3. 3.
    De transactionibus. D. 2. 15... C. 2. 4..... *Extra.* 1. 35.
    Privatorum pactiones jus publicum non immutant. L. 27. *L.* 45. §. 1. D. *de reg. jur.*
    Les titres précedens parlent des conventions en general ; mais les titres suivans traitent de quelques conventions particulieres.
    De pactis dotalibus. D. 23. 4... *V.* Dot.
    De pactis conventis tam super dote, quàm super donatione antè nuptias, & paraphernis. C. 5. 14..
    De pactis inter emptorem & venditorem compositis. C. 4. 54.
    De contrahendâ emptione, & de pactis inter emptorem & venditorem compositis, &c. D. 18. 1. *& duob. tit. seqq.*
    De pactis pignorum, & de lege commissoriâ in pignoribus rescindendâ. C. 8. 35.
    De pacto paterno, ex æquo hæredem futurum filium. Leon. N. 19.
    Ut pacta, etiam non constitutâ pœnâ, valeant. Leon. N. 71.
    De pactis inter virum & uxorem. Paul. 2. 22.
    Voyez les titres Contract, Convention, Transaction.
1   Des pactes tacites introduits par la loy, ou par le fait de l'homme. *Voyez le traité de la Preuve par M. Danty Avocat en Parlement, ch.* 13. *part.* 1.

PACTUM DE QUOTA LITIS.
2   *Advocato & Procuratori de quotâ litis pacisci non licet.* Voyez *Franc. Marc. tome* 1. quest. 19. *& le mot* Avocat, *nomb.* 38. *&* 41.
3   Les Avocats, Procureurs, Solliciteurs ne peuvent faire paction, qu'ils auront le tiers ou le quart pour la poursuite ; telle convention est vicieuse & illicite. *Mainard en ses quest. li.* 3. *chap.* 11. *L'Ordonnance d'Orleans, art.* 54. *Peleus, liv.* 8. *chap.* 9. *&* 10. *Bouvot, tome* 2. *verbo Procuration. quest.* 18.
4   Arrêt du Parlement de Paris du 7. Juillet 1514. qui a défenses à tous Avocats & Procureurs de contracter de l'émolument d'un procez, à peine d'amende. *Bibliotheque de Bouchel, verbo Avocat.*
5   *Pactum de quotâ litis improbatur. Mornac l.* 53. ff. *de pactis.* Entre Avocats, Procureurs, Sollicieurs, & autres qui ont charge de la cause. La paction de *quotâ litis* n'est point reprouvée entre cohéritiers. Arrêts des 26. Août 1588. & 1. Mars 1607. *M. Loüet & son Commentateur lettre L. somm.* 2.
6   Arrêt du Parlement de Provence du 19. Octobre 1660. par lequel le pacte *de quotâ litis* est défendu à toutes sortes de personnes, même à la femme. *Boniface, tome* 1. *liv.* 1. *tit.* 40 *nomb.* 1.

PACTE DE SUCCESSION.
7   *De vi pacti de non succedendo. Per Berengarium Fernandum in ca.* 1. *de fin. nat. ex matrimo. ad morga. contracto in libris feudorum.*
8   *Pactum futuræ successionis inter milites valet.* Voyez *Franc. Marc. to.* 2. quest. 128.
9   Deux heritiers font paction qu'après le decés desdits conjoints, qui avoient fait don mutuel, ils partageroient également les biens meubles & conquêts immeubles qu'ils délaisseroient, telle paction doit être entretenuë *propter conditionis incertum*, & qu'elle étoit reciproque ; il y a Arrêt de l'an 1531. *Carondas, livre* 10. *Rép.* 25.
10   Trois freres pour conserver le nom de leur fa-
Tome III.

mille, font paction que les seuls mâles descendans d'eux, succederoient à une maison ou à une terre, & que les filles en seroient exclues ; l'un des freres n'ayant aucuns mâles, mais seulement des filles, par Lettres Royaux en a été relevé, les deux autres freres vivans. Arrêt au mois de May 1532. *Ibidem, Réponse* 27.
    La paction faite en païs de Droit écrit de partager 11 également entre deux freres, & sans le consentement de leur mere, que son mary avoit instituée son heritiere universelle, à la charge de rendre sa succession à tel de ses deux fils qu'elle voudra choisir, telle paction jugée valable *propter conditionis incertum*, & qu'il ne s'agissoit pas de la succession de la mere, mais de celle du pere décedé. Arrêt du mois d'Août 1547. *Ibidem, liv.* 13. *Rép.* 57.
    Voyez le mot Succession.

PACTION, SOCIETE'.
    La paction entre trois associez, est interrompuë 12 par la survenance d'un enfant quant à la société, mais non pas quant à la pactîon de succeder, si ce n'est à l'égard du frere décedé, & qui a laissé une fille qui fut excluse de la succession de l'oncle, au profit du troisiéme frere. *Voyez Henrys, tome* 2. *livre* 6. *quest.* 15. *& le tome* 1. *livre* 4. *chap.* 6. *quest.* 93.
    Voyez le mot *Société.*

PACTION, ACTE NON VÛ.
    Nemo obligatur ad tuendam pactionem instrumenti 13 *quod numquam viderit.* Arrêt du 19. May 1612. *Mornac l.* 6. ff. *de transactionibus.*

PACTION CONTRE LES BONNES MOEURS.
    Vide casum in quo pactum contra bonos mores & jus 14 *publicum fuit admissum*, au mois de Juillet 1587. *Mornac l.* 14. ff. *communia prædiorum tam, & c.*

PAIN.

DE *pretio panis Ostiensis. C. Th.* 14. 19.

PAIN BENIT.
    Voyez lettre D. le titre des *Droits honorifiques, nombre* 40. *& suivans.* 1

CHERTE' DU PAIN.
    Voyez le mot *Bled nomb.* 8. *& suiv.* M. Dolive, *li.* 4. 2 *chapitre* 9. & les Declarations du Roy & Arrêts du Parlement de Paris rendus en l'année 1709. pour procurer l'abondance & empêcher la famine, dont les peuples se trouvent menacez, plûtôt, par l'avarice de quelques-uns, que par la sterilité de la terre.

PAIRS DE FRANCE.

CHopin, en son traité de la Police Ecclesiast. liv. 1. tit. 1. nomb. 9. les appelle *Gallicæ Curiæ Patritii*, & les Pairies *Gallici Patriciatus.*
    Pairs de France. *Voyez* au 1. volume *le mot* Duc, & *hoc verbo* Pairs de France, *la Bibliotheque du Droit François par* Bouchel.
    De causis Parium Franciæ. Voyez le 30. chapitre du Stile du Parlement dans *Du Moulin, to.* 2. *p.* 441.
    De Paribus Franciæ & eorum prærogativis. Voyez *Ibidem, p.* 470.
    Des Pairs de France. *Voyez* les Ordonnances recüeillies par *Fontanon, tome* 2. *liv.* 1. *titre* 5. *page* 32. Du Luc, *liv.* 3. *tit.* 5. Filleau, *part.* 3. *titre* 7. *chap.* 4. *& suivans.* Coquille, *en son Institution au Droit François, to.* 2. *p.* 8. *& au to.* 1. *p.* 450.
    Pairs de France, & de ce qui les concerne. *Voyez* le Recüeil de du Tillet, à la table au mot *Pairs*, & sous le même mot *l'Indice des Droits Royaux* ou le *Nouveau Glossaire du Droit François*, les Reliefs forensés de *Roüillard, chap.* 11. Au chapitre 25. il traite des préeminences des Pairs Ecclesiastiques, V. le Recüeil des Ecrits faits sur le differend d'entre les Pairs de France, & les Présidens au Mortier du Parlement de Paris, pour la maniere d'opiner aux lits de Justice, avec l'Arrêt en faveur des Pairs, *Paris* 1664. *& le* Traité des Criées par *Me. Bruneau, ch.* 4. *p.* 71. *& suiv.*

1   L'établissement des Pairs de France est dû principalement au Roy Philippes de Valois, qui en créa huit de son temps. *Papon, p. 1367.*

2   Les femmes tenans Pairies de France, doivent être appellées, ont siege & opinion dans le Jugement des Pairs. En l'Arrêt du Comté de Clermont en Beauvoisis ajugé au Roy S. Loüis par la Cour des Pairs, la Comtesse de Flandres est nommée. *Voyez du Tillet.*

3   Messire Enguerrand de Coucy, Pair de France, du temps du Roy S. Loüis, fit pendre trois jeunes enfans Flamands qui avoient été chasser en ses forêts: on luy voulut faire son procez au Conseil du Roy; il déclina, disant qu'il n'étoit tenu de répondre que devant les Pairs de France; toutefois il fut dit par le Conseil du Roy qu'il répondroit devant luy, & que telle étoit l'intention du Roy d'en faire grieve punition; mais par l'intercession de ses parens & de la Noblesse, le Roy le condamna seulement à 10000. livres parisis, & aller trois ans outre-mer contre les Sarasins, & de ces 10000. livres fut bâti l'Hôtel-Dieu de Pontoise. *Nic. Gill.*

4   M. l'Evêque de Noyon assigné pardevant le Prévôt de Paris, à l'effet de représenter un Vicariat que l'on disoit avoir été par luy donné, prétendoit comme Pair de France n'être pas justiciable du Prévôt de Paris. Le contraire fut jugé, ensorte que le Pair de France est de la Jurisdiction du prochain Juge Royal pour être contraint de garder les Ordonnances. *Bibliotheque Can. to. 2. p. 665.*

5   Pairs de la Cour. *Haynaut, chap. 68.* ils assistent au Grand Bailly de la Cour de Mons pour le Jugement des procez, comme par l'Arrêt donné à la Pentecôte 1264. il paroit que les hommes de l'Abbé de Corbie jugeoient en sa Cour. *Voyez la Bibliotheque de Bouchel, verbo Pairs.*

6   La Pairie est réelle, en défaut de mâles, elle vient aux femelles par même droit que les Seigneuries. Arrêt du mois de Novembre 1509. *Carondas, livre 5. Rép. 29.* mais si elle est donnée aux hoirs en ligne masculine, & qu'il ne se trouve que des filles, la Pairie demeure éteinte. *Voyez du Frêne, liv. 1. chap. 29.* où il dit que les érections en titre de Duché & Pairie, se font sans distraction de ressort des Justices Royales de Montdidier. Arrêt du 10. Decembre 1624.

7   En la Cour des Pairs on n'a point d'égard au Sang, mais à l'ordre de la Pairie. Le 23. Novembre 1506. l'Evêque Pair de Laon séant, le Prince de la Roche-sur-Yon arriva; l'Evêque ne voulut ceder. Le Parlement ordonna qu'ils se retireroient, & qu'au premier jour leur different seroit vuidé. Ce qui pourtant ne fut fait. *V. du Tillet.*

8   Le 5. Février 1516. parce que le Cardinal de Vendôme Evêque Duc de Laon, Pair de France, a fait sçavoir à la Cour qu'il y vouloit venir pour luy faire reverence & parler de ses affaires; le Comte de Nevers a dit qu'il étoit Pair laïc, & que les Pairs laïcs précedent tous les Pairs d'Eglise; & aussi quoique le Cardinal soit du Sang, vû qu'il n'est pas Chef de la Maison, il ne peut preceder, *imò* ledit de Nevers précede tous ceux du Sang qui ne sont Chefs de leurs Maisons, & a requis qu'il plaise à la Cour de luy garder le droit de sa Pairie: sur quoy, la matiere mise en deliberation, après plusieurs raisons alleguées, a été avisé par la Cour, de dire au Comte de Nevers, qu'il se doit abstenir de se trouver quand le Cardinal y viendra, aussi la qualité de *Cardinal* est telle qu'on veut dire qu'il précede tous les Princes de France après la seconde personne, laquelle Deliberation a été depuis dite au Comte de Nevers, lequel s'est absenté. Fait en Parlement le 23. Février 1517. *Ibidem.*

9   Le dernier Juin 1523. le Roy séant en sa Cour de Parlement accompagné de plusieurs de son Sang, Pairs de France, & autres Princes & Seigneurs de son Conseil, après que ledit Seigneur a été assis en son lieu, le Duc d'Albanie est arrivé, auquel ledit Seigneur

a déclaré qu'il luy vouloit faire honneur pour ce qu'il est Prince d'Ecosse, & que ledit Seigneur l'employe de present en ses affaires tant en France qu'en Ecosse; & a ordonné que le Duc d'Albanie se mette entre les Duc d'Alençon & l'Evêque & Duc de Langres, Pairs de France, pour cette fois seulement, & sans préjudice des droits & prééminences de l'Evêque & Duc de Langres & des autres Pairs de France. Et a ordonné le Roi, que l'Evêque & Duc de Langres & les autres Pairs de France se séeront dorénavant en ses Cours & Conseils les premiers & plus prochains dudit Seigneur selon leur ordre & dignitez de Pairies, & a commandé ledit Seigneur en faire Registre. *Ibidem.*

10   Les Ducs de Nivernois & de Montpensier ont été créez les premiers Pairs de France, celuy de Montpensier est le dernier créé; il eut neanmoins la préséance par Arrêt du Parlement le 17. Juin 1541. parce qu'il étoit parent du Roy. *Papon, liv. 4. tit. 5. n. 2. & du Tillet. Ibidem.*

11   Declaration qui porte que par provision les Ducs de Guise & de Nevers precederont le Duc de Montpensier au Sacre du Roy Henry II. comme étant créez & reçûs Pairs avant luy. A Reims le 15. Juillet 1547. registrée le 18. Juillet 1548. *Joly, des Offices de France, tome 2. page. 77.* Voyez *l'Edit du mois de Decembre 1576.* qui a reglé cette contestation en faveur des Princes du Sang. *V. le Recueil de du Tillet.*

12   Les Pairs de France ont leurs causes commises en la Grand'-Chambre de Paris en premiere Instance, pour toutes celles concernant les droits de leurs Pairies, & peuvent pareillement *omisso medio* faire appeller pardevant le plus apparent Juge de leur Justice leurs sujets pour même cause. Jugé pour le Cardinal de Châtillon qui avoit fait assigner ses sujets de Bilencourt pardevant son Baillif de Beauvais, où ils furent renvoyez le 11. Decembre 1564. Ce privilege d'avoir causes ainsi commises directement & immédiatement à la Cour, ne s'entend pour les differends des sujets entre eux, quoiqu'ils soient de la Pairie; mais ils doivent se pourvoir à l'ordinaire. Arrêt du 19. Novembre 1565. contre quelques sujets du Cardinal de Lorraine. Autre Arrêt du 17. Decembre de la même année contre ceux du Comte de Beauvais. *Papon, page 1366.*

13   Pairie, si elle est réelle ou personnelle, si masculine ou feminine? Question fort disputée en Parlement, en la cause d'entre le Prince de Mantouë, qui avoit épousé la fille aînée du Duc de Nivernois, portoit le nom & les Armes d'une part, & Mre Anne de Montmorency Pair & Connétable de France: Mango pour le Connétable. Cauaye pour le Prince de Mantouë, lequel soûtenoit que la Pairie est un fief réel, *quod ad fœminas etiam transfire potest nullis existentibus masculis,* le 13. Mars 1567. Canaye allegua qu'en Picardie, & en plusieurs autres lieux de ce Royaume, il y a fief de Pairie & de Chambellage qui va aux femelles comme aux mâles. *Bibliotheque de Bouchel, verbo Pairie, & cy-dessus le nomb. 4.*

14   Les Pairs de France ne peuvent faire Ordonnance ni octroyer privileges en leurs territoires & détroit; cette puissance appartient au Roy seul, & à sa Cour d'en reformer les abus. Arrêt du 7. Février 1569. sur l'appel des Tailleurs d'habits de Nevers, ausquels M. de Nevers avoit fait défenses de plus tailler chausses; il fut ordonné qu'il seroit informé sur la commodité, &c. & que cependant les Parties exerceroient leur Métier comme auparavant les défenses dudit Seigneur. *Papon, liv. 4. tit. 5. n. 4. & au même Recueil d'Arrêts, p. 1367.*

15   Le 7. Janvier 1577. furent publiées au Parlement. Lettres, par lesquelles le Roy entendoit que les Princes Pairs precederoient les autres és assemblées; & le 26. May 1579. fut arrêté en la Cour que l'Evêque de Beauvais marcheroit devant ceux du Conseil

Privé, quand la Cour alloit en Corps. *Papon, livre 4.* *titre 5. nomb. 2.*

16   On ne peut faire procez ni Jugement capital contre un Pair de France que dans une Cour Souveraine. Jugé par le Roy en personne, les Princes de France & la Cour de Parlement assistans le 2. Mars 1386. *Ibidem*, *nomb. 1.*

17   Pairs de France ont les causes concernant leurs Pairies commises à la Cour, mais non pas leurs Sujets qui ressortissent pardevant le Juge Royal. Jugé contre les Sujets du Cardinal de Lorraine le 19. Novembre 1595. Ils peuvent pour les droits de leur Pairie, faire convenir leurs Sujets en leur Justice pardevant le plus apparent de leurs Justiciers, *omisso medio.* Jugé pour M. de Châtillon le 11. Decembre 1564. Les Présidiaux ne peuvent connoître des differends des Pairs. *Arrêt du 17. Decembre 1585. Ibid.*

18   Par Arrêt de 1599. plaidant Duquênel pour M. le Duc de Longueville, contre les Officiers de Meaux, il fut dit que les appellations du Bailly de Coullommiers en Brie, quoique Coullommiers ne soit pas Pairie, mais seulement tenuë en Pairie, ressortiront au Parlement. *Bibliotheque de Bouchel*, verbo *Pairies.*

19   Par Arrêt du 29. Decembre 1609. il a été jugé que les appellations des Juges de Pairie où il y a des Grands Jours ne se doivent relever en Parlement, *omisso medio*; l'appel du Bailly d'Eu fut renvoyé pardevant les Gens tenans les Grands-Jours d'Eu. *Ibidem.*

20   L'insinuation ne peut être faite aux Sieges des Pairies; l'Arrêt de Joussel du 16. Avril 1615. *Ricard, des Donations entre-vifs*, 1. part. chap. 4. sect. 3. gloss 5. nombre 1204.

21   Le 26. Février 1626. en l'Audience, Barnabé Avocat du Duc de Roannez, Intimé en une cause, demanda que Tallon Avocat de Maître Michel Chrestot, Appellant, eût à luy laisser le Barreau des Pairs de France, & à se retirer au Barreau du côté des Greffes, parce qu'il y avoit trente ans que l'érection du Duché de Roannez avoit été faite, & que depuis ce temps ledit Sieur Duc avoit toûjours joüi des droits de Pairie, même les appellations de ses Juges ressortissoient nuëment en la Cour, & de fait Tallon s'y en alla volontairement : mais M. Servin Avocat General se leva & remontra que la Pairie prétenduë par le Duc de Roannez n'avoit pas été verifiée en la Cour. Sur ce M le Premier Président alla au Conseil ; il fut dit par Arrêt que le Duc de Roannez ne joüiroit du privilege de Pairie, attendu que ses Lettres n'avoient pas été verifiées en la Cour, & commanda aux Avocats de plaider à l'ordinaire, & que Tallon Avocat de l'Appellant retournât au Barreau par lui choisi qui étoit du côté de la cheminée, & que Barnabé passât au côté des Greffes, ce qui fut fait. *Bibliotheque de Bouchel*, verbo *Pairs.*

22   A présent les Pairs de France qui sont Juges du Corps du Parlement, ne peuvent être reçûs avant l'âge de 25. ans, suivant l'Arrêt donné, les trois Chambres assemblées, le 30. Avril 1643. *Brodeau sur M. Loüet lettre G. somm. 9. nomb. 3.*

23   Si les Pairs sont recevables à demander l'extinction d'une Pairie, ou si cela n'appartient qu'à Messieurs les Gens du Roy.

S'il y a des Pairies femelles quant à l'Office.

Si une Pairie créée pour des descendans mâles & femelles, & ayant causes, peut passer de la premiere fille à sa fille qui n'est plus de sa famille.

Histoire des Pairies & leur qualité.

Si le Roy par des Lettres de confirmation d'un mariage, dans le contract duquel les pere & mere de la future luy cedent & à son mary une Pairie, y ayant une forme de concession dans ces mêmes Lettres, est censé avoir fait une nouvelle érection, ou seulement agréé l'ancienne ?

Si la Declaration du Roy faite en faveur des Con-

joints, qu'il n'a point voulu faire de nouvelle érection, leur peut nuire, supposé que l'ancienne fût éteinte. *Voyez le Journ. des Audiences du P. de Paris, to. 5. liv. 12. chap. 13.* où est l'Arrêt du 13. Avril 1696. qui en appointant les Parties en droit, sans préjudice de leur droit au principal, ordonne que M. le Duc de Luxembourg sera reçû au serment de Duc & Pair en la Cour, de la même maniere & sous les mêmes reserves, que l'avoit été M. le Maréchal de Luxembourg.

Ajournemens donnez aux Pairs de France. *Voyez* 24 le mot *Ajournement*, *nomb. 29.*

Voyez aussi les mots *Princes*, *Roy, & Seigneurs.*

PAIS.

PAïs conquis pour les Droits du Roy, Païs d'obédience pour les Droits du Pape.

PAÏS CONQUIS.

Declaration du Roy du mois de Janvier 1681. qui oblige les Collateurs des Benefices situez és païs conquis, de nommer des Sujets du Roy, à peine de saisie de leur Temporel. *Journal des Audiences, to. 4. liv. 4. chapitre 5.*

Arrêt du Conseil d'Etat du 30. Juin 1688. au *Journal du Palais*, qui conformément au Concordat de 1516. étend le Droit des Graduez dans les païs conquis.

PAÏS D'OBEDIENCE.

Voyez les mots *Bretagne, Obédience, Pape & Rome*, & cy-après *Pays.*

PAIX.

DE *Treugâ & Pace. D. Gr. dist. 90 . . . . 24. q. 3. c. 23. & 25. . . . Extr. 1. 34. . . . Extr. co. 1. 9.* De la Tréve & de la Paix. *Treuga*, nomen Barbarum : *Latinè*, Inducia.

De pace Constantiæ, composita inter Imperatorem Fridericum, filium ejus Henricum, & quosdam nobiles Alemannia, ex unâ parte; & civitates Lombardiæ, Marchiæ, & Romandiolæ, ex alterâ. L. 1. 1. 3. vel 21.

De pace tenendâ, & ejus violatoribus. F. 2. 27.

De pace tenendâ inter subditos, & juramento firmandâ, & vindicandâ, &c. F. 2. 53.

De Irenarchis. C. 10. 75. . . . C. Th. 12. 14. Irenarcha, ἀπὸ τοῦ εἰρήνης ἀρχὴν. Officiers qui avoient soin de maintenir la paix & la tranquillité publique.

De Treugâ, Pace, & Concordiâ, & earum privilegiis. Voyez le traité fait *Per Jacobum Novellum Venetum.*

Droit commun de paix, qui est un Droit Seigneurial. *Voyez M. Dolive, liv. 2. chap. 9.*

PALLIUM.

VOyez le mot *Archevêque*, *nomb. 6. & suivans*, & le petit Recüeil de *Borjon*, tome 1. verbo *Archevêque*, page 227.

Pallium est plenitudinis potestatis Pontificalis insigne. 1 Voyez dans la Bibliotheque Canonique, *to. 2. p. 160.* plusieurs observations à ce sujet.

Le *Pallium* est formé particulierement de deux 2 bandes, larges chacune de trois doigts, pendantes devant & derriere és épaules jusqu'à la ceinture, enchaffées par les extrêmitez, en dés lames de plomb, & tissuës avec du fil & de la laine de deux agneaux blancs, qui sont benis sur l'Autel dans l'Eglise de sainte Agnés le jour de la Fête. Il est posé pendant une nuit sur les Châsses de saint Pierre & saint Paul, & consacré ensuite sur l'Autel de saint Pierre, aux Metropolitains, ou les Evêques privilegiez, le doivent prendre en prêtant le serment accoûtumé. *Histoire d'Alemagne*, p. 398.

Le Pape n'accorde pas l'usage du *Pallium* à tous les 3 Archevêques ; & Alexandre VII. ne voulut jamais accorder cet honneur au Cardinal Antoine Barberin neveu d'Urbain VIII. qui étoit Archevêque de Reims, & qui ne l'eut que du temps de Clement IX.

aussi n'a-t-il jamais fait aucune consecration d'aucun Evêque son suffragant.

Cependant le Pape Innocent III. dit que le nom d'Archevêque est conferé par le *Pallium* dans le chapitre *Nisi de authoritate*, & *usu Pallii*, aux Decretales en ces termes, *non tamen deberet se Archiepiscopum appellare priusquam à nobis Pallium susepisset in quo Pontificalis Officii plenitudo, cum Archiepiscopali nominis appellatione confertur*. Ibid. p. 94.

4   Les Archevêques qui ont l'usage du *Pallium* n'en peuvent user qu'en certains jours de l'année. Les jours de Noël, de saint Jean, & de saint Etienne, de la Circoncision, de l'Epiphanie, le jour des Rameaux, le Jeudy Saint *in Cœnâ Domini*, le Samedy Saint, les trois Fêtes de Pâques, & de la Pentecôte, le jour de la Saint Jean Baptiste, & de tous les Apôtres, dans les trois Fêtes de la Vierge, dans la Commemoration de tous les Saints, dans la Dedicace des Eglises, dans les principales Fêtes de l'Eglise de l'Archevêque, dans l'Ordination des Clercs, & dans le Sacre des Evêques, & au jour de l'Anniversaire de sa Consecration. Ibid. p. 95.

5   Un Archevêque ne peut user du *Pallium* hors de sa Province, quand ce seroit la coûtume qui seroit mauvaise, & à moins qu'il n'en ait permission de celuy à qui l'Eglise appartient. Ibid. p. 95.

6   Le droit de *Pallium* n'est pas réel, mais personnel, & un Archevêque ne le peut ceder à un autre; tellement que l'Archevêque mourant, le *Pallium* doit être enseveli avec luy. Ibidem, page 95.

7   L'Archevêque qui a l'usage du *Pallium*, ne peut dire la sainte Messe, sans le *Pallium*, par le Canon 5. du Concile de Mâcon. *Archiepiscopus sine pallio missas dicere non presumat*. Ibidem, page 100.

8   Le Concile de *Bâle* & la Pragmatique Sanction défendent aux Papes de rien prendre pour le Manteau *sive Pallium*, qu'ils avoient accoûtumé de vendre bien cherement aux Archevêques & Metropolitains, comme ils ont bien fait depuis nonobstant ces Decrets. *Voyez la Bibliot. Can. to. 1. page 60.*

9   L'usage du *Pallium* concedé aux Metropolitains, a aussi été accordé par privilege à quelques Evêques. L'Evêque du Puy en Auvergne, & celuy d'Autun, ont droit de *Pallium*. Févret, *traité de l'Abus, liv. 3. chapitre 3. article 16.*

PAMIERS.

LE 12. Juillet 1565. ont été presentées au Parlement de Toulouse, Lettres Patentes du Roy sur l'union de la Ville de Pamiers au Gouvernement du païs de Languedoc. M. Dampville fils de M. le Connétable étoit Gouverneur. *La Rocheflavin, livre 3. lettre P. tit. 3. Arrêt 1.*

PANONCEAU.

PAnonceau. *Scutum.* Armes & Panonceaux. *Signa. Tituli.*

L'on attache aux portes des heritages saisis, les Armes & Panonceaux du Seigneur Justicier, de l'autorité duquel ils sont saisis. L'on y met aussi des Brandons, & autres marques.

Voyez le mot *Armes*, nombre 3. & le mot *Criées*, nombre 104.

1   Saisie d'immeubles doit être affichée avec Panonceaux Royaux, à peine de nullité. Arrêt du dernier Mars 1557. Papon, liv. 18. tit. 6. nomb. 29. il n'est pas de l'avis de l'Arrêt; cet Arrêt est neanmoins conforme à l'avis de M. le Maître, au titre des Criées, chapitre 11.

2   Il faut que les Panonceaux soient les Armes du Roy. Arrêt du 11. Decembre 1576. contre Monsieur le Cardinal de Guise, Archevêque de Reims, & Pair de France. *Bibliot. de Bouchel, verbo Panonceaux.*

3   En la saisie feodale d'une Seigneurie en laquelle le Manoir Seigneurial étoit ruiné, & au lieu de la

Maison n'y avoit que *saxa interrupta minaeque murorum ingentes*, le saisissant avoit fait mettre les Panonceaux au poteau qui étoit en la place publique pour marque de la Justice; cela fut confirmé par Arrêt du 11. Mars 1603. au Rôle de Champagne, en la cause de la Dame de Courbouzon & du Duc de Nevers. *Ibidem.*

Jugé par Arrêt du 14. Mars 1607. qu'aux choses 4 mêmes qua non habent situm, comme en un droit de Minage. Il faut apposer Panonceaux, soit en la porte de l'Eglise & lieu public, soit en la maison du debiteur & sur la réédification des criées pour ce défaut déclaré nul. *Ibidem.*

PAPE.

DE *Episcopis, & summo Pontifice. Inst. L. 1. 5. De primatu, appellatione, & commoratione Papæ Romæ. Const. 1. Mich. Palæol. 1.*

Voyez les mots Abbé, Archevêque, Bulles, Cardinal, Evêque, Primat, Rome, &c. & le petit Recüeil de Borjon, *in 12. tome 1.*

AUTEURS A VOIR.

Jacobus Latomus & Francisc. Agricol. *de Primatu Romani Pontificis.*

Joannes Hieronymus Albanus, *de potestate Papæ & Concilii, & de dignitate Romani Pontificis.*

Petrus de Aliaco, *de electione Papæ.*

Jacobus Allindus, *de potestate summi Pontificis.*

Jacobus Almaini, *de potestate Papæ sive Ecclesia contra Cajetanum.*

Paulus Amicola, *de authoritate Papæ.*

Augustini Anchonatis, *de potestate Papæ, quæstiones 112.*

Nardii Arretini, *expunctiones libri de Papatu Romano, & libri Ant. de Dominis de Republicâ Ecclesiast.* Par. 1618.

Barclajus, *de potestate Papæ*, in 8. 1609.

Rob. Card. Bellarminus, *in opere Controv.*

Cyprianus Benetus, *de primâ orbis sede, de Ecclesiastica potestate, deque Papæ Dominio.*

Gabriëlis Biel, *defensorium obedientiae Apostolicae ad Pium secundum.*

Thomas Vius Cajetanus, *tomo 1. de authoritate Papæ & Concilii, cum Apologiâ contra Almain.*

Joannes de Capistrano, *de Papa & Concilii authoritate*, Venetiis 1580. in 4.

Thomas Campegius, *de authoritate & potestate Romani Pontificii.*

De Pontificiis in Francum Regem privilegiis. Voyez Chopin, en son traité du Domaine, liv. 3. tit. 30.

Ciaconius de Vitis *Pontificum.* 4. vol. in fol. Romæ 1677.

Alanus Copus, *Dialogo primo contra summi Pontificis oppugnatores.*

Cunerus, *tractatu 9. de firmitate Cathedræ Petri.*

Damasi *Pontificale.*

Cæsar Delphinus Parmensis, *de summo Romani Pontificis principatu, & de ipsius temporali ditione*, Venetiis 1547.

Joannes Delphius, *de potestate Pontificis.*

Dionysii Carthusiani, *tractatus quatuor de authoritate Papæ & generalis Concilii.*

Dominici de Dominicis, *de termino potestatis Pontificis. in Bibl. Ninivensi in Fland.*

De Principatu Romanæ Sedis. Per Hieronymum Donatum.

Hieronymi Donati, *Apologeticon ad Græcos, de primatu Romanæ Sedis.*

De Ecclesiæ sacris Ministeriis, ac beneficiis, ubi quidquid ad plenam juris Pont. cognitionem, necessarium est, explicatur. Per Fran. Duaren.

Joannis Ecki, *contrà Lutherum de primatu Petri libri tres.*

De usu Judiciorum Palatii Pontif. Per Anto. Massam Galesium.

Gennadius Patriarcha, *de primatu Papæ.*

Joannes Gerson, *tomo* 1. *an liceat in causis fidei à summo Pontifice appellare ? Idem de potestate Ecclesiæ, de auferibilitate Papæ ab Ecclesiâ.*

Henrici Gorichem, *tractatus de temerario judicio Hussitarum circà potestatem Papæ.*

Michaëlis Hageri, *Antichristus, & de eodem responso secunda.*

Joannes Hesselius, *de Cathedra Petri firmitate.*

Stanislaus Hosius, *de authoritate Romani Pontificis.*

Joannes Hugo, *de authoritate Papæ, Episcoporum curatorum, Imperatoriæ Majestatis & Laicis,* Argentinæ 1504.

Joannes Parisiensis, *de potestate Papæ.*

Lœlius Jordanus, *de Romanæ Sedis origine.*

Ælius Jordanus, *de Romanæ Sedis origine & authoritate.*

Leonardus Lessius, *Societ. Jesu, de Antechristo ad Sereniss. Jac. Regem Britanniæ.*

De Pontifice Maximo. V. Luc, li. 1. tit. 4.

Christophorus Marcellus, *contrà Lutherum de authoritate summi Pontificis.*

Petri Michaëlis, *decisio de proportione Papæ ad Concilium, & de ejus principatu.*

Petri de Monte, *Monarchia.*

Herveus Natalis, *de potestate Papæ & Regis.*

Onumphrii Epitome, *Pontificum & Cardinalium.*

De Ponti. & Cardinalibus. Per Onophrium Panvinium.

Baptista Platina, *de Pontificibus, cum annotationibus Onuphrii.*

De authoritate summi Pontificis. Per Ange. Politianum *oratio.*

Reginaldus Polus, *de summo Pontifice.*

Pontificale Romanum, Venetiis 1572.

Antonii Possivini, *scriptum magno Duci Moscoviæ traditum.*

Silvestro Prierias, *contrà Lutherum de Ecclesiâ & Romano Pontifice.*

Petrus Ravennas, *de potestate Papæ & Imperatoris.*

Ægidius de Româ, *de renunciatione Papæ, lib.* 1. Gesn.

Antonius Rosellus, *de potestate Imperatoris & Papæ, salva censura.*

Antonii Roselli, *de potestate Imp. Papæ, & conciliis, & an apud Papam sit potestas utriusque gladii.* Venetiis 1487. Gesn.

Augustinus de Româ, *de Papa potestate.* Trith.

Hieronymus Rotta, *de principalitate Romana Ecclesiæ.*

Remundi Rufi, *pro Pontifice, Cardinalibus, Episcopis, & toto ordine sacro defensio & duplicatio contrà Carolum Molineum.*

Nicolai Sanderi, *de visibili Ecclesiæ Monarchiâ,* lib. 8.

Voyez dans le 1. tome des Preuves des Libertez, la condamnation du Livre de *Santarellus.*

Ænæ Silvii, *de officio Papæ & officialibus ejus.* Gesn.

Joseph Stephani, *de osculo pedum Romani Pontificis, itemque de ejus coronatione & elevatione.*

Petrus Stockmans, *de jure Belgarum circà Bullarum pontificiarum receptionem.*

Ruardi Tapperi, *oratio* 3. *contrà Melanchtonem de judice controversiarum in Ecclesiâ septima contrà Sampsonem de sacerdotii christianæ religionis excellentiâ, suprà secularem potestatem.*

Joannis de Turrecrematâ, *libri* 4. *de Ecclesiâ contrà Ecclesiæ & primatus Petri adversarios.*

Franciscus Turrianus; *de primi Capitis, ac Judicis authoritate ac principatu, de Ecclesiâ & ejus Pastore contrà Sadelium.*

Du-Vallius, *de potestate Papæ,* in 4. Paris 1614.

Franciscus Vargas, *de authoritate Papæ.*

Raphaël Venottus, *de Papâ.*

Joannes Maria Verratus, *de primatu Petri & Sedis Apostolicæ.*

Matianus Victorinus, *contrà Martinum de Papatu.*

Francisci Zabatellæ, *Consilium de duorum Pontificum de papatu contendentium causâ.*

Histoire des Papes par Duchesne, 2. vol. in fol. Paris 1653.

Remarques sur les Souverains Pontifes, par Gorgeu, vol. in 4. Abbeville 1659.

Vita Paparum Avenionensium, Baluzii, vol. in 4. Paris 1693.

Voyez cy-après le nombre 69. & suiv.

Causæ quæ pertinent ad Papam, & desquelles il doit connoître. *Voyez* Tournet lettre C. nombre 4. & cy-après le nombre 14. [1]

Voyez dans Rebuffe sur le Concordat *tit. de mand. apost.* §. 1. *casus in quibus probatur per testes gratia Papæ.* [2]

Differentia inter privilegium, rescriptum, & mandatum. Voyez Rebuffe, 1. part. prax. benef. [3]

Le Pape Innocent III. qui vivoit dans le regne de Philippe Auguste, a écrit dans une Lettre decretale *Archiepiscopis & Episcopis per Franciam constitutis, Regni Francorum exaltationem, sedis Apostolicæ sublimationem esse.* [4]

Le Pape est obligé d'observer les anciens Canons. *Voyez* le 1. tome des Preuves des Libertez, chap. 11. où il est observé qu'en l'année 876. le Pape Jean VIII. envoya ses Legats en France pour entr'autres choses publier Ansegise Archevêque de Sens Vicaire du Siege Apostolique és Gaules. & en Germanie. Le Roy favorisa cette affaire; les Evêques s'y opposerent, alleguans les anciens Canons. [5]

Lettres du 8. Février 1365. par lesquelles le Roy nomma quelques Evêques, & autres pour poursuivre de sa part prés du Pape le Jugement du differend qu'il avoit contre le Roy de Navarre, s'étant soûmis à ce qu'en ordonneroit le Pape, sans préjudice de sa souveraineté. *Voyez* les Preuves des Libertez, tome 1. chap. 7. n. 25. [6]

Verbis narrativis Papæ, etiam si super his gratia vel intentio ipsius fundetur, non, nisi testibus, aut aliis legitimis documentis constiterit, credendum. Voyez Franc. Marc, tome 1. quest. 1172. [7]

Si le Pape a failli, devant qui peut-il être accusé ? La Glose répond *in C. nemo* 9. *qu.* 3. que sa faute peut être dénoncée à l'Eglise. *Voyez* la Biblior. Can. tome 1. p. 29. à la fin. [8]

Il n'y a que les Evêques & le Clergé assemblé qui puissent s'opposer aux abus que commettent les Papes. Si les Evêques negligent ou n'osent s'acquitter de leur devoir, c'est aux Rois & aux Princes temporels de corriger avec force & vigueur ces abus, & même les Rois peuvent alors s'élever contre les Ecclesiastiques; c'est la disposition expresse du chapitre *Principes sæculi* 13. *quest.* dans lequel il est dit que les Princes seculiers ont quelquefois droit d'exercer leur pouvoir dans l'Eglise, afin de conserver & de fortifier la discipline Ecclésiastique. Du Moulin, sur la regle de *Infirmis. n.* 128. [9]

Droit acquis ne se perd *etiam declarante Papâ.* Si le Pape confere un Benefice à deux personnes en temps differens, & que le dernier pourvû obtienne pendant le procez un rescrit par lequel le Pape déclare avoir entendu pourvoir le dernier, on juge neanmoins en faveur du premier. Arrêt du Grand Conseil pour le Prieuré de saint Martin des Champs. Papon, li. 3. tit. 3. [10]

Le Pape étant saisi, lie les mains à l'Ordinaire. Tournet, lettre P. Arrêt 1. [11]

Le Pape confere tous Benefices, même qualifiez par prévention, ou concurrence des Ordinaires. *Ibidem, Arr.* 3. [12]

Si le Pape peut décharger de l'amende un Ecclesiastique ? *Voyez* le mot *Amende, nomb.* 87. & 88. [13]

APPEL A ROME.

14 Appel au Pape *omiſſo medio.* Voyez *Appel*, *nombre* 217.

Appellation des Ordonnances du Pape. *Voyez* le mot *Appel*, nomb. 219. & *ſuiv.*

15 Arrêt du Parlement de Paris de l'année 1391. contre le Chapitre de *Limoges* qui avoit, le Siege vacant, fait ajourner pardevant le Pape les Commiſſaires de la Regale, & autres Officiers du Roy. *Voyez le* 1. *tome des Preuves des Libertez*, *chap.* 9. *nombre* 3. où il obſerve que les Lettres & Brefs du Pape ne peuvent contraindre les naturels Eſpagnols de plaider ni comparoir pardevant les Juges Eccleſiaſtiques hors l'Eſpagne; le Conſeil du Roy a coûtume de commander aux impetrans de n'en uſer, mais de ſe ſoûmettre aux Juges du Royaume.

16 L'an 1491. l'Evêque de Leon en Eſpagne Préſident & quatre Conſeillers de la Cour ſouveraine pour la Juſtice à Valladolid, ayant permis qu'il fût déferé à l'appel à Rome d'une cauſe dont comme Juges Royaux ils devoient avoir connoiſſance; Ferdinand & Iſabelle Rois de Caſtille & d'Arragon furent tellement indignez de cette faute & grande negligence qu'ils priverent leſdits Préſident & Conſeillers de leurs Offices, & en établirent d'autres en leurs lieux. *Garibay, lib.* 18. *del compendio hiſtorial. d'Eſpana cap.* 40. Voyez le 1. to. *des Preuves des Libertez chapitre* 9. *nomb.* 4.

17 Deux Arrêts donnez au profit du Procureur General du Roy, contre l'Evêque de Nantes, & ſes Officiers pour n'avoir voulu reconnoître le Roy ſon ſouverain Seigneur, & avoir décliné la Juſtice du Parlement, & appellé en Cour de Rome. *Voyez ibidem*, *nomb.* 5.

18 Le Pape peut commettre un Evêque pour juger l'appel d'une Sentence donnée par deux Conſeillers de la Cour, commis par un Evêque en vertu d'Arrêt d'icelle, ſi l'Evêque Commiſſaire n'eſt *ultra duas dietas.* Arrêt du 3. Mars 1605. *Peleus queſt.* 115.

PAPE, CONCILE.

19 *De ſummi Pontificis autho. ſuper Concilia. Per Franciſcum Torrenſ.*

Le Pape n'eſt au deſſus du Concile. *Voyez* le mot *Concile*, nombre 4. & ſuiv.

20 Le Pape Eugene IV. l'an 1437. voulut aſſembler un Concile à Ferrare, pour oppoſer à celuy de Bâle, convoqué & autoriſé par Martin V. ſon predeceſſeur; il manda les Prélats de France pour y aſſiſter, mais le Roy Charles VII. leur ayant fait défenſes d'y aller, ils obéirent. *Bibliot. Can. tome* 1. *p.* 398. *col.* 1.

PAPE, COLLATEUR.

21 Des Collations faites par le Pape. *Voyez* le mot *Collation*, nomb. 120. & ſuiv. & le mot *Bretagne.*

22 Lorſque le Pape confere le Benefice vacant *in curiâ* dans ſon mois, à une perſonne incapable, inhabile, irreguliere, non diſpenſé, ou enfin que la proviſion eſt nulle, la plûpart des Canoniſtes attachez aux interêts du ſaint Siege ont été d'avis que cette proviſion lioit les mains au Collateur, que le Pape ſeul pouvoit révoquer ſa proviſion. *Du Moulin de Infirmis n.* 178. & ſuiv. tient l'opinion contraire, prétendant que ce ſeroit un abus, parce que ce ſeroit une réſerve prorogée & multipliée, s'il pouvoit conferer une ſeconde fois: ainſi la puiſſance favorable de l'Ordinaire reprend ſon premier droit: mais ſi aprés les premiers ſix mois l'Evêque n'a point conferé, & le Pape dans ſon mois ayant donné une Collation nulle, il peut aprés ces ſix mois conferer le Benefice par droit de dévolution, & il aura droit de concourir avec l'Ordinaire. *Voyez* le même Docteur ſur la Regle *de veriſimili notitiâ*, nomb. 68.

23 Le Pape ne peut ratifier, confirmer, ou approuver une renonciation, ou une réſignation faite mal à propos; & s'il le faiſoit, ce ſeroit uſurper les droits

des Collateurs ordinaires, & s'attribuer une puiſſance qui bleſſeroit non ſeulement la pureté des anciens Canons, mais auſſi la diſpoſition des Decretales. *Du Moulin ſur la Regle de Infirmis*, n. 346.

24 La réſerve des mois du Pape ne s'étend pas aux Benefices électifs. *Boyer*, queſt. 2. nomb. 3. *Cod. fab. liv.* 1. *tit.* 3. *deff.* 44. 47. ni aux Offices Clauſtraux. *Cod. fab. des S. Egl. diff.* 26. verbo *obſervando.* & *deff.* 27. parce que la Collation des Offices des dignitez & des adminiſtrations clauſtrales n'appartient pas à l'Evêque ni au Pape, mais au Superieur de l'Ordre. *Cod. fab. ibid. diff.* 26.

25 Voyez dans le Recüeil de *Pithou* des Memoires dreſſez en 1548. par *M. Noël Brulart*, Procureur General du Roy, touchant quelques prétentions du Pape ſur la *Bretagne* & la *Provence*, contraires aux Libertez de l'Egliſe Gallicane.

26 Jugé qu'un Benefice vaquant aux mois reſervez à Sa Sainteté, ne peut être conferé par l'Ordinaire. *Voyez Tournet lettre B. nomb.* 78.

27 Droits du Pape en *Bretagne* reglez par Edit du 14. Juin 1549. il y a eu pluſieurs Declarations à ce ſujet, une derniere du 29. Juillet 1550. qui fait défenſes aux Evêques, Abbez, & autres Collateurs ordinaires de conferer les Benefices reſervez, ſpecialement dans les huit mois de la reſervation Apoſtolique. *Voyez Hevin ſur Frain*, page 661.

28 Arrêt du Parlement de Paris du 12. Mars 1624. qui maintient le Pourvû par le Pape d'un Benefice dont la vacance étoit arrivée dans un des huit mois reſervez au Saint Pere; le Pourvû par l'Ordinaire fut débouté: & au contraire par autre Arrêt du Parlement de Bretagne du 24. Avril 1649. le Pourvû par l'Ordinaire fut maintenu. *Hevin, ibidem*, pages 645. & 648.

29 Le Pape eſt Ordinaire *en Bretagne*, & il n'y a lieu à la prévention entre luy & l'Evêque. *Ibidem*, p.645.

30 Le Pape ne confere *en Bretagne* aux huit mois *ut Ordinarius, ſed ut Papa ex reſervatione Apoſtolicâ.* Ainſi les Indults & autres Graces expectatives, n'ont lieu dans ſes mois, n'étant pas à préſumer qu'il ait rien accordé au préjudice de ſes droits. Il y en a un Arrêt du Grand Conſeil du 29. Decembre 1600. rapporté par *Chopin liv.* 1. *de ſacrâ Politiâ*, *titre* 7. Les huit mois auſquels il confere ne ſont autre choſe qu'une pure & ſimple reſervation Apoſtolique, qui eſt la même reſervation introduite ou bien confirmée par la 8. regle de la Chancellerie Romaine, pour avoir effet non ſeulement en Bretagne, mais en tous lieux de la Chrêtienté, comme elle l'a encore en Italie & en Eſpagne; & il n'y a d'autre diſtinction, quant à la France, ſinon que la Bretagne & la Provence y ſont déferé; pourquoy ces deux Provinces ſont appellées *Païs d'Obédience*? Voyez *Frain*, *pages* 632. & 646. & le mot *Indult.*

31 L'Ordinaire peut conferer les Benefices qui viennent à vaquer dans les mois du Pape, pendant la vacance du Saint Siege; mais s'il differe de conferer juſqu'à ce que le nouveau Pape les ait conferez ou ſi le ſoit reſervez, il ne le peut plus faire; cela fut ainſi préjugé au Parlement de Tournay le 26. Avril 1695. Il s'agiſſoit d'un Canonicat de la Collegiale de ſaint Hermez à Renaix qui avoit vaqué au mois de Juillet 1691. *Voyez Pinault*, tome premier Arr. 64.

DECLARATION DU PAPE.

Voyez cy-deſſus *le nombre* 10.

32 *Narrationi Papa in facto proprio ſtandum.* Voyez *Franc. Marc.* tome 1. queſt. 1187.

33 *Verbis Papa an ſit credendum?* Voyez *Franc. Marc.* to. 1. queſt. 1314.

Papa declaratio non poteſt ſubverti aut pratextu erroris aut pratextu injuſtitia. Voyez *Lotherius, de re Beneficiariâ*, *li.* 3. queſt. 11.

34 La déclaration du Pape peut être arguée de nullité, devant les Juges Eccleſiaſtiques de ce Royaume.

Royaume. Jugé à Roüen le 19. Février 1507. *Pelens , quest. 67.*

DELEGUEZ DU PAPE.

35 Juges deleguez par le Pape. *Voyez* le mot *Delgué , nomb. 9. & suiv.*

PAPE, DEVOLUTION.

36 De la devolution qui se fait au Pape. *Voyez* le mot *Devolution, nomb.* 41.

ELECTION DU PAPE.

37 Conciles où le Pape est élû. *Voyez* le mot *Concile, nombre* 3.

38 *Papa electio ad omnes Cardinales pertinet : Consecratio verò ad solos Cardinales Episcopos.* Voyez *Franc. Marc.* to. 1. quest. 925. n. 11.

39 *Electio Papæ forte fieri prohibita.* Voyez *Ibidem, quest.* 933.

40 *De electione Romani Pontificis.* Voyez *Ibidem, quest.* 934.

41 *Cardinalium cœtus Consilium generale convocare potest, si Papatus in discrimen inter duos electos vertatur.* Ibidem , quest. 935.

42 *Papa electus per seditionem , simoniam & ingenium , an recipiendus sit ?* Ibidem quest. 936.

43 *Papa statim atque electus est , quæ jurisdictionis sunt, exequitur, quæ verò sunt ordinis , non , nisi consecratus fuerit, exequitur.* Ibidem , quest. 939.

44 *Papa sibi successorem eligere potest.* Voyez , ibidem , quest. 941.

45 *Papa papatui renunciare in suis propriis manibus potest.*
Papa eligendi sibi successorem alteri facultatem concedere potest.
Quid si vivente Papa conventiculum de Papatu faciant; pænam læsæ majestatis incurrunt. Ibidem , quest 1097.

46 *Religiosus si Papa efficiatur, sui abbatis consensum habere debet.* Ibidem , quest. 1281.

48 *Papa de numero Cardinalium eligendus est.* Voyez ibidem , quest. 1293.

49 *Papa mortuo, an potestas penes Cardinalium collegium resideat ?* Voyez Ibidem , quest. 1299.

50 Le Pape Jean XXII. élû nouvellement députa le 26. Novembre 1410. l'Archevêque de Pise , & M. de Peyruſse Conseiller du Roy, pour leur donner avis de son élection. *Preuves des Libertez.* to. 1. chap. 1.

51 Les Rois de France ont la faculté d'examiner si l'élection des Papes est Canonique. *Voyez M. Charles Du Moulin*, sur la Regle de Infirmis , n. 199.

ENTREPRISES DES PAPES.

52 Des entreprises des Papes. *Voyez Coquille ,* tome 1. page 258. & suiv.

53 Par Arrêt du P. de Paris un Religieux Carme, appellé Gratien, fut déclaré non recevable en la demande qu'il faisoit de certaine chose procedant d'un immeuble dont il étoit dispensé par le Pape , & il fut dit qu'il seroit tenu de la laisser. L'Arrêt est de l'an 1391. *Jo. Galli , quest.* 244. *per Arrestum condemnatus fuit Carmelita dictus Goulan ad dimittendum hospitium de Passy licet per Papam fuisset cum eo dispensatum ut teneret proprium.* Rebuff 4. tract. de pacif. num. 258. *Voyez les Preuves des Libertez ,* to. 1. chap. 7. n. 32.

54 Le Pape faisoit transporter & conduire en tous lieux & chemins où il alloit un homme à cheval tenant le saint Sacrement. Le Roy Henry second instruit que le saint Sacrement étoit exposé au mépris des libertins & heretiques, défendit en 1556. au Pape d'user de cette ceremonie , pompe & transport de la sainte Eucharistie par les champs venant en son Royaume , le surplus demeurant en sa conscience , & à la diligence des Seigneurs souverains qui luy peuvent faire pareille remontrance. *Voyez Henrici progymnasinata , Arrêt* 170.

55 Jean de Navarre soy disant Comte Palatin fit quelques Notaires , & legitima des bâtards , en vertu du pouvoir qu'il disoit avoir du Pape ; il fut condamné au Parlement de Toulouse, comme coupable de leze-Majesté , le 25. May 1562. *Bibliot. Can.* tome 2. p. 338.

56 Deux Sentences données au Présidial d'Angers les 3. & 26. Février 1626. contre un Bref du Pape publié à Angers , qui reserve au saint Siege comme un péché énorme , le fait du recours des Ecclesiastiques aux Juges seculiers. *Voyez le* 1. to. des Preuves des Libertez , chap. 7. n. 79.

57 Vû par la Cour la Requête à elle presentée par le Procureur General du Roy , contenant que l'on débite depuis quelques jours en cette Ville de Paris un imprimé en forme de Bref de Nôtre Saint Pere le Pape Innocent XI. adressé au Chapitre de l'Eglise de Pamiers , par lequel le Pape confirme les Grands Vicaires qu'il a élûs , & déclare qu'il confirmera tous ceux qu'il élira dans la suite ; défend à toutes autres personnes d'en faire les fonctions , quelque pouvoir qu'ils en eussent d'ailleurs , à peine d'excommunication, de privation des Benefices , & des Dignitez dont ils sont pourvûs , & d'incapacité d'en tenir d'autres , & déclare sujets aux mêmes peines tous Clercs & Laïcs qui luy obéiroient , & qui les aideroient de leur conseil & autorité , même le Metropolitain: La Cour ordonne que commission sera délivrée au Procureur General pour informer contre ceux qui débitent lesdits libelles , fait défenses à toutes personnes de les vendre & de les retenir ; enjoint à tous ceux qui en ont des exemplaires, de les apporter au Greffe de la Cour pour être supprimez. Fait en Parl. le 31. Mars 1681. *Bibliot. Can.* to. 1. p. 797.

EXACTIONS PECUNIAIRES DES PAPES.

58 Le Pape ne peut faire aucune levée en France sans le consentement du Roy, ni faire de nouvelles impositions, ni augmenter les anciennes , fors des expeditions des Benefices de ce Royaume. *Voyez le* 2. to. des Preuves des Libertez , chap. 22.

59 Arrêt du Parlement de Paris du 28. Novembre 1413. portant défenses de ne plus porter d'argent à Rome, à peine de confiscation. Ce qui servit de prétexte étoit que le Pape pendant quatre ou cinq années avoit tiré des deports des Benefices jusques à trois cens mille écus *Papon, livre* 1. titre 5. nombre 28. Mêmes prohibitions ont été faites par Charles V. contre Urbain VI. par Charles VI. contre Benoît XIII. par Charles VII. Auteur de la Pragmatique , contre Eugene IV. par Loüis XI. contre Alex. Par Henry II. contre Jules III.

60 Le Roy ayant fait Edit portant défenses de porter l'argent de France à Rome, averti que quelques-uns en avoient appellé au Pape , fit Declaration qu'il entendoit que tels Appellans fussent accusez & condamnez comme coupables de leze-Majesté , ce que la Cour approuva par son Arrêt du 25. Février 1417. *Voyez Papon, li.* 22. tit. 1. nomb. 2. & Du Luc.

61 Arrêt du Parlement de Paris du 25. Novembre 1517. par lequel il est pareillement fait défenses de porter de l'argent à Rome ; que l'on ne nommeroit aux Benefices que les personnes capables; que l'on n'envoyeroit plus à Rome pour obtenir Benefices & dispenses ; que l'on se contenteroit du droit commun ; que chacun dresseroit son compte des deniers qui seroient tirez pour cette cause , à la charge neanmoins que s'il arrivoit que nôtre Saint Pere le Pape, ou l'Eglise universelle, fut réduite en necessité, celle de France contribuëroit avec les autres. *Ibidem , livre* 1. tit. 5. n. 29.

62 Le Clergé d'Espagne en l'année 1523. interjetta appel de l'imposition ordonnée par le Pape Adrien VI. de la quatrième partie du revenu des Benefices d'Espagne. L'Acte en est rapporté dans le 2. tome des Preuves des Libertez , chap. 22. n. 29.

PAPE, GRADUEZ.

63 Si le Pape est sujet aux Graduez ? *Voyez* le mot *Gradué, nomb.* 127. & suiv.

Tome III.

B

Si les Provisions du Pape prévalent à la requisi-tion des Graduez ? *Voyez* le mot *Gradué*, nomb. 156. & *suivans*.

PAPE HERETIQUE.

64 Pape accusé d'heresie. *Voyez* le mot *Heresie*, nomb. 45. & *suivans*.

PREVENTION DU PAPE.

Voyez cy-dessus le nombre 12.

64 bis. De la prévention du Pape, dans la Collation des Benefices. *Voyez Hevin sur Frain*, p. 658. & *suiv*.

65 Si le Pape par prévention ou concurrence au préju-dice de l'Ordinaire ou Collateur Patron confere Be-nefice *in partibus Regni Franciæ*, comme il fait *in partibus obedientiæ*, on en peut appeller comme d'abus. Arrêt du P. de Paris du 15. Juin 1564. *Papon, liv. 19. tit. 2. nomb. 3.*

66 Le Pape peut pourvoir à un Benefice *etiam spreto Patrono Ecclesiastico*. Et la présentation du Patron pour empêcher la prévention du Pape, doit être no-tifiée à l'Ordinaire, avant l'expedition des Provisions de Cour de Rome. Arrêt du 14. Février 1667. *Soëfve, tome 2. Cent. 3. chap. 86.*

Voyez cy-après *Prévention*.

PAPE, PROVISIONS.

Voyez cy-dessus le nombre 21. & *suiv*.

67 Des Provisions du Pape en cas d'élection. *Voyez* le mot *Election*, n. 131. & *suiv*.

68 De la clause *anteferri* apposée dans les Provisions de Cour de Rome ; elle n'a lieu en France. *Voyez* le mot *Anteferri*.

Voyez cy-après le mot *Provision*.

PUISSANCE DU PAPE.

69 *Voyez* les Auteurs & Traitez qui ont été citez au commencement de ce titre, y ajoûter les suivans.

De potestate Papæ. Per Cataldinum de Boncompagnis. *Per* Tho. Campegium *Episc. Feltrem. Per* Christoph. Marcell. Venetum. *Per* Jo. Hieronym. Albanum, & *per* Hermanum Theutonicum *Monachum Cistercien-sem. Per* Raphaelem Venoftum. *Per* Fratrem Tho-mam Illiricum. *Per* Cyprianum Beneti. *Per* Franci-cum Turrensem. *Per* Petrum Albinianum Tretium. *Per Frat.* Andræam Bauria. *Per* Paulum Angelum. *Per* Ludovicum Oriano. *Per* Fratrem Jacobum Al-mani. *Per* Fratrem Tho. de Vio Caietan. *Per* Fratrem Pet. de Palude. *Per* Fratrem Jo. Pariensem. *Per* Fra-trem Herucum Natalem. *Per* Fratrem Thomam Eli-fium Neapolitanum, *Ordinis Prædicatorum, in suo opere cui titulus est piorum Clypeus adversus hæretico-rum pravitatem*, & *per* Henricum Institorem *contrà Monarchiam Antonii Roselli*, & *per* Antonium Ro-xellum.

70 *De summi Pontificis potestate.* Voyez *Franc. Marc. to. 1. quest. 455. & 945.*

Papa, licet possit præjudicare successori, tamen non potest ei legem imponere. Voyez *Ibidem, quest. 318.*

71 De la puissance du Pape, des entreprises de Cour de Rome sur les Libertez, de l'Eglise Gallicane, & des graces que le Saint Siege a reçûës de la Cour de France & pieté de ses Rois. *V. la Bibliot. Can. to. 2. p. 162. & suiv.*

72 De la puissance du Pape dans la Collation des Be-nefices, & concession de dispenses. *Voyez M. de Selve, 2. part. tract. quest. 1.*

73 Des bornes que reçoit la puissance du Pape. *Voyez M. de Selve 3. part. tract. quest. 8.*

74 Il est parlé du Pape, de sa puissance & de ses pri-vileges dans *Lotherius de re Beneficiariâ, li. 1. quest. 46.*

75 De l'autorité & de la puissance du Pape en France. *Voyez la question 589. de Guy Pape,* & Bastet, *tome 2. liv. 1. tit. 2. chap. 1.*

76 Si le Pape peut homologuer & autoriser le transport d'un Monastere de tous les biens & droits qui en dépendent à d'autres Religieux du même Ordre, moyennant une somme d'argent, ou une pension des-

tinée à leur nourriture ? *Voyez Du Perrier, livre 2. quest. 1.* il tient l'affirmative.

77 Par Arrêt du Parl. de Paris du 22. Avril 1625. rap-porté par *Févret, en son traité de l'abus, liv. 3. chapitre premier,* il a été jugé que le Pape pouvoit déroger aux Statuts, & non pas aux Fondations.

78 Jean Tanquerel Bachelier en Theologie ayant soû-tenu cette These, *Ecclesia cujus solus Papa Christi Vi-carius Monarcha spiritualem & secularem habens potes-tatem omnes fideles subjectos continens Principes, suis præ-ceptis rebelles regno & dignitatibus privare potest, nec suam heresim occultam alteri revelare tenetur* ; il y eut Arrêt au P. de Paris en 1561. qui défendit à ceux de la Faculté de Theologie de souffrir telles propositions être mises en dispute, sur peine de cent marcs d'or applicables au Roy, de privation de leurs privileges, & autres plus grandes peines s'il y échet, à la discre-tion de la Cour. La Faculté répondit, *qu'elle est toû-jours tres-humble & tres-obéissante au Roy & à la Cour, & fera en telle sorte que le Roy & la Cour se devront contenter.* Preuves des Libertez, chap. 4.

79 Arrêt du Parlement de l'an 1610. contre le Livre du Cardinal Bellarmin *de potestate summi Pontificis in rebus temporalibus.*

80 Le premier du mois de Decembre 1626. se fit l'as-semblée ordinaire des Docteurs Theologiens en la Salle de Sorbonne, où l'on parla de la proposition que les *Epîtres decretales des Papes sont en pareil rang que la sainte Bible.* Il se fit sur cela un grand bruit, & plusieurs soûtinrent hautement, que *ista propositio erat verissima.* Les autres mieux sensez & qui tiennent l'ancienne doctrine, soûtenoient le contraire, & di-soient que ceux qui étoient de ce sentiment étoient *Doctores juris Pontificii, non Doctores sacræ Scripturæ* ; & après de grandes contestations, il passa à la plura-lité des voix, *Thesim istam non esse ferendam nec tole-randam.* Bibliot. Can. to 2. p. 552. col. 2.

81 Lettres Patentes du Roy du 14. Decembre 1626. portant défenses à tous Sujets, même Recteurs Re-gens de l'Université, Docteurs de la Faculté, & à tous autres tels, de composer, traiter, disputer, détermi-ner, ni resoudre aucune chose touchant l'affirmative ou negative des propositions mentionnées aux Arrêts & Decret, concernans le pouvoir & autorité souve-raine de la Couronne & des Rois de France, ni des autres Rois souverains, sans permission portée par Lettres Patentes en commandement de Sa Majesté, à peine d'être punis comme séditeux & perturbateurs du repos public ; ordonne Sa Majesté que ces presen-tes soient enregistrées au Registre de l'Université & Faculté, afin que personne n'en prétende cause d'i-gnorance ; se reserve neanmoins Sa Majesté de faire examiner par ceux qu'il appartient les questions & articles des Theses, pour y apporter le remede con-venable par un bon Reglement, à ce que cy-après il ne soit publié ni mis en avant aucune proposition, question & conclusion qui puisse donner sujet de renouveller ces differends, & donner aucune inquie-tude pour ce regard, & cependant Sa Majesté veut que toute deliberation surseoye pour raison de ce. *Ibidem.*

82 La Faculté de Theologie ayant censuré un Livre intitulé, *la défense de l'autorité de N. S. P. le Pape, &c.* par Jacques de Vernant à Mets 1658. Arrêt intervint au Parlement de Paris le 30. May 1663. qui ordonna que tous les articles contenus en la déclaration de la Faculté de Theologie, seront enregistrés au Greffe d'icelle ; qu'il en sera envoyé des copies dans tous les Bailliages & Université du Ressort, pour y être lûs, publiés & enregistrés. Fait défenses de soûtenir aucune doctrine contraire ausdits articles ; ce faisant a levé les suspensions portées par l'Arrêt du 14. Avril précedent, a fait inhibitions à tous Bacheliers, Li-centiez, Docteurs & autres personnes de soûtenir & disputer, lire & enseigner directement ni indirecte-

ment és Ecoles publiques, ni ailleurs, aucunes propositions contraires à l'ancienne doctrine de l'Eglise, aux Saints Canons, Decrets des Conciles generaux, & aux Libertez de l'EgliseGallicane,& autres anciens Decrets de la Faculté de Theologie, à peine de punition exemplaire, & aux Syndics, tant de ladite Faculté, que des autres Universitez, & Docteurs qui présideront aux Actes, de souffrir que telles propositions soient inserées dans aucunes Theses,à peine d'en répondre en leurs noms, & d'être procedé contre eux extraordinairement. *Ibidem*, to. 1. *p.* 791.

83 Vû par la Cour la Requête à elle presentée par le Procureur General du Roy, contenant que Maître Henry Buhy Religieux de l'Ordre des Carmes,ayant soûtenu au mois de Decembre dernier une These de Theologie, on luy a fait un crime à Rome d'y avoir avancé qu'il y a des Loix Ecclesiastiques auxquelles le Pape est soûmis; qu'il ne peut pas dispenser en toutes occasions des Canons de tous les Conciles generaux; qu'il ne peut pas déposer les Rois, ni imposer des tribuns sur le Clergé de leurs Etats sans leur consentement; que les Evêques tiennent leur Jurisdiction de Dieu; que la Faculté de Theologie de Paris n'estime pas que le Pape soit infaillible, ni qu'il soit au-dessus du Concile; & qu'enfin le droit de Regale n'est pas une chimere, ni une usurpation; que l'on prétend que nôtre Saint Pere le Pape, sur le rapport fait à Sa Sainteté de cette These, & des réponses faites par ce Religieux aux argumens que l'on luy a proposez, a commandé au Commissaire General de cet Ordre, en l'absence du General, de déclarer ledit Frere Henry Buhy déchû des privileges accordez aux Reguliers par les Papes, incapable de toutes fonctions, soit pour l'administration des Sacremens, soit pour la Prédication, quand même les Ordinaires des lieux lui ordonneroient de le faire, privé de voix active & passive dans toutes les Elections, à peine d'excommunication & de déposition aux Superieurs des Monasteres où il se trouvera, s'ils permettent qu'il contrevienne à ce Jugement; que ledit Commissaire General ayant executé cet Ordre du Pape, le Prieur du Convent des Carmes, auquel il a adressé son Decret, aussi-bien qu'aux Provinciaux qui sont établis en France, a été assez temeraire pour le publier dans ce Convent des Carmes, & pour le faire enregistrer dans le Registre des Deliberations de cette Maison, quoyque le Roy luy eût expressément défendu par une Lettre de cachet, de n'executer aucun ordre de leur General touchant ce Religieux, sans recevoir auparavant les commandemens de Sa Majesté; & comme il est important au service du Roy de proteger ledit Frere Henry Buhy, condamné pour avoir soûtenu les maximes que toutes les personnes sinceres & éclairées ont toûjours suivi dans ce Royaume, & qui sont conformes à l'autorité de l'Evangile, aux Décisions des Conciles, aux sentimens des anciens Papes & des Peres de l'Eglise; que la forme de cette condamnation n'est pas moins irreguliere, que le fond est injuste, puisque l'on établit une espece d'Inquisition dans le Royaume sur des paroles dont le recit est presque toûjours infidele; que l'on condamne un homme sans preuve à cet égard, & sans luy donner moyen de défendre son innocence; que le Pape entreprend d'exercer une Jurisdiction immediate sur un Religieux, qui ne cessant pas par sa Profession d'être sujet au Roy, ne peut être accusé que devant ses Superieurs qui sont dans ce Royaume, & jugé par eux, au moins en premiere Instance, ainsi que tous les autres François; que la connoissance ordinaire de ces Theses appartenant à la Faculté de Theologie & à l'Archevêque de Paris, si l'on y avoit avancé quelque proposition qui blessât la foy, & enfin à la Cour si les droits du Roy, l'ordre, la police & les maximes du Royaume y étoient attaquées, les Papes n'ont jamais entrepris

Tome *III.*

d'en connoître; & que pour apporter des remedes convenables à cette nouvelle entreprise, dont les suites pourroient être si préjudiciables à la liberté du Royaume & à la bonne & sainte doctrine qui nous a été transmise par nos predecesseurs,il étoit necessaire de sçavoir certainement ce qui s'étoit passé sur ce sujet; & pour cet effet requeroit qu'il plût à la Cour mander le Prieur des Carmes pour être entendu sur les fins cy-dessus, & luy ordonner d'apporter en même temps le Registre où s'écrivent les Deliberations du Convent, pour le Prieur oiiy, le Registre vû,être ordonné ce que de raison. La Cour a ordonné que le Prieur & deux anciens Religieux du Convent des Carmes de cette ville, se rendront en la Cour Samedy sept heures du matin, pour être oiiys sur les faits contenus en la Requête du Procureur General du Roy, & que le Prieur fera apporter en même temps le Registre des Deliberations, pour ce fait & communiqué au Procureur General du Roy, être pourvû sur ses conclusions ainsi qu'il appartiendra. Fait en Parlement ce 9. Avril 1682.

Autre Arrêt du 11. Avril 1682. par lequel la Cour faisant droit sur les conclusions du Procureur General du Roy,ordonne que le Prieur du Grand Convent des Carmes de cette ville sera ajourné à comparoir en personne pour être oiiy & interrogé pardevant M. Gaudart Conseiller, sur les faits qui seront donnez par M. le Procureur General du Roy, & répondre aux conclusions qu'il voudra prendre contre luy. Enjoint au Prieur de remettre incessamment au Greffe les ordres qu'il a reçus du Commissaire General au sujet du Frere Felix de Buhy, ensemble le Registre des affaires de son Convent, pour être compulsé par le Procureur General du Roy, & en être tiré tels Extraits qu'il avisera, & jusqu'à ce que ledit Prieur ait obéi & représenté son Registre qu'il demeurera au Greffe avec l'un des Religieux qui l'ont assisté, pendant que l'autre ira querir son Registre; & à l'instant mis en execution de l'Arrêt, ledit Prieur des Carmes mené au Greffe, a mis és mains du principal Commis au Greffe de la Cour la Copie authentique de la Lettre du Commissaire General de l'Ordre du 18. Février dernier, avec la Lettre de Cachet du Roy du 25. Janvier précedent, & peu de temps après le Religieux qui étoit allé au Convent des Carmes étant de retour, le Prieur a representé son Registre & qu'il a été compulsé par le Procureur General du Roy,& la copie authentique de la Lettre du 18. Février transcrite dans le Registre,verifiée par la copie de la même Lettre mise au Greffe, ce fait le Registre a été rendu, & lesdits Prieur & Religieux se retirerent.

Et le 14. du même mois d'Avril 1682. est intervenu Arrêt, par lequel la Cour faisant droit sur les conclusions du Procureur General du Roy, ordonne que le Frere Gabriël Loubaissin Prieur du Grand Convent des Carmes de Paris, en presence de deux anciens Religieux, sera admonesté pour sa desobéissance aux ordres du Roy; lui fait défenses de recidiver à peine de punition exemplaire. Fait aussi tres-expresses inhibitions & défenses d'executer l'ordre concernant Frere Felix Buhy, porté par la Lettre du Commissaire General de l'Ordre des Carmes du 18. Février dernier. Ordonne qu'il continuëra ses fonctions de Lecteur en Theologie dans le Grand Convent. Fait défenses au Religieux de l'y troubler. Enjoint au Prieur de le presenter à l'Archevêque de Paris avec les autres Religieux de la Maison, pour luy donner dans son Diocese les emplois dont il le jugera capable, le tout à peine de saisie du Temporel dudit Convent, & d'être déclarez déchûs des privileges à eux accordez par le Roy. Ordonne que la copie de la Lettre du 18. Février representée par le Prieur demeurera supprimée; & celle qui se trouve enregistrée dans le Registre du Convent rayée, le pre-

B ij

fent Arrêt tranfcrit à côté ; lequel fera fignifié à tous les Provinciaux des Carmes qui font en France. Fait défenfes aux Religieux Carmes, & à tous les autres Religieux, dont les Superieurs font hors le Royaume, d'executer aucuns Decrets, Lettres & Patentes de leurs Generaux, qui ne regarderont pas la difcipline interieure & ordinaire de leurs Maifons fans Lettres Patentes du Roy enregiftrées en la Cour, à peine de faifie du Temporel de ceux qui en ont, d'être privez de la liberté de quêter, & d'être déclarez déchûs de tous les privileges qui leur ont été accordez par le Roy & les Rois fes predecefleurs.

Et à l'inftant le Prieur des Carmes, & deux anciens Religieux du Convent étant au Parquet mandez en la Cour, M. le Premier Préfident a dit au Prieur : La Cour a examiné ce que vous avez dit dans l'Interrogatoire qui vous a été fait par fon ordre. Elle n'y a rien trouvé pour vôtre décharge. Vous avez injuftement ordonné contre vôtre Religieux qui n'avoit point manqué, & vous avez contrevenu aux Commandemens du Roy, fes ordres font facrez comme fa perfonne. Rome & toute autre puiffance ne peuvent exercer de Jurifdiction fur fes Sujets, même de leur confentement, au préjudice de la fienne. Nous ne vous en dirons pas davantage, le moindre reproche eft fenfible à un hommé de vôtre profeffion. Retournez à vôtre fonction, & faites que vôtre vie foit un modele d'obéïffance, comme elle eft un exemple de pieté. Fait en Parlement le 14. Avril 1682. *Bibliot. Can. to. 1. p. 801. & fuiv.*

84   Arrêt du Parlement de Paris du 23. Juin 1683. au fujet de deux Libelles, l'un en forme de Cenfure de l'Archevêque de Strigonie, & l'autre imprimé à Liege, intitulez *Difquifitio Theologico-Juridica.* Contre la declaration du Clergé de France du 19. Mars 1682. M. Talon Avocat General requit qu'une feüille volante qui fe debite comme étant un Decret de l'Archevêque de Strigonie, & d'un autre Libelle imprimé à Liege, qui a pour titre *ad Illuftriffimos & Reverendiffimos Galliæ Epifcopos difquifitio Theologico-Juridica fuper declaratione Cleri Gallicani facta Parifiis 19. Martii 1682. per quemdam S. Theologiæ Profefforem,* foient fupprimez ; défenfes à toutes perfonnes de les publier, vendre ou debiter, à peine d'être procedé extraordinairement contre eux ; Enjoint à ceux qui en ont des exemplaires & des copies de les rapporter au Greffe de la Cour pour être fupprimez.

Ce fait le Procureur General du Roy a laiffé fur le Bureau ledit Avis doctrinal de la Faculté de Theologie, & les autres pieces, avec les conclufions par luy prifes par écrit, & ils fe font retirez.

Ce jour fa Cour, après avoir vû l'Arrêt par elle donné le 29. Janvier dernier, fur la requifition du Procureur General du Roy, par lequel il eft ordonné que la Faculté de Theologie donneroit par écrit fon Avis doctrinal fur une propofition conçûe en ces termes : *ad folam Sedem Apoftolicam Divino & immutabili judicio fpectat de controverfiis fidei judicare,* & qu'à cet effet elle feroit mife entre les mains du Syndic de la Faculté. Copie d'un Libelle en forme de Cenfure daté du 20. Octobre dernier, par lequel l'Archevêque de Strigonie, en attendant le Jugement du Saint Siege Apoftolique, auquel feul, ainfi qu'il eft porté par ledit Libelle, il appartient de juger des matieres de foy, condamne les Propofitions prefentées au Roy au mois de Mars 1682. par l'Affemblée du Clergé de France. Autre Libelle imprimé à Liege contre lefdites Propofitions. Avis doctrinal préfenté à la Cour par la Faculté de Theologie fur la propofition à elle communiquée en execution dudit Arrêt du 29. Janvier dernier, & les conclufions du Procureur General du Roy par luy laiffées fur le Bureau le 22. de ce mois : Oüy le Rapport de M. Jean Gaudart Confeiller, la matiere mife en deliberation.

La Cour faifant droit fur les conclufions du Procureur General, ordonne que les exemplaires defdits deux Libelles feront fupprimez, fait défenfes à toutes perfonnes d'en retenir, debiter ni imprimer aucuns fous les peines portées par les Arrêts & Reglemens ; enjoint à ceux qui en ont de les rapporter au Greffe pour être fupprimez, & aux Officiers de Police de tenir la main à l'execution du prefent Arrêt. *Bibliot. Can. to. 1. p. 818.*

    P A P E, S E C U L A R I S A T I O N.

85   Le Pape ne peut faire les mutations des Monafteres de regularité en fecularité fans le confentement du Roy. La preuve en refulte d'une Lettre écrite par François I. le 19. Janvier 1538. au Sénéchal de Carcaffonne. *Preuves des Libertez, tome 2. chap. 35. n. 53.*

    P A P E, S I M O N I E.

86   *Papa an labem fimoniæ incurrere poffit ? Per Thomam Campegium in tract. de auctoritate Romani Pontificis.*

    P A P E, T E M P O R A L I T E'.

87   Les Conftitutions des Papes n'ont point d'effet fur le Temporel des Rois & Princes Souverains, & ne peuvent exempter les Ecclefiaftiques des droits qu'ils leur doivent. *Voyez les Preuves des Libertez, tome 1. chap. 7. n. 33.*

88   Dans les Preuves des Libertez de l'Eglife Gallicane, chap. 15. & 16. il paroît qu'un particulier ayant obtenu des Bulles de l'Archevêché de Tours, où il y avoit une claufe, portant que le Pape luy donnoit l'adminiftration du fpirituel & du temporel de cet Archevêché, le Roy refufa de l'admettre au ferment de fidelité, en ce que cette claufe comprenoit la temporalité qui ne dépend pas du Pape, & qu'il n'appartient pas au Pape de donner, mais à lui feul en qualité de Roy & Souverain Seigneur de toutes les poffeffions & revenus temporels des Evêchez & Archevêchez de ce Royaume, *nofque refpondere feciffemus eidem quod non ad fummum Pontificem, fed ad nos potius ab antiquo committere regimen temporalitatis dictæ Ecclefiæ pertinebat.*

89   Le 9. Juillet 1631. caufe appointée pour fçavoir fi pendant la minorité de Henry de Lorraine, le Pape a eu le pouvoir de commettre l'adminiftration de l'Archevêché de Reims à l'Evêque de Châlons, avec claufe *tam in fpiritualibus, quam in temporalibus.* Monfieur le Procureur General fut reçû appellant comme d'abus, & M. l'Avocat General Bignon prétendit que le Commis par le Pape n'avoit pû nommer un Grand Vicaire.

90   Declaration touchant l'autorité du Pape fur le temporel des Rois. A Paris le 4. Août 1663. regiftré au Parlement de Roüen le 27. Novembre fuivant.

91   Par Arrêt du 24. Mars 1664. le Parlement de Paris a déclaré abufif certain cartulaire du Chapitre de l'Eglife Cathedrale de Chartres, portant que ce Chapitre ne reconnoiffoit que le Pape, *tam in fpiritualibus, quam in temporalibus,* il fut ordonné que les mots *in temporalibus* feroient rayés. *2. tome du Journ. des Aud. liv. 6. chap. 22.*

    P A P E, T E S T A M E N T.

92   *Papa de fructibus beneficiorum teftandi licentiam dare poteft.* Voyez *Franc. Marc. to. 1. queft. 505. & cy-après* le mot *Teftament.*

    P A P E, V A C A N C E *in Curiâ.*

93   Les Benefices vacans *in Curiâ,* ou à deux journées de Rome font refervez au Pape. Tel eft l'ufage en France. *Bibliot. Can. tome 2. p. 479. col. 1.* Voyez cy-après lettre *V.* verbo *vacance in Curiâ.*

P A P E S S E J E A N N E.

D E Joannâ Papiffâ quæ fedit in Cathedrâ Petri annis duobus menfibus tribus. Voyez *Franc. Marc. to. 1. queft. 1303.*
Blondellus de Joannâ Papiffâ. in octavo Amftel. 1657.

Samuelis Maresii Joanna Papissa restituta; seu Blondelli famosæ quæstionis de Papâ fœminâ anacrisis cum animadversionibus Marisii : Curcellæi præfatio apologetica anacrisis Blondelliana editioni præfixa cum ejusdem Maresii refutatione : accedit Maresii dissert. de vocibus Trinitatis, Essentia persona adversus Curcellæum. Groningæ 1658.

PAPEGAULT.

1. EXemption du Roy Papegault. *Voyez* le mot *Exemption*, nomb. 118. & Mornac, *l. 7. Cod. de vectigalibus & commissis.*

2. Du 9. Septembre 1555. au Parlement de Bretagne la Cour dit que sous ces mots generaux rapportez aux privileges du jeu de Papegault, *ou autre imposition & subside quelconque* ne s'étendront aux devoirs specifiez par les Lettres. *Du Fail, liv. 3. chap. 338.*

3. Les Statuts & Privileges du Papegault seront gardez & lûs à l'entrée du Jeu chacun an, & sera chacun Arquebuzier appellé en son ordre selon le rang où il est écrit. Arrêt du Parlement de Bretagne du dernier Mars 1566. *Du Fail, li. 2. chap. 352.*

4. Par Arrêt du Parlement de Bretagne du 5. Juillet 1638. la Cour suivant les Arrêts du Privé Conseil du Roy, fait défenses aux Abateurs du Papegault de proceder par saisie ou arrêt sur les Hôtes ou Cabaretiers, & aux Juges des lieux d'autoriser les Arrêts que les Abateurs feront ; sçavoir, sur les Hôtes ou Cabaretiers, sur peine des dommages & interêts des Fermiers des devoirs, sauf aux Abateurs de Papegault à vendre ou faire vendre le nombre des vins à eux attribuez, sous un seul brandon, franc & quitte du devoir, si mieux ils n'aiment se contenter de la moitié du devoir qui leur sera payé par les Fermiers, dont ils seront tenus faire déclaration, huitaine aprés l'abat du Papegault. *Voyez les Arrêts étant ensuite du Recüeil de du Fail, p. 56.*

PAPETIERS.

PAr Sentence du Prévôt de Paris, confirmée par la Cour, les quatre Marchands Papetiers de l'Université ont été maintenus & gardez en la possession & joüissance de se dire seuls Papetiers en l'Université de Paris, sans qu'aucun autre puisse prendre qualité de Papetiers en ladite Ville, ni visiter la marchandise de papier arrivant en la Ville, apportée tant par les Marchands forains qu'autres, & sans que les Maîtres, Jurez Papetiers, Colleurs de feüilles & feüillets à Paris puissent s'entremettre en la visitation du papier, ni se dire Jurez Papetiers ains Colleurs de papiers & feüilles, & visiter ceux dudit métier tant seulement. Arrêt du 10. May 1608. *Corbin, suite de Patronage, chap. 218.*

PAPIER.

PAPIER TERRIER.

1. VOyez Mornac, *l. 11. finium regundorum.*
Le moyen Justicier pour avoir papier terrier & obtenir Lettres à cette fin, pour contraindre les Censitaires à reconnoître les redevances, s'inscrire à son papier ; mais il ne peut faire proclamer ses tenanciers à cri public & son de trompe au territoire du Seigneur haut Justicier. Arrêt du 10. Avril 1607. *Chenu, 2. Cent. quest. 31.*

2. *De libris censualibus, seu terrariis, ut vulgo dicimus.* Mornac, *lege 10. ff. de probationibus.* Voyez l'*Ordonnance de Melun, art. 16.*

3. Les Ecclesiastiques exempts de la confection de papier terrier. *Mem. du Clergé, to. 9. part. 4. page 255. & suivantes, 286. & 287.*
Surséance en faveur des Ecclesiastiques à l'execution des Lettres patentes pour la confection d'un papier terrier, par lesquelles il étoit mandé de deposseder les Communautez de Paris de leurs Justices, Fiefs & Censives. *Ibid. p. 251. & suiv.*

---

4. Le second & posterieur fermier qui a pris un fief à loüage, à la charge de faire papier terrier, y est tenu, encore que les precedens fermiers qui étoient pareillement tenus d'en faire en ayent été tenus quites, & le Seigneur n'est obligé de chercher le premier papier terrier, pour le representer au fermier ; mais ce fermier peut poursuivre le precedent pour luy en bailler un, s'il y étoit tenu, & luy rendre les titres & enseignemens s'il en a été saisi. Arrêt du Parlement de Normandie du 16. Juin 1608. rapporté par Berault *sur le titre des Fiefs, art. 195. in verbo Gages, Pleiges.*
Voyez cy-aprés le mot *Terrier.*

PAPIER TIMBRE'.

5. Arrêt du Parlement de Provence du 27. Octobre 1677. qui a jugé que les écritures privées ne sont pas sujettes d'être faites sur du papier timbré. *Boniface, tome 3. li. 3. tit. 15. chap. 1.*

PAPIERS, TITRES.

6. Un plaideur ayant intercepté les papiers de son adverse partie, avec une lettre adressée à sa femme, & mis de méchans papiers à la place de ceux qu'il avoit tirez ; il fut condamné à 20. livres d'amende envers le Roy, & 50. livres envers la partie. Arrêt du 11. Mars. 1634. *Boniface, tome 2. part. 3. livre 1. tit. 2. chap. 35.*
La perquisition des papiers peut être faite dans la maison de l'heritier saisi d'autres papiers, pour en faire la séparation. Arrêt du même Parl. de Provence du 7. May 1677. *Boniface, tome 5. livre 1. titre 30. chap. 3.*

PARAGE.

VOyez hoc verbo l'indice des droits Royaux, ou le nouveau Glossaire du Droit François, & le traité du Droit de Parage fait par M. Côme Bertet Avocat au Parlement de Paris, & Siége Présidial de Saintes, in quarto. A Saintes chez Jean Bichon 1647.

1. Il y a des Coûtumes qui établissent un droit de parage ; il est tel qu'un pere, ou un frere garantit la foy & hommage à ses enfans, ou à ses freres & sœurs pour une portion du fief qui leur a été donnée, sans qu'il ait reservé sur cette portion aucun droit ni aucun hommage ; ce qui continüe jusqu'au troisiéme ou quatriéme degré. Dans la Coûtume du Maine le parage n'est établi que pour les femmes, d'autant que le bienfait des puinez n'est qu'un simple usufruit, & la propriété reside en la personne de l'aîné, qui par consequent fait hommage pour luy-même. Il y a des loix communes pour le parage, qui sont qu'il n'a lieu qu'entre nobles. En second lieu, pour heritages nobles, Anjou 211. le Maine 127. En troisiéme lieu, que le parage fini le parageur tient à l'avenir l'heritage en fief du parageur. selon les articles 116. & 117. de la Coûtume de Tours, le 233. de celle du Maine, & le 228. de celle d'Anjou. En quatriéme lieu, que si durant le parage, le parageur vend à un étranger une portion du fief, l'acquereur tient l'heritage en fief du parageur selon la Coûtume de Blois art. 75. d'Angoumois art. 27. & d'Anjou art. 220. En cinquiéme lieu le parageur a la même Justice à proportion que le parageur selon l'article 215. de la Coûtume d'Anjou. En sixiéme lieu, un premier paragé n'empêche pas un second ; Anjou article 214. & ce la ne produit point de depié de fief ni démembrement illicite. *Voyez M. le Brun en son traité des Successions, li. 2. chap. 2. sect. 1. n. 101.*

2. Autrefois en Normandie le parage avoit lieu entre freres, comme entre sœurs, ce que l'on remarque par un ancien Arrêt du Parlement de Paris de 1398. donné entre Guillaume Vicomte de Moulins, gardien-noble du Comte de Tancarville son frere, & Roger de Brequeville, à cause de Jeanne Campion sa femme, & le Procureur Quesnel pour l'hommage ou parage de la Baronnie de la Haye-du-Puits ;

il eſt dit dans cet Arrêt que Robert de Mortemer avoit eu de Guillaume ſon frere la terre de la Haye-du Puits en premier degré de parage de la Baronnie de Varanguebec, *per conſuetudinem noſtræ Provinciæ Normaniæ obſervatam, per quam filius ſecundo genitus portionem hereditagii ſibi ex ſucceſſione paternâ obvenientem à fratre primogenito per paragium tenere debebat uſque ad ſextum gradum conſanguinitatis.* Voyez *Baſnage ſur la Coûtume de Normandie*, art. 127.

3 La vente faite par l'un des parageaux de ſon demi tiers à l'autre parageur, ne fait point finir le parage pour cette partie alienée, qu'il n'en eſt point dû de Foy, ni de lods & ventes au parageur, ni à autre. Voyez la 33. Conſultation de M. Dupleſſis.

PARAINS.

P Arains ne ſont tenus des alimens de leurs filleuls. Voyez le mot *Alimens*, nomb. 69. Filleau, part. 1. tit. 1. chap. 20. Papon, li. 18. tit. 1. nomb. 45. Deſpeiſſes, tome 3. p. 137.

Parain ne peut ſe marier avec ſa filleule. Voyez Deſpeiſſes, tome 1. p. 258. & le mot *Mariage*.

PARALITIQUE.

V Oyez les mots *Malade & Teſtament*. Peleus en la queſt. 59. fait recit d'un teſtament d'un paralitique ne pouvant parler, & ayant neanmoins declaré ſon heritier par ſignes, en la preſence de gens deputez par la Cour, lequel teſtament fut neanmoins declaré nul par Arrêt du 27. Octobre 1595.

PARAPHERNAL.

B Iens paraphernaux, qui appartiennent à la femme outre ſa dot. *Bona parapherna*. De *pactis conventis tam ſuper dote*, &c. & *parapher-nis. C. 5. 14. — L. 9. §. 3. D. de reg. jur*. Voyez le mot *Biens*, nomb. 19. & ſuiv.

PARATA.

C E mot eſt aſſez connu de ceux qui ont lû les formules de Marculfe avec les notes excellentes de M. Bignon, p. 445. il ſignifie les vivres qui étoient fournis en eſpeces, *miſſis & Legatis principis, Ducibus, Comitibus & eorum miniſtris, quibus viaticum pro uniuſcujuſque dignitate praſtabatur*; comme *manſio & manſionaticum* ſignifie le logement, de ſorte que *manſio & parata* ſe trouvent preſque toûjours employez conjointement dans la patente qui s'appelloit *tractoria*; la fourniture des étapes qui ſe fait aux gens de guerre par les ordres du Roy, eſt proprement ce que les Chartes anciennes appellent *parata quaſi cœna parata*. S. Hugues Evêque de Grenoble s'étoit reſervé le même droit ſur quelques Egliſes de ſon Dioceſe, mais il le convertit en argent. *Salvaing de l'uſage des Fiefs*, ch. 97. p. 491.

PARCAGE.

1 D Roit de parcage eſt un droit que chacun des habitans tenant troupeau ou parc, doit à ſon Seigneur. Le ſieur de Chevrieres Baron de Ferne a ce droit dans toute l'étenduë de ſa Baronnie, & pour iceluy, leve ſur chacun des habitans tenant troupeau ou parc, un fromage de ſix livres; comme j'ay vû par ſes titres. Voyez Deſpeiſſes, tome 3. liv. 6. ſect. 11. pag. 127.

2 Arrêt du 26. Juin 1668. donné en la premiere des Enquêtes du Parlement de Bourdeaux au rapport de M. Delpech., entre George Moulard & autres Tenanciers des tenemens du Gros & Chaſſanac, & M. Côme Nande Prieur du Prieuré de Lartige prés ſaint Leonard en Limoſin. Jugé que les Tenanciers étoient recevables à renoncer à un droit de Paſcage, dans la Forêt du Prieur, dont la conceſſion avoit été faite par un ancien Prieur, dans une reconnoiſſance

du 17. Novembre 1558. & à cauſe de ladite conceſſion la rente augmentée, laquelle par ledit Arrêt fut reglée à deux anciens titres de l'année 1410. *La Peirere lettre P. nombre 65.*

Voyez cy-aprés les mots *Parcours & Pâturage*.

PARCHEMIN.

A Rrêt du Parlement de Paris du 22. Août 1562. faiſant inhibitions au Recteur de l'Univerſité, à peine d'amende arbitraire, dépens, dommages & interêts des parties intereſſées, d'entreprendre ni percevoir ſon droit Rectoral accoûtumé ſur la botte de parchemin, auparavant qu'elle ſoit menée en la Salle des Mathurins, vûë, viſitée, priſée & eſtimée par les quatre Jurez. Voyez les *Chartres des Notaires*, ch. 17. page 757.

PARCOURS.

V Oyez hoc verbo, l'*Indice des Droits Royaux*, ou le *nouveau Gloſſaire du Droit François*, & le Recüeil de *Bouvot*, tome 1. p. 71.

1 Si le Droit de parcours s'acquiert par longue poſſeſſion? Voyez Bouvot, to. 1. part. 3. verbo *Droit de parcours*,

2 Le parcours eſt une ſervitude diſcontinuë ſur le fond d'autruy, & un droit reciproque de deux ou pluſieurs Communautez voiſines qui conſiſte à envoyer paître le bétail ſur les heritages l'un de l'autre en temps de vaine pâture; ce droit de parcours étant donc une ſervitude diſcontinuë, ne s'acquiert que par un temps immémorial. Voyez *Taiſand ſur la Coûtume de Bourgogne*, titre 13. art. 5.

3 La Dame de Chazelle dénioit à ſes habitans du même lieu qu'ils euſſent droit de vain pâturage dans le pâquier appellé la Veure. Les habitans au contraire ſe défendoient ſur un titre, lequel à la verité ils ne repreſentoient pas: mais ils avoient pour eux une Sentence renduë, il y avoit plus de 80. ans qui énonçoit ce titre, outre qu'ils prouvoient par témoins une poſſeſſion immemoriale, de ſorte qu'en cas que la Coûtume déſire un titre, quand le parcours & la redevance manquent, il fut jugé que la poſſeſſion immemoriale, avec un titre allegué dans un acte de Juſtice étoit ſuffiſante, & même la ſeule poſſeſſion immemoriale ſuffit pour acquerir le droit de vaine pâture: ſur quoi, par Arrêt donné au Parlement de Dijon en Decembre 1560. les habitans de Chazelle furent maintenus au droit de vain pâturage dans le pâquier dont il s'agiſſoit. Voyez *ibidem*, n. 3.

4 Le droit de parcours n'ôte pas au proprietaire la faculté de fermer ſes heritages de murailles ou de hayes pour empêcher le bétail d'y pâturer. Arrêts du Parlement de Dijon du premier Février 1595. 26. Avril 1613. & 13. May 1613. *Taiſand ſur la Coûtume de Bourgogne*. tit. 13. art. 5. n. 2.

PAREATIS.

1 D Es *Pareatis* du grand & petit Sceau. Voyez Deſpeiſſes, tome 2. pract. civ. & crim. tit. 11. ſect. 3. nomb. 8.

2 Par Arrêt du Parlement de Bretagne du 18. Septembre 1541. défenſes au Sénéchal de Rennes, & tous autres Juges du Reſſort de donner aucuns Mandemens ni *Pareatis. V. Du Fail*, li. 3. chap. 412.

3 *Pareatis* du Juge ne ſuffit pas pour mettre l'Arrêt d'un Parlement à execution dans le Reſſort d'un autre, il faut en avoir un du Parlement où ſe fait l'execution. Arrêt du P. de Paris du 2. Juillet 1543. Papon, liv. 7. tit. 5. n. 1. où il eſt obſervé que la Cour de Toulouſe n'en donne point, diſant qu'il y a contract avec le Roy qui confirme le privilege de n'être point traduit ailleurs. Voyez l'*Ordonnance des Etats de Blois*, article 172.

4 Un Sergent travaillant ſans *Pareatis* ne peut être arrêté, mais bien ſon cheval. Arrêt du Parlement de

Paris du premier Février 1543 qui confirme la faisie. Par Edit des ampliations de l'an 1586. les Sergens à cheval ont pouvoir d'exploiter par tout le Royaume sans *Visa* ni *Pareatis*. Ibidem *n*. 5.

5   Dans le Ressort de Toulouse un Sergent exploitant des provisions d'un autre Parlement sans *Pareatis* peut être arrêté prisonnier, mais le *Pareatis* est aisément octroyé, oüy le Procureur General du Roy en la Cour; les Juges inferieurs n'ayans tel pouvoir. *Voyez Mainard, liv.* 8. *chap.* 27.

6   Par Arrêt du Parlement de Paris du 12. Juillet 1552. jugé que pour executer les Commissions du Conservateur des Privileges Royaux de l'Université de Paris, hors la Ville de Paris, il ne faut point demander de *Pareatis*. Bibliot. *de Bouchel*, verbo *Pareatis*.

7   Il s'agissoit d'un Arrêt de la Cour, dont le Lieutenant de Bar-le-Duc, & le Procureur General de M. le Duc de Lorraine avoient empêché l'execution, parce qu'on n'avoit pas demandé le *Pareatis*, & que l'Arrêt ne portoit point de clause rogatoire. M. Marion que le Superieur ne demande pas de *Pareatis* à l'inferieur, que M. le Duc de Lorraine tenoit le Duché de Bar en foy & hommage du Roy: les appellans ressortissent à Sens ou à la Cour. Il demanda d'être reçu appellant de la procedure, & conclut à ce qu'il fût ordonné que le Lieutenant comparoîtroit en personne pour défendre à cet appel, jusqu'à ce interdit, à peine de faux; & fut ordonné que la Cour verroit les pieces. M. Marion se releva, & la supplia pour la consequence de la matiere, de la manutention en des droits du Roy, & de l'autorité de la Cour, ordonner que l'Arrêt qui interv009ndroit seroit lû en l'Audience à ce que chacun en fût averti. M. le Président Seguier luy fit seulement par la main, *quasi annuendo*, sans aller au Conseil. Alors M. Servin premier Avocat General prit la parole, & dit qu'il avertiroit le Roy de ce qui se passoit en la cause particuliere. Et le 2. Mars 1599. fut lû en l'Audience aprés midy l'Arrêt qui intervint conforme aux Conclusions. Bibliot. *de Bouchel*, verbo *Pareatis*.

8   Les Juges subalternes ne peuvent octroyer *Pareatis* pour distraction de Ressort. Arrêt du Parlement de Dijon du 6. Janvier 1606. *Bouvot, tome* 2. verbo *Pareatis*, quest. 1.

9   Il n'est pas permis, en vertu d'une Commission d'un Parlement d'autre Souveraineté, de permettre l'emprisonnement d'un Etranger en France. Arrêt du 4. Mars 1606. Ibidem, quest. 2.

10   Il n'est pas permis aux Lieutenans Royaux de donner *Pareatis* en distraction de Ressort. Arrêt du 17. Decembre 1610. Ibidem, quest. 3.

11   Le Lieutenant au Bailliage de Châlons peut donner un *Pareatis* d'un Bailliage à autre Bailliage du même Ressort, & non à un autre étant d'autre Ressort. Arrêt du Parlem. de Dijon du 28. Avril 1614. *Bouvot, to.* 1. part. 1. verbo *Pareatis*.

12   Un Lieutenant General au Bailliage ne peut octroyer *Pareatis* pour l'execution d'un Arrêt du Parlement de Paris. Arrêts de celuy des 17. & 25. May 1619. *Bouvot, to.* 2. verbo *Pareatis*, quest. 5.

13   On doit accorder *Pareatis* sans opposition, pour executer les Arrêts des autres Parlemens. *Voyez Basset, to.* 1. liv. 2. tit. 10. chap. 3.

14   Si un Juge d'Eglise donne *Pareatis*, il commet abus. Arrêt du Parlement de Grenoble du 21. Juin 1636. *V. Ibidem*, chap. 2. en ce cas il faut recourir au Juge Royal. Le même Arrêt est rapporté par *Chorier, en sa Jurisprudence de Guy Pape, p.* 10.

15   Arrêt du Parlement de Provence du 7. Février 1647. qui a défendu aux Juges subalternes de donner aucuns *Pareatis*, pour executer les Commissions qui venoient hors de la Province M. le Procureur General de Gantes qui fit la requisition allegua un Reglement de la Cour de l'année 1632. *Boniface, tome* 1. liv. 1. tit. 1. nomb. 18. Cette Jurisprudence a

été corrigée par l'art. 6. du tit. 27. de l'Ordonnance de 1667.

16   Les Jugemens donnez par les Juges d'une Monarchie étrangere, sont executoires en France. Arrêt du même Parlement de Provence du 10. Mars 1687. par lequel la Cour accorda le *Pareatis*, après l'écheance de deux mois, sans connoissance de cause. *Boniface, tome* 3. liv. 1. tit. 2. chap. 4.

PARENS.

Voyez les mots *Juges*, *Notaires*, & *Opinion*.
   Propinquus, Cognatus, Consanguineus, &c.
   Jura sanguinis non dirimuntur. L. 8. *D. de reg. jur.*

Les degrez de parenté ont été établis pour regler l'ordre des successions & des mariages. De là vient la difference de compter les degrez par le Droit Civil, & par le Droit Canonique.

Voyez le mot *Degrez*, nomb. 2. & suiv. & cy aprés les nombres 8. & 11.

1   *De gradibus cognationis spiritualis. Ar. Per Berengarium Fernandum.*

2   *De falsâ demonstratione consanguinitatis vel affinitatis in contractibus donationis.* Voyez *Franc. Marc. to.* 1. quest. 884.

3   *Parentes & consanguineos sola professio, & asseveratio non facit.* Arrêt du 14. Août 1582. Anne Robert *rerum judicat.* liv. 2. chap. 18.

4   L'assistance comme parent au contract de mariage, ne fait preuve de la qualité de parent, pour donner avis sur la nomination d'un tuteur. Arrêt du Parlement de Dijon du 30. Septembre 1619. *Bouvot, tome* 2. verbo *Tuteurs*, quest. 28.

PARENS, ALIMENS.

5   Au Parlement de Bretagne les parens jusqu'au quatriéme degré, sont tenus de nourrir les pauvres de la famille. *Voyez* le mot *Alimens*, nomb. 51. & 52.

PARENS, ARBITRES.

6   *Voyez* le mot *Arbitres*, nombre 30.

PARENTE', EVOCATION.

7   Parenté, cause pour évoquer. *Voyez* le mot *Evocation*, nomb. 25. & suiv. & le mot *Juges*. §. *Juges parens.*

PARENTE' POUR LES MARIAGES.

8   *De nuptiis. Inst.* 1. 10. *ubi de affinibus & consanguinis.*
   De consanguinitate & affinitate. D. Gr. 35. q. 1. 4. 5. & 8 . . . . 35. q. 2. & 10. . . . *Extr.* 4. 14. . . . *Cl.* 4. 1.
   De triplici cognatione. Inst. L. 2. 13.
   De cognatione spirituali. Extr. 4. 11. . . . *S.* 4. 3.
   De cognatione legali. Extr. 4. 12.
   De eo qui cognovit consanguineam uxoris suæ, vel sponsæ. Extr. 4. 13 *Voyez* le mot *Mariage*.

PARENS, NOTAIRES.

9   Le 22. Mars 1550. il a été ordonné par Arrêt du Parlement de Paris, que le pere avec le fils, le frere avec le frere, l'oncle avec le neveu, le beaupere avec le gendre, ne pouvoient recevoir contracts; & ce pour obvier aux fautes, lesquelles ne se peuvent verifier & averer par telles personnes qui s'entendent ensemble. *Papon, liv.* 4. tit. 14. nomb. 14.

10   Par Arrêt du Parl. de Paris du 9 Juillet 1659. permis aux Notaires d'instrumenter pour leurs parens. *Voyez les Chartres des Notaires*, chap. 19. p. 849.

PARENTE' POUR LES SUCCESSIONS.

11   *De gradibus, & adsinibus, & nominibus eorum. D.* 38. 10.
   De gradibus cognationis. Inst. 3. 6. . . . *Paul.* 4. 11.
   De servili cognatione. Inst. 3. 7. . . . *Inst.* 1. 10 §. 10.
   De consanguinis & uterinis fratribus. N 84. Succession de plusieurs freres. *Voyez les mots Double lien, Freres & Succession.*

12   Preuve de parenté sans designer le degré, suffit pour succeder à un défunt, au préjudice du fisc. Arrêt du Parlement de Paris du 4. May 1619. *Bardet, tome* 1. livre 3. chap. 47.

PARIAGE.

DEs Droits de Pariage. *Voyez l'Ordonnance des Eaux & Forêts en 1669. tit. 17.*

1   Voyez *hoc verbo* l'Indice des Droits Royaux par *Ragueau*, ou le nouveau Glossaire du Droit François. L'exigence de ce droit est marquée dans *La Rocheflavin, des Droits Seigneuriaux, chap. 24.*

2   Justices en pariage. *Voyez* le mot *Evêque, nombre 203. & suiv.* & les Mémoires du Clergé, *to. 3. part. 3. p. 224. jusqu'à 265. & add. à la 3. part. p. 586. & suivantes.*

3   Droit de pariage est une espece de societé entre le Roy ou quelque autre grand Seigneur, & un petit Seigneur, pour avoir, par le plus petit, protection du plus grand; cela se pratiquoit autrefois par les Ecclesiastiques, pour avoir la protection des grands Seigneurs. Ce mot *pariage* vient *de pariatio*, qui signifie la même chose qu'association. *M. du Cange* dans son Glossaire dit que *parergium sumitur pro auxilio.* La *Rocheflavin*, dans son traité des Droits Seigneuriaux, a fait un chapitre de pariage qui est le 24. Il décide que le Roy qui est en pariage avec un autre Seigneur, ne peut point vendre ni aliener en aucune maniere sa part, ni rien innover aux clauses & conditions du traité. Dans les lieux où le Roy est en pariage avec quelque Seigneur, le Seigneur ne peut contraindre les vassaux & emphiteotes communs à luy faire hommage, ou passer reconnoissance sans appeller le Procureur General du Roy ou ses Substituts, afin d'obvier aux usurpations que l'on pourroit faire des Droits du Roy. *Graverol* dans ses notes sur cet endroit de la Rocheflavin, dit que ces pariages furent fort fréquens dans les treiziéme & quatorziéme siécles, & qu'ils se faisoient en deux manieres, à temps ou à perpetuité; que les premiers étoient limitez à la vie des grands Seigneurs, avec lesquels les Abbez & les Monasteres traitoient, & que souvent ils étoient renouvellez avec les successeurs. Il ne reste plus aucuns vestiges de ces pariages à temps; mais ceux qui étoient à perpetuité sont demeurez dans leur force & vertu, quoique la raison de leur établissement ne subsiste plus.

Voyez Henrys, tome 1. liv. 3. chap. 3. quest. 39. où il parle du pariage qui a été entre l'Evêque du Puy & le Roy; & d'un autre entre le Roy & les Evêques de Mande & de Cahors.

4   Droit de pariage dans les anciens Instrumens & Arrêts. C'est un droit de compagnie & de societé, quand un Evêque, Abbé ou Eglise fait association perpetuelle avec un Seigneur temporel pour la Justice qui s'exerce sur leurs Sujets, & pour les amendes & tailles qui se levent sur eux, tel a été le pariage du Roy avec l'Evêque de Mande par le Regîstre de la Cour du 18. Juillet 1369. est chargé; tel le pariage d'entre le Roy & l'Evêque de Cahors pour la Jurisdiction commune: comme aussi par Arrêt des Prieurs de la Charité, Porte Saint Leon du 27. Mars 1405. appert que les pariages des associations faites entre le Roy & aucuns ses Sujets, à la charge qu'il ne les mettra plus hors ses mains, doivent y demeurer, & le Roy ne peut les transporter, même en appanage ou récompense d'appanage; tel aussi a été le pariage de l'an 1263. fait entre l'Abbaye de Luxeu & le Comte de Champagne, recité par *Pithou en ses Memoires.* Voyez la *Bibliotheque de Bouchel*, verbo *Pariage.*

5   Les Coseigneurs avec le Roy en pariage, ne peuvent proceder à faire leurs reconnoissances sans appeller le Procureur du Roy du lieu, s'il y en a, ou du Siege plus prochain. Arrêt du 17. May 1541. entre le Procureur General du Roy & le Syndic de l'Eglise Collegiale de Castelnaudary. Autre Arrêt du 6. May 1566. entre le même Procureur General & le sieur de Pauliac. *La Rocheflavin, des Droits Seigneuriaux, chap. 1. art. 12.*

6   Celuy qui est Seigneur en pariage avec le Roy, ne

peut contraindre aucuns de ses Sujets à luy faire hommage, ou passer reconnoissance, sans à ce appeller le Procureur General du Roy, ou ses Substituts aux Sieges Royaux, comme il feroit s'il étoit avec d'autres, & ce pour obvier aux usurpations qu'on pourroit faire des Seigneurs. Par Arrêt de l'an 1540. entre certains Seigneurs directs du païs d'Albigeois en pariage avec le Roy, il fut défendu à tous Seigneurs en pariage avec le Roy, de faire ni proceder aux reconnoissances des fiefs en pariage, sans à ce appeller le Procureur du Roy sur les lieux. Et par Arrêt du 6. May 1566. les reconnoissances faites par un Coseigneur de Verfuel en Roüergue, sans avoir appellé le Procureur du Roy furent cassées. *Ibidem, chap. 24. art. 2.*

7   Par plusieurs Arrêts, & entre autres le 16. Février 1615. il a été jugé que le Roy étant en pariage avec un autre Seigneur, le Juge est créé alternativement. Le fait étoit que les Abbez de Simore en étant seuls Seigneurs, avoient pris le Roy en pariage, & parce que suivant les anciennes Ordonnances & Arrêts, qui avoit le Roy pour compagnon, l'avoit pour maître; il étoit arrivé que le Juge établi par le Roy avoit exercé seul long-temps la Justice au nom du Roy & de l'Abbé, sans que l'Abbé y eût créé aucun Juge, sinon depuis quelques années; auquel celuy mis par le Roy s'étant opposé, prétendant être Juge pour tous deux, & disant que ce seroit autrement luy ôter la moitié de son Office, & que l'Abbé se devoit contenter qu'il rendoit la Justice au nom de tous deux, offrant prêter le serment entre les mains de l'Abbé. L'Abbé disoit au contraire, qu'étant Seigneur par moitié, il pouvoit avoir un Juge; que cela étoit décidé par l'Ordonnance de Charles IX donnée à Orleans article 25. du Reglement de la Justice, où il est dit qu'au lieu où la Justice est exercée en commun sous l'autorité du Roy & sous le nom d'autres Seigneurs, il n'y aura qu'un Juge pour exercer l'entiere Justice, lequel y sera commis alternativement de trois ans en trois ans par le Roy ou le Sujet. *De Cambolas, livre 4. chap. 2.*

8   Quand un Seigneur est en pariage avec un autre, il peut faire proceder à ses reconnoissances sans l'appeller, & suivant l'usage. Quand il y a plusieurs Seigneurs directs, leur nombre n'est pas un obstacle à l'un d'eux, pour l'empêcher de faire sa reconnoissance generale, & de faire proceder encore, s'il le veut ainsi, à l'arpentement de tout le terroir, afin de pouvoir discerner les fiefs, comme il a été préjugé le 15. Avril 1674. Le Seigneur pariager est toûjours en droit de faire reconnoître à son tour, sans qu'on puisse s'en dispenser, sous prétexte de la reconnoissance faite au Roy. Arrêt du 29. Janvier 1675. pour le Seigneur de Saint Jean de Vives. *Graverol sur la Rocheflavin, des Droits Seigneuriaux, chap. 1. art. 12.*

PARJURE.

DU parjure, des cas où il a lieu, & de la peine 1 des parjures. *Julius Clarus*, li. 5. *sententiarum, &* les annotations qui sont à la fin de l'Ouvrage du même Auteur. §. *Parricidium.*

2   Du parjure & de sa peine. *Voyez Franc. Marc. en ses décisions du Parlement de Dauphiné, to. 1. quest. 665.*

3   Arrêt du Parlement de Paris de l'an 1553. par lequel l'amende honoraire d'un parjure a été remise en une pecuniaire de cent sols. Autre Arrêt du 2. Septembre 1576. par lequel un parjure ayant affirmé ne rien devoir, fut condamné à payer une double amende au Roy & à la Partie, outre le principal. *Papon, liv. 22. tit. 12. n. 10.*

4   Après le serment on ne peut agir pour le parjure. Arrêt du Parlement de Dijon du mois d'Août 1556. *Bouvot, tome 1. part. 3. verbo Parjure.*

5   Arrêt du Parlement de Provence du 1. Juin 1656. qui punit un parjure en l'amende applicable au luminaire

luminaire du Saint Sacrement. *Boniface, to. 5. liv. 3. titre 1. chapitre 13.*
Voyez le mot Serment.

PARLEMENT.

1. DE l'origine, pouvoir & droits des Parlemens. *Voyez la Bibliotheque du Droit François par Bouchel verbo Parlemens ; Papon dans son Prologue à la fin de son livre 1.*

2. De la creation des douze Parlemens de France. *Voyez l'avant-propos du Traité des criées par Me. Bruneau, édition de 1704.*

3. *De institutione Parlamentorum Philippi IV. cognomento Pulchri.* Du Moulin, to. 2. p. 487. où est la troisième partie de l'ancien Stile du Parlement.

4. *De Parlamentis & eorum authorib.* Per Jo. Montaygne, *cum additionibus* Nicolai Boerii.

5. Ordonnance generale pour les Cours de Parlement de France. *Joly, des Offices de France, to. 1. liv. 1. tit. 53. p. 323.*

6. Du devoir des Présidens & Conseillers de la Cour, & de leur Charge en l'expedition & Reglement des procez, & de ce qui concerne le Corps de ladite Cour. *Joly, des Offices de France, to. 1. liv. 1. tit. 4. pag. 24. & aux additions, pag. ij. iv. v. vj. lx. lxij. lxxij. lxxiij. cv. cvj. & cvij.*

7. Du devoir en la Charge des Officiers du Parlement en l'expedition & reglement des procez, & de ce qui concerne le Corps de la Cour. *Ordonnances de Fontanon, to. 1. liv. 1. tit. 7.*

8. De l'instruction des procez en la Cour de Parlement, & quelles causes y peuvent être introduites en première Instance : *V. Joly, des Offices de France, to. 1. liv. 1. tit. 28. p. 288.*

9. *Voyez dans la Bibliotheque du Droit François par Bouchel, verbo Sceaux;* plusieurs Reglemens concernans les Chancelleries des Parlemens & Présidiaux ; & cy-dessus le mot *Chancellerie.*

10. De la Cour de Parlement. *Voyez Du Luc, livre 4. tit. 1. chap. 1.*

11. *Voyez Rebuffe Proœm. Concord.* sur le mot *Curias summas*, où il explique les droits & privileges du Parlement.

12. Des privileges, immunitez & exemptions des Officiers des Parlemens. *Voyez la Rocheflavin, des Parlemens de France, livre 10.* Le même Auteur a fait un traité curieux des Parlemens de France, de leur origine & institution. Il a été imprimé à *Bourdeaux* en 1617.
A ces Livres, il faut ajoûter *Vincentius Lupanius, Comment. de Magistratibus & Præfecturis Francorum,* Fauchet dans son livre intitulé, *Origine des Dignitez & Magistrats de France* ; le Discours fait par *Charles de Figon,* tant du Gouvernement que de la Justice ; Barthelemy Chassanée de *Præsidibus Parlamenti, p. vij. Catal. gloria mundi* ; Chenu, des *Offices de France* ; le Memoire de Pierre Miraumont, *sur l'origine & institution des Cours Souveraines;* Joly, des *Offices de France, to. 1. li. 1. tit. 1. & aux additions, p. j. ij. jusqu'à la cv.* Coquille, to. 2. en son *Institution au Droit Franç. p. 2.*

13. Anciennement le Parlement suivoit la Justice souveraine. Le Roy Philippes de Valois l'a fait établir sedentaire & ordinaire en la ville de Paris; d'autres attribuënt cette institution à Loüis Hutin, fils du Roy Philippes le Bel en l'an 1315. lequel Philippes aussi luy en l'an 1302. avoit ordonné que le Parlement tiendroit deux fois l'an en la ville de Paris. Ce Parlement de Paris est le plus ancien. Celuy de Toulouse a été fait sedentaire en 1443. par Charles VII. Celuy de Dijon en 1476. par Loüis XI. Celuy de Roüen en 1499. par Loüis XII. au lieu de l'Echiquier. Celuy d'Aix en 1501. par le même Roy. Celuy de Bretagne en 1553. par Henry II. Celuy du Duché d'Aquitaine, qui est de present à Bourdeaux dés l'an 1501. a été premierement établi en la ville de
Tome III.

Toulouse, avec celuy du païs de Languedoc par Charles VII. *Bibliotheque de Bouchel, verbo Parlement ; & cy-après le nombre 16. & suivans,* où il sera parlé de chaque Parlement suivant l'ordre alphabetique.

14. Ordre & ceremonies observés aux Parlemens, lorsque les Rois y prennent séance. *Voyez Filleau, part. 3. tit. 11. chap. 9. & suivans.*

15. En 1460. le 7. Août la Cour de Parlement de Toulouse avertie de la mort du Roy, délibera & conclut qu'attendant nouvelles du bon plaisir du Prince nouvellement venant à la Couronne, l'on ne tiendroit Audience ni Plaidoirie, ni prononceroit Arrêt ; mais seroient mis sur le Bureau les procez étans prêts à vuider. Et neanmoins s'il survenoit affaire requerant nouvelle provision, la Cour y procederoit par Lettres & Mandemens intitulez, *les Gens tenans le Parlement Royal de Toulouse,* & le scelleroit seulement du Sceau d'icelle Cour, sans faire mention du Roy défunt ni nouveau son successeur. *Papon, liv. 4. tit. 2. nomb. 2.*

PARLEMENT D'AIX.

16. Le Parlement de Provence séant à Aix fut établi par le Roy Loüis XII. en 1501. Il est le septième Parlement de France.

17. Du Parlement d'Aix en Provence. *Voyez le Recüeil des Ordonnances par Fontanon, to. 1. liv. 1. tit. 20. p. 101. & Joly, des Offices de France, tome 1. liv. 1. tit. 60. p. 472. & aux additions, p. ccx.*

17 bis. Les Parlemens Juges d'équité, & sommairement; les autres Juges n'ont pas ce privilege. *Voyez les questions 29. 58. & 110. de Guy Pape,* & Chorier, p. 75.

18. L'Archevêque d'Aix prétendoit faire entrer la croix dans la Chambre de l'Audience, l'on s'y opposa. M. l'Archevêque d'Aix fit donner assignation au Procureur General ; sur cette assignation le Parlement délibera; il fut resolu, attendu ce qui a été fait lors par le Procureur General du Roy, & par luy ordonné aux Huissiers, de ne laisser entrer la croix d'un Archevêque dans la Grand' Chambre de l'Audience, ains de la faire tenir à la Chapelle qui est à l'entrée d'icelle, fut par l'exprès commandement de la Cour qui l'en chargea pour la conservation de l'autorité du Roy, & empêcher l'entreprise que ledit Archevêque vouloit faire, chose qu'aucun de ses predecesseurs n'avoit ni tentée, ni seulement pensée, n'étant permis à personne d'entrer avec marque de Jurisdiction aux lieux qui sont gardez par les Huissiers;a ordonné & ordonne que seront faites & envoyées tres-humbles remontrances à Sa Majesté de la part de ladite Cour, pour luy faire entendre l'importance de ce fait,& quel danger apporteroit à la seureté de son Etat, & quelle diminution à l'autorité de sa Justice, s'il falloit que des Procureurs Generaux allassent répondre ailleurs qu'esdites Cours où ils sont établis, de ce qu'ils font en leurs Charges pour la conservation des droits de sa Majesté, & execution des Ordonnances desdites Cours, & en cas que par lesdites remontrances Sa Majesté ne demeurât amplement instruite & satisfaite, & ne luy plût décharger ledit Procureur General de ladite assignation, seront deputez un Président, deux Conseillers, & un des Avocats & Procureur Generaux du Roy, pour aller vers sadite Majesté, pour la pleinement informer de la verité & importance de cette affaire,& neanmoins luy representer les entreprises qui se font journellement contre ses droits & son autorité, & desquelles il ne peut lever la connoissance à ladite Cour, sans mettre la Province, & tout en évident danger d'une entiere ruine, jusqu'à ce que sur lesdites remontrances faites par écrit & de bouche, Sa Majesté ait déclaré sa volonté, ladite Cour a fait inhibitions à sondir Procureur General de comparoître à ladite assignation. Cet Arrêt est du 14. Decembre 1614. en suite sont les remontrances dressées par M. Du Vair

C

lors Premier Préfident d'Aix, fur la pourfuite faite au Conſeil de Sa Majeſté. *Voyez le 1. tome des Preuves des Libertez, chap. 7. n. 64.*

19　Arrêt de Reglement du Conſeil d'Etat entre le Gouverneur de Provence & la Cour de Parlement d'Aix du 8. Mars 1635. pour l'exercice de la Juriſdiction. *Boniface, tome 3. liv. 1. tit. 5. chap. 1.*

20　Edit portant que le Parlement de Provence ſera tenu par deux ſéances, & ouvertures Semeſtres ; ſuppreſſion à perpetuité de la Chambre des Requêtes dudit Parlement. commutation des Officiers deſdites Requêtes en Officiers dudit Parlement, creation d'autres Offices pour compoſer avec leſdits Officiers des Requêtes le Semeſtre de Janvier ; rétabliſſement aux Officiers de Sénéchauſſées, Vigueries, & autres Juriſdictions ſubalternes du Reſſort de ladite Cour, de leur ancien pouvoir & Juriſdiction : creation de quatre Offices d'Huiſſiers en chacune deſdites Sénéchauſſées, & Vigueries, & d'un Sergent Royal en chacune des autres Juriſdictions du Comté de Provence, Forcalquier, & Terres adjacentes. A Fontainebleau en Octobre 1647. publié au Sceau le 27. Novembre de la même année. *Table Chronologique des Ordonnances par Mᵉ. Blanchard.*

21　Reſultat des Deliberations de Meſſieurs du Parlement d'*Aix* priſes au ſujet des Mercuriales preſentées à la Cour par Meſſieurs les Gens du Roy au mois d'Août 1676. & 1677. *Voyez Boniface, to. 3 p. 75.* il y a en cet endroit tout ce qui concerne la diſcipline & ordre entre les Officiers du Parlement. *Voyez le même Auteur au même tome 3. p. 67.* où eſt un Reglement general pour le Parlement de Provence, Chambre des Comptes, & Cour des Aydes concernant leur Juriſdiction.

22　Declaration qui abroge l'uſage établi dans le Parlement de Provence, de faire rapporter les Conſeillers après leur reſignation. A S. Germain en Laye le 12. Juillet 1680.
Voyez cy après le nombre 85.

PARLEMENT DE BESANÇON.

22bis　Le Roy rétablit en 1674. le Parlement de Franche-Comté à Dole. Il eſt preſentement à Beſançon.

PARLEMENT DE BOURDEAUX.

23　Le quatriéme Parlement de France eſt celuy de Bourdeaux, inſtitué par le Roy Loüis XI. en 1462. Il comprend le Perigord, le Limoſin, le Bourdelois, les Landes, la Saintonge, le Baſadois, la haute Gaſcogne, partie de la Biſcaye, & le Medoc.

24　Du Parlement de Bourdeaux & de ſon Reſſort. *Voyez Fontanon, to. 1. liv. 1. tit. 18. p. 94. & Joly, des Offices de France, to. tome 1. liv. 1. tit. 56. p. 349. & aux additions p. clxxxix.*

25　Declaration du Roy du 21. Janvier 1685. portant Reglement ſur quelques points de la diſcipline interieure du Parlement de Guyenne. *Voyez les Edits & Arrêts recueillis par l'ordre de M. le Chancelier en 1687. Voyez cy-après le nombre 38.*

PARLEMENT DE BRETAGNE.

26　Le huitiéme Parlement de France eſt celuy de Bretagne, qui eſt Semeſtre ; il fut établi l'an 1553. à Rennes par le Roy Henry II. il fut transferé à Vannes en 1675. & depuis remis à Rennes.

Du Parlement de Bretagne. *Joly, des Offices de France, to. 1. li. 1. tit. 61. p. 558. & aux additions p. ccx. & Fontanon, to. 1. li. 1. tit. 21. p. 107.*

PARLEMENT DE DIJON.

27　Le cinquiéme Parlement de France eſt celuy de Dijon, pour la Bourgogne ; il fut inſtitué par le Roy Loüis XI. en 1476. & fut rendu ſedentaire par le Roy Charles VIII. en 1494.

Du Parlement de Dijon en Bourgogne. *Voyez Joly, des Offices de France, to. 1. liv. 1. tit. 57. p. 360. & aux additions page cxcᵒj. & ſuiv. & le Recüeil de Fontanon, to. 1. liv. 1. tit. 19. p. 98.*

PARLEMENT DE DOMBES.
Voyez le mot Dombes.

PARLEMENT DE GRENOBLE.

19　Le troiſiéme Parlement de France eſt celuy de Grenoble. Il comprend le Dauphiné. Il eut premierement le nom de Conſeil Delphinal, & le Roy Charles VII. l'établit en Parlement, l'an 1453.

Du Parlement de Grenoble. *Voyez Joly, des Offices de France, to. 1. liv. 1. tit. 59. p. 426. & aux additions p. ccix. & Chorier, en ſa Juriſprudence de Guy Pape, page 67.*

30　Par le Statut du Gouverneur Jacques de Montmaur de l'an 1399. & par celuy de Guillaume de Loire de l'an 1400. le Parlement de *Grenoble* connoît de même en premiere Inſtance du Domaine des Droits Royaux, & de la Regale, des cauſes & des interêts des Archevêchez, Evêchez, Chapitres, Abbayes, Commanderies de S. Jean de Jeruſalem, Comtez, Baronnies, Villes & Communautez, & des excés, crimes, délits & ſalaires des Officiers, ſuivant la diſpoſition de l'Ordonnance d'Abbeville dans les articles 23. & 24. *Voyez Chorier, en ſa Juriſprudence de Guy Pape, p. 80.*

31　Arrêt de Reglement du Parl. de Grenoble du 18. Juillet 1633. qui ordonne entre autres choſes, que les Préſidens, les Conſeillers & les Gens du Roy, ne paroîtront en public qu'en robe longue, en ſoutane & en long manteau ; qu'ils ne porteront que des habits noirs, & ni or ni argent ; que le Parlement étant ſéant, ils ne recevront qu'en habits longs les parties dans leurs maiſons ; qu'ils ne fréquenteront ni les Cabarets ni les Académies publiques de jeux de cartes & de dez ; qu'ils ne ſolliciteront ni ne recommanderont aucuns procez que pour leurs proches parens, ou pour leurs alliez ; enfin qu'ils ne feront aucune action qui ne ſoit digne d'Officiers de Cours Souveraines, à peine pour la premiere contravention de 50 livres, de 100. livres pour la ſeconde, & pour la troiſiéme interdiction pendant trois mois. Ce Reglement eſt rapporté *Ibidem, page 72.*

32　Permis au Parlement de *Grenoble* de juger les procez à l'extraordinaire, pourvû que les parties y conſentent, & qu'elles ne ſoient du Reſſort. *V. Baſſet, to. 1. liv. 2. titre 4. ch. 2.*
Voyez cy-après le nombre 86.

PARLEMENT DE METS.

33　En 1633. Loüis XIII. inſtitua le Parlement de Mets, qui eſt le dixiéme Parlement de France, pour le païs Meſſin & pour Mets, Toul & Verdun.

Du Parlement de Mets. *Joly, des Offices de France, to. 1. liv. 1. tit. 63. & aux additions p. ccxxiij.*

PARLEMENT DE PARIS.

5　Le Parlement de Paris eſt le premier de tous les
5bis　Parlemens, il fut ambulatoire juſqu'au regne de Philippes le Bel, qui le déclara ſedentaire à Paris, par Edit de l'an 1301. Ceux qui préſidoient étoient alors nommez Maîtres du Parlement ; Philippes de Valois par Edit de 1344. les honora du titre de Préſidens. Le premier fut Simon de Buon.

Le Parlement de *Paris* connoît des droits de Regale, & des Pairies, privativement aux autres Parlemens. Il connoît auſſi en premiere Inſtance, tant au Civil qu'au Criminel, des cauſes des Pairs de France, & des droits de leurs Pairies, qu'ils tiennent en apanage de la Couronne ; des cauſes de l'Univerſité de Paris, & de pluſieurs autres Communautez qui y ont leurs cauſes commiſes ; des cauſes où Monſieur le Procureur General eſt partie ; des procez criminels des principaux Officiers de la Couronne, & des Préſidens & Conſeillers de la Cour ; des crimes de leze Majeſté, contre toutes ſortes de perſonnes ; de la confirmation des privileges des Villes & Communautez ; des interpretations & reformations des Coûtumes ; de la verification des Edits, Ordonnances & Declarations des Rois de France.

Le Parlement de Paris reçoit auſſi le ſerment des Ducs & Pairs, des Baillifs & Sénéchaux, & de tous les Juges & Magiſtrats, dont les appellations ſe relevent immédiatement pardevant luy. Il eſt compoſé de ſept Chambres, qui ſont la Grand'-Chambre, la cinq Chambres des Enquêtes, & la Chambre de la Tournelle.

Les Provinces du Reſſort de ce Parlement, ſont l'Iſle de France, la Beauſſe, la Sologne, le Berry, l'Auvergne, le Lyonnois, le Forêts, le Beaujolois, le Poitou, l'Anjou, l'Angoûmois, le Maine, le Perche, la Picardie, la Brie, la Champagne, la Touraine, le Nivernois, le Bourbonnois, & le Mâconnois.

34 Du Parlement de Paris, & autres Parlemens du Royaume. Voyez Coquille, to. 2. en ſon Inſtitution au Droit François, page 2.

Voyez le Recueïl de Fontanon, to. 1. liv. 1. tit.2. p. 9. & Joly, des Offices de France, to.1. liv. 1. tit. 1. & aux additions, p. j. ij. juſqu'à la cv. & tit. 15.p.199.

35 De l'étenduë du Parlement de Paris & de ſes anciens Reſſorts. V. Corbin, traité du Patronage, to.1. chapitre 1.

36 Le Parlement de Paris connoiſſoit anciennement & en certains cas des appellations de la Chambre des Comptes. Papon, liv. 4. tit. 6. n. 4.

37 Archevêques & Evêques, s'ils ne ſont Pairs de France, hors l'Evêque de Paris & l'Abbé de Saint Denis, n'ont séance au Parlement au rang des Conſeillers. Arrêt du 27. Avril 1463. L'Abbé de Cluny & l'Ambaſſadeur d'Autriche y ont été reçus en 1482. Ibidem, nomb. 11.

38 En l'an 1464. ceux du Parlement de Bordeaux voulurent contraindre les Sujets de la Comté d'Angoulême de reſſortir au Parlement de Bordeaux; mais par Arrêt du Grand Conſeil, il fut expreſſément ordonné qu'attendu les droits de parties, deſquels le Roy & le Grand Conſeil furent alors informez, les Sujets du Comté d'Angoulême reſſortiroient au Parlement de Paris, nonobſtant que ledit Comté fût és fins & limites du Reſſort du Parlement de Bordeaux. Voyez le Recueïl des Plaidoyers notables, p. 57.

39 Ordonnance du Roy en l'an 1465. que les Préſidens & Conſeillers de Paris & de Touloſe ſe trouvant d'un Parlement en l'autre, y feroient reçûs, & donneroient conſeil; de même que s'ils étoient du Corps du Parl. Meſſieurs de Paris ne voulurent la verifier, prétendant qu'ils avoient de tout temps ce droit ſur les Parlemens, mais non les autres ſur eux. De là vint que le 6. Août 1466. la Cour de Touloſe ordonna que les Préſidens ou Conſeillers de Paris venant à Touloſe n'entreroient point au Conſeil, & ne feroient point reçûs à aſſiſter avec eux juſqu'à ce que le Parlement de Paris eût obéi à l'Ordonnance. Maintenant on n'en fait difficulté. Voyez Mainard,li. 2. des queſt. ch. 14. Papon, li. 4. tit.6.nomb. 9.

40 Le 5. Février 1531. il fut conclu en la troiſiéme Chambre des Enquêtes, que déſormais Meſſieurs tiendront depuis la ſaint Martin juſqu'à Pâques, à ſept heures du matin, & entreront en ladite Chambre ladite heure ſonnante; & depuis Pâques juſqu'à la fin du Parlement à 8. heures ſonnantes; & après dîné à trois heures; & en Carême à 4. heures leſdites heures ſonnantes, & où meſdits ſieurs ne ſe trouveront à chacune des heures & ſelon ladite forme, ils & chacun d'eux défaillans payeront pour chacune fois 5. ſ. tournois, laquelle ſomme ſera miſe entre les mains d'un de meſdits ſieurs qui auront charge de faire recette des eſpices communes, & d'icelle ſera faite diſtribution entre tous, & auſſi ſe prendra ladite ſomme & amende ſur la part du défaillant à luy dûë ſur les eſpices communes; toutefois Ordonnance n'aura pas lieu contre les excuſez. Bibliot. de Bouchel, verbo Entrée en la Cour.

41 Le Parlement de Paris a été ſouvent le mediateur
Tome III.

& le Juge ſans reproche des differends entre les Souverains, & les têtes Couronnées; les Hiſtoriens en fourniſſent pluſieurs exemples; les Ducs & Comtes d'Italie y ont été mandez pour rendre raiſon de leurs déportemens. Nos Rois s'étant reſervé toute ſouveraineté après la conquête d'Italie; Taſſillon Duc de Baviere fut obligé d'y venir, pour ſe purger du crime de rebellion que l'on luy impoſoit. Ce fut ce Parlement qui decreta ajournement perſonnel contre l'Empereur Charles Quint en l'an 1536. Edmond rapporte qu'un Pape ayant excommunié le Comte de Toſcanelle Formoſe Evêque du Port, le Pape fit porter au Parlement ſon procez verbal de ce qu'il avoit fait; les Rois étrangers y ont quelquefois envoyé leurs accords & contracts pour y être omologués,& les Rois de France même y ont ſouvent perdu leur cauſe quand elle n'a pas été trouvée juſte. Bibliot.Can. to. 2. p. 414.

42 Statuons & ordonnons qu'en tous actes & aſſemblées publiques qui ſeront faites en nôtre Ville de Paris, & hors d'icelle, où leſdites aſſemblées ſe feront par nôtre Ordonnance & Commandement ; nôtre Cour de Parlement ira & marchera la premiere, & après elle immediatement ira & marchera nôtre Chambre des Comptes, & après ladite Chambre marchera nôtre Cour des Aydes, & après, la Chambre de nos Monnoyes, & après elle, le Prévôt de Paris & Officiers du Châtelet, & après eux le Prévôt des Marchands & Echevins; & Officiers de nôtre Ville de Paris; chacun à part & ſeparément, ſans que l'un cottoye ni ne puiſſe cottoyer l'autre, ni ſe mêler. Donné au mois d'Avril 1557. Filleau, part.3.tit.11.ch.49.

43 Sur l'Edit du rétabliſſement du Parlement en la Ville de Paris, après la réduction d'icelle. Voyez la huitiéme action de M. le Bret, pour l'enregiſtrement des Lettres patentes en 1594.

44 Le Parlement de Paris avoit par un Arrêt invité les Princes, Ducs, Pairs, & Officiers de la Couronne ayant séance, & voix deliberative de s'y trouver pour aviſer aux propoſitions qui ſeroient faites pour le ſervice de ſa Majeſté, ſoulagement de ſes ſujets, & bien du Royaume. Arrêt du Conſeil d'Etat du 23. May 1615. qui caſſe & déclare nul celuy du Parlement, luy défend de s'entremettre à l'avenir des affaires d'Etat, ſinon quand il luy ſera commandé; afin que la memoire de cette entrepriſe ſoit éteinte, ordonne que l'Arrêt, enſemble les remontrances ſoient biffées & ôtées des Reglemens, le Greffier tenu de les apporter à Sa Majeſté, à peine de perdre ſon Office, ſe reſervant Sa Majeſté de pourvoir aux plaintes & remontrances. Les Edits ſeront envoyez à tous les Parlemens, & autres Cours Souveraines pour les verifier, & y faire les remontrances qu'ils jugeront en leur conſcience devoir être utiles au public; lors elle les recevra volontiers, les mettra en conſideration, & y aura autant d'égard qu'il ſera requis pour témoigner le ſoin que Sa Majeſté veut avoir du bien & ſoulagement de ſes bons ſujets. Voyez la Bibliot. de Bouchel, verbo Remontrance.

45 Declaration du 6. Juillet 1680. portant reglement ſur les differends d'entre le Parlement de Rouen & la Chambre des Requêtes. Voyez les Edits & Arrêts imprimez par l'ordre de M. le Chancelier p. 137.

46 On ne peut pas évoquer au Parlement de Paris les cauſes de Pairie, même pour le fait des parentez & alliances de Meſſieurs les Ducs & Pairs. Arrêt du Conſeil privé du 10. Mars 1694. Journ. des Audiences, to. 5. liv. 10. ch. 8

PARLEMENT DE PAU.

47 Le neuviéme Parlement de France eſt celuy de Pau, qui comprend les Evêchez de Leſcar & d'Oleron, il fut établi en 1519. par Henry II. Roy de Navarre, Prince de Bearn, & fut rétabli en 1621. par le Roy Loüis XIII.

Du Parlement de Pau. Voyez Joly des Offices de
C ij

France, tome 1. liv. 1. tit. 62. page 594. & aux additions, page ccxiv.

PARLEMENT DE ROUEN.

48 Le sixième Parlement de France est la Cour Souveraine de Normandie à Roüen, reglée sous le nom d'Echiquier par le Roy Philippes *le Bel* en 1302. elle fut rendue perpetuelle par le Roy Loüis XII. en 1499. & reçut du Roy François premier le nom de Parlement l'an 1515.

Edit du Roy Loüis XII. portant érection & établissement d'un Parlement en la Ville de Roüen, pour le Pays & Duché de Normandie, au lieu de l'Echiquier qui avoit accoûtumé tenir audit pays, avec suppression de la Cour de la grande Sénéchauffée, & l'établissement du Sceau en iceluy. Donné au Moutils sous Blois, au mois d'Avril l'an de grace 1499. Cet Edit avec ceux concernans la création & érection des Chambres des Requêtes & de l'Edit sont rapportez par *Berault à la fin du 2. to. de la Coût. de Norm.* *Voyez* Fontanon tome 1. liv. 1. tit. 22. p. 115. & Joly, *des Offices de France*, to. 1. liv. 1. tit. 58. page 396. & *suiv. & aux additions, p. cxcvj.*

49 Declaration portant reglement pour les differends qui sont entre le Parlement & la Chambre des Requêtes du Palais de la Ville de Roüen. A Fontainebleau le 6. Juillet 1680. Registrée le 9 Août de la même année.

PARLEMENT DE TOULOUSE.

50 Le second Parlement de France est celuy de Toulouse. Il fut institué par le Roy Philippes *le Bel* en 1302. & rendu sédentaire par le Roy Charles VII. en 1443. Il a sous sa Jurisdiction le Languedoc, le Vivarais, le Velai, le Gevaudan, l'Albigeois, le Quercy, le Roüergue, le Lauragais, le Pays de Foix, & partie de la Gascogne. Les Conseillers du Parlement de Paris prétendent avoir droit de séance dans les autres Parlemens. Le Roy Charles VII. permit en 1454. aux Conseillers de Toulouse d'avoir même droit au Parlement de Paris, où l'on refusa de verifier l'Ordonnance. La Cour de Toulouse donna un Arrêt en 1466. par lequel elle protesta que les Conseillers de Paris ne seroient point reçus à Toulouse, qu'ils n'eussent satisfait à l'Ordonnance.

Du Parlement de Toulouse, & de son Ressort. *Joly des Offices de France*, tome 1. liv. 1. tit. 54. page 325. & aux additions, page clxxix. & suiv. & le Recüeil des Ordonnances de Fontanon, tome 1. livre 1. tit. 18. page 94.

51 Commission du Roy au Parlement de *Toulouse* pour faire le procez au Parlement de *Bourdeaux*, à cause de sédition & émotion populaire. *Voyez la Rocheflavin, liv.* 13. chap. 20. p. 721.

52 Arrêt du Parlement de Toulouse du 4. Avril 1463. qui fait défenses au Sénéchal de plus entreprendre cour ou connoissance sur les Clercs, Serviteurs, Domestiques des Présidens & Conseillers, mais de faire apporter en la Cour toutes les charges qu'il avoit contr'eux pour en faire justice. Du Moulin dit que cet Arrêt est injuste, & ne s'observe point à Paris. *Papon, liv.* 5. tit. 12. n. 8. & Mainard, *liv.* 2. chap. 21. de ses quest.

53 De la forme qu'on a accoûtumé d'observer en la nomination de l'Office de premier Président au Parlement de Toulouse. *Cambolas, liv.* 6. chap. 25.

54 Arrivée du Roy Loüis XIII. en Languedoc en Septembre 1632 où il tint les Etats, & vint après à Toulouse faire le procez à Monsieur de Montmorency. *Voyez ibidem chap.* 37. où est marqué la séance des Cours.

55 Dans le *Recüeil des Arrêts du Conseil d'Etat* donnés en interprétation des nouvelles Ordonnances, il y en a un du 23. Septembre 1668. qui est un Reglement notable entre la Grand'Chambre du Parlement de Toulouse & les Enquêtes pour l'execution des articles 24. & 28. titre 11. & art. 34. tit. 35. de

l'Ordonnance de 1667. par lequel le Roy ordonne qu'après que les Requêtes civiles auront été appointées, elles seront renvoyées aux Chambres, où les Arrêts auront été rendus pour y être instruites, jugées, encore que lesdites Requêtes fussent fondées sur la contrarieté des Arrêts, que l'instruction des procez par écrit sera faite dans la Chambre des Enquêtes où ils auront été distribuez, que les incidens & interventions, demandes en excez, incidentes au civil jusqu'à la confrontation exclusivement, & les défauts criminels seront aussi portez, instruits, & jugez en la maniere prescrite par l'Ordonnance de 1667. ès Chambres où les procez seront pendans, que les executions des Arrêts, même les decrets des biens saisis en execution d'iceux, & les oppositions des tiers, & les appels des Ordonnances & procedures des Commissaires executeurs des Arrêts seront aussi portées, instruites & jugées aux Chambres où les Arrêts auront été rendus; ordonne sa Majesté que ladite Grand'Chambre connoîtra par provision, & jusqu'à ce que sa Majesté y ait pourvû par un Reglement general, de tous les appels des taxes de dépens ajugez ausdites Chambres des Enquêtes, comme aussi de l'instruction de tous les procez par écrit relevez par appel audit Parlement, jusqu'à la distribution qui en sera faite ausdites Chambres des Enquêtes, & pour ce qui concerne l'indemnité prétendüe par ladite Grand'Chambre sur les procez par écrit, à cause du jugement fait en son ancien partage, en consequence de sadite Ordonnance & dudit Arrêt du mois d'Avril dernier, à sa Majesté ordonné & ordonne qu'il en sera délibéré dans l'assemblée des Chambres dudit Parlement, pour la deliberation prise en ladite assemblée, & rapportée à sa Majesté, être pourvû ainsi que de raison.

Bornier rapporte une partie de cet Arrêt sur l'article 24. au titre 11. de l'Ordonnance de 1667.

56 Declaration portant que les Conseillers du Parlement de Toulouse ne pourront travailler sans être assistez d'un Président, à S. Germain en Laye le 10. Mars 1681.

Voyez cy-après le nombre 83.

PARLEMENT DE TOURNAY.

57 Messire Mathieu Pinault, Seigneur des Jaunaux, Président à Mortier de ce Parlement, a fait un Recüeil des Arrêts qui y ont été rendus depuis le 23. Octobre 1693. jusqu'à la fin de 1699.

EVESQUES AUX PARLEMENS.

Voyez le mot *Evêque*, nomb. 204. & suiv. & cy-dessus le nomb. 37.

58 Les Archevêques & les Evêques ont entrée & séance dans les Audiences; mais il faut qu'ils s'y presentent en rochet & en camail, suivant le Reglement & l'arrêté du mois de Mars 1558. *Voyez Chorier en sa Jurisprudence de Guy Pape.*

59 Arrêt du Parlement de Toulouse du onze Janvier 1469. portant que les Evêques ou Prélats, quand même ils seroient Conseillers du Parlement de Paris, ne seroient plus reçus à assister aux déliberations de la Cour. *Papon liv.* 4. tit. 6. n. 10.

60 Les Comtes ou les Conseillers du Conseil d'Etat n'ont point séance ni voix déliberative au Parlement de Toulouse. Arrêt de ce Parlement du 4. Juillet 1576. Cependant la séance & voix déliberative furent accordées à M. Dubourg, Evêque de Rieux, parce qu'il avoit été Maître des Requêtes, étoit fils d'un Chancelier de France, & avoit eu le même honneur à Paris. *Mainard* to. 1. liv. 1. ch. 8.

61 Arrêt du Parlement de Provence du 5. Decembre 1639. qui a déclaré que les Evêques en cette qualité peuvent porter leurs causes au Parlement en premiere instance en actions personnelles. *Boniface*, tom. 1. liv. 1. tit. 13. n. 1.

PARLEMENT, GRAND CONSEIL.

62 Arrêt du 17. Février 1499. qui ordonne qu'un ap-

pellant du Grand Conseil seroit reçû à la Cour. D'autre part quand les parties alleguent qu'elles sont de divers Parlemens, la Cour renvoye au Grand Conseil. Arrêt du 20. Janvier 1563. *Papon , liv. 4. tit. 6. nomb. 5.*

63 La Cour doit être mise devant le Grand Conseil. *Voyez du Luo, liv. 4. tit. 1. ch. 11. & le mot , Grand Conseil.*

JURISDICTION DES PARLEMENS.

64 *De quibus causis Curia Parlamenti cognoscere consuevit,* Du Moulin, to. 2. pag. 470. & suiv. & l'ancien stile du Parlement.

65 A Messieurs du Parlement appartient , privativement à tous autres Parlemens , la connoissance des Offices, comme fut jugé en un appel des Maîtres des Requêtes de l'Hôtel, qui avoient mis les procedures faites au Parlement de Roüen au neant, & retenu la connoissance de deux plaidans d'un Office de Verdier de Normandie le 15. May 1564. *Papon , liv. 4. tit. 6. nº 8.*

66 Les parties qui ont terminé leur procés par transaction , ne peuvent regulierement se retirer d'abord en la Cour, pour y demander cassation de la transaction , au moyen de laquelle le procés qui y étoit pendant , demeurant fini , il n'y a plus d'instance ; elles doivent se retirer pardevant les Officiers ordinaires des lieux , neanmoins par Arrêt du 13. Février 1631. il fut dit , à cause de la pauvreté des parties , qu'elles procederoient en la Cour. Cet Arrêt est rapporté par *Boné*, part. 2. pag. 124. *Arr. 51.*

67 Arrêts du Parlement de Provence des 21. Novembre 1639. & 7. May 1647. qui permettent aux veuves pauvres de porter leurs causes au Parlement en premiere instance, & non aux riches. *Boniface , to. 1. li. 1. tit. 13. n. 2.*

68 Par autre Arrêt du 21. Janvier 1658. il fut dit que les Artisans , quoique pauvres , ne peuvent porter leurs causes au Parlement en premiere instance ; mais bien les personnes pauvres & miserables. *Ibidem , n. 3. & cy-après , n. 73.*

69 Le 16. Janvier 1657. il fut declaré que la Cour de Parlement connoît des causes criminelles des Juges souverains. *Ibidem , n. 5.*

70 La Cour de Parlement connoît en premiere instance des causes des Communautez. Arrêt du 18. Juin 1665. *Ibidem , n. 4.*

71 Arrêt du 28. Mars 1670. qui a jugé que les Religieux portent leurs causes au Parlement en premiere instance au Parlement. *Boniface, to. 3. liv. 1. tit. 5. ch. 9.*

72 Jugé le 15. Decembre 1672. que la connoissance des Dîmes appartient au Parlement , ou aux Lieutenans des Sénéchaux , & qu'il connoît de l'execution d'une transaction faite sur un procez qui étoit pendant au Parlement. *Ibidem , ch. 15.*

73 Arrêt du 7. Decembre 1676. qui a jugé que les pauvres personnes & miserables qui plaident en premiere instance pardevant la Cour de Parlement, doivent être mandians. *Ibidem , ch. 8.*

74 Jugé au même Parlement de Provence le 28. Février 1684. qu'un fils maltraité de son pere, & qui est en un état pitoyable , peut porter sa plainte au Parlement en premiere instance. *Boniface , ibid. ch. 10.*

PARLEMENT, PRESE'ANCE.

75 De la préféance & du rang qui se tient entre les Officiers du Parlement , & les Princes qui y viennent. Voyez *Henrici Progymnasmata.* Arrêt 41. il est de 1556.

76 Declaration portant que dans les assemblées publiques, le Parlement ira le premier, après luy la Chambre des Comptes, &c. A Villiers-Cotteretz en Avril 1557. registrée le 11. May suivant. *Joly, addit. to. 1. pag. 97. Constans, pag. 110. Filleau , part. 3. tit. 11. ch. 49. p. 511.*

77 De la séance & rang que les Conseillers de divers Parlemens ont , lors qu'ils sont assemblez pour quelques commissions extraordinaires du Roy. *Cambolas, liv. 5. ch. 18.*

78 Entrée du Roy Loüis XIII. dans Toulouse , & du rang & séance que la Cour de Parlement , & autres Corps & Communautez de la Ville ont accoûtumé de tenir en cette ceremonie, du 16. Novembre 1621. *Cambolas, liv. 4. ch. 32.*

79 Arrêt du Parlement de Provence du 25. Juin 1677. qui a jugé que Messieurs du Parlement en corps doivent occuper les premieres places aux Chœurs des Eglises après les Dignitez. *Boniface , tome 3. liv. 1. tom. 5. ch. 12.*

PRESIDENS DU PARLEMENT.

80 Le 27. Janvier 1463. la Cour allant au devant du Prince , un des quatre Présidens manqua, il fut dit que l'ancien Conseiller le remplaceroit , & seroit vêtu de même sorte. *Papon , liv. 4. tit. 6. nombre 20.*

81 Le premier Président du Parlement de Toulouse se trouvant à Paris pour affaire , ayant une declaration du Roy pour assister & opiner au Parlement de Paris , il fut dit le 22. Avril 1463. qu'il pouvoit séoir au premier rang des Laïcs après le Président, à moins qu'il n'y eût un Pair de France. *Papon , liv. 4. tit. 6. nomb. 12.* où il dit qu'aujourd'huy sans declaration du Roy un premier Président est reçû au lieu plus honorable après les quatre premiers Présidens.

82 Lors que la Cour va en sa magnificence , les Présidens des Enquêtes ne marchent point au rang des Présidens , mais des Conseillers. Ainsi fut dit le 8. Février 1491. *Papon liv. 4. tit. 6. n. 19.*

83 Declaration du Roy du 10. Mars 1681. pour dire qu'on ne pourra travailler sans Président au Parlement de Toulouse. Elle porte : Nous ordonnons que lors que l'heure qui sera reglée pour entrer au Palais, il ne se trouvera pas de Président pour présider, on sera obligé d'en aller demander , sçavoir de la Grand' Chambre à la Tournelle , de la Tournelle à la Grand' Chambre , de l'une des Chambres des Enquêtes à l'autre, nonobstant que le service des Présidens soit fixé à la Chambre où ils sont établis , & tous usages à ce contraires, ausquels nous dérogeons ; & nonobstans néanmoins ce ne faisant , que lors qu'on ne trouvera pas de Président dans le Palais à ladite heure reglée, on sera tenu d'en envoyer querir dans la Ville ; voulons en ce cas, & non autrement, pour l'expedition des Parties , que les Conseillers travaillent sans Président. *Voyez les Arrêts recueillis par l'ordre de M. le Chancelier en 1681.*

84 Arrêt du Conseil Privé du 18. Février 1681. qui fait défenses au Parlement de Pau de faire aucun Reglement sur les fonctions de la Charge du premier Président, d'assembler les Chambres sans son ordre, ni de faire prendre la place par un autre, & signer les Arrêts à son refus ; & à son Procureur General de le requerir , à peine d'interdiction contre celuy qui aura présidé , & contre celuy qui aura fait la requisition, sauf audit Parlement, & à tous autres, de porter leurs plaintes à Sa Majesté contre ledit premier Président, pour y être par elle pourvû , ainsi qu'elle verra à faire. *Voyez les Edits & Arrêts recueillis par l'ordre de M. le Chancelier en 1687.*

85 Par Arrêt du Conseil Privé du 7. Juillet 1682. il est dit : Lors qu'en l'absence ou legitime empêchement du Président du service en la Chambre des Vacations au Parlement de Provence, il ne se trouvera pas dans la Ville d'Aix aucun Président au Mortier , ou que celuy qui sera hors d'état de suppléer, les Arrêts qui seront rendus sans Président en ladite Chambre des Vacations , seront executez selon leur forme & teneur , nonobstant que suivant ce qui est porté par ladite Commission du 14. Juin 1681. ils soient declarez nuls, & de nul effet & valeur. *Voyez ibidem.*

86 Declaration du Roy du 18. Février 1685. sur l'as-
C iij

sistance des Présidens au Jugement des affaires dans le Parlement de Dauphiné ; elle porte : Voulons qu'à tous les Arrêts qui seront rendus tant à l'Audience, qu'autrement dans toutes les Chambres de nos Cours de Parlement de Grenoble, il assistera toûjours un Président, même dans les procès de Commissaires, à peine de nullité des Arrêts ; & en cas de recusation ou legitime empêchement de tous les Présidens de service dans une Chambre, les Conseillers seront tenus d'en envoyer demander un dans les autres Chambres pour présider, nonobstant que le service desdits Présidens soit fixé dans celles où ils serviront actuellement, & tous Reglemens à ce contraires, ausquels nous avons dérogé : ordonnons néanmoins qu'en cas qu'és heures reglées par nôtredite Cour pour entrer au Palais, il ne se trouvât pas de Présidens, ou qu'il n'y en eût pas assez en nombre pour présider à toutes les Chambres, non seulement on ne sera pas tenu d'en envoyer querir dans la Ville ; mais en ce cas le plus ancien Conseiller de la Chambre, laquelle ne pourra ainsi être présidée par le défaut de Président, en fera la fonction dans ladite Chambre, sans qu'on puisse prétendre pour raison de ce la nullité des Arrêts qui y seront rendus. *Voyez ibidem.*

PARQUET.

C'Est le lieu où Messieurs les Gens du Roy s'assemblent. *Voyez le mot, Avocats Generaux, Gens du Roy, Procureur General, Substituts.*

Communication des Avocats au Parquet. *Voyez le mot, Avocat, nomb. 26. & suiv.*

PARRICIDE.

LA dénomination en est commune au crime & au criminel.

Parricidium. Parricida.

De Parricidiis. C. Th. 9. 15.... Lex 12. tabb. t. 27. cap. 7.

De lege Pompeiâ, de Parricidiis. D. 48. 9.... Paul. 5. 22.

De his qui parentes vel liberos occiderunt. C. 9. 17. Voyez, Homicide.

Du crime de Parricide. *Voyez Papon liv. 22. tit. 4.* Despeisses, *to. 2. p. 648.* Julius Clarus, *liv. 5. Sentent. §. Parricidium,* & les annotations qui sont à la fin de l'ouvrage du même Auteur.

1   *Abolitio generalis novi adventûs Principis non extenditur ad crimen Parricidii, & necis proprii infantis non baptizati.* Voyez Franc. Marc. *to. 1. quest. 162. & to. 2 quest. 624.*

2   Pere homicide de deux enfans. *Voyez le mot, Assassin, n. 11.*

3   Bâtards sont reçus à poursuivre le parricide. *Voyez le mot, Bâtards. n. 182.*

4   Exheredation pour crime de Parricide. *Voyez le mot, Exheredation, nomb. 18.*

5   Un Avocat de Roüergue avoit injurié & battu sa mere, ce qui luy causa une longue maladie ; étant à l'extremité, elle mande son fils, & luy fait offrir le pardon ; il maltraite sa sœur, qui l'excitoit à le demander. Il refuse de voir sa mere, elle meurt ; & sur l'accusation du Procureur d'Office, l'Avocat est condamné par le Juge ordinaire à faire amende honorable, & demeurer six mois en galeres, dont il appelle. Arrêt du Parlement de Toulouse du 25. Septembre 1548. qui met l'appellation au neant ; & ayant égard à la jeunesse de ce fils, le condamne à faire amende honorable, la corde au col, & en chemise ; & après battu de verges, & mis en galeres pour y demeurer perpetuellement, ses biens confisquez. *Papon, liv. 22. tit. 4. n. 1.*

6   Jugé par Arrêt du Parlement de Paris du 18. Decembre 1599. que toute action criminelle, soit pour l'interêt public, soit pour le civil, est éteinte &

préscrite par le laps de 20. ans, tant contre majeurs que mineurs, absens que présens, encore qu'il fût question de parricide. *Filleau, 4. part. qu. 83.*

7   Le gendre qui a battu son beau-pere, peut être accusé de parricide ; *quia vicem patris obtinet socer, lib. 1. ad L. Pomp. de parricid.* Arrêt du Parlement de Dijon du 7. Août 1613. *Bouvot, tom. 2. verbo parricide, quest. 1.*

8   Par Arrêt du Parlement de Dijon, un fils, pour avoir battu & injurié sa mere, fut condamné aux galeres à perpetuité, avec défenses d'en sortir, à peine d'être pendu & étranglé sans autre forme de procés ; & en plusieurs amendes, condamné à faire amende honorable, tenant une torche ardente de deux livres, crier mercy à Dieu, au Roy, à la Justice, & à sa mere. Arrêt du Parlement de Dijon du dernier Juin 1615. *Bouvot. ibid. quest. 2.*

9   Parricide ne succede à son pere ; il perd la disposition de ses propres biens, du jour du crime commis. Arrêt du Parlement de Paris du 25. Juin 1619. *Bardet, to. 1. liv. 1. ch. 63.* M. le Bret parla & conclut contre le possesseur, disant qu'il falloit la possession de 30. années. *Voyez le Bret, li. 6. décis. 4.*

10   Les enfans du parricide sont exclus à toûjours de la succession de l'ayeul. Arrêt du 15. May 1655. qui declare la Morineau non recevable : elle avoit fait assassiner son pere ; & ayant depuis prescrit contre la peine, elle demanda la succession, & subordinément la faisant demander par une sienne fille, ou du chef, ou au moins du chef d'une tante sœur du pere assassiné, la fille fut déboutée. *Le Bret, des successions, liv. 1. ch. 4. sect. 6. diff. 3.*

11   Jugé par Arrêt du 10. Juin 1659. qu'une Sentence intervenüe contre le fils parricide condamné à mort, peut avoir un effet retroactif au jour de l'action commise, pour le rendre indigne ou incapable de succeder à son pere décedé avant la Sentence de condamnation. *Soefve, to. 2. cent. 2. ch. 1.*

12   Un fils tuë son pere ; il est condamné à mort ; & en une amende de 800. liv. Cette amende ne sera prise sur la part & portion du fils en la succession paternelle, dont il est devenu indigne. Arrêt du 12. Août 1659. *Des Maisons, lettre P. nombre 1. De la Guesfiere, to. 2. liv. 2. ch. 27. Et Jovet, verbo enfans, nomb. 24.*

13   Par Arrêt du 5. Février 1665. jugé qu'un accusé de parricide, & même convaincu sur la poursuite du pere, mais non condamné, peut tester valablement, & disposer du bien de sa mere décedée lors de l'accusation, quoique l'on soûtint qu'un crime si horrible rendoit incapable *ipso jure.* Soefve, *t. 2. cent. 3. ch. 45.*

14   La prescription du crime de parricide n'emporte point celle de l'indignité, pour le regard des biens du pere assassiné ; & l'enfant né du mary & de la femme complices du même crime, pendant le temps de leur suite, ne peut rien prétendre dans les mêmes biens après le décés de sa mere. *Ibidem, chap. 56.* où est l'Arrêt du 14. May 1665.

PARROISSE.

1   DE Parochiis & alienis Parochianis. Dec. Gr. 10. qu. 2.... 13. q. 1... 16. q. 5.... Ext. 3. 29. *Voyez les mots, Curé, Eglises.*

2   *De Juribus parochialibus.* Voyez ce qui a eté écrit *per Jo. Baptistam Attestinum.*

3   Des Eglises Parroissiales & succursales. *Voyez Francisc. Pinson, verbo militia, cap. de divisione Beneficiorum, §. 21.*

4   Bornes des Parroisses. *Voyez le mot, Bornes, n. 7. & suiv.*

5   Des marques de l'Eglise Parroissiale. *Voyez Rebuffe sur le Concordat, tit. de Collationibus §. Statuimus,* & l'Auteur des Définitions Canoniques, p. 582. & suiv.

6   Les Fonts Baptismaux & les saintes Huiles trouvez

dans des Eglifes , comme auffi les cloches & le cimetiere , & autres femblables, ne fuffifent pas pour
prouver qu'une Eglife eft Parroiffiale , parce que ce
ne font que des marques équivoques de Parroiffiali-
té , & non pas des univoques , qui font *Jurifdictio fori
pœnitentialis , cum poteftate ligandi , folvendi , fufpen-
dendi , excommunicandi , item locus certis finibus con-
clufus , unitas perfonæ* , & autres femblables. *Bibliot.
Can.* 10. 2. *p.* 457.

7   La diftinction des Parroiffes comment & pourquoy établie? *Voyez les Memoires du Clergé,* 10. 2. part.
2. *pag.* 394. & 395.

8   C'eft à l'Evêque de regler le détroit des Parroiffes
lors qu'il n'eft pas limité. *Ibid.* 10. 1. part. 1. f.222.

9   La direction des Parroiffes dépendantes des Monafteres exempts ou non exempts, appartient à l'Evêque Diocefain privativement aux Religieux. *Ibidem ,
pag.* 1073. *& fuiv. Vide* verbo , *Curé.*

10   Des criées qui fe font dans les Parroiffes , & comment ; s'il y en a plufieurs qui confinent les heritages.
Voyez le mot *Criées , nomb.* 107. *& fuiv.*

11   Reglement entre un Curé & les Prêtres habituez en
une Eglife Parroiffiale : comment les Prêtres nez &
habituez en une Eglife feront reçûs; de la forme de
leur reception , de la réduction du nombre d'iceux ;
que le lieu & le rang ne fe peut réfigner ; les feuls
préfens joüiffent des diftributions manuelles : leurs
receptions gratuites. *Chenu , tit.* 1. chap. 10.

12   Les Parroiffiens peuvent fans le confentement des
Curez , faire celebrer la Meffe à Diacre & Soûdiacre, fuivant leur devotion , és Chapelles particulieres , & ce és jours folemnels , & le Dimanche.
Arrêt du 1. Octobre 1555 contre le Curé de la Parroiffe S. Benoît de la Ville de Paris. *Papon , liv.* 1.
tit. 1. *n.* 4.

13   Le Mardy 8. Janvier 1563. fut plaidé un appel interjetté par le fieur de Grimancourt, de l'execution
d'un Arrêt, faite par un Confeiller de la Cour à la
requête des Religieufes & Convent de Morgnienval
au païs de Valois , qui avoient obtenu Sentence &
Arrêt en toutes leurs poffeffions affirmatives & né-
gatives pour le droit parrochial par elles prétendu.
En vertu de cet Arrêt, le Confeiller executeur avoit
fait abattre un clocher , que le fieur de Grimancourt
avoit fait faire en une petite Chapelle ; il l'avoit fait
découvrir , & fait auffi rompre les Fonts Baptifmaux.
Toute cette execution fut caffée par Arrêt , & ordonné que le tout feroit rétabli en l'état qu'il étoit
lors de l'execution ; & néanmoins que la Chapelle
feroit clofe, & qu'il n'y feroit fait aucun acte parrochial, non plus qu'un Cimetiere. *Bibliot. Canon.* 10. 2.
pag. 167. *col.* 1.

14   Les Parroiffiens font tenus de rebâtir la maifon
d'habitation du Curé ; & les Chanoines de S. Maurice de Vienne qui percevoient les dixmes du lieu,
furent abfous fur ce regard de l'inftance contr'eux
intentée. Arrêt du Parlem. de Grenoble du 21. Juin
1605. *M. Expilly , Arrêt* 133.

15   Les Parroiffiens doivent bailler & meubler la
maifon Presbyterale. Arrêt du 19. Juillet 1605. Autre Arrêt du 31. Août 1611. qui a jugé qu'ils ne font
tenus que des reparations. Lefdits Arrêts rendus au
Parlement de Bretagne font rapportez par *Frair, pag.*
52. *&* 54.

16   *Henrys* tom. 2. *liv.* 1. *queft.* 5. rapporte un Arrêt du Parlement du 14. Février 1639. qui a maintenu les Prieure & Religieufes de Cropiere en Auvergne , Ordre de Fontevrault , dans la poffeffion
d'affifter & répondre à tous les Services qui fe difent & celebrent à haute voix dans leur Eglife , par
le Vicaire perpetuel , & les Prêtres du lieu , & de
recevoir la moitié des Fondations & autres retributions. L'Auteur obferve que c'eft le Monaftere
qui a établi la Parroiffe dans fon Eglife ; & qu'ainfi
le Vicaire & les Prêtres ne doivent être confiderez

que comme de fimples Chapelains. Cet Arrêt étant
intervenu fur une hypothefe particuliere , & fur un
ufage fingulier , ne peut être tiré à confequence.

17   On demande fi une ancienne Parroiffe hors les
murs , ayant été abandonnée & donnée à des Religieux par la Communauté , le Curé peut en demander la maintenüe. Arrêt du Parlement de Provence
du 16. Mars 1645. en fa faveur, & payant les reparations faites avant l'Inftance pour ce qui le concernoit. *Boniface, to.* 3. *liv.* 5. *tit.* 2. *ch.* 8.

18   Maifon bâtie fur les confins de deux Parroiffes ,
eft réputée de celle en laquelle eft la principale porte & entrée de la maifon, Arrêt du 5. Mars 1630.
Du Frêne , liv. 6. *ch.* 1.

19   Le Doyen de l'Eglife Cathedrale de Nôtre-Dame
de Paris , & en fon abfence le plus ancien Chanoine , font fondez à faire toutes les fonctions Curiales fur les Dignitez , Chanoines , Beneficiers , Chapelains, Habituez, Marguilliers , Clercs , & autres
Officiers Clercs de cette Eglife , demeurans en la
Ville, Fauxbourgs & banlieüe de Paris , & des Eglifes qui en dépendent , vulgairement appellées les
Filles de la Cathedrale , qui font Saint Etienne des
Grez , S. Mederic , le S. Sepulcre , & S. Benoît ,
& en cette qualité leur adminiftrer les Sacremens de
Penitence, Communion , Extrême-Onction ,& après
leur décés lever leur corps . & les inhumer , prendre & s'approprier toutes les cires , torches & luminaires ; & ce en quelque lieu & Parroiffe qu'ils foient
demeurans , & qu'ils décedent. Mais les Curez de
Paris font maintenus dans la poffeffion d'exercer
toutes fonctions Curiales fur les Marguilliers Laïcs
de ladite Eglife demeurans dans leurs Parroiffes.
Arrêt du Parlement de Paris du 7. Septembre 1651.
Bibliot. Can. 10. 2. *page* 167.

20   Les Parroiffiens font obligez de rétablir les Pref-
byteres & Maifons Curiales démolies par l'injure
des guerres civiles , ou par caducité , & de fournir
d'Ornemens aux Eglifes , nonobftant tous Arrêts à
ce contraires ; & pour cet effet ils pourront fe cotifer & lever fur eux jufqu'à la fomme de 330. liv.
pour une fois feulement , en vertu des Lettres d'affiette qui leur feront accordées fans frais aux Chancelleries ; & le département s'en fera , tant fur les
Nobles de la Parroiffe qu'autres , de l'avis des Parroiffiens , fans frais à la Parroiffe , & compteront
defdits deniers comme de ceux de leur Fabrique.
Défenfes aux Elûs , & à tous autres Juges de les inquieter pour raifon defdits comptes. Déclaration du
Roy du mois de Février 1657. donnée fur la remontrance du Clergé art. 30. *Ibidem , pag.* 370.

21   La diftance des lieux eft une des raifons qui peuvent autorifer l'érection d'une Parroiffe. Arrêt du
Parlement de Paris du 14. Février 1658. lequel , attendu la diftance qu'il y avoit de Brequigny au Pleffis-Paté , permet au fieur Marquis du Pleffis-Paté de
faire ériger une Parroiffe dans fa Terre , à la charge
de la doter fuivant fes offres ; en confequence de
quoy la Cour ordonna que les groffes Dixmes feroient payées au Curé de S. Pierre de Brequigny ,
avec une fomme de 20. liv. pour les menües Dîmes.
Le Curé de Brequigny alleguoit pour moïens d'abus,
que le Grand Vicaire de l'Eglife de Paris avoit paffé
fon pouvoir. 10. En ce qu'il avoit donné une Ordonnance , portant permiffion d'ériger une Parroiffe d'une fimple Chapelle. 2°. Qu'il avoit nommé
un Arpenteur ; 3°. Qu'il avoit lui-même reçû l'Information , *fuper commodo & incommodo* ; l'on ajoûtoit
qu'il n'y avoit point de neceffité. La Cour n'eut aucun égard à ces moyens. *Voyez les Définitions Canoniques pag.* 592.

22   Arrêt du Parlement de Provence du 24. Novembre 1672. qui a jugé que la défignation de la Parroiffe
nouvelle doit être faite par l'Evêque , & les prix
faits par la Cour. *Boniface,* 10. 3. *liv.* 5. *tit.* 2. *ch.* 2.

23   Les Parroisses de sainte Croix & de saint Maclou de Mante, doivent être divisées par territoire à proportion du nombre des habitans par l'Evêque ; & ce en presence du Lieutenant General & de son Substitut. Jugé à Paris le 21. Juillet 1676. *Journ. du Palais.*

24   Arrêt du Parlement de Provence du 27. Janvier 1677. qui pour la décoration de la Parroisse de sainte Magdelaine d'Aix ordonna la vente d'une Chapelle voisine, en l'indemnisant. *Boniface, to. 3 livre 5. titre 2. chap. 6.*

25   Si la perception de la dîme, les fonts baptismaux, le Cimetiere font preuve d'une veritable Parroisse ? Si l'état d'une Parroisse peut être prescrit sous prétexte que ses Prieurs ont été pourvus du Prieuré comme d'un Benefice simple ? Si le peuple ayant abandonné le lieu de la Parroisse, la Cure demeure toûjours pour lors habituelle, en sorte que le peuple revenant & s'augmentant, l'Eglise recouvre son premier état ? Ces trois questions ont été préjugées par un Arrêt interlocutoire du Parlement d'Aix du 12. Février 1682. contre le Prieur. *Jour. du Palais in quarto part. 9. page 286. & le 2. tome in folio.*

26   Il a été jugé au Parlement de Roüen le 8. Mars 1688. qu'il n'est pas au pouvoir des Curez de priver ou destituer les Prêtres de leurs habitudes sans cause, lors qu'ils en sont en possession, & qu'il y avoit abus en ce que l'Official de Roüen avoit privé un Prêtre de faire les fonctions d'habitué sans l'en juger en même temps indigne & incapable. L'Arrêt rendu en faveur d'un Ecclesiastique habitué en la Parroisse de saint Eloy de Roüen, que l'Official ne pouvoit plus souffrir, parce qu'il étoit boiteux. L'Arrêt porte qu'il sera payé de ses honoraires & distributions en son rang de Prêtre habitué. *Voyez le 10. Plaidoyé de M. le Noble Substitut de M. le Procureur General au même Parlement.*

27   Les Tourieres & autres domestiques qui ne sont point renfermées dans l'interieur du Monastere, sont tenus de satisfaire aux devoirs de la Parroisse comme les autres Parroissiens. *Arrêt du Parlement de Paris en forme de Réglement, du 5. May 1689. Au Journ. des Aud. tome 5. liv. 5. ch. 13.*

28   Le Magistrat de Lille comme Seigneur temporel des Eglises Parroissiales de cette Ville, a droit d'admettre aux Offices du Chœur, aux distributions d'iceluy, émolumens & casuels des Parroisses de ladite Ville, les Prêtres qu'il en juge capables selon l'exigence ou le besoin des Parroisses. *Arrêt du Parlement de Tournay du 2. Decembre 1698. contre les Prêtres habituez, & Chapelains de l'Eglise Parroissiale de Saint Etienne à Lille. Voyez M. Pinault, to. 2. Arrêt 243.*

29   S'il faut être Gradué pour une Cure qui a partie de la Parroisse, ou une annexe enclavée dans une ville ? *Henrys, tome 1. liv. 1. chap. 3. quest. 17.* tient l'affirmative. Il n'y a point eu d'Arrêt.

30   Par Arrêt du P. de Paris du premier Juillet 1604. un Curé du Diocese d'Amiens, ayant en sa Parroisse une Fillette ou secours, fut maintenu, & enjoint aux Habitans de ce secours d'aller aux quatre Fêtes solemnelles, & jour de Patron, à la Parroisse : & pour les autres Fêtes & cas de necessité la Cour ordonna que le Curé y commettroit homme capable pour y faire son service, autrement obtiendroit dispense. *Bibliot. Can. to. 2. p. 228. col. 2.*

31   Arrêt du Parlement de Provence du 12. May 1670. qui a jugé que l'Eglise matrice doit faire bâtir une nouvelle Parroisse à cause de l'accroissement du peuple, aux frais d'un tiers par l'Eglise, & des deux tiers par les habitans. *Boniface, tome 3. liv. 5. tit. 21. chap. 1.*

PART.

E N Latin *Pars* ou *Partus*, le François, Partie ou fruit de la grossesse.

PART, FACERE PARTEM.

1   *Qui non admittitur ad partem, tamen facit partem.* Arrêt du 7. Avril 1562. *Le Vest, Arrêt 214.* Voyez *Charondas, liv. 8. Rép. 27. & liv. 2. Rép. 60.*

2   Les enfans qui renoncent *aliquo accepto*, & la fille qui a renoncé par contract de mariage font part ; les Religieuses qui ont reçu une dot de leur pere ne font point de part. *Ricard des Donations entre-vifs partie 3. chap. 8. sect. 7. n. 1063. & suiv.*

Mais si la renonciation est pure & simple elle ne fait point de part. *Arrêt du premier Février 1620. M. Bouguier, lettre R. nombre 3.*

3   Part en la communauté. *Voyez le mot Communauté, nomb. 148. & suiv.*

4   Sœurs mariées non reservées à partage font part au profit des freres, & non des sœurs mariées & reservées pour les meubles & immeubles. Ainsi jugé au Parlement de Roüen. *Voyez Berault & Basnage sur la Coûtume de Normandie, art. 362.*

5   *Voyez cy-devant le titre Heritier, & cy-après les mots, Partage & Succession.*

DE PARTU CÆSAREO

6   Un pere ne peut demander la succession d'un fils né à quatre mois *exsecto matris utero.* Arrêt du premier Août 1615. *Chopin* rapporte un Arrêt contraire, *liv. 3. de privileg. rusticorum, part. 3. chap. 8. n. 5. Voyez M. le Prêtre, 3. Cent. chap. 35.*

DE PARTU OCTRIMESTRI.

Voyez Peleus, Arrêt 105.

PART, SUPPOSITION.

7   D'une supposition de part, & des preuves ou conjectures d'icelle. *Voyez Henrys, to. 2. liv. 6. quest. 19.* où vous trouverez un Arrêt du 21. Juillet 1633. dans toute son étenduë. *Voyez le Plaidoyé 30. de M. le Maître, & du Frêne, liv. 2. chap. 141.*

En consequence des preuves & des présomptions, un enfant a été declaré supposé. *Voyez Henrys, tome 2. liv. 6. quest. 21.*

8   La femme qui fait la supposition de part, est indigne de l'heritage de son mary, de ses avantages nuptiaux, & autres liberalitez du mari, quoiqu'elle pretendît qu'ayant fait la supposition du consentement de son mari, elle n'étoit tombée dans aucune indignité. *Arrêt du Parlement de Provence du 28. Juin 1671. Boniface, tome 5. li. 3. tit. 22. chap. 1.*

9   Le mari & la femme accusez en supposition de part, & la femme ayant été emprisonnée, le mari n'est reçu à donner ses défenses & reclamer sa femme, sans se présenter en personne étant decretée de prise de corps. Arrêt du 29. May 1677. & depuis par Arrêt définitif du 16. Juillet 1677. Anne Ricard accusée fut condamnée au Refuge perpetuel. *Boniface, ibidem, chap. 2.*

PART, SUPPRESSION.

10   Deux femmes demandent un fils, & toutes deux s'en disent la mere, c'est la cause de la Dame de saint Geran. Arrêt au mois d'Août 1657. *Voyez des Maisons, lettre S. nomb. 1. du livre 2.*

PARTAGE.

P ARTAGE, Division, *Partitio.*
Sens de ce mot. *L. 164. §. 1. D. verb. sign.*

1   Partage entre coheritiers.
Familia erciscunda. D. 10. 2... C. 3. 36... I. 28. §. 4... I. 4. 17. §. 4. & 5... I. 4. 6. de action. §. 20... C. Th. 2. 24... Paul. 1. 26., Lex 12. tabb. 1. 12... Familia erciscunda : i. e. hereditas dividenda, Partage de succession entre plusieurs coheritiers. *Voyez cy-après le nombre 10. & suiv.*
Partage de chose commune.

2   *Communi dividundo. D. 10. 3... C. 3. 37... I. 3. 18. §. 3. de oblig. I. 4. 6. §. 20... I. 4. 17. §. 5... C. Th. 2. 25...* Partage d'une chose commune, ou possedée par indivis.

Communia

Communia utriusque judicii, tam familiæ erciscundæ, quàm communi dividundo. C. 3. 38.

3   *Si mensor falsum modum dixerit. D.* 11. 6. Pour partager les fonds on se sert d'Arpenteurs ou d'Experts: ce Titre est contre ceux qui, par dol, ou par ignorance, n'arpentent pas justement.

4   Partage de ce qui est trouvé par plusieurs ensemble. *Leon. N.* 70. *in princ.* C'est qu'on appelle vulgairement, *tenir sa part.*

PARTAGE ENTRE ABBÉ ET RELIGIEUX.

Voyez le mot *Abbé* nomb. 89. *& suiv.*

Reglement pour le partage des biens & revenus de l'Eglise & Abbaye seculiere de *Vezelay*, entre l'Abbé & les Chanoines de ladite Eglise en trois lots égaux. Arrêt du 9. Juillet 1667. *De la Guesf. tome* 3. *liv.* 1. *chap.* 35. Voyez *du Frêne liv.* 1. *chap.* 8. *& liv.* 6. *chap.* 7. *& cy-après le mot Religieux,* §. *Religieux, Partage.*

PARTAGE AUGMENT.

6   Du partage de l'augment entre enfans. *Voyez* le mot *Augment*, *nomb.* 37.

PARTAGE DE COMMUNAUTÉ.

7   *Voyez* le mot *Communauté*, *nomb.* 148. *& suiv.* & *M. le Brun en son traité de la Communauté, livre* 3. *chap.* 2. *sect.* 6.

PARTAGE D'OPINIONS.

8   Le 4. Janvier 1508. les deux Chambres assemblées, a été conclu que les incidens ou points d'aucuns procez décidez, si le principal des procez est parti en l'une des Chambres, le partage se vuidera à l'autre Chambre, sur le principal seulement, sans plus décider ni juger les incidens aux points décidez *Bibliotheque de Bouchel*, verbo *Partage de procez.*

Voyez les mots *Juges, Opinions.*

PARTAGE ENTRE PROPRIETAIRES.

Voyez cy-dessus *le nomb.* 2. *& 3.* & le mot *Licitation.*

9   On suppose deux proprietaires par indivis d'une maison dont l'un a joüi entierement pendant quelques années, Balde tient que l'autre ne peut pas luy demander la moitié que la maison pouvoit être accensée, parce que *non potest dividi usus nisi dividatur domus:* toutefois après une sommation de diviser, il en seroit tenu. Que s'il y a instance de partage, celuy, qui joüit, doit payer le loyer de la part du coproprietaire. Ainsi jugé le 14. Juillet 1582. *Papon, livre* 15. *tit.* 2. *n.* 26.

PARTAGE, SUCCESSION.

10   *Voyez* les mots *Division, Heritier, Legs.* BOUVOT, *tome* 2. *La Bibliotheque de Jovet*, au mot *Partage.* *M. le Prêtre*, 4. *Centurie*, *chap.* 89. Du Luc, *liv.* 8. *tit.* 11. *familia erciscunda.* Charondas, *liv.* 5. *Rép.* 9. Papon, *li.* 15. *tit.* 7. & M. le Brun, *en son traité des Successions*, *li.* 4. *chap.* 1.

11   De la nature du partage entre coheritiers, & comment il se fait, de ce qui entre ou n'entre point en partage, & des dépenses que les heritiers qui les ont faites peuvent recouvrer; des garanties entre coheritiers, & des autres suites du partage. *Voyez* le 3. tome des *Loix civiles*, *li.* 1. *tit.* 4. *& cy-dessus le nomb.* 2.

12   Quel effet a le partage des biens fait par celuy de qui est l'heredité, & s'il y a inégalité de lots? *Voyez Coquille, tome* 2. *quest.* 244.

13   Comment les biens se partagent entre heritiers de diverses souches? *Voyez le Vest, Arr.* 127.

14   Ce que l'heritier retire dépendant d'une succession, doit se partager avec les coheritiers. *Voyez M. le Prêtre*, 3. *Cent. ch. p.* 96.

15   Si un coheritier demande partage, & que l'autre dise que le partage est déja fait, le demandeur peut obtenir Lettres pour être oüi, & joüir pendant le procez, de sa portion par indivis. Jugé par deux Arrêts du Parlement de Paris. *Papon, livre* 15. *tit.* 7. *n.* 5.

Tome III.

---

16   Si les copartageans ont joüi pendant dix ans divisément sans avoir fait partage, & que les biens dont ils joüissent se trouvent égaux, & les parties égales, il faut présumer pour le partage. *Ibidem*, *n.* 7.

17   Si le partage entre coheritiers peut couvrir & revoquer le fideicommis? *Voyez* le mot *Fideicommis, nomb.* 168. *& suiv.*

17 bis   *Divisione bonorum, fideicommisso seu substitutioni in testamento vel codicillis renunciatum, nisi specialis mentio de testamento vel codicillis facta sit, est.* Voyez *Franc. Marc. tome* 1. *quest.* 245.

18   *Divisio paterna inter filios facta, servanda.* Voyez *Andr. Gaill, lib.* 2. *observat.* 116.

19   *Coquille sur Nivernois*, *art.* 18. *titre des Justices*, rapporte des Arrêts des 7. Septembre 1534. 18. Decembre 1543. & 12. Février 1551. qui ont jugé le sequestre, lors qu'un des coheritiers use de subterfuge, pour empêcher le partage des biens communs.

20   Si un partage fait par le mari sous son écriture & signature entre ses enfans, y ayant compris une partie des biens de sa femme, aux clauses (qu'il vouloit que ses autres biens non partagez appartinssent à ses enfans suivant la Coûtume,) peut valoir pour les biens de la femme, laquelle s'est souscrite, & a ratifié au bas ledit partage, & déclaré par plusieurs actes qu'elle vouloit que tel partage fait par son dit mari sortit son plein & entier effet? *Voyez Bouvot, tome* 1. *part.* 1. verbo *Partage entre enfans.*

21   S'il y a quatre enfans, & que l'un acquiert la portion de l'autre qui a la moitié, si le partage doit être fait par quart, & comment? *Voyez Bouvot, to.* 1. *part.* 2. verbo *Partage*, *quest.* 1.

22   Si en pays de *Droit écrit* les biens entre oncles & tantes, freres uterins ou consanguins, pere, mere, ayeul, ayeule, se partagent sans distinction des biens d'où ils procedent? *Bouvot, tome* 1. *partie* 3. verbo *Partage*, estime que sans avoir égard de quel côté sont procedez les biens du défunt, ils doivent être partagez *pro virili portione* entre les oncles & tantes par tête.

23   Par Arrêt du 10. Janvier 1513. rapporté par *Terrien*, *au chapitre* 6. *titre des Successions & partage d'heritages*, *in verbo Mariage encombreux*, il a été jugé qu'une reservation faite par une fille au partage des successions de son pere & de sa mere, en rapportant ce qu'elle avoit reçu, ou moins prenant, en cas que la mere, qui étoit lors mineure d'ans, décederoit sans hoirs mâles, étoit bonne, nonobstant qu'auparavant ledit mariage, la mere du mari fût allée de vie à trepas.

24   La convention que le pere ne pourra avantager l'un de ses enfans plus que l'autre, est bonne. *Voyez Bouvot, to.* 2. verbo *mariage*, *qu.* 13. 28. 31. 97.

25   Heritage baillé par assignal peut entrer en partage avant le remboursement, ou bien l'action pour le rachat. Jugé au Parlement de Dijon le 2. Août 1569. que l'assignal entreroit en partage, sans que la femme ayant assignal pût être dépossedée jusqu'au remboursement. *Bouvot, tome* 2. verbo *Partage*, *quest.* 19.

26   Par le partage entre freres étant reservé à l'un de puiser de l'eau dans un puits, échû au lot de l'autre, cette reserve s'étend à l'abreuvage de son bétail, & la preuve par témoins qu'il en est en possession depuis le partage, est admissible. Arrêt du Parlement de Dijon du mois de Février 1591. *Bouvot, to.* 2. verbo *Preuve*, *quest.* 9.

27   Un partage peut valoir, comme testament. Arrêt du Parl. de Dijon du 15. Decembre 1584. *Ibidem*, verbo *Testament*, *quest.* 14.

28   Une succession ne peut se partager comme directe & comme collaterale *simul & semel.* Arrêt du 23. Août 1578. *Le Vest*, *Arr.* 158.

29   Le testateur peut partager son heredité entre ses heritiers inégalement, pourvû qu'il leur laisse ce

D

que la Coûtume ordonne. Arrèt en 1600. *Peleus*, *quest.* 141.

30 En matiere de partage réel, il faut suivre la Coûtume des lieux où les choses sont situées. Arrèt du 5. May 1601. *M. Bouguier lettre D. nomb.* 16.

31 La convention de n'avantager l'un de ses enfans plus que l'autre est valable. Arrèt du Parlement de Dijon du 6. Août 1602. *Bouvot*, *tome* 2. *verbo Mariage, quest.* 27. Elle s'étend aux petits enfans. Arrèt du 5. May 1603. *Ibid, quest.* 28. & cy-dessus. *n.* 24.

32 Jugé par Arrèt du 24. Mars 1620. que la succession ayant été épuisée par la multiplicité des legs faits aux presomptifs heritiers d'iceluy, auquel appartient la succession, le testament du défunt étoit un partage fait entr'eux; *Potiùs esse supremis judicii divisionem, quàm donationem, & sic* contribuables aux dettes, à raison de l'émolument, &c. *Tronçon, sur la Coûtume de Paris art.* 324.

33 Du choix qui se fait dans les partages. *Voyez* le mot *Choix, nomb.* 15. & *suiv.*

34 Des échanges qui se font dans les partages. *Voyez* le mot *Echange, nomb.* 10. & *suiv.*

35 Si un partage est bon, sur l'estimation faite en bloc des biens? *Voyez* le mot *Estimation, nomb.* 56.

36 Acte de Notorieté donné par M. le Lieutenant Civil le 12. May 1699. portant que suivant la Coût. & l'usage de tout temps observé, les successions se doivent partager en l'état qu'elles se trouvent au jour du décez de celuy dont les biens se partagent avec les recompenses du prix des biens propres, s'ils ont changé de nature pendant la minorité, & que le décez soit arrivé avant la majorité; & à l'égard des dettes payées par le tuteur des revenus du mineur, acquêts, & autres biens mobiliers, l'extinction de la dette étant faite, l'on ne peut la faire revivre, parce qu'elle ne fait plus partie des dettes, ni des charges de la succession, & qu'entre les coheritiers il ne peut plus naître aucune contestation pour raison desdites dettes acquittées, puisque les heritiers, soit des acquêts, soit des propres, n'en peuvent être recherchez, étant tous aux droits de celui dont ils sont heritiers qui en étoit liberé, & qu'entr'eux ils n'ont droit que de prendre, chacun à leur égard, la succession en l'état qu'elle se trouve au jour du décez de celuy dont ils sont heritiers, n'ayant aucune action les uns contre les autres pour une dette qui n'étoit plus, ayant été acquittée, & dont les uns ni les autres ne peuvent jamais être recherchez ni inquietez. *Recüeil des Actes de Notorieté*, *p.* 101.

37 Voyez ibidem, *p.* 151. & *suiv.* touchant le partage des biens d'une succession entre les donataires & legataires du défunt.

PARTAGE DES BIENS DE L'ABSENT.

38 Un absent par neuf ans est reputé mort, pour l'effet du partage de ses biens entre ses heritiers, & pour l'effet du compte de son tuteur. *Filleau*, *part.* 4. *quest.* 77.

39 Le tuteur condamné à rendre compte, & que partage seroit fait des biens de l'absent depuis neuf ans: appellez ceux qui pouvoient y prétendre quelque part, qui seront tenus bailler bonne & suffisante caution l'un à l'autre de rendre ce qui leur écherra en cas du retour de l'absent. Jugé le Mardy 24. May 1595. *Chenu, premiere Cent. quest.* 77. A la fin de l'Arrèt il y a quelques Observations touchant les heritiers dissipateurs.

Voyez le mot *Absent, nomb.* 3. & *suiv.*

PARTAGE D'ACQUESTS.

40 Pere & mere ayant acquis, constant leur mariage, quelques immeubles, étant décedez leur fils les auroit recüeillis, & ensuite seroit décedé, tels heritages appellez propres naissans, se partagent entre les heritiers paternels & maternels. *Voyez Charondas, livre* 9. *R-ponse* 61.

41 Les acquêts faits en pays de *Droit écrit* par des conjoints communs en bien par leur contract de mariage, se partagent sans distinction, de même que s'ils étoient faits en pays Coûtumier. Arrèt du mois de Février 1549. *Papon, livre* 5. *titre* 2. *n.* 14.

ACTION DE PARTAGE.

42 Arrèt du Parlement de Roüen, qu'après 19. ans on n'est point recevable à se pourvoir contre un partage qui admet les enfans d'un frere uterin à succeder avec leur oncle frere de pere & de mere. *Basnage sur la Coûtume de Normandie, art.* 312.

43 De la prescription en matiere de partage. *Voyez du Fail, liv.* 3. *chap.* 141. suivant l'article 282. de la Coûtume de *Bretagne*, la demande de partage va jusqu'à 40. ans, même entre freres & sœurs.

44 Action de partage doit être formée pardevant le Juge du lieu où sont situez les heritages. Arrèt du Parlement de Bretagne du 20. Septembre 1575. il s'agissoit de l'enterinement de Lettres de rescision prises contre un accord fait entre coheritiers. *Du Fail, liv.* 1. *chap.* 385.

45 Arrèt du 14. Janvier 1670. qui a jugé dans la Coûtume d'*Amiens* que l'action appartenante à une sœur contre son frere pour le partage de la succession du pere commun, se prescrit par le laps de trente ans, quoique par la Coûtume la prescription de trente ans doive être accompagnée de bonne foy. *Soefve, tome* 2. *Cent.* 4. *chap.* 44.

PARTAGE, CHOSE INDIVISE.

46 Tel partage se fait ou par l'accord des parties d'en joüir alternativement, ou bien en la licitant. *Voyez M. le Prêtre*, 2. *Cent. chap.* 41.

CONTESTATION EN PARTAGE.

47 Quand il y a contestation entre coheritiers, on ordonne que la succession sera sequestrée, & par provision les deniers distribuez également. Arrèt du Parlement de Paris du 24. Janvier 1563. pour la succession de Monsieur le Roux Conseiller. *Papon, liv.* 15. *tit.* 7. *n.* 5.

PARTAGE DES CONTRACTS.

48 Les Contracts pignoratifs seront partagez comme immeubles. Arrèt du 23. Août 1585. *Brodeau sur M. Loüet, lettre D. somm.* 30. in fine.

PARTAGE, CONVENTION.

49 On n'est point obligé de garder la convention qu'on auroit faite de ne point partager, parce que *communio solet discordias excitare*. Dictionnaire de la Ville, *verbo* Heritier.

50 Un pere institué heritiere sa femme à la charge de rendre ses biens à tel de deux enfans mâles que bon luy semblera après son décez, & au décû de la mere, les freres conviennent secretement par transaction, que quelque nomination que la mere fasse, ils partageroient également. La mere décede, & nomme l'aîné qui impetre Lettres en rescision de la transaction, & en est debouté par Arrèt du 4. Février 1585. fondé sur cequ'il n'avoit point transigé *de hereditate viventis*, mais du pere décedé, que la mere quoique vivante n'avoit autre droit sur les biens du pere que *jus electionis* de laquelle les enfans ne prenoient leur droit, mais du testament du pere, & que leur transaction avoit été faite pour éviter discorde, & reduisoit les choses à l'égalité. *Voyez Mainard, liv.* 2. *chap.* 69.

51 Paction entre mariez, qu'au partage des conquêts, l'un aura ceux qui sont en tel Evêché, l'autre ceux d'autre Evêché; confirmée par Arrèt du Parlement de Bretagne du mois de Decembre 1632. *Frain, page* 684.

PARTAGE, DISPOSITION DES COUTUMES.

52 Rentes constituées, & specialement assignées sur certains lieux, doivent être reglées aux successions, & partagées entre heritiers, selon les Coûtumes des lieux de leur assiette; mais si elles sont generalement constituées, parce qu'elles n'ont point de certaine assiette, elles doivent suivre la Coûtume du domicile

de celuy qui les a acquifes, comme fi telle avoit été fa deftination. Arrêt du premier Juin 1571. qu'on appelle l'Arrêt de Partenay. *Caronndas, lib. 7. Rep. 22. & Bouchel en fa Bibliotheque*, verbo *Rentes*.

COUTUME D'AMIENS.

53 *Voyez cy - deffus le nombre 45.*

COUTUME DE BOURBONNOIS.

54 Le partage fait en la Coûtume de *Bourbonnois* articles 305. & 306. par un oncle entre les neveux & niéces au préjudice de fes freres & fœurs, caffé, & remis à partager les biens dudit oncle *ab inteftat*. Arrêt du 14. Août 1587. *Le Veft, Arrêt* 184.

PARTAGE EN BOURGOGNE.

55 *Voyez cy-deffus le nomb. 20. & fuiv.*

PARTAGE EN BRETAGNE.

56 *Voyez cy-deffus le nombre* 93. & 94.
Sur les anciens partages nobles pratiqués en Bretagne. *Voyez les Annotations d'Hevin, page* 508. & *fuivantes.*

Entre Jacques de Beaumanoir, & Gilles de Beaumanoir fieur de Beffo, le partage eft jugé en noble comme en noble, & en partable comme en partable; comptant, contribuant à la Coûtume pour le demandeur, qui eft Gilles Juveigneur, joüir de la portion qui fera trouvée luy appartenir en l'execution du prefent Arrêt, felon la nature, qualité & gouvernement des fiefs au defir de la Coûtume. Arrêt du Parlement de Bretagne du 14. Avril 1561. *Du Fail, liv. 1. chap.* 128.

57 Par Arrêt du Parlement de Bretagne du dernier Avril 1561. la Cour ordonne que partage fera fait entre les parties, qui font Renée de Bon-Amour, & Chriftophe de Chaurais, comme entre perfonnes Nobles & de Gouvernemens avantageux, pour raifon de la Terre & Seigneurie de Bon-Amour, & appaltenances d'icelle, procedantes de la Maifon de Rohan; & pour le regard des autres heritages, ordonné que partage & divifion feront faits felon la nature & qualité des heritages. Et pourront les parties informer plus amplement en l'execution du partage du Gouvernement des Terres & heritages. Ce Jugement eft fuivant l'art. 549. de la Coûtume, par lequel les puînez font reçus à verifier la qualité roturiere des Terres poffedées noblement par 40. ans. *Idem, li. 1. ch.* 114.

58 Partage avoit été ordonné par Arrêt. L'aîné differant de proceder, autre Arrêt du Parlement de Bretagne du dernier Octobre 1561. par lequel la Cour faifit toute la fucceffion, établit Commiffaires au gouvernement des fruits: défenfes à l'aîné de les exploiter, jufqu'à ce qu'il ait entierement obéi. *Ibid. chap.* 139.

59 L'article 561. de la Coûtume de Bretagne eft conforme à un Arrêt de ce Parlement du Octobre 1561. *Du Fail, liv. 1. ch.* 137. où il eft obfervé, qu'encore que cet article ne parle que des acquêts, & que le mot de *meuble* n'y foit exprimé, néanmoins les meubles y font entendus; puifque tout ce qui vient du profit, eft partable également, *dormiente ftatu.*

60 Entre Guillemette Grimault, curatrice de Jean Gafcher, & Adrien Bouvier, le partage avoit été jugé également en la fucceffion de Françoife Gafcher; en l'execution on intime feulement le Procureur de Guillemette Grimault, qui comparant, demande temps pour avertir le Commiffaire; ordonné nonobftant fes raifons, que le prifage jà fait tiendra, fauf droit de reveuë, laquelle avenant, fera faite à communs dépens. Arrêt du Parlement de Bretagne du 3. Septembre 1562. *Du Fail, liv. 1. ch.* 148.

61 Arrêt du 15. Septembre 1562. qui ordonne qu'un frere executera le partage dans quinze jours, & le temps paffé, le condamne *ex nunc prout ex tunc*, payer à fes fœurs 200. liv. pour faire faire le prifage.

Tome III.

& outre, que les biens de la fucceffion échuë feront fequeftrez & mis en main tierce. *Du Fail, livre 2. chap.* 186.

62 Entre François & Jeanne Darel, & Yvonne Darel intimée, le Sénéchal de Rennes juge que les parties joüiront de leurs lotties, felon la revuë du prifage; la Cour prononce mal jugé; & reformant le Jugement, dit, qu'il fera procedé à la revuë des biens dont eft queftion, fans mutation & changement des premieres lotties contenuës au premier partage, fauf à employer en icelle revuë les biens heritels, fi aucuns font demeurez à partir par le premier partage. Arrêt du Parlement de Bretagne du 26. Mars 1614. *Du Fail, liv. 1. chap.* 60. fur quoy M. Sauvageau fait cette obfervation: La reveuë fe baille à qui fe plaint dans l'an & jour aux dépens du demandeur en reveuë, fuivant l'article 591. de nôtre Coûtume; & l'an commence à courir du jour de la choifie. *Belord. Contr.* 119. & ce temps eft confideré à la rigueur de *momento ad momentum*; Arrêt d'Audience du 6. Juillet 1604. & comme elle fe doit demander dans l'an & jour, elle doit s'executer dans pareil temps aprés qu'elle eft jugée; le prifage & l'affiette étant faits, autrement il y a fin de non recevoir. Arrêt d'Audience en Decembre 1613. Mais cette reveuë n'a lieu en contrat de vente, quand l'heritage vendu a été préalablement prifé du confentement des parties. Arrêt d'Audience du 11. Février 1608.

63 L'intimé tuteur demande partage; l'appellant dit que les parties étant Nobles, comme il eft confeffé, & que l'intimé s'étoit emparé de la Terre de Vaujour, qui eft du partage, il doit refaifir l'appellant, qui eft l'aîné, avant qu'il procede. A Vannes il eft dit qu'il procedera. Appel. Par Arrêt du 30 Août 1565. la Cour dit qu'il eft mal jugé; & corrigeant le Jugement, que l'appellant n'étoit tenu proceder & répondre defaifi. *Du Fail, li. 1. ch.* 202.

64 Arrêt du Parlement de Bretagne du 30. Août 1566. qui ordonne que le partage de la fucceffion de Jeanne Bourdon fera ainfi fait; c'eft à fçavoir que les meubles appartiendront entierement à François Poullain, fils aîné de défunt Jacques Poullain, à la charge de payer toutes les dettes perfonnelles de Jeanne Bourdon; & pour le regard des immeubles, François prendra par préciput & avantage le lieu & manoir, &c. avec fes pourpris & préclôtures prochaines, le furplus des immeubles partagé également; & en tant que touche la fucceffion de la mere commune, le partage fera ainfi: Tous les meubles appartiendront à François frere aîné, à la charge de payer les dettes perfonnelles; & fur les immeubles, François prendra par préciput un fol pour livre, & le furplus fera divifé également. *Du Fail, li. 2. chap.* 579. où il eft obfervé que l'aîné Noble n'a maintenant que les deux tiers des meubles, fuivant l'article 241. de la Coûtume, les harnois de guerre avec l'élite des chevaux, art. 568. & les roturiers partagent entr'eux également meubles & immeubles, fauf aux chofes nobles, aufquelles l'aîné prend le fol pour livre. Il a auffi la maifon principale, faifant récompenfe par les articles 587. 588. & 594. de la Coûtume. Maintenant fi les chofes font roturieres, elles font partagées roturierement entre Nobles, tant en fucceffion directe que collaterale, fuivant les articles 548. & 552. de la Coûtume. L'aîné Noble paye les deux parts des dettes, & le puîné le tiers, fuivant l'art. 552. de la même Coûtume.

65 Partage caffé pour deux raifons. 1°. Parce que l'un des Prifeurs n'étoit Juré lors du prifage. 2°. Les intimez avoient dit que tous les heritages de la fucceffion avoient entré au partage, *quod erat falfum*. Par Arrêt du 10. Septembre 1566. il eft ordonné que par un nouveau Prifeurs juré le partage fera fait; comme auffi nouveaux lots, éfquels feront employez les heritages ômis. *Du Fail, li. 1. ch.* 216.

D ij

66 L'intimé se difant heritier principal & Noble, veut congéer un teneur à domaine congeable; l'appellant s'oppofe, & dit que l'intimé prétend la tenuë en vertu du Teftament de leur prédeceffeur, contenant donation, laquelle ne vaut; c'eft pourquoi il conclud à partage. L'intimé répond qu'il eft l'aîné du Noble, & que l'appellant n'eft recevable en fon oppofition, fauf à luy à venir par action, ce qui eft ainfi jugé. Arrêt du 18. Octobre 1566. qui prononce mal jugé; & reformant le Jugement, ordonne que fans avoir égard à la donation, le partage fera fait. *Du Fail, li.* 1. *ch.* 221.

67 Arrêt du 19. Avril 1567. entre Guy Geflin & fa fœur, qui ordonne que partage fera fait également entr'eux, rapportant & précomptant ce que la fœur aura reçû. Geflin aura neanmoins la principale maifon des fucceffions, en recompenfant en autre chofe fa fœur. *Idem, li.* 2. *ch.* 283.

68 On jugeoit en 1567. au Parlement de Bretagne, que les enfans du premier lit auroient la moitié des acquêts faits par le pere commun & fa premiere femme, & ceux qu'il fit en fa premiere viduité jufqu'au fecond mariage. On fuit à prefent l'article 587. de la Coûtume; toute la fucceffion paternelle, foit de patrimoine ou d'acquêt, fe partage également entre les enfans de même pere: *pater erat, paterna peto. Ibid. ch.* 282.

69 M. Pierre Mignot, & Marie Harel fa femme en fecondes nôces, s'étoient fait donation; luy mort, l'appellant fe dit heritier principal & Noble, demande être refaifi de tout, avant de répondre fur le partage des meubles & acquêts. Elle dit qu'elle eft faifie au moyen de la donation, dont elle demande l'execution par provifion, qui eft ordonnée. Arrêt du Parl. de Bretagne du 27. Octobre 1568. qui dit, mal-jugé, en ce que le Juge *à quo*, auroit purement & fimplement débouté l'appellant du refaififfement prétendu; ordonne qu'il fera refaifi des Titres concernans la fucceffion, enfemble des propres, fi aucuns font, autres que ceux compris en la donation, defquels Titres l'intimée pourra avoir copie; & luy feront les Originaux communiquez toutefois & quantes qu'elle en aura befoin. *Du Fail, liv.* 1. *ch.* 252.

70 Le Juge de Porhoüet ordonne que partage fera fait, & que les heritiers conviendront de Prifeurs. Quelques-uns, mais non tous, en conviennent; il ordonne auffi que la choifie fe fera par billets & au fort. Le Sénéchal de Ploarmel dit que c'eft mal jugé, & qu'il fera fait nouveau partage, dont appel. Arrêt du Parlement de Bretagne du 20. Février 1570. qui dit bien jugé. *Ibid. chap.* 295. où il eft obfervé qu'il avoit été jugé que les choifies fe feront d'aîné en aîné, & non par fort & billets. Il y a pourtant quelques Arrêts qui autorifent le fort en fait de partage. Arrêt du 8. Août 1608.

71 Il avoit été ordonné que Silveftre de Guigny fieur de la Biardaye, pere & garde de Simon fon fils fieur de Launay Romelin, feroit affembler quelques parens pour accorder une Inftance de partage, à luy fufcitée par M. de Bourgon, ce qu'il ne fait. Par Arrêt du Parlement de Bretagne du 17. Octobre 1571. la Cour fur Requête préfentée par Bourgon, ordonne que l'Arrêt de partage fera exécuté, fans que Guigny fe puiffe prévaloir du renvoy pardevant les parens. *Du Fail, liv.* 2. *ch.* 405.

72 Arrêt du 30. Mars 1575. confirmatif de l'ordonnance d'un Confeiller & Commiffaire de la Cour, portant que la choifie des lots fe fera au fort. *Du Fail, liv.* 2. *ch.* 496. où il eft obfervé que maintenant entre Nobles les partages fe font aux deux tiers à l'aîné, & le tiers aux cadets également, fuivant l'article 541. de la Coûtume. Entre les roturiers, les aînez mâles, ou mâles defcendans d'eux choififfent, après eux, les filles felon l'ordre de la naiffance. Arrêt pour les mâles defcendans des aînez du 1. Avril 1617. *At inter diverfo jure fuccedentes fit fortitio.*

73 Femme, Noble qui s'eft mariée à un roturier, ne doit être fruftrée du partage de la fucceffion noble, autrement ce feroit *prorfus invertere jura fanguinis*; il fut dit par Arrêt du Parlement de Bretagne du 30. Avril 1575. que le partage fe feroit également. *Voyez Du Fail, li.* 3. *ch.* 247.

74 En execution d'Arrêt donné entre Françoife Dubois, & François Dubois fon frere, il fut dit que François auroit outre les deux tierces-parties de la fucceffion contentieufe, qui au precedent luy avoient été ajugées par adreffe, le lieu & manoir principal, pourpris & préclôtures, & bois de haute-futaye de la Seigneurie de Dordu. Arrêt du 29. Octobre 1575. *Du Fail, liv.* 2. *ch.* 483.

75 Par Arrêt du 30. Avril 1578. prononcé en Robes rouges, il a été jugé que la part & portion d'un puîné noble qui eft mort, quoi qu'elle n'ait ait été demandée, vient & accroît à l'aîné du Noble, en fucceffion avantageufe. Sur cet Arrêt & autres femblables, l'article 559. de la Coûtume fut arrêté. *Ibid. chap.* 584.

76 Au Comté de *Porhoüet*, il y a un ufement particulierement obfervé aux Parroiffes de Glach de la Trinité, de Leon, de la Croix, & de Mohon, qu'entre les roturiers tous les enfans mâles, en quelque nombre qu'ils foient, ont les deux tiers des heritages pour eux, & la fille, ou filles, l'autre tiers: cela jugé & approuvé par Arrêt du 27. Septembre 1587. *Ibid. ch.* 231.

77 Si la fille Noble a plus qu'il ne luy appartient en la fucceffion de fa mere, le frere la peut contraindre à partage, le pere vivant. Arrêt du 7. Septembre 1607. *Sauvageau fur Du Fail, li.* 2. *ch.* 155.

78 En fucceffion collaterale noble, les deniers fe partagent comme meubles, quoiqu'ils procedent de la vente des heritages du tige & tronc commun, Arrêt du 11. Juillet 1611. rapporté par *Frain, pag.* 109.

79 Femme époufant un Gentilhomme, & depuis un roturier, comment fe partage fa fucceffion entre la fille du premier mariage, & l'enfant mâle du fecond ou troifiéme mariage? Arrêt du Parlement de Rennes du 17. Janvier 1622. qui juge que le partage fe fera également; parce que la fille ne partage jamais noblement fur le mâle *in eodem gradu*. *Frain.* pa. 412.

80 L'action de partage eft plus réelle que perfonnelle. Telle action renvoyée au Juge du lieu où les heritages étoient fituez, par Arrêt du Parlement de Bretagne du 3. Septembre 1643. ordonné que l'Arrêt feroit publié au Siege de Rennes. M. le Préfident Bufnel étoit partie intervenante en la caufe pour fa Jurifdiction de Laillé. *Sauvageau fur Du Fail, liv.* 1. *chap.* 188.

COUTUME DE LILLE.

81 Jugé au Parlement de Tournay en la Coûtume de Lille, que le droit qu'a un enfant de demander partage des biens meubles à fon pere furvivant, du chef de fa mere prédecedée, fe tranfmet à fes hoirs. L'Arrêt eft du 20. Octobre 1700. rapporté par *M. Pinault. to.* 2. *Arrêt* 290.

COUTUME DE NORMANDIE.

82 C'eft aux mâles feulement, & pour la confervation des maifons, que la Coûtume autorife l'inégalité entre les enfans; entre filles leur condition eft égale; le droit de choifir eft la feule prérogative qui appartient à l'aînée, fuivant un ancien Arrêt de Roüen du 13. Mars 1536. *Bafnage fur la Coûtume de Normandie art.* 272.

83 Par Arrêt du Parlement de Roüen du 22. Février 1611. rapporté par *Berault* fur l'art. 354. de la Coûtume de Normandie, jugé que l'aîné, avant faire choix, doit avoir un delai pour examiner les lettres & écritures.

84 C'eft une maxime, que bien qu'une fille foit refervée à partage, quand il y a dans la fucceffion des rotures & un Fief, la fille refervée ne peut avoir fon partage que fur la roture, & non fur le Fief. Arrêt

du Parlement de Roüen du 29. Avril 1623. *Basnage*, *sur l'art.* 361. *de la Coûtume de Normandie.*

85   Jugé au Parlement de Normandie au mois de Mars 1643. que les sœurs admises à partage par les creanciers, n'auront pas le tiers, & non part égale. *Basnage*, *sur l'art.* 270.

86   Jugé au Parlement de Roüen au mois de Mars 1657. que les descendans d'une sœur, laquelle avoit été reservée à partage, se trouvant en possession d'un bien de la succession, pouvoient se défendre par la possession centenaire contre les descendans d'un frere, qui prétendoient que faute de justifier d'un partage, ils pouvoient demander les deux tiers des biens dont les descendans de la sœur étoient en possession. *Basnage*, *ibidem sur l'art.* 529.

87   Par un usage local du Bourg de Bolbec il est dit que les freres & sœurs partagent également les heritages situez dans ce Bourg. Suzanne & Esther Gilles demandant leur legitime à leurs freres, une portion des heritages de la succession se trouva située dans Bolbec; en procedant à l'arbitration du mariage avenant, les parens y donnerent part égale aux sœurs. Le Vicomte sans avoir égard à cette arbitration, leur ajugea seulement le tiers de tout le bien; sur l'appel des sœurs, le Bailli cassa la Sentence. Par Arrêt du 11. Janvier 1668. on cassa la Sentence du Bailli, & celle du Vicomte fut confirmée. *Basnage*, *ibidem*, *art.* 271.

88   Le sieur Baillard Maître des Comptes à Roüen,
& réserva par son testament ses filles à sa succession;
89 cette reservation étoit conçuë en ces termes : *Je veux que mes filles soient reçuës à partager ma succession avec leurs freres, pour & autant qu'il leur en peut appartenir, suivant la nature & la situation des biens qui seront à partager.* Cette succession étoit composée de trois sortes de biens, la premiere consistoit en meubles & immeubles assis en Bourgage; la seconde, en l'Office de Maître des Comptes, & en heritages situez dans la Coûtume generale; la troisiéme en biens situez dans la Coûtume de Caux. En consequence de cette reservation à partage, les sœurs au nombre de quatre partagerent également avec leurs deux freres, les meubles & les biens situez en Bourgage; elles eurent aussi le tiers des biens qui étoient sous la Coûtume generale; mais lorsqu'elles demanderent partage aux biens de Caux, M. Michel Baillard Maître des Comptes à Roüen, prétendit que son pere n'avoit pû dans la Coûtume de Caux reserver ses filles à partage, & qu'en tout cas le frere puîné & les sœurs ne pouvoient avoir que le tiers, sans y comprendre le préciput. L'affaire ayant été portée aux Requêtes du Palais, par Sentence du 7. Avril 1677. on ajugea au sieur le Tellier, au droit de Barbe Baillard sa femme, & à Marie, Catherine, & Marthe Baillard, le tiers en essence des biens situez en Caux, à prendre sur les deux tiers de Pierre Baillard puîné, avec le tiers des arrerages des rentes & fermages depuis le décez du pere; & qu'à cette fin les freres seroient tenus de faire lots entr'eux, pour être ensuite procedé par lesdits le Tellier & Baillard à la confection de nouveaux lots. Le 31. Mars 1678. la Sentence des Requêtes du Palais, dont le sieur Baillard étoit appellant, fut cassée au Parlement de Roüen; & en réformant, les Demoiselles Baillard furent privées de prendre part sur les immeubles en Caux, autres que ceux situez en Bourgage, sauf à elles à prendre mariage avenant, si elles avisent que bien soit, au lieu de partage sur les biens de la succession de leur pere, tant dans la Coûtume generale qu'en celle de Caux; ce qu'elles seront tenues de déclarer dans la huitaine. On peut dire veritablement que cet Arrêt fut donné *multis & magni nominis senatoribus contradicentibus*, & contre le sentiment de tout le Barreau. L'on proposa de faire publier cet Arrêt

pour servir de Reglement, mais ceux qui ne l'approuvoient pas l'empêcherent. *Voyez Basnage sur la Coûtume de Normandie*, *art.* 279.

90   Jugé au Parlement de Roüen le 7. Mars 1681. qu'une rente duë par la Communauté des Arquebuziers de la Ville de Roüen, devoit être partagée comme un bien en Bourgage, ces Communautez n'ayant point d'étenduë ni de fonction que dans la Ville, quoique la rente eût été constituée sous le nom de quatre Capitaines des Arquebuziers; néanmoins il étoit constant au procez qu'ils ne s'étoient obligez que pour la Communauté qui devoit veritablement cette rente, quoique par le contract ils ne se fussent obligez que comme particuliers, & qu'il ne fût pas dit, que ce fût pour les affaires de la Communauté. *Basnage sur la Coûtume de Normandie*, *article* 392.

91   Monsieur de Lesville Evêque de Coutance étant à Paris pendant l'Assemblée du Clergé, y decede; procez pour le partage de ses biens; il fut dit que les heritages en rotures seulement, & les rentes constituées ailleurs que dans l'étenduë du Parlement de Normandie, seroient partagées entre la Dame le Gras & ses coheritiers, les autres biens meubles, rentes & heritages en fief demeureroient aux mâles. Arrêt du 8. Mars 1667. *De la Guess. tome 3. livre 1. chap.* 17.

COUTUME D'ORLEANS.

92   L'article 92. de la Coûtume d'*Orleans* permet au pere, soit en acquerant terres en fief, soit après les avoir acquifes, de déclarer qu'il veut qu'elles soient partagées sans aucun droit d'aînesse. Jugé au P. de Paris le 25. Février 1608. que cet article n'a point lieu à l'égard de l'oncle, mais du pere seulement. *Le Bret, livre* 3. *décision* 2.

COUTUME DE POITOU.

93   En la Coûtume de *Poitou*, touchant le partage d'une succession, comme de biens nobles, &c. les deux tiers dans les deux tiers seulement, furent ajugez à l'intimé. Arrêt du 8. Août 1664. *De la Guess. tome 2. liv. 6. chap.* 44.

COUTUME DE TROYES.

94   Quel effet a l'article de la Coûtume de *Troyes*, qui dit *entre gens de condition servile, un parti, tout est parti?* Voyez *Coquille*, *tome 2. quest.* 70.

PARTAGE ENTRE ENFANS.

95   Les filles du premier mariage, ou leurs enfans partagent également avec la fille du second mariage leur sœur paternelle, tous les immeubles du côté paternel de la succession d'un de leurs freres decedé du second mariage. Arrêt du 8. Juillet 1538. *Le Vest*, *Arrêt* 15.

96   Le partage fait entre enfans est revocable. Arrêt du Parlement de Dijon du 15. Février 1618. *Bouvot*, *to.* 2. verbo *Partage*, *quest.* 21. & cy-dessus *le n.* 31.

PARTAGE, ESTIMATION.

97   Partage de choses nobles & autres, se doit également faire, & ayant égard à la valeur, estimation, & bonté des choses, & non à la quantité. Arrêt du Parlement de Bourdeaux du 19. Decembre 1524. *Bibliot de Bouchel*, verbo *Partage*.

Le même Arrêt est rapporté dans *Papon*, *livre* 15. *titre* 7. *nombre premier*; il joint à cette citation celle d'un Arrêt du semblable rendu le 9. Août. 1510.

99   Sur le debat de deux partages, ordonné au Parlement de Bretagne le dernier Octobre 1561. que par trois Priseurs convenus, un troisiéme s'en ira sur les lieux contentieux; le tiers tenu accorder & signer ce que les deux accorderont. *Du Fail, livre premier, chapitre* 141.

PARTAGE, FIEF.

100   Du partage du fief. *V.* le mot *Fief*, *n.* 108. *& suiv.*

FRAIS DE PARTAGE.

101   Dépens faits pour arpenter bois pour parvenir à

D iij

un partage doivent être taxez contre les deux parties, quoique l'une le requiere, & l'autre y contredife. Arrêt du Parlement de Bourdeaux du 29. Novembre 1537. *Papon*, *li.15. tit. 7. n.3.*

102   Damoiselle Françoise de Maure requiert le Comte de Maure fon frere être contraint bailler l'argent pour executer l'Arrêt de partage donné entr'eux. Par Arrêt du Parlement de Bretagne, la Cour dit que les parties fourniront aux frais de l'Arrêt, à raifon de ce que chacune d'elles prendra en la fucceffion. L'on fuit la pratique de l'art. 565. portant obligation à l'aîné de configner en cas de conteftation par provifion une fomme, tant pour alimens que frais du prifage & procez, vifite des biens & valeur d'iceux, s'il n'y avoit accord par écrit; neanmoins les puînez font obligez au rembourfement des frais du partage pour leur tiers. *Du Fail, li. 2. chap.178.*

PARTAGE ENTRE FRERES.

103   *Voyez* le mot *Freres*, & à la lettre *D.* au titre du double lien.

104   Si la fille qui a renoncé moyennant une dot, eft confiderée pour donner lieu au partage par souches, entre les neveux de differentes branches? *Voyez Henrys*, tome 1. liv. 5. chapitre 4. queftion 55. il eft d'avis qu'en ce cas le partage entre les enfans des freres & fœurs doit être fait par fouches, parce que la fille qui a renoncé fuccede *quoad jus*, quoiqu'elle ne fuccede pas *quoad effectum.*

105   Le même *Henrys*, tome 1. livre 6. chapitre 1. queftion 6. établit qu'entre les freres confanguins & uterins, le partage fe fait par têtes, quoique le nombre foit plus grand d'un côté que de l'autre; & qu'il en eft de même entre les afcendans & tous les collateraux.

106   Si le frere qui eft legataire & l'un des heritiers, peut être cenfé faire part & concours, & obliger les neveux à partager par fouches, lorfqu'il fe tient à fon legs? *Voyez Henrys*, tome 1. livre 5. chapitre 4. queftion 53. il établit par des raifons très folides, que dans ce cas le partage doit être fait par fouches, parce que le legs fait au frere vivant, luy tient lieu de fa portion hereditaire.

PARTAGE, GARANTIE.

107   C'eft une maxime que les coheritiers font garands les uns aux autres de leurs lots de partage, *l. fi fratres comment. Ind. l. unus individuum. Cod. in quibus cauf. ceff. long. temp. præfcr.* combien qu'il y eût plus de trente ans paffez qu'ils euffent été faits. Arrêt du 29. May 1513. *Jovet*, *verbo Partage*, *nomb. 17.*

108   Les tuteurs des enfans de deux lits font partage. Une maifon tombée dans les lots de l'un, elle eft par la fuite bruflée; celuy auquel elle eft avenuë, ne peut demander nouveau partage fans avoir rebâti la maifon au même état qu'elle étoit lors du partage. Arrêt du Parlement de Dijon du 28. Février 1603. *Bouvot*, tome 2. verbo, *Partage*, queft. 9.

Voyez le mot, *Garantie*, *nomb. 78. & fuiv.*

PARTAGE DES GREFFES.

109   *Voyez* le mot, *Greffe*, *nomb.106. & fuiv.*

PARTAGE, HYPOTEQUE.

110   L'hypoteque en partage eft du jour de l'adition d'heredité fur les biens particuliers des coheritiers, & non du jour du partage. *Voyez* le mot, *Hypoteque*, *nombre 214.*

111   *Poft divifionem inter cohæredes factam idem jus non remanet hypothcca anteà contracta.* Arrêt du 6. May 1581. *Anne Robert*, *rerum judicat. li. 3 ch.19.*

112   Le creancier qui a contracté avec un heritier, poffedant fes biens indivis avant le partage, ne fe peut adreffer fur l'heritage qui luy eft obligé, & qui n'eft avenu au lot de fon debiteur. Arrêt du 8. Janvier 1566. entre Claire Verberis veuve de Corard Procureur en la Cour. Autre du 5. May 1581. entre les Pineaux & Gentils, ce qui a lieu *ceffante fraude*; autre Arrêt du 2. Août 1595. rapporté par *M. le Maître traité des*

Criées, *chap. 43. & Bibliotheque de Bouchel*, *verbo* Hypoteque.

113   L'on a demandé de quel jour les copartageans ont hypoteque fur les biens particuliers de leurs coheritiers? Les anciens Arrêts jugeoient que c'étoit du jour de leur partage; mais les derniers ont décidé que c'étoit du jour de l'adition d'heredité; le motif de cette nouvelle Jurifprudence eft pour éviter les fraudes entre les heritiers qui pourroient oppofer que les biens partagez ont changé de nature. *Voyez* le *Journ. du Pal.* in fol. *to. 2. p.606.* où l'on rapporte un Arrêt précis du 27. Juin 1686.

PARTAGE, JUGE, JUGEMENT.

114   Le Jugement donné pour le partage d'une fucceffion univerfelle en pays étranger, n'eft pas executoire en France. Arrêt du 21. May 1585. *Charondas*, *liv. 7. Réponfe. 133.*

115   Le Juge du lieu où font les meubles, eft Juge competent pour le partage des meubles. Arrêt du Parlement de Dijon du 13. Mars 1601. *Bouvot*, *to. 2. verbo Partage*, *queft.15.*

116   En action de partage l'on fe doit pourvoir pardevant le Juge Royal. Arrêt du Parlement de Dijon du 3. Octobre 1611. *Ibidem*, queft. 5.

117   Le partage d'une fucceffion doit être fait devant le Juge du lieu où eft décedé celuy dont elle vient, & non point devant celuy où la plus grande partie fe trouve fituée. M. *Jofias Berault* rapporte avoir été ainfi jugé le 14. Mars 1608. *Voyez Bafnage*, *titre de Jurifdiction, art. 5.*

LOTS DE PARTAGE.

118   Une femme inftituë fon mari fon heritier univerfel, après fon décez luy fubftituë fes tante & oncle, & fon beaufrere; le cas arrivé les Experts font le partage, la tante comme la plus jeune veut choifir: *C.1. ex. de parochis.* Par Arrêt du 26. Octobre 1590. il a été ordonné que les lots feroient jettez au fort; ce qui avoit été jugé le 15. Janvier 1582. *La Rocheflavin, liv. 6. tit. 37. Arr. 3.*

119   Quand tous les enfans, freres ou heritiers font mineurs, l'on n'obferve plus l'ancienne pratique, que le vieux faffe la divifion, & que le plus jeune choififfe: mais le partage des biens contentieux doit être fait par Experts. Arrêt de l'an 1607. *La Rocheflavin, ibid. arr. 2.*

120   Arrêt qui a jugé que le frere aîné fera les lots dans trois jours fans rien obmettre, à peine de perdre fa part, & le frere choifira; & pour les fubterfuges dont on avoit ufé, condamné en 50. livres envers fondit frere, & en 100. livres de provifion; ce qui eft fondé fur le chapitre 1. *Extra. de Parrochiis. Guid Papa quaft.* 230. La Rocheflavin, *ibidem Arrêt* 1.

121   L'aîné fait les portions, & le cadet choifit, fuivant *Guid. Pap. qu.* 289. Quand les frères ou fœurs ne font que deux, la Cour l'approuve, comme il fut jugé au Parlement de Toulofe le 31. Janvier 1645. en la caufe de Soupfol contre fon frere: mais quand ils font trois, ou plus de trois, la Cour ne l'approuve pas comme il fut jugé en la caufe d'Olives mary d'une nommée Deprat; par lequel il fut ordonné qu'il fe feroit par Experts entre trois fœurs. Cet Arrêt eft du 21. Juillet 1648. La même chofe fut jugée en la caufe de Bigofe en 1655. Ordinairement en ce Parlement on fait des lots, & l'on tire au fort, *arg. l. 3. Cod. commun. de leg.* Albert, *verbo freres, art.* 1.

122   La Coûtume que l'aîné fait les lots, & le puîné choifit, s'obferve au reffort du Parlement de Toulofe entre freres feulement, mais non entre étrangers. Dans ce dernier cas la divifion des biens eft renvoyée au Jugement d'Experts. Arrêts en 1564. & 1579. *Maynard*, *li. 7. ch. 96.*

123   L'aîné fait les lots, le puîné choifit: cela n'a lieu que pendant la vie des freres; car fi l'un eft décedé,

on a recours aux Experts &'au fort. *Voyez Maynard, li. 9. ch. 52.*

114 Le Juge de Lesneven avoit broüillé une revûë de partage ; la Cour ordonne que les loties seront reduites à égalité par trois Priseurs, ou gens, dont les parties conviendront, sans toutefois changer les loties du premier partage : mais la reduction se fera par adjudication de rentes annuelles, ou deniers, au choix de ceux qui auront les loties moins valantes, à l'encontre des ayans les plus riches & opulentes loties. Arrêt du Parlement de Bretagne du dernier Avril 1561. *Du Fail, li. 2. chap. 115.*

115 Un homme du tiers état laisse quatre enfans, deux filles, deux mâles : le dernier prétendoit n'être pas tenu de faire les loties ; les sœurs répondent qu'il doit les faire, & que c'est la coûtume que le dernier les fasse, & que la choisie se fasse d'aîné en aîné. Arrêt du Parlement de Bretagne du 1. Avril 1572. *Voyez Du Fail, li.3. ch. 143.* où il est observé que les loties se font par Priseurs : l'un des copartageans n'est recevable à demander de la refaire. Arrêt de l'an 1633. Des partages des roturiers. *Voyez Dargentré sur le partage des Nobles, quest. 44. & la Coûtume art. 587. & suiv.*

116 La tante est obligée de faire les partages, quand elle succede avec les enfans du frere aîné. Arrêt du Parlement de Normandie, rapporté par *Basnage & Berault sur l'ar. 308. de cette Coûtume.*

117 Un frere qui joüissoit de toute la succession, en vendit quelque portion ; & lors de la choisie des lots, il laissa à son frere puîné celuy dans lequel les terres alienées étoient comprises. L'acquereur fut maintenu sur l'appel du frere ; son Avocat disoit que la vente faite par son frere n'empêchoit point son action ; que l'acquereur n'avoit point de titre, ayant acquis *à non domino, Lege 1. c. de rerum commun. alienationes,* & que cet heritage étant tombé en son lot, il en devoit joüir. On répondoit pour l'acquereur, que l'appelant plaidoit sans interêt, son frere offrant de luy bailler d'autres terres. Par Arrêt du Parlement de Roüen du 4. Avril 1658. en reformant la Sentence, on ordonna que l'on procederoit à nouvelle choisie, en présence de l'acquereur. *Basnage, sur la Coûtume de Normandie art. 334.*

118 Les lots faits avec un tuteur par l'avis des parens, sont valables, & ne peuvent être cassez que pour lesion, & la lesion doit être aussi grande qu'entre majeurs. Arrêt du Parlement de Roüen du 14. May 1657. *Voyez Basnage sur l'art. 353. de la Coûtume de Normandie.*

119 Dans le partage des biens du pere mort sans rester, l'aîné de ses fils doit faire les lots, & le puîné choisir. C'est l'usage observé de tout temps dans le Dauphiné ; les titres seront remis à l'aîné. *Voyez Guy Pape qu. 189.* Dans une succession étrangere le partage peut être fait par prud'hommes, & le choix mis au fort, ou en licitation. Arrêt du Parlement de Grenoble du 1. Juin 1679. rapporté par *Chorier en sa Jurisprudence de Guy Pape, pag. 197.*

130 Entre partageans, quand les lots ont esté jettez, quoique le partage n'ait pas encore été passé pardevant Notaires, s'il a été convenu de le faire, aucune des parties n'y peut contrevenir. Arrêt du Parlement de Tournay du 24. Avril 1698. rapporté par *M. Pinault to. 2. Arr. 217.*

P A R T A G E, M E U B L E S.

131 En partage de meubles, point de recours de garantie. *Brodeau sur M. Loüet let. F. nomb. 25.*

132 Arrêt du Parlement de Paris du 21. Mars 1548. rendu entre la Comtesse de Laval, & celle de Martigues ; par lequel il est ordonné que pour partager les meubles laissez par le sieur Comte de Laval, ils seroient tous apportez en la Ville de Tours *impensis communibus,* prises sur les meubles. *Papon, liv. 15. tit. 7. nomb. 2.* Celle qui se prétendoit heritiere des

meubles, disoit qu'elle étoit saisie par la Coûtume, & que le transport devoit se faire aux frais & perils de l'autre.

133 Du partage des heritages meubles possedez par roturiers, tombez en tierce foy au païs de *Touraine,* & que plusieurs puînez joüissans par indivis de leurs tiers, si l'un décede, l'aîné n'y peut rien prétendre. *Voyez l'Arrêt donné en la cause d'entre René de Bonamour, d'une part, & René Dassi d'autre, prononcé en Robes rouges le 13. May 1561. Le Vest.*

134 Meubles & acquêts également partagez entre enfans de deux lits. Arrêt du Parlement de Bretagne du 6. Février 1574. *Du Fail, li. 1. ch. 360.*

P A R T A G E, O F F I C E, O F F I C I E R S.

135 Office de garde des petits Sceaux, controlle des Titres & Cayers, sont meubles, & se partagent suivant la Coûtume du domicile du defunt, non de celle du lieu où est leur exercice. Arrêt du Parlement de Paris du 22. Février 1629. *Bardet, to. 1. liv. 3. ch. 29.*

136 Les biens d'un Officier honoraire doivent être partagez noblement. Arrêt du 6. Mars 1675. *De la Guess. to. 3. li. 9. ch. 3.* Arrêt du Consel Privé, qui decide le contraire ; il est du 4. Août 1677. *De la Guessiere, tom. 3. liv. 11. ch. 18.*

P A R T A G E, S U C C E S S I O N D'U N E N I E C E.

137 Renard tuteur de Gabrielle Renard sa niéce, & son heritier en partie, devoit ouvrir partage à Jacquette Renard sa sœur dans la succession de leur niéce, & condamné à rendre compte. Arrêt du 18. Août 1684. *Idem, to. 4. liv. 7. chap. 21.*

P A R T A G E, P A R E N S A R B I T R E S.

138 Arrêt du Parlement de Bretagne du 12. Octobre 1570. qui ordonne que les parties conviendront dans quinze jours de six de leurs plus proches parens, faute dequoy la succession sera sequestrée. *Du Fail, liv. 3. ch. 216.*

139 Partage renvoyé aux proches parens ou arbitres. Ordonnance de Moulins article 83. *Voyez Mornac li. ult. ff. familia erciscunda,* & du Frêne, *liv. 1. ch. 90.* où il y a Arrêt du 19. Février 1626. qui a renvoyé les differends des partages aux proches parens.

P A R T A G E, B I E N S P A T E R N E L S.

140 Biens maternels baillez en partage à l'enfant pour sa part qu'il avoit aux paternels, sont censez paternels, & è converso. Arrêt du 30. Mars 1596. *Charondas, liv. 11. Rép. 40.*

141 Partage entre trois freres des biens paternels & des biens d'un oncle, lequel avoit chargé ses biens de substitution ; les biens substituez se trouvent entierement au lot de Jean, les biens paternels aux lots de deux autres freres. Jean fait des dettes, & meurt sans enfans ; les autres freres prennent les biens en vertu de la substitution : les creanciers de Jean les attaquent ; ils sont recevables, parce que Jean leur debiteur avoit un tiers dans les biens de son pere qu'il avoit pû aliener. *V. Charondas, liv. 11. Rép. 15.*

P A R T A G E F A I T P A R P E R E S E T M E R E S.

142 Partage entre les enfans des biens d'un pere par testament, & qui avoit des biens en païs de Droit écrit & Coûtumier, le partage & la division confirmée. *Peleus, quest. 134.* Il ne date point l'Arrêt.

143 Du partage fait par la mere, de sa succession ; & si de son vivant elle le peut revoquer, l'ayant auparavant approuvé. *Voyez M. Loüet & son Commentateur lettre P. Som. 24.*

144 En la Coûtume de *Ponthieu* le partage fait par le pere & la mere entre leurs enfans, ne vaut ; mais s'ils commencent à faire don de leurs meubles & acquêts, ils peuvent ensuite faire partage. *Voyez M. Loüet & son Commentateur. Ibidem nombre 12.* Idem, en la Coûtume de Poitou.

145 Un pere qui avoit des Fiefs & des rotures, de son

vivant fit partage à tous ses enfans , & fit les lots égaux à chacun des autres ; ce partage fut accepté par tous. Après la mort du pere, l'aîné prend lettres pour faire casser le partage, fondées sur la réverence paternelle , & sur ce que par la Coûtume le droit d'aîné luy appartenoit , & demandoit qu'il fût procedé à nouveau partage. Par Arrêt prononcé en Robes rouges le 14. Août 1566. les Lettres furent enterinées. *Bibliotheque de Bouchel* , verbo , *Partage*.

146 Par Arrêt donné le 14. Mars 1603. en la cause de Jean Mailly Chevalier , Administrateur de la personne & biens d'Yolande de Netrancourt sa femme , appellant , & demandeur en Lettres , & Jean de Netrancourt intimé & défendeur ; la Cour declara nulle une homologation faite par le Duc de Lorraine en son Conseil à Nancy , d'un partage fait par les pere & mere entre leurs enfans , de biens sis en Vermandois & en Barrois ; & en enterinant les Lettres , a remis les parties en tel état qu'elles étoient auparavant le prétendu procès. *Voyez les Plaidoyez de M. Servin tom. 1. & la Bibliotheque de Bouchel*, verbo , *partages*.

147 Partage de pere & mere entre leurs enfans , quoiqu'un peu inégal , doit subsister, la legitime sauve. Arrêts du Parlement de Paris des 15. Février 1564. & 27. Février 1576. *Papon , liv. 15. tit. 7. n. 8.*

148 Le pere peut faire le partage des biens de sa femme , & la mere des biens de son mari , aussi-bien que des siens propres entre ses enfans. Arrêts du Parlement de Dijon des 29. Juillet 1594. & 17. Decembre 1641. fondez, sur ce que si les enfans veulent être heritiers de leurs pere & mere , qui ont ainsi disposé, il faut qu'ils executent la volonté du disposant. D'ailleurs, *præsumptio propter naturalem affectum , facit omnia patri videri concessa*. L'Empereur Alexandre dit à ce sujet: *Parentibus arbitrium dividendæ hereditatis inter liberos adimendum non est*. Taisand, *sur la Coûtume de Bourgogne*, tit. 7. art. 6. n. 6.

149 Declaration du Roy du 17. Mars 1645. pour la validité des partages des peres & meres entre leurs enfans dans la Coûtume de Bourgogne , & qui seront signez d'un Notaire & d'un témoin seulement, conformément aux articles 165. & 166. de l'Ordonnance de Blois : elle a été enregistrée le dernier Juin 1666. au Parlement de Dijon ; & il fut jugé le 26. Février 1671. qu'elle avoit lieu même à l'égard des testamens faits auparavant. *Taisand , ibidem , n. 1.*

150 Les Avocats du Parlement de Bourgogne certifient qu'ils ont toûjours vû & observé , qu'à l'égard des partages faits par les peres & meres entre leurs enfans sous leur écriture & signature ; il falloit que l'acte & endossement requis par la Coûtume , fût signé actuellement par deux témoins , à peine de nullité ; parce que la Coûtume en ce genre de disposition , dit purement que les témoins signeront sans adjonction des mots , *suivant l'Ordonnance* ; mais quant aux partages & testamens passez noncupativement pardevant un Notaire & deux témoins, la Coûtume disant qu'ils pourront être faits pardevant un Notaire ou deux témoins qui signeront , *suivant l'Ordonnance*, ils ont toûjours vû & observé, qu'il suffisoit qu'en cette sorte de disposition noncupative , les témoins signassent s'ils sçavoient signer , ou déclarassent ne sçavoir signer enquis , & qu'il y eût un témoin actuellement signant , ainsi qu'il est permis & porté par les Ordonnances susdites ; certifians en outre , que l'Arrêt de 1658. n'a point été publié en Audience ; & qu'ainsi la disposition de la Coûtume est demeurée en sa force & vigueur. Fait à Dijon le 20. Mars 1654. *Voyez Taisand, ibid.*

151 Les derniers Arrêts du Parlement de Dijon ont décidé que tous partages étoient revocables, quoique la tradition s'en soit suivie , que la Coûtume donnant cette liberté aux peres & meres, ils ne faisoient injure à personne , en usant de leur droit. Arrêts des

7. May 1614. 16. Juillet 1622. & 23. Février 1657. mais lors que les choses ne sont plus entieres, & qu'il y a fraude de la part de celuy qui veut revoquer , la revocation n'a aucun effet. Nicole Briois avoit fait partage de ses biens entre ses enfans; l'un d'eux ayant cedé les rentes constituées échûës à son lot , elle revoqua ce partage, afin qu'elle pût reprendre les rentes qu'il avoit cedées. Arrêt du 10. Decembre 1658. au profit des cessionnaires. Le partage est aussi irrevocable , s'il est fait dans un contract de mariage. *Taisand sur la Coûtume de Bourgogne , titre 7. article 8. note 4.*

152 André Chirat de Bellegarde ayant fait un partage de ses biens entre ses enfans , dans lequel il y avoit un témoin qui n'avoit pas quatorze ans complets ; ce partage en forme de testament fut declaré nul au Parlement de Dijon , par Arrêt du 5. Février 1619. *Voyez ibidem art. 4. n. 7.*

153 Une disposition entre enfans par forme de partage n'a pas plus de force qu'un testament , elle peut être revoquée. Ainsi jugé au même Parlement de Dijon le 9. Juillet 1615. *Bouvot to. 1.* verbo *Disposition*.

154 *Divisio testamentaria facta à patre inter liberos valet.* Le 15. Janvier 1602. le 6. Mars 1603. & le 9. Février 1610. *Mornac l. 10. C. familia erciscunda.* Voyez *Brodeau sur M. Louet , lettre P. somm. 23.*

154 bis. Un pere peut ordonner par testament que tous ses meubles , acquêts & conquests immeubles seront partagez également entre tous ses enfans , & ce faisant préjudicier à son aîné , en ce qui touche les acquêts en fief. Arrêt rendu en la Coûtume d'Amiens le 2. Janvier 1623. rapporté au 1. *Tome du Journal des Audiences , liv. 1. chap. 1.*

155 Si la division faite par le pere doit tenir entre les enfans, quand il n'a pas tout divisé ? Par Arrêt du Parlement de Toulouse du 10. Février 1645. ordonné qu'il seroit fait une autre division de tous les biens par Experts. *Voyez Albert* , verbo *Division*.

156 Arrêt du Parlement de Provence du 28. Avril 1659. qui a jugé qu'un partage de biens fait par le pere à ses enfans , ne peut être debatu sauf leur supplément de legitime. *Boniface , tome 2. livre 1. titre 13. chapitre 2.*

157 Un pere qui a promis par transaction à un de ses enfans de luy laisser part égale dans ses biens pour quelque cause , ne peut par d'autres dispositions le priver de l'effet de ses promesses. Arrêt du Parlement de Tournay du 24. Decembre 1699. rapporté par *M. Pinault, tome 2. Arr. 277.*

PARTAGE REFUSÉ.

158 Lorsque l'un des coheritiers refuse de partager l'heredité , la Cour a coûtume d'ordonner qu'elle sera sequestrée & regie par Commissaires. Sur l'execution d'un tel Arrêt il y eut contestation ; les uns vouloient que la ferme fût en moisson, comme grains & denrées, les autres en deniers. Arrêt du 18. Decembre 1543. qui ordonna que ce seroit en deniers. *Papon, li. 15. tit. 7. n. 4.*

159 Arrêt du Parlement de Paris du 30. Janvier 1545. par lequel un coheritier ne voulant point satisfaire à l'Arrêt du Parlement qui ordonnoit un partage, a été condamné en cent livr d'amende, outre celle dûë pour le fol appel , & ordonné qu'il seroit mené prisonnier en la Conciergerie pour y garder prison jusques à ce que le partage fût fait , & les Arrêts entierement executez. *Papon , liv. 18. tit. 5. n. 41.*

160 Par Arrêt du 30. Janvier 1555. donné entre deux freres nommez les Pleiards , celuy qui avoit refusé bailler partage à son frere l'espace de trente ans , quelques Arrêts qu'il y eût contre luy, fut condamné à tenir prison jusques à ce qu'il eût livré partage à son frere , & avec ce condamné à une reparation. *Biblioth. de Bouchel* , verbo *Partage*.

PARTAGE , RELIEF.

161 Pour partages faits entre les coheritiers en ligne directe

directe d'heritages feodaux, encore qu'il y ait foulte baillée, il n'eft point dû de relief en la Coûtume de Paris. Arrêt du 27. May 1569. *Le Veſt*, *Arrêt* 99. *Voyez le Journal du Palais*, dans l'Arrêt du 24. Juillet 1670.

RESTITUTION EN PARTAGE.

161 Un partage eſt ſujet à reſciſion, quand il y a léſion *ultrà quartam partem*, ſur tout entre freres, car la bonne foy doit être entiere parmi eux ; ainſi jugé. *Voyez Baſſet*, *to.* 2. *li.* 6. *tit.* 1. *chap.* 4.

163 La Cour a accoûtumé de recevoir reſtitution en entier contre partages faits entre majeurs dans les dix ans de l'Ordonnance, ſous la déception d'outre le quart de juſte portion qui échet à un ; car c'eſt toûjours la moitié du tout , ſi les partageans ſont par égales portions, à ſçavoir deux, chacun par moitié. *Papon*, *liv.* 15. *tit.* 7. *n.* 7.

164 Dans quel temps on peut venir contre un partage où l'on a pris pour fief ce qui étoit roture, *aut vice versâ* ? Voyez *le Brun*, *traité des Succeſſions*, *livre* 2. *chap.* 2. *ſect.* 2. *n.* 47. il dit que le partage étant nul à cauſe de l'erreur de droit , il y a trente ans pour demander la part qu'on auroit euë , ſi ce n'eſt qu'avant les trente ans on auroit eu connoiſſance de la qualité de l'heritage, auquel cas les dix ans marquez par l'article. 46. de l'Ordonnance de Loüis XII. de 1546. courent du jour de la connoiſſance.

165 Le partage auquel il ſe trouve grande léſion , peut être caſſé dans les dix ans, encore qu'il ſoit fait par tranſaction. Arrêts du Parlement de Bretagne des 18. Mars 1566. & 21. Decembre 1594. *Du Fail*, *livre* 1. *chap.* 208.

166 La Coûtume qui confirme le partage par dix ans ne s'entend que pour les mineurs qui ne laiſſent d'être reſtituez. Arrêt du 8. Juin 1585. Le nom de tranſaction intervenu en partage n'empêche la reſtitution ou le ſupplément à faire par l'avantage. Arrêts du mois de Février, & 17. Mars 1577. *Papon*, *livre* 15 *nombre* 7.

167 Un mineur qui a provoqué à partage & jetté au ſort, ne peut, s'il n'y a léſion, être reſtitué, quoique l'autorité du Juge ne ſoit intervenuë. Arrêt du P. de Dijon du 17. Avril 1581. *non videtur leſus qui jure communi utitur.* Bouvot , tome 2. *verbo* Partage, queſt. 9.

168 Par Arrêt du même Parlement de Dijon du 29. Mars 1607. il a été jugé qu'un majeur ne devoit être relevé d'un partage fait pendant ſa majorité , ayant vendu pendant l'appel quelques heritages de ſon lot , & ne pouvant plus être tels les choſes remiſes en l'état qu'elles étoient lors du partage. *Jovet*, *verbo Partage*, *n.* 19.

169 On n'admet pas ſeulement la reſciſion pour la déception en la valeur des choſes diviſées, mais auſſi pour l'erreur en droit ſur la qualité de celuy que l'on a reçu à partager. Une ſucceſſion aux meubles & acquêts , étant échûë en Normandie à un homme du Maine , il l'a partagea avec les heritiers au propre comme ſi c'eût été une ſeule & même ſucceſſion ; après avoir reconnu ſon erreur , il céda ſes droits à un Receveur des Tailles qui obtint des Lettres de reſciſion; on les conteſta par cette raiſon qu'il ne s'agiſſoit que de meubles , *quorum vilis & abjecta poſſeſſio* , & pour leſquels on n'accorde point de Lettres de reſciſion; que c'étoit un majeur qui avoit reçu à partage ceux que la nature y appelle , & qui n'en ſont excluſ que par la Coûtume. On répondoit que cet homme ignoroit l'uſage. Par Arrêt du P. de Roüen du 20. Juillet 1618. les Lettres furent enterinées. On jugeroit la même choſe pour un homme de la Province qui auroit ignoré la qualité d'un bien qu'il avoit en une ſucceſſion. *Baſnage*, *ſur l'article* 353. de la *Coût. de Normandie*.

170 Fille n'eſt reſtituable contre le partage fait avec ſes freres des biens paternels & maternels , voulant rejetter la qualité d'heritiere de ſon pere, pour ſe tenir à la dot de 6000. liv. qu'il luy avoit conſtituée, tant

Tome III.

---

en ſon nom que comme tuteur, & l'imputer entierement ſur les biens paternels. Arrêt du Parlement de Paris du 15. Avril 1638. *Bardet* , *to.* 2. *li.* 7. *chap.* 19.

171 Si un pere ayant fait heritiers ſes enfans par égales portions , & nommé des Experts pour proceder au partage , avec défenſes d'en pouvoir recourir, le recours peut être reçu? Arrêt du P. d'Aix du 31. Janvier 1641. qui ordonne avant faire droit, qu'il ſeroit procedé à nouvelle eſtimation de biens. *Boniface* , *to.* 2. *liv.* 1. *tit.* 13. *chap.* 1.

172 Si au partage même fait par ſort , il y a léſion du tiers. 2. Ou du quart , il y a lieu de reſtitution. *Ferrer. quæſt.* 289. 2. *id.* Mornac , *ad* L. 20 §. *ult. ff. fam. erciſc.* 2. *id.* Papon , *lib.* 15. *tit.* 7. *n.* 6. *id.* Carond. *reſp. lib.* 6. *n.* 3. *etiamſi per tranſactionem, id.* Fachin, *ſi fit leſio generaliter* , *liv.* 8. *cap.* 36. *id.* Coquille, *quæſt.* 157. *ſi fit leſio generaliter.* L'on pratique dans le Reſſort du Parl. de Bourdeaux la léſion du quart , & non autrement.

Arrêt du 10. Janvier 1645. Préſidant Monſieur le Premier , plaidans Dalon & Hugon , entre les enfans de feu Mercier ; oüi Monſieur l'Avocat General la Vie : jugé qu'un partage d'heredité , quoique paſſé par mode de tranſaction & ceſſion de droits entre les coheritiers , la léſion du quart devoit être reçûë. *La Peirere*, *lettre* P. *n.* 5.

173 Arrêt du Parlement de Provence du premier Avril 1678. qui a jugé que le recours eſt reçu d'un partage entre coheritiers , ſans imperter des Lettres Royaux de reſciſion du contract. *Boniface* , *tome* , 3. *liv.* 2. *tit.* 5. *chap.* 4.

PARTAGE, REVOCATION.

174 Partage erroné fait avec un heritier putatif eſt revocable. *Bouvot*, *tome* 1. *part.* 2. *verbo Fidejuſſeur* , *queſt.* 1.

175 Les heritiers *ab inteſtat* inſtituez heritiers par teſtament , ignorans le teſtament , partagent la ſucceſſion *ab inteſtat* ; ils peuvent prendre des Lettres du Prince fondées ſur l'ignorance du fait , faire reſcinder le partage, & être reçus à ſe dire heritiers teſtamentaires. Arrêt du Parlement de Paris ſans date , rapporté par *Bouvot*, *tome* 1. *part.* 2. *verbo partage* , *queſt.* 2.

SOULTE DE PARTAGE.

176 Le ſupplément de partage ou ſoulte qui ſe fait en deniers, lorſqu'on partage la ſucceſſion d'un défunt entre coheritiers, eſt reputé immeuble entre mariez & ceux qui les repreſentent, & ne paſſe outre. *Chopin*, *Coûtume de Paris* , *liv.* 1. *tit.* 1. *n.* 24. *pretium conventum ſuccedit loco rei.* Mornac , *l.* 25. *ff. de petitione hæredit.* l. 52. §. *penult. ff. famil. erciſc.* l'interêt court du jour du partage. *Leg. penult. ff. eadem.*

177 Celuy qui doit ſoulte peut *pro re immobil'*, *loco pretii*, conſtituer rente. Arrêt de l'an 1531. *Papon* , *li.* 15. *tit.* 7. *nomb.* 1.

178 Thibault de Vitry pendant ſon mariage avec Deniſe Aniorant ſa ſeconde femme , fait partage avec ſes freres; une maiſon tombe dans ſon lot , il donne 812. livres de ſoulte. Après ſon décez, queſtion de ſçavoir ſi la portion acquiſe pour cette ſomme ſera propre ou acquêt ? Les heritiers de la femme ſoûtenoient que c'étoit un acquêt qui devoit être partagé ſelon ſa juſte valeur au temps de la diſſolution de Communauté. Par Arrêt du Parlement de Paris du 14. Mars 1550. Cette portion fut déclarée propre, & appartenir aux heritiers du mari , en rembourſant à ceux de la femme moitié des 800. livres. *Corbin* , *Suite de Patronage* , *chap.* 295.

179 Le privilege de la ſoulte de partage eſt ſur le total de l'heritage qui la doit , & non ſur une partie ſeulement. Ainſi jugé par pluſieurs Arrêts, & un aſſez recent du 17. May 1689. *Voyez le Brun*, *des Succeſſions* , *liv.* 1. *chap.* 1. *n.* 35.

PARTAGE, SUPPLEMENT.

180 Le ſupplément de partage ne ſe peut demander ſo-

E

lidairement contre l'un des coheritiers , mais divisé-ment. Arrêt du 2. Mars 1566. *Charondas , livre* 8. *Réponse* 46.

PARTAGE , SUCCESSION , TANTE.

181 Si au partage de la succession d'une tante qui se fait par souches le peut y avoir droit d'aînesse entre les neveux d'une branche? Henrys tient la négative , d'autres tiennent l'affirmative ; c'est pourquoi , *Voyez Henrys* , *tome* 1. *livre* 6. *chap*. 5. *quest*. 34.

PARTAGE , TRANSACTION.

182 En l'an 1510. le pere de l'intimé accorda pour son droit naturel à 80. liv. L'intimé l'an 1554. accorde pour le supplément du partage à 20. liv. depuis il prend Lettres pour casser le second accord , fondées sur lézion & minorité de trente-cinq ans. L'appellant dit qu'il est non recevable, attendu le laps du temps, aussi que le premier accord demeurant , il ne pourroit être reçu à casser le second ; l'intimé répond que par le second accord le premier est innové, insiste que *novâ præscriptione opus est*. Les Juges de Rennes enterinent les Lettres ; appel. Arrêt du Parlement de Bretagne du 19. Mars 1565 qui prononce mal jugé , l'intimé declaré non recevable en ses demandes. *Du Fail , li*. 1. *chap*. 193.

183 Partage entre coheritiers ; revûë demandée , jugée, executée. Ensuite procez ; sur lequel on transige. Les parties conviennent de Priseurs , & promettent tenir ce qui sera dit. Les Priseurs rapportent pardevant Notaires que les heritages sont d'égale valeur , & reservent aux parties la revûë. La demande en est formée. Le défendeur répond que la transaction a tout fini , & que 'la reserve est une clause de stile , par consequent inutile. Arrêt du Parlement de Bretagne du 20. Septembre 1575. qui déboute de la revûë. *Ibidem, ch*. 375.

184 Les freres Vertemont de Limoges , passent acte secret d'association generale de tous leurs biens presens & à venir au desçu de leur pere vivant, lequel par testament institué le puîné , qui ayant demandé rescision de l'acte d'association , l'obtint par Arrêt du P. de Toulouse du 21. May 1571. fondé sur ce qu'ils avoient indirectement transigé de l'heredité de leur pere vivant, qu'étant fils de famille ils n'avoient alors aucuns biens qui pussent entrer en cette societé prétenduë. *Voyez Mainard , liv*. 2. *ch*. 70.

185 D'un partage fait par forme de transaction , on distingue si la transaction est vraye, & qu'il n'y ait point de fiction , c'est à dire , qu'il y ait procez , il n'y a point de restitution, quelque deception qu'il y ait du prix. *Ordonnance de Charles IX. Voyez Neron. secùs*, si la transaction est feinte, & qu'il n'y ait point de procez , ni sujet d'en faire. Arrêt du 9. Juillet 1577. *Charondas , livre* 6. *Rép*. 3. en ce dernier cas les majeurs dans les dix ans peuvent être relevez ; il est vulgaire en Droit *que transactio de re dubiâ & lite incertâ , adeo ut fingi lites non debeant ut hoc colore transactiones fiant ; quando enim nullum est subjectum litis, nullum est transactionis*. Brodeau , sur M. Loüet , lettre T. somm. 3. nomb. 5.

186 Jugé au Parl. de Provence le 17. Février 1668. que le premier acte passé entre coheritiers sur les droits successifs , quoique qualifié du nom de *transaction*, devoit être censé un partage , & comme tel sujet à rescision , attendu qu'il n'est pas necessaire de prouver une lézion d'outre moitié. *Boniface , tome* 2. *liv*. 1. *tit*. 13. *chap*. 3. il rapporte un Arrêt semblable du 22. Decembre 1645. en faveur de M. de Malnorry Maître des Requêtes , contre le Baron de Percy.

187 Sur une transaction contenant le partage des biens d'une personne vivante , mais tombée dans la foiblesse , & d'un fideicommis verbal , sans avoir égard à la nullité du partage articulée , ni au fait du fideicommis verbal , de la preuve duquel par témoins la partie est deboutée ; il est ordonné qu'il sera proce-

dé à la composition de la masse des hereditez de pere & de mere pour être examiné s'il y a lézion au partage. Jugé à Grenoble le 27. Mars 1680. *Journal du Palais*. 7. *part*. in 4. *p*. 497. & le 2. *tome* in fol. *Voyez* le mot *Transaction*.

PARTICULE.

Articule conjonctive, & Particule disjonctive. De la Particule , *Et* , conjonctive : & de la particule , *vel*, ou, disjonctive. L. 124. D. *de Verb. significatione*.

L'une ou l'autre de ces particules fait souvent naître des difficultez entre les légataires & heritiers. *Voyez* le mot *Legs*.

PARTIE.

Artie , Portion. *Pars*. Définition de ce mot. L. 25. & 26. D. *de verb. significat*. *Voyez cy-dessus verbo Part*.

PARTIE CIVILE.

De accusationibus & inscriptionibus. D. 48. 2... *C*. 9. 1 2... *C. Th*. 9. 1. Des plaintes formées par la partie civile : declaration qu'elle entend faire partie. *Voyez l'Ordonnance criminelle de 1670. tit*. 3. *art*. 5.

De la partie formelle. *Voyez Coquille* , *tome* 2. 2 *quest*. 15. & cy-après , *Procez criminel*.

Partie civile peut se désister de l'accusation en tout 3 état de cause , soit contestée ou non , quand il luy plaît. *Papon , li*. 23. *tit*. 11. *n*. 5.

Partie interessée peut à la faveur de la poursuite 4 du Procureur du Roy s'il est pauvre & hors d'état de se rendre partie civile , obtenir amende honorabie, & profitable. Arrêt du Parlement de Paris de l'an 1397. contre un Gendarme de la Compagnie du Comte de Grandpré : mais il faut d'abord repprendre sa pauvreté , car après le jugement donné , il n'y auroit plus lieu de faire instance criminelle sur un fait jugé civilement. *Papon , livre* 24. *titre* 1.

Un delinquant condamné par son Juge , & de- 5 puis par Arrêt , n'est recevable à rien dire qu'auparavant il n'ait fourni à la partie civile ce qui luy est adjugé. Arrêt du Parlement de Paris du dernier Juin 1548. *Bibliot. de Bouchel* , verbo *Défaut*.

Quoyque la mere ni les enfans d'un défunt ne se 6 rendent point parties pour venger sa mort , neanmoins le Juge doit d'Office leur adjuger une certaine somme, & s'il ne le fait, on en peut appeller. Arrêt du Parlement de Paris des années 1559. & 1564. *Papon , liv*. 24. *tit*. 1. *nomb*. 5.

La partie Civile n'est pas tenuë de fournir les ali- 7 mens à l'accusé prisonnier pour crime ; mais le Roy, ou le Seigneur haut-Justicier , quand le procez est fait par ses Officiers , *secùs* pour dette civile. Jugé le 5. Juin 1602. *Chenu* 2. *Cent*. *q*. 39.

Partie civile ne doit avoir communication que du 8 nom & surnom des témoins oüis dans l'Enquête d'Office du prévenu pour les contredire, & ne peut reprocher les témoins. Arrêt du Parlement de Grenoble du 12. Decembre 1611. *Basset , tome* 1. *liv*. 6. *tit*. 2. *chap*. 7. il cite un autre Arrêt du 28. Novembre 1600. qui ordonna que la partie civile ne pourroit donner memoires & instructions que sur la supposition des témoins seulement.

Celuy qui a declaré ne vouloir faire partie pour 9 n'avoir de quoy fournir les frais , en doit être déchargé. Arrêt du 23. Novembre 1617. *Basset , tome* 1. *livre* 6. *titre* 11. *chap*. 2.

Un procez criminel ne peut être repris après un 10 desistement de la partie civile , ou quand elle a été témoin. Jugé au même Parl. de Grenoble le 10. Decembre 1639. *Basset , tome* 2. *livre* 9. *titre* 2. *chapitre* 2.

Jugé au Parlement de Paris le 1. Mars 1630. qu'une 11

partie civile qui a fait cession de son interêt civil, n'en peut être restituée. *Bardet*, *tome 1. liv. 3. chapitre 92.*

12   La partie civile ayant fait les frais de l'instruction du procez du condamné par Justice Royale, en sera remboursée sur les meubles & fruits de la premiere année du revenu ; le surplus des meubles & fruits appartiendra au Roy, sans préjudice de l'hypoteque des créanciers sur les meubles. Arrêté du Parlement de Roüen, les Chambres assemblées, du 6. Avril 1666. article 25. *Basnage*, *tome 1. à la fin.*

PARTISAN.

PArtisan. *Publicanus. Vectigalium redemptor.*
   Definition de ce mot, *Publicanus. L. 15. & 16. D. de verb. sign.*
De publicanis, & vectigalibus, & commissis. D. 39. 4. Des Partisans, des Impôts, & des Contraventions.
De exactoribus tributorum. C. 10. 19.
De capiendis & distrahendis pignoribus, tributorum causa. C. 10. 21.
V. Confiscation. Exaction. Finance. Impôts.

PASCAGE.

Voyez cy-devant *Parcage*, & cy-aprés *Paturage*.
In dubio les droits d'usage, paturage, pascage, sont présumez roturiers & non féodaux, ni nobles, tout ainsi que les heritages.

PASQUEIRAGE.

Droit de *Pasqueirage* est levé par le Seigneur sur ceux qui font paître leur bétail dans sa terre; ainsi tous ceux tenant bœufs arables, doivent donner chaque année une émine d'avoine, un tas de paille & une geline, & ceux qui y tiennent autres especes de bétail labourant, doivent payer la moitié moins. *V. Despeisses*, *tome 3. page 227.*

PASSAGE.

1   **D**U droit de passage par la Terre d'autruy. *Voyez Peleus*, *question 108.* & *M. Loüet*, *lettre C. Sommaire 1.*

2   Quand un heritage a appartenu à une même famille, qui a été autrefois partagé, la présomption sera qu'en faisant le partage, le droit de passage a été retenu. *Coquille*, *Coûtume de Nivernois chap. 10. Des Maisons, Murs, Ruës, &c. art. 1.*

3   Passage sur le fonds d'autruy pour serrer les biens, n'est pas une servitude. Mornac, *l. ult. C. de servitutibus. & aquâ.* Pour le droit de passage, *Voyez* la Loy derniere *de servitutibus urban.*

4   Le legs de passer par un fonds d'heritage, oblige le legataire de choisir un certain endroit du champ pour son passage. *M. Dolive liv. 1. chap. 14.*

5   On peut faire passage sur la riviere. Mornac, *l. ult. ff. de servitutibus rust. præd.*

6   *In præscribendâ servitute necessarium est factam utentis.* Mornac, *l. 5. ff. de servitutibus urban. præd.*

7   Le Seigneur n'est tenu donner passage par sa piece à son voisin, quoyqu'en payant, si celuy qui le demande peut passer ailleurs, quoyque ce soit avec grande difficulté. *Voyez Mainard*, *livre 7. chapitre 100.*

8   Si celuy qui a un heritage voisin d'un autre, peut prendre par longue joüissance le passage par la terre du voisin sans titre ; & si on peut sur la place vuide acquerir & prescrire droit de servitude ? *Voyez Bouvot*, *tome 1. part. 1. verbo, Chemin, question 1.*

9   Si le droit de passage sur une terre peut s'acquerir par l'espace de trente ans: & si le Juge doit, y ayant preuve, suivre la preuve : & si le possesseur d'une terre peut contraindre son voisin de luy donner passage, en payant ? *Voyez Bouvot*, *tome 1. partie 1. verbo, Servitude, question 1.*
Tome III.

---

vitude, question 1. Il rapporte un Arrêt du Parlement de Dijon du mois de Mars 1610. qui a jugé que la preuve de la possession par trente, quarante, & cinquante ans n'étoit suffisante.

10   Si celuy qui a droit de passage par une allée peut le pretendre pour son cheval & bétail? *Voyez Bouvot*, *tome 2. verbo Servitude*, *question 7.*

11   Le voisin ne peut refuser à son voisin passage sur ses terres, en luy remboursant le dommage qu'il luy fera, lorsqu'elles seront ensemencées & non autrement. Arrêt du 9. Août 1564. *La Rocheflavin, livre 3. lettre S. tit. 4. Ar. 1.*

12   Le sieur de Vassé condamné à donner passage au sieur de Coüan, en payant à un seul payement l'estimation du droit de chemin, au dire de gens à ce connoissans, & ce en cas de necessité absolüe. Jugé le 26. Mars 1588. *M. Loüet*, *lettre C. Sommaire 1.*

13   *De transitu per ædes alienas, judicatum suit ut hyberno tempore à die sancti Remigii usque ad Pascha transitus pateret ab horâ sextâ matutinâ ad nonam usque serotinam ; tempore autem æstivo post Pascha, ab horâ quartâ usque ad decimam.* Arrêt du 19. Février 1618. Mornac, *l. 4. 6. 1. ff. de servitutibus, & Auzanet, sur l'article 216. de la Coûtume de Paris.*

14   La concession faite d'une porte particuliere dans l'Eglise à un proprietaire qui a un jardin attenant icelle, jugée licite à un bienfaicteur qui n'abuse point de la concession. Arrêt du 29. Decembre 1635. *Du Frêne*, *livre 2. chap. 144.* où il parle des Temples & de l'Eglise.

15   Le voisin n'est point tenu de donner passage par son pré en payant, si celuy le demande peut passer ailleurs en quelque façon que ce soit, encore qu'avec beaucoup de difficulté, ainsi jugé. Par autre Arrêt du 14. May 1663. sur l'appel d'une Sentence du Sénéchal de Montpellier il fut ordonné, avant faire droit diffinitivement aux parties, que l'appellant prouveroit que depuis 30. années consecutivement il avoit fait passer son bétail sur le devois dudit Durand à son vû & sçû pour l'aller abreuver dans une fontaine qui étoit à l'extremité du devois; la Sentence dont étoit appel avoit fait défenses à Serane, de passer par le devois de Durand, sur ce principalement qu'il n'étoit pas dénié que Serane pouvoit facilement & sans incommodité faire aller son troupeau à la fontaine en faisant le tour du devois. *La Rocheflavin*, *liv. 6. tit. 75. ar. 1.*

PATERNA PATERNIS.

1   **V**oyez le *Conseil 23. de M. Charles Du Moulin*, au recüeil de ses œuvres *tome 2. p. 879.* Bacquet *en son Traité du droit de désherence*, *chapitre 4.* & *en son traité des droits de Justice chap. 21. nombre 26.* M. le Prêtre, *és Arrêts de la Cinquième & premiere Centurie chapitre 71.* Le Vest, *Arrêt 56.* Peleus, *quest. 139.* Francisci Stephani *décis. 48.* M. le Brun, *en son traité des successions liv. 2. chap. 1. sect. 2. & suiv.* & les Observations faites par *M. François Guiné en son traité de la representation*, imprimé chez Simon Langlois en 1698.

2   Renusson propose plusieurs difficultez sur cette matiere, en son traité des propres, *ch. 2. sect. 2.* Il dit que cette regle est un droit ancien & general de la France, & qu'elle a précedé les Ordonnances de nos Rois & la redaction de nos Coûtumes. En ligne directe on n'a pas besoin de cette regle, car les descendans succedent à tous les biens indistinctement ; elle n'y est necessaire qu'au cas que le défunt meure sans hoirs de luy.

3   Henrys, *tome 1. livre 6. chapitre 1. question 4.* décide que dans le païs de Droit écrit, il n'y a point de distinction à faire entre les freres consanguins & uterins, lesquels succedent également sans distinguer l'origine ny la qualité des biens, & que la regle *paterna paternis, materna maternis*, n'a pas lieu à leur

                                        E ij

égard, non plus qu'à l'égard des autres parens.

4 Ayant été stipulé par le contract de mariage que le mary survivant gagneroit certaine somme, cette somme dans la personne des enfans est un bien paternel. *V. Henrys*, *tome* 2. *livre* 4. *quest.* 25.

5 La regle *paterna paternis*, n'a point de lieu en païs de Droit écrit ; neanmoins la Loy *emancipatus* 13. *versiculo exceptis maternis C. de legitimis hæredibus* en fait mention, & ce entre les uterins & les consanguins, & l'authentique, *itaque mortuo C. communia de successionibus*.

6 En succession collaterale, celuy qui est plus prochain en degré, hors les termes de representation, doit succeder pour le tout au défunt, quoiqu'il soit du côté maternel, & n'a lieu la regle, *paterna paternis materna maternis*, s'il n'y a Coûtume contraire. Arrêt du Parlement de Paris. *Papon, liv.* 21. *tit.* 5. *n.* 9. & Du Luc, *au titre des hereditez*, *Arrêt* 3. *liv.* 8.

7 Par Arrêt prononcé en Robes rouges le 7. Septembre 1552. entre M. Nicolas Rousseau Prêtre d'une part, & Jacques Girard d'autre, jugé qu'un cousin arriere-germain du côté paternel est préferé és biens échûs à son cousin du côté paternel, à un cousin germain dudit arriere cousin, suivant la regle *paterna paternis*. *Voyez Le Vest*, *Arrêt* 56.

8 Par Arrêt du 21. Decembre 1564. jugé que les heritages paternels doivent être ajugez à ceux qui sont du côté paternel, quoyqu'ils soient plus lointains en degré que les heritiers du côté maternel, & que par donation on ne peut en changer la nature, & les ôter de l'estoc & famille dont ils sont procedez on ne doit pr'esumer qu'aucun prenne par donation ce qui par succession ou autrement luy doit appartenir, même en ligne collaterale en la Coûtume de Paris. *Le Vest*. Voyez la Loy *filia meæ emancipatæ*. *D. solut. matrim*. Bibliotheque de Bouchel, *verbo* Paterna paternis.

9 La regle *paterna paternis*, *materna maternis* ne passe point les freres, elle ne s'étend pas aux autres heritiers ; c'est une maxime au Parlement de Toulouse. Arrêt du mois de Septembre 1584. *Mainard, liv.* 6. chapitre 90.

10 Par Arrêt du 10. Février 1596. les biens de René Theron décedé sans enfans qui luy étoient échûs par la succession de Claude son pere, & qui avoient appartenu à Jean Theron ayeul, ont été ajugez aux Belines freres uterins comme plus proches, d'autant qu'il n'y avoit plus personne qui fût parent de la défunte, du côté de Jean Theron. Quant aux biens acquis par Claude, ils ont été ajugez aux Pouliots, parce qu'ils étoient parens de l'acquereur, depuis le même a été jugé en la Coûtume de *Sens* entre Enguerand de Vernon & les oncles de Jacques Tonnere le 21. Juin 1597. Autre Arrêt en la même Coûtume le 22. Juin 1601. que lorsqu'il n'y a aucuns parens de celuy qui originairement & personnellement a porté l'heritage à la famille, la regle *paterna paternis*, ne peut avoir lieu ; mais appartient l'heritage au plus proche parent du défunt, sans considerer le côté & ligne. *Voyez la Bibliotheque de Bouchel*, verbo, *Paterna paternis*.

11 En Païs de Droit écrit les biens se partagent également entre les ayeuls paternels & maternels sans consideration de la regle *paterna paternis*. Arrêt du 18. Février 1618. *M. le Prêtre*, *és Arrêts de la Cinquiéme*.

12 Contre les paternels plus éloignez en faveur des ayeules & autres parens maternels. *Voyez Bouguier*, *lettre E. nombre* 1. *avec la lettre S. nombre* 16.

13 La Regle *paterna paternis*, *&c.* a lieu pour tous les degrez infiniment. Voyez *Charondas*, *liv.* 3. *Rép.* 18. Voyez *M. Loüet lettre P. somm.* 28. & 29. *avec la lettre S. sommaire* 17. & encore *Charondas livre* 13. *Rép.* 77.

14 Tous biens sont réputez paternels, s'il n'est justifié qu'ils soient maternels. Arrêté du Parlement de

Roüen, les Chambres assemblées, du 6. Avril 1666. article 103. *Voyez Basnage*, *tome* 1, *à la fin*.

PATISSIER.

1 DU métier de Patissier & Oublayer en la Ville de Paris. *Ordonnances de Fontanon ; tome* 1. *Livre* 5. *titre* 39. *page* 1154.

Nota, voir *let. M.* verbo, Maison-rasée.

2 Un Patissier de Paris demeurant en la Cité, convaincu d'avoir fait des pâtez de chair de pendu, fut condamné à être exécuté, & sa maison abbatuë. *Papon, liv.* 24. *tit.* 10, *art.* 5.

3 Patissier qui tua un homme, de la chair duquel il faisoit des pâtez. *Voyez* le mot, *Crime*, *n.* 44.

4 Par Arrêt du Parlement de Bretagne du 19. Octobre 1576. il fut permis aux Rotisseurs & Patissiers de la Ville de Nantes de vendre chevreaux ; ce que le Prevôt du lieu leur avoit défendu à l'instance des Bouchers. *Du Fail, liv.* 2. *ch.* 526.

PATRIARCHE.

VOyez les mots, *Archevêque*, *Cardinal*, *Evêque*, *Legat*, *Primat* ; *le petit Recüeil de Borjon tom.* 1. *pag.* 88.

De Patriarchis. Voyez *Pinson*, au titre de divisione beneficiorum, §. 3.

Les Patriarches peuvent conferer certains Benefices. *Voyez Despeisses, tom.* 3. *au traité des Benefices Ecclesiastiques ti,* 1. *p.* 402. *& suiv.*

PATRICE.

PAtrice. Dignité de Patrice. Patriciat.
De Consulibus.... & Patriciis. C. 12. 3.... *C. Th.* 6. 6.

Voyez les mots, *Consul*, *Juge*, *Magistrat*.

PATRIE.

GEntianus Hervetus, de amore in patriam. *Symphorianus Champerius*, de charitate ergà patriam.

Joannes Lenseus, contrà Pseudopatriotas hæreticos.

PATRON.

PAtron, Patronage. *Patronus, Patronatus.*

Ces termes ont deux sens differens dans le Droit. Suivant le Droit Romain, le Patron étoit le Maître qui avoit affranchi un de ses Esclaves ; & ce Patron conservoit un Droit sur la personne & sur les biens de ses Affranchis : c'étoit le Droit de Patronage.

Suivant le Droit Canonique, Patron est celuy qui ayant fondé un Benefice, a droit de nommer un Ecclesiastique pour y faire le service, & par percevoir les fruits du Benefice ; & ce Droit s'appelle aussi, Droit de Patronage, duquel on se propose icy de traiter, après avoir marqué les titres du Droit Romain, qui conviennent à l'autre espece de Patron.

PATRONAGE, SUIVANT LE DROIT ROMAIN.

Ce qu'on entend par Patron. *L.* 51. *D. de verb. sig.*

De jure Patronatûs. D. 37. 14.

De bonis libertorum, & jure Patronatûs. C. 6. 4.

De operis libertorum. C. 6. 3.

Si in fraudem Patroni à libertis alienatio facta sit. C. 6. 5.

De obsequiis parentibus & Patronis præstandis. D. 37. 15.... *C.* 6. 6.

De reverentiâ & obsequio Patronis à libertis præstandis. N. 78. *c.* 2.

De bonorum possessione contra tabulas liberti, quæ Patronis vel liberis eorum defertur. C. 6. 13.

De adsignandis libertis. D. 38. 4.... *l.* 3. 9. La succession des Affranchis tombe à celuy des enfans du Patron, auquel ils ont été assignez. *Adsignare libertum, est testificari cujus ex liberis libertum esse voluit. L.* 107. *D. de verb. sign.*

Ce Titre peut bien s'étendre au Patronage Ecclesiastique , pour regler auquel des enfans appartient le droit de nommer au Benefice.

Si quid in fraudem Patroni factum sit. D. 38. 5.

Si an fraudem Patroni à liberis alienatio facta est. C. 6. 5.

De lege Fabiana. Paul. 3. Sent. 4. Les Affranchis ne peuvent pas aliener leurs biens en fraude de leurs Patrons. *Actio Fabiana, & actio Calvisiana.*

Si libertam suam Patronus uxorem habere maluerit. N. 78. c. 3.

Voyez Affranchi.

PATRONAGE SUIVANT LE DROIT CANON.

1 *Voyez* les mots , *Benefice , Collation ,* le mot , *Chapelle ,* nomb. 18. *Cure ,* nomb. 9. *Elections ,* nomb. 110. *& suiv. Fondation ,* nomb. 71. *& suiv. Nomination , Presentation , Provisions , &c.*

Droit de Patronage & présentation au Benefice appellé par Chopin , *jus offerendi Sacerdotes. De sacr. polit. lib. 1. tit. 4. n. 4.*

3 *De jure Patronatûs.* Voyez les Traitez faits *Per Rochum de Curte.*

Per Paul. de Citadinis.

Per Cæsarem Lambertinum , & Joannem Nicolaum Delphinatem.

Autores varii de jure Patronatûs , in folio , *Lugd.* 1579.

Vivianus de jure Patronatûs , vol. in folio , *Geneva* 1673.

De Roye , *de jure Patronatûs , & de juribus honorificis in Ecclesiâ ,* Andegavi 1667.

Finckeltaüs , *de jure Patronatûs ,* vol. in quarto , *Lipsiæ* 1680.

Traité du droit de Patronage , de la présentation aux Benefices ; & des droits honorifiques des Seigneurs dans les Eglises , *par M. Simon ,* Paris 1686. in 12.

Du droit de Patronage par *Ferrieres ,* vol. in 4°. Paris 1686. & le Traité des droits honorifiques , par *Marechal.* Ce Traité a eu plusieurs éditions du vivant de l'Auteur. La derniere a été augmentée par M. Danty Avocat.

4 Voyez *Tournet* lett. *P. Arr.* 5. *& suiv.* La Bibliotéque du Droit Canonique ; celle de *Jovet , les Définitions canoniques ,* au mot , *Patron ,* Coquille , tom. 1. p. 251. en son *Traité des Benefices , & tom. 2. quest.* 79. le petit Recueil de Borjon , tom. 4. ch. 6. *& M. le Prêtre ,* 2. *Cent. ch.* 36.

5 Du droit de Patronage , & des Benefices qui sont en Patronage. *Voyez les Memoires du Clergé* tom. 2. part. 2. tit. 5. & ce que les Commentateurs de la Coûtume de Normandie ont écrit sur le titre 3. qui porte *Patronage d'Eglise.*

6 Voyez le traité des droits de Patronage honorifiques , & autres en dépendans , contenant les loix de tous les peuples , Ordonnances , Coûtumes & Arrêts sur ce intervenus par M. Jacques Corbin Avocat au Parlement de Paris , imprimé à Paris en 1622. *Ce sont deux volumes in 12.*

7 *Patronatus in Ecclesiis , qualiter introductus , & quid sit ?* Voyez *Lotherius de re beneficiariâ,* li. 2. q. 3.

Quæ sit causa efficiens juris Patronatûs ? Voyez ibid. quest. 7. *& suiv.* où il est parlé de la possession & de la prescription du droit de Patronage.

Jus Patronatûs , quando reputetur Ecclesiasticum , Laicale , aut mixtum ? & quomodo & qualiter his derogetur ? Voyez ibid. qu. 10.

Quotuplex sit jus Patronatus in articulo successionis ? quæque sit cujusque speciei deductio ? Voyez ibidem , quest. 11.

8 *Jus Patronatûs , quando competit pluribus ut singulis vel universis ? quomodo præsentari debeat , ut præsentatio valeat ?* Voyez *Franc. Marc.* to. 1. q. 450.

9 *Jus Patronatûs an laico , vel privato legari possit , & quomodo ?* Voyez ibidem quest. 472.

10 *De jure Patronatûs. Jus Patronatûs , an in fideicommissi restitutione veniat ?* Ibidem , quest. 1133. *& 1134. & cy après ,* momb. 92.

11 *Jus Patronatûs Ecclesiasticum successione defertur ,* ibid. quest. 1135.

12 *Non , nisi cum Episcopi consensu , jus Patronatûs Ecclesia legari potest.* Ibid. qu. 1136.

13 *De honore Patronis exhibendo , & primùm præsentationis.* Voyez Pinson au titre , *de oneribus Ecclesiarum ,* §. 2.

De utilitate , & commodo , ex jure Patronatûs descendente. Ibid. §. 5.

De onere à Patronis subeundo. Voyez ibid. §. 4.

De divisione Patronorum , & variis differentiis , Ibid. §. 7.

Quibus modis , jus Patronatûs adquiritur ? V. Pinson , ibidem , §. 6.

14 *Processionis prærogativa quatenùs est fructus juris Patronatûs , in quo consistat ?* Voyez *Lotherius , de re beneficiariâ* li. 2. qu. 4.

14 bis. Patron acheteur , qui a nommé , est préferé au lignager qui a évincé par retrait , en la présentation postérieure. *Tournet , let. P. Arr.* 11.

15 Patronage appartenant à celuy qui porte les Armoiries pleines. *Ibidem ,* Arr. 13. & Charondas li. 9. *Rép.* 31.

16 Patron étant en possession peut nommer , encore qu'il soit depuis évincé. *Tournet , let. P. Ar.* 16.

17 Patronage de l'Eglise de *Troyes.* Quelle loy de fondation a retenu ? Ibid. *Arr.* 27.

18 Du Parlement des Octaves B. Maria , prouvé que la Comtesse Rouciaci , *ratione advocationis ,* a droit de 11. deniers sur chacun de ses hôtes. *Corbin , suite de Patronage* ch. 211.

19 Le pere , sa vie durant , privé du privilège de Patronage , le fils en joüira après le décès du pere , *L. adoptivum. in fin. D. De in jus voc. ubi notand. glos. pro feudo.*

20 En la naissance de la Religion Chrétienne , les Fondateurs n'avoient aucun droit de patronage. *Voyez M. Delive liv. 1. ch. 3.*

21 *Regula , de prohibitione unius in re communi , fallit in tribus casibus ,* 1°. *in individuis ,* 2°. *in causis universitatum ,* 3°. *in jure Patronatûs ; præsentatio enim facta à majori parte patronorum valet , licet magna pars in re illâ dissentiat.* Mornac , *L.* 28. *ff. communi dividundo.*

22 Arrêt du Parl. de Roüen du 13. Février 1504. entre Cenesme d'une part , & Buisson d'autre , pour le possessoire de l'une des portions de la Chapelle d'Aubevoye , fondée en l'Eglise Cathedrale d'Evreux , qui avoit été aumônée par Amaury Comte d'Evreux , aux Doyen & Chapitre ; lesquels pour le bien & service de l'Eglise , firent l'an 1495. un Statut , approuvé l'an 1497. par l'Evêque , que la Chapelle seroit affectée à un Maître de Musique. De cet Arrêt il resulte plusieurs consequences. La premiere , que l'intention du Donateur qui a aumôné le Patronage , n'est renduë vaine , quand il y a separation en deux du Titre & revenu du Benefice simple , applicable au même effet , à quoi il avoit été dès lors & premierement destiné. La seconde , que l'Evêque & le Chapitre peuvent faire Statuts , selon l'occurrence & necessité des affaires qui se presentent , pourvû que ce ne soit au desavantage d'autruy. Et la troisiéme , que le Competiteur au Benefice ne seroit de son chef recevable à dire que le Patron primitif n'a été appellé au demembrement ou dernier changement ; parce qu'en ce faisant il se feroit préjudice , & détruiroit son Titre. *Bibliotheque Canon.* tom. 1. verbo Dîmes , pag. 468. col. 1.

23 *De jure patronatûs consulibus sub nomine muneris sui relicto.* Voyez *Francisci Stephani decis.* 29. où il propose cette espece ; *Notarius quidam Riantii oppidi sacellum splendidè dotaverat sub Patronatu consulum exis-*

tentium, aut qui futuri funt in pofterùm in d. oppido. Dubitabatur ad quem fpectaret prefentatio ; ad Confules , an ad confilium? Arrêt du Parlement d'Aix du 24. Octobre 1582. en faveur du prefenté par les Confuls.

24 Le Patronage accordé fur une Eglife par le Pape, *in caufâ lucrativâ ,* c'eft-à-dire , fans qu'il en coûte rien à l'Impetrant , & par pure liberalité du Saint Siége , a été abrogé par le Concile de Trente, *feff.* 25. *cap.* 9. *de reformat.* Cela même eft contraire aux Libertez de l'Églife Gallicane. *Biblioteq. Can.* tom. 2. *pag.* 183.

25 Le Pape ne peut , fans abus, accorder le droit de Patronage, fous prétexte d'augmenter la dot d'une Eglife ; parce que ce feroit donner atteinte au droit des Ordinaires. *Définit. Can.* p. 277.

26 Le droit de préfenter au premier Benefice qui vaquera, ne peut être donné par donation entre-vifs , bien que feulement caufée de pure liberalité & amitié. Ainfi au mois d'Avril 1518. le contrat de promeffe faire par le Cluftier , Patron Laïc , de nommer un furnommé Ferey , au premier Benefice qui tomberoit en vacation , du nombre de plufieurs étant à fa préfentation , fut declaré nul. *Forget, traité des perfonnes & chofes Ecclef. ch.* 43. & *Tournet, lettr. P. Arr.* 201.

27 Si les Patrons manquent de préfenter dans le temps qui leur eft accordé, l'Ordinaire a le pouvoir de pourvoir après le temps : mais cela n'empêche point la prévention du Pape, qui a ce droit à l'égard des Benefices qui font en Patronage Ecclefiaftique. *Glof. Pragmat. fanct. tit. de collat.* in verbo, *in contrarium.* Ce qui a été ainfi jugé par Arrêt du Parlement de Normandie du cinq Février 1599. rapporté par *Berault au titre du Patronage arr.* 69. Les provifions étoient du Legat du Pape. Autre Arrêt femblable du 18. Janvier 1628.

28 Arrêt du 28. Février 1601. qui à jugé trois queftions.

La premiere, que le triennal poffeffeur n'a pas befoin du Patron Laïc, & fe peut défendre par fa poffeffion.

La feconde, que la permutation ne fe peut faire que du confentement du Patron Laïc.

La troifiéme , qu'en permutation non effectuée le regrez a lieu. *Voyez les Plaid. de M. Servin ,* & la *Bibliot. Can.* to. 2. p. 176. col. 1.

29 Du droit de Patronage quant à la propriété , & quant à la quafi-poffeffion de prefenter on maintient le prefenté *per noviffimos actus.* Arrêt du Parlement de Grenoble du 28. Août 1652. *Voyez Baffet , to.* 1. *li.* 1. *tit.* 2. *ch.* 3.

30 Sur le droit du Patronage de la Chapelle & de l'Hôpital, fondez dans le Bourg de Montbenoud en Dauphiné par les Seigneurs d'Arces , & fur la maintenuë de la rectorie de ce Benefice. *Voyez le* 11. *Plaidoyé de Baffet* to. 1. & l'Arrêt rendu au Parlement de Grenoble le 15. Juin 1654. en faveur du Pourvû fur la nomination des Seigneurs.

31 Latille Prêtre difputoit au Parlement de Touloufe une Chapelle avec un nommé Roget ; ils prétendoient l'un & l'autre avoir titre de Patrons. Roget prit encore titre *jus juri addendo*, du Vicaire General de Montauban : Latille appella comme d'abus. Son premier moyen étoit, de ce que le Vicaire General , qui ne jugeoit que par la voye ordinaire , ne pouvoit *jus juri addere* ; & que cela étant *de plenitudine poteftatis* , il n'y avoit que le Pape qui pût le faire. Le fecond eft, que quand il auroit eu ce pouvoir , il ne pouvoit l'exercer en ce cas , *fpreto Patrono,* Roget ne répondit autre chofe, finon que ce titre étoit fuperflu , qu'il ne s'en ferviroit pas , mais qu'il s'en tenoit à celuy du Patron. La Cour le 15. Juin 1657. declara y avoir abus en tel titre avec dépens, & condamna le Vicaire General à 5. livres

d'amende. *Voyez Albert , lettre V. verbo , Vicaire General.*

32 Les Benefices en Patronage laïc font exempts des Graduez, graces expectatives , referves, & ne peuvent être refignez ni en Cour de Rome , ni en faveur, ni entre les mains de l'Ordinaire, fi ce n'eft de l'exprès confentement du Patron Laïc. Les feuls Benefices en Patronage Ecclefiaftique font fujets à toutes ces chofes : cette maxime eft conftante & reçuë au Palais. Il y en a un Arrêt du 20. May 1658. *Définit. du Droit Can.* p. 96.

33 C'eft une maxime du Droit Canonique François , que le Patronage s'acquiert par contrat , fucceffion , donation , par confifcation de la terre , à laquelle il eft annexé, & par poffeffion de 50. ans. Arrêt du Parlement de Grenoble du 1. Juin 1682. mais il faut que l'Ordinaire confente à l'alienation du Patronage , & fon confentement tacite fuffit. Arrêt du même Parlement du 21. Mars 1681. rapporté par *Chorier en fa Jurifprudence de Guy Pape , p.* 45.

PATRONAGE DE L'ABBE'.

34 En l'abfence de l'Abbé , les Religieux ne peuvent préfenter à une Cure qui eft du Patronage & à la nomination de l'Abbé. Jugé au Parlem. de Mets le 9. Octobre 1639. pour la Cure de Chaligny , dépendante de l'Abbaye de faint Vincent de la Ville de Mets,dont le Cardinal de laVallette étoit Abbé; fur la remontrance de M. l'AvocatGeneral,que fon pourvû changeoit fouvent de Benefice, *currens undique, fedulus explorator, manibus & pedibus repens , fi quomodo fe ingerere queat in patrimonium crucifixi* ; il luy fut enjoint de refigner dans fix mois la Cure de faint Medard , à faute de ce , la Cour la declaree vacante & impetrable. *Voyez le* 43. *Plaidoyé de M. de Corberon Avocat General.*

PATRON, ABSENT.

35 Lorfque le Patron eft captif ou abfent pour un voyage de long cours , l'Evêque peut conferer le Benefice fans attendre la revolution des quatre mois & fans que les enfans du Patron foient en droit de prefenter , s'ils n'ont une procuration fpeciale ; & encore cette procuration ne vaudroit rien *ad Beneficia vacatura , fed tantum ad vacantia actu.* Vivian. *part.* 1. *li.* 4. *cap.* 4.

PATRONAGE, AISNE'.

36 Patronage, quand & comment appartient à l'aîné ? *Voyez* le mot *Aînéffe* , nomb. 113.

37 Un particulier fonde une Chapelle, il ordonne que le droit de Patronage appartiendra à l'aîné feul de fes enfans , & d'aîné en aîné ; & au cas que fes enfans décedent fans mâles , à celuy de fa race & ligne qui portera les armoiries pleines. Les enfans du fils aîné & les enfans d'iceux étans morts , deux coufins fe prefentent , l'un iffu du fecond fils du fondateur , & l'autre du troifiéme fils & plus proche du coufin décedé , & par confequent fon heritier : ce coufin heritier prétend le Patronage ; l'autre coufin le prétend auffi comme ayant les armoiries pleines de la famille; jugé le 10. Juillet 1557. au profit du coufin qui avoit les armoiries pleines , *Charondas* , livre 9. *Réponfe* 32.

38 Un droit de Patronage de Chapelle donné au fils aîné en défaut de fils, appartient à la fille aînée. Jugé au mois d'Avril 1567. *Charondas , l.* 4. *Rép.* 44. *Voyez le* 21. *Plaidoyé d'Ayrault.*

39 Lorfque les biens du pere font vendus par decret , & que dans le lot demeure aux enfans pour leur tiers Coûtumier , il fe rencontre un Patronage, l'aîné y nomme, & non le pere. Le pere dit que par l'art. 399. la jouïffance du tiers luy eft confervée fa vie durant , & puifque le droit de Préfentation eft *in fructu,* qu'elle luy appartient au préjudice de fes enfans. Les enfans répondent que cet article ne doit être entendu, que quand les biens du pere n'ont point été faifis & ajugez par decret ; mais quand ils le font , il eft

reputé mort civilement , & en ce cas la mort civile a le même effet que la naturelle ; ce qui fut ainsi jugé par le Bailly de Caën. Le pere en ayant interjetté appel, n'a osé porter l'affaire à l'Audience, ne pouvant demander sans honte qu'un étranger fût preferé à son enfant cadet de l'aîné Présentateur, *Basnage*, *sur l'article 69. de la Coûtume.*

ALIENATION DU DROIT DE PATRONAGE.

40 Droit de Patronage ne se peut vendre ni ceder qu'avec la terre de laquelle dépend ledit droit. *Bellordeau, liv. 5. Controv. 3. Et Tournet, lettre P. Arrêt 50.*

41 Le droit de Patronage ne se peut vendre , *quia res Ecclesia non sunt in commercio hominum* ; mais il est certain qu'il peut être permuté , pourvû que ce soit avec une autre chose spirituelle, c'est à dire, avec un autre droit de Patronage. *Définit. Can. p. 572.*

42 Le Droit de Patronage dans la regle ordinaire , ne se peut ceder ni alïener ; il peut être cedé à un Religieux , du consentement de l'Evêque, anterieur , ou depuis intervenu. *Voyez la Bibliotheque Can. tome 2., page 176. col. 1.*

43 L'acquereur & le vendeur perdent le droit du Patronage qu'ils ont vendu. Quelques uns pensent que le prix doit être donné à l'Eglise, il est plus juste d'en ordonner la restitution à l'acquereur qui se trouve dépoüillé. *Ibidem p. 184.*

44 Un particulier vend sa terre avec le droit de Patronage ; l'acheteur n'ayant pas encore fait la foy & hommage , le Chapelain meurt , le vendeur y pourvoit , l'acheteur pareillement , le Seigneur dominant y pourvoit aussi , un quatriéme l'obtient de l'Ordinaire : qui des quatre doit obtenir au possessoire ? Le pourvû par l'acheteur. *Voyez Charondas , livre 1. Réponse 71.*

45 Arrêt sans date rapporté par *Basset* , *en son Recueil des Arrêts du Parlement de Dauphiné , tome 1. livre 1. tit. 2. chap. 5.* qui a jugé que le droit de Patronage ne peut être cedé , notamment à un étranger , à l'exclusion de celuy de la famille du fondateur à qui il l'avoit déferé ; d'ailleurs comme ce droit est mixte *spirituali annexum* , il ne peut être transferé qu'avec l'universalité des biens du Patron, & le droit de Patronage attaché au plus prochain de la parenté est imprescriptible , même par cent ans , au préjudice de celuy qui est le plus proche, car il vient de son chef.

46 Ce n'est pas simonie quand le Patronage Ecclesiastique appartenant à un Laïc à cause de son fief , a été séparément vendu à prix d'argent , & qu'en vertu du contract plusieurs nominations ont été faites de la part de l'acquereur , sur tout quand cela se fait par transaction : ce qui même a lieu , non seulement lorsqu'il s'agit du droit de Patronage, mais aussi pour le titre du Benefice particulier ; & l'Arrêt du Conseil du 2. Juin 1597. touchant le Patronage & droit de présenter à la Cure de Gontraville litigieux entre de Scilly , à cause de sa Seigneurie de Hermouville d'une part , & d'Estouteville , comme dépendant de sa Baronnie , a jugé que le droit de Patronage pouvoit être vendu & demembré , en ce que le présenté par d'Estouteville fut diffinitivement maintenu, nonobstant la vente ou les transports faits à ses prédecesseurs du droit de Patronage , conformément au contract qui fut declaré legitime , & non simoniaque, & le dévolutaire condamné. *V. La Bibliotheque Can. tome 1. page 72.*

47 Le Patron vend sa terre ; & cede son droit de Patronage à l'acquereur , un Benefice vient à vacquer , l'acheteur nomme au Benefice ; depuis il est évincé par un retrayant lignager qui nomme pareillement au Benefice. Jugé pour l'acheteur le 10. Avril 1554. *Charondas , liv. 4. Rép. 100.*

48 Arrêt du Grand Conseil du 30. Septembre 1597. rendu entre le sieur de Polly , pour les Honneurs & Patronages de quelques terres à luy appartenantes sises en Bretagne , contre la Dame veuve du sieur de la Chenelaye , par lequel il a été jugé que le droit de Patronage annexé à une terre ne peut être vendu, cedé , ou transporté separément de la terre. *Filleau, part. 3. tit. 11. chap. 34.* Autre Arrêt du Parlement de Roüen du mois d'Août 1612. entre Nicolas & Marie de Herquenebourg à qui ce droit avoit été donné en faveur de mariage , avec quelques terres , autres que celles dont ce droit dépendoit ; la donation déclarée nulle ; & cependant que la nomination qu'elle avoit faite au Benefice en vertu de ce droit subsisteroit pour cette fois seulement , parce qu'elle étoit fondée en titre. *Charondas en ses Observations* verbo *Patronage* , remarque un Arrêt du 23 Juin 1529. qui a jugé la même chose. *Chopin au traité du Dom. livre 3. titre 19. n. 4.* rapporte le même Arrêt. *Voyez la Biblioth. Can. tome 2. p. 183.*

49 *Basnage sur l'article 242. de la Coûtume de Normandie* dit qu'on tenoit autrefois au Parlement de Roüen qu'on pouvoit aliener le Patronage , *sive universitate feudi* conformément à un Arrêt du 14. Juin 1608. pour la Dame de la Fresnaye, mais que depuis on a jugé le contraire. Le même Auteur dit que pour rendre valable l'alienation du Patronage , il n'est pas necessaire d'aliener le fief ou la terre entiere à laquelle il semble attaché , pourvû qu'il soit annexé à quelque portion du fief ou de la terre qui luy serve de glebe ; il dit avoir vû confirmer l'alienation d'un Patronage , à laquelle on n'avoit donné pour glebe qu'une poule , deux chapons, & cinq sols de rente.

50 Il a été jugé au Parlement de Paris pour Madame la Comtesse doüairiere de Soissons , contre Suzanne de Pas , qu'elle avoit pû vendre une terre , & en retenir le droit de Patronage qui étoit annexé. *Bibliot. Can. to. 2. page 184.*

51 Le Patronage ne peut point être échangé avec une autre chose profane ; autrement il y auroit simonie. Arrêt du Parlement de Roüen du 30. Mars 1604. rapporté par *Forget , titre des personnes , chap. 38.*

52 L'Eglise vendant la glebe ou fief , & se reservant le Patronage , ne transfere à l'acquereur les droits honoraires de la même Eglise. Jugé au Parlement de Roüen entre le sieur d'Auval & Piquet , le 10. Juillet 1609. *Bibliot. Can. to. 2. p. 169. glos. 2.*

53 Si la donation doit être du Patronage entier , ou si le Patron peut donner simplement la présentation pour la premiere vacance ? On jugea pour l'affirmative au Parlement de Roüen le 3. Mars 1621. entre M. Gilles Guillon Prêtre , & M. Thomas Colombiere , prétendant droit au Benefice du sieur de Lisores ; & le sieur de la Morilliere Colombiere , pourvû sur la présentation de la Morilliere , en vertu de la donation que luy avoit été faite par le Roy du droit de presenter à la premiere vacance de ce Benefice par le sieur de Lisores, fut maintenu au préjudice de la Dame de Medavy qui avoit acheté le fief & le Patronage du sieur de Lisores. Cette même question s'offrit en l'Audience de la Grand-Chambre le 20. Juin 1664. *Voyez Basnage , sur la Coûtume de Normandie article 69.*

54 Le Chapitre de Lisieux possedoit le Patronage, & le droit de présenter à la Cure de Fervaques. M. le Maréchal de Fervaques désira de le remettre dans son fief , & pour cet effet donna en échange au Chapitre de Lisieux les Patronages de saint Eugene & du Fournet , & en contre-échange le Chapitre luy ceda celuy de Fervaques ; cela fut fait du consentement de l'Evêque de Lisieux , confirmé par le Pape. Après la mort du sieur de Fervaques , la Dame de Prie l'une de ses heritieres vendit les fiefs de saint Eugene & du Fournet au sieur Lambert Vicomte d'Auge ; ils furent retirez à droit feodal par du Guerpel sieur de Bonnebose qui appella comme d'abus de tout ce qui avoit été fait. Arrêt du Parl. de Normandie du 19. Juin 1636. qui met sur l'appel comme d'abus

les parties hors de Cour. *Voyez Basnage , sur l'art. 69. de la Coûtume.*

55   L'alienation d'un Patronage à laquelle on n'avoit donné pour glebe qu'une poule , deux chapons & cinq sols de rente, a été confirmée au Parl. de Normandie le 14. Février 1651. M. Jacques de Peristart Evêque d'Angoulême, Baron des Botereaux, Patron de Gerponce, vendit ainsi à la Dame de Vieuxpont, un tenement dépendant de cette Baronnie , & on y annexa le Patronage. Le présenté par la Dame de Vieuxpont fut maintenu ; il y avoit de particulier que ce tenement, ou pour mieux dire, cette rente Seigneuriale, étoit la seule tenure que le sieur des Botereaux eût dans la Paroisse. *V. Basnage, sur l'art. 69. de la Coûtume,* où il observe qu'il y a un ancien Arrêt du mois de Mars 1520. qui declare nul un premier contrat fait d'un droit de Patronage pour deux deniers de rente, & un second par lequel il avoit été revendu pour un chapeau de roses , quoique les acquereurs eussent joüi de ce droit fort long-temps ; neanmoins cette maxime que le Patronage peut être attaché à une partie du fief peut recevoir de la difficulté ailleurs , & sur tout lors qu'il s'agit de la vente du Domaine du Roy , & que l'on y attache quelque Patronage : mais en Normandie cet usage est autorisé par les Arrêts.

ALIMENS DÛS AU PATRON.

56   *Voyez Lotherius de re Beneficiariâ , liv. 2. quest. 5. & cy-après le nomb. 154. & suiv.*

PATRONAGE ALTERNATIF.

57   Dans les Patronages alternatifs qui sont mixtes, arrivant le tour du Patron Ecclesiastique, le Pape n'a pas plus de pouvoir que si c'étoit le tour du Patron laïc. *Bibliotheque Canonique tome 2. page 181.*

58   Il a été jugé qu'un Benefice sujet au patronage alternatif , ayant été résigné avec pension , & tombant au tour du Patron laïc , la pension étoit éteinte par le décés du resignataire. Le Patron laïc empêche que le Benefice qui tombe à son tour soit chargé de pension, & le droit ou le privilege du Patron laïc ne se communique point en ce cas là au Patron Ecclesiastique. *Ibidem, tome 2. page 668.*

59   Deux Patrons Ecclesiastiques étant convenus de présenter alternativement, si celuy qui est à son tour, est prévenu par le Pape, cette prévention ne luy ôte point son tour. Ainsi jugé au Parlement de Roüen le 21. Juillet 1603. car il n'a perdu son droit que par une force majeure , à laquelle il n'a pû rien opposer. S'il s'agissoit d'un Patronage alternatif entre un Ecclesiastique & un laïc , la prévention du Pape rempliroit le tour de l'Ecclesiastique , ensorte que se seroit au laïc à présenter à la premiere vacance. *Forget , des choses Ecclesiastiques , chap. 38. & les Definitions Canoniques, page 567.*

60   Le Patronage alternatif peut être échangé pour reünir les deux portions. Arrêt rendu au Parlement de Roüen en la Chambre de l'Edit le 17. Février 1631. Il est rapporté par *Basnage , sur l'article 69. de la Coûtume de Normandie.*

61   S'il y a deux Patrons d'un même Benefice qui le conferent alternativement, l'un laïc, l'autre Ecclesiastique, le pourvû par le Patron laïc pourra resigner en Cour de Rome & la provision vaudra, parce qu'elle ne porte préjudice qu'au Patron Ecclesiastique dont le Pape remplira le tour qui à la vacance d'après viendra au Patron laïc. Arrêt du Parlement de Toulouse du 23. Avril 1678. rapporté par *M. de Catellan livre 1. chapitre 21.*

PATRONAGES, APPANAGISTES.

62   Patronage appartenant aux Appanagistes. *Voyez le mot Appanage , nomb. 16. & suiv.*

PATRONAGE, ARMOIRIES.

63   Par Arrêt du Parlement de Roüen du 14. May 1607. jugé que les Armoiries des Gentilshommes habitans de la Paroisse non Patrons seroient effacées du Chœur , & leurs bancs portez dans la Nef, quoi-

que le Patronage appartînt seulement à l'Eglise. *Maréchal des Droits Honorifiques , tome 2. page 96. Voyez cy-après le nomb. 75. & suiv. & 153.*

PATRON, CHAPELLE.

64   Patrons qui ont droit de Chapelle. *Voyez le mot Chapelle; nomb. 32. & suiv.*

PATRON, COMPLAINTE.

65   En quel cas le Patron peut former complainte? *Voyez le mot Complainte , nomb. 38. & suiv.*

66   Le Patron peut intenter complainte pour les droits & revenus d'une Chapelle , Vicairerie, ou Prebende. Jugé le 3. Août 1624. *Henrys , tome 1. liv. 1. chap. 3. quest. 19.* pour Droits Honorifiques.

67   Le droit de nomination d'une Cure prétendu par deux Patrons. *Voyez le mot Cure , nomb. 107.*

PATRONAGE, CONFISCATION.

68   Si le Patronage passe avec les biens confisquez? *Voyez le mot Patronage , nomb. 99.*

69   Patronage étant éteint par la confiscation, on a demandé si le copatron l'acquiert entierement ? Quelques uns prétendent que la part confisquée est dévoluë à l'Evêque , d'autres que le copatron est reputé seul patron. *Biblioth. Can. tome 2. p. 186.*

PATRONAGE, CONFRAIRIE E'TEINTE.

70   Le droit de Patronage appartenant aux Recteurs d'une Confrairie , la Confrairie étant éteinte , à qui peut tomber ce droit, car l'application des revenus de la Confrairie n'emporte pas le Patronage? *Voyez Henrys , tome 2. liv. 1. quest. 31.*

COPATRONS.

Voyez cy-après le nomb. 183.

71   Un Patron peut presenter son Copatron. *Bibliot. Can. to. 2. p. 191.*

72   Benefice en la presentation de deux Patrons , l'un Ecclesiastique qui avoit droit de nommer deux fois , & d'un Laïc qui presentoit une fois , & le Pape ayant derogé deux fois au droit du Patron Ecclesiastique, la premiere vacation avenant , le Patron Laïc doit presenter. *Voyez Tournet , lettre P. Arr. 35.*

73   Quoique le Patron ne puisse se nommer soy-même, il peut être nommé par les autres Patrons ; s'il y a partage entr'eux sur la nomination, son consentement le rompt en sa faveur, ce qui se pratique en toutes les élections. Arrêts du Parlement de Grenoble des 31. Juillet 1685. & 18. Juin 1671. rapportez par *Chorier , en sa jurisprudence de Guy Pape , page 42.*

PATRONS, DROITS HONORIFIQUES.

Voyez lettre D. le titre des Droits Honorifiques, nombre 45. & suiv.

74   *De Prælationis honore.* Voyez Pinson en son traité *de oneribus Ecclesiarum , §. 3.*

75   Les Patrons ont le droit de faire peindre des litres ou ceintures funebres, tant au dedans qu'au dehors de l'Eglise, ce qui n'est permis qu'aux Barons des Eglises , ou au Seigneur du lieu, lors qu'il n'y a point de Patron particulier ; c'est l'opinion de Peleus , qui dans sa question 156. en rapporte un Arrêt. M. Jean *Bacquet* dans son traité des droits de Justice en rapporte plusieurs sur cette matiere. *Voyez les définit. Can. p. 567.*

76   Le Patron peut poser , ou afficher ses Armoiries & Ecusson d'armes aux murs , ou vitres de l'Eglise, mettre des bancs , sieges , oratoires, escabeaux , accoudoüiers , bâtir monumens pour sa sepulture , celle de sa femme & enfans, même en graver épitaphe, sans qu'autres (s'ils n'avoient prérogative speciale) puissent en faire de même sans son consentement, ce qui est confirmé par deux Arrêts du Parlement de Paris , le premier du 27. May 1533. donné au profit des Religieuses de la Sainte Trinité de Caën, contre le sieur du Port , porte que les Armoiries par luy mises en une Eglise étant sous le Patronage & protection des Religieuses seront effacées ; & par le second du 13. Decembre 1550. Jean le Court, Jean & Denis dits Corbeil , pour avoir rompu les Armoiries de Jean

de Jean le Roux fieur d'Avernon furent condamnez en fes interêts pour avoir rompu fes Armoiries. *Bibliot. Can. to. 2. p. 169. colon. 2.*

77 Le Patron Ecclefiaftique ne peut pas donner droit de fepulture dans le Chœur, ni la permiffion d'y pofer des bancs, cela appartient au Curé; & il a été ainfi jugé par Arrêt du Parlement de Roüen du 14. May 1607. rapporté dans les *Memoires du Clergé*, to. 1. tit. 2. chap. 7. Art. 9.

PATRONAGE ECCLESIASTIQUE.

78 On demande fi le Patronage devient Ecclefiaftique quand il eft donné par un Laïc à l'Eglife, ou s'il demeure Patronage Laïc? *Chopin* prétend que le Patronage devient Ecclefiaftique. *Du Moulin* tient l'opinion contraire. D'autres diftinguent, & font de l'avis de Chopin, fi le Patronage eft perfonnel; & de l'avis de Du Moulin, fi le Patronage eft réel & attaché à une glebe. *Voyez la Bibliotheque Can. tome 2. page 182.*

79 Un Laïc peut faire don de fon droit de Patronage à une Eglife, fans neanmoins faire préjudice au droit de l'Ordinaire qui a l'inftitution, & l'Eglife le droit de prefenter au Diocefain dans les fix mois. *Cap. fi Laïcus de jure Patronat. in 6.* ce droit devient Patronage Ecclefiaftique, & prend la nature de tous les autres Benefices, & *fit jus Patronatûs Ecclefiafticum*, & *fortitur naturam aliorum beneficiorum*, *glof. ad cap. dilectus*, au mot *ex donatione de Prab. & dignitatibus.*

80 Le Pape peut créer penfion fans le confentement des Patrons Ecclefiaftiques, quoique tel droit de prefentation foit anciennement provenu de la liberalité des Laïcs qui l'ont aumôné aux Ecclefiaftiques, ou qui leur ont concedé pour un temps la fimple faculté d'en joüir fous leur nom & autorité à chacune vacance de Benefice avec rétention de la proprieté du Patronage. Ainfi jugé au Parlement de Normandie le 18. Novembre 1507. pour une penfion de la fomme de 30. livres fur le Benefice de Clery, quoique celuy qui fut condamné à la payer, alleguât que le Patronage de la Cure appartenoit proprietairement au Roy qui en avoit feulement donné l'exercice ou droit de prefentation aux Chanoines. *Voyez la Bibliot. Can. to. 2. p. 205. col. 1.*

81 Le droit de Patronage Ecclefiaftique, n'empêche point la regale. Ainfi jugé au Parlement de Paris le 4. Février 1638. *Bardet*, to. 2. liv. 7. chap. 10.

82 On a demandé autrefois ● Palais, *quid juris*, fi un Ecclefiaftique fondateur & Patron d'un Benefice, y pourvoit comme Ecclefiaftique? c'eft-à-dire, s'il y prefente comme Patron Ecclefiaftique. Les derniers Arrêts, & particulierement un rendu le 20. May 1658. à l'Audience de la Grand'-Chambre, au Rôle de Champagne, portent qu'il falloit faire cette diftinction; ou l'Ecclefiaftique a fondé le Benefice de fon patrimoine, ou il l'a fondé du bien de l'Eglife, c'eft-à-dire, du revenu qu'il avoit d'un Benefice par des épargnes qu'il avoit faites. S'il a fondé le Benefice de fon patrimoine, le Patronage eft Laïc; mais s'il l'a fondé du revenu de l'Eglife, comme en l'efpece de l'Arrêt de 1658. le Patronage eft Ecclefiaftique. Sur la même queftion, il faut encore faire cette diftinction, ou le Patron Ecclefiaftique y pourvoit, *ratione feudi*, c'eft-à-dire, fi l'on a remis à l'Eglife la prefentation du Benefice, *cum univerfitate feudi & terra*, à laquelle le droit étoit annexé; ou le Patronage eft remis à l'Eglife purement & fimplement, parce que ce droit retourne au droit commun, & reprend fa premiere nature. Au premier cas, le Patronage eft Laïc, *ratione feudi*; mais au fecond cas, le Patronage eft Ecclefiaftique. *Définit. Can. p. 582, & la Bibliotheque Can. tome 2. p. 182.*

82 Le Curé de faint Opportune de Beffoy a été main-
bis. tenu dans toutes les fonctions Curiales contre les Religieux de faint Benoît, qui l'avoient troublé fous *Tome III.*

prétexte qu'ils font Patrons, à caufe de leur Abbaye de la fainte Trinité de Leffey. Arrêt du 11. Mars 1669. *Journ. des Aud. tome 3. liv. 3. chap. 6.* *Voyez cy-après le nomb.* 110. *& fuiv.*

PATRON, ELECTION.
Du droit des Patrons aux élections. *Voyez le mot* 83 *Election*, nomb. 110. *& fuiv.*

PATRONAGE, ENGAGISTE.
Du droit de Patronage exercé par les Engagiftes. 83 *Voyez cy-après le nomb.* 200. *& lettre D.* verbo *Droits bis, honorifiques*, nomb. 25.

PATRONAGE, EVÊQUE.
Droit de Patronage prefcrit en faveur de l'Evêque 84 par trois prefentations utiles. *Voyez le mot Devolution nombre* 35.

PATRON EXCOMMUNIÉ.
Si l'excommunication exclut du droit de Patrona- 84 ge? *Voyez le mot Excommunication, nomb.* 781. bis. Patron Laïc excommunié ne peut prefenter. Arrêt de 1534. *Tournet*, lettre P. *Arrêt* 19. dit qu'il eft rapporté par M. de Longueil Confeiller au Parlement de Paris. *Voyez les Définit. Can. p. 691.*

PATRONAGE, FABRIQUE.
Patronage appartenant à une Fabrique eft Laïc. 85 *Journ. des Aud. tome* 1. liv. 3. chap. 53. où eft un Arrêt du 14 Juin 1638.

PATRONAGE, FAMILLE.
Patronage reftraint à un certain degré de parenté. 86 *Tournet*, lettre P. Arr. 16.
Patronage affecté à une certaine parenté des Patrons. *Ibid.* Arr. 17.
Patronage, ou droit de prefenter en ces termes, 87 *primo, proximiori, & primogenito, feu genita*, des enfans de fon pere, &c. *Tournet, ibid. Arr.* 26.
Le droit de Patronage refervé à quelqu'un & fes 88 enfans, n'appartient qu'au fils, qui eft l'heritier univerfel, & non à ceux qui ne font qu'heritiers particuliers, quoi qu'ils fuffent inftitués en certaine portion particuliere. Arrêt rendu au Parlement de Touloufe le 15. May 1604. *La Rocheflavin*, li. 6. tit. 71. *Voyez Ranchin, in quæft.* 507. *Guid. Pap.* *Voyez cy-après le nomb.* 99. *& fuiv.*

PATRONAGE, FEMME.
Droit de Patronage appartenant à des filles. *Voyez* 89 le mot *Filles*, nomb. 2.
Droit ou exercice de Patronage *eft in fructu*, & tel 90 droit compete à la femme mariée, encore qu'elle foit au deffous de l'âge de 10. ans. Arrêt du 2. Septembre 1552. pour Graveron, préfenté à un Benefice par la Dame du Fay, parce que le mariage met la fille Noble hors de garde. *Coûtume de Normandie art.* 227. *Biblioth. Can. tom. 2. pag. 171. col. 2.*
Droit de Patronage laiffé aux aînez mâles s'en- 91 tend auffi des filles au défaut des mâles. Arrêt du Parlement de Paris donné au mois d'Avril 1567. *Papon, liv.* 21. tit. 5. n. 4. & le Caron au liv. 4. de fes Rép. chap. 44.

PATRONAGE, FIDEICOMMIS.
Jus Patronatûs non tranfit in fideicommiffarium uni- 92 *verfalem, fed remanet penes hæredem qui repræfentat perfonam defuncti, neque in curatores bonis datos feu commiffarios, neque in procuratorem generalem.* Arrêt de l'an 1610. *Mornac, L.* 12. *ff. de pignoribus, &c.* Voyez cy-deffus le nomb. 10. & cy-après, le nomb. 102.

PATRON, FONDATEUR.
Plufieurs peuvent prendre la qualité de Patron 93 d'une même Eglife, comme quand l'un a donné le fond, l'autre l'a bâtie & le troifiéme l'a dotée. Celuy qui l'a bâti, doit avoir la préféance & droits honorifiques. Celuy qui l'a dotée auparavant la confecration & Dedicace, doit avoir la préférence fur les autres qui auroient pofterieurement à la confecration aumôné de leurs biens. *Bibliotheque Can. tom. 2. pag. 169.*

F

94 *Fundatori jus Patronatûs ipso jure debetur, etiamsi non petat, vel in pactum deducat.* Ainsi quand on a bâti une Eglise avec la permission de l'Evêque, on en est Patron, sans qu'il ait été besoin de le stipuler dans la fondation. *Ibid. p. 182.*

95 On demande au cas que l'un ait fondé, l'autre bâti, & un troisiéme doté une Eglise, qui d'entr'eux aura la préséance sur les autres ? *Speculator* sur le tit. *extrà de jure Patronatûs, in fine,* tient que la constitution de dot doit l'emporter, estimant que si quelqu'un est Patron, pour avoir donné le fonds sur lequel le Monastere auroit été bâti, & que le Monastere fût détruit, & réüni à un autre, selon le chap. 3. *extra de statu Monast.* son droit de Patronage sera éteint : & qu'au contraire, le Patron par dotation seroit Patron de ce Monastere, auquel le réünion sera faite, par la raison que ce premier Monastere seroit réüni à l'autre *cum suo onere.* Voyez *ibid.*

96 Si le Patronage est accordé pour dot augmentée ? Il faut que l'augmentation soit de moitié. *Ibidem, pag. 183.*

PATRONAGE, GRADUEZ.
Voyez cy dessus, le nombre 32. des
97 Si les Patrons sont sujets à la nomination ,v. Graduez ? *Voyez le mot Graduel, nomb. 130. & su*

PATRON HERETIQUE.
98 Un Heretique est privé du droit de Patronage. *Voyez le mot, Heretique, nomb. 49. & suiv.*

PATRONAGE, HERITIER.
99 Le droit de Patronage ne passe pas indéfiniment à toute la posterité d'une famille ; bien souvent il est restraint & limité à un certain degré de parenté, quelquefois à un certain nombre de personnes ; de maniere qu'ayant manqué, ce droit demeure éteint, & passe à l'Ordinaire, sans qu'aucun de cette famille puisse legitimement prétendre joüir de ce droit. Ainsi jugé en 1537. *Voyez René Chopin, de sacr. Polit. Les Definit. canon. pag. 573. & cy-dessus le nomb. 86.*

100 Lorsque le Fondateur a legué le droit de Patronage à d'autres qu'à ses heritiers, & qu'ainsi il n'est le droit de Patronage personnel, & non réel, ce droit ne peut plus devenir réel ; c'est-à-dire, qu'il ne peut plus revenir aux heritiers & successeurs au droit, non plus que les autres legs, qui une fois acceptez & recüeillis, ne reviennent point à l'heritier du Testateur, quoique le legataire vienne à manquer d'heritiers, & que la chose leguée soit vacante & délaissée. Arrêt rendu aprés partage au Parlement de Toulouse le 4. May 1663. *Voyez M. de Catellan, li. 1. chap. 2.* où il observe que le 19. May 1699. en la Grand-Chambre, tous les Juges demeurerent d'accord que la maxime qui dit que le Patronage passe avec l'universalité des biens, ne s'entend que de l'heritier ou donateur, ou autre qui tient lieu d'heritier, & non du particulier acquereur, quoique de la plus grande partie des biens, à quoy le droit de Patronage est attaché. C'étoit dans le cas d'un beaupere, qui dans le contrat de mariage de sa fille, avoir vendu à son gendre un domaine, auquel le droit de Patronage étoit attaché. Il n'avoit peut-être pas retenu la troisiéme partie de ce domaine ; car il s'en étoit seulement reservé quelque piece de terre, & quelque petite rente. On crut cependant qu'n'ayant pas nommément aliené le Patronage, il étoit presumé se l'être reservé.

101 Arrêt du Parlem. de Provence du 10. Avril 1669. qui declara un Patronage hereditaire. *Boniface, tom. 3. li. 6. tit. 7. ch. 1.* où est expliquée la difference entre le Patronage hereditaire ou familier, & s'il est sujet à la prescription.

102 Autre Arrêt du 8. Mars 1677. qui a jugé que le droit de Patronage appartenoit à l'heritier grevé, non au Fideicommissaire. *Ibid. ch. 4.*

103 Le 2. May 1678. jugé au même Parl. de Provence, que le Juspatronat étant hereditaire, les Legataires

n'ont pas droit de nommer, mais les heritiers. *Boniface, ibid. ch. 2.*

PATRON HONORAIRE.
104 Du Patron Honoraire en la Coûtume de Normandie. *Voyez* le mot *Chapelle, nomb. 33.*

PATRONAGE INDIVISIBLE.
105 Encore que le droit de Patronage soit indivisible, neanmoins plusieurs le peuvent tenir par indivis, & presenter alternativement, *& ubi agitur de colligendis vocibus inter plures Patroni Ecclesiastici haeredes, fieri hoc oportere per capita.* Arrêt du 4. Juillet 1605. *Mornac, L. 41. ff. famil. erisc.*
106 *Jus Patronatûs indivisibile & accessorie ad Castrum cum universitate venit.* Voyez *Franc. Marc. tom. 1. quest. 145.*

PATRON INJURIE'.
107 Basnage sur l'article 75. de la Coûtume de Normandie, rapporte un Arrêt du Parlement de Roüen du 10. Mars 1638. par lequel on fit perdre la Cure à un Presenté pour avoir injurié son Patron, & on le reduisit à une simple pension. Voyez le mot, *Injure, nomb. 113.*

PATRONAGE INFEODE'.
108 On demande, si le Patronage peut être infeodé avec la terre, à laquelle il est attaché ? Plusieurs tiennent la negative. L'usage est au contraire ; puisque l'on voit que les Patronages sont exprimez dans les aveus & dénombremens. *Bibliotheque Canon. tome 2. pag. 185.*

PATRONAGE, JUGE.
109 Les questions de Patronage sont de la competence du Bailly. Arrêt du Parlement de Roüen du 27. Février 1676. *Basnage, tit. de jurisdict. art. 3.* Voyez cy-aprés le nomb. 137. & suiv.

PATRONAGE LAIC.
Voyez cy dessus le nombre 78. & suiv.
110 Des Benefices de Patronage laïc. *Voyez* le mot, *collation, nomb. 113. & suiv. & 132. & suiv.* Papon, *liv. 3. tit 9.*
111 Provisions accordées, *spreto Patrono laïco.* Voyez *Tournet, let. P. Ar. 5. & suiv. & 14.*
112 Si le Patronage laïc appartient à autre qu'au Fondateur de l'Eglise. *Voyez Tournet, Arr. 15.*
113 *Patronus laïcus, an ad Ecclesiam Paraecialem, vel Beneficium simplex praesentare possit ?* Voyez *Franc. Marc. to. 1. quest. 1283.*
114 Si l'Ordinaire a pourvû dans les 4. mois du Patron laïc, sans sa presentation, la provision n'est pas nulle de droit, *sed venit annullanda* ; en-sorte que le Patron ne s'en plaignant point, la provision subsiste même au préjudice de celuy qui auroit été pourvû par le Pape, *medio tempore.* De Roye est d'un avis contraire. Mais l'opinion de M. Charles du Moulin a été confirmée par plusieurs Arrêts rapportez par *Brodeau sur M. Loüet lettre P. som. 25.* Voyez *Févret, en son traité de l'abus liv. 2. ch. 6. nomb. 13.* C'est aussi la plus commune opinion, qui est suivie au Palais. *Voyez la Bibliot. Can. to. 2. p. 193. in fine.*
115 La ratification du Patron ne valide pas la provision faite *cum derogatione juris Patronatûs.* Du Moulin, sur la regle de inf. nomb. 52. Févret, to. 1. Traité de l'abus, li. 2. ch. 6. n. 13.
116 Si l'on n'a pas exposé au Pape que le Patronage fût laïc, *illud vitium obreptionis non purgatur consensu Patroni.* Voyez *Pastor, de benefic. lib. 1. tit. 19. nomb. 22. & 23.*
117 Le droit de Patronage dont un Beneficier joüit du chef de l'Eglise qu'il possede, mais qui a été donné à l'Eglise par des Laïcs, conserve toûjours sa qualité de Patronage laïc. *Voyez du Moulin sur la regle de infirmis, n. 45.*
118 Si dans les permutations utiles à l'Eglise, le Pape peut déroger au droit de Patronage laïc ? Du Moulin, ibid. nomb. 46. dit qu'il y auroit lieu d'appeller comme d'abus, parce qu'il y auroit contravention au

Decret *de causis*, inseré au Concordat, par lequel il est porté que le Pape ne se retiendra la connoissance d'aucune cause ; mais qu'il la renvoyera pour être jugée sur les lieux ; & qu'il y déleguera des Juges, en cas que les causes soient dévoluës par appel devant luy.

119 Il doit demeurer pour constant, que la provision du Pape expediée dans les quatre mois, dans laquelle il déroge, ou passe sous silence le droit de Patronage, est nulle, quoique le Patron y donne les mains, même dans les quatre mois ; & il faut conferer le Benefice tout de nouveau, à la charge que si le Patron est encore dans le temps utile & continu, dans lequel il a droit de donner sa présentation, le Collateur ordinaire est obligé de l'attendre. Que si les quatre mois sont écoulez, pour lors celuy auquel la collation libre de ce Benefice appartient par le défaut de présentation du Patron dans les 4. mois, le conferera tout de même, que si le Pape n'avoit pas prévenu par sa collation donnée dans les quatre mois, laquelle demeurera nulle. *Voyez du Moulin sur la regle* de infirmis, *nomb.* 51.

120 Si le pourvû par le Pape d'un Benefice en Patronage laïc, qui en a joüi trois années, peut s'aider du decret *de pacificis possessoribus* ? Voyez *Du Moulin sur la regle* de infirmis *nom.* 54. où il tient l'affirmative dans le cas où le Patron laïc n'auroit point reclamé. *Voyez* cy-aprés *le nomb.* 129.

121 Les Benefices de fondation, & en Patronage laïc ne peuvent être conferez par le Pape dans les quatre mois, *à die notitia*, même quand ils auroient vaqué en Cour de Rome. *Bibliot. Can.* t. 2. p. 193.

122 La permutation & la résignation faites sans la volonté du Patron laïc, n'ont point d'effet contre luy ; tellement qu'il peut nommer au Benefice comme vacant. *Voyez la* 374. *question de Guy Pape.* On ne peut non plus, sans son consentement, assujettir le Benefice à une pension.

123 L'Ordinaire ne peut, au préjudice du Patron laïc, conferer les Benefices vacans par échange, dans les quatre mois ; pendant lesquels il luy est libre de présenter : jugé au Parlement de Grenoble. Il s'agissoit de la Cure de S. George d'Esperanche dans le Viennois, laquelle est de la nomination du Dauphin. *Voyez Guy Pape*, quest. 374.

124 Au Cahier contenant les offres faites par le Pape Eugene IV. au Roy Charles VII. pour le bien de l'Eglise Gallicane, en abolissant la Pragmatique-Sanction, dans l'article 8. le Pape declare qu'il veut conserver les droits des Patrons laïcs. Le Roy répond, qu'il veut que cet article soit rayé, parce qu'on n'avoit jamais douté dans le Royaume des droits des Patrons laïes. *Biblioteque Canon. tome* 2. *pag.* 194.

125 Un Benefice est resigné entre les mains du Patron laïc, lequel admet la resignaton, & présente en sujet à l'Evêque qui le refuse : depuis, le Résignant fait une démission pure & simple *in manus Episcopi*, qui, sans le consentement du Patron, la confere. On dit, la collation est bonne, 1°. *Patronus non potuit admittere resignationem*; ainsi telle résignation n'a pû donner lieu au Superieur de conferer, *jure devoluto*. De plus, *Patronus jam se indignum fecerat jure præsentandi*, en admettant une résignation, qu'il ne pouvoit faire. *Voyez la Biblioteque Canon.* tom. 2. p. 175. col. 1.

126 Dans les provisions obtenuës en Cour de Rome, il faut exprimer, à peine de nullité, si le Benefice est de Patronage laïc. M. de Selve, tract. de benef. part. 3. quest. 11. num. 11. 12. & 13. *in beneficiis impetrandis est facienda mentio de jure patronatûs laicorum*; & le Pape n'entend jamais y déroger, si ce n'est quand il y a dévolution, & dans les autres cas de droit, suivant la regle de Chancellerie 40. d'Innocent VIII. *de derogat. juris Patronat.*

Tome III.

127 Le Pape ne peut déroger au Patronage laïc. Cette question s'est presentée au Parlement de Paris au mois de Mars de l'année 1541. pour le Doyenné de Châtelgeloux. M. Raymond Avocat General interjetta de son chef, & au nom du Roy de France en qualité de Seigneur direct du lieu d'Albret, appel comme d'abus de l'execution des Bulles de fondation & érection dudit Doïenné, en ce qu'elles contenoient le pouvoir & la faculté au Pape de déroger au droit de Patronage laïc. *Voyez du Moulin sur la regle* de infirmis, *nomb.* 57. *& suiv.*

128 Par resignation *ex causâ permutationis*, l'on peut laisser Patron laïc, & s'adresser à l'Evêque. Arrêt du Parlement de Paris du 16. Mars 1546. Arrêt contraire du 21. Février 1602. par lequel il fut jugé que le Patron laïc ne peut être contraint de presenter au cas de permutation, que la provision étant nulle faite par l'Evêque, sur le refus du Patron laïc, le Benefice doit retourner au resignant. 3°. Que le pourvû sans presentation du laïc, n'a pû acquerir possession triennale : la regle de *pacificis possessoribus*, n'ayant lieu en ce cas, sinon en regale, dont le droit est éminent. *Papon*, li 3. ti. 9. n. 3. & *la Bibliot. Can.* to. 2. pag. 174. col. 2.

129 Patronage laïc a lieu en toutes sortes de vacances, tant par mort, résignation, qu'autrement. La collation donnée sans l'aveu & consentement du Patron est nulle. Arrêt du Parlement de Bourdeaux du 18. Juillet 1613. *Voyez les Plaidoyez celebres dédiez à M. de Nesmond*, *pag.* 519.

130 Prestimonies fondées par un Ecclesiastique, sont en Patronage laïc ; & le Pape ne peut y déroger, ni acquerir prescription par plusieurs provisions consecutives : mais un pourvû en Cour de Rome, ayant joüi trois ans, & obtenu Lettres *de pacificis possessoribus*, est maintenu & gardé. Arrêt du 13. Juillet 1634. *Bardet*, to. 2. li. 3. ch. 30.

131 Le Roy ne peut pourvoir en Regale sans la nomination du Patron laïc : jugé par Arrêt du 30. Juin 1642. *Journal des Audiences*, to. 1. li. 4. ch. 3.

132 Sur le droit de Patronage laïc : L'Ordinaire n'en peut prescrire la liberté par 70. ans ; & le temps des quatre mois donnez aux Patrons laïcs, court *à die obitûs, non autem à die notitia*, du jour du decés, & non du jour qu'ils en ont eu connoissance. Arrêt du 3. May 1653. rendu au Parlement de Grenoble. *Voyez Basset*, *Plaidoyé* 13. p. 166.

133 L'execution d'une signature qui previent le Patron laïc, & pourvoit d'une Chapelle, est abusive. Arrêt du Parlement de Toulouse du 26. Janvier 1656. *Albert*, verbo *Patronat*, *art.* 1.

134 Le Collateur laïc qui a conferé à un indigne qu'il croyoit digne, ne peut en nommer un autre, sans que le Pape puisse y pourvoir par dévolution. Arrêt du 8. Août 1675. pour une Prébende de Saint Teugat de Laval, dont M. le Duc de la Trimoüille est Collateur ; ce qu'il ne pourroit, si avec connoissance il avoit negligé de presenter. *Journal du Palais in fol.* tom. 1. *pag.* 696.

135 Declaration du Roy du mois de Février 1678. portant que dorénavant tous les Concordats de permutation des Benefices étant en Patronage laïc, & les résignations & actes passez en consequence demeurent nuls & abusifs ; si les Patrons laïcs n'ont accordé par écrit leur presentation, ou donné leur consentement avant la prise de possession, quoique lesdits Patrons en eussent été requis & sommez ; lesquelles requisitions & sommations sont declarées de nul effet & valeur ; défendent au Parlement de Guyenne, & autres Juges de son ressort, d'y avoir aucun égard dans toutes les instances muës & à mouvoir, ni de maintenir dans la possession des Benefices étant en Patronage laïc, ceux qui en auroient été pourvûs, en quelque maniere que ce soit, par permutation, sans presentation ni consentement desdits Patrons laïcs,

F ij

nonobſtant les requiſitions & ſommations qui pourroient en avoir été faites auſdits Patrons. *Voyez les Edits & Arrêts recueillis par l'ordre M. le Chancelier en 1681. pag. 7. & la Bibliot. Can. tom. 2. p. 196.*

136 Jugé au Parl. de Touloſe le 23. Février 1682. que la liberté de varier laiſſée au Patron laïc, eſt reſtrainte au ſeul cas de la préſentation, & qu'il ne l'a pas dans le cas de la collation de plein droit, même lors que la collation a été faite à un abſent, qui n'a pas encore accepté. Les raiſons de l'Arrêt furent que le Droit Canon parle ſeulement des Patrons qui n'ont que le droit de préſenter à l'Evêque, ou autre Collateur Eccléſiaſtique ; la variation eſt en quelque ſorte avantageuſe, parce que le Collateur peut choiſir le ſujet plus digne, au lieu que par la collation *pleno jure,* le droit du Patron eſt conſommé. *Voyez les Arrêts de M. de Catellan, liv. 1. ch. 25.*

PATRONAGE LITIGIEUX.
Voyez cy-deſſus *le nombre* 109.

137 Pendant le litige de deux Patrons, celuy qui étoit en poſſeſſion fait maintenir ſon préſenté. Arrêt rendu au Parlement de Paris à la prononciation de Pâques de l'année 1554. Pareil Arrêt rendu au Grand Conſeil le 19 Septembre 1604. en faveur de François Boart, pourvû d'une Prébende de Saint Maur des Foſſez, ſur la nomination de Madame la Princeſſe de Condé. Ce qui eſt conforme à la diſpoſition du *chap. Conſultationibus de jure Patronatûs.* Il en ſeroit de même, quoique le Patronage eût été conteſté avant la vacance du Benefice. C'eſt le ſentiment d'Innocent IV. ſur le chap. *Conſultationibus.* La Gloſe ſur le chap. *ex l'tteris,* tient qu'il faut ſuſpendre l'inſtitution juſqu'au Jugement de la queſtion de Patronage. *Définitions Can. p. 576.*

138 L'Arrêt du 9. Novembre 1606. au ſujet de la Cure de Vesins a jugé deux queſtions importantes. La premiere, que la fraude commiſe és Patronages Eccléſiaſtiques eſt odieuſe, & outre l'amende emporte condamnation de dépens contre ceux qui l'ont pratiquée, tuteurs ou curateurs en leurs propres & privez noms. La ſeconde, que la préſentation faite au Benefice ne peut après le litige formé être convertie en oppoſition, ni en bref de Patronage, pour couvrir la defectuoſité de la préſentation nulle d'ellemême ; mais le procez doit être vuidé & terminé par le même jugement ſur les mêmes actes où pieces qu'il a été commencé & introduit. *Bibliot. Can. to. 2. page 172. col. 2.*

139 Le poſſeſſoire d'une Cure, en cas de litige entre deux Patrons qui ont chacun préſenté, doit être jugé ſuivant le dernier état d'icelle, même en la Coûtume de Normandie, où la preſcription n'eſt pas conſiderable pour le droit de Patronage. Ainſi jugé par Arrêt du Parlement de Paris du 24. Avril 1651. rapporté *dans les Mémoires du Clergé, tome 2. part. 2. titre 5. art. 9.*

140 Celuy qui eſt avec bonne foi dans la quaſi-poſſeſſion de nommer, peut être jugé valablement juſques à ce qu'il ait été inſtruit du droit de veritable & legitime Patron : mais après cela il ne pourra plus, parce qu'il eſt deſlors dans la mauvaiſe foy ; de ſorte que ſans s'arrêter à la nomination qu'il aura faite, celuy que le veritable Patron aura nommé l'emportera, & ſera maintenu. Arrêt du Parl. de Grenoble du 11. May 1672. pour les Jeſuites du College de Tournon, contre le Chapitre de ſaint Bernard de Romans, rapporté par *Chorier en ſa Juriſprudence de Guy Pape, page 42.*

PATRON MEPRISE'

141 *De inſtitutione factâ contempto patrono. Voyez* Franc. Marc. *tome 1. queſt. 240.*

142 *Inſtitutio contempto patrono factâ, nulla eſt nec revalidatur lapſu temporis, niſi ordinarius clauſulâ alias quovis modo vacaverit, utatur. Voyez ibidem, queſt. 474.*

143 *Suppoſito Patronatu, ſi provideatur beneficium non*

adhibito conſenſu patroni, an & quando proviſio ſit nulla ipſo jure ? *Voyez* Lotherius de re Beneficiariâ, livre 2. queſt. 14.

144 Du Moulin dit que la Collation de l'Ordinaire faite au mépris du Patron eſt bonne de droit, mais qu'elle eſt reſoluë par la préſentation du Patron faite dans le temps preſcrit de droit. Ce qui n'eſt pourtant pas d'uſage en Normandie où la pratique eſt contraire, & l'Ordinaire ne peut conferer les Benefices de Patronage Laïc, ſi ce n'eſt après que le temps du Patron pour préſenter eſt expiré, ainſi qu'il eſt rapporté par Du Moulin *Reg. de inſirm. nombre* 68. quoiqu'il n'approuve pas cet uſage, ſuivant lequel on juge en Normandie que la proviſion eſt nulle, quand l'Ordinaire a conferé dans le temps du Patron, ſans attendre que les ſix mois ſoient expirez, quoique le Patron ne ſe plaigne pas. *Voyez les Definit. Can. page* 505.

145 La proviſion de l'Ordinaire qui a été donnée *ſpreto patrono laico* n'eſt pas nulle, mais *venit annullanda,* il n'en eſt pas de même de celle du Pape, elle eſt abſolument nulle, à moins que le Pape n'eût mis *dummodo accedat patroni conſenſus,* auquel cas le conſentement du Patron feroit valoir la proviſion. *Voyez* Du Moulin, *Regul. de inſirmis, n. 46. & ſuiv.*

146 La proviſion donnée par le Pape ou un Evêque, d'un Benefice à Patronage Laïc ſans le conſentement du Patron n'eſt pas nulle, mais *venit annullanda.* L'on fait diſtinction des proviſion ſi elle eſt neceſſaire *ut ex cauſâ permutationis,* elle n'eſt pas nulle abſolument, mais ſi elle eſt volontaire, comme *per obitum, aut ex ſimplici reſignatione,* elle eſt nulle. *Papon, liv. 3. tit. 9. nombre* 1.

147 La proviſion du Pape *ſpreto patrono laïco* ſuivie de la triennale paiſible poſſeſſion ne pourroit avoir d'effet, parce que *ubi abuſus, ibi nullitas ; ubi nullitas, ibi deſinit eſſe coloratus titulus,* Mais la proviſion de l'Ordinaire dans ce cas la ſeroit bonne, *propter affinitatem, & ſympathiam quæ eſt inter patronum & inſtituentem.* Bibliot. Can. *tome* 2. p. 196.

148 Pourvû au préjudice du Patron Laïc doit continuer de joüir. Arrêt du Parlement de Paris de l'an 1534. il reſte au Patron mépriſé la voye de l'appel comme d'abus, & en cauſe d'appel le Patron doit toûjours être préféré au Superieur, ſoit Ordinaire, ſoit le Pape. Jugé en 1531. *Papon, liv. 3. tit. 9. nombre* 2. où il dit avoir été jugé au mois de Juin 1584. que la veuve du Patron doit joüir par proviſion comme de ſon privilege, même touchant la préſeance.

149 Des proviſions *ſpreto Patrono Laïco* dans les quatre mois donnez aux Patrons Laïcs. Arrêt du Parlement de Grenoble du 5. Mars 1663. qui les déclare abuſives. *Voyez* Baſſet, *tome 1. liv. 1. tit. 2. chap. 1.*

150 Le Pape ne peut pourvoir par dévolut dans les quatre mois *ſpreto Patrono laïco,* & la démiſſion du premier titulaire faite és mains du Patron, eſt valable. Jugé au Parlement de Paris le 22. Juin 1672. autre Arrêt ſur le même ſujet du 8. Août 1675. *Journal du Palais,* in fol. *to. 1. p.* 696.

151 L'Evêque ayant pourvu dans les ſix mois du Patron, & le Patron ne ſe plaignant pas la proviſion eſt bonne. Arrêt du Parlement de Roüen du 24. Juillet 1671. Baſnage *ſur l'article* 69. *de la Coûtume de Normandie.*

PATRONAGE MIXTE.

152 Le Patronage eſt appellé mixte, quand il appartient aux Clercs & aux Laïcs conjointement ; ils ſe communiquent reciproquement leurs privileges ; en ſorte que le Clerc ne peût être prévenu par le Pape, & le Patron laïc joüit des ſix mois donnez à l'Eccléſiaſtique pour préſenter ; mais c'eſt à la charge de ne pouvoir varier, n'étant point pour cela exempt des conditions onereuſes du Clerc. *ubi eſt emolumentum, ibi & onus eſſe debet.* Accurſe *de jure patronat. §. 7. queſtion* 1. verbo

jus. Paftor, *de Benef. livre* 1. *titre* 19. *nombre* 4. & 9.

PATRONAGE NOM ET ARMES.

153 Les armes ou le nom infcrit dans l'Eglife ou fur les cloches, font feulement une préfomption & non une entiere preuve. *Mornac*, tient qu'à l'égard des Princes & des Ducs, cela fait foy, *l.* 6. *Cod de Religiofis & fumptibus.*

Voyez cy-deffus le nombre 63.

PATRON NOURRI.

Voyez cy-deffus le nombre 56.

154 *Coquille, Hiftoire de Nivernois, titre de la maifon de Bourbon,* dit que le fucceffeur au droit de Patronage de Monfieur le Chancelier de Bourgogne fut reduit à une fi grande pauvreté, qu'il demanda une penfion pour fes alimens au Chapitre Collegial de l'Eglife de Nôtre-Dame d'Authun, dont il avoit fondé les Prebendes ; le revenu d'une luy fut ajugé pour fes alimens.

155 Les alimens doivent être fournis aux heritiers du Patron *in capita* ; les droits honorifiques leur appartiennent auffi *in capita*, & ils font tenus également de défendre l'Eglife quoiqu'ils ne fuccedent que *per capita*. Arrêt du 4. Juillet 1605. rapporté par *M.* le Prêtre, *Cent.* 2. *chap.* 36.

PRESCRIPTION DU DROIT DE PATRONAGE.

156 *Jus patronatûs an prafcriptione quari poffit ?* Voyez *Franc. Marc. tome* 1. *queft.* 1139.

157 Comme le Patronage a été aumôné par les laïcs aux Ecclefiaftiques quelquefois à perpetuité, quelquefois pour un certain temps ; au dernier cas les Ecclefiaftiques ufans de leurs droits, font tenus de faire mention dans l'acte de nomination, ou préfentation que c'eft par forme de precaire, ou fous la permiffion d'autrui, afin que par telle reconnoiffance les donataires ne puiffent oppofer, où la fondation ne feroit rapportée, la prefcription contre leurs bienfaiteurs. Arrêts du Parl. de Roüen des 3. Février 1503. 3. Avril 1505. & 14. Octobre 1540. par le dernier defquels il fut défendu aux Chanoines de l'Eglife Collegiale de Nôtre-Dame de Clery, de prendre la qualité de Patrons, parce que le droit de Patronage ne leur avoit été donné par le Roy que pour un certain temps, mais de faire mention dans les nominations que c'eft au droit du Roy qu'ils préfentent à peine de perdre leur faculté pour cette fois. *Bibliotheque Canonique tome* 2. *p.* 170. *col.* 2.

158 Arrêt du Parlement de Grenoble du 3. May 1555. qui a jugé que le droit de Patronage laïc eft imprefcriptible, & que l'Ordinaire ne peut le prefcrire. Arrêt femblable du 30. May 1653. fi le Pape pourvoit dans les quatre mois qu'à le Patron Laïc pour nommer, la fignature de provifion eft abufive. Arrêt du 3. Mars 1663. rapporté par *Chorier en fa Jurifprudence de Guy Pape*, *page* 43.

159 Droits de Patronage Laïc imprefcriptibles, nonobftant les Collations *jure libero* des Ordinaires pendant quelque temps que ce foit. Arrêt du Parlement de Grenoble en 1668. *Baffet*, *to.* 2. *li.* 6. *tit.* 8, *ch.* 5.

160 Arrêt du Parlement de Provence du 18. Mars 1652. qui a jugé que la prefcription du Patronage n'eft pas acquife par trois collations de l'Evêque, fans prefentation de Patron, s'il n'y a l'efpace de quarante ans depuis la premiere Collation. Ce même Arrêt juge qu'en ce cas la derniere Collation de l'Evêque n'eft point confiderée. *Boniface*, *tome premier, livre* 2. *tit.* 28. *chap.* 2.

161 Quand par la negligence du Patron l'Evêque a conferé le Benefice par trois diverfes fois, & que chaque Beneficier ait joüi paifiblement trois ans entiers fans aucune difcontinuation, en ce cas le Patron perd fon droit, qui demeure acquis à l'Ordinaire. Arrêt du Parlement de Touloufe du 8. Janvier 1665. *La Rocheflavin*, *liv.* 1. *tit.* 34. *art.* 1.

PRESENTATION DES PATRONS.

162 *Voyez* cy-deffus les nomb. 21. 26. 27. 73.

Quando nominatio patronorum ad canonicam formam reducatur. Voyez Fran. Pinfon, en fon traité *de Can. inftit. condit.* §. 7. où il eft parlé du droit de Prefentation.

Quale jus patroni prafentatione prafentatâ quaratur ? 163
Voyez Franç. Marc. to. 1. queft. 478.

Patronus per procuratorem, & per litteras poteft 164
prafentare & prafentatus ab ordinariim defcendere, ut ab ipfo examinetur, & inftituatur, tenetur. Voyez ibidem, queft. 479.

Patronus Ecclefiafticus indignum prafentans eligendi 165
jure pro illâ vice privatur : fecus in patrono laïco, quando patronus laïcus prafentaverit indignum & perfiftit in illâ prafentatione per quatuor menfes ; tunc Epifcopus poteft providere de alio : fecus fi nondum fint lapfi quatuor menfes : quia fi patronus laïcus poteft variare cùm prafentavit idoneum, multo fortiùs quando prafentavit indignum. Voyez ibidem, queft. 1153.

Si le Patron prefente à l'Evêque la même perfon- 166
ne qu'il avoit déja pourvûë, le Patron pour la confervation & la preuve de fon droit peut obliger l'Evêque de donner une nouvelle provifion. *Du Moulin fur la regle de* infirmis *, nomb.* 62.

Si un Beneficier a été privé de fon Benefice, le Col- 167
lateur ordinaire ne le pourra pas conferer à un autre fans la prefentation du Patron ; le temps ne commence à courir contre le Patron que du jour que la refignation ou la privation du précedent titulaire luy a été notifiée, ou du jour qu'elle eft connuë dans le lieu du Benefice *ex quo ipfa vacatio in loco, vel Ecclefiâ, hujufmodi beneficii publicè nota erit.* Du Moulin, fur la regle *de* infirmis *, n.* 332.

Il faut faire difference entre le droit de Patronage 168
& le droit de prefenter. Le droit de Patronage ne vient proprement que de la dotation, fondation ou conftruction ; mais le droit de prefenter peut être acquis par prefcription, coûtume, ou autrement, & ne comprend pas les autres droits & privileges du Patronage, s'ils n'étoient également prefcrits ; comme le droit de proceffion, de fepulture, & d'être alimenté en cas de pauvreté. *Définit. Can. p.* 563.

Dans la Province de Normandie les prefentations 169
des Patrons, mêmes Laïcs, doivent être adreffées aux Ordinaires, qui ne peuvent être pourvûs par le Pape dans le temps des Patrons, qui eft de fix mois dans ladite Province ; c'eft ce qui a confervé l'examen des prefentez avant que de leur donner l'inftitution. *Caftel de l'ufage & pratique, troifième partie de la fignature, claufe* 11. Definit. Can. p. 570.

La prefentation du Patron Ecclefiaftique, empê- 170
che la prévention du Pape, & le pourvû en Cour de Rome ne doit prendre poffeffion, fans avoir le *vifa* de l'Ordinaire. *Voyez l'Edit de Melun, art.* 14. le Patron Ecclefiaftique ayant préfenté un indigne *privatur jure fuo pro hâc vice* ; telle prefentation infinuée au Collateur, empêche la prevention du Pape ; *fecus, du* Patron laïc, il n'eft point privé de fon droit *pro hâc vice, &c.* M. Loüet & fon Commentateur lettre P. fomm. 25.

Du Patron qui prefente une perfonne indigne. 171
Voyez Rebuffé fur cette matiere, & *la Bibliotheque Canonique, to.* 1. page 176. col. 2. & page 186. où il eft écrit que quand le Patron a préfenté une perfonne indigne il perd cette fois le droit de préfenter.

Par Arrêt prononcé en la Cour Souveraine de l'E- 172
chiquier de Normandie, tenu au terme de Pâques 1304. il a été jugé qu'un Seigneur ayant divers Patronages, droits & faculté de préfenter à plufieurs Benefices, peut donner fon droit en general, mais non précifément, & particulierement pour un Benefice certain, afin d'éviter l'affectation, ou fouhait tacite de la mort d'autrui ; c'eft la raifon donnée par le même Arrêt. Bibliot. Can. to. 2. p. 267. col. 1.

Par autre Arrêt du 16. Octobre 1501. la procura- 173
tion paffée par les Religieux & Abbé de faint Seve-

F iij

rin à M. Richard le Prévôt , par laquelle contenant clause de garantie, ils donnoient pouvoir de
preſenter au premier Benefice vacant étant à leur
nomination , avec revocation de toutes autres procedures , fut déclarée nulle , comme auſſi la procuration limitée & reſtrainte , ne vaut ; ainſi qu'il fut
jugé le 10. Avril 1499. Ibidem col. 2.

174 Il faut que celuy qui a preſenté au Benefice ſoit en
poſſeſſion d'y nommer au temps qu'il a preſenté; poſſeſſion en laquelle il a été autrefois , ne ſuffiroit. Un
nommé Guarin ſieur des Iſs emporta pour ſon preſenté par Arrêt du 10. Novembre 1502. la Cure de
ſaint Pierre d'Amboiſe , contre le ſieur de Vitry , ſur
le fondement de deux preſentations dernieres quoiqu'impugnées ; l'une pour avoir été faite pendant
l'uſurpation des Anglois , à cauſe de l'hoſtilité deſquels les prédeceſſeurs de Vitry s'étoient retirez au
pays de l'obéïſſance du Roy ; & la derniere arrivée
pendant que luy ſieur de Vitry étoit en minorité &
ſous la garde du Roy. Or il y a quatre choſes necef-
ſaires pour l'effet de la quaſi-poſſeſſion du Patronage.
La première, que la preſentation au Benefice ſoit accompagnée de bonne foy. La deuxiéme , que la confirmation ou inſtitution s'inſinué. La troiſiéme , que
le pourvû ait été regardé comme Recteur, ou titulaire du Benefice. Et la quatriéme , que celuy au prejudice duquel la quaſi-poſſeſſion du droit de Patronage eſt acquiſe , le ſçache & ne s'y oppoſe point.
Ibidem , page 172. col. 1.

175 Le Patron Eccleſiaſtique ou laïc ne ſe peut preſenter
ſoi-même. Voyez la Bibliot. can. Ibid. to. 2. pag 173.
colomne 1. Il eſt dit au même endroit , que celuy qui
a donné à un tiers puiſſance de preſenter au Benefice
vacant , peut recevoir tel bienfait par les mains de
ſon donataire. Le nommé de la Ville avoit impétré
par dévolut la Cure de S. Medard contre Fauquet ,
preſenté à cette Cure par Maſeline , auquel ce même Fauquet , Fermier de la Seigneurie de Cellant ,
dont dépendoit le Patronage de la Cure , avoir auparavant donné le droit de preſenter pour cette fois.
La Cour jugea au profit de Fauquet le 23. Decembre 1504. Multa poſſumus per alios , quæ non poſſumus
per nos.

176 Quand celuy qui a preſenté au Benefice ſuccombe,
ſon auteur qui a pris fauſſement qualité de Patron,
ſans neanmoins avoir aucun droit , doit être condamné en tous les dépens, dommages & interêts de
celuy qui l'a preſenté. Jugé le 18. May 1516. pour
Guillaume le Breton. Ibid. p. 171. col. 2.

177 Le droit de preſenter au premier Benefice qui
vaquera , ne peut être donné par donation entre-
vifs , bien que ſeulement confié de pure liberalité
& amitié. Arrêt du mois d'Avril 1518. Le contrat de
promeſſe faite par le Cluſtier Patron laïc, de nommer un ſurnommé Ferey , au premier Benefice qui
tomberoit en vacation , du nombre de pluſieurs étant
à ſa collation , fut déclaré nul , & le Cluſtier abſous
de la récompenſe contre luy prétenduë par Ferey ,
de ce qu'il n'avoit été nommé à certain Benefice
échû depuis la promeſſe à la preſentation & diſpoſition de Cluſtier. Ibid.

*Ex quibus colligitur poteſtatem conferendi Beneficia
vacatura non poſſe dari. gloſſ. in cap. Deliberatione. De
offic. leg. n. 6. Guido Pap. Conſil. 189. niſi Vicario generali. Quod extenditur ad laicos , quando juſta ſubeſt
cauſa. Panormitan. in cap. fin. de conceſſ. præb.*

178 Partage de biens , dans leſquels ſe trouve un Patronage : celuy à qui il eſt échû preſente : depuis ,
le partage eſt caſſé avec reſtitution de fruits. Les demandeurs en execution d'Arrêt diſent que leur preſenté doit jouïr , parce que la preſentation *eſt in
fructu*, ils ajoûtent que l'autre n'a été preſenté que
poſt litis conteſtationem. Arrêt du Parl. de Paris du 10.
Avril 1554. qui deboute les demandeurs , ſauf à leur
preſenté à ſe pourvoir , comme il verra par raiſon.

Voyez la Bibliotéque de Bouchel, verbo , *Preſentations*
& *Papon , liv. 2. tit. 9. nomb. 18.*

179 Le droit de preſenter appartient aux Patrons , par
les cauſes par leſquelles le Patronage s'acquiert ,
quoiqu'il n'ait point été ſtipulé , ni reſervé par la
fondation. Ainſi jugé par pluſieurs Arrêts. M. Dolive , *en ſes queſtions liv. 1. chap. 3.* en rapporte un du
Parlement de Toulouſe du 11. Mars 1632.

180 Arrêt du Parlement de Provence du 20. Février
1645. qui a donné la récreance du Benefice au pourvû par l'Evêque , à l'excluſion du preſenté par certains prétendus Patrons , ſur le fondement que les
deux dernieres collations avoient été faites par l'E-
vêque , ſans preſentation de Patrons. *Boniface , to. 1.
liv. 2. tit. 18. ch. 1.*

181 Le 21. Juin 1654. jugé que la nomination faite par
le Conſeil de la Communauté à l'Evêque , prévaut
à celle qui eſt faite par les Conſuls. *Ibid. c. 3.*

182 Jugé le 6. Juin 1658. que celuy qui a été pourvû
d'un Benefice ſans preſentation du Patron, peut rentrer au même Benefice qu'il avoit reſigné *in extremis*,
ſans preſentation du Patron. *Ibid. ch. 4.*

183 Arrêt du même Parlement de Provence du 12. Juin
1665. qui a donné la récreance à celuy qui avoit été
preſenté par des Copatrons à l'Evêque, avant la preſentation du nommé par les autres Copatrons , & qui
avoit été refuſé ; & ſur ce refus , s'étoit mis en poſſeſſion par permiſſion de la Cour. *Boniface , ibidem
chap. 6.*

184 Arrêt du Parlement de Grenoble du 2. Août 1654.
qui a jugé qu'une ſeule preſentation ſuffiſoit pour
établir la quaſi-poſſeſſion du droit de Patronage ,
& qu'elle étoit ſuffiſamment prouvée par les proviſions de l'Ordinaire, où il étoit déclaré qu'elles
avoient été données ſur la nomination. *Voyez Baſſet,
to. 1. li. 1. tit. 2. ch. 2.*

185 Jugé au Parlement de Toulouſe le 4. May 1665.
que la bonne foy eſt abſolument neceſſaire , pour
rendre valable la preſentation de celuy qui eſt dans
la quaſi-poſſeſſion du Patronage , *jus preſentandi eſt
in fructu* : or les fruits *pertinent ad bona fidei poſſeſſorem.* Arrêt de M. de Catellan, *liv. 1. ch. 48.*

186 Le preſenté à un Benefice par celuy qui eſt en poſſeſſion de preſenter , eſt préferable au preſenté par
le vray Patron. Arrêt du Parlement de Paris du 25.
Février 1665. qui, à cauſe du *dernier état* , maintient
le preſenté par Mademoiſelle de Guiſe , & conſerve
à M. le Prince de Condé le droit de nommer à l'a-
venir. *Soëfve , to. 2. cent. 3. ch. 46.*

187 Le Patron qui a preſenté un *incapable*, n'a pas ſix
autres mois du jour du refus qui en a été fait. Arrêt
du Parlement de Normandie du 24. Juillet 1671.
rapporté par *Baſnage ſur l'article 69. de cette Coûtume.*

PATRON, PREVENTION.

188 Le Roy ne peut prévenir en regale le Patron laïc,
non plus que le Pape. Arrêt du 30. Juin 1642. *Du
Freſne , liv. 4. chap. 3.*

189 Lors que le Pape a prévenu , & que le Patron ne
ſe plaint point , la proviſion eſt valable. Jugé le 25.
Juin 1659. au Parlement de Normandie. *Baſnage ſur
l'art. 69. de cette Coûtume.*

190 L'Evêque ne peut prévenir le Patron Eccleſiaſtique , non plus que le laïc. Arrêt du 7. May 1683.
Le Pape prévient le Patron Eccleſiaſtique ; neanmoins ſi l'Evêque a conféré , cette collation , quoique nulle , empêche la prévention du Pape. Arrêt
du Parlement de Grenoble du 7. May 1683. rapporté
par *Chorier en la Juriſprudence de Guy Pape. p. 44.*

PATRON DE LA R. P. R.

191 Un Patron laïc faiſant profeſſion de la R. P. R. ne
peut preſenter à un Benefice. Arrêt du 6. Février
1648. *Du Freſne, liv. 5. chap. 29. Voyez Peleus, qu.
156.* Cet Arrêt a été caſſé par Arrêt du Conſeil du
Roy , qui maintient ceux de la R. P. R. en la poſ-

fession de nommer des perfonnes capables aux Benefices dont ils font Patrons, à caufe de leurs terres; l'Arrêt eft du 8. Juillet 1651. *Du Frêne liv. 5. entre le chap. 29. & 30. Voyez M. le Prêtre 2. cent. chap. 36. & le Journal du Palais dans l'Arrêt du 20. Juillet 1674.*

LE ROY PATRON.

192 Roy Patron alternatif. *Voyez le mot, Benefice, nomb. 28.*

193 Les Patronages Royaux ont des prérogatives fin- gulieres. *Voyez le Concile de Trente feff. 25. ch. 9.*

194 Le Roy feul entre les Patrons, peut faire Ordon- nances pour maintenir la police de l'Eglife. *Tournet, lett. P. Arr. 18.*

195 Si le Patronage Royal fe transfere avec l'heritage de l'acquereur? *Ibid. Arr. 19.*

196 Patronage demeure attaché à la perfonne du Roy, nonobftant l'alienation du fonds. *Ibid. Arr. 41.*

197 Si le Roy délivre provifion ou Placet d'une même Chapelle, Prébende ou Benefice à deux perfonnes differentes, le premier nommé ou prefenté felon la date, doit être preferé, quoique le dernier eût été le premier infinué fa provifion à l'Ordinaire, & eût été le plus diligent; parce que le Roy ne peut va- rier. Jugé au Parlement de Roüen les 23. Decembre 1527. & 1550. pour la Cure de Racqueville. *Bibliot. Canon. to. 1. p. 381. in fine.*

198 Le Roy ne peut *varier* en fes collations. Arrêt du Grand Confeil de l'an 1539. Les particuliers le peu- vent. *Papon, li. 1. tit. 9. n. 13.*

199 Terrien *lib. 8. tit. de Patron.* cite un Arrêt, par lequel il a été jugé que les Chanoines de Clery, pour les Benefices étant de la fondation Royale, prefen- tent au nom & en l'autorité du Roy, & font repu- tez Patrons laïcs: tellement que leur prefentation eft necefaire, & les Collateurs ordinaires ne leur peuvent faire préjudice, non plus qu'au Roy.

200 Févret, *en fon Traité de l'abus liv. 2. chap. 6. n. 13.* dit que le Roy de France alienant un domaine, au- quel eft attaché un Patronage, ce Patronage demeu- re toûjours inherent à la perfonne du Roy: comme l'on voit en droit le Patronage fur les Affranchis, qui n'étoit point cenfé aliené par la vente ou fidei- commis de toute l'heredité. Cependant il y a un Arrêt contraire à cette opinion dans Henrys *tom. 2. liv. 1. queft. 4.* où l'on Engagifte fut maintenu dans le droit de nommer aux Chanoinies de Nôtre-Dame de Montbrifon, la collation refervée au Roy fur la no- mination de l'Engagifte, le Roy n'étant pas de pire condition que les autres Collateurs qui peuvent s'af- fujettir à de femblables nominations: jugé au Con- feil Privé le 16. Février 1655. Henrys dit que cet Ar- rêt peut fervir de regle pour pareils engagemens du domaine.

PATRONAGE, SAISIE REELLE.

201 Jugé au Parlement de Roüen le 27. Juillet 1601. que le droit de prefentation ou Patronage, quoique non exprimé aux Exploits de prife & criées, étoit tacitement entendu & compris fous ces mots de *cir- conftancés, dépendances, & autres droitures audit Fief appartenantes.* Bibliotequé de Bouchel, *verbo, De- crets.*

202 Le Commiffaire à un heritage faifi, duquel dé- pend un droit de prefentation, peut prefenter, quand l'heritage eft faifi avec tous fes droits genera- lement quelconques; tel pourvû eft preferable au prefenté par le Proprietaire. *Papon, liv. 2. tit. 9. n. 18. & Mainard, li. 2. fes not. qu. ch. 41.*

TOUR DU PATRON.

203 *Voyez cy-deffus le nombre 59.*

Deux Patrons ayant droit à un Benefice, l'un Ec- clefiaftique, l'autre laïc, & tous deux prefentans par tour, il arrive que dans le tour du Patron Ecclefia- ftique le Pape prévient; jugé en faveur du Patron laïc, que la prévention du Pape remplit le tour du

Patron Eccléfiaftique, *Févret, traité de l'abus liv. 2. chap. 6. nomb. 13. fecus,* fi c'étoient deux Patrons Ec- clefiaftiques, comme il a été jugé par Arrêt du Par- lement de Roüen du 21. Juillet 1503. rapporté par *Forget, Traité des perfonnes & chofes Ecclefiaftiques chap. 38.*

204 La provifion ou collation du Pape, faite au tour du Patron Eccléfiaftique, luy tient lieu de tour, foit qu'elle foit faite par mort, prévention ou fur refi- gnation, permutation ou autrement, en quelque maniere que ce foit. Arrêt du Parlement de Roüen, les Chambres affemblées, le 6. Avril 1666. *Bafnage, art. 17. tom. 1. à la fin.*

205 Quand le Pape prévient un Prefentateur ou Col- lateur Tournaire Eccléfiaftique, la prévention ne remplit pas le tour de ce Patron Tournaire, parce que les Patrons Ecclefiaftiques étant également fu- jets à la loy de la prévention, ils en doivent égale- ment porter la charge. *Bibliotheque Canonique 10. 2. page 187.*

Lorfque les Benefices vaquent par refignation, démiffion ou permutation, le tour n'eft pas rempli, par la raifon que le Patron donne fon confentement par bienféance, & qu'il n'a pas la faculté d'en re- fenter d'autres, ce qui eft vrai pour le Patron Eccle- fiaftique; mais *fecus* du Patron laïc, qui n'eft obligé de fouffrir ni refignation, ni permutation, ni même de démiffion entre les mains de l'Ordinaire. *Ibid.*

206 Quand le Benefice vient à vaquer dans les jours d'un Chanoine Tournaire vivant, & qui eft mort depuis fans prefenter, le Chapitre en corps pre- fente & confere: le Chanoine fuivant la défunt n'a pas feul ce droit. *Henrys tom. 1. li. 1. chap. 1.* en rap- porte un Arrêt.

207 Lors que la qualité de Patron n'eft pas contefté, mais qu'il s'agit feulement lequel des Patrons (qui par exemple font Tournaires) eft en tour, l'Evêque donne à chacun des Prefentez fa provifion, la pre- miere pure & fimple, & les autres *ad confervationem juris*, comme il a été pratiqué par M. l'Archevêque de Paris dans la grande conteftation qui a été en- tre les fieurs Robert & Mathieu pour la Cure de S. André des Arcs à Paris. *Bibliotequé Canon. tom. 2. pag. 190.*

VARIATION DU PATRON.

208 Quand on dit que le Patron Ecclefiaftique ne peut varier, & qu'il eft déchû de fon droit pour cette fois, s'il a prefenté une perfonne indigne & incapa- ble, la maxime eft vraye, quand l'Evêque veut ufer de fon droit pour conferer librement, fans avoir égard au Patronage. Mais lorfque l'Evêque veut bien laiffer au Patron la liberté de prefenter une fe- conde fois, perfonne ne peut s'en plaindre, parce que la déchéance du Patronage pour cette fois, eft introduite en faveur de l'Evêque, qui peut y re- noncer fi bon luy femble. Cette maxime eft pareille- ment vraye, quand le Patron prefente fciemment un indigne & incapable, connoiffant l'incapacité du prefenté: mais lors qu'il ne connoiffoit pas cette in- capacité, c'eft une raifon pour excufer la faute du Patron, & pour luy permettre d'en prefenter un autre. *Definit. Canon. pag. 688.*

209 Les Patrons laïcs, après avoir prefenté un indi- gne, peuvent varier, s'ils en ignoré fon indignité; car autrement ils ne le peuvent, quoiqu'ils fuffent encore dans les quatre mois, *cap. cum vos extra. de offic. ordinat.*

Voyez cy-deffus les nombres 171. & 198.

210 Le Patron laïc peut varier fa prefentation; c'eft- à-dire, il peut donner plufieurs prefentations: non pas que par là il faille croire que la feconde prefen- tation revoque & annulle la premiere; au contraire, elles fubfiftent toutes deux; & en ce cas il dépend de l'Evêque de choifir entre ces deux ou plufieurs pre- fentez, celuy qu'il jugera le plus capable. Et c'eft

ce que les Docteurs difent que le Patron Laïc peut varier , & prefenter plufieurs perfonnes *cumulativè*, *non revocativè*, M. Charles du Moulin le décide auffi en fa note fur la glofe du même chap. *cùm autem extrà de jure patron.*

211 Le Patron Lay voyant fon prefenté refufé peut varier , & en prefenter un autre dans les fix mois : & fi le Patronage eft alternatif , il ne perd fon tour fi la premiere préfentation n'a forti effet. Il fut ainfi jugé par Arrêt du Parlement de Normandie du 13. Août 1529. & par un autre du 18. Mars 1523. rapporté par *Berault au titre du Patronage* , *art. 69. de la Coûtume de Normandie.*

212 Les habitans de Baugé affemblez prefentent un nommé Allard à l'Evêque d'Angers le 22. Decembre 1531. il requiert l'Evêque de luy conferer la Chapelle, l'Evêque le refufe fimplement : le 18. Janvier fuivant ils prefentent à l'Evêque le nommé Gallois; Allard fe fait inftituer par le Metropolitain Archevêque de Tours; deux jours après, ce deuxième eft inftitué par l'Evêque d'Angers ; le 18. Février ils en prefentent un troifiéme qui eft inftitué par un Vicaire de l'Evêque d'Angers ; Sentence du Confervateur des Privileges en faveur de Gallois ; & ainfi il a été jugé que le refus de l'Ordinaire n'ôte point aux Patrons Laïcs la puiffance de varier. *Bibliotheque Can. tome* 2. *p.* 174. *col.* 2.

PATRONAGE, UNIVERSITE'.

213 Patronage appartenant à l'Univerfité. *Voyez Charondas* , *livre* 7. *Rép.* 195.

214 Le droit de Patronage de l'Univerfité eft plûtôt Laïc qu'Ecclefiaftique ; comme il fut jugé par Arrêt du 12. Août 1586. rapporté par *Tournet*, *lettre P.* Arr. 10. *ubi* de l'antiquité & fondation de l'Univerfité, non par les Papes , comme aucuns ont voulu dire, mais par les Rois de France. Ce qui a été ainfi jugé par Arrêt du Parlement de Paris du mois d'Avril 1667. pour le Curé de faint Côme. *Jovet*, verbo *Patron* , *n.* 14. dit avoir oüi prononcer cet Arrêt.

PATURAGE.

Aturage. *Pafcuum. Pafcuis ager.*
Bois propre au pâturage, *Pafcua fylva. L.* 30. *in f. D. de verb. fign.*
De alluvionibus , & paludibus , & pafcuis ad alium ftatum tranflatis. C. 7. 41.
De Pafcuis publicis & privatis. C. 11. 60. . . . . *C. Th.* 7. 7.
Voyez Chaffanée fur la Coûtume de Bourgogne, Rubrique 13. Cœpole *de fervit.* dans le titre *de fervit. jur. pafc.* L'Ordonnance des Eaux & Forêts de 1669.
Du droit de pâturage , & qui le peut accorder aux étrangers? *Voyez Despeiffes* , *tome* 3. *page* 325. La Coquille , *to.* 2. *page* 167. & *fes queftions page* 325. La *Bibliot. de Jovet* , *fous les mots Ufages* , *Pâturage* , & *l'Ordonn. des Eaux & Forêts en* 1669. *tit.* 17. & *dans le prefent Recüeil* , verbo *Communes.*
Pâturage endommagez par les beftiaux. *Voyez* le mot *Bétail* , *nomb.* 16. & *fuiv.*

1 Il y a Arrêt du 26. Octobre 1591. aux Grands Jours de Troyes, qui porte que fur la Coûtume de Champagne , quand Villes ont pâturages voifins , ils peuvent aller l'un fur l'autre jufques au droit du clocher, & difent qu'ils ne peuvent paffer que par les pâturages. *Bibliot. de Bouchel* , verbo *Pâturage.*

2 Si le Seigneur de fonds fervant aux pâturages, pafquerage, a pris annuellement par chacune maifon une certaine fomme pour ce droit des prétendans en confeffoires , la prefcription eft complette par dix ans, s'il y a preuve de la perception du tribut. Arrêt du Parlement de Grenoble du 8. Mars 1461. *Papon* , *liv.* 14. *tit.* 1. *n.* 4. où il eft parlé de cette forte de prefcription.

3 Servitudes ne s'acquierent legerement au fonds

d'autrui. Arrêt du Parlement de Paris du 19. Février 1540. contre les Bouchers de la Rochelle, & autres, lefquels avoient coûtume , & joüiffoient depuis long-temps fans titre du droit d'envoyer paître leurs beftiaux dans un pré, après qu'il avoit été fauché. *Papon , ibidem* , *nomb.* 5.

4 Arrêt du 13. Juillet 1545. qui fur les déliberations des trois Etats du pays de Languedoc fur le fait des pâturages , défend de mettre bétail aux vignes , & contrevient en aucune maniere à l'Arrêt donné par la Cour fur le fait des pâturages. *La Rocheflavin* , *liv.* 3. *lettre P. tit.* 1. *Arr.* 6.

5 Les herbages & pâturages ayant été baillez à nouveau bail par le Seigneur aux habitans, les habitans les peuvent vendre ou affermer , laiffant le pâturage pour les beftiaux du Seigneur. Arrêt du Parlement de Provence du 15. Mars 1561. qui fit auffi défenfes au Seigneur de vendre fa terre Gâte. *Boniface* , *tome* 4. *liv.* 3. *tit.* 1. *chap.* 3.

6 Jugé par Jugement des Commiffaires fur la generale réformation des Eaux & Forêts , que le droit de pâturage les uns fur les autres tel qu'il eft décrit en la Coûtume de Troyes , *art.* 169. n'a lieu entre les habitans qui ne font tous deux de la fouveraineté du Roy , & qu'un fujet de Lorraine ne pourroit prétendre droit de vain pâturage en terre , étant en la fouveraineté du Roy. Ce Jugement eft du 13. Decembre 1575. entre les habitans de Gibommel , & ceux de Chalumes. *Voyez la Coutume du Comté de Bourgogne* , *art.* 103. & *la Bibliot. de Bouchel* , verbo *Pafturage.*

6 Les pâturages peuvent s'acquerir par le temps ou bis. par titre , *jus autem pafcendi in agris vicinis cum habeat difcontinuam caufam , titulo tantum vel tempore cujus non extat memoria acquiritur, & probatio debet fieri rejectis omnibus quorum animalia pafcuntur in pafcuo controverfo.* Mornac , *l.* 3. *ff. de fervitutibus ruft. præd.* Le Veft , *Arrêts* 208. & 109. *Voyez Henrys* , *tome* 1. *liv.* 4. *chap.* 6. *queft.* 79.

7 *Servitus pecoris pafcendi realis eft & pro certâ anni parte conftitui poteft, ità tamen ut moderatè utatur.* Fr. Marc. *tome* 1. *queft.* 223. où il dit qu'après la recolte des fruits le pâturage eft commun & libre à chacun.

8 Declaration en confequence de l'article 58, de l'Ordonnance du mois de May 1579. portant que les Ecclefiaftiques , leurs Receveurs ou Fermiers font exempts de tous payemens de taxes pour la confirmation de leurs droits d'ufages & pâturages, &c. A Paris le 6. Février 1586. regiftrée le 14. May de la même année. *Ordonn. de Fontanon* , *to.* 4. *p.* 961.

9 Ceux qui prétendent droit de pâturage dans les bois de haute futaye , & dans les taillis ne peuvent prendre pour trouble la demande que le Seigneur proprietaire peut , d'un Reglement avec eux; ainfi qu'il fut jugé au Parlement de Dijon le 16. Mars 1579. *Taifand* , *fur la Coûtume de Bourgogne* , *titre* 13. *art.* 2. *note* 3.

10 Les habitans de Nuit maintenus au droit de vaine pâture après l'herbe fauchée & enlevée , fi mieux n'aimoit le proprietaire enfermer & clore fon pré. Arrêt du Parl. de Dijon du 26. Avril 1613. *Bouvot* , *to.* 2. verbo *Pâturages queft.* 2. & cy - après le *nombre* 12.

11 Les Seigneurs au préjudice des habitans qui ont droit d'ufage & pâturage , ne peuvent envoyer pâturer leur bétail au bois de haute futaye , ni en vendre la coupe, les habitans peuvent s'oppofer. Arrêt du Parlement de Dijon du 29. Juin 1613. *Bouvot, ibidem* , *queft.* 3.

12 Communément , c'eft-à-dire , quand les foins ne font pas rares , ceux qui ont des prez ne peuvent les mettre en défenfe après la premiere herbe levée , s'ils ne font fermez de murailles , de hayes ou de foffez. Deux Bourgeois de Nuit acheterent un moulin, duquel

auquel dépendoit un pré de dix foitures, qu'ils voulurent mettre en défenses au préjudice du droit de vain pâturage qui appartient dans ce pré aux habitans de Nuits. Le Syndic y fit conduire & pâturer le bétail de la Ville après la premiere herbe levée ; ce que l'acquereur prit pour trouble. Le Syndic redouble l'interdit. Par Arrêt du Parlement de Bourgogne du 26. Avril 1613. les habitans de Nuits furent maintenus au droit de vain pâturage, & d'envoyer leur bétail au pré dont il s'agissoit après la premiere herbe levée, si mieux le proprietaire n'aimoit le faire fermer de murailles. Par un autre Arrêt du 20. May 1634. il fut jugé que les Cordeliers de Châtillon fur Seine pouvoient faire clore de hayes & de fossez un pré de dix foitures qu'ils ont près de la Ville, quoique le Syndic eût verifié que de temps immemoria les habitans avoient envoyé paître leur bétail après la premiere herbe levée. Et encore par un autre Arrêt donné en la Chambre des Enquêtes le 8. Février 1691. entre les habitans du Village de Pont, & un meunier de la Ville de Semur, il fut fait défenses aux habitans de Pont de conduire leur bétail dans un pré à luy appartenant à Baubie, fermé de hayes vives, & d'en empêcher la clôture ; mais quand les heritages des particuliers ne font ni clos, ni ensemencez, ils font sujets à la vaine pâture. Arrêt du 18. Février 1634. *Voyez Taisand fur la Coûtume de Bourgogne, titre 13. article 4. note 4.*

13   Outre qu'il importe au public que les particuliers conservent leurs biens, & qu'ils ne les dissipent pas avant la maturité, il n'est pas permis au proprietaire des prez & champs ensemencez d'y envoyer fon bétail avant que la premiere herbe des prez foit fauchée, & que les champs foient moissonnez ; ainsi jugé à Dijon le 4. Avril 1679. au profit de M. François Jolis, contre plusieurs particuliers, ausquels défense fut faite, & à tous autres d'envoyer paître leur bétail dans leurs propres prez pendant le ban ordinaire qui est depuis la Nôtre-Dame de Mars, jusqu'à ce que l'herbe foit fauchée, à peine de cinq liv. d'amende, de confiscation du bétail, & de tous dépens, dommages & interêts au profit de ceux à qui on auroit caufé de la perte. *Taisand, ibidem, n. 5.*

14   Les habitans des Communautez font obligez à choisir un pâtre pour la conduite du bétail, & pour empêcher les mesus ; suivant un Arrêt de Dijon du 2. May 1608. donné, les Chambres assemblées, fur la Requête du Syndic des Etats, par lequel Arrêt il est ordonné à toutes les Communautez de nommer chacune un pâtre pour la conduite du bétail, à peine d'être responsables des mesus, & qu'afin que personne n'en prétende caufe d'ignorance, il seroit lû & publié aux Prônes des Eglises Paroissiales, & affiché dans les places publiques : c'est par cette raison qu'il est défendu à toutes personnes, par le même Arrêt, d'avoir des troupeaux de bétail separé de ceux de la Communauté, & conduits par des gardes ou pâtres particuliers ; mais quand le troupeau de bétail est si nombreux qu'un seul pâtre ne le peut conduire, il est permis en ce cas aux Communautez d'en avoir deux, & d'en faire deux troupeaux separez ; & quoique la Communauté foit responsable des dommages arrivez par le fait du pâtre aux bêtes & aux heritages, elle n'est pas responsable des mauvaises contestations du même pâtre. *Taisand, ibidem, note 6.*

15   L'article 5. titre 13. de la Coût. de Bourgogne défire trois chofes, non conjointement, mais féparément pour acquerir le droit de vain pâturage fur les heritages d'autrui après la faint André, temps auquel les fruits font levez, de forte que les bêtes pâturantes ne peuvent plus porter aucun dommage aux proprietaires. Ces trois chofes font le parcours, le titre, & la redevance. Les Arrêts du Parlement de Dijon ont décidé que trente ans ne suffisoient pas pour

Tome III.

acquerir le droit de parcours, mais qu'il falloit une possession immemoriale ; ils font des 4. Août 1673. 21. Octobre 1676. 20. May, 19. Juin, & 23. Août 1677. même Arrêt du 30. Decembre 1688. dont le motif fut que la Coûtume n'admettant que le parcours, le titre ou la redevance, elle entendoit par le parcours la possession immemoriale reciproque, & que par consequent elle excluoit la possession immemoriale simple, c'est-à-dire d'un Village feulement fur un autre ; de forte que cette possession doit être reciproque. *Voyez Taisand fur cet art. n. 1.*

16   La possession immemoriale assure cette servitude, & s'il y a titre, trente ans suffisent. Arrêts du Parlement de Grenoble des 6. Juillet 1639. 11. Juillet 1678. 13. Août 1687. rapportez par *Chorier en fa Jurisprudence de Guy Pape, page 330.* Voyez cy-après, *Possession immemoriale.*

17   Arrêt rendu au Parlement de Roüen le 16. Novembre 1655. qui juge que l'on ne devoit point mener les moutons pâturer dans les prairies, mais bien dans les marais & communes qui font au bord de la mer. *Basnage fur la Coût. de Normandie, art. 84.*

18   Arrêt du Parlement d'Aix du 16. Decembre 1647. confirmé par autre du 30. May 1675. qui a résolu une compascuité de pâturages à la requête des associez. *Boniface, tome 4. li. 3. tit. 1. chap. 7.*

19   Par Arrêt du mois de Decembre 1671. il a été jugé que le Seigneur donnant à nouveau bail aux habitans la faculté de dépaître, & s'est privé de ce droit, est censé s'être privé de fa portion du pâturage égale à celle de deux habitans les plus aisivrez. *Ibidem, chap. 5.*

20   Si un forain d'une Communauté peut jetter des bestiaux dans le terroir pour dépaître, n'y ayant point de reglement de dépaître *pro modo jugerum ?* Arrêt du 16. Mars 1676. qui cassa les executions de la Communauté contre le forain. *Ibidem, livre 10. titre 3. chap. 9.*

21   Arrêt du 3. Juin 1684. en faveur de la Communauté du lieu de Callian, qui a jugé que le Seigneur de Fief & Jurisdiction ne peut faire entrer ni dépaître fes bestiaux dans les terres cultivées & ensemencées, les prez, jardins, chenevieres, vignes, vergers, agregez d'oliviers, & autres arbres, devandudes, & autres proprietez naturelement défensables des habitans ; a jugé encore que le Seigneur ne peut défendre aux habitans de faire entrer & dépaître leurs bestiaux dans les fonds roturiers & taillables, & non défensables, & que le Seigneur & les habitans ne peuvent faire entrer leurs bestiaux dans le Cimetiere de la Paroisse. *Ibidem, li. 3. tit. 1. chap. 4.*

22   Le 7. Octobre 1686. le Parlement de Provence fit défenses de faire dépaître les chevres dans les Forêts où il y a des chênes verds, fapins, & dans les bois tallis de même nature. *Boniface, tome 4. liv. 10. ti. 3. chap. 8.*

23   L'Ordonnance de 1669. fur le fait des Eaux & Forêts, titre des droits de pâturages & panage, art. 1. difant que les usagers pourront exercer leurs droits de panage & de pâturage dans toutes les forêts, bois & buissons, excepté dans les lieux qui auront été declarez défensables par les Grands Maîtres faisant leurs visites, ou fur l'avis des Officiers des Maîtrises ; le Seigneur de Noiry prétend que quelques-uns de fes habitans n'avoient pû faire paître leur bétail dans fes bois, quoiqu'après fa quatriéme feüille ; cette prétention fût condamnée par Arrêt du Parlement de Dijon du 11. Decembre 1685. parce qu'il n'avoit pas fait faire la visite de fes bois, & que c'est à celuy qui veut étendre fon droit au delà des termes de la Coûtume, à faire ce que l'Ordonnance prescrit. Il est vray que la même Ordonnance de 1669. titre des bois & autres biens appartenans aux Communautez & habitans des Paroisses art. 13. porte la défense jusqu'à ce que le rejet foit au moins de 6. ans, fur les peines reglées à

G

cet égard pour les Forêts du Roy ; mais cela dépend de la qualité des bois ; car si le bois étoit défensable après la troisiéme feüille , on pourroit convenir de ne pas attendre jusqu'après la quatriéme feüille , quoique le droit de la Coûtume soit general , & l'on pourroit en ce cas la y déroger par une transaction , ou autre traité. Ainsi jugé le 17. May 1672. au profit des habitans de Nonant , contre le Baron de Montmain ; il faut observer que le Seigneur ayant protesté de se pourvoir contre la transaction , l'Arrêt luy en fait la reserve. *Taisand , sur la Coûtume de Bourgogne , tit. 13. art. 3. note 2.*

24 Pâturages appartenans à différentes Communautez d'habitans. *Voyez* le mot *Communauté , nombres* 68. & 69.

PAVE'.

*V*Oyez le mot , *Chemin.*
Le Roy fournit le pavé dans Paris, qu'il convient mettre és grandes croisées , &c. *Voyez M. le Prêtre , 3. Cent. ch.* 4.
Le Seigneur haut-Justicier doit payer le premier pavé , parce qu'il est comme Voyer. Arrêt du 27. Mars 1610. *M. le Prêtre , ibidem.* Voyez *Brodeau sur M. Loüet lettre C. som.* 2. *Le Vest , Arrêt* 210. où il rapporte une Ordonnance contre les Paveurs du 10. May 1538. *Voyez aussi Bacquet , des droits de Justice chap.* 19.
Par Arrêt prononcé en Robes rouges le 14. Août 1556. entre Charles le Comte Marchand de Paris , d'une part , & les Chanoines de S. Honoré , d'autre part ; il a été jugé que les Seigneurs Haut-Justiciers ne doivent rien du premier pavé , mais le Seigneur Censier qui prend les profits de lots & ventes , toutefois par moitié , l'autre se prenant sur les proprietaires des maisons sises en la rüe. *Le Vest , Arr.* 85.

PAULETTE.

1 *L*A Paulette est la soixantiéme partie du prix de l'Office, que donne au Roy tous les ans au commencement de l'année chaque Officier de Justice & de Finance , afin de pouvoir pendant l'année disposer de son Office. Ce droit a été appellé *Paulette*, d'un nommé Charles Paulet , Secretaire de la Chambre du Roy, qui au commencement du seiziéme siecle inventa ce droit de Paulette : il fut autorisé par Arrêt du Privé Conseil le 11. Decembre 1604. *Vide Loiseau , ch.* 10. *& Renusson , au traité des propres ch.* 5. *sect.* 4. *nomb.* 23.

2 Les Offices Domaniaux vendus par le Roy à faculté de rachat perpetuel , & les Offices créez hereditaires , dont l'heredité n'a point été revoquée, ne sont sujets à la Paulette. *Vide Renusson , ibid. n.* 24. *& suiv.* où il rapporte plusieurs Edits concernans la fixation des Offices.

3 Arrêt du Parlem. de Bourdeaux du 22. Août 1676. qui a jugé qu'un Office ayant été vendu franc de Paulette jusqu'à certain temps , & l'acheteur s'étant chargé des risques & perils , & l'Office s'étant perdu par le défaut de payement de Paulette , jusqu'au jour susdit , la perte est au peril du vendeur. *Boniface , tom.* 3. *li.* 3. *tit.* 1. *ch.* 3. Loyseau dit au *liv.* 3. *chap.* 2. *nomb.* 41. *& 42.* qu'après avoir laissé passer l'ouverture du Bureau , sans avoir payé la Paulette, on ne peut plus être reçu au payement.

4 Au mois de Decembre 1709. il y a eu un Edit pour le rachat de la Paulette. Les Officiers qui la payent au Bureau de la Ville de Paris , sont nommément exceptez de cet Edit , & non tenus de racheter la Paulette.

PAUVRE.

*Q*Uando Imperator inter pupillos , vel viduas , vel miserabiles personas cognoscat. *C.* 1. 14.
De patribus , qui filios suos distraxerunt. *C.* 4. 43.....

C. Th. 3. 3.... *Paul* 5. 1. §. 1. Des peres que la pauvreté oblige de vendre leurs enfans.
De alimentis quæ inopes parentes de publico petere debent. *C. Th.* 11. 27. Les enfans dont les peres n'avoient pas dequoy les nourrir , étoient entretenus aux dépens du public.
Voyez dans la *Bibliotheque du Droit François ,* par *Bouchel* un petit traité de la police des pauvres de Paris, où il est parlé des Hôpitaux de cette Ville. Voyez aussi le recueil des Ordonnances par Fontanon *to.* 1. *li.* 5. *ti.* 9. *pag.* 908. & *Corbin ,* suite de Patronage *ch.* 91

1 *Privilegium concessum propter paupertatem extinguitur auctis facultatibus.* Voyez *Franc. Marc. tom.* 1. *quest.* 1180.

2 *Contractus alienationis rei Ecclesiasticæ si revocetur , pecuniâ emptori pauperi restituenda est.* Voyez *Franc. Marc. tom.* 1. *quest.* 1074.

3 Fille pauvre sortant de la maison de son pere pour aller ailleurs gagner sa vie , n'est censée émancipée. *Voyez* le mot , *Emancipation , nom.* 30.

PAUVRES, AMENDE.

4 De ceux qui ne peuvent payer l'amende à cause de leur pauvreté. *Voyez* le mot , *Amende , nomb.* 102. *& suivans.*

PAUVRES, AUMÔNES.

Voyez le mot , *Aumônes.*

5 Des Assemblées qui se font pour pourvoir aux necessitez des pauvres , & de la taxe & cotisation pour les aumônes. *Voyez les Memoires du Clergé to.* 3. *part.* 3. *tit.* 4. *ch.* 2.

6 Par Arrêt du Parlement de Paris du 29. Avril 1525. l'Evêque de Paris admonesté de faire son devoir pour le fait des pauvres , & s'il n'est obei , la Cour y pourvoira. *Preuves des Libertez tom.* 2. *chap.* 35. *nomb.* 45.

7 Le Parlement de Paris ordonna le 22. Août 1533. que les Chapitres & Convens de Religieux qui étoient dans cette Ville , contribuëroient pour la nourriture des pauvres , sinon contraints par saisie de leur temporel. *Ibidem , nomb.* 51.

8 Arrêt du Parlement de Toulouse du 15. Decembre 1556. qui fait défenses à tous Syndics , Consuls , Jurats & Marguilliers des Dioceses de la Province, de faire saisir ni arrêter de leur authorité privée aucune quotité de fruits decimaux des particuliers Benefices, sous prétexte de la nourriture des pauvres , ni proceder à aucune afferme de la sixiéme partie des fruits , à peine de 500. livres , sauf ausdits Syndics , Consuls & Marguilliers à se pourvoir pour la nourriture desdits pauvres, pardevant les Evêques Diocesains , pour par eux être ordonné suivant les saints Decrets , Ordonnances Royaux , & Arrêts sur ce donnez ; & sur le refus des Evêques , y être par la Cour pourvû , ainsi qu'il appartiendra ; ordonné que des contraventions faites aux Arrêts & Ordonnances , sera enquis par le premier Magistrat Royal, pour , l'inquisition vûë , être procedé contre les coupables , ainsi qu'il appartiendra. *Voyez la Biblioteque de Bouchel ,* verbo , *Pauvres,* où il rapporte un autre Arrêt du même Parlement du 16. Juin 1586. qui défend aux Syndics des Recteurs & Regens de la Compagnie de J e s u s , de mettre annuellement és mains des Consuls du lieu de Tence , la huitiéme partie des fruits décimaux , qu'il prétend & perçoit audit Prieuré & Paroisse de Tence , déduites auparavant toutes charges, tant ordinaires qu'extraordinaires , pour être icelle huitiéme partie employée par le Censeur , appellé le Vicaire de l'Eglise , à la nourriture des pauvres de la Paroisse , & sans dépens de l'instance , & pour cause. Le même Arrêt est rapporté dans *La Rocheflavin , liv.* 3. *lett. P. tit.* 5. *arr.* 5.

9 Les Présidens & Conseillers qui ont maison en Ville , payeront comme les autres habitans , de ce que liberalement ils se voudront cotiser pour les

pauvres. *Arrêt du Parlement de Bretagne du 16. Avril* 1570.

10 Arrêt du Parlement de Toulouse du mois de Juillet 1561. qui ordonne que la sixième partie du revenu des Evêchez, Prieurez, Cures, & autres Benefices, même ceux des Religieux, les décimes déduites, sera employée & distribuée par le Titulaire possesseur du Benefice, sonVicaire ou Fermier appellez, & presens le Seigneur Jurisdictionel & Consul du lieu, aux vrais pauvres du lieu sans dol & fraude ; appellé à ladite distribution le Curé du lieu, son Vicaire ou Fermier, & contraindre les refusans ou délayans, à payer les sommes ausquelles ils auront été cottisez par saisie de leurs fruits. *La Rocheflavin, li. 3. lettre P. tit. 4. & suiv.* où sont plusieurs Arrêts sur ce sujet.

Les Ecclesiastiques sont imposables pour la nourriture des pauvres. Arrêt du Parlement de Dijon du 7. Juillet 1599. *Bouvot, tom. 2. verbo, taille, question 11.*

11 & 12 Une veuve ayant si petite dot, augment & legs de son mary, qu'elle ne pouvoit s'entretenir suivant sa qualité, a été maintenuë par Arrêt de la Veille de la Sainte Croix de Septembre 1581. après le décés de ses enfans en pupillarité contre les neveux de son mary, qui leur étoient substituez, en la quatriéme partie des biens de son défunt mary, en y imputant sa dot, augment & legs ; lequel Arrêt a renouvellé la disposition du Droit Romain *in l. c. undè vir & uxor. La Rocheflavin, liv. 6. tit. 41. Arr. 1.*

13 Le Parlement renvoye ordinairement les pauvres qui demandent une portion des fruits pour subsister, aux Evêques Diocesains. Arrêt du 22. May 1659. contre le Syndic des pauvres de Cenas, en faveur du Chapitre de Lectoure, comme fruits prenans dudit lieu. *Voyez le même La Rocheflavin, liv. 3. lettre P. titre 4. Arrêt 4.*

14 Curez contribuënt à la nourriture des pauvres. *Voyez le mot, Curez, nomb. 108.*

CAUSES DES PAUVRES.

15 De l'évocation des causes des pauvres au Parlement. *Voyez le mot, Evocation, n. 30. bis.*

16 *Pauperi an currant fatalia causarum? Voyez Andr. Gail, lib. 1. obs. 142.*

17 Quand le procez est de peu de consequence entre pauvres parties, la Cour les renvoye pardevant Messieurs les Gens du Roy. Arrêt du 21. Janvier 1563. Autre Arrêt du 4. Février suivant, par lequel un procez par écrit fut vuidé en l'Audience ; la cause gisoit en point de Coûtume ; & la preuve du pauvre étoit certaine, qu'il avoit composé avec celuy qui vouloit se servir de l'Ordonnance & Coûtume touchant la demande de ses salaires. *Papon, li. 19. ti. 1. n. 5. Voyez cy-dessus, verbo, Parlement.*

18 Commandement aux Substituds du Procureur General, prendre en l'Audience la cause des pauvres, sur les peines qui y échéent. Arrêt du Parlement de Bretagne du 17. Octobre 1572. *Du Fail, liv. 2. chapitre 426.*

19 Les pauvres sont si particulierement sous la protection du Parlement, que même pour les favoriser, il ne s'arrête pas quelquefois aux regles de l'ordre & formes judiciaires ; il les restituë sans le secours des Lettres Royaux. Ainsi le Parlement de Grenoble rescinda par Arrêt du 15 Juillet 1615. une transaction qu'une pauvre femme avoit faite avec le Sieur de Brunieres, Gentilhomme habile, sans y avoir été assistée de personne, quoiqu'elle n'eût point pris de Lettres. *Voyez Chorier en sa Jurisprudence de Guy Pape pag. 80.*

PAUVRES, ENTERREMENT.

20 Les draps, toiles, & souliers qu'on fait porter aux pauvres, accompagnans les corps & funerailles des défunts, leur appartiennent. *Voyez Expilly, chapitre 162.*

Tome III.

FEMME PAUVRE.

21 Si la femme pauvre peut demander une part dans la succession de son mary ? *Voyez le mot, Femme, n. 109. & suiv.* & cy-dessus le nomb. 11.

PAUVRES INSTITUEZ HERITIERS.

22 *Voyez le mot, Heritier, n. 238. & suiv.*

23 Institution d'heritier faite des pauvres honteux au choix des Executeurs testamentaires, est valable. Arrêt du Parlement de Paris du 22. Juillet 1643. *Du Fresne, liv. 4. chapitre 9.*

24 Les pauvres parens de la testatrice ayant été declarez compris en l'institution d'heritiers par elle faite des pauvres honteux, comment & par quelle regle la distribution s'en doit faire ? La moitié des biens leur a été ajugée pour être également partagez, &c. Arrêt du 13. Août 1644. *Henrys tome 2. livre 5. quest. tion 37.*

MARY PAUVRE.

Voyez Dot, nomb. 170.

25 Mary devenu pauvre, ce qu'il peut prétendre, ou sa femme ? *Voyez le mot, Augment, n. 29. & 30.*

26 Quand le mary vient à pauvreté, la femme doit avoir provision de son doüaire, & en joüir durant la vie de leur mary. *Voyez Coquille to. 2. qu. 150.*

PAUVRES, SUFFRAGES.

27 Si l'on peut interdire le suffrage aux pauvres, lesquels vrai-semblablement peuvent être corrompus par argent, ou autrement ? *V. Bouvot, to. 1. part. 2. verbo, Suffrage.* Il rapporte un Arrêt obtenu par les habitans d'Aussonne, lequel ordonne que nul ne sera reçû à donner son suffrage, s'il ne paye vingt livres de taille.

PAUVRES, TESTAMENT.

28 La faveur des pauvres rend un testament valable, qui n'est solemnel, parce que la consideration des pauvres est telle & si grande, que l'on tient en Droit, *ex imperfecto testamento legata facta pauperibus, ut & alia pia legata deberi. Item, id quod pauperibus testamento vel codicillis relinquitur, non ut incertis personis relictum evanescat, sed omnibus modis ratum firmumque consistat ;* & cette faveur est telle que ce qui a été laissé *in piam causam,* ne peut jamais être revoqué, ou interverty. *L. legatum de usuf. legat.* Arrêt du 27. Juillet 1598. *De Montholon, Arrêt 3.*

PAUVRES, VAGABONDS.

29 Arrêt du Parlement de Toulouse du 6. Février 1572. qui ordonne qu'état des pauvres sera fait, les Valides seront employez à certains ouvrages ; distribution d'aumônes sera faite aux malades ; défenses aux pauvres de demander hors du lieu de leur demeure ; enjoint aux étrangers de sortir de Toulouse dans trois jours, à peine du foüet, leur aumônant au préalable quelque chose pour leur passage. *Voyez la Bibliotheque de Bouchel,* verbo, *Pauvres,* & *La Rocheflavin.* Et cy-après, verbo, *Vagabonds.*

30 Il y a une Declaration du 23. Mars 1680. qui porte reglement pour les pauvres valides & invalides, mendians & vagabonds, enfans dans les sept ans. *Bibliot. Can. to. 1. p. 706.*

PAYEMENT.

DEfinition de ce mot, *Solutio, L. 176. D. de verb. sign.*

De solutionibus. Inst. 3. 30. quib. mod. toll. ol l.... N. 4. c. 3.

Dec. Gr. de pænit. dist. 1. c. 76.... dist. 4. c. 1. 2. 3. & aliis mult. can. Extr. 3. 23.

De solutionibus & liberationibus. D. 46. 3. C. 8. 43.

De solutionibus & liberationibus debitorum civitatis. C. 11. 39.

De acceptilatione. D. 46. 4... C. 8. 44.... J. 3. 30. .1. L'acceptilation est un payement feint & imaginaire. *Voyez le mot, Acceptilation.*

Ubi convenitur qui certo loco dare promisit. C. 3. 13.

De eo quod certo loco dari oportet. D. 13. 4. Du payement qui doit être fait en certain lieu, ou en certain temps : dommages & interêts pour l'inexecution.

Minùs solvere. L. 12. *in fine. L.* 32. *L.* 82. *L.* 117.
D. de verb. sign.

De solutione indebiti. Voyez *cy-aprés*, Repetition.

Voyez les mots, *Cedule, Creancier, Debiteur, Obligation, Promesse, Quittance.*

1   De ceux qui reçoivent ce qui ne leur est pas dû,
& des payemens faits par celuy qui n'est pas debiteur, par un tiers, à celuy qui n'est pas creancier,
& qu'on croit l'être. *Voyez le* 2. *tome des Loix civiles,
li.* 2. *tit.* 7. *sect.* 1.

De la nature des payemens, & de leurs effets :
payement de trois années d'arrerages prouve le payement des precedentes. Le creancier n'est pas obligé
de diviser son payement : des diverses manieres dont
on peut s'acquitter : qui peut faire un payement, ou
le recevoir ? de l'imputation des payemens ; elle se
fait au choix & en faveur du debiteur, 1°. sur les interêts, ensuite sur le principal. *Voyez ibidem*, liv. 4.
tit. 1.

2   Des payemens, forme de payer, & quittances.
Voyez Papon, liv. 10. *tit.* 5. & *Despeisses*, *to.* 1. *part.*
4. *tit.* 1.

3   *De liberâ facultate luendi.* Du Moulin, *to.* 2. *tract.
contract. usur. quest.* 55.

4   *In corpore luat qui in are non habet.* Voyez Anne
Robert, *rerum judicat.* liv. 2. chap. 15.

5   *Solvens famulo consueto & noto, an liberatur ?* Vide
Franc. Marc. tom. 1. *quest.* 842.

6   *Solutiones falso procuratori facta liberationem non inducunt.* Ibidem.

7   *Publicanus qui sciens non nihil præter debitum aliquid accipit, actione furti tenetur ; qui verò ignoranter ad duplum.* Voyez *Franc. Marc. tom.* 2. *quest.*
421.

8   *Mulieri concessum privilegium, ut unâ solutione de
pignoris fructibus sibi satisfiat, hæredem sequitur saltem
filium.* Voyez *Franc. Stephani decis.* 28.

       PAYER LA MOITIE' DES DETTES.

9   Voyez *Charondas, liv.* 3. *Rép.* 80. & *M. le Prêtre*,
1. *Cent.* chap. 6. & 17.

10   Le corrée qui a payé toute la dette, sans avoir
rapporté cession d'actions du creancier, a droit de
recourir contre les autres corrées pour la part qui
le concerne. *Voyez Du Perier, liv.* 3. *qu.* 15.

11   Si le pache, que le debiteur ne pourra payer la
dette, que lorsqu'il plaira au creancier, est bon &
valable ? *Idem, li.* 4. *qu.* 20.

12   Si le payement que l'on dit avoir fait de quelque
somme, doit être entendu en deniers ? *Voyez Bouvot, tom.* 1. *part.* 2. verbo, *Preuve de payement,
quest.* 1.

13   Celuy-là ne peut pas être, dit en demeure qui refuse de recevoir une somme qui luy est offerte dans
un lieu autre que celuy, où le debiteur a promis de
la luy payer. Arrêt du Parlement de Dijon du mois
d'Août 1560. *Bouvot, to.* 1. *part.* 3. verbo, *promesse
de payer en certain lieu.*

14   La femme ne peut faire aucun payement sans l'authorité de son mary, & il y a lieu à la repetition.
Arrêt du Parlement de Dijon du 7. Juillet 1578. *authoritas mariti requiritur & in contractu & in distractu.*
Bouvot, *to.* 2. verbo, *Mariage, quest.* 65.

15   Un adjudicataire ayant fait payement à un Procureur en un Decret, il peut nonobstant être condamné au payement, & le Procureur à dédommager l'adjudicataire. Arrêt du Parlement de Dijon
du 2. Août 1610. *Ibidem*, verbo, *Procurations, question* 4.

16   Le debiteur ne doit payer au Facteur de son creancier, sans avoir procuration ou Lettre missive, contenant clause expresse de payer la somme à ce Fac-

teur expressément nommé, & duquel il doit prendre
au dos de la Lettre un reçû. Par Arrêt du Parlement
de Bourdeaux, allegué sans date par *Boër. quest.* 272.
n. 6. & Papon, *li.* 6. *ti.* 5. *n.* 3.

17   Payement d'une dette confesse par celuy à qui
elle est dûë, sert de quittance au debiteur, quoiqu'il soit fait hors jugement, & en son absence. Arrêt du Parlement de Grenoble de l'an 1458. Autre
chose seroit d'une confession de devoir, faite hors
de jugement sans cause, & en l'absence de partie,
car elle ne vaut. *Papon, li.* 10. *ti.* 5. *n.* 4.

18   Celuy qui s'est obligé à payer en florins d'or, ou
qui est chargé de payer un legs en cette espece de
monnoye, qui ne se fabrique point dans le Dauphiné, payera en écus d'or, puisque c'est à la volonté
des contractans, ou du testateur, que ce payement
soit fait en or ; mais on rapportera la valeur des florins d'or à celle des écus d'or. La Cour l'a ordonné
ainsi dans les occasions. *Voyez Guy Pape, quest.* 279.
& 498.

19   Du payement d'une chose pour une autre. *Voyez
Guy Pape, quest.* 358. où il remarque cette espece.
Le sieur de Montaigu avoit épousé la sœur du Seigneur de Saint Laurent du Pont, qui luy avoit promis des habits de nôces de valeur de cent florins.
Celui-cy fut actionné au Parlement de Grenoble, &
on conclut contre luy au payement de cent florins.
Arrêt du mois de Decembre 1459. qui le met hors de
Cour. Il avoit promis des habits de prix de cent
florins : mais il n'avoit pas promis cent florins en espece.

20   Creancier ne peut demander l'estimation de la chose qui luy est dûë, mais l'espece. Arrêt du Parlement
de Grenoble de la Veille de Noël 1461. qui juge que
cent florins n'avoient pû être demandez pour les vê-
temens & joyaux d'une femme, vû que cent florins
ne furent point trouvez *in obligatione.* Papon, *l.* 10.
ti. 5. *n.* 1.

21   Le payement d'une somme promise se doit faire
selon l'usage du pays où la cedule a été faite. Arrêt
du 14. Août 1535. *Charondas, liv.* 10. *Rép.* 44.

22   Une personne qui a promis à deux de payer, n'est
pas quitte en payant toute la somme à un. Arrêt du
Parlement de Bourgogne du 23. Février 1601. *Bouvot. to.* 2. verbo *Detteur, quest.* 1.

23   Si l'heritier par benefice d'inventaire a payé des
creanciers posterieurs, les anterieurs qui ne trouvent
pas dans l'heredité de quoi se payer, peuvent agir
contre les posterieurs qui ont pris leur payement.
C'est la décision de la Loy derniere, §. 5. *fin verò
creditores* C. *de jur. delib.* & celle d'un Arrêt rendu au
Parlement de Toulouse le 6. Avril 1663. aprés partage ; il est rapporté par *M. de Catellan, livre* 6. *chapitre* 11.

24   Une sommation n'empêche pas un debiteur de
payer quelque creancier, mais il faut que ces payemens soient exempts de tout soupçon de fraude. Arrêt du Parlement de Tournay du 15. May 1697. rapporté par *M. Pinault, to.* 2. *Arr.* 156.

       PAYEMENT PAR AVANCE.

25   *De anticipatis in certos annos solutionibus à colono rei
Ecclesiasticæ.* Mornac l. 9. §. *Si fructuarius ff. locati &
conducti.*

26   Le Droit commun permet aux débiteurs de s'acquitter en tout temps ; mais il ne l'est pas si absolument par la Coûtume de Dauphiné ; si la somme dûë
est payable avec interêts à un terme préfix, le débiteur n'anticipera point ce terme, pour se décharger
des interêts ; si de même il a imposé une rente sur
une maison sous faculté de rachat, il sera contraint
de payer cette rente pour toute l'année, au cas qu'il
se propose de la racheter, quelque temps seulement
avant le terme, cela s'est toûjours pratiqué. *Voyez
Guy Pape, quest.* 271.

27   La consignation faite par le débiteur avant le terme

à luy donné pour payer, eſt bonne & valable. Arrêt du Parlement de Grenoble du 3. Septembre 1653. *Voyez Baſſet, to. 1. li. 2. tit. 32. chap. 2.*

28 Le débiteur peut anticiper le payement des ſommes dûës à ſon creancier. Arrêt du Parlement d'Aix du mois de Mars 1656. *Boniface, tome 2. livre 4. titre 5. chap. 2.*

29 Lettre de change peut être payée devant l'écheance qui alloit au 1. Janvier, où commençoit le rabais des eſpeces. Arrêt du Parlement de Paris du 17. Février 1666. *De la Gueſſ. to. 2. liv. 8. chap. 4.*

PAYEMENT PAR LA CAUTION.

30 *Voyez le mot, Caution, nombre 201. & ſuiv. & cy-après le nomb. 61. & 62.*

Une caution payant au creancier principal, acquiert la ſubrogation de plein droit, ſans qu'il ſoit beſoin de la ſtipuler. Arrêt du dernier Mars 1583. *La Rocheflavin, liv. 6. tit. 20. Arr. 4. Mainard, liv. 2. queſt 49. & Papon, liv. 11. tit. 3. Arr. 18.*

PAYEMENT, CONDITION.

31 L'obligation d'une ſomme de deniers payable lors que la femme aura enfans, n'emporte condition, mais terme de payer, lequel terme échoit par le décez de la femme : mais ſi la cauſe de l'obligation procede de la vente d'un cheval, ou autre choſe ſemblable, l'acheteur doit être condamné à payer la juſte valeur & eſtimation du cheval, ſuivant ce qu'il valloit lors du contract de vente. Arrêt du premier Août 1582. *Papon, liv. 10. tit. 1. n. 2. Caron. livre 7. de ſes Rép. chap. 230.*

32 La promeſſe de payer ſi-tôt qu'on aura reçu de l'argent d'une certaine perſonne dénommée n'emporte condition. Arrêt du 9. May 1588. neanmoins l'execution ſurfiſe pour un an. *Charonaas, livre 9. Réponſe 56.*

33 Pour le payement du prix de la vente d'un cheval, le terme d'attendre la mort ou le mariage de l'acheteur, n'eſt valable, & ſans attendre l'évenement de la condition, le vendeur peut repeter le prix. Arrêt du Parlement de Dijon de l'an 1623. *Bouvot, tome 2. verbo Vente, queſt. 27.*

PAYEMENT PAR LE COOBLIGE'.

Voyez cy-deſſus le nomb. 10.

Payement fait au creancier, ou par luy exigé de l'un de pluſieurs débiteurs, ou de tous. *Voyez le mot Creancier, nomb. 44. & ſuiv.*

34 Le creancier de pluſieurs à luy obligez ſolidairement recevant payement de la part de l'un d'eux, ne luy peut plus rien demander. Arrêt du Parlement de Grenoble du premier Janvier 1614. *Baſſet, tome 1. liv. 4. tit. 17. chap. 4.*

34 Un heritier ayant vendu une piece de terre dépenbis. dante de l'héritage *pratio* de 1000. liv. dans trois ans, un fils legitime qui avoit obtenu une proviſion de 100. liv. fit aſſigner l'acheteur à vuider les mains de la ſomme de 100. liv. L'acheteur ſoûtint qu'il n'étoit tenu de payer qu'aux conditions portées par ſon contract, qui étoit après les trois ans expirés. Par Arrêt de la Chambre de l'Edit du 2. Mars 1653. nonobſtant les Lettres Royaux obtenuës, il fut condamné à payer au legitimaire la ſomme de 100. liv. pour la proviſion ajugée. *Voyez Boné, part. 2. Arr. 60.*

35 Si un coobligé ſolidairement après avoir payé le tout au creancier, a droit d'attaquer les autres pour ſon rembourſement ? Quelques-uns ont diſtingué le payement fait par ce coobligé avec ceſſion de droits du creancier, ou ſans ſubrogation; au premier cas : on a admis le recours du creancier; ſecus au ſecond. Arrêt du Parlement de Grenoble du 14. Decembre 1639. *Voyez Baſſet, tome 2. liv. 6. tit. 9. chap. 1.* où il rapporte un Arrêt du Parlement de Paris du 22. Février 1650. par lequel il fut jugé que le coobligé qui avoit tout payé ne pouvoit agir contre l'un des autres coobligez que pour ſa part & portion, ſauf à por-

ter également la perte entr'eux des autres coobligez, en cas de leur inſolvabilité.

36 Jugé au même Parlement de Grenoble le 19. Janvier 1661 que deux ou trois s'étant coobligez ſolidairement, & l'un d'eux ayant payé toute la dette, comme contraint, ſans avoir retiré ou pris ceſſion des droits, actions & hypoteques du creancier lors du payement à luy fait, pourroit attaquer chacun des autres des deux coobligez pour leurs portions, la ſienne déduite, à la charge qu'au cas que l'un d'eux fût inſolvable, celuy qui auroit payé le tout, le diſcuteroit, avant que de pouvoir agir contre l'autre, ou autrement pour les portions qui les touchoient, & pour celle de cet inſolvable. *Baſſet, ibidem, tit. 8. chapitre 5.*

ESPECES AUGMENTE'ES OU DIMINUE'ES.

37 Du payement qui ſe doit faire en eſpece en cas d'augmentation, ou diminution des monnoyes, ſi le creancier a prêté en écus, ou que l'achat & prix ſoit ſtipulé en écus, il faut les rendre tels qu'ils valoient lors du payement, ſoit qu'ils ayent crû ou diminué, à moins qu'ils n'ayent été eſtimez lors du prêt. *Voyez Papon, liv. 10. tit. 5. n. 2.*

38 Si le débiteur eſt ſommé de payer, & ne le fait, & que pendant ce temps l'écu augmente, l'augmentation tourne au profit du creancier. Arrêt du Parlement de Bourdeaux de l'an 1522. *Ibidem, n. 3.*

39 Un creancier n'eſt point tenu de prendre en payement autres eſpeces que celles qu'il a bailées : il en eſt de même d'un acheteur ſur qui l'on exerce le retrait, ſi les eſpeces ſont augmentées, le débiteur en profite, & il n'eſt tenu que de payer la ſomme. Arrêt du 24. Decembre 1551. infirmatif d'une Sentence des Requêtes du Palais, qui avoit ordonné le payement en eſpece, & donné le profit de l'augmentation au creancier. *Papon, ibidem n. 1.*

40 Germain Rondel en l'an 1565. eſt condamné payer à Thomerot 25. écus d'or au Soleil. Par Arrêt du Parlement de Bretagne du 5. Octobre 1565. la Cour le condamne à payer l'eſpece ou la valeur, & eſtimation de cinquante ſols pour chacun écu. Semblable Arrêt du 22. Avril 1620. *Omnis enim ſolutio non idem reddit, ſed tantumdem,* Du Fail, livre 2. chap. 257.

41 Par Arrêt general prononcé au P. de Toulouſe avant Fête de Noël 1571. jugé que la rente qui étoit payable, de la conſtitution & impoſition en écus ſols qui ne valoient que trente ſols tournois, ſe devoit continuer de payer en écus, bien qu'augmentez en valeur au double. *Bibliotheque de Bouchet, verbo Eſtimation.*

42 Jugé au Parlement de Toulouſe en 1582. que la conſtitution de dot faite en écus aux pactes de mariages, doit être ajugée ſuivant le prix des écus, au temps des pactes, & non au temps que le payement eſt requis. *Ibidem, verbo Mariage.*

43 *De nummorum varia æſtimatione, & utrum in ſolutione debeat inſpici nummorum valor, qui fuit tempore contractûs, ſi ſolutio in eâdem nummorum ſpecie fiat, habebitur ratio ejus valoris qui tempore contractûs fuit ; ſi verè alterius generis nummi exolvantur, habebitur ratio ejus valoris qui nunc eſt.* Arrêt du 26. Juillet 1594. Anne Robert, *rerum judicat. liv. 1. chap. 16.*

44 Le prêt ayant été fait en eſpece d'or, le payement doit ſe faire à la valeur des pieces du temps preſent lors de l'Arrêt, avec interêts depuis la demande, ſur le pied de la valeur du temps de l'obligation. Arrêt du Parlement de Grenoble du 11. Mars 1643. *Voyez Baſſet, to. 1. liv. 4. tit. 7. chap. 1.*

45 Arrêt du même Parlement de Grenoble du mois d'Août 1647. qui accorde à la Dame de Montgontier le rachat d'une rente de 15. écus d'or *cum ſole*, en payant le capital, eu égard à la valeur des écus d'or au temps de la création de la penſion, & non en eſpeces. Cet Arrêt a ces motifs particuliers. Un payement ayant été ſtipulé aux mêmes eſpeces d'or que le

prêt avoit été fait, le prix de ces efpeces étant augmenté, il fut jugé qu'il feroit fait en mêmes efpeces d'or,
mais fuivant le prix courant ; Arrêt du 28. Février
1647. ce qui avoit été jugé le 11. Mars 1643. Ces Arrêts font rapportez par *Chorier, en fa Jurifprudence de
Guy Pape*, *page* 263.

DEFAUT DE PAYEMENT.

46　Si la claufe portant que faute de payement l'acte
fera réfolu, eft une claufe comminatoire ? *Voyez* le
mot *Bail*, *nomb.* 170. & *fuiv.*

47　Du fermier emphiteotique qui a manqué de payer
le cens. *Voyez* le mot *Bail*, *nomb.* 309.

48　De la commife encouruë faute de payement. *Voyez*
le mot *Commife*, *nomb.* 31. & *fuiv.*

49　Si l'emphiteote eft privé de fa poffeffion faute de
payement ? *Voyez Emphiteofe*, *nomb.* 50. & *fuiv.*

50　Les Moines de Blaife ayant baillé quelques terres
à ferme à raifon de 60. liv. à la charge que faute de
payer, on leur payeroit 5. fols de peine; la claufe a été
déclarée valable. Arrêt du Parlement de Paris du 3.
Août 1574. *Papon*, *liv.* 12. *tit.* 9. *n.* 3.

51　Le temps interpelle le débiteur; celuy qui s'eft obligé de payer une fomme dans un temps préfix en marchandifes, le temps paffé, il n'eft plus reçu à offrir
les marchandifes, mais il doit payer la valeur fi elle
luy eft demandée. Ainfi jugé au Parlement de Paris.
Ibidem, *tit.* 10. *n.* 1.

52　Peine encouruë faute de payement, ne peut être
demandée, s'il eft furvenu des faifies fur le creancier.
Ibidem, *n.* 2.

53　Le doublement & tiercement à faute de payer,
porté par l'Ordonnance d'*Orleans* article 60. & de
Moulins article 48. ne font pas gardez au Palais
à la rigueur ; ce n'eft pas qu'il n'y ait eu deux Arrêts,
l'un le 1. Decembre 1573. l'autre du 19. Avril 1575.
qui ont confirmé ces fortes de ftipulations. *Voyez M.
Loüet*, *lettre* P. *fomm.* 4. *Voyez Chenu*, *premiere Cent.
queft.* 58.

54　Quand la Cour voit des payeurs difficiles & mauvais, elle donne delay, & faute de payer dans le
temps, la peine eft de double, ou de prifon. Arrêt
du 14. Decembre 1581. *Papon*, *livre* 10. *titre* 5. *nombre* 6.

55　Le creancier & le débiteur de 100. liv. conviennent que le débiteur paye 50. livres au premier Janvier, il fera quitte des 100. liv. le débiteur ne paye
pas, *ex prima obligatione convenitur*, parce que *contractus fua forma redditur* : toutefois au Parlement de
Paris, & au Parlement de Dijon, jugé pour & contre. *Voyez M. le Prêtre*, 4. *Centurie*, *chap.* 17. & M.
Loüet, *lettre* P. *fomm.* 3. où la peine de cinq fols par
jour à faute de payement le dix écus par an pour la
penfion d'une Religieufe, a été jugée valable en Avril
1588. *Voyez cy-deffus le nomb.* 50.

56　Celuy qui eft tenu de payer en un lieu, & dans
certain temps ; jugé par Arrêt du Parlement de Bourgogne du 19. Janvier 1606. qu'à faute de payement
il doit payer les frais d'un voyage, & autres de Juftice. *Bouvot*, *tome* 2. *verbo Dépens*, *queft.* 27.

57　Il eft dit dans un bail à rente que fi le preneur
manque trois années à payer, le bailleur rentrera de
plein droit, fans autre formalité de Juftice. Arrêt
du Parlement de Paris du premier Juillet 1614. qui
a jugé telle claufe plûtôt comminatoire que réfolu-
toire, & Commiffoire ; il faut l'interpofition de l'autorité du Juge. *Bibliotheque de Bouchel*, *verbo Réfolution de contract.*

58　Arrêt du Parlement de Provence du 18. Mars 1649.
qui a jugé que le débiteur d'un capital de penfion, &
contraint au payement pour n'avoir payé la penfion
durant trois ans, eft reçu à purger la demeure ; mais
par Arrêt du premier Juin 1667. il a été jugé qu'il
n'eft pas reçu une feconde fois à la purger. *Boniface*,
tome 2. *liv.* 4. *titre* 5. *chap.* 7. Au chap. fuivant il rapporte deux Arrêts des 26. Février 1646. & 12. Novem-

bre 1658. qui ont jugé que la demeure conventionnelle ne peut être purgée.

59　Un creancier ayant réduit fa dette à moins qu'il ne
luy étoit effectivement dû, avoir reçu en contractant une grande partie de la fomme qui luy avoit été
promife; pour le refte il confentit d'être payé en deux
termes, à la charge que fi le débiteur manquoit à un
de ces termes, il luy feroit permis de fe faire payer
de tout ce qu'il luy devoit, fans avoir égard à cette
réduction ; le cas étant arrivé, & ayant fait faifir pour
le tout, le débiteur s'étant oppofé, offrit & con-
figna la fomme qu'il devoit de refte pour le dernier
terme; neanmoins quoiqu'il n'y eût contre luy aucun
commandement qui le mit en demeure, par Arrêt du
Parl. de Grenoble du 6. Février 1652. fans avoir égard
à l'oppofition, aux offres, & à la configuration, la
Cour permit au demandeur de continuer fes pourfuites. Cet Arrêt eft rapporté par *Chorier en fa Jurifprudence de Guy Pape*, p. 218.

60　On ne condamne plus le vaffal qui a été en demeure de payer ce qu'il doit au plus haut prix *quanti
plurimi* : cela ne fe pratique qu'à l'égard des Marchands, en faveur defquels cette condamnation eft
jugée pour leur tenir lieu de l'interêt qui leur eft dû
pour le retardement du payement de leurs marchandifes. On a jugé à Roüen par deux Arrêts, qui fervent de Reglement, des 18. Janvier 1665. & 19. Août
1667. que quand les Vaffaux n'ont point payé les rentes aux termes de l'échéance, ils les doivent payer au
prix des apréciations faites par le Bailly Royal, dans
les enclaves duquel les fiefs font fituez, encore que
les fiefs foient dépandans d'une haute Juftice, ou
foient en la main des Engagiftes, ou dépendans de la
recette du Domaine du Roy. *Voyez Pefnelle fur l'art.
34. de la Coûtume de Normandie.*

PAYEMENT, FIDEJUSSEUR.

Voyez cy-deffus le nomb. 30.

61　Creancier ne peut refufer fon payement des mains
du fidejuffeur de fon débiteur, fous prétexte que ce
fidejuffeur luy doit *ex alia causâ.* Arrêt du Parlement de Grenoble du 25. Février 1619. Le motif fut
qu'il étoit au choix du débiteur de fe délivrer de la
plus onereufe des dettes. *Baffet*, *tome* 2. *livre* 6. *tit.*
9. *chap.* 3.

62　Payement du fils acquitte le pere caution porté
d'une indemnité, fans que le fils ait pû l'obliger à la
nouvelle dette contractée pour faire ce payement. Arrêt du fieur de Bethune du premier Août 1686. *Journal du Palais.*

PAYEMENT DE LA DOT.

Voyez le mot *Dot*, *nomb.* 273. & *fuiv.*

PAYEMENT, DROITS SEIGNEURIAUX.

63　Payement des droits Seigneuriaux, *Voyez* hoc verbo, *nomb.* 100. & *fuiv.*

PAYEMENT, EXCOMMUNICATION.

64　Des Excommunications autrefois encouruës & prononcées faute de payement. *Voyez* le mot *Excommunication*, *nomb.* 79. & *fuiv.*

PAYEMENT, DETTES DU FILS.

65　On a demandé fi le pere eft tenu de payer ce que
fon fils a emprunté ? Les Arrêts ont été contraires fuivant les circonftances. Un Gentilhomme avoit cautionné le fils du Baron des Adrets envers un Marchand ; contraint de payer la fomme de 500. liv. il
s'adreffa au pere. Arrêt du Parlem. de Grenoble du
9. Decembre 1578. qui condamne celuy-cy au payement, *eu egard à la qualité de la matiere & des parties*, & *fans confequence.* Il y avoit ces circonftances,
que l'obligation contenoit un détail exact des fournitures, & que le Gentilhomme affirma d'avoir payé. Le
contraire avoit été jugé le 27. Juillet 1616. dans l'efpece qui fuit; un fils de famille étant à Paris emprun-
ta 200. l. le pere difoit avoir fourni à fon fils l'argent
neceffaire, le creancier voulut prouver que le pere
avoit promis de le payer ; il eft débouté avec dépens,

sauf à luy à se pourvoir sur les biens propres du fils. *Basset*, *to. 2. li. 4. tit. 10. ch. 3.*

PAYEMENT EN HERITAGES.

67   Si le creancier peut volontairement, ou doit malgré luy prendre des heritages en payement de sa dette ? *Voyez* le mot, *Creanciers, n. 61. & 62.*

68   Un heritage specialement hypotequé mis en criées, ne peut être demandé en payement par préference aux autres creanciers. *Voyez* le mot, *Hypotheque, nomb. 70.*

69   Un creancier n'est tenu de prendre en payement des heritages pour de l'argent, *aliud pro alio, invito creditori, solvi non potest.* Arrèt du Parlem. de Bourgogne du 22. Decembre 1588. *Bouvot, to. 2. verbo, Detteurs, qu. 7.*

70   Arrèt du Parlement de Bretagne du 25. Juin 1618. qui juge que le creancier ne peut être contraint de prendre du fonds ou heritage en payement d'une somme de deniers. *Voyez Hevin sur Frain, pag. 37. de ses additions aux Notes.*

71   Creancier contraint par Sentence de prendre des heritages en payement, doit avoir le choix de ceux qui sont à sa commodité, & d'un meilleur revenu. Jugé au Parlement de Paris le 16. Février 1634. *Bardet, to. 1. li. 3. ch. 9.*

72   Un debiteur ne peut pas obliger son creancier de prendre des fonds en payement, au lieu de l'argent qu'il luy doit. Arrèt du 23. Juin 1673. *Soëfve, to. 2. Cent. 4. ch. 77.*

PAYEMENT, HERITIERS.

73   *Voyez* cy-devant, *Debiteurs, Dettes, Heritiers.*

Payement des dettes entre les heritiers paternels & maternels se payent *pro-modo emolumenti.* Arrèt du 23. Août 1586. *M. Loüet, let. P. somm. 13.*

Voyez le mot, *Heritiers, nombre 120. & suivant.*

PAYEMENT, IMPUTATION.

74   Payement s'interprete en faveur du debiteur. Arrèt de la Cour des Aydes, en faveur d'un Receveur qui s'étoit rendu caution, & à qui l'on avoit donné une quittance indéfinie. *Papon, li. 10. ti. 5. n. 6.*

75   De l'imputation des payemens, *prius in usuras, deinde in sortem*, même avant l'interpellation. Arrèt du Parlement de Grenoble du 30. May 1613. *Basset, to. 2. li. 6. ti. 9. ch. 7.*

76   C'est au debiteur de declarer *in quam causam* il paye, & le creancier ne peut refuser son payement, sous prétexte qu'il luy est dû d'ailleurs. Arrèt du 22. Février 1614. *Ibidem, li. 4. ti. 17. ch. 3.*

77   Quand le debiteur en payant n'a pas déclaré *in quam causam* il payoit, le choix est acquis au creancier. Jugé au Parlement de Grenoble le 31. Juillet 1647. *Idem, to. 2. l. 6. ti. 9. chap. 4.*

78   Lorsqu'un pere constitue une somme à sa fille pour tous droits paternels & maternels, ou bien une somme pour les droits maternels, & autres droits appartenans à cette fille, & une somme pour les droits paternels, & qu'ensuite il paye une certaine somme, sans expliquer *in quam causam*, on demande comment se doit faire l'imputation ? La question a été jugée differemment au Parlement de Toulouse. Arrèts des 3. Avril 1660. & 22. Novembre 1670. qui ont jugé que la somme devoir être imputée sur les droits paternels. Arrèt contraire du 16. Mars 1693. qui impute *in antiquiorem causam*, sur la dot de la mere. *Voyez M. de Catellan, li. 5. ch. 53.*

79   Par Arrèt du 23. Avril 1698. il fut décidé que les payemens reçûs par un creancier *ex pluribus causis*, sans dire, *in quam causam*, devoient être imputez, en premier lieu, sur les interèts qui étoient dûs par divers contrats, & de diverses dates, avant de les imputer sur les sommes principales, & qu'il falloit imputer le restant sur la somme principale, pour laquelle le debiteur avoit baillé une caution, avant

de faire l'imputation sur les autres sommes principales, pour lesquelles il n'y avoit point de caution, quoiqu'elles fussent de même date que celles où il y avoit caution. Cela n'a point lieu, lorsque le debiteur *ex pluribus causis*, a payé une somme, non pas à son creancier, mais au creancier de son creancier, qui avoit usé de saisie entre ses mains ; alors si le debiteur qui a payé, n'a pas dit *in quam causam solutum velit*, l'élection est transferée, & reservée au creancier sur qui la saisie a été faite ; & il ne la perd pas, pour ne l'avoir pas faite dans l'acte où il ne pouvoit la faire, puis qu'il n'y étoit pas present. Comme il peut même n'en avoir pas la connoissance, il peut choisir plusieurs années après : ainsi jugé le 7. Septembre 1663. *M. de Catellan, li. 5. ch. 52.*

Voyez le mot, *Imputation.*

PAYEMENS FAITS AU MARY.

80   Si un capital de dettes à pension perpetuelle, étant dotal, peut être legitimement payé au mary ? Arrèt du Parlement d'Aix du 2. May 1672. qui ordonna le payement. *Boniface, tome 4. livre 5. titre 8. chapitre 1.*

PAYEMENT AU MINEUR.

81   Le debiteur qui a payé à un mineur sans le consentement de son Curateur, peut être contraint à payer une seconde fois, sauf à prouver que le payement qu'il a fait, est tourné au profit dudit mineur. Arrèt du Parlement de Toulouse du mois d'Octobre 1548. *La Rocheflavin, li. 2. let. M. tit. 9. Arr. 3.*

82   Payement fait à un mineur sans l'authorité de son Curateur, est nul, & sera le debiteur contraint à payer derechef, sinon qu'il montre que le mineur a employé la somme à son profit ; & si le mineur n'a point de Curateur, le debiteur le peut contraindre d'en prendre un pour la validité du payement, ou consigner la somme ès mains tierces par permission du Juge, jusqu'à ce que le mineur soit authorisé, ou capable de la retirer. *Mainard, li. 3. ch. 53.*

PREUVE DE PAYEMENT.

83   *Debiti chirographarii solutio quomodo probatur ? Voyez Stockmans, décis. 133.*

84   Si le contrat cancellé, ou la cedule renduë, sont présomptions de payement ? *Voyez* le mot, *Cedule, nomb. 22.*

85   Si la reddition d'un compte emporte une remission de somme dûë d'ailleurs, & présomption de payement ? *V. Bouvot, to. 1. part. 1. verbo, présomption de payement.*

86   Si le payement d'une somme dûë par acte & obligation, & excedant cent livres, peut être prouvé par témoins. ? *V. Ibidem, part. 2. verbo, preuve de payement, quest. 2.*

87   Un demandeur conclut au payement de vingt-quatre mines de bled. Le défendeur dit avoir payé, & offre en informer par témoins. Arrèt du Parlement de Bretagne du 13. Septembre 1571. qui admet la preuve. *Du Fail, li. 1. ch. 319.*

88   Un fait aidé d'autre présomption par écrit est recevable à être prouvé par témoins. Arrèt du 21. May 1576. qui reçoit un particulier à prouver que la rente de 50. liv. à luy demandée par moitié, avoit été par luy rachetée, en foy dequoy il avoit le contrat de constitution vers luy cancellé, qui n'étoit seul un argument suffisant pour induire le payement. *Papon, liv. 9. ti. 11. n. 2.*

89   Arrèt du Parlem. de Dijon du 16. Decembre 1584. qui admet la preuve contre une quittance donnée. *Voyez Bouvot to. 1. part. 2. verbo, Confession.*

90   Arrèt du Parlement de Provence du 10. Decembre 1640. qui a rejetté la preuve par témoins d'une dette excedant 100 liv. quand chacun des payemens est d'une moindre somme. *Boniface, to. 1. li. 8. tit. 27. ch. 3.*

91   Le dernier Avril 1657. Arrèt du même Parlement de Provence, qui a reçû la Preuve d'un payement

moindre de cent liv. sur le compte d'une dette qui excedoit cent liv. *Ibidem., ch. 4.*

92 Lorsqu'un défendeur justifie d'avoir acquitté l'obligation, en vertu de laquelle on agit contre luy, si le demandeur pose en fait que l'acquit produit regarde autre pareille obligation, il doit être chargé de la preuve de ce fait. Arrêt du Parlement de Tournay du 10. May 1697. rapporté par *M. Pinault, to. 1. Arr. 155.*

PAYEMENT, QUITTANCE.

93 *Confessio de recepto nullâ mentione de reali numeratione, vim realis numerationis non habet,* Voyez Franc. *Marc. to. 2. qu. 571.*

94 Un débiteur ayant été condamné, & ayant payé le contenu en une obligation, s'il trouve quittance de la somme, elle doit luy être restituée. Arrêt du Parlement de Paris de l'an 1590. *Papon, liv. 10. tit. 6. nomb. 1.*

95 Ce qui se peut lire, fût-il rayé ou biffé sur l'obligation, trouvée és mains du creancier, ou de ses hoirs, fait preuve pour le payement, & pour la liberation du débiteur. Il y avoit au bas de l'obligation ces mots, *j'ai baillé quittance de six vingts liv. ce me semble.* Voyez le *Plaidoyé 7. de M. Ayrault.*

96 On peut en tout état de cause, même après Sentence, alleguer payement de la somme demandée, & on le doit allouer, sinon en rigueur, du moins par Requête. Jugé au Parlement de Tournay le 18. Avril 1697. pour des quittances d'arrerages de rentes, rapportées après condamnation. *M. Pinault, tom. 1. Arrêt 147.*

Voyez cy-après le mot, *Quittance.*

PAYEMENT DES RENTES.

97 En rentes foncieres la forme du payement ne se prescrit point, s'il paroît de la constitution, quoique le payement en eût été changé pendant 50. années. Arrêts des 6. Février 1574. & 12. May 1581. *Papon, li. 10. ti. 5. initio.* Dans l'Arrêt de 1574. il s'agissoit du renvoi d'un droit de relief.

98 *Solutio trium annorum continua facit, ut pro præterito tempore solutum fuisse præsumatur.* V. Franc. Marc. 1. part. quest. 587.

99 Pension constituée à prix d'argent, si le débiteur cesse d'en faire le payement par trois ans, il peut être contraint, après dûe interpellation, d'en faire le rachat. Arrêt du Parlement de Grenoble du 14. Juillet 1600. *Expilly, Arr. 122.*

100 Les payemens qu'un débiteur fait des cours d'une rente, doivent toûjours s'imputer sur les plus anciennes écheances. Jugé au Parlement de Tournay le 2. Juillet 1697. *Voyez M. Pinault, to. 2. Arr. 171.*

101 En fait de liquidation de rente sujette à réduction, tous les payemens faits depuis la constitution, avant la demande judiciaire aux fins de reduction, se doivent imputer à une fois sur ce qui se trouvera deu d'arrerages reduits lors de la demande, depuis la constitution, & le surplus des sommes payées, s'il y en a, en diminution du capital : mais si depuis la demande, il se trouvoit encore que le débiteur eût fait des payemens, en ce cas les sommes posterieures payées, devroient s'imputer du jour de chaque payement, premierement sur les arrerages lors échûs ; & s'il n'en étoit point deu, l'imputation du tout, ou du surplus, iceux payez, se feroit sur le capital restant au jour de chacun des payemens : jugé au Parlement de Tournay le 14. Février 1701. *Voyez M. Pinault, to. 2. Arrêt 298.*

Voyez cy-après, le titre des Payeurs des rentes de la Ville.

REPETITION DE CHOSE PAYE'E.

102 Voyez *lettre* C. au titre, *conditio indebiti,* & Bouvot, *tome* 2. *lettre* R. verbo, *Repetition de payement.*

103 *Repetitio nulla est ab eo qui suum recepit, licet ab alio quàm à vero debitore solutum sit.* Mornac, *Loi 44. ff. de conditct. indebiti.*

104 *Quando prior creditor non dimissus possit à posteriore*

---

dimisso solutam pecuniam condicere? Voyez *Francisci Stephani decis. 31.*

105 Le payement fait par erreur d'une dette personnelle, ne peut être repeté. *Du Perrier, li. 2. quest. 20.*

106 Sur le §. *& si præfatam,* & la Loy derniere, *Cod. de jur. deliberand.* Et si l'action que les creanciers anterieurs ont pour repeter des posterieurs, le payement qu'ils ont reçû de l'heritier avec inventaire, dure plus de dix ans, & jusqu'à trente ans ? Voyez *Du Perrier, li. 4. quest. 24.*

107 Par un marché l'on convient que pour apprendre le métier à un jeune homme, il donnera telle somme pour lui temps, laquelle ne sera point rendue, où il sortiroit, & s'absenteroit avant le temps porté ; venant à décéder, l'on ne peut repeter la somme payée. Arrêt du Parlement de Dijon du 18. Janvier 1618. *Bouvot, to. 2. verbo, Repetition de payement. quest. 5.*

108 L'on peut repeter la chose non dûe & payée, en vertu d'une Sentence. Arrêt du 15. Juillet 1619. *Bouvot, ibidem qu. 4.*

109 Arrêt du Parlement de Provence du 15. May 1684. qui a jugé que le payement fait ensuite d'un Jugement, ne peut pas être repeté. *Boniface, to. 3. liv. 3. tit. 8. ch. 1.*

PAYEMENT, SUBROGATION.

110 Celuy qui paye pour le debiteur, peut contraindre le creancier de luy ceder ses actions. *Du Moulin, to. 2. pag. 134.* il prend une décision contraire, *page 138.*

111 Le posterieur creancier ne peut contraindre le premier, en le payant, de luy ceder ses droits & hypoteques ; mais le Juge peut declarer ce posterieur creancier subrogé en la place de l'anterieur, en le payant de sa dette. Arrêt du Parlement de Grenoble du 28 May 1616. *Basset, to. 1. li. 4. ti. 17. ch. 5.* & cy-après le mot, *Subrogation.*

PAYEMENT, SURSEANCE.

112 Par Arrêt du Conseil d'Etat du 30. May 1682. Sa Majesté ordonne que les surséances qu'elle a accordées, ou pourra accorder cy-après à ses Sujets, de quelque qualité & condition qu'ils soient, auront lieu seulement pour les dettes contractées avant la date des Arrêts, ou Lettres portant lesdites surséances ; & en consequence permet à leurs creanciers de les poursuivre pour le payement de ce qu'ils leur auront prêté pendant ladite surséance, soit par contrat, obligation, ou autrement. *Voyez les Arrêts imprimez par l'ordre de M. le Chancelier en 1687.*

Voyez le mot, *Etat, nomb. 36.*

PAYEMENT PAR UN TIERS.

113 Jugé que toutes & quantes fois que j'ay payé en l'acquit d'autruy à un tiers, si cet autruy ne l'a pour agreable, & me fait executer comme étant mon creancier, ceux à qui j'ai payé me doivent indemniser, nonobstant la disposition de Droit, qui dit que, *solutio potest ab alio fieri, quàm à debitore, neque conditionem eo casu competere.* Les trop grandes subtilitez de Droit sont à rejetter. Arrêt du 1. Février 1536. rapporté par *le Vest, Arr. 104.*

114 Le tiers peut être reçû à payer les creanciers d'un débiteur, pour éviter la vente de ses biens aux encheres. Arrêt du Parlement de Provence du 16. Juin 1671. *Boniface, to. 4. li. 8. ti. 3. ch. 4.*

PAYEMENT AU TUTEUR.

115 Le débiteur d'un mineur payant à son curateur, est valablement déchargé, il n'est pas tenu de s'informer s'il est solvable ou non, les attestans, & le Juge devant répondre au mineur, & non le débiteur. Arrêt du Parl. de Bourdeaux du 18. Février 1601. allegué au contraire. *Voyez Maynard, livre 9. ch. 7.*

116 Contuteur payant au pupile a son action directe contre le contuteur. Jugé au Parl. de Grenoble le 20. Septembre 1616. *Basset, to. 1. li. 6. ti. 9. ch. 8.*

Voyez le mot *Tuteur.*

PAYEMENT

PAYEURS DES RENTES.

1 ARrêt du Conseil d'Etat du 15. Octobre 1613. portant attribution à Messieurs les Prévôt des Marchands & Echevins pour le fait des rentes de la Ville de Paris, & ordonne que les Payeurs compteront par état, & mettront des doubles de leurs comptes au Greffe. *Voyez les Ordonnances concernant la Jurisdiction de la Ville de Paris, imprimez chez Frederic Leonard, en 1676. p. 538.*

2 Autre Arrêt du Conseil d'Etat du 8. Octobre 1644. faisant défenses aux rentiers de se pourvoir pour le payement des arrerages des rentes, ailleurs que pardevant Messieurs les Prévôt des Marchands & Echevins. *Ibidem, page 540.*

3 Le 12. Novembre 1644. le Parlement de Paris fait un Reglement sur les contraintes des Huissiers, contre les Payeurs des rentes, faisant défenses de les exercer ailleurs qu'au Bureau de l'Hôtel de Ville, huit jours après le Commandement. *Ibidem, p. 543.*

4 Quatre Arrêts du Parlement de Paris des premier & 21. Mars, 11. Août, & 28. Septembre 1650. portant défenses aux rentiers de l'Hôtel de Ville de se pourvoir sur le fait des rentes en premiere instance, ailleurs qu'au Bureau de la Ville, & par appel au Parlement. *Voyez ibidem, p. 554.*

PAYS.

L'On distingue pour l'exercice des droits du Pape, du Roy & de l'Empereur, les pays de Concordat, les pays Conquis, le pays d'Obédience.

PAYS DE CONCORDAT.

1 Dans les Provinces de France, a lieu le Concordat passé en 1516. entre le Pape Leon X. & François I. Dans les Provinces d'Alemagne, & autres Suffragantes de l'Archevêché de Tréves est executé l'accord fait en 1448. entre le Pape Nicolas V. & l'Empereur Frederic III. *Voyez ce qui a été dit sur le mot Concordat.*

PAYS CONQUIS.

2 Le droit des Graduez a lieu és pays conquis. *Voyez le mot Gradué, nomb. 74. & 75.*

Le Pape a accordé des Indults au Roy, qui subrogent sa Majesté au droit de nommer és Benefices situez dans les pays sujets au Concordat Germanique. *Voyez les mots Concordat & Dignitez.*

PAYS D'OBÉDIENCE.

3 *Voyez les Annotations d'Hevin sur Frain, page 640. & suiv.* où il explique quelques maximes touchant les matieres Beneficiales pour la Bretagne, pays d'Obédience.

4 La Bretagne appellée pays d'Obédience, parce qu'elle suit le Concordat & partition des mois fait au Concile de Constance; par-là elle est distinguée de la France qui avoit renoncé à cette partition des mois dont la principale cause étoit l'interêt & le credit de l'Université qui vouloit une part assurée dans les Benefices. La Bretagne en se tenant au Concile de Constance ne devint pas de plus mauvaise condition que la France qui suivit la Pragmatique. Les Evêques de France demeurerent chargés du concours & prévention du Pape, & de ses Legats à Latere; les Evêques Bretons en étoient exempts; le Concordat de la partition des mois est si religieusement executé de la part de la Cour de Rome, que dans la crainte de blesser les droits des Ordinaires par erreur de fait, elle oblige ceux qui impetrent des provisions *per obitum*, d'exprimer le mois de la vacance, à peine de nullité de la grace. *Voyez Hevin sur Frain, p. 659. & suiv.*

5 Patrons Ecclesiastiques, car pour les Laïcs il n'y a point à douter, sont libres de la réservation des huit mois, ils presentent dans tous les mois sans aucune distinction. Il y en a quatre Arrêts rapportés par *M. du Fail, & citez par Hevin sur Frain, pag. 665.* Le même Hevin rapporte au même endroit *Tome III.*

p. 666. deux Arrêts plus modernes du Parlement de Bretagne du 11. Janvier 1644. & 23. Octobre 1652. & il observe que cette liberté de presenter en tous mois est restrainte à ceux qui n'ont que la presentation, soit qu'ils soient Prieurs ou Abbez, car s'ils ont la Collation ainsi que les Abbez l'ont à l'égard des Prieurez, & autres Benefices non Cures, ils sont soûmis à la réservation des huit mois pour les Benefices qui sont à leur Collation. Jugé le 4. Septembre 1664.

Voyez les mots *Bretagne, Date, nomb. 8. & le mot Obédience.*

PAYS-BAS.

Des droits du Roy dans les Pays-Bas pour l'exercice **6** de l'Indult. *Voyez le mot Indult, nombre 91. & suiv.*

PAYSAN.

PAysan. *Homo Rusticus, Rusticanus.*
Ne Rusticani ad ullum obsequium devocentur. C. 11. 54. Privilege des Paysans.
Non licere habitatoribus Metrocomiæ loca sua ad extraneum transferre. C. 11. 55. Metrocomia, étoit un Bourg principal, qui tenoit entre plusieurs autres Villages, le même rang, qu'une Métropole tenoit entre les Villes. Ce titre défend aux habitans de ces Métrocomes de vendre leurs heritages à ceux des autres Bourgs. Cette défense est faite à cause de l'exemption de la taille.
De his qui mutuum dant Agricolis. N. 32. 33. & 34.

PEAGE.

PEage. *Voyez sous ce titre la Bibliot. du Droit* **1** *François par Bouchel, l'indice des droits Royaux par* Ragueau, ou *le nouveau Glossaire du Droit François,* Fontanon, *to. 3. titre 10. p. 80.* Le traité des Peages par de *Vanzelles,* imprimé à Lyon en 1550. *Franciscus Marcus, tome 1. quest. 285.* Bacquet, *des Droits de Justice, chapitre 30.* Chopin, *des Domaines, titre 9.* Despeisses, *tome 3. traité des Droits Seigneuriaux, tit. 6. sect. 6. l'Ordonnance des Aydes & Gabelles au mois de May 1680. titre 11.* Henrys, *tome 2. livre 1. chap. 30. & le mot Exemption, nomb. 94. & suiv.*

Provision en faveur de celuy qui prétendroit n'être sujet au droit de peage. *Du Moulin, tome 2. page 682.*

Des peages sur le sel. *Voyez la fin de la troisiéme* **2** *édition des Arrêts recueillis par* Philippi.

Du droit de peage, & de l'obligation où sont les **3** Seigneurs peagers de reparer à leurs dépens, & entretenir les ponts, portes, & passages. *Voyez* La Rocheflavin, *des Droits Seigneuriaux, chap. 8. art. 1. & suiv.*

Edits des Rois Charles VII. en Mars 1430. Juin **4** 1438. May 1448. De Loüis XI. en Janvier 1461. De Charles VIII. en Mars 1483. De François I. en Mars 1515. De Henry II. en Mars 1547. & de François II. en Decembre. 1559.

Pour les Marchands frequentans la riviere de Loire, & autres fleuves descendans en icelle, par lesquels il est défendu à toutes personnes tenans peages depuis soixante ans auparavant iceux Edits, de ne les plus lever, sur peine d'être punis. *Ordonnances de Fontanon, tome 4. page 613. & suiv.*

Vectores mercantium singula pedagiorum collectori- **5** *bus indicare tenentur.* Voyez *Franc. Marc. tome premier, quest. 128.*

Mutati fluminis alveo, an & quando pedagium perdi- **6** *tur? Idem, to. 2. quest. 356.*

Des peages. *Voyez* Guy Pape, *quest. 413. & 549.* où **7** il observe avoir été jugé au Parlement de Grenoble pour le Seigneur de la terre de Suze, que noble pour le Seigneur de la terre de Suze, que ceux qui font voiturer pour leur usage propre, comme pour bâtir, ou pour reparer, sont exempts du ce droit. Ce Parlement a de même jugé que ce que le proprietaire d'un peage a fait ordonner contre

H

quelques Marchands ou Voituriers , soit pour la fixation des droits , soit pour la forme & la maniere de
les exiger, est executoire generalement contre tous
les autres , mais il faut pour cela qu'il n'y ait aucun
soupçon de collusion.

La peine de l'infraction des peages est la confiscation qui appartient au proprietaire , & non au fermier , si le contrat de ferme ne luy acquiert. Cela a
été jugé plusieurs fois. *Voyez Chorier , en sa Jurisprudence de Guy Pape , p.* 136.

8   Fermiers de peages ne peuvent demander que
leurs interêts contre l'infracteur , & non l'amende ;
elle appartient au fisc , s'il n'y a clause expresse.
Jugé par plusieurs Arrêts. *Papon , livre* 13. *tit.* 9. *n.*
4. Le texte de la Loy *Si quis C. de Vectig. & com.* est
contraire ; cette Jurisprudence est fondée d'un autre
côté sur la Loy *Creditor C. de jure emphit.*

Jugé par Arrêt au profit de M. le Duc de Sully du
27. Janvier 1665. que quoique les droits de peages ,
travers , & barrages ne puissent être prétendus par
les Seigneurs hauts-Justiciers sans une concession particuliere de sa Majesté ; neanmoins pour la perception & joüissance de ces droits il n'est pas necessaire
de rapporter le titre primordial de la concession,
mais il suffit d'une possession immemoriale accompagnée de quelques titres faisant mention des droits,
comme peuvent être des aveus & dénombremens anciens. *Soefve , tome* 1. *Cent* 3. *chap.* 42.

Les Communautez peuvent accuser un peager en
concussion & surexaction des droits de peage. Arrêt du
P. d'Aix du 28. Avril 1678. *Boniface, to.* 5. *li.* 5. *tit.* 7. *ch.* 3.

La prescription du droit de peage ne peut s'acquerir par une possession immemoriale & centenaire ; car
c'est un droit purement Royal , il faut un titre qui
ne peut émaner que de la concession du Prince. Arrêt du Parlement de Toulouse, aprés partage , rapporté par *M. de Catellan , liv.* 3. *chap.* 37.

Aucun ne peut imposer nouveau péage sans la permission du Roy ; la connoissance de telle chose n'appartient qu'au Juge Royal. Arrêt de Pentecôte 1273.
pour les nouveaux peages d'*Agenois* , & dans les Enquêtes du Parlement de Toussaints 1316. *Voyez la Bibliotheque de Bouchel .* verbo *Peage.*

La seule possession d'exiger les droits d'un peage
suffit pour en obtenir la maintenuë , si elle est immemoriale. Arrêt du Parlement de Grenoble du 22.
Août 1670. pour le possesseur du peage d'*Aix* , terre
dans le Diois , cela est conforme à l'article 107. de
l'Ordonnance d'Orleans , & 282. de l'Ordonnance
de Blois. *Voyez Chorier en sa Jurisprudence de Guy
Pape , page* 137.

Arrêt du Parlement de Paris du 19. Août 1585. par
lequel est déclaré droit de peage sur la riviere de la
Loire au lieu d'*Artois.* Voyez le Recüeil des Arrêts concernans les Marchands frequentans la riviere de Loire.

Arrêt du 17. May 1586. par lequel la moruë verte
& seiche , en pille , est déclarée exempte du droit de
peage en la Ville de *Blois. Voyez ibidem.*

Présidens , Conseillers , & Officiers de la *Cour*
exempts de peage. Arrêt du Parlement de Bretagne
du 30. Mars 1577. *Du Fail , liv.* 2. *chap.* 561.

Le Seigneur prenant peages ou travers doit tenir les
passages sûrs contre les particuliers ; autrement est
tenu recompenser la perte. Arrêt contre le Seigneur
de *Crevecœur,* donné à la Chandeleur 1254. *Voyez la
Bibliotheque de Bouchel ,* verbo *Peage.*

L'Abbé de *saint Denis* en qualité de Conseiller de
la Cour de Parlement , doit joüir de l'exemption de
tous peages pour ses provisions. Arrêt du 7. May
1587. *Le Vest. , Arr.* 3.

Arrêt de la Cour du 8. Juillet 1624. par lequel défenses sont faites aux fermiers de peage de *Désize* de
prendre aucune chose sur le vin de boisson destinée
pour les voituriers conduisans le bateau , & condamnez à rendre ce qu'ils auroient pris avec dépens.

*Voyez le Recüeil des Arrêts concernans les Marchands
frequentans la Loire.*

Arrêt du 2. Septembre 1595. par lequel le Seigneur
du peage de *Givardon* est condamné à balizer & ne-
toyer la riviere és fins & limites de son peage. *Voyez
ibidem.*

Les droits acquis au peage de *Grenoble* par une possession immemoriale , quoiqu'il n'en soit point fait
de mention expresse & specifique dans le tableau, ne
peuvent neanmoins être comptez par terre ni par
eau. Arrêt de Grenoble du 26. Mars 1689. *Voyez Chorier en sa Jurisprudence de Guy Pape.* p 137.

Arrêt du Conseil d'Etat du Roy du 21. Avril 1664.
portant reglement pour les droits de peages qui se le-
veront sur l'*Izere* & sur le *Rhône.* Ils sont au long
rapportez dans *Salvaing , de l'usage des Fiefs, chapitre* 69. *& 70.*

Arrêt de la Cour de Parlement du 15. Avril 1631.
contre les Seigneurs du peage de *Laiz* & *Bic* , par lequel la marchandise de papier est déclarée franche &
exempte de tous droits de peages aux détroits de Laiz
& Bic qui se payent à Châteauneuf sur Loire, nonobstant certain article de leur pancarte, dont ils se vouloient prévaloir , qui porte que de toute balle cordée il leur est dû peage, dont ils ont été déboutez &
condamnez à la restitution de ce qu'ils en avoient reçu & pris ; & aux dépens. *Voyez le Recüeil des Arrêts
concernans les Marchands frequentans la Loire.*

Arrêt du 23. Mars 1574. par lequel les Livres de
Librairie , Pastel , Guesde & Sucres sont déclarez
exempts de tout droit de peage. *Voyez ibidem.*

9   Arrêt du Parlement de Toulouse du 23. Decembre
1512. qui déclare tous les habitans du Comté & Sénéchaussée de payer aucune leude ou droit d'icelle ,
suivant les privileges confirmez par les Rois. Arrêt
semblable du 26. Mars 1518. Ce privilege est de 1219.
& se trouve coté dans des Arrêts du Grand Conseil
des 13. Janvier 1538. & 2. Avril 1545. Conformément à
ces Arrêts les habitans de Toulouse ont été déclarez
exempts de payer leude ni peage par tout le Comté
de *Lauraguois* , attendu, dit l'Arrêt , qu'il est notoire & certain, le Comté & pays de Lauraguois être
dans les limites & enclaves du Comté de Toulouse.
Bibliotheque de Bouchel, verbo *Peage.*

10   Les enfans de France & les Princes du Sang Royal
jusques au sixiéme degré sont exempts de droits de
peage pour leurs provisions par tout le Royaume ,
par privilege des Rois. Arrêt du Parl. de Paris du 8.
Juin 1387. pour la Duchesse d'Orleans fille du Roy
Charles le Bel ; & un autre du 8. Mars 1388. pour le
Comte d'Almon. *Voyez le Recüeil des Arrêts de Paris,
l'Indice des droits Royaux* sur le mot *Peage* , & *La Rochestavin , des droits Seigneuriaux , chap.* 8. *Arr.* 3.

11   Les habitans de Nismes doivent joüir de la même
exemption par les articles 3. & 34. des privileges qui
leur furent accordez par le Roy Charles VIII. en l'an
1483. confirmez par Loüis XII. en 1499. & par François I. en 1514. & par Henry IV. en 1595. *Graverol,
Ibidem , Arr.* 4.

12   Par Arrêt du 23. Decembre 1512. tous les habitans
de la Ville & Fauxbourgs de Toulouse sont declarez
quittes & exempts par toute la Comté & Sénéchaussée de payer aucune leude ou droit d'icelle tant allant
que venant, entrant que sortant, par eau & par terre
de ladite Cité & Fauxbourgs d'icelle pour leurs biens
& Marchandises , suivant les privileges à eux donnez
par les sieurs Comtes de Toulouse au mois de Septembre 1219. confirmez par les Rois Philippes le Bel
quatriéme de ce nom, Philippes Duc de Valois, Charles VI. & François I. ainsi qu'il est mentionné dans
un Arrêt du Grand Conseil du 13. Janvier 1538. contre le Procureur General du Roy ; & le Syndic de ladite Ville , contenant pareille exemption que dessus,
sur l'execution duquel il y en a un autre semblable
du 2. Avril 1545. *La Rochestavin, ibidem.*

13 Le droit de peage ou pontonage n'est dû quand le bétail traverse la terre sans passer sur le pont. Jugé par Arrêt du Parlement de Grenoble du 23. Decembre 1510. en faveur des habitans de Voiron. *Basset*, *tome 2. liv. 3. tit. 9. chap. 3.*

14 Arrêt du 24. Juillet 1561. par lequel il est enjoint à tous Seigneurs prétendans droit de peage sur la riviere de la Loire, & autres Fleuves descendans en icelle, le lever ou faire lever par un seul Receveur & en un seul & même lieu. *Voyez le Recüeil des Arrêts concernans les Marchands frequentans la Loire.*

15 Par Arrêt du 21 Juillet 1567. il est enjoint à tous Seigneurs & autres prétendans droit de peages sur la riviere de la Loire, & autres Fleuves descendans en icelle, d'avoir un poteau auquel sera attaché une pancarte contenant par le menu les droits de leur peage, & à faute de ce faire, permis aux voituriers par eau de pouvoir monter & avaler sans être tenus de payer aucune chose, & sans approbation desdits prétendus peages. *Ibidem.*

16 La connoissance du peage appartient au Juge Royal du peage, & de l'excez commis en le demandant. Arrêt du Parlement de Dijon du 27. Novembre 1599. *Bouvot, tome 2. verbo Jugement, qu. 8.*

17 Sur les peages qui se levent sur le sel voituré par les rivieres. Arrêt du mois de Decembre 1600. qui ordonne que le droit sera payé sur les bateaux maires seulement en deniers, non en especes, suivant l'évaluation portée par l'Edit de 1546. fors les Monasteres & Hôpitaux qui ont obtenu Arrêt pour la nourriture de leurs maisons. *Voyez la 34. Action de M. Le Bret.*

18 Arrêt du Parlement de Provence du 12. Mars 1605. qui a condamné l'infracteur du peage en trois livres d'amende, sauf plus grande, & enjoint au Seigneur de mettre un placard en un lieu éminent, contenant les droits du peage à luy dûs. *Boniface, tome 5. liv. 5. tit. 7. chap. 1.*

19 Les Seigneurs prétendans peages, sont tenus d'inserer en un poteau les droits du peage. Arrêt du Parlement de Dijon du 26. Septembre 1605. *Bouvot, to. 2. verbo Pâturages, quest. 1.*

20 Lions exempt du droit de peage, défenses au Duc de Nevers de l'exiger. Arrêt du Parlem. de Paris du 25. Février 1610. *Plaidoyers de Corbin ch. 114. & suite du Patronage, ch. 231.*

21 Deux particuliers du Bourg S. Laurent en la Ville de Mâcon, ayant amené & déchargé en leurs maisons certaines marchandises, on leur en demandoit le peage; ils le refusoient, attendu qu'ils n'avoient passé outre leurs marchandises, mais les avoient déchargées en leurs maisons; par Sentence du Bailly de Mâcon ils en sont déchargez, & envoyez absous, dont appel. Arrêt confirmatif du 24. Novembre 1548. *Corbin, suite de Patronage, ch. 238.*

22 Arrêt du Parlement de Paris du 2. Septembre 1524. par lequel est ajugé au Prieur de Marsigny lez Nonnains, droit de lever sur toutes personnes vendans & achetans bled, & autres grains passans audit port de Marsigny sur la Riviere de la Loire. *Voyez le Recüeil des Arrêts concernans les Marchands frequentans la Loire.*

23 Arrêt de la Cour de Parlement du dernier Decembre 1627. par lequel il est ordonné que le peage de Mienne lez Cônes, appartenant aux Dames de l'Annonciade de Bourges, se payera au lieu de Mienne, & se recevra par un seul Receveur, & non par quatre, comme ils l'avoient mis à ferme; & qu'à cette fin sera mis un pôteau à un endroit éminent audit Mienne, auquel sera attaché la Pancarte contenant le droit de ce qui se prendra sur chacune marchandise. *Voyez le Recüeil des Arrêts concernans les Marchands frequentans la Loire.*

24 Arrêt du Conseil d'Etat du 26. Octobre 1672. portant suppression du peage du Pont de Mont. *Voyez*
Tome III.

les Ordonnances concernant la Jurisdiction de la Ville de Paris, imprimez chez Frederic Leonard en 1676. page 188.

25 Arrêt du 19. Janvier 1595. par lequel le droit de salage prétendu à la Mothe S. Jean, a été évalué & reduit à prix d'argent, à raison de 22. sols 3. deniers pour chacun minot. *Voyez le Recüeil concernant les Marchands frequentans la Loire.*

26 Arrêt du 1. Février 1473. faisant défenses aux mânans & habitans de la Ville de Moulins, de lever ni exiger aucun peage sur les batteaux chargez de marchandises sur la riviere d'Alier. *Ibidem.*

27 Par Arrêt du 25. Février 1610. il est défendu au Seigneur de Nevers & ses Fermiers au peage de Desize, de prendre ni lever aucun droit de peage sur chef-d'œuvre, ni sur les livres & Libraires. *Ibid.*

28 Arrêt du 18. Juin 1616. par lequel la marchandise de vieux drapeaux est exempte de droit de peage en la Ville de Nevers. *Ibid.*

29 Par Arrêt du 1. Août 1670. le moust & vin nouveau cru dedans l'Evêché d'Orleans, est déclaré exempt de peage audit Orleans, jusqu'au jour de la S. Martin d'hyver. *Ibid.*

30 Par Arrêt du 1. Septembre 1601. il est défendu aux Fermiers de la Coûtume du Bois d'Orleans, de prendre plus de vingt deniers pour chacun cent de toise de bois carré, ou à bâtir, suivant l'offre faite sur le debat dudit peage par les Voituriers dudit Bois, nonobstant le contredit sur ce fait par le Fermier dudit peage. *Ibid.*

31 Arrêt de la Cour du 23. Decembre 1615. confirmatif de la Sentence donnée par le Bailly d'Orleans ou son Lieutenant, par lequel les Marchands & Voituriers doivent seulement acquitter au peage dudit lieu d'Orleans, cinq sols tournois pour chacun millier de grand bois merrien. *Ibid.*

32 Les peages du Rhône & de l'Isere, ont été reglez par deux Arrêts du Conseil du 21. Avril 1664. par la Bulle in Cœnâ Domini; ceux qui établissent de nouveaux peages, sont excommuniez en ces termes: Item, excommunicamus, & anathematisamus omnes, qui in terris suis nova pedagia imponunt, vel prohibita exigunt. Voyez Chorier en sa Jurisprudence de Guy Pape, p. 137.

33 Les Princes & les Princesses du Sang sont declarez exempts de tous peages du Royaume, par Arrêt donné le 8. Juin 1387. au profit de Madame Blanche de France Duchesse d'Orleans, fille du Roy Charles le Bel, contre Messire Jean de Grandcourt Chevalier, sieur de Maisons sur Seine. *Du Tillet.*

34 Les enfans de France, & Princes du Sang Royal, pour leurs provisions sont exempts de peage par tout le Royaume. Arrêt du Parlem. de Paris du 8. Juin 1387. pour la Duchesse d'Orleans, fille de Roy Charles le Bel, alleguée ci-devant le 18. Mars 1388. pour le Comte d'Alençon, que les Princes du Sang en sont exempts jusqu'au sixiéme degré. Comme aussi les Pais de France, & le Corps de Parlement prétend être exempt de tout peage. *Voyez la Bibliot. de Bouchel, verbo, Peage.*

35 Arrêt du 29. Mars 1569. pour Louis Guyonneau, & les Marchands frequentans la rivere de Loire, & autres fleuves descendans en icelle, par lequel le Sucre est déclaré exempt de droit de peage. *Voyez le Recüeil des Arrêts concernans les Marchands frequentans la Loire.*

36 Par Arrêt du 27. Mars 1560. donné entre les Syndics de Toulouse, & les Receveurs des Péages & Leudes en Toulouse, les Chassemarées furent declarez exempts de payer aucun droit de Leude du poisson qu'ils portent vendre ailleurs; & les Receveurs condamnez en cent sols d'amende, pour avoir contraint un des Chassemarées à le lui payer, & le Chassemarée en autres cent sols, pour avoir fraudé de Leude, & ne l'avoir payée d'une autre charge de

H ij

poiſſon, qu'il étoit allé vendre à Montauban. *Biblio-theque de Bouchel*, verbo , *Peages.*

37 Les membres & Suppôts d'une *Univerſité* , ſont exempts du droit de peage. *Voyez Henrys* , *tome* 2. *li.* 1. *qu.* 30.

38 Par Arrêt pris dans le Regiſtre des Lettres & Ar-rêts du Parlement de l'an 1328. les habitans d'*Ivry* ſont declarez exempts de certain barrage ou peage, introduit ſur la chauſſée & chemin du Moulin de Couperel &Chevaleret,en payant pour charette deux deniers en entrant par la Porte S. Victor en la Ville de Paris, comme de tout temps il avoit été accoû-tumé. *Corbin , ſuite du Patronage* , *ch.* 148.

PÊCHE.

D *E oris maritimis. L. n.* 56.... Le droit de pêche dans la mer , appartient au Proprietaire du ri-vage.

Quantùm in piſcatibus , remora piſcatoria inter ſe diſtare debeant L. n. 57. 101. 103. & 104. De la diſ-tance des pêches , engins & filets.

De la pêche. *Voyez l'Ordonnance des Eaux & Fo-rêts , tit.* 31.

De la pêche qui ſe fait en mer. *Voyez l'Ordonnan-ce de la Marine du mois d'Août* 1681. *liv.* 5.

De la pêche. *Voyez Salvaing , de l'uſage des Fiefs , chap.* 37.

De piſcatione. Voyez *Franc. Marc. en ſes Déciſions du Parlement de Dauphiné* , 10. 1. *qu.* 329.

1 Si les Décimateurs ont droit de demander la dîme de la pêche ? *Voyez le mot Diſme* , *n.* 184.

2 *Per Arreſtum fuit Epiſcopus Belvacenſ. receptus ad ſaiſinam per me pro eo propoſitam contrà Procuratorem mercatura & regium Procuratorem , quod poterat ca-pere , ſeu capi facere piſces per Bellovacum , vel ejus diœ-ceſim tranſeuntes , qui de mari Pariſiis adducebantur per mercatores pro vendendo , pro hoſpitio ſuo , quandiu erat in Belauco , vel ſuâ Diœceſi , juſto pretio tamen.* Voyez *Jo. Gal. qu.* 108.

3 Le Seigneur Châtelain a droit de pêche és eaux vives de ſa Châtellenie , quoique le fond & pro-prieté en appartienne à l'Egliſe. Arrêt du 16. Janvier en faveur de Galerand de Luxembourg , Châtelain de l'Iſle , contre les Religieux de S. Vaaſt d'Arras. Extrait du Regiſtre des Jugés du Parlement de Pa-ris de l'an 1332. Arrêt 42. *Corbin , ſuite de Patronage , chap.* 307.

4 *Dominus de Montmorency , per Areſtum* 1391. *fuit receptus ad priſam faciendam in terrâ ſuâ , ubi habet altam , mediam , & baſſam juſtitiam , & ad poſſeſſiones proponendas ſuper hos , contra regium Procuratorem , ac Procuratorem mercatorum piſcium , &c.* .. *Joan. Gal. qu.* 214.

5 Défenſes faites de prendre plus de huit deniers pour livre de poiſſon verd paſſant à Nantes. Arrêt du Parlement de Bretagne du 29. Février 1559. *Du Fail , liv.* 2. *ch.* 75.

6 Beraud Boiſard ayant obtenu du Roy Lettres Pa-tentes le 10. Février 1605. & ſur la Sentence du Maître Enquêteur , & ordinaire Reformateur des Eaux & Forêts de la Prévôté & Vicomté de Paris, interjette appel ; la Cour infirmant la Sentence , & ayant aucunement égard aux Lettres , a ordonné que Boiſard joüira de l'effet d'icelles pour le temps de cinq ans , qui ne courront que du jour du preſent Arrêt ; permis à Boiſard de pêcher avec ſes engins & filets tous poiſſons de mer , & autres d'eau douce, à la charge toutefois que les engins & filets ſeront de la maille portée par les Ordonnances; ſçavoir eſt de la largeur d'un Pariſis , depuis la S. Remy juſqu'à Pâques ; & depuis Pâques juſqu'à la S. Remy , de la largeur d'un gros tournois ; & outre que les engins & filets ſeront ſi ſuffiſamment garnis de liége par un de leurs bords , que l'autre où ſera attaché le plomb,

ne pourra donner ny penetrer juſqu'au fond de la riviere : comme auſſi a fait inhibitions aux autres ê-cheurs d'uſer d'autres engins & filets pour pêcher , que ceux qui leur ſont permis par les Ordonnances, & qui ſeront de la maille cy-deſſus declarée ; dé-fenſes de pêcher de nuit , & depuis le Soleil cou-ché , avec quelques engins que ce ſoit , durant le temps que le poiſſon fraye , qui eſt depuis la my-Mars , juſqu'à la my-May , & de prendre en tout temps & ſaiſon , autre poiſſon que celuy qui ſera de la jauge portée par les Ordonnances , même de me-ner leurs engins autrement que ſelon les ſaiſons ; le tout ſur peine d'amende arbitraire pour la premiere fois , & de punition corporelle pour la ſeconde ; ordonné que tous les engins des Pêcheurs ſeront marquez d'une marque de plomb par les deux bouts, & ce par l'un des Sergens dangereux , qui ſera nom-mé par le Maître particulier des Eaux & Forêts , & le Subſtitut de M. le Procureur General ; lequel Sergent , ſur peine de concuſſion , ne pourra prendre qu'un ſol pour l'appoſition de chacune des mar-ques ; avec défenſes d'uſer d'autres engins que les marquez ; & les cinq ans paſſez , permis aux autres Pêcheurs d'uſer des mêmes engins de Boiſard , ſous les modifications cy-deſſus ; enjoint au Subſtitut de M. le Procureur General des Eaux & Forêts , de te-nir la main à l'execution de l'Arrêt. Cet Arrêt eſt du 4. Août 1607. *Corbin , ſuite de Patronage , cha-pitre* 198.

7 L'Abbé de S. Joſſe ſur la Mer , nommé de Noreau, vouloit empêcher les Villageois des environs , par-ticulierement ceux de Morlinois , d'aller prendre des vers , dont l'on ſe ſert à la pêche du poiſſon , ſur le rivage de la mer , qui ſont dans l'étenduë du domai-ne de ſon Abbaye , diſant avoir titre que le rivage luy appartenoit par la fondation de cette Abbaye. L'on alleguoit au contraire , la liberté publique , & la *L. injuriarum , §. pen. de injuriis* , qu'en toutes les côtes de la mer , il étoit loiſible à chacun d'aller prendre le ver , pour s'en ſervir à la pêche : appoin-té au Conſeil le 10. Janvier 1622. & cependant que les appellans habitans du Morlinois joüiroient de la liberté publique. *Additions à la Bibliot. de Bouchel,* verbo, *Pêche.*

8 Le droit de pêche peut appartenir à un Seigneur , ou par titre , ou par poſſeſſion immemoriale. Arrêt du Parl. de Toulouſe du 14. Août 1628. *M. Dolive , liv.* 2. *ch.* 3.

9 Arrêt du Parlement de Provence du 9. Avril 1638. qui a jugé que les Prud'hommes connoiſſent ſom-mairement des affaires civiles entre Pêcheurs pour leur art & engins. Défenſes au Lieutenant de les troubler. *Boniface* , 10. 1. *li.* 1. *ti.* 8.

10 Si le taux peut être mis par les Conſuls ſur la débite des tons & madragues par Prud'hommes. Arrêt de l'année 1665. au profit des Prud'hommes des pêcheurs de Marſeilles. *Idem , tome* 4. *li.* 10. *tit.* 1. *chap.* 16.

11 Si la pêche a pû être faite par des Prud'hommes , & autres pêcheurs dans l'enceinte des madragues & limites? Arrêt du 30. Juin 1668. confirmatif de la Sen-tence du Lieutenant qui a condamné cette pêche , & a réglé l'éloignement des enceintes de la madra-gue , qui étoit de 3000. à 2000. *Boniface ibidem , liv.* 9. *tit.* 7. *chap.* 3. Les madragues ſont de grandes ma-chines dans la mer , fixes & arrêtées , compoſées de beaucoup de chambres , attachées à terre par un long cordage.

12 Les Seigneurs peuvent défendre la pêche dans les rivieres particulieres. Arrêt du même Parl. de Pro-vence du 18. May 1675. qui confirma une procedure criminelle , faite à la requête du Procureur Juriſdic-tionnel du Seigneur de Cabris , contre des particu-liers du lieu de Montauroux, qui avoient pêché dans une riviere non navigable du terroir de Cabris. *Bo-niface , tome* 4. *liv.* 2. *tit.* 5. *chap.* 1.

13 *Il est défendu à toutes personnes de faire mourir, ou endormir les poissons,* Arrêt du Parlement de Grenoble du 24. Mars 1640. *Voyez Bassec , tome 1. li. 3. tit. 18. ch 1.*

14 La pêche n'est permise aux Gentilshommes de Dauphiné, quoiqu'ils ayent droit de chasser. Arrêt du 13. Février 1654. *Basset , ibidem , tit. 19. chap. 1.*

15 La pêche n'est permise en tout lieu indifferemment, s'il y a Coûtume au contraire. Arrêt du Parlement de Grenoble du 13. Février 1654. contre le sieur Davity pour le sieur Murat, rapporté par *Chorier en sa Jurisprudence de Guy Pape , pag. 141.*

16 Les Ecclesiastiques , Seigneurs , Gentilshommes & Communautez qui ont droit de pêche dans les rivieres, sont tenus d'affermer ce droit à quelques particuliers , & s'ils ne le font , & que chacun en veuille user, le Juge du Seigneur haut Justicier peut leur interdire , & en cas d'appel de son Ordonnance, il doit être relevé à la Table de marbre, privativement à toutes autres Jurisdictions. Arrêt du Parl. de Paris du 18.Février 1689. *Journal des Aud. tcme 5. li. 5.ch.8.*

PECULAT.

VOl des deniers publics. *Peculatus.*
De crimine Peculatus. C. 9. 28... C. Th. 9. 28... I. 4. ult. §. 9.
Ad legem Juliam Peculatûs ; & de sacrilegiis, & de Residuis. D. 48. 13... Paul, 5. 25... I. 4. ult. §. ult. Residuorum crimen , est pecunia publicæ retentio , quæ apud aliquem ex administratione residet , in publicum non relata : Gallicè , Restes , ou Residus.
De administratione rerum ad civitates pertinentium. D. 50. 8... C. 11. 31.
Si Magistratus aliquis res fiscales furatus esse deprehensus sit. Leon. N. 105.
Voyez les mots Concussion , Deniers publics.
DuCrime de péculat , & de sa peine. *Voyez Papon , liv. 21. tit. 2. & Despeisses, tome 2. traité des Causes criminelles , part. 1. tit. 12. section 1. art. 7.*
Voyez la 23. action de M. le Bret , sur les Lettres patentes par lesquelles le Roy mande à la Cour qu'elle eût à rechercher par tout lès abus & malverlations de ses Receveurs & autres Commis en ses finances. Arrêt du 9. Avril 1596.

PECULE.

DE peculio. D. 15. 1... I. 4. 7. §. 4... L. 181. D. de verb. sign... C. Th. 2. 32.
Quod cum eo qui in alienâ potestate est , negotium gestum esse dicetur ; vel de peculio , &c. C. 4. 26.
Quando de peculio actio annalis est. D. 15. 2...
De in rem verso. D. 15. 3... C. 4. 26. quod cum eo... I. 4. 7. §. 4. Le pere de famille , ou le Maître est tenu de ce qui a tourné à son profit , par le fait du fils de famille , ou de l'esclave.
De peculio legato. D. 33. 8... I. 2. 20. §. 20.
De peculio ejus qui libertatem meruit. C. 7. 23.
Peculium castrense , & quasi-castrense.
De Castrensi peculio. D. 49. 17.
De Castrensi peculio militum , & præfectianorum. C. 12. 36. Præfectiani erant apparitores Præfecti Prætorio.
De Episcopis & Clericis... & eorum Castrensi peculio. C. 1. 3.
De Péculio Clericorum , relictis , & successionibus eorum. Inst. L. 2. 28... Extr. 3. 25.
De Castrensi omnium Palatinorum Peculio. C. 12. 31.

1 Pecule est le fonds qu'un Religieux a acquis par son industrie & par ses épargnes. *Voyez le traité qui a été fait par Gerbais, du Pecule des Religieux-Curez,* c'est un in octavo imprimé à Paris en 1698.
2 *De Peculio Clericorum monachorum , vel regularium.* Voyez François Pinson.
Abbas vel prior quod jure spolii privetur qui monachum agrotum à monasterio expulit & alimenta denegavit. Voyez *Franc. Marc.* to. 1. quest. 182.

Monachus mentionarius prioratûs claustralis Ecclesiæ, 3 *cui residet, acquirit : nec ut de dictis bonis in ultimâ voluntate disponere possit , Abbas licentiam dare potest.* Voyez *idem , to. 2. quest. 566.*
Quand le Beneficier est Religieux , & ayant Benefice,il a acquis au nom de ses parens ou autres, ou leur a donné , si la disposition leur profitera ? *Voyez Coquille , to. 2. quest. 250.*
Peculium Clericorum quale , & an clerici testari de 5 *eo possint ?* Tournet , lettre P. Arr. 51.
M. René Chopin rapporte un Arrêt de l'an 1497. 6 où il est dit qu'un Abbé Religieux , & de profession Monachale, ne succede point au pecule de son Religieux fait Evêque : ce que le Parlement ordonna ainsi dans la succession d'un Evêque de Valence qui avoit été Religieux profez avant sa promotion à l'Episcopat. *Voyez les Définit. Can. p. 599.*
Parens ne succedent au pecule de Religieux. Arrêt du Parlement de Paris de l'an 1533. en faveur du 7 Prieur de Coincy, contre un parent du Prieur de saint Phale. *Définit. Can. p. 605.*
Arrêt du 17. Avril 1553 donné contre un Evêque 8 de Condom Abbé Commendataire d'un Abbaye , qui prétendoit au pecule d'un Religieux décedé , pourvû d'un Benefice dépendant de son Abbaye. Par cet Arrêt le Parlement ordonna que le pecule du Religieux seroit appliqué en partie pour la réparation de l'Eglise , & l'autre pour la nourriture des pauvres des lieux. Tels Arrêts ne font plus de Loix. *Définit. Can. page 374. & 606.*
Une sœur avoit donné à son frere Religieux l'u- 9 sufruit d'une métairie , avec les meubles y étans , à la charge qu'après le décez du Religieux la métairie & tous les meubles qui s'y trouveroient reviendroient à elle , ou à ses heritiers. Le Contrat fut homologué avec l'Abbé ; celui-cy qui avoit formé complainte, fut déclaré non recevable, par Arrêt du Parlement de Paris du 20. Février 1555. les meubles ajugez aux heritiers suivant le contrat , excepté l'or & l'argent monnoyé. *Voyez Bouchel , Bibliotheque Can. tome 1. page 10. col. 2.*
L'Abbé qui succede à un Religieux , doit payer ses 10 dettes jusqu'à la concurrence de ce qu'il avoit *pro rata emolumenti* , suivant cette maxime vulgaire de Droit, *qui sentit commodum , debet sentire & incommodum;* la question a été jugée par un Arrêt de la Grand'-Chambre du 20. Mars 1562. *Définitions Canoniques, page 375.*
Arrêt du Parl. de Paris du 11. Avril 1581. qui aju- 11 ge au donataire de l'Evêque de Xaintes qui avoit été auparavant Moine, & Abbé de Cigny une dette provenant du revenu de son Abbaye , nonobstant l'opposition de l'Abbé qui soûtenoit qu'il n'avoit pû lors en disposer. *Bibliot. Can. tome 2. p. 636. col. 2.*
Fermier d'une Abbaye ne peut prétendre la dé- 12 poüille d'un Moine s'il n'est expressément porté par son bail. Arrêt du Parlement de Bourdeaux dans *Papon , liv. 13. tit 9. nomb. 5.*
Voyez la Bibliot. Can. to. 1. p. 16.
Dantin Religieux profez de l'Abbaye de saint Se- 13 ver , est pourvû d'un Prieuré dépendant de l'Abbaye de Generez. Après cette provision, il conserva sa place Monachale vingt ans ou environ , jusques en 1588. qu'il la resigna , & mourut cinq ans après. Sur la contestation pour sa dépoüille formée entre le Syndic de saint Sever , & les Religieux de Generez qui la prétendoient tous deux , elle fut jugée appartenir aux Religieux de saint Pierre de Generez , par Arrêt du Parlement de Toulouse du 16. Septembre 1593. car outre qu'il n'apparut pas d'une translation Canonique , la longueur du temps la faisoit présumer. *Cambolas, liv. 1. chap. 47.* où il observe que par autre précédent Arrêt du 18. Decembre 1570. la dépoüille d'un Chanoine Regulier fut ajugée au Chapitre, contre l'Evêque de Pamiers.

14. Les Religieux ne peuvent s'obliger & difpofer de la referve qu'ils font des fruits de leur portion Monachale, ou autres fruits; le Monaftere fuccede à leur dépoüille, fans que les dettes qu'ils ont contractées puiffent y donner empêchement. Arrêt du Parlement de Touloufe du 23. Decembre 1601. lequel enjoint à l'Abbé & Prieur Clauftral du Monaftere de Lezat, & tous autres du Reffort de faire obferver la regle de leur Ordre à peine de 500. écus, & de faifie de leur temporel. *Voyez le Recueil de Maïnard, livre 10. Arrêt 8.*

15. La dépoüille d'un Religieux n'appartient point à l'Abbé Commendataire, mais au Syndic, à la charge de l'employer en réparations. Jugé le 19. Février 1605. contre celuy de Lezat. *Cambolas, livre 4. chap. 1.* On ne doute plus au Palais que le pecule des Religieux n'appartienne aux Abbez Commendataires.

16. Arrêt du 5. Avril 1605. rendu entre l'Abbé de Lezat, & le Syndic du Monaftere, demandant refpectivement la dépoüille d'un Religieux qui l'ajuge au Syndic, à la charge de l'employer aux réparations du Monaftere, ou achat d'ornemens Ecclefiaftiques. *La Rochéflavin, liv. 3. lettre R. tit. 5.*

17. *Executioni mandatur judicium contrà Monachum, quoad ejus peculium & Prioratûs temporalem reditum, nihilque licet Abbati detrahere.* Arrêt dn treize Mars 1607. *Mornac, loi 10. ff. de peculio.*

18. Frere Antoine le Bel, pourvû depuis 25. ans d'un Prieuré dépendant de l'Ordre de Sainte Geneviéve, avoit amaffé 14000. liv. il les mit en dépôt avec fon Teftament, & une piéce de drap d'or entre les mains d'un nommé Friffard, lequel étant décédé, le Religieux reclama fon dépôt. L'Abbé de Sainte Geneviéve intervint pour le reclamer pareillement, comme fucceffeur du pecule. Arrêt du 26. Avril 1631. qui ordonne que le tiers de la fomme luy fera délivré, les deux autres tiers mis és mains d'un notable Bourgeois, pour en faire profit & interêt, duquel Antoine le Bel joüiroit fa vie durant; & aprés fon décés, que moitié defdits deux tiers avec les cedules, obligations & profits appartiendroient au Convent de fainte Geneviéve, l'autre moitié à l'Hôtel-Dieu de Paris, par forme d'aumône; & la piéce de drap d'or auffi ajugée au Monaftere, fans dépens. *Voyez le 3. Plaidoyé de M. Gaultier, to. 2.*

19. Jean Geoffrens avoit fait profeffion en l'Abbaye de faint Satur Ordre de faint Auguftin; il fut pourvû de la Cure de Nogent, dépendante de l'Abbaye de faint Jean de Sens; l'Abbé prétendoit fon pecule, il l'abandonna aux Recolets; les Religieux de faint Satur le reclamoient. Arrêt du Parlement de Paris du 13. Février 1643. qui en infirmant la Sentence des Requêtes du Palais, ordonne que les deniers procedans de ce pecule feront mis és mains du Subftitut des Gens du Roy pour leur employer avis au profit de la Fabrique de la Cure de Nogent. Ce qui donna lieu à ce Jugement, fut l'intervention du nouveau Curé, qui expofa les ruines de l'Eglife, & il avoit déja obtenu une provifion de 500. liv. *Voyez le 2. Plaidoyé de M. Daudignier du Mazet.*

20. Pecule d'un Religieux décédé prétendu par deux Monafteres, & ajugé aux pauvres de la Paroiffe dont il étoit Curé. Jugé le 13. Février 1651. *Soëfve, tome 1. Cent. 3. chap. 62.*

21. Le Monaftere qui fuccede au pecule d'un Religieux, eft cenfé & reputé heritier, & peut former complainte poffeffoire. *Chopin, Coûtume de Paris, li. 3. tit. 1. n. 4. & fuiv.*

22. Des Moines fans faire inventaire avoient pris le pecule d'un Religieux de leur Ordre, ils furent condamnez à payer 330. liv. que le Religieux devoit. Arrêt de la Grand'-Chambre, Audience du Lundy 16. Mars 1654. *Diction. de la Ville, nomb. 7488.*

23. L'Abbé Commendataire debouté de la fucceffion du pecule: aux Religieux & Convent furent ajugez les meubles fervans à l'Eglife & deftinez au fervice Divin, enfemble la Biblioteque du défunt : au Prieur fucceffeur les meubles meublans, & le furplus vendu pour les deniers être baillez, moitié aux pauvres du lieu, l'autre moitié à l'Hôtel-Dieu de Paris. Si l'Abbé eft Cardinal, il fuccede au pecule. Jugé le 4. Août 1654. *Du Frêne, liv. 7. chap. 43.*

24. Si l'Abbé Commendataire fuccede au pecule de fon Religieux? Cette queftion fut terminée par tranfaction. *Voyez Boniface to. 3. li. 7. tit. 3. chap. 1.*

25. Par la Jurifprudence des Arrêts la fucceffion du pecule des Religieux appartient aux Abbez, même Commendataires, nonobftant la Bulle du Pape Pie V. confirmée par Gregoire XIII. *Définit. du droit Can. page 104.*

26. Procez s'étant mû pour raifon de la dépoüille de Frere Martin Bayne, Religieux de faint Orens de Lavedan, entre fon heritier nommé dans un teftament fait depuis fa Profeffion, une proche parente fon heritiere *ab inteftat*, & le Monaftere du Religieux; & le procez ayant été porté devant le Sénéchal d'Auch, il y intervint Sentence qui caffa le teftament, maintint l'heritier legitime en tous les biens que ce Religieux avoit lors de la prife de poffeffion de la place Monachale, & le Syndic du Monaftere dans tous les autres biens acquis par le Religieux depuis cette prife de poffeffion; dequoi la Parente ayant relevé appel au Parlement de Touloufe, M. Jean Puyo Prieur Commendataire de ce Monaftere étant intervenu en l'inftance pour demander en cette qualité la dépoüille du Religieux; par Arrêt du premier Decembre 1666. la Sentence fut confirmée, à la charge que le Syndic du Monaftere payera à concurrence certaines dettes contractées par le Religieux depuis fa Profeffion. *Voyez M. de Catellan, livre premier, chap. 57.*

27. La maxime du Palais eft prefentement qu'un Religieux peut de fon vivant difpofer, même à titre de donation de fon pecule, & de ce qu'il a épargné de revenus, dont il a joüi feparément, pourvû que la difpofition ne foit pas faite purement en fraude de l'Abbé ou du Monaftere, qui doit fucceder au pecule. *Voyez Ricard, des Donations, part. 1. chap. 3. fect. 4. n. 343.*

28. Le frere d'un Religieux affaffiné pourfuit l'affaffinat fans aucune fommation, ni proteftation fignifiée au Prieur; il fait condamner l'affaffin; mais ne pouvant recouvrer fes dommages & interêts, & dépens, il fe pourvoit contre le Prieur, & le fait condamner à le rembourfer des frais & dépens par luy faits, prétendant que le Prieur étoit tenu comme fucceffeur & *quafi heres*, du moins jufqu'à la concurrence du pecule. Les Préfidiaux condamnerent le Prieur à rembourfer le frere des frais & dépens, & ce par jugement dernier; le Prieur appelle en la Cour; par Arrêt du 22. Novembre 1601. les parties ont été mifes hors de Cour & de procez, & défenfes aux Préfidiaux de juger en dernier reffort femblables caufes, qui ne font de leur Jurifdiction; neanmoins le Prieur condamné mettre és mains du frere tout ce qu'il avoit de la dépoüille & du pecule du défunt, dont il fe purgeroit par ferment. On tint que l'Arrêt fut fondé fur ce que le frere du Religieux affaffiné n'avoit pas fommé le Prieur; il avoit fait toute la pourfuite contre l'affaffin, *jure fanguinis & pietatis causâ*, & partant les frais faits non fujets à repetition, & que l'abandonnement fait par le Prieur mettoit le frere hors de tous interêts. *Bibliotheque Canonique, tome 2. page 197. col. 1.*

PECULE DU RELIGIEUX TRANSFERE'.

29. Le pecule d'un Religieux tranferé appartient au fecond Monaftere dans lequel fe fait la tranflation. *Définit. Can. page 605.*

30. Quand le Religieux eft pourvû d'un Benefice dépendant d'une autre Abbaye où il eft transferé, fon

pecule appartient à l'Abbé dont le Benefice est membre dépendant, & non au titulaire de l'Abbaye où il a fait Profession. Si le Religieux n'est point transferé, ou si étant transferé, il est refusé, & ensuite de ce obtient dispense du Pape, & demeure dans l'Abbaye dont il est Profez; tout ce qu'il acquiert, même des fruits du Benefice dépendant d'un autre Abbaye; appartient à l'Abbé duquel il est Religieux, & non à celuy duquel dépend le Benefice, quia *quem vivum contempsit, non potest mortuum suum dicere, & ad bona sua aspirare.* Bibliotheque Can. tome 1. page. 16.

31 S'il y a eu translation d'un Monastere en l'autre, soit de semblable ou de diverse regle, par le commandement & aveu du Superieur; plusieurs tiennent que le dernier Monastere ne peut reclamer les meubles du Moine décedé, au préjudice du premier auquel ils appartiennent; mais les uns & les autres en sont privables, quand ils ont laissé sortir & vaguer long-temps le Religieux, & qu'il est décedé hors du Convent. Arrêt du Parlement de Normandie du 28. Novembre 1608. infirmatif de la Sentence du Bailly d'Evreux, par lequel les meubles de Jeanne de Mailloc Religieuse de Fontevrault, qui étoit décedée en la maison d'un parent où elle résidoit depuis huit années, furent les frais funéraux préalablement pris, ajugez moitié à l'Hôtel Dieu de la Magdelaine de Roüen. *Voyez ibidem*, p. 12. col. 1.

32 Les biens d'un Religieux pourvû d'un Prieuré en un autre Monastere, qui après le resigne à un ami, doivent passer au nouveau Monastere; comme il a été jugé par Arrêt du 7. Septembre 1546. entre l'Archevêque de Bourges, l'Abbé de Villeloin, & l'Abbé de Baugeran. Definit. Can. p. 104.

33 Pecule d'un Religieux Curé, contentieux entre l'Abbé du Convent où il avoit fait Profession, & celuy où il avoit été transferé, & dont le Benefice dépendoit, a été ajugé pour les meubles aux pauvres de la Paroisse, & les immeubles réünis à la Cure. Arrêt du 25. Janvier 1635. *Bardet*, tome 2. liv. 4. chapitre premier.

34 Un Moine Religieux de l'Ordre de saint Bernard est transferé par la permission du Pape dans l'Ordre de saint Augustin, en cette qualité il joüit d'un Prieuré Curé dudit Ordre; l'Ordre fait refus de le recevoir, il ne laisse pas de déservir le Benefice, il décede, l'Abbé de saint Bernard son pecule, l'Ordre de saint Augustin a la même prétention: la Cour ordonna que le pecule seroit donné aux pauvres, suivant l'ordre de M. de Senlis. Le Lundy 13. Février 1651. Arrêt d'Audience. *Soëfve*, tome premier, Cent. 3. chap. 62.

PEINE.

PEine. *Pœna. Mulcta. Supplicium.* Les peines sont la punition des crimes, & chaque crime est sujet à quelques peines, selon sa qualité & sa grandeur. Ainsi, sous les titres qui traitent des crimes, soit en general, soit en particulier, l'on trouvera les peines auxquelles ils sont sujets, soit par les Canons; soit par les Loix Romaines, ou par les Ordonnances de nos Rois.

Définition & explication de peine. L. 131. D. de verb. sign.

Différence de ces mots, *Pœna. Mulcta.* L. 244. di verb. sign. Voyez Amende.

De pœnis. D. 48. 19.... C. 9. 47.... C. Th. 9. 40. Lex 12. tabb. l. 13.... D. Gr. dist. 23. & c.... dist. 81. in multis. can.... q. 2. c. 7. usque ad c. 11. § verum... 16. q. 1. & c. 23. 7. 4. & c. Extr. 5. 37.... S. 5. 9.... C. 5. ... Extr. Jo. 22. c. 5. & c.

De pœnarum omnium moderatione. N. 134. c. 13. & c. 10, 11. & 11. L. 155. §. 2. D. de reg. jur.

De modo mulctarum, quæ à Judicibus infliguntur. C. 1. 54.

De extraordinariis criminibus. D. 47. 11. Des crimes qui sont sujets à une peine arbitraire, la Loy n'ayant pas statué de peine certaine pour les punir. C'est en ce sens que nous disons, qu'en France les peines sont arbitraires.

De potestate gladii. L. 70. D. de reg. jur.

De judiciis omnibus. Paul. 1. 10. De plusieurs sortes de peines, selon les differens crimes.

De quæstionibus. C. Th. 9. 35. Des Peines & Supplices.

De servorum quæstionibus. Paul. 5. 14. Ce Traité parle aussi des peines. *Voyez* Question.

De pœna temerè litigantium. I. 4. 16. Voyez *Dépens*.

De pœna Judicis qui malè judicavit, vel ejus qui Judicem vel adversarium corrumpere curavit. C. 7. 49.

Peine proportionnée à l'âge. L. 108. D. de reg. jur.

Peine de mort, quand elle n'a pas lieu contre les voleurs. Leon. n. 64.

De infirmandis pœnis cœlibatûs, orbitatis; & de Decimariis sublatis. C. 8. 58. Abrogation des peines établies contre ceux qui vivoient dans le Celibat, & qui n'ont point d'enfans. De Decimariis, i. e. Legibus quæ statuebant, ut decimam vir & uxor inter se matrimonii nomine, caperent. Vide Ulp. 15.

Ce qui est payé par forme de peine, n'est pas restituable. L. 46. D. de reg. jur.

De pœnis. Per Joan. Milleum in fine suæ prac. crimin.

Du Mas, de pœnarum varietate. Tolosæ 1561.

De pœnis Legum statutorum, &c. temperandis, Per Andr. Tiraquellum.

De casibus, in quibus quis punitur ad mortem de jure civili. Per Guillelmum Bont. Lovanien. quem quidam Baldo attribuunt.

De tormentis. Per Guidonem de Susaria, cum addit. Ludovici Bolognini, & per Franc. Cason.

Præceptum Judicis contemnens, an statim in pœnam comminatam declarari possit? Voyez Andr. Gaill. li. 1. observat. 15.

Pœnam fisco vel parti adjudicatam, an Judex remittere possit? Voyez idem, observ. 114.

De Receptatoribus Bannitorum. Voyez Andr. Gaill. tract. de pace publicâ, lib. 2. cap. 10.

Bannitus semel, an ex alio delicto iterum banniri possit? Voyez ibid. c. 11.

De conatu, quomodo puniatur? Per Fely. in fi. Lecturæ super decr.

Thesaurus de pœnis Ecclesiasticis. Romæ 1674.

Traité des peines & amendes, par Dures.

[1] Des peines. *Voyez* Papon, li. 24. ti. 10.

De diverses peines non pratiquées aujourd'huy Despeisses, to. 2. p. 694.

De celles en usage, ibid. p. 682.

Des cas, esquels le Juge peut les aggraver ou diminuer. Ibid. p. 642.

[2] D'aucunes punitions ou condamnations trop severes, mêmes cruelles, & de l'execution; ensemble des Executeurs d'icelles. Voyez La Rochestavin, liv. 13. ch. 73.

[3] *Quæ res in delictis à pœnâ excusent; vel saltem prosint ad pœnam ipsam mitigandam?* Voyez *Julius Clarus*, li. 5. Sententiarum, qu. 60.

Ex quibus delictis reus sit ultimo supplicio damnandus? Ibid. qu. 68.

De pœnis pecuniariis. Ibidem.

De pœnâ talionis. Ibidem, qu. 81.

De pœnis statutariis. Ibidem, qu. 82.

De pœnis arbitrio judicis imponendis. Ibidem, question 83.

Ibidem, qu. est 85. explicantur multa, ad qua Judex in pœnarum impositione maximè debet animadvertere.

Unum pro alio puniri non debere. Ibid. qu. 86.

An ex sola scientia delicti committendi sit aliquis puniendus? Ibid. qu. 87.

An aliquis fit puniendus ex consilio ad delinquendum alteri dato ? Ibid. qu. 88.

An aliquis fit puniendus ex mandato ? Ibid. qu. 89.

An effectus, sive conatus ad delinquendum, puniri debeat, etiamsi delictum consummatum non fuerit ? Voyez *Julius Clarus, ibid. q. 92.*

4   Des crimes meritans la corde. *Voyez Guy Pape, qu. 189.* Il met dans leur nombre le larcin, la volerie, le brigandage, le sacrilege, la trahison contre le Prince, les deserteurs, les transfuges, les auteurs des seditions, même les Schismatiques.

5   *Post Sententiam latam pæna non potest augeri vel minui, sine principali authoritate.* Voyez *Franc. Marc. to. 1. qu. 358. n. 3.*

6   *An vir litteratus nobilis, aut in dignitate positus, plus puniatur quàm plebeius aut vilis ?* Ibid. qu. 673.

7   *Meri imperii non sunt pæna pecuniaria, carcer, tortura, pilorium.* Voyez *idem, to. 2. qu. 189.*

8   *Tormenta nova adinvenire nemini licere.* Voyez *ibid. qu. 284.*

9   *De pæná tundendi capillos.* Voyez *ibid. q. 326.*

10   *Judex non tenetur exprimere in Sententiá causam quare pænam juris mutat.* Voyez *Com. Joan. Const.* sur l'Ordonnance de François I. art. 12.

11   Des peines prononcées par les Loix, elles ne doivent point être étenduës. *Voyez du Moulin sur la regle de publicandis, nomb. 21.*

12   Arrêt du Parlement de l'an 1283. portant que la maison d'un particulier seroit rasée, pour avoir servi de retraite à un Banny, de l'autorité de la Cour. Arrêt semblable de l'année 1569. qui ordonne la démolition de celle de Gatine à Paris. *Papon, li. 24. ti. 10. n. 7.*

13   Arrêt du Grand Conseil du 24. Août 1404. par lequel sur la plainte des Ecoliers de Sainte Catherine, qu'un Parisien accompagné de ses domestiques armez, les étoient venus plusieurs fois maltraiter, il fut ordonné que sa maison seroit rasée. Arrêt semblable contre les Heretiques de Meaux en 1546. *Ibidem, n. 5.*

14   Dans cette Monarchie on ne pendoit point les femmes avant 1449. Cette année seulement, il en fut pendu une à Paris, où ce spectacle attira un grand concours de peuple. *Voyez Enguerrand de Montrelet dans la troisième partie de son Histoire, & Chronique de S. Denys, fol. 178. B.*

15   Sur la peine qui doit être ordonnée contre celuy qui enleve la tête du criminel executé à mort, & donné à l'exemple. *Voyez la premiere conclusion du sieur de Roquayrols, Procureur General en la Chambre de l'Edit de Castres.*

16   Une mere ayant brûlé la potence & la figure de son fils, pendu en effigie devant sa porte pour assassinat, a été condamnée par Arrêt du Parl. de Toulouse du 27. Janvier 1628. à consigner une somme de 20. liv. pour dresser dans la place publique une nouvelle potence, avec une pareille figure. La veuve de l'homme assassiné pour qui plaidoit M. Jean Boné, concluoit en double amende, l'honoraire en forme, l'utile en 2000. liv. ce que la Cour ne prononça pas. *Voyez le 4. Playdoyé de Boné.*

17   Nous n'observons point en France, qu'un condamné à mort puisse être soustrait à la peine qu'il a meritée, par la demande qu'une fille en pourroit faire pour l'un mary. *Voyez Soëfve, to. 1. Cent. 4. chap. 96.* où il rapporte les sentimens de Chassanée, Tiraqueau, Gomes, Papon, Ranchin, Fontanon, Mazuer, Boërius, La Rocheflavin, Expilly, &c.

18   Un Procureur d'Agien ayant été absous de la peine de corruption de deux témoins, pour avoir soûtenu la question ; & étant repris pour une faute de pareille nature, mais beaucoup moins considerable, par Arrêt du Parlement de Bourdeaux du 14. Août 1537. attendu la recidive, a été condamné à être décapité. *Papon, li. 24. ti. 10. n. 8.*

Peine corporelle ne peut être jugée en procés civilisé. Arrêt du Parlement de Paris de l'an 1388. & notament par Arrêt du Grand Conseil du dernier Mars 1551. en faveur de Gilles Lepers, l'un des quatre Prevôts de France, quoique convaincu d'avoir tué un prisonnier, qu'il disoit d'abord s'être tué lui-même ; il fut seulement condamné en des amendes vers le Roy, & la partie privée de son état, & declarée incapable d'en posseder à l'avenir. *Papon, ibid. nomb. 13.*   **19**

Arrêt du Parlement de Paris du 15. May 1604. les Chambres assemblées, par lequel il fut ordonné que le corps d'un nommé Nicolas Lhoste, natif d'Orleans, Commis de M. de Villeroy premier Secretaire d'Etat, trouvé mort dans la riviere, seroit tiré à quatre chevaux, comme convaincu de trahison & criminel de leze-Majesté, les quartiers mis sur quatre roües aux principales avenues de cette Ville, sa tête confisquez, sur lesquels seroient pris 4000. livres d'amende pour le pain des prisonniers, & autres necessitez de la Cour, outre les sommes ordonnées aux témoins. *Papon, ibidem.*   **20**

Arrêt du Parlement de Provence du 10. Janvier 1642. qui a declaré la voye de fait punissable, & fait défenses aux Consuls de faire executer les peines portées par leurs Privileges, mais de se pourvoir aux Juges pour les faire declarer. *Boniface, to. 1. l. 8. ti. 16. ch. 1.*   **21**

Autre Arrêt du 2. Mars 1645. qui défend l'augmentation des peines municipales. *Boniface, tom. 2. part. 3. li. 2. ti. 1. ch. 3.*   **22**

La peine en matiere criminelle n'est point transmissible aux heritiers, quoiqu'il y ait eu remise à plaider en Audience servant de contestation en cause. Arrêt du 16. Juillet 1672. qui met les heritiers hors d'instance. *Idem, to. 5. li. 5. ti. 6.*   **23**

Les Communautez ne peuvent établir de nouvelles peines contre les damnifians, pardessus celles des Reglemens du païs. Arrêt du 8. May 1673. *Idem, to. 4. li. 10. ti. 3. ch. 4.*   **24**

PEINE, ADULTERE.

Peine du crime d'adultere. *Voyez cy-devant* le mot *Adultere, nomb. 71.*   **25**

PEINES, AMENDES.

Des peines & amendes. *Ordonnances de Fontanon, to. 1. li. 3. ti. 87. p. 702.*   **26**

PEINES, ARBITRAGES.

Peines dües en cas d'appel de Sentence arbitrale. *Voyez le mot Arbitres, n. 8. & suiv.*   **27**

Par l'ancienne Ordonnance des Arbitrages, la peine se consignoit, & étoit sujette à repetition avant qu'il eût été mal-jugé : mais par la nouvelle Ordonnance la peine est acquise, *etiam si malè judicatum.* Arrêt du Parlement de Paris de la surveille de Noël 1581. quoiqu'il n'y eût ni conclusion ni relief, & que l'appel n'eût été interjetté, que pour éviter une rigoureuse execution. *Papon, livre 6. titre 3. nombre 5.*   **28**

PEINES ARBITRAIRES.

Pæna, quando arbitrio Judicis relinquitur. Pænam mortis, an possit arbitrari Judex ? Pænæ omnes sunt arbitriæ in Principe. V. *Com. Joan. Const.* sur *l'Ordonnance de François I. fol. 2.*   **29**

Quoique les peines soient arbitraires en France, il n'appartient qu'à la Cour de moderer les peines de droit. *Papon, li. 24. ti. 11. n. 20.*   **30**

Lorsqu'une peine est arbitraire, le Juge peut condamner à la mort ; mais ne peut le Juge inventer de nouvelles peines, autres que celles qui sont usitées. Arrêt du Parlement de Paris du mois de Decembre 1545. Autre Arrêt du 21. Juillet 1456. par lequel un Anglois condamné à être noyé par le Prevôt de Paris, a été reçû appellant, & condamné à être gardé au pain & à l'eau jusqu'au bon plaisir du Roy. *Ibid. ti. 10. n. 2.*   **31**

PEINE

PEINES, BLASPHEMATEURS.

32 Peines contre les Blafphemateurs. *Voyez* le mot, *Blafphémateurs.*

DES CLAUSES PENALES.

33 *Voyez* le mot *Claufe, nomb. 58. & fuiv.*

COMMUTATION DE PEINE.

34 *Voyez* le mot , *Commutation.*

35 *De pœnâ pecuniariâ commutandâ in corporalem pœnam. Voyez Franc. Marc. to. 1. qu. 183.*

Condemnatur pro delicto fi pœnam pecuniariam pendere non poffit , pœnâ corporali plectendus eft. Ibidem, tom. 2. qu. 645.

36 Peine pecuniaire, en laquelle on ne fatisfait point , commuée en peine corporelle. *Voyez* le mot *Amende , n. 102. & fuiv.*

37 Peine pecuniaire prononcée par le Juge laïc contre un Clerc pour délit privilegié , peut être convertie en corporelle , s'il eft ordonné que le condamné tiendra prifon jufqu'au payement. Arrêt du Parlement de Bourdeaux du 21. Janvier 1526. mais quoique le Juge lay puiffe faire la condamnation , c'eft au Juge d'Eglife à faire la commutation ; car le Juge Ecclefiaftique peut faire battre de verges jufqu'au fang exclufivement. *Voyez Papon, liv. 24. tit. 16. nomb. 4.*

38 Le 21. Juillet 1581. fut commuée la peine civile & pecuniaire , en peine de punition corporelle du fouet , fi mieux n'aimoit partie l'attermoyer en païant vingt écus comptant , & le refte de fix mois en fix mois , & faire l'option dans quinzaine. Quand le debiteur eft âgé , & qu'il a fouffert longue prifon , il n'eft pas traitté avec la même rigueur. Arrêt du 11. Août 1576. *Papon, li. 10. ti. 10. n. 2.*

39 Peine pecuniaire peut être convertie en peine corporelle à l'encontre de celui qui n'a de quoy payer ; ce qui eft à l'arbitrage du Juge. Arrêt du Parlement de Paris du 10. Decembre 1534. Autre Arrêt du 29. Mars 1427. qui condamne l'accufé à faire ceffion de biens. Autre Arrêt du 15. May 1429. qui condamne à jeûner pour amende encouruë pour injure. Ce dernier Arrêt a été depuis approuvé par autre du 4. Janvier 1586. *Ibidem , n. 8.*

40 Peine pecuniaire defcendant de délit , ne peut être convertie en peine corporelle , fi elle eft petite , & jufqu'à deux écus : ainfi jugé à Bourdeaux. *Papon , li. 24. ti. 10. n. 11.*

PEINE, COMPROMIS.

41 Peine duë en compromis. *Voyez* cy-deffus le *nomb. 27.* le mot *Appel , n. 30. & fuiv.* & le mot *Compromis , n. 24. & fuiv.*

PEINES CONVENTIONNELLES.

42 *Voyez* Charondas, *liv. 6. Réponfe 59. &* Papon , *liv. 12. tit. 9.*

43 La peine appofée dans un contrat ou legat ne peut avoir lieu avant l'interpellation. Arrêt du Parlement de Dijon du 25. May 1582. *Bouvot , tome 1. part. 3. verbo Peine.*

44 Excufation de peine conventionnelle eft aifément reçuë. Arrêt du Parl. de Paris du 18. Février 1545. par lequel les Fermiers de faint Denis qui s'étoient obligez de fournir un terrier , à peine de 100. livres d'amende , faute de fatisfaire dans le temps porté , ont été déchargez de la peine , tenus de le rendre parfait dans quatre mois , autrement la peine encouruë , *Papon , li. 12. tit. 9. n. 3.*

45 Deux Gentilshommes tranfigent fur la préference des bancs & honneurs en leur Paroiffe, & promettent faire ratifier leurs femmes à peine de cent liv. l'un fatisfait , l'autre non. Arrêt qui le condamne fimplement , à faute de faire ratifier , aux dommages & intereſts : il repreſentoit l'excez de la peine , l'impuiffance où il avoit été d'executer la claufe. *Papon, ibidem, nomb. 4.*

46 L'appellant avoit promis de faire ratifier un accord à peine de cent écus , ce qu'il ne peut faire ; ap-

Tome III.

pellé par l'intimé pour payer la peine , il eft condamné à Dinan ; Sentence confirmée par les Préfidiaux de Rennes. Autre appel , il dit que telles peines conventionnelles & pecuniaires introduites par droit civil font abrogées ; telles peines ne doivent exceder le jufte interêt. Par Arrêt du Parl. de Bretagne du 7. Août 1565. il fut dit mal jugé. Emendant le Jugement, l'appellant condamné en tels dépens , dommages & interêts que de raifon , lefquels pour certaines caufes & confiderations , la Cour a taxez à 25. liv. monnoye , fans dépens. *Du Fail, li. 1. chap. 200.*

47 La peine de cinq fols par jour faute de payement de dix écus de penfion par an , appofée par un contrat de conftitution de penfion faite à une Religieufe, jugée bonne en Avril 1588. *M. le Prêtre , ès Arrêts de la Cinquîme.* Toutefois le débiteur ne fut condamné pour le paffé qu'à la fomme de 300. liv. *Voyez la 4. Cent. chapitres 16. & 17.* Mornac , *loy 32. ff. de ufuris & fruetibus , &c. & M. Loüet, & fon Commentateur lettre P. fomm. 3.*

48 Un Chanoine de l'Eglife de S. Malo exceda l'Evêque & luy dit des injures ; plainte fut renduë ; un parent du Chanoine s'entremit ; acte fut paffé ; il promet de faire enforte que le Chanoine ne viendra de quatre mois dans la Ville de S. Malo , & s'oblige à payer la fomme de 300. livres en cas de contravention. Le Chanoine revint ; Sentence qui condamne le parent aux 300. livres ; il appelle & prend des Lettres de refcifion contre l'acte , fous prétexte que c'eft une promeffe *de alieno facto quod promittere nemo poteft,* l'Evêque dit au contraire que les promeffes *de non faciendo* font valables. Arrêt du Parlement de Bretagne du 12. Janvier 1621. qui confirme la Sentence, à la charge que les 300. livres feront payez à l'Hôpital de St Malo & fans depens. *Fram page 347.*

49 De la force des claufes penales , *Voyez Henrys , tome 1. livre 4. chapitre 6. queftion 68.* où il rapporte un Arrêt du 5. Juin 1658. qui a jugé que la ftipulation de la peine du double n'eft pas valable , du moins qu'elle ne demeure pas encouruë de plein droit , quoique portée dans un contract de mariage.

PEINE, DOUBLEMENT, TIERCEMENT.

50 L'Ordonnance d'Orleans article 60. & de Moulins article 58. ne font point gardées à la rigueur. *Voyez M. Loüet lettre P. Sommaire 4.* Voyez cy-devant *Paycment.*

ECHAPE' A LA PEINE.

51 Deux criminels convaincus d'affaffinat condamnez à être brûlés vifs , un d'eux s'échape des mains du bourreau à demi brûlé , & fe fauva dans l'Eglife des Carmes , d'où ayant été tiré & conduit en prifon , où il mourut la nuit , par Arrêt du mois d'Avril 1534. il fut ordonné que fon corps feroit mis en cendres. Plufieurs inclinerent à luy donner fepulture , regardant ce fait comme un miracle, du moins difans qu'il n'étoit permis d'executer fupplice contre un corps mort. *Papon, liv. 24. tit. 14. nomb. 1.*

52 Un homme condamné à être pendu , étant jetté de l'échelle la corde au col , tombe à terre par la rupture de la corde fans être mort ; on demande s'il doit être remis,fur tout quand il a toûjours dénié ? Quelques auteurs tiennent la negative. *Papon , livre 24. tître 17. nombre 14.* dit avoir vû pratiquer le contraire en France.

PEINES ECCLESIASTIQUES.

53 Des punitions & corrections Ecclefiaftiques. *V.* la *Bibliotheque Canonique tome 2. page 341. & fuivantes* & cy-deffus *l'Indication des Auteurs.*

54 Juge d'Eglife ne doit condamner les delinquans fes jufticiables aux Galeres. Arrêt du Parlement de Paris du 29. May 1544. fur l'appel comme d'abus d'un jugement rendu par l'Official de Bourges lequel a été condamné à reprendre à fes perils & fortunes

I

les prisonniers par luy délivrez dedans un mois sur peine de 1000. livres. *Papon , livre* 24. *titre* 16. *nombre* 4.

55 Les Prêtres és cas prévilegiez peuvent être condamnez par les Juges Lais en amende honorable, & au banniſſement. *Can. Clericus maledictus diſtinct.* 45. Voyez Mainard , *livre* 9. *chap.* 48.

PEINE DU FAUX.

56 *Voyez* le mot *Faux , nomb.* 106. *& ſuivans.*

Acta qui corrumpunt , dilaniant aut lacerant , præter pœnam falſi , quinquaginta aureis plectuntur. Voyez Franc. Marc, *tome* 2. *queſt.* 444.

57 Déclaration du Roy du mois de Mars 1680. portant peine de mort contre les fauſſaires , regiſtrée le 24. May 1680. *De la Gueſſiere , tome* 4. *livre* 3. *chapitre* 12.

PEINE DU FOUET.

58 *Voyez* le mot *Foüet.*

PEINE, HERETIQUES.

59 Des peines contre les Heretiques. *Voyez* le mot , *Heretiques, nombre* 52. *& ſuiv.*

PEINES DES MARIS.

60 Les maris excedans outrageuſement leurs femmes ſeparées d'eux de corps & de biens , ſont condamnez à demeurer perpetuellement dans un Monaſtere pour faire penitence. Arrêt du 12. Juillet 1600. *Peleus , queſtion* 2.

PEINE, MONASTERE.

61 Du Monaſtere donné pour peine. *Voyez Peleus , queſtion* 2.

PEINE DE MORT.

62 Si l'Ordonnance ne prononçant point de peine contre un crime , le Juge peut de ſon autorité condamner à mort ? L'affirmative jugée au Parlement de Paris le 22. Juin 1673. contre un Directeur qui fut pendu & brûlé avec ſon procés pour avoir abuſé de ſa penitente. *Voyez le Journal du Palais , tome* 2. *page* 972.

PEINE , PRISON PERPETUELLE.

63 Voyez *M. le Prêtre* 2. *Cent. chap.* 25.

PEINE, SECONDES NÔCES.

64 *Voyez lettre* E. verbo, *Edit des ſecondes nôces ,* le mot *Mariage , & lettre* S. *au titre des ſecondes nôces.*

PEINE, SUBORNEURS DE BENEFICES.

65 La peine des Precepteurs ſubornans leurs Eſcoliers pour le faire reſigner leurs Benefices, & de ceux qui ſe ſervent des procurations ainſi paſſées. Arrêt du 18. Juin 1554. qui les condamne à faire amende honorable , & en amende envers le Roy, &c. *Peleus queſt.* 79.

PELERINAGE.

1 SUr les Pelerinages , Pelerins, *Voyez* Thomas Waldenſis *tome* 3. *titulo* 15. *& 21.*

Silveſter *in ſummâ.*

Hilarius Byrchmayr , *de verâ peregrinandi ratione.*

Arnoldus Mermannius *de rogationibus ac peregrin.*

Jac. Gretſerus Soc. Jeſu.

Nicolaus Serarius , *de proceſſionibus & peregrinationibus.*

2 Arrêt du Roy Henry ſecond en 1556. contre les Pelerins. Ceux qui voudront aller une ſeconde fois en pelerinage , ſeront bannis, & en cas de recidive condamnez aux galeres. *V. Henrici progymnaſmata , Arrêt* 276.

3 Edit du Roy du mois d'Août 1671. portant reglement pour les Pelerins, & enjoint aux Prévôts d'arrêter ceux qui commettent des abus dans les pelerinages, regiſtré au Parlement de Paris le 27. & au Parlement de Roüen le 26. du même mois. *Maréchauſſée de France , page* 915.

4 Déclaration, en execution de celle du mois d'Août 1671. portant défenſes à tous les ſujets du Roy d'aller en pelerinage à S. Jacques en Galice, Nôtre-Dame de Lorette, & autres lieux du Royaume , ſans la permiſſion expreſſe du Roy, ſignée par l'un des Secretaires d'Etat , ſur l'approbation de l'Evêque Dioceſain , à peine de galeres à perpetuité contre les hommes, & de telle peine afflictive contre les femmes , que les Juges eſtimeront convenable, &c. A Verſailles le 7. Janvier 1686. reg. le 12. dudit mois. *Ibidem p.* 1033.

PENITENCIER.

1 DEs penitens publics & de la penitencerie. *Voyez M. Du Perray en ſon Traité de la capacité des Eccleſiaſtiques livre.* 2. *chap.* 8. *page* 189.

2 *Major Pœnitentiarius Papa à pœnâ Canonis : ſi quis ſuadente xvij. q. iv. abſolvere poteſt.* Voyez *Franc. Marc , tome* 2. *queſt.* 824.

3 Le Grand Penitencier a moyen de diſpenſer *ſuper incontinentiâ mulieris* , & eſt ſeul croyable de la puiſſance à luy en ce regard concedée par le Pape. Jugé au Parlement de Roüen le 13. Août 1520. entre ſœur Anne Du Boſc , & Guillemette du Queſnay , touchant le poſſeſſoire de l'Abbaye de Preaux , ſituée dans cette Province. *Bibliotheque Can. tome* 2. *pag.* 217. *col.* 1.

4 Pour ce qui concerne la diſpenſe *ſuper defectu natalium ad beneficia conſequenda* , il fut ſoûtenu au Parl. de Roüen le 13. Août 1529. entre un nommé Cordelier , au ſujet du Benefice de Reüilly , Dioceſe de Bayeux, que le grand Penitencier Apoſtolique n'avoit pas cette puiſſance , mais ſeulement que ſa fonction conſiſtoit *circâ abſolutionem peccatorum penitentiam injungendo* , comme étant ſon autorité à ce coarctée, ou limitée , & en tout cas qu'il ne la pouvoit déleguer , ni commettre à un autre. *Ibidem.*

5 Les charges de Penitencier & de Promoteur, ſont incompatibles dans une même perſonne. L'une étant pour abſoudre, l'autre pour accuſer les criminels qui ſe trouveroient juſticiables de l'Officialité. Arrêt du 15. Mars 1611. ſur les concluſions de M. Servin Avocat General, contre M. l'Evêque d'Angers, à la pourſuite de ſon Chapitre. *Chenu, tome* 1. *tit.* 1. *chap.* 67.

6 La Penitencerie ou Prebende penitentielle dans les Egliſes Cathedrales n'eſt point une dignité, & qu'elle eſt ſujette aux Graduez. Arrêt du Parlement de Paris du 14. Février 1650. au Rolle de Vermandois , pour la Penitencerie de l'Egliſe Cathedrale de Reims. *Du Frêne , Journal des Audiences, livre* 5. *chapitre* 51.

PENSE'E.

PRopoſitum in mente retentum nihil operatur. Mornac, *loy* 7. C. *de conditione ob cauſam datorum.*

An ex ſola cogitatione quis puniatur ? Voyez *Julius Clarus , liv.* 5. *Sentent. queſt.* 91.

PENSION.

PEnſion alimentaire , viagere. *Penſio. Annona.*

De his qui denuntiant ne civiles annona vel penſiones ſolvantur. N. 88. *c.* 2. Penſion alimentaire ne peut être ſaiſie.

Voyez *Alimens, Proviſion.*

PENSION, ARRERAGES.

1 Arrerages de penſion , combien d'années peuvent en être demandées , & à qui ? *Voyez* le mot *Arrerages , nomb.* 66. *& ſuiv.*

PENSION, BENEFICE.

2 Des penſions accordées ſur les Benefices. *Voyez* cy-apres *le nomb.* 16. où l'on en ſera un titre particulier à cauſe de l'importance de la matiere.

PENSION, CHEVALIER DE MALTHE.

3 Si un Chevalier de Malthe peut demander une penſion à ſes parens ? *Voyez* le mot *Chevalier , nomb.* 59. *& ſuiv.*

PENSION, DEBITEUR.

3 bis. Pension accordée au débiteur, au préjudice es creanciers, ou de leur consentement. *Voyez* le mot *Creancier, nomb.* 63. & 64. & le mot *Provision.*

PENSION, DOMAINE.

4 Des pensions sur le Domaine. *Voyez* le mot *Domaine, nomb.* 67.

PENSION, JUGES.

5 Par Edit du Roy Loüis XIII. publié à Dijon le 27. Octobre 1614. il n'est pas permis aux Officiers Royaux d'être pensionnaires des Seigneurs, Gentils-hommes. *Voyez Bouvot, tome* 2. verbo *Pensionnaires, quest.* 15.

PENSION, RELIGIEUX.

6 Pensions viageres laissées aux Religieux. *Voyez* le mot *Alimens, nomb.* 117. le mot *Dot, nomb.* 441. & *suiv.* & cy-aprés, *Religieux.*

7 *Pensiones Monasticæ solvi debent per anticipationem.* Mornac, *loy* 22. ff. de pactis dotalibus.

8 Les Religieux pour pension sont préferables à tous, même aux Amodiateurs sur les fruits saisis. Arrêt du Parlement de Dijon du 7. Juillet 1615. leur pension est comme une rente fonciere. *Bouvot, tome* 2. verbo *Pensions, quest.* 4.

9 Pour arrerages de pensions viageres promises & constituées au profit de Religieuses, on ne peut demander la contrainte par corps, quoique ces pensions tiennent lieu d'alimens. Arrêt du 31. Janvier 1648. *Soëfve, tome* 1. *Cent.* 2. *chap.* 60.

PENSIONS VIAGERES.

10 *Annua pensio super furno assignata an furno minuto nihilominus integra peti possit ?* Guy Pape, quest. 8.

11 Les pensions viageres sont reputées dettes immobiliaires, étant estimées comme usufruit. Arrêt du 14. Août 1582. *Charondas, liv.* 4. *Rép.* 25.

12 Arrêt du Parlement de Paris du 3. Août 1627. pour la confirmation des pensions viageres reservées par les Religieux, & cassation des donations par eux faites au préjudice de leurs parens, aux Convens de leurs Ordres. *Filleau.* 1. *part. tit.* 1. *ch.* 48.

13 Les pensions viageres, quoique dûes de plusieurs années, la reduction en a été faite à dix ans, par Arrêt du 7. Septembre 1657. *Henrys, tome* 2. *livre* 4. question 70.

14 Si aux constitutions de pensions viageres à prix d'argent, les pactions qui surchargent les débiteurs sont illicites ? *Voyez Boniface, tome* 2. *livre* 4. *titre* 5. *chap.* 6.

15 Chevalier de Malthe, encore qu'il soit incapable de succeder, il n'est pas exclus de demander une pension ou provision d'alimens sur les biens de ses parens, jusques à ce qu'il soit pourvû d'une Commanderie; mais si les pere & mere assignent la pension, & ne mettent point la clause, pour en joüir jusques à ce que le Chevalier soit pourvû d'une Commanderie, il y a de la difficulté pour sçavoir si la pension cesse, & il faut encore observer si la Commanderie est de grace, ou venuë à son tour. *Brodeau sur M. Loüet, lettre C. somm.* 8.

Voyez cy-aprés verbo *Rentes*, §. *Rentes viageres.*

PENSION BENEFICIALE.

16 *De pensionibus Ecclesiasticis.* Per Jo. Bap. Cacialupum.

Per Paulum de Româ.

Per Jo. Nicolaum Delphinatem in tract. *de Jure patronatûs.*

Et Per Thomam Campeg. in tracta. *de authoritate Romani Pontificis.*

Hieronymus Gigas, *de pensionibus Ecclesiasticis; ejusdem responsa in materia pensionum.*

Zecchius, *de Beneficiis & pensionibus*, in quarto, *Verona* 1601.

Tondutus, *de pensionibus Ecclesiasticis*, in fol. *Lugd.* 1661.

Tomé III.

Vincentius Giocharus, *an Clericus in minoribus uxoratus possit retinere pensionem.*

Dissertation sur les pensions. *Roüen* 1675. in douze.

17 Les pensions sur les Benefices. *Voyez* ce qu'en ont écrit *Joannes Nicolaus in libello instituto , flores juris patronatus , pensionum & permutationum beneficiorum,* Chopinus, *lib.* 2. *de Domanio Franciæ, tit.* 9. *n.* 16. *tit.* 10. *n.* 15. *de sacrâ Politiâ, li.* 3. *n.* 15. & *suiv.* & *Monasticon lib.* 3. *tit.* 3. *n.* 20. Robertus, *rerum judicatarum, lib.* 1. *cap.* 7. Forget. Papon, *li.* 3. *tit.* 5. Tournet, *lettre P. Arr.* 55. & *suiv.* M. Loüet, *lettre P. somm.* 3. & *suiv.* Borjon, *en son Recueil, to.* 4. *page* 255. M. le Prêtre, 4. *Cent. chap.* 82. Jovet, & *l'Auteur de la Biblioteque Canonique*, verbo *Pension.* Voyez *les Memoires du Clergé, tome* 2. *part.* 2. *tit.* 13.

18 *Voyez* Rebuffe, 1. *part. praxis benef.* au chap. *de reservationibus, n.* 13. & *suiv.*

Notabilia super pensionibus. Voyez Rebuffe, 3. *part. praxis benef.* dans les observations sur la pratique de la Chancellerie Romaine.

19 *De pensionibus Ecclesiasticis, & earum origine.* Voyez *Pinson*, au titre *de oneribus Ecclesiarum*, §. 8.

In quibus consistere possit pensio? Ibid. §. 9.

De modo pensionis. Ibid. §. 10.

Quis creare possit pensionem? Ibid. § 11.

Quibus modis finiatur pensio? Ibid. §. 12.

De causis constituendæ pensionis. Ibid. § 13.

Cuinam assignare debeat pensio? Ibid. §. 14.

20 Des pensions *Voyez* Lotherius, *de re Beneficiariâ li.* 1. *quest.* 35. 36. 37. 38. 39. & *suiv.* où il examine, *Pensio unde dicta , quid sit , quæ ejus causa efficiens , finalis , materialis , & formalis. Quo jure pensionis Ecclesiasticæ usus fuerit introductus. An & quatenus littera, apostolicæ sunt necessariæ pro gratiâ reservationis pensionis, & produci debeant. Qui sit usus signaturæ rescribendi in causis pensionis , & qualiter instruendus processus. Pensio super quibus reservetur, quæ actiones competant pensionario & in quos exerceantur. Qua ratio sit forma translationis pensionis per viam cassationis antiqua & reservationis nova? Huic modo satisfiat ? Et qualiter ex parte translatorii promoveatur judicium? Pensio per auspicationem ad Papatum an extinguatur, & quomodo ex defectu intentionis Papæ dicatur nulla ab initio? Quomodo pensio extinguatur ex forma aut materiæ interitu? Valor beneficii, quomodo in articulo executionis gratia pensionis vel objecti probetur? Solutio pensionis , quibus casibus fiat pro rata aut fructuum , aut temporis ? pensio an & quando veniat appellatione beneficii?*

21 On ne peut créer de pension qu'en trois cas. 1°. *Ne resignans nimium patiatur dispendium.* 2°. *Pro bono pacis.* 3°. *In permutatione Beneficiorum , quando in reditu est inæqualitas. Capite nisi essent viri providi de prebend. cap. super, de renunciat. cap. ad questiones de rerum permutat.* Voyez *Rebuffe*, Pratique beneficiaire *tit. de reservat. tam generalibus , quam specialibus , li.* 1. *cap.* 30. *num.* 21. 21. 23. & son traité de *pacificis possessoribus num.* 110. & *suiv.* 110. Voyez *M. Dolive, liv.* 1. *ch.* 28. Anne Robert, *rerum judicatarum , liv.* 1. *chap.* 7. M. Loüet, *lettre P. somm.* 30. Telles pensions ne peuvent exceder la troisiéme partie des fruits. Jugé en Mars 1578.

22 La clause *dummodo centum ducati liberi remaneant*, apposée aux créations de pensions s'observe en Italie aux terres du patrimoine du Pape, & non en France, *Bibliot. Can. to.* 2. *p.* 207. *col.* 1.

23 Pension en permutation n'est sujette à restitution. *Voyez Tournet, lettre P. Arr.* 91.

24 Du consentement des Patrons dans la réserve & création des pensions. *Voyez Tournet, ibidem, Arrêts* 79. & *suiv.*

25 *Pensio an dari possit in compensationem lai o à Prælato sine consensu Capituli?* Ibidem, *Arr.* 55.

26 Le 28. Mars 1557. par Arrêt du Parlement de Paris rapporté par *Boerius, cons.* 29. a été une pension respectivement créée par deux copermutans, à la

charge de n'en joüir qu'après la mort de l'un ou de l'autre, déclarée nulle & abufive, & le Concordat pour ce fait caſſé.

27 Pour la validité d'une penſion il ſuffit qu'il apparoiſſe d'un titre coloré. Arrêt du Parlement de Paris du 11. Decembre 1543. on pourra même la demander par vertu d'une ſimple ſignature ſans autre donation de Bulles. *Bibliotheque Can. to. 2. p. 199. col. 2.*

28 On tient au Palais que ſans placet du Roy on ne peut créer penſion ſur Benefices électifs à la nomination du Roy. *Papon, liv. 3. ti. 5. n. 6.*

29 On peut réſerver une penſion certaine, qui durera juſqu'à ce qu'il ſoit pourvû au penſionnaire d'un Benefice de telle valeur. Le Pape le peut, mais non les Evêques. Aujourd'huy même, les Evêques ne ſçauroient conſtituer une penſion ſur un Benefice, ayant laiſſé perdre ce pouvoir, & ce droit par non uſance, ce qui eſt arrivé parce qu'ils l'ignoroient. *Bibliotheque Can. to. 2. pag. 478. col. 1.*

30 J'ay promis certaine penſion juſqu'à ce que je t'aye baillé un Benefice, tu es pourvû d'un Benefice par l'Ordinaire, cela fait-il ceſſer la penſion par moi promiſe, *non, quia ego ſum obligatus ex contractu, neque obligatione perſonali quiſquam poteſt ſe eximere, niſi eo præſtito quod præſtare promiſit. Ita decidit Joan. Faber. in l. fin. C. ſi mancip. itâ Vanier.* Bibliotheque de Bouchel, *verbo* Penſion.

31 Le Parlement de Touloufe connoît de la poſſeſſion des penſions appoſées ſur le Benefices. Arrêts des 24. Mars, & 21. Juin 1599. *Cambolas, liv. 2. chap. 37.*

32 Edit du Roy du mois de Juin 1673. portant reglement pour la retention des penſions ſur les Benefices qui requierent réſidence. *Boniface, tome 3. li. 6. tit. 2. chap. 4.*

33 Déclaration du Roy du 5. Février 1674. portant que l'Edit du 9. du mois de Juillet 1671. aura lieu à l'égard des Benefices qui requierent réſidence, *Ibidem.*

34 Les recipiendaires aux Benefices reſignez doivent prêter ſerment, qu'ils n'ont laiſſé ny racheté ſur leurs Benefices aucunes penſions contre la diſpoſition des Ordonnances. Jugé au Parlem. de Tournay le 14. Mars 1698. contre un pourvû de la Prebende & Penitencerie de la Cathedrale de Tournay, quoique les Bulles par luy obtenuës portaſſent diſpenſe du ſerment ordinaire. *Voyez M. Pinault, to. 2. Arrêt. 212.*

PENSION, PORT D'ARMES.

34 bis Si la penſion ceſſe par le port d'armes ? *Voyez* le mot *Armes, n. 19.*

PENSION, BULLES, EXPEDITION.

35 Ce n'eſt point par ſignature que s'expedient les penſions ſur les Evêchez, & autres Benefices conſiſtoriaux: c'eſt par une cedule conſiſtoriale, qui contient les conditions auſquelles le Pape a accordé les proviſions en Conſiſtoire. La cedule conſiſtoriale n'eſt autre choſe qu'un abregé du rapport fait en Conſiſtoire par le Cardinal propoſant, qui par la cedule adreſſée au Cardinal Vice-Chancelier luy fait ſçavoir que les proviſions ont été accordées par ſa Sainteté, avec les conditions & decrets contenus dans la cedule. En France les penſions réſervées ſur les autres Benefices inferieurs s'expedient par ſimple ſignature; mais en pays d'Obédience ces penſions s'expedient par Bulles comme les Benefices, à l'exception des penſions ſur Benefices expediées par Conſiſtoire pour leſquelles on prend ſeulement autant du decret de penſion porté dans la cedule conſiſtoriale; c'eſt l'obſervation de *M. Noyer,* Banquier, *dans ſes Remarques ſur les Définitions Can. p. 617.*

PENSION SANS CAUSE.

36 Un Abbé Prieur, ou autre Prelat, peut ſans le conſentement du Chapitre, aſſigner penſion à certain temps ſur le Benefice, pour recompenſe des ſervices faits au Benefice même. Mais la penſion ne peut être perpetuelle ſans le conſentement du Chapitre. Arrêt du Parlement de Grenoble ſans date. *Papon, liv. 3. tit. 5. n. 5*

37 Penſion ſur Benefice, créé ſans cauſe legitime, eſt abuſive: ainſi jugé au Parlement de Paris le 13. May 1632. *Bardet, to. 2. li. 1. ch. 23.*

38 Martel Curé de Sauveur, étant mal avec le Seigneur du lieu, fut obligé de permuter avec Aſtrac Curé d'Aurade; il fut dit dans la permute, *attendu que la Cure de Sauveur étoit chargée d'une penſion du tiers des fruits en faveur de Molineri* ; que Martel feroit 100. livres de penſion à Aſtrac. De ſorte que Molineri étant mort, Martel diſoit que la penſion de 200.l. ayant été conſentie ſur cette cauſe; ſçavoir parce que la Cure de Sauveur étoit chargée d'une penſion, Molineri décedé, la cauſe ceſſant, l'effet devoit ceſſer. Au contraire, l'autre diſoit que cette cauſe n'étoit pas *cauſa adæquata* de la permutation; & que s'il avoit eu la penſée que la penſion de Molineri ne dureroit pas toûjours, il s'en ſeroit fait faire une plus haute, pour conſentir à cette permutation. Arrêt du Parlement de Touloufe du 22. Novembre 1650. qui condamne Martel à payer la penſion. *Albert,* verbo, *Penſions, Arr. 2.*

39 Sur pluſieurs queſtions touchant les penſions, & particulierement, que la reſerve de penſion ſur les fruits d'un Benefice en faveur d'une perſonne incapable de le poſſeder, étoit ſans cauſe legitime, *Voyez les* 19. & 20 *Plaidoyers de Baſſet, to. 1. fol. 238.* Il rapporte l'Arrêt du 4 Juin 1658. lequel juge encore y avoir abus en l'homologation d'un concordat, en ce qu'il contenoit reſerve de penſion ſans cauſe, & contre les termes de la fondation.

40 Des penſions ſur les Benefices de Chœur; & ſi le Chapitre doit le payer, lorſque les Titulaires ne ſervent point leurs Benefices; Arrêt de *M. de Catellan, liv. 1. ch. 30.* où il eſt dit que le 3. Juillet 1662. au Parlement de Touloufe, le Chapitre de Narbonne condamné à payer au nommé Albert la penſion de 40. livres, qu'il avoit établie ſur un Benefice dans ce Chapitre, quoique le Titulaire ne faiſant aucun ſervice, perdit ſes fruits. La modicité de la penſion, & une maniere d'uſage qu'il parut y avoir dans ce Chapitre, de payer la penſion en des cas pareils, pûrent contribuer à détourner les Juges. A la rigueur le Chapitre ne peut être tenu envers les Penſionnaires des Benefices, qu'à concurrence des fruits que les Titulaires ont gagnez, quoique la penſion même ait été ſignifiée au Chapitre, puiſque cette ſignification ne le met point dans le tort; & qu'il n'a d'autres voyes pour obliger les Beneficiers à la réſidence & au Service, que la pointe & la privation des fruits; leſquels ce ſeroit choſe ſinguliere que le Chapitre dût repreſenter à un autre, plûtôt qu'au Titulaire. Il n'eſt pas juſte que des conſtitutions de penſions, & des conventions particulieres puiſſent donner quelque atteinte à une loy publique, auſſi juſte & favorable que celle qui prive abſolument des fruits les Beneficiers qui ne ſervent point. C'eſt un inconvenient ou cas fortuit des penſions ſur les Benefices de Chœur que le Penſionnaire doit ſupporter. Il fut ainſi jugé en 1668.

41 Si l'on vouloit faire reſerver une penſion ſans cauſe ſur les Benefices qui ſont de Patronage Eccleſiaſtique, il faudroit des Lettres Patentes de dérogation aux Libertez de l'Egliſe Gallicane, dont le Roy eſt le Protecteur; avoir le conſentement du Titulaire, celuy du Patron ou Collateur; & obtenir Arrêt ſur les Concluſions de M. le Procureur General. Quand elle aura reçû toutes ces formes, elle pourra paſſer à tous les ſucceſſeurs du Benefice, & devenir réelle. *M. Du Perray, li. 4. ch. 4. nomb. 26.* A la fin de ce chapitre il rapporte des Lettres Patentes du 15. Août 1694. & regiſtrées au Grand Conſeil, leſquelles ont confirmé une création de penſion ſans cauſe.

42 Lorſqu'il plaît au Roy d'accorder quelque pen-

sion sur les Benefices de sa nomination, c'est ordinairement une pension sans cause. Il y en a de trois especes. La premiere, quand un Beneficier de son mouvement consent à la création d'une pension sur son Benefice, en faveur d'un particulier. La seconde, quand le Roy admettant la resignation d'un Benefice de sa nomination, outre la pension reservée au resignant, Sa Majesté veut qu'il soit aussi chargé d'une autre pension, en faveur d'une troisiéme personne. La troisiéme, quand Sa Majesté veut qu'un Benefice de sa nomination vacant par mort ou par dévolut, soit chargé d'une ou de plusieurs pensions. Il y a cette difference entre ces trois sortes de pensions sans cause, que si on veut faire créer & expedier en Cour de Rome une pension de la premiere & seconde espece, il faut payer la *Componende*, qui est de la valeur d'une année de la pension; si elle est en ducats, ducat pour ducat d'or de la Chambre; & si elle est exprimée en livres, 28. ducats semblables pour chaque cent livres. A l'égard de la troisiéme espece, lorsque le Roy accorde une pension sur un Benefice de sa nomination, vacant par mort ou par dévolut, elle n'est point sujette à composition comme les deux precedentes. Le nommé par le Roy est ensuite obligé de passer procuration pour consentir devant le Pape à la création de la pension. *Voyez l'observation 475. de M. Noyer Banquier, sur les Définitions Canoniques, pag. 609.*

PENSION, COMPONENDE.

43   *Voyez le nombre précedent.*

PENSION, CONTRIBUTION.

Pensionnaire tenu de contribuer aux Décimes, & autres charges du Benefice, & comment? *Voyez le mot Contribution, n. 44. & suiv. & le mot Decimes, n. 6. & 7.*

44   Le Pensionnaire doit contribuer aux Décimes, & autres taxes & charges qui surviennent. Arrêts des 9. Janvier 1531. 12. Decembre 1532. Autre Arrêt semblable en 1530. *Papon, l.v. 3. tit. 5. n. 2. & suiv. & Du Moulin, sur la regle* de public. *n. 289.*

45   On distingue entre pension personnelle & réelle; la premiere finit avec celuy au profit de qui elle est constituée: la seconde est toûjours dûë par le Benefice. Ceux qui la possedent sont sujets à proportion aux charges. Arrêt du 17. Decembre 1545. entre le Curé de Sainte Croix de Roüen, & les Religieux de S. Oüen, par lequel il fut dit que la pension de 150. livres créée sur la Cure dés 1505. seroit contribuable aux emprunts & dons gratuits. *Bibliot. Canon. to. 2. p. 206. col. 2.*

46   Quelque convention qu'il y ait entre des particuliers, on ne peut par des taxes particulieres obliger les Pensionnaires à payer une grosse somme; & quelques concordats qu'il y ait entre les Abbez & les Religieux, par lesquels ceux-cy seroient obligez comme Fermiers, de payer une somme par chacun an à leur Abbé, & de payer aussi à sa décharge le don gratuit; toutes les fois que les coûtumes se sont presentées au Parlement, ou dans les autres Tribunaux, que les Religieux ou Chanoines Reguliers ont pris des Lettres de rescision, ils ont été remis au même état qu'ils étoient auparavant. Je l'ai fait juger recemment pour les Prieur & Chanoines Reguliers de l'Abbaye de la Chartrice, contre le sieur Abbé Fagon. L'Arrêt fondé sur le contrat fait avec le Clergé, le Roy ayant voulu que les concordats ne fussent point des occasions de surprise, y ayant dérogé, & à toutes les transactions & autres choses contraires: mais si le Titulaire avoit payé la pension entiere aux Pensionnaires pendant le temps de la taxe du don gratuit, & qu'il voulût retenir ou repeter *conditione indebiti*, ce qu'il auroit payé, il n'en a pas le droit, il est censé l'avoir remise. Je l'ai vû juger aux Requêtes du Palais, il faut l'imputer dans le temps qu'elle sera dûë; *V. M. Du Perray, liv. 4. ch. 4. n. 42.*

Le Pensionnaire paye le sixiéme de la pension pour la Capitation, ce qui va à la décharge du Benefice; il doit le quart du don gratuit.   47

PENSION, CONSENTEMENT.

Voyez cy-dessus le nombre 24.

Dans la création des pensions personnelles & temporelles, le consentement n'est pas necessaire. Il n'en est pas de même dans les Benefices qui appartiennent à la nomination du Roy. Non seulement le Procureur General du Roy pourroit interjetter appel comme d'abus de l'érection de cette pension; non seulement le successeur du resignataire auroit cette faculté de se pouvoir porter appellant comme d'abus, le resignataire même le pourroit faire; & Du Moulin, sur la regle *de publicandis, nomb.* 280. assure que c'est l'usage, & la pratique commune & ordinaire du Grand Conseil.   48

Quand le Patronage est alternatif entre un Ecclesiastique & un Laïc, on ne peut créer de pension sur le Benefice dépendant de ce Patronage, que du consentement de tous les deux; parce que c'est une charge commune, à laquelle l'une & l'autre interessé doit acquiescer. *Bibliot. Can. to. 2. p. 179.*   49

On demande si la pension créée par le consentement de celuy qui obtient la place, & represente aucunement la personne du proprietaire Patron, comme tuteurs & gardiens, seroit valable? *Voyez ibid. p. 205. col. 1.*   50

PENSIONS SUR LES CURES.

Pensions constituées sur les Cures, anciennement jugées abusives. *Charondas, li. 1. Rép. 15. & 24.*   51

Sous le Pontificat du Pape Innocent XII. il a été fait un Decret, portant défenses d'admettre aucunes resignations des Cures, avec reserve de pension; sur cela le Clergé de France a fait des remontrances au Pape, pour faire voir qu'il y a des cas où il est necessaire d'admettre les pensions sur les Cures, comme pour cause d'infirmité, de vieillesse, & autres semblables, autrement il arriveroit que l'ancien Titulaire garderoit toûjours sa Cure, quoiqu'il ne fût plus en état de la desservir: neanmoins cela n'a pas fait changer le Decret; le Pape a seulement répondu qu'il y auroit égard dans les occasions, *habebitur ratio in casibus particularibus.* En effet, nous avons vû que pour la Cure de S. Eustache l'on a eu bien de la peine à faire passer à Rome la resignation, avec reserve d'une pension de six mil livres, quoique ce ne soit pas le tiers du revenu de cette grosse Cure: il a falu que le Roy & M. l'Archevêque de Paris s'en soient mêlez. *Voyez les observations sur Henrys, to. 1. li. 1. ch. 2. qu. 4.*   52

A l'égard des Cures, dans le Parlement de Roüen, toutes pensions indistinctement y sont réelles; & l'on a seulement la voye de la reduction des pensions *ad legitimum modum. Bibliot. Can. to. 2. p. 213.*   53

Pour pouvoir resigner à condition de pension, un Benefice Cure que le resignant n'aura pas desservi 15. ans, on a coûtume d'obtenir du Roy dispense par Lettres expresses, qui doivent être enregistrées avec Monsieur le Procureur General dans la Cour Souveraine, où la declaration a été verifiée: c'est l'expedient que l'on a trouvé; le Roy pouvant lever l'obstacle qu'il a apposé. *Ibid. to. 2. p. 216.*   54

Pension retenuë sur une Cure, bien qu'elle soit homologuée en Cour de Rome, & que la Cure ait passé par les mains de plusieurs resignataires, qui ayent continué la pension; neanmoins le pourvû *per obitum*, n'est tenu de la payer: ainsi jugé le 30. Juillet, *Aliud* en toutes autres Benefices ayans charge d'ames, même il a été jugé qu'une pension constituée sur une Prébende, est legitimement dûë. Arrêt du dernier Decembre 1605. *Additions à la Biblioteque de Bouchel, verbo Pension.*   55

Retention de pension, & créations d'icelles ne se permettoient point sur Cures; neanmoins un Curé   56

ayant refigné fa Cure à fon Vicaire, en retenant une penfion, faute de payement de laquelle il pourroit rentrer : par Arrêt du mois de Novembre 1565. il fut dit qu'il rentreroit faute de payement de la penfion, à la charge de réfider. Depuis, en pareil cas , un refignataire Curé fut condamné à fournir à l'accord, ou paffer procuration à fon refignant, par Arrêt du mois de Novembre 1569. fur les remontrances de M. de Thou Avocat du Roy, qui blâma la perfidie du refignataire. *Bibliot. Can. to.* 2. *p.* 518. *col.* 1.

57   Paffé par Arrêt comme pour loy generale que la penfion ne peut être créée fur une Cure & après la mort du refignataire qui a créé, ne fe peut foûtenir, *quia de alimentis de futuro non poteft tranfigi*; l'an 1568. pour le Curé de Montigny, *Bibliotheque Canonique, tome* 2. *page* 198. *col.* 1.

58   Le Parlement de Touloufe conformément au Concile de Trente *feff.* 24. *cap.* 13. *de reformatione*, n'approuve les penfions fur les Cures, fi elles ne font de revenu de cent ducats, diftrait les decimes & autres charges. Arrêt du 30. Mars 1599. *Papon, liv.* 3. *tit.* 5.

59   Création d'une penfion fur un Prieuré Cure, jugée canonique, par Arrêt du Parlement de Paris du 7. Mars 1616. même chofe avoit été jugée le 16. Mars 1615. *Le Bret, liv.* 4. *decifion* 7.

60   Les penfions fur les Cures qui font plûtôt tolerées que permifes, s'éteignent quoyqu'homologuées en Cour de Rome par la mort du premier refignataire par les anciens Arrêts, elles étoient même abfolument défenduës, & on ne fe foufre que dans les cas qui cy-deffus marquez. *Vide le chap.* 21. *nifi effent, in fine extra de Prebend. Vide* Anne Robert *lib.* 1. *rerum judic.* cap 7. ce qui a même été jugé au Parlement de Paris, pour les Cures de Normandie, nonobftant l'ufage de la Province qui fut déclaré abufif par Arrêt du 22. Juin 1630. *Brodeau, fur M. Loüet lettre P. Somm.* 30. *nomb.* 11. où il cite plufieurs Arrêts.

61   Par l'ancienne Jurifprudence des Arrêts, toutes penfions créées fur Cures, Archevêchez, Evêchez, & autres Benefices ayant charge d'ames, étoient abfolument déclarées abufives. C'eft l'Article 50. des Libertez de l'Eglife Gallicane, compilées par *M. Pierre Pithou,* fur lequel le commentaire imprimé en 1651. *page* 168. *& fuivantes,* cite les Arrêts.

62   La penfion fur une Cure du tiers des fruits eft valable. Arrêt du Parlement de Touloufe du 5. Decembre 1658. *Albert* verbo *Penfion art.* 1.

63   Reglement pour les penfions des Cures, faifant défenfes à tous Chanoines & autres, ayant benefices incompatibles , qui refigneront des Cures, de retenir penfion fur icelles, &c. Jugé le 16. Juin 1664. *De la Gueffiere, tome* 2. *livre* 6. *chap.* 33. Voyez *Carondas, liv.* 1. *rép.* 24. *&* 25. & Des Maifons, *lettre* C. *nombre* 15. qui rapporte l'Arrêt du 16. Juin 1664.

64   Un Curé déchargé des penfions en execution du Reglement du 16. Juin 1664. attendu que le refignant n'avoit pas défervi dix ans. Arrêt du 21. Juin 1668. *De la Gueffiere, tome* 3. *livre* 2. *chap.* 15.

65   Lettres patentes concernans les penfions fur Benefices du 4. Octobre 1670. portant qu'il faut avoir défervi le Benefice pendant 15. années, ou être tombé dans une infirmité confiderable ; les penfions ne pourront exceder le tiers des revenus, il doit au moins refter 300. livres au Titulaire. Ces Lettres Patentes ont été enregiftrées au Parlement de Grenoble le 24. Novembre 1670. *Voyez Baffet, tome* 2. *liv.* 1. *tit.* 8. *chap.* 1.

66   Déclaration du Roy du 4. Octobre 1671. adreffée au Parlement de Provence fur les penfions des Benefices , Cures & Prébendes, portant que les Titulaires des Cures & Prebendes ne pourront en les refignant fe referver des penfions qu'ils ne les ayent défervie durant 15. années , ou qu'ils ne foient tom-

bez dans une infirmité confiderable , la fomme de 300. livres refervée aux refignataires. *Boniface, tome* 3. *livre* 6. *titre* 2. *chapitres* 1. *&* 3.

67   Quand on n'eft pas dans le cas des deux exceptions marquées par les Edits & Déclarations , il faut obtenir pour la referve de la penfion , Lettres patentes qui y dérogent. *Voyez le nombre* 54.

68   Le Grand Confeil a fait un Reglement particulier touchant les penfions fur les Cures , & ajoûtant au Reglement du Parlement , voicy ce qui a ordonné entre le Curé de Tain , Profés de l'Ordre de Cluny, demandeur à ce que fa Cure foit déchargée de la penfion de 120. livres , & un Religieux dudit Ordre défendeur. Le Confeil décharge le Curé de la penfion de 120. livres avec dépens; & ayant égard aux conclufions du Procureur General , ordonne qu'à l'avenir les titulaires pourvûs des Cures , ne pourront en les refignant referver des penfions fur icelles à moins qu'ils ne les ayent défervies 20. années , ou que depuis qu'ils en auront été pourvûs ils ne foient tombez en infirmité notable , auquel cas ne pourront les penfions exceder le tiers du revenu, à condition qu'il reftera toûjours au titulaire la fomme de 300. livres au moins, & fera le prefent Arrêt fignifié aux Agens Generaux du Clergé de France , lû & publié en l'Audience du Confeil pour être executé felon fa forme & teneur, & prions N. S. P. le Pape , fon Vice-légat en Avignon & tous autres Princes & Potentats de foufrir l'execution des prefentes dans les Païs , Terres & Seigneuries de leur obeïffance , offrant en pareil cas faire le femblable. *Tome* 3 *du Journal des Audiences li.* 4. *chap.* 2.

69   M. Jean Lambert avoit été Curé de Selonne, vingt-cinq années , il l'avoit refignée à la charge de 400. livres de penfion à M. Chartier , lequel étant décedé, M. Jacques de la Mufnierre en fut pourvû par mort : conteftation pour raifon de la penfion : Sentence arbitrale le 13. Mars 1696. qui en déchargea de la penfion : appel par Lambert. On difoit pour moiens, que c'étoit un Prieuré-Cure, & que le Benefice étant mixte, la penfion étoit réelle, qu'il l'avoit défervi pendant plus de 25. années , qu'il étoit vieux & infirme. M. Duperray, plaidoit pour l'intimé & foûtenoit que fa partie *totum jus habebat à Collatore,* qu'il ne tenoit rien de Lambert, & qu'il étoit obituaire, que les penfions fur les Cures n'étoient pas réelles , que le Benefice en queftion étoit de cette qualité & que la dénomination du Prieuré Cure ne venoit pas de ce que c'étoit originairement un Benefice fimple, mais que les Religieux de S. Auguftin , étans dans les Cures avec des Compagnons qu'ils appellent fociaux pour les fecourir , celuy qui avoit le caractere de Curé s'appelloit Prieur , que la penfion ne paffoit point aux Succeffeurs, que cette queftion avoit été jugée par plufieurs Arrêts ; il en intervint un femblable en 1697. *V. M. Duperray, liv.* 4. *chap.* 4. *nomb.* 61.

PENSION DEVOLUTAIRE.

70   Jugé au Parlement de Provence le 27. May 1661. que le dévolutaire n'eft point obligé de continuer la penfion impofée fur le Benefice. *Boniface, tome* 1. *livre* 2. *titre* 25. *chapitre* 1. même Arrêt du 27. May 1661. par ce que *jus habet à collatore.* Ibidem , *titre* 9. *chap.* 3.

PENSION SUR EVÊCHEZ.

71   *Penfio fuper fructibus Epifcopatûs conftituta à Papâ de confenfu Regis minuit fructus qui jure regalia à Canonicis facri facelli percipiuntur, ut judicatum* 19. *Feb.* 1513. Cet Arrêt eft rapporté par *M. Joly,* en un *addition fur M. Defelve,* 3. *part. tract. queft.* 52.

72   Penfions fur Evêchez anciennement abufives. Arrêt du 9. Août 1565. *Papon, livre* 3. *titre* 5. *nombre* 1.

73   Penfions affignées fur Evêché font ordinairement reprouvées, & feulement reçuës fur Benefices, Prieurez , Abbayes , &c. Jugé pour le regard des Prieu-

rez le 6. Août 1573. Arrêt du mois d'Octobre 1563. qui déclare abusive une création de pension de 500. livres sur l'Evêché de Noyon : les Gens du Roy en avoient eux-mêmes interjetté appel comme d'abus. Le 11. Avril 1564. même Arrêt contre le Prince de Melphe qui s'étoit réservé une pension en refignant l'Evêché de Troyes. *Ibidem nomb. 6.*

74   La pension de 10000. livres accordée sur l'Evêché de Cahors à Messire Charles de Lorraine Comte de Marsan, s'étant marié avec la Dame veuve de M. d'Albret, a été continuée par dispense du Pape, sans le consentement de l'Evêque titulaire, &c. Jugé au Grand Conseil le 15. Septembre 1683. De la Guessiere, *tome 4. livre 6. chapitre 17.* avec plusieurs Brevets de même sorte. *Voyez cy-après le n. 96. & le Journal du Palais.*

PENSION, EXPRESSION.

75   Si l'expression de la pension est necessaire dans l'impetration d'un Benefice ? *Voyez* le mot, *Expression, nombre 23. & suivans.*

76   Il ne faut pas exprimer en Cour de Rome les pensions qu'un impetrant possede, *secus,* pour les Religieux ; il suffit d'exprimer les titres des Benefices ; & quand l'insinuation est necessaire, lors qu'il y a des circonstances de fraude & de clandestinité. Arrêt du 31. Decembre 1680. *De la Guessiere, tome 4. livre 3. chap. 29. Voyez cy-après le nomb. 178.*

EXTINCTION DE LA PENSION.

77   Pension, par quels moyens se peut éteindre ? *V. Tournet, lettre P. Arr. 93.*

78   Il ne faut pas moins de solemnitez pour l'extinction & aneantissement, que pour la création de la pension beneficiale. Le consentement mutuel des parties, & l'autorité du Pape sont necessaires tant afin d'ôter la rigueur de la clause restrictive & extensive tout ensemble, *quoad vixerit,* que pour éviter la suspicion de simonie ; surtout quand la pension excede le tiers, & qu'elle se rachete peu après sa création. Dans la signature il n'est parlé de la convention du prix ; car cela impliqueroit simonie. *V. la Bibliotheque Canon. tome 2. p. 208. col. 1.*

79   Il y a plusieurs moyens par lesquels la pension retenuë à cause de la résignation du Benefice ou assignée au lieu de titre, demeure éteinte & supprimée. 1. Mariage consommé. *Joan. And. in cap. 1. de Cleric. conjug. cap. Beneficium, de Regul. jur. in 6.* Profession subsequente de Religion, mort naturelle du pensionnaire, & la provision ou acceptation nouvelle volontaire obtenuë par luy du même Benefice auparavant chargé de pension en sa faveur.

80   Si un resignataire est par Sentence diffinitive empêché & privé du Benefice obligé à la pension, il en est quitte tant pour le passé, depuis l'empêchement actuel que pour l'avenir *Bibliotheque Can. ibid. col. 2.*

81   Pension n'est soudain éteinte par le litige. *Forget, des pensions jusqu'au nombre 31.* & *Tournet, lettre P. Arrêt 94.*

82   On ne peut vendre les pensions sans simonie, d'autant qu'elles ne sont pas entierement temporelles, & qu'elles tiennent quelque chose de la spiritualité qui en défend le commerce sans l'autorité du Pape : & en effet, l'usage est qu'on ne les rachette pas proprement, mais qu'on s'en redime avançant cinq années de la pension & non plus ce qui a besoin de l'autorité du Pape, qui donne une signature d'extinction de pension, *per anticipationem solutionis terminorum,* l'autorité du Pape n'est pas absolument necessaire pour rendre ces extinctions legitimes ; elle ne l'est que *ad melius esse. Definitions Canoniques, page 623.*

83   Par Arrêt du 12. May 1617. jugé que la pension de laquelle s'étoit chargé le resignataire d'une Cure vers son resignant, est éteinte par la mort du resignataire, en telle sorte que celuy qui en est pour-

---

vû *per obitum* du resignataire, ne peut être contraint au payement de la pension. *Bibliot. Canon. tome 2. page 197.*

84   Jugé par Arrêt du Parlement de Bretagne du 8. Octobre 1610. qu'un Benefice chargé de pension, peut être déchargé, en l'affranchissant. *Tournet, lettre B. nombre 83.* & Belordeau, *livre 2. des Cont. chap. 16.*

85   Les pensions clericales se peuvent éteindre & amortir sans le consentement & l'autorité du Pape, lorsque le pensionnaire remet la pension purement & simplement, & qu'il consent qu'elle demeure gratuitement éteinte en tout ou en partie : bien que la déliberation & décharge des Benefices soit favorable, cependant si l'extinction se fait par un rachat, c'est-à-dire par un payement anticipé, & moyennant l'avance de quelques années de la pension, plusieurs Theologiens & Jurisconsultes de nom & d'autorité sont d'avis, qu'il faut interposer l'autorité du Pape pour éviter la simonie qui ne se commet que trop souvent sous le prétexte de pension. Quoyqu'il en soit, pour plus grande seureté, il faut obtenir l'amortissement en Cour de Rome, & y faire homologuer le Concordat d'extinction de pension, comme la Cour trouva à propos de l'ordonner au sujet d'une pension réservée sur le Prieuré de Nôtre-Dame du Quartier, Diocese de Langres, pour le nommé Cade, contre Didier Cude, qui fut condamné à payer ce qu'il devoit de reste du rachat de la pension, & en même temps à passer procuration, pour obtenir en Cour de Rome l'extinction & amortissement de la pension. Arrêt du Parlement de Paris du 23. Mars 1632. rapporté dans le Recueil des Arrêts de *Bardet, tome 2. livre 1. chap. 17.*

86   C'est une erreur de dire qu'une pension soit éteinte par la promotion à l'Episcopat. Les Docteurs Ultramontains qui tiennent l'affirmative comme *Gigas* se fondent sur ce qu'à Rome & en Italie les pensions se peuvent resigner avec dispense du Pape, mais cet usage n'est point reçu en France, où les pensions ne sont point tenuës en titre, & ne se resignent point ; il n'y a que les Benefices qui soient vacans par la promotion à l'Episcopat, & non les Pensions. Jugé pour M. Tiboeuf Evêque de S. Pont, pour une pension qu'il s'étoit réservé sur la Cure de S. Sulpice au Fauxbourg S. Germain, Arrêt du 14. Janvier 1661. *Notables Arrêts des Audiences, Arrêt 51. Journal des Audiences, tome 2. livre 4. chapitre 2. Definitions Canoniques, page 620.* & la Bibliotheque Canonique, *tome 2. page 216.*

87   Il a été jugé qu'un benefice sujet au Patronage alternatif ayant été resigné avec pension, & tombant au tour du Patron Laïc, la pension étoit éteinte par le décés du Resignataire. Le Patron Laïc empêche que le Benefice qui vient à son tour soit chargé de pension, & le droit ou le privilege du Patron laïc ne se communique point au Patron Ecclesiastique. *Bibliotheque Canonique, tome 2. page 194.* où il est encore observé que suivant le sentiment de *M. Charles Du Moulin,* une pension ne peut être crée sans approbation du Patron laïc ; mais la pension peut être crée sans le consentement du Patron purement Ecclesiastique.

PENSION, GRADUE'.

88   Les Benefices hors le Royaume, & à plus forte raison les pensions créées sur iceux ne remplissent point le Gradué ; jugé au mois d'Août 1602. Ibid. & M. Loüet *lettre G. somm. 10.*

PENSION HOMOLOGUE'E.

89   Il y a un Arrêt de Reglement du 1. Decembre 1588. dans *Papon, livre 3. titre 3. nombre 1.* & dans M. Loüet, *lettre C. sommaire 40.* qui fait défenses aux Juges d'avoir aucun égard aux concordats portant pensions, s'ils ne sont homologuez en Cour de Rome. Il faut observer que quoique regulierement tous concordats non homologuez en Cour de

Rome foient nuls ; neanmoins ils valent entre le refignant & le refignataire *in odium perfidiæ & ingra-
titudinis*, comme il a été jugé par Arrêt du 7. Juin
1610. *Brodeau* en rapporte plufieurs fur *M. Loüet*,
let. C. ibid. cependant il y en a qui citent des Arrêts
contraires, & leur avis paroît plus jufte. *Boniface, tome* 1. *livre* 2. *titre* 25. *chapitre* 2. *nombres* 1. & 2. parce que fi ces Concordats font obligatoires entre les
parties contractantes fans homologation, ces mêmes
parties pourroient independamment du Pape créer
des penfions, *quæ aliquid habent fimoniæ.*

PENSION, INCAPABLE, INDIGNE.

90 *Refignans Curam retentâ penfione, & pofteà à Ca-
tholicis Chriftianis deficiens, indignus eft penfione; menfe Aprili 1612.* Mornac, *l.* 1. *Cod. de Hæreticis &
Manichæis.*

91 Incapable de Benefice l'eft auffi de penfion fur le
même Benefice. Ainfi jugé au Parlement de Grenoble le 4. Juin 1658. *Baffet, tome* 2. *livre* 1. *titre* 8.
chap. 2.

PENSION, JUGE.

92 Le Juge d'Eglife connoiffant de la validité ou invalidité des penfions impofées fur les Benefices. Arrêt du Parlement de Touloufe du 27. Août 1569. *Mainard, to.* 1. *liv.* 5. *chap.* 43.

PENSION EN FAVEUR DES LAICS.

93 Par Arrêt du 16. May 1562. une penfion conftituée à un Architecte du Roy fur l'Evêché de Soiffons, a été déclarée abufive : le moyen de l'Architecte étoit qu'ayant été le premier nommé à l'Eve-
ché, il avoit confenti aux provifions de l'appellant
à la confideration de fes amis, & de plufieurs grands
Seigneurs, & à la charge de la penfion, dont il avoit
même été payé. *Bibliot. Can. to.* 2. *p.* 198. *col.* 1.

94 Memoire de quelques raifons principales pour lefquelles Meffieurs du Clergé de France ne peuvent
ni ne doivent fouffrir la nouvelle introduction de
créer des penfions fur le revenu temporel des Benefices à perfonnes laïques. *Bibliot. Can. to.* 2. *p.* 200.
& *fuiv.* & *le Recüeil des Ordonnances par Fontanon, to.*
4. *page* 1000.

65 Plaidoyé de *M. Briffon* touchant une penfion fur
un Evêché créée au profit d'un pur lay. *Voyez le Recüeil des Plaidoyez & Arrêts notables imprimez en* 1645.

96 Si une penfion créée en faveur d'un Clerc fur un
Evêché, peut être continuée par difpenfe du Pape,
fans le confentement de l'Evêque titulaire, nonobftant que le penfionnaire contracte mariage, même
avec une femme veuve, ou plufieurs fucceffivement?
    Si la claufe inferée dans cette difpenfe, portant
dérogation expreffe à toutes fortes de Coûtumes
& de difpofitions Ecclefiaftiques faites ou à faire dans
les Conciles, foit Provinciaux, foit Generaux, doit
avoir lieu en France ? Il a été jugé pour l'affirmative
au Grand Confeil le 15. Septembre 1683. pour M. le
Comte de Marfan, Prince de la Maifon de Lorraine,
qui avoit époufé Madame d'Albret, contre Meffire
Henry Guillaume le Jay, Evêque de Cahors. La
raifon à l'égard de la premiere queftion eft que tous
les Benefices étant de droit purement pofitif, le Pape y peut appofer telle condition que bon luy femble, & que d'ailleurs le merite perfonnel de M. de
Marfan, & les fervices confiderables que ceux de fa
Maifon avoient rendus à l'Eglife ont pû meriter cette grace extraordinaire du Saint Siege.
    La deuxiéme queftion fe décidoit par les Lettres
patentes du Roy, dans lefquelles fa Majefté agreoit
le Bref du Comte de Marfan : car le Roy ayant autorifé la difpenfe portée par le bref, il étoit difficile
d'y donner atteinte, fous prétexte des Libertez de l'E-
glife Gallicane, & de la dérogation aux Conciles en
chofe pure Ecclefiaftique, de laquelle le Pape eft le
fouverain moderateur. En effet M. Dupuis dans fon
Commentaire fur nos Libertez, dit, *qu'elles ne confif-
tent qu'à empêcher que les Papes n'entreprennent rien dans*

*et Royaume , au préjudice de la difpofition des anciens
Canons , fi ce n'eft du confentement du Roy & du peuple.* Vide *le Journal du Palais* in quarto, *part.* 9. *p.*
269. & *fuiv.* & le 2. *tome* in fol. où l'on peut voir
que la Juftice autorife des penfions que le Roy donne
fur des Evêchez, & fur des Abbayes.

PENSION, PAPE.

97 Le Pape ne peut, même du confentement du titulaire créer une penfion au profit de celuy *qui nullum
habet nec prætendit jus in Beneficio*, autrement il y auroit lieu d'appeller comme d'abus, *non obftante quâcumque poffeffione*; Du Moulin, fur la Regle *de publicandis*, *n.* 277. dit qu'il a vû rendre plufieurs Arrêts
fuivant cette maxime, tant au Parlement de Paris
qu'à celuy de Roüen en l'année 1520.

98 Le Pape ne peut (fans abus qu'on ne fouffriroit
point) accorder la referve du regret, ni une penfion
fimoniaque ; ou autre chofe de cette qualité. L'appel
comme d'abus en feroit reçu, comme il a été autrefois
jugé, notamment le 11. Février 1550. & le 7. Septembre 1551. *Définit. Can. p.* 36.

99 Des Arbitres convenus ayant impofé fans la participation du Pape, une penfion fur le Prieuré d'Eurre;
il fut dit par Arrêt du Parl. de Grenoble du mois de
Mars 1637. qu'il y avoit abus *Jurifprudence de Guy Pape
par Chorier*, *p.* 15.

PAYEMENT DE LA PENSION.

100 Quand le Concordat ne fait pas mention du terme
de payer, il fe doit entendre à la fin de l'année, lorfque c'eft en argent ; fi elle eft des fruits, c'eft aprè-
la recolte. *Définit. Can. p.* 626.

101 Le payement volontairement fait d'une penfion ne
peut être oppofé pour fin de non recevoir, on eft
toûjours en état de la faire réduire, fi elle eft exceffive. *Ibidem*, *p.* 616.

102 La Regle *de pacificis poffefforibus* n'a point lieu
pour les penfions quoique non payées pendant un
long temps, elles font toûjours exigibles. *Ibid. p.* 625.

103 Le fucceffeur au Benefice n'eft tenu de payer la
penfion créée fur le Benefice pour l'année qu'il ne
joüit. C'eft le fentiment de *Charondas*, *liv.* 1. *Rép.*
70. & fur la fin de fa Réponfe, il dit qu'il a appris
que le procez avoit été partagé. *Voyez fes Réponfes*
24. 25. & 26.

104 Entre M. André Thebault Recteur de la Cure de
la Rouxiere, & M. Leonard Lefcourt intimé ; celui-
cy a une referve de penfion de vingt livres fur la
Cure dés l'an 1559. *de confenfu Joannis Le Rouxet tunc
ipfius Ecclefiæ Rectoris*, à être payée à l'intimé *poft obitum
dicti Joannis per illius fucceffores Ecclefiam prædictam
pro tempore obtinentes* , avec les contraintes, *quod ille
ex fuccefforibus præfatis qui penfionem prædictam non per-
folverit lapfo termino in bullâ præfinito fententiam excommunicationis incurrat* , à quâ donec de penfione prædictâ integrè fatisfactum fuerit præterquam in mortis articulo abfolutionis beneficium nequeat obtinere.* Par Arrêt
du P. de Bretagne du 14. Mars 1554. la Cour dit
qu'il a été mal & abufivement fulminé & exécuté,
bien appellé, l'intimé condamné aux dépens de la
caufe d'appel. *Du Fail, liv.* 1. *chap.* 51.

105 Si les penfions ne font valablement homologuées
en Cour de Rome, elles font nulles, & le refignataire ne peut être aftraint au payement. Arrêt du premier Decembre 1588. *Papon ; liv.* 3. *tit.* 5. *n.* 1.

106 Si la refignation ayant été faite dans le mois de
Novembre moyennant penfion ; la premiere année
payable au jour de Noël lors prochain, cela fe doit
entendre de l'année à écheoir, & non échûë; en effet, ce terme ne pouvoit payer pour une année entiere & complete ; mais pour une année payable d'a-
vance. Arrêt du 24. Janvier 1648. *Soëfve, tome* 1.
Cent. 2. *chap.* 57

107 Quelque Sentence qu'il y ait qui ordonne que
faute de payement le penfionnaire rentrera dans fon
Benefice, elle n'eft que comminatoire ; & j'ay fait
juger

juger fur un appel des Juges de Poitiers., que l'on pouvoir purger la demeure ayant donné confeil de faire des offres réelles & effectives en à deniers découvert; la penfion étoit auffi forte que les fruits du Benefice, mais c'étoient conventions entre les parties; celuy qui étoit rentré dans fon Benefice avoit même refigné à un tiers qui avoit pris poffeffion. Le fieur de la Fere pour qui j'écrivois fit infirmer la Sentence ; l'intimé s'appelloit Lucas Arcoüer, refignataire de celuy qui étoit rentré dans le Benefice. Arrêt du Parlement de Paris du 4. May 1697. *V. M. Du Perray, li. 4. chap. 4. n. 28.* Il plaidoit en la caufe.

PENSION EN PERMUTATION.

108 Si dans une permutation qui peut être admife par les Ordinaires pour rendre les chofes égales , l'un des permutans, s'eft refervé une penfion; tout ce que peut faire le Collateur ordinaire, eft d'admettre la permutation, & pourvoir les permutans des Benefices permurez ; & à l'égard de la penfion , il l'a renvoye en Cour de Rome pour l'y faire créer. Sur ce fujet, il eft bon d'obferver que le Roy dans la Regale peut admettre des refignations en faveur, & il en admet fouvent; il peut même, fuivant l'opinion de quelques Docteurs , créer des penfions fur les Benefices, parce qu'en ce cas il a autant de pouvoir que le Pape; cependant dans le fait il n'ufe pas de ce dernier droit, & après avoir conferé les Benefices refigné en fes mains, à ceux en faveur defquels la refignation a été faite , il renvoye les parties en Cour de Rome pour y faire créer les penfions. *Définit. Can. p. 615.*

109 Penfion ne peut être créée fur un Benefice autre que celuy permuté, parce que ce feroit une penfion fans caufe qui hors le cas des Benefices de nomination Royale, fur lefquels l'ufage a introduit les penfions fans caufe , ne feroit point approuvée en France , ainfi que l'affure du Moulin *reg. de public. refig. nomb. 277.* où il dit que le Pape ne peut créer une penfion au profit de celuy qui ne prétend nul droit au Benefice. *V. les Définit. Can. p. 625.*

110 Quand il s'agit de rendre une permutation égale, l'Ordinaire peut créer une penfion. *Du Moulin , fur la Regle de publ. nomb. 276.*

111 Le même Docteur *ibidem , nomb. 282.* foûtient que pour caufe de permutation , une penfion reciproque ne peut être créée; autrement ce feroit le moyen de rendre les benefices cenfuels & fujets à rente , *& fraudaruentur decreta refervationum prohibitarum* par ce que celuy qui furvivroit , poffederoit un Benefice & joüiroit d'une portion annuelle fur l'autre.

112 Penfion beneficiale permife *pro bono pacis & ne nimium difpendam quis patiatur* , en permutant & refignant. Deux permutent ; l'un refigne *ex eâ caufâ* une Cure ès mains de l'Ordinaire qui pourvoit le jour même ; l'autre refigne un Prieuré ès mains du Pape *ex eâdem caufâ & in favorem* de celuy-cy de qui il a eu la Cure. Le lendemain autre procuration paffée pour confentir à ce que fur le Prieuré fut conftituée penfion au copermutant. Appel comme d'abus par le fucceffeur, difant que la penfion eft créée lorfque le confentant n'avoit plus rien au Prieuré. Arrêt du P. de Paris du 16. Janvier 1544. qui déclare l'appellant non recevable , parce que la procuration n'étoit point alors admife. *Papon, li. 3. tit. 5. n 6.*

113 On peut auffi fe faire relever d'une penfion conftituée fur un Benefice *caufâ permutationis,* du confentement du permutant par forme de récompenfe. Arrêt du 4. Février 1546. *Bibliotheque Canonique , tome 2. page 208. col. 1.*

114 Retention de penfion en permutant à une deux Benefices permurez, n'eft valable. Arrêt du P. de Paris du 28. Mars 1554. qui déclare avoir été mal & abufivement octroyé , permuté & exécuté. *Papon, li. 3. tit. 5. nomb. 9. & la Bibliot. Can. tome 2. p. 198. col. 2.*

115 Arrêt du 28. Mars 1554. qui déclare abufif un Concordat par lequel deux copermutans leurs Benefi-

Tome III.

ces, conftituoient & créoient penfion l'un à l'autre , duquel le furvivant joüiroit feulement après la mort du predecedé , & l'intimé condamné aux dépens de la caufe d'appel. *Voyez Boër. Confil. 29.*

116 En 1553. M. Jean de la Ruë pourvû du Prieuré-Cure de Fleurgue , le refigne *in manibus Papæ* en faveur de fon neveu , *retentis fructibus cum regreffu,* le neveu joüir jufqu'en 1560. Procez entre luy & le nommé Freflon ; Concordat portant penfion, le tout eft homologué en Cour de Rome. En 1563. le neveu permute avec Bardy. La permutation ne contient aucune mention de la penfion , il n'en eft point parlé jufqu'en 1568. alors Freflon la demande , Bardy oppofe la triennale & paifible poffeffion. Arrêt du Parlement de Bretagne du 16. Septembre 1573. en fa faveur. *Voyez du Fail, li. 1. chap. 353.*

117 Arrêt du parl. de Provence du 2. May 1673. qui condamne un copermutant de payer les arrerages de penfion , & de continuer , & en défaut de payement de retroceder le Benefice à fon copermutant en retrocedant auffi l'autre Benefice par l'autre copermutant. *Boniface , tome 3. liv. 6. tit. 2. chap. 5.*

PLUSIEURS PENSIONS.

118 Si l'on fait créer une feconde penfion fur quelque Benefice, lequel étant déja chargé d'une entiere penfion , la derniere penfion fera nulle & fubreptice fi dans la création qui en eft faite, on ne fait mention expreffe de la premiere ? Il feroit inutile de dire pour couvrir ce défaut , que ces deux penfions n'excederoient pas la tierce partie des fruits du Benefice, car la fubreption ne laifferoit pas de demeurer. *Du Moulin, fur la Regle de public. n. 279.* La mention doit être faite en ces termes: *fuper cujus Beneficii fructibus, alia penfio antiqua, ducentarum libr. aurum Turonentium Apoftolicâ authoritas refervata reperitur.* Définit. Can. p. 623.

PENSION SUR PREBENDE.

119 *Provifio de Prebendâ, penfione fuper illa rententâ , fi detur alia prabenda fecundum Ecclefia ritum & provifionis qualitatem , onerata penfione remanebit.* Voyez *Franc. Marc. to. 1. queft. 1260.*

120 Prebende Theologale n'a pû être chargée de penfion , il en eft de même d'une Prebende requerant réfidence , & n'ayant autre revenu que les diftributions quotidiennes. Arrêt du Parlement de Bourdeaux du 3. Juin 1529. *Papon, li. 3. tit. 5. n. 1. & la Bibliot. Can. to. 2. p. 198. col. 2. & p. 208. col. 1.* où eft rapporté un Arrêt du Parlement de Paris du 5. May 1609. en faveur du Chapitre de Langres.

121 Les dignitez des Eglifes Cathedrales & Collegiales , comme Doyennez & Prévôtez peuvent être chargez de penfion. Arrêt du Parlement de Paris du 19. Juin 1571. pour une penfion créée fur le Doyenné de faint Liphard de Meun fur Loire, Diocefe d'Orleans , il eft rapporté par Chopin , *de facrâ polit.* la même chofe a été depuis jugée pour la Prévôté de l'Eglife d'Arles , refignée avec réferve de penfion. *Définit. Can. p. 613.*

122 Il a été jugé par Arrêt du dernier Décembre 1605. que l'on peut conftituer une penfion fur une Prebende; quoique tout fon revenu ne confifte qu'en diftributions manuelles, parce que ces fortes de Benefices n'ont point charge d'ames. *Leüet , lettre P. fomm. 46.* ce qui eft conforme à l'Arrêt du Grand Confeil pour une Prebende de faint Thomas du Louvre à Paris.

123 Penfion peut être créée fur une Prebende. Arrêt du P. de Paris du dernier Décembre 1645. en faveur de M. Rofe Evêque de Senlis demandeur pour le payement de deux années d'arrerages de penfion créée fur une Prebende de Joinville Diocefe de Châlons. *Définit. Can. p. 664.*

124 De quelle maniere fe reglent les penfions fur les Chanoines, tant pour le paffé que pour l'avenir? Arrêt à Paris du 22. May 1674. avec deux Edits du Roy, l'un de Juin , & l'autre de Juillet 1671. *Journ. du Palais in quarto part. 3. p. 450. & le 1. tome infol.*

K

125 Arrêt du Grand Conseil du 18. Août 1672. qui condamne M. Edme Baudot titulaire d'une Chanoinie & Prebende de l'Eglise Royale & Collegiale de saint Thomas du Louvre à payer à M. Pierre Chauchard Chanoine honoraire, la pension de 120. livres qu'il s'étoit reservée. Baudot prétendoit en être déchargé sous prétexte qu'il n'avoit pas les 300. livres portez par la Déclaration du Roy. Mais on justifioit que les revenus montoient à 467. liv. 5. sols, lesquels se payoient par tables & non manuellement, & à chacune assistance. *Bibliot. Can. to. 2. p. 277.*

126 Autrefois les Théologales ne pouvoient être chargés de pension, non plus que les Prebendes penitencieres. *Voyez M. le Prêtre, 4. Cent. ch.* 82. Les Déclarations depuis intervenuës les comprennent dans leurs dispositions, aussi-bien que les autres Dignitez. *Voyez le nomb. suiv.*

127 Declaration du Roy du 9. Mars 1673. portant que l'Edit du 9. Juillet 1671. a lieu tant pour les Prebendes ordinaires ou Theologales, que pour toutes les autres Dignitez, Personnats, semi-Prebendes Vicaireries, Chapelles & autres Benefices des Eglises Cathedrales & Collegiales, qui requierent residence de telle denomination & qualité qu'ils puissent être; ce faisant, que les pensions cy-devant créées, & que le seront cy-après sur les Benefices de la qualité susdite, seront réduites au tiers sans diminution de la somme de 300. l. qui demeurera aux titulaires pour leur subsistance, franche & quitte de toutes charges, comme aussi que les resignans ne pourront se reserver pension qu'ils n'ayent deservi les Benefices l'espace de 15. années conformément à l'Edit du mois de Juin 1671.

En consequence des Edit & Declaration cy-dessus, par Arrêt du Conseil d'Etat du 14. Decembre 1674. Un Arrêt de la Quatriéme Chambre des Enquêtes du premier Septembre de la même année qui condamnoit le sieur Mativets Chanoine & Archidiacre de Langres, à continuer une ancienne pension de 300. liv. sur un Canonicat de la Cathedrale de Langres, qui ne valoit pas 700. liv. à son resignant, a été cassé, & la pension réduite pour l'avenir, aux termes de l'Edit, au tiers des gros fruits du Canonicat, sans diminution de la somme de 300. livres pour ledit Mativets, ensemble des distributions manuelles qui luy appartiendront, franches & quittes de toutes charges, laquelle réduction sera faite pardevant le Lieutenant General du Présidial de Langres, que sa Majesté a commis pour cet effet, ce qui sera par luy ordonné, sera executé nonobstant opposition ou appellation quelconques, dont si aucunes interviennent sa Majesté s'en réserve la connoissance. *Bibliot. Can. to. 2. p. 210.*

PENSION, TERMINER UN PROCEZ.

128 Du Moulin sur la Regle *de publicandis*, nomb. 281. propose cette espece. Une personne se fait pourvoir par dévolut; il intente procez contre le titulaire paisible; le procez est terminé moyennant une pension. Du Moulin soutient que le successeur est bien fondé à interjetter appel comme d'abus, non seulement de l'homologation du Concordat, mais aussi de la création de pension au profit du dévolutaire, parce que ce dévolut étant nul à cause du decret *de pacificis*, & le dévolutaire n'ayant aucun droit, *transactio nulla fuit.*

129 Pensions sont permises pour terminer un procez beneficiel, quoiqu'il ne paroisse pas que celuy avec qui l'on compose ait titre indubitable, suffit qu'il soit coloré. Arrêt du Parlement de Paris du 11. Decembre 1543. *Papon, li. 3. tit. 3. n. 7.*

PENSION, RELIGIEUX.

130 Un Religieux pourvû d'une Cure ne pourroit demander une pension, ou portion Monachale à son Abbé ou Superieur, parce que tout est incompatible en la personne d'un Religieux. Il est même obligé d'exprimer la pension qu'il auroit, à peine de nullité de la provision. *Définit. Can. p. 616.*

131 La pension *est loco Beneficii in monachis, ita ut monachus ad dua dispensatus si Beneficium obtineat & pensionem*, la pension tient lieu de Benefice: & le tient la Cour sans doute *in Monachis.* Arrêt de l'an 1569. *Bibliot. Can. to. 2. p. 198. col. 1.*

132 Pensions retenuës sur Benefices resignez, se doivent payer, comme il a été jugé par plusieurs Arrêts, & même en pensions sur Abbayes de Religieuses. Jugé pour Dame Marie de Thou Abbesse de l'Abbaye des Clerets le 5. Mars 1591. *Ibidem, p. 199. col. 1.*

133 Par Arrêt du 28. Novembre 1598. jugé que les prestations & pensions annuelles dûës par les Prieurs & Religieux à cause des Benefices dépendans de leurs Abbayes à la mense Abbatiale, & autres Abbez & Officiers, ne peuvent être prétenduës que pour le temps que les Prieurs & Religieux ont possedé lesdits Benefices. *Bibliotheque Canonique, to. 2. p. 197. col. 2.*

134 Une pension sur un Benefice regulier à la nomination du Roy, possedé par un Religieux, ne s'éteint pas par la promotion de ce Religieux à la dignité d'Abbé de l'Ordre dont dépend le Benefice chargé de pension. Jugé au Grand Conseil le ... Juin 1682. par Arrêt qui ordonne le payement & continuation de la pension de l'Abbé de Grandmont. *Journ. du Palais, in quarto, part. 8. p. 461. & le 2. to. in fol.*

135 Les pensions ne se payent plus par un Titulaire sur une Prebende après sa Profession dans un Monastere. Comme c'est une charge du Benefice, elle passe sur le possesseur: mais on demande si les fidéjusseurs ou cautions sont obligez au payement; Il semble que cette question est facile à decider, parce que le fidéjusseur & sa caution ont leur objet limité de payer la pension, autant de temps que le Titulaire sera possesseur, & que ce sont les principes, & que ces questions sont decidées, ou le doivent être par une regle de droit, *cap. accessorium de reg. juris,* jugé en faveur d'un pere qui étoit caution de son fils, qui fit Profession; le successeur au Benefice par cette vacance de droit en étoit tenu : c'étoit pour une pension sur un Canonicat de Sainte Oportune, l'Arrêt est de 1672. je l'ay vû en original. Cependant ces regles ne sont pas si certaines, que par des circonstances de fait, on ne puisse quelquefois obliger la caution de payer la pension, & qu'on ne décharge le principal obligé. Cette espece est des plus singulieres. Maître Paul François Florent resigne le Prieuré de S. Projet Diocese de Mande, au profit de M. François de Boran, Conseiller au Parlement de Normandie, sous la caution de Philippes de Boran son frere, avec la reserve de 40. pistoles de pension. Gaude prétendoit à ce Benefice, Le Sieur Philippes de Boran le quatre Août 1676. luy resigne comme Procureur de son frere, à la charge de payer la pension à Florent. Il est pourvû sous cette condition. Florent se réveille en 1686. & demande dix années d'arrerages de pension. Il avoit obtenu des Sentences par défaut au Châtelet. On representoit que c'étoit le possesseur qui étoit chargé de payer cette pension, par son propre titre, par toutes les authoritez de Gigas, de Tonduti, & autres Docteurs : on montroit que c'étoit une charge réelle, que c'étoit une espece de déguisement fait par le Titulaire au profit de Florent; & que la pension excedant les revenus du Benefice, suivant l'art. 18. de l'Edit du Controlle; elle étoit simoniaque & défenduë. Après plusieurs Audiences, par Arrêt rendu à la quatriéme des Enquêtes de Paris le 10. Decembre 1686. M. l'Abbé de Boran ancien Titulaire fut déchargé de la pension; le sieur Philippes de Boran Marquis de Chastills sa caution, condamné de payer les arrerages. Requête civile contre l'Arrêt. Requête en cassation au Conseil du Roy. Quelques-uns de Messieurs les Conseillers d'Etat étoient d'avis de la recevoir; neanmoins elle n'y réussit pas; & après des incidens de saisie, les Parties se

font acommodées , & la pension payée. *Voyez M.*
Duperray, li. 4. ch. 4. n. 50.

PENSION, RESERVE DE TOUS FRUITS.

136   Si un resignataire s'étoit réservé tous les fruits du Benefice resigné , cette reserve se reduiroit , comme on fait de toutes les autres pensions , à la troisiéme partie des fruits du Benefice ; il a été ordonné par Charles VI. que les pensions n'excederoient pas la troisiéme partie des fruits. Conformément à cette maxime , Maître Charles Du Moulin sur la regle *de infirmis* , *nombre* 223. dit qu'il a vû rendre plusieurs Arrêts au Parlement de Paris , & que souvent il a vû appeller comme d'abus de l'execution des Bulles , contenant creation d'une pension qui excedoit la troisiéme partie des fruits : appel comme d'abus indubitable , si ce n'est que l'intimé , sur l'appel comme d'abus , qui étoit le Pensionnaire , ne donnât les mains à son consentement à la reduction de la pension , auquel cas l'on consent de proceder sur l'appel comme d'abus.

137   Reserve de tous les fruits dans une démission reprouvée par Arrêt du Parlem. de Paris du 19. Avril 1496. *Voyez Rebuffe*, 1. part. prax. Benef. au chap. *de reservationibus* , n. 14. Le même Arrêt est rapporté par *Flaminius* ; & cité dans les *Définitions Canoniques* , pag. 626.

138   Quelquefois au lieu de pension, le resignant se reserve la joüissance des fruits, sa vie durant. Du Moulin dit que cela a été jugé abusif par un ancien Arrêt du 5. Mars 1512. aussi , *Ista fructuum reservatio* n'est guére admise qu'en faveur des Cardinaux , & en resignations de Benefices Consistoriaux. *Additions à la Bibliotheque de Bouchel*, verbo *Pension*. La raison pour laquelle la pension reservée de tous les fruits & revenus du Benefice n'est point tolerée , c'est qu'elle donne atteinte au titre , parce qu'elle laisse un Titulaire sans Benefice. M. Loüet , *lettre P. nombre* 31. rapporte l'Arrêt du 5. Mars 1512.

139   Reserve de tous les fruits , *loco pensionis* , rend la resignation absolument nulle. Outre l'Arrêt qui est rapporté par *Rebuffe*, titre *de reserv.* Il y a autre Arrêt pour le possessoire de la Cure de S. Agnan de Mâcon , quoique le resignataire eût possedé pendant quatre ans , un tiers s'en étant fait pourvoir *per obitum* du resignant , il fut maintenu. La raison est qu'il n'étoit pas veritable Titulaire , puisqu'un autre avoit joüi des fruits. *Voyez Loüet* , lettre P. somm. 31. & *Du Moulin* , sur la regle de public. resign. nom. 292. & 293. *Définitions Can.* pag. 611.

140   On a souvent demandé si un resignant pouvoit reserver tous les fruits d'un Benefice *loco pensionis* ? On peut répondre que ces sortes de pensions ainsi reservées , sont en tout cas reductibles au tiers ; mais qu'elles ne peuvent vitier une resignation utile , *non vitiatur per inutile* ; sur tout , lorsque la reserve est separée de la resignation. Cette difficulté s'étant autrefois presentée contre le neveu du Cardinal de Pelevé , resignataire de son oncle , qui s'étoit réservé presque tous les fruits du Benefice resigné ; par Arrêt du Grand Conseil du 28. Mars 1597. ce resignataire fut maintenu , & l'obituaire perdit sa cause , contre l'opinion de Gomez , qui veut que telle reserve de fruits est *contrà Ecclesiasticam regulam* , & cultum divinum. Définition Can. pag. 778.

141   Le revenu des fruits d'un Benefice au lieu de pension, n'a lieu qu'à l'égard des resignations faites pour le bien & l'utilité publique , *favore Religionis* ; & quand le titre du Benefice est supprimé , comme seroit une resignation , *ad effectum* de l'union ou suppression d'un Benefice annexe, & application du revenu d'iceluy à une œuvre religieux , auquel cas le resignant peut reserver tous les fruits du Benefice , *loco pensionis* ; ainsi jugé le 27. May 1617. en confirmant l'union & annexe du Prieuré de Saint Sauveur à la Pitanerie de l'Abbaye de la Couture du Mans.

Tome III.

Brodeau sur M. Loüet , lettre P. som. 31.

La resignation n'est pas nulle par la pension excessive , *secus* , si la pension reservée étoit de tous les   142 fruits & revenus du Benefice , en ce cas elle donneroit atteinte au titre ; pour l'autre , elle est reductible. Jugé le 9. Aoust 1660. *De la Guess.* tom. 2. liv. 3. chap. 34.

Il resulte de tous les Arrêts rapportez depuis le nombre 136. que la Jurisprudence a été uniforme à cet égard dans tous les temps.

Un Pensionnaire peut recevoir la moitié du reve-   143 nu sur les fruits d'un Benefice simple pour sa pension, même d'un dévolutaire. Arrêt du Parlement de Paris du 18. Août 1688. qui a conservé à Riviere six cens liv. de pension sur un Prieuré de 1200. liv. *Voyez Du Perray* li. 2. ch. 1. n. 26.

REDUCTION DE LA PENSION.

Pension ne doit exceder le tiers. *Tournet*, lettre P.   144 Arr. 58.

Le Pape ne peut , même de son propre mouvement , imposer une pension sur un Benefice , plus grande que du tiers. *Bibliotheque Canonique* , tom. 2. pag. 199. col. 1.

La reserve d'une pension excessive oblige le re-   145 signataire de la payer , ou bien de renoncer au tiers. Mais l'on ne pourroit pas se reserver tous les fruits , *loco pensionis* , ayant été jugé que les provisions sous cette condition , n'avoient fait aucune impression de titre ; & que l'Abbaye étoit vacante ; Sœur Jusandé fut maintenuë par Arrêt du Parlement de Toulouse en 1493. Autre Arrêt du Parlem. de Paris de 1496. si le resignant meurt dans les six mois , ou Benefice vaque par mort. Arrêt pour la Cure de Saint Aignan du 5. Mars 1512. encore que la possession du resignataire fût solemnelle & bien insinuée ; c'est une reserve des fruits défenduë ; cependant si les fruits étoient reservez au resignant par sa procuration & homologation , *loco pensionis* , & que ce fût pour union & suppression , qui regardât la faveur publique , elle seroit valable : jugé par plusieurs Arrêts. *Voyez M. Du Perray*, li. 4. ch. 4. n. 30.

Le 7. Decembre 1525. fut achevé le Plaidoyé d'en-   146 tre M. le Cardinal de Bourbon Abbé de Corbie, & les Religieux de la même Abbaye , appellans tant des Juges & Executeurs Ecclesiastiques , que du Bailly d'Amiens , d'une part ; & l'Evêque d'Amiens intimé, & aussi appellant de M. Maître Loüis Seguier , d'autre ; & sur ce fait a été prononcé Arrêt , contenant plusieurs points notables pour fait de pensions ; & entr'autres , que les censures & contraintes Ecclesiastiques tiendront par provision , nonobstant les nullitez & abus prétendus & alleguez contre la pension & diminution qui en étoit demandée , tant au moyen des guerres , qu'autres cas fortuits arrivez : surquoy les parties furent appointées à mettre ; & au Conseil vers la Cour. *Bibliot. Can.* to. 2. p. 275. in fine.

Arrêt du Parlement de Roüen du 30. May 1566.   147 par lequel une pension créée à la legation, de la somme de 80. liv. a été , comme excessive , reduite à la tierce partie des fruits du Benefice , par une appellation en cas d'abus , prise par le Curé resignataire, à l'adjonction du Procureur General de la creation d'icelle pension; & ordonné que par deux Conseillers de la Cour à ce deputez , évaluation seroit faite des fruits & revenus du Benefice , pour de la tierce partie être décerné executoire au profit du Pensionnaire ; quoique le resignant justifiât que le Benefice avoit été affermé à raison de 200. livres par an : attendu que le Curé quitroit tous les fruits du Benefice , en luy payant 120. livres sans dépens. *Ibidem* , page 207. col. 1.

Pensions excedans le tiers du Benefice , doivent   148 être reduites au tiers. Arrêt du Parlement de Paris du 16. Decembre 1563. le successeur peut demander

K ij

la reduction, non celuy qui a promis la pension. *Papon . li. 3. tit. 5. n. 8.*

149 Pension excessive peut être contredite par le resignataire. Arrêt du Parl. de Paris du 26. Fév. 1566. qui remet les parties en tel état qu'elles étoient auparavant la resignation & creation de pension. *Ibid. n. 10.*

150 Quoique la pension excede le tiers du revenu en Benefices autres que Cures, le resignant ne peut perdre sa pension : mais elle doit être reduite à ce que communément l'on observe, & que le Benefice le peut porter. Arrêt du Parlement de Paris du 19. Juin 1572. *Papon, ibid.*

151 Les pensions ne doivent exceder le tiers du revenu. Arrêt du 5. Decembre 1583. Autre du 5. Février 1595. au Rôle d'Amiens & de Senlis. Si elles sont plus fortes, celuy qui a constitué, ne peut reclamer. Mais le successeur peut demander la reduction. *Bibliotheque Canon. to. 1. pag. 198. col. 1.* où Bouchel dit avoir appris que l'on tient au Palais, que le resignataire qui a créé la pension, ou celuy qui a droit du resignataire, *aut cedat, aut solvat*, quelque forte que soit la pension, & ce qui est contraire aux homologations des pensions à Rome, *dummodò meditatem fructuum non excedat, est de stilo Curiæ.* Mais celuy qui est pourvû *per obitum*, ou qui n'a point droit de celuy qui a créé la pension, la peut faire reduire au tiers.

152 Jugé le 8. Mars 1591. que le troisiéme pourvû par mort du Benefice, n'ayant charge d'ames, étoit tenu de continuer la pension créée en Cour de Rome, tant que le premier resignant vivroit : mais celuy ainsi pourvû par mort, peut demander la pension être reduite, si elle est excessive. Arrêt du 7. Février 1595. pour une Chapelle en l'Eglise de Gerbroy. *Papon, liv. 3. tit. 5.* Mais celuy qui succede par resignation, doit payer entierement la pension convenuë. Arrêt du 8. Février 1594. *Voyez Robert, liv. 1. rerum judic. cap. 7.*

153 Arrêt du Parl. de Mets du 10. Decembre 1640. condamne l'Abbaye de Sainte Marie de Bechamp à payer au sieur de Bonnaire, Gentilhomme ordinaire de Sa Sainteté, les arrerages d'une pension de 150. ducats, qu'il avoit à prendre sur l'Abbaye, à raison de trente ducats seulement par an, & continuer le payement à la même raison, tant que la guerre durera, si mieux n'aime ledit de Bonnaire accepter la huitiéme partie à part, & à divis des terres de l'Abbaye, ce qu'il seroit tenu d'opter dans quinzaine. On disoit que cette pension étoit créée sans cause, que de Bonnaire ne porroit point l'habit de Clerc. Mais on répondit que les domestiques & familiers du Pape sont exceptez. D'ailleurs, la volonté du Pape, le consentement & la reconnoissance de l'Abbé autorisoient la demande du Pensionnaire. *Voyez le 66. Plaidoyé de M. de Corberon Avocat General.*

154 Arrêt du même Parlem. de Mets du 20. Decembre 1640. qui modere une pension de 660. livres duë par un resignataire d'une Prébende de l'Eglise Cathedrale de Tours contre son resignant, à la somme de 150. liv. par an, tant que la guerre durera, si mieux n'aime le resignant accepter le tiers des fruits & revenus quelconques de ladite Prébende, dont le resignataire sera tenu de luy donner par chacun an un état attesté par le Président, & par le Secretaire du Chapitre ; ce qu'il sera tenu d'opter dans trois mois, du jour de la signification de l'Arrêt. *Voyez les 67. & 75. Plaidoyés de M. de Corberon.*

155 Si le resignataire d'une Cure, qui n'a aucun revenu assuré, peut se liberer de la pension qu'il a consentie & promise sur le Benefice, en faveur du resignant, ou proposant l'excez, & offrant de rendre compte des droits & émolumens ? Arrêt pour la negative. *Voyez Henrys, to. 1. li. 1. ch. 2.*

156 L'Edit du Controle article 18. declare nulles

comme simoniaques, toutes reserves & créations de pensions sur les fruits des Benefices, si elles excedent la moitié des fruits, nonobstant tous concordats & obligations de pleges & cautions : mais le grand Conseil par son Arrêt de verification, a modifié cet article, *sans que les pensions soient tenuës pour nulles, comme simoniaques, & celles qui se recevront cy-après, seront reduites au tiers des fruits des Benefices, suivant les Constitutions Canoniques.* Et par Arrêt du Parlement de Paris du neuf Mars 1660. il fut jugé pour le Doyenné d'Angoulême, qu'une pension qui excedoit la moitié du revenu du Benefice, ne pouvoit annuller la resignation. La Cour, suivant les Conclusions de M. l'Avocat General Talon, reduisit la pension au tiers, & prononça sur la validité de la resignation. *Journal des Audiences, to. 1. liv. 3. ch. 34. & les Definit. Can. p. 610.*

157 Un resignataire, qui a une fois consenti une pension sur le Benefice à luy resigné, n'est pas recevable à en demander la reduction, lorsqu'elle excede les deux tiers du revenu du Benefice ; il faut que *aut cedat, aut solvat.* Cependant la Cour a ordonné d'office la reduction d'une pension de 600. livres à 300. liv. mais ce qu'il y avoit de singulier, est que le resignant étant pourvû d'un autre Benefice, il ne pouvoit pas demander à rentrer dans la Cure à faute de payement de la pension. Arrêt du 29 Decembre 1664. *Soefve, to. 2. Cent. 3. ch. 34.*

158 Le 3. May 1664. au Parlement de Toulouse, Barbiere fut condamné à payer la pension de 330. liv. à Bertudi sur la Cure de Cestelmaurou, quoiqu'il dît qu'il n'avoit pas dequoi vivre, & qu'ainsi il avoit transigé *de alimentis futuris.* Mais parce que la Declaration du Roy porte, que nonobstant la pension promise, le Titulaire doit avoir sa portion congruë, & le crû de l'Eglise, la Cour le 8. Janvier 1676. en condamnant le resignataire à payer la pension, ne le condamna, que jusqu'au temps qu'il avoit demandé sa congruë. *Albert, verbo Pensions, article 1.*

159 Pensions accordées par le Roy sur les Benefices Consistoriaux & homologuez en Cour de Rome, sont reductibles. Arrêt du Grand Conseil du 15. Mars 1695. qui reduit une pension de mille liv. à 700. liv. si mieux ne veut le Pensionnaire faire estimer dans trois mois pour toutes préfixions & delais, les revenus & charges de l'Abbaye de Moncels, ce qu'il sera tenu d'opter dans quinzaine, sinon déchu en vertu du present Arrêt ; lequel ordonne pareillement qu'il sera payé des arrerages du passé sur le pied de mille liv. jusqu'au 1. Janvier dernier, dépens compensez. *Journal du Palais, in fol. to. 2 p. 899.*

160 L'on a plusieurs fois agité au Grand Conseil la question de sçavoir, si un Abbé pourvû par le Roy d'une Abbaye, à la charge d'une pension, peut se liberer de la pension, en offrant d'abandonner les revenus de l'Abbaye ? Il a été jugé qu'il devoit remettre le Brevet de don de l'Abbaye ; & que tant qu'il conserveroit le titre, il demeureroit obligé à la pension portée par son Brevet : parce que cette pension étoit une charge & une condition de sa provision & de son titre. Il y a eu Arrêt du 7. Février 1708. entre F. Jules Cesar de la Grange, Prêtre, Chanoine Regulier, Abbé de l'Abbaye de Voormizele, & M. de Ratabon Evêque d'Ypres, Pensionnaire sur cette Abbaye, de la somme de 4000. liv. L'Abbé de la Grange, pour qui plaidoit M. Brillon, fit à M. l'Evêque d'Ypres un abandonnement des deux tiers des revenus, tant que la pension de 4000. liv. portée au Brevet, que pour l'acquit des charges. Monsieur l'Evêque d'Ypres, pour qui plaidoit M. Chevalier, voulut bien accepter l'abandonnement ; ce qui donna lieu à plusieurs contestations. Mais il demeura certain que le Pensionnaire pouvoit obliger le Titulaire, quoiqu'Abbé Regulier, à remettre le

titre és mains du Roy , ou de continuer le payement de la pension

La question a été jugée en termes formels le 12. Juillet de la même année 1708. au profit de M. le Marquis de Flamarin , Pensionnaire d'une somme de 2000. livres sur l'Abbaye de Longueville , dont étoit pourvû M. l'Evêque du Mans , avec charge de payer la pension. Monsieur du Mans , pour qui plaidoit M. le Paige , offrit d'abandonner tous les revenus. M. de Flamarin , pour qui M. Evrard plaidoit , ne jugea pas à propos d'accepter cet abandonnement. Arrêt qui , conformément aux conclusions de M. Dupuy Avocat General , condamne M. l'Evêque du Mans à payer les arrerages échus , avec dépens. La distinction à faire , est que la pension étant portée par le Brevet de don de l'Abbaye , ou autre Benefice , la reduction n'en peut être demandée : mais si la pension n'est donnée qu'après la provision , en ce cas la pension n'étant pas une charge de la provision , le Titulaire peut obtenir la reduction d'une pension excessive.

PENSION, RESIGNATION.

161   Quand la pension est reservée en faveur d'un resignant paisible possesseur , on ne laisse pas de faire admettre la pension sans le consentement du resignataire , en dérogeant à la regle de Chancellerie , *de præstando consensu in pensionibus* , parce que la resignation se fait en faveur d'un absent , & que le resignant n'entend resigner qu'à cette condition , ainsi qu'il est exprimé dans la signature de pension : *cum derogatione regula de præstando consensu in pensionibus , attento quod resignatio sit in favorem absentis , & orator qui verè, realiter & pacificè possidet, aliter resignare non intendit.* Il n'en est pas de même , quand c'est une cession de droits sur un Benefice litigieux ; car alors il faut avoir le consentement du cessionnaire , comme aussi dans le cas de la pension sans cause ; il faut necessairement avoir le consentement du Titulaire debiteur de la pension. *Définit. Can. p.* 608.

162   Si la resignation contenoit une clause expresse de regrés au Benefice , & resolution de la resignation faute de payement de la pension , cette clause seroit nulle & abusive , comme une espece de reserve , reprouvée & condamnée par le Concile de Bâle , suivant le sentiment de M. Charles du Moulin sur la regle *de infirmis* , n. 14. & sur la regle *de public. resignat.* nomb. 276. *Voyez les Définitions Canoniques, pag.* 625.

163   La resignation peut être admise par l'Ordinaire , & la reserve d'une pension par le Pape. Ces deux actes peuvent être legitimement divisez. Il y en a un Arrêt du Parlement de Paris , prononcé la veille de Noël 1606. pour raison de la Cure de Gerarce , au Diocese de Paris. Cet Arrêt est rapporté dans *Chopin* , & *dans les Définit. Can. p.* 615.

164   La resignation d'un Benefice à la charge d'une pension , contient deux actes separez & divisez , lesquels se doivent faire separement & divisément. Arrêt du 28. Decembre 1536. rapporté par *Tournet* , *lettre B.* Arrêt 34.

165   Titius a un Prieuré simple , il le resigne à Jean avec pension homologuée en Cour de Rome. Jean paye la pension , & ensuite resigne à Pierre. Jean decede ; Martin se fait pourvoir en Cour de Rome , & jouït de fait. Pierre & Martin contestent. Pierre est maintenu avec restitution de fruits , dommages & interêts. Titius demande sa pension à Pierre , & Pierre dit qu'il n'a point joüi des fruits , que c'est Martin. Pierre est condamné à payer la pension, &c. Jugé le 2. May 1562. *Charondas* , *li.* 8. *Rép.* 9.

166   Jugé au Parlement de Paris le 8. Mars 1565. que le resignant rentreroit dans son Benefice , le resignataire refusant de luy payer sa pension. *Papon* , *liv.* 2. *ti.* 7. *n.* 5.

167   Arrêt du Parlem. de Paris du 10. Decembre 1565.

par lequel il est ordonné qu'un Curé resignant rentreroit dans sa Cure , faute de payement de la pension stipulée. Autre Arrêt du mois de Novembre 1569. qui condamne un resignataire Curé à fournir à l'accord , ou passer procuration à son resignant. *Papon* , *liv.* 2. *tit.* 8. *n.* 3. Où il ajoûte que pour la même perfidie , encore que les pactes soient reprouvés en Benefices , un serviteur , à qui on a baillé en garde , est contraint recorder à tel que le Maître voudra. Arrêt du 14. Juin 1566.

Quoique les pensions créées sur Cures , fussent réputées pleines d'abus , sur tout quand le resignant **168** n'y avoit pas grand droit ; les pensions faites aux vrais titulaires resignans *ex justâ causâ* , ont été tolerées ; faute de payer la pension ils rentroient pour le moins en leur Benefice. Arrêt du 10. Decembre 1565. pour un resignant contre son resignataire qui avoit passé une Sentence collusoire avec un dévolutaire ; il fut ordonné que le Curé rentreroit en son Benefice.

Ce qui est dit de la resignation simple s'entend aussi de la permutation en retenant pension ; par Arrêt du mois de Septembre 1565. sur une provision par mort du resignataire decedé n'ayant accompli sa promesse envers son resignant , declarée nulle , & le Curé remis en son Benefice ; il faut que le débiteur pensionnaire ou paye , ou retrocede : la Cour par une équité naturelle , remet ordinairement les parties en tel état qu'elles étoient auparavant la resignation & permutation faute de continuer. Arrêt des 26. Févr. 1566. 14. Févr. 1569. & 7. Dec. 1573. autre chose seroit, si un tiers étoit chargé de la pension de laquelle il peut se faire décharger, en appellant comme d'abus, telle convention n'étant pas personnelle. Jugé le 28. May 1574. l'Edit de Blois a depuis pourvû à la révocation des pensions excessives. *Papon* , *p.* 1359.

Resignataire qui s'est obligé à payer une pension **169** à son resignant , doit la payer ou retroceder , mais non un tiers *Papon* , *li.* 3. *tit.* 5. *n.* 10.

Non seulement le premier resignataire qui a ac- **170** cepté le Benefice à la charge de pension , mais aussi l'autre pourvû sur sa resignation doit la continuer , parce que la mauvaise foy de l'auteur *transit in successorem*.Il en est autrement de celuy qui est pourvû par mort ; il n'a pas le droit du défunt Beneficier , mais du Collateur. Arrêt du Parlement de Paris du 30. Juillet 1598. quand le second resignataire ne veut pas acquitter la pension, on ordonne que le resignant rentrera dans son Benefice *sine novâ collatione.* Arrêts des 21. Février & 21. Avril 1575. quoique l'on alleguât que la création de pension fût abusive pour avoir été créée sur une Abbaye sans consentement du Roy , ni homologation en Cour de Rome. *Papon* , *livre* 3. *titre* 5.

Resignation d'un Benefice à la charge de faire **171** créer certaine pension sur ledit Benefice en Cour de Rome, est tenu de retroceder le Benefice , ou de payer la pension. Jugé le 20. Janvier 1581. *Charondas*, *liv.* 1. *Rép.* 26.

Il a été jugé le 28. May 1584. qu'un resignataire **172** du resignataire est tenu de continuer la pension créée sur un Benefice-Cure , ou à retroceder le Benefice. *M. Loüet* , *lettre P. somm.* 32.

Quoique la discipline Ecclesiastique ne reçoive re- **173** gulierement pension sur Benefice-Cure , neanmoins la Cour a admis que le Curé ayant resigné à la charge de pension , non excessive , comme du tiers , le regrez luy est reservé faute de payement , même contre un tiers resignataire , soit en faveur ou à cause de permutation faite vrai-semblablement en fraude du premier resignant pensionnaire. Arrêts des 14. Février 1569. 18. May 1584. & 21. Janvier 1586. autre chose seroit si un tiers étoit chargé de la pension , de laquelle aisément il se feroit décharger ; telles conventions n'étant personnelles. Jugé le 28. May 1574.

& ç. Decembre 1583. *Papon, li. 3. tit. 5. nomb. 10.* où il obſerve que l'Edit de Blois a pourvû à la révocation des penſions exceſſives.

174 Quoique la clauſe *cum egreſſu* en défaut de payement d'une penſion, ſoit vicieuſe & abuſive, même ſimoniaque, *cap. inſinuatum de ſimon.* neanmoins elle eſt ſouſentenduë, & ſe pratique en ce cas. Specialement lorſque le reſignataire refuſe de payer au reſignant la penſion, & ſatisfaire aux autres charges exprimées au Concordat arrêté entr'eux, homologué en Cour de Rome, d'autant qu'il eſt tenu retroceder, & remettre le Benefice entre les mains de ſon reſignant. Arrêt du P. de Roüen du mois de Mars 1589. pour le haut Doyenné de l'Egliſe Cathedrale d'Evreux, & qui avoit été jugé en l'an 1549. pour le ſieur Deſmaretz, contre ſon reſignataire de la Cure du Tremblay. Arrêt ſemblable du Parlement de Paris du 20. Janvier 1581. pour une Prebende fondée en l'Egliſe Nôtre-Dame, au Château de Clermont, Dioceſe de Beauvais ; ce qui s'entend juſqu'au ſecond, troiſiéme, même aux autres pourvûs par reſignation du même Benefice, & eſt fondé ſur la gloſe *in cap. ult. extr. de donationibus.* Celuy qui a impetré le Benefice vacant par mort, peut ſe faire décharger de la penſion qui n'a point été créée de ſon conſentement comme il ſe pratique aujourd'huy. *Bibliotheque Can. to. 2. page 207. col. 1.*

175 Arrêt du Parlement de Roüen du 19. Septembre 1597. qui caſſe la Sentence du Bailli d'Evreux, en ce qu'elle condamnoit le Curé de ſaint André de Gauville d'en faire rotroceſſion à ſon reſignant, & ordonne que dans trois mois il ſeroit employer le conſentement dans la penſion en Cour de Rome, & qu'à cette fin il paſſeroit procuration. *Ibidem, col. 2.*

176 Si le reſignant ſe peut retenir les collations *loco penſionis* ? La cauſe appointée le 6. Juillet 1600. *M. Loüet, lettre P. ſomm. 33.*

177 Un Curé reſigne à la charge de 60. écus de penſion ; il eſt porté par la ſignature que le Pape agreoit ladite penſion, pourvû qu'il reſtât 100. ducats quittes au reſignataire. Sur la plainte du reſignataire que cette penſion emportoit l'entier revenu ; par Arrêt du Parlement de Toulouſe du 22. Février 1602. il fut jugé conformément à pluſieurs autres préjugez, que les fruits de la Cure ſeroient annuellement affermez par le reſignataire, le reſignant appellé, pour du prix qui en proviendroit, être en premier lieu payé audit Conſtant titulaire la ſomme de 100. écus, au lieu de 100. ducats, quittes de toutes charges, autres neanmoins que du ſalaire du Vicaire en cas d'abſence du reſignataire, ou ne pouvant faire le Service, & du Prédicateur, & ſur le ſurplus être délivré 60. écus au reſignant. *Cambolas, li. 3. chap. 17.*

178 La penſion retenuë par le reſignant en grande maladie, n'empêche le regret au Benefice reſigné, quand le malade eſt retourné en convaleſcence. Jugé au mois de Juin 1604. *Pelens, queſt. 147.*

179 Jugé que le Pourvû d'un Benefice chargé de penſion par l'incapacité du reſignataire eſt obligé de la payer & continuer. Arrêt du 22. Juin 1606. mais le reſignataire ou le pourvû par ſon incapacité ne peut être condamné qu'à payer les penſions échües de ſon temps, la derniere année compriſe, laquelle a précedé ſa priſe de poſſeſſion. *Brodeau ſur M. Loüet, lettre P. ſomm. 30. nomb, 10.*

180 Si le Benefice avoit paſſé par les mains de pluſieurs reſignataires, ſans expreſſion de la penſion du premier reſignant, lequel auroit negligé pendant pluſieurs années de la demander, il y avoit lieu (avant les Edits & Declarations) à la réduction au tiers des fruits. Arrêt du 16. Avril 1611. *Brodeau, ibidem nomb. 5.* rapporte cet Arrêt, & dit qu'il y avoit écrit au procez pour celuy qui gagna ſa cauſe.

181 Reſignation nulle pour l'excez de la retention peut

ſubſiſter étant reſtrainte par le Pape, ſi la reſtriction en eſt conſentie par le reſignant, ſinon & au cas qu'il mourût dans les ſix mois, le Benefice pourroit être impetré par ſa mort. Arrêt du Parlement de Paris du 5. Mars 1612. nonobſtant la poſſeſſion triennale, parce qu'il n'y avoit pas même titre coloré. *Papon, li. 2. tit. 8. nomb. 6.*

182 Quoique la clauſe de regret au défaut de payement de la penſion par deux, trois, ou pluſieurs termes ſoit abuſive, & la paction illicite, ſuivant l'opinion de *Du Moulin*, pour ne point autoriſer l'ingratitude & la perfidie d'un reſignataire, ni ſes ſuites & ſubterfuges, & ſoulager le reſignant, il a été jugé ceſſant la même clauſe pour le défaut de payer les arrerages de pluſieurs années, que le reſignant peut rentrer en ſon benefice, même après 20. ans. Arrêt du 7. Septembre 1628. pour une Prebende en l'Egliſe Cathedrale de ſaint Corentin de Cornoüaille en la baſſe Bretagne. *Biblioth. Canonique, tome 2. p. 215.*

183 Ce qu'on dit, *cedat aut ſolvat* au reſignataire, n'a pas toûjours lieu ; comme ſi un homme obligé de ſe demettre d'un Benefice incompatible avoit reſervé une penſion, ou que les fruits ne fuſſent ſuffiſans pour la payer, alors elle ceſſeroit d'être exigible. Arrêt du Parlement de Grenoble du 11. Août 1665. *Voyez Baſſet tome 1. li. 1. tit. 4. chap. 7.*

184 Arrêt du Parlement de Provence du 9. Novembre 1657. qui ajuge au reſignant en défaut de payement de la penſion, le regret à ſon Benefice. Autre Arrêt du 17. Juin 1661. qui ordonne le payement des arrerages, autrement permis au reſignant de ſe mettre en poſſeſſion du Benefice, *Boniface, tome 1. liv. 2. tit. 10. chap. 5.*

185 Il faut faire difference des Benefices ſimples, d'avec les Benefices qui ont charge d'ames, ou qui requierent reſidence, & un ſervice actuel des titulaires. Quant aux Benefices ſimples, le reſignataire ne peut demander la réduction de la penſion, ni que ſur les fruits des Benefices il luy ſoit aſſigné une penſion honnête pour ſon entretien ; on luy peut dire, *aut cede aut ſolve*, puis qu'avant que d'accepter le Benefice, & de conſentir à la reſerve de la penſion, il a dû prendre ſes meſures, & voir ſi cette reſignation l'accommodoit. La même choſe auroit lieu contre le reſignataire du reſignataire ; mais il en eſt autrement à l'égard du ſucceſſeur par mort ; il peut demander la reduction de la penſion au tiers du revenu du Benefice ; ainſi jugé par un Arrêt ſolemnel du Grand Conſeil du 10. Janvier 1667. M. le Préſident après la prononciation, avertit les Avocats qu'il devoit ſervir de loy & de regle à l'avenir. Pour ce qui eſt des penſions créées ſur Cures & Chanoinies, avant la Declaration du Roy, on jugeoit que le reſignataire, & le reſignataire du reſignataire n'en pouvoient demander la reduction, quelques exceſſives qu'elles fuſſent, & qu'il falloit quitter le Benefice ou payer la penſion : mais depuis cette Declaration le Curé & le Chanoine même reſignataires, peuvent demander ſur une ſomme de 300. livres pour leur entretien outre le caſuel, Obits, Fondations, & diſtributions manuelles. *Définit. Can. p. 611.*

185 bis. Edit du Roy portant Reglement general pour les penſions ſur les Cures, & autres Benefices, du mois de Juin 1671. verifié au Grand Conſeil & au Parlement au mois de Juillet ſuivant, par lequel ſa Majeſté ordonne que cy-après les Titulaires dans les Egliſes Cathedrales & Collegiales ne pourront ſe reſigner avec reſerve de penſion qu'après les avoir actuellement deſſervis pendant le temps & eſpace de 15. années entieres, ſi ce n'eſt pour cauſe de maladie & infirmité, connuë & approuvée de l'Ordinaire, qui les mettra hors d'état le reſte de leurs jours de continuer leurs fonctions, ſans neanmoins que les penſions que les reſignans retiendront puiſſent exceder le tiers du revenu des Benefices, le tout ſans dimi-

nution ni retranchement de la somme de 300. livres. qui demeurera aux Titulaires pour leur subsistance par chacun an , franche & quitte de toutes charges, sans comprendre le casuel & le creux de l'Eglise, qui appartiendra pareillement aux Curez, ensemble les distributions manuelles qui appartiendront aux Chanoines & quant aux pensions qui se trouveront avoir été payées cy-devant sur les Cures & sur les Chanoinies & Prebendes des Eglises Cathedrales ou Collegiales en faveur des resignans : ordonne qu'elles seront réduites au tiers sans diminution des 300. livres, ainsi qu'il est exprimé cy-dessus, nonobstant tous traitez & concordats pour cause de procez, resignations , permutations, demandes en regrez faute de payement desdites pensions , & tous cautionnemens ; desquels sa Majesté décharge les obligez.

186   Arrêt du Parlement de Provence du 22. Juin 1671. qui condamna un resignataire à continuer la pension au resignant, lequel vouloit se prévaloir de la Déclaration de 1671. sur le fondement que son resignant n'avoit point déservi 15. ans. *Boniface , tome 3. livre 6. titre 2. chapitre 2.*

187   Le 25. Juin 1675. Arrêt qui oblige un quatriéme resignataire d'une Vicairerie permutée de continuer la pension constituée depuis 35. ans. *Ibidem , ch. 6.*

188   Jugé le 11. May 1676. que le resignataire d'un Benefice Cure , doit continuer la pension excessive , ou quitter le Benefice. *Ibidem chap. 8.*

189   Arrêt du même Parlement de Provence du 5. Decembre 1678. qui a jugé que le resignataire d'un resignataire d'un Benefice-Cure continuera la pension de son devancier , & ne peut la faire reduire. *Ibidem , chap. 9.*

190   On ne peut entre deux particuliers par la resignation d'un Canonicat créer une pension au profit d'un tiers qui n'a aucun droit au Benefice ; le consentement du resignataire , ainsi que la demission en Cour de Rome sont abusifs. Arrêt du Parlement de Toulouse du 15. Avril 1694. *Journal des Audiences tome 5. livre 10. chapitre 10.* où il est observé , que le pretexte que le resignataire veut faire éteindre une pension , le resignant n'a pas droit d'exercer le regrez, comme si la condition sous laquelle il a resigné, n'étant point executée, cela pouvoit resoudre sa resignation.

191   Le Pape ne peut admettre la resignation d'une Cure , sans admettre la pension que le resignant s'est réservée par la même procuration pour resigner ; c'est-à-dire que le Pape ne peut admettre la resignation & rejetter la pension. Arrêt du Parlement de Paris du 1. Mars 1696. *Journal des Audiences , tome 5. livre 12. chap. 10.*

192   Si le resignant est en droit de demander à rentrer dans le Benefice & de prétendre que les provisions du resignataire sont nulles, parce qu'elles ne contiennent point toutes les réservations faites par le resignant dans la procuration *ad resignandum* ? Voyez *les Arrêts de M. de Catellan, liv. 1.ch.3.* où il en rapporte un rendu au Parl. de Toulouse en faveur du resignataire le 10. Février 1698. Le resignant qui n'avoit fait sa procuration que sous la reserve d'une pension, demandoit le regrez faute de l'accomplissement de la condition ; le regrez luy fut refusé ; mais le resignataire offroit de payer la pension que le resignant avoit voulu se reserver ; la Cour ne crut pas devoir entrer là dedans ; elle ne voulut pas inserer ces mots *demeurant le registre chargé de l'offre* ; & on fut retenu par la crainte d'établir une pension, ce qui n'est réservé qu'au Pape.

PENSION SUCCESSEUR.

193   Si le successeur au Benefice est tenu de payer la pension créée sur le Benefice pour l'année qu'il ne jouït point. *Charondas , liv. 1. Rép. 70.* tient la negative , & sur la fin il dit qu'il a entendu que le differend avoit été partagé.

Si le Pape créoit une pension avec une clause expresse de reservation *ad successores*, quoyqu'il y eût consentement du resignataire, il y auroit abus. Arrêt donné au Parlement de Normandie le 17. May 1511. pour le Recteur & Curé de l'Eglise de S. Georges de Caën. *Item* par autre Arrêt du même Parlement en Février 1529. au procés du surnommé l'Enfant ; il fut dit que le Cardinal d'Amboise, bien qu'il fût Légat *à latere* n'avoit pû créer une pension annuelle sur un Benefice passant aux successeurs. *V.* la *Bibliotheque Canonique, tome 2. p. 204. col. 1.* & *Du Moulin, Reg. de publi. nomb.* 277.   194

Si une pension créée sur une Abbaye pour la resignation de la coadjutorie d'une autre Abbaye, doit être payée par le successeur à l'Abbaye sur laquelle elle a été créée ? Par Arrêt du Parlement de Metz du 21. Février 1639. le successeur a été condamné à la payer. *Voyez le 41. Plaidoyé de M. de Corberon* ; il estima que la pension avoit pû être créée en Lorraine qui étoit alors Païs d'obédience , qu'étant homologuée par le Pape & executée par le predecesseur, le Benefice n'avoit pu passer au successeur qu'avec cette charge, qu'enfin la pension étoit d'autant plus favorable, qu'elle étoit créée au profit d'un Religieux à qui elle tenoit lieu d'alimens.   195

Arrêt du Parlement de Provence du 14. Février 1647. qui a jugé que le successeur à un Benefice-Cure pourvû *per obitum*, n'est point tenu de continuer la pension. *Boniface , tome 1. livre 2. titre 9. chap. 2.* où il rapporte un autre Arrêt du 20. Mars 1657. qui a jugé le semblable.   196

Arrêt du 26 Janvier 1662. qui a jugé que le successeur au Benefice par resignation est tenu de continuer la pension de son predecesseur. *Boniface , ibidem chap. 1.*   197

Les pensions étant réelles au Parlement de Toulouse, quoique le Benefice vaque *per obitum*, la pension est dûë au pensionnaire par le successeur de celuy qui l'a promise ; il est vrai que le nouveau titulaire ne doit pas les arrerages du temps qui a precedé sa possession. Jugé au Parlement de Toulouse les 27. May 1669. & 4. Juin 1657. *Alberi, verbo, Pension art. 1.*   198

PENSIONS EN TITRE.

Les pensions en titre sont reprouvées en France; elles n'ont lieu que dans l'Italie, & les autres païs de la nomination du Pape. *Gigas* en parle dans son traité des pensions *quest. 3. nomb. 1. licitarum autem pensionum quædam est quæ datur in titulum Beneficii, ut est quando certa portio ex pingui Beneficio extrahitur, ut deinceps fit perpetuum Beneficium. Definitions Can. Remarque 476. page 616.*   199

Quand la pension serviroit & tiendroit lieu de titre sacerdotal au pensionnaire , il ne laisseroit pas de pouvoir l'amortir & éteindre ; comme de pouvoir resigner le Benefice qui luy tiendroit lieu de titre sans le consentement de l'Evêque. C'est l'usage observé en France contre la disposition du Concile de Trente, & le Stile de la Cour de Rome qui veut qu'il paroisse que le resignant & le pensionnaire ont d'ailleurs de quoy vivre. *Ibid. remarque 487. p. 622.*   200

PEPINIERES.

P Ar Arrêt du Parlement de Roüen du 5. Juin 1609. rapporté par *Berault ,* sur l'art. 516. de la Coûtume de Normandie, il a été jugé que les pepinieres, comme meubles, appartiennent aux legataires, & même que les veuves usufruitieres y prenoient part comme étans *in fructu.*

PERDRE.

C E que signifie, perdre une chose. *L. 13. & 14. D. de Verb. sign.*
Perte d'actes, *Voyez* les mots , *Piéces, Procedures, Procureurs.*

PERE.

De bis qui sui vel alieni juris sunt. l. 1. 8...
D. 1. 6... Ulp. 4.

De patriâ potestate. l. 1. 9. & seqq... C. 8. 47. &
seqq.

De adoptionibus & emancipationibus, & aliis modis
quibus potestas solvitur. l. 1. 11... D. 1. 7.

De tributoriâ actione. D. 14. 4... l. 4. 7. §. 3. Action contre le Pere dont le Fils fait un négoce particulier.

Quod cum eo qui in alienâ potestate est, negotium gestum esse dicitur. D. 14. 5... C. 4. 26... l. 4. 7.
De periculo successorum parentis. C. 10. 61. L'engagement du Pere pour son Fils, passe aux heritiers du Pere.

De Patribus qui Filios suos distraxerunt. C. 4. 43.... C. Th. 3. 3... Paul. 5. 1. §. 1. Des Peres que la misere obligeoit de vendre leurs enfans.

V. Enfans. Fils de famille. Maître. *& hoc verbo,* Pere. *La Bibliotheque de Jovet. Georgii Vivienni, Pater familias.*

1   *Pittacus* donnant conseil à un fils qui vouloit plaider contre son pere, dit, *si de patre æquiora dixeris, damnaberis ; si iniquiora dixeris, jam dignus eris damnari. Vide Gautier,* tome 1. de ses Plaidoyez page 620.

2   *Quæritur pater de malo filio, aut quæritur filius de duro patre, servamus honorificentiam quæ debetur patri à filio, quæ deficit à filio non æquamus filium patri in honore, sed præponimus, si bonam causam habet, filium æquamus patri in veritate, & sic tribuimus honorem debitum ut non perdat æquitas meritum.* Cauf. 1. quest. 7. C. 36.

3   *Pater administratorio nomine filii contractui jurato contravenire potest, justâ causâ novâ superveniente. Voyez Franc. Marc.* tome 2. quest. 503.

4   Du respect que les enfans doivent à leur pere. *Voyez* le mot, Enfans nombre 75, *& suiv.*

5   Declaration des peres & meres sur l'état d'un enfant bâtard ou legitime. *Voyez* le mot, Bâtard, *nombre 49. & suivans & le mot,* Enfans nombre 2. *& suiv.*

PERE, BENEFICE.

6   Fils obtenant le Benefice possedé par le pere. *Voyez* le mot Benefice, *nomb. 137. & suivans.*

PERE, ACTION CRIMINELLE.

7   Accusation par les peres contre les enfans. *Voyez* le mot, Accusation, *nomb. 16.*

8   Pere appellant d'une Sentence Criminelle renduë contre son fils. *Voyez* le mot Appel nomb. 115.

9   Le délit du Pere ne peut priver les enfans de la succession de leur ayeul, & l'ancienne Coûtume de Normandie de ne pas succeder par les enfans des condamnez. Jugé au Parlement de Roüen le 26. Août 1558. *Chenu,* 1. Cent. quest. 4.

10   Puissance paternelle non perduë par un banissement à temps. *Voyez* le mot Banissement, *nomb. 40.*

PERE, CAUTION.

11   Si le pere est garand des actions de son enfant ? *Voyez* le mot, Garantie, *nombre 91. & suiv.*

12   Pere à qui l'on demande caution. *Voyez* le mot Caution, *nomb. 207. & suiv.*

13   Si le pere qui marie son fils est obligé au doüaire ? *Voyez* le mot, Doüaire, *nombre 176. & suivans.*

PERE, GARAND.

14   *Voyez* la Loy 1. C. *ne filius pro patre vel pater pro filio conveniatur ;* il y a quelques Docteurs qui ont tenus le contraire. *Expilly Arrêt* 57. rapporte un Arrêt du 2. Juin 1559. qui a jugé suivant la Loy, *nec mater pro filio,* C. livre 4. titre 12.

15   Enfans ne peuvent être facilement relevez des contracts faits avec leur pere. Arrêt du 21. Decembre 1579. qui confirme une quittance d'un fils donnée à son pere *etiam non visis rationibus.* Autre Arrêt du 29.

Janvier 1577. qui confirme une aliénation, quoyque faite sans decret. Il fut dit, que pour la reverence paternelle, le fait du pere tiendroit ; *pietas consilium cupit pro liberis.* Papon, livre 7. titre 1. n. 5.

16   Le pere est obligé à l'achat que son fils mineur fait de chevaux en guerre ; & l'on peut proceder par voye de saisie des fruits pendans par les racines sur les terres du pere, en vertu d'une cedule, quoyque non reconnuë. Arrêt du Parlement de Dijon du 22. May 1596. *Bouvot,* tome 2. verbo *Saisie* quest. 44.

17   Le pere peut exiger le legs fait à son fils sans condamnation precedente, ni qu'il soit obligé de donner caution, quand même il seroit remarié en secondes nôces. Jugé le 21. Février 1613. pour des heritiers qui avoient payé un legs ; le pere qui l'avoit reçû étant devenu insolvable, ils furent dechargez du second payement que le fils leur demandoit, il y avoit eû même Arrêt le 8. Janvier 1605. *Cambolas,* liv. 4. Chap. 48.

18   Si le pere est tenu du maniment des deniers publics faits par son fils en qualité de Receveur d'une Communauté ? Arrêt du Parlement de Grenoble du 28. May 1637. par lequel il fut dit que le pere payeroit le reliqua du compte en cas d'insuffisance des biens du fils, discussion d'iceux préalablement faite, & pour les dépens ajugez contre le fils, le pere en fut déchargé, parce qu'il n'avoit point été appellé en Justice : mais l'Arrêt porte, à condition toutefois que les biens du fils seroient imputez 1°. sur les dépens, & après sur le reliqua. Les mouvemens de l'Arrêt furent que le pere & le fils vivans ensemble, le pere n'avoit point ignoré la gestion, il sembloit l'avoir consentie. *Basset,* tome 2. livre 4. titre 10. chapitre 4.

19   Un pere poursuivi & condamné au payement des étoffes & marchandises venduës à son fils mineur étant en sa maison, l'on considera que le pere avoit sçû le prêt, d'ailleurs que ce prêt alloit à sa propre décharge, puisqu'il étoit obligé de fournir l'entretien de son fils. Arrêt du 10. May 1647. *Soëfve,* tome 1. Cent. 2. chap. 17.

20   Jugé en interprétation de l'art. 518. de la Coûtume de Bretagne par Arrêt du 4. Février 1661. qu'un pere n'étoit point tenu de la reparation civile en laquelle son fils avoit été condamné pour assassinat par luy commis, parce qu'il fut representé que ce fils étoit sorti de la maison paternelle dés l'âge de 15. ans, & qu'il en avoit plus de 32. lors de l'assassinat commis. *Idem,* tome 2. Cent. 2. ch. 32.

21   Si le pere a droit de vendre ou donner à nouveau bail le bien de son fils ? Arrêt du Parlement de Provence, du 3. Decembre 1674. qui a ordonné le désistement. *Boniface,* tome 4. livre 9. tit. 4. chap. 3.

PERE, HERITIER.

22   De l'institution d'heritier des pere & mere. *Voyez* le mot, Heritier nomb. 241. *& suiv.*

23   Un pere peut faire preuve par témoins qu'il a fait accord des meubles avec les parens de ses enfans à 30. livres. Arrêt du Parlement de Dijon du 15. May 1607. *Bouvot,* tome 2. verbo *Tuteur,* quest. 17.

24   Sur la question, si un pere en païs de Droit écrit, où il a ses enfans en sa puissance, & où il fait les fruits siens par droit de puissance paternelle, sans être obligé de rendre compte, a droit de joüir aussi des biens immeubles situez à Paris, sans être aussi obligé d'en rendre compte ? *Voyez le Recueil des Actes de Notorieté de M. Le Lieutenant Civil,* page 129. *& suiv.*

PERE, PRISONNIER.

Voyez cy-devant verbo Mineur, & obligation.

25   Pour la délivrance du pere prisonnier qui n'avoit moyen de payer, il a été ordonné que les biens maternels des enfans, quoique mineurs, seroient vendus. Arrêt du 2. Avril 1571. *Charondas,* livre 4. Rép. 16. *circa finem,* & au livre 6. Rép. 29. il dit que sa femme

me & luy au nom de ses enfans, peuvent renoncer au droit Coûtumier. *Voyez* Mornac, *ad rubricam C. ne filius pro patre*, & Bacquet des Droits de Justice, *chap. 15. nomb. 48.*

26 Un fils pris par les Barbares est racheté par un autre ; celuy-cy agit contre le pere qui offre de payer jusqu'à concurrence de la part que son fils peut prétendre en ses biens. Arrêt du Parlement de Paris du 6. Août 1619. qui nonobstant les offres ordonne que l'execution de la Sentence dont étoit appel, surseoira, & que le pere payera la moitié dans un an, le surplus à pareil terme, sans pouvoir être contraint par corps ; & ce qu'il aura payé sera imputé à son fils sur sa part hereditaire en la succession paternelle. *Additions à la Bibliotheque de Bouchel*, verbo, *Pere.*

27 Une mere est tenuë de payer la rançon de son fils pris par les Turcs, & depuis racheté par un marchand Armenien. Arrêt du 7. Février 1664. *Soëfve, tome 2. Cent. 3. chap. 2.*

28 Arrêt du Parlement de Provence du 5. Septembre 1685. qui a jugé qu'un fils ne peut pas demander de faire sortir des prisons son pere détenu pour dette civile, & y tenir sa place jusqu'au payement. *Boniface, tome 4. livre 9. tit. 4. chap. 8.*

29 Par Sentence renduë en la Sénéchaussée du Mans de 7. May 1695. Antoine Fouquet est déclaré, atteint &convaincu d'un divertissement de papiers, condamné de les remettre au sieur Du Coudray, en 80. liv. de dommages & intérêts, & aux dépens du procès, le tout par corps. Antoine Fouquet son fils est renvoyé absous de l'accusation. Le pere interjette appel de la Sentence. Sur l'appel, transaction par laquelle on convient que l'on fera rendre Arrêt infirmatif de la Sentence; le pere s'oblige de payer 500. livres pour les dépens, le fils cautionne son pere pour cette somme ; il prend Lettres de rescision fondées sur sa minorité, quoyqu'il eût 24. ans ; sur la lezion, puisqu'il s'obligeoit de payer une somme qui pouvoit donner lieu à la saisie réelle de ses immeubles : lezion manifeste, car le mineur se chargeoit conjointement avec son pere de l'évenement de plusieurs procès.

Deux objections étoient faites, la premiere, on disoit, le mineur s'oblige pour retirer son pere de prison, la lezion ne se présume pas dans un tel cautionnement. La seconde objection étoit que le mineur se mettoit luy-même à couvert d'une condamnation criminelle.

L'on répondoit qu'en matiere criminelle, l'appel éteint le jugé, que Fouquet au moyen de son appel & de la transaction n'avoit plus de contrainte par corps à apprehender ; de plus il eût fallu que le pere eût été actuellement *in vinculis* & en prison. Si le mineur peut s'obliger pour retirer son pere de prison, l'on n'a pas encore dit que son obligation fût valable pour l'en garantir. *M. Loüet lettre O. sommaire 9.* fut cité, & il faut avoüer si le pere n'a que cette voye d'empêcher l'emprisonnement de sa personne. Par rapport à la seconde objection, l'on ne doit pas dire que le fils se met à couvert d'une condamnation criminelle ; il est renvoyé absous par la Sentence. D'un autre côté, la transaction ne se fait pas avec luy, comme avec un homme accusé ou condamné, il intervient seulement comme caution, ce qu'il n'a pû faire sans s'exposer à une lezion qui n'est que trop prouvée par les poursuites dont on le menace.

Le Vendredy de relevée 23. Janvier 1698. Arrêt qui conformement aux Conclusions de M. Joly de Fleury Avocat General, enterina les Lettres de rescision. M. Pierre Jacques Brillon plaidant pour le demandeur, M. Jean Baptiste Brillon son frere aîné plaidant pour le sieur Du Coudray défendeur.

PERES, MAUVAIS TRAITEMENS.

30 Des enfans qui sont maltraitez par les peres. *Voyez* le mot *Enfans, nomb. 65. & suiv.*
Tome III.

Arrêt du 23. Decembre 1577. qui condamne un fils pour avoir battu & injurié sa mere, à faire amende honorable en chemise, tête & pieds nuds, la corde au col, à être fouëté par les carrefours de la Cité, en six ans de galeres & en tous les dépens ; il eût été condamné à être pendu, si sa mere n'eût déclaré ne se vouloir rendre partie, & qu'elle ne l'eût déchargé autant qu'elle le pouvoit. *La Rocheflavin, livre 2. titré 5. arrêt 6.*

31 Arrêt du 23. Avril 1648. qui juge que l'action *male tractationis* par un fils en la personne de son pere, ne peut être recevable qu'en la bouche du pere même; neanmoins quoique le pere intervînt, & soûtînt qu'il n'avoit aucun lieu de se plaindre de son fils, qu'en tout cas il luy pardonnoit, la Cour à qui le recit des charges fut fait, ordonna que ce fils seroit tenu de comparoir en la chambre du Conseil sur les lieux, & là étant à deux genoux, demander pardon à son pere de l'action commise, défenses à luy de recidiver à peine de la vie, & outre le condamna en une amende, à aumôner au pain des prisonniers. *Soëfve tome 1. Cent. 2. chap. 79.*

32 Du pouvoir & Jurisdiction du pere sur ses enfans. *Voyez Basset, tome 2. liv. 4. tit. 10. chap. 6.* où il rapporte une Sentence renduë par un pere luy-même de l'avis de sa famille le 18. Septembre 1663. contre un fils qui avoit attenté à sa vie & à celle de sa mere; il la déclara indigne de sa succession & le condamna aux galeres pour vingt ans. Ce fils apella, & M. le Procureur General du Parlement de Grenoble appella *à minima.* Par Arrêt du 19. Septembre 1663. la condamnation aux galeres perpetuelles fut prononcée. Quand les peres veulent retracter les plaintes qu'ils ont renduës, on n'y a point d'égard. Arrêt du 10. Novembre 1621. par lequel la Cour sans s'arrêter à la retractation du pere, passa outre au Jugement du procès & condamna le fils aux galeres perpetuelles.

33 Si un pere traitant mal sa fille doit être déclaré indigne de la puissance paternelle, & si l'ayeul maternel doit avoir en ce cas la conduite de sa petite fille, & être reçu à verifier les mauvais traitemens ? Arrêt du Parlement de Provence du 16. Decembre 1669. qui ordonna que l'ayeul maternel verifieroit les mauvais traitemens faits par le pere à la fille, en la chassant de sa maison, luy refusant des alimens, & la faisant coucher toute nuë dans l'écurie. *Boniface, tome 4. livre 9. titre 4. chap. 5.*

PEREMPTION.

LA peremption d'instance, *Præscriptio litis, vel judicii; Eremodicium, quod est, litis desertio.*
Ut si morâ Imperatoris sententia ferri non possit, judicii præscriptio ferre non possit. N. 23. c. 2. les instances conclues, ou appointées au Conseil, ne tombent point en peremption.

De peremptione instantiæ. Voyez le Traité qui en a été fait *per Bartholum.*

Peremption d'instance ; *Voyez le Recüeil de Fontanon tome 1. livre 3. titre 38.* p. 669. l'Ordonnance de 1539. *art. 110.* l'Ordonnance de Roussillon *art. 15.* Charondas *livre 13.* chapitre 43. Chenu *Cent. 2. quest. 46.* Filleau 4. *part. quest. 196.* la Bibliotheque de Jouet, *au mot Instance.* le Traité des Criées par *M. Bruneau chap. 11. page 136.* & les Arrêtez de M. le Premier Président de la Moignon recueillis *dans le Commentaire de M. Barthelemy Auzanet sur la Coûtume de Paris.*

1 L'Ordonnance touchant la peremption a lieu és Coûtumes qui portent le contraire. *Brodeau sur M. Loüet lettre D. Sommaire 15. & lettre P. Somm. 17.*

2 L'instance périe, les actes probatoires demeurent *M. le Prêtre premiere Cent. chap. 56. M. Loüet lettre P. Sommaire 38.* sinon lorsque la peremption attire avec soi la prescription. *Mornac l. Properandum. Cod.*

L

De judiciis. M. Valla *de rebus dubiis, &c. tract.* 25.

3   Pendant le temps de la peremption, la demande des fruits cesse. *Filleau, part.* 4. *quest.* 90.

4   Il y a des auteurs qui prétendent que les peremptions avoient lieu, & même étoient plus rigoureuses avant l'Ordonnance de Roussillon, ensorte que les procés en état étoient sujets à peremption. Arrêts des 11. Août 1514. & 21. Avril 1515. Il est vray qu'avant l'Ordonnance, quand une instance étoit contestée, la contestation perpetuoit l'action, tellement que bien qu'il fallût agir par nouvelle action, il y avoit toûjours 30. ans depuis la contestation. C'est ce que l'Ordonnance a aboli, voulant que toute instance quoique contestée, si elle est discontinuée par trois ans soit perie, sans avoir l'effet de perpetuer l'action. Ainsi cette Ordonnance n'a point introduit la peremption : mais a donné cours à la prescription, non-obstant la contestation, qui auparavant la prorogeoit. La contestation, avant l'Ordonnance, n'avoit pas force de perpetuer l'instance, mais seulement l'action. Ainsi jugé le 21. May 1583. *Additions à la Bibliotheque Canon. de Bouchel*, verbo *Peremption*.

5   L'instance ne perit point, que les parties ne soient reglées pour leurs Juges. Arrêt du Parlement du 18. Janvier 1545. *Papon, liv.* 12. *tit.* 3. *n.* 17.

6   Pour acquerir peremption d'instance, il faut qu'il y ait partie ou Procureur ; car si la partie est décedée, il est du devoir de l'autre partie de faire appeller l'heritier pour reprendre, ou delaisser le procez, *quia in hæredem transfertur judicium.* Arrêt du 18. Juin 1569. *La Bibliotheque de Bouchel*, verbo *Peremption.*

7   En la cause plaidée par quatre matinées, la Reine pour qui plaidoit Mangot, soûtenoit qu'il y avoit peremption d'instance, qu'elle avoit lieu, *etiam en Cour Souveraine*; & M. de Montpensier par Marion son Avocat soûtenoit le contraire. Par Arrêt du deux Mars 1574. l'instance fut declarée perie ; & sur la prescription mise en avant par le sieur de Montpensier, les parties appointées au Conseil. *Ibidem.*

8   Par Arrêt du 11. Janvier 1575. sur un appel du Senéchal de Ponthieu, jugé que l'instance étoit perie, laquelle, long-temps avant l'Edit de Roussillon, avoit été contestée, & produite pardevant le Juge ; mais qu'il y avoit plus de trois ans qu'on n'en avoit fait les poursuites. Semblable Arrêt donné pour MM. les Allegrains ; toutefois aux Enquêtes le contraire a été jugé, sçavoir que l'Edit n'avoit lieu pour les instances contestées avant iceluy ; *Leges enim & constitutiones dant formam futuris, non præteritis negotiis.* Arrêt du 14. Août 1584. confirmatif de la Sentence du Senéchal de Poitou. Arrêt donné auparavant au rapport de M. Molé. *Carondas, liv.* 7. *Rép.* 28.

9   Il y a peremption d'instance par continuation de trois ans és Sieges Royaux & Présidiaux, encore que le procez y soient conclus, & en état de juger ; *secùs* és Cours Souveraines, quand le procés est conclu. Chenu, 1. *Cent. qu.* 90. rapporte l'Arrêt du 11. Janvier 1575. Peleus, *quest.* 14. rapporte un Arrêt contraire du 9. Mars 1599. *Voyez Charondas, livre* 7. *Rép.* 138.

10   Par Arrêt du 22. Novembre 1575. enjoint à tous Juges de juger suivant l'Ordonnance, touchant la peremption d'instance, après la discontinuation de trois ans. *Bibliot. de Bouchel*, verbo *Peremption.*

11   Par Arrêt du 12. Decembre 1575. il fut dit qu'il avoit été mal jugé par le Juge *à quo*, qui avoit debouté l'appellant des Lettres Royaux en forme de restitution, contre la peremption d'instance, les Lettres fondées sur ce que l'appellant avoit eu un Procureur qui s'étoit absenté ; que les actes & piéces de l'appellant avoient été perdues chez son Procureur, en la maison duquel le feu avoit été ; que la partie adverse étoit de la Religion, & absent ; & que l'appellant ne pouvoit le faire adjourner, ni convenir : que

quand il l'eût poursuivi, & fait condamner, tout cela eût été mis au néant ; que si la peremption avoit lieu, l'action principale étoit prescrite. En emendant le Jugement susdit, ayant égard aux Lettres de relief de peremption, que l'appellant seroit reçû à poursuivre son action, sans que la peremption luy pût préjudicier. *Ibidem.*

12   Actes probatoires demeurent, encore que l'instance soit declarée perie, & se peuvent separer de l'instance. Jugé par deux Arrêts donnez en la séance des Grands Jours de Clermont, en l'an 1582. L'un du 21. Septembre, l'autre du 19. Octobre. Autres Arrêts des 1. Mars 1583. & 8. Mars 1608. *Ibidem*, verbo *Actes probatoires*, & *cy-dessus le n.* 2.

13   Le procez étant conclu & reçû pour juger, est à l'abry de la peremption. *M. Loüet, lettre P. som.* 16. Jugé le 21. Mars 1586.

13 bis   L'appellant avoit intenté procés aux Requêtes du Palais, pour raison du possessoire du Prieuré de Mongon. Appointement en 1595 Au lieu de le suivre, le Prieur se pourvoit au Grand Conseil, où il y avoit procez avec un Indultaire. L'intimé comparut. L'appellant, aprés quelques Reglemens, ne poursuit plus. Aprés cinq ans, il revient aux Requêtes du Palais, & fait commandement à l'intimé de produire. Celuy-cy presente Requête afin de peremption. L'appellant dit que l'instance n'a été discontinuée, au moyen des poursuites faites au Grand Conseil. Arrêt du Parlement de Paris du 18 Mars 1605. confirmatif de la Sentence, qui declare l'instance perie. *Ibidem*, verbo *Peremption.*

14   La peremption une fois valablement acquise, ne se couvre point par une procedure volontaire, depuis faite en instance perie ; en sorte que nonobstant que l'on ait repris, on peut faire juger la peremption, conformément à un Arrêt du 27. Juillet 1604. & un autre du 27. Août 1610. L'on a jugé que, même en cause d'appel, l'on pouvoit se servir de la peremption acquise avant la Sentence ; parce que l'art. 15. de l'Ordonnance de Roussillon porte, que toutes instances par discontinuation de procedures pendant trois ans, sont éteintes & peries : c'est un droit public, auquel on ne peut déroger. *Voyez les Additions à la Bibliotheque de Bouchel*, verbo *Peremption.*

15   Par Arrêt du 3. May 1618. rapporté par *Tronçon sur la Coûtume de Paris, art.* 233. il a été jugé que la peremption d'instance n'avoit pû courir contre la femme convolée en secondes nôces, pour n'avoir été le second mary appellé en reprise d'instance ; *quia personarum mutatio aliam atque aliam facit rem*, en la loy *si cum uno ff. de except. rei jud.*

16   Quand un Arrêt interlocutoire ne contient que des chefs interloquez, il perit par trois ans : mais s'il contient quelque chef, sur lequel on ait jugé diffinitivement quelque point du procez, ce chef diffinitif proroge pendant trente ans le temps de l'interlocutoire. Arrêt du 19. Janvier 1656. *La Rocheflavin, li.* 3. *tit.* 6. *Arr.* 1.

17   La peremption d'instance peut être opposée au demandeur par le deffendeur, qui n'a point constitué de Procureur sur l'assignation à luy donnée. Jugé à Paris le 12. Février 1684 *Journal du Palais in quarto, p.* 212. & *le* 2. *Tome in folio.*

18   Une demande jointe au procés, n'est point perie, lorsque le procés principal ne l'est pas. Arrêt du même Parlement de Paris du 24. May 1685. *De la Guess. tom.* 4. *liv.* 8. *ch.* 39.

PROCÉS, DOMAINE.

19   Acte de notorieté de M. le Lieutenant Civil du 18. Juillet 1687. portant qu'il est de l'usage au Châtelet, qu'une instance, qui est introduite par un Exploit, demeure perie aprés trois années accomplies, lorsque l'Exploit de demande n'a été suivi d'aucune procedure pendant les trois années, quoique le dé-

fendeur n'ait point conftitué de Procureur ; ce qui fe juge toûjours ainfi au Châtelet. *Recueil des Actes de Notorieté, pag.* 33. & 34.

20 Arrêt du Parlement de Paris du 28. Mars 1692. portant que les inftances intentées , bien qu'elles ne foient conteftées , ni les affignations fuivies de conftitution & de prefentation de Procureur par aucune des parties , feront declarées peries , en cas que l'on ait ceffé , & difcontinué les procedures pendant trois ans ; & n'auront aucun effet de perpetuer , ni de proroger l'action , ni d'interrompre la prefcription. 2°. Que les appellations tomberont en peremption , & emporteront de plein droit la confirmation des Sentences , fi ce n'eft qu'en la Cour les appellations foient concluës , ou appointées au Confeil. 3°. Que les faifies réelles, & les inftances de criées des terres , heritages , & autres immeubles , ne tomberont en peremption , lorfqu'il y aura établiffement de Commiffaires , & baux faits en confequence. 4°. que la peremption n'aura lieu dans les affaires qui y font fujettes, fi la partie , qui a acquis la peremption, reprend l'inftance , fi elle forme quelque demande , fournit de defenfes , ou fi elle fait quelque autre procedure , ou s'il intervient quelque appointement, ou Arrêt interlocutoire , ou diffinitif , pourvû que lefdites procedures foient connuës de la partie , & faites par fon ordre. *Journal du Palais in fol. tome* 2. *pag.* 810.

21 Arrêt intervenu au Parlement de Paris le 5. Juin 1703. après l'avis des anciens Procureurs de Communauté , qui a jugé que la peremption s'acquiert , quoiqu'il n'y ait point de prefentation au Greffe , & qu'elle court contre toutes perfonnes qui procedent. *M. Bruneau , en fon Traité des criées , p.* 136.

22 Si l'inftance a été commencée , & difcontinuée par trois ans , & les poffeffeurs font toûjours demeurez en la poffeffion , la prefcription a lieu. Arrêt du Parlement de Dijon du 13. May 1577. *Voyez Bouvot ,* to. 2. verbo *Peremption* , queft. 4.

23 L'on ne peut alleguer peremption d'inftance contre une Sentence de provifion, *etiam* après trois ans. Arrêt du Parlement de Bourgogne du 16. Février 1599. *Ibidem ,* verbo *Peremption* , qu. 1.

24 Lorfqu'il y a production faite des pieces d'un procés par inventaire , il ne peut y avoir peremption d'inftance, quoique la caufe foit demeurée fans pourfuites pendant plus de trois ans aux Requêtes du Palais. Arrêt du Parlement de Dijon du 12. Juin 1609. *Ibidem ,* verbo *Peremption* , qu. 4.

25 L'inftance de peremption de trois ans court contre les heritiers d'un défunt mort dans les trois ans, fauf à eux fe pourvoir par nouvelle action. Arrêt du Parlement de Dijon du 3. Juillet 1618. *Ibidem ,* verbo , *Interruption* , qu. 4.

26 Par la peremption d'inftance , les declarations & preuves ne periffent point. Arrêt du Parlement de Dijon du 2. Août 1605. qui declare l'inftance perie, fans préjudice des actes contenans confeffion des parties. *Bouvot , tom.* 1. *part.* 1. verbo *Peremption d'inftance.*

27 Jean Duponceau dit que fes auteurs & ceux de Hardy Pantin ont pris en 1535. de l'argent à rente du Chapitre Nôtre-Dame de Nantes , que la rente a été par eux payée ; qu'en 1560. il y a eu procez à ce fujet , il conclut à le reprendre ; ce faifant que Pantin paye la moitié des heritages. Pantin oppofe la peremption d'inftance , que la conftitution eft faite depuis plus de quarante ans , qu'ainfi les arrerages ne peuvent être demandez que de cinq années. Duponceau replique que l'action a été intentée en 1560. & que le procez fut appointé deux ans après. Le Juge de Nantes déclara l'inftance reprife, condamna Pantin au payement de la moitié des rentes , & aux levées depuis la conftitution jufqu'en 1560. & depuis 1560. jufqu'au jour de la Sentence. Arrêt du Parlement

Tome III.

ment de Bretagne du 30. Octobre 1576. qui prononce, mal jugé , condamne Pantin à rembourfer Ponceau de la moitié de la rente dont il s'agit , que Ponceau montrera avoir payé au Chapitre. *Du Fail, liv.* 1. *chap.* 412.

Le changement d'état d'une partie , ou fa mort , **28** où celle de fon Procureur , vaut exploit ou piece de procedure , à l'effet d'empêcher la peremption ; de forte que quelque filence qui fuive après, pourvû que la faculté d'agir ou de relever appel , dure encore , chacune des parties peut reprendre l'inftance , foit principale ou d'appel. Mais fi pendant le filence de trois ans qui fuit la mort du Procureur ou de la partie , le temps de l'action vient à expirer , il fe fait un concours de difcontinuation par trois ans , & de la prefcription qui abolit tout. Arrêts du Parlement de Bretagne des 27. Avril 1643. & 7. Janvier 1653. rapportez par *Hevin fur Frain , p. xxviij. de fes additions aux notes.*

Par Arrêt du Parlement de Touloufe du 16. Fé- **29** vrier 1587. il a été ordonné qu'une partie reprendra ou délaiffera, quoiqu'il y eût 40. ans que l'appointement en droit eût été prononcé , & que l'on oppofât la peremption. *La Rochefl. avin , livre* 3. *titre* 6. *Arrêt* 1.

Si le procez produit pardevant un Rapporteur eft **30** prefcrit dans 30. ans demeurant fans pourfuite ? Le procez fut terminé par tranfaction. *Boniface , tome* 4. *li.* 9. *tit.* 1. *chap.* 18. il cite *M. Louët fur la lettre P. chap.* 16. qui dit que les procez qui ne font pas en état de juger aux Compagnies fouveraines , ne font pas fujets à peremption , & qu'ils durent jufqu'à 30. ans feulement.

PEREMPTION , ACTION NOUVELLE.

On demande fi l'inftance perie , l'effet de l'ajour- **31** nement , & conteftation en caufe demeure pour perpetuer l'action ? *Voyez* cette queftion traitée dans la *Bibliotheque de Bouchel* , verbo *Peremption.* M. Charles Du Moulin , *tome* 2. *page* 881. *n.* 11. décide que *Perempta inftantiâ , adhuc fupereft actio.*

Es actions annales la peremption d'inftance eft an- **32** nale , & celle peremption d'inftance emporte la prefcription d'action. *V. Filleau* 4. *partie queft.* 95.

L'Ordonnance de Moulins de 1564. article 15. qui **33** parle des peremptions d'inftance eft interpretée : car un oppofant dés 1561. veut en 1567. reprendre la pourfuite fur fon oppofition. On luy objecte l'Ordonnance ; il dit qu'elle ne fe doit ainfi entendre : Comme fi par exemple ont avoit intenté une action fur le 29. an qui eft le parachevement des 30. ans introduits par la Coûtume de Bretagne , & que l'action fût conteftée , toutefois fi elle paffe trois ans après, comme elle avoit de coûtume ; mais l'action demeurera éteinte , & autrement l'Ordonnance feroit contraire à la Coûtume. Le Juge de Rennes déclare l'appellant non recevable en fon oppofition , fauf fon recours vers le vendeur ; appel. Par Arrêt du Parlement de Bretagne du 12. May 1569. il eft dit mal jugé , l'oppofition dont eft cas, inftruite ; les parties renvoyées pour ce fait pardevant , &c. *Du Fail, li.* 1. *chap.* 184.

Es actions annales, les peremptions font annales, & **34** telle peremption d'inftance emporte la prefcription de l'action. Jugé le 19. Juillet 1578. le 19. Janvier 1587. & le 11. Mars 1600. *premiere Centurie , queft.* 95. comme en retrait lignager. *Le Veft, Arrêt* 186. en rapporte un du 23. Janvier 1588. Conteftées, elles durent trois ans. *M. Louët & Brodeau , lettre* I. *fomm.* 2.

L'inftance étant perie les parties ne peuvent la re- **35** prendre , continuer & pourfuivre , finon par nouvelle action. Jugé le 9. Juillet 1605. *Chenu, 2. Cent. queft.* 36. & Filleau, 4. *part. queft.* 136.

Arrêts du Parlement de Provence des 21. Juin **36**

1652. 15. Mars 1655. 21. Juin 1664. & 1665. qui ont jugé que pendant l'inſtance d'appel l'action court au principal, & que la peremption d'inſtance emporte la preſcription de l'action. *Boniface* , tome 1. *livre* 1. *tit.* 23. *n.* 1.

PEREMPTION , APPEL.

37   Peremption d'appel eſt quand l'appel eſt relevé , & qu'on eſt l'eſpace de trois ans ſans faire aucune choſe pour inſtruire ledit appel , en ce cas l'appel comme une inſtance eſt peri , & l'appellant non recevable. *M. le Prêtre* , 2. *Cent. ch.* 66. M. Loüet , *lettre* P. *ſomm.* 14. & Henrys , *to.* 2. *li.* 4. *queſt.* 33.

38   L'appel n'eſt ſujet à peremption juſques à ce que le Juge ſuperieur ſoit ſaiſi , & que les Procureurs ſe ſoient reſpectivement preſentéz. *Brodeau ſur M. Loüet* , *lettre* P. *ſomm.* 14.

39   Le procez par écrit qui vient par appel étant une fois en état , ne perit point par la jonction d'un incident qui s'ordonne toûjours , ſauf à diſjoindre , & au moment de la peremption de l'incident, il ceſſe d'être incident. *Brodeau ſur M Loüet* , *lettre* P. *ſommaire* 16.

40   La moindre procedure faite ſur un appel pendant les 3. ans, empêche la peremption ; ou bien ſi l'appel eſt en état d'être jugé , comme ſi d'une appellation verbale la cauſe eſt miſe au Rolle , ou d'un procez par écrit , il y a concluſion ; parce qu'il n'y a plus du fait de la partie. *M. le Prêtre* , 2. *Centurie* , *chapitre* 66.

41   Quand l'inſtance en cauſe d'appel eſt déclarée perie par Arrêt , *utrumque perimitur* , l'inſtance auſſi eſt l'appel , & l'action qui autrement dureroit 30. ans , de ſorte que par ce ſilence la Sentence dont eſt appel eſt confirmée , *ex auth. item ſi ex appellatione C. de temporibus appellat.* & l'appellant ne doit être reçû à appeller de nouveau. Jugé par pluſieurs Arrêts. *Papon* , *li.* 12. *tit.* 3. *n.* 18.

42   C'eſt une maxime en la Cour, que quand le procez d'appel par écrit eſt conclu & reçû pour juger , & que l'appellation verbale eſt au Rolle , il ne perit point ; l'article 15. de l'Ordonnance de Rouſſillon n'a pas lieu en ces cas. Jugé par pluſieurs Arrêts ; il en eſt autrement és Sièges Preſidiaux, quoique les procez ſoient appointez en Droit , & en état d'être jugez. *Ibidem.*

43   Difference entre la peremption d'appel & la peremption d'inſtance, laquelle empêche bien l'interruption de la preſcription , mais elle n'empêche pas que l'on ne puiſſe de nouveau intenter ſon action , ſi l'on eſt encore dans les trente ans ; mais la peremption d'appel éteint en telle ſorte qu'étant une fois peri , il n'eſt plus loiſible d'en appeller de nouveau , encore bien que l'on ſoit dans le temps que dure l'appel. Jugé le 7. Juin 1607. *M. le Prêtre* , 2. *Cent.* chap. 66. Voyez *Henrys* , *to.* 2 *liv.* 4. *queſt.* 33. *Brodeau ſur M. Loüet* , *lettre* P. *ſomm.* 14. M. Loüet & *Brodeau* , *ſur la même lettre* P. *ſomm.* 15. & *Chenu premiere Cent. queſt.* 94. & *ſa deuxiéme Centurie* , *queſt.* 37.

44   De la peremption d'inſtance en cauſe d'appel. Elle a lieu auſſi-bien contre l'intimé que contre l'appellant. *Voyez Hevin* , *p.* 343. il rapporte un Arrêt du Parlement de Bretagne du premier Decembre 1622. qui enterine une requête civile obtenuë contre un Arrêt d'appointé au Conſeil , paſſé par le Procureur. Le fondement de la requête civile étoit, que lors de l'Arrêt d'appointé , il y avoit preſcription d'action & peremption d'inſtance. *Voyez au même livre page 3. des Additions* les nouvelles & curieuſes annotations d'*Hevin* ſur la peremption.

45   Si l'inſtance du Vicomte ou Bailly étoit perie, on ne pourroit pas appeller derechef. Arrêt du Parlement de Roüen du 24. Mars 1631. *Baſnage* , *ſur la Coſtume de Normandie* , *art* 575.

46   Jugé le 3. Avril 1634. que le relief d'appel n'étant

ſignifié qu'à un Procureur , qui déclare n'avoir point de charge, la peremption ne peut courir. *Bardet* , *to.* 2. *li.* 3. *chap.* 17.

47   Arrêt du Parlement de Provence du 14. Février 1653. qui a jugé que l'inſtance de déſertion d'appel étant perie, celle d'appel ne l'eſt point. *Boniface* , *to.* 1. *li.* 1. *tit.* 23. *n.* 7.

PEREMPTION , APPOINTEMENT.

48   Inſtance appointée en Droit & au Conſeil, en Parlement ne ſe preſcrit. Arrêt du Parlement de Paris des 7. & dernier Avril 1516. & 1521. *Papon* , *livre* 12. *tit.* 3. *nombre* 18.

49   Par Arrêt du 11. Janvier 1575. une inſtance fut déclarée perie, encore que les parties euſſent conclu en une cauſe , & pris appointement à oüir droit, & que le procez fût en état pardevant le Juge , *à quo,* parce que ni l'une ni l'autre des parties n'avoient ſommé le Juge de juger le procez , ce qu'ils pouvoient faire ; & après avoir ſommé par trois fois, pouvoient appeller du deni de Juſtice. *Voyez la Bibliotheque de Bouchel* , *verbo Peremption.*

50   Quand une cauſe eſt miſe au Rolle , ſoit ordinaire ou extraordinaire, & quelle eſt appointée au Conſeil , ſoit par Arrêt contradictoire , ou par le moyen du Reglement general ; en ce cas l'appointé étant levé & ſignifié, il eſt du devoir des parties d'inſtruire l'inſtance, & la mettre en état de juger, autrement elle eſt ſujette à peremption. *Brodeau ſur M. Loüet* , *lettre* P. *ſomm.* 16.

51   Quoiqu'il ait été dit que les clauſions & appointemens en Droit en la Cour ne ſoient point ſujets à peremption, cela eſt veritable, ors qu'après la clauſion, le procez a été produit au Greffe, & mis en état d'être jugé par l'acquiſition des forcluſions ordinaires : mais lors qu'il n'y a que la clauſion ſans autre diligence des parties, tel appointement en Droit eſt perimé dans trois ans ; & de fait par Arrêt de la Chambre de l'Edit de Caſtres du 10. May 1633. en la cauſe d'une femme de Realmon, la Cour trouvant la preſcription de 30. ans accomplie par la peremption de deux clauſions ; déchargea le défendeur par fin de non recevoir. *Voyez le Recüeil de Boné* , *Arrêt* 73.

52   On demande ſi l'Arrêt d'appointé au Conſeil dure trente ans , & ſuffit pour empêcher la peremption au Parlement ? Celuy de Bretagne ſe trouva partagé ſur cette queſtion au mois d'Avril 1655. L'opinion commune eſt qu'il dure trente ans, quoique l'Arrêt d'appointé ne mette pas le procez en état d'être jugé. *V. Hevin ſur Frain* , *p.* xxx. *de ſes Additions aux notes.*

PEREMPTION , ARREST.

53   L'inſtance d'execution d'Arrêt eſt ſujette à peremption. Jugé au Parlement de Paris le 7. Janvier 1576. *Le Veſt* , *Arrêt* 145.

PEREMPTION , BENEFICE.

54   La peremption d'inſtance a lieu, *lite conteſtatâ, etiam in beneficialibus*, Arrêt du 7. Juin 1553. *Bibliot. de Bouchel* , *verbo Peremption.*

PEREMPTION EN BRETAGNE.

55   *Voyez Du Fail* , *liv.* 3. *chap.* 136. & 137. où il eſt parlé de la peremption d'inſtance & preſcription. Il y eſt obſervé qu'au Reſſort & pays de Bretagne la peremption d'inſtance par le laps de trois ans n'a lieu qu'aux termes de l'article 279. de la Coûtume, à moins que l'action ne fût preſcrite au fond. Car depuis l'action perie, la peremption d'inſtance s'acquiert par les trois ans, faute de pourſuite, ſuivant l'art. 15. de l'Ordonnance de Rouſſillon. *Voyez le Plaid.* 83. *de M. Frain.*

56   En 1532. la peremption d'inſtance n'étoit pratiquée en Bretagne, elle ne l'a été que depuis l'Ordonnance de Rouſſillon. *Du Fail* , *li.* 1. *chap.* 337.

57   Peremption n'a point lieu en Bretagne. Arrêt de l'an 1555. qui a relevé d'une peremption de 29. ans. *Du Fail* , *liv.* 1. *chap.* 185.

58 Entre les Chanoines & Chapitre de Cornoüaille , & Françoise Graffot. Les appellans font reçus à pourfuivre une oppofition formée par un Procureur General , qui neanmoins depuis s'étoit départi de l'oppofition ; & nonobftant auffi la difcontinuation de la pourfuite de l'inftance d'oppofition par plus de trois ans, ce qu'on appelle peremption d'inftance. Arrêt du Parlement de Bretagne du 27. Février 1570. On fuit à prefent l'article 279. de la Coûtume ; car après les pourfuites de l'oppofition , fi l'inftance n'eft difcontinuée par trois ans , l'inftance demeure perie, & l'appropriement a fon cours. Du Fail , livre 3. chapitre 116.

59 Peremption d'inftance avoit lieu au Parlement de Bretagne avant l'Ordonnance de 1539. Arrêt du 30. Avril 1574. V. ibidem , chap. 436. & ci-deffus le n. 56.

60 La peremption de l'inftance n'a lieu en Bretagne, fi l'action dure & que l'on agiffe au moyen d'une obligation non prefcrite en autre caufe. Arrêt d'Audience du 16. Octobre 1595. même en la Cour contre la pratique du Parlement de Paris, rapporté par Brodeau fur M. Loüet , lett. P. n. 14. & fuiv. Chenu, queft. 94. Il faut excepter le cas de l'article 278. en matiere d'oppofition appointée & difcontinuée par trois ans. Du Fail , li. 1. chap. 110.

61 Jugé que nonobstant que l'oppofant ait écrit ou produit, l'inftance ne fe perime pas moins ; l'acquereur demeure approprié. Arrêt du Parlement de Bretagne du 20. Février 1608. la partie doit faire fes diligences , fommer le Juge de luy faire juftice, faute dequoy en appeller comme déni de Juftice. Du Fail , liv. 3. chap. 121.

PEREMPTION, COMPLAINTE.

61 De la peremption d'inftance en matiere de complainte. Voyez le mot Complainte , nomb. 40.

PEREMPTION, COMPROMIS.

63 Compromis empêche la peremption d'inftance ; ainfi jugé au Parlement de Paris le 9. Janvier 1624. Bardet , tome 1. liv. 2. chap. 1.

PEREMPTION, CRIE'ES.

64 Criées tombent en peremption. Voyez le mot Criées, nomb. 113. & cy-après le nomb. 119.

PEREMPTION, CRIME.

65 Accufator vel reo mortuo , an pereat inftantia in caufis fracta pacis ? Voyez And. Gaill , tract. de pace publicâ , lib. 1. cap. 20.
Voyez verbo Prefcription , nombre 104. & fuiv.

PEREMPTION EN DAUPHINE'.

66 La peremption d'inftance pour trois ans , a lieu en Dauphiné. L'Ordonnance n'y a pas été regiftrée. M. Expilly en fes Arrêts , chap. 44.

67 En Dauphiné la peremption d'inftance n'eft que de trente ans. Arrêt du 29. Mars 1612. V. Baffet, tome 1. li. 2. tit. 29. chap. 15. elle va jufqu'à 40. ans; quand dans le procez en action réelle, il y a conteftation & appointement en Droit.

PEREMPTION, DEFAUT.

68 Une demande ne tombe point en peremption , fi le défendeur ne comparoît point , autrement le contumax auroit plus d'avantage que celuy qui comparoît. V. la 11. Confultation de M. du Pleffis.

69 Les défauts faute de défendre ayant été produits & mis en état de juger entre les mains de Meffieurs les Rapporteurs, il n'y a pas de peremption , parce que Meffieurs les Rapporteurs peuvent prononcer à l'avantage des demandeurs ou défendeurs ; ainfi qu'ils trouveront à propos. Arrêt du 19. Février 1687. Journal du Palais in quart. 11. part. fol. 117. & le 2. 10. in fol. page 653.

PEREMPTION, ENQUESTE.

70 Un procez par écrit auquel eft intervenu Arrêt interlocutoire , portant qu'il feroit informé d'office , n'eft point fujet à peremption , parce que l'enquête dépend du fait de la Cour , & non des parties. Jugé le 18. Mars 1602. Brodeau fur M. Loüet , lettre P.

fomm. 16. Voyez Henrys , tome 1. livre 4. chapitre 6. queft. 99.

PEREMPTION, EVOCATION.

71 Lettres baillées du Prince pour faire évoquer le procez en un autre Siege , empêchent la peremption. Mornac , Cod. Quando libellus Principi datus , &c.

72 Le fieur de la Rocheguyon prefente une Requête à la Grand'-Chambre , tendante afin de déclarer perie l'inftance d'évocation en la Cour , & l'inftance mentionnée en la Requête d'évocation. Il difoit que l'inftance principale avoit été difcontinuée pendant plus de trois ans aux Requêtes du Palais , & qu'ainfi il n'y avoit pas eu lieu de conclure à l'évocation du principal. La veuve du fieur de la Hunaudaye défendereffe répondoit que quand même l'inftance principale auroit été perie , elle avoit été relevée par la requête d'évocation , que pendant cette inftance d'évocation , elle n'avoit pas dû plaider aux Requêtes du Palais ; ainfi quoique l'inftance d'évocation foit perie, l'inftance principale eft demeurée en fon entier , & en l'état où elle étoit lors que la requête d'évocation a été prefentée. Arrêt du Parlement de Paris du 10. Mars 1597. qui fans avoir égard à la requête afin de peremption , renvoye les parties aux Requêtes du Palais, pour proceder en l'inftance principale. Bibliot. de Bouchel , verbo Peremption.

73 Arrêt qui renvoye l'inftance en un autre Siege , n'eft point fujet à peremption. Ainfi jugé le 7. Septembre 1649. Henrys , tome 1. livre 4. chapitre 6. queft. 99.

PEREMPTION, FEMME.

74 Arrêt folemnel par lequel il a été jugé contre le Marquis de Curton , que la peremption d'inftance n'avoit point lieu contre la Dame Stein , parce qu'elle n'avoit pû courir contre fon mary pendant les troubles, encore qu'elle fût feparée de biens d'avec fon mary, fæmina corufcant radiis maritorum. Voyez la Bibliot. de Bouchel verbo Peremption.

75 Peremption d'inftance ne court contre la veuve qui fe remarie , fi elle n'eft autorifée par fon mari , ou par Juftice. Arrêt du 3. May 1618. M. le premier Préfident avertit les Avocats qu'ils n'euffent plus à produire en telles caufes , & que toutes les fois qu'il y a mutation de perfonne ou de Procureur, il n'y a point de peremption. Bardet , tome 1. liv. 1. chap. 18. M. Jul. Brodeau fur M. Loüet , lettre I. fomm. 13 allegue un autre Arrêt poftérieur du 29. Avril 1621.

76 Jugé au P. de Roüen le 13. Juin 1649. qu'une femme feparée accufée d'avoir fouftrait des meubles , & pour ce fujet déclarée refponfable des dettes, & ainfi privée de fes droits , ayant laiffé tomber en peremption l'inftance durant fon mariage ; l'appel qu'elle avoit interjetté de cette condamnation n'étoit point tombé en peremption, la femme ne pouvant perdre fa dot conftant le mariage. Et par autre Arrêt il fut encore jugé qu'une inftance d'appel interjetté par un mari touchant le bien de fa femme , ne tomboit pas en peremption à fon préjudice , & qu'elle étoit recevable à proceder fur cet appel , d'autant que par la peremption la procedure feroit confirmée , & la caufe au fonds demeureroit perduë. Bafnage fur la Coûtume de Normandie , art. 521.

PEREMPTION, FISC.

77 La peremption d'inftance n'a pas de lieu contre le fifc , parce que l'action domaniale eft perpetuelle, & peut toûjours s'intenter de nouveau , le domaine étant imprefcriptible. Chopin Coûtume de Paris , liv. 2. tit. 8. nomb. 7.

PEREMPTION, FRUITS.

78 De la reftitution des fruits perçûs pendant la peremption d'inftance. Voyez le mot Fruits, nomb. 128. & fuiv. & cy-deffus le nomb. 3.

PEREMPTION, GENDARME.

79 Arrêt du Parlement de Provence du dernier Fé-

vrier 1644. qui a jugé que la peremption court contre un Gendarme ; c'eſt à luy à s'imputer de n'avoir pas eu des Lettres d'Etat, portant ſurſéance. *Boniface, to. 1. li. 1. tit. 23. nomb. 4.*

PEREMPTION, GUERRE, PESTE.

80   La peſte empêche la peremption, pourvû que notoirement la Juſtice ait ceſſé. La peſte ſurvenuë en la maiſon de l'Avocat chargé du procez, empêche le cours de la peremption. *V. M. Loüet, lettre P. ſommaire 14.*

81   Jugé par Arrêt des Grands Jours de Clermont du 19. Octobre 1581. que la peremption d'inſtance a lieu, encore qu'outre la minorité il y ait de la peſte, & troupe de gens de guerre en la ville du domicile des parties ; ſi ce n'eſt que notoirement les gens de guerre empêchent l'exercice de la Juſtice, & que la plaidoirie y ceſſe. *V. Filleau, 4. part. queſt. 91. Chenu, 1. Cent. queſt. 92. & la queſt. 93.* où il ſemble y avoir Arrêt different.

82   Jugé par Arrêt donné en la plaidoirie de la Grand'-Chambre en Août 1600. que la peremption d'inſtance n'a lieu entre gens qui ont été de même parti pendant les troubles. *Bibliotheque de Bouchel,* verbo *Peremption.*

PEREMPTION, INTERETS.

83   Sentence de proviſion qui ajuge le principal, n'empêche la peremption de la demande anterieure des interêts. Jugé au Parlement de Paris le 3. Août 1633. *Bardet, to. 2. li. 2. chap. 54.*

PEREMPTION, INTELOCUTOIRE.

84   Lorſque dans les Arrêts interlocutoires il y a quelque chef qui eſt diffinitif, la peremption n'a pas lieu ; comme il fut jugé à Toulouſe le 5. Avril 1644. en la cauſe de la Demoiſelle de Gaſq, contre le ſieur Vitrac : trois mille liv. étoient dûës par obligation de 1585. un Arrêt interlocutoire ordonnoit le partage de certains biens, pour ſur le tiers cette dette être payée ; ſoit que ces mots fuſſent exprés dans l'Arrêt ; ſoit que l'Arrêt les préſuppoſât, il fut jugé que la peremption n'y avoir pas lieu, & que l'inſtance en 1636. avoit été bien repriſe ; la même choſe fut jugée le 13. Avril 1648. en la cauſe des Chartreux, & du ſieur Marquis de Sourdis. *Voyez Albert,* verbo *Peremption.*

85   Un Arrêt qui ordonne que la choſe ſera ſequeſtrée n'eſt diffinitif en cela. Arrêt du Parlement de Toulouſe du 9. Février 1645. en la cauſe de la Gaſq & de Labbat ; jugé que nonobſtant cela il y avoit peremption. *Ibidem.*

86   Les chefs interlocutoires d'une Sentence periment dans 3 ans, quoique dans la même Sentence il y ait des chefs diffinitifs, parce que *tot Sententiæ quot capita.* Arrêt du Parlement de Toulouſe au mois de May 1662. Il faut obſerver dans l'eſpece de cet Arrêt il n'y avoit appel d'aucun des chefs diffinitifs de la Sentence, car l'appel d'un chef diffinitif empêche la peremption des chefs interlocutoires, pourvû que l'appel ſoit interjetté avant les 3. ans de la peremption. Tout interlocutoire perime donc dans les trois ans ; il eſt vrai que pour les faits & les queſtions que l'interlocutoire couvre il eſt diffinitif, comme il fut jugé le 13. May 1653. *V. M. de Catellan, livre 7. chapitre 19.*

PEREMPTION, MINORITE'.

87   Peremption d'inſtance a lieu contre les mineurs, ſauf leur recours contre leurs tuteurs ou curateurs. Jugé le 25. Juin 1571. *Chenu, premiere Centurie, queſt. 91.*

88   Peremption d'inſtance (reſervé l'action née dans les 30. ans) a lieu contre le mineur, même aprés conteſtation en cauſe, ſauf le recours contre les tuteurs negligens. Quoique la peremption ait lieu aprés trois ans, neanmoins les actes probatoires, comme enquêtes, demeurent. Arrêt du 19. Janvier 1574. elle n'eſt interrompuë par une aſſignation. Arrêt du 8.

Mars 1575. elle n'a lieu en execution d'Arrêt, ni en la Cour, quand le procez par écrit eſt conclu, *quia ex eo tempore factum eſt judicis, non partis ; item en* appellation verbale, quoique la cauſe ſoit au Rolle, la peremption court toûjours, ſauf à intenter nouvelle action. Arrêt du 2. Mars 1574. pour M. de Montpenſier, contre la Reine, pour le Comté de Clermont : ainſi fut le Comté de Blois ajugé au Roy, en vertu d'une peremption. Pour renouveller l'inſtance il ne ſuffit pas de mettre la production au Greffe, mais il faut pourſuivre, & mettre le Juge *à quo* en demeure : *ſecus* en la Cour. Arrêt du 11. Janvier 1575. *Papon, li. 8. tit. 16. n. 3.*

89   Si un mineur peut obtenir des Lettres de ſur an pour reprendre une inſtance poſſeſſoire ; ſi la cauſe eſt conteſtée, lors qu'il y a appointement de venir plaider par Avocats, aprés les défenſes fournies, ſi les inſtances annales periſſent par diſcontinuation d'un an ? *V. Bouvot, to. 2. verbo Peremption, queſt. 2.*

90   La peremption d'appel court contre le mineur, ſauf ſon recours contre le tuteur. *M. le Prêtre 2. Cent. chap. 66.* Jugé au mois d'Août 1608. *Voyez M. Loüet, lettre I. ſom. 13.* Brodeau, *hic. Voyez* Mornac, *Cod. De judiciis, l. Properandum, §. ult. Si deſi lia.*

91   Arrêt du Parlement de Provence du 20. May 1642. par lequel il a été jugé qu'un mineur peut être reſtitué contre la peremption d'inſtance, quand il eſt deſtitué de Curateur. *Boniface, tome 1. livre 1. tit. 23. n. 2.*

PEREMPTION, PROCEZ CRIMINEL.

92   Procez criminel civiliſé, la peremption d'inſtance a lieu. Jugé le 10. May 1597. *M. Loüet, & ſon Commentateur, lettre P. ſomm. 37.*

93   Les matieres criminelles intentées extraordinairement par information, recollement, & confrontation, ne ſont ſujettes à peremption ; mais ſi le procez criminel eſt civiliſé, la peremption a lieu. Jugé le 13. Juin 1606. *M. Loüet, ibidem. Voyez* Mornac, *leg. 13. properandum, Cod. de judiciis.*

94   Un homme condamné pour adultere par Sentence du premier Juge, appelle à la Cour. L'appel demeure peri ; dix ou douze ans aprés il ſe fait pourvoir d'un Office de Notaire qu'il exerce l'eſpace de 23. ans, aprés leſquels un ennemi le défere comme infâme, & indigne de tenir cet Office. Par Sentence du Juge des lieux il eſt déclaré indigne de tenir l'Office de Notaire. Appel en la Cour où Bignon le jeune plaidant pour luy, remontra que la condamnation premiere n'a pû ſubſiſter, au moyen de ce que l'appel *in criminalibus extinguit judecatum* ; & parce qu'on vouloit dire que l'appel étant peri, la Sentence étoit confirmée ; il répondit que la Sentence auſſi étoit preſcrite, ayant été donnée il y a 35. ou 36. ans. Par Arrêt du 5. May 1616. l'appellation, &c. en émendant permis à l'appellant de continuer l'exercice de ſa charge de Notaire. *Bibliotheque de Bouchel,* verbo *Peremption.*

95   Arrêt du Parlement de Provence du 10. Decembre 1642. qui a ordonné que la peremption auroit lieu en matiere criminelle. *Voyez Boniface, tome 1. livre 1. tit. 23. n. 5.* & Brodeau ſur M. Loüet, *lettre P. ſommaire 14.*

96   La peremption des inſtances d'appel à la Cour a lieu en matiere criminelle. Arrêt du 5. May 1679. *Bonface, to. 5. liv. 3. tit. 20.*

PEREMPTION, PROCUREUR.

97   Un procez par écrit, quoiqu'en état de juger, ayant été retiré par le Procureur de l'une des parties, eſt ſujet à peremption, parce qu'il ne peut pas être jugé par ſon fait. *Brodeau ſur M. Loüet, lettre P. ſomm. 16. fine.*

98   Un Procureur ſans pouvoir ſpecial ne peut couvrir par ſes procedures volontaires une peremption legitimement acquiſe : ſi fait bien la partie, laquelle peut renoncer à ſon droit, & il ſuffit que le droit

foit acquis par les dates, sans être demandé ni jugé. *Ibidem ,somm. 21.*

PEREMPTION, REGALE.

99   Peremption d'instance n'a point de lieu en Regale; l'ouverture dure jufqu'à trente ans. Arrêt du 12. Mars 1574. contre un Pourvû par l'Ordinaire qui avoit joüi par forme de récréance l'espace de 10. ans; parce qu'il n'étoit pleinement maintenu; le Regaliste obtint l'état. Arrêt femblable du 16. Decembre 1577. *Papon, p. 1356. tiré de M. Bergeron.*

PEREMPTION, RELIEF.

100   Arrêt du Parlement de Paris de la Veille de la Pentecôte 1570. portant défenses de ne plus recevoir Lettres de relief de peremption d'instance. Les Impetrans débouttez fuivant les Ordonnances de 1548. & 1564. *Papon , li. 12. ti. 3. n. 19.*

101   Contre la peremption d'instance , relief ne doit être reçû, mais nouvelle action peut être intentée. Arrêt du 19. Octobre 1582. par lequel, fans avoir égard aux Lettres de relief, l'instance est déclarée perie, fauf à fe pourvoir par nouvelle action ; demeurans neanmoins les Enquêtes & Actes justificatives du procez. *Papon, li. 12. ti. 3. n. 20.*

PEREMPTION, RELIGIEUX.

102   Les Gouverneurs de l'Hôtel-Dieu de Paris , fe plaignirent d'une alienation faite au profit des Religieuses de Port-Royal ; elles avoient obtenu Sentence en 1492. Appel interjetté & relevé dans les trois mois par les Gouverneurs. Enfuite, mauvaife administration ; ils concluoient, nonobstant la peremption, à la poursuite de l'appel. Les Religieuses de Port-Royal difoient que les demandeurs ne venoient point *intrà quadriennium à tempore lasionis , nec à tempore ceffationis impedimenti* , du moins que les fruits devoient leur appartenir , & leur étoient acquis *verà usucapione.* Arrêt du 13. Avril 1518. *Bibliotheque de Bouchel* , verbo *Peremption.*

103   Il n'y a point de peremption d'instance contre les Religieux mendians , Administrateurs du bien des pauvres. Jugé le 16. Decembre 1597. *Chenu , 1. Cent. quest.* 93. ni contre les Marguilliers d'Eglise. Jugé le 23. Decembre 1630. *Brodeau fur M. Louet , lettre P. fommaire* 14.

PEREMPTION, REQUESTE CIVILE.

104   Arrêt du 17. Juin 1676. qui declara l'instance de Requête civile fujette à la peremption de trois ans. *Boniface , to. 3. li. 3. ti, 4. ch. 11.*

PEREMPTION, REQUESTES DU PALAIS.

105   Aux Requêtes du Palais, les instances d'opposition afin de diftraire, periffent par discontinuation de trois ans. Celuy qui a laiffé perir l'instance fur luy , est tenu des dépens de l'instance perie. *Filleau, 4. part. qu.* 135.

106   Il y a peremption d'instance en un procès étant en état de juger aux Requêtes du Palais. Jugé le 23. Avril 1605. *Chenu , 2. Cent. qu.* 34. M. *Loüet, & Brodeau , lettre P. fomm.* 18.

107   Par Arrêt du 26. May 1586. après en avoir confulté toutes les Chambres , il a été jugé qu'une instance , en état de juger aux Requêtes du Palais , étoit perie par le laps de discontinuation de trois ans, parce qu'encore que Meffieurs des Requêtes ayent cet honneur d'être du Corps de la Cour, toutefois à caufe de leur commiffion , il y a appel d'eux & de leurs Sentences. Or ne peut faire un plus grand grief aux parties, que de leur dénier Justice. *Bibliotheque de Bouchel* , verbo *Peremption.*

108   Aux Requêtes du Palais, les instances d'opposition afin de diftraire , periffent par discontinuation de trois ans ; & celuy qui a laiffé perir l'instance fur luy, est tenu des dépens de l'instance perie. Jugé le 5. Février 1611. *Chenu , 2. Cent. qu.* 35. Voyez *M. Le Prêtre, 1. Cent. ch.* 56.

109   Arrêt du Parl. de Paris pour fervir de Loy au Palais, portant que les instances font fujettes à per-

---

emption, tant aux Requêtes du Palais , qu'aux autres Jurifdictions ordinaires, fi elles ne font jugées dans les trois ans de l'Ordonnance nonobftant que lefdits Sieurs des Requêtes foient du Corps de la Cour. *Voyez le Recueil de Decombes, Greffier en l'Officialité de Paris , 1. part. ch.* 4. *p.* 466.

PEREMPTION, RESTITUTION.

Voyez cy-deffus *le nombre* 87.

110   On ne peut être relevé de la peremption d'instance. *Voyez l'Ordonnance de* 1539. *art.* 110. *avec fa note* Et *Charondas , liv.* 6. *Rép.* 20. où il rapporte deux Arrêts dés 12. May 1570. & 21. Novembre 1575.

111   L'on ne peut être relevé par Lettres de la peremption d'instance. Arrêt du Parlement de Bourgogne du 9. Juillet 1618. *Bouvot , to. 2. verbo Interruption,* quest. 5.

112   Arrêt donné en la Cour des Comptes, Aydes , & Finances du Parl. de Provence, le 20. May 1643. qui a déclaré que les Communautez peuvent être reftituées contre la peremption d'instance. V. *Boniface , to. 1. li. 1. ti, 23. n. 3. Et Brodeau fur M. Loüet , lettre P. nomb.* 14.

PEREMPTION, RETRAIT.

113   Es actions annales comme poffeffoires , de retrait lignager, d'injures, s'il y a difcontinuation de procedures pendant un an , l'instance étant déclarée perie, la peremption emporte l'action. Jugé par pluſieurs Arrêts. *Papon , liv.* 12. *tit.* 3. *n.* 20.

114   Jugé en 1587. que l'instance de retrait lignager ne perit par difcontinuation de procedures pendant un an, il faut trois années. L'on difoit qu'il n'étoit pas raifonnable que l'instance fût de plus longue durée que l'action , qui perit après l'an & jour ; *tamen judicatum contra.* Même Arrêt en matiere d'injure. *Bibliotheque de Bouchel* , verbo *Peremption.*

115   Après l'ajournement perfonnel en retrait lignager fans conteftation , il y a peremption d'instance par difcontinuation de pourfuite par an & jour. Jugé le 23. Janvier 1588. *Le Veſt, Arrêt* 186. fi la caufe eft contestée, trois ans. Arrêt du 19. Janvier 1587. *Chenu , 2. Cent. qu.* 56.

116   Lorſque l'appel eft peri , la Sentence qui avoit adjugé l'effet du retrait , n'eft plus confiderable , fuivant un Arrêt du Parlement de Roüen du 25. Mars 1534. entre des Bourgeois de Lifieux , parce que l'action en retrait eft annale ; & que l'instance d'appel étant perie, la peremption a fon effet, au préjudice de l'un ou de l'autre. Le fait étoit qu'un lignager avoit obtenu Sentence à fon profit. L'acquereur en ayant appellé , il ne fe fit aucunes pourfuites durant vingt ans , pendant lefquels l'acquereur demeura toûjours en poffeffion. L'acquereur ayant pourfuivy devant le Bailly pour faire declarer l'appel peri, par Sentence l'action fut declarée prefcrite ; & fur l'appel du lignager , elle fut confirmée : la grande negligence du lignager pendant vingt années donna lieu à l'Arrêt , qui ne doit être tiré à confequence. Auffi depuis on jugea le contraire. L'Arrêt eft du 6. May 1664. *Bafnage, fur la Coûtume de Normandie, article* 499.

117   Par Arrêt du Parlement de Roüen du 22. Février 1657. jugé que la difcontinuation des pourfuites pendant une année , emportoit l'éviction du retrait ; & par autre du 27. Juin fuivant, il fut dit qu'en cas d'appel, l'instance ne tomboit en peremption, que par trois ans. Pour concilier ces Arrêts , on peut dire qu'il y a difference entre l'instance & l'appel : que la premiere perit bien par an & jour ; mais qu'en cas d'appel, la peremption n'a point d'effet qu'après les trois années. Cela fut jugé en 1618. *Bafnage , Ibidem.*

118   Jugé par Arrêt du 27. Novembre 1650. que l'action en instance dans les trente ans pour la fraude de l'acquereur , n'étoit perimée par un an , fi l'on étoit encore dans les trente ans. *Berault , à la fin de*

2. tome de la Coûtume de Normandie pag. 102. sur l'article 499.

219 Par Arrêt du 27. Juin 1657. jugé qu'en cause d'appel en instance de clameur, on ne tomboit en peremption que par trois ans. *Berault, ibidem.*

PEREMPTION, SAISIE REELLE.

220 En matiere de saisie réelle & de criées, lorsque le debiteur est dépossedé, & la justice mise en possession par le moyen d'établissement de Commissaire, & de bail à ferme, elles ne sont plus sujettes à peremption, & la saisie conserve le droit des creanciers jusqu'à trente ans, ce qui a lieu, bien que les criées n'ayent point été verifiées. Arrêt du 8. Janvier 1602. Mais quand le proprietaire n'a point été dépossedé, pour n'y avoir point eu d'établissement de Commissaire, ni de bail à ferme, la saisie & les criées sont sujettes à peremption. *Brodeau sur M. Loüet, lettre S. somm. 14.* Tronçon, *sur l'article 353. de la Coûtume de Paris,* rapporte l'Ordonnance de Loüis XIII. de l'année 1629. art. 91. par laquelle toutes instances & criées perissent par la discontinuation de trois ans, nonobstant l'établissement de Commissaires. *Voyez la Conference des Ordonnances, livre 3. §. 106.*

221 Les saisies d'heritages faites depuis l'Ordonnance du Parlement de Paris du 3. Juillet 1629. periment dans trois ans. Ainsi jugé plusieurs fois & particulierement le 11. Février 1679. en la Grand' Chambre du Parlement de Toulouse. *V. M. de Catellan, livre 6. chap. 18.*

Voyez cy dessus le nombre 64.

PERMUTATION.

1 IL y a & aux Decretales, & au Sexte, un titre *de rerum permutatione* qui parle de la permutation des Benefices.

2 *De permutationibus.* Per Fredericum de Senis, & Per Petrum And. Grammarum *in repetit. C. 1. de rerum permut. livre vj.* Per Petrum de Ubaldis. *Per Joan. Nicolaum Gimontenum* & per Jo. Nicolaum Delphinatem *in tract. de jure patronatûs.*

3 *De permutatione.* Voyez Rebuffe, *3. partie praxis benef.* & Duarenus, *lib. 8. de Benef. cap. 3.*

4 Pinson au chap. *quibus modis vacent beneficia, §. 12.* traite des permutations.

5 Des permutations. *Voyez la Biblit. Canon. tome 2. page 217. & suiv.* celle de *Jovet,* au mot, *Benefice, nombre 103. & suiv.*

6 *An permutatio fieri possit beneficiorum unitorum?* Non. Du Moulin, *tome 2. page 604.*

7 *In permutatione coram Papâ, non est facienda mentio aliorum beneficiorum.* Tournet, *lettre P. arr. 97.*

8 Plusieurs Docteurs citez & suivis par M. Charles Du Moulin, sur la regle *de publicandis* nombre 171. ont été d'avis qu'il n'étoit pas loisible de faire une permutation à quelqu'un, ni même de luy resigner purement & simplement à la charge & à la condition qu'il resigneroit pareillement à un autre, ou qu'il permettroit, ou qu'il supléeroit une pension.

9 L'on peut permuter un droit qu'on a sur un Benefice avec un Benefice paisible. Ces mots *sua beneficia.* qui sont appellez dans le chap. unique *de rerum permutatione in 6.* n'ont pas été mis pour établir une loy dans les permutations; mais pour empêcher les fraudes, si le copermutant est instruit & content du droit qu'on luy cede, *scienti & consentienti non fit injuria neque dolus.* Du Moulin *Ibidem nombre 184.*

10 La permutation faite par un Procureur n'est point valable, quand le constituant n'est pas titulaire du Benefice lors de la procuration, quoy qu'il le soit en temps de permutation. *Peleus 4. part. num. 49.*

11 *Permutatio non potest fieri beneficiorum unitorum quia talia beneficia sic unita non censentur vacare.* Jo. Galli. *quaest. 268.* Tournet, *lettre P. Arr. 98.* La Bibliot. Canon. *tome 2. page 219. & cy-dessus nomb 6.*

12 *Pacta in permutatione licita sunt, si conventum fuerit inter permutantes de solvendo aere alieno contracto nomine beneficii compermutati. Nam successor in beneficio solvere tenetur beneficia contracta ab antecessore suo, nomine beneficii, & Ecclesiam exonerare, vel de solvendis vxpensis bullarum, modo in praedictis casibus permutatio fiat coram Papâ & talis conventio admittatur ad tollendum suspicionem simoniae.* Pastor *de benefic. lib. 3. tit. 11. num. 9.*

13 La necessité d'expression n'a point de lieu *in permutatione quae fit coram Papâ, &c.* ni és Vicairies, Servitoreries, Marguilleries & autres Benefices semblables qui ne sont point titres formez, mais simples commissions revocables *ad nutum.* Brodeau, *sur M. Loüet, lettre B. somm. 3.*

14 En resignation respective de deux Benefices *ex causâ permutationis* qui est sans effet, le Benefice ne vaque point en Cour de Rome; la resignation ayant été faite *sub modo quo non secuto perinde habetur ac si nunquam facta fuisset.* Jugé souvent au Parlement de Toulouse, *nemine reclamante.* V. Mainard, *livre 8. chap. 5.*

15 *Non potest fieri permutatio nisi de beneficiis titulatis & suis, id est quorum uterque compermutans respectivè verus est titularius.* Du Moulin, *de infirmis nomb. 153.*

16 Il n'est pas au pouvoir & en la puissance du Pape, d'admettre une permutation, ou plûtôt d'homologuer un Concordat, dans lequel on promet de faire pourvoir son copermutant du Benefice d'une tierce personne qui n'est point présente à la passation de ce Concordat & qui ne s'oblige en aucune façon à l'entretien & à l'execution de cet acte, par ce que c'est ouvrir la porte au regrez. Du Moulin, *sur la regle de infirmis nombre 157.* dit qu'il a été ainsi jugé par les Messieurs des Requêtes de l'Hôtel, & qu'il en avoit été d'avis.

17 La proposition, qu'en matiere de permutation l'on peut contraindre le survivant de quitter le Benefice qui luy a été resigné, quand de son côté la resignation n'a pas été accomplie, reçoit sa limitation; car si la permutation n'a pas été executée par la propre faute ou fraude du défunt, le survivant qui se justifieroit pourroit retenir le Benefice permuté, pourvû neanmoins qu'il se demit de son autre Benefice qui vaquera par cette resignation simple, & non par la resignation pour cause de permutation, laquelle ne peut plus être executée. Du Moulin, *sur la regle de publicandis nomb. 197.*

18 *De permutatione beneficii patronati cum alio minoris valoris per conjunctam infirmam & servilem personam sine patroni praesentatione.* Chassan. *Consil. 17.*

19 L'on ne peut pas permuter un Benefice avec Offices de la chapelle du Roy. *Biblit. Can. tome 2. page 220.*

20 *Repletio qua emptori permittitur in L. 2. Cod. de rescind. vend. non habet locum in permutatione beneficiorum.* Voyez *Francisci Stephani decis. 61.*

21 Permutation de Benefices ne vaut, si l'un n'est asseuré du Benefice qu'il donne. *Voyez Papon, liv. 2. titre 8. nombre 16.*

22 La Prebende Theologale ne peut être permutée qu'avec un Theologien. *Biblit. Can. tome 2. p. 198. col. 2.*

23 Une Chapelle de grand revenu, permutée à la Chapelle de S. Marguerite en l'Eglise de S. Thomas du Louvre, le Chapelain de la Chapelle du grand revenu voulut intenter le cas de saisie & nouvelleté; il perdit sa cause par Arrêt du 7. Septembre 1499. *Charondas livre. 1. Rép. 41.* Voyez aussi *la Rép. 43. au même livre.*

24 Rescisions de permutations beneficiales se doivent poursuivre pardevant le Juge d'Eglise. Arrêt du Parlement de Paris du 6. Septembre 1522. *Papon, livre 1. titre 4. nombre 10. & livre 3. titre 11. nombre 5.*

25 Permutation de Benefice avec non Benefice comme

me avec une Chapelle qui a feulement la qualité de fimple preftimonie & qui n'a été érigée en Benefice ne vaut , & le pourvû du Benefice *ex causâ permutationis* n'a titre coloré. Toutefois en permutation il ne faut regarder s'il y a égalité de revenu , il fuffit que chacun des Benefices foit en titre. Arrêt du Parlement de Paris de l'année 1545. *Papon , liv. 2. tit. 7. nomb. 1.*

26   Retention de Penfion fur deux Benefices refpectivement permutez, fut déclarée abufive, par Arrêt du 28. Mars 1554. *Idem , livre 3. titre 5. nombre 9.*

27   En permutation de Benefices, l'un étant convenu pour retroceder , ou pour recompenfer le défaut de l'equivalent du Benefice baillé , Arrêt du 26. Juillet 1583. qui met les parties hors de Cour, *Papon , liv. 2. titre 8. nomb. 16.*

28   Des refignations de Benefices faites , *etiam ex causâ permutationis*, au mois des Graduez. *Voyez Chenu , 2. Cent. quest. 2.* où il rapporte un Arrêt du 6. Septembre 1603.

29   Par Arrêt du 3. May 1607. une permutation d'une Cure avec une place d'Aumônier chez le Roy, fut jugée illicite & l'un des permutans condamné en 40. liv. parifis envers les pauvres. La caufe qui empêcha l'autre partie d'être auffi condamnée, c'eft qu'il n'étoit que ceffionnaire du copermutant , & de fa part il n'y avoit point de faute. *Bibliot. Can. to. 2. p. 110.*

30   Arrêt du Confeil d'Etat Privé du Roy du dernier Mars 1688. qui juge que les permutations font nulles, fi elles ne font admifes , & les provifions accordées de part & d'autre par l'Ordinaire , & à fon refus par le Superieur , avant le décez de l'un des copermutans. *Voyez le Recüeil de Decombes Greffier de l'Officialité de Paris, part. 2. chap. 4.*

PERMUTATION, BONNE FORTUNE.

31   Si l'un des permutans ayant fes provifions expediées venoit à mourir fans avoir pris poffeffion , l'autre qui avoit accompli de fa part & executé la refignation, *gaudebat de bonâ fortunâ* , & demeureroit dans fon ancien Benefice, comme n'en ayant point été dépoffedé, joüiffant par ce moyen de l'un & de l'autre. *Fevret , traité de l'abus , to. 1. li. 2. chap. 6. p. 184.*

32   *Du Moulin* fur la Regle *de infirmis , n. 155.* explique le cas de la bonne fortune en fait de permutation ; il dit qu'elle n'a lieu que lorfque le furvivant avoit déja droit d'ailleurs dans le Benefice qu'il refignoit pour caufe de permutation , il faut encore que le furvivant ait donné une procuration valable, & qui pût avoir fon execution pour refigner fon Benefice en faveur de fon copermutant , lequel ayant accepté cette procuration, a depuis negligé de la faire admettre.

33   Les permutations font cenfées effectuées quand les deux copermutans ont paffé procuration , & que l'un d'eux a été pourvû ; & en ce cas fi celuy des permutans qui n'aura pas été pourvû , vient à deceder , le Benefice qui luy auroit dû être refigné vacant par fa mort , fans que le refignant le puiffe tenir par bonne fortune, article 21. de l'Ordonnance de 1637. & déclaration du 25. Août 1638.

34   Jugé le 21. Decembre 1644. qu'en cas de permutation de deux Benefices, l'un des copermutans décedant après la refignation admife , mais avant que d'avoir pris poffeffion , l'autre copermutant qui de fa part a effectué la permutation par l'admiffion de la refignation en Cour de Rome , & par la prife de poffeffion doit joüir de la bonne fortune , & avoir l'un & l'autre Benefice. Cette Jurifprudence fe trouve abrogée par l'article 14 de la Déclaration du Roy de l'année 1646. qui veut que les permutations foient nulles, en cas qu'elles ne fe trouvent pas executées de part & d'autre ; au moyen de quoy la bonne fortune en cas de permutation n'a plus de lieu. *Soëfue , tome 1. Cent. 1. chap. 70.*

35   *Gaudium de bonâ fortunâ* fupprimé par l'Edit du *Tome III.*

Controlle. *Voyez les Définit. Can.* verbo *Permutation,* page 630.

La Declaration du Controlle article 21. porte : *Declarons les provifions par permutation, nulles, fi celuy qui s'en veut fervir n'a fait tout ce qui a été en fon pouvoir, à ce que fon copermutant fût pourvû du Benefice à luy refigné pour caufe de la permutation ; & neanmoins , fi après que l'un des permutans a été pourvû, l'autre décede , le Benefice qui a dû luy être refigné, vaque par fon décez , foit qu'il n'en ait été pourvû ou non , fans que le furvivant puiffe le retenir comme joüiffant de la bonne fortune. Ce que nous voulons être inviolablement obfervé, fans neanmoins couvrir les moyens introduits de droit . & autorifez par les Arrêts de nos Cours Souveraines contre les permutations frauduleufes.*

PERMUTATION, COLLATEUR ORDINAIRE.

Voyez le mot Collation, nomb. 117.

36   L'Ordinaire peut refufer la permutation fous prétexte d'indignité ou incapacité de l'un des copermutans. *V. M. Charles Du Moulin,* Regl. *de infirmis, nomb. 31. & 39.* où il eft prouvé que l'Evêque n'eft pas obligé d'admettre les permutations.

37   Suivant la Jurifprudence des Arrêts, les Collateurs inferieurs peuvent valablement admettre les permutations des Benefices qui font dépendans de leurs provifions & collations, fans en demander avis, ni communiquer avec les Evêques Diocefains ; & l'on a jugé en France cet abus pour en éviter un plus grand ; fçavoir , que les parties permutantes fe pourvoyant à Rome , les permutations fe faffent fans le confentement des Evêques Diocefains, & des Collateurs inferieurs. *Voyez les Définit. Can.* page 637.

38   En France l'on a paffé bien plus avant ; car comme l'on a vû les abus qui fe commettoient par la connoiffance de caufe que les Ordinaires vouloient prendre dans les permutations qui fe faifoient entre leurs mains ; cela leur a été défendu, & à eux enjoint d'admettre les permutations fans aucune connoiffance ; ainfi qu'il a été jugé par Arrêt du P. de Paris par lequel on défend au Chapitre de Chartres de prendre aucune connoiffance de caufe dans les permutations qu'il admettoit : cet Arrêt eft fondé fur deux caufes ; la premiere, afin que les permutations s'accordant & s'admettant indifferement par les Ordinaires , & fans longueur , les parties ne fe pourvûffent pas en Cour de Rome , & que le Pape ne pût pas prevenir les Collateurs ordinaires dans ces provifions , & afin que l'argent ne forte pas du Royaume ; & la feconde , afin d'empêcher les malverfations que quelques Ordinaires faifoient dans ces permutations. *Voyez Du Moulin, Regle de infirmis, nomb. 40.*

38 bis.   Sur la queftion de fçavoir fi le Chapitre peut admettre les refignations pour caufe de permutation? La Cour fut partagée dans fes opinions ; ce qui eft rapporté par M. de Longueil dans l'un de fes Arrêts rendu en 1532. De maniere que pour éviter toutes difficultez , il vaut mieux avoir recours à l'Evêque , & faire admettre la refignation , prendre poffeffion , & obtenir la confirmation de fon droit. *Définit. Can.* page. 147.

39   La queftion de fçavoir fi le Chapitre peut admettre des permutations *fede Epifcopali vacante*, eft examinée par la Glofe fur le mot *conferantur* de la Clementine : *quid de capitulo vacante fede Epifcopali ? poteritne permutationi auctoritate praftare ?* elle réfout pour l'affirmative *nec quod fic, cum hoc fic jurifdictionis Epifcopalis in quâ tunc fuccedit.* Il eft vrai qu'el'y apporte une exception qui rend la décifion generale inutile : *nifi beneficia illa vel illorum alifion generale inutile : nifi beneficia illa vel illorum alterum fpectarent ad collationem Epifcopi folius fine capitulo ; cum in talium beneficiorum collationem non fuccedat :* mais il fe faut tenir à la décifion generale , fans s'arrêter à cette exception. *M. Charles du Moulin*

M

le montre affez par la note qu'il a faite fur le mot *puto quod fic* de cette Glofe en ces termes, *idem Pa-norm. hic & fupra de major. & obed. cap. cum olim & ità fervatur, ut latè dixi in regul. cancell. de infir. refig. num. 31. in regul. de publicandis num. 160.* & de fait on peut dire que les permutations font au nombre des Collations neceffaires qui font fans conteftation accordées au Chapitre pendant la vacance du Siege Epifcopal. *Définit. Can. p. 147.*

39 bis. Vicaire General créé par le Chapitre, le Siege vacant, ne peut admettre refignation à caufe de permutation de Benefice. Arrêt rendu au Parlement de Touloufe le 2. Janvier 1584. *Mainard, tome 1. livre 1. chap. 66.*

40 Collateur ordinaire eft obligé de conferer les Benefices copermutez, & d'admettre les permutations, s'il n'y a caufes legitimes de refus, qu'il doit exprimer. Jugé au Parlement de Paris le 27. Juin 1631. Le Chapitre de faint Pierre de Soiffons avoit fait refus, fur lequel M. l'Evêque de Soiffons donna des provifions, *non jure ordinario, fed expreffis verbis jure devoluto.* En quoi M. l'Avocat General Talon dit qu'il n'y avoit abus, puifque le refus du Chapitre n'étant pas legitime, on n'avoit pû s'adreffer à l'Evêque : Comme il ne conteftoit point le droit du Chapitre, il fut ajoûté dans l'Arrêt, fans préjudice en autres caufes de l'exemption prétenduë par le Chapitre. *V. Bardet, tome 1. liv. 4. chap. 35.*

41 La permutation d'un Benefice électif confirmatif par un oncle à fon neveu à l'extremité de la vie, admife par le Chapitre Collateur, l'oncle mort avant la confirmation de l'Evêque de Limoges, jugée valable, le 18. Juillet 1684. *De la Gueffiere, tome 4. livre 7. chap. 17.*

PERMUTATION, COMMANDE.

42 Permutation qui fe fait d'un Benefice poffedé en commande avec un autre. *Voyez* le mot *Commande, nomb. 24. & fuiv.*

PERMUTATION, CONSENTEMENT. DU PATRON.

43 Du droit prétendu par l'Evêque de Grenoble de conferver les Benefices, & admettre les refignations, *caufâ permutationis,* fans y appeller les Patrons. *Ægid. de Bellamera confil. 6.*

44 *Permutatio contempto patrono laïco, an nulla fit ? Voyez Franc. Marc. 10. 1. queft. 1124.*

45 Si deux Benefices permutez dont l'un eft en patronage Laïc, & l'autre eft patronage Eccleliaftique, le Pape peut admettre la permutation fans le confentement du Patron laïc ? *Du Moulin,* fur la *Regle de infirmis n. 45.* conclut que non, & dit qu'il a été ainfi jugé par un Arrêt du Grand Confeil pour le Doyenné de Melun, qui appartient à la provifion du Roy.

46 Le Collateur peut conferer les Benefices permutez fans la préfentation ou agrément des Patrons, parce que ce font des Collations neceffaires. *Du Moulin de infirmis n. 332.*

47 C'étoit une ancienne maxime dans les permutations de prendre le confentement des Patrons Eccleliaftiques, laquelle n'eft plus en ufage; & les permutations fe font entre les mains de l'Ordinaire fans appeller les Patrons Eccleliaftiques, comme l'a obfervé *Du Moulin, nomb. 41.* de la Regle *de infirm. refign.* Définit. *Can. p. 627.*

48 Caufe appointée au Grand Confeil par Arrêt du 6. Novembre 1629. pour fçavoir fi l'Ordinaire peut admettre une refignation pour caufe de permutation, *fpreto & inconfulto Patrono Eccleliaftico.* Bardet, tome 1. liv. 3. chap. 69.

49 Les permutations des Benefices en patronage laïc font nulles & abufives, fi les Patrons laïcs n'ont accordé leur préfentation, ou donné leur confentement par écrit avant la prife de poffeffion, fuivant la Declaration du mois de Février 1678. qui fait défenfes de maintenir le poffeffoire des Bene-

fices en patronage laïc, ceux qui en auront été pourvûs, en quelque maniere que ce foit, par permutation, fans préfentation ni confentement des Patrons laïcs, nonobftant les requifitions & fommations qui pourroient en avoir été faites aufdits Patrons. *Ibidem, p. 579.*

50 Il a été jugé au Grand Confeil le dernier Septembre 1673. que l'on ne peut permuter une Cure dépendante de l'Ordre de Malthe, fans le confentement du Commandeur dont elle dépend. *Journal des Audiences, tome 3. liv. 7. chap. 18. Au li. 3. chap. 10.* eft un Arrêt du Grand Confeil du 2. Decembre 1669. dans l'efpece d'une réfignation.

PERMUTATION, EVICTION.

51 Aujourd'huy en France, foit démiffion ou réfignation lorfque l'un des copermutans eft évincé, il retourne fans nouvelle collation à fon premier Benefice. Jugé à Paris le 2. May 1525. Arrêt femblable rendu au Grand Confeil. Il n'y auroit pas lieu de retour, fi l'autre permutant eût refigné avant l'éviction à un tiers qui eût joüi du Benefice trois ans. Jugé le 27. May 1558. Il a été auffi jugé au P. de Bourdeaux le 3. Avril 1520 que pour retourner au Benefice, il faut une feconde provifion. *V. Papon, li. 2. tit. 7. n. 2.*

52 Si celuy qui a permuté avec un malade qui eft décedé dans les 20 jours, peut retourner à fon Benefice, au cas qu'il fût évincé de celuy qui a été donné en permutation, il femble qu'il le peut. *Voyez la Bibliot. Can. to. 1. p. 737. col. 1.*

PERMUTATION FRAUDULEUSE.

53 *Voyez* le mot *Fraude, nombre 18. & fuivans. Voyez* Rebuffe fur le Concordat, au tit. *de collationibus. §. Volumus,* au mot *ex caufâ permutationis,* où il parle des permutations frauduleufes.

54 *Refignatio caufâ permutationis de pingui beneficio cum tenui facta nepoti invicem à fene ægroto : ità ut intrà vicefimum diem obierit, ambitiofa eft & reprobata. V. Franc. Marc. to. 1. queft. 509.*

55 *Permutatio pinguis beneficii cum tenui, fraudis & fymonia fufpicione non caret. Voyez ibidem, tome 1. queft. 1125.*

56 Il n'y a aucune préfomption de fraude dans la permutation d'un Benefice confiderable faite par un oncle malade avec fon neveu, quand celui-cy eft Doctor & vir præftans, capable de rendre un grand fervice à l'Eglife. *Voyez Du Moulin, Regle de infirmis, nomb. 124. & fuiv.*

57 Des permutations faites par un homme accufé de crime. *Voyez Du Moulin, ibidem n. 377.* il établit cette diftinction; fi la permutation eft inégale, elle ne peut fubfifter, le permutant ne peut être dans la bonne foy, parce que *lucrativam caufam ex actu vetito & fraudulento pretendit*; fi la permutation eft de Benefices égaux, elle fubfiftera.

58 Le même *Du Moulin* fur la Regle *de publ. n. 185.* propofe l'efpece d'une permutation frauduleufe. Elle avoit faite *in extremis,* il y avoit inégalité dans les Benefices, & le refignataire furvivant ne faifoit de fa part aucun Benefice, il avoit feulement un prétendu droit à une Eglife Parochiale.

59 & 60 Au *n. 188. & fuiv.* il refute la maxime ancienne que le furvivant devoit profiter de la bonne fortune : c'eft-à-dire retenir les deux Benefices permutez : *Du Moulin* dit que cette maxime *fpecies furti eft.* La raifon qu'il établit pour prouver que le furvivant ne doit pas profiter de la bonne fortune, font, 10. que la refignation du permutant prédecedé, & la collation qui a fuivi, avoient une condition fufpenfive, du moins refolutoire. 2. Il s'enfuivroit que quoique l'ancien titulaire décedât en la poffeffion du Benefice qu'il avoit permuté; il n'y auroit aucun des deux Benefices qui vaquât par fa mort; ce ne feroit pas le Benefice qu'on luy avoit promis en copermutation, d'autant

qu'il n'en avoit point encore été pourvû, 3°. Si cette maxime étoit autorisée ; ce seroit une ouverture aux resignations en faveur és mains des Ordinaires, & aux regrez; enfin ce seroit faire fraude aux droits même des Ordinaires, car le survivant conserveroit la liberté de choisir celuy des deux Benefices qui luy conviendroit mieux.

61 Permutations quoique faites *in extremis* jugées valables, sur tout quand il n'y a point de proximité & qu'elles se font *ratione virtutis & honesti, non sanguinis & naturæ*, en sorte que ce soit plûtôt donner un homme à l'Eglise, que l'Eglise à un homme. Arrêt du Grand Conseil du 12 Decembre 1585. pour la Cure de saint Sauveur de Paris. Autre Arrêt des mois Mars 1615. pour une Prébende de Troyes. Arrêt du Parlement du 2. Octobre de la même année. Arrêt du Grand Conseil du 16. Septembre 1623. Autre du Parlement du 19. May 1629. quoique le permutant fût si malade qu'il ne pût signer. Autre Arrêt du 30. Juin suivant. *Additions à la Bibliotheque de Bouchel*, verbo, *Permutation.*

62 Permutations jugées frauduleuses, si elles sont faites *in extremis*, de Benefices inégaux, & entre parens. Arrêts du Grand Conseil des 12. Juillet 1630.& 29. Mars 1639. *Ibidem.*

63 Permutation de Benefices inégaux faites à l'agonie sont nulles. Jugé le 14. Decembre 1621. que le Benefice avoit vaqué par mort, & neanmoins fait restitution de fruits ni dépens. *Bardet, tome 1. livre 1. chapitre 88.*

64 Permutation faite entre deux cousins, & admise en Cour de Rome d'un bon Benefice avec un de peu de valeur, & en extrémité de maladie, est bonne à l'égard d'un pourvû par mort par le Pape. Jugé le 29. Novembre 1633. *Du Frêne, liv. 2. chapitre 162.*

65 Permutation faite au mois des Graduez, en laquelle l'extrémité de la maladie & l'inégalité des Benefices se rencontrent, estimée frauduleuse le 6. Mars 1645. *Du Frêne, liv. 4. chap. 20.*

66 Arrêt du 22. Août 1653. qui juge qu'une permutation suspecte de fraude n'empêche pas la provision de l'Ordinaire, & qu'elle fait cesser celle du Vice-légat. *Voyez le 12. Plaidoyé de Baffet.*

67 Une Permutation faite *malis artibus* & par violence est nulle, quand même elle n'auroit point été contestée pendant 10. années. Jugé au Parlement de Paris le 30. May 1665. *Memoires du Clergé, tome 2. part. 2. tit. 12. nomb. 8. & 9.*

68 Arrêt du 17. Janvier 1670. qui a jugé que la permutation faite entre l'oncle & le neveu d'une Prebende en l'Eglise Cathedrale d'Amiens, de laquelle l'oncle étoit pourvû, & en possession depuis prés de quarante ans, avec une Cure de la campagne d'un revenu fort modique, dont le neveu étoit titulaire, & cela pendant la maladie de laquelle l'oncle seroit depuis décedé, après avoir tenté vivement de se démettre de la Prebende en faveur de son neveu par la voye de resignation, ayant quelque temps avant la permutation envoyé en Cour de Rome pour cet effet, étoit nulle & frauduleuse, comme ayant toutes les marques & présomptions de fraudes marquées par les Docteurs. *Soefve, tome 2. Centurie 4. chap. 46.*

PERMUTATION, GRADUEZ.

69 De la permutation aux mois des Graduez. *Voyez cy-dessus le nomb. 28. & 65. & le mot Gradué, nomb. 133. & suiv.*

PERMUTATION, PENSION.

70 Retention de pension en matiere de permutation. *Voyez cy-dessus le nomb. 26. & le mot Pension, nombre 108. & suiv.*

PERMUTATION, PRISE DE POSSESSION.

71 Arrêt du Grand Conseil du 6. Novembre 1629. qui appointe la cause, pour sçavoir si la permutation doit avoir effet au profit de celuy qui a pris possession pendant la vie de l'autre, quoique le dernier

Tome III

soit décedé sans faire la même chose. *Bardet, to. 1. liv. 3. ch. 64.*

72 Declaration sur la validité des permutations des Benefices, du 11. May 1684. Elle porte : Voulons, que sans en rien déroger à la regle *de publicandis*, en cas que cy-après dans les permutations des Benefices, l'un des permutans vienne à déceder après le temps porté par ladite regle, sans avoir pris possession du Benefice permuté, le survivant des permutans demeure entierement privé du Benefice par luy baillé, & du droit qu'il avoit en iceluy, & qu'il n'y puisse rentrer sans nouvelle provision ; soit que ladite permutation ait été faite en maladie, ou autrement. Voulons pareillement que les permutations soient effectuées de part & d'autre ; & que pour cet effet, les provisions sur icelles soient expediées, ou les Ordinaires, ou par les Superieurs sur leur refus, s'il y échet, avant le décés de l'un des permutans, à faute dequoy ledit décés arrivé, lesdites permutations demeureront nulles, & sans effet. *Voyez les Edits & Arrêts recueillis par l'ordre de M. le Chancelier en 1687. & le Journal du Palais.*
Voyez cy-après le nombre 87. & suiv.

PERMUTATION, PROVISION.

73 La permutation n'ayant point d'effet, il n'est pas necessaire d'obtenir une nouvelle provision pour reprendre son Benefice. *Voyez M. de Selve, 3. part. tract. quest. 24.*

74 Les permutations doivent être effectuées de part & d'autre, & le permutant ne peut rentrer dans le décez du copermutant en la possession du Benefice, par luy baillé sans nouvelle provision. *Conference des Ordonnances, liv. 1. tit. 3. part. 2 §. 47.*

75 Si l'un des permutans avoit pris possession en vertu de provisions, & que l'autre mourût sans provisions, la permutation demeureroit caduque ; un obituaire seroit préféré. Arrêt du Parlement de Paris du 7. Février 1628. rapporté par *Du Frêne dans son Journal des Audiences, liv. 2. ch. 4.* Vide *Papon, Recueil d'Arrêts, li. 2. ti. 8. nomb. 17. tit. 7. nomb. 1.* Cette regle *debet gaudere de bonâ fortunâ*, n'avoit lieu, sinon lorsqu'il y avoit procurations expediées & délivrées, & provisions sur icelles, & de part & d'autre, auquel cas celuy des pourvûs qui n'a pris possession, & a eu temps suffisant pour le faire, venant à décéder, *locus est bonæ fortunæ*, pour l'autre qui a fait ses diligences, & non quand on demeure aux termes d'une simple procuration, ou d'une procuration non admise par le Collateur ordinaire, ou par le Pape, ou lorsque les présomptions de fraude se rencontrent en la permutation, pour avoir été faite pendant la maladie, dont l'un des copermutans seroit décedé. *Brodeau sur M. Loüet, lettre B. somm. 13.*

76 Les permutations sont nulles ; si elles ne sont admises, & les provisions accordées de part & d'autre par l'Ordinaire, & à son refus par le Superieur avant le decez de l'un des copermutans. Arrêt du Parlem. de Paris du dernier Mars 1688. *Au Journal des Audiences, tom. 5. liv. 4. ch. 8.*
Voyez cy-dessus le nomb. 72.

PERMUTATION, REGREZ.

77 Si on a resigné sans reserve & par permutation, un Benefice, qui se trouve depuis chargé d'une pension, le copermutant peut être contraint ou de décharger de la pension le Benefice, ou de laisser celui qu'il tient par la permutation. Arrêt du Grand Conseil entre le Cardinal de Bourbon, & l'Abbé de Corbie. *Papon, li. 2. ti. 7. n. 4.*

78 Arrêt du Grand Conseil du 17. Mars 1552. rendu entre l'Archevêque d'Ambrun, & l'Evêque de Saint Flour, par lequel il est ordonné que l'Archevêque rentrera en son Archevêché, nonobstant la permutation, faute de décharger l'Evêché de Saint Flour de 500. livres de pension, qui n'avoient point été

M ij

PER

declarées. L'Evêque de Saint Flour condamné à acquitter les arrerages échûs. *Papon, liv. 2. ti. 7. nombre 5.*

79 Benefice permuté, & depuis resigné par l'un des permutans à un tiers qui avoit joüi par trois ans, ne peut être repeté par le resignant, sous couleur que le Benefice copermuté luy seroit rendu litigieux. Jugé le 27. May 1558. *Charondas, liv. 1. Réponse 13.*

80 Il a été jugé le 21. Février 1602. qu'en permutation non effectuée, il y a lieu au regrez. En cette même cause, Robert allegua un Arrêt donné en la troisiéme Chambre des Enquêtes, par lequel, sur ce qu'après une permutation, l'un des copermutans s'étoit fait pourvoir en Cour de Rome, lors des défenses d'aller à Rome, & qu'il survint un Dévolutaire qui gagna sa cause, on disoit, qu'en tout cas la permutation n'ayant point eu d'effet, il falloit que chacun rentrât en ses droits: il fut jugé que la permutation tenant, pour le vice de la provision de celuy qui étoit allé à Rome contre les défenses, il seroit privé du Benefice; & le Dévolutaire gagna sa cause. *Biblioth. Can. to. 2 p. 210.*

81 Si en cas de permutation de Benefices, n'y ayant de Concordat par écrit, l'un des copermutans peut demander le regrès dans son Benefice, sous pretexte qu'il y a de grandes réparations à faire en celuy duquel il a été pourvû, & que les Fermiers prétendent diminution? Arrêt du 3. Août 1656. qui fur la demande mit les parties hors de Cour; & neanmoins condamna le copermutant de son consentement à faire faire toutes les reparations qui étoient à faire dans le Benefice, lorsqu'il en étoit sorti. *Soefve, t. 2. Cent. 1. ch. 42.*

82 Le permutant revoque avant que l'autre Benefice soit admis en Cour de Rome, & prétend de rentrer en son Benefice, la permutation declarée au Grand Conseil bonne & valable; & Mazure Curé de Saint Paul debouté de sa demande le 2. Mars 1669. *Journal du Palais.*

PERMUTATION, REGLE DES VINGT JOURS.

82 Si en permutation de Benefices, la regle des bis. 20. jours a lieu? *Voyez la Biblioth. Canon. tom. 1. pag. 217.*

83 Si le permutant survit un, deux, ou trois jours les vingt jours, en ce cas la regle ne pouvant avoir son effet, n'y peut avoir recours au droit commun; & les Graduez prouvant par les presomptions, que la permutation a été faite dans le dessein de les frauder, ils font annuller cette permutation, & obtiennent le Benefice qui a vaqué dans leur mois, par la mort du resignant, de même que s'il n'y avoit point eu de permutation. *Du Moulin, sur la regle de infirmis, nombre 110.*

84 Jugé par Arrêt du six Septembre 1603. que la regle des vingt jours a lieu és collations faites pour cause de permutation de l'Ordinaire, és Benefices vaquez au mois des Graduez nommez, au préjudice d'un Gradué. *Voyez Filleau, part. 4. qu. 802.*

85 La regle des vingt jours a lieu dans les resignations faites entre les mains de l'Ordinaire *ex causâ permutationis*, ainsi que dans celles, en Cour de Rome; parce que l'Ordinaire est alors un Collateur necessaire. Ainsi jugé plusieurs fois au Parlement de Toulouse: mais on a douté de quel temps les vingt jours devoient être comptez, ou de celuy que l'Ordinaire a été requis, & a fait refus; ou du jour du titre qui a été fait par le Superieur? Il a été préjugé au même Parlement le 6. Février 1664. que c'étoit du jour de la requisition. *Arrêts de Catellan, liv. 1. chap. 58.*

86 Deux Curez permutent leurs Cures, la permutation admise par l'Evêque. Les deux permutans ayant pris possession, l'un des Curez decede. Un particulier se fait pourvoir en Cour de Rome, de la Cu-

re de celuy qui étoit decedé, comme vacante par mort: le particulier pourvû par le Pape a été maintenu; ce qui marque que la regle des vingt jours a lieu dans le cas de la permutation. Jugé à Mets le 22. Novembre 1674. *Journal du Palais. Voyez M. Loüet avec son Commentateur, lettre P. somm. 42. Et M. Bouguier, lettre P. nomb. 20.*

PERMUTATION, REGLE de publicandis.

Voyez cy-dessus le nomb. 71. & suiv.

87 En matiere de permutation, dés qu'un des copermutans decede après le temps prescrit par la regle *de publicandis*, sans y avoir satisfait, c'est-à-dire, sans avoir publié la resignation faite en sa faveur, cela suffit pour annuller toute la permutation, qui n'est qu'un seul acte. Ainsi il ne faut pas se mettre en peine si l'autre permutant est decedé auparavant, ou s'il meurt après: ou s'il a satisfait à la regle, ou n'a pas satisfait. Car ce sont deux actes correlatifs, qui doivent avoir un même effet, & courir une même fortune, & qui consequemment ne peuvent pas avoir deux issües differentes. *Voyez Du Moulin, sur la regle de* publicandis, *n. 150.*

88 Thomas Chanoine de l'Eglise de Sens, & qui possedoit l'Archidiaconé d'Etampes, permute ces deux Benefices avec Hugues, contre deux autres Benefices; & parce que ceux que Thomas resignoit, étoient plus considerables, Hugues promet de faire en sorte que Marc donnera une procuration pour resigner une certaine Chapellenie qu'il possedoit, en faveur de Guy. Ce Concordat fut homologué en Cour de Rome: la resignation fut faite par Marc. Guy, pourvû de cette Chapelle, negligea de satisfaire à la regle *de publicandis*. Marc mourut. Titius se fit pourvoir de la Chapelle, comme vacante par sa mort. Question de sçavoir à qui la Chapellenie doit demeurer, ou à Titius pourvû par mort, ou à Guy resignataire? *Du Moulin, sur la regle de* publicandis, *nomb. 162.* se declare pour Titius: il dit que la permutation ne laisse pas d'être valable. Thomas ne peut redemander ou retenir ses Benefices, parce que la promesse de Hugues a été executée; il a fait ce qui étoit en luy.

89 Limitations que du Moulin apporte à la regle *de publicandis, nombre 173. & suiv.* La premiere est, qu'elle n'a point lieu dans les permutations, qui, bien loin d'être faites par le seul desir, & par la seule volonté des parties, se font par l'Ordonnance de l'Evêque, *ex causâ utilitatis, vel necessitatis Ecclesiæ.* La raison est que *in hujusmodi permutationibus cessant fraudes, & rationes finales, propter quas lata est regula.* Ce Decret ne peut être interposé en France, que par l'Evêque, *partibus vocatis*, & non par le Pape, *obstante decreto de causis, in Pragmaticâ, & Concordatis.*

Seconde limitation. La regle n'a point lieu dans les permutations consenties à dessein de faire une union réelle, & non pas personnelle; en sorte que si Titius avoit resigné une Chapelle pour demeurer à l'Eglise matrice, & qu'il decedât dans le mois, sans qu'on en eût pris possession, elle ne vaqueroit point par sa mort; autrement cette regle établie pour l'utilité de l'Eglise, luy deviendroit contraire. *Voyez ibid. nomb. 234.*

PERMUTATION, UNION.

Unitorum Beneficiorum non fieri potest permutatio. **90** Joannes Gallus, part. 5. qu. 268. inter Arresta 1391.

PERRUQUIER.

VOyez cy-devant, verbo *Chirurgiens.*
Arrêt du Parlement d'Aix du 7. Mars 1667. portant inhibitions de faire la barbe en chambre à tous, excepté aux Etuvistes, & aux Perruquiers. *Boniface, to. 1. li. 8. tit. 5. ch. 5.* Il faut voir les Statuts des Perruquiers.

PERTE.

PErte de Titres. *Voyez* le mot *Actes* , & le mot *Perdre.*

Sur qui tombe la perte des deniers confignez ? *Voyez* le mot *Confignation*, *nomb.* 51.

Enquête perduë. *Voyez* le mot *Enquête* , *nomb.* 46. & *fuiv.*

Le Greffier eft refponfable des pieces qui fe trouvent perduës. *Voyez* le mot *Greffier* , *nombre* 112. & *fuivans.*

PESTE.

DE pefte. Per Joan. Francifcum de Ripâ. Et per Hieronymum Prævitellum Regienf.

Caroli Stengelii Ordo S. Benedicti , Hiftor. peftis.

Gabriel Biel , *de fugâ peftis* , *ejufdem medicinales fermones contrâ peftem.*

Ludovicus Berus , *de fugâ peftis.*

Cyprianus , *de mortalitate.*

Petri Cluniacenfis , *pro mortalitate epiftola confolatoria* 36. & 37. *lib.* 5.

Baptiftæ Mantuani Poëtæ , *ad Beatam Virginem Mariam votum pro extinguendâ peftilentiâ* , *to.* 2.

1 *Peftis caufâ locus fori vel electionis poteft mutari.* Voyez Franc. Marc, *tom.* 1. *qu.* 97.

2 *Mulier , quæ propter impedimentum peftis inventarium intrà tempus debitum facere non potuit , reftituenda venit.* Idem , *to.* 2. *qu.* 81.

3 *Peftis tempore in tribus aut quatuor refidet confilium.* Voyez Franc. Stephani *decif.* 29.

4 Voyez *dans la Bibliotheque du Droit François* , *par* Bouchel , un Reglement , que le Parlement de Touloufe transferé à Grenade le 7. Septembre 1529. fit pour le temps de pefte.

5 Les nommez Lentilles & Caddoz moururent tous deux , pour avoir compofé des poudres & emplâtres empeftez ; fçavoir , le premier en l'an 1545. des tourmens ; & le fecond , tenaillé , décapité , écartelé. *La Rocheflavin*, *li.* 3. *lettre P. tit.* 7. *arr.* 2.

6 Arrêt du 10. Août 1549. qui enjoint à tous Juges Confuls & Officiers , & habitans des Villes & Villages du reffort , fur peine de banniffement du Royaume , & confifcation des biens , quant aux Juges Confuls , & Officiers ; Et quant aux autres habitans , qui feront trouvez coupables de cette inhumanité , fur peine du foüet , & des Galeres pour trois ans , pourvoir & donner ordre , qu'aux allans , venans & paffans , foit le plus commodément que faire fe pourra , pourveu de vivres & alimens neceffaires pour eux & leurs chevaux , & leur donner des lieux convenables , en payant raifonnablement , fans pouvoir faire d'exaction. *Ibidem* , *Arr.* 4.

7 Arrêt de Reglement du 7. Septembre 1529. pour preferver de la pefte , ceux qui n'en font point attaquez ; & foulager ceux qui en font malades , & ceux qui le feront. *Ibidem* , *Arr.* 11.

8 Le 5. Octobre 1557. Il fut enjoint à tous Magiftrats Officiers du reffort , Confuls & Adminiftrateurs des Villes & Villages , Gentilshommes & Seigneurs Jurifdictionels d'iceux , de promptement & diligemment donner , ou faire donner l'ordre neceffaire à la cure , fecours & traitement des malades peftiferez , & prefervation des fains , en faifant adminiftrer toutes chofes neceffaires pour la fubvention du pauvre peuple , & à ces fins faire refidence fur les lieux de leurs Jurifdictions ; fur peine aux uns de privation de leurs Offices , aufdits Seigneurs temporels , de privation de leur Jurifdiction , & d'être declarez inhabiles de toute adminiftration publique ; & en outre , enjoint à tous Prelats & Ecclefiaftiques , de les affifter de tous remedes fpirituels. *Idem* , *Arr.* 7.

9 Arrêt du 6. Septembre 1557. qui ordonne que les Chirurgiens étant pour garder & penfer les malades peftiferez , auront 300. livres par an , qui leur feront payez par les Capitouls , & cent livres feulement , quand il n'y aura plus de danger. *Ibid. Arr.* 8.

10 Arrêt du 10 • Septembre 1557. attendu que plufieurs prifonniers étoient morts de la pefte , permet aux Capitouls , en ce qui concerne les prifonniers arrêtez pour dettes , ou legeres amendes pecuniaires , proceder à leur élargiffement defdites prifons , en donnant par eux caution , ou faififfant leurs biens jufqu'à la valeur des dettes , finon avec telle caution qu'ils pourront donner ; à la charge par ceux qui font habitans de la Ville , de fe retirer dans leurs maifons , fans en fortir , jufqu'à ce qu'autrement en foit ordonné , à peine d'être brûlez vifs ; à la charge que ceffant le danger , ils feront remis en prifon ; & à l'égard des criminels , qu'ils feront tirez , & mis en lieu de fureté. *Ibid. Arr.* 6.

11 Arrêt du 12. Juin 1559. qui enjoint aux Officiers de Cahors , de pourvoir de bons Chirurgiens , & autres chofes neceffaires aux malades frapez de pefte ; & permet au Senechal ou fes Officiers , de pouvoir cottifer ce qu'ils verroient être à faire pour le foulagement des pauvres malades. *Ibid. Ar.* 1.

12 Ceux qui de guet à pens par artifice fement la pefte , font puniffables capitalement. Arrêt de l'an 1559. par lequel plufieurs perfonnes convaincuës de pareils crimes en Albigeois & Quercy , & dans Touloufe , furent condamnées à être brûlez vifs à petit feu. *Ibid. Arr.* 2.

13 Le Confeil de Santé de Carcaffonne , compofé de trois Magiftrats Préfidiaux , du Procureur du Roy , & de trois Avocats , avoient condamné un Marchand à 600. livres d'amende , pour être forti de fa maifon , contre les défenfes qui luy en avoient été faites & réiterées. Le Marchand difoit , que ce Confeil n'avoit point de Jurifdiction. Arrêt du Parl. de Touloufe , qui caffe l'Ordonnance ; le Marchand condamné à 50. livres pour la contravention ; défenfes aux Confuls de faire telles procedures , fous les peines portées par les Ordonnances. *Albert* , *lett. P.* verbo *Pefte.*

14 Arrêt du Parlement de Paris du 7. Mars 1580. par lequel fur un bruit de pefte , défenfes furent faites aux Marchands de vieux Chapeaux & Frippiers , de continuer leurs commerces ; & à tous autres , de ne plus nourrir de cochons , conils , pigeons. *Papon*, *liv.* 6. *tit.* 1. *n.* 10.

15 Les Chanoines peuvent être taxez comme les autres Ecclefiaftiques & Laïcs , pour les pauvres & malades de contagion. Arrêt du 26. Juin 1607. *Tournet*, *lettre C. n.* 14. où il eft obfervé que le Clergé a depuis obtenu un Edit , qui le décharge de telles contributions avec les feculiers.

16 Par Arrêt du Parl. de Bretagne du mois d'Avril 1607. rapporté par Frain *en fes Plaidoyers* , *Plaidoyé* 4. jugé que c'eft aux habitans d'une Ville de payer un Prêtre , ou un Chirurgien , employez pendant le temps de pefte pour lefdits habitans.

17 Chirurgiens qui ont fervi dans le temps de la pefte , déchargez de l'examen. *Voyez* le mot *Chirurgiens* , *nomb.* 14. & *fuiv.*

18 Si une Ordonnance de Police , renduë fur une contravention aux Reglemens , faits dans un temps de pefte , ne fe peut executer , nonobftant l'appel , & au préjudice des peines portées par un Arrêt ? *Voyez le Plaidoyé de M. de Corberon.*

PESTE, LOYERS.

19 Diminution demandée par le Fermier , à caufe de la pefte. *Voyez* le mot *Bail* , *nomb.* 46. & *fuiv.*

20 *Peftis tempore locationis deductio pro rata fieri debet , peftis caufâ in pedagii locatione nulla fit remiffio.* Voyez Franc. Marc. *to.* 1. *queft.* 1066.

21 Les loyers font dûs de la maifon de laquelle on eft contraint de fortir , à caufe de la pefte , parce que les meubles occupent les lieux , & que le Locataire

a les clefs. Jugé le 10. Janvier 1546. *Charondas, li. 7. Rép. 76.* Voyez *M. Expilly, Arr. 2.*

22 De la diminution faite au Fermier d'un moulin, qui n'avoit pas joüi *ob pestem.* Voyez *Francisci Stephani decis. 55.* où il le rapporte un Arrêt du Parlem. d'Aix du 17. Mars 1584.

PESTE, PEREMPTION.

23 Si la peremption court en temps de peste ? *Voyez* le mot *Peremption, n. 50. & suiv.*

PESTE, PRESCRIPTION.

24 La prescription ne court dans un temps de peste. *Voyez Albert,* verbo *Prescription, art. 3.*

25 Plusieurs Italiens se presenterent au Roy en l'an 1563. & luy ayant offert de faire perir de la peste tous les Huguenots du Royaume., quelque temps après, Montpellier, Nîmes, & autres Villes Huguenottes en étant frapées, firent courir le bruit que c'étoit l'execution de la promesse des Italiens. *La Rochestavin, liv. 3. lett. P. tit. 7. Arr. 2.*

26 En l'an 1581. les Parisiens ayant apperçû que la peste s'augmentoit dans leur Ville par la malice de plusieurs personnes, qui la semoient par le moyen de certaine pourriture, emplâtre, & autre infection, obtinrent permission du Roy, de tuer sans forme de procez, ceux qui seroient trouvez commettans tels actes, pour donner de la terreur aux autres. *Ibidem, Arrêt 2.*

27 Arrêt du 12. Février 1585. qui infirme la Sentence des Capitouls de Toulouse, en ce qu'elle enjoint aux Bailles des Maîtres Chirurgiens de la Ville, de mettre en élection des Bailles comme les autres Maîtres, ceux qui avoient été mis & établis pour la necessité de la peste. *La Rochestavin, liv. 3. lettre P. titre 7. Arrêt 5.*

28 Reglement pour la Ville de Toulouse, dans un temps de peste ; il est du 14. Avril 1587. *Ibid. Ar. 1.*

29 On peut cesser de plaider, & changer le lieu de la Plaidoyerie en temps de peste., Arrêt du Parlement de Paris de l'an 1550. Mais cela ne se doit faire par le seul mouvement du Juge, sans en déliberer avec les Gens du Roy, Avocats, Procureur, Greffier, & autres Praticiens. *Papon, livre 7. titre 10. nombre 4.*

30 Le Baillif de Montargis avoit ordonné qu'en temps dangereux de peste, il seroit procédé par sort pour commettre celuy des Chirurgiens, qui seroit tenu de visiter les malades. Arrêt du Parlement de Paris du onze Juillet 1564. qui met l'appellation au néant, en émendant ordonne qu'il sera procédé par élection. *Idem, li. 6. tit 1. n. 13.*

31 Pour raison de la peste survenuë, défenses sont faites de s'assembler, joüer jeux, farces ; commandement aux Juges d'y tenir la main : & aux Curez, de dire & proclamer cela en leurs Prônes. Arrêt du Parlement de Bretagne du 5. Août 1564. *Du Fail, liv. 2. ch. 248.*

PESTE, RESIGNATION.

32 La resignation faite en temps de peste, a le même effet que la resignation *in infirmitate,* & l'offre par le resignataire de payer les revenus du Benefice n'est pas recevable. Arrêt du Parlement de Toulouse du 3. Mars 1655. rapporté par *M. Jean Albert, lettre B. art. 18.*

33 **PESTE, ADMINISTRER LES SACREMENS,** Joannes Chapeaville, *de necessitate Sacramentorum tempore pestis.*

34 Les salaires des Prêtres qui administrent les Sacremens pendant la peste devoient être payez par les habitans: l'Evêque & le Chapitre de Rennes furent mis hors de Cour sur la demande du Prêtre. Arrêt du Parlement de Bretagne du mois d'Avril 1607. rapporté par *Frain, page 19.*

35 Les Curez ne sont tenus de commettre à leurs dépens des Prêtres és lieux de santé pour administrer les contagiez, mais bien les Maires & Eschevins.

Jugé le 31. Janvier 1633. *Du Frêne, livre 2. chap. 129.* Voyez *De la Guess. tome 3. liv. 4. chap. 1.*

36 Les Curez ne sont point tenus de mettre à leurs dépens des Prêtres és lieux de santé pour administrer les Sacremens aux contagiez. Jugé contre les Eschevins d'Amiens le 31. Janvier 1633. *Journal des Audiences, tome 1. liv. 2. chap. 129.*

37 Sur la question de sçavoir si une Cure dépendante de l'Eglise Collegiale de S. Florent de Roye, peut avoir vaqué par la déposition du titulaire d'icelle ordonnée par ledit Chapitre, pour n'avoir pas voulu administrer les Sacremens aux malades de la contagion de sa Paroisse, ou si elle a vaqué seulement par sa mort ? Arrêt du 7. Janvier 1670 qui apointe la cause au Conseil. M. l'Avocat General Talon avoit conclu à la vacance par mort. *Soëfve, tome 2. Centurie 4. chap. 43. & le 3. tome du Journal des Audiences livre 4. chap. 1.*

TESTAMENT EN TEMPS DE PESTE.

38 *De testamento pestis grassantis temporé facto.* Voyez *Francisci Stephani decis. 19.*

39 Si la peste ou la guerre n'est generale, le testament doit être fait en présence de 7. témoins. Arrêt du Parlement de Bourdeaux du 17. Mars 1525. mais si le Parlement est interrompu, & que le peuple ait abandonné la Ville, cinq témoins suffisent, du 13. Février 1530. cela s'entend du testateur malade, car s'il n'est malade, il doit tester selon le droit commun. *Papon, liv 20. titre 1. nomb. 1.*

40 Par Arrêt du 2. Juillet 1561. le Parlement de Paris dans un Reglement en temps de peste, permit aux Prêtres commis par les Curez pour administrer les Sacremens aux malades de la contagion, de recevoir les testamens des pestiferez jusqu'à la somme de cent sols parisis, cet Arrêt ajoûte que s'ils en reçoivent contenans des legs considerables, les Juges y auront égard tel que de raison. *Henrys, tome 1. livre 5. chapitre 2. quest. 9.*

41 Cinq témoins suffisent pour le testament d'un pestiferé, ils doivent signer, ou s'ils ne le sçavent pas, il faut que le Notaire en fasse mention sur peine de nullité. Arrêt du Parlement de Toulouse du mois de May 1570. qui a déclaré nul le testament d'un pestiferé signé par le Notaire & non par les témoins au nombre de six dont quatre sçavoient signer. *Mainard, tome 1. livre 5. chap. 16.*

42 Un homme par testament laisse tous ses biens aux pauvres ; depuis étant frappé de la peste il donne quelque chose à ses parens & 500. livres à la Fabrique de S. Estienne du Mont, verbalement & en présence d'un seul témoin. Jugé que le tiers de la succession seroit donné aux heritiers, les 500. livres à la Fabrique, & le surplus aux pauvres. *Papon, livre 20. titre 6. nombre 8.*

43 Testament nuncupatif fait en temps de peste ne peut être prouvé par témoins. Arrêt du 7. Janvier 1593. le mary debouté de la preuve, les biens ajugez au pere, ordonné que l'Arrêt sera lû & publié au siege pour servir de loy à l'avenir. *Robert, liv. 2. rerum judicat. chap. 10.*

44 Un testateur malade de la peste ne peut revoquer un testament solemnel par un testament non solemnel. Arrêt à la Pentecôte 1593. *Montholon, Arrêt 78. & Arrêt 86.* où il y a un autre Arrêt prononcé à la Pentecôte 1598.

45 Une femme de la Paroisse S. Eustache fait son testament ; il est reçu par un Porte-Dieu qui après qu'elle l'eut signé descend en la chambre où étoient les enfans, leur montra ce testament, avant qu'il l'eût signé : quelques-uns le retiennent, & ensuite le contestent faute de solemnitez, de signature, & de ce mots lû & relû. Les autres disent, *constar* de la volonté de la mere ; si le Prêtre n'a signé, c'est par le fait de ceux qui ont retenu le testament ; le Prêtre consent de le signer en temps de peste, le défaut de solemnitez

n'eſt point conſiderable; d'ailleurs *teſtamentum imper-fectum ſubſiſtit inter liberos.* Arrêt du Parlement de Paris du 23. Janvier 1597. qui, ſans avoir égard au teſtament, ordonne que les enfans viendront à partage. L'Arrêt peut être fondé ſur ce qu'il ne faut pas aiſément s'éloigner des regles, *quando minimum fit prajudicium* aux parties. *Bibliotheque de Bouchel* verbo *Teſtament.*

16 Si la preuve peut être reçû d'un teſtament fait par un peſtiferé en preſence des Magiſtrats au profit des pauvres? *V. Bouvot tome 2.* verbo, *Mariage, queſtion* 109.

47 Si en temps de peſte n'ayant pû trouver un Notaire, qui voulût recevoir un teſtament, le teſtament reçû par une perſonne privée, y obſervant toutes les formalitez, peut valoir? *V. Bouvot, tome 2.* verbo, *Teſtament, queſt.* 19. *& 10.*

48 Une mere frappée de peſte, inſtitué ſon fils heritier, ce fils & ſes ſœurs decedent ſans enfans avant la mere : le teſtament étant reçû par un Prêtre ou Curé en preſence de deux témoins, eſt valable, & les heritiers ſubſtituez peuvent demander les biens. Arrêt du Parlement de Dijon du 2. Juillet 1600. *Ibidem, queſt.* 37.

49 On eſt recevable à prouver qu'un peſtiferé ayant demandé un Notaire pour ſon teſtament, aucun n'a voulu venir, & qu'il l'a fait nuncupatif en preſence de ſa femme & quelques témoins. Arrêt du Parlement de Dijon du 25. Janvier 1604. *Bouvot, tome 2.* verbo *Teſtament, queſtion* 49.

50 Par Arrêt du 8. May 1598. rapporté par *Berault, ſur la Coûtume de Normandie art.* 412. & par Peleus, *livre. 3. des actions forenſes, art.* 66. Jugé qu'un teſtament fait par une perſonne touchée de peſte, étoit nul, pour n'avoir pas été fait ſelon les formes requiſes par la Coûtume.

51 Un peſtiferé fait ſon teſtament devant cinq témoins comme le Droit le permet, portant inſtitution de ſon couſin germain du côté paternel, *praterità avià vivente* ; ce teſtament étoit un acte ſous ſeing privé, mal écrit, & tout barboüillé : l'heritier inſtitué demande devant le Sénéchal de Niſmes qu'il luy ſoit permis de faire proceder à la publication de cet acte informe, & de faire entendre des témoins outre les numeraires ſur le contenu en icelui : le Sénéchal le permet ; l'ayeule en releve appel en la Cour, & obtient des Lettres Royaux en caſſation de cet acte, & en maintenuë de tous les biens du teſtateur, ſe fondant principalement ſur la préterition de ſa perſonne, qui rendoit l'acte de nul effet ; qu'ainſi la publication n'en pouvoit être ordonnée. L'inſtitué répondoit que par le droit un teſtament fait en temps de peſte étoit bon & valable avec cinq témoins 1. *caſut C. de teſtam.* que l'heritier inſtitué avoit fait une enquête à futur, où pluſieurs autres témoins, outre les numeraires, atteſtoient la verité de l'acte : quant à la préterition, que la clauſe codicillaire ſuppléoit à ce défaut ; cette clauſe, quoiquenon exprimée, eſt cenſée être dans les teſtamens *inter liberos,* & en ceux qui ſont faits en faveur de la cauſe pie, même dans les teſtamens des ſoldats, lors qu'ils teſtent au camp, *& in expeditione,* qu'il falloit entendre & ſuppléer la clauſe codicillaire dans un teſtament fait en temps de peſte, vû que la maladie contagieuſe eſt une guerre du Ciel contre les hommes. Arrêt du 6. Avril 1631. en la Chambre de l'Edit qui ordonne que la Sentence ſera executée, renvoye les parties devant le Sénéchal, maintient neanmoins par proviſion & ſans préjudice du droit des parties, l'ayeule en l'heritage dont étoit queſtion, par cette raiſon, que les écritures privées ne ſont point conſiderées comme teſtamens qu'aprés la publication & les enquêtes, & juſqu'alors la Juſtice & l'équité veulent que les heritiers *ab inteſtat* ſoient maintenus. *Voyez Boné, Arr.* 94.

52 Le teſtament d'un peſtiferé ne vaut en faveur

du Capitaine de ſanté. Arrêt du Parlement de Grenoble du 15. Février 1633. même Arrêt le 12. Août ſuivant. *Voyez Baſſet, tome 1. liv. 5. titre 1. chapitre 9.*

53 Un teſtament reçû par un pere Capucin prépoſé pour aſſiſter les contagiez, déclaré nul, au Rolle de Lyon le 18. Juillet 1634. *Du Frêne, liv. 3. chap. 1.* parce qu'il n'avoit point de Lettres de Vicariat. *Voyez la Coûtume de Paris, art.* 290. Henrys, *to. 1. liv. 5. chap. 2. queſt.* 9.

54 Si un teſtament fait en temps de peſte eſt exempt des ſolemnitez ordinaires? *Voyez Taiſand ſur la Coût. de Bourg. tit. 7. art. 4. n. 11.* où il rapporte un Arrêt du Parlement de Dijon du 18. Janvier 1635. qui ordonne que le legataire feroit preuve du fait qu'il poſoit, que le danger étoit ſi évident, que le Notaire n'avoit oſé s'approcher de luy pour le faire ſigner.

55 C'eſt aſſez de deux ou trois témoins au teſtament que fait en la preſence de ſon Curé la perſonne qui eſt atteinte de peſte : mais ſi elle guerit, il n'aura de force que pendant une année, aprés le recouvrement de ſa ſanté. Le Parlement de Grenoble l'a jugé ainſi à cauſe de la difficulté qu'il y a d'aſſembler des témoins, & en cela il a ſuivi la diſpoſition du Droit Canon. *Voyez Guy Pape, queſt.* 543.

56 L'intemperie de l'air ne diſpenſe pas un teſtateur du nombre des témoins, ni des formes qu'il faut garder ſelon les loix pour faire un teſtament. *Chopin, Coûtume de Paris, liv. 2. tit. 4. n. 1.* M. Bouguier, *lettre T. nomb.* 3. Peleus, *queſt.* 61. M. Ricard, *des Donations entre-vifs, 1. part. chap. 5. ſect. 10. nombre* 1638. *& ſuiv.* Anne Robert, *rerum judicat.* livre 2. chap. 10.

57 Un teſtament fait en temps de peſte pardevant deux Notaires, dans lequel il eſt fait mention ſeulement que le teſtateur n'a pû ſigner pour être atteint de la peſte, & ſans aucune interpellation à luy faite de ſigner, ſçavoir s'il étoit valable ou non? La cauſe appointée le 5. Février 1647. *Du Frêne, livre 4 chap.* 48.

58 Ces teſtamens faits par ceux qui ont la peſte, doivent être avec les ſolemnitez ; un Prêtre ou un Religieux qui n'a point de Lettres de Vicariat, ne peut recevoir un teſtament, pas même en temps de peſte. *Brodeau ſur M. Loüet, lettre T. ſomm. 8. nomb. 10. circa finem.* Henrys *tome 1. liv. 5. chap. 2. queſt. 9. & 10. & tome 2. liv. 5. chap.* 23.

59 Si un témoin ne ſigne pas, qui ſçait ſigner, & le déclare, mais ſa ſignature differée à cauſe qu'il étoit ſuſpect de la maladie contagieuſe ; Henrys, *tome 2. livre 5. chap. 2. queſt.* 11. dit que ſignant aprés, le teſtament eſt bon.

60 Un ouvrier en ſoye de Lyon malade de la peſte, fit ſon teſtament pardevant Notaires & ſept témoins, le dicta par une fenêtre ; les Notaires & les témoins étant en la ruë, trois témoins ſignerent ; quatre témoins avec le teſtateur ne ſignerent pas, parce qu'ils ne ſçavoient ſigner de ce enquis Quoique le teſtateur ſçût ſigner, le Juge de Lyon avoit declaré le teſtament nul ; appel, la Sentence infirmée le Mardy 16. May de relevée 1656. plaidant de Lhommeau & Farroüard. Nota que le teſtament étoit entre les enfans du teſtateur.

61 Arrêt du Parlement de Provence du 8. May 1651. qui a declaré nul le teſtament fait en temps de peſte, faute de la ſignature des témoins. *Boniface, tome 2. liv. 1. tit.* 7.

62 Arrêt du 30. Novembre 1662. qui déclare nul un teſtament fait en faveur de la cauſe pie, ſans témoins en temps de peſte. *Ibidem, tit. 5. chap.* 1.

63 Le teſtament fait en temps de peſte, en faveur du fils unique mâle, eſt nul pour n'avoir été ſigné par le teſtateur & les témoins. Arrêt du 28. Janvier 1672. *Boniface, to. 5. liv. 1. tit. 9. chap.* 1.

64 Françoiſe Vite malade de la peſte avoit fait un teſtament au profit de Michel Cholat ſon mari ; ce teſ-

tament avoit été reçu par Paul Fortune Praticien au Village de Vaux, où demeuroient les parties, en présence de sept témoins, desquels trois avoient signé; ce Praticien en avoit expedié un extrait en forme, qui fut représenté en Chancellerie de Châlon, & publié : le frere de la testatrice & son heritier présomptif demande que l'écriture de Fortune soit reconnuë, cela est fait, ensuite il demande la réprésentation de la minute ; mais on remontre (& les parties en demeurent d'accord) que le Village de Vaux étoit ruiné, & particulierement la maison de Paul Fortune avoit été pillée, & tous les papiers brûlez par les Comtois ; en consequence duquel incendie Cholat demande d'être admis à la preuve du testament de sa femme par les témoins qui vivoient encore ; il y est admis, dont appel. Par Arrêt du P. de Dijon du 9. Février 1640. l'appellation, & ce dont étoit appel, fut mis au neant; & la Cour évoquant le principal, & y faisant droit, déclara la succession de Françoise Vite, reglée *ab intestat*; dépens compensez. *Taisand*, *sur la Coûtume de Bourgogne, tit. 7. art. 4. note 11.*

65   Testament fait en temps de peste ne vaut plus comme privilegié qu'une année entiere de santé. Arrêt du Parlement de Grenoble du 9. Juillet 1664. *Basset, to. 1. liv. 5. tit. 1. chap. 10.* de même que le testament militaire, n'est privilegié que dans l'année du congé, *post annum missionis*.

66   Le nombre de cinq témoins est requis pour la validité d'un testament en temps de peste. Arrêt du 27. Juin 1667. *Basset. ibidem, chap. 8.*

67   Du testament fait en temps de peste. *Voyez les Arrêts de M. de Catellan, liv. 2. ch. 53.* où il est dit que cinq témoins suffisent, les femmes aussi bien que le Notaire peuvent en faire, en sorte qu'il suffit que d'outre le Notaire il y en ait quatre autres, sans qu'il soit besoin de resomption du Notaire & des témoins, le Notaire en ce cas soûtenant la double personne de Notaire & de témoin. Arrêts du Parl. de Toulouse du 11. Decembre 1651. après partagé, & du 14. Decembre 1668.

PETITOIRE

LE petitoire & le possessoire sont des termes relatifs, & également convenables aux matieres Beneficiale & Civile. *Voyez* pour les unes & les autres les mots *Action, Complainte & Possessoire.*

PETITOIRE EN MATIERE BENEFICIALE.

1   Le Juge Royal connoît du possessoire des Benefices. Les Papes même en cela reconnu son droit par leurs Bulles. *Voyez les preuves des Libertez, ch. 16.*

2   Le possessoire vuidé, l'on peut venir au petitoire, & non auparavant. Arrêt du 13. Octobre 1390. la partie étoit un Chapelain de Nôtre-Dame de Paris. *Bibliot. Can. to. 1. p. 221. col. 2.*

3   Quand le petitoire est vuidé, il n'est plus permis d'en poursuivre le possessoire. Arrêt de l'an 1391. Par Arrêt de Paris du 27. Janvier 1419. il fut défendu à tous les Ecclesiastiques de plus poursuivre, soit en petitoire ou possessoire, aucuns Benefices de France en Cour de Rome, qu'on avoit coûtume anciennement de faire. *Bibliot. Can. to. 2. p. 221. col. 2.*

4   Quoy qu'aux autres Benefices tombez en regale la question du petitoire puisse être examinée en la Jurisdiction Ecclesiastique, après le jugement du possessoire, dont la connoissance appartient au Juge Laïc, & que le petitoire ne doive être décidé avant que Sentence soit ensuivie sur le possessoire, même quand on obtiendroit pour cet effet Lettres du Prince, de l'enterinement desquelles l'impetrant seroit débouté; ainsi qu'il a été jugé par Arrêt donné aux Grands Jours tenus à Bayeux le 8. Octobre 1548. neanmoins les Benefices qui sont vaqué & qui vaquent en regale, la même Cour a retenu & retient la connoissance privativement aux Juges d'Eglise, tant au petitoire que possessoire ; ainsi jugé au Parlement

de Roüen le 29. Novembre 1515. *Ibidem, p. 379.*

5   Par Arrêt du 14. Juillet 1517. il fut dit qu'un demandeur en matiere de regale petitoire, pour les Prebende & Archidiaconé d'Angers, seroit debouté d'une requête qu'il avoit donnée à la Cour pour évoquer deux instances pendantes au Châtelet de Paris, en cas de saisine & de nouvelleté contre ceux qui poursuivront en la Cour, en icelle matiere de regale petitoire ; & que le Prévôt de Paris acheve de connoître du possessoire & incident qui en dépend. *Ibidem, p. 391. col. 2.*

6   Le Juge d'Eglise ne peut connoître du petitoire du Benefice jusques à ce qu'il ait été obéi à l'Arrêt intervenu sur le possessoire. Arrêt du P. de Toulouse du 27. Août 1537. *La Rochestavin, livre 6. tit. 56. Arr. 5.*

7   Encore que le petitoire Beneficial, soit de la competence du Juge Ecclesiastique ; & que par l'artic'e 49. de l'Ordonnance de 1536. il soit permis après le possessoire intenté en matiere Beneficiale par fourny de faire poursuite du petitoire pardevant le Juge d'Eglise ; neanmoins cet article quant à cette reserve, n'a pas lieu dans le Royaume. *Bibliot Can. to.2.p.223.*

8   L'Ordonnance de 1539. par laquelle celuy qui a succombé au plein possessoire d'un Benefice n'est recevable à demander le petitoire jusques à ce que le possessoire ait été entierement executé, les dommages & interêts payez, restitution des fruits faite, si elle n'est adjugée, a lieu en matiere profane *etiam contrà spoliantem condemnatum.* Jugé par Arrêt de 1541. 25. Novembre 1543. & 13. May 1544. pour le Prieur de saint Martin des Champs. *Ibidem, p. 222. col. 1. & Papon, liv. 8. tit. 12. n. 5.*

9   Les Chambres assemblées au Parlement de Bretagne le 20. Septembre 1554. défenses furent faites à M. Pierre Belmont Clerc du Diocese de Nantes, & à tous autres, de poursuivre M. Benoît Roux en Cour de Rome, pendant le procez possessoire du Prieuré du Pertre, sur peine de saisie de leur temporel, & privation du droit qu'ils pourroient prétendre au Benefice, si aucune chose est attentée au contraire, la remettre au premier état sur les mêmes peines. *Du Fail, liv. 1. chap. 1.*

10   Deux parties, & autres prétendans interêt en une Chapellenie, sont citez pardevant l'Official de Nantes, pour montrer leurs titres ; grandes procedures jusqu'à Tours ; depuis, quelques incidens sont jugez au Présidial de Nantes, dont appel ; le Procureur General appelle de toures les procedures comme abusives ; disant que si telles voyes avoient lieu, on ne viendroit jamais au possessoire. Arrêt du Parlement de Bretagne du 19. Septembre 1560. qui rejette toutes les procedures comme abusives, sans préjudice des droits des parties. *Du Fail, li.1.ch.125.*

11   Une partie gagne son procez au possessoire, l'autre se pourvoit au petitoire. Celle-là qu'elle n'est tenuë repondre qu'elle n'ait été satisfaite, & que les dépens ne soient payez. Celle-cy dit que l'article 49. de l'Ordonnance de 1539. s'entend des matieres Beneficiales seulement. Arrêt du Parlement de Bretagne du 14. Février 1575. qui ordonne que la partie répondra au petitoire. *Ibidem, chap. 396.*

12   Le petitoire ne peut être poursuivi devant le possessoire ; toutefois la Cour limita un temps dans lequel le Prieur seroit tenu de mettre à execution sa Sentence du possessoire, après lequel, permis au Curé de poursuivre pardevant le Juge d'Eglise sa portion congruë. Arrêt du 14. Septembre 1569. *Charondas li. 1. Rép. 62. & liv. 3. Rép. 59.*

13   Aprés le possessoire d'un Benefice, jugé par Arrêt de maintenuë, il n'est pas loisible de se pourvoir au petitoire pardevant le Juge d'Eglise ; la cause fut appointée le 18. Decembre 1615. mais depuis elle a été jugée, les Arrêts sont rapportez aux nombres suivans. *Du Frêne, livre 1. chap. 73. & Bardet, tome 1. liv. 2. chap. 61.*

M.

14 M. l'Evêque d'Angers se soûmit à l'avis d'arbitres Ecclesiastiques, pour terminer tous les differends qui étoient entre lui & son Chapitre; le Chapitre fut maintenu en la possession où il étoit de temps immemorial, de l'exemption de la Jurisdiction Episcopale; ce jugement confirmé par Arrêt ; au préjudice de cet Arrêt il fait assigner les Chanoines au petitoire de cette exemption, pardevant l'Official de l'Archevêché de Tours, Juge Metropolitain. Appel comme d'abus par le Chapitre, fondé sur ce qu'en matiere d'exemption, il n'y a point de petitoire comme en matiere Beneficiale, & que les arbitres par leur Sentence, confirmée par Arrêt, ayant jugé le droit d'exemption, en soy, il ne restoit plus rien à juger, d'autant plus, que le possessoire ayant été jugé par Arrêt, on ne peut se pourvoir au petitoire ; & qu'à cet égard l'Ordonnance de 1539. qui semble le permettre en matiere de Benefices n'a jamais été pratiquée, parce qu'en jugeant le possessoire on connoît & examine la validité des titres, *quia beneficium sine institutione canonicâ teneri non potest*, & par consequent que la citation au petitoire est une entreprise sur la Jurisdiction Seculiere qui tend à renverser l'autorité Royale, à vexer & consommer les parties en frais, puisqu'il faudroit encore attendre trois Sentences conformes, pendant lequel temps l'Eglise seroit destituée de titulaire, & le Service divin discontinué. M. l'Avocat General Bignon remonta que le possessoire étant jugé sur les titres, cette demande au petitoire étoit abusive. Arrêt intervint le 15. Juin 1616. conforme aux conclusions du Chapitre. *Du Frêne, liv.* 1. *chap.* 112. & Bardet, *tome* 1. *liv.* 2. *chap.* 86. où il observe que la Jurisprudence est contraire au Parlement de Toulouse.

15 Le même *Du Frêne, liv.* 3. *chap.* 64. rapporte un Arrêt du 16. Juin 1640. semblable à celuy de 1616. qui a jugé que le possessoire étant vuidé par le Juge Royal, il n'y a plus lieu de se pourvoir au petitoire pardevant le Juge d'Eglise.

16 Les Juges d'Eglise ne doivent connoître en matiere Beneficiale du possessoire, mais bien du petitoire ; ils ne peuvent donner permission de saisir, ni ordonner le sequestre, parce que ce sont actes possessoires, même à l'égard des personnes Ecclesiastiques, aussi-bien que les complaintes qui appartiennent au Juge Royal ; & s'ils le font, l'appel comme d'abus en est indubitable. Jugé le 18. Juillet 1628. *Brodeau sur M. Loüet, lettre B. somm.* 11.

Juge d'Eglise ne peut, sans abus, connoître du possessoire des Benefices. Arrêt du P. de Grenoble du 13. Decembre 1613. *Basset, tome* 1. *liv.* 3. *chap.* 131.

PETITOIRE EN MATIERE CIVILE.

17 *Voyez* le Recüeil des Arrêts de *M. Job Bouvot,* 10. 2 verbo *Petitoire.*

18 La question de la possession se juge avant celle de la proprieté ; la demande possessoire se doit faire dans l'année. *Voyez* le 2. tome des *Loix Civiles, liv.* 3. *tit.* 7. *sect.* 1. *n.* 17. & l'*Ordonnance de 1667. tit.* 18. *art.* 4.

19 Pendant le possessoire en Cour Laye , le petitoire ne peut être intenté en Cour d'Eglise. *Joan. Gal. part.* 5. *quest.* 358. & Tournet, *lettre P. Arrêt* 131.

20 Le condamné au possessoire ne pouvant satisfaire à la Sentence , ne peut faire cession pour venir au petitoire. *Voyez Charondas, liv.* 6. *Rép.* 65.

21 Le Juge qui veut réintegrer le possesseur spolié, se doit bien garder de confondre & juger le petitoire avec le possessoire ; le Prévôt de Paris ayant dit que le demandeur seroit remis en tel état , & joüiroit de tout le temps qui luy restoit ; il fut dit par Arrêt, mal jugé, bien appellé , en ce qu'il avoir dit qu'il joüiroit. *Bibliot. Can. tome* 2 p. 430. *col.* 1.

22 Jusques à ce que le possessoire soit de toutes parts achevé , l'une des parties ne se peut adresser au petitoire.

Tome III.

---

titoire sans renoncer au possessoire. Jugé au Parlement de Paris le 3. Janvier 1397. *Ibidem* , p. 212.

23 Procez petitoire interrompu , & fin de non recevoir , quand on veut après intenter procez pour le possessoire ; ainsi jugé en 1325. *Bibliot. de Bouchel,* verbo *Reprise de procez.*

24 On ne peut venir au petitoire que le possessoire ne soit jugé. Arrêt de l'an 1390. *Papon, livre* 8. *titre* 12. *nomb.* 3.

25 Petitoire étant vuidé , on ne peut plus plaider pour le possessoire. Arrêt de l'an 1391. Petitoire étant contesté, celuy qui l'a intenté, n'est pas recevable à intenter le cas de saisine & de nouvelleté. Arrêt du mois de Decembre 1499. *Ibidem, n.* 1.

26 Jusques à ce que le possessoire soit entierement jugé, l'une des parties ne peut s'adresser au petitoire, sans renoncer au possessoire. Arrêt du Parlement de Paris du 3. Janvier 1397. *Papon, ibidem, n.* 4.

27 En action petitoire, le défendeur ne peut être contraint à reparer le lieu litigieux. Arrêt du 4. Février 1499. *Charondas, liv.* 4. *Rép.* 53.

28 La connoissance du petitoire , même par lettres particulieres du Prince , ne peut être attribuée à Messieurs des Requêtes. Arrêt du Parlement de Paris du 15. May 1515. *Bibliotheque de Bouchel,* verbo *Petitoire.*

29 Celuy qui a gagné au possessoire, doit faire ses diligences pour mettre la Sentence à execution ; autrement le Juge peut fixer un temps pour éviter la perte que souffriroit celuy qui a perdu , ne pouvant demander le petitoire qu'après l'entiere execution du possessoire. Arrêts des 4. Decembre 1521. & 14. Septembre 1569. *Papon, 8. tit.* 12. *n.* 6.

30 Après le possessoire jugé par le Juge Royal , il peut être decliné pour le petitoire. Arrêt du Parlement de Paris aux Grands Jours de Moulins du 17. Septembre 1534. en faveur d'une veuve qui avoit indiscretement & par ignorance conclu au petitoire avec le possessoire. *Papon, livre* 7. *titre* 7. *n.* 26.

31 On ne peut cumuler le petitoire avec le possessoire. *Voyez Charondas, livre* 12. *Rép.* 3. *Voyez l'Ordonnance de 1539. art.* 59.

32 Quand le petitoire & possessoire peuvent être cumulez ensemble? *Voyez Masuere, titre des Actions possessoires, nomb.* 59.

Voyez cy-après le nomb. 40.

33 La condamnation de dommages & interêts non liquidez contre celuy qui a succombé au possessoire ne peut empêcher le jugement du petitoire, si le condamné donne caution. Arrêt du Parlement de Paris du 13. May 1544. *Papon, liv.* 8. *tit.* 12. *n.* 9.

34 Jugement donné avec le donateur ou son heritier pour le possessoire , est executoire contre le donataire. Arrêt du 24. Mars 1556. *Charondas, livre* 7. *Réponse* 81.

35 L'execution du possessoire de chose sacrée , ne doit être tellement réelle, qu'elle fasse préjudice irreparable au petitoire. Arrêt du 8. Février 1563. Le sieur Grimancourt étoit appellant de l'execution réelle en arrêt par M. Riviere Conseiller, qui avoit fait mettre bas les cloches, démolir le clocher , les Fonts baptismaux, rompre l'enceinte du cimetiere d'une Chapelle érigée par le sieur de Grimancourt en secours. Il fut dit , en reservant l'execution de maintenüe pour l'Abbesse, que l'Eglise & cimetiere seroient seulement clos & fermez, en attendant l'issuë du petitoire. *Papon, li.* 8. *tit.* 12. *n.* 4.

36 Titius fait appeller un Fermier en matiere petitoire. Le Juge *à quo* , ordonne que le Fermier seroit appeller son Maître, pour venir en Jugement dire ce qu'il appartiendroit. Par Arrêt du 23. Septembre 1563. jugé que c'étoit assez au Fermier d'appeller son Maître. *Charondas, liv.* 3. *ch.* 7 & *Bibliot. de Bouchel,* verbo *Fermier.*

37 Le Juge qui veut réintegrer , se doit bien garder

N

de juger le petitoire avec le poffeffoire. Le Prevôt de Paris ayant dit que le demandeur feroit mis en tel état, & jouïroit de tout le temps qui reftoit, il fut dit mal jugé, en ce qu'il avoit dit *qu'il jouïroit*. ¡Papon, *li.* 8. *tit.* 5. *n.* 1.

38 La partie affignée fur le poffeffoire, confentant la maintenuë, & pour le petitoire demandant le renvoy pardevant fon Juge, y doit être renvoyée. Arrêt du Parlement de Dijon du 21. Janvier 1591. Autre chofe feroit s'il y avoit conteftation. *Bouvot*, *to.* 2. *verbo Petitoire*, *Poffeffoire*, queft. 1.

39 Il faut que le poffeffoire foit terminé, avant que de venir au petitoire, quoiqu'il ait été premier intenté. Arrêt du Parlement de Dijon du 21. Juillet 1600. *Idem*, *verbo Petitoire*, qu. 6.

40 Le poffeffoire & le petitoire ne peuvent être cumulez enfemble. *Ordonnance de 1667. tit.* 18. *art.* 5. Voyez *M. Dolive*, *liv.* 1. *chap.* 12. Et cy-deffus, *le nombre* 31.

PEZADE.

ARrêt contradictoire du Confeil d'Etat du 11. Avril 1676. pour raifon du droit de Pezade, dû au Roy par les habitans du Païs & Diocefe d'Alby, qui condamne les Communautez y nommées, de payer au Fermier du Domaine, la moitié du droit & redevance annuelle de la Pezade ; ladite moitié confiftant en un quart de bled froment ou feigle, tel qu'il croit fur le terroir, & une quarte d'avoine, le tout pour chaque paire de bœufs labourans, & demi-quarte defdits grains pour chaque paire de jumens, vaches, mules, ou aneffes labourantes ; & en la moitié defdits grains pour chaque demi-paire defdits labourages, à proportion ; enfemble en quatre deniers pour chaque tête de gros bétail, qui n'eft employé au labour ; d'un denier pour fix menuës bêtes, & de deux deniers pour chacun homme; à l'exception des Nobles, & des Ecclefiaftiques, tant pour leurs biens, que pour leurs perfonnes, que Sa Majefté declare exempts de toutes lefdites redevances de la Pezade : Ne feront auffi tenus au payement de ladite redevance de deux deniers. pour leurs perfonnes feulement : les mineurs au-deffus de quatorze ans, les vieillards de foixante ans, & au deffus ; les Laboureurs qui menent actuellement la charruë, ni les femmes. *Voyez le Recueil du Domaine*, *pag.* 478.

PIECES.

1 JUgé par Arrêt du Parlement de Bourgogne du 12. Février 1565. qu'un neveu, qui a donné à fon oncle quelques facs, & qui confeffe en avoir retiré, eft non recevable à en demander quelqu'un, ayant retiré les pieces à l'infçû de fon oncle. *Bouvot*, *to.* 2. *verbo Dépôt*, queft. 1. C'eft là plûtôt le cas d'admettre *jufjurandum in litem* contre le neveu, *tanquam contrà fpoliatorem*.

2 Celuy qui eft condamné à reprefenter quelques pieces & procedures, ne peut, faute de ce faire, être condamné à payer ce que prétend celuy, auquel il eft tenu de reprefenter, fi de nouveau il peut proceder au decret. *Arrêt du* 24. *Avril*, 1571.

3 Comment un Avocat eft chargé des pieces qui luy font données ? Voyez le mot *Avocat*, *nomb.* 136. & 137.

4 Aprés dix ans, les Avocats, les Procureurs & leurs veuves, ne font refponfables des pieces des parties; & à l'égard des Juges, aprés cinq ans. Arrêt du 14. Mars 1603. *Mornac*, *Loy* 7. §. *verbum ff. de edendo*.

5 Procureurs font refponfables des pieces des parties pour les procez indécis, pendant dix ans, aprés qu'ils en feront chargez ; & pour les procez jugez, pendant cinq ans. Declaration du Roy le 11. Decembre 1597. regiftrée au Parlement de Paris le 14. Mars 1603. *Filleau*, *part.* 2. *ti.* 7. *ch.* 14.

Un Procureur chargé de pieces par une partie, 6 pour former une oppofition, afin de conferver à des criées, ne l'ayant fait, en demeure refponfable en fon nom. Arrêt du 26. Avril 1644. Audience de relevée. *Du Frêne*, *li.* 4. *chap.* 14.

Arrêts du Parlement de Provence des 29. Janvier, 7 & 15. Mars 1647. qui ont jugé que l'Officier, qui a rendu les papiers à la partie, eft cenfé payé de fes vacations. *Boniface*, *tome* 3. *liv.* 3. *tit.* 1. *chapitres* 13. & 14.

Le procez étant jugé, les Procureurs ne peuvent 8 retenir les titres des parties, fous prétexte de leurs falaires & vacations ; fi fait bien leurs procedures, jufqu'à ce qu'ils foient payez. Ordonnance du Roy Charles VII. de l'an 1446. article 53. ils fe peuvent pourvoir par action. *Voyez la Pratique civile*, 1. *part. liv.* 4. *ch.* 2. Voyez *des Maifons*, *lettre P. nombre* 3. où il y a un Arrêt du 20. Février 1659. *Voyez auffi l'Arrêt du Parlement du* 17. *Avril.* 1692.

Voyez cy-aprés le mot *Procureurs*.

Le Greffier eft tenu d'apporter les pieces à la pre- 9 miere fignification de l'Arrêt. *Voyez* le mot *Greffier*, *n.* 109. & *fuiv.*

PIGEONS.

CEluy qui tuë les Pigeons d'autruy, fait un lar- 1 cin, que le Dauphin affujettit par fes Lettres Patentes de l'an 1448. à une peine corporelle. *Voyez Guy Pape*, queft. 218. & *Chorier*, *en la Jurifprudence du même Auteur*, *pag.* 139.

Arrêt du Parlement de Dijon du 11. Avril 1579. 2 qui fait défenfes de tuer, ni prendre Pigeons, foit avec arquebufe, ou autres armes, à peine du fouër. *Bouvot*, *to.* 1. *part.* 3. *verbo Chaffe.*

Arrêt du Parlement de Provence du 17. Decembre 3 1644. qui a condamné en vingt liv. d'amende envers le Roy, celuy qui avoit tiré aux Pigeons. Autre Arrêt en forme de Reglement du 28. Juin 1658. qui fait défenfes de tirer avec arquebufe aux Pigeons domeftiques, & de colombier, à peine de punition exemplaire, quant aux perfonnes de baffe condition, & aux autres, de 300. liv. d'amende. *Boniface*, *to.* 2. *part.* 3. *li.* 1. *tit.* 9. *chap.* 1. & 2.

Voyez le mot *Colombier.*

PILLAGE.

DE effractoribus & expilatoribus. D. 47. 18... Contre ceux qui volent avec fracture ; qui pillent, & enlevent de force.

De crimine expilata hæreditatis. C. 9. 31.... D. 47. 19.

Voyez les mots *Larcin*, & *Vol.*

PLACES FORTES.

LEs Places fortes font toûjours exceptées des alienations du Domaine de la Couronne. *Voyez le Bret*, *au Traité de la Souveraineté*, *livre* 3. *chap.* 5. & le mot *Fortereffe.*

PLACES MONACHALES.

L'Abbé Commendataire de S. Jacques de Beziers, a droit de conferer les places Monachales vacantes; & le Syndic & Religieux ont la faculté de recevoir, leur donner & vêtir l'Habit, & les admettre à la Profeffion, fuivant le Reglement de leur Ordre. Arrêt du Parlement de Touloufe du 9. Juillet 1611. *La Rocheflavin*, *liv.* 1. *ti.* 1.

Voyez le tirre des Offices. §. Offices Clauftranx, & verbo *Religieux.*

PLACET.

PLacet. Libellus fupplex. De precibus Imperatori offerendis, & de quibus rebus fupplicare liceat. C. 1. 19.

Quando libellus Principi datus, litis contestationem faciat. C. 1. 20. Voyez *Lettres Royaux. Requête.*

PLAGIAIRE.

LE Plagiaire est celuy qui vend, qui achete, ou qui retire comme esclave, un homme qu'il sçait être libre. *Plagiarius. Plagium.*
De lege Fabiâ, de Plagiariis. D. 48. 15.
Ad legem Fabiam de Plagiariis. C. 9. 20.... C. Th. 9. 18.... Paul. 5. 29.
De Plagio. Leon. N. 66.

PLAID.

PLaid accoûtumé est le redoublement de la rente. *Voyez* le mot *Droits Seigneuriaux, nomb. 109. & suiv.* & cy-aprés le mot *Plaids.*

PLAIDER.

PLaider. *Causam, litem, vel jus dicere, exponere. Postulare.*
De postulando. D. 3. 1.... C. 2. 6.... C. Th. 2. 10. Postulare, est litem suam, vel amici sui in jure, apud eum qui jurisdictioni præest, exponere, vel alterius petitioni contradicere.
Voyez, *Avocat, Procureur.* & la *Bibliot. de Jovet, au mot Plaider.*

1   *Puella minor, in causâ matrimoniali, an in judicio stare possit?* Voyez *Franc. Marc. to. 2. qu. 695.*
2   Par Arrêt du Parlement de Paris du 28. Février 1371. l'Archidiacre de Sens plaidant contre son Archevêque, & craignant quelque violence, fut mis en la sauve-garde du Roy & de la Cour. *Recueil des Libertez, to. 2. ch. 35. n. 22.*
3   Défenses à tous Procureurs de maintenir accord entre les parties, sans iceluy avoir en leurs mains ou memoires signez des parties, pour faire la declaration, sur peine d'amende arbitraire, l'intimé condamné en dix livres vers le Roy, autant vers l'appellant pour le subterfuges par luy faits. Arrêt du P. de Bretagne du 30. Octobre 1560. *Du Fail, p. 106.*
4   Arrêt du Parlement de Provence du 7. Avril 1642. qui a ordonné que les Avocats & les Nobles plaideroient en matiere réelle pardevant les Juges des défendeurs. *Boniface, to. 1. li. 1. ti. 18. n 4.*
5   Arrêt du Parlem. de Paris du 12. Decembre 1648. qui a jugé qu'entre deux Officiers d'un même Siege, ayant procez ensemble, l'un d'eux peut faire renvoyer la contestation dans un autre Siege. *Voyez Henrys, to. 2. li. 2. qu. 3.*

PLAIDER, ETRANGER.
6   Arrêt du Parlement de Paris du 27. Janvier 1419. par lequel il est défendu de poursuivre à Rome aucun procez au petitoire d'un Benefice de France. *Papon, liv. 8. ti. 12. n. 2.* Le Concile de Malthe tenu en 1433. en a fait une disposition. Le Pape nomme des Vicaires en France pour les Causes criminelles.
7   *Senatus actorem peregrinum non antè ad litis persecutionem admitti voluit, quam judicatum solvi satis dedisset.* Arrêt du 23. Août 1571. *Anne Robert, rerum judicat. liv. 4. cb. 11.*
8   Les François demeurans en France, doivent plaider devant les Juges du Royaume, encore que l'execution se doive faire sur des heritages hors du Royaume. *Voyez Charondas, liv. 7. Rép. 100.*
9   Les Sujets du Roy ne peuvent être distraits de leur Jurisdiction naturelle, pour aller plaider hors du Royaume, nonobstant les contrats par eux stipulez hors de la Monarchie, & toutes soûmissions. Par Arrêt rendu au Parlement de Grenoble le 4. Mars 1633. il fut jugé qu'un François ne pouvoir être tiré hors de la Monarchie, même en action réelle, bien que le Contrat portant garantie, eût une stipulation contraire, & qu'il se fût soûmis à la Jurisdiction du Pape. Autre Arrêt du 26. Janvier 1666. qui, nonobstant la prétention d'un particulier, lequel demand-

Tome III.

doit son renvoy en Savoye, où il disoit que tous les effets de la Societé étoient, ordonna que les parties contesteroient de nouveau pardevant la Cour. Autre Arrêt du 11. Janvier 1630. *Voyez Basset, to. 2. li. 2. tit. 3. ch. 6.*

PLAIDER, JUGE ROYAL.
10   Le Juge Royal ne peut plaider dans son Siege : mais il se doit pourvoir au plus prochain. Arrêt du Parlement de Grenoble du 14. Août 1577. *Voyez Basset, to. 1. li. 2. ti. 5. ch. 5.*

PLAIDER, OFFICIERS DE DAUPHINÉ.
11
12   En Dauphiné, les Officiers des Compagnies Souveraines ont le choix de plaider au Siege de Graisivodan, ou en la Cour commune de Grenoble. Arrêt du 15. Juillet 1653. *Idem, tit. 17. ch. 2.*

PLAIDER, PRINCES.
13   Les Princes Souverains ont le privilege de ne plaider hors leurs Principautez. Arrêt du 22. Mars 1661. *Voyez Basset, ibid. ch. 1.*
14   Il n'y a que les Princes qui peuvent plaider à la Cour par Procureur ; & tous particuliers sont obligez de donner leur procuration, pour agir en leurs noms. Arrêt du Parlement de Tournay du 9. Juillet 1697. rapporté *par M. Pinault, to. 2. Arr. 171.*

PLAIDER, RELIGIEUX.
15   Abbé doit, *pendente processu,* alimenter les Religieux. Arrêt du 5. Juin 1515. contre l'Abbé de Saint Germain d'Auxerre. *Part. 7. styli veteris Parlamenti, Arr. 98.*
16   L'Abbé plaidant contre son Religieux, & les Religieux en corps contre l'Abbé, pour la reformation & Reglement de l'Abbaye ou Prieuré, doit luy donner provision, tant pour vivre, que pour plaider. Jugé contre le Prieur de Saint Martin des Champs pour ses Religieux, qu'il mettroit és mains du Receveur du Convent la somme de soixante livres parisis, le 14. Decembre 1575. Par autre Arrêt du 27. Juin 1576. qu'il donneroit encore la somme de 150. livres, sauf à augmenter. *Idem,* par autre Arrêt du 2. Octobre 1582. la Cour ordonna que le Religieux auroit audience au premier jour ; & cependant luy ajugea la somme de trente écus par provision. *Papon, li. 18. ti. 1. n. 17.*
17   Les Religieux, ausquels les alimens sont déniez par leurs Abbez & Superieurs, peuvent, sans faire permission d'eux, former leur complainte directement à la Jurisdiction laïque, jusques-là même, que délivrance de certaine somme sera ordonnée sur le revenu du Monastere, pour subvenir aux frais du procez. Arrêt du Parlement de Paris du 28. Juin 1576. qui ordonne que la somme de cent livres seroit mise entre les mains d'un Bourgeois, pour être employée aux frais du procez, pendant entre les Religieux de Saint Martin des Champs, & Messire Antoine Vialart Archevêque de Bourges, Prieur de S. Martin, sauf en aprés à ordonner de plus grandes sommes, si elle y échoit. Et par autre Arrêt du 13. Decembre suivant, attendu l'extrême maladie de ce Prieur, & pour l'assurance du principal, interêts & dépens il fut permis aux Religieux de saisir tous ses effets. *Bibliot. Can. to. 1. pag. 11. col. 2.*
18   L'Abbé de Saint Germain d'Auxerre fut condamné en 10. livres parisis d'amende pour les subterfuges & delais qu'il avoit faits d'obeïr à un Arrêt, portant que pendant le procez d'entre luy, & un de ses Religieux, le Religieux resideroit à l'Abbaye de Sainte Colombe ; & que l'Abbé donneroit quarante livres pour son vestiaire & nourriture ; & en outre, condamné à payer ce qui étoit échû de la provision, & qu'il seroit tenu à l'avenir d'avancer une demie année, en décidant, qu'elle se doit payer *in principio anni. Bibliot. Can. to. 1. p. 57. col. 2.*
19   La procuration d'un Abbé seul suffit pour les causes, où il ne s'agit que de la simple administration des biens d'une Abbaye. Jugé au Parl. de Tournay le

N ij

neuf Octobre 1696. au profit de D. Pierre de Canti-
neau , Abbé de S. Pierre de Beaumont. Il en feroit
autrement , s'il s'agiſſoit des interêts de l'Abbaye, &
de quelque alienation.. *Voyez M. Pinault , tome 1.*
Arr. 116.

PLAIDER, SEIGNEUR.

20 Avocat qui tient fief de ſon Seigneur peut legitimement plaider & conſulter contre ſon Seigneur direct, excepté toutefois en deux cas ; s'il eſt queſtion
de l'honneur , ou du fief mouvant du Seigneur, à
cauſe de ſa Seigneurie même : car en ces deux cas
l'Avocat eſt tenu de défendre ſon Seigneur en cauſe
juſte, autrement non ; ainſi jugé en 1384. au Parlement de Paris *Bibliotheque de Bouchel* , verbo *Avocat.*

21 Un Seigneur peut plaider devant ſon Juge , pour
rentes, non pour autres actions. Arrêt du Parlement
de Grenoble du 2. May 1655. *Voyez Baſſet , tome* 1.
livre 2. *titre* 5. *chapitre* 7. Loyſeau , *Traité des petites*
Seigneuries, chapitre 10. & M. le Préſident Faber définit. 6. *G. de Juriſdict. omni. judic.*

22 En Flandre on peut ſaiſir les biens d'un manant
d'une même Seigneurie , quoique ſituez hors de ladite Seigneurie , pour le contraindre de plaider hors
d'icelle. Jugé au Parlement de Tournay le 28. Mars.
1698. *Voyez M. Pinault tome* 2. *Arr.* 114.

PLAIDER, SYNDICS.

23 Si un Curé contre ſes paroiſſiens , ou un particulier contre des habitans forme une demande , il peut
requerir qu'ils ſoient tenus d'élire un Syndic , mais
le Juge ne le doit ordonner,qu'auparavant ils n'ayent
défendu ; car s'ils ſe défendent *iſdem exceptionibus,*
la création eſt bien fondée ; mais *ſi diverſis,* lors ils
ſont particuliers & non univerſels. Arrêt du Parlement
de Paris donné és Grands Jours de Moulins le 5. Octobre 1534. en faveur d'un Curé d'Auvergne. *Papon,*
liv. 7. *titre* 2. *nomb.* 2.

24 Arrêt du Parlement de Provence du 24. Avril 1679.
qui a jugé que celuy qui plaide contre les Syndic des
Procureurs d'un ſiége de Sénéchal ne peut porter la
cauſe en Parlement, & qu'il eſt renvoyé au plus prochain ſiége. *Boniface, tome* 3. *livre* 1. *titre* 8. *chap.* 21.
Voyez le mot , Syndic.

PLAIDEURS.

1 DU Luc , *livre* 11. *titre* 15. parle de *vitilitigatori-*
bus, de ceux qui s'aheurtent & s'opiniâtrent à
plaider : il rapporte un Arrêt de l'année 1410. qui
fit défenſes à un Prêtre de plus à l'avenir plaider.

2 Entre le ſieur d'O d'une part,& le ſieur de Verigny
ſon frere, d'autre; parce qu'il n'étoit au fond queſtion
que de cent ſols pour leſquels il y avoit eû ſaiſie.
Appel d'un appointement en droit. Arrêt, Requête
Civile & ſur le tout beaucoup de procedures &
d'incidens ; la Cour par Arrêt du 8. Juin 1556. condamne l'appellant aux dépens de la cauſe d'appel &
en l'amende, débouta le demandeur de ſa Requête
civile , le condamna aux dépens & en l'amende de
cette inſtance de Requête civile , à cauſe de l'amen-
du la modicité dont étoit queſtion,& la multiplicité
des incidens, la Cour les condamna, chacun d'eux,
à cent livres patifis d'amende envers le Roy , & à
cent livres pariſis envers les pauvres. Par Arrêt du 11.
Janvier en la même année 1556. un nommé Balon fut
condamné en reparation vers la veuve Beaulieu, &
en amende envers le Roy pour les chicanneries &
ſubterfuges dont il avoit uſé. *Bibliotheque de Bouchel*
verbo *Chicannerie.*

Quand les Juges voyent une opiniatreté de plaider , & de former de mauvaiſes conteſtations, ils
ordonnent que la partie ne pourra intenter aucune
action ſans avoir pris conſeil d'Avocats.

PLAIDS.

VOyez hoc verbo, *l'Indice des Droits Royaux ,*
ou le nouveau Gloſſaire du Droit François.

Par Arrêt du 14. Novembre 1653. jugé que le Vicomte de Roüen peut contraindre tous les Sergens
de comparoître à ſes plaids tous à la fois ; ſinon il
peut les condamner en l'amende. *Baſnage , titre de*
Juriſdict. art. 19.

PLAINTE.

PLainte. *Accuſatio. Inſcriptio. Apud judicem expoſtu-*
latio.

De accuſationibus & inſcriptionibus. D. 48. 2.... *C.*
9. 2. *C, Th.* 9. 1. Des Plaintes & Dénonciations : &
des Informations. *Inquiſitiones.*

De accuſationibus , inquiſitionibus , & denunciationi-
bus. Dec. Gr. 2. *q.* 1. *c.* 19 ... *q.* 7. & 8... 3. *q.* 4. 5.
9. 10. & 11.... 4. *q.* 1. 4. & 6....15. *q.* 3.... *Extr.* 5.
1.... *S.* 5. 1.... *Inſt. L.* 4. 1.

De his qui accuſare non poſſunt. C. 9. 1.

Voyez les mots , *Accuſation , Dénonciation , Infor-*
mation, Partie Civile, Procez Criminel.

PLAIT SEIGNEURIAL.

VOyez le *Traité du plait Seigneurial & de ſon uſa-*
ge en Dauphiné par Salvaing; ce traité eſt à la fin
de celuy des *Droits Seigneuriaux ; Salvaing* dit
que le plait, appellé par les Latins *Placium,* eſt un
droit Seigneurial dû par la mutation du Seigneur ou
du poſſeſſeur de la choſe qui y eſt ſujette ou de tous
les deux enſemble, ſelon qu'il eſt ſtipulé : à cauſe
de quoi il eſt autrement nommé *Mutagium,* en nôtre
langue *Muage,* ou *Muance,* qui eſt le même droit
que le *relief* ou *rachat,* dans les Provinces de Coûtume ; mais l'uſage en eſt different. Il y a le plait conventionnel , le plait accoûtumé , le plait à mercy.
Le plait conventionnel eſt celuy qui eſt déclaré par le
titre ; il peut être dû en argent , en grains, en plu-
mes , ou en autres choſes. Le plait accoûtumé ſe rapporte à l'uſage & à la Coûtume du lieu où il y eſt dû ;
comme *François Marc* l'a remarqué , *tome* 2. *queſtion*
188. Non ſeulement le plait accoûtumé n'eſt pas toûjours le double de la cenſe, comme pluſieurs ſe
l'imaginent , à moins qu'elle ne ſoit en argent ; mais
étant dû en grains, il eſt reglé par la Coûtume generale de Dauphiné à un ſol pour quartal de froment,
& des autres eſpeces à proportion , ou à quelque
ſomme moderée ſelon la diverſité des meſures. Il y a
pourtant eû deux Arrêts les 3. Mars 1637. & 19. Decembre 1643. par leſquels le Parlement de Grenoble
a déclaré que c'étoit le doublement de la cenſe. Le
contraire a été jugé le dernier Juillet 1652. Le *plait*
à mercy, en latin *placitum ad miſericordiam ,* qui ſe leve au gré du Seigneur, a été fixé par Arrêt de la
Chambre desComptes du 19. Juillet 1628. à la moitié
du revenu d'une année de la propriété reconnuë,
détrait la dépenſe ordinaire.

L'uſage de Dauphiné conforme à l'avis de *Du*
Moulin,titre des fiefs. §. 3. *gloſſ.* 6. *nam in verbo* Vulque-
cin,eſt que les alimens du Vaſſal qui n'a pour y ſub-
venir que le fief ſujet au plait à mercy doivent être
deduits ſur les fruits de l'année deſtinée au Seigneur.
Le plait eſt dû en ſucceſſion directe. *Ibid , queſ-*
tion 2.

Si le plait eſt dû de toutes les mutations qui arrivent en une même année , ou s'il n'en eſt dû qu'un
ſeul ? Cette queſtion eſt indéciſe : mais *Salvaing* eſtime que s'il y a ſtipulation du plait à mutation du Seigneur, & de tenancier,& qu'elle arrive de la part des
deux en une même année , il y doit avoir double profit , parce que *dua cauſa non extinguntur concurſu ,*
ſed ſubordinantur.

Les arrerages du plait ne ſont pas ſujets à la même
preſcription que ceux de la cenſe. Les arrerages de
la cenſe ne peuvent être demandez que de ſix années;
les arrerages du plait peuvent être demandez de 30.
ans.

Un Seigneur direct eſt en poſſeſſion de plus de

40. ans, comme il eſt juſtifié par ſes papiers de recette, de faire doubler les cenſes qui luy ſont duës en
cas de plait; il produit même une reconnoiſſance,
où ce doublement eſt ſtipulé, les emphiteotes re-
couvrent le premier titre, par lequel ce plait eſt reglé à quelques deniers pour chaque meſure de grains;
l'on demande s'il faut ſe tenir à cet ancien titre, ou
à la poſſeſſion du Seigneur accompagnée d'une reconnoiſſance ? Je ne fais point de doute qu'il ne faille
ſe conformer au titre, *ad primordium tituli poſterior
formatur eventus*, dit la Loy 1. §. ult. C. de imponendâ lucrat. deſcript. lib. 10. Ibid. queſt. 6.

2   Le plait eſt dû par la mutation du Roy, comme
Dauphin, ou du fils aîné de France, ſi le Dauphiné
luy a été remis. C'eſt pour cela que la Chambre des
Comptes de Grenoble verifiant l'Edit de l'aliénation
du domaine Delphinal, par Arrêt du 27. Juillet
1638. à chargé les acquereurs de renouveller les terriers de trente ans en trente ans, & d'en apporter
un extrait univerſel, & par un autre Arrêt du 13.
Mars 1649. elle leur à fait défenſes de faire ce re-
nouvellement ſous leurs noms, ſur peine de reduction
des terres engagées ſur la main du Roy, auſſi il ne
leur eſt pas permis de mettre leurs armoiries & litres funebres à l'entour de l'Egliſe, comme s'ils
étoient propriétaires & Seigneurs incommutables de
la terre, ſauf à eux de mettre leurs armoiries à un
poteau ou pillier au deſſous de celles du Roy, ſuivant l'Arrêt donné par le Parlement de Paris le 5.
Juillet 1554. contre la Dame du Louvre en Pariſis.
rapporté par *Bacquet, au traité des droits de Juſtice,
chapitre 20. nombre 13.* & par *Chopin, Salvaing,
Ibid, queſt. 7.*

3   Par Arrêt du Parlement de Dauphiné du dernier Juillet 1652. la Cour a déclaré le plait accoûtumé être le
doublement de la cenſe en deniers, le courant compris, & pour les eſpeces à raiſon de quatre ſols pour
ſeptier de froment, trois ſols pour celuy de ſeigle, &
deux ſols pour celuy d'avoine, conformément au
Reglement de la Chambre des Comptes à qui les Châtelains rendoient compte autrefois du revenu des
terres domaniales, ce qui doit être entendu de
l'ancien Dauphiné. *Salvaing de l'uſage des fiefs, chapitre 35.*

4   Le plait eſt dû en cas de vente, outre les lods ? Il
n'eſt pas dû réguliérement; mais l'uſage peut être
contraire, *Salvaing, ibid, queſt. 8.*

5   Le cas du plait arrivé par la mort du propriétaire, ou par celle du Seigneur, j'eſtime qu'il doit être.
porté par l'uſufruitier; mais s'il arrive par le fait volontaire du propriétaire, comme s'il a fait donation
du fief ou de l'heritage emphiteotique à ſon fils, il
me ſemble juſte qu'il acquitte l'uſufruitier de droit
auquel il a donné cauſe volontairement; car en ce cas
le plait eſt dû par la mutation du propriétaire comme d'une ſucceſſion directe. *Ibid queſt. 9.*

Il dit enfin qu'il y a des fiefs purement honoraires
qui même ont droit de plait ſur les Seigneurs dominans.

PLEIGE.

VOyez hoc verbo *L'indice des Droits Royaux, ou
le nouveau Gloſſaire du Droit Francois.*

Jugé par Arrêt rendu à la Tournelle du Parlement
de Normandie le 7. May 1547. que le Pleige ou Sergent eſt auſſi comme le principal obligé, tenu aux
dépens & interets, ſuivant la Loy 56. *quæro ubi, in
omnem cauſam ff. locat.* Berault ſur la Coûtume de Normandie titre de Haro, art. 56.

Si une femme du conſentement de ſon mary eſt
intervenuë à un contract de conſtitution de vente,
auquel elle ne pourroit être reputée que Pleige,
ſçavoir ſi la pluvinę ſera valable ? Par Arrêt du Parlement de Roüen du 14. May 1656. jugé qu'elle ne
peut être obligée; ce cas non exprimé par la Coûtu-

me ſe reglant ſur le droit & *Senatus Conſult. Vel-
leian*, auquel l'Edit d'Henry IV. non verifié en Parlement, & executé à Paris, ne doit être cenſé avoir
dérogé. Berault à la fin du 2. tome de la Coûtume de
Normandie page 1034 ſur l'art. 538.
Voyez les mots Caution, Fidejuſſeur.

PLUIE.

E Au pluviale. *Aqua pluvia, pluvialis.*
De aquâ, & aquæ pluviæ arcendæ. D. 39. 3. ſupple,
actione. Eau, Egoût Servitude.

PLUS-PETITION.

CE mot eſt purement latin, & ſignifie, demande exceſſive.
*De plus-petitionibus. C. 3. 10...,. I. 4. 6. §. 33. 34. &
35... Paul, 1. 21. Lex 12. tabb. t. 7. c. 6. Extr. 2. 11.*
De la plus-petition. *Voyez Cujas, livre 7. de ſes
obſervations chap. 27.*

1   Un créancier à qui il eſt dû deux cens écus faiſant
demande de cinquante, n'eſt pour cela forcé de demander le ſurplus quoiqu'il n'ait rien proteſté pour
le ſurplus. Arrêt du Parlement de Grenoble, la Veille
de Pâques Fleuries 1458. *Papon, livre 8. titre 1. nombre 1.*

2   Celuy qui demande plus qu'il ne prouve en action
réelle, encourt la peine de plus-petition dans les actions réelles. Jean Boniface demandeur en réivendi-
cation n'ayant preuve que pour le tiers des fonds dont
il prétendoit l'évacuation, par Arrêt du Parlement
de Grenoble de l'an 1458. les poſſeſſeurs ont été condamnez à vuider le tiers au demandeur; lequel fut
condamné envers eux en tous les dépens. *Voyez Guy
Pape. queſt. 27.*

3   Condamnation en 20. livres d'amende pour avoir
demandé une choſe induë. Arrêt du Parlement de
Bretagne du 26. May 1569. *Du Fail, livre 2. chapitre 369.*

4   Plus-petition abolie en France. Arrêts de la Cour
des Aydes de Montpellier des 18. Decembre 1568. &
21. Juillet 1582. *Philippi, art. 120.*

5   En matiere de ſaiſie la plus-petition n'a lieu en
France, & ſi le ſaiſi pour plus qu'il ne doit, n'offre
quelque choſe, la ſaiſie ne peut être déclarée tortionnaire; *cum ſit debitor, ex L. unic. cod. de plus-pet.*
à moins qu'il n'y ait article exprès au contraire en
la Coûtume. La raiſon de douter, eſt que la ſaiſie
doit être faite pour choſe certaine, & ſomme liquide, & qu'elle eſt rigoureuſe; tellement que, qui
ſaiſit pour plus qu'il ne luy eſt dû, *cum ab execution
ne potius quam ab actione inceperit*, il ſe doit imputer
cette faute; mais auſſi la faute eſt au debiteur qui
n'a rien offert, *& noviſſima mora nocet.* Arrêt du 11.
Juillet 1621. Arrêt de *M. Bouguier, lettre S. chapitre 1.*

6   La pluris-petition en France a lieu en action, non
en execution. Ainſi jugé au Parlement de Grenoble
le 19. Novembre 1625. *Baſſet, tome 3. livre 2. tit. 9.*

7   On ne juge plus aujourd'huy que la ſurdemande
ou plus-petition annulle la ſaiſie des meubles ou des
immeubles, pourvû que la meilleure partie en ſoit duë.
Arrêt du Parlement de Roüen du 22. Decembre 1670.
Baſnage, ſur la Coûtume de Normandie art. 546.

8   La demande plus qu'il n'eſt dû, ce qu'on appelle pluris-petition, ne met point le debiteur en demeure à l'égard de ce qu'il doit legitimement, quoiqu'il ne l'offre pas. *Guy Pape en ſa queſtion 27.* dit
l'avoir vû ainſi décider au Parlement de Grenoble.
Chorier en ſa Juriſprudence du même auteur page 300.
dit qu'il s'eſt introduit un nouvel uſage, & que
les Juges condamnent en tous les dépens de l'inſtance
le debiteur qui n'a pas offert ce qu'il doit. Ainſi
le Parlement fait ſubſiſter des executions qui ont procedé pour plus qu'il n'eſt dû, quand le debiteur ni
ne paye ni n'offre ce qu'il ſçait bien qu'il doit, 1 ar

cette raison que *in majori summâ minor inest.* Arrèt du Parl. de Grenoble du 9. Août 1678. quand la nullité est si évidente qu'elle est inexcusable, on condamne le debiteur à payer ce qu'il doit dans le temps qui luy est prefigé, & on compense les dépens. Ainsi jugé le 19. Janvier 1686. On est moins favorable aux executions personnelles ; si le débiteur avoit été emprisonné, & que cette execution fût nulle, elle seroit cassée comme injurieuse, avec dépens, dommages & interêts. *Faber, de execut, rei judic. Defin.* 26. *&* 53.

PLUS-VALUE.

PLus-valuë, & moins valuë. *Quanti pluris, quanti minoris.*

De ædilitio edicto, & redhibitione, & quanti minoris. D. 21. 1. contre les ventes frauduleuses, quand il y a lieu à la redhibition, & à la restitution de la moins-valuë.

Voyez les mots *Estimation, Vente.*

POIPIA.

POipia c'est un terroir à bruyere, ou à broussaille; & parce que quelques maisons fortes y ont été bâties, elles ont donné le nom à deux familles Nobles de Dauphiné, l'une en Viennois qui subsiste encore en la personne des Seigneurs de Serrieres, de Vertrieu, & de S. Julien : l'autre en Graisivodan, qui est éteinte depuis quelques Siècles. *V. Salvaing, de l'usage des Fiefs, chap.* 97. p. 494.

POISON.

EXplication de ce mot, *venenum.* L. 236. D. *verb. sign.*

Ad legem Corneliam de sicariis, & Veneficis D. 48. 8... C. 9. 16... C. Th. 9. 14... I. 4. 18. §. 5. *inf.* .. *Paul.* 5. 21.

De maleficis, & Mathematicis, & cæteris similibus. C. 9. 18... C. Th. 9.16. *Maleficorum nomine hic præsertim comprehenduntur Venenarii, seu Venefici: Mathematici sont les Devins & Magiciens.*

1 Du crime de poison. *Voyez cy-devant* verbo *Crime, nombre* 48. & le titre *de la Magie & Magicien.* Poisons que vendent les Apothicaires. *Voyez* le mot *Apothicaires*, nomb. 18.

2 En l'an 1569. un Chanoine de la Val accusé d'avoir versé du poison au Calice du Doyen, lequel aprés l'avoir pris en disant sa Messe de minuit à la Fête de Noël, tomba par terre ; ayant avoüé le crime, fut condamné d'être brûlé vif, & executé, quoique le Doyen n'en fût mort. Un Docteur Regent en l'Université de Toulouse pour avoir donné de l'argent à un Laquais pour empoisonner son Maître, contre lequel il plaidoit, luy ayant donné à cet effet quelque fiolle de poison, fut pendu & étranglé à Paris avec sa Robe longue & cornette, par Jugement du Prévôt de l'Hôtel, parce que le crime avoit été commis à la suite de la Cour. *La Rochesavin, livre* 6. *tit.* 45.

3 Par Arrêt du P. de Paris rendu à la Tournelle le 22. Févr. 1586. un Prêtre accusé de poison, fut renvoyé devant son diocesain pour luy être son procez fait & parfait en la presence du Juge Lay: défenses au Juge Ecclesiastique de faire aucune procedure en l'absence du Juge Royal. *Bibliot. Can. to.* 2. verbo *Rendre un Prêtre à son Juge*, p. 461.

POISSON.

1 **D**E *pretio piscis Cod. Theod.* 14. 20.
Des Offices de Vendeurs de poisson de mer, frais, sec & salé par toutes les Villes, Bourgs, Bourgades, Havres & Ports du Royaume. *Ordonnances de Fontanon, tome* 1. liv. 5. tit. 43. p. 1169.

2 Si le poisson qui remonte des étangs en d'autres au frais des eaux à suite ? *Voyez Bouvot*, to. 1. part. 2. verbo *Poisson.*

3 Le poisson d'un étang, quoique prèt à pêcher aprés la mort de l'usufruitier, appartient non à son heritier, mais au proprietaire. *Bouvot, ibidem.*

Voyez ce qui a été remarqué, verbo étang.

POLICE.

LA Police étoit exercée en partie par les Ediles, à Rome. *Voyez* Edile. Voyer.

De lege Juliâ de Annonâ. D. 48. 12... I. 4. ult. §. ult. Des abus commis en la Police des vivres.

De officio Præfecti Annonæ: C. 1. 42.

De Questore. N. 80. L'Officier dont les fonctions sont ici décrites, devoit veiller aux Vagabons, Faineans, gens sans aveu, & autres semblables : comme font nos Lieutenans Generaux de Police dans les Villes où ils sont établis; & les Prévôts des Marechaux dans la campagne.

De pretio panis Ostiensis. C. Th. 14. 19.

De pretio Piscis. C. Th. 14. 20.

1 De la défense des bordels, berlans, jeux de quilles & de dez, & de ne recevoir ni loger gens inconnus & sans aveu. *Ordonnances de Fontanon, tome* 1. li. 3. tit. 73. p. 672.

2 De la Police generale du Royaume. *Ibidem*, li. 5. tit. 1, p. 805.

3 De la Police de la Ville de Paris. *Ibidem*, tit. 4. p. 852.

4 Du taux des Villes és hôtelleries & cabarets, & du prix des denrées & marchandises. *Ibidem*, to. 1. li. 5. tit. 19. p. 925.

5 De la Police & conservation des forêts, eaux & rivieres. *Voyez l'Ordonnance des Eaux & Forêts*, titre 26.

6 De la Police des ports, côtes, rades & rivages de la mer. *V. l'Ordonnance de la Marine du mois d'Août* 1681. liv. 4.

7 Article concernant la Police. *Voyez Loisel en son Recueil*, page 403.

Voyez le traité qui en a été fait par le sieur de la Marre Commissaire au Châtelet de Paris.

8 *Artem exercere etiam in domo propriâ factore cujus vicini circumveniantur, non licet.* Voyez *Franc. Marc.* to. 1. quest. 23.

9 Arrèt du Parlement de Paris du mois de May 1400. par lequel il est ordonné que les pourceaux de l'Hôtel Dieu seront tenus hors de la ville, pour avoir mangé plusieurs enfans, joint l'infection & ordure. *Papon, liv.* 6. tit. 1, n. 10.

POLICE, DENRÉES.

10 Arrêts du Parlement de Paris des années 1354. 1388. & 1390. par lesquels le Procureur des Marchands joint avec luy le Procureur du Roy de la Ville, voulant empêcher l'Evêque de Beauvais, les Religieux de saint Denis, & le Duc de Montmorency de prendre le poisson des Chasses-marez, destiné pour Paris, ont été deboutés de leur demande. *Papon, liv.* 5. tit. 12. n. 5.

11 Défenses d'aller au devant des Marchands apportans vivres en la Ville de Nantes, ni iceux acheter, qu'onze heures du matin ne soient passées. Arrêt du Parlement de Bretagne du dix Février 1559. Du Fail, liv. 2. ch. 74.

12 Par Arrêt du même Parlement de Bretagne du 12. Decembre 1566. commandement au Procureur du Roy à Rennes, faire entretenir l'Ordonnance n'aguéres publiée, pour les saillies des maisons & décorations des Villes. *Idem*, li. 2. ch. 177.

13 Arrêt & Reglement notable de la Cour de Parlement du 7. Septembre 1622. sur le fait de la Police & marchandises, tant des fruits, beurres, œufs, fromages, citrons, oranges, huîtres à l'écaille, & autres denrées qui se vendent & debitent par les Marchands forains, tant és Halles, qu'autres Marchez de la Ville de Paris : avec établissement & élection de douze Prud'hommes ou notables Bourgeois, pour

la vifite defdites Marchandifes, fçavoir fi elles font bonnes & falubres pour les corps humains, & pour empêcher les monopoles qui fe font à l'apport & ventes, à l'oppreffion des pauvres Marchands. *Filleau*, 2. part. ti. 5. ch. 56.

14   Arrêt du P. de Mets du 26. Octobre 1636. portant défenfes aux Cuifiniers, Caponiers, Rotifleurs, Patiffiers, & autres revendeurs, d'acheter, vendre ni debiter aucun gibier ni venaifon dans ladite Ville, pendant fix mois, & ce par provifion, jufques à ce qu'autrement par elle en ait été ordonné ; & enjoint à tous Juges du reffort, de mettre aux titres de leur Ordonnance ces mots, *De par le Roy*, avec les Armes de Sa Majefté ; & défenfes à tous Imprimeurs de les imprimer en autre forme, à peine d'amende. 5. *Plaidoyé de M. de Corberon.*

15   Le dix Mars 1678. il fut ordonné au Parlement de Provence, que le Reglement établi en la Ville d'Aix, pour la qualité & le poids du pain, fera executé par toutes les Villes & lieux de la Province. *Boniface*, to. 4. li. 10. ti. 1. ch. 5.

16   *Voyez* le mot *Bleds*, & y ajoûter la lecture des fages Declarations & Arrêts rendus en l'année 1709. pour empêcher la difette des grains, & ranimer le zele & l'induftrie des Sujets du Roy, pour rappeller l'abondance dans le Royaume.

POLICE, JUGES.

17   Au Regiftre des Jugez du Parlement de 1318. *nombre* 309. fe trouve un grand Arrêt entre M. le Procureur General, & M. l'Evêque de Beziers, & les Abbez de Saint Jacques & S. Aphrodife de la même Ville, contenant un Reglement fur les Jurifdictions & police de Beziers. *Corbin, fuite de Patronage, chapitre* 150.

18   Lettres Patentes de Henri II. adreffées à la Cour de Parl. & aux Lieutenans d'Aix, portant injonction de faire garder & obferver les Statuts, Ordonnances & Reglemens de Police, faits & à faire par déliberation des Confuls, & Confeil Confulaire, nonobftant oppofitions ou appellations : avec injonction aux Confuls & Confeil, & à leurs Députez d'y obeïr, enregiftrées du dernier Juin 1547. *Boniface*, tome 4. liv. 10. tit. 1. ch. 3.

19   Autres Lettres Patentes du dernier Avril 1612. portant que les Officiers du Bureau de la Police de la Ville d'Aix, pourront étendre leurs Ordonnances, Jugemens & condamnations, qui avoient accoûtumé d'être limitées à fix livres en dernier reffort, jufqu'à la fomme de douze livres ; & icelles auffi executées en dernier reffort, & toutes leurs Ordonnances executées par provifion, comme Jugemens de police, nonobftant oppofitions ou appellations. *Boniface, ibidem, ch.* 1.

20   La Police appartient au Haut-Jufticier dans fon territoire. *Voyez Lettre H.* au mot *Haut-Jufticier*, nomb. 43.

21   Jugé que le Roy pouvoit établir des Officiers fur les Terres & Juftices des Seigneurs, pour exercer la police des jauges & des mefures. Arrêt du mois d'Avril 1599. *Le Bret, Action* 45.

22   Les Officiers d'une Ville feront toutes les Ordonnances, Reglemens & publications concernant ladite Police, & les Confuls auront le foin de faire pefer le pain & la chair, & mettre ordre aux autres denrées, qui feront apportées en la Ville, les Officiers appellez, ou l'un d'iceux. Arrêt du 20. May 1616. *Henrys*, to. 2. li. 2. qu. 33.

23   La Police de la Ville, & les Ordonnances appartiennent au Lieutenant General, & non aux Officiers des Haut-Jufticiers en la meilleure partie de la Ville. Arrêt du premier Decembre 1625. *Du Frêne, levre* 1. chap. 69.

24   Arrêt du Parlem. de Paris du 9. Decembre 1631. qui défend au Juge de Laon de faire aucun nouvel établiffement de police, fans Lettres Patentes à luy

adreffées, & verifiées par la Cour. *Additions à la Bibliotheque de Bouchel*, verbo *Juftice*.

La police appartient aux Juges Royaux, à l'exclufion des Maire & Echevins, qui n'en ont que l'exaction. Arrêt du Parlement de Paris du 28. Novembre 1634. entre les Officiers de la Ville de Rheims. *Journal des Aud.* to. 1. li. 3. ch. 2. 25

Arrêt du Parlement de Provence du 14. May 1652. qui a jugé que les Arrêts & Jugemens de Police ne font point fujets à la prefcription. *Boniface*, tome 1. liv. 8. tit. 2. ch. 9. 26

Arrêt du 8. May 1653. que fans s'arrêter aux furfois, les Ordonnances du Bureau de Police feroient executées ; avec inhibitions aux Treforiers & à tous autres, de fe fervir pour les Exploits de Juftice, & des chofes, non dépendantes de la Jurifdiction de la Cour des Comptes, des Huiffiers de ladite Cour, mais des Sergens aux Sieges, ou des Huiffiers du Parlement. *Boniface*, to. 4. li. 10. ti. 1. ch. 2. 27

Le Lieutenant de Police peut juger *de plano*, fans avis de Confeil, lorfque la peine eft legere : *Secus*, quand il y a de l'intervale entre l'interrogatoire & la Sentence. Arrêt du 29. Novembre 1659. *De la Gueff.* to. 2. li. 2. ch. 44. 28

Voyez les nouveaux Edits de création des Officiers de Police dans toutes les Villes du Royaume ; leurs fonctions y font reglées.

POLICE DES RUES.

Police des rües, & autres lieux publics. *Voyez* le 4. tome des *Loix Civiles*, li. 1. ti. 8. fect. 2. n. 16. 29

Arrêt de Reglement de la Cour d'Aix du 8. May 1669. pour faire tenir les rües nettes, & ôter les ordures & immondices, qui peuvent préjudicier à la fanté publique. *Boniface*, tome 4, livre 10. tit. 1. chapitre 9. 30

PONCTUATION.

Voyez le mot *Chanoines*, n. 96. & cy-aprés le titre *de la refidence*, §. *Refidence*. Pointe, où l'on parle de ceux qui ne font fujets à la privation des fruits de leurs Prébendes.

PONTS.

DE l'entretenement des ponts. *Voyez* les Ordonnances recueïllies par *Fontanon*, to. 1. li. 5. ti. 5. page 846. & le mot *Chemin*, n. 17. & fuiv. 1

Pontem apodiare in alieno territorio an liceat? V. *Franc. Marc.* to. 1. qu. 10. 2

Pontis partem in alieno territorio extendere, five manumittere, inconfulto territorii domino nulli licere? Idem, to. 2. qu. 582. 3

Les Ponts font de droit public & Royal, & les Seigneurs particuliers, dont la Seigneurie s'étend fur les rivieres, & moulins y flotans, ne peuvent point demander de lods & ventes, pour la ceffion qu'un particulier feroit du peage à luy accordé par le Roy. *Le Bret*, li. 5. decif. 12. 4

PORCHER.

PORcher. Suarius. Porcinarius.
De *Suariis, & fufceptoribus vini.* C. 11.46.... C. Th. 14. 4. Voyez *Corps des Métiers.*

PORT.

DEfinition de ce mot. L. 59. D. de verb. fign. De *littorum & itinerum cuftodia.* C. 12. 45.... C.Th. 7.16. Garde des ports, ponts & paffages, pour empêcher la fortie des marchandifes. 1

Par Arrêt du Parlement de Touloufe du 28 Juin 1571. fut ordonné qu'entre le bord de la riviere, & le bois qui fera amoncelé en terre au port, demeurera place & efpace pour le paffage entre la riviere & le bord, en forte qu'une charette y puiffe paffer. *Bibliotheque de Bouchel*, verbo *Bois.* 2

Le Proprietaire d'un fonds qui aboutit à une 3

riviere navigable, ne peut empêcher qu'on n'y attache un port pour l'utilité publique. *Voyez Salvaing, de l'usage des Fiefs, ch. 60. à la fin.*

4 Le Proprietaire d'un fonds qui aboutit à une riviere navigable, ne peut empêcher qu'on n'y attache un port qui sert à l'utilité publique. *V. Justin, aux Institut. l. 2. §. riparum.* d'autant plus que par le Droit François, les rivages appartiennent au Roy. *Ibidem.*

PORT D'ARMES.

5 *Voyez* le mot *Armes, n. 14.*

PORTÉ.

PORTE DANS L'EGLISE.

1 PArticulier ne peut être contraint de vendre le droit qu'il a d'avoir une porte en sa maison, qui le conduit plus commodément à l'Eglise, sous pretexte que cette porte cause de l'incommodité à la même Eglise. Ainsi jugé le 16. Février 1632. *Bardet, to. 2. li. 1. ch. 8.*

2 Concession d'une porte particuliere dans une Eglise à un particulier, par un jardin qu'il a attenant icelle, jugée licite à un bienfaicteur, qui n'en abuse pas, le 29. Décembre 1633. *Du Frêne, livre 2. chapitre 144.*

PORTES DES MAISONS.

3 Pour les portes & entrées des maisons. *Voyez Mornac, L. 19. ff. communi dividundo, §. qui de vestibulo.*

PORTES DES VILLES.

4 Par Arrêt du 13. Mars 1564. il fut dit contre les heritiers de M. de Villeroy, & pour le Portier de saint Germain, qu'à l'avenir les Portiers logez *gratis* sur les portes, le reste du logis seroit baillé à loüage, non à longues années, mais pour 5. ans seulement, & au dessous. *Papon, li. 6. ti. 1. nomb. 5.*

5 Charge de Garde des portes d'une Ville est virile. Par Arrêt du 9. Décembre 1572. il fut ordonné que la veuve du Portier de Nesle laisseroit la possession du lieu au Prévôt des Marchands. *Ibidem.*

PORTION CONGRUE.

VOyez *Tournet, lettre P. nomb. 108. & suiv.* Les *Mémoires du Clergé, to. 2. part. 2. tit. 12.* La *Bibliotheque de Jovet* au mot *Portion congruë.* M. le Prêtre, 1. *Cent. ch. 14.* Des *Maisons, lettre P. nombre 5. & 6.* le *Traité* qui en a été fait par *M. du Perray*, le *petit Recueil de Borjon*; & le *Recueil des Edits, Declarations, Arrêts & Reglemens* rendus en faveur des Curez, imprimé en 1706. chez Guillaume Saugrain.

1 Quoique les Declarations des 29. Janvier 1686. & 30. Juin 1690. ayent reglé ce qui regarde la portion congruë des Curez ou Vicaires perpetuels, ou celles de leurs Secondaires; on n'a pas crû inutile de rapporter les Arrêts & Décisions qui formoient à ce sujet la Jurisprudence ancienne.

De la portion congruë, & en quoi elle consiste dans le ressort du Parlement de Toulouse? *Voyez Albert, lettre C. art. 6. & Mainard, li. 2. ch. 18. & 19.*

2 Distributions quotidiennes ne sont comprises en la quatriéme partie des fruits decimaux dûs au Recteur, ou Vicaire perpetuel pour sa portion congruë. Arrêt du an 1543. *La Rochestavin, livre 6. titre 6. Arrêt 1.*

3 Les Décimateurs Generaux de la Paroisse ne sont point tenus de donner & assigner au Prêtre ou Chapelain desservant l'annexe, portion congruë, ni luy recevable à la leur demander: mais elle doit être octroyée au Curé Parochial seul; sauf à luy à distribuer, & en faire participation convenable au Chapelain; lequel en cas de refus seroit bien fondé à la demander: specialement quand la construction de l'annexe, ou Chapelle a été trouvée necessaire pour la commodité des habitans voisins trop éloignez de l'Eglise matrice, approuvée par l'Evêque

Diocesain; & quand en l'Eglise principale, les revenus ou pension canonique sont suffisans pour leurs nourritures & entretiens, & que le Prêtre ne s'est immiscé par forme d'intrusion, & de son autorité privée, à l'administration ou charge de l'annexe, mais y est entré avec le consentement du Curé: & aussi, lorsqu'en la même Chapelle il y a défaut de revenus, en ce cas le Curé est sujet impartir du sien au Chapelain, & subsidiairement les habitans voisins participans à l'usage ou commodité du secours. *Bibliot. Canon. to. 2. p. 228. à la fin.*

4 La connoissance des portions congruës a été attribuée au Grand Conseil, par deux Declarations du Roy. Par la premiere du 17. Août 1632. verifiée au Grand Conseil le 23. Mars 1633. le Roy ordonna que la reduction des portions congruës à la somme de trois cens liv. pour les Cures des Provinces au deçà de la Loire, tiendroit; & qu'à l'égard des Cures de la Bretagne, & des Provinces delà la Loire, les portions congruës seroient fixées à deux cens livres, y compris des Dîmes, le fonds des Cures, les fondations des Obits, & autres revenus ordinaires. Il fut aussi ordonné par la même Declaration, qu'aux lieux, où de tout temps & anciennement il y avoit portion de Dîmes & revenus annuels entre les Evêques, Chapitre, Abbez, Prieurs, lesdits Curez ou Vicaires perpetuels, seroient tenus de se contenter de leur susdit ancien partage. Par la seconde, du 18. Decembre 1634. verifiée au Grand Conseil le 11. Janvier 1635. le Roy apporta deux changemens à cette premiere Declaration: L'un, par lequel il égala les Cures de deçà la Loire, à celles de delà; & ordonna que les Curez n'auroient que deux cens livres de portion congruë, à moins qu'ils n'eussent un Vicaire, auquel cas ils auroient trois cens liv. L'autre, par lequel le Roy reserva aux Curez les Offrandes & droits casuels de leurs Eglises; ensemble les Obits & Fondations, & ne les obligea d'abandonner que les Dîmes, les menuës, les fonds & domaines des Cures, & les autres revenus ordinaires d'icelles; & comme les deux Declarations avoient receu plusieurs atteintes, tant par les Arrêts du Parlement de Paris, que par quelques-uns du Conseil Privé, le Conseil en renouvella la disposition & la rigueur par une troisiéme Declaration du 30. Mars 1666. verifiée audit Grand Conseil le 16. Avril suivant, conforme à la Declaration du 1634. Mais comme le Roy, par sa Declaration du mois de Juin 1671. faite au sujet des pensions sur les Cures & sur les Canonicats, avoit ordonné que quelque pension qui fût créée sur les Cures, il falloit toûjours qu'il restât trois cens liv. aux Curez, outre le creux de l'Eglise, Obits & Fondations; quelques Curez crûrent, que ce qui avoit été ordonné pour les pensions, devoit aussi avoir lieu pour les portions congruës; en sorte que chacun d'eux devoit avoir 300. livres, sans comprendre les gages du Vicaire, outre le creux de l'Eglise, les Obits, & les Fondations; & ils obtinrent Arrêt du Conseil d'Etat du 2. Octobre 1671. par lequel ils se firent ajuger trois cens livres pour leur portion congruë. Mais les Agens Generaux du Clergé ayant bien prévû le préjudice que cet Arrêt causeroit aux Evêques, Abbez, Chapitres & Prieurs, dont ils défendent les droits, & du nombre desquels ils sont, ils obtinrent une autre Arrêt le 26. Février 1672. par lequel ils firent casser celuy qui avoit été obtenu par lesdits Curez, & les assignations qu'ils avoient fait donner en consequence au Parlement de Paris; & en vertu de cet Arrêt, les Curez furent renvoyez au Grand Conseil, pour y proceder sur leur demande en portion congruë; c'est-à-dire, qu'ils se devoient contenter de deux cens liv. pour eux, suivant la Jurisprudence certaine du Grand Conseil. Mais depuis est intervenuë la Declaration du 29. Janvier 1686. qui a fixé les portions congruës des

Curez

Curez ou Vicaires perpetuels , à la fomme de trois cens livres par chacun an , outre les Offrandes , les honoraires , & droits cafuels , payez tant pour Fondations ; que pour d'autres caufes ; enfemble les Dimes novales fur les terres qui feront défrichées , depuis que lefdits Curez perpetuels auront fait l'option de la portion congruë, au lieu du revenu de leur Cure , ou Vicairie perpetuelle ; Voulant que dans les Paroiffes où il y a prefentement des Vicaires , ou dans lefquelles les Archevêques ou Evêques trouveront neceffaire d'en établir un , ou plufieurs , il foit payé la fomme de 150. livres pour lefdits Vicaires. C'eft aujourd'huy la Loy qu'il faut fuivre , & fur laquelle on fe doit regler dans toute l'étenduë du Royaume , pour les portions congruës des Curez ou Vicaires perpetuels. *Définit. Can. pag.* 631.

5   La portion congruë des Curez eft de trois cens liv. Si neanmoins ils ont d'ailleurs dequoi la compofer , fans la prendre fur les Dîmes , ils doivent s'en contenter : jugé au Grand Confeil. Le privilege de la portion congruë eft preferable fur les Dîmes à la dîme duë au Roy. Arrêt du Parlement de Grenoble du 19. Septembre 1675. moyennant cette portion , le Curé eft tenu d'entretenir fon *Clerc* ; nulle poffeffion contraire ne pouvant rejetter cette dépenfe ni fur les Communautez , ni fur les Prieurs. Arrêts du Parlem. de Grenoble des 13. Février 1675. contre le Curé & la Communauté de la Rochefourchat ; & 6. Mars 1680. contre le Curé du Moneftier d'Alemont. *Jurifprudence de Guy Pape par Chorier , page* 23. & cy-après , *le n.* 8.

6   Arrêt du Grand Confeil du Roy du 11. Février 1687. pour les Seigneurs Décimateurs , contre les Curez des Villes murées , ayant 500. livres de revenu de leurs Cures , tant en cafuel qu'autrement ; qui les declare non recevables à demander portion congruë , & à prétendre les Oblations dans leurs Eglifes , appartenantes aux Curez primitifs , ou autres , dont ils étoient en poffeffion , avant la Declaration du Roy pour les portions congruës des Curez , du 29. Janvier 1686. *Boniface*, to. 3. li. 6. ti. 5. ch. 8. & *le Journ. des Aud.* 10. 5. li. 3. ch. 1.

CHEVALIERS DE MALTHE.

7   Portion congruë ? comment fe paye par les Chevaliers de Malthe. *Voyez* le mot *Chevaliers , nombres* 64. & 65.

PORTION CONGRUE, CLERC.

8   Arrêt du Parl. d'Aix du 9. Novembre 1684. qui a ajugé 100. liv. à la portion congruë , & 80. liv. pour le Clerc , les fondations fixes imputables. *Boniface*, to. 3. li. 6. tit. 5. ch. 3. *Voyez* cy-deffus *le n.* 5. & cy-après *le nomb.* 59.

PORTION CONGRUE, CUREZ PRIMITIFS.

9   Un Curé joint avec fes Paroiffiens demande portion congruë au Curé primitif. Celui-cy dit que l'Eglife, dont le demandeur a la Vicairie perpetuelle , a été érigée pour la feule commodité des habitans , qui fe font chargez de l'entretien. S'ils ne font plus en état de le faire , c'eft à eux à retourner à l'Eglife matrice: mais pour fubvenir à fa nourriture , on luy a donné une autre Cure , dont il tire deux cens livres. Enfin comme la portion congruë ne peut être prife que fur les Dîmes de la Paroiffe principale , le Curé de cette Paroiffe pourroit lui-même demeurer fans portion congruë , & fans fubfiftance. Arrêt du Parlem. de Mets du fept Novembre 1639. qui met hors de Cour fur la demande. *Voyez le* 46. *Plaidoyé de M. de Corberon Avocat General.*

10   Le Grand Confeil par fes Arrêts a fait difference des perfonnes , aufquelles la portion congruë eft demandée ; fi c'eft aux gros Décimateurs , ils en font quittes pour abandonner les Dîmes qu'ils poffedent dans l'étenduë de la Paroiffe , fans que le Curé puiffe fe pourvoir contre eux en fupplément de fa portion congruë ; en cas que toutes les Dîmes ne fuffent pas

Tome III.

capables de la remplir, ce pourroit être en ce cas que le Curé feroit en droit de s'adreffer aux Paroiffiens : Mais fi la portion congruë eft demandée au Curé primitif , en ce cas il n'en eft pas quitte pour abandonner fes Dîmes qu'il poffede dans la Paroiffe: Il eft obligé de fournir au Curé la portion congruë entiere , quand les Dîmes ne feroient pas fuffifantes pour en acquitter la moitié La raifon eft que le Curé primitif eft obligé originairement d'adminiftrer, ou faire adminiftrer les Sacremens par Paroiffiens , & de gager pour cela un Vicaire perpetuel ; il ne pourroit fe décharger de ce devoir indifpenfable, qu'en abandonnant tous les revenus du Benefice , à caufe duquel il eft Curé primitif. Cette queftion a été jugée au Grand Confeil contre le Sieur de Lyonne , Abbé de S. Melaine , Diocefe de Rennes. *Définitions Canoniques , pag.* 654. & cy-après *le n.* 18.

11   Les Curez primitifs doivent payer à leurs Vicaires perpetuels la portion congruë fuivant la Declaration du 29. Janvier 1686. encore qu'ils ne perçoivent point de dimes dans les Paroiffes. Arrêt du Parl. de Paris du 1. Juin 1688. *au Journal des Audiences* to. 5. *liv.* 4. *chap.* 13.

12   En execution de la Declaration du Roy du 29. Janvier 1686. les Curez primitifs doivent payer au Vicaire perpetuel la portion congruë de 300. livres du jour de l'option des Vicaires perpetuels en ce non compris les offrandes , cires , honoraires , & droits cafuels qui fe payent dans leurs Eglifes , tant pour fondation,que pour autres caufes, avec les Dimes novales fur les terres défrichées depuis leur option, & qui le feront après. Arrêt du Parlement de Paris du 2. Juillet 1688. *Ibidem chap.* 16.

13   Les gros Décimateurs Ecclefiaftiques doivent contribuer avec le Curé primitif , chacun pour leur part au payement de la portion congruë de Vicaire perpetuel ; tant pour le paffé que pour l'avenir. Arrêt du même Parl. de Paris le 3. Février 1689. *Ibid. liv.* 5. *ch.* 6.

PORTION CONGRUE, DISMES.

14   Portion congruë duë par les Décimateurs. *Voyez* le mot *Decimateur , n.* 3. & *fuiv.*

15   Si un Curé eft obligé d'abandonner auffi les menuës & vertes dîmes lorfqu'il demande fa portion congruë ? M. Pinfon eftime qu'il les doit abandonner ; fa raifon eft que la Declaration ne leur donne que les Offrandes, honoraires, Fondations , Obirs & creux de l'Eglife. Cependant on trouve de la difficulté , car la Declaration ne prononce rien là deffus. Si les Vicaires ou Curez étoient en poffeffion , il eft jufte de les y conferver : car le Parlement donnoit 300. livres outre le menuë & vertes dîmes ; ainfi la Declaration n'a point prétendu préjudicier à leur droit ; il eft bien vrai que le Grand Confeil obligeoit de les abandonner. *Bibliot. Can. to.* 2. *p.* 227.

16   Lorfqu'un Curé eft pourfuivi par le Recteur d'une Paroiffe voifine & limitrophe , afin de contribuer à la portion congruë , fous prétexte qu'il prend (felon fes titres ou poffeffion immemoriale) quelque trait de dîme , fur un endroit , ou quartier de la Paroiffe du demandeur , il ne peut être condamné d'y participer *pro rata* des dîmes qu'il perçoit actuellement ; en voici la raifon ; ce que le Curé perçoit eft *jure rectoris* ; & l'autre Curé demandeur peut fe pourvoir contre les Decimateurs de fa Paroiffe qui ne font point Recteurs. Jugé pour le Curé de fainte Opportune en Cotentin. *Ibidem , page* 229. *colonne* 2.

17   Quand on condamne un Decimateur laïc à payer la portion congruë au Curé , on n'ordonne pas , comme l'on fait à l'égard de tous les Decimateurs Ecclefiaftiques , que le Curé leur abandonne les dimes dont il peut joüir , ni les domaines de fa Cure , non chargez d'Obirs, ou de Fondation , d'autant que le Laïc, attendu fa qualité, n'eft pas capable de recevoir

O

cet abandonnement de biens Ecclefiaftiques : mais on ordonne que ventilation ou eftimation fera faite defdites dîmes & domaines par Experts, dont les parties conviendront ; & en confequence, que le Curé fera tenu de les prendre, & d'en jouïr fur & tant moins de fa portion congruë pour le prix qui aura été fixé par les Experts. *Definit. Can. p. 658.*

13 Il faut diftinguer entre le gros Decimateur & le Curé primitif, le premier eft quitte en abandonnant toutes les dîmes fans exception : mais le fecond ne demeure pas quitte par un femblable abandonnement, il faut qu'il abandonne generalement tous les revenus dont il jouït à caufe de fa qualité de Curé primitif ; & encore on doute qu'il en fût quitte pour cela, parce que fa qualité. l'oblige de defervir luy-même la Cure, ou de la faire defervir, & par confequent payer un Vicaire. *Voyez l'Auteur des Obfervations fur Henrys. to. 1. li. 1. ch. 3. queft. 4.*

19 Arrêt du 18. Juillet 1626. qui condamne le Seigneur des dîmes, terrages & champarts de la Paroiffe de Brenainville à payer au Curé 200. livres de portion congruë, déduit fur la fomme ce que peut valoir le domaine de fa Cure, fans comprendre dans l'eftimation le manuel de l'Eglife, & les mêmes dîmes qui demeureront au Curé. *Additions à la Bibliotheque de Bouchel, verbo Portion congruë.*

20 Le Curé de faint Paul ayant prefenté fa requête au Grand Vicaire de l'Evêché de Toul, expofant que la part qu'il prenoit des dîmes de fa paroiffe, étoit fi petite par le malheur de la guerre, qu'il luy étoit impoffible de vivre feulement trois mois ; fur quoi luy ayant été jugé 400. franes Barrois à prendre fur la totalité des dîmes, attendu que de droit elles font affectées à celuy qui fait l'Office : fur l'appel comme d'abus des Religieux Benedictins de Neuchâtel comperfonniers; par Arrêt du P. de Metz du 14. Octobre 1638. les parties appointées au Confeil, & cependant par maniere de provifion, ordonné que l'intimé jouïra des dîmes des baux & fi-nages de la Paroiffe, fi mieux n'aiment les Religieux payer la portion congruë à raifon de 200. livres tournois par chacun an. *Voyez le 35. Plaidoyé de M. de Corberon.*

21 Curez payans certaine redevance annuelle en grains & argent aux Curez primitifs font en droit, en abandonnant toutes les dîmes, & le domaine de leurs Cures aux Curez primitifs, de demander la portion congruë. Arrêt du Grand Confeil du 17. Decembre 1649. contre les Religieux Minimes de Chaumont : cependant le Curé qui fut déchargé de la rente en grain, demeura obligé à payer 58. fols de rente en argent, parce que cette rente étoit comme la reconnoiffance d'un droit de Patronage. *Henrys, to. 2. li. 1. qu. 24.*

22 Ceux qui ont des dîmes infeodées font tenus de contribuer à la portion congruë, les dîmes Ecclefiaftiques préalablement difcutées. Arrêt du Parlement de Paris du 4. Avril 1662. en faveur du Curé de Savigny fur Cane, contre la Prieure de la Ferté fur Lifhere. *Definit. Can. p. 655.* où font rapportez plufieurs autres Arrêts anciens & pofterieurs qui établiffent cette Jurifprudence ; en forte que les dernieres Declarations du Roy l'ont plûtôt confirmée qu'établie.

23 Arrêt du Parlement de Paris du 4. Août 1687. portant reglement entre les gros Decimateurs & les Curez, pour le payement des portions congruës à la fomme de 300. liv. en précomptant les fonds dont jouït le Curé, eftimez aux frais des gros Decimateurs. *Boniface, to. 3. li. 6. tit. 5. chap. 10.*

24 Arrêt du Parlement de Paris du 21. Février 1688. en faveur des Curez, contre les gros Decimateurs Ecclefiaftiques, qui porte, que les Curez précompteront feulement les fonds de leurs Cures en déduction de leur portion congruë, & charge le Chapitre de Tours gros Decimateur, De la totalité des dîmes, le condamne à 300. liv. fur quoi fera déduit 150. livres

pour la valeur du fond de l'ancien domaine de la Cure à ce eftimé par Experts. *Ibidem ch. 31.*

15 Les conventions faites entre les Curez & les Decimateurs, à l'égard des portions congruës defdits Curez avant le Reglement du Roy, ne les empêchent pas de fe pourvoir en fupplément, fuivant & conformément audit Reglement. Jugé au Parlement de Tournay le 14. Août 1699. au profit du Curé du vieux Condé, contre les Chanoines de la Collegiale. *V. M. Pinault, to. 2. Art. 269.*

16 Si les dîmes perçuës par les Laïcs font fujettes à la portion congruë? *Voyez le mot Dîmes, nombre. 401. & fuiv.*

PORTION CONGRUE, EXEMPTS.

17 Le procez étant intenté pardevant l'Official Diocefain pour la congruë & canonique portion des dîmes à l'encontre d'un Chevalier de l'Ordre de faint Jean de Jerufalem, prenant icelles en la même Paroiffe, il ne peut en vertu de fon privilege demander fon renvoi devant le Pape. Arrêt du Parlement de Paris du 26. Juin 1553. au préjudice de frere Claude de Groing Chevalier de Malthe, & Jean Thomaffin Religieux Procureur General de la Religion intimez, déclinans la Jurifdiction de l'Officialité de Lyon ; lequel jugement fouverain eft en partie fondé fur le chap. 1. *de Privil. in 6.* & fur un autre Arrêt provifoire du même Parlement du 24. May 1552. parlant des dîmes, pour la preftation & payement defquelles les Chevaliers de Malthe ne peuvent demander renvoi pardevant autre Juge que celuy de l'Eglife. *Biblioth. Can. tome 2. pag. 228.*

18 Si les privilegiez exempts de payer la dîme poffedoient tous les heritages d'une Paroiffe, le Curé feroit fondé à leur demander fa portion congruë ; ainfi jugé par plufieurs Arrêts intervenus depuis la Declaration des portions congruës. *Voyez l'Auteur des Obfervations fur Henrys, tome 1. liv. 1. queft. 2.*

19 Prefentement les Curez au défaut de portion congruë en vertu de la Declaration de 1686. peuvent demander leur portion congruë, ou prendre la dîme fur les fonds exempts & privilegiez pour les aider à fubfifter. Jugé au Grand Confeil par plufieurs Arrêts, l'un du 6. Mars 1687. contre l'Ordre de Malthe ; l'autre du 2. Juillet 1691. contre l'Abbé du petit Cîteaux ; & l'autre du 23. Juillet 1691. contre l'Abbé & les Religieux de la Trappe. *Définitions Can. page 140.*

PORTION CONGRUE, FONDATIONS.

30 Les Fondations, c'eft-à-dire, les fonds dont les Curez ne jouïffent, qu'à la charge de celebrer quelques Obits, ou de dire quelques prieres, ne diminuent point la portion congruë ; cela avoit été jugé des le 4. Avril 1662. *V. ci-deffus le nomb. 22.* Il n'en eft pas de même des autres fonds qui ne font point chargez de fondations, ils font obligez de les abandonner à ceux aufquels ils demandent la portion congruë.

PORTION CONGRUE, IMPUTATION.

31 Quelles imputations & déductions peuvent être faites fur la portion congruë? *Voyez Baffet, tome 1. li. 1. tit. 1. chap. 12.*

32 Tout ce que les Curez reçoivent de leurs Eglifes *proprio jure*, eft à imputer fur la portion congruë ; & nullement ce qu'ils prennent *extra jus Ecclefia*, comme les retributions quotidiennes & de droit incertain. Arrêt du Parlement de Touloufe en 1543. *Mainard, to. 1. li. 15. chap. 29.*

33 Le droit de verouil n'eft imputé fur les 300. liv. de la portion congruë ; mais en ce cas le Recteur paye le Vicaire & le Clerc. Jugé le 16. Janvier 1627. *Cambolas, liv. 5. chap. 32.*

34 Arrêt du Parlement de Provence du 19. Juin 1651. qui a jugé que le Beneficier doit imputer à fa portion congruë, tout ce qu'il retire de fon Benefice en droits certains. *Boniface, to. 1. li. 2. tit. 18. ch. 2.*

35 Jugé au Parlement de Touloufe le 11. Août 1676.
que dans la portion congruë d'un Religieux de l'Abbaye d'Eaunes ; Vicaire perpetuel de ce lieu là , ne
devoit point entrer le revenu de fa place Monachale,
quoique l'Econome de l'Abbaye luy oppofât , que
n'ayant , & ne pouvant avoir que comme Religieux
la Vicairie perpetuelle qu'il fervoit refident dans le
Monaftere , il devoit d'autant plus en imputer les revenus fur fa portion congruë. *Voyez M. de Caftellan,
livre 1. chap. 37.*

    P O R T I O N   C O N G R U E ,   J U G E.

36 En portion congruë les parties ont été renvoyées
pardevant l'Official d'Angers , parce que telles actions font plûtôt perfonnelles que réelles , introduites pour avoir des alimens ; & étant entre perfonnes
Ecclefiaftiques, la connoiffance en appartient au Juge
d'Eglife. Jugé le 14. Août 1599. *M. Loüet , lettre C.
fomn. 48.* Voyez *Peleus , queft. 109.* où il dit avoir
été jugé le 4. Decembre 1604. que l'Official peut ajuger
provifion pendant le procez, & remarque qu'il y a
Arrêt contraire au *ch. 68. li. 2. de fes Actions forenfes.*

37 La portion congruë devoit être demandée pardevant l'Official , mais il ne pouvoit ni faire l'affiette ,
ni donner permiffion d'arrêter. Jugé au Parlement de
Bretagne au mois d'Octobre 1609. *Du Fail , livre 3.
chap. 60.*

Mêmes Arrêts rendus au Parlement de Provence
les 16. Decembre 1638. 20. May 1670. 23. Avril 1671.
26. Janvier 1674. *Boniface , tome 1. livre 2. tit. 20 ch.
1. tome 3. liv. 1. tit. 3. chap. 8. 7. & 6.* la Declaration
de 1686. en attribuë la connoiffance aux Baillifs &
Sénéchaux.

    Q U O T I T E'   D E S   P O R T I O N S   C O N G R U E S.

38 Autrefois les portions congruës fe payoient de la
quatriéme partie du revenu de la Cure ; il y a un ancien Arrêt du 17. Juillet 1539. qui a ainfi jugé. *Définit.
Can. p. 653. & la Bibliot. Can. tome 2. p. 328. col. 2.*

L'Ordonnance du Roy Charles IX. du mois d'A-
vril 1571. qui donne 120. liv. ni la difpofition du
Droit Canon, ne font fuivies en ce Royaume & Province de Normandie pour la portion congruë ; cela
dépend de la prudence des Juges, eu égard au grand
nombre des Paroiffiens ; c'eft pourquoi le Curé de
Fontenay prés Caën obtint 200. livres de penfion canonique , parce qu'il avoit deux Eglifes en la même
Paroiffe , où il étoit obligé de celebrer les Dimanches & Fêtes folemnelles. Un autre Curé eut pareille fomme à caufe d'un canal de la mer courant &
fluant par le milieu des hameaux de fa Paroiffe, ce qui
l'obligeoit d'avoir un Vicaire. Et par autre Arrêt du
16. Juillet 1598. fut ajugé à M. Ricard Hyvet Prêtre
pourvû au Benefice de faint Pierre de Marigny , la
fomme de 60. écus foleil pour fa penfion canonique,
à prendre annuellement fur les dîmes & fruits , parce qu'il y avoit huit à neuf cens Communians, nonobftant les offres faites par M. Jean Bertault Abbé Commendataire de l'Abbaye de Nôtre-Dame d'Aulney ,
Diocefe de Bayeux, de payer chacun an la fomme de
50. écus foleil , fi mieux ne vouloit prendre comme
de tout temps les verdes dîmes. *Bibliot. Can. tome 2.
page 229. col. 1.*

39 Edits du Roy Charles IX. des années 1571. & 1572.
par lefquels il eft ordonné que les Curez dont les
Benefices vaudront 120. livres de revenu annuel ,
toutes charges déduites, ne pourront demander portion congruë. Arrêts en confequence rendus au Parlement de Paris les 7. May 1585. & 13. Mars 1601.
quelquefois la quatriéme partie des dîmes a été ajugée
au Curé par provifion pendant le procez. Arrêt
du Parlement de Paris du 10. Février 1601. Autre
Arrêt femblable du Parlement de Touloufe rapporté par *Papon , livre 1. tit. 11. n. 10.*

40 Lettres patentes du 17. Août 1632. portant reduction des portions congruës de ce Royaume , contre
l'article 13. des dernieres Ordonnances du 15. Jan-
Tome III.

vier 1629. *Boniface , tome 3. livre 6. titre 5. chap. 2.*
enfuite font les Lettres patentes portant juffion au
Grand Confeil de les verifier, fans reftriction & modification.

41 Arrêt du Parlement de Paris du 14. Juillet 1657.
rendu contre les Chanoines & Chapitre de Vezelay,
qui ajuge au Curé de Mailly-la-Ville, Diocefe d'Auxerre 300. livres par chacun an pour fa portion congruë , & 150. livres pour un Vicaire , franc & quitte
de toutes charges de decimes, & autres, en leur abandonnant le gros & revenu de la Cure, à la referve du
cafuel , creux de l'Eglife , & fondations chargées
de fervices , & ce à compter de la faint Martin 1656.
& avant faire droit fur la demande incidente du
Chapitre concernant l'executoire de dépens du 26.
Août 1649. ordonné que le Curé donnera un état des
payemens & déduction par luy prétenduë fur l'executoire , qui fera communiqué au Chapitre , & aprés
ordonné ce qu'il y appartiendra. *Bibliotheque Can.
tome 1. page 495.*

42 En Dauphiné la portion congruë fe regle à 200.
livres , & le Juge d'Eglife en connoît. Arrêt du Parlement de Grenoble du mois d'Août 1664. *V. Baffet, to.
1. livre 1. titre 1. chap. 9.* enfuite eft un Reglement en
forme de concordat entre les intereffez du Diocefe
de Vienne fait en 1638.

43 La portion congruë a été reglée à 300. livres fans
Vicaire, & à 400. livres avec Vicaire, outre les dîmes
vertes, menuës & novales, par Arrêt du P. de Paris
du 11. Août 1681. pour le Curé de Tige, contre les
Religieux de l'Abbaye de faint Benoît fur Loire.
Journal des Aud. tome 2. livre 4. chap. 65.

44 Declaration du Roy du 29. Janvier 1686. portant,
Voulons & nous plaîfce que les portions congruës que les
Decimateurs font obligez de payer aux Curez & aux
Vicaires perpetuels , demeurent à l'avenir fixées
dans toute l'étenduë de nôtre Royaume , Terres &
Pays de nôtre obéïffance , à la fomme de trois cens
livres par chacun an , & en outre les offrandes , les
honoraires & droits cafuels que l'on paye, tant pour
les fondations que pour d'autres caufes : enfemble
les dîmes novales fur les terres qui feront defrichées
depuis , que lefdits Curez ou Vicaires perpetuels auront fait l'option de la portion congruë , au lieu du
revenu de leur Cure ou Vicairie , en confequence
de nôtre prefente Declaration. Voulons que dans les
Paroiffes où il y a prefentement des Vicaires, ou dans
lefquelles les Archevêques ou Evêques eftimeront
neceffaire d'en établir un ou plufieurs, il foit payé la
fomme de cent cinquante livres pour chacun defdits
Vicaires. Ordonnons que ces fommes deftinées pour
la fubfiftance des Curez ou Vicaires perpetuels , ou
de leurs Vicaires , feront payées franches & exemptes de toutes charges par ceux à qui les dîmes Ecclefiaftiques appartiennent ; & fi elles ne font pas
fuffifantes , par ceux qui ont les dîmes infeodées ; &
que dans les lieux où il y a plufieurs Decimateurs,
ils y contribuent chacun à proportion de ce qu'ils
poffedent des dîmes. Enjoignons aufdits Decimateurs d'en faire le regalement entr'eux dans trois mois aprés
la publication de nôtre prefente Declaration dans
nos Bailliages , Sénéchauffées , & autres Sieges ,
dans l'étenduë defquels ils perçoivent les dîmes.
Voulons qu'aprés ledit temps de trois mois , & jufqu'à ce que ledit reglement ait été fait , chacun defdits Decimateurs puiffe être contraint folidairement
au payement defdites fommes , en vertu d'une Ordonnance qui fera decernée par nos Juges fur une
fimple requête prefentée par les Curez ou Vicaires
perpetuels , contenant leur option de ladite portion
congruë , fans qu'il foit befoin d'y joindre d'autres
pieces que l'acte de ladite option, fignifié aufdits Decimateurs ; & feront les Ordonnances de nos Juges
rendues fur ce fujet , exécutées par provifion ,
nonobftant oppofitions ou appellations quelconques.

Ordonnons que les Cures ou Vicairies perpetuelles qui vaqueront cy-aprés par la mort des titulaires, ou par les autres voyes de droit, & celles dont les titulaires se trouveront interdits, seront desservies durant ce temps par des Prêtres que les Archevêques, & autres qui peuvent être en droit & possession d'y pourvoir, commettront pour cet effet, & qu'ils seront payez par préference sur tous les fruits & revenus desdites Cures ou Vicairies perpetuelles, de la somme de trois cens livres, à l'égard de ceux qui seront les fonctions des Curez, & de celle de cent cinquante livres à l'égard des Prêtres qui seront commis pour leur aider comme Vicaires. Voulons que toutes les contestations qui pourroient survenir pour l'execution de nôtre presente Declaration, soient portées en premiere instance pardevant nos Bailliffs & Sénéchaux, & en cas d'appel, en nos Cours de Parlement. Si donnons en mandement, &c.
Voyez cy-aprés *le nomb.* 50.

45   Arrêt du Conseil Privé du Roy du 24. Mars 1687. portant défenses de contrevenir à la Declaration de sa Majesté, donnée en faveur des Curez pour les portions congruës. *Journal des Audiences, tome* 5. *livre* 3. *chap.* 4. & Boniface, *tome* 3. *li.* 6. *tit.* 5. *ch.* 7.

46   Arrêt du Conseil Privé du Roy du 16. Juillet 1687. qui ajuge la portion congruë aux Curez des Villes murées, & à leurs Vicaires, en interprétation de la Declaration du Roy du 23. Janvier 1686. *Boniface, tome* 3. *liv.* 6. *tit.* 5. *chap.* 9. & *cy-dessus le* n. 6.

47   La Declaration de 1686. donne aux Curez ou Vicaires perpetuels la somme de 300. livres outre les Offrandes, honoraires, & droits casuels que l'on paye, tant pour l'option que pour autres causes; mais les fonds & anciens domaines des Eglises sont imputez sur la portion congruë, comme il a été jugé par plusieurs Arrêts, entr'autres sur le Chapitre de l'Eglise de saint Martin de Tours gros decimateur de la Paroisse de saint Claude de Diray, contre Loüis Couronneau Curé, par Arrêt du 4. Août 1687. pour le sieur Abbé de Marsillac Prieur de saint André de Mirefleur, contre Blaise Taillandier Vicaire perpetuel, par Arrêt du 13. Decembre 1687. par lesquels il a été ordonné que lesdits Curé & Vicaire perpetuel seroient payez de la portion congruë de 300. livres, en déduisant les revenus & domaines de la Cure. *Definit. Can.* p. 655.

48   Arrêt du Parlement de Paris du 5. May 1688. en faveur des Curez & Vicaires pour les portions congruës. L'Arrêt condamne le Chapitre de S. Maur des Fossez de payer au Curé de l'Eglise de saint Clement de Chartres les arrerages de sa portion congruë de 300. livres, & les arrerages, à compter du jour de l'option, & toutes les offrandes, cires, honoraires, & droits casuels, tant pour Fondation que pour autres causes, & de payer encore la somme de 150. livres pour le Vicaire. *V.* Boniface, *tome* 3. *livre* 6. *tit.* 5. *chap.* 12.

49   En consequence de la declaration faite par le Curé qu'il n'y a point de fonds à sa Cure, & de son abandonnement fait des dîmes qui en dépendent, il doit être payé de sa portion congruë du jour de son option, conformément à la Déclaration du 29. Janvier 1686. La portion congruë des Curez & Vicaires doit être prise, premierement sur toutes les dîmes Ecclesiastiques si aucunes y a, & ensuite sur les dîmes inféodées. Arrêt du Parlement de Paris du 17. Juillet 1688. *Au Journ. des Aud.* to. 5. *liv.* 4. *ch.* 20.

50   Declaration du Roy du 30. Juin 1690. qui porte, Voulons & nous plaît, que suivant nôtredite Declaration du mois de Janvier 1686. les Curez & Vicaires perpetuels joüissent de la portion congruë de 300. livres par chacun an, qui seront payées par les gros Decimateurs, si mieux n'aiment leur abandonner toutes les dîmes qu'ils perçoivent dans lesdites Paroisses, auquel cas ils seront & demeureront déchargez des-

dites portions congruës, sur laquelle somme de 300. liv. lesdits Curez & Vicaires perpetuels seront tenus de payer par chacun an à l'avenir leur part des decimes qui seront imposées sur les Benefices de nôtre Royaume, à commencer seulement au premier département qui en sera fait par les deputez des Chambres Ecclesiastiques, laquelle part des decimes sera imposée moderement sur lesdits Curez & Vicaires perpetuels, dont nous chargeons l'honneur & la conscience desdits deputez, & jusqu'à ce que nous n'ait été autrement ordonné, sans que ladite part & portion puisse exceder la somme de cinquante livres pour les decimes ordinaires & extraordinaires, don gratuit, & pour toutes autres sommes qui pourroient être imposées à l'avenir sur le Clergé, sous quelque prétexte que ce puisse être; dont nous avons dés à present & pour lors déchargé & déchargeons par ces presentes lesdits Curez & Vicaires perpetuels.
Voulons aussi que pour faciliter le payement de 300. l. de portion congruë, lesdits Curez & Vicaires perpetuels soient tenus de garder & de continuer la joüissance des fonds, domaines, & portions des dîmes qu'ils possedoient suivant nôtre Declaration du mois de Janvier 1685. en déduction de ladite somme de 300. livres suivant l'estimation qui en sera faite à l'amiable entre les gros Decimateurs & les Curez & Vicaires perpetuels, suivant la commune valeur, quinzaine après l'option desdits Curez. & s'ils ne se peuvent accommoder, l'estimation en sera faite aux frais des gros Decimateurs, sans repetition contre lesdits Curez & Vicaires perpetuels, par experts, dont les parties conviendront, & à faute d'en convenir ils seront nommez d'office par les Juges du ressort, à qui la connoissance est attribuée par nôtredite Declaration, & jusques à ce que l'estimation soit faite à l'amiable, consentie par les parties, ou ordonnée, soit en premiere instance, ou par appel, les gros Decimateurs seront tenus de payer en argent les 300. l. Ordonnons qu'aprés lad. estimation faite, en cas que les fonds, domaines & portions de dîmes ne soient suffisans pour compenser la revenu desdites 300. livres, le surplus soit payé en argent par les gros Decimateurs de quartier & par avance, sauf aprés que l'estimation aura été faite, la somme à laquelle pourra par chacun an monter le revenu desdits fonds, domaines & portions de dîmes pendant la joüissance qu'en auront continuée lesdits Curez, leur sera déduite sur le supplément en argent que les gros Decimateurs auront à payer. Voulons pareillement que lesdits Curez Vicaires perpetuels joüissent à l'avenir de toutes les oblations & offrandes, tant en cire ou en argent, & autres retributions qui composent le casuel de l'Eglise; ensemble des fonds chargez d'obits & fondations pour le service divin, sans aucune diminution de leurs portions congruës, & ce nonobstant toutes transactions abonnemens, possessions, Sentences, & Arrêts, auxquels nous défendons à nos Cours & Juges d'avoir aucun égard: Pourront neanmoins lesdits Curez primitifs s'ils ont titre ou possession valable, continuer de faire le service divin aux quatre Fêtes solemnelles, & le jour du Patron; ausquels jours seulement, lorsqu'ils feront actuellement le service, & non autrement, ils pourront percevoir la moitié des oblations & offrandes, tant en argent qu'en cire, & l'autre moitié demeurera au Curé ou Vicaire perpetuel: Et sera au surplus nôtre Declaration du mois de Janvier 1686. executée selon sa forme & teneur, en ce qui n'y est dérogé par ces presentes. Si donnons, &c.

51   Jugé au Parlement de Tournay le 12. Novembre 1699. que dans la Châtellenie de Lisle la portion congruë des Curez n'est pas moindre que de 350. florins par an. *V. M. Pinault,* to. 2 *Arr.* 275.

PORTION CONGRUE, RESIGNATION.

52   Si depuis la Declaration du Roy qui regle la con-

grüe à 300. livres & au crû de l'Eglife, cette congrüe peut être demandée contre le refignant qui a été reçû Prêtre, *fub titulo illius beneficii*. Jugé au Parlement de Touloufe le 25. Février 1671. que la congrüe ne pouvoit être demandée pour cette raifon, parce que fi la congrüe avoit abforbé le revenu, il eût fallu que ce Prêtre mandiât *in opprobrium Cleri*. Albert, *verbo* Penfion art. 3.

53. Jugé au Parlement de Bourdeaux le 27. May 1671. que le refignataire peut obliger le refignant de luy payer la fomme de 300. livres de portion congrüe, en luy delaiffant toûs les revenus de la Cure, conformément à l'Edit du mois de Juin 1571. enregiftré au Parlement de Bourdeaux le 3. Août de la même année. *Journal du Palais* in quarto, partie 3. page 430. & l'infolio, tome 2. page 969.

54. PORTION CONGRUE, RETRANCHEMENT.

La portion congrüe ne peut être retranchée fous quelque prétexte que ce foit, même en cas de grefle, guerres civiles ou autres ravages. Jugé le 15. Décembre 1570. au préjudice du fermier d'une Abbaye, fa recompenfe refervée à l'encontre de fes auteurs ou bailleurs. Cela n'auroit pas lieu, fi le Curé percevoit luy-même les dîmes à luy totalement abandonnées. *Bibliot. Can. to. 2. p. 230. col. 1.* & Charondas, *liv. 1. Rép. 63.*

55. Jugé au Parlement de Touloufe le 26. Février 1650. que la recifion étoit valablement demandée d'une tranfaction paffée entre un Prieur & un Vicaire perpetuel qui fe reduifoit à une fomme moindre de 200. livres pour la portion congrüe. *Arrêts de M. Catellan liv. 1. chap. 37.*
Voyez les Déclarations de 1686. & 1690. cy-deffus *nombres 44. & 50.*

PORTION CONGRUE, SAISIE.

56. L'on ne peut executer pour decimes ni pour aucune dette, fur la portion congrüe qui doit être exempte de toutes charges. *Arrêt du Parlement de Grenoble du 6. Octobre 1576. Baffet, tome 1. livre 1. titre 1. chapitre 11.*

57. Portion congrüe non faififfable pour les dettes du Curé. *Arrêt du Parlement de Paris du 29. Avril 1609. Bibliot. Can. tome 2. p. 229. col. 2.*

PORTION CONGRUE, VICAIRES.

58. Un Prieur attaqué fur la portion congrüe par un Vicaire perpetuel qui avoit impetré la Vicairie en Cour de Rome, après avoir fait voir que tout le Prieuré ne fuffifoit pas à la payer, fut reçû à remplir luy-même la Vicairie perpetuelle en fervant la paroiffe, & y faifant, fuivant fon offre toutes les fonctions Curiales. Arrêt du Parlement de Touloufe rapporté par *M. de Catellan, livre 1. chap. 37.*

59. Arrêt du 8. Mars 1688. qui a ajugé pour un Vicaire les 300. livres reglées pour la portion congrüe par la Declaration du 29. Juillet 1686. & de 150. livres pour chacun des Prêtres, & de 100. livres pour le Clerc & autres chofes. Ce Vicaire doit avoir la nomination des Prêtres. *Boniface, tome 3. livre 6. tit. 5. chap 5.*

60. Vicaires ne peuvent demander leur portion congrüe au Curé primitif, s'il ne joüit point des dîmes de la paroiffe defdits Vicaires. Jugé au Parlement de Tournay le 8. Janvier 1694. pour les Abbé & Religieux de S. Nicolas de Furnes transferez à Ypres. Pinault, tome 1. Arr. 11.
Voyez cy-après le mot Vicaires. §. Vicaires des Curez.

PORTION VIRILE.

L'On appelle ainfi une portion de l'augment que laLoy accorde à la Veuve, quand elle demeure en viduité, *virilis dicta*, parce qu'elle eft égale à la portion d'un des enfans.
Voyez le mot Augment & cy-après le mot Virile.

POSSESSEUR.

POffeffeur. Poffeffion. Poffeder.
De acquirendâ vel amittendâ poffeffione. D. 41. 2.

De acquirendâ & retinendâ poffeffione. C. 7. 32.
De interdictis adipifcenda, retinenda, & recuperanda poffeffionis. I. 4. 15. De interd. §. 2. 3. 4. 5. & 6.
De Carboniano edicto. D. 37. 10.. C. 6. 17... Paul. 3. ... C. Th. 4. 3. Cn. Carbo, Author edicti. Cet Edit donnoit la poffeffion & joüiffance de la fucceffion à un imputere auquel on contestoit fon état.
Ubi de poffeffione agi oporteat. C. 3. 16.
De improbis poffefforum exceptionibus. N. 18. c. 10.
Ne vis fiat ei qui in poffeffionem miffus eft. D. 45. 4.
Unde vi. C. 8. 4. C. Th. 4. 20... I. 4. 15. §. 6.
Si per vim, vel alio modo abfentis perturbata fit poffeffio. C. 8. 5.
De vi, & de vi armatâ. D. 43. 16. Poffeffeur dépoffedé par violence.
De publicanâ in rem actione. D. 6. 2.... I. 4. 6. §. 4.
Cette action eft une efpece de revendication dont fe fert le poffeffeur de bonne foi, ou l'acheteur, pour recouvrer la chofe qu'il poffedoit. *Poffeffor pro Domino habetur.*
Poffeffeur de bonne foi. *L. 136. D. de reg. jur.*
Poffeffeur eft préferé. *L. 126. §. 2. l. 128. & 150. D. de reg. jur.*
Poffeffeur incertain. *D. 39. in D. de verb. fign.*
Poffeder la plus grande partie de l'année, ce que c'eft. *L. 156. D. de verb. fign.*
S'abftenir de la poffeffion, n'eft pas aliener. *L. 119. D. de reg. jur.*
Si ventris nomine, muliere in poffeffionem miffâ, eadem poffeffio, dolo malo, ad alium tranfata effe dicatur. D. 25. 5. De la femme mife en poffeffion de l'hérédité, à caufe de fa groffeffe, & qui a cedé la poffeffion à quelqu'un.
Si mulier, ventris nomine, in poffeffione, calumnia causâ, effe dicatur. D. 25. 6. De la femme mife en poffeffion de l'hérédité pour fon fruit, quoiqu'elle ne foit pas enceinte.
De edicto Divi Adriani tollendo & quemadmodum fcriptus heres in poffeffionem mittatur. C. 6. 33. L'Edit de l'Empereur Adrien ne donnoit qu'un an à l'héritier pour demander l'hérédité ou la mife en poffeffion; mais Juftinien abroge cet Edit, & laiffe à l'héritier un temps indéfini. *V.* Acceptation d'hoirie. Heritier.
Ut in poffeffionem, legatorum vel fidei-commifforum fervandorum causâ, mittatur; & quando fatisfacit debeat. C. 6. 53... D. 36. 4. Quand l'heritier ne donne pas caution, le legataire eft mis en poffeffion de la chofe leguée.
Quibus ex caufis in poffeffionem eatur. D. 42. 4. Non eft in ufu apud nos.
Generalis forma de poffeffione, quomodo oporteat mitti in eam. N. 167.
De bonorum poffeffionibus. D. 37. 1. Ce Titre & fes femblables regardent plûtôt les fucceffions, que la mife en poffeffion.
Quorum bonorum. D. 43. 2... C. 8. 2... I. 4. 15. §. 3... C. Th. 4. 21. Sorte d'interdit, par lequel l'heritier étoit mis en poffeffion de tous les biens du defunt. *V.* Succeffion.
De dolo & contumaciâ, & in poffeffionem miffione. Inft. Lanc. 3. 6.
Marilianus *de jure poffeffionis, in octavo Colonia 1599.* 1
Il y a les poffeffeurs de Benefices où l'on examine leurs titres & capacitez, les poffeffeurs d'heritages, dont il fera enfuite parlé.

POSSESSION, BANC.

Poffeffion d'avoir un banc dans l'Eglife. *Voyez le mot, Banc nomb. 3. & fuiv.* 2

POSSESSION BENEFICIALE.

Voyez le mot Benefice nombre 144. & cy-devant le titre de pacificis. 3

An quis fit recipiendus ad propenendum poffeffionem quod fit in poffeffione Curæ feu Beneficii alicujus. Du Moulin, tome 2. page 581. 4

Poffeffio fine titulo licitè non poteft acquiri in beneficia- 5

libus nifi fit diutina, & superior patiatur. Voyez *Franc. Marc.* tome 1. quest. 1307.

6 *Electus confirmatus administrare potest antequam in possessionem inducatur, aut in loco solito installetur, nullo alio existente in possessione : secus si alius possideret.* Voyez *Franc. Marc.* tome 2. quest. 49.

7 *Possessio praedecessoris, in beneficialibus, an & quando in successorem continuatur?* V. *Ibidem, quest.* 142.

8 *Possessio decem annorum continuata, sciente & tolerante superiore, vim institutionis & tituli habet.* Voyez *Ibidem, quest.* 659.

9 Executeur de provisions de Benefice ne peut déposseder celuy qui en est en possession, mais il doit se contenter de mettre le pourvû verbalement en possession. Arrêt du 19. Février 1529. *Papon, livre 19. titre 2. nombre* 13.

POSSESSION ANNALE.

10 De la possession annale, & sur la regle de Chancellerie, *de annali possessore.* Voyez *les Memoires du Clergé* tome 2. part. 2. page 477. & Rebuffe, 2. *partie praxis beneficiaria.*

11 Il y a possession annale & possession triennale : par la premiere le possesseur paisible d'un Benefice par an & jour doit être maintenu jusqu'à ce que le petitoire soit jugé ; mais il faut que le possesseur ait un titre. A l'égard de la triennale possession, il faut que celuy qui l'a, soit maintenu au petitoire, pourvû aussi qu'il ait un titre au moins coloré ; car sans titre, eût-on possedé vingt ans, on pourroit être troublé. Rebuffe admet en ce cas la prescription de 10. ans au bout desquels on ne pourroit troubler le possesseur. *Vide les Definitions du Droit Can.* verbo, *Possession.*

12 *Regula de annali, quatenus impetrantibus obsit, vel per eos evitetur?* Voyez *Lotherius de re beneficiaria, liv.* 1. quest. 52.

13 *Regula de triennali, in quibus diversa sit à regula de annali, & qualiter per eam elidatur objectum?* Voyez *Ibidem, quest.* 53.

POSSESSION DE FAIT.

14 La possession de fait est préferée à la seule possession de droit. Arrêt du 10. May 1561. *Charondas, livre* 2. *Rép.* 61. & *liv.* 3. *Rép.* 59.

POSSESSION PAISIBLE.

15 Voyez cy-devant *Pacificis possessoribus* & *les Memoires du Clergé* tome 2. partie 2. page 193. & 216.

16 Le decret de pacifique possession a lieu, si aprés la recréance adjugée, le recredentiaire joüit du Benefice trois ans complets sans litige; ce qui se doit entendre lors, si aprés la recréance, la partie laisse le procez interrompu, & sans en parler. Arrêt du Parlement de Paris en 1509. semblable Arrêt du Parlement de Bourdeaux. *Bibliotheque de Bouchel*, verbo *Triennale possession.*

17 Opposant du decret *de pacif. possess.* est tenu de montrer son titre. Arrêt des Grands Jours de Moulins du 15. Septembre 1534. *Cap.* 1. *de lit. contest. lib.* 6. *Ibidem*, verbo *titre.*

18 Le decret de pacif. possess. a lieu en Benefice litigieux entr'autres personnes que le paisible possesseur non inquieté. Arrêt du Parlement de Paris du 14. Août 1554. pour Tricaud contre Pinard. *Ibidem* verbo *Triennale possession.*

19 Joüissance paisible & publique acquiert possession sans qu'elle soit prise par Notaire, présens témoins. Arrêt du Parlement de Paris du 1. Decembre 1564. contre un retrayant. *Papon, livre* 8. *tit.* 6. *nombre* 1.

20 Arrêt du 10. Decembre 1602. qui a jugé que la regle de la Chancellerie *de pacificis possessoribus*, n'a point de lieu en regale. Filleau, 4. partie question 5. Cette Jurisprudence a cessé d'avoir lieu par la disposition de l'article 17. de l'Edit du Roy Henry IV. sur les remontrances du Clergé en 1606. portant qu'aprés trois ans de joüissance paisible, les Pourvûs ne pourront être inquietez sous prétexte d'aucune provision en regale. Cet Edit est dans *Neron, page* 536.

POSSESSION DE PREDECESSEUR.

Voyez cy-dessus *le nombre* 7.

21 Le Glossateur de la Pragmatique Sanction & Rebuffe soûtiennent que le possesseur d'un Benefice ne se peut servir de la possession de son prédecesseur; parce qu'il n'entre point en possession du Benefice, comme un heritier par la force de la succession, *vi transmissionis*; le possesseur du Benefice n'a rien de son prédecesseur, il tient son titre & tout son droit du collateur, & de la force de la provision de son superieur. *Definition Can.* page 643.

22 Si la possession ne se continuë point, le subrogé ne seroit pas recevable à s'aider de la prise de possession de son prédecesseur ; il est necessaire de prendre possession pour joüir de l'effet de la subrogation;c'est un usage observé, même du temps de Rebuffe, comme il l'asseure dans sa pratique, *de subrogat. nombre* 28.

PRISE DE POSSESSION.

23 *De missione in possessionem.* Voyez Rebuffe, 1. *partie Prax. benef.*

De la prise de possession. Voyez *Papon, liv.* 2. *tit.* 3. *nomb.* 18 *Bibliotheque Canonique* tome 2. *pag.* 253. & *suiv.* & le petit recüeil de Borjon tome 4. page 88.

24 Dévolutaire tenu de prendre possession dans l'an. Voyez le mot *Dévolut, nomb.* 9.

25 Touchant la prise de possession de ceux qui auront impetré en Cour de Rome provisions de Benefices, en la forme qu'on appelle *Dignum*. Voyez *l'Ordonnance de Blois, article* 12. avec *l'article* 14. *de l'Edit de Melun.*

26 M. Coras au Recüeil de ses Arrêts, dit qu'au Parlement de Toulouse on tient qu'on ne peut prendre possession d'un Benefice en vertu d'une simple signature à cause de la regle de Chancellerie, *de non judicando juxta formam supplicationis, sed litterarum expeditarum* : non pas, que la Cour déclare celuy là *intrus* qui aura pris telle possession nulle & vitieuse; ce qu'il dit être contre son avis, & pense qu'il suffit que la signature soit verifiée par Banquiers, à moins qu'il ne s'agisse de grands Benefices consistoriaux.

27 On n'est pas obligé de prendre possession pour un nouveau titre, l'ayant pris une fois, jugé par Arrêts de 1518. 1522. & 1535. La raison de ces Arrêts est, que la possession étant de fait, on n'est point obligé de la reïterer, enforte qu'encore qu'on eût pris possession d'un Benefice sur un titre nul & vitieux, si depuis on acquiert un autre titre canonique, on n'est point obligé de prendre tout de nouveau possession. Il n'y a qu'une seule exception pour les provisions en regale, sur lesquelles à cause de la dignité & de l'eminence de ce titre, on est obligé de reïterer les prises de possession. C'est la decision de *Probus* en son traité de la regale *question* 19. M. Ruzé traité de la regale *page* 9. *nombre* 3. *Joannes Galli, question* 21. Papon, *livre* 8. *tit.* 9. *nombre* 5. Bibliotheque Canonique *tome* 2. page 224. & 255. & les Definitions Canoniques page 649. *Nisi adjiciatur collationi*, (à la provision en regale,) *clausula quâ asseratur manu, seu ut popularis sermo est, manu teneatur in possessione & saisinâ, etiam si non capiatur nova possessio ex causâ seu virtute, ut ait, novae gratiae.* Mornac, *l.* 4. *§. si are alieno ff. de peculio.*

28 La prise de possession solemnelle, ou acte de refus, est requise & necessaire au plus tard dans trois ans, après la date des provisions expediées en Cour de Rome du vivant du resignant, & après ledit temps elles demeurent du nul effet & valeur. Voyez *la Conference des Ordonnances livre* 1. *titre* 3. *partie* 2. §. 21.

29 La regle *de publicandis* n'est point empêchée par la prise de possession si le resignant est demeuré en possession;ainsi jugé au Parlement de Paris, en infirmant la Sentence du Prévôt de Paris, l'Arrêt rendu en faveur d'un obituaire qui fut maintenu en la possession de la Prebende contentieuse avec dommages & inte-

rêts. La raison décisive étoit, que le resignataire qui avoit laissé joüir son resignant plus de six mois, le voyant malade, s'étoit contenté d'une prise de possession, cérémoniale, & ne s'étoit point fait installer en la Prébende par le Chapitre du vivant de son resignant; & ainsi comme l'installation est ce qui emporte la possession réelle, il étoit vray de dire que le resignataire n'y ayant point été mis, le resignant étoit decédé après les six mois dans la possession réelle & actuelle de ladite Prébende ; en sorte qu'elle avoit vaqué par mort, aux termes de la regle de publicandis. Définitions Canoniques, pag. 646.

30 L'oncle avoit resigné son Abbaye à son neveu, lequel en avoit été pourvû avec le Placet du Roy. Mais comme il n'avoit pris possession, que lorsqu'il vit son oncle à l'extremité, un particulier impetra l'Abbaye par mort à la presentation du Roy. Le neveu montra au Grand Conseil, où il y eut procez, ses Bulles & Placet du Roy, de long-temps expediées, & sa prise de possession en date de six heures avant la mort de son resignant. Par Arrêt la recreance fut adjugée à l'autre ; parce que la prise de possession fut soupçonnée de fraude ex proximitate actuum. Cet Arrêt fut donné pour l'Abbaye de la Magdelaine d'Autun en Bourgogne, en faveur du sieur Duguay Aumônier de la Reine. Bibliotheque Canon. tom. 2. pag. 358.

31 Possession du Benefice se doit prendre dans trois ans du jour de la provision ; autrement si on a laissé joüir le resignant, & qu'il decéde, le Benefice vaque par mort, Arrêt du Parlem. de Bourdeaux du mois de Janvier 1523. ce qui s'entend, au cas que le resignant & le resignataire vivent. Papon, liv. 3. tit. 1. nomb. 8.

32 Les six mois ne se comptent que du jour de l'expedition des provisions pour prendre possession, quand le resignant meurt aussi-tôt la resignation admise. Il en est de même des trois années, quand le resignant survit, & pendant lesquelles on peut prendre possession. Biblio. Can. to. 1. p. 383.

33 Si quelqu'un a pris possession, sans faire mention de son titre, pourvû qu'il soit suffisant, non visitatur possessio. Ainsi jugé au Parlement de Paris le 18. Fév. 1540. Rebuffe, sur le Concordat, tit. forma mandati Apostolici, au mot Inducentes. Bouchel, en sa Bibliotheque du Droit François, verbo Graduez, rapporte un Arrêt semblable, qui avoit été rendu le 23. Juin 1534.

34 Si de deux Pourvûs, l'un de Rome, l'autre de l'Ordinaire en un même jour, celuy de Rome prend possession un jour ou deux après sa provision de Rome, & sans en être saisi, & celuy de l'Ordinaire après, on demande si la prévention du Chapitre si à sede, doit avoir lieu ? Il se trouve un Arrêt du P. de Paris du mois de Mars 1546. avant Pâques, les Chambres assemblées, dans l'espece d'un Pourvû à Rome, ayant pris possession le lendemain sur la prise du Benefice situé en Vandomois, qui obtint, nonobstant l'intrusion à luy opposée ; car les Banquiers souvent promettent & s'obligent de rendre l'expedition des Bulles dans certain jour ; neanmoins il y a bien de la difference des deux cas. Au premier, la précipitation ne peut préjudicier à l'Ordinaire : au second cas, il n'y a préjudice à aucun. Ce Chapitre si à Sede, de Prabend. in 6. parle seulement de deux collations faites par deux divers Collateurs, & laisse en doute le cas de deux collations faites par un Collateur. Plusieurs ont tenu qu'il y a autant de raison en l'un des cas, qu'en l'autre. Papon, liv. 2. ti. 9. nomb. 15. & la Biblio. Can. to. 2. p. 255. col. 1.

35 Il a été jugé par un Arrêt du 16. Decembre 1574. qu'encore qu'un resignataire garde tres-long-temps sa procuration ad resignandum ; si neanmoins il prend possession, & qu'il fasse publier sa prise de possession avant la mort du resignant, six mois après l'impetra-

tion des provisions qu'il a obtenuës, la resignation est bonne & valable. Ce que ce même Arrêt jugea en faveur d'un neveu Curé de la Magdelaine de la Ville de Paris, contre un Docteur en Theologie, pourvû par l'Evêque de Paris.

Il est vray que le resignataire n'est pas obligé d'envoyer en Cour de Rome la procuration pour resigner, du moment qu'elle a été passée, & qu'il en peut differer l'envoy pendant quelque mois. Il est vray que les six mois portez par la regle de publicandis, ne commencent pas à courir du jour que la procuration est passée, & qu'ils ne courent que du jour qu'elle est admise : mais il faut prendre garde que la procuration doit être admise dans l'année de sa passation, autrement elle devient surannée, & par consequent nulle, suivant la disposition précise de l'article 10. de l'Edit des petites dates de 1550. Définitions Can. verbo Possession.

36 De la possession prise sur resignation après trois ans, Voyez les Additions à la Bibliotheque de Bouchel, verbo Possession, où plusieurs Arrêts sont rapportez. Il y en a en faveur de resignataires, qui n'avoient pris possession qu'après cinq & sept ans. Arrêts des 22. Janvier 1600. & 7. May 1633.

37 Es Benefices que le Roy confere par droit de regale ou de nomination, on n'a point d'égard à la prise de possession. Arrêt du Grand Conseil du 31. Mars 1622. Brodeau sur M. Loüet, let. V. Somm. 1.

38 Cause appointée en interpretation de la regle de publicandis resignationibus, pour sçavoir s'il suffit que le resignataire prenne possession du vivant du resignant, même à l'heure de son décés, & après les six mois de la resignation admise. Arrêt du 6. Mars 1635. Bardet, to. 2. li. 4. ch. 7. M. Talon Avocat General, se declara contre le resignataire, parce qu'il trouvoit dans la cause de grands argumens de fraude & de confidence.

39 Resignataire admis par le Roy, à la charge de prendre possession dans quinzaine ; n'y satisfaisant pas, il est déchû de son droit, & le Benefice vaque en regale. Arrêt du 3. Juillet 1640. Bardet, tome 2. li. 5. ch. 9.

40 En matiere de permutation, si l'un des compermutans a pris possession, & l'autre non, quoiqu'il ne soit point en demeure, celuy qui a pris possession, a les deux Benefices. Jugé le Lundy 22. Decembre 1644. Du Frêne, liv. 4. ch. 16.

41 Les provisions en Cour de Rome, deviennent caduques, faute dans les trois ans, à compter du jour de leur date, d'avoir pris possession pendant la vie du resignant, & dans les six premiers mois, quand le resignant meurt, art. 14. de la Declaration, portant Reglement pour le Contrôle de l'an 1646. L'Edit du Contrôle dans l'art. 20. veut que le resignant ne puisse plus resigner directement, ni indirectement le même Benefice, en faveur de celuy qui aura laissé passer les trois ans sans prendre possession. L'usage neanmoins est au contraire, quoiqu'abusif pour la seconde resignation. Bibliot. Canon. tome 1. p. 184. Voyez l'Edit du Contrôle dans le Recüeil des Ordonnances, fait par Neron.

42 La prise de possession doit être faite palam & publicé, il faut un acte solemnel ; la notorieté n'est pas suffisante, & le resignant en ce cas est censé mort en possession. Arrêt du Parlement de Grenoble du vingt Août 1672. Basset, to. 2. li. 1. ti. 6. ch. 2. où il explique plusieurs difficultez sur les prises de possession, & dans quel temps elles peuvent, & doivent être solemnellement faites.

43 Jugé au Parlement de Paris le 3. Septembre 1686. que la prise de possession du vivant du resignant, publiée après sa mort, étoit valable. L'Obituaire perdit sa cause. Il faut observer, 1°. Que la prise de possession avoit été faite non occulté, sed palam, ità ut publicè nota esset in loco Beneficii, antequam resignans

decederet, fuivant l'avis de M. Charles du Moulin fur la regle *de publicandis*, n. 272. Voyez le *Journal du Palais* in fol. to. 2. p. 646.

44 Quand la mort du refignant, & les expectans font à craindre, lorfque le temps de la regle eft paffé, & que la poffeffion fe prend aprés les fix mois de la provifion du Pape, ou aprés la mort de celle de l'Ordinaire, il eft neceffaire de faire publier au Prône la prife de poffeffion, & d'en faire infinuer le Certificat & l'acte de prife de poffeffion dans deux jours francs avant le décès du refignant, fans que le jour de prife de poffeffion, publication & infinuation, & le jour de la mort du refignant, foient compris dans ces deux jours, finon le Benefice feroit vacant par la mort du refignant, fuivant l'Article 11. de l'Edit des Infinuations du mois de Decembre 1691. & l'Arrèt cité dans le *Recuëil des Définitions Canon.* verbo *Refignation*, pag. 804.

45 Rebuffe tient, que fi la poffeffion eft prife devant la mort, la difpofition de la regle *de publicandis* ceffe; & l'on peut dire que le Benefice n'a point vaqué *per obitum* du refignant ; & dit qu'il a été ainfi jugé par un Arrèt du Grand Confeil, qu'il rapporte fur la même regle, *n.* 11. duquel il ne marque aucune date ; & il ajoûte qu'un refignataire fut débouté, pour avoir pris poffeffion du jour de la mort du refignant, bien qu'il eût prouvé que ce fût le matin, & que fon refignant fût décédé le foir.

Par l'article 19. de l'Edit du Contrôle, conformément auquel cet Arrèt du Grand Confeil a été rendu, il eft porté que quand un refignataire veut déposeder fon refignant aprés les fix mois, il faut qu'il prenne poffeffion, & qu'il la faffe contrôler ; c'eft-à-dire, infinuer deux jours avant le décès du refignant, le jour du Contrôle ou infinuation, & celuy de la mort du refignant non compris ; autrement, que le Benefice fera reputé vacant par mort : ce qu'il faut remarquer, eft que l'article n'eft pas obfervé à la rigueur au Grand Confeil, où l'Edit du Contrôle avoit été verifié, & y eft gardé. Cela dépend des circonftances particulieres.

M. Charles du Moulin, regle *de public. refignat.* nomb. 22. dit que c'eft une affectation qui ne peut être fans fraude, de differer à prendre poffeffion jufqu'au jour de la mort. *Tunc fufpicio eft exquifita fraudis, & imputandum ei qui ità fe fe nec fine fraude artavit.* L'Edit des infinuations du mois de Decembre 1691. art. 12. a renouvellé & confirmé l'Edit du Contrôle. Ainfi les refignataires qui ont laiffé paffer le temps de la regle, font tenus de prendre poffeffion, & de la faire publier & infinuer deux jours avant la mort du refignant, fans que le jour de la prife de poffeffion, publication & infinuation foient compris dans les deux jours. Ce qui eft à prefent obfervé à la rigueur au Grand Confeil, où la queftion a été jugée dans l'affaire du Prieuré de S. Barthelemy du Buiffon, Ordre de S. Benoit, Diocefe de Sens, pour Dom Bourdelot Religieux dudit Ordre, contre Dom Charles Henin de la Buffiere, qui avoit fait infinuer la prife de poffeffion aprés la mort de Dom Paul Bonin fon refignant, par Arrèt de l'année 1695. *Journal du Palais*, in fol. to. 2. p. 889.

POSSESSION, REGALE.

46 La poffeffion civile n'empêche point la regale. Arrèt de 1351. pour un Chanoine de Chartres. Cependant il a été jugé en 1573. que la poffeffion prife & exercée par Procureur, ne laiffe d'être eftimée bonne. *Biblioth. de Bouchel,* verbo *Poffeffeur.* La derniere Jurifprudence s'eft conformée au premier Arrèt. *V.* cy-devant le nomb. 20. & cy-aprés le mot *Regale.* §. *Regale, Poffeffion.*

POSSESSION TRIENNALE.

47 Voyez le premier titre de la prefente *Lettre P.* nomb. 11. *& fuiv.* & Peleus, *qu.* 164.

De la poffeffion triennale, & la regle de Chan-

cellerie *de triennali poffeffore.* Voyez *les Memoires du Clergé,* to. 2 part. 2. p. 477.

48 Suppofé que le refignataire ait laiffé écouler les fix mois fans prendre poffeffion, que fon refignant foit décédé, & que depuis ayant pris poffeffion en confequence, & fous le pretexte de cette refignation, il ait joüi du Benefice paifiblement pendant trois années ; fçavoir fi en ce cas il peut fe fervir du Decret *de pacificis poffefforibus ?* Voyez du Moulin fur la regle *de publicandis*, nom. 26. *& fuiv.* Au nomb. 32. il dit : On ne doit pas douter que le refignant n'ait un titre coloré & valable, puifqu'il eft conftant qu'il a eu fes provifions de celuy qui avoit le pouvoir de les luy donner, & que fon titre dans fon commencement étoit valable, legitime & canonique ; d'autant plus que l'annullation & la refolution de fon titre dépend des circonftances du fait, lefquelles ne font pas conftantes, & qu'il faut prouver. Cependant on doit demeurer d'accord qu'il a un titre coloré, en confequence duquel, pourvû qu'il n'eût pas d'autre vice, ni défaut, s'il a joüi paifiblement pendant trois années entieres & continuelles, il fe peut aider du Decret *de pacificis.*

49 Celuy qui a joüi d'un Benefice paifiblement pendant trois années, n'eft pas obligé de juftifier du titre de fon predecesseur. Cette maxime n'eft veritable, que lorfque celuy auquel vous fuccedez, a été poffesseur paifible du Benefice, & qu'il en étoit reputé Titulaire. *Du Moulin*, de publicandis, nombre 43.

50 Poffesseur paifible du Benefice affuré aprés trois ans, n'ayant que titre coloré. *Bellourdeau, li. 5. Controv 49. & Tournet, lettre P. Arr.* 150.

51 Vide le *Plaidoyé de M. Servin*, to. 1. pag. 34. où il eft décidé que le pourvû fans la prefentation du Patron Laïc, a pû acquerir la poffeffion triennale ; & qu'en ce cas la regle *de pacificis poffefforibus* , a lieu : que la poffeffion triennale n'eft point troublée par des proteftations, mais feulement par des actions judiciaires.

52 La triennale poffeffion aprés la récreance, vaut à la main tenuë. Arrèt du Parlem. de Paris de 1509. pour Barthelemy Fouchier intimé, contre Jean Tillon, appellant du Sénéchal d'Angers. *Bibliot. de Bouchel,* verbo *Triennale poffeffion.*

53 Poffeffion triennale empêche le Sequeftre ; & exclud le complaignant. Arrèt du Parlement de Paris à Poitiers le 24. Octobre 1531. *Papon, liv.* 8. *titre* 9. *nomb.* 1.

54 Triennale poffeffion exclud un complaignant, & empêche le Sequeftre. Arrèt du Parlement de Paris à Poitiers du 24. Octobre 1531. par le Decret exprés. *de pacific. poffeff. in Pragm. Sanct. & Clem. unic. de fequeft. poff.* Bibliotheque de Bouchel, verbo Triennale poffeffion.

55 Chanoine poffesseur paifible par trois ans, ne peut être défaifi par le Chapitre. fous pretexte de l'Edit, qui affecte la premiere Chanoinie vacante au Maître d'Ecole. Arrèt pour un Chanoine de Noyon du 27. Novembre 1566. *Ibid.* Papon, *li.* 8. *ti.* 9. nom. 9. & *la Bibliot. Can.* to. 1. p. 199. col. 2.

56 La triennalité ne fert au Pourvû, fi le Collateur n'a droit de collation ; *debet enim effe habilis.* C. *Poftulatis de Cleri. ex. nec poteft per fe, nec per alium conferre validè.* C. *Religiofus de procur.* Comme auffi, *Simoniacus non poteft gaudere privilegio triennii, & c. tenetur fructus reftituere.* Grim. *ad Reg. de trienn. poff.* Rebuffus *in pra.tit. de inf.refign. textui in C. detabilis de fimon.* à quoy il n'eft pas obligé aprés les dix ans. Arrèt du 4. Mars 1574. dans *Bergeron & Charondas en fes Memoires* ad calcem operum. Du Fail, *liv.* 1. *chap.* 363.

57 Lorfqu'un titre eft vicieux, l'on ne peut s'aider de la regle *de triennali poffeffore.* Arrèt du Parlement de Paris, rapporté par *M. Loüet, lettre P. Sommaire* 31. qui

qui juge que le refignant ayant ftipulé une referve de tous fruits *loco penfionis*, le titre du refignataire qui étoit nul, parce qu'il n'avoit pas joüi des fruits, n'avoit pas l'effet de rendre valable la triennale poffeffion.

58   Aprés trois ans de paifible poffeffion, le Regalifte ne peut inquieter le titulaire poffeffeur, fuivant l'art. 27. de l'Edit de 1606. *Brodeau fur M. Loüet, lettre V. fomm. 2.* Voyez *Anne Robert, livre 3. chap. 1.*

59   Arrêt du Parlement de Provence du 29. Novembre 1646. qui a jugé que le non gradué ayant poffedé paifiblement durant trois ans une Vicairie, étoit affuré en fon Benefice, en vertu de la Regle de *Triennali poffeffore.* Boniface, *tome 1. li. 2. tit. 27.*

60   La poffeffion triennale ne couvre point l'expreffion du decret irritant appofée dans une premiere provifion en commende d'un Benefice regulier, ni la feconde provifion auffi en commende accordée au refignataire du premier pourvû; le devolutaire fut maintenu par Arrêt du Parlement de Paris du 11. Juillet 1674. *Journal du Palais in quarto, part. 3. p. 396. & le 2. tome in folio, p. 590.*

61   La triennale poffeffion pour avoir lieu doit être fans trouble; elle fe compte *de momento ad momentum*, fans aucune interruption; le temps de la guerre fournit une exception valable en faveur de celuy qui n'a pû former complainte. La Glofe de la Pragmatique Sanction fur le mot *impedimenti* explique quels font les obftacles qui peuvent empêcher l'effet de la triennale paifible poffeffion. Il faut encore que la poffeffion foit fans intrufion, fans fimonie, & fans violence. *Définit. Can. p. 642.*

POSSESSION EN MATIERE PROFANE.

62   Voyez *Charondas, en fes memorables*, verbo *Poffeffion.*

63   De la poffeffion précaire, de bonne ou mauvaife foi, de la liaifon entre la poffeffion & la propriété, & comment on peut acquerir ou perdre la poffeffion? Des effets de la poffeffion. *Voyez le 2. tome des Loix Civiles, liv. 3. tit. 7.*

    Des engagemens de celuy qui a, & poffede quelque chofe d'une autre perfonne fans convention, & de la reftitution foit des deniers, & des fruits à laquelle il eft obligé. *Voyez le même, livre 2. titre 7. fection 3.*

64   *Prius poff.ffionem reftituendam effe quàm de principali causâ agatur.* Voyez And. Gaill, *confuetud. feud. lib. 8. tit. 82.*

65   Voyez le traité fait *per Andr. Gaill, de pignorationibus*, il dit que *pignoratio ex conftitutione Imperii nihil aliud eft quàm poffeffionis turbatio.*

66   *Pignoratio Imperialis quid fit, & quomodo ab arrefto, fpolio, & reprafaliis differat?* Voyez Andr. Gaill, *lib. fing. de pignorationibus, obfervat. 1.*

    De requifitis pignorationis. Voyez ibidem, *obfervat. 2.*

    Pignorationis conftitutio locum habet etiam in rebus ablatis. Voyez ibidem, *obfervat. 4.*

    Pignoratio Prafecti an Domino noceat? Voyez ibidem, *obfervat. 5.*

    Vaffallus & ufufructuarius, an fuper conftitutione pignorationis agere poffint? Voyez ibidem, *obfervat. 6.*

    Capitulum five Collegium Cathedralis Ecclefia, an fuper conftitutione pignorationis conveniri poffit? Voyez ibidem, *lib. fing. obfervat 7.*

    De proceffu pignorationis in caufâ citationis. Voyez ibidem, *lib. fing. obfervat. 8.*

    Servis afcriptis, vel hominibus propriis, ut vocant captis, an conftitutio pignorationis locum habeat? Voyez ibidem, *obfervat. 8.*

    Rebus inclufis an locum habeat conftitutio pignorationis? Voyez ibidem, *obfervat. 9.*

    Rebus extrà locum controverfum ablatis, vel perfonis captis, an jure conftitutionis reftituenda & relaxanda fint? Voyez ibidem, *obfervat. 10.*

    Tome III.

De mutuis pignorationibus. Voyez ibidem, *obfervat. 12.*

De proceffu pignorationis in caufâ mandati. Voyez ibidem, *obfervat. 13.*

In causâ mandati an exceptiones contra paritionem admittantur? Voyez ibidem, *obfervat. 14.*

Subjectionis exceptio an impediat paritionem? Voyez ibidem, *obfervat. 15.*

Reftitutio in causâ mandati quomodo facienda? Voyez ibidem, *obfervat. 16.*

De repetitâ pignoratione. Voyez ibidem, *obfervat. 19.*

De pignoratione in loco communi factâ. Voyez ibidem, *obfervat. 20.*

Res pignorata, an cum fuâ utilitate reftituenda fit? Voyez ibidem, *obfervat. 21.*

De probationibus in caufis pignorationum. Voyez ibidem, *obfervat. 22.*

De fententiâ definitivâ in caufis pignorationum. Voyez ibidem, *obfervat. 23.*

De re judicatâ in caufis pignorationum. Voyez ibidem, *obfervat. 25.*

Quòd arrefta regulariter interdicta funt. Voyez *Andr. Gaill*, en fon traité *de arreftis imperii, cap. 1.*

Communia utriufque conftitutionis, pignorationis & arreftorum. Voyez ibidem, *cap. 2.*

Quid fit arreftum, five impedimentum, imperii. Voyez ibidem, *cap. 3.*

De requifitis conftitutionis arreftorum. Voyez ibidem, *cap. 4.*

Arreftum imperii quid differat à turbatâ poffeffione, vel fpolio? Voyez ibidem, *cap. 5.*

An diverfitas patrimoniorum eximat ftatum imperii à Jurifdictione camera imperialis, & difpofitione conftitutionis arreftorum? Voyez ibidem, *cap. 6.*

Nullitatis exceptio ex defectu jurifdictionis camera, an paritionem mandati arreftorum impediat? Voyez ibidem, *cap. 7.*

An Dominus pro fubdito fuo arreftatò in camerâ ad relaxationem arrefti agere & colonum fugitivum defertorem territorii fui impedire, & vindicare poffit? Voyez ibidem, *cap. 8.*

De arreftis Juris licitis. Voyez ibidem *cap. 11.*

An per arreftum poffeffio rei arreftata tollatur? Voyez ibidem, *cap. 12.*

An in relaxatione arreftorum omnis utilitas rei arreftata in reftitutionem veniat? Voyez ibidem, *cap. 13.*

An iniquè arreftatus contra arreftorem, vel judicem, injuriarum agere poffit? Item de exceptionibus paritionem in caufâ mandatorum impedientibus. Voyez ibidem, *cap. 14.*

67   Poffeffion pour ou contre l'établiffement d'une bannalité. *Voyez le mot Bannalité, nomb. 11. 12. & 30.*

68   De la poffeffion dans l'action confeffoire. *Voyez Guy Pape, queftion 38. 212. 578. 866.* il dit que le poffeffeur doit être maintenu durant le cours du procez, le Droit l'ordonne, & l'ufage de toutes les Cours de Dauphiné le veut; le fifc n'a pas même plus de privilege que les particuliers, fi ce n'eft qu'il y ait fujet de craindre que le poffeffeur n'ufe mal de la chofe. *Voyez Chorier en fa Jurifprudence de Guy Pape, page 193.*

69   *Poffeffio prafumitur continuata & qualificata in qualitate tituli; nemo poteft, etiam fucceffor, mutare caufam poffeffionis.* V. M. *Charles Du Moulin, tome 2. Confil. 10. nomb. 11. & 12.*

70   *Judex cui fpolii caufa commiffa eft, poteft cognofcere de poffeffione.* Voyez *Franc. Marc. to. 1. queft. 67.*

71   *Miffus in poffeffionem ex primo decreto an poffidere dicatur, & reum expellere poffit & intentare reintegranda remedium? De tranflatione poffeffionis propter contumaciam; defuncti poffeffio an in haredis perfonam continuari poffit?* Voyez ibidem, *queft. 304. & fuiv.*

72   *Poffeffio feu quafi, ut in juribus incorporalibus acquiratur, qua requirantur?* V. ibidem, *queft. 422.*

P

73 *Remedium Canon. reintegranda, an detur contrà titulo possidentem, non habentem causam à vitioso auctore, & quo tempore præscribatur?* Voyez Francisci Stephani , *decis.* 50.

74 L'autorité d'une possession, jouïssance & usage anciens doit l'emporter. Jugé le 22. Novembre 1611. *Mornac, l. unica. ff. si quis jus dicenti non, &c.*

POSSESSION DE BIENS.

Cette possession n'est pas précisément de nôtre usage ; mais par le Droit Romain , c'étoit le droit de demander & poursuivre l'heredité , *jus persequendi retinendive patrimonii , sive rei , qua cujusque , cùm moritur , fuit* ; ce qui est l'heredité même , ou la succession. Ainsi le possesseur de biens, *bonorum possessor* , est le même que l'heritier , suivant la Loy 2. au *Dig. de bonor. possess.* & suivant la Loy 117. *de reg. jur.*

La difference de l'heredité & de la possession de biens , est que , *lex dat hereditatem , Prætor verò bonorum possessionem.* Cujac. *parat. Cod. 6. 9.* Il arrivoit quelquefois que celuy qui avoit la possession de biens, n'étoit pas en possession de la succession : & il la demandoit par l'interdit , *quorum bonorum.* D. 432... C. 8. 2... C. Th. 4. 21.

Il est traité de cette possession de biens dans les Livres 37. & 38. du Digeste , qui sont une suite des testamens & des successions.

Il en est aussi traité dans le sixième Livre du Code, depuis le titre IX. jusqu'autre titre XX. inclusivement.

Tous ces titres sont recueïllis cy-après , sous le mot *Succession.*

POSSESSEUR DE BONNE OU MAUVAISE FOY.

Voyez lettre F. verbo *Bonne foy.*

75 Du possesseur de bonne ou de mauvaise foy , & de la restitution des fruits. *Voyez Du Moulin , tome 2. p. 556. n. 24. & p. 873. Conseil 20.* où il observe que *bona fides præsumitur in possessore , nisi contrarium probetur.*

76 Un possesseur étant une fois devenu de mauvaise foi par la contestation en cause , ne peut se prévaloir de ce que l'instance est perie du depuis ; il doit la restitution des fruits , de même que s'il n'y avoit eu de peremption. Arrêt du 30. Octobre 1556. *M. le Prêtre, és Arrêts celebres du Parlement* in princip. *Voyez* cy-après le nomb. 92.

POSSESSION CENTENAIRE.

77 *Voyez M. Loüet , lettre L. somm. 9. circà finem ,* où il parle de la possession centenaire des Majeurs & Echevins d'Amiens, touchant la licitation entre coheritiers , où des étrangers avoient été admis à encherir ; toutefois un n'avoient point été adjudicataires. Arrêt du 3. Mars 1587. qui n'eut point d'égard à leur possession centenaire.

POSSESSEUR D'HERITAGES.

78 Les possesseurs de plusieurs fonds specialement affectez pour le payement d'une prestation annuelle , sont également tenus de payer , sauf à celuy qui a payé au dessus de sa part, de contraindre les autres de venir à l'égalation de cette prestation. Arrêt du Parlement de Grenoble du 26. Juin 1554. *Basset , tome 1. liv. 3. tit. 7. chap. 1.*

79 Une pension imposée sur un fonds ne peut être entierement exigée du possesseur d'une partie de ce fonds. Arrêt du 17. May 1594. *Ibidem.*

80 Une pension constituée à prix d'argent assignée sur deux ou plusieurs fonds, specialement hipotequez sur chaque particulier d'iceux , & generalement sur tous les autres biens , ne pouvoit être divisée, quoique les fonds soient tenus par plusieurs ; on peut convenir un des possesseurs pour le payement du total de la pension. On la considera comme une dette dont l'hypoteque étoit indivisible , par consequent diffe-

rente d'une fonciere & perpetuelle , portant lods & ventes. Arrêt du 19. Juin 1657. *Basset , ibidem.*

Le Colon Portiaire ne peut intervertir la possession 81 du Maître. Arrêt du Parlement de Dijon du 8. Janvier 1579. *Bouvot , tome 2.* verbo *Petitoire , Possessoire , quest. 4.*

Jugé par Arrêt du Parlement de Dijon du 11. Fé- 82 vrier 1608. que celuy qui joüit de partie d'une maison , achetant cette partie , se peut aider de la possession & joüissance du temps qu'il étoit locataire, & depuis son achat , & demander contre l'autre ayant part en la maison , d'être maintenu en la joüissance , sauf à l'autre de se pourvoir au petitoire. *Bouvot , ibidem. quest.* 17

Si un possesseur ayant été condamné de vuider un 83 domaine , étant remboursé du prix & reparation , à un mineur qui en avoit fait la vente , la mise de possession de ce domaine faite par le mineur de son autorité privée , & sans avoir fait le remboursement est nulle? Arrêt du Parlement de Provence du 26. Novembre 1671. qui declara nulle la mise de possession, & que les Experts vuidans le receuts auront égard au chauffage du bois pris pour l'usage du possesseur, & liquideront les fruits, année par année. *boniface, 10. 4. livre 9. titre 2. ch. 3.*

POSSESSION IMMEMORIALE.

De la possession immemoriale. *Voyez les Memoires* 84 *du Clergé , tome 2. part. 2. p. 154.*

Que specialia habeat immemorialis præscriptio? Voyez 85 Pontan. in consuet. Bles. tit. 4. art. 37.

Une possession immemoriale acquiert le droit de 86 peage , parce que dans cette servitude , & dans d'autres qui ont une cause discontinuë , il entre du fait de l'homme , & qu'on n'en use pas continuellement ; la possession immemoriale est celle de cent ans , mais s'il y a eu quelques jugemens de maintenuë , ou si l'on paye quelque droit au proprietaire de la forêt , par exemple , ou des prez , dix ans suffisent. C'est ce qui a été jugé au Parlement de Grenoble pour le Seigneur de la Baume d'Ostun , contre les habitans de la Motte qui prétendoient avoir droit de faire paître leurs bestiaux dans la forêt de Gervant , sans luy rien payer. Ils furent condamnez par Arrêt du 28. Mars 1461. bien qu'ils eussent prouvé leur possession de 10. de 20. & de 30. ans. En ces occasions la question de la proprieté n'est qu'incidente , & celuy-là est présumé proprietaire, qui prouve qu'il possede. Les habitans d'Auberive auprès de Vienne prétendoient avoir ce même droit de pâturage dans un pré qui dépend de la Communauté des côtes d'Arcy, qui resistoit à cette prétention , par l'action negatoire. Elle prouva dans l'instance qu'elle étoit reputée publiquement proprietaire de ce pré , & qu'elle en avoit la possession La Cour jugea que cette preuve faite par des actes possessoriaux suffisoit , quoiqu'elle fût pas necessairement concluante , & cette Communauté fut maintenuë. *Voyez Guy Pape , quest. 28. & 573.*

Une possession immemoriale d'exiger une redevance 87 peut être prouvée par témoins. Arrêt du Parlement de Grenoble du 2. Juillet 1659. *Basset , tome 1. livre 3. titre 3. chap. 4.*

Arrêt du Parlement de Provence du 23. Juin 1688. 88 qui a déclaré que la preuve ordonnée de la possession ancienne & recente, est suffisante , étant faite de 30. ans. *Boniface, tome 4. liv. 9. tit. 1. chap. 22.*

POSSESSION DE QUARANTE ANS.

La longue prestation de plus de quarante ans faite 89 à une Eglise de certain droit annuel , induit une obligation à l'avenir contre ceux qui ont payé volontairement , encore qu'il n'apparoisse de titre , *idque favore Ecclesia.* Arrêt du 8. Août 1601. entre Messire Pierre de Flagens , & la Dame de Rostaing , & le sieur Lamy Curé de Noisy le Sec. *Bibliot. Can. tome 2. p. 240. col. 2.*

Par Arrêt du Parlement de Normandie du 9. Jan- 90

vier 1542. rapporté par *Berault* sur la Coûtume de Normandie, art. 521. il a été jugé que la possession de quarante ans ne valoit rien, lorsqu'elle étoit fondée sur un titre vicieux.

91 La possession de quarante ans d'exiger est un titre suffisant pour les redevances annuelles, comme sont les rentes, les censes, & les servis. Jugé au Parlement de Grenoble pour le Seigneur d'Aix & de Sorant, contre quelques habitans. *Voyez Guy Pape*, *quest.* 407. & 408.

POSSESSEUR, REPARATIONS.

92 Possesseur de bonne foy condamné d'abandonner ne peut être contraint, qu'auparavant il n'ait été remboursé des reparations utiles; & à l'égard des voluptuaires il peut seulement venir par action de dommages & interêts. Arrêt du 17. Avril 1427. il a aussi droit de retention pour les frais necessaires. *Papon*, *li.* 18. *tit.* 4. *nomb.* 13.

93 Le possesseur n'est pas reçû, par la raison de la qualité & de l'importance de ses reparations, & de ses constructions, à l'offre de la valeur du terrein & du fonds. Arrêt du Parlement de Grenoble du 13. Mars 1663. rapporté par *Chorier en sa Jurisprudence de Guy Pape*, *p.* 296.

RETENIR LA POSSESSION.

94 *Voyez* l'Ordonnance de Moulins article 52. *retentiones pignoris permissa.* Mornac, *l.* 1. *ff. de pignoribus & hypotecis.*

POSSESSOIRE.

*V*oyez *Petitoire.* Possessoire. *Causa possessoria. Vindiciarum prajudicium. Interdictum possessionis.*

La matiere du possessoire, ou de la possession est traitée en Droit sous le nom d'interdit, qui est une Ordonnance du Juge sur le possessoire.

Voyez tout le Livre XLIII. du Digeste, & les onze premiers Titres du huitième livre du Code.

De interdictis. D. 43. 1... *I.* 4. 15... Paul. 5. 6.
Uti possidetis. D. 43. 17... C. 8. 6... *I.* 4. 15. §. 4. Sorte d'interdit pour être maintenu au possessoire, ou dans la possession d'un immeuble, pendant la contestation pour le petitoire.

De possessionibus & interdicto uti possidetis. Lex 12. *tabb. t.* 22.

De ordine judiciorum. C. 3. 8.

De ordine cognitionum. C. 7. 19... *Extr.* 2. 10.

De causâ possessionis & proprietatis, Extr. 2. 12. Ces trois derniers Titres concernent l'ordre des actions, & traitent en particulier du possessoire & du petitoire.

De utrubi. D. 43. 31... *I.* 4. 15. §. 4... C. Th. 4. *ult.* Interdit pour être maintenu en la possession d'une chose mobiliaire. *Interdictum utrubi, sic dictum à primo interdicti verbo, utrubi, ex utrum, & ubi; id est, apud quem.*

De superficiebus. D. 43. 18. Ce titre parle de l'interdit qui maintient au possessoire celuy qui a bâti sur le fonds d'autrui, *Domino consentiente.* Voyez l'explication de *Superficies*, aux mots, *Surface*, & *Emphiteose.*

De itinere actuque privato. D. 43. 19. Interdit peut être maintenu au possessoire d'un chemin ou passage particulier.

Si de momentaneâ possessione fueris appellatum. C. 7. 69. C. Th. 11. 37. Appel d'une Sentence au possessoire, n'empêche pas l'execution: passé outre nonobstant l'appel.

Voyez l'article precedent, *Possession*; & les mots *Complainte, Interdis, Petitoire.*

Des matieres possessoires. *Ordonnances de Fontanon*, *tome* 1. livre 3. *tit.* 40. *p.* 611.

De duplici possessorio, & utriusque differentiâ. Voyez Andr. Gaill, *liv.* 1. *observat.* 7.

1 Parmi les Juges Laïcs, il n'y a que le Royal qui puis-

se connoître du possessoire des Benefices dont la connoissance a été interdite aux Officiers des Seigneurs, par l'Ordonnance de Loüis XI. de l'an 1464. & par celle de Loüis XII. de l'an 1499. *Voyez Graverol sur la Rocheflavin, liv.* 6. *tit.* 56. *Arr.* 5.

2 Après le possessoire intenté en matiere beneficiale, ne se pourra faire poursuite pardevant le Juge d'Eglise sur le petitoire, jusques à ce que le possessoire ait été entierement vuidé par Jugement de Juge maintenuë, & que les parties y ayent satisfait & fourni, tant pour le principal que pour les fruits, dommages & interêts. Ordonnance de 1539. art. 49. *Voyez M. Dolive, liv.* 1. *chap.* 11.

3 Possessoire doit être entierement executé avant qu'on soit tenu défendre au petitoire. *Tournet, lettre P. Arr.* 151.

4 Celui qui se dit en possession immemoriale de puiser de l'eau dans un puits, n'est tenu au possessoire contester sur l'immemoriale possession, si-tôt que le proprietaire du puits confesse la possession, quoique non immemoriale. Arrêt du Parlement de Dijon du 7. May 1573. *Bouvot, to.* 2. verbo *Petitoire, question* 11.

5 Le possessoire doit être parfourni avant que de venir au petitoire, & la Sentence sur le possessoire n'est pas executoire, nonobstant l'appel, sans appeller 3. ou 4. Assesseurs. *Bouvot, tome* 2. verbo *Petitoire, Possessoire, quest.* 3.

6 Si le Juge d'Eglise prend connoissance du possessoire, l'on peut appeller comme d'abus. Arrêt du Parlement de Dijon du 12. Juillet 1599. *Ibidem*, verbo *Petitoire, quest.* 5.

POSTE.

*P*Oste, *Cursus publicus.* Cheval de poste, *Veredus. De cursu publico, & Angariis, & Parangariis. C.* 12. 51... C. Th. 8. 5. De la poste & des voitures publiques. *Angaria, est quâ cursus publici dispositus est:* Les routes. *Parangaria, quâ per Provincias ex transverso iter sit:* Les pays de traverse. C'est de là sans doute, qu'on dit encore en quelques Provinces, un pays de Paragare.

De Muriliguli... & Bastagariis. C. 11. 7... C. Th. 10. 20. *Bastagarii*, voituriers & conducteurs des choses qui appartenoient au Prince, & qui étoient portées *in ærarium.* Mais on peut appliquer ce qui est dit de ces voituriers, au Maître particulier d'une poste.

De Curiosis & stationariis. C. 12 23... C. Th. 6. 29. Des Inspecteurs des postes; d'où ils étoient aussi appellez *Curagendarii.* Ils étoient aussi les dénonciateurs publics.

Voyez cy-devant *Couriers.*

POSTHUME.

*S*Ens ce mot, *Posthumus. L.* 153. & 231. D. *de verb. sign.*

De liberis & posthumis heredibus instituendis, vel exheredandis. D. 282.

De Posthumis heredibus instituendis vel exheredandis. C. 6. 19.

De inspiciendo ventre, custodiendóque partu. D. 25. 4. Ce Titre est commun au mari & à la femme; au mari, quand après le divorce, la femme nioit d'être enceinte; à la femme quand elle se disoit enceinte, après la mort de son mari. *Venter, hic pro muliere pregnante, vel pro Posthumo.*

De ventre in possessionem mittendo, & curatore ejus. D. 37. 9.

Voyez les Loix Civiles dans leur ordre naturel, *to.* 1. au livre préliminaire, *tit.* 2. *sect.* 1. *n.* 7.

1 De l'institution des posthumes, *V. Henrys*, *tom.* 2. livre 5. *quest.* 50. & le mot *Enfans*, *nomb.* 67. & 68. & le mot *Heritier*, *nomb.* 146. & *suiv.*

2 *Posthumus qui incontinenti & illico moritur, ad*

quem hæreditatem transmittat? Voyez Franc. Marc. to. 2. *quest.* 169.

3 Si le testateur a institué le posthume dont la femme étoit enceinte, & étant le posthume né mort du vivant du testateur, & aprés y ayant un autre posthume, sçavoir s'il est censé preterit, & le testament nul? *V. Bouvot, to.* 1. *part.* 2. *verbo Posthume, q.* 1.

4 L'institution du posthume est tirée à tous les posthumes nez aprés le testament. *V. Cambolas, livre* 5. *chap.* 10.

5 Institution simple d'un posthume s'étend à tous les posthumes qui naissent aprés. Arrêt du Parlement de Toulouse rapporté par *Mainard, tome* 1. *livre* 5. *chapitres* 8. *& 9.*

6 M. Daffis Avocat General au Parlement de Toulouse massacré en la Conciergerie, laissa sa femme enceinte, elle accoucha deux ou trois mois aprés d'un fils, qui au rapport des Medecins fut jugé n'avoir que quatre mois; cet enfant vécut quelques momens. Arrêt du mois de Novembre 1591. qui ajuge sa succession, non à la mere, mais aux heritiers du sieur Daffis. *La Rocheflavin, livre* 3. *lettre P. titre* 9.

7 Le cas exprimé en un testament d'institution de posthume, se peut étendre au cas qui n'est pas exprimé, par une benigne interpretation *ex conjecturâ voluntatis.* Jugé au Parlement de Paris, en Février 1627. *M. Bouguier, lettre T. nomb.* 4.

8 Si un des enfans qui n'est pas preterit lors qu'il y en a un qui l'est, & qui n'agit pas, peut faire casser le testament sous ce prétexte? Un nommé Estival ayant plusieurs enfans d'un premier lit, fait heritier son fils, & legue la legitime à un posthume; s'étant remarié & eue une fille, qui étant preterite eût fait casser le testament: mais l'heritier s'accorda avec elle; si bien qu'elle n'agit point, une autre fille du testateur demanda d'être maintenuë en sa portion, *ab intestat,* suivant un Arrêt general de 1615. rendu en la cause de Delmas & de Moliniers, & suivant la Loy *à patre* 28. §. *Si quis ff. de lib. & posth.* Estival disoit qu'elle ne pouvoit pas alleguer le droit d'un tiers: mais cette fille fut reçuë à demander sa portion *ab intestat;* le Parlement de Toulouse cassa le testament par Arrêt du 16. Juillet 1643. cet Arrêt est fondé sur la Loy *Si post mortem ff. de bon. poss. contrà tab.* Albert, *verbo Testament,* Art. 36.

9 Arrêts du Parlement de Provence des 23. Decembre 1645. & 23. Decembre 1655. qui ont jugé que le testament fait en faveur d'un posthume dont la femme est enceinte, comprend le posthume des autres grossesses. *Boniface, tome* 2. *li.* 1. *tit.* 8. *chap.* 1.

10 Si le legataire d'une somme certaine à titre d'institution demeure heritier par le défaut de naissance du posthume institué heritier; & si la condition de la mort du posthume sans enfans, comprend celle du défaut de la naissance du posthume? *Voyez Boniface, ibidem, chap.* 3. qui rapporte la Sentence du Lieutenant General d'Aix renduë en l'année 1666. au profit du mari de celle qui étoit legataire. L'appel de la Sentence est demeuré indecis.

11 Par Arrêt du Parlement de Paris du 2. Mars 1665. Jugé que par la naissance d'un enfant posthume, le testament du pere peut être revoqué. *Soëfve, tome* 2. *Cent.* 3. *chap.* 49.

12 La preterition des posthumes nez aprés le testament du pere, rend son testament nul. Arrêt du Parlement de Grenoble du 21. Février 1645. *Basset, tome* 1. *liv.* 5. *tit.* 6. *chap.* 1. La même question est traitée dans *Henrys, tome* 2. *liv.* 1. *quest.* 5.

13 Le posthume est reçu au retrait lignager, quoique non conçu dans le temps de la vente, pourvû qu'il soit conçu dans l'année du retrait. *V. Mainard, livre* 9. *chap.* 2.

14 Si la clause codicillaire peut nuire aux posthumes? *Voyez le mot Clause, nomb.* 19. *& suiv.*

15 *Testamentum nativitate posthumi ruptum, an sustinea-*

tur virtute clausulâ codicillaris? Voyez Andr. Gaill. *lib.* 2. *observat.* 114.

Voyez cy-aprés verbo *Testament,* §. *Testament, Posthume.*

POSTULATION.

1 **V**Oyez le mot *Election, nombre* 111. *& suiv.*

Postulatio est quædam gratia petitio à superiore facta de promovendo aliquem ad prælationem ad quam de jure communi propter defectum aliquem vel impedimentum eligi seu promoveri non poterat.

La postulation differe de l'election, en ce que *postulatio innititur gratiæ, electio vero innititur juri.* V. Castel, *mat. benef. tome* 1. *page* 87.

2 On demande si une personne éluë à un Evêché le peut être à un autre, ou seulement postulée? Il faut distinguer. Il doit être postulé, si l'élection a été confirmée; si elle n'a été qu'acceptée sans confirmation du superieur, il peut être élu: l'élection n'est un empêchement à une seconde que quand elle a été confirmée. *Ibidem, page* 92.

3 Les défauts ou incapacitez qui ont dispensé pour l'Episcopat obligent à postuler, comme si des Chanoines vouloient élire un Evêque qui n'eût que 28. ou 29. ans, & ne fût dans les Ordres sacrez, eût encore quelque incapacité, fût bâtard, alors il faut dispenser, & cette dispense ouvre la voye de la postulation. *Ibidem page* 93. Les indignitez pour lesquelles il n'y a point de dispense, en sont exclués. *page* 94.

4 Il y a postulation solemnelle, & non solemnelle; celle-là se fait à un superieur, au Pape qui a pouvoir de dispenser de tous les défauts que celuy qui est demandé pour Evêque, peut avoir. La non solemnelle est celle qui se fait à un superieur, qui n'a pas le pouvoir de dispenser, mais dont le consentement est requis pour la promotion d'une personne à quelque prélature à laquelle il n'y a aucun obstacle qui l'empêche d'être élu. *Verbi gratiâ,* la demande que fait un Religieux à son superieur de donner son consentement à l'élection de sa personne.

On peut faire au Pape une postulation non solemnelle, lors qu'on a élu pour Evêque un Abbé qui luy est immediatement sujet; le Legat *à latere,* s'il y en avoit un dans la Province, pourroit consentir à l'élection. *Castel, Ibidem page* 96.

5 *Non professus ad beneficium regulare, postulari, non nisi, ex causâ potest.* Voyez Franc. Marc. 10. 1. q. 1172.

6 *Legatus de latere postulationem admittere non potest, etiam in Archiepiscopum. Ibidem, quest.* 1273.

7 *In postulationis forma C. quia propter de electio. non est servanda. Ibidem, quest.* 1275.

8 *Postulatus existens in partib. remotis antè postulationis administrationem administrare non potest. Ibidem quest.* 1277.

9 *Monialis alterius monasterii si postuletur in Abbatissam, ut postulatio valeat, duæ partes intervenire debent. Ibidem, quest.* 1279.

10 *Postulantes à postulatione antequam superiori præsentetur, recedere possunt: item & variare. Ibidem quest.* 1288.

11 *Papa postulationem rejicere potest, non autem inferior, si concorditer aut à duabus partibus facta sit. Ibidem, quest.* 1314.

POSTULER.

POstulare potest Præfectus minor apud Præfectum majorem seu bailivum, sed citrà prærogativas. Mornac l. penultima ff. de officio assessorum.
Voyez les mots Avocats, Juges, Procureurs.

POTIER D'ETAIN.

1 **L**E 22. Mars 1568. au Parlement de Bretagne les Lettres de Maîtres Pintiers & Potiers d'étain de la Ville de Nantes seront publiées aux modifications suivantes. Sur le premier & huitiéme des Ar-

ticles & Statuts, il est dit qu'il ne sera requis à ceux qui voudront être reçus Maîtres ou autrement besogner dudit métier, ayant fait leur apprentissage chez l'un des Maîtres en la Ville de Nantes, suffira seulement qu'ils ayent fait leur apprentissage en quelqu'une des bonnes Villes de ce Royaume; sur le dixiéme Article que les autres Pintiers ouvrant & tenant boutiques au temps présent en la Ville & Fauxbourgs de Nantes, ne seront tenus de faire aucun chef d'œuvre & demeureront Maîtres, pourvû qu'ils ayent ouvré du métier, & tenu boutique ouverte en la Ville, & depuis ainsi jugé au mois de Juillet 1635. pour un Cordonnier qui avoit été Maître au Mans. *Du Fail, liv. 2, ch. 318.*

Reglement entre les Potiers d'étain d'Auxerre, par lequel sera fait une estampe, & portée en l'Hôtel de Ville, en laquelle les Maîtres apposeront leur marque; visite par deux Maîtres Jurez élus de deux en deux ans; ne pourront transporter leurs marchandises hors la Ville, és foires prochaines, sans au préalable être visitées deux jours auparavant, à moins pour ce fait averti les Maîtres Jurez, ou en leur absence fait visiter à autres. Arrêt du 23. Août 1607. *Corbin suite de Patronage ch. 206.*

POUILLE'

LE Pouillé des Benefices de France, *cinq vol.* in quarto Paris. 1648.

La clef du Pouillé de France, par *Doujat*, in douze. Paris 1671.

POURPRE.

POurpre. *Purpura. Murex, piscis conchyliati genus.*

De Murilegulis. C. 11. 7... C. Th. 10. 20. Des Pêcheurs de Pourpre.

Ut Purpura segmenta & particula in publicis merciimoniis sint. Leon. N. 80.

POURSUITE.

LA poursuite est une suite de l'action. *L. 34. L. 57. §. 1. L. 178. §. 2. D. de verb. sign.*

Voyez les mots *Action, Procedures.*

Poursuite de criées. *Voyez* les mots *Criées, Decret, Saisie réelle.* Dans l'indice de *M. François Ragueau*, il est parlé d'un droit de poursuite appartenant à certains Seigneurs.

PRÆSTARIA.

ENcore que les concessions faites *in præstariam* ne soient plus de l'usage de l'Eglise qui les a introduites, il est à propos d'en donner l'explication pour l'intelligence des anciens titres dont l'ignorance fait souvent la matiere de procez. *Præstaria* est une concession faite par l'Eglise de l'usufruit de quelque heritage pendant la vie du preneur, moyennant une redevance; comme de fournir certaine quantité de cire pour les luminaires, quelquefois aussi sans redevance; & le plus souvent cette concession d'usufruit se faisoit à celuy là même qui avoit donné l'heritage à l'Eglise. *Salvaing, de l'usage des fiefs chapitre 33.*

PRAGMATIQUE SANCTION.

EN 1268. le Roy S. Loüis pour faire observer les anciens Canons que nous appellons *Libertez de l'Eglise Gallicane*, parce qu'ils sont sous la protection des Rois de France, qui les regardent comme les droits & privileges du Royaume Chrétien, fit un Edit ou Ordonnance portant 1°. Que les Prélats, les collateurs des Benefices, & les Patrons joüiroient paisiblement de tous leurs droits. 2°. Que les Eglises Cathedrales & autres, seroient maintenuës dans la liberté d'élire leurs Prélats. 3°. Que l'on aboliroit entierement la simonie & la venalité des Benefices 4°.

Que toutes les promotions, & les collations des dignitez & autres Benefices ou Offices Ecclesiastiques, se feroient suivant la disposition du droit commun, des sacrez Conciles & des coûtumes établies par les anciens Peres de l'Eglise. 5°. Qu'il ne se feroit aucune exaction ni aucune levée de deniers par la Cour de Rome, dans toute l'étenduë du Royaume, si ce n'étoit pour quelque necessité pressante, avec l'agrément du Roy, & du consentement de l'Eglise Gallicane. 6°. Que toutes les Eglises & tous les Ecclesiastiques du Royaume, seroient maintenus dans les libertez, franchises & privileges accordez par les Rois de France ses predecesseurs.

Cet Edit est dans l'ancien Stile du Parlement, dans *Fontanon*, & dans le Recüeil de *Bochellus*, intitulé *Decreta Ecclesiæ Gallicanæ.*

Comme la Cour de Rome ne laissoit pas de former de nouvelles entreprises, Charles VII. en l'année 1438. se vit obligé de faire publier une seconde Pragmatique Sanction conforme à la disposition des Conciles de Constance & de Bâle. Cette seconde Pragmatique a été observée, quoiqu'Eugene IV. & Pie II. eussent tenté de la faire révoquer, & que Loüis XI. trop facile à consentir aux persuasions de la Cour de Rome, y eût donné quelques atteintes. Il n'est pas inutile de dévelloper ces faits historiques.

Pendant les divisions qui s'eleverent entre le Concile de Bâle & le Pape Eugene IV. le Roy Charles VII. convoqua en 1431. une assemblée du Clergé. Là, furent dressez des Memoires que l'on envoya au Concile de Bâle. Ce Schisme dura 7. ans, aprés lesquels, en 1438. l'on fit la Pragmatique Sanction, qui l'année suivante fut verifiée au Parlement de Paris. Le Pape Eugene députa des Ambassadeurs vers le Roy de France, étant à l'assemblée de Bourges, pour le prier de suspendre l'execution de la Pragmatique. Charles VII. répondit, qu'il avoit resolu de la faire observer; & en effet le 2. Septembre 1440. Le Roy fit lire en presence des Ambassadeurs du Pape & du Concile, Sa Declaration portant, que puisqu'il ne luy apparoissoit pas que la déposition d'Eugene, & l'élection de Felix, eussent été canoniquement faites, & qu'il doutoit si alors le Concile étoit suffisant pour terminer des affaires aussi importantes, il reconnoissoit Eugene pour Pape, jusqu'à ce qu'il en fût autrement ordonné par un Concile General, ou par l'Eglise Gallicane. Les divisions d'Eugene & du Concile continuant de troubler l'Etat, le Roy défendit à ses sujets de se servir d'aucunes Bulles, Decrets ou Rescrits émanez de l'un ou de l'autre, & commanda à ses Juges d'observer sa Pragmatique Sanction. Ces Lettres Patentes furent verifiées au Parlement de Paris en 1440.

Il faut observer que les articles de la Pragmatique Sanction furent dressez sur les Decrets du Concile de Bâle; qu'en l'année 1433. le Pape Eugene ratifia tout ce qui avoit été fait en ce Concile, & que la division ne recommença qu'en l'année 1437. ainsi des XXIII. Articles contenus dans la Pragmatique, il y en a XXI. qui sont approuvez par le Pape en consequence de cette ratification du Concile; car il n'y en a que deux qui soient faits depuis la seconde division. Ces deux Articles sont tirez des deux Décrets du Concile, dont l'un regarde les collations, & l'autre les causes; mais le Roy les modifia, parce qu'il reconnoissoit Eugene pour Pape.

Le I. Article de la Pragmatique Sanction est tiré de la 1. Session du Concile de Bâle, & concerne l'autorité des Conciles Generaux.

Le II. Article est en la Session II. & parle de la puissance & de l'autorité du Concile de Bâle.

Le III. Article pris des Sessions XII. & XIII. marque la forme des élections.

Le IV. contient l'abolition des reservations, & est tiré de la Session XXIII.

Le V. Article fait après la seconde division l'an 1438. parle de la collation des Benefices, & n'admet point les graces expectatives, ni les reserves particulieres du Pape & de ses Legats; il est tiré de la Session XXXI. du Concile de Bâle.

Le VI. Article qui concerne les causes & les Jugemens est pris de la même Session XXXI.

Le VII. est contre les folles appellations, & est conforme au Decret de la Session XX.

Le VIII. regarde le fait des possessions paisibles, & est tiré de la Session XXI.

Le IX. Article definit le nombre des Cardinaux, suivant le Decret de la Session XXIII.

Le X. parle des Annates, & est pris de la Session XXI. en 1435.

Le XI. regle ce qui regarde le Service Divin, conformément au Decret de la Session XXXI. & ajoûte que les loüables coûtumes des Eglises particulieres de France seront observées.

Les XII. XIII. XIV. XV. XVI. XVII. XVIII. XIX. Articles qui concernent la police des Eglises Cathedrales, sont de la Session XXI. du Concile.

Le XX. Article parle des concubinaires, suivant le Decret de la Session XX.

Le XXI. regle ce qui regarde les excommuniez, & est pris de la Session XX.

Le XXII. traite des interdits conformément au Decret de la Session XX.

Le XXIII. Article parle de la preuve que l'on peut tirer de ce qui est énoncé dans les Lettres ou Bulles du Pape, suivant le Decret de la Session XXIII. du Concile de Bâle.

Voilà sommairement ce qui fut resolu en l'assemblée tenuë à Bourges, & cette Pragmatique fut verifiée au Parlement de Paris le 13. Juillet 1439. Cette Loy tendoit principalement à faire ensorte que les Ordinaires du Royaume fussent reconnus avant que d'aller en Cour de Rome; que les élections fussent rétablies suivant la Coûtume ancienne : que l'autorité du Concile general fût preferée à celle du Pape en particulier, & que les graces expectatives fussent abolies.

Æneas Silvius qui avoit été Secretaire du Concile de Bâle, parvenu au Pontificat en 1458. sous le nom de Pie II. employa tous les ressorts imaginables pour faire abolir cette Pragmatique. Après la mort du Roy Charles VII. en 1461. ce Pape engagea dans ses interêts Jean Godefroy Evêque d'Arras, qui fut depuis Evêque d'Alby, & enfin Cardinal. Godefroy pour accommoder l'affaire promit au Roy que le Pape envoyeroit un Legat en France, qui donneroit les provisions des Benefices, afin que l'argent ne sortît point du Royaume : mais cette proposition n'eut point d'effet. Enfin l'Evêque de Terni Nonce du Pape en France, fit agréer au Roy l'abolition de la Pragmatique. Loüis XI. en donna ses Lettres le 27. Novembre 1461. adressées au Pape Pie II. dans lesquelles il ordonna que les choses fussent rétablies dans l'état qu'elles étoient avant la publication de la Pragmatique. Cette condescendance du Roy ne fut pas approuvée par le Parlement; & on en porta des plaintes dans les Etats tenus à Tours au commencement du Regne de son successeur Charles VIII. Cependant le Pape fit traîner la Charte de la Pragmatique Sanction par les ruës de Rome, faisant publier qu'elle étoit abolie. Pour remercier le Roy il benit durant la Messe de minuit à Noël, une épée dont le fourreau étoit enrichi de pierreries qu'il luy envoya, avec des vers à sa loüange. Bien que la Pragmatique eût été traitée dans Rome comme une Ordonnance condamnée & abolie, elle ne laissoit pas d'être observée en France : sinon que les Reserves & les Graces expectatives y étoient reçuës comme auparavant. Paul II. qui succeda au Pape Pie II. en 1464. sçavoit bien que la Pragmatique étoit observée en plusieurs

points : c'est pourquoi il envoya un Legat en France en 1467. avec pouvoir de faire Cardinal Jean Baluë Evêque d'Evreux, s'il donnoit ses soins pour abolir cette Loy. Loüis XI. accorda au Pape ce qu'il desiroit : & commanda en 1469. que les Lettres en fussent expediées. Baluë les fit publier au Châtelet, mais il se trouva de la resistance au Parlement. Jean de saint Romain Procureur General empêcha l'enregistrement, & remontra qu'en abolissant la Pragmatique, on ôtoit les Elections aux Chapitres; & les Collations aux Ordinaires; on rétablissoit les Elections & les Graces Expectatives, & les évocations en Cour de Rome. Que la Pragmatique n'ayant plus lieu, un grand nombre de sujets du Roy se retireroient à Rome comme auparavant, pour y obtenir des graces, ou pour y poursuivre leurs affaires; ce qui rendroit les Universitez dépourvûës de gens capables. Qu'enfin les Lettres de l'abolition étant enthérinées, il sortiroit du Royaume des sommes immenses pour être portées à Rome. Il remarqua que pendant trois ans que l'execution de la Pragmatique avoit été interrompuë du temps de Pie II. on avoit porté de France à Rome trois cens quarante mille écus pour les Evêchez, les Abbayes, les Prieurez, & autres Dignitez qui avoient vaqué, & deux millions d'écus pour les Graces Expectatives des Cures & autres Benefices. L'Université de Paris s'émut fort contre Baluë; le Recteur se rendit chez le Legat, & luy déclara qu'il en appelloit au premier Concile.

Après la mort de Loüis XI. en 1483. le Roy Charles VIII. assembla les trois Etats de son Royaume dans la Ville de Tours, où l'on demanda avec instance l'execution de la Pragmatique Sanction. Les Evêques qui avoient été promûs sous le Regne de Loüis XI. s'opposerent avec chaleur ; mais le tiers Etat leur resista fortement, & les appella les *Evêques du Roy*, parce qu'ils n'étoient pas pourvûs canoniquement, ni selon les Decrets du Concile de Bâle. Le Procureur General Jean de saint Romain y parla avec sa fermeté ordinaire pour l'observation de la Pragmatique, & contre la demande des Prélats. En 1484. Jean de Nanterre Procureur General forma un appel au Parlement contre la Legation du Cardinal Baluë, & soûtint que la Pragmatique étoit une Ordonnance sainte, necessaire pour le bien de l'Etat. Ainsi du Regne de Charles VIII. on proceda aux Elections des Evêchez; & s'il se formoit quelque debat, le Parlement en étoit le Juge. On en voit des Arrêts pour l'Evêché de Tulle en 1485. & pour celuy de S. Flour en 1486. Loüis XII. ayant succedé à Charles VIII. ordonna en 1499. que la Pragmatique fût inviolablement observée; le Parlement rendit plusieurs Arrêts contre des particuliers qui avoient obtenu des Bulles en Cour de Rome. Mais en Decembre 1512. le Pape Jules II. presidant au Concile de Latran, ordonna que tous les fauteurs de la Pragmatique Sanction quels qu'ils pussent être, Rois ou autres, seroient cités à comparoître dans soixante jours; & après sa mort arrivée en Février 1513. Leon X. continua le Concile, où il confirma l'Ordonnance de Jules II. Le Roy Loüis XII. envoya ses Ambassadeurs au Concile de Latran avec pouvoir de déclarer qu'après la mort de Jules II. il n'avoit plus sujet de défiance, & que renonçant au Concile de Pise il adheroit à celuy de Latran comme legitime. Cet acte lû en pleine assemblée fut ratifié par Lettres Patentes de Loüis XII. données le 26. Octobre 1513. En cette conjoncture le Roy mourut le premier Janvier 1514. Le Roy François I. qui luy succeda passa en Italie l'an 1515. pour se rendre maître du Duché de Milan qui luy appartenoit. Dans le temps qu'il étoit à Pavie, il eut avis par son Ambassadeur à Rome que le Pape & le Concile avoient décerné une citation peremptoire & finale contre sa Majesté, & contre le Clergé de France.

Alors prevenu par son Chancelier, il resolut de traiter avec le Pape, lequel ayant sçû la volonté du Roy offrit de venir à Boulogne pour y conferer avec luy. Cette entrevûë se fit le 11. Decembre 1515. & François I. retourna ensuite à Milan, ayant laissé le Chancelier du Prat pour convenir des conditions du traité avec les Cardinaux d'Ancone & Santiquatro, que le Pape avoit nommez. On accusa en France le Chancelier d'avoir trahi la cause publique pour son propre interêt. En effet il eut ensuite un Chapeau de Cardinal, qui peut-être fut la recompense de cette lâche condescendance. Le Concordat fut conclu le 16. Août 1516. après quoi la Bulle du Pape Leon X. portant la revocation de la Pragmatique, en date du 19. Decembre 1516. & le Concordat fait entre le Pape & François I. furent approuvez par le Concile de Latran. *Pinson, Pragm. Sanct.* Mezeray, *Histoire de France.* Voyez *Concordat.*

Pragmatique Sanction à Paris en Mars 1268. *Joly, des Offices de France, tome 1. pag. 235.* Corbin, *pag. 198.*

Pragmatique Sanction de Bâle, à Bourges le sept Juillet 1438. registrée au Parlem. le 13. Juillet 1439. *Ord. Barbina cotté D. fol. 57. Joly, des Offices de France, to. 1. li. 1. tit. 23. pag. 235. & aux Additions p. 178. & suiv.* Fontanon, *to. 4. p. 383.*

Declaration sur la Pragmatique Sanction, à Saint Denys en France le 7. Août 1443. *Ord. Barbina vol. D. fol. 76.* Ordonnances de Fontanon, *tome 4. page 945.*

Des Pragmatiques Sanctions, & Concordats reçus en France; ensemble de l'autorité & observation des saints Decrets. *Ordonnances de Fontanon, to. 4. ti. 10. pag. 382.*

Pragmatica Sanctio Caroli VII. Francorum Regis, cum glossis Guymierii & addition. Philipp. Probi: accedunt hâc postremâ editione Franc. Pinsonii illustrationes. Paris 1666. Voyez les Memoires du Clergé, *to. 4. part. 2. pag. 174. & suiv.* Comment elle a été revoquée par le Concordat. *Ibid. pag. 208. & 575.* Vide verbo *Concordat.* Voyez le *quatrième Plaidoyé de M. Patru.*

La Pragmatique Sanction est composée de trois parties. On voit dans la première, qui est la Préface, que le Concile de Bâle ayant député ses Ambassadeurs vers le Roy Charles V. pour le supplier de recevoir quelques-uns de ses Decrets, a reconnu que la reception d'un Concile dans toutes les matieres de Police, dépend absolument des Rois de France; & cette reconnoissance justifie le refus que l'on fait d'avoir égard aux Lettres des Papes, qui ne sont point accompagnées de Lettres Patentes. En 2. lieu, que le Roy dans son Conseil, composé de tous les Ordres de l'Etat, peut faire des Reglemens touchant la discipline Ecclesiastique.

La seconde partie qui contient les articles du Concile de Bâle, avec les modifications des Assemblées de Bourges, justifie encore que les Rois n'acceptent les Reglemens de la Police Ecclesiastique faits par les Conciles, qu'en tant qu'ils sont convenables au bien de l'Etat, quoiqu'ils reçoivent avec soûmission & déference filiale les définitions qui regardent la Foy: ce qui fait voir que la maniere avec laquelle le Concile de Trente a été reçu, n'est pas nouvelle, mais conforme aux Regles de l'Eglise Gallicane.

La troisiéme partie de la Pragmatique, qui est la conclusion, dans laquelle l'Assemblée de Bourges ayant arrêté qu'il sera fait instance au Concile pour authoriser ses modifications, & que neanmoins elles seront executées par provision, est une excellente preuve de l'authorité du Roy pour les Reglemens provisionnaux dans les affaires Ecclesiastiques, & du pouvoir legitime de ses Parlemens, pour le secours de ses Sujets au cas de refus, ou des Papes, ou des Ordinaires. *Bibliot. Can. to. 1. p. 330.*

PRATIQUE.

PRATIQUE DE PROCUREURS.

Voyez *Mornac, liv. 20. ff. familiae erciscundae.*

La pratique d'un Procureur est meuble, s'il n'y a clause au contraire par le Contrat de mariage: autrefois elle ne se vendoit pas; aujourd'huy la vente est tolerée. Voyez *M. Louet & son Commentateur, let. P. som. 5. & Chopin sur la Coût. de Paris, liv. 1.*

Un Procureur peut gratifier son fils de sa Charge pour un prix moderé, mais il ne peut le gratifier de sa pratique, en l'estimant moindre somme qu'elle ne vaut. *Arrêt du 28. May 1624. Brodeau sur Ad. Louet, let. E. somm. 2. nomb. 8. fine. & Jovet en sa Bibliot. d'Arrêts, let. P. ch. 14. nomb. 1. & 2.*

La pratique d'un Procureur stipulée propre. Les promesses, obligations, & executoires de dépens de ladite pratique, sont reputées propres. *Arrêt du 16. Mars 1661. De la Guess. tome 2. liv. 4. chap. 16.* Le même Arrêt est rapporté aux notables Arrêts des Audiences, *Arrêt 58.*

PRE.

Définition & étimologie de ce mot *Pré*, pratum. *L. 31. D. de verb. sign.* Voyez *Pâturage.*

Par Arrêt du Parl. de Roüen du 7. Juillet 1588. rapporté par *Berault sur la Coût. de Normandie, titre des Bonnes & Défenses, art. 82.* il a été jugé qu'un particulier ne pouvoit être empêché de clôre un pré à luy appartenant, sous prétexte de dire par les habitans du Village, qu'ils étoient en possession immemoriale d'y envoyer leurs bestiaux, après la premiere herbe fauchée.

PREBENDE.

Maître René Chopin en son Traité *de sacrâ Politiâ, li. 1. tit. 3. nomb. 20.* appelle les Prébendes *Sacerdotales sportula.*

Voyez au premier Tome de ce Recüeil, le mot *Chanoines, nombre 99. & suiv.* & hoc verbo *Prébende*, la *Bibliotheque de Jovet, & M. Louet, lettre B. Sommaire 12.*

Prabenda est jus percipiendi proventus in Ecclesiâ, cui **I** *prabendatus deservit competens ex officio tanquàm uni de Collegio. Glossa ad caput cum M. sur le mot receperint. de constit.* Barbosa, *de dignitate, & canon. cap. 12. nomb. 4.*

Les Prébendes affectées aux Enfans de chœur, ne **2** sont point sujettes aux Graduez, ni aux Mandataires. Il en seroit autrement, si depuis le Concile de Bâle, & la Pragmatique Sanction, les Chapitres avoient fait ces sortes d'affectations pour empêcher & éluder le droit des Expectans. Telles affectations ne pourroient avoir lieu que dans les vacances libres; ainsi que le Parlement de Paris l'a jugé au profit des Graduez, contre une affectation faite par le Chapitre de S. Germain l'Auxerrois. *Définitions Canon. pag. 660.* L'Arrêt n'est point daté.

Par Arrêt du Parlement de Paris du 5. Mars 1522. **3** les Prébendes des Eglises de Poitiers & de Lyon ont été reduites *ad aequalitatem;* cependant l'option toûjours reservée aux anciens. *Rebuffe sur le Concordat, au titre de Collationibus.*

Par Arrêt du 28. Mars 1554. il fut dit que les Pré- **4** bendes de Luçon, seroient toutes égalées, excepté les Dignitez. *Vide cap. cum omnes extr. de Constitut.* Bibliotheque de Bouchel, verbo *Prébende.*

Prébendes doivent être égales en profit & émolu- **5** ment entre les Chanoines. *Arrêt du deux Decembre 1538.* au profit des Chanoines de Noyon, contre les Prébendiers inferieurs aux semi-Prébendiers. *Tournet, lettre P. Arr. 156.*

Prébendes d'Eglise Cathedrale ou Collegiale éga- **6** les en revenu en Bretagne. *Bellordeau, li. 3. Controv. 104.* Tournet, *let. P. Arr. 165.*

7 La pension peut être créée sur une Prébende, dont le revenu ne consiste qu'en distributions duës à celuy qui reside & assiste au service, & ce pour la vie du resignant. Jugé le 31. Decembre 1605. *M. Loüet, lettre P. nomb.* 46.

8 Jugé par Arrêt du Parlement de Paris du 20. May 1618. que les Prébendes de l'Eglise Cathedrale de la Ville de Troyes, dont la presentation appartient au Roy, & au Doyen de ladite Eglise alternativement, étoient sujettes aux Graduez. *Jovet, verbo Chanoines, nomb.* 39.

9 Un Chapitre d'une Eglise ne peut de son authorité privée démembrer des Prébendes, & en diminuer le nombre, ni les diviser en semi - Prébendes. Jugé le 15. Mars 1661. *Notables Arrêts des Audiences, Arr.* 56.

10 Les Chanoines qui se trouveront pourvûs de deux ou plusieurs Prébendes des Eglises de S. Etienne, de S. Pierre, & de S. Urbain de Troyes, ou autres, seront tenus d'opter dans trois mois l'une desdites Prébendes seulement, sinon declarées impetrables; avec défenses à l'avenir d'en posseder plus d'une; & les Prébendes qu'ils auront quittées, ne pourront être chargées de pension. Jugé le 10. Février 1667. *Journal des Aud. to.* 3. *li.* 1. *ch.* 14.

11 Jugé que la nomination d'une Prébende affectée de quinze ans en quinze ans à une Abbaye de Religieuses, a lieu en cas de vacance non seulement par mort, mais par resignation, permutation, & en quelque manière que ce puisse être. Jugé le 19. Juin 1669. *Ibidem, liv.* 3. *chap.* 13.

12 Lorsque le Doyen n'est pas Chanoine Prébendé, il n'a point droit d'entrer au Chapitre, ni d'y présider, quand il s'agit du revenu temporel du Chapitre & de l'œconomie des Prébendes. Jugé au Parlement de Paris le 17. Janvier 1673. entre le Doyen & le Chapitre de l'Eglise Cathedrale d'Amiens. *Définit. Canon. pag.* 126.

PREBENDE, GRADUEZ.

13 Si les Graduez peuvent impetrer des Prébendes? *Voyez* cy-dessus *les nomb.* 2. *&* 8. *& le mot Gradué, nomb.* 136. *& suiv.*

PREBENDE, PENSION.

14 Retention de pension sur Prébende. *Voyez* cy-dessus *le nom.* 7. *& le mot Pension, nomb* 119. *& suivans.*

PREBENDE PRECEPTORIALE.

15 Elle est appellée par *Chopin en son Traité de la Police Ecclesiastique, liv.* 3. *titre* 3. *nomb.* 21. Magistralis annona sacra.
Sur la Prébende preceptoriale, *Voyez le petit Recüeil de Borjon, to.* 4. *chap.* 3. *pag.* 40. *& suiv.*

16 *De multiplici differentiâ praeceptoriarum. Voyez Franc. Marc. to.* 1. *qu.* 1069.

17 Prébende preceptoriale ordonnée pour le Precepteur de la Jeunesse, ou Maître d'Ecole. *Chopin, l.* 3. *titre* 3. *nomb.* 21. *de sacrâ Polit. & Tournet, lettre P. Arr.* 153.

18 La Prébende preceptoriale ne peut recevoir préjudice par le changement du Statut des Chanoines. Arrêt du 13. Février 1599. *Tournet, ibid. Arr.* 154.

19 Preceptoriale emporte le gros & les distributions manuelles. *Ibid. Arr.* 155.

20 Si au lieu de Prébende, on peut donner un autre revenu au Precepteur? *V. ibidem, Arr.* 163.

21 Precepteur aux distributions ordinaires en Normandie. *Forget, liv.* 1. *des personnes Ecclesiastiques, ch.* 46. *Ibid. Arr.* 164.

22 Outre la Prébende Theologale, il y aura une autre Prébende, où le revenu destiné à l'entretenement d'un Précepteur, &c. art. 9. de l'Ordonnance d'Orleans. *Voyez Charondas, liv.* 3. *Rép.* 61.

23 Si l'article 9. des Ordonnances faites à Orleans à la postulation des Etats, touchant le revenu d'une Prébende affectée aux gages d'un Précepteur pour l'instruction de la Jeunesse, a lieu dans les Villes où il y a Université? Cette question s'est presentée au Parlement de Paris, sur l'appel d'une Sentence renduë par le Juge Prévôtal d'Angers, qui avoit ordonné, *qu'il seroit saisi du temporel de l'Evêché jusqu'à* 400. *liv. de rente, pour appliquer aux Gages d'un Precepteur, attendant vacation d'une Prébende.* On disoit au contraire, qu'il y avoit trois Colleges dans la Ville, & l'un desquels paroissoit avoir été fondé par l'Evêque & le Chapitre. M. Dumenil Avocat du Roy, dit que la Cour avoit jugé que l'Ordonnance seroit pratiquée dans la Ville de Poitiers, où il y avoit Université. La Cour ordonna qu'elle verroit cet Arrêt, & n'ajugea point de provision. *Ayrault, Plaidoyé* 19.

24 L'Ordonnance d'Orleans pour l'institution d'une Prébende preceptoriale, pratiquée au Parlement de Toulouse, a lieu tant dans les Eglises Collegiales, que Cathedrales, quoique le Chapitre & l'Evêque eussent destiné un Benefice particulier pour l'entretien d'un Précepteur. A l'égard de l'élection, l'Evêque a une voix, le Chapitre l'autre, les Consuls ont la troisiéme. *Voyez Mainard, livre* 1. *chapitre* 9. *& suivans.*

25 L'Evêque ou le Chapitre sont obligez de donner une Prébende ou le revenu pour l'entretien d'un Précepteur. Arrêt du Parlem. de Toulouse en Decembre 1564. contre l'Evêque d'Alby, quoiqu'il alleguat que ses prédecesseurs y avoient pourvû long-temps avant l'Ordonnance d'Orleans, & fait quelques fondations au profit du College. Il fut ajoûté que cet Arrêt serviroit pour tout le ressort; & depuis, sur l'interpretation requise par le Chapitre, à ce que la premiere Prébende vacante fût affectée à cet usage; la Cour ordonna que le nombre des Chanoines ne seroit diminué, mais que les fruits d'une Prébende seroient pris sur tous les Chanoines ensemble par égale contribution.
Par Arrêt de 1565. jugé contre le Chapitre de l'Eglise Collegiale de S. Gaudens, que l'Ordonnance avoit lieu és Eglises Collegiales & Cathedrales, non-obstant l'alternative inserée en cette Ordonnance, parlant des Eglises Collegiales ou Cathedrales, & la prétention du Chapitre, qu'il suffisoit d'y être pourvû en l'une des deux Eglises.
Par autre Arrêt du deux Mars 1567. il fut dit contre l'Evêque & Chapitre de Beziers, que l'Ordonnance seroit executée, encore qu'ils eussent destiné un Benefice particulier pour l'entretenement d'un Précepteur. *Mainard, to.* 1. *liv.* 1. *ch.* 9. *& suivans.* & *la Bibliot. Canon. to.* 1. *pag.* 198. *col.* 1. où l'Arrêt rendu entre les habitans, l'Evêque & Chapitre d'Alby, est daté du 2. Decembre 1565. mais malè; il est de 1564.

26 Arrêt rendu le 4. Decembre 1564. entre le Prévôt, Doyen, Chanoines & Chapitre de Soissons, appellans d'une Sentence du Prévôt, d'une part; & les Gouverneurs de la Ville, d'autre. L'appellation, &c. Ordonné que la premiere Prébende qui vaquera par mort en l'Eglise de Soissons, sera affectée à un Précepteur, sans que les Gouverneurs soient tenus en faire demande; & à faute de ce, sur le plus clair revenu seront pris les fruits d'une Prébende, jusqu'à ce qu'il en ait été pourvû d'une pour un Précepteur. Pareil Arrêt pour les Maire, Echevins & Gouverneurs d'*Amiens* contre le Chapitre, du 15. Mars 1565. *Additions à la Bibliotheque de Bouchel, verbo Prebende preceptoriale.*

27 Entre les habitans & l'Evêque de S. Malo. L'Evêque suivant l'Edit d'Orleans, confere à un Docteur en Theologie de Nantes, *qui balbutit, & vitio linguae laborat,* une Prébende. Par Arrêt du Parlement de Bretagne du 8. Mars 1565. la Cour faisant droit sur l'appel, comme d'abus interjetté, tant par le Procureur General, que les habitans de S. Malo, dit

dit mal & nullement conferé, & procedé par l'Evêque, ordonné qu'il sera tenu de conferer de nouveau la Prébende, dont est question, à un personnage capable & suffisant, & de la qualité requise par
les saints Decrets & Ordonnances, auquel elle enjoint en outre, de pourvoir des fruits d'une autre
Prébende de l'Eglise de S. Malo, qui se trouvera première vacante, un Precepteur suffisant pour instruire les enfans de S. Malo, à l'élection duquel seront
appellez les Maire & Echevins, suivant l'Edit des
Etats d'Orleans. *Du Fail, liv. 1. ch.* 187.

Entre les Bourgeois de Vannes, & l'Evêque &
Chanoines, par Arrêt du Parl. de Bretagne du 16.
Septembre 1567. les parties hors de Cour, pour le regard des appellations comme d'abus interjettées, &
pour aucunes considerations; l'Evêque condamné de
pourvoir d'un Précepteur digne & capable d'une
Prebende pacifique en l'Eglise de Vannes, & jusques
à avoir ce fait, ordonné qu'il payera & delivrera
chacun an au Precepteur sur les plus clairs deniers
de son Evêché, trois cens livres de quartier en quartier; à ce faire contraint par saisie de son temporel,
& autres voyes de Justice. *Du Fail, liv. 1. chap.* 213.
où il est observé, qu'il est neanmoins en l'option de
l'Evêque & du Chapitre de conferer la Prébende, ou
fournir le revenu d'icelle. Arrêt du 11. Janvier 1569.
contre un Précepteur d'Abbeville : ce qui avoit été
jugé par Arrêt du Privé Conseil en 1566. pour la Preceptoriale des Eglises Collegiales. *Voyez Thevenau
sur les Ordonnances d'Orleans, & de Blois, livre 1. titre* 7.

29   Par l'Arrêt du Parlement de Roüen du 26. Mars
1568. entre l'Evêque & les habitans de Coutances, il
est ordonné que les Evêques de la Province de Normandie payeront aux Précepteurs la somme de 250.
livres par an, au lieu d'une Prébende. *Bibliot. Can.
to. 2. pag.* 173. *col.* 2.

30   La Prébende preceptoriale etant seule conferée, le
Canonicat ne l'est pas, & demeure supprimé du consentement de l'Ordinaire; de maniere que le Précepteur pourvû par tel moyen, ne se peut pas dire
vray Titulaire de la Chanoinie & Prébende; & de
fait, par Arrêt du Parlem. de Paris du 11. Janvier
1569. il a été jugé contre le Précepteur principal des
Ecoles d'Abbeville, qu'il étoit à l'option de l'Evêque & du Chapitre de luy conferer la Prébende, ou
d'en luy en fournir le revenu. *Ibidem.*

31   Il est en l'option du debiteur de donner ou une
Prébende, ou le revenu simplement; que s'il est
mandé par Lettres de conferer une Prébende, d'autant que le Précepteur est destituable, cela s'entend
du profit de la Prébende, qui est de recevoir le gros,
distribution manuelle, même de porter l'Aumusse,
avoir séance au Chœur, excepté le droit de Quinzaine, qui est de conferer, droit non temporel, mais
honorifique; *& nomine Prebenda non expressâ canonia*, s'entend seulement le revenu questuaire. Arrêt
du Parlement de Paris du 11. Janvier 1569 contre le
Precepteur d'Abbeville. *Bibliotheque du Droit François par Bouchel, verbo Prebende.*

32   La Prébende ordonnée par les Etats d'Orleans,
n'est pas Benefice, mais revenu destiné à celuy qui
sera pris Précepteur suivant l'Edit. Par Arrêt du 13.
Janvier 1569. il fut jugé que le Précepteur, encore
qu'il fût Prêtre, n'avoit pas le droit de pourvoir à
son tour, comme les autres Chanoines, aux Benefices, ausquels lesdits Chanoines pourvoient; permis
à luy neanmoins de porter l'aumusse, comme les autres. *Bibliot. de Bouchel, verbo Prebende.*

33   En la Province de Normandie, le Précepteur Collegial exerçant actuellement sa charge, gagne pendant son absence les distributions ordinaires, & est
tenu pour present à l'Eglise. Le Parlement l'a ainsi
décidé, en modifiant l'Ordonnance d'Orleans, laquelle prescrit la forme qui doit être observée à la
Tome III.

nomination & élection d'un Précepteur. Il y a un
autre Arrêt du 18. Avril 1570. entre l'Evêque & le
Chapitre d'Evreux. *Bibliot. Can. to. 2. p.* 174.

L'Article IX. de l'Ordonnance d'Orleans parlant   34
d'une Prébende ou du revenu d'icelle, destiné pour
l'entretenement d'un Précepteur de la Jeunesse, a
donné sujet de douter, si par l'observation de la forme contenuë en ladite Ordonnance, le Canonicat é-
toit ensemble conferé avec la Prébende ? Mais la décision est prompte, quand on considere *aliud esse
Canonicatum, aliud Prebendam, ut laté per gloss. super
Pragm. Sanct. tit. de Collat.* §. *item consuit; Canonica-
tus enim est jus incorporale & spirituale; & Canonicus
is dicitur, qui sine populo vel Clero servit Deo in horis
cantandis, & alio officio sibi injuncto, ideò potest quis
esse Canonicus sine Prebendâ, nt notat Innocentius in
cap. fin. de Cler. non residentib. Prebendam verò dicunt
jus esse percipiendi fructus, sive proventus in Ecclesiâ ratione canonia, gloss. in cap. cum Marchio Ferrar. de
constit. in verbo receperunt, facit caput dilecto de Prabend.* Et suivant ces maximes, par Arrêt du Par. de
Paris du 11. Janvier 1565. il fut jugé au préjudice du
Précepteur principal des Ecoles d'Abbeville, qu'il
étoit à l'option de l'Evêque & du Chapitre de luy
conferer la Prébende, ou luy fournir le revenu d'i-
celle : ce qui a été ainsi jugé au Parlement de Normandie le 26. Mars 1568. en faveur des Evêques de
la Province, ausquels a été donnée la faculté de fournir la somme de deux cens cinquante livres par an,
au Précepteur de la jeunesse, au lieu de la Prébende;
& par un autre Arrêt du même Parlement transferé
à Caën le dix May 1571. la somme de six cens livres,
& qu'à cela le Receveur du Chapitre sera contraint.
Jovet, verbo Prébende, n 16.

Dans l'élection d'un Précepteur, l'Evêque a une   35
voix, le Chapitre la seconde, & les Consuls la troisiéme. Arrêt du Parlement de Toulouse du 26. Janvier 1571. entre les Consuls & l'Evêque de Carcassonne. *Mainard, tom. 1. liv. 1. ch.* 13.

Arrêt du Parlement de Normandie du dix May   36
1571. qui ajuge à François Petit, pourvû de la Prébende preceptoriale de l'Eglise Cathedrale de Li-
zieux, & Précepteur principal des Ecoles du lieu,
provision annuelle de deux cens écus Soleil, sauf le
recours pour la contribution, contre les Echevins de
la Ville. *Bibliot. Can. to. 2. p.* 173. *col.* 2.

Les habitans de Guerrande appellans comme d'abus   37
du refus que l'Evêque de Nantes leur a fait, de
pourvoir un Maître ès Arts Précepteur des Enfans,
d'une Prébende ou revenu de l'Eglise Collegiale,
qui a vaqué, même deux ou trois autres, se fondant
sur l'Edit d'Orleans, & sur les Canons de Toulouse,
& du Concile General celebré sous Innocent III.
L'Evêque dit que les Prébendes ont vaqué aux mois
reservez au Pape. Par Arrêt du Parl. de Bretagne du
14. Octobre 1576. il fut dit, mal & abusivement jugé,
& refusé; ordonné qu'un personnage suffisant & capable pour instruire la jeunesse du lieu, sera pourvû
de la Prébende dont est question, suivant les Ordonnances du Roy; l'intimé condamné aux dépens de la
cause d'appel. *Du Fail, li. 1. ch.* 418.

Les Doyen & Chanoines de l'Eglise de Noyon, &   38
tous Ecolâtres ayant droit d'élection, & voix deliberative & élective pour un Précepteur, avec la sur-
intendance, ne peuvent ôter le droit de provision &
nomination à l'Evêque, suivant l'Edit des Etats. Jugé
le 20. Decembre 1583. *Papon, li. 1. ti. 3. n.* 1.

Distributions quotidiennes ou manuelles prises à   39
cause du service personnel, sont dûës au Précepteur,
avec les fruits des Anniversaires acquis au Chapitre.
Arrêt du Parlem. de Toulouse du 29. Janvier 1584.
entre le Syndic & Chapitre de la Ville de Tarbe.
Mainard, to. 1. li. 1. ch. 14.

Prebenda praeceptorialis nominationi, praevalet favor   40
Graduatorum, & la Prébende contentieuse fut ajugée

Q.

au Gradué nommé : ordonné qu'en attendant qu'une autre Prébende vaqueroit , que l'Evêque bailleroit au Précepteur les fruits & revenus d'une Prébende. Jugé le Mardy 4. Février 1586. *Anne Robert*, *liv. 3. chap. 3.*

41 L'ordre de l'affiette & diftribution du revenu d'une Eglife Collegiale établi par les Chanoines, ne peut préjudicier au Précepteur. Arrêt du 23. May 1571. auquel revenu & fruits de la Prébende, font comprifes les diftributions quotidiennes. Arrêt du cinq Septembre 1597. *Charondas, li. 1. Rép. 61.*

42 Suivant l'Ordonnance de Blois art. 33. & 34. il ne doit pas y avoir de Prébende préceptoriale aux Eglifes Collegiales, où il y a moins de *dix* Prébendes. Arrêt du 13. Février 1599. au profit des Chapelains de la Chapelle Royale, entre les Maire & Echevins de Bar-fur-Seine, qui demandoient que la première Prébende vacante en l'Eglife S. George, fût affectée pour l'inftruction de la jeuneffe. *Additions à la Bibliotheque de Bouchel, verbo Prébende.* Papon, *livre 8. tit. 9. nom. 9. & Charondas, li. 3. de fes Rép. ch. 61. & liv. 10. ch. 13.*

43 Jugé le 11. Février 1611. en une caufe d'une Prébende de Coutance en Normandie, qu'une Prébende préceptoriale ne tombe point en regale. *Bibliot. de Bouchel, verbo Prébende.*

44 La Prébende préceptoriale eft inftituée à l'exemple de la Theologale, pour le regard du Regent ou Docteur élû qui eft *in Sacris ; & ainfi il doit joüir de tous fes profits, droits & honneurs appartenans à la Prébende ; & fi le Docteur eft feculier, la préceptoriale eft reduire aux gros fruits feulement. Jugé le 6. Février 1652. Du Frêne, liv. 7. chap. 3. Voyez Anne Robert rerum judicat. liv. 3. chap. 3. où la Prébende a été ajugée à un Gradué nommé le 4. Février 1586.

45 La Chanoinie préceptoriale eft un Benefice refignable & non électif, & la Prébende pour le Précepteur ne peut être feparée de la Chanoinie préceptoriale. Jugé au Parlement d'Aix le 6. Février 1673. *Journal du Palais.*

46 Arrêt du même Parlem. de Provence du 1. Avril 1677. qui a debouté une Chanoine préceptorial, parce qu'il demandoit une plus grande portion congruë, après en avoir convenu avec ferment avant la collation. *Boniface, to. 3. li. 5. tit. 13. ch. 2.*

PRE'BENDES, SEMIPREBENDES.

47 Voyez les *Définitions Canon. lettre S. verbo Semiprébendes, pag. 814.* où il eft parlé de leur érection & inftitution.

48 Les Semi-prébendes font Benefices inferieurs dans les Eglifes Cathedrales & Collegiales, inftituées pour être affidus à chanter, & faire l'Office, lefquels ne font point du corps du Chapitre. *Sunt & dimidii Præbendati, qui folùm dicuntur ibi habere inferiora Beneficia, & ideò vocem in Capitulo non habent.* Barbofa, *de Canonicis & dignit. cap. 4. n. 43.*

49 On reçoit l'appel comme d'abus, lorfque le Pape donne des provifions des Semi-prébendes, qui font pour les Chantres & les Enfans de Chœur. *Biblioth. Canon. to. 1. p. 581. initio.*

50 Les Semi-prébendes de Sens, de Soiffons, & de Noyon font affectées aux Choriftes. *Des Maifons, lettre S. nomb. 2. 3. & 4.* où il rapporte trois Arrêts, le premier, du 9. Mars 1624. le 2. du 3. May 1633. & le 3. du fix Septembre 1653.

51 Semi-prébendez de Senlis ne peuvent avoir voix déliberative dans un Chapitre, fuivant un acte de 1267. confirmé par trois Arrêts. Jugé le fept Février 1667. *De la Gueff. to. 3. li. 1. ch. 12.*

PREBENDE THEOLOGALE.

52 En chacune Eglife Cathedrale ou Collegiale fera refervé une Prébende affectée à un Docteur en Théologie, de laquelle il fera pourvû à l'Archevêque, Evêque ou Chapitre, à la charge qu'il prêchera la

parole de Dieu chacun jour de Dimanche & Fêtes folemnelles ; & és autres jours, il fera & continuëra trois fois la femaine une leçon publique de l'Ecriture Sainte, & feront tenus & contraints les Chanoines y affifter. *Ordonnance d'Orleans, art. 8. & à l'art. 9. fuivant*, il eft parlé d'une autre Prébende deftinée pour l'entretenement d'un Précepteur, &c. *V. Charondas, liv. 3. Rép. 61.*

53 Arrêt du Parlem. d'Aix du fept Février 1566. pour affecter à chacune Eglife Cathedrale une Prébende Theologale, & une Préceptoriale. *Preuves des Libertez, to. 2. ch. 35 n. 70.*

54 Par Arrêt du Parlement de Bretagne du 12. Mars 1566. la Cour faifant droit fur les Conclufions du Procureur General, enjoint à l'Evêque de Vannes de pourvoir à la Prébende contentieufe, un Docteur Theologien fuivant l'Edit d'Orleans, dans trois mois, pendant lequel temps les fruits feront reçus par le Prévôt de l'Eglife, & diftribuez à celuy que l'Evêque commettra pour prêcher, ce que ladire Cour lui enjoint de faire, incontinent après la fignification du prefent Arrêt, fur peine de faifie de fon temporel. *Du Fail, liv. 1. ch. 212.*

55 Arrêt du Parl. de Bretagne du 25. Août 1566. par lequel deux Prébendes de S. Malo furent ajugées ; l'une à un Docteur pour prêcher, l'autre à un Précepteur de la Jeuneffe. Celui-cy demande compte au Receveur du Chapitre de l'une des Prébendes. Procez. Arrêt du 22. Avril 1570. qui condamne le Receveur d'en tenir compte, & de payer le reliqua. Arrêt femblable du 19. Novembre 1647. contre un Prêtre commis par un Recteur primitif, qui avoit reçu les droits Rectoriaux, & dedans de l'Eglife d'un Vicaire perpetuel. *Du Fail, li. 2. ch. 341.*

56 Nous voulons que l'Ordonnance faite à la requifition des Etats tenus à Orleans art. 9. tant pour les Prébendes Theologales, que Préceptoriales, foit exactement gardée, fors & excepté toutefois pour le regard des Eglifes, où le nombre des Prébendes ne feroit que de *dix*, outre la principale Dignité. *Ordonnance de Blois, art. 33. Voyez Anne Robert, rerum judicatarum*, où la Prébende a été ajugée au Gradué nommé : ordonné que la première vacance feroit donnée par l'Evêque au Précepteur. Arrêt du 4. Février 1586. *liv. 3. ch. 3.*

57 Jugé le 2. Août 1663. qu'un Religieux Mendiant eft incapable de tenir une Prébende Theologale. *Soefve, tome. 2. Cent. 2. chap. 88. & Jovet, verbo Prébende, n. 15.* C'étoit un Dominicain, qui fe prefentoit, pour remplir la place de Theologal en l'Eglife Collegiale de Dueil en Touraine. L'Arrêt fut rendu *multis contradicentibus.*
Voyez *cy-après le mot Theologal.*

PRE'BENDES UNIES.

58 Prébendes unies ou fupprimées fans information *de commodo, aut incommodo*, avec M. le Procureur General, fur fon Subftitut, & fans Lettres Patentes du Roy, font nulles à l'égard du droit de Regale. Jugé le fept Juin 1624. *Du Frêne, li. 1. ch. 26.*

59 La Prébende demeurant unie à la Cure, & en cas de vacance par mort, le Chapitre de la Fere nommera, & enfuite M. l'Evêque de Laon alternativement. Le Curé fera tenu de faire les fonctions Curiales en perfonne, & préferablement à celles de la Prébende, & fera tenu d'avoir deux Vicaires ; & fans dépens. Jugé le cinq Janvier 1666. plaidant le Verrier, & Dubois. Cet Arrêt eft de confequence, à caufe des Reglemens rendus auparavant. *Journal des Audiences, to. 2. liv. 8. ch. 1.*
Voyez *cy-après le mot Union.*

PRECAIRE.

P Récaire. Précairement. *Precarium. Precariò.*
De Precario. D. 43. 26. Interdit, pour recouvrer la chofe poffedée précairement.

De Precario , & Salviano interdicto. C. 8. 9... D.
43. 33. L'explication de l'interdit Salvien , est ci-de-
vant au mot Locataire.
De Precariis. Dec. Gr. 10. q. 2. c. 4. 5. & 6... 12. q.
2. c. 44... 16. q. 3. c. 11. & 12... Extr. 3. 14.
Voyez le mot Constitut.

La clause par laquelle l'acheteur declare tenir à titre de précaire le fonds acquis , jusqu'à l'entier payement du prix , ne produit en faveur du vendeur
qu'une hypoteque privilegiée sur le fonds. Cette obligation de l'acheteur peut être par luy prescrite par
trente ans ; comme une autre obligation se prescrit
quoiqu'elle produise une hypoteque privilegiée ; ce
laps de temps fait même présumer le payement du
prix restant de l'acquisition , comme il fait présumer
le payement d'une autre somme. Arrêt du Parlement
de Toulouse du 7. May 1664. rapporté par *M. de*
Catellan , liv. 6. chap. 5.

PRECHANTRE.

LA dignité de Préchantre en l'Eglise de Sens qui
est Benefice Electif confirmatif , peut neanmoins être résignée ; & il n'est pas necessaire que le
resignataire soit Prêtre, ni même en âge de l'être
dans l'an , contre l'Ordonnance de 1606. Arrêt du 8.
Février 1637. *Bardet , tome 2. li. 6. chap. 1.*

PRECHE.

DAns le Bearn, les Ministres de la Religion Prétenduë Reformée ne pouvoient faire le Prêche
hors de leur résidence , même à l'occasion des assemblées de leurs Sinodes. *Voyez les Décisions Catho-*
liques de Filleau, décision 132. & cy-après les Observa-
tions faites lettre R. sous le titre de la Religion préten-
duë Réformée.

PRECIPUT.

IL y a le préciput que les Coûtumes donnent à
l'aîné Noble. Il y a le préciput qui est une liberalité que les conjoints se font, à prendre sur la Communauté.

PRECIPUT, AINESSE.

1   A ce qui a été observé sous le mot *aînss*, il faut
ajoûter les Décisions & Arrêts rapportez par *Jovet ,*
en sa Bibliotheque , verbo *Préciput ,* comme aussi les
autres qui suivent.

2   L'ayeul ayant donné à son petit fils 300. livres par
préciput , ces mots emportent prohibition de rapport ; & il les peut prélever nonobstant la promesse
faite de n'en rien demander. Arrêt du Parlement de
Dijon du 3. Juillet 1597. *Bouvot , tome 2.* verbo *Ma-*
riage, quest. 10.

3   Par Arrêt du Parlement de Roüen du 24. Juillet
1597. rapporté par *Berault, sur l'art. 347 de la Coûtu-*
me de Normandie, il a été jugé que l'aîné a préciput ,
non seulement sur les biens paternels , mais encore
sur les biens maternels.

4   Par Arrêt du Parlement de Roüen de 1622. rapporté par *Berault, art. 356. de la Coûtume de Normandie,*
in verbo, *l'aîné peut* ; a été jugé que l'acquereur des
droits appartenans à un aîné avant le partage fait, ne
pouvoir prétendre le préciput de l'aîné à luy accordé
par ledit article , n'ayant point déclaré le vouloir
prendre.

5   Par Arrêt du Parlement de Roüen du 22. Avril
1625. jugé que l'aîné ne peut ceder son droit de préciput , mais bien ce qui luy est venu en partage.
Berault , à la fin du 2. tome de la Coûtume de Norman-
die , p. 54. sur l'article 337.

6   Si en une succession collaterale de propre ou ancien patrimoine, les aînez venans à la representation
de leurs meres ou ayeules, pouvoient à droit de préciput, par privilege de leur aînesse, prendre ce qui
échoit de Noble , à l'exclusion des autres? Arrêt du

Tome III.

Parlement de Roüen du mois de Juin 1645. qui appointe. *Berault , ibidem.*

7   Par Arrêt rendu au même Parlement de Roüen le
14. Février 1667. la Cour, regla le préciput comme
un fief , & jugea qu'il appartiendroit à l'aîné , à charge de la provision à vie du puîné , qui seroit tenu de
contribuer à proportion au mariage avenant de la
sœur , laquelle en cette rencontre , comme au cas
d'un fief , est d'une condition plus avantageuse que
les freres. *Basnage sur la Coûtume de Normandie, ar-*
ticle 279.
Voyez cy-après le nomb. 12. & suiv.

PRECIPUT, COMMUNAUTE'.

8   Voyez *M. le Brun en son traité de la Communauté ,*
liv. 3. chap. 1. tit. 1. dist. 4. & le traité qui en a été
fait par *M. Philipp. de Renusson, à la Table.*
S'il est dit par le contrat de mariage que le survivant aura par préciput, & sans charges de dettes ,
sçavoir , le mari ses armes , chevaux , livres , selon
sa qualité; & la femme ses habits , bagues & joyaux,
l'heritier du prédecedé ne peut se servir de telle
clause ou convention , parce qu'elle est restrainte
à la personne du survivant. *Voyez Ferrieres Coûtume*
de Paris, art. 229. qui rapporte un Arrêt du 16. Juin
1573. & *Tronçon, Coûtume de Paris, art.* 247.

9   Préciput de 1500. livres , & de doüaire 800. liv.
simplement. Jugé que c'étoit de rente , par Arrêt
du 6. Août 1620. *Tronçon, Coût. de Paris, art.* 247.

10   Préciput stipulé au survivant des conjoints , même
dans le cas de renonciation à la communauté au profit de la veuve , se prend sur les propres du mari ; si
la communauté est absorbée par la restitution des deniers dotaux , & autres dettes. Arrêt du 4. Juillet
1629. M. Talon Avocat General dit qu'il s'étoit informé des anciens Avocats & Procureurs du Châtelet , qui l'ont assuré que l'usage étoit tel , & que la
cause y avoit été murement consultée & jugée. *Bar-*
det , tome 1. liv. 3. chap. 54.

11   Cause appointée pour sçavoir si le préciput accordé
à une seconde femme , doit avoir lieu au cas de renonciation à la communauté? Arrêt du 21. May 1640.
M. Talon Avocat General conclut à la negative. *Bar-*
det , tome 2. livre 9. chap. 4. *Voyez le même volume*
aux notes , page 618.
Cette même question est examinée *ex professo* par
Messieurs de Renusson & le Brun dans les traitez
qu'ils ont faits de la communauté de biens.

PRECIPUT, HERITIERS.

12   De l'avantage & préciput de l'un des heritiers en
la Coûtume d'Auvergne. *Voyez Peleut , quest.* 134.

13   Arrêt notable du Parlement de Roüen du 24. May
1577. donné entre les sieurs heritiers de M. Etienne
Do leur oncle ; sa succession consistoit en propres &
acquêts ; l'aîné ayant pris le fief de Senoncour & de
Fontenay , demanda encore part au préciput de la
succession au propre; ce qui luy fut contredit par les
puînez , parce que ce n'étoit qu'une même succession échuë par le décez d'une même personne , *uni-*
ca erat hæreditas , en laquelle il ne pouvoit y avoir
qu'un seul préciput, L'aîné répondoit que les propres
& les acquêts sont deux successions diverses & dis-
tinguées par la Coûtume , qu'un homme a de deux
sortes d'heritiers , les uns aux propres , les autres aux
acquêts , qui ne prennent rien en la succession les
uns des autres : bien qu'un homme ne puisse avancer
un heritier plus que l'autre ; neanmoins il peut donner le tiers de ses acquêts à son heritier au propre; les
successions étant deux diverses, il pouvoit prendre un
préciput en l'une, & une part en l'autre. Par Arrêt on
ajugea à l'aîné pour son préciput au propre le fief
de Chaigny , & le fief de Senoncour & de Fontenay
en la succession aux acquêts , & on ordonna que les
rotures, & échetes , & la récompense du préciput seroient partagées entre les puînez. *Basnage sur la Coû-*
tume de Normandie , art. 319.

                                          Q ij

14   Dans le Duché de Bourgogne on tient pour maxime qu'il est libre aux peres & meres de faire en faveur de leurs enfans autant de préciput qu'ils veulent, tandis qu'ils ne se sont pas imposé eux-mêmes la loy de n'en pouvoir faire plusieurs ; & même l'usage est certain qu'en ce cas de liberté, dont ils ne se sont pas privez, lors qu'ils ont fait un préciput à l'un de leurs enfans, ils peuvent en faire de plus forts & plus considerables à leurs autres enfans, & que le premier préciput n'empêche d'en faire d'autres, que quand le pere ou la mere qui l'a fait, meurt *ab intestat*, ou lors qu'il s'est obligé expressément à ne pas avantager l'un de ses enfans plus que l'autre. Arrêt du Parlement de Dijon du 13. May 1639. Autre en 1672. il est vrai qu'on a jugé le contraire en ce Parlement par deux Arrêts, l'un du 21. Janvier 1680. appellé l'Arrêt de Jaucourt ; mais on sçait qu'il fut rendu en partie sur des motifs de la Religion Prétenduë Reformée qui étoient mêlez dans le procez ; & que par consequent il ne doit pas être tiré à consequence. L'autre est du 27. Mars 1686. entre les sieurs Gautier de Dijon ; mais c'est un Arrêt dont il se faut bien garder de se faire une regle ; car j'ai appris de M. le Président de Mucie qui étoit des Juges, & plusieurs autres, que cet Arrêt reçut beaucoup de difficulté, de sorte qu'on a sujet de croire qu'il y avoit dans le fait des circonstances particulieres qui pouvoient avoir donné lieu à s'écarter pour cette fois de l'usage constant & inviolable jusqu'alors, & qu'on reviendra à l'ancienne maxime, comme étant plus juridique. *Voyez Taisand, sur la Coûtume de Bourgogne, tit.* 7. *art.* 5. *note* 4.

     PRECIPUT, MARIAGE AVENANT.

15   On peut établir pour une doctrine certaine que quand il n'y a qu'un frere & des sœurs, le préciput en Caux n'entre point en partage, si elles y sont reçûës, ni dans l'estimation des biens pour liquider le mariage avenant ; mais pour les dettes, soit qu'il y ait des freres puînez, ou qu'il n'y ait que des sœurs, l'aîné y contribuë à cause de son préciput : & quand il y a plusieurs freres, la sœur dans la Coûtume de Caux, comme dans la Coûtume generale, ne peut avoir plus grande part qu'un puîné ; neanmoins il contribuë à la décharge des puînez pour le payement du mariage avenant. Et pour regler cette contribution du préciput, on ne l'estime que sur le revenu. Toutes ces questions furent décidées par l'Arrêt du sieur de Saint-Saën-Limogez, rendu au Parlement de Roüen le 21. Août 1664. la Cour y a fait depuis un Reglement par les articles 56. & 57. du Reglement de l'année 1666. *Basnage sur la Coûtume de Normandie article* 279.

PREDICATEURS.

1   **V**Oyez dans le premier tome de ce Recuëil le mot *Curé, nomb.* 114. Tournet, *lettre P. Arrêt* 167. *le petit Recuëil de Borjon, tome* 2. *les Memoires du Clergé, tome* 1. *part.* 1. *page* 615. *jusqu'à* 715. 993. *&* 994. *art.* 8. 12. *&* 13.

2   La connoissance de la mission des Prédicateurs interdite au Parlement. *Mem. du Clergé, tome* 2. *part.* 1. p. 21. & à tous autres Juges Royaux, *tome* 1. *part.* 1. p. 620. le Parlement renvoye à l'Evêque les plaintes faites par M. le Procureur General contre les Prédicateurs, *tome* 1. *part.* 1. p. 621.

3   Logement des Prédicateurs. *Mem. du Clergé, tome* 1. *part.* 1. p. 631. *& suiv. & to.* 3. *part.* 3. *p.* 342. n. 12.

4   Quête pour les Prédicateurs. *Mem. du Clergé, tome* 1. *part.* 1. p. 631. *& suiv.*

Défenses aux Maires & Echevins de l'empêcher. *Ibidem.*

5   Les Gouverneurs & autres personnes Laïques ne doivent exiger des Prédicateurs qu'ils leur adressent la parole. *Mem. du Clergé, tom.* 5. *part.* 8. *page* 709. *art.* 26. *& p.* 69. *art.* 13.

Du choix des Prédicateurs dans les lieux occupez **6** par les Heretiques, & de la liberté qu'ils doivent avoir d'y prêcher y étant envoyé par les Evêques. *Voyez les Memoires du Clergé, tome* 6. *part.* 9. *chap.* 6.

Ceux de la Religion Prétenduë Reformée ne peu- **7** vent apporter aucun empêchement ou trouble, aux Prédicateurs qui sont envoyez ès Villes de ce Royaume. *Voyez les Décisions Catholiques de Filleau, Décis.* 17.

     PREDICATEURS, EVESQUE.

Arrêt du Parlement de Paris du premier Juin 1525. **8** contre l'Evêque de Meaux & les Cordeliers pour les Prédicateurs. Ordonné que la Clementine *Dudum* seroit observée, & que quand l'Evêque de Meaux prêchera en personne, ou fera prêcher devant luy la matinée, les Cordeliers ne pourront alors faire aucunes Prédications dans la Ville ; & si l'Evêque prêche ou fait prêcher devant luy à l'aprésdinée, ils ne pourront aussi faire aucune Prédication à ladite aprésdinée. *Preuves des Libertez, tome* 2. *chapitre* 35. *nombre* 43.

Prédicateurs ne doivent prêcher sans avoir mission **9** de l'Evêque. Arrêt du Roy Henry II. en 1556. *Voyez Henrici progymnasmata, Arr.* 29.

Arrêt rendu au Parlement de Toulouse en 1578. qui **10** condamne les Consuls de Gimont pour avoir entrepris de faire prêcher un Religieux de l'Abbaye le jour de la Toussaints en l'Eglise Paroissiale, contre la volonté de l'Evêque & du Vicaire General, en dix écus d'amende, avec inhibition aux Laïcs de s'entremettre des fonctions & charges de l'Eglise. *La Rocheflavin, livre* 6. *tit.* 30. *Arr.* 7. le même Arrêt est rapporté dans la *Bibliotheque Canonique, tome* 2. *page* 238. *col.* 1. & daté de l'an 1579. citation contraire à celle de la Rocheflavin.

Les Prédicateurs peuvent être interdits par les Evê- **11** ques. *Mem. du Clergé, tome* 1. *part.* 1. *page* 616. *& suiv.* au cas qu'ils soient interdits ils ne peuvent prêcher pendant l'appel, *to.* 1. *part.* 1. p. 88.

Les Prédicateurs doivent avoir la permission de **12** l'Evêque Diocesain, *pag.* 622. 667. *& suiv. & tome* 6. *part.* 9. *page.* 29. même les Religieux exempts. *Mem. du Clergé, tome* 1. *part.* 1. *page* 650. *& suiv.* 1006. *& suiv.*

Jugé au Parlement de Paris le 30. Mars 1647. que **13** l'Evêque de Langres pû changer l'heure de la Prédication dans une Eglise unie à la Cathedrale, nonobstant que le Chapitre en consequence de l'union qui luy donnoit pareil droit dans l'Eglise unie, que dans la Cathedrale, soûtint que l'Evêque n'avoit pû rien ordonner sans son consentement. *Soëfve, to.* 1. *Cent.* 2. *chap.* 12.

     NOMINATION DES PREDICATEURS.

Le Prédicateur nommé par les Marguilliers doit être **14** agréé du Curé de la Paroisse, sans quoi il a droit de le refuser, en offrant de prendre la Chaire, & prêcher luy-même durant l'Avent ou le Carême ; cela a toûjours été ainsi jugé en faveur des Curez. Aussi cette élection se fait ordinairement par les Marguilliers en presence du Curé. *Définitions Canoniques, page* 410.

Les Curez de Paris au cas qu'ils ne veulent prê- **15** cher eux mêmes, presenteront à l'Ordinaire conjointement avec les Marguilliers, des Prédicateurs pour l'Avent & le Carême. *Memoires du Clergé, tome* 1. *part.* 1. p. 621.

Un legs fait pour fonder un Prédicateur, à la **16** charge qu'il sera élû par l'avis d'une *femme*, n'a été jugé legitime. Arrêt rendu au Parlement de Paris le 24. Decembre 1578. qui ordonna que le Prédicateur sera pris & choisi par l'Evêque de l'avis & du consentement du Chapitre seulement. *Voyez Peleus, quest.* 40. il rapporte plusieurs textes qui font l'éloge & la critique des femmes.

17 Les Prédicateurs ne pourront obtenir la Chaire des Eglises, même pour l'Avent & le Carême, sans la mission & la permission des Archevêques & Evêques, ou leurs Grands Vicaires, chacun en leur Diocese. N'entendons neanmoins y assujettir les Eglises où il y a coûtume au contraire, esquelles suffira d'obtenir l'approbation des Archevêques ou Evêques ; du choix & élection qu'ils auront fait ; pour le salaire desquels Prédicateurs, au cas qu'il n'y eût differend, ne s'en pourront adresser à nos Juges ordinaires, mais seulement pardevant lesdits Archevêques & Evêques, ou leurs Officiaux. Edit de l'an 1606. article 11. Cet article a été verifié à la charge que ces mots seront ôtez *pour le salaire desquels, &c.* Bibliot. Canto. 2. p. 235. col. 1.

18 L'Abbé Commendataire de *Simorre* prétend avoir droit de nommer pour l'Avent & Carême, le Prédicateur d'une Ville, dont la Cure étoit unie à son Monastere ; il soûtient que ses prédecesseurs l'ont fait de la sorte, & que c'est luy qui paye le salaire. Au contraire le Prélat Diocesain soûtient que c'est une faculté annexée à sa Prélature, qui ne peut se prescrire, que c'est de son office d'élire des personnes qu'il juge plus capables d'instruire son peuple, & qu'il n'importe pas aux frais de qui cela se fasse ; cette circonstance étant trop petite pour rien alterer de son pouvoir ; & l'Abbé se retire à la Chambre des Requêtes du Palais. Cependant le Prédicateur envoyé par le Diocesain, qui étoit un Religieux, occupe la Chaire par voie de fait ; de quoi il est informé d'autorité des Officiers Ecclesiastiques, qui ordonnent prise de corps, & la font executer. L'Abbé veut empêcher le Prélat Diocesain d'entrer dans la ville, s'y étant acheminé pour y administrer les saints Ordres, de quoi il fut enquis, comme aussi de ce qu'il alloit revêtu d'habits Episcopaux. Ajournement personnel contre luy, à la requête du Procureur Fiscal ; pendant ces differends, il y eut autre requête presentée pour contraindre l'Abbé de satisfaire au salaire dû pour le Religieux qui avoit prêché, & il y eut pour le contraindre, appointement qui fut donné par le Vicaire General ; il y eut d'ailleurs plainte faite par le Secretaire du Monastere, de ce que l'Abbé vouloit empêcher qu'il ne chantât la Messe de minuit à la Fête de Noël, quoique ces prédecesseurs l'eussent fait. Il fut appointé que les parties en viendroient en jugement, & cependant que le Secretaire joüiroit de son Privilege, desquelles procedures l'Abbé appelle comme d'abus au Parlement de Toulouse, où par Arrêt du premier Juillet 1610. la Cour a declaré qu'il n'y avoit point d'abus, & a condamné l'Abbé appellant aux dépens & amende. *Voyez le 16. Plaidoyé de Puimisson.*

19 Il a été jugé au Parlement de Paris le 12. Février 1614. contre les Marguilliers & Paroissiens de l'Eglise de Macon, Paroisse de *Pontoise*, que le droit de nomination & mission des Prédicateurs appartiendroit au Curé & aux Marguilliers, sans s'arrêter aux offres du Grand Vicaire de Pontoise de salarier & entretenir les Prédicateurs qu'il nommeroit, & de prêcher luy-même.

A Paris c'est aux Marguilliers seuls à nommer le Prédicateur, parce qu'ils l'entretiennent & récompensent aux dépens l'Oeuvre. Le Curé peut neanmoins prendre la place de Prédicateur, parce que c'est à luy à administrer & distribuer la parole de Dieu. 1. tome du Journal des Audiences, livre 2. chapitre 18.

20 Le Chapitre de Clermont maintenu en la possession de choisir & nommer les Prédicateurs qui doivent être agréez & confirmez par l'Evêque. Arrêt du 4. Août 1636. Bardet, tome 2. livre 5. chap. 27.

21 Les Consuls fondez en Coûtume sont en droit de nommer les Prédicateurs ; jugé au Parlement de Toulouse en faveur des habitans de Gourdon contre M.

l'Evêque de Cahors en 1640. aprés un Arrêt interlocutoire, qui avoit adjugé la provision à l'Evêque. Le Concile de Trente le porte, *Sess. 5. cap. 2. de Ref.* Il est dit que c'est à l'Evêque de nommer les Prédicateurs, s'il n'y a Coûtume contraire de temps immemorial; neanmoins le 5. Janvier 1638. le contraire fut jugé en faveur de M. l'Evêque d'Agde contre les Consuls de Pezenas, je crois que la Cour fait la difference, si les Consuls font la retribution aux Prédicateurs ; cela joint à la Coûtume, les fait maintenir dans cette faculté. *Albert, verbo Prêtres art. 3.*

22 Arrêt rendu au Parlement de Provence le 18. May 1654. en faveur de l'Archevêque d'Arles, qui a jugé que les Evêques ont la mission & la nomination des Prédicateurs dans tous les lieux de leur Diocese nonobstant la possession contraire. *Boniface, tome 1. livre 2. tit. 2. chap. 2.*

23 Le Chanoine Theologal dans l'Eglise Collegiale de *Roye*, prêchera une fois le mois, & sera trois fois la semaine les leçons, sur peine de perte de ses fruits, &c. Arrêt du 11. Janvier 1667. *De la Guesse, tome 3. livre 1. chap. 9.*

24 Du droit de nommer le Prédicateur dans une Eglise Collegiale. Sur la contestation entre l'Abbé de Gaillac & l'Evêque d'Alby, Arrêt du 18. Mars 1660. qui ordonna que les Predicateurs nommez par l'Abbé se présenteroient à l'Evêque dans le Palais Episcopal, ou à son grand Vicaire lesquels seroient obligez 24. heures aprés de donner leur approbation ou refus, & à faute d'y avoir satisfait dans ledit temps permis de se retirer au plus prochain Evêque ou Vicaire General qui seroient obligez dans le même delay de donner ladite approbation ou refus, & à faute d'y satisfaire, le Prédicateur nommé par l'Abbé sera tenu pour approuvé, pourvû qu'il ait prêché un Avent & Carême une année précedemment à sa nomination. *V. Basset, to. 1. liv. 1. tit. 1, ch. 15.*

PREDICATEURS, RELIGIEUX.

De ceux qui prêchent dans les Monasteres exempts. *Mémoires du Clergé to. 1. p. 615. & suiv.*

25 Les Religieux même exempts doivent recevoir la benediction de l'Evêque Diocesain, lors qu'il est present. Ibid p. 1077. & suiv.

26 Les Evêques peuvent empêcher la prédication aux Religieux Mandians. *Voyez Henrys, tome 1. livre 1. ch. 3. q. 46.*

27 Les Religieux ne peuvent prêcher hors de leur Monastere sans la mission de l'Evêque Diocesain. Arrêt du 26. Avril 1646. qui ordonne que les Superieurs des Cordeliers presenteront la liste de ceux qui doivent prêcher l'Avent que le Carême, au Prieur Evêque de Clermont, lequel ne pourroit refuser sa permission qu'à ceux en la vie & aux mœurs desquels il y auroit quelque chose à redire. *Soëfve, tome 1. Centurie 1. ch. 89.*

28 *Aucuns Reguliers ne pourront prêcher dans leurs Eglises & Chapelles sans être presentez en personne aux Archevêques ou Evêques Diocesains, pour leur demander leur benediction, ni y prêcher contre leur volonté, & à l'égard des autres Eglises, les Seculiers & les Reguliers ne pourront y prêcher sans en avoir obtenu la permission des Archevêques ou Evêques. Faisons défenses à nos Juges, & à ceux desdits Seigneurs, ayant Justice, de commettre & autoriser des Prédicateurs ; & leur enjoignons d'en laisser la libre & entiere disposition ausdits Prélats. Voulons que ce qui sera par eux ordonné sur ce sujet soit executé, nonobstant toutes oppositions & appellations & sans y prejudicier. Art. 10. de l'Edit concernant la Jurisdiction Ecclesiastique du mois d'Avril 1695.*

N'entendons comprendre dans l'Article précedent, les Curez tant seculiers que reguliers qui pourront prêcher dans leurs Paroisses, comme aussi les Theologaux, qui pourront prêcher dans les Eglises où ils sont établis, sans aucune permission plus speciale. Article 12. du même Edit.

Q iij

29   Arrêt du Parlement de Paris du 24. Janvier 1699. en faveur de M. l'Evêque d'Autun, contre le Maire & Echevins de la Ville de Moulins, pour le droit de nommer le Prédicateur de l'Avent, du Carême, & de l'Octave du S. Sacrement, en l'Eglise de Moulins. *V. le Recüeil de Decombes Greffier de l'Officialité de Paris, part. 2. ch. 2. p. 442.*

SALAIRES DES PREDICATEURS.

30   Par qui les Prédicateurs doivent être salariez? *Voyez Tournes, lettre E. nombre 8.* & cy-dessus *le n. 17.*

31   Arrêt donné és Grands Jours de Moulins le dernier Septembre 1550. qui a declaré valable une saisie faite sur M. l'Archevêque d'Ambrun par un Dominicain, pour avoir payement & salaire de ses Prédications. *Papon, livre 1. tit. 1. nombre 9.* où il examine la question de sçavoir qui est tenu du salaire du Prédicateur? Il fait distinction, si c'est un lieu où il y ait Eglise Collegiale ou Curé : tous ceux qui perçoivent les dîmes doivent contribuer au salaire du Prédicateur, & les Paroissiens en la dépense de bouche. Ainsi jugé par plusieurs Arrêts, il en cite deux, du Parlement de Toulouse des 14. Mars 1600. & 17. Mars 1603. contre l'Evêque d'Alby.

32   Aux Villes où il y a Archevêché ou Evêché, c'est le devoir du Pasteur de prêcher luy-même ou faire prêcher : jugé contre M. l'Archevêque de Bourges par Arrêt du Parlement de Paris du dernier Juin 1542. & en celles où il y a Eglise Collegiale ou Curé, tous ceux qui perçoivent les dîmes en ladite Paroisse, doivent contribuer aux salaires des Prédicateurs, & les Paroissiens à la dépense de bouche. Jugé par Arrêts du Parlement de Toulouse des 12. Février 1602. & 17. Mars 1603. *Papon, livre 1. tit. 1. n. 9.*

32 bis   Par Arrêt du 5. Avril 1558. après Pâques entre les Marguilliers de l'Eglise de S. Barthelemy & le Curé, il fut dit que le Curé prêcheroit ou feroit prêcher, & payeroit le Prédicateur, *Bibliotheque de Bouchel verbo Prédicateurs.*

33   L'Evêque de Nantes & le Chapitre avoient plusieurs procez que l'Evêque avoit fait évoquer au Grand Conseil. Un Docteur de Paris qui avoit prêché le Carême à Nantes, presente sa Requête à ce que ledit Chapitre luy payast l'argent destiné par la fondation. Le Chapitre dit que c'est à l'Evêque à le payer, d'autant plus qu'il l'a fait venir ; l'Evêque se joint avec le Docteur. La Cour, pour aucunes considerations, sans tirer à consequence, & préjudicier aux droits des parties, ordonne que le Chapitre payera le Theologien sans que l'Evêque de Nantes soit déchargé du salaire & vacation des Prédications qu'il doit au Prédicateur, pour avoir prêché en S. Pierre de Nantes : au surplus, afin de prévenir tout inconvenient ladite Cour enjoint tant à l'Evêque que Chanoines & Chapitre de Nantes de s'accorder du different pendant entre eux dans la Fête de Noël prochain, ou de poursuivre le Jugement ; autrement à faute de ce faire, la Cour y pourvoira. Arrêt du Parlement de Bretagne du 26. Avril 1558. *Du Fail, livre 1. chapitre 55.*

34   Arrêt du Parlement de Toulouse du 18. Juin 1567. qui ordonne que tous beneficiers & autres percevans les fruits decimaux dans l'Archevêché d'Auch, seront tenus contribuer à la nourriture & salaire des Prédicateurs qui seront commis pour instruire le peuple, prêcher & annoncer la parole de Dieu és jours de Dimanches, Fêtes solemnelles, Avent & Carême. *La Rochflavin, liv. 3. tit. 13.*

35   Les habitans doivent nourrir leur Prédicateur. Arrêts du Parlement de Toulouse des 10. Février 1561. & 1. Février 1563. ceux qui prennent les fruits decimaux doivent luy payer son salaire, à proportion de ce qu'ils tirent. Ainsi jugé le 5. May 1564. & en 1594. *Mainard, to. 1. li. 1. ch. 34. & suiv.*

36   Les Curez doivent prêcher ou payer les Prédicateurs, à moins que par quelque incommodité ils ne le

puissent faire, alors ils doivent contribuer avec le Marguilliers. Arrêt du Parlement de Paris du 13. Decembre 1563. *Papon li. 1. tit. 3. nomb. 8.*

37   L'Evêque prenant dîmes dans une Paroisse, doit contribuer au salaire du Prédicateur avec les autres Seigneurs Dîmeurs. Arrêt du Parlement de Toulouse du 17. Mars 1603. contre l'Evêque d'Alby. *Papon, liv. 1. tit. 12. nomb. 8.* Il y a plusieurs Arrêts semblables dans *Mainard.*

38   M. Du Vergé Evêque de Lavaur, ayant donné une Ordonnance qui chargeoit le Chapitre de bailler 300. livres de retribution au Prédicateur, & les habitans de sa nourriture, fut condamné luy-même à l'un & à l'autre, par Arrêt du Parlement de Toulouse du 3. Juillet 1609. *Albert verbo Prêtres art. 3.*

39   Arrêt de Grenoble du 27. Août 1620. qui ordonna par provision que le Seigneur Decimant nourriroit le Prédicateur, & que les Catholiques luy payeroient ses salaires. *V. Basset, to. 1. liv. 1. tit. 1. ch. 14.*

40   Les Evêques doivent payer & nourrir les Prédicateurs de leurs Eglises Cathedrales. Dans les Collegiales, il y a une Prebende pour eux, & à l'égard des Prieurez & des Paroisses ; si la Coûtume n'est contraire, cette dépense se partage entre les Prieurs & les Paroissiens. Arrêt du Parlement de Grenoble du 27. Août 1620. entre le Syndic de saint Antoine de Vienne & les Paroissiens, lequel ordonne que par provision le Prieur nourriroit le Prédicateur du Carême, & que les habitans le payeroient ; Arrêt semblable pour le Prieur Diocesain. Les Abbez & Prieurs qui sont en possession de nommer les Prédicateurs y doivent être maintenus ; jugé par trois Arrêts du Parlement de Paris, rapportez sans date ; semblable Arrêt a été rendu au Parlement de Grenoble le 18. Mars 1660. *Voyez la Jurisprudence de Guy Pape par Chorier, sect. 1. art. 4. p. 9.*

41   Arrêt du Parlement de Provence du 4. May 1657. qui a jugé que la question des salaires des Prédicateurs, n'étoit pas de la connoissance des Juges d'Eglise. Le même Arrêt ordonne que les salaires des Prédicateurs payez par ceux qui perçoivent les dîmes. *Boniface to. 3. li. 2. tit. 13. ch. 1.*

42   Arrêt rendu au même Parlement de Provence le 2. Juin 1672. qui a jugé que les salaires des Prédicateurs doivent être payez par les Decimateurs. *Boniface, tome 3. li. 3. tit. 14. ch. 5.*

PREDICATEURS SEDITIEUX.

43 & 44   Arrêt du Parlement de Paris du 16. Decembre 1559. contre aucuns Prédicateurs scandaleux, portant que la Cour a exhorté l'Evêque de Paris & ses Vicaires, de faire informer dans huitaine, des propos scandaleux & seditieux tenus, proferez, & prêchez publiquement, & ce fait y pourvoir le plus sommairement que faire se pourra, de ce en certifier la Cour, & neanmoins pour obvier à l'avenir à tels scandales & inconveniens qui s'en pourroient ensuivre, la Cour a ordonné que les Curez au cas qu'ils ne voudroient eux-mêmes prêcher en leurs Paroisses en cette Ville & Fauxbourgs, seront tenus avec les Marguilliers ensemblement presenter ou nommer à l'Evêque ou les Vicaires, celuy qu'ils voudront prendre pour Prédicateur, soit Docteur en Theologie, Religieux Mendiant, étudiant, ou autre quelconque, pour s'en enquerir au vray de la doctrine & suffisance du personnage ainsi présenté, ce fait, luy bailler licence de prêcher, & à la Cour fait défenses à tous Prédicateurs de monter en Chaire sans ladite permission sur peine de suspension de leurs privileges, degrez, & autre peine arbitraire. *Preuves des Libertez, tome 2. ch. 28. nomb. 5.*

  Arrêt du Parlement d'Aix du dernier Avril 1594. contre deux Religieux Observantins, & un Minime prêchant seditieusement. La Cour ordonne qu'il sera informé, & cependant enjoint à l'Archevêque d'Arles & son Vicaire, d'interdire la Prédication ausdits Religieux, & en mettre d'autres à leurs places qui prêchent

la parole de Dieu avec toute modeftie fans uſer d'aucun propos ſcandaleux ou tendant à ſedition , ni détourner les ſujets du Roy de l'obeiſſance qu'ils luy
doivent, ſut peine d'être punis comme perturbateurs
du repos public, & aux Superieurs de l'Ordre deſdits Religieux de les faire retirer hors de ladite Ville d'Arles ſur ladite ſedition ; neanmoins juſqu'à ce que
leſdits Archevêque d'Arles & ſon Vicaire ayent ſatiſfait à ce que deſſus ordonné, que le revenu de leur
temporel ſera effectivement ſaiſi & ſequeſtré és mains
de perſonnes ſolvables pour en rendre compte quand
& ainſi ſera dit & ordonné & leur ſera le preſent
Arrêt ſignifié parlant à la perſonne des rentiers
ou Conſuls deſdits lieux où ſont leſdits revenus. Preuves des Libertez, tome 2. ch. 28. n. 11.

46   Les Parlemens & les Juges Royaux ont pouvoir de
juger & punir les Prédicateurs qui prêchent ſeditieu-
ſement. Voyez le 2. tome des Preuves des Libertez, chapitre 29. où pluſieurs Arrêts ſont rapportez.

PREDICATEUR , THEOLOGAL.

47   *Les Theologaux ne pourront ſubſtituer d'autres perſonnes pour prêcher à leur place ſans la permiſſion des Archevêques ou Evêques.* Art. 13. de l'Edit concernant
la Juriſdiction Eccleſiaſtique du mois d'Avril 1695.
Voyez le mot *Theologal.*

PREFERENCE.

QUoyque ce mot s'applique ſingulierement aux
créanciers , l'ordre des déciſions ſuivantes indique les cas particuliers auſquels la préference peut
avoir lieu.

PREFERENCE, BAIL.

1   Préference en matiere de bail. *Voyez* le mot *Bail*,
nombre 156. & ſuivans,& le mot *Fermier*,nombre 60. &
ſuivans,& cy-aprés le nomb. 17.

PREFERENCE, CREANCIERS.

2   Préference de créanciers. *Voyez* hoc verbo *la Bibliotheque des Arrêts de Jovet , lettre P.* & dans le preſent Recüeil les mots *Contribution , Créancier , Debiteur , Hypoteque , Ordre , Privilege , Saiſie.*

3   Celuy qui vend ſon heritage ſans ſe reſerver d'hypoteque par les Loix Romaines ne peut être préferé
pour le prix qui luy reſte à payer ; le contraire ſe juge à preſent , & l'équité l'emporte ſur les Loix. *Voyez
Henrys* , tome 1. livre 4. chap. 6. queſt. 107. Voyez
M. Delive,livre 4. chap. 10. & *M. Loüet & ſon Commentateur lettre H. ſomm.* 11.

4   *Ex duobus creditoribus,preferendus eſt is qui reipſâ pecuniam prior numeravit.* Mornac , l. 4. ff. de rebus creditis.

5   Titius fait un contract de conſtitution de rente à
Jean , à la charge qu'il payera une ſomme qu'il doit
à certain terme & par corps : dans l'entre-temps du
terme, Titius conſtitue une rente à Pierre qui luy en
baille les deniers en preſence des Notaires. Jean paye
au créancier du debiteur ſans ceſſion, duquel enſuite
les effets ſont ſaiſis réellement & vendus , Jean &
Pierre conteſtent la préference. *Voyez Charondas ,
livre* 11. Rép. 49.

6   Un Gentilhomme épouſe deux femmes & enſuite il
fit tuer la premiere ; le pere le pourſuit ; il eſt condamné à mort , & le pere préferé en la diſtribution
des deniers à la ſeconde femme ; pour la préference
civile & dépens. *Voyez Charondas*, livre 6. Rép. 81.
& *Montholon*, Arrêt 9. qui date l'Arrêt prononcé à
Pâques 1581.

7   Les gages de ſerviteurs ſont privilegiez , *intuitu
pietatis*; pour les loyers des maiſons baillées à loüage,
le proprietaire ſera préferé ſur les meubles de la maiſon ; la marchandiſe trouvée en nature ſera réclamée
par le vendeur , *licet fidem habuerit de pretio.* Arrêt
du 23. Novembre 1584. & par autre du 13. Mars 1609.
ſuivant la Loy *cum quæ. ff. de privil. creditor.* Celuy qui
a prêté argent pour l'acquiſition de la choſe, ſi pour
aſſeurance il a ſtipulé qu'elle luy demeureroit ſpecia-

lement affectée & hypotequée , & que le contract en
faſſe foy. L. licet. Cod. qui pot. in pig. hab.

8   Si la marchandiſe n'étoit pas ſaiſie ſur le debiteur &
acheteur , mais ſur un tiers poſſeſſeur , en ce cas le
vendeur n'auroit aucune préference ſur la marchandiſe. Jugé par Arrêt du 10. Mars 1587. Tronçon article 177. in verbo ſur le debiteur. Pithou , ſur Troyes,
art. 71.

9   En la queſtion de ſçavoir lequel des créanciers ſeroit préferé , ou celuy qui étoit le bailleur du fonds
qui avoit acquis rentes foncieres pour la baillée d'i-
celuy , ac per conſequens erat dominus ſoli, ou celuy
qui avoit employé ſes deniers en la réparation d'heritage,& lequel par conſequent avoit ſon hypoteque
privilegiée , pour précéder tous autres créanciers ,
même les anterieurs en hypoteque, quia ſalvam fecerat totius pignoris cauſam , l. inter eum cum ſeq. qui pot.
l. 1. quibus cauſis pign. & ad eam Cujac. la Cour par
Arrêt du 8. Juillet 1604. a ordonné que ventilation
& eſtimation ſeroit faite , tant de la place que du
bâtiment & réparation , lors & au temps qu'elle auroit été faite, & ſeroient les parties concurrement
payées des deniers provenans de l'adjudication de la
maiſon ,eû égard à la valeur. Le Prêtre , Centurie 4.
chap. 4.

10   Par Arrêt du 8. Mars 1608. rapporté par Tronçon ,
ſur l'article 231. de la Coûtume de Paris , in verbo à la
charge de payer les ſemences , il a été jugé que celuy
qui a prêté la ſemence pour emblaver les terres , en
concurrence de ſaiſie des frais , eſt préferable même
au Seigneur direct pour le cens qui luy étoit dû.

11   Jugé par Arrêt du 15. Janvier 1655. que celuy qui
a prêté ſes deniers pour bâtir ſur le fonds ; doit être
preferé au bailleur à rente. Soëfve tome 1. Centur. 4.
chapitre 80.

PREFERENCE, DOT.

12   De la préference de la dot. *Voyez* le mot *Dot*,n. 281.
En l'Audience de la Grand'-Chambre du 30. Août
1661. il a été jugé que la dot de la femme eſt préferable au doüaire des enfans. Jugé pareillement que le
doüaire des enfans eſt pris avant le remploy des propres aliénez de la femme, avant ſon indemnité, conſentie par ſon mary pour les dettes où elle a parlé , &
avant ſon precipu ſtipulé par ſon contract de ma-
riage.Jugé en outre que les créanciers de la femme qui ſe vengent ſur ſa dot , ſont tenus de juſtifier que la dot de la femme a été payée au
mary ; quoyque ce ſoit entre majeurs , & qu'il y ait
eû plus de dix ans depuis le contract de mariage.Jo-
vet, verbo Préference des créanciers n. 16.

PREFERENCE, CREANCIERS, FEMMES.

13   Les femmes des aſſociez ne peuvent être préferées
aux créanciers de la ſocieté ſur les effets de la ſocieté.
Arrêt du 25. Janvier 1677. De la Gueſſiere , tome 3.
livre 11. chapitre 3.Le même Arrêt eſt rapporté au Journal du Palais.

PREFERENCE, GRADUEZ.

14   De la préference des Graduez,eû égard à l'éminen-
ce de leurs dégrez. *Voyez* le mot *Graduez* nomb. 142.
& ſuiv.

PREFERENCE SUR LES MEUBLES.

15   Qui doit être préferé ſur les meubles que le mary
laiſſe aprés ſon décés, ou la veuve , ou le proprietaire de la maiſon , ou le Boucher pour la chair qu'il a
fournie ? *Voyez Henrys*,to. 2. li. 4. qu. 44.

16   Dettes pour prix de meuble vendu , preferées ſur
iceluy : jugé entre le proprietaire d'une maiſon pour
ſes loyers, & un Marchand Courtier de vin , pour
le prix du vin qu'il avoit vendu, qui avoit été pris
& levé ſur l'Etape ſans payer. Car bien que le vin ſe
trouvât ſaiſi en la maiſon loüée ; la préference fut
neanmoins ajugée au Marchand par Arrêt de l'an
1604. en infirmant la Sentence du Prévôt de Paris ,
qui l'avoit ajugé au proprietaire. *Voyez* Du-Pleſſis ,
ſur la Coûtume de Paris titre des executions , liv. 11.

PREFERENCE DU PROPRIETAIRE.

17 Le propriétaire est préférable à tous autres créanciers sur les fruits pendans par les racines de l'heritage baillé à ferme, tant pour la ferme de l'année courante, que pour les arrerages. Arrêt du 31. Decembre 1594. *M. le Prêtre, ès Arrêts de la* 5.

18 *Dominus sub pensione annuâ domum concessit, posteà reficitur domus & publicatur; in nummis de eâ profluentibus præfertur dominus cœmentario.* Arrêt du 8. Juillet 1604. *Mornac, Loy* 6. *ff. qui potiores in pignore.*
Voyez le mot *Fermier, nomb.* 60. & suiv.

PREFERENCE, SAISISSANS.

19 Un créancier du cedant, qui avant la signification du transport fait au debiteur, fait saisir & arrêter la somme entre ses mains, est en ce cas préferé, sauf au cessionnaire son recours contre son cedant. Jugé le 28. Septembre 1592. *Gouget, des Criées part.* 2. *page* 197.

20 Jugé par Arrêt du 4. Août 1611. que le proprietaire, lequel incontinent après la mort du défunt, a prévenu & fait saisir les meubles étant en sa maison, pour la sureté du payement des loyers qui luy étoient dûs seroit le premier payé, & préferé au Marchand pour les robes de deüil, & frais des obseques & funerailles fournis après son décés. *Gouget, pag.* 265. *& l'Auteur des Notes sur M. Du Plessis, Traité des Executions, liv.* 2.

21 Henrys, *to.* 1. *li.* 4. *c.* 6.*q.*18. établit qu'entre deux créanciers saisissans les revenus d'une terre entre les mains du Fermier d'icelle, le créancier du défunt à qui la terre appartenoit, doit être préferé aux créanciers de l'heritier du défunt. Pour authoriser son sentiment, il prouve que les fermages d'une terre sont censez immeubles, & faire partie de la terre jusqu'au jour de l'échéance du payement.

22 Les biens de l'acheteur d'un fonds étant en discussion, ou en distribution, le vendeur a droit de les faire tirer de la discussion & de l'inventaire, estimation préalablement faite dudit fonds, pour, sur le prix, être payé par préference à tous créanciers. Arrêt rendu au Parlement de Provence le 14. Juin 1687. *Boniface, tome.* 4. *liv.* 8. *tit.* 2. *ch.* 14.
Voyez cy-aprés, le mot *Saisie*, §. *Saisie. Préference.*

PREFERENCE, TAILLES.

23 La rente est préferable aux Tailles sur le fonds qui y est sujet. Arrêt du Parlement de Grenoble du 29. May 1658. & autres. *Basset, tome* 1. *livre* 3. *tit.* 3. *chapitre* 6.
Voyez cy-aprés le mot *Tailles.*

PREFERENCE, TUTEUR.

24 Le Tuteur a préference sur les biens de son pupille, pour ce qui luy est dû pour le reliqua de son compte contre les créanciers de l'heritier dudit pupille, & de la separation de ses biens. Arrêt du 16. Juin 1601. *Charondas, liv.* 11. *Rép.* 11.

25 Une fille avoit atteint la vingt-quatriéme année, avant de demander à son Tuteur le compte de son administration. Le Tuteur avoit cependant reconnu la dot de sa belle-fille, sans que cette pupille fist aucune dénonce ni protestation. Il fut jugé au Parlem. de Toulouse le 10. Mars 1691. que le reliqua dû à cette pupille, étoit préferable sur les biens de ce Tuteur à la dot de cette belle-fille. *M. de Catellan, li.* 8. *chap.* 8.
Voyez le mot *Tuteur.* §. *Tuteur, Hypoteque.*

PREFET.

PRéfet du Prétoire. *Præfectus Pretorio.*
La dignité de Premier Président aux Parlemens de France, represente assez celle de Préfet du Prétoire chez les Romains. Cependant quelques Auteurs disent que le Préfet du Prétoire étoit comme nos anciens Maires du Palais. *Bodin, Repub. L.* 4. *c.* 6. Fauchet, *des Dignitez de France, L.* 1. *c.* 10.

De officio Præfecti Pretorio. D. 1. 11... C. Th. 1. 5..; *Idem.* 6. 7... N. 8. c. 15.
De officio Præfecti Pretoriorum Orientis & Illyrici. C. 1. 26.
De officio Præfecti Pretorio Africæ, & de omni ejusdem Diœceseos statu. C. 1. 27.
Ut ordinariæ Præfectura urbana, etiam Prætoriana duæ, & Præfectura quæ in cingulo, & quæ in actu sunt, solæ, non etiam honorariæ liberent à curiali fortunâ. N. 70. Cette Novelle parle de la dignité du Préfet, qui porte exemption de certaines charges.
De Præfectis Pretorio, sive urbi, & magistris militum, in dignitatibus exæquandis. C. 12. 4... C. Th. 6. 7.
Préfet de la Ville.
Ce Magistrat avoit la jurisdiction & l'administration de la Ville & des environs, que nous appellons la Banlieuë. C'étoit comme le Gouverneur ou le Maire de la Ville.
Voyez les mots *Gouverneurs, Juge, Lieutenans, Intendans, Officiers, Parlemens, Police, Président, & autres titres qui conviennent à la Magistrature.*

PREJUGE'.

PRéjugé. Question préjudicielle. *Prejudicium.*
De exceptionibus præscriptionibus, & Prejudiciis. D. 44. 1... Inst. 4. 6. §. 13. *Prejudicia*, sont les questions préjudicielles, ou les exceptions dilatoires, & fins de non proceder. Les questions de l'état des personnes, sont questions préjudicielles. *Voyez* Exception. Etat des personnes.

PRELATION.

1 VOyez *lettre* D. au titre *des Droits Seigneuriaux, le nomb.* 112. & suiv.
Des personnes qui peuvent user du retrait feodal, ou censuel, ou droit de prélation ou retenuë. *Voyez* Despeisses, tom. 2. pag. 80.
Des divers cas ausquels le Seigneur peut user du droit de prélation ? *Ibidem, pag.* 89.
Des divers cas ausquels le droit de prélation n'a pas lieu ? *Ibidem, pag.* 91.

2 *Jus Prælationis ubi sunt duo domini, cui competat ?* Voyez Franc. Marc. tom. 1. qu. 574.

3 *Dominus directus in jure prælationis moram purgare potest.* Ibidem, quest. 577.

4 *Jus prælationis, seu avantagii, an locum habeat in feudo, vel emphiteusi, & alteri cedi possit ?* V. Franc. Marc. tom. 2. qu. 2.

5 Le Seigneur direct peut retenir par droit de prélation les biens vendus & alienez, tant par contrat, que par decret, & authorité de Justice, qui dépendent de sa directe, en remboursant l'acquereur ou adjudicataire du prix. Arrêt du Parlement de Toulouse du 5. Janvier 1551. pour les Seigneurs de Saint Jory, confirmé par autre Arrêt du mois de Juin 1568. Ce qui avoit été jugé auparavant le 14. Février 1561. à la charge neanmoins par le Seigneur d'affirmer que c'est pour luy. Arrêt du 2. Août 1571. *La Rocheflavin, des Droits Seigneuriaux, chapitre* 13. *article* 1.

6 En échange le droit de prélation n'a point lieu. Arrêt du Parlem. de Toulouse du 24. May 1572. sauf quand le contract est frauduleux. *La Rocheflavin, ibid. art.* 12.

7 Le Seigneur qui use du droit de prélation, doit rembourser les étrennes à l'acquereur, & les droits de Corratiers doivent être rendus avec generalement tout ce que l'acquereur a payé. Arrêt du 24. Avril 1601. *La Rocheflavin, des Droits Seigneuriaux, ch.* 13. *Art.* 1. Graverol observe que l'acheteur doit être indemnisé de tout ce qui est énoncé dans le contract ; *secùs* de ce qui n'y est pas.

8 Par la Coûtume generale du Royaume, l'Eglise ni les

ni les perſonnes Eccleſiaſtiques , Seigneurs directs du fonds de l'Egliſe n'ont point droit de prélation. *Voyez* Boyer *ſur la Coûtume de Bourges* , au titre *de retenu. rev. feud.* & Rebuffe , au titre *de feudis.* Neanmoins , ſi pour accommoder & aggrandir l'Egliſe , Convent & Monaſtere, Hôpital ou College , ou accroître leurs jardins & cloiſons , ou pour s'affranchir de quelque vûë & ſervitude , ils avoient beſoin de quelques petites maiſons voiſines , ou petite piece de terre mouvante de leur directe , qui ſe vendiſſent ou decretaſſent ; auquel cas ſeulement , & non pour aggrandir & amplifier leurs labourages , ou acquerir de loüage de maiſons , ils pourroient uſer du droit de prélation , ainſi qu'il a été jugé pour les Religieuſes de Boulbonne. *Voyez* la Rocheflavin, *des Droits Seigneuriaux*, *ch.* 13. *art.* 2. Cambolas, *liv.* 2. *chap.* 39. Deſpeiſſes , *tom.* 3. *des Droits Seigneuriaux* , *titre* 4. *ſect.* 6. *part.* 1. *nomb.* 17. Mainard , *liv.* 9. *chap.* 46. remarquent les cas où l'Egliſe peut uſer du droit de prélation.

9   Par la même Coûtume generale du Royaume , le Roy n'a jamais uſé du droit de prélation en France , moins ſes Rentiers , ſauf s'il s'agiſſoit de quelque Château ou Place frontiere qui ſe rendît, comme il a été jugé pour un Château au Comté de Foix ſur les frontieres d'Eſpagne ; lequel , à la requête du Procureur General , luy a été ajugé par droit de prélation La Rocheflavin, *ibid. ch.* 13. *art.* 3.

10   Sur le doute , ſi les acheteurs du Domaine du Roy ou de l'Egliſe doivent joüir du droit de prélation , il a été jugé par pluſieurs Arrêts , qu'ils en doivent joüir ; parce que les cauſes de la Coûtume qui regardent le Roy & l'Egliſe, ceſſent aux particuliers acquereurs. Et entr'autres , le 18. May 1576. pour un acquereur du temporel de l'Egliſe ; ledit Arrêt prononcé en Arrêt general le 8. Juin 1576. & par autre Arrêt du 13. Août 1590. pour les Seigneurs Acquereurs du Roy du lieu de Fabrezan contre un Conſul. La Rocheflavin , *ibid. art.* 4.

11   Le Seigneur hommager a droit de prélation. Le temps du droit de prélation ne court que du jour que la vente a été dénoncée au Seigneur direct. Arrêt du 3. Mars 1575. parce que l'emphiteote eſt cenſé de mauvaiſe foy, *ex quo intra annum non petit inveſtituram* §. *Qua ſit cauſa benefic. amitt.* & parce que *ignoranti tempus non currit, cap. quia diverſitatem de conceſſ. Prebend.* ibid. *art.* 5.

12   Quand entre deux Coſeigneurs il y a droit de prélation , ſi l'un a pris les lods & ventes , l'autre peut prendre & retenir la piece venduë , en rendant le lods & le prix à l'acheteur. Arrêt du 2. Avril 1571. & quand un acheteur ou adjudicataire ne veut bailler le tout, audit cas le Seigneur peut retenir par prélation ce qui eſt dans ſa directe , en rendant le prix , ſuivant l'eſtimation , eu égard au prix total de l'achat. Arrêt du 7. Avril 1588. La Rocheflavin, *ibid. Art.* 6. Graverol obſerve que quand l'acquereur ne veut pas ſouffrir la diviſion , il faut que le Seigneur prenne tout , ſi mieux il n'aime accepter le droit de lods, & donner l'inveſtiture. Il rapporte deux Arrêts des 2. Mars 1619. & 2. Janvier 1621.

13   Les promeſſes par écriture privée entre l'acheteur & le vendeur , ne peuvent donner atteinte au droit de prélation. Arrêt du Parlem. de Touloſe du 17. Janvier 1582. *Ibid. art.* 7.

14   Le droit de prélation eſt préferé au retrait lignager. Arrêt du 4. Avril 1586. parce que le Seigneur *habet jus in re.* Ibid. Art. 8.

15   Si un heritage a été vendu pluſieurs fois ſans avoir pris inveſtiture , le Seigneur direct la peut prendre par droit de prélation , pour le prix de l'un des contrats de vente que bon luy ſemble. Arrêt du 3. Août 1594. *Ibidem , Art.* 9.

16   Un Seigneur direct achete une vigne de ſa directe, & la laiſſe à un de ſes enfans par ſon Teſtament , & *Tome III.*

la directe du lieu à un autre fils. Le legataire de la vigne la vend à l'un des habitans du lieu ; le Seigneur direct la veut cultiver par droit de prélation. Par Arrêt du mois de Novembre 1591. il a été débouté , & la piece declarée allodiale , à cauſe de la confuſion & conſolidation de l'utilité avec la directité , au moyen de l'achat fait par le nommé Boiſſet pere commun. *Per L. ſi binas ædes ff. de ſervit. urb. præc.* & *doctrinam Molinei* in *tit. de cenſibus.* La Rocheflavin , *ibidem Arr.* 10.

17   Le Seigneur retenant un bien vendu par droit de prélation , le reprend exempt de toutes charges & hypoteques qui pourroient y être impoſées depuis le premier bail & infeodation. Jugé le 14. Févr. 1602. contre une femme qui demandoit ſa dot ſur les biens de ſon mary , vendus par decret , pour le Seigneur, qui les avoit retenus par droit de prélation. La Rocheflavin , *des Droits Seigneuriaux* , *chap.* 13. *art.* 11. Graverol obſerve que c'eſt auſſi l'uſage de la Cour des Aydes de Montpellier.

18   La reception de la rente & cenſive faite par pluſieurs années, ne prive point le Seigneur de ſon droit de prélation , ſi l'acheteur n'a requis l'inveſtiture , *Cenſus debetur à quocunque poſſeſſore juſto vel injuſto , habili vel inhabili.* Ibidem , art. 13.

19   Quoique le Seigneur ſoit obligé pour retenir un heritage par droit de prélation , d'affirmer que c'eſt pour luy , il peut enſuite le donner à un autre ; ſans que le premier acquereur puiſſe en évincer le dernier. Arrêt au même Parlement de Touloſe du 21. Juin 1578. *Ibidem , Art.* 14 *Juriſjurandi Religio ſolum Deum ultorem habet : & poſtquàm juratum eſt , nihil amplius quærendum.*

20   Le droit de prélation dure trente ans , après leſquels il eſt préſcrit , quoique la vente n'ait été dénoncée au Seigneur, *quia illa præſcriptio currit ignoranti. Capell. Toloſ. deciſ.* 76. §. *Porro* & *ibi Jacobus Alvarinus num.* 3. *qualiter feudum alienari poſſit.* Arrêt du 14. Août 1583. La Rocheflavin, *ibidem art.* 16.

21   Quoique par pluſieurs Arrêts du Parlement de Paris & de Touloſe, ait jugé que le droit de prélation & de commis avoit lieu dans la Ville & Viguerie de Touloſe ; neanmoins par un dernier Arrêt du mois de Mars 1672. le contraire a été jugé. La Rocheflavin , *ibid. Art.* 17. ſur la fin.

22   Lorſque pluſieurs Seigneurs directs veulent retenir la piece venduë par droit de prélation , ſi la piece ſe peut commodément diviſer , elle doit être partagée à proportion des parts & quotité qu'ils ont en la directe, ou ils doivent la jetter au ſort : de même, ſi elle ne peut ſe diviſer , on doit jetter ce ſort. *Ibidem , Art.* 18.

23   Quand il y a deux Seigneurs directs , & qu'ils veulent retenir par droit de prélation une piece venduë contre la volonté de l'acquereur, & que l'autre ſe contente de ſa part des lods & ventes , & veut inveſtir l'acquereur, l'autre Coſeigneur ne peut retenir toute la piece venduë par droit de prélation contre ſa volonté : mais il doit ſe contenter d'une portion d'icelle, ſuivant la quotité de ſon droit de directe. Arrêt du 2. Decembre 1601. parce que , *in contractibus juri accreſcendi locus non eſt.* Ibidem , Article 19.

24   Le Seigneur hommager a droit de prélation. Jugé le 23. Mars 1575. mais il ne court que du jour qu'on luy a dénoncé la vente. *Cambolas* , *li.* 1. *ch.* 15.

25   Jugé le 14. Janvier 1614. que l'Egliſe peut uſer du droit de prélation pour ſa commodité ſeulement, à la charge que la maiſon ſeroit réünie à la table de l'Egliſe ; & à condition que les Religieux du Monaſtere verifieroient , comme ils avoient ſoûtenu , que cette maiſon leur étoit neceſſaire , & qu'elle confrontoit avec leur jardin. Quoique l'Egliſe ne joüiſſe pas de ce droit , ceux qui ont droit d'elle y ſont reçûs. *Cambolas* , *liv.* 2. *ch.* 39.

R

26   Le Seigneur direct ne peut contre la volonté de l'acquereur, prendre le droit de prélation, qu'à proportion de la part qu'il a en la directe. Jugé contre les Commandeurs de Saint-Jean, Proprietaires pour la quatriéme partie de la Terre de Menville, droit de prélation ne peut être cedé. *Cambolas, livre 3. chap. 10.*

27   Le temps de la prescription du droit de prélation & retention feodale, ne court sinon du jour de la notification de la vente, & requisition de l'investiture faite au Seigneur direct. *Voyez Mainard, li. 7. chap. 100.*

28   Le droit de préference a lieu en vente judiciaire & volontaire. Arrèt du Parlement de Grenoble du 30. Janvier 1610. *Basset, tome 1. livre 3. titre 7. chapitre 3.*

29   Ce droit n'a lieu qu'en cas qu'il soit expressément stipulé & reconnu. Arrèts des 6. Juillet 1618. & 21. Juillet 1653. *Ibidem, ch. 1.*

30   Le droit de préference produit action personnelle & réelle. Arrèt du 26. Février 1638. *Ibid. ch. 3.*

31   En cas de retrait par droit de prélation, le retrayant doit payer toutes les charges, & souffrir toutes les hypotheques du fond, *quia hoc fit in causâ voluntariâ*: autre chose seroit, *si ex causâ necessariâ*. Arrèt du même Parlement de Grenoble du six Février 1640. *Basset, ibid. ch. 2.*

PRELATION CEDE'E.

32   Si le droit de prélation est cessible? On juge pour l'affirmative au Parlement de Paris; on tient le contraire au Parlement de Grenoble & de Toulouse. *Voyez Salvaing, traité des Fiefs, chap. 22.*

33   Le droit de prélation est tellement personnel & adherant à la personne du Seigneur direct, qu'il ne le peut ceder à un tiers; & ainsi se juge à Grenoble *Guid. Pap. decis.* 411. de l'emphiteote requiert souvent le Seigneur de jurer s'il veut le fief pour soi; en quoi plusieurs l'estiment être bien fondé; nonobstant un Arrèt contraire de Paris rapporté par *Papon, livre de retrait lignager art. 7.* Quant au Parlement de Toulouse, ordinairement il n'a égard à telle demande de serment, ni aux incidens joints pour ce regard au principal. *Voyez Mainard, liv. 8. chap. 20.*

33 bis.   Arrèt rendu au Parlement de Provence l'année 1672. qui déclara le cessionnaire du Fermier du Roy de la prélation feodale, préferable au retrayant lignager. *Boniface, tome 4. liv. 3. tit. 1. chap. 1.*

34   Arrèt du 16. May 1684. qui a declaré le pacte de préference en cas de vente & de donation personnelle & non cessible. *Ibidem, liv. 8. tit. 2. ch. 13.*

PRELATION, EGLISE.

35   Eglise peut user du droit de prélation ou réunion des fiefs relevans d'elle. *V. Tournet, lettre E. nomb. 37. Chopin, de sacrâ politiâ tit. 1. nomb. 16.*

36   L'Eglise ne peut user du droit de prélation. Ainsi jugé au Parlement de Grenoble. *Voyez Salvaing, de l'usage des Fiefs, chap. 24.* où il ajoûte, l'on peut objecter l'Arrèt du 24. Juillet 1653. qui ajuge au Prieur de Nôtre-Dame de Beaumont le droit de prélation sur un fonds emphiteotique dont j'ai fait mention au chapitre 21. mais j'ai sçû de M. de Ponat Rapporteur qu'il ne fut point opposé de l'incapacité de l'Eglise, & que M. le Procureur General ne fut point oüi.

PRELATION FEODALE.

37   Quand il y a deux Seigneurs directs d'un même fonds, dont l'un veut retenir par droit de prélation, l'autre veut investir; celuy qui veut retenir sera préferé à l'autre, pourvû qu'il retienne tous les fonds, & non la moitié seulement. S'il y a plusieurs pieces venduës par même contrat, il faut distinguer, ou la vente du fond est faite pour un seul & même prix, & alors le Seigneur doit prendre ou bailler le tout, ou chacune piece à son prix particulier & separé, en ce cas, ce sont ventes diverses & separées, quoique

contenuës en même instrument, & le Seigneur peut retenir l'une des pieces que bon luy semblera, & laisser les autres. *Voyez Mainard, li. 7. ch. 19.*

38   Si la prélation feodale a lieu, quand le vassal ou l'emphiteote impose à prix d'argent une servitude sur son fonds de terre, ou quand il vend la faculté d'en dériver de l'eau? *Voyez Du Perrier, livre 3. question 10.*

39   Le droit de prélation ou de retenuë n'a lieu pour les fonds de roture en faveur du Seigneur direct. *Voyez Henrys, tome 2. liv. 3. quest. 22.*

40   Si le Seigneur direct qui use du droit de prélation, est tenu de rembourser le prix en un seul payement, ou s'il peut demander les delais donnez par le contrat de vente à l'acheteur? *V. Salvaing, de l'usage des Fiefs, chap. 90.* où en citant d'un côté les Arrèts du Parlement de Paris qui ont jugé que le prix doit être totalement & sans délay acquitté; il dit que l'opinion contraire doit être suivie aux pays où la Coûtume & les Arrèts n'ont aucune disposition, parce que tout le Droit, & la commodité ou incommodité du contrat passe au retrayant.

41   De la prélation & retenuë feodale; *Voyez la Bibliotheque du Droit François par Bouchel, verbo Retenuë*, où il a inseré un traité sur cette matiere par M. Nicolas Rigaut Avocat, ou plûtot ses écritures & Plaidoyez dans la cause de M. le Duc de Boüillon, contre le sieur de Noailles; celui-cy condamné par Sentence des Requêtes du Palais du 22. Août 1579. à laisser à M. le Duc de Boüillon par droit de retenuë feodale & puissance de fief les choses venduës par Messire François de Lignerac, à Messire François de Noailles Evèque d'Agde.

42   L'article de la Coûtume de Bourdeaux qui donne le droit de prélation au Seigneur, ne s'étend pas en tout le Ressort du Parlement; il est restraint à la seule Sénéchaussée. Arrèt du Parlement de Paris au profit des sieurs de Broca, contre le sieur de Manivant, il fut débouté du retrait & prélation d'un heritage relevant de la Baronnie de la Roche, acquis par les sieurs de Broca. *Corbin, traité des Fiefs. page 864.*

43   Si le Seigneur direct peut user du droit de prélation sur un fond de sa mouvance compris dans une vente passée de plusieurs autres fonds allodiaux, ou mouvans d'autres Seigneurs pour un seul prix, sans retenir le tout? *M. Charles Du Moulin* tient l'affirmative; *Guy Pape* la négative. Le Parlement de Grenoble a consenti de suivre l'opinion de celui-ci. Arrèt du 26. Mars 1612. *Voyez Salvaing, de l'usage des Fiefs, chap. 25.*

44   Le Seigneur usant du droit de prélation ne peut regulierement déduire & retenir les lods sur le prix qu'il doit rembourser. *Salvaing, ibidem, chap. 30.*

45   Le droit de prélation a lieu, même aux ventes à pacte de rachat, à la charge neanmoins par le Seigneur de revendre le fief au vendeur quand il voudroit racheter. Arrèt du Parlement de Toulouse du 27. Janvier 1633. *Albert, lettre P. verbo Prélation.*

46   Droit de prélation feodale n'a lieu en Dauphiné sans être exprimé dans les titres; il en est de même du droit de prélation emphiteotique. *Voyez Salvaing, chap. 20. & 21.* où il rapporte un Arrèt du Parl. de Grenoble du 1. Février 1634. qui n'assujettit au droit de prélation que les fonds possedez par les roturiers & taillables, parce que les Gentilshommes ne l'avoient pas reconnu. Autre Arrèt du 24. Juillet 1653. qui a jugé que de plusieurs fonds qui ont été neanmoins à un même Seigneur direct, le droit de prélation ne peut être exercé que sur les articles où il a été stipulé, quoique dépendans d'un même terroir, & qu'il ne suffit pas que le proëme ou preambule des reconnoissances en fasse mention.

47   Le 10. Mars 1644. il a été jugé au Parlement de Toulouse en la cause de Jean Jacob Cordonnier,

contre Barriere , que le droit de prélation n'avoit pas lieu dans le Gardiage de Touloufe; le fonds étoit fitué dans le territoire de Poubourville , & l'Arrêt ajoûta *nonobftant la reconnoiffance* ; car il y en avoit une qui portoit droit de prélation ; il eft vrai que la precedente étoit conçûë par *&c.* Le contraire avoit été jugé en faveur de M. de Hautpoul Confeiller , pour un fond fitué à Cugnaux , qui eft dans la Viguerie de cette Ville, le 11. Mars 1640. & en 1646. la prélation fut ajugée au fieur de Maleprade pour une métairie fituée au lieu de Gagnac. Ce qui peut avoir donné lieu à ces Arrêts, eft peut-être que les parties qui défendoient contre ce droit, n'avoient pas impetré des Lettres pour demander, que fans avoir égard aux reconnoiffances,qui les foûmettoient à ce droit de prélation , & que la Viguerie n'a pas le même avantage que le Gardiage, *Voyez Albert* , verbo *Prélation* , *article* 1.

48   Le Seigneur pour ufer du droit de prélation n'a qu'un a à compter du jour de la dénonce à lui faite par le nouvel acquereur & inveftiture demandée. Cette demande doit être faite par écrit , & par un acte. *Cambolas* , *liv.* 1. *chap.* 15. Ferrieres *fur la queftion* 411. Si l'achat n'eft pas notifié au Seigneur , le retrait feodal dure 30. ans à compter du jour du contrat , fuivant l'avis des Auteurs , & de *Mainard* , *liv.* 4. *chap.* 46. *liv.* 7. *chap.* 100 quoique le Seigneur ait reçû payement de la rente des mains du nouvel acquereur. Arrêt du Parl. de Touloufe du 11. Juin 1665. rapporté par *M. de Catellan*, *liv.* 3. *chap.* 10.

PRELATION , ROY.

49   Le Roy n'a droit de prélation. *Maffuer.* tit. *de locato.* §. *Item.* L'ufage de ce droit n'eft même permis à l'Eglife que lorfqu'il y a une évidente neceffité. *V. Mainard* , *liv.* 9. *chap.* 46.

50   Si le Roy & l'Engagifte de fon domaine peuvent exercer le droit de prélation? *Voyez Salvaing* , *traité des fiefs* , *chap.* 23. où il rapporte un Arrêt du Parlement de Touloufe du 13. Août 1599. qui a jugé l'affirmative. *Bacquet* , *traité de la Juftice* , *chap.* 12. dit avoir été jugé au Parlement de Paris , que le droit de retrait feodal n'eft point compris dans l'engagement, s'il n'y a clause expreffe.

PREMICES.

1   Par Arrêt du Parlement de Touloufe du 31. Avril 1540. il a été dit & déclaré qu'au droit de prémices ne font compris les droits Seigneuriaux, fçavoir, les quarts , quiats , cenfives , & directitez de l'Eglife de Rieupeiroux en Roüergue.Et par autre Arrêt du 11. Mars 1556. contre le Syndic du Chapitre de Beaumont , & le Recteur dit même lieu, il a été auffi dit & déclaré qu'en la quatrième partie ajugée aux Recteurs , doit être précompté le droit de prémice qu'ils ont accoûtumé de prendre , & non toutefois les oblations & offrandes. *La Rocheflavin*, *livre* 2. *titre* 5. *Arrêt* 2.

2   La coûtume d'exiger le droit de prémice eft prefcriptible dans 40. ans. Arrêt du Parlement de Touloufe du 7. Decembre 1653. *La Rocheflavin*, *ibidem*.

PREMIER.

Premier & dernier : ce que c'eft. *L.* 91. *D. de verb. fign.* *De Primicerio* , *& fecundicerio* , *& Notariis.* *C.* 12.7. *Voyez* les mots *Dignitez* , *Doyen* , *Préférence*.

PREMONTRE'.

Adam *Premonftratenfis de ordine & habitu Præmonftratenfi* , *fermones*. Albertus *Mircus de Monafteriis Præmonftratenfium*.

1   Un Religieux de l'Ordre de Prémontré fut maintenu au plein poffeffoire d'une Cure contre Blaife du Mont Prêtre feculier. Jugé le 22. Août 1629. *M. Dolive* , *liv.* 1. *chap.* 9.

Tome III.

Religieux de l'Ordre de Prémontré exempts de la 2 vifitation. *Tournet*, *lettre V.* *Arr.* 27.

Election des Abbez & General de l'Ordre de Pré- 3 montré. *Voyez* le mot *Election* , *nomb.* 37. *&* 38

Lettres Patentes portant confirmation des privile- 4 ges des Religieux de l'Ordre de Prémontré A Paris en Decembre 1661. regiftrées le 14. May 1663. 9. *vol. des Ordonnances de Loüis XIV.* *fol.* 251.

De quelle exemption joüiffent les Religieux Pré- 5 montrez par rapport aux dîmes? *Voyez* le mot *Dîme* , *nomb.* 202.

Si les Religieux de l'Ordre de Prémontré peuvent 6 faire les fonctions Curiales , comme adminiftrer les Sacremens du Bâtême , Penitence , Euchariftie à Pâques , & de Mariage , à ceux qui font demeurans dans l'enclos de leurs maifons , dans l'endroit où ils font Curez primitifs? Le Religieux qu'ils ont nommé pour défervir la Cure eft bien fondé d'appeller comme d'abus de leurs Ordonnances, fur ce qui concerne les fonctions Curiales. Arrêt du 12. Juin 1691. *Au Journal des Audiences du Parlement de Paris* , *tome* 5. *li.* 7. *chap.* 30.

Le Superieur General des Prémontrez n'a le pou- 7 voir de revoquer les Curez Religieux de l'étroite obfervance de fon Ordre. Cette autorité refide feulement dans les Superieurs de la réforme. Arrêt du Grand Confeil du 23. Mars 1694. *V.* le *Journ. du Palais*, *tome* 2. *p.* 855. *& cy-après* verbo *Religieux*.

PRESBYTERE.

Voyez le mot *Cure* , *nomb.* 90. *& fuiv.* Des Presbyteres. *Voyez les Memoires du Clergé* , *tome* 1. *part.* 7. *p.* 223. *& fuiv.* *& tome* 3. *part.* 3. *p.* 342. *n.* 11. de la réfection d'iceux, *ibid.* les Evêques dans leurs Vifites , ou leurs Grands Vicaires & Officiaux pourvoiront à ce qu'il y ait des Presbyteres bâtis de neuf, aux lieux où il n'y en auroit point , *ibid. to.* 3. *part.* 3. *p.* 515. *& fuiv.*

Par Arrêt du 11. Decembre 1540. donné au profit de 2 M.Loüis Garrot Curé de Longpont près Montlhery ; il a été jugé que les Paroiffiens étoient tenus de faire conftruire un Presbytere à leurs dépens pour le Curé, & le meubler de meubles commodes. *Voyez la Bibliot. de Bouchel* , verbo *presbytere*.

Par Arrêt du Parlement de Bretagne du 22. Août 3 1556. les Paroiffiens de faint André font condamnez de faire reparer & mettre en bon état deux chambres du Presbytere, & icelles garnir de meubles & uftanciles ; tellement que le Recteur ou fon Vicaire y puiffent commodement habiter:Les Gens du Confeil, la Jurifdiction defquels avoit été fupprimée par l'érection du Parlement,avoient jugé qu'ils répareroient tout le Presbytere. *Du Fail* , *livre* 2. *chap.* 48.

Les gros Decimateurs ne font point tenus à caufe 4 de leurs dîmes à la conftruction d'un Presbytere. Arrêts du Parlement de Roüen des 16. May 1631. & 30. Juillet 1669. le Chœur de l'Eglife doit être entretenu par le Curé , la Nef par les deniers du trefor , & les Paroiffiens doivent fournir le Presbytere. *Bafnage fur l'art.* 75. *de la Coûtume de Normandie.*

Jugé au Parlement de Bretagne le 11. Mars 1638. 5 que le Recteur contribuëroit pour un tiers aux réparations du Presbytere. *Sauvageau*, *livre* 2. *chapitre* 48.

La connoiffance des réparations du Presbytere ap- 6 partient au Juge Royal, & non à l'Official. Arrêt du Parlement de Roüen du 30. Juillet 1660. *V. Bafnage*, *tit. de Jurifdiction* , *art.* 3.

Le Patron doit contribuer à la réédification du 7 Presbytere, comme les autres Paroiffiens, quoiqu'il ait donné le fonds. Arrêt du 18. May 1662. pour les Paroiffiens de Vacuëil , contre le fieur de Guiterville. *Bafnage* , *fur l'art.* 75. *de la Cout. de Normandie.*

Pour les réparations des maifons Curiales il femble 8 que c'eft aux Paroiffiens à les faire , puis qu'ils font

obligez de loger leurs Curez ; ainsi que cela est décidé par l'Ordonnance de Blois art. 52. l'Edit de Melun art. 8. la Declaration du Roy du 18. Février 1661. & par Arrêt du Conseil d'Etat du 18. Dec. 1684. cependant il faut distinguer entre la construction & la réparation. La construction est à la charge des Paroissiens ; mais le Curé est tenu aux réparations, suivant le sentiment & les Arrêts rapportez par Chopin, *de sacrâ politiâ, liv.* 3. *tit.* 3. *nomb.* 15. *& par* Chenu, *en ses Reglemens, tit.* 1. *chap.* 14.

PRESCRIPTION.

PRescription. *Præscriptio. Usucapio.*

Le mot *Præscriptio*, en Droit, est originairement un nom générique, qui convient à toutes les exceptions sans nom , ou fins de non recevoir , comme on le peut voir sur les titres , *De exceptionibus & præscriptionibus*, au Digeste & au Code. *Voyez* Exception.

La prescription ne s'entend ici que de l'exception particuliere qui naît de la possession paisible & continuelle pendant le temps determiné par les Loix , ou par la Coûtume : ce qui est la veritable prescription.

Il est particulierement traité des prescriptions dans le Livre XLI. du Digeste , depuis le titre III. jusqu'à la fin du Livre. Et dans le Code, Livre VII. depuis le titre XXVI. jusqu'au XL.

De præscriptionibus. Dec. Gr. 16. *q.* 3. *& 4... Extr.* 2. 26... S. 2. 13.

De usucapionibus, & longi temporis præscriptionibus. Inst. 2. 6.

Communia de Usucapionibus. C. 7. 30.

De Usucapione. Paul. 5. 2. *Lex* 12. *tabb. t.* 23.

De Usurpationibus, & Usucapionibus. D. 41. 3. *Usurpatio*, ne signifie pas Usurpation , mais l'interruption de la prescription. *L.* 2. *hoc tit.*

De usucapione pro emptore, vel pro transactione. C. 7. 26... *D.* 41. 4. L'Acheteur peut prescrire.

De usucapione pro herede, vel pro possessore. C. 7. 29... *D.* 41. 5. L'heritier peut prescrire.

De diversis temporalibus præscriptionibus, & de accessionibus possessionum. D. 44. 3. Le mot *Præscriptiones*, qui est dans ce titre, & dans le titre précedent, signifie bien , prescription , mais c'est en tant qu'elle peut être opposée comme Exception. *Voyez* Exception. Ces mots, *accessiones possessionum*, qui sont encore dans ce titre , sont opposez à interruption de prescription, & signifient la jonction des temps differens, pendant lesquels deux ou plusieurs personnes ont possedé la chose , pour acquerir la prescription.

De præscriptione rerum ab hostibus captarum. N. 36. Dans quel temps les proprietaires ou leurs heritiers peuvent revendiquer les biens pris par les ennemis, & ensuite rendus ?

De actionibus certo tempore finiendis. C. Th. 4. 14... Valent. *N.* 8. Les actions personnelles se prescrivent par trente ans.

Demande en Justice interrompt la prescription des actions. *L.* 139. *D. de vulg. jur.*

Prescription contre l'Eglise.

Ut etiam Ecclesia Romana centum annorum gaudeat præscriptione. N. 9.

Constitutio quæ innovat constitutionem quæ præscriptionem centum annorum venerabilibus locis dederat. N. 111. Prescription de cent ans reduite à quarante pour les biens de l'Eglise. *N.* 131. *c.* 6... *Const.* 1. *Basil. Porph.* 4.

De tempore actionum quæ sacris locis competunt. N. 111... *Ed. Just.* 5.

De usucapione pro donato. C. 7. 27... *D.* 41. 6. Le Donataire peut prescrire la chose donnée.

Pro derelicto. D. 41. 7. La chose abandonnée peut être prescripte par le Possesseur.

Pro legato. D. 41. 8. Le legataire peut prescrire la chose leguée.

De usucapione pro dote. C. 7. 28... *D.* 41. 9. Le mari peut prescrire la chose donnée en dot.

Pro suo. D. 41. 10. Ce titre est general , & traite de la prescription des choses que l'on possede comme siennes , & des fruits que l'on fait siens.

Ne de statu defunctorum post quinquennium quæratur. D. 40. 15... *C.* 7. 2.

De longi temporis præscriptione quæ pro libertate , & non adversus libertatem opponitur. C. 7. 22.

De usucapione transformandâ ; & de sublatâ differentiâ rerum mancipi , & nec mancipi. C. 7. 31. Ce titre change la disposition ancienne des prescriptions , à l'égard du temps & des choses. *Res mancipi , erant res Italiæ : Res nec mancipi , erant res Provinciales.* Vide *Ulp. tit.* 19.

De præscriptione longi temporis decem vel viginti annorum. C. 7. 33... *Inst.* 2. 6. *in prin...* N. 119. *c.* 7. *& 8.*

In quibus causis cessat longi temporis præscriptio. C. 7. 34.

Quibus non objicitur longi temporis præscriptio. C. 7. 35. *Si adversus creditorem præscriptio opponatur. C.* 7. 36.

De quadriennii præscriptione. C. 7. 37. Prescription de quatre ans , contre le fisc , & pour le fisc.

De quinquennii præscriptione. C. Th. 4. 15. De même que le Titre précedent.

Quando de peculio actio annalis est. D. 15. 2. Prescription annale.

Ne rei Dominicæ vel templorum vindicatio temporis exceptione summoveatur. C. 7. 38. Le Domaine ou les choses appartenantes au Prince , & les Temples, ne sont sujets à la prescription.

De præscriptione triginta vel quadraginta annorum. C. 7. 39... *Const.* I. *Basil. Porphir.* 4.

De annali exceptione Italici contractûs tollendâ , & de diversis temporibus , & exceptionibus , & præscriptionibus , & interruptionibus earum. C. 7. 40. Pour le sens des mots , *Exceptiones , & Præscriptiones*, qui sont dans ce titre. *V.* le mot *Exception.*

De præscriptionibus. Per Andr. Alciatum.

Per Henricum Hostiensem.

Per Rogerium.

Per Dyn. de Mugello.

Per Bartolum.

Per Jo. Franc. Balbum.

Per Andræam Tiraquellum.

De diversis præscriptionibus. Per Rogerium , & per Jo. Buteonem.

De usucapionibus. Per Barthol. Cæpollam. & per Joan. Oldendorpium.

Rigaltius de præscript. Arvernorum , in 18. *Paris.* 1613.

Voyez hoc verbo *Prescription*, la Bibliotheque du Droit François par *Bouchel*, & celle de *Jovet*; Tournet , *lettre* P. *Arr.* 170. Papon, *liv.* 12. *tit.* 3. Despeisses , *tome* 1. *part.* 4. *page* 715. *& suiv.* Coquille , *au* 2. *tome de ses Oeuvres , en son institution au Droit François , p.* 107.

Les Définit. Canoniques , p. 667. où est un traité assez étendu, *Henrys* , *tome* 1. *li.* 4. *chap.* 6. *quest.* 19. & l'Auteur des Observations sur ce chapitre. *Les Commentateurs de la Coûtume de Paris, sur l'article* 113. & les Commentateurs des autres Coût. sur les art. qui disposent de la prescription: *les Arrêtez faits chez M.* le Premier Président de Lamoignon, recueillis dans le Commentaire de M. *Barthelemy Auzanet sur la Coûtume de Paris.*

La prescription est un droit qui assure la propriété d'une chose, quand on l'a possedée pendant le temps porté par la Loy. Les Jurisconsultes l'appellent usucapion , & la définissent *adeptio dominii per continuationem possessionis temporis lege definiti , lege* 3. *ff. de usucap.*

Le sçavant Cassiodore appelle la prescription en 2

matiere civile , *patronam generis humani* , à cause de la paix qu'elle produit ; & il appelle la prescription en fait de crimes , *finem sollicitudinum.* Définit. Canoniques , p. 837.

3   De la nature & de l'usage de la prescription , & comment elle s'acquiert ? Le possesseur joint à sa possession celle de son auteur ; la bonne-foy est necessaire pour prescrire ; l'heritier est tenu de la mauvaise foy du défunt , non le legataire , ni le donataire. Ces causes qui empêchent la prescription , comme une demande en Justice , celle de l'un de plusieurs créanciers , ou contre l'un de plusieurs debiteurs. *Voyez le second Tome des Loix Civiles, liv.* 3. *titre* 7. *Sect.* 4.

4   Voyez dans *Salvaing , de l'usage des Fiefs , chap.* 93. comment doit être entendu ce theoréme du Droit , *Nul ne peut prescrire contre son titre.*

5   M. Guerin Conseiller en la Cour des Aydes de Vienne, a recüeilli dans le *ch.* 6. du stile de cette Cour-là, duquel il est l'Auteur , toutes les especes de prescription , depuis celle de trois jours , jusques à celle de cent ans. Cujas avoit déja fait presque la même chose , mais plûtôt pour l'Ecole , que pout le Palais, dans le Traité *de diversis temporum prascriptionibus,* qui est dans le premier Tome de ses Oeuvres. Ces observations sur les prescriptions , leurs effets , & leurs cas contre les mineurs , les femmes , & même contre les pupilles , sont curieuses.

6   *In prescriptionibus non sufficit imaginaria possessio.*
Titulus putativus contra credentem , non parit usucapionem.
In Juribus creditor , insciente debitore , non potest sibi mutare causam possessionis , &c. Voyez Du Moulin , tome 1. pag. 78.
Quod jure pignoris vel hypotheca possidetur, nullo tempore prascribi potest ? Ibid. p. 168.

7   Maître Charles du Moulin *dans son Conseil* 2. traite de la prescription , *scientia defuncti impedit heredem prascribere,* tome 2. *pag.* 817. Il en traite aussi dans le Conseil 3. pag. 819. *Item* , en son Conseil 6. page 822. *prascriptio non incipit antequàm agi possit ,* *libellus Principi datus , si inducat malam fidem , interrumpit.*

8   Toute prescription dort pour les pupilles , pour l'Eglise , & pour l'Empire vacant , & durant que n'étant pas vacant , ils sont en schisme : elle dure même pour les majeurs durant une *guerre* si violente , & une peste si enflammée , qu'elle eût fait cesser tout commerce. *V. Guy Pape , qu.* 416.

9   Le temps de *peste* & de *guerre* n'est compté dans celuy de la prescription. Jugé au Parlement de Toulouse. *Albert , verbo Prescription, art.* 3. *Voyez le mot Guerre , nomb.* 30. *& suiv.*

10 & 11   Des prescriptions , *Voyez le* 36. *chap. de la Coûtume de Nivernois ,* & Coquille , *en son Commentaire sur icelle, to.* 2. *pag.* 377. où il est parlé de la prescription de quarante années contre l'Eglise , & autres prescriptions. Il en parle aussi au même volume *en son institution du Droit François , pag.* 107.

12   *In annuis prastationibus an currat prascriptio ? & in quâ monetâ solutio sit facienda ?* Voyez *André Gaill , lib.* 2. *observat.* 73.

13   *De prescriptione censuum dominicalium.* V. Schockmans , *decis.* 80.

14   *Lapsu* 30. *annorum prascribitur annuus reditus quoad sortem , & pensiones etiam cessat cis annum trigesimum.* Ibidem , *decis.* 81.

15   *Creditor qui plures hypothecas habet , vel plures reos debendi , si ab uno nihil exegerit per triginta annos , an prascriptum sit ?* Idem , *decis.* 82.

16   *Qui hypothecam annui reditûs triginta annis possidet bonâ fide ut liberam , an prascriptione tutus sit contrà hypothecariam actionem ?* Judicatum pro creditore contrà hypothecæ possessorem 26. Augusti 1649. Ibidem , *decis.* 83.

---

17   *Pignoratitiæ actioni an prascribat is qui longissimo tempore rem ut suam possedit ?* Ibidem , *decis.* 84.

18   *Solemnitas inhæredationis, adquisitionis , juris realis, quanti temporis lapsu suppleatur ?* Idem , *decis.* 122.

19   Articulus 29. Edicti 1611. *quo decennalis prascriptio inducta est adversùs rescissiones contractuum , an locum habeat in actibus ipso jure nullis ?* Voyez le même Sthockmans , *decis.* 139.

20   Si la prescription court les furieux , insensez & prodigues ? *Voyez l'Auteur des Observations sur Henrys , to.* 1. *li.* 4. *qu.* 21.

21   En matiere de prescription, la prescription ne commence pas son effet avant la naissance de l'action. Ricard , *des Donations entre-vifs, 3. part. ch. 5. sect.* 7. *nomb.* 660.

22   Si les prestations annuelles qui procedent d'un Contrat , sont sujettes à prescription de trente , ou cent ans , par la seule cessation du payement ? *Voyez Du Perrier , liv.* 4. *qu.* 27.

23   Es causes annales , comme retrait lignager ou complainte , l'instance introduite ne dure qu'un an. Contestée , trois. Au retrait feodal , contestée ou non , dure trois ans. *Brodeau , lit. I. n.* 212. Papon , *lib.* 12. *tit.* 3. *n.* 16. *per annum* 2. Automne , *art.* 10. *per annum.* 2. Maître Abraham la Peirere , qui dans son Recüeil des décisions du Palais , *lettre S. nombre* 40. rapporte ces authoritez , ajoûte : *Je suis de l'avis qu'elle ne dure qu'un an.* Voyez le mot Retrait. §. Retrait, Peremption.

24   Si les Parties ne se servent point de la prescription, le Juge n'y peut suppléer , quand même elle auroit éteint l'action. Arrêt du Parlement de Grenoble du quatre Août 1459. La bonne foy n'est requise dans la prescription. Arrêt du 8. Mars 1418. *Voyez Guy Pape , qu.* 199. *&* 221. *&* Papon , *liv.* 12. *titre* 3. *nomb.* 27.

25   Entre Macé Avril , Fermier du Boutillage de Dinan , & Guillaume Hamon , le Fermier est débouté de sa demande , à ce que Hamon eût à declarer combien il a fait venir de vins durant sa Ferme , & luy payer le devoir , il dit que les devoirs se prescrivent par an & jour : les Juges de Dinan & de Rennes l'avoient condamné. Il fut absous au Parlement de Bretagne le 28. Août 1568. *Du Fail , li.* 2. *ch.* 327.

26   Les Ordonances de Loüis XII. de l'an 1512. articles 67. & 68. établissent la prescription de trois ans contre les serviteurs pour leurs loyers & gages , & de six mois contre les Marchands pour les marchandises vendües en détail. En la Cour de Toulouse on ne les observe point du tout ; on s'est fort relâché de la rigueur de ces Ordonnances , quoiqu'elles ayent été verifiées & reçües. *Voyez Mainard , liv.* 6. *chapitre* 87.

27   En 1573. demande à ce qu'assiette soit faite de douze boisseaux de froment , rente constituée en 1507. avec faculté de raquit ; le défendeur oppose la prescription de soixante années. Le demandeur dit que pendant les dix ans de la faculté il n'a pû agir ; qu'il est venu dans les 60. ans de la vieille Coûtume. Il demande d'être oüi plus amplement , car il pourra arguer l'acte de constitution , de faux ou de nullité , ou la faire declarer hypothequaire ou franchissable. Arrêt du Parlement de Bretagne du douze Mars 1575. qui le reçoit à déduire ses moyens & défenses au principal. *Du Fail , liv.* 1. *ch.* 401.

28   Jugé à la premiere Plaidoyerie de l'ouverture des Grands Jours de Clermont en Auvergne , au mois de Septembre 1582. que nonobstant la clause expresse, qu'aucune prescription ne pourroit être objectée , le temps avoit neanmoins utilement couru. *Bibliotheque de Bouchel , verbo Prescription.*

29   On ne peut prescrire contre celuy qui n'a point encore d'action pour poursuivre, ni d'exception pour se défendre , comme pour le doüaire ; quand le bien est saisi sur le pere , les enfans n'ont point d'action ,

R iij

ni quand le mary aliene les propres de fa femme fans fon confentement. Arrêt du 8. Février 1590. *M. le Prêtre*, 1. Cent. ch. 39. adverſùs non valentem agere non currit præfcriptio.

30   Si le titre & la bonne-foy font requis en une preſcription de trente & quarante ans , & de la preſcription de quotité. *Voyez les Relicfs forenſes de M. Rouillard , ch. 38.* où il rapporte un Arrêt du mois d'Août 1599. qui jugea pour la preſcription : une rente de quatre feptiers de moûture étoit prétenduë fur un Moulin , & le poſſeſſeur alleguoit n'avoir payé que douze deniers de cens.

31   La rente volante eſt preſcrite par trente ans , faute de demande & pourſuites. Arrêt du Parl. de Dijon du 4. Août 1607. *Bouvot , tom.* 2. verbo *Preſcription , queſt.* 3.

32   *Præſcriptiones quadriennales & quinquennales non habent locum in hoc regno.* Arrêt du onze Mars 1608. *Mornac , l. ult. C. ſi adverſùs fiſcum , &c.*

33   L'acte de poſſeſſion doit être par écrit & notoire , pour former la preſcription quindecennale. Arrêts du Parlement de Bretagne des 9. Mars 1610. & 16. Février 1621. rapportez *par Frain , en ſon Recüeil , pag.* 262. *& 276.*

34   Le 16. Juillet 1610. il a été jugé au Parlement de Toulouſe , qu'une preſcription commencée contre une fille (elle s'étant mariée) ne court pas contre elle pendant ſon mariage , fon mary fe trouvant inſolvable. *L. in rebus. §. omnis autem , Cod. de jure dot.* parce qu'ayant permis la preſcription , il avoit en effet aliené la choſe dotale : *vix eſt enim ut non videatur alienare , qui patitur uſucapi.* Cambolas , liv. 4. chap. 27.

35   Reconnoiſſance d'une dette preſcrite , aneantit la preſcription , & l'on ne peut en être reſtitué. Arrêt du Parlement de Normandie , rapporté par Berault *fur l'art.* 521. *de cette Coûtume.* Autre du 19. Août 1649. *V. Baſnage fur l'art* 522.

36   Par Arrêt du 30. May 1659. jugé qu'un acquereur qui étoit dépoſſedé par les enfans pour le mariage avoir autant duré , pouvoit déduire entre les charges de droit , une rente par eux acquiſe , nonobſtant l'allegation de preſcription , laquelle n'étoit favorable , ni recevable en leurs bouches , fuivant la maxime , *temporalis ad agendum , perpetua ad excipiendum.* Berault , *à la fin du ſecond Tome de la Coûtume de Normandie , pag.* 104. *col.* 2.

37   On ne peut pas preſcrire contre ſon propre titre. Arrêt du Parlement de Grenoble du 14. Decembre 1655. *Baſſet , tom.* 2. *li.* 1. *tit.* 29. *ch.* 9.
     Arrêt du Parlement de Provence du 16. Mars 1671. qui a déclaré la preſcription du regrés intenté fur les biens donnez par un pere à ſon fils , après les dix ans de la donation. *Boniface , tome* 4. *liv.*9. *tit.* 1. *chapitre* 16.

38   Aux dettes conditionelles , ou garantie d'heritages , le tiers détenteur preſcrira l'hypoteque dans les dix & vingt ans , s'il n'y a declaration d'icelle. *Loyſeau , du Déguerpiſſ. li.*3. *ch.* 2. *n.* 18. *& fuiv.* 1. idem. Molin. *conſil.* 16. *n.* 35. La Peirere , *lettre P. n.* 86. dit : *C'eſt la vraye Juriſprudence , parce que rien n'empêche que celuy qui prétend garantir , ne puiſſe en tout temps dénoncer l'hypotheque à l'acquereur ; neanmoins le contraire a lieu dans nôtre Reſſort , où il fe juge que l'action en garantie ne naît que du jour de l'inquietement.* Il rapporte un Arrêt rendu au Parlement de Bourdeaux le 13. Juin 1671. au rapport de Monſieur de Sabourin en la Grand' Chambre , au profit du ſieur de Montpeſat. Un tiers acquereur ayant été évincé en ſon acquiſition , recourut contre un autre tiers acquereur poſterieur à luy , qui luy oppoſe la preſcription de dix ans. Jugé que la preſcription n'avoit commencé à courir contre le premier acquereur , que du jour de l'éviction.

39   La preſcription *non tollis ipſo jure actionem , ſed ſol-*

---

vit ope exceptionis ; elle doit être objectée par la partie , & le Juge ne peut ſuppléer pour elle à cet égard , nonobſtant la rubrique du Code , *ut quæ defunt advocatis partium* , Judex *ſuppleat* , lors même que le procez eſt jugé par défaut contre elle ; quoique l'Ordonnance veüille qu'en ce cas on n'ajuge au demandeur ſes fins , ſi elles ne ſont juſtes & bien juſtifiées. Arrêt du 19. Janvier 1680. rendu au Parlement de Grenoble , les Chambres conſultées. *Voyez Chorier , en ſa Juriſprudence de Guy Pape , p.* 323.

40   Declaration portant , que les Juges procedant à l'execution des Lettres de *Terrier* , accordées aux Communautez & particuliers , pour entrer dans les biens & devoirs qu'ils prétendent leur être dûs à cauſe de leurs Fiefs & Seigneuries , prononceront fur la demande deſdites Communautez & particuliers , ainſi qu'ils verront être à faire en leurs conſciences , nonobſtant & ſans s'arrêter à ce que ceſdites Lettres les impetrans ſont relevez de la preſcription autoriſée par la Coûtume des lieux ; ce qui ne pourra nuire ni préjudicier aux Vaſſaux. A S. Cloud le 19. Avril 1681. regiſtrée au Parlement de Roüen le 8. & en celuy de Paris le 17. May de la même année.
     De la maniere de compter le temps qui donne lieu 41 à la preſcription d'une dette. *Voyez le Recüeil des Actes de notorieté donnez par M. le Lieutenant Civil du Châtelet de Paris , page* 140.

PRESCRIPTION , ABSENT.

42   Abſent pour empêcher la preſcription , eſt celuy qui eſt d'autre Bailliage ou Sénéchauſſée , ſans examiner la diverſité des Dioceſes. Ainſi jugé au Parlement de Paris : comme auſſi qu'il faut alleguer abſence hors du Royaume , pour être reſtitué contre la preſcription. Meſſieurs Tiraqueau & Imbert ne donnent pas moins de faveur à l'abſence de la Province , quand elle eſt cauſée pour affaires publiques. *Papon , liv.* 12. *tit.* 3. *n.* 30.

43   En preſcription , celuy qui l'oppoſe , doit faire preuve de la preſence , car l'abſence eſt préſumée en faveur du défendeur. Ainſi jugé. *Ibid . n.* 34.

44   Si la preſcription court contre l'abſent & ignorant? *Matthæus de Afflictis* , dans *ſes Déciſions Napolitaines* , rapporte des Arrêts qui ont jugé la negative. Ils ont pû , dit *M. de Catellan en ſon Recüeil des Arrêts du* &c. *de Touloufe , liv.* 7. *chap.* 13. balancer & partager nos avis , mais ils n'ont pû ſe faire ſuivre dans nôtre Parlement.

45   Ceux qui ſont de different reſſort , & qui ne ſont éloignez que de trois ou quatre lieuës , ſont pas cenſez abſens à l'effet de ne pouvoir donner lieu à la preſcription , que par vingt ans. Arrêt du Parlem. de Touloufe du 17. Juillet 1640. après deux partages. *Albert* , verbo *Preſcription , art.* 4.

46   En matiere de preſcription de dix & vingt ans , l'abſence eſt toûjours préſumée ; & c'eſt à la partie qui s'aide de la preſcription , de verifier la preſence. *Papon , liv.* 12. *tit.* 3. *nomb.* 32. Arrêt en la Chambre de l'Edit à Bourdeaux , rendu au profit du ſieur Borie. Jugé que quand le tiers poſſeſſeur a poſſedé entre preſens pendant huit ans , s'il vient à ſuite d'être abſent , il faut doubler les deux ans qui reſtent pour acquerir la preſcription. Pareil Arrêt en la même Chambre , au profit du ſieur la Couture Avocat. *La Peirere , lettre P. nomb.* 83.

47   Arrêt du Parlement de Paris du 2. Decembre 1636. qui appointe pour ſçavoir ſi la preſcription de l'action hypothequaire par cinq ans , a lieu contre les abſens. *V. Bardet , to.* 2. *l.* 5. *ch.* 29. M. Talon Avocat General conclut en faveur des abſens.

48   La Novelle 119. de Juſtinien , *chap.* 8. touchant la preſcription des parties preſentes & des parties abſentes , eſt reçüe dans la Coûtume de Paris. Arrêt en la cinquième des Enquêtes du 7. Août 1671. qui infirme la Sentence du Prevôt de Paris. *Journal du Palais.* Mornac , *Loy* 7. *ff. quemadmodum ſervitut. amitt.*

Voyez l'authentique *quod si quis* , C. *de præscriptione longi temporis*. Il y a un pareil Arrêt qui avoit été rendu à la Tournelle civile le 23. Avril 1671. plaidans M. Fleury & Champy.

PRESCRIPTION, ACTION.

49　Par quel espace de temps se prescrit l'action hypotequaire ? *Voyez* le mot *Hypotheque* , nombre 215. *& suiv.*

50　L'action hypothequaire entre creanciers se prescrit par dix ans *entre presens*, & vingt ans entre absens. Arrêt du Parlement de Dijon du 17. Mars 1616. *Bouvot* , *to.* 2. verbo *Prescription* , qu. 8.

51　Par Arrêt prononcé en Robes rouges le 13. Octobre, l'action hypothequaire se prescrit par trente ans comme la personnelle ; neanmoins on juge autrement, & il faut quarante ans suivant la Loi *omnes* , & la Loy *Sicut Cod. de præscript.* 30. *vel* 40. *annor.* La Rocheflavin, *liv.* 6. *tit.* 72. *arr.* 2. Graverol dit que le Parlement de Toulouse regle aujourd'huy la prescription de l'action hypothequaire à 30. ans , quoique par le Droit elle ne puisse avoir lieu contre le debiteur ou ses heritiers , que par le laps de quarante années, comme au cas de la Loy, *cùm notissimi C. de præscript.* 30. *vel* 40. *annor.* qui veut que l'action hypothequaire jointe à la personnelle , dure quarante ans ; neanmoins on tient au Parlement de Toulouse, que la prescription de trente ans doit avoir lieu audit cas , comme en la seule action personnelle. *La Rocheflavin* , *ibid.*

52　La prescription de 40. ans n'est observée à Toulouse, que lors qu'il s'agit de la faveur de l'Eglise suivant la disposition de l'authentique *quas actiones in sacros. Eccles.* Arrêt du 23. Août 1668. pour le Baron d'Aubaix, faisant profession de la Religion Prétenduë Réformée , contre le Syndic des Peres Carmes de Nîmes, par lequel il a été préjugé qu'un legs pie fait au profit d'un Monastere, prescrivoit dans 40. ans, conformément à la Novelle 131. *cap. pro temporalibus* 6. mais même qu'un tel legs, quoique fait avec charge de services perpetuels, étoit prescriptible, parce qu'il étoit exigible , c'est-à-dire , que le Monastere étoit capable de le recevoir, sans être chargé de l'employer en fonds , ni autrement. *La Rocheflavin* , *ibidem.*

53　De la prescription de l'action personnelle hypothequaire , & si elle va jusques à quarante ans ? *Voyez Henrys* , tome 1. *liv.* 4. *chap.* 6. *quest.* 74. où il fait un grand discours.

54　L'action de la nullité du pere fondée sur la préterition de ses enfans , & celle du supplément de legitime ne dure que 30. ans. Elles se prescrivent par cet espace de temps ; le Parlement de Grenoble l'a toûjours jugé. *Voyez Guy Pape* , *quest.* 597.

55　Des actions hypotequaires en pays de Droit écrit. Conciliations des Loix *cum notissimi.* C. *de* 30. *vel* 40. *ann. prescript.* & premiere au Code *si adders. credit. præscript. opponatur.* La premiere s'entend des débiteurs, leurs heritiers, & étrangers possesseurs , *titulo creditoris*, par engagement, il faut 30. & 40. ans pour prescrire ; l'autre des veritables acheteurs & possesseurs de bonne foi, dix ans suffisent, & ces 10. ans courent pendant la discussion de l'action personnelle. Arrêt du Parlement de Paris du 14. Août 1609. *V. les Plaidoyez de Corbin* , *chap.* 144.

56　La prescription court contre l'action hypotequaire pendant la discussion de l'action personnelle. Arrêt rendu au Parlement de Grenoble en 1615. *V. Basset* , *tome* 1. *liv.* 2. *tit.* 29. *chap.* 12.

57　Jugé au même Parlement de Grenoble le 17. Mars 1657. que l'action personnelle n'étoit prescriptible que par 30. ans , & qu'il en falloit. 40. *Basset* , *tome* 2. *liv.* 8. *tit.* 6. *chap.* 1.

58　Action hypotequaire se prescrit par 10. ans entre presens en pays de Droit écrit. Arrêt du Parlement de Paris du 27. Juillet 1637. *Bardet*, tome 2. *livre* 6. *chap.* 23.

59　Si quand deux actions ne sont pas incompatibles, l'une ayant été intentée , la prescription de celle qui n'a point été intentée à son cours? Arrêt du P. d'Aix du 23. Janvier 1634. qui déclara la prescription de l'action. *Boniface* , tome 4. *liv.* 9. *tit.* 1. chap. 12.

60　Arrêt du 23. Decembre 1650. qui a jugé que le donataire prescrit l'action de regrez , quoique le donateur ait joüi. *I lem* , *tome* 1. *liv.* 8. *tit.* 2. *ch.* 12.

L'action pour le payement du prix des meubles vendus par inventaire se prescrit par trois ans , encore que l'acheteur ait signé sur le registre ou procez verbal du Sergent, s'il ne s'y est obligé depuis la vente qui luy a été faite. Arrêtez du Parlement de Roüen, les Chambres assemblées, du 6. Avril 1666. art. 123. *V. Basnage* , *tome* 1. à la fin.

61　Si un fils donataire des biens de la mere heritiere de son mari , prescrit l'action des autres enfans & freres pour les portions viriles gagnées par la mere, & reservées aux enfans après sa mort. Sentence arbitrale du 14. Juin 1675. qui déclara l'action non prescrite. *Boniface* , *tome* 4. *liv.* 9. *tit.* 1. *chap.* 15.

62　Le Reglement du Parlement de Grenoble veut que toutes actions soient perimées par trente ans, tellement que de quoi qu'il s'agisse dans l'instance , quand ce ne seroit que de simples rentes, l'interruption continuë cette action encore jusques à trente ans, après quoi on n'est plus même recevable, appellant d'une Sentence. Arrêt du 27. Avril 1638. rapporté par *Chorier en sa Jurisprudence de Guy Pape* , *p.* 314.

63　L'action civile pour la restitution des biens derobez ne se prescrit que par trente ans. Arrêt du Parlement de Dijon du 31. Juillet 1694. le condamné se pourvût au Conseil du Roy en cassation d'Arrêt. Il fut debouté le 2. Mars 1696. *Taisand , sur la Cout. de Bourgogne* , *tit.* 14. *n.* 15.

PRESCRIPTION, APOTICAIRES.

64　Si la prescription peut être opposée à un Apoticaire? *Voyez* le mot *Apoticaires* , *nomb.* 32. *& suiv.*

PRESCRIPTION, ARRERAGES.

65　Prescription des cinq ans pour les arrerages des rentes constituées. *Voyez* le mot *Arrerages*, *nomb.* 72.

PRESCRIPTION, AVOCATS.

66　Si elle peut être opposée aux Avocats ? *Voyez* le mot *Avocats* , *nomb.* 78. *& suiv.*

67　L'on peut être relevé d'une prescription non alleguée par l'Avocat. *V. Bouvot* , *tome* 2. verbo *Succession* , *Legitime* , *quest.* 1. *& cy-dessus* le *n.* 39.

PRESCRIPTION, BORNES.

68　Si les bornes & limites se peuvent prescrire? *Voyez* le mot *Bornes* , *nomb.* 10. *& suiv.*

PRESCRIPTION, CENS.

69　Si le cens est prescriptible? *Voyez cy-dessus le nombre* 13. le mot *Cens* , *nomb.* 57. *& suiv.*

70　Si celuy qui a vendu & a pris l'heritage à cense ou rente, peut prescrire par 30. ou 40. ans , contre l'acheteur ? *V. Bouvot* , *tome* 1. *part.* 2. verbo *Vente* , *quest.* 4.

PRESCRIPTION CENTENAIRE.

71　*Voyez M. Loüet* , *lettre* C. *nomb.* 21. où le cens ne peut se prescrire *etiam per* 100. *annos.* Arrêt du 7. Août 1599.

72　Si la prescription centenaire a lieu en cense emphiteotique en Bourgogne? *V. Bouvot* , *tome* 2. verbo *Prescription* , *quest.* 1.

73　La prescription centenaire a lieu contre l'Eglise Romaine , contre les Chevaliers de saint Jean de Jerusalem , & contre le domaine du Roy. Arrêt du Parlement de Grenoble du 5 Février 1616. contre un Commandeur. Autre Arrêt du 17. Avril 1654. les Chambres assemblées , contre un Engagiste du domaine ; ce dernier Arrêt rendu en consequence des Declarations du Roy du 13. Janvier 1555. *Basset* , *to.* 2. *liv.* 6. *tit.* 8. *chap.* 2. Arrêt semblable du 15. Février 1657. & autres années suivantes. *Idem, to.* 1. *li.* 2. *tit.* 29. *chap.* 18.

74 La prescription centenaire peut être opposée aux Commandeurs de saint Jean de Jerusalem. Jugé au Parlement de Toulouse le dernier Avril 1626. pour les habitans des Marquesave, contre un Commandeur qui demandoit cassation d'un bail fait en l'an 1480. Cela avoit été jugé en 1580. contre le Commandeur de Lucot. Cambolas, liv. 5. chap. 22.

75 Reglement porté par la Declaration du Roy du mois de Mars 1666. qui reçoit la prescription centenaire à l'égard de l'alienation des biens Ecclesiastiques, pour cause même de subvention, n'a pas lieu pour les alienations vicieuses faites sans formalitez & sans utilité pour l'Eglise. Arrêt du Grand Conseil du 20. Mars 1674. Journal du Palais.

PRESCRIPTION, CHAMPART.

76 Si le droit de champart est prescriptible ? Voyez le mot Champart, nomb. 10.

PRESCRIPTION, CHEVALIERS DE MALTHE.

77 Quelle prescription peut être opposée aux Chevaliers de Malthe ? Voyez cy-dessus le nomb. 73. & le mot Chevaliers, nomb. 66. & suiv.

78 De la prescription touchant quelques droits des Chevaliers de Malthe. Voyez Basset, tome 2. liv. 6. tit. 8. chap. 5.

79 Par Arrêt du Parlement de Roüen, il a été jugé que la prescription de 40. ans, ne faisoit perdre aux Chevaliers de Malthe, l'exemption des dîmes ; Cet Arrêt est du 13. May 1613. autres Arrêts semblables des 3. Août de la même année, & 13. Août 1611. Berault sur la Coûtume de Normandie, art. 521.

80 Si la prescription de 30. ans d'un legs fait par un pere à son fils Chevalier de Malthe, non encore profez, court depuis sa profession faite en Religion, ou depuis sa mort naturelle ? Arrêt rendu au Parlement de Provence le 24. Janvier 1664. qui déclara le cours de la prescription depuis le jour de la mort naturelle du Chevalier. Boniface, tome 4. liv. 9. tit. 1. chap. 23.

81 La prescription de plus de cent ans pour la cottité du cens, n'a pas lieu contre l'Ordre de Malthe, même dans la Coûtume d'Auvergne. Arrêt du 6. Août 1667. De la Guess. tome 3. livre 1. chap. 37. & 43. Voyez Henrys, tome 1. livre 4. chap. 6. quest. 81.

82 Un tiers acquereur peut prescrire contre l'Ordre de Malthe par cent ans. Jugé au Grand Conseil le 10. Septembre 1677. De la Guess. tome 3. livre 11. chapitre 36.

PRESCRIPTION DE CINQ ANS.

Voyez cy-dessus le nomb. 32.

83 Si la prescription de cinq années peut avoir lieu contre un mineur pour les arrerages non demandez ? V. Bouvot, tome 2. verbo Testament, quest. 30.

84 La prescription de cinq ans és Coûtumes d'Anjou & du Maine, ne court point contre mineurs. Arrêt du 21. Juillet 1581. Peleus, quest. 121.

84 bis. L'action d'inofficiosité en Droit se prescrit par cinq ans. Notables Arrêts des Audiences, Arrêt 21. circâ medium.

85 Jugé par Arrêt du P. de Paris du 16. Decembre 1650. que la prescription de cinq ans pour les rentes & hypoteques dans la Coûtume d'Anjou, a lieu contre les absens. Du Frêne, livre 6. chap. 13. & Sueve, tome 1. Cent. 3. chap. 52. Ce qu'il y avoit de particulier en la cause, est que la résidence du demandeur établie en la Province de Poitou, étoit si proche des biens acquis qu'il n'avoit pû vrai-semblablement en ignorer l'alienation.

86 Cinq ans pour les Religieux profez pour reclamer contre leurs vœux. Brodeau Coûtume de Paris, en son sommaire des Prescriptions, nomb. 6. circâ medium.

PRESCRIPTION COMMENCE'E.

87 La prescription commencée contre un majeur court contre un mineur quand elle est conventionnelle. Arrêt du Parlement de Dijon du 23. Février 1571. Bouvot, to. 2. verbo Retrait conventionnel, q. 6.

88 La prescription conventionnelle commencée contre le majeur, comme la faculté de remeré, court contre le mineur, sans esperance de restitution, & sans avoir égard à la lézion, si elle n'est d'outre moitié de juste prix. Jugé le 15. Juillet 1585. M. Loüet, let. P. som. 36.

89 Arrêt du Parlement de Provence du 18. Decembre 1640. qui a jugé que la prescription commencée contre le majeur, est continuée contre le mineur, & la femme mariée, heritiers du majeur. Boniface, tome 1. liv. 8. tit. 1. chap. 2.

90 La prescription d'un fonds ou d'autre action qui a commencé contre le testateur, continue & s'acheve contre le substitué pendant la vie de l'heritier, & avant l'échéance du fideicommis, sans qu'on puisse opposer que non valenti agere non currit præscriptio ; le substitué a pû agir, même avant l'échéance du fideicommis, en declaration de ce fideicommis ; cette prévoyance n'est ni blamable, ni fort incommode au fideicommissaire ; il peut demander que l'heritier fasse inventaire de toute l'heredité ; il peut même le contraindre de bailler des cautions, & par même moyen ce substitué peut agir pour cette declaration de fideicommis, contre celuy qu'il aura connu posseder le fonds hereditaire. Voyez M. de Castellan, li. 7. chapitre 1.

91 Si la prescription a commencé contre le défunt majeur, & que l'heritier, mineur au commencement, mais depuis majeur, laisse écouler le temps qui manquoit à la prescription contre le défunt : par exemple si un pere ou un autre majeur de 25. ans demeure 29. ans sans agir, & qu'il laisse son fils, ou autre heritier mineur, & que cet heritier laisse passer la 26. année de son âge sans intenter d'action, il ne pourra depuis être restitué, d'autant que joignant les deux temps, celuy qui a couru contre le défunt majeur, & celuy qui a couru contre l'heritier depuis sa majorité, le temps requis par les Loix se trouve entier contre des majeurs. Arrêt du Parlement de Toulouse du 19. Août 1651. Ibidem chap. 10.

92 Lorsqu'une somme est payable à certains termes, la prescription a-t-elle son cours du jour de l'obligation, ou du jour de l'échéance de chaque terme ? Les opinions ayant été partagées, sur la deliberation portée en la seconde Chambre des Enquêts, il y passa à l'avis de M. le Contredisant, qui fut d'avis que la prescription n'avoit pû courir que du jour que les termes des payemens étoient échûs. V. Basnage, sur l'article 521. de la Coûtume de Normandie.

93 La prescription ne court point du jour de l'obligation, mais de celuy de l'échéance du payement. Jugé en conformité de l'Edit de Castres le 21. Juin 1629. Autre chose est quand l'obligation est pure, & qu'il est au choix du créancier de se faire payer de jour en jour, & à sa volonté, auquel cas la prescription commence du jour de la date. Voyez Boné, partie 2. Arrêt 70.

94 Henrys, tome 1. livre 4. chapitre 6. question 92. décide, que la prescription pour les pensions foncieres commence du jour du contract, & non pas du jour du terme du premier payement ; mais il dit que cela n'a lieu que pour ce qui concerne le principal ; car à l'égard du payement des arrerages, il décide que la prescription ne commence à courir que du jour du terme du payement.

PRESCRIPTION, CHOSE COMMUNE.

95 En païs de Droit Ecrit, quoique la prescription de dix & vingt ans ait lieu, lors qu'un des freres a possedé comme propre une chose commune, il ne peut prescrire que par 30. ans. Arrêt du Parlement de Bordeaux du 4. Juin 1519. Papon, livre 11. tit. 3. nombre 7.

96 Par Arrêt du Parlement de Toulouse du 2. Janvier 1669. jugé que deux Seigneurs qui avoient originairement des rentes par indivis, l'un d'eux n'avoir pas pû prescrire ces rentes, contre l'autre, quoyqu'il eût

joüi

joü des entieres rentes pendant deux siécles. La bonne foy de la societé, l'union qui est entre les associez, qui les fait veiller l'un pour l'autre, s'opposent à cette prescription. Mais si de deux associez & possesseurs par indivis, l'un d'eux vend toute la chose, l'acquereur qui est en bonne foi peut prescrire contre l'autre associé. Ainsi jugé le 4. Juillet 1663. en la cause de l'Abbé de Bonnefons, & des Consuls de Carbonne. *M. de Catellan, liv. 7. ch. 8.*

PRESCRIPTION, COMPENSATION.

97 Si la compensation empêche la prescription, ou si une dette prescrite peut être offerte en compensation? *Voyez* le mot *Compensation, n. 51. & suiv.*

PRESCRIPTION, CONFISCATION.

98 Si la prescription a lieu en fait de confiscation? *Voyez* le mot *Confiscation, n. 100. & 101.*

PRESCRIPTION CONVENTIONELLE.

99 Comme est le temps de remeré & faculté de rachat stipulée par Contract, ou la statutaire introduite par la Coûtume ayant commencé contre le predecesseur majeur, court & a lieu contre le mineur, sans esperance de restitution, & sans avoir égard à la lezion, sauf leur recours contre les tuteurs, &c. Arrêt du 15. May 1537. *Le Vest, Arrêt* 106. Montholon, *Arrêt* 101. en rapporte un du 16. Février 1575. *circa medium?* Brodeau *sur M. Loüet lettre P. somm.* 36.

100 *An præscriptio conventionalis à majore incæpta currat contra minorem.* Barthol. *tenet affirmativam.* Mornac, *negativam l.* 38. *ff. de minoribus* 25. *annis, & ità judicatum dicit,* le 16. Février 1575.

PRESCRIPTION, CONVENTUALITE'.

101 Conventualité imprescriptible. *Voyez* le mot *Conventualité, nomb.* 11.

PRESCRIPTION, CORVE'ES

102 Si les puisnez peuvent prescrire contre le Seigneur le droit de corvée, toûjours payé par l'aîné pendant plus de 40. ans, & rien à eux demandé pendant ce temps? *Voyez* le mot *Corvées, n.* 40.

PRESCRIPTION, CRAINTE.

103 Si la crainte est une cause suffisante pour empêcher la prescription? *Voyez* le mot *Crainte, nombre* 5. & suivans, & cy-après *le nombre* 200.

PRESCRIPTION DE CRIME.

104 *Voyez* le mot *Condamné, nombres* 26. & 27. le mot *Crime, nombre* 50. & suiv. La Bibliotheque du Droit François par Bouchel, *tome* 1. *page* 963. La Bibliotheque de *Jouet,* au mot *Crime, nombre* 1. & suivans.

Voyez la douziéme question traitée par *l'auteur de l'esprit de la Coûtume de Normandie page* 152. & suiv. De la prescription en matiere Criminelle. *Voyez Julius Clarus, liv.* 5. *Senten. quest.* 51. De la prescription criminelle par vingt ans, & si l'ajournement personnel & decreté perpetué l'action. *Voyez Philippi & Arrêts de la Cour des Aydes de Montpellier art.* 169.

105 Prescription du crime d'adultere. *Voyez cy-dessus* le mot *Adultere nombre* 162.

106 Si le crime de faux se prescrit? *Voyez* le mot *faux, nombre* 138. & suiv. & le Commentaire de M. Philippe Bornier, *sur l'Ordonnance criminelle de* 1670. *titre* 17. *art.* 17.

107 Prescription du crime d'homicide. *Voyez* le mot *Homicide, nombre* 30.

108 De la prescription acquise par celuy qui s'est representé & constitué prisonnier. *Voyez* le mot *Contumace nomb.* 48.

109 De la prescription de peine criminelle. *Voyez Papon, livre* 24. *tit.* 11.

110 Tout crime se prescrit par vingt ans, suivant la Loy *querela, ad l. cor. de fals. V.* Bouvot, *to.* 2. *verbo Prescription, quest.* 6.

111 Celuy qui achete d'un prévenu de crime capital, ne peut prescrire. *V.* Henrys, *tome* 2. *livre* 4. *question* 48.

112 Cinq ans pour prescrire le crime de peculat. *M. le Prêtre* 2. *Cent. chap.* 8.

Tome III.

Instances criminelles qui se traitent extraordinairement, ne sont sujettes à peremption. 2. Autre chose est de celles qui ont été civilisées. *Louer, lit. R. n.* 37. 2. *cont.* Brod. *ibid.* 2. M. Abraham la Peireré, *en sa décisions du Palais lettre* I. *nombre* 41. fait cette observation. *Entends, quand la matiere criminelle est telle qu'elle ne peut être traitée extraordinairement: mais quand la voye extraordinaire se peut reprendre,* je crois que la peremption n'a point lieu.

 113

Accusations de tout crime se prescrivent par 20. ans ainsi jugé pour une femme accusée d'incendie laquelle a été renvoyée, nonobstant sa confession, par Arrêt du 2. Decembre 1518. Autres Arrêts des 22. Octobre 1519. & de Pâques 1540. en faveur d'autres accusez. On exceptoit anciennement le crime *de parricide & de susposition de part.* Arrêt du 18. Decembre 1599. en faveur d'un patricide. *Voyez* Papon, *livre* 24. *titre* 11. *nombre* 1.

 114

La Loy *querela, ff. ad l.* Cornel. *de fal.* qui ne reçoit la poursuite d'un crime après 20. ans, est observée en France, même pour l'interêt civil, nonobstant la pupillarité des heritiers du meurtry. Arrêt du Parlement de Paris du 6. Juin 1561. Arrêt du Parlement de Grenoble du 18. May 1607. rapporté par Expilly. *Voyez* Chenu *question* 33. bien que par Arrêt du Parlement de Paris en 1563. les enfans ayent été reçus après 20. ans pour l'interêt civil, toutefois par arrêt posterieur du 27. Juillet 1596. il fut jugé que non. *Vide* Servin, *en son* 3. *volume.* C'est ce qui s'y observe à present, par cette raison que l'action criminelle étant éteinte, celle de l'interêt civil qui n'est qu'accessoire l'est aussi; jugé au Parlement de Bourdeaux en Juillet 1608. toutefois Boerius, *decis.* 16 dit que s'il y a eû decret qui n'ait pû être mis à execution à cause de l'absence ou fuite de l'accusé, l'action est perpetuée. Si le crime est demeuré caché, ensorte qu'on n'ait sçu contre qui agir, la prescription ne court point. *Voyez* Mainard, *livre* 9. *chap.* 5.

 115

Un homme accusé de parricide il y a 25. ans, par Arrêt du mois de Juin 1588. est reçu en procez ordinaire, & à cette fin les parties renvoyées par devant le Sénéchal de Poitou, ou son Lieutenant criminel à Poitiers, ordonné que les parties articuleroient leurs fait. Il ne se parle plus du procez jusqu'en Mars 1608. que l'accusateur à Poitiers presente ses faits, & fait commandement à l'accusé de fournir les siens. L'accusé soûtient que l'autre n'est plus recevable après 19. ans, que l'instance est perie, laquelle emporte la prescription de l'action intentée il y a 35. ans. L'accusateur replique, & dit, que l'Arrêt étant diffinitif, l'execution n'est prescrite que par 30. ans, & que d'ailleurs il n'y avoit pas 20. ans pour prescrire le crime par la Loy *Querela.* L'accusé dit que par Arrêt la cause est visée, & par le laps des trois ans l'instance étoit perie. Le Lieutenant Criminel de Poitiers avoit ordonné que les parties viendroient proceder suivant l'Arrêt dont étoit appel. Par Arrêt donné à la Tournelle le 13. Juin 1609. la Cour a mis l'appellation, & ce dont étoit appellé au néant, & les parties hors de Cour & de procez. Bibliotheque de Bouchel, *verbo Prescription.*

 116

Arrêt du Parlement de Dijon du 22. Decembre 1593 qui a jugé que le Procureur de sa Majesté, & par consequent une partie Civile n'étoit pas recevable à faire les poursuites d'un crime commis 20. ans auparavant. *V.* Taisand *sur la Coûtume de Bourgogne, tit.* 14. *note* 5. où il établit de solides maximes sur cette matiere.

 117

Action Criminelle tant pour le crime qu'interêts civils se prescrit par 20. ans contre toutes sortes de gens, même contre mineurs, si ce n'est pour crime de leze-Majesté. Arrêt du 27. Juillet 1596. Papon, *livre* 24. *tit.* 11. *nomb.* 1.

 118

Guillaume Marchand, dit la Fleur, avoit été condamné à mort par contumace, par Arrêt du Parle-

 119

ment de Paris de 1597. l'Arrêt fut executé par effigie. Etant arrêté prisonnier en 1624. il présenta requête pour être absous, vû qu'il y avoit prés de 30. ans que le crime avoit été commis: Ce qui luy fut contesté, le crime ne pouvant être prescrit que par 30. ans, parce que l'Arrêt avoit été executé par effigie, & que c'étoit la distinction que la Cour y avoit toûjours faite: par Arrêt de la Chambre des Vacations du Parlement de Paris du 21. Septembre 1624. il en fut débouté. Il obtint requête Civile, & la femme qu'il avoit épousée intervint en la cause; mais par Arrêt du 6. Avril 1625. sans s'arrêter à la requête d'intervention de la femme, on mit sur la requête civile les parties hors de Cour. *V. Basnage sur l'article 143. de la Coûtume de Normandie.*

120   La prescription de l'accusation criminelle par vingt ans, a lieu au crime de *parricide*, & autres semblables: & la poursuite commencée, si elle est par trois ans discontinuée, n'a effet d'interruption, & a lieu cette prescription de vingt ans en matieres criminelles, *etiam contra minores. Charondas, liv. 10. Rép. 76. Chenu, 1. Cent. qu. 83.* où il y a Arrêts des 18. Decembre 1599. 12. Janvier 1600. & 11. Février 1604. L'Arrêt du 22. Janvier 1600. est encore rapporté par *M. le Prêtre, premiere Cent. chap. 8. M. Loüet, lettre C. somm. 47. & du Frêne, livre 1. chap. 50.*

121   La reparation civile se prescrit par vingt ans, comme le crime. Arrêt du 8. Février 1607. *M. le Prêtre, és Arrêts celebres du Parlement.*

122   Quoique dans la plûpart des autres Parlemens de France les crimes se prescrivent par vingt ans, neanmoins il y a un Arrêt general du Parlement de Toulouse en 1608. qui en excepte le crime de leze-Majesté, & les crimes atroces, comme l'adultere qualifié & circonstancié de meurtre. Le 21. Mars 1657. la Cour ne voulut pas prononcer sur les fins de non recevoir, prises de 27. ans qu'une femme opposoit l'accusation qu'on faisoit contre elle d'avoir fait tuer son mari, & d'avoir épousé le meurtrier, douze ans après, quoiqu'il n'y eût eu qu'un simple ajournement personnel, & que les informations qu'on rapportoit, fussent de 24. ans après ce meurtre; mais la Cour regla à bailler par écrit sur le tout. *M. de la Rochéflavin, livre 3. titre 11. Arrêt 1.* rapporte un Arrêt par lequel un fratricide fut relaxé après 20. ans. *Albert, verbo Prescription, art. 2.*

123   La prescription de 20. ans en fait de crime, ne s'interrompt point en pays de Droit écrit par information, mais seulement par la citation. Arrêt du Parlement de Grenoble du 6. Février 1609. *V. Basset, to. 1. li. 2. tir. 29. chap. 5.*

124   De la prescription des crimes. Elle est réduite en Bretagne à cinq ans, en Italie à dix ans, & pour les Communautez à cinq ans. *Le Bret, livre 6. décis. 3.* où il rapporte un Arrêt de 1615.

125   Jugé au Parlement de Paris le 11. Avril 1615. qu'un condamné à mort, & qui s'est évadé des mains des Sergens, & depuis a changé son nom, ne peut être recherché après 25. ans: le crime est éteint & assoupi.
L'effet & execution d'une Sentence de mort est prescrite, éteinte, & assoupie par l'espace de 40. ans. *Filleau, 4. part. quest. 138.*

126   Si le jugement rendu contre le criminel par contumace a été executé, en ce cas l'accusateur ayant fait tout ce qu'il a pû; on a jugé qu'il n'y avoit pas de lieu à la prescription. Arrêt en la Chambre des Vacations 1624. & depuis, le 13. Février 1625. en la cause des enfans du second lit du sieur de la Roche-Boisseau qui avoit été condamné par contumace, executé par effigie, & avoit vécu plus de 20. ans, l'on soûtenoir qu'il avoit prescrit. Jugé au contraire. *Additions à la Bibliotheque de Bouchel, to. verbo Crimes.*

127   La prescription de 20. ans en crime est interrompuë par un Arrêt de contumace executé en effigie, qui dure 30. ans. Arrêt rendu le 26. Avril 1625. *Bardet, tome 1. livre 2. chap. 9.*

128   Jugé le 2. Avril 1631. que prescription de crime s'acquiert par 20. ans. La Cour déclara le Procureur Fiscal de la Justice de Condilly non recevable en la recherche & poursuite du crime, & le condamna en 160. livres envers l'appellant pour ses dépens, dommages & interêts. *Ibidem, li. 4. chap. 20.*

129   Sentence de mort executée en effigie, se prescrit par 30. ans seulement. Jugé le 11. Mars 1632. *Bardet, to. 2. livre 1. chap. 14.*

130   Arrêt du mois de Decembre de l'année 1634. qui déclare le crime de *fratricide* prescrit par vingt ans. *Voyez le 28. Plaidoyé de M. le Maître.*

131   La condamnation qui n'est point exécutée se prescrit par 20. ans, & la confiscation demeure nulle, mais si elle a été executée, elle dure 30. ans. Arrêt de la Tournelle de Roüen du 27. Juillet 1645. Neanmoins au Parlement de Paris, il a été jugé par plusieurs Arrêts, entr'autres par un de la Tournelle du 21. Mars 1653. que le crime se trouvant éteint & prescrit par les vingt ans, la réparation civile étoit pareillement prescrite, & non seulement les interêts sont prescrits par vingt ans, mais aussi une provision jugée. Arrêt du Parlement de Roüen du 18. Novembre 1639. cependant les diligences faites pour être payé, telle que seroit l'opposition au decret des biens du criminel, empêchent la prescription. *Basnage sur l'art. 143. de la Coûtume de Normandie.*

132   Arrêt du Parlement de Provence du 22. Mars 1645. qui a jugé que l'action civile descendant du crime, est prescrite par vingt ans, ainsi que l'action criminelle. *Boniface, tome 2. part. 3. livre 1. titre 15. chapitre 3.*

133   Prescription de vingt ans en crime, ne s'interrompt par information, decret ou autre procedure. *Brod. lit. C. n. 47. vid.* Mornac, *ad L. 9. C. de Epist. Aud. 1d.* Peleus, *lib. 4. chap. 13. 14. cont.* S'il y a Arrêt de condamnation & execution en effigie, *Du Frêne, liv. 1. chap. 39. 50. & liv. 7. chap. 12.* Il a été souvent jugé en prescription de 20. ans, que *annus cœptus habetur pro completo.* Et nous pratiquons que quand il y a condamnation & execution en effigie, il faut 30. ans. C'est l'observation de *M. la Peirere, en ses Décisions du Palais, lettre P. nombre 67.* il rapporte un Arrêt rendu au Parlement de Bordeaux le 18. Avril 1646. en la Chambre de la Tournelle, présidant Monsieur de Lalanne, plaidant Tillet & Fontanel: jugé qu'une Sentence de condamnation à mort par défaut non confirmée par Arrêt, ni executée, n'empêchoit point la prescription de vingt ans, en faveur de l'accusé.

134   Arrêt du même Parlement de Bordeaux du 16. Juillet 1666. donné en la Grand'-Chambre, au rapport de M. de Favars: jugé que le condamné à mort par contumace, par Sentence ou Arrêt, prescrivoit le crime par vingt ans, si la Sentence ou l'Arrêt n'avoient point été executez figurativement, & que la prescription déchargeoit le condamné des amendes & dépens, & luy bailloit la faculté de reprendre toutes les actions qu'il avoit avant la condamnation. Je crois par même raison qu'il reprend les successions à luy échûës avant la condamnation. *La Peirere, ibidem.*

135   Jugé en la Chambre de l'Edit de Castres le 11. Juin 1651. qu'après vingt ans une Sentence criminelle interlocutoire ne peut plus être executée: neanmoins pour les demêlez civils qui dépendoient du procez, les parties qui étoient encore dans le procez, ont été appointées en leurs faits contraires. *Voyez Boné, part. 2. Arr. 74.*

136   Les crimes se prescrivent par vingt ans, lors qu'il n'y a point de Decret ni de Sentence executez; les procedures en matiere criminelle n'interrompent la

preſcription, ſi elles ne ſont faites en execution des Decrets, Sentences & Arrêts. Jugé le 11. Août 1659. *Notables Arrêts des Audiences , Arrêt 34. Du Frêne, livre 7. chap. 22.* où il rapporte un Arrêt du 22. Mars 1653. qui déſire trente ans quand la Sentence a été executée par effigie. *Voyez M. Expilly , Plaidoyé 22.*

137   L'execution de priſe de corps n'interrompt point la preſcription. Arrêt du Parlement de Roüen du 8. Juin 1660 pour un homme accuſé d'avoir tué, lequel ayant obtenu proviſion de ſa perſonne, à la charge de ſe repreſenter; & depuis, les 20. ans s'étant paſſez ſans aucunes pourſuites , le crime fut declaré preſcrit , & ſur la demande hors de Cour. *Baſnage ſur l'art. 143. de la Coûtume de Normandie.*

138   La condamnation jugée diffinirivement peut être executée juſqu'à trente ans. Arrêt de la Chambre de l'Edit de Roüen du 26. Juin 1661. qui a confirmé une execution pour des interets ajugez pour crime, quoi qu'on eût laiſſé paſſer 25. ans ſans faire aucune pourſuite ; mais quand la condamnation n'eſt pas diffinitive elle ſe preſcrit par vingt ans , même pour les interêts civils. Arrêt du Parlement de Roüen du 22. Avril 1671. pour un homme qui s'étoit échappé dans le temps qu'on le conduiſoit pour faire juger l'appel d'une Sentence qui le condamnoit au foüet , & à la reſtitution de la vraye valeur d'un vol de chevaux ; traduit en Juſtice aprés vingt années ; il fut decharge de la condamnation. *Baſnage, ibidem.*

139   Par Arrêt du Parlement de Paris du 28. Mars 1665. jugé que le crime de *ſuppoſition de part*, eſt ſujet à la preſcription de vingt ans , comme les autres crimes. *Soëfve, to. 2. Cent. 3. ch. 53.*

140   La preſcription de vingt ans pour un crime ne peut être oppoſée à une preſcription civile , en la poſſeſſion d'un heritage vendu par un curateur creé à un mineur. La preſcription met bien à couvert de la peine du crime, mais elle ne donne point la capacité de rétablir , ni ne rend point habile à ſucceder , & ne leve point une indignité de cette conſequence. Arrêt du 11. May 1665. *Des Maiſons , lettre P. n. 11.*

141   Deux particuliers du lieu de la Chaſſagne, accuſez d'avoir tué Grand-Jacque , appellerent de la procedure ; ſur ce fondement qu'il y avoit dix de vingt ans que le crime avoit été commis. La veuve du défunt diſoit que le temps n'avoit pas couru contre ſes enfans mineurs ; qu'en tout cas l'action pour les dommages & interêts devoit durer trente ans. Par Arrêt du Parlement de Dijon du 16. Janvier 1666. les parties furent miſes hors de Cour , ſans dépens. *Voyez Taiſand en ſon Commentaire ſur la Coût. de Bourgogne, titre 14. note 5.*

142   Arrêt du Parlement de Provence du 15. Mars 1666. qui a jugé que tous crimes ſont preſcrits par le laps de vingt années. M. le Préſident de la Roquette, qui tenoit l'Audience de la Tournelle , avertit les Avocats , qu'ils n'euſſent plus à douter de la maxime. *Boniface, to. 1. part. 3. liv. 1. ti. 15. chap. 1.* Il n'y a que le crime de *Duel* excepté.

143   La preſcription qui a lieu pour la peine , a lieu pareillement pour les dommages & interêts. Arrêts du Parlement de Touloute des 17. Juin 1669. & dernier Juillet 1679. rapportez *par M. de Caſtellan, li. 7. chap. 1.*

144   Cinq ans aux condamnez par contumace pour ſe repreſenter. Ordonnance criminelle de 1670. titre 17. des défauts & contumaces , art. 28. & 29. *Voyez Anne Robert , rerum judicat. liv. 1. ch. 10.*

145   Toute action criminelle ceſſe aprés 20. ans. neanmoins il a été jugé au Parlement de Grenoble le 7. Août 1686. contre Pierre Greynet accuſé de concuſſion & d'alteration de Rôlles , que cette preſcription eſt interrompuë par Arrêt de Reglement à l'Extraordinaire. *Voyez Chorier en ſa Juriſprudence de Guy Pape, p. 355.*

Les crimes demeurez impourſuivis , ſecrets même 146 & inconnus , ſont ſujets à la preſcription de vingt ans. Arrêt du Parlement de Toulouſe du onze Mars 1699. Le Curé de Londres accuſé d'avoir enlevé quelques feüillets de ſon Regiſtre Baptiſtaire , fut relaxé par cette fin de non recevoir , qu'il ne propoſa qu'à la veille du Jugement. La plûpart des Juges etoient même que la ſeule execution figurative empêchoit la preſcription de vingt ans , & on le juge ainſi maintenant. *Voyez les Arrêts de M. de Caſtellan, li. 7. chapitre 1.*

En 1681. il arriva une rixe. Une perſonne fut tuée, 147 l'autre ſe ſauva dans les Iſles de K. . . . il revint en 1703. appella la procedure faite contre luy. Pour moyens d'appel , il dit qu'il y avoit vingt deux ans, que le crime étoit preſcrit , à compter du jour de l'action, & non pas du jour de la derniere procedure, ainſi que prétendoit l'intimé. La cauſe bien expliquée & entenduë , la Cour a mis l'appellation , & ce dont eſt appel , au neant; émendant declare le crime & la demande en dommages & interêts preſcrits, condamne la partie de Gorand aux dépens. M. de Novion Préſident, prononçant le Vendredy ſix Juillet 1703. conformément aux Concluſions de M. Joly de Fleury Avocat General. *M. Bruneau, en ſon Traité des Criées , pag. 440. & ſuiv.*

L'on dit au Palais pour maxime , que la preſcrip- 148 tion d'un crime, dont le Jugement de condamnation a été effigié , les trente années ne ſe comptent pas du jour que le crime a été commis ; mais du jour de l'execution de la condamnation ; c'eſt-à-dire , à commencer au jour de l'appoſition de l'Effigie ; de maniere qu'aprés dix-neuf années de la date d'un Jugement de mort rendu par contumace , le faiſant executer par effigie, cela pour prolonger de trente années la preſcription du crime, qui au lieu de vingt ans pour être preſcrit , il faudra 49. ans à ce compte-là. *Ibid. pag. 442.*

PRESCRIPTION, DIRECTE.

Si la directe eſt preſcriptible ? *Voyez* le mot *Directe,* 149 *nomb. 10. & ſuiv.*

PRESCRIPTION, DISME.

Si la Diſme eſt preſcriptible ? *Voyez* le mot *Diſmes ,* 150 *n. 411. & ſuiv. & cy-aprés , le nomb. 185.*

PRESCRIPTION DE DIX ANS.

L'Ordonnance de dix ans s'entend *in tertio poſſeſſo-* 151 *re* , & non *pas in eo qui contraxit.* M. le Prêtre, *és Arrêts celebres.* Cette ſorte de preſcription n'eſt point pour le debiteur , ni pour ſon heritier , qui ne peut preſcrire l'action perſonnelle que par trente ans , & l'hypothecaire jointe par quarante ans. *Brodeau, Coûtume de Paris, art. 114. n. 1.* où il dit que la preſcription de dix ans *in tertio poſſeſſore* , a lieu tant pour les rentes conſtituées à prix d'argent, que pour les rentes ſimples foncieres.

Celuy qui a acquis d'un qui n'eſt pas poſſeſſeur de 152 bonne foy , le croyant le veritable proprietaire, peut preſcrire par dix ans entre preſens , & vingt ans entre abſens. *Henrys, to. 1. li. 4. ch. 6. qu. 19.*

Une fille du premier lit demandoit aux enfans du 153 ſecond la proprieté de certains heritages acquis pendant la premiere communauté. Les enfans objectoient la preſcription, & diſoient que lors du Contrat d'alienation elle avoit dix-ſept ans , qu'elle ne s'étoit pas pourvuë dans les dix depuis ſa majorité ; ainſi fin de non recevoir. Elle oppoſoit la crainte filiale, l'extrême lézion, le ſecond mariage du pere , les duretez de la belle-mere ; & enfin que les dix ans n'avoient pû courir que du jour du décés. L'affaire fut d'abord partagée , & enſuite jugée en 1562. au profit de la fille. *Voyez la Bibliotheque de Bouchel, verbo Preſcription,* où il eſt parlé de la preſcription de dix ans contre la reſciſion des Contracts.

Par Arrêt du Parlement de Toulouſe du mois 154 de Decembre 1593. jugé que la preſcription de dix

ans , introduite par l'Ordonnance de Loüis X I I. en 1512. ne se rapportoit aux actes passez entre le tuteur & le mineur , qui sont nuls par la presente Ordonnance , d'autant que ces deux Ordonnances sont en un même cahier, publiées en même temps en 1539. ainsi il n'est pas censé que l'un corrige l'autre, ni qu'il soit besoin de faire rescinder dans les dix ans un acte qui est nul de soy. *Maynard , li. 2. ch. 99.*

155   La prescription de dix ans entre presens , & vingt entre absens , n'a pas lieu dans le Dauphiné. On n'y est assuré dans sa possession , que par celle de 30. ou de 40. ans: on n'y connoît d'autre prescription de dix ans , que celle de Loüis X I I. qui s'oppose à la rescision des contracts faits entre majeurs ; mais elle ne concerne que les cas qui y sont marquez specifiquement. La nullité qui vient d'autre cause dure 30. ans , comme celle d'une transaction sur la Tutelle , *nec visis , nec dispunctis tabulis.* Arrêt du Parlem. de Grenoble du mois de Mars 1612. rapporté par *Chorier, en sa Jurisprudence de Guy Papé , pag.* 333.

156   *Præscriptio decem annorum rejecta , quæ objiciebatur viduæ agenti adversus contractum , quem vi & impressionibus mariti celebratum diceret ,* le 31. Juillet 1600. *Mornac , lib. 1. ff. Quando de peculio actio annalis est. Idem adversus liberos , qui contraxerunt in gratiam patris , & ne pejus facerer quandiu durat patris superstitis metus.* Arrêt du 17. Avril 1612. *Ibid.*

157   Dans la Coûtume de Paris la prescription de dix ans entre presens , ou vingt ans entre absens , la bonne foy doit continuer dans tout le cours de cette prescription. Arrêt du 25. Janvier 1675. *Journal du Palais.* Voyez le Vest , *Arrêt* 39. & l'art. 113. de la *Coûtume de Paris.*

PRESCRIPTION, DOMAINE.

158   Si le domaine de la Couronne se prescrit ? *Voyez cy-dessus le nomb.* 73. & le mot *Prescription , n.* 69. & *suiv.* & cy après , *le n.* 316. & *suiv.*

PRESCRIPTION, DOMICILE.

159   Dans la diversité de domicile & de situation des heritages , quelle Coûtume doit être suivie ? *Voyez le mot Coûtume , n.* 50.

160   En matiere de prescription , on suit le domicile , & non la situation des heritages. *Voyez le mot Domicile , n.* 38.

PRESCRIPTION, DOT.

161   La demande des deniers promis par le pere en faveur de mariage , se prescrit par trente ans. Arrêt du Parlement de Normandie du 13. Août 1683. *Basnage, sur l'art.* 511. *de cette Coûtume.*

PRESCRIPTION, DOUAIRE.

162   De la prescription du doüaire. *Voyez* le mot *Doüaire , n.* 209. & *suiv.*
Jugé le 14. Août 1577. que les enfans auroient délivrance de leur doü.ire , quoique les tiers détempteurs eussent joüi vingt ans pendant leur majorité. Il semble que la Cour s'est fondée sur ce que , *res quæ restitutioni subjecta sunt , non præscribuntur per tertium possessorem , nisi per triginta annos.* Les moyens proposez par les enfans, étoient que du vivant de leur mere ils n'avoient point d'action, qu'ils pouvoient la prédeceder ; & que *ab illo eventu pendebat* leur propriété, droit de propriété. *Voyez la Bibliotheque de Bouchel,* verbo *Prescription.*

163   Par quel espace de temps se prescrivent les droits Seigneuriaux? *Voyez Droits Seigneuriaux, n.* 117. & *suivans.*

PRESCRIPTION CONTRE L'EGLISE.

164   *Voyez cy-dessus le nombre* 10. & le mot *Decret, nombre* 37.

165   Prescription opposée par les acquereurs des biens d'Eglise. *Voyez* le mot *Alienation des biens d'Eglise, n.* 95. & *suiv.*

166   La prescription de quarante ans a effet contre toute autre Eglise que la Romaine , même en matiere feodale. Ce qui a été donné en fief des biens des au-

tres Eglises , ne peut plus , après ce temps-là , être revoqué. Ce fut une des décisions du Parlement de Grenoble , dans le procez de l'Evêque de Saint Poitrois-Châteaux pour la Terre de Beaunes , qui avoit été infeodée par l'Evêque Deodat aux autems du Seigneur de Targes. *Voyez Guy Pape , qu.* 416.

167   Les Eglises , quoique dependantes immediatement du Saint Siege, ne joüissent de la prescription de cent ans. *Tournet , lettre E. nomb.* 48.

168   Ceux de la Religion Prétenduë Reformée ne peuvent se servir d'aucune prescription, pour se garantir de rendre les biens meubles & immeubles appartenans aux Ecclesiastiques , qu'ils ont occupez durant les troubles. *Voyez* Filleau , *en ses Décisions Catholiques , décis.* 57.

169   L'Eglise Romaine n'est sujette ny à la prescription de trente ans, ni à celle de quarante , mais seulement à celle de cent ans , qui éteint toutes ses actions contre les tiers possesseurs des choses corporelles, qui luy ont autrefois appartenu. Les Eglises qui luy sont soûmises immediatement , n'ont pas ce privilege. Le Parlement de Grenoble s'est déterminé sur ce point, qui est controversé entre les Docteurs, par l'opinion de Balde, dans le procez des Freres Mineurs de Crest contre le Dauphin. Jugé par Arrêt du 5. Septembre 1469. *Voyez* Guy Pape , *qu.* 36. & 416.

170   On peut prescrire par l'espace de quarante ans contre les Eglises immediatement sujettes au Pape , & elles ne joüissent point du privilege de l'Eglise Romaine touchant les cent ans. Arrêt du Parlement de Grenoble du cinq Septembre 1479. *Papon, liv.* 12. *tit.* 3. *n.* 1.

171   Chose possedée pendant plus de deux siecles par l'Eglise à titre de dépost & de garde , ne se peut prescrire , nonobstant l'ignorance & la bonne foy des successeurs. Arrêt du Parlement de Paris du 21. Avril 1551. en faveur de la Reine de Medicis Comtesse de Clermont. *Papon, livre* 12. *titre* 3. *nomb.* 21. tiré de Duluc.

172   Declaration en faveur des Religieux de l'Abbaye de S. Denys en France , qui les exempte de toutes prescriptions , excepté de celle de cent ans , &c. A Paris en Decembre 1577. registrée le 17. Mars 1578. 3. vol. de l'Ordon. de Henry III. fol. 133.

173   La prescription ne peut être opposée à l'Eglise par celuy qui fonde sa possession sur un titre vitieux. Jugé au Parl. de Toulouse le 6. Juillet 1594. contre un Procureur , qui opposoit une prescription de 80. ans sur un titre vitieux , lequel fut condamné au délaissement de deux arpens de prez. La prescription par le Droit Civil n'a besoin de titre , ni de bonne foy ; & par le Droit Canon la bonne foy est requise. *Cambolas , li.* 2. *ch.* 6.

174   Si le Titulaire qui a aliéné , étoit mauvais administrateur , on ne compte les quarante ans que du jour de son décés , & non pas du jour de l'alienation. Arrêt du 17. Septembre 1594. *M. Loüet , lettre P. Somm.* 1.

175   Deux Sentences & Arrêts donnez sur les appellations d'icelles en 1614. & 1615. par lesquels il a été jugé que les biens du bien d'Eglise faits à vie des preneurs, & de leurs enfans nez & à naître , & des enfans desdits enfans & descendans de leurs enfans en ligne directe , sont nuls ; & comme tels ont été cassez en la Coûtume de Blois, en laquelle la prescription de quarante ans contre les Ecclesiastiques & leurs biens , est reçuë , nonobstant tous consentemens , approbations , ratifications , & prescription de 175. années acquise par le tiers acquereur. Filleau, *1.part. tit.* 1. *ch.* 39. & Chenu , 2. *Cent. qu.* 78.

176   Une rente leguée à une Eglise & assignée , peut se prescrire par 30. ans. Arrêt du Parlement de Dijon du mois de Juillet 1623. *Bouvot , tom.* 2. verbo *Prescription , qu.* 2.

177   Le possesseur de biens sujets à une rente anniver-

faire, preſcrit par l'eſpace de 40. ans, ſauf le recours contre les heritiers de celui qui l'a conſtituée & impoſée generalement ſur tous ſes biens, & particulierement ſur ce fond, leſquels ne peuvent preſcrire que par cent ans. Arrêt du Parlement de Grenoble du 29. Juillet 1639. les Chambres ayant été conſultées. V. Chorier en ſa Juriſprudence de Guy Pape, p. 35.

178 Le fond aſſigné pour dire des Meſſes à perpetuité, eſt ſujet à la preſcription entre les mains d'un tiers acquereur qui a poſſedé quarante ans. Arrêt du Parlement de Toulouſe du 13. Juillet 1645. Arrêt conforme le 29. May 1646. Ainſi le fond aſſigné ou legué peut être preſcrit. Auth. quas Actiones, Cod. de ſacroſ. Eccleſ. au lieu que la rente ou penſion ne preſcrivent pas, renaſcuntur quot annis, le Service perpetuel ne fait revivre. On ne peut oppoſer un Arrêt du mois d'Août 1645. en faveur de Meyla contre Chauvet, parce que bien qu'il n'apparût pas de la fondation, pluſieurs énonciations faiſoient voir que le Chapelain avoit joüi. D'ailleurs, Chauvet avoit acquieſcé, & ne paroiſſoit pas être un tiers acquereur. Albert, verbo Penſion, art. 6.

179 La preſcription de quarante ans a lieu contre l'Egliſe, notamment en faveur dû tiers. Arrêt rendu au Parlem. de Grenoble le 14. Decembre 1653. Baſſet, to. 1. li. 2. tit. 29. ch. 1.

180 Jugé au Parlement de Toulouſe le 30. May 1661. après partage, au profit des Marguilliers de l'Egliſe de Noé, que l'Egliſe ſuccedant à un particulier, contre qui la preſcription étoit commencée, & déja avancée, devoit joüir du privilege de quarante ans. Autre Arrêt du 9. Août 1666. qui a jugé que la preſcription de dix ans du tiers acquereur, étoit prorogée à quarante, lors qu'on l'oppoſoit à l'Egliſe. Ce dernier Arrêt en faveur des Religieuſes de Sainte Catherine de Sienne de Toulouſe. Voyez les Arrêts de M. de Catellan, li. 1. ch. 9.

181 De la preſcription du fond Eccleſiaſtique. Quoique par le Canon ſi Sacerdotes, 16. qu. 6. l'on ne puiſſe preſcrire contre l'Egliſe en vertu d'un titre vicieux, ou que la preſcription ne commence à courir que du temps de la mort du Prelat, qui a mal alienè. Le Parlement de Toulouſe plus favorable à l'Egliſe, que les Loix de l'Egliſe même, n'a pas égard à ces titres vitieux. Arrêt du 9. Juin 1666. Autre Arrêt du 28. Août 1674. en faveur de tiers poſſeſſeurs. Voyez M. de Catellan, li. 1. chap. 35. où il rapporte & concilie pluſieurs Jugemens.

182 Le Roy ne peut pas preſcrire contre l'Egliſe les arriere-fiefs qui dépendent d'elle, & qu'ainſi la foi hommage à ſa Majeſté. Arrêt du Parlement de Toulouſe des 18. Juillet 1651. & vingt Decembre 1675. parce que le Roy doit à l'Egliſe une protection ſinguliere. V. M. de Catellan, li. 3. ch. 29.

183 L'Ordre de la Mercy a prétendu avoir la même faveur que celuy de Malthe, & qu'ainſi la preſcription ne pouvoit luy être oppoſée. Arrêt du Parlement de Toulouſe du 22. Février 1673. contraire à leur pretention. Les Religieux de la Mercy de Beziers demandoient que les Conſuls, ſans avoir égard à la preſcription alleguée, fuſſent tenus de leur faire rebâtir une Egliſe, au lieu de celle que la Ville avoit fait démolir durant les troubles, & dont elle avoit donné l'aire aux Jeſuites. On jugea que les Peres de la Mercy devoient être contens du droit commun de l'Egliſe. Arrêts de M. de Catellan, livre 1. chapitre 16.

184 En Decembre 1691. jugé au même Parlement de Toulouſe, que l'exception de la preſcription n'étoit pas bonne, oppoſée par des acquereurs d'un fonds legué à la Chapelle des Cordonniers. La raiſon de l'Arrêt fut que le legs de ce fond étoit preſumé fait à l'Egliſe; qu'ainſi le Corps des Cordonniers, Corps Laïc, ayant vendu, c'étoit un fonds d'Egliſe vendu par des Laïcs. On trouva le vice ſi grand, qu'on en

crût la poſſeſſion gâtée. Ibidem, liv. 1. chap. 35.

On preſcrit par quarante ans les biens domaniaux **185** des Eccleſiaſtiques, auſſi bien que ceux des Laïcs, à la reſerve des Dîmes ſolites, deſquelles on peut ſeulement preſcrire la quotité. Art. 117. des Arrêts du Parlement de Roüen, les Chambres aſſemblées, du 6. Avril 1666. V. Baſnage, 10. 1. à la fin.

Arrêt du 16. Janvier 1668. qui a jugé que l'action **186** hypothequaire contre l'Egliſe, n'eſt pas prorogée à quarante ans en Provence; & que les Novelles de Juſtinien en ce chef ne ſont point obſervées, & que la preſcription de vingt ans ſuffit, en doublant le temps de la preſcription ordinaire. Boniface, tom. 1. liv. 2. tit. 23. chap. 2. où il obſerve que le tiers poſſeſſeur d'un fond hypotequè à une rente fonciere, ou conſtituée à prix d'argent, preſcrit dans dix ans, quoique le creancier ait été payé par le debiteur de la rente. 1°. Exception, quand le poſſeſſeur a eu connoiſſance de la rente. 2. Quand le vendeur a été en poſſeſſion du bien ſujet à la rente. 3. Exception aux Obits & Fondations des Meſſes, dont les biens étoient chargez, où il n'y a preſcription.

Si le bien ſervile à l'Egliſe ayant été vendu par un **187** poſſeſſeur, ſans declaration de franchiſe ni de ſervitude, eſt preſcrit par l'acquereur, par la poſſeſſion de quarante ans, ſans payer cenſe, & ſi cette vente peut ſervir d'interverſion? Arrêt du dernier Juin 1675. qui a déclaré n'y avoir ni interruption, ni preſcription. Boniface, to. 4. li. 9. ti. 1. ch. 1.

La preſcription qui peut favoriſer une alienation **188** nulle, ne commence qu'après que la cauſe de l'empêchement du recours a ceſſé; elle dure autant que le Beneficier qui a fait l'alienation; il peut luymême former ce recours contre ſon propre contrat, quand ce ſeroit une tranſaction; & cela non ſeulement dans les dix ans de l'Ordonnance, mais pendant quarante ans. Arrêt du Parlement de Grenoble du 13. Mars 1677. rapporté par Chorier en ſa Juriſprudence de Guy Pape, pag. 39.

PRESCRIPTION, EMPHITEOSE.
Preſcription par le preneur à titre d'emphiteoſe.
Voyez cy-deſſus le nomb. 72. le mot Bail, nomb. 66. **189** & ſuiv.

De la preſcription qui a lieu dans l'emphiteoſe.
Voyez le mot Emphiteoſe, n. 17.

PRESCRIPTION, ENGAGISTE.

Si l'engagiſte peut preſcrire dans trente ans, lorſ- **190** que l'acte d'engagement eſt appellé & coloré du nom de vente à faculté de rachat. Voyez les Arrêts de M. de Catellan, liv. 7. ch. 24. où il rapporte un Arrêt du Parlement de Toulouſe en faveur de l'acquereur.

L'Engagiſte par la joüiſſance de dix ans ne preſ- **191** crit pas l'hypotheque, parce que l'engagement n'ôte ponit la proprieté du fonds engagé à celuy qui le baille. Arrêt du Parlement de Toulouſe du 18. Juillet 1663. Autre Arrêt au mois de May 1667. qui a jugé que nonobſtant cette joüiſſance, un creancier anterieur conſervoit, & ſon hypoteque, & la priorité. V. M. de Catellan, liv. 7. ch. 23.

PRESCRIPTION, ETRANGER.

Jugé qu'un Etranger du Royaume, qui n'a point **192** de domicile en France, eſt conſideré comme abſent pour joüir de la preſcription de vingt ans en action hypothequaire. Arrêt du Parlement d'Aix du mois de Février 1686. Boniface, to. 4. li. 9. tt. 1. ch. 13.

PRESCRIPTION, FACULTE'.

Si la faculté de rachat ſe preſcrit? Voyez lettre F. **193** verbo Faculté de rachat, n. 54. & ſuiv.

La faculté de racheter rentes conſtituées à prix **194** d'argent, ne ſe peut preſcrire. Voyez la Coûtume de Paris, art. 119.

Mais ſi la faculté eſt donnée par contract de racheter heritage, ou rente de bail d'heritage à toûjours, elle ſe preſcrit par 30. ans. V. la même Coût. art. 120.

S iij

195   *Quæ funt meræ facultatis & juris publici* , comme d'aller paître en des communaux , *nec cedi, nec transferri , nec commercio fubjici , nec præfcribi poffunt.* C'est une maxime.

Henrys , *tome* 1. *liv.* 4. *chap.* 6. *qu.* 91. examine fi les chofes qui font de fimple faculté, peuvent être prefcrites? il diftingue avec Coquille & d'Argentré, entre la faculté qui procede de la nature , ou de la Loy , & celle qui provient d'un contract & de la convention des parties. Dans le premier cas il rejette la prefcription ; & dans le fecond , il l'admet. *Mafuer. titre* 22. *nomb.* 15. dit que la prefcription ne court point contre le droit qu'on a de faire quelque chofe.

196   Les Abbez & Religieux de la Chaffagne s'étant refervé leur mouture franche depuis plus de trois cens ans , par le bail du moulin de Martinat , fur la difficulté qui leur en fut faite par la confideration d'un fi long-temps, pendant lequel eux & leurs auteurs ne s'étoient pas prévalu de cette réferve , y furent pourtant maintenus au Parlement de Dijon le 9. Mars 1665. contre le fieur de Montferrant , & autres proprietaires de ce moulin ; la raifon vient de ce que les droits de pure faculté ne fe prefcrivent pas ; cela veut dire que la prefcription ne court point contre le droit qu'on a de faire quelque chofe, quoiqu'on ait ceffé d'en ufer pendant un temps fort confiderable, *Voyez Taifand fur la Coûtume de Bourgogne , titre* 14. *n.* 9.

197   Arrêt rendu au Parlement de Provence le 14. May 1667. qui a jugé que le rachat des cenfives & rentes foncieres accordé au preneur dans fon acte de bail *toties quoties* , eft prefcriptible dans trente ans. *Boniface* , *tome* 1. *liv.* 3. *tit.* 5. *ch.* 2. il cite des Arrêts femblables des 14. May 1660. & 21. Mars 1662.

198   Arrêts du même Parl. d'Aix des 28. Juin 1675. & 5. Avril 1686. qui ont jugé que le privilege donné à une Ville de défendre l'entrée des raifins étrangers n'eft point prefcrit par le non ufage quand il n'eft pas uniforme. *Boniface* , *tome* 4. *livre* 9. *tit.* 1. *chap.* 9. & 10.

Prescription, Femme.

199   Si le mari ayant aliené les biens de fa femme, la prefcription a couru du vivant du mari : & fi elle s'en peut faire relever ? *Voyez Bouvot, tome* 1. *part.* 3. verbo *Subftitution , queft.* 2.

200   La crainte maritale n'eft pas une caufe fuffifante pour empêcher le cours de la prefcription de dix ans durant le mariage, pour n'être la femme venuë dans le temps de la reftitution. Jugé le 5. Avril 1569. *Chenu* , *premiere Cent. queft.* 23. où il rapporte plufieurs Arrêts.

Voyez cy-deffus le nomb. 103.

201   Si un mari avoit affigné les deniers dotaux de fa femme fur un de fes fonds en particulier , avec convention que les fruits ne feroient imputez au fort, ni par elle, ni par fes heritiers, quand même cette femme, ou fes heritiers , & les defcendans ayant caufe, joüiroient de ce fonds pendant plus de cent ans , même plus de mille, le contrat d'affignal paroiffant, les heritiers ou fucceffeurs ayant caufe du mari, pourroient recouvrer cet affignal , en rendant les deniers dotaux: la raifon eft que la femme ni fes heritiers , ou ceux qui la reprefentent ne peuvent jamais changer la caufe & le titre de leur poffeffion , on peut toûjours recourir au titre original ; ainfi jugé par Arrêt folemnel donné au Parlement de Paris au profit de la Reine mere veuve d'Henry II. touchant la Comté de Clermont en Auvergne, contre l'Evêque du même lieu, parce qu'il paroiffoit par le titre original , que Robert alors Evêque avoit reçu de Guy fon frere, Comte de Clermont, la Ville de Clermont en garde , & que les Evêques fucceffeurs de Robert qui avoient joüi pendant plus de deux cens ans ,n'avoient pû prefcrire, attendu que le commencement de la joüiffance

étoit à titre de précaire ; il y a auffi un Arrêt du Parlement de Dijon rapporté par *Chaffeneuz* , *au commencement de l'article* 18. *tit.* 4. *de la Coûtume de Bourg.* qui a jugé en faveur de Dame Anne de Chatelvilain Comteffe de Montrevel, contre Jean de Maulin Seigneur de Miffeti,que la prefcription ne pouvoit courir contre elle touchant le rachat des terres de Prifli & de Viffous-Thill qui avoient été données par forme d'affignal à Bonne de Châtelvilain pour la fûreté de ce qui reftoit à luy payer de fa dot promife par Bernard de Châtelvilain,& qu'Anne Châtelvilain pouvoit rentrer dans la proprieté & poffeffion des mêmes biens , en par elle payant. le refte de cette dot. *V. Taifand fur ce même article* 18.

202   Prefcription ne court contre la femme pendant le mariage pour fes biens dotaux ou paraphernaux alienez fans fon confentement par le mari. Arrêt du dernier Juillet 1600. *Voyez la Bibliotheque de Bouchel* , verbo , *Prefcription.*

203   Henrys , *tome* 1. *livre* 4. *chap.* 6. *queft.* 108. examine fi les acquereurs des heritages du mari peuvent prefcrire au préjudice de la portion virile qui eft dûë à la femme dans l'augment. Il rapporte un Arrêt du 7. Juin 1647. qui a jugé que la prefcription a lieu , il dit que cet Arrêt eft fingulier , & qu'il ne croit pas qu'il y en ait un pareil ; cependant il cherche à le juftifier.

204   Par Arrêt du Parlement de Grenoble du 4. Août 1651. il fut jugé que la prefcription de 40. ans oppofée aux heritiers de la femme agiffant pour la vindication du fonds dotal n'avoit pû courir que du jour de la diffolution du mariage, ou pendant iceluy aprés la repetition des droits dotaux , fuivant la Loy *in rebus* C. *de jur. dot. Voyez Baffet , tome* 1. *livre* 2. *titre* 29. *chap.* 14.

205   La femme eft de même fujette à cette prefcription de 30. ans pendant fon mariage , & au préjudice de fa dot , fauf fon recours contre fon mari. Jugé par deux Arrêts du Parlement de Grenoble , le premier fans date , & l'autre du mois de Juillet 1667. par Adam Jaquier appellant du Vice-Bailly de Grefivodan, qui avoit accordé l'hypotheque aprés 30. ans. Le motif de l'Arrêt fut que comme le mari avoit pû exiger la dot & la diffiper, il avoit pû la laiffer prefcrire, fauf à la femme fon recours contre luy. *Chorier en fa Jurifprudence de Guy Pape, p.* 325. *

206   De la prefcription contre la femme pendant le mariage. *Voyez les Arrêts de M. de Catellan, li.* 4. *chap.* 45. où il en rapporte un d'un Parlement de Touloufe du 22. Decembre 1667. aprés partage , qui a jugé que la femme ou fes defcendans qui ont fans doute le même privilege , ne pouvoient pas agir contre les débiteurs du fupplément de legitime à elle dû , que le mari avoit laiffé prefcrire , quoique le mari fût infolvable.

207   En la Coûtume de Nivernois la femme qui renonce à la communauté de fon mari , eft exempte de payer fur fes biens dettes qu'elle a contractées folidairement avec fon mari , & les dix ans de majorité ne courent contr'elle étant en puiffance de mari. Arrêt du Parlement de Paris du premier Juillet 1671. *Journal du Palais.*

208   Arrêt rendu au Parlement de Provence le 21. Mars 1676. qui a jugé que la prefcription commencée contre une femme *fui juris*, ne continuë pas pendant fon mariage. *Boniface, tome* 4. *liv.* 9. *tit.* 1. *chap.* 7.

209   La prefcription peut courir contre la femme pendant le mariage. Arrêt du Parlement de Normandie du 3. Mars 1684. Il y avoit eu un Arrêt contraire le 20. Juillet 1677. contre un acquereur des biens appartenans à la femme ; mais la faveur du doüaire & de la dot fervirent de motif. *Voyez Bafnage fur l'article* 521. *de la Coûtume de Normandie.*

210   Si une femme en puiffance de mari eft toûjours à couvert de la prefcription , ou fi elle ne l'eft que

quand la prescription qu'elle auroit pû intenter, reflechit par une action en recours contre son mari. *Voyez le Journal du Palais*, tome 2. page 620. où cette question est traitée.

PRESCRIPTION, FIDEICOMMIS.

211   La prescription court contre le fideicommissaire durant la vie de l'heritier grevé de rentes, même avant la restitution du fideicommis. *Voyez le mot Fideicommis, n. 182.*

Voyez cy-après le nomb. 228.

PRESCRIPTION, FIEF.

212   *An feuda contrà dominum prascriptione amittantur?* Voyez Andr. Gaill, *lib. 2. observat. 160.*

Voyez le mot Fief, nomb. 116.

PRESCRIPTION, FONDATION.

213   Les fondations ne se prescrivent point. *Voyez le mot Fondation, nomb. 79. & suiv.*

PRESCRIPTION, BONNE OU MAUVAISE FOY.

Voyez cy-dessus les nomb. 30. 152. 157.

214   De la bonne foy en matiere de prescription. *Voyez lettre B. au mot Bonne foy, nomb. 9. & suiv.*

215   *Debitor sciens se debitorem non prascribit, cum bonâ conscientiâ.* V. Franc. Marc. to. 1. quast. 435.

216   *Henrys, to. 2. li. 4. quest. 77.* établit que la prescription de trente ans qui est la seule que la Coûtume d'Auvergne reconnoisse, a lieu sans titre & sans bonne foy, c'est-à-dire, qu'elle a son cours, quoique celuy qui s'en sert, soit possesseur de mauvaise foy.

217   Par le chapitre *vigilanti*, & le chapitre *quoniam de prascript.* la prescription doit être fondée sur la bonne foy, parce qu'un possesseur de mauvaise foy ne prescrit jamais, *cap. possessor. de reg. juris in 6.* la glose sur le même chapitre *vigilanti*, au mot *Noverit*, demande si après la prescription acquise le possesseur a connoissance que la chose prescrite ne luy appartient pas, pour lors il est obligé à la restituer; elle dit que quelques uns tiennent, que dés qu'on a connoissance qu'on possede le bien d'autrui, il le faut restituer; mais la glose approuve le sentiment des autres qui disent qu'alors il n'est point obligé à la restitution, parce que ce n'est plus le bien d'autrui, & qu'il le possede à juste titre & par droit de prescription, qui est un droit approuvé par le Juge, & autorisé en Justice. *Definit. Can. p. 680.*

218   Si aucun avec mauvaise foy peut prescrire, & de la distinction de mauvaise foy? *V. Coquille, tome 2. quest. 259.*

219   Si la mauvaise foy du vendeur nuit à la prescription de l'acquereur pour dix ans, entre presens, & vingt ans entre absens? *V. Henrys, to. 2. li. 4. quest. 48.* où il tient l'affirmative.

220   La maxime qui veut qu'un possesseur de mauvaise foy ne puisse prescrire, ne s'entend point des actions personnelles, car le prescrivant ne possede rien, & ne fait aucune chose en sa faveur, cette prescription n'étant introduite que *in odium* de la nonchalance du creancier. Arrêt du Parlement de Grenoble du 8. Mars 1459. Papon, *li. 12. tit. 3. n. 24.*

221   Il faut pour prescrire que la bonne foi de l'acheteur dure pendant les dix années; la bonne foy, quand l'acheteur ignore que l'heritage par luy acquis n'appartient, ni est obligée à autrui. Arrêt du 10. Juillet 1593. *Charondas, liv. 13. Rép. 69.*

PRESCRIPTION, FOY ET HOMMAGE.

222   Si le Vassal peut prescrire la foy & hommage? *Voyez le mot Foy & Hommage, nomb. 43. & suiv.*

223   Celuy qui est poursuivi en garantie, ne peut après le temps de prescription être relevé du contrat, ni demander aucune condition dépendante dudit contrat. Arrêt du 14. Août 1496. *Charondas, li. 3. ch. 46.*

PRESCRIPTION, GUERRE.

224   La prescription ne court pendant la guerre. *Voyez cy-dessus le nombre 9. le mot Guerre, nombre 30. & suiv. & cy-après verbo Troubles.*

PRESCRIPTION, HERITIERS.

225   La demande d'heredité ne se prescrit que par 30. ans par l'acheteur de bonne foy. *Voyez Charondas, liv. 2. Réponse 94.*

226   Si la prescription court au profit de l'un des coheritiers qui se trouve débiteur de l'heritage pendant qu'il possede tout l'heritage & devant le partage, & si elle court contre l'usufruitier qui est creancier de l'heritage, & durant le temps qu'il joüie de l'usufruit entier dudit heritage? *Voyez Du Perrier, livre 4. quest. 21.*

227   Par Arrêt de la Chambre de l'Edit à Roüen en 1606. il fut dit que quoique la prescription ne court contre coheritiers, cela ne s'entend que de la prescription de 40. ans, & non de l'immemoriale & centenaire. *Basnage sur la Coûtume de Normandie, article 529.*

228   Par Arrêt du Parlement de Toulouse du 8. Février 1618. rapporté par *M. Dolive, livre 4. chap. 17.* jugé que les dettes d'une succession ne se pouvoient prescrire par les débiteurs au préjudice du fideicommissaire durant la vie de l'heritier du fideicommis.

229   La dispute & instance entre plusieurs, pour raison d'une succession, ne proroge pas le temps de la prescription d'un fonds de l'heredité, quoiqu'il semble que pour agir, il y avoit en ce cas là lieu d'attendre que les contestations sur l'heredité fussent vuidées, & le vrai heritier établi & déclaré: mais selon la maxime generale de France, la mort saisit le vif; ainsi le vrai heritier saisi des biens, & consequemment saisi de l'action, l'avoit en main dés la mort; capable d'agir d'ailleurs, & n'en étant point empêché par l'état de la personne, la prescription a pû courir contre luy. Jugé au Parlement de Toulouse le 29. May 1663. *V. M. de Catellan, livre 7. chapitre 14.*

230   Heritier qui repudie ne peut pas retenir les dettes prescrites, même quand la prescription a couru entierement sur sa tête, & n'a pas commencé en faveur du défunt. Arrêt du Parlement de Toulouse du 20. Août 1667. mais l'heritier chargé de fideicommis, ou son heritier peut repeter les dettes prescrites pendant sa joüissance, comme celles qu'il a payées, quoique la prescription ait commencé, & ait couru un temps considerable pendant la vie du testateur. Arrêt du 14. Février 1681. La difference qu'il y a entre l'heritier qui repudie, & l'heritier chargé de rendre, est que celuy là est regardé comme simple administrateur, l'autre est censé veritable proprietaire. Quant aux legs faits aux enfans du testateur qui tiennent lieu de legitime, on demande si l'heritier qui les a prescrits, & qui par le payement présumé semble être entré dans le droit des legitimaires, peut de leur chef demander la *legitime* en corps hereditaire? Il y a un Arrêt du 8. Juillet 1696. qui a jugé qu'il ne peut demander que les legs, & non la legitime en corps hereditaires. *Voyez ibidem, chapitre 7.*

231   Si prescription des droits d'un cadet court pendant qu'il est entretenu par son frere aîné, sur les biens de l'heritage dont il est saisi? Sentence du Lieutenant General rendüe en l'année 1682. qui juge la negative; l'appel porté au Parlement d'Aix est demeuré indécis. *Boniface, tome 4. liv. 9. tit. 1. chap. 17.*

232   Par un Arrêt du Parlement de Paris de l'an 1685. il a été jugé que les poursuites faites contre les heritiers de l'un des coobligez ne militent pas contre les heritiers de l'autre coobligé qui n'ont point été poursuivis, & n'empêchent que ces derniers n'acquierent prescription comme d'autres détempteurs. Il n'en est pas de même entre les coobligez; les poursuites faites contre l'un militent contre l'autre, parce que chaque coobligé est reputé mandataire de l'autre, *inter correos debendi interpellatio unius, est interpellatio omnium.*

PRESCRIPTION, HOSPITAUX.

233 La prescription de quarante ans n'a lieu en l'aliénation des biens des Hôpitaux faite sans aucune solemnité requise par le Droit Civil & Canonique ; & qu'il y a lezion apparente. Arrêt du Parlement de Toulouse du 28. Février 1585. *Charondas , livre 7. Réponse 165.*

PRESCRIPTION, INDEMNITE.

234 Par quel espace de temps se prescrit l'indemnité? *Voyez* le mot *Indemnité , n. 43. & suiv.*

PRESCRIPTION INTERROMPUE.

235 *Prascriptio an & quando per solam citationem interrumpatur vel perpetuetur ?* Voyez Franc. Marc. *tome 2. quest. 327.*

236 Il ne suffit pas pour interrompre la prescription d'avoir procédé avec le locataire, mais il faut que ce soit avec le vrai possesseur, & notamment , *quando volens interrumpere conductionem non ignorat,* c'est la Loy *eum nemo causam. C. de acquir. possess.* Papon , *liv. 11. tit. 3. nomb. 31.*

237 L'interruption faite à l'un des coobligez solidairement, nuit aux autres , ainsi qu'a remarqué *Balbus de prascript. 3. part. 6. & ult. princip. tract. in correis debendi , unius factum nocet alteri ,* parce qu'un seul en ce cas represente tous les autres : neanmoins l'interruption faite à un des cohéritiers ne nuit pas à l'autre, à moins qu'ils ne possèdent encore par indivis les immeubles de la succession ; autrement après le partage , l'hypotequaire dont ils sont tenus comme biens tenans , se peut prescrire par ceux qui ne sont pas poursuivis, aussi bien que la personnelle. Autre chose seroit des droits actifs. Une rente dûë à plusieurs peut être prescrite contre l'un, & subsister à l'égard de l'autre ; & d'autant que les rentes sont des droits dividus & individus tout ensemble, à la différence des servitudes qui sont toûjours individuës. *Ricard sur l'article 188. de la Coûtume de Senlis.*

238 Ajournement pardevant Juge incompetent interrompt la prescription. Arrêt du Parlement de Paris du 17. Juillet 1515. Papon , *li. 12. tit. 3. nomb. 26.*

239 Par Arrêt du Parlement de Roüen du 5. Février 1544. rapporté par *Berault sur la Coûtume de Normandie art. 521.* il a été jugé qu'un compte d'arrerages de rente interrompt la prescription, & que cela suffisoit avec le titre pour montrer la possession.

240 Le payement fait par l'un des heritiers interrompt la prescription. Arrêt du Parlement de Dijon du 19. Decembre 1583. *Bouvot , tome 2. verbo Prescription, quest. 5.*

241 Lorsque par un même contrat de bail d'heritage, il y a cense & rente , la rente ne se prescrit point par faute de payement de trente ans , & la prescription est interrompuë par le payement fait par l'un des possesseurs de la cense. Arrêt du Parlement de Dijon du 11. Janvier 1617. *Ibidem quest. 5.*

242 La prescription de vingt ans que l'accusé allegue, est interrompuë par l'accommodement fait avec la veuve du défunt , & tutrice de ses enfans. Arrêt du Parlement de Grenoble du 8. May 1607. *Basset , tome 2. livre 6. titre 8. chap. 3.*

243 La prescription trentenaire ou quadragenaire peut être valablement interrompuë par une assignation faite par exploit mis à la porte du Château , parlant au portier. Arrêt rendu au même Parlement de Grenoble le 2. Avril 1617. *Basset , tome 1. liv. 2. tit. 29. chap. 4.* rapporte le sentiment de *M. Charles Du Moulin ,* qu'une assignation quoique nulle interrompt la prescription.

244 Le decret des biens d'un obligé quoiqu'annullé, interrompt la prescription. Arrêt du Parlement de Normandie du mois de Mars 1618. Autre du 20. May 1664. rapportés par *Basnage sur l'article 522. de cette Coûtume.*

245 Une simple sommation ne suffit pour interrompre la prescription, & il suffit d'un juste titre & de bonne foy , sans inquietation pour prescrire. Jugé à Paris le 18. May 1684. *Journal du Palais.* Du Frêne , *livre 8. ch. 8.* rapporte l'Arrêt de M. Jean-Marie Lhôte , du 22. Janvier 1655.

246 L'interruption faite au rescisoire n'interrompt point la prescription du rescindant , quand les Lettres sont incidemment obtenuës contre le contrat , opposé au rescisoire. *Argent. art. 166. cap. interruptionis effectus , art. 14.* J'ay vû , dit M. *Abraham la Peirere ,* en ses *Décisions du Palais , lettre P. nomb. 103.* un Arrêt rendu au Parlement de Toulouse sur une cause renvoyée dans nôtre Parlement , entre les sieurs de Briet & de Colom; leurs Auteurs avoient longuement plaidé sur quelques droits successifs; l'instance avoit été reprise à diverses fois ; il n'y avoit point de prescription au fonds. Comme le procez fut en état d'être jugé ; le sieur de Briet trouve une transaction passée sur ce même procez , entre les Auteurs des parties. Contre cette transaction le sieur Colom obtient Lettres. La fin de non recevoir de dix ans luy est opposée. Il est justifié que dans les dix ans ledit sieur Colom avoir contesté dans le rescisoire ; neanmoins l'Arrêt jugea que la prescription du Rescindant avoit toûjours couru, & confirma la transaction.

247 Tous ajournemens en France interrompent prescription. Il en est de même de toute sommation faite par acte de Notaires hors Jugement , si le débiteur est interpellé de signer, 1. *Loüet , litt. A. n. 10. 1. cont.* Mornac , *ad tit. C. quando libellus prin. 2. si apud incompetentem judicem ,* 1. id, Du Frêne , *lib. 1. chap. 129. 1. cont.* Brodeau , *litt. A. n. 10. si apud incompetentem judicem ,* 1. id argum. L. 33. *ff. de obligat. & act.* Je crois , *dit le même la Peirere , ibidem , nombre* 54. que l'interruption est bonne si la partie ajournée compare, quoiqu'il y ait de l'incompetence.

PRESCRIPTION, JUGEMENT.

248 La prescription d'une somme pour laquelle le creancier a obtenu un jugement par défaut , court en faveur du condamné du jour du jugement , & non seulement du jour de l'assignation qui luy en a été faite ; ainsi jugé au Parlement de Toulouse aprés partage le 10. May 1662. *M. de Catellan , liv. 7. chapitre 25.*

Par Arrêt en la première des Enquêtes du Parlement de Bourdeaux du 22. Août 1669. jugé qu'un simple Acte de Notaire n'interrompt pas la prescription de trente ans. Et le 25. du même mois en la même Chambre, jugé qu'un simple Exploit libellé sur lequel il n'y avoit pas eu de comparution, n'interrompoit pas la prescription. Jugé encore par autre Arrêt du 14. Février 1663. au rapport de Monsieur du Soulier en la cause des sujets, que les commandemens n'interrompent pas la prescription.

249 Prescription ne peut être opposée contre une dette. Aprés un Arrêt de condamnation , elle seroit un mauvais moyen de Requête civile. Jugé au Parlement de Tournay le premier Decembre 1693. *Pinault, tome 1. Arr. 9.*

PRESCRIPTION DE LEGITIME.

250 La prescription du supplément de legitime dure trente ans , & non cinq ans , comme Brodeau le dit sur *M. Loüet , lettre S. somm. 10. n. 3.* De ce il y a Arrêt du 15. Decembre 1612. *M. le Prêtre, és Arrêts de la Cinquième.* Voyez *Henrys, to. 1. liv. 4. chap. 6. qu. 76.* Voyez *Peleus , qu. 143. & M. Dolive , liv. 5. chap. 31.*

PRESCRIPTION DES LEGS.

251 Voyez le mot *Legs , nomb. 539. & suiv.*

PRESCRIPTION, MARCHAND.

252 Les six mois pour les Artisans & Marchands vendans en détail, ni l'an pour les Marchands grossiers n'ont point de lieu de Marchand à Marchand. Arrêt au

au Grand Conseil du douze Juillet 1672. *Journal du Palais.*

PRESCRIPTION, MINEUR.

252   La prescription ne court point contre le fils de famille pour les biens, dont le pere a l'usufruit. Jugé au Parlement de Toulouse en l'année 1599. *Campolas, liv. 2. ch. 1.*

253   Si le mineur est restitué envers la prescription de trente années? *Voyez du Perrier, li. 1. qu. 11.*

254   Si la prescription court contre l'enfant de famille, au regard des biens & droits, sur lesquels le pere n'a point l'usufruit. *Ibid. li. 4. qu. 14.*

255   Il se juge à present aux termes de la Coût. de Bretagne, *art. 186. & 297.* que les prescriptions ont lieu contre les mineurs, dont les Curateurs n'ont poursuivi les credits, sauf leur recours vers leurs Curateurs solvables, *ut sit aliquis litium finis & sollicitudinis, si ce n'étoit contre les Curateurs, quia contrà non valentem agere non currit præscriptio.* Et la prescription ne commence à courir en cela, que du jour de sa curatelle finie, & ressaisissement des titres, suivant l'article 517. de la Coûtume. *Du Fail, livre 1. chapitre 124.*

256   La transaction faite par un majeur avec son tuteur, sans avoir rendu compte, ni communiqué l'inventaire, ni pieces, ne peut se prescrire par dix ans, quoique veüille dire Charondas *en son livre 11. Réponse 56.*

257   Si la prescription court contre un mineur, & de quel temps, même pour les actes qu'il a faits & contractez avec son tuteur? *Voyez Bouvot, to. 2. verbo Mineurs, qu. 1.*

258   Si le mineur est recevable contre la prescription encouruë, même de quarante ans pour le payement de la dot de sa mere, & si la prescription du rachat conventionnel court contre luy? *V. ibidem, verbo Prescription, qu. 7.*

259   L'hypotheque du mineur sur les biens de son tuteur, se prescrit par 30. ans du jour de sa minorité. Arrêts du du Parlement de Paris des dix Avril 1559. & dernier Février 1595. *Papon, livre 12. titre 3. nombre 9.*

260   L'Ordonnance limite le temps de la restitution des dix ans après le 25. ans. Arrêt du huit Mars 1563. En la Coûtume du Maine, à cause de la Coûtume qui rend majeur à vingt ans accomplis, on a compté après les vingt ans accomplis. Arrêt du onze Juillet 1582. *Charondas, livre 7. Rép. 219.* Voyez le nombre où il est parlé de la prescription du mineur & de son tuteur.

261   La prescription court contre les Officiers publics, nonobstant leur minorité. Arrêts du 22. Decembre 1574. & 27. Février 1595. *Chopin, sur la Coûtume de Paris, liv. 2. tit. 7. art. 14. Le Caron, au 8. livre des Réponses, ch. 49. Mainard, li. 3. ch. 38. & 40. Papon, liv. 16. tit. 1. nomb. 2.*

262   Majeurs étant en cause avec un mineur en matiere d'hypotheque, la prescription ne court point, même pour la part & portion qui appartient au majeur : *minor conservat partem majoris, & restitutio minoris prodest majori,* comme il a été jugé par Arrêt confirmatif de la Sentence du Prévôt de Paris le 15. Mars 1605. ce qui a lieu generalement *in omnibus causis individuis, & in servitutibus, & aliis.* Voyez la *Bibliot. de Bouchel, verbo Mineurs.*

263   L'action rescisoire contre une transaction passée par l'adulte avec son tuteur sur le fait de son administration, sans avoir vû, ni examiné son compte, nonobstant l'Ordonnance dure trente ans. Arrêt du 17. Juillet 1629. *M. Dolive, liv. 4. chap. 16.* Voyez *M. Loüet, lettre T. Somm. 3. M. le Prêtre, 1. Cent. chap. 25.*

264   Si la prescription court contre le fils de famille, pour les biens dont le pere a l'usufruit? *V. les Arrêts de M. de Catellan, l. 7. ch. 15.* où il en rapporte un du Tome III.

Parlement de Toulouse du 10. Decembre 1656. qui a jugé que la prescription des sommes mêmes ne couroit pas contre le fils de famille, quoiqu'elle eût commencé contre celuy à qui il a succedé. Arrêt semblable du 18. Août 1694.

265   La prescription ne peut courir contre le fils de famille, son pere vivant, pour les biens dont le pere a l'usufruit. Arrêt du Parlement de Grenoble du 13. May 1661. *Voyez Basset, tome 1. livre 2. tit. 29. chapitre 13.*

266   La prescription de quarante ans ne court point contre les pupiles, comme elle fait contre l'Eglise, *non vacante.* Jugé au Parlement de Grenoble pour un pupile devenu majeur. Par Arrêt du 14. Août 1674. contre cette prescription de quarante ans, hors du cas de pupillarité, on n'est point relevé, suivant la déliberation & l'arrêté du Parlement du 22. Decembre 1526. dans le Livre vert. *Voyez Chorier en sa Jurisprudence de Guy Pape, p. 324.*

267   La prescription de trente ans ne court point contre les fils de famille, durant la vie du pere qui les a en sa joüissance. Arrêt du Parlement de Grenoble du 9. Août 1684. suivant la Loy 1. C. de Annal. præscript. Voyez *Chorier ibidem, pag. 325.*

268   Arrêt rendu au Parlement d'Aix le 17. Novembre 1665. qui a jugé que pendant la vie du pere, la prescription des droits, dont le pere n'a point l'usufruit, & dont il est saisi, ne court point contre le fils qui est en sa joüissance. *Boniface, tome 1. livre 8. titre 2. chap. 3.*

269   Le 15. Mars 1687. il a été jugé au même Parlement de Provence, que la prescription de trente ans court contre le mineur, & que le mineur n'est pas restituable envers elle. *Boniface, tome 4. livre 9. titre 1. chapitre 21.*

270   La prescription ne court pas pendant la minorité : La raison est qu'elle est sujette à toutes les prescriptions du Droit Romain ; & comme suivant les loix, les mineurs sont restituez, même quand il s'agit de *lucro captando*, on doit tenir pour certain, qu'au Duché de Bourgogne la prescription de trente ans ne fait aucun prejudice au mineur, soit qu'il s'agisse de gain ou de perte, soit que la prescription ait commencé contre le mineur ; ou qu'ayant commencé contre son predecesseur majeur, on veüille la continuer contre luy : mais avec cette reserve, que quand le mineur est devenu majeur, on rejoint le temps qui s'est écoulé pendant la majorité de son auteur, avec le temps qui a couru depuis que le mineur est devenu majeur ; & en rassemblant ces deux termes, car la prescription est en suspens pendant la minorité, on en compose la prescription de trente années. Arrêt du Parlement de Dijon du 13. Février 1689. rapporté par *Taisand sur cette Coûtume, titre 14. nombre 7.*

271   Acte de notorieté de Monsieur le Lieutenant Civil du Châtelet de Paris du onze Janvier 1701. portant, lorsqu'un majeur a possedé une rente, & qu'en mourant il laisse un heritier mineur, le temps qui donne lieu à la prescription que le debiteur pourroit opposer au majeur, est en suspens pendant la minorité, aprés laquelle l'on joint le temps que le majeur n'a pas inquieté son debiteur, & celuy depuis la majorité de l'heritier, sans comprendre celuy de leur minorité. *Recüeil des Actes de notorieté, pag. 140.*

272   La prescription de l'hypotheque par dix ans en faveur d'un tiers possesseur, ne court pas contre un mineur ; & il n'a pas même besoin d'être restitué ni relevé. La décision est expresse dans la Loy derniere, *Cod. in quib. caus. in integ. restit. non est necess.* Et il fut ainsi jugé à Toulouse le 5. Septembre 1698. *M. de Catellan, liv. 7. ch. 20.*

PRESCRIPTION DE SIX MOIS.

273   Contre les gens de métier, & autres vendeurs de marchandise en détail. Arrêt du 28. Novembre 1605.

T

M. *Expilly*, *Plaidoyé* 12. Voyez la *Coûtume de Paris*, *art.* 116.

274 Six mois pour la Requête Civile. *Ordonnance de* 1667. *titre* 35. *art.* 5. Six mois aux Tuteurs après la recepte, pour mettre à profit les deniers du mineur. *M. le Prêtre*, 1. *Cent. ch.* 52.

275 Cette prescription n'a pas lieu de Marchand à Marchand. Arrêt au Grand Conseil du 12. Juillet 1672. *Journal du Palais.*

PRESCRIPTION DES PASTURAGES.

276 Voyez *Mornac*, *liv.* 3. *ff. de servit. præd. rustic.* Le Vest, *Arrêts* 208. & 209.

PRESCRIPTION, PENSIONS.

277 En pensions foncieres, *Henrys* est d'avis que la prescription se doit compter du jour du contrat, & non du terme échû, *tome* 1, *liv.* 4. *ch.* 6. *qu.* 90.

278 En pension viagere, un homme laisse passer trente ans sans rien demander, les cinq années dernieres luy furent ajugées; parce que la pension étant payable par chaque année, la prescription du payement de la premiere commence plûtôt à courir que le payement de la seconde, *singulis annis nova nascitur actio.* Arrêt du 23. Decembre 1559. Voyez *M. le Prêtre*, 1..*Cent. ch.* 39. *fol.* 103.

279 Les pensions foncieres se prescrivent par quarante ans. Arrêt du Parl. de Grenoble du 28. Juin 1645. V. *Salvaing*, *de l'usage des Fiefs*, *ch.* 78.

280 En pension viagere, au pays de Bourbonnois, la condamnation a été d'en payer dix années, il n'étoit demandé pour plus de vingt-cinq ans. Arrêt du sept Septembre 1657. *Henrys*, *to.* 2. *liv.* 4. *qu.* 70.

PRESCRIPTION, PRINCES.

281 Si la prescription a lieu entre les Princes Souverains? *Voyez Dupuy*, *Traité des Droits du Roy*, *page* 28.

PRESCRIPTION, PRAIRIES.

282 Prescription, prairies, se peut acquerir par le temps ou par titre, *jus antem pascendi in agris vicinis, cùm habeat discontinuam causam, titulo tantùm, vel tempore cujus non extet memoria acquiritur, & probatio debet fieri, rejectis omnibus quorum animalia pascuntur in pascuo controverso.* Mornac, *Loy* 3. *ff. de servitutibus prædiorum rustic.* Le Vest, *Arrêt* 208. & 209.

PRESCRIPTION, PROCEDURE.

283 Par Arrêt du Parlem. de Paris du 1. Février 1547. il fut jugé qu'après avoir laissé sans poursuite pendant trois ans, une contestation sur le plein possessoire d'un Benefice, l'on pouvoit être reçu par Lettres à reprendre la poursuite. L'Ordonnance de Roussillon *art.* 15. a dérogé à cet Arrêt, & la peremption d'instance a lieu après trois ans. *Papon*, *livre* 8. *titre* 16. *nomb.* 3.

284 Jugé par Arrêt du onze Janvier 1575. qu'il y a peremption d'instance par discontinuation de trois ans, és Sieges Royaux & Présidiaux, quoique les procez soient conclus, & en état de juger, & non aux Cours Souveraines. *Filleau*, 4. *part. qu.* 90.

285 En cause d'appel, l'instance étant declarée perie, l'action l'est aussi par le même moyen. Arrêts de 15. Mars 1582. 26. Février 1590. & 5. Juillet 1597. *Papon*, *liv.* 12. *tit.* 3. *n.* 10.

286 Suivant l'Ordonnance de Roussillon, l'instance étant perimée par trois ans, quoique contestée, elle n'a pas l'effet de proroger l'action, & la prescription a son cours, comme si l'instance n'avoit jamais été formée; mais pour empêcher la peremption, on representoit qu'en consequence de l'Arrêt, défenses avoient été faites au Fermier de se désaisir, & que c'étoit une Sentence qui avoit son execution jusqu'à trente ans. Ainsi jugé par Arrêt du Parl. de Roüen du mois de Juin 1620. *Basnage*, *sur la Coût. de Normandie*, *art.* 522.

287 Si le Présidial ayant ordonné la reprise d'une instance, quoique perimant en faveur d'un homme qui avoit fait serment de pauvreté, l'appel devoit être reçû? Il fut jugé que non au Parlement de Toulouse le 7. Juillet 1643. si bien que le Présidial aux causes de sa competence jugea souverainement de la peremption. *Albert*, verbo *Peremption*.

288 Si l'empêchement vient de celuy qui allegue la peremption, la Cour n'y a pas d'égard: comme il fut jugé au Parlement de Toulouse le 18. Juillet 1664. Le Sénéchal de Beziers avoit rendu une Sentence interlocutoire, qui portoit, qu'à faute par une partie de faire quelque chose, il en seroit démis. Mais comme il y avoit soixante écus de rapport payable sur des fruits, dont joüissoit l'autre partie; cette Sentence demeura sept ans sans être remise au Greffe; de sorte que M. de Boissy exposant la peremption, il en fut démis. *Modicus actus*, dit Mornac, *ad L. properandum ff. de judic. impedit ne perimatur instantia.* Albert, *ibidem.*

289 Le vingt Juillet 1677. il fut jugé au Parlement de Toulouse, que le chargement d'un procez aux Requêtes par M. de Fermat Rapporteur, fait dans les trois ans de la peremption, ne l'empêchoit pas. *Albert*, *ibidem.*

PRESCRIPTION DE QUARANTE ANS.

290 Nulles Lettres, pour être restitué contre la prescription de quarante ans, ne sont reçûës, non pas même contre l'Eglise. C'est un des articles de l'ancien Stile du Parlement de Grenoble de l'an 1526. Voyez *Chorier en sa Jurisprudence de Guy Pape*, *p.* 326.

291 Jugé au mois de Septembre 1587. que quand l'action personnelle est jointe à l'hypothequaire, même en pays coûtumier, elle dure quarante ans. On prétend que dans la même année, & le 7. May 1598. il y a eu Arrêts contraires. *Bibliot. de Bouchel*, verbo *Prescription.*

292 En Dauphiné l'on n'admet point de restitution en entier contre la prescription quadragenaire, même quand il s'agit de la faveur d'un pupile. *Arrêts de Basset*, *to.* 1. *li.* 2. *tit.* 29. *ch.* 6.

293 Par Arrêt du Parlement de Toulouse du 23. Decembre 1603. la prescription des hypotheques avoit coûtume d'être de quarante ans, a été reduite à trente. Voyez *le Recüeil de Mainard*, *li.* 10. *Ar.* 9.

294 La faveur de la pupilarité cesse contre la prescription de quarante ans. Arrêt du Parlement de Grenoble du 19. Juillet 1618. & ce Parlement en a fait un arrêté le 22. Decembre 1626. qui est dans le Livre vert. Voyez *Chorier en la Jurisprudence de Guy Pape*, *page* 325.

295 Les prestations annuelles sans directe se prescrivent par quarante ans. Arrêt du Parlement de Grenoble du 18. Juin 1645. de l'avis dès Chambres, pour Claude Roux, possesseur d'un fonds, donné en emphiteose à ses auteurs. *Ibid. p.* 329.

296 La prescription quadragenaire ne doit avoir son cours pendant la pupilarité. Ainsi jugé au Parlement de Grenoble les 17. Decembre 1659. & 14. Août 1674. *Basset*, *to.* 2. *li.* 6. *ti.* 8. *ch.* 1. On le jugeoit anciennement d'une autre maniere: cette prescription court contre l'Eglise.

297 La prescription de quarante ans court contre l'Eglise, quand même la vente auroit été faite solemnité, sans utilité, & sans cause. Arrêt du Parlement de Grenoble du 14. Mars 1665. contre les Carmes du Pont de Beauvoisin, au sujet d'une vente faite par le Superieur à son propre frere, sans cause, ni solemnité. Arrêts semblables des 14. Decembre 1653. contre les Augustins, & 16. Mars 1672. contre un Chanoine de l'Eglise Cathedrale de Grenoble, rapporté par *Chorier en sa Jurisprudence de Guy Pape*, *pag.* 326. lequel ajoûte que regulierement l'Ordonnance, qui ne permet aucun recours contre les contrats, sous pretexte de nullité après dix ans; & en tout cas cette prescription de trente ans éteint toute l'action pour la rescision des ventes faites par les Communautez. Arrêt du même Parlement

de Grenoble du 2. Juin 1674. en la cause de la Communauté de Meylan contre Catan.

PRESCRIPTION, REGLEMENS.

298 Les anciens Reglemens sur les fonctions des Magistrats, ne sont sujets à prescription, & doivent être entretenus, nonobstant l'usurpation de quelques-uns sur les autres. Ainsi jugé au mois d'Août 1634. en faveur du Juge Royal de Marseille, contre le Lieutenant du Sénéchal. *Baffet, to. 2. l. 2. ti. 3. ch. 1.*

RENONCIATION A LA PRESCRIPTION.

299 Les Contractans peuvent renoncer à la prescription, & les Testateurs défendre à leurs heritiers d'en opposer. C'est l'opinion de Guy Pape en sa question 408. qui remarque neanmoins que Bartole & Balde écrivent que l'on renonceroit inutilement à celles qui sont absolument odieuses. En effet, cette clause dans les Contracts, *nonobstant prescription*, n'empêche ni le cours, ni l'effet de la prescription de trente ou de quarante ans. C'est aussi l'observation de Guy Pape *en sa question 319.*

PRESCRIPTION, RENTES.

300 De la prescription des rentes. *Voyez Henrys, to. 1. liv. 4. ch. 6. qu. 72.*

301 Annuelles prestations, comment se prescrivent ? *Voyez Papon, liv. 12. tit. 3. n. 5.* où sont rapportez des Arrêts contraires ; l'un rendu au Parlement de Grenoble au mois de Mars 1540. qui a jugé que du jour & de l'année qu'on a cessé de payer, la prescription commence à courir & se continue jusqu'à trente ans. Le contraire jugé au Parlement de Paris, & la prescription non admise pour les années à venir.

302 Arrêt du Parlement de Paris du 23. Decembre 1559. qui ajuge à celui à qui étoit duë une pension annuelle sa vie durant, les cinq dernieres années, quoiqu'il y eût trente ans qu'il n'en eût rien demandé, il fut ordonné qu'à l'avenir il continueroit d'en être payé. *Papon, liv. 12. tit. 3. n. 5.*

303 La prescription ne commence à courir contre celuy qui a promis payer une rente constituée, au cas qu'elle ne fût payée, ni contre son heritier, que du jour que l'on a cessé à payer les arrerages, & que l'acheteur de la rente n'a pû être payé, & a été empêché en la perception & joüissance de sa rente. Arrêt du dernier Février 1591. *Papon, livre 12. titre 3. nomb. 14.*

304 Le Sieur de l'Islebaraton constitué cent livres de rente au profit du Chapitre d'Angers. Ensuite il vend sa Terre au sieur de la Jousseliniere, qui dans les cinq ans est appelé en interruption ; il consent une Sentence, portant qu'il ne pourra prescrire. Le Chapitre est toûjours payé de la rente par le Sieur de l'Islebaraton & par ses successeurs, jusques en 1589. Le Sieur de la Jousseliniere appelé pour la continuer, se défend de la prescription de plus de soixante ans. Arrêt du Parlement de Paris du vingt Janvier 1600. confirmatif de la Sentence, qui le condamne à payer la rente, avec dépens. *Voyez la Bibliotheque de Bouchel, verbo Prescription.*

305 Un créancier avoit épousé la fille de celuy qui luy devoit une rente. Cette femme étant morte sans enfans, son bien retourna à ses parens, qui prétendoient que cette rente ayant été une fois confuse, elle ne pouvoit renaître. Le créancier leur répondoit que *obligatio potius cessaverat, quàm extincta fuerat,* §. *arcam. l. qui res suas de solut.* qu'elle étoit plûtôt endormie qu'éteinte : mais le debiteur repliquoit, qu'en comptant le temps avant le mariage, & celuy qui étoit écoulé depuis la mort de la femme, il y avoit plus de quarante ans ; ainsi que cette rente étoit prescrite. Il fut jugé qu'il ne falloit point considerer le temps qui avoit précedé le mariage ; parce qu'il avoit servi d'interruption. Arrêt du Parlement de Roüen du neuf May 1626. *Basnage, sur la Coûtume de Normandie, art. 521.*

Tome III.

En prestation ou rente annuelle, la prescription **306** commence *à cessatione solutionis*, encore qu'il n'y ait eu contestation de droit, même contre l'Eglise. Arrêt du Parlement de Bretagne du quatre Juillet 1631. rapporté par *Fraix, pag. 737. & suiv.* Il rapporte au même endroit d'autres Arrêts, qui ont jugé que les rentes foncieres & censives ne peuvent entrer en prescription, que du jour qu'elles ont été déniées, & que la simple cessation est insuffisante. Hevin dans son Annotation, observe que la cessation de trente ou 40. ans abolit tant le principal que tous les arrerages, soit du passé ou de l'avenir, sans distinction si les prestations annuelles sont dûës *ex contractu vel testamento*, & si elles tiennent lieu de principal ou d'accessoire. *Ibidem, pag. 739.*

Si les rentes constituées à prix d'argent sur un **307** fonds, quoiqu'allodial, sont prescriptibles, encore qu'elles soient conçuës en forme d'emphiteose. M. Dolive, *liv. 1. ch. 21.* rapporte un Arrêt de la Chambre de l'Edit, qui les declare imprescriptibles. Mais Despeisses qui a tout vû cet Arrêt, assure qu'il est tout contraire à ce qui a été rapporté à M. Dolive. Cet Auteur averti sans doute de cela, s'est retracté dans ses dernieres additions sur ce chapitre. M. Cambolas, *liv. 3. chapitre 37.* rapporte aussi deux Arrêts, qui semblent declarer telles rentes foncieres imprescriptibles : mais si l'on y prend garde, il y avoit tradition de fonds de la part du Chapitre de Castelnaudari, qui demandoit la rente. C'est pourtant l'opinion de du Moulin, & de Pierre de Belluga, *in spe. princip.* qui tiennent que quand une rente à prix d'argent a été baillée sur un fonds allodial, elle est fonciere, par consequent on ne la peut prescrire. Leur raison est que le proprietaire étant libre, s'il a conçu telle rente en forme d'emphiteose, il a pû se soûmettre à ce qu'il a voulu. Neanmoins l'opinion contraire est suivie ; parce que pour faire une rente fonciere, il faut qu'il y ait tradition du fonds de la part du Seigneur. La vente que le Proprietaire fait de la rente sur son fonds, ressemble plûtôt à l'emprunt d'argent, comme dit Ragueau, *verbo* Rente Volante, qui tient que c'est *fœnoris species, quia pecunia queritur.* Si bien que telle rente peut se prescrire par quarante ans contre l'Eglise, & par trente contre les autres. Ainsi jugé le 29. Août 1657. au Parlement de Toulouse. *Albert, verbo* Rentes, *article 1.*

La saisie par decret empêche la prescription des **308** cinq années des rentes constituées par argent, encore que ceux ausquels elles sont dûës, n'ayent opposé en consequence de ladite saisie. Arrêté du Parlement de Roüen, les Chambres assemblées, du six Avril 1666. art. 147. *Voyez Basnage, to. 1. à la fin.*

Jugé au Parlement de Tournay le 21. Mars 1696. **309** qu'un tiers possesseur de biens hypothequez à une rente, non heritier de l'obligé, peut prescrire la liberté, & décharger desdits biens, quoique la rente soit toûjours payée par les heritiers de l'obligé. Jugé par le même Arrêt, qu'un particulier demeurant à Tournay, ou à Valenciennes hors la Châtellenie de Lisle, n'est reputé absent, pour empêcher que la prescription ne coure au profit d'un habitant de la Châtellenie. *Voyez M. Pinault, tome 1. Arrêt 99.*

PRESCRIPTION, RESCISION.

Les Communautez qui usent du droit des mineurs, **310** peuvent après dix ans, à compter du jour du Contrat, être relevez s'il y a rachat ou lezion. Les dix ans ne courent que du jour de l'expiration du Contrat. *Bouvot, to. 2. verbo Prescription, qu. 10.*

Jugé au Parlement de Paris le dix May 1650. que **311** l'action intentée, dans les dix ans de la passation d'un contrat de vente, afin de resolution d'iceluy, pour lezion d'outre moitié de juste prix, n'empêchoit point la prescription des dix ans introduite par

T ij

l'Ordonnance , pour se pourvoir contre iceluy , les Lettres de rescision , n'ayant été obtenuës qu'après les dix ans. Soëfve , to. 1. Cent. 3. ch. 34.

312 La prescription de dix ans tirée de l'Ordonnance, ne peut être opposée contre un Contrat nul de droit. On peut opposer telle nullité jusques à trente ans. Arrêt rendu au Parlement de Grenoble le 24. May 1661. Voyez Basset , tome 1. livre 2. titre 29. chapitre 16.

313 Arrêt du Parlement de Provence du 30. Juillet 1668. qui a jugé que la prescription des dix ans de l'Ordonnance court contre la femme mariée , qui a vendu son immeuble pendant sa minorité , conjointement avec son mary : elle fut deboutée de sa demande en restitution contre la vente. Cet Arrêt rendu sur le fondement , que par l'article 179. de la Coûtume d'Orleans , où le Contrat de mariage avoit été passé , où les parties étoient domiciliées , & l'heritage situé , la femme peut poursuivre ses actions & droits de l'authorité de son mari ; & à son refus, peut se faire authoriser par Justice. Soëfve , tome 2. Cent. 4. ch. 25.

314 L'Ordonnance de François premier qui défend tout recours contre les contrats après cinq ans , ne s'étend point à d'autres que ceux qui y sont déduits ; elle ne regarde point l'intercession d'une femme qui s'est obligée pour autruy , Arrêt du Parlement de Grenoble du 14. May 1561. neanmoins elle s'étend au mineur qui s'est obligé à son curateur, quoiqu'il ne luy ait pas rendu compte. Arrêt du même Parlement du 14. Mars 1673. mais il fut enjoint au curateur de rendre compte , & cependant l'obligation qui luy avoit été passée , & la Sentence qu'il avoit obtenuë, furent sursises. Voyez Chorier en sa Jurisprudence de Guy Pape , page 333.

315 La prescription de dix ans pour se pourvoir en rescision de contrat n'a lieu lorsque le contrat est nul , tel qu'une transaction faite par une communauté sans autorisation legitime. Jugé au Parlement de Tournay le 27. Janvier 1689. en faveur des Gens de Loy & Manans du Village de Jollain, rapporté par M. Pinault , tome 2. Arr. 198.

PRESCRIPTION CONTRE LE ROY.

316 De diversis rerum fiscalium prescriptionibus. Voyez Chorier en son traité du Domaine , livre 3. tit. 9.

Prescription court contre le Roy quoiqu'il soit en pupillarité. Voyez Du'nc , liv. 3. tit. 1. chap. 8.

317 Si le Roy peut prescrire la directe de l'arriere-fief mouvant de son Vassal ? Voyez le mot Directe, nomb. 17. & suiv.

318 Prescription court contre le Roy mineur. Arrêt du P. de Paris du 4. May 1551. non que le Roy soit de pire condition que ses sujets, mais parce que les Rois bien que mineurs ont toûjours les mêmes Conseils & Officiers qui veillent à leurs interêts. Papon , liv. 16. tit. 1. n. 2.

319 Arrêt du Parlement de Toulouse du 30. Janvier 1584. qui ajuge au Roy la Jurisdiction dont les Evêques de Beziers s'étoient revêtus , & de laquelle ils avoient paisiblement joüi durant plus de 300. ans, nonobstant cette possession plus de trois fois immemoriale. Voyez Chorier en sa Jurisprudence de Guy Pape , page 89.

320 Si le Roy comme Seigneur Superieur dominant, peut prescrire le fief immediat ou partie d'iceluy contre son vassal ? La cause fut appointée le 8. Août 1605. contre les Conclusions de M. Expilly. Voyez son Plaidoyé 27.

321 Si la prescription a lieu entre les Princes Souverains pour les choses qui dépendent de leurs Etats & Souverainetez ? Question examinée dans un discours fait par M. Le Bret , en l'année 1626. il est au livre 5 Décision 2.

322 Le Roy peut prescrire un arriere fief contre son Vassal. Arrêt du Parlement de Toulouse du 28. Juil-

let 1644. rendu en la cause du Seigneur de Gouhas, & du sieur de Faudonas , avec M. le Procureur General. Le contraire jugé en 1671. en la cause du sieur de Viellevigne , contre le sieur de Roussas, & M. le Procureur General. Albert, verbo Prescription, art. 1.

323 Le Roy ne peut prescrire un arriere fief contre l'Eglise , pourvû que son droit soit établi , parce qu'étant protecteur de toutes les Eglises de son Royaume , il veille pour elle , à l'exemple du tuteur , qui ne prescrit pas les choses du pupille. Arrêt du Parlement de Toulouse du 14. Decembre 1658. Et le 22. Decembre 1659. y ayant requête civile contre cet Arrêt , la Cour demanda à M. de Chassau si M. l'Evêque de Cahors avoit un titre , sçavoir , un hommage , ou un dénombrement ; sur sa réponse elle regla à bailler par écrit , jugeant qu'il n'étoit question que de sçavoir , si l'Eglise avoit un bon titre; les parties étoient M. le Procureur General , M. l'Evêque de Cahors , & la Dame de Roquefeüil. Albert , verbo Prescription , art. 1.

PRESCRIPTION , SAISIE.

324 Acte de Notorieté donné par M. le L'eutenant Civil , le 23. Juillet 1707. portant que l'exploit de saisie & arrêt donné sans assignation dure trente années , & n'est annullée que par la prescription , ne pouvant jamais tomber dans le cas de l'Ordonnance pour faire perir une instance , lorsqu'il n'y en a pas , & qu'il ne peut y en avoir n'y ayant pas d'assignation devant un Juge , qui est le fondement d'une instance. Recüeil des Actes de Notor. p. 222.

PRESCRIPTION , SEIGNEUR.

325 Droit de foy & hommage en fief ou de cens annuel en roture , ne se prescrivent point. Papon , liv. 1. tit. 14. n. 7.

326 Un Seigneur peut prescrire contre un autre Seigneur son voisin , ou Coseigneur avec luy de même fonds , par l'espace de trente ans , en faisant apparoir des reconnoissances , joüissances paisibles , & payement à luy fait durant le temps de trente ans. V. Jason. in l. si num. 159. de jur. emphit. Bald. in suo tract. de prescript. part. 4 qu. 14. Jugé pour l'Evêque d'Alby , contre le sieur de Villelongue. La Rochestavin , des droits Seigneuriaux , chap. 13. Graverol rapporte un même Arrêt du 11. Juillet 1670.

327 M. Expilly , chap. 183. reconnoît que le droit de Seigneurie directe à l'égard des Seigneurs particuliers se prescrit par l'espace de cent ans en faveur des successeurs universels ou particuliers des reconnoissans , & il rapporte six Arrêts à ce sujet. M. de Boissieu est de même sentiment dans son traité de l'usage des Fiefs , ch. 13. mais à l'égard du Roy il n'y a que les arrerages & le casuel qui soient prescriptibles.

328 Les rentes Seigneuriales sont prescriptibles , mais quoique le Vassal en puisse prescrire, non seulement la quotité , mais toute la rente , il a neamoins été jugé au Parlement de Roüen que le Vassal ayant payé en argent par un tres long-temps la rente , suivant l'estimation doit il étoit convenu avec le Seigneur , ne pouvoit prescrire le droit qu'avoit le Seigneur de demander le payement de sa rente en grains, & autres especes : de plus si le Seigneur a été payé de la rente par un de ses Vassaux qui y sont obligez par indivis , cette possession sur l'un empeche la prescription de tous les autres tenans par indivis. On a jugé la même chose à l'égard de la rente fonciere dûë en vertu d'un bail à fief ; par Arrêt donné entre les Celestins de Roüen , & le nommé Grandmare , au rapport de M. Bloüet sieur de Camilly. Pesnelle sur l'art. 526. de la Coûtume de Normandie.

329 Quand & comment le Domaine direct peut être prescrit ou par l'emphiteote , ou par un tiers? Voyez Du Perrier, liv. 2. quest. 7. l'emphiteote prescrit facilement : mais on doute si un tiers à qui il a vendu ou remis la chose emphiteutique comme libre & allodiale en absence toutefois du Seigneur direct, peut

acquerir cette allodialité, & si la reconnoissance que l'emphiteote passe au profit d'un tiers à l'insçû du veritable Seigneur est une interversion capable d'ouvrir le chemin à la prescription: Les anciens Arrêts du Parlement de Provence avoient toûjours rejetté l'interversion faite par l'emphiteote en absence du Seigneur direct qui n'en avoir point eu de connoissance. La derniere Jurisprudence est contraire.

330 Le Vassal ou emphiteote ne peuvent prescrire contre le Seigneur quand ils auroient cessé par plus de cent ans de payer la rente, ou prêter la foy & hommage, cela fondé *in l. male regitur. C. de præscript.* 30. *vel* 40. *ann.* Voyez Mainard, *li.* 6. *chap.* 36.

331 Le droit François rejette la simple possession, si elle n'est accompagnée de titre, ou du moins de payement de quelque redevance au Seigneur du lieu: il ne veut pas qu'elle soit suffisante, & que la possession, sans ledit payement, ne sert pas même au possessoire. *Voyez Henrys, tome* 1. *liv.* 4. *chap.* 6. *quest.* 79. Voyez Mornac, *l.* 3. *ff. de servitut. rustic. pre* 4.

332 Droit de prendre & de lever certains droits se prescrit par 40. ans à l'égard des prescriptions favorables & reçûës par la disposition du Droit commun : car si elles sont exorbitantes & odieuses, & que le droit commun, le laps de temps doit être au-delà de memoire d'hommes. Arrêt du Parlement de Grenoble de l'an 1460. *Papon, li.* 12. *tit.* 3. *n.* 2.

333 La cense dûë à un particulier ne peut être prescrite que par cent ans. Ainsi jugé au Parlement de Dijon. *Voyez Bouvot, tome* 1. *part.* 1. *verbo Prescription.*

334 Le Vassal qui a joüi plus de cent ans de son fief, sans avoir fait foi ni hommage au Seigneur feodal, ne prescrit ledit fief. *Voyez Charondas, livre* 2. *Rép.* 18. *& l'art.* 12. *de la Coûtume de Paris*, Voyez *Henrys tome* 3. *livre* 2. *quest.* 2.

335 Le Seigneur ayant mis en sa main le fief mouvant de luy à titre de saisie ne peut prescrire. Arrêt du Parlement de Bourdeaux du 20. Septembre 1556. Le même jugé au Parlement de Paris contre l'Evêque d'Auxerre. *Papon, li.* 12. *tit.* 3. *n.* 12.

336 Jugé par Arrêt du Parlement de Normandie du 23. Juillet 1538. rapporté par *Berault, sur l'article* 116. *de la Coûtume de Normandie*, que le Vassal ne peut prescrire contre son Seigneur, le droit de bailler par aveu & denombrement, par quelque temps que ce soit, ce qui se peut dire aussi du droit de relief, lequel est dû par tout nouvel homme à son Seigneur. *Juxta L. competit. Cod. de præsc.* 3. *ann.*

337 Redevance de surcharge sur les sujets ne se prescrit point, il faut faire apparoir du titre. Arrêt du 21. Juillet 1570. *Charondas, livre* 2. *Réponse* 84.

338 La seule possession de 30. ans après la contradiction suffit pour prescrire, parce que la contradiction tient lieu de titre à celuy qui l'a formée, lors qu'après cela il se maintient en possession & cette prescription est legitime. *Taisand sur la Coûtume de Bourgogne, titre* 13. *art.* 2. *n.* 1. en rapporte un Arrêt du Parlement de Dijon du 3. Février 1615.

339 Les droits de prélation & lods sont prescriptibles dans trente ans, à compter du jour de l'acquisition, sans préjudice des autres droits provenans des contrats passez ensuite en venant dans le temps de 30. ans. Arrêt du Parlement de Toulouse du 7. Juillet 1583. contre le sieur d'Amblades, quoiqu'il alleguât des minoritez pour interrompre la prescription; à quoi la Cour n'eut égard, ni aux Lettres impetrées en relief d'icelle, parce que ces sortes de droits reviennent souvent. *Mainard, livre* 4. *ch.* 46.

340 Le Vassal ne prescrit point contre le Seigneur, ni le Seigneur contre le Vassal. Cette maxime fut tenuë pour constante dans un procez jugé au Parlement de Normandie en Juillet 1629. *Basnage, sur l'article* 116. *de cette Coûtume.*

341 Le tiers acquereur prescrit les droits feodaux pour

acquisitions, précedentes par dix ans entre presens, & vingt entre absens. Arrêt pour Monsieur de Montholon du 15. Février 1647. *Ricard en ses notes, Coûtumes de Paris, article* 73. Maître Charles Du Moulin tient qu'il faut trente ans, *§.* 10. *Glos.* 12. *n.* 13. Henrys, *tome* 2. *liv.* 3. *quest.* 28. rapporte un Arrêt du 14. Août 1634. conforme au sentiment de M. Charles Du Moulin.

342 Le droit Seigneurial ou directe ne se prescrit point par le Seigneur ni le Vassal ou tenancier, non pas même par cent ans. *Brod. lit. C. n.* 21. *id.* Coquille, *instit. des fiefs*, s'il n'y a contradiction, auquel cas suffit de trente ans, 2. *cont. Moulin.* in *verbo Prescription, n.* 14. L'Observation de *M. Abraham la Peirere en ses décisions du Palais*, est que la Jurisprudence du Ressort de Bourdeaux est conforme à la décision. Je crois neanmoins, ajoute-t'il, la Jurisprudence de Du Moulin meilleure, qui prescrit le titre du Seigneur qui n'a rien demandé par cent ans, parce que telle prescription *habet vim constituti.*

Arrêt du 26. Juin 1643. au rapport de Monsieur de Mirat, entre un nommé Charbonnel, & les tenanciers du tenement de Moncoulon: jugé qu'une rente simple fonciere ou seconde, étoit imprescriptible aussi bien que la rente fonciere & directe entre le Seigneur & letenancier.

343 Les prestations annuelles sans directe sont prescriptibles par 40. ans. Arrêt du Parlement de Grenoble du 28. Juin 1645. *Basset, tome premier, livre* 2. *tit.* 29. *chap.* 2.

344 Les profits des fiefs, & les arrerages des cens, & autres droits Seigneuriaux ne se prescrivent par le tiers acquereur que par trente ans ; parce que l'acquereur dés l'instance de son acquisition contracte envers le Seigneur une obligation personnelle qui n'est sujette à autre prescription qu'à celle de trente années. On pourroit opposer au contraire l'Arrêt donné au profit de Messire François de Montholon au mois de Janvier 1647. qui l'a déchargé du profit des fiefs échûs du temps de ses auteurs, encore que les trente années ne fussent entieres : mais M. le premier Président qui prononça l'Arrêt, avertit que la Cour s'étoit fondée sur les circonstances particulieres de l'affaire, qui étoient les grands & notables services rendus par ses prédecesseurs à la maison de Guise, du chef de laquelle les profits étoient prétendus, & que le demandeur étoit acheteur de droits. *Voyez, Auzanet, sur l'article* 124. *de la Coûtume de Paris, page* 110.

345 Jugé contre le sieur de la Beaume en faveur d'un nommé Polier, qui rapportant trois reconnoissances d'une moindre rente que l'infeodation, fut censé avoir prescrit la cote ; Arrêt du Parlement de Toulouse en 1652. La même chose fut jugée contre le Seigneur du lieu de Floure au mois d'Août 1663. les habitans furent relaxez du droit de champart porté par le titre primordial en le payant, suivant la reduction, contre les Arrêts rapportez par M. Mainard. *Voyez Albert*, verbo *Prescription, art.* 1.

346 Seigneur ne peut prescrire contre son Coseigneur. Arrêt du Parlement de Toulouse au commencement de Juillet 1663. les parties étoient les habitans de Carbonne & l'Abbé de Bonnecombe. *Albert*, verbo *Prescription, art.* 1.

347 Sur la question de sçavoir si les deux lods dûs par gens de main-morte sont sujets à la prescription en Provence ? Arrêt du Parlement d'Aix du 2. Juin qui condamna la Communauté aux arrerages de cens, & de demi-lods, n'excedant 39. ans, & à continuer à l'avenir le payement des cens & demi-lods. *Boniface, tome* 4. *liv.* 2. *tit.* 2. *chap.* 3.

348 Declaration du Roy du 19. Avril 1681. pour abroger le relief de prescription inseré dans les Lettres de Terrier, elle porte ; Voulons que procedant par nos Juges à l'execution des Lettres de Terrier qui ont

été accordées aux Communautez & particuliers pour rentrer dans les droits & devoirs qu'ils prétendent leur être dûs à raison de leurs Fiefs & Seigneuries; ils prononcent sur la demande desdites Communautez & particuliers, ainsi qu'ils verront être à faire en leurs consciences, nonobstant & sans s'arrêter à ce que par nosdites Lettres les impetrans auront été relevez de la prescription autorisée par les Coûtumes des lieux, ce que nous ne voulons pouvoir nuire ni préjudicier aux vassaux, & en tant que besoin est ou seroit, avons revoqué & revoquons lesdites Lettres à cet égard. *Voyez les Edits & Arrêts recüeillis par l'ordre de M. le Chancelier en 1682.*

349 La propriété de la chose ayant été long-temps contestée, & la mutation n'étant point venuë pendant ce temps à la connoissance du Seigneur, on ne luy peut opposer de prescription pour cet intervalle de temps qu'il a différé d'agir. Arrêt du Parlement de Paris du 20. Juin 1689. *Au Journal des Audiences, tome 5. li. 5. chap. 16.*

350 De la prescription entre le Seigneur & le Vassal. *Voyez Henrys, tome 2. livre 3. quest. 2.* où il établit que dans les pays de Droit écrit elle n'a pas lieu: l'Auteur des Observations en rapporte un Arrêt du 21. Août 1703.

PRESCRIPTION, SERMENT.

351 Arrêt du 16. Janvier 1622. qui a jugé que le particulier qui se sert de la prescription pour les marchandises, & autres choses contenuës és articles 125. 126. & 127. de la Coûtume de Paris, est obligé d'affirmer que le payement a été par luy fait; & à faute de faire l'affirmation, il ne peut se prévaloir de la prescription, laquelle n'a été introduite qu'à cause que les marchandises & autres choses mentionnées en ces trois articles sont souvent payées manuellement, & sans en prendre quittance. *Voyez Auzanet sur l'article 126. de la Coûtume de Paris,* où il observe que les heritiers sont aussi tenus de faire le serment du payement, sinon souffrir un Jugement de condamnation.

352 Une partie alleguant la prescription de trente ans pour établir sa proprieté d'un heritage, ne peut être tenuë d'affirmer sur des faits contraires.

Contre les prescriptions majeures de 10. 20. ou 30. ans, l'on n'est point tenu d'affirmer.

Une partie s'étant rapportée à l'affirmation de l'autre, elle ne peut demander à faire preuve du contraire. Arrêt du Parlement de Paris du 8. Avril 1698. *Journ. des Audiences, tome 5. liv. 14. chap. 3.*

353 Si un demandeur pour détruire l'exception de prescription contre la dette prétenduë, se rapporte au serment du défendeur sur le fait du payement; il suffit au défendeur de jurer qu'il croit de bonne foy d'avoir payé, & il n'est obligé de jurer qu'il a payé, ny comment. Jugé au Parlement de Tournay le 9. Février 1699. L'Arrêt rapporté par *M. Pinault, tome 2. Arr. 254.*

PRESCRIPTION, SERVITUDES.

354 Nulle servitude sans titre. Arrêt du 4. May 1570. *Voyez l'art. 186. de la Coûtume de Paris,* & s'observe ainsi ailleurs, s'il n'y a Coûtume au contraire, comme en Anjou où les servitudes urbaines ne se prescrivent sans titre, mais les rurales s'acquierent par trente ans continuels de possession. *M. le Prêtre, 2. Cent. chap. 63. circà finem.*

355 Pour prescrire une servitude *pecoris pascendi*, il est necessaire qu'il y ait prescription, *tanti temporis cujus in contrarium non sit memoria*, s'il n'y a point de titre; mais s'il y en a, la prescription de trente ans est suffisante. Arrêt du Parlement de Grenoble du 6. Juillet 1639. *V. Basset, tome 1. livre 2. titre 29. chapitre 29.*

356 En la Coûtume de Crespy, il fut jugé à l'Audience de la Grand'-Chambre que l'article 110. au titre des prescriptions, qui porte, nulle servitude sans titre,

par quelque possession que ce soit, n'exclut la possession centenaire, si l'article ne le dit expressément. Arrêt du Lundy 11. Février 1658. plaidans Petitpied pour l'appellant, & Langlois pour l'intimé.

PRESCRIPTION, SUBSTITUTION.

357 *Hæres gravatus non præscribit longo tempore contra fideicommissarium, secus in tertio possessore. Du Moulin, tome 2. p. 882. n. 32.*

358 Tiers possesseur de bonne foy prescrit les choses substituées par quarante ans. Arrêt du Parlement de Paris; Arrêt contraire du 6. Avril 1500. *Papon, liv. 12. tit. 3. n. 14.* Mainard, *liv. 7. de ses quest. chap. 64.* tient que la prescription ne peut commencer que du jour de la substitution ouverte, & il en rapporte deux Arrêts du Parlement de Toulouse.

359 A Toulouse la prescription contre un substitué ne court contre les possesseurs que du jour de l'ouverture de la substitution, *quia tunc demùm cum effectu agere potest.* Arrêt en Mars 1567. Le coûtraire jugé au Parlement de Paris. *Mainard, livre 8. chap. 35.*

360 Le tiers possesseur des choses sujettes à substitution peut s'aider de la prescription de trente ans, à compter du jour de l'ouverture de la substitution. Arrêts du Parlement de Toulouse au mois de Janvier 1574. & Septembre 1585. *V. Mainard, livre 7. chapitre 64.*

361 & 362 Les tiers possesseurs des biens grevez de substitution, & autres charges, se peuvent aider de la prescription de trente ans après la substitution ouverte, laquelle court seulement du jour de l'ouverture d'icelle. Jugé par Arrêts du mois de Janvier 1574. & du mois de Decembre 1585. *La Rocheflavin, livre 6. tit. 72. Arr. 1.* Graverol fait cette observation, quoique les 10. ans suffisent au tiers possesseur pour purger les hypoteques ausquelles le fonds dont il a joüi, pouvoit être sujet, cela n'a pas lieu à l'égard du tiers possesseur decretiste qui ne peut pas prétendre de joüir, avec titre irrevocable, avant les trente ans expirés, parce que les creanciers perdans du débiteur executé, peuvent venir par voye d'offrir en ladite qualité de creanciers, ayant pour cela trente ans pour former leur action, par cette raison que leur hypoteque étoit établie sur les biens decretez, aussi-bien que celle du decretiste. Arrêt du 20. May 1663. *La Rocheflavin, livre 6. titre 72. Arr. 1.*

PRESCRIPTION, TAILLES.

363 La prescription de trente ans a seule lieu contre les tailles negociales, & qui ne tombe pas en contrariété, mais les Royales se prescrivent par l'espace de trois ans; neanmoins celuy qui les aura payées pour un autre ne sera pas sujet à cette prescription, comme l'est le Receveur, pourvû que le payement en ait été fait dans les trente ans. Arrêt du Parlement de Grenoble du 11. Février 1674. si neanmoins le négociant est confondu avec le Royal dans un même rôle, la demande sera prescrite aussi par trente ans. Jugé le 14. Août 1670. *consultis classibus:* ces Arrêts sont rapportez par *Chorier en sa Jurisprudence de Guy Pape, page. 113.*

PRESCRIPTION DU TIERS DÉTEMPTEUR.

364 De la prescription du tiers acquereur par dix ou vingt ans, & si le vice de son auteur y fait obstacle. *Voyez Henrys, tome 2. liv. 4. quest. 48. & Charondas, li. 7. Rép. 57. Voyez* le mot *Acquêts,* où il est parlé de la prescription du tiers acquereur posterieur, contre l'acquereur anterieur.

365 Le débiteur qui a constitué une rente sur l'hypoteque de ses biens, depuis les ayant vendus, s'il continuë de la payer nonobstant la vente; le tiers détempteur prescrit contre le creancier qui n'est plus restituable, si le tiers détempteur a eu connoissance de la rente, il ne peut prescrire par 10. ni 20. ans à cause de la mauvaise foy. Arrêts du mois de Février 1549. & 25. Octobre 1592. *Papon, li. 12. ti. 3. n. 8. & Bacquet, en son traité des Rentes.*

366   Prescription d'une rente a été jugée acquise par un tiers détempteur qui a joüi de bonne foy dix ans en tiers d'une maison acquise par decret, sans la charge de la rente. Arrêt du 2. Avril avant Pâques 1549. *Le Vast*, Arrêt 39.

367   Le tiers detempteur prescrit par dix ans l'hypoteque du recours en garantie, n'ayant été poursuivi pendant ledit temps, encore que le principal obligé n'eût été poursuivi que long-temps après. Arrêt du 7. Septembre 1569. Autre du 24. Juillet 1573. *Cha-rondas*, livre 11. *Réponse* 27. L'action de garantie en cas d'éviction, cette action ne commence à courir que du jour du trouble. *Voyez Brodeau Coûtume de Paris*, art. 114. n. 2.

368   Les Religieux des blancs Manteaux demandoient déclaration d'hypoteque. Les défendeurs tiers de-rempteurs disoient avoir joüi 40. ans, sans avoir fait aucune reconnoissance de la rente prétendüe, & excipioient de la seule prescription. Les demandeurs verifioient avoir été payés par les débiteurs de la rente, detempteurs de partie d'heritages, qui premierement avoient été hypotequez, & qu'étant payés de ceux là, *frustra* ils eussent inquieté les dé-fendeurs. Communiqué aux Chambres; parti, & de-puis departi en la premiere des Enquêtes; Jugé pour la prescription. *Voyez la Biblioth. de Bouchel*, verbo *Prescription*.

369   Le tiers possesseur preserit après dix ans, quoique le débiteur qui a vendu le fonds, ait continué de payer la rente; il y a eu plusieurs Arrêts contraires, mais enfin *obtinuit* que la prescription étoit acquise en fa-veur de l'acheteur dont la possession n'étoit point clan-destine. Arrêt du Parlement de Toulouse sur parta-ge departi en 1587. *V. Mainard*, livre 7. chap. 61. *Au chap. suiv.* il observe conformément à un Arrêt du Parlement de Paris du 14. Janvier 1565. que si le tiers possesseur a acquis,à la charge de payer certaine rente, il ne peut opposer la prescription de dix ans. Jugé contre celuy qui avoit possedé 28. ans un fonds sans payer la rente dont il étoit chargé par son ac-quisition.

370   La prescription de trente ans tient le tiers à l'abri de toute action, même contre un creancier pour rente constituée pour le prix de la vente d'un fonds, lequel étant payé annuellement un creancier ne peut actionner le tiers acquereur de son fonds, sinon en déclaration d'hypoteque. Arrêt du Parlement de Grenoble du 10. Decembre 1641. *V. Basset*, tome 1. livre 2. titre 29. chapitre 22.

371   Jugé au Parlement de Toulouse au mois de May 1647. qu'un fils à qui le pere avoit donné certains biens ne pouvoit être regardé comme tiers posses-feur, & qu'il ne prescrivoit pas l'hypoteque des crean-ciers anterieurs par dix ans. Cet Arrêt, si on ne le prend pour une exception à la regle, est contraire à la décision de la Loy 2. *Cod. si adv. credit.* aussi par un Arrêt posterieur de 1693. il a été jugé que le legataire particulier d'un fonds preserit l'hypoteque du crean-cier anterieur du testateur par la joüissance de dix années. Cette même question s'étant presentée en la Grand'-Chambre au mois de Janvier 1697. fut deci-dée en faveur des creanciers, par la raison que la pos-session actuelle & réelle ne se trouvoit pas dans le fils à cause de la reserve d'usufruit faite par le pere donataire, la donation *corroborata non fuerat possessio-ne.* V. M. de Catellan, liv. 7. chap. 1.

372   La prescription de trente ans pour le tiers a son plein effet, quoique le cas & le droit pour exercer l'action ne soit arrivé qu'après. Jugé au Parlement de Grenoble le 17.Decembre 1659. Le creancier pour l'éviter doit dénoncer au possesseur son hypoteque sur le fond. Jugé au Parlement de Grenoble contre les Cordeliers de Briançon, contre le sieur Roi Piètre. *Guy Pape en sa question* 31. veut que le mineur puisse être restitué contre la prescription de trente ans sans

cette précaution. Il a été neanmoins jugé par Arrêt du mois de Juillet 1667. dont le motif est dans cette clause *n'apparoissant de la pupilarité alleguée*, qu'il ne se doit être; les Chambres furent alors consultées. *Voyez Chorier en sa Jurisprudence de Guy Pape*, p. 325.

374   Un tiers acquereur posterieur preserit contre un tiers acquereur anterieur, par l'article 372. de la Coû-tume de Poitou par dix ans, & l'hypoteque quoi-qu'individué; le mineur ne releve point le majeur. Jugé le 23. Mars 1660. *De la Guessiere*, tom. 2. liv. 3. chap. 16.

375   La prescription de trente ans pour un tiers a lieu contre un autre tiers, s'il ne se pourvoit dans le temps en declaration d'hypoteque. Arrêt rendu au Parlement de Grenoble le six Juillet 1660. *Basset*, to. 1. liv. 2. tit. 29. ch. 11.

376   Le tiers détempteur qui a joüi pendant dix ans en-tre presens, & vingt ans entre absens, avec titre & bonne foy, d'un heritage hypotequé à la garantie d'un Contract d'échange, a acquis prescription de l'hypotheque, encore que le trouble qui donne lieu à la garantie, n'ait été formé que long-temps après. Arrêt au Grand Conseil du 30. Mars 1673. *Journal du Palais.*

PRESCRIPTION, TRANSACTION.

377   *Voyez* cy-dessus *le nombre* 256. & cy-après le mot *Transaction.*

PRESCRIPTION DE TRENTE ANS.

378   De la prescription par trente ans des prestations annuelles. V. *Maynard*, liv. 6. ch. 33. & 34.

379   La prescription de trente ans n'a lieu contre l'he-ritier avec inventaire, qui étoit creancier du défunt, & qui a laissé passer cet intervale de temps après sa mort, sans former la demande de sa dette. *Voyez Du Perrier*, liv. 1. qu. 4.

380   Si les pensions ou rentes perpetuelles constituées à prix d'argent, sont sujettes à la prescription de 30. ans, & au regard du tiers possesseur à celle de dix ans? V. *Ibidem*, qu. 11.

382   Si la prescription commencée & accomplie par l'heritier grevé, est à son profit, ou de l'heritier? V. *Du Perrier*, liv. 3. qu. 20.

383   Si en la prescription de trente ans est requis un ti-tre de bonne foy, & si la faculté de rachat se pres-crit par trente ans? *Voyez Bouvot*, tom. 2. verbo *Prescription*, qu. 10.

384   Arrêt du Parlement de Provence du 13. Mars 1645. qui a jugé que la prescription de trente ans court pendant la peste, & l'absence du Royaume, & con-tre le condamné à mort par coutumace. *Boniface*, to. 1. liv. 8. tit. 2. ch. 1.

385   En la Coûtume d'Auvergne, la prescription de 30. ans sans aucun titre, suffit pour acquerir un herita-ge. Arrêt du 1. Juin 1647. *Henrys*, to. 2. li. 4. qu. 77. *Voyez la Coûtume de Paris*, art. 118.

386   La prescription de trente ans commencée con-tre le majeur, ne court contre le mineur, ni contre l'ignorant du fait au sujet d'un testament recelé, & la prescription est interrompuë par la mise en posses-sion de l'heritier écrit en qualité de successeur plus proche *ab intestat*, où il est privé d'un testament so-lemnel, ouvert & décacheté; de l'Ordonnance d'Or-leans art. 46. qui regle les Substitutions; & si elle est observée dans la Province de Bourgogne, & que les biens étant libres en la personne du second substitué, *si sine liberis*, les filles y sont comprises. Arrêt rendu au Parlement d'Aix par renvoy du Conseil, sans avoir égard aux fins de non recevoir proposées par le sieur de Chandenier, ou par les Directeurs de ses creanciers, ni à la requête d'interven-tion du sieur de Briçon, dont il est debouté, la Dame de Sandaucour fille du second substitué, est maintenuë en la possession & joüissance des biens & heritages du sieur de la Rochechoüard, avec restitu-tion des fruits depuis son decès, & défenses de la

troubler à peine de trois mille livres d'amende, dépens, dommages & interêts, le dernier Juin 1679.
Journal du Palais.

PRESCRIPTION, TROUBLES.

387
A Paris, *tacito Senatusc.* il fut arrêté que pour satisfaire à l'Edit de pacification, par lequel ceux de
la Religion sont relevez de toutes prescriptions qui
ont couru pendant les troubles, on retrancheroit
cinq années de la prescription; ce qui fut compté depuis le mois d'Août 1589. qu'après le parricide inhu-
main de Henry III. Henry IV. vint à la Couronne,
jusqu'en 1594. qu'il entra dans Paris. *Voyez Mainard,
liv. 7. ch. 60.*

388
Voyez M. le Prêtre, 2. Cent. ch. 61. Le temps des
troubles ne doit être déduit de la prescription des
vingt ans pour crime. Arrêt du onze Février 1604.
M. Loüet, lettre C. somm. 47.

389
La fin des troubles ne se prend pas pour la Ville de
Lion en 1598. ni même en 1596. lors de la paix pu-
bliée, mais en 1594. lors de sa reduction. Arrêt du
Parlement de Paris du 14. Août 1609. *Voyez les Plai-
doyers de Corbin, ch. 144.*

PRESCRIPTION, VASSAL.

390
C'est une maxime que la prescription ne court contre le Vassal, quand la possession commence par la saisie feodale, si ce n'est que pendant ladite jouïssance
il arrive quelque nouvelle cause, qui puisse donner
lieu à ladite possession : ce qui a été ainsi jugé par
Arrêt rendu contre l'Evêque de Clermont, par lequel il fut évincé du Comté de Clermont par la Reine Mere, après trois cens ans, & rapporté par M.
*Guy Coquille sur la Coûtume de Nivernois, art. 12.
des Fiefs.*

PRESCRIPTION, VENTE.

391
Si l'acheteur prescrit par le laps de dix ans les arrerages de rente anterieurs à son acquisition, & les
lods d'une acquisition anterieure à la sienne? A l'é-
gard des lods, nulle difficulté qu'il n'y ait lieu à la
prescription. A l'égard de la rente, il y a matiere de
doute, parce qu'elle est plus inherente au fonds.
Voyez les Arrêts de M. de Catellan, liv. 7. ch. 14.

392
Si la prescription d'une dette, dont le debiteur a
chargé son acheteur de faire le payement, court au
profit du premier debiteur, ou de l'acheteur, qui
s'est chargé de payer ? Arrêt au Parlement de Toulouse en Janvier 1666. qui condamne l'acheteur à
payer au vendeur la somme demandée, à la luy rapporter la quittance du creancier. Les Juges furent
déterminez d'entrée, par la raison que la prescription n'étoit pas complete contre ce creancier : elle
avoit été interrompuë en sa faveur par une délégation
de 1632. & par une demande de 1660. *Ibidem, chapitre 6.*

393
Les dettes & obligations actives comprises en la
vente du cabal, étant prescrites, le vendeur en est
tenu. Arrêt du 4. Septembre 1628. *M. Dolive, li. 4.
chap. 27.*

394
Celuy qui achete un heritage d'une personne, qui
n'en avoit droit que pour un temps, doit le restituer après ledit temps, sans pouvoir se prévaloir de
la prescription. Jugé au Parlement de Tournay le 13.
Janvier 1700. *Voyez M. Pinault, tome 2. article
178.*

PRESCRIPTION, USUFRUIT.

395
La prescription court contre le proprietaire, pendant que l'usufruit est à un autre qui en joüit. Arrêt
du 4. Juillet 1598. *Charondas, liv. 11. Rép. 37. Voyez
la Coûtume de Paris art. 105.*

PRESEANCE.

1
Æqua hæc honorum simulachra, umbræ tenus labo-
rantis ambitionis humanæ, cupiditatis vana nomina, in quibus nihil est quod subjici oculis, quod teneri
manu possit, quantis agitationibus animos impellunt ina-
nium opinione gaudentes.

Préseance. *Præcedentia. Prælatio. Jus ante aliquem* 2
in consessu sedendi, vel præcedendi.
Quis in gradu præferatur. C. Th. 7. 3.
Ut dignitatum ordo servetur. C. 12. 8.... Th. 6. 5.
De majoritate & obedientiâ. Dec. Gr. dist. 21. 22. &
23. c. 6.... dist. 74. c. 5.... dist. 8. c. fin.. dist. 93. 96.
& 99.... 2. q. 6. c. 12. & 14.... 8. q. 4.... 9. q. 3. c. 9.
usque ad f.... q. 12. q. 3. & 5. c. 18. De consecr. dist. 5.
c. 34.... Extr. 1. 33.... S. 1. 17. Extr.... Jo. 2.... Ex.
co. 1. 8.
De præced. Canon. & Abbat. Per Nicol. Boër. in 3
tract. de Regio cons.
De præcedentiâ Monachorum & Regularium Canoni- 4
corum. Per Augusti. Canoni. Scrutinio. & per Celsum.
Mapheum Veronensem.
De præcedentiâ Doctoris & militis. Per Christopho. 5
Lanfranchin.
Per Signorol. de Homodeis.
Et Ludovicum Bologninum.
Voyez hoc verbo Préseance. La Bibl. de Joyet, celle 6
du Droit François par Bouchel, & Fèvret en son Traité
de l'Abus à la table au mot Préseance. M. le Prêtre,
4. Cent. ch. 91. le 2. tome de la Bibliotheque Tholosane,
ou autrement le Recüeil de M. Samuel d'Escorbiac ti. 6.
chap. 11. & suiv.
Voyez ce qui a été observé sur la Préseance lettre D.
de ce présent Recüeil, au titre des Droits Honorifiques,
n. 58. & suiv. & cy-après, verbo Rang.
Préseance d'Officiers. *Voyez Chassanée, in Cata-*
logo gloriæ mundi. Boyer, en son Traité, de autorita- 7
te magni consilii. Tiraqueau, *de Nobilitate*, & Lucas,
de Pennâ, ad l. 12. Cod. Et le conseil 105. d'Otho-
man, *de præcedentiâ Doctorum.*
Des rangs & préseances. *Voyez le 4. tome des Loix*
Civiles dans leur ordre naturel, liv. 1. tit. 9. sect. 3. du 8
rang des Officiers. *Voyez le cinquiéme Tome li. 2. ti. 2.*
sect. 3.
Des prérogatives, préeminences, rangs & séances
d'entre les Ecclesiastiques, Magistrats & autres Of- 9
ficiers Royaux, Consuls, Maires, & Echevins des
Villes & Officiers des Justices subalternes. *Filleau*,
part. 3. tit. 10. pag. 427.

PRESEANCE, CLERGE'.

Different par les Saluts, arrivé entre la derniere
Assemblée du Clergé & le Parlem. de Paris, à l'occasion du Service de feu M. le Duc de Beaufort.
Mem. du Clergé, tom. 2. addit. à la 1. partie p. 235.
& suiv. Memoires fournis de part & d'autre sur ce
sujet, & les Réponses du Clergé à ceux du Parlement.

PRESEANCE DES ABBEZ.

Voyez cy-dessus le nombre 3.
• De la préseance prétenduë par les Abbez Reguliers 10
ou Commendataires, contre les Archidiacres,
Doyens, Prévôts, & autres Dignitez Ecclesiastiques.
Cette question se presenta en l'Assemblée du Clergé,
tenuë à Melun en 1579. & fut préjugée en faveur des
Abbez qui avoient déja la possession. *Voyez Roüillard*
en ses Reliefs forenses, ch. 4.
En 1614. lors de la convocation des Etats de la
Ville de Paris, M. l'Evêque de Chartres, en qua- 11
lité d'Abbé de Bourgüeil, porta la parole pour tous
les Abbez de France, & M. de la Saulçaye Doyen
de Sainte Croix d'Orleans, pour toutes les Dignitez
des Eglises Cathedrales. La décision fut que les Abbez Chefs d'Ordre auroient la préseance, & que
tous les autres Abbez & Dignitez des Eglises Cathedrales prendroient place comme ils se trouveroient,
sans observer aucun rang ni aucun ordre. *Définitions*
Canon. page 685.
Cause appointée, pour sçavoir si les Abbez Com- 12
mendataires doivent preceder les Dignitez des Eglises
Cathedrales. Arrêt du 10. Decembre 1639. *Bardet,*
tome 2. livre 8. chap. 41. Monsieur l'Avocat General
Talon conclut en faveur du sieur de Maupas, Abbé
Commendataire

Commendataire de l'Abbaye de Saint Denys de la Ville de Reims.

13 *Voyez le* 15. *Plaidoyé de M. Patru*, prononcé au Grand Conseil au mois de Janvier 1644. pour Armand de Bourbon Prince de Conty, Abbé Commendataire , les Religieux de Saint Mansuy de Toul Ordre de S Benoît , & pour ceux de S. Epare, même Ordre , contre les Chanoines Reguliers de l'Abbaye de Saint Leon de Toul, au sujet de la préséance.

PRE'SEANCE, ARCHERS.

14 Arrêt du Parlement de Roüen du 25. Septembre 1614. qui a donné la préséance à un Archer de la Porte du Roy, contre un Laboureur qui la prétendoit à cause de son âge , & du service qu'il avoit rendu au Roy dans ses Armées. *Basnage, sur l'art.* 142. *de la Coûtume de Normandie.*

PRE'SEANCE DES ARCHEVESQUES.

15 *Voyez le mot Archevêques, nomb.* 19. *& suivans.* & *cy-aprés le nombre* 81.

16 Reglement pour la préséance entre l'Archevêque & le Parlement de *Toulouse. Memoires du Clergé, to.* 1. *part.* 1. *pag.* 383.

17 De la *Préséance des Evêques. Memoires du Clergé, tom.* 1. *part.* 1. *pag.* 371. *nomb.* 1. *pag.* 373. *nomb.* 6. *& 374.*

Préséance des Evêques sur les Gouverneurs de Provinces & Lieutenans de Roy qui ne sont Princes. *Ibidem, p.* 379.

Sur les Conseillers au Parlement , & sur les Présidens , hors la séance. *Ibidem , p.* 381.

Préséance des Evêques aux Etats des Provinces & autres Assemblées , *pag.* 385.

Préséance de l'Evêque Diocésain sur le Recteur de l'Université , p. 399.

Voyez les mots Evêques & Archevêques.

18 *Voulons que les Archevêques, Evêques , & tous autres Ecclesiastiques soient honorez comme le premier ordre de nôtre Royaume , & qu'ils soient maintenus dans tous les droits , honneurs , rangs & séances, présidences & avantages dont ils ont joüi , ou dû joüir jusqu'à present. Que ceux des Prélats qui ont des Pairies attachées à leurs Archevêchez ou Evêchez , tiennent prés de nôtre Personne, de nôtre Conseil, aussi-bien que dans nôtre Cour de Parlement , les rangs qui leur y ont été donnez jusqu'à present : comme aussi que les Corps des Chapitres des Eglises Cathedrales , précedent en tous lieux ceux de nos Bailliages & Sieges Présidiaux. Que ceux qui sont Titulaires des Dignitez desdits Chapitres , précedent les Présidens des Présidiaux; les Lieutenans Generaux , & les Lieutenans Criminels & Particuliers desdits Sieges ; & que les Chanoines précedent les Conseillers & tous les autres Officiers d'iceux; que même les Laïcs, dont on est obligé de se servir dans certains lieux , pour aider au Service Divin , y reçoivent pendant ce temps les honneurs de l'Eglise , préferablement à tous autres Laïcs. Article* 45. *de l'Edit concernant la Jurisdiction Ecclesiastique , du mois d'Avril* 1695.

PRE'SEANCE DE L'ASSESSEUR.

19 *Voyez le mot Assesseur, nomb.* 2. 6. 10.

PRE'SEANCE, AVOCATS.

20 De la préséance düe aux Avocats. *Voyez le mot Avocat, nomb.* 67. *& 146. & suiv.*

Arrêt du Parlement de Paris du 4. Août 1579. qui donne la préséance à un Enquêteur de Riom non Gradué , contre les Avocats en la Sénéchaussée & Siege Présidial d'Auvergne. *V. le Recüeil des Commissaires.*

21 Greneniers & Controlleurs précedent les Avocats. Ainsi jugé le 13. Février 1624. pour les Officiers du Bailliage de Dun le-Roy. Pareil Arrêt pour le Controlleur General du Duché de Guise contre les Avocats. *Bardet, to.* 1. *liv.* 2. *ch.* 6.

21 Arrêt du Parlement d'Aix du 4. May 1634. qui a ajugé la préséance aux Avocats contre les Enquê-
Tome III.

teurs. *Boniface, tome* 1. *livre* 1. *titre* 18. *nomb.* 1.

23 Le Prévôt Royal d'une Justice subalterne , Avocat au Bailliage & Siege Présidial , a été conservé en la possession d'y préceder tous les Avocats dans le Barreau , quoique plus anciens que luy. Arrêt du P. de Paris du 6. Janvier 1635. *Du Frêne , liv.* 3. *ch.* 8.

24 Les Substituts du Substituts de M. le Procureur General , és Bailliages & Sénéchaussées, n'ont point de préséance au dessus des Avocats des mêmes Sieges plus anciens qu'eux , & n'ont rang que du jour de leur matricule d'Avocat. Arrêt du 23. Janvier 1657. *De la Guess. to.* 2. *liv.* 1. *ch.* 4. *Voyez M. le Prêtre és Arrêts celebres du Parlement.*

25 Les Conseillers Secretaires du Conseil ont été maintenus dans le droit de préceder en toutes Assemblées publiques & particulieres les Avocats du Conseil. Arrêt du 6. Mars 1682. *De la Guessiere , tome* 4. *liv.* 5. *ch.* 6.

26 Sans s'arrêter à la Requête des anciens Marguilliers, les Avocats faisant actuellement la profession, précederont és Processions & Ceremonies publiques les anciens Marguilliers comptables. Arrêt du Mardy 15. Juin de relevée 1688. sur les Conclusions de M. Talon. *Journal du Palais.*

Préséance des Avocats du Roy. *Voyez le mot Avocat , nomb.* 242. *& suiv. & cy-aprés , le nombre* 130. *& suivans.*

PRE'SEANCE DES CHANOINES.

28 *Voyez le mot Chanoines, nomb.* 133. *& suiv.*

Préséance des Chanoines des Eglises Cathedrales sur les Prévôts des Marchands, Echevins & autres Officiers des Villes. *Mem. du Clergé , tom.* 1. *part.* 1. *p.* 412. *& suiv.* même sur tous les Officiers des Présidiaux, Bailliages & Sénéchaussées. *Ibid. pag.* 428. sur les Tresoriers de France , p. 414.

29 De même que le rang perdu par l'Officier en se défaisant ne se recouvre plus , un Chanoine pourvû de nouveau d'un autre Canonicat , ne reprend son rang. *Voyez la Note de M. Sauvageau sur le ch.* 126. *liv.* 1. *des Arrêts du Parlement de Bretagne , recüeillis par du Fail.*

30 Un Chanoine qui a resigné purement & simplement, peut à la verité rentrer dans son Benefice, per non acceptationem de celuy à qui le Chapitre l'accorde. Mais la question est de sçavoir s'il lui faut une nouvelle provision ; en tout cas s'il reprendra son premier rang. *Voyez M. Loüet, lettre B. n.* 13. *& les Définit. Canon. pag.* 681.

31 La préséance est düe aux Chanoines des Eglises Cathedrales , quand ils marchent en Corps , & representent le Chapitre. Les Abbez benits , & qui portent mitres, doivent préceder les Abbez Commendataires comme plus anciens ; & aprés , doivent aller les Dignitez & les Procureurs. Et pour la resolution de cette question, traitée amplement. *V. D. Chassaneus in catalogo gloriæ mundi , part.* 4. *consid.* 32. où il a recüeilli tout ce qui se peut dire sur ce chapitre. *Voyez Filleau , part.* 3. *tit.* 11. *ch.* 47.

32 Du rang , ordre & prérogatives d'entre le Corps du Chapitre , & les Curez de la Ville aux Enterremens des Seculiers , & autres actions publiques. *V. Henrys , to.* 1. *liv.* 1. *ch.* 3. *qu.* 14.

33 Préséance des Chanoines Comtes de Lyon , sur les Prévôts des Marchands & Echevins de ladite Ville, & sur les Officiers du Présidial.

Les torches & flambeaux envoyez par les Chanoines & Comtes de Lyon , doivent preceder ceux des Prévôt des Marchands & Echevins. *Memoires du Clergé , to.* 1. *part.* 1. *p.* 412. *& suiv.* & *Henrys, to.* 2. *liv.* 1. *quest.* 9.

34 Reglement pour la séance de l'Evêque, des Chanoines , & du Parlement de *Rennes* dans l'Eglise Cathedrale , lorsque le Parlement s'y trouve en Corps. *Memoires du Clergé , tome* 1. *part.* 1. *page* 408. *& suivantes.*

V.

35 Défenfe du Chapitre de l'Eglife Cathedrale & Metropolitaine de Roüen, contre l'entreprife de préfeance attentée par Meffieurs de la Chambre des Comptes. *V. la Biblioth. Canonique, to. 1. pag. 230. & fuivantes.*

36 PRE´SEANCE, ASSEMBLE´E DU DOYEN DU CHAPITRE.

Voyez Mornac, *Loy* 4. *C. de Sacro-fanctis Ecclefiis.*

37 Refus fait par le Chapitre à un Chanoine de l'inftaler, vaut poffeffion, fi le Chanoine l'a prife pardevant Notaires; en forte que tel Chanoine a rang & feance de ce jour, & precede les Chanoines depuis reçus. Arrêt du Parlement de Bretagne du 23. Septembre 1560. rendu entre deux Chanoines de Nantes. *Du Fail, liv. 1. ch. 126.*

38 Préfeance entre Ecclefiaftiques d'une même Communauté; les Prêtres précedent les plus anciens en la Compagnie, qui ne font pas Prêtres. Arrêt du 4. Juin 1625. entre M. Picot Prêtre, & N. Loyfel Soûdiacre, & Chanoines de la Sainte Chapelle du Palais à Paris, appellans comme d'abus d'une Sentence du Treforier, qui avoit ordonné que Barrin Chanoine, précederoit les Chanoines Prêtres, quoiqu'il ne fût que Soûdiacre; ordonné que les Chanoines Prêtres précederont ceux qui ne font que Diacres, fans préjudice du droit de Juftice du Treforier de la Sainte Chapelle, en autres caufes. *Additions à la Bibliotheque de Bouchel, verbo Préfeance.*

39 Les Chanoines & Dignitez des Eglifes Cathedrales font maintenus en la préfeance en toutes Affemblées publiques ou particulieres, fur tous les Officiers des Préfidiaux & Sénéchaux de Corps à Corps, de Député à Député, & de particulier à particulier, avec défenfes aux Officiers de les y troubler, à peine de dix mille livres d'amende, & de plus grande, s'il y échet, felon la qualité du fcandale, par Arrêt du Confeil du Roy fur la Requête des Agens du Clergé, le 7. Juillet 1646. *Memoires du Clergé, to. 3. titre,* Declarations & Arrêts donnez en faveur du Clergé, *Arrêt* 50.

40 *Henrys, tome* 2. *liv.* 1. *queft.* 18. rapporte un Arrêt du 25. Septembre 1643. par lequel les Chanoines de Saint Jean de Lyon font maintenus dans la préfeance dans toutes les Affemblées publiques & particulieres fur les Officiers du Préfidial, foit de corps à corps, de Députez à Députez, de particulier à particulier. Le même Arrêt ordonne que les Officiers du Préfidial étant en Corps, précederont les Chanoines en qualité de Députez ou de particuliers. La même chofe eft reglée pour tous les Chapitres des Eglifes Cathedrales, par l'Edit du Roy, concernant la Jurifdiction Ecclefiaftique, *article* 45.

41 Arrêt du Confeil Privé du Roy du deux Octobre 1646. par lequel la feance eft ajugée au Treforier du Chapitre de Dijon, immediatement après le Doyen. *Taifand, fur la Coûtume de Bourgogne, titre* 3. *article* 1.

42 Sur la préfeance entre deux Chanoines de l'Eglife Cathedrale de Fréjus, l'un avoit pris poffeffion reçûë pardevant Notaire, avant l'autre qui étoit le premier inftalé. Arrêt du Parlement d'Aix du 14. Decembre 1671. rapporté dans *le Journal du Palais,* en faveur de l'inftalé.

43 L'Aûmonier de l'Eglife Cathedrale de Mets, doit préceder l'Ecolâtre de la même Eglife. Jugé à Mets le 18. May 1673. *Journal du Palais.* Voyez M. Delive, *Actions Forenfes* 3. *part. action* 3. *fol.* 115. où il eft parlé de l'Eglife qui eft en la Terre du Seigneur Jufticier, fi la préfeance doit être ajugée au Magiftrat Royal de la Ville plus proche, ou fi elle appartient au Juge Banneret, &c.

44 *Défendons à toutes perfonnes, de quelque qualité & condition qu'elles puiffent être, d'occuper pendant le Service Divin, les places deftinées aux Ecclefiaftiques: Voulons que lorfque les Officiers de nos Cours allant en Corps dans les Eglifes Cathedrales, ou autres, fe placeront dans les chaires deftinées pour les Dignitez & Chanoines, ils en laiffent un certain nombre de vuide de chaque côté, pour les Dignitez & Chanoines qui ont accoûtumé de les remplir.* Article 47. de l'Edit du Roy, concernant la Jurifdiction Ecclefiaftique, du mois d'Avril 1695.

PRE´SEANCE, CHASTELET.

45 Arrêt du Parlement de Paris du 20. Février 1591. ordonnant qu'en toutes Proceffions, Affemblées, & autres actes publics, après les Avocats du Châtelet, marcheront les Commiffaires & les Notaires; & après eux, les Procureurs. Même Arrêt du 31. Août 1660. *Voyez les Chartres des Notaires, chap.* 8. *p.* 526. & 528.

PRE´SEANCE, CHEVALIERS.

46 De la préfeance entre les Chevaliers d'armes, & les Chevaliers des Loix; & du rang que les Chevaliers d'armes tiennent entr'eux. *Voyez Filleau, part.* 3. *tit.* 11. *chap.* 31.

Voyez cy-deffus, *le nombre* 5.

PRE´SEANCE, CHEVAUX-LEGERS, GENDARMES.

47 Par Arrêt du Confeil d'Etat du 22. Août 1686. René Neveu fieur de Longavefne, l'un des deux cens Chevaux Legers de la Garde du Roy, a été en cette qualité maintenu au rang & préfeance és Affemblées publiques, & autres cérémonies, avant les Officiers de la Seigneurie de Fleury, lieu de fa demeure, aufquels défenfes auroient été faites de l'y troubler. *Memorial Alphabetique, verbo Chevaux-Legers.*

48 Declaration du Roy du premier Octobre 1686. enregiftrée au Grand Confeil le fept Novembre fuivant; laquelle ordonne que les Gendarmes & Chevaux-Legers auront rang, & marcheront és Affemblées qui fe feront à l'avenir és Villes de leur habitation, & autres où ils fe trouveront, immediatement après les Confeillers des Bailliages, Sénéchauffées & Préfidiaux, avant les Officiers des Elections & Greniers à Sel, & tous autres inferieurs en ordre aufdits Confeillers, fans en ce préjudicier au rang & préfeance, dont doivent joüir les Gardes du Corps, lorfqu'ils fe rencontreront avec les Gendarmes & Chevaux Legers.

49 En execution de l'Arrêt du Confeil d'Etat, & Declaration des 15. Novembre 1684. & 1. Octobre 1686. pour la préfeance d'un Gendarme de la Garde du Roy, & autres droits honorifiques de l'Eglife où il s'eft trouvé, avant & par preference fur les Officiers de la Seigneurie de Courtenay. Arrêt du Grand Confeil du fix Mars 1687. *Journal des Audiences, tome* 5. *li.* 3. *ch.* 2.

PRE´SEANCE, CONFRAIRIES.

50 Arrêt du Parlement de Provence du 23. Octobre 1662. qui ajuge la préfeance à la Confrairie la plus ancienne. *Boniface, to.* 1. *tit.* 14. *n.* 9.

51 La préfeance entre Confrairies eft de la connoiffance du Juge Laïc. Arrêt du Parlement d'Aix du dix May 1672. *Idem, tome* 5. *livre* 1. *ti.* 2. *ch.* 8.

PRE´SEANCE, CONSEILLERS.

52 Deux Confeillers Préfidiaux de Nantes, plaidans fur la préfeance, il fut dit au Parlement de Bretagne le fix May 1569. que les premiers reçus en la Cour, feront préferez. *Du Fail, liv.* 2. *ch.* 371.

53 Il y a Arrêt, par lequel il eft dit que les Confeillers reçus feans à Tours, précederont ceux qui ont été reçus à Paris pendant la Ligue, quoique premiers en temps, parce que les Ligueurs ne font du Parlement, que par la grace du Prince, & du jour de la grace. *Bibliotheque de Bouchel, verbo Préfeance.*

54 Par Arrêt du dix Juillet 1570. entre Maître Loüis

Dodreu , Prévôt d'Orleans, & Confervateur des Privileges de l'Univerfité ; & M. Charles Nouriffon fon Lieutenant, demandeurs d'une part , & les Confeillers au Préfidial , d'autre , défendeurs ; la Cour a ordonné que le Prévôt & fon Lieutenant en tous actes , foit au Bailliage & Préfidial d'Orleans , tant au Civil , que Criminel , & en tous actes publics, précederont les Confeillers Magiftrats du Bailliage & Sieges Préfidial d'Orleans. Depuis , & en confequence de cet Arrêt , il y en a eu un autre pour le Prévôt de Sens & fon Lieutenant , contre les Confeillers du Préfidial , en date du même jour. Autre pour le Prévôt d'Auxerre du vingt-trois May 1573. *Bouchel, ibidem.*

55 *Henrys*, to. 3. *liv.* 1. *qu.* 23. rapporte un differend particulier entre deux Confeillers de Lyon pour la préféance , l'un ayant été reçû au Parlement , l'autre au Préfidial. Il cite un Arrêt du 3. Decembre 1649. en faveur de celuy qui avoit été reçû au Parlement , quoique l'autre eût été reçû fix jours auparavant. Il foûtient que dans la regle, c'eft l'ancienneté de la reception qui donne le rang.

A préfent , tous les Confeillers des Préfidiaux, & des Bailliages & Sénéchauffées, font reçûs au Parlement , fi ce n'eft que pour les raifons puiffantes la Cour ne donne un Arrêt, portant permiffion au Recipiendaire de fe faire recevoir au Préfidial. En ce cas, il n'y a pas de doute que l'Officier reçû au Préfidial , n'ait la préféance fur celuy reçû pofterieurement au Parlement.

56 Jugé le trois Decembre 1649. entre deux Confeillers du Préfidial de Lyon , reçûs prefque en même temps, l'un au Préfidial , & l'autre peu de temps aprés au Parlement de Paris ; que celuy qui avoit été reçû au Parlement , devoit joüir de la préféance. La raifon qui pût déterminer , eft que le Préfidial avoit enteriné des Lettres de difpenfe d'âge. C'eft pourquoy M. le Procureur General avoit interjetté appel de la Sentence. *Soëfve , tome* 1. *Centurie* 3. *chapitre* 21.

57 Reglement pour la préféance & voix déliberative au profit des Confeillers du Préfidial du Mans, contre le Préfident au Siege de la Prévôté de la même Ville, du neuf Août 1659. *De la Gueffiere*, to. 2. *liv.* 2. *chap.* 36.

PRE'SEANCE, CONSULS.

58 Préféance des Officiers de l'Abbaye d'*Iffoire*, fur les Confuls de la même Ville , aux Proceffions & Affemblées. *Voyez les Memoires du Clergé*, to. 1. *part.* 1. *page* 429.

59 Arrêt du Parlement de Toulouse du vingt Mars 1572. entre les Confuls & le Sénéchal du Puy , qui ordonne qu'aux Affemblées les Magiftrats en la Sénéchauffée, fçavoir le Sénéchal , Juge mage , Lieutenans , Confeillers , Avocat & Procureur du Roy, précederont les Officiers de la Cour commune & Confuls ; & qu'aprés les Officiers de la Sénéchauffée , viendront en ordre & en Corps du côté droit les Bailly & Juges de la Ville & Cour Commune du Puy ; & au côté gauche les Confuls ; lefquels Bailly & Juges, comme tenant le côté droit aux Entrées d'Eglife , Offrandes , & autres lieux où ne pourront entrer ou aller enfemble , précederont les Confuls ; le femblable fera gardé en toutes autres Affemblées privées & particulieres , fauf qu'en Proceffions où eft requis porter le poîfle , icelui fera porté par les Confuls fuivant l'ancienne Coûtume , faifant inhibitions aux Officiers refpectivement de contrevenir à peine de quatre mille liv. & d'en répondre en leurs noms propres & fans dépens. *Bibliotheque de Bouchel*, verbo , *Confuls.*

60 Arrêt du fept Janvier 1595. par lequel les Jurats de la Ville de Condom , qui font ceux qui ont exercé le Confulat , font jugez faire un même Corps avec les Confuls qui font en Charge , & ne pouvoir être

Tome III.

précedez par perfonne , qui n'ait droit de préceder les Confuls. *Voyez les Plaidoyez celebres dédiez à M. de Nefmond , pag.* 283.

61 Les Seigneurs directs & fonciers d'un lieu ou de partie d'iceluy , ou ayant fiefs nobles relevans du Seigneur , précedent les Confuls aprés le Seigneur , fa femme , enfans , & Officiers de la Juftice. Plufieurs Arrêts du Parlement de Toulouse rapportez par *la Rocheflavin , des droits Seigneuriaux , chap.* 21. *article* 12.

62 L'hommager d'une partie de la terre précede par toute la terre le Juge & les Confuls ; & les Confuls Royaux précedent les Gentilshommes , bien qu'ils ayent des rentes confiderables dans le lieu. *Cambolas , livre* 4. *chap.* 25.

63 Le Lieutenant Particulier , Avocat & Procureur du Roy de l'IfleJordain, ont obtenu la préféance fur les Confuls , par Arrêt du Parl. de Toulouse du 10. Septembre 1607. Même Arrêt du Grand Confeil du 13. Novembre 1618. pour le Lieutenant Particulier du Sénéchal de Montauban, fur le Juge ordinaire , & fur celuy de Quercy. Arrêt femblable de la Chambre de Caftres du 15. Février 1619. contre les Confuls de Cauffade. *V. Efcorbiac , titre* 4. *chap.* 3.

64 Les Hommagers font en droit de précéder les Confuls des lieux où leurs fiefs fe trouvent affis. Arrêt du 14. May 1630. *M. Dolive, livre premier, chapitre* 29.

65 Par Arrêt du Parlement de Toulouse du 22. Decembre 1660. entre les Confuls de Villegaillenc , & le Procureur General d'une part ; & le poffeffeur de deux fiefs nobles dans la Jurifdiction , la préféance fut donnée aux Confuls par tout ailleurs que dans l'étenduë de fes deux fiefs. On regarda que les Confuls étoient Confuls d'une Ville de quelque confideration, qu'ils avoient la Juftice de cette Ville où il n'y avoit point d'autre Juge , par où ils en étoient les premiers Magiftrats, & que les deux fiefs étoient de petite confequence , & l'hommager roturier; ce qui fut même caufe que l'Arrêt luy défendit de prendre la qualité de Noble, auffi-bien que d'appeller fa maifon du nom de Château , qu'on crut qu'il défignoit Nobleffe & Juftice. *M. de Catellan , livre* 3. *chap.* 38.

66 Arrêt du Parlement de Provence du 22. Juin 1678. qui a jugé que les Officiers des Seigneurs haut-Jufticiers précedent les Confuls. *Boniface tome* 3. *livre* 1. *titre* 4. *chap.* 10.

Voyez cy-aprés le nomb. 115. *& fuiv.*

PRE'SEANCE, DOCTEURS.

67 *Voyez cy-deffus les nombres* 5. *& 7. & le mot Docteurs , nomb.* 15.

Le 30. Janvier 1539. entre les Docteurs Regens de Cahors , & le Rapporteur du Sénéchal , il fut dit par Arrêt que les Docteurs Regens précederoient tant en l'Audioire du Sénéchal, qu'à tous autres actes publics. *Bibliotheque de Bouchel*, verbo *Univerfité.*

68 Deux Docteurs reçûs Avocats en même jour , la préféance fut ajugée au plus ancien Docteur , encore qu'il fût inferit le dernier dans la matricule ; & ordonné qu'à l'avenir le plus ancien Docteur feroit écrit le premier dans la matricule. Jugé au Parlement de Toulouse le 24. Novembre 1671. *Journal du Palais.*

PRE'SEANCE DES ECHEVINS.

69 *Voyez* le mot *Echevins , nomb.* 30. *& fuiv.*

Le plus ancien Echevin , Marchand , ou Procureur ne doit précéder un Avocat; autre chofe feroit s'il y avoit reglement & Loi contraire faite par le peuple d'une Ville. Arrêt du Parlement de Dijon du 18. Juin 1613. contre M. Graveton Avocat du Roy. *Bouvot, tome* 1. *part.* 1. verbo *Préféance*, *qu.* 1.

70 Entre le Treforier de l'Eglife de faint Martin de Tours , demandeur , & les Maire & Echevins défendeurs; défenfes aux Maire & Echevins de paffer

V ij

devant le Tresorier. Arrêt du premier Avril 1606.
M. le Prêtre, 3. Cent. chap. 9.

71 En la Ville d'*Auxerre* les Officiers du Roy appellez concurremment avec les Marchands aux Charges d'Echevins, précedent les Marchands qui ont plus de voix qu'eux. Arrêt du 6. May 1630. *Du Frêne*, *livre* 2. *chap.* 77.

73 Prévôt de *Soissons*, ou le Procureur du Roy en son absence, préside aux assemblées de Ville, parce qu'il n'y a point de Maire, & précedent les Echevins de quelque qualité qu'ils soient. *Bardet*, *tome* 2. *liv.* 1. *chap.* 44. rapporte l'Arrêt du 7. Decembre 1632.

74 Dans les assemblées de l'Hôtel de Ville de *Reims* la qualité d'Officier du Roy, ou quelqu'autre qualité que ce puisse être, ne donne aucun privilege aux Maire & Echevins pour la préseance ; l'âge seul y doit être consideré, & le plus âgé précede. Arrêt du 29. Novembre 1649. rapporté par *Soëfve*, *tome* 1.*Cen.* 3. *chap.* 10.

75 Arrêt du Parlement de Paris du 7. Août 1686. qui maintient les Maire & Echevins d'Angers en la possession d'occuper les cinq premieres places du côté gauche du Chœur des Eglises où vont les Processions des Rogations, & des premiers Dimanches du mois, à l'exception seulement des Eglises de saint Mainbeuf, & de Nôtre-Dame de Leviere, où leurs places demeureront reduites aux trois premieres du côté gauche du Chœur ; dépens compensez. *V.* le 2. *tome du Journ. du Palais*, in folio. *p.* 634.

PRE'SEANCE, ELEUS.

76 Arrêt du 26. May 1565. que le Juge ordinaire de Pitiviers, quoiqu'il fût Juge Royal, précederoit les Elûs en toute assemblée & lieux honorifiques. M. l'Avocat Servin rapporta avoir été jugé pour le Bailly, contre les Elûs de Vendôme ; & neanmoins parce qu'il étoit aussi Elû, il fut ordonné qu'il opteroit dans trois mois l'un des deux états. *Bibliotheque de Bouchel*, verbo, *Préseance*.

77 Arrêt du Conseil Privé du 11. Janvier 1630. pour la préseance des Officiers des Bailliages & Pairies, contre les Officiers des Elections. *V. Escorbiac*, *tit.* 6. *chap.* 40.

78 Le Président de l'Election de la Ville de Rethel, dite de Mazarin, ne peut comme Officier du Roy prétendre la préseance dans les assemblées particulieres sur les Officiers de la Justice ordinaire du Duché. Arrêt du Conseil Privé, confirmatif d'autre du 7. Janvier 1656. rapporté au *Journal du Palais*, in fol. *tome* 2. *page* 1005.

79 Arrêt du 19. Janvier 1665. qui ordonna que les Officiers de l'Election d'Amiens, & les Avocats du Présidial de la même Ville qui auroient plaidé & consulté pendant vingt ans, auroient le pas concurremment & suivant l'ordre de leur reception au antiquité, à l'exception neanmoins des Présidens, Lieutenant & Assesseur, & quatre plus anciens Conseillers de l'Election qui pourroient préceder les Avocats. *Soëfve*, *tome* 2. *Cent.* 3. *chap.* 38.

PRE'SEANCE AUX ETATS.

80 *Voyez* le treizième *Plaidoyt* de M. *Patru* au sujet de la contestation pour la préseance aux Etats de Bretagne, entre M. le Duc de Rohan & M. le Duc de la Trimoüille : il défendoit la cause de M. le Duc de Rohan. Ce Plaidoyé est en forme de Lettre.

PRE'SEANCE DES EVÊSQUES.

81 *Voyez* le mot Evêque, *nomb.* 217. *& suiv. &* cy-dessus *le nomb.* 15. *& suiv. &* le *n.* 34.

PRE'SEANCES, FEMMES.

82 Arrêt du Parlement de Paris du dernier de Juin 1607. par lequel la préseance est ajugée à la femme de l'Assesseur du Siege de Loches, contre la femme d'un Lieutenant en l'Election. *V. Escorbiac*, *titre* 9. *chapitre* 131.

83 Sur la préseance de la femme d'un Juge d'un Seigneur

sur celle d'un Gentilhomme, dans le Temple de la Religion prétenduë Reformée de la Ville d'Anduze aux Sevenes. *Voyez la sixième Conclusion du sieur de Roznoyrols Procureur General en la Chambre de l'Edit de Castres.* La femme fut mise hors de Cour.

84 Les femmes de Juges Banneréts ne peuvent prétendre rang ni préséance dans l'Eglise devant les Demoiselles femmes des Gentilshommes du lieu, ni dans les autres assemblées. Jugé en la Chambre de l'Edit de Castres le 5. Juillet 1633. en l'affaire du Juge d'Anduze quoiqu'il alleguât un Arrêt contraire rapporté par Chenu. *Voyez Boné*, *part.* 2. *p.* 231. *Arr.* 63. *& Escorbiac*, *titre* 9. *chap.* 130.

85 Entre Gentilshommes quand à la préseance se regle par l'âge, les femmes sont obligées de suivre le rang de leurs maris ; ainsi celle qui est plus âgée que la femme du plus vieux Gentilhomme ne peut prétendre pour cela le pas. Arrêt du Parlement de Roüen 5. Août 1683. *Basnage*, *sur l'article* 142. *de la Coûtume de Normandie.* Il seroit assez extraordinaire qu'une femme osât se parer de ses années, & qu'une contestation pour le pas l'emportât dans son cœur sur le désir de passer pour jeune. Ce seroit opposer une ridicule ambition à une vanité naturelle.

PRE'SEANCE, GENDARMES.

Voyez cy-dessus *le nomb.* 47. *& suiv.*

86 PRE'SEANCE, GENTILSHOMMES.

Un Conseiller d'un Présidial a dans sa Jurisdiction la préseance sur un Gentilhomme quoique plus âgé. Arrêt du Parlement de Normandie rapporté par *Basnage sur l'article* 142. *de cette Coûtume.*

87 L'Ordre de Chevalier de saint Michel ne donne point de préseance. Arrêt du Parlement de Roüen du 27. Juillet 1648. qui a jugé entre trois Gentilshommes, dont il y avoit un Chevalier de saint Michel, que les anciens auroient la préseance sans avoir égard à la qualité de Chevalier de saint Michel. *Basnage*, *ibidem*.

88 De tous les Officiers du Présidial il n'y a que le Lieutenant General seul qui ait la préseance sur les Gentilshommes plus âgez que luy ; encore doit-il être en habit décent. Arrêt du Parlement de Roüen des 4. Avril 1659. & 19. Mars 1660. rapporté par *Basnage*, *ibidem*.

JUGE DE LA PRESE'ANCE.

89 Cette question s'étant autrefois presentée entre les Chanoines & Chapitre de l'Eglise de saint André de Chartres, & les Abbez de saint Pierre & de saint Jean en Valée de la même Ville, appellans d'une Sentence renduë par l'Archevêque de Sens, ayant été deboutés de la prétention qu'ils avoient d'avoir séance en public avec les Chanoines de l'Eglise Cathedrale de la même Ville de Chartres ; le Parlement ayant trouvé qu'il y avoit de la difficulté, sur ce que les Avocats avancerent dans leur Plaidoyé, appointa la parties au Conseil le 23. Juillet 1571. *Définit. Can. p.* 684.

90 Les Evêques peuvent prendre connoissance sommairement en personne, & par provision des differends qui arrivent touchant la préseance ; comme il fut jugé au Parlement de Paris, sur l'appel comme d'abus interjetté d'une Ordonnance de M. l'Evêque d'Amiens, renduë pour l'ordre, rang, & préseance que les Curez de la Ville devoient garder aux Processions generales, & autres assemblées publiques. Arrêt du dernier Janvier 1639. rapporté dans le Recüeil de *Bardet*, *tome* 2. *livre* 8. *chap.* 5.

PRE'SEANCE DES LIEUTENANS.

91 Le premier Avril 1572. aux Arrêtez generaux du Parlement de Toulouse, le Juge-Mage de Nîmes étant assis au bout du banc pour oüir les Arrêtez, arriva Nosieres Juge Criminel & Noël Lieutenant principal du Sénéchal de Toulouse, lesquels voulurent précéder ledit Juge-Mage : sur quoi y ayant eu contestation, après une déliberation, la Cour ordon-

né, qu'attendu l'absence du Juge-Mage de Toulouse, lequel est representé par le Juge Criminel, & que c'est en la Sénéchaussée de Toulouse, ledit Juge Criminel seroit assis devant ledit Juge-Mage, & ledit Lieutenant Principal après, comme au livre 6. des Parlemens, il est dit que M. de Saint Jory second Président du Parlement de Toulouse, comme representant ledit Parlement a précédé le premier Président en l'assemblée convoquée par le Roy Henry IV. à Roüen pour la Police de son Royaume. Reglement de la Rocheflavin, chap. 1. Art. 1.

92   Un Lieutenant General dans des ceremonies publiques par ordre du Roy a la préséance sur les Nobles, autrement non. Arrêt du Parlement de Normandie du 3. Mars 1617. rapporté par Basnage sur l'art. 142. de cette Coûtume.

93   Arrêt du Parlement de Provence du 10. Mars 1624. qui ordonne que le Lieutenant Particulier conduira le Corps du Siege en l'absence du Lieutenant Principal, & qu'il précedera le Lieutenant des soûmissions. Boniface, to. 1. livre 1. tit. 14. n. 3.

94   Le Lieutenant Civil doit précéder le Lieutenant Criminel, quoique le Criminel ait été le premier reçû & installé. Arrêt du Parlement de Paris du 18. Septembre 1656. Henrys to. 2. liv. 2. q. 5.

94 bis.   Reglement du 18. Juin 1675. entre le Lieutenant de la Comté de Carces, les Juges d'Appeaux des lieux, le Lieutenant de Juge & les Consuls, en la séance au banc de l'Eglise, en l'assistance aux encheres, & Présidence en l'Election Consulaire. Boniface, to. 3. li. 1. tit. 8. chap. 10.

95   Arrêt du 13. May 1678. qui donne voix déliberative & distribution des procez en la Jurisdiction des submissions, & donne la préséance au Lieutenant Particulier Criminel, Assesseur au Siege de Draguignan: & donne encore l'amende de 300. livres pour le désistement de cedule évocatoire. Boniface, ibidem, chap. 11.

96   Au Bailliage de Loudun le Lieutenant Criminel précede le Lieutenant Particulier aux affaires civiles. Arrêt du 12. May 1657. Notables Arrêts des Audiences, Arr. 1. De la Guesliere, to. 2. liv. 1. chap. 10. rapporte le même Arrêt.

PRESEANCE, MARECHAUSSE'E.

97   Arrêt du Conseil du 26. May 1634. portant que le Prévôt des Maréchaux de Montfort precedera dans toutes les assemblées les Officiers de l'Election & Prévôt Royal. Recueil de la Maréchaussée, p. 534.

98   Arrêt du Conseil d'Etat du 8. Février 1666. portant Reglement entre les Officiers du Parlement de Provence, la Cour des Comptes, Aydes & Finances, & les Présidens, Tresoriers Generaux des Finances, sur le rang & séance aux ceremonies & assemblées publiques & particulieres. Boniface, tome 1. liv. 1. tit. 14. n. 7.

99   Declaration du Roy du 30. May 1693. qui fixe le rang & séance des Officiers des Maréchaussées, en execution de la Declaration du 6. May 1692. Recueil de la Maréchaussée de France, p. 1095.

PRESEANCE, MARGUILLIERS.

100   Arrêt du Parlement de Paris qui accorde la préséance aux Curé & Marguilliers de sainte Hypolite, contre ceux de saint Medard; il n'est point daté. Voyez les Définit. Can. p. 683.
Voyez cy-dessus le nomb. 26.

PRESEANCE, MEDECINS.

101   La séance a été donnée dans la Maison de Ville à un Consulaire par dessus un Medecin, par Arrêt du Parlement de Provence du 3. Mars 1674. Boniface, tome 4. liv. 10. tit. 2. ch. 14.

102   Le rang des Medecins qui viennent s'établir dans une Ville ne se regle pas par le temps de leur établissement, mais par le jour de la date de leurs titres de Docteurs. Arrêt du Parlement de Paris du 30. May 1686. Au Journ. du Palais in folio, tome 2. p. 606.

PRESEANCE, NOTAIRES.

103   Arrêt du Parlement de Paris du 16. Juillet 1611. pour la préséance, au profit des Notaires de la Ville de Bourges, contre les Procureurs du Bailliage & Siege Présidial de la même Ville. V. les Chartres des Notaires, chap. 8. p. 527.
Voyez cy-dessus le nombre 45.

PRESEANCE, OFFICIERS DU GUET.

104   Differend pour la préséance entre le Major & Chevalier du Guet de la Ville de Lyon; sur ce differend, hors de Cour, parce que l'un & l'autre n'ont point de rang, & qu'ils étoient sans action ni fondement. Voyez Henrys; c'est au tome 2. livre 2. quest. 21. qui ne rapporte point l'Arrêt.

OFFICIERS DU PARLEMENT.

105   De la préséance entre les Officiers des Parlemens. Voyez le mot Parlement, nomb. 75. & suiv.

PRESEANCE, OFFICIERS ROYAUX.

106   Entre les Officiers le rang se donne du jour de la reception; le survivanciaire ne prend son rang que du jour de son service actuel. V. M. le Prêtre, 4. Cent. chap. 71.

107   Le premier reçu n'est pas toûjours préféré. Arrêt du Parlement de Paris du 28. Juin 1325. pour Monsieur le Président Brûlard, contre Monsieur Guy Conseiller. Papon, liv. 6. tit. 2. n. 5.

108   L'Officier reçu en survivance n'a point exercé ne peut préceder ceux depuis reçûs qui ont exercé. Arrêt du P. de Paris du 11. Juillet 1551. Papon, ibidem.

109   Par Arrêt du Parlement de Bretagne du 22. Octobre 1571. reglement entre le Juge Criminel de Nantes, & autres Juges; il est dit que le Sénéchal, Alloüé, & Lieutenant General, précederont le Juge, & le Juge le Lieutenant Particulier, & Juges Présidiaux. Du Fail, liv. 2. chap. 402.

110   Il faut faire difference des Officiers Royaux avec les Officiers Bannerets; à l'égard des premiers, les Lieutenans en tant que Magistrats doivent preceder les Consuls. Arrêts du Parlement de Toulouse des 13. Novembre 1589. & 15. Janvier 1594. Il n'en est pas de même à l'égard des Lieutenans de Juges aux Jurisdictions Bannerettes; car quoique le Juge precede les Consuls suivant ce qui se pratique en la Ville du Puy où le Juge de l'Evêque précede les Consuls; & suivant un Arrêt du 9. Janvier 1597. toutefois les Consuls ont le pas sur les Lieutenans; mais quand un Seigneur d'un lieu, ne le fût-il que pour la quatriéme partie de la Jurisdiction, établit, un simple Baile pour la conservation de ses droits; ce Baile en tant qu'unique Officier du Seigneur, a droit de préceder les Consuls. La Rocheflavin, livre 1. tit. 39. Arr. 2.

111   Un Elû à la Rochelle étoit pourvû par le Roy lorsqu'il n'étoit que Roy de Navarre, & depuis confirmé par luy étant Roy de France; il fut jugé qu'il precederoit deux autres Elûs qui avoient été pourvûs par le Roy Henry III. medio tempore. Arrêt du 30. Decembre 1591. en la Grand'-Chambre, qui connoissoit des Aydes. Bibliotheque de Bouchel, verbo Préséance.

112   Arrêt du Parlement de Provence du 20. Octobre 1639. qui donne la préséance aux Officiers Royaux, à l'exclusion des Municipaux; il fut dit que le Procureur du Roy en la Judicature de Peiroles auroit séance immediatement après le Juge & le Viguier. Boniface tome 1. liv. 1. tit. 14. & 25. n. 1. Il rapporte au même endroit un Arrêt du 25. Février 1658. qui a jugé le contraire, à raison de la possession prouvée, & de la Coûtume locale.

113   Arrêt du 15. Mars 1679. qui donne la préséance au Juge Royal de la Ville de Brignole pardessus le Viguier de la même Ville, en toutes assemblées Boniface, tome 3. liv. 1. tit. 2. chap. 3.

114   Sans s'arrêter à l'intervention du Seigneur Evêque d'Evreux, en toutes les assemblées politiques & autres, où les Chapitre & Chanoines d'Evreux ne

feront aucune fonction Ecclefiaftique , le Corps &
la Compagnie des Officiers du Siege Préfidial d'E-
vreux aura la préfeance fur le Chapitre, de Corps à
Corps, & Deputez à Deputez ; qu'en toutes Affemblées publiques & particulieres les Préfident , Lieutenant General , Criminel & Particulier , auront la
préfeance fur toutes les Dignitez & Chanoines du
Chapitre, & que les Dignitez dudit Chapitre precederont auffi les Confeillers, &c. & que lefdits Confeillers , Procureur & Avocat du Roy auront la préfeance fur lefdits Chanoines de particulier à particulier,& où lefdits Chanoines ne feront fonctions Ecclefiaftiques ; & au *Te Deum* les Officiers ne pourront occuper que huit chaifes du Chœur après lefdits Chanoines feulement , fans que les Greffiers ,
Procureurs & autres Officiers inferieurs en puiffent
remplir aucune qu'après que les Officiers dudit Chapitre habituez, ou Chapelains feront placez , les Officiers ne feront précedez par leurs Huiffiers entrant
dans le Chœur , mais feront conduits en leur place
par un Bedeau , &c. Jugé au Grand Confeil le 28.
Avril 1679. *Journal du Palais.*
Voyez cy-après le nomb. 125.

PRE'SEANCE , OFFICIERS DES SEIGNEURS.
Voyez cy-deffus *le nomb.* 58. *& fuiv.*

115 Préfeance des Officiers des Abbayes de Corbie &
Fefcam, fur ceux du Grenier à Sel. *Mem. du Clergé,*
tome 3. *part.* 3. *page* 317. *& fuiv.*

116 La préfeance dans l'Eglife ajugée au Juge Banneret
contre le Juge Royal de la plus prochaine Ville, parce
que l'Eglife étoit fituée dans la Seigneurie du Seigneur du Juge Banneret. Arrêt du P. de Touloufe du
29. Août 1614. *Dolive, Actions forenfes,* 3. *part. action* 3.

117 Le Prévôt Royal d'une Juftice fubalterne, Avo-
cat au Bailliage & Siege Préfidial a été confervé
en la poffeffion d'y préceder tous les Avocats dans le
Barreau , quoique moins ancien que luy. Arrêt du
Parlement de Paris du 16. Janvier 1635. rapporté par
Du Frêne, livre 3. *chap.* 8.

118 Arrêt rendu au Parlement de Provence le 23. Jan-
vier 1645. par lequel la préfeance a été donnée au
Cofeigneur qui exerçoit actuellement la Jurifdiction.
Boniface, tome 1. *liv.* 1. *tit.* 14. *n.* 6.

PRE'SEANCE , PARENS.

119 Par Arrêt du Parlement de Normandie du 21. Juillet 1609. il fut ordonné entre deux coufins que le
fils de l'aîné, quoique moins âgé que l'autre , le
précederoit aux honneurs de l'Eglife. Par autre du
mois de Mars 1610. rendu entre l'oncle & le neveu
pour la préfeance en la Paroiffe de Foucrainville, où
ils n'avoient aucun droit de Patronage, il fut jugé
pour le neveu , quoique beaucoup plus jeune, parce
que l'oncle étoit fon Vaffal ; cet Arrêt fondé fur un
autre de la Cour Souveraine de l'Echiquier de Normandie tenu à Roüen au terme de faint Michel 1366.
Bibliot. Can. to. 2. *p.* 170. *Glof.* 1.
Le fils du frere aîné doit préceder l'oncle. Arrêt
du Parlement de Normandie du 23. Mars 1610. rapporté par *Bafnage fur l'article* 142. *de cette Coût.*

PRE'SEANCE , PRESIDENS.

120 Arrêt du Grand Confeil du 13. Février 1584 concernant les titres, qualitez, rangs & préfeances des Préfidens des Requêtes du Palais à Touloufe, en l'exercice de leurs états en leur Chambre. *V. la Biblioth.*
de Bouchel , verbo *Préfeance.*

121 M. le Févre pourvû d'un Office de Préfident au
Grand Confeil , menacé d'oppofition de la part du
fieur d'Orfey Confeiller au Grand Confeil, pourvû
en furvivance d'un Office de Préfident, convint par
écrit de luy laiffer la préfeance. Le fieur d'Orfey ayant
été long-temps depuis reçû , le rang luy fut contefté
par le fieur le Févre , en confequence de fa reception
precedente : mais fuivant la convention , par Arrêt
du 2. Juillet 1589. elle fut confirmée au fieur d'Orfey. Autre Arrêt du Grand Confeil au profit du

même fieur d'Orfey , contre le fieur de Bourgneuf,
en confequence des conventions faites entr'eux. *Bi-*
bliotheque de Bouchel , verbo *Rang.*

Monfieur de Nefmond fils Confeiller au Grand
Confeil eft pourvû d'une Charge de Préfident au
Parlement de Bourdeaux , par la refignation de fon
pere , fous la referve de quatre années d'exercice, en
1582. le fils eft reçû, & prête ferment: En 1686. le Roy
proroge l'exercice pour quatre autres ans : en
1587. le fieur de Gentils fe prefente pour être reçû
dans une même Charge. Le fieur de Nefmond fils
s'oppofe pour la préfeance. Il eft convenu qu'elle
luy appartiendra. Autre Préfident fe fait recevoir :
pareille oppofition, femblable accord. Ces nouveaux
pourvûs entreprirent enfuite d'y contrevenir. Arrêt
du Confeil du Roy le 14. Octobre 1590. qui juge
la préfeance en faveur du fieur de Nefmond fils : défenfes aux fieurs Gentils & Babiaut de le troubler,
à peine de 4000. écus d'amende. *Bibliotheque de Bou-*
chel , verbo *Renonciation au rang.*

121

Queftion pour la préfeance entre Meffieurs de la
Lande & Bernet Préfidens au Parlement de Bourdeaux , jugé en faveur du fieur Bernet. *V. Bouchel,*
ibidem , verbo *Préfeance, p.* 979

123

Préfeance des préfidens au Parlement de Touloufe. *Voyez le Recueil d'Efcorbiac , titre* 6. *chapitre* 11.
& fuivans.

124

PRE'SEANCE , PRESIDIAUX.
Officiers du Préfidial de Touloufe, & de leur préfeance. *Voyez le Recueil d'Efcorbiac, tit.* 6. *chap.* 10.
& fuiv. & cy- deffus *le nomb.* 114.

125

PRE'SEANCE , PRINCES.
Edit portant que les Princes du Sang, Pairs
de France , précederont & tiendront rang felon
leur degré de confanguinité, devant les autres Princes & Seigneurs Pairs de France, de quelque qualité qu'ils puiffent être , tant és Sacres & Couronnemens des Rois, qu'és Séances de Cours de Parlemens , & autres quelconques Solemnitez , Affemblées , & Ceremonies publiques, fans que cela puiffe plus à l'avenir être mis en difpute ni controverfe
fous couleur de titres & priorité de Pairies des autres Princes & Seigneurs , ne autrement , pour quelque caufe & occafion que ce foit. A Blois en Decembre 1576. regiftré le 8. Janvier fuivant. *Ordonnances*
de Fontanon tom. 2. *p.* 32.

126

Declaration portant qu'aucune perfonne fous prétexte d'érection de Duchez, Marquifats , Comtez ,
& autres titres, excepté les Princes du Sang, & les
quatre Maifons de Princes qui font dans le Royaume , & les Ducs de Joyeufe & d'Efpernon , ceux
dont les terres ont été érigées par le défunt Roy
Henry , ne pourra préceder , marcher, ni devancer
en quelque lieu que ce foit , aucuns Officiers de la
Couronne , &c. A Saint Germain en Laye le 3. Avril
1582. Regiftré le   du même mois. *Du Chêne Hif-*
toire des Chancel. p. 648.

117

PRE'SEANCE , PROCESSION.
De l'injure faite dans une proceffion à celuy qu'on
ôte de fon rang, le coupable ne s'en peut excufer
fur une Ordonnance du Vicaire de l'Evêque, où
l'intereffé n'a été ni appellé, ni confentant. Arrêt du
Parlement de Grenoble de l'année 1533. en faveur du
Seigneur Banneret d'Ambrun, qui s'étoit toûjours
maintenu dans la poffeffion de marcher aux Proceffions incontinent après les Magiftrats & Juges de la
Ville. *Baffet, tome* 2. *liv.* 9. *tit.* 6. *chap.* 1.

128

PRE'SEANCE , PROCUREURS.
Arrêt du Parlement de Provence du 13. Avril 1665.
qui a adjugé la préfeance aux Procureurs, contre les
Huiffiers au Parlement , à l'exception que le premier
Huiffier les précedera, hormis le Procureur des pau-
vres qui précedera. *Boniface , to.* 1. *li.* 1. *tit.* 14. *n.* 8.

129

PRE'SEANCE , PROCUREUR DU ROY.
Voyez cy- deffus *le nomb.* 27.

130

Procureur du Roy précede le second Avocat en tous lieux. Arrêt du Parlement de Bretagne du 2. Février 1569. *Du Fail*, *livre 3. chap.* 111. où il eſt obſervé que le ſecond Avocat du Roy au Préſidial de Rennes a été créé en 1557.

131 La qualité de Procureur du Roy ne donne aucun privilege pour la préſeance dans les Egliſes, au préjudice du Patron. Jugé le 29. Mars 1607. pour le ſieur de Senneville, contre le Procureur du Roy de la Ville de Pont-l'Evêque. *Biblioth. Can. to. 2. p. 170. col. 1.*

132 Le Procureur du Roy d'une Juſtice Royale a la préſeance ſur tous les procureurs & Bourgeois d'une Ville, quoiqu'il ne ſoit pas Procureur du Roy. Arrêt du Parlement de Dijon du 13. Juin 1617. *Bouvot*, *tome 2. verbo Procurations*, *queſt.* 15.

133 Les Avocats & Procureurs du Roy doivent préſeoir les Avocats. Arrêt du Parlement de Dijon du 16. Avril 1619. *Bouvot*, *ibidem*, *queſt.* 17.

134 Le Procureur du Roy d'une Prévôté & Châtellenie Royale, doit précéder les Juges & Controlleurs Greneticrs établis en la même Ville. Arrêt du 14. Janvier 1628. rendu au Grand Conſeil. *Henrys tome* 1. *livre 2. chap. 4. queſt.* 11.

135 Arrêt du Parlement de Provence du 15. May 1646. qui regle la préſeance entre l'Avocat du Roy qui a une Charge au Siege unie, & les Conſeillers au même Siege ; la proviſion fut accordée à l'Avocat du Roy, lequel étoit Aſſeſſeur, & avoit la priorité de la reception. *Boniface*, *tome* 1. *liv.* 1. *tit.* 14. *n.* 4.

136 Le Procureur du Roy aux aſſemblées publiques doit aller après le Vice-Bailly, & précéder les Conſuls. Arrêt du Parlement de Grenoble du 1. Août 1653. *V. Baſſet*, *tome* 1. *liv.* 2, *tit.* 8. *chap.* 1.

137 Reglement pour la préſeance entre l'Avocat & le Procureur du Roy au Bailliage de Dreux ; le Procureur comme plus ancien en reception précédera l'Avocat, & tiendra les Audiences par préference, & ainſi de l'Avocat du Roy quand il ſera le plus ancien en reception. Arrêt du 29. Janvier 1669. *De la Gueſſ. tome* 3. *liv.* 3. *chap.* 2.

PRE'SEANCE, RELIGIEUX.

138 *Voyez cy-deſſus les nomb.* 3. *& 4.*

Les Religieux de l'Abbaye Saint Remy de Reims prétendoient avoir droit, & par poſſeſſion immemoriale, Jugement de l'Archevêque, & Sentence des Requêtes du Palais, ils avoient obtenu qu'au jour & veille de la Dedicace de l'Egliſe de l'Abbaye S. Nicaiſe de Reims, quatre d'entr'eux auroient ſeance & préſeance au deſſus de tous, immediatement après l'Abbé & Prieur. La Cour a dit, mal & abuſivement par l'Archevêque, la Sentence des Requêtes au neant, en émandant déboutés ceux de Saint Remy ; abſous ceux de Saint Nicaiſe, ſans toutefois préjudicier aux Societez cy-devant & d'anciennete contractées entre les parties, & de ſe pouvoir viſiter mutuellement és jours de Fêtes de Dedicace de leurs Egliſes, & ſe rendre honneur éſdites viſitations reciproquement les uns aux autres, ainſi que bons Freres & humbles Religieux doivent faire. Ce ſont les propres mots de l'Arrêt prononcé le 14. Août 1607. *Corbin*, *ſuite de Patronage*, *ch.* 201.

139 Arrêt du Parlement de Provence du 22. Juin 1671. qui a donné la préſeance aux Peres de Saint Antoine ſur les Dominicains, Auguſtins, Carmes, & autres Religieux Mendians, fors aux Proceſſions & ceremonies publiques. *Boniface*, *tome* 3. *livre* 7. *titre* 9. *chap.* 1.

140 Arrêt du 17. Novembre 1687. qui donne la préſeance aux Peres Carmes dans les Ceremonies publiques, pardeſſus les Religieux de la Mercy, & la préſeance aux Quêteurs de la Mercy dans la Quête, pardeſſus les Quêteurs des Carmes. *Boniface*, *ibidem* *chap.* 2.

Voyez cy-après, *verbo Religieux.* §. *Religieux*, *Préſeance.*

PRE'SEANCE, ROY.

141 De la préſeance düe aux Rois de France, & autres Princes. *Voyez la Bibliotheque du Droit François par Bouchel*, *verbo Préſeance.*

PRE'SEANCE, TRESORIERS DE FRANCE.

142 Par Arrêt du Conſeil d'Etat du 16. Avril 1680. entre les Officiers du Bailliage & Préſidial d'Amiens, & les Treſoriers de France, Le Roy en ſon Conſeil, faiſant droit ſur l'inſtance, a ordonné & ordonne, qu'en toutes Aſſemblées & Ceremonies particulieres, & particulier à particulier, les Préſidens & Lieutenant General du Préſidial d'Amiens, précederont les Préſidens & Treſoriers de France ; & les Préſidens & Officiers du Bureau précederont le Lieutenant Criminel, & tous les autres Officiers du Préſidial ; a renvoyé les parties à ſe pourvoir au Parlement de Paris, ſur la demande de ſe la qualité de Lieutenant General Criminel, pour y être fait droit, ainſi qu'il appartiendra. *V. L'Auteur des Obſervations ſur Henrys*, *tome* 2. *liv.* 2. *qu.* 28. Ce même Arrêt a été declaré commun le 11. Octobre 1684. avec les Officiers de la Ville d'Orleans.

PRE'SEANCE, VICAIRE.

143 La préſeance ne pouvant être conteſtée à l'Evêque par le Procureur du Roy, ne peut l'être pareillement à ſon Grand Vicaire qui le repreſente. *Voyez M. le Prêtre*, *4. Cent. ch.* 67.

PRE'SENCE.

1 *Qui præſens eſt . & non contradicit , juri ſuo renunciare cenſetur , ut Notarius Payen.* Arrêt du 21. Mars 1582. *Anne Robert*, *rerum judicat. li.* 4. *ch.* 14. M. le Prêtre, 1. *Cent. ch.* 39. Voyez M. Valla, *de rebus dubiis*, *tract.* 10.

2 *Sola præſentia non nocet, niſi adſit ſubſcriptio.* Jugé le 1. Mars 1611. *& ſic Mercator qui interfuerat nuptialibus tabulis inſtitoris ſui, cui paulo ante 500. aureos mutuaverat, nec ſubſignaverat, prælatus fuit viduæ quæ 200. aureos marito dederat in dotem.* Mornac, *loy* 39. *ff. de pignoratitiâ actione*, *l.* 8. *de reſcindendâ vendit.* où il y a Arrêts contre celuy qui a ſigné, dés 27. Juillet 1581. & 7. Septembre 1584.

3 Préſence des Chanoines au Chœur. *Voyez les mots Abſent*, *Chanoines*, *Diſtributions*, *Réſidence.*

PRE'SENT.

1 PReſent. *Munus. Donum. V. Don gratuit.* Preſent de Nôces. *Sponſalitia. Arrha ſponſalitia. Munera ſponſalitia.*

2 Preſens faits aux Juges. *Voyez* le mot *Juge*, *nomb.* 298. *& ſuiv.*

3 De ceux qui font & prennent dons prohibez. *Voyez les Ordonnances recueillies par Fontanon*, *tome* 1. *livre* 3. *titre* 15. *p.* 588.

4 De la Chambre Criminelle, dite la Tournelle, enſemble des procez criminels, & de l'inſtruction d'iceux, amendes & remiſes d'icelles, & de la punition de ceux qui prennent & font dons pour corrompre Juſtice. *Joli des Offices de France*, *tome* 1. *liv.* 1. *tit.* 5. *p.* 34. *& 35. & aux Additions pag. v. lxxiv. cviij, cviiij. cix.*

5 Des Dons permis aux Officiers de Judicature. *V. M. Bruneau en ſon traité des Criées*, *page.* 560.

6 Edit contenant prohibitions aux Gouverneurs & Préſidens, & à tous autres de recevoir dons & preſens pour aſſiſter aux Etats, ou autrement, *fol.* 41. *li.* 7. *ordinat.* La Rocheflavin, *livre* 6. *titre* 47. *Arrêt* 4.

7 Défenſes aux Préſidens & Conſeillers d'accepter ou prendre des preſens des parties, ſuivant l'Ordonnance de Charles IX. aux Etats d'Orleans, *art.* 43. qui porte exception de la venaiſon & gibiers pris és Forêts des Princes ou Seigneurs qui les donneront. *Mainard*, *tome* 1. *livre* 1. *chap.* 86. où il rapporte un Arrêt du Parlement de Paris du 3. Juin 1494. cité

par Rebuffe fut la même Ordonnance, qui condamnâ un Sollicireur de procez, pour avoir mis deux écus dans une Requête prefentée à un Conseiller, de faire amende honorable, avec défenses de solliciter.

8 Les Magiftrats ne doivent recevoir des prefens des parties directement, ni indirectement. *V. la Roche-flavin*, *des Parlemens de France*, *liv. 8. ch.17.*

PRESENTATION.

1 L'On diftingue icy la prefentation qui eft un exercice du droit de Patronage, & la prefentation, qui eft la comparution d'un Procureur conftitué par une partie affignée.

PRESENTATION DES BENEFICES.

Voyez le mot Patron, *nomb. 162. & fuivans*, & les mots Collation, Ordinaire, Provifions.

La prefentation eft un acte, par lequel le Patron, ou autre qui a droit de prefenter, prefente à l'Ordinaire un Clerc capable, pour avoir fa collation & inftitution du Benefice, auquel le Clerc eft prefenté.

2 Afin que la prefentation ait fon effet, il faut trois chofes, la prefentation du Patron, l'acceptation du Clerc prefenté, & l'approbation de l'Ordinaire; en ce cas elle empêche la prévention du Pape, parce que les Lettres de prefentation ne donnent aucun droit fans l'autorité de l'Evêque; c'eft la difpofition du chapitre, *quod autem, de jure patronat. antequàm prefentatio per Diœcefanum Epifcopum approbetur, ratum non eft quod à Patrono fuerit inchoatum.*

3 *Inftitutio prefentati ad beneficium juris Patronatûs, uti necefaria fit, & quo ordine promoveatur.* Voyez Lotherius *de re beneficiariâ*, liv. 1. qu. 13.

4 La provifion ne confifte en la prefentation, & le prefenté ne doit être examiné par le Collateur. *Tournet, lettre P. Arr. 208.*

5 Quand fur deux prefentations il y a deux provifions. *Voyez Peleus, qu. 47.*

6 Une perfonne malade réfigne fon Benefice, le Patron donne fa prefentation à quelqu'autre, lequel en confequence de cette réfignation, & fur cette prefentation eft pourvû & inftitué dans ce Benefice par le Collateur ordinaire. Si ce réfignant décede dans les vingt jours, il eft conftant que le Patron, foit Ecclefiaftique, foit Laïc, ne pourra pas prefenter une feconde fois à ce Benefice, comme vacant par mort, d'autant que la regle des vingt jours n'a pas lieu à l'égard des Ordinaires. Si après avoir admis la réfignation, mais avant que l'Ordinaire eût conferé le Benefice réfigné au prefenté par le Patron, le réfignant vient à déceder, le Patron Ecclefiaftique, auquel la variation eft défenduë, ne pourra pas revoquer fa prefentation, quoiqu'encore en fon entier. A l'égard du Patron Laïc, qui a la liberté de varier jufques à l'inftitution parfaite, il pourra donner une autre prefentation, fuivant la difpofition du chapitre, *quod autem ext. de jur. Patron.* Voyez Maître Charles du Moulin, *fur la regle de infirmis, n. 332.*

7 Pour rendre legitime la prefentation faite par le plus grand nombre des Patrons, il faut qu'ils foient tous prefens, ou du moins appellez. Mais la prefentation faite par le plus petit nombre, pourroit valoir, fuppofé que le plus grand nombre eût fait refus de fe trouver au lieu où l'on devoit proceder à la prefentation. C'eft la décifion de M. Charles du Moulin fur le chapitre, *quoniam de jure Patronatûs*, & au nombre 53. de fon Commentaire fur la regle *de infirmis*, il dit que quand la prefentation appartient en même temps à plufieurs perfonnes, elle doit être donnée par eux conjointement, *collegialiter*. Si elle étoit fignée feparément, elle ne vaudroit.

8 Mornac fur le titre, *de Curato. bon.* rapporte deux Arrêts, qui ont jugé, qu'y ayant un Curateur créé à un bien faifi réellement, le Seigneur dominant ne pouvoit nommer aux Benefices qui vien-

droient à vaquer, dépendans du Patronage annexé au bien faifi, mais que ce droit appartenoit au proprietaire, qui ne pouvoit être depoüillé que par l'adjudication, parce que c'eft un droit honorifique, qui n'appartient ni aux Fermiers, ni au Sequeftre, ni à un Commiffaire.

9 Quand il y a procez entre deux Patrons fur la propriété du Patronage, l'Evêque confere librement, lorfqu'il n'apparoît pas dans les quatre mois qui des deux eft le veritable; en forte qu'en ce cas-là, le Patron perd fon droit de prefentation pour cette fois feulement. *Bibliot. Canon. to. 2. p. 190.*

10 Un prefenté ne faifant apparoir de fa prefentation, on demandoit qu'il eût à en juftifier: fur fa réponfe, qu'elle étoit demeurée pardevers le Collateur, on jugea qu'une pareille demande ne convenoit qu'au Patron. Il femble neanmoins que la prefentation foit partie du titre, autrement ne vaudroit l'inftitution, *quia Epifcopus non poteft inftituere fine præfentatione.* Ibid. p. 174. col. 2.

11 Par Arrêt du Parlem. de Roüen du 25. May 1515. il a été jugé que la prefentation faite par un mineur de vingt ans, étoit preferable à celle qu'il avoit faite depuis avec fes tuteurs en variant. *Berault, fur la Coûtume de Normandie art. 69.*

12 Par Arrêt du même Parl. de Normandie du deux Septembre 1552. rapporté *par Berault fur la Coûtume de Normandie, titre de Gardenoble, article 227.* fut declarée valable la prefentation à un Benefice, qui avoit été faite par une fille mineure, fortie de garde par fon Mariage.

13 Lorfque par le Titre de fondation, il eft dit, que c'eft pour prefenter par le plus prochain des heritiers; en ce cas l'aîné n'a pas plus de droit que le puîné; ils doivent concurremment nommer, comme il a été jugé par Arrêt du 29. Mars 1599. rapporté *par Berault fur l'article 69. de la Coûtume de Normandie*, in verbo *Pour prefenter.*

14 Charondas *en fes Réponfes, livre 1. chap. 71.* pofe la queftion entre un vendeur & un acquereur, & le Seigneur dominant, qui ont prefenté trois differentes perfonnes, & dit que par Arrêts de 1544. & 1595. il a été jugé pour l'acquereur; parce qu'à l'égard du vendeur, il n'avoit plus de droit, quoique l'acquereur n'eût pas l'inveftiture du Seigneur, ce défaut d'inveftiture ne concernant que le Seigneur. Quant au Seigneur, la vacance du Benefice étant arrivée avant la faifie feodale, il n'y pouvoit abfolument rien prétendre.

15 Par Arrêt du Parlement de Bretagne, prononcé en Robes Rouges le dernier Octobre 1573 au procez d'entre Meffire Henry d'Ezouannon, & Meffire Jean Lepriol, il a été jugé qu'en droit de prefentation à une Chapelle que le Fondateur a retenu, & refervé par ces mots *primo proximiori, & primogenito feu genitæ* des enfans de fon pere, & à leurs defcendans, les enfans du fils du frere du Fondateur, font preferez aux enfans fortis de la fille, qui étoit née avant le fils. Cet Arrêt eft un des notables du fieur Préfident de Lancreau. *Bibliotheque de Bouchel*, verbo *Prefentation.*

16 Benefice étant à la prefentation de deux Patrons, l'un Ecclefiaftique qui nomme deux fois, l'autre laïc qui nomme une fois, le Pape prévient les deux fois le Patron Ecclefiaftique; le nommé par le laïc maintenu. Jugé au Grand Confeil le 16. Septembre 1585. *Charondas, liv. 7. Rép. 191.*

17 Un feul acte fuffit pour être en poffeffion de prefenter à un Benefice, ou le conferer, pourvû que l'acte n'ait point été contefté ni contredit. *Brodeau fur M. Loüet lettre P. fomm. 20.* Et cet acte ne fait prejudice à la propriété. *M. Dolive, livre 1. ch 25.*

18 La prefentation ne peut fe faire conditionnellement à un Benefice qui fe doit refigner, & n'eft pas encore refigné. Jugé le 22. Decembre 1606. *Peleus, qu. 164.*
Lorfque

19 Lorsque l'acte de la presentation du Patron est venu à la connoissance du Collateur, & luy a été signifié ou notifié, soit qu'il donne sa provision ou non, parce qu'un juste refus vaut collation, en ce cas les choses ne sont plus entieres. *Brodeau sur M. Loüet, lettre P. somm.* 23. Que si la presentation n'a point été notifiée au Collateur, ou qu'elle n'ait point été acceptée, elle n'empêche la prevention du Pape, *eodem loco*.

20 Le presenté par celuy qui est en possession de presenter, encore qu'il ne soit le vrai & legitime Patron, sera preferé au presenté par le vrai Patron : ce n'est pas pour cela que le veritable Patron perde son droit pour une autre fois, pourvû que l'acte de presentation n'ait point été contesté ni contredit. *Brodeau sur M. Loüet, lettre P. somm.* 20. Jugé le 19. Mars 1611. *Voyez Peleus, qu.* 47.

21 Si la presentation à un Benefice appartient à l'Abbé & aux Religieux conjointement, laquelle doit prevaloir ? Cette question fut disputée entre le pourvû à la Cure de Massai Diocese d'Avranches, à la presentation des Religieux du Mont S. Michel ; & le pourvû de la même Cure sur la nomination du Grand Vicaire de M. le Cardinal de Joyeuse, Abbé Commendataire. Le presenté par l'Abbé, disoit que la Presentation est *in fructu*, & que l'Abbé ayant un Grand Vicaire sur les lieux, les Religieux n'avoient dû presenter sans l'appeller. Le presenté par les Religieux soûtenoit sa nomination, par cette raison que la presentation appartenant aux Abbez & Religieux conjointement, les fruits, dont les Patronages faisoient partie, leur avoient été donnez conjointement ; que la presentation se devoit faire dans le Chapitre : & que l'Abbé étant absent, les Religieux pouvoient presenter valablement. Par Arrêt du Grand Conseil du 10. Septembre 1614. prononcé le 14. Decembre, le presenté par les Religieux fut maintenu au plein possessoire. Roüillac rapporte un Arrêt du Parlement de Paris sur deux presentations, l'une faite par le Prieur Commendataire de Sainte Barbe en-Auge ; & l'autre par les Religieux, par lequel le presenté du Prieur fut maintenu : mais la question ne tomboit pas en droit ; car le Prieur avoit été maintenu au droit de presenter par un Arrêt du Parlement de Roüen. *Basnage, sur le* 69. *art. de la Coûtume.*

22 Comme l'on peut avoir le droit de presenter à la premiere vacance, on peut à plus forte raison par le contract de vente d'une terre, stipuler pour soy ou pour ses heritiers, la presentation pour la premiere vacance qui arrivera, comme il a été jugé par Arrêt du Parlement de Roüen du 14. Juillet 1620. rapporté par *Berault sur l'art.* 124. *de la Coûtume de Normandie.*

23 Par Arrêt du Parlement de Paris du 8. Août 1620. pour une des Prebendes de Saint Jacques de l'Hôpital, qui sont à la nomination des Maîtres Gouverneurs de cette Eglise, remarqué par *Brodeau sur M. Loüet lettre P. ch.* 25. il a été jugé que quand l'Ordinaire a refusé un Presenté, qui a interjetté appel de ce refus, *pendente lite*, le Patron peut presenter un autre Clerc, & l'Evêque l'instituer. *Bibliot. Canon. tom.* 2. p. 191.

24 *Basnage sur l'article* 69. *de la Coûtume de Normandie,* rapporte un Arrêt du Parlement de Roüen du 23. Mars 1622. par lequel il a été jugé qu'on peut donner le droit de presenter *ad vacaturum Beneficium,* sans donner son Patronage ; & pour cette raison, il n'est pas necessaire qu'intervienne le consentement de l'Evêque ni du Pape, parce qu'en France le Patronage laïc est patrimonial.

25 *Basnage sur le même article,* rapporte un Arrêt du Parlement de Roüen du 9. Decembre 1636. qui juge qu'il faut que le presenté ait les capacitez au temps de la presentation ; sçavoir la qualité de Clerc ; & qu'il ne suffiroit pas de l'avoir avant l'institution.

Tome III.

26 *M. Dolive, questions notables, liv.* 1. *chap.* 3. rapporte un Arrêt du Parlement de Toulouse, rendu le onze Mars 1632. qui a jugé que le droit de presenter demeure acquis au Patron par la fondation, comme inherent & attaché au Patronage. Il juge encore, que le droit de Patronage se trouvant annexé à un Fief, ou autre chose semblable, lorsqu'il est vendu, passe à l'acquereur sans autre expression, à l'exclusion de l'heritier du Fondateur, suivant l'opinion de du Moulin.

27 La presentation à un Benefice par un interdit Patron laïc, jugée nulle au Parlement de Paris le 27. Mars 1685. *De la Guessiere, to.* 1. *liv.* 8. *chapitre* 44. V. *C. M. titre des Fiefs.* §. 37. hodiè le 55. *Gloss* 10. *nomb.* 18

28 L'Abbé de S. Florent le Vieux, ayant conferé une Cure, à laquelle il avoit seulement droit de presenter, il a été jugé au Grand Conseil au mois de Juin 1688. que les provisions n'étoient pas nulles, mais qu'elles valoient comme presentation. V. *le Journal du Palais* in folio, *tom.* 2. *pag.* 731.

PRESENTATION, FIEF DECRETÉ.

28 bis *An sequester Beneficii, pendente lite, potest præsentare?* Jugé pour l'affirmative au Parlement de Dauphiné : la décision ne passa que d'une seule voix. V. *Franc. Marc. to.* 1. *qu.* 4.

29 La saisie feodale étant faute d'homme, le Seigneur presente au Benefice, *quia præsentationes & collationes sunt in fructu* ; mais si la saisie est faite faute de dénombrement, & que le Seigneur presente une personne, & le Vassal en presente une autre, un tiers se pourvoye en Cour de Rome : jugé au mois de Decembre 1504. pour le presenté par le Vassal, parce qu'il paroissoit au procez que le Vassal avoit fait la foy & hommage, & payé les droits ; outre que le Seigneur qui saisit faute de dénombrement, ne fait point les fruits siens, & par ce moyen le Seigneur n'avoit aucun droit à presenter au Benefice. Maître Charles du Moulin, §. 6. hodiè le 9. titre des Fiefs, *Gloss.* 7. *num.* 3. tient qu'il est comptable des fruits.

30 *Præsentatio Patroni, qui feudum præhendit, utrum præferatur præsentationi factæ per vassallum?* Voyez *C. M.* §. 37. hodiè le 55. *Gloss.* 10. *n.* 36. ubi affert aliquas distinctiones. Voyez *Mornac, Loy* 24. *ff. de contrahendâ empt.*

31 Du Moulin, *sur l'article* 55. *de la Coûtume de Paris.* gl. 10. n. 42. dit que si la question de la validité de la saisie feodale étant pendante, vaquoit un Benefice, l'Evêque ne pourroit pas refuser le presenté par le saisissant & le saisi unanimement ; *secùs,* s'ils n'étoient pas d'accord.

32 *Mornac sur la Loy* 24. *ff. de contrahendâ emptione,* cite un Arrêt du 21. Juin 1610. qui juge que la presentation du Commissaire établi au regime du Fief, est nulle. Ainsi celle du Seigneur saisi subsisteroit.

34 Le saisi pendant la saisie & Criées, même le Bail judiciaire, presente aux Benefices, & non le Commissaire, ni le Fermier judiciaire. *Brodeau, sur la Coût. de Paris, art.* 31. *n.* 15.

PRESENTATION, PROCUREURS.

35 Des presentations & cedules en la Cour. Voyez *Joly, des Offices de France, to.* 1. *liv.* 1. *tit.* 29. p. 290. & *Fontanon, to.* 1. *li.* 3. *tit.* 2. *pag.* 554.

36 Par Arrêt du Parlement de Bretagne du 31. Octobre 1562. défenses aux Procureurs de la Cour de se charger des presentations des causes des Parties, qu'ils n'ayent les productions principales, sur lesquelles les Sentences ont été données, & commandement de conclure comme en procez par écrit, quinze jours après l'assignation échuë. *Du Fail, liv.* 2. *chap.* 168.

37 Arrêt du Parlement de Provence du 20. Decembre 1638. qui ordonne que la presentation est necessaire aux nouveaux adjournemens contre les heritiers en reprise de procez, & constitution de nou-

X

veau Procureur, & non aux adjournemens incidens. *Boniface*, to. 1. liv. 1. tit. 19. n. 6.

38   La prefentation faite le jour même de l'affignation, eft valable, & le défaut obtenu au préjudice, doit être declaré nul. Arrêt du Parlement de Grenoble du 15. Février 1645. rapporté par *Chorier en fa Jurifprudence de Guy Pape*, p. 305.

39   Des prefentations. *Voyez l'Ord.* de 1667. titre 4.

40   Arrêt du Conseil d'Etat du 27. Juin 1671. par lequel, quinze Procureurs de la Cour ont été condamnez chacun en cent liv. d'amende, pour avoir contrevenu à l'Ordonnance du trois Avril 1667. & leur enjoint, & à tous autres, de fe prefenter pour leurs parties aux Greffes des prefentations, & d'y faire enregiftrer leurs Cedules. *Recueil du Dom. pag.* 250.

PRESIDENT.

CHez les Romains le nom de Préfident, *Prafes*, étoit un nom general, qui convenoit aux Proconfuls, & à tous ceux qui avoient l'adminiftration de quelque Province ; mais particulierement à l'Officier qui étoit envoyé par l'Empereur pour la gouverner. Il s'appelloit *Legatus Cafaris* ; ce qui répond à nos Gouverneurs, & Lieutenans de Roy, *Propratores*.

De Officio Prafidis. D. 1. 18. Voyez *Gouverneurs*, *Lieutenans*.

PRESIDENS DU PARLEMENT.

1   *Voyez* le mot *Parlement*, nomb. 80. & fuiv. Des Préfidens des Enquêtes. *Voyez du Luc*, liv. 4. tit. 4. chap. 1.

2   Des Préfidens des Parlemens, & Premiers Préfidens. *Voyez la Rocheflavin*, livre 2. des Parlemens de France.

3   Anciennement les Préfidens des Enquêtes devoient être d'Eglife : ainfi il fut ordonné le 19. Août 1317. Cela n'eft plus obfervé. *Papon*, liv. 4. tit. 6. n. 7.

4   Un Préfident des Enquêtes fait Evêque, ne peut plus être Préfident, quoiqu'il ait Lettres du Roy. *Voyez du Luc*; li. 4. tit. 4. ch. 2.

5   *Forma antecedendi & concludendi in officio Prafidentis trium ftatuum Delphinatûs.* Voyez FRANC. MARC. to. 1. qu. 153.

6   *In Thol. Parl. an. 1454. die 12. Novembris, fuit conclufum per dominos quod nonobftan. abfentiâ Prafidentium procederetur ad lecturam Ordinationum, & pofteà ad judicandum proceffus, & faciendum alias res quæ non effent magni præjudicii, & quod primus Confiliarius laicus præfideret, fed placitationes fuperfederent, ufque ad diem Lunæ expectando Praf lentes.*

In Rarlam. anno 1462. die 13. Novembris, deliberatum fuit per Curiam Tholof. quod tunc proximè inciperetur litigari, nonobftante abfentiâ Prafidentium, & præfideret in caufis civilibus Magifter Ægidius Loquiatoris Prafidens Inquaftarum, & primus Confiliarius Clericus, & in caufis criminalibus primus Confiliarius laicus.

In Parlamento incœpto anno lxx. duodecimâ Novembris fuit per Curiam conclufum in abfentiâ Prafidentium Magifter Ægidius de Lafeur, primus Confiliarius Clericus & Prafidens. V. la Biblioth. de Bouchel, verbo Préfident. p. 1000. Sur ce mot *Clericus*. M. Charles du Moulin dit, *contrarium & meritò fervatur in Senatu Parifienfi, ubi foli laïci funt Prafides, & in abfentiâ Prafidum Senatus, non antiquior fi eft Clericus, fed & laïcus antiquior præfidet, & bonè.*

7   A Touloufe les Préfidens des Enquêtes, hors de leur Chambre, n'ont autre rang ou prérogative que du jour de leur reception. A Paris ils gardent leur rang fur les Confeillers de leurs Chambres, aufquels ils ont préfidé. *Mainard*, liv. 1. ch. 73.

8   Les Confeillers de la Religion Prétenduë Reformée, ne peuvent préfider en l'abfence des Chefs de leur Compagnie. *Voyez Filleau en fes Décifions Catholiques*, décif. 69.

PRESIDENT, PLUMITIF.

Préfident fignera le Plumitif au fortir de l'Audience. *Voyez* le mot *Arrêt*, n. 34.

9   Declaration du 18. Février 1685. fur l'affiftance des Préfidens dans le Jugement des affaires en la Cour des Comptes, Aydes & Finances de Montpellier ; elle porte, Ordonnons que nôtre Declaration du 10. Mars 1681. fera executée en nôtredite Cour des Comptes, Aydes, Finances de Montpellier, ce faifant que lors qu'à l'heure reglée pour entrer en Palais il ne fe trouvera pas de Préfidens pour préfider, on fera obligé d'en aller demander ; fçavoir, de la Chambre & Bureau des Comptes, à la Chambre & Bureau des Aydes, & de la Chambre & Bureau des Aydes à la Chambre & Bureau des Comptes, nonobftant que le fervice defdits Préfidens foit fixe à un autre Bureau & Semeftre que ceux où ils feront appellez pour préfider, & tous ufages à ce contraires, aufquels nous avons dérogé ; voulons neanmoins, & entendons que lors qu'il ne fe trouvera pas de Préfident dans le Palais en ce cas, & non autrement, pour l'expedition des parties, les Confeillers travaillent fans Préfident. *V. les Edits & Arrêts recüeillis par l'ordre de M. le Chancelier en* 1687. Le 22. Juin 1685. eft intervenuë une autre Declaration portant, que lorfqu'à l'heure reglée pour entrer au Palais, il ne fe trouvera pas de Prefident on fera obligé de députer un Confeiller pour en aller demander ; fçavoir, de la Chambre & Bureau des Comptes à la Chambre & Bureau des Aydes, & de la Chambre & Bureau des Aydes à la Chambre & Bureau des Comptes, fans neanmoins que ceux des Préfidens qui n'auront pas fervi pendant l'une des cinq dernieres années dans le Bureau où il n'y aura pas de Préfident puiffe y aller préfider, ni que les Préfidens de Robe Courte puiffent tenir l'Audience ; défendons auffi tres-expreffément au Confeiller de nôtredite Cour de juger des Comptes Inftances, Requêtes, & autres affaires de quelque nature & qualité qu'elles foient fans Préfident, tant qu'il y en aura dans le Palais, en état de pouvoir préfider.

10   Par Arrêt du Conseil d'Etat du premier Septembre 1685. le Roy étant en fon Confeil a ordonné & ordonne que l'article 3. de l'Edit de 1680. fera executé, ce faifant que les Préfidens qui auront opté au commencement de l'année, fuivant leur ancienneté le fervice en chacune des Chambres du Parlement de Provence, ne pourront les quitter pour les procez fe jugeront dans les autres, fans l'ordinaire que de Commiffaires, fi ce n'eft dans les cas portez par ledit article, & pour fuppléer, fi par abfence, maladie, ou legitime empêchement, il ne fe trouve aucun Préfident en quelqu'une defdites Chambres, lequel fupplément fe fera par ordre d'ancienneté, fi mieux n'aime l'ancien demeurer au fervice de la Chambre ; ce faifant que ledit Préfident qui fuppléra, fera tenu de demeurer dans la même Chambre tant & fi long-temps que l'empêchement fubfiftera. Ordonne neanmoins qu'il y en aura toûjours deux à la Tournelle, ainfi qu'à la Grand'-Chambre fuivant le Reglement porté par ledit article, pourvû qu'il refte un Préfident pour le fervice de chacune des Chambres des Enquêtes. Ordonne en outre conformément à l'article 68. de l'Ordonnance de Moulins, qu'il ne pourra affifter au jugement des procez de Commiffaires que dix Juges, y compris les deux Préfidens où il préfidera en cas que l'un des deux ne s'y trouve pas ; & en tant que touche l'ufage des carreaux, ordonne que les Préfidens feuls auront des carreaux de velours fleurdelifé d'or, aux ceremonies où le Parlement affifte, tant dans le Palais que dehors, fans que les Confeillers puiffent s'en fervir ; pourront neanmoins lefdits Confeillers, fi bon leur femble, s'en pourvoir pour leur commodité d'étoffe de laine feulement, & non fleurdelifez, *V. les Edits*

✠ *Arrêts recüeillis par l'ordre de M. le Chancelier en* 1687.

PREMIER PRESIDENT.

1a De la reception à la Charge de Premier Préfident au Parlement. *Voyez M. le Prêtre, troiſième Centurie, chap.* 2.

PRESIDENT, PRESEANCE.

13 *Voyez* le mot *Préſeance, nomb.* 120. & *ſuiv.*

PRESIDENS DES PRESIDIAUX.

13 Des Préſidens Préſidiaux. *Voyez Eſcorbiac, tit.* 1.
bis. où ſont rapportez pluſieurs Declarations.

14 Par Arrêt donné à Tours en la Chambre de la Tournelle au mois d'Octobre 1592. fut interpreté l'article de l'Ordonnance, & jugé que quand l'un des Préſidiaux eſt partie en une cauſe, ſoit Civile ou Criminelle, les Préſidiaux s'en doivent abſtenir, & doit la cauſe être traitée au plus prochain Siege Préſidial. *Bibliotheque de Bouchel, verbo Préſidiaux.*

15 Le Préſident du Préſidial de Montbriſon, le Préſidial ayant été ſupprimé, peut demeurer Préſident Bailliager. Arrêt du Conſeil Privé du Roy du 26. Novembre 1655. *Henrys, tome* 2. *liv.* 2. *queſt.* 7.

16 Si un nouveau Préſidial étant ſupprimé, cette ſuppreſſion porte conſequence pour la ſuppreſſion des Officiers dont il a cauſé la création. *Voyez Henrys, tome* 1. *livre* 2. *queſt.* 1 où vous trouverez un Arrêt du Privé Conſeil, ample, daté du 7. Mars 1654.

17 Le Préſident d'un Préſidial ſupprimé tenant lieu de Préſident, créé au Bailliage, peut préſider au Criminel, ainſi qu'au Civil. Arrêt du Conſeil Privé du Roy du 16. Janvier 1657. *Henrys, tome* 2. *livre* 2. *queſt.* 8.

PRESIDENT DE L'ELECTION.

18 La qualité de premier Préſident aux Elections, ſe regle ſuivant l'ordre de reception. Arrêt du Conſeil Privé du 19. Juillet 1653. *Henrys, tome* 2. *livre* 2. *queſtion* 13.

PRESIDIAL.

Voyez la *Bibliotheque de Joyet*, au mot *Préſidial*, & Filleau, *part.* 1. *tit.* 34.

1 Edit des Préſidiaux, de leur création, & de leur pouvoir. *Voyez Fontanon, tome* 1. *livre* 2. *tit.* 9. *p.* 333. Joly, *des Offices de France, tome* 2. *livre* 3. *tit.* 9. & *aux additions p.* 1846. & *ſuiv. Le recüeil de M. Papon, livre* 4. *titre* 11. & *M. le Prêtre, premiere Cent. chap.* 6.

2 Des Sieges Préſidiaux établis és Villes de Nantes, Coutance, Montpellier, & Nîmes, & des Grands Rapporteurs & Correcteurs des Lettres de Chancellerie de France. *Joly des Offices de France, tome* 2. *liv.* 3. *titre* 17. *p.* 1449. & *aux additions, p.* 1917.

3 *Voyez Henrys tome* 1. *queſt.* 16. *liv.* 2. *chap.* 4. où il parle des ſommes cumulées pour donner aux Juges Préſidiaux la Juriſdiction qu'ils n'auroient point autrement.

4 Du pouvoir des Préſidiaux & des cas & excès dont ils peuvent connoître en dernier reſſort & exemple remarquable pour cela. *Voyez Henrys, tome* 2. *en ſet additions* où vous trouverez deux Sentences du Préſidial de Limoges, avec un Arrêt du Conſeil.

5 Par l'Ordonnance de Moulins article 15. les Préſidiaux peuvent juger ſans appel comme Juges ſouverains & en dernier reſſort, tant en l'inſtruction, incident, que principal de toutes matieres civiles qui n'excedent la valeur de 250. liv. pour une fois payer, & de dix livres de rente ou revenu annuel de quelque nature & condition que ſoient leſdits revenus, & des dépens procedans à cauſe deſdits Jugemens à quelque ſomme que leſdits dépens puiſſent monter, mais non des dommages & interêts deſquels ils ne peuvent juger ſouverainement s'ils excedent ladite ſomme, même en ce compris ce qui eſt du principal. Il eſt vrai que ſi le procez étoit intenté pour les dépens, & que les dépens excedaſſent la ſomme du pou-

voir des Préſidiaux ils ne pourroient en ce cas juger en dernier reſſort. *M. le Prêtre premiere Centurie, chap.* 61.

6 Les Préſidiaux doivent juger, *an bené vel malé*, & prononcer par jugement dernier au Préſidial & non ſouverain; c'eſt pourquoi ils ne peuvent juger par Jugement dernier en interpretation de Coûtume & Ordonnances en déclaration d'heredité. *Voyez les Arrêts de Loüet*; il en eſt de même en retrait lignager pour droits ſpirituels, inſtruire le procez à la Barre, tenir le Subſtitut de M. le Procureur General pour bien relevé d'un appel interjetté ſur le champ. Ils ne peuvent départir le procez en leurs Sieges aux Avocats, ni changer le *dictum* aprés qu'il aura été ſigné. *Voyez la Bibliotheque de Bouchel, verbo Préſidiaux.*

7 Ce n'eſt pas la quantité d'une ſomme certaine qui forme proprement la nature de la Juriſdiction, cela marque ſeulement qu'elle eſt limitée comme l'eſt celle des Préſidiaux, qui par Edit du Roy Henry II. de l'an 1551. eſt limitée à 250. liv. pour une fois payer, ou à 10. livres de rente annuelle, pour en connoître ſouverainement. *Si idem cum eodem pluribus actionibus agat, quarum ſingularum quantitas intra Juriſdictionem judicantes ſit*, come il eſt dit en la Loy 11 ff. *de juriſd.* Graverol *ſur le Reglement de la Rocheflavin, chapitre* 2. *Arrêt* 2.

8 Les inſtances feodales quoiqu'elles ſoient jugées préſidialement ne ſont ſujettes à l'Edit des Préſidiaux; & pour cela la Cour a accoûtumé de connoître deſdites appellations, comme il a été jugé par pluſieurs Arrêts, parce que le droit d'aſſervir ou annoblir une piece ne peut recevoir d'eſtimation, tant pour les lods & ventes, inſtances, droits de prélation, commis, qu'autres droits Seigneuriaux; il eſt vrai que s'il s'agiſſoit ſeulement du payement de quelques droits Seigneuriaux, ſans revoquer en difficulté la Seigneurie feodale, cela pourroit être ſujet à la Juriſdiction préſidiale; & ainſi il faut entendre l'Ordonnance préſidiale, lorſqu'elle parle du payement de dix livres de rente. *Reglement de la Rocheflavin, chap.* 2. *Arr.* 2.

9 Par Arrêt du 29. Février 1559. tout ce que les Préſidiaux de Lyon avoient ordonné par deſſus l'appel fut caſſé, quoiqu'ils euſſent donné le premier jugement en dernier reſſort; & fut decreté tournellement perſonnel contre le plus ancien & le Rapporteur, enſemble contre le Subſtitut de M. le Procureur General, lequel avoit requis que celuy qui avoit appellé du prétendu jugement donné par les Préſidiaux en dernier reſſort fût empriſonné. Par ce même Arrêt il fut enjoint aux Juges Préſidiaux, & aux Greffiers d'inſerer dans les Sentences le nombre des Juges qui auront aſſiſté au jugement, & ſur dit mal & nullement jugé, parce qu'il n'y avoit pas nombre ſuffiſant audit Jugement. *Voyez la Bibliotheque de Bouchel, verbo Préſidiaux.*

10 Préſidiaux ne peuvent commettre l'un d'eux pour oüir les parties à la Barre. Arrêt du Parlement de Paris rendu contre les Préſidiaux de Chartres ſur l'appel de M. le Procureur General, qui dit, que ce feroit faire un ſeul Conſeiller juge en dernier reſſort de pluſieurs conteſtations. Même Arrêt contre le Préſidial d'Orleans, du 4. Juillet 1564. *Papons, li.* 6. *titre* 2. *nombre* 29.

11 Ils ne peuvent ordonner des inhibitions generales. Arrêt du Parlement de Touloſe du 28. Mars 1571. *M. Dolive, liv.* 1. *chap.* 38. & la Rocheflavin, *Reglem. chap.* 2. *Arrêt* 1.

12 Celui qui conſent de proceder devant les Préſidiaux en execution d'Arrêt, &c. ne renonce pas à l'appel de leur Sentence. *Pelens. queſt.* 3.

13 M. Guillaume Glué plaidant à Nantes avec M. Guillaume Guiſchard Com̃is au Greffe Civil, obtient Lettres Royaux en forme d'évocation, adreſſées aux Juges

de Rennes , fondées fur l'Ordonnance qui veut que les procez des Officiers Préfidiaux foient renvoyez au prochain Juge, defquelles il fut débouté par Arrêt du Parlement de Bretagne du 11. Mars 1572. *Du Fail, livre 1. chap.* 340. où il eft obfervé qu'il y a Reglement du Confeil fait pour le Préfidial de Bourg en Breffe , par lequel en l'article 31. tous Officiers du Siege Préfidial , & même des Sieges particuliers de fon reffort , font compris pour en être fait renvoi au prochain Préfidial , Sénéchauffée ou Bailliage. *Voyez* auffi fur ce fujet, *Peleus, livre* 7. *art.* 14.

14 Les Préfidiaux ne connoiffent en dernier reffort de l'interprétation de la Coûtume , ni du retrait lignager ; ils ne peuvent appointer à informer par turbes, ni recevoir la preuve par témoins d'aucun fait d'ufage & d'interprétation de la Coûtume. Les Requêtes du Palais , & les Juges de la Table de Marbre peuvent ordonner la preuve par turbes. Arrêt du 29. Janvier 1575. *M. Louet , lettre* R. *fomm.* 37. la preuve par turbes a été abrogée par l'Ordonnance de 1667. titre 13.

15 Par Arrêt du Parlement de Roüen du 13. Août 1604. rapporté par *Berault fur l'article* 3. *de la Coûtume de Normandie* , jugé que les Préfidiaux ne doivent connoître des dimes, des biens d'Hôpitaux , Fabriques, des Domaines du Roy , ni des droits Seineuriaux.

16 Si la demande n'eft liquide , la reftriction fe doit faire fans referve , ils doivent être au nombre de 7. Juges pour juger en dernier reffort , ils jugent fans appel des cas qui appartiennent aux Prévôts des Maréchaux par prévention & concurrence ; ils jugent la competence ou incompetence des Prévôts en nombre de 7. il leur eft défendu de paffer outre à l'execution de leur Sentence, au préjudice de l'appel, encore que la Sentence n'excede l'Edit. *M. le Prêtre* , 1. *Centurie , chap.* 61. Pour les fept Juges; *Voyez Henrys, to.* 2. *livre* 2. *queft.* 16. où vous trouverez un Arrêt du 24. Février 1628.

17 Préfidiaux ne peuvent juger en dernier reffort des Lettres de refcifion obtenuës contre une promeffe caufée pour épices au profit du Rapporteur d'un procez, quoique la fomme foit modique. Jugé au Grand Confeil le 11. Octobre 1629. Les parties furent renvoyées au Parlement de Paris pour y proceder fur l'appel de la Sentence des Préfidiaux de Moulins. *Bardet, tome* 1. *li.* 3. *chap.* 61.

18 Préfidiaux ne peuvent prendre connoiffance des caufes pendantes pardevant les Juges & Confuls pour fait de marchandifes. & entre Marchands. Jugé les 7. & 18. Février 1631. *Ibidem liv.* 4. *chap.* 8.

19 Les Préfidiaux n'ont point de Jurifdiction fur le Prévôt ou Châtelain Royal de la même Ville. Arrêt du 3. Juin 1633. pour le Prévôt de Sens, le 28. du même mois ; pareil Arrêt pour le Prévôt de Tours; neanmoins on enjoignit au Prévôt de leur porter honneur & refpect. *Bardet*, *tome* 2. *livre* 2. *chapitre* 38.

20 Reglement contre les Sieges Préfidiaux, Bailliages & Sénéchauffées où il y a plufieurs parentés & alliances des Officiers defdits Sieges pour la reception defdits Officiers, & pour l'execution des articles 116. & 184. de l'Ordonnance de Blois , où il y a trois Arrêts , l'un du Confeil d'Etat du 18. Novembre 1666. les deux autres au Parlement, tous deux datez du premier Decembre 1666. *De la Gueff. tome* 2. *livre* 8. *chap.* 21. *& tome* 3. *liv.* 1. *chap.* 2.

21 De la Jurifdiction du Préfidial. *Voyez Boffet, tome* 2. *li* 2. *tit.* 3. *ch.* 2. il rapporte un Arrêt du Parlement de Grenoble du 11. Février 1668. qui reçut l'appel d'une Sentence Préfidiale , fur le fondement qu'il s'agiffoit d'un fond paternel qu'on vouloit racheter , & qu'on difoit valoir 400. livres ; de plus, il étoit queftion d'un compte tutelaire.

22 Arrêt du Confeil d'Etat du 8. Mars 1681, touchant

le fervice du Préfidial de *Nimes* dans le Vivarets & dans le Gévaudan. *V. les Edits & Arrêts recuëillis par l'ordre de M. le Chancelier.*

13 Arrêt du Grand Confeil du 20. Juillet 1693. concernant les Jugemens Préfidiaux en matiere Civile , rendus contre la difpofition des Edits & Declarations du Roy. *Journal des Audiences, tome* 5. *livre* 9. *chapitre* 23.

14 Les Préfidiaux ne peuvent juger en dernier reffort en matiere d'execution d'*Arrêts* , quoiqu'il s'agiffe de moins que de la fomme dont par l'Ordonnance ils font Juges fouverains. *Peleus* en rapporte un Arrêt du 3. Septembre 1604. *au Reoüeil de fes queftions, queftion* 3.

25 Un homme étoit condamné préfidialement d'abatre fon *colombier.* Jugé au Parlement de Bretagne le 21. Octobre 1556. que cela n'étoit de la competence préfidiale. *Du Fail, liv.* 3. *chap.* 188.

26 Les Préfidiaux de Lyon ayant rendu une Sentence au profit de Jean Hugues Maître Marqueur de cuirs, contre Mathieu Malhon , portant *confifcation* de quelques cuirs & fouliers non marquez , avec condamnation en trois livres d'amende, & prononcé par jugement Préfidial & en dernier reffort ; la Cour a mis l'appellation & Sentence au néant , fans amende & dépens de la caufe d'appel, en ce qu'elle auroit été donnée par jugement dernier, au réfidu fortiffant fon effet. Arrêt du 7. Septembre 1606. *Corbin , fuite de Patronage , chap.* 253.

27 Jugé au Parlement de Touloufe le 3. Juin 1642. que les Préfidiaux peuvent juger par prévention des *crimes* au préjudice des Juges Royaux. *Albert , lettre* P. *verbo Préfidiaux , art.* 3.

28 Ils ne peuvent juger en dernier reffort des *fins de non proceder.* Arrêt du Parlement de Touloufe du 8. Août 1644. *Albert , ibidem.*

29 *Fins de non recevoir* omifes en cas d'appel contre l'appellant d'un jugement Préfidial par l'intimé fe fuppléent , parce qu'elles font de l'Ordonnance : le même pour les Confuls , c'eft pourquoi l'intimé doit conclure , joint les fins de non recevoir , qui font que la Sentence eft renduë préfidialement ; en ce cas, la Cour ne voit point le procez, mais elle ordonne que l'appellant acquiefcera ; car fi elle entroit en connoiffance , il feroit loifible à l'intimé de fe pourvoir au Grand Confeil , qui fur une fimple Requête cafferoit l'Arrêt. *M. le Prêtre , premiere Centurie , chapitre* 61.

30 Les Préfidiaux ne peuvent juger une qualité d'*heritier.* Arrêt du Parlement de Bretagne du 20. Septembre 1575. *Du Fail , liv.* 3. *chap.* 132.

31 Les Préfidiaux , ni les Prévôts ne peuvent prononcer par condamnation d'*interdiction & amende* contre les Procureurs, ni les parties, en cas de conflit de Jurifdiction , & les caufes qui n'auront été jugées aux affifes, demeureront à la Prévôté , & l'execution de celles qui auront été jugées. Arrêt du 7. Mars 1663. *Des Maifons , lettre* C. *nomb.* 1.

32 Ils font incompetens pour entheriner la *difpenfe* d'âge. Arrêt du 3. Decembre 1649. *Du Frêne , livre* 5. *chap.* 49. *Voyez Henrys, tome* 2. *livre* 2 *queft.* 23. *Voyez le même du Frêne, livre* 3. *chap.* 76. & pour les *Lettres de grace & pardon. Voyez Henrys , tome* 2. *livre* 2. *queft.* 31.

33 Défenfes aux Préfidiaux de juger en dernier reffort du droit de *lods & ventes.* Arrêt du Parlement de Paris du 29. Novembre 1607. *Plaidoyers de Corbin, chap.* 87.

34 Edit du Roy du mois de Mars 1667. portant fuppreffion du Préfidial de *Marennes*, nouvellement établi dans un lieu de negoce. *Boniface, tome* 2. *liv.* 4. *titre* 1. *chap.* 13.

35 Du 24. Octobre 1573. au Parlement de Bretagne, il fut ordonné que le Reglement fait entre les Juges Préfidiaux de *Nantes* , feroit obfervé par ceux de

Rennes , en ce que les Sieges font femblables. *Du Fail, liv. 2. ch.* 443.

36 Ils ne peuvent juger par Jugement dernier un debouté de renvoy. Arrêt du 23. Mars 1619. *Dictionnaire de la Ville, verbo Préfidiaux.*

37 Si les Préfidiaux peuvent juger en dernier reffort des fervitudes , & d'autres matieres ? Henrys incline pour l'affirmative une reftriction fuppofée. *Voyez le tome 1. li. 2. ch. 4. queft. 19.*

38 Declaration portant Reglement pour les Jugemens donnez par les Juges Préfidiaux du Royaume , avec attribution au Grand Confeil de la connoiffance des contraventions qui y feront faites. A Avignon le 27. Decembre 1574. regiftrée au Grand Confeil le cinq Decembre 1577. *Ordonnances de Fontanon, tome 1. pag.* 363. Corbin , *page* 533. Neron, *pag.* 201. Joly, *des Offices de France , to.* 2. *page* 1002. Voyez *les Lettres de Surannation du 15. Juin 1577.*

39 Reglement entre un Bailliage en chef, & le Siege Préfidial pour le Jugement des cas de la Jurifdiction des Prévôts des Maréchaux du 23. Juin 1580. en interpretation de l'Art. 42. de l'Ordonnance de Moulins. *Charondas , liv. 7. Rép.* 148.

40 Edit portant création & établiffement d'un Siege Préfidial dans la Ville de *Clermont* en Auvergne. A Fontainebleau en May 1582. Regiftré le 7. Septembre de la même année. 3. *Vol. de l'Ordonnance de Henry III. fol.* 282. Joly , *des Offices de France , tome* 2. *page* 1044.

41 Avertiffement pour l'Univerfité de *Toulouse* contre le Préfidial dudit lieu. 1583.
Remontrance pour le Préfidial de Toulouse , contre les Secretaires du Roy de ladite Ville. 1582.

PRESIDIAUX, APPEL.

42 Appel des Sentences Préfidiales. *Voyez* le mot *Appel , nomb.* 160. *& fuiv.* & cy-après le *nomb.* 53.
Declaration fervant de Reglement pour les Préfidiaux , portant auffi défenfes de n'appeller de leurs Jugemens, Arrêts , & d'ufer des termes appartenans aux Parlemens & Chancelleries , *fol. 10. liv. 7. Ord. Reglement de la Rocheflavin , ch.* 2. *Arr.* 7.

43 Les Préfidiaux ne peuvent juger , nonobftant l'appel, quand on appelle d'eux comme de Juges incompetens. Arrêt donné à Tours le 2. Mars 1594. *Voyez du Fail , liv.* 2. *ch.* 582. où Sauvageau obferve ce qui eft défendu aux Préfidiaux.

44 Les appellations relevées des Sentences des Juges ordinaires Royaux , portant condamnation d'amende contre les parties, leurs Avocats ou Procureurs, pour avoir intenté une action au Préfidial ou Sénéchauffée , doivent être relevées au Parlement , & non au Préfidial , qui autrement feroit Juge en fa propre caufe.
De même les appellations des Juges ordinaires Royaux es cas du premier chef de l'Edit, & non devant le Préfidial : mais l'appel des Juges Royaux fera relevé au Préfidial. Arrêts du Grand Confeil de 1610. & 1624. *V. Defpeiffes , to.* 2. *p.* 584.

45 Préfidiaux ne peuvent connoître des appellations des Baillifs , Sénéchaux , ou leurs Lieutenans, finon au-cas de l'Edit. Jugé l'onze Juillet 1633. L'Arrêt eft en forme de Reglement pour les Préfidiaux de Lyon. *Bardet , to.* 2. *liv.* 2. *ch.* 51.

PRESIDIAUX, AVOCATS.

46 Les Préfidiaux peuvent prendre des Avocats pour juger préfidialement. Arrêt du 26. Août 1608. *M. le Prêtre , ès Arrêts de la Cinquième.*

47 Les Préfidiaux peuvent juger préfidialement qu'un Avocat rendra un procez. Arrêt du Parlement de Toulouse du cinq Juin 1651. *Albert , lettre* P. *verbo Préfidiaux.*

CHANCELLERIES PRESIDIALES.

48 Arrêt du Confeil d'Etat du Roy du 22. Decembre 1609. portant Reglement pour les Chancelleries des Préfidiaux. *Fontanon, to.* 4. *p.* 1490.

Voyez le mot *Chancellerie , n.* 9. *& fuiv.*

CONSEILLERS DES PRESIDIAUX.   49

Voyez le mot *Confeillers , nomb.* 33. *& fuiv.*

PRESIDIAUX, DECRET.

50 Par Arrêt du 1. Juillet 1602. défenfes aux Préfidiaux d'ajuger par decret en dernier reffort. *Bibliotheque de Bouchel , verbo Préfidiaux.*

PRESIDIAUX, DENIERS ROYAUX.

51 Arrêt du Parlem. de Bretagne du 20. Février 1558. qui faifant droit fur les Conclufions du Procureur General , défend aux Préfidiaux de connoître par appel des matieres concernant les deniers Royaux. *Du Fail , liv.* 1. *ch.* 104.

52 Préfidiaux ne connoiffent de l'appel d'impôt. Arrêt du Parlement de Bretagne du 3. Octobre 1558. fur les Conclufions de Procureur General , qui leur fait défenfes , à peine de s'en prendre à eux pour les interêts. *Ibid. ch.* 81.

PRESIDIAUX, DESAVEU DE PROCUREUR.

53 Les Préfidiaux de Blois ayant jugé les defaveus d'un Procureur par Jugement dernier & mulcté d'amendes pour en avoir appellé ; la Cour dit qu'il avoit été mal jugé , bien appellé ; en émendant ordonne que l'amende feroit renduë : défenfes aux Préfidiaux de proceder par mulctes ou amendes contre les appellans des Sentences par eux données, même en dernier reffort. Arrêt du 21. Juin 1608. *Corbin , fuite de Patronage , ch.* 224.

PRESIDIAUX, PREMIER CHEF DE L'EDIT.

54 Les Préfidiaux font Juges en dernier reffort d'une demande faite pour diverfes fommes, dont les chefs font feparez , & les articles diftinguez par la Sentence, qui procedent de differentes caufes, quoiqu'étant accumulées elles excedent leur pouvoir. *Voyez Henrys , to.* 1. *liu.* 2. *ch.* 4. *qu.* 18.

55 Le Préfidial ne peut connoître de toutes les années demandées d'une admodiation fupputées , excédant la fomme de deux cens cinquante liv. Arrêt du Parlem. de Bourgogne du 28. Juillet 1617. *verbo Baillifs , Préfidiaux , queft.* 3.

56 Les Juges Préfidiaux de Poitiers énoncent par Jugement Souverain & en dernier reffort , fous le premier Chef de l'Edit des Préfidiaux, ainfi qu'il fe voit par leurs Sentences , portant Robes rouges à leur entrée de S. Martin; ce qui neanmoins leur fut interdit par la Chambre tenant les Grands Jours à Poitiers en 1636, *Sauvageau fur du Fail , liv.* 2. *chapitre* 138.

57 *Henrys tom.* 1. *liv.* 2. *chap.* 4. *queft.* 18. établit que les Préfidiaux peuvent juger en dernier reffort de plufieurs fommes jointes enfemble, quoiqu'elles excedent celle de deux cens cinquante liv. lorfqu'elles procedent de differentes caufes , & que ce font differents chefs de demandes contenuës dans un même Exploit. Il fe fert de l'Ordonnance de Moulins, qui défend la preuve par témoins au deffus de cent liv. & dit que fi un demandeur article divers prêts ou divers payemens par une même demande , & que les fommes jointes enfemble excedent cent liv. la preuve par témoins ne laiffe pas d'être reçuë. L'opinion contraire a prévalu. Les Préfidiaux ne peuvent juger en dernier reffort une demande qui excede 250. liv. quoiqu'elle foit compofée de differentes fommes , & pour differentes caufes : il fuffit que la fomme portée par l'Exploit de demande, excede 250. livres ; l'argument tiré de l'Ordonnance de Moulins , n'eft plus de faifon ; car par l'Ordonnance de 1667. *tit.* 10. *article* 5. fi dans une même inftance la partie fait plufieurs demandes, dont il n'y ait point de preuve par écrit , & que jointes enfemble elles foient au deffus de cent livres , elles ne pourront être verifiées par témoins , encore que ce foient diverfes fommes qui viennent de differentes caufes.

58 Pour que les Sentences des Préfidiaux foient reputées au premier chef de l'Edit, & en dernier ref-

fort, il faut non seulement que la somme n'excede pas 250. liv. & que les Juges soient au nombre de sept; mais encore qu'il soit fait mention dans la Sentence du nom des sept Juges qui y assistoient; il ne suffit pas que le Greffier donne une attestation qu'ils étoient un nombre préfix, s'il arrive que la demande étant d'une somme plus haute que celle de 250. liv. l'on ajoûte dans l'Exploit, ou telle autre somme qu'il plaira à la Cour, & que la Sentence porte, *au dire d'Experts*, cela suffit pour qu'elle ne soit pas renduë au premier chef, & en dernier ressort, quoique les Experts taxent un peu au dessous de 250. livres. Arrêt du Parlement de Paris du sept Décembre 1689. *Au Journal des Audiences*, tome 5. liv. 5. chapitre 43.

PRÉSIDIAUX, EPICES.

59 Les Présidiaux ne peuvent établir un Receveur de leurs épices, ni délivrer pour ce sujet des executoires, ni de les faire consigner par avance; les saisies qu'ils en font faire, sont injurieuses; tenus de la restitution solidairement avec leur prétendu Receveur. Arrêt du trois Juillet 1655. *Du Frêne, liv. 8. ch. 21.*

PRÉSIDIAUX, FONDATIONS.

60 Présidiaux ne peuvent juger présidialement d'un Obit de soixante livres de pied, ni d'un de dix livres de rente; car quoique l'Edit de leur création leur donne pouvoir de juger d'une rente de dix livres, cela ne s'entend pas des rentes dûës à l'Eglise, à cause de la consequence. Arrêts du Parlement de Toulouse des 21. Avril 1643. & 3. Novembre 1648. *Albert, lettre P. verbo Présidiaux.*

PRÉSIDIAUX, INTERPRETATION DE COUTUMES ET EDITS.

61 Lorsqu'il est question d'interpreter Coûtumes ou Edits, les Présidiaux sont incompetens. Arrêt du Parlement de Paris du 1. Décembre 1564. *Papon, liv. 4. tit. 11. nomb. 1.*

PRÉSIDIAUX, INTERETS.

63 Les interêts & dépens d'une somme ajugée par Jugement présidial donné au premier chef de l'Edit, quoiqu'ils excedent 250. livres, ne laissent pas d'être de la Jurisdiction présidiale. Il n'en est pas de même des interêts dûs pour l'introduction de l'instance; alors la Cour en reçoit l'appel: *sic judicatum* en la Chambre de l'Edit de Castres par Arrêt du dix May 1633. Il est rapporté par *Boné, partie seconde, Arrêt 54.*

PRÉSIDIAUX, NOMBRE DE JUGES.

64 Par Arrêt du 9. Février 1562. il fut dit qu'en tous les Sieges Présidiaux, dans lesquels le nombre requis par l'Edit n'est complet, ils ne jugeront point en Présidialité, mais seulement en Ordinaire. *Bibliotheque de Bouchel, verbo Présidiaux.*

65 Défenses aux Juges du ressort de juger aucun procez, soit au dessous ou au dessus de l'Edit des Présidiaux, sans que le nombre des Conseillers requis pour le faire, assiste au Jugement, suivant l'Ordonnance. Arrêt du Parlement de Bretagne du 8. Mars 1568. *Du Fail, liv. 1. ch. 266.*

66 Jugé par Arrêt du mois de Janvier 1601. que les Présidiaux, faute d'avoir nombre de Conseillers pour juger, prenant les Avocats, peuvent juger présidialement. On tient le contraire avoir été jugé en un procez, auquel M. D. Arnault avoir écrit, comme aussi plaidant Marion. *Voyez la Biblioth. de Bouchel verbo Présidiaux.*

PRÉSIDENS DES PRÉSIDIAUX.

67 Voyez cy-dessus le nombre 13. & suiv.

PRÉSIDIAUX, PRONONCIATION.

68 Les Présidiaux d'Auxerre ayant donné Sentence, délivrée en forme, intitulée *Loüis par la Grace, &c.* y ayant eu appel par une des parties, la Cour en jugeant le procez par écrit, leur a défendu de plus intituler leurs Sentences autrement, que sous le titre de *Gens tenans le Présidial*; ordonné que l'Arrêt se-

toit lû en l'Audience dudit Présidial. *Additions à la Bibliot. de Bouchel*, verbo *Présidiaux.*

69 Les Présidiaux, outre l'intitulé de leur Sentence, doivent mettre au pied de leur Jugement, *Jugé présidialement & en dernier ressort.* Voyez M. le Prêtre, 1. Cent. chap. 61.

70 Les Présidiaux de Rennes avoient mis dans une Sentence, *l'appellation & ce dont a été appellé, émendant le Jugement, l'amende moderée, sans note d'infamie.* Arrêt du Parlem. de Bretagne, qui leur défend d'user de telles Sentences. *Du Fail, liv. 3. chapitre 27.*

71 Les Présidiaux ne peuvent mettre l'appellation au neant, mais doivent juger *an bene vel male*; ils peuvent faire executer leurs Jugemens par provision qui n'excederont cinq cens livres pour une fois payer, & vingt livres de rente ou revenu annuel; ensemble pour les dépens ajugez à quelque somme qu'ils se puissent monter en baillant caution M. le Prêtre, 1. Cent. chap. 61. Voyez l'Ordonnance de Neron, où est l'Edit des Présidiaux.

72 Mornac sur la Loy 11. *ff. de jurisdictione*, observe que les Présidiaux du ressort du Parlement de Paris, ayant voulu se servir de cette forme de prononcer, *la Cour dit*, il leur fut défendu de ce faire; *quia Supremis Curiis relinquenda f u hæc pronuntiatio*, quoiqu'en matiere, où les Présidiaux jugent en dernier ressort.

73 Les Présidiaux ne peuvent tenir un appel pour bien relevé, & faire droit sur l'appel; il n'y a que les Cours Souveraines. Le Présidial d'Angers ayant ainsi prononcé M. l'Avocat General Brisson demanda que défenses fussent faites à tous Juges, de tenir les appellans pour dûëment relevez; cela n'appartient qu'à la Cour. *B. bliot. Canon. to. 2. pag. 145.*

74 Les Présidiaux ne peuvent pas user de ces termes, *l'appellation au neant*, cela n'appartient qu'aux Cours Souveraines: ils doivent ordonner qu'il a été mal jugé par le premier Juge, bien & avec grief appellé. *Despeisses, to. 2. p. 591.*

Ils ne peuvent faire des inhibitions & Reglemens, ils ne peuvent user de ces termes, *sans note d'infamie, avons renvoyé les parties en la Cour*; mais doivent ordonner qu'elles se pourvoiront, ni de ceux cy, *pour de certaines causes & considerations à ce nous mouvans, Dit a été, & pour cause, La Cour, &c.* Ibid. page 566.

75 Par Arrêt du Parlement de Bretagne du dix-neuf Octobre 1555. défenses aux Présidiaux de mettre les *appellations au neant*; mais de juger *an bene, vel male*, suivant l'Ordonnance. Défenses aussi d'user en leurs Jugemens de ce mot de *Cour* ou *Arrêt*, au lieu desquels ils useront des termes contenus en leur Edit de creation & institution. Il y a Reglemens publiez en icelle, par lesquels le Roy entend qu'ils usent de ce mot *Arrêt & Cour. Du Fail, liv. 2. ch. 9.*

76 Il n'appartient qu'au Parlement de dire *La Cour.* Arrêt du Parlement de Paris du 4. Août 1556. contre les Juges Présidiaux de Tours. *Voyez Rebuffe Procem. Concord. sur le mot Curia Summas.*

77 Les termes de *Main Souveraine* ne peuvent être employez que par les Cours Souveraines. Arrêt du Parlement de Paris du 5. Août 1560. qui fait défenses aux Présidiaux d'user de ce mot, & ordonne que le Président d'Orleans viendra en personne pour répondre aux Conclusions du Procureur General du Roy. *Papon, liv. 4. tit. 6. n. 32.*

78 Le Mardy 17. Juin 1567. il a été défendu à tous Juges Présidiaux d'user de ce terme *Arrêt*, à peine de deux mille livres. *Reglement de la Rochefchavin, ch. 2. Arrêt 8.*

79 Défenses aux Présidiaux de Nantes, & à tous autres du ressort, d'user de ces mots d'*Arrêt*, ou *au neant*. Arrêt rendu au Parlement de Bretagne le 30. Août 1568. *Du Fail.*

80 Les Magistrats Présidiaux, bien que Juges en dernier ressort jusqu'à certaine somme, ne sont appellez Souverains, & ne peuvent user de ces mots, *La Cour, dit a été, & pour cause*, ni user d'inhibitions generales. Arrêt du Parlement de Toulouse du 28. Mars 1571. en reformant un Jugement de Toulouse, qui avoit interdit generalement à tous Artisans, l'état & exercice de Solliciteurs ; lesquelles inhibitions generales la Cour rejeta par son Arrêt. *Mainard, liv. 2. ch. 15.*

81 Les Présidiaux ne peuvent mettre, *l'appellation, & ce dont a été appellé, au néant* ; ils sont astraints à juger *an bené, vel malé*, & selon ce qui est allegué & prouvé. Ils ne peuvent aussi connoître en dernier ressort des matieres feodales, retrait lignager, servitudes, Tailles & deniers Royaux, ni mulcter par amendes ceux qui appellent de leurs Jugemens. *Mainard, ibid. chap. 16.*

82 Le 27. Decembre 1579. en faisant droit sur l'appel d'un Jugement présidial, fut défendu par Arrêt de la Cour aux Magistrats Présidiaux, d'user en leurs Jugemens présidiaux, ou Ordonnances présidiales, de ces termes, *l'appel simplement mis au néant.* Reglement de la Rocheflavin, *ch. 2. Ar. 12.*

83 Défenses aux Présidiaux de Rennes de rapporter en leurs Sentences ces mots, *Nôtredit Siege*, ni mettre les appellations au néant ; ains leur enjoint de juger *an bené vel malé*, suivant les Ordonnances, sur peines qui y échoient. Arrêt du Parlement de Bretagne du 22. Avril 1578. *Du Fail, liv. 2. ch. 582.*

84 Défenses aux Présidiaux de Sens de mettre les Sentences *dont est appel, au néant* ; enjoint de prononcer bien ou mal jugé. Arrêt donné à la Tournelle le 3. Mars 1596. *Bibliotheque de Bouchel*, verbo *Présidiaux.*

85 Par Arrêt du 24. Novembre 1598. en la cause des Présidiaux & du Prévôt de Laon, défenses aux Présidiaux, quand ils ont jugé, *an bené vel malé*, d'évoquer à eux les causes : enjoint à eux de les renvoyer pardevant le Juge *à quo* ; ensemble de mettre à la fin de leur Jugement, *sans tirer à consequence.* Bibliot. de Bouchel, verbo *Présidiaux.*

86 Arrêt du Parlement de Bourgogne du quatre Août 1615. qui fait défenses aux Officiers du Siege Présidial de Bourg, d'user en leurs Sentences de ces mots, *pour certaines causes & considerations ce à ce mouvans.* Bouvot, *tome 2.* verbo *Baillifs Présidiaux, quest. 3.*

87 Les Présidiaux ne peuvent user de ces termes : *par Jugement Souverain*, ni mettre *l'appellation au néant*, ni *sans tirer à consequence.* Arrêts du 24. Novembre 1598. & du neuf Mars 1596. & du 11. Février 1617. &c. *Mornac, Loy 11. de Jurisdiction. Voyez le Vest. Arrêts 176, & 233.*

88 Présidiaux doivent prononcer par *bien ou mal jugé*, & ne doivent faire deux degrez de Jurisdiction en leur Siege ; jugé le 17. Juillet 1635. L'Arrêt en forme de Reglement pour les Présidiaux de Lyon, à qui la Cour fit défenses de connoître des appellations des Ordonnances des Conseillers du même Siege. *Bardet, tom. 2. liv. 4. ch. 22.*

89 Les Présidiaux ne peuvent point s'attribuer le titre de Cour. Celuy de Valence ayant pris la qualité de *Cour Présidiale*, il luy fut défendu de l'usurper, par Arrêt du Parlement de Grenoble du 6. Decembre 1641. sur la requisition de M. le Procureur General. *Voyez Chorier en sa Jurisp. de Guy Pape, p. 74.*

PRE'SIDIAUX, REGLEMENT.

90 Arrêt du Parlement de Bretagne du 22. Février 1559. qui fait défenses aux Présidiaux de Nantes, & autres du ressort, de proceder par voye de Reglement entre les Officiers du Roy ; leur enjoint de faire droit, particulierement sur le differend des parties plaidantes. *Du Fail, liv. 1. ch. 115.*

Voyez cy-après le mot *Reglement.*

PRESIDIAUX, RENTES.

91 En Dauphiné, les Présidiaux ne peuvent juger en dernier ressort, quand il s'agit d'une rente directe, bien que le demandeur se fût reduit à 250. livres, & ne peuvent dans leur Jugement prononcer en ces termes, *La Cour, &c.* Arrêts de 1641. & 1663. rapportez par Basset, *tome 1. livre 1. titre 5. chap. 1.*

PRE'SIDIAUX, RETRAIT.

92 Par Arrêt du dernier Février 1558. furent blâmez en l'Audience les Présidiaux de Senlis, presens avec leurs Avocats du Roy, pour avoir jugé en dernier ressort une matiere de retrait, & pour avoir ordonné qu'il seroit informé *super modo utendi* de la Coûtume. Il fut dit qu'il n'appartenoit qu'à la Cour d'ordonner qu'on informeroit sur l'usage d'une Coûtume. *Biblioth. de Bouchel, verbo Coûtume.*

93 Les Présidiaux sont incompetens de connoître du retrait lignager, d'autant que c'est un droit inestimable. Arrêts du Parlement de Paris des huit Juillet 1560. & 20. Novembre 1570. *Papon, li. 4. ti. 11. n. 3.*

94 Les Juges Présidiaux ne peuvent juger présidialement en matiere de retrait, nonobstant la restriction. Arrêts des 1. Decembre 1564. vingt Novembre 1570. Autre Arrêt de 1566. contre les Présidiaux de Provins. *Papon, li. 11. tit. 7. n. 35.*

95 Présidiaux ne peuvent juger en dernier ressort une matiere de retrait. Arrêt du Parlement de Bretagne du sept Mars 1575. qui reçoit en tel cas l'appel d'une Sentence présidiale. *Du Fail, li. 1. ch. 3. n. 90.*

96 Les Présidiaux ne peuvent connoître du retrait en dernier ressort. Arrêt de 1576. *Biblioth. de Bouchel, verbo Retrait.*

PRESIDIAUX, SENTENCE ARBITRALE.

97 Quoique les appellations des Sentences arbitrales soient dévolutives au Parlement, sauf le cas de la Jurisdiction présidiale, neanmoins lorsqu'en un procés sujet à cette Jurisdiction, on oppose devant les Présidiaux une Sentence arbitrale, on en peut demander cassation incidemment devant les Présidiaux ; ce qu'on n'auroit pas faire originairement, si la Cour eût commencé par l'appel de la Sentence. Jugé en la Chambre de l'Edit de Castres le huit Juin 1618. Cet Arrêt est rapporté par Boné, *part. 2. Art. 48.*

PRE'SIDIAUX, SERMENT.

98 Le 8. Juillet 1649. jugé au Parlement de Toulouse que les Présidiaux ne pouvoient déferer un serment sur un fait d'*usure présidialement* ; & le 13 May 1651. qu'ils ne pouvoient juger présidialement d'un contrat usuraire, quoiqu'il ne s'agît que de deux cens quarante liv. parce que l'usure emporte infamie. *Albert, verbo Présidiaux, art. 2.*

99 Ils ne peuvent connoître en dernier ressort de la forme d'un serment, quoique la somme soit de leur competence. Arrêt du Parlement de Toulouse du 22. May 1655. *Albert, lettre P, verbo Présidiaux.*

PRE'SOMPTIONS.

DE probationibus & præsumptionibus. D. 22. 3..... Extr. 1. 23   1

De præsumptionibus. Per Bartholum.
Per Guidonem Papæ.
Per Andræam Alciatum, cum annotationibus Jo. Nic. Arelatani.
Per Joan. Milleum in fine suæ praxis crimin.
Voyez *Mornac, l. 16. C. de probationibus.*

Præsumptionum feré omnium, quæ in foro frequentantur exempla. Impressa Lugduni apud Sebastianum Griphium, 1545.   2

Præsumptionum multæ species. Vide Jo. Constantin. in Constitutionibus regiis, art. 148 page 72.   3

Præsumptiones legis sunt liquidissimæ probationes. Du Moulin, *tom. 2. pag. 840.*   4

Des présomptions fortes ou foibles, incertaines ou concluantes, & des cas où elles servent de preuves. V. le 2. vol. des Loix Civiles, li. 3. ti. 6. sect. 4.   5

7 Si un beau-pere payant par ses mains une somme pour son gendre , & en son acquit, doit être présumé la payer de ses deniers, n'ayant fait mettre de quels deniers , & n'ayant pris cession d'action du creancier , & ayant tiré cedule de beaucoup moindre somme , & ayant été 18. ans sans faire demande de la somme , avec plusieurs autres particularitez notables , & si les présomptions de la Loy font preuve entiere ? *Voyez Peleus , quest.* 159. où vous trouverez un Arrêt du 26. May 1607.

Voyez cy-aprés le mot *Preuves.*

PRESSOIR.

1 DU pressoir prétendu par l'aîné. *Voyez* le mot *Aînesse , nomb.* 98.

2 Bannalité de pressoir. *Voyez* le mot *Bannalité, nombre* 55. *& suiv.*

3 Le pressoir est immeuble, s'il ne se peut déplacer sans être dépecé; il ne peut être pris par execution pour une cense dûë sur la maison où il est. Arrêt du Parlement de Bourgogne du 24. May 1594. *Bouvot , tome 2. verbo Cense , qu. 33.*

4 Le droit de Truillage en un pressoir, peut être cedé à un tiers. Arrêt du Parlement de Dijon du huit Mars 1610. *Idem , tome 2. verbo Transport , question* 12.

5 Jugé au Parlement de Paris le 7. Mars 1651. qu'un Curé peut disposer par testament d'un pressoir qu'il a fait bâtir dans la maison Presbyterale, pour sa commodité particuliere , comme de chose à luy appartenante. *Soësve , tome 1. Cent. 3. ch.* 64.

PRESTATION.

1 VOyez Droits Seigneuriaux. *De annuâ prestatione, per Jacobum Venentum.*

2 Un droit de prestation annuelle dû au Roy sur un heritage avant qu'il fût donné à l'Eglise & amorti , deux cens ans aprés est vendu par l'Eglise à un particulier , le même droit est dû au Roy. Arrêt du 23. May 1586. *Charondas , livre 7. Rép.* 199.

3 La prestation de plus de quarante ans faite à une Eglise tient une obligation, encore qu'il n'apparoisse du titre, *idque favore Ecclesiæ.* Arrêt du 8. Août 1601. *M. Bonguier , lettre P. nombre* 4. & TOURNET , *lettre P. Arrêt* 196.

PRESTIMONIE.

DE *Prestimoniis.* Voyez *Fran. Pinson , de divisione beneficiorum. §.* 28.

PRET.

LE prêt est de deux sortes. Le prêt civil, *Mutuum* , & le prêt à usage, *Commodatum.*

PRET CIVIL.

De rebus creditis , si certum petatur , & de conditione. D. 12. 1. *De rebus creditis ,* des choses prêtées. *Conditio ,* idem *ac repetitio.*

De rebus creditis , & jurejurando. C. 4. 1... *Paul.* 2. 1. Ce titre ne parle point , *de rebus creditis ,* mais seulement du serment.

Si certum petatur. C. 4. 2... *C. Th.* 2. 27. Ce titre parle du prêt civil : *Mutuum.*

De mutuo. I. 3. 15. *in pr. & §.* 2.

De condictione triticariâ. D. 13. 3. De l'action pour repeter toutes les choses prêtées, autres que de l'argent. *Triticaria , à Tritico :* parce que le premier à qui cette action fut permise, agissoit pour du blé. *V. Répétition.*

De his qui mutuum dant agricolis. N. 32. 33. *& 34. Ces Novelles reglent l'interêt du prêt fait aux Laboureurs , & défendent de joüir de leurs fonds par antichrese.*

De argentariorum contractibus. N. 36... *Ed. Just.* 7. *& 9.* Privilege du prêt fait par les Banquiers.

De eo quod certo loco dari oportet. D. 13. 4. De ce qui a été prêté pour être rendu en certain lieu ou en certain temps : Dommages & interêts pour l'inexecution.

De his qui , ex publicis rationibus , mutuam pecuniam acceperunt. C. 10. 6. Contre ceux qui prêtent , & qui empruntent les deniers publics.

PRET A USAGE, *Commodatum.*

Commodati , vel contrà. D. 13. 6.

De commodato. C. 4. 23... *l.* 3. 15. §. 2... *Paul.* 2. 4... *Dec: Gr. dist.* 1. *c.* 7. *Extr.* 3. 15.

1 De la nature du prêt à usage , & du précaire des engagemens de celuy qui emprunte , & de celuy qui prête. *Voyez le* 1. tome des *Loix Civiles , liv.* 1. *titre* 5. Au titre 6. il est traité du prêt & de l'usure , & des defenses de prêter aux fils de famille.

2 Du prêt civil. *V. le traité de la preuve par M. Danty Avocat en Parlement , chap.* 7. *part.* 2.

3 Du prêt fait par deux associez de certaine somme à un particulier à qui l'un des associez devoit pareille somme. *Voyez Charondas , liv.* 10. *Rép.* 74.

4 La chose prêtée ne peut être retenuë pour somme dûë. Arrêt du Parlement de Dijon du 22. Juin 1610. *Bouvot , tome 2. verbo Prêt , quest.* 1.

Voyez les mots *Débiteur , Billet , Cedule , Obligation , Promesse.*

PRETERITION.

1 DE la préterition en institution d'heritier, *Voyez* le mot *Heritier , n.* 252. *& suiv.* & cy-aprés le titre des *Testamens ,* §. *Testament , Préterition.*

2 De la préterition. *Voyez Julius Clarus , lib.* 3. *Sentent. quest.* 42.

3 Du testament nul par la préterition. *Voyez Guy Pape , quest.* 425. 456. 577. *& 596.*

4 Les legats mêmes faits aux enfans ne sont dûs , *ex testamento nullo per præteritionem ;* idem des substitutions. Arrêt du Parlement de Grenoble du 21. Février 1645. *Basset , tome 1. liv.* 5. *tit.* 6. *chap.* 6.

5 Le legs de cinq sols fait nommément au pere ou au fils empêche la préterition dont ils pourroient se plaindre , de même s'il n'y a qu'un pareil legs aux parens & aux prétendans droits, *effuso sermone ,* sans les nommer. Arrêts du même Parlement de Grenoble des 10. Septembre 1610. & 16. Mars 1652. rapportez par Chorier en sa *Jurisprudence de Guy Pape , p.* 152.

6 Si le préterit est mort du vivant du testateur, le testament est valable. *V. Bouvot , tome* 1. *part.* 2. verbo *Posthume , quest.* 1.

7 Quoique celuy qui a été omis ou préterit dans un testament où il devoit être necessairement institué, consente aprés la mort du testateur qu'il soit executé, neanmoins cela ne rend pas le testament valable, & le consentement n'empêche pas que les autres heritiers ne puissent debattre le testament de nullité. Il faut faire difference entre la plainte de l'inofficiosité & la nullité ; car la plainte de l'inofficiosité est personnelle , & n'appartient qu'à celuy qui prétend que le testament est inofficieux ; mais la nullité qui procede de la préterition, peut être opposée par tous les heritiers , & le consentement du préterit & du posthume, *qui meras agnatus est ,* ne prive pas les autres de l'action qui leur est acquise pour soûtenir la nullité du testament. *Voyez Taisand sur la Coûtume de Bourgogne , titre* 7. *art.* 3. *n.* 5. où il rapporte des Arrêts du Parlement de Dijon des années 1612. 15. Decembre 1634. & 26. Juin 1646.

8 La regle contenuë dans la précedente note n'est pas pourtant si generale qu'elle n'ait son exception , car le consentement du préterit, rend le testament valable , lors qu'il est donné du vivant du testateur, ou qu'il a été present au testament, & qu'il l'a approuvé ; mais si le préterit attend aprés la mort du testateur pour donner son consentement , il ne peut plus nuire aux autres qui ont leurs droits acquis par le défaut

défaut du testament, & qui peuvent le faire déclarer nul ; il a été ainsi jugé au profit de Jeanne Guclaud, laquelle ayant preterit deux de ses filles dans son testament, dont l'une étant morte avant la testatrice, & l'autre ayant approuvé le testament pendant la vie de sa mere, & consenti qu'il fût executé, le testament fut confirmé par Arrêt du 29. Novembre 1613. Autre Arrêt donné au profit des enfans de M. Thomas la Bille, contre M. Jean-Thomas, le 29. Juillet 1646. Le fait étoit que le fils de la Bille fit un testament en présence & du consentement de son pere, par lequel il institua ses heritiers ses deux freres consanguins, sans faire mention de son pere : après la mort du testateur, les heritiers maternels debattirent ce testament par le vice de la preterition ; on le jugea valable à cause du consentement que le pere avoit donné au testament du vivant de son fils testateur. *Taisand, ibidem, note 6.*

9 Jugé au Parlement de Dijon le 10. Juillet 1588. touchant le testament du nommé Brigandet, lequel quoiqu'il nul par le vice de la preterition, fut déclaré valable, le preterit étant mort avant le testateur. Arrêt semblable donné à l'Audience le 14. du même mois de Juillet 1588. *Taisand, ibidem, n. 7.*

10 Sçavoir si le vice de la preterition des enfans ou des ascendans ne rend pas nul un testament ; parce que la preterition est un vice radical, qui ne doit pas être regardé simplement comme un défaut de formalité ; c'est une injure faite à la nature qui ne doit point être excusée ; elle blesse la pieté naturelle & les bonnes mœurs, qui ne doivent pas changer en changeant de païs ; nonobstant ces raisons en l'année 1692. le testament de la Dame de Morvaux de la Ville de Montbrison, fait en la Ville de Paris fut confirmé, quoiqu'elle eût passé sous silence Charlotte de Navette sa fille aînée. *Voyez l'Auteur des Observations sur Henrys, tome 2. liv. 5. quest. 32.*

PRETERITION DES ASCENDANS.

11 Preterition d'ascendans se peut couvrir par legs général. Arrêt du Parlement de Grenoble pour un testament dans lequel il y avoit, *je donne à chacun de ceux à qui de droit je suis tenu de donner & laisser la somme de 5. sols. Papon, liv. 20. tit. 1. n. 11.*

12 La preterition de l'ayeul n'est couverte par le legat general de cinq sols à tous ses parens. Arrêt sans date rapporté par *Basset, tome 1. livre 5. titre 6. chapitre 3.*

13 Un testament par la preterition de l'ayeule, nonobstant le legs & institution generale de cinq sols en faveur de tous les parens, est nul. Arrêt du Parlement de Grenoble du 16. Mars 1632. *Basset, tome 1. liv. 5. titre 7.*

14 Les meres preterites peuvent debattre les testamens de leurs enfans par voie de nullité, & non par voie d'inofficiosité, encore qu'elles ayent convolé en secondes nôces. Arrêt du Parlement de Toulouse du 10. Mars 1631. *M. Dolive, liv. 3. ch. p. 8.*

15 L'on casse le testament où l'ayeule est preterite par son petit fils. Jugé au Parlement de Toulouse le 6. Février 1655. Un nommé Labros avoit fait son testament, quoiqu'il eût son ayeule paternelle, qui s'étoit remariée ; il avoit institué Roques son cousin germain, sans faire mention d'elle qu'en instituant tous les autres parens en la somme de 5. sols, ce testament fut cassé à cause de cette preterition ; mais le donataire de cette ayeule fut condamné à restituer le fideicommis dès biens du pere de Labros incontinent, sans déduction de quarte trebellianique, parce que la Cour étendit les peines des secondes nôces contre l'ayeule, luy adjugeant seulement la legitime sur les biens du pere du testateur : Quant aux biens qu'il avoit d'ailleurs que de son pere, sçavoir du chef de sa mere, ce même donataire y fut maintenu. Par cet Arrêt l'on voit que l'ayeule fut privée de tout ce qu'elle eût pû avoir du chef de son fils, comme luy ayant

Tome III.

fait injure en se remariant, sauf la legitime, & que comme elle venoit à la succession de son petit fils, jure proprio, elle fut maintenue elle ou son donataire en tout ce que ce petit fils avoit de biens d'ailleurs ; de plus, il se voit par-là que la clause generale par laquelle on institue tous les parens en la somme de 5. sols n'est pas suffisante pour empêcher la preterition. *Albert, verbo Testament, art. 2.*

16 La preterition du pere ou de la mere ne rend pas nul le testament du fils en pays Coûtumier. Arrêt du Parlement de Paris du 8. Avril 1647. *Soëfve, tome 1. Cent. 2. chap. 15.*

PRETERITION, CLAUSE CODICILLAIRE.

17 Si la clause codicillaire fait valoir un testament où les enfans sont preterits ? *Voyez le mot Clause, nombre 21. & suiv.*

18 Il a été jugé au Parlement de Grenoble les 11. Février 1634. & 31. Juillet 1638. que la preterition n'aneantit pas le testament du pere, appuyé de la clause codicillaire. *Voyez Chorier en sa Jurisprudence de Guy Pape, page 159.*

19 Le 16. Février 1641. Jugé au même Parl. de Grenoble que la clause codicillaire dans un testament où l'ayeul maternel se trouvoit preterit par sa petite fille qui avoit institué son mari heritier, ne peut faire subsister le testament, *in vim fideicommissi. Basset, to. 1. liv. 5. tit. 6. chap. 4.*

PRETERITION DU FILS.

20 Le testament du pere est nul par la preterition des enfans qui sont seulement substituez ? *Voyez Du Perrier, liv. 1. quest. 21.*

21 Le testament auquel le petit fils est preterit, n'est point institué heritier, n'est valable. *Bouvot, tome 1. part. 1. verbo Preterition.*

22 Le pere & la mere ne sont tenus par testament de faire mention de leurs enfans mariez & appanez, qui ont renoncé par serment à leurs successions. Jugé au Parlement de Grenoble en 1461. *Papon, livre 16. titre 4. n. 7.*

23 La mere aussi bien que le pere doit instituer ou exhereder ses enfans par son testament, à peine de nullité. Arrêt du Parlement de Grenoble de l'an 1461. *Papon, livre 20. tit. 1. n. 9.*

24 Testament n'est nul par preterition d'un enfant nommé entre les legataires. Arrêts du Parlement de Bourdeaux du 3. May 1530. & du mois d'Avril 1557. mais il faut qu'il y ait un des enfans, ou aucuns enfans heritiers universels. *Papon, ibidem, n. 10.*

25 Le fils substitué à sa mere n'est censé preterit, il ne peut faire casser le testament. Arrêt du Parlement de Grenoble du 14. Février 1552. *Papon, ibidem, nomb. 15.*

26 Le fils de famille marié & appané qui a renoncé à la succession de son pere, ne peut se plaindre de la preterition. *Voyez Papon, livre 20. titre 7. n. 7.*

27 Le pere institué son fils heritier, le fils décede avant son pere, laissant un fils non institué heritier ; le testament est nul par la preterition du petit fils. Arrêt du Parlement de Dijon du 13. Janvier 1607. *Bouvot, tome 2. verbo Testament, quest. 58.*

28 Le testament du pere par la preterition du fils est nul, lorsque le fils le debat, & en ce cas acquiert droit aux autres institutez de pouvoir le debattre de nullité ; mais si le fils n'a opposé la nullité, elle ne peut être objectée par ses coheritiers, sur tout quand il a approuvé le testament. Arrêt du Parlement de Dijon du 29. Novembre 1613. *Bouvot, ibidem, quest. 57.*

29 Si la substitution faite au profit d'un des enfans, luy tient lieu d'institution, & couvre le défaut de preterition, quoique le pere ne luy ait rien laissé à titre de legitime ? *Voyez Henrys, tome 1. liv. 5. chap. 4. quest. 27.* il rapporte un Arrêt du Parlement de Paris du 19. Novembre 1611. qui casse le testament du pere : mais il a de la peine à se rendre à la desi-

Y

fion de l'Arrêt ; il cite plufieurs Auteurs qui font d'a-
vis que la fubftitution tient lieu d'inftitution.

30   Préterition d'une fille annulle le teftament du pere , quoiqu'il l'ait dotée par fon contrat de mariage.
Jugé le 9. Juillet 1624. *Bardet , tome 1. livre 2. chapitre 25.*

31   Arrêt du 13. Juillet 1632. qui appointe pour fçavoir fi
la préterition d'un fils au teftament du pere emporte
nullité au profit de tous les enfans, pour les faire fucceder *ab inteftat* , quoique le frere préterit foit mort
fans fe plaindre ; & fi un précedent teftament parfait
demeure revoqué par le dernier qui eft attaqué par la
préterition. *Bardet , tome 2. liv. 1. chap. 37.*

32   La préterition des enfans fciemment faite rend nul
le teftament du pere , foit qu'ils s'en plaignent ou
non ; & non feulement eux , mais auffi les autres
qui n'ont pas été préterits ont droit de faire annuller
le teftament. Il peut cependant être foûtenu par la
claufe codicillaire ,, en vertu de laquelle fes heritiers
ab inteftat font enfuite grevez de rendre l'heritage à
celuy qui eft inftitué , en retenant une feule quarte.
Arrêts du Parlement de Grenoble des 12. Février
1634. & 31. Juillet 1658. *Baffet , tome 1. livre 5. titre 6.
chap. 2.*

33   Quoique les enfans ne fe foient pas plaints de leur
préterition dans le teftament de leur pere , la nullité n'en eft pas couverte par leur filence , parce
qu'il eft nul *ipfo jure.* Arrêt du 21. Février 1641. rapporté par *Chorier en fa Jurifprudence de Guy Pape ,
page* 252.

34   Un teftament où il y a préterition des enfans ou
pofthumes du teftateur ; ou des enfans de fes enfans
à luy prédecedez , jugé nul au même Parlement de
Grenoble le 10. Février 1648. les legs & fideicommis
furent neanmoins confirmez. *Baffet , tome 2. livre 8.
tit. 1. chap. 10.*

35   La préterition d'un enfant donnant atteinte à l'inftitution d'heritier, empêche que les autres difpofitions
contenuës dans le teftament ne fubfiftent. Arrêt du
Parlement de Paris du 3. May 1646. *Soëfve , tome 1.
Cent. 1. chap. 92.*

36   Il a été jugé que la préterition d'une fille dans le
teftament de fa mere fait à Paris , ne rend pas le teftament nul. L'Auteur des Obfervations fur *Henrys ,
to. 1. liv. 4. chap. 6. queft. 105.* plaidoit pour la fille ; il
dit , j'ay bien de la peine à me rendre à cette décifion, car je n'envifage pas l'obligation d'inftituer les
defcendans ou les afcendans comme une fimple formalité , mais comme une obligation naturelle qui ac-
compagne la perfonne en tous lieux , cependant je
crains fort que cette Jurifprudence ne s'établiffe malgré la raifon & les devoirs de la pieté.

37   Une fille mariée & dotée par fes pere & mere,n'eft
cenfée préterite par leur teftament où il n'eft fait
mention d'elle. Jugé au Parlement de Bourdeaux le
15. Juillet 1672. *Journal du Palais.*

PRETERITION DU POSTHUME.

38   Arrêt de la Chambre de l'Edit de Caftres qui a déclaré nul un teftament portant inftitution de l'enfant
dont la femme du teftateur étoit enceinte, quoique
dans le teftament la claufe codicillaire fût inferée, &
que par une autre claufe le teftament défendît à tous
fes parens de debattre ce teftament de nullité ; la
raifon fut qu'après l'accouchement de ce fils la femme du teftateur eut deux ans aprés une fille ; ainfi la
Cour jugea que bien que le fils eût furvécu au teftateur , la fille depuis née etoit *ignoranter præterita.* Il
fut jugé que les legataires n'é-
toient point recevables à demander les legs contenus
dans ce teftament contre l'authentique , *ex cauſâ C.
de liberis præteritis,* qui fut jugé n'avoir point de lieu,
in præteritione pofthumi ignoranter factâ , fuivant *Mainard , liv. 5. chap. 9.* cet Arrêt eft rapporté par *Boné , part. 2. Arr. 42.* Voyez le même *Mainard , livre
5. chap. 11. & Ferrieres fur la queft. 633. de Guy Pape.*

Les legs contenus au teftament du pere qui a pré- 39
terit le pofthume , ne font confervez par le benefice
de l'authentique , *ex cauſâ C. de liberis præteritis* , à
moins qu'ils ne foient faits pour la décharge de la
confcience du teftateur , parce que ce font plûtôt acquits que liberalitez , ou bien en faveur de la caufe
pie. Arrêt du Parlement de Touloufe du 29 . Mars
1582. *Mainard , liv. 5. chap. 13.*

Un pere inftituë heritier fon fils aîné, & donne feu- 40
lement la legitime aux autres , fans faire mention du pofthume à naître. Queftion de fçavoir fi
fous prétexte de la préterition celui-cy pourra faire
caffer le teftament. Jugé que non au Parlement de
Touloufe le 9. Août 1697. il ne pourra prétendre que
la legitime : car quelle apparence que le pere , s'il
avoit penfé à luy, eût exercé à fon égard une liberalité plus grande qu'envers fes autres enfans? *V. les
Arrêts de M. de Catellan , liv. 2. chap. 6.*

PRETEUR.

LA dignité de Prêteur chez les Romains , répondoit à celle de nos Lieutenans Civils , ou Lieutenans Generaux.

*De Officio Prætorum. D. 1. 14... C. 1. 39... Lex 12.
tabb.*

*De Prætoribus , & honore Prætura , & collatione , &
Glebâ, & Folli, & feptem folidorum functione fublatâ C.
12. 2... C. Th. 6. 1. 2. & 4.* Ces titres difpenfent les
Prêteurs & les Senateurs de quelques droits & contributions. *Gleba , eft Glebale aurum , v.l Glebalis func-
tio :* la Taille pour les fonds de la campagne. *Follis ,
erat nummi genus. Collatio feptem folidorum,* étoit une
autre impofition.

De Prætore Lycaoniæ. N. 25.

De Prætore Thraciæ. N. 26.

De Prætore Paphlagoniæ. N. 29.

De Prætore Siciliæ. N. 104.

*Abrogatio legis, qua Senatui Prætores, Decurionibus
verò Præfectos conftituere concedebat. Leon. N 47.* Cette Novelle abroge la Loy 2. au Code, *de officio Præt.*
qui permettoit au Senat de nommer les Préteurs.

Voyez le mot *Lieutenans.*

De Prætoribus populi. N. 13. Les Officiers dont il eft
parlé dans ce Titre , étoient comme nos Chevaliers
du Guet, *V.* Guet.

*De Prætorio pignore ; & ut in actionibus debitorum
miffio Prætorii pignoris procedat. C. 8. 22.* Ce Titre
parle du droit que le Préteur donnoit à un creancier,
d'exercer les actions & hypoteques de fon débiteur :
ce qui étoit une efpece de fubrogation ou de mife
en poffeffion , appellée pour cela , *Prætorium pignus.*
Voyez les mots *Gages, Hypoteque.*

PRESTRE.

QUod antè ineundum Sacerdotium, matrimonium
contrahi debet Leon. N. 3.

*De pœnâ falfum teftimonium dicentium Sacerdotum.
Leon. N. 76... N. 113. c. 10.*

*De Sacerdotibus in inferiori gradu conftitutis. Inft.
Lanc. 1. 21.* Des fimples Prêtres.

Les Prêtres doivent vivre dans le celibat. *Voyez*
Célibat , Ecclefiaftique.

Voyez pour ce qui concerne les Prêtres, les titres de
Clercs , Ecclefiaftiques , Ordres Sacrez.

Fils aîné Prêtre eft fondé à joüir du droit d'aînef- 1
fe. *Voyez* le mot *Aîneffe* , nomb 133.

Prêtre qui eft caution. *Voyez* le mot *Caution,* nomb. 2
212. & fuiv.

Prêtre qui fait le commerce. *Voyez* le mot *Com-* 3
merce , nomb. 7.

Si les Prêtres font fujets à la contrainte par corps? 4
Voyez le mot *Emprifonnement ,* nomb 31. & fuiv.

De ceux qui pour éviter la punition d'un crime 5
entrent en Religion, ou prennent l'Ordre de Prêtrife. *Voyez* le mot *Clerc* , nomb. 60.

6   Des Prêtres qui déclinent. *Voyez* verbo *Clercs*, nomb. 8. & *suiv.* & le mot *Declinatoire*, nombre 22. & *suiv.*

7   Si le fils de famille est émancipé par l'Ordre de Prêtrise? *Voyez* le mot *Emancipation*, nomb. 31. & *suiv.*

8   Si les Prêtres peuvent être cotisez pour la solde des cinquante mille hommes, & deniers communs? *V. Bouvot*, tome 2. verbo *Taille*. quest. 23.

9   A quelle Jurisdiction les Prêtres sont soûmis? *Voyez* le mot *Jurisdiction*, nomb. 76. & *suiv.*

10   Prêtres ajournez devant le Juge Laïc doivent requerir leur renvoy, sans pouvoir être supplée par le Juge. *Tournet, lettre P. Arr.* 194.

11   Arrêt du Parlement de Toulouse du 17. Avril 1544. qui défend aux Prévôt & Seigneur Jurisdictionnel de Beaumont en Roüergue, de commettre à l'exercice de la Jurisdiction temporelle audit lieu, Juge ou Lieutenant qui soit Prêtre. Autre Arrêt du 24. Mars 1558. qui défend aux Prêtres de rapporter des procez. *Reglement de la Rocheflavin*, chap. 4 *Arr.* 6. & *l'art.* 45. *de l'Ordonnance de Blois*, qui est tiré du Canon 22. *Cauf.* 16. *quest.* 7.

12   *De conventione solutionis cum quis morietur, uxorem ducet, vel erit Presbyter.* Voyez *Mornac, l.* 17. *ff. de conditione indebiti*, & *Mainard, liv.* 7. *chap.* 67.

13   Chanoines non sacrez doivent seulement seoir dans les basses Chaises avec les Chapelains & les Enfans de Chœur de l'Eglise; ils n'entrent & n'ont voix déliberative en Chapitre. Arrêt du 5. Juin 1554. en la cause de Maître Simon Pelerin, & des Chanoines de Loches, ausquels il fut enjoint de garder & entretenir les Saints Decrets, *quomodo divinum Officium in Ecclesia sit celebrandum, quo tempore quisque debet esse in choro & de tenentibus Capitula tempore Missa.* Papon, liv. 1. tit. 3. n. 2.

14   Un Prêtre qui a delinqué, étant trouvé en habit de soldat, ne peut se servir du privilege. Arrêt du Parlement de Dijon du 21. Janvier 1576. *Bouvot, to.* 1. *part.* 2. verbo *Prêtre*, quest. 2.

15   Celuy qui commet un larcin, & aprés est fait Clerc ou Prêtre, ne peut demander son renvoy pardevant l'Official. Arrêt du dernier Septembre 1577. *Bouvot, tom.* 1. *part.* 3. verbo *Prêtre*, qu. 1.

16   Un Prêtre ne peut être dépositaire & consignataire des deniers de retrait. Arrêt du Parlement de Dijon de l'an 1602. *Bouvot, to.* 2. verbo *Prêtre*, question 1.

17   Un Prêtre trouvé en habit presbyteral dans sa maison, & non en crime flagrant, n'est point sujet à la Jurisdiction des Prévôts, quoiqu'il soit prévenu de crime de leze-Majesté. Arrêt du mois de Janvier 1580. *La Rocheflavin, liv.* 3. tit. 15.

18   L'Ordre de Prêtrise ne rend pas un homme majeur. Par Arrêt du Parlement de Toulouse du 27. Janvier 1583. jugé qu'un Prêtre mineur qui avoit cautionné, seroit restitué en entier, nonobstant son Ordre de Prêtrise. *Bibliotheque Can. to.* 2. page 518. col. 1.

19   *Consult Senatus quemdam, nomine* Batot, *restituendum esse ex capite minoris atatis adversus venditionem prædii paterni, licet tunc esset Presbyter.* Arrêt du 9. Decembre 1598. *Mornac Authent. Presbyterum C. de Episcopis & Clericis, &c.*

20   Les Prêtres qui trompent, taisant leur qualité de Prêtre, sont indignes du privilege de Clericature donné à l'Ordre. Arrêt du neuf Août 1607. *Chenu*, 2. *Cent.* qu. 23.

21   Un Prêtre accusé de magie, condamné à Moulins sans avoir demandé son renvoy, l'ayant demandé en cause d'appel, la Cour le renvoya au Juge d'Eglise pour luy faire son procez, auquel assisteroit le Lieutenant Criminel au Bailliage de Bourges. Jugé le 3. Septembre 1609. *Chenu, ibid.*

22   Par Arrêt du Parlement de Normandie du 24. Janvier 1662. jugé qu'un simple Prêtre n'ayant Benefi-

Tome III.

ce, n'est point exempt de tutelle. *Berault, à la fin du 2. tome de la Coûtume de Normandie*, page 107. col. 2.

23   Un Prêtre peut être détenu prisonnier pour dette, s'il y a preuve ou présomption forte, qu'il ait affecté de se faire promouvoir pour éviter la prison. Arrêt du Parlement de Grenoble du 14. Mars 1662. *Basset, tom.* 1. *livre* 6. *titre* 4. *chapitre* 1.

24   Arrêt du Parlem. de Provence du 24. Mars 1672. qui declara la procedure criminelle contre un Prêtre accusé d'homicide, faite par un Juge Laïc, valable, & declara le Titre clerical du Prêtre confisqué, à la reserve d'une pension de soixante liv. par preference sur les biens confisquez. *Boniface, to.* 3. *liv.* 1. *tit.* 3. *ch.* 10.

25   Arrêt du 20. Avril 1673. qui a jugé que les causes personnelles des Prêtres, sont de la Jurisdiction du Juge d'Eglise. *Boniface, tome* 3. *liv.* 1. *tit.* 3. *chapitre* 4.

26   Arrêt du 22. Decembre 1673. qui a renvoyé les causes personnelles des Prêtres aux Juges d'Eglise, quoique le renvoi n'ait point été demandé. *ibidem*, chap. 5.

27   On peut obliger un Chanoine d'une Eglise Cathedrale à se faire Prêtre, quand il a l'âge requis pour cet effet, sinon il est au pouvoir du Chapitre de le priver de ses distributions. Jugé au Parlement de Roüen le 26. Juin 1681. *Journal du Palais, in quarto*, 9. *part. fol.* 405. & *le* 2. *to. in fol. p.* 221.

PREVARICATION.

PRevaricator, *est quasi varicator, qui adversam partem adjuvat.*

Prodita suâ causâ: L. 1. *ff. de Prævarit. . . L.* 212. *ff. de verb. sign.*

De Prævaricatione. D. 47. 15.

De Prævaricatione patroni adversus clientem. Lex 12. tabb. 1. 26,

PREVENTION.

LA prévention a lieu en matieres Béneficiales, & à l'égard de certains Juges.

PREVENTION, BENEFICE.

1   *Voyez* cy-devant les mots, *Bénéfice, Collation, Pape.* M. *Loüet Lettre P.* somm. 25. & 43. & le petit *Recueil de Borjon* to. 4. p. 211.

Des préventions apostoliques. *Voyez* les *Ordonnances* recuëillies par *Fontanon.* to. 4. tit. 15. p. 484.

2   *De prævention. Voyez Franc. Marc.* to. 1. qu. 1344.

3   *Præventio locum habet in beneficiis electivis.* Voyez *ibidem.* tom. 1. quest. 1300.

4   *Per quales requisitiones impediantur præventiones Papa?* V. *Du Moulin, consil.* 48. n. 8. tom. 2. p. 944.

5   De la prévention du Pape. *Voyez Rebuffe sur le Concordat. tit. de mand. apost.* §. *declarantes*, au mot *Jure præventionis.*

6   *De collationibus jure præventionis peractis.* Voyez *Pinson, au tit. de modis acquirendi beneficii*, §. 10.

7   *De collationibus pontificiis jure præventionis.* Voyez *Pinson* au traité de *can. institut. condit.* §. 10.

8   De la prévention du Pape. *Voyez Hevin; sur Frain.* p. 658. & le mot *Pape.* nomb. 64. & *suivant.*

9   De la prévention du Pape, quand l'Ordinaire a conferé incapaci. Voyez *Tournet, let. P. Arr.* 4. & 13. & M. *Loüet* somm. 25. & 43.

9 bis   Le Pape peut prévenir, *si electio spectat ad capitula vel conventus, quia majorem sibi Papa retinuit potestatem quam concessit.* Jugé au Grand Conseil pour le Doyenné d'Angers. Voyez *Rebuffe, sur le Concordat au tit. de regiâ ad præl. nominatione.*

10   *Si tractatus electionis fuerit inceptus, non erit præventionis locus.* V. M. *de Selve*, 3. part. tract. qu. 67.

11   M. Charles Du Moulin sur la regle *de publ. n.* 165. & *suiv.* propose cette espéce. *Sejus & Caius ayant chacun un bénéfice, les permutent avec Titius qui*

Y ij

possedoit une Chanoinie & une Eglise Paroissiale à Blois ; ils sont admettre ses resignations. *Cajus* fait publier la sienne , & prend possession réelle. *Sejus* differe , ensorte que *Titius* meurt en possession de sa Cure. Du Moulin se declare pour celuy qui s'en fait pourvoir par sa mort : la publication faite par *Cajus* n'est utile qu'à lui seul, elle est limitée & bornée, elle ne peut pas s'étendre hors son cas. Quoiqu'on ait fait mention de *Sejus* dans cette publication , ce n'est que par énonciation ; car il n'a point pris possession. La regle *de publicandis* auroit également lieu, quand même les deux bénéfices dependroient d'un même Collateur. Une seconde decision est que *Cajus* ne peut neanmoins prétendre que toute la permutation est annullée , ni retourner à son ancien bénéfice ; & en déposseder celuy qui s'en seroit fait pourvoir , comme vacant par la mort de *Titius*, parce que *tot sunt permutationes quot paria beneficiorum invicem permutata.* La permutation ne s'est point faite icy des bénéfices en gros, mais nommément & en particulier, *& singula permutationes suam naturam servare debent* ; ce seroit un foible raison de dire que ces deux amis ou parents n'auroient pas permuté l'un sans l'autre , parce que *erat affectio carnalis, nec de tâ curatur in materiâ beneficiorum Ecclesiasticorum*; s'ils l'eussent exprimé, cette stipulation ne valoit rien, car toute paction qui tend au regret , est vicieuse.

12   Quand les Papes ont voulu s'attribuer & usurper le droit de prévenir les Collateurs ordinaires, ce n'est au commencement que pour les bénéfices vacans *in Curiâ* qu'ils conseroient , non pas par droit de réserve, comme ils le sont présentement ; mais seulement par droit de prévention. Cette prévention a été tolerée, & même reçüe avec joye par les Ordinaires en ce rencontre, pour empêcher que les bénéfices ne fussent trop long-temps vacans ; ce qu'on ne pouvoit pas empêcher , si le Pape n'eût pû conferer les bénéfices qui vaquoient dans le lieu de sa demeure, parce qu'il eût fallu beaucoup de temps pour porter la vacance de ces bénéfices à la connoissance des Collateurs ordinaires. De plus en ce temps là , le Pape qui n'avoit pour but que le bien general de l'Eglise, ne luy donnoit que de bons Pasteurs, *non solebant personis , sed Ecclesiis providere, nullâ personarum acceptione habitâ* : mais lorsque dans la suite les Papes ont voulus s'attribuer le pouvoir de prévenir les Collateurs ordinaires en la collation de tous les bénéfices mêmes vacans *in partibus*, pour lors ils ont prétendu qu'ils avoient le droit de conferer les bénéfices vacans en Cour de Rome , par un droit de reserve , & ainsi il faut demeurer d'accord que la reserve des bénéfices vacans *in curiâ*, a été une usurpation nouvelle. *Du Moulin , de infirmis. n. 172.*

13   Les Parlements de France ont toûjours favorisé le droit des Ordinaires contre la prévention du Pape, & jugé que cete prévention ne donnoit aucun droit au pourvû , si le Pape n'avoit pourvû *rebus omnino integris* , & que le seul Acte de présentation du Patron Laïc , quoyque non insinué , ni notifié au Collateur , empêchoit cette prévention ; comme il fut jugé par Arrêt du Parlement de Dijon du 1. Août 1646. en l'Audience publique du Jeudy , rapporté par *Févret , liv. 2. du traité de l'Abus chap. 7. in favorabilibus enim sufficit attigisse substantialia actûs. glos.pragm.sanst. tit. de collat. §. item.* Rebuffe sur le Concordat *§. declarantes, in verbo, jure praventionis, tit. de mand. apost.*

14   Si le Patron peut être prevenu ? *Voyez* le mot *Patron , n.* 188. *& suiv.*

15   De la prévention du Legat. *Voyez* le mot , *Legat, n.* 93. *& suiv.*

16   Le Grand Maître de l'Ordre de Malthe , est le seul Collateur qui ne peut être prévenu par le Pape ; & qui ne souffre point de devolution. *Bibliotheque can. to.* 1. *p.* 13.

17   Collation de l'Ordinaire faite à un non *Gradué* empêche la prévention du Pape, quoyque cette collation fût annullée par le moyen d'un acte fait à un Gradué. Arrêt du Parlement de Paris du 18. Février 1540. Papon *liv.* 2. *tit.* 5. *n.* 10. *& Tournet , let.* G. *arr.* 9.

18   Empêchement de prévention du Pape, est favorable pour l'Ordinaire. Arrêt du Parlement de Paris en faveur de l'Evêque de Chartres ; défenses luy avoient été faites de présenter des Chanoines par écrit ; contre les défenses de l'Arrêt il l'avoit fait ; le même jour le Legat pourvoit ; le lendemain le Vicaire suivant les ordres de l'Evêque présente un tiers au Chapitre *vivâ voce*, & luy donne provision ; le Chapitre conteste le droit du présenté. Arrêt du dernier Juin 1540. qui le déboute , & maintient le pourvû de l'Evêque. Papon *, liv.* 1. *tit.* 9. *n.* 7.

19   Quoyque le Pape soit tenu & reputé Ordinaire des Ordinaires , suivant le Chapitre *si à sede &c.* & qu'il ait droit de conferer les bénéfices par prévention , neanmoins le Parlement conserve toûjours la liberté de l'Eglise Gallicane & favorise toûjours en justice celuy qui est pourvû par l'Ordinaire du lieu & de la Province , en luy ajugeant la récreance. Arrêts des 3. Février 1563. & 11. Janvier 1564. ou bien la Cour maintient diffinitivement en possession le pourvû de l'Ordinaire. Arrêt du 7. May 1568. Papon *p.* 1361. tiré des mémoires de *M. Bergeron.*

20   Le 11. Janvier 1564. fut plaidé un appel comme d'abus , d'une provision Apostolique par prévention. M. l'Avocat General Dumenil dit , qu'il n'y avoit point d'abus en l'exécution ; par l'Edit des Etats d'Orleans il n'est pas dit que telles provisions seront abusives ; il contient seulement défenses aux Juges d'y avoir égard. Sur l'appel comme d'abus , les parties hors de cour ; & neanmoins le pourvû par l'Ordinaire maintenu ; *Bibliotheque du droit François par Bouchel , verbo* Prévention.

21   Le 29. Avril 1568. après Pâques , fut plaidée une cause au Parlement de Paris en laquelle il s'agissoit de sçavoir , si la prévention en Cour de Rome a lieu contre les Graduez. M. l'Avocat General de Pybrac, remontra que toutes préventions étoient abusives , & que le Pape *omnia potest in his quæ pertinent ad adificationem Ecclesiastica disciplina , non in his quæ tendunt ad, eversionem aut scandalum Ecclesia.* Bibliotheque de Bouchel , *verbo* Graduez.

22   La pévention du Pape est empêchée par la présentation du Patron Ecclesiastique : la récreance fut ajugée au pourvû par l'Ordinaire, & sur le fait du *visa* qui n'étoit point rapporté par le pourvû par le Pape, les parties reglées en contrarieté. Jugé le 7. Septembre 1595. *M. Loüet lettre P. somm.* 25.

23   C'est une maxime au grand Conseil, & laquelle il y a infinité d'Arrêts , que *collatio etiam nulla* de l'Ordinaire, *impedit praventionem Papa*, & rend sa collation nulle. *M. le Prêtre premiere cent. chap.* 94. *Secus, rebus integris, quia est Ordinarius Ordinariorum.* Jugé le 15. Décembre 1603. *M. Loüet lettre P. somm.* 43.

24   De simples actes préparatoires pour faire l'élection, empêchent la prévention du Pape faite intermediairement. Jugé pour la Chantrerie de l'Eglise Collegiale de Saint Honoré de Paris , qui est un bénéfice électif confirmatif , par Arrêt du 16. Mars 1621. donné en la Grand'Chambre , au profit du Curé de Saint Côme qui avoit été élû par le Chapitre de Saint Honoré. *Vide* un autre Arrêt du 7. Septembre 1595. dans *Brodeau sur M. Loüet let. P. chap.* 25. pour le Prieuré Cure de Verneüil. Neanmoins il y a plusieurs autres Arrêts contraires, citez par M. Claude de Ferrieres, *en son traité du Patronage, ch.* 10. *p.* 406. *&* 407. Voyez la *Bibliotheque can. to.* 2. *p.* 194.

25   Collation d'un bénéfice à un absent qui repudie, n'empêche pas la prévention du Pape, quoyque la provision du Pape se trouve de même date que la répu-

diation', & qu'elle n'ait point été fignifiée au Patron. Arrêt du 11. Août 1615. M. l'Avocat General Talon obferva qu'il y avoit dans le Patron un defir de tirer récompenfe de fes préfentations qui fe trouvoient multipliées. *Voyez Bardet , to. 1. li. 2. chap. 54.*

26 Par les derniers Arrêts, la Cour a jugé que le Pape pouvoit prévenir & conferer le Bénéfice à un non Gradué, encore que l'on eût obmis d'exprimer que le Bénéfice eût vacqué au mois des Graduez. Jugé le 16. Juin 1607. le Mardy dernier Août 1610. pareils Arrêts du Lundy 7. Juillet 1614. & 22. Février 1620. La prévention du Pape a lieu contre les hommez par le Roy, foit pour le joyeux avenement, ou pour le ferment de fidelité de l'Evêque. Jugé au grand Confeil le 13. Septembre 1623. mais la prévention du Pape ne vaut, finon *rebus omnino integris* ; de maniere que pour ce qui eft des Bénéfices électifs collatifs, ou électifs confirmatifs, un fimple acte préparatoire à l'élection quoyqu'imparfait, & pour les autres Bénéfices, la collation de l'Ordinaire fondée en puiffance légitime de conferer, bien que nulle & invalide, empêche la prévention du Pape. Jugé le 13. Decembre 1603. *Brodeau fur M. Loüet , let. P. fomm, 43. Voyez M. le Prêtre, 1. cent. ch. 94. & du Frêne li. 2. chap. 84.*

27 En Bretagne un Bénéfice ayant vacqué au mois du Pape decedé fans conferer, la collation en appartient au Pape fon fucceffeur ; & les Evêques ne le peuvent prévenir. Arrêt du 12. Mars 1624. M. Talon Avocat General dit, que ce droit affuré par l'Edit du Roy Henry II. de 1549. étoit *jus ordinarium*, & non *jus Pontificatus*, & par confequent les Evêques ne pouvoient prévenir le Pape. *Bardet , tome 1. liv. 2. chap. 14.*

28 Le Pape n'a droit de prévention fur les Ordinaires de Bretagne, Païs d'obedience, tel qu'il l'exerce dans le Païs foûmis au Concordat. D'où vient que dans les provifions pour la Bretagne, on excepte la vacance par mort, en ces termes, *five præmiffo, five alio quovis modo, non tamen per obitum vacet* ; au lieu que dans les provifions pour le Païs de Concordat, on caffe que le refignant *in favorem* decedât avant la refignation admife, on met la claufe *etiam fi per obitum*. *Voyez Frain page 31.*

29 Le Pape peut prévenir l'Ordinaire & Patron Ecclefiaftique, quand il n'appert d'aucune nomination ni préfentation qui foit notifiée à l'Evêque avant l'expedition de la provifion en Cour de Rome, & bien que dans la fignature n'y ait eu expreffion du patronage. Jugé le 6. May 1624. *M. le Prêtre és Arrêts de la cinquième.*

30 Caufe appointée pour fçavoir fi la commiffion donnée par un Chapitre, *fede vacante*, empêche la prévention du Pape. Arrêt du 11. Août 1637. *Bardet, to. 1. l. 6. ch. 17.* M. Talon Avocat General dit que la feule commande en Cour de Rome eft vray titre; toutes les autres ne font vray titre; & par confequent n'empêchent point la prévention du Pape.

31 La feule préfentation du Patron Ecclefiaftique n'empêche point la prévention du Pape; parce que la préfentation eft un acte imparfait, qui donne feulement *jus ad rem*. Il n'en eft pas de même de l'élection qui donne *jus in re*. Arrêt du 17. Février 1641. *Bardet, to. 2. li. 9. ch. 17.*

31 *bis.* Arrêt du Parlement de Provence du fix Decembre 1664. qui a jugé qu'un fimple acte préparatif à la préfentation du Patron à l'Evêque, empêche la prévention du Pape. *V. Boniface, to. 1. li. 2. ti. 28. ch. 5.*

PRÉVENTION, JUGES.

32 De la prévention des Juges Royaux fur les Juges fubalternes. *Voyez le mot Juge, nomb. 308. & fuiv.* Chenu, *Offices de France, tit. 42.* Henrys, tom. 2. *additions au liv. 2. qu. 45.* & le même Henrys, *tome 2. liv. 2. qu. 18.* & Mornac, *Loy 1. Cod. de officio præfecti urbi.*

33 De la prévention en matiere criminelle, entre les Lieutenans Criminels des Baillifs, Sénéchaux, & les Prévôts Royaux, & leurs Lieutenans. *Filleau, 2. part. tit. 5. ch. 33.*

34 De la prévention des Baillifs & Sénéchaux, & leurs Lieutenans, fur les fujets jufticiables des Seigneurs Hauts-Jufticiers. *Idem, part. 3. ti. 7.*

35 Il y a prévention entre les Baillifs, Sénéchaux, & les Prévôts & leurs Lieutenans fur les fujets des Juges fubalternes, quand ils ne font vendiquez par les Seigneurs Haut-Jufticiers, & peuvent lefdits fujets proroger jurifdiction pardevant lefdits Baillifs ou Prévôts. Arrêt du Parlement de Paris du 15. Novembre 1554. *Idem, 2. part. ti. 5. ch. 8.*

36 De la prévention & concurrence entre le Prévôt des Maréchaux, & les Juges Royaux. *Voyez Baffet, to. 1. li. 2. ti. 5. ch. 4.*

37 La queftion de la prévention & option prétendu par le Roy, & autres ayant les droits Seigneuriaux en leurs Terres contre leurs Vaffaux, comme fait Madame la Marquife d'Illes en toutes fes Terres de Champagne, a été nouvellement appointée au Confeil, & non vuidée. *Voyez la Bibliothéque de Bouchel, verbo Droits Royaux.*

38 Un homme étant en une Jurifdiction, tuë un homme qui eft dans une autre Jurifdiction ; quelques Docteurs tiennent qu'en ce cas la prévention a lieu, & que tous deux font competens. *Voyez M. le Prêtre, 4. Cent. chap. 52.* Voyez *Mornac, Loy 19. ff. communi dividundo.*

39 En réintegrande, le Roy a prévention. Arrêt du 15. Février 1516. qui renvoye au Baillif, à l'exclufion du Juge ordinaire, la connoiffance d'une réintegrande. *Bibliot. de Bouchel, verbo Prévention.*

40 Il fe trouve quelques Arrêts confirmatifs de la prévention & option au Bailliage de Chaumont. Il y en a un touchant la Principauté de Joinville du fept Septembre 1558. pour la prévention du Prévôt Royal de Vaffy, du 13. Septembre 1561. entre Pierre Briois, demeurant à Sommevoire, & les Religieux de Montierender, Seigneurs du lieu, joints. *V. idem, verbo Droits Royaux.*

41 Pour Bouvot Avocat du Roy à Chaumont contre le Prévôt Roze, Arrêt du 10. Août 1577. par lequel fut dit que Bouvot, qui avoit par contrat acquis la Terre de Villiers le Sec, étant du Domaine, enfemble les droits du Roy, même celuy de prévention, joüiroit fuivant fon contract, quoique Roze alleguât que ce droit ne fût fpecifié, & qu'étant de la Couronne, il ne fût cenfé aliené. Il y a auffi un Arrêt provifionnel de procuration pour le Seigneur de Bray fur Seine, contre fes Vaffaux & ceux de fon reffort ; un autre pour l'Archevêque de Rheims pour la prévention, du 7. Mars 1579. Il s'en trouve d'autres contre la prévention, comme pour le Comté de Rhetel, du 21. Août 1590. & en l'Audience du fept Juillet 1567. 7. Juin 1569. & vingt Juin 1575. *V. idem, verbo Droits Royaux.*

42 Le 14. Juillet 1601. Arrêt notable du Parlement de Paris, en forme de Reglement pour le Prévôt d'Orleans, contre le Lieutenant Criminel pour la prévention, avec plufieurs autres Arrêts donnez en cas femblable. *Voyez Filleau, part. 2. ti. 5. ch. 16. & fuiv.* où il parle de la prévention en faveur des autres Juges.

43 Arrêt du onze Février 1612. entre le Prévôt & Juge ordinaire de la Prévôté & Châtellenie de Mehun fur Yvre, contre le Lieutenant du Baillif de Berry audit lieu, que le Baillif ou fon Lieutenant ne peut prétendre la prévention en matieres civiles & criminelles, fur le nuëment fujets de ladite Châtellenie, les cas royaux exceptez. *Ibidem, chapitre 34.*

44 Arrêt du neuf Août 1613. au profit des Baillifs de

la Baronnie de Châteauneuf , située en la Ville de
Tours , & de celle de Rochecorbon contre le Baillif
de Tours , par lequel il a été jugé que le Baillif de
Touraine , ou son Lieutenant à Tours , n'a aucune
prévention sur les Vassaux & Justiciables desdites Baronnies , fors des complaintes & autres cas royaux ,
ensemble des matieres de retrait lignager ; & qu'ayant
pris connoissance , si les parties sont vendiquées , ou
demandent leur renvoy aparavant contestation en
cause , ledit Baillif de Touraine est tenu les renvoyer,
sans les retirer ni évoquer. *Voyez Filleau , 3. part.*
tit. 7. chap. 10.

45 Arrêt du trente Decembre 1615. qui a jugé que le
Prévôt de Paris , son Lieutenant , & Officiers du
Châtelet , ont la prévention sur les Justiciables des
Juges subalternes des Seigneurs Hauts-Justiciers en
la Ville de Paris. *Idem , tit. 7. ch. 14.*

46 A présent la Jurisprudence est que les Juges subalternes sont competens , pour connoître des complaintes entre leurs Justiciables és matieres profanes ; mais quant aux complaintes en matiere Beneficiale , on a toûjours tenu que la connoissance en appartient aux Juges Royaux , privativement aux subalternes , même entre leurs Justiciables , sans qu'il y
ait lieu de prévention pour ce regard. *Brodeau sur*
Loüet lettre B. somm. 11. n. 15.

47 De la prévention attribuée aux Officiers des Sénéchaussées de Roüanne & Saint Etienne , transferées à Montbrizon. Arrêt d'expedient du 16. Mars
1657. qui accorde au Sénéchal de Roüanne la prévention sur le Châtelain de saint Germain de Laval,
Voyez Henrys , tom. 2. liv. 2. quest. 18. & 45. Sur la
quest. 18. l'Auteur des Observations fait celle-cy ;
je ne crois pas qu'elle subsiste à présent , parce que
l'Ordonnance de 1667. qui est generale , & qui déroge à toutes les Ordonnances & Edits précedens,
fait défenses à tous Juges de retenir ou évoquer les
causes pendantes aux Sieges inferieurs. En effet , j'ai
fait infirmer au mois de Juillet dernier , une Sentence du Sénéchal de Saint Etienne , qui avoit pris
connoissance en premiere instance d'un compte de
tutelle , déferée par le Châtelain de Latour en Ja-
rets , & autres Justiciables & domiciliez dans cette
Châtellenie.

48 Arrêt du Parlement de Provence du 27. Avril 1675.
par lequel la procedure & la Sentence du Juge su-
petieur qui avoit prévenu , & la contrainte fut confirmée. *Boniface , to, 3. li. 1. ti. 5. ch. 19.*

PREVOST.

1 DEs Prévôts , Vicomtes , Châtelains , Viguiers ,
Juges ordinaires , & leurs Lieutenans. *Voyez*
le mot *Juges , nomb. 311. & suiv.* Chenu , *Offices de*
France , tit. 12. & Filleau , *part. 2, ti. 5.*

2 Prévôt , Prévôté. *Voyez hoc verbo l'Indice des*
Droits Royaux, ou *le nouveau Glossaire du Droit Fran-*
çois , derniere édition de 1704.

3 Les Prévôts doivent connoître des differends des
Eglises n'étant de fondation Royale. Arrêt du quatre
Février 1630, *Du Frêne , t. 2. ch. 65.*

PREVOST D'ANGERS.

4 *Henrys , tom. 2. liv. 2. qu. 2.* en rapportant l'Arrêt
du Parlement de Paris du 14. Juin 1655. qui maintient le Juge Prévôt d'Angers dans la connoissance
des causes des Maire & Echevins , Conseillers &
Corps de l'Hôtel de Ville , dit que cet Arrêt ne peut
pas avoir lieu à Lyon , parce que l'Echevinage anno-
blit ; & que suivant l'Edit de Cremieu , il n'y a que
les Baillifs & Sénéchaux qui puissent connoître des
causes des Nobles. L'Autheur des Observations en
fait deux : la premiere , que dans la Ville de Lyon
il n'y a point de premier Juge Royal : ainsi le Sénéchal connoît en premiere instance de toutes les causes des Bourgeois. La seconde , que le Chapitre de
S. Jean a la Jurisdiction dans l'étenduë de son Cloi-

tre. Son Juge, que l'on appelle Juge du Comté, connoît des causes de Nobles , aussi-bien que de celles
des roturiers , suivant les Arrêts rapportez par le
même Henrys , *qu. 20. & liv. 3. qu. 15.*

PREVOST DE BEAUVAIS.

5 Il a été jugé par Arrêt rendu au Rôle de Senlis le
28. Février 1656. entre Monsieur l'Evêque de Beauvais , les Officiers du Présidial du même lieu , &
le Prévôt d'Angy , que ce Prévôt devoit avoir
la séance dans la Ville de Beauvais ; & toutesfois
qu'il n'avoit pû prendre la qualité de Prévôt en
garde de Beauvais , mais seulement celle de Prévôt
d'Angy. Des Prévôts Royaux. *Voyez Recard sur l'art.*
17. de la Coûtume de Senlis.

PREVOST DE L'HOSTEL.

6 Miraumont, *Traité du Prévôt de l'Hôtel & du Grand*
Prévôt , in octavo , *Paris* 1655.

7 Arrêt du Conseil d'Etat du 22. Janvier 1682. pour
défendre au Prévôt de l'Hôtel de donner des commissions pour attirer des affaires qui ne sont point
de sa competence. Il porte : Sa Majesté a défendu
tres-expressément au Lieutenant General & Particulier , Civil & Criminel de la Prevôté de l'Hôtel , de
plus délivrer semblables commissions , ni de connoître d'aucunes causes, procez , & differends civils &
criminels , de quelque nature qu'ils puissent être ,
autres que ceux dont la connoissance leur est attribuée par les Edits & Declarations,ou qui leur seront
renvoyez par une attribution particuliere de Sa Majesté , à peine de faux des Jugemens qui seront par
eux rendus , & d'interdiction de leurs Charges , & de
répondre en leurs propres & privez noms des dommages & interêts des parties. Défend en outre aux
Procureurs postulans en ladite Prevôté de présenter
aucunes Requêtes pour obtenir semblables Commissions ; & aux Greffiers d'en expedier , à peine de
quinze cens livres d'amende , & de punition. *Voyez*
le Recüeil des Edits & Declarations imprimez par l'or-
dre de M. le Chancelier en 1687.

PREVOST DE L'ISLE.

8 Le Prévôt de l'Isle ne fait le procez aux criminels.
Voyez Mornac , *C. de officio prafecti vigilum.*

Arrêt du Grand Conseil du 31. Mars 1622. entre le
Prévôt de l'Isle de France , & le Lieutenant Criminel de Robe-courte de Paris. *Recüeil de la Maré-*
chaussée , pag. 467.

9 Edit de création d'un Lieutenant , un Exempt ,
vingt-cinq Archers , & un Trompette dans la Compagnie du Prévôt General de l'Isle de France au Gouvernement de Paris. Cet Edit du mois d'Août 1633.
a été enregistré en la Chambre des Comptes le six
Septembre suivant. *Ibidem , pag. 530.*

10 Arrêt du Conseil du 17. Janvier 1651. qui confirme
le Prévôt General de l'Isle de France dans les droits
de poûrvoir aux places d'Exempts & Archers de sa
Compagnie, vacantes par mort , forfaiture , ou autrement. *Ibidem , pag. 736.*

11 Le 23. Août 1670. Edit de création d'un Guidon
en la Compagnie du Prévôt General de l'Isle de
France. *Maréchaussée de France , pag. 910.*

PREVOST DES MARCHANDS.

12 Prévôt des Marchands & Echevins de Paris , appellé par Chopin , en son Traité de la Police , liv. 3.
tit. 4. n. 21. *Decurionum Parisiensium Prafectus.*
Voyez les Ordonnances recüeillies par Fontanon , *to-*
me 1. li. 5. tit. 2. pag. 840.

13 Voyez dans le Traité qu'a fait M. le Bret de l'ordre des anciens Jugemens Civils , *chap. 8.* Ce qu'il
dit *de prafectis urbanis privatorum judiciorum, deque*
Pratorum.

14 Le Roy Henry II. ordonna en 1556. que le Prévôt
des Marchands de la Ville de Paris seroit perpetuel.
V. Henrici progymnasmata , Art. 211.

15 Jugé que le Prévôt des Marchands de la Ville de
Paris avoit Jurisdiction & connoissance des délits qui

se commettent au fait de la Police, le fait étant arrivé entre les Marchands de vin à la publication d'un Arrêt de la Cour, donné pour la Police ; d'où l'on concluoit que la connoissance en appartenoit à la Cour, du moins au Juge Royal ordinaire, qui est le Prévôt de Paris : mais il fut jugé que le Prévôt des Marchands étoit competent ; cependant pour le bien commun des parties, le fait de peu d'importance fut jugé par Arrêt du 9. Decembre 1606. *Plaidoyers de Corbin*, chap. 74·

16   Le Juge Prévôt de la Ville d'Angers a été maintenu & gardé dans la connoissance des causes des Maire & Echevins, Conseillers & Corps de l'Hôtel-de-Ville dudit Angers, sans préjudice des autres privileges dudit Hôtel-de-Ville. Arrêt du 14. Juin 1655. *Voyez* cy-dessus le nomb. 4.

17   Arrêt du Conseil du 14. Septembre 1667. portant Reglement entre le Prévôt du Mans, & les Echevins, Officiers de la Prévôté, & Officiers Présidiaux, pour leurs fonctions, rang & seance. *Maréchaussée de France*, p. 876.

18   Edit du Roy, portant Reglement pour la Jurisdiction Civile & Criminelle des Prévôts des Marchands & Echevins, Président, Juges Gardiens, & Conservateurs des Privileges des Foires de la Ville de Lyon, avec attribution du pouvoir de juger souverainement & en dernier ressort jusques à la somme de cinq cens livres. Cet Edit qui est du mois de Juillet 1669. a été enregistré dans tous les Parlemens. *Voyez* le 12. titre du Code Marchand.

19   Arrêt du Conseil d'Etat du 8. Octobre 1670. qui maintient le Prévôt des Marchands & Echevins de la Ville de Paris, en la possession & jouissance de connoître en première instance des procez concernans la navigation de la riviere de Seine, & autres pour la provision & fournitures de la Ville de Paris; avec defenses aux Juges des Eaux & Forêts, & Table de Marbre, d'en prendre aucune connoissance. *Voyez les Ordonnances concernant la Jurisdiction de la Ville de Paris, imprimées chez Fred. Leonard en 1676. pag. 169.*

P R E V O S T   D E S   M A R E' C H A U X.

20   *Castrensium Prafectorum Tribunus capit. iii. De Quastore N. 80.* L'Officier dont il s'agit icy, veilloit aux Vagabonds, gens sans aveu, coureurs, faineans, & autres : comme font nos Prévôts des Maréchaux dans la campagne, & nos Lieutenans Generaux de Police dans les Villes.

21   Prévôt des Maréchaux. *Voyez sous ce titre la Bibliotheque du Droit François par Bouchel, celle de Jovet, & sur le même mot, Bouvot, tom. 2. & ibidem, page 847. & le mot Maréchaussée, dans le 2. volume de ce Recueil.*

P R E V O S T   D E   P A R I S.

22   Pendant l'absence du Prévôt de Paris, le Lieutenant Civil doit exercer suivant l'avis de M. le Chancelier, & de Messieurs du Grand Conseil ; & par Arrêt du Parlement de Paris du onze Mars 1410. il fut décidé en faveur de M. le Procureur General du Roy, ce qui a été depuis pratiqué. *Papon*, livre 4. titre 10. n. 3.

23   Le Prévôt de Paris doit prêter serment pardevant Messieurs du Parlement. Arrêt du Parlement de Paris du 4. Février 1421. qui met au neant l'adresse de son serment au Chancelier, ensemble tout ce qui étoit fait sur sa reception. *Papon*, li. 4. tit. 10. n. 1.

24   La Prévôté de Paris vacante, M. le Procureur Ge-neral en a la garde. Ainsi jugé contradictoirement pour M. Gaucher Jayer, contre M. le Chancelier, & autres Conseillers d'Etat, comme il se voit au registre de la Cour du 12. Mars 1410. ainsi pratiqué en la personne de M. le Procureur General de la Guele pendant les guerres de la Ligue. Il se trouve, mais une seule fois que M. Pierre de Marigny Maître des Requêtes de l'Hôtel a été commis à la garde le 30. Avril

1421. *Bibliotheque de Bouchel*, verbo *Prévôt.*

Arrêt du Parlement du 21. Mars 1570 qui enjoint 25 au Prévôt de Paris où il trouvera aucun des Prévôts des Maréchaux résider plus de huitaine en cette Ville, & ses Archers de les faire prendre & constituer prisonniers. *Maréchaussée de France*, pag. 171.

Par Arrêt du 23 Mai 1579. il a été dit que le Prévôt 26 de Paris, ni ses Lieutenans ne doivent juger aucuns procez Civils ou Criminels dans lesquels le Roy a interêt, qu'ils n'ayent été communiquez au Substitut de M. le Procureur General du Roy, à peine de nullité. *Le Vest, Arrêt 233.*

Tous Juges sont competens pour faire reconnoître 27 ou nier un seing, même d'un Prêtre, sauf à le renvoyer pour contester devant son Juge ; mais le Prévôt de Paris peut faire arrêter & executer les meubles, mettre garnison, & puis renvoyer devant le Juge des lieux. *Mornac, l. omnes clerici* 31. c. de Episcopis Clericis, il y a faute ; parce que la loy *omnes Clerici* 31. ne se trouve point dans le C. Godefroy : ni d'a Porta.

Le Prévôt de Paris conservateur des Privileges de 28 l'Université, est en cette qualité Officier de l'Université, & doit serment au Recteur lors de son installation, comme aussi au Chevalier du Guet. *Bibliot. Can. to. 1. p. 261. col. 1. Voyez* le mot *Châtelet.*

P R E U V E.

P Reuve. *Probatio. Argumentum. De Probationibus. C. 4. 19... Dec. Gr. dist. 44.* 1 *c. 5... 24. q. 3. c. 6... Extr. 2. 19... Cl. 2. 7.... Inst. L. 3. 14.*

Preuve par écrit.

De fide instrumentorum, & amissione eorum. D 22. 4.

De fide instrumentorum, & de amissione eorum ; & de apochis & antapochis faciendis ; & de his qua sine scripturâ fieri possunt. C. 4. 21. Apocha, Quittance : *Antapocha*, est expliqué au mot *Quittance.*

De tabellionibus, & ut Protocolla dimittant in chartis. N. 44. Protocollum, est nota charta, la marque, qui étoit au haut de la feüille, & où étoit écrite l'année en laquelle le papier avoit été fait, & par quel Ouvrier. Cette marque pouvoit être une preuve de la fausseté des Actes.

De instrumentorum cautelâ & fide, &c. N. 73. Cette Novelle contient plusieurs dispositions pour la preuve par écrit, sur tout dans les chap. 6. & 7. qui traitent de la comparaison d'écritures.

Ut ex solis documentis publicè celebratis comparationes fiant, exceptis privatis quibus adversarius pro se utitur. N. 49. c. 2.

Preuve par témoins. *Voyez* Témoin.

Des preuves en general ; il faut examiner si elles 3 sont dans les formes, si elles sont concluantes ; des preuves par écrit ; des preuves par témoins. *Voyez* le 2. tome des Loix Civiles, liv. 3. tit. 6.

Probationum testium & fides instrumentorum forma. Per Petrum Cornesium Capitolensem.

De probationibus. Per Jo. Oldendorpium. 4

Per Lanfranc. de Oriano.

Per Fericum Schenk.

Et per Jo. Milleum in suâ praxi criminali.

Mascardus de probationibus. Lugd. 1608. 2. vol. in folio.

De probationibus. Voyez M. le Bret en son traité de 5 *l'ordre ancien des Jugemens*, chap. 37.

Quatenus error, in instrumento commissus, probari 6 *possit testibus aut judiciis extrà scripturam? & quomodo intelligendus articulus* 19. Edicti anni 1611. Voyez Stockmans décis. 119.

Temperatio Edicti anni 1611. de non admittendâ pro- 7 *batione per testes in negotiis excedentibus trecentas libras Athenienses, seu florenos Rhenenses.* Voyez ibidem, décis. 120.

8   *Comparatio scripturæ signi subjecti quam fidem faciat?* Voyez ibidem , décis. 138.

9   Preuve par témoins. *Voyez* hoc verbo , Bouvot to. 2. *& cy-après* verbo *Témoins.*

En quelles choses la preuve par témoins n'est reçûë. *Ordonnance de Fontanon* , tome 1. liv. 3.titre 45. page 617.

10   De la preuve qui se fait par Confession. *Voyez Despeisses* , tome 2. p. 541.

11   Des especes de preuves abrogées. *Voyez* le même Auteur , ibidem , *pag.* 543.

12   Des faits qui gisent en preuve vocale ou litterale. *V. l'Ordonnance de* 1667. tit. 20.

13   *In antiquis sufficere probationes quales haberi possunt, quod sané intelligendum est.* C. M. des Fiefs , §. 5. hodiè le 8. n. 75. *in antiquis enuntiativa probant, idem eodem loco ,* n. 77. *antiquum in re gravi est* 30. *annorum in re mo licâ* 10. *idem eodem loco ,* n. 83. *Voyez* Mornac, qui parle des Archives authentiques *ad hæc* C. *de fide instrumentorum , &c.*

14   *Ei incumbit probatio qui dicit , non qui negat.* Mornac, l. 2. ff. de probationibus.

15   *Delegatus probationes perficere debet nonobstantibus appellationibus ne probatio pereat,* Mornac, l. penultima C. de Hæreticis , *&c.*

16   *Dominium probari , non modo instrumentis , sed indiciis præsumptionibus signis argumentisque certis & clarissimis,* Mornac, l. 19. C. de rei vindicatione.

17   Aux choses de difficile preuve , & qui se font *in secessu & semotis arbitris indicia & conjecturæ sufficiunt,* principalement *in delictis vel quasi l. non omnes* 5. §. à *Barbaris,* ff. de re militari. Voyez M. Valla *de rebus dubiis tractatu* 1. n. 20.

18   *Nuda scriptura privata nullum gradum probationis facit nisi sit recognita , nisi sit antiqua , scriptura producentis nullo casu potest plus quam vox sua: scriptura privata ex archivo publico desumpta probat , etiamsi careat subscriptione Notarii : testibus & aliis solemnibus publici instrumenti , modo archivum sit erectum authoritate superioris potestatem habentis.* Voyez M. Charles Du Moulin , traité des Fiefs , §. 5. hodiè le 8. n. 16. 17. 26. & 30.

19   Le creancier doit prouver que l'argent qu'il a prêté, est tourné au profit & utilité du Mineur. *Voyez* M. le Prêtre , 3. Cent. chap. 37.

20   En matiere feodale la preuve par témoins n'est pas reçûë. *Pelens ,* quest. 75.

21   En quels cas il est permis de verifier & prouver par témoins l'existence d'une personne. *Voyez de la Guess.* to. 3. liv. 11. chap. 41.

22   En fait de preuve les témoins ne peuvent être parens ni alliez , ni domestiques de la partie. *Ordonnance de* 1667. tit. 2. art. 2.

23   Un même fait peut être prouvé deux fois. Par exemple , un demandeur en fait qu'une chose vaut cent écus , il le prouve par témoins. Depuis il se ravise & soûtient qu'elle en vaut cent cinquante , & il est reçû à la preuve de ce nouveau fait; car s'il est different du premier , il ne luy est pas neanmoins contraire. Le Parlement de Grenoble a ainsi décidé, ayant permis à Jean Alleman de prouver que la terre de Rochechinard surpassoit de beaucoup la valeur qu'il avoit premierement proposée & prouvée ; mais on juge de cette valeur , eu égard à l'état de la chose lors qu'elle a été ou venduë , ou donnée , ou usurpée , & non de celuy auquel elle est réduite. *Voyez Guy Pape,* quest. 157. *& 583. & le Conseiller Marc dans sa* quest. 484. de la 1. part.

24   Julienne demande d'être reçûë à informer par témoins de quelques faits de l'an 1528. disant que l'Edit de Moulins défendant telles preuves , regarde seulement *futura negotia non præterita,* ce qui est ainsi jugé à Rennes. Par Arrêt du Parlement de Bretagne du 9. Septembre 1567. est dit mal jugé , & que l'intimé ne sera reçû à verifier ses faits autrement que par actes. *Du Fail* , livre 1. chap. 262.

25   Si par surprise ou par inadvertance, le Parlement a permis dans la cause d'appel la preuve des mêmes faits sur lesquels il a été enquêté dans la premiere instance , il ne s'arrêtera ni à ce qu'il aura ordonné à cet égard , ni à ce qui aura été prouvé en consequence, y ayant lieu de craindre que les nouveaux témoins ne soient subornez. Arrêt du Parlement de Grenoble de l'an 1445. entre l'Abbé de Boscodon , & les Habitans des Crottes , rapporté par *Guy Pape,* page 314.

26   Arrêt du Parlement de Bretagne du 11. Avril 1570. qui admet la preuve de la menace faite d'intenter procez. *Du Fail* , livre 1. chap. 300.

27   Traité de la preuve par témoins en matiere civile , contenant le Commentaire de M. Jean Boiceau , Sieur de la Borderie, Avocat au Présidial de Poitiers, sur l'article 54.de l'Ordonnance de Moulins,en Latin & en François; auquel sont ajoûtez sur chaque chap. plusieurs questions tirées des plus celebres Jurisconsultes , & décidées par les Arrêts des Cours souveraines ,ensemble des Observations sur l'article 55. de l'Ordonnance de Moulins , & sur le tit. 20. de l'Ordonnance de 1667. le tout conferé avec l'Edit perpetuel des Archiducs , les Ordonnances, Statuts , & Coûtumes de Melun , Bologne la Grasse , Naples, Portugal, & autres Pays qui ont rapport à l'usage du Droit François sur cette matiere. *Par* M. Danty, *Avocat en Parlement , imprimé chez Guillaume Cavelier en* 1697.

28   L'article 54. de l'Ordonnance de Moulins au mois de Février 1566. porte , pour obvier à la multiplication des faits que l'on a vûs cy-devant être mis en avant en jugement , sujets à preuve de témoins, & reproches d'iceux , dont aviennent plusieurs inconveniens & involutions de procez ; avons ordonné & ordonnons, que dorénavant de toutes choses excedans la somme ou valeur de cent livres, pour une fois payer , seront passez contracts pardevant Notaires & témoins, par lesquels contracts seulement sera faite & reçûë toute preuve desdites matieres , sans recevoir aucune preuve par témoins ,outre le contenu audit contract , ni sur ce qui seroit allegué avoir été dit ou contenu avant icelui , lors & depuis ; en quoi n'entendons exclure les conventions particulieres , & autres qui seroient faites par les parties , sous leurs seings, sceaux & écritures privées.

En interpretation de cet article les Arrêts suivans ont été rendus.

29   Contre l'Ordonnance de Moulins les parties avoient été reçûës à verifier par témoins un fait hors le contract , & avoient fait enquête. Depuis l'une des parties appelle de l'appointement à informer ; on luy objectoit la fin de non recevoir ; sçavoir , qu'elle avoit fait enquête ; elle répondoit que son Procureur , ni elle, n'avoient pû ni dû contrevenir à l'Ordonnance; les Gens du Roy se joignirent à l'appellant. Par Arrêt du 11. Février 1572. il fut dit, mal jugé ; & par M. le premier Président fut remontré aux Avocats qu'il falloit suivre l'Edit, & qu'ils le doivent ainsi conseiller à leurs parties. *Bibliotheque de Bouchel* , verbo *Preuve par Témoins.*

30   La preuve que l'une des parties en faisant échange, ait promis de rendre la chose échangée moyennant cent livres , n'est pas recevable , parce que la chose donnée peut exceder. Arrêt du Parlement de Dijon du mois de Juillet 1577. *Bouvot,* tome 2. verbo *Preuve* , quest. 31.

31   L'article 58. de l'Ordonnance de Moulins ne s'étend aux faits & adminicules de la convention, & qui regardent la solution ou circonstance, quand le payement est confessé. Et sont tels faits recevables. Jugé contre un appellant d'appointement de contrarieté donné sur ce que la partie denioit avoir été payé de cent écus de vin que l'appellant confessoit avoir acheté.

acheté. Arrêt du 16. Decembre 1577. *Papon*, *livre* 9. *tit.* 11. *nomb.* 2.

32   Faits non recevables & de choses illicites ne se peuvent couvrir par procedures volontaires. Arrêt du 28. Novembre 1581. *Papon, ibidem.*

33   Un Solliciteur disoit avoir donné au Procureur une cedule de cent écus pour la faire reconnoître. Le Procureur le nioit, quoiqu'il convînt d'avoir fait les poursuites. Le Solliciteur demande à verifier par témoins; le Procureur remontre qu'il s'agit de plus de cent livres; le premier Juge reçoit les parties à faire enquête respectivement. Par Arrêt du 30. Decembre 1602. l'appellation & ce dont étoit appellé fut mis au néant, en émendant les parties hors de Cour & de procez. *Bibliotheque du Droit François par Bouchel*, verbo *Preuves.*

34   Lors que les parties sont appointées en preuves, que le demandeur veut faire preuve, & le défendeur aussi, si le défendeur doit être préféré? *V. Bouvot, to. 1. part. 3.* verbo *Preuves.*

35   Celuy qui dit avoir acheté une maison pour certain prix excedant cent livres, & luy avoir été donné terme, le fait étant nié, n'est recevable à le prouver par témoins. Arrêt du Parlem. de Dijon du 30. Juin 1594. *Bouvot, tome 2.* verbo *Preuve, quest. 5.*

36   Jugé par Arrêt du 2. Mars 1595. que l'on n'est pas recevable à faire preuve par témoins, que l'on a loüé une maison pour trois ans à raison de cent livres par chacun an; la convention étant niée. *Bouvot, to. 2.* verbo *Preuve par Témoins, quest. 6.*

37   L'on peut être reçu à la preuve contre une Sentence diffinitive, portant condamnation d'une somme de deniers, contenuë en une obligation, que le payement en auroit été fait auparavant au un tiers. Arrêt du 15. Mars 1607. *Bouvot, ibidem, quest. 44.*

38   Le fait excedant cent livres ne doit être reçu en preuve. Arrêt du même Parlement de Dijon du 15. Janvier 1610. *Bouvot, to. 1. part. 1.* verbo *Preuve, quest. 1.*

39   Par Arrêt du Parlement de Roüen, du 13. Août 1599. rapporté par *Berault sur la Coûtume de Normandie, article 528.* jugé que l'on n'étoit point recevable à prouver qu'une quittance sous seing privé avoir été vûe, tenuë & lûë. La raison, d'autant qu'il étoit facile de supposer un fait privé; c'est pourquoy cette preuve n'a lieu qu'en un instrument passé pardevant Tabellion, où il faut que les témoins rapportent connoître le fait & seing de celuy qu'on dit avoir signé.

40   La Coûtume de Normandie n'admet la preuve du contract vû, tenu, & lû, s'il a été passé pardevant Notaires, secus s'il est sous signature privée. *V. Basnage sur cette Coûtume art. 528.*

41   En l'espece de l'article 54. de l'Ordonnance de Moulins qui défend la preuve testimoniale, le serment décisoire doit être reçû. Arrêt du Parlement de Grenoble du 28 Janvier 1613. & autres, rapportés par *Basset, tome 1. liv. 2. tit. 28 chap. 1.*

42   La preuve par témoins est reçuë quand il y a quelque commencement de preuve par écrit. Arrêt du 6. Decembre 1617. *Ibidem, chap. 6.*

43   *In distractibus ut in contractibus*, l'article 54. de l'Ordonnance de Moulins a lieu, sinon en cause favorable, & qu'il y eût quelques indices ou présomptions que le payement allegué eût été fait. Arrêt du dernier Janvier 1619. *Ibidem, chap. 3.*

45   Preuve par témoins est reçuë en fait de liberation, *aut pacti de non petendo*; de pere à fils. Arrêt du dernier May 1637. *Basset, to. 1. liv. 2. tit 18. chap. 2.*

46   Doit être reçu à preuve par témoins, le fait de l'acceptation verbale d'un transport. Arrêt du 11. Août 1656. le transport servoit deja de quelque commencement de preuve. *Ibidem, chap. 11.*

47   L'article 54. de l'Ordonnance de Moulins n'a lieu en fait de simple négociation. Arrêt rendu au

Tome III.

Parlement de Grenoble le 4. Septembre 1664. en faveur d'une femme admise à prouver qu'on luy avoit donné pouvoir verbalement d'enchérir jusqu'à certaine somme. *Basset, ibidem, chap. 7.*

48   Preuve par témoins contre l'Ordonnance rejettée. Il s'agissoit de prouver que le Seigneur avoit promis d'ensaisiner un contrat d'acquisition en luy payant les lods & ventes. Arrêt du Parlement de Paris du 3. Juin 1619. *Bardet, to. 1. liv. 1. chap. 58.*

49   Celuy qui se prétend creancier n'ayant aucune preuve par écrit de sa créance, n'est recevable à prouver par témoins que le débiteur a reconnu la dette, & promis de luy en faire payement. Arrêt du 26. Juillet 1647. *Soefve, tome 1. Centurie 2. chapitre 37.*

50   Les faits nouveaux qui sont articulez par lettres sous un appel, doivent être recevables, car s'ils se trouvent contraires aux actes, la preuve n'en doit être reçuë par témoins; *L. 1. C. de rest.* restituée par Cujas, suivant laquelle il y a Arrêt du Parlement de Bretagne du 25. Octobre 1611. secus en un fait de payement, au dessous de cent livres. Arrêt d'Audience du 11. Janvier 1639. *Du Fail, liv. 1. ch. 74.*

51   Si un fils majeur & émancipé, s'étant obligé pour décharger son pere d'obligation, est recevable de prouver d'avoir fait l'obligation sur la force de son pere, & s'il est recevable à opposer l'exception *non numerata pecunia*? Arrêt du Parlement de Provence du 5. Decembre 1670. qui ordonne la preuve par témoins de la force. *Boniface, tome 4. livre 9. titre 3. chapitre 5.*

52   Arrêt du 7. Avril 1645. qui a rejetté la preuve par témoins de la paillardise d'une veuve, pour luy faire perdre l'usufruit legué par son mari durant sa viduité. Autre Arrêt de l'année 1647. qui a rejetté semblable preuve d'un mariage secret durant l'an du deüil, pour faire perdre à la veuve ses avantages. *Boniface, tome 2. liv. 3. tit. 4.*

53   Arrêt du 7. Juin 1652. qui a reçû la preuve par témoins, que le débiteur avoit déchiré sa promesse, le creancier luy en demandant le payement. *Boniface, tom. 1. liv. 8. tit. 27. chap. 10.*

54   On ne peut être reçu à prouver par témoins que le sequestre a été chargé de plus grande quantité de meubles que l'exploit ne porte. Arrêt du 16. Mars 1656. *Boniface, ibidem, chap. 7.*

55   S'il s'agit d'un service fait par une personne comme Pilote dans un vaisseau, & d'une promesse de deux pour cent des prises, la preuve par témoins en est reçuë. Arrêt du 30. Octobre 1661. *Ibidem, chapitre 16.*

56   Arrêt du 9. Juin 1664. qui a rejetté la preuve par témoins, de promesse de rançon, & rachat d'Esclaves. *Ibidem, chap. 17.*

57   Le 11. Février 1665. Arrêt qui a reçû la preuve par témoins de l'interposition & accommodement de nom d'un heritier, pour transmettre l'heritage au profit du testateur. *Boniface, tome 2. livre 3. titre 5. chapitre 2.*

58   La preuve par témoins du livre de raison du défunt, est reçuë en faveur de celuy qui demande la separation des heritages. Arrêt du 2. May 1671. *Boniface, tome 4. livre 9. tit. 3. ch. 7.*

PREUVE, CONTRAT.

Voyez le mot *Contract, nomb. 90. & suiv.*

59   Nonobstant l'Ordonnance de Moulins on reçoit la preuve testimoniale de dol, fraude, & simulation contre les actes, quoiqu'excedant la somme de cent livres, parce que ces cas approchent du criminel, où l'Ordonnance n'a lieu. *Mainard, livre 6. chapitre 77. 78. & 79.*

60   Arrêts du Parl. de Bretagne du 6. Octobre & 6. Mars 1554. qui admettent la preuve par témoins d'une transaction passée. Cet Arrêt est anterieur à l'Ordonnance de Moulins. *Du Fail, liv. 1. ch. 6. & 21.*

Z

61 Un Seigneur déclare qu'il n'entendoit vendre que les rentes qui luy appartenoient, le Notaire en avoit exprimé d'autres qui ne luy appartenoient pas, l'acquereur inquiette le vendeur ; celuy-ci met en fait qu'il a toûjours déclaré ne vouloir vendre que ce qui étoit à luy : il offre d'en faire preuve, sans impugner le contract de faux. Arrêts du Parlement de Paris 23. Août 1560. confirmatif de la Sentence qui avoit admis la preuve. *Papon, liv. 9. tit. 11. n. 2.* Cet Arrêt est donné avant l'Ordonnance de Moulins.

62 Quoique par l'Ordonnance de Moulins la preuve par témoins ne doive être reçûë contre la teneur d'un contrat ; neanmoins le 1. May 1571. fut receu un fait, sçavoir qu'il en avoit payé ; & qu'à faute d'avoir trouvé le Notaire, la quittance ne fut signée. *Papon, liv. 9. tit. 1. n. 1.*

63 Arrêt du Parlement de Bretagne du 12. Octobre 1575. qui rejette la preuve par témoins d'une transaction. *Du Fail, liv. 1. ch. 351.*

64 Si le debiteur qui s'est obligé en 440. livres, que le Notaire dit avoir comptés & nombrés, est recevable à proposer qu'il n'a receu que 400. liv. & que les quarante livres ont été mis pour les interêts ; & s'il est recevable à prouver le fait contre la teneur du contract ? Par Arrêt du Parlement de Dijon du 9. Decembre 1575. tel fait fut reçu en preuve, & le fait contraire, si le crediteur vouloit. *Bouvot, to. 1. part. 3. verbo, Debiteur niant, qu. 1.*

65 On n'est pas reçû à alleguer qu'il y a eu instrument, si en même temps l'on n'en allegue la perte. Arrêt 31. Janvier 1578. & encore faut-il specifier le temps dans lequel il a été passé, le nom du Notaire, & celuy des témoins. *Bibliotheque de Bouchel, verbo Preuves.*

66 Le 27. Juin 1580. fut reçû le fait de celuy qui soûtenoit le déguisement d'un contract de vente en échange, & que les deux cens liv. données pour de vin, étoient pour supplément de prix. *Papon, liv. 9. tit. 11. n. 2.*

67 Les fins de non recevoir fondées sur l'Ordonnance de Moulins art. 54. qui défend és matieres excedant cent livres, de recevoir la preuve par témoins outre le contenu au contrat, ne sont point couvertes par l'appointement de contrarieté. Jugé au Parlement de Toulouse du 25. May 1581. *Ibidem, liv. 9. tit. 1. nomb.1.*

68 Une veuve inquietée en declaration d'hypotheque de cent livres de rente, sur la maison achetée par son défunt mary, mettant en fait que le demandeur present au contract de vente, luy avoit celé par dol cette rente ; les parties par Arrêt du trois Avril 1582. furent appointées contraires. *Papon, livre 9. tit. 11. nomb. 2.*

69 La preuve d'un fait peut être admise contre un acte passé devant Notaire, sans être obligé de s'inscrire en faux. Jugé au Parlement de Toulouse le 13. Janvier 1598. au sujet d'un Testament, qu'on soûtenoit avoir été suggeré au Testateur, quoique le Notaire qui l'avoit reçû, eût dit le contraire. *Cambolas, li. 2. chap. 36.*

70 L'une des parties n'ayant signé le contract, & déniant le contenu, le creancier n'est pas recevable à faire preuve par témoins, que la femme étoit presente avec son mary. Arrêt du Parlem. de Dijon du 21. Mars 1588. *Bouvot, tome 2. verbo Preuves par témoins, qu. 1.*

71 On est reçû à faire preuve que la somme promise par un contract de mariage, est duë ; quoiqu'au bas d'iceluy, il y ait quittance de cette somme. Arrêt du 29. Mars 1599. *Bouvot, ibidem, qu. 15.*

72 Lorsqu'un particulier a traité au nom, & comme ayant charge, & que tel pouvoir est dénié, il est reçû à faire preuve que le contract a été ratifié. Arrêt du 8. May 1600. *Ibidem, qu. 18.*

73 L'on est reçû à prouver qu'un contract est fictif & frauduleux. Arrêt du Parlem. de Dijon du 5. Juillet 1619. *Ibid. quest. 57.*

74 Lorsqu'il s'agit de doute, d'ambiguité, ou d'interpretation du contenu dans un contract, la preuve par témoins est permise. Arrêt rendu au Parlement de Grenoble le 21. Novembre 1620. *Voyez Basset, to. 1. li. 2. tit. 28. ch. 8.*

75 On n'est point recevable à prouver par témoins, des faits au préjudice d'un contract bien signé. Arrêt du 9. Mars 1635. *V. Basset, ibid. ch. 5.*

76 Puisque la Coûtume de Normandie art. 518. permet au proprietaire d'un heritage, de prouver que son contract a été vû, tenu, & lû, un acquereur pareillement n'est-il pas recevable à faire cette preuve ? Arrêts contraires sur ce sujet. Le 24. Novembre 1618. elle a été admise, & refusée au mois de Janvier 1623. *Basnage, sur l'art. 455. de cette Coûtume.*

77 Preuves admises contre des contracts par Arrêts du Parlement de Toulouse des 7. Septembre 1640, & cinq Juillet 1650. *Voyez Albert lettre P. verbo Preuves.*

78 Arrêt du Parlement de Provence du 18. Novembre 1638. qui a reçû la preuve par témoins, d'un fait contre la teneur d'un contrat public, quand il y a demie preuve par écrit. *Boniface, tom. 1. li. 8. tit. 27. chap. 6.*

79 Arrêt du 4. Février 1666. qui reçoit la preuve par témoins d'un fait de simulation & obligation simulée, quand il y a demie preuve par écrit, ou présomption violente. *Boniface, ibid. ch. 21.*

80 L'heritier reçû à la preuve par témoins, de la simulation d'un contrat passé par le défunt. Arrêt rendu au Parlement d'Aix le 24. Janvier 1679. *Idem, tom. 4. li. 9. ti. 3. ch. 3.*

81 La preuve par témoins peut être ordonnée contre les clauses de contrats passez devant Notaires, lorsqu'il y a soupçon de fraude & d'usure. Jugé au Parlement de Normandie, pour un homme qui avoit contracté deux obligations, causées pour valeur receûë ; & la preuve que c'étoit pour le prix d'un cheval, a été admise, d'autant plus que le creancier étoit coûtumier du fait. Arrêt du Parlement de Normandie du 19. Août 1677. *Plaidoyé de M. le Noble, p. 38. & suiv.*

PREUVE, CONTRELETTRE.

82 Jugé par Arrêt du 29. Mars 1661. en la Coûtume du Maine, entre freres coheritiers de leur soeur, la preuve par témoins étoit recevable d'un fait qu'un des freres articuloit contre son frere, que l'on avoit vû & lû une contre-lettre consentie par le frere au profit de sa soeur, la succession de laquelle étoit à partager. *Journal des Audiences, tome 2. liv. 4. chapitre 18.*

PREUVE, CRIME.

83 Des preuves, présomptions & indices au criminel. *Voyez les mots Indices, Informations, Prescriptions, Procez Criminels.* Et Papon, liv. 14. tit. 8.

84 De l'attouchement du fer chaud, & de l'eau boüillante, preuves que l'on observoit quelquefois dans les matieres criminelles. *Voyez la Biblioth. du Droit François par Bouchel, verbo Preuves.*

85 De la preuve qui se fait par l'aspect ou par la vûë de la chose. *Voyez Despeisses, tom. 2. pag. 543. & le mot Homicide, au 2. vol. de ce Recueil.*

86 Il ne faut user de nouvelle & inoüie espece de preuve en un crime, quelque grief & atroce qu'il soit. Arrêt du 7. Mars 1588. *Charondas, l. 9. Rép. 45.*

87 Si la preuve par témoins d'un accord & convention sur un procez criminel d'un coup de pierre, doit être reçûë ? Arrêt du Parlement de Provence du 18. Mars 1667. qui refusa la preuve. *Boniface, tome 4. liv. 9. tit. 3. ch. 8.*

Voyez cy-après, verbo Procedure, nombre 225. & suivans.

PREUVE, DEPOST.

88 Si la preuve par témoins a lieu en dépôt ? *Voyez* le mot *Dépôt*, *nomb.* 52. *& suiv.*

89 L'Ordonnance de Moulins qui défend la preuve par témoins, n'a été étenduë au Parlement de Touloufe, aux Teftamens, ni aux dépôts volontaires. Arrêt qui admet la preuve d'un dépôt de 2533. l. Arrêt contraire à autre Arrêt du Parlement de Paris du 13. Août 1575. qui refufe la preuve d'un dépôt de cent écus. *Mainard*, *liv.* 6. *ch.* 76.

90 L'article cinquante-quatre de l'Ordonnance de Moulins n'a lieu en chofe baillée en dépôt à un hôte ou hôteffe, encore que la chofe excede cent l. Arrêt du 25. Octobre 1581. des Grands Jours de Clermont en Auvergne. *Le Veft*, *Arrêt* 173. M. *Loüet*, *lettre* D. *fomm.* 33. & *l'Ordonnance de 1667. titre* 20. *article* 4.

91 Jugé au Parlement de Paris le vingt Avril 1649. que la preuve par témoins n'a point de lieu à l'égard d'un dépôt volontaire. *Soëfve*, *tome* 1. *Cent.* 3. *chapitre* 7.

PREUVE DOMESTIQUE.

92 Quand il s'agit d'un fait domeftique, la preuve domeftique eft admife. M. *le Prêtre*, 4. *Cent. chap.* 27. *Voyez Mornac*, *l.* 3. *ff. de teftibus*, où il y a Arrêt du 9. Août 1613.

PREUVE, ENFANT.

93 Une fille dit qu'un certain homme avoit luy a fait un enfant : pour preuve que l'enfant eft de luy, elle met en fait que l'enfant a une marque fur le corps, de laquelle & le pere & fes autres enfans font marquez ; elle demande qu'ils foient vifitez. On difoit au contraire, que cette forme de preuve eftoit honteufe, *ubi multa de nuditate & fimilitudine forma*, & des imaginations *in concipiendo*. Par Arrêt de la Tournelle le neuf Février 1608. la fille deboutée de la preuve par elle requife. *Bibliotheque de Bouchel*, verbo *Preuves*.

Voyez les mots *Enfans*, *Etat*, *Groffeffe*, *Part*, *Suppofition*.

PREUVE, FIDEICOMMIS.

94 Si le fideicommis peut fe prouver par témoins ? *Voyez* le mot *Fideicommis*, *nomb.* 171. *& fuiv.*

95 L'on peut prouver un fideicommis, quoiqu'il excede cent livres. Arrêt du Parlement de Dijon du 5. Decembre 1597. *Bouvot*, *tome* 2. verbo *Preuves*, *queft.* 7.

PREUVE, GRADUE'.

96 L'infinuation des Lettres de degrés, nomination & temps d'étude, ne doit point fe prouver par témoins. Jugé au Grand Confeil le fix Août 1558. *Voyez l'art.* 55. *de l'Ordonnance de Moulins*, & *Charondas*, *liv.* 1. *Rép.* 38.

PREUVE, MARCHANDS.

97 L'Ordonnance de Moulins n'a lieu en focieté de marchandife. Arrêt du Parlement de Dijon du vingt Avril 1606. *V. Bouvot*, *tôm.* 2. verbo *Preuve*, *queftion* 41.

98 Les preuves font reçuës entre Marchands trafiquans de chofe mobiliaire, quand le denier à Dieu a été baillé. Arrêt du même Parlement du 9. Février 1609. *Ibidem*, *qu.* 48.

99 Les Arrêts du Parlement de Dijon ont jugé que l'article 54. de l'Ordonnance de Moulins n'a pas lieu pour fait de marchandife ; & qu'entre Marchands la preuve par témoins eft reçuë au delà de 100. l comme l'Arrêt fuivant le fait voir. Il s'agiffoit au procès d'une fomme de 1950. l. reçuë par deux Marchands affociez dans un commerce de chevaux, provenant de la vente de leurs marchandifes. ils avoient l'un & l'autre figné le reçu de la fomme ; l'un prétendoit qu'elle avoit été partagée ; l'autre pofoit en fait qu'elle eftoit reftée entre les mains de fon Affocié, & qu'il eftoit convenu qu'elle feroit employée au payement d'une fomme qu'ils devoient conjointement à un Mar-

Tome III.

chand, avec lequel ils avoient commercé. Il y eut Sentence donnée par les Juges Confuls d'Auxonne du 18. Août 1672. qui avoit admis la preuve des faits : elle fut confirmée tout d'une voix le 14. Janvier 1673. J'ay appris de M. le Rapporteur, que le motif de cet Arrêt eft fondé fur l'ufage de la Jurifdiction des Juges Confuls ; cet ufage confirmé par l'Ordonnance de 1667. *tit.* 20. *art.* 2. où il eft dit, *fans rien innover en ce qui s'obferve en la Juftice des Juges & Confuls des Marchands*. Voyez *Taifand*, *fur la Coûtume de Bourgogne*, *ti.* 4. *art.* 1. *n.* 13.

PREUVE DE LA MINORITE'.

100 *Voyez Peleus*, *queft.* 130. & les mots, *Majorité*, *Minorité*.

PREUVE, ORDONNANCE DE MOULINS.

101 De la preuve de la chofe qui excede la fomme ou valeur de cent liv. *Voyez* cy-deffus *le n.* 28. *& fuiv.* & M. *le Prêtre*, 4. *Cent. ch.* 22.

102 Au deffus de cent livres, point de preuves par témoins. *Ordonnance de Moulins art.* 54. La tradition & la joüiffance fe peuvent prouver par témoins, en chofe excedant la valeur de cent livres, quand les faits qui donnent lieu à la preuve, ne font point fufceptibles de convention, la preuve eft admife. M. *Ricard, des Donations, fect.* 8. *nomb.* 696. Voyez M. *le Prêtre*, 4. *Cent. ch.* 22. & *Charondas*, *liv* 11. *Rép.* 5.

103 Par Arrêt donné aux Grands Jours de Troyes, la Cour a jugé que le demandeur ne peut fe reftraindre à cent livres après la conteftation ; parce que le fait de convention excedant cent livres, ne peut être verifié par témoins ; & partant, fi le demandeur fe reftraint, *id videtur in fraudem legis facere*. Bibliot. de *Bouchel*, *verbo* Preuve par témoins.

104 Sur la queftion de fçavoir fi l'Ordonnance de Moulins art. 54. à lieu en vente & renonciation prétenduë faite à une fucceffion, étant deux fœurs, l'une ayant pour mille écus renoncé par contract de mariage, & l'autre foufcrit. Par Arrêt du Parlement de Dijon du neuf Mars, il fut dit que la Cour en déliberéroit au Confeil. *Bouvot*, *to.* 2. verbo Preuve, *queft.* 12.

PREUVE PAR TEMOINS.

105 Preuve de promeffes excedant cent livres, non reçuë par témoins. Arrêt du Parlement de Bretagne du 2. Avril 1571. *Du Fail*, *li.* 1. *ch.* 323.

106 L'article 58. de l'Ordonnance de Moulins n'a lieu, s'il y a dol de partie ; ainfi la preuve eft recevable du fait, qu'un Receveur a caché un Journal portant recette de deux cens livres. Arrêt du 4. Août 1578. De même, le fait d'un Marchand de vin, qui avoit fait marché, dont le prix fut écrit & laiffé au vendeur, qui depuis l'auroit déchiré, a été reçu par Arrêt du 7. Août 1581. de même que le prêt mentionné par l'obligation étoit fuppofé. Arrêt du 23. Février 1584. *Papon*, *liv.* 9. *tit.* 11. *n.* 2.

107 L'article 54. de l'Ordonnance de Moulins, qui défend en chofe excedant cent livres la preuve par témoins, peut fouffrir quelque exception. Arrêt du 16. Mars 1589. *Le Veft*, *Arrêt* 189.

108 Le Prévôt de Paris avoit par Jugement dernier, appointé les parties à informer fur le fait mis en avant par le Vicaire de Saint Severin, que la partie de Talon luy avoit donné charge de faire dire les Meffes fondées par fes Prédeceffeurs. L'appellant difoit que le fait excedoit cent livres. L'intimé répondoit que telle matiere eft *extra commercium* ; & qu'on n'en paffe point d'écrit. Arrêt du Parlement de Paris du 19. Février 1595. qui reforme la Sentence, en ce qu'elle avoit jugé en dernier reffort ; au furplus confirmée. *Biblioth. du Droit François*, *par Bouchel*, verbo Preuve.

109 *Cafus quo ceffat conftitutio Molinenfis art.* 54. *quæ probationem per teftes ad centum libras redigit*. Arrêt du 7. Mars 1596. *Mornac*, *Loi* 21. *ff. de negotiis geftis*.

110 L'article 54. de l'Ordonnance de Moulins n'a lieu,

Z ij

quand les fins de non recevoir qui en font tirées, peuvent être éludées, *exceptione doli mali*. Arrêt du 19. Avril 1615. *V. Baffet*, *tom.* 1; *liv.* 2. *ti.* 28. *ch.* 10. Cela a principalement lieu entre Marchands. Aussi l'Ordonnance de 1667. *tit.* 20. *art.* 2. dit que l'article 54. de l'Ordonnance de Moulins n'aura lieu en ce qui s'observe dans la Police des Juges & Confuls des Marchands.

111 En fait de fimulation & de dol, l'art. 54. de l'Ordonnance de Moulins n'a pas lieu. Arrêts du dix-neuf Août 1656. & deux Juin 1614. *Voyez Baffet*, *tome* 1. *liv.* 2. *tit.* 28. *ch.* 14.

112 Preuve teftimoniale d'une promesse verbale, qui excedoit cent livres entre Marchands par Arrêt du Parlement de Paris du 29. Novembre 1618. *Bardet*, *to.* 1. *liv.* 1. *ch.* 48.

113 Cause appointée pour fçavoir fi un défendeur ayant refufé de répondre fur faits & articles, qui ont été tenus pour confeffez, la preuve du fait excedant cent livres, eft admiffible par témoins. Arrêt du 19. Août 1638. M. Bignon Avocat General, dit que la difpofition de l'Ordonnance ceffoit, quand il y avoit commencement de preuve par écrit, ou de la mauvaife foy & du dol. *Bardet*, *tome* 2. *liv.* 7. *chapitre* 39.

114 Preuve par témoins aïant été admife pour une fomme excedante, il n'eft pas libre en caufe d'appel de fe reftraindre à celle de cent livres. Jugé le dix-fept Decembre 1638. *Ibid.* *ch.* 46.

115 Les derniers Arrêts du Parlem. de Bretagne n'ont admis la preuve, ni du fournissement de marchandifes, ni du payement d'icelles au deffus de cent liv. & entr'autres celuy du 9, Juin 1639. *Sauvageau fur Du Fail*, *liv.* 1. *ch.* 319.

116 Ayant été convenu par la mere, de ne conftituer pour fa fille que deux cens liv. en dot; & pour l'honneur du mariage, la conftitution ayant été faite de trois cens livres: jugé que la mere n'étoit recevable à prouver le fait par des perfonnes de qualité, quoiqu'il ne s'agit que de cent livres. Arrêt du Parlement de Provence du 22. Decembre 1642. *Boniface*, *to.* 4. *liv.* 9. *tit.* 3. *chap.* 4.

117 Arrêt du 18. May 1645. qui a reçû la preuve par témoins d'une fomme excedant cent livres, délivrée à un amy pour faire un achat de grains. *Idem*, *to.* 1. *liv.* 8. *tit.* 27. *ch.* 5.

118 La fimulation d'un contrat fe peut prouver par témoins, quoiqu'au deffus de cent livres. Jugé en la Chambre de l'Edit de Caftres le 20. Decembre 1629. *Voyez Boné*, Arrêt 87. Mainard, *liv.* 6. *chap.* 76. & 79. Loüet, *lettre* T. *nombre* 7. & Cujas cité fur ce fujet.

119 Les pactes & conventions des Soldats dans les Armées, font reçûës en preuve contre l'article 54. de l'Ordonnance de Moulins, & les examens à futur doivent être ordonnez, quand il y a fujet de craindre la mort, ou la longue abfence des témoins. Jugé au Parlement de Touloufe le 6. Mars 1651. pour un particulier, qui avoit vendu un cheval à un Soldat en prefence de fes Camarades, lefquels partoient pour aller à l'armée. *Voyez les Plaidoyez de M. Jean Boné*, *part.* 2. *pag.* 103. & *fuiv.*

120 On ne peut être reçû à la preuve d'aucune fomme au deffus de cent livres, que par Arrêt; & non par témoins; & après avoir demandé une fomme au deffus, on ne peut reduire fa demande pour en faire la preuve par témoins. Arrêt du Parlement de Grenoble du 19. Février 1678. rapporté par *Chorier* en fa *Jurifprudence de Guy Pape*, *p.* 252.

121 L'on eft recevable à faire preuve qu'un Billet caufé pour valeur reçûe excedant la fomme de cent liv. a été donné pour argent gagné au jeu. Arrêt du Parlement de Paris du 30. Juillet 1693. *Voyez le Journal des Audiences*, *tome cinquième*, *livre* 9. *chapitre* 24.

PREUVE, PAYEMENT.

Sur la preuve d'un payement; *Voyez* le mot *Payement*, *nomb.* 83. & *fuiv.* 122

La preuve par témoins eft reçû en folution & payement de deux cens livres en affociation & negotiation. Arrêt du Parlem. de Dijon du 18. May 1573. *Bouvot*, *tome* 2. *verbo Preuve par témoins*, *queftion* 25.

La preuve par témoins en fait de payement, excedant la fomme de cent livres, eft reçûe, lorfque la perfonne à qui le payement a été fait, eft décedée. Arrêt du 19. Juillet 1576. *Ibid.* *queft.* 31. 123

L'Ordonnance qui exclut la preuve par témoins en chofes excedant cent livres, a lieu en payement prétendu fait de plus de cent livres. Arrêt du treize May 1588. *Ibid.* *qu.* 3. 124

L'Ordonnance n'a point lieu és payemens prétendus faits d'une fomme excedant cent livres, lorfque les payemens font faits par differentes perfonnes, & au deffous de cent liv. par chacun. Arrêt du Parlement de Dijon du 18. Janvier 1599. *Bouvot*, *ibid.* *queft.* 14. 125

Voyez cy-après le mot *Quittance*.

PREUVE, PERTE D'ACTES.

La perte d'un acte peut être prouvée par témoins. *Voyez Bouvot*, *tome fecond*, *verbo Preuve par témoins*, *queft.* 59. 126

La preuve d'un fait qu'il y a eu quittance qui a été vûë & perdûe, eft recevable. Arrêt du 19. May 1598. *Bouvot*, *ibid.* *qu.* 13. 127

L'on eft reçû à faire preuve de la perdition d'une quittance, & promeffe de rendre le Contract de conftitution de rente; qu'elle a été paffée pardevant Notaire Royal, vûë & brûlée. Arrêt du même Parlement de Dijon de 3. Juillet 1600. *Bouvot*, *ibidem qu.* 18. 128

De probatione amiffi inftrumenti. Voyez M. le Prêtre, 1. Cent. *chap.* 60. où il dit que pour prouver la perte d'un inftrument par témoins, il faut que les témoins parlent de la perte & de la teneur de l'inftrument, qu'ils difent comment l'inftrument a été perdu, & ce qu'il contenoit. *Voyez Mornac*, *Loy* 1. & *Loy* 5. C. *de fide inftrumentorum*. Charondas, *livre* 7. *Rép.* 84. 129

La preuve par témoins du fait de la perte de deux contre-promeffes, & du contenu en icelles, a été reçûe par Arrêt du Parlement de Paris du 23. Août 1667. *Corbin*, *fuite de Patronage*, *ch.* 204. 130

Arrêt rendu au Parlement de Provence le 5. Février 1646. qui a rejetté la preuve par témoins de la perte d'un acte, qui n'a pas été fait *in cafu ruinæ*, *incendii*, *vel naufragii*, &c. Boniface, *to.* 1. *liv.* 8. *tit.* 27. *ch.* 8. 131

PREUVE, PROMESSE DE MARIAGE.

Preuve de promeffes de Mariage admife par témoins. Arrêt du Parlement de Paris du 14. Février 1608. *Plaidoyers de Corbin*, *ch.* 105. 132

Appointement de contrarieté de l'Official du Mans, fur la preuve d'une promeffe de mariage d'un mineur; jugé abufif par Arrêt du 20. Decembre 1629. *Bardet*, *to.* 1. *liv.* 3. *ch.* 76. 133

PREUVE, RECELE'

Quoique tout acte de Juftice fe prouve par Regiftre du Greffe, neanmoins la fouftraction fe peut prouver par témoins. Arrêt de la Cour des Aydes du 10. Janvier 1564. *Papon*, *liv.* 9. *ti.* 1. *n.* 1. 134

Heritiers font admis à prouver par témoins, que les efpeces d'or & d'argent trouvées dans la maifon échûë au lot de leur coheritier, ont été cachées par la mere commune. Ainfi jugé le 21. Juillet 1639. *Bardet*, *to.* 2. *liv.* 8. *ch.* 30. 135

Arrêt du Parlement de Provence du 19. Novembre 1646. qui a reçû la preuve par témoins d'expilation de meubles contre une veuve. *Boniface*, *to.* 1. *liv.* 8. *tit.* 27. *ch.* 9. 136

137 Jugé au Parlement de Paris le 17. Janvier 1651. que l'article 54. de l'Ordonnance de Moulins, qui ne permet pas la preuve au dessus de cent livres, n'a point lieu, lorsqu'on allegue soustraction ou recelement de pieces. *Soefve, tome 1. Cent. 3. ch. 57.*
Voyez cy-aprés le mot Recelé.

PREUVE, RESIGNATION.

138 Preuve par témoins d'une resignation a été rejettée par Arrêt du Parlement de Bretagne du 13. Septembre 1554. *Du Fail, li. 3. ch. 172.*
Voyez le mot Resignation.

PREUVE, RETRAIT.

139 Acquereur declaré non recevable à prouver par témoins, que le retrait étoit frauduleux. Arrêt du Parlement de Normandie du 9. Janvier 1657. *Basnage, sur l'art. 478. de cette Coûtume.*
Voyez le mot Retrait.

PREUVE, SERMENT.

140 Les delais de faire preuve étant passez, le demandeur se peut rapporter au serment du défendeur, n'ayant fait preuve contraire par témoins. Arrêt du Parlement de Bourdeaux du mois de Juin 1531. Autrement fut jugé le 20. Juin 1556. *Papon, liv. 9. ti. 6. nomb. 7.*
Voyez le mot Serment, où il est examiné quelle sorte de preuve il produit.

PREUVE, SIMONIE.

141 La simonie ne se prouve par témoins au Parlement; *secùs*, au Grand Conseil. Mornac, authentique, *quod pro hâc causâ. C. de Episcopis & Clericis, &c.*
Voyez les mots Confidence, Dévolut, & Simonie.

PREUVE, SOCIETE'.

142 La preuve par témoins a été reçûë d'une societé verbalement contractée, & des sommes qu'on avoit fournies en une ferme des devoirs, encore que la somme excedât cent livres. Arrêt du Parlement de Bretagne du six May 1624. *Sauvageau sur Du Fail, liv. 1. ch. 323.*

143 Arrêt du Parlement de Tournay du 16. Octobre 1699. rendu contre François Duplein, Controller General des Vivres à Maubeuge, lequel avoit conclu à ce que le nommé Poüillart fût condamné de lui rendre compte d'une entreprise de fourrages, pour laquelle il disoit avoir été en societé avec ledit Poüillart pendant l'an 1694. Poüillart ayant dénié d'avoir contracté aucune societé avec le demandeur, les parties ont été admises à verifier sur l'usage & observances de l'article 19. de l'Edit perpetuel de 1611. en Hainault, dans les cas non reglez par les Chartes dudit païs; en sorte qu'il n'est pas constant si la disposition de l'Edit perpetuel art. 19. en matiere de preuves par témoins est observée en Hainault. *Voyez M. Pinault, to. 2. art. 273.*
Voyez cy-aprés le mot Societé.

PREUVE, SUBSTITUTION.

144 *Num substitutio obmissa porbari possit per minorem numerum testium, quàm eorum qui fuerint in testamento?* La resolution est que non, *cum eadem sit substitutionis quæ institutionis ratio,* n'étant autre chose que *secunda aut sequens institutio;* & suivant l'avis de Bartole, in *l. cum præponebatur. De leg. 2. in L. errore C. de Testam. & Oldrat. Consilio 297.* Ainsi jugé à Toulouse en Janvier 1583. bien que Guido Pape en sa question 504. ait dit, *duos testes sufficere.* Mais cela doit être entendu pour les Testamens où suffisent, ou bien où ne sont intervenus que deux témoins. *Biblioth. de Bouchel,* verbo *Substitution.*

PREUVE, TESTAMENT.

145 Si la preuve d'un Testament nuncupatif peut être reçûë en France? *Voyez Bouvot, t. 1. part. 3.* verbo *Testateur, quest. 3.*

146 Quand il s'agit de prouver quelque chose pendant la confection du Testament, la preuve doit être restrainte aux témoins numeraires de l'acte: mais quand

il s'agit d'autres faits, ou d'un changement, ou d'une ampliation de volonté, la preuve en doit être reçûë *per classicos testes;* c'est à-dire, par autres témoins que les numeraires, qui soient gens de probité. *Gell. & Bud. ad ult. ff. de pign. act.* Arrêt donné au Parlement de Toulouse, les Chambres assemblées, le sept Avril 1601. *Albert,* verbo *Testament, qu. 23.*

147 Jugé au Parlement de Paris le deux Juillet 1654. que la preuve par témoins, qu'un Testament avoit été revoqué par le défunt, & que l'acte de revocation avoit été vû entre les mains du Notaire, pardevant lequel on prétendoit qu'il avoit été passé, n'étoit recevable. *Soefve, to. 1. Cent. 4. ch. 71.*

148 Jugé au Parlement de Grenoble le 30. Mars 1657. que la preuve des faits qu'on vouloit prouver par témoins, que la volonté du Testateur avoit été de faire un fideicommis conditionnel *post mortem,* n'étoit pas recevable; puisque le Testament, qui étoit un acte public, n'en disoit rien, quoique l'on voulût prouver tant par le Notaire, qu'autres, que le Testateur s'étoit expliqué, qu'il substituoit aprés le décés de son heritiere, qu'il l'avoit dit au Notaire qui l'avoit oublié. *Voyez Basset, tome 2. livre 8. titre 2. chap. 3.*
Voyez cy-aprés le mot Testament.

PREUVE, TONSURE.

149 Preuve de la Tonsure est reçûë par lettres, non par témoins. *Voyez l'Ordonnance de Moulins au mois de Février 1566. art. 55. & l'art.15. de celle de 1667. au titre 20.*

PREZ.

1 Voyez cy-dessus le mot Pré.
Des prez & rivieres, c'est le quatorziéme titre de la Coûtume de Nivernois. *V. Coquille, to. 2. p. 165. en son Commentaire sur ladite Coûtume.*

2 Arrêt du 23. May 1556. qui ordonne qu'il sera fait inhibitions & défenses à cry public, à tous ceux qui ont des prez, & qui prétendent avoir faculté de mettre & faire paître le bétail en iceux situez ès environs de Toulouse, de mettre ni souffrir permettre être mis aucun bétail d'icy au mois d'Octobre prochain, sur peine de 25. livres pour chacune contravention, & autres arbitraires, contre les Maîtres dudit bétail, & de prison contre les gardiens & conducteurs d'iceux. *La Rocheflavin, liv. 3. lettre P. tit. 1. Arr.3.*

3 Arrêt du Parlement de Paris du treiziéme jour de May 1567. portant défenses aux habitans de Lagny, nonobstant la possession & privilege par eux alleguée, de plus aller cüeillir la ramée, & joüer aux prez pendant les Fêtes de la Pentecôte. *Papon, livre 5. titre 12. nomb. 8.*

4 Un particulier pouvant aller dans son pré par bâteau, mais incommodément & avec peril, son voisin ayant une Isle auprés, par laquelle luy & ses prédecesseurs avoient passé, ledit voisin fut condamné de livrer passage au particulier en payant l'estimation du droit de passage au dire de gens à ce connoissans. Arrêt du 26. Mars 1588. *M. Loüet, lettre C. sommaire 1.*

PRIERES.

1 DU droit Imperial & Royal, des premieres prieres. *Voyez le 23. Plaidoyé de M. le Maître.*
Voyez les mots Empereur, Concordat Germanique, Indult, Joyeux avenement.

2 Arrêt du Parlement de Provence du 26. Mars 1647. qui a jugé que le Seigneur doit être recommandé aux prieres publiques des Habitans, par le Prieur au Prône, & que la connoissance de cette action appartenoit au Juge laïc, & non au Juge d'Eglise. *Boniface, tome 1. liv. 3. tit. 1. ch. 12.*

3 Lorsque nous avons ordonné de rendre graces à Dieu, ou de faire des prieres pour quelque occasion, sans en marquer le jour & l'heure, les Archevêques & Evêques

Z iij

les donneront, si ce n'est, &c. *Voyez* le mot *Archevêque nomb.* 18. & l'art. 46. de l'Edit concernant la Jurisdiction Ecclesiastique rapporté sous le mot *Juge*.

PRIEUR , PRIEURE.

1 DE *Prioribus*, Voyez Pinson, au titre *de Divisione Beneficiorum* , §. 9.
De Prioribus secularibus. Voyez Pinson, *ibidem*, §. 14.

2 Prieurez de la France qui sont en la nomination ou à la Collation du Roy. *Bibliotheque Canonique*, tome 2. *page* 246.

3 Des Prieurez Conventuels de l'Ordre de *S. Benoît* ; ils sont vrais Benefices, & sujets à dévolut. Prieur Claustral n'est qu'un simple office ; il y a des Prieurs Conventuels qui ne sont pas perpetuels. *Voyez* Boniface , tome 4. *page* 748. *n.* 17.

4 Arrêt du P. de Grenoble du 28. Juillet 1665. qui ordonne que le Prieur de *Comiers* , tiendroit dans son Prieuré le nombre de Religieux porté par la fondation. Le Prieur remontra que les revenus ne suffisoient pas. Par un second Arrêt la Cour interloqua, & ordonna qu'il seroit procedé à l'estimation des Charges & revenus. *Basset ,tome* 1. *li. .tit.* 1. *chap.* 16.

5 L'Abbé de *Grandmont* est Abbé general de l'Ordre de Grandmont , le droit de pourvoir librement aux quatre premiers Prieurez qui viennent à vaquer après son élection , luy fut accordé par le Pape Clement VI. pour l'indemnité de ceux, qui dans leur origine étoient dans la dépendance de l'Abbé de Grandmont , & que le Pape Jean XXII. prédecesseur de Clement VI. avoit réduits en Monasteres ou Prieurez, dont les Religieux élisoient le Prieur , qui étoit ensuite confirmé par l'Abbé General ; en sorte que les Prieurez de cet Ordre sont Conventuels , électifs : le Roy y nomme en vertu du Concordat, à l'exception des quatre premiers qui vacquent après l'élection & confirmation de l'Abbé, qui a été maintenu dans ce droit par plusieurs Arrêts , & notamment par Arrêt du Conseil d'Etat du 7. Janvier 1690. Les Abbez de Grandmont sont obligez de faire enregistrer au Greffe du Grand Conseil les Provisions qu'ils accorderont après leur élection, par un Reglement du Grand Conseil , fait sur la requisition & conclusions de M. le Procureur General. *Définitions Can. page* 708.

6 Par Arrêt du Parlement de Bretagne du 29. Mars 1576. ordonné que l'un des Conseillers de la Cour , ou Juge de Dinan, descendera au Prieuré de *Lehon* pour informer quel Service y est celebré, du nombre des Religieux , de leur forme de vivre , de l'état des maisons du Prieuré ; le Substitut du Procureur General appellé. *Du Fail, liv.* 2. *ch.* 501.

7 Il y a eu des Prieurs qui ont prétendu & même joüi de petits droits Episcopaux, comme de donner des Dimissoires, Dispenses de bans de mariages , & autres semblables ; tels sont les Prieurs de *S. Maximin* , de l'Ordre de saint Dominique , qui ont longtemps joüi de ces Privileges , mais ils leur furent ôtez par Arrêt du 20. Août 1667. *Definitions Canoniques, page* 706.

8 Le Prieuré de *S. Nicolas* est Conventuel , électif , & par consequent à la nomination du Roy , suivant le Concordat. Il a été jugé Conventuel, électif, & à la nomination de sa Majesté, par Arrêt du Conseil d'Etat au rapport de M. Pussort en l'année 1671. Dans le Prieuré il y a une Maladrerie qui a été détruite, & unie à l'Hôpital de Bayeux. *Définitions Can. page* 702.

9 Jugé le 6. Juillet 1647. que le Prieuré du College de *Prémontré* sis à Paris n'est point un Benefice en titre , mais un simple Office amovible & révocable. à la volonté du General. Autre Arrêt semblable du 28. Août 1649. au profit de l'Abbé de saint Waast d'Arras , lequel avoit destitué un Religieux pourvû

en Cour de Rome de l'Office de Prieur Claustral de ladite Abbaye. *Soëfue* , tome 1. *Centurie* 2. *chapitre* 28.

PRIEURE DEPENDANT DE L'ABBAYE.

10 On peut tenir deux Prieurez dépendans d'une même Abbaye. Arrêt du Parlement de Paris du 29. Août 1598. en faveur du nommé Gautier pourvû en Cour de Rome , en Commande, *unâ cum Prioratu* de Ruel , dépendant du Prieuré de la Charité sur Loire. *V. M. Loüet* , lettre B. *somm.* 8. M. le Maître *dans son traité des appellations comme d'abus*, rapporte un Arrêt semblable en faveur de frere Claude de Xaintes appellant comme d'abus.

11 Par Arrêt du Grand Conseil du mois de May 1599. rapporté par *Peleus en ses Act. forenses, li.* 2. *art.* 19 il a été jugé que les Abbez pouvoient saisir le temporel des Prieurs dépendans de leurs Abbayes, faute d'exhiber les titres de leurs provisions.

12 Prieurs Commendataires non Religieux sont exempts de la Jurisdiction de l'Abbé dont dépendent leurs Prieurez, & ne sont tenus de comparoir au Chapitre ordinaire , ou convoqué , comme s'ils étoient Religieux; leur Provision & Commende leur donne pleine administration , *in temporalibus & spiritualibus*, de leurs Prieurez ; neanmoins s'ils doivent pension à l'Abbé à cause de leurs Benefices, il les peut contraindre par sa Jurisdiction à payer , & à cette fin les admonester, & excommunier , s'ils sont refusans. Arrêt de Paris du 11. May 1515. *Panorm. in cap. cum à nobis olim de election.* Biblioth. Canonique , tome 2. page 244.

13 Religieux qui a un Prieuré dépendant de l'Abbaye où il a fait profession, ne peut convertir les deniers qui luy sont dûs par les Fermiers en rente, au préjudice de l'Abbé successeur de son pecule ; & l'Abbé successeur après le décez du Religieux, n'est tenu d'entretenir le contract de constitution de rente; mais il se fera payer des sommes entieres dûës par les fermiers. Jugé le 21. Juillet 1600. *Charondas , liv.* 13. *Réponse* 3.

14 Arrêt du 6. May 1632. qui appointe pour sçavoir si un Abbé peut tenir un Prieuré dépendant de son Abbaye par dispense ; M. Bignon Avocat General conclut à faire déclarer la dispense abusive. *Voyez Bardet* , tome 2. *liv.* 1. *chap.* 22.

PRIEUR , AGE.

15 Age pour la possession d'un Prieuré simple ou Conventuel. *Voyez* le mot *Age* , *nomb.* 15.

16 Pour les Prieurez reguliers, il faut à present avoir atteint l'âge de 16. ans , mais on peut se faire pourvoir à 14. ans sous clause *cupiens profiteri*. M. le Prêtre, 2. Cent. *chap.* 78.

17 Pour obtenir d'un Prieuré simple , il suffit d'être âgé de 7. ans. Arrêt du 3. Juillet 1634. *Bardet, to.* 2. *liv.* 3. *chap.* 27.

PRIEUREZ CHAMPESTRE.

18 Prieurez champêtres de filles doivent être unis aux Abbayes dont ils dépendent ; il s'agissoit du Prieuré de Mirebeau , dépendant de l'Abbaye du Val-de-Grace. L'Arrêt du 4. Juin 1637. maintint la Religieuse dans la joüissance du Prieuré , à la charge de n'y point résider , mais de se retirer dans une maison reguliere , & à la charge de ne pouvoir le resigner , & qu'après son décez seroit pourvû par l'Archevêque de Sens à l'union. *Bardet, to.* 2. *li.* 6. *ch.* 14.

PRIEUR CLAUSTRAL.

19 Des Prieurs Claustraux & Conventuels, *Voyez* Lotherius *de re beneficiariâ*, liv. 1. quest. 33. nombre 66. & suiv.

20 *Prioratus claustralis , an sit dignitas ?* Voyez *Franc. Marc. to.* 1. *quest.* 1244.

21 *Prioratus conventualis dignitas est.* Voyez *ibidem* , *quest.* 1245.

22 *Potest prioratus regularis conferri tacitè professo.* V. M. de Selve, 3. part. *tract. quest.* 51.

23 Un Prieur Clauſtral ne peut recevoir aucun Moine, s'il n'eſt capable, & que ce ne ſoit du conſentement du Chapitre. Arreſt du Parlement de Dijon du 10. Decembre 1618. ſur un appel comme d'abus interjetté par Frere Jean Grivot, & autres Religieux de l'Abbaye de ſaint Seine, contre Frere Antoine de Ferry leur Grand Prieur, qui avoit reçû un Novice ſans la participation du Chapitre. *Févret traité de l'Abus, liv. 2. ch. 3. nomb. 10.*

24 Tous ceux qui poſſedent des Prieurez Conventuels ſont tenus, auſſi-bien que les Prieurs Clauſtraux, de ſe faire promouvoir à l'Ordre de Prêtriſe, faute de quoy leurs Prieurez déclarez vacans & imperables. *Mem. du Clergé, tome 2. part. 2. p. 5. nomb. 5. & page 6.*

25 Pouvoir & autorité des Prieurs Conventuelles. *Ibidem, page* 21. À ce même endroit il eſt parlé des Prieurez manuels.

26 C'eſt à l'Evêque Dioceſain de regler ſi le Prieur Clauſtral des anciens Religieux d'un Monaſtere, doit être perpetuel ou triennal. *Memoires du Clergé, to. 1. part. 1. page 797. n. 9.*

27 Sçavoir ſi un Prieuré Clauſtral eſt un Benefice, & s'il eſt perpetuel ou amovible? Cette cauſe fut plaidée à Toulouſe par M. de Marmieſſe pour un nommé de Pare, par M. de Pariſot pour un nommé Brete, & par M. de Chapuis pour le Syndic de l'Abbaye de la Grace. Brete étant Prieur du Monaſtere de la Grace, dont la nomination dépend de l'Abbé, ſans la participation des Religieux, après la mort du Cardinal de la Valette Abbé de la Grace, les Religieux s'étoient aſſemblez, & avoient élû de Pare, & tous deux ſe mandoient la maintenuë. La Cour par ſon Arreſt du 16. Mars 1640. ſans avoir égard aux Lettres de de Pare & du Syndic, déclara n'entendre empêcher que ls parties ne ſe pourvûſſent devant qui il appartiendroit, & cependant elle fit défenſes par proviſion de troubler Brete, par lequel renvoi la Cour jugea que c'étoit un fait qui regardoit la diſcipline de leur Ordre. *Voyez M. Jean Albert, lettre B. art.* 22.

    PRIEURS, COMMENDATAIRES.

28 *Voyez* le mot *Commende. nomb.* 32. *& ſuiv.*

    PRIEURÉ SOUTENU CURE.

29 Les Habitans de Verquier en Provence, ſoûtenoient que le Prieuré étoit Cure, par la perception de la dîme, des Fonts Baptiſmaux, du Cimetiere, & autres ſemblables marques. Le Prieur, au contraire, Arreſt interlocutoire qui ordonne que les lieux ſeront vûs & viſitez par Experts qui feront leur rapport, & qui auront pouvoir de faire creuſer dans l'Egliſe & Cimetiere, &c. Jugé à Aix le 12. Février 1682. *Journal du Palais.*

    PRIEURS, CUREZ PRIMITIFS.

    Voyez le mot *Curez, nomb.* 115.

30 Des Prieurs, & qu'ils doivent contribuer à la conſtruction de la maiſon Curiale. Arreſts du P. de Grenoble des 3. Août 1659. & 9. May 1665. *Baſſet, tome 2. livre* 1. *titre* 1. *chapitre* 6.

31 Des Prieurs & Curez primitifs, & de leurs prérogatives. *Voyez Henrys, tome* 1. *liv.* 1. *chap.* 3. *queſt.* 12. où il rapporte un Arreſt prononcé le 25. May 1641. ſur ce ſujet.

32 Une Prieure & Superieure peut être fondée par poſſeſſion, ou autrement, à prendre ſa part & moitié de tout ce qu'on donne ou fonde dans ſon Egliſe aux Curez & Prêtres d'icelle, & peut empêcher qu'ils ne faſſent aucun Office à haute voix que ſous le *chant* d'elle ou de ſes Religieuſes. Jugé le 19. Février 1639. *Henrys, tome* 2. *liv.* 1. *queſt.* 5.

33 Reglement entre les Prieurs Curez primitifs, & les Vicaires perpetuels. Prononcé le 7. Septembre 1664. *De la Gueſſ. tome* 2. *liv.* 6. *ch.* 55.

    PRIEUR, DESTITUTION.

34 Quand le Pape a donné proviſion d'un Prieuré auparavant revocable *ad nutum*, il ceſſe de l'être par cette proviſion. *Du Moulin*, de *Infirmis*, *nombre* 310.

35 Sur la queſtion, ſi l'Abbé Commendataire peut deſtituer le Prieur Clauſtral, les Canoniſtes ont diſtingué : ou le Prieur Clauſtral, *per electionem canonicè inſtitutus eſt*, ou bien il eſt pourvû par la ſimple proviſion de l'Abbé, au premier cas, *niſi pro manifeſtâ & rationabili cauſâ non mutatur*, qui doit être jugée : 2. *caſu revocatur ad Abbatis nutum & voluntatem, in cap. monach. cap. can. ad monaſterium, §. tales & ibi gloſſ. ext. de ſtatu monaſt. Joan. Selva in tractatu de Beneficiis*; ainſi jugé contre M. Jean du Bourg Abbé Commendataire de ſaint Vvertez lez Orleans, au profit du Prieur Clauſtral, le 15. Octobre 1554. & pour Frere François Franchet Prieur Clauſtral de l'Abbaye de la Trinité de Vendôme, appellant comme d'abus de la deſtitution faite de ſa perſonne de l'Office Clauſtral de Prieur, par M. Loüis de la Chambre Abbé Commendataire, contre ledit de la Chambre, le 14. Juillet 1588. en plaidant, *alioquin Abbas Commendatarius ſemper revocaret utilem monaſterio, quod non eſſet ferendum.* Filleau, part. 1. titre 1. chapitre 7.

36 Abbé Commendataire ne peut deſtituer, ni revoquer Prieur obédienciaire ; ce droit n'appartient qu'au Vicaire de l'Abbé. Jugé le 20. Juin 1581. *Papon, liv.* 1. *tit.* 7. *n.* 4.

    PRIEUR, ELECTION.

37 De l'Election des Prieurs. *Voyez* le mot *Election*, nomb. 126. *& ſuiv.*

    PRIEURS, DROITS HONORIFIQUES.

38 Droits Honorifiques dûs aux Prieurs & Curez primitifs. *Voyez* le mot *Curez*, nomb. 122.

    PRIEUR, EXEMPT.

39 Un Prieuré exempt de la Juriſdiction ſpirituelle de l'Ordinaire, le Prieur a tout droit de l'y exercer par ſon Grand Vicaire & ſon Official, même pour la publication du Jubilé & indictions des Stations. Jugé le 16. Février 1654. *Du Freſne, livre* 7. *chapitre* 30. *Voyez* le titre *des Exemptions Eccleſiaſtiques.*

    PRIEURÉ, IRREGULARITÉ.

40 Prieuré de Religieuſe eſt vacant *ipſo facto* par irregularité, & eſt à la Collation du Superieur regulier, &non à la nomination du Roy. Jugé le 5. Decembre 1615. *Bardet, to.* 1. *liv.* 2. *ch.* 56. *Voyez* le mot *Irregularité.*

    PRIEUREZ SIMPLES.

41 De Prioratibus ſimplicibus, *V. Pinſon*, au titre *de diviſione beneficiorum*, §. 29. & cy-deſſus *le nombre* 17.

42 D'un Prieuré ſimple dans lequel quelques Religieuſes vouloient établir la conventualité. M. Bignon Avocat General conclut à ce qu'un de Meſſieurs ſe tranſporteroit ſur les lieux pour informer de la qualité du revenu, & de la neceſſité de l'établiſſement de la Conventualité. La Cour conſidera qu'il y avoit de l'inconvenient d'envoyer une Prieure dans une maiſon éloignée au milieu de la campagne ; c'eſt pourquoi elle ſupprima le Benefice, ou plûtôt il fut réüni à l'Abbaye de laquelle il dépendoit. Arreſt du 8. Août 1662. *Soëfve, to.* 2. *Cent.* 2. *ch.* 69. *& cy-deſſus le nombre* 18.

PRIMATS.

1 DE Primatibus. Voyez Pinſon, au titre *De diviſione beneficiorum*, §. 4.

2 De la Brouſſée, *Differt. de Primatu Aquitania.* Par. 1657.

3 Des Primats. *Voyez la Biblioth. Can. tome* 2. *page* 248. *& ſuiv.*

4 Si l'on peut appeller du Metropolitain à Rome, *omiſſo Primate? Voyez* le mot *Appel*, nomb. 21.

5 L'Archevêque de Roüen ne reconnoît point le Primat de Lyon. *Voyez* le mot *Archevêque*, nombre 38.

6   Lettres Patentes du Roy Charles VII. au mois de
Juillet 1461. portant défenses au Cardinal d'Avignon
& à l'Archevêque de Bourdeaux, de rien attenter au
préjudice de la Primatie de Bourges, & des saints
Décrets. *Preuves des Libertez, tome 2. chapitre 36.
nombre 19.*

7   Le 16. Decembre 1527. le Roy François I. étant allé au Parlement pour demander avis sur le traité de
Madrid ; il y eut differend entre les Archevêques de
Lyon Primat des Gaules, Archevêque de Bourges,
soy disant aussi Primat des Gaules & d'Aquitaine, &
l'Archevêque de Roüen soy disant Primat de Normandie, & n'être sujet à aucun Primat, mais seulement au saint Siége. Ils prétendoient de part &
d'autre à cause de leurs Dignitez le premier Siége
en cette assemblée ; sur quoy il fut ordonné par le
Cardinal Archevêque de Sens, Chancelier de France après avoir eu avis avec les Présidens, & de plusieurs de l'assemblée, que pour le present acte l'Archevêque de Lyon précedera celuy de Bourges, &
l'Archevêque de Bourges celuy de Roüen, sans préjudice des droits, prérogatives & prééminence des
parties, & de leurs dignitez, sans que cela puisse
être tiré à conséquence. *Voyez Du Tillet.*

8   On peut appeller du Metropolitain au Pape sans
passer par le Juge du Primat. Arrêt du 23. Juin 1591.
*Cambolas, liv. 1. chap. 26. Voyez les Arrêts de M. de
Catellan,li.1.ch.41.*il dit que le contraire a été depuis
jugé,& observe que la question, s'étant presentée en
1668. on se détermina suivant l'Arrêt de 1591.

9   M. l'Archevêque de Roüen n'est point sujet à la
Primatie de Lyon. *Voyez le mot Archevêque, nombre 38.*

PRINCES.

1   Petri Bellugæ, *Speculum Principum & justitia.*
2   Cæsar Delphinus, *de principatu.*
3   Thomas Campegius, *de officio Principis Christiani
in Ecclesiâ.*
4   Dionysius Carthusianus, *de vitâ & regimine Principum ; de vitâ Principis feminæ.*
5   Cunerus, *de Christiani Principis officio. De Principis
officio Petrus Ribadinera, S. J. interprete P. Oranio
Latino.*
6   Erasmus, *tomo 4. de institutione Principis Christiani,
& panegyricus Philippi Imp.*
7   Jacobi magni, *Liber nonus sophilogii de statu Principum & nobilium.*
8   Joannes à Jesu Maria, *Instituto Principum.*
9   De Principibus, *per Martinum Garrat. Laudens.*
10   M. Antonii Nattæ, *de Principum doctrinâ libri
novem.*
11   Jacobi Omphalii, *de officio Principis, libri 2.*
12   Philo Judæus ; *de creatione Principis.*
13   Joannes Baptista Pigna, *de Principe.*
14   Poggius, *de infelicitate Principum.*
15   Vvernerus Roleningius, *de regimine Principum.*
16   Ægidius Romanus, *de regimine Principum.*
S. Thomæ, *Opusculum de regimine Principum, ejusdem libri septem de eruditione Principum, tomo 17.*
17   Jacobi Vimphelingii, *agatarchia. 1. de bono Principatu liber.*
18   Nivianus Vvinzelius *de obediendo Principibus, &
jure regni apud Scotos.*
19   Des gages, Serviteurs des Princes & Solliciteurs
qui sont à la suite de la Cour. *Ordonnances de Fontanon, to. 1. liv. 5. tit. 16. p. 1008.*
20   Des Princes du Sang. *Voyez les Ordonnances recueillies par Fontanon, to. 2. liv. 1. tit. 5. p. 32.*
21   De la préséance entre les Princes. *Voyez le mot
Préséance, nomb. 116. & suiv.*
22   Si la discussion sur les Princes est necessaire ?
Voyez le mot Discussion, nomb. 70. & suiv.
23   Basset, *tome 1. liv. 2. tit. 17. chap. 1, rapporte un
Arrêt du 22. Mars 1661. qui a jugé que les Princes

Souverains ont le privilege de ne plaider hors leurs
Principautez.

14   Des contracts, traitez, & confederation des Princes Souverains, & quand ils s'en peuvent départir.
*V. M. le Bret, traité de la Souveraineté, livre 4. cha-
pitre 8.*

25   Transactions faites avec des Princes Souverains ne
sont point sujettes aux formalitez ordinaires. *Chopin
dans son liv. 3. de la Police Ecclesiastique,* rapporte la
transaction qui fut passée entre un Archevêque de
Tours, & Richard Comte d'Anjou & de Touraî-
ne, au sujet de la terre & Seigneurie de Chinon, &
quelques autres de la même Province, pour le Ressort de la Jurisdiction des mêmes terres qu'ils prétendoient l'un & l'autre, laquelle fut homologuée
par les seules Lettres du Roy Philippes Auguste. *Définit. du Droit Canon. page 871.*

PRINCIPAL.

Augmenta ejusdem naturæ sunt cujus res principales. *Mornac, l. 31.ff. de peculio.*

Comment se font les évocations du Principal, par
quels Jugés, & pour quelles causes ? *Voyez le mot
Evocation, nomb. 33. & suiv.*

PRINCIPALITE'.

1   Principalité de College. *Voyez le mot Benefice,
nomb. 3. & suiv. & le mot College, & Chopin
en son traité de la Police Ecclesiastique, livre 1. titre 5.
nomb. 12.*

2   Principalité de College n'est point un Benefice,
mais une simple administration. *V. Du Luc, livre 6.
titre 16.*

3   Les Principautez des Colleges ne sont reputées Benefices, & n'y a lieu la prévention du Pape. Arrêt
du 21. Janvier 1572. *Charondas, livre 6. Rép, 1.*

PRISE-A-PARTIE.

Rendre-à-partie. *In aliquem intendere se adversarium.*

*De variis & extraordinariis cognitionibus; & si judex
litem suam fecisse dicatur. D. 50. 13.* Prise-à-partie contre le Juge qui a mal jugé par haine, ou par faveur,
ou autrement.

*De pœnâ judicis qui malè judicavit ; vel ejus qui judi-
cem, vel adversarium corrumpere curavit. C. 7. 49....
Inst. 4. 5. in princ.*

1   Des prises à-partie. *V. l'Ordonnance de 1667. titre 25.*

2   Des prises à partie. *V. le traité des Criées par M.
Bruneau, chap. 4.* où il rapporte l'Arrêt rendu contre les Juges de Mantes.

3   Des appellations comme d'abus, & des prises à
partie. *Voyez les Memoires du Clergé, tome 2. part. 1.
titre 2. chap. 18.*

4   Les Juges ne peuvent être pris à partie en leur nom,
si ce n'est lorsqu'il y a dol, concussion & fraude.
Voyez M. Loüet, lettre I. somm. 14.

5   Arrêt du Parlement de Toulouse du 2. Septembre
1449. par lequel un Commissaire ayant été pris à partie pour avoir abusé en faveur du Seigneur de Clermont, d'une commission qui luy étoit donnée, fut
condamné à rendre ce qu'il avoit reçû pour ses vacations & salaires, ensemble tout ce que son Greffier
& Sergent avoient pris, & en cent livres de dommages & interêts. *Papon, livre 6. titre 2. nomb. 13.* où
il rapporte d'autres Arrêts semblables.

6   Juge qui appointe par avarice, déclaré bien pris à
partie. Arrêt du Parlement de Paris du 20. Février
1521. *Papon, livre 6. tit. 2. n. 21.*

7   Quand il n'y a point d'appel d'incompetence, point
de fraude & concussion, le Juge ne peut être pris à
partie,

partie, *secùs*, s'il ordonne de son propre mouvement, *quia litem suam facit & obtulit se liti*. Arrêt du 19. Février 1529. *Papon, liv. 19. tit. 1. n. 14.*

8 Quand le Juge est pris à partie pour déni de Justice, il doit seul être assigné, *quia per partem non stat.* Ainsi décidé le 3. Septembre 1535. & alors le Juge sera condamné aux dépens, & en l'amende, *si dolus apparent.* Voyez *Rebuffe sur le Concordat*, tit, *de frivolis appell.*

9 Le Juge peut être pris à partie en cas de dol, fraude & concussion, suivant l'Ordonnance de 1539. & les Annotations de Charondas sur icelle, *liv. 9. titre 5. art. 29.* Mornac traite cette question sur la Loy *Filius familias, ff. de judiciis.* Voyez *Louet & Brodeau*, titre 1. n. 14.

10 *Quâ pœnâ veniat puniendus*, celuy qui a mal pris à partie? Arrêt du Parlement de Grenoble du 26. Janvier 1557. qui a déclaré le Juge avoir été mal pris à partie, le demandeur condamné en vingt livres d'amende, & aux dommages & interêts envers le Juge. La Cour ordonna la publication de l'Arrêt dans le Siege. *V. Basset, tome 1. liv. 2. tit. 7. ch. 1.*

11 Les Magistrats sont favorisez & menagez dans les prises à partie, pourvû que la Cour connoisse qu'ils aient fait justice; elle enjoint alors aux parties de leur porter honneur & reverence, à peine de punition corporelle. Arrêt du 3. Mars 1574. *Papon, liv. 6. titre 2, nombre 12.*

12 Le Juge *quoties aliquid per fraudem, sordes, & gratiam decernit*, notamment s'il juge contre l'Ordonnance, est bien pris à partie, comme nonobstant les recusations sans les avoir vuidées. Arrêt du 19. Janvier 1586. contre un Juge, lequel fut condamné le 26. suivant à se representer, & interdit. *Papon, liv. 19. tit. 1. nomb. 24.*

13 La prise à partie n'empêche point l'instruction du procez Criminel. Arrêt du Parlement de Grenoble du 10. Juillet 1603. en la cause du sieur de Caseneuve Asseeur au Bailliage de Gap, & du sieur Claude Martel; rapporté par *Chorier, en sa Jurisprudence de Guy Pape*, page 360.

14 Jugé par Arrêt du Parlem. de Dijon du 7. Février 1619. que le Juge prolongeant le terme au detteur, peut être pris à partie, si le detteur devient insolvable. *Bouvot, tome 2. verbo Detteur, quest. 19.*

15 Les Officiers des Tailles ne peuvent être pris à partie par un habitant, qui prétend être surtaxé, à moins que le dol ne soit justifié. Arrêt du Parlement de Dijon du 8. Février 1607. *V. Bouvot, tome 2. verbo Taille, quest. 73.*

16 Une femme d'Orleans fait arrêter neuf ballots de hardes qui appartenoient au Duc de Roannois son débiteur. Deux Gentilshommes qui les conduisoient s'opposent, & disent que sept ballots appartenoient au Duc de Ratz, les autres à eux. La femme demande que les ballots soient ouverts, & prétend que tout ce qui est dedans se trouvera marqué aux armes du Duc de Roannois: cependant le Lieutenant Particulier donne mainlevée; elle la soûtient frauduleuse, intime en son nom le Juge, & dit qu'il devoit ordonner la montre des ballots. Arrêt du Parlement de Paris du 13. Juillet 1620. qui le condamne à payer en son nom & sans delay à la creanciere la somme de 2400. liv. pour laquelle la saisie avoit été faite, & aux dépens, dommages & interêts, & neanmoins le subroge au lieu de la creanciere pour se faire payer de la somme ainsi qu'il verra bon être, *Biblioth. de Bouchel*, verbo *Prise à partie*,

17 Arrêt du Parlement de Provence du 3. Avril 1642. qui a jugé que le Juge ne peut pas être pris à partie pour avoir relaxé un débiteur sans ouïr le creancier. *Boniface tome 3. liv. 2. tit. 4. ch. 2.*

18 Si c'est un bon moyen à un Juge Ecclesiastique de prendre à partie un Juge Seculier, pour avoir entrepris sur sa Jurisdiction? Arrêt du Parlement de Paris

Tome III.

du 9. Janvier 1691. qui appointe. *V. le Journal des Audiences, tome 5. liv. 7. chap. 2.*

19 Sçavoir lorsque des Officiers d'un Siege prononcent dans une affaire en dernier ressort, où la prise à partie formée sur ce Jugement on doit être portée, & si c'est pardevant les Cours Souveraines dont ils relevent en autre matiere? Le 18. Juillet 1691. en l'Audience de la premiere Chambre de la Cour des Aydes à Paris, intervint Arrêt par lequel il fut ordonné qu'une telle prise à partie incidente à une matiere dont les Juges avoient connu en dernier ressort, se devoit porter au Conseil Privé, & en consequence ordonné que les parties s'y pourvoiroient. *Journal des Audiences, tome 5. liv. 7. chap. 36.*

20 La Cour du Parlement de Paris ayant examiné qu'il étoit necessaire d'expliquer les motifs & le fondement des prises à partie, par Arrêt rendu sur les conclusions de Monsieur l'Avocat General Daguesseau, les Chambres assemblées, le 4. Juin 1699. défenses sont faites d'intimer & prendre à partie en nom un Juge, en vertu d'une simple Commission obtenuë en Chancellerie, ni de faire intimer les Juges en leur propre & privé nom, sur l'appel des Jugemens par eux rendus, sans en avoir auparavant obtenu la Commission expressément, par Arrêt de la Cour, à peine de nullité des procedures, & de telle amende qu'il conviendra: enjoint à tous ceux qui croiront devoir prendre les Juges à partie, de se contenter d'expliquer simplement, & avec la moderation convenable les faits & les moyens qu'ils estimeront necessaires à la décision de leur cause, sans se servir de termes injurieux & contraires à l'honneur & à la dignité des Juges, à peine de punition exemplaire. *M. Bruneau en son traité des Criées, p. 68. Henrys, tome 1. livre 2, chap. 2. quest. 7. & l'Auteur des Observations sur cette question.*

Lisez les instituts, *lib. 4. tit. 5. §. si judex, & tit. 6. §. 12. pœnales, tit. 16. §. 3. omnium.*

PRISE A PARTIE, EVESQUE.

21 Des prises à partie. Voyez les *Memoires du Clergé, tome 2 part. 1. page 69. & suiv.*

Les Evêques, leurs Grands Vicaires & Officiaux ne doivent être pris à partie, & sont déchargez des assignations à eux données sur les appellations comme d'abus de leurs Ordonnances & Jugemens, *ibidem, tome 1. part. 1. page 640. & suiv. & tome 2. partie 1, page 69.*

Comme aussi sur le refus des *Visa* & Provisions, *tome 2. part. 2. page 50. & suiv.*

22 Les Archevêques, Evêques, ou leurs *Grands Vicaires ne peuvent être pris à partie pour les Ordonnances qu'ils auront renduës dans les matieres qui dépendent de la Jurisdiction volontaire; & à l'égard des Ordonnances & Jugemens que lesdits Prélats ou leurs Officiaux auront rendus, & dont les Promoteurs auront requis dans la Jurisdiction contentieuse, ils ne pourront pareillement être pris à partie, ni intimez en leurs propres & privez noms, si ce n'est en cas de calomnie apparente, & lorsqu'il n'y aura aucune partie capable de répondre des dépens, dommages & interêts, qui ait requis, ou qui soûtienne leurs Ordonnances & Jugemens; & ne seront tenus de défendre à l'intimation qu'après que nos Cours l'auront ainsi ordonné en connoissance de cause. Art. 43. de l'Edit de 1695. concernant la Jurisdiction Ecclesiastique.*

PROCUREUR DU ROY PRIS A PARTIE.

23 Procureur du Roy peut être pris à partie, quand il empêche la Jurisdiction Ecclesiastique. Arrêt du Parlement de Paris du dernier Janvier 1525. en faveur de l'Evêque de Beauvais, contre le Procureur du Roy de Clermont en Beauvoisis, qui avoit fait arrêter le cheval du Promoteur & Appariteur. M. le Procureur General avoit pris le fait & cause de son Substitut, *Du Moulin, tom. 1. pag. 686. Bibliotheque du Droit François par Bouchel, to 2. p. 1091. verbo Procureur du Roy, & Rebuffe, sur le Concordat*

A a

au titre de elect. derogatione, *ad verbum* Advocatum Regium.

25 Le Juge qui a agi à la requête du Procureur du Roy, ne peut être pris à partie, & étant ajourné seulement, & le Procureur du Roy intimé, le Juge ne peut être condamné és dépens, dommages & interêts. Arrêt du dix Avril 1564. pour un nommé Gaudion, Juge Commis à Chably. *Papon, liv. 19. ti. 1. nomb. 24.*

26 Procureur du Roy ne peut être pris. à partie, quelque animosité qu'il y ait, quand il y a partie civile. Ainsi jugé pour celuy d'Angers le treize Février 1570. *Filleau, part. 1. ti. 6. ch. 40.*

27 Arrêt du Parlement de Provence du 6. Decembre 1675. qui a jugé que le Procureur du Roy ne peut pas être pris à partie, pour avoir accusé calomnieusement : l'accusation étoit fondée sur le bruit commun. *Boniface, to. 3. liv. 1. tit. 4. ch. 1.*

28 Arrêt du 8. Février 1687. qui a déclaré legitime la prise à partie du Juge & Substitut du Procureur du Roy, pour leur negligence à juger les procez criminels. *Ibidem, ch. 3.*

PRISE DE POSSESSION.

DE la prise de possession des Benefices. *Voyez la Bibliotheque Canon. to. 2. pag. 253. & suivantes.* Cy-dessus le mot *Permutation*, nomb. 7. & suiv. & le mot *Possession*, n. 23. & suiv.

PRISES.

VOyez les mots *Marine*, *Mer*, *Naufrage*.
Arrêt du Parlement de Provence du 27. May 1645. qui a jugé qu'un Genois qui est allié de France est criminel, quand il fait des prises sur mer des marchandises d'un François. *Boniface, to. 2. part. 3. liv. 1. tit. 2. ch. 19.*

PRISON, PRISONNIER.

VOyez *Contrainte par corps*, *Decret*, *Emprisonnement*.
Définition de prison. *L. 214. D. de verb. significatione.*
De *effractoribus & expilatoribus. D. 47. 18.* Bris & fracture de prison.
De *custodia & exhibitione reorum. D. 48. 3....C. 9. 4....C. Th. 9. 3.*
De *exhibendis, vel transmittendis reis. C. 9. 3....C. Th. 9. 2.*
De *privatis carceribus inhibendis. C. 9. 5.*
De *privati carceris custodia. C. Th. 9. 11.*
Des debiteurs prisonniers, & de leurs alimens, *Lex 11. tab.*
Prisonnier de guerre. *Captivus.*
De *captivis, & de postliminio, & redemptis ab hostibus. D. 49. 15.*
Des captifs, & des prisonniers de guerre, & de leur retour. *Voyez cy-après le nomb. 58. & suiv.*
Nemini noceat in captivitate gentium amisso instrumentorum. Const. Justin. Just. 3. & 4.
Ne captivorum uxoribus, aliis nubere liceat. Leon. N. 33.
Ut captivi filius, hæres sit. Leon. N. 36.
Ut captivi testamenti factionem habeant. Leon. N. 40.
De *carceribus. Per Baldum.*

1 Des prisons, & du bris de prison. *Voyez la Rocheflavin, des Parlemens de France, livre second, chapitre 19.*

2 Entre les François, la prison est quelquefois donnée pour peine: Les Juges d'Eglise la prononcent assez souvent contre les Ecclesiastiques. *V. Papon, liv. 23. tit. 1.*

3 *Accusatus absolvendus non est diligenter custodiendus, sicut damnandus.* V. Com. Joan. Const. sur l'Ordonnance de François I. art. 149.

4 *Si carceratus reperitur mortuus, tunc præsumitur contrà ipsum commentariensem, qui eum retinebat in carceribus, qui nisi probet, non dolo, vel ejus culpâ fit mortuus tenetur.* V. *ibidem*, art. 151.

5 *Carcer ad custodiam, non ad pœnam est inventus.* V. *ibidem.*

6 *Carcerati pro crimine, certis casibus exceptis, relaxantur diebus Paschalibus, nisi consueverunt delinquere.* V. Franc. Marc. to. 1. qu. 409.

7 *Licitum est prisionarium suumsducere ad suos carceres per jurisdictionem alterius.* Arrêt en faveur de l'Evêque contre la Ville de Tournay. Joan. Gall. quæst. 224.

8 Prise de corps sur une appellation, & debilitation ou mutilation d'oreilles. *Voyez* M. Expilly, Plaidoyé 25.

9 Les Seigneurs sont tenus d'avoir & bâtir prison. Arrêt du Parlement de Dijon du 3. Decembre 1605. *Bouvot, to. 2. verbo Geolier, qu. 3.*

10 Prisonnier toûjours recevable à appeller. *Voyez* le mot *Appel, n. 9.*

11 Prisonniers délivrez à l'heureux avenement du Roy à la Couronne. *Voyez lettre* J. *verbo Joyeux Avenement, n. 10.*

12 Alienations des biens sujets à la dot & au doüaire, declarées valables, quand elles ont pour cause la liberté du mari prisonnier. *Voyez* le mot *Alienation, n. 28. & suiv.*

13 Par Arrêt prononcé en Robes rouges le 11. Avril 1671. les enfans mineurs du sieur de Briconville furent reçûs à renoncer au droit de doüaire, pour faciliter la vente des biens de leur pere pour le racheter de prison, & payer l'amende en laquelle il avoit été condamné pour fratricide. *Charondas, liv. 5. Réponse 29. Voyez la Bibliotheque de Bouchel, verbo Mineurs.*

14 Au procez de M. François le Baillif, il fut dit que doresnavant ne seroient aucuns prisonniers accusez de crimes, reçûs à demander à être renvoyez à Cour Superieure de celle où ils seroient détenus, pour être oüis & parler à droit, sauf à eux se pourvoir en tous endroits de leurs procez par voye d'appel en la Cour. V. l'art. 177. de la Coût. de Bretagne, d'Argentré se plaint de cet Arrêt sur l'art. 177.de l'ancienne Coûtume, & dit que *hoc nisi Regis potestate & consensu populi non poterat abrogari, non magis quàm jus consuetudinarium ullum.* Ce que fit neanmoins le Parlement de Paris, au rapport de Du Moulin, ordonnant la radiation de deux articles de l'ancienne Coûtume de Paris. Arrêt du Parlement de Bretagne du 30. Octobre 1543. *Du Fail, liv. 3. ch. 423.*

15 Arrêt du Grand Conseil du dernier Mars 1551. par lequel un des quatre Prévôts Generaux de France a été privé de sa Charge, & condamné en de grosses amendes envers les heritiers d'un homme assassiné, pour n'avoir pas bien gardé un prisonnier, qui s'étoit tué entre ses mains de la pointe d'un poinçon. *Papon, liv.14. tit. 4. n. 3.*

16 Prisonnier peut être retenu jusqu'à l'entier payement de l'amende pecuniaire, mais non pour les dépens, quoiqu'accessoires. Arrêts du 16. Février 1526. & 14. Mars 1532. en faveur de prisonniers, qu'on pouvoit retenir pour les dépens. *Papon, livre 18. titre 8.*

17 Arrêt qui a permis à un Gentilhomme de vendre les biens que luy donnez au contract de son mariage, au premier fils qui en descendroit, parce qu'il n'auroit pas sorti de prison, qu'en faisant cession de biens, & qu'il étoit Gentilhomme: en même cas il a été permis au pere de vendre les biens maternels de ses enfans, par Arrêt du 2. Avril 1571. *La Rocheslav. liv. 6. tit. 4. Arrêt 1.*

18 *Prahensio vetita in Ecclesiâ dum Missa celebratur, viatorque quatuor aureis in pauperes erogandis mulctatus, manente tamen in vinculis reo, cui propterea appel-*

tatio sua parem profuit. Arrêt du 11. Avril 1589. *Mornac*, Loi 4. *ff. de in jus vocando.*

19 *Qui ad Clericatûs titulum, vel Monasteria confugiunt, ut liberentur carcere adversùs creditores, vel ut admissi criminis vindictam eludant, judicibus laïcis debent restitui.* Arrêt du 3. Mars 1601. *Mornac, l. ult. de servis fugitivis.* Idem, *tit. 14. C. an servus pro suo facto, &c.* où il rapporte le même Arrêt. *Voyez Brodeau sur M. Loüet, lettre C. somm.* 31.

20 On ne doit prendre prisonnier pour dette dans le Palais. Arrêt du Parlement de Grenoble du six May 1617. *Basset, to. 1. li. 6. ti. 3. ch. 2.*

21 Par Arrêt de la Cour des Aydes de Paris du 23. Decembre 1682. il est ordonné à tous Huissiers, Sergens & autres, lorsqu'ils feront les emprisonnemens, ou transfereront des prisonniers d'une prison dans une autre, de faire écrire sur le Registre de la Geole où ils les conduiront, les premieres causes d'emprisonnemens, & les recommandations qu'ils auront trouvées sur les Registres des Geoles des prisons, d'où ces prisonniers auront été tirez, & faire mention des titres en vertu desquels ils auront été faits, noms & élections de domiciles des parties, à peine de 3000. liv d'amende, & de tous dépens, dommages & interêts vers lesdits prisonniers, & d'interdiction de leurs Charges. *Voyez Memorial alphabetiq.* verbo *Sergens , n.* 9.

PRISONNIER, ALIMENS.

22 Alimens dûs aux prisonniers. *Voyez le mot Alimens. nomb.* 107. *& suiv.*
De expensis victûs incarceratorum. V. Franc. Marc. *to.* 2. *qu.* 118.

23 Le creancier doit nourrir son debiteur en prison, quand il est pauvre. Arrêt du Parlement de Provence du 18. Juin 1647. *Boniface, tome 2. livre 4. titre 9. chap.* 3.

24 Arrêt du même Parlement du trente May 1658. qui a jugé que le Pain du Roy doit être fourni par le creancier au prisonnier détenu pour crime de larcin. *Boniface, to. 2. part. 3. li. 1. tit. 13. ch.* 3.

25 Alimens non fournis par le creancier à son debiteur, emprisonné en vertu d'executoire, doit être élargi ; & il ne peut être emprisonné une seconde fois pour la même dette. Jugé au Grand Conseil le 4. Août 1672. *Journal du Palais.*

26 Arrêt du Conseil d'Etat du huit Juillet 1670. qui ordonne que le pain, les frais de Justice, des conduites des prisonniers, emprisonnez & condamnez pour crimes, sur les procez verbaux faits à la requête des Procureurs de Sa Majesté ès Justices Royales des Domaines engagés, seront payez par les Engagistes desdits Domaines. *Recueil du Domaine, p.* 557.

27 Declaration portant Reglement pour les alimens qui doivent être fournis aux prisonniers, en execution des articles 23. & 24. du titre 13. de l'Ordonnance du mois d'Août 1670. contenant neuf articles. A S Germain en Laye le dix Janvier 1680. Registrée au Parlement de Paris le 19. du même mois, & en celuy de Roüen le 23. Février suivant. *Voyez le Recueil des Arrêts imprimez par l'ordre de M. le Chancelier en* 1687.

PRISONNIER BANNI.

28 Si celuy qui est condamné au bannissement, est tenu de garder prison jusques à ce qu'il ait satisfait au payement de la reparation civile ? *Voyez le mot Bannissement, n.* 25. *& suiv.*

BRIS DE PRISON.

29 *Voyez Bris de prison, cy-dessus le nomb.* 1. Et Despeisses, *to.* 2. *des Crimes & Causes Criminelles part.* 1. *tit.* 12. *sect.* 2. *art.* 14.

30 C'est une espece de bris de prison de sortir de la Ville donnée pour prison : le coupable est punissable ; & il faut obtenir Lettres de pardon. Arrêt du sept Mars 1553. *Papon , li.* 23. *ti.* 2. *n.* 2. *Voyez cy-après le nombre* 51. *& suiv.*
Tome III.

CLERCS PRISONNIERS.

Emprisonnement des Clercs. *Voyez le mot Clerc,* **31** *nomb.* 15. *& suiv.* & le mot *Ecclesiastique, nomb.* 12. *& suiv.*

PRISONNIERS, FRAIS DE LEUR CONDUITE.

Expensas pendere tenetur, qui reum incarcerandum **32** *duci jussit. Voyez Franc. Marc.* 10. 2. qu. 234.

Arrêt du Parlement de Grenoble du 20. Juin 1625. **33** qui a jugé que la conduite ou traduction des prisonniers condamnez aux Galeres, appartenoit, non au Concierge, mais aux Archers en la Prévôté de Dauphiné ; & que n'ayant pas tenu aux Archers de faire cette traduction, laquelle avoit été empêchée par le fait du Concierge, ils avoient dû garder les deniers qu'ils en avoient reçus. *Voyez le premier Plaidoyé de Basset, to.* 1.

L'adjudication de la conduite des prisonniers doit **34** être faite, la Jurisdiction seante , & presence du Procureur du Roy , suivant le Reglement rendu au Parlement de Roüen de l'année 1634. pour éviter aux abus que les Juges subalternes commettoient souvent sur ces adjudications. *Basnage , titre de Jurisdiction, art.* 14.

Suivant l'art. 11. du même Reglement fait au Parl. **35** de Roüen en 1666. le Roy & les Hauts-Justiciers sont tenus d'avancer les frais de la conduite des prisonniers, dont ils auront recours sur la partie civile. Le Reglement fut fait, conformément à l'Arrêt du 24. Janvier 1665. sur un partage de la Chambre de la Tournelle pour M. le Duc de Boüillon. L'Ordonnance dit la même chose ; & à la Chambre des Comptes on ordonne un recours sur la partie. *Basnage, ibidem.*

Le prisonnier ayant évoqué son procès d'un Parle- **36** ment à un autre , ne peut demander d'être traduit aux dépens de celuy qui le détient, s'agissant d'une détention pour cause civile en partie. *Boniface, to. 5. li.* 5. *ti.* 14. *ch.* 8.

PRISONNIER CONTRACTANT.

Ne point contracter avec les prisonniers. V. *Frain,* **37** *pag.* 853.

Promissio facta in carcere, non obligat. Voyez Andr. **38** *Gail, li.* 1. *observ.* 21.

Incarcerati propter recognitiones , qui non nisi reco- **39** *gnoscerent à carceribus relaxarentur : si relaxati recognoscant, recognitiones nullius sunt momenti, tanquàm meticulosè factæ. Voyez Franc. Marc. tome secundo , quest.* 377.

Compromis passé par un prisonnier, est nul. Arrêt **40** du 17. Février 1586. *Papon , li.* 6. *ti.* 3. *n.* 1.

Si ceux qui sont détenus dans les prisons des Sei- **41** gneurs , dans leurs Terres , & à leur poursuite , ou de leurs Officiers , traitent ou transigent avec eux, le tout est nul , quand même ils auroient ratifié en pleine liberté. Il y en a des Arrêts du Parlement de Grenoble. *Voyez Guy Pape, quest.* 113. 253. *& 326.* C'est une commune opinion , que les contracts faits avec les prisonniers, & ceux qui les ont fait emprisonner , sont valables , si la cause de l'emprisonnement est juste.

Arrêt du Parl. de Toulouse , qui défend de con- **42** tracter avec un prisonnier , sur peine de nullité , & condamne la partie en cent écus , & le Notaire en vingt-cinq livres, & les condamne à garder la prison jusqu'au payement , sans note d'infamie ; & fait défenses à toutes sortes de personnes de ne faire tel contract illicite ; & à tous Notaires de la Cour , ou autres, de les recevoir , sur peine de mille livres d'amende , si ce n'est du consentement des Juges , de l'authorité desquels ils auront été arrêtez. *La Rochefiavin, li.* 1. *lettre N. Arr.* 5.

PRISONNIER ELARGI.

Voyez Elargissement.
De relaxatione carceratorum. Per Paulum Grillan- **43** dum.

Aa ij

44 *De carceratis, qui pro primo adventu Principis libe-rantur.* Voyez *Franc. Marc.* 10. 1. qu. 18.

45 Composition faite par un prisonnier, pour avoir son élargissement, est nulle, quand même il l'auroit ratifiée, és arrêts par la Ville, car il ne laisse d'être prisonnier. Arrêt du Parlement de Grenoble du trois Novembre 1426. Papon, *li.* 23. *tit.* 11. *n.* 3.

46 Arrêt du Parlement de Paris du 13. Février 1574. qui défend au Prévôt des Maréchaux de Sens, d'élargir aucuns prisonniers, pour quelque cause que ce puisse être, sans conseil, & prendre l'avis des Lieutenans Criminels, & Juges Présidiaux de la Province. *Maréchaussée de France,* p. 181.

47 Arrêt du 19. Février 1647. qui ordonne qu'un Procureur sera tenu de *representer* dans deux mois un prisonnier élargi par sur prise, sur une Requête signée de luy, sinon, & le temps passé, au payement de cinq cens livres envers le creancier, & dés à present en tous les dépens. *Soëfve,* tome 1. *Centur.* 1. *chapitre* 99.

48 L'Huissier le Blanc, par l'Ordonnance verbale de M. le Premier Président Molé, avoit élargi un prisonnier ; il ne rapportoit l'Arrêt ni preuve de l'Ordonnance : il y avoit onze ans cinq mois, sans que pendant ce temps il y eût aucun acte fait en Justice contre l'Huissier. L'accusateur attaque l'Huissier, & dit qu'il n'avoit pû agir, parce que le procez n'avoit été jugé qu'en 1658. Jugé que l'Huissier n'étoit tenu de réintegrer le prisonnier, qu'il avoit élargi en vertu de ladite Ordonnance verbale, le 19. Août 1659. *Notables Arrêts des Audiences, Arr.* 37.

49 Jugé au Parlement de Provence le 16. Decembre 1671. que le Juge ne peut pas être pris à partie, relaxant un prisonnier le même jour qu'il a été fait de son authorité, sans oüir partie. Bonifa *ce,* 10. 3 *li.* 2. *tit.* 4. *ch* 2.

50 Si un prisonnier pauvre, condamné à tenir prison, à la requête de ses creanciers peut être élargi, le plus grand nombre y consentant ? Arrêt du 18. Avril 1671. qui deboute le prisonnier. *Idem,* tom. 5. *liv.* 5. *tit.* 14. *ch.* 9.

PRISONNIER EVADE'.

Voyez cy-dessus *les nombres* 29. & 30.

51 La Cour donne permission à un accusé détenu en la Conciergerie de Paris, à prendre conseil d'un Avocat. Celuy-cy conseille au prisonnier de sortir, s'il trouve la porte ouverte : l'avis fut exécuté. L'accusé, bien-tôt après, avoüa le fait. On s'excusa par deux raisons Il avoit pris conseil par authorité de la Cour. 2°. Il n'y avoit eu ni fracture, ni violence. Voyez M. Boyer, *quest.* 215. *n.* 16. Et Papon, *liv.* 23. *tit.* 2. *n.* 2.

52 *Cum quædam Alegra Piva maritum capitaliter damna-tum exemisset è manibus satellitum, fuit diu disputatum in Senatu, an esset punienda ; & tandem non fuit definiti-vè absoluta, neque condemnata: sed dictum eam non esse molestandam, donec aliud per Senatum ordinatum fuis-set.* 3. *Jul.* 1562. Julius Clarus, *lib.* 5. *Sentent.* § *fin. qu.* 29. *n.* 5.

53 Par Arrêt donné au Grand Conseil le 11. Mars 1596. rapporté *par* Berault *sur la Coût. de Normandie,* tit. de Haro, art. 56. il a été jugé que le premier Huissier ayant laissé échaper un prisonnier, obligé pour dette civile, a luy baillé en la garde ; & ayant été condamné par Arrêt precedent de le representer, combien qu'il y eût representé l'autre cooblige *in so-lidum,* n'étoit point recevable en la Requête civile par luy obtenue contre ledit Arrêt ; & faute d'avoir representé ledit prisonnier, fut condamné à payer la somme totale, *juxtà opinionem* Bo. *conf.* 22.

54 Un homme condamné à mort, & renvoyé sur les lieux pour être exécuté, profitant en chemin du sommeil de ses gardes, s'évade ; il est repris 40 ans après: le Juge du lieu informe de sa fuite, aux fins d'exe-cuter l'Arrêt ; il interjette appel du decret. Arrêt du

dix Avril 1615. qui ordonne que les prisons lui seront ouvertes. *Le Bret,* li. 6. *décis.* 3.

55 La parenté & l'affection excuse souvent des fautes que l'on fait ; car le 28. Janvier 1627. un mari ayant fait évader sa femme, & une autre parente des prisons, lesquelles alloient être condamnées pour mourtre, fut relaxé à l'Audience de la Tournelle de Toulouse, la Cour ayant reformé un appointement, qui le condamnoit à de grosses amendes. *Albert,* verbo *Indignité, art.* 1.

56 Arrêt du Parlement de Provence du 4. Decembre 1645. qui déclare le Sergent qui a connivé à l'évasion d'un prisonnier responsable des dépens, dommages & interêts soufferts par la partie ; ils furent liquidez à trente livres. *Boniface,* tom. 1. *liv.* 1. *ti.* 21. *nomb.* 4.

PRISONNIER, GITE, ET GEOLAGE.

57 Geoliers ne peuvent retenir un prisonnier pour les droits de gîte & geolage. Arrêt du Parlement de Paris du douze Decembre 1628. *Journal des Audiences,* to. 1. *li.* 2. *ch.* 28.

PRISONNIER DE GUERRE.

58 Des prisonniers de guerre, & de leur rançon. *V. sous ce titre lettre* P. *la Bibliotheque du Droit Fran-çois, par* Bouchel.

59 Des traitez avec les prisonniers de Guerre. Voyez Guy Pape, *question* 113. où il dit que de deux traitez faits avec des prisonniers de guerre pour leur rançon, le premier doit être suivi, s'il est le plus avantageux. Arrêt du Parlem. de Grenoble du mois d'Avril 1437 *Voyez* Chorier *en sa Jurisprudence de Guy Pape,* pag. 252.

60 Si un prisonnier de guerre a composé avec son Maître, à une certaine somme pour sa rançon, le Maître ne peut, sous ombre qu'il a eu avis de sa captivité plus grande, luy demander une somme plus forte: Ainsi jugé au Parlement de Grenoble en 1457. *Guy Pape,* qu. 113. & Papon, *liv.* 5. *tit* 6. *n.* 1.

61 Prisonnier de guerre en pays ennemi, peut *tester.* Arrêt du 21. Juin 1554. confirmatif du Testament fait par le Vicomte de Martigues, mort prisonnier de guerre en Flandres. Les Loix Romaines à cet égard n'ont point lieu en France. *Bibliotheque de* Bouchel, verbo *Prisonnier.*

PRISON PERPETUELLE.

62 *Voyez* hoc verbo *la Biblioth. du Droit François par* Bouchel, & Coquille, *tom.* 2. qu. 19.

63 *Perpetuus carcer est pæna capitalis.* Voyez Andr. Gaill, *lib.* 1. *de pace publicâ, cap.* 1. *numero* 31. & *sequent.*

64 *Quando quis est damnatus ad perpetuum carcerem, vel in perpetuis vinculis, dicitur pæna capitalis: quia æquiparatur damnato in metallum.* Vide Franc. Marc. tom. 1. qu. 910.

65 Les galeres & prisons perpetuelles emportent confiscation. Brodeau *sur* M. Louet, *lettre* S. *sommaire* 15. & *sur la lettre* P. *som.* 45. *Secùs,* si elles ne sont qu'à temps. Mainard, to. 1. *li.* 5. *ch.* 81.

66 Ceux qui sont condamnez à prisons perpetuelles, ne peuvent faire Testament. *Voyez* Maynard, *liv.* 9. *chap.* 42.

67 Les immeubles d'un Prêtre condamné à une prison perpetuelle, ajugez aux Seigneurs temporels, desquels ils étoient mouvans, & les meubles à l'Evêque. Arrêt du Grand Conseil du Roy de l'an 1386. Papon, *liv.* 24. *tit.* 13. *n.* 3.

68 La prison perpetuelle est la peine de ceux qui ne peuvent satisfaire aux peines pecuniaires. Arrêt du Parlement de Bourdeaux du trente Septembre 1595. contre une femme adultere. Papon, *livre* 22. *titre* 9. *nomb.* 5.

69 M. le Procureur General reçû appellant comme d'abus de la Sentence de l'Official de Maillezais, qui avoit condamné un Religieux sorti de son Convent pour se marier, à finir ses jours en une prison

perpetuelle dans une tour qui seroit édifiée au Prieuré de Mortagne. Arrêt du 26. Juin 1629. *Bardet, tome* 1. *liv.* 3. *chap.* 33.

PRISON PRIVE'E.

70　De prison privée. *Voyez Papon, liv.* 23. *tit.* 1. où il est observé que le pere peut enfermer son fils, le Seigneur son Serf, le mari sa femme, l'Abbé son Religieux, un mari l'adultere de sa femme pour 24. heures seulement, & le rendre après à Justice, les parens un furieux.

71　Un Prévôt de Pontoise a été condamné par Arrêt du Parlement de Paris du 24. Avril 1425. à cent liv. & déclaré indigne d'exercer Offices Royaux, pour avoir comme Juge & partie, contraint par prison un particulier à s'obliger. *Papon, li.* 23. *tit.* 1.

72　Arrêt du Parlement de Bourdeaux du 12. Avril 1536. par lequel un Maître ayant retenu long-temps son Serviteur prisonnier en une Caverne du Château de Penne, a été condamné en une amende de cinq cens livres pour ses dommages & interêts, & une autre de pareille somme vers le Roy; ceux qui avoient fait l'emprisonnement & la garde condamnez chacun en deux cens liv. Arrêt semblable donné à Moulins en l'an 1540. contre l'Abbé de saint Ambrois. *Papon, ibidem.*

PRISONNIER, RANÇON.

73　Prisonnier pour amende sans délit n'ayant que des biens substituez les peut aliener pour se tirer de prison; il y a deux Arrêts du Parlement de Bourdeaux, dont le dernier est du mois de Septembre 1531. *Papon, liv.* 20. *tit.* 3. *nomb.* 16.

74　Pour retirer de prison un Gentilhomme détenu à la requête de ses creanciers, il fut permis par Arrêt du Parlement de Toulouse de la Veille de Noël 1549. de vendre les biens qu'il avoit donnez en ses pactes de mariages au premier fils qui en naîtroit. Le fils s'y opposoit, mais on considera qu'il y alloit de l'honneur du Gentilhomme qui sans ce secours auroit été obligé de faire cession. *V. Mainard, liv.* 6. *chap.* 62. où il cite un Arrêt semblable du Parlement de Paris du 2. Avril 1571. rapporté par Charondas.

75　Durant les troubles, Massey & de Vigne sont pris par les ennemis. Massey est retenu prisonnier tant pour sa rançon que pour celle de de Vigne, lequel fait une promesse de luy renvoyer cinq cens écus; assigné pour payer, il dit qu'il a été forcé, de plus qu'il n'est pas permis d'envoyer de l'argent en pays ennemi. Arrêt du 16. Juillet 1569. qui au principal appointe les parties au Conseil; condamne par provision à payer, & décerne decret de prise de corps contre quelques dénommez en la promesse, qui étoient au nombre des ennemis qui avoient pris l'un & l'autre. *Charondas, liv.* 4. *Rép.* 86.

76　Le Seigneur ne peut rien exiger de ses sujets, si ce n'est pour payer sa rançon aux ennemis qui l'ont pris au service du Roy, & non autrement. Arrêt du Parlement de Bourdeaux contre le Seigneur de Gymel. *Voyez M. Boyer, décis.* 128. *n.* 8. *& Papon, ibidem, tit.* 1. *n.* 3. qui dit que le Seigneur détenu pour dette & amende, ne peut contraindre ses Vassaux de le tirer de prison. Au même endroit il cite un Arrêt contraire à celuy de Bourdeaux du 12. Octobre 1556. qui condamne les habitans de Sabazac à payer à raison de trente sols par feu la rançon du Seigneur qui avoit été fait prisonnier dans le temps des guerres civiles.

77　Les biens sujets au fideicommis peuvent être valablement alienez à l'effet d'acquitter l'obligation passée par l'heritier grevé pour payer sa rançon, & sortir de prison. Arrêt du Parlement de Grenoble du 9. May 1636. *Basset, tome* 1. *liv.* 5. *tit.* 9. *ch.* 14. *Voyez* cy-après le mot *Rançon.*

PRISONNIER, REPRESENTER.

78　Un homme qui s'oblige de representer un prisonnier que l'on élargit, ou bien de payer la somme de 6000. livres pour laquelle il étoit détenu prisonnier cesse d'être obligé par la mort du débiteur. Arrêt du Parlement de Paris du 13. Février 1642. *Du Frêne, liv.* 3. *chap.* 86.

79　Arrêt du 18. Janvier 1658. par lequel il est ordonné que le procez sera fait & parfait à un Huissier & Greffier de Geole afin de representation d'un prisonnier accusé d'assassinat, lequel avoit été tiré de prison par l'Huissier pour le transferer à Poitiers en vertu d'un Arrêt rendu sans ouïr la partie principale, au préjudice de plusieurs autres Arrêts, faisant défenses d'élargir qu'en vertu d'Arrêts contradictoires rendus avec toutes les parties, & de la condamnation de 10000. livres pour la perquisition du prisonnier évadé par les chemins. La partie civile prétendoit que les Huissier & Greffier de la Geole avoient touché argent pour favoriser l'évasion; il fut aussi ordonné que le Procureur qu'on prétendoit avoir signé la requête sur laquelle l'Arrêt étoit intervenu seroit interrogé sur faits & articles, que le Secretaire du Rapporteur seroit pris au corps pour être pareillement interrogé; cependant condamna l'Huissier & Greffier de la Geole solidairement envers la partie civile en la somme de 6000. livres de provision. *Soëfve, tome* 2. *Cent.* 1. *chap.* 84.

PRISONNIER, REBELLION.

80　De ceux qui s'efforcent de sauver les coupables, & qui tirent les prisonniers des mains de la Justice. *Voyez Julius Clarus, li.* 5. *Sententiarum, §. Fin. qu.* 28. *& suiv.*

81　*Captum eximens de manibus officialium quo modo puniitur?* V. *Com. Joan. Gonst.* sur l'Ord. de Fran. I. article 151.

82　Un Gentilhomme qui avoit favorisé la fuite d'un débiteur, l'avoit tiré des mains des Sergens, condamné de payer les sommes pour lesquelles il étoit poursuivi, interêts & dépens. Arrêt du Parlement de Grenoble de la Veille de Pâques Fleuries 1461. *Papon, liv.* 23. *tit.* 3. *n.* 1.

83　Arrêt du Parlement de Paris du 6. Novembre 1534. par lequel un accusé & convaincu d'avoir voulu faire sauver un prisonnier, a été condamné à faire amende honorable, & en une amende vers le Roy. *Ibidem, tit.* 10. *n.* 2.

84　Arrêt du Parlement de Paris du 23. Janvier 1549. par lequel un convaincu d'avoir empêché un Huissier de mettre un decret de la Cour à execution, en faisant sauver celuy qu'il poursuivoit, a été condamné à faire amende honorable, en de grosses amendes vers le Roy, és dommages & interêts de la partie civile, & à tenir prison jusques à ce que celuy qui s'étoit évadé fût luy representé; & de fait banny. *Papon, liv.* 23. *tit.* 3. *n.* 3.

85　Le procez doit être fait à celuy qui est cause de l'évasion d'un prisonnier. Arrêt du 15. Janvier 1563. par autre Arrêt du Parlement de Paris du 10. Octobre 1582. le nommé Duval qui avoit prêté la main à un ravisseur, pour se sauver des mains des Sergens, fut condamné à être banny. *Papon, ibidem.*

86　*Qui consobrinum cædis reum de manu viatoris eripit, pœnâ tantummodo pecuniariâ multatur.* Arrêt du 7. Septembre 1667. *Mornac, l.* 5. *ff. ne quis eum qui in jus vocatus est, vi eximat.*

87　Arrêt du Parlement de Provence du 21. Janvier 1645. qui a condamné une mere en 30. livres d'amende, pour avoir tiré son fils des mains de l'Officier qui le menoit prisonnier. *Boniface, tome* 1. *liv.* 1. *tit.* 25. *n.* 5. & *to.* 2. *part.* 3. *liv.* 1. *tit.* 4. *ch.* 1.

PRISONS DES SEIGNEURS.

88　Les Seigneurs Justiciers doivent tenir leurs prisons bien reparées, & entretenir un Geolier qui y réside; si faute de ce les prisonniers s'échappent, ils en sont responsables, tant en civil que criminel. Arrêt des grands Jours de Moulins du 16. Octobre 1550. *Papon, liv.* 24. *tit.* 5. *n.* 5.

89　Par Arrêt des grands Jours de Clermont du 19.

Janvier 1666. ordonné que fuivant l'Arrêt du 10. Decembre dernier l'engagiſte du Domaine de la Tour, ſera conſtruire dans trois mois pour tous délais des priſons en la Ville de la Tour, ou rétablir les anciennes, ſinon & à faute de ce faire, mettre entre les mains du Subſtitut du Procureur General au Siege de Clermont, la ſomme de 3000. livres pour y être employée, ſauf à l'augmenter ſi elle ne ſuffit, à quoi faire il ſera contraint par ſaiſie, tant du revenu de ladite terre, que des autres biens, nonobſtant toutes oppoſitions & appellations quelconques, & par préférence à toutes ſaiſies faites ou à faire, dont le Subſtitut ſera tenu de certifier la Cour dans 2. mois. *Arrêt des Grands Jours, page 279.*

VISITES DES PRISONNIERS.

90 Sur la remontrance de Monſieur le Procureur General du Roy, la Cour commit de Meſſieurs les Conſeillers pour avec un Treſorier de France, & le Lieutenant Criminel du Prévôt de Paris, ſe tranſporter és priſons du grand Châtelet, viſiter les Chambres & Cachots, & les faire accommoder, en ſorte que les priſonniers euſſent de l'air & commodité pour leurs neceſſitez. Que ceux qui ſeroient és lieux appellez le Puits & la Gourdine, en ſeroient tirez, & nul déſormais, ni és autres baſſes foſſes où il n'y a point d'air, n'y ſeroit mis; ceux qui ſeront tenus pour dette, ſeroient mis au petit Châtelet, & les femmes ſéparées de chambres d'avec les hommes, Arrêt du 10. Mars 1550. *Corbin ſuite de Patronage, chapitre 282.*

91 Edit que les Préſidens de la Cour, ceux des Enquêtes, & Conſeillers de la Grand'-Chambre allans par pays, viſiteront les priſonniers, tant des Juriſdictions Royales qu'inférieures, appellez les Officiers des lieux qui ſeront tenus y aſſiſter. A été verifié au Parlement de Bretagne le 14. Février 1558. *Du Fail, li. 3. chap. 258.*

92 L'an 1618. pour les empêchemens ſurvenus à la Cour le Mardy de la Semaine ſainte, auquel jour elle a accoûtumé de vaquer à la viſitation & délivrance des priſonniers, la ſéance fut remiſe au lendemain Mercredy; ce que nous avons remarqué *quia nuſquam anteà viſum.* Bibliotheque de Bouchel, *verbo* Séance.

93 Joindre aux Déciſions & Arrêts cy-deſſus le titre 13. de l'Ordonnance Criminelle de 1670. des Priſons, Greffiers des Geoles, Geoliers & Guichetiers.

PRIVEZ.

Eluy qui ſe ſert des lieux communs de la maiſon voiſine, & y envoye ſes eaux, eſt tenu de contribuer au nétoyement. *V. Bouvot, tome 1. part. 2. verbo Privez.*

Voyez les mots *Latrines & Servitudes.*

PRIVILEGE.

Rivilegium. *Jus peculiare & proprium, Immunitas, &c.*
Privilege perſonnel. *L. 68. 69. 191. & 196. D. de reg. jur.*
Ne liceat potentioribus, patrocinium litigantibus praſtare, vel actiones in ſe transferre. C. 2. 13. Contre les perſonnes privilegiées qui prêtent leur nom, qui achetent les actions d'autrui; ou qui interviennent ſans un veritable interêt. *Voyez Action, Acheteurs d'Actions.*
Si per obreptionem fuerint impetrata. C. Th. 11. 13. Révocation des Privileges ſurpris.
De Privilegiis, & exceſſibus Privilegiatorum. Extr. 5. 33.
1 *De Privilegiis, & Reſcriptis.* Per Mart. Garratum Laudenſ.
2 *De Privilegiis militaribus.* Per Marc. Mant. Benavidium.
3 *De Privilegio.* Per Jo. Oldendorpium,

Curike *de Privilegiis.* Danticſi 1652. 4
En matiere de privileges, l'expreſſion de l'un, emporte l'excluſion de l'autre. 5
Privilegium ſine die nullum eſt. Mornac, *l. 4. de diverſis reſcriptis, notandum eſt quædam reſcripta beneficia que principis in quibus ſolus menſis ſine die adjicitur, ut beneficium legitimationis, beneficium vectigalis cujuſdam anni conceſſum Univerſitatibus & Collegiis, &c.* 6
Unico actu contrario privilegium amittitur. 7
Mendacium vitiat privilegium. Mornac, *l. 5. C. ſi contrà jus, &c.* 8
De non ampliandis privilegiis. Voyez Mornac, *l. 2. C. de legibus, &c.* 9
Privilegium perſonale perſonam non egreditur, ſed cum perſonâ extinguitur, l. ætatem, §. ult. ff. de cenſibus; privilegia enim ſunt ſtricti juris, nec extenduntur, de re ad rem, nec de perſonâ ad perſonam. Voyez *M. le Prêtre, premiere Centurie, chap. 31.* où il parle du privilege réel qui paſſe aux ſucceſſeurs & aux ayans cauſe. 10
Quod principis prima conceſſio poſteriori prævaleat? Voyez *Andr. Gaill, lib. 2. Obſervat. 55.* 11
Du privilege d'exemption & affranchiſſement de toutes Commiſſions, tant Royales, que de Communauté, ordinaires & extraordinaires pour certain nombre de perſonnes, en chacune des Paroiſſes du Royaume de France. *V. les Ordonnances de Fontanon, to. 2. liv. 3. tit. 32. p. 1185.* 12
Le demandeur qui allegue privilege dont de droit commun il ne doit joüir, eſt tenu d'en juſtifier en formant ſa demande. Arrêt du Parlement de Paris de l'an 1322. *Papon liv. 9. tit. 7. n. 2.* 13
Jugé par Arrêts du Parlement de Grenoble des 12. Août 1621. & 30. Juillet 1632. que les privileges de la Ville de *Romans* n'avoient pû bleſſer les droits des Seigneurs particuliers, ſuivant le droit commun, quoiqu'il n'y eût de révocation des privileges de cette Ville en faveur du Seigneur de Montmirail. Ainſi il fut jugé par ces deux Arrêts que les reſcripts, chartes, & autres Patentes des Rois ne s'entendent que *ſauf le droit d'autrui.* Baſſet, tome 2. li. 3. tit. 3. chap. 7. 14
Les habitans de *Saint Malo* ont quelques privileges, & entr'autres qu'ils peuvent faire arrêter les Etrangers qu'ils ſoient à avoir répondu & défendu à la demande qu'on prétend leur faire; ou s'être joint à un procès, lequel a été confirmé par nombres d'Arrêts. *Bellordeau à la lettre P. Cent. 211.* Ce privilege a été étendu contre tous autres Etrangers, par Arrêt du Parlement de Bretagne du mois de Decembre 1638. *Sauvageau ſur Du Fail, liv. 2. chap. 230.* 15

PRIVILEGE. ACTION.

Un privilegié peut intenter ſon action devant un autre Juge que le Juge de ſon privilege, & avant la conteſtation formée demander ſon renvoy. *Mornac, l. 23. ff. de judiciis & ubi, & c. & l. 29. Cod. de pactis.* 16

PRIVILEGE DES CHANOINES DE PARIS.

Les Chanoines de Nôtre Dame de Paris peuvent en vertu de leur *Commiſſimus* aſſigner une partie, & la diſtraire de ſon Parlement, & venir plaider aux Requêtes du Palais à Paris, & par appel au Parlement dudit Paris. Arrêt du Grand Conſeil confirmatif de ce privilege du 21. Juillet 1585. *M. le Prêtre 4. Cent. chap. 35.* 17

PRIVILEGE DES CONSEILLERS DE LA COUR.

Voyez *M. le Prêtre, premiere Cent. chap. 9. & ch. 80.* où en marge il eſt rapporté un Arrêt du fils du Préſident de Cadillac, Conſeiller aux Requêtes du Parlement de Bordeaux. 18
Privilege confirmé. *Voyez* le mot *Confirmation, nomb. 7. & 21.* 18 bis.
De confirmatione privilegiorum. Voyez Andr. Gaill, *lib. 2. obſervat. 1.*

PRIVILEGE DE CLERICATURE.

Voyez le mot *Clerc, nomb. 41. & ſuiv.* 19

PRIVILEGE, CREANCIERS.

20 Des privileges des creanciers du vendeur, de celuy qui prête pour acquerir, conserver, ameliorer, bâtir, privilege du proprietaire de la ferme sur les fruits & meubles du locataire, & sous-locataire, à moins que celuy-cy n'ait une occupation gratuite, de la concurrence & préference entre mêmes privilegiez. *Voyez* le 2. *tome des Loix Civiles, liv.* 3. *titre* 1. & les mots *Creanciers, Débiteurs, Hypoteque, Ordre.*

PRIVILEGE DE DOT.

21 Du privilege de la dot, & si la femme y peut renoncer ? *Voyez* le mot *Dot, n.* 296. *& suiv.*

PRIVILEGE DES ECCLESIASTIQUES.

22 L'Ecclesiastique ne peut renoncer à son privilege de Clericature, parce qu'il est donné à l'Ordre, à cause du Caractère & du Ministere qui rend la personne sainte & sacrée. *M. le Prêtre, premiere Cent. chap.* 80. Mornac, *l.* 41. *ff. de minoribus, &c. l.* 29. *C. de pactis, & l.* 1. *C. ubi Senatores,* &c.

23 L'Ecclesiastique ne perd point son privilege, *etiamsi sit virginum raptor, nisi habitu laico armisque illatis crimen fuerit admissum.* Mornac, *l.* 2. *ff. de origine juris.* M. le Prêtre, 3. *Cent. chap.* 37. *Voyez* les mots *Clercs, Ecclesiastiques, Prêtres, Ordres Sacrez.*

PRIVILEGE DES ECOLIERS JUREZ.

24 *Voyez* Peleus, *quest.* 123. & Bacquet, *des Droits de Justice, chap.* 8. *nomb.* 40. *&* 54. & M. Dolive, *li.* 1. *chapitre* 32.

PRIVILEGE, ORDRES.

25 Declaration portant confirmation des privileges de l'Ordre de saint François, & de sainte Claire. A Paris le 14. Octobre 1594. Registrée le 27. du même mois. 1. *Vol. de l'Ordonnance d'Henry* IV. *fol.* 254. *Voyez* les mots *Exemptions, Mendians, Ordres, Religieux.*

PRIVILEGE, PARIS.

26 Des privileges octroyez à la Ville de Paris. *Ordonnances de Fontanon, tome* 2. *livre* 3. *titre* 29. *page* 1174.

PRIVILEGE, PAUVRES.

27 *Privilegium concessum propter paupertatem extinguitur auctis facultatibus.* Voyez Franc. Marc. *tome premier, quest.* 1180.

PRIVILEGE, PERE.

28 Des privileges accordez aux Peres qui ont plusieurs enfans. *Voyez* le mot *Enfans, nomb.* 69. *& suiv.*

PERTE DES PRIVILEGES.

29 *De amissione privilegiorum.* Voyez Andr. Gaill, *lib.* 2. *observat.* 60.

30 *Ecclesia, civitas, Castrum, vel Collegium auctoritate superioris destructa, an amittant sua privilegia?* Voyez ibidem, *observat.* 58.

31 *De Arrestis dominorum contra subditos contumaces, & amissione privilegiorum ob delictum.* Voyez Andr. Gaill, en son traité *de Arrestis Imperii, chap.* 19.

PRIVILEGE CONTRE PRIVILEGE.

32 *Pari privilegio certantes privilegiatis, præfertur ille qui certat de damno vitando; sed si uterque certat de damno, potior est causa ejus à quo petitur, si verò sint dispari privilegio, privilegium potentioris præfertur.* Mornac, *l.* 11. §. *ult. ff. de minoribus.* Voyez M. Expilly, *Arrêt* 51. *fol.* 611.

PRIVILEGE DU PROPRIETAIRE.

33 Hipoteque & privilege du proprietaire sur les meubles étant dans la maison loüée. *Voyez* le mot *Bail, nomb.* 180. *& suiv.*

34 Du privilege du proprietaire qui veut habiter la maison. *Voyez* ibidem, *nomb.* 75. *& suiv.*

35 Le privilege du proprietaire de demeurer en sa maison loüée, ne s'étend à ses enfans que le pere marie pour faire déloger la fille, & mettre le gendre & la fille mariée dans ladite maison. Arrêt à la prononciation d'Août 1504. Peleus, *quest.* 18.

36 Le privilege de l'article 176. est plus fort que celuy

---

du proprietaire pour les loyers de sa maison, & en consequence les proprietaires ont été condamnez à rendre au vendeur le prix de huit pieces de vin qu'il avoit venduës sans terme au locataire de la maison. Arrêt, Audience de la Grand'-Chambre du 15. Mars 1605. *M. le Prêtre* 1. *Cent. ch.* 90.

PRIVILEGES ROYAUX.

37 *De privilegiis regiis ac Burgensibus.* Voyez le 29. ch. du *Stile du Parlement dans* Du Moulin, *tome* 2. *page* 531.

38 De la difference entre les bienfaits du Roy, & les privileges qu'il accorde. Ceux-cy sont violence à la Loy; ceux-là sont les effets de liberalité: les premiers sont nuisibles aux autres citoyens, les autres *sunt vincula benevolentiæ.* V. M. le Bret, *traité de la Souveraineté, liv.* 3. *chap.* 9.

PRIVILEGE, ROY DE L'ARQUEBUZE.

39 Du privilege du Roy de l'Arquebuze confirmé, à l'exception d'un nouveau droit. Arrêt du 16. Avril 1598. Mornac, *l.* 9. §. *si servum meum, ff. ad legem Aquiliam,* & *l.* 7. *Cod. de vectigalibus & commissis.* Ils n'en joüissent plus. *Voyez* du Frêne, *li.* 2. *ch.* 54. qui dit qu'ils sont exempts du droit de huitiéme pour tout le vin de leur crû, ou jusques à 25. muids s'ils n'ont point de vignes. Arrêt du 3. Août 1619. rendu en la Cour des Aydes.

PRIVILEGIEZ, SUPPÔTS DE L'UNIVERSITE.

40 Voyez le *Vest, Arrêts* 219. & 220.

PRIVILEGE SURVENU.

41 *Privilegium jurisdictionis superveniens non sufficit in jus vocationem, sed opus est contestatione.* Arrêt du 10. Février 1605. Mornac, *l.* 7. *ff. de judiciis,* &c.

PRIVILEGE, VILLE.

42 *Privilegium concessum civitati an se extendat ad comitatenses & contrà: & an suburbia comprehendat ?* Voyez Franc. Marc. to. 1. *quest.* 365.

PROCEDURES.

D E l'instruction des procez en la Cour de Parlement, & quelles causes peuvent être introduites en premiere instance ? *Ordonnances de Fontanon,* to. 1. *li.* 3. *tit.* 1. *p.* 552. [1]

Des acquiescemens, & comme l'on est reçû à acquiescer, & de ne retenir la connoissance de la cause. *Ibidem, tit.* 5. *pag.* 558. [2]

Des délais, ensemble des congez, défauts, & contumaces en la Cour. *Ibidem, tit.* 6. *p.* 558. *tit.* 36. *p.* 607. & Joly, *des Offices de France, tome* 1. *livre* 33. *page* 294. [3]

Des Requêtes presentées à la Cour pour l'instruction & acceleration des procez en icelle. *Ordonnances de Fontanon,* to. 1. *li.* 3. *tit.* 7. *p.* 563. [4]

Des procez par écrit, instruction & expedition d'iceux en la Cour. *Ibidem, p.* 565. [5]

De l'abreviation des procez, & peines des temeraires litigans. *Ibidem, tit.* 27. *p.* 593. [6]

De bailler copie des pieces, sur lesquelles les demandes & défenses seront fondées, dés l'introduction de la cause. *Ibidem, tit.* 29. *p.* 603. [7]

De vuider promptement par les Juges les differends qui sont de sommaire connoissance. *Ibidem, titre* 30. *page* 603. [8]

De vuider par les Juges Royaux les procez dans six mois au plus tard. *Ibidem, tit.* 52. *p.* 620. [9]

De proceder au Jugement des procez instruits, & prononcer la Sentence nonobstant le décez de l'une ou de l'autre des parties. *Ibidem, tit.* 53. *p.* 611. [10]

Des Requêtes presentées en la Cour, pour l'instruction & accelerations des procez en icelle. Joly, *des Offices de France, tome* 1. *li.* 1. *tit.* 34. *p.* 299. [11]

Des procez par écrit, instruction & expedition d'iceux en la Cour. *Ibidem, tit.* 35. *p.* 300. [12]

Des qualitez accidentelles des choses qui sont demandées en Justice. *V. le traité de la Preuve par M. Danty, Avocat en Parlement, ch.* 17. *part.* 1. [13]

14   *De appellationibus, reductionibus, compulsorialibus, attentatis, & inhibitionibus.* Voyez Andr. Gaill, *lib.* 1. *observat.* 119.

15   *In Causâ fractâ pacis, an admittatur procurator & utrum exceptio fori declinatoria vel peremptoria admittatur?* Voyez Andr. Gaill. *tract. de pace publicâ,* li. 6. cap. 10. & 11.

16   Statuts & Ordonnances sur la maniere de proceder és Cours de Liege. *Liege* 1571. in octavo.

17   Pratique judiciaire pour les matieres civiles & criminelles, par *M. Liset, avec les annot. de Charondas. Parif.* 1613. in octavo.

20   Arrêt de la Cour des Grands Jours séante à Clermont, portant reglement pour l'instruction des procez, tant civils que criminels, du 2. Octobre 1665. *V. le Recueïl des grands Jours p.* 81.

21   Arrêt de Reglement general du 30. Janvier 1666. par la Cour des grands Jours séante à Clermont pour le stile & abbreviation des procez, tant en matiere Beneficiale, Civile que Criminelle, saisies réelles, &c. *Voyez ibidem, p.* 225.

22   Reglement pour les procedures civiles & criminelles, qui seront poursuivies tant au Parlement qu'aux Justices Royales & subalternes du ressort, & Reglement du 3. Septembre 1667. *De la Guess.* tome 3. li. 1. *chap.* 40.

23   Il faut s'attacher à ce qui est marqué par l'Ordonnance Civile de 1667. & par celle de 1670. Lire le Commentaire de M. Philippes Bornier, le Praticien François, le Stile Civil, & autres Livres de Pratique necessaires à ceux qui commencent, & non absolument inutiles à ceux qui sont, ou qui se croyent plus avancez.

PROCEDURE CIVILE.

24   Voyez le mot *Action,* nomb. 12. où il est parlé des Actions Civiles & Criminelles.

  An pars agens habeat facere fidem de iis quæ proponuntur, antequàm reus respondeat? V. le 15. chap. du Stile du Parlement dans Du Moulin, *tome* 2. p. 425. & 462. *sur les notes.*

25   *De sententiâ absolutoriâ ab observatione judicii & quando dicatur liquere de causâ, vel non liquere.* V. Franc. Marc. *to.* 1. quest. 506.

26   *Præter supplicationis conclusionem pronunciandum non esse regulare.* Voyez Franc. Marc. tome 1. quest. 473.

27   *M. Charles Du Moulin* sur la Regle de *publicandis, n.* 370. dit que quand dans une cause on a une fois conclu au principal, il n'y a plus lieu d'ordonner le sequestre par provision; il est plus regulier d'appointer.

28   Requête refusée en une Chambre du Parlement ne peut être presentée à une autre. Arrêts des Parlemens de Toulouse & de Paris qui condamnent le Procureur à l'amende. *V. Mainard,* livre 8. chapitre 25.

29   Le Juge peut prononcer d'office sur la nullité de quelque procedure, encore que la partie ne dise rien du défaut d'icelle. Arrêt rendu à Grenoble au mois de Decembre 1545. M. Expilly, *Arrêt* 20.

30   Pendant le temps de moisson ou vendange, l'on ne peut proceder en instance de désertion que du consentement des parties, à peine de nullité. Arrêt du Parlement de Paris du 22. May 1532. *Papon,* livre 7. tit. 10. nomb. 1.

31   Le 8. Mars 1551. Arrêt à la requête des Gens du Roy, portant que dorenavant l'on ne seroit reçû à empêcher le jugement d'un procez par écrit où il y avoit quelque défaut ou congé pour alleguer accord & transaction, si promptement on n'en faisoit apparoir. *Biblioth. de Bouchel,* verbo Accord.

32   Par Arrêt du Parlement de Toulouse du 15. Juillet 1599. jugé qu'il n'y avoit lieu de jonction d'une instance feodale, avec l'instance de distribution de biens de l'emphiteote, afin que par ce moyen le payement

privilegié & favorable ne fût retardé. *La Rocheflavin,* li. 2. *Arr.* 18. *p.* 51.

33   Une fille ayant obtenu des Lettres de rescision de la quittance donnée à sa mere par son contrat de mariage, & sur l'assignation donnée à ses freres pour intervenir en l'instance, ils furent déchargez de l'assignation, par Arrêt. Le dessein de la fille étoit d'empêcher que ses freres ne dissent aprés le décez de la mere qu'il y avoit en collusion entr'elles. La défense des freres étoit qu'il n'est permis aux enfans du vivant de leur mere de debattre sa succession. *Papon,* li. 16. tit. 4. n. 5.

34   Arrêt du Parlement de Provence du 4. Juin 1651. qui enjoint aux Procureurs de communiquer, regler & contester les Requêtes incidentes. *Boniface,* to. 1. li. 1. tit. 19. n. 7.

35   Déliberation sur les procedures de Justice aux Mercuriales contenant treize articles, le 29. Janvier 1658. & publié en la Communauté des Avocats & Procureurs, le 4. Février 1658. *De la Guessiere,* to. 2. liv. 1. ch. 34.

36   Des delais & procedures aux Cours de Parlement, Grand Conseil, Cours des Aydes en premiere instance, & en cause d'appel. *Voyez l'Ordon.* de 1667. titre 11.

  Voyez cy-aprés *le nombre* 53.

37   Les frais qui sont faits dans les instances appointées à mettre, compris le déboursé, même l'Arrêt de Reglement, & tout ce qui sera fait jusqu'à celui qui prononcera sur lesdites instances, n'excederont point la somme de vingt livres, pour quelque cause que ce soit, tant pour le demandeur, que pour le défendeur, & le Procureur ne doit compter ni faire payer une plus grande somme à sa partie.

  Si le demandeur est obligé depuis sa demande expliquer, étendre, ou restraindre ses conclusions; ou si le défendeur veut former quelques demandes, en cas qu'elles se trouvent dépendantes de la premiere, les Requêtes seront répondües d'un *soit signifié à partie,* pour y répondre, au plus tard dans trois jours, & fait droit en jugeant.

  Les défendeurs, sous ce prétexte, ne peuvent former des demandes semblables aux conclusions qu'ils ont prises par leurs défenses, ou qui produisent le même effet, & le Procureur ne doit faire aucune declaration de dépens adjugez sur lesdites instances appointées à mettre, & n'en peut prétendre aucun droit pour la taxe, lorsqu'ils seront employez dans des declarations qui pourroient être données en consequence d'Arrêts diffinitifs, il n'y aura qu'un seul article. Arrêt de Reglement du Parlement de Paris du 25. Novembre 1689. *Journal des Audiences,* to. 5. liv. 5. chap. 41.

38   Lorsqu'une partie forme un incident ou nouvelle demande, & que le Juge ordonne à l'autre d'y défendre, il ne peut plus décider le principal, sans faire droit sur l'incident, quelque irrelevant qu'il paroisse. Arrêt du Parlement de Tournay du 19. Novembre 1694. rapporté *par Pinault, tome premier, Arrêt* 41.

39   Quoiqu'un défendeur ait dénié les prétentions du demandeur, cela n'empêche pas qu'il ne puisse encore l'obliger à exhiber ses titres avant que de contester ulterieurement Jugé au même Parl. de Tournay le 11. Février 1697. *V. idem,* to. 1. *Arr.* 141.

  PROCEDURE, APPOINTEMENT.

39 bis.   *Voyez* le mot *Appointement.*

  PROCEDURE, BENEFICE.

40   Des procedures & instructions des procez en matiere Beneficiale. *Voyez les Memoires du Clergé,* to. 2. part. 2. tit. 20.

  PROCEDURES CIVILES, CONFESSION.

40 bis.   Des confessions & declarations faites en procez civils. *Voyez* le mot *Confession, nombre* 38. & suivans.

PROCEDURE

PROCEDURE, CONTESTATION.

41 *De litis contestatione.* Voyez Andr. Gaill. *lib.* 1. *observat.* 73. *quod judicium propriè à litis contestatione incipiat.* Idem, obserٰv. 74. *An litis contestatio omissa vitiet processum?* Idem, obserٰv. 75. *Litis contestatio, an in causâ appellationis sit necessaria?* Idem, obserٰvat. 76. *Litis contestatio an in causâ nullitatis fieri debeat?* Idem, obserٰv. 77. *Litis contestatio & ordo juris, an in mandatis de relaxandis captivis requiratur?* Idem, obserٰv. 78.

41 bis. Par appointement de venir plaider par Avocats, aprés les défenses fournies, la Cause est censée contestée. Arrêt du 19. Janvier 1587. *Filleau*, 4. *partie*, *quest.* 196. Chenu, 2. *Centur. quest.* 96. Charondas, *liv.* 7. *Rép.* 192.

PROCEDURE, CURATEUR.

42 Procedures faites sans Curateur. *Voyez verbo Curateur*, *n.* 38. *& suiv.*

PROCEDURE, DATE.

43 Dates doivent être mises és procedures. *Voyez le mot Dates*, *n.* 15.

DECEDS DE PARTIE, OU PROCUREUR.

44 *Si Prior Francia vel Aquitania intimatus in causâ appellationis moriatur, novus Prior adjornandus est ad resumendum vel deserendum.* Du Moulin, tome 1. pag. 602.

45 *Littera obligatoria Prioris & Conventûs est executoria post mortem Prioris,* parceque *tantùm est nomen dignitatis.*

46 De plusieurs défendeurs, l'un mourant arrête tout, il faut assigner les heritiers en reprise, quoiqu'au commencement de l'instance on eût pû en distraire le défunt. Jugé en 1327. *Papon*, *liv.* 8. *ti.* 16. *n.* 2.

47 Mort du Procureur ne doit empêcher de juger le procez, & obliger d'assigner en constitution de nouveau, quand le procez est en état de juger par appointement, ou oüir droit par forclusion. Arrêt du Parlement de Grenoble du 18. Juin 1454. *Papon*, *li.* 24. *ti.* 14. *n.* 2.

48 Les heritiers de celuy qui a gagné son procez, quoique depuis sa mort, peuvent se prévaloir du Jugement, sans craindre qu'on leur oppose la nullité, attendu le decez; ce qu'ils peuvent faire au contraire, s'il est perdu pour eux. Arrêt du Parlement de Paris. *Papon*, *li.* 19. *tit.* 8. *n.* 15.

49 Quoique la cause soit au Rolle, si l'une des parties meurt, les heritiers doivent être appellez, & la cause rayée. Jugé en la Chambre de l'Edit de Castres le 12. Février 1635. L'Arrêt est rapporté *par Boné*, *part.* 2. *pag.* 244. *Arr.* 80.

50 Arrêt donné en la Cour des Comptes, Aydes & Finances de Provence, le 24. Janvier 1646. qui a déclaré nul l'Arrêt qui avoit été donné contre une personne morte, à cause qu'il y avoit encore quelque procedure à faire. *Boniface*, *tom.* 1. *li.* 1. *tit.* 16. *n.* 7. Il rapporte au même endroit un Arrêt du 23. Decembre 1660. qui a jugé que la mort civile n'avoit pas le même effet que la naturelle, au cas jugé par le précedent Arrêt.

Par l'art. 3. du titre 26. de l'Ordonnance de 1667. le decés doit être signifié au Procureur, & les poursuites sont valables jusqu'au jour de l'assignation. *Voyez cy-après le nombre* 52.

PROCEDURE, DEFAUT.

51 Défaut en matiere civile. *V.* le mot *Contumace*, *nomb.* 1. *& suiv.* & verbo *Défaut.*

PROCEDURE, DEFUNT.

52 Jugement rendu contre les défunts. *Voyez le mot Arrêt*, *n.* 6. *& suiv.* & le mot *Décés.*

PROCEDURE, DELAY.

53 Du delai des procedures. *Voyez* le mot *Délay*, *nomb.* 24. *& suiv.* & cy-dessus le nombre 36.

Des delais, ensemble des congez, défauts & contumaces en la Cour. *Joly, des Offices de France*, to. 1. *li.* 3. *ti.* 23. *p.* 194. Et Fontanon, *to.* 1. *li.* 3. *ti.* 36. *p.* 607.

Tome III.

PROCEDURES, FESTES.

54 Des procedures faites les jours de Fêtes. *Voyez le mot Fêtes*, *nomb.* 10. *& suiv.*

PROCEDURE, GARENTIE.

55 De la garentie en fait de procedure. *Voyez le mot Garentie*, *n.* 99. *& suiv.*

PROCEDURE, GUERRE.

56 De la procedure faite pendant la guerre. *Voyez le mot Guerre*, *n.* 27. *& suiv.* & cy-après *lç n.* 65.

PROCEDURES, MINEUR.

57 Arrêt sur procedures commencées pour ou avec un mineur, est valable étant donné en temps de majorité survenuë; & un Procureur ne peut être desavoüé par celuy qui a approuvé les procedures, & executé l'Arrêt, quoique le commencement du Procureur n'eût eu charge. *V.* Servin, *to.* 1. *p.* 285.

58 Toutes procedures faites par des mineurs sans l'assistance de leurs Tuteurs & Curateurs, sont nulles, comme il a été jugé par plusieurs Arrêts. Anciennement on jugeoit le contraire, sur tout quand il paroissoit que le mineur s'étoit bien défendu.

Un sourd & muet de naissance, demandeur en excés, avoit agi sans avoir été pourvû d'un Curateur pour sa défense; par Arrêt du 13. ou 15. Mars 1675. il a été jugé qu'il l'avoit pû faire, parce que ce qu'il avoit fait sans ministere de Curateur, étoit tourné à son avantage. *La Rocheflavin*, *liv.* 2. *lettre M.* *tit.* 9. *Arr.* 6.

PROCEDURE DE NUIT.

59 Si une procedure faite de nuit, est valable? La cause ne fut point jugée. *V. Boniface*, *tom.* 1. *liv.* 1. *tit.* 27. *n.* 6.

Voyez le mot *Nuit.*

PROCEDURE, PARENS.

60 Si les Juges & Greffiers parens, peuvent faire des procedures? Arrêt rendu au Parlement de Provence le dix Mars 1674. qui cassa la procedure, sauf de faire informer de nouveau aux dépens du Juge & Greffier. Boniface, *to.* 5. *li.* 3. *tit.* 6. *ch.* 4.

PROCEDURE, PRESCRIPTION.

61 De la prescription en matiere de procedure. *Voyez le mot Prescription*, *n.* 283. *& suiv.*

PROCEDURE, REPRISE.

62 De la reprise d'un procez, interrompu par la mort de l'un des Litigans. *V. Papon*, *liv.* 8. *ti.* 16. Imbert, *en ses Institutions Forenses*, *li.* 1. *ch.* 59.

63 Procez interrompu par la mort du défendeur, se doit reprendre dans l'an, autrement on n'y est plus reçû. Arrêt du Parlement de Paris de l'an 1390. En matiere beneficiale, quand l'une des partjes est decedée, il n'est procedé au Jugement du procez; s'il n'est pris par un subrogé, & le survivant peut demander main-levée en la Grand'-Chambre. *Secus*, en matiere profane. Arrêt de l'an 1531. *Papon*, *li.* 8. *tit.* 16. *n.* 1.

64 Après la reprise du procez du défunt, l'on ne peut demander renvoy, & tendre à fin de non proceder. Jugé par Arrêt du 25. Mars 1566. *Papon, ibidem, nombre* 2.

PROCEDURE CIVILE, TROUBLES.

65 Arrêt du Parlement de Bretagne du 28. Avril 1578. qui, suivant l'Edit de pacification, casse les procedures faites pendant les troubles, contre le Fermier du Sieur de Chatillon; cependant, le condamne à garnir par provision la rente de quinze mines de bled. On la considera comme provision alimentaire & necessaire à l'acquit des charges du Benefice. *Du Fail*, *li.* 2. *ch.* 585.

Voyez cy-devant le nomb. 56. *& cy-après*, le mot *Troubles.*

PROCEDURE CRIMINELLE.

66 VOyez les mots, *Accusation*, *Action*, ‚nomb. 12. *Contumace*, *Crime*, *Délit.*

67 Des procez qui se jugent extraordinairement par

B b

des Commiſſaires en la Cour. *Joly, des Offices de France*, to. 1. li. 1. tit. 44. pag. 308. & *Fontanon, tom.* 1. li. 3. ti. 16. pag. 572.

68 Des procez criminels, & inſtruction d'iceux en la Cour, tant en premiere inſtance, que par appel : amendes & remiſſions d'icelles ; enſemble de la punition & peine de ceux qui font & prennent dons prohibez. *Ordonnances de Fontanon*, to. 1. liv. 3. tit. 25. page 588.

69 Des procez criminels, inſtruction & Jugement d'iceux. *Ibid. tit. 78. page* 693.

70 *Milla Boii praxis criminalis.* Par. 1541. *Figur.* Autre édition en 1551. *in* 8.

71 Traité des matieres criminelles, la forme de faire les procez criminels, les Ordonnances Royaux, & les Arrêts notables en matieres criminelles. *Poitiers*, 1571. *in octavo.*

72 *Damhouderii praxis criminalis, in* 8. Antuerp. 1556. & Colon. 1591.

73 *P. Caballi reſolutiones criminales, in fol. Francofurti* 1613.

74 *De Mandato de non offendendo.* Voyez And. Gaill. *tract.* de pace publica, *lib.* 1. cap. 2.

75 *Quando ad pœnam Mandati de non offendendo agi poſſit?* Ibid. cap. 3.

76 *De Mandatis ſine clauſula, & utrum in cauſis fracta pacis decerni poſſint?* Ibid. cap. 5.

77 *Quod Mandata cum clauſula juſtificatoria, una cum citatione ſuper fracta pace, in camera decerni poſſint?* Ibid. cap. 6.

78 *Actio ex conſtitutione pacis publica quando competat?* V. ibid. cap. 7.

79 *Eccleſiaſtici, an ſuper turbata pace publica agere, & offenſi armata manu ſe defendere poſſint?* Ibidem, cap. 8.

80 *Accuſatio ex conſtitutione pacis publica, in quibus a publico criminali judicio differat?* Ibidem, cap. 9.

81 *An in cauſis fracta pacis conatus pro effectu habentur?* Ibid. cap. 14.

82 *Tantus eſt innocentia favor, ut pro ejus probatione admittuntur teſtes minus idonei, & alias ſuſpecti.* V. ibid. cap. 16. n. 22.

83 *In cauſis fracta pacis, an reus poſt publicationem atteſtationum, vel concluſionem cauſæ, adulteriorum probationem admittendus ſit?* V. ibid.

84 *De utriuſque Banniti, delicti & contumacia differentia, & forma ſententiæ.* Ibid. lib. 2. cap. 6.

85 *De Banno communitatis, ſive univerſitatis, & ejus effectu.* Ibid. cap. 9.

86 *Bannitus, an actionem ante Bannum captam proſequi poſſit?* V. ibid. cap. 12.

87 Arrêt en procez criminel. *Voyez* le mot *Arrêt*, n. 72. & ſuiv.

88 De ceux qui n'obéiſſent aux Arrêts portant condamnation d'amende generale. *Voyez* le mot *Amende*, n. 78. & ſuiv.

89 Sur les matieres criminelles, il faut voir *Mathæus de Afflictis*, Neapolitanæ, *in fol.* Julius Clarus, *in fol.* Imbert, Maſuer, le Brun, *in quarto.* L'ordre Judiciaire d'Ayrault, *in* 4. *Godofridi Abavo Theor. praxis criminalium Aurelia.* P. Bougler, *praxis criminalis,* 1624. Jean Millet, Juge de Souvigny. *Damhouderii, praxis rerum criminalium, cum Figuris, in folio.* Bruxella, 1580.

90 Jugement des procez criminels. *Voyez* hoc tirulo la *Bibliotheque du Droit François*, par *Bouchel*, où il reſout quelques difficultez, qui peuvent naître dans les inſtructions extraordinaires.

91 Pluſieurs obſervations importantes ſur la procedure criminelle. *Voyez la Rocheſlavin, des Parlemens de France*, li. 13. ch. 69.

92 Voyez pluſieurs queſtions en matieres criminelles, traitées par *Julius Clarus*, li. 5. Sententiarum; §. fin. *practica criminalis.*

93 *Sententia lata in criminali, quod jus contra omnes faciat, inquiri pluries uno & eodem delicto non licere.* V. *Franç. Marc.* to. 1. qu. 238.

94 *In cauſa criminali, ſi de gravi crimine agatur, neque præventioni, neque remiſſioni locus eſt, antequam reus perſonaliter compareat, & contra contumaces multa declarata ſit, tenet.* V. ibid. to. 2. qu. 100.

95 *Fuga & fama quam fidem faciant?* V. ibid. tom. 2. queſt. 184.

96 *Impetrant nunquam, aut perrard culpa, erratique veniam, ſi iterata comperiantur ſæpius a reo.* Mornac, Loix 2. & 3. *Cod. ſi ſæpius in integrum reſtitutio poſtuletur.*

97 *In pœnalibus judiciis, privatus principe potior.* Vide Luc. lib. 12. tit. 9.

98 *Quando accuſari quis poſſit in loco commiſſi delicti?* Voyez Sthockmans, *deciſ.* 107.

99 *De renuntiatione inſtantiæ, & mutatione libelli poſt litem conteſtatam.* V. ibid. deciſ. 129.

100 De la procedure criminelle, qui ſe fait contre un, ou pluſieurs particuliers délinquans. *Voyez Deſpeiſſes,* to. 2. p. 603.

De la forme de proceder, ordinaire ou extraordinaire. *Ibidem, pag.* 621.

101 L'artifice nuit aux affaires criminelles. V. *Henrys*, to. 1. li. 4. ch. 6. qu. 98.

102 Arrêt du Parlement de Paris du 18. May 1518. qui a déclaré valable un procez criminel, fait hors du territoire, & en priſon empruntée. *Papon, liv.* 24. titre 5. nomb. 5. Il n'en rapporte point les circonſtances.

103 La cauſe eſt dite criminelle, quand les concluſions ſont criminelles, quoiqu'il ne s'enſuive que condamnation civile. Arrêt du deux Decembre 1533. *Bibliotheque de Bouchel*, verbo *Procez.*

104 *Graviter reprehenſus Prætor Vallis Sicidæ, qui proceſſerat contra quemdam de inceſtu, quod propriam filiam carnaliter cognoviſſet, nulla præcedente querela, vel denuntiatione, & ambo fuerunt abſoluti* 9. Novemb. 1560. *neque in hoc attenduntur notificationes factæ extrajudicialiter, neque illa quæ fiunt incerto auctore, & ſupreſſo nomine notificantis.*

Omnes illi contra quos fuiſſet proceſſum ſuper hujuſmodi notificationibus, vel denuntiationibus factis per ſenas incertas fuerunt per Senatum abſoluti; & in ſpecie de anno 1561. *quædam Cathar. Zanet.* Voyez *Jul. Clarus, lib.* 5. Sentent. §. fin. qu. 5. n. 4.

105 Arrêt de ne conclure en aucunes qualitez criminelles, venuës des Seigneuries du Roy de Navarre, ſans appeller le Procureur dudit Sieur, & luy communiquer le procez, afin de prendre ſes concluſions ; du 11 Juillet 1575. *La Rocheſlavin*, li. 6. ti. 56. Arr. 14.

106 Le ſieur de la Rocheboiſſeau accuſoit ſa femme d'adultere ; ſur ce il fait informer, & obtient delay pour faire recoler & confronter les témoins. Cependant la femme recouvre un Decret de priſe de corps autrefois décerné par la Cour contre ſon mary, & dit qu'il doit avoir la bouche cloſe, juſqu'à ce qu'il ait obei. Il répond qu'à en abolition du Roy : mais qu'à la verité elle n'eſt point encore enterinée. Intervient auſſi le fils, lequel accuſe ſa mere *ſubjecti partüs.* Il dit avoir interêt que *invito herede non adgnaſcatur.* On luy répond que *prematura agit & ante delatam hereditatem.* M. Servin Avocat du Roy, dit que pour le regard du venefice, il n'y a charge, & ne peut prendre concluſion. Quant à l'adultere, en France *non eſt crimen publicum* ; la pourſuite n'en appartient point à M. le Procureur General : c'eſt au mary, & lequel ne doit être oüi en Juſtice, qu'il n'ait obei au decret. Arrêt, ſans avoir égard à la Requête du fils, de laquelle la Cour l'a débouté. Quant au pere, il obeira au decret & Jugement ; & juſques à ce toute audience luy eſt déniée. *Voyez la Bibliot. de Bouchel*, verbo *Recrimination.*

107 L'on ne ſe peut obliger pour un criminel corps pour corps, *nemo eſt membrorum ſuorum dominus. L. liber*

homé ff. ad L. Aqu. L'on a coûtume de prononcer, à peine d'une certaine somme. Arrêt du Parlement de Dijon du 22. Decembre 1599. Bouvot, tom. 2. verbo Fidejusseur, qu. 23.

108 Il y avoit à Nevers un stile abusif. Quand un procez criminel étoit instruit par interrogations, recolemens & confrontations, l'on donnoit le procez au demandeur & accusateur pour le voir, & bailler ses conclusions à fins civiles. Par Arrêt donné à la Tournelle le 23. Août 1603. ce stile a été abrogé; on-donné que l'Arrêt seroit lû & publié au Siege de Nevers. Bibliot. de Bouchel, verbo Conclusions.

109 Défenses à tous Juges de faire le procez criminellement aux enfans, s'ils n'étoient proche de puberté; & de faire le procez aux accusez à leurs dépens, si ce n'est pour leurs faits justificatifs. Jugé le 3. Juillet 1604. Peleus, qu. 16.

110 Jugé par Arrêt du Parlement de Bourgogne du 19. Octobre 1607. que l'instigant ayant fait proceder par information contre deux, peut consentir que l'un des accusez soit renvoyé. Bouvot, tom. 2. verbo Criminel, qu. 5.

111 Un condamné à mort, & qui s'est évadé des mains des Sergens, & depuis a changé de nom, ne peut être recherché après 45. ans. Arrêt du 11. Avril 1615. Chenu, 2. Cent. qu. 38.

112 Un François étant en Angleterre, débauche la fille d'un autre François : après l'avoir rendüe grosse, il se retire en Normandie; ayant été arrêté au Havre, on donne plainte en rapt; & après l'information faite, on ordonne la confrontation. Sur l'appel d'une Sentence, qui contenoit que le prisonnier seroit mis hors des prisons, on presenta Requête, pour faire dire que l'accusé seroit conduit en Angleterre pour subir les confrontations, vû l'impossibilité de faire passer les témoins en France; & pour cet effet, on offroit de donner caution de faire conduire & reconduire l'accusé, ou en tout cas que les témoins fussent repetez devant les Juges d'Angleterre; & après les noms & surnoms fournis à l'accusé pour donner ses reproches, les Anglois prétendans par l'autorité du chap. delicti de foro compet. n'être point obligés de passer la mer pour leurs actions. Au contraire, on disoit que l'action pour le rapt interpretatif, introduite par l'Ordonnance de Blois; article 40. conforme au Concile de Trente, n'étoit point reçuë en Angleterre. Par Arrêt du dix Janvier 1614. en la Chambre de l'Edit à Roüen, il fut dit que le plaignant feroit ses diligences, feroit confronter les témoins dans deux mois; les parties étoient Ducy & Godin. Et depuis, par un autre Arrêt du 12. Juillet suivant, la Cour jugea qu'il y avoit promesse de mariage, l'enfant déclaré legitime; Godin condamné à celebrer le mariage, à laquelle fin il seroit conduit au lieu de l'Exercice de ceux de la Religion Prétendüe Reformée; & en cas de refus, qu'il demeureroit prisonnier. Par autre Arrêt du 4. Août 1624. le pere de Gaudin fut condamné à payer certains livres de rente pour la nourriture de l'enfant; l'Arrêt fondé sur ce que l'enfant avoit été déclaré legitime, quo casu poterat esse haeres, L. 1. ff. de Carb. edi. quoique sous déclarât qu'il entendoit desheriter son fils, pour s'être marié sans son consentement : mais on soutenoit que son exheredation ne pouvoir avoir lieu que pour les mariages volontaires. V. Basnage sur la Coût. de Normandie, art. 163.

131 Arrêt du Parlement de Provence du 19. Juin 1638. qui fait défenses aux Juges de la Province d'Aix, de faire des procedures criminelles pour des causes de peu d'importance. Boniface, to. 2. part. 3. liv. 1. ti. 2. ch. 15. rapporte plusieurs Arrêts qui ont cassé les procedures extraordinaires.

114 Arrêt du Parlement de Bretagne du 8. Février 1647. portant commandement à tous Officiers de proceder diligemment à l'information & instruction des cri-

Tome III.

mes publics. Enjoint aux Substituts d'envoyer au Greffe criminel de la Cour, la premiere Semaine de chacun mois dans un sac clos & scellé, les memoires des crimes commis dans l'étendüe de leurs Jurisdictions, & des diligences qui ont été apportées. Le même Reglement a été réiteré le 21. Janvier 1650. Voyez les Arrêts qui sont à la suite du Recüeil de Du Fail, p. 98. & 101.

115 Autre Arrêt du même Parlement de Bretagne du 17. Janvier 1655. portant Reglement general sur la poursuite & instruction des procez criminels. Voyez Du Fail, ibidem, n. 108.

116 Procez criminel fait sur le champ à la Chambre du petit Edit à Paris, à une femme qui avoit mis la main dans la poche d'un Prêtre, le 15. Janvier 1659. Des Maisons, lettre P. n. 2.

117 Arrêt du Parlement de Provence du 5. Juin 1666. qui a jugé que la procedure criminelle faite par allié d'allié, est valable. Boniface, tom. 2. part. 3. liv. 1. ti. 1. ch. 2.

118 Arrêts des 8. Mars & 11. Octobre 1670. qui ont jugé que contre un Arrêt d'Exploit en matiere criminelle, il faut venir par simple Requête en opposition dans les huit jours. Idem, tome 3. livre 3. tit. 4. chap. 13. M. le Premier Président avertit les Avocats & Procureurs, qu'après l'Exploit, on ne recevroit personne à l'avenir.

119 Arrêt du six Juin 1671. qui a infirmé une Sentence du Lieutenant, qui, en cause d'appel, ordonne un recensement de témoins, & ordonne un procez extraordinaire après la confession par l'accusé. Boniface, to. 3. li. 1. ti. 8. ch. 6.

120 Arrêt du 12. Novembre 1671. qui a jugé que le procez extraordinaire devoit être fait au lieu où est le prisonnier, & non à celuy où sont les témoins. Idem, to. 5. li. 3. ti. 18. ch. 1.

121 Par Arrêt rendu au même Parlement de Provence le six Février 1677. a été declarée valable une procedure criminelle, faite par un Lieutenant dans sa maison. Boniface, to. 3. liv. 1. ti. 8. chap. 10. Cela ne s'entend que de l'information, & non des confrontations & recolemens.

122 On ne s'en tient pas toûjours à la maxime qui dit, non punitur affectus, nisi sequatur effectus. Car on ne laisse pas de punir l'intention, quoique non suivie d'effet, lorsqu'on avoit une volonté déterminée à commettre un crime, & qu'il n'y a que le défaut d'occasion qui ait pû l'empêcher. Arrêt rendu au Parlement de Bourgogne le 11. May 1675. qui condamne aux Galeres perpetuelles un homme, qui avoit jetté un Billet dans une maison, portant, Nous sommes cinq jeunes hommes qui avons la necessité; mettez vingt-cinq Louis d'or dans un tel trou: si vous y manquez, nous vous tuërons, quand même nous devrions être pendus. Le particulier à qui ce Billet s'adressoit, fit observer celuy qui se presenteroit pour chercher dans le trou; on le prit, & il fut condamné. Voyez Taisand sur la Coût. de Bourgogne, ti. 1. art. 5. n. 7.

123 Arrêt du Conseil d'Etat du Roy, du 16. Février 1679. pour la Tournelle criminelle du Parlement de Toulouse, qui ordonne que les formes de proceder en matiere criminelle, ne pourront être jugées en Sabatines ou de Commissaires. Recüeil des Arrêts imprimez par l'ordre de M. le Chancelier, p. 21.

124 Déclaration du Roy du mois de Février 1682. concernant les instructions és matieres criminelles au Parlement de Toulouse. Elle porte : Voulons que les Exoines des accusez soient portées en la Chambre Tournelle, & que les instructions és matieres criminelles, fors les cas où il s'agit de rebellion à l'execution des Arrêts de la Grand'-Chambre, la police generale, des Duels, des procez des Gentils-hommes & Ecclesiastiques, qui auront demandé & obtenu leur renvoy en la Grand' Chambre; des crimes ou rixes qui arivent dans l'enceinte du Palais, des

matieres qui sont edictables, conformément à ce qui est porté par la Déclaration du mois de Novembre 1679. & des affaires qui concernent les Colleges, en la même maniere que ladite Grand'-Chambre a accoûtumé d'en connoître ; & à cet effet seront les informations és matieres qui ne seront pas, comme dit est, de la competence de la Grand'-Chambre, portées au Greffe Criminel de ladite Cour, à la diligence de nos Procureurs és Sieges subalternes, dans lesquels elles auront été faites. *Voyez les Edits & Arrêts recueillis par l'ordre de Monsieur le Chancelier en 1682.*

PROCEDURE CRIMINELLE, ACTION.

125 *Voyez* le mot *Action*, nomb. 12. où il est parlé des actions civiles & criminelles.

Arrêt du Parlement de Provence du 21 May 1639. qui a jugé que la femme, la fille & le gendre ne peuvent être poursuivis criminellement, pour n'avoir pas assisté à l'enterrement du défunt, ni porté le deüil, mais seulement civilement, pour faire revoquer les donations faites. *Boniface, tome 2. part. 3. li. 1. ti. 2. chap. 23.*

126 L'action criminelle compete à celuy qui a été offensé en la personne d'une autre qui luy ressemble. Arrêt du 3. Février 1652. *Boniface, ibid. ch. 16.*

127 Le 27. May 1651. il a été jugé que l'action criminelle compete contre celuy qui donne à boire du sel & du vin, pour ôter la raison. *Ibid. ch. 39.*

128 L'action criminelle compete contre le creancier, qui prend les deniers de son debiteur par voye de fait. il fut condamné en trente livres d'amende, & aux dépens de Justice, par Arrêt du 20. Novembre 1655. *Ibid. ch. 12.*

129 Arrêts des 11. Mars 1666. & 23. Janvier 1668. qui ont jugé que la contravention à un Arrêt donne l'action criminelle. *Ibid. chap. 27. & 28.*

130 L'action criminelle compete contre celuy qui passe des actes simulez, pour paroître riche : & l'instigateur peut donner caution des dépens, dommages & interêts après la procedure criminelle. Arrêt du huit May 1666. *Ibid. ch. 22.*

131 Arrêt du 17. Septembre 1670. qui confirme la procedure criminelle pour blessures faites aux animaux. *Ibid. tit. 4. ch. 5.*

132 Arrêt du 28. Novembre 1671. qui a cassé la procedure criminelle faite après la reconciliation des parties. *Boniface, to. 5. li. 3. ti. 1. ch. 5.*

133 Si l'action criminelle compete pour la surexaction faite par erreur ? Arrêt du même Parlem. de Provence du 16. Mars 1678. qui mit les parties hors de Cour & de procez. *Boniface, ibid. ch. 9.*

PROCEZ CIVIL, AJOURNEMENT PERSONNEL.

134 *Voyez* le mot *Ajournement*, n. 35.

PROCEZ CRIMINEL, APPEL.

135 Appel des Sentences renduës en matiere criminelle. *Voyez* le mot *Appel*, n. 238. & suiv.

136 Deux accusez d'assassinat sont condamnez en cinq cents écus d'amende envers la veuve, en quelques amendes envers le Roy & les pauvres. Appel *à minimâ* par la veuve. les prisonniers transferez à Paris, obtiennent Arrêt d'élargissement, en consignant les amendes, donnent caution pour la reparation. Les troubles de la Ligue surviennent. le Parlement transféré à Tours, sur la Requête de la veuve, afin de payement par provision, ordonne que le procez sera apporté. Diligences inutiles : les condamnez interjettent alors appel de la Sentence. Neanmoins Arrêt du 4. Septembre 1593. qui les condamne à payer les cinq cens écus par provision, en donnant caution par la veuve. Dépens reservez en diffinitive. *Bibliot. de Bouchel, verbo Reparation Civile.*

137 Défenses à tous Juges de passer outre à l'instruction des procez criminels, quand il y aura appel de leurs Sentences, par lesquelles les accusez auroient été reçûs en leurs faits justificatifs & de reproches,

on les parties reçûs en procez ordinaires. Arrêt de la Chambre de l'Edit de Paris du 12. May 1604. *Filleau, 1. part. ti. 4. ch. 24.*

138 Jugé par Arrêts du Parlement de Bourgogne des 26. Novembre 1609. & 9. Janvier 1610. que les Juges Royaux ressortissant immediatement à la Cour, peuvent, nonobstant appel, passer outre à la confection des procez criminels jusqu'à Sentence preparatoire ou diffinitive. *Bouvot, to. 2. verbo Criminel, quest. 7.*

139 Les Juges Royaux peuvent passer outre à l'instruction des procez criminels, nonobstant & sans préjudice de l'appel. Arrêt du Parl. de Dijon du 3. Novembre 1609. *Bouvot, tome 1. part. 3. verbo Procez criminel.*

140 Arrêts du Parlement de Provence des 20. Decembre 1642. & 27. Janvier 1646. qui defendent aux Lieutenans de prononcer *nonobstant l'appel* en matiere criminelle. *Boniface, to. 1. li. 1. tit. 10. n. 7.*

141 Si l'appellant d'une Sentence en matiere criminelle n'ayant fait intimer que le Procureur *Jurisdictionnel*, & non la partie civile, le Procureur Jurisdictionnel n'est tenu de défendre à l'appel ? Arrêt du 28. Avril 1668. qui déclara l'appellant non recevable, sauf de poursuivre contre la partie civile. *Boniface to. 5. li. 3. tit. 12. ch. 3.*

141 bis. Arrêt du Parlement de Paris du 18. Février 1699. qui faisant droit sur les conclusions du Procureur General, fait défenses aux Procureurs de la Cour, de former incidemment aux appellations interjettées des procedures extraordinaires, aucunes demandes, ni souffrir qu'il en soit formé aucune, pour voir déclarer les Arrêts communs, contre les accusez qui ne sont point appellans, quoique compris dans les mêmes procedures faites devant les premiers Juges, desquelles d'autres accusez auront interjetté appel, à peine de nullité des procedures faites de part & d'autre sur lesdites demandes, & des dommages & interêts des parties. Cet Arrêt est rapporté dans la Pratique des Officialitez par *M. Claude Horry, page 95.*

PROCEZ CRIMINELS, BANNI.

142 Procedure faite par ou contre un homme banni. *Voyez* le mot *Bannissement*, nomb. 28. & 19.

PROCEDURE CRIMINELLE, non bis in idem.

143 *Voyez* le mot *Accusation*, nomb. 65. & lettre B, au mot *Bis in idem.*

143 bis. *Bis in idem judicandus nemo.* Mornac, *l. 6. verbo si absolutus, ff. nauta, caupones, stabularii, &c.*

144 Jugé au Parlement de Bourdeaux le 16. Juin 1523. qu'un accusé absous ne peut plus être remis en Justice pour le même fait, quoiqu'il se trouve des preuves. S'il récidive, alors on accumule les chefs d'accusation. *Papon, liv. 19. tit. 8. n. 10. & 14.*

145 Le sieur de Mateflon accusé de supposition d'enfant avoir été decreté ; il interjetta appel de la procedure ; elle fut civilisée, & par Sentence du Lieutenant General de Poitiers, il fut renvoyé quitte & absous de cette accusation, & la fille maintenuë dans la possession de son état. Quelques temps après la mere accusatrice fut suscitée ; le sieur de Mateflon fut decreté ; il se pourvut au Parlement, & se servoit du moyen unique *non bis in idem*, la procedure extraordinaire fut declarée nulle, sauf aux parties de se pourvoir à fins civiles, ainsi qu'elles aviseroient bon être. *Voyez le Journ. des Aud. to. 5. li. 6. ch. 4. Voyez* cy-après le nomb. 248.

PROCEDURE CRIMINELLE, CADAVRE.

146 De la procedure criminelle qui se fait contre le corps mort de celuy qui s'est méfait. *Voyez* le mot *Cadavre*, Despeisses, *to. 2. p. 705. & cy-après le nombre 215. & suiv.*

147 Jugé au Parlement de Grenoble le 17. Juillet 1617. qu'après 7. ans on ne pouvoit faire des poursuites criminelles contre un cadavre, à la requête du Receveur des amendes, sous prétexte que le défunt

s'étoit tué, sauf au Procureur General d'en informer plus amplement. *Basset*, to. 2. *li*. 9. *tit*. 11.

148 Les nommez Bertrand Pelissier, & Hugues Miramont ayant été tuez en duel, le procez fut fait à leurs corps morts par les Officiers ordinaires du lieu du délit. Par Sentence renduë contre les Curateurs donnez à ces cadavres, il fut ordonné qu'ils seroient pendus par les pieds, avec confiscation de tous leurs biens ; l'appel relevé en la Chambre de l'Edit de Castres, la procedure y fut appointée & mise sur le Bureau par le Conseiller Rapporteur, pour être jugée comme un procez de suite ; quelques uns des Juges s'opposerent, disant que les procez de suite ne sont que contre les prévenus condamnez à peine afflictive qui sont vivans, ou en état d'être oüis sur la selette ; neanmoins on décida par Arrêt du 1. Juillet 1657, que l'appel de cette Sentence devoit être jugé comme un procez de suite ; il est vrai que la Cour pourvût de nouveaux Curateurs à ces corps morts de la personne de deux Procureurs, lesquels furent oüis en la Chambre du Conseil, & reçus à la défense verbale des défunts, & à proposer des objets contre les témoins des informations, après quoy, le procez fut jugé au fonds, & la Sentence en partie confirmée. Pareil jugement avoit été donné auparavant sur une semblable formalité.Par Arrêt du 8. Juillet 1645, au procez fait au corps mort du nommé Soulames, à la poursuite du Substitut de M. le Procureur General devant les premiers Juges, la Cour se fit representer ce préjugé par le Greffier. *Voyez Boné, Arrêt 103.*

149 En matiere criminelle on ne peut plus faire le procez, ni faire déterrer une personne trouvée morte & enterrée par permission du Juge, sous prétexte d'une nouvelle preuve résultante d'une nouvelle information qu'elle s'étoit penduë, *non bis in idem*. Jugé le 5. Juillet 1664. *De la Guess.* tome 2. *livre* 6. *chap*. 38.

150 De la maniere de faire le procez au cadavre, ou à la memoire d'un défunt. *Voyez l'Ordonnance de* 1670. *tit*. 22.

Voyez cy-après le nombre 215.

PROCEZ CRIMINEL, CAUTION.

151 Des cautions qui se donnent en cause criminelle. *Voyez le mot Caution, nomb*. 26. & *suiv.*

PROCEDURE CRIMINELLE, CHÂTELET.

152 Reglement du 7. Septembre 1607. entre le Lieutenant Particulier, & Assesseur, & le Lieutenant Criminel au Châtelet de Paris, contenant la forme que ledit Lieutenant Criminel, & en son absence l'Assesseur doit tenir à l'instruction des procez criminels. *Filleau*. 2. *part. tit*. 2. *chap*. 7.

PROCEDURE CRIMINELLE CIVILISE'E.

153 *Quoties civilis causa cum criminali intentatur, criminalis ad se trahit civilem. Itaque ad fisci actuarum causa scriptura pertinet.* Voyez Franc. Marc. *tome* 2. *question* 227.

154 Peine corporelle ne peut être jugée en procez civilisé. *Voyez le mot Peine, nomb*. 19.

155 Quand les parties sont reçuës en procez ordinaire, c'est toûjours à la charge de reprendre le criminel. *Voyez Papon, li*. 24. *tit*. 5. *n*. 15.

156 Après la civilisation de la cause, on ne peut requerir qu'il soit informé de la subornation. Arrêt du Parlement de Dijon du 9. Février 1608. *Bouvot, to*. 2. *verbo Recrimination, quest*. 2.

157 De la conversion des procez civils en procez criminels, & de la reception en procez ordinaires. *Voyez l'Ordonnance de* 1670. *tit*. 20.

PROCEDURE CONTRE LES COMMUNAUTEZ.

158 De la procedure criminelle qui se fait contre une Communauté qui a délinqué. *Voyez le mot Communauté, nomb*. 79. & *suivans*, & Despeisses, *tome* 2. *page* 704.

159 De la maniere de faire le procez aux Communau-

tez des Villes, Bourgs, & Villages, Corps & Compagnies. *Voyez l'Ordonnance de* 1670. *tit*. 21.

PROCEDURE CRIMINELLE, CONTUMACE.

160 *De banno contumaciæ ob omissam purgationem.* Voyez Andr. Gaill, *tract. de pace publica, lib.* 2. *cap.* 7.

161 *Bannitus ob contumaciam omissâ purgationis, an post sententiam declaratoriam innocentiam suam probare possit ?* Voyez *ibidem*, *cap*. 8.

162 Sur un seul ajournement à trois briefs jours l'on peut contre un Contumax proceder au jugement diffinitif de la mort, ou autre selon l'exigence du cas, sans autre surabondant ajournement. Arrêt du Parlement de Paris du 19. Juillet 1533. *Papon livre* 7. *tit*. 6. *nombre* 3.

162 bis. Le 13. Juin 1594. par Arrêt donné à la Tournelle sur la requête du Procureur General du Roy, il fut défendu à tous Juges de surseoir l'instruction & jugement des procez criminels contre les presens, sous prétexte que les coupables étoient absens. *Bibliotheque de Bouchel, verbo Complices.*

Voyez les mots Contumace, Condamnez, Défaut.

PROCEZ CRIMINEL, DE'FENSES.

163 Declaration en interprétation de l'article 4. du titre 26. de l'Ordonnance du mois d'Août 1670. portant qu'à l'avenir les Cours ne pourront donner aucunes défenses d'executer les décrets d'ajournement personnel, qu'après avoir vû les informations, lors que lesdits decrets auront été décernez par les Juges Ecclesiastiques, & par les Juges ordinaires Royaux, & des Seigneurs, pour fausseté ou malversation d'Officiers dans l'exercice de leurs charges, ou lorsqu'il y aura d'autres coaccusez,contre lesquels il aura été decreté prise de corps : que les accusez, qui demanderont des défenses, seront tenus d'attacher à leur requête la copie du decret qui leur aura été signifiée; que tous Juges Royaux & des Seigneurs seront tenus d'exprimer à l'avenir dans les ajournemens personnels qu'ils décerneront le titre de l'accusation pour lequel ils decreteront, à peine contre lesdits Juges ordinaires, & des Seigneurs d'interdiction de leurs Charges, que toutes les requêtes tendantes à fin de défenses d'executer les decrets d'ajournement personnel, seront communiquées au Procureur General : & pouvoir aux Cours de refuser les défenses qui leur seront demandées, quoique les decrets d'ajournement personnel soient delivrez pour d'autres cas que ceux qui sont cy-dessus exprimez A S. Germain en Laye, en Décembre 1680. Régistrée au Parlement de Roüen le 9. & en celuy de Paris le 10. Janvier 1681.

PROCEZ CRIMINEL, DE'PENS.

163 bis. Des dépens en cause criminelle. *Voyez le mot Dépens, nomb*. 59. & *suiv.*

DOMMAGES ET INTERETS.

164 Dommages interêts resultans d'un procez criminel. *Voyez le mot Dommage, nomb*. 69. & *suiv.*

PROCEDURE CRIMINELLE, ECCLESIASTIQUES.

165 Procez criminels faits aux Clercs & Ecclesiastiques. *Voyez le mot Clercs, nomb*. 62. & *suiv.*

166 Il faut suivre en Cour d'Eglise les formes prescrites par les Ordonnances & Reglemens publics des Cours Seculieres. *Févret, de l'Abus, livre* 1. *chapitre* 9. *nomb*. 3. & *suiv.*

167 Suivant le Droit commun, du moins l'usage des Eglises de France, un Archidiacre,ou autre du Chapitre de la Cathedrale, ne peut pas prétendre qu'on ne luy puisse faire son procez sans prendre deux du Chapitre pour Assesseurs. Arrêt du Parl. de Paris du 11. Août 1696. *Journ. des Aud.* to. 5. *li*. 12. *ch*. 22.

168 La Cour de Parlement a seule la puissance sur les Evêques accusez de crime, & non les Juges Royaux. *Imbert, livre* 3. *des Inst. forens. ch.* 8. *art.* 1.

Mais par la Declaration du Roy du 26. Avril 1657. confirmative d'un Arrêt du Conseil d'Etat du même jour, il est porté que le procez des Cardinaux, Ar-

chevêques, & Evêques du Royaume, qui feront accufez de crime de leze-Majefté, fera inftruit & jugé pour leurs perfonnes par les Juges Ecclefiaftiques, fuivant les Saints Decrets & Conftitutions canoniques, & fuivant les formes obfervées dans le Royaume aux caufes des Evêques. *Memoires du Clergé, to. 1. tit. 1. chap. 1. art. 43.*

269 Le Juge d'Eglife ne peut condamner en des peines afflictives. *Voyez* le mot *Juge, n. 425.* où il eft parlé des procez criminels inftruits par ou contre les Ecclefiaftiques.

270 Quand le Parlement de Touloufe fait le procez à un Prêtre en cas privilegié, il a accoutumé d'ordonner que l'Evêque, ou autre fon Superieur, l'un des Confeillers Clercs de la Cour pourra affifter à la confection de la procedure : mais parce qu'ils fe rendent refufans de ce faire, elle ne les contraint point d'obéïr par faifie de leur temporel, comme fait le Parlement de Paris ; la Cour fe contente d'en nommer d'Office. *Mainard, liv. 1. ch. 15.*

271 Par Arrêt du 19. Février 1591. il eft dit qu'il fera procedé par confrontement de témoins contre M. Geraud d'Aurebe Prêtre de main, comme avec le Vicaire que l'Archevêque de Touloufe crééra, étant Confeiller Clerc en ladite Cour, pour l'inftruction & jugement du procez : & n'ayant le fieur Archevêque voulu créer Vicaire, par autre Arrêt du 25. May 1591. il eft dit qu'il fera réiterez appointemens intimez au Vicaire General, a procedé avec ce l'inf-tructive & jugement du procez avec un des Confeillers Clercs de la Cour. Même Arrêt prononcé le 28. Août 1591. entre frere Laurent, & Raimond Commandeur de la Selve, & M. Pierre Gelade Chanoine de Villefranche de Roüergue. Ces Arrêts font rapportez dans *La Rocheflavin, li. 5. lét. V. tit. 4. Arr. 1.*

273 Juge Civil connoît du Criminel incident, même contre un Prêtre ; il s'agiffoit d'un crime de faux incident. Jugé le 18. Juin 1618. *Bardet, tome 1. livre 1. chap. 30.*

274 Ecclefiaftique accufé renvoyé au Juge Laïc, doit être jugé fur l'inftruction de l'Official, fans la recommencer, & de même par l'Official, quand le procez a été d'abord inftruit par le Juge Laïc. Arrêt du dernier Août 1620. *Ibidem, chap. 129.*

275 Declaration du Roy du mois de Février 1678. Autre Declaration du Roy du mois de Juillet 1684. fur les procez criminels des Ecclefiaftiques, & pour l'execution de l'article 22. de l'Edit deMelun, regiftrée le 29. Août 1684. *De la Gueffiere, tome 4. li. 7. chap. 23. & le Recüeil de la Maréchauffée, p. 948.*

276 Les articles 38. 39. 40. 42. & 44. de l'Edit du mois d'Avril 1695. concernant la Jurifdiction Ecclefiaftique, font importans, & d'un ufage indifpenfable.

Article 38. Les procez criminels qu'il fera neceffaire de faire à tous Prêtres, Diacres, Sous-Diacres, Clercs vivans clericalement, réfidens & fervans aux Offices. ou au miniftere & Benefices qu'ils tiennent en l'Eglife, & qui feront accufez des cas que l'on appelle privilegiez, feront inftruits conjointement par les Juges d'Eglife, & par nos Baillifs & Sénéchaux, ou leurs Lieutenans, en la forme prefcrite par nos Ordonnances, & particulierement par l'article 22. de l'Edit de Melun, par celuy du mois de Février 1678. par nôtre Declaration du mois de Juillet 1684. lefquels nous voulons être executez felon leur forme & teneur.

Art. 39. Les Archevêques & Evêques ne feront obligez de donner des Vicariats pour l'inftruction & jugement des procez criminels, fi ce n'eft que nos Cours l'ayent ordonné pour éviter la recouffe des accufez durant leur tranflation, & pour quelques raifons importantes à l'ordre & au bien de la Juftice dans les procez qui s'y inftruifent, & en ce cas lefdits Prélats choifiront tels Confeillers Clercs defdites Cours qu'ils jugeront à propos pour inftruire & juger lefdits procez pour le délit commun.

Art. 40. Nos Cours ne pourront faire défenfes d'executer les decrets, même ceux d'ajournemens perfonnels décernez par les Juges d'Eglife, ni élargir les prifonniers, fans avoir vû les procedures & informations fur lefquelles ils auront été rendus, & les Ecclefiaftiques qui feront appellans des decrets de prife de corps, ne pourront faire aucunes fonctions de leurs Benefices & Minifteres, en confequence des Arrêts de défenfes qu'ils auront obtenus, jufqu'à ce que les appellations aient été jugées diffinitivement, ou que par les Archevêques, Evêques, ou leurs Officiaux, il en ait été autrement ordonné.

Art. 42. Lorfque nos Cours, après avoir vû les charges & informations faites contre les Ecclefiaftiques, eftimeront jufte qu'ils foient abfous à cautele, elles les renvoieront aux Archevêques & Evêques qui auront procedé contr'eux ; & en cas de refus à leurs Superieurs dans l'ordre de l'Eglife, pour en recevoir l'abfolution, fans que lefdits Ecclefiaftiques puiffent en confequence faire aucune fonction Ecclefiaftique, ni en prétendre d'autre effet que d'efter à droit.

Les Prévôts des Maréchaux ne pourront connoître des procez criminels des Ecclefiaftiques, ni les Juges Préfidiaux les juger pour les cas privilegiez, qu'à la charge de l'appel.

Art. 44. Les Sentences & jugemens fujets à execution, & les decrets décernez par les Juges d'Eglife feront executez en vertu de nôtre prefente Ordonnance, fans qu'il foit befoin pour cet effet de prendre aucun *Pareatis* de nos Juges, ni de ceux des Seigneurs ayant Juftices. Leur enjoignons de donner main forte, & toute l'aide & fecours dont ils feront requis, fans prendre aucune connoiffance defdits Jugemens.

PROCEZ CRIMINEL, EPICES.
Des épices en procez criminel. *Voyez* le mot *Epices, nomb. 41. & fuiv.* **177**
L'accufé ne doit que la moitié des épices de l'Arrêt qui met les parties hors de Cour & de procez, dépens compenfez, Arrêt du Parlement de Grenoble du dernier Août 1658. *Baffet, tome 1. li. 2. titre 21. chapitre 17.*

PROCEZ, CRIMINEL, ETRANGERS,
Du crime & délit commis par un Etranger, **177**
Voyez le mot *Etranger, nomb. 47. & fuiv.* **bis**
Voyez cy-après le nomb. 209.

PROCEZ, CRIMINEL, EVOCATION.
Evocation en caufe criminelle. *Voyez* le mot *Evocation, nomb. 17. & fuiv..* **178**

EXECUTIONS CRIMINELLES.
Des executions criminelles. *Voyez* le mot *Execution, nomb. 51. & fuiv.* **179**

PROCEZ CRIMINEL, EXOINE.
Voyez le mot *Exoine.* **180**

PROCEZ CRIMINEL, FAITS JUSTIFICATIFS.
Voyez cy-deffus le nomb. 109. le mot *Fait, nomb.* **181**
10. *bis, & fuiv. & le mot Juftification.*

PROCEZ CRIMINEL, FRAIS.
Voyez le mot *Frais, nomb. 58. & fuiv.*
L'heritier du défunt qui n'a pourfuivi la vengeance de l'homicide, doit rembourfer les frais du procez à la partie civile. *Voyez Bardet, tome 1. livre 1. chapitre 49.* **182**

Ils ne doivent être faits aux frais des accufez. Par Arrêt du 19. Decembre 1622. en la Chambre de l'Edit, fur le procez criminel fait à la requête du Subftitut à Blois, contre Loüis de Faucheux, & Eleazard Roger, il fut dit que la fomme de 8000. livres confignée des deniers des accufez, & émains du Greffier pour l'inftruction du procez, leur feroit rendüe, le Greffier contraint comme dépofitaire ; défenfes au Lieutenant Criminel de Blois, & à tous autres de **183**

Faire consigner les accusez en procez où il n'y a que le Procureur General, ou son Substitut partie, à peine de. ... contre les contrevenans. *Additions à la Biblioth. de Bouchel*, verbo *Procez criminels.*

184 Jugé au Parlement de Roüen le 8. Avril 1631. que les heritiers immobiliers doivent contribuer aux frais d'un procez entrepris pour venger la mort du défunt avec les heritiers aux meubles, parce qu'ils étoient obligez les uns & les autres à faire les poursuites pour n'encourir pas la peine de l'indignité ; en ce cas il semble juste de donner part aux heritiers immobiliers dans les dépens & interêts qui seront ajugez à proportion de ce qu'ils contribuent aux frais de la poursuite. *Peßnelle sur l'article* 235. *de la Coûtume de Normandie.*

185 *Voyez le neuvième Plaidoyé de M. Patru*, prononcé à la Tournelle le 4. Avril 1637. pour M. Gratien Galichon Substitut de M. le Procureur General au Siege de Château Gontier, intimé en son propre & privé nom, contre Renée Challery, veuve de Julien Seguin, tant en son nom que comme tutrice de ses enfans, appellante. L'appel étoit d'une Sentence qui condamnoit la veuve à faire les frais de la poursuite de la mort de son mari. la décision de l'Arrêt n'est point marquée.

186 Arrêt du Parlement de Provence du 16. Janvier 1645. qui a jugé que le port des actes d'un procez criminel est dû au Greffier par la femme du temps du délit, & non par celuy du temps du port des actes. *Boniface, to. 2. part. 3. li. 1. tit. 12. ch. 4.*

187 Le Roy & le haut Justicier sont tenus d'avancer les frais de la conduite des prisonniers, dont ils auront recours sur la partie civile, à laquelle recours en sera aussi donné sur les biens de l'accusé après la Sentence de condamnation seulement. Arrêté du Parlement de Roüen, les Chambres Assemblées, du 6. Avril 1666. *Basnage, to. 1. art. 12. à la fin.*

188 Les Juges tant Royaux que hauts Justiciers ne doivent décerner aucune taxe pour l'instruction ni jugement des procez criminels, s'il n'y a partie civile. *Article 14. du même Reglement.*

188 bis Arrêt du Conseil d'Etat du 16. Octobre 1685. portant reglement pour les frais des procez criminels où le Procureur du Roy est seul partie. *Boniface, to. 5. li. 5. tit. 13. chap.* 1. Au chap. *suiv.* est un Arrêt du Conseil d'Etat du 25. Novembre 1685. en execution du précedent.

189 Arrêt du Conseil du 5. May 1685. qui ordonne que les frais des procez criminels dont la Majesté est tenuë, lesquels seront faits par les Prévôts des Maréchaux, & Officiers de Robe courte, seront pris sur le revenu des Domaines. *Maréchauſſée de France, page* 1031.

Les deux Reglemens cy-dessus de 1683. & 1685. sont rapportés dans le 4. to. du Journal des Audiences, liv. 8. chap. 38.

190 Une Communauté de Bouchers ayant intenté une accusation criminelle contre un des particuliers qui la composent, pour contravention à leurs statuts, le beau pere de l'accusé qui est de la même Communauté, ne peut se dispenser de contribuer aux frais de l'accusation par sa qualité de beau pere ; cette qualité ne peut servir qu'à l'exempter d'être acteur & partie en son nom, mais non pas de la contribution comme membre de la Communauté. Arrêt du Parl. de Paris du 13. Août 1686. Au 2. tome du Journ. du Palais, page 642.

191 GREFFIER DU CRIMINEL.

Voyez le mot *Greffier, nomb.* 53. *& suiv.*

192 PROCEZ CRIMINEL, INJURE.

En matiere d'injure on doit proceder sommairement. *Voyez* le mot *Injure, nomb.* 121. *& suiv.*

193 PROCEDURE CRIMINELLE, INTERESTS CIVILS.

Aprés un procez jugé, & l'Arrêt executé, on peut demander des interêts civils qui n'avoient point été demandez pendant le cours du procez. Arrêt du 4. Avril 1685. *De la Gueſſ. tome* 4. *livre* 8. *ch.* 33.

194 L'heritier en matiere criminelle n'est tenu des interêts qui pouvoient resulter d'une accusation non jugée, *secus* en matiere civile. *Voyez* le mot *Heritier, nomb.* 341. *& suiv.* où il est parlé du procez dont l'heritier est, ou n'est pas tenu.

195 PROCEDURE CRIMINELLE, INTERROGATOIRE.

Des confessions & declarations faites en procédure criminelle. *Voyez* le mot *Confeſſion, nombre* 51. *& suivans.*

196 Arrêt du Parlement de Provence du 24. May 1653. par lequel il a été jugé qu'en procedure criminelle l'accusé peut être repeté l'aprefdinée de son audition, & que l'Ajoint n'y est point requis. *Boniface, tome* 1. *li.* 1. *tit.* 27. *n.* 4.

197 La répetition de l'accusé peut être faite le même jour de l'audition & sans Ajoint. Arrêt du 24. May 1653. *Boniface, to.* 2. *part.* 3. *li.* 1. *tit.* 1. *ch.* 8.

198 Arrêt du Parlement de Paris du premier Decembre 1663. portant Reglement pour instruire les procez criminels aux accusez, quand ils ne veulent répondre. *Maréchauſſée de France, p.* 847.

199 Les muets & sourds, & de ceux qui refusent de répondre. *Voyez l'Ordonnance de* 1670. *tit.* 18.

200 Declaration du Roy du 12. Janvier 1681. portant que les accusez contre lesquels il n'y aura ni condamnation, ni conclusion à peine afflictive, seront entendus par leur bouche dans la Chambre du Conseil, derriere le Barreau lorsque leur procez aura été reglé à l'extraordinaire. *V. les Edits & Arrêts recueillis par l'ordre de M. le Chancelier en* 1682.

201 PROCEDURE CRIMINELLE, JUGES.

De la Competence des Juges en matiere criminelle. *Voyez* le mot *Competence, nomb.* 23. *& suiv.*

202 Accessoires sont de même connoissance que le principal, comme les crimes de leze-Majesté, fausse monnoye, volerie, heresie, & autres doivent être traitez devant le Juge Royal ; si quelqu'un a été injurieusement appellé traître au Roy, faux monnoyeur, voleur, ou heretique, la cause de cette injure se doit traiter pardevant le Juge Royal, & non ailleurs. Arrêt donné aux Grands Jours de Poitiers le 17. Octobre 1531. *Biblioth. de Bouchel*, verbo *Acceſſoires.*

203 Juge competent ne peut servir des procedures faites par le Juge incompetent, quand il se trouveroit que l'accusé auroit confessé son crime pardevant le Juge non competent. Arrêt du Parlement de Grenoble. *Papon, liv.* 24. *titre* 7. *n.* 1. *& Guy Pape, queſt.* 419.

204 Le subrogé en matiere criminelle par celuy à qui le Prince a donné la commission de connoître d'un crime, n'en peut prendre connoissance, ni punir de mort le criminel. *Despeiſſes, to.* 2. *p.* 548. *n.* 11.

205 La cause contre un instigateur n'est nouvelle instance, & doit être traitée pardevant le même Juge. Arrêt du Parlement de Grenoble du 28. Juillet 1607. contre celuy qui demandoit son renvoy en la Chambre de l'Edit. *Baſſit, to.* 1. *li.* 6. *tit.* 2. *ch.* 4.

206 Le Juge inferieur peut bien informer, non decreter les charges & informations par prise de corps ou ajournement personnel contre Juge superieur. Arrêt du Parlement de Paris du 5. Juin 1610. *Filleau,* 1. *part. tit.* 4. *chap.* 25.

207 Arrêt du Parlement de Paris du 6. Juillet 1629. portant défenses aux Lieutenans Criminels d'évoquer les instances pendantes devant les Hauts-Justiciers, avec condamnation ausdits Lieutenans Criminels de rendre les deniers par eux pris pour les épices. *Filleau,* 2. *part. tit.* 1. *chap.* 28

208 Si l'accusé fait casser la procedure criminelle faite contre luy ; le Juge qui a mal instruit le procez n'en doit plus connoître, après un Arrêt, qui annulloit toute la procedure ; un accusé avoit été confronté

devant ce même Juge , & depuis aprés l'avoir recu-, fé, il confentit qu'il en connût ; on jugea en la Tournelle de Roüen le 6. Decembre 1629. que le confentement de la partie rendoit valable ce qui avoit été fait. *V. Bafnage , tit. de Jurifdiction , art. 1.*

209 Un Etranger ayant commis un vol hors de France, fa partie l'y rencontrant , il ne peut le pourfuivre , c'eſt pourquoi les parties ont été renvoyées à Gennes. Arrêt du Parlement d'Aix du 19. Janvier 1672. *Journal du Palais.*
Voyez cy deffus le nomb. 177. bis.

210 Arrêt du Parlement de Paris du 28. Avril 1672. qui déclare que la procedure criminelle faite par les Officiers d'un Seigneur , contre le fils defcendu d'un roturier pendant fon mariage , eſt legitime ; on prétendoit qu'elle étoit nulle ; un Gentilhomme difant être le pere du fils , pour avoir débauché fa mere , & aprés l'avoir époufée. *Boniface , tome 3. livre 1. titre 4. chap. 19.*

211 Arrêt du 17. Juin 1673. qui a jugé que le Juge du Palais , celuy de faint Lazare , & celuy de faint Loüis de Marfeille , ne peuvent faire des procedures criminelles promifcuëment , c'eſt à dire tous enfemble, ou alternativement , fauf en cas d'abfence ou de legitime empêchement. Celuy qui a commencé la procedure doit la continuer. *Boniface , tome 3. livre 2. tit. 3. chap. 4.*

212 Les Confuls de la Nation Françoife aux Echelles du Levant , ont droit de connoître des caufes criminelles arrivées entre François. Arrêt rendu au Parlement de Provence du 9. Février 1675. *Boniface , to. 5. liv. 3. tit. 1. chap. 1.*

213 Le Juge devant lequel une inftruction criminelle eſt renvoyée , ayant prononcé l'abfolution de l'accufé , eſt par le même moyen competent de prononcer contre les calomniateurs de l'accufé, encore qu'ils ne foient domiciliez dans la Jurifdiction. Jugé au Parlement de Paris le 6. Septembre 1694. *Journ. des Aud. to. 5. livre 10. chap. 18.*

214 De la procedure criminelle qui fe fait par les Juges des Seigneurs. *Voyez* le mot *Juftice , nombre 555. & fuiv.*

PROCEDURE CRIMINELLE, MEMOIRE DU DE'FUNT.
Voyez cy-deffus le nombre 146. & fuiv.

215 De la maniere de faire le procez à la memoire d'un défunt. *Voyez la Bibliotheque du Droit François par Bouchel , verbo Memoire.*

216 Par Arrêt du 15. Décembre 1576. jugé qu'un heritier eſt reçû à purger la memoire , & juftifier l'innocence d'un défunt, quoiqu'on dife qu'il s'eſt étranglé & précipité, étant accufé de fauffeté, en la caufe de Claude de la Volpillerie , & le Subftitut de M. le Procureur General à Riom. *V. le Veft.*

217 Des procedures à l'effet de purger la memoire d'un défunt. *Voyez l'Ordonnance de 1670. tit. 27.*

PROCEDURE CRIMINELLE , MINEUR.
218 Arrêt du Parlement de Provence du 3 Novembre 1685. qui a jugé que le mineur ne peut point être reftitué envers les acquiefcemens & executions de Sentence en matiere criminelle. *Boniface tome 5. liv. 3. titre 19.*

PROCEDURE CRIMINELLE, PARLEMENT.
219 Les Officiers des Parlemens ne peuvent être jugez criminellement , que par ceux de leur Corps , & les Chambres affemblées. *Voyez la Rocheflavin , livre 10. chapitre 32.*

220 Des procedures criminelles faites par les Parlemens , pour & contre les Rois , Princes , Ducs , Comtes , Officiers de la Couronne , & autres. *Voyez la Rocheflavin , liv. 13. chap. 19.*

221 Lettres de revifion ayant été obtenuës par M. Peliffon Préfident au Parlement de Chamberry condamné à Dijon pour prétenduës fauffetez , à faire amende honorable , le procez renvoyé au Parlement

de Paris ; le Procureur General de Chamberry accufateur & partie , pour fortifier l'accufation mit en avant nouvelles charges ; les accufez fe pourvûrent au Roy , qui par les Lettres patentes du 15. Septembre 1556. déclara qu'en faifant le renvoi au Parlement de Paris , il n'a entendu que la Cour connût d'autres crimes que de ceux pour lefquels ils avoient été condamnez , fauf au Procureur General où il connoîtroit par la vifion du procez , iceux accufez chargez d'autres crimes , d'en faire pourfuite ainfi qu'il verra être à faire. *Pépon , liv. 19. tit. 8. n. 9.*

221 Si les prevenus reffortables du Parlement de Bourdeaux ayant été renvoyés à celuy de Touloufe , fur une inftance criminelle contr'eux formée pour raifon du meurtre d'un Garde chaffe, le Parlement de Touloufe peut faire faire le procez par accumulation de crime ? Le Procureur y conclut. Il fut déterminé le 3. Janvier 1688. que cela ne fe pouvoit fans nouvelle attribution , par la raifon que les Juges n'ayant pas de Jurifdiction fur les perfonnes qui étoient d'un autre Reffort , n'en avoient que pour l'affaire renvoyée. *Arrêts de M. de Catellan , li. 9. chap. 8.*

PARTIE CIVILE.
Voyez le mot *Partie , nomb. 1. & fuiv. & cy-deffus le nomb. 182. & fuiv.*   223

PROCEZ CRIMINEL , PEREMPTION.
La peremption n'a lieu és procez criminels. *Voyez* le mot *Peremption , nomb. 92. & fuiv.*   224

PROCEDURE CRIMINELLE , PREUVE.
Voyez cy-deffus Preuves , nomb. 83. & fuiv.

Comment le Juge fe doit gouverner és Jugemens 225 criminels , & des indices ? *Voyez Charondas , liv. 12. Réponfe 66. & s'ils peuvent de leur autorité condamner à mort?* Il y a pour & contre. *Voyez le Journal du Palais, fine queft. & Arrêts fans date.*

Indicia in caufa criminali ubi dubia funt judici ut 216 *veritas inveniatur; Simulare , allicere , & terrere licitum eft. V. Franc. Marc. to. 1. queft. 516.*

Probationes imperfecta feu prefumptiones , indicia aut 217 *fama, an & quando fimul jungi debeant, ad fidem faciendam in delictis ?* *Voyez Franc. Marc. to. 1. qu. 96.*

Arrêt du 17. Août 1612. portant défenses à tous Juges 218 d'ufer d'épreuve d'eau, & piqueures par ferment en inftruifant & jugeant les procez contre accufez de fortilege , & de recevoir à fe defifter des appellations. *Filleau 1. part. queft. 198.*

Henrys , tome 2. liv. 5. queft. 27. examine fi l'on 219 peut condamner les prevenus de crimes *pro modo probationum* ? Il dit que la Cour le peut faire parce qu'en elle refide le pouvoir du fouverain *vice facra judicat.*

PROCEDURE , PREVOST DES MARECHAUX.
Un homme étant accufé de deux crimes , l'un Pré- 230 vôtal , & l'autre non ; le non Prévôtal attire le Prévôtal , & on attribuë la connoiffance au Juge ordinaire. Défenfes à tous les Juges Royaux de prononcer fur les caufes de recufation en matiere criminelle , qu'au nombre de fept , & proceder, nonobftant l'appel , quand il y a concurrence de crime Prévôtal , & non Prévôtal. Défenfes aux Prévôts , leurs Lieutenans , & Juges Préfidiaux en concurrence des deux crimes , l'un Prévôtal, & l'autre non, conjointement inftruits de proceder au Jugement defdits procez en dernier reffort , & executer leurs Sentences, nonobftant l'appel ; aufdits Prévôts de connoître d'autres crimes , que de ceux dont la connoiffance leur en appartient aux Ordonnances. Arrêt du fept Février 1598. *Filleau , 2. part. ti, 3. ch. 11.*

Reglement notable du Parlement de Paris du 17. 231 Août 1601. pour la Jurifdiction des Prévôts des Maréchaux ; défenfes de prendre connoiffance du procez , aufquels il y aura declinatoire propofé par les accufez , que la competence n'ait été premierement jugée au plus prochain Siege Préfidial ; de recevoir les accufez à fe defifter des appellations qu'ils auront interjettées fur le renvoi par eux requis ; & de paffer outre ,

outre, jufques à ce que la competence foit jugée ; de juger les accufez ailleurs, qu'aux Sieges Préfidiaux ou Royaux, reffortifans nuëment en la Cour, & par avis des Officiers defdits Sieges, ou à leur défaut, des anciens & fameux Avocats. Peine contre les Prévôts des Maréchaux, leurs Lieutenans, & ceux de leur Confeil, qui n'obfervent les Reglemens, *Fulteau, ibid. ch. 24.*

232 Reglement general du quinze Janvier 1689. de la Chambre Souveraine de la reformation de la Juftice, feante à Poitiers, pour les procedures criminelles des Prévôts. *Maréchaufsée de France, p. 1058.*

233 Des procedures particulieres aux Prévôts des Maréchaux de France, Vice-Baillifs, Vice-Sénéchaux, & Lieutenans Criminels de Robe courte. Voyez *l'Ordonnance de 1670. tit. 2.*

Voyez le titre de la *Maréchaufsée.*

CRIMINEL DEFENDU PAR PROCUREUR.

234 *Nemini licet in Galliâ, ubi de crimine agitur, innocentiam fuam defendere per Procuratorem.* V. MORNAC, *lib. 71. ff. de Procuratoribus.*

PROCEDURE CRIMINELLE, PROCUREUR GENERAL.

235 Le 27. Janvier 1508. il a été enjoint à M. Nicole Pichon Greffier de la Cour, de faire Extraits ou Rôle à part des ajournemens perfonnels, décernez par les Jugemens & Arrêts de ladite Cour, incontinent après la prononciation d'iceux, pour être baillé au Procureur General du Roy, qui en fera tenu faire les diligences. *Bibliotheque de Bouchel, verbo Ajournement.*

236 Le procez criminel parfait, le Procureur du Roy eft tenu dans trois jours de bailler fes Conclufions. Arrêt du Parlement de Paris du deux Janvier 1536. *Papon, li. 24. ti. 5. n. 2.*

237 Par Arrêt donné en la Tournelle le dernier Decembre 1558. en la caufe d'entre un nommé Rouffet, & l'Evêque de Châlons, défenfes à tous Procureurs du Roy & Promoteurs, d'affifter aux procez criminels, aux interrogatoires, recollemens & confrontations; & défenfes aux Juges de les y appeller. *Bibliotheque de Bouchel, verbo Procez Criminel.*

238 Arrêt rendu au Parlement de Provence le dernier Mars 1657. qui a declaré nul un Jugement rendu en matiere criminelle, fans conclufions de Meffieurs les Gens du Roy, quoiqu'on alleguât que ce ne fût pas l'ufage dans les affaires de peu de confequence. *Boniface, to. 1. li. 1. tit. 16. n. 10.*

239 Arrêt du même Parlement, rendu le 21. Octobre 1673. qui declare M. le Procureur General non recevable d'impeter Requête civile envers un Arrêt, qui a renvoyé abfous du crime de larcin un accufé, fur le fondement d'un Exploit de torture d'un des autres accufez, qui dans la torture declara complice du crime celuy qui en avoit été abfous. *Idem, to. 3. liv. 3. ti. 4. ch. 10.*

PROCEDURE CRIMINELLE, RECOLLEMENT.

240 *De teftium repetitionibus ac confrontationibus.* Voyez *Julius Clarus, lib. 5. Sententiarum. §. fin. qu. 45.*

241 Arrêt du Parlement de Provence du 18. Juin 1665. qui a jugé que le Juge faifant la confrontation des témoins à l'accufé, peut ufer de feintes, & appeller d'autres perfonnes, & les confronter avec l'accufé aux témoins, pour découvrir la verité ou la fuppofition d'un crime. *Boniface, tome 2. part. 3. li. 1. tit. 1. chap. 7.*

242 La Cour a ordonné & ordonne que les Confeillers par elle commis, qui font dans les Provinces du reffort, & autres qui s'y transporteront pour l'execution de l'Arrêt du 27. Octobre dernier, pourront fe faire reprefenter par les Greffiers des Bailliages, Sénéchauffées & Juftices Royales, les procez criminels des accufez, qui auront obtenu & fait enteriner des Lettres de remiffion, les communiquent aux Subftituts du Procureur General qui font à leur fuite ; &

Tome III.

s'il requiert d'être reçû appellant *à minimâ*, des Sentences & Jugemens d'enterinement defdites Lettres, lefdits Confeillers leur en donneront acte, & fera par eux inceffamment procedé à l'inftruction des procez des accufez, foit qu'ils foient arrêtez ou contumax jufques au Jugement diffinitif exclufivement ; recollement des témoins qui auront été entendus par lefdits Juges, dans les informations qui leur feront reprefentées, fans être obligez d'attendre à faire ledit recollement, que lefdits défauts à trois briefs jours ayent été obtenus & jugez contre les contumax ; lefquels recollemens ainfi faits vaudront pour confrontation, lorfque par la Cour ou lefdits Confeillers commis en jugeant lefdits défauts, il aura ainfi été ordonné, fans qu'il foit neceffaire de faire autre recollement après le Jugement defdits défauts ; ne pourront neanmoins lefdits recollemens ainfi faits, valoir pour confrontation, qu'après que lefdits défauts auront été jugez ; & ne feront les depofitions des témoins, qui feront decedez depuis le recollement, jufqu'au Jugement defdits défauts, confiderées ni publiées aux accufez, qui fe reprefenteront auparavant le Jugement de la contumace. Fait à Clermont és Grands Jours, ce 14. Novembre 1665. *Voyez les Arrêts des Grands Jours, p. 123.*

243 Arrêt du Grand Confeil du 27. Octobre 1690. qui fait défenfes aux Prévôts de rendre aucuns Jugemens de recollement & confrontation, qu'au nombre des Juges marquez par l'Ordonnance. *Maréchaufsée de France, pag. 1069.*

244 Arrêt du Grand Confeil du 12. Août 1693. qui fait défenfes au Lieutenant Criminel de Lyon, de plus rendre feul des Jugemens pour le recollement & confrontation dans les procez, qui fe jugeront préfidialement & en dernier reffort ; qu'il fera tenu de faire rendre au Préfidial au moins au nombre de fept Juges. *Journal du Palais in fol. tô. 2. p. 848.*

PROCEDURE CRIMINELLE, RELIGIEUX.

245 Le Parlement de Touloufe au mois de Juin 1560. condamna deux Religieux de la Daurade d'être traînez fur une claye au fupplice, avec leurs habits, & mis en quartiers, fans les dégrader, pour avoir meurtri leur Superieur. *Bouchel, Bibliot. Canonique, tom. 1. p. 6.*

246 Les procedures criminelles contre les Prêtres & Religieux, ne peuvent être faites par les Religieux. Arrêt du Parlement d'Aix du dix Mars 1672. *Boniface, tom. 3. liv. 1. tit. 2. ch. 8.*

Voyez cy-après, verbo *Religieux.*

PROCEDURE CRIMINELLE, REQUESTE CIVILE.

247 Une femme convaincuë d'avoir empoifonné fon mari, fut condamnée à mort par les premiers Juges. Sur l'appel qu'elle interjetta, la Cour ne trouvant pas la preuve fuffifante, adoucit la peine, & la commua à un banniffement de trois ans. Après fon exil expiré, & fon retour en la Ville d'Orleans, un criminel declara, avant que d'être executé, qu'à la priere de cette femme, luy & deux autres avoient compofé le poifon, dont il étoit à croire qu'elle avoit pû empoifonner fon mari. Le pere de ce défunt mary rend une nouvelle plainte aux premiers Juges ; ils decretent, elle en interjette appel : le pere de fa part obtient Requête civile contre l'Arrêt, qui avoit moderé la peine de mort. Arrêt du mois de Mars 1615. qui décharge du Decret, & fur la Requête civile met hors de Cour. l'Arrêt fondé fur ce que la depofition d'un homme condamné merite peu de foy, & que cette femme avoit déja fubi une peine. *Le Bret, liv. 6. décif. 1.*

248 De la regle, *ne bis in idipfum.* Voyez *les Arrêts de M. de Catellan, liv. 9. ch. 11.* Il cite un Arrêt du Parlement de Touloufe de l'année 1637. qui démet l'impetrant d'une Requête civile, prefentée contre un Arrêt d'enterinement des Lettres de grace, obte-

C c

nuës fur une information fauffe : *Omnis honefta ratio expedienda falutis ; licet quoquo modo fanguinem fuum redimere.* Il obferve que l'opinion commune & l'ufage d'aujourd'huy font contraires. Les Requêtes civiles contre les Arrêts de relaxe fur actes faux, peuvent être reçuës ; particulierement lorfque les actes faux font une preuve d'affignation, dont la fauffeté a mis l'accufateur hors d'état de défendre au relaxe. Mais la Requête civile trouvée irrecevable contre un Arrêt de relaxe, peut laiffer la liberté de demander & de pourfuivre l'interêt civil. Un homme accufé d'avoir tenu la main à une banqueroute, & relaxé, obtint par un autre Arrêt rendu en Juillet 1667. fur la Requête civile, confirmation du relaxe : mais à l'égard de l'interêt civil & pecuniaire, l'Arrêt interloque & reçoit fes creanciers en preuve des latirations par luy faites.

PROCEDURE, CRIMINELLE, SENTENCES.

249 *Quemadmodum fententiæ criminales proferri debeant?* Voyez *Julius Clarus, lib. 5. Sententiarum, qu. 93.*

250 *An à fententiis criminalibus appellatio, vel dictio de nullitate fit admittenda ?* V. *ibid. qu. 94.*

251 *De executione fententiarum criminalium pecuniariarum.* Ibid. qu. 95.

252 *De executione fententiarum corporalium.* Ibidem, qu. 96.

253 *Ex quibus caufis executio fententiæ capitalis fit differenda ?* Ibid. qu. 97.

254 *Quæ executionem fententiæ capitalis impediant ?* Ibid. qu. 98.

255 *Qua fit forma exequendi fententias corporales ?* Ibid. qu. 99.

256 *Sententia mortis non debet ferri per proceffum ordinarium.* Vide Joan. Galli, qu. 175. *Item, per Arreftum* 1388. *fuit dictum Franquetum* Soarde *bene appellaffe à Præpofito de Caftellone, qui ipfum ad fufpendium condemnaverat per inqueftam & proceffum ordinarium.*

257 Arrêts du Parlement de Provence des 24 Février 1640. & 26. du même mois 1656. qui défendent aux Juges fubalternes de prononcer en ces termes, *pour les caufes refultantes du procez,* d'autant que ce font des termes fouverains. *Boniface, tome 5. liv. 1. titre 1. nomb. 6.*

258 Arrêt du fept Decembre 1658. qui a declaré nulles les Sentences données après midy, en matiere criminelle. *Boniface, ibid. tit. 16. n. 5.*

259 Des Sentences, Jugemens & Arrêts en matieres criminelles. *Voyez l'Ordon. de 1670. tit. 25.*

PROCEDURE CRIMINELLE, TEMOINS.

260 La condamnation à mort ayant été oppofée à un témoin, le reproche reçû, le Marquis de Ladouze condamné à mort contradictoirement, & un fimple interlocutoire ordonné à l'égard du Comte de la Buffiere : M. le Procureur General s'étoit infcrit en faux contre la condamnation du témoin, & avoit obtenu divers Arrêts, faute par le Comte de la Buffiere d'avoir declaré qu'il la vouloit foûtenir. Le Comte de la Buffiere impetroit des Lettres en oppofition envers ces Arrêts. Il les fondoit fur ce que le reproche ayant été jugé en faveur des prévenus, on n'y pouvoit plus revenir, fuivant la maxime generale ; qu'en matiere criminelle on ne pouvoit pas remettre deux fois en doute & au hazard, les chofes une fois jugées, fur tout à l'avantage du prévenu ; d'autant moins qu'ayant été fur le reproche auparavant jugé, oüi fur la Sellette avec le Marquis de Ladouze, qui, condamné à mort, avoit fubi fa peine, il avoit rifqué fa vie ; qu'il n'étoit pas jufte qu'il rifquât une feconde fois par des changemens aux Arrêts auparavant rendus. Il paffa neanmoins fans difficulté à démettre l'Impetrant de fes Lettres en oppofition ; par la raifon que les maximes generales ne regardent que le prévenu condamné ou abfous, mais non le prévenu, qui n'eft pas diffinitivement jugé ; & des Arrêts de fimple inftruction fur

tout encore des Jugemens de reproche, qui, lorfqu'ils ne font chargez de nulle preuve, font moins des Arrêts, que des Arrêtez, qui fur un Regiftre fecret & particulierement inconnus, & non communiquez aux parties. V. M. de Catellan, li. 9. c. 11.

261 Aux Grands Jours de Poitiers, la Cour jugea le 8. Octobre 1579. qu'une caufe ayant été reglée à l'ordinaire, les témoins pouvoient être oüis de nouveau, & confrontez une feconde fois. Les parties y ont interêt, afin que reciproquement ils foient plus, en état de les blâmer & reprocher. *Bibliot. de Bouchel,* verbo *Jugemens.*

262 En matiere criminelle, après que les témoins ont été recollez & confrontez à l'accufé ; à la requête de partie civile, ils ne peuvent être derechef oüis & interrogez ; parceque pour fe venger des reproches, ils pourroient dépofer par animofité contre l'accufé. Jugé au Parlement de Paris le 4. Mars 1595 Quoique M. Servin fe fondant fur l'atrocité de l'accufation de ravistement d'une fille de huit ans, eût conclu au contraire, cela peut neanmoins être fait, quand la partie civile ne le requiert, *fed folus Judex procedit ex officio.* Papon, *livre 9. titre 1. nombre 5.* Guy Pape, *queft. 124.*

263 Après le procez fait par recollement & confrontation, l'on peut faire de nouveau oüir des témoins, jufqu'à ce qu'il y ait un Jugement, parce qu'il importe au public, *delicta non remanere impunita.* Arrêt du Parlement de Grenoble du 22. Août 1636. *Baffet, tom. 1. liv. 6. tit. 2. ch. 5.*

264 Arrêt du Parlement de Provence du 11. Decembre 1638. qui a jugé que les Lieutenans ne peuvent ordonner en inftruction de procez criminel, que l'accufateur baillera un rôle des témoins à l'accufé ; mais feulement au Procureur du Roy, parce que l'accufé pourroit corrompre les témoins. *Boniface, to. 1. li. 1. tit. 10. n. 3.*

265 En matiere criminelle, regulierement on ne peut arrêter les témoins après le recollement & confrontations, fi ce n'eft qu'il y ait des variations effentielles en leurs dépofitions & recollemens, &c. & enjoint aux Greffiers de parapher les pieces du procés qu'ils envoyeront au Greffe de la Cour par premiere & derniere. Jugé au Parlement de Paris le fix Avril 1685. *De la Gueff. tom. 4. liv. 8. chap. 6.* C'eft l'Arrêt des Denyau & Camus, & autres ; & de deux cens écus d'épices, le Lieutenant criminel de fervice condamné à rendre cent écus, & l'Arrêt lû au Châtelet, l'Audience tenant.

PROCEZ CRIMINEL, TRANSACTION.

266 Des tranfactions en matieres criminelles ; & par qui elles peuvent être faites ? *Voyez* Julius Clarus, *lib. 5. fententiarum, qu. 58.*

267 *Voyez* l'art. 19. du titre 25. de l'Ordonnance criminelle de 1670.

PROCESSIONS.

1 DE *publicarum proceffionum indictione.* V. Pinfon, *de cenfibus. §. 10.*

2 Des Proceffions, *Te Deum,* & autres Prieres publiques. *Voyez les Memoires du Clergé, 10. 1. part. 1. tit. 2. ch. 5.*

2 L'ordre & forme gardée és Proceffions generales où Sa Majefté affifte. *Voyez* Fileau, *partie 3. tit. 11. chap. 17.*

3 La Proceffion du Puy en Auvergne, ayant été troublée par la populace, & plufieurs excés commis, grandes condamnations & amendes par Arrêt du 24. Avril 1319. du Regiftre *olim* fol. 399. B. Corbin, *fuite de Patronage, ch. 305.*

4 *Fuit dictum per arreftum quod Canonici du Mans, (licet exempti) non erant recipiendi ad poffeffionem per eos allegatam, quod cum Epifcopo du Mans diœcefanorum tenebantur ire ad proceffionem, & in emendam condemnati ratione exceffuum commifforum in hoc impediendo:*

ſed per ſe irrevolebant, & reverâ iverant per ſe, Epiſ-copum dimittendo ſeorſum : & fuit hoc dictum abſque hoc quod ſcripturæ alicuæ Curiæ traderentur. Joann. Gall. qu. 326.

5   Coûtume autrefois reprouvée en France, par la-quelle quelques Chanoines prétendoient & en alle-guoient poſſeſſion contre leur Evêque, de n'être tenus, & n'avoient accoûtumé d'aſſiſter à la proceſ-ſion. *Mainard, liv. 1. ch. 5.*

6   De l'ordre & rang obſervé és Proceſſions entre les Eccleſiaſtiques, la Cour de Parlement, & Capitouls de Toulouſe. *Voyez les Arrêts rendus en ce Parlement les 2. Juin 1503. 1. Décembre 1537. & 23. Mars 1597.* Ils ſont dans *Filleau, partie 3. titre 11. chap. 44.*

7   Du Mardy dix Octobre 1515. du matin : La Cour a ordonné & ordonne qu'elle vaquera demain pour aller en proceſſion generale en forme de Cour, par-tant de la Sainte Chapelle à Nôtre-Dame de Paris, où ſera portée la vraye Croix, pour *illec* rendre graces à Dieu, de la ſanté qu'il a donné & reſtituée au Roy, & pour le ſupplier que ſon bon plaiſir ſoit le remettre bien-tôt en bonne ſanté, & liberté en ſon Royaume, & a enjoint & enjoint à Guillaume Gaſtellier Huiſſier en ladite Cour, d'aller vers l'E-vêque de Paris, qui eſt de preſent à Saint Denys, ainſi que l'on dit, ou ailleurs où il ſera, luy dire qu'il s'en vienne en cette Ville, pour faire demain le Service, & chanter la Meſſe, & a ordonné & or-donne qu'où ledit Evêque de Paris ſeroit malade, & ne pourroit dire la Meſſe, l'Evêque de Comminges, qui eſt de preſent en cette Ville, la dira. *Preuves des Libertez, to. 2. ch. 35. n. 47.*

8   *Senatus Mævii conſignationem, quæ poſt ſupplica-tionis & proceſſionis publicæ ſolemnitatem poſt meridiano tempore facta fuerat, legitimam & congruo tempore factam pronuntiavit, & rem ipſam Mævio retractûs jure adjudicavit.* Arrêt du 14. Janvier 1588. *Anne Robert, rerum judicat. liv. 4. ch. 15.*

9   Citation décernée à un Curé, pour faire condam-ner ſes Paroiſſiens à luy payer, ſuivant leur coûtu-me, une écuelée de grains à l'iſſuë d'une Proceſſion, étoit abuſive. Jugé le 7. Juin 1632. *Du Frêne, liv. 2. chap. 110. Voyez Henrys, tome 1. livre 1. chapitre 3. queſt. 21.* où il parle de la quête des Curez pour la Paſſion.

10   Proceſſions publiques. *Voyez Henrys, to. 2. liv. 1. qu. 9.*

11   Evêques peuvent juger en perſonne par proviſion, la préſéance entre les Curez dans les Proceſſions ge-nerales. Arrêts du dernier Janvier 1639. *Bardet, tome 2. liv. 8. ch. 5.*

12   Arrêt du Parlement de Bourdeaux du vingt May 1643. contre l'Archevêque de la même Ville, qui avoit indict de ſon authorité privée une Proceſſion generale, ſans en avoir communiqué & pris l'ordre du Parlement. La Cour, les Chambres aſſemblées, faiſant droit ſur les Concluſions du Procureur Gene-ral, a ordonné & ordonne, qu'elle ira en corps à la Proceſſion generale qui ſera faite pour la ſanté & convaleſcence du Roy. Enjoint à ces fins à tous les Corps que l'on a accoûtumé d'y appeller, ſe trouver demain au Palais à l'heure de huit heures du matin, pour de là ſe rendre dans l'Egliſe Metropolitaine de Saint André, & à tous les Habitans de la Ville, de fermer les Boutiques, & parer les ruës, & aux Ju-rats d'y tenir la main ; & à ces fins que le preſent Arrêt ſera publié aux lieux accoûtumez ; & neant-moins ladite Cour fait inhibitions & défenſes audit Sieur Archevêque d'uſer à l'avenir de tel procedé, & d'entreprendre de ſon authorité privée aucunes con-vocations publiques, & d'y appeller les Corps de la Ville, ni d'y réſoudre ou indire les Proceſſions ge-nerales & extraordinaires, ſans au préalable en avoir communiqué & pris l'ordre avec la Cour, ainſi qu'il

Tome III.

a été de tout temps pratiqué & obſervé ; & ce à peine de dix mille liv. & d'être contraint au paye-ment d'icelles par ſaiſie de ſon temporel, & être pri-vé de l'entrée & voix déliberative en la Cour ; & aux fins qu'il n'en prétende cauſe d'ignorance, luy ſera l'Arrêt ſignifié par l'un des Huiſſiers d'icelle. *V. le premier tome des Preuves des Libertez, chapitre 7. nomb. 89.*

13   Les Proceſſions generales, le *Te Deum,* & autres Prieres publiques, qui ſe font dans les Dioceſes par ordre ſuperieur, doivent être indictes par l'Evêque ou ſon Grand Vicaire, dont le Chapitre ſera gracieu-ſement averty. Arrêt du 8. Janvier 1647. *Du Frêne, liv. 4. chap. 45.*

14   Le Curé de S. André de Chelles prétendoit qu'il avoit droit, comme Curé, de porter l'Etole entrant en l'Egliſe de l'Abbaye de Chelles aux jours des Proceſſions ; il en fut débouté le 28. Mars 1651. *Dic-tionnaire de la Ville,* au mot *Proceſſions.*

15   Reglement entre l'Archevêque & Parlement de Rouen, ſur l'ordre des Proceſſions generales, & la ſeance que le Parlement doit alors avoir dans l'Egli-ſe. *Mémoires du Clergé, to. 1. part. 1. p. 543.*

Le rang & la ſeance que la Chambre des Comptes doit alors avoir, *pag. 544.*

16   Jugé par Arrêt du 4. Avril 1664. que le Chapitre de l'Egliſe Cathedrale de *Bourges,* eſt bien fondé à prétendre d'aller proceſſionnellement tous les ans le Dimanche des Rameaux, en l'Egliſe du Château lez Bourges, pour la benediction & reception des Ra-meaux. M. l'Avocat General Talon, dit que cette coûtume loüable ne devoit pas être regardée com-me ſervitude. Il rapporta l'exemple de l'Egliſe Ca-thedrale de Nôtre-Dame de Paris, dont le Chapitre à pareil jour avoit accoûtumé d'aller proceſſionnelle-ment à l'Egliſe de Sainte Geneviéve, & recevoir le même honneur de la part des Religieux. *Soëfve, to. 1. Cent. 3. ch. 15.*

17   Les Proceſſions continuées, & que les Chanoines de l'Egliſe Cathedrale de Senlis ſeroient tenus de s'y trouver ſans aucune invitation, & que l'on prend droit deux Dimanches, tels que l'Evêque de Senlis leur ordonneroit. *Notables Arrêts des Audiances,* Arrêt 115. le Jeudy 11. Février 1664. *Du Frêne, li. 4. chap. 45.* où il y a Arrêt du 8 Janvier 1647. entre l'Evêque d'Amiens, & les Doyen, Chanoines & Chapitres. *De la Gueſſ. tom. 2. li. 6. ch. 12.* rapporte l'Arrêt du 11. Février 1664.

18   Rang & ſeance du Parlement de Paris dans l'Egliſe de Paris aux Proceſſions generales, & autres aſſem-blées publiques *Mémoires du Clergé, tome 1. part. 1. pag. 545.*

19   Les Religieuſes ne doivent point ouvrir les por-tes du Chœur de leur Egliſe, pour y recevoir les Pro-ceſſions, quelque coûtume qu'il y ait au contraire. *Ibid. pag. 796.*

20   Défenſes à l'Abbé de ſainte Geneviéve d'aſſiſter à la Ceremonie de la Proceſſion du S. Sacrement en habits Pontificaux, ni d'y donner la Benediction. Ju-gé le 4. Juillet 1668. *De la Gueſſtere, tom. 3. livre 2. chap. 18.* Ce même Arrêt eſt rapporté au Journal du Palais.

PROCEZ.

E Xplication de ce mot, *Lis. L. 36. D. de verb. ſignificatione.*

Ut lite pendente, nihil innovetur. D. Gr. 11. q. 1. c. fin. 16 qu. 4. c. 2. Extr. 2. 16. S. 2. 8. Cl. 2. 5. Inſt. L. 3. 13. Pendant le cours du procez, toutes choſes demeurent en état :

De quibus rebus ad eundem judicem eatur. D. 11. 2. Inſtances ou procez, quand doivent être joints ?

De variis & extraordinariis cognitionibus, & ſi ju-dex litem ſuam feciſſe dicatur. D. 50. 13. Ce titre parle des demandes formées devant le Prêteur ou les Ma-

C c ij

giſtrats, qui s'en retenoient la connoiſſance, ſans donner des Juges ordinaires : de là vient que ces demandes ſont icy appellées, *Procez extraordinaires*. Telles étoient les demandes de ſalaires, & pluſieurs autres.

PROCEZ, APPEL.

1 Dans le procez par écrit, c'eſt à l'appellant de faire apporter toutes les pieces au Greffe, & s'il gagne ſa cauſe, on luy ajuge les frais du port. Si l'intimé l'anticipe, & le fait apporter à ſes dépens, il peut en demander la moitié. Si c'eſt un procez criminel, l'accuſateur doit faire apporter le procez à ſes dépens ; & s'il prend un executoire ſur les lieux du port du procez, l'accuſé en doit interjetter appel. Il appartient deux ſols pour lieuës au Meſſager. *Mornac, liv. 11. ff. ad exhibendum.*

Voyez les mots *Appel, Executoire, Meſſage.*

PROCEZ EN ETAT DE JUGER.

2 Le Juge, quoique l'une des parties ſoit décedée, peut rendre ſa Sentence, ſauf à ceux contre leſquels on la voudra faire executer, d'en interjetter appel, & non par voye de nullité. *Ordonnance de 1539. art. 90. Voyez M. Loüet, let. P. ſom.* 17. Il a été ordonné, contre l'avis du Rapporteur, que les heritiers ſeroient aſſignez. Arrêt du Parl. de Paris du 15. Juin 1678. *Journal du Palais.*

PROCEZ CRIMINEL.

3 *Voyez cy-deſſus,* le mot *Procedures, nombres* 66. & ſuivans.

PROCEZ, DECHARGE DES PIECES.

4 Greffier ou Juge chargé d'un procez, ſont garans des dommages & intereſts des parties, s'ils ne juſtifient de la perte cauſée par cas fortuit, comme feu, ruine de maiſon, naufrage. Arrêt du Parlement de Bourdeaux du 30. Mars 1517. qui met hors de Cour les heritiers d'un Juge, ſur le fondement que le procez avoit été perdu ſans ſa faute. *Papon, li.* 19. *ti.* 1. *nomb.* 21.

5 Par Lettres Patentes du Roy Henry IV. du onze Decembre 1595. verifiées le 14. Mars 1603 les Avocats, Procureurs & leurs veuves, ſont déchargez des procez indécis & non jugez, dix ans aprés qu'ils en auront été chargez ; & des jugez cinq ans. Le procés étant perdu à cauſe du ſac de la Ville, les parties peuvent de nouveau former telles demandes, & informer ainſi que de raiſon. Arrêt rendu entre deux parties de Boulogne, le 17. Decembre 1565. *Papon, Ibidem.*

DISTRIBUTION DE PROCEZ.

6 *Voyez* le mot *Diſtribution, nom.* 38. & ſuiv. & Joly, *des Offices de France,* tome 1. livre 1. titre 42. page 306.

PROCEZ AUX OPINIONS.

7 On peut produire de nouveau, aprés quelques vacations faites au procez, en rembourſant les vacations ; mais ſi ce ſont pieces non-décifives, on doit être condamné en de groſſes amendes. Arrêt en Septembre 1593. *M. Loüet & ſon Commentateur, lettre P. ſomm.* 34.

PROCEZ PARTI.

8 Quand un procez eſt parti en opinions, on ne reçoit point de production nouvelle, ſauf aux parties, aprés le procés départi, à ſe pourvoir par Requête en la Chambre où le procez avoit été parti. Arrêt du 19. Avril 1532. Autre Arrêt du 14. Août 1608. *M. Loüet, let. P. ſom.* 73. M. le Prêtre, 4. *Cent. ch.* 40.

PROCEZ, PEREMPTION.

9 M. Brodeau, lettre P. ſomm. 16. in fine, dit, Un procez par écrit, quoiqu'en état de juger, ayant été retiré par le Procureur de l'une des parties, eſt ſujet à peremption, parce qu'il ne peut pas être jugé par ſon fait.

PROCEZ VERBAUX.

10 Des procez verbaux des Juges en matiere criminelle. *Voyez l'Ordonnance de* 1670. *tit.* 4.

PROCONSUL.

LEs Proconſuls étoient dans les Provinces, ce que les Conſuls étoient à Rome. Ils étoient nommez par le peuple, ou par le Senat, qui leur donnoit des Lieutenans appellez *Legati*, & ceux-ci exerçoient la Juriſdiction des Proconſuls. On peut donner une idée de ces Magiſtrats, par nos grands Sénéchaux, & leurs Lieutenans Generaux, ou par nos Intendans & leurs Subdeleguez, ou enfin par nos Gouverneurs de Provinces, & les Lieutenans de Roy ; car la dignité de Proconſul participoit de ces trois fonctions.

De officio Proconſulis & Legati, D. 1.16.... *C.* 1.35.

De Proconſule Cappadocia, N. 30.

De Proconſule Palaſtina, N. 103.

De officio Prafecti Auguſtalis. D. 1.17.... *C.* 1. 37.

Ce Magiſtrat avoit dans la Province d'Egypte, les mêmes fonctions que les Proconſuls avoient dans les autres Provinces. Il fut appellé *Præfectus Auguſtalis*, d'un nom particulier, pour le diſtinguer des autres Proconſuls, par Auguſte, qui créa cette charge, aprés avoir reduit l'Egypte en Province particuliere.

Lex de Alexandrinis & Ægyptiacis Provinciis. Juſtin. ed. 13.

De officio juridici Alexandria, D. 1. 20.... *C. lib.* 1. *tit.* 57.

De officio Praſidis, D. 1. 18. Le nom de *Praſes*, étoit un nom general, qui ſignifioit Gouverneur, & qui par conſequent convenoit aux Proconſuls.

Voyez Gouverneur. Conſul.

PROCURATION, PROCUREUR.

PRocureur. *Procurator ad lites. Procurator ad negotia.*

Procurator ad lites. Cognitor. Procureur à plaids.

De poſtulando. D. 3. 1.... *C.* 2. 6.... *C. Th.* 2. 10... *Extr* 1. 37. De l'inſtruction des procez, & du miniſtere des Procureurs.

De Procuratoribus. C. 2. 13.... *Paul.* 1. 10... *Inſt.* 4. 11. *in pr.* & §. 3. 4. & 5.... *Inſt. Lanc.* 3. 2.... *Extr.* 1. 38.

De Procuratoribus & defenſoribus. D. 3. 3... *Procurator*, eſt pour le demandeur, & *Defenſor*, pour le défendeur.

De Cognitoribus. Paul. 1. 9. *Cognitor erat Procurator in cauſa ſtatus. Erat etiam Procurator, qui praſentis alterius cauſam tuebatur, ut ſuam. Feſtus, Briſſon.*

De cognitoribus & Procuratoribus. C. Th. 2. 12.

De iis per quos agere poſſumus. I. 4. 10. §. 1.

Quod cujuſque univerſitatis nomine, vel contrà eam agatur. D. 3. 4. Ce titre parle du Syndic ou Procureur d'une communauté.

Quinam per Procuratorem agere poſſint? N. 71.

Monachi poſſunt per Procuratorem ſe defendere. N. 123. *c.* 27.

An per alium cauſe appellationis reddi poſſint? D. 49. 9. En cauſe civile, on ſe ſert de Procureur : mais en cauſe criminelle, il faut répondre par ſa bouche.

Procurator ad Negotia : Procureur volontaire, ou conſtitué.

De Procuratoribus, Paul. 1. 10.

De negotiis geſtis. D. 3. 5... *C.* 2. 19... *Paul.* 1. 4. *Hic de Procuratore, qui negotiorum geſtor dicitur.*

De mandato. I. 3. 27.... *Caj.* 2. 9. §. 18. 19. & 20... *L.* 6o. *D. de reg. jur.*

Mandati, vel contrà. D. 17. 1. *C.* 4. 35.

Quod juſſu. D. 15. 4.... *C.* 4. 26.... *I.* 4. 7. §. 1. De ce qui eſt fait par l'ordre de quelqu'un.

De fidejuſſoribus & mandatoribus. D. 46. 1..... *C.* 8. 41... *N.* 4. Mandator ſignifie icy, Répondant.

De iis per quos agere poſſumus. I. 4. 10. §. 1.

De adsertione tollendâ. C. 7. 17. Ce titre concerne le ministere du Procureur, qui étoit nommé pour défendre celuy dont l'Etat ou la liberté étoient contestez. Ce Procureur étoit nommé *Adsertor, & Vindex, quia asserebat, & vindicabat libertatem.*

1   *De potestate Procuratoris. Per Joan. Antô. Rubeum Alexandrinum in repeti. L. accusatore. §. ad crimen. ff. de public. judiciis.*

2   *De substantialibus Procurat. ad cau. & nego.* Per Joannem de Grassis.

3   Des personnes qui peuvent être Procureurs, ou qui en peuvent établir. *Voyez hoc verbo Procureurs.* Bouvot, *tom.* 2. & Despeisses, *tom.* 1. p. 150.

4   *Procuratorium factum Religioso, an valeat?* V. Franc. Marc. tom. 1. qu. 1377.

5   *Procuratorium factum ad resurrendum seu appellandum, & petendum caveri valet : nec per ista verba, (non admisimus, neque admittimus, nisi sit quatenus jus fuerit) appellationi delatum esse censetur : nec potest opponi quod Procurator ignotus sit.* V. ibidem, to. 2. quest. 69.

6   *Procuratorium per quod Dominus promittit habere ratum quidquid procurator legitimè faceret, nullius est momenti.* Voyez *ibidem*, tô. 2. quest. 691.

7   *Procurator ad litem cum liberâ, neque compromittere, neque transigere de causâ super negotio principali potest.* Ibidem, quest. 694.

8   *Absolutio à pœnâ Canonis : si quis suadente diabolo &c. an per procuratorem peti possit ?* Voyez *ibidem*, question 830.

9   *Morte mandatoris rebus integris finitur mandatum, secus, si res desierunt esse integra cum mandator moritur.* Mornac, Leg. 26. & 40. ff. mandati.

10   *M. Du Moulin*, sur la Regle de *infirmis, n.* 269. & *suiv.* fait une grande dissertation, & propose plusieurs difficultez sur le pouvoir de celuy qui est établi Procureur, ou pour faire l'option d'une chose, ou pour donner voix à une élection.

11   Un Procureur étant constitué en une affaire particuliere par un Procureur General, son pouvoir ne finit point par la mort de celuy qui a fait la constitution generale. On le Juge ainsi au Parlement de Grenoble. *Voyez Chorier en sa Jurisprudence de Guy Pape*, page 190.

12   Une procuration *ad lites* doit être authentique. Celle qui se donne par Lettres missives peut paroître insuffisante. *Philippi, art.* 4. en rapporte des Arrêts de la Cour des Aydes de Montpellier, où il observe que les procurations des personnes illustres, comme Cardinaux, Evêques, Ducs & Comtes, signées par eux, & scellées, sont reçues.

13   Un Procureur en vertu de procuration, quelque generale qu'elle puisse être, ne peut obliger un constituant par corps; il en fait une speciale. Arrêt en *Peleus, liv.* 3. *art.* 17. Mais en Bretagne, attendu le Reglement qui veut que tous Notaires obligent par corps, une procuration generale seroit bonne; & pour n'être obligé par corps, il faudroit que la speciale le portât. *Sauvageau sur Du Fail, livre* 1. *chapitre* 34.

14   Procuration pour interjetter *appel*, ou appel interjetté sans procuration. Voyez le mot *Appel*, nomb. 164. & suiv.

15   Le Procureur qui veut prendre ou refuser une *garantie*, doit avoir une procuration speciale à cet effet, de même que pour s'en rapporter au *serment* de partie adverse. Arrêts du Parlement de Paris de 1323. & 26. Novembre 1543. Papon, *livre* 6. *titre* 4. *n.* 17. & 18.

16   Procuration sous seing privé, signée & scellée de la main & du cachet du creancier, peut valoir comme si elle étoit passée pardevant Notaire & témoins, Arrêt du Parlement de Paris du 11. Juillet 1494. *Papon, liv.* 6. *tit.* 5. *n.* 1.

17   Celuy qui est porteur d'une procuration n'est tenu

de prouver que c'est à luy à qui elle a été donnée. Arrêt du 20. Février 1521. *Papon, liv.* 6. *tit.* 2. nombre 21.

18   Arrêt du Parlement de Bourdeaux du 10. Février 1521. par lequel il est jugé qu'un facteur, quoiqu'inconnu, n'est obligé de faire preuve que c'est luy qui est nommé dans la procuration. *Papon, livre* 6. *tit.* 5. *nomb.* 1.

19   Le porteur de Procuration qui s'est obligé tant en son nom que comme ayant charge, peut être convenu solidairement, le premier sans division ni discussion. *Boërius, décis.* 273. *n.* 6. parce que *præsumitur socius.*

20   Procureur fondé de procuration s'obligeant en cette qualité, & en son nom solidairement, peut être poursuivi pour le tout, sans par le creancier être obligé à discussion. Arrêt du Parlement de Bourdeaux du 7. Septembre 1531. *Papon, livre* 6. *titre* 5. nomb. 4.

21   Procuration inserée au contrat de vente, & en vertu de laquelle elle a été faite, n'est pas suffisante, il faut montrer l'original. Arrêt du Parlement de Paris du premier Février 1538. qui, à faute de ce, déclare la vente nulle. *Papon, li.* 9. *tit.* 8. *n.* 10.

22   Arrêt du Parlement de Paris du 4. Juillet 1564. par lequel un Procureur s'étant presenté sans charge & procuration speciale, a été condamné en cent sols d'amende. *Papon, liv.* 6. *tit.* 4. *n.* 16.

23   *Procurator ad transigendum, est procurator ad compromittendum, verbo enim transigendi intelliguntur rationes omnes & modi quibus lis dirimeretur.* Arrêt du 2. Mars 1573. *Mornac, l.* 5. *ff. mandati.*

24   Le Procureur dont la procuration est inserée selon sa teneur dans l'acte, n'est point obligé de la montrer s'il n'y a inscription de faux & moyens admis. Arrêt du Parlement de Paris du 1. Février 1574. *Papon, liv.* 9. *tit.* 8. *n.* 6

25   Une personne fondée de procuration est censée contracter au nom & comme Procureur fondé de celuy de qui il l'a reçu, & non en son nom, à moins qu'il ne paroisse au contraire. *Voyez Maynard, tome* 1. *liv.* 4. *chap.* 15.

26   Si la convention pour la poursuite des dettes, à la charge de prendre la moitié par le Procureur constitué, est valable, & si la procuration finit par la mort du constituant ? *Voyez Bouvot, tome* 1. *part.* 2. *verbo Procureur, quest.* 1.

27   Si un gendre négociant & maniant les affaires de son beaupere en son absence à cause des troubles, peut demander salaires; & si ayant été fait prisonier & payé rançon, il peut demander le remboursement comme un Ambassadeur fait prisonier ? *Voyez Bouvot, tome* 1. *part.* 1. *verbo Négociateur,* question 1. il estime que non.

28   Une personne qui a fait quelque chose sur une procuration, ne peut être condamnée à la garantie en son propre & privé nom, *nisi fidem suam adstrinxerit.* Arrêt du Parlement de Dijon du 4. Février 1614. *Bouvot, tome* 2. verbo *Procurations quest.* 8.

29   Une mere ayant passé procuration à deux *in solidum*, pour faire un contrat de mariage par un sien fils; l'un des Procureurs en vertu de la procuration passe le contrat ; l'autre Procureur le même jour pardevant le même Notaire & témoins, passe un autre contrat, par lequel il revoque le premier, & y change des clauses fort importantes. La Cour par Arrêt donné au rapport de M. Loüet entre de Poix & de Baumont le 21. Mars 1604. a déclaré le second contrat nul, comme ayant été fait par un qui n'avoit plus de charge, la procuration ayant été executée par le premier Procureur. Autre chose est, quand il est expressément porté par la procuration que l'un des Procureurs ne fera rien sans l'autre, ou quand ils ne sont point constituez Procureurs *in solidum* ; car en ces cas *unus sine altero non debet admitti* : autre chose aussi

quand celuy qui est constitué *in solidum*, *potest negotium inchoatum suscipere*, *& perficere*, *dum tamen non fuerit alius substitutus ab eo qui jam negotium inchoavit*, *quia substitutus præferri debebit*; *secùs etiam cum duo diversis temporibus procuratores dati sunt*, parce qu'en ce cas qui posteriorem dat, priorem datum prohibere videtur*, *l. Si quis* 31. *in fin. de procur.* Voyez *M. le Prêtre*, 4. *Cent. chap.* 18.

30   *Qui cum solo procuratore Monasterii reditum civilem*, *ac pecuniarium Monasterio debitum perimit, nihil agit*, *etiam si habeat mandatum generale, quia mandato generali*, *non continetur transactio.* Arrêt du premier Décembre 1608. *Mornac*, *l.* 60. *ff. de procuratoribus.*

31   Un Procureur pour exiger peut compenser & liberer. Jugé au Parlement de Grenoble le 10. Juillet 1614. Autre chose est d'un Procureur *ad lites.* Basset, *tome* 2. *liv.* 5. *tit.* 11. *chap.* 3.

32   Jugé par Arrêt du Parlement de Paris du 2. Decembre 1655 qu'un frere ayant geré & administré les biens de la sœur émancipée, ne peut estre poursuivi par elle, *actione tutelæ*, mais, *actione negotiorum gestorum.* Soëfve, *tome* 2. *Cent.* 1. *chap.* 2.

33   Le huit Mars 1661. en l'Audience de relevée de la Grand'-Chambre, jugé que l'obligation consentie par une femme séparée de biens d'avec son mary, laquelle se dit porteuse d'une procuration de son dit mary, & dont il est fait mention dans ladite obligation, que la femme l'a representée, & qu'elle luy a été renduë, étoit nulle, faute de rapporter par le creancier la procuration prétenduë dudit mary. *Jovet*, verbo *Femme*, *nombre* 11.

34   Les Procureurs ont hypoteque du jour de la procuration. Arrêt à Paris de l'année 1672. *De la Guess.* tome 3. *liv.* 6. *ch.* 25. *Idem* pour leurs avances. Arrêt du 19. Juin 1674. *De la Guess.* to. 3. *livre* 8. *ch* 10.

35   Si une femme fondée de procuration de son mary pour agir, transiger, recevoir, aliener & s'obliger, peut en vertu de cette procuration être caution de autruy; il y avoit quelques circonstances de stellionat, l'affaire appointée le 25. Février 1681. *De la Guess.* to. 4. *liv.* 4. *chap.* 7.

36   Les Mandateurs, c'est à dire ceux qui ont passé une procuration, sont tous solidairement obligez, soit qu'ils ayent tous signé l'acte, soit qu'il n'y en ait qu'un. Arrêt du Parlement de Grenoble du 24. May 1685. rapporté par *Chorier en sa Jurisprudence de Guy Pape*, *page* 290.

37   Acte de Notorieté de M. le Lieutenant Civil du Châtelet de Paris du 15. May 1682 portant que ce n'est point l'usage au Châtelet de Paris, que les Procureurs de cette Cour produisent judiciairement les procurations qui leur sont données par leurs parties, & les fassent registrer au Greffe, attendu que lesdites procurations ne leur servent que de pouvoir pour agir, & proceder en Justice pour leurs parties, & les gardent seulement pardevers eux pour les rapporter, en cas qu'ils soient desavoüez, sans en faire aucune mention dans les actes du procez.

38   Autre Acte de Notorieté donné par le même Lieutenant Civil du Châtelet de Paris le 23. Juin 1692. portant que les procurations qui ont été données aux Procureurs sur lesquelles ils sont occupé, ne sont pas sujettes à surannation, qu'elles sont valables jusqu'à ce que les affaires pour lesquelles elles ont été données soient finies & terminées, & que le pouvoir & l'ordre que les Procureurs ont eu par les procurations dure toûjours jusqu'à ce que l'instance soit perie, ou lors qu'elle a été jugée diffinitivement, si ce n'est que les procurations ayent été révoquées par ceux qui les ont passées avant le jugement diffinitif, ou la peremption acquise ou jugée telle. *Recüeil des Actes de Notorieté*, *page* 84.

Voyez cy-aprés verbo *Procureurs.*

PROCURATION ad Resignandum.
Voyez cy-aprés le mot *Résignation.*

Provisions sur procurations surannées sont nulles; 39 & il faut observer que la procuration speciale pour renoncer à un Benefice, ne vaut, si le Benefice n'est exprimé. *Conference des Ordonnances*, *liv.* 1. *titre* 3. *partie* 2. §. 20.

Toutes procurations *ad Resignandum* doivent être 40 consommées en Chancellerie Apostolique dans les 20. jours, cela se doit entendre de l'extension du consens. *Ibidem*, §. 44.

Toutes procurations, révocations, présentations 41 & collations sont nulles, si elles ne sont faites en présence de deux témoins domiciliez, non domestiques, ni parens ou alliez. *Ibidem*, §. 45.

Procuration *ad Resignandum* non effectuée aprés 42 l'an de sa date, est inutile. *Arg. l.* 2. *ff. de acquir. poss.* & les provisions expediées sur icelles, ne valent aprés l'an. *Arr.* 1. *Rebuff. in reg. de verif. not. glos.* 7. *in fin.* Depuis il y a Edit du Roy exprés. *Bibliotheque Can. tome* 2. *page* 507. *col.* 1.

Un Procureur *cum reservatione omnium fructuum*, 43 voyant que la résignation ne peut passer en cette forme, ne peut moderer luy même, & sur la moderation qu'il auroit faite, la provision ne vaudroit. *C. cum dilecti de rescript.* mais s'il fait la reservation entiere, & que le Pape la retracte à la moitié, la provision vaut. *C.* 2. *de præb. in* 6. *Arr.* 7. *Rebuff. in reg. de verif. notit. glos.* 7.

Un Procureur ne peut être constitué par un même 44 acte pour accepter & pour resigner un Office ou Benefice; il peut seulement l'accepter; mais d'autant que lors que la procuration a été passée il n'avoit de quoy resigner, il ne le pourra faire par aprés, ni constituer Procureur pour resigner. Jugé par Arrêt de la Rote. *Décis.* 529. *Rebuff. in tract. nominat. qu.* 14. *n.* 112.

Procureur constitué *ad Resignandum* peut consentir 45 à la dépêche des Bulles aprés la mort du resignant, car il ne fait rien de nouveau, mais il faut qu'il soit saisi de la procuration. Jugé au Parlement de Paris le 21. Juillet 1496. & à Bourdeaux le 3. Octobre 1526. *Papon*, *liv.* 2. *tit.* 8. *n.* 14.

Quoique la procuration *ad Resignandum* porte serment de ne revoquer le Procureur, il a été jugé à 46 Toulouse le 14. Février 1527. que la revocation peut être faite, & qu'aprés le resignant peut s'adresser à l'Ordinaire. *Papon*, *liv.* 2. *tit.* 8. *n.* 15. où il observe que quelques uns ont tenu le contraire; mais il y a trois Arrêts contre un.

En France lorsque les procurations pour resigner 47 Benefices ou Offices sont surannées, elles sont nulles aprés un an : pour les Benefices, *voyez* l'*Ordonnance des petites Dates article* 10. pour ôter le doute de sçavoir si comme déclarative du Droit commun elle devoit avoir lieu, il en fut fait une Déclaration en l'an 1551. le 29. Avril conformément à l'opinion de *Du Moulin*, & même és nominations que fait le Roy aux Prélatures; il faut par les Ordonnances que les Bulles soient expediées dans les six mois aprés la date du placet ou brevet du Roy. *Bibliotheque Canonique*, *tome* 2. *page* 504. *col.* 1.

La procuration pour resigner ne peut être déli- 48 vrée en blanc. *V. ibidem*, *page* 503. *col.* 2.

Declaration portant que toutes procurations *ad* 49 *Resignandum*, ou de permutation seront registrées és Greffes des Dioceses dans lesquels les procurations, & autres dont l'insinuation est ordonnée auront été passées, & auparavant que d'être envoyées en Cour de Rome, en interprétation de l'article 16. de la Declaration du mois d'Octobre 1646. A Paris en Janvier 1651. Registrée le 31. Mars suivant. *Troisiéme volume des Ordonnances de Loüis XIV.* fol. 278.

Arrêt du Parlement de Provence du 13. Juin 1653. 50 qui a jugé que la perfidie du Notaire qui reçoit une procuration en blanc, ensuite de laquelle il va

faire pourvoir un fien frere , rend la provifion nulle.
Boniface , to. 1. liv. 2. tit. 24. chap. 2.

51 Sur le défaut d'une procuration *ad Refignandum pure & fimpliciter* , un Benefice en la Viceltegation d'Avignon , en laquelle le conftituant n'a figné , fans marquer la caufe , & où deux témoins feulement ont figné. *Voyez le 18. Plaidoyé de Baffet* , où eft rapporté l'Arrêt du 23. May 1658.

52 Un titulaire d'un Benefice ne peut garder la procuration *ad Refignandum* qu'il en a paffée en faveur de fon neveu pour faire dépendre fa réfignation de fa volonté. Jugé au Parlement de Paris le 2. Juillet 1665. *Des Maifons , lettre T. nomb. 19.*

53 L'infinuation des procurations *ad Refignandum* , ne peut être objectée que lors qu'il y a préfomption de fraude : Edit de 1550. contre les petites dates ; la petite date , c'eft quand la procuration n'a point été envoyée en même temps que l'ordre pour retenir la date , finon après la mort des réfignans ; les provifions pour n'avoir été expediées que plus de fix mois après l'envoy de la procuration *ad Refignandum* à Rome , jugées valables , & le pourvû de cette forte fut maintenu avec dépens contre le pourvû par M. l'Archevêque de Paris , le 4. Avril 1675. *Journ. du Palais.*

54 Procuration pour accepter un Benefice. *Voyez le mot Benefice , nomb. 161. & 162.*

55 Des révocations des procurations *ad Refignandum* , & des formalitez de la fignification d'icelles. *V. la Bibliotheque Can. to. 2. page 521, & le Concordat tit. de fublat. Clement. litteris.*

56 Il n'eft pas neceffaire qu'une révocation de procuration foit paffée pardevant Notaires , quant aux co-permutans entr'eux , il fuffit qu'elle foit dreffée par le Sergent qui l'a fignifie.

Dans le concours des provifions & de la révocation , les provifions ne doivent l'emporter qu'au cas que la permutation ait été bien effectuée. Arrêt du Parlement de Paris le 15. Janvier 1691. *Au journal des Audiences , to. 5. liv. 7. chap. 2.*

DROIT DE PROCURATION.

57 Des vifites & de ce qui eft dû pour droit de vifitation , appellé procuration. *Voyez le mot Evêque , nomb. 107. Févret , liv. 3. chap. 4. n. 7. Tournet , lettre V. Arr. 24.*

PROCUREURS.

1 **V**oyez cy-deffus le mot *Procuration.*
Des Procureurs des Bailliages , Siéges Préfidiaux , & autres Siéges Royaux. *Voyez Chenu , des Offices de France , tit. 34.*

2 Des Procureurs des Parlemens , Siéges Préfidiaux & Royaux. *Voyez Filleau , part. 2. tit. 7. & cy-après le nombre 41. & fuiv.*

3 Des Procureurs poftulans *Voyez Efcorbiac , tit. 19.*

4 *Ex duobus procuratoribus melior eft occupantis conditio. Voyez M. le Prêtre , 4. Cent. chap. 28.*

5 *Dominus an reftituatur in integrum adverfus negligentiam Procuratorum? Voyez Andr. Gaill. lib. 1. obferv. 45.*

6 *Procurator quomodo mandato renuntiare poffit? Voyez ibidem , obfervat. 46.*

7 *Gefta per falfum Procuratorem , an poft fentetiam ratificari poffint? V. ibidem , obfervat. 47.*

8 Par l'Ordonnance du Roy Charles VII. les Procureurs doivent avoir grande experience , & par l'Ordonnance du Roy Henry III. il eft ordonné de ne recevoir perfonne Procureur qu'il n'ait demeuré dix ans continuels dans la maifon d'un Procureur , & fervi de Maître Clerc par trois ans.

9 *Filios togatorum cateris fupernumerariis anteferri jubemus* , le Maître Clerc d'un Procureur fut préferé au fils âgé de dix-huit ans , par les Juges de Melun ; appel ; Arrêt qui infirme la Sentence , avec défenfes aux Préfidiaux d'admettre de nouveaux Procureurs ; l'Arrêt eft du 17. Juillet 1585. *Mornac , l. 11. §. Jurifperitos Cod. de Advocatis diverf. judic.*

10 Les plus anciens Clercs qui ont fervi les Procureurs feront préferez aux Charges de Procureurs , aux Clercs qui ont fervi au Greffe. Arrêt du 19. Decembre 1608. *Filleau , 2. part. tit. 7. chap. 24. Voyez cy-après le nomb. 36.*

11 Un Procureur en caufe ne peut recevoir deniers , & paffer quittance fans une procuration fpeciale. Arrêt du Parlement de Dijon fans date , rapporté par Bouvot , *tome 1. part. 3. verbo Procureur. qu. 2.*

12 Es caufes fommaires qui n'excedent cent fols , l'on peut plaider fans Procureur. Arrêt du Parl. de Dijon du 4. Juin 1570. *Bouvot , to. 2. verbo Procez , Terrier , queft. 3.*

13 Arrêt portant défenfes aux Préfidiaux de Poitiers de recevoir de Procureurs , jufques à ce que le nombre foit réduit , excepté , s'il y a refignation de pere à fils , de beau pere à gendre , ou de frere à frere. Un nommé Chauvet refigne fon état de Procureur à N. qui avoit époufé la fœur de fa femme ; il eft reçu ; dont appel par la Communauté des Procureurs , la queftion étoit , fi on étendroit ce mot de frere aux beaux peres ? Par Arrêt du 4. May 1604. la Cour a mis l'appellation au néant , en émendant ordonné que l'Arrêt fera gardé en fes propres termes. *Biblioth. de Bouchel , verbo Procureurs.*

14 Par Arrêt du Parlement de Provence du 11. Juin 1645. il a été jugé que les Procureurs ne peuvent être forcez à faire communion du droit des préfentations. *Boniface , tome 1. liv. 1. tit. 19. n. 4.* Le même Arrêt fait défenfes aux Procureurs de tenir boutiques de marchandifes.

15 Un Procureur ayant par dol & fraude obtenu l'élargiffement de fa partie pour dettes , eft tenu de réintegrer és prifons , ou bien de payer , & dés à préfent en tous les dépens. Arrêt du 20. Février 1647. *Du Frêne , liv. 5. chap. 3.*

16 Les plus habiles Praticiens prétendent que comme une inftance liée où il y a Procureur conftitué par toutes les parties , périt par trois ans , de même la peremption peut être oppofée par un défendeur qui n'auroit au cotté Procureur.

M. Lange en fon Praticien rapporte un Arrêt du 12. Février 1684. où cette queftion a été décidée , & où il eft dit de plus que la peremption a lieu , encore bien que l'inftance ne foit liée que par le premier acte judiciaire du défendeur. *Journal du Palais.*

PROCUREUR , ADJUDICATION , ACQUESTS.
Voyez les mots Acquêts & Adjudications.

17 Une partie vouloit faire caffer un contrat paffé au profit de fon Procureur , portant vente d'un droit fucceffif ; le Procureur convenoit du fait , mais il fe difoit coheritier. Arrêt du 16. Juillet 1586. qui déboute le demandeur. *Biblioth de Bouchel , verbo Procureur. p. 1095.*

18 Arrêt du Parlement de Bretagne du 17. Septembre 1616. qui fait défenfes aux Procureurs pourfuivans criées de prendre & fe faire fubroger aux droits de criées & ventes dûs aux Seigneurs dont relevent les heritages defquels ils pourfuivent le decret. *Frain , page 419. Hevin , dans fa note* rapporte plufieurs Arrêts qui font défenfes aux Juges Greffiers & Procureurs d'Office de fe rendre adjudicataires des terres & maifons dont la vente fe pourfuit devant eux. Ils font rapportez cy-devant *verbo Adjudicataire.*

19 Lorfque des Procureurs achetent des actions ou rentes , les debiteurs s'en peuvent acquitter en reftituant le même prix , les fruits , & les interêts du prix. Jugé au Parlement de Tournay contre un Procureur de Lille pour le Prince d'Egmont le 20. Octobre 1698. *M. Pinault. tome 2. Arr. 231.*

PROCUREURS , AVOCATS.

20 Des Avocats & Procureurs poftulans & Jurifdictions fubalternes. *Ordonnances de Fontanon , tome 1. liv. 2. tit. 22. p. 551.*

21 *De Advocatis & Procuratoribus. Voyez Andr. Gaill. lib. 1. obfervat 43.*

22 Procureurs reçus au Serment d'Avocat. *Voyez* le mot *Avocat*, nomb. 165.

23 Avocats faisant fonctions de Procureurs. *Voyez* le mot *Avocats*, nombre 169. & fuiv.

24 Ordonnances pour les Avocats & Procureurs, par Gaffier. *Parif.* 1666.

PROCUREURS EN BRETAGNE.

25 Entre Jean Rideau, & René Conterais, Arrêt du Parlement de Bretagne du 11. Mars 1554. confirmatif de la Sentence du Juge de la Guerche, qui ordonne que l'appellant inftitué Sergent furnumeraire par un Procureur *cum liberâ* de la Dame de la Guerche demeureroit Sergent. Le Procureur General s'y étoit oppofé, en difant qu'il n'appartenoit pas aux Seigneurs de créer de nouveaux Officiers. *V. Du Fail*, liv. 1. chap. 62.

26 Par Arrêt du Parlement de Bretagne du 4. Septembre 1556. Mignot eft reçu à occuper comme Procureur pour M. Jacques Perceval, demandeur en Lettres de fubrogation par vertu d'une procuration en forme d'inftrument Apoftolique, *dat. anno à Nativitate Domini*, &c. & inftrumentée, & *ego*, Simon Guy, &c. *Du Fail*, liv. 2. chap. 45.

27 Commandement aux Procureurs d'icelle lorfqu'ils fe prefenteront pour aucunes parties déclarer la Paroiffe, Evêché, & demeurances d'icelles, & de la partie accufée fur peine de l'amende. Arrêt du Parlement de Bretagne, en Août 1561. *Du Fail*, livre 3. chap. 202.

28 Les Juges Préfidiaux de Rennes avoient reçu Bufnel Procureur, au lieu d'un appellé de Launay, mort. Par Arrêt du Parlement de Bretagne du 9. Avril 1563. la Cour dit qu'il a été mal ordonné, & inftitué, déclare nulles toutes inftitutions de Procureur faites aux Siéges de ce Reffort depuis la Declaration de l'Edit de l'an 1559. défendes à tous ceux qui ont été pourvûs d'exercer leurs états fur peine de faux. Commandement aux Juges d'envoyer en la Cour le nom de leurs Procureurs, le jour & par qui ils ont été inftituez. *Du Fail*, liv. 1. chap. 180.

29 Par Arrêt du Parlement de Bretagne du premier Octobre 1563. fur la remontrance du Procureur General, il eft dit que tous les Procureurs de la Cour feront ajournez pour réfider à la fuite d'icelle, & opter lequel des états (s'ils en ont deux) ils voudront choifir, pour ce fait être pourvû à la privation d'iceux, & pouvoir d'autres comme de raifon. *Du Fail*, liv. 2. chap. 384.

30 Arrêt du Parlement de Bretagne du 11. Mars 1576. qui réduit le nombre des Procureurs à 80. & ordonne qu'ils ne feront reçûs qu'à 25. ans. *Du Fail*, liv. 2. chap. 519.

31 Procureurs du Siége de Rennes réduit à 40. par Arrêt du Parlement de Bretagne du 10. Septembre 1576. néanmoins par autre du 5. Septembre 1600. un Procureur reçû pour recompenfe de fervices qu'il avoit faits en qualité de Greffier, fut maintenu, à la charge de ne pouvoir refigner. *Du Fail*, livre 2. chapitre 547.

32 Arrêt du Parlement de Bretagne rendu en forme de Reglement le dernier Avril 1578. pour les Procureurs ; il regarde l'expedition des procez, & le bon ordre du Barreau. *Voyez Du Fail*, livre 3. chapitre 447.

PROCUREUR, CAUSE CRIMINELLE.

33 *In caufis criminalibus an admittatur Procurator.* Voyez *André. Gaill*, *de pace publicâ*, lib. 1. cap. 10.

34 *Nemini licet in Galliâ, ubi de crimine agitur, innocentiam fuam defendere per procuratorem.* Voyez *Mornac*, *l.* 71. ff. *de procuratoribus.*

PROCUREUR, CAUTION.

35 Avocats & Procureurs cautions. *Voyez* le mot *Caution*, nomb. 5. & fuiv.

CLERCS DE PROCUREUR.

36 *Voyez* cy-deffus le nomb. 9. & fuiv. & le mot *Clercs*, nomb. 125. & fuiv.

COMMITTIMUS DES PROCUREURS.

37 *Voyez* le mot *Committimus*, nomb. 16. & fuiv. & cy-aprés le nomb. 43.

PROCUREUR, DESAVEU.

38 Procureur défavoüé. *Voyez* le mot *Défaveu*, nombre 3. & fuiv.

PROCUREUR, ENCHERES.

39 Si le Procureur qui encherit eft responsable ? *Voyez* le mot *Encheres*, nomb. 43. & fuiv.

PROCUREUR AU GRAND CONSEIL.

40 Reglement du 13. Octobre 1589. pour la reception des Procureurs au Grand Confeil, que les anciens Clercs qui ont fervi dix ans les Procureurs, feront préferez aux autres en la reception des Procureurs, quoiqu'ils aient acheté l'état & pratique, en remboursant toutefois. *Filleau*, 2. part. tit. 7. ch. 10.

PROCUREURS DE LA COUR.

41 Des Procureurs de la Cour. *Voyez Joly*, *des Offices de France*, to. 1. liv. 1. tit. 14. page 160. & 161. & aux *Additions*, page cxxxix. jufqu'à cxlvij. Fontanon, to. 1. li. 1. tit. 14. page 69. le 7. volume des *Ordonnances d'Henry III.* fol. 266. Du Luc, liv. 5. tit. 2.

42 Des Procureurs des Parlemens, leur inftitution, charge, fonctions, & devoir. *V. La Rochaflavin*, *des Parlemens*, liv. 2. chap. 15. Chenu, *des Offices de France*, tit. 34. & Filleau, part. 2. tit. 7.

43 Par Arrêt du 2. Mars 1555. il fut défendu à tous Procureurs d'ufer de *Committimus* s'ils n'ont été dix ans au Palais. *Biblioth. de Bouchel*, verbo *Committimus.*

44 Arrêt du Parlement de Paris du 20. Mars 1624. portant défenfes aux Procureurs de prêter leurs noms à aucuns Clercs, Sollicteurs, & autres faifant affaires au Palais, à peine de 80. livres parifis d'amende pour la premiere fois, dont fera délivré executoire au Procureur General pour employer au pain des prifonniers, & pour la deuxiéme, de privation de leurs Charges. Ordonné que l'Arrêt feroit lû en la Communauté, regiftré au Greffe d'icelle, & mis en un tableau au Greffe Civil de la Cour. *Bibliotheque de Bouchel*, verbo *Greffier.*

45 Arrêté du Parlement de Paris du 12. May 1696. qu'un Procureur dans les inftances d'ordre & préference, ne pourra occuper pour fon confrere, & qu'il faut qu'il foit chargé par la partie. *Journal des Aud. du Parlement de Paris*, to. 5. liv. 12. ch. 14.

PROCUREUR FISCAL.

46 Il eft appellé *cognitor Fifcalis*, *Fifcalis actor*, par M. René Chopin en fon traité de la Police Ecclefiaftique, liv. 1. tit. 1. nomb. 3. & 17.

47 *Procurator Fifcalis an virtute monitorii generalis conclufiones accipere contrà aliquos poffit ?* Voyez *Franc. Marc.* tomo 2. question 859.

48 Procureur Fifcal ne peut occuper & poftuler pour les parties. *Filleau*, 2. part. tit. 8. ch. 76.

49 Procureur Fifcal qui pourfuit l'accufation d'adultere. *Voyez* cy-deffus le mot *Adultere*, nombre 57. & 61.

50 Procureurs d'Offices ne peuvent plaider en caufe d'appel, ou autre hors leur Siége, il faut que les Seigneurs foient appellez & pris pour partie ; fi les Procureurs Fifcaux ont appellé, ils ne peuvent relever & pourfuivre l'appel, mais feront condamnez aux dépens de la folle intimation, & néanmoins peut le Seigneur être affigné en défertion. Arrêts du Parlement de Paris des 10. Decembre 1529. & 7. Août 1543. Papon, liv. 6. tit. 4. nomb. 9. & la *Bibliotheque du Droit François par Bouchel*, verbo *Avocats.*

51 Arrêt du Parlement de Toulouse du 2. Janvier 1542. qui défend aux Seigneurs de faire Procureurs en leur négoce gens d'Eglife. *La Rochaflavin*, livre 3. lettre P. titre 16.

52 Il n'y a que le Roy feul qui foit affigné devant les Juges

Juges en la perfonne de ſes Procureurs, tous ſes ſujets ſont aſſignez en leurs perſonnes. Par Arreſt du Parlement de Bretagne du 4. Mars 1519. il fut dit que la partie ſe pourvoiroit contre le Seigneur de Rohan, comme il verroit en raiſon appartenir. *Du Fail*, *liv*. 3. *ch*. 17.

53 Le Procureur d'Office ne peut plaider en la Cour, ſans procuration ſpeciale du Seigneur. Arreſt du P. de Dijon du deux Août 1603. *Bouvot*, *tom*. 2. *verbo Parlement*, *qu*. 2.

54 Par Arreſt du même Parlement de Dijon du douze Mars 1605. défenſes furent faites à tous Procureurs d'Office, de ſe qualifier & dire Procureurs Fiſcaux. *Ibid*. verbo *Provifions*, *qu*. 23.

55 Défenſes ſont faites par Arreſt du Parlement de Paris du 20. Mars 1629. au Procureur d'Office du moyen & bas Juſticier, de prendre la qualité de Procureur Fiſcal. *V. Bardet*, *tome premier*, *livre* 3. *chapitre* 36.

PROCUREUR GARANT.

56 Un Procureur fut condamné au Parlement de Grenoble du 4. Février 1574. en 25. livres d'amende envers une partie, & en pareille amende envers le Roy, pour avoir imprudemment baillé une Enquête à un paſſant à luy inconnu, qui ne la rendit pas ſuivant ſes adreſſes. *M. Expilly*, *ch*. 69.

57 Pour la perte des pieces, procedures, & actes d'un procez, & du remede qu'il y faut apporter ? *Voyez Boërius*, *décif*. 15.

58 Procureur tenu aux dommages & interêts de ſa partie, pour avoir été condamné, faute d'avoir ſon procez remis par ſon Procureur. Arreſt ſans date rapporté par *Baſſet*, *to*. 1. *liv*. 2. *tit*. 11. *ch*. 2.

59 Si les Procureurs ſont reſponſables des fautes de leur procedure ? Il faut diſtinguer entre les differentes affaires ou procedures : les Procureurs ne ſont pas reſponſables de leur negligence, & des défauts de leurs procedures, que dans les Decrets; & encore ce n'eſt que pendant dix ans. Pour ce qui eſt des offres ou des conſentemens qu'ils peuvent faire, ou donner ſans ordre ou ſans pouvoir de leurs parties, ils ſont ſujets à être deſavouez. *Henrys*, *to*. 1. *liv*. 2. *ch*. 4. *qu*. 27.

60 Le Procureur eſt ſujet aux dommages & interêts de la partie, juſques à trente ans, faute de rendre le procez qu'il avoit en communication originelle; parce que c'eſt une eſpece de dépôt, dont l'action dure trente ans. Arreſt du 7. Juin 1666. *V. Baſſet*, *to*. 1. *liv*. 2. *tit* 11. *ch*. 1.

61 Jugé le 26. Avril 1644. qu'un Procureur, faute d'avoir fait enregiſtrer au Greffe l'oppoſition de ſa partie, formée aux criées d'une maiſon, au moyen dequoy le creancier n'avoit été mis en ordre, étoit tenu d'acquitter ſa partie, après les offres à luy faites de le ſubroger, en ſes droits & actions. *Soëfus*, *tom*. 1. *Cent*. 1. *ch*. 67.

62 Un Procureur ayant par fraude obtenu du Juge l'élargiſſement de ſa partie priſonnier pour dette, eſt tenu de le reintegrer, ou de payer. Arreſt du 20. Février 1647. *Du Frêne*, *liv*. 5. *ch*. 3.

63 Arreſt fut rendu par forcluſion contre une partie, dont le ſac avoit été neanmoins produit : elle prit Requête civile, & voulut rendre le Procureur garant de la nullité, & des dépens : il fut mis hors de Cour par Arreſt du Parlement de Provence, du 17. Juin 1671. ſur le fondement que le Procureur, après le negoce fini, & le compte rendu, ne peut être recherché. *Boniface*, *tom*. 3. *li*. 2. *tit*. 2. *ch*. 2.

PROCUREUR GENERAL.

64 L'on en fera cy-après *n*. 130. un titre ſingulier, qu'il faudra joindre à ce qui a été obſervé ſous le titre des *Avocats Generaux*, & des Gens du Roy.

PROCUREUR, HERITIER.

65 Un Procureur peut être valablement inſtitué heritier par ſon Client. Arreſt du Parlement de Greno-

Tome III.

ble du 1. Juillet 1651. *Baſſet*, *tome* 1. *livre* 5. *titre* 1. *chap*. 19.

PROCUREUR LEGATAIRE.

66 Des legs faits aux Procureurs. *Voyez* le mot, *Legs*, *n*. 545. & ſuiv.

PROCUREUR, LETTRES.

67 Arreſt du Parlement du 12. Juillet 1552. par lequel il eſt expreſſément défendu aux Procureurs d'envoyer aucunes Lettres à leurs parties, qu'elles ne ſoient écrites ou ſignées de leurs mains. *Papon*, *liv*. 6. *tit*. 4. *nomb*. 12. & la *Bibl. de Bouchel*, verbo *Avocats*.

PROCUREUR, NOTAIRE.

68 *Procurator eſſe non poteſt qui ſit Notarius*, ne aperiatur via ex eo falſitatum technis. Arreſt du ſept Octobre 1541. *Mornac*, ff. de Procuratoribus & defenſoribus, *tit*. 3.

69 Procureur peut être Notaire en un même Siege, ſur tout, quand il eſt de petite étenduë. Arreſt du Parlement de Paris de l'an 1582. *Papon*, *liv*. 6. *tit*. 4. *nomb*. 25.

PROCUREUR CESSANT D'OCCUPER.

70 Le Procureur ou Curateur en cauſe, après le deceds du tuteur du mineur, ne peuvent plus occuper. Arreſt du 26. Novembre 1551. *M. Louet*, *lettre C. ſomm*. 27.

71 La cauſe étant vuidée par expedient, le Procureur n'eſt plus recevable; il faut appeller partie pour l'execution. Arreſt du Parlement de Paris du 14. May 1552. car le Procureur n'a plus de chargé, ſon pouvoir étant conſommé. Il s'agiſſoit en la cauſe d'une reception de caution : la Cour ordonna que la partie ſeroit appellée. *Papon*, *liv*. 6. *tit*. 4. *n*. 7.

PROCUREUR TENU D'OCCUPER.

72 Celuy qui a été Procureur en la récreance, eſt encore Procureur en la maintenuë, & eſt tenu prendre appointement. Jugé le 19. Novembre 1533. *Bibliot. Canon*. *to*. 2. *p*. 267. *col*. 2.

73 Un Religieux étant abſent & fugitif, la Cour ordonna qu'il en reviendroit par luy ou par Procureur dans trois jours ſur les Requêtes preſentées, autrement la cauſe ſeroit appellée à la Barre de Parlement, rapportée en icelle Cour, & par elle baillé Exploit, tout ainſi que ſi elle étoit au Rôle, & par vertu d'iceluy, ajugé ſur le champ tel profit qu'il appartiendroit. Il fut ajouté, que nonobſtant le refus fait par Brunet Procureur du Religieux, d'accepter la ſignification de l'Ordonnance de la Cour, le preſent Arreſt luy ſera ſignifié, & vaudra l'aſſignation qui luy ſera ainſi faite. Arreſt du Parlement de Paris du 19. May 1543. *Preuves des Libertez*, *tome* 2. *chapitre* 34. *nomb*. 27.

74 Procureur en la cauſe, l'eſt auſſi en l'inſtance d'execution ou de Sentence. Ordonnance de Rouſſillon *art*. 7. *Voyez* l'*art*. 6. du *titre* 35. de l'Ordonnance de 1667.

74 bis Un Procureur eſt tenu d'occuper, en execution d'un Arreſt où il s'agit de prorogation de delai, donné par le même Arreſt. Ainſi jugé le 23. Juin 1622. Il en ſeroit autrement après un Arreſt diffinitif; & les pieces renduës à la partie, les Procureurs ne pourroient être tenus d'occuper, putà aux inſtances de nouveau muës, ou par oppoſition. *Voyez Baſſet*, *tom*. 2. *liv*. 2. *tit*. 5. *ch*. 2.

PROCUREUR, PIECES DES PARTIES.

75 Pieces ne peuvent être retenuës par le Procureur ou Avocat. *Voyez* le mot *Avocat*, *n*. 136.

Un Procureur ayant baillé les pieces de ſa partie à partie averſe ſans promeſſe d'indemnité, fut condamné par Arreſt de les rendre dans le mois, lequel paſſé, condamné en tous dépens, dommages & interêts. *Papon*, *liv*. 6. *tit*. 4. *n*. 12.

76 Le Procureur ne peut retenir les pieces de ſa partie pour ſon ſalaire. *Voyez Coquille*, *tome ſecond*, *queſt*. 197.

D d

77 *Procurator retinere potest executorium impensarum, donec ei ad plenum à cliente satisfactam fuerit.* Arrêt du 4. May 1541. *Mornac*, *Loy* 4. *Code* de commodato.

78 Procureur a droit de retention pour le remboursement de ses frais. Jugé par Arrêt du Parlement de Paris du mois de Novembre 1543. *Papon*, *liv.* 6. *tit.* 4. *n.* 21.

79 Procureurs doivent rendre les pieces aux parties en les payant, sinon peuvent y être contraints par corps. Arrêt du Parlement de Paris du 9. Decembre 1572. contre la veuve d'un Procureur. *Papon*, *ibidem.*

80 Jugé le 30. Decembre 1602. qu'un fait allegué contre un Procureur, qu'il a été chargé des pieces d'une cause, aprés qu'il a affirmé les avoir remises entre les mains de celuy qui les luy avoit baillées, ne pouvoit être prouvé par témoins. *V.* les *Plaidoyers de M. Servin*, *tom.* 1.

81 Arrêt general du P. de Grenoble du 16. May 1629. qui décharge les Procureurs des procez de leurs parties, six mois aprés les Jugemens, si les parties ne les leur demandent dans ce temps: comme aussi aprés leur décez, leurs veuves & heritiers sont déchargez, si dans six mois on n'en fait la demande. *Basset*, *to.* 2. *liv.* 2. *tit.* 5. *ch.* 2.

82 On demande à la veuve d'un Procureur un procez, dont son mary étoit chargé : elle oppose la fin de non recevoir, prise de ce que les Procureurs & Avocats ne peuvent être recherchez des procez dont ils sont chargez, cinq ans aprés le Jugement d'iceux, ni dix ans, quand les procez restent à juger, suivant les Arrêts rapportez par *Chenu* & plusieurs autres, rendus au Parlement de Toulouse. On replique que le temps de dix ans avoit été interrompu par les troubles, & autres accidens : on soûtient au contraire, qu'il ne faut pas dix années utiles, mais dix ans continus. Par Arrêt de la Chambre de l'Edit de Castres du 27. Mars 1631. la cause fut appointée au Conseil, & depuis abandonnée. *V. Boné, Arrêt* 71.

83 Arrêt du Parlement de Provence du 27. Mars 1634. qui a jugé qu'un Procureur n'est déchargé de la restitution des sacs des parties, qu'aprés trente ans. *Boniface*, *to* 1. *liv.* 1. *tit.* 19. *n.* 1.

84 Par Arrêt du 24. May 1660. la Cour a jugé qu'un Procureur ne peut retenir les pieces de sa partie, sous prétexte du payement de ses salaires & vacations. *Boniface*, *ibid.* *n.* 9.

85 Un Procureur n'est sujet à la remise d'un procez aprés dix ans. Arrêt du Parlement de Toulouse en 1638. *Albert*, *verbo Procureur.*

86 Arrêt du Parlement de Toulouse aprés partage, au mois de Mars 1666. qui, ce requerant le Syndic des Procureurs, & sur les conclusions de M. le Procureur General, fait défenses à toutes parties de prendre és Etudes des Procureurs, des actes sans leur sçû & consentement : ordonné qu'en tel cas elles ne pourront s'en servir. *V.* les *Arrêts de M. de Catellan*, *liv.* 9. *ch.* 4.

PROCUREUR, PRATIQUE.

87 Autrefois il étoit défendu de vendre la Pratique d'un Procureur défunt. Cependant on ordonnoit alors le payement d'une somme annuelle au profit de la veuve. Arrêts des 6. Février 1534. & trois Novembre 1551. *Papon*, *li.* 6. *tit.* 4. *n.* 13.

88 Jugé en l'Audience de la Grand'-Chambre du Parlement de Paris le 26. Mars 1661. que la Pratique d'un Procureur ayant été stipulée propre au mary, encore que lors de la vente d'icelle se rencontrassent plusieurs promesses, obligations, executoires de dépens, frais, Arrêtez par les parties, le tout provenant de telle Pratique, tels effets appartenoient à l'heritier des propres, & non à la veuve donataire, qui les prétendoit comme meubles, nonobstant que le Procureur, lequel pendant sa vie avoit vendu sa Pratique dix-huit mille liv. s'étoit fait retroceder le lendemain de ladite vente, telles promesses, obligations, executoires de dépens, jusqu'à dix-huit mille livres. *Journal des Audiences*, *tome* 2. *livre* 4. *chapitre* 16.

PROCUREUR, PRESENTATION.

89 Des presentations que les Procureurs sont obligez de faire. *Voyez* le mot *Presentation*, *nombre* 36. & *suiv.*

PROCUREUR, PREVARICATION.

90 Un Procureur ayant abusé de la facilité de sa partie, & luy ayant extorqué vingt écus, a été condamné par corps a la restitution, & à dix livres parisis d'amende, & interdit pour six ans. Arrêt du Parlem. de Paris du 21. Decembre 1453. *Papon*, *liv.* 6. *tit.* 12. *nomb.* 12.

91 Un Procureur condamné à cent sols d'amende vers partie averse, pour n'avoir voulu nommer son Avocat aprés quatre commandemens. Arrêt du Parlem. de Bretagne du 18. Septembre 1572. *Du Fail*, *liv.* 2. *chap.* 429.

92 Procureurs usans de surprise, sont punissables d'amendes & dépens en leurs propres & privez noms, & quelquefois de prison. Jugé par Arrêts des quinze Février 1569. 21. & 18. Janvier 1575. & 1577. *Papon*, *liv.* 6. *tit.* 4. *n.* 14.

PROCUREURS, REGISTRES.

93 Les Procureurs sont obligez de tenir Registre de tous les deniers qu'ils reçoivent des parties, & de representer le Registre, & l'affirmer veritable. Jugé à Paris le six Mars 1674. *Journal du Palais.*

PROCUREUR, REQUESTE.

94 Un Procureur ayant presenté une Requête à une Chambre, laquelle avoit été refusée par une autre, a été condamné en l'amende. Arrêt du Parlement de Paris du dix May 1475. *Papon*, *livre* 6. *titre* 4. *nomb.* 11.

95 Arrêt du 12. Decembre 1483. portant défenses aux Procureurs de presenter aucune Requête, qu'elle ne soit signée d'eux, & ce à cause des invectives qu'ils avoient accoûtumé d'y répandre, & ensuite desavoüier. *Idem*, *liv.* 8. *tit.* 3. *n.* 11.

REVOCATION DE PROCUREUR.

96 *Non revocatur substitutio Procuratoris per mortem Procuratoris substituentis.* Du Moulin, *tome second*, p. 566.

97 *Procurator post litem contestatam revocari potest.* V. Franc. Marc. *tom.* 2. *qu.* 67.

98 Revocation de Procureur n'a effet, si en même temps il n'en est constitué un autre. Ordonnance d'Abbeville, *art.* 182. *Boniface*, *tom.* 1. *liv.* 1. *tit.* 19. *nomb.* 8. rapporte un Arrêt du Parlement de Provence du 15. Decembre 1664. conforme à cette disposition d'Ordonnance.

99 Dés qu'un Procureur est revoqué, quoique cette revocation ne soit pas venuë à sa connoissance ; il est certain qu'il ne peut plus vendre le bien de son Maître, ni en transferer la propriété à celuy qui l'a acheté. L'on dit même davantage, parce que ce Procureur ainsi revoqué, ignorant sa revocation, ne peut plus valablement donner la liberté aux esclaves, quoique la liberté fût la chose la plus favorable chez les Romains, & que pour la conserver, ils donnassent le plus souvent atteinte à leurs Loix les plus considerables ; c'est la disposition de la Loy. *Quæsitum est an is, ff. qui & à quib. manumiss. liber. non fiant.* Voyez M. Charles Du Moulin, sur la regle *de infirmis*, n. 197.

100 La cause Beneficiale dévoluë à la mort par un appel d'incident, avoit été depuis renvoyée au Châtelet. Le poursuivant vouloit prendre appointement avec celuy qui étoit Procureur de sa partie averse avant l'appel interjetté. Il disoit qu'il n'avoit point de charge, & qu'on devoit faire ajourner la partie ; il

fût dit neanmoins qu'il procederoit, parce que depuis il n'avoit été revoqué, & lui-même avoit interjetté l'appel. *Bibliotheque Canonique, tom. 2. p. 268. col. 1.*

101 Un Procureur *ad lites*, substitué par un Procureur General, n'est point revoqué par la mort du substituant: mais bien plûtôt par la mort du premier constituant. Arrêt du Parlement de Paris en l'an 1386. *Papon, liv. 6. tit. 4. n. 15.*

PROCUREUR, SALAIRES.

102 *De salario Advocatorum & Procuratorum.* Voyez Andr. Gaill. *lib. 1. observ. 44.*

103 Par l'article 176. de l'Ordonnance d'Abbeville, les Procureurs n'ont que deux ans pour faire demande de leurs salaires : mais cette prescription ne commence que lorsque le procez remis au Greffe, en a été retiré, après le Jugement. Il a été aussi jugé au Parlement de Grenoble, pour Borel Procureur acquereur de l'Office d'Eraud, contre Montigni qui offroit de jurer qu'il avoit payé à Eraud mort 17. ans auparavant, tout ce qu'il luy devoit. *V. Chorier en sa Jurisprudence de Guy Pape, p. 290.*

104 Si un Procureur est recevable à demander ses salaires après deux ans passez ? *Voyez Bouvot, tome 2. verbo Salaires, qu. 1.*

105 Procureur ayant reçû de l'argent pour sa partie, peut se payer de ses frais par ses mains. Arrêt du Parlement de Paris du 23. Novembre 1543. *Papon, liv. 6. tit 12. n. 12.*

106 Procureur ne peut, après deux ans, demander ses salaires, & doit avoir un Registre de recette ; sinon ne peut demander aucune chose ; son affirmation n'est pas même recevable. Arrêt du Parlement de Paris du 1. Février 1547. suivant l'Ordonnance de Loüis XII. de l'an 1512. Autre Arrêt de la Cour des Aydes du 29. Juillet 1573. *Papon, ibid. n. 8.*

107 Picard *Procurator Præfecturæ Parisiensis, abnegavit non modò chirographum, sed & affirmavit insuper sese nunquam dedisse apocham manu suâ subscriptam, ut bis quod sibi à debitore solutum erat, consequeretur ; multatus viginti aureis erga captivos carceris, interdictusque præterea numero suo Procuratoris in biennium, adjectaque postremo 25. aureorum mulctâ, le 30. Août 1597.* Mornac. Authent. *contra qui propriam, &c. C. de non numeratâ pecuniâ.*

108 Un Procureur, pour le payement de ses salaires & déboursez, est preferable à tous creanciers. Arrêt du Parlement de Dijon du six May 1606. *Bouvot, tom. 2. verbo Procurations, qu. 3.*

109 Un Procureur ne peut retenir les pieces, sous prétexte de ses salaires & vacations. Arrêt du 22. Juin 1610. *Idem, to. 1. part. 1. verbo Procureur.*

110 Par Arrêt du neuf Février 1613. entre le Vicomte d'Estange & Boulé, jugé, après avoir oüi Baslin Procureur en la Cour pour ce mandé, que les Procureurs ne sont recevables à demander leurs frais & salaires, deux ans après qu'ils ont été revoquez, ou qu'ils ont discontinué de postuler pour les parties ; il avoit été jugé contre la veuve Morlot, que les Procureurs, ou leurs veuves & heritiers, n'étoient recevables à demander leurs frais & salaires, s'ils ne justifioient de leurs Registres. *Bibliotheque de Bouchel, verbo Procureurs.*

111 Procureurs reçûs seulement à demander leurs salaires depuis deux ans, suivant les Ordonnances de Charles VII, Loüis XII, & François I. Arrêts du Parlement de Paris des 11. Decembre 1604. 4. Janvier 1614. 24. Mars 1618. 26. Janvier 1619. & 26. Juin 1621. Arrêts contraires des 19. Janvier 1613. 2. Janvier 1616. & 15. Janvier 1622. qui ont ordonné qu'il seroit passé outre à la taxe, suivant la declaration du Procureur, sur laquelle les parties pourroient bailler leur diminution en la maniere accoûtumée. *Additions à la Bibliotheque de Bouchel, verbo Procureur.*

Tome III.

Quoique le Procureur se trouve saisi des actes, si neanmoins étant appellé après les trois ans, il excipe, ou que par reconvention il demande ses salaires, il n'est pas recevable. Arrêt du Parlement de Bretagne du 4. Septembre 1651. *Sauvageau sur Du Fail, liv. 2. chap. 39.* 112

Par Arrêt du 19. Juin 1674. rapporté *par de la Guesfiere, tom. 3. liv. 8. ch. 10.* jugé que les Procureurs 112 bis. ont hypotheque sur les biens de leurs parties, du jour de la procuration.

Le gain que fait le Procureur dans sa profession, est pecule quasi castrense, son pere ne peût prendre les fruits. Arrêt du Parlement de Grenoble du vingt Février 1636. *Voyez Basset, tom. 1. liv. 2. tit. 11. chap. 4.* 113

Le Procureur a droit de vendre l'action d'un procez où il a occupé, faute de payement en ses patrocines. Arrêt du 14. Juillet 1655. *Voyez Basset, ibidem, chap. 3. & M. Expilly, ch. 186. de ses Arrêts.* 114

Ne pourront les Procureurs, suivant qu'il leur est prescrit par les Arrêts & Reglemens de la Cour, faire aucuns traitez, compositions ou pactions pour leurs droits en quelque maniere, & sous tels prétextes que ce soit, à peine d'être rayez de la Matricule. Extrait des Déliberations de la Communauté des Avocats & Procureurs du Parlement de Paris, confirmées par Arrêt du 29. Septembre 1689. *Voyez le Journal des Aud. to. 5. liv. 5. ch. 27.* 115

Arrêtez du Parl. de Paris du 28. Mars 1692. portant que les Procureurs ne pourront demander le payement de leurs frais, salaires & vacations, deux ans après qu'ils auront été revoquez, ou que les parties seront décedées, encore qu'ils ayent continué d'occuper pour les mêmes parties, ou pour leurs heritiers en d'autres affaires. 2°. Que les Procureurs ne pourront dans les affaires non jugées, demander leurs frais, salaires & vacations, pour les procedures faites au-delà des années precedentes immediatement, encore qu'ils ayent toûjours continué d'y occuper, à moins qu'ils ne ayent fait arrêter ou reconnoître par leurs parties, & ce avec calcul de la somme à laquelle ils montent, lorsqu'ils excederont celle de deux mille liv. 3°. Que les Procureurs seront tenus d'avoir des Registres en bonne forme, d'y écrire toutes les sommes qu'ils reçoivent de leurs parties, ou par leur ordre ; de les representer, & affirmer veritables, toutes les fois qu'ils en seront requis, à peine contre ceux qui n'auront point de Registres, ou qui refuseront de les representer & affirmer veritables, d'être declarez non recevables en leurs demandes & prétentions de leurs frais, salaires & vacations. *Voyez le Journal du Palais, in fol. tom. 2. pag. 810.* 116

La pension des Procureurs pensionnaires des Communautez, n'est pas reputée leur servir de payement pour aucun salaire : ils peuvent aussi les demander ; nonobstant le terme de deux ans, à eux accordé depuis le Jugement rendu, s'ils ont continué de travailler pour les mêmes parties en d'autres causes. Jugé au Parlement de Tournay en faveur de Predelles, contre le Magistrat de Berghes, le 24. Janvier 1693. *Pinault, tom. 1. Arr. 99.* 117

Procureur est preferé aux creanciers de son client, pour ses frais, salaires & vacations pour l'executeur à luy ajugé. Arrêt du Parlement de Tournay, rendu le 18. Decembre 1694. en faveur de Pierre Roger Vvallard Procureur à Courtray. Il est rapporté par *Pinault, tom. 1. Arr. 46.* 118

Si un Procureur intente sa demande de frais & salaires à luy dûs dans les deux ans de l'Ordonnance, son action se proroge jusques à trente ans ; Jugé au même Parlement le 19. Mars 1695. Le Procureur s'appelloit Vandenberghe. *Pinault, tome premier, Arr. 56.* 119

Les Procureurs ne pourront demander le payement 120

de leurs frais, salaires & vacations, deux ans après qu'ils auront été revoquez, ou que les parties seront décédées, encore qu'ils ayent continué d'occuper pour la même partie, ou pour les heritiers en d'autres affaires.

Les Procureurs ne pourront dans les affaires non jugées, demander leurs frais, salaires & vacations pour les procedures faites, au-delà des cinq années précedentes immediatement, encore qu'ils ayent toûjours continué d'occuper, à moins qu'ils ne les ayent fait arrêter ou reconnoître par les parties ; & ce avec calcul de la somme à laquelle ils montent, lorsqu'ils excederont mille livres.

Dans les affaires qu'ils auront fait juger au profit de leur partie avec dépens, ils pourront demander distraction des dépens, & qu'executoire soit délivré en leur nom, jusqu'à concurrence de la somme à laquelle se trouveront monter leurs avances, salaires & vacations.

Les Procureurs seront tenus d'avoir des Registres en bonne forme, d'y écrire toutes les sommes qu'ils reçoivent de leurs parties, ou par leur ordre ; de les representer & affirmer veritables, toutes les fois qu'ils en seront requis, à peine contre ceux qui n'auront point de Registre, ou qui refuseront de les representer & affirmer veritables, d'être declarez non recevables en leurs demandes & prétentions de leurs frais, salaires & vacations. Fait à Roüen au Parlement le 15. Decembre 1703. *Pesnelle, sur la Coûtume de Normandie, à la fin.*

Voyez cy-après, le mot *Salaires*. §. *Salaires des Procureurs.*

PROCUREUR, SERMENT.

121   *Prælato per Procuratorem jurare de credulitate & veritate sufficit.* Voyez *Franc. Marc, tome second, quest.* 442.

122   *Juramentum fidelitatis, an per Procuratorem præstari possit ?* Voyez *ibid. qu.* 692.

PROCUREUR SUBSTITUÉ.

123   *Non revocatur substitutio Procuratoris per mortem Procuratoris substituentis.* Arrêt de 1386. Voyez *Joan. Gall. qu.* 63.

124   *Procurator ad negotia in Beneficialibus substituere non potest.* Voyez *Franc. Marc. to.* 1. *qu.* 1181.

PROCUREUR, TÉMOIN.

125   L'opinion de J. Gallus *in qu.* 98. est que *Advocatus & Procurator causæ produci non potest in testem, nec cogi ad hoc,* il ajoûte que, *hoc fuit dictum in Parlamento an.* 1386. *sed non per Arrestum.* Depuis, il y a été jugé, conformément à l'Arrêt du Parl. de Grenoble, par un Arrêt que Papon rapporte dans le *liv. 9. de son Recueil, ti.* 1. *art.* 31. où il employe celuy de Guy Pape. Voyez *Guenois sur Imbert, liv.* 1. *chapitre* 61. *lettre* G. & *Chorier en sa Jurisprudence de Guy Pape, pag.* 314.

126   Quoique le Procureur ne puisse être témoin pour sa partie en la cause, où il la sert ; neanmoins si l'averse partie l'employe & le produit, il ne peut s'en dispenser, & y doit être contraint. Arrêt du Parlement de Grenoble de l'an 1444. pour les Celestins de Colombier, contre Jean Hugon, rapporté *par Guy Pape, qu.* 45.

127   Un Procureur *ad lites,* tenu de déposer par serment sur les faits de partie averse. Jugé au Parlement de Grenoble le 8. Avril 1454. Le contraire jugé au Parlement de Paris en 1386.

Si un Client vouloit produire en témoignage son Procureur *ad lites,* il ne seroit admis. Mais si la partie averse le vouloit produire, on l'admettroit. Jugé par Arrêts du Parlement de Paris des 5. Decembre 1579. & 18. Juin 1580. sauf à la partie les reproches. *Papon, l.* 9. *tit.* 1. *n.* 31. Cela a lieu au défaut d'autres preuves.

128   En matiere civile, un Procureur peut être contraint de porter témoignage d'un fait du procez, *secùs en*

matiere criminelle. Jugé en la Chambre de l'Edit de Castres, contre l'avis de plusieurs, qui prétendoient qu'il n'y avoit pas plus de lieu de contraindre le Procureur au Civil, qu'au Criminel. *V. Boné, Arr.* 92. & *Anne Robert, sur cette matiere.*

Si le Procureur peut être contraint de déposer 119 contre son Client ? Monsieur Bignon Avocat General dit, que celuy qui est si hardi, que de s'assurer sur la déposition de l'Avocat, asse le un témoin qui doit naturellement luy être suspect, tellement qu'il faut croire qu'il soûtient une verité ; & que celuy qui empêche telle déposition d'une personne si confidente, tâche de la supprimer. La cause fut appointée par Arrêt du 9. Août 1638. *V. Bardet, to.* 2. *li.* 7. *chap.* 39.

PROCUREUR GENERAL.

DEs Procureurs Generaux. *Voyez ce qui est dit* 130 *des Avocats Generaux sous le mot Avocat, nomb.* 197. & *suiv.* & la Rocheflavin, *traité des Parlemens, liv.* 2. *chap.* 7.

Des Avocats & Procureurs Generaux du Roy en la Cour de Parlement, & du devoir de leurs Charges, ensemble des Substituts des Procureurs Generaux és Cours Souveraines. *Joly, des Offices de France, to.* 1. *liv.* 1. *tit.* 9. *p.* 63. & *aux additions, p. xxiij.* & *cxiij. jusqu'à la page cxxij.*

Titre du Procureur General de la Reine, *aux mêmes additions, page cxxij.* & *cxxiij.*

De Regia procurationis triumviris. Vide *Luc. lib.* 4. 131 *tit.* 9.

M. le Procureur General non restitué contre la 132 désertion d'appel à luy opposée. Arrêt du 16. Janvier 1419. *Papon, liv.* 19. *tit.* 6. *n.* 7.

Dans le *second tome des Preuves des Libertez de l'E-* 133 *glise Gallicane, chap.* 34. *n.* 22. est rapporté une lettre écrite au Roy par M. Thibault Procureur General du Parlement de Paris, dans laquelle il dit au Roy en la finissant, *je prie le Createur du monde qu'il vous donne en perfection l'honneur,* &c.

Le Roy representé par son Procureur General. Jac- 134 ques Cœur, regnant Charles VII. fut condamné à faire amende honorable au Roy en la personne de son Procureur General. *Voyez la Rocheflavin des Parlemens, liv.* 2. *chap.* 7. *n.* 23.

Procureur General qui se rend accusateur du crime 135 d'adultere. *Voyez cy-dessus le mot Adultere, nombre* 54. & *suiv.*

Quand les Procureurs Generaux de sa Majesté pour 136 la défense & conservation de ses droits, ont voulu faire des remontrances pour empêcher l'enregistrement de quelques Declarations, il étoit d'usage d'en donner une nouvelle, portant que les Declarations seront enregistrées, à cette fin le Parlement tenu de s'assembler, sa Majesté imposant silence à son Procureur General. Voyez un exemple de ce dans *Hevin sur Frain, page* 662.

La Cour avertit souvent M. le Procureur General 137 d'appeller comme d'abus d'execution de Bulles, & autres cas, & prendre requêtes civiles contre les Arrêts préjudiciables aux droits du Roy & du public ; l'Edit de Blois en l'article 12. l'y oblige. *Voyez Du Fail, liv.* 3. *chap.* 38.

Quelquefois le Procureur General interjette appel 138 és cause d'abus, on le met hors de Cour ; mais on convertit ses moyens d'appel comme d'abus en moyens d'appel simple. *Vide Servin, tome* 2. *p.* 397.

Par Arrêt du Parlement de Toulouse une partie qui 139 avoit glissé des injures contre M. le Procureur General, l'accusant d'avoir reçu des présens, & de l'avoir menacé de son credit, fut condamné à faire amende honorable à huis clos. *Voyez la Biblioth. de Bouchel, verbo Procureur General, p.* 1091.

La Reine plaide en Parlement par Procureur com- 140 me le Roy. Arrêt du Parlement de Paris du 9. Juin

1549. pour la Reine Catherine de Medicis épouse du Roy Henry II. à la difference que l'on nommeroit M. Jean Du Luc Procureur General de la Reine, & non pas seulement le Procureur de la Reine. *Papon , liv. 6. tit. 4. n. 6.* Ce privilege a été continué pour les Reines qui ont suivi.

141 Des Officiers de la Cour de Chamberry dont le procez avoir été fait à la requête du Procureur General , se pourvûrent au Roy, & obtinrent Lettres de revision ; le procez renvoyé au Parlement de Paris pour être vû & jugé de nouveau.Par Arrêt du 16. Mars 1555. les Arrêts de Dijon furent déclarez nuls , & Taboüé Procureur General condamné és dépens , dommages & interêts , quoiqu'il dît qu'il n'avoit agi qu'en qualité de Procureur General , & non comme partie privée. Ce Taboüé qui avoit formé une accusation calomnieuse de fausseté contre le Président & Conseillers de Chamberry qui avoient été condamnez de faire amende honorable , fut luy-même condamné de la faire , fut pilorié , & ses biens confisquez. *Voyez Papon , liv. 19. tit. 8. n. 9*

142 Le Roy Henry II. ordonna en 1556. que les Siéges des Bailliages , Sénéchaussées , & Présidiaux vacans, les Procureurs Generaux exerceront jusqu'à ce qu'ils soient remplis. *V. Henrici , progymnasmata , Arrêt 189.*

143 Procureur General de la Cour des Aydes maintenu dans le droit de commettre à la fonction de ses Substituts , & Substituts des Substituts. Arrêt du 20. Septembre 1663. confirmé par Declaration du 22. enregistré le premier Decembre suivant. Arrêt de la Cour des Aydes à Paris du 25. Avril 1686. conforme. *Memorial alphabetique , ver.↓ Procureur General.*

144 Arrêt du Parlement de Provence du 14. Mars 1672. qui a reçû partie M. le Procureur General en crimes privez quand il y a partie , & ne la pas reçû n'y ayant point de partie. *Boniface, tome 5. liv. 3. titre 12. chapitre 4.*

145 Le Roy ordonna au mois d'Août 1683. qu'en l'absence des Avocats Generaux les fonctions seront faites par celuy des Substituts que le Procureur General choisira. *V. le Recueil des Edits & Arrêts imprimez en 1688. par l'ordre de M. le Chancelier , page 75.*

Cela se pratique pareillement au Grand Conseil. Messieurs les Avocats Generaux n'ayant point de fonction hors leur semestre , en cas de maladie , recusation , ou autre empêchement. M. le Procureur General porte la parole , on choisit un de ses Substituts ; M. Brillon a eu l'honneur d'être chargé de cette fonction pendant plusieurs semestres.

146 Conformément à l'usage du Parquet du Parlement de Paris , les Substituts de M. le Procureur General de celuy de Mets , sont maintenus dans le droit & possession de tenir la plume & signer les conclusions en cas d'absence , maladie , ou autre empêchement dudit sieur Procureur General , lors qu'audit cas il n'en aura pour ce commis aucun d'entr'eux en particulier , suivant le droit qui luy appartient. Neanmoins en l'absence de M. le Procureur General les conclusions ne peuvent être arrêtées ni resoluës que suivant l'avis de celuy de Messieurs les Avocats Generaux qui se trouvera de service ; après luy avoir fait rapport de l'affaire sur laquelle il écherra de donner des conclusions. Arrêt du Conseil Privé du 27. Août 1691. *Au Journal des Audiences du Parlement de Paris, tome 5. liv. 7. chap. 45.*

PROCUREUR DU ROY.

147 P Rocureur du Roy, *Cognitor, & Procurator Regius , vel fiscalis.*

De officio Procuratoris Cæsaris , vel rationalis. D. 1. 19.

Ubi causa fiscales , vel divinæ domûs , hominumque

eius agantur. G. 3. 26. Ce titre comprend plusieurs fonctions du Procureur General ou du Fisc.

148 Des Avocats & Procureurs du Roy és Siéges inferieurs, ensemble de Procureur du Roy és Prévôtez des Villes , ésquelles il y a Siége Présidial , & des Substituts des Procureurs du Roy ésdits Siéges. *Ordonnances de Fontanon , tome 1. liv. 2. tit. 12. p. 431. & Joly, tome 2. livre 3. titre 14. & aux additions , page 1888.*

149 Édit portant suppression des Offices de Procureur du Roy dans les Cours Ecclesiastiques de la Prévôté & Vicomté de Paris , & union à celle du Procureur du Roy au Châtelet de Paris. En Novembre 1583. *6. vol. des Ordonnances d'Henry III. fol. 83.*

150 Des Procureurs du Roy autres que les Cours Souveraines. *Voyez Du luc , li. 6. tit. 6.*

Des Procureurs du Roy, & droits attribuez à leurs Charges. *Voyez Escorbiac , tit. 10.*

151 Du Procureur du Roy des Eaux & Forêts. *V. l'Ordonnance des Eaux & Forêts, tit. 5.*

152 Procureurs du Roy qui se rendent adjudicataires. *Voyez le mot Adjudication , nomb. 49.*

153 Appel interjetté à l'Audience par l'Avocat du Roy. *Voyez le mot Appel , nomb. 27. & suiv.*

154 Quand le Procureur du Roy est recevable à former l'accusation d'adultere? *Voyez cy-devant le mot Adultere , nomb. 54. & suiv.*

155 Procureurs du Roy tenus de nommer le dénonciateur. *Voyez Dénonciateur , nomb. 18. & suiv.*

156 Si la partie publique est tenuë des dépens ? *Voyez le mot Dépens. nomb. 135. & suiv.*

157 Si le Procureur du Roy doit être créé curateur à une succession vacante , plûtôt qu'un Procureur du Siége ? *V. Bouvot , tome 2. verbo Tuteur , question 18.*

158 De la préseance dûë aux Procureurs du Roy. *Voyez le mot Préseance , n. 130. & suiv.*

159 Le Juge ne peut commettre autre que le Procureur du Roy és causes domaniales , de desherence, confiscation , *secùs* quand il ne s'agit que des biens des mineurs. *Bouvot , tome 2. verbo Tuteurs & Curateurs , quest. 20.*

160 Anciennement *Procurator Regis non poterat capere conclusiones de non contentis in citatione. Voyez Du Moulin , tome 2. page 560.*

161 Dans les causes où le public & le fisc ont interêt, si le Procureur du Roy n'est present , le jugement est nul. *Mornac , l. 2. C. si adversus fiscum , & l. 5. C. ubi causa fiscales.*

162 Intimation du Procureur du Roy pour une vexation , *Advocatum fisci in omnibus officii necessitas satis excusat. Voyez M. le Prêtre , 4. Cent. ch. 76.*

163 Le Procureur du Roy peut être Procureur du Roy en la Châtellenie & Prévôté d'une même Ville. *Voyez Henrys , to. 1. li. 2. quest. 1. & 2. li. 2. ch. 38. & 39.*

164 Arrêt du Parlement de Paris du mois de Juillet 1322. sur le requisitoire de M. le Procureur General, par lequel il est défendu au Procureur du Roy de Tours , & consequemment à tous ceux du Ressort de postuler , procurer , plaider pour les parties. *Papon, li. 6. tit. 4. n. 23.* cela n'a plus lieu.

165 Procureur du Roy de la Chambre des Comptes pour avoir varié en ses Conclusions , condamné en cent livres d'amende , & suspendu pour un an. Arrêt du 9. Septembre 1454. *Papon , livre 6. titre 4. n. 24.*

166 Procureurs du Roy ne peuvent substituer , qu'en cas d'absence , ou de maladie ; par Edit du Roy François I. publié en Parlement à Paris en l'an 1522. & jugé par Arrêt des Grands Jours de Moulins du 25. Octobre 1540. *Papon , li. 6. tit. 4. n. 24.*

167 Les causes où le Procureur du Roy est partie ne se renvoyent point aux Requêtes , ni pardevant Juges conservateurs , à la requête de partie privilegiée. Arrêt des Grands Jours de Moulins du 21. Octobre 1540. *Papon , liv. 7. tit. 7. n. 50.*

168   Les Procureurs du Roy ou Fiscaux doivent prendre garde d'accuser par animosité, autrement ils peuvent être pris à partie, & sont condamnez aux dommages & interêts des accusez, renvoyez absous. Arrêt du Parlement de Paris du 3. Decembre 1547. contre les Avocat & Procureur du Roy de Beaune, lesquels ont été condamnés chacun en 30. liv. d'amende vers le Roy, & 120. liv. vers la partie, tenus solidairement de payer, & de garder prison jusqu'à ce; neanmoins la Cour déclara que par telles condamnations ils n'encouroient infamie. *Papon, liv. 24. tit. 1. n. 4.*

169   Par Arrêt du 11. Mars 1609. en la Chambre de l'Edit, la Cour a fait défenses aux Procureurs du Roy de faire aucuns inventaires aux procez Civils & Criminels où il y a partie, ni retirer salaires des parties; enjoint à l'Avocat du Roy de Niort de faire recherche de semblables inventaires faits par le Procureur du Roy à Niort, & en certifier la Cour; le Procureur du Roy condamné à rendre ce qui se trouvera avoir été par luy reçu, que la Cour dés à present a aumôné aux pauvres. *Bibliotheque de Bouchel, verbo Inventaire de produstion.*

170   Le Lundy 27. May 1619. au Rolle de Poitou, plaidant Augustin Galland pour les Avocats & Procureurs du Roy de Poitiers, appellans d'un Reglement que le Lieutenant Criminel de Poitiers avoit fait publier, & Chuppé pour le sieur Delbeine Lieutenant Criminel intimé. Le Reglement contenoit trois chefs: le premier, que les Avocats & Procureurs du Roy ne pourroient rien prendre pour leurs conclusions verbales: le second, qu'ils ne pourroient se taxer aucunes épices pour les competences: Et le troisiéme, que le Lieutenant Criminel feroit la taxe des conclusions que les Gens du Roy prennent sur procez par écrit. La Cour confirma les deux premiers chefs du Reglement, & quant au troisiéme, elle appointa les parties au Conseil. *Filleau, 2. part. titre 6. chap. 77.*

171   Les Juges sont obligez de recevoir celuy que le Procureur du Roy nomme pour Substitut, pourvû qu'il soit dûement gradué. Arrêt du Parlement de Bretagne du 8. Juin 1619. rapporté par *Frain, page 504.* contre les Juges de la Jurisdiction de Hennebond.

172   Arrêt du Grand Conseil du 14. Janvier 1628. qui a jugé que le Procureur du Roy de la Ville de saint Bonnet le-Châtel, devoit avoir la préséance sur le Juge du Grenier à sel du même lieu. *Henrys, tome 1. liv. 2. chap. 4. quest. 11.*

173   Procureur du Roy en la Sénéchaussée & Présidial, peut l'être en la Maréchaussée. *V. Henrys tome 2. liv. 2. quest 38.* où il rapporte un Arrêt du Grand Conseil du 30. Septembre 1653. qui regle ses fonctions; & un autre du 30. Septembre 1654. qui juge que le Procureur du Roy exerçant cette fonction en la Maréchaussée, doit presenter en personne ses lettres de provision au Prévôt des Maréchaux.

174   La signature appartient absolument au Procureur du Roy, à l'exclusion des Avocats du Roy. Arrêt du 25. Janvier 1657. *Henrys, tome 2. livre 2. question 17.*

175   Declaration pour l'union de la Charge de Procureur du Roy en Cour d'Eglise, à celle de Procureur du Roy au Châtelet de Paris. A Paris en Septembre 1660. Registrée le 3. Juin 1661.

176   Arrêt du Parlement de Provence du 15. Mars 1675. Autre Arrêt semblable avoit été donné dés le 18. Juin 1667. en faveur du Procureur du Roy au Siége de Castellane, qui a donné le rapport des procez & distribution des épices au Procureur du Roy de Sisteron. *Boniface liv. 1. tit. 8. chap. 18.*

177   Les Procureurs particuliers du Roy dans les Siéges Royaux subalternes sont considerez comme Substituts du Procureur General, tellement que celuy qui prend

cause en main pour eux dans les causes criminelles qu'ils ont poursuivies, & qui sont portées au Parlement par appel, ils y sont en qualité, & leurs Substituts n'y paroissent plus; mais par Arrêt du Parlement de Grenoble du 14. Février 1677. il a été déterminé qu'en ce même cas le Procureur d'office qui a fait cette poursuite devant les Juges Bannerêrs, & des Seigneurs, sera omis en la qualité des Arrêts; *joint à luy le Procureur General du Roy*, en l'une celuy-cy est partie, en l'autre il n'est qu'adherent *& consors litis*, & l'autre regarde principalement le Procureur d'office. *Voyez Chorier en sa Jurisprudence de Guy Pape, page 354.*

178   Procureur du Roy au Bailliage peut être Procureur du Roy en la Châtellenie & Prévôté de la même Ville où le Siége du Bailliage est établi. Arrêt du Parlement de Paris du 7. Septembre 1684. en faveur du Procureur du Roy de Montbrison. *V. Henrys, tome 1. liv. 2. ch. 1. quest. 1.*

179   Procureur du Roy pris à partie. *Voyez* le mot *Prise à partie, nomb. 23. & suiv.*

PRODIGUE.

1   **P**Rodigue interdit. *Voyez* le mot *Interdiction, n. 26. & suiv.*

2   Du Curateur donné au prodigue. *Voyez* le mot *Curateur, n. 43.*

3   L'interdiction des prodigues se doit faire en connoissance de cause avec information précedente. Arrêt du Parlem. de Toulouse du 27. Septembre 1570. par lequel une interdiction faite par le Juge de Castelnaudari du soir au matin, a été cassée, & ordonné qu'il seroit informé, & que cependant le sieur de Montfaucon interdit, pourroit affermer ses revenus. *La Rocheflavin, liv. 3. tit. 17. Arr. 1.*

4   Si l'exheredation pour prodigalitez est valable? *Voyez* le mot *Exheredation, n. 78. & suiv.*

5   Saisies réelles faites sur un prodigue, declarées nulles par Arrêt du Parlement de Bretagne du 19. Août 1574. *Du Fail, liv. 3. ch. 142.* Il faut saisir sur un Curateur.

6   La donation faite par un prodigue est valable, quand elle est conforme à ce que prescrit la nature & les Loix. *Basnage, sur la Coutume de Normandie, Art. 431.*

7   Le prodigue interdit en ses biens, ne peut point tester, & le pere le peut charger de substitution exemplaire. *Grassus §. Substitutio qu. 44. n. 4.*

8   Testament d'un prodigue en faveur de la cause pie, a été confirmé au Parlement de Toulouse le 13. May 1579. *V. Mainard, liv. 7. ch. 19.*

9   Cause appointée le 1. Avril 1631. pour sçavoir si une mere par son testament, peut reduire son fils prodigue à l'usufruit de sa portion hereditaire, & substituer la proprieté; & si la disposition peut valoir, tant à l'égard du fils qui s'en plaint, des creanciers qui ont fomenté sa débauche, que de la femme creanciere de sa dot & conventions. M. Talon Avocat General, dit que ce n'étoit point icy une exheredation, mais une institution, que les creanciers n'étoient pas favorables; que le testament ne pouvoit pas être attaqué par eux: mais que la dot de la femme meritoit consideration. *V. Bardet, tome 1. liv. 4. ch. 18.*

10   Arrêt du 26. Août 1542. qui fait défenses aux Marchands, Corratiers & autres, de contracter avec les enfans mineurs & prodigues declarez, sans licence & autorité des peres & meres, tuteurs ou curateurs, ou autorité de Justice. *La Rocheflavin, liv. 3. tit. 17. Arr. 2.*

11   Le testament d'un prodigue, auquel l'administration de ses biens avoit été interdite, est bon. Jugé le 4. Juillet 1628. *Cambolas, liv. 5. ch. 50.*

12   Prodigue, hors les testamens, peut être témoin. Arrêt du 11. Septembre 1636. *M. Dolive, liv. 4. chap. 18.*

13   Arrêt du Parlement de Provence du sept Decembre 1657. qui a jugé que le mary diffipant fes biens, la femme peut repeter fes droits, & demander feparation de biens, fans information fur la pauvreté. *Boniface, tom. 1. li. 6. tit. 9. ch. 2.*

14   Au cas que le pere fubftitué les biens de fon fils à fes petits enfans, à caufe de la prodigalité de leur pere, les fubftituez ne font pas tenus de prouver les caufes de la fubftitution veritables. Jugé par Arrêt du Parlement de Paris le 9. Février 1693. *Journal des Aud. tom. 5. liv. 9. ch. 5.*

PRODUCTION.

1   PRoduction de pieces. *Litis authoritates, & inftrumenta.*
De edendo. D. 2. 13... C. 2. 1. Ce titre s'entend du demandeur qui doit communiquer & produire les pieces juftificatives de fa demande; mais les trois titres fuivans fe doivent entendre du defendeur, qui eft obligé de reprefenter les chofes mobiliaires, ou les titres qu'on luy demande.
Ad exhibendum. D. 10. 4... C. 3. 42... I. 4. 17. §.
3. Eft actio in rem mobilem exhibendam.
De tabulis exhibendis, D. 43. 5... C. 8. 7.
Teftamenta quemadmodum aperiantur, infpiciantur, & defcribantur? D. 29. 3.
Des productions des parties, tant en premiere inftance que de nouvelle en caufe d'appel. *Ordonnances de Fontanon, tom. 1. liv. 3. tit. 9. p. 566. & titre 49. pag. 619.*

2   Des inventaires de production. *Joly, des Offices de France, to. 1. li. 1. ti. 36. & 37. p. 302.* Et *Fontanon, ti. 10. p. 567. & tit. 51. p. 620.*

3   Des dépens d'une production nouvelle. *Voyez* le mot *Dépens, n. 159. & fuiv.*

4   Les Greffiers font tenus d'avoir Regiftre des productions des parties. *Voyez* le mot *Greffiers, n. 117. & fuiv.*

5   Si l'inventaire de production fait foy contre un tiers, le contract n'étant produit, mais feulement une copie, & alleguant la perte d'un acte, ce qu'il faut prouver? *Voyez Bouvot, tom. 1. verbo Preuve. queft. 58.*

6   Une production de piece ou titre ayant été communiqué à la partie averfe, elle s'en peut aider contre la partie qui la produite. *Voyez Charondas, liv. 12. Rép. 5.*

7   Quoique l'Arrêt foit refolu, on peut neanmoins le changer, & recevoir une nouvelle production, jufqu'à ce qu'il foit au Greffe. *Mornac, Loy 35. ff. de reivindicatione, fol. 312.* & M. le Prêtre, *4. Centurie, chap. 39.*

8   *Defpeiffes, to. 2. p. 468.* obferve que fi une partie a produit une piece au procez, bien qu'elle ait declaré qu'elle ne la produifoit qu'en tant qu'elle luy fervoit, neanmoins la partie averfe peut s'en aider, en forte que le produifant n'eft plus recevable à la retirer.

9   Par Arrêt du Parlement de Paris du 22. Février 1498. il fut ordonné que le procez étant fur le Bureau, & après les productions vûës & rapportées & evangelifées les parties ne feroient reçûës à faire productions nouvelles, l'Ordonnance en contient une difpofition. Cependant l'ufage contraire introduit par M. Duprat Premier Préfident, & depuis Chancelier; a prévalu par un efprit de juftice. *Papon, liv. 9. tit. 12. n. 1.*

10   Les contredits de production nouvelle fe doivent faire aux dépens du produifant, & en taxant les dépens des contredits, fe doit taxer le voyage d'un homme envoyé vers la partie, pour avoir memoire & inftruction à faire les contredits, s'il eft affirmé, & qu'il foit notoire que la partie demeure hors le lieu où le procez fe doit vuider. Arrêt du Parlem. de Paris le dernier Février 1499. *Bibliotheque du*

Droit François par Bouchel, verbo Production.

11   Les deux Chambres des Enquêtes affemblées, il a été ordonné que les productions nouvelles & incidentes, qui dorefnavant feront produites devant la reception de procez par écrit, feront mis en la fin de l'inventaire de la partie qui les produit, avec l'inventaire du procez principal, en Janvier 1508. *V. ibidem.*

12   Si l'une des parties produit un titre, dont fon adverfaire prévoye l'utilité dans une autre caufe contre le produifant, il n'eft recevable d'en requerir extrait ou copie collationnée, à moins que ce ne foit pour fervir en la même caufe. Jugé au Parlement de Paris le 19. May 1508. Le 16. May 1536. même Arrêt, toutes les Chambres étant affemblées, & alors il fut retenu *in mente Curia*, que l'Arrêt de 1508. feroit obfervé *etiam inter eafdem partes*, & *in eodem judicio.* *Papon, liv. 9. tit. 8. n. 8. & 9.*

13   Production nouvelle ne doit retarder un procez; jugé par Arrêt du Parlement de Paris du dix Mars 1510. Elle doit être communiquée *gratis*, & fut dit bien jugé, mal appellé, pour un appellant reçû à produire de nouveau, en refondant huit écus d'épices. Arrêt du 18. Juillet 1564. *Papon, livre 9. tit. 12. n. 3. & 9.*

14   Toutes productions nouvelles feront ajoûtées à l'inventaire. Arrêt du 20. Juillet 1517. ce qui eft obfervé, parce que les contredits fe donnent aux frais du produifant. *Bibliotheque de Bouchel, verbo Productions.*

15   En procez parti, production nouvelle n'a lieu. Arrêt du 5. Juillet 1518. *Papon, livre 4. tit. 6. nombre 31.*

16   Production nouvelle n'eft point reçûë, quand le procez eft fur le Bureau, & qu'il eft partagé. Arrêt du Parlement de Paris du 19. Avril 1532. *Idem, li. 9. tit. 12. n. 1.*

17   Le 13 Janvier 1537. certaine production nouvelle fut rejettée, parce que le produifant n'avoit refondé les dépens des contredits baillez par fa partie averfe, fauf toutefois fi le produifant payoit dans trois jours les dépens comme préjudiciaux, elle feroit reçûë, & non autrement, *Ibidem, tit. 11. n. 8.*

18   En Juin 1539. ordonné en la Grand'Chambre des Enquêtes, que quand quelque production nouvelle fe fait, à laquelle la partie averfe pourra bailler contredits aux dépens de celuy qui donne la production nouvelle, ne feront taxez aucuns voyages au contredifant; mais feront les contredits & confultations taxez, & les voyages refervez en diffinitive, fuivant l'Arrêt donné, toutes les Chambres affemblées, l'an 1495. *Biblioth. de Bouchel, verbo Production.*

19   Le 8. Mars il a été conclu en deux Chambres des Enquêtes, que quand quelque production nouvelle fe fait *in causâ appellationis*, par l'intimé, pofé qu'il foit dit qu'elle fera reçûë en refondant les dépens par l'intimé, des contredits que pourra bailler l'appellant; neanmoins fi l'intimé obtient *in causâ appellationis*, tellement que l'appellant foit condamné aux dépens de la caufe d'appel, les falvations qu'il aura baillées aux contredits, luy feront taxées. *Bouchel, ibidem.*

20   Entre Jean Alain & Jeanne Adam, l'Arrêt prêt à prononcer fur forclufion de Jean, lequel prefente Requête pour produire, offrant dépens; par Arrêt du Parlement de Bretagne du 29. Août 1549. il eft dit que fa production eft reçûë, qu'elle fera mife entre les mains du Rapporteur, & eft condamné és dépens de forclufion, & en feize livres monnoyez pour la retardation du procez, laquelle fomme fera payée fans dépens, comme dépens préjudiciaux, fans tirer l'Arrêt à confequence; pendant lequel temps furfoira la prononciation de l'Arrêt; & à faute de ce, fera procedé par la Cour entre parties, comme de raifon. *Du Fail, li. 2. ch. 67.*

21 Par Arrêt du 9. Janvier 1564. il fut dit que les productions nouvelles qui se feront dans les procez par écrit, seront mises au Greffe avant que de les bailler au Rapporteur, pour obvier aux abus & inconveniens. *Biblioth. de Bouchel*, verbo *Production*.

22 On ne produit rien au procez, que la piece ne soit communiquée à la partie, pour y fournir des contredits, si bon luy semble. Arrêt du 4. Juillet 1599. *Mornac*, *l. 1. ff. de edendo*.

23 Les dépens des contredits de production nouvelle seront taxez, encore que par Arrêt il soit dit, sans dépens de la cause d'appel. Jugé le 6. Juillet 1600. *M. le Prêtre*, *és Arrêts de la Cinquiéme*.

24 Seront toutes productions en matieres Civiles, faites dans un sac, & s'il se peut en originaux, sinon les copies seront bien écrites en feüilles separées, & non en cahiers, & où elles seront mal écrites, illisibles, & sans marges raisonnables seront refaites aux dépens du produisant; sur quoy sera pourvû par le Syndic & un ancien Procureur avec luy.

Les Procureurs ausquels on aura produit, soit par le Greffe, ou autrement, seront contraints & par corps à rendre les productions aprés les deux délais ordinaires expirez, qui seront de huitaine, & trois jours pour les affaires dont les assignations auront été faites à la huitaine, de quinzaine, & trois jours pour les parties qui auront été commises à plus long délay, dépendantes du Bailliage de ce Ressort, & un mois & trois jours pour les causes des autres Provinces; laquelle contrainte sera décernée par la Cour sur requêtes, & seront les Procureurs oüis sur l'arrêt de prison, devant le premier de Messieurs les Conseillers qui pourvoira sur un plus long délai, s'il y échet, aprés lequel le Procureur refusant sera incessamment contraint de rendre la production aux frais de sa partie, desquels frais executoire sera décerné par Messieurs les Conseillers & Commissaires.

Celuy qui aura saisi la Cour, rendra la cause entiere s'il en est interpellé avant l'expiration du second laps de rendre sa production, autrement la partie qui fera l'interpellation n'y sera plus recevable, sauf à luy à faire venir les autres parties, & se pourvoir devant Messieurs les Conseillers ou Commissaires, pour obtenir un temps à cette fin, lequel est autorisé de pourvoir.

Le Procureur défendeur aprés avoir rendu la production se purgera par serment devant le Syndic, ou un ancien Procureur, s'il a Avocat qui trouve sa cause sustinente & le nommera, & s'il a piéces à produire, il les produira dans le même jour qu'il aura prêté le serment.

S'il a Avocat & n'a point produit de piéces, ou s'il en produit aprés que la production luy sera renduë, il luy sera presenté à signer un avenir à la huitaine, pour les causes des parties domiciliées dans la Ville & Banlieuë de Roüen; à la quinzaine pour les autres de cette Province, & d'un mois pour celle des autres Provinces, lequel sera fait double, & signé respectivement sur le champ; & au refus de ce faire sera signifié au refusant, & à luy livré copie, ce qui vaudra de signature. *Voyez les articles arrêtez au Parlement de Rouen le 24. Avril 1686. ils sont à la suite du Commentaire de Pesnelle*.

25 On ne peut obliger une partie à produire des titres en papiers, qu'elle offre affirmer ne point avoir, & de ne pouvoir les recouvrer. Jugé au Parlement de Tournay le 11. Avril 1695. *Pinault*, *tome 1. Arrêt 61.*

26 Celuy qui a produit des Arrêts & Jugemens en secret peut être contraint par celuy contre qui ils sont produits de les communiquer, faute de ce, les piéces seront rejettées du procez. Jugé au même Parlement de Tournay le 16. Novembre 1700. *Voyez M. Pinault*, *to. 2. Arrêt 291.*

PROFESSEUR.

DE *Professoribus & Medicis. C. 10. 52... C. Th. 13. 3.* Ils sont exempts des Charges publiques.
De studiis liberalibus urbis Romæ; & Constantinopolitana. C. 11. 18... C. Th. 14. 9. Reglement pour les Professeurs des Sciences.
De Professoribus qui in urbe Constantinopolitana docentes, ex lege meruerunt comitivam. C. 12. 15... C. Th. 6. 21.
De Scolaribus auth. frid. cod. 4. t. 3. Privilege des Professeurs.
Voyez les mots *Docteur, Droit, Ecoliers, Jurisconsulte, & Regens.*
De la préference & privilege des Graduez Regens. *Voyez* le mot *Gradué, n. 167. & suiv.*

PROFESSION.

1 VOyez hoc verbo *la Bibliotheque de Jovet, & dans le present Recueil* les titres *Novices, Religieux.*

2 Profession de Religion, comment se doit faire? *Voyez Tournet, lettre P. Arr. 202.*

3 Des Professions Monastiques, à quel âge se peuvent faire? & des Professions expresses ou tacites. *V. Coquille, to. 2. quest. 247.*

De la Profession Religieuse expresse ou tacite volontaire, contre le gré, ou par la violence des parens. *Voyez Mainard, liv. 9. chap. 18. & suiv.* Févret, *de l'abus, liv. 5. chap. 3.* M. le Prêtre *Cent. 1. ch. 28.* M. Expilly *en ses Arr. chap. 26.*

4 La Profession est une mort civile, & ne peut se justifier que par écrit; la preuve par témoins est rejettée; la Profession tacite n'a point de lieu en France, & quoiqu'une personne eût demeuré 30. ans portant l'habit dans un Monastere faisant la fonction, sans justifier d'acte de profession par écrit, s'il quitte l'habit, il est capable de succeder. M. Loüet. lett. C. somm. 8. à quoi est conforme l'Ordonnance de Moulins, art. 55. *Mornac, l. 19. Cod. de transactionibus.* Voyez les notables *Arrêts des Audiences, Arrêt*

PROFESSION, AGE.

5 De l'autorité du Roy touchant l'âge necessaire à la Profession Religieuse. *Paris, 1669. in 12.*
Age pour la Profession. *Voyez* le mot *Age, nomb. 19. & suiv.*

6 Profession Monachale; à quel âge se peut faire, & des Professions expresses & tacites? *Voyez Coquille, quest. 247. per solemne votum de ingrediendo non perdunt jus succedendi, sed per ingressum tantum: & id tempus debet inspici.* Jugé pour Guy de Mirepoix, à la Nôtre-Dame de Septembre 1261. *Biblioth. Can. to. 2. p. 269. col. 1.*

7 Par l'article 19. de l'Ordonnance d'Orleans la Profession ne pouvoit être faite par les mâles avant 25. ans, & par les filles avant vingt ans; l'article 28. de l'Ordonnance de Blois a réduit ce temps à seize ans accomplis.

In quâcumque religione tam virorum quàm mulierum professio non fiat ante decimum sextum annum expletum: professio autem anteà facta sit nulla. Conc. de Trente sess. 25. chap. 15. L'Ordonnance de Blois art. 28. cy-dessus observée, a confirmé cette disposition.

8 Sur l'appel comme d'abus interjetté par quelques Religieux du Convent de la Reole, sur la Profession de Dornac, le Grand Conseil cassa & annulla l'appel comme d'abus, sans dépens, & renvoya les parties au General pour être pourvû sur la Profession. Arrêt du 21. Juin 1605. *Filleau, 1. part. tit. 1. chap. 37.*

9 Quand la Profession a été faite avant l'âge de 16. ans accomplis, elle est nulle, & le Religieux se peut défroquer aprés avoir fait déclarer sa Profession nulle par Bulle fulminée. Jugé au Parlement de Toulouse, le 2. Mars 1675. *Graverol sur la Rocheflavin, liv. 6. titre 48. Arr. 2.*

Arrêt

10 Arrêt du Parlement de Toulouse du 11. Avril 1686. qui a jugé que la Profession d'un Religieux dans le dernier jour de la seizième année est valable. *Boniface, to. 3. liv. 7. tit. 14. chap. 1.*

11 Suivant les Ordonnances il faut avoir seize ans accomplis, avec défenses à tous Superieurs d'en recevoir avant seize ans accomplis, &c. Jugé le 7. Juillet 1681. *De la Guess. tome 4. livre 5. chapitre 21. & liv. 8. chap. 48.*

12 Les Chartreux à cause de l'austerité de leur Regle ne reçoivent aucun à faire Profession avant dix-huit ans.

PROFESSION, BENEFICIER.

13 Si un Benefice Regulier peut être conferé à un Prêtre Seculier, à la charge de se faire Religieux, & faire Profession dans l'an? La cause fut décidée sur des particularitez, & non la these, le 7. Janvier 1631. *Du Frêne, liv. 1. chap. 85.* où il est dit que les conclusions de Monsieur l'Avocat General furent dans la these pour la négative.

PROFESSION, CHEVALIERS.

14 De la Profession des Chevaliers de Malthe. *Voyez* le mot *Chevaliers, nomb. 76. & suiv.*

PROFESSION, CONSENTEMENT DES PARENS.

15 Une mere qui a consenti que sa fille fût Religieuse, peut ensuite s'opposer à sa Profession, & la fille sequestrée pour sçavoir sa volonté. Jugé au Parlement de Bourdeaux le 14. Juillet 1672. *Journal du Palais.*

16 Si une fille âgée de 22. ans doit attendre la majorité de 25. pour faire profession sans le consentement de ses pere & mere qui s'en plaignoient? Jugé qu'il seroit passé outre à sa Profession, en cas qu'elle fût trouvée capable par l'Archevêque de Lyon ou son Grand Vicaire, 400. livres de pension viagere, 1600. & aux Religieuses, sçavoir, 400. livres pour les pensions du Noviciat, & 600. livres pour les frais de vêture & Profession. Arrêt du 23. Juillet 1686. *Journal du Palais.*

PROFESSION, CONSENTEMENT DES RELIGIEUX.

17 Le consentement du Convent ou Monastere touchant la Profession est necessaire: *Nisi consuetudo sit in contrarium.* Jugé le 14. Août 1546. *Expilly, en ses Arrêts chap. 27.*

18 La regle ordinaire est, s'il n'y a statut particulier du contraire, que l'Abbé ne peut recevoir la Profession d'un Religieux, sans l'avis & consentement des autres. Arrêt du Parlement de Bourdeaux, rapporté par *Boërius Décis. 260.*

Par Arrêt du Parlement de Paris du 5. Février 1598. il a été jugé en faveur de M. le Cardinal de Gondy, Abbé Commendataire de l'Abbaye de saint Jean des Vignes de Soissons, qu'il pouvoit recevoir un nouveau Religieux sans le consentement des autres; & le 15. Juillet 1609. il a été jugé en faveur du même Cardinal, appellant comme d'abus de l'élection & institution de Frere Nicolas de Bethify Prieur Claustral, que les Religieux ne pourront faire statut, ni proceder à l'élection d'un Prieur, sans en avoir préalablement averti le Cardinal Abbé pour s'y trouver, ou son Vicaire. *Voyez Bouchel, Biblioth. Can. tome 1. page 10. col. 1. & page 576. col. 2.*

19 Le 16. Decembre 1603. au Role de Vermandois, il a été jugé qu'un Novice ne peut être reçû Profez en un Monastere si tous les Religieux, & l'Abbé, *etiam* Commendataire n'y consentent, contre un Prêtre qui avoit été sept ans Novice en l'Abbaye d'Eu en Normandie, & n'avoit que le Prieur pour luy. *Vide C. ad Apostolicam.* Biblioth. Can. tome 2 page 270. col. 2.

PROFESSION D'UN DEBITEUR.

20 Profession du débiteur, *Voyez* le mot *Clerc, nombre. 116.*

21 Loiset Apoticaire étant fort endetté, & ne luy ress-

Tome III.

---

tant d'autres biens que la seule esperance de succeder, voulant faire Profession de Religieux Dominicain pour faire passer la succession de sa mere à ses enfans, quelques parens qui l'avoient nommé tuteur, & qui étoient garants de sa gestion, s'opposerent à sa Profession, disant que c'étoit en fraude de ses créanciers. Par Arrêt du Parlement de Roüen du 6. Février 1643. ils furent déboutez. *Basnage, sur l'article 278. de la Coûtume de Normandie.*

PROFESSION, DONATION.

22 M. Ricard en son traité des Donations, part. 1. chap. 3. sect. 2. nomb. 122. dit avoir eu communication de quelques Arrêts qui sont en manuscrit entre les mains de divers particuliers, & qui ont été recüeillis par défunt M. le Clerc Conseiller d'Eglise, pendant les années 1614. 1615 & 1616. entre lesquels il en remarque un intervenu en l'Audience le 4. Janvier 1616. par lequel il dit avoir été jugé qu'un Religieux Capucin n'avoit pû faire une donation entre-vifs, durant l'année de son Noviciat; c'est, ajoûte-t-il, ce que nous avons depuis peu jugé par l'avis de M. Barthelemy Auzanet, ancien & celebre Avocat du Palais, après avoir été partis en opinion entre quatre Arbitres, que nous étions, touchant une donation faite par un Religieux Capucin de cette Ville de Paris, au profit de M. de Saveuse, Conseiller au Parlement.

PROFESSION, DOT.

23 Il est permis de faire une constitution aux Religieuses, pourvû qu'il n'y ait point d'excez, & qu'elle ne soit gueres plus avantageuse qu'une pension viagere, & quoique la profession fût faite à la veille du trépas de la fille Novice. Arrêt du 2. Avril 1650. *Henrys tome 1. livre 6. chap. 5. quest. 36.*

24 Une Novice meurt le lendemain de sa Profession faite à ce qu'on prétendoit par le dol de la Superieure; les Religieuses demanderent 1800. livres promises pour sa dot. Arrêt du Parlement de Grenoble du 4. Avril 1660. qui les déboute, & les condamne à rendre la croix d'argent, & les meubles à elles données. *Basset, to. 1. liv. 1. tit. 1. chap. 21.*

Voyez le mot *Dot, nomb. 431. & suiv.*

PROFESSION, DOÜAIRE.

25 Si le doüaire est éteint par la Profession Religieuse? *Voyez* le mot *Doüaire, nomb. 234. & suiv.*

26 L'augment peut être demandé après la Profession de la mere. Arrêt du Parlement d'Aix du 16. Juillet 1658. *Basset, to. 1. liv. 4. tit. 6. chap. 5.*

27 Jugé au Parlement de Paris le 2. Juin 1636. que doüaire viager acquis à la veuve ne s'éteint point par la Profession en Religion. *Bardet, tome 2. liv. 5. chapitre 20.*

PROFESSION, FIDEICOMMIS.

28 Le fideicommis est ouvert par la Profession Religieuse? *Voyez* le mot *Fideicommis, nomb. 183. & suiv. & cy-après nomb. 49.*

PROFESSION, JESUITES.

29 Si les Jésuites succedent, & des Professions qu'ils font? *V. Tournet, lettre S. Arrêt 62. & cy-dessus* le mot *Jésuites.*

PROFESSION, NOVICIAT.

30 On voit dans l'addition à l'Enchiridion d'*Imbert, verbo Moine Profez,* que par Arrêt de Toulouse le fils d'un Marchand ayant été reçû Profez le dernier jour de l'année de son Noviciat aux Feüillans, sa Profession fut déclarée nulle.

31 Arrêt rendu au Parlement de Bretagne le 11. Janvier 1622. qui a déclaré nulle une Profession faite *intrà annum probationis,* quoiqu'il ne restât qu'un jour seulement que l'année fût parfaite. *Frain, page 313.* M. Toussaint Mongeot a fait un Recüeil des Arrêts intervenus sur cette matiere, son livre est in quarto, & imprimé à Paris en 1655.

32 Arrêt du Parlement de Provence du 21. Octobre 1641. qui a jugé que la Profession passée *in articulo mortis,* le onzième mois du Noviciat, étoit nulle. Ce

même Arrêt jugé que les Professions doivent être regiſtrées au Greffe du Reſſort. Arrêt ſemblable du 15. May 1654. L'Oeconome fut débouté de la demande de la *dot* , & des frais de la dernière maladie. *Bonifacе , tome* 1. *livre* 2. *titre* 31. *chapitre* 8. L'Ordonnance de 1667. *titre* 20. *article* 15. regle l'ordre des Regiſtres.

33 Loüis Colonia prend l'habit de Religieux Minime dans le Convent d'Aix en Provence ; il y commence ſon année de Noviciat pendant huit mois , & l'acheve dans le Convent d'Avignon où il avoit été transféré par ordre de ſes Superieurs. Il y fait Profeſſion, & y demeure plus de cinq ans; enſuite il obtient un reſcript de Rome qui déclare ſa Profeſſion nulle , fondé ſur une incommodité pareille qui luy étoit survenuë, *tardè audiebat* , & ſur ce que ſon année de probation avoit été interrompuë par le changement de lieu & de Convents : Il le fait fulminer par l'Ordinaire qui le reſtituë en tous ſes droits , & le déclare capable de ſucceder , ſans appeller ſon pere , & ſans luy donner aucune autre partie que le Promoteur. Le Pere Colonia en interjette appel comme d'abus. Arrêt du Parlement de Bourgogne du mois de Janvier 1657. qui déclare la Profeſſion valable. *Voyez le* 6. *Plaidoyé de M. Quarré, Avocat General.*

PROFESSION , PREUVES.

34 Des Regiſtres des Profeſſions Monachales. *Voyez les Ordonnances recueillies par Fontanon , tome* 1. *tit.* 23. *page* 510.

Pour prouver une Profeſſion de Religieux , ce n'eſt pas aſſez de faire apparoir du Regiſtre des Profeſſions , il faut montrer l'acte de Profeſſion écrit & ſigné de la main d'un Religieux. Ainſi jugé par Arrêt en la cauſe d'un Religieux de ſaint Denis en France. *Biblioth. Can.* 10. 2. *page* 269. *col.* 2.

35 Entre Pierre Robert Moine prétendu de ſaint Gondrant , & ſon frere , intimé , par Arrêt du Parlement de Bretagne du 26. Août 1559. il eſt dit que l'intimé ne pourra faire enquerir plus de cinq témoins pour prouver la Profeſſion Monachale de Pierre. *Du Fail, liv.* 2. *chap.* 92.

36 Arrêt du Parlement de Paris du 17. Juillet 1657. qui appointa les parties, pour ſçavoir ſi la Profeſſion Monaſtique peut être prouvée par témoins. M. Talon Avocat General avoit conclu pour la fille , contre les freres qui ſoûtenoient qu'étant Religieuſe, elle ne pouvoit demander de partage des biens. *Soëfve; to.* 2. *Centurie* 1. *chap.* 67.

37 Preuve de Profeſſion n'eſt recevable que par acte. Arrêt du Parlement de Grenoble du 7. Avril 1661. *Vide Baſſet ,* to. 1. *liv.* 1. *tit.* 1. *chap.* xx. C'étoit pour un Chevalier de Malthe.

38 La Profeſſion de Religion ne ſe prouve que par acte , & non par témoins. Arrêt du Parlement de Grenoble de l'année 1661. en la cauſe du Seigneur du Puy ſaint Martin , & du Baron de la Garde , où il s'agiſſoit d'une Profeſſion dans l'Ordre de ſaint Jean de Jeruſalem. *Juriſprudence de Guy Pape , par Chorier , page* 18.

39 Preuve de la profeſſion & vœu Monachal ſe fait par lettres , non par témoins. *Voyez l'Ordonnance de Moulins , en Février* 1566. *article* 55. & celle de 1667. *tit.* 20. *art.* 15.

QUI PEUT RECEVOIR LES PROFESSIONS.

40 Nul ne peut recevoir la Profeſſion d'un Religieux que l'Abbé , le Prieur , ou quelque autre expreſſément par eux délegué. *Expilly , Arrêt* 26. *nombre* 6. à moins que ce ne ſût la coûtume de la recevoir, même quand le ſeel de l'Abbé s'y trouve appoſé. *Expilly , nombre* 5. Le conſeil ou le conſentement du Monaſtere , ou Convent y eſt requis. *Expilly , Arrêt* 27. pourvû qu'il n'y ait point de coûtume au contraire. *Ibid. nomb.* 2.

41 La Profeſſion que reçoit un Moine ſans dignité , mais qui eſt en cette poſſeſſion , & qui en a reçû

d'autres, eſt valable. Jugé au Parlement de Grenoble le 14. Août 1546. la nullité de la Profeſſion eſt couverte par le cours de cinq ans après leſquels on ne peut plus reclamer. Arrêt en fait de dévolut fondé ſur la nullité de la Profeſſion, du 30. Juillet 1677. *Juriſprudence de Guy Pape , par Chorier , page* 12.

Le 22. Decembre 1579. jugé que l'Abbé de Cluny 42 ſeroit contraint bailler Vicariat au Prieur ſaint Martin des Champs pour la Profeſſion des Religieux. *Papon , liv.* 2. *tit.* 2. *n.* 4.

Les Cardinaux Abbez Commendataires peuvent 43 recevoir la Profeſſion des Religieux , non comme Commendataires , mais comme Cardinaux. Arrêt du 5. Février 1598. rapporté par *Peleus liv.* 2. *de ſes actions forenſes, act.* 17. & par *Tournet ,lettre C. Arr.* 2.

Les Cardinaux , Abbez Commendataires peuvent 44 recevoir les Profeſſions des Religieux : ainſi jugé par Arrêt donné au profit de M. le Cardinal de Gondy, contre les Prieur & Religieux de l'Abbaye de S. Jean des Vignes lez Soiſſons, le 15. Février 1599. ce que le ſimple Abbé Commendataire ne ſe peut attribuer. *Filleau , part.* 1. *tit.* 1. *chap.* 7.

PROFESSION , RECLAMATION.

Entre Anne de Galery , & Jacqueline de Hartourt, 45 Abbeſſe de ſaint Sulpice ; l'Abbeſſe veut retenir par force Anne de Galery , diſant qu'elle eſt Religieuſe profeſſe ; l'autre dit qu'elle ne veut être Religieuſe, & que c'eſt par force. Par Arrêt du Parlement de Bretagne du 9. Avril 1562. la Cour met la Religieuſe en pleine liberté , à la charge de prendre abſolution & diſpenſe de ſerment par elle prêté en certain acte de Profeſſion , fait és mains de l'Abbeſſe le 7. Février 1545. *Du Fail , liv.* 2. *chap,* 160. où il eſt obſervé, que cela ne ſe pratique à preſent, s'il n'y avoit lors de la Profeſſion, valable proteſtation contre la violence. Arrêt contraire au 17. Février 1600. contre un Cordelier de Rennes.

Pour un fils mis en Religion par force , contre 46 ſes vœux, & admis au partage de la ſucceſſion de ſon pere. *Voyez le ſixiéme Plaidoyé de M. le Maître* , où eſt rapporté l'Arrêt du 8. Avril 1631.

Religieux non recevable à reclamer contre ſes 47 vœux après 25. ans , nonobſtant l'atteſtation du Provincial des Cordeliers qu'il n'avoit fait aucune Profeſſion valable. L'Official de Luçon qui avoit condamné ce Religieux pour le ſcandale par luy cauſé en habit ſeculier , à tenir priſon pendant un mois , & à rentrer enſuite dans ſon Monaſtere , fut déclaré follement intimé , par Arrêt du 3. Juin 1641. *Soëfve, to.* 1. *Cent.* 1. *chap* 42.

Jugé au Parlement de Toulouſe après partage , en 48 l'Audience de la Grand'-Chambre , au mois d'Avril 1665. que la Profeſſion faite par force , & ſuivie d'une reclamation dans les cinq ans , eſt ratifiée par le ſilence de cinq années , après la crainte paſſée. On examina la queſtion de ſçavoir ſi les freres de la Religieuſe reclamante devoient être appellez lors de la fulmination du reſcript ; ce moyen ne fut pas regardé comme déciſif ; l'on cita même un Arrêt du 30. Mars 1651. par lequel il fut déclaré n'y avoir point d'abus dans la Sentence de l'Official de Montauban , qui avoit fulminé un reſcript , ſans appeller le frere de l'impetrante. *Voyez les Arrêts de M. de Catellan , liv.* 1. *chap.* 69.

PROFESSION , SUBSTITUTION.

Voyez cy-deſſus le nomb. 28.

La Profeſſion d'un Religieux dans un Monaſtere 49 fait ouverture à la ſubſtitution. Arrêt du 25. May 1660. *Notables Arrêts des Audiences, Arrêt* 46. Montholon rapporte un Arrêt contraire rendu à Pâques 1620. *Arrêt* 135. & *M. le Prêtre,* 3. *Cent.* ch. 81. le date du 7. Septembre 1610. & non pas de Pâques.

PROFESSION TACITE.

Il a été jugé pour un Religieux de ſaint Denis en 50 France, & pour une Religieuſe d'Argenſolles, qu'une

Profession tacite , ni l'habit de Profez n'étoient suffi-
fans pour déclarer incapable de fucceder , mais qu'il
faut une Profeſſion expreſſe. *Biblioth. Can. to. 2.page*
636. col. 1. Quelquefois un long-temps écoulé a fait
juger que la Profeſſion tacite produiſoit incapacité.

51 Arrêt du 27. Août 1558. qui déclare Marie de
Lefpine incapable de fucceder , parce qu'elle avoit
écrit des lettres par lefquelles il paroiſſoit qu'elle
étoit profeſſe , quoiqu'il n'y eût rien fur le Regiſtre.
Biblioth. Can. to. 2. p. 636. col. 1.

52 *Profeſſio nulla , ratione metûs , ratificatur per tacitum*
confenfum. Brodeau fur M. Loüet lettre C. ſomm. 8.
nomb. 14.

53 Jugé par Arrêt du 28. May 1603. que pour rendre
un homme vray profez & interdit de pouvoir diſpo-
fer de fon bien , une Profeſſion tacite n'eſt pas ſuffi-
fante , comme d'avoir porté l'habit de profez , &
fait tous actes de vrai profez par an & jour , même
par l'efpace de 25. 26. & 28. ans dans un Monaſtere
enfermé ; il faut une Profeſſion par écrit ſuivant
l'Ordonnance de Moulins , article 55. d'où vient le
proverbe *habitus non facit monachum , fed profeſſio.*
Biblioth. Can. tome 2. p. 269. col. 1.

54 Une fille infirme après avoir demeuré plufieurs années dans un Convent en fort , en l'an 1617. elle fonde les Religieuſes Carmelites de la Ville d'Orleans ;
elle leur fait donation univerſelle en préfence de fa
mere de fes droits fucceſſifs paternels , s'y retire ,
change de nom & d'habit , y demeure l'efpace de 7. ans,
pendant lefquels elle aſſiſte au Chœur , & aux actes
Capitulaires de la maifon ; fa mere étant morte fans
qu'elle fût venuë pendant fa maladie luy rendre fes
devoirs ; elle fort du Convent , demande partage à
fes freres de fa fucceſſion ; ils luy oppofent fon incapacité , & que d'ailleurs il eſt facile de voir qu'elle n'a
pas voulu faire profeſſion afin d'emporter fon bien
maternel , comme le paternel dans fon Convent. Ils
mettent en caufe les Religieuſes pour voir déclarer
le jugement commun , & foûtiennent que c'eſt un
crime de changer de nom & d'habits , & qu'il eſt à
préfumer qu'elle a reçu ce nom & l'habit , en faifant
fa Profeſſion és mains d'un Superieur , & en outre
concluent à ce que la donation par elle faite des biens
paternels contre la prohibition expreſſe de l'Ordonnance de Blois , & les Arrêts donnez en execution
d'icelle foient déclarez nuls. On répond que la donation eſt faite par elle , non en qualité de Religieufe & de Fondatrice, d'autant plus qu'en cas de fortie
elle s'étoit reſervé 300. livres de penſion , & que ce
n'eſt que par dévotion qu'elle a changé de nom &
d'habit. Arrêt du 27. Juillet 1627. qui l'a déclarée capable de fucceder , le teſtament de fa mere qui luy
laiſſoit l'ufufruit d'une petite metairie, confirmé; appointé au Confeil fur la demande en caſſation de la
donation, M. l'Avocat General Bignon remontra que
ce n'étoit point une Profeſſion tacite , mais expreſſe.
V. la Biblioth. Can. to. 2. p. 268. col. 1.

55 La Profeſſion tacite n'a point de lieu en France ,
& quoiqu'une perfonne eût demeuré trente ans portant l'habit dans un Monaſtere faifant la fonction
fans juſtifier d'acte de Profeſſion par écrit , s'il quitte l'habit il eſt capable de fucceder. *Brodeau fur M.*
Loüet , lettre C. ſomm 8. l'habit ne fait pas le Moine , mais une Profeſſion par écrit. Arrêt du 18. May
1603. M. *Bouguier lettre M. nombre* 3. Dans les notables Arrêts des Audiences il y a un Arrêt , *Arrêt 9.*
du 16. Juillet 1657. qui a appointé une pareille caufe.

56 Arrêt du Parlement de Provence du 16. Mars 1674.
qui a déclaré capable de fucceder celuy qui n'a pas
fait Profeſſion expreſſe dans la Religion. *Boniface ,*
to. 3. liv. 7. tit. 14. chap. 1.

PROFIT.

LUcrum. Quæſtus. Emolumentum. Utilitas , &c.
De in rem verfo. D. 15. 3 . . . . C. 4. 26 . . .
Tome III.

I. 4. 7. §. 4. De ce qui a tourné au profit de quelqu'un.

Commoda debent fequi incommoda. L. 10. D. de
reg. jur.

De celuy qui demande pour profiter , *pro lucro captando.* L. 33. D. *de reg. jur.*

PROHIBITION.

PRohibition d'aliener. *Voyez* le mot *Alienation* ,
nombre 6. & ſuiv.

Prohibition du teſtateur pour le benefice d'inventaire. *Voyez* le mot *Benefice d'Inventaire , nombre* 421
& ſuiv.

PROMESSE.

VOyez les mots Billet, Cedule, Contrat , Creancier
Débiteur , Obligation , Payement , Quittance.
Promeſſe de payer. *Chirographi cautio. Syngra-
pha, &c.*

De pecunià conſtitutâ. D. 13. 5 . . . I. 4. 6. §. 9.

De conſtitutâ pecunià. C. 4. 18 . . . N. 115. C. 6. Promeſſe ou engagement fait par quelqu'un de payer ce
qu'il doit déja , ou ce qu'un autre doit. *Conſtituere pecuniam , eſt conſtituere , vel promittere ſe ſoluturum*
pecuniam jam à ſe , vel ab alio debitam ſine ſtipulatio-
ne. Hìc pecunia, pro omni re mobili.

De pollicitationibus. D. 50. 12. Promeſſe ou engagement de faire quelque chofe. Le pacte eſt une convention de deux perſonnes : la pollicitation eſt la
promeſſe ou l'office d'une feule perfonne. La pollicitation fe fait en faveur du public, d'une Ville, &c.

1 Des promeſſes fouſſignées par erreur. *V. le traité*
de M. Danty Avocat en Parlement , ch. 6. part. 1.

2 Promeſſe reconnuë pardevant tous Juges Laïcs ou
Notaires Royaux , & non autre , emporte hypoteque
non feulement pour la fomme principale contenuë en
la promeſſe , mais auſſi pour les interêts qui courent du
jour de la demande , parce qu'ils font acceſſoires du
principal. *Brodeau Coûtume de Paris , art.* 107. *n.* 4.
Voyez M. Loüet , lettre H. ſommaire 15. M. le Piètre , *és Arrêts de la Cinquiéme.*

3 Obligations fans caufe ne font valables ; cependant la qualité des perfonnes détermine quelquefois
à les déclarer executoires , comme ſi un client s'o-
blige envers fon Procureur , un Ecolier envers fon
Maître , &c. Arrêt du Parlement de Paris du 2. Decembre 1544. *Papon , liv.* 10. *tit.* 2. *n.* 2.

4 Promeſſe pour fimple prêt , quoique conçuë en
forme de lettres de change , non entre Marchands ,
ni pour le fait de change , ne produit interêts de
change & rechange , ni contrainte par corps. Arrêt
du 14. Juin 1602. *Charondas , li.* 11. *Rép.* 9.

5 Une promeſſe de certaine fomme pour retirer de
l'eau celuy qui y étoit en peril , jugée bonne par
Arrêt du Parlement de Grenoble du 21. Juillet 1639.
Baſſet , tome 2. *liv.* 4. *tit.* 1. *chap.* 1.

6 Reglement portant défenfes à tous Marchands , &
autres perfonnes de fe fervir à l'avenir de promeſſes
ou billets qui ne foient remplis du nom du creancier
& des caufes pour lefquelles elles auront été faites
ou paſſées , à peine de nullité. Arrêt folemnel du 16.
May 1650. Les promeſſes de Marchand à Marchand
pour fait de marchandifes, ou pour lettres de change
fournies ou à fournir de place en place , la connoiffance en appartiendra aux Juges Confuls, & les autres aux Juges ordinaires. *Tronçon, Coût. de Paris, art.*
107. *Ricard* & *Brodeau, fur le même article* 107. *n.* 6.
Du Frêne , livre 6. *chap.* 8. *Conferences des Ordon-*
nances , livre 4. §. 6. *titre* 2. *des Prêts* & *Cedules , ar-*
ticle 147.

7 Edit du Roy en Decembre 1684. portant reglement pour les reconnoiſſances des promeſſes fous
feing privé , du 22. Janvier 1685. *De la Gueſſ. tome* 4.
livre 8. *chap.* 2.

PROMESSE, HERITIER.

8 Promesse d'instituer heritier. *Voyez* le mot *Heritier*, nomb. 256. & suiv.

PROMESSE DE MARIAGE.

9 Voyez *Dommages & Intérêts, Mariage, §. Mariage, Preuves*, & *Tournet, lettre* M. *Arrêt* 36.

10 *Voyez le Recüeil de Decombes Greffier de l'Officialité de Paris, chap.* 1. l'Official en connoît, non pas pour en ordonner l'execution, mais pour les déclarer nulles, si elles ont été extorquées, ou pour condamner en l'aumône & aux dépens celuy qui n'est plus dans la volonté de les executer. Au cas qu'il y ait une fausse promesse, le faux s'instruit, & il déclare la promesse fausse & supposée, sauf à se pourvoir pardevant le Juge competent sur le crime de faux, & pour les dommages & intérêts.

PROMESSE PAR DE RENDRE.

11 *Voyez Charondas, liv.* 9. *Rép.* 46.

PROMESSE DE VENDRE.

12 La promesse de vendre n'est pas une vente, elle se résout en quelques dommages & intérêts ; il faut toutefois prendre garde en quels termes elle est conçûë. *Voyez* M. *Henrys, tome* 1. *liv.* 4. *chap.* 6. *question* 40.

13 Arrêt du Parlement de Provence du 11. May 1661. qui a jugé que la promesse de vendre n'est pas une vente, ni même obligatoire. *Boniface, tome* 2. *liv.* 4. *titre* 1. *chap.* 1.

14 Promesse de passer contrat de vente d'une maison ne peut être éludée par l'acquereur sous prétexte qu'elle est chargée de trois douaires, & que l'éviction est imminente, le demandeur offrant de donner caution. *Bardet, tome* 1. *liv.* 2. *chap.* 100.

15 Quand la promesse de vendre doit sortir effet? *Voyez Basset, tome* 1. *liv* 4. *tit.* 12. *chap.* 1. où il rapporte un Arrêt du premier Mars 1618. qui juge que *promissio de vendendo non est venditio*. Boër. quest. 3. thes. décif. 232. *Nisi concurrant substantialia contractûs.* Molin. ad consuetud. Parif. §.78. n.81.

16 Promesse de vendre un office de Judicature, n'est obligatoire, ni la peine stipulée. Arrêt du 4. Février 1625. en faveur d'un Conseiller au Présidial de Meaux, qui neanmoins fut condamné à 1200. liv. de dommages & intérêts. *Bardet, tome* 1. *livre* 2. *chapitre* 31.

17 Promesse de vendre sous seing privé est obligatoire de passer le contrat de vente. Arrêt du 28. May 1658. de relevée. *De la Gueffiere, tome* 2. *liv.* 1. *chap.* 46. *Notables Arrêts des Audiences, Arrêt* 17. où vous trouverez le même Arrêt.

18 Par Arrêt du Parlement de Paris du 19. Juillet 1697. propositions convenuës & signées pour la vente d'une terre tres considerable, ont été jugées obligatoires contre le sieur Bosc, au profit de la Dame Marquise du Quesne, pour la terre & Marquisat du Quesne. *Journal des Audiences, tome* 5. *liv.* 13. *chap.* 3.

Voyez cy-après le mot Vente, §. Vente promise.

PROMOTEUR.

Voyez Official.

Voyez *Fevret, traité de l'Abus, liv.* 4. *chap.* 3. *nomb.* 25. & *suiv.* & le petit *Recüeil de Borjon, to.* 2.

1 Promoteurs qui sont Chanoines, sont reputez présens, & gagnent franc. *Mem. du Clergé, tome* 4. *part.* 5. *page* 104. n. 8. & *page* 106.
Idem, des Promoteurs des Chambres Ecclesiastiques, *tome* 2. *part.* 6. *page* 176.
La charge de Promoteur incompatible avec la Penitencerie. *Ibidem, part.* 2. *page* 407.
Les Promoteurs ne peuvent être condamnés à l'amende ni aux dépens, sinon en cas de calomnie manifeste. *Ibidem, part.* 1. *page* 69.

2 Procedure faite à la Requête d'un Promoteur non Ecclesiastique, confirmée. *V.* verbo *Abus*, n. 51.

3 Le Promoteur ne doit être present à l'information, ni aux interrogatoires, recollemens & confrontations de témoins faits aux accusez, parce que la procedure criminelle doit être secrete, & d'ailleurs le Promoteur tenant lieu de partie publique, ne peut en même temps faire deux fonctions incompatibles, de Juge & de partie ; c'est pourquoy par Arrêt du Parlement de Paris du 9. Decembre 1561. sur un appel comme d'abus, toute une procedure fut cassée, en laquelle le Promoteur avoit été present. *Jovet*, verbo *Official*. n. 52.

4 Les charges de Penitencier & de Promoteur sont incompatibles en une même personne. Arrêt du Parlement de Paris du 15. Mars 1611. *Filleau, part.* 1. *titre* 1. *chap.* 67.

5 Par Arrêt du Parlement de Paris du 8. Mars 1612. rapporté par M. *Laurent Bouchel, en sa Somme Beneficiale*, in verbo *Dénonciation*, il a été jugé que le Promoteur étoit obligé à la fin de la cause, de nommer le dénonciateur du crime dont il avoit accusé l'Ecclesiastique, & qu'autrement il devoit être condamné aux dommages & intérêts de l'absous. M. *Servin* rapporte aussi un Arrêt au *tome* 2. *de ses Plaidoyez*, *Plaidoyé* 2.

6 Arrêt du Parlement de Paris du 21. May 1630. qui a jugé qu'une condamnation de dépens prononcée par l'Official du Mans, au profit du Promoteur, est abusive. *Bardet, tome* 1. *liv.* 3. *chap.* 104.

7 Arrêt du 15. Juillet 1631. portant défenses au Promoteur de l'Officialité de Lyon de prendre la qualité de Procureur Fiscal. *Bardet, tome* 1. *li.* 4. *ch.* 38.

8 Arrêt du Parlement de Toulouse du 23. Juin 1640. qui déclare n'y avoir abus dans les Ordonnances de l'Archevêque d'Aix, quoiqu'on alleguat que le Promoteur fût Seculier ; l'intimé répondoit que ce Promoteur l'étoit depuis 40. ans, & que *communis error facit jus.* L'Arrêt n'ordonna pas même que l'Archevêque ne se serviroit à l'avenir d'un Promoteur Ecclesiastique. *Voyez Albert*, verbo *Evêque*, *art.* 9.

9 Arrêt du Parlement de Provence du 8. Février 1666. qui fait défenses aux Procureurs d'occuper pour les Promoteurs d'office, mais bien pour les Evêques, ou Archevêques, prenant le fait & cause du Promoteur. *Boniface, tome* 1. *liv.* 2. *tit.* 2. *ch.* 9.

10 Un Promoteur ne peut sans partie troubler un mariage concordant fait entre majeurs, sous prétexte du défaut de solemnité dans la celebration, & sur les conclusions des Gens du Roy, les prétendus mariez condamnez à aumôner vingt livres au pain des prisonniers ; enjoint de se retirer par devers l'Evêque de la Rochelle, pour après leur avoir imposé une penitence salutaire, être de nouveau procédé à la celebration de leur mariage suivant les formes Canoniques, & jusques à ce leur fait défenses de se hanter, ni frequenter, &c. Jugé à Paris le 16. Février 1673. *Journal du Palais, De la Gueff. tome* 3. *livre* 7. *chap.* 1. rapporte le même Arrêt.

PRONES.

Voyez le mot *Curez*, nomb. 131.
Par Arrêt du Parlement de Bretagne du 30. Août 1557. la Cour fait défenses aux Gens d'Eglise de ce ressort, de faire à l'avenir aucunes proclamations de saisies & bannies d'heritages, és Prônes des Messes Dominicales, ou autres Jours Feriaux. Enjoint à tous les Sujets de ce ressort, garder & observer la Coûtume & Ordonnances Royaux, contenant la forme des proclamations & bannies selon leur forme & teneur, sur peine de nullité d'icelles. *Du Fail, liv.* 1. *ch.* 78.

PRONONCIATION.

De la prononciation des Jugemens, & quelles sortes de prononciations ne sont point permises? *Voyez* le mot *Juges, n.* 138. & *suiv.*

Des prononciations permifes, ou défenduës aux Préfidiaux. *Voyez* le mot *Préfidiaux*, *nombre 68. & fuivant.*

PROPOSITION.

DEs propofitions d'erreur. *Voyez* le *Recueil des Ordonnances de Fontanon*, *to.* 1. *li.* 3. *tit.* 23. page 581. Joly, *des Offices de France*, *tom.* 1. *liv.* 1. *ti.* 51. pag. 317. & *cy-après*, *verbo Requête Civile.*

PROPRES.

VOyez les mots *Acquets*, *Immeubles*, *Eftoc*, & *Ligne*, *Legs*, *Succeffion*, *Teftament* ; hoc verbo *Propres*, la Biblioth. du Droit François par *Bouchel*, celle de *Jovet*, 4. *Cent. chap.* 85. Les traitez de la reprefentation, du double lien, & de la regle *paterna paternis*, *materna maternis*, par rapport à toutes les Coûtumes de France, *par M. François Guyné Avocat au Parlement.* Le Traité des propres réels, reputez réels & conventionnels, *par M. de Renuffon.* M. Ricard, *en fon Traité des Donations entre-vifs*, 3. *part. chap.* 10. M. le Brun, *en fon Traité des Succeffions*, *liv.* 2. *chap.* 1. *& fuivans.* Les Commentateurs des Coûtumes, *fur la difpofition des propres*, & les Arrêtés faits chez *M. le Premier Préfident de Lamoignon*, recueillis dans le Commentaire de *M. Barthelemy Auzanet*, *fur la Coûtume de Paris*, pag. 66.

1. Si l'on ne peut prouver par titre que l'heritage eft propre, il eft préfumé acquêt. *Bacquet, des droits de deherence*, ch. 8. n. 16.

2. Si par accommodation, les filles quittent à leur aîné la part qui leur peut appartenir en une Terre Seigneuriale, pour demeurer quittes du rapport des fommes notables qui leur ont été baillées en mariage par leurs pere & mere, en avancement de leurs fucceffions, ce n'eft pas un acquêt à l'égard du frere, mais un propre, quand même il y auroit un fupplément en argent, fait par le frere à fes fœurs, pour la plus valuë, pour laquelle n'eft rien dû au Seigneur; de forte que fur telle difficulté, jugé par Arrêt du deux Juillet 1565. qu'il n'étoit dû quints, ni autres profits. *Tronçon*, *fur l'article 5. de la Coûtume de Paris*, verbo *Profits*.

3. Le Jeudy matin 19. Janvier 1592. à Tours il fut jugé par Arrêt, que les propres d'un défunt en la Coûtume d'*Angoulême*, appartiendroient aux parens de la ligne & branchage d'où ils étoient, quoique les parens dudit branchage ne fuffent pas fi proches que la fœur uterine du défunt ; laquelle fœur uterine n'étoit dit branchage. *Bibliotheque de Bouchel*, verbo *Branchage*.

4. Dans la Coûtume de *Bourgogne*, la mere fuccede à un propre paternel de fon fils, à l'exclufion des parens paternels collateraux, qui ne font point defcendus de l'acquereur, qui a mis l'heritage dans la famille : l'Arrêt rendu à Dijon, il n'eft point daté. *Journal du Palais in* 4. *part.* 6. *pag.* 194. & *au* 2. *tome in fol. à la fin.*

5. Il y a des Coûtumes, qui font non feulement de côté & ligne, mais de *Branchage*. Dans ces Coûtumes entre plufieurs heritiers également defcendus de l'acquereur du même degré, ceux qui ont un branchage commun avec celuy *de cujus bonis*, font préferez. Telle eft la Coûtume d'*Angoumois*, art. 48. On a voulu autrefois établir cette fingularité dans la Coûtume de Paris : il y en a même un Arrêt de la Grand-Chambre du 19. May 1651. rendu au profit de Marie Martin, femme de Maître Lagault Avocat, & rapporté par *Du Frêne*, ch. 22. du li. 6. Mais on prétend que cinq ans après, & le 4. ou 5. Février 1656. le contraire fut jugé en la même Chambre au rapport de M. de Vertamont. *Voyez M. le Brun*, *des Succeffions*, *liv.* 2. *ch.* 1. *fect.* 2. *n.* 12.

6. Dans la Coûtume de *Paris*, & autres femblables, le plus proche du côté & ligne de l'acquereur, foit du côté paternel, ou du côté maternel du même acquereur, eft préferé, fans en partager, comme on faifoit autrefois, la moitié entre le plus proche du côté paternel, & l'autre moitié entre le plus proche du côté maternel. Cela s'obferve aujourd'huy par une Jurifprudence uniforme, fondée fur plufieurs Arrêts, & entr'autres fur un du 8. Mars 1678. Quelques anciens qui ont jugé le contraire, font rapportez par *Papon*, *liv.* 1. *Arrêts* 15. & 16. Ibid. *fect.* 3. *n.* 7.

7. Interpretation de l'ancienne Coûtume de *Poitou*, où il étoit permis au pere & à la mere de difpofer de tous leurs meubles & acquêts immeubles, fût-ce à l'un de leurs enfans, moyennant qu'ils euffent de l'heritage, fi elle fe doit entendre de tel heritage, qu'il fût fuffifant pour la legitime des autres enfans ? *V. le Plaidoyé 3. de M. Ayrault.* La caufe fut appointée le 23. Juillet 1567.

8. En la Coûtume de *Poitou*, le mary fait don à fa femme de tous fes meubles & acquêts. Après le décés du mary, la femme difpofe de tout au profit des puinez : ils prétendoient que le tiers du propres donné, étoit compris dans le don à eux fait. Le fils aîné venu du même mariage, répond, que ce tiers a toûjours retenu fa qualité de propre, autrement le droit des aînez fe trouveroit fruftré. Arrêt au Par. de Paris du 21. Mars 1596. en faveur de l'aîné : en forte que le tiers des propres ne fut pas cenfé compris dans le don des meubles & acquêts. *Voyez la Bibliot. de Bouchel*, verbo *Propres*.

9. Le 14. Juin 1613. on jugea qu'en la Coûtume de *Poitou*, il ne fuffifoit pas d'avoir des propres de declaration, pour pouvoir difpofer de fes acquêts. Cet Arrêt eft rapporté par *Conftans fur l'art.* 103. *de la Coûtume de Poitou*, *nombre* 1. *pag.* 204. *de la derniere édition.*

PROPRES, HERITAGES ACQUIS.

10. Les heritages propres acquis par Contract par un parent du côté & ligne, dont ils font propres au vendeur, font acquêts à l'acquereur, & propres naiffans à fes enfans, à l'effet d'appartenir aux plus proches heritiers defdits enfans, quoiqu'ils ne foient parens que du côté & ligne, dont les heritages font procedez au vendeur, Arrêt du 16. Février 1647. *Du Frêne*, *liv.* 5. *ch.* 6.

Voyez le mot *Acquêts*, *n.* 19. & *fuiv.*

PROPRES ALIENEZ.

11. Une veuve, après le partage de la communauté entr'elle & les heritiers de fon mary, peut vendiquer fes heritages propres que fon mary aura alienés fans fon confentement & ratification, & elle n'eft tenuë à aucun rembourfement, même de la moitié, à moins qu'il ne paroiffe que le prix foit tourné au profit de la femme, auquel cas *ex bono & æquo* on y auroit égard. Arrêt de la Veille de Noël 1547. *Papon*, *liv.* 15. *tit.* 2. *n.* 21.

12. Arrêt du 21. Juillet 1587. rapporté par les trois derniers Commentateurs de la Coûtume de Normandie, entre Michel de Cherville, & autres heritiers aux propres de défunt M. Jacques Duhamel, d'une part, & les nommez Graffard, & autres heritiers aux acquêts dudit défunt Duhamel ; par lequel la Cour ordonna que les heritages & biens immeubles du propre & ancienne fucceffion de Duhamel, par luy alienez, feroient remplacez fur les conquêts ; & en ce faifant, que le prix des alienations dudit propre porté par les contracts, feroit repris fur les conquêts, avec les interêts au denier dix dudit Duhamel, jufqu'à l'entier payement ; à quoy les acquêts demeureroient fpecialement affectez, ainfi que tous les autres biens des heritiers par generale hypotheque.

Arrêt femblable du huit Avril 1683. entre les fieurs de Saint Jean & des Vergnes. Il s'agiffoit du rempla-

cement des Terres de Rames & de Mitainville, alienées par Henry Martel fur la Terre de Bequeville. Ce dernier juge deux chofes : l'une, que les acquêrs fujets au remploy des propres alienez, ne laiffent pas d'être de veritables acquêts, & ne font point reputez propres. L'autre, que l'heritier aux acquêts a la liberté de vendre la valeur des propres alienez en fonds ou en argent. *Voyez le Recueil des Arrêts notables du Parlement de Normandie, étant enfuite de la même Coûtume.*

23   Rente conftituée pour la vente d'un propre, eft mobiliaire dans la Coûtume de Reims, & ne peut être prétendu par l'heritier du propre comme fubrogé. Arrêt du 1. Decembre 1637. *Bardet, tom. 2. liv. 6. chap 31.*

24   Une maifon leguée *fucceffuro*, avec défenfes d'aliener, & charge expreffe de la conferver à fes enfans, ajugée aux heritiers des propres, fans reftitution de fruits de la part de l'heritier des acquêts qui la prétendoit. Arrêt du 7. May 1640. infirmatif d'une Sentence du Châtelet de Paris, qui avoit ordonné qu'elle appartiendroit aux heritiers des acquêts. *Soefve, tom. 1. Cent. 1. ch. 9.*

25   Deniers provenans de la vente d'un propre, ajugez comme meubles aux Legataires des meubles & acquêts, à l'exclufion de l'heritier des propres. Arrêt du 10. Février 1660. dans la Coûtume d'*Anjou*, en interpretation de l'article 296. *Idem, to. 2. Cent. 2. chap. 11.*

26   Les propres alienez doivent être remplacez au profit des heritiers au propre, & au marc le livre, fur tous les acquêts immeubles; & à faute d'acquêts, le remploy en fera fait fur les meubles. Arrêté du Parlement de Roüen, les Chambres affemblées, du fix Avril 1666. article 107. *Voyez Bafnage, tom. 1. à la fin.*

27   Quand il y a des propres alienez, les acquêts font reputez comme fubrogez de droit, à la place de ceux alienez, fuivant l'art. 303. de la Coûtume de *Caux*, & fe partagent comme tels. Jugé au Parlement de Roüen le 4. Mars 1683. en la fucceffion du fieur Voifin Curé de Frettemeule, qui avoit acquis des heritages dans la Coûtume, & avoit vendu les propres qu'il y avoit. Ces acquifitions furent ajugées en totalité au fils de l'aîné, contre les puînez qui demandoient partage égal. Autre Arrêt femblable du 14. Juillet 1685. pour la fucceffion du Sieur de Moy Auditeur des Comptes, qui avoit alienê fes propres fituez en la Coûtume generale, & avoit acquis onze parties de rente, dont les debiteurs avoient leurs biens fituez en Caux. *Voyez le Recueil des Arrêts Notables du Parlement de Normandie, page 339.*

PROPRES AMEUBLIS.

18   Propres de la femme ameublis, & meubles ftipulez propres, & comment cela fe doit entendre? *V. M. Loüet, lettre P. fomm. 40.*

19   La part qui appartient à celuy qui a fait l'ameubliffement, ne luy eft point acquêt ni conquêt, fi ce n'eft que l'heritage fût déja acquêt avant l'ameubliffement : mais s'il étoit propre de fucceffion, il demeure dans la fucceffion, & eft ancien propre en la perfonne de fes heritiers, parce que perfonne ne peut changer le titre de fa poffeffion : auffi les afcendans ne fuccedent point à cette portion, fous prétexte de cet ameubliffement. Comme la Lande avoit eftimé fur l'art. 323. de la Coûtume d'Orleans, p.395. col.2. fur le fondement d'un Arrêt du 12. Avril 1616. qui vrai-femblablement a été mal rapporté par M. Julien Brodeau, en la lettre P. de M. Loüet, n. 20. Arrêt 10. lequel feroit en cela contraire à l'ancienne &à la nouvelle Jurifprudence, qui a toûjours jugé que la part de celuy qui a fait l'ameubliffement, ne change point de nature, & qui eft rapporté par M. Loüet en la lettre P, nomb. 11. & nomb. 40. Auffi

M. Charles Du Moulin a-t'il été d'avis fur l'art. 78. de la Coûtume de Paris, gl. 1. n. 103. & 104. que fi le mary vend l'heritage que la femme avoit ameubli, les parens de la femme le pourront retirer pour le tout. *Voyez le Brun, des Succeffions, liv. 2. chap. 1. fect. 1. n. 13.*

20   La ftipulation de propres ameublis, & de meubles ftipulez propres par contract de mariage, ne peut avoir lieu qu'entre ceux qui ont contracté, c'eft-à-dire, entre le mary & la femme. Arrêt du 10. Avril 1668. Ce même Arrêt a encore jugé, qu'une maifon ayant été acquife par retrait lignager par le mary & la femme, conjointement pendant la communauté, ne peut être reputé un acquêt, mais eft faite propre à celuy des conjoints, qui étoit lignager du vendeur. *Voyez le titre d'Ameubliffement.*

PROPRES ANCIENS.

21   En Normandie, la diftinction des propres anciens & naiffans, n'a point de lieu; & ce qui eft poffedé à droit fucceffif, eft reputé propre. Par un ancien Arrêt du Parlem. de Normandie du 16. Mars 1518, il fut dit, que fi un homme avoit acquis un heritage de celuy dont il feroit le plus proche heritier, foit par donation, ou acquêt qu'il auroit fait de fon frere ou de fon onele, cela ne feroit pas reputé acquêt, mais un propre, & un veritable avancement de fucceffion. *V. Bafnage fur l'art. 324. de cette Coûtume.*

22   Si les propres anciens & naiffans doivent être partagez indiftinctement avec tous les heritiers du défunt? *Voyez Des Maifons, lettre P. n. 8.* où la queftion & l'Arrêt font traitez & bien au long, entre les Danguechins, les Jacquelins, & autres.

23   Par Arrêt du 10. Decembre 1595. rapporté par *Tronçon fur la Coût. de Paris, art. 326.* il a été jugé, que pour fucceder aux propres qui ont fait fouches, appellez propres anciens & naturels, il falloit être parent du côté & ligne de celuy qui premierement & originairement avoit apporté les heritages en la famille. *M. Loüet & Brodeau, lettre P. fomm. 28. & 29.*

24   Les heritiers des acquêts font tenus de representer tous les contracts inventoriez; & à faute de ce, les heritiers des anciens peuvent dire tous les biens être anciens, & comme tels, leur font ajugez. *V. Bouvot, tom. 1. part. 3. qu. 2.*

25   Si le pere fait accord après le décès de fa femme, à certaine femme pour les meubles, & qu'il promette pour les deniers qui devoient fortir nature d'anciens heritages, de les employer en heritage qui fortiront même nature d'anciens, & que l'enfant meure, à qui appartiendront lefdits deniers, ou au pere, ou aux heritiers du côté maternel? *V. le même Bouvot, to. 2. verbo Succeffion, qu. 27.*

PROPRES, BATIMENS.

26   Des Bâtimens faits fur les propres des conjoints. *Voyez le mot Bâtimens, n. 59. & fuiv.*

27   Quand à la communauté, des bâtimens neufs ont été faits fur les propres de la femme, la moitié de la prifée de ces bâtimens doit être payée au mary furvivant par tous les heritiers de la défunte, au prorata de ce qu'ils amendent ; car c'eft une dette mobiliaire. Le mary n'a aucun droit de proprieté en ces bâtimens, & pour le payement de fa moitié, il n'a aucune hypotheque ny action contre l'acquereur de l'heritage. Arrêts folemnels des 17. Avril &14. Août 1564. Le Veft, Arrêt 76. & Charondas, livre fecond, Réponse 100. Bibliotheque de Bouchel, verbo Bâtimens.

PROPRES, COLLATERAUX.

28   Les propres fans diftinction des anciens ou naiffans, doivent appartenir aux collateraux du côté & ligne dont ils procedent, à l'exclufion des uterins ou confanguins. Arrêt du mois d'Août 1601. Charondas, liv. 10. Rép. 18. Voyez Peleus, qu. 139.

29   Par la Coûtume de Paris, les propres fe partagent

entre les collateraux par ligne. *Voyez M. le Prêtre,* 2. *Cent. chap.* 24. *in margine.*

PROPRES, CONFISCATION.

30   Si la remise des biens confisquez faite par le Roy, change leur nature de propres? *Voyez* le mot *Confiscation, n.* 102. *& suiv.*

PROPRES, CONJOINTS.

31   Etat des propres, par rapport à la communauté conjugale. *Voyez* le mot *Communauté, nomb.* 154. *& suiv.*

32   Les dettes de la femme mariée sont prises sur ses propres, & non sur les meubles de la communauté, touchant executoire de dépens contre la femme non autorisée de son mary, mais en Justice. Arrêt du 18. Avril 1573. *Le Vest, Arr.* 125.

33   Si par contract de mariage l'un des conjoints s'est reservé quelque somme de deniers pour employer à certains usages après la dissolution, la somme sera prise sur les biens que ledit conjoint aura apportez en la communauté. Ainsi jugé entre un nommé le Cointre & consors, par Arrêt prononcé aux Arrêts de Pentecôte 1587. *Voyez la Bibliotheque de Bouchel,* verbo *Alienation.*

PROPRES CONVENTIONNELS.

34   Touchant la clause des propres conventionnels. *Voyez M. Loüet, lettre D. somm.* 66. *lettre R. somm.* 44. *& lettre V. somm.* 3. M. Bouguier, *lettre R. n.* 1. *lettre S. n.* 6. Du Frêne, *liv.* 1. *ch.* 131. M. le Prêtre, 1. *Centurie, chap.* 42. & 1. *Centurie, chap.* 80. Montholon, *Arrêt* 93. & Henrys, *tome second, livre* 4. *qu.* 3.

35   Jugé par Arrêt du Parlement de Bourgogne du six Juillet 1566. que si un meuble ou deniers font faits anciens par conventions, le pere peut y succeder.

Même Arrêt du Parlement de Paris, prononcé à Noël 1600. en Robes rouges. *Bouvot, tome premier,* verbo *Deniers, & part.* 2. verbo *Deniers anciens, qu.* 1.

36   La convention apposée dans un contrat de mariage, que la chose demeurera propre à elle & aux siens de son côté & ligne, ne lie point les mains à l'effet de n'en pouvoir disposer par Testament. Jugé le 9. Juillet 1618. & le 19. Février 1660. en la Coûtume d'Anjou. *Ricard, des Donations entre-vifs, part.* 3. *chapitre* 10. *sect.* 1. *n.* 1429. *& suivans.* Du Frêne, *livre* 8. *chapitre* 35. où il y a un Arrêt du 1. Avril 1656.

37   L'on juge que dans les Coûtumes soucheres, les propres conventionnels appartiennent à l'heritier des meubles & acquêts, s'il ne se presente quelque heritier descendu de celuy de qui la somme est venuë, suivant l'Arrêt du Mardy de relevée 17. Février 1655. ce qui neanmoins recevroit aujourd'huy beaucoup de difficultez. *V.* le Brun, *traité des Successions, liv.* 2. *ch.* 1. *sect.* 3.

38   En la Coûtume de *Melun* en ligne collaterale pour succeder à un propre, même conventionnel, il faut être non seulement parent du côté & ligne, mais descendu de celuy qui a fait le propre; & que faute de descendant, le pere y succede comme heritier des meubles & acquêts. Arrêt du 17. Decembre 1655. *Du Frêne, liv.* 8. *ch.* 26. M. Loüet, *lettre P. somm.* 47. & *lettre D. somm.* 66.

39   La convention apposée dans un contrat de mariage, que *la chose demeurera propre à elle & aux siens de son côté & ligne,* ne lie point les mains pour n'en pouvoir disposer par Testament. Arrêt du 1. Avril 1656. *Du Frêne, liv.* 8. *chap.* 35. Ricard, *Traité des Donations entre-vifs,* 3. *part. chapitre* 10. *sect.* 1. *nomb.* 1419.

40   Dans les Coûtumes d'*Amiens* & de *Mondidier,* on ne doute plus que les propres conventionnels ne peuvent être leguez entre le mary & la femme, non plus que les remplois faits de ses deniers, quoiqu'on

---

les puisse qualifier d'acquêts: mais ils sont reputez propres de communauté. Il n'en est pas de même des acquêts faits avant le mariage, qui peuvent être leguez entre conjoints; & si dans l'Arrêt du 11. Juin 1695. ils n'ont pas été jugez au sieur Du Frêne Tresorier d'Amiens, c'étoit à cause de l'omission du mot d'*acquêts,* quoique l'intention de la Testatrice parût de vouloir leguer à son mary tout ce que la Coûtume luy permettoit. *Voyez* le *Traité du Don mutuel,* par *Ricard, ch.* 5. *sect.* 3. *n.* 100.

PROPRES, DETTES.

41   Des dettes, auxquelles l'heritier des propres doit contribuer. *Voyez* le mot *Dettes, nombre* 119. *& suiv.*

DENIERS STIPULEZ PROPRES.

42   Si deniers de mariage sortissans nature d'heritage propre non assignez, font propres, quant à tous effets, même de succession? *Voyez Coquille, tome* 2. *qu.* 121.

43   Quand il n'est dit par le contract de mariage, quelle portion de deniers dotaux doit sortir nature d'heritage, si une partie devra être censée de cette nature? *Idem, qu.* 288.

44

45   La maison d'un pupile étant venduë avec clause, que les deniers sortiront nature d'anciens pour luy & les siens; lesquels deniers sont à l'instant mis en constitution de rente, telle rente & les arrerages appartiennent aux heritiers d'où provenoit la maison. Arrêt du Parlement de Dijon du onziéme Juin 1575. *Bouvot, tome second,* verbo *Succession, question* 13.

46   En la Coûtume d'*Anjou,* jugé le 3. Juillet 1600. que certaine deniers stipulée propre au mary par contract de mariage, est échû à son fils, & par le décès du fils, échû à ses heritiers collateraux, leur étoit propre au préjudice de la mere de ce fils, qui disoit que cette somme luy appartenoit comme mere & heritiere des meubles & acquêts de son fils. *Bibliotheque de Droit François par Bouchel,* verbo *Propres.*

47   Deniers stipulez propres par contract de mariage pour la future épouse & les siens, ne sont immeubles. Arrêt du Parlement de Paris, prononcé en Robes rouges le 22. Decembre 1609. qui les ajuge à l'heritier des meubles. *Voyez les Plaidoyers de Corbin, ch.* 15. où sont conciliez les Arrêts contraires. Il est observé qu'après la prononciation, M. le Premier Président dit, Avocats, apprenez que le propre stipulé par contract de mariage, n'est que meuble en la succession des enfans, & ne peut être conservé heritage ancien & patrimonial, pour revenir en succession collaterale à ceux de la ligne & souche, à moins que le remploy ne soit directement stipulé; & faute d'iceluy, assignation faite sur les heritages du mary.

48   Deniers stipulez propres à la future épouse seulement & simplement; si elle décede, & laisse un enfant, & que l'enfant decede ensuite, les deniers appartiennent au pere de l'enfant, & non à l'ayeul de l'enfant. Jugé le 13. Avril 1627. *Du Frêne, livre* 1. *chap.* 131. & *liv.* 8. *chap.* 26.

49   Deniers destinez à achat d'heritages, *pour être propres à la future & aux siens,* & avec clause, *qu'à défaut d'employ, le futur constitue rente sur ses biens,* sont purement mobiliaires en la succession de l'enfant issu du mariage, quoiqu'il soit décedé mineur. Arrêt du 19. May 1629. *Bardet, tome premier, livre* 3. *chapitre* 50.

50   Mary tenu de faire l'employ d'une somme de deniers destinez à acheter des fonds, pour être propres à la femme, quoique la clause n'ait point été ajoutée, *& aux siens de son côté & ligne,* ne peut prétendre la somme en qualité de legataire universel du fils qui a survécu sa mere; & elle est ajugée aux collateraux heritiers des propres dans la Coûtume de

Touraine. Arrêt du 14. Juillet 1637. *Idem , tom.* 2. *liv.* 6. *ch.* 10.

51 Somme de deniers conftituée en faveur de mariage avec ftipulation d'employ , pour demeurer propres à elle & aux fiens de fon côté & ligne , quoique la fomme eût paffé de la mere à fon fils, & du fils au petit-fils décedé fans enfans , nonobftant tous ces changemens, elle fut ajugée aux collateraux par Arrêt du 12. Juillet 1642. *Brodeau fur M. Loüet, let. R. fomm.* 44. *n.* 5.

52 Si des deniers conftituez en faveur de mariage avec ftipulation d'employ , pour demeurer propres , doivent être cenfez meubles ou immeubles ? *V. Henrys, to.* 1. *liv.* 4. *queſt;* 3. L'Auteur des obfervations dit que ces fortes de ftipulations ne peuvent être faites que par des contraĉts de mariage , & non par des aĉtes privez, ni par des teftamens , & qu'il avoit fait ainfi juger aux Requètes du Palais contre l'avis de fes Anciens. Il ajoûte qu'il y a bien de la difference à faire entre la reftitution & la ftipulation de propre.

53 Somme de deniers ftipulée propre, à la femme, à fes hoirs , avec la claufe de ftipulation d'employ en heritage , appartient au pere , & non aux heritiers collateraux comme propre immeuble. Arrêt de relevée du 28. Février 1664. *Notables Arrêts des Aud. Arrêt* 110.

54 Une fomme de dix mille livres ftipulée propre par contraĉt de mariage au mary , & aux enfans qui en naîtront , le mary meurt , & laiffe un fils pofthume qui decede à l'âge de 14. ans ; les collateraux prétendent cette fomme, elle a été ajugée à la mere. Arrêt du Parlement de Paris du 26. Avril 1674. *Journal du Palais.*

55 Dans la Coûtume de Paris, il n'y a aucun droit de reverfion établi par la Coûtume, à l'égard des meubles ou des propres fiĉtifs.

La ftipulation de propres n'a pas un effet perpetuel ; & quand on a ftipulé dans un contraĉt de mariage, qu'une fomme fera propre à la future époufe, & aux fiens de fon côté & ligne , même qu'elle fera employée en heritages ou rentes , cette ftipulation n'a effet contre le mary , que pour empêcher qu'il n'en profite , à caufe de fa communauté , & pendant la minorité des enfans : mais quand ils font devenus majeurs , & que la fomme leur a été remife , la fiĉtion de propre & néceffité de l'employ ceffent entierement ; en forte que le plus proche heritier mobilier y fuccede. Arrêt du 16. May 1692. *Journal des Audiences, to.* 5. *liv.* 8. *ch.* 11.

PROPRES, DONATION.

56 Comment les propres peuvent entrer dans le don mutuel ? *Voyez* le mot *Don mutuel , n.* 54.

57 L'immeuble que le pere donne à fon fils, à la charge de payer fes dettes , luy eft propre. *V. le Brun , des Succeffions , li.* 2. *ch.* 1. *ſeĉt.* 1. *n.* 30.

58 Jugé le dernier May 1619. que les heritages donnez par l'un des conjoints par Teftament au furvivant, & depuis reftitué , fuivant l'Edit des fecondes Nôces, aux enfans du premier lit, font reputez propres aux heritiers du donateur , & non de celuy qui les a reftituez. *Voyez la Biblioth. de Bouchel, verbo Propres.*

PROPRES, DOT.

59 Dot ftipulée propre à la future époufe. *Voyez* le mot *Dot , n.* 327.

60 Une fille heritiere d'heritages immeubles & meubles , avoit retenu partie de ces meubles jufques à huit cens liv. pour tenir le nom, côté & ligne. Etant décédée , fon heritier aux propres prétendoit cette fomme de huit cens l. comme immeubles & propres : fa mere la prétendoit comme acquêts , & argent par elle conftitué. Par Arrêt du 3. Août 1658. jugé que l'heritier aux propres y fuccederoit fur la diftinĉtion de la dot *profeĉtitis* , qui revient au nom, côté &

ligne , & de la dot *adventitis*, qui vient d'un étranger ; & que le contrat de mariage portant la claufe de tenir nom, côté & ligne , donnoit la loy. *Berault, à la fin du* 2. *Tome de la Coût. de Normandie* , p. 103. *fur l'art.* 511.

PROPRE, ESTOC, CÔTÉ , ET LIGNE.

Voyez le mot *Eſtoc.*

61 Une femme fe mariant , ftipule que les deniers apportez , luy demeureront propres pour tenir côté & ligne à elle & aux fiens. Elle décede , laiffe des heritiers mobiliaires & immobiliaires, entre lefquels il y a procez, pour fçavoir à qui les deniers appartiendront. Par Arrêt folemnel prononcé à Paris en Robes rouges à Noël , la fomme ajugée aux heritiers immobiliaires. *Bibliotheque de Bouchel , verbo Succeffion.*

62 La claufe de *propre & aux fiens de fon côté & ligne* , doit avoir effet , tant pour les propres réels vendus, que pour les propres fiĉtifs & conventionnels ; & il faut que ces propres ayent paffé une fois pour le tout en ligne collaterale. *Ricard , Coûtume de Paris , art.* 93. *n.* 4. Voyez *Du Frêne , liv.* 6. *ch.* 10. où il traite la queftion de la claufe de remploi des propres ; & *Brodeau , Coûtume de Paris , art.* 93. *n.* 10. Voyez *Des Maifons, lettre P. nomb.* 9. qui rapporte un Arrêt contraire.

63 La ftipulation de propre de côté & ligne, eft pour conferver le propre conventionnel en fon entier , non feulement dans la fucceffion de la femme , mais auffi dans celle des enfans , jufqu'à ce qu'il ait une fois paffé aux collateraux ; fçavoir fi les deniers ftipulez propres, fe doivent prendre par délibation fur chaque genre de biens de la communauté , c'eft-à-dire , partie fur les immeubles, & partie fur les meubles par contribution. *Voyez Du Plaffis, Confultation* 16.

64 Il n'eft pas befoin, pour être reputé propre de l'un des côtez, que l'heritage ait fait fouche en la perfonne de celuy par le moyen duquel le décedé , de la fucceffion duquel il s'agit ; & celuy qui fe dit parent & heritier de ce côté, étoient conjoints : mais il fuffit qu'ils ayent été propres, & fait fouche à celuy de la fucceffion duquel il eft queftion , encore qu'ils ayent été acquis par fon prédéceffeur. Arrêt du 1. Septembre 1565. infirmatif de la Sentence du Bailly de *Troyes.* Voyez *la Bibliotheque de Bouchel,* verbo *Propres* ; où il dit que fi les heritiers des deux côtez font au pareil degré , ils fuccedent également, finon le plus proche emporte l'heritage , étant propre au défunt , mais fans ligne. Arrêt du 13. Avril 1548.

65 Par contrat de mariage une fille apporte une fomme de deniers , avec ftipulation d'employ des deux tiers , pour fortir nature de propre à la future époufe , & aux fiens de fon côté & ligne ; cela fait que les heritiers des propres de la femme fuccedent audit employ, encore qu'il ne foit fait lors du décés de la femme. Arrêt à la my-Août 1591. *Montholon , Arrêt* 93.

66 Pour fucceder aux propres ou aux acquêts qui ont fait fouche , il faut être parent du côté & ligne de celuy qui premierement a apporté l'heritage en la famille. Arrêt du 11. Decembre 1593. *M. le Prêtre, és Arrêts de la Cinquiéme.*

67 Somme de deniers baillée en mariage , pour être propre à la future époufe & aux fiens de fon côté & ligne , a tel effet que la chofe eft non feulement cenfée immeuble & propre en droit de fucceffion, mais auffi tellement affeĉtée à la ligne , que le plus proche heritier du défunt en eft exclus par celuy qui eft de la ligne , bien que la fucceffion foit échuë en païs de Droit écrit. Arrêt du 22. Decembre 1600. Après la prononciation de l'Arrêt, M. de Harlay Premier Préfident, avertit les Avocats que la Cour avoit vuidé la queftion , qui avoit travaillé les plus grands

grands esprits du siecle. *Papon , livre* 17. *tit.* 3. *nombre* 12.

68. Pere succede aux propres de son enfant, à défaut de parens de l'estoc & ligne, & à l'exclusion de parens d'autre ligne. Jugé le neuf Mars 1622. *Bardet , to.* 1. *liv.* 1. *ch.* 93.

69. Pere qui a donné une somme de deniers en dot à sa fille, avec stipulation *de propre à elle & aux siens*, sans ajoûter les mots *de côté & ligne*, ne la peut prétendre en la succession de son petit-fils, & en est exclus par son gendre, pere & heritier mobiliaire du défunt. Arrêt qui l'a ainsi jugé, le 13. Avril 1627. *Idem, tom.* 1. *liv.* 2. *ch.* 105.

70. Cause appointée le 4. Avril 1634. pour sçavoir à qui doit appartenir une somme de deux mille livres, constituée en dot par le pere à sa fille sur ses droits maternels, avec stipulation de propre à elle & aux siens de son estoc & ligne, ou au pere, ou à l'oncle maternel, ou aux freres consanguins de la défunte? La Sentence avoit jugé en faveur de l'oncle maternel. *Bardet, to.* 1. *liv.* 3. *ch.* 18.

71. Deniers échus à la fille par la succession du pere, & stipulez propres en contract de mariage à elle & aux siens *de son estoc & ligne*, appartiennent dans la succession aux heritiers des propres, à l'exclusion de la mere heritiere mobiliaire. Arrêt du 8. Juin 1634. *Bardet , ibid. ch.* 21.

72. Jugé par Arrêt du 17. Septembre 1655. en la Coûtume de Melun, qu'une somme de deniers stipulée propre à la femme par son contract de mariage, & aux siens de son estoc & ligne, la femme étant décedée la premiere, & ayant laissé une fille qui seroit décedée incontinent après, devoit appartenir au pere de la fille, à l'exclusion de ses heritiers collateraux, en consequence de l'article 263. qui veut que les heritiers soient descendus de celuy auquel les heritages avoient appartenu. Ainsi le plus proche étoit le pere. *Soëfve, tom.* 1. *Cent.* 1. *ch.* 4.

72. bis. Un ayeul maternel par son Testament, ordonne que les effets mobiliaires qui écherront par son decés à son petit-fils, luy seront & demeureront propres, & aux siens de son côté & ligne. Arrêt du 23. Janvier 1666. *Des Maisons , lettre P. n.* 10.

73. Par Arrêt du six Avril 1666. jugé que les deniers stipulez propres par contrat de mariage à une future, & aux siens de son côté & ligne, doivent appartenir aux heritiers du côté paternel. *Soëfve, to.* 1. *Cent.* 2. *chap.* 79.

74. Une fille ayant stipulé qu'une somme de deniers qu'elle apportoit en dot, seroit propre à elle & aux siens de son côté & ligne, cela exclud son mary de succeder dans ce propre fictif à deux de leurs enfans communs; au préjudice du troisiéme. Arrêt du Parlement de Paris du 3. Août 1682. *Journ. des Aud. tom.* 5. *liv.* 1. *ch.* 2.

75. En la Coûtume de *Philippeville*, les peres & meres qui survivent à leurs enfans, ne leur succedent pas les propres qui ne viennent pas de leur côté & ligne; mais ils retournent à la ligne d'où ils procedent, même collaterale. Arrêt du Parlement de Tournay du 31. Janvier 1697. rapporté par *M. Pinault, to.* 1. *Arr.* 139.

PROPRES, FRUITS.

76. Fruits des propres. *Voyez M. le Brun en son Traité de la Communauté , liv.* 1. *chap.* 5. *sect.* 1. *dist.* 2. & *les Commentateurs sur l'article* 231. *de la Coûtume de Paris.*

PROPRES LEGUEZ.

77. Si les propres peuvent se leguer? *Voyez le mot Legs, n.* 547. *& suiv.* *Voyez cy-dessus le nomb.* 14.

PROPRES, LICITATION.

78. Licitation faite en Justice à l'un des coheritiers, les parts qui appartenoient à ses coheritiers luy sont acquêts, il n'y a de propre que sa portion. Jugé le

23. Juin 1660. *De la Guessiere, tome* 2. *liv.* 3. *chap.* 27. *Voyez le Traité des Propres , ch.* 3. *sect.* 5. *nomb.* 7. *& suiv.*

PROPRES MATERNELS, OU PATERNELS.
Voyez cy-dessus , Paterna Paternis.

79. L'Arrêt du 30. Mars 1596. rendu entre Eustache de Saintien, & les Danets, avant lequel les Chambres furent consultées, comme le rapporte *Tronçon, sur l'art.* 143. *de la Coûtume de Paris,* & le Continuateur *de M. le Prêtre, Cent.* 3. *ch.* 88. décide que les biens maternels qui avoient été ajugez à un enfant, pour son partage de la succession du pere, étoient reputez paternels par l'effet de la subrogation, & en cette qualité appartenoient aux heritiers paternels. *Voyez le Brun , en son Traité des Successions, livre* 1. *chap.* 1. *section* 1.

80. Le pere succede aux propres maternels, & la mere aux paternels de leurs enfans décedez sans heritiers, à l'exclusion des freres du second lit, même du fisc. Arrêt à la prononciation de Noël 1611. *Montholon, Arrêt* 181.

81. Si les acquêts faits par un fils mort sans enfans, qui retournent à sa mere, tiennent lieu de propre ou d'acquêts; & si étans propres à la mere, ils tiennent nature de propre paternel ou maternel? Arrêt du Parlement de Roüen du 23. May 1623. qui les ajuge aux heritiers maternels. *Basnage , sur l'art.* 247. *de la Coûtume de Normandie.*

82. M. Mathieu Baudoüin Avocat, mariant sa fille à Jean d'Etrepagny, luy donne quatre mille liv. pour dot; il donne la Terre de Bosdribose à son gendre, & aux enfans qui naîtroient de ce mariage, & au dernier vivant d'iceux. De ce mariage fut procréée une fille nommée Françoise. Après la mort de Jean d'Etrepagny, Marthe Baudoüin ayant épousé en secondes nôces le sieur Dulis, elle en eut un fils qui devint heritier de Françoise d'Etrepagny sa sœur uterine; & en cette qualité il prétendit avoir la Terre de Bosdribose, qui avoit été donnée par M. Mathieu Baudoüin son ayeul maternel, soûtenant que cette Terre luy appartenoit comme un propre maternel, au préjudice des heritiers au propre paternel de Jean d'Etrepagny, qui la reclamoient, comme luy ayant été donnée par son contract de mariage. Le Juge de Longueville avoit déclaré cette Terre un propre maternel. Au Parlem. de Roüen, où l'affaire fut portée par appel, les voix furent partagées, & le 30. Juin 1684. la Cour estima que cette clause du contract de mariage se devoit entendre seulement des enfans qui naîtroient, veu que la constitution de la dot étoit separée de la donation de la Terre, que la donation avoit été faite au mary, & aux enfans sortis de ce mariage; vû aussi que le mari s'étoit chargé de payer sept mille liv. *Basnage , sur l'art.* 245. *de la Coûtume de Normandie.*

PROPRES NAISSANS.

83. Dans la Coûtume de *Bretagne*, la femme dont le propre a été aliené par son mary, soit pendant son absence, ou minorité, *sive eâ ignorante*, a son hypotheque du jour du contract d'alienation, & non simplement du jour de sa ratification. Jugé à Paris le 4. Février 1676. *Journal du Palais.*

84. En la Coûtume de *Chaulny*, les propres naissans appartiennent aux collateraux, & non aux ascendans, pourvû qu'ils viennent d'ailleurs que desdits ascendans; *secus*, s'ils en viennent. *Voyez M. le Prêtre, 2. Cent. ch.* 18.

85. L'heritier descendu de l'acquereur, est préferé à celuy qui n'est que du côté de l'acquereur, C'est la raison pour laquelle dans les propres naissans le neveu doit être préferé à l'oncle. Arrêt du 14. Août 1570. dans la Coûtume de *Senlis*. Le Vest, *Arr.* 107. parce que le neveu, & non l'oncle, est descendu de l'acquereur. Sur ce fondement si mon ayeul a acquis, & que l'heritage se trouve dans ma succession, &

que je laisse un grand oncle frere de mon ayeul, & un-remué de germain, celui-ci sera préferé pour cet heritage, comme descendu de l'acquereur. *V. le Brun, des successions, liv. 2. chap. 1. sect. 3. n. 4.*

86 En la Coûtume de *Touraine* les propres naissans maternels ajugez aux grands oncles maternels, & aux cousins remuez de germains, à l'exclusion de l'ayeule & du pere du défunt. *Peleus, quest. 139. Voyez M. le Prêtre, 2. Cent. chap. 24.*

87 Le pere ne succede à sa fille au propre naissant, encore que tous les biens de luy & de sa femme ayent été faits communs par le contrat de mariage. Arrêt à Noël 1582. *Montholon, Arrêt 17.*

88 Jean Rogier est marié deux fois, a des enfans de l'un & de l'autre mariage, sa veuve fait quelques acquêts & decede; son fils d'elle recueille sa succession; question se meut entre son frere consanguin heritier des meubles & acquêts, & les cousins du défunt à qui appartiendroient les acquêts faits par la mere. Jugé le 14. Mars 1626. qu'ils appartenoient aux cousins maternels, à l'exclusion du frere consanguin. *Brodeau sur M. Loüet, lettre P. somm. 18. nomb. 25.*

89 Les neveux d'un défunt luy succedent aux propres naissans, à l'exclusion de l'oncle, quoiqu'en pareil degté. *Nota,* que les neveux étoient descendus de l'acquereur, & l'oncle non. Arrêt du 27. Mars 1646. *Du Frêne, liv. 4. chap. 37.*

PROPRES, OFFICES.

90 Les Offices sont propres dans les successions à l'égard de toutes sortes de personnes, mais il n'y a pas d'Arrêt pour les testamens. *Ricard, des Donations entre-vifs, 3. part. chap. 10. sect. 1. nomb. 1414. & suiv.*

91 Office stipulé propre au mari & aux siens, étant par luy vendu, les deniers sont reputez de même nature, pour reduire le legs par luy fait à sa femme de tous ses meubles, acquêts & conquêts immeubles, & quart des propres dans la Coûtume de Dreux. Arrêt du mois de Juillet 1617. *Bardet, to. 1. li. 1. ch. 6.*

92 Deniers procedans de la vente d'un Office de Judicature dont le pere étoit pourvû avant son mariage, même employez en rentes constituées, sont propres paternels aux enfans, & la mere n'y peut succeder. Arrêt du 14. Mars 1633. *Bardet, tome 2. livre 2. chapitre 16.*

Voyez le mot Offices.

PROPRE, PRATIQUE DE PROCUREUR.

93 Jugé au Parlement de Paris le 16. Mars 1661. que la Pratique d'un Procureur ayant été stipulée propre au mari, quoique lors de la vente d'icelle se rencontrassent plusieurs promesses, obligations, executoires de dépens, frais arrêtez par les parties, le tout provenant de cette Pratique, tels effets appartenoient à l'heritier des propres, & non à la veuve qui les prétendoit comme meubles, quoique le Procureur pendant sa vie eût vendu sa Pratique 18000. livres, & se fût fait retroceder des promesses, obligations, & executoires de dépens. *Journal des Audiences tome 2. liv. 4. chap. 16.*

Voyez cy dessus le mot Pratique.

PROPRE, REALISATION.

94 La réalisation ne passe pas les actes pour lesquels elle est faite: ainsi la somme ayant été réalisée en faveur de la femme, ce qui veut dire qu'elle n'entrera pas en communauté, elle n'est pas réalisée quant à la disposition, & contre la femme même; en sorte qu'elle pourra disposer de la somme nonobstant la réalisation, même au profit de son mary, dans les Coûtumes qui le leur permettent. Arrêt du 2. Août 1695. rendu en la premiere Chambre des Enquêtes du Parlement de Paris. *M. le Brun, traité de la Communauté liv. 1. chap. 5. nomb. 4.*

PROPRES, RECOMPENSE.

95 Quoique les heritiers aux propres soient de deux especes, les uns au paternel, les autres au maternel: & quoique d'ailleurs la Coûtume ait pris soin de con-

server les propres par le retranchement des acquêts, en donnant un recours aux heritiers aux propres pour faire condamner les heritiers aux acquêts & remplacement des propres alienez; neanmoins si le donateur a donné un heritage propre en quoy consiste tout son bien paternel ou maternel, cette donation est maintenue au préjudice de l'heritier qui avoit ce droit de succeder à cet heritage, sans qu'il ait aucun recours ni recompense contre l'heritier de l'autre ligne, pourvû que la valeur de cet heritage n'excede point la valeur du tiers de tous les biens du donateur, quand il n'y a point d'acquêts, ou du tiers des propres quand il y a diversité d'heritiers, les uns aux acquêts, les autres aux propres, auquel cas il la faudroit réduire; de sorte qu'on a jugé, que comme lors que la vente a été faite de tous les biens d'un côté, soit paternel ou maternel, il faut prendre la succession en l'état qu'elle se trouve au temps de l'échéance, sans que les heritiers de l'une ou de l'autre ligne puissent prétendre aucun remplacement l'un contre l'autre à cause des alienations faites par le défunt; ainsi quand un propre a été donné valablement, l'heritier qui pouvoit succeder n'a aucun recours ni recompense à demander à l'heritier de l'autre ligne. Ce qui a été jugé par plusieurs Arrêts. *Pesnelle sur l'article 441. de la Coûtume de Normandie.*

96 Un testateur disposant de ses propres au delà de ce qui luy est permis par la Coûtume, il n'échoit de donner recompense aux legataires sur les meubles & acquêts quand il en a disposé. Arrêt du 29. Janvier 1647. *Du Frêne, livre 4. chap. 47.*

97 Les heritiers des propres ne sont point obligez de donner à des legataires particuliers de leur auteur une recompense pour les réédifications & améliorations faites en un propre. Arrêt du Parlement de Paris du 3. Août 1688. *Au Journal des Audiences, tome 5. liv. 4. chap. 25.*

PROPRES NE REMONTENT.

98 Il resulte des Principes établis par *M. le Brun* en son traité des Successions, livre 1. chap. 5. que la regle ordinaire qui dit, *que propre heritage ne remonte point*, reçoit plusieurs exceptions; la premiere, qu'elle n'a lieu que pour la directe: car les heritages propres peuvent remonter en la collaterale, comme en la personne d'un oncle; aussi l'article 313. de la Coûtume de Paris, ne propose cette regle que pour la ligne directe, mais les propres remontent de telle sorte dans la ligne collaterale, qu'il n'y a que les parens du côté & ligne qui y succedent, en sorte que la regle *paterna paternis* sembloit suffire pour l'une & l'autre ligne: car en vertu de cette maxime la mere devoit être exclue des propres paternels, & le pere des propres maternels, & les parens collateraux de même.

La seconde exception est, que les propres remontent aux ascendans, par le moyen du droit de reversion; & en ce cas ils remontent jusqu'à la personne de l'ascendant qui a fait la donation, quoiqu'il y ait un autre ascendant du donataire, & du même côté & ligne qui se trouve entre lui & le donateur; c'est pourquoi si l'ayeul a donné un propre après la mort du petit fils donataire arrivée sans enfans, ce propre appartient à l'ayeul, & non pas au pere. La troisiéme est, que les ascendans succedent par usufruit aux conquêts de leur Communauté, lesquels par le décez de l'un d'eux sont échûs à leurs enfans decedez sans enfans, & sans freres ni sœurs, aux termes des articles 130. & 314. de la Coûtume de Paris. La quatriéme est, que les ascendans succedent aux propres quand ils sont eux-mêmes du côté & ligne, comme si l'ayeul a donné un immeuble, & qu'il soit décédé; car en ce cas le petit fils donataire decedant sans enfans, le pere comme le plus proche du côté & ligne, sera préferé pour cet immeuble à tous les collateraux. La cinquiéme est, dans le cas que le fils ait

retiré par retrait lignager un propre de sa famille; car alors le pere du côté duquel ce propre procede, est encore preferé à tous les collateraux du fils. La sixiéme est, qu'au cas que le fils n'ait point laissé d'heritier de la ligne maternelle : car alors le pere ou la mere succede aux propres de la ligne défaillante, à l'exclusion des collateraux de son côté. La septiéme est, que si le fils fait acquisition d'un heritage, lequel par sa mort ait depuis appartenu au petit fils qui vienne à deceder sans enfans, & sans freres & sœurs, l'ayeul succede à cet heritage en pleine proprieté, suivant l'article 315. de la Coûtume de Paris. La huitiéme est, que si le mari a donné un immeuble à sa femme par contrat de mariage, & qu'un enfant commun ayant succedé à ce propre, vienne à deceder & sans freres ni sœurs, selon l'opinion de plusieurs, le propre retourne au pere.

99   En la Coûtume de Senlis entre l'oncle & le neveu les propres ne remontent en ligne collaterale, non plus qu'en ligne directe. Prononcé le 14. Août 1570. Le Vest, Arrêt 107.

100   Sur l'Arrêt de Châteauvillain du 20. Juillet 1571. après turbes faites en la Coûtume de Chaumont, jugé que propres ne remontent point ; il fut dit que les collateraux du côté & estoc dont procedent les heritages, y succedent & excluent la mere du défunt pour le regard des propres, encore qu'elle soit en plus prochain degré ; erreur ayant été proposée contre l'Arrêt, il fut jugé en Juin 1578. qu'il n'y avoit erreur, & que les propres ne remontent, encore qu'ils ayent fait souche qu'en la personne du décedé, & non de son pere, tellement qu'ils ne soient point avita. Arrêt prononcé en Robes rouges avant Pâques 1560. en la Coûtume de Paris. Voyez la Bibliotheque de Bouchel, verbo Propre.

101   Quand on dit que les propres ne remontent, cela s'entend quand le pere n'est de l'estoc & ligne dont est procedé l'heritage ; secius s'il est de l'estoc & ligne : Verbi gratia, l'ayeule maternelle donne & legue à sa petite fille une terre en faveur de mariage ; cette petite fille decede sans enfans, & l'ayeule auparavant, la mere comme étant de l'estoc & ligne dont l'heritage venoit, & étant la plus proche, y doit succeder, à l'exclusion de ses freres & oncles de la petite fille heritiers collateraux, parce que le propre ne sort point de la ligne, & ne passe point en une famille étrangere. Arrêt du 5. Janvier 1630. Arrêt du 14. Avril 1676. conforme en la troisiéme des Enquêtes ; en ce cas ce n'est pas remonter, mais retourner à la source ; car remonter, c'est passer de la ligne paternelle en la maternelle, & è converso. Brodeau sur M. Loüet, lettre P. somm. 47. Voyez M. le Prêtre, 2. Cent. chap. 18. & le Vest, Arrêt 107.

PROPRES, REMPLOY.

102   Comme il n'y a point de remplacement de Coûtume à Coûtume, il n'y a pas lieu de demander un remploy des propres de Normandie, sur des acquêts situez à Paris, les heritiers aux acquêts consentant le remploy des propres sur des acquêts de Normandie. Voyez Basnage sur l'article 408. de cette Coûtume.

103   Quoiqu'un nommé Nicolas Bailli eût déclaré lors de la constitution d'une rente de deux mille liv. en principal, & de l'acquisition d'un Office de Chargeur de bois, qu'il faisoit ces acquisitions des deniers procedans de la vente de ses propres materniels, & qu'il entendoit qu'elles luy tiendroient lieu de propres du même côté ; neanmoins la Cour en confirmant la Sentence du Prévôt de Paris les ajugea comme acquêts aux heritiers paternels, qui étoient en plus proche degré. Voyez le Brun, des Successions, livre 2. chap. 1. sect. 1. n. 37. il rapporte l'Arrêt du 16. Avril 1671.

104   Si les deniers de soulte de partage dûs, peuvent être tenus & censez meubles, y ayant convention que le mari les recevant seroit tenu de les remplacer

Tome III.

en heritages qui sortiroient même nature d'anciens heritages, comme étoient les biens partagez? Voyez Bouvot, to. 1. verbo Deniers de soulte, quest. 1. & part. 2. verbo Deniers anciens, où il rapporte l'Arrêt du Parlement de Dijon du 6. Juillet 1566. qui ajugea les deniers au pere, quoiqu'il semblât ne devoir profiter de sa faute & negligence.

105   Une somme est donnée à la future épouse, avec stipulation qu'elle sera employée en rente ou heritage qui sortiroit nature de propre à elle & aux siens de son estoc & ligne. Arrêt du Parl. de Paris du 22 Decembre 1600. prononcé en Robes rouges, qui après le decez du fils heritier de sa mere, donne cette somme à ses collateraux à l'exclusion des freres du second lit, parce que ceux-ci n'étoient que parens paternels, & le droit appartenoit aux heritiers du côté maternel. Après la prononciation M. le Premier Président de Harlay avertit les Avocats de donner conseil suivant l'Arrêt. Bibliot. de Bouchel verbo Remploy.

106   Par Arrêt du Parlement de Paris du 6. Septembre 1603. après en avoir demandé l'avis aux autres Chambres, il fut dit que la veuve seroit rembourfée par preference à l'heritier beneficiaire du mari, sur les biens de la communauté, des deniers provenans de la vente de ses heritages propres, & pour ceux vendus sans son consentement, elle en seroit rembourfée, même sur les propres du mari. Bibliotheque de Bouchel, verbo Mariage. Il s'agissoit de sçavoir si un fils succedant à son pere auquel il devoit trois cents livres de rente, dont par ce moyen il demeuroit quitte, & depuis ce fils étant mort sans enfans, ses heritiers aux propres pouvoient demander le remploy de cette rente? Par Arrêt du Parlement de Roüen du 17. Août 1634. les heritiers aux acquêts furent déchargez de la rente. Basnage, sur l'article 408. de la Coûtume de Normandie.

107   Un frere avoit legué tous ses meubles à sa sœur uterine qui étoit aussi heritiere aux acquêts ; elle y renonça, & se contenta de prendre seulement ce legs universel des meubles ; ce frere avoit constitué sur luy plusieurs rentes, ce qui obligea les heritiers aux propres de demander que puisque les acquêts n'étoient pas suffisans, les meubles fussent employez au rachat des rentes, & que ces constitutions étoient de veritables alienations du propre qu'il faudroit necessairement vendre, si les meubles n'y étoient point employez. Le legataire répondoit que le remploy n'étoit dû qu'en cas d'une veritable alienation du propre, qu'on ne pouvoit mettre en ce nombre de simples constitutions de rente. Par Arrêt du Parlement de Roüen du 3. Août 1645. la legataire fut déchargée ; mais il n'a point été suivi, étant contraire aux anciennes maximes & à plusieurs Arrêts. Par un du 8. Juillet 1659. il fut jugé en faveur de l'heritier au propre, que le legataire universel aux meubles devoit se charger des rentes constituées, vû qu'il n'y avoit point d'acquêts, qu'apparemment les meubles avoient été augmentez des deniers provenans de la constitution de ces rentes, nonobstant que l'on se prévalût de l'Arrêt cy-dessus. Autres Arrêts des 20. Août 1646. & 27. Mars 1655. Basnage, sur la Coûtume de Normandie, article 408.

108   Jugé au même Parlement de Roüen le 15. Decembre 1691. que les sieurs Alexandre heritiers aux meubles & acquêts d'Antoine de Bethancourt ne devoient sur iceux à Françoise de Bethancourt heritiere au propre paternel, le remplacement d'une rente de 71 liv. qu'Antoine de Bethancourt fils avoit donnée en payement d'une Charge d'Enseigne d'une Compagnie dans le Regiment de Champagne, qui avoit été perduë par sa mort. Les sieurs Alexandre pretendoient que cette Charge ayant été perduë par force majeure, il n'étoit point dû de remplacement de la rente donnée en payement. L'Arrêt fondé sur cette distinction, qu'un propre perdu par une force ma-

F f ij

jeure n'eſt pas ſujet à remplacement, mais qu'un bien acquis & payé d'un proprε vendu ou tranſporté n'é-toit pas un propre, & que cette rente de 71. liv. étant échuë au fils de la ſucceſſion de ſon pere, & ne ſe trouvant plus dans ſon bien lors de ſa mort, devoit être repriſe ſur les meubles & les acquêts. *Baſnage, ſur l'art. 246. de la Coût. de Normandie.*

109 Par Arrêt du 7. Juillet 1650. jugé que le remplace-ment du propre alié né ſe fait ſur les conquêts, tant anterieurs que poſterieurs au marc la livre. *Berault, ſur la Coûtume de Normandie, à la fin du 2. tome p. 100. ſur l'art. 408.*

Voyez ci-après le mot Remploy.

PROPRES, RENTES.

110 Si le défunt avoit alié né une rente avec clauſe de garantir, fournir & faire valoir, & que ſes heri-tiers la reprennent, & payent au ceſſionnaire le ſort principal, à l'effet de ſe charger de la garantie; cet-te rente ſera propre en leur perſonne, *quia cenſetur magis redditum quàm tranſlatum dominium* ; ce qui a été jugé par un Arrêt du 3. Mars 1618. rapporté par la *Lande ſur l'article 324. de la Coûtume d'Orleans.*

111 Rente conſtituée au profit du mari, des deniers de ſon propre alié né, avec ſtipulation qu'elle ſortira pareille qualité, eſt acquêt en ſa ſucceſſion à l'égard des collateraux, le remploy n'ayant été ſtipulé au contrat de mariage que pour luy & les ſiens. Arrêt du 27. Janvier 1615. *V. Bardet, to. 1. liv. 2. chap. 29.* où des Arrêts contraires, avec les circonſtances ſont rap-portez. Une diſtinction generale eſt que ſi un coheri-tier conſtituë une rente pour un heritage propre qui tombe dans ſon lot, le partage eſt une eſpece d'é-change qui opere la ſubrogation, ce qui ne ſe ren-contre pas au fait particulier d'une rente conſtituée par l'acquereur d'un propre.

PROPRES, REPRISE.

112 De la repriſe des propres en cas de renonciation. *V. M. le Brun, traité des Propres, livre 3. ch. 2. ſect. 2. diſt. 3.*

Voyez cy-après le mot Repriſe.

PROPRE, RETRAIT.

113 Si l'heritage retrait par lignage eſt heritage propre quant à tous retrait, pour ſucceſſion, pour teſtament, pour autre retrait ? *Voyez Coquille, tome 2. queſ-tion 188.*

114 Heritage retiré par le lignager luy eſt reputé pro-pre. Arrêt du 7. Septembre 1570. l'heritage retrait par le pere prêteur des deniers de la ſucceſſion de ſa femme au nom de ſes enfans comme lignagers du côté maternel, fut déclaré propre du côté, & non ac-quêt, *ſed & quidquid acquirit quod alias ſibi ex ſucceſ-ſione obventurum erat habere videtur ut proprium non ut acquiſitum.* Joan. Fab. *in procem. inſt. in verb. Ale-manicus,* notez l'Arrêt du 30. Juillet 1575. *Biblioth. de Bouchel,* verbo *Propre.*

115 De Premeſſe en acquêt, ſi elle va ſolidairement au plus prochε; ou ſi elle ſe départ aux deux eſtocs? La Sentence avoit jugé en faveur du plus proche. Arrêt du 15. Juillet 1608. qui ordonne un deliberé. *Voyez Frain, page 39.* Hevin, *dans ſes notes, page 45.* dit que les retraits ſe reglent comme les ſucceſſions, & examine la queſtion de ſçavoir ſi les degrez ſe comptent ſuivant le Droit Civil ou Canonique; il dé-cide que la computation Canonique n'a lieu que pour regler les mariages, & ne ſe doit pas appliquer aux affaires purement Civiles, telles que les ſucceſſions & les retraits.

116 On demande ſi le fief à cauſe duquel le retrait feodal a été exercé étant propre au Seigneur, la cho-ſe par luy retirée, prendra la même nature de propre, ou ſi elle ſera conſiderée en ſa perſonne de nature d'acquêt? La même difficulté peut être propoſée pour le retrait és Coûtumes où il eſt reçu. La raiſon de douter eſt tirée de l'article 139. de la Coûtume de Paris qui donne la qualité de propre à l'heritage

retiré par retrait lignager, encore que le rembourſe-ment du prix du même heritage ait été fait en deniers qui étoient meubles en la perſonne du retrayant; à l'égard du retrait feodal il a été reçu pour réünir à la table du Seigneur, & au corps du fief dominant la choſe retirée. Arrêt du 24. Janvier 1623. donné en l'Audience de la Grand-Chambre. Autre choſe eſt des fonds retournés entre les mains du Seigneur par droit de commiſe & confiſcation ſans bourſe délier, qui prennent la même qualité de propre ou d'acquêt qui ſe rencontrent dans le fief, à cauſe duquel le re-trait a été exercé. *Voyez Auzanet, ſur l'article 20. de la Coûtume de Paris.*

Jugé au Parlement de Roüen le 3. Mars 1645. con-tre le ſentiment de *Berault,* qu'un heritage retiré par l'acquereur perdant à droit de lettre lûë tient na-ture de propre quand cet heritage vient de ſucceſ-ſion; car étant propre au retrayant à droit de lettre lûë, il rentre en ſa main avec cette même qualité. *Baſnage ſur la Coûtume de Normandie, art. 483.*

117 Heritage réüni par retrait feodal au fief qui tenoit nature de propre, eſt cenſé propre. Arrêt du Parle-ment de Roüen, les Chambres aſſemblées, du 6. Avril 1666. art. 108. *V. Baſnage, to. 1. à la fin.*

Voyez cy-après le mot Retrait, §. Retrait, Propre.

PROPRES, SUCCESSION.

118 Dubois, *de proprиorum ſucceſſiune ſecundum conſuet. Pariſienſem,* in octavo, *Pariſ. 1662.*

119 Dans les Coûtumes ſemblables à celle de Paris, quand il n'y a point de parens du côté & ligne de l'acquereur, l'heritage appartient au plus proche, comme un ſimple acquêt. *M. le Brun, traité des ſuc-ceſſions, liv. 2. chap. 1. ſect. 3.*

120 De la ſucceſſion des aſcendans aux propres dont ils ſe trouvent les plus proches heritiers. *Voyez M. le Brun, des Succeſſions, livre 1. ch. 5. ſect. 4.* il propoſe cette eſpece. Un particulier ayant épouſé ſa couſine germaine eut d'elle un enfant, & ſa mere décéda laiſ-ſant des propres. Le fils qui luy avoit ſuccédé décéda peu après; tous les propres maternels étoient préten-dus par le pere. Ses freres & ſœurs, oncles & tan-tes *de cujus bonis agebatur* demandent leur part. *M. le Brun* décide en faveur du pere, parce qu'il eſt à l'é-gard des oncles dans le premier degré de la ligne aſ-cendante, & eux ne ſont que dans le ſecond degré de la ligné collaterale. Le pere ne ſeroit pas moins fondé à l'égard des freres & ſœurs du défunt; s'il eſt auſſi dans le premier degré de la ligne aſcendante, ils ſont eux dans le premier degré de la ligne collatera-le. Le mariage qui reſſerre les nœuds de la famille approche le pere, ſans approcher les oncles, mais il a produit les freres & ſœurs du défunt, à l'é-gard deſquels le pere demeure dans la diſpoſition du Droit commun, & par conſequent reduit à la ſuc-ceſſion des meubles & acquêts.

121 Un frere achete un heritage, meurt ſans enfans, & laiſſe ſon frere ſon heritier qui décède ſans enfans, l'heritage n'eſt pas propre de ligne. *Voyez Brodeau ſur M. Loüet, lettre P. ſomm. 28.*

122 Par Arrêt du dernier May 1560. jugé au Parlement de Paris que les biens acquis par le pere faits pro-pres au fils venant à décéder appartiennent aux cou-ſins germains, & autres parens paternels, excluſis fra-tribus uterinis. Papon, liv. 21. tit. 7. n. 17.

123 Ce chef de la reſolution de *M. Charles du Moulin,* qu'aux propres naiſſans du défunt acquis par ſon pere, les neveux ne doivent ſuccéder à l'excluſion des oncles, a été confirmé par Arrêt du 14. Août 1570. rapporté en forme par le *Veſt, chap. 107.* & depuis le même a été jugé en la Coûtume de Paris par Arrêt donné avec grande connoiſſance de cauſe, en la cin-quiéme Chambre des Enquêtes le 27. Mars 1646. *V. Ricard, ſur la Coûtume de Senlis, art. 141.*

124 Au cas que par le contrat de vente l'acheteur ait conſtitué une rente pour le prix du propre vendu,

cette rente est acquêt dans la succession du vendeur. Arrêt du 24. Mars 1592. V. le Brun, traité des Successions, livre 2. chap. 1. sect. 1. p. 136.

125 Ceux qui sont de la ligne, quoique plus éloignez en degrez succedent aux propres donnez à un parent, à condition d'être propres, & ce à l'exclusion de l'heritier des acquêts; mais si la chose est donnée simplement, quoique successoro, elle est acquêt. Arrêt du 20. Septembre 1594. M. Loüet, lettre A. somm. 2.

126 Par contrat de mariage il est stipulé que de tous les effets mobiliers apportez par le mari il y aura 600. livres qui luy demeureront propres & aux siens; il décede laissant une fille qui survit peu; la mere prétend succeder à l'exclusion des Collateraux, disant qu'outre qu'il n'est pas stipulé que les 600. livres seront employez en heritages propres, cette action est mobiliaire. Arrêt du Parlement de Paris du 23. Decembre 1609. en sa faveur; elle avoit perdu sa cause au Châtelet. Voyez la Bibliotheque de Bouchel, verbo Propres.

127 En la Coûtume de Chartres un reliquat de compte stipulé propre pour la femme & les siens, cette stipulation exclut le mary d'y pouvoir rien prétendre à cause de la communauté, mais non en qualité de legataire de sa femme, laquelle luy avoit legué tous ses meubles, acquêts, & le quint de ses propres. Arrêt du 9. Juillet 1618. Brodeau sur M. Loüet, lettre Q. somm. 5. nomb. 7. circâ medium.

128 Un pere donne à son petit fils quelques heritages; après sa mort deux de ses sœurs de pere & de mere, & un frere consanguin ses uniques heritiers prétendoient cet heritage, le frere le prétendoit comme un acquêt; les sœurs au contraire soûtenoient que c'étoit un propre; le frere du pere heritier aux acquêts disoit qu'un bien ne peut devenir propre que par succession ou par donation à l'heritier présomptif. Par Arrêt du Parlement de Roüen du 28. Mars 1622. on jugea en faveur des sœurs de pere & de mere. Basnage, sur l'article 247. de la Coûtume de Normandie.

129 L'article 98. de la Coûtume de Chartres, a lieu tant en succession collaterale, qu'en directe; & les filles du premier lit prennent en celle de leur frere germain les propres feodaux, à l'exception de la niéce fille d'un frere du second lit. Jugé au Parlement de Paris le 26. Juillet 1632. Bardet, tome 2. liv. 1. chap. 39.

130 Arrêt du premier Mars 1633 qui appointe en interpretation des art. 311. 312. & 330. de la Coûtume de Paris, pour sçavoir à qui doivent appartenir les propres anciens du défunt venus de l'ayeule paternelle, dont la ligne manque, & contentieux entre l'ayeule paternelle, la sœur de l'ayeule grand'tante du défunt, la mere & le frere uterin, Bardet, tom. 2. liv. 2. chap. 13. & le même livre aux notes p. 613.

131 Les mâles & leurs descendans excluent les femelles & leurs descendans au propre. L'agnation ni la proximité du degré ne sont point considerées, parce qu'en succession de propre réprésentation de sexe a lieu à l'infini. Arrêt du Parlement de Roüen du 17. Avril 1646. Basnage, sur l'article 245. de la Coûtume de Normandie.

132 Somme d'argent promise par un pere par avancement de succession est un propre. Arrêt du Parlement de Roüen du 5. Juillet 1646. Basnage, ibidem, article 434.

133 On a jugé plusieurs fois au Parlement de Roüen que la dot constituée à la femme des meubles qui ne luy avoient point été donnez par son pere ou par son frere, mais qui luy étoient échûs par succession, appartenoient à l'heritier au propre à l'exclusion de l'heritier aux acquêts; ainsi soit, que les deniers aient été donnez par le pere pour être la dot, ou soit que des meubles échûs à la fille par succession aient été constituez par elle en dot, on les fait passer à l'heritier au propre; cela fut jugé le 6. Mars 1630. Bas-

nage, ibidem, art. 511. où il semble que pour rendre propre les rentes constituées de deniers provenans de meubles échûs à une fille par succession, il soit necessaire qu'elle soit mariée; car c'est l'espece d'un Arrêt du 12. Janvier 1662.

134 Par les Arrêts de Larcanier, de Thomas, & de Biset, la dot constituée par une fille, de meubles qui luy étoient échûs par succession appartient à l'heritier au propre, à l'exclusion de l'heritier aux meubles & acquêts. Basnage, ibidem, art. 511.

135 Tous biens immeubles échûs par successions sont reputez propres sans qu'il y ait distinction de propres anciens & naissans. Art. 46. des Arrêtez du Parlement de Roüen, les Chambres assemblées, le 6. Avril 1666. Basnage, to. 1. à la fin.

136 Pour pouvoir disposer du quint de ses propres à vingt ans, il suffit de n'avoir pas une quantité raisonnable de meubles. Ainsi jugé les 23. Juin 1585. & 24. ces Arrêts sont rapportez par Vigier, sur l'art. 49. de la Coûtume d'Angoumois. Voyez aussi M. le Brun traité des Successions, livre 2. chap. 4. nomb. 46. où il dit qu'ayant soûtenu qu'il étoit necessaire pour pouvoir disposer de tous ses meubles dans la Coûtume d'Anjou d'avoir des propres en quantité, & qu'il ne suffisoit pas d'en avoir en qualité; il fit ainsi juger la question le 2. Juillet 1668. c'étoit un oncle qui avoit testé.

137 Jugé en la quatriéme Chambre des Enquêtes par Arrêt rapporté dans sa date dans les Memoires de M. Auzanet, sur l'article 300. de la Coûtume de Paris, que l'heritier présomptif auquel on avoit fait un legs particulier de biens, qui composoient la totalité des propres, pouvoit en optant la qualité de legataire, les retenir en ladite qualité, encore qu'un heritier de la ligne plus éloigné, prétendît que les quatre quints des propres ne pouvoient pas être compris dans un legs testamentaire puisqu'il n'y avoit pas d'heritier concourant en degré qui pût contester le legs des propres. Ricard des Donations, part. 1. chap. 3. sect. 14. nomb. 699.

138 Stipulation de propre à la femme & aux siens d'un reliqua de compte à elle dû par son tuteur, n'empêche qu'elle n'en puisse entierement disposer par testament au profit de trois heritiers dans la Coûtume de Chartres. Arrêt du 9. Juillet 1618. Bardet, tome 1. li. 1. chap. 34.

139 Arrêt du Parlement de Paris du 30. Juin 1646. rapporté par Vigier, sur l'article 49. de la Coûtume d'Angoumois, qui a jugé que quand le testateur a donné ses propres à tous ses heritiers présomptifs, ils ne peuvent debattre son testament, par lequel il a donné ses meubles & acquêts à d'autres personnes.

140 Un testateur disposant de ses propres au delà de ce qui luy est permis par la Coûtume, s'il échet de donner recompense aux legataires sur les meubles & acquêts quand il en a disposé? Jugé pour la negative le 29. Janvier 1647. Du Frêne li. 4. ch. 47.

141 Jugé par Arrêt du 12. Mars 1663. qu'une terre donnée en faveur de mariage à un collateral, à la charge qu'elle luy demeurera propre, est tellement propre au donataire qu'il n'en peut disposer par testament que jusqu'à la concurrence de ce que la Coûtume luy permet de disposer de ses propres. Soéfue, tome 2. Cent. 2. chap. 78.

142 Un frere consanguin peut avec ses meubles seulement donner par testament le tiers de ses propres maternels. Arrêt du 27. Avril 1681. De la Guessiere, to. 4. liv. 5. chapitre 14.

143 Dans la prohibition de Coûtume de disposer des propres réels, soit entre-vifs ou par testament, les propres fictifs ou conventionnels n'y font pas compris. Arrêt du Parlement de Paris du 27. Août 1695. Journ. des Aud. to. 5. liv. 11. ch. 18.

144 Jugé au Parlement de Tournay le 30. Mars 1697.

qu'une femme mariée domiciliée en Haynaut ne peut par testament disposer des immeubles à elle propres, situez à Tournay. *M. Pinault*, *tome* 1. *Arr.* 146.

145 Des enfans dans la Coûtume de Tournay ne peuvent prétendre du vivant de leur mere la proprieté des biens propres de leur pere décedé, lorsque par un testament conjonctif leur pere & mere ont laissé au survivant d'eux deux la liberté & le pouvoir d'en disposer à sa volonté. *Voyez M. Pinault, tome* 2. *Arrêt* 263.

PROPRES ET DU TIERS.

146 En la Coûtume de Touraine un Etranger naturalisé dispose de tous ses biens par donation à son fils adoptif, le Procureur du Roy en la Chambre du Tresor prétend la donation nulle, ou bien qu'elle devoit être reduite au tiers, suivant l'art. 234. de ladite Coûtume, le Procureur du Roy debouté, & la donation declarée bonne & valable. Arrêt du huit Juin 1576. *M. Loüet, lettre D. somm.* 37.

147 Il y a des Coûtumes qui veulent que celuy qui n'a point de propres, ne puisse disposer que du tiers de ses acquêts; & s'il n'a ni propres ni acquêts, que du tiers de ses meubles, & n'importe où les propres soient situez. Arrêt du 17. Juin 1606. *Idem, lettre P. somm.* 48.

PROPRES, USUFRUIT.

148 On ne peut disposer par usufruit de la portion des propres qui ont fait souche, & qu'on doit laisser à l'heritier, parce que cette portion est laissée *loco legitime, qua legatis gravari non potest.* Montholon, Arrêt 35.

Jugé que si un Testateur dispose de l'usufruit de tous ses propres, ou d'autres parties du même usufruit, outre l'usufruit du quint des propres; telle disposition se reduira à l'usufruit du quint seulement. Arrêt dans la Coûtume de Paris du 28. Novembre 1537. *Bibliotheque de Bouchel, verbo Disposition.*

PROPRIETE'.

PRoprieté, *Dominium.* Proprietaire, *Dominus. De acquirendo rerum dominio.* D. 41. 1.

De rerum divisione, & acquirendo ipsarum dominio. I. 2. 1.

De dominiis, & acquisitionibus rerum. Ulp. 19.

De acquirendâ vel amittendâ possessione. D. 41. 2.. C. 7. 32. La possession est un moyen d'acquerir la propriété.

La propriété ne se transmet que par le fait du Proprietaire. *L.* 11. *D. de reg. jur.*

PROTESTATIONS.

1 DE protestationibus. Per Martin. Garrat Laudens. & per Joan. Agusell.

2 *De protestatione.* Voyez les Opuscules de Loysel, p. 145.

3 *Protestationes facta in Curiâ Romanâ, an de jure tenent?* Voyez *Franc. Marc.* 16. 1. qu. 1311.

4 De l'effet des protestations contre des actes publics & autorisez de la presence du Prince. *Voyez Suëve*, tom. 1. *Cent.* 3. ch. 85.

5 M. le Chancelier Poyet homme redouté, fit commandement à un particulier poursuivi par ses sœurs, qui neanmoins avoient renoncé, de leur laisser leur portion, à peine de perdre la sienne dans l'heredité dont il s'agissoit, il protesta. Arrêt du Parlement de Paris du 9. Août 1543. qui ayant égard à ses protestations, cassa tout ce qu'il avoit été obligé d'accorder. *Bibliot. de Bouchel, verbo Restitution.* Papon, *liv.* 16. *tit.* 3. *n.* 10.

6 Arrêt du dernier Mars 1661. qui a jugé que les protestations secretes de passer un Acte par force ou crainte, n'ont pas lieu en faveur d'un particulier contre une communauté. Le demandeur en Lettres fut debouté; neanmoins la Cour, pour certaines causes & considerations, luy adjugea une somme de

mille liv. *Boniface*, to. 2. *liv.* 2. *tit.* 19. *ch.* 6. Il rapporte un Arrêt du 12. Octobre 1637. qui eut égard à semblable protestation secrete; mais elle étoit faite par une Dame contre son Solliciteur, homme toûjours suspect.

7 Les protestations secretes contre les vœux sont inutiles; ainsi jugé en 1655. parce que ces actes sont ordinairement suspects de fausseté. *Definit. du Droit Canonique*, pag. 911.

Voyez cy-après, Reclamation, Vœux.

PROTETS.

1 VOyez le mot *Lettres.* §. *Lettres de change, n.* 35. & le Commentaire de *Bornier* sur l'Ordonnance de 1673. *tit.* 5. *art.* 3. & suiv.

L'Ordonnance du Roy pour le commerce, doit servir de regle; pour faire les protêts des billets de change en France, & contre des François, quoique les Endosseurs soient Flamans ou étrangers. Arrêt du Parlem. de Tournay du 8. Novembre 1695. *Pinault, to.* 1. *Arr.* 80.

Arrêt du Parlement de Paris du 27. Janvier 1629. en faveur des Notaires, contre les Sergens à Verge du Châtelet, pour raison des protêts; les Notaires autorisez à les faire. Le 22. Août 1648. il fut ordonné que les protêts de Lettres de change ne pourroient être faits que par deux Notaires, à peine de nullité. Même Arrêt du 27. Janvier 1663. *Voyez les Charites des Notaires, ch.* 9. *p.* 557. & suiv.

PRO-TUTEUR.

PRo-Tuteur. Pro-Curateur, qui a administré comme Tuteur, ou comme Curateur.

De eo qui pro Tutore, prove Curatore negotia gessit. D. 27. 5.. C. 5. 45.

Voyez les mots Curateur, Mineur, & Tuteur.

PROVENCE.

1 PRovincia comitatus, antequam coronæ Franciæ uniretur, erat de homagio Imperatoris. Franc. Marc. tom. 1. qu. 454.

2 Droit du Roy sur les Villes & Places de Nice, Villefranche, & autres, à cause du Comté de Provence. *Voyez Du Puy, Traité des Droits du Roy*, page 34.

3 *Statuta Provinciæ Forcalqueriique comitatuum, cum Massa & alior. comment.* Aquis Sextiis 1598.

4 Genealogie des Comtes de Provence, depuis l'an 577. jusqu'à Henry IV. Aix 1598.

5 Reglement pour les Officiers du Parlement de Provence. *Voyez le mot Juges, n.* 80.

6 Des Officiers de la Provence, & Officiers de la Justice audit Pays. *Ordonnances de Fontanon, tom.* 1. *liv.* 2. *tit.* 7. *p.* 255.

7 Le 28. Août 1613. les Gens des trois Etats du Pays de Provence presenterent un cahier au Roy, pour le Jugement des procez évoquez aux autres Parlemens, suivant les Us & Coûtumes dudit Pays; il a été accordé. *Voyez Boniface, tom.* 2. part. 3. liv. 2. pag. 224.

8 La défense de la pieté de Provence pour Saints Lazare, Maximin, Marthe & Magdelaine, contre Launoy par Bouche. Aix 1663.

Annales de l'Eglise d'Aix, avec des Dissertations Historiques contre Launoy, par Pitton. *Lyon* 1668.

PROVINCE

DEs Provinces en général, & en particulier. Lex de Alexandrinis & Ægyptiacis Provinciis. Edict. Just. 13. Reglement pour ces Provinces.

De Armeniis. N. 21. Que ces Armeniens suivront les Loix Romaines.

De descriptione quatuor Præsidum Armeniæ. N. 31.

De Armeniorum successione. Edict. Just. 3. Ils suivront le Droit Romain pour les successions.

De successoribus eorum qui in Africâ degunt. N. 36. & 37. Qu'ils suivent les Loix Romaines.

Ut de cetero, nullam licentiam habeat Dux aut Biocolyta Lydiæ & Lycaoniæ in Phrigiam utramque & Pisidiam advenire. N. 145. Dux & Biocolyta, Officier qui regissoit ces Provinces, le Gouverneur.

Voyez les mots *Consul, Gouverneur, Lieutenant, Preteur.*

PROVISION.

ON parlera d'abord des provisions qui concernent la vie, & qui s'ajugent aux debiteurs ou creanciers en matiere civile, & aux accusateurs en matiere criminelle. L'on fera un titre particulier des provisions de Benefices.

1 *De tritico, vino, vel oleo legato. D.* 33. 6.

De penu legatâ. D. 33. 9.

De alimentis, vel cibaris legatis. D. 34. 1.

De lege Juliâ, de Annonâ. D. 48. 12. Des abus commis en la police des vivres, comme amas, monopole, &c. *Voyez* les mots *Bled & Police.*

De annonis & capitatione administrantium, & eorum adsessorum, aliorumve publicas sollicitudines gerentium, alii eorum qui aliquas consecuti sunt dignitates. C. 1. 52. Les salaires des Juges & des Officiers étoient fournis par le public, & consistoient en provisions de bouche, pour eux, & pour leur suite ou équipage. *Annonæ,* sont les provisions, & la nourriture des Officiers. *Capita,* sont la nourriture de leurs chevaux, & bêtes de voiture, les fourrages, *Verbum, Capita, in hoc tit. genitum est a verbo, Capitum, a Græco, Καπιτον, quod est pabulum equorum. Capitu in genitivo, sonabat, Capitou, Hellenicè.*

De canone frumentario. C. 11. 22..... *C. Th.* 14. 15. Des provisions ou denrées que les Provinces étoient obligées de contribuer, & d'envoyer à Rome.

De frumento urbis Constantinopolitanæ. C. 11. 23.... *C. Th.* 14. 16. Défense de donner au peuple du bled au lieu de pain.

De Annonis civilibus. C. 11. 24... *C. Th.* 14. 7. Des provisions, denrées, & revenus : en Latin, *Fruges, L.* 77. *D. de verb. sign.*

Provisions de guerre, ou munitions. *Vide Veget. Lib.* 4. *c.* 7.

Voyez, hoc verbo Provisions. *La Biblioth. du Droit François par Bouchel.*

2 Provision ordinairement *in dubio,* se peut ajuger de la quatriéme partie du revenu de ce qui est demandé, serment des parties préalablement pris. Arrêt de l'an 1315 *Papon, liv.* 18. *tit.* 1. *n.* 5.

3 Provision peut être demandée *in quâcunque parte litis,* même en cause d'appel. Arrêt du Parlement de Paris de l'an 1327. *Ibid. n.* 3.

4 Nonobstant la contestation au cas de nouvelleté & complainte, provision se peut demander après appointement pris à informer, & la provision est ordinairement du tiers, Arrêt du Parlement de Paris de l'an 1390. *Ibid. n.* 2.

5 Provision doit être accordée à un pauvre demandeur contre sa partie pour plaider. Arrêt du Parlement de Grenoble de l'an 1460. *Ibid. n.* 21.

6 La provision de payer une rente, ou une somme dûë, & autrement *in civilibus,* peut être ajugée en cause d'appel, les pieces vûës, en baillant caution de rendre, s'il est dit. Arrêt du Parlement de Paris du 8. Avril 1626. *Ibid. n.* 6.

7 Communément les provisions s'ajugent de la quatriéme partie du revenu de ce dont est question, en matiere profane que spirituelle, & en portion congruë demandée sur des Dîmes. Arrêt du 17. Juillet 1539. *Ibid. n.* 8.

8 Quand le principal est instruit, la provision ne se doit ajuger. Arrêt du Parlem. de Paris de l'an 1540. *Ibid. n.* 5.

9 Arrêts du Parlement de Paris des 3. Decembre 1576. & 4. Mars 1577. à la requeste de M. le Procureur General, portant défenses de plus accumuler la provision au principal : cependant la Cour joint la provision au principal, quand l'un est aussi prompt que l'autre, ou bien en reformant, ordonne que la provision sursoira. *Papon, ibid. n.* 1.

10 Les Juges, en procedant aux informations, peuvent ajuger telles provisions qu'ils jugent à propos. Arrêt du Parl. de Provence du 13. Septembre 1546. *La Rocheflavin, liv.* 6. *tit.* 56. *Arr.* 3.

11 Entre Defrance Procureur du Roy à Rennes, & Jameu Procureur du Roy à la Prévôté ; M. Pinard Conseiller de la Cour, executant certaines Lettres pour Jameu, ordonné que par provision, & nonobstant l'opposition de Defrance, les Lettres auront lieu. Par Arrêt du Parlement de Bretagne du 31. Octobre 1559. la Cour dit mal-jugé, & qu'il n'y a lieu de provision. *Du Fail, liv.* 2. *chap.* 86.

12 Provision ne s'accorde sur Billets surannez de dix ans, c'est l'usage du Parlement de Tournay. Il y en a un Arrêt du 5. Mars 1694. rapporté par *Pinault, tom.* 1. *n.* 21.

PROVISION ALIMENTAIRE.

Voyez le mot *Alimens.*

13 Des provisions alimentaires, & autres. *V. Papon, liv.* 18. *tit.* 1.

14 *De provisione modòque petendi & faciendi ipsam.* V. le 33. chapitre du Stile du Parlement dans *Du Moulin tom.* 2. *p.* 443.

15 Provision peut être donnée en toutes causes. *Voyez Philippi* és Arrêts de la Cour des Aydes de Montpellier, *art.* 111.

16 S'il est question d'un enfant desavoüé par le pere, provision d'alimens luy est dûë avant que d'approfondir la verité du fait. *V. Papon, li.* 18. *tit.* 1. *n.* 1.

17 Veuve demandant sa dot & son doüaire, doit avoir provision pour poursuivre le procez. *Idem,* si elle demande la legitime ou chose leguées *in causam dotis* ; ainsi jugé en 1327. Mary demandant la dot de sa femme, & un fils la succession de son pere, doivent pareillement avoir provision. Arrêt de 1326. Il en est de même, lorsque les Executeurs plaident contre les détenteurs des biens du défunt, auquel cas la provision doit être de la quatriéme partie du revenu. *Papon, ibidem.*

18 Provision alimentaire fournie, tant du passé que de l'avenir. Arrêt du Parlement de Paris du seize Decembre 1522. La raison étoit que le demandeur avoit vêcu d'emprunt. *Ibid. n.* 18.

19 Ceux qui sont condamnez aux provisions en Cour seculiere, sont obligez de garnir és mains du creancier, nonobstant leur opposition. En Cour Ecclesiastique on garnit és mains de la Cour. Arrêts du Parl. de Paris des 18. & 27. Août 1529. *Ibid. n.* 11.

20 Les meubles & immeubles d'un Prêtre ou Clerc non marié, peuvent être pris & executez pour provision d'alimens & medicamens contre luy ajugez, sans préjudice de renvoy. Arrêt du deux Juin 1548. *Ibid. n.* 11.

21 Provision d'alimens favorable, quoique le Juge d'Eglise soit incompetent : neanmoins par Arrêt du 17. Avril 1572. a eté confirmée une provision faite à une fille enceinte par le Juge d'Eglise. *Ibid. n.* 18.

PROVISION, AYDES.

22 Provision en matiere d'Aydes. Il n'y a point de provision, nonobstant l'appel, comme en huitiéme qui est ayde. Celuy qui est condamné, & qui est l'appellant, ne doit pas payer par provision, nonobstant l'appel. *Aliud* en matiere de tailles, pour lesquelles celuy qui est condamné, doit payer nonobstant l'appel. Cette distinction fut plaidée en la Cour des Generaux par M. l'Avocat Favier le 5. Avril 1563. *Bibliot. de Bouchel,* verbo *Provision.*

Voyez le mot *Aydes, & la lettre* D. au titre des *Droits Royaux.*

ARREST DE PROVISION.

23 Ce qui eſt irreparable en définitive , ne s'execute par proviſion ; l'on dit que cela ſe doit entendre , *quando nullo caſu* , l'interêt ne peut ſe reparer. *Brodeau ſur M. Loiſel lettre P. ſomm. 27.* dit que la pratique & l'uſage du Palais eſt qu'en vertu d'une Sentence de proviſion , on peut ſaiſir , vendre & ajuger par decret , la caution étant pour la ſureté des dommages & interêts , mais non pas empriſonnet le condamné en matiere civile.

24 L'incident de proviſion joint au principal , vaut refus , & donne lieu à l'appel. Arrèt du Parlement de Paris du ſept Février 1529. *Papon , livre 18. ſitre 1. nomb. 35.*

25 Le Juge qui ordonne garniſon , doit toûjours mettre en deniers ou quittance , autrement il fait tort au debiteur qui en peut appeller. Arrèt du 16. Février 1530. *Papon, ibid. n. 16.*

26 Arrèt de proviſion donné au profit d'une veuve , qui s'étoit obligée avec ſon mary pour ſa nourriture & celle de ſes enfans , devoit ſe continuer aprés ſon trépas auſdits enfans. Jugé le 2. Janvier 1560. *Charondas , liv. 2. Rép. 89.*

27 Proviſion n'a lieu , quand la choſe eſt irreparable. Arrèt du 4. Janvier 1562. contre un habitant de la Ville de Boulogne , qui vouloit ſe faire recevoir en la Bourgeoiſie ; on luy oppoſoit que ſa mere étoit ladre , & qu'il avoit le même défaut. M, l'Avocat du Roy Duménil ſe ſervit d'un exemple ; quoique la femme allegue *adulterium* , *ſævitiam* , ou autre fait , *de quo non conſtet* , il y a lieu à la proviſion en faveur du mary , qui a droit de demander que ſa femme retourne avec luy : *ſecùs* , quand elle objecte la conſanguinité , parce que le préjudice ſeroit irreparable. *Biblioth. de Bouchel , verbo Proviſion.*

28 Celui qui n'a pas ſatisfait à une Sentence de proviſion donnée contre lui , n'eſt pas déchû de ſa défenſe : il n'eſt point auſſi pour raiſon d'icelle , contraignable par corps , mais ſeulement pour execution ſur ſes biens meubles. Arrêts des 7. Avril 1533. 2. Septembre 1536. & 3. Juin 1579. *Papon , livre 18. ſitre premier , nombre 37.*

29 Cette clauſe , *tant par proviſion , que diffinitivement* , a été réprouvée par les Arrêts , quand elle eſt appoſée en Jugemens , qui ne ſont ſujets à proviſion par l'Ordonnance. Par Arrêt du 22. Août 1579. défenſes furent faites au Prévôt de Paris de juger , tant par proviſion que diffinitivement , hors les cas de l'Ordonnance ; & ordonné que le Rapporteur du procez , auquel il avoit été ainſi jugé , comparoîtroit en perſonne. *Bibliot. de Bouchel , verbo Proviſion.*
Voyez cy-aprés , le nomb. 56. & ſuiv.

PROVISION, CAUTION.

30 Celuy qui a obtenu une proviſion , en baillant caution , ne peut la mettre à execution , que ſa caution ne ſoit reçûë partie préſente , ou dûëment appellée. Arrêt du Parlement de Paris du 12. Juillet 1519. *Papon , liv. 18. tit. 1. n. 36.*

31 Aucune proviſion ne doit être ajugée de ſomme dûë ou autre choſe civile , ſans ordonner que la partie donnera caution ; autrement on peut être appellé. Arrèt du Parlem. de Paris du 25. Février 1540. Si le debiteur preſente une caution valable , & que le creancier la refuſe , on peut ordonner que ſans caution il garnira. Arrêt du 12. Avril 1526. *Ibid.*

32 Pendant l'inſtance de caſſation d'une obligation , ou autre acte , la ſomme doit être garnie és mains du creancier en baillant caution. Arrêt du 25. Mars 1540. *Papon , ibid. n. 30.*

PROVISION, COMPTE.

33 Celuy qui doit un compte , ou qui le rend , ne peut être condamné par proviſion : il faut auparavant juſtifier qu'il eſt debiteur. Arrêt du 17. Février 1536. *Voyez la Bibliotheque de Bouchel, verbo Reddition de compte.*

PROVISION, CONTRAT.

34 En reſciſion de contrat , le demandeur peut requerir de joüir par proviſion. *Voyez l'eſpece dans Charondas , liv. 5. Rép. 31.*

35 Les proviſions ſont arbitraires , ce qui dépend de la qualité des parties & du fait ; comme s'il eſt queſtion de contrat , il doit être entretenu pendant le procez. Arrêt du 3. Juillet 1523. *Papon , li. 18. tit. 1. nomb. 9.*

36 Proviſion d'un contrat n'eſt empêchée par exception de faux. Arrêt du Parlement de Grenoble du 22. Novembre 1554. *Expilly , Arr. 33.* Bibliotheque *de Bouchel , verbo Proviſion.*

37 Arrêt du Parlement de Provence du 5. Decembre 1665. qui a jugé que la proviſion peut être demandée par le demandeur en reſciſion de tranſaction , auquel il eſt dû des ſommes par la tranſaction. *Boniface , to. 2. liv. 4. tit. 19. ch. 5.*

PROVISION, CREANCIERS.

38 Penſion ajugée aux enfans au préjudice des creanciers ; par Arrêt de la grand'-Chambre du Parl. de Paris du 14. Août 1599. la Cour a ajugé à chacune des filles du debiteur une proviſion de deux cents écus par an , ſur les fruits des heritages ſaiſis à la requête des creanciers , à le recevoir par les mains des Fermiers & Commiſſaires établis ; & continuer la penſion juſqu'à ce qu'autrement il en eût été par la Cour ordonné. *M. le Prêtre , Cent. 4. ch. 7.*

39 L'on n'accorde point de proviſion de vivres à un Gentilhomme en Hainault , dont les biens ſont ſaiſis par les creanciers , lorſque ces biens luy ſont vénus avec les dettes en ligne collaterale. Arrêt du Parlement de Tournay du ſix Juillet 1697. rapporté par *M. Pinault , tom. 2. Arr. 169.*

40 Arrêt du même Parlement de Tournay du 23. Juillet 1697. qui ajuge au Baron de Noyelle une proviſion de la cinquiéme partie du revenu de ſa Terre , ſaiſie à la requête des creanciers de la ſucceſſion de ſon pere , déduction faite des frais & dépens neceſſaires , à la charge de payer avec ce ſa capitation. Cet Arrêt rendu , quoique les oppoſans euſſent repréſenté que le revenu n'étoit pas ſuffiſant pour payer les arrerages des rentes à eux dûs. *Voyez M. Pinault , ibid. Arr. 175.*

PROVISION, EN CRIMINEL.

41 Des Sentences de proviſion en matiere criminelle. *V. l'Ordonnance de 1670. tit. 12.*

42 Si l'offenſé peut aprés le recollement & confrontation des témoins , & le procez étant en état de juger , demander proviſion d'alimens ? *Voyez Bouvot , tom. 1. verbo Alimens , qu. 1.*

43 Lorſqu'un accuſé meurt , la proviſion contre luy ajugée , doit être demandée contre l'heritier par nouvelle action , pardevant le Juge Laïc , Lieutenant Civil , non Criminel. Arrêt du 27. Janvier 1571. *Papon , liv. 18. tit. 1. n. 18.*

PROVISION, HERITIER.

44 *Lite pendente ſuper hæreditate patris vel matris litigantibus proviſio fructuum ad litem perſequendam fieri debet. Voyez Franc. Marc. tom. 2. qu. 612.*

45 Proviſion ne s'ajuge point entre heritiers collateraux , mais en ligne directe. Arrêt du Parlement de Paris de l'an 1317. S'il y a un Teſtament fait en faveur des collateraux , ils peuvent demander proviſion. *Papon , liv. 18. tit. 1. n. 34.*

46 Un Teſtament ſe doit entretenir par proviſion , en baillant caution à l'heritier , *cui incumbit onus de délivrer.* Arrêt du premier Février 1551. *M. le Veſt , Arrêt 52.*

47 L'heritier inſtitué doit , en donnant caution , avoir la proviſion pendant le procez intenté par les heritiers du ſang qui conteſtent le Teſtament. Jugé au Parlement de Mets le 20. Octobre 1636. *Plaid. 2. de M. de Corberon.*

48 Si la proviſion doit être donnée à un fils qui plaide
pour

pour avoir ses droits sur l'heritage de son pere. Arrêt rendu au Parlement de Provence le 14. Mars 1678. qui ajugea une provision de 600. livres. *Boniface*, *to.* 4. *liv.* 9. *tit.* 4. *ch.* 10.

PROVISION, MARIAGE.

49 Pendant la question de la validité d'un mariage, si la femme qui le soûtient bon, a du bien, elle n'obtiendra aucune provision contre son prétendu mary, ni même au cas où il s'agira de separation ; comme il a été jugé au Parlement de Grenoble dans l'espece de l'invalidité du mariage pour le sieur Dartaignan, contre la Demoiselle de Neys le 12. Mars 1673. Cet Arrêt est rapporté par *Chorier en sa Jurisprudence de Guy Pape*, p. 81.

PROVISION, MEDICAMENS.

50 Provisions de medicamens sont favorables, & tellement privilegiées, qu'un Juge, quoique recusé, ayant passé outre, & jugé la provision, à la Cour tel jugement fut trouvé bon. *Papon*, *livre* 18. *tit.* 1. *nomb.* 40.

51 Provision de medicamens n'est point comprise en la somme ajugée diffinitivement. Arrêt du Parlem. de Paris du 3. Août 1550. Arrêt contraire du 13. Février 1558. *Papon*, *ibid.* n. 38. & 39.

52 Quand il y a appel de Sentence de provision de medicamens, & que par les informations il est difficile de connoître l'aggresseur ou l'offensé, la Cour évoque, & renvoye pardevant le plus prochain Juge, pour en jugeant le procez, y avoir tel égard que de raison. Arrêt du 2. Decembre 1563. *Papon*, *ibidem*, *nomb.* 40.

PROVISION CONTRE LE ROY.

55 Par Arrêt du 6. Août 1563. il fut dit que par provision les sieur Comte & Comtesse de Saint Forgean joüiroient de la Terre & Seigneurie de Villebois , saisie à la requête de M. le Procureur General du Roy, comme étant domaniale, & qu'ils en joüiroient par provision sous la main du Roy , comme dépositaires de Justice. *Bibliotheque de Bouchel*, verbo *Provision*.

Voyez cy-après, le mot Roy.

SENTENCES DE PROVISION.

56 Des Jugemens & Sentences de provision. *V.* ci-dessus le n. 23. & suiv. & *Bouvet*, *to.* 2. verbo *Provision*.

57 L'on ne peut alleguer peremption d'instance contre une Sentence de provision, *etiam* après trois ans en un possessoire, & nonobstant l'on peut faire proceder à l'execution d'une Sentence. Arrêt du Parlement de Bourgogne du 26. Février 1599. *Bouvot*, *tom.* 2. verbo *Interruption*, *qu.* 1.

58 La Sentence de provision ne peut être sursise. Arrêt du Parlement de Dijon du 5. Février 1607. *Bouvot*, *tom.* 2. verbo *Provisions*, *quest.* 9.

Voyez cy-dessus *le nombre* 41. où il est parlé des Sentences de provision en matiere criminelle.

PROVISION A LA VEUVE.

59 Provision dotale ajugée à une veuve pour sa nourriture & de ses enfans, doit être continuée après la mort de la mere. *Charondas*, *livre* 2. *de ses Réponses*, *chap.* 89.

61 La veuve ne peut obtenir provision pour sa dot contre un tiers possesseur des biens de son mary, qu'elle a vendus conjointement avec luy. Arrêt de l'an 1590. *Papon*, *liv.* 18. *tit.* 1. n. 16.

PROVISIONS DE BENEFICE.

62 Voyez les mots *Benefice*, *Collation* ; & cy-après, *lettre* S. au titre , *Signature*. §. Signature de Cour de Rome.

Des Provisions de Benefice. *Voyez* la *Bibliotheque Canonique*, *tom.* 2. *pag.* 275. & *suiv.* Charondas, li. 1. Rép. 35. M. le Prêtre , 3. Cent. ch. 12. & le petit Recüeil de Borjon , *tome* 4. pag. 88.

Provisions de Benefices. *Voyez* le mot *Benefice* , *nomb.* 163. & *suiv.*

Tome III.

Des clauses apposées és Provisions. *Voyez* le mot 63 *Clause* , *n.* 64. & *suiv.*

Forme des Provisions pour la signature & qualité 64 des témoins. *V.* le mot *Collation* , *n.* 104. & *suiv.*

Des qualitez requises pour être pourvû de Bene- 65 fices. *Voyez les Mémoires du Clergé* , *tome* 2. *part.* 2. *tit.* 1.

Celuy qui est nommé, doit avoir au temps de sa 66 nomination, toutes les qualitez que la fondation desire. *Voyez* le mot *Fondation* , *n.* 89.

De novâ provisione & simplici. Voyez Rebuffe , 1. 67 *part. praxis Benef.* où il explique la forme & les clauses de la nouvelle provision.

Provisio cum accessu vel regressu, qua & an procedat? 68 Voyez Rebuffe , 1. *part. praxis Benef.* au chapitre *de reservationibus* , *n.* 42.

Provision gardée sans être notifiée, ne porte droit. 69 V. Tournet, lettre P. Arr. 223.

Une personne qualifiée Clerc tonsuré dans une 70 procuration passée pour resigner un Benefice simple en Cour de Rome, & ne l'étant pas, est valablement pourvû, ayant pris la tonsure pendant l'envoy de la procuration, & avant qu'elle fût admise. C'est le sentiment d'*Henrys* , *to.* 2. *liv.* 1. *qu.* 31.

Titius pourvû d'une Prebende, est attaqué par 71 Sempronius. Titius obtient la récréance. Sempronius resigne à Mævius : Titius joüit un an & plus du Benefice au vû & sçû de Mævius, lequel ensuite attaque Titius , & obtient Sentence de récréance. Appel par Titius , la Sentence infirmée , & Titius obtient la récréance , parce qu'une Sentence a force de chose jugée , jusques à ce que par appel elle soit infirmée. Jugé le dix-sept May 1544. *Le Vest*, *Arrêt* 198.

Quand les deux pourvûs n'ont ni titre , ni possession 72 valable , ou du moins colorée , le Benefice doit être sequestré , & la récréance ne se donne à aucun des deux contendans. Arrêt du 6. Juillet 1574. *Papon* , *p.* 1356. tiré de M. Bergeron.

Provision d'un Benefice en commende faite à un 73 seculier , si le seculier se rend Religieux , le Benefice vaque par la profession. Jugé le deux Mars 1602. M. Loüet, lettre B. somm. 12.

Arrêt du dix Decembre 1602. qui juge que la pro- 74 vision d'un Benefice en regale , doit être signée par un Secretaire d'Etat , & en commandement. Filleau, 4. part. qu. 5.

Le 18. May 1637. Arrêt qui appointe , pour sça- 75 voir si des Provisions accordées à un Regulier d'une Cure , Benefice seculier , & la dispense obtenüe par un rescrit , sont abusives ? M. l'Avocat General Talon avoit conclu à l'abus. *Bardet* , tome 2. liv. 6. chapitre 12.

Premier presenté à une Cure en Patronage Eccle- 76 siastique , & dernier pourvû par un Grand Vicaire de l'Ordinaire , qui avoit fait insinuer ses Lettres de Vicariat , a été préferé au second presenté , & premier pourvû par un autre Grand Vicaire , dont les Lettres n'étoient point insinuées. Arrêt du 2. Juillet 1640. Bardet , *to.* 2. *liv.* 9. *ch.* 8.

Par Arrêt du 27. Avril 1651. jugé que les qualitez 77 requises par la Pragmatique , & par le Concordat , pour posseder une Prébende Theologale , doivent se rencontrer en la personne de celuy qui veut se faire pourvoir dans le temps des provisions ; & qu'encore qu'elles ayent été acquises entre les provisions & le visa de l'Ordinaire , cela n'étoit pas suffisant. *Soëfvé*, tom. 1. Cent. 3. chap. 77.

Si nos Cours ou autres Juges ordonnent le Sequestre 78 *des fruits d'un Benefice ayant charge d'ames, jurisdiction ou fonction Ecclesiastique & spirituelle, dont le possessoire soit contentieux, ils renvoyeront par le même Jugement pardevant l'Archevêque ou Evêque Diocesain, afin qu'il commette pour le deservir une ou plusieurs personnes, autres que ceux qui y prétendront droit ; & il*

Gg

leur assignera telle retribution qu'il estimera necessaire, laquelle sera payée par preference sur les fruits dudit Benefice, nonobstant toutes saisies, & autres empêchemens. Art. 8. de l'Edit concernant la Jurisdiction Ecclesiastique, du mois d'Avril 1695.

PROVISIONS, CONCOURS.

79   Des Provisions d'un Benefice en même jour. *Tournet, lettre P. Arr.* 211. *&* 212.

80   Par la 31. Regle de Chancellerie les Graces accordées par le mot de *fiat*, sont preferées aux Provisions accordées par celuy *de concessum*, lorsqu'elles viennent en concurrence, parce que la Provision du Pape doit l'emporter par dessus toute la Cour de Rome, & ses Officiers, suivant cette regle de Chancellerie, qui est une restriction & limitation du chapitre *si à sede*, *de Præb. in 6.* Les Provisions signées par *fiat* sont censées prévaloir dans la concurrence des provisions signées par *concessum*, quand même le Collataire du *concessum* auroit pris possession avant le Collataire du Pape, parce que la signature de sa Sainteté est une espece de révocation de celle de son Délegué, qui n'est que comme le Vicaire du Pape; neanmoins la signature par *fiat* n'empêcheroit pas le concours des deux Provisions, d'autant que sa Sainteté est reputée presente à l'expedition des Provisions, & de toutes les Graces signées par *concessum*; en effet, c'est le Pape qui fait la grace, l'Officier n'étant que l'interprete de ses volontez; c'est pour cela qu'il signe *concessum in præsentia Domini nostri Papæ*, & l'usage est de dresser & d'expedier les Supliques comme si elles étoient presentées au Pape: d'ailleurs le chapitre *si à sede*, ni cette regle de Chancellerie n'ont point de lieu, & ne sont point observées en France. *Voyez les Definit. Can. p.* 340.

81   Arrêt du Parlement de Bourdeaux entre deux resignataires du même Benefice, par lequel le pourvû *ex causâ permutationis* a été preferé au pur & simple. *Papon, liv.* 2. *tit.* 8. *nomb.* 12.

82   En matiere de provisions qui ont même date, celuy qui designe l'heure est preferable au moins pour la recréance. Jugé à Paris le 7. Février 1563. *Papon, liv.* 2. *tit.* 9. *n.* 7.

83   Deux provisions d'un même Benefice données en même jour par un seul & même Collateur à deux diverses personnes sans que l'on puisse montrer laquelle des deux est la premiere, le Benefice est impetrable, lorsque les deux pourvûs n'ont point de droit au Benefice que par provision. *Voyez Brodeau sur M. Loüet lettre M. somm.* 10. *&* Charondas, *liv.* 1. *Rép.* 35.

84   La provision de l'Evêque & de son Vicaire se trouvant en concurrence, celle de l'Evêque sera preferée à celle du Vicaire, encore qu'il eût prévenu en prise de possession. Jugé le 19. Août 1564. *Carondas, liv.* 10. *Réponse* 8.

85   Par Arrêt du Grand Conseil du 28. Juin 1607. il a été jugé que les provisions accordées par un même Collateur d'un même Benefice, le même jour, sont nulles toutes deux, & que le Benefice est impetrable à moins que l'heure ne fût inserée dans les provisions, ce qui arrive fort rarement; parce que les Collateurs ne sont point si rigides à observer toutes ces particularitez, qui seroient neanmoins necessaires pour éviter beaucoup d'abus, *Prioritate diei, sed etiam horâ cum in momentum tempus spectetur*; ainsi une heure de plus l'emporteroit par dessus celuy qui l'auroit de moins, par cette regle connuë & vulgaire, *potior tempore, potior jure.* Peleus quest. 155.

86   De deux provisions d'un même jour, l'une du Vicelegat sur resignation, l'autre de l'Ordinaire *motu ipsum*; Arrêt du Parlement de Grenoble du premier Mars 1660. qui a maintenu le titulaire pourvû par le Vicelegat. *Voyez Basset, tome* 1. *livre* 1. *titre* 4. *chapitre* 2.

87   Une provision nulle obtenuë en Cour de Rome

donne lieu au concours, & rend nulle une autre provision qui se trouve du même jour, & le troisiéme pourvû a obtenu le Benefice. Arrêt du P. de Paris du 16. Mars 1661. *De la Guess. to.* 2. *liv.* 4. *chap.* 15. *Voyez* le mot *Concours.*

PROVISIONS DE COUR DE ROME.

88   Provisions de Cour de Rome. *Vide les Memoires du Clergé, to.* 2. *part.* 2. *tit.* 3. *page* 28. *jusqu'à* 47. *& page* 160.

89   De la date des Provisions obtenuës en Cour de Rome. *Voyez* le mot *Date, n.* 4. *& suiv.*

90   *Forma signaturæ simplicis provisionis clausularum elucidatione.* Voyez Rebuff, 1. part. prax. benef.

91   M. Charles Du Moulin sur la Regle *de publicandis n.* 200. explique l'effet de la clause *aut alias quovis modo aut ex cujuscunque personâ.* Il dit que l'Ordinaire peut la mettre dans les Provisions, il n'y a aucun texte qui la luy defende.

92   De l'effet de la clause *motu proprio.* Voyez Du Moulin sur la Regle *de infirmis n.* 251. *Lotherius de Beneficiis, li.* 3. *quest.* 1. *n.* 46. *& suiv.* & Rebuff. 1. *part. prax. benef. n.* 20.

93   Lorsque la Provision obtenuë par le pourvû peut être invalidée pour quelque defaut, il obtient un rescript du Pape appellé *perinde valere*, par lequel le Pape ordonne que l'acte soit aussi valable que s'il avoit été commis le faut. *V. Despeisses to.* 3. *p.* 436.

94   Du *nihil transeat* mis dans des Provisions données à Rome par un Abbé Commendataire. *Vide le Journ. du Palais in quart. part.* 6. *p.* 381.

95   La Bulle *quantum ad substantialia*, ne peut être plus ample que la signature, car en ce qu'elle excede la signature, ou bien s'il y a omission de quelque reserve ou exception, on peut faire rejetter la Bulle & croire à la signature, en ce qu'elle fait contre l'impetrant, comme il a été dit par Arrêt allegué sa date par *Rebuff*, en sa pratique Beneficiale. Ce qui se doit entendre quand la signature & la Bulle ont quelque diversité: car alors on s'arrête à la signature; mais s'il y a de la contrarieté ou de la repugnance, l'on n'ajoûte foy ni à l'une ni à l'autre. *Bibliotheque Can. to.* 1 *page* 171. *col.* 1.

96   Quand les Provisions de Cour de Rome ne sont point cotées du nom des Banquiers, & de leurs nombres, l'article 4. de la Declaration portant reglement pour le Controlle prononce la nullité; neanmoins cet article n'est pas observé à la rigueur, & il suffit que la signature soit verifiée par deux Banquiers de France. *Ibidem, page* 283. *in fine.*

97   La clause *etiam si per obitum*, ne s'employe aux Provisions du Roy, où le genre de vacation est specifiquement & certainement déclaré, mais bien aux expeditions qui se délivrent à Rome des resignations faites en faveur; neanmoins si le resignant décedoit avant la resignation admise, le Benefice vaque & peut être impetré, parce qu'elle n'opere que pour la dispense des 20. jours. *Ibidem, tome* 2. *page* 384. *col.* 1.

98   Si celuy qui a été pourvû par le Consistoire, d'un Monastere, ou d'une Eglise, a resigné, ou est mort avant que d'avoir ses expeditions, à cause de sa personne, les Bulles seront de nouveau expediées par resignation, ou *per obitum*, d'autant que par la provision faite par le Pape en Consistoire, le droit a été pleinement acquis, ce qui n'auroit pas lieu aux autres Provisions non Consistoriales, esquelles si quelqu'un meurt avant la confection de ses Lettres, on ne donne point de nouvelle vacation. *Bibliotheque Can. tome* 2. *page* 506. *col.* 1.

99   Provisions du Pape se reduisent au Droit commun par appel comme d'abus. Plusieurs Arrêts du Parlement de Paris dans le Recueil de *Papon, livre* 19. *tit.* 2. *nombre* 3.

100   Les Provisions des Benefices resignez en France se datent toûjours à Rome de l'heure de l'arrivée du Cou-

rier, & c'est pour ce sujet que l'Ordonnance d'Henry II. de l'an 1551. art. 9. & 12. enjoint aux Banquiers d'enregistrer les jours & heures que les Couriers partiront pour faire des expeditions à Rome, selon les avis qu'ils en recevront de leurs Solliciteurs. *Brodeau sur M. Loüet, lettre M. somm.* 10.

101 Les termes apposez en une Provision par resignation *vel aliàs quovis modo* ne se peuvent étendre à la vacance par mort. Arrêt du Parlement de Toulouse contre l'opinion de *Rebuffe. Papon, liv.* 3. *tit.* 7. *n.* 2. Mainard, *liv.* 1. *de ses quest. ch.* 59.

102 Les mots *aut aliàs quovis modo* apposez à une Provision ne se peuvent étendre à la vacation par mort du resignant contre un autre qui auroit été pourvû par mort depuis la Provision. *Mainard, tome* 1. *liv.* 1. *chap.* 59. où il cite un Arrêt du Parlement de Paris du 23. Decembre 1561. rapporté par *Charondas, liv.* 1. *chap.* 16. telle clause ne s'étend que *ad casus similes, ut si vacaret beneficium per incapacitatem, aut matrimonium renuntiantis, non autem ad casum mortis qui longè est diversus à renunciatione.*

103 Une Provision en Cour de Rome en vertu d'une procuration pour resigner purement & simplement avec la clause *aut aliàs quovis modo, sive per obitum,* vaut par mort, & n'est sujette à la regle *de verisimili notitiâ.* Jugé en Juillet 1589. *M. le Prêtre,* 2. *Cent. ch.* 44.

104 Arrêt du Grand Conseil du dernier Septembre 1591. par lequel défenses sont faites de se pourvoir en Cour de Rome & en la Legation d'Avignon, pour obtenir expeditions de Benefices, & y envoyer or ou argent, & toutes Provisions données par le Cardinal Cajetan & Landriano, nulles. *Preuves des Libertez, tome* 2. *chap.* 10. *n.* 41.

105 Le 25. Janvier 1596. défenses furent faites à tous Juges du ressort d'avoir aucun égard aux Provisions expediées en Cour de Rome pendant les défenses d'y aller. *Biblioth. Can.* to. 2. *p.* 178. *col.* 1.

106 Provisions & signatures expediées ou refusées en Cour de Rome sur resignation, ont effet du jour & heure de l'arrivée du Courier. C'est l'arrêt fait au Parlement de Paris le 21. Janvier 1612. suivi par Arrêt du 15. Février de la même année ; par lequel la Cour commit M. l'Evêque de Langres pour conferer au nommé Pelerin l'Archidiaconat de Mets, & luy donner Provisions qui serviroient du jour que le Courier de France étoit arrivé à Rome. Arrêt semblable du mois de Février 1620. en forme de reglement sur les conclusions du Procureur General. M. Servin dit qu'il n'avoit pas été necessaire d'interjetter appel comme d'abus du refus ; il falloit seulement se pourvoir à la Cour par requête ; aussi l'on prononça hors de Cour sur l'appel comme d'abus. *Additions à la Bibliotheque de Bouchel,* verbo *Provisions.*

107 Provisions de Cour de Rome doivent être datées du jour de l'arrivée du Courier à Rome, quoique ce fût le jour de Pâques, & la clause dérogatoire à la regle des 20. jours, est sous-entenduë, bien qu'elle soit ômise. L'Evêque ne peut donner des Provisions avec la clause *ad nutum,* elle est abusive. Jugé le 24. Février 1610. *Bardet, tome* 1. *liv.* 1. *chap.* 77.

108 Les Provisions de Cour de Rome ne peuvent être déclarées par les Evêques nulles & abusives. Jugé le 21. Avril 1626. *Du Frêne, liv.* 1. *ch.* 96.

109 Le *missa ad registrum,* autrement l'enregistrement & mention d'iceluy, est un chiffre mis au dos de la Provision, lequel marque le jour que cette Provision a été registrée, & portée aux registrateurs pour l'enregistrer, mais avant cela la Provision est parfaite, car la perfection consiste dans la signature du Pape, dans la revision des Officiers, dans l'extension du consens, & en la date du Cardinal Dataire qu'elle a avant que d'être marquée de ce chiffre. Si la date du *missa* étoit celle qu'il fallût considerer, ce seroit rendre les Officiers de la Daterie Juges des complaintes, & les dispensateurs des graces ; comme ils pourroient

Tome III.

le retarder & le donner à celuy qui feroit la condition meilleure, il y auroit un trafic ouvert des Benefices ; aussi cet abus a été prévenu par deux Arrêts, l'un du Parlement de Paris de l'année 1655. l'autre du Grand Conseil en 1653. rapporté au *Journ. du Palais* in quarto, *part.* 5. *p.* 167.

110 Les Provisions des Benefices à Rome sont tenuës pour expediées, & ont effet du jour de l'arrivée du Courier. Jugé le 21. Janvier & 15. Février 1612. *M. le Prêtre, ès Arrêts celebres du Parlement.* Elles sont aussi tenuës pour datées du jour de l'élection, & non du jour du Couronnement du Pape. Jugé le 16. Juillet 1672. *De la Guesse. tome* 3. *liv.* 6. *ch.* 30.

111 Des Provisions faites *in formâ gratiosâ,* & si elles sont valables ? *V. Boniface, tome* 1. *li.* 2. *tit.* 26. *ch.* 2.

112 Provisions *in forma dignum.* Mem. du Clergé, *to.* 2. *part.* 2. *p.* 37. & 40. *n* 11. Provisions en *forme gratieuse, ibid. p.* 37. *n.* 7. ceux qui les ont obtenuës ne peuvent prendre possession qu'après l'information de vie & mœurs, & l'examen subi par l'Ordinaire. *Ibidem, p.* 38.

113 La Provision en forme gratieuse s'accorde sur une attestation de l'Ordinaire, & une information faisant foy des vie & mœurs, & capacité de l'impetrant. C'est une vraye Provision, au lieu que la Provision *in forma dignum* n'est qu'une commission de l'Ordinaire pour conferer après qu'il aura connu la capacité du pourvû. *Définit. Can. p.* 696.

114 Ne sera ajoûté foy aux provisions, signatures, & expeditions de Cour de Rome si elles ne sont verifiées par un simple certificat de deux Banquiers & expeditionnaires écrit sur l'original des signatures & expeditions sans autre formalité. *Ordonnance de* 1667. *tit.* 15. *art.* 8.

PROVISION, DEVOLUT.

115 Le dévolut par anticipation de temps ne vaut suivant l'opinion de *Felin, in cap. cum ex officiis de praescript.* de *Boërius, decis. Burdig.* 70. Du Moulin, *ad regulam Cancellaria de infirm. resig.* & comme il a été jugé par Arrêt du Parlement de Bourdeaux du 29. Avril 1520.

Voyez le mot Dévolut.

PROVISION, LEGAT.

116 Provisions du Légat. *Voyez* le mot *Légat, nombre* 97. & *suiv.*

PROVISIONS NULLES.

117 Comment une Provision qui de soi n'est pas nulle, peut être annullée ? *V. les Memoires du Clergé, to.* 2. *part.* 2. *page* 97.

118 On demande s'il y avoit erreur dans la Supplique à l'expression du veritable Diocese, soit de celuy qui fait la Supplique, soit de celuy du Benefice, si elle produiroit la nullité des Provisions ? Les sentimens sont differens ; celuy de *Castel en ses Définitions Canoniques* est même incertain ; il semble cependant incliner vers la négative, à moins qu'il ne fût question d'un dévolut, parce que les dévoluts sont odieux. *V. les Définitions du Droit Can.* verbo *Supplique,* & verbo *Titre,* où il est dit que *titulus errore non vitiatur nisi impetrans erraverit in expressione proprii nominis.* Ce qui marque que cette erreur du Diocese causeroit la nullité des Provisions.

119 S'il y a défaut de solemnités portées par l'Ordonnance de l'an 1550. aux Provisions faites par resignation, le Benefice vaque par mort. *Voyez Charondas, liv.* 7. *Rép.* 3.

120 L'Ordonnance des petites dates article 18. veut que dans les familles où il y a des freres ou cousins de même nom de Bâtême, on exprime le nom & surnom, si c'est l'aîné ou le puîné, le majeur ou le mineur, afin que par l'équivoque on ne perpetuë point les Benefices dans les familles ; mais cela n'est point en usage, on a jugé le contraire ; neanmoins s'il y avoit une mauvaise foy manifeste & bien prouvée, elle annulleroit les Provisions. *Biblioth. Can. to.* 1. *page* 284.

G g ij

121 La Provifion qui ne porte le confens eft nulle , & n'a effet de titre valable pour prendre poffeffion. Arrêt du Parl. de Paris pour Dame Marguerite de la Faye Abbeffe de Bleffe intimée , contre Dame Catherine de Langeac , appellante de la Sentence de récreance donnée par le Sénéchal d'Auvergne , le 28. Août 1570. *Carondas* , liv. 7. *Rép.* 2.

121 Arrêt du 13. May 1660. qui a jugé au profit d'un dévolutaire que les Benefices litigieux doivent être exprimez en la Provifion , & que ce défaut rend nulle la Provifion. *Boniface* , tome 1. *livre* 2. *tit.* 24. *chap.* 4. *Brodeau* fur M. Loüet , *lettre B. n.* 3.

     PROVISIONS DES ORDINAIRES.

123 Voyez les *Memoires du Clergé* , to. 2. *part.* 2. p. 48. jufqu'à 72.

Provifions de Cures émanées d'autres que de l'Ordinaire , ou de fes Superieurs , déclarées nulles. *Ibidem* , page 64. & fuiv.

124 L'Evêque pourvoit de plein droit aux Benefices dont les Patrons font profeffion de la Religion Prétenduë Reformée. *Ibidem* , tome 2. *partie* 2. page 75. jufqu'à 91.

125 Provifions des Ordinaires fur la préfentation des Patrons , s'appellent proprement inftitution : Sur quoy , voyez les *Mem. du Clergé* , tome 1. *part.* 1. p. 195. & 196.

126 Les Préfentez à l'Ordinaire par les Patrons ne doivent pas en vertu de cette préfentation obtenir leurs Provifions de Cour de Rome ; c'eft un abus auquel le Procureur du Roy doit s'oppofer pour deux raifons: La premiere , parce que ce feroit ouvrir la porte & l'entrée aux indignes & aux incapables dans les Eglifes , car l'on fçait qu'à Rome l'on ne refufe de Provifions à perfonne. La feconde , ce feroit enfeigner aux fujets d'un Diocefain le mépris pour les Ordinaires s'ils croioient qu'ils n'euffent pas befoin de leur miniftere ; ce qui d'ailleurs épuiferoit & feroit fortir beaucoup d'argent de ce Royaume. *Voyez M. Charles Du Moulin* , fur la regle *de infirmis* , n. 50. il obferve en cet endroit que l'ufage en Normandie eft que les Ordinaires feuls ont droit d'admettre les préfentations , & de donner leur inftitution aux préfentez par les Laïcs; & de plus, que les Ordinaires ne donnent l'inftitution qu'auparavant ils ne s'informent quelle eft la perfonne qui demande d'être pourvûë du Benefice.

127 Maxime du Grand Confeil que *collatio etiam nulla* de l'Ordinaire *impedit præventionem Papæ* , & rend fa collation nulle. *M. le Prêtre* , premiere Cent. chap. 94. Voyez M. *Loüet* , *lettre P. fomm.* 43.

128 Provifions des Ordinaires doivent être fignées de témoins à peine de nullité. Arrêt du Parlement de Paris. Par l'Edit de l'an 1512. il faut que les témoins foient autres que domeftiques & familiers. *Papon* , *liv.* 2. *tit.* 9. *n.* 5.

129 Provifions des Benefices litigieux par les Ordinaires valables. Edit verifié au Parlement de Grenoble par Arrêt du 17. Avril 1559. *Baffet* , tome 1. liv. 1. tit. 4. chap. 1.

130 Provifions des Ordinaires font nulles fans témoins, ou quand ce font les parens du Pourvû qui fervent de témoins. Arrêt du 15. Decembre 1656. V. *Baffet* , tome. 1. liv. 1. tit. 4, chap. 4.

131 Si l'Ordinaire n'a pas fait mention dans fes Lettres de Provifions de la préfentation qui luy a été faite de celuy qu'il pourvoit , que le Patron , elle y doit être fous-entenduë , la préfomption étant favorable au Patron , contre lequel il ne peut dans l'occafion tirer avantage de cette omiffion , qui même peut avoir été affectée. Arrêts du même Parlement de Grenoble des 27. Mars 1681. & 7. Mars 1683. rapportez par *Chorier* , en fa *Jurifprudence de Guy Pape* , p. 42.

     PROVISIONS REFUSE'ES.

132 Voyez lettre I. verbo *Joyeux avenement* , nomb. 18.

Præfentatus idoneus cui inftitutio ab Epifcopo denega-

ta eft , fuperiorem , ut fibi provideatur , adire poteft. V. *Franc. Marc.* to. 1. *qu.* 491.

133 Les Parlemens ne doivent connoître du refus des Provifions fait par l'Ordinaire. *Memoires du Clergé* , tome 2. part. 2. p. 5.

134 Reglement des Affemblées generales du Clergé pour empêcher que les Evêques ou leurs Grands Vicaires ne donnent des Provifions fur le refus de ceux dont ils ne font pas Superieurs , & qu'ils ne faffent d'autres entreprifes les uns fur les autres. *Ibidem* , page 52. & fuiv.

135 Défenfes à tous Juges d'avoir égard aux Provifions obtenuës fur le refus de l'Evêque Diocefain , d'autres que de fes Superieurs. *Ibidem* p. 53. il n'y a alors que la voye de fe pourvoir pardevant les Superieurs Ecclefiaftiques.

136 Les Juges ne peuvent contraindre les Prélats à donner des Provifions des Benefices dépendans de leurs collations , mais ils doivent renvoyer les parties pardevant les Superieurs defdits Prélats , &c. *Ordonnance de Blois* , art. 64.

137 Provifion empêchée par faveur d'un ambitieux à Rome , fe fupplée en France par les Cours Souveraines. Arrêt du Parl. de Paris qui enjoint à l'Archevêque de Tours, ou fon Vicaire, de bailler Provifion au refignataire de même jour & date que le confens , & la date de la procuration à refigner pour caufe de permutation avoit été prife à Rome,pour cette provifion fervir au refignataire en la récréance & maintenuë , tout ainfi qu'il pû faire la Provifion du Pape, & ordonné cependant que le Benefice feroit fequeftré *Papon* , *liv.* 2. *tit.* 9. *n.* 17.

138 Refus de Lettres de Cure déclaré abufif, par Arrêt du Parlement de Bretagne du 29. Octobre 1554. Le prétexte du Chapitre de Nantes étoit qu'il avoit déja accordé Provifions à un autre ; mais il fut ordonné qu'il en donneroit à l'appellant pour fervir *in divinis* pendant le procez. *Du Fail*, li. 1. ch. 63.

139 Si un Gradué a été refufé par un Chapitre exempt, ou par un Evêque, relevant immediatement du Saint Siége, il n'eft pas obligé d'aller en Cour de Rome, il peut s'adreffer à un autre Evêque , ou au Metropolitain. Le texte de la Pragmatique Sanction §. *quod fi quis de collat.* veut que la dévolution fe faffe par degrez fans diftinction des Prélats exempts. *Chopin, de facrâ politiâ* rapporte un Arrêt rendu en 1555. toutes les Chambres affemblées , par lequel il fut jugé que le Gradué refufé par un Chapitre exempt , devoit s'adreffer à l'Evêque Diocefain avant que d'aller au Pape. V. *Henrys*, tome 2. livre 1. qu. 28.

140 Refignataire refufé en Cour de Rome doit appeller comme d'abus , ou former complainte , ou fe faire pourvoir par le Collateur ordinaire. La Cour a coûtume de renvoyer au Diocefain. Arrêt du Parlement de Paris du 28. Février 1563. *Papon*, livre 2. titre 8. nomb. 13.

141 Refus fait par les Officiers du Pape de délivrer expedition fur la date de la procuration admife & reçû par le Dataire , & fur le confens reçû par le Notaire des confens ,vaut provifion. En ce cas la Cour par Arrêt du 28. Février 1563. ordonna que l'Archevêque de Tours délivreroit Provifion fur la date de la procuration admife , & fur le confens qui avoit été reçû par le Notaire des confens,& que cette Provifion vaudroit comme fi elle étoit expediée en Cour de Rome. La contention étoit pour la Prévôté d'Anjou en l'Eglife de faint Martin de Tours. *Biblioth. Can.* to. 2. *n.* 375. col. 2.

142 Quoique les Papes n'ayent jamais voulu accorder de Bulles à Meffire Regnauld de Beaune Archevêque de Bourges , pour l'Archevêché de Sens que le Roy luy avoit donné , parce que le Pape Sixte V. ayant excommunié Henry IV. Roy de France , on avoit jetté les yeux fur luy pour le faire Patriarche , neanmoins le Parlement a toûjours confirmé fes Pro-

visions qu'il avoit données des Benefices vacans à sa collation. *Biblioth. Can.* tome 2. page 276. où est rapporté un Arrêt du 3. Février 1601.

143 Sur le refus de l'Ordinaire de donner des Provisions, l'on observe la Hierarchie, l'on se pourvoit au Superieur, suivant l'Ordonnance de Blois art. 12. 13. & 64. l'Edit de Melun article 15. les Reglemens de l'Assemblée du Clergé des années 1656. & 1665. & les Arrêts du Conseil ; quoique le Parlement de Toulouse ne laisse pas de juger contre cet ordre, & de permettre le recours à l'Evêque le plus prochain pour la commodité des Ecclesiastiques ; ainsi que le rapporte *M. Delrue, quest. not. liv. 1. chap. 16.*

144 Quand le Pape refuse de donner des Provisions à ceux qui sont nommez par le Roy, on s'adresse ou au Parlement ou au Grand Conseil ; en vertu d'Arrêt l'on prend possession, l'on jouït des fruits, & l'on confere les Benefices dépendans. Arrêt du Parlement de Paris du 11. Mars 1646. qui juge que l'Archevêque de Bourdeaux qui n'avoit pû obtenir Bulles d'une Abbaye, mais qui ayant pris possession en vertu d'Arrêt avoit pû conferer un Prieuré. *Voyez Franc. Pinson, au titre de Canonicis institut. condit. §. 2. nomb. 71. & suiv.*

145 *Nos Cours & autres Juges ne pourront contraindre les Archevêques, Evêques, & autres Collateurs ordinaires de donner des Provisions des Benefices dépendans de leurs Collations, ni prendre connoissance du refus, à moins qu'il n'y ait appel comme d'abus : & en ce cas leur ordonnons de renvoyer pardevant les Superieurs Ecclesiastiques desdits Prélats & Collateurs, lesquels nous exhortons, & néanmoins leur enjoignons de rendre telle Justice à ceux de nos sujets qui auront été ainsi refusez, qu'il n'y en ait aucun sujet de plainte legitime. Article 6. de l'Edit concernant la Jurisdiction Ecclesiastique du mois d'Avril 1695.*

PROVISION EN REGALE.

146 Le Regaliste est préferé à l'Indultaire, l'Indultaire à celuy qui a un Brevet de Joyeux avenement, & celuy-ci aux Graduez nommez. *Biblioth. Can.* tome 2. page 276. col. 2.

147 Regale a lieu aux Benefices qui sont en Patronage Ecclesiastique ou Laïc ; & en ce cas les Provisions peuvent être signées par un Secretaire ordinaire ; au lieu que les autres le doivent être par un Secretaire des Commandemens. Arrêt du 25. Juin 1640. *Bardet, tome 2. liv. 9. chap. 6.*

148 Si des Provisions en regale d'un Benefice doivent être scellées du Sceau Royal, ou s'il suffit qu'elles soient signées d'un Secretaire d'Etat. *V. Soëfve, to. 2. Cent. 3. chap. 76.* Il n'y a point de décision.

Voyez cy-après le mot Regale.

PUBLIC.

Ublic. Bien public. Chose publique.
Ce qu'on entend par chose publique. *L. 15. & 17. D. de verb. sign.*

En regale, *Palam. L. 33. D. de verb. sign... Coram. L. 109. eod.*

De locis & itineribus publicis. D. 43. 7.

Ne quid in loco publico, vel itinere fiat. D. 43. 8.

De loco publico fruendo. D. 43. 9. Interdit, ou défenses de troubler le Fermier ou le Locataire de chose appartenante au public, ou au Prince.

De via publica, & si quid in ea factum esse dicatur. D. 43. 10. Ce titre s'entend seulement des rües de la Ville : au lieu que les titres 7. 8. & 11. parlent des chemins de la campagne.

De popularibus actionibus. D. 47. 23. Des actions populaires ou publiques, qu'il étoit permis à chacun d'intenter, contre un crime ou délit qui interesse le public.

De jure Reipublica. C. 11. 30. Le public est toûjours mineur.

De administratione rerum Publicarum. C. 11. 31. Les

Administrateurs sont comme des Curateurs.

De administratione rerum ad civitates pertinentium. D. 50. 8.

De operibus publicis. D. 50. 10...C. 8. 12...C. Th. 15. 1.

De diversis prædiis urbanis & rusticis templorum & civitatum, & omni reditu civili. C. 11. 69.

De locatione prædiorum civilium vel fiscalium, sive templorum, sive rei privatæ, vel dominicæ. C. 11. 70... C. Th. 10. 3.

De pœna ejus qui rem aliquam publicam vendiderit. Leon. N. 62.

PUBLICATION.

PUBLICATION, ELECTION.

1 DE la publication de l'élection. *Voyez le mot Election, nomb. 137. & suiv.*

PUBLICATION, ENCHERE.

2 De la publication des encheres. *Voyez le mot Enchere, nomb. 53. & suiv.*

PUBLICATION, ENQUESTES.

3 De la publication des Enquêtes. *Voyez le mot Enquêtes, nomb. 48. & suiv.*

PUBLICATION DES RESIGNATIONS.

4 *Voyez le Plaidoyé de M. Servin, en la cause de Hamilton,* où est traitée la Regle de public. resignationibus.

5 Le Pape ne peut déroger ni dispenser de la Regle *de public. resignationibus,* Chat. li. 1. Rép. 23.

6 Resignation admise par le Legat étant en France doit être publiée dans le mois comme de l'Ordinaire, nonobstant la Regle de 20. *diebus.* V. Carondas, li. 1. Rép. 18.

7 Par la Regle 34. de Chancellerie *de publicandis resignationibus,* si le resignant meurt en possession du Benefice six mois après que la resignation a été admise en Cour de Rome, & un mois après qu'elle a été admise ailleurs, le Benefice est reputé vacant par mort, & non par resignation, à moins que la resignation n'ait été publiée, & la possession demandée par ceux qui ont interêt.

Cette Regle qui est du Pape Innocent VIII. a été verifiée & enregistrée au Parlement le 27. Août 1493. & depuis ce temps passe en force de loy dans le Royaume, d'où il s'ensuit qu'elle n'est pas abolie par la mort du Pape. *Biblioth. Can.* to. 2. p. 290.

8 En l'an 1523. n'étant pas permis d'aller à Rome à cause des guerres, ni d'y transporter de l'argent, les publications se faisoient en vertu de simples signatures sans Bulles, & étoient jugées valables en ce Royaume, même en vertu de Lettres obtenuës en Chancellerie du Palais ; ces signatures étoient verifiées par le témoignage des Banquiers & Solliciteurs de Bulles aux fins de sequestre & de récreance par jugemens contradictoires, sans obtenir Bulles. *Biblioth. Can.* tome 2. p. 293. col. 1.

9 On demande de quel temps les six mois de la publication doivent être comptez, ou du jour de la simple admission de la resignation, ou bien de la collation, ou du jour du consentement porté ? Gomés prétend qu'il ne court que du jour du Consens, Du Moulin refute les raisons, quoiqu'il convienne que plusieurs Arrêts l'ayent ainsi jugé. Du Moulin a depuis tenu un avis contraire, considerant qu'il y a même raison qu'en la Regle *de infirmis resignantibus,* où l'on ne s'arrête pas à la date de la Supplication, mais du consens, parce que cela est favorable pour les Ordinaires, & pour les impetrans *per obitum,* que l'une & l'autre Regle veut gratifier ; & de fait, il dit avoir été ainsi jugé par Arrêt de la Cour, les Chambres assemblées en 1510. Le même ajoûte qu'au mois d'Avril 1558. M. Mathieu Chartier Avocat celebre étant appellé pour donner son avis sur une pareille question, tira de ses registres un Arrêt du 10. Decembre 1537. en faveur d'un resignataire de la Curé de Bugny, en la possession de laquelle le resignant étoit décedé six mois

aprés la date de la refignation & de la Bulle, mais dans les fix mois du jour de la date du confens qui étoit quatre jours aprés la date de la Bulle. Toutefois le fieur Chartier ayant reconnu que depuis il avoit été jugé au contraire en 1558. foufcrivit à l'avis de Du Moulin pour l'impetrant *per obitum*. *Biblioth. Can. to. 2. p. 291. col. 1.*

10 Si l'on ne fatisfait à cette Regle, toutes Collations, Inftitutions, & autres Provifions ainfi faites par refignations font annullées par ces mots, *& quævis aliæ difpofitiones*, lefquels comprennent toute provifion, foit du Pape, ou autre perfonne, & même les Commandes. Ainfi jugé par Arrêt folemnel du 23. Decembre 1505. pour M. Hugues Roger, contre Guillaume Carton qui avoit été pourvû par le Pape d'un Benefice refigné, mais il n'avoit pas pris poffeffion du vivant de fon refignant. De même par Arrrêt du 7. Septembre 1526. entre Martin de Rogis, & l'Evêque d'Evreux, & par plufieurs autres qui tenoient qu'en France cette Regle eft *in viridi obfervantiâ*. *Biblioth. Can. to. 2. p. 295. col. 1.*

Voyez cy-aprés lettre R. le titre *des Regles de Chancellerie Romaine*, où eft l'explication de la Regle *de publicandis.*

PUBLICATION DES SUBSTITUTIONS.

11 Donation entre-vifs contenant fubftitution, la publication eft requife outre l'infinuation, ne plus ne moins qu'és païs de nantiffement l'infinuation eft requife, outre le nantiffement. *Brodeau fur M. Loüet, lettre S. fomm. 3. nomb. 9.*

12 Le défaut de publication regarde les creanciers, & non pas les heritiers. *Ricard, des Donations entre-vifs, 1. part. chap. 4. fect. 3. glof. 1. fecis, és donations entre-vifs, le défaut d'infinuation regarde les heritiers & les creanciers. Ordonnance de Moulins, art. 58.*

13 L'Ordonnance de Moulins art. 57. porte que les fubftitutions doivent être enregiftrées és Siéges Royaux plus prochains de la demeure de ceux qui ont fait la fubftitution, & ce dans fix mois, à compter quant aux fubftitutions teftamentaires du jour du décez de ceux qui les auront faites, & pour le regard des autres du jour qu'elles auront été paffées, autrement feront nulles. *Voyez Mornac, l. 2. ff. de edendo.*

14 C'eft à l'heritier à faire publier & regiftrer le teftament qui porte fubftitution, & le défaut n'en peut être imputé aux fubftituez, ainfi la fubftitution déclarée ouverte. Arrêts de la Nôtre-Dame de Septembre 1585. & du 4. Août 1598. *Montholon, Arrêt 2. Voyez M. le Prêtre, és Arrêts de la Cinquiéme, & M. Loüet, lettre S. fomm. 3.*

15 Les Ordonnances qui défirent que les fubftitutions foient publiées à peine de nullité, n'ont lieu quand les fubftitutions font faites en faveur du nom, à perfonnes qui ne font encore nées ou mineures. Arrêt du 4. Août 1598. *Chenu, 2. Cent. qu. 83.*

16 La publication n'eft requife és teftamens contenans fubftitutions vulgaires, pupillaires, exemplaires, & autres qui font de peu de durée, & ne paffent le premier degré, & n'ont point trait à l'avenir comme les fideicommiffaires & graduelles. Arrêt du 22. Decembre 1612. *Brodeau fur M. Loüet, lettre S. fomm. 3. nomb. 4.*

17 Les mineurs ne peuvent être reftituez du défaut de publication en matiere de fubftitution. Arrêt du 19. Juillet 1658. *De la Guess. tome 2. liv. 1. chap. 55.* ni contre des tiers détempteurs. Arrêt du 5. Juillet 1661. *De la Guess. to. 2. liv. 4. chap. 31.*

18 Une fubftitution publiée par l'inftitué long-temps aprés, n'opere rien contre les creanciers intermediaires de l'inftitué, & que les fubftituez ne pouvoient prétendre de dommages & intérêts fur les biens fubftituez au préjudice des creanciers, les fubftituez prétendant avoir hypoteque du jour du teftament fur

les biens, nonobftant l'Edit de 1553. l'Arrêt a été rendu le 9. Mars 1665. plaidans Fourcroy, Billard, Levêque, Loranchet, & Didier. *M. Loüet, lettre S. fomm. 3.* femble être oppofé. *Voyez des Maifons, lettre P. nomb. 14.* où il dit que l'Arrêt a été prononcé le 9. May 1665. Mêmes Arrêts ont été rendus les 14. Septembre 1669. & 9. Avril 1680. & font rapportés au *Journal du Palais.*

Voyez cy-aprés le mot *Subftitution*, §. *Subftitution publiées.*

PUBLICATION, SAISIE REELLE.

19 Declaration du Roy du 16. Decembre 1698. portant que les publications pour affaires temporelles ne feront faites qu'à l'iffuë des Meffes de Paroiffe. *V. le recüeïl de Decombes Greffier de l'Officialité de Paris. part. 2. chap. 2. p. 260.*

PUISSANCE.

1 Divers fens de ce mot, *Poteftas. L. 215. D. de verb. fign.*

De l'ufage de la Puiffance temporelle en ce qui concerne l'Eglife, foit pour reprimer les entreprifes de fes Miniftres fur les droits du Prince, foit pour la confervation & adminiftration de fon temporel. *V. le 4. tome des Loix Civiles, liv. 1. tit. 19.*

PUISSANCE ECCLESIASTIQUE.

2 *Richerius de poteftate Ecclefiaftica & politica*, in 12. Paris 1660.

De poteftate Seculari & Ecclefiaftica. Viridarium nuncupatum.

3 Des deux Puiffances Ecclefiaftique & Royale; enfemble de leurs diverfes fonctions, & qu'elles fe prêtent un mutuel fecours. *Voyez Baffet, to. 2. li. 2. tit. 1. chap. 1.*

PUISSANCE MARITALE.

4 *Voyez Autorifation. Communauté, femme, Mariage. & Peleus, quest. 2.*

PUISSANCE PATERNELLE.

5 *Voyez Autorifation, Emancipation, & Charondas, liv. 9. Rép. 1.*

De patriâ poteftate. Inftit. 1. 9. & feqq... C. 8. 47. & feqq.

De iis qui fui, vel alieni juris funt. I. 1. 8.....D. 1. 6.

De iis qui in poteftate funt. Ulp. 5.

Quibus modis jus patria poteftatis folvitur. I. 1. 12.

De adoptionibus, & emancipationibus, & aliis modis, quibus poteftas folvitur. I. 1. 11... D. 1. 7.... C. 8. 48. & 49.

Conftitutio quæ, Dignitatibus & Epifcopatu, filium liberat patriâ poteftate. N. 81.

6 Puiffance paternelle ne fe garde en France : une fille peut, vivant fon pere, difpofer de fon bien. Arrêt à Pâques 1599. *Montholon, Arr. 89.*

7 Puiffance paternelle eft nulle. *Nulla eft hodie patria poteftas apud nos.* Arrêt aux Fêtes de Pâques 1599. *Mornac, loy 8. ff. de his qui juris funt.*

8 C'eft une erreur de croire que le pere mort, les enfans qu'il laiffe retombent en la puiffance de leur ayeul paternel, & que cet ayeul ait l'ufufruit de leurs biens. *Avis d'Henrys tome 2. liv. 4. qu. 13.* où il cite Boërius, *décif. 197.* Argentré *fur l'article 410. de la Coûtume de Bretagne*, & Brodeau *fur M. Loüet, lettre M. fomm. 17.*

9 L'émancipation tacite d'un fils eft de dix ans hors l'habitation de la maifon de fon pere; fecis, de la fille qui demeure en la puiffance paternelle. Arrêt du 11. Février 1633. *M. Dolive, liv. 3. ch. 3.*

PULVERAGE.

Du droit de Pulverage qui a lieu en Dauphiné. *Voyez* le mot *Droits Seigneuriaux, nomb. 127. & fuivans.*

Q

QUADRANIERS.

PAR Arrêt du neuf Février 1568. jugé que les Quadraniers ne feront sujets à la visitation de Pigniers, Tabletiers, Tourneurs, ni d'autres semblables métiers, qui prétendoient ce droit de visitation, sous prétexte que les Cadrans sont faits les uns d'yvoire, les autres d'Ebene, les autres de bois, & les autres d'autres matieres. *Bibliotheque de Bouchel*, verbo *Quadraniers*.

QUALITE'.

1 Qualité d'un Contract. *Qualitas initio contractûs apposita spectanda est.* Mornac, *lib. 8. ff. mandati.*

2 Qualité & capacité des personnes. *Quotiescunque de capacitate aut habilitate personarum quæritur domicilii leges & statuta spectantur.* Un Angevin à vingt ans peut vendre ses immeubles situez en la Coûtume d'Anjou : un habitant de Senlis qui a des immeubles en Anjou, ne peut les vendre ayant l'âge de vingt ans, parce que la Coûtume de Senlis desire 25. ans. Il seroit absurde qu'une même personne dans une même Coûtume, fût estimé majeur & mineur. Arrêt du Parlement de Paris du 28. Août 1600. *M. Louet, lettre C, somm.* 13.

3 *Messire, Chevalier, Ecuyer.* Reglement portant défenses à tous proprietaires de terres, de se qualifier Barons, Comtes, Marquis, & d'en prendre les Couronnes à leurs Armes, sinon en vertu de Lettres patentes bien & deuëment verifiées en la Cour : à tous Gentilshommes de prendre la qualité de Messire & de Chevalier, sinon en vertu de bons titres ; & à ceux qui ne sont pas Gentilshommes, de prendre la qualité d'Ecuyers, à peine de quinze cens liv. d'amende. Arrêt du 13. Août 1663. *Notables Arrêts des Audiences, Arr.* 112. Jovet, *verbo* Seigneur, *nomb.* 19. Il dit qu'il étoit present à la prononciation de l'Arrêt.

4 Arrêt du Parlement de Bourdeaux du 21. May 1649. portant défenses au sieur d'Epernon de prendre les qualitez de Très-Haut, & de Tres-Puissant Prince, & d'Altesse qu'il s'attribuoit. *Graverol, sur La Rocheflavin, des Droits Seigneuriaux, chap.* 21. *art.* 6.

5 De la qualité que donne le Fief. *Voyez le mot* Fief, *n.* 135. & *suiv.*

QUANTI MINORIS.

1 IL y a le *Quanti minoris,* quand il s'agit de faire diminution à l'acheteur, à cause de quelque vice qui se trouve dans la chose par luy achetée, soit par rapport à la qualité, ou à la quantité. Henrys, *to.* 1. *liv.* 4. *ch.* 6. *qu.* 43.

2 Par Arrêt du Parl. de Toulouse du 9. Mars 1592. jugé que l'estimation de *Quanto minoris,* ou moins value d'une piece vendue noble, se trouvant chargée d'oublie, est telle que le vendeur doit premierement rembourser à l'acheteur les lods & ventes, qu'il est contraint de payer au Seigneur direct ; & encore deux autres lods & ventes pour les deux prochaines ventes qui se pourroient faire ; ensemble la censive pour soixante ans prochains, & pour chaque sol de

censive quinze sols pour l'amortissement de la censive aprés les soixante ans passez. *Bibliot. de Bouchel,* verbo *Estimation.*

3 L'action *quanti minoris* n'a lieu és ventes qui se font par l'interposition du Decret. Jugé à Toulouse l'onze Septembre 1635. *M. Dolive, liv.* 4. *cha.* 25.

QUARTE.

Voyez les mots *Falcidie* & *Trebellianique,* où l'on a marqué tant les titres du Droit, que les décisions qui conviennent à l'une & à l'autre.

1 *Filius fideicommisso gravatus an duas quartas detrahat?* Voyez And. Gaill. *lib.* 2. *observat.* 111.

2 *De detractione quartarum inter liberos primi gradûs.* V. Franc. Marc. *tom.* 1. *qu.* 432.

3 *Gravatus Fideicommisso an duas quartas hodie deducat?* V. Stockmans, *decif.* 41. la Coûtume d'Anvers utrique quarta locum dat.

4 Si le fils heritier chargé de legs, peut aussi-bien distraire la double quarte, qu'étant chargé d'un Fideicommis. *Voyez Henrys, to.* 2. *liv.* 5. *qu.* 56.

5 Aux donations entre-vifs il n'y a point de quarte à distraire ; aux donations à cause de mort. *Henrys, tom.* 2. *liv.* 6. *quest.* 11. Si le legataire universel peut distraire la quarte, la même pour le donataire de tous biens, *idem eodem loco.*

6 Es Arrêts generaux prononcez le 16. Avril 1580. il est ordonné que les neveux *qui tenent primum gradum, non imputant fructû in quartam.* La Rocheflavin, *liv.* 2. *lettre L. tit.* 4. *Arr.* 13.

On ne peut distraire la quarte trebellianique d'un Fideicommis particulier. *M. Expilly, Arrêts* 9. mais il ne date point l'Arrêt ; & *Arrêt* 10. il dit qu'il fut ordonné que la quarte falcidie se devoit distraire d'un fideicommis particulier, & que la legitime & la falcidie se pouvoient distraire ensemblement sur les biens mediocres, & non pas sur les specieux. *Arrêt* 12.

8 L'heritier étranger doit imputer les fruits *in quartam* ; ce qui est pareillement décidé pour la falcidie, mais là question est pour les enfans *in primo gradu.* M. le Prêtre, 2. *Cent. chap.* 7. panche contre l'imputation. Henrys tient que le fils heritier institué, ayant joüi quelques années, est obligé d'imputer les fruits sur sa quarte. Par le Droit ancien sans distinction, les fruits s'imputoient en la quarte, & même en la legitime ; la quarte legitime est dûë comme fils, *jure naturæ,* & la quarte comme heritier, &c. *Voyez Henrys, to.* 2. *liv.* 5. *qu.* 8. M. le Prêtre, 2. *Cent. ch.* 7. M. Cujas en traite quelque chose, *liv.* 8. *observ.* 4.

9 La détraction de deux quartes regarde aussi-bien les ascendans que les descendans, d'autant que leur condition est égale. *Voyez M. Dolive, liv.* 5. *ch.* 27. Henrys, *tome* 1. *liv.* 5. *ch.* 4. *qu.* 50. & tome 2. *liv.* 5. *quest.* 56.

10 Si la détraction des deux quartes a lieu pour les legs, aussi bien que pour les fideicommis ? *V. Henrys, tom.* 1. *liv.* 5. *ch.* 4. *qu.* 50.

11 *Filius sive pure, sive sub conditione gravetur duas deducit quartas legitimam & trebellianicam.* Voyez Francisci Stephani *decis.* 81. où il rapporte un Arrêt du Parlement de Provence du 19. Février 1580.

12 Si la femme pauvre doit avoir la quarte sur les biens de son mary riche aprés sa mort ? quoique par un Arrêt general au Parlement de Toulouse de 1581. suivant l'authentique *Prætereà, Cod. undè vir & uxor,*

cette quatrième partie des biens ait été ajugée à une veuve pauvre, à la charge de précompter une petite dot qu'elle n'avoit pas payée, & une prétenduë rente qu'il luy avoit laissée par legat, comme le rapporte M. Maynard, *liv. 4. ch. 25.* & que la Novelle 106. de l'Empereur Leon soit formelle, ajugeant même la propriété de cette quarte ; neanmoins le contraire a été jugé le 22. Mars 1648. en la cause de la veuve d'un nommé Vervede, aux Enquêtes, après un partage. Cette femme n'avoit eu que quatre cens livres en mariage ; Vervede son mary devenu riche de plus de trente mille liv. luy avoit fait prendre un vol plus grand qu'elle n'avoit accoûtumé ; de sorte qu'elle demandoit contre ses neveux le quart de ses biens, mais il luy fut refusé par cet Arrêt. *Albert*, verbo *Dot*, *art.* 10.

13 Le 29. Novembre 1592. il a été jugé au Parlement de Toulouse, que le pere peut charger son fils de rendre l'heritage sans détraction de quarte, contre l'opinion de *Guy Pape*, *en la question* 52. Par ce même Arrêt il a été jugé que la prohibition de la Trebellianique pouvoit être faite par un Codicile, contre l'opinion d'Alciat. *Cambolas*, *liv.* 1. *ch.* 32.

14 L'heritier particulier est censé legataire, & ne peut distraire aucune quarte, jugé le 10. Avril 1624. La quarte ne peut être distraite, que par celuy qui est chargé de rendre en qualité d'heritier ; & un donataire de tous les biens, qui est reputé pour heritier, étant chargé de rendre, ne peut distraire aucune quarte. *Idem*, *liv.* 5. *ch.* 12.

15 L'heritier, ou le substitué du pupile chargé de Fideicommis, ne distrait point de quarte ; jugé le 14. Juillet 1626. *Ibid. ch.* 27.

16 Le Testament subsistant par la clause codicillaire, on ne peut retenir qu'une quarte, sauf en deux cas, ausquels les Interpretes croient que lorsque le Testament est confirmé par la clause codicillaire, il faut donner deux quartes : l'une est en l'espece proposée par Ferrieres en la question 513. de Guy Pape, lorsqu'il y a des freres qui succedent conjointement avec la mere, & lesquels en vertu de la clause codicillaire, sont censez grevez de rendre à l'heritier institué ; car en ce cas la mere seule prend la legitime, qui ne compete pas aux freres, & eux prennent la quarte ; jugé au Parlement de Toulouse le 23. Decembre 1632. *Cambolas*, *liv.* 4. *ch.* 42.

17 Le pere ou l'heritier chargé de rendre l'hoirie, peut anticiper le temps, & obmettre le quarte au préjudice de ses creanciers. Jugé le 31. May 1636. *Henrys*, *tom.* 2. *liv.* 5. *qu.* 54. & 58. Voyez M. *Dolive*, *questions notables*, *liv.* 5. *chap.* 25. & 29. & M. Expilly, *en ses Arrêts ch.* 13.

18 Brodeau sur M. Loüet, *lettre H. somm.* 13. dit que l'heritier compte en sa quarte, ce qui a été donné entre-vifs avant le Testament. *Du Frêne*, *liv.* 4. *chap.* 19. rapporte un Arrêt contraire du 23. Juillet 1643.

19 Les quartes ne se tirent qu'une fois d'une même succession, bien qu'il y ait plusieurs fideicommis. Voyez *Peleus*, *qu.* 161.

20 Le Président de Séve de la Ville de Lyon, a obtenu la quarte trebellianique de la succession de sa petite fille, contre la fille dudit Président. Arrêt du 15. Juillet 1653. à la Grand'-Chambre, rapporté *dans le Recüeil de la Ville*, *n.* 8051. Cet Arrêt repugne à l'Edit des meres.

21 Si deux freres ont fait testament, & ne se sont instituez l'un l'autre, le substitué survivant décedant sans enfans, peut prétendre les biens sans distraction de quarte. V. *Bouvot*, *tom.* 1. *part.* 2. verbo *Testament*, *qu.* 5.

22 Un Testateur avoit institué sa femme avec son fils également. Il avoit chargé sa femme de rendre sans détraction de quarte sa moitié à son fils, & son fils de rendre à ses filles. Arrêt du Parl. de Toulouse, qui

décide que le fils détrait la quarte, tant de la moitié en laquelle il étoit institué, que de l'autre en laquelle la femme avoit été instituée, & qu'il avoit recueillie : la présomption de repetition de prohibition cesse donc en ce cas, du moins la prohibition n'étant point expresse. A l'égard du second degré, elle n'empêche pas alors les descendans de détraire la quarte. Cet Arrêt est conforme à un autre du 17. Juin 1655. rapporté par M. *de Catellan* ; *liv.* 4. *ch.* 79.

23 De la quarte en cas de fideicommis. *Voyez* le mot *Fideicommis*, *n.* 185. & *suiv.*

24 Le mary ne peut demander la quarte dans la succession de la femme : c'est un droit qui n'est dû qu'à la femme. Du Moulin estime le contraire. V. *le Brun*, *des Successions*, *liv.* 1. *ch.* 7. *n.* 4. où il ajoûte que la femme a à la querelle d'inofficiosité pour demander cette quarte, au cas que son mary ait testé : il se sert de l'authorité de Balde sur l'Authentique *Praeterea*, *C. undè vir & uxor.*

QUARTE FALCIDIE.

25 De l'usage de la Falcidie, & en quoy elle consiste ; des dispositions sujetes à la falcidie ; de ceux à qui elle peut être dûë, ou non ; des causes qui la font cesser, ou qui la diminuënt. *Voyez* le 3. tome des *Loix Civiles*, *liv.* 4. *tit.* 3.

26 La falcidie se détrait sur un heritage épuisé par donation à cause de mort, & sur les legats des enfans. Arrêts du Parlement de Grenoble des 13. Juillet 1634. & 15. Janvier 1651. V. *Basset*, *tome* 1. *livre* 5. *titre* 11.

27 Arrêt du Parlement de Provence du 30. Juin 1655. qui a jugé que les ascendans ne font pas la détraction de la quarte falcidie, en transmettant l'héredité chargée de dettes & legs, mais seulement la legitime. *Boniface*, *tom.* 2. *liv.* 2. *tit.* 2. *ch.* 18.

QUARTE TREBELLIANIQUE.

28 De l'usage de la Trebellianique, & en quoy elle consiste ; des causes qui la font cesser, ou qui la diminuënt. *Voyez le troisième Tome des Loix Civiles*, *liv.* 5. *tit.* 4.

29 Voyez M. *Jean Marie Ricard*, en son *Traité des substitutions directes & Fideicommissaires*, *ch.* 17.

30 De la quarte Trebellianique, ou des détractions qu'elle peut souffrir. V. *Francisci Stephani* décision 59.

31 De la quarte Trebellianique. *Voyez Despeisses*, *to.* 2. *pag.* 358.

De ceux qui peuvent distraire cette quarte. *Ibidem.*

Sur quel bien se prend la Trebellianique? *Ibidem*, *pag.* 347.

De ceux qui peuvent distraire la Falcidie. *Ibidem*, *pag.* 351.

Sur quoy se prend la Falcidie. *Ibid. pag.* 355.

32 De la legitime & quarte Trebellianique. V. *Charondas*, *liv.* 12. *Rép.* 61. & *liv.* 9. *Rép.* 5. ou quand elle peut être prohibée, ou remise? V. *Anne Robert*, *rerum judicat.* *liv.* 4. *chap.* 17.

33 De la prohibition de la détraction de la Trebellianique. *Voyez Charondas*, *liv.* 7. *Rép.* 126.

34 L'heritier chargé de rendre l'heritage, n'est pas privable de la quarte Trebellianique, pour n'avoir point fait d'inventaire. *Voyez* le mot *Fideicommis*, *nomb.* 188.

35 La Trebellianique cesse, quand le Testateur a voulu que le substitué entrât de plein droit dans la succession de ses biens. La commune opinion des Docteurs est qu'en cecy il défend tacitement la détraction de la Trebellianique. Le Parlement de Grenoble donne à cette clause la force de la défense expresse ; la tacite & l'expresse ont indifferemment le même effet contre l'heritier étranger.

La clause de *plein droit* induit *directam successionem*; *itaque Trebellianica videtur prohibita* : ce qui pourtant n'est vray que contre les heritiers étrangers, qui

qui ne peuvent non plus prétendre de Trebellianique, s'ils sont chargez de rendre tous les biens, ou
tout l'heritage. *Voyez Guy Pape, qu. 537. & Chorier,
en sa Jurisprudence du même Auteur, p. 196.*

36 M. Sebastien Ayral Prêtre, institué Jean Ayral,
fils de Barthelemy son frere ; & en cas que son heritier decede sans enfans, veut que son heredité vienne de plein droit à deux Ayrailles sœurs de son heritier. Procés aprés le cas de la substitution arrivé,
pour sçavoir s'il y avoit lieu de distraction Trebelli-
nique, attendu les mots de *plein droit* Le procés parti
en la Premiere & Seconde des Enquêtes de Toulouse,
Rapporteur & Contretenant entrez dans la Grand'-
Chambre pour le départir, & le fait recité, M. le Premier Président d'Assis remontra que les Présidens &
anciens Conseillers des Enquêtes étoient blâmables
d'avoir fait un partage en chose si claire, & resolu
dans le Palais ; sçavoir qu'entre descendans il étoit
besoin d'une prohibition expresse de Trebellianique,
mais aux Etrangers, tels qu'au fait proposé, une
prohibition tacite suffisoit, telle que ces mots de *plein
droit* portoient sans difficulté. A quoi s'accordant les
autres Présidens & Conseillers de la Grand'-Cham-
bre, sans y opiner ni raisonner autrement, le Rapporteur & Contretenant furent renvoyez, avec charge de dresser l'Arrêt ; & faire entendre la remontrance à toutes les deux Chambres des Enquêtes ;
ce qui fut fait par Arrêt du 12. Juin 1578. La substitution fut declarée ouverte sans détraction de Trebellianique. *V. Mainard, liv. 5. ch. 32.*

37 L'heritier grevé de rendre, n'a pas la faculté de
retenir pour la Trebellianique, tel fonds de l'heredité qu'il voudra, cela se fait *arbitrio boni viri.* De
même l'alienation par luy faite de quelque heritage
considerable, ne luy sera imputée en la Trebellianique ; mais s'il est necessaire, l'alienation sera revoquée, & l'on pourvoira d'ailleurs au remplacement
de la Trebellianique, nonobstant la faculté donnée
à l'heritier par le Droit nouveau, *in leg. fin. §. sed
quia C. comm. de legat.* dont il ne doit abuser. *Idem,
liv. 6. ch. 8.*

38 L'heritier fideicommissaire qui n'a point fait d'inventaire, ne doit point être privé de la quarte Trebellianique. *Brodeau, sur M. Louet, let. H. som. 24.
nomb. 13.*

39 La quarte Trebellianique est duë au petit-fils, sans
imputation des frais, *facit lex quod de bonis. §. quod
avus, ff. ad L. falcid.* Arrêt du Parlement de Tou-
se en Robes rouges, par lequel la legitime & quarte
Trebellianique furent ajugées ; *sine ulla fructuum imputatione.* La Roch. flavin, *liv. 6. tit. 63. art. 12.*

40 Si en liquidant la Trebellianique d'un Fideicommis, il faut distraire les legats purs & simples? *Voyez
Du Perrier, liv. 1. quest. 1.* où il dit, comme il arrive
souvent, que le Testateur faisant un Fideicommis
conditionnel, fait aussi des legats sous la même condition ou terme que le Fideicommis, & qu'en ce cas,
la restitution du Fideicommis, & le payement des
legats, se font en même temps ; il y faut observer
l'ancienne Jurisprudence, suivant laquelle l'heritier
prend sa quarte sur les legats, aussi bien que sur le
Fideicommis, puisqu'en ce point l'usage n'a point dérogé à la disposition du droit.

41 Il a été souvent jugé que les biens alienez de l'heredité, par celuy qui étoit tenu de la restituer, soit
qu'il puisse demander les deux quartes, ou seulement la legitime, luy doivent être decretez & précomptez sur les quartes, ou la legitime seule, si la
distraction de la Trebellianique luy est prohibée.
L. Marcellus. §. res quæ, & 161 glof. D. ad Trebell.
Arrêt du 18. May 1566. entre le Seigneur de Mont-
martin, & le sieur du Gayer. Autre Arrêt du 6. Août
1575. au profit de Jean & Pierre de Villes. *Biblioth.
de Bouchel, verbo Trebellianique.*

42 Le Testateur *in liberis primi gradus*, peut défendre

la quarte Trebellianique. Arrêt du 6. Août 1575. *Le
Vest, Arr. 142. Peleus, quest. 51. Charondas, liv. 7.
Rép. 159. & Rép. 126.* dit qu'elle est duë au petit-fils
sans computation des fruits. Jugé à Toulouse le seize
Avril 1585. *V. Henrys, to. 2. liv. 5. qu. 11.*

43 *Sempronius tres habens liberos, filium & duas filias,
filium hæredem instituit ; & si decedat sine liberis, hæreditatem Mœviæ & Titiæ sororibus restituat, filius Mœ-
viam in universa bona instituit, & Titiæ 50. aureos dat &
legat ultra substitutionem à patre factam, cui nullo modo
derogat. Mœvia vult duas quartas detrahere quæ debentur fratri defuncto, legitima quidem ut filio, trebellianica
tanquam hæredi instituto ; Titia obstat : Senatus Mœviæ
ex bonis paternis detractionem utriusque quartæ, tam
legitimæ filii quàm trebellianicæ adjudicavit, le 1. Juin
1585.* Anne Robert, *rerum judicatarum, li. 4. ch. 17.
Voyez Ricard, des Donations entre-vifs, 3. part.
ch. 8. sect. 6.*

44 Les enfans du premier & second degré ne sont tenus d'imputer sur la Trebellianique les fruits de l'heredité par eux perçûs durant dix ans & plus ; parce
qu'ils sont considerez comme descendans du Testateur, & subintrant en la prérogative de leurs peres,
enfans du premier degré. Arrêt du Parlement de
Toulouse du 15. Août 1585. *Voyez Mainard, livre 5.
chap. 51.*

45 Ce qu'un pere donne par pacte de mariage à son
fils, sans prejudice de la qualité des autres biens qui
lui pourroient appartenir aprés son décés, n'est point
imputable, mais donné par préciput. Arrêt du 21.
Avril 1594. *Bibliotheque de Bouchel, verbo Legitime.*

46 L'heritier qui a omis de faire inventaire, ne peut
lever sa legitime, ni la Trebellianique. Arrêt du 12.
Decembre 1598. cité par *Peleus, liv. 3. act. 6.*

47 La Trebellianique ne se perd point par le Fidei-
commissaire, pour n'avoir point fait d'inventaire.
Arrêt du Parlement de Paris du 12. Decembre 1598.
Mainard, to. 1. liv. 5. ch. 62.

48 Par Arrêt du deux Janvier 1599. jugé que faute
d'avoir fait inventaire des meubles, titres & enseignemens, non seulement la Trebellianique étoit perduë, mais aussi la legitime, & ne pouvoit être distraite. *V. la Bibliotheque de Bouchel, verbo Trebellianique.*

49 Les enfans *primi gradus*, n'imputent les fruits sur
la Trebellianique, mais bien leurs enfans neveux au
Testateur, qui peut prohiber cette détraction aux
enfans du premier degré. Arrêts du Parlem. de Grenoble des 14. Août 1606. deux Decembre 1616. & 6.
Mars 1620. *Basset, to. 1. liv. 5. tit. 13. ch. 4.*

50 Le 12. Juin 1629. il a été jugé au Parlement de
Toulouse que l'heritier étranger ne perd point la
Trebellianique, pour n'avoir pas fait d'inventaire.
Cambolas, liv. 6. ch. 21.

51 L'heritier chargé de rendre l'heritage, n'est privé
au Parlement de Toulouse de la Trebellianique,
pour n'avoir fait inventaire. La Novelle ne parle que
de la falcidie : c'est une loy penale qui doit être plûtôt restrainte qu'étenduë. Arrêts des 12. Juin 1619.
& 12. Février 1636. M. Dolive, *liv. 5. ch. 26. Henrys
tom. 2. liv. 4. qu. 6.* traite amplement la question, &
rient pour l'affirmative avec quelques exceptions.
Peleus, *quest. 60.* dit que les enfans sans inventaire,
ne la peuvent défalquer. Arrêt du cinquième Septembre 1597.

52 La Trebellianique se leve avant les legats. Arrêt
du Parlement de Grenoble du 14. Août 1637. *Basset,
tom. 1. liv. 5. tit. 13. ch. 1.*

53 C'est un usage constant au Parlement de Toulouse, que l'heritier consume sa quarte Trebellianique
par la joüissance de dix ans, à la reserve neanmoins
des enfans, qui par une Constitution expresse des
Empereurs, sont exceptez de cette Regle generale,
& dispensez de cette imputation. Mais on doute si la

quarte qui est consumée par la joüissance de dix ans, est diminuée par une moindre joüissance ; & si l'heritier qui a joüi moins de dix ans, doit imputer les fruits à proportion du revenu de sa joüissance, en sorte que s'il a joüi cinq ans, par exemple, il a consumé la moitié de sa quarte Trebellianique, & ainsi à proportion. *Voyez M. de Catellan, liv. 2. chap. 29.* où il dit : Quelques-uns de ceux que j'ay consultez sur cette question, m'ont cité un Arrêt de la Grand'-Chambre du 11. Septembre 1676. par lequel on prétend que la Cour a jugé que la Demoiselle de Fuilla, veuve & heritiére de Jean Montanier, chargée de rendre à ses enfans, avoit consumé la quarte ou partie, quoiqu'elle n'eût pas joüi dix ans entiers de l'heredité. J'ai lû & examiné cet Arrêt, & trouvé qu'il ne juge point cette question : mais seulement que cette Demoiselle de Fuilla avoit consumé sa quarte par la joüissance de 10. ans qui se trouvoient révolus, à compter du jour du décés de son mary ; quoiqu'elle n'eût pas joüi dix ans depuis l'acceptation de l'heredité, & le premier acte d'heritiere ; cette acceptation ayant un effet retroactif jusqu'au jour du décés du Testateur, donnoit à cette heritiere un droit incontestable de percevoir tous les fruits depuis ce jour. Enfin cette question s'étant presentée au procez de Paul Lapra, & Françoise Andrée, veuve & heritiere de François Lapra ; jugée le 4. Février 1681. il fut conclu que l'heritier devoit imputer sur sa quarte une joüissance moindre que de dix ans.

54 Si le petit-fils heritier grevé du Fideicommis, peut consommer sa quarte Trebellianique en fruits, son pere étant décédé lors du Testament de l'ayeul ? Arrêt du Parlement de Provence le 30. Juin 1677. qui ordonne la distraction de la quarte. *Boniface, tom. 5. liv. 2. tit. 19. ch. 3.*

55 *Trebellianica deductio in Brabantiâ recepta est.* Voyez Stockmans, *decis.* 39.

DETRACTION DE LA QUARTE.

56 Si le fils étant institué heritier & chargé de Fideicommis, peut détraire deux quartes, & les ayant détrait, le substitué & chargé de Fideicommis, peut encore faire lesdites détractions ? *Voyez Bouvot, tome 1. part. 1. verbo Trebellianique.*

57 La Trebellianique ne se distrait de particulieres institutions. *Papon, liv. 20. tit. 3. n. 3.*

58 La Trebellianique se peut seulement distraire entre enfans d'un Testateur & autres en droite ligne, & non par étrangers ; de sorte que l'étranger institué heritier par celuy qui avoit droit de distraire la Trebellianique, doit être empêché, alors la Trebellianique doit demeurer caduque : Jugé par deux Arrêts, l'un pour la Dame d'Arpajou contre le Comte de Suze, & l'autre pour le Duc d'Usez contre la Dame d'Usez. *Ibidem, ris. 4. n. 4.*

59 Par divers Arrêts du Parlement de Toulouse & de Paris, il a été jugé que la Trebellianique ne peut être distraite d'un Fideicommis particulier. *Voyez Papon, titre des Substitutions, art. 3. Guy pape, décis. 466. & Mainard, liv. 7. chap. 18.* où il observe que le Parlement de Toulouse tient pour maxime certaine que la Trebellianique n'appartient *nisi heredi directo, & qui quasi heres rogatus est, nullatenus legatario aut fideicommissario competere.*

60 Le fils fideicommissaire contre les Regles de Droit, *potest detrahere duas quartas ; scius,* à l'égard du pere *qui unam tantùm detrahit, Mornac, authent. novissima C. de inoff. testam. fol.* 312. Voyez *Henrys, tome 2. li. 5. quest.* 20. où il traite si le testament ne subsistant que par codicille, les enfans qui succedent *ab intestat,* peuvent distraire une double quarte. *V. Peleus, qu.* 161. où il marque des cas où la détraction de la quarte n'a point de lieu. *Voyez Ricard, des Donations entre-vifs. 3. part. chap. 8. sect. 6.*

61 Le chargé de legs ne peut distraire double quarte. *Voyez Henrys, tome 2. liv. 5. quest.* 56.

Si le donataire par donation à cause de mort, peut **62** distraire la quarte trebellianique au préjudice du droit de reversion ? *Voyez Henrys, tome 2. livre 6. quest.* 11.

Un mari institué son heritiere universelle sa fem- **63** me, & lui substitué aprés son décés, son neveu, lequel demande ouverture de la substitution ; l'heritier de là veuve requiert détraction de la quarte trebellianique. Par Arrêt du 18. Septembre 1550. jugé, attendu que la veuve avoit joüi de l'heredité du mari pendant 13. ou 14. ans, il falloit imputer les fruits perçûs, & qu'ainsi il n'y avoit lieu de distraction. *La Rochestavin, liv. 2. let. L. tit. 4. Arr.* 12.

Trebellianique peut-être détruite par l'heritier **64** grevé qui a la liberté de retenir certaine somme sur l'heritage. Jugé au Parlement de Grenoble le 19. Août 1617. Autre chose seroit s'il eût été question d'un heritier particulier institué *in re certâ & rogatus rem ipsammet restituere,* car cette quarte se détrait que par l'heritier universel, *aut alio harede qui proprie sit hares.* Arrêt du 14. Mars 1625. *Basset, tome 2. liv. 8. tit 3.*

La quarte trebellianique ne se détrait point quand **65** le testament se soûtenu que par la force de la clause codicillaire ; la raison est qu'en ce cas les heritiers *ab intestat* sont censez chargez de rendre l'heritage purement à l'heritier écrit. Arrêt rendu au même Parlement de Grenoble le 24. Mars 1625. *Basset, to. 1. liv. 5. tit. 13. chap. 3.*

Arrêt du Parlement de Provence du 10. Juin 1630. **66** qui a déclaré que d'un fideicommis testamentaire la quarte trebellianique est distraite, non d'un fideicommis contractuel. *Boniface, to. 5. liv. 2. titre 19. chap.* 4.

Arrêt du 16. Juin 1663. qui juge que l'heritier par- **67** ticulier en une certaine somme ne peut distraire la quarte trebellianique, il faut être heritier universel. *Boniface, ibidem, chap.* 5.

PROHIBITION DE LA QUARTE.

Trebellianica à testatore prohiberi potest, sed requiri- **68** *tur expressa prohibitio, nec sufficit generalis.* Voyez Stockmans, *decis.* 40.

La distraction de quarte Trebellianique & de le- **69** gitime n'est interdite par mots generaux, comme, *je veux que tous mes biens soient restituez à un tel que je substitue audit cas ;* & il faut qu'il y ait expresse prohibition de la Trebellianique : ainsi jugé au Parlem. de Paris en 1549. entre le Maréchal de S. André & les Sœurs de Montrignard. Le contraire est décidé par Guy Pape, *quest.* 537. Papon, *livre* 20. *tit.* 3. *nombre* 19.

Le Testateur *in liberis primi gradûs,* peut défendre **70** la quarte Trebellianique. Arrêt du 6. Août 1573. *M. le Vest, Arr.* 142.

La quarte Trebellianique peut être prohibée ; mê- **71** me aux enfans du premier degré. Arrêt du Parlement de Paris du 23. Août 1577. Autre du 12. May 1581. Un troisiéme au Parlement de Toulouse du mois de Novembre 1592. *Papon, livre* 20. *titre* 3. *n.* 19. Mainard, *liv.* 5. *chap.* 32.

Trebellianique ne peut être prohibée, *etiam à pa-* **72** *tre,* par codicille : jugé par Arrêt au rapport de M. Mainard, au mois d'Août 1584. Le contraire s'observe presentement, suivant la disposition de la Novelle 1. c. 2. où l'Empereur ordonne au §. *quia verò cap.* 4. que ce qu'il avoit auparavant ordonné, & par consequent audit chap. 2. doit avoir lieu *in omni ultimâ voluntate,* ce qui comprend le Codicille aussi bien que le Testament. *La Rochestavin, liv.* 4. *lettre T. tit.* 7. *Arr.* 2.

La prohibition de la Trebellianique omise par le **73** testament, peut être valablement faite par codicille, au préjudice des enfans du premier degré. Arrêt du Parlement de Toulouse, rapporté par *Mainard, livre* 5. *ch.* 49.

74 *Henrys*, tome 2. *liv*, 5. *qu*. 11. *p*. 570. examine si la quarte Trebellianique peut être prohibée aux enfans du premier degré , & il décide qu'à present les enfans ont deux quartes ; sçavoir, la legitime , & la Trebellianique , la derniere peut leur être defenduë ; il établit son opinion tres solidement , il ne cite pourtant point d'Arrêt qui l'ait ainsi jugé.

75 L'heritier faûte de faire inventaire , les fideicommissaires appellez , est privé de la Trebellianique. Arrêt du 17. Mars 1612. *Chenu* 2. *Cent. qu*. 19.

76 *Fructus percepti non imputantur liberis primi gradûs in Trebellianicam , , aliis verò sic*. Mornac, *l*. 35. §. *& generaliter*, *Cod. de inofficiosø testamento*.

77 Si la Trebellianique peut être prohibée aux enfans primi gradûs. On prétend que cela n'a pas lieu dans la Provence. Arrêt du Parlement de Grenoble du 11. Juillet 1610. qui ordonne qu'un Commissaire se transportera pour en informer. *Basset*, tome 2. *liv*. 8. *tit*. 2. *chapitre* 1. où il dit que regulierement les enfans *primi gradûs* grévez de rendre à leurs freres ou à leurs propres enfans , & encore micux aux étrangers n'imputent les fruits sur la Trebellianique , bien que le testateur l'ait ainsi ordonné , ce qui n'a lieu *in nepotes etiam priore sublato de medio, ita ut illo etiam casu fructus imputentur*. Jugé les 6. Mars & 14. Avril 1610.

78 Par le testament d'un collateral la distraction de la quarte Trebellianique ne peut être prohibée tacitement ; il faut une prohibition expresse. Arrêt du Parlement de Provence du mois d'Avril 1667. *Boniface*, tome 5. *liv*. 2. *tit*. 19. *chap*. 1.

QUARTELAGE.

VOyez hoc verbo , *le Glossaire du Droit François*, ou *l'Indice de Ragueau*, & le 1. tome de ce Recueil au mot *Cartelage*.

QUARTENIERS.

PAr Arrêt du 4. Février 1540. les seize Quarteniers de la Ville de Paris furent déboutez des Lettres par eux obtenuës afin d'avoir *Committimus*. Papon, *liv*. 7. *tit*. 7. *n*. 12. & *la Biblioth. de Bouchel*, verbo *Committimus*.

QUATRE MOIS.

DE la contrainte par corps qui peut être exercée pour dépens après les quatre mois. *Voyez* le mot *Dépens*, *nomb*. 67. *& suiv*. & le mot *Iterato*. De l'insinuation des donations qui doit être faite dans les quatre mois. *Voyez* le titre de *l'Insinuation*.

QUENAISE.

VOyez *Desherence*, *& Droits Seigneuriaux* , *nombres* 130. *&* 131.

1 L'Abbé de Retere prétend un droit sur ses sujets appellé droit de Quenaise , qui est que *deficientibus liberis* , là terre & fief roturier retourne à l'Abbé , *nec succedunt fratres*. Arrêt du P. de Bretagne du 11. Octobre 1568. qui condamne d'employer tel devoir & charge en leur tenuë. *Du Fail*, *li*. 2. *ch*. 275.

2 Droit de Quenaise a lieu , quand les détempteurs du fief roturier sans hoirs de leur corps , l'heritage retourne au Seigneur , sans que les parens paternels ou maternels y puissent rien prétendre. Jugé au Parlement de Bretagne le 27. Avril 1569. au profit de l'Abbé Commendataire du Relec. *Voyez du Fail*, *liv*. 3. *chap*. 150. où il est observé que la representation en ligne directe & collaterale. a lieu au droit de Quenaise. Arrêt du 16. Juin 1596. *Bellordeau*, *liv*. 6. *contr*. 107. *vol*. 2.

3 En l'Abbaye du Relec , & en l'étenduë de sa Jurisdiction il y a un Usement , que l'on appelle droit de Guenaise, ceux du pays disent Quenaise, non pas

Tome III.

Guenaise ; quand les détempteurs des terres roturieres décedent sans hoirs de corps , les mèmes terres tournent à l'Abbaye de Relec , sans que les parens paternels ou maternels leur succedent ; s'ils ont enfans le fils aîné ou la fille puînée succedent au tout, & les autres enfans n'y peuvent prétendre aucune chose , on ne se peuvent les terres diviser , vendre ni engager sans la permission de l'Abbé & des Religieux , à peine de privation : & s'ils permettent la vente des terres , le tiers du prix leur appartient : les détempteurs ne peuvent couper arbres par pied, ni tenir plus d'un convenant en l'étenduë de cet usement ; ils doivent aussi employer tel usement en leurs aveux , & en faire mention expresse , à peine de privation de leurs droits. Cet usement fut confirmé par Arrêt du Parlement de Bretagne donné le 11. Octobre 1569. *Du Fail* , *liv*. 2. *chap*. 231.

QUERELLE.

DAns le Ressort du Parlement de Provence on appelle statut de querelle , ce qui dans les autres Coutumes est appellé Complainte. *Voyez* le mot *Complainte* , & particulierement *le nomb*. 5.

QUESTE.

1 **Q**Uête , Quêteur. *Voyez les Définitions Canoniques, page* 714.

2 Quête pour la subsistance des Religieuses. *Mem. du Clergé* , *to*. 1. *part*. 1. *page* 915.

3 Dans le Pays de Forêt presque tous les Curez de la Campagne ont coûtume de dire la Passion tous les jours depuis Pâques, ou la Fête de Sainte Croix du mois de May jusqu'à celle de Septembre , pour cela & pour quelques autres Prieres qu'ils font pour la conservation des fruits, ils font une quête dans l'étenduë de leur Paroisse, jugé que ces retributions étoient volontaires. *Henrys* , *to*. 1. *liv*. 1. *chap*. 3. *qu*. 10.

4 Arrêt du 5. Octobre 1405. rendu entre les Religieux de saint Pierre , & ceux de saint Loup qui leur permet par provision de faire quête , & prendre oblation , & défenses de se jacter d'avoir un certain Reliquaire contentieux , & ordonné à l'Archevèque de Sens , appellé avec luy quelque Prélat , de s'enquerir diligemment , & faire son rapport à la Cour sur ledit Reliquaire. *Biblioth Can. to*. 1. *p*. 347. *col*. 1.

5 Arrêts du Parlement de Paris des 26. Novembre & premier Février 1516. qui condamnent l'Evêque de Troyes à bailler certaines Lettres & Placets pour faire quêtes dans son Diocese ; mais l'Evêque de Troyes ayant depuis supplié la Cour de ne le point contraindre de donner des Placets pour faire quête dans son Diocese ; Arrêt intervint le 6. Novembre 1524. par lequel la Cour ordonna qu'elle ne bailleroit aucunes provisions pour contraindre l'Evêque de Troyes , mais sursseoit icelles les bailler jusqu'après *Quasimodo*. *Preuves des Libertez*, *to*. 2. *ch*. 35. *n*. 35 & 41.

6 L'Evêque a pouvoir de donner la permission de faire des quêtes dans les Eglises Paroissiales; les Marguilliers n'ont droit de l'empêcher. Arrêt du 15. Juin 1534. contre les Marguilliers de l'Eglise de saint Paul d'Orleans. *Tournet*, *lettre E*. *n*. 44. & *Filleau* , *part*. 1. *tit*. 1. *chap*. 13.

7 Il est permis à l'Archevèque Diocesain, Chanoines, Paroissiens, Vicaire ou Curé perpetuel,& Marguilliers d'une Eglise de faire quête , tant pour la réparation d'icelle , que pour prier Dieu pour les Trépassez , & de commettre telles personnes que bon leur semblera pour faire les quêtes , & des deniers provenans de celle faite pour les Trépassez , faire dire & celebrer le Service Divin à leur dévotion & discretion par les Prêtres de l'Eglise, ou autres , à la charge de rendre compte de trois mois en trois mois en presence du Curé,ou du Vicaire. Arrêt des Grands Jours tenus à Angers en l'an 1539. *Filleau* , *part*. 1. *tit*. 1. *ch*. 13.

8 Le Parlement connoissant les abus qui se commet-

toient par les Quêteurs des Chevaliers de saint Lazare,
fit un Reglement le 3. Août 1542. il contient trois chefs.
Le premier, qu'ils ne pourront faire leur quête sans
avoir au préalable obtenu des Lettres patentes du
Roy, icelles enregiftrées, portant permiffion de faire
des quêtes. Le fecond, qu'ils feront tenus d'envoyer
chaque année à la Cour un état exact, certain, &
veritable de toutes les quêtes qu'ils auroient faites,
pour voir à quelle fomme elles pourroient monter, &
l'emploi qui en auroit été fait pendant toute l'année.
Par le troifiéme, il eft fait défenfes à ces Quêteurs
de tranfporter hors du Royaume aucuns des deniers
provenans des quêtes qu'ils auront faites, & que pour
cet effet il feroit verifié à la requête de M. le Procureur General pardevant la Cour, au nombre des
Hôpitaux du même Ordre qui fe trouvent en France. *Définit. du Droit Can. p. 717.*

9　Par Arrêt du Parlement de Bretagne du 7. Mars
1555. commiffion au Procureur General d'informer
contre ceux qui ont cüeilli & levé des deniers & offrandes fous les noms de porteurs de pardons. *V. Du
Fail, liv. 3. chap. 185.*

10　Arrêt du Roy Henry II. en 1556. qui défend les
quêtes publiques, à la referve de celles qui fe faifoient par les Curez une fois l'année, au lieu des offrandes que les Paroiffiens avoient coûtume de faire
pendant la Meffe. *V. Henrici, Progymnafmata,
Arr. 66.*

11　La quête n'eft point de la connoiffance du Juge
d'Eglife, parce qu'il n'y a rien de fpirituel, mais de
tempotel, & de la réalité. Ainfi jugé au Parlement
d'Aix par Arrêt du dernier Janvier 1667. qui a caffé
l'Ordonnance de l'Evêque de Fréjus comme abufive,
en ce qu'elle avoit permis aux Penitens de faire la
quête. *Boniface, tome 3. liv. 1. tit. 2. ch. 8.*

12　Arrêt du 28. Novembre 1672. qui a jugé que le
Juge d'Eglife ne peut connoître de la quête dans les
Eglifes. *Boniface, tome 3. liv. 1. tit. 2. ch. 9.*

QUESTE, PAIN BENI.

13　Arrêt du Parlement de Paris du 24. Decembre
1672. qui ordonne que tous Bourgeois, Marchandt,
& Artifans de cette Ville feront tenus de faire par
femme ou filles, s'ils en ont, les quêtes accoûtumées
des Paroiffes, lorfqu'ils y rendent le pain beni,
avec défenfes d'y envoyer leurs Servantes, à peine
de dix livres d'amende. *V. le Recüeil de Decombes,
Greffier de l'Officialité de Paris, part. 2. chap. 2 p. 483.*

QUESTE, RELIGIEUX.

14　Par Arrêt du 12. Janvier 1606. fans avoir égard à
la Requête prefentée par le Provincial & Miniftres
de l'Ordre de la Trinité, demandeurs, & ayant égard
aux Lettres imperrées par le Syndic General de la
Mercy & Redemption des Captifs; la Cour a maintenu & gardé le Syndic & Religieux de la Mercy en
la faculté de pouvoir quêter par tout le Royaume,
pour le rachat des Chrétiens captifs,
prendre & percevoir tous les deniers qui font aumô-
nez aux Syndics par les Recteurs ou Curez, comme
auffi en la faculté & faifine de pouvoir percevoir eux
feuls, privativement à tous autres les legs qui feront
faits pour le rachat d'iceux, à la charge qu'ils feront tenus de remettre les deniers entre les mains de
notables Bourgeois, aufquels ils s'obligeront d'apporter certificat de l'employ qu'ils en auront fait,
déclarant neanmoins n'entendre empêcher que ledit
Provincial & Miniftres de l'Ordre de la fainte Trinité
ne puiffent quêter par tout le Royaume, & recevoir
toutes les aumônes faites en leurs Convents, à la
charge d'en employer la troifiéme partie pour l'entretenement de leur maifon, l'autre tiers à l'Hôpital, & l'autre à la Redemption des Captifs, conformément à leurs Statuts, & fans dépens. *Bibliotheque
de Bouchel, verbo Quête.*

15　Arrêt du Confeil d'Etat du Roy du 19. Avril 1674.
qui fait défenfes aux Auguftins Déchauffez du Dioce-

fe de Grenoble de faire la quête en aucuns lieux fans
la permiffion du Sieur Evêque, fi ce n'eft en ceux ou
par les titres de leur établiffement elle leur a été permife, fur peine de défobéiffance. *Baffet, tô. 2. liv. 1.
tit. 3. chap. 2.*

Voyez les mots. *Mendians, Religieux.*

QUESTE, DROITS SEIGNEURIAUX.

16　Du droit de quête ou de foüage: c'eft un droit que
le Seigneur prend fur chacun chef de maifon & famille tenans feu & lieu: quelques-uns l'ont appellé
famarium tributum. Ce droit de quête a lieu dans
quelque partie de la Gafcogne. *Voyez la Rochelavin,
des Droits Seigneuriaux, chap. 18. & cy-devant* verbo
Foüage.

17　Du droit de quête, & s'il fe peut prefcrire par le
non ufage? *Voyez Henrys, tome 2. li. 3. queft. 24.* Ce
droit eft Seigneurial, & eft le même que le droit
d'*Ayde* ou *Taille aux quatre cas.* L'Auteur des Obfervations fur Henrys en fait de tres juftes fur cette
matiere. *V. cy-après Taille.*

QUESTEUR.

LA dignité de Quefteur répondoit en quelque
forte à celle de nos Intendans, Receveurs, &
Tréforiers Generaux des Finances: mais ce nom,
Quæftor, convenoit à plufieurs Officiers dont les
fonctions étoient fort differentes; comme on le verra par les titres fuivans.

*De officio Quæftoris. D. 1. 13… C. 1. 301. Voyez
Chancelier.*

*De Quæftoribus, & magiftris officiorum, & commit-
tibus facrarum largitionum, & rei privatæ. C. 12. 6.*
Ce titre parle des acclamations que le peuple devoit
faire à ces Officiers.

*De Quæftoribus, id eft, Præfectis infularum. N. 41.
& 50.*

De Quæftore. N. 80 Cette Novelle traite des fonctions de l'Officier qui doit prendre garde aux Mendians valides, aux Faineans, Vagabons, gens fans
aveu, & femblables. Ainfi le mot de *Quæftor,* en ce
fens, peut répondre à nos Lieutenans Generaux de
Police, pour les Villes; & aux Prévôts des Maréchaux, pour la campagne.

*Ut divinæ juffiones fubfcriptionem habeant gloriffimi
quæftoris. N. 114.* En ce fens, *Quæftor,* répond à nôtre Chancelier, auffi-bien que dans la Novelle 35.
article fuivant.

De adjutoribus Quæftoris. N. 35. Officiers de la
Chancellerie: Secretaires du Roy.

*De Magiftri Scriniorum. C. 12. 6… C. Th. 6. 11.
Scrinium, propriè* Coffret, Caffette. Ici ce mot fignifie Porte-feüille, ou Regiftre. *Erant quatuor fcrinia
palatina; nempe fcrinia memoriæ, epiftolarum, libellorum,
& difpofitionum. V. notit. imper. & Jac. Gotofr. ad Cod.
Th.* Ainfi, *Magiftri Scriniorum* étoient comme font
en France les quatre Secretaires d'Etat, & les Secretaires du Cabinet.

*De proximis facrorum Scriniorum, cæterifque qui in
facris Scriniis militant. C. 12. 19. C. Th. 6. 16.* Des
Officiers de la Chancellerie, & du Confeil.

De referendariis Palatii. N. 10. 113. & 124. Ces Officiers rapportoient au Prince les Requêtes des particuliers, & notifioient aux juges les Ordonnances
du Prince. *Caffiod. 6. var. 7.* Comme nos Maîtres des
Requêtes.

QUESTION.

L'On fera cy-après un titre fingulier de la queftion
donnée au criminel pour la declaration de leurs
complices.

Queftion criminelle. *Voyez Charondas, livre 6.
Réponfe 79.*

Queftions difficiles à réfoudre à caufe de leur per-
plexité. *Voyez M. le Prêtre, 3. Cent. chap. 5. Voyez
Charondas, li. 3. Rép. 58.* touchant la matiere feodale.

Questions notables de lods & ventes, de retrait. *Voyez Charondas , li. 5. Rép. 42.*

Question à cause des guerres jugée par Arrêts. *Voyez Charondas , li. 10. Rép. 81.*

Questions de pratique. *Voyez Charondas , liv. 4. Rép. 63.* où il est conclu qu'on ne verroit les reproches de témoins , *& liv. 12. Rép. 1.* contenant plusieurs questions de pratique.

QUESTION, TORTURE.

De Quastionibus. D. 48. 18... C. 9. 41... C. Th. 9. 35... Valer. Max. 8. 4.

De Quastionibus habendis. Paul. 5. 12. & 13. §. ult.

De servorum Quastionibus. Paul. 5. 14.

De quastionibus & Torturâ. Per Odoffredum aliàs. Guido. de Suzariâ.

Per Ambertum de Attramoniâ.

Per Antonium de Canatio.

Per Baldum de Periglis.

Per Battolum à Saxoferrato.

Per Jacobum de Arenâ.

Per Paulum Grillandum.

De là question. *Voyez les Ordonnances recüeillies par Fontanon , to. 1. li. 3, tit. 85, page 701.* Papon , *li. 24. tit. 9. & le même Auteur , p. 1327. de son Recüeil.* Imbert , *li. 3. des instit. forensf. ch. 14.* mises en la pratique criminelle. Despeisses, *to. 2. p. 618.* & *la Bibliotheque du Droit François par Bouchel , hoc verbo , Question.*

1   *In criminalibus tantùm fit quastio , sed in pecuniariis causis non facilè , nisi cum aliter veritas non potest liquere.* Voyez *la Glose sur le C. 30. causf. 2. qu. 6.*

1   *Personas honestas vel bona fama etiamsi sint pauperes, ad dictum testis unici subjici tormentis inhibemus , ne ob metum falsum confiteri , vel suam vexationem redimere compellantur.* Du Moulin , *to. 2. p. 537.*

2   *An in delictis possint omnes quastionari; non tam de facili ut viles.* Ibidem , *p. 562.*

3   *Tractatur materia tortura , quando & contrà quos inferri , ac repeti possit,* dans la question 64. de *Julius Clarus , li. 5. Sententiarum.*

6   Des preuves necessaires pour appliquer un homme à la question. *Voyez Julius Clarus , li. 5. Sententiarum §. finalis practica criminalis , quast. 21.* où dans la practique criminalis il est remarqué que *confessio extrajudicialis facit contrà confitentem sufficiens judicium ad torturam.* Voyez les Additions qui sont à la fin de l'ouvrage du même Auteur.

7   *Testes an in aliquibus casibus torquendi sint?* Voyez les Additions qui sont à la fin de *Julius Clarus , li. 5. Sententiarum , quast. 25.*

8   *Quastionis & tortura materia.* V. *Com. Joan. Const. sur l'Ordonnance de François I. art. 163.*

9   *Tortura dari potest propter confessionem factam à reo extra judicium* V. ibidem.

10   *De torturâ.* Vide *Franc. Marc. tô. 1. qu. 916.*

11   *Consuetudine fieri non potest ut qui privilegio torqueri non debet, torqueatur.* V. ibidem , *qu. 663.*

12   *Sententia lata super torturâ si non appellatur , an statim atque lata est , non expectatis decem diebus executioni demandari possit?* Voyez ibidem , *qu. 905.*

13   *Advocati causa , an quastioni interesse debeant?* Vide ibidem , *quast. 906.*

14   *Quastioni locus est in crimine, pœna cujus est pecuniaria.* Voyez ibidem , *quast. 1304.*

15   *De interlocutoriâ torturâ , & an judiciorum copia dari debeat : item & si quastio fieri debeat post processus publicationem?* Voyez *Franc. Marc. to. 2. qu. 60.*

16   *Quastio non nisi lite contestatâ juridicè fieri potest. Item variatio , inculpatio socii , & mendacium circà negotium principale judicium vehemens ad torturam faciunt.* Voyez ibidem , *to. 2. qu. 92.*

17   *Tortus licet deficiat in torturâ , judex propterià pœnam non meretur, si judicia pracesserint , & ex actis appareat , nisi modum excesserat.* Ibidem , *qu. 98.*

18   *Quando judex facit torqueri testem , vel reum , contra justitiam, & ex hoc aliquis moriatur, teneatur lege Cornelia de Sicca secundum Bartol. in l. Cornelia, ff. de sicca. Et idem Bald. in l. Decurionis. C. de quastio. tenet quando judex dolo malo , & sinè causâ facit aliquem torqueri, sit pæna capitis. Facit quod voluit idem Bald. in l. 1. de emendatione servorum. Licet quando tortus non moritur , & tortura non est justa, judex teneatur actione injuriarum.* Voyez ibidem.

19   *Quastio ad hoc ut juridicè fiat qua desiderantur?* Voyez ibidem , *quast. 182.*

20   *Quastio, & in subsidium probationum, & quando sunt plena probationes adhiberi potest. Item reus induratus negans absolvendus est.* Voyez ibidem , *quast. 156.*

21   *Filius, advocati, patre superstite, privilegio ne torqueatur , gaudet : secus post mortem.* V. ibid. *qu. 185.*

22   *Testes an & quando torqueri possint?* Voyez ibidem , *quast. 780.*

23   *Febricitans antequàm tortura subjiciatur , qua requirantur?* Voyez ibidem , *quast. 790.*

24   La déposition d'un seul complice sans autre adminicule , ne sera point indice suffisant pour la question contre son complice. Autre chose est, s'il y a déposition; de deux ou plusieurs complices, il en est de même en celuy qui dépose avoir commis le crime au mandement d'un autre, & en tous ces cas la déposition du complice doit être renduë à la question. *Voyez Clarus sent. lib. 5. quast. 21. n. 8. & seq. vid. Fachin. lib. 9. cap. 88.*

25   Juges d'Eglise peuvent ordonner la question contre les Ecclesiastiques criminels. *Tournet , lettre I. Arrêt 75.*

25 bis.   Un Prêtre ou Clerc accusé de crime qui leur fasse perdre leur privilege , sont tenus de répondre devant le Juge Seculier : & sans attendre la preuve du crime ils peuvent être appliquez à la question. Jugé au Parlement de Paris. Anciennement on ne se servoit point de question en l'Eglise , & elle ne connoissoit aucunement des crimes , *ne participes sanguinis fierent,* mais *novissima Jurisprudentia,* suivant le chapitre 1. *De depos.* on a permis aux Juges Ecclesiastiques de proceder à la question contre les Simoniaques , & autres. *Biblioth. Can. to. 2. p. 347. col. 2.*

26   Un père accusé par les deux enfans quoique jeunes , d'avoir jetté leur mere dans un puits où elle tiroit de l'eau , a été condamné à la question. Arrêt du Parlement de Bordeaux du 16. Février 1528. Il la soûtint & fut élargi. *Papon , liv. 24. tit. 9. n. 7.*

27   Question se juge contre tous privilege ; on défire seulement des indices plus apparens. Arrêt du Parlement de Toulouse contre le fils d'un Capitoul de la Ville qui avoit outragé le Prévôt du Guet. *Ibidem, nomb. 11.*

28   Chevaliers , Baron ou Comte peuvent être appliquez à la question , sans avoir égard à leurs dignitez. Arrêt du Parlement de Paris de l'an. 1385. M. le Premier Président fit défenses à l'Avocat de plus alleguer les Loix anciennes , qui contiennent exception contraire. *Ibidem nomb. 11.*

29   Quand il n'y a qu'un des Juges qui opine à la question , l'accusé n'est point obligé de répondre par attenuation , il faut deux voix. Arrêt du Parlement de Grenoble du 4. Mars 1633. de l'avis des Chambres , il est rapporté par *Chorier en sa Jurisprudence de Guy Pape , page 361.*

30   La torture ne se doit pas toûjours donner par le Bourreau. Arrêt du même Parlement de Grenoble du 8. Mars 1634. qui ordonne qu'elle seroit baillée par un Sergent ou Valet du Concierge , à un accusé pour avoir preuve de sa bouche du crime. *Basset tome 1. liv. 6. tit. 11. chap. 1.*

31   Si la torture est plus douce que les galeres perpetuelles ? *Voyez l'Ordonnance criminelle , titre 25. article 13.*

32   Des Jugemens & procez verbaux de la question

& torture. *Voyez l'Ordonnance de 1670. tit. 19.*

QUESTION, APPEL.

33 *Reus qui à torturâ appellavit, non priùs torturâ subjiciendus est, quàm id de quo appellatum est, judicatum fuerit. Voyez Franc. Marc. to. 2. quest. 278.*

34 Question commencée doit être parachevée nonobstant l'appel, si le condamné attend à le faire qu'il y soit appliqué. Arrêt du Parlement de Paris du 22. Decembre 1548. *Papon, liv. 24. tit. 9. n. 13.*

35 Par Arrêt rendu en la Tournelle le 2. Mars 1596. en la cause de Malard, contre Bigot Baillif de Châteaudun, la Cour ayant égard aux conclusions du Procureur General, a fait défenses à tous Juges de passer outre à la question, après l'appel interjetté par l'accusé, quoique depuis l'accusé y ait renoncé. Bigot fut decreté d'ajournement personnel. *Bibliotheque de Bouchel, verbo Question.*

36 Un assassin accusé plusieurs complices, il se retracte ensuite, & se confesse seul coupable ; il est appliqué à la question sans avoüer aucuns des complices ; prêt d'aller au supplice, il interjetta appel de la Sentence qui le condamnoit à la roüe. Quelques Juges ne trouverent pas que le procez fût en état ; au contraire ils estimerent qu'il falloit le parachever contre les complices, & derechef appliquer l'accusé à la question. D'autres dirent, *tantùm devolutum quantum appellatum*, qu'il n'y avoit que l'appel à juger, que les complices ne font point de foy l'un contre l'autre, mais seulement quelques indices, qu'il étoit trop rigoureux de réappliquer ce condamné à la question. Arrêt du Parlement de Grenoble du 24. Mars 1618. par lequel il fut simplement dit, bien jugé, mal appelé. *Bassit, tome 2. liv. 9. tit. 8.*

QUESTION, AVOUER OU DENIER.

37 Du danger de la question. Exemples de plusieurs accusez qui ont déclaré avoir assassiné des gens, depuis trouvez vivans. *Papon, li. 24. tit. 8. n. 1.*

38 Si de plusieurs complices condamnez à la question, l'un avoüe, l'autre n'avoüe rien, *quid juris ?* Dans le Droit Canon il y a une disposition de laquelle on pourroit tirer une induction. L'on suppose plusieurs personnes accusées d'adultere, l'un s'offre de purger tous les autres, *ferventi aquâ, vel ferro candenti*, en souffrant un fer chaud, ou de l'eau boüillante sans rien déclarer ; s'il déclare, *omnes habentur rei ; caus. 2. quest. 5. c. 25.*

39 *Confessio facta in tormentis perseverantiam requirit. Vide Franc. Marc. to. 1. quest. 916.*

40 *Variatio rei in tormentis, an sit sufficiens indicium, ut tormenta reiterentur ? Voyez le même to. 2. quest. 281.*

41 *Quando tortus est ità animo & corpore induratus, quod nihil vult confiteri, imo dicit, torqueatis me tantium quantum velitis, etiam per decem annos, an debeat incontinenti relaxari ? Et dicendum est quod non. Voyez ibidem, quest. 288.*

42 Un pere & une fille acusez d'inceste avoient avoüé leur crime pardevant le premier Juge qui les condamna à mort. Ils appellerent à Bordeaux où les dénierent tout ; ils furent appliquez à la question sans rien déclarer. Arrêt qui les élargit, & ordonne plus amplement informé. *Papon, liv. 22. tit. 7. n. 3.*

43 Un prisonnier convaincu par témoins suffisans, nonobstant sa dénégation, peut être condamné sans qu'il soit besoin de l'appliquer à la question, & s'il y est appliqué il doit de même être condamné. Arrêt du Parlement de Paris du   Il a été jugé au Grand Conseil qu'après la question soûtenue sans confesser, l'accusé doit être élargi, quelque preuve précédente qu'il y ait. *Papon, liv. 24. tit. 9. n. 1.*

44 Si le questionné confesse, & le lendemain denie, il peut être remis à la question sans nouveaux indices jusques à trois fois. Jugé par plusieurs Arrêts du Parlement de Bordeaux, où il est observé que si l'accusé après la premiere question denie deux fois, & qu'à la deux & troisiéme il désavoüe ce qu'il a la pre-

miere il a déclaré, il le faut laisser, & ne le point punir. *Ibidem, n. 2.*

45 Une femme accusée d'avoir tué son mari, fut appliquée à la question, elle n'avoüa rien : les parties furent reçûës en procez ordinaire. Quoiqueles accusateurs ne fissent plus ample preuve, elle fut déboutée de sa réparation, dépens, dommages & interêts requis, les accusateurs absous, elle condamnée aux dépens tels que de raison, dont elle appella. *Bibliot. de Bouchel verbo Recevoir en procez ordinaire ; il ne rapporte point l'Arrêt.*

46 Un prisonnier ayant confessé à la question, doit perseverer 24. heures après qu'il en a été ôté, suivant l'article 113. de l'Ordonnance de Loüis XII. Ainsi jugé le 6. Août 1535. contre Marie Marine, Boureau de Paris. *Papon, liv. 24. tit. 9. Arr. 9.*

QUESTION, INDICES.

47 *Indicium ad torturam minus est quàm semi plena probatio. Vide Franc. Marc. to. 1. quest. 897.*

48 *Indicia sufficiunt ad tormentum, & c. Mornac, l. 7. ff. de probatio.*

49 Par la question, l'avis des Jurisconsultes est que les indices sont purgez. *Voyez Charondas, liv. 8. Résp. 78.* où il discourt amplement.

50 L'on presente quelquefois la question pour émouvoir le prisonnier à confesser, sans toutefois la donner, sur tout quand les indices ne sont pas grands. *Papon, liv. 24. tit. 9. Arr. 13.*

51 Complices ne font foy l'un contre l'autre, mais indices, seulement pour parvenir à la question, si l'accusé denie, & ne veut rien avoüer, il doit être renvoyé ; jugé par deux Arrêts du Parlement de Bordeaux pour un homme accusé par trois complices, lequel avoit été mis à la question, où il n'avoüa rien. *Papon, liv. 24. tit. 9. n. 5.* où il est observé que les complices font pleine foy contre un autre en crime de léze-Majesté, sacrilege, conjuration, fausse monnoye, heresie, & assassinat.

52 Indice d'habits est suffisant pour ordonner la question. Arrêt du Parlement de Bordeaux du 17. Novembre 1535. contre un Piquepierre, parce qu'on avoit trouvé auprès d'un cadavre un bonnet, & des souliers blancs de poussiere de pierre. *Ibidem, titre 9. nomb. 4.*

53 Témoins qui disent avoir entendu crier, servent d'indice pour la question. Arrêt du Parlement de Bordeaux du 23. Janvier 1538. par lequel un Barbier a été condamné à la question, les voisins déposans avoir oüi les coups, & que la femme disoit, *Bernard tu me tuës. Ibidem, n. 6.*

54 Adultere avec la femme du défunt, trait dont il étoit percé convenant à l'arbaleste de l'accusé, sang émû font indices suffisans pour ordonner la question. Arrêt du Parlement de Paris du 22. Decembre 1548. *Papon, ibidem, n. 5.* où il est observé que la question commencée se doit parachever nonobstant appel.

55 Celuy qui a été appliqué à la question sans préjudice des preuves, ne doit être absous du crime, l'ayant soufferte, mais sa peine doit être moderée. Jugé au Parlement de Provence le 10. Juin 1667. *Boniface, tome 2. part. 3. li. 1. tit. 1. chap. 11.*

QUESTION, PLUSIEURS FOIS.

56 *Reus quia paulo post quæstionem negat, indicium non facit, ut hoc ut quæstio repetatur : nisi supervenerint nova indicia, vel crimen atrox sit, & tortus robustus : quo casu etiam tondi potest, & quare. Voyez Franc. Marc. to. 2. quest. 155.*

57 *Bis tortus an iterum supervenientibus novis indiciis torqueri debeat ? V. Ibidem, quest. 253.*

58 *Quæstionem repeti non debere, sine novis indiciis, communis est opinio. Voyez ibidem, quest. 279.*

59 Arrêt du Parlement de Toulouse du 15. Septembre 1548. qui a déclaré y avoir abus, pour avoir appliqué plusieurs fois un Prêtre à la question, nonobstant

l'appel interjetté des Jugemens contre lui rendus par l'Official du Puy. *Papon, liv. 19. tit. 2. n. 7.*

60   Dans le procez criminel d'un Prêtre accusé d'avoir assassiné un homme, dont il entretenoit la femme, cinq Conseillers avec le Premier Président, furent d'avis qu'il devoit être derechef appliqué à la Question, à cause de ses variations. *Idem, liv. 1. tit. 5. n. 41.* où il rapporte plusieurs autoritez confirmatives de cette opinion.

61   Accusé par un seul témoin, ne doit être mis à la Question, s'il a bonne reputation, suivant l'Ordonnance de S. Loüis. La question n'est ordonnée sans indices: il en faut de nouveaux pour remettre à la question un accusé, qui n'a été d'abord questionné qu'à demi. *Papon, liv. 24. tit. 9. n. 2.*

62   La torture ne doit être donnée deux fois; & celui qui a confessé un crime capital, ne doit être mis à la torture *in caput aliorum.* Jugé au Parlement de Grenoble le 24. Mars 1618. *Basset, to. 1. liv. 6. tit. 12. chap. 1.*

QUESTION, PRESTRES.

Voyez cy-dessus le nomb. 59.

63   Un Clerc non marié ayant avoüé, étant à la question és prisons de l'Evêque de Paris, le crime de port d'armes dont on l'accusoit, par Arrêt a été condamné pour toute peine en mille liv. moitié au Roy, & l'autre à la partie, & à tenir prison jusques au payement de la somme; d'où l'on pouvoir induire que la question peut être ordonnée en crimes qui ne meritent la mort. *Papon, liv. 24. tit. 9. n. 8.*

64   Prêtres ou Clercs accusez de crimes qualifiez, perdent leur privilege, & peuvent être appliquez à la question, sans en attendre la preuve; jugé par plusieurs Arrêts. *Papon, liv. 24. tit. 9. n. 10.* Suivant le chap. 1. *de depos.* on a permis aux Juges Ecclesiastiques de proceder par la question, contre Simoniaques & autres.

65   Clerc arrêté pour cas privilegié, doit répondre & souffrir la question. Arrêt du 7. Septembre 1532. mais il faut que le crime soit déja bien prouvé, parce que la question fait un grief irreparable. *Papon, liv. 1. tit. 5. n. 35.*

66   Le 9. Septembre 1550. en la Tournelle, il fut tenu pour maxime, que quand un Clerc est accusé d'un crime, tel que celuy prouvé, il devoit être privé de son privilege de Clericature; & il est permis au Juge seculier, devant lequel il est convenu de le débouter de sa Clericature *pro tempore,* jusques à ce que le procez soit valablement instruit; & aussi luy bailler la torture, s'il y a indice suffisant, *ad eruendam veritatem criminis contra eum intenti.* Cette maxime est une coûtume contre le Droit; *nam per quæstionem infertur gravamen irreparabile in diffinitivâ; ideò non debet infligi, nisi constet de delicto auferente privilegium Clericale.* Bibliotheque de Bouchel, *verbo* Renvoy.

QUINQUAILLIER.

DU métier de Vannier & de Quinquaillier de la Ville de Paris. *Ordonnances de Fontanon, to. 1. liv. 5. tit. 32. p. 1120.*

QUINQUENELLES.

1   **V**Oyez *Attermoyement, Cession, Repy.*
   Quinquenelles, terme dont on se sert en Dauphiné, pour exprimer les Lettres de répy. L'usage desordonné des Quinquenelles & des Répis fut reprimé l'an 1456. par déliberation du Grand Conseil du Dauphiné. *Voyez cy-après,* verbo *Répy,* & *Guy Pape, qu. 97.*

2   Les dettes faites après la Quinquenelle ou Répy d'un an presentées, ne sont reçuës ni étenduës au Privilege octroyé par le Prince. Ainsi a été souvent jugé au Parlement de Grenoble, & il faut noter que le temps se prend du jour de leur date. *Voyez la Biblioth. de Bouchel,* verbo *Répit.*

3   Lettres de Quinquenelle n'ont plus de lieu après la Sentence donnée contre un debiteur; & cela est indubitablement gardé à la Cour; ainsi a été jugé au Parlement de Paris le 17. Mars 1540. *Ibid.*

4   Après la Sentence donnée contre un debiteur, les Lettres appellées Quinquenelles n'ont plus de lieu: cela est indubitablement gardé en la Cour, ainsi pratiqué en la Grand'-Chambre des Enquêtes le 25. Mars 1541. après en avoir demandé en la Grand'-Chambre du Plaidoyé; & ainsi se pratique en Dauphiné & Grenoble, comme atteste *Guido Pape, qu. 7. & 109.*

QUINQUENNIUM.

RÉglement pour obliger les Universitez de mettre dans le *Quinquennium* & dans les Certificats de temps d'étude, le commencement & la fin du temps qu'auront commencé leurs études; ce Reglement a été fait au Parlement de Paris le 28. May 1663. *De la Guessiere, tom. 2. liv. 5. ch. 24.*

Voyez le mot *Etude,* nomb. 16. & le titre des *Graduez.*

QUINT.

IL y a le quint & requint, qui sont droits Seigneuriaux: le quint des propres, dont on peut seulement disposer par testament, & qui est, pour ainsi dire, l'excedent de la legitime des heritiers.

QUINT, DROIT SEIGNEURIAL.

1   C'est la cinquième partie du prix de l'acquisition d'un Fief, qui se fait par vente ou acte équipolent à vente ou en cas d'échange. Les articles de la Coûtume de Paris qui en traitent, sont les 22. 23. 33. 51. 82. & 84. *Voyez* les Commentateurs de cette Coûtume *sur chacun de ces articles.*

2   S'il est dû quint denier pour licitation d'heritage commun? *Voyez Coquille, tom. 2. qu. 32.*

3   S'il est dû quint denier pour rente assignée, specialement sur le Fief, & si la rente est au profit de l'Eglise; & si pour le rachat de la rente est dû quint denier? *V. idem, qu. 33.*

4   Si le Vassal Seigneur de la moitié du Fief, alienant envers son compagnon qui a l'autre moitié, doit le quint denier, & s'il y a retenuë? *Ibid. qu. 45.*

5   Si pour assignal particulier, est dû quint denier & lods & vente, & de quel temps il est dû, en cas qu'il soit dû, & si pour le rachat en est dû, & dans quel temps il peut être racheté? *V. le même Coquille, qu. 113.*

6   Les quints & requints d'un Fief payés par le vendeur, le contrat ayant été depuis resolu par la faute de l'acheteur, en vertu d'une clause inserée au contrat de vente, à laquelle l'acheteur ne satisfaisoit pas, les droits payez par le vendeur luy doivent être rendus par l'acheteur. *Charondas, liv. 2. Rép. 23*

7   Quint n'est dû pour Fief de la succession, baillé à la fille pour somme promise en mariage. Arrêt du 23. Août 1576. *Ibid. liv. 7. Rép. 53.*

8   Le quint n'est dû pour un Fief donné à un enfant en payement d'une somme de dix mille livres, à luy leguée par son pere. Arrêt du 1. Août 1579. *Papon, liv. 13. tit. 2. n. 25.*

9   En la question, si pour constitution de rente sur un Fief, ou au payement de laquelle le Fief est specialement obligé, sont dûs quints & requints? l'avis de Du Moulin sur la Coûtume de Troyes, & celle de Chaumont, est que non: Sentence au contraire de Chaumont: par Arrêt hors de Cour & de procez; mais le Fief étoit du propre de la femme, qui n'avoit constitué ni ratifié, & la rente avoit été rachetée dans trois ans. Il y a Sentence du Présidial de Troyes du 4. Juin 1580. au profit du Chapitre de Vincenne, qui leur ajuge les quints. *Biblioth. de Bouchel,* verbo *Quints.*

10   Aux Grands Jours de Troyes 1589. en la cause du sieur de Canselles appellant; & Maître Eustache de

Mefgrigny , Lieutenant General à Troyes , intimé;
Buiſſon pour l'appellant , dit que quints & requints
ne ſont point dûs pour rentes conſtituées, & renonciations des filles. Quant aux rentes conſtituées, il
n'y a point de mutation de poſſeſſion : la Coûtume de
Paris diſoit qu'ils étoient dûs entierement. Par Arrêt
donné ſoixante ans après : il fut ordonné que l'article
ſeroit rayé. Arrêt pour le ſieur de Sanſac contre le
ſieur Dargenton. *Ibidem.*

11   Fief baillé à rente fonciere pour ſoixante écus, rachetable de douze cents écus, quints & requints ſont
dûs au Seigneur où il a lieu. Arrêt du 17. Avril 1601.
*Charondas , liv. 13. Rép. 30. Voyez la Coût. de Paris ,
article 23.*

12   Pour vente de bois de haute-fuſtaye tenu en Fief ,
& auquel conſiſte tout le Fief , n'eſt dû aucun droit
de quint & requint , ni autres Droits Seigneuriaux.
Jugé le 15. Janvier 1606. *Chenu , ſeconde Centurie ,
queſt. 33.*

13   On demande, ſi le Seigneur majeur de 20. ans non
émancipé , étant capable de recevoir la foy & hommage, peut donner une quittance valable du quint,
ſans l'authorité du Tuteur ou Curateur ? Ouy. *Sic
Du Moulin.* Brodeau *ſur l'art. 32. de la Coûtume de
Paris,* n'eſtime pas la quittance bonne , mais il n'en
cite aucun préjugé.

14   En cas d'adjudication par decret , le quint denier
n'eſt dû que du prix principal ; & non des frais ordinaires de criées. Arrêt donné aux Enquêtes le 21.
Juillet 1646. entre Monſieur le Maréchal d'Eſtrées ,
& François Bazin ſieur de Ploiſſy , comme étant les
frais ſimples acceſſoires du prix duquel ils ne ſont
partie , non plus que les frais du contrat, lorſque la
vente eſt volontaire. *Voyez Auzanet ſur l'art. 23. de
la Coût. de Paris.*

15   Chevalier de l'Ordre du S. Eſprit , acquereur de
terres portées en Fief du Roy, eſt exempt des quints
& requints ; mais la cauſe a été appointée, pour ſçavoir ſi l'on ne devoit pas excepter l'appanage du
fils aîné de France , anterieur à l'inſtitution de cet
Ordre, depuis réüni à la Couronne,& paſſé à un Engagiſte. Arrêt du 26. Février 1637. *Bardet , tome 1.
liv. 6. ch. 5.* M. Bignon Avocat General ſe détermina
en faveur du Chevalier de l'Ordre ; l'Arrêt fit par
proviſion mainlevée des fruits.

16   L'exemption des Secretaires des quints deniers
des acquiſitions qu'ils font en la mouvance du Roy,
ou des Seigneurs appanagers, n'opere une exemption de la retenuë feodale ſur eux ; & étant retirez
par les Seigneurs appanagers , ou de ceux qui ont
leurs droits , ne leur ſont dûs aucuns droits de
quint, & les fruits pendant par les racines au temps
de l'adjudication, eſtimez à deux mille liv. Arrêt du
21. Août 1649. *Du Frêne , liv. 5. ch. 47. qu. 2.*

17   La part des puînez en la Coûtume d'*Amiens,* & autres voiſines, qui s'abſtiennent d'appréhender le quint
herédital des fiefs, ou qui l'aiant appréhendé décedent
ſans enfans ou ſans avoir diſpoſé, accroît aux autres
puînez qui la veulent appréhender, & non à l'aîné
qui n'y peut rien prétendre, ſinon en cas que tous les
puînez décedent ſans enfans. Arrêt du 4. Janvier 1633.
*Du Frêne, liv. 2. chap. 114. Voyez Brodeau, ſur M.
Loüet , Lettre D. ſomm. 13.*

18   Un Fief baillé à rente rachetable en la Coûtume de
Melun, les quints & requints en ſont dûs au Seigneur
dont il eſt mouvant du jour du bail à rente , & non
du temps du rachat. Arrêt du 20. May 1634. *M. le
Prêtre, és Arrêts de la Cinquième.*

19   Dans la Coûtume de *Paris,* le droit de quint dû
au Seigneur pour la vente d'un Fief , eſt preferable
aux creanciers du vendeur anteriers à la vente. Arrêt de Parlement de Paris du 23. Août 1678. *Journal
du Palais.*

20   Le quint heredital en la Coûtume de *Peronne,* ajugé a la ſœur du puîné , à l'excluſion du fils de l'aîné

qui le prétendoit. Arrêt du dix Février 1633. plaidans
Richer & Deſmarets. Touchant le quint, *Voyez M.
Loüet , lettre D. ſomm. 56.* Henrys, *tom. 1. liv. 5. qu.
50.* Montholon, *Arrêt 109.*

21   Les Coûtumes de *Picardie* attribuent aux aînez les
4. quints des Fiefs ; mais cela ſe doit entendre pour
les Fiefs propres & terres nobles d'ancienneté dans
les maiſons, & non des Fiefs acquis, dont le pere
peut diſpoſer & faire un partage égal entre ſes enfans par ſonTeſtament. Arrêt du 2. Janvier 1613. *Du
Frêne , liv.1. chap. 1.*

22   En la Coûtume de *Vermandois*, les trois ans accordez à l'aîné majeur, pour racheter le quint des
puînez dans les Fiefs, courent du jour du décés du
pere. Arrêt du 20. Decembre 1638. *Bardet, tom. 2.
liv. 7. ch. 47.*

QUINT DES PROPRES.

23   *Voyez* les titres des *Propres, Succeſſions, & Teſtamens.*

Les quatre quints des propres doivent demeurer
francs & quittes de tous legs & charges teſtamentaires. Arrêt du 12. Février 1575, *Le Veſt, Arrêt 139.*
En 1580. la Coûtume de Paris a été reformée, & par
l'art. 295. la queſtion a été décidée. *V. M. le Prêtre,
3. Cent. ch. 82.*

QUINT, TESTAMENT.

24   Quint dont les Chevaliers de Malthe peuvent diſpoſer avec la permiſſion du Grand Maître. *Voyez lettre C.* le titte de *Chevaliers de Malthe.*

25   Le 29. Janvier 1604. jugé au Grand Conſeil que le
Commandeur de Troyes avoit pû teſter du quint de
ſon pecule : la proviſion fut adjugée au Legataire,
quoiqu'on luy objectât que la diſpenſe du Grand
Maître de l'Ordre n'étoit venuë en France que par le
Teſtament , & qu'il n'avoit fait aucune mention de
cette diſpenſe dans le teſtament, ce qui prouvoit qu'il
n'en avoit eu aucune connoiſſance. *Chopin, Monaſti-
con , liv. 2. tit. 1. n. 23.*

QUINTAINE.

Quintaine. *Voyez* hoc verbo, *le Gloſſaire du Droit
François, ou l'Indice de Ragueau.*

Par Arrêt du Parlement de Paris de 1546. défenſes
à tous Prieurs ayant droit de Quintaine, d'en uſer le
lendemain de Pâques, ſauf à eux d'aſſigner icelles à
autre jour qu'il ſera ordonné; & leur défendit auſſi
d'uſer à l'avenir de Chanſon ni Ballet par eux prétendu, au moyen de leur Quintaine, ſur les femmes
nouvellement mariées. *Biblioth. de Bouchel,* verbo
Quintaine.

COMTE' DE QUINTIN.

Voyez le 9. *Plaidoyé de M. Marion,* in octavo,
pour M. le Comte de Laval, ſur la mouvance
feodale du Comté de Quintin.

QUITANCE.

Quitance. *Apocha.*
  De *Apochis publicis , & de deſcriptionibus curialibus , & de diſtributionibus civilibus. C. 10. 21.*
Des quitrances publiques, paſſées pour le payement
des tributs & impoſitions.

De *Quadrimenſtruis brevibus. C. Th. 11. 21. Brevet
quadrimeſtrui,* ſont les quittances qu'on donnoit à
ceux qui payoient les impoſitions à chaque quartier,
& les quartiers étoient de quatre en quatre mois.

De *fide inſtrumentorum, & amiſſione eorum, & de
Apochis, & Antapochis faciendis, & de his quæ ſine
ſcripturâ fieri poſſunt. C. 4. 21. Apocha,* eſt la quittance : *Antapocha,* étoit une reconnoiſſance que le debiteur faiſoit à ſon creancier, de luy avoir payé les
arrerages, ou les interêts qu'il luy devoit, afin que
le creancier pût ſe ſervir de cette reconnoiſſance,
pour empêcher la preſcription de trente ans, que le
debiteur auroit pû luy oppoſer. *Cujas.*

On

On peut mettre l'acceptilation au rang des quitances, parce qu'elle est une espece de quitance, ou reconnoissance d'un payement imaginaire. L. 15. §. 1. ff. de acceptil.

Voyez les mots *Actes, Acceptilation, Payement,* & le Traité de la Preuve, par M. Danty Avocat en Parlement, part. 2. ch. 11.

1 Effet des quitances generales ou particulieres. V. le second tome des Loix Civiles, liv. 4. tit. 1. section.1. nomb. 13.

2 Quitancia confessionis de recepto vim realis numerationis non habet. Voyez Franc. Marc, tome premier, qu. 109.

3 De quitancia antipocha, & instrumento cancellato reperto penes debitorem. Ibidem, qu. 370.

4 Conventio personarum, temporis diuturnitas, & rationum redditio liberationis & quitancia vim habent. Voyez Franc. Marc. to. 2. quest. 273.

5 Quitance d'un accusé de crime est bonne, s'il n'y a fraude pour éluder la confiscation. V. le 2. tome des Loix Civiles, liv. 4. tit. 1. sect. 3. n. 9.

6 Quitancia post sententiam reperta prodest. Voyez Jo. Gall. qu. 218.& les Oeuvres de M. Charles Du Moulin, dern. édit. to. 2. p. 598.

7, 8 Quand le mary & la femme confessent ensemblement avoir reçu des deniers, si le mari est présumé d'avoir tout reçu. Voyez Bouvot, to. 1. part. 2. verbo Mere, qu. 4.

9 Si une quitance est faite de quatre-vingt écus, non signée par le créancier, & que suivant icelle, le debiteur dise en avoir fait le payement, il doit être reçu à la preuve. Arrêt du Parlem. de Dijon du 29. Avril 1599. V. Bouvot, tom. 2. verbo Preuve par témoins, quest. 16.

10 Le debiteur ayant montré quitance, le créancier obtient Lettres Royaux pour en être relevé. Le procez étant reçu en droit & à produire, la quitance est perduë; le défendeur soutient devoir en être déchargé, par la confession que le demandeur en a faite par les Lettres. Arrêt du 15. Janvier 1494. qui juge que cela ne suffisoit pas, & qu'il falloit justifier de la quitance. Papon, liv. 10. tit. 5. n. 4.

11 Quand un debiteur allegue quitances qui se trouvent contraires contre un cessionnaire de son créancier, la présomption est contre le debiteur qu'il n'a point payé. Arrêt du deux May 1564. Papon, ibidem, nomb. 6.

12 Fait d'avoir quitance d'une obligation demeurée és mains du créancier, fut declaré recevable après le Jugement. Arrêt du 19. Avril 1583. ibidem, livre 9. tit. 11. nomb. 1.

13 Loüis Petit Receveur des Tailles, passe au sieur Cotton une Promesse en ces termes, *J'ay retiré de M. Cotton le nombre de douze Quitances signées de lui pour ses gages & taxations, montant à la somme de 333. écus 19. sols, dont je promets luy tenir compte sur Promesse que j'ai de lui, me rendant la presente.* Vingt-trois ans après, le fils de Cotton fait assigner Petit, pour luy payer cette somme en argent ou cedules. Le Baillif de Forêts l'y condamne. Appel; il dit que cette Promesse ne peut s'entendre que d'une Quitance, puisqu'il promet tenir compte sur ce qui luy est dû. Ce n'est donc point à lui de montrer qu'il lui soit justement dû; mais à Cotton de montrer qu'il a mal payé, & ne devoit rien. Arrêt du Parlement de Paris du 1. Juillet 1608. qui sur l'appel & Sentence met hors de Cour. Ainsi, il fut jugé que la Quitance portant promesse de tenir compte sur ce qui étoit dû, suffisoit pour preuve de la dette acquittée, le créancier n'étoit tenu de faire autre preuve. Le debiteur ne prouvant que cela fût justement dû, la preuve des negatives étant impossible, il n'y avoit lieu de condiction & repetition. Plaidoyers de Corbin, chapitre 140.

14 Procureur *ad lites,* ne peut acquitter ni liberer le
Tome III.

debiteur. Ainsi jugé par Arrêt du Parlem. de Grenoble du 15. May 1610. qui ordonne que le debiteur payera au creancier, sauf son recours contre le Procureur *ad lites.* Basset, tom. 2. liv. 2. tit. 5. ch. 3.

15 Henrys, tom. 2. liv. 4. quest. 42. rapporte un Arrêt du 23. Juin 1640. qui a jugé la quitance passée par un frere à son frere au préjudice de son creancier, frauduleuse, & nonobstant la décharge, l'a condamné à payer le dû à ce creancier.

16 Celui qui étant creancier pour un contrat privilegié ou autre, fait une quitance publique à son debiteur sans se rien reserver, perd le privilege & la priorité de temps, quoiqu'après la quitance generale, il ait été passé un Acte public, par lequel le debiteur declare que la quitance est feinte, du tout ou en partie, & que toute la somme est veritablement duë, ou en partie, nonobstant la quitance, le creancier sera alloüé, dans la distribution des biens de ce debiteur, non du jour du premier contrat, mais du jour de la declaration. Arrêt du Parlement de Toulouse du 22. Août 1678. rapporté par M. De Catellan, liv. 5. ch. 34.

17 Arrêt du Parlement de Provence du 16. Mars 1679. qui declare l'heritier grevé du fideicommis pouvoir donner valable quitance des dettes hereditaires. Boniface, tome 5. liv. 2. tit. 15. ch. 1.

18 Arrêt du même Parlement de Provence du 27. May 1684. qui décharge les Tresoriers de faire les quitances sur le papier timbré, & déboute le Fermier du papier timbré de sa Requête. Ibidem, liv. 6. tit. 7. ch. 3.

19 Un vendeur après avoir reconnu par le contrat de vente d'avoir été satisfait du prix de la chose venduë, ne peut sur icelle prétendre préference en vertu d'un billet, où l'acheteur reconnoît devoir au vendeur le prix entier ou en partie de la chose venduë. Arrêt du Parlement de Tournay du 6. Novembre 1696. rapporté par M. Pinault, tom. 1. Arr. 124.

20 Celui qui a reçu la part d'un coobligé, ne peut ensuite lui demander la part de l'autre. V. Bouvot, tome 1. part. 3. verbo Quitance.

QUITANCES, CONSIGNATION.

21 Quitances des deniers consignez. Voyez le mot Consignation; nomb. 52. & 53.

QUITANCE DE LA DOT.

Voyez le mot Dot, nomb. 336. & suiv.

22 Maritus qui in instrumento matrimonii dotem recepisse confessus est, ad illius restitutionem tenetur, licet socerum obligatum pro eâdem dote habuerit. V. Franc. Marc, tome 1. quest. 180.

23 Arrêt du Parlement de Paris contre une veuve qui se vouloit aider d'une quitance de sa dot, passée par son mari sans expresse numeration, & en vertu de cette quitance, s'étoit pourvuë contre un tiers détempteur des biens de son mari; celui-ci obtint gain de cause. Papon, liv. 10. tit. 2. n. 3.

24 Une femme devoit montrer la quitance de ses deniers dotaux, autrement elle n'avoit délivrance de son doüaire. Arrêt du 25. Janvier 1559. Carondas, liv. 2. Rép. 63.

25 Par Arrêt du Parlement de Roüen du 14. May 1628. jugé qu'un fils ayant baillé à son pere une contre-promesse, portant quitance de 1500. livres de pension promise par son traité de mariage, sa veuve & tutrice des enfans sortis du mariage ne pouvoit demander aucune chose de ladite pension, de ce qui étoit échû du vivant dudit fils décédé. Berault, à la fin du 2. to. de la Coût. de Normandie, pag. 98. sur l'article 388.

26 Un Gentilhomme âgé de 72. ans, épouse une jeune fille, & reconnoît avoir reçu d'elle une grosse somme; étant mort quinze jours après, on ne luy trouve aucuns deniers; les heritiers voulurent prouver qu'il n'avoit rien reçu, & que la fraude étoit apparente, vû qu'un vieillard épousoit une jeune

I i

Demoifelle dont le pere n'avoit point de bien, & qui n'avoit pû donner une fomme. fi confiderable. Les heritiers furent declarez non recevables. *Bafnage, fur l'art.* 410. *de la Coutume de Normandie.*

27 La femme n'eft point obligée de prouver qu'elle a payé les deniers dont fon mary a donné quitance. Jugé au Parlement de Roüen le 4. May 1634. pour une veuve qui demandoit 800. livres qu'elle avoit apportez en mariage : les heritiers du mary s'oppofoient, fous prétexte qu'elle avoit apporté cette fomme en meubles & en fruits, lefquels ne valoient pas la troifiéme partie de cette fomme, & dont on n'avoit pas même fait d'inventaire. *Voyez Bafnage, Ibidem.*

28 Le fieur le Noble âgé de foixante ans époufe la fille du fieur des Roques, à laquelle il donne quitance de 4000. livres du nombre de fix, conftituées pour la dot : depuis, cette femme meurt avant luy, lequel étant auffi prêt de mourir, affirma devant Notaires n'avoir point reçû les 4000. livres, & declara s'en rapporter à l'affirmation du fieur des Roques. Après fa mort, la fœur de la défunte & fon heritiere pourfuit les heritiers du mary, lefquels oppofoient la declaration que le défunt avoit faite avant de mourir, & au furplus qu'ils s'en rapportoient au ferment du pere. La fille heritiere de fa fœur difoit que le défunt ayant donné quitance, les heritiers n'étoient pas recevables à prouver le contraire, & que le fieur des Roques n'ayant point d'intereft dans la caufe, fon affirmation ne pouvoit être demandée ; ce qui fut ainfi jugé au Parlement de Roüen, après un déliberé, le 26. Janvier 1655. *Bafnage, Ibidem.*

29 Après la mort du fieur d'Auberville, fa veuve ayant demandé fa dot, fa fœur s'oppofa & dit que le contrat par lequel il paroiffoit qu'elle avoit apporté 31000. livres en mariage étoit fimulé. On luy permit de publier des cenfures Ecclefiaftiques, pour en faire la preuve, comme auffi à s'infcrire en faux contre la numeration des deniers. Sur l'appel, par Arrêt de Roüen du 10. Decembre 1660. on caffa la Sentence, & on permit de publier des cenfures Ecclefiaftiques, à la referve de ce qui concernoit la numeration de la dot & le future de rachat, *ftatur inftrumento & ei creditur.* Même Arrêt du mois de Mars 1671. *Voyez Bafnage, Ibidem.*

30 Un gendre demandoit à fon beaupere une fomme de 200. l. reftante de celle de 1200. l. qu'il avoit reconnu avoir reçû lors du contrat de mariage pour la dot de fa femme, fous la promeffe verbale de luy payer ces 200. livres. Le beaupere oppofoit que le gendre avoit dû fe pourvoir dans les dix ans, & que la quitance le difpenfoit d'affirmer. Il fut neanmoins condamné de jurer qu'il avoit payé la fomme entiere portée par la quitance. Arrêt de la Chambre de l'Edit de Caftres du 23. May 1637. rapporté par *Bóné, part.* 2. *pag.* 199.

31 Le futur époux par le contrat de mariage ayant reconnu avoir reçû la moitié de la fomme promife en dot à la future époufe, quoique dans la verité il n'eût rien reçû, la future époufe outre les dommages & interefts par elle prétendus, faute d'execution des promeffes de mariage, peut encore demander la reftitution de la fomme. Jugé par Arrêt du Parlement de Paris du 9. Fevrier 1657. On regarde cette quitance comme une donation. *Soëfve, tome* 2. *Cent.* 1. *chap.* 54.

32 On n'eft point recevable à faire preuve qu'une quitance d'une fomme promife par contrat de mariage a été vûë, lûë, & tenuë par des perfonnes dignes de foy. Arrêt du 25. Juin 1663. *De la Gueffiere, tome* 2. *liv.* 5. *ch.* 31.

33 Quitance donnée par le mari de la dot promife par une fille majeure, n'eft un avantage Indirect. Arrêt du Parlement de Paris du 3. Août 1681. *Au Journal des Aud. tome* 5. *liv.* 1. *ch.* 1.

QUITANCE.

Exceptio non numeratæ pecuniæ.
Voyez le mot *Exception*, *nomb.* 9. *& fuiv.*

QUITANCE, PAR LA FEMME.

Quitance faite, *metu & minis viri*, eft nulle, & 34 peut la femme s'en faire relever. Arrêt du Parlement *bis.* de Bourdeaux du 8. Novembre 1520. *Papon, liv.* 16. *tit.* 3. *nomb.* 5.

Arrêt au Parlement de Provence du 12. Juin 1655. 35 qui a reftitué la femme contre la quitance par elle donnée à fon mari des droits adventifs qu'il avoit exigez. *Boniface, tome* 1. *liv.* 5. *tit.* 8. *ch.* 2.

QUITANCE DU FILS A LA MERE.

Quitance de fubftitution donnée par une fille par 36 fon contrat de mariage où elle eft appanée, eft valable. Arrêt du Parlement de Grenoble du mois de Decembre 1459. *Papon, liv.* 16. *tit.* 4. *n.* 6.

Arrêt du Parlement de Provence du 1. Mars 1680. 37 qui declare la quitance du reliqua dû par la mere remariée, comprife dans la quitance generale de l'adminiftration tutelaire donnée par le pupille à la mere. *Boniface, tome* 4. *liv.* 4. *tit.* 1. *ch.* 12.

QUITANCE, IMPUTATION.

Imputation non exprimée par une quitance fe fait 38 de droit *in duriorem caufam*. Jugé le 6. Août 1618. *Bardet, tome* 1. *liv.* 1. *ch.* 41. rapporte ainfi l'efpece qui peut fe prefenter fouvent.

En 1605. Leonard Barbot prête 75. livres à Pierre Joüard, qui lui en paffe obligation folidaire avec fa femme : au mois de Mars de la même année 1605. Barbot leur prête encore 40. liv. dont ils lui paffent auffi obligation folidaire : au mois de Juillet de la même année, Jean le Long prête auffi à Joüard & fa femme la fomme de 300. liv. de laquelle ils lui confentent obligation folidaire. En 1609. Barbot leur prête encore 300. liv. fans préjudice d'autres dettes, & Joüard s'oblige feul. En 1612. Joüard paye cent liv. à Barbot, lequel lui en baille quitance pure & fimple fur & tant moins de ce qu'il lui devoit. En 1617. les biens de Joüard & de fa femme font faifis, criez & adjugez : Barbot s'oppofe afin d'être mis en ordre pour fes obligations de 1605. & 1609. Jean le Long s'oppofe pareillement pour la fomme de trois livres fuivant fon obligation de 1605. Par Sentence d'ordre Barbot eft colloqué & mis en ordre pour les deux obligations de 1605. avant le Long, lequel en interjette appel. Maître Defmarefts pour l'appellant, dit que l'intimé demeurant d'accord qu'il a reçû la fomme de cent liv. fur & tant moins de ce qui lui étoit dû par Joüard & fa femme, il faut neceffairement imputer cette fomme fur les deux premieres obligations de 1605. pour raifon defquelles par confequent l'intimé n'a pû être colloqué & mis en ordre, parce que c'eft une maxime certaine en Droit, *quòd folutio in duriorem & graviorem caufam imputatur ipfo jure*, fi le debiteur ou le creancier ne l'ont autrement exprimé. *L.* 1. *L.* 4. *L. Si quid ex famofa. L. Cùm ex pluribus. De folution. L.* 1. *C. eod.* Or en l'hypothefe, les obligations de 1605. font plus griéves & plus rudes que celles de 1609. parce qu'en celles-là le mari & la femme font obligez par corps, ce qui n'eft point en celle de 1609. L'intimé rapporte maintenant une certaine quitance, mais qui eft fous écriture privée, & n'eft aucunement confiderable, non plus que fon papier journal, où il a inferé que le payement des cent l. étoit en déduction de l'obligation de 1609. & non de celle de 1605. & conclut. Maître Richelet pour l'intimé, dit qu'il a reçû cent livres de la femme de fon debiteur, laquelle n'a point declaré fur quelle obligation elle imputoit ce payement : il a faict l'imputation par fa quitance, ayant dit que ce payement étoit fur & tant moins de trois cens livres dûs par l'obligation de 1609. L'intimé a pû faire cette declaration fuivant la difpofition du Droit, *L.* 1. *& L. Cùm ex pluribus. De folution.* La faculté eft déferée au creancier-

cier, faute d'avoir imputé par le debiteur : sa quitance est confirmée de ce qu'il en a écrit en son livre journal, où l'on n'auroit point pû ajoûter cette imputation, attendu la multitude d'affaires qu'il y a écrites. L'obligation de trois cens livres est *in graviorem causam*, de plus grande somme que celle de cent quinze livres seulement. La faculté donnée par la Loy au debiteur d'imputer le payement qu'il fait, *in quam causam voluerit*, ne se peut étendre & donner à aucune autre personne qu'au debiteur, & nullement à un étranger tel qu'est l'appellant creancier du debiteur commun, ainsi qu'a remarqué la Glose *in d. L. in verb. Quis. De solution*. Et par ces moyens conclut. La Cour mit l'appellation & ce au néant, émendant ordonna que Jean le Long appellant seroit colloqué & mis en ordre auparavant ledit Barbot, qui seroit tenu d'imputer les cent livres sur les obligations de 1605. & le condamna aux dépens. Le Lundy 6. Août 1618. M. le Premier Président de Verdun prononçant.

Voyez le mot *Imputation*.

QUITANCE DU MARI.

39 Si la quitance donnée par le mari à la femme des deniers dotaux durant le mariage, est valable? *Voyez Coquille*, tome 2. quest. 120.

40 Mary reconnoissant à sa femme plus que vraisemblablement il n'en a pû recevoir, ne préjudicie à ses creanciers posterieurs. Arrêt du 21. Février 1572. *M. Expilly, Arrêt* 113.

41 Le mary reconnoissant par contrat de mariage que sa femme a quelques deniers qui luy sortiront nature d'anciens, ne peut ni ses heritiers aller au contraire, ni prétendre qu'elle n'avoit cette somme. Arrêt du Parlement de Dijon du 17. May 1602. *Bouvot, tom.2.* verbo, *Societé, Communauté, quest.* 5.

42 La quitance de main privée du mary ne nuit à ses creanciers. Arrêt du Parlement de Grenoble du 10. Mars 1617. *Quia qui non potest donare, non potest fateri. Basset, tom. 1. liv. 4. tit. 5. ch. 3.*

43 Quitances du mari quand elles sont suspectes. *Voyez Basset, to. 2. li. 4. tit. 16. ch.7.* La présomption est en faveur de la femme contre les creanciers, sur tout quand il s'agit de sa dot.

44 Des quitances du mary suspectes. *Voyez Basset, tome 2. liv. 4. tit. 8. ch.3.* où il rapporte plusieurs Arrêts, entre autres un dernier du 22. Août 1665. par lequel il fut jugé que les confessions faites par le mary *constante matrimonio*, d'avoir reçu une plus grande somme des droits de sa femme, que celle constituée dans le contrat de mariage, ne peuvent nuire aux creanciers anterieurs à la confession du mary, quoique posterieurs au contrat de mariage, bien que la femme outre la constitution particuliere, se fût constituée generalement tous ses biens. Une preuve de fraude est quand la confession est faite dans un temps où les facultez du mari étoient déja suspectes.

45 Il a été jugé par Arrêt du Parlement de Roüen du mois de Janvier 1658. qu'une quitance de deniers dotaux donnée par le mary, moyennant une vente de levées, étoit suffisante pour avoir remplacement sur les biens du mary, nonobstant les allegations de confidence. *Basnage, sur l'article* 410. *de la Coûtume de Normandie.*

46 Pour faire valoir la confession & la quitance du mari, il sembleroit necessaire que le contrat de mariage fût reconnu avant le mariage. Arrêt du Parlement de Roüen du 5. Juillet 1677. *Voyez Basnage, Ibidem.*

47 Un homme par son contrat de mariage reconnoît avoir reçu de sa femme 3600. livres qu'il constitué & assigne sur ses biens en 200. livres, à condition que si elle prédécede, cette rente demeureroit à son mari. Après sa mort, la veuve transige avec les heritiers, & se contente de 100. livres de rente pour sa
Tome III.

dot, & 200. livres pour son doüaire. Huit ou neuf ans après s'étant remariée, son mari obtint des Lettres de rescision en ce qu'elle, s'étoit contentée de 100. livres de rente pour sa dot, au lieu de 200. livres. L'heritier soûtenoit que cette veuve n'avoit rien apporté à son mari ; que la confession qu'il avoit faite d'avoir reçû 3600. livres étoit frauduleuse, & un avantage indirect. Preuve concluante, par la qualité de cette fille qui n'avoit aucun bien du côté de son pere & de sa mere, que le contrat avoit été reconnu depuis le mariage, & dix-huit jours seulement avant la mort du mari. Par Arrêt du Parlement de Roüen du 17. Juillet 1689. les Lettres furent entérinées. *Basnage, sur l'art.* 410. *de la Coûtume de Normanie.*

QUITANCE DU PERE AU FILS.

48 Un enfant qui demeure avec son pere, & a administré tout son bien, si le pere lui en baille quitance de décharge, c'est un avantage, parce que le fils a été & est obligé d'en rendre compte à ses freres. *Voyez Charondas, liv.* 4. *Rép.* 56.
Voyez les mots *Avantages, Fils, & Pere.*

QUITANCE, RENTES.

49 Quitance de payement de trois années, présuppose une décharge des précedentes. Arrêt du 26. Février 1577. *Papon, liv.* 10. *tit.* 5. *n.* 6.

50 Arrêt de la Chambre des Comptes du 30. Decembre 1638. portant défenses aux Contrôlleurs des rentes de l'Hôtel de Ville de faire & passer aucune quitance, acquit, & décharge pour le payement desdites rentes. *Voyez les Chartes des Notaires, chap.* 6. *n.* 311.

51 Le payement de la rente fait par l'Emphiteote de trois années & par trois quitances differentes, fait présumer le payement des années précedentes, & empêche le Seigneur d'en faire demande ; mais la réservation des autres droits & devoirs Seigneuriaux, opere la réservation des arrerages. Arrêt du Parlement de Toulouse du 30. Juillet 1649. Le Seigneur avoit fait la réserve dans trois quitances consecutives ; l'Emphiteote fut condamné au payement des arrerages anterieurs. *Voyez M. de Catellan, liv.* 3. *chapitre* 17.
Voy. les mots *Arrerages, Cens, & Rentes.*

QUITANCE, FEMME SEPARE'E.

52 Remboursement d'une rente propre à la femme, peut luy être fait, quoiqu'elle soit mineure & séparée de biens d'avec luy ; l'autorisation du mari est alors valable, & la creation & assistance d'un curateur ne sont necessaires. Ainsi jugé au Parlement de Paris le 17. Mars 1691. Monsieur de Lamoignon, Avocat General dit, que du moment que la femme étoit mariée, son mari étoit devenu son tuteur, & qu'ainsi elle avoit pû agir sous son autorité, suivant la Loy *si maritus, Cod. qui dari tutores.* Tout l'effet de la séparation est de dissoudre la Communauté, & non de diminuer & ôter l'autorité du mari, qui demeuroit toûjours le maître de sa femme en Pays coûtumier ; que cela pouvoit être different en Pays de Droit écrit, où la femme ne pouvoit aliener ses biens dotaux ; qu'à la verité on créoit ordinairement un curateur à la femme en pareil cas, mais que l'usage étoit au Châtelet, que s'il n'y en avoit point eu, ce, qui avoit été fait, étoit cependant valable. *Voyez le Journal des Audiences, tome* 5. *livre* 7. *chapitre* 17.

53 Quitance du remboursement d'une rente donnée par la femme, quoique mineure. *Voyez* le mot *Femme, nomb.* 127.

QUOTA LITIS.

Voyez, *Pact.*
Procuratori de quotâ litis cum Clientulo pacisci prohibitum est, & sub quâ pœnâ? Voyez Franc. Marc. tome 2. *quest.* 479.

Par Arrêt du 26. Août 1588. jugé que *pactum de quotâ litis*, est permis entre Coheritiers. C'étoit un Coheritier qui avoit stipulé la moitié des droits de son Coheritier, à la charge de faire les frais & les poursuites, pour faire ajuger la succession, jusqu'à Sentence diffinitive, & promis au cas qu'il y eût condamnation de dépens, de payer les dépens pour son Coheritier. *Bibliotheque de Bouchel*, verbo, *Quotâ litis.*

Voyez les titres des *Droits litigieux*, au 1. vol. de ce Recüeil, lett. D. & le mot *Litige.*

QUOTE.

Uote de la Dîme. *Voyez la Bibliot. Can. to. 2. p. 348.* verbo, *Quote.*
Voyez le mot *Cotité.*

QUOVIS MODO.

Oyez cy-dessus sous la lettre P. le mot, *Provision de Cour de Rome.*

Quovis modô : Ce mot apposé en une signature, signifie toute sorte de vacance, soit directe ou indirecte, principale & accessoire, n'étoit que le Benefice vacquât par la mort d'une autre personne; toutefois le genre ficte de vacation, comme parle la Regle de Chancellerie, *de infirmis Resignantibus*, dont il sera cy-aprés fait mention *lettré R.* verbo, *Regles de Chancellerie Romaine*, n'y est pas compris, si le Benefice n'étoit vacant *per obitum*, lors de l'impétration, & lors il y seroit compris. *Bibliot. Canon. tome 2. pag. 348. col. 2.*

Aut aliàs quovis modô. Ces mots apposez à une Provision par résignation, ne se peuvent étendre à la vacation par mort du Resignant, contre un autre qui depuis la Provision avoit été pourvû par icelle. *Maynard, liv. 1. ch. 59.*

Provision faite par résignation encore qu'il y ait clause *vel aliàs quovis modô*, ne peut s'étendre à la vacation par mort. Jugé le Mardy 23. Décembre 1561. *Charondas, liv. 1. Rép. 17.*

R

VOYEZ *Bail, Diminution, Ferme.* En matiere de vente de fruits pendans par les racines, pour une ou plusieurs années, il y a lieu au rabais pour le cas fortuit. *Ferrer. qu. 3. sont. Boër. decis. 249. n. 11.* Cette décision est fondée sur la Loy 2. *ff. Locati proxima est locatio venditioni, iisdemque juris regulis consistit.*

2　Il n'y a point lieu de rabais au bail à ferme de neuf ans pour le cas fortuit. Le même est en la rente, soit grosse, soit petite. Autre chose est au cas fortuit de guerre étrangere. 1. *id. Mornac ad L. 17. ff. locati,* vide Molin. *verbo* au jour, & lieu, *n.* 54. *& seq.* 2. *id. Ferrer. qu.* 17. 2. *cont. Chopin Paris. lib. 3. tit. 2. n.* 8. en la grêle, 3. *id. Fachin. lib.* 1. *cap.* 90. *& in civili,* 3. *id. Charond. resp. lib.* 6. *n.* 13. 3. *sont.* Du Frêne, *lib.* 3. *ch.* 18. *distinguendo; vid. L.* 17. §. 1. *ff. de ann. legat.* 3. M. Abraham La Peirere, *en ses décisions du Palais, let. R. n.* 2. dit, Je suis de même sentiment, parce que le fonds étant occupé par l'ennemi étranger, il n'y a ni Seigneur ni Tenancier, ce qui n'est pas en guerre civile. *Nota,* qu'en fait de cas fortuit, nous ne suivons point dans nôtre Ressort la Loy Romaine, qui compense la fertilité d'une année, avec la sterilité d'une autre; ains chacune année porte son cas fortuit & son rabais.

RABATEMENT.

RAbatement du decret. *Voyez* le mot *Decret, nomb.* 127. *& suiv.*

RACHAT.

IL y a le rachat qui est un droit *Seigneurial,* autrement appellé relief, le rachat des *rentes,* & la faculté de racheter qui a lieu dans les ventes.

RACHAT, RELIEF.

1　**V**Oyez le mot *Fief, nomb.* 121. C'est le revenu du fief d'un an, ou le dire de prud'homme, ou une somme offerte par le Vassal, en cas d'autres mutations que par vente & par échange, excepté celles qui échoient par succession directe. Il en est traité dans les articles 3. 4. 5. 6. 16. 33. 37. 38. 46. 47. 48. 49. 50. 56. 58. & 66. *Voyez* les Commentateurs de la Coûtume de Paris, & les Commentateurs des autres Coûtumes; ausquels en la conference de ces mêmes articles le Lecteur est renvoyé.

2　An de rachat. *Voyez* hoc verbo, *la Bibliotheque du Droit François par Bouchel.*

3　Arrêt du dernier Décembre 1535. entre Messire Jean Desaints Chevalier, appellant du Baillif de Beauvais, & Robert Daubourg Ecuyer, Seigneur de Neufvillette intimé; par lequel il fut dit que ledit Desaints, qui avoit fait saisir la Terre de Villembray comme Seigneur feodal, ayant choisi le revenu de l'année pour le droit de rachat, & voulant en joüir par ses mains, ne pourroit chasser ledit Daubourg de la maison & Château, mais y demeureroit pendant l'an du rachat, en payant l'estimation du loüage de la maison & Château. Quant au colombier & autres choses, ledit Desaints Seigneur feodal, en pourroit joüir par ses mains. *Biblioth. de Bouchel,* verbo *Fiefs.*

4　Rachat est dû au Seigneur, quoique le contract porte faculté de retirer, sauf au vendeur, s'il exerce le retour, son recours vers le Seigneur. Arrêt du Parlement de Bretagne du 20. Août 1556. *Voyez Du Fail, liv.* 1. *chap.* 6.

5　L'article 70. de la Coûtume de *Bretagne* a été formé sur un Arrêt de ce Parlement, du 31. Octobre 1562. *Idem, liv.* 2. *ch.* 169.

6　Le Procureur Fiscal du Seigneur de Rohan, demande au Seigneur de Coëtinur le rachat dû par le décés de son pere. Le défendeur oppose que don luy en a été fait, *& ce pour cause de bons & agreables services.* Le demandeur dit que le Seigneur de Rohan vendit au pere du défendeur la Terre de Dandour avec grace & condition de raquit de quatre ans. Le même jour est la donation du rachat. Depuis, ce retrait est exercé au nom du fils du Seigneur de Rohan, lequel ayant vendu la Terre, ne pouvoit donner le droit de rachat où il n'avoit plus rien. Le défendeur répond que le donateur étoit Seigneur de la Terre de Dandour, par la condition de quatre ans de raquit, que le fils est heritier de son pere, & que la preuve des services n'est point necessaire *inter personas non prohibitas.* Arrêt du Parlement de Bretagne du deux May 1564. qui déboute de la demande en retrait. *Du Fail, liv.* 3. *ch.* 157.

7　La Dame de Laval & de Quintin morte, la Terre de Quintin tomba en rachat en la Cour Royale de S. Brieuc, un Vassal Noble meurt sous la Jurisdiction de Quintin. Le Procureur de Saint Brieuc demande le sous-rachat: l'heritier du Vassal dit qu'il n'en doit point au Roy, mais s'il en doit au Seigneur de Quintin; neanmoins le Juge condamne l'heritier au devoir de sous-rachat. Appel: la cause fut appointée au Conseil; depuis, le devoir fut ajugé au Roy. Arrêt du Parl. de Bretagne du 7. Octobre 1569. sur lequel a été tracé l'article 366. de la Coûtume. *Du Fail, liv.* 3. *chap.* 112.

8　Le Seigneur de Guemadeuc avoit vendu au General Gornillier la Vicomté de Rezain, Il meurt: son fils Thomas de Guemadeuc retire par premesse la Terre. Les Juges de Nantes saisissent ladite Terre pour le rachat, par mort du pere, le fils s'oppose. Arrêt du Parlement de Bretagne du 21. Octobre 1569. qui corrigeant le Jugement, baille main-levée au fils, ordonne que les fruits luy seront rendus. *Du Fail, liv.* 1. *chap.* 289.

9　Le Roy fait saisir la Comté de Quintin appartenante à la Dame Comtesse de Laval, pour en joüir à devoir de rachat: il fait aussi saisir plusieurs Terres, tant Nobles que roturieres, dont les Seigneurs sont morts en la Comté de Quintin, comme étans sous-rachetables: les heritiers des particuliers disent ne devoir aucun rachat à cause de leurs Terres, & que le Seigneur de Laval a toûjours baillé sa Tête-nuë au Roy avec cette charge. Le Substitud du Procureur General à Saint Brieuc, dit que le Fief étant ouvert par la mort de la Dame de Quintin, quelque paction qu'elle ait faite avec ses sujets, rachat a lieu; le Juge de Saint Brieuc declara les saisies bonnes; ce qui fut confirmé par Arrêt du Parlement de Bretagne du 22. Octobre 1569. *Du Fail, liv.* 3. *chap.* 144. où il est observé que plusieurs Terres en Bretagne sont exemtes de rachat, comme la Vicomté de Vaucouleurs, qui releve du Roy à Dinan, & les Fiefs de la Chaudieres, & autres.

10   Jugé au Parlement de Bretagne le 23. Octobre 1571. que le rachat n'étoit point dû par le donataire, qui juroit avoir fait la foy & hommage de la Terre donnée. *Du Fail*, liv. 1. ch. 331.

11   Arrêt du neuf Avril 1574. qui a jugé que le rachat n'est dû au Seigneur de fief, d'un fief hereditaire de plusieurs enfans, non pas même d'une coheritiere fille mariée, jusques à ce qu'il apparoisse si le fief doit demeurer masculin ou feminin. *Bibliot. de Bouchel*, verbo *Rachat*.

12   Le Seigneur de Rohan vend en 1571. une Terre au nommé Avril, avec faculté de remeré pour six ans. Le Seigneur decede en 1575. Le Procureur du Roy saisit pour le droit de rachat. Avril s'oppose, & dit qu'il est possesseur, ayant deux fois fait la foi & hommage. Le Receveur du Roy objecte que le Seigneur de Rohan a toûjours joüi, puisqu'il a institué les Officiers pendant la condition. Il fut dit, avant faire droit, que les Parties informeroient dans deux mois de la joüissance réelle & actuelle par le Seigneur de Rohan, ou par l'acquereur, & depuis le 30. Avril 1577. Avril gagna sa cause au Parlem. de Bretagne. *Du Fail*, liv. 1. chap. 404.

13   Rachat est dû par le décès du pere, pour raison de la Terre donnée en mariage à sa fille, pour en joüir en avancement de droit successif, quand sa fille n'a baillé aveu ni entrée en la foy. Arrêt du Parlem. de Bretagne du 16. Novembre 1619. mais il n'est rien dû au décès de l'aîné, de la Terre qu'il avoit assignée, pour faire assiete à son puîné de son partage; encore que l'assiete n'ait été faite; Arrêt du 9. Septembre 1610. ni par le décès de la sœur, qui n'avoit été partagée par son frere aîné; Arrêt du 2 Octobre 1617. ni d'un partage dû par l'aîné à ses puînés, encore que saisi, par autre Arrêt du six Septembre 1606. Il n'en est pareillement dû par le décès du vendeur d'une rente à convenant, quand l'acquereur a eu à tournance des hommes domaniers pour le payement de ladite rente, Arrêt du six Mars 1610. ni aussi de la terre donnée par le mary à sa femme, soit en faveur du mariage, ou pour tenir lieu de doüaire, encore qu'il en joüit lors du décès comme mary. Arrêt du deux Juillet 1617. *Voyez* neanmoins *Valla, de reb. dub. tract.* qui rapporte Arrêt rendu en faveur du Seigneur de Longueville, contre le Seigneur de Laval, pour la donation de Montreüil-Laillé, faite par le Seigneur de Longueville à Yoland de Laval sa femme, lequel avoit joüy de la Baronnie jusqu'à son décès. *Sauvageau sur Du Fail*, livre 1. chap. 331.

14   La Profession Religieuse fait ouverture au rachat, parce qu'il vient un nouveau possesseur *ex titulo universali*, & comme heritier. Arrêt du Parlement de Bretagne du dix-sept May 1621. Autre Arrêt semblable du quinze Octobre 1678. mais le payement en sera differé jusqu'au temps de la mort naturelle de la Religieuse. Sur quoy *Hevin sur Frain*, page 887. dit que cette restriction doit être entenduë des choses, dont l'usufruit avoit été retenu.

15   Par la mort du puîné non partagé, le rachat n'est dû de sa part. Arrêt du Parlement de Bretagne du 2. Octobre 1627. bien qu'on dit qu'en ligne directe le mort saisisse le vif; & que *secundo geniti tam haeredes sint suarum portionum, quàm primogeniti, aliter quàm veteri consuetudine, quà jure alimentorum potiùs capiebant, quàm jure haeredum*, comme dit d'Argentré sur cet article. *Voyez Sauvageau*, sur *Du Fail*, liv. 1. ch. 270.

16   Jugé par Arrêt du 14. Août 1577. que si le Seigneur de fief ne prend le revenu de la premiere année pour le rachat qui est dû, il ne pourra prendre à son choix aucune des années suivantes: mais aura seulement l'estimation de l'année premiere du revenu, comme courant en rachat & en fruits, de pure perte, à faute d'être allé offrir, suivant l'avis de

M. Chaarles Du Moulin, sur la Coûtume de Paris. Tronçon, art. 47. de la même Coûtume, in verbo *Au choix*.

17   Il n'est dû rachat ni profits de fiefs pour la remise faite par le Roy aux enfans, des biens de leur pere condamné à mort. Arrêt du 25. Janvier 1599. suivant l'opinion de Du Moulin sur le §. 36. titre *des Fiefs de la Coûtume de Vitry*. Tronçon, art. 33. de la Coûtume de Paris.

18   Il n'est dû droits de rachat en ligne directe, *etiam* qu'il y eût partages faits & refaits. Arrêt de l'an 1599. Tronçon, ibid. art. 4.

19   Par la mort ou le changement de l'Abbé Commendataire, le rachat de l'heritage non amorti, est aussi-bien dû, que si le Benefice étoit conferé en titre exprès. *Bibliot. Canon.* tom. 1. p. 315. col. 1. & art. 41. du tit. 41 de la Coût. de Blois.

20   Arrêt du 5. Mars 1630. qui juge suivant la Coûtume de Paris, que relief est dû par le second mariage de la femme, quoiqu'il n'y ait communauté de biens. *Bardet*, to. 1. liv. 5. ch. 93.

21   Jugé par Arrêt du 27. Juillet 1662. que par la Coûtume de Bretagne, le droit de rachat étant dû à toute mutation, tant en ligne directe que collaterale, il faut, pour s'en exemter, rapporter un titre particulier, faisant mention de l'exemption. *Soëfve*, tom. 2. Cent. 2. chap. 68.

22   Le vingt Mars 1662. au Rôle de Paris, jugé en la Coûtume de Meaux, semblable à celle de Paris, que dans une même année & ayant deux mutations de vassal en succession collaterale, l'une par la mort du frere décedé sans enfans, du fief duquel étoit question, & l'autre par le mariage de la sœur heritiere de son frere, il n'étoit dû qu'un seul droit de rachat. *Jovet*, verbo *Seigneur*, n. 18. Il dit qu'il étoit présent à l'Arrêt.

23   Il n'est dû rachat dans la Coûtume de Poitou par une communauté qui acquiert par donation entrevifs, ou par testament. Arrêt du Parlement de Paris du 20. Juin 1689. *Au Journal des Audiences*, tom. 5. liv. 5. ch. 16.

Voyez cy-après, *Relief*.

RACHAT DES RENTES.

24   AUx décisions qui vont être marquées en cet article, il faut joindre celles qui sont comprises au titre *des Rentes*. §. *Rentes rachetées*.

25   Des rachats des rentes assises sur les maisons, tant en la Ville de Paris, qu'autres Villes & Communautez du Royaume de France. *Ordonnances de Fontanon*, tom. 1. liv. 4. tit. 24. pag. 788.

26   Des rentes données ou venduës à faculté de rachat. *Voyez* le mot *Faculté de rachat*, n. 88. & suiv.

27   *Libera & sine pretio debet esse reditum redimendi facultas.* Du Moulin, to. 2. p. 144. *Voyez* au même endroit, p. 127. où il traite *de redituum redemptione*.

28   Premier Garde des Sceaux du Présidial de Quercy à Cahors, par Arrêt du Parlement de Toulouse fut condamné en amende pour avoir dépêché Lettres adressantes au Siege dudit Présidial, aux fins par le moyen de la lézion de faire declarer un pacte de rachat temporel perpetuel. *Maynard*, li. 2. ch. 17.

29   Rente créée avec faculté de racheter est perpetuellement rachetable. Arrêt du Parlement de Paris dans *Papon*, liv. 12. tit. 3. n. 13.

30   Si la faculté de racheter une rente est au-dessous de trente années, le debiteur ne laissera pas d'avoir ce temps, car ce terme est fixé par le Droit commun. Ainsi jugé. *Bibliot. de Bouchel*, verbo *Rentes*.

31   Rentes constituées à prix d'argent sur un fond, sans y parler de la faculté de rachat, sont rachetables pendant trente années. Arrêt du Parlement de Paris du 6. Février 1529. Si postérieurement au contrat la faculté de rachat est accordée, elle ne dure aussi que trente ans, Arrêt du 10. Mars 1547. toutes

les Chambres affemblées. *Papon, liv. 11. tit. 6. nombre 5.*

31   Entre Maître Guillaume Laurens, & Alexandre Huppé curateur de Fleurie Gerard intimé. L'appellant achete de Pierre d'Avaugnon duquel la mineure eft heritiere 50. livres de rente pour la fomme de 1000. livres, avec faculté de rachat dans cinq ans, & le temps paffé, il eft ftipulé qu'il luy fera fiifie fur une terre. La condition expirée, l'appellant met en procés l'intimé, conclut à l'affiette & au payement des arrerages échûs. L'intimé répond que la rente eft perpetuellement rachetable ; que d'Avaugnon eft mort pendant la condition ; que la prefcription ne court contre la mineure : il offre de rembourfer. Arrêt du Parlement de Bretagne du 17. Février 1558. qui ordonne que l'appellant aura affiette fur les terres mentionnées au contrat, felon l'eftimation & valeur d'icelles par communes années. *Du Fail, liv. 1. ch. 103.* où M. Sauvageau obferve que lorfqu'il y a obligation d'affiette fur un fond certain & défigné, le retrait peut être exercé, & les arrerages de vingt-neuf années peuvent être demandez. Arrêt du 16. Juin 1597. mais après trente ans, on n'eft pas recevable de demander affiette de rente.

33   Si toutes rentes telles qu'elles foient dûës fur maifons fifes dans les Villes & Fauxbourgs, principalement dans Paris, font rachetables à perpetuité. Cette caufe s'eft prefentée entre les Marguilliers de S. Cofme, & le fieur des Jardins Confeiller au Châtelet, debiteur d'une rente ; il obtint Sentence en fa faveur. Sur l'appel, Arrêt du 23. Avril 1566. qui appointa la caufe au Confeil, parce que l'Arrêt qui interviendroit feroit plus de foy que les Edits & Ordonnances mêmes. *Bibliot. de Bouchel,* verbo, *Rentes.*

34   Arrêt du Parlement de Dauphiné du 10. Juillet 1627. pour le rachat des rentes. *Voyez Baffet, tome 1. liv. 3. tit. 3.*

RACHAT, COHERITIERS.

35   Jugé qu'en payant les arrerages d'une rente rachetable, l'un des coheritiers qui a acquitté fa part, ne peut contraindre un autre coheritier de racheter auffi fa part. *Arrêt en Peleus, liv. 4. Action 23.*

RACHAT, COOBLIGEZ.

36   De deux obligez au payement d'une rente par eux créée à prix d'argent, celui qui a acquitté le fort principal & arrerages, peut ayant ceffion du creancier, contraindre l'autre à lui rembourfer la moitié du principal & arrerages. Arrêt du Parlement de Dijon du 14. Janvier 1603. *Boüvot, tome 2. verbo, Rentes à prix d'argent, queft. 2.*

37   Le cooblige qui rachete la rente dûë par lui & fes coheritiers, s'étant fait fubroger aux droits du creancier, ne peut contraindre fes coheritiers de lui faire le rachat de ladite rente. Jugé le 6. Septembre 1631. *M. le Prêtre, 1. Cent. ch. 8. Annotation.* Voyez M. *Charles du Moulin, en fon Traité des Ufures, n. 245. & 246.* & M. *Loüet, lettre F. Som. 27. & lett. R. Som. 11.* Charondas, *liv. 6. Rép. 11.* où il y a Arrêt contraire, mais la Jurifprudence a varié.

38   Arrêt du Parlement de Paris du 3. May 1635. qui juge qu'un Fidéjuffeur d'une rente, forcé de la racheter, peut auffi contraindre le principal debiteur au rachat. *Bardet, tome 2. liv. 4. chap. 14.* Voyez *Coobligez.*

RACHAT, DOT, DOUAIRE.

39   La mere veuve eft capable de recevoir le rachat de la rente dotale. Arrêt du Parlement de Roüen du 24. Novembre 1624. rapporté par Baf[...], fur l'art. 406. de la Coût. de Normandie.

40   La rente fonciere & Seigneuriale fe peut racheter au préjudice du doüaire & du tiers coûtumier. Arrêt du Parlement de Roüen du 14. Mars 1647. L'article 76. du Reglement de 1666. en a fait une Loi generale confirmée par Arrêt du 21. Janvier 1687. *Bafnage, Ibidem.*

41   Celui qui fait le rachat d'une rente conftituée par argent, fonciere ou Seigneuriale, ne peut être pourfuivi par le creancier de celui auquel elle étoit dûë, ni inquieté pour le doüaire de fa femme, ou tiers de fes enfans, s'il n'y a eu faifie ou défenfes de payer avant ledit rachat ; & neanmoins la femme & les enfans en auront récompenfe fur les autres biens affectez audit doüaire & tiers defdits enfans. Art. 76. des Arrêtez du Parlement de Roüen, les Chambres affemblées le 6. Avril 1666. *Bafnage, 10. 1. à la fin.*

RACHAT, ESPECES.

42   Le rachat d'une rente qui fe doit faire par certain nombre d'efpeces, il le faut faire ainfi, bien que les efpeces ayent changé de valeur. Arrêt du 17. Mars 1605. *Peleus, qu. 113.* Voyez M. *le Prêtre, 1. Centur. chapitre 35.*

43   Une rente conftituée pour certaine fomme en écus fols, lorfqu'ils ne valoient que quarante fols la piece, fut declarée rachetable pour la fomme en mêmes efpeces d'écus d'or jufqu'à la concurrence de la fomme, & fuivant la valeur feulement des écus d'or lors du rachat qui étoit de 95. fols piece. *Racquemont, Le Veft, Arrêt 18. fecûs.* S'il y avoit obligation de faire le raquit en pareilles efpeces. M. *Loüet, Som. 8.* & au choix du debiteur. *Le Veft, Arr. 100. & Du Fail, liv. 1. chap. 258.*

44   Rente conftituée en écus dès l'an 1400. On la vouloir en 1615. racheter au prix que l'écu valoit lors de la conftitution, & payer les arrerages à pareille raifon. Le premier Juge avoit ordonné que la rente feroit rachetée en efpece d'écus ; appel. Par Arrêt du dernier May 1616. la Cour a mis l'appellation & ce dont a été appellé au néant, en émendant a ordonné que la rente feroit rachetée à raifon de 75. fols pour écu, & les arrerages payez à pareille raifon. *Bibliot. de Bouchel,* verbo, *Rentes.*

RACHAT FAIT AU MARI.

45   Maître Chipart Avocat conftitué 50. livres de rente au profit de Durant Procureur, lequel declare que ce principal provient de pareille rente appartenante à fa femme. Chipart rachete enfuite la rente ; Durant meurt, fa veuve demande titre nouvel à Chipart, & dit qu'il n'a pû ignorer que la rente lui étoit propre, & qu'elle n'a point été appellée au rembourfement. On répond que cette declaration eft fimplement faite par le mari pour affurer la femme contre fes heritiers, mais que cela n'a point obligé le debiteur. La veuve déboutée par Arrêt, & condamnée aux dépens. *Bibliot. de Bouchel,* verbo, *Remploi.*

46   Une femme ayant donné à fon mari pour don mobil une rente qui excedoit la part qu'elle pouvoit donner, & le debiteur en ayant fait le rachat ; par Arrêt du Parlement de Roüen du 2. May 1614. il fut dit que les debiteurs avoient bien raquitté, parce que la donation ayant été faite par une perfonne capable de donner, la révocation avoit dû être faite les chofes étant entieres. *Bafnage, fur l'art. 406. de la Coût. de Normandie.*

47   Si le mari eft perfonne capable de recevoir le rachat d'une rente appartenante à fa femme ? M. *Duplessis, en fon Traité de la Communauté, liv. 1. chap. 4.* eftime que la femme doit parler dans la quitance. M. *Charles Du Moulin* eft de cet avis, *en fon Traité François des Contr. ufur. nomb. 281.* & l'on trouve un Arrêt conforme du 8. Decembre 1610. cité par *Tronçon,* qui a neanmoins tenu l'opinion contraire, que *Guerin* a fuivie ; & M. *Auzanet, fur l'art. 25.* remarque un Arrêt rendu en la Grand'Chambre le 9. Juin 1648. qui a jugé bon le rachat d'une rente propre à la femme, fait entre les mains du mari feul ; M. le Duc de Liancourt, & M. le Prince de Lorraine, parties, la Cour ayant vû tous les Arrêts pour & contre.

48   Le mari eft capable de recevoir les rachats des rentes conftituées à prix d'argent qui appartiennent

à fa femme, fans l'intervention & le confentement de fa femme, d'autant que ce n'eft pas une vente & aliénation, mais un fimple acte d'adminiftration. Arrêt du 9. Juin 1648. entre Meffire Roger Du Pleffis, Duc de Liancourt, & Monfieur le Prince de Lorraine. Ainfi jugé par la même raifon qu'un tuteur reçoit les rachats des rentes dûës à fes mineurs, fans avis de parens. *Voyez M. Auzanet, fur l'art. 25. de la Coûtume de Paris*, & M. le Brun, *en fon Traité de la Communauté de biens*, *li. 2. ch. 2. n. 18.*

49 Arrêt de la Grand-Chambre du Parlement de Paris du 27. Mars 1691. qui a déclaré valable un rembourfement fait au mari & à la femme mineure féparée de biens d'avec lui. La difficulté étoit à caufe de la minorité de la femme féparée, parce que fuivant l'article 239. de cette Coûtume ; les mineurs mariez font réputez de leurs droits pour l'adminiftration, & non pour l'aliénation. *Voyez l'Auteur des Notes fur le Commentaire de M. Dupleffis*, *Traité de la Communauté de biens*, *li. 1. ch. 4.*

50 Par Sentence du Châtelet de Paris du 17. Novembre 1699. ordonné que la femme recevroit le rembourfement, & à cet effet fe feroit autorifer par fon mari, finon par Juftice ; quoy faifant le debiteur demeureroit valablement déchargé : & attendu que le mari étoit abfent, & avoit l'original de contrat, que mention feroit faite dans la Sentence d'adjudication du rembourfement de ladite rente. *V. Ibidem.*

RACHAT, TUTEUR.

51 Plaidoyé touchant le rachat d'une rente faite par les mains d'un tuteur feul, fans y appeller le fubrogé, & l'Arrêt intervenu fur iceux. *Voyez le Recüeil des Plaidoyez & Arrêts notables imprimez en 1645.*

RACHAT, VENTE.

52 *Voyez lettre F. verbo Faculté de rachat.*

53 Le Vicomte de Rohan Prince de Leon vend en 1495. les fiefs de Leon au fieur de Guemené fon coufin, lequel deux années après accorde au fieur de Rohan la grace & faculté perpetuelle de les racheter. En 1572. l'execution eft demandée. Arrêt du Parlement de Bretagne du 27. Avril 1573. qui déboute du rachat, fans dépens, attendu la qualité des parties. La faculté perpetuelle ne s'eftend point au-delà de trente ans. *Du Fail, liv. 1. chap. 345.*

54 En *Dauphiné* le rachat des gages & des chofes venduës vient du Statut de Guillaume de Laire de l'an 1400. confirmé par le Reglement du mois d'Avril 1547. qui veut que dès le jour de la réelle délivrance qui fe fait par la mife en poffeffion après la Sentence d'interpofition de decret, ce rachat puiffe être exercé durant quatre mois. Arrêt du Parlement de Grenoble de l'an 1525. qui juge que ce délay commence abfolument dès cette mife en poffeffion. La poffeffion civile qui s'acquiert par le bail de la plume ne fuffit pas, il ne commence qu'après la poffeffion réelle. Arrêt du 14. Janvier 1639. par lequel il a été donné délay d'un an.

55 Hauts Officiers de la Chambre des Comptes tels que font les Préfidens & les Confeillers, & les Maîtres ordinaires, lors que leurs Charges font venduës judiciellement, joüiffent de ce même privilege de les racheter dans ces quatre mois. Deliberé & arrêté au Parlement de Grenoble de l'avis des Chambres le 19. Decembre 1662. Les Notaires ne l'ont pas pour leurs Offices. Arrêt du 8. May 1653. ni les heritiers fous benefice d'inventaire pour les biens de la fucceffion vendus par decret. Arrêté du premier Mars *dans le Livre rouge.*

56 Avant que ces quatre mois foient expirez on peut facilement par requête obtenir un nouveau délay ; & fi les raifons font fortes, il en fera accordé plus d'un, en ayant même été accordé un cinquième, & pour une année, par Arrêt du 15. Juillet 1675. Il faut neanmoins que la demande en foit faite durant les quatre mois ; fi elle l'eft après, les lods font dûs au Seigneur

direct qui a droit de fe les faire payer. Arrêt du 15. Janvier 1638. Ces Arrêts font rapportez par *Chorier en fa Jurifprudence de Guy Pape*, *p. 241.*

57 En Dauphiné le délay conventionnel de racheter ne fe doit proroger, neanmoins il eft prorogé *ex caufâ.* V. *Baffet, to. 1. liv. 2. tit. 25. chap. 7.*

58 En Dauphiné la prorogation de racheter *ex caufâ* eft accordée, bien qu'elle n'ait été demandée dans les quatre mois. Arrêt du 10. May 1593. *V. ibidem, chapitre 4.*

59 Un débiteur ne peut ceder fon droit de la faculté de racheter dans les quatre mois, ni l'exercer, qu'en payant toute la dette au creancier qui a fait faifir. Arrêt du 15. Juin 1607. & autres. *V. ibidem, chap. 11.*

60 L'Office de Notaire vendu aux encheres, n'eft rachetable dans les quatre mois de l'Ordonnance du Parlement de Dauphiné. Arrêt du 18. May 1653. *V. ibidem, ch. 6.*

61 L'heritier avec inventaire eft recevable dans les quatre mois de l'Ordonnance du Parlement de Dauphiné de 1547. art. 70. de demander prorogation du délay de racheter. Les fonds & biens mis en difcuffion, & vendus judiciellement, *idque magis*, s'il fe trouvoit mineur, ou qu'il s'agît des biens de la famille. Arrêt du premier Décembre 1662. *V. ibidem, chap. 2.*

62 Le délay de quatre mois donné par l'Ordonnance du Parlement de Dauphiné a lieu en fait de vente judiciaire des Offices. Arrêt du 14 Decembre 1662. *V. ibidem, chap. 5.*

63 Le délay de racheter n'eft prorogé à celuy qui l'a demandé, puis en a défavoüé la demande, & en après l'a voulu reprendre. Arrêt du 10. May 1663. *V. ibidem, chap. 5.*

64 Reglement du Parlement de Dauphiné du 19. Decembre 1648. pour le rachat des penfions & rentes acquifes à prix d'argent, payement des cenfes emphiteotiques, & réduction en argent des arrerages échûs jufqu'au jour dudit Reglement. *V. Baffet, to. 1. liv. 3. tit. 3.*

65 Le 29. Juillet 1618. au Parlement de Touloufe entre Paul & Pierre Saptes, contre les Confuls de Conques, il fut jugé que les Confuls rachetans la Seigneurie de Conques que lefdits Saptes avoient tenuë longtemps du Domaine du Roy pour le prix de huit ou neuf mille livres, ne pourroient rien impofer pour raifon dudit rachat, & frais du procez fur lefdits Saptes, ou leurs biens ; mais que le département de ladite fomme fe feroit fur les autres habitans ou tenanciers, quoiqu'il fût foutenu que lefdits Saptes étoient proprietaires de la plus grande partie du lieu de Conques ; ce qui avoit été jugé le 18. May 1581. entre le Syndic des Procureurs de Carcaffonne, & un Bourgeois. *Cambolas, liv. 4. chap. 16.*

66 Si en l'emphiteofe il eft dit que l'emphiteote pourra racheter la rente, avec de l'argent, cette faculté ne dure que trente ans. Jugé au même Parlement de Touloufe le 14. Août 1631. *V. Mainard, li. 4. cap. 55. Papon, des Prefcriptions, Arr. 13. Cambolas, livre 6. chap. 24.*

67 Du rachat des biens alienez du *Domaine. Voyez le mot Domaine, n. 78. & fuiv.*

RANÇON.

1 UN efclave des Sarrafins s'étoit échappé, & faifoit profeffion de nôtre Religion. Jacques Cueur Argentier du Roy, craignant quelque vengeance de la part des Sarrafins, avec qui il étoit en commerce & liaifon contraire aux interêts du Roy, leur rendit cet efclave qui quitta nôtre Religion. Jacques Cueur fut convaincu de plufieurs crimes ; pour réparation de celuy-là, il fut ordonné qu'il racheteroit cet efclave des Sarrafins, & condamné de le faire ramener & rétablir en la Ville de Montpellier, où il fut

il fut pris, si faire se pouvoit, sinon à racheter un Chrétien des mains des Sarrasins; & le faire amener à Montpellier. Cet Arrêt fut rendu au Conseil du Roy le 29. May 1453. *V. les Plaidoyez notables, page 1.*

2   Deux habitans ne se doutant des troubles, sont pris par des ennemis qui les mettent à rançon separée; l'un d'eux sous la promesse de l'autre paye, & par ce moyen ils sortent des mains des voleurs; celuy pour lequel on avoit payé, refusoit de rendre. Arrêt du 16. Juillet 1569. qui le condamne à payer. *Chorondas, liv. 4. Rép. 86.*

3   Heritage vendu durant les troubles pour la rançon d'un prisonnier. *Voyez ibid. li. 11. Rép. 80.*

4   Rançons affectées & colorées ne se doivent payer à celuy qui recele & garde durant les troubles quelque fugitif. Arrêt du mois d'Avril 1580. *Papon, li. 5. tit. 6. n. 1.*

5   Par Arrêt du Parlement de Toulouse de l'an 1586. un Syndic du College saint Martial ayant été fait prisonnier de guerre lorsqu'il alloit aux champs pour affermer les biens du College, obtint condamnation d'indemnité contre le College, encore qu'il ne luy fût pas promise expressément par l'acte de déliberation qui contenoit son envoi. *V. Mainard livre 4. chap. 16.*

6   Un ligueur est conduit en prison; un ami luy prête 2000. livres pour le payement de sa rançon; faute de payement il le fait constituer prisonnier, & le débiteur veut faire cession; Sentence qui ordonne que les prisons luy seront ouvertes en donnant caution. Sur l'appel par luy interjetté, Arrêt du 19. Decembre 1594. qui de grace met l'appellation au neant. M. Seguier Avocat du Roy remontra que ce n'étoit pas tant une rançon, laquelle n'a lieu que *cum justo hoste*, qu'une commutation de peine, & une grace qu'on faisoit aux rebelles dignes de mort de leur rendre leur liberté pour de l'argent. *Bibliotheque de Bouchel, verbo Rançon.*

7   La rançon de dix-neuf habitans pris à l'assaut d'une Ville se doit égaler entr'eux, eu égard aux facultez qu'ils avoient lors de la prise de la Ville. Arrêt du 17. Janvier, prononcé le 3. Février 1596. *M. Loüet, lettre R. somm. 27.*

8   Par Arrêt de l'Echiquier tenu à Roüen au terme de Pâques 1336. jugé que celuy qui est pris en guerre faisant le service du Prince, en prenant gage & solde, n'aura pas aide de rançon de ses hommes, s'il n'est pris en faisant le service qu'il doit faire à cause de son fief; & non autrement. *Berault sur la Coûtume de Normandie, titre des Fiefs, art. 170. in verbo, faisant le service.*

9   L'obligation pour une rançon est valable, car par icelle le prisonnier pris en guerre rachete sa vie, laquelle le Capitaine ou Soldat luy pouvoit ôter. Ainsi jugé par Arrêt du Parlement de Roüen au mois d'Avril 1597. rapporté *ibidem*, verbo Rançon.

10   *Redemptor captivi praefertur omnibus creditoribus, etiam vidua, quamvis illa sit prior tempore.* Jugé le 20. Juin 1598. & le 23. May 1608. *Mornac, Authent. si Captivi, Cod. De Episcopis & Clericis, &c.*

11   Un homme de la Coûtume d'Amiens pays de nantissement, étant fait prisonnier par les Turcs; le Juge de l'avis & consentement des parens oblige tous les biens du prisonnier, en cas qu'il fût racheté par les Chevaliers de Malthe. De retour il se marie; dot apportée par la femme; elle s'oppose pour les conventions, & objecte le défaut de nantissement. Les Chevaliers de Malthe alleguerent leur bonne foy, & la faveur de la dette, la femme n'eût point eu de mari s'ils ne l'avoient rachetée. Arrêt du Parlement de Paris du 8. Janvier 1607. qui préfera le payement de la rançon à l'hypoteque de la femme. *Plaidoyez de Corbin, chap. 80. & le Bret, li. 1. décif. 10.*

12   Si l'esclave racheté des Turcs, détenu prisonnier

Tome III.

---

par son liberateur pour le payement de sa rançon, est recevable à demander de servir son liberateur durant cinq ans à la place du payement? Arrêt du Parlement d'Aix du 20. Decembre 1638. qui chargea le liberateur de verifier les faits de tromperie avancez contre le rachat, autrement la requête du prisonnier entherinée. *Boniface, tome 4. li. 8. tit. 17. ch. 1.*

13   Arrêt d'appointé au Conseil du 10. Janvier 1664. sur la question, si le mineur est restitué contre le cautionnement pour le prix de la rançon d'un Captif. *Boniface, tome 1. liv. 4. tit. 8. chap. 3.*

14   Jugé au Parlement de Mets le 8. Mars 1640. que des prisonniers de guerre relâchez sur leur parole de payer leur rançon & celle des autres qui étoient restez, n'étant point retournez, & n'ayant point satisfait à leur promesse, ceux qui étoient restez, & qui ont été obligez de payer la rançon de tous, peuvent demander à ceux qui étoient sortis sur leur parole, leurs parts de ce qui a été payé. *Voyez le 57. Plaidoyé de M. de Corberon.*

RANÇON, CHEVALIER DE MALTHE.

De la rançon des Chevaliers de Malthe. *Voyez le mot Chevaliers, nomb. 80. & suiv.*

15   La rançon d'un captif est preferable à la dot, & au doüaire de la femme. Jugé en faveur des Chevaliers de Malthe, par Arrêt du mois de Janvier 1607. *Le Bret, liv. . décif. 10.*

15 bis   *Voyez cy-après les nomb. 18. & 20.*

RANÇON DU FILS.

16   Un fils prisonnier avec un autre, sont mis à rançon, composition se fait; les deux prisonniers s'obligent solidairement à payer deux cens écus. L'autre demande au fils cent écus pour sa moitié, & fait appeller le pere pour voir dire qu'il y sera contraint pour son fils. Celuy-ci dit qu'il ne veut payer que *pro rata facultatum*: il allegue un decret donné en 1592. contre un nommé Chuppin, par lequel plusieurs ayant été faits prisonniers à Orleans par les Ligueurs, & ayant composé tous ensemble, il fut dit qu'ils conviendroient de quatre Marchands pour estimer les moyens d'un chacun d'eux, & payer *pro rata*. Le fils offroit quarante écus; le pere disoit qu'il n'étoit point tenu de payer la rançon de son fils; à quoi neanmoins il avoit été condamné, & à payer cent écus. La Cour voulut pourvoir à la faveur de la loy à l'avenir: mais le 29 Janvier 1593. la Cour ayant interpellé le pere d'offrir quelque chose, lequel offrit cinquante écus en son nom, par Arrêt, pour le regard de l'appel les parties hors de Cour & de procez, ayant aucunement égard à l'offre du pere, l'a condamné à payer 60 écus. Arnauld plaidoit pour les appellans, & Du Moulin pour l'intimé qui allegua un Arrêt du Parlement de Nantes, pour Monsieur le Chancelier de Rochefort en cas semblable, rapporté *per Benedicti in capit. Raynutius. Voyez la Bibliotheque de Bouchel, verbo Rançon.*

17   Par Arrêt du Parlement de Roüen du 8. Mars 1612. jugé que le payement d'une rançon prétendu fait par le pere pour un de ses enfans, ne se pouvoir prouver par témoins, cela s'entend s'il excedoit cent livres, à cause de l'Ordonnance de Moulins art. 54. car s'il étoit question de somme au dessous de cent livres, il est certain que la preuve en seroit reçûë. *Jovet, au mot Rançon, nomb. 7.*

18   Pere est tenu de rembourser la rançon payée pour tirer son fils de captivité, quoiqu'il n'en ait donné aucun mandement. Jugé au Parlement de Paris le 6. Août 1619. *Bardet, to. 1. li. 1. chap. 72.* il cite un autre Arrêt du 4. Juin 1627. en faveur d'un Chevalier de Malthe qui ayant racheté deux autres Chevaliers, fit condamner le pere à le rembourser.

19   *Boniface, tome 2. liv. 4. tit. 17. chap. 1.* dit que le Parlement de Provence a souvent obligé les peres de payer les rachats de leurs enfans à ceux qui les avoient faits sans un mandement exprès. *Habet pa-*

K k

trem, habet & re lemptorem, il en rapporte un Arrêt du Parlement de Provence du 30. Août 1622.

20   Un pere est tenu de payer la rançon de son fils Chevalier de Malthe racheté des Turcs par un particulier Arrêt du 4, Juin 1627. *Du Frêne, liv. 1. chap. 133.* le même jugé le 7. Février 1664. plaidans Messieurs de Lamoignon, Hydeux, Pousset & Severt. *De la Guess. 10. 2. liv. 6. chap. 11.*

21   Une mere tutrice condamnée solidairement avec son fils à payer la rançon de sonditfils. Arrêt du 7. Février 1664. *De la Guessiere, tome 2. liv. 6. chap. 11.*

RANÇON DU PERE.

22   Le Sieur de Bersan Gouverneur de la Ville d'Estaples est pris prisonnier de guerre, il compose de sa rançon à deux mille écus. N'ayant point d'argent, il poursuivit sa fille, à laquelle il avoit fait de grands avantages en la mariant. Arrêt de 1595. qui la condamné à retirer son pere de prison, à la charge neanmoins que huit jours après qu'il sera sorti de prison, il sera tenu de quitter à sa fille l'usufruit des terres dont il luy avoit donné la propriété. *Voyez la Bibliotheque du Bouchel, verbo rançon.*

23   Le creancier pour la rançon du pere est préférable aux enfans ayant renoncé à sa succession, opposans tant pour le douaire, que pour la restitution de la dot, & autres conventions matrimoniales que le mere. Arrêt en 1610. *Brodeau sur Louet, lettre A. somm. 9. nonb. 13.*

Suivant l'Ordonnance de l'année 1681. touchant la Marine, art. 14. l. 3. tit. 6. les mineurs peuvent par l'avis de leurs parens s'obliger pour tirer leur pere d'esclavage, sans qu'ils puissent être restituez. *V. Basnage sur l'article 399. de la Coûtume de Normandie.*

RANÇON DES ROIS.

24   Bulle du Pape Boniface VIII. l'an 3. de son Pontificat, à l'Archevêque de Roüen, à l'Evêque d'Auxerre, & à l'Abbé de saint Denis, de pouvoir contraindre spirituellement & corporellement les Ecclesiastiques, de donner des subsides pour la délivrance des Rois de France, ou de leurs fils, s'ils sont faits prisonniers de leurs ennemis. *Preuves des Libertez, 10. 2. chap. 39. n. 11.*

RANÇON DU SEIGNEUR.

25   Vassal opulent tenu de payer la rançon de son Seigneur, pris en legitime guerre pour défendre le Royaume. Arrêt du Parlement de Bourdeaux. *Boer. décis. 128.*

26   Si un Seigneur au Duché de Bourgogne ayant des sujets au Comté, est pris prisonnier en guerre, peut cottiser ses sujets du Comté? *V. Bouvot, 10. 1. part. 2. verbo Seigneur prisonnier.*

RANÇON DU SERVITEUR.

27   Par Arrêt du Parlement de Paris du 17. Septembre 1576. un Marchand de Boulogne fut condamné à racheter son Facteur prisonnier à Douvre; mais il n'appert si le Facteur étoit prisonnier pour dettes ou affaires de son Maître, ou bien par droit de guerre, ou autre cas fortuit, à quoi par le droit le Maître n'est tenu par la disposition du §. *Non omnia. L. inter causas. ff. Mandati quia hoc casibus magis quàm mandato imputari oportet.* Voyez *Mainard, livre 4. chapitre 16.*

28   Un Marchand doit payer la rançon de son serviteur pris par les Turcs & Barbares, l'ayant mis en son navire pour avoir soin de ses marchandises, & l'ayant envoyé depuis des défenses de trafiquer en Espagne. Arrêt du 26. Mars 1605. *Peleus, qu. 137.*

RANG.

1   Voyez *Préséance.*
Voyez le recueil du sieur du Tillet, où il est traité du Rang des Grands de France.

RANG DES ARCHEVESQUES.

2   Voyez le mot *Archevêque, nomb. 19.*

RANG DES AVOCATS.

Rang des Avocats entr'eux. Voyez le mot *Avocats, nomb. 152. & suiv.*   3

RANG DES CAPITOULS.

Voyez le mot *Capitouls, nomb. 6. & suiv.*   4

RANG DES CARDINAUX.

Rang & Séance des Cardinaux. Voyez le mot *Cardinal, nomb. 27.*   5

RANG, CHANOINES.

6   *Restitutus in ordinem utrum eum ordinem teneat quem primum habuit, an verò quem nunc nactus est? Quaeri potest si forte de ordine sententiarum dicendarum agatur? Arbitror tamen eundem ordinem tenere, quem pridem habuit.* Mais cette disposition ne doit pas être considerée pour servir de décision; car dans cette Loy il s'agit d'une restitution, laquelle se fait par la voye de la Justice, & ainsi il ne faut pas s'étonner si elle a un effet rétroactif: mais cela ne doit pas avoir lieu à l'égard des restitutions qui se font par pure grace, lesquelles ne peuvent valoir que du jour qu'elles sont obtenuës, c'est l'opinion de plusieurs Docteurs que *Du Moulin* cite sur la Regle de *Infirmis. n. 399.*

7   Le resignant d'une Chanoinie & Prébende, retient sa Prébende, ensemble le même siege & rang entre les Chanoines, si le resignataire décede avant la prise de possession. *Filleau, part. 3. tit. 11. ch. 48.*

8   Un Chanoine installé, prend son rang devant le Chanoine qui n'a qu'une simple prise de possession reçûë par un Notaire, quoiqu'anterieure à l'installation. Jugé à Aix le 14. Decembre 1671. *Journal du Palais.*

9   Reglement pour le rang entre les Chanoines qui sont Diacres & Soûdiacres, du 20. Decembre 1683. *De la Guess. tom. 4. liv. 6. ch. 21.*

RANG, CONSEILLERS.

10   Un Conseiller du Parlement fait Evêque, & par cette plus éminente dignité ayant délaissé celle de Conseiller, s'il y est rappellé par le Prince, reprend le même rang qu'il avoit avant sa démission. *Filleau, part. 3. tit. 11. chap. 77.*

11   Jugé par Arrêt du Parlement de Bourdeaux en Juillet 1560. que le Conseiller d'un Siege Présidial pourvû d'un Office de Conseiller en une Cour de Parlement, retourné au même Présidial, retient le rang audit Siege qu'il y avoit, avant sa démission. *Filleau, part. 3. tit. 11. chap. 77.*

12   Declaration portant Reglement pour la séance des Présidens & Conseillers de la Chambre des Requêtes du Parlement de Roüen. A saint Germain en Laye le 15. Avril 1680. Registrée le 3. Juin suivant.

RANG ENTRE ECCLESIASTIQUES ET OFFICIERS ROYAUX.

13   Des prérogatives, prééminences, rang & séance d'entre personnes Ecclesiastiques, Magistrats, & autres Officiers Royaux, Consul, Maires & Echevins des Villes, & Officiers des Justices subalternes. Voyez *Chenu, Office de France, tit. 40.*

RANG, EGLISE CATHEDRALE.

14   Reglement pour les Eglises Cathedrales, & du rang que doivent tenir les Conseillers au Parlement, & Chanoines de Mets. il est du 24. Juillet 1682. *De la Guess. 10. 4. li. 5. chap. 23.*

DU RANG DES EVESQUES.

15   Voyez le mot *Evêque, nomb. 107. bis.*

RANG DES PARLEMENS.

16   De l'ordre, rang & séance des Parlemens, & specialement du Parlement de Grenoble. *M. Expilly, Arrêt 161.*

Du rang & ordre des Officiers des Parlemens dans les ceremonies, entrées des Rois, honneurs funebres, & autres. Voyez *la Rochestavin, des Parlemens de France, liv. 11.*

17   *De ordine sedendi in curia, & de iis qui praeter conscriptos in curiam admittuntur.* V. *Luc. l. 4. tit. 6. & 7.*

18   Le Roy Henry IV. par Arrêt de son Conseil d'E-

tat du 23. Août 1608. donné pour le reglement de la Jurifdiction d'entre la Cour de Parlement, prononcé en la Chambre des Comptes, & Cour des Aydes, Pays de Provence ; entr'autres chefs, reglant leurs rangs & féances, ordonne que fe trouvant en Corps de Proceſſions, & autres affemblées publiques, que les Officiers de la Cour de Parlement marcheront à main droite, ceux de la Chambre des Comptes, & Cour des Aydes à main feneftre, qui feront toutefois un peu plus bas que les Préſidens de la Cour de Parlement. *Filleau, part. 3. tit. 11. chap. 36.*

RANG, PROCUREURS DU ROY.

19   Rang des Procureurs & Avocats Generaux, & des Procureurs & Avocats du Roy. *Voyez le mot Avocat, nomb. 201.*

RANG, REGENT, DOCTEUR.

20   Un Docteur Regent appellé par les Docteurs de Valence en l'Univerfité de ladite Ville, doit avoir féance au feptiéme rang des Docteurs numeraires. *M. Expilly, Arrêt 74.*

RANG, SERGENT MAJOR.

21   Conteftation pour la préféance entre le Sergent Major & le Chevalier du Guet de la Ville de Lyon : hors de Cour. *Henrys, livre 2. chap. 21. ne date point l'Arrêt.*

RANG, TRESORIERS DE FRANCE.

22   Du rang & féance d'entre les Treforiers Generaux de France, les Baillifs, Sénechaux, leurs Lieutenans & Officiers des Sieges Préſidiaux, Maires & Echevins. *Filleau, part. 3. tit. 11. chap. 52.*

23   Du rang & féance des Treforiers Generaux de France, & Cour des Aydes, tant aux Audiences qu'en la Chambre du Confeil, où ils ne pourront être que deux; enfemble du rang d'entre les Préſidens des Bureaux, & les Treforiers Generaux. *Filleau, ibidem, chap. 78.*

RAPPEL.

Pour fuivre l'ordre alphabetique il faut commencer par le rappel de ban, & enfuite aller à ce qui concerne le rappel à la communauté & aux fucceſſions.

RAPPEL DE BAN.

1   Le rappel de ban eft appellé *Remeatus.*

2   *De fententiam paſſis & reſtitutis.* D. 48. 23... C. 9. 51. ult... C. Th. 9. 43. Des Lettres de rappel de ban ou de galeres, felon nôtre ufage.

2   *De Exbannitis.* Per Barto. de Saxoferrato.

3   Du rappel de ban. *Voyez le mot Banniſſement, nomb. 42. & fuiv. & les Ordonnances recueillies par Fontanon, to. 1. liv. 3. tit. 77.*

4   Des condamnez aux galeres, déchargez par Lettres de rappel. *Voyez le mot Galeres, nomb. 14. & fuiv.*

5   Rappel de ban ou de galeres ne fe peut rapporter qu'à l'honneur, renommée, & biens non confifquez du rappellé, principalement après que le droit eft acquis à un tiers par arrêts & chofes jugées. *Mainard, liv. 5. chap. 80.*

RAPPEL A LA COMMUNAUTÉ.

5 bis.   Convention faite pendant le mariage pour rappeller la femme à la communauté, ne vaut. *Voyez le mot Communauté, nomb. 19.*

6   *Voyez le neuviéme plaidoyé de M. Gaultier, tome 2.* fur le rappel fait à la communauté d'une femme mariée en pays de Droit écrit. Arrêt du 28. Mars 1640. qui juge n'y avoir lieu.

RAPPEL, CONSENTEMENT.

7   Ceux qui ont une fois confenti à une repréfentation ou rappel n'en peuvent refilir ni s'en départir, excepté celuy de la fucceſſion duquel il s'agit. *Chopin, Coûtume de Paris, liv. 2. tit. 4. n. 8.*

8   Si l'heritier *cujus intereſt* confent, l'oncle peut du confentement de fon frere ou fœur appeller fes neveux à fa fucceſſion avec eux, & faire qu'ils fuccedent également. Arrêt du 7. Septembre 1564. par lequel une tante a été déboutée des Lettres de refciſion par elle

Tome III.

prifes contre le teftament de fon frere, parce qu'il rappelloit fes neveux & qu'elle avoit foufcrit. *Papon, liv. 21. tit 1. n. 13.*

DISPOSITIONS DES COUSTUMES.

9   En la Coûtume de *Beauvais* les neveux rappellez par le teftament de leur oncle, font fondez à demander pareille part & portion en la fucceſſion que leur défunte mere eût pû faire, & que tel rappel n'eft point un legs reductible en cette Coûtume. Prononcé en Robes rouges le Mardy 23. Decembre 1614. *M. Bougnier lettre S. nomb. 13.*

10   Jugé en la Coûtume de *Blois* le 18. Février 1634. que le rappel d'arriere-neveux, fait non par un teftament, mais par un acte ou déclaration paſſée pardevant deux Notaires, ne pouvoit valoir que par forme de legs. *Soëfve, tome 2. Cent. 2. chap. 13.*

11   Par la Coûtume de *Bourgogne* tant qu'il y a hoirs mâles, la fille dotée eft excluse de fa fucceſſion, & ne peut être rappellée pour fucceder avec les mâles à titre d'heritiere ; mais les pere & mere lui peuvent leguer & donner, *fed non per modum quotæ,* & celuy qui eft rappellé par teftament, ne peut intenter complainte, parce qu'il n'eft faifi par la Coûtume ; tel rappel fans le confentement des pere & mere, & iceux vivans fait par ceux qui font rappellez feroit nul, comme fais *fuper hereditate viventis,* fuivant la *L. fin. C. de pact.* Jugé par Arrêt, autrement le rappel fait des petits fils ès Coûtumes où la repréfentation n'a lieu, a tel effet que la repréfentation excepté ès Coûtumes où ceux qui font en pareil degré font appellez pour les fiefs. *Bouvot, tome 2. verbo Dot, queſt. 9.*

12   Un pere noble en *Bretagne* marie fa fille à moindre part que fa legitime, le furplus appartient à l'aîné; on demande fi au préjudice de ce droit acquis à l'aîné, le pere peut rappeller la fille à fa fucceſſion? *Hevin fur Frain, page 875.* femble tenir la negative.

13   Dans la Coûtume de *Meaux* qui n'admet point la repréfentation en collaterale, un teftateur ayant des fœurs & des neveux, peut rappeller tous les neveux, & leguer à un d'eux à condition de renoncer au profit des autres, fans que les fœurs du teftateur puiſſent profiter de cette renonciation. Jugé le dernier May 1639. *Bardet, to. 2. liv. 8 ch. 12.*

14   En la même Coûtume de *Meaux* le rappel *intrà terminos juris,* vaut pour partager la fucceſſion. Arrêt du 9. Juin 1687. *Journal du Palais.*

Du rappel à la fucceſſion en ligne collaterale en la Coûtume de *Montargis. Voyez le Veſt, Arr. 224.*

15   C'eft une maxime certaine en *Normandie* que les freres peuvent rappeller leurs fœurs à partage, finon lors que les promeſſes de mariage faites aux fœurs par le pere ont été entierement payées en meubles ou argent ; de forte que quand il en eft encore dû partie, les freres peuvent fe difpenfer d'en faire le payement en rappellant leurs fœurs à partager, & leur faifant rapporter ce qu'elles ont eu pour le faire rentrer dans la compoſition de leurs partages : mais la queftion fe préfenta au Parlement de Roüen le 2. Juillet 1680. de fçavoir fi une fœur rappellée à partage étoit obligée de rapporter ce qui avoit été ftipulé pour fon mobil du mari après fon traité de mariage. Le Bailly de Roüen y avoit condamné la fœur des nommez Poiſſons Chapelliers à Roüen, dont appel à la Cour. La Sentence fut confirmée. *Voyez le Recueil des Arrêts notables du Parlement de Normandie, page 116.* étant enfuite de l'esprit de la même Coûtume.

16   Le rappel fait à l'égard d'un des enfans, doit être reputé fait au regard de tous les autres, ès Coûtumes où la repréfentation n'a point de lieu : ainſi jugé dans la Coûtume de *Ponthieu* le 27. Janvier 1648. La raifon donnée par M. Talon Avocat General, eft que quand un pere ou une mere veulent déroger au droit public, & à la loy établie par la Coûtume pour

un interêt domestique & particulier, ils ne le peuvent pas faire en faveur de leurs enfans au préjudice des autres. Soëfve, tom. 1. Cent. 2. ch. 58.

17 Le rappel jugé valable en la Coûtume de *Senlis*, encore qu'il n'y ait representation en ligne collaterale. Prononcé à Noël 1614. *Montholon*, *Arr.* 125. *Voyez M. Rouguier*, *lettre S. nomb.* 13. où il rapporte l'Arrêt plus au long que Montholon.

18 Dans la Coûtume de *Senlis*, le rappel fait par un oncle de ses neveux, issus d'un frere & d'une sœur, les fait succeder également avec leur tante sœur du défunt, même à l'égard des fiefs, & sans exclusion de part ni d'autre. Jugé le 12. Février 1635. *Bardet*, *tom.* 2. *liv.* 4. *ch.* 3. & Du Frêne, *liv.* 3. *ch.* 10.

19 Le rappel fait par un oncle de ses niéces & de leurs enfans à sa succession future, & ce par contrat de mariage, a effet de representation. Jugé en la Coûtume de *Senlis* par Arrêt du six Mars 1660. Soëfve, *tome* 2. *Cent.* 1. *ch.* 13.

20 Le rappel des parens plus éloignez, ne pouvant valoir que par forme de legs, le legs doit être entendu de tous les meubles & acquêts, & de la part des propres, dont on peut disposer par la Coûtume, Ainsi jugé par Arrêt du 22. Janvier 1665, dans la Coûtume du *Vitry*. Idem, *to.* 2. *Cent.* 3 *ch.* 44.

RAPPEL DE NEVEUX.

21 Arrêt solemnel du Parlement de Paris en Septembre 1564. par lequel il a été jugé que les neveux rappellez par le Testament de leur oncle, succederoient avec leur tante, laquelle avoit signé le Testament. Papon, *liv.* 21. *tit.* 1. *n.* 20.

22 Rappel des neveux à la succession par contrat de mariage, encore que ceux *de quorum interess agitur, non sint vocati*, est bon. Arrêt du 4. Mars 1567. *Le Vest*, *Arr.* 90. *Voyez* Brodeau *sur M. Loüet lett. R. somm.* 7.

23 Un Testateur ne peut rappeller les enfans de son frere décedé, pour succeder avec ses freres és Coûtumes, où il n'y a point de representation en ligne collaterale. Arrêt à Pâques 1567. *Peleus*, *quest.* 29. *Voyez Charondas*, *liv.* 11. *Rép.* 50. où vous trouverez le même Arrêt.

24 Un Testateur peut rappeller par son testament les filles de son frere décedé ; du moins ordonner qu'elles ayent en sa succession telle part & portion que leur pere, s'il eût vécu lors de son décés, & en cas d'empêchement, laisser & leguer à ses niéces cette part, suivant l'Arrêt du 11. Avril 1571. de la succession de Jacques Guillemet, au profit des enfans de Thomas Bailly, confirmatif de la Sentence donnée à *Troyes* le 19. Février 1570. *Voyez la Bibliotheque de Bouchel*, verbo Rappel.

25 Par Arrêt donné au profit de M. le Président de Thou, & prononcé en Robes rouges en 1604. le rappel fait par l'oncle de ses neveux à sa succession, a été declaré bon & valable : il fut dit que les neveux auroient en lot autant qu'eux & leur pere. Idem, verbo Rappel.

26 Un grand oncle ordonne que sa niéce, & les enfans issus du premier & second lit d'icelle, succederont également & directement à luy, même il fait depuis un prélegs au posthume, dont sa niéce étoit enceinte du troisième lit : on demande si les autres enfans procreez de ce troisiéme mariage, depuis la mort de leur grand oncle, seront appellez à sa succession, aussi-bien que les autres conçus & nez du vivant du grand oncle. Arrêt du Parlement de Paris du 23. May 1609. qui juge l'affirmative. On interpreta ces mots, *enfans nez & à naître jusqu'à son trépas*, non du sien propre, mais de celuy de sa niéce, *quo desinerent parere*. Voyez les *Reliefs Forenses de Roüillard*, chap. 45.

27 Un Testateur declare qu'il a pour heritiers un sien frere, les enfans & heritiers d'un autre frere predecedé, & les enfans & heritiers de deux autres sœurs

---

predecedés. Jugé que cette disposition avoit forcé de rappel à l'égard de ses neveux & petits-neveux, *ex presumptâ mente testatoris*. Arrêt du 9. Avril 1666. Soëfve, *tom.* 2. *Cent.* 3. *ch.* 74.

RAPPEL, RENONCIATION.

La fille qui a renoncé, peut être rappellée par son **28** pere, non comme heritiere, mais comme legataire, suivant ce qu'il peut leguer par la Coûtume. Arrêts des 24. Mars 1567. & 11. May 1574. Davantage, le rappel contractuel d'un frere vers la sœur à la succession en faveur de mariage, a lieu au préjudice de la Coûtume, même à l'égard de ses enfans. Arrêt general du 25. Mars 1567. Papon, *livre* 21. *titre* 1. *nomb.* 29.

Par Arrêt prononcé en Robes rouges le 11. May **29** 1574. entre Messire Claude de Dion & consors d'une part, & Dame Marguerite de Rix, & consors, d'autre part, jugé que les filles qui ont renoncé à la succession de pere & mere par contrat de mariage, peuvent être legataires à leur pere, & rappellées par le testament paternel. Le *Vest*, *Arr.* 134.

Le pere qui fait par son testament quelque legs par **30** forme de supplément à la fille qui a renoncé, ne la rappelle pas à sa succession, ou à la demande du droit de legitime : *Voyez* Henrys, *tom.* 1. *livre* 4. *chap.* 3. *quest.* 11.

Le pere donnant pouvoir à la mere d'augmenter **31** la constitution des filles qui ont renoncé, les legs que la mere leur fait, doivent être augmentez jusqu'à la valeur de leurs legitimes. Arrêt du 14. Juillet 1631, Henrys, ibid. qu. 12.

RAPPEL, REVOCATION.

Patronus qui fratris ad successionem suam admitti voluerat, pœnitere & voluntatem suam revocare **32** *potest.* Arrêt du 27. May 1582. Anne Robert, *rerum judicat. liv.* 3. *ch.* 16.

Le rappel fait par testament est revocable ; *Secus*, **33** par contrat de mariage : si par testament, ou il est fait à ceux qui representent & sont heritiers présomptifs, en ce cas ils prennent leur part & portion dans la succession, ou bien à ceux qui sont *extrà terminos juris*; en ce cas le rappel vaut *per modum legati*, & est reductible. Arrêt du 22. Janvier 1665. *Voyez* Henrys, *tom.* 2. *liv.* 4. & *M. Loüet*, *lett. R som.* 9.

Si le rappel des heritiers, qui sont *extrà terminos* **34** *representationis*, ayant été fait par un testament signé du Testateur & de deux Notaires, peut être valablement revoqué par un Acte signé du même Testateur ; & du Notaire seul qui a reçu le testament ? Arrêt du 15. Mars 1667. qui appointe les parties au Conseil. La Sentence, sans avoir égard à la revocation, avoit ordonné l'execution du testament. Soëfve, *tom.* 2. *Cent.* 3. *ch.* 93.

RAPPEL, SUCCESSION.

Des rappels, soit dans le cas de l'exclusion coûtumiere des filles dotées, soit dans le cas de leur re- **35** nonciation ; du rappel qui repare le défaut de representation ; du rappel qui vient après l'exheredation. *Voyez* M. le Brun, *traité des Successions*, *liv.* 3. *ch.* 10. Voyez le traité des Propres, *ch.* 2. *sect.* 8. & M. Ricard, *traité des Donations entre-vifs*, 1. part. chap. 4. *sect.* 2. *distinct.* 3. *nomb.* 1070. Henrys, *to.* 2. *liv.* 4. *quest.* 7. Bacquet, *des Droits de Justice*, *ch.* 21. *n.* 71. & M. Loüet, *let. M. somm.* 4.

Le rappel aux successions est soûtenu par droit de **36** legs, si directement il ne peut valoir. Chopin, *Coûtume de Paris*, *liv.* 2. *tit.* 4. *n.* 8.

Si la fille dotée & appanée sans reservation, peut **37** être rappellée par ses pere & mere à succession ? *Voyez* Coquille, *tom.* 2. *quest.* 129.

On ne peut faire rappel à succession au profit de **38** ceux qui en sont exclus, que jusqu'à la concurrence de ce dont on peut disposer par testament, & en ce cas le testateur peut ajoûter cette clause, que, *ou ses heritiers voudroient recevoir ses legataires à representer*

leurs pere & mere prédecedez, *en ce cas le legs demeure-roit nul*, *& fans effet.* Brodeau fur M. Loüet, *lett. P. fomm.* 24. *nomb.* 13. *fine.*

39   Le 30. Juillet 1528. en une caufe qui fut appointée au Confeil, entre Gilles de Laval, Baron & Sieur de la Haye, & de Maille & fa femme demandeurs, & Dame Loüife de Bourbon, Dame de la Roche-fur-Yon, & autres défendeurs, M. Poyet plaidant pour les demandeurs, allegua que fi *ftatuto aut confuetu-dine filia à fucceffione patris exclufa effet*, il n'eft en la faculté du pere de la rappeller à la fucceffion : *aliud. fi à patre fimpliciter, non autem à ftatuto aut confuetu-dine exclufa effet.* Telle eft l'opinion de Balde en la Bibliotheque de Bouchel, *verbo* Rappel.

40   Par Arrêt de la prononciation de Noël 1614. rapporté par *Montholon*, *Arr.* 126. rendu en la Coûtume de *Senlis*, le rappel a été jugé valable, encore que par ladite Coûtume, la reprefentation en ligne collaterale n'eût point lieu. Tronçon, *fur la Coûtume de Paris*, *art.* 320. rapporte le même Arrêt.

41   Le rappel ayant été fait, & la reprefentation accordée par convention entre deux freres, fans que ce-luy, *de cujus fucceffione agebatur*, y eût prêté fon confentement, étoit valable ; la caufe appointée le 29. Decembre 1556. & depuis une femblable a été declarée nulle par Arrêt du premier Juillet 1620. *Brodeau, fur M. Loüet, lettre R. fomm.* 9. *nomb.* 12. *fine.* où il eftime qu'une convention de rappel feroit valable, quoique faite fans le confentement de celuy de la fucceffion duquel il s'agit, lors qu'il eft en démence.

42   Le rappel par contrat de mariage en fucceffion collaterale, opere que la fucceffion fe partage par fouches, & non par têtes. Arrêt du 6. Mars 1660. *De la Gueffiere*, *tom.* 2. *liv.* 3. *ch.* 9.

43   Le rachat à une fucceffion étant faite *intrà termi-nos juris*, c'eft une veritable fucceffion qui rend les biens propres au rappellé. Arrêt du Parlement de Paris du 9. Juin 1687. *Journal du Palais*, in fol. *to.* 2. *pag.* 665.

RAPPORT.

1   R Apport qui fe fait en Juftice, ou rapport qui fe fait aux fucceffions.

RAPPORT DE CHIRURGIENS.

Des rapports des Medecins & Chirurgiens. *Voyez* l'Ordonnance de 1670. *tit.* 5.

RAPPORT D'ECRIVAINS.

2   *Voyez* le mot *Ecriture*, *nomb.* 9. *& fuiv. &* le mot *Faux*, *n.* 104. *& fuiv.*

RAPPORT D'EXPERTS.

3   *Voyez* le mot *Experts*, *nomb.* 12. *& fuiv. &* le mot *Eftimation.*

Si les Prud'hommes accordez pour vifiter un moulin, rapportent que tout eft en bonne raparation ; fi l'on peut alleguer faits au contraire de ce rapport, & requerir nouvelle vifite par autres Experts ? *V. Bouvot*, *tome* 1. *part.* 2. verbo *Rapports de Prud'hommes.*

4   Des rapports qui fe font par Experts. *V.* Coquille, *tome* 2. *qu.* 300.

5   Défenfes de recevoir rapport d'Artifans, & autres pareils en quelque art que ce foit, s'ils ne font Jurez, en la prefence des parties, & s'ils ne rendent raifon de leur dire. Arrêt du Parlement de Bretagne du 22. Août 1555. *Du Fail*, *liv.* 1. *ch.* 46.

6   Des defcentes fur les lieux, taxes des Officiers qui iront en commiffion, nomination & rapports d'Experts. *Voyez* l'Ordonnance de 1667. *tit.* 21.

RAPPORT D'HUISSIERS.

7   *Voyez* le mot *Huiffiers*, *n.* 28.

8   Quand un Huiffier rapporte qu'il a été injurié & maltraité, fon rapport fait foy, & cela fondé fur le ferment que tels Officiers font lors de leur reception, de ne faire que de veritables rapports. Arrêt du Parl.

de Grenoble du 2. Juillet 1630. portant ajournement perfonnel contre celuy qui avoir maltraité l'Huiffier. Cependant fon rapport n'étoit attefté que de deux témoins, l'un defquels avoit figné, & l'autre avoit declaré qu'il ne fçavoit écrire. Il y a auffi des cas où des rapports fans témoins font foy, comme font ceux des Gardes de la Gabelle, & ceux des Champiers, c'eft-à-dire, Garde-Bois du Dauphiné. Arrêt du Parlement de Grenoble du 17. Juin 1674. *Chorier en fa Jurifprudence de Guy Pape*, *pag.* 111.

RAPPORT EN SUCCESSION.

Rapport de biens. *Bonorum collatio.*

9   Les enfans émancipez qui demandent part en la fucceffion paternelle, doivent rapporter ce qu'ils ont reçû.

De collatione bonorum. D. 37. 6... *Paul.* 5. 8. §. 4.
De collationibus. C. 6. 20.
De collatione dotis. D. 37. 7... *N.* 97. *c.* 6.
Undè liberi. C. *Th.* 4. 1. Ce titre parle du rapport de biens, quand la fille dotée revient à la fucceffion paternelle.

10   De la nature du rapport de biens ; celuy qui doit rapporter recouvre les dépenfes faites pour les biens fujets au rapport ; des perfonnes obligées au rapport & à qui il doit être fait ; de ce qui eft fujet au rapport, & de ce qui n'y eft pas fujet. *Voyez* le 3. tome *des Loix Civiles*, *liv.* 2. *tit.* 4.

11   Des rapports. *Voyez* le mot *Avantage*, *nomb.* 54. 55. 60. 61. M. le Brun, en fon Traité des Succeffions, *liv.* 3. *ch.* 6. Bouvot, *tome* 2. *p.* 110. Henrys, *tome* 2. *li.* 6. *qu.* 1. *&* les Arrêtés faits chez M. le Premier Préfident de Lamoignon, recueillis dans le Commentaire de M. Barthelemy Auzanet, *fur la Coût. de Paris.*

12   Le rapport *eft collatio rei propria illatio in commune fivè medium ut communi hæreditati permixta æqualiter inter omnes cohæredes dividatur.* Le rapport n'a été introduit qu'entre les enfans, & par l'ancienne Jurifprudence, il étoit feulement ordonné entre les enfans émancipez & les heritiers fiens. Par la difpofition du Droit nouveau tous les enfans rapportent les uns aux autres, foit qu'ils fuccedent en vertu du teftament de leur pere ou *ab inteftat*, à moins que le pere n'eût declaré expreffément qu'il ne vouloit pas que le rapport fe fit.

13   Le rapport eft fondé fur l'avantage de celuy qui reçoit le bienfait, & fur la diminution de la maffe commune.

14   Si pere ou mere vend à l'un de fes enfans un heritage, aprés fon décés les autres coheritiers de l'acheteur, le peuvent contraindre de le rapporter & remettre en la maffe hereditaire, en le rembourfant de ce qu'il aura débourfé. *Vide.* L. *Teftator* §. *quatuor. de legat.* 2. J'ay appris de M. Mathieu de Fontenay, ancien & trés-docte Avocat, dit *Bouchel*, *en fa Bibliotheque*, verbo *Rapport*, qu'il y en a eu Arrêt en 1643. luy & M. Riant plaidans, l'une des parties étoit M. Pied-de-feu, Avocat & Confeiller au Châtelet.

15   *Ea quâ filius capit ab avo, vel aviâ, donatione inter vivos patre ftipulante pro filio, non conferuntur à filio in fucceffione ab inteftato patris.* Arrêt du 13. Septembre 1571. *pro quo placito facit* L. *jubemus* C. *ad Trebell. maximè fi dotem integram matris habeat fulgos. in* L. *illam.* C. *de collat. & heredes matris fint.* Anchar. *Confil.* 305. *&* 365. La Rocheflavin, *livre* 6. *titre* 59. *Arrêt* 2.

RAPPORT, ALIMENS.

16   Les nourritures fournies par une ayeule à fa petite fille pendant plufieurs années dans fa maifon, ne font point fujettes à rapport par fa mere venant à fa fucceffion. *Soëfve*, *to.* 1. *Cent.* 3. *ch.* 6. rapporte l'Arrêt rendu le 20. Août 1649.

Voyez les mots, *Alimens*, *Nourritures.*

RAPPORT, COLLATERAUX.

17   Les heritiers collateraux tenus & reputez pour étrangers, & entr'eux ceffe le rapport qui eft intro-

duit pour conserver l'égalité entre les enfans & non entre les collateraux. *Brodeau sur M. Loüet, lett. D. Somm.* 17. *n.* 10.

18 On peut être donataire entre-vifs & heritier. Un oncle donne à sa niéce en la mariant une somme de 40000. *liv. avec la condition de rapport, en cas qu'elle, ses enfans ou son pere vinssent à la succession de luy donateur;* la niéce renonce à la succession de son oncle ; le frere de la niéce heritier de l'oncle par le prédecez de son pere condamné à rapporter. Arrêt du 23. May 1688. *Journal du Palais.* Cette condition de rapport est attachée au degré, & non aux personnes dénommées dans la condition de rapport.

RAPPORT, COMMUNAUTE'.

19 Des rapports qui se font à la Communauté continuée. *Voyez le Brun, en son Traité de la Communauté, liv.* 3. *ch.* 3. *Sect.* 6.

RAPPORT, COUSTUME D'AMIENS.

20 En la Coûtume d'Amiens les petits enfans ayant renoncé à l'heredité de leurs pere & mere, venans à la succession de leur ayeul, par réprésentation avec leurs onoles, sont tenus de rapporter non seulement les dons & avantages faits à leurs pere & mere, mais aussi les sommes de deniers qui leur ont été prêtées par leur ayeul, pour être mis en partage. Arrêt du 14. Janvier 1617. *M. Bouguier, lett. R. nomb.* 19.

RAPPORT, COUSTUME D'ANJOU.

21 En Anjou femme noble à qui on baille en mariage des meubles, ne peut être contrainte par ses coheritiers de les rapporter. *Chopin, Coût. de Paris, liv.* 1. *tit.* 1. *n.* 5. Voyez *Peleus, qu.* 74. & *qu.* 160.

22 A Tours, Anjou, le Maine, les filles mariées ne peuvent se tenir à leur don, elles sont tenuës de rapporter. Arrêt du 26. Juin 1607. *Mornac, L.* 35. *ff. familia erciscundæ.*

23 En succession collaterale d'un grand-oncle, le petit fils réprésentant son ayeule sœur dudit grand oncle défunt, il a été jugé qu'il rapporteroit à sa succession les dettes payées par ledit grand oncle à l'acquit de sa sœur ayeule du petit fils ; encore que le pere dudit petit fils eût renoncé à la succession de sadite ayeule, par la réprésentation de laquelle il venoit à la succession du grand oncle. Jugé le 28. Février 1625. *M. le Prêtre, ès Arrêts de la cinquiéme.*

24 Jugé par Arrêt du 24. Mars 1662. en la Coûtume d'Anjou, que le prix de l'Office de Lieutenant General de la Fléche valant soixante mille liv. donné par le pere à l'un de ses enfans, ne doit en cas de renonciation à sa succession être rapporté au profit des creanciers du pere. *Notables Arrêts des Audiences, Arrêt* 74. & Soëfve, *tome* 2. *Cent.* 2. *ch.* 61. Le rapport n'a lieu qu'en faveur des coheritiers.

RAPPORT, COUSTUME DE BRETAGNE.

25 Dans la Coûtume de *Bretagne,* entre gens roturiers & du bas état, l'un ne peut être avancé plus que l'autre, soit en meubles ou heritages és successions de pere & mere communs ; ainsi jugé le 9. Septembre 1566. Il y a lieu au rapport. *Du Fail, liv.* 1. *ch.* 229. où il est observé par *M. Sauvageau,* que le rapport se fait pareillement aux creanciers acceptans beneficiairement ou renonçans, suivant l'article 574. de la Coûtume & les Arrêts donnez sur ce sujet.

RAPPORT, COUSTUME DU MAINE.

26 Dans le Maine femme noble à qui on a baillé en mariage des meubles, ne peut être contrainte par ses coheritiers de les rapporter. *Chopin, Coût. de Paris, livre* 1. *titre* 1. *nombre* 5. Voyez *Peleus, quest.* 74. & *quest.* 160.

27 Enfant donataire du pere d'une somme de deniers qui renonce à sa succession dans la Coûtume du Maine, n'est tenu au rapport envers les creanciers anterieurs à sa donation. *Voyez Bardet, tome* 1. *livre* 1. *ch.* 43. où après avoir observé plusieurs Arrêts, il dit que si la donation est d'un immeuble, le creancier anterieur n'a que l'action hypotequaire, & ne peut

demander le rapport ; la donation n'étant que de chose mobiliaire, le creancier anterieur n'a aucune action, parce que les meubles n'ont suite par hypoteque.

28 Jugé le premier Juillet 1653. en la Coûtume du Maine, que les fruits ou interêts de ce qui a été donné par le pere & mere à leurs enfans en avancement de droit successif ou autrement, sont sujets à rapport par les enfans avec le principal, au jour du decez de leurs pere & mere ; quoique par le contrat de mariage chacun la donation, il soit convenu que le survivant des pere & mere joüira des meubles & conquêts du prédecedé sa vie durant, pourvû qu'il ne se remarie. *Soëfve, tome* 1. *Cent.* 4. *ch.* 45.

29 En la Coûtume du Maine une femme conjointement avec son mary, s'oblige à la dot de leurs enfans ; le mari la paye pendant leur communauté ; le mari decede, la femme renonce à la communauté ; elle est obligée de rapporter de son bien au profit des creanciers de son mari la moitié de la dot à laquelle elle s'étoit obligée. Jugé le 21. Février 1660. *Notables Arrêts des Aud. Arr.* 40.

30 Jugé par Arrêt du 5. Septembre 1663. que les enfans en la Coûtume du Maine, ne sont pas obligez de rapporter au profit des creanciers anterieurs à la donation qui leur a été faite par leur pere. *Soëfve, to.2. Cent.* 2. *chap.* 95.

RAPPORT EN NORMANDIE.

31 Par Arrêt du 2. Juin 1525. il a été jugé qu'un pere ne pouvoit par son testament avantager en meubles une de ses filles plus que l'autre, c'est-à-dire, avenant à la succession ; car quand il y a des mâles, & que le pere a marié des filles, une de ses filles se peut tenir à ce qui lui a été donné, sans être tenuë de rapporter, n'étant point heritiere. *Berault, sur l'art.* 434.

31 bis. Par Arrêt du Parlement de Normandie du dernier Janvier 1602. rapporté par *Berault, sur la Coûtume de Normandie, art.* 359. jugé que la fille succedant avec ses sœurs à son frere qui a été heritier de son pere, devoit rapporter ce qu'elle avoit eu en mariage, à cause de l'avantage indirect.

32 Par Arrêt d'Audience de la Chambre de l'Edit du 29. Novembre 1606. rapporté par *Berault, Ibidem,* jugé que la fille du premier mariage heritiere de son frere, ayant eu les biens de son pere par démission, en devoit faire part à ses autres sœurs venuës du second mariage de leur pere.

32 bis. Par Arrêt du douziéme May 1628. il a été jugé que la fille reservée à partage heredital, étoit obligée de rapporter à la succession le don mobiliaire qui lui avoit été fait, rapporté par *Terrien, liv.* 6. *ch.* 5. in verbo *des Filles.* Le même avoit été auparavant jugé le 15. Janvier 1617. *Ibidem.*

33 L'avancement d'heredité fait aux filles est sujet à rapport. Arrêt du Parlement de Normandie du 9. Juin 1681. le contraire avoit été jugé dans une affaire semblable. *Voyez Basnage, sur l'article* 260. *de cette Coûtume.*

34 Cette question, si les sœurs mariées par le pere, & revenans à succeder à leur frere avec leurs autres sœurs qui n'ont point été mariées, étoient tenuës de rapporter ou moins prendre, a été long-temps problématique au Palais. Les Arrêts qui l'ont décidée, y ont fait cette distinction, que quand après la mort du pere & du frere, il reste des sœurs à marier, les sœurs mariées venans à la succession du frere étoient obligées de rapporter, ou bien les sœurs non mariées pouvoient lever une pareille somme, parce que leur mariage leur étoit dû sur la succession du pere ; c'est proprement la succession du pere qui est à partager ; mais quand elles ont toutes été mariées par le pere & le frere, & qu'il n'est rien dû de leurs mariages, il n'y a plus lieu au rapport, parce que c'est la succession du frere qu'il faut partager. Cela a été jugé par les Arrêts rapportez par *Berault* ; & depuis le 25. Juin 1663.

l'article 68. du Reglement de 1666. y eſt formel. Autre Arrêt du 4. Juillet 1670. Préſentement on ne doute plus de cette maxime, & l'on ne doute plus auſſi que la ſœur ſoit reſervée à partage, ou que le frere demande la réduction de ce qui lui a été promis en mariage, ne ſoit obligée de rapporter la ſomme donnée pour don mobil à ſon mari. Jugé par Arrêts des 8. Février 1667. & 2. Juillet 1680. On a voulu étendre cette regle au delà des ſœurs ; mais par Arrêt du Parlement de Roüen du premier Août 1656. il a été jugé que les ſœurs mariées venans à la ſucceſſion de leurs neveux avec leurs ſœurs non-mariées, ne ſont tenuës de rapporter. *Baſnage, ſur l'art. 359. de la Coût. de Normandie.*

35   Les freres prenant la part des ſœurs, ne ſont tenus de rapporter que ce qui leur appartenoit. Ainſi jugé au Parlement de Roüen. *V. Berault, & Baſnage, ſur la Coût. de Normandie, art. 362.*

36   Entre coheritiers les enfans & petits enfans ſont tenus de rapporter. C'eſt en Normandie un uſage fort ancien. Arrêts des 8. Février 1526. & 13. Mars 1622. C'eſt auſſi la diſpoſition de l'article 88. du Reglement de 1666. qui n'oblige pas ſeulement les petits enfans à rapporter ce qui a été donné à leur pere, mais auſſi ce qui a été payé pour lui. Arrêt du 16. Mars 1658. Il n'en eſt pas de même, lors que ce rapport eſt demandé aux petits enfans par les creanciers ; alors ils en ſont diſpenſez, comme il a été jugé. Les petits enfans de Nicolas Miré venant avec leur oncle à la ſucceſſion de leur ayeul comme repréſentant leur pere, à la ſucceſſion duquel ils avoient renoncé, demanderent leur part au tiers coûtumier. Les creanciers, ſuivant l'article 401. de la Coûtume de Normandie, ſoûtenoient qu'ils devoient rapporter les 3000. l. que leur pere avoit eus. Par Arrêt du Parl. de Roüen du 10. Septembre 1641. ils furent déchargez. Non ſeulement les petits enfans renonçant à la ſucceſſion de leur pere & ſuccedant à leur ayeul, ſont déchargez de rapport de meubles ; mais les enfans mêmes ſuccedant à leur pere qui leur avoit donné, n'y ſont pas ſujets, comme il fut tenu pour maxime certaine lors de l'Arrêt de Miré, & encore le 9. Janvier 1660. pour M. le Duc de Longueville. *Baſnage, ſur l'art. 401. de la Coût. de Normandie.*

37   Si les portions des ſœurs mariées, ou de celles qui ſe tiennent à leurs dons pour ne rapporter point, doivent céder au profit des creanciers ou des demandeurs en tiers coûtumier ? Il faut faire diſtinction entre les immeubles & les meubles. Si quelques-uns des enfans fils ou filles ont été avancez par leur pere ou mere de quelques immeubles, s'ils ne veulent point rapporter, en ce cas leur portion n'accroît point aux demandeurs en tiers coûtumier ; mais elle eſt diſtraite du tiers pour tourner au profit des creanciers ; s'ils n'ont eu que des meubles, comme ils ne ſont point ſujets à rapport à l'égard des creanciers, ils ne diminuent point le tiers coûtumier ; mais la part de celui qui n'y veut rien prendre, accroît aux autres enfans. Cette diſtinction eſt appuyée ſur des Arrêts rendus au Parlement de Roüen les 14. Avril 1644. 8. Janvier 1655. 13. Février 1661. Depuis cet Arrêt, on avoit tenu au Palais que les ſœurs mariées qui ſe renoient à leurs avancemens pour ne rapporter point ce qui leur avoit été donné, faiſoient part au profit des creanciers ; mais on a donné atteinte à cette maxime par autre Arrêt du 13. Février 1676. Et par Arrêt rendu le 29. Avril 1684. il a été jugé que la part de la fille mariée qui renonçoit à la ſucceſſion de ſon pere, & qui ne vouloit prendre part au tiers coûtumier, pour ne point rapporter ce qu'il luy avoit été donné, accroiſſoit aux creanciers, & non aux autres filles qui demandoient le tiers en integrité. L'opinion la plus commune & la plus ſuivie au Palais, eſt qu'à l'égard des creanciers les meubles donnez par le pere aux enfans, ne ſont point ſujets à rapport, & que tant s'en

faut que la part de ceux qui s'abſtiennent, tourne au profit des creanciers, que ceux mêmes qui prennent le tiers coûtumier, ne ſont point obligez de rapporter les meubles qui leur ont été donnez, & que le tiers entier leur appartient ſans aucune diminution. *Voyez Baſnage, ſur la Coûtume de Normandie, art. 401.*

38   Quoique les meubles donnez aux enfans ne ſe rapportent point à l'effet de diminuer le tiers coûtumier, il a été jugé au Parlement de Normandie le 21. Août 1681. qu'une fille ſeroit diminution ſur la part qui luy avoit été adjugée au tiers coûtumier de 600. livres que le pere avoit donnez pour don mobil à ſon mari, la raiſon fut que les enfans ne peuvent avoir leur tiers coûtumier qu'en rapportant les dons & avantages qui leur ont été faits ; or le don mobil conſtitué en faveur du gendre eſt un avantage pour la fille, qui par ce moyen trouve un parti plus avantageux. *Baſnage, Ibidem.*

39   L'article 434. de la Coûtume de Normandie porte, *le pere & la mere ne peuvent avantager l'un de leurs enfans plus que l'autre, ſoit de meubles ou d'heritages ; parce que toutes donations faites par le pere ou mere à leurs enfans, ſont reputées avancement d'hoirie, reſervé le tiers de Caux.* Bien que cet article ne parle que du rapport qui doit ſe faire par les enfans à la ſucceſſion de leurs pere & mere, neanmoins ce rapport eſt auſſi neceſſaire entre les autres heritiers. Ainſi jugé par Arrêt du Parlement de Roüen du 7. Août 1681. *Baſnage, ſur cet art. 434.*

40   En Normandie les joüiſſances d'heritages, de penſions, ou de nourritures, ne ſont ſujettes à rapport. *Baſnage, ſur la Coûtume de Normandie, art. 434.* où il ajoûte, ce qui peut avoir cauſé la difference de nôtre uſage d'avec celuy de Paris, eſt qu'à Paris l'heritier avancé ſe peut tenir à ſon don, s'il ne veut pas s'y tenir, il eſt raiſonnable qu'il rapporte ſans diſtinction toutes les choſes dont il a profité ; mais en Normandie où le rapport eſt forcé, & où les enfans n'ont pas la liberté de choiſir, il ſeroit dur qu'un fils venant à la ſucceſſion de ſon pere, trouvât ſa portion hereditaire conſumée par des nourritures que ſon pere étoit obligé par toutes ſortes de raiſons de luy fournir. Cette Juriſprudence eſt établie depuis long-temps en cette Province. *V. Ibidem,* où il rapporte des Arrêts du Parlement de Roüen des 17. Mars 1622. 28. Juin 1625. & 9. Mars 1638.

41   Les dettes payées par pere ou mere pour l'un de leurs enfans, ſe doivent rapporter. Arrêt du Parlement de Roüen du 14. May 1658. *Baſnage, Ibid.*

42   Le rapport ſe fait entre coheritiers & en leur faveur ſeulement ; mais cette action pour rapporter n'appartient pas aux creanciers, comme il fut décidé au Parlement de Roüen le 9. Janvier 1660. en la Cauſe de Martin, & M. le Duc de Longueville. On jugea que la femme de Martin renonçant à la ſucceſſion de ſon pere, & ne prenant que ſon tiers, n'étoit point obligée de rapporter les meubles donnez à elle & à ſon mari pour don mobil. *Baſnage, ſur la Coût. de Normandie, art. 434.*

43   Dans les lieux où la communauté a lieu, ſi les filles ont été mariées ſur la part de la mere des deniers de la communauté, le rapport ſe doit faire à l'une & à l'autre ſucceſſion par moitié, mais en Normandie où les conjoints par mariage ne ſont point communs, le rapport de l'argent ou des meubles donnez par le pere & la mere ne ſe fait qu'à la ſucceſſion du pere. On avoit neanmoins introduit un uſage contraire en la Ville d'Alençon ; les pere & mere en mariant leurs filles, les reſervent ordinairement à leur ſucceſſion, en rapportant ce qui leur a été donné. Ce rapport ſe faiſoit par moitié aux deux ſucceſſions ; il fut queſtion de ſçavoir ſi cela ſe pouvoit faire. Deux Arrêts qui ont jugé pour & contre furent citez ; l'un du 27. Février 1669. l'autre du 23. Février 1666. Le 20. Août 1669. Arrêt qui condamne de rapporter à la ſucceſſion

du pere. Arrêt femblable du 20. Juin 1670. quoique la partie ait confenti par fes écrits devant les premiers Juges, de rapporter à l'une & à l'autre fucceffion. *V. Bafnage, fur l'art. 434. de la Coût. de Norm.*

44   Les filles mariées non heritieres ne font tenuës de rapporter ce qui leur a été payé en argent comptant, quoiqu'excedant leur legitime. Si les filles mariées & heritieres peuvent être forcées à rapporter? *V. Bafnage, fur la Coût. de Normandie, article 434.* où il dit, quand les fœurs au temps de leurs mariages ont des freres, quoiqu'ils décedent avant le pere, elles ne font point obligées de fe rendre heritieres, ni de rapporter ce qui leur a été donné, comme il fut jugé par Arrêt du Parlement de Roüen du premier Mars 1678.

45   Le treiziéme & droits Seigneuriaux remis par le pere à un de fes enfans, la dépenfe pour l'éducation, & les frais pour la réception d'un métier ou autre profeffion, ne font point fujets à rapport, non pas même ceux faits pour paffer un Docteur en Médecine à Paris, quoique la dépenfe en foit trés-confiderable. *Bafnage, Ibidem.*

46   Frere doit rapporter ce qui a été donné à fa fœur en faveur du mariage, quand elle fait part à fon profit. Article 50. des Arrêtes du Parlement de Roüen, les Chambres affemblées, le 6. Avril 1666. *Bafnage, tome 1. à la fin.*

RAPPORT, COUSTUME DE PARIS.

47   En la Coûtume de Paris, un petit fils donataire de l'ayeul, n'eft pas obligé de rapporter en la fucceffion de fon pere fils unique de l'ayeule, le don à luy fait par ladite ayeule, ou moins prendre. Arrêt du 23. Février 1632. *Du Frêne, liv. 1. chap. 106. Voyez Brodeau fur M. Loüet, lettre D. Som. 38.*

48   Si dans la Coûtume de Paris les petits enfans heritiers de leur ayeule en confequence des renonciations faites par leurs meres furvivantes, font tenus pour parvenir au partage de la fucceffion de cette ayeule, de faire rapporter par leur mere tous les avantages qu'elles ont reçûs, ou moins prendre à proportion de ces avantages; ou fi le partage fe doit faire entre les petits enfans en l'état qu'eft la fucceffion, fans rapport ni déduction? Arrêt du Parlement de Paris du premier Avril 1686. dont voici les termes :

La Cour ordonne que Mulotté, Praron & Chopelet, au nom de tuteur des enfans du deuxiéme lit viendront à partage, chacun pour un tiers de la fucceffion de deffunte Jacqueline Louvet, lors duquel ladite Mulotté rapportera les donations & avantages faits à Marie-Loüife le Chevalier fa mere, ladite Praron ceux faits à Catherine Chevalier fa mere, & led. Chopelet ceux faits à Jacqueline Arnoulet mere de fes mineurs, par icelle défunte Louvet ; le tout neanmoins jufqu'à concurrence de ce qu'ils amenderont de la fucceffion, enforte qu'aucun d'eux n'y pourra rien prétendre, qu'au préalable le moins avantagé ne foit égalé au plus avantagé, & ce du fond de ladite fucceffion. Aprés lequel également, le furplus, fi furplus y a, fera partagé entre eux, fans qu'en cas que les effets ne fuffifent pour l'également, lefdits Mulotté, Praron, & Chopelet foient tenus de contribuer au rapport de leur tiers propre & particulier. Ainfi la Cour a jugé que les enfans donataires n'étoient pas obligez de rapporter, pour s'égaler ou leurs enfans, s'il n'y avoit aucun fond dans la fucceffion ; neanmoins que les petits enfans confervent leurs qualitez d'heritiers, pour partager le bien qui pouvoit être dans la fucceffion. *Voyez le 2. tome du Journal du Palais, in fol. p. 587.*

49   Dans la Coûtume de Paris, où l'on peut être donataire entre-vifs & heritier en ligne collaterale, un oncle ayant donné à fa niéce en la mariant, une fomme de 40000. liv. *avec la condition du rapport, en cas qu'elle & fes enfans ou fon pere vinffent à la fucceffion*

de luy donateur, & la niéce venant à renoncer à la fucceffion de fon oncle ; ce rapport ainfi ordonné, comprend auffi un neveu frere de la donataire, qui eft heritier de l'oncle, par le prédecez de fon pere, ce rapport eft attaché au degré, & n'eft pas feulement pour les perfonnes dénommées dans la claufe du rapport. Arrêt du Parlement de Paris du 23. May 1688. *V. le 2. tome du Journal des Aud. du Palais, in fol. page 717.*

50   Acte de Notorieté de M. le Lieutenant Civil du 24. Septembre 1689. portant que, lors des partages des fucceffions en ligne directe, entre les heritiers, ou ceux qui fuivant la Coûtume y viennent par répréfentation, les rapports fe font refpectivement des fommes qui ont été reçûës par les copartageans, depuis, ou auparavant le decez de celuy dont la fucceffion fe partage, & des interêts d'icelles fommes, depuis le decez, en cas qu'elles ayent été reçûës auparavant, ou fi elles ont été reçûës depuis, du jour qu'elles ont été reçûës, avec la faculté neanmoins accordée par la Coûtume au copartageant, qui a reçû par donation ou autre acte avant le decez, de ne point rapporter, en prenant moins dans la fucceffion, auquel cas les revenus de ce qu'il retient luy tiennent lieu d'interêts. S'il y avoit quelque temps confiderable, entre le jour du decez de celuy dont la fucceffion fe partage, & le jour du partage, & que pendant ce temps-là, un des coheritiers ait reçû quelques fommes, ou fe foit mis en poffeffion des terres ou autres biens, dont il ait reçû le revenu. il doit rapporter les fommes qu'il a reçûës & les interêts, & remettre les terres & biens; & à l'égard des revenus, l'on fait en ce cas à la fin de chacune année un capital de ce qui a été reçû, lequel s'impute fur les interêts de la portion hereditaire afferante à celuy qui a reçû les revenus, & l'excedant fur le principal ou le fond de ladite portion hereditaire, par le moyen defquels rapports ou retention, en prenant moins, l'égalité ordonnée par la Coûtume entre copartageans, fe trouve avoir lieu ; n'étant pas jufte, fuivant la difpofition de la Coûtume, que l'un des coheritiers ou copartageans, puiffe amender directement ou indirectement, les uns plus que les autres, quand ils viennent à partager à titre d'heritier. *Recüeil des Actes de Notorieté, pag. 64.*

RAPPORT, COUSTUME DE POITOU.

51   Si dans la Coûtume de *Poitou*, les chofes données par pere & mere à leurs enfans, font fujettes à rapport dans le partage de leurs fucceffions, lorfqu'il n'eft point exprimé dans les actes de donation, que c'eft par préciput & avantage? Le 3. Juin 1676. Arrêt interlocutoire. *Voyez de la Gueffiere, tome 3. livre 10. chap'. 8. & liv. 11. ch. 24.*

RAPPORT, COUSTUME DE SENLIS.

52   Une mere n'étoit tenuë de rapporter à la fucceffion de fon pere ce que fondit pere avoit donné à fa fille d'elle, *ob bene merita.* Arrêt à la Pentecôte 1594. *Montholon, Arr. 83. Voyez Mornac, L. 32. §. fi ambo, ff. de donationibus inter virum & uxorem.*

53   En la Coûtume de Senlis, jugé que le petit fils n'étoit tenu de rapporter à la fucceffion de fon pere le don de fon ayeule, fondit pere n'étant heritier; mais legataire ou donataire univerfel de fa mere ayeule du petit fils; *fecus, fi fon pere eût été heritier, multis contradicentibus.* Arrêt du 16. Mars 1596. *M. Loüet, lett. D. fomm. 38. & 56. Voyez Tronçon, Coûtume de Paris, art. 308.*

54   Ce qui eft donné par l'ayeule à l'enfant de fa fille, doit être rapporté par la fille ou ceux qui la réprefentent en la fucceffion de ladite ayeule, encore que le donataire eût renoncé à la fucceffion de fon ayeule. M. le Préfident du Harlay avertit que ce qui étoit donné par les afcendans aux petits enfans, en quelque forte que ce fût, étoit fujet à rapport, quoique l'Arrêt de 1594. ait jugé le contraire, mais il faut remarquer

remarquer que la donation étoit faite *ob benè merita*, Arrêt de 1609. à Noël. *Montholon*, *Arr.* 109.

RAPPORT, CREANCIERS.

55   En la Coûtume d'Anjou le rapport ordonné par l'art. 334. en cas de renonciation à la succession du pere ou de la mere, ne se doit faire qu'au profit des coheritiers & non des creanciers. Arrêt du Parlement de Paris du 24. Mars 1662. Requête civile; sur la Requête civile le 5. Septembre 1663. hors de Cour. *Journal du Palais*. Voyez *les Notables Arrêts des Aud.* où vous trouverez le même Arrêt, *Arr.* 74. & Chopin, *Coûtume de Paris*, *liv.* 2. *tit.* 3. *n.* 19. & Ricard, *des Donations, entre-vifs*, 1. *Part.* *ch.* 3. *sect.* 15. *n.* 665. où il y a Arrêt du 4. Août 1603. sans que le fisc ni les creanciers puissent obliger à rapporter. *De la Guessiere*, *tome* 2. *liv.* 4. *ch.* 54. rapporte le même Arrêt.

RAPPORT, DONATION.

56   Les rapports des choses données ne se font qu'aux successions de ceux qui ont donné. Voyez *Du Frêne*, *liv.* 2. *chap.* 106.

57   L'enfant du second lit n'est tenu de rapporter à ses freres du premier lit la donation faite à sa mere par leur pere commun, en consideration des deniers que la seconde femme luy apporte; la donation étoit faite par contrat de mariage. Voyez *Charondas*, *li.* 6. *Rép.* 54. où il cite l'Arrêt de la veuve Paumier sans le dater.

58   Les donations rémuneratoires ne sont sujettes à rapport, parce que *non sunt vera donationes*, *sed contractus innominati*. Voyez *M. Louët*, *lett.* D. *Som.* 52.

59   Un pere avoit trois enfans; il institue les deux, & legue un domaine au troisiéme. Ensuite mariant l'aîné, il luy donne le quart de ses biens, & declare qu'il veut que le restant de son bien soit partagé suivant son Testament, sçavoir entre ses deux heritiers également, le domaine legué au troisiéme luy demeurant. Après le decez du pere, procès entre les deux heritiers sur le rapport du quart des biens. Arrêt du Parlement de Toulouse qui condamne l'aîné au rapport, sur le fondement que la prohibition doit être expresse ou quasi expresse, telle que celle qui résulte de ces mots, *par préciput & avantage*. Voyez *Maynard*, *liv.* 8. *ch.* 57.

60   Une mere ayant des enfans passe à un second mariage, & donne à son second mary ce que la loy permet; de ce mariage vient un fils, il succede à la chose donnée à son pere, & n'est tenu de la rapporter à la succession de la mere comme commune. Arrêt du 14. Juillet 1565. *Charondas*, *liv.* 9. *Rép.* 32.

61   Un pere institué par son Testament ses deux enfans *æquis portionibus*; depuis il donne à l'aîné en faveur de mariage le tiers de son bien, & declare qu'il veut que le surplus soit divisé également suivant son Testament. Par Arrêt du Parlement de Paris du 14. Avril 1579. il fut ordonné que l'aîné rapporteroit tout ce qu'il avoit reçû, & partageroit avec son frere sans préciput. *Papon*, *liv.* 21. *tit.* 7. *n.* 11.

63   Ce qui est donné par l'ayeul ou ayeule aux enfans de son fils, doit être rapporté par le pere à leurs successions. Jugé le 4. Février 1584. *Charondas*, *liv.* 3. *Rép.* 8. & *liv.* 9. *Rép.* 17. où il y a Arrêt du 16. Mars 1596.

64   Donation faite par préciput & avantage emporte prohibition de rapport. Arrêt du Parlement de Toulouse en Avril 1584. *La Rocheflavin*, *liv.* 6. *titre* 63. *Arrêt* 17.

65   Quoique par la Coûtume de Bourgogne le pere survivant vingt jours, puisse avantager ses enfans plus que l'autre, s'il n'y a prohibition, la chose donnée est sujette à rapport. Arrêt du Parlement de Dijon du 17. May 1584. *Bouvot*, *tome* 1. *part.* 1.

66   Heritier par benefice d'inventaire condamné de rapporter ce qu'il a eu de son pere en avancement d'hoirie, si mieux il n'aimoit rapporter son don. Arrêt du Parlement de Paris prononcé en Robes rou-

Tome III.

ges le quatorze Août 1599. *Papon*, *livre* 21. *titre* 7. *nombre* 13.

Par Arrêts du P. de Toulouse des 24. Février &   67 3. Septembre 1619. il a été jugé que la donation simple doit être conferée; mais tout ce qui est rapporté, n'est pas imputé. *Cambolas*, *liv.* 2. *ch.* 16.

Une ayeule n'ayant qu'un fils, donne à un de ses   68 petits fils une maison, il n'est point obligé de la rapporter à la succession de son pere decédé depuis l'ayeule; les rapports des choses données ne se font qu'aux successions de ceux qui ont donné. Jugé au Parlement de Paris le 23. Février 1632. *Du Frêne, liv.* 2. *chapitre* 106.

Un pere ou une mere donne à son fils en le mariant   69 la moitié, ou une autre partie de ses biens, & ensuite institue ce même fils avec un autre fils, heritiers égaux. Si ce fils donataire veut avoir part à la succession, il doit rapporter la donation pour la faire entrer dans le partage de tous les biens avec son frere coheritier; si ce n'est que le pere ou la mere ait prohibé ce rapport; *nisi parens id prohibuerit*, suivant l'Authentique, *Ex testamento Cod. de collat.* Arrêt du Parlement de Toulouse au mois de Mars 1692. conformément au texte cité qui corrige le Droit ancien, par lequel le rapport se faisoit seulement dans la succession testamentaire, si le rapport n'avoit été expressément ordonné. *M. de Catellan*, *liv.* 2. *ch.* 90.

RAPPORT DE LA DOT.

Voyez le mot *Dot*, *nomb.* 348. & *suiv.*

Si la stipulation, que la fille dotée pourra retour-   70 ner à la succession en rapportant, empêche la disposition du pere ou de la mere? *V. Bouvot, to.* 2. *verbo*, *Stipulation de rapport*.

Si le pere & la mere constituent dot à leur fille, &   71 conviennent qu'elle pourra retourner à leurs successions en rapportant; si renonçant à la succession de son pere, & venant à celle de sa mere, elle est tenuë de rapporter toute la somme ou moitié? Voyez le même *Bouvot, to.* 1. *part.* 1. *verbo*, *Rapport*, *qu.* 3.

Heritage maternel baillé en dot à une fille par ses   72 pere & mere, elle le rapporte entierement à l'heredité de sa mere, à cette condition que son coheritier luy baille sa legitime és biens paternels qui equipole à la moitié dudit heritage; & le fils heritier du pere est tenu de l'éviction. *Chopin, Coûtume de Paris*, *liv.* 2. *tit.* 3. *nomb.* 19. *circa medium*.

Une fille est obligée de rapporter à sa mere ce   73 qu'elle luy a donné en avancement d'hoirie, quand elle revient à la succession, & que la clause qui l'en exclut ne se peut executer. Voyez *de la Guessiere*, *tome* 3. *liv.* 11. *ch.* 27. où il rapporte l'Arrêt au rapport de M. le Boindre, sans le dater.

Pour le rapport de la dot payée en écus d'or,   74 avancement d'hoirie, offices venaux, l'estimation se prend au temps du contrat & non de la succession échûe; quant à l'office le peril regarde celuy qui en est pourvû. *Brodeau*, *sur M. Louët*, *lett.* E. *Som.* 2. *nombre* 7.

Peleus, *liv.* 8. *act.* 46. rapporte un Arrêt rendu en   75 Robes rouges le dernier May 1596. par lequel il fut jugé qu'une petite fille à laquelle l'ayeul avoit donné mille écus pour la marier, à cause de l'assistance qu'elle luy avoit donnée en sa vieillesse, n'étoit tenuë de la rapporter en partageant.

Parent Conseiller en Bretagne plaide sur le rap-   76 port de ses freres & de luy. Jugé en 1508. que le rapport se fera de ce qu'a été donné à la fille ou fils en mariage, & les fruits ne seront rapportez que du jour du decez; & non du précedent; de sorte que à *die mortis*, la fille qui a eu en dot, rapportera l'interêt des deniers *post mortem*, & *non ante mortem*. *V. la Biblioth. de Bouchel*, *verbo*, *Rapport*.

Jugé au Parlement de Paris le 21. Août 1546. que   77 la fille venant à partage, doit rapporter sa dot, mais non les pensions reçuës en attendant le payement,

L l

ce qui s'entend des pensions échûës avant la succession ouverte, car celles qui ont été reçûës depuis, se rapportent, ou bien compensation s'en fait avec les fruits de l'heredité dûs à la fille, ainsi qu'il avoit été exigé en 1541. depuis la Coûtume de Paris article 309. tiré d'un Arrêt prononcé en Robes rouges, a décidé que les fruits de la chose donnée se rapportent que du jour de la succession échûë, à quoi est conforme la Coûtume de Bretagne. *Voyez Papon, li. 21. tit. 7. n. 4.*

78 Si la fille a reçû en faveur de mariage de sa mere une somme pour sa part de la succession paternelle, elle doit faire raison du surplus de la valeur d'icelle à ses coheritiers en la succession maternelle. Arrêt du 10. Mars 1554. *Papon, liv. 21. tit 7. n. 4.* où il est observé que frais de nôces ne se rapportent point.

79 Si les filles deviennent immediatement heritieres de leur pere commun, celle qui auroit été mariée par luy seroit tenûë de conferer avec ses autres sœurs non mariées, tout ce qu'elle auroit eu, tant en meubles que heritages, ou moins prendre sur la masse de la succession, suivant l'Arrêt donné entre Grieu & le Boutillier le 9. Decembre 1572. Autre chose quand la succession échet obliquement & collateralement. *Biblioth. de Bouchel, verbo Rapport.*

80 Une fille doit rapporter la moitié de ce qu'elle a reçû en mariage à la succession maternelle, & non les actions : *proprium est patris & matris in patriâ consuetudinariâ dotare filiam ;* le semblable quand la fille entre en Religion, encore bien que la mere renonce à la communauté. Arrêt du 30. Avril 1605. *M. Loüet, lettre R. somm. 54.* M. le Prêtre rapporte le même Arrêt *ès Arrêts de la Cinquiéme.* Coquille, *Coûtume de Nivernois, titre des Droits de gens mariez, art. 24. in verbo s'il advient,* tient le contraire.

81 Arrêt du Parlement de Paris du 6. Avril 1631. qui a jugé que la fille dotée par ses pere & mere, qui comme heritiere de la mere renonce à la communauté, est obligée de rapporter dans la succession la moitié de sa dot qui a été prise sur la communauté. *V. M. le Brun, en son traité des Successions, livre 3. chapitre 6. section 3. nomb. 25.*

82 *Henrys, tome 1. liv. 4. chap. 6. qu. 54.* prouve que la dot constituée à une fille par son tuteur, doit être rapportée par cette fille, pour être partagée entr'elle & ses sœurs ; il dit qu'il y a de la difference entre la dot constituée par un pere ou par une mere, & celle constituée par un tuteur ; dans le premier cas la fille n'est obligée de rapporter que jusqu'à concurrence de la legitime de ses freres & sœurs ; mais dans le second cas elle est tenûë de rapporter la dot entiere, parce qu'il n'est pas au pouvoir d'un tuteur de constituer en dot à l'une de ses mineures une plus grande somme que sa part & portion hereditaire : cependant l'Arrêt rapporté, a jugé le contraire le 3. Avril 1640. l'Auteur, dit M. le Bretonier, se recrie avec raison contre cet Arrêt, s'il en avoit vû la minute comme moy dans les Registres de la Cour, il auroit eu sujet de se recrier encore plûtôt, car il n'y a point de sens, il faut qu'il y ait eu de l'erreur ou de la mal façon *Ibid.*

RAPPORT, DOUAIRE.

83 Si le doüaire est sujet à rapport ? *Voyez* le mot *Doüaire, nomb. 231. & suiv.*

Le doüaire est sujet à rapport. Arrêt du 22. Decembre 1535. *M. Loüet, lettre D. somm. 44.*

84 Le doüaire qui est propre au petit fils qui renonce à la succession paternelle, ne se rapporte pas en la succession de l'ayeul. On tient au Palais que le petit fils renonçant à la succession paternelle, s'il accepte celle de son ayeul, n'est tenu d'y rapporter ce que l'ayeul paternel en faveur de son pere auroit donné à sa bru à titre de donation pour cause de nôces. *Chopin, Coûtume de Paris, livre 2. titre 3. nombre 19.*

---

85 La Cour a renvoyé absous le petit fils heritier de son ayeul, du rapport qu'on lui demandoit du doüaire paternel, comme un benefice du droit coûtumier, octroyé au petit fils, proprietaire d'iceluy, plûtôt qu'une donation ou largesse de l'homme. Arrêt du 17. Février 1597. *Tronçon, art. 304. de la Coûtume de Paris, in verbo Rapporter.*

RAPPORT, PETITS ENFANS.

86 Les petits fils succedans à leur ayeul *in stirpes* avec leurs oncles, sont tenus de rapporter ce que leur défunt pere ou mere a eu de l'ayeul, encore qu'ils viennent à repudier l'heredité de leur pere ou mere, car ils ne succedent que *in stirpes & non in capita,* ainsi ils ne sont jamais censez venir de leur chef, mais par representation de leur pere & mere, nonobstant la répudiation. *Voyez Mainard. liv. 8. ch. 58.*

87 Jugé au Parlement de Toulouse que les petits fils ne sont obligez de rapporter les sommes prêtées par l'ayeul à leur pere, parce que le prêt de ces sommes *ut quilibet extraneus cuilibet extraneo.* Voyez les *Arrêts de M. de Catellan, li. 2. chap. 18.*

88 Une ayeule ayant trois enfans, en mariant l'un d'eux, elle les fait & institue ses heritiers par égale portion aux deux tiers de ses biens, & se reserve l'autre tiers pour en avantager celuy que bon luy semblera. Quelques années après elle fait donation au fils de l'un de ses enfans ; ce petit fils donataire se trouvant l'un des heritiers, n'est pas obligé de rapporter. C'est l'avis d'*Henrys, to. 1. liv. 6. qu. 1.*

89 Neveux ou petits fils après la mort de leur pere succedant à leur ayeul doivent rapporter ce que leur pere a reçû, quand même ils auroient renoncé à sa succession. Arrêt du Parlement de Paris du 13. Août 1564. Le même a été jugé au mois de Septembre 1582. & de ces deux Arrêts a été tiré l'article 308. de la Coûtume de Paris. *Papon, livre 20. titre 1. nombre 22.*

90 Le petit fils ayant survêcu ses pere & mere, venant à la succession de son ayeule, est tenu de rapporter à lad. succession, non seulement tout ce qui a été donné à ses pere & mere en avancement d'hoirie, mais aussi les deniers prêtez à sesdits pere & mere, ou moins prendre, encore que le petit fils ait renoncé à la succession de sondit pere. Prononcé le 23. Decembre 1574. *Chenu 2. Cent. quest. 61.* Pour le prêt. *Voyez Brodeau sur M. Loüet, lettre R. somm. 12. nomb. 6.* & M. le Prêtre, *3. Cent. chap. 1.* Le *Vest,* rapporte l'Arrêt du 23. Decembre 1574. *Arr. 138.*

91 Un fils & une mere s'obligent solidairement ; le fils est le veritable débiteur ; le fils décede sans payer ; la mere contrainte paye, elle meurt & laisse deux fils heritiers avec l'enfant du défunt débiteur ; cet enfant renonce à la succession de son pere, & vient *jure suo* à la succession de son ayeule ; les oncles soûtiennent qu'il doit rapporter ce que leur mere a payé : le rapport ordonné par Arrêt du 28. Juin 1591. *Anne Robert, rerum judicat. liv. 2. chap. 5.* Voyez *M. le Prêtre, ès Arrêts celebres du Parlement.*

92 Les enfans seront tenus de rapporter, & leurs enfans qui y viendront par representation avec leurs oncles, quoiqu'ils ne fussent heritiers de leur pere. Ainsi jugé à la mi-Août 1594. *Biblioth. de Bouchel, verbo Rapport.*

Nota. Il doit y avoir erreur dans la date, car à la page 42. il date le même Arrêt de 1564.

93 Un petit fils peut être donataire de son ayeule, & heritier de son pere qui n'étoit point heritier, mais legataire & donataire universel de sa mere ayeule du petit fils, sans être tenu de rapporter à la succession du pere le don de son ayeule. Arrêt du 16. Mars 1596. *multis contradicentibus.* M. Loüet, *lettre D. sommaire 38.*

94 Ce qui est donné aux petits enfans, soit avant ou après la mort de leurs peres & meres, est censé donné en leur contemplation ; & les petits enfans venans à

la succeffion de l'ayeule , rapportent ce qui a été donné à ceux d'entr'eux qui renoncent à ladite fucceffion, ou bien qu'ils renoncent tous enfemble , fauf à eux à fe pourvoir contre leur frere donataire pour raifon de la legitime. Arrêt du 22. Decembre 1606. *M. le Prêtre* , 2. *Cent. chap.* 33. Voyez *M. Loüet , lettre D. fomm.* 36. & Montholon, *Arrêt* 109.

95   Le petit fils venant à la fucceffion de l'ayeul , aprés renonciation à la fucceffion de fon pere , eft tenu de rapporter ce qui a été baillé par fondit ayeul à fon défunt pere. Arrêts des 10. Mars 1607. & 13. Decembre 1608. *M. le Prêtre* , 3. *Cent. chap.* 1. Autre Arrêt du 14. Août 1564. *M. le Prêtre , és Arrêts celebres.* Voyez *Charondas , liv.* 3. *Réponfe* 55. où il demande fi l'Office non venal fe, doit rapporter. Voyez l'article 308. *de la Coûtume de Paris, & Charondas , liv.* 8. *Rép.* 37.

96   Un ayeul répond & paye quelque dette pour fon fils. Ce fils décede , enfuite l'ayeul. Le petit fils renonce à la fucceffion du pere , & veut venir à la fucceffion de l'ayeul avec fes oncles, lefquels demandent que le petit fils ait à rapporter ce qui a été payé pour fon pere par l'ayeul; ils s'aide de fa renonciation. Le Prévôt de Paris l'abfout. Appel par les oncles. Par Arrêt du 11. Février 1608. les parties furent appointées au Confeil , à caufe que les Avocats d'une part & d'autre difoient avoir des Arrêts *in fimili.* C'étoit en la Coûtume de *Paris* , article 106. *Biblioth. de Bouchel*, verbo *Rapport*.

97   Ce qui eft donné par l'ayeul à l'enfant de fa fille , doit être rapporté par la fille, ou par ceux qui la reprefentent. Arrêt à Noël 1609. Montholon, *Arrêt* 109 Voyez *Charondas , liv.* 3. *Rép.* 8. & *livre* 9. *Réponfe* 17.

98   Si les petits fils *ex filio præmortuo,* inftituez par leur ayeule , heritiers égaux avec les petits fils *ex alio filio præmortuo,* doivent rapporter la donation faite à leur pere? L'affirmative a été jugée au Parlement de Toulouse le 13. Janvier 1649. *V. les Arrêts de M. de Catellan , liv.* 2. *chap.* 17.

99   Par Arrêt de Roüen du 16. May 1638. jugé que le petit fils qui renonce à la fucceffion de fon pere, & prend celle de fon ayeul ou ayeule, doit rapporter les avantages qui luy ont été faits , quoiqu'au fait particulier l'on excipât que l'ayeule fût feulement acquitté une rente de l'un de fes fils, d'où l'on prétendoit faire diftinction entre une donation & une liberation. *Berault à la fin du* 2. *tome de la Coûtume de Normandie, p.* 101. *fur l'art.* 434.

100   Les petits enfans qui ont renoncé à la fucceffion de leur pere , venant à la fucceffion de leur ayeul , ou autre afcendant, doivent rapporter ce qu'il a donné à leur pere , ou payé pour luy. Art. 88. des Arrêtez faits au Parlement de Roüen au mois d'Avril 1666. *V. Bafnage , tome* 1.

RAPPORT EN ESPECE.

101   Rapport fe doit faire de la chofe *in specie, & in quantitate.* Arrêts du Parlement de Paris du 23. Decembre 1524. quoique par la donation la chofe donnée foit eftimée , il ne fuffit pas d'en rapporter l'eftimation. Le même avoit été jugé le 13. Mars 1522. *Papon , liv.* 21. *tit.* 7. *n.* 1.

102   Une fomme d'écus donnée en mariage, fe rapporte entre coheritiers au prix que valoient les écus au temps du mariage, & non au temps de la fucceffion échûë. Arrêt du 2. Avril 1588. *M. le Prêtre premiere Cent. chap.* 17.

103   Le rapport ordonné par un pere par fon teftament, doit être fait en efpece , & non en moins prenant. Arrêt du 15. Février 1650. *Du Frêne , livre* 5. *chapitre* 52.

RAPPORT, ESTIMATION.

104   L'on doit rapporter en partage l'heritage donné en avancement d'hoirie, quoiqu'il ait été eftimé en le donnant. Voyez *Du Luc, li.* 8. *tit.* 11. *ch.* 4.

Tome III.

Quand un heritier a vendu une chofe fujette à rapport , il n'eft tenu que d'en donner l'eftimation fuivant le temps du rapport , & s'il furvient conteftation à cet égard, on doit paffer outre au partage en donnant par luy caution. Arrêts des 27. Février 1551. & 22. Mars 1552. Papon , *liv.* 21. *tit.* 7. *n.* 2. *& 3.*   **105**

Le 2. Avril 1583. Jugé qu'une fomme d'écus donnée en mariage, fe rapporte entre coheritiers au prix que valoient les écus lors du mariage , & non de la fucceffion échûë. *Biblioth. de Bouchel,* verbo *Rapport.*   **106**

RAPPORT, ETUDE.

Arrêt du Parlement de Bretagne du 26. Avril 1567. qui difpenfe de rapporter l'argent que le pere avoit prêté à fon fils pour fes études & entretien aux Ecoles. *Du Fail , liv.* 2. *chap.* 28.   **107**

Livres & autres dépenfes d'études, ne fe rapportent point ; la Cour néanmoins compenfe quelquefois les frais d'étude, avec les frais de dot. Arrêt du 7. Février 1586. *Papon liv.* 22. *tit.* 7. *n.* 6.   **108**

Voyez le mot *Etudes , nombre* 11. *& cy-après le nombre* 115.

RAPPORT DE LA FEMME.

Une femme qui renonce à la communauté , n'eft tenuë de rapporter à la fucceffion de fes pere & mere ce que feldits pere & mere avoient prêté à fon mari. *Voyez M. Loüet , lettre R. fomm.* 13. Voyez *Charondas , liv.* 11. *chap.* 34.   **109**

Une femme ayant de fon mariage deux enfans mâles & une fille, fait heritierfon mari leur pere , dans le charge de rien, & legue à fa fille deux cens liv. Le pere fe remaria , joüit quelque temps , & fit l'un heritier ; comme les biens de la mere retournoient aux trois enfans, les deux fils prétendoient qu'elle devoit rapporter le legat pour partager avec eux , fe fondant fur la Loy, *generaliter* 5. *in his Cod. de fecundis nupt.* parce que , ces deux cens livres étant des biens maternels , & de la fucceffion maternelle , il fembloit que cette fomme devoit être rapportée. La fille difoit au contraire, que fuivant la Loy à *patre* 10 *cod. de collat.* elle n'avoit pas ces deux cens liv. à *patre* , mais à *lege* , & que fon pere ayant inftitué un heritier , cette fomme étoit *extrà caufam bonorum*, c'eft pourquoy & ayant eu partage à la premiere des Enquêtes du Parlement de Toulouse, & les voix étant encore partagées à la feconde, il fut décidé à la Grand-Chambre le 7. Janvier 1640. que la fœur n'étoit pas obligée de rapporter le legat de deux cens livres. *Aubert , lettre C.* verbo *Collation.*   **110**

RAPPORT, FISC.

Voyez *Chopin Coûtume de Paris , liv.* 2. *tit.* 3. *nombre* 19.   **111**

RAPPORT, FRAIS.

Quels frais faits par le pere pour fon fils font fujets à rapport? *Voyez Coquille , tome* 2. *queft.* 168.   **112**

Les frais faits par le pere pour avoir fait pourvoir fon fils d'une Abbaye, ne fe rapportent en partageant la fucceffion paternelle. Chopin , *Coûtume de Paris, Titre* 3; *liv.* 2. *n.* 19.   **113**

L'enfant n'eft tenu de rapporter à la fucceffion que ce qui fe juftifiera avoir été actuellement débourfé par le pere pour parvenir à fa Charge, Arrêt du 7. Septembre 1581. *M. le Prêtre, premiere Centurie, chapitre* 9.   **114**

Le feftin des nôces n'eft point fujet à rapport, non plus que les frais ordinaires , pour entretenir le fils aux études , ou pour luy apprendre métier fuivant fa condition; autre chofe eft aux habits nuptiaux , ou quand les frais des études , ou du métier , font fi grands qu'ils excedent la condition du fils. *Coquille , queft.* 168. *vid.* Graff. §. *Legitima queft.* 27. 28. 29. *M. Abraham la Peirere , en fes décifions du Palais , lettre R. nomb.* 126. obferve que les dérniers Arrêts rendus au Parlement de Bourdeaux exemptent les habits nuptiaux du droit de rapport , il rapporte les Arrêts fuivans.   **115**

Arret du 9. Juin 1662, Président Monsieur le Premier, plaidans Licterie & Pontelier, entre Daniel & Blanche Janet : jugé que les habits nuptiaux donnez à ladite Janet, par Blanche du Gravier sa mere, n'étoient pas sujets à imputation en legitime.

Arret du 17. May 1666. en la Seconde des Enquêtes, au rapport de Monsieur de Sabourin. Un pere ayant par contrat de mariage donné à son fils la somme de neuf mille livres, & des biens à la campagne, dont il s'étoit reservé l'usufruit sa vie durant, & promis de nourrir les futurs Epoux pendant deux ans; jugé après la mort du pere, que le fils devoit rapporter à ses coheritiers ladite nourriture de deux ans, que la Cour moderà à huit cens livres pour lesdites deux années ; au lieu de deux mille livres que les coheritiers demandoient.

Arret du 3. Septembre 1667. au rapport de Monsieur de Mirat, entre le nommé Diarce & Marquet: jugé que les demi-joncs & habits nuptiaux, leguez par un pere à deux de ses filles, avec cinq cens écus, le tout payable à la veille des nôces, étoient dûs audit Diarce heritier des filles mortes sans se marier.

RAPPORT, FRERES.

116 Freres concurrens avec leur oncle, ne sont tenus de rapporter les deniers dotaux qui ont été baillez à leurs sœurs par leur ayeule, lesquelles sœurs renoncent à la succession de l'ayeule. *Chopin, Coûtume de Paris, liv. 2, tit. 3. nomb. 19. fine.*

RAPPORT, FRUITS.

117 Mornac tient que le coheritier n'est point tenu de rapporter les fruits de sa portion partagée, *l. ult. Cod. depositi.* Voyez le *Vest, Arrêt 27.* où vous trouverez un Arrêt du 29. Decembre 1544.

RAPPORT, HERITIER BENEFICIAIRE.

118 Rachat qui se fait par l'heritier par benefice d'inventaire. Voyez le mot *Benefice d'inventaire, nombre 44. & suiv.*

L'heritier beneficiaire est tenu de rapporter. Voyez le mot *Heritier, nomb. 87. & suiv.*

119 L'heritier par benefice d'inventaire est tenu de rapporter ce qu'il a eu de la succession de son pere avec ses coheritiers par benefice d'inventaire, aussibien que luy. Arrêt à la Nôtre-Dame de Septembre 1599. *Montholon Arrêt 90. & M. le Prêtre ès Arrêts de la Cinquiéme,* qui rapporte le même Arrêt. V. *Charonda, liv. 10. Rép. 72.* où vous trouverez le même Arrêt.

120 Un enfant qui prend qualité d'heritier beneficiaire de ses pere & mere, peut renoncer aux biens de leurs successions, mais il doit rapporter ce qui luy a été donné auparavant en avancement d'hoirie, & ce à l'égard de ses coheritiers, & non pas des creanciers. Arrêt du 20. Avril 1682. *De la Guessiere, to. 4. liv. 5. chap. 14.* où l'Arrêt est bien au long.

RAPPORT, IMPUTATION.

121 Tout ce qui se rapporte est sujet à imputation. *Ricard des Donations entre-vifs, 3. part. ch. 8. sect. 7.*

122 En cas de rapport & prêt, le coheritier est tenu de rapporter ou d'imputer sa part hereditaire l'argent qu'il a pris à rente de celuy à qui il succede, sans être reçu à continuer la rente. Arrêt du 28. Juin 1614. *Brodeau sur M. Louet, lettre R. sommaire 13. nomb. 7. fine.*

RAPPORT, INTERESTS.

123 & Coheritier differant de rapporter doit les fruits
124 ou interêts. Arrêt du Parlement de Paris du 29. Decembre 1544. *Papon, liv. 21. tit. 7. nomb. 5.*

125 Celui des heritiers qui est en demeure de rapporter ce qu'il a plus reçu que ses coheritiers en la succession, en doit les interêts, quand ils sont demandez, suivant le §. *Filia l. bonor. 22. de leg. præstand. filia quæ soluto matrimonio dotem conferre debuit, moram collationi fecit ; viri boni arbitratu usuras dotis conferre tenetur.* Arrêt du 4 Janvier 1544. *Tronçon, art. 304. de la Coûtume de Paris.*

126 Les interêts de la dot doivent être rapportez, la moitié du jour du mariage, l'autre du jour du décez du survivant, parce qu'il n'est pas juste qu'une fille qui a passé dans une famille étrangere soit nourrie aux dépens de la communauté. Arrêt du 2. Avril 1641. Il y a Arrêt contraire du 1. Août 1640. *Brodeau sur M. Louet, lettre C. somm. 30. n. 20.*

127 Par Arrêt du Parlement de Roüen du 2. Mars 1657. jugé que la fille qui rapporteroit ce qui luy avoit été donné, le rapporteroit avec les interêts du jour de la succession échûe. *Berault, Coûtume de Normandie, tome 2. à la fin, page 96. sur l'article 260.*

128 Ce que le fils de famille gagne par son travail luy appartient en proprieté, & il n'est pas tenu de rapporter les interêts à la succession de son pere qui a souffert qu'il les perçût. Car cette tolerance & cette remission tacite du pere n'est pas une donation d'un usufruit déja acquis, mais une simple renonciation à un usufruit qu'il pouvoit acquerir. Jugé au Parlement de Toulouse en 1677. *Voyez les Arrêts de M. de Catellan, livre 2. chap. 46.*

129 Une fille mariée pendant la continuation de la communauté, & dotée des effets de cette continuation, ne doit rapporter les interêts de sa dot, du jour de son contrat de mariage au profit de la communauté ; elle n'est rapportable de ces interêts que du jour de la dissolution de la communauté arrivée par le décez du pere commun, à cause du devoir naturel des pere & mere de nourrir leurs enfans. Arrêt du Parlement de Paris du 6. Septembre 1687. *Au Journal du Palais, to. 2. chap. 695.*

RAPPORT D'OFFICE.

130 Neveux venans après la mort de leur pere à la succession de leur ayeul, doivent rapporter ce que leur pere a eu, quoiqu'ils ne soient heritiers. Office venal acheté par le pere à l'un de ses enfans, est sujet à rapport entre les successeurs. Arrêt du Parlement de Paris de la veille de l'Assomption 1564. *Papon, livre 21. tit. 7. n. 8.* C'est de cet Arrêt solemnel qu'ont été tirez les articles 306. & 308. de la nouvelle Coûtume de Paris.

131 Jugé par Arrêt du 14. Avril 1603. que pour l'état du Commissaire Cordelle qui avoit été donné en mariage à son gendre en épousant sa fille en 1590. estimé mille écus, qui étoient le prix que lors tels états pouvoient valoir, la fille ne seroit tenuë rapporter en pattage de la succession du pere que la somme de mille écus, selon qu'il avoit été jugé par le Prévôt de Paris, duquel la Sentence fut confirmée ; au lieu que les coheritiers demandoient qu'elle rapportât, ou cet état de Commissaire, ou la somme de deux mille écus que valoit l'état lors de la succession échûe. *Bibliotheque de Bouchel, verbo Rapport.*

132 Un pere resigne son Office à son fils ainé : la Reine ordonne à ce fils de s'en défaire, en faveur d'un autre qui luy donne 10000. liv. il disoit que cette somme ne venoit point du bien de son pere, mais de la liberalité de la Reine, excitée par les services personnels du Pere. Arrêt du Parlement de Paris du 12. Février 1607. qui ordonne le rapport. *Plaidoyers de Corbin, chap. 83.*

133 Le rapport en l'Office domanial est toujours le prix de l'achat. *Loyseau, des off. lib. 2. chap. 7. n. 64.*

134 Si le pere Officier a donné son Office à son fils, il faudra rapporter l'estimation de l'Office, eu égard au temps de la donation. Que si le pere par donation a acheté de ses deniers l'Office à son fils, il faudra simplement rapporter les deniers. *Loyseau, des off. lib. 3. ch. 10. n. 56. & seq. 2. id. Mornac, ad L. 16. ff. de jur. dot. in officio æstimato, 2. id. Brod. lit. C. n. 23. id. Brod. lit. E. n. 2. cont. Charond. resp. lib. 5. n. 42. in fine Office venal.*

135 Arrêt du Parlement de Bourdeaux du 4. May 1665. en la Grand'Chambre, entre la Dame de Boucaud & M. de Boucaud Conseiller son fils. Feu M. Bou-

eaud avoir acheté l'Office de Conſeiller à ſon fils ; pendant ſon mariage & ſocieté avec ladite Dame ſa femme, laquelle prétendoit que ledit Office avoit toûjours demeuré dans la ſocieté, & que l'augmentation du prix d'iceluy lors du décez de ſon mari étoit un acquet de la ſocieté : jugé que non , & que ledit ſieur Boucaud fils tiendroit ſeulement compte du prix de l'achat dudit Office.

136   Si le pere exerçant Office non venal, trouve moyen de le faire tomber à ſon fils, tel Office n'eſt point ſujet à rapport. 2. Que ſi le pere a prêté deniers au fils pour acheter tel Office , les deniers ſeront rapportables. 3. Et courra le fils les riſques de l'Office. 4. Et ſi le pere a fait luy-même l'achat pour ſon fils , les riſques ne ſeront point ſur le fils. 5. Lequel ſera ſeulement obligé de rapporter les profits qu'il a faits de l'Office , toutes charges déduites. *Loyſeau , des off. lib. 4. chap. 6. n. 48, & ſeq. 1. id. Charondas , reſp. lib. 3. n. 55. 2. id. Charond. reſp. lib. 6. n. 4. & in aſtimatione 4. 5. vid. Coquille queſt. 168. 1. id. aux Offices de la Maiſon du Roy. Du Frêne liv. 2. ch. 27. & lib. 6. chap. 24. 1. quid ſi le pere a baillé de l'argent, je crois , dit M. Abraham la Peirere en ſes déciſions du Palais , lettre R. nomb. 21. que ſi l'Office ſubſiſte lors du décez du pere , ou ſi le fils l'avoit vendu , & en avoit pris l'argent, les deniers ſeroient rapportables.* Arrêt du Parlement de Bourdeaux du 9. Avril 1647. Préſident Monſieur le Premier , plaidant Grenier pour Catherine Conſtans , Chiquet pour François Malgontier : jugé qu'un Office de Garde-Vaiſſelle chez le Roy , n'étoit pas ſujet à rapport.

137   Si un Office d'Elû dont le pere pourvoit ſon fils , devoit être rapporté , eu égard au prix qu'il valoit lors du décez du pere , ou au temps du partage. Jugé le 15. May 1649. qu'il rapporteroit la ſomme de 10000. livres comme un honnête milieu ,& les profits du jour du décez du pere à raiſon du denier vingt, *Du Frêne , liv. 5. ch. 42.*

138   Un pere mariant ſa fille donne au gendre ſon Office de Procureur ; le pere décedé, les heritiers veulent obliger le gendre à rapporter l'Office en nature. Sentence à Amiens qui l'ordonne de la ſorte. Appel. La Sentence infirmée, & que l'Office luy demeureroit pour la ſomme de 2000. livres. Arrêt du 22. May de relevée 1663. plaidans Raviere & le Verrier. *Dictionnaire de la Ville , n. 8162.*

   R A P P O R T , P R O H I B I T I O N.

139   Donation faite par préciput & avantage emporte prohibition du rapport, Arrêt au mois d'Avril 1584. *Biblioth. de Bouchel , verbo Legitime.*

140   Si le pere en donnant déclare vouloir que le fils donataire ait la choſe en préciput & avantage , le terme de préciput exclut le rapport. *Voyez Papon , livre 21. titre 7. nomb. 7.*

141   L'exemption de rapport doit être expreſſe. Arrêt du Parlement de Touloufe au mois de Janvier 1639. aprés partage. *Voyez Albert , lettre C. verbo collation ou Rapport.*

   R A P P O R T , R E N O N C I A T I O N.

142   Une petite fille reçûë à la ſucceſſion de ſon ayeul, en rapportant ce que ſa mere avoit eu , ſadite mere ayant renoncé à la ſucceſſion de ſondit pere ayeul de la petite fille. Arrêt à la Pentecôte 1581. *Montholon, Arrêt 11.*

143   Les enfans de la fille qui a renoncé , ne peuvent venir à la ſucceſſion de l'ayeul , encore qu'ils ne ſoient heritiers de leur mere. Arrêt du 15. Octobre 1590. *Montholon , Arrêt 79, Le Veſt , Arrêt 98. du 5. Avril 1569. Bacquet , du Droit d'Aubaine , ch. 21.*

144   Une fille renonce à tous droits ſucceſſifs , moyennant la ſomme qui luy eſt baillée en mariage , la renonciation caſſée , & la continuation de communauté jugée à ſon profit, nonobſtant ſon mariage , & la dot baillée en faveur d'iceluy , parce qu'il n'y avoit point eu d'inventaire après la mort de la mere ; & ce-

ey s'obſerve lorſque la Coûtume le déſire expreſſément , ou bien quand elle ne le déſire préciſément , mais bien un acte dérogeant à la communauté ; mais la fille mariée doit rapporter ſa dot à la maſſe. Arrêts des 29. Avril 1606. & 18. Juin 1622. *Brodeau ſur M. Loüet , lettre C. ſomm. 30. nomb. 19.*

145   Une fille qui a renoncé aux ſucceſſions de ſes pere & mere peut faire rapporter à ſes freres & ſoeurs les ſommes à eux données en mariage , juſques à la concurrence de ſa legitime. Arrêt des Saints-VVaſt du 3. Decembre 1642. *Du Frêne , livre 4. chapitre 5. Henrys , tome 2. livre 6. queſt. 4. le même jugé pour les Favrols le 14. Mars 1675. Journal du Palais. Ricard, des Donations entre-vifs, 3. part. ch. 8. ſect. 6. tient le contraire , & pour confirmer ſon ſentiment , on peut rapporter l'Arrêt entre les enfans de la Dame Veydeau du 19. Mars 1688. étant au Journal du Palais,* par lequel il a été jugé que les dernieres donations doivent fournir la legitime avant que de toucher aux premieres.

   R A P P O R T , T I T R E S A C E R D O T A L.

146   Le fils qui renonce à la ſucceſſion de ſon pere , n'eſt tenu à rapporter aux creanciers l'heritage donné par ſon pere pour ſon titre Sacerdotal, le creancier étant poſterieur. *Joannes Faber* tient que *Presbyter non tenetur conferre illud , quod pater ei dedit vel ei aſſignavit in ſuſceptionem ordinum.* René Chopin tient qu'il n'eſt tenu de rapporter le titre ſacerdotal , ſoit aux coheritiers, ou aux creanciers de quelque qualité qu'ils ſoient. Arrêt du 12. Decembre 1619. *Brodeau ſur M. Loüet , lettre D. ſomm. 56. nomb. 4.*

   R A P P O R T , T R O U S S E A U.

147   Le trouſſeau ni le don nuptial , n'eſt ſujet à rapport , s'il n'eſt autrement convenu , ni le banquet nuptial, ni ce qui eſt donné aux entremetteurs de mariage. *Voyez Tronçon , Coûtume de Paris , article 304. verbo Rapporter.*

   R A P P O R T , T U T E U R.

148   Un pere tuteur marie une de ſes filles & la dote , le pere décedé des biens ; les filles non mariées demandent que leur ſœur rapporte la dot qu'elle a reçuë de leur pere commun , provenant du revenu des heritages maternels, dont le pere avoit joüi comme tuteur , & en eſt demeuré reliquataire à ſes filles : aux Conſultations il a été répondu que les filles non mariées étoient biens fondées. *Chopin , Coûtume de Paris.*

149   Un tuteur par ſon teſtament appelle à ſa ſucceſſion le fils de ſa ſeconde femme, à la charge qu'il ne demandera aucun compte de ſa tutelle à ſes heritiers ; il décede, ſa femme marie ſon fils, & luy donne une ſomme , tant pour les droits qu'il pouvoit prétendre en la ſucceſſion du défunt tuteur ſon mari, que pour la reddition de compte ; elle décede, ſon fils vient à ſa ſucceſſion avec ſes freres uterins, qui luy ſoûtiennent qu'il doit rapporter la ſomme donnée. Par Arrêt du 3. Juillet 1599. jugé qu'elle n'étoit ſujette à rapport , parce qu'elle étoit donnée au lieu de la reddition de compte de tutelle, & que c'étoit plûtôt une eſpece de tranſaction que de donation. *M. le Prêtre, 3. Cent. chap. 70.*

150   Le tuteur condamné à rapporter le prêt fait au pere décedé du mineur, à la ſucceſſion duquel il avoit renoncé ou moins prendre. Arrêt du 11. Février 1608. *Brodeau ſur M. Loüet , lettre R. ſommaire 13. nombre 5. fine.*

R A P P O R T D E P R O C E Z.

Voyez le titre de *Appellationibus & Relationibus, D. 1. C. 7. 61. & 62.*

R A P P O R T E U R.

Voyez le mot *Arrêt , nomb. 35. & le titre des Juges.*

L'Ordonnance portant que les parties ne doivent 1

sçavoir le nom du Rapporteur, est mise hors d'usage pour plusieurs considerations ; pour lesquelles au contraire les distributions des procès se publient au Greffe. *Mainard*, liv. 1. ch. 81.

2   Le Conseiller qui a rapporté le procez, doit minuter le dicton de l'Arrêt, & communiquer sa minute aux Juges qui ont assisté au rapport. Arrêt du Parlement de Paris du 20. Novembre 1457. *Papon*, liv. 4. tit. 6. n. 17.

3   Le pere de Hennequin de Troyes luy avoit prêté plusieurs sommes de deniers ; il ne vouloit pas rapporter, & disoit que c'étoit une action particuliere, que l'heredité avoit contre luy. Celuy qui avoit épousé une des filles heritieres, soûtenoit qu'il devoit rapporter les sommes, ou moins prendre en la succession. Par Arrêt solemnel, jugé qu'il rapporteroit, ou moins prendroit. *Voyez la Bibliotheque de Bouchel*, verbo *Rapport*.

4   Aprés trois ans, les Conseillers Rapporteurs des procez ne peuvent être inquietez pour les sacs dont ils sont chargez. Arrêt du 25. Novembre 1565. *Le Vest, Arrêt 226.*

5   Deux Conseillers de la Cour étoient en procez : celuy qui avoit été condamné, se plaignit que le Rapporteur avoit omis de montrer certaines pieces. Il fut avisé que le procez se jugeroit, les Chambres assemblées, & ordonné que ceux de la Chambre où l'affaire avoit été jugée, n'y seroient point, *quia arguebatur suum Judicium*. Les parties furent oüies deux ou trois fois en présence des Gens du Roy : elles se dirent reciproquement quelques injures. La Cour ordonna que pendant la prononciation de l'Arrêt, elles seroient debout & nües têtes. *Voyez la Bibliot. de Bouchel*, verbo *Pieces recelées*.

6   Ceux qui ont fait les enquêtes principales, ou objections, ne peuvent être Rapporteurs du procès, quoiqu'ils le puissent être, ayant seulement fait les montrées, verifications & enquêtes d'Offices : Arrêt du 14. Juin 1587. *La Rochestavin*, liv. 6. tit. 46. Arr. 8. & *Mainard*, liv. 4. chap. 66.

Voyez l'art. 21. *de l'Ordonnance de 1667.* portant que les Rapporteurs des procez ne pourront être commis pour faire les descentes ordonnées à leur rapport.

R A P T.

DE raptoribus. D. Gr. 27. q. 2. c. 33. & 34. Causâ 36. integrâ.

De raptoribus, incendiariis, & violatoribus Ecclesiarum. Ext. 5. 17.

De raptis virginis, eorumque qui in raptu adfuerunt, poenâ Leon. N. 35.

De raptu virginum, vel viduarum, vel sanctimonialium. C. 9. 13... C. Th. 24. & 25... N. 123. C. 43.

De muliere raptum passâ. N. 143.

De eâ quæ raptori suo nubit. N. 150.

Ad legem Juliam, de vi publicâ, vel privatâ. C. 9. 12... D. 48. 6. & 7. Nota in hoc tit. 6. ff. de vi publ. Legem 5. §. 2. Ubi de raptu mulieris.

De vi bonorum raptorum. D. 47. 8..... C. 9. 33..... I. 4. 2.

De effractoribus & expilatoribus D. 47. 18. Contre ceux qui volent avec violence, qui pillent, & qui ravissent.

De servo corrupto. D. 11. 3. Ce titre, & les deux titres suivans peuvent s'appliquer aux personnes qui ravissent les fils ou filles de famille.

De furtis, & servo corrupto. C. 6. 2... I. 4 §. 8.

De fugitivis. D. 11. 4... C. 6. 1.

De poenâ raptoris equi. Const. Imper. Theoph. 5. Injustice & punition d'un Capitaine, qui avoit pris par force un beau cheval à un de ses soldats.

1   Du crime de rapt, & subornation de filles. *Voyez les Ordonnances recueillies par Fontanon*, tom. 1. li. 3. tit. 71. pag. 672. *Papon*, livre 22. titre 6. *Despeisses*,

---

to. 2. pag. 662. & *Guy Pape*, quest. 555. & les Annotations qui sont à la fin de l'Ouvrage de *Julius Clarus*. §. *Raptus*.

2   De raptu, quem in parentes appellant. Vide Luc. lib. 12. tit. 7.

3   Autrefois le Parlement de Grenoble étoit plus favorable aux filles trompées. La maxime *aut ducat, aut dotet*, étoit regulierement observée dans le Dauphiné : mais les artifices des uns, & les facilitez des autres ont introduit un usage different. On met aisément hors de Cour celuy qui a abusé de l'indigne complaisance d'une fille, sur la demande des dommages & interêts qu'elle luy fait, principalement s'il est moins âgé qu'elle. Il a été ainsi jugé par plusieurs Arrêts, & entr'autres par un du mois de Juin 1687. en faveur d'un jeune homme, & si jeune qu'en effet il étoit encore dans la minorité, contre une fille de 27. ans. Les parties étoient d'Ambrun. *V. Chorier, en sa Jurisprudence de Guy Pape*, p. 269.

4   Sur un rapt fait sous prétexte de changement de Religion, & sur des violences commises contre le ravisseur. *Voyez le 83. Plaidoyé de M. de Corberon, Avocat General au Parlement de Mets.*

En la connoissance & jugement des crimes comme de rapt, il faut observer les circonstances. *V. Charondas*, liv. 13. Rép. 90.

5   Choses notables du crime de rapt, & de la peine des ravisseurs. *Voyez Peleus*, qu. 114. Voyez l'*Ordonnance de 1639.* rapportée dans *Neron*. Peleus parle de la fille ravie de la maison où l'on demeure, sans ou sous promesse de mariage. *Voyez l'Ordonnance d'Orleans*, art. 111. & de *Blois*, art. 42. Voyez les notables *Arrêts des Audiences*, Arr. 98.

6   Du rapt de persuasion, & du rapt de surprise. *V. Des Maisons*, let. R. n. 1. & 2.

7   Rapt non reputé un crime Royal & privilegié, mais un crime commun. Arrêt du Parlement de Paris du 15. Février 1549. *Papon*, liv. 22. tit. 6. n. 1.

8   Un accusé de rapt d'une fille âgée de neuf à dix ans, la declaration de la fille, sans autre preuve, ne suffit ; & le Juge peut ordonner sur sa plainte, qu'elle sera visitée par Matrones & Chirurgiens, qui en feront rapport. Arrêt du Parlement de Dijon du 27. Octobre 1508. *Bouvot*, tome second, verbo *Rapt*, quest. 1.

9   Ravisseur declaré non recevable en son appel comme d'abus de la Sentence de l'Official d'Angoulême, qui avoit octroyé publication de Monitoire pour la preuve de la seduction. Arrêt du 17. Juin 1634. *Voyez le 24. Plaidoyé de M. le Maître.*

10   Pour un Gentilhomme accusé de rapt. *Voyez le 25. Plaidoyé de M. le Maître.* Arrêt du 24 Juillet 1634. en sa faveur contre le pere d'une veuve.

11   *Voyez le 34. Plaidoyé de M. le Maître*, pour un fils ravisseur, contre son pere. L'Arrêt du 15. May 1636. confirma le mariage.

12   Arrêt du 9. Juin 1661. qui a confirmé le desistement d'une instance de mariage, intentée par une femme abusée. Ce même Arrêt a jugé que le desistement de la mere avoit préjudicié à l'état du fils, a neanmoins accordé au fils des alimens ; il a condamné son pere à luy fournir, lorsqu'il auroit atteint 14. ans, huit cens livres, tant pour un métier, que pour avoir Boutique. *Boniface*, tome 2. part. 3. li. 1. tit. 6. chap. 14.

13   Fille ravie & menée hors du Royaume où son ravisseur l'a épousée, ne peut, sans le consentement de son pere, se marier pendant sa majorité avec ce même ravisseur ; & le Juge d'Eglise n'a pû connoître de l'opposition formée par le pere au mariage, au préjudice de l'instance criminelle, pendant pardevant le Juge seculier, & qu'assemblée des parens de la fille seroit faite, pour convenir d'un lieu où la fille pourroit être mise. Jugé à Aix le 22. May 1681. *Journal du Palais.*

RAPT, ACTION.

14 & 15 Un fils accusé en crime de rapt, se doit purger avant que de pouvoir informer sur la vie prostituée de la fille ravie, à la difference du pere administrateur, qui peut être reçû à informer avant les réponses de son fils. *Voyez Boniface, tome 3. livre 1. titre 1. chapitre 6.*

16 Si l'action criminelle afin de mariage, intentée pardevant un Official par une veuve majeure, contre un jeune Gentilhomme, qui a abusé d'elle, sous promesse de mariage, doit exclure son pere d'intenter une action criminelle de rapt à l'encontre de luy? Sur l'instance de rapt, les parties furent mises hors de Cour. *Voyez le 4. Plaidoyé de M. Galand.*

17 Fille mariée sans le consentement de son pere, ne peut plus être poursuivie pour rapt, s'il l'a remise dans sa maison, & a reconnu le mary pour son gendre; mais elle ne peut demander dot à son pere. Arrêt du Mercredy absolu de l'an 1555. *Papon, livre 22. tit. 6. n. 7.*

18 L'action de rapt se peut intenter non seulement par celuy ou celles qui sont ravies, mais par leurs pere & mere, ce qui s'appelle *raptus in parentes. L. unum. §. siquidem C. de raptu virg. can. lex 36. quest. 1.* Rapt est punissable après la mort du ravy, & en la personne du ravisseur & des enfans. Arrêt du 21. Janvier 1583. *Papon, liv. 22. tit. 6. n. 11.*

19 Des freres forment une accusation de rapt; la sœur dit qu'elle étoit âgée de trente ans, & qu'ils avoient toûjours formé obstacle à son établissement. Arrêt du mois de Mars 1598. qui les mit hors de Cour. *Biblioteque de Bouchel, verbo Rapt.*

20 Recrimination admise en crime de rapt. Un jeune homme d'Angers est accusé de rapt; le pere du jeune homme forme pareille accusation contre la fille. Par Arrêt de la Tourpelle du 7. Janvier 1606. les decrets sont confirmez; ordonné que le Juge parferoit le procez suivant les derniers erremens. *Plaidoyers de Corbin, chap. 6.*

21 Jugé au Parlement de Roüen au mois d'Octobre 1608. que l'accusation de rapt ne pouvoit être formée à l'occasion d'une veuve, ou fils de famille qui a déja été marié. *V. la Bibliotheque de Bouchel, verbo Rapt.*

22 Par Arrêt de la Tournelle de Roüen du 14. Janvier 1631. un pere ayant abandonné la poursuite du rapt de sa fille, dont il accusoit le Curé de sa Paroisse, & de l'avoir mariée à son frere, l'oncle fut reçû à prendre la suite du procez, comme d'un crime contre la famille & la parenté, *contrà gentem & familiam.* Basnage, *sur l'article 143. de la Coûtume de Normandie.*

23 Arrêt rendu au Parlement de Grenoble le 4. Juillet 1635. qui a jugé, 1o. Qu'une mere ayant permis à sa fille la conversation avec un jeune homme, même ne s'étant plainte d'un premier enfant, n'étoit plus recevable à former contre luy l'accusation de rapt. 2o. Qu'il y a même fin de non recevoir à l'égard d'un pere contre une fille, quand le fils a eu de longues habitudes avec elle, & qu'il y a eu entr'eux des conventions de mariage, suivies ou précédées de la naissance d'un enfant. *V. le 4. Plaidoyé de Basset, to. 1.*

24 Jugé au Parlement de Paris le 30. Decembre 1649. qu'une mere est recevable à se plaindre du rapt commis en la personne de sa fille, après en avoir souffert la débauche. Le ravisseur fut condamné à aumôner au pain des Prisonniers de la Conciergerie du Palais, trois mille livres, prendre l'enfant, & consigner és mains d'un notable Bourgeois six mille livres, pour en faire interêt, jusques à ce qu'il fut en état de gagner sa vie, & en quatre mille liv. envers la mere, pour toute reparation, dommages & interêts, & aux dépens; pour le payement desquelles sommes il fut mis en la garde d'un des Huissiers de la Cour. *Seéfve, to. 1. Cent. 3. ch. 23.*

25 Il n'y a pas lieu en crime de rapt, quand le Curateur de la fille mineure l'a assistée au contrat de mariage. Arrêt du Parlement de Grenoble du 24. Juillet 1655. *Voyez le 16. Plaidoyé de Basset.*

26 Jugé par Arrêt du Parlement de Paris du 15. Mars 1639. que l'action de rapt ne peut être poursuivie que par les pere & mere, ou par ceux qui ont la qualité de Tuteur ou de Curateur des personnes ravies; & neanmoins fut le ravisseur condamné en une aumône pour le pain des Prisonniers. *Seéfve, tom. 2. Cent. 1. chap. 98.*

27 Arrêt du Parlement de Provence du 16. Juin 1663. qui a jugé qu'un homme marié ne peut être accusé en crime de rapt. Boniface, *tom. 2. part. 3. li. 1. tit. 6. chap. 11.*

28 Arrêt du 14. Juin 1667. qui a jugé que le crime de rapt peut être poursuivi par la fille ravie contre le ravisseur, après s'être mariée à un autre, non pas aux fins du mariage, mais pour être reparée. *Boniface, ibid. ch. 13.*

29 L'accusé en crime de rapt, fils de famille, n'est reçû à faire informer sur l'impudicité de la fille qui l'accuse. Arrêt du même Parlement de Provence du 1. Février 1675. Boniface, *tome 5. livre 4. titre 3. chapitre 18.*

30 Une fille proche de sa majorité, peut conjointement avec son pere qui ne la point autorisée, poursuivre en crime de rapt celuy qui l'a abusée, & cette action n'est point reservée au pere seul, quoiqu'il ait sa fille dans sa puissance. Arrêt du Parlement d'Aix du 17. Mars 1691. *Au Journal in fol. du Palais, to. 2. pag. 789.*

RAPT, FILLE DE CABARETIER.

31 *Voyez l'onziéme Plaidoyé de M. Patru*, pour un jeune Allemand, accusé d'avoir ravi la fille d'un Cabaretier de la Ville de Châlons. La cause fut jugée le 27. Juillet 1639. La décision de l'Arrêt n'est point marquée.

32 La fille d'un Cabaretier ayant été déclarée par deux Arrêts non recevable en l'accusation de rapt, avec inhibitions au prétendu ravisseur de la frequenter, cette fille n'est reçûë en la troisiéme accusation, le ravisseur l'ayant frequentée. Arrêt du Parlement de Provence du 14. Mars 1671. Boniface, *tom. 5. liv. 4. tit. 3. ch. 16.*

33 Une majeure servante de cabaret, n'est recevable d'accuser un majeur en crime de rapt. Arrêt du même Parlem. du 29. Janvier 1678. Boniface, *ibid ch. 8. Voyez cy-après le nomb. 58. & 59.*

RAPT, CONSENTEMENT.

34 Du rapt. *Voyez Julius Clarus, lib. 5. Sententiarum.* La peine du rapt a lieu, quoique la femme ait consenti au dessein du ravisseur. Ainsi jugé le neuf Juin 1552. *in casu raptûs filiâ cujusdam Marmontæ cauponis, quæ volens à domo patris abducta fuerat.*

35 Fille ravie en la maison où on demeure, sans ou sous promesse de mariage. *Voyez Peleus, quest. 124.* où il est dit que le ravisseur d'une mineure, même étant veuve, ne peut éviter la punition ordonnée par la Loy, qu'en épousant la ravie, encore qu'il y eût du consentement de la ravie. La Jurisprudence a changé par l'Ordonnance de 1639.

36 Fille ravie à l'âge de dix ans par le sieur du Bosc, & à luy mariée depuis, elle avoit donné son consentement au mariage. Par Arrêt du Conseil Privé le mariage confirmé, & l'enfant declaré legitime, le 28. Août 1664. *De la Guess. tom. 2. liv. 6. ch. 50.*

37 Fille mineure ayant consenti à son enlevement, & ayant épousé son ravisseur, sans le consentement de ses pere & mere, n'est point sujette à la peine prononcée par l'Edit de 1556. & par la Declaration de 1639. qui la privent de toutes successions directes & collaterales, même de la legitime. Cette peine n'est que pour les rapts de violence; & d'ailleurs elle est couverte par le consentement posterieur que le pere

a donné au mariage. Arrêt du Grand Conseil du 13. Septembre 1692. en faveur de Marie Charlotte de Mazarin, mariée à M. le Duc de Richelieu. *Voyez le Journal du Palais, in fol. to. 2. p. 822.*

RAPT, DOTATION.

38 Provision de dot doit être faite *rapta filiâ.* Voyez *Franc. Marc. tom. 1. qu. 6.*

39 Arrêt rendu au Parlement de Provence au mois de Juin 1652. qui a jugé que quand il y a inégalité de condition entre le ravisseur & la ravie, le ravisseur étant Gentilhomme, & la ravie étant de basse condition, elle ne peut prétendre qu'une dotation. Elle obtint deux mille liv. *Boniface, tom. 2. part. 3. li. 1. tit. 6. ch. 9.*

40 Par Arrêt du même Parlement de Provence du 28. Septembre 1665. la servante qui a été abusée par le fils de son Maître, est dotée, nonobstant le desistement du rapt. Ce même Arrêt donne les alimens au fils. *Boniface, ibid. ch. 15.*

RAPT, ECCLESIASTIQUES.

41 Des Ecclesiastiques qui sont complices d'un rapt de violence, ou de seduction, ou qui font des mariages clandestins, ou participent à ceux qui sont contre le Droit. *Voyez M. Du Perray, en son Traité de la Capacité des Ecclesiastiques, pag. 276.* Voyez *Servin, tom. 2. p. 397.* Les Ecclesiastiques furent renvoyez aux Juges du Chapitre.

RAPT, JUGE.

42 Du crime de rapt, dont la connoissance & punition appartient au Juge Royal, *nec potest Officialis prævenire.* Voyez *Franc. Marc. to. 1. qu. 2.*

43 *De crimine raptûs sponsæ, quis cognoscere debeat ?* Voyez *ibid. qu. 462.*

44 *Pendente quæstione raptûs coram judice laico, silet quæstio fœderis matrimonii coram Ecclesiastico.* Arrêt du Parlement de Paris du 9. Mars 1541. qui declare abusive la citation faite pardevant l'Official d'Angers, au même temps que la question du rapt étoit pendante pardevant le Senéchal d'Anjou. *Voyez la Bibliotheque de Bouchel,* verbo *Rapt.*

45 Pendant l'accusation de rapt poursuivie pardevant le Juge Royal, l'Official & le Juge d'Eglise ne peut connoître de la cause *super fœdere matrimonii.* Arrêt donné aux Grands Jours de Troyes le 25. Octobre 1583. en la cause de Marie Bricourt, & Nicolas le Vert. *Voyez Chopin, lib. 2. de sacr. polit. tit. 7. n. 30. & l'Edit de Melun de 1580. art. 25.*

46 Le 29. May 1593. M. Seguier Avocat du Roy, dit, quand la plainte du rapt tend à peine corporelle, il faut que l'instance pendante pardevant l'Official *super fœdere matrimonii,* cesse; quoiqu'anciennement l'Official ne laissoit pas de passer outre; car après avoir prononcé sur le mariage, le Juge seculier ne laissoit pas de punir le rapt. Mais quand la plainte du rapt ne va qu'aux interêts, l'Official ne laisse pas d'en connoître. *Chenu, qu. 25.*

47 En cas de rapt à main armée, avec port d'armes, ou avec assemblée, y ayant promesse de mariage sans authorité de pere, mere, tuteur, curateur, la connoissance en appartient au Juge Royal, & hors ces deux cas, au Juge du lieu. Arrêt du Parl. de Dijon du 5. Mars 1612. *Bouvot, to. 2. verbo Rapt. qu. 4.*

48 Arrêt du Parlement de Provence du 29. Octobre 1644. qui a jugé que le crime de rapt ayant été commencé en France par subornation contre un mineur, & consommé hors la France par un mariage, les Juges de France étoient Juges de ce crime. La même chose a été jugée le 21. Janvier 1661. Les Arrêts en sont rapportez par *Boniface, tome 2. part. 3. livre 1. tit. 6. ch. 1.*

49 En crime de rapt, les Lieutenans Criminels des Bailliages ne doivent condamner les coupables à mort, si mieux n'aiment épouser; mais ils doivent juger suivant les Ordonnances. Arrêt du 21. Février 1650. *Du Frêne, liv. 5. ch. 53.*

50 Arrêt du Parlement de Provence du dernier Avril 1660. par lequel il a été jugé que les Juges subalternes peuvent bien condamner les ravisseurs de filles à la mort, mais non pas leur donner le choix de les épouser. *Boniface, to. 1. liv. 1. tit. 4. n. 10.*

51 Arrêt du 21. Juillet 1676. qui donna au Lieutenant Criminel, & non au Viguier, la connoissance du rapt commis par force. *Boniface, tome troisiéme, li. 1. ti. 8. chap. 4.*

RAPT, FILLE MAJEURE.

52 Arrêt de Reglement du 22. Novembre 1617. qui a jugé que le mineur ne peut être accusé en crime de rapt par une fille majeure, sous prétexte de mariage. Autre Arrêt du dix Février 1652. qui a reçu l'accusatrice à verifier par témoins, que lorsque le mineur fut baptisé, il avoit deux ans & demi, & qu'il étoit majeur lors du crime. *Idem, to. 2. part. 3. li. 1. tit. 6. chap. 5. & suiv.*

53 Jugé le 26. Mars 1667. que la fille majeure peut accuser en crime de rapt un majeur de trente-cinq ans. La Jurisprudence ancienne étoit contraire; mais on considera qu'il y avoit enlevement hors du Royaume, & que le mineur étoit en âge de contracter mariage sans le consentement de ses parens. *Boniface, ibid. chap. 2.*

54 Arrêt du 8. Juin 1668. qui a declaré une fille majeure non recevable d'accuser en crime de rapt un fils de famille mineur, & a enjoint au fils d'être obéissant à son pere; & luy fait défenses de hanter la fille, à peine de la vie, Le ravisseur fut condamné en de grandes amendes envers le Roy, & en 3000. liv. pour la dotation de la fille, qu'il payeroit aprés la mort de son pere. *Ibidem, chap. 4.*

55 Une fille majeure peut accuser en crime de rapt un majeur. Arrêt du 13. May 1673. *Boniface, to. 5. li. 4. tit. 3. ch. 6.* Autre Arrêt semblable rendu en l'année 1686. *Ibid. ch. 7.*

56 Arrêt du 18. Avril 1676. qui a declaré non recevable une fille majeure, d'accuser un fils de famille mineur de 22. ans, donna une provision pour l'enfant, & ordonna que sur le stupre il seroit répondu par l'un & l'autre. *Boniface, tome 5. liv. 4. titre 3. chap. 10.*

57 Une majeure ne peut accuser en crime de rapt un majeur, y ayant des preuves de l'impudicité de la majeure. Arrêt du 12. Mars 1678. *Boniface, ibidem chap. 4.*

57 bis. Fille majeure déclarée non recevable d'accuser en crime de rapt un fils de famille âgé de 24. ans & trois mois. Arrêt du 4. Février 1679. *Ibid. ch. 9.*

58 Si les filles majeures sont toûjours recevables d'accuser en crime de rapt les majeurs, ou si le Jugement doit dépendre des circonstances particulieres, & de la qualité des personnes? Arrêt du 22. Novembre 1681. qui a declaré non recevable la majeure par les circonstances qui étoient, que l'accusé avoit été luimême forcé de faire une promesse de mariage, & que l'accusatrice étoit fille d'un Cabaretier. *Boniface, tom. 5. liv. 4. tit. 3. ch. 5.*

RAPT PAR LE MAÎTRE.

59 Fille de Cabaret reçûë à se plaindre d'un rapt commis envers elle par son Maître. Arrêt du 30. Octobre 1646. *Berault, à la fin du 2. Tome de la Coûtume de Normandie, pag. 69.*

Voyez cy-dessus le nomb. 31. & suiv.

RAPT, MARIAGE.

59 bis. Le mariage consenti & contracté entre les ravisseurs, ne les affranchit pas de la peine. *Voyez Julius Clarus, lib. 5. sententiarum,* où il est dit, *Licet quidam Cæsar Moscatus, qui puellam, quam violaverat uxorem duxit, fuerit per Senatum absolutus 26. Novemb. 1560. audivi in facti contingentiâ, plerumque contrarium judicatum fuisse, & in specie per Regem Hispaniæ, qui post contractum matrimonium inter raptorem, & raptam, jussit ipsum raptorem decapitari.*

Ortal

60 Ortal avoit été condamné à mort au Sénéchal de Cahors, pour le rapt d'une fille nommée Benafis, *fauf s'il l'épousoit*; le pere fit semblant de la faire épouser, & le fit accorder. Par Arrêt du Parlement de Toulouse la Sentence avoit été confirmée, le pere condamné aux dépens, dommages & interêts : c'est pourquoy il fut obligé de consentir à ce mariage quelque temps aprés. Ce fils l'ayant épousée, l'abandonna sans luy donner les alimens : surquoy Maître Besifere Prêtre, qui avoit fait les frais de cette poursuite, demandant ses dommages & interêts ; Ortal pere s'étoit pourvû par Requête Civile contre l'Arrêt, il en alleguoit un du Parlement de Paris de 1598. remarquable quant à la forme de prononcer. Cet Arrêt relaxe en pareil cas un gendre envers sa bellemere, à la charge de l'en remercier : il en alleguoit un autre de ce Parlement, par lequel un homme condamné à 4000. liv. de dommages & interêts envers la fille qu'il avoit ravie, l'ayant épousée, avoit été relaxé de cette somme, à la charge qu'il la tiendroit en constitution dotale de sa femme. Au contraire, Besifere disoit que, *nemo peccator, pœnitentiâ nocens esse desijt, L. quiâ mente 65. ff. de furtis* ; que ce pere avoit été justement condamné, pour avoir favorisé son fils à briser les prisons, & qu'ils ne meritoient pas la faveur des Arrêts qu'ils avoient alleguez, puisqu'ils n'avoient pas voulu recevoir cette femme dans leur maison ; surquoy il y eut partage : mais ce partage fut jugé à l'avantage d'Ortal. *Albert*, verbo *Rapt.*

61 Rapt ne se peut couvrir par promesse de mariage : jugé contre un nommé Tabaria, lequel fut condamné à être décapité ; ceux qui l'avoient aidé, condamnez à avoir le fouët, & l'assister au supplice. Arrêt du Parlement de Paris du 18. Novembre 1556. *Papon, liv. 22. tit. 6. n. 8.*

62 Quoique la fille violée demande son violateur pour mary, on ne doit point y avoir d'égard. Arrêt en pareil cas, qui condamne à être pendu. Il a été rendu au Parlement de Toulouse le 18. Janvier 1558. *La Rocheflavin, liv. 3. lettre R. tit. 2. Arr. 4.*

63 Rapt doit être jugé avant la nullité du mariage. Arrêt du 19. Juillet 1577. pour le fils d'un Conseiller du Grand Conseil. Et par autre Arrêt de la Tournelle du 12. Avril 1578. Ainsi il y auroit abus dans les procedures d'un Official, qui connoîtroit du Sacrement avant la fin de l'accusation criminelle. *Papon, liv. 22. tit. 6. nomb. 2.* où sont citez plusieurs anciens Arrêts.

64 La fille ravie pouvoit autrefois tirer des mains de la Justice son ravisseur, en le demandant en mariage : mais pour ne point laisser profiter un criminel de son crime, une fille ayant demandé une pareille grace à la Tournelle, par l'avis de la Grand'-Chambre, & contre celuy de M. le Premier Président, sans y avoir égard, il fut passé outre au Jugement, l'accusé condamné à mort. Arrêt du Parlement de Paris du mois de Novembre 1580. *Papon, liv. 22. tit. 6. nombre 8.*

65 Arrêt du Parlement de Paris de l'an 1583. qui condamne un Clerc à être pendu, pour avoir engrossé la fille d'un Président, quoiqu'elle le demandât pour mary, & qu'elle eût atteint l'âge de 25. ans. *La Rocheflavin, liv. 3. lettre R. tit. 2. Arr. 3.*

66 *Raptus in viduam majorem 25. annis.* Jugé par Arrêt du Parlement de Paris du 17. Août 1604. à la Tournelle contre Cottereaux, Maître des Comptes en Bretagne, pour lequel il fut condamné à mort, si mieux n'aimoit épouser celle qu'il avoit ravie, ce qu'il opta : & l'on solemnisa le mariage le Mercredy ensuivant en l'Eglise S. Barthelemy, ayant été tiré des prisons de la Conciergerie, & conduit par deux Huissiers, & le Greffier Criminel ; & fut un enfant qui étoit issu de leur conjonction, mis sous le poële. *Voyez Chenu, quest. 28.*

Tome III.

67 Sur le rapt d'une jeune veuve, sous prétexte de mariage : par Arrêt rendu au Parlement de Paris au mois de Mars 1618. le ravisseur fut condamné d'avoir la tête tranchée, si mieux il n'aimoit l'épouser ; & aprés qu'il eut opté, ils furent menez par deux Huissiers à S. Barthelemy, où ils furent mariez en présence des parens de part & d'autre. *Le Bret, liv. 1. décison 3.*

68 En crime de rapt, on donne quelquefois le choix par indulgence au prévenu, d'épouser la fille par lui ravie, pour éviter la mort. Arrêt du Parlement de Grenoble du 23. Juillet 1626. *Basset, tome 1. liv. 6. tit. 18. ch. 1.*

69 Crime de rapt ne se couvre point, & ne s'éteint par des articles de mariage subsequens, dont on peut resilir. Arrêt du 12. Février 1632. *Bardet, to. 2. li. 1. chap. 6.*

70 Rapt commis en la personne d'un jeune homme qui y a consenti, son mariage declaré nul, & le jeune homme condamné en 24000. liv. parsis d'amende envers le Roy, &c. Arrêt du 4. Septembre 1637. *Du Frêne, liv. 3. ch. 4.*

71 Juges inferieurs pour crime de rapt, ne peuvent condamner le ravisseur à la mort, si mieux il n'aime épouser celle qu'il a ravie : jugé le deux Janvier 1638. *Bardet, tom. 2. liv. 7. ch. 1.* L'Arrêt porte défenses au Lieutenant Criminel d'Angoumois de plus prononcer de la sorte, & luy enjoignoit de juger suivant la rigueur de l'Ordonnance. *Voyez Boniface, tom. 1. liv. 1. tit. 4. n. 10. Despeisses, tom. 2. p. 566.*

72 Arrêt du Parlement de Provence du 10. Mars 1661. qui a jugé le ravisseur des amendes, en épousant aprés la fille ravie. *Boniface, to. 2. part. 3. liv. 1. tit. 6. chap. 12.*

73 L'action criminelle arrête la procedure civile, pour raison du rapt commis par le *fiancé* sur son accordée qui étoit majeure, le fiancé refusoit d'accomplir le mariage. Arrêt interlocutoire du Parlem. de Bourdeaux du 14. May 1671. *Journal du Palais.*

R A P T, M I N E U R.

74 Fille mineure ne peut être accusée de rapt par le pere d'un fils aussi mineur. Arrêt du Parlement de Grenoble du 12. Août 1668. *Voyez Basset.*

75 Une fille mineure n'est recevable d'accuser en crime de rapt, un fils de famille mineur, d'inégale condition à elle, aprés les inhibitions faites de souffrir la frequentation du fils de famille. Arrêt du Parlement de Provence du 19. Decembre 1671. *Boniface, tom. 5. liv. 4. tit. 3. ch. 2.*

76 La mineure peut accuser en crime de rapt un mineur moins âgé qu'elle. Arrêt du 26. Avril 1681. *Boniface, ibidem chap. 1.* où il observe que par l'Arrêt diffinitif l'accusé fut condamné à la mort, si mieux il n'aimoit épouser ; & de fait, il épousa.

R A P T, O F F I C I A U X.

77 Défenses sont faites aux Officiaux de connoître du crime de rapt. Arrêt du Parlement de Dijon du 15. May 1599. *Bouvot, tome second, verbo Mariage, quest. 5.*

78 En crime de rapt, l'on peut obtenir *Monitoire*, mais l'Official ne peut ordonner qu'il sera signifié à certaine personne. Arrêt du Parlement de Dijon du onze Mars 1610. *Bouvot, tome premier, part. 1. verbo Rapt.*

R A P T, P E I N E.

79 De la peine du rapt : elle est differente selon les circonstances ; & on distingue s'il y a eu quelques propositions de mariage, du consentement du pere ou de la mere. *Voyez Papon, liv. 24. tit. 10. n. 20.*

80 L'opinion des Docteurs, est que la peine de rapt n'a point lieu *contra publicas meretrices.* Il y a eu des préjugez contraires. *Florentinus quidam fuit furcâ suspensus, & sociis per triennium ad triremes condemnati. Voyez Julius Clarus, liv. 5. sententiarum.* Il dit que *ex dispositione constitutionum rapientibus mulieres inho-*

M m

nestas imponitur tantùm pœna arbitraria, quam quidem Senatus arbitrari solet in tribus ictibus funis, pro ut servatum fuit cum quibusdam Parisiensibus 9. Julii 1558.

81   *Mulier rapiens virum causâ libidinis, incidit in pœnam raptûs. Florentiæ combusta fuit quædam meretrix, quæ adolescentulum rapuerat.* Voyez *Julius Clarus, li. 5. sententiarum*, où est rapportée l'opinion de plusieurs Docteurs.

82   Guillaume de Serio du lieu d'Oursieres ayant été convaincu du crime de rapt, fut seulement condamné au Parlement de Grenoble en 500. livres pour les reparations du Palais, & *ad pœnam de raptoribus*, au cas qu'il ne satisfît pas dans le temps prescrit, au payement de cette somme. Il y a pourtant peu de rapport dans cette alternative, de l'une de ces peines avec l'autre. *Voyez Chorier en sa Jurisprudence de Guy Pape*, pag. 271.

83   Quoique la peine de rapt soit capitale, neanmoins il arrive assez souvent que la Cour ayant vû le procez, fait venir en la Chambre le criminel, à qui elle declare que par les charges resultantes des informations, il a encouru la peine de mort. Neanmoins, qu'en cas qu'il opte le mariage de celle qu'il a séduite, cette peine sera moderée. S'il opte, à l'instant on ordonne que le prisonnier sera remené dans la Conciergerie, ou conduit dans la Chapelle des Prisonniers, ou en quelque Eglise prochaine, pour y celebrer le mariage. *Charondas* rapporte un Arrêt formel du Parlement de Paris, & *Fevret* en cite un autre du Parlement de Dijon. *Bibliotheque Canon. tom. 2. pag. 77.*

84   Il n'y a que les Juges Souverains qui peuvent condamner à mort le ravisseur, si mieux il n'aime épouser, &c. *Voyez Despeisses, to. 2 p. 566. n. 41.*

85   Il fut ordonné au Parlement de Toussaint 1278. que la maison d'un ravisseur seroit rasée. *Biblioth. de Bouchel*, verbo *Rapt*.

86   Par Arrêt du Parlement de Roüen du 20. Novembre 1518. rapporté par *Terrien, li. 12. ch 14.* le Bastard Theroude chargé d'avoir pris à force une fille, qui s'étoit auparavant abandonnée à deux hommes, & avoit eu un enfant du fait de l'un d'eux, mais qui depuis deux ans s'étoit retirée, & convertie à vivre honnêtement, fut pour punition condamné à être battu de verges par trois jours de marché, banny du Royaume, ses biens acquis & confisquez, sur laquelle confiscation furent ajugées 200. liv. à la fille. *Fovet*, verbo *Rapt, n. 8.* rapporte le même Arrêt.

87   Par Arrêt du Parlement de Paris, rapporté par *Terrien*, une Servante, pour avoir persuadé un fils de riche Marchand de Roüen à l'épouser, en la maison duquel elle étoit demeurante, fut condamnée à être foüettée par les carrefours, bannie du Royaume de France, ses biens confisquez, & en 400. liv. d'interêts vers le pere : mais à noter que tel rapt se peut couvrir, quand le pere n'en fait poursuite, ou tacitement approuve tel mariage. Toutefois la fille qui seroit mariée sans le consentement de son pere, ne seroit reçuë, ni son mary pour elle, à demander sa dot : comme il fut jugé par Arrêt du 1. Avril 1555. *Fovet*, verbo *Rapt*.

88   Le rapt fait en la personne d'un jeune garçon qui étoit en tutelle, & que l'on avoit induit à se marier sans le consentement de son tuteur & curateur, les ravisseurs furent condamnez à faire amende honorable, avec défenses à toutes personnes de doresnavant contracter ou faire contracter aucuns mariages, sans le consentement des peres & meres, tuteurs & curateurs des enfans que l'on voudra marier. Arrêt du 26. Mars 1554. *Le Vest, Arr. 61.*

89   Un Compagnon Maçon ayant abusé de la fille de son Maître, chez qui il demeuroit, sous couleur de mariage, par Arrêt du 18. Janvier 1558. a été condamné à perdre la tête, sans avoir égard aux Lettres

de grace par luy obtenuës, dont il fut debouté. *La Rocheflavin, liv. 3. lett. R. tit. 2. Arr. 2.*

90   Laurent Cotuly, Compagnon Maçon, commet un rapt avec Marie du Moulins fille de son Maître, sous couleur de mariage, il est condamné à mort. Appel en la Cour. Il se rend impetrant de Lettres de Grace, disant avoir accordé avec ladite Marie de la prendre à femme. Par Arrêt du 18. Janvier 1558. il est debouté de l'effet de ses Lettres, & condamné à perdre la tête; ce qui fut executé à Saint Georges à Toulouse. L'Arrêt fondé sur ce que *raptor non debet nubere rapta, & rapta à principio, non videtur postea consensisse in matrimonium, sed potius in stuprum, & quia in atrocibus criminibus in his quæ sunt mali exempli autoritas Regis non excusat.* Voyez *la Bibliotheque de Bouchel*, verbo, *Rapt*.

91   Celuy qui a fait ses efforts pour connoître une jeune fille dont il a été empêché par l'âge, doit être puni capitalement & suivant la condition des parties. Arrêt du Parlement de Grenoble du 28. Janvier 1581. *Papon, liv. 23. tit. 10. n. 4.*

92   Un ravisseur & violateur d'une fille de quatre ans & huit mois, condamné à la roüe par Arrêt du dernier Août 1616. *Baffet, to. 1. li. 6. tit. 18. ch. 2.*

93   Voyez le 18. Plaidoyé de M. le Maître contre un ravisseur. Arrêt du 12. Août 1633. qui sur le rapt met hors de Cour, & condamne le ravisseur & son pere solidairement à payer 1200. liv. à la fille pour toute réparation, 200. liv. aux prisonniers de la Conciergerie, à nourrir & élever l'enfant.

94   Par Arrêt du Parlement de Paris du mois de Juillet 1656. le sieur Ferrand fut condamné en 8000. liv. de dommages & interêts, pour avoir abusé la Demoiselle de Fleance, pour luy avoir fait un enfant, 2000. liv. vers l'enfant. *Jovet*, verbo *Rapt, n. 7.* dit avoir oüi prononcer l'Arrêt en l'Audience de la Tournelle:

95   Le rapt qui se fait par la violence & par l'enlevement est toûjours puni de mort à la difference de celuy qui se fait par la subornation des filles, qui sont en la puissance de leurs peres ou de leurs tuteurs & de leurs curateurs, lequel est pardonné si les deux parties consentent au mariage. Arrêt du Parlement de Grenoble du 18. Février 1640. rapporté par *Chorier, en sa Jurisprudence de Guy Pape, page 269.*

96   Isaac Carier mineur de 25. ans, ayant débauché une fille aussi mineure, mais un peu plus âgée que luy, l'action de rapt fut intentée par le pere contre ce suborneur qui avoüa le crime, & declara qu'il étoit dans la volonté d'épouser cette fille si son pere le luy permettoit, & qu'ayant réiteré à l'Audience à genoux devant son pere qui le refusa, il fut seulement condamné en 500. liv. pour dommages & interêts, & le pere seulement à prendre & à nourrir, suivant ses offres, l'enfant. Arrêt du Parlement de Grenoble du 18. Janvier 1680. rapporté par *Chorier, ibidem.*

97   Arrêt du P. de Paris du 30. Decembre 1649. entre la veuve du sieur de Lubert Maître d'Hôtel de la Maison du Roy, stipulant le fait & cause de sa fille, appellante d'une Sentence renduë par le Lieutenant Criminel du Châtelet, en ce que le défendeur n'a pas été condamné conformément à l'Ordonnance, pour raison du crime de rapt ; & M. Henry d'Aubray, Contrôlleur General des Eaux & Forêts de Normandie, intimé & appellant de la procedure extraordinaire. Les appellations furent mises au néant, d'Aubray condamné à l'aumôner au pain des prisonniers de la Conciergerie 3000. liv. prendre l'enfant duquel la fille étoit accouchée, le faire élever dans la Religion Catholique, jusqu'à ce qu'il soit en âge de gagner sa vie, consigner és mains d'un notable Bourgeois, dont les parties conviendront, la somme de 6000. liv. pour en faire interest au profit de l'en-

fant ; condamné en outre à 4000. liv. envers la mere pour toutes réparations, dommages & interêts, & aux dépens ; & pour le payement des sommes, ordonné qu'il sera présentement mis à la garde d'un des Huissiers de la Cour qui s'en chargera. *V. les Plaidoyez. de M. d'Audiguier-du-Mazet* ; il plaidoit contre le ravisseur,& se plaignoit de la Sentence qui l'avoit seulement condamné à doter la fille de sa partie d'une somme de 50000. l. si mieux il n'aimoit l'épouser. M. d'Audiguier conservant la prévention naturelle à l'Avocat pour le droit d'une partie, ne parut pas content de ce préjugé ; il vouloit que le ravisseur fût puni ; mais M. Talon observa que de la part de la fille, il y avoit beaucoup de facilité & de démarches.

98   Arrêt du Parlement de Provence du 17. May 1653. qui a condamné au Refuge, une fille pour crime de paillardise, qui disoit avoir été ravie par un mineur. *Boniface, tome 2. liv. 3. tit. 8. ch. 2.*

99   Par Arrêt du Parlement de Paris en la Chambre de la Tournelle de l'année 1657. le Chevalier de la Porte fut condamné en 12000. liv. vers une fille qu'il avoit engrossée, sur une action de rapt intentée contre luy ; mais la cause avoit été recommandée, ainsi on ne peut point faire consequence de cet Arrêt. *Joüet, verbo, Rapt, n. 6.* dit avoir oüi prononcer cet Arrêt.

100   Un Curé de Quercy accusé d'avoir voulu forcer une de ses Paroissiennes, & de luy avoir mis un mouchoir à la bouche, insistant à son renvoy, en fut démis, le 27. Mars 1662. Ce qui fait voir que le rapt est un cas privilegié. Arrêt du Parlement de Toulouse rapporté par *M. Jean Albert, lettre C. art. 2.*

RAPT, PERE.

101   Arrêt du Parlement de Provence du 3. Mars 1668. qui a jugé que le pere doit representer son fils accusé en crime de rapt, s'il veut être oüi à faire declarer non recevable la fille qui l'accuse. *Boniface, to. 2. part. 3. liv. 1. tit. 6. ch. 8.*

102   Un pere ayant transigé sur une instance de rapt commis à sa fille, la fille qui avoit donné sa procuration au pere, ne peut reprendre l'instance. Arrêt du 14. Decembre 1677. *Boniface, tome 5. livre 4. titre 3. chapitre 15.*

103   Jugé le 10. Decembre 1678. que le pere d'un fils accusé en crime de rapt, est recevable d'accuser en subornation les parens de la fille, sans representer son fils défaillant. *Boniface, tome 5. livre 4. titre 3. chapitre 14.*

104   Arrêt du même Parlement de Provence du 23. Novembre 1686. qui a jugé que la fille majeure, ayant avoir requis son pere de la marier, ayant été ravie par son amoureux, & sur le rapt instance formée par le pere, la fille doit être remise dans un Monastere pendant le procès. M. l'Avocat General de la Mole, dit que les deux actions criminelles étoient differentes, & n'avoient pas rapport l'une à l'autre, le pere ayant pû informer de l'enlevement, & la fille du rapt. *Boniface, tome 5. liv. 4. tit. 3. ch. 2.*

RAPT, SERVITEUR.

105   Le Clerc d'un Président de la Cour condamné d'être pendu pour avoir engrossé la fille de son maître. Arrêt du 10. Octobre 1582. *Papon, liv. 23. tit. 3. nombre 3.*

RAPT, VEUVE.

106   Du rapt commis en la personne d'une jeune veuve qui demeuroit chez sa mere aussi veuve, chez laquelle le ravisseur étoit favorablement reçu. *Voyez les Reliefs forenses de M. Sebastien Roüillard, ch. 48.* où il dit ; la Cour, après le rapport du procès, fit venir le Criminel, auquel Elle declara qu'il avoit encouru peine de mort ; neanmoins au cas qu'il préoptât le mariage, qu'elle aviseroit s'il y auroit lieu de luy faire relâche de cette rigueur : sur quoy ayant le dit Criminel demandé délai d'avis, & luy ayant été remontré qu'il falloit qu'il optât sur le champ, il ré-

Tome III.

pondit, puisque la Cour luy faisoit cette grace, qu'il ne vouloit être homicide de soi-même, ainsi fut reconduit en la Conciergerie, & peu de jours après tiré d'icelle, puis mené en l'Eglise Saint Barthelemy Paroisse du Palais, où l'attendoit la Demoiselle par luy optée à femme, avec la petite fille élevée de leurs œuvres ; & là furent celebrées les épousailles, la petite fille mise sous le poële, pour la legitimation, avec d'autres ceremonies, qui furent accomplis en grande multitude de peuple ; enfin luy auroit été prononcé le reste de son Arrêt contenant, qu'il étoit condamné envers la mere en 1000. liv. & 400. liv. Parisis pour tous dépens, dommages & interêts. Fait en Parlement le 20. Août 1604.

107   Une veuve majeure de trente-deux ans n'est recevable d'accuser de rapt un majeur de trente-cinq ans, fils de famille & d'inégale condition, la veuve ayant vécu dans l'impudicité. Arrêt du Parlement de Provence du 15. May 1649. *Boniface, tome 2. partie 3. liv. 1. tit. 6. ch. 3.*

108   La veuve majeure ne peut accuser un majeur en crime de rapt. Arrêt du mois de Janvier 1677. *Boniface, tome 5. liv. 4. tit. 3. ch. 12.*

109   Une veuve majeure qui avoit intenté une instance d'accusation de rapt contre un mineur fils de famille, peut rescinder le desistement de l'instance par elle faite, & prouver par témoins la perfidie du ravisseur, qu'elle disoit avoir caché un papier blanc au lieu d'une promesse qu'il luy avoit faite de l'épouser, mais il fut ordonné que l'un & l'autre nommeroient leurs témoins sur le champ. Arrêt du 18. Juin 1678. *Ibidem, ch. 13.*

RATIFICATION.

1   **A** pprobatio, Ratihabitio. Ratam rem haberi, & de Ratihabitionibus. *D. 46. 8.* La premiere partie de ce Titre parle de la caution que le Procureur intentant une action, étoit obligé de donner, que celuy au nom duquel il agissoit, ratiferoit ses poursuites.

Si major factus ratum habuerit. C. 2. 46.

Si major factus, alienationem factam sine decreto, ratam habuerit. C. 5. 74.

Ratihabitio mandato comparatur. L. 152. §. 2. D. de reg. jur.

De donationibus inter virum & uxorem.... & de Ratihabitione. C. 5. 16... Ratihabitio, hic pro confirmatione.

2   *Voyez* ce que *M. Charles Du Moulin* dit, du consentement tacite, en Conseil 54. to. 2. p. 967. *facta verbis potiora ; tacitus consensus pro expresso habetur in judicialibus.*

3   Peine encouruë faute de ratification. Arrêt du Parlement de Bretagne du 13. Octobre 1567. La même chose avoit été jugée le 21. Août 1561. *Du Fail, li. 1. chapitre 257.*

4   Guyon vend une Métairie appartenante à sa femme ; il est dit qu'il luy sera ratifier le contrat ; depuis elle signe la grosse. L'acquereur quelque temps après demande que son contrat soit entretenu par provision ; on luy est ainsi ordonné. Appel : La femme dit que son signe apposé à la grosse n'emporte ratification du contrat, conclut à ce que l'acquereur soit débouté diffinitivement. Par Arrêt du Parl. de Bretagne du 14. Avril 1570. la Cour dit mal jugé, & qu'il n'échet aucune provision. *Du Fail, livre 1. chapitre 294.*

5   Si les solemnitez qui sont requises en la vente, doivent être gardées en la ratification ? *V. Bouvot, to. 2. verbo, Ratihabition, quest. 1.*

6   Si une personne vend le bien d'autruy, la vente n'est pas bonne, mais si le proprietaire ratifie, le contrat prend sa force du jour de la ratification. Arrêt du Parlement de Dijon du 7. Février 1611. *Bouvot, tome 2. verbo, Retrait conventionnel, quest. 28.*

M m ij

7 Arrêt du Parlement de Provence du 16. Février 1640. qui a jugé qu'en tous contrats on peut intenter le remede de la *L. diff. mari. C. de ingen. & manum.* quand on est menacé de procès; ainsi celuy qui avoit pendant sa minorité vendu un heritage, contre laquelle vente l'acquereur craignoit qu'il ne voulût se pourvoir dans les dix ans de la majorité, fut condamné de ratifier le contrat, ou de reprendre son fond en rendant le prix. *Boniface, tome 4. livre 8. tit. 2. chap. 11.*

8 Par Arrêt du 27. Juin 1664. du Parlement de Normandie, jugé que la reception d'arrerages d'une rente payez depuis la majorité, n'induit point de ratification du contrat de vente faite en minorité. *Berault, à la fin du 2. tome de la Coûtume de Normandie, p. 107. col. 2.*

RATIFICATION, EFFET RETROACTIF.

9 *Ratihabitio trahitur retrò ad initium actûs ratificati. Capit. rati habitionem de regulis juris in 6.*

10 Mais si c'est le mary qui ait vendu l'heritage de sa femme, & qu'il ait promis de la faire ratifier, la ratification n'a point un effet retroactif; de même quand le mary vend le contrat de sa femme après sa mort. *Mornac, L. 16. ff. de pignoribus. & L. ult. C. ad Senatusconf. Macedon.* En ce cas l'hypotheque n'est que du jour de la ratification, si ce n'est que la femme eût baillé procuration à son mary, étant de luy autorisée pour vendre l'heritage. *Voyez M. le Prêtre, 2. Cent. chap. 20. Voyez Charondas, livre 7. Rép. 215.*

RATIFICATION DE LA FEMME.

11 Le Prince d'Orange s'étoit obligé à une somme de trois mille florins envers Noble Loüis de la Baume, & Dame Antoinette de Saluffes son épouse, & parce qu'elle étoit absente quand l'acte fut fait, il y fut dit qu'elle le ratifieroit. On voulut contraindre le debiteur au payement avant la ratification. Arrêt du Parlement de Grenoble de l'an 1445. en sa faveur, sur le fondement que l'obligation étoit en suspens, jusqu'à ce que la condition eût été remplie. *Voyez Guy Pape, quest. 15.*

12 La femme a été restituée de la ratification d'un contrat de vente passé par son mari avec promesse de la faire ratifier. Arrêt en Mars 1583. *Charondas, li. 7. Rép. 215.*

13 Mari qui vend l'heritage de sa femme avec promesse de la faire ratifier, s'il ne le veut, il doit les dommages & interêts. *Bouvot, tome 2. verbo, Vente, quest. 9.* en rapporte un Arrêt du Parlement de Dijon du 25. Juillet 1593.

14 Si la renonciation au Velleïen, &c. est exprimée dans le contrat, & que la femme le ratifie, la repetition de la renonciation n'est pas necessaire dans l'acte de ratification, d'autant que la ratification équipole au contrat ratifié, & a son effet retroactif au contrat. Arrêts des 18. Janvier & 7. Octobre 1593. *Chenu, 1. Cent. quest. 53. & 54. Voyez Charondas, liv. 7. Rép. 215.*

RATIFICATION, MARI.

15 Le mari peut ratifier un contrat de vente fait par sa femme sans autorisation, & agir en vertu d'iceluy. Arrêt du Parlement de Dijon sans date, rapporté par *Bouvot, tome 1. part. 3. verbo Mari, quest. 2.*

16 Le mari s'obligeant tant en son nom qu'au nom de sa femme & à la charge de la faire ratifier, ratifiant, quoiqu'il n'y ait point de procuration au mari pour ce faire, elle peut être contrainte au payement. Arrêt du Parlement de Dijon du 14. Août 1601. *Bouvot, tome 2. verbo Mariage, quest. 63.*

RATIFICATION, MINEUR DEVENU MAJEUR.

17 Le bien d'une mineure est vendu, elle majeure le ratifie; un parent vient au retrait; l'acte étant passé du jour de la vente, il soûtient que le temps ne doit courir que du jour de la ratification, le retrayant débouté de sa demande au mois de Juin 1585. *Anne*

Robert, rerum judicat. liv. 3. ch. 17. parce que est eadem persona. Voyez *Montholon, Arrêt 80. & 108. circà medium.* Voyez *Mornac, L. 16. ff. de pignoribus,* & *Tronçon, Coûtume de Paris, art. 130. fol. 322. in verbo, le temps du Retrait.* Voyez *Charondas, liv. 9. Réponse 31.*

18 Le contrat fait par un mineur étant devenu majeur, s'il fait quelque acte de ratification, s'il n'est point lezé, n'en peut être relevé. *Voyez Charondas, liv. 4. Rép. 42.*

19 Le sieur de Châtre mineur émancipé, emprunte une somme de 10000. liv. ratifie son contrat majeur; il est tué en Afrique pour le service du Roy; sa succession est abandonnée; direction établie; les Directeurs contestent l'hypoteque au creancier des 10000. liv. Arrêt qui ordonne qu'il sera mis en ordre sur les biens du sieur de la Châtre du jour de son contrat, tant pour le principal que pour les arrerages. Jugé le 23. Juillet 1667. *Journal du Palais. Voyez Montholon, Arrêt 80.*

20 Un mineur ayant traité pour chose mobiliaire, & en majorité ratifié le contrat, n'est restituable. Arrêt du Parlement de Dijon du 4. May 1607. *Bouvot, to. 2. verbo, Rescision, qu. 16.*

21 Clause de ratifier après que l'un des conjoints sera devenu majeur, ne regarde que le fait du mineur, & l'autre partie ne peut s'en prévaloir. Arrêt du Parlement de Bretagne du 26. Octobre 1610. rapporté par *Frain, page 100.*

22 La ratification expresse faite après la majorité, exclut sans doute la mineur de la restitution, suivant la Rubrique du Code *Si major factus ratum habuerit.* Mais la ratification tacite & l'execution de l'acte passé dans la minorité, n'est pas un obstacle à la restitution; ainsi le mineur qui s'immisce dans une heredité, & qui devenu majeur prend payement des debiteurs hereditaires, peut être restitué envers cette adition comme mineur *initio instecto,* & reçû à répudier. Arrêt du Parlement de Toulouse rapporté par *M. de Catellan, liv. 5. ch. 13.*

23 Contrat passé par les mineurs, ratifié en majorité, n'y ayant point d'employ de deniers qui soit justifié, ni que les mineurs ayent été autorisez lors desdits contrats; l'hypoteque est du jour du contrat, non du jour de la ratification. Arrêt du 23. Juillet 1667. *De la Guessiere, tome 3. liv. 1. ch. 36.*

RATIFICATION PROMISE.

24 Celuy qui a promis de ratifier dans un temps certain & préfix, est condamné s'il ne le fait aux dommages & interêts. Arrêt du Parlement de Grenoble du 14. Janvier 1555. dans le *chap. 36. des Arrêts de M. Expilly.*

25 Un homme promet faire dans trois mois ratifier un contrat à sa femme à peine de 300. écus. Arrêt du Parlement de Bretagne du 21. Août 1561. confirmatif de la Sentence qui avoit ordonné que pour toutes préfixions & délais, il seroit tenu de fournir la ratification dans trois semaines, autrement la peine de 300. écus désors comme dés-à-present declarée contre luy commise. *Du Fail, liv. 3. ch. 167.*

26 Le mari qui s'oblige & promet de faire ratifier sa femme, la femme ayant pris des Lettres, & étant restituée, le mari ne l'a pas été. *Voyez M. le Prêtre, 3. Cent. ch. 79.* Charondas, liv. 9. Rép. 11. rapporte un Arrêt du 8. Février 1567. par lequel le mari & la femme ont été relevez.

27 Si la ratification est promise, jusqu'à ce qu'elle soit fournie, l'on ne peut rien prétendre en vertu du contrat, car il est censé imparfait. Arrêt du Parlement de Bretagne du 30. Août 1575. *Du Fail, livre 1. chapitre 380.*

28 Lorsqu'un mari échange un fond de sa femme, promet la faire ratifier, & qu'après la femme se pourvoye pour être maintenüe nonobstant l'échange, le mari faute de ratification n'est tenu d'aucuns inte-

rêts, parce que le mari, par la Coûtume de Bourgogne, en chose réelle, ne peut rien faire au préjudice de sa femme, sans procuration speciale. Arrêt du Parlement de Dijon du 30. Avril 1579. *Bouvot, to. 2. verbo, Permutation, quest. 2.*

29   Un mari transigeant des biens paraphernaux de sa femme, avoit promis de luy faire ratifier la transaction à peine de tous dépens, dommages & interêts. On douta si le mari étoit obligé de satisfaire à sa promesse, ou si au contraire il étoit bien fondé aux Lettres en cassation de cette transaction, ausquelles sa femme adhera par Requête. On representa pour le mari qu'il n'avoit pû obliger sa femme; que deux Testamens qui étoient confirmez par la transaction, n'avoient point été lûs lors d'icelle, & que le mari avoit été contraint de signer la transaction par la reverence & le respect qu'il portoit aux Arbitres, qui étoient deux Conseillers de la Cour, à cause de leur autorité. On répondoit qu'il ne s'agissoit que des dommages & interêts ausquels le mari s'étoit soumis faute de faire ratifier, il ne pouvoit éviter d'y être condamné, s'il ne satisfaisoit à sa promesse. Par Arrêt de la Chambre de l'Edit de Castres du 3. Mars 1631. les parties furent appointées, & depuis la transaction fut cassée, sur le fondement d'un dol personnel. En ce cas, il est décidé par le Droit que, *si is qui promisit ratificationem alterius, non tenetur de evictione; si is cujus factum promisit, contempserit ex legitimâ & justâ causâ, & lege permittente*, suivant le texte de la Loy *quidam cum filium ff. de verbor. obligat. L. si libertus ff. de oper. libertor.* & Barthole, *sur ces Loix.* Voyez *Boné, Arr. 97.* & un cas pareil dans *Chassanée, qu. 52.* Il faut observer que la même chose s'ordonne quand le mineur est restitué par dol personnel, *quo casu*, la caution est aussi restituée; *secus* s'il n'y avoit que dol réel, auquel cas la caution *teneretur. L. 2. C. de fidejus. minor.* quoique le mineur fût relevé.

30   Un particulier avoit fait un contrat de rente au profit d'un tiers, avec promesse de faire ratifier à sa femme dans six mois; & ne l'ayant fait, sa femme étant décedée, condamné de racheter, par Arrêt du Mercredy 20. Février 1664. à la Grand-Chambre, plaidant Hideux & Mareschal. *Dictionnaire de la Ville, verbo, Ratification.*

31   Arrêt du Parlement de Provence du dernier Juin 1666. qui a jugé que le vendeur du bien d'autrui avec promesse de faire ratifier, doit seulement le remboursement des frais & dépens, sans la plus-valuë des biens, faute de ratification. *Boniface, tome 2. liv. 4. tit. 1. ch. 3.*

RATIFICATION, RETRAIT.

32   Deux filles d'un premier lit, le pere renonce l'une & la fait renoncer aux successions de la mere échuë, & à la sienne à écheoir; le pere se remarie & a des enfans; il décede; la fille mariée obtient Lettres; procés entre elle & les enfans du second lit; transaction par laquelle cette fille, moyennant une certaine somme, ratifie son contrat de renonciation; sa sœur du premier lit demande par retrait lignager dans l'an de la ratification les propres de leur mere; elle y est reçuë par Arrêt du 13. Août 1558. *Carondas, liv. 7. chap. 37.*

33   L'an du retrait ne court que du jour de la ratification de celuy au nom duquel la vente est faite. Arrêt du Parlement de Paris du 21. Avril 1595. *Papon, liv. 11. tit. 7. n. 34.* Cela s'entend de la ratification d'un contrat nul; car si le contrat est bon, la ratification n'est qu'une confirmation, au lieu que dans l'autre cas la ratification est le vrai contrat. Arrêt contraire du Parlement de Toulouse du 27. Juin 1603. *Voyez Mainard, liv. 7. de ses Quest. ch. 33.*

34   Retrait sur l'heritage de la femme vendu par le mari, ne court que du jour de la ratification, quelque possession que l'acheteur puisse avoir. Arrêt du 4. Décembre 1578. *Carondas, livre 7. Réponse 36.*

Secus, du mineur qui ratifie étant majeur, la prescription court du jour du contrat & non de la ratification. *Voyez Anne Robert, rerum judicat. livre 3. chapitre 17.*

RAZER, MAISON RAZE'E.

35   PAr Arrêt du Parlement de Paris du 24. Avril 1624. & executé le 27. de même mois, il fut ordonné que toutes les maisons des nommez Boutteville, le Comte de Pongibault, le Baron de Chantail, & des Salles, pour la contravention aux Edits des Duels par eux faite le jour de Pâques, seroient démolies, razées & abbatuës, & les fossez comblez, deffenses à toutes personnes d'y rétablir ni édifier. *La Rocheflavin, liv. 6. lett. C. tit. 22. Arr. 1.*

36   Arrêt du 16. Janvier 1667. qui ordonne entre autres choses, que deux Tours du Château du Comte de Cheylus seroient razées. *La Rocheflavin, ibidem, Arrêt 1.*

REBELLE.

1   QUi sunt Rebelles. *Extrav. Henr. sept. tit. 2. vel 20.*

Rescisso sententiarum à Principe latarum contra Rebelles. Lib. de pace Constantia, c. 3. V. Amnistie.

De Seditiosis, & de his qui plebem contra Rempublicam audent colligere. C. 9. 30... C. Th. 9. 33... Paul. 5. 19... Lex 12. tabb. t. 27. c. 2.

2   Contradi Bruni, *de seditiosis libri sex cum triplici appendice* Joann. Cochlæi.

Silvester *in summâ.*

S. Thomas 2. 2. quest. 42.

3   *Contra Rebelles.* Jo. de Terrâ Rubeâ.

4   *De seditiosis.* Per Nicolaum Boërii.

5   Des rebelles & contumax à Justice, & capture d'iceux, ensemble de ceux qui les cachent, recelent, latitent en leurs maisons. *Ordonnances de Fontanon, to. 1. liv. 3. tit. 76. p. 688.*

6   Declaration portant défenses à toutes personnes d'acheter les biens des rebelles, & à eux de les vendre à peine de confiscation. A Paris le 22. Août 1575. registrée le 7. Septembre de la même année. *Ibidem, tome 4. p. 306.*

7   Declaration contre les Villes rebelles, par laquelle elles sont privées de tous leurs privileges & exemptions. A Châtellerault en May 1589. registrée le 2. Juin de la même année.

8   Declaration du Roy aprés sa conversion, portant abolition & pardon à ceux qui se retireront du parti des rebelles dans un mois. A Mantes le 27. Decembre 1593. registrée le premier Février 1594. vol. unique de l'année 1593. *Fontanon, to. 4. p. 736.*

9   Taxe contre les rebelles. *Voyez* le mot *Impôt, nombre 48. & 50.*

10   Peine prononcée contre un corps d'habitans rebelles. *Voyez* le mot *Communauté, nomb. 81.*

11   Par Arrêt du Parlement de Paris du 16. Février 1595. il a été jugé qu'il y avoit ouverture de regale par la rebellion de l'Evêque; car puisque les Evêques font le serment de fidelité au Roy, qui est leur investiture, il est certain que comme le Vassal perd son fief par la felonie, ainsi l'Evêque par la rebellion, si elle est publique & notoire perd son Evêché, *ipso jure & non expectatâ sententiâ*, & est ouverte la regale du jour de sa rebellion, comme la Cour avoit jugé à Tours le 15. Février 1594. contre l'opinion de *Ruseus, privil. 35. Jovet*, verbo *Regale, n. 43.*

12   Rebellion des Collateurs, comment punie ? *Voyez* le mot *Collation, nomb. 175.*

13   Frais faits contre les rebelles differans de payer la taille se prennent sur eux *Philippi, Arrêt de la Cour des Aydes de Montpellier, art. 51.*

REBELLE A JUSTICE.

14   *Si quis jus dicenti non obtemperaverit. D. 2. 3.*

M m iij

Voyez cy-deffus le mot *Prisonniers* , *nombre* 80. &
suivans.

14
bis. Des rebelles à Juſtice , & des outrageurs de ſes
Miniſtres. *V. Defpeiffes , to. 2. p.* 680.

15 *Apparitors exequenti , qui reſiſtit an rebellis eſſe videatur* ; V. *Franc. Marc. to.* 1. *qu.* 770.

16 De la rebellion faite aux Huiſſiers. *Voyez* le mot
Huiſſier nomb. 33. & *ſuiv.*

17 *Voyez* l'Ordonnance de Moulins art. 29. avec ſes
renvois, & *Mornac , l.* 3. *Cod. de his qui ad Ecclefiam
confugiunt* , où il eſt parlé de ce que le Juge doit
faire.

18 Ceux qui tiennent fort en leurs maiſons ou châteaux contre la Juſtice & decrets d'icelle , & n'obéï-
ront aux commandemens qui leur ſeront faits, confiſ-
queront leurſdites places à nôtre profit , ou des hauts
Juſticiers , &c. *Ordonnance de Moulins , art.* 29.

19 *V. Guy Pape , q.* 423. & 437. où il parle d'un cartel
de défi donné à Noble Jacques de Bompar, par Ro-
dolphe de Commiers; le Parlement de Grenoble voulut luy faire ſon procez , & de ſa part il ſe propoſa
d'en faire un à tous les Officiers du Parlement , il les
fit ajourner pour comparoitre en perſonne devant lui.
Deux Notaires écrivant ſous luy tous les actes de ce
procez,il déclara contumax les ajournez qui n'avoient
point obéï. Ces deux Notaires meritoient le dernier
ſupplice ou du moins la déportation à laquelle le banniſſement perpetuel a ſuccedé ; ils ne furent condamnez qu'à des peines pecuniaires , leur excuſe étoit
que Commiers leur avoit perſuadé qu'il ne vouloit que
conferer avec le Parlement ſur certaines choſes dont
le Dauphin l'avoit chargé.

20 En 1324. un des plus grands Seigneurs de Gaſcogne
nommé Jourdain de l'Iſle , à qui le Pape Jean avoit
donné ſa mere en mariage, fut accuſé de pluſieurs
crimes dont il obtint grace. Un Sergent d'Armes du
Roy , qui portoit une maſſe aux armes de ſa Majeſté
luy ſignifia quelque exploit , il le tua de ſa maſſe même. Il fut ajourné à comparoir en perſonne devant le
Roy en ſon Parlement à Paris. Convaincu de pluſieurs crimes & violences depuis la grace ; il fut condamné à être traîné & pendu. Ce qui fut executé. *Nic.
Gilles.*

21 Arrêt du Parlement de Paris du 6. Septembre
1505. contre aucuns Chanoines de l'Egliſe de Paris ,
pour rebellions faites à l'execution d'un Arrêt ; ils furent condamnez en groſſes amendes , privés du temporel de leurs Prebendes pendant pluſieurs années,
lequel temporel fut appliqué au Roy ; l'entrée du
Chapitre à eux défendue ſur peine d'amende, à la diſcretion de la Cour. Ordonné que la partie civile ſeroit payée avant le Roy. *Voyez les Preuves des Libertez , to. 2. chap.* 35, *n.* 33.

22 Les Juges Royaux voulant raſer quelques maiſons
où étoient les rebelles , & auparavant conduire le
canon , rapporteront en la Cour leurs procez verbaux deſdites rebellions pour y être ordonné ce que
de raiſon. Arrêt du Parlement de Bretagne du 15. Février 1559. *Du Fail , liv.* 3. *chap.* 351.

23 Un Habitant de Corbeil auquel on fait commandement de venir pardevant le Juge , parce que peu auparavant il avoit battu un homme, dit qu'il n'ira
point , ſomme le Sergent de luy montrer ſa commiſſion ſignée du Juge , luy donne trois coups de
couteau & autant à ſes Records. Depuis il y a un autre Sergent qui le veut prendre au corps pour raiſon
de ces excés par l'ordonnance du Juge, auquel il en
penſa faire autant. Il eſt condamné par le Juge à avoir
le poing coupé, & être pendu ; dont il appelle ;
par Arrêt du 26. Avril 1576. la Sentence confirmée.
Biblioth. de Bouchel , verbo *Rebellion.*

24 Arrêt du Parlement de Paris du 9. Decembre 1600.
qui met en état d'ajournement perſonnel deux Conſeillers du Préſidial de Toulouſe accuſés de rebellion
à Juſtice , & ordonne que toute audience leur ſera

déniée juſques à ce qu'ils ayent ſatiſfait à l'Arrêt
de réintegrande. *La Rocheflavin, li.* 3. *lettre R .tit.* 4.
Arr. 1. Voir *l'Ordonnance de* 1667. *tit.* 18. *art.* 4.

25 La connoiſſance des rebellions faites à Juſtice appartient au Lieutenant Criminel , quoiqu'il ſoit queſtion de l'execution du jugement du Lieutenant Civil.
Arrêt du Parlement de Paris du 26. Août 1606. *Filleau* , 1. *part. tit.* 4. *chap.* 23.

26 L'on peut faire procez criminel à ceux qui s'oppoſent par force ouverte & violence , aux commandemens des Magiſtrats. Arrêt du Parlement de Dijon du 15. Decembre 1618. *Bouvot , tome* 2. verbo
Tumultes populaires.

27 Un ajournement perſonnel peut être donné ſur un
exploit de rebellion , atteſté par deux témoins , l'un
ſigné , l'autre non , ne le ſçachant pas. Arrêt du Parlement de Grenoble du 2. Juillet 1630. *Baſſet , to.* 1.
liv. 2. *tit.* 38. *chap.* 6.

28 Arrêt du Parlement de Provence du 9. Novembre
1646.qui a jugé que la rebellion faite aux decrets d'un
Juge incompetent, eſt criminelle. *Boniface, to.* 2. *part.*
3. *liv.* 1. *tit.* 2. *chap.* 36.

P E I N E S   D E S   R E B E L L E S.

29 Mettre la tête des rebelles à prix. *V. M. Le Prêtre,*
4. *Cent. chap.* 53.

Quelle peine merite celuy qui empêche un empriſonnement? *Voyez* le mot *Empriſonnement , nomb.* 41.
& *ſuiv.* & le mot *Priſons.*

30 *Civitas cui ob rebellionem condemnatione prævia muri & aggeres ſunt ſolo æquati quod perpetuo inſtaurari
à civibus non liceat.* Voyez *Franc. Marc. to.* 1.*qu.* 361.

31 De la peine des rebellions qui ſe commettent contre
les Huiſſiers ou Sergens dans l'execution des mandemens de Juſtice. *Voyez les Reliefs forenſes de Rouillard,
chap.* 22. & *La Rocheflavin, des Parlemens de France,
liv.* 2. *ch.* 16. *nomb.* 85. & *ſuiv.*

R E B E L L E S   A U X   R O I S.

32 En l'an 1315. la Ville d'Ypres ſe revolta; les Chefs &
Gouverneurs furent condamnez en de grandes amen-
des , par Arrêt du 6. Decembre 1315. *Corbin, ſuite de
Patronage* , *chap.* 21.

33 La veille de la Pentecôte en 1390. la Comteſſe de
Valentinois fut condamnée envers le Roy , & partie
en grande ſomme de deniers pour cauſe de certains
excez & rebellions faites aux Gens du Roy , les portes de ſon Hôtel ou Ville ont été abbatuës juſques à
la volonté du Roy , à cauſe de ſes rebellions. *Biblioth. de Bouchel* , verbo *Rebellion.*

34 Jean Duc d'Alençon condamné à mort à cauſe de
la conſpiration qu'il faiſoit avec le Roy d'Angleterre
le 10. Octobre 1458. *Le Veſt, Arrêt* 2.

35 En 1470. en l'aſſemblée des trois Etats tenuë par
le Roy Loüis XI. en la Ville de Tours, il fut conclu
que le Duc de Bourgogne accuſé d'avoir formé pluſieurs entrepriſes contre la France , ſeroit ajourné en
la Cour de Parlement ; ce qui fut fait par un Huiſſier
en la Ville de Gand dans le temps qu'il alloit à la Meſſe. *Ann. d'Aquit. part.* 4. *chap.* 9.

36 Le Roy Loüis XI. ayant pardonné deux fois au
Duc de Nemours , de la Maiſon d'Armagnac , pour
les intelligences qu'il avoit euës avec le Duc de Bourgogne , & après avec le Duc de Guyenne , s'étant retiré en Bretagne : ayant depuis renouvellé ſes pratiques & intelligences avec le Duc de Bourgogne ; enfin le Roy le fit prendre au Château du Carlat en
Auvergne, & le conduire au Château de Pierre-Ciſe
de Lyon , & de là à Paris, où le procez luy fut fait
par la Cour de Parlement : & ſur ſes confeſſions
entr'autres d'avoir voulu & permis au Duc de
Bourgogne de faire prendre le Roy priſonnier , &
Monſieur le Dauphin, par Arrêt il fut condamné à a-
voir la tête tranchée aux Halles à Paris, ce qui fut
executé le 4. Août 1477. Il étoit Pair de France,
mais cette qualité ne fut pas miſe en ſon Arrêt, d'autant que par accord fait entre le Roy & luy le 17. Jan.

vier 1469. il avoit renoncé à fa Pairie, & confenti
d'être jugé comme perfonne privée en cas de rechûte.
L'Arrêt luy fut prononcé par Meffire Pierre Doriole
Chancelier de France, qui avoit préfidé audit Arrêt
Voyez la Rocheflavin, liv. 13. ch. 19. ar. 20.

37 La Ville de Breffe en Italie mife à fac, & renduë
en labourage pour punir la rebellion de quelques
Habitans ; ce qui depuis fut rétabli par le Pape Boniface ; & de même par l'Empereur Charles d'Autriche le Quint comme la Ville de Gand en 1544. & depuis par leur herefie obftinée ceux de Cabrieres par
Ordonnance & Arrêt du Parlement de Provence furent mis tous à feu & à fang, & à cette fin s'arme-
rent les Préfidens, Confeillers, & Corps de Parlement, avec les forces du Roy & artillerie, dont proceda execution que l'on appella inhumaine. *Papon*,
liv. 24. *tit.* I. *n.* I.

38 Il y eut en la Ville de Bourdeaux une émotion populaire ; la Commune voulut empêcher l'execution
des Edits du Roy pour la perception des nouveaux
droits de Gabelle. Le Seigneur de Monneins Gouverneur & Lieutenant de Roy fut tué avec plufieurs Officiers. Arrêt prononcé à Bourdeaux le 26. Octobre
1548. par M. le Duc de Montmorency, par lequel
fut la Communauté, Corps & Univerfité de la Ville
privée de tous privileges & droits, lefquels furent
ajugez au Roy ; ordonné que tous les titres feroient brûlez en préfence des Jurats, la Maifon de
Ville rafée, les fortifications faites aux frais des habitans ; que le corps du Gouverneur feroit enlevé de
l'Eglife des Carmes par les Jurats, & fix vingt Elûs,
par le Confeil de la Ville, ayant chacun deux Robes de deüil, tête nuë, & une torche à la main où
feroient attachées les armes du défunt, lefquels feroient amende honorable devant la porte de M. de
Montmorency, & de là porteroient le corps du fieur
de Monneins en l'Eglife de faint André, où il feroit
inhumé au lieu le plus honorable, fondation faite en
icelle, une Chapelle bâtie en la place de la maifon de
Ville; ordonné qu'il feroit procédé extraordinairement
contre les Auteurs & fauteurs de la fedition. Plufieurs
furent enfuite condamnez d'être rompus, tirez à
quatre chevaux, ou décolez. *Papon*, *li.* 4. *tit.* 10. *n.* I.

39 Le fieur de la Griture s'étoit retiré au pays de
l'Empereur. Cependant une fucceffion luy échût
en France, le Roy la donne. Après les Tréves le fieur
de la Griture revint, il demande les effets de la fucceffion ; l'on difoit qu'il étoit indigne, pour avoir
porté les armes contre le Roy. Par Arrêt du 22.
Février 1555. au principal au Confeil, & la récreance
luy fut ajugée. *Bibliotheque de Bouchel*, verbo *Leze-
Majefté.*

40 Vû par la Cour les Grande Chambre & Tournelle affemblées, le procez criminel fait par deux
des Confeillers, à la requête du Procureur General demandeur à l'encontre de Meffire Guillaume
Roze Evêque de Senlis, accufé; information, interrogatoire, recollement & confrontation de témoins:
certain livre intitulé *Ludovici* d'Orleans, *unius ex
confederatis pro catholicâ fide expoftulatio*, avec notes étant à la tête & marge de plufieurs feüillets de ce
Livre, reconnuës par ledit Roze écrites, Conclufions
du Procureur General, oüi & interrogé en la Cour
ledit Roze fur le fait à luy impofé, & tout confideré,
dit a été que la Cour pour les faits contenus au procez, l'a condamné à déclarer en la Grand'-Chambre,
nuë tête & debout, en la prefence des Gens du Roy,
que temerairement, indifcretement, & mal
avifé il a dit, proferé qu'il avoit *été de la Ligue*, &
que fi c'étoit à recommencer il en feroit encore; & outre
qu'il tient ce Livre intitulé *Ludovici* d'Orleans, *unius
ex confederatis pro catholicâ fide expoftulatio*, plein de
blafphème contre l'honneur de Dieu, & l'obeïffance
düe aux Rois. Ordonné qu'il aumônera la fomme de
cent écus pour le pain des prifonniers de la Concier-

gerie, & s'abftiendra d'aller à Senlis pendant un an ;
& pendant ce temps de prêcher en quelque lieu que
ce foit. Prononcé & executé le 5. Septembre 1598.
nota, que de l'Ordonnance verbale de la Cour ledit
Livre où étoient ces notes fut à l'inftant brûlé au
Greffe. *Biblioth. de Bouchel* verbo *Liguer.*

41 Arrêt du Parlement de Provence du 14. Janvier
1668. qui condamna un Prince de Lombardie aux galeres perpetuelles, & à l'amende honorable, pour avoir
formé une efpece d'entreprife de faire revolter Marfeille, & fe donner au Roy d'Espagne. *Boniface*, *to.*
2. *part.* 3. *liv.* I. *tit.* 2. *chap.* 33:

42 Ceux de la Religion Prétenduë Réformée ne peuvent transferer leurs domiciles és Villes qui font rebelles au Roy. *Voyez les Décifions Catholiques de Filleau*, *Décifion* 101.

VASSAUX REBELLES.

43 Les fujets qui fe rebellent contre leur Seigneur
perdent leurs privileges, & le Seigneur les maltrai-
tant perd fes droits & autorité fur eux. Jugé par Arrêt de Savoye pour le Duc, contre fes fujets de
Sommerive qui s'étoient donnez au Marquis de Saluces. *Papon*, *liv.* 13. *tit.* 2. *n.* 5.

RECELER.

Eceler. Recelent. *Recipere & occultare. Recepta-
tor, Receptor & Sufceptor.*
De Receptatoribus. D. 48. 16... *Paul.* 5. 3. §. 4.
*De his qui latrones, vel aliis criminibus reos occulta-
verint. C.* 9. 39. Contre ceux qui recelent, ou qui re-
courent les voleurs, & les autres criminels.
De actione rerum amotarum. D. 25. 2... *C.* 5. 21. C'eft
une action civile qui eft donnée au mari & à la femme, pour les effets volez ou détournez par l'un
d'eux.
De Tutela actione, & rationibus diftrahendis. D. 27.
3. Action contre le Tuteur qui a fouftrait & recelé
les effets de fon mineur.
De fervo corrupto. D. 11. 3. Contre ceux qui rece-
loient ou retiroient les Efclaves d'autrui.
De fugitivis. D. 11. 4. De même.
De furtis & fervo corrupto. C. 6. 2... *Inft.* 4. 1. §. 8.

1 Du crime de receleurs ou receptateurs des delinquans. *Voyez Defpeiffes, to.* 2. *p.* 680.

2 Crime de receler les delinquans. *Voyez la Bibliotheque des Arrêts, lettre A. ch.* 4. *n.* 13.

RECELE', BENEFICIERS.

3 De la garde & recellement des corps des Beneficiers decedez. *Voyez les Ordonnances recueillies par
Fontanon*, *to.* 4. *tit.* 24. *p.* 513. *Memoires du Clergé*,
tome 2. *part.* 2. *tit.* 17. & *au* 2. *vol. de ce Recueil, lettre
G.* verbo *Garde de corps.*

RECELE', SUCCESSION.

4 *Voyez* le mot *Communauté*, *nombre* 159. & *fuiv.* &
le mot *Inventaire*, *nombre* 141. & 142. *le Journal du
Palais in folio to.* 2. *p.* 1008. Mornac, *l.* 5. *ff. de pactis
dotalibus.*

5 *Si hæres poftquam abftinuit, amovit, furti actione creditoribus hæreditariis tenetur.* Voyez M. Loüet, *lettre
R. fomm.* 1.

6 *Hæres vel fuperftes ex conjugibus in celatis partem non
habet*, & *fi res hæreditarias fubtraxerint furti actione
non tenentur, fed fi poftquam abftinuerint, amoveant,
furti actione conveniri poffunt, quia tanquam extranei
fecerunt*, fans être tenus des dettes *quia ex poft delicto
obligari non poffunt.* M. Loüet, lettre R. fomm. 1.
Tronçon, *Coûtume de Paris*, art. 317. *circà finem.*

7 En matiere de fouftraction & recelé, la preuve par
témoins eft recevable. *Voyez* le mot *Preuve*, *nombre*
134. & *fuiv.*

7 bis. Dans le recelé, la dépofition domeftique eft reçuë. *Tronçon, Coûtume de Paris*, art. 237. in verbo
les Coûtumes de Calais.

8 Le fils ayant fpolié l'heredité qu'il eft tenu de rendre, doit être privé de fa legitime & quarte Trebel-

lianique,& la femme de son doüaire & autres droits. Arrèt du Parlement de Dijon du 16. May 1570. Bouvot , to. 1. part. 1. verbo Legitime , quest. 3.

9   La femme qui a distrait ses bagues & quelques meubles par l'avis de son mari , doit être privée de la communauté qu'elle avoit , sur le serment prêté de n'avoir recelé aucune chose. Arrêt du Parlement de Dijon du 26. May 1570. Bouvot, to. 1. part. 3. verbo Femme distrayant , quest. 1.

10   La veuve qui recele après le décez de son mari quelques effets de la communauté , doit être privée de la part & portion qu'elle avoit en la chose. Arrêt du Parlement de Dijon du 15. Juin 1570. Bouvot , to. 2. verbo Societé , Communauté , quest. 1.

11   En fait de preuves de soustractions, le témoignage des parens est reçu. Arrêt du Parlement de Roüen du 26. Février 1675. parce qu'ordinairement en ces occasions les femmes se servent de parens. Basnage , sur l'art. 394. de la Coût. de Normandie.

12   L'action en soustraction peut être intentée civilement ou criminellement contre les heritiers, les associez & les legataires ; & pour regler la competence des Juges , il faut considerer la maniere dont elle a été instruite. Arrêt du Parlement de Roüen du 15. Juillet 1678. rendu entre le Lieutenant Criminel de Roüen, & le Lieutenant Civil qui renvoya les parties devant le Lieutenant Civil où l'affaire avoit commencé par une demande en délivrance de legs. Basnage , sur l'art. 394. de la Coût. de Normandie.

13   Lettres contre la transaction, qui ayant remis le recelé, les heritiers de celui qui avoit fait la transaction mis en cause ; ayant égard aux Lettres , les heritiers ont été condamnez personnellement pour leur part & portion , & hypothequairement pour le tout à payer pour la peine des effets recelez la somme de 6000 liv. Arrêt du 1. Septembre 1681. Journal du Palais.

RECELE' PAR LA FEMME.

14   La femme qui recele ou distrait doit être privée de la part qu'elle avoit en ce qui est recelé. Voyez Coquille , tome 2. quest. 119.

15   Femme qui recele des meubles avant sa renonciation. V. Bouvot , to. 2. verbo Hôtelier.

16   De ce qui est au long traité par Renusson en son traité de la Communauté , second partie, chap. 2. touchant le recelé, il est à recüeillir que si la femme soustrait avant que de renoncer , elle ne le peut plus , si après la renonciation elle peut être condamnée à des dommages & interêts; si elle accepte la communauté, elle perd le droit accordé par la Coûtume ; sçavoir de ne payer les dettes communes qu'à proportion de ce dont elle amende , puis qu'alors elle est tenuë personnellement d'en payer la moitié.

17   Vidua celans bona perdit beneficium renunciandi societati, sed non societatem in celatis. Du Moulin, to. 2. page 580. Voyez sa note marginale, où il dit, nec solum in celatis sed in totum privatur.

18   La femme qui divertit les meubles de la communauté du consentement, même du mari, est privée du benefice de la communauté. Arrêt du Parl. de Dijon du 26. May 1570. Bouvot, to. 1. part. 2. verbo Femme , quest. 1.

19   Joannes Galli, quest. 131. rapporte un Arrêt qui déclara une femme , qui avoit recelé , commune, & qui ordonna cependant qu'elle auroit part dans tous les effets de la communauté , même dans ceux qu'elle avoit divertis. Sur quoi Du Moulin dit, nec solum in celatis , sed in totum privatur , ut dixi in consuet. Paris. §. 115. Ce qui fait voir que de son temps cette ancienne Jurisprudence n'avoit plus lien , & que la veuve étoit privée de sa part dans les effets recelez. Chopin dit, la même chose sur Anjou, liv. 3. chap. 3. tit. 1. num. 19. où il rapporte un Arrêt du 14. May 1580. qui a jugé conformément à l'avis de Du Moulin, sed in totum privatur. Bacquet, traité de Justice , ch. 21. nomb. 64. est de ce sentiment ; & Mor-

nac, ad Leg. 5. digest. de pact. dot. Arrêt du 7. Septembre 1603. qui l'a ainsi jugé , Loüet , let. R. somm. 48. Autre semblable du 30. Avril 1621. Autre du 12. Avril 1630. Brodeau sur Loüet , lett. R. somm. 1. Ainsi touchant cette question il y a trois états differens. 1°. Anciennement l'on ne privoit point la veuve qui avoit recelé , dans les effets recelez , comme on le peut voir par l'Arrêt rapporté par Joannes Galli. 2°. Dans la suite on a pris l'autre extremité ; car non seulement on a privé le conjoint de sa part dans les choses recelées , mais de sa part entiere dans la communauté. Cela se connoît par la Note de Du Moulin, & par l'Arrêt de 1580. que Chopin rapporte pour la confirmer. 3°. L'on a enfin pris un temperament juste & raisonnable, en privant le conjoint de sa part seulement dans les effets recelez. C'est la derniere Jurisprudence des Arrêts. Voyez l'Auteur des Notes sur M. Du Plessis , chap. 3. de la Communauté.

10   On ne peut agir criminellement contre une veuve , pour meubles prétendus soustraits & recelez. L'exception est , nisi noverca fuerit filii prioris matrimonii , quia eo casu furti cum eâ agere posse Imperatores voluerunt in L. de his. C. de furt. Ainsi jugé au Parlement de Dijon le 3. Février 1582. Bouvot , tome 1. part. 3. verbo Femme , quest. 2.

11   La veuve qui a soustrait les biens de la communauté , peut être contrainte au payement des dettes, nonobstant sa renonciation , par Arrêt de l'an 1587. contre la veuve du sieur de Crevecœur. Papon , liv. 15. tit. 2. n. 1.

12   La veuve que l'on prétend avoir recelé quelques effets mobiliaires après le décès de son mari , ne doit être poursuivie criminellement , mais civilement. Arrêt du 19. Février 1600. & du 10. Avril 1606. M. Loüet & son Commentateur , lett. C. sommaire 36. Voyez M. le Prêtre, 1. Cent. ch. 4. & 3. Cent. ch. 71. & és Arrêts celebres du Parlement, où il en est parlé transitive.

13   Le serment en plaid a lieu contre une veuve, in judicio rerum amotarum. Jugé au Parlement de Grenoble le 22. Novembre 1608. Basset, tom. 2. liv. 17. tit. 4. ch. 2.

14   Arrêt du Parlement de Provence du 19. Mars 1640. qui a jugé que le creancier d'un mari est admis à verifier que la femme a enlevé des meubles, quand elle poursuit la repetition de ses droits. Boniface , to. 2. liv. 4. tit. 3. ch. 8.

15   L'action en soustraction contre la veuve est civile, & la condamnation s'execute par corps. Arrêt du Parlement de Roüen du sept Février 1650. qui condamne une veuve en trente livres d'amende , à restituer 7000. liv. dans quatre mois , sinon contrainte par corps : mais les complices de la soustraction, & les heritiers peuvent être poursuivis extraordinairement. Arrêt du Parlement de Roüen du 30. Octobre 1636. Basnage , sur l'art. 394. de la Coûtume de Normandie.

16   Une femme reconnoît par un testament qu'elle a recelé : ensuite en fait un second , où il n'est point parlé du recelé, la reconnoissance n'étant point circonstanciée , le Testament peut être revoqué , & demeurer sans effet. Ricard , des Donations entre-vifs, 3. part. ch. 2. sect. 1. nomb. 111. où il cite un Arrêt du 26. Juin 1651.

17   La veuve qui a recelé les effets de la communauté, non habet partem in substractis , & est privée de joüir en vertu de son don mutuel, de la moitié qu'avoit son mari en ladite communauté. Arrêt du 15. May 1656. Du Frêne , liv. 8. ch. 35.

18   La femme est censée recelé, si avant sa renonciation elle a soustrait ou concelé des meubles de son mari : mais si elle les a soustraits après sa renonciation , elle est seulement tenuë de les rapporter, sans qu'elle soit reputée heritiere, art. 83. du Reglement

ment fait au Parlement de Roüen au mois d'Avril 1656. *Basnage*, *tom. 1. à la fin.*

29 La veuve coupable de souftraction eft privée de la part qu'elle pouvoit avoir aux meubles recelez ; c'eft la Jurifprudence certaine du Parlement de Paris : celui de Normandie en a fait l'article 84. du Reglement de 1666. ce qui a été jugé contre les heritiers coupables du même crime, les 2. Juin & 6. Juillet 1678. *Basnage, fur l'art. 394. de la Coûtume de Normandie.*

30 La voye de l'information n'eft pas reçuë contre une veuve, pour prétendus recelez & divertiffemens des effets de la fucceffion de fon mari, & qu'il n'y avoit lieu pour le préfent de proceder à aucune confection d'inventaire, fauf à l'heritier à y pouvoir faire proceder, fi bon lui femble, lorfque la veuve lui aura fait le délaiffement de l'heredité, après avoir été entierement payé, conformément au Teftament. Jugé au Parlement de Toulouse le 15. Janvier 1672. *Journal du Palais.*

31 Par Arrêt du Parlem. de Roüen du 17. Mars 1685. entre Damoifelle Catherine Danfel, veuve du fieur André de Valfinop, d'une part, & le fieur André, fils & heritier, au nom de l'un des enfans dudit fieur de Valfinop, d'autre part, il a été jugé que la veuve qui a fouftrait, eft non feulement privée de prendre aucune part à la fomme qu'elle eft condamnée de rapporter au benefice de l'heritier de fon mari, fuivant l'art. 84. du Reglement de 1666. mais que cette femme n'eft point réputée augmenter la part aux meubles de l'heritier, pour lui faire payer plus que les deux tiers des dettes mobiliaires ; en forte que la veuve heritiere de fon mari, doit le tiers des dettes mobiliaires, quoiqu'elle ait beaucoup moins que le tiers des meubles, parce qu'elle ne prend aucune part en la fomme qu'elle eft condamnée de rapporter. *Basnage, fur la Coût. de Normandie, art. 430.*

32 La femme qui a recelé, ne peut être admife à la feparation de biens ; mais au contraire, elle eft tenuë des dettes de la communauté. Marie d'Autrey femme d'Ignace Robert de Maxili, ayant demandé fa feparation au Bailliage d'Auxone par forcluſion, contre le fieur Gautier de Surré, pendant qu'il faifoit publier un Monitoire, pour avoir des preuves des fpoliations ; fur l'appel qu'il interjetta de cette Sentence, par Arrêt du Parlement de Dijon le neuf Juin 1695. avant faire droit, il fut ordonné que les témoins venus à revelation, & tous autres, feroient oüis pardevant le Lieutenant au Bailliage d'Auxone, autre neanmoins que celuy dont il étoit appel. L'intimée foûtenoit que cette Inftance de fpoliation étoit differente de celle de la feparation, & qu'elle ne pouvoit avoir effet que pour le rapport des chofes fpoliées, fans pouvoir engager la femme au payement des dettes de la communauté, où elle n'eſt'étoit pas obligée. *Voyez Taifand fur la Coût. de Bourgogne, aux Additions, p. 811.*

33 La veuve ne peut être pourfuivie extraordinairement pour recelez, l'action contr'elle fe trouvant civilifée, la pourfuite contre les complices qui n'ont fait qu'executer les ordres fans rien prendre, doit auffi l'être. Arrêt du Parlement de Paris du 19. Avril 1698. *Journal des Audiences, tome cinquième, livre 14. chap. 4.*

RECELE' PAR L'HERITIER.

34 Heritier beneficiaire eft tenu d'obtenir Lettres en Chancellerie, faire bon & fidel inventaire ; & s'il recele & fouftrait des biens de la fucceffion, eft reputé heritier pur & fimple. *Voyez le mot Heritier, nomb. 91.*

35 Le fils, pour n'avoir fait inventaire, n'eft pas privé de fa legitime, s'il n'y a preuve de recelé. *Brodeau, fur M. Loüet, lettre H. fomm. 14. Mornac, L. 1. §. folent ff. de officio præfecti urbi.*

36 L'heritier qui fe laiffe condamner de rapporter ce *Tome III.*

qu'il 'a recelé, ne peut *in celatis & fubftractis habere partem.* Arrêt du 7. Septembre 1603. *M. Loüet, lettre R. fom. 48. Voyez Bacquet, des Droits de Juftice, chap. 21. & nombres 63. 64. & 65.*

37 L'heritier beneficiaire qui a recelé ou fouftrait des biens de la fucceffion par dol ou fraude, eft privé dudit benefice, & tenu au payement des dettes *in folidum,* comme heritier pur & fimple, contre la loy *fcimus. §. licentia Cod. de jure deliber.* Arrêt du feize May 1605. *M. le Prêtre, ès Arrêts de la Cinquiéme Chambre.*

38 Heritier qui a repudié l'heritage, peut être accufé en crime d'expilation. Arrêt du Parlement de Provence du dix Avril 1674. *Boniface, tom. 5. liv. 1. tit. 25. ch. 4.*

39 On n'eft point recevable à intenter une action de recelé & divertiffement contre un coheritier, après plus de vingt ans du jour de la fucceffion ouverte, & du prétendu recelé commis. Arrêt du Parlement de Paris du 20. May 1692. *Au Journal des Audiences, to. 5. liv. 8. ch. 13.*

RECENSEMENT DE TE'MOINS.

Voyez cy-devant *Information, Monitoire, Preuves,* & cy-après, *Témoins.*

Après un Monitoire, le recenfement des témoins fe doit faire tout au long, & nullement par rapport à la précedente dépofition : ainfi jugé au P. de Grenoble le 15. Juillet 1644. qui declare la procedure nulle, bien qu'il n'en eût été oppofé en la premiere Inftance, ni en la deuxiéme, vû qu'après le procez remis, la raifon eft, que le Monitoire ayant été publié de l'autorité du Juge lai, n'attribuë aucune Jurifdiction au Juge d'Eglife, qui même ne peut pas prendre connoiffance de l'oppofition. *Baffet, to. 2. liv. 2. tit. 2. chap. 1.*

RECEPTION.

Reception és Charges & Dignitez. *Voyez les mots Charges, Dignitez.*

RECEPTION DES AVOCATS.

1 *Voyez le mot Avocat, nomb. 176. & fuiv.*

RECEPTION DES CHANOINES.

2 *Voyez le mot Chnoines, nomb. 115.*

RECEPTION DES OFFICIERS.

3 *Voyez les mots, Juges, Officiers, Préféance, Rang.* Arrêt du 25. Janvier 1422. par lequel il a été jugé que le Prévôt de Paris, ou fon Lieutenant, ne doivent rien prendre de la reception & ferment d'un Sergent Royal ; le Greffier & Scelleur chacun 4. f. *Papon, liv. 6. tit. 12. n. 5.*

4 Arrêt du Confeil du 28. May 1659. portant qu'il fera procedé à la reception des Sergens Royaux & d'Armes des Compagnies des Prévôts des Maréchaux, tant par le Lieutenant General de la Connétable, que tous autres Juges, pardevant lefquels les Pourvûs s'adrefferont. *Maréchauffée de France, page 814.*

5 L'un avoit été reçû au Préfidial avant l'autre, qui avoit été reçû au Parlement : la préféance fut ajugée à celuy qui avoit été reçû au Parlement fur des circonftances particulieres, & ainfi l'Arrêt n'a point jugé la thefe ; il eft du trois Decembre 1649. *Du Frêne, liv. 5. ch. 49. Voyez Henrys, to. 2. liv. 2. qu. 23. Voyez le même Du Frêne, livre 3. ch. 76. où il rapporte un Arrêt du 21. Juin 1641.*

RECEVEURS.

RECEVEURS ALTERNATIFS.

1 Les Receveurs alternatifs ne doivent *fibi invicem fubftrahere qua ad officia fua pertinent.* Mornac, *L. 23. ff. Communi dividun. fol. 460.*

RECEVEURS DES AMENDES.

2 *Voyez le mot Amende, n. 126. & fuiv.*

Du Receveur General des Exploits & Amendes, N n

tant de la Cour de Parlement de Paris, que de tous
les Sieges Préfidiaux, étant du reſſort d'icelles.
*Ordonnances de Fontanon, tome ſecond livre 2. titre 7.
pag. 346.*

RECEVEUR DU CLERGE'.

3 Des comptes du Receveur General du Clergé.
*Voyez les Memoires du Clergé, tom. 5. part. 7. tit. 6.
chap. 1.*

RECEVEURS DES CONSIGNATIONS.

4 Voyez *Consignations, n. 54. & ſuiv.* & les mots
Criées, Decret.

Des Receveurs des Confignations, tant conten-
tieuſes que volontaires. *Ordonnances de Fontanon,
tom. 1. liv. 2. tit. 10. pag. 551.* & Joly, *des Offices de
France, tom. 2. liv. 3. tit. 39. p. 1631.* & aux *Additions,
pag. 192.*

5 Les droits que le Receveur des Confignations a
reçûs, ſont reſtituables, au cas que le Decret ſoit
caſſé. Jugé le ſept Septembre 1628. *Henrys, tom. 2.
liv. 4. qu. 53.*

6 Le Decret des biens des mineurs ayant été caſſé
par quelque défaut en la forme ou autre nullité, non
ſeulement les lods, mais encore les droits du Receveur des Confignations, ſont reſtituables. Jugé le 7.
Septembre 1628. Requête civile contre l'Arrêt, ſur
laquelle les parties hors de Cour, le 4. Avril 1629.
Henrys, ibidem.

7 Edit du Roy du mois de Février 1689. concernant
les Charges & les fonctions des Receveurs des Con-
ſignations; il eſt recueïlly dans *Henrys, to. 2. liv. 2.
queſt. 27.*

8 Arrêt de Reglement pour les deniers conſignez és
mains des Receveurs des Confignations, du 8. Juin
1693. qui fait défenſes à tous les Receveurs des Confignations de payer aucunes ſommes de deniers aux
Procureurs ſur leurs quittances à compte, & par
avance des frais ordinaires & extraordinaires de
criées, qui peuvent leur être dûs avant l'Arrêt, Sentence & Jugement, portant liquidation deſdits frais,
à peine contre leſdits Receveurs des Confignations
de perte deſdites ſommes, & de ne leur pouvoir repeter contre leſdits Procureurs, leurs heritiers &
ayans cauſe; & à l'égard des Procureurs, d'interdiction, & de cent livres d'amende. *Journal des Aud.
to. 5. liv. 9. ch. 12.*

RECEVEURS DES DECIMES.

9 *Voyez le mot Decimes, nomb. 13. & ſuiv.*

RECEVEURS DES DENIERS COMMUNS.

10 Des Receveurs des deniers communs & patrimoniaux des Villes. *Voyez Corbin en ſon Recueïl des Edits
concernant les Aydes, to. 1. liv. 6.*

11 Receveur des deniers communs refuſant de payer
une ſomme de ſa Charge, doit être condamné aux
dommages & interêts du demandeur, ſi par la reddition de ſon compte il ſe trouve reliquataire. Arrêt
du Parlem. de Paris du 26. Juillet 1568. *Papon, li.10.
tit. 5. n.7.*

12 Jugé au Parlement de Grenoble le deux Août 1656.
ſur l'appel comme d'abus, interjetté à l'Audience par
le Subſtitut de M. le Procureur General, qu'un Chapitre n'avoit pû, ſans abus, ordonner qu'il ſeroit
paſſé outre à la reception & inſtallation d'un Chanoine, nonobſtant & ſans préjudice de l'oppoſition
qui y avoit été formée, parce que cela tient du poſſeſſoire, qui eſt temporel. *Baſſet, tome 2. liv. 2. tit. 1.
chap. 2.*

RECEVEURS DU DOMAINE.

13 *Voyez le mot Domaine, n. 81. & ſuiv.*

RECEVEURS DES EPICES.

14 *Voyez le mot Epices, n. 52.*

RECEVEURS DE LA GENDARMERIE.

15 Des Receveurs des deniers de la crüe des gages &
ſoldes de la Gendarmerie. *Ordonnances de Fontanon,
tom. 2. liv. 3. tit. 11. pag. 886.*

Voyez cy-après, verbo *Tréſorier.*

RECEVEURS DES NOTIFICATIONS.

16 Reglement contre les Receveurs des Notifications
de Bar-ſur-Aube, qui porte que le procez leur ſera
fait, pour avoir pris plus grand droit que celuy de
l'Arrêt de verification, & les Officiers aſſignez à
comparoir en perſonne en la Cour; & juſques à ce
qu'ils ayent comparu, interdits. Arrêt du ſeize May
1659. *De la Gueſſ. to. 2. liv. 2. chap. 20.*

RECEVEURS DES TAILLES.

17 Receveur des Finances, des Tailles, des Deniers
publics. *Voyez Deniers publics, Taille.*

Des Receveurs particuliers des Tailles & Decimes
des Dioceſes du reſſort de Toulouſe, & de leurs Privileges. *Voyez Eſcorbiac, tit. 26.*

18 De la forme que doivent pratiquer les Receveurs
des Elections dans l'exaction des deniers Royaux.
Voyez Baſſet, tom. 1. liv. 3. tit. 2. ch. 5.

19 Un Receveur des Tailles qui a payé le Roy, &
prend obligation des particuliers, change la nature
& le privilege des Tailles, & vient en ordre du jour
de l'obligation. Arrêt du 31. Janvier 1604. *De Lhommeau, des Saiſies, Criées, &c. li. 3. Max. 400.*

RECHANGE.

Voyez le Traité fait par *Marechal, du Change
& Rechange,* & les mots, *Billet, Change, Lettres de change, Proteſts.*

RECHERCHE.

Recherche. *Inquiſitio. Inveſtigatio.*

Recherche de choſe volée, comment ſe doit
faire dans la maiſon d'autruy? *L. 2. §. 2. L. 3. ff. de
fugit.... Inſt. 4. 1. §. conceptum 4..... Lex 12. tabb.
tit. 24. L. 6. De furto per lancem & licium concepto.
V. Vol.*

RECLAMATION

De la reclamation contre les vœux. *Voyez cy-
deſſus le mot Profeſſion, nomb. 45. & ſuiv.* &
cy-après les titres, *Religieux, nomb. 287. & ſuiv. Succeſſion, Vœux.*

RECOLEMENT.

Voyez les mots *Confrontation, Information, Procedure, nomb. 240. & ſuiv.* & cy-après verbo
Témoins.

Du recolement & confrontation des témoins. *V.
Deſpeiſſes, tom. 2. des Crimes & Cauſes Criminelles,
part. 1. tit. 8. pag. 622.* & le titre 15. de l *Ordonnance
Criminelle de 1670.*

RECOMMANDATION.

La recommandation n'eſt cautionnement. *Voyez
le mot Caution, n. 195.* le mot *Lettres, n. 182. &
ſuiv.* & le mot *Mandat, n. 60.*

Si les Lettres de ſimple recommandation emportent garantie? *Voyez le mot Garantie, nomb. 102.
& ſuivans.*

Si la recommandation d'un pere à ſes enfans, eſt
ſuffiſante pour produire un Fideicommis? *Voyez le
mot Fideicommis, n. 191. & ſuiv.*

Ce qu'il eſt neceſſaire d'obſerver dans la recommandation d'un priſonnier? *Voyez le mot Empriſonnement, n. 65.*

RECOMPENSE.

De la recompenſe dûë à l'aîné, aux heritiers des
propres, & pour ſervices.

RECOMPENSE, AÎNE'.

1 Recompenſe dûë par l'aîné, & en quels cas? *Voyez
le mot Aîneſſe, n.118. & ſuiv.*

RECOMPENSE, PROPRES.

2 De la recompenſe pour mariage d'enfans. *Voyez
M. le Brun, traité de la Communauté, liv. 3. chap. 2.
ſect. 1. diſt. 6.*

2 De la recompense entre les heritiers des propres. *Voyez* le mot *Recompense*, *n.* 95. & *suiv.*

3 La recompense faite par le mari à sa femme en heritage pour ses immeubles qu'il a vendus, n'est avantage à ladite femme. *Charondas*, *livre cinquiéme*, *Rép.* 2.

4 La recompense qui se doit faire en heritages, se doit faire selon l'estimation au temps du remploy, & non des deniers debourfez. *Charondas*, *livre 6.* *Rép.* 66.

5 Une femme est mise par son mari en possession d'une Terre, qu'il luy avoit donnée pour recompense d'heritages alienez à elle appartenans ; il meurt ; ses heritiers sous benefice d'inventaire, veulent jouïr : elle répond qu'elle est saifie. Arrêt du Parlement de Bretagne du dernier Mars 1563. en sa faveur. *Du Fail, liv. 2. ch.* 251.

6 Loüise Garnier qui avoit vendu sa Terre avec & l'authorité de son mary, demande à être recompen-
7 sée sur deux pieces de terre que son mari avoit vendües, à luy appartenantes, & ce avant que la terre de Loüise Garnier fût vendüe ; dont elle fut deboutée par Arrêt du Parlement de Bretagne du 9. Avril 1576. *Du Fail, liv. 2. chap.* 502. où il est observé que la recompense est dûë à la femme ou à son heritier, de ses propres alienez, encore que l'heritier eût acquis les heritages d'elle & de son mary, & en fût joüissant lors de son décés. Arrêt du 22. Decembre 1617. encore que les heritiers presomptifs d'icelle n'eussent renoncé lors de l'alienation à la recompense. Arrêt de Novembre 1590. Elle se doit faire ou sur les propres, ou sur les acquêts de la même communauté, & non sur ceux d'une seconde, suivant l'art. 439. de la Coûtume.

8 Recompense faite par le mary sans prisage & sans forme, ne peut subsister au préjudice des creanciers, qui peuvent faire rejetter telle recompense, souvent fraudulense, s'ils ne sont oüis & appellés, *nam inter conjunctos fraus facilè præsumitur*. Arrêt du Parlement de Bretagne du 8. May 1612. *Du Fail, liv. 7. chap.* 251.

9 Si le mari vend une rente qui avoit été constituée à la femme, avec promesse d'assiette non faite, à quelle valeur se fera la recompense ? Si l'on considere en faisant l'assiette, la valeur des heritages, au temps de l'alienation de la rente, la femme y aura beaucoup plus de profit, que si au temps de la recompense demandée, à cause que le plus des heritages a augmenté, & que la rente *habet pretium fixum*, qui ne croit ni ne diminuë : Jugé en autres especes touchant l'heritage d'une femme vendu, que le fonds qui luy seroit baillé pour recompense, feroit l'heritage au lieu du siege, quitte de ventes, frais de contrat, *tantumdem non creditur*. L'Arrêt rendu au Parl. de Bretagne le 2. Decembre 1617. *Voyez Sauvageau sur du Fail, liv. 1. ch.* 214.

10 Par Arrêt du Parlement de Roüen du 19. Decembre 1508. rapporté par *Berault*, *sur l'art.* 356. de la *Coûtume de Normandie*, in verbo, *sur la Valeur*, il a été jugé que la recompense que l'aîné doit faire au puîné, se doit prendre sur le pied du revenu, & non de la vraye valeur de la chose. *Jovet*, verbo *Préference de creanciers*, *n.* 9. rapporte le même Arrêt.

11 La femme qui a eu don mutuel de son mari, ne peut reprendre que la moitié des sommes employées aux meliorations faites par son mary sur les propres, encore que lesdites sommes eussent été prises dans la communauté. Arrêt du 15. Decembre 1615. *M. Bouguier*, *lettre R. nomb.* 10.

12 Par Arrêt du 3. Février 1657. jugé que la veuve peut demander la recompense du bois de haute-futaye vendu pendant son mariage, principalement au regard de ses enfans qui en ont la proprieté. *Idem*, d'une Charge & Office vendu par le mary, & dont l'argent est dissipé, suivant l'Arrêt du 18. Decembre 1656. *Berault*, à la fin du 2. tome de la Cout. de Normandie, p. 99. sur l'art. 406.

Tome III.

13 Par Arrêt du 21. Avril 1659. jugé que l'heritier aux propres, chargé par une donation entre-vifs, d'une fondation de cinquante liv. de rente, avec declaration qu'elle ne s'étendroit sur les acquêts, ni ne les diminuëroit, ne pouvoit en avoir de recompense sur les heritiers aux acquêts, ainsi l'acquitteroit seul, *Berault*, ibidem, pag. 100. sur l'art. 408.

14 Un particulier non marié, fait bâtir sur une place qui lui étoit propre ; il laisse des heritiers des propres & des acquêts, les heritiers des acquêts demandoient recompense aux heritiers des propres, parce que *superficiei cedit solo*. Arrêt du Mardy de relevée 3. Août 1688. qui decide qu'il n'étoit point dû de recompense, les successions se prennent en l'état qu'elles se trouvent ; Secùs, s'il y avoit communauté. *Diction. de la Ville*, n. 8223. *Voyez* les mots *Propres*, *Remploy*.

RECOMPENSE DE SERVICES.

15 Donation pour récompense de services. *Voyez* le mot *Donation*, n. 668. & suiv.

RECONCILIATION.

LA reconciliation du mary avec sa femme, est un obstacle à l'accusation d'adultere. *Voyez* verbo *Adultere*, n. 34.

Reconciliation du fils exheredé avec son pere. *V.* le mot *Exheredation*, n. 82. & suiv.

Es causes d'ingratitude, la reconciliation entre le pere & le fils, est toûjours présumée, si le pere a reçû le fils à prendre le lit & la table chez luy. *Mantic, lib. 4. tit. 11. in fine.*

RECONDUCTION TACITE.

1 *Voyez* le mot *Bail*, nombre 192. & les autres suivans.

2 Des effets de la reconduction. *Voyez* le 1. tome des *Loix Civiles*, liv. 1. tit. 4. sect. 4. n. 7. & suiv.

Bail à ferme judiciaire est estimé continué par tacite reconduction pour un an in rusticis, & pour un quartier in urbanis. Arrêt du 15. Juillet 1585. *Bibliotheque de Bouchel*, verbo *Bail*.

3 L'hypoteque de la reconduction tacite ne court que du jour d'icelle, & non du jour de l'ancien Bail. Arrêt du Parlement de Paris du 27. Février 1606. *Voyez les Reliefs Forenses de M. Sebastien Roüillard, chap. 41.*

RECONNOISSANCE.

RECONNOISSANCE, CREANCIER.

1 REconnoissance faite par le Creancier qu'il ne luy est rien dû, opere la liberation du debiteur. *Voyez* le mot *Creancier*, n. 65.

RECONNOISSANCE D'ECRITURES.

2 *Voyez* les mots *Ecritures*, *Experts*, *Faux*, *Rapport*. De la reconnoissance des écritures & signatures en matieres criminelles. *Voyez* l'Ordon. de 1670. titre 8.

RECONNOISSANCE DE PROMESSES.

3 De la reconnoissance des billets & cedules. *Voyez* le mot *Cedule*, les Ordonnances de *Fontanon*, tome 1. liv. 4. tit. 18. p. 768. & *Papon*, liv. 8. tit. 2.

4 Si le défendeur dénie la cedule, le demandeur doit être reçû par le Juge, soit competent ou non, à la prouver par témoins. Ainsi jugé au Parlem. de Paris le 22. May 1526. *Papon*, liv. 8. tit. 2. n. 2.

5 Cedules reconnuës, emportent provision. Arrêt du Parlement de Paris du 12. May 1533. *Ibidem*, nombre 5.

6 Arrêt du Parlement de Paris du 10. Novembre 1533. qui a declaré nulle une reconnoissance d'un billet de Laïc faite devant l'Official. *Ibid.* n. 3.

7 Cedule quoique reconnuë par défaut, emporte garnison & provision. Arrêt du Parlement de Toulouse contre l'Archevêque d'Auch, pour une somme de

N n ij

3000. écus d'or, de l'an 1448. Au Parlement de Paris l'on attend un second défaut. Cedule privée reconnuë par un seul défaut, emporte hypoteque; la partie ayant été ajournée parlant à sa personne. C'est la disposition de l'article 92. de l'Ordonnance de 1537. *Papon, liv. 8. tit. 2. n. 6.*

8 Le Bailly de Forêts avoit ordonné qu'un homme qui demandoit son renvoy, declareroit s'il étoit héritier ou non du défunt, & reconnoîtroit ou dénieroit la cedule, sans préjudice de son déclinatoire. Arrêt du 2. Juin 1545. qui infirme cette Sentence, parce que l'Ordonnance de Roussillon de 1559. art. 10. s'entend seulement, quand on est trouvé sur le lieu. *Papon, ibid. n. 7.*

9 Reconnoissance de billet peut être requise en cause d'appel. Arrêt du Parlement de Paris du 5. Juillet 1550. *Ibidem, n. 1.*

10 Par l'Ordonnance de Roussillon article 10. tous Juges sont competens pour la reconnoissance des cédules & garnison, cela s'entend quand les parties sont presentes. Mais quoique la garnison ne se puisse juger par Juge incompetent, neanmoins en cause d'appel, s'il appert de la dette, la Cour mettant l'appellation au néant, évoque le principal, & juge la provision. Arrêt du 18. Janvier 1565. *Papon, ibidem, nombre 2.*

11 La reconnoissance devant un Juge d'Eglise ou devant un Secretaire du Roy, ne seroit pas suffisante; mais les obligations reconnuës en la Jurisdiction des Consuls, bien qu'elles ne soient pas conçuës pour marchandises, ou entre Marchands, ont été declarées valables, par Arrêt du Parlement de Rotien du 22. May 1637. *Basnage, sur la Coûtume de Normandie, article 546.*

12 Après la reconnoissance d'une cedule pardevant un Juge Royal, le Juge ne peut condamner par provision la partie qui demande le renvoy devant le Juge ordinaire. Arrêt du Parlement de Dijon du 11. Avril 1606. *Bouvot, to. 1. verbo, Schedule, quest. 2.*

13 Tous Juges sont competens pour la reconnoissance de cedules, mais non Messieurs des Requêtes, si ce ne sont personnes privilegiées. Arrêt du Parlement de Dijon du 16. Juin 1616. *Bouvot, ibid. qu. 6.*

14 Edit du mois de Decembre 1684. sur la reconnoissance des promesses & billets sous seings privez. *Voyez les Edits & Arrêts recueillis par l'ordre de M. le Chancelier en 1687.* où il est observé que cet Edit a été revoqué à l'égard du Conseil souverain de Tournay & son ressort, attendu que l'usage y étoit contraire par une Declaration du 14. May 1685. l'usage étant que des Jugemens & Contrats ne font aucunes hypoteques, s'ils ne sont réalisez & régistrez pour être affectez sur les heritages. Ce même Edit est rapporté dans *le Recüeil de Decombes, Greffier de l'Officialité de Paris, p. 60.*

RECONNOISSANCE AU SEIGNEUR.

15 Reconnoissance du Cens. *Voyez le mot Cens, n. 73. & suivans.*

16 De la reconnoissance du Fief. *Voyez le mot Fief, n. 122. & suivans.*

17 De la reconnoissance des Droits Seigneuriaux. *Voyez Droits Seigneuriaux, n. 134. & suiv.*

18 Des reconnoissances dûes aux Ecclesiastiques. *Voyez les Ordonnances recueillies par Fontanon, tome 4. titre 25. pag. 513.*

19 Reconnoissances passées par une Communauté d'Habitans. *Voyez le mot Communautez, n. 87.*

20 Des reconnoissances, inféodations & autres matieres pour mêmes Droits. *V. la Bibl. du Droit François par Bouchel, verbo Reconnoissance, & La Rocheflavin.*

21 *Vassallus recognoscendo omne jus quod in tali loco habet exceptâ tali domo, neque jurisdictionem, neque feudum recognoscere videtur.* Voyez *Franc. Marc. to. 2. quest. 393.*

22 Les Coseigneurs avec le Roy en Pariage ne peuvent proceder à faire leurs reconnoissances sans appeller le Procureur du Roy du lieu, s'il y en a, ou du Siege plus prochain, comme il fut arrêté à Toulouse le 17. May 1543. contre le Procureur General & le Syndic de l'Eglise Collegiale de Castelnaudary. Autre Arrêt du 6. May 1566. entre le même Procureur General, & de Berat Sieur de Paullac. *Bibliot. de Bouchel, verbo Reconnoissance.*

23 Les reconnoissances doivent être faites aux frais & dépens du Seigneur, parce que c'est pour l'éclaircissement & liquidation des droits, pour sçavoir les tenemens de chaque piece, quand la rente est divisée, & la cotité que chacun fait, & pour le payement des lods & ventes. Arrêt du 10. Decembre 1581. ce qui n'a lieu où la Coutume, ou la convention dans les baux & reconnoissances est au contraire, suivant laquelle les habitans de Parisol furent condamnez à payer & donner au Seigneur à leurs dépens les instrumens des reconnoissances Seigneuriaux. *La Rocheflavin, des Droits Seigneuriaux, ch. 1. Art. 20.*

24 L'Emphyteote ne peut être contraint de passer sa reconnoissance en personne, mais seulement par Procureur fondé de procuration speciale à cet effet. Arrêt du 12. Août 1591. *ibid. Art. 14.*

25 Une seule reconnoissance suffit pour établir le droit de l'Eglise. Arrêt du vingt-deuxième Decembre 1671. pour le Prieur de Gaviac, contre le Seigneur du lieu, quoiqu'il soûtint qu'il étoit Seigneur, haut, moyen, & bas foncier & direct dudit lieu, & que son terroir étoit limité; mais quoique une reconnoissance suffise pour établir une directe au profit de l'Eglise, il n'en est pourtant pas de même d'un seul présage, qui n'étant qu'un simple adminicule, ne peut pas avoir la force d'une reconnoissance. *Graverol, sur La Rocheflavin, des Droits Seigneuriaux, ch. 1. Article 7.*

26 Le Seigneur peut demander reconnoissance tant au locataire de 19. en 29. ans, & *sic in perpetuum*, comme tenancier & possesseur de la piece, qu'au proprietaire qui l'a affermée, parce que *domini interest plures habere reos debendi*, & d'avoir plusieurs obligez. Arrêt pour le Seigneur de Fenoüillet. *La Rocheflavin, des Droits Seigneuriaux, ch. 1. Art. 18.*

27 Arrêt du Parlement de Provence du 28. Juin 1586. qui a jugé que les vassaux doivent aller faire les reconnoissances dans la maison Seigneuriale du Seigneur. *Boniface, tome 4. tit. 5. li. 1. ch. 1.*

28 Quand le creancier a luy-même passé reconnoissance, ou quand il est heritier, cessionnaire, legataire, ou donataire, ou autrement, ayant droit & cause *ex causâ lucrativâ*, de celuy qui a reconnu, il suffit au Seigneur de faire apparoir de cette seule reconnoissance, à cause de l'obligation personnelle & hypotequaire en icelle contenuë, laquelle est transmise à ses heritiers ou autres. Ainsi jugé, même en 1590. pour le Sieur de Caulet, Conseiller au Parlement de Toulouse. *Bibliotheque de Bouchel, verbo, Reconnoissance.*

29 La reconnoissance peut être faite par Procureur exprès fondé. Ainsi jugé contre le Seigneur ou Dame de Tornefeüille qui vouloit contraindre un Emphyteote à le venir reconnoître en personne. Arrêt du 12. Août 1591. *Ibidem.*

30 En Dauphiné une seule reconnoissance ancienne où est fait mention du contrat d'albergement, ensuite de laquelle le devancier a été payé de quelques années de la rente suffit, sans que le possesseur du fond soit recevable de demander communication de l'albergement. Arrêt du Parlement de Grenoble du 4. Février 1592. & autres. *Voyez Basset, tome 1. livre 3. tit. 3. chap. 2.*

31 Des reconnoissances qui se font au Seigneur & au proprietaire une seule suffit. *Voyez Guy Pape, quest. 417. & 572.* Il dit y avoir eu plus de cent Jugemens de son temps au Parlement, & dans les Cours de Dau-

phiné , par lesquels le commis a été declaré ouvert en vertu d'une simple reconnoissance, même contre les tiers possesseurs.

32   Le Seigneur n'est point obligé de prouver la possession du reconnoissant. Arrêts du Parlem. de Grenoble de 1554. 8. May 1618. & 19. Novembre 1661. pour une reconnoissance ancienne de prés de 100. ans. *Jurisprudence de Guy Pape par Chorier* , p. 245.

33   Comme la rente se prescrit par 30. ou 40. ans , la possession d'exiger durant ce même temps l'assure , quoique le titre n'en paroisse pas , elle en tient lieu. L'Abbé de Lyoncel a été reçu par Arrêt sans date rendu , les Chambres consultées , à la preuve de la possession où il étoit depuis 30. ou 40. ans d'exiger deux agneaux chaque année , quoiqu'il luy fût opposé qu'il n'avoit aucun titre. *Ibidem.*

34   Arrêt du même P. de Grenoble du 9. Mars 1661. qui condamne plusieurs particuliers à payer à l'Abbé de Hautecombe la rente qu'il leur demandoit , en vertu d'une simple possession de 30. ou 40. ans, à passer titre nouvel , sans s'arrêter à la prescription & à la nullité d'une reconnoissance unique qu'il avoit employée, surquoy ils fondoient leur exception. En effet cette possession d'exiger ne permet pas que l'on considere le temps écoulé depuis que la rente n'a pas été reconnuë , comme il a été jugé par Arrêt du 16. Decembre 1617. Encore que *Bartole , in L. cum scimus C. de Relig. & Cens. li.* 10. & *Gaspard Roderic , in tract. de annuis & menst. reditib. qu.* 15. ayent crû que la reconnoissance unique ne doit produire cette obligation qu'en faveur de la cause pieuse, lors qu'elle a indifferemment pour toute autre, sur tout lors qu'elle a été suivie de payement. *V. Chorier , ibid.* p. 245.

35   Les Emphyteotes & sujets sont tenus d'aller passer reconnoissance dans le Château du Seigneur. Arrêt du 16. Mars 1638. en faveur du Seigneur de Comps. *Basset , tome* 1. *liv.* 3. *tit.* 3. *ch.* 3.

RECONNOISSANCE EN TESTAMENT.

36   Reconnoissance d'une dette legitime , est bonne & valable , quoique le Testament qui la contient soit nul , & même que l'obligation primordiale de la testatrice , lors en puissance du mary , & sans son autorité fût pareillement nulle. Arrêt du Parlement de Paris du 10. Février 1638. *Bardet , tome* 2. *liv.* 7. *chapitre* 13.

RECONNOISSANCE, TITRE NOUVEL.

37   Quoique les tiers possesseurs ne tirent pas leur droit des reconnoissances de leurs auteurs , ils peuvent être assignez en reconnoissance , & pour payer les rentes & les pensions. Arrêts du Parlement de Grenoble de l'an 1442. & 1454. *Voyez Guy Pape , quest.* 42. & 432. *n.* 17.

38   Un heritier par benefice d'inventaire passant reconnoissance nouvelle d'une rente sans prendre cette qualité , est tenu au payement comme heritier pur & simple , & sans préjudice en autres choses de sa qualité d'heritier par benefice d'inventaire. Arrêt cité par *Pelens , quest.* 44.

RECONVENTION.

Reconvention. *Relatio actionis. Adversa vel mutua petitio.*

De mutuis petitionibus. D. Gr. 3. *q.* 8. *c.* 1. §. *cujus... Extr.* 2. 4.... *Inst. L.* 3. 9. De la demande en reconvention.

De his qui conveniuntur , & reconveniuntur. N. 96. *c.* 2.

De quibus rebus ad eumdem judicem eatur. D. 11. 2. La reconvention se poursuit devant le Juge de la demande principale.

1   *Voyez* M. le Prêtre ; 4. *Cent.* chap. 31. Tronçon , *Coûtume de Paris , art.* 109. Henrys , *tome* 2. *liv.* 4. *qu.* 64. Bacquet , *des Droits de Justice , ch.* 8. *n.* 10. & 11. M. Charles Du Moulin , *sur l'art.* 88. *de la*

Coût. de Bourbonnois. & M. Julien Brodeau , *Coût. de Paris , article* 106. *n.* 3.

2   Comme s'entend ce qui se dit en pratique , que reconvention n'a point de lieu en Cour Laye? *Voyez Coquille , tome* 2. *quest.* 307.

3   *Reconventio an habeat losum in causis fracta pacis ? Voyez Andr. Gaill , Tract. de pace publicâ. lib.* 1. *cap.* 11.

4   *Reconventio , an in criminalibus locum habeat? Voyez Franc. Marc. to.* 2. *qu.* 903.

RECORDS.

Voyez les mots *Criées , nomb.* 120. *Exploit , n.* 9. & les titres , *Huissiers , Sergent.*

1   L'Exploit d'un Sergent est nul , ayant pris un Sergent pour Records dénommé en son Exploit. Arrêt du Parlement de Dijon du 15. Decembre 1599. *Bouvot, to.* 1. *verbo Saisie , quest.* 56.

2   Jugé par Arrêt du Parl. de Paris du 28. Mars 1624. que le Sergent pouvoit prendre son fils pour l'un de ses Records. *Voyez Auzanet , sur l'article* 140. *de la Coûtume de Paris.*

3   Acte de Notorieté donné par M. le Lieutenant Civil le 23. May 1699. portant que, quoique l'Ordonnance qui établit le Controlle des Exploits , dispense les Sergens d'avoir des Records; neanmoins l'ancien usage du Châtelet s'est conservé , suivant lequel le Commandement qui précede la Saisie réelle, doit être recordé de deux témoins , que l'Huissier ou Sergent en doit laisser copie , ensemble des titres en vertu desquels il fait la Saisie réelle , sans quoy la Saisie réelle & les Criées qui seroient faites en consequence, ne seroient pas valables , lesquels titres doivent être signez & scelez ; ce qui s'est toûjours observé. *Recueil des Actes de Notorieté,* p. 103. & *suiv.*

RECOURS.

1   Loyseau , *liv.* 2. *chap.* 8. s'étend sur les matieres recursoires , qu'il explique avec grande érudition.

2   En sommation & recours d'action personnelle, il faut suivre la Jurisdiction du défendeur. *Voyez Charondas, liv.* 3. *Rép.* 60.

3   Recours solidaire de l'heritier d'une ligne contre l'heritier de l'autre ligne. Arrêt du 13. Février 1615. M. le Prêtre, *és Arrêts de la Cinquiéme.*

4   Les heritiers de la femme qui s'est obligée conjointement avec son mari ayant renoncé à la communauté, ont indemnité pour la somme entiere contre les heritiers du mari, encore que dans le contrat de mariage, il n'y ait aucune clause pour l'indemnité de la femme, Arrêt du 25. Août 1642. *Ibidem.*

Voyez le mot *Garantie.*

RECREANCE.

Recréance. *Vindicia. Vindiciarum prejudicium. Fiduciaria possessio decreta*; ainsi appellée par *Chopin,* en son Traité *de sacr. Polit. lib.* 3. *tit.* 3. *n.* 5.

Autrefois on se servoit du mot de *Recréance* , pour signifier la joüissance donnée par provision , d'un immeuble , ou d'une chose mobiliaire , pendant la contestation sur le petitoire. Aujourd'huy Recréance ne se dit que de la joüissance des fruits d'un Benefice , accordez à l'une des parties pendant la contestation.

Voyez les mots *Benefice , Complainte , Possessoire , Sequestre , & les Arrêts de Tournet , verbo Récréance.*

1   Récréance est la provision du Benefice contentieux qui s'ajuge à celuy qui a le meilleur & le plus apparent droit pour joüir du Benefice pendant le procés. Des récréances. *V. Du Luc , liv.* 9. *tit.* 10.

2   *Voyez Coquille , tome* 1. *en son Traité des Benefices ,* p. 251. où il est parlé de la récréance & du sequestre ; quand la récréance est ordonnée par Arrêt , on n'est pas tenu de donner caution.

3   Caution offerte & donnée en cas de récréance. *Voyez* le mot *Caution , nomb.* 131. & *suiv.*

4   *Recredentia, ei qui potiora jura oftendit , adjudicanda eft.* Voyez *Franc. Marc. 10. 1. quæſt 1254.*

5   *Recredentia emanata ex falſi cauſâ & per partis circumventionem retrallari debet.* Voyez *ibidem , tome 2. quæſt. 317.*

6   Le 18. May 1508. les deux Chambres affemblées, il a été conclu que les Sentences de récréance données en matieres beneficiales , aprés que les enquêtes ou examen auroient été vûs , fi quelques-uns ont été faits , ne feroient executées ; mais feulement celles qui feront données ou jugées par les titres. *Biblioth. de Bouchel , verbo Récréance , & la Bibliotheque Canonique , tome 2. p. 360.*

7   Récréance doit être executée avant que de paſſer outre au principal. Arrêts des 2. Août 1512. Avril 1532. & 6. Mars 1566. *Papon , liv. 8. tit. 11. n. 8.*

8   Avant la récréance, l'on peut bien faire reconnoître à partie averſe une écriture privée , pourvû que l'autre partie ne s'en veüille aider au Jugement de récréance , mais feulement au plein poſſeſſoire. La raiſon eſt que les parties peuvent mourir ; il feroit aprés difficile de vérifier les écritures, & par là font accordez les Arrêts qui femblent contraires en ce point. *Papon , liv. 8. tit. 11. n. 5.* S'il y a inſtance de ſubrogation , l'on ne peut , avant la récréance jugée , requerir être faits interrogats , ni que partie averſe ſoit tenuë de répondre par ſerment fur aucuns faits. Arrêt du 27. Juin 1569. *V. ibid. n. 6.*

9   Jugé que Lettres miſſives *etiam* reconnuës , ne feront reçuës en une inſtance de récréance en matieres beneficiales ; telle inſtance qui de ſa nature eſt ſommaire , doit ſe vuider par titres ſeulement , ſelon l'Ordonnance de Charles VII. art. 74. *Bibliotheque de Bouchel , verbo , Récréance.*

10   Récréance ſe doit juger ſans Enquête ni Interrogatoire. Arrêt du 12. May 1533. infirmatif d'une Sentence , portant qu'une des parties feroit oüie fur ce que la partie averſe avoit mis en fair qu'elle ne ſçauroit lire une decretale. *Papon , liv. 8. tit. 11. n. 4.*

11   Lettres miſſives *etiam* reconnuës , ne doivent point être reçuës en l'incident de récréance de benefice ; & ſans y avoir égard , doit être jugé par l'Ordinaire. Arrêt du Parlement de Paris de l'an 1534. *Ibidem , nombre 7.*

12   Le Juge ne doit point ajuger la récréance du Benefice contentieux, s'il n'y a titre valable, mais il doit alors ſequeſtrer. Arrêts des 2. May 1548. & 6. Juillet 1574. *Ibidem , nombre 1.*

13   Jugemens de récréance ou autres proviſionnaux font préjudice au principal , à moins que les parties ne faſſent productions nouvelles qui n'avoient été faites avant la proviſion. Arrêt du Parlement de Paris du 28. Juin 1555. *Papon , ibid. n. 15.*

14   Par Arrêt du 27. Octobre 1556. fut miſe au neant une Sentence de récréance , par laquelle le Prévôt de Paris avoit ajugé la récréance fur un ſimple *ſumptum* verifié ; & quoique ce fût un procés par écrit , neanmoins la Cour vuida l'appel fur le champ , parce que la Sentence étoit nulle. *Bibliotheque de Bouchel , verbo , Récréance.*

15   M. Guillaume H * * * ſe preſente au Chapitre de Dol avec ſon Commiſſaire , pour l'execution d'un Jugement de récréance d'une Prébende. Les Chanoines refuſent d'entrer en leur Chapitre ; il appelle comme d'abus. Les Chanoines intimez diſent qu'ils luy ont décerné une Requête , lors qu'il s'eſt voulu preſenter audit Chapitre , & qu'il n'y a abus ; davantage , qu'un appellé Chouffé , ſubrogé au lieu de Rivet ſa partie , a eu récréance dudit Canonicat , icelle executée , partant il n'y a plus de fond , offrant que tout ſoit mis au néant ſans dépens. Arrêt du Parlement de Bretagne du 16. Avril 1562. qui dit mal & abuſivement refuſé , differé par les intimez , les condamne és dépens , dommages & interêts de l'appellant ; leur enjoint lors qu'aucuns Commiſſaires de

Juſtice ſe preſenteront pour executer Sentences de récréance , données fur le poſſeſſoire d'aucuns Benefices , d'obéïr à l'Executeur d'icelles , & de promptement s'aſſembler en leur Chapitre , ſans uſer d'aucunes diſſimulations.

16   La récréance doit être entierement executée , tant pour la joüiſſance du benefice , rétabliſſement de fruits, que dépens , s'ils ſont ajugez , ſuivant les Ordonnances de François I. de 1539. article 49. Arrêt du Parlement de Bretagne du 1. Decembre 1603. *Du Fail, li. 5. chap. 11.*

17   Sentence de récréance ſe doit executer avant que l'on puiſſe pourſuivre le jugement du procez principal , nonobſtant l'appel , & ſans préjudice d'iceluy en baillant caution , ſuivant l'article 62. de l'Ordonnance de 1539. qui déſire ſept Juges aux Requêtes du Palais , & aux Préſidiaux. *Voyez Mornac , Cod. de fide inſtrumentorum & amiſſione eorum , & c.* où il rapporte un Arrêt du 4. May 1619. par lequel il a été jugé *poſſe ab uno ſoloque Juridico Regio judicari , dans les autres Juriſdictions. Voyez M. Loüet , lettre R. fom. 25. & 57. Voyez le tit. 15. de l'Ordonnance de 1667. art.* 17. où il eſt dit qu'au moins au nombre de cinq , ſans rien déroger à l'uſage des Requêtes de l'Hôtel, ni du Palais.

18   Sentence de récréance renduë par un Juge ſeul eſt nulle , mais il y a lieu à l'appel , parce que voyes de nullité n'ont point de lieu en ce Royaume. Arrêt du P. de Paris du 4. Juillet 1633. *Bardet , to. 2, li. 2. ch: 49.*

     ♦   R E C R E A N C E ,   A P P E L.

19   L'execution de récréance peut être empêchée par un appellant , s'il montre manifeſtement & fur le champ le tort irreparable , ou qu'il juſtifie promptement de la corruption des Juges. Arrêt du Parlement de Paris du 21. Juillet 1526. *Papon , livre 8. titre 11. n. 13.*

20   La récréance n'eſt pas executoire nonobſtant l'appel , lorſqu'elle eſt donnée à l'entrée de la conteſtation , c'eſt-à-dire , ſans oüir les parties , ſoit par contumace , ſoit par précipitation , ce qui a été ainſi jugé par un ancien Arrêt du 13. Mars 1536. *Définit. du Droit Can. p. 710.*

21   Si la récréance dont étoit appellé eſt confirmée par Arrêt , le recredentiaire peut requerir pardevant l'executeur de l'Arrêt , que les pleiges & cautions qu'il a baillées en faiſant executer ſa récréance ſoient déchargées ; tant pour le paſſé que pour l'avenir ; ce qui doit être fait. Arrêt du Parlement de Paris du mois de Septembre 1537. *Bibliotheque de Bouchel , verbo Pleige.*

22   La récréance n'eſt executoire nonobſtant l'appel , s'il n'y a ſix Conſeillers ou Avocats du Siége appellés à la déliberation , qui ſignent avec le Juge , & dont le Greffier fera mention. Arrêt du 5. May 1539. *Papon , liv. 8. tit. 11. n. 15.*

23   Si la Sentence de récréance reçuë fur enquêtes eſt executoire nonobſtant l'appel , comme celle qui eſt renduë fur titres? Arret du Parlement de Grenoble du 27. Février 1613. qui juge la négative ; celuy qui avoit pris poſſeſſion en vertu de Lettres , y doit être conſervé juſqu'à ce que l'appel ſoit jugé , en baillant caution de rendre les fruits , s'il eſt dit que faire ſe doive. *V. Baſſet to. 1. liv. 1. tit. 5. chap. 2.*

24   Par le déſiſtement des pourſuites d'un appel de récréance pendant trois ans , on n'eſt point recevable à reprendre les pourſuites. Arrêt du même Parlement de Grenoble du 12. Juin 1624. qui maintient diffinitivement le récredentiaire. *V. ibid, tome 1. livre 1. tit. 5. chap. 5.*

     R E C R E A N C E ,   C A U T I O N.

25   Quand la Sentence de récréance eſt confirmée par Arrêt , les cautions baillées fur les lieux doivent être déchargées, tant pour le paſſé que pour l'avenir, pourvû que la partie le demande en execution d'Arrêts , car la Cour ne l'ordonne jamais d'office. *M. Loüet , lettre R. fomm. 28.*

26   Celuy qui obtient récreance d'un Benefice par Arrêt, n'eſt tenu de donner caution pour la reſtitution des fruits ſeulement ; mais s'il y a meubles, bagues & joyaux pour la dépoüille du défunt , le récredentiaire n'en doit être ſaiſi, ſans donner caution juſqu'à la valeur des meubles. Arrêt du Parlement de Toulouſe du 20. Avril 1425. *Bibliotheque Can. tome 2. page 361. col. 1.*

27   Le 19. Juin 1508. fut conclu aux Chambres des Enquêtes , que quand un Arrêt ſera confirmatif d'une Sentence de récreance en matiere Beneficiale , ſuivant laquelle il y avoit caution baillée ; l'Arrêt *retroagitur*, ainſi la caution baillée avant l'Arrêt demeure déchargée. *Biblioth. de Bouchel* , verbo *Recreance.*

28   Si la partie qui a perdu la récreance voit que la caution donnée devient inſolvable , ou que le procez tire en longueur , il peut demander une autre caution. Arrêt du 20. Avril 1518. *Bibliotheque Can. tome 2. page 361. col. 2.*

29   Si un Benefice a été ſequeſtré , & que les parties ayent procedé ſur la récreance , pris appointement en droit, & produit, celuy qui obtient la récreance, doit donner caution : mais s'il l'a obtenuë ſans proceder au Sequeſtre , il ne doit être chargé de donner caution , ſinon en deux cas , l'un, ſi le Juge y fait doute, l'autre , s'il y a appel. Arrêt du 10. Février 1520. *Ibidem.*

30   Si d'un Benefice ſequeſtré la récreance eſt ajugée à l'une des parties,& executée ſous caution, nonobſtant l'appel , & eſt dit après par Arrêt , qu'il a été mal jugé; les cautions peuvent être contraintes que empriſonnement de leurs perſonnes, quoiqu'ils n'y ſoient obligez , d'autant qu'ils ſuccedent au lieu des Commiſſaires en ſequeſtre. Arrêt du Parlement de Paris du 26. Novembre 1533. *Bibliotheque de Bouchel,* verbo *Pleiges.*

31   La caution d'un récredentiaire peut pour des raiſons importantes demander ſa décharge. Alors le récredentiaire ſera tenu d'en donner une autre , ſinon le Benefice demeurera ſequeſtré , & la caution déchargée. Arrêt du Parlement de Paris du 18. Juin 1535. *Bibliotheque de Bouchel* , verbo *Pleige.*

RECREANCE, DÉPORT.

32   Sentence de récreance fait ceſſer le déport , bien que le Curé ne ſoit encore promû aux Ordres ſacrez, *quia non tenetur promoveri niſi habeat pacificam poſſeſſionem.* Jugé le 22. May 1550. & auparavant le 20. Janvier 1516. En toute la Normandie le déport a lieu & ſe leve indiſtinctement en cas de decez, de reſignation en faveur , & démiſſion pure & ſimple. Jugé au Parlement de Roüen le 20. Mars 1561. *Brodeau ſur M. Loüet* , lettre D. ſomm. 62.

RECREANCE , DEPOST.

33   La récreance peut être jugée en dépôt, qui conſiſte en choſe immeuble. Arrêt du 21.Avril 1551. *Papon, liv. 12. tit. 3. n. 21.*

RECREANCE , DEVOLUTAIRE.

34   Devolutaire ne doit avoir la récreance d'un Benefice, le titulaire étant décédé peu de temps après la reſignation ; mais elle eſt donnée au pourvû *per obitum.* Arrêt qui l'a ainſi jugé le 5. May 1626. *Bardet , tome 1. livre 2. chap. 83.*

RECREANCE, FAUX.

35   La diſcuſſion des moyens de fraude, ſimonie, confidence , & autres ſemblables n'empêche pas l'execution du jugement de récreance, non plus que l'inſcription en faux ; ainſi qu'il a été jugé le 3. Avril 1521. au Parlement de Paris, à moins que la fauſſeté ne fût apparente. Arrêt du Parlement de Normandie du 22. Août 1550. *Bibliotheque Canonique, tome 2. page 357. colonne 2.*

RECREANCE , FRUITS.

36   Si celuy qui a gagné la récreance perd ſa cauſe au plein poſſeſſoire, il doit reſtituer les fruits pris durant la récreance , de même en matiere profane. Arrêt du

---

Parlement de Paris de l'an 1394. *Papon , livre 8. titre 11. nomb. 10.*

RECREANCE, MAINLEVE'E.

37   Après la mort du recredentiaire , le ſurvivant doit avoir main-levée , quoiqu'il n'ait point de ſubrogation. Arrêt du Parlement de Paris du 29. Juillet 1519. *Papon , liv. 8. tit. 17. n. 2.*

38   Récreance & main-levée ſont bien diverſes ; car la récreance ne ſe donne point, ſinon avec partie adverſe, & ſur la production des titres des deux,ou par forcluſion : mais la main-levée ſe fait à une partie requerante, & ſon titre vû ſans partie adverſe, & n'eſt executoire nonobſtant l'appel ; comme auſſi n'eſt une récreance qui ſera donnée d'entrée, ſans oüir les parties ; comme par contumace précipitée , ou autrement. Arrêt du Parlement de Paris du 13. Mars 1536. *Papon , liv. 8. tit. 11. n. 2.*

RECREANCE , MAINTENUE.

39   Celuy des deux contendans du poſſeſſoire d'un Benefice, qui a obtenu la récreance , n'eſt tenu de proceder ſur la pleine maintenuë que le jugement de récreance n'ait été entierement executé , ſoit pour la joüiſſance du Benefice , ou rétabliſſement des fruits, & dépens payez s'ils ſont ajugez. Arrêt du Parlement de Paris du 12. Août 1511. *Biblioth. Can. tome 2. page 631. col. 1.*

40   Les Docteurs tiennent que celuy qui a obtenu la récreance d'un Benefice qu'il conteſte avec un autre, n'eſt point tenu de proceder ſur la pleine maintenuë, que auparavant le jugement portant adjudication de la récreance , n'ait été executé entierement, ſoit pour la joüiſſance du Benefice, ou rétabliſſement des fruits, & dépens payez, lorſqu'il y en a qui ſont ajugez : les Docteurs *Faber & Jaſon,* ſur le §. *Item ſerviant,* aux Inſtituts , *tit. de act.* le tiennent ainſi; ce qui a même été jugé par un Arrêt du 12. Août 1511. c'eſt la diſpoſition de l'Ordonnance de 1667. tit. 15. du poſſeſſoire des Benefices art. 10. qui veut que les récreances & ſequeſtres ſoient executées, avant qu'il ſoit procedé ſur la pleine maintenuë. *Voyez les Définitions Canoniques, page* 710.

41   Avant que de conclure à la pleine maintenuë il faut que la récreance ſoit en tout executée. Arrêt du Parlement de Bretagne du 11. Octobre 1564. *Du Fail , liv. 3. chap.* 48.

42   En matiere Beneficiale, la Cour a fait défenſes aux Juges de juger par une même Sentence la récreance & la pleine maintenuë. Arrêt du 29. Juillet 1619. *Brodeau ſur M. Loüet , lettre C. ſomm.* 40. *Voyez Peleus, queſt.* 134.

43   Par Arrêt du 15. Février 1666. jugé qu'en matiere Beneficiale , la récreance & la maintenuë ne peuvent être ordonnées par un même jugement. *Soëfve , to. 2. Cent. 3. chap.* 64.

RECREANCE, MINEUR.

44   Sentence de récreance renduë contre un mineur ; ſi pendant l'appel par luy interjetté il prend les fruits, il peut être contraint par corps après les quatre mois au payement des fruits & des dépens. Jugé le 13. Octobre 1607. *Mornac , l. 7. ff. de Minoribus. Voyez Brodeau , ſur M. Loüet , lettre R. ſomm.* 23.

RECREANCE, OPPOSITION.

45   Il a été jugé par Arrêt du 28. Février 1537. qu'un tiers qui viendroit ſe rendre oppoſant à la récreance ajugée, s'il faiſoit voir qu'il n'a point été entendu, ni appellé au procez où la Sentence de récreance ſeroit intervenuë , ſon oppoſition ſeroit reçuë, & qu'elle pourroit empêcher l'execution de la Sentence de récreance. *Papon , liv. 8. tit. 11. n. 14.*

RECREANCE, REGALE.

46   L'inſtance de regale ne peut empêcher que par proviſion une Sentence de récreance donnée entre les mêmes parties avant l'ouverture de la regale ne ſoit executée. Jugé le 26. Novembre 1560. *Charondas , li. 1. Réponſe 1.*

47 La récreance obtenuë par Arrêt ne suffit pour faire clore la regale : *secus*, si l'Arrêt porte la pleine maintenuë. Jugé le Jeudy 10. Mars 1574. *Charondas, liv. 1. Réponse 10.*

Voyez cy-aprés le mot Regale, nomb. 196. & 197.

RECREANCE, RESIGNATION.

48 Si plusieurs prétendent le Benefice comme vacant *uno & eodem genere vacationis*, il doit être sequestré; mais si le genre de la vacance est contesté, & qu'il y ait un resignataire, la récreance luy est dûë. Ainsi jugé trés-souvent. *Papon, liv. 8. tit. 10. n. 10.*

49 Si aprés la récreance ajugée d'un Benefice à l'une des parties, celuy qui l'a perduë meurt ou resigne, le pourvû en son lieu, & demandeur en subrogation peut-être empêché par le récredentiaire jusques-à ce qu'il ait rétabli tous les fruits perçus par son resignant, & les dommages & interêts. Arrêt du Parlement de Paris du 11. May 1542. *Ibidem li. 8. titre 17. nomb. 9.*

RECRIMINATION.

Translatio criminis in accusatorem.
De his qui accusare non possunt. C. 9. 1. L. 1....

1 Voyez cy-dessus le titre de la procedure criminelle, & hoc verbo *Recrimination*, la *Bibliotheque du Droit François par Bouchel. Papon, livre 24. tit. 2. n. 7.*

2 Criminel ne peut recriminer celuy qui luy fait partie avant qu'être purgé de l'accusation contre luy intentée. Arrêts du 30. May 1578. & du premier Juin 1607. *M. Expilli, Arrêt 71.*

3 La recrimination a lieu *in majori crimine, non in pari aut minori, l. si prator, ff. de jud.* C'est pourquoy pour plus grand crime l'accusation fut reçuë, & dit que la premiere information suffiroit. Arrêt du Parlement de Dijon du 27. Novembre 1599. *Bouvot, tome 2. verbo Jugement, quest. 7.*

4 Par Arrêt donné en la Tournelle à Paris le 17. Janvier 1606. en la cause de Falezeau, & de Launay, la recrimination fut reçuë en crime de rapt. *Biblioth. de Bouchel, verbo Recrimination.*

5 Jugé le 10. Decembre 1643. qu'il y a abus quand le Juge d'Eglise veut connoître d'une recrimination, le premier procez étant pardevant le Juge Seculier. *Basset, tom. 1. liv. 6. tit. 5.*

6 La recrimination a lieu en Dauphiné. Arrêt du Parlement de Grenoble du 14. Juillet 1653. par lequel il fut ordonné qu'il seroit procédé à l'instruction du procez criminel dont il s'agissoit, sauf à l'accusé qui prétendoit avoir accusateur, de se servir des moyens par luy avancez pour sa justification, ou de se pourvoir autrement aprés le procez fait & parfait. *Basset, to. 2. liv. 9. tit. 1. ch. 1.*

RECTEUR.

1 Arrêt du 6. Janvier 1539. qui ordonne que l'Election du Recteur de l'Université sera faite par le Chancelier & Docteurs Regens, à l'assistance de deux Sieurs de la Cour. *La Rocheslavin, livre 5. Lettre V. tit. 1. Arrêt 13.*

2 Arrêt du Roy Henry II. en 1556. pour l'élection du Recteur. *V. Henrici secundi Progymnasmata, Arrêt 210.*

3 Droit du Recteur sur le parchemin. *Voyez le mot Parchemin.*

Voyez cy-aprés le mot Université.

RECUSATION.

1 Recusation de Juges. *Judicium rejectio. Recusatio. De appellationibus, recusationibus, & relationibus. Extr. 2, 28.*

Apud eum, à quo appellatur, aliam causam agere compellandum. D. 49. 11. Ce n'est pas un moyen de récusation contre un Juge, d'avoir appellé d'une de ses Sentences.

Ut reo induciæ dentur ad refutandum judicem. N. 53. c. 3. Vide *Nov. 82. & 86.*

2 *De recusatione judicis.* Voyez *Andr. Gaill, lib. 1. observat. 33.*

3 *De recusationibus.* Per *Stephanum Auferium. & per Lanfranchum de Oriano.*

4 Des récusations qui se baillent contre les Présidens & Conseillers de la Cour, & executeurs des Arrêts d'icelle. *Ordonnances de Fontanon, to. 1. liv. 3. tit. 15. p. 571. & tit. 38. p. 606. & Joly, des Offices de France, tome 1. livre 1. tit. 43. page 307.*

5 *Récusation. Voyez les mots Juges, Prise à partie, hoc verbo Récusation, la Bibliotheque du Droit François par Bouchel, & Bouvot, tome 2.*

6 Des récusations contre les Juges. Voyez l'Ordonnance de 1539. art. 10. & de Roussillon, art. 11. l'Ordonnance de Blois, art. 118. & suivans, l'Ordonnance de 1667. tit. 14. des récusations des Juges. *Expilly, Arrêt 154. Peleus, quest. 134. La Rocheslavin, des Parlemens de France, livre 13. chap. 85. Julius Clarus, liv. 5. Sentent. §. finalis, quest. 43.*

7 *M. Ayrault* dans son instruction judiciaire a fait un traité des récusations.

8 De la récusation des Juges. *V. Despeisses, tome 2. p. 459.* où il est marqué quels Juges peuvent être récusez, quand, comment, pourquoi, ce qui suit la récusation. Il agite au même endroit la question de sçavoir si un *Procureur General* peut être récusé.

9 *Recusatur judex si pars locuta est ei in aure, secreta. V. Com. Joan. Const. sur l'Ordonnance de François I. article 10.*

10 Récusations ne sont point reçuës après appointement en Droit, si elles ne sont venues de nouveau à la connoissance des parties. Arrêt du Parlement de Paris du 5. Janvier 1489. *Papon, livre 8. titre 3. nombre 2.*

11 Récusations ne sont plus reçuës lorsqu'elles n'ont pas été proposées contre le Juge avant l'appointement à écrire, parce qu'il a été déja approuvé. Arrêt du Parlement de Paris de l'an 1554. *Papon, liv. 7. tit. 9. nomb. 13.*

12 Bien que de Droit *in lege, apertissimi C. de judiciis*, les récusations se doivent proposer *antequam lis inchoetur*, & avant contestation en cause, toutefois si les parties alleguent les causes de récusation être de nouveau venues à leur connoissance, on les reçoit, bien que le procez soit sur le Bureau, en se purgeant par serment de n'en avoir eu plûtôt connoissance, pourvû que le Juge n'ait déja opiné, ce qui luy est interdit depuis qu'on luy a montré la requête de récusation jusqu'à ce qu'elle soit jugée. *Mainard, livre 1. chap. 95.*

13 Appellant des Requêtes du Palais débouté de la récusation par luy proposée contre un Conseiller en Parlement, fils du Conseiller és Requêtes, qui avoit été des Juges en premiere instance, le motif fut qu'on ne sçavoit point que le pere eût été d'avis du Jugement. Arrêt donné. *Papon, liv. 7. tit. 9. n. 3.*

14 L'Ordonnance de renvoy des causes d'un Conseiller de la Cour en autre Chambre, & d'un Magistrat Présidial en autre Siege, exactement observée à Toulouse. Toutefois les causes criminelles des Conseillers de la Cour se traitent les Chambres assemblées, où assistent les Conseillers de la Chambre; & les Juges subalternes ne peuvent connoître d'un Conseiller en la Cour, mais luy en doivent faire renvoy s'il se présente devant eux; mais en causes civiles l'Ordonnance s'observe, même dans le cas où deux Conseillers de la Cour ou deux Magistrats Présidiaux plaideroient l'un contre l'autre. Le motif est d'éviter les soupçons & les brigues. *Mainard, livre 1. ch. 82. 83. & 84.*

15 Par l'Ordonnance les récusations ne doivent être mises au serment & à la conscience du récusé. La preuve doit être laissée aux parties. Mais si le Juge accorde la récusation, l'on y a égard, sans que l'au-

tre

tre partie puisse opposer qu'il y a collusion entre le Juge & le récusant. *Voyez Mainard*, *tome 1. livre 1. chapitres 87. & 88.*

16 Le 8. Septembre 1551. au Parlement de Bretagne, il fut ordonné que les parties ou leurs Procureurs spéciaux bailleront leurs causes de récusation par écrit aux Juges qu'ils voudront récuser ; lesquels bailleront, si requis sont, actes au procès verbal és parties récusantes ou à leurs Procureurs spéciaux, pour s'en aider, comme ils verront l'avoir à faire. Deffenses aux Huissiers & Sergens signifier causes de récusation contre les Juges, si par Justice ne leur est ordonné, sauf aux parties de se pourvoir contre les Juges qui leur sont suspects, ainsi qu'il leur est permis par les Ordonnances. *Du Fail, liv. 3. ch. 430.*

17 Un Juge ne peut être récusé executant la Sentence par luy donnée, parties oüies, & dont il n'y a point d'appel. Arrêts du Parlement de Paris en 1554. & le 9. Novembre 1555. qui ont declaré que le Juge avoit en ce cas valablement declaré les causes de récusation frivoles. *Bibliot. de Bouchel*, verbo, *Récusation.*

18 Les récusations ausquelles on a renoncé, ne sont pas reçües une seconde fois. Arrêt de la Cour des Aydes de Montpellier du 7. Août 1563. *V. Philipps, article 76.*

19 Récusations doivent être declarées pertinentes & veritables, ou non pertinentes. Arrêt du Parlement de Bretagne du 24. Septembre 1565. contre le Juge de Léon, qui avoit dit qu'il ajourneroit les témoins, & qu'à la première Audience les parties comparoîtroient en personnes, pour voir ordonner des récusations. *Du Fail, liv. 3. ch. 67.*

20 Par Arrêt du Parlement de Bretagne du 15. Mars 1575. deux Notaires de Rennes ajournez pour comparoir en personnes, pour avoir rapporté la presentation de certaines récusations sur un Conseiller de la Cour, à l'instance de la Riviere, la Charge de Notaire est d'instrumenter, & non de rapporter presentations & récusations ; il faut se pourvoir par Requête, signée de partie & de Procureur ; si le Conseiller ne se veut abstenir, il faut que la Cour juge les récusations suivant les Ordonnances & Reglemens. *Du Fail, liv. 2. ch. 498.*

21 La forme de juger les récusations contre Messieurs du Parlement de Dauphiné, est reglée par l'Ordonnance du Roy Charles IX. du 14. Février 1565. registrée audit Parlement le 21. suivant. Il faut cinq Juges pour statuer sur une récusation. *Basset, tome 1. liv. 2. tit. 6. ch. 2.*

22 Le Juge récusé declarant les causes de récusations impertinentes, & qu'il en connoîtra, y ayant appel, la partie peut se pourvoir pardevant le plus ancien Avocat pour être jugé. *Bouvot, tome 2. verbo, Récusations, quest. 7.*

23 Un Juge Royal ayant été auparavant pensionnaire de la partie, peut être récusé. Arrêt du Parlement de Dijon du 12. Decembre 1569. *Ibid. quest. 38.*

24 Un Juge peut être récusé pour être conseil de partie ; il ne peut dire que les causes de récusation seront mises en ses mains, pour y être fait droit. Arrêt du 2. Decembre 1595. *Bouvot, ibidem, quest. 27. Voyez Pet. Greg. in Syntag. Ju. li. 49. cap. 3.*

25 Le Juge duquel la Sentence a été infirmée, ne peut connoître aprés la cause. Arrêt du Parlement de Dijon du 15. Juin 1596. *Bouvot, tome 2. verbo, Récusations, quest. 30.*

26 Le Greffier étant partie en une cause, les Lieutenans & Conseillers en peuvent connoître. Arrêt de l'an 1599. *Ibidem, quest. 32.*

27 Le Lieutenant étant partie ou autre Officier, la cause doit être renvoyée pardevant le Juge Royal, & non au plus prochain Siege inferieur. Arrêt du 3. Février 1607. Autre du 19. Juillet 1608. *Bouvot, to. 2. verbo, Renvoy, quest. 21.*

28 Le Juge en declarant les causes de recusations per-

Tome III.

tinentes, doit prescrire & donner temps pour la preuve. Arrêt du 16. Decembre 1608. *Bouvot, to. 2. verbo, Récusations, quest. 5.*

29 L'on peut récuser un Juge par interpellation, contenant les récusations signifiées à un Juge. Arrêt du 11. May 1610. *Ibid. quest. 9.*

30 Un Juge ne peut être récusé sur des menaces avancées par le criminel. Arrêt du 30. Avril 1611. *Ibid. question 12.*

31 Le Juge peut être récusé en la cause d'un de ses Fermiers, quoiqu'il ne demeure en sa maison. Arrêt du 11. Octobre 1611. *Ibid. quest. 13.*

32 Le Juge récusé ayant ordonné que les causes de récusations seroient verifiées dans trois jours pardevant le plus ancien Officier du Siege non suspect ; ne les ayant données dans le temps, ne peut se declarer Juge competent. Arrêt du même Parlement de Dijon du 6. Août 1619. *Bouvot, ibid. qu. 23.*

RECUSATION, AMENDE.

33 Jacques de Beaumanoir, Seigneur du Besso, récuse sept Juges de Rennes, les récusations declarées pertinentes ; appointé à verifier. Il fait quelques preuves, mais cependant il est debouté de ses récusations, condamné en l'amende de dix livres, moitié au Roy, moitié à la partie. Gilles de Beaumanoir son frere appelle, dit que l'amende est trop petite, attendu la pluralité des faits contenus és récusations, pour chacun desquels non prouvé, il y a amende de dix livres par l'Ordonnance. Arrêt du Parl. de Bretagne du 7. Février 1561. par lequel la Cour émendant le Jugement, condamne l'intimé en 60. livres monnoye de Bretagne, moitié au Roy, & l'autre à la partie avec dépens de la cause d'appel. *Du Fail, li. 3. chapitre 28.*

34 Arrêt du Parlement de Bretagne du 17. Février 1567. infirmatif d'une Sentence qui n'avoit condamné en l'amende une partie déboutée de ses récusations. *Ibidem, chap. 102.*

35 Amende dûe par celuy qui succombe. *Ordonnance de 1667. tit. 24. art. 19.*

RECUSATION, AMITIE'.

36 L'amitié ordinairement contractée par le jeu, plus constante & ferme que toute autre, est suffisante pour fonder récusation contre un Juge, principalement souverain. *Mainard, liv. 1. ch. 80.*

37 Dire que le Procureur ou Solliciteur de partie averse est ami ou parent du Juge, ce n'est pas un moyen de récusation. Arrêt du Parlement de Paris du 21. Juillet 1554. *Bibliotheque de Bouchel, verbo, Récusation.*

38 Les faits de récusation jugez pertinens ; *amitié & familiarité intime, qu'il boit & mange ordinairement avec luy*, & qu'il a semblable cause & procés, que celuy qui est entre les parties. Arrêt du Parlement de Bretagne du 20. Février 1561. *Du Fail, livre 2. chapitre 206.*

39 Récusation d'un Conseiller jugée valable, sous prétexte qu'il étoit grand & intime ami du frere d'une des parties. Arrêt du Parlement de Bretagne du 1. Mars 1566. *Du Fail, liv. 3. ch. 81.*

RECUSATION, APPEL.

40 Un Juge récusé, soit qu'il ait reçu les récusations & renvoyé les parties où il appartiendra pour en faire preuve, ou bien qu'il les ait rejettées & declarées frivoles, & de luy le récusant ait appellé, ne peut en ces cas contraindre les parties à convenir de Juge. Arrêt du 21. Mars 1526. *Voyez la Bibliotheque de Bouchel, verbo Récusations.*

41 Lorsqu'on craint de récuser un Juge, on peut appeller de luy comme de Juge récusé & suspect, & proposer les récusations à la Cour par Requête. Arrêt du Parlement de Paris du 21. Février 1529. *Papon, liv. 7. tit. 9. n. 5.*

42 C'est une difficulté qui s'est presentée à la premiere Chambre des Enquêtes ; sçavoir si le Juge étant

O o

récufé, ayant declaré les caufes de récufation inadmiffibles, y ayant appel, peut paffer outre aux cas provifionnaires, aufquels par deffus l'appel, on peut paffer ? Le Préfident fut d'avis en 1568. qu'il pouvoit paffer outre, étant queftion de matiere provifionnelle; *alii contraria*, comme il fut jugé. *Bouchel en fa Bibliot.* verbo *Récufation.*

43 Arrêts du Parlement de Provence des 1. Decembre 1641. 10. & 24. Mars 1642. qui ont jugé que les Lieutenans ne peuvent paffer outre au préjudice de la récufation, & de l'appel du déboutement d'icelle. *Boniface, tome 1. liv. 1. tit. 10. n. 25.*

RECUSATION, ARBITRES.

44 *Arbitrator non poteft recufari tanquam fufpectus.* Voyez *Com. Joan. Conft. in conftitutiones regias, art.10.*

45 *Arbitri quo modo pronunciare debent in causâ recufationis?* Voyez *Com. Joan. Conft.* fur l'Ordonnance de François I. art. 10.

RECUSATION, AVOCATS.

46 Les récufations prifes de la perfonne d'un Avocat, Procureur ou Sollicitcur, proches parens du Juge, ne font trouvées bonnes, à moins qu'ils n'habitent fous même toit, & ne mangent à même table. *Mainard, liv. 1. ch. 91.*

47 L'Ordonnance qui regle les parties après les Juges récufez, de s'adreffer au plus ancien Avocat du Siege, s'entend d'autres Avocats & Graduez, que les Avocats & Procureurs du Roy qui ne peuvent être Juges. Arrêt du Parlement de Paris du 13. Mars 1532. *Bibliot. de Bouchel*, verbo *Récufation.*

48 Récufation ne peut être faite contre un Juge, pour être ami du Sollicitcur ou Procureur. Arrêt du 21. Juillet 1534. fi ce n'eft que le Procureur ou Sollicitcur demeuraffent avec le Juge. *Papon, li. 7. tit. 9. nombre 10.*

49 La récufation fondée fur l'amitié du Juge avec l'Avocat, Procureur, ou Sollicitcur d'une partie, non recevable. Arrêt du 18. Novembre 1608. *V. Baffet, to. 1. li. 2. tit. 6. ch. 8. & Mainard, li. 1. ch. 91.*

RECUSATION, BASTARDS.

50 Récufation propofée contre le pere du bâtard. Voyez le mot *Bâtards, n. 198.*

RECUSATION, BENEFICE CONFERE'.

51 L'Ordonnance de Loüis XII. de l'an 1499. art. 37. défendant aux Confeillers & autres Juges d'affifter aux Jugemens des procès des Prélats ou Seigneurs, par lefquels leur aura été conferé ou à leurs enfans Benefice ou Office, ne s'entend point fi les Benefices ont été conferez par neceffité; fçavoir par le moyen des Nominations, Mandats ou Indults. Ainfi jugé au Parlement de Paris le 27. Août 1543. Toutefois *Du Luc* dit avoir jugé au contraire, comme eft vraifemblable. *Papon, liv. 7. tit. 9. n. 11.*

RECUSATION, COMPERE.

52 Le Sénéchal de Nantes, pour être récufé à caufe qu'il eft Compere de l'intimé, & que, à caufe de la compaternité, il luy porte grande & intime amitié, declare les récufations impertinentes. Par Arrêt du Parlement de Bretagne du 4. Août 1560. il eft dit, mal jugé; émendant le Jugement, la Cour declare les caufes de récufations de compaternité & intime amitié, conjointement admiffibles & pertinentes; ordonne que les appellans informeront de l'intime amitié. *Du Fail, liv 3. ch. 21.*

53 Le Juge qui eft Parain de l'enfant de l'une des parties, peut être récufé. Arrêt du Parlement de Bourgogne du 30. Mars 1610. On prétendoit que cela n'avoit lieu que *inter fufceptum, & non fufcipientem.* *Bouvot, tome 2. verbo Récufations, queft. 8.*

54 Les récufations fondées fur l'alliance fpirituelle qui fe contracte dans le Baptême avec les femmes, ou les enfans des Préfidens ou des Confeillers, n'ont pas d'effet, *s'il n'y a des confiderations qui puiffent mouvoir la Cour de juger au contraire.* Arrêté du Parlement de Grenoble du 7. Mars 1631.

remarqué par *Chorier en fa Jurifprudence de Guy Papa* page 72.

55 Le comperage eft un moyen de récufation. Arrêt du Parlement de Grenoble du 27. Février 1613. & autres depuis rendus. *Voyez Baffet, tome 1. liv. 2. tit. 6. chapitre 7.*

56 Jugé en la Chambre de l'Edit de Caftres, que M. de Ranchin Confeiller, récufé pour avoir été Parain de l'enfant de l'une des parties, s'abftiendroit. Quelques-uns des Juges prétendoient que la récufation n'avoit lieu que quand le Juge avoit fait tenir fon fils par la partie, & non lorfque la partie avoit prié le Juge de nommer fon enfant. *Voyez Boné, part. 2. p. 243. Arr. 78. & cy-après les n. 143. & 166.*

RECUSATION POUR AVOIR DONNE' CONSEIL.

57 Ce n'eft pas un fujet de récufation d'avoir été fe confeil des parties, avant que d'être promû aux Dignitez de la Magiftrature. *Voyez lett. G. titre des Gens du Roy, n. 3.*

58 Récufation pour être confeil d'une partie eft valable, comme d'avoir été Avocat & dreffé les affaires de partie, comme auffi d'avoir retenu une Chambre en fon logis. Jugé par Arrêts des 15. Février 1564. 5. Janvier 1565. & 4. Janvier 1574. *Papon, liv. 7. tit. 9. n. 10.* où il explique plufieurs autres caufes de récufation.

59 Le Juge qui aura été médiateur, donné confeil ou follicité pour une partie, ne pourra demeurer Juge au procès; il s'abftiendra du rapport, & fon Clerc remettra les facs. Arrêt du Confeil d'Etat du Roy du 27. Août 1668. *Au Recüeil des Arrêts donnez en interpretation des nouvelles Ordonnances, p. 138.*

RECUSATION, CONSEILLERS CHANOINES.

60 Les Confeillers Clercs d'un Parlement peuvent être récufez és caufes où un ou plufieurs Chanoines font parties, fi les Confeillers font de même College & Chapitre. *Papon, liv. 7. tit. 9. n. 13. & Mainard, liv. 1. chap. 85.*

61 Un Juge parent d'un particulier, Chanoine, s'agiffant de redevances dües au Chapitre, ne peut être récufé, *cum fit caufa univerfitatis, non fingulorum.* Arrêt du Parlement de Dijon du 22. Janvier 1606. *Bouvot, to. 2. verbo Récufations, queft. 3.*

62 Arrêt rendu au Parlement de Grenoble le 11. Janvier 1619. & de l'avis des Chambres, qui a ordonné qu'aux procès des Chapitres qui ne concernent les particuliers d'iceux comme particuliers, les Préfidens & Confeillers ne pourront être récufez, ni s'abftenir du jugement d'iceux, quoique parens ou alliez au quatriéme degré. Ordonne neanmoins que les procès ne pourront être baillez en diftribution aux Confeillers, foit pour l'inftruction ou rapport. Et il a été refolu pour le regard des peres feulement, qu'ils s'abftiendront auffi du Jugement, le cas écheant, lors & quand la Cour l'ordonnera. *Baffet, tome 2. liv. 2. tit. 8. ch. 2.*

RECUSATION, DEBITEUR.

63 Un Juge pour être debiteur de la partie, ne peut être récufé, quoiqu'un témoin debiteur puiffe être reproché. Arrêt du Parlement de Dijon du 13. Juillet 1609. à moins qu'il ne s'agît *de fummâ bonorum.* *Bouvot, tome 2. verbo, Récufations, queft. 6.*

64 Si un Juge eft récufable, lorfque fon pere eft creancier de l'une des parties? Cette queftion fe prefenta au Parlement de Mets le 19. Decembre 1636. M. *de Corberon* tint l'affirmative. *Voyez fon treizième Plaidoyé.*

65 Arrêt du Parlement de Provence du dernier May 1670. qui a jugé que celuy qui a des biens dans une Communauté, peut être récufé pour Juge, au procès de la Communauté. *Boniface, tome 3. livre 1. chap. 8.* Il rapporte au même endroit deux Arrêts femblables des années 1678. & 1680.

RECUSATION D'EXPERTS.

66 Les Experts peuvent être récufez, bien qu'ils

foient choifis. *Mornac. L. 3. C. finium regundorum in principio.*

RECUSATION GENERALE

67   Récufations en termes generaux contre un Siege, ne valent, & ne font recevables. Souvent jugé par Arrêt. *Papon, liv. 7. ti. 9. n. 15.*

68   On ne peut recufer un Corps, ni plus d'un tiers d'iceluy, en matiere civile & criminelle. *V. Baffet, to. 1. li. 2. tit. 6. ch. 3.*

69   M. Jean Boiffon Avocat de Vannes, avoit récufé fept Confeillers du Siege, & dix-fept Avocats. Arrêt du Parlement de Bretagne du 29. Octobre 1565. qui le renvoye à Vannes 3. & pour les récufations, le condamne en cent livres d'amende, moitié au Roy, l'autre à partie. Quoiqu'un Siege en Corps puiffe être récufé, les récufations generales font odieufes. *Du Fail, li. 3. ch. 65.*

70   Par Arrêt du Parlement de Dijon du 26. Janvier 1572. fuivant l'Edit publié au mois de Juillet 1567. la Cour ordonna & déclara contre les heritiers de l'Elû des Barres, que fans avoir égard aux récufations propofées contre le Corps, que l'on ne pouvoit récufer du tout la Cour, qu'on ne laiffât le tiers d'icelle non récufé. *V. Bouvot, tome 1. part. 3. verbo Récufation, queftion unique.*

71   Par Arrêt du 22. Mars 1594. il fut dit que dorefnavant l'on n'auroit plus égard aux récufations propofées contre les Officiers du Siege en general; & que l'on paffera outre & pardeffus telles récufations, nonobftant oppofitions aux appellations quelconques. *Bouchel, en fa Biblioth. verbo Récufation.*

72   L'on ne peut récufer par récufations generales tous Avocats, Procureurs & Praticiens, pour être tous fufpects, Arrêt du Parlement de Dijon du 16. Decembre 1595. *Bouvot, tome fecond, verbo Récufations, queft. 28.*

RECUSATION DU GREFFIER.

73   Voyez le mot Greffier, nomb. 26.

RECUSATION, JEU.

74   Le jeu eft un moyen de récufation du Juge. Voyez le mot *Jeu, n. 9.* & cy-deffus le n. 36.

RECUSATION, INIMITIE.

75   *Inimicitia que ex partis facto provenit, neque judicem, neque teftem repellit.* Voyez *Franc. Marc. tom. 2. queft. 291.*

76   Des inimitiez qui donnent lieu à la récufation. *V. Franc. Marc. tom. 2. qu. 324.* où il obferve que *levis inimitia fufficit, & per conjecturae probatur.*

RECUSATIONS INJURIEUSES.

77   *Recufator praefumitur calumniator, eo ipfo quod non probat.* Vide *Com. Joan. Conft.* fur l'Ordonnance de François I. art. 14.

78   Par Arrêt du Parlement de Bretagne du 18. Août 1571. ajournement perfonnel contre l'Evêque de Cornouaille, pour quelques récufations & faits prétendus injurieux propofez contre fa partie. *Du Fail, livre 3. ch. 239.* où eft rapporté un Arrêt du Parlement de Touloufe, qui condamne un particulier à faire amende honorable, pour avoir mis dans une Requête de recufation contre un Confeillier, qu'il avoit pris un mulet de l'une des Parties.

79   Il n'eft permis de faire informer d'une caufe de recufation ignominieufe, finon après le procez. Arrêt du 28. Mars 1579. *Papon, li. 9. tit. 3. n. 1.*

80   Pour recufations injurieufes, l'on n'eft reçu après feize ans, à en faire recherche. Arrêt du 28. Mars 1579. *Idem, li. 7. ti. 9. n. 2.*

81   Le Seigneur du Halo, & la Dame de Hauteville furent condamnez chacun en 200. écus pour avoir injurieufement récufé M. de Thou Premier Préfident, comme récite *Guenois* fur l'art. 14. de l'Ordonnance de 1639. en la Conf. li. 3. ti. 1. p. 95. Et M. de la Rocheflavin rapporte au liv. 3. chap. 14. que les Sindic & habitans de Frontignan, pour n'avoir prouvé les faits calomnieux par lui couchez en une Requête,

Tome III.

des récufations contre le Rapporteur du procez, fut condamné en deux cens liv. vers le Roy, & en 300. liv. pour la réparation de l'Horloge du Palais : comme auffi la Requête de récufation prefentée contre un Préfident par le Vicomte de Rabat, fut en fa prefence rompue & biffée, & condamné en l'amende. *Voyez auffi Guenois fur l'Edit des Préf. Gl. 45. & du Fail, liv. 2. ch. 437.*

82   Arrêt du 8. Mars 1580. par lequel le Seigneur de Halo, & la Dame d'Hauteville, pour avoir témerairement récufé M. le Premier Préfident de Thou, le difant Sollicitéur de Baffompierre, ont été condamnez chacun en deux mille écus d'amende. *Papon, liv. 7. tit. 9. n. 2.*

83   Les récufans du Juge député & délégué, propofant injures & chofes frivoles & ridicules, condamnez à fix écus d'amende, furent fur l'appel declarez non recevables, & condamnez en l'amende fans note d'infame, le 15. May 1586. *Papon, livre 8. tit. 3. nomb. 4.*

84   Récufation contre un Avocat General. Arrêt du Parlement de Grenoble du 20. Novembre 1641. par lequel la partie, pour n'avoir pas prouvé le fait calomnieux contenu en fa Requête, fut condamné en vingt liv. d'amende, la Requête lacerée; & l'Avocat General, parce qu'il avoit demandé reparation d'honneur, s'abftint de conclure. *Voyez Baffet, to. 1. liv. 2. tit. 6. ch. 9.*

JUGE RECUSE.

85   Juge récufé ne doit être à la Chambre, quand l'on procede au Jugement du procez, pour raifon duquel il eft récufé; mais il fera tenu fortir : ainfi jugé. *Papon, li. 7. tit. 9. n. 8.*

86   Si la caufe de récufation eft plaidée à l'Audience, le Juge récufé, Préfident ou Confeiller, doit defcendre, s'il ne veut être réputé partie formelle; & il faut qu'il aille près de fon Avocat pour l'inftruire. Arrêt du Parlement de Touloufe du 3. Juillet 1461. fi la récufation eft admife, le Juge ne peut être prefent, quoiqu'il ne voulût parler. *Bibliot. de Bouchel, verbo Récufation.*

87   Juge récufé ne doit être prefent à la déliberation. Arrêt du Parlement de Paris du 28. Juillet 1463. *Papon, liv. 7. tit. 9. n. 7.*

88   Arrêt du trois Juillet 1471. par lequel il eft dit que Juge récufé, tel qu'il foit, fi la caufe eft plaidée, doit defcendre, ou fe mettre vers l'Avocat, s'il fe veut rendre partie formelle. *Idem, li. 7. tit. 9. n. 8.*

89   Juge récufé ne peut contraindre les parties à accorder & convenir de Juge. Arrêt du Parlement de Paris du 21. Mars 1526. *Idem, n. 9.*

90   Entre M. Bernard de Monty, & M. Jean Morin, s'étant porté Procureur du Prince d'Orange intimé; le Sénéchal de Nantes dit qu'il verra les récufations propofées & cependant fait défenfes à l'appellant de bâtir. Appel : La Cour dit qu'il a été mal & nullement jugé; émendant le Jugement, que le Sénéchal n'a pû ni dû pardeffus les récufations, faire les prohibitions, la Cour les a levées au profit de l'appellant, & luy permet de faire fon bâtiment; condamne l'intimé ès dépens, dommages & interêts, fauf fon recours vers qui il appartiendra. Arrêt du Parlem. de Bretagne du 26. Octobre 1560. *Du Fail, li. 1. ch. 119.*

91   Juge récufé ne doit ordonner ou renvoyer les parties, fans auparavant avoir déclaré les caufes de récufations admiffibles ou non. Arrêt du 21. Decembre 1563. mais il doit promptement, & fur le champ, prononcer, fans ordonner que les parties mettront par devers luy, fauf à faire droit. Arrêt des Generaux du 15. Mars 1563. *Papon, li. 7. ti. 9. n. 2.*

92   Marc Fortia Préfident en la Chambre des Comptes, qui connoiffoit que les récufations contre luy propofées, étoient véritables, continua de proceder. Il eft pris à partie. Arrêt du Parlement de Bretagne du 29. Avril 1563. qui caffe ce qui a été par luy fait,

& le condamne aux dépens. *Du Fail*, *livre 3. chapitre 35.*

93   Juge récusé, sans faire déclarer les causes de récusation inadmissibles, passant outre, quoiqu'il ne fasse que renvoyer, est bien pris à partie. Arrêt du 21. Decembre 1563. contre le Lieutenant de la Rochelle. *Papon, liv. 7. tit. 9. n. 9.*

94   Juge récusé ne peut ni doit donner autre Juge. Le 20. Janvier 1564. fut au Baillif de Dourdan & à son fils, donné ajournement personnel à la Cour, pour avoir fait achever par son fils le procez, auquel luy-même avoit été récusé. *Ibid. n. 17.*

95   Juge récusé ayant déclaré les causes de récusation admissibles, & s'étant déporté, ne doit aucunement juger, mais ordonner que les parties se pourvoiront comme de raison. Arrêts des 15. Avril 1564. & 22. May 1578. *Papon, ibidem, n. 8.*

96   Il est dit mal & nullement jugé par un Conseiller de la Cour, qui avoit dit, que nonobstant les recusations sur luy proposées en l'execution d'un Arrêt, il passeroit outre. Arrêt du Parlement de Bretagne du 20. Mars 1570. *Du Fail, liv. 2. ch. 348.*

97   Si en une Jurisdiction le Juge & le Lieutenant sont récusez, il faut que les parties se pourvoient pardevant le plus ancien Avocat ou Praticien de la Ville, & non pardevant le Lieutenant Criminel? *V. Bouvot, tom. 2. verbo Jugement, qu. 11.*

98   Celui qui a récusé un Juge, peut être récusé par le même. Arrêt du Parlement de Dijon du 22. Juin 1604. *Bouvot, to. 2. verbo Recusation, qu. 41.*

99   Un Juge se déportant de la connoissance de la cause, ne peut renvoyer la cause pardevant un tel Juge. Arrêt du même Parlement de Dijon du 15. Mars 1605. *Bouvot, ibidem, qu. 39.*

100   Arrêt du Parlement de Provence du 10. Mars 1642. qui a décerné decret d'ajournement personnel contre le Lieutenant de Castelane, lequel avoit procédé au Jugement au préjudice de la récusation: la procedure fut déclarée nulle. *Boniface, to. 2. part. 3. li. 1. tit. 1. chap. 6.*

101   Arrêts du même Parl. de Provence des 7. Novembre 1639. 13. May 1655. & 7. Juin 1664. qui ont jugé, que lorsqu'un Juge sçait quelque cause de récusation en sa personne, il doit s'abstenir du Jugement du procez; & pour ne l'avoir fait, les parties ont été restituées contre les Arrêts. *Voyez Boniface, to. 1. liv. 1. tit. 1. nomb. 11.*

RECUSATION, JUGE LOCATAIRE.

102   Vous tenez heritages proche de la partie; ce moyen de recusation pertinent, jugé par Arrêt du Parlement de Bretagne du 24. Mars 1555. *Secus*, si c'est la femme du Juge qui les tient, ou si l'on dit au Juge qu'il demeure en la maison de partie averse. *Du Fail, liv. 3. chap. 340.*

103   La recusation n'est valable, sur ce que le Juge est locataire d'une des parties. Arrêt du Parlement de Grenoble du 20. Janvier 1655. Autre chose seroit, si le Juge habitoit la maison gratuitement, *& non pactâ mercede.* Et le 7. Février 1664. fut fait un Reglement au même Parlement, portant qu'en ce cas les procés ne pourroient être donnez en distribution aux Conseillers locataires des parties, soit pour l'instruction, soit pour le rapport, mais qu'ils ne pourront être récusez. *Voyez Basset, tome 1. liv. 2. tit. 6. chap. 4. & Chorier, en sa Jurisprudence de Guy Pape, p. 247.*

104   Le Juge peut être récusé, s'il est emphiteote de l'une des parties. Arrêt du Parlement de Toulouse du 28. Avril 1663. rapporté par *M. de Catellan, li. 9. chap. 6.*

105   Un particulier ne peut récuser un Juge, sous prétexte qu'il possede des terres mouvantes de la directe de sa partie averse. Jugé à Bourdeaux le 15. Juillet 1672. *Journal du Palais.*

JUGE DE LA RECUSATION.

106   Le Lieutenant du Sénéchal d'Auvergne, sans decla-

---

rer les causes de récusation contre luy proposées admissibles ou non, appointe les parties en droit, tant sur le principal, que sur les causes de récusation. Par Arrêt du 21. Juillet 1544. il fut dit mal appointé, bien appellé, les intimez condamnez aux dépens de la cause d'appel, & outre en cent livres, pour avoir soûtenu le Jugement sans cause; les parties renvoyées pardevant un autre Juge, pour proceder comme de raison. *Bibliot. de Bouchel, verbo Récusation.*

107   L'Enquêteur ne doit juger les récusations contre lui proposées, mais les doit renvoyer pardevant Juges, pour les juger, à peine de nullité, s'il passe outre. Arrêts du Parlement de Paris des 11. May 1545. & 24. Novembre 1570. Causes de récusations justes sont, être Solliciteur en la cause, être Commensal. Arrêt du 18. Février 1563. *Papon, liv. 9. tit. 1. n. 36.*

108   Arrêt du Parlement de Bretagne du 30. Avril 1577. qui défend à tous Juges de prononcer conjointement & par même Sentence sur les faits de récusation, qui seront contr'eux proposés, & sur les causes principales; leur enjoint de juger les récusations separément, & prononcer ce qu'ils auront jugé, avant faire droit au principal, à peine de nullité des Jugemens & autres peines qui y échéent. *Du Fail, liv. 1. ch. 430.*

109   Jugé au Parlement de Grenoble le 13. Juillet 1617. qu'un Juge récusé ne peut faire aucune fonction ni procedure; il faut que les causes de récusations soient connuës & jugées par autre que luy. *Basset, tome 2. liv. 9. tit. 11.*

110   Arrêt du Parlement de Provence du 9. Novembre 1645. par lequel il a été jugé que la récusation du Juge ordinaire doit être par luy jugée, & non par son Lieutenant. L'Arrêt est en forme de Reglement, fondé sur l'Ordonnance de François I. *Boniface, tom. 1. liv. 1. tit. 1. n. 8.*

111   Le 18. Mars 1646. Arrêt intervenu au Parlement de Grenoble, qui cassa toute une procedure, sur le fondement que le Juge avoit entrepris de juger que les causes de récusation proposées contre lui, étoient inadmissibles, après avoir jugé qu'elles n'étoient pas veritables, & nommé d'Office un Ajoint. *Basset, tome 2. liv. 2. tit. 8. ch. 7.*

JUGEMENT DE LA RECUSATION.

112   Récusations une fois jugées, ne peuvent plus être admises. Arrêt de la Cour des Aydes de Montpellier du 5. Juin 1561. *V. Philippi, art. 69.*

113   Par Arrêt du Parlement de Bretagne rendu sur les Conclusions du Procureur General le 17. Févr. 1567. enjoint aux Juges du Ressort de juger sommairement les procez de récusations. *Du Fail, livre 3. chapitre 102.*

114   La récusation doit être jugée sur le champ, sans regler les parties à remettre. Arrêt du 11. Juillet 1634. *Voyez Basset, to. 1. liv. 2. tit. 6. ch. 5.*

RECUSATION, MANGER ENSEMBLE.

115   Si c'est un sujet de récusation, de ce que le Commissaire ait mangé avec la partie? *Voyez le mot Commissaire, n. 70.*

116   *Commissarius ad testium examen in alienâ Provinciâ comitatus per eum qui illum committi curavit, expensas solvendo, & eâdem mensâ utendo, an ob hoc, ut suspectus recusari possit?* Voyez *Franc. Marc. to. 1. question 138.*

117   L'Ordonnance de Charles VII. art. 16. & 17. prohibant toutes communications des Juges avec les parties plaidantes, est étroitement observée à Toulouse, même étendue aux parens des parties. Car en 1594. certains Présidens & Conseillers qui avoient assisté à un banquet solemnel, fait par un frere de la partie, furent declarez suspects, les Chambres assemblées: mais si le Juge & la partie se trouvent immiscez ensemble chez un tiers sans dessein, la récusation n'est pas bonne. *Mainard, liv. 1. ch. 78. & 79.*

118   Par l'Ordonnance du Roy Philippes de Valois,

Charles VII. il eſt dit , *non edant , non comedant cum partibus*. Ainſi jugé au Parlement de Dijon le 24. Janvier 1598. *Bouvot , tome ſecond , verbo Récuſation , queſt. 18.*

RECUSATION, MONITOIRE.

119 Une partie demande permiſſion de faire publier Monitoire , pour prouver des cauſes de récuſation qu'il avoit propoſées contre un Juge, diſant qu'il étoit Conſeil de l'autre partie. Appel; par Arreſt donné aux Grands Jours de Troyes le 4. Octobre 1582. mal & ſans grief. *Bibliotheque de Bouchel , verbo Récuſation.*

RECUSATION, OPINION.

120 Le Juge qui anticipe & déclare aux parties ſon opinion avant le temps , peut être récuſé , quelquefois on juge la requête *cum dicto* , qu'on appelle ſans écrire ni l'appointer , afin qu'elle ne ſe tire à conſequence. *Mainard , liv. 1. ch. 94.*

121 Arreſt du 13. Septembre 1577. qui a entr'autres choſes défendu aux Officiers de Carcaſſonne , & autres du reſſort , que quand ils ſeront récuſés en un procez,d'opiner en icelui,ni uſer dans leurs Sentences de ces termes , *dit a été , ni,* ce terme , *& pour cauſe,* & les Officiers récuſez , & qui avoient opiné audit procez , ont été condamnez ; ſçavoir , celuy qui avoit préſidé , & le Rapporteur chacun en dix livres d'amende envers le Roy , & chacun des opinans en cinq livres. *Reglement de la Rocheflavin, chapitre 2. Arrêt 11.*

RECUSATION, PARENS.

122 Récuſation contre un Juge pour être proche parent de la partie adverſe eſt reçuë, parce que ce mot proche *includit quartum gradum.* Voyez *Mainard , liv. 8. chap. 16.*

123 Le fils peut juger l'appel de la Sentence renduë par ſon pere. Celuy qui employa ce moyen de récuſation fut débouté par Arrêt du Parlement de Paris du 30. Janvier 1535. comme la Sentence a été renduë par conſeil, le fils ignore le motif qu'a eu ſon pere en la donnant. *Du Luc , liv. 11. tit. 4. Arr. 10.*

124 Récuſation d'un Juge pour parenté , ſans dire en quel degré, ne vaut. Arrêt du Parlement de Touloufe du 25. Octobre 1548. *Papon , liv. 7. tit. 9. n. 12.*

125 Henry II. donna Arrêt en 1556. qui obligeoit tous les Officiers un mois après leur reception de donner par écrit leur genealogie, & en faire deux déclarations, l'une du côté paternel, l'autre du côté maternel. Le motif de cet Arrêt fut d'empêcher les récuſations frivoles. *V. Henrici ſecundi Progymnaſmata , Arrêt 161.* Cet uſage ne ſubſiſte plus , il ſemble neanmoins revivre par celui qui ſe pratique. M. le Procureur General donne un certificat à M. le Chancelier que le récipiendaire n'a point, ou n'a que tels parens dans la Compagnie.

126 Parenté juſqu'au quatriéme degré eſt un moyen de récuſation. Arrêt du Parlement de Bretagne du 5. Octobre 1565. *Du Fail , liv. 3. chap. 69.*

127 La récuſation des parens d'un contumax n'eſt pas recevable. Arrêt du Parlement de Grenoble du 19. Mars 1611. la raiſon fut que le contumax ne peut être défendu par ſes parens ou alliez. *V. Baſſet , tome 1. liv. 2. tit. 6. chap. 6.*

128 Après conteſtation , un Juge parent peut être récuſé. *Bouvot , to. 2. verbo Récuſation, queſt. 33.*

129 Il faut dans les cauſes de parenté ou alliance , coter les degrez. Arrêt du Parlement de Dijon du 5. Decembre 1598. *Ibidem, queſt. 34.*

130 Si l'alliance d'alliance eſt reçuë en récuſation ? *V. Ibidem , queſt. 16.*

131 Si le frere qui eſt Procureur d'Office , eſt joint à l'inſtigant , le frere Juge ne peut être récuſé. Arrêt du 12. Juillet 1604. *Ibidem , queſt. 40.*

132 Un Juge parent & agréé par les parties, ne peut être récuſé. Arrêt du 14. Juin 1605. *Ibid. queſt. 4.*

133 On ne peut récuſer un Juge ſous prétexte d'alliance , comme ſi un gendre a procez contre le Juge , le beaupere appellé pardevant le Juge, ne le peut récuſer. Arrêt du 22. Octobre 1610. *Ibid. queſt. 11.*

134 Le frere ou beaufrere étant Amodiateur , & le Procureur d'Office partie , non l'Amodiateur , le Juge frere de l'Amodiateur ne peut être récuſé. Arrêt du 15. Juin 1613. *Ibidem , queſt. 16.*

135 Pour alliance d'alliance , le Juge peut être récuſé quand l'injure regarde non ſeulement la perſonne , mais toute la famille, comme s'il eſt queſtion du rapt d'une fille. Arrêt du 5. Juillet 1613. *Ibidem. queſt. 17.*

136 Le fils ayant interêt en la cauſe , le pere peut être récuſé, comme ſi le fils a vendu la choſe conteſtée.Arrêt du 26. Février 1617. *Ibidem , qu. 19.*

137 Si les parens du Seigneur ſont injuriez , ſes Officiers n'en peuvent connoître. Arrêt du même Parlement de Dijon du 2. Mars 1619. *Bouvot , ibidem , queſtion 22.*

138 Dans les cauſes des Chapitres & des Convens les Préſidens ni les Conſeillers ne peuvent être récuſés par la conſideration des parens qu'ils y ont , en quelque degré qu'ils ſoient : mais ils ne ſont ni inſtruction ,ni rapport de ces mêmes procez. Arrêt du Parlement de Grenoble du 11. Janvier 1619. Arrêt en conformité du 10. Decembre , les Chambres ayant été conſultées dans la cauſe des Chartreux , contre le Baron d'Uriage. Ce n'eſt pas non plus une récuſation legitime contre les Préſidens &les Conſeillers, qu'ils habitent dans des maiſons qu'ils tiennent à titre de loüage de l'une des parties. Arrêt du 17. Février 1664 *Voyez Chorier en ſa Juriſprudence de Guy Pape, page 72.*

139 Si c'eſt un moyen legitime de récuſer le Rapporteur d'un procez , d'entre le Syndic d'un Ordre d'une part , & un particulier d'autre, quand le fils de ce Rapporteur s'eſt fait Religieux de ce même Ordre pendant l'inſtruction du procez? Arrêt du même Parlem. de Grenoble du 11. Decembre 1657. qui ordonne que le Rapporteur s'abſtiendroit du Rapport & Commiſſion , mais qu'il demeurera Juge. *V. Baſſet ,tome 1. liv. 2 tit. 6. chap. 1.*

140 Le couſin remué de germain d'un des Chanoines nommé Commiſſaire pour l'enquête du Chapitre,peut être récuſé. Arrêt du Parlement de Toulouſe du 6. Mars 1670. rapporté par *M. de Catellan , livre 9. chapitre 7.*

RECUSATION , PARLEMENT.

141 Aux Parlemens on renvoye d'une Chambre en l'autre. A Paris pour avoir le renvoy dans un autre Parlement , il faut dix Conſeillers parens, huit, outre ceux contre qui l'on plaide. A Touloufe , Bourdeaux, Roüen ſix , *quinque ſi Senator litiget :* Dijon, Aix & Grenoble, quatre ou trois : En cauſe criminelle il n'y a point de renvoi ſans Lettres du Prince ſignées d'un Secretaire d'Etat ; *ſi reus eſt in vinculis, Senatu prius audito à principe :* pour récuſer il faut bailler Requête , *alias* la récuſation ſeroit emprifonné. *Voyez Mornac , lege 16. quæ notatur 14. & ultimâ C. de judiciis.* L'Ordonnance du mois d'Août 1669. tit. 1. des Evocations , article 5. ne déſire au Parlement de Paris que le nombre de huit proches parens ou alliez , & des autres parties qui n'étant du corps , dix aux degrez cy-deſſus.

142 Le premier Août 1556. le Parlement de Paris récuſé par celuy de Bretagne , ſous prétexte que le Parlement de Paris étoit du Conſeil Privé. *Du Fail, liv. 3. chap. 361.*

143 Reglemens ſur les récuſations donnez contre Mrs. du Parlement d'*Aix* ; ils ne peuvent s'abſtenir d'euxmêmes ſans être alleguez ſuſpects : ils pourront être récuſez pour raiſon de ce que leurs femmes ou enfans auront fait baptiſer quelques parties ; ils s'abſtiendront du Rapport & de la Commiſſion au procez de leurs Avocats, Procureurs, Medecins, Apoti-

quaires & Chirurgiens. Celuy qui récusera, sera tenu
de se restraindre au tiers des Juges dans trois jours
précisément, lequel nombre de tiers jugera les récusations des autres ; autrement tous les Juges récusez
demeureront pour juger le procez. Les procez où ils
seront parties seront renvoyez en une autre Chambre , à moins qu'il n'y eût un consentement des parties adverses. Ils s'abstiendront du jugement des causes de leurs parens, même jusqu'au quatriéme degré,
comperes , pareins , filleul durant leur vie ; comme
aussi aux procez des Communautez où ils auront des
biens taillables. *Boniface , tome 1. liv. 1. titre 25. n. 13.*
où il rapporte plusieurs délibérations selon les cas.

144   Arrêt du Conseil Privé du 28. Février 1682. entre
les Officiers du Parlement de Pau ; il dispose entr'autres choses , pourra le Premier Président être récusé
pour les causes de Droit , comme tous les autres Juges , nonobstant , & sans avoir égard aux Arrêts du
Conseil & des Requêtes de l'Hôtel des 22. Decembre 1643. 28. Septembre 1646. 19. Août 1647. & tous
autres donnez en consequence ; sera neanmoins tenu
le Parlement en jugeant les récusations proposées contre le Premier Président, d'inserer dans les Arrêts les
causes des récusations, & les piéces justificatives d'i-
celles. *V. les Edits & Arrêts recueillis par l'ordre de
Monsieur le Chancelier en 1687.*
Voyez le mot *Parlement.*

RECUSATION, PRESIDIAUX.

145   Récusation se doit faire *antè litis contestationem , nisi
nova causâ post contestationem intercedat* , le Greffier
peut être récusé sur le serment de la partie ; les Présidiaux peuvent être récusez au premier & second cas
de l'Edit, & doivent renvoyer en un autre Présidial.
Mornac, leg. 16. quæ notatur 14. Cod. de judiciis.

146   Quand un Conseiller d'un Présidial où l'instance
est pendante est partie , elle doit être renvoyée en autre Siége , quoique l'instance fût au Bailliage. Arrêt
du Parlement de Paris du 13. May 1583. *Papon , livre
6. titre 2. n. 7*

147   Par Arrêt du 17. Octobre 1591. le Parlement séant
à Tours , en la cause de M. Isaac Amy Conseiller au
Présidial du Mans , enjoint aux Présidiaux de garder
l'Ordonnance touchant les récusations , *Orleans art.
52. Blois art. 121.* tant en matiere civile que criminelle.
M. Servin Avocat du Roy allegua un Arrêt donné aux
Grands Jours de Poitiers pour un nommé de Paris ; il
étoit alors question d'une cause ordinaire en civile : il
se fonda sur la raison de l'Ordonnance, pour ôter tout
soupçon & faveur. *Bibl. de Bouchel,* verbo *Récusation.*

RECUSATION POUR PROCEZ.

148   Récusation du Juge ayant pareille cause est legitime. Jugé par Arrêt du Parlement de Paris du 7. Janvier 1428. *Papon , livre 7. tit. 9. n. 17.*

149   Le Juge peut être récusé par celle des parties contre
qui il plaide en quelque façon que ce soit , ou a
plaidé , bien que le procez soit fini depuis peu : si
la partie plaidée contre le proche parent du Juge criminellement ou civilement *de majori parte bonorum* ,
il le peut récuser. *Mainard , liv. 1. ch. 92.*

150   Jean Maupertuis avoit appellé en la Cour de ce
que quelques Auditeurs des Comptes l'avoient condamné comme receveur d'Aulray, à leur payer pour
vacations trois cens tant de livres ; depuis il est appellé à compte devant eux ; il les récuse , disant avoir
eu procez touchant les trois cens livres avec le Procureur General de la Chambre , les récusations jugées impertinentes , par Arrêt du Parlement de Bretagne du 22. Septembre 1565. *Du Fail , livre 3. chapitre 73.*

151   Abel Girauld Fermier de quelques devoirs à Nantes , prétend rabais & diminution chez les habitans ;
les adjourne en parlant aux Maire & Echevins , qui
disent qu'ils ne plaideront devant le Sénechal, ni autres des Juges , & les récusent *ex eo* , qu'il y a
procez pendant entr'eux & les Juges , sur la police

de la Ville. Le Sénechal déclare les récusations impertinentes ; ce qui est confirmé par Arrêt du Parlement de Bretagne du 21. Février 1571. *Du Fail , livre
1. chap. 341.*

   Un Juge qui a procez contre le frere de la partie ,   **152**
ne peut être récusé. Arrêt du Parlement de Dijon du
13. Août 1602. il pourroit l'être, si le procez étoit criminel ; ainsi jugé. *Bouvot tome 2. verbo Récusation ,
question 36.*

   Un Juge pour un procez criminel intenté par la   **153**
partie contre son frere , peut être récusé. Arrêt du
même Parlement de Dijon du 4. May 1610. *Bouvot,
ibidem , quest. 10.*

   Un Archer du Prévôt ne peut récuser un Juge sous   **154**
prétexte des differends de leur Charge avec ledit Prévôt. Arrêt du Parlement de Grenoble
du 14. Janvier 1663. *V. Basset , tome 2. liv 2. titre 6.
chap. 10.*

   En 1665. il fut ordonné qu'aucunes récusations ne   **155**
pouvoient être proposées contre Messieurs tenans la
Cour des Grands Jours à Clermont, en corps & en
general qu'il n'en demeure jusqu'au nombre de dix
pour pouvoir juger , tant les récusations que le procez principal. *Voyez le recueil des Grands Jours p. 53.*

   Jugé au Parlement de Toulouse au mois de Février   **156**
1665. que M. de Papus Doyen des Conseillers , Seigneur Justicier du lieu de Cugnaux pouvoit être récusé au procez d'un de ses Vassaux , contre un autre
non Vassal. *Arrêt de M. de Catellan, li. 9. ch. 6.*

   Les Officiers de Magistrature des Villes sont recus-   **157**
sables dans le jugement des causes où les Villes ont
interêt. Jugé au Parlement de Tournay le 28. Juin
1695. *Pinault , tome 1. Arr. 69.*

RECUSATION, PROCUREUR.

   Récusations ne peuvent être proposées par un Pro-   **158**
cureur , sans charge expresse. Arrêt du Parlement de
Paris du 21. Juillet 1534. à moins qu'il ne justifiât que
son Maître est absent & loin , auquel cas on luy doit
accorder délay pour la ratification s'il le requiert. Arrêt du Parlement de Paris du 4. ou 13. Decembre
1543. *Papon , li. 7. tit. 9. n. 2.*

   Récusations ne se doivent proposer pour un Procureur   **159**
sans avoir expresse charge. Arrêt du P. de Paris du 21.
Juillet 1534. neanmoins si le Procureur montre que sa
partie est absente & loin du lieu , & qu'il luy a donné cette charge , offrant de luy faire avoüer ; il y doit
être reçu , & luy être donné delay comptant pour
faire avoüer à partie les causes de récusations. Arrêt
donné à Paris le 4. Decembre 1543. *Biblioth. de Bouchel,* verbo *Récusation.*

   Une partie récuse un Conseiller pour cause d'inimi-   **160**
tié ; le Procureur qui récuse n'a point de procuration spéciale ; le Commissaire dit qu'il passera outre ;
le Procureur appelle , & cependant venant une procuration , le Commissaire répond qu'il a commencé l'execution , & qu'il achevera. Nouvel appel ; la
partie prétend que le Commissaire n'a à passer outre.
Arrêt du Parlement de Bretagne du 9. Mars 1558. qui
ordonne qu'il sera procédé par autre Commissaire
non suspect aux parties. *Du Fail , livre 3. ch. 11.*

   Le 22. Octobre 1576. au Parlement de Bretagne,   **161**
il fut ordonné que dorénavant il ne seroit representé ni reçu en Cour aucunes récusations qu'elles ne soient
signées du Procureur qui les présente. *Du Fail , liv.
2. chap. 525.*

   Si un Procureur a été Procureur contre le Juge, ce   **162**
n'est pas un moyen valable de récusation. Arrêt du
Parlement de Bretagne du 2. Juin 1597. *Du Fail,
liv. 3. chap. 82.*

RECUSATION, PROCUREUR GÉNÉRAL.

   Récusation des Avocats & Procureur Generaux.   **163**
Voyez le mot *Avocat, nomb. 246.*

   Les Substituts de M. le Procureur General étant   **164**
seuls parties, ne peuvent être récusez par les accusez,
mais seulement par les parties civiles, en cas qu'il y

en ait, & quand ils peuvent être pris à partie. *V. Filleau*, **2.** *part. tit. 9. chap. 40.*

265   Un juge récusé par partie civile ne peut connoître pour les gens du Roy. Arrêt du Parlement de Dijon du 12. Mars 1549. Procureur du Roy ne peut être récusé par l'accusé, mais par les parties civiles, si elle prétendent inimitié capitale, parenté, alliance avec les accusez. *Papon, livre 7. tit. 9. n. 16.*

Par un ancien Arrêt du Parlement de Normandie M. l'Avocat General Bigot, fut récusé de connoître des causes du Cardinal d'Amboise. *M. Loüet, lettre P. nomb. 39.* M. le Prêtre cite un Arrêt contraire, par lequel on a fait cette distinction, que quand le Procureur General est seul partie, il ne peut être récusé; mais qu'il peut l'être quand il y a une partie jointe. *Mornac* atteste avoir appris des Juges que cet Arrêt fut donné sur de circonstances particulieres.

266   Par un ancien Arrêt du 9. Août 1550. entre la Marquise de Rotelin, & le Seigneur d'Alegre, le Président de Saint Autot ayant été récusé à cause qu'il tenoit à foy & hommage du Sieur d'Aineville, dont le Sieur d'Alegre avoit épousé la fille; il fut dit que la récusation n'étoit pas valable, le serment de foy & hommage ne s'étendant qu'à celuy qui le reçoit, & non à la famille. Il a été jugé qu'un Conseiller fils de l'Avocat d'une des parties, ne pouvoit être reçu comme Juge; mais il fut deliberé qu'il s'abstiendroit à relatu. On a aussi jugé qu'un fils pouvoit connoître en cause d'appel des Jugemens rendus par son pere. En un procez où M. de Matignon étoit partie, il fut jugé que M. le Président de Franquetot n'en pourroit connoître, parce que M. le Comte de Thorigny fils & présomptif heritier de M. de Matignon, avoit épousé sa parente. Il fut dit par cette même raison, au procez d'entre M. le Duc de Roquelaure, & la Dame Marquise de Mirepoix, que M. le Président Bigot, & M. de Cambremont Conseillers en la Cour, s'abstiendroient d'en connoître, parce que le Sieur Marquis de Mirepoix, fils & heritier de la Dame de Mirepoix, avoit épousé leur parente. Par Arrêt du 20. Avril 1663. en l'Audience de la Grand-Chambre, il fut jugé que la récusation proposée contre un Juge, pour avoir donné nom à l'enfant de la partie, n'étoit pas valable. *Basnage, titre de Jurisdiction, page 10.*

267   Procureur General du Roy ne peut être récusé. Arrêt du 15. Avril 1556. la Cour, après avoir oüi le Procureur General du Roy, sur ce qu'il a dit être parent de M. Charles Allegrain Sieur de Dyan; & d'autant qu'il ne vouloit conclure & requerir en la cause d'appel interjetté par le sieur Allegrain, de l'execution de certaines Lettres Patentes attributives de Jurisdiction au Prévôt de Chastel, & après aussi que les Avocats du Roy, le Procureur General ayant été supplié par M. Gilles Bourdin, que la Cour avisât si le Procureur General se déporteroit de conclure, que retirez, la matiere mise en deliberation, a ordonné que nonobstant la prétendue récusation, le Procureur General demeurera pour conclure au procez, comme il verra être à faire par raison. *Additions à la Bibliot. de Bouchel, verbo Procureurs.*

268   Procureur du Roy ne pourra être récusé par les accusez, mais seulement par les parties civiles, si elles prétendent ou inimitié capitale, parenté ou alliance du Procureur du Roy avec les accusez. Défenses au Juge de Saumur de recevoir à l'avenir aucunes récusations en autre cas, sur peine de nullité de ce qui sera fait au contraire, suspensions de leurs états, & amende arbitraire. Arrêt du 29. Mars 1561. La récusation pourra aussi être proposée, s'il y a grande familiarité. Arrêts des 13. Juillet 1563. & 16. Decembre 1564. Ou si le Procureur du Roy a donné conseil à la partie, ou a son conseil ordinaire. *Voyez Filleau, part. 2. tit. 6. ch. 40.*

269   On distingue, ou il est seul partie, ou il est joint

à partie civile; au premier cas non, au second si. Arrêt du mois de Juillet 1601. *M. le Prêtre, 1. Cent. chap. 33.* Voyez *M. Loüet, lettre P. som. 39.*

270   *Procurator Generalis ex legitimis causis potest recusari.* Jugé à la Cour des Aydes le 17. Août 1612. *Mornac, L. 1. ff. de officio procuratoris Cæsaris, legitima autem est causa. Arrêt du 4. Février 1620. Idem, ibidem, fine.*

271   Le Procureur du Roy étant partie civile & en son nom, on peut demander le renvoy pardevant un autre Juge. Arrêt du Parlement de Dijon du 10. Novembre 1603. conforme à l'Ordonnance de 1539. articles 51. & 52. *Bouvot, tome 2. verbo Récusations, question 35.*

272   Le Procureur d'office étant partie en une Justice inferieure, la cause doit être renvoyée à un autre Juge. Arrêt du Parlement de Dijon du 25. Juillet 1593. *Ibid. quest. 31.*

273   Pour larcin fait au Seigneur, le Procureur d'office étant partie, le Juge du lieu en peut connoître, même du larcin de la dîme de gerbes. Arrêt du Parlement de Dijon du 21. Juillet 1618. *Bouvot, ibidem, question 21.*

274   Le Seigneur feodal ne prenant le fait & cause de son Procureur jurisdictionnel que *nomine officii*, on ne peut de son chef recuser ni évoquer. Arrêt du 3. Février 1657. *Boniface, tome 1. liv. 1. tit. 35. n. 2.*

RECUSATION PAR CEUX DE LA R. P. R.

275   Ceux de la R. P. R. pouvoient en matiere civile récuser deux Juges Présidiaux jugeant en dernier ressort sans cause; & en matiere criminelle. *Edit de Nantes, article 65.*

276   Arrêt du Parlement de Provence du 2. Decembre 1644. qui a jugé que quand un Religionnaire a contesté devant un Juge, il ne peut plus le récuser. *Boniface, tome 1. liv. 1. tit. 12. n. 8.*

277   Par autre Arrêt du 10. Mars 1645. il fut dit que les Religionnaires Etrangers ne peuvent récuser, sans expreßion de cause. *Boniface, tome 1. liv. 1. tit. 12. nombre 2.*

278   Declaration du Roy du 26. Juin 1684. concernant les récusations des Juges, par ceux de la Religion Prétenduë Réformée, tant en matieres civiles que criminelles. Dans celles-là, ils peuvent récuser sans expreßion de cause; dans les criminelles, ils peuvent aussi sans expreßion de cause récuser tous Juges, pourvû que ce soit par un même acte, & qu'ils ne les ayent point auparavant reconnus. Les Rapporteurs doivent être récusez dans la huitaine; après que les parties auront eu connoissance du *committitur*. Aux causes de l'Audience, ils seront tenus de faire les récusations par Requête, avant que les Juges y soient montez. Cette Declaration a été registrée au Grand Conseil le 22. Juillet 1684. *Voyez le Recüeil de la Maréchaussée de France, p. 1021.*

RECUSATION, CAUSE AU RÔLLE.

279   Arrêt du Parlement de Bretagne du dernier Avril 1578. sur le fait des récusations, ordonné que si la cause est au Rôlle, les Requêtes afin de récuser seront presentées huit jours avant qu'elle vienne à tour de Rôlle. Ceux qui seront reçus à informer des faits alleguez, satisferont dans le délay marqué. Enjoint au Greffier de tenir un Rôlle de tels Arrêts, & le remettre de quinzaine en quinzaine au Procureur General, à l'effet de poursuivre le Jugement des amendes contre ceux qui n'auront obéi. *Voyez Du Fail, liv. 3. ch. 447.*

RECUSATION, TÉMOINS.

280   Reproches des témoins en preuves de récusations, ne sont reçus. *Voyez Philippi, és Arrêts de conséquence de la Cour des Aydes de Montpellier, art. 161.*

281   Un accusé qui avoit le secret du procés, récusa le Juge de Sivray en Poitou, disant qu'il étoit conseil de la partie. Le Juge declare la récusation impertinente, ordonne qu'il passera outre à l'interrogatoire;

l'accufé n'appelle point, il protefte feulement que l'interrogatoire comme fait par un Juge récufé, ne pourra luy nuire. Les témoins font enfuite récolez & confrontez; il declare qu'il ne veut fournir aucun reproche, mais protefte de nullité de tout ce qui eft fait par un Juge récufé. Quand le procès eft prêt à juger, il appelle de toute la procedure, & intime le Juge en fon nom. M. Boutillier qui plaidoit pour le Juge, confentoit que toute la procedure fût caffée, pourvû que l'accufé ne fût reçu à reprocher les témoins dont il avoit appris les noms & dépofitions. Par Arrêt les parties furent appointées au Confeil, depuis toute la procedure caffée, ordonné que le procès luy feroit fait de nouveau par un autre Juge. *Bibliot. de Bouchel, verbo, Récufation.*

182 Mal jugé par le Juge qui avoit ordonné qu'il feroit informé des reproches déduits fur certains témoins oüis fur un incident de récufations, ordonné que le Juge fera ajourné à comparoir en perfonne. Arrêt du Parlement de Bretagne du 6. Février 1567. *Du Fail, liv. 3. chap. 104.*

183 La Tullaye récufe certains Confeillers; il prend pour témoins les autres Confeillers, dont il eft débouté; & pour n'avoir verifié les faits de récufarions, eft condamné en 60. livres d'amende au Roy & à la partie. Arrêt du Parlement de Bretagne du 5. Septembre 1571. *Du Fail, liv. 2. chap. 407.*

REDEVANCE.

1 Voyez le mot *Droits Seigneuriaux, lettre D.* & cy-après *Seigneurs.*

Celuy qui quitte au Seigneur direct, ou rentier, l'heritage mouvant de luy, doit payer la redevance de la prochaine année à échoir. *V. Coquille, tome 2. queft. 270.*

2 Un Seigneur qui prétend redevance de furcharge fur fes fujets, ne la peut acquerir par prefcription quelque longue poffeffion qu'il puiffe prouver, s'il ne fait apparoir du titre. Arrêt du 21. Juillet 1570. *Carondas, liv. 2. Rép. 84.*

3 La redevance ancienne & en grain qui a toûjours été payée & conftituée dés auparavant 30. & 40. ans & plus, s'il n'appert du titre contraire, eft reputée pour fonciere, & non réductible en argent. Arrêts des 10. Juin 1573. & 10. Juillet 1574. *Carondas, li. 13. Réponfe 72.*

4 Si les heritiers ou fucceffeurs de celuy qui a fondé une redevance à un Hôtel-Dieu étant tombez dans la neceffité à ce Benefice leur en doit être appliqué du tout, ou de partie? *Voyez Henrys, tome 2. livre 1. queftion 22.*

5 Redevance du vin qu'on doit en efpece, fe doit payer en vin de l'année précedente. Arrêt du 16. Juillet 1612. *Ibid. to. 2. liv. 4. queft. 43.*

6 Un Prieur ou Curé primitif demandant une groffe redevance par chacun an au Curé ou Vicaire perpetuel, pour droit de Patronage, l'action peut reflechir fur le même Prieur. Arrêt au grand Confeil du 17. Decembre 1649. *Henrys, tome 2. liv. 1. qu. 24.*

REDHIBITION.

DE ædilitio Edicto, & Redhibitione, & quanti minoris, & adilitiis Actionibus. *D. 21. 1.... C. 4. 58.... C. Th. 3. 4.*

Contre les ventes frauduleufes, particulierement des animaux; foit pour quelque vice de la chofe venduë, auquel cas il y a lieu à la Redhibition; foit par l'excés du prix, & en ce cas le vendeur rend le moins-valu'é.

Voyez le mot Cheval, n. 12. & fuiv. le mot Eftimation, & cy-après le titre de la Vente.

REDOTATION.

DE la Rédotation de la fille. *Voyez le mot Dot, n. 352. & fuiv.*

REDUCTION.

REduction des avantages faits, foit aux conjoints, foit aux enfans, ou autres perfonnes. *Voyez les mots Avantages, Donations, Legs, Propres, Quint, §. Quint des Propres.*

REDUCTION, COMMUNAUTE'.

1 Une convention faite par une femme convolant en fecondes nôces n'ayant des enfans de fon premier lit, laquelle par fon contrat de mariage avoit ftipulé que tous fes meubles, acquêts & propres entreroient en communauté, feroit réductible fuivant l'Edit des fecondes nôces. Arrêt du 28. Avril 1623. *Du Frêne, liv. 1. ch. 2. & liv. 7. ch. 32.*

2 La communauté établie par la Coûtume entre conjoints par mariage, fe trouvant exceffive de la part de celuy des deux qui s'eft marié, étoit avantage indirect au profit de l'autre, & partant fujet à réduction en faveur des enfans du premier lit. Arrêt du 29. Janvier 1658. *Notables Arrêts des Audiences, Arrêt 11.*

Voyez le mot Communauté.

REDUCTION, DONATION.

3 Femme veuve donnant à fon fecond mari, la réduction fe doit prendre du jour du décez de la femme, & non du contrat de mariage. Arrêt du 7. Septembre 1584. *M. Loüet, lettre N. fom. 2.*

4 Une donation mutuelle faite par le mari à fa feconde femme réduite à la portion de l'un des enfans qui fe trouvent lors de la diffolution du mariage. Arrêt à la Pentecôte 1586. *Montholon, Arr. 42.*

5 En ce qui concerne la qualité de biens, & pour la difpofition de la proprieté de l'ufufruit, on fuit la Coûtume; mais *quoad modum & quantitatem,* la réduction s'en doit faire fuivant l'Ordonnance, nonobftant que la Coûtume permette la difpofition entiere, & pour le tout, foit en proprieté ou en ufufruit. Arrêt fur l'article 321. de la Coûtume d'Anjou du 13. Juin 1628. *Brodeau, fur M. Loüet, lett. N. femm. 3. nomb. 7.*

REDUCTION, RENTE.

6 L'obligé fubfidiairement ne peut demander réduction d'une rente conftituée au denier dix par le principal débiteur demeurant en Normandie, même après difcuffion de tous les biens & hypoteques fituez en Normandie, pour n'en être plus tenu qu'au denier douze. Arrêt du 25. Février 1605. *M. Bouguier, lettre R. nomb. 6.*

7 La réduction des rentes de grain en argent fe doit faire fuivant le temps de la conftitution. Arrêt du 27. Avril 1611. parce que le droit eft acquis du jour du contrat. *M. le Prêtre, 4. Cent. chap. 12. Voyez l'Ordonnance de Neron.*

8 La réduction de la cenfive en agrier, qui eft la neuviéme partie des fruits, n'eft pas recevable par témoin. *Voyez M. Dolive, liv. 2. ch. 24.*

9 Edit intervenu fur la réduction de la Ville d'Orleans. *Voyez la cinquiéme Action de M. le Bret.*

REFORMATION.

COûtume réformée. Si la Coûtume nouvelle doit être fuivie, quand il s'agit de l'execution des Actes anterieurement paffez? *Voyez le mot Coûtumes, nomb. 59. & fuiv.*

REFORME.

1 **D**E la réforme des Ecclefiaftiques. *Voyez le mot Ecclefiaftique, n. 5. & fuiv.*

2 Vifitation permife aux Evêques & Superieurs de l'Ordre des Abbayes & Monafteres, pour y établir la Difcipline Monaftique. *Bellordeau, part. 2. liv. 9. Controverfe 70.*

3 Les Abbez Commendataires ne peuvent ny vifiter ni réformer, ou corriger leurs Monafteres, parce

que

que ce n'est pas à eux de faire obferver ce qu'ils n'entendent pas , ni corriger les défauts commis contre une Regle qu'ils n'ont jamais pratiquée ni profeffée ; c'eft pourquoy en cas qu'ils entreprennent telles vifites , le tout eft ordinairement caffé par la voye d'appel comme d'abus. *Jovet ,* verbo *Vifites des Ordinaires ,* nomb. 7.

4   Réforme de Religieux. *Voyez les Memoires du Clergé ,* to. 1. *part.* 1. *p.* 903. *& fuiv.*

Autorité des Evêques pour la réforme des Monafteres de leur Diocefe. *Ibidem.*

5   Réformes principales des Religieux. *Voyez* ibid. page 10. & *l'Auteur du Traité des Définit. Canoniques,* verbo *Mendians.*

6   Les Superieurs des Monafteres s'adreffent en plufieurs occafions au Roy & aux Parlemens , pour la réforme des Monafteres. Les Parlemens ont fouvent ordonné les réformes des Monafteres , & ont commis aucuns de leurs Corps pour y affifter. *Voyez le* 2. *tome des Preuves des Libertez ,* ch. 34.

7   La réformation fe fait quelquefois par l'autorité des Magiftrats. *Tournet , lettre R. Avr.* 10.

8   Pour proceder à la réformation de quelque Prieuré ou Abbaye, il faut députer deux Superieurs de l'Ordre, appellé avec eux le plus prochain Juge Royal du lieu ; l'Abbé doit configner trois ou quatre cens livres pour les frais. Arrêt du 20. Avril 1564. pour la réformation de l'Abbaye du Bourg-Dieu , dont M. l'Archevêque de Bourges étoit Abbé.

En matiere de réformation , il ne faut introduire nouveaux Statuts , mais renouveller les anciens ; autrement il y auroit abus. Jugé pour le Prieuré de Chaumont le 9. Août 1565.

La réformation en cas de récufation ou fufpenfion des Superieurs, appartient à l'Official. Arrêt du premier Decembre 1578. *Voyez Papon , liv.* 1. *tit.* 7. nombre 4.

9   On demande fi un Religieux pourra être contraint à fubir la réformation ? *Voyez la Bibliot. Canonique ,* tome 2. page 442. col. 1.

10   Dans *Mainard , liv.* 9. *ch.* 60. eft rapporté le Plaidoyé de M. de Beloy, Avocat General au Parl. de Touloufe, où il eft foûtenu que le General feul de l'Ordre de Saint Dominique , n'a pas droit de connoître de la réformation des Religieux ; mais que l'Evêque & le Pape peuvent entrer dans cette connoiffance.

11   Par Arrêt du Parlement de Paris du 9. Avril 1569. jugé que les Réformateurs ne pouvoient changer les anciens Statuts. *Jovet,* verbo , *Vifites des Ordinaires ,* nombre 6.

Déclaration du Roy pour la réforme des Maifons Religieufes , du mois de Juin 1671. verifiée en Parlement le 16. Juin fuivant. *De la Gueffiere ,* tome 3. *liv.* 5. *chap.* 13.

12   Les Regiftres de la Cour font pleins d'Arrêts, qui ordonnent la réformation de plufieurs Monafteres ; tant d'Hommes que de Filles , & principalement aux années fuivantes.

De l'Abbaye de *Poiffy,* du 23. Decembre 1523.

Du Convent de *fainte Croix* du Buzançois , du 2. Août 1514.

Du Prieuré de *Souvigny ,* Ordre de Cluny, du 7. Septembre 1523.

Du Prieuré de *faint Maurice* de Senlis , du 7. Septembre 1524.

Des Abbayes de *Chelles ,* de *Montmartre , Malte-noüe , Jerre , Jarfy* & *Gif,* du 7. Septembre 1524.

De Nôtre-Dame de *Soiffons ,* du 8. Avril 1524.

De l'Abbaye de faint Eftienne de *Nevers ,* du 21. Novembre 1524.

De l'Abbaye de la *Victoire ,* du 13. Septembre 1524. & du mois de Mars 1526.

De l'Abbaye de *faint Jean aux Bois ,* Diocefe de Soiffons, Decembre 1524.

Tome III.

Du Convent de *fainte Croix* de Paris , 23. Decembre 1524.

De l'Abbaye de *Chelles ,* où eft inferé dans l'Arrêt l'avis des Docteurs , du dernier Decembre 1524.

Des *Quinze-Vingt* de Paris , premier Février 1524.

De l'Hôpital de *Pontoife* , 1525.

De l'Abbaye de *faint Cyr* , du 12. Avril 1524.

De l'Abbaye de *faint Remy* des Landes , 12. Août 1525.

De l'Abbaye de Nôtre-Dame du *Lieu-Dieu* , 6. Août 1523.

De l'Abbaye du *Port-Regard ,* Diocefe de Meaux , 23. Février 1525.

De l'Abbaye de *faint Paul* prés Beauvais , des 5. & 12. Decembre 1526. & 1. Février 1527.

De l'Abbaye de *faint Jean en Vallée* , 15. & 23. Février 1526.

De *faint Martin d'Efpernay* , Octobre 1527.

De l'Abbaye d'*Efnay* de Lyon , qui eft notable , du 8. Avril 1527.

Du Monaftere de *fainte Croix* de Paris , 1530.

De l'Eglife Collegiale de *faint Spire* de Corbeil , 1532.

Du Convent des *Filles-Dieu* , 1543.

Pour la réformation des *Auguftins* de Paris en 1588. *Voyez les Preuves des Libertez ,* tome 2. chapitre 34. nombre 9.

A I X.

13   Le Parlement d'Aix donna le 22. May 1574. commiffion au Premier Préfident , pour regler les Monafteres de Religieufes d'*Aix* , Marfeille & autres , informer des difcordes , faire prendre au corps les coupables , & autrement y pourvoir. *Preuves des Libertez ,* tome 2. ch. 34. n. 31.

Voyez cy-aprés le nomb. 40.

14   Reglement dreffé par le Procureur General du Parlement d'Aix , pour la direction du Monaftere des Religieufes *faint Barthelemy d'Aix* , tant pour l'éléction de leurs Prieures , qu'autres matieres. L'Arrêt d'homologation eft du 16. Novembre 1618. dans les *Preuves des Libertez ,* tome 2. ch. 34. n. 39.

SAINT ANTOINE.

15   Ce jour 22. Septembre 1547. aprés les remontrances faites par la Chambre ordonnée au temps des Vacations , à l'Abbé de Clairvaux , pour ce mandé en icelle , du deforde & fcandale qui a été & eft de prefent en l'Abbaye de *faint Antoine des Champs* , à faute d'avoir procedé à la réformation dudit Monaftere , & que par cy devant il avoit été commis avec l'Abbé de Fromont à faire ladite réformation , & que l'Abbé de Clairvaux a dit qu'il n'eft Superieur de ladite Abbaye de faint Antoine des Champs, mais l'Abbé de Cîteaux duquel l'Abbé de Fromont eft Vicaire ; quant à luy , il affiftera volontiers avec l'Abbé de Fromont , & vaquera foigneufement & le plus diligemment qu'il pourra à ladite réformation , appellé avec eux , fi bon leur femble , tels gens & Religieux qu'ils aviferont pour confeil , avec lefquels affiftera M. Guillaume Bourgeois Confeiller en ladite Cour, pour l'aide du bras feculier, & pour leur bailler main-forte , & fera ladite réformation faite , & les Ordonnances & Statuts defdits Abbez Réformateurs executez nonobftant oppofition ou appellations quelconques, & fans préjudice d'icelles. *Preuves des Libertez ,* to. 2. ch. 34. n. 28.

A P T.

16   Réformes des Religieufes de *fainte Catherine d'Apt,* par l'Evêque Diocefain. *Memoires du Clergé ,* tome 1. part. 1. p. 933.

AUGUSTINS.

17   Arrêt du Parlement de Touloufe du 9. Août 1520. qui enjoint à l'Archevêque de Touloufe & à fes Officiers, de proceder à la réformation du Convent des *Auguftins* , appellez à ce le Gardien des Cordeliers & le Prieur des Carmes ; ordonné que deux

P p

REF

Conseillers affisteront à cette réformation. *Voyez les Preuves des Libertez*, tome 2. chapitre 34. nombre 14.

18   Arrêt du Parlement de Toulouse du 20. Novembre 1526. donné à la Requête d'un Religieux de l'Ordre de saint Augustin Superieur, à ce qu'il plût à la Cour voir certains articles de réformation, & iceux autoriser. L'Arrêt ordonne au Sénéchal de Toulouse d'assister à la réformation du Monastere. *Voyez Ibidem*, n. 15.

19   Arrêt du Parlement de Paris du 16. Février 1543. pour la réformation du grand Convent des *Augustins* de Paris, selon la Regle de Saint Augustin, & les Statuts de l'Ordre. *Ibid. n. 25.*

20   Arrêt du Parlement de Provence du 18. Janvier 1618. sur la réformation des Convents de l'Ordre *Saint Augustin* dudit Pays, suivant les Statuts, Droits & Constitutions de l'Ordre, en la même forme & qualité qu'est le Convent Saint Augustin établi en la Ville d'*Arles*, & ce dans deux mois, à peine de saisie de leur temporel, & autre arbitraire. Cet Arrêt a été rendu sur la Requête du Procureur General. *Ibid. nombre 38.*

BOURGES.

21   Arrêt du Parl. de Paris du 29. Novembre 1531. pour la réformation de l'Abbaye de *Saint Ambroise de Bourges*. Il est ordonné que l'Abbé aura commission de la Cour, pour prendre au corps, si besoin est, les Religieux qui seroient trouvez vagabonds, pour être menez és Monasteres de la Congregation de S. Victor, & être instruits en l'Observance reguliere, en payant par l'Abbé de S. Ambroise leurs pensions & entretenemens, jusqu'à ce que semblable nombre de Religieux reformez de ladite Congregation ait été introduit au Monastere de Saint Ambroise, pour continuation de la réformation d'iceluy. *Voyez les Preuves des Libertez, tome 2. ch. 34. n. 19.*

ORDRE S. BENOIST.

22   De la réformation des Monasteres de la *Congregation Benedictine*. Arrêts du Grand Conseil en 1604. & 1605. contre les Religieux de l'Abbaye d'Aisnay & de Marmonstier. *Voyez Filleau, partie 1. titre 1. chapitre 34.*

23   L'Anatipophile Benedictin aux cinq du Roy, pour la réformation de l'Ordre de Saint Benoît en France. *Paris* 1615. *in 8.*

ABBAYE DE LA CELLE.

24   Arrêt du Parlement de Paris du 2. Septembre 1549. sur la réformation de l'Abbaye *de la Celle* lez Troyes, faite par l'Evêque de Troyes, & confirmée par le Roy en son Conseil. *V. le 2. tome des Preuves des Libertez, ch. 34. n. 19.*

CHARDAON.

25   Arrêt du Parlement d'Aix du 27. Novembre 1597. sur la réformation des Chanoines Reguliers de *Chardaon en Provence*, dont le procez verbal sera envoyé pardevers le Greffe de la Cour, pour iceluy communiqué au Procureur General, & vû ses Conclusions, y ordonner ce qu'il appartiendra par raison. *Preuves des Libertez, tome 2. ch. 34. n. 35.*

CORDELIERS.

26   Arrêt du Parlement de Paris du 17. Août 1543. sur la réformation des *Cordeliers*, & la soumission du General, de faire ce que la Cour ordonnera. Il luy fut déclaré par la Cour qu'elle n'entendoit prendre aucune connoissance de ce qui regardoit la correction reguliere. *Preuves des Libertez, tome 2. chapitre 34. nombre 26.*

27   Le 9. Juillet 1593. le Parl. de Paris, sur la Requête du Procureur General, commit Frere Verneau, Gardien des *Cordeliers*, en la Ville d'Angers, pour visiter, réformer & regler les autres Convens dudit Ordre de la Province de Touraine, y demeurer & séjourner, transferer les Religieux d'un Convent à l'autre, & ordonner, ainsi que les Provinciaux ont accoûtumé,

& ce jusqu'à ce qu'autrement en soit ordonné. *Ibid. nombre 33.*

   Arrêt du Parlement de Paris du 17. Septembre 18 1621. pour la réforme du Convent des *Cordeliers*. La Cour ordonna par provision l'execution des Statuts tant anciens que nouveaux; les Bacheliers & autres Religieux tenus d'obéir aux Ordonnances de leurs Superieurs, concernant la Regle & Discipline, même pour la nudité des pieds, suivant l'Arrêt du 19. Octobre 1543. & pour l'execution d'icelle, employer l'aide du bras seculier, s'il y échet. *Ibidem, chap. 33. nomb. 40.*

29   Arrêts intervenus en 1622. sur la réformation que le General des *Cordeliers* qui étoit étranger, & qui n'avoit point encore de Lettres Patentes, prétendoit faire au Convent des Cordeliers de Paris. *Ibidem, chap. 34. nomb. 40.*

ABBAYE DE S. FLORENT.

30   Par Arrêt du Parlement de Paris du 14. May 1512. l'Evêque d'Angers fut condamné à donner Vicariat aux Religieux Réformateurs, pour visiter & réformer l'*Abbaye de Saint Florent* lez-Saumur, *tam in capite quam in membris. Voyez les Preuves des Libertez, tome 2. chap. 34. nomb. 21.*

FONTEVRAULT.

31   Arrêt du Parlement de Paris du 8. Juin 1494. qui ordonne que l'Abbesse de *Fontevrault* donnera Vicariat à un Conseiller de la Cour & à un Chanoine de Paris, pour connoître & décider jusqu'à Sentence définitive inclusivement, des crimes, délits & malefices commis par Sœur Bertrande de Gazille, Prieure de Bellomer, & aussi pour mettre ordre au Prieuré, ainsi qu'ils verront être à faire par raison. *Preuves des Libertez, tome 2. ch. 34. n. 5.*

32   *Voyez* l'Arrêt de Reglement sur la réformation des Religieuses de l'Ordre de *Fontevrault*, du 18. Mars 1525. où il est parlé des choses suivantes.

Les Prieurez & membres dependans de l'Abbaye de Fontevrault.

L'ordre que le Pere Visiteur tiendra pour proceder à la visitation.

Du pouvoir du Visiteur.

La forme de proceder à la correction reguliere.

Les Visiteurs seront triennaux.

En quel cas l'Abbesse & les Religieuses peuvent sortir du Convent?

De la translation des Sœurs des Convens en autres.

La Mere Abbesse peut prendre & lever les deniers & subsides és Convens, & quand?

Le Visiteur s'enquerra durant la visitation, des baux à fermes faits. *Bibliot. Can. tome 2. p. 364. col. 1.*

ORDRE S. FRANÇOIS.

33   Arrêt du Parlement de Paris du mois de Decembre 1502. par lequel plusieurs Conseillers de la Cour sont commis pour assister à la réformation des Convens des Religieux de l'*Ordre S. François. Voyez le 2. tome des Preuves des Libertez, ch. 34. n. 8.*

SAINT GEORGES.

34   Messire Bertrand de Marillac, Evêque de Rennes, voyant deux Religieuses de l'Abbaye de *S. Georges*, plaider le Prieuré de Tinteniac, requit que tous les Prieurez de l'Abbaye fussent réünis à la Mense Abbatiale, suivant la réformation de l'Abbaye, & Arrêt de la Cour, & que toutes les Religieuses vécussent sous une Abbesse. Par Arrêt du Parlement de Bretagne du 30. Septembre 1572. il est dit que l'Evêque baillera sa Requête & remontrance par écrit, pour icelle communiquée au Procureur General, & signifiée à l'Abbesse, les parties oüies, la réformation vûë, être ordonné ce que de raison; & cependant la Cour a sursis & sursoit le Jugement du procés. *Du Fail, liv. 2. ch. 427.*

GOURNAY.

35   Arrêt du Parlement de Paris, qui sur la Requête

de M. le Procureur General, ordonna la reformation du Prieuré de *Gournay*, dépendant de l'Abbaye de Cluny. *Preuve des Libertez*, *tome 2. chapitre 34. nombre 23.*

JACOBINS.

36 Arrêt du Parlement de Paris du dix Mars 1501. pour la reformation des *Jacobins*. *Ibidem*, *n. 6.*

37 Sur les plaintes alleguées par les Religieux Ecoliers étudians au Convent des *Jacobins* de cette Ville de Paris, contre le Vicaire du General dudit Ordre, *circà austeritatem victûs, nimiam severitatem & sævitiam*, & réponses au contraire par ledit Vicaire; la Chambre de Parlement ordonna par le Roy au temps des Vacations le 19. Octobre 1521. qu'en ensuivant le dernier Arrêt, la reformation audit Convent tiendra, & sera entretenuë & gardée selon sa forme & teneur, & à ce seront contraints tous ceux qui pour ce seront à contraindre par toutes voyes & manieres dûës & raisonnables, & par détention de leurs personnes, si besoin est : au surplus pour pourvoir aux cas particuliers, alleguez par les parties, ladite Chambre appellera les Prieurs des Chartreux, des Celestins, & de Saint Martin des Champs; ausquels elle communiquera les plaintes & réponses des parties ; ce fait, elle y donnera tel ordre que l'obeïssance & reformation sera gardée, & l'étude entretenuë audit Convent, & ce dans Mercredy prochain ; & mettront lesdites parties leurs plaintes & réponses respectivement par écrit au Greffe dedans huit jours, en exhortant ledit Vicaire de tenir en suspens & surséance jusqu'audit jour de Mercredy, *pœnam gravioris culpa*, & icelle relâcher tellement, que lesdits Religieux Etudians ne seront empêchez au Service Divin. *Ibidem*, *n. 16.*

38 Arrêt du Parlement de Paris du 19. May 1543. touchant la reformation des Monasteres des Religieux *Jacobins*. *Ibidem*, *n. 17.*

Voyez cy-après le nombre 47.

ABBAYE DE MARMONSTIER.

39 Arrêt du Grand Conseil du dernier Septembre 1605. qui condamne les Religieux de l'Abbaye de *Marmonstier* à souffrir les visite & reformation du General & Provincial de la Congregation des Benedictins : défenses à ceux de Marmonstier d'admettre aucun à l'Habit & Profession Monachale, ni proceder à l'audition, examen & clôture des comptes de leur temporel, sans en avoir au préalable averti le General ou Provincial de ladite Congregation, pour y assister & dire ce que bon leur semblera. *Vide Semestria, Placita* Magni Concilii, *recueillis par M. Bonteray.* Les Plaidoyers des parties sont rapportez en entier.

MARSEILLE.

40 Arrêt du Parlement d'Aix du dix Juin 1596. sur le reglement du Monastere des Religieuses S. Sauveur de *Marseille*, & autres de la Province. *Preuves des Libertez*, *tome 2. ch. 34. n. 34.*

Voyez cy-dessus le nombre 13.

SAINT MARTIN DES CHAMPS.

41 Arrêt du Parlement de Paris du 30. Décembre 1529. qui ordonne que le Prieur de *S. Martin des Champs*, en vertu du Vicariat à luy donné par le Cardinal de Lorraine Abbé de Cluny, procedera à la reformation du College de *Cluny*, appellez avec luy pour conseil l'Abbé de S. Victor, Prieur des Celestins, & Vicaire de S. Germain des Prez ; & pour donner confort & aide, & employer le bras seculier, si besoin est, la Cour a commis M. Nicole Brachet Conseiller. *Ibidem*, *nomb. 18.*

42 Arrêt du Parlement de Paris du 14. Décembre 1575. par lequel il fut ordonné que soixante livres parisis seroient délivrées ès mains du Receveur du Convent, par le Prieur de *S. Martin des Champs*, pour être employées à la poursuite & frais du procés, concernant la reformation que les Religieux poursui-

Tome III.

voïent contre le Prieur Vialard, & Archevêque de Bourges. Autre Arrêt sur mêmes considerations, par lequel il fut ordonné cent l. contre le susdit Vialard, du 27. Juin 1576. Autre du trois Septembre 1605. sur même sujet de reformation contre Reverend Pere Claude Dormy, Religieux Prieur de Saint Martin des Champs, & Evêque de Boulogne, à la poursuite de quelques Religieux, ausquels il fut ordonné cent liv. sauf à augmenter, s'il y échet. *Filleau*, 1. part. tit. 1. ch. 37.

MEILLERAYE.

43 Par Arrêt du Parlement de Bretagne du 5. Septembre 1562. la Cour commet les Juges de Nantes, pour faire la reformation des Moines de *Meilleraye*, les contraindre de vivre en communauté, faire entretenir la discipline faite par les Peres de l'Ordre : défenses à l'Abbé couper bois de haute futaye, sinon pour les reparations & chauffage des Abbé & Religieux, suivant les Ordonnances des Commissaires. *Du Fail*, *liv. 2. ch. 188.*

MENDIANS.

44 Reglement fait par le Parlement de Paris sous le bon plaisir du Roy, le 4. Avril 1667. pour la reformation des quatre Ordres des Religieux, ordinairement appellez *Mendians*, qui fait défentes aux Superieurs de recevoir aucunes choses pour la reception des Novices à l'Habit, ou à la Profession. *Voyez le Journal des Aud.* *to. 3. liv. 1. ch. 26.*

ORDRE DE LA MERCY.

45 Arrêt du Conseil Privé du 22. Septembre 1626. rendu sur la Requête presentée au Roy par les Religieux Commandeurs & Convens de l'Ordre de *la Mercy & Rédemption des Captifs*, fondés à Bourdeaux, Paris, Carcassonne, Montpellier, Beziers, Hauterive, Malleville, Salles, Riselle, & autres Villes du Royaume, contenant que contre l'expresse disposition des Statuts, & au préjudice du Chapitre Provincial de l'Ordre, canoniquement celebré en la Ville de Bourdeaux, le 9. May précedent, plusieurs Religieux agitez de l'esprit de discorde, & craignans la reforme, à laquelle ils n'ont voulu se soûmettre, ne se seroient pas contentez d'empêcher que le General envoyât la confirmation du Chapitre Provincial, ainsi qu'il est accoûtumé ; mais aussi par leurs brigues & pratiques, & contre les formes & hors le temps prescrit par les Statuts, auroient induit le General de déleguer & envoyer en son lieu un Commissaire General, avec pouvoir de tenir, comme il auroit fait, un autre Chapitre, &c. Le Roy a ordonné & ordonne que les nommez Cabaret, Mullatier, Filliollet & Capdeville seroient assignez au Conseil à deux mois ; & cependant a fait défenses aux Cours de Parlement de Paris, Toulouse & Bourdeaux, de prendre connoissance du different des parties, & ordonne que les Provincial, Définiteurs, Commandeurs, & autres Officiers élus au Chapitre Provincial de Bourdeaux, continuëront l'exercice de leurs Charges & fonctions. *Bibliotheque Canonique*, *tome 2. page 361.*

OBSERVANTINS.

46 Les Religieux *Observantins* de la Ville de Toulouse sont des mieux reglez du Royaume. Cela a donné occasion en plusieurs lieux du pays de rechercher la même reforme ès Monasteres de cet Ordre. Les Habitans & l'Evêque de Beziers y travaillerent, & resolurent d'y appeller les Recollets ; ce qui fut depuis executé. Les Observantins du bas Languedoc, qu'on nomme la Province de S. Loüis, interjetterent appel comme d'abus, de l'Ordonnance de l'Evêque. Le 1. Juin 1607. Arrêt qui a déclaré n'y avoir abus : Enjoint au Provincial de l'Ordre de pourvoir aux Religieux de l'Observance d'autres Convens de sa Province, ainsi qu'il verra être à faire. *Voyez le 1. Plaidoyé de Puymisson*, où il dit, quand il s'agit d'une manifeste utilité pour l'avancement du Service de

Dieu, ou du bien public, il ne faut jamais s'arrêter
aux formalitez, parce qu'elles sont introduites pour
aider la Justice, non pour l'empêcher.

FF. PRESCHEURS.

47 Arrêt du Parlement de Paris du 18. Novembre
1513 qui ordonne que le Provincial des FF. Prêcheurs
en la Province de France, vaquera le plus diligemment qu'il pourra, à la reformation du Prieuré de
Poiſſy, ſans aucune diſſimulation ou fiction ; & que
les Religieux qu'il y mettra, ſoient bien reformez,
pour faire vivre en bonne reformation les Religieuſes ; *alias* la Cour y pourvoira, & pour luy donner
ordre & confort, à ce que ladite reformation qu'il
fera, tienne & ſorte ſon plein & entier effet, la Cour
a commis & commet M. Jean Briçonnet Conſeiller
en icelle, lequel menera & prendra avec luy un des
Clercs des Comptes, pour par luy faire rendre les
comptes touchant le temporel, & autres revenus dudit Prieuré. *Preuves des Libertez*, *tome 2. chap. 34.
nomb. 11.*
Voyez cy-deſſus, *le nomb. 36. & ſuiv.*

PROVENCE.

48 Arrêt des Grands Jours du Parlement de *Provence*,
tenus à Marſeille le dernier May 1623. qui ordonne
que l'Archevêque d'Arles Metropolitain, ſera admo-
neſté de ſe tranſporter, ou commettre un Vicaire
non ſuſpect aux parties, pour faire exactement garder la reforme, & pour faire les plaintes des Religieuſes, pardevant lequel l'Abbeſſe ſe purgera, &
répondra ſur le fait reſultant de certaines informations ; & cependant défenſes à l'Abbeſſe de prendre
connoiſſance de la correction & punition des Religieuſes plaintives, leſquelles commettant faute, ſeront punies par les autres Religieuſes en plein Chapitre ; les biens du Monaſtere regis par la Procura-
trice, Portiere & Oeconome ; les collations, nominations, & autres contrats ſeront faits en plein Chapitre, en preſence de l'Abbeſſe & Religieuſes, le tout
par proviſion, & juſques à ce qu'autrement ſoit ordonné. *Preuves des Libertez*, *to. 2. ch. 30. nomb. 42.*
Enſuite eſt l'Arrêt diffinitif du 22. Decembre 1623.
qui ordonne que l'Abbeſſe ſera élûë de trois en trois
ans par les Religieuſes, à elle enjoint de garder la
reforme.

ABBAYE DE REDON.

49 Arrêt du Parlement de Bretagne du 23. Octobre
1573. ſur la reformation de l'Abbaye de *Redon*. Le
Moine pourſuivant eut 400. livres contre ſon Abbé.
Voyez Du Fail, liv. 2. ch. 466.

S. RIQUIER.

50 Arrêt du Parlement de Paris du 17. Mars 1551. qui
ordonne que l'Abbaye de S. *Riquier* ſera reformée,
l'Abbé tenu de conſigner dans huitaine 100. livres
au Greffe, pour être employées à la reformation, à
peine de ſaiſie de ſon temporel, ſauf à ordonner de
plus ample conſignation, *Preuves des Libertez*, *to. 2.
ch. 34. n. 30.*

S. VICTOR.

51 Arrêt du Parlement de Paris du 27. Juin 1549. rendu ſur la Requête du General de l'Ordre de Saint
Auguſtin, en la *Congregation de S. Victor*, pour la
reformation des Religieux. La Cour, pour aucunes
cauſes & conſiderations, ordonna que les Peres Reformateurs pourvoiroient par Cenſures Eccleſiaſtiques, & autres voyes & conſtitutions canoniques &
regulieres ; leſquelles Conſtitutions ſeront entretenuës par les Religieux de ladite Congregation ; & à
ce faire ſeront contraints par toutes voyes & manieres dûës & raiſonnables. *Voyez ibidem, ch. 33. n. 19.*

52 Reforme des anciens Religieux de l'Abbaye de S.
Victor de Marſeille. Memoires du Clergé, *tome 1.
part. 1. p. 257. & ſuiv.*

53 Le 26. Juin 1671. la Declaration du Roy, pour la
Reforme des Maiſons Religieuſes, fut verifiée en la
Cour. En voicy la teneur.

LOUIS, &c. La pieté du feu Roy nôtre tres-
honoré Seigneur & Pere, l'ayant porté à deſirer l'é-
tabliſſement de la reforme & diſcipline reguliere dans
divers Ordres, Abbayes & Monaſteres de nôtre
Royaume, pluſieurs Bulles & Brefs auroient été ex-
pediés en Cour de Rome depuis l'année 1621. à cet
effet, & entr'autres par les Papes Gregoire XV. &
Urbain VIII. des 17. May 1621. 8. Avril 1622. 21. Janvier 1627. 16. Février 1628. 20. Decembre 1632. & 3.
Février 1633. qui auroient été autoriſez par Lettres
Patentes du feu Roy, regiſtrées dans les Compagnies
Superieures, & executées par les Commiſſaires Apoſtoliques, à ce deputez par les Papes lors ſeans au
Saint Siege. Mais quoique ces reformations ſainte-
ment inſtituées ayent produit un fort grand fruit, en
rétabliſſant avec beaucoup d'édification la Diſcipline
Reguliere dans pluſieurs Abbayes & Monaſteres, dans
leſquels il y avoit du relâchement, neanmoins les
changemens qu'elles apportent, pouvant avoir dans
la ſuite du temps leurs inconveniens, & cauſant ordinairement de grands procez, dont les differents
Tribunaux de nôtre Royaume ſe trouvent remplis :
Nous avons jugé à propos d'interpoſer nôtre autorité, pour en prévenir les ſuites ; & par la connoiſſance que Nous en prendrons, regler ce qui ſera de plus
convenable aux ſuſdits Ordres & Congregations Religieuſes, & de plus avantageux au bien general de
nôtre Etat. A ces cauſes, de l'avis de nôtre Conſeil,
qui a vû leſdits Brefs, Bulles, Lettres Patentes, Arrêts & Jugemens qui s'en ſont enſuivis, & de nôtre
certaine ſcience, pleine puiſſance & autorité royale,
Nous avons confirmé & approuvé ; & par ces Preſentes ſignées de nôtre main, confirmons & approu-
vons leſdits Brefs, Lettres Patentes, & tout ce qui
s'en eſt fait & enſuivi ; & neanmoins en tant que beſoin eſt, ou ſeroit, interpretant leſdites Lettres Patentes & Conceſſions, Voulons & Nous plaît, que
cy-aprés les Religieux deſdits Ordres & Congregations ne puiſſent être établis dans les Monaſteres non
Reformez dependans deſdits Ordres, ni aucunes
unions y être faites ſans nôtre expreſſe permiſſion,
& ſans avoir préalablement obtenu nos Lettres à ce
neceſſaires ; & en conſequence défendons tant à nos
Cours de Parlement, Grand Conſeil, qu'à toutes nos
autres Cours & Juges, d'ordonner deſdites Reformes
& Unions, ſous prétexte deſdites Bulles, Brefs, &
Lettres Patentes, en quelque ſorte & maniere que ce
ſoit, ſans qu'il leur ſoit apparu de noſdites Lettres,
à peine de nullité de tout ce qui pourroit être par eux
ſur ce fait & ordonné. Si donnons en mandement,
&c. regiſtré au Parlement de Paris le 26. Juin 1671.
Journal des Audiences, to. 3. li. 5. ch. 13.

REFUGE.

FEmmes adulteres qui ſont au Refuge. *Voyez cy-
devant au mot Adultere, n. 100.*

REFUS.

REfus de donner des proviſions. *Voyez le mot
Collation, n. 145. & ſuiv. & le mot Election,
n. 140. & le mot Proviſion, n. 132. & ſuiv.*
Du refus fait par l'Evêque à un Gradué. *Voyez le
mot Gradué, n. 163. & ſuiv.*

REFUSION.

DE la refuſion des dépens. *Voyez le mot Dépens.
n. 165. & ſuiv.*

REGAIRES.

ENtre M. Olivier Poulain Notaire royal de Nan-
tes, & l'Evêque, ou le Sénéchal des Regaires de
Nantes condamne l'appellant à une amende, pour
avoir paſſé un contrat d'heritage ſur la juriſdiction des
Regaires. Poulain appelle ; & pour avoir appellé, le
Juge le fait mettre en priſon : il appelle en adherant,

dit qu'il eft Notaire Royal, & qu'il peut paffer par tout le Comté de Nantes fuivant l'Ordonnance. l'Evêque répond que fa Jurifdiction des Regaires ne tient rien de la Sénéchauffée de Nantes. Par Arrêt du Parlement de Bretagne du 10. Septembre 1562. il eft dit mal ordonné, mal jugé, & mal impffonné, leve les défenfes faites à l'appellant ; l'intimé condamné de rendre les fommes débourfées par l'appellant ; enjoint toutefois aux Notaires Royaux, lorfqu'ils pafferont contrats d'heritages, étant fous les Regaires, & autres Jurifdictions inferieures, iceux exhiber aux Procureurs defdites Jurifdictions, ou les Regiftres, lorfqu'ils en feront requis pour s'en aider vers les parties contractantes, ainfi que de raifon. *Voyez Du Fail, liv.* 1. *ch.* 146. où il eft obfervé que la Jurifdiction des Regaires des Evêchez de Bretagne reffortit au Parlement par Privilege des Rois qui leur ont donné le temporel, Fief & Jurifdiction, d'où vient le mot de Regaires, *Voyez Dargentré, livre* 4. *ch.* 17. *de fon Hiftoire.* Et Viguier, *en fa Coûtume locale de Teroüanne,* ufe du mot de *Regale,* d'autant que l'Evêque de Teroüanne en eft Seigneur temporel, & y a toute Juftice en amortiffement royal.

2   Regaires relevent en la Cour, fuivant l'enregiftrement des Lettres Patentes accordées à l'Evêque de Nantes. Arrêt du 7. Octobre 1569. *Voyez du Fail, liv.* 3. *ch.* 318.

REGALE.

1   Voyez *Benefice, Chanoines, Nomination Royale.* Du droit de Regale. *Voyez* les traitez qui en ont été faits par *M. le Premier Préfident le Maître,* Sixtinus, Ruzæus, Philippus Probus, Duarenus, *lib.* 3. *de beneficiis, cap.* 11. Du Moulin, *ad §.* 27. *de la Coûtume de Paris,* & tome 2. *pag.* 518. *& 672.* Chopin, *liv.* 1. *de facrâ Politiâ, tit.* 7. *& liv.* 2 de domanio Franciæ, *tit.* 9. Papon, *liv.* 2. *tit.* 3. Charondas, *liv.* 1. *chap.* 1. *& fuiv.* Forget; *le traité de M. l'Evêque de Pamiers:* Celuy de *M. Aubry Avocat ès Confeils du Roy;* le Traité des Regales, *par M. Pinfon;* le petit recüeil de Borjon, *tit.* 4. *p.* 163.

2   *De Graffalis Regalia Franciæ, cum Joann. Ferrault tractatu de juribus Regni Franciæ,* in octavo. Paris 1545.

3   *Caufa Regalia penitus explicata,* vol. in quarto, Leodii 1685.

4   De la Regale. *Voyez les Mémoires du Clergé, to.* 2. *part.* 3. *tit.* 6. Les preuves des Libertez, *to.* 1. *chap.* 16. Les Opufcules de Loyfel, *page* 34. M. le Prêtre, 4. *Cent. ch.* 95.

5   *Voyez* fous le mot *Regale* les Traitez compilez dans la Bibliotheque du Droit François, *par Bouchel;* la Bibliotheque des Arrêts recüeillis par *Jovet, & Tournet.*

6   Voyez dans la Bibliotheque Canonique, *to.* 2. *page* 404. *& fuiv.* un extrait des doctes Manufcrits de M. Danet, ancien Avocat au Parlement de Paris, touchant la Regale.

7   Voyez dans les Définitions Canoniques, *pag.* 737. *& fuivans,* des Confiderations fur la Regale, & autres droits de Souveraineté à l'égard des Coadjuteurs. Dans les Définitions Canoniques, *pag.* 751. *& fuiv.* il y a une Differtation Hiftorique de la Regale, par *M. François Pinfon.*

8   Procez verbal de l'affemblée du Clergé touchant la Regale en 1681. avec les pieces juftificatives. Actes des affemblées du Clergé touchant la Regale, en 1682. & 1685. Pieces, actes & procez verbaux du Clergé, concernant les differends de la Cour de Rome en 1688. au fujet des Franchifes des Quartiers, de la prétention du Cardinal de Furftemberg à l'Archevêché de Cologne.

9   Du droit de Regale. *Voyez Pinfon,* en fon traité *de Can. inftitut. condit. §.* 14.

10   *De collationibus Regiis, & primùm de his, qui jure Regalia procedunt.* Voyez *Pinfon,* au titre *de modis adquirendi beneficii, §.* 14.

11   *De Regalis.* Voyez *Anne Robert, rerum judicat.* li. 3. chap. 1. *Voyez Mornac, l.* 8. §. *fed fi, ff. fi fervitus vindicetur.*

12   Edit touchant les Benefices vacans en Regale. A Saint Germain en Laye le 20. Decembre 1331. *ordin. antiq. vol. A. fol.* 21.

13   Ordonnance pour la Regale. A Vincennes en Octobre 1334. *ord. antiq. vol. A. fol.* 12. Corbin, *to.* 2. *p.* 108. *Ordonnance de Fontanon, tome* 2. *livre* 2. *titre* 10. *page* 415.

14   Ordonnances touchant les Regales & les Collations du Roy durant icelles. A Poiffy le 5. May 1346. *Ordinat. antiq. vol. A. fol.* 12.

15   Declaration en faveur des Chanoines de la Sainte Chapelle du Palais à Paris, touchant les fruits des Benefices qui tombent en Regale. A   en May 1583. 4. vol. des Ordonnances d'Henry III. *fol.* 238.

16   *Voyez* l'Edit du mois de Janvier 1682. par lequel S. M. confent d'être feulement fubrogé aux droits de l'Ordinaire. *Voyez* cy-après le *nomb.* 48.

17   Regale eft un droit éminent de la Couronne, par lequel le Roy pendant la vacance du Siege Epifcopal, fuccede au lieu & place de l'Evêque, dans la joüiffance des revenus temporels de l'Evêché, & dans la collation de plein droit des Benefices non Cures. Ce droit par les libertez de l'Eglife Gallicane, art. 66 n'eft qu'un feul & même droit qui a deux differens effets; le premier eft la joüiffance des fruits, appellée la Regale temporelle; l'autre la Collation des Benefices, appellée la Regale fpirituelle, dont le Roy joüit jufqu'à la clôture de la Regale, ce qui ne ceffe qu'après que le nouvel Evêque a prêté la foy & hommage au Roy, que l'on appelle par honneur, ferment de fidelité à fa Majefté, obtenu des Lettres Patentes de don & joüiffance des fruits, après la foy & le tout enregiftrer en la Chambre des Comptes de Paris, & fignifier aux Officiers des lieux. *V. M. le Maître, traité des Regales, chap.* 1.

18   La Regale eft un droit Royal, qui appartient au Roy à caufe de fa Couronne, de prendre les fruits des Evêchez & Archevêchez de fon Royaume, le Siege vacant, & de conferer les Benefices fimples pendant l'ouverture de la Regale, tant & fi longuement qu'elle dure, *citra vella fervitutum, vel penfionum onera.* Mornac, *lege* 31. *ff. de pignoribus.* Voyez *Pelcus, queft.* 162.

19   Droit de Regale eft fi Royal que perfonne ne peut être pourvû d'un Benefice vacans en Regale à la nomination, préfentation, priere d'aucuns; mais par la feule voix & propre mouvement de fa Majefté. *Carondas, liv.* 1. *Rep.* 4.

20   De la Regale fpirituelle dont joüiffent les Rois de France. *V. M. le Bret, en fon traité de la Souveraineté, liv.* 1. *chap.* 16.

21   *M. Charles Du Moulin* fur la Regle *de infirmis, n.* 420. *& fuiv.* fait quelques obfervations fur la Regale, il dit que quoique certains Benefices ayant charge d'ames foient unis à des Chanoinies & Prébendes, le Roy les peut conferer en Regale; mais cela n'arrive que *cafualiter & accidentaliter.* 2°. Il n'y a que le Parlement qui connoiffe de la Regale. 3°. Le Roy peut admettre, *fi tamen velit,* les réfignations pures & fimples, ou en faveur pendant la Regale, avec retention de penfion, il ne peut être contraint d'admettre les réfignations pour caufe de permutation. Il peut annuller les collations & provifions bonnes & valables qui auroient été données par les Collateurs legitimes auparavant la Regale, fi après l'ouverture de la Regale il a trouvé que ces mêmes Benefices vaquent encore de fait, ce qu'il pourra faire avec beaucoup plus de droit, fi ces Benefices vaquoient de droit à l'ouverture de la Regale, *five per incapacita-*

tem , vel assecutionem incompatibilis , sivè per senten-
tiam.

22 *Rex Galliarum in suis terris ex antiquâ consuetudine &*
jure regalia dignitatum pontificalium sede vacante, legi-
timus custos & administrator habetur. Voyez Franc.
Marc. to. 2. quest. 373.

23 La Regale est incessible. *Tournet, lettre R. Ar-*
rêt 76.

24 Si la Regale a lieu en un Prieuré ayant charge d'a-
mes? *Voyez ibidem , Arrêt* 77.

25 Ancienneté de la Regale , & si elle a lieu en Normandie ? *Ibidem , Arr.* 87.

26 Il faut faire difference entre ce qui est *in fructu* , &
ce qui est seulement *in jurisdictione* ; tout ce qui est *in*
fructu est sujet à la Regale ; tout ce qui est *in jurisdic-*
tione , comme est la confirmation donnée à l'Evêque , à
l'élu par un Chapitre ne tombe pas dans l'exercice de
la Regale , parce que la Jurisdiction après la mort de
l'Evêque est dévoluë au Chapitre , & non au Roy.
Biblioth. Can. to. 2. *p.* 402.

27 Il y a des constitutions du Pape Gregoire X. anterieures au Concile general de Lyon , confirmatives des collations en Regale , même des Benefices vacans *in Curiâ*, rapportées dans le premier volume des *Preuves des Libertez de l'Eglise Gallicane* ,
chap. 16. *art.* 21. *&* 22. Vide M. *François Pinson*,
traité des Regales, dans sa Préface, page 6. *nom.* 10.

28 En matiere de Regale , un Arrêt ne fait jamais loy qu'il
ne fasse un Reglement : cela est si vrai que l'on voit
en faveur des Chapitres , plusieurs Arrêts dans Probus, dans M. Ruzée, dans M. le Président le Maître,
qui de nôtre temps n'ont pas été suivis. La Cour a jugé qu'ils n'avoient pas nettement décidé la question
de la Regale. *Biblioth. Can. to.* 2. *p.* 403.

29 *Rex conferens jure regalia nullo gratiarum expectativa-*
rum onere gravatur ; cette maxime est établie par tous
les Auteurs qui ont traité de la Regale.

30 Un Regaliste n'a besoin d'être subrogé comme collataire du Prince. *Papon , liv.* 8. *tit.* 17. *n.* 4.

31 Il est fait mention de ce droit de Regale en l'Ordonnance du Roy Philippes *le Bel* , de l'an 1302. *art.*
3. & 4. du Roy Philippes de Valois de l'an 1334.
de Charles VII. de l'an 1453. *art.* 4. & 76. du Roy
Loüis XII. de l'an 1499. *art.* 11. & 12. Ce droit appartient au Roy pour la Provision , Collation , & Présentation de quelques Archevêchez , Evêchez , Abbayes , & autres Benefices de son Royaume , qui sont
de fondation Royale. *Voyez M. le Maître en son traité*
des Regales. Chopin , *li.* 2 *de Doman. c.* 9.

32 *De Regalia facti.* Jo. Gall. quæst. 168. *item nota quod*
ann. Dom. 1334. *per Regem Philippum sextum vulgo Vale-*
sium, & ejus consilium fuit ordinatum & compertum Re-
ges Franciæ usos fuisse Regaliâ juris & facti simul , ac
juris tantùm , & facti tantùm ; ac dictum quòd audientia
denegatur , ne recuperetur ille qui prætenderet regaliam
facti non habere locum.

33 Les Expectatives expirent par la Regale. Arrêt du
16. Août 1345. pour Raoul de Nesle , contre Jean
des Moulins. Autre du 6. Mars 1349. Autre pour une
Prébende de Beauvais du 18. Janvier 1387. *Voyez les*
preuves des Libertez , to. 1. *ch.* 16. *n.* 44.

34 Le demandeur en Regale doit plaider saisi , sans
que les Juges puissent nommer un sequestre. Arrêt du
Parlement de Paris du 23. Mars 1349. *Papon , livre* 2.
tit. 3. *n.* 4.

35 Quand il y a acceptation & accomplissement du
reste , l'exercice de la Regale commence deslors de
la proclamation , & les second & dernier actes se refusent par la rétrogradation au premier. Arrêt du Parlement de Paris du 20. Novembre 1361. pour une
Prébende de Therouenne. *Bibliotheque Can. tome* 2.
page 383. *col.* 1.

36 L'Arrêt de la Regale de la Chapelle de saint Sauveur , en l'Eglise de saint Eustache est du 12. Novembre 1369. *Biblioth. Can. tom.* 2. *p.* 394.

37 Le Regaliste ne se peut aider d'autre titre , soit du
Pape ou de l'Ordinaire. Arrêt du 14. Août 1386. pour
une Prébende d'Evreux. Autre du 3. Juillet 1339. pour
Robert le Gay. Par l'Arrêt du 12. Mars 1350. il est
dit que si le Roy confere en Regale à celuy qui est
pourvû par l'Ordinaire , si le Pourvû ne renonce au
droit de l'Ordinaire , la collation en Regale est nulle. Et en un Arrêt pour une Prébende de Laon du 11.
Février 1351. est disputé , si le Roy confere en Regale
comme Souverain , ou comme Ordinaire au lieu de
l'Evêque. *Voyez les Preuves des Libertez , tome* 1. *ch.*
16. *nomb.* 44.

38 On a autrefois demandé , si le droit de Regale appartient au Roy avant son Sacre. Arrêt du 22. Decembre 1435. Il y a quelques Arrêts qui disent que
c'est *causa unctionis.* 13. Septembre 1415. & 2. Janvier
1420. *Ibidem, n.* 36.

39 *Si nominatus requisivit Vicarium qui respondit illi , ut*
adiret Episcopum , Episcopus contulit alteri , & mortuus
fuit , Rex jure Regali confert. Iste nominatus collationem
obtinet à superiore ; quis præferatur ? Causa fuit ad con-
silium posita in Senatu Parisiensi anno 1542. *die* 19. *Sep-*
tembris. V. Rebuffe , sur le Concordat , *tit. de Colla-*
tionibus , §. *Si quis verò.*

40 Benefices ayant charge d'ames ne tombent point
en Regale. Jugé le 5. May 1575. *Bibliotheque Can. to.*
2. *page* 415. *& suiv.*

41 Le 15. Janvier 1594. le Duc de Mayenne pourvû
d'une Prébende vacante en l'Eglise de Noyon ; le
lendemain 16. le Roy en pourvoit une autre personne , comme vacante en Regale par la rebellion de
l'Evêque. Depuis par les articles de la réduction de
Noyon en l'obeïssance du Roy , le Roy confirme toutes les provisions du Duc de Mayenne , à la charge
de prendre nouvelles Lettres de sa Majesté. Par Arrêt du 22. Janvier 1596. rendu entre ces deux pourvûs
la Regale fut déclarée ouverte au profit du demandeur pourvû par le Roy, & le défendeur condamné aux
dépens , & à la restitution des fruits depuis le jour de
la demande en Regale. *Biblioth. Canonique to.* 2. *page*
396. *col.* 2.

42 En l'ouverture de la Regale , le Roy peut pourvoir sur une résignation *in favorem certæ personæ.* Arrêt du 7. May 1601. *Tournet , lettre R. Arr.* 85.

43 Jugé le 6 Juillet 1628. qu'il n'y avoit eu d'ouverture à la Regale par la provision de l'Evêque d'Angers,
& préconisation en Cour de Rome dudit Evêque à
l'Archevêché de Lyon , mais seulement du jour de la
prestation de serment de fidelité pour ledit Archevêché. *Tournet , ibidem , Arr.* 82.

44 Arrêt du 31. Janvier 1662. rapporté dans le *Recüeil*
de 1667, & dans le *Définit. Can. p.* 732. en faveur de
M. François Bonne-Fontaine, pourvû par le Chapitre
d'Amiens d'un Benefice de l'Eglise de saint Firmin
de la même Ville , contre M. François Boisset pourvû en Regale.

45 L'incapacité du Regaliste ne consomme pas le droit
du Roy ; il a la faculté de nommer une autre personne. Arrêt du 8. Mars 1672. *Soefve , to.* 2. *Centurie* 4.
chap. 65.

46 Le traité de la Regale imprimé par l'ordre de l'E-
vêque de Pamiez , supprimé , *&c.* Arrêt du 3. Avril
1680. *De la Guiss. tome* 4. *liv.* 3. *ch.* 9.

47 Jugé le 31. Août 1681. que l'Evêque de Marseille
ayant droit comme simple Chanoine à l'Election des
Chanoines , le Roy lui succedoit par droit de Regale qui ne souffre point de compagnon, mais l'Edit du
mois de Janvier 1682. touchant l'usage de Regale
pourroit apporter du changement à cette Jurisrpu-
dence. *Biblioth. Can. to.* 2. *p.* 401.

48 Edit du Roy sur l'usage de la Regale du 24. Janvier
1682. *Boniface , tome* 3. *liv.* 6. *tit.* 1. *ch.* 5.

REGALE, ABBAYES.
49 Les Commentateurs des Libertez de l'Eglise Gallicane de M. Pithou , sur l'article 66. on dit , *qu'autre-*

fois le Roy usoit du droit de Regale sur les Abbayes, & que de cela il en restoit encore des marques dans les Livres, tres-grandes & tres-considerables. L'on a voulu depuis quelques années faire revivre ce droit; mais celuy qui vouloit faire reconnoître ce droit par le Roy, fut débouté sur le champ à l'Audience, contre l'avis de quelques-uns, qui trouvoient un peu étrange de faire perdre au Roy un droit si noble, & assez bien justifié sans en beaucoup considerer l'importance, & duquel il y avoit de fortes & de grandes preuves de l'antiquité: il en a été fait un Mémoire qui fait juger que l'on usa a'une trop grande précipitation en cette occasion.

Mais ces Commentateurs auroient eu encore beaucoup plus de raison de s'étonner de l'Arrêt, s'ils avoient remarqué qu'il s'agissoit d'un Benefice dépendant de l'Abbaye de saint Sernin de Touloufe, qui étoit secularisée tant au chef qu'aux membres, comme plusieurs autres du Royaume, Tournus, Vezelay, Moissac, Figeat, & autres dans lesquelles quand elles vaquent, le Roy pourroit être aux droits de l'Abbé, & y pourvoir des Seculiers, comme il avoit fait en la contestation de l'Arrêt, quoique même dans la Regale le Roy ait plus de droit, que l'Evêque auquel il succede, comme pour admettre les résignations en faveur, & n'être point sujet à la prévention, ni à la dévolution, auquel est sujet l'Evêque. Définitions Canoniques, pag. 755.

50 Mémoire instructif du droit qu'a le Roy de conferer les Benefices dépendans des Abbayes dont le titre est supprimé, Clerac, & autres, & particulierement de l'Abbaye de saint Michel en l'Herm, dont le titre étant supprimé, la manse Abbatiale est seule unie au College des quatre Nations. Voyez Pinfon, en son traité des Regales, p. 517. & suiv.

REGALE, BAUX.

51 Dès baux faits pendant la Régale. Si le Receveur peut changer les Fermiers? Voyez le mot Bail, nomb. 201. & 202. & cy-après le nomb. 138. & suiv.

REGALE, CARDINALAT.

52 Droit de Regale dû par la promotion au Cardinalat. Voyez le mot Cardinal, nomb. 115. & suiv.

Lorsqu'un Evêque a prêté le serment de fidelité au Roy avant que d'avoir ses Bulles de Rome, il n'est pas obligé quand il les a obtenuës de réiterer le serment, & l'ouverture de la Regale n'est pas continuée. Aliud in Cardinale, qui par sa promotion fit homo Papa, & Chanoine de saint Pierre. Ainsi jugé. Biblioth. Can. to. 2. p. 397. col. 1.

53 Arrêt du Parlement de Paris prononcé le 20. Novembre 1361. qui a jugé que les Benefices vaquoient en Regale à die proclamationis Cardinalitatûs. Preuves des Libertez, to. 1. chap. 16. nomb. 38. Il y a plusieurs Arrêts semblables qui sont aussi rapportez par Papon, liv.2. tit. 3. nomb. 2.

54 Ouverture de la Regale par la promotion au Cardinalat. Arrêt du 20. Novembre 1367. pour Pierre d'Orgemont. Autres les 21. Avril 1344. 21. Août 1375. pour Gilles Asselin, du 2. Février 1384. quoique l'Evêché soit donné au même en Commande. En l'Arrêt d'Henry fils du Vicomte de Melun, jugé le 27. Février 1358 que la promotion au Cardinalat luy avoit ouverture de la Regale, à Roüen, bien que l'Archevêque n'eût ses Bulles, & n'eût accepté le Cardinalat, la raison est que par la promotion au Cardinalat l'Archevêché vaque. Autre Arrêt du Parl. du 29. Août 1598. qui a jugé l'ouverture en Regale par la promotion de l'Evêque de Paris au Cardinalat, quoiqu'il eût été promû sans titre, & sub expectatione tituli; sur quoi il faut voir le Plaidoyé de M. Servin Avocat du Roy, la promotion au Papat n'ouvre la Regale. Arrêt qui est entre les Arrêts du Parlement commencé le 23. Février 1556. Preuv. des Lib. to. 1. ch. 16. n. 39.

55 Per promotionem ad Cardinalatum, la Regale est ouverte, & le Pape ne peut conferer les Benefices vacans en Cour de Rome, au préjudice des droits du

Roy. Jugé le 21. Novembre 1384. Le Vest. Arrêt 194. Voyez Charondas, liv. 7. Rép. 1. & liv. 10. Rép. 2. & Chenu premiere Cent. quest. 1.

56 Lorsqu'un Evêque est fait Cardinal, à cause des Libertez de l'Eglise Gallicane, il y a vacance & ouverture en Regale; & s'il avoit accepté la dignité de Cardinal sans la permission du Roy, non seulement il y auroit ouverture à la Regale, mais encore au droit d'aubeine, parce que cette dignité étant fait l'homme du Pape, il semble qu'il s'est soûmis à la domination d'un autre Prince Souverain; ainsi il devient comme étranger. L'ouverture en regale commence du jour qu'on prend le Chapeau rouge jusqu'au jour de la dispense; ce qui a été jugé par Arrêt du 29. Août 1598. & par plusieurs autres rapportez par Chopin dans son Monasticon, quand même il n'auroit pas son titre, pourvû qu'il fût nommé en plein Consistoire, cela suffit. Papon, livre 2. titre 3. nomb. 2. rapporte le même Arrêt.

57 La promotion d'un Evêque au Cardinalat donne lieu & ouverture à la Regale, quoique l'Evêque soit pourvû sans titre, & sub expectatione tituli. Voyez Filleau, 4. part. quest. 1. Il rapporte l'Arrêt du Parlement de Paris du 29. Août 1598. avec les Plaidoyers des Avocats.

Voyez cy-après le nomb. 71.

REGALE, CHARGES ET COUSTUMES. DES CHAPITRES.

58 L'Evêque, Chanoines & Habituez ne peuvent faire aucun Statur, ni affecter un Benefice à quelque charge ou fonction, au préjudice des droits de Regale. Biblioth. Can. to. 2. p. 382. col. 2.

59 Le Roy n'est obligé pendant qu'il tient la Regale de faire & accomplir les charges ausquelles l'Evêque est obligé. De Cancellario Bajocensi qui petebat quod Dominus Rex ministraret sibi & faceret, vacante sede Bajocensi eo quod tenet Regalia, ea quæ Episcopus Bajocensis ministrare sibi & facere ratione Cancellariæ suæ: determinatum est quod Dominus Rex non tenetur. Extrait du Registre Olim des Arrêts depuis l'an 1254. jusqu'en 1261. fol 113. Dans le 1. to. des Preuves des Libertez chap. 16. nomb. 35. il y a un Mandement de la Chambre des Comptes du 3. Décembre 1341. au Deputé, à lever & recevoir la Regale de l'Eglise de Troyes, & fournir au Chapitre le luminaire que l'Evêque est tenu de fournir.

60 Des droits pris sur l'Evêché qui se doivent payer pendant la Regale. Præceptum fuit Magistro Henrico de Campo repulso custode Regalium Aurelian. quod Guimondo de Carnoto Canonico Aurelian. redderet robam suam cum arreragiis, ratione cappellaniæ suæ, sicut habebat tempore Episcopi. Arrêt de l'an 1280. Biblioth. Can. to. 2. page 391.

61 Arrêt du Parlement de Paris de l'année 1326. que le Regaliste n'est point tenu aux coûtumes particulieres de l'Eglise où il entre. Cet Arrêt est en faveur d'un Regaliste que l'on vouloit obliger à promettre la residence. Corbin, traité des Fiefs, loi 20. Arr. 6.

62 Arrêt du Parlement de Paris de l'an 1392. qui a débouté un Regaliste du possessoire d'une Chapelle fondée en l'Eglise d'Avranches, sujette à continuelle résidence, parce que par la fondation autorisée des Ducs de Normandie, les Doyen & Chapitre avoient la faculté de conferer, si elle tomboit en vacation, sede apostolica vacante. Bibliotheque Canonique, tome 2. page 382. col. 2.

CLOTURE DE LA REGALE.

63 Regale dure jusques à l'actuel prestation de fidelité au Roy en personne, & toûjours contre un Commendataire. Arrêts du Parlement de Paris dés 15. Juin 1325. 20. Juillet 1430. 14. Juillet 1406. Depuis il a été jugé que le Roy faisant lever la main au pourvû, ce serment de fidelité clot la Regale pour les Commendataires, ainsi que pour les Titulaires. Papon, liv. 2. tit. 3. n. 3.

64 Aprés le ferment de fidelité prété par le nouvel Evêque, & Lettres de main levée obtenuës du Roy, & verifiées en la Chambre des Comptes l'ouverture de la Regale ceffe, quoiqu'il n'y ait aveu ou dénombrement baillez. Jugé le 23. Mars 1561. toutefois la feule preftation de ferment,& reception en la Chambre des Comptes ne fuffit pour faire ceffer la Regale, il eft requis que l'Evêque foit mis en pleine poffeffion. Jugé le 19. Juin 1577. *Charondas, livre 1. Réponfe 3.*

65 Regale n'eft close par la recrence. Jugé le 10. Mars 1574. *Ibidem, Réponfe 10.*

66 Elle n'eft fermée que par le ferment de fidelité. Jugé le 13. Juin 1617. *Mornac, loy 10. ff. De officio Proconfulis, &c.* avec la loy 6. *ff. de jurifdictione,* avec enregiftrement & fignification au Commiffaire etabli aux fruits de la Regale. *Ibidem, livre 10. Réponfe 4.*

67 Poffeffion prife par Procureur ne fuffit pas pour clore la Regale. Arrêt du 13. Juillet 1623. il s'agiffoit d'une Chapelle fondée en l'Eglife de S. Simphorien de Paris; elle fut ajugée au Regalifte. *Additions à la Bibliotheque de Bouchel,* verbo *Regale.*

68 Jugé par Arrêt du 18. Avril 1624. que la Regale n'eft point close en Bretagne, ni autres endroits de la France, jufqu'à ce que le ferment de fidelité du nouvel Evêque, & la main-levée de fon temporel foient enregiftrez en la Chambre des Comptes de Paris. *Journal des Audiences, to. 1. liv. 1. ch. 25.*

69 Avoir le 9. Juillet 1632. qui appointe pour fçavoir fi le ferment de fidelité d'Henry de Lorraine pour l'Archevêché de Reims par luy prété à l'âge de 16. ans, & l'Arrêt de main-levée des fruits, ont pû operer la clôture de la Regale. *Bardet, to. 2. livre 1. chap.* 40.M. Bignon Avocat General tint la négative, fur le fondement que les Bulles étant nulles à caufe de la difpenfe, Henry de Lorraine n'étoit pas veritable Titulaire.

70 Reglement pour l'ouverture & clôture de la Regale, declarée ouverte par le défaut de prife de poffeffion perfonnelle de l'Evêque, & par défaut de fignification de l'enregiftrement du ferment de fidelité, & des Lettres patentes de main-levée aux Officiers fur les lieux, & à l'Oeconome. Jugé le 15. Mars 1677. *De la Gueff. to. 3. liv. 11. chap.10.* Voyez au même *to. 3. liv. 11. chap. 13.* où il s'agit d'un Arrêt du 5. Avril 1677. qui fait voir la difference qu'il faut faire entre l'efpece du 15. Mars & de celle-cy, enfuite il y a un Arrêt du 14. Février 1638.

71 Les formalitez effentielles pour clore la Regale, font, que le promû au Cardinalat ait prété un nouveau ferment de fidelité, & qu'il en ait fait expedier les Lettres patentes du Roy, qu'il en ait un Arrêt d'enregiftrement en la Chambre des Comptes, avec l'attache, qui eft un Arrêt de la Chambre des Comptes, portant mandement aux Officiers des lieux de remettre le nouveau Cardinal en poffeffion, en lui faifant main-levée des faifies; qu'enfin tout cela foit fignifié fur les lieux aux Officiers du Roy. Si les Officiers du Roy fur les lieux ont omis de faifir le temporel du promû au Cardinalat, toutes les formalitez n'en font pas moins neceffaires pour clore la Regale. Arrêt du Parlement de Paris du 4. Mars 1692. *V. le Journal des Audiences, to. 5. liv. 8. chap. 4.*

REGALE, COLLATION ALTERNATIVE.

72 Par Arrêt du P. de Paris du 7. Juin 1652.jugé qu'un Benefice dont la collation appartient à l'Evêque & au Chapitre alternativement ayant vaqué, le Siege Epifcopal vacant, mais dans le temps que le Chapitre devoit conferer à fon tour, eft cenfé avoir vaqué en Regale.Le moyen de décifion relevé par M. l'Avocat General Talon, étoit que l'Archevêque de Bourdeaux n'avoit pû accorder au Chapitre la faculté de conferer les Prébendes au préjudice du droit de Regale. *Soëfve, tome premier, Cent. 3. chap. 96.*

73 Par Arrêt du Parlement de Paris du 29. Novembre 1666. au Rolle de Vermandois, fur un appel du Lieutenant General de Reims, jugé que la Regale avoit lieu és Benefices alternatifs. Le Roy avoit nommé lorfque le Benefice avoit vaqué, & l'Archidiacre aprés luy en la feconde vacance. *Jovet,* verbo *Regale, n. 3.* dit qu'il étoit à la prononciation de cet Arrêt, où il entendit que la raifon étoit que le Roy dans l'alternatif conferoit feul, & *jure optimo maximo,* conformément à deux Arrêts rendus à l'efpece; & fut ainfi le Benefice contentieux declaré vaquer en Regale, & ajugé au Regalifte. *V. de la Gueffiere, tome 2. liv. 8. ch. 20.*

Il a été jugé le 11.Août 1672. que pour les Prébendes 74 qui fe conferent *per turnum* par le Chapitre de Montpellier la Regale n'avoit pas lieu. *Journal du Palais.* L'Evêque de Montpellier ne confere que le grand Archidiaconé, la Chantrerie, les Aumôneries, une Chapelle, une Prébende Theologale fans Canonicat, qui dépendoient de luy avant que l'Eglife de Maguelone fût fécularifée & tranferée à Montpellier pour fervir de Cathedrale; la maniere de la Collation eft que chaque Chanoine hebdomadier confere à fon tour les Benefices qui viennent à vaquer dans la femaine, l'Evêque confere auffi comme Chanoine, & parce qu'il joiiit de deux Prebendes il a deux femaines & deux jours pour conferer. *Biblioth. Can. tome 2. p. 402.*

REGALE, COMMANDE.

75 *An Regalia locum habeat durante commendà, & in Epifcopatu commendato? V. Du Moulin, to. 2. p. 555. Alia quæftio de beneficio in regaliâ collato, p. 556.*

76 *An Regalia locum habeat durante commendà, & in Epifcopatu commendato? Dictum fuit per arreftum, quod collatio facta Clementi erat valida, & quod tueretur in poffeffione & faifinâ &c. & fuit in expen. condemnatus Petrus. Ratio decidendi fuit, quia abfolutione factâ, pofito quod confenferit dictus Cardinalis fimul & femel abfolutioni & commenda, fuit tamen dare momentum quo vacavit Epifcopatus, quia Epifcopatum quum anteà habebat Cardinalis intitulatum, habuit in commendam, & fic fuit vacatio, juxta L. fervo in patre ff de legat.1.ad hoc facit dictus §. quod fi frumentum.Aliud arreftum declarativum jurium Regiorum in materiâ commendarum fuit datum in Parlament. anno Domini 1479. pro Magiftro Petro de Cerifay in dicto Parlamento Regis Confiliario, contra Dominum Cardinalem Deftotavillâ, ratione Archidiaconatus de Conftantino in Ecclefiâ Conftant. Joann. Galli, quæft. 20.* fur quoi M. Charles Du Moulin fait cette obfervation. *die 21. Julii, nonobftante quod dictus Cardinalis ex collatione & difpenfatione Papæ poffediffet pacificè 15. vel 16. annis. Adde aliud infrà quæft.108. quæft. 188. multa plura habeo arrefta in regiftris meis, fed nolo librum hunc nimis dilatare.*

REGALE, CONCOURS.

77 Si le concours a lieu en Regale? *Voyez* le mot *Concours, nomb. 13. & fuiv.*

REGALE, CURES.

78 Vacant le Siege Epifcopal, & avant le ferment de fidelité fait au Roy par l'Evêque, la Chapelle vaqua; le Roy y pourvût en regale fur la prefentation de l'Abbé. On difoit contre cette provifion, que de même que la Paroiffe & Cure (en laquelle étoit cette Chapelle) n'étoit point fujette à la regale, comme de verité les Cures n'y font pas fujettes; auffi la Chapelle étant dans cette Paroiffe, n'y devoit plus être fujette, *cum accefforium fequatur naturam principalis.* On répondoit au contraire, que c'étoient deux Benefices diftincts & feparez. Les Parties furent appointées, & cependant l'état ajugé au Regalifte. *Biblioth. Can. tome 2. p. 394. col. 1.*

Une Cure de l'Ordre de faint Benoît, fut declarée 79 n'avoir vacqué en regale, le 2. Juin 1679. *De la Gueff. tome 4. liv. 2. ch. 7. Nota,* que c'étoit un Prieuré-Cure, car les Cures ne font point fujettes à la regale. *Voyez*

Voyez le mot *Cure*, nomb. 132. & la *Biblioth. Can.* tome 1. page 632.

DIOCESES OÙ LA REGALE A LIEU.

80   Voyez la compilation qu'a faite *Corbin*, en son *Traité des Fiefs*, liv. 20. des Arrêts qui concernent la regale és Eglises de *Sez*, du *Mans*, de *Beauvais*, de *Clermont*, du *Puy* en *Vellay*, de *Paris*, de *Baieux*, d'*Agde* d'*Agen*, de *Toulouse*.

81   Du droit de regale en l'Eglise Cathedrale d'*Alby*. Voyez *Mainard*, liv. 9. chap. 57. où il rapporte le Plaidoyé de M. de *Beloy*, Avocat General au Parlement de Toulouse.

82   Le droit de regale n'avoit lieu en quelques Evêchez. Arrêts de 1263. pour *Amiens* & *Baieux*, & de 1564. pour l'Evêché de *Perigueux*. *Papon*, liv. 2. titre 3. n. 1. & *Tournet*, lett. R. Arr. 71.

83   Jugé suivant les anciens Arrêts que le Roy n'avoit point droit de regale en l'Evêché d'*Amiens*, le 31. Janvier 1661. *Notables Arrêts des Audiences*, Arr. 69. *Des Maisons*, lett. R. n. 9. rapporte le même Arrêt, qui est aussi rapporté par *De la Guess.* tome 2. liv. 4. chap. 46. M. le Maître, en son *Traité des Regales*, ch. 3. verbo, *l'Eglise d'Amiens*, cotte 4. Arrêts; l'un de l'an 1208. l'autre à la Fête de Toussaints de l'an 1278. le troisième du 9. Janvier 1327. & le quatrième du 5. Juin 1413.

84   La regale a lieu dans l'Evêché d'*Amiens*; en ce cas dans les provisions données par le Roy, au défaut d'adresse au Chapitre pour recevoir l'institution, doit être reparé, & cette clause y être mise. Une permutation faite pendant la regale étant nulle, faute d'avoir été admise par le Roy, les Permutans qui ont agi de bonne foy, rentrent par la voye de regrez dans leurs Benefices permutez. Arrêt le 2. Janvier 1691. *Au Journal des Aud. du Parl. de Paris*, tome 5. liv. 7. ch. 1.

85   L'exemption de la regale coûte le Comté de *Gyen* à l'Evêché d'*Auxerre*, & à celuy d'*Amiens* la feodalité du Comté d'Artois. *Définitions Canoniques*, page 732.

86   Le droit de regale a lieu en l'Evêché d'*Angoulême*, comme en tous les autres du Royaume. Arrêt du mois de Mars 1607. *Le Bret*, liv. 5. Décif. 1. où il observe que M. le Premier Président dit qu'on ne devoit plus douter que la regale n'eût lieu par tout le Royaume, & que l'on n'exceptoit que les Eglises exemptes à titre onereux. Voyez *Peleus*, quest. 162. M. *Loüet*, en son Commentaire, lett. R. somm. 56. & *Tournet*, lett. R. Arr. 79.

87   Le Roy n'avoit droit de regale en temporel ni en spirituel en l'Eglise d'*Arras*. M. le Maître, *Traité des Regales*, ch. 3. fol. 308.

88   En l'Eglise d'*Autun* point de regale, quoique *Chenu*, en sa 1. Cent. quest. 2. fol. 20. dit que la question a été appointée au Conseil. Jugé le 11. May 1630. que l'Evêque d'*Autun* a l'administration du spirituel & temporel de l'Archevêché de *Lyon*, *sede vacante* & *vice versa*, *Henrys*, tome 1. liv. 6. ch. 5. fine.

89   Que la regale n'avoit lieu en l'Archevêché de *Lyon*, ni en l'Evêché d'*Autun*. Jugé le 15. Juillet 1631. *Bardet*, tome 1. liv. 4. ch. 39.

90   Jugé que le Roy a droit de regale és Archevêché de *Lyon* & Evêché d'*Autun*, lesquels n'ont que l'administration du temporel, réciproquement des Eglises les Sieges vacans, à la charge de rendre compte. Aucun Archevêque & Evêque n'est exempt de ce droit; il est inalienable, & dépend du Domaine & Couronne de France. Voyez *Filleau*, partie 4. question 2.

91   Regale remise en l'Eglise d'*Auxerre*. *Tournet*, lettre R. Arr. 69.

92   Regale en l'Eglise de *Baieux*, & qu'il y a vacance en regale par incompatibilité de deux Benefices requerans résidence. Arrêt du Parlement de Paris du 19. Avril 1333. *Extrait du Registre des Juges du Parl.*
Tome III.

de l'an 1332. Arrêt 116. & *Corbin*, suite de Patronage, chap. 158.

93   En l'Evêché de *Bayonne* où les Chanoines sont électives confirmatives, & où l'Evêque a sa voix en l'élection, outre le droit de confirmation, une Chanoinie venant à vaquer, *sede vacante*, si elle tombe en regale! Le 14. Juin 1646. la cause appointée, & ensuite le 6. Juillet 1647. jugée au profit du Regaliste. *Du Frêne*, liv. 4. ch. 43.

94   Par Arrêt du 24. Avril 1608. le Parlement de Paris ayant déclaré le Roy avoir droit de regale dans l'Eglise de *S. Jean de Bellay*, comme en toutes autres de son Royaume, fit défenses aux Avocats & Procureurs de faire aucunes propositions contraires; ce qui donna occasion aussi-tôt aux Archevêques de Languedoc, de Guienne, de Dauphiné & de Provence, de former leur opposition à l'execution de l'Arrêt, prétendant être exempts de la regale. Ils se pourvûrent au Conseil du Roy, ou plûtôt les particuliers pourvûs des Benefices qui dépendoient de ces Prélats, nommez & instituez par les Evêques & par les Chapitres, le Siege vacant, se pourvûrent au Conseil du Roy contre les pourvûs en regale, par opposition à l'Arrêt du Parlement, qui fut reçuë & de temps en temps distribuée à divers Rapporteurs, sous les regnes des Rois Henry IV. Louis XIII. & Loüis XIV. Cette contestation fut enfin terminée par la Déclaration du mois de Février 1673. cy-devant rapportée.

Pour ne laisser aucun doute sur l'étenduë de la regale dans tous les Etats du Royaume, anciens, conquis ou recouvrez; le Roy Louis XIV. a fait une Déclaration le 2. Avril 1675. verifiée au Parlement le 13. May suivant, qui confirme universellement ce droit de regale, en execution de la Déclaration de 1673. & comprend même nommément les Archevêchez & Evêchez des quatre Provinces prétenduës exemptes, sous le nom des Archevêchez de Bourges, Bourdeaux, Auch, Toulouse, Narbonne, Arles, Aix, Avignon, Ambrun, Vienne & les Evêques suffragans. *Bibliot. Can.* tome 2. p. 403.

95   Voyez au Vol. 3. des *Plaidoyez* de M. Servin, le Plaidoyé & Arrêt du 24. Avril 1608. sur la question, si la regale a lieu en l'Eglise Episcopale de *Billay*, en la Bresse nouvellement unie à la Couronne. Voyez pareillement les Plaidoyez sur la question appointée au Conseil, par Arrêt du 27. Juillet 1606. touchant le droit de regale, prétendu par le Roy en l'Evêché de *Luçon*, en la cause d'entre les Tresoriers & Chapitre de la sainte Chapelle de Paris, d'une part, & Messire François Yver pourvû de l'Evêché, d'autre; ensuite desquels sont les Lettres Patentes octroyées par le Roy Charles IX. au Chapitre de la sainte Chapelle du 20. Février 1566. & les Arrêts de la Cour contre le Roy prétenduë par le Roy és Evêchez de Poitiers & de Luçon, & en l'Archevêché de Bourdeaux. *Biblios. Can.* tome 2. p. 397.

96   Regale de Bourdeaux. *Visis quibusdam privilegiis Ecclesia Burdigalensis pronuntiatum fuit per Curia nostra judicium in Parlamento Epiphania Domini, anno ejusdem 1277. custodiam bonorum Archiepiscopalium sede Burdigalensi vacante ad dictum Capitulum pertinere. Ex Registro olim B. fol. 38.* Biblioth. Canoniq. tome 2. p.390.

97   Il est fait mention dans les *Registres du Parlement* d'un Arrêt du mois de Juillet 1596. rendu entre M. Jean le Breton, Archevêque de Bourdeaux, & un Regaliste qui fut maintenu; & la Cour prononça que l'Archevêque de *Bourdeaux* étoit sujet à la regale, comme tous les autres Archevêchez & Evêchez du Royaume. Elle a encore jugé le même en l'année 1680. par l'Arrêt, qui a fait défenses de publier ni debiter le Traité récent fait sous le nom de défunt M. l'Evêque de Pamiers, contre l'universalité de la regale. *Bibliot. Can.* tome 2. p. 413.

98   *Regale de Bourges. Notum facimus quod cum dilectus & fidelis noster Archiepiscopus Bituricensis proposuisset coram nobis, quod dignitates, Presbyteratus, Prabenda & Beneficia ad collationem Archiepiscopi Bituricensis in civitate & Diœcesi Bituricensi spectantes, qui vacaverunt sede Bituricâ vacante, & quos de facto contulimus, ex antiquâ consuetudine Bituricensis Ecclesiæ, ipsius collationi debuissent reservari : & ideo peteret, quod dicta collationis à nobis facta non valerent; ac pro nobis in contrarium dictum fuisset, quod prædecessores nostri, & nos eramus in possessione conferendi dictos personatus, dignitates, Prabendas & Beneficia, tandem visâ quadam inquastâ, & de mandato nostro super hoc factâ super præmissis, pronunciatum fuit per Curia nostra judicium in Parlamento Epiphania Domini anno ejusdem 1277. cum non constaret de possessione nostrâ ante collationes prædictas, dictum Archiepiscopum remanere debere in possessione conferendi Beneficia ante dicta, esse restituendum ad possessionem prædictam, & quo minus utatur in his jure suo ipsum per nos nolumus impediri. Ex Registro olim. B. fol. 38. & la Bibl. Canon. tome 2. p. 390.*

99   Regale a lieu au pays de Bretagne. *Voyez le mot Bretagne, nomb. 11. & Tournet, lettre R. Arr. 78. & Charondas, liv. 10. Rép. 1.*

100   *Regalia jus in Britannia an Francia Regibus competat ?* En la Chambre des Comptes de Paris, il y a une Ordonnance de Loüis XI. où le Roy declare n'avoir aucun droit de regale en Bretagne. *M. le Maistre,* en ses Décisions, *eam sic eludit, quod, eam dicat numquam fuisse receptam, nec idei ei fidem adhibendam.* Voyez le Plaidoyé de *M. Servin,* avec l'Arrêt, par lequel il est declaré que la regale a lieu en l'Evêché de Vannes en Bretagne. *V. aussi la Bibliotheque Canon. to. 2. page 397.*

101   Le 23. Decembre 1598. fut rendu un premier Arrêt pour la regale temporelle en la Province de Bretagne. *Voyez Roüillard, Reliefs forensis, ch. 1.*

102   Arrêt du Parlement de Paris du 17. Février 1678. qui jugé que les Evêques de *Bretagne* ne sont pas dispensez de faire enregistrer leur serment de fidelité en la Chambre des Comptes de Paris, faute dequoy il y a ouverture au droit de regale. *Définitions Can. p. 772.*

103   Les Prébendes de l'Eglise de *Châlons* en Champagne, & tous autres Benefices à la collation & disposition du Chapitre, sont declarez non sujets à la regale. Arrêt du 28. Avril 1643. Cet Arrêt avec le Plaidoyé des Avocats, est dans le *Traité de la Regale,* par *M. François Pinson.*

104   Regale en l'Eglise de *Chartres.* Elle a lieu sur les Benefices reservez par le Pape, & vacans en Cour de Rome. Arrêt du Parlement de Paris du 28. Juin 1330. *Extrait du Registre des Jugez de l'an 1330. Arr. 118.* & *Corbin, suite de Patronage, ch. 156.*

105   Regale en l'Eglise de *Chartres,* & de la préference entre deux Regalistes, pour celuy qui l'a par le plus veritable genre de vacance. Arrêt du 13. Août 1331. *an Registre des Jugez du P. de l'an 1331. Arr. 205.* & *Corbin, suite de Patronage, ch. 159.*

106   Arrêt du Parlement de Paris du 4. Février 1638. en faveur d'un Regaliste, pourvû de la Chapelle de S. Jean-Baptiste, en l'Eglise de Valogne, Diocese de Coûtance, contre un pourvû par le Chapitre. *V. les Preuves des Libertez, tome 1. ch. 16. n. 60.*

107   Du droit de regale en *Dauphiné.* Voyez *Franc. Marc. tome 1. quest. 90.*

108   La Prébende préceptoriale de l'Eglise Cathedrale de *Frejus,* est en la collation du Chapitre, & non de l'Evêque, & ainsi non sujete à la regale. Jugé au Parlement de Paris le 11. Janvier 1674. *Journal du Palais.*

109   Les Prébendes & Dignitez de la Cathedrale de *Frejus* à la collation du Chapitre, ne sont sujetes à la regale. Jugé le 20. Février 1682. *Ibidem.*

110   Regale remise par le Roy aux Evêchez de *Guienne.* *Tournet, lettre R. Arr. 67.*

111   Par Arrêt du 8. Mars 1625. l'Evêché de *Langres* declaré sujet à la regale. *V. la Biblioth. Canonique, tome 2. p. 391. col. 1.*

112   Si dans l'Evêché de *Limoges,* les Vicomtes de Combornes peuvent prétendre de joüir pendant la vacance du Siege Episcopal, des revenus des terres d'Aisa & Voultesac, qui font partie du domaine de cet Evêché ? Si ce droit peut être qualifié droit de regale, & peut appartenir à autres qu'au Roy dans son Royaume ? Si diminuant les droits regaliens, il doit être admis, & sous quelle dénomination ? Arrêt du 18. Decembre 1692. qui appointe les parties. L'Arrêt donna acte au sieur de Saillant, qu'il n'entendoit joüir de ces revenus, que comme d'un droit de redevance feodale. Voyez le *Journ. des Aud. tome 5. liv. 8. ch. 25.*

113   La regale n'a pas lieu dans l'Archevêché de *Lyon,* en faveur du Roy. Elle appartient, s'il est permis de parler ainsi, à l'Evêque d'Autun qui pendant la vacance, a l'administration tant du temporel que du spirituel. *Chopin, de Doman. liv. 2. tit. 9. nomb. 13. & 14.* fait mention des titres qui ont établi ce droit réciproque, entre l'Archevêque de Lyon & l'Evêque d'Autun, & d'un Arrêt de 1564. qui a maintenu l'Evêque d'Autun dans le droit de joüir de la regale de l'Archevêché de Lyon, le Siege vacant.

114   Si le Roy a droit de regale és Archevêché de *Lyon* & Evêché d'Autun, & qu'aucun Archevêché & Evêché de France n'est exempt de ce droit, qui est inalienable, & dépend du Domaine de la Couronne de France. *V. Chenu, qu. 31.* la *Bibliotheque Canonique, tome 2. page 397. col. 2.* & *cy-dessus le nombre 88. & suivans.*

115   *Regale de Meaux. Episcopus Meldensis dicebat, quod licet dominus Rex jus habebat conferendi Prebendas vacantes in Ecclesia Meldensi, sede vacante. Meldensi, tamen de dignitatibus & personatibus vacantibus, sede vacante, secus erat. Nam per quandam compositionem inter quemdam Regem Francorum, & quandam Comitissam Campania, & Episcopum Meldensem qui tunc erat olim factam, & penes dominum Regem registratam, ut dicebat hujusmodi personatus & dignitates collationi Episcopi erant reservandi. Quare supplicabat, collationes de dignitatibus & personatibus in ultima vacatione Meldensi per nos factas annulari & revocari. Audito dicto Episcopo de dicta compositione nullâ factâ fide, usu intellecto, & jure domini Regis supposito, pronunciatum fuit per Curia nostram Regis judicium in Parlamento omnium Sanctorum anno 1178. dictum Episcopum non esse super hoc audiendum. Extr. Registro olim. B. fol. 41.*

116   Les Chanoinies de *Montpellier* non sujettes au droit de regale. Jugé le 11. Août 1672. *De la Guesse tome 3. liv. 6. ch. 12. Le Journal du Palais* rapporte le même Arrêt.

117   Regale de l'Eglise de *Nevers.* Voyez *Tournet, lettre R. Arrêt 70.*

118   Arrêt solemnel du 23. Decembre 1564. qui a jugé que le droit de regale n'avoit lieu en l'Evêché de *Perigueux,* parce que les Chanoines & Chapitre conferent, *Papon, page 1356. tiré de M. Bergeron.*

119   A l'égard des Evêchez & Archevêchez qui prétendent droit d'exemption, comme n'étant nommez au Registre & Liste de la Chambre des Comptes, on le revoque tous les jours en doute, Arrêt du 11. Mars 1574. qui a appointé pareille question pour *Poitiers.* Par Arrêts des 6. ou 7. Septembre 1574. & 1582. Es *Arrêts des Generaux,* il a été jugé que le Roy avoit droit de regale sur l'Evêché de *Saint Flour. Papon, Ibidem.*

120   Regale en l'Eglise de *Rheims,* &, qu'elle a lieu, nonobstant les reserves & graces expectatives. Arrêt

du Parlement de Paris du 18. Juin, *au Registre des Jugez du Parlement de l'an 1334. Arr. 111. & Corbin, suite de Patronage, ch. 160.*

221 La Préchantrerie de la Métropole de *Sens,* Dignité & élective par le Chapitre, & confirmative par l'Archevêque, n'est point sujete à la regale. Arrêt du 18. Juin 1680. comme il avoit été jugé auparavant, le 12. May 1625. *Journal du Palais.*

222

223 Regale en l'Eglise de *Soissons,* & que le Roy admet les résignations pendant la regale. Arrêt du Parlement de Paris du 16. Janvier, extrait des *Jugez de l'an 1332. Arrêt 40. & Corbin, suite de Patronage, chapitre 157.*

224 Regale de *Tournay. Episcopo Tornacensi supplicante ut indemnitati suæ & Ecclesiæ suæ consuleretur super eo quod Guerardus de Keuresses custos regalium Tornacensium, sede Tornacensi vacante, abscindi & vendi fecerat quasdam arbores, sitas juxta domum de Vuidesmes, & juxta domum de Commes, ne umbram facerent & ventum repellerent. Item super eo quod idem Guerardus pisces cujusdam fossati, sive salvatorii, prope unam dictarum domorum siti vendiderat. Item super eo quod venderat quoddam nemus situm juxta domum de Hovevaim quod alias venditum non fuerat. Dictis Episcopo & Guerardo auditis, dictum fuit in Parlamento Candelosa anno Domini 1274. quod denarii habiti de dictis arboribus & piscibus, & de bosco, si alias venditum non fuit, restituantur Episcopo ante dicto. Ex Registro olim fol. 17. & la Bibliotheque Canon. tome 2. page 390.*

225 Sur la regale de *Xaintes,* la cause appointée le seizième Janvier 1680. *De la Guessiere, tome 4. livre 3. chapitre 2. & Boniface, tome 3. livre 6. titre 1. chapitre 3.*

226 Les Prébendes de l'Eglise Cathedrale de *Xaintes,* qui sont toutes de plein droit à la collation du Chapitre, ne sont sujetes à la regale. Arrêt du 7. May 1681. *Journal du Palais.*

Voyez cy-après le nomb. 134. & suiv.

REGALE, DÎMES.

227 *Ruffe,* dans son *Traité de la Regale,* Privilege 55. propose la question, si le Roy prenant le revenu temporel d'un Evêché ouvert en regale, peut prendre aussi les Dîmes qui sont spirituelles ? Il dit qu'il a été jugé par Arrêt du Parlement de Paris pour la négative, en faveur de l'Eglise de Coutance.

REGALE, EVEQUE COLLATEUR.

228 L'Evêque résignant ou permutant, ne peut faire de réserve au préjudice du droit de regale. Arrêt du Parlement de Paris du 6. Juillet 1564. contre l'Evêque de Senlis, qui s'étoit réservé la collation des Benefices, jusqu'à ce que son Successeur eût été reçu au serment de fidelité. Messieurs les Gens du Roy furent reçus appellans comme d'abus de la fulmination de la Bulle. *Papon, liv. 2. tit. 3. n. 20.*

229 L'Evêque nommé par le Roy non confirmé par le Pape, ne peut donner Benefice. Il y auroit lieu à la regale : *Donat enim Papa jus in re per confirmationem, Rex jus ad rem per nominationem.* Jugé le 3. Août 1598. *Mornac, L. 6 ff. de Jurisdictione.*

230 Un Benefice électif confirmatif ne tombe en regale, parce que la collation n'en appartient point à l'Evêque, mais seulement la confirmation, & que *qui confirmat nihil dat.* Arrêt du 28. Juin 1640. Il en seroit autrement des Benefices ausquels l'Evêque confere sur la présentation du Chapitre. *Soefve, to. 1. Cent. 1. ch. 14.*

231 La regale n'assujettit que les Benefices dépendans de la collation & provision des Evêques ; c'est pourquoy le Chapitre de *Xaintes* fut maintenu en la possession de deux Prébendes, & la Cour declara qu'elles n'avoient pas vaqué en regale. Arrêt du 7. May 1681. *De la Guessiere, tome 4. liv. 4. ch. 11.*

232 Edit du Roy touchant la regale, du mois de Janvier 1682. portant que Sa Majesté n'entend pourvoir aux Benefices vacans en regale, qu'à ceux ausquels l'Evêque a droit de pourvoir, & non à ceux qui appartiennent aux Chapitres, & que l'alternative, les tours & l'affectation soient gardez & entretenus durant l'ouverture de la regale, &c. registré le 24. Janvier 1682. *De la Guessiere, tome 4. livre 5. chapitre 2.*

REGALE, EVOCATION.

233 Evocation n'a lieu en regale. *Voyez le mot Evocation, nomb. 38.*

REGALE, EXEMPTION.

234 En l'année 1103. le privilege & exemption du droit de regale fut accordé à l'Eglise d'Arras ; à Auxerre en 1206. Troyes en 1207. Mâcon en 1209. Nevers en 1212. lors obtenus tous par le Roy Philippes-Auguste, *vacante Cancellariâ,* tous en même temps, & *ad opus futuri successoris.* L'Archevêque de Bordeaux avoit aussi privilege pour luy & ses suffragans ; mais ces privileges ont été cassez par les Arrêts, & il n'en reste que celuy d'Arras qui est hors le Royaume, & celuy d'Auxerre qui l'a à titre onereux ; & celui de Langres, qui, quand il seroit authentique, ne peut subsister après la cassation de tous les autres.

Orleans, Tours & Treguyer, ont aussi prétendu même privilege, mais presentement ils ne font plus difficulté de payer.

L'exemption de Nevers qui portoit ces termes, plus précis que celle de Langres, *quittavimus in perpetuum illi & suis successoribus,* confirmée par une possession de plus de 300. ans, & par plusieurs Arrêts de la Cour, à laquelle il y avoit appointé au Conseil de l'an 1541. fut cassée par Arrêt de l'an 1574. & les Evêques de Mâcon & Autun, qui prétendoient même exemption, furent condamnez en cette même année à payer.

En l'an 1582. l'Evêque de Luçon, & peu auparavant l'Evêque de Poitiers & d'Angoulême Suffragans de Bourdeaux, y ont été condamnez. En l'an 1596. ont aussi été aneantis les privileges de l'Archevêque de Bourdeaux confirmez par plusieurs Arrêts. *V. la Biblioth. Can. tome 2. page 393. col. 1.*

235 Le Parlement, sacré dépositaire des Droits de la Couronne, a si bien reconnu que ces exemptions gratuites du droit de Regale, données par aucuns des Rois, & principalement par Philippes Auguste, étoient tellement préjudiciables à la Couronne, que sans s'y arrêter, il a jugé que nos Rois avoient droit de Regale en tous ces Evêchez, nonobstant les remises prétendües, comme M. René Chopin, & autres Auteurs ont remarqué. *Bibliotheque Canon. tome 2. pag. 415.*

236 On voit dans l'Histoire de Philippes-Auguste, qu'il accorda par un scrupule de conscience l'exemption de Regale à un tres-grand nombre d'Evêchez en 1203. à l'Eglise d'Arras ; en 1208. à celle de Nevers ; en 1209. à celle de Mâcon & de Troyes, à celle de Langres, & à plusieurs autres. Et M. Langelier Evêque de S. Brieu, en la Harangue qu'il fit au Roy en 1579. a rapporté avoir appris d'un Historien, qui avoit écrit au temps de Philippes Auguste, que ce Roy voulut faire publier une Ordonnance, par laquelle il abolissoit ce droit de Regale, & remettoit par tout le droit des Elections.

237 Arrêts du Conseil d'Etat des 16. Octobre 1637. & 9. Juin 1638. qui ont ordonné que tous les Evêques qui prétendoient exemption des droits de Regale, representeroient les titres de leur exemption. *Biblioth. Canon. tom. 2. p. 406.*

Voyez cy-dessus le nomb. 80. & suiv.

REGALE, FERMIERS.

Voyez cy-dessus le nomb. 51.

238 Pendant la Regale, on ne doit exploiter que ce qui est de raison. *Cum ex parte Capituli Aureliam no-*

Tome III.   Q q ij

bis denuntiatum fuisset quòd custodes Regalium Aurelian. sede Aurelian. vacante in grossis nemoribus Episcopi Aurelian. faciebant vendas inconsuetas & indebitas: ordinatum fuit, quòd vendæ inceptæ tempore Episcopi, perficientur, & expletabuntur ; Vendæ verò vendita & venditionibus liberata, licèt inceptæ non fuissent ad scindendum, antè mortem Episcopi expletabuntur. Vendæ verò quæ in dictis grossis boscis erant mercatæ & signatæ, tamen non erant vendita, nec in venditionibus liberata, non expletabuntur nec vendentur. Arrêt de l'an 1281. *Bibliot. Can. tom. 2. p. 391. col. 2.*

239 Le Roy, durant la Regale, ne peut changer les Fermiers ; jugé au Parlement de Paris le 10. Août 1568. pour un Fermier du Moulin de S. Cloud, appartenant à l'Evêque de Paris ; & par autre Arrêt pour les Officiers de Justice de l'Evêque de S. Flour en Auvergne, contre le Chapitre qui les avoit destituez, aussi-tôt la vacance du Siege Episcopal ; neanmoins après que M. le Cardinal de Rets (par une obeïssance aveugle aux ordres du Roy) se fut démis entre les mains de Sa Majesté, de son Archevêché de Paris, le Chapitre de Nôtre-Dame changea d'abord les Officiers de la Jurisdiction Episcopale, soûtenant qu'ils avoient succedé, & qu'ils étoient au lieu de leur Archevêque, jusques à ce que celuy qui avoit été nommé, eut obtenu des Bulles. *Définit. du Droit Canon. p. 89.* Voyez *Chopin, Pol. Ecclesiast. livre 3. titre 7.*

240 Arrêt du Conseil d'Etat du 1. Juillet 1678. qui maintient les Lieutenans aux droits de pourvoir par saisies & sceaux des effets des Benefices Consistoriaux vacans en Regale, & les Tresoriers Generaux de France, de faire l'inventaire & l'adjudication dès Baux. *Boniface, to. 3. li. 1. tit. 7. ch. 1.*

REGALE, LITIGE.

241 La Regale a lieu pendant le Litige ; jugé par deux Arrêts : le premier, l'année 1641. & l'autre du 24. May 1660. Le premier fut rendu entre deux freres, pour raison de la Prévôté de l'Eglise de Chartres ; l'espece étoit qu'avant ce litige l'Evêque mourut, aussi-tôt un autre s'en fit pourvoir en Regale ; ce qui donna lieu à une contestation ? qui survint entr'eux trois, sur laquelle intervint Arrêt, par lequel le Regaliste gagna sa cause, & par ce moyen il fut maintenu. *Définitions du Droit Can. p. 732.*

242 Un simple Exploit d'ajournement ou d'assignation ne forme pas un litige ; c'est pourquoy la Cour a declaré que la Prébende n'avoit vaqué en Regale, le 17. Août 1671. *De la Guessiere, tome 3. livre 6. chapitre 14.*

243 Le litige fait ouverture à la Regale ; & comme sous ce pretexte il est souvent arrivé que divers particuliers ont pris occasion de la maladie des Evêques & Archevêques, pour intenter des procez contre les legitimes Titulaires des Benefices ; & si lesdits Evêques & Archevêques venoient à deceder, pour en obtenir des provisions en Regale ; Sa Majesté par sa declaration du dix Février 1673. a ordonné que le litige ne pourra donner à l'avenir ouverture à la Regale, s'il n'a été intenté six mois avant le décés des Evêques & Archevêques : mais si le litige se trouvoit sans dessein, serieux & de bonne foy, il ne laisseroit pas de faire ouverture à la Regale, quoique non intenté, six mois avant la mort de l'Evêque, comme il fut jugé au Parlement de Paris, dans la cause de la Sacristie de l'Eglise de S. André de Bordeaux, pour le sieur Bardin pourvû en Regale, contre Theophile Robert Bourdeyron, qui étoit en procez avec le sieur Denys pour la possessoire de ladite Sacristie, intenté peu de temps avant la mort de M. l'Archevêque de Bordeaux de l'année 1682. rendu sur les Conclusions de M. l'Avocat General de Lamoignon, qui expliqua la Declaration, & dit que le litige étant serieux & sans fraude, il n'étoit pas necessaire qu'il fût intenté six mois avant la mort de l'Evêque, pour

donner ouverture à la Regale. *Définit. Canon. p. 732. & la Biblioth. Can. to. 2. pag. 402.* Voyez le mot *Litige, n. 34. & suiv.*

OUVERTURE DE LA REGALE.

144 Pour donner lieu & ouverture à la Regale, il suffit que le Benefice vaque de fait seulement, ou de droit seulement. *Voyez Forget.*

145 *Regalia semel aperta semper durat, donec Prælatus actualiter juramentum fidelitatis Regi præstiterit, quod etiam præstat Tutori, si Rex in infantia constitutus sit. Ruz. Privil. 36.*

146 *Rex apertâ Regaliâ omnia Beneficia ad collationem dignitatis Episcopalis xistentia, exceptis Ecclesiis parochialibus, confert. Ruz. Privil. 39. Rex jure Regaliæ confert Ecclesias Parochiales Prabendis annexas. Idem privil. 40.*

147 Lorsque le Titre Episcopal est transferé & réalisé en la personne du Coadjuteur, il n'y a point de doute qu'il n'y ait ouverture au droit de Regale. *Définit. Canon. p. 748. & suiv.*

148 Après le serment de fidelité prêté par le nouvel Evêque, & Lettres de main-levée obtenuës du Roy, & verifiées en la Chambre des Comptes, l'ouverture de Regale ne se continue à faute d'aveus & dénombrement non donnez. *Charondas, liv. 1. Rép. 3.*

149 L'ouverture en Regale, se fait en plusieurs manieres, par mort, par resignation, par l'incompatibilité d'autres Benefices, comme par promotion de l'Evêque au Cardinalat, *per non promotionem ad sacros Ordines intrà tempus juris, per contractum matrimonium, per ingressum Religionis, & professionem secutam.* M. le Maître, Traité des Regales, ch. 1. & 3.

150 La Regale dure jusques à ce que les Lettres Patentes du Roy en forme de main levée, ayent été présentées, enterinées, & registrées en la Chambre des Comptes, avec commandement au Receveur du Domaine & Officiers, sous le territoire desquels est situé le temporel des Benefices, d'en faire pleine & actuelle délivrance à l'Archevêque ou Evêque ; jugé au Parlement de Roüen le 18. Mars 1515. conformément à un Arrêt du Parlement de Paris de 1350. au profit de Simon de Bussy, pourvû en Regale d'une Prébende de Noyon. *Bibliotheque Canonique, tome 2. pag. 379. col. 1.*

151 Jugé au Parlement de Paris le 19. Juin 1567. que l'ouverture de la Regale dure jusqu'à la reception en la Chambre des Comptes, & finit en la prise de possession. *Papon, liv. 2. tit. 3. n. 3.* Le même Auteur, *pag. 1356. de son Recueil,* date l'Arrêt de 1577.

152 Le serment de fidelité prêté au Roy par celuy qui a Brevet de nomination à quelque Prélature, avant d'avoir obtenu les Bulles de sa provision, ne peut empêcher la Regale, même durant le temps qu'il n'étoit permis d'aller à Rome. Jugé le 3. Août 1598. *Charondas, liv. 10. Rép. 4.*

153 Regale est ouverte, même en *Bretagne* dans les mois du Pape, jusqu'à ce que l'Evêque nouvellement pourvû, ait fait enregistrer son Brevet de provision, & acte de serment de fidelité en la Chambre des Comptes à Paris, & non en celle de Bretagne. Arrêt du 18. Avril 1614. en forme de reglement. *Bardet, tom. 1. liv. 2. ch. 18.*

154 Regale n'est ouverte par le défaut d'enregistrement du serment de fidelité en la Chambre des Comptes, & faute d'Arrêt de main-levée du temporel, quand il n'y a point eu de saisie. Arrêt du onze Avril 1628. portant injonction aux Substituts de M. le Procureur General sur les lieux de faire proceder par saisie & établissement de Commissaires au regime & gouvernement du revenu temporel des Evêchez, incontinent après le décés des Evêques, à peine d'en répondre en leurs noms. *Bardet, tom. 1. livre 3. chapitre 6.*

155 REGALE, REGLE *de pacificis. Decretum de triennali possessore in possessorio, nec in*

pititorio de non molestando, locum non habet in Regaliâ. Ruz, privil. 23.

156 Nouvelle impetration ou provision aprés une possession triennale, ne rend illusoire l'effet de la Regale, non plus que la pension beneficiale non payée. *Voyez Forget.*

157 Jugé au Parlement de Paris le dix Décembre 1601. que la regle *de pacificis possessoribus* n'a point lieu en Regale, les défendeurs se prévaloient d'un tître & possession plus que triennal : on n'y eut aucun égard, parce que la Regale dure trente ans. *Papon, livre 2. tit. 3. n. 21.*

158 Autrefois celuy qui avoit été pourvû d'un Benefice vacant en Regale, par autre que par le Roy, ne pouvoit se prévaloir du decret *de pacificis possessoribus*, ou de la triennale paisible possession ; en sorte qu'il pouvoit être évincé du Benefice par un Regaliste, jusques à trente ans, ainsi que M. Ruzé l'a décidé dans *son Traité de la Regale, privil. 23.* mais cette ancienne Jurisprudence a changé par l'art. 27. de l'Edit de 1606. qui a introduit la triennale paisible possession contre la Regale.

REGALE, PAPE.

159 *Beneficia in Regaliâ existentia, Papa jure preventionis non confert.* Declaration du Roy du vingt Janvier 1559. *Ruzée, tract. de Regali privil. 9.*

160 *Dispensatio Papæ super incompatibilibus obtinendis in prejudicium juris Regaliâ nihil facit.* Ruzée, *ibidem, privil. 25.*

161 Dispenses du Pape n'empêchent la Regale. Arrêt du 14. May 1351. fort notable. Autre Arrêt de 1350. pour une Prébende d'Orleans. Autre du 3. Juin 1361. pour une Prébende de Meaux. Arrêt entre les Arrêts du Parlement, commençant à la Saint Martin 1244. pour Durand Cornuti, touchant une Prébende de Tournay ; il fut dit que le tître du Pape étoit incompatible avec le don du Roy en Regale. *Voyez les Preuves des Libertez, tom. 1. ch. 16. n. 44.*

162 Benefices vacans en Regale, ne sont sujets à la reserve faite par le Pape des Benefices vacans *in Curiâ Romanâ*, quand même le Titulaire mourroit dans la maison du Pape. Ainsi jugé au Parlement de Paris en 1388. *Papon, liv. 2. tit. 3. n. 13. & Tournet, lett. R. Arr. 65.*

163 Le Pape peut réhabiliter le Prêtre convaincu de simonie, homicide, & autres délits communs, & par son rescrit de grace le remettre au même état qu'il étoit auparavant, même dispenser de la pluralité & incompatibilité des Benefices ; ce qu'il ne peut pas effectuer au préjudice des droits de Regale, comme dit *Ruzeus*, qui rapporte un Arrêt du Parlement de Paris, du vingt Juillet 1398. pour le sieur de Batoy Regaliste, pour une Chanoinie de Beauvais. *Biblioth. an. tom. 2. pag. 381. col. 1.*

164 La Regale a lieu contre le Pape & les Cardinaux. Arrêt du 21. Juillet 1479. *Voyez les Preuves des Libertez, tom. 1. ch. 16. n. 44.*

PARLEMENT, JUGE DE LA REGALE.

165 Le Parlement de Paris prétend avoir seul la connoissance des Regales. En quelques Eglises le Roy a Regale pour les fruits seulement, & non pour la collation des Benefices. Il faut observer que le Regaliste doit plaider saisi, & jamais l'on n'ordonne sequestre contre luy ; non seulement le possessoire, mais aussi le petitoire des Benefices vacans en Regale, doit être jugé en Parlement, privativement à tous autres Juges, tant d'Eglise que seculiers. Les Benefices électifs ne tombent en Regale, comme il paroît par plusieurs Arrêts rapportez par *Du Tillet.*

166 Les causes de Regale doivent être portées au Parlement de Paris. Arrêt du Parlement de Paris du mois de Mars 1348. qui ôte au Parlement de Roüen la connoissance d'une complainte pour une Chanoinie de l'Eglise de Bayeux. *Bibliotheque de Bouchel, verbo Ajourner.*

167 Par l'Ordonnance de Loüis XI. du 19. Juin 1464. la connoissance de la regale appartient au Parlement de Paris, privativement à tous les autres. *Papon, liv. 2. tit. 3. n. 14.*

168 Regale ne se doit juger qu'au Parlement de Paris, comme l'a remarqué M. Charles Du Moulin, *sur l'Ordonnance du Roy Loüis XI. en l'an 1464.* inserée au Stile du Parlement, *in verbo* Parlement ; *Scilicet Parisensi, inquit, & ita semper observatum fuit, & adhuc hodiè mense Februario, & Mart. 1548. de Prebendâ Bajocensi.*

169 Quant à la connoissance des matieres de regale, le Parlement de Paris l'a prise pour tous les Benefices situez dans ce Royaume, & specialement en Normandie, comme il paroit par Arrêt du 28. Novembre 1492. Mais depuis l'érection de la Cour Souveraine de l'Echiquier en Parlement, le doute, si aucun en restoit, a été ôté, & la difficulté totalement levée, le Parlement ayant toûjours connu de tous differends qui se sont presentez, & en reservant la connoissance des droits & matieres de regale, icelle interdite aux Baillifs de cette Province. *Voyez* l'Arrêt du 23. Décembre 1512. entre les nommez Blondel & Renard, *Bibliotheque Canonique, tome second, page 379. col. 1.*

170 Par Arrêt du 25. Janvier 1596. défenses furent faites de se pourvoir ailleurs qu'au Parlement pour le fait de la regale, à peine de décheance de tout droit, & la partie qui s'étoit pourvûe ailleurs en matiere de regale, condamnée en vingt écus d'amende. C'étoit un intimé, qui s'étoit pourvû au Conseil Privé. *Ibidem, pag. 389. col. 2.*

171 Par Arrêt contradictoire du dix Mars 1598. la Cour déclara l'Arrêt donné au Parlement de Roüen au profit de l'une des parties en matiere de regale nul, & toutes les procedures qui s'étoient faites au Parlement de Roüen en matiere de regale, nulles, & comme telles les cassa & annulla. *Ibid. col. 2.*

172 Le pourvû en regale d'un Benefice étant mal fondé, les autres contendans évoquez d'un autre Parlement que celuy de Paris, sont tenus de conclure à leur égard à la pleine maintenüe, & n'ont droit de demander le renvoi pardevant leurs Juges ordinaires. Arrêt du Parlement de Paris du 5. Mars 1686. *Au Journal du Palais, in-fol. 10. 2. p. 177.*

173 La Grand'-Chambre du Parlement de Paris est seule competente pour connoître de la regale. Arrêt du 23. Juillet 1693. *Journal des Audiences, tom. 5. liv. 9. chap. 10.*

REGALE, PATRON.

174 Le 30. Novembre 1597. Arrêt pour un demandeur en regale ; il s'agissoit d'une Chapelle fondée en une Eglise Parochiale. Cette Chapelle étoit en Patronage Ecclesiastique d'un Abbé, qui avoit accoûtumé de presenter à l'Evêque ; & sur cette presentation faite par l'Abbé Patron, l'Evêque avoit accoûtumé de conferer. *Bibliotheque Canonique, tome 2. p. 394. col. 2.*

175 Il a été jugé le 4. Février 1638. que la regale avoit lieu aux Benefices qui sont en Patronage Ecclesiastique, en sorte que s'ils viennent à vaquer durant l'ouverture de la regale, c'est le Roy qui les confere pleinement, sans attendre la nomination des Patrons. La raison fondamentale est, que le Roy pendant l'ouverture de la regale, confere tous les Benefices dont la collation appartient à l'Evêque. Or l'Evêque *jure primitivo fundatus est in liberâ ordinatione omnium Ecclesiarum suæ diœcesis*, même celles qui sont en Patronage Ecclesiastique, *quia collatio Ordinarii, omisso Patrono, facta non est funditus nulla, sed annullanda, Patrono rité infra tempus debitum conquerente*, au chapitre *illud, in fine, de jure patronatûs.* Une autre raison est, que le Pape peut prévenir le Patron Ecclesiastique. Or en matiere de regale, le Roy *fungitur vice Papæ.* Du Frêne, *liv. 3. chap. 46.* rapporte cet Arrêt.

Q q iij

qui annulle la provifion du Chapitre de Roüen fur la nomination d'un Patron. Le même Arrêt eſt rapporté par Pinſon au Traité de Canon. Inſtit. Condit. §. 14. n. 18.

176 L'ouverture en regale n'empêche le Patron laïc d'uſer de ſes quatre mois pour preſenter, & le préſenté par lui eſt préferable au regaliſte. Arrêt du 30. Juin 1642. Du Frêne, li. 4. ch. 3. M. Loüet, lettre R. ſomm. 47. Secûs en Patronage Eccleſiaſtique la regale a lieu, ſuivant l'Arrêt remarqué au nombre cy-deſſus.

177 Par Arrêt du Parlement de Paris du 11. Août 1677. rapporté par De la Gueſſiere, tom. 4. liv. 1. chap. 4. il a été jugé que le Roy, en matiere de regale, ne ſouffroit point de compagnon, pouvoit déroger au Patronage mixte. M. Claude de Ferrieres qui cite cet Arrêt dans ſon Traité du Patronage, chap. 11. cite d'autres Arrêts page 415. qui ſont contraires, & qui paroiſſent plus juridiques, parce que dans la regale le Roy ſuccede à tous les droits de l'Evêque, & non davantage, quoiqu'il y ſuccede par le titre de ſa Souveraineté.

178 Y ayant ouverture en regale, les Patrons doivent preſenter entre les mains du Roy, qui exerce les droits de l'Evêque. Arrêt du Parlement de Paris du 9. Decembre 1692. Voyez le Journal des Audiences, tom. 5. liv. 8. ch. 24.

179 Le Patron, ſoit Eccleſiaſtique, ou Laïc, doit preſenter au Roy, & le nommé doit prendre la collation de Sa Majeſté, & non pas des Grands Vicaires, le Siege vacant, & y ayant ouverture en regale, & lorſqu'il s'agit de Benefices non Cures. Arrêt du 25. Juillet 1693. Journal des Audiences, tome 5. livre 9. chap. 20.

REGALE, PEREMPTION D'INSTANCE.

180 La peremption d'Inſtance n'a pas lieu en regale. Voyez le mot Peremption, nomb. 99.

REGALE, PERMUTATION.

181 Regale n'eſt empêchée par permutation, ſi avant la reception l'Evêque meurt. Arrêt du Parlement de Paris du 18. Janvier 1389. il eſt vrai que juſqu'à ce qu'il y ait priſe de poſſeſſion de la part du reſignataire, le reſignant fingitur non reſignaſſe : mais la Regale ne reçoit aucune collation. Tournet, let. R. Arr. 66. Papon, li. 2. tit. 3. n. 5. Celui-ci obſerve qu'il y a Arrêt contraire.

182 La Regale n'a lieu en une collation faite par l'Evêque ſur reſignation à cauſe de permutation. Jugé le premier Février 1495. Charondas, livre premier, Réponſe 5.

183 La maxime établie en faveur de celuy des copermutans qui joüiſſant de la bonne fortune, doit avoir les deux Benefices permutez par le decez de ſon copermutant, quoique pourvû n'avoit pas pris poſſeſſion, n'a pas lieu dans le cas de la Regale, d'autant que pour empêcher l'ouverture de la Regale, le Benefice doit être rempli de fait & de droit. Arrêt du 18. Juin 1599. Brodeau ſur M. Loüet, lettre R. ſom. 15. & M. le Maître traité des Regales, chap. 2. n. 6. & chap. 10.

REGALE, PREBENDE.

184 Per acceptationem ſecundæ Prebendæ vacat prima prebenda, durante regaliâ, & ad Regem vertitur. Ruz. privil. 21.

185 Jugé le 19. May 1564. que la Regale a lieu mortuo Epiſcopo, non ſeulement és Prébendes & Chanoinies, mais és ſemi-Prébendes. Papon, livre 2. titre 3. nomb. 1.

186 Prébende preceptoriale ne tombe point en Regale. Jugé pour la Prébende de l'Egliſe de Coutance le 21. Février 1611. Bibliotheque Canonique, tome 2. page 397.

187 Unions ou ſuppreſſions de Prébendes faites ſans information, de commodo aut incommodo avec M. le Procureur General ou ſon Subſtitut, & ſans Lettres patentes du Roy ſont nulles à l'égard du droit de regale. Jugé au Parlement de Paris le 7. Juin 1624.

pour l'union d'une Prébende de l'Egliſe S. Mederic de Linois Dioceſe de Paris. Journal des Audiences, tome 1. livre 1. chap. 16.

188 Le Roy ne peut conferer en regale à un jeune Clerc une Prébende ſacerdotale par ſa fondation. Arrêt du 14. Mars 1679. M. de Lamoignon Avocat General ſoûtint que le regrez n'eſt pas recevable dans le cas de la regale. Journal du Palais.

189 Un premier pourvû par le Chapitre d'une Prébende vacante dans ſon tour & de ſon côté, maintenu, nonobſtant la prétention contraire d'un regaliſte indultaire & poſſeſſeur triennal. Arrêt du Parlement de Paris du 13. Decembre 1683. V. le Journal des Audiences, tome 5. liv. premier, chap. 5.

REGALE, PRISE DE POSSESSION.

190 Poſſeſſion priſe par Procureur ne peut empêcher la regale. Arrêt du Parlement de Paris de l'an 1351. Arrêt contraire du 23. Avril 1573. Papon, livre 2. tit. 3. nomb. 18.

190 bis Poſſeſſion civile n'empêche point la regale, il faut avoir été reçû par le Chapitre. Arrêt du Parlement de Paris du 4. Mars 1545. Papon, ibidem.

191 Arrêt du 17. Février 1620. qui a jugé que la priſe de poſſeſſion d'un Benefice, en vertu d'une procuration paſſée par un regaliſte étoit bonne & valable, & que ce n'étoit point une fiction contre ce qui ſe pratiquoit auparavant, ainſi qu'il a été montré en la Bibliotheque du Droit François. Bibliotheque Can. to. 2. pag. 391. col. 2.

191 bis Poſſeſſion priſe par Procureur ne ſuffit pour faire que le Benefice ſoit rempli de fait & de droit, qu'il eſt neceſſaire en regale. Jugé le 28. Août 1570. Ibid. page 395. col. 2.

191 La poſſeſſion pour clore la regale doit être réelle & actuelle, & les ſimples diligences pour y parvenir n'en empêchent l'ouverture quand elles ſeroient fondées ſur l'hoſtilité. Arrêt du Parlement de Paris de l'an 1558. au mois d'Août contre un reſignataire pourvû l'an 1591. qui n'avoit pû ſe mettre en poſſeſſion à cauſe des guerres civiles. Bibliot. Can. to. 2. p. 379. col. 2.

192 bis Priſe de poſſeſſion par Procureur n'empêche que le Benefice ne vaque en regale, aucune fiction n'y eſt admiſe. Arrêt du 17. Février 1620. Bardet, tome 1. liv. 1. chap. 76.

REGALE, PROVISIONS.

193 Voyez le mot Proviſions, nomb. 145. & ſuiv. au traité de paix fait par le Roy approuvant les proviſions des Benefices; les Benefices qui ont vaqué en regale n'y ſont compris. Voyez Charondas, liv. 8. Rép. 1.

193 bis Pendant l'ouverture de la regale, le Roy donne l'inſtitution collative des Cures, mais le pourvû doit ſe retirer pardevers le Chapitre, qui a l'exercice de la Juriſdiction Epiſcopale pendant la vacance du Siege pour en obtenir l'inſtitution autoriſable. Défint. Can., p. 758.

194 Deux regaliſtes d'un même jour, l'un fait voir par le placet du Roy ſigné de l'un des Secretaires d'Etat, que ſa proviſion & le don luy étoit fait à telle heure, & qu'ainſi il devoit être préferé, l'autre ne montrant point qu'il fût pourvû devant; par Arrêt du 21. Mars 1569. les parties furent appointées au Conſeil, & l'état ajugé à celui qui avoit l'heure. La Gloſe in cap. duobus. De reſcript. in 6. ſuper verbo ſi non appareat, fut alleguée. Biblioth. Can. to. 2. p. 396. col. 2.

194 bis Toutes proviſions en regale à la nomination d'autrui ſont declarées nulles, & de nul effet. Jugé le premier Juillet 1599. pour une Prebende de Coutance, & défenſes aux Chantres & Chanoines de la Sainte Chapelle de compoſer des fruits des Benefices vaquans en regale. Biblioth. Can. to. 2. p. 397. & les Défint. Canoniq. p. 696.

195 La proviſion d'un Benefice en regale doit être ſignée d'un Secretaire d'Etat. Arrêt du Parlement de Paris du 10. Decembre 1602. Papon, li. 2. tit. 3. n. 21. & Tournet, lettre R. Arr. 86.

195 bis. Le Mardy 18. Février 1603. plaidant Gouttiere pour le sieur Millet pourvû en regale d'une Prébende en l'Eglise de Troyes en Champagne, dont les provisions n'étoient signées que d'un simple Secretaire de la Chancellerie, contre celui qui avoit des Lettres de provision en regale signées d'un Secretaire d'Etat, mais posterieures en date, pour lequel plaidoit Dolé, la question étoit de sçavoir si les provisions en regale devoient necessairement être signées d'un Secretaire d'Etat ? Par Arrêt les parties furent appointées au Conseil, & cependant l'état ajugé à la partie de Gouttiere. *Biblioth. Can.* to. 2 p. 397. col. 2.

REGALE, RECREANCE.

196 Instance de regale ne peut empêcher que par provision une Sentence de récreance donnée entre les mêmes parties avant l'ouverture de la regale, ne soit executée. *Charondas*, liv. 1. Rép. 1.

197 Regaliste *in dubio* doit avoir l'état & récreance, à moins qu'en autre instance & avant l'ouverture de la regale, la récreance n'eût été ajugée à partie adverse, car en ce cas la provision du Roy de nouveau obtenuë ne pourroit empêcher que la Sentence de récreance donnée entre mêmes parties ne fût executée par provision. Arrêt du Parlement de Paris du 26. Novembre 1560. *Papon*, livre 2. tit. 3. nomb. 10. & suivants.

Voyez cy-dessus le mot Récreance, nomb. 40. & 41.

REGALISTE REFUSE'.

198 Regale est toûjours duë nonobstant le refus du Chapitre de recevoir le pourvû avant la regale; en sorte que le refus du Chapitre ne lui conserve aucun droit de conferer, & n'empêche l'effet de la regale. Arrêt du Parlement de Paris du 27. Novembre 1380. *Papon*, liv. 2. tit. 3. n. 5.

199 Regaliste refusé par le Chapitre peut se pourvoir au Parlement, ou recourir vers le Roy. Arrêt du Parlement de Paris du 27. Mars 1549. qui enjoint au Chapitre de recevoir, à peine de saisie de son temporel. *Ibidem*, nomb. 15.

200 Le refus que feroit un Chapitre d'installer & d'admettre un pourvû *in fratrem*, ne laisseroit pas de donner ouverture à la regale, si l'Evêque Diocesain decedoit, il y en a même un fort ancien Arrêt rapporté par M. le Maître. Cet Arrêt a paru extraordinaire à quelques-uns ; d'autres le trouvent regulier, parce que le pourvû n'a pas dû se contenter du refus du Chapitre ; il a dû recourir au Juge Royal pour se faire installer & mettre dans la possession réelle & actuelle, s'il ne l'a pas fait, c'est une chose qu'il doit s'imputer. Le Roy n'a point de part à ce refus, sauf au pourvû à se pourvoir contre le Chapitre pour ses dommages & interêts en cas que le refus eût été injuste. *Définit. Can.* p. 730.

REGALE PAR LE REGENT EN FRANCE.

201 Regent en France ne peut conferer Benefices vaquans en regale, mais le Roy seul. C'est pourquoy Charles Duc de Normandie & Dauphin de Viennois Regent en France, du temps que le Roy Jean son pere étoit prisonnier des Anglois, obtint du Roy étant de retour, ratification des collations par lui faites pendant son absence, laquelle ratification avoit été enregistrée en la Cour. *Papon*, li. 2. tit. 3. n. 13. Chopin, li. de Dom. tit. 9. article 8. & 9. & M. le Maître, *en son traité des Regales*, ch. 8.

201 bis. *Voyez* le contraire dans le *Tillet*, sur la fin du Chapitre des Regens ; collation de regale donnée par Charles Regent du Royaume, son pere étant en Angleterre. Arrêt du 15. Novembre 1363. touchant une Prébende de Reims. Le 20. Novembre 1470. les Gens du Roy soûtenoient qu'au Roy seul, à cause de sa Couronne, appartient le droit de regale, & n'en peut être separé ni délegué à autre de quelque autorité qu'il soit, & le Roy l'avoit commis au Connêtable de Luxembourg pour l'Eglise de Laon. En l'Arrêt de Thibaut le Coigneux jugé que le serment de fideli-

té fait au Roy Charles VI. luy appartenoit, non au Regent son fils. Le 7. Septembre 1453. en l'Arrêt de Pierre Loron, jugé que la permission baillée par le Roy à son fils Dauphin, de conferer les Benefices de sa Maison, ne comprenoit pas les Benefices vacans en regale. Le 7. de Mars 1408. Arrêt du Conseil du 23. Février 1408. En l'Arrêt de le Vasseur ; Avranches en regale, & la collation faite par Messire Philippes de Navarres comme Lieutenant du Roy d'Angleterre en Normandie, nulle, faite contre le droit du Roy, & au mépris de sa Majesté, du 7. Septembre 1367. le Procureur General requit que le Roy n'eût à transporter ou à remettre les droits de regale, ni la collation des Benefices, qui est le plus exprès; & il y eut particuliere opposition contre le Cardinal de Teroüenne. Arrêt du 18. Février 1440. En l'Arrêt de Grivaut du 21. Juillet 1441. jugé que le droit de regale adhere à la personne du Roy & ne se peut transporter, il est dû pour la foy & hommage, non pour la garde, & n'est *in fructu*. Voyez *les Preuves des Libertez*, to. 1. ch. 16. n. 10.

REGALE, RELIGIEUX.

202 Prieuré-Cure quoique Conventuel n'est point sujet à la regale. *Définit. Can.* p. 702.

203 Un Chanoine de Roüen se rend Capucin à Avignon. Dix mois après, & dans l'an de probation il sort. Pendant son absence on obtient sa Prébende comme vacante en regale, & on prétend que *per ingressum in Monasterium vacabat*. Par Arrêt du 10. Mars 1598. le regalite fut débouté. *Nota* Roüen étoit alors rebelle au Roy. *Biblioth. Can.* to. 2. p. 396. col. 2. & *Jovet*, au mot *Regale*, nomb. 39.

204 La regale n'a point lieu aux Benefices reguliers, & qui sont à la collation des Abbez reguliers ou Commendataires. Arrêt du Parlement de Paris du 24. May 1696. *Journ. des Audiences*, to. 5. li. 2. ch. 16.

204 bis. La reduction d'une Eglise Cathedrale en Ordre regulier, encore que du consentement du Roy intervînt, n'empêche à l'égard des successeurs Rois qu'elle ne tombe en regale comme auparavant la reduction, si par Charte tel droit de regale n'avoit été remis, éteint & quitté, car étant (comme il est) toûjours attaché à l'Eglise, il s'ensuit que la mutation d'icelle & de ses Ministres en autres qualitez, ne peuvent pas l'ôter ; ainsi jugé. *Bibliotheque Canonique*, to. 2. p. 382. col. 2.

REGALE REMISE.

205 Remise du temporel d'un Evêché faite par le Roy à un Evêque, ne fait cesser le droit de collation des Benefices. Declaration du Roy du 20. Septembre 1331. *Registre de la Cour* Ordinationes antiquæ A. fol. 21 *Preuves des Libertez*, to. 1. ch. 16. n. 31.

206 Le droit de regale est incessible, ne se peut quitter ou remettre. Arrêt du 31. Juillet 1596. *Additions à la Bibliotheque de Bouchel*, verbo *Regale*.

307 Quand on dit qu'un Roy de son regne peut donner exemption de regale, ce n'est que de la temporelle, & non de la spirituelle. Arrêt du premier Juillet 1599. entre Maître Loüis de Monchal, pourvû d'une Prébende en l'Eglise de Coutance, en regale ; Charles de Boüillons aussi pourvû en regale défendeur ; celui-ci étoit pourvû en regale par le moyen de la concession que le Roy avoit donné au nommé à l'Evêché de Coutance, de nommer au Roy, & que sa Majesté pourvoiroit en regale ceux que l'Evêque lui presenteroit. Monchal pourvû directement par le Roy est maintenu ; & ayant égard aux conclusions du Procureur General, la Cour déclare les provisions obtenuës à la nomination des nommez aux Evêchez ou Archevêchez nulles, ordonné que l'Evêque de Coutance obtiendroit Bulles dans six semaines, à faute de cela le temporel saisi, & les fruits employez à la nourriture des pauvres de cet Evêché ; défenses aux Chanoines de la sainte Chapelle de composer des fruits à eux appartenans en regale ; mais leur enjoint d'en joüir

par leurs mains. *Additions à la Bibliotheque de Bou-chel*, verbo *Regale*.

208 Le Roy peut bien remettre le droit de regale à une Eglise, ainsi que fit le Roy Loüis, surnommé *le Pi-toyable*, à l'Evêque d'Orleans, mais il ne peut le don-ner perpetuellement à un particulier afin de l'exer-cer. Ce seroit un démembrement du patrimoine de la Couronne. *Biblioth. Can. to. 2. p.* 380. *col.* 2.

209 *Philippus Probus* en sa question 56. des regales, dit, qu'un Roy qui aliéneroit à perpetuité quelque partie de son droit de regale *perjurus dici posset, cum in suâ coronatione juraverit non alienare jura regni* ; il ajoûte aussi-tôt après, *hanc tamen juris Regaliæ remissionem videmus pluries per Regem fuisse factam, quod fuit ac-tum de facto non de jure, ideo de facto venit revocandum*. De même Baldus, *in proemio ff. dit si imperator minuit jura imperii donando procedit de facto, sed non de jure : quia non voluit in præjudicium successoris* ; aussi ses suc-cesseurs y ont toûjours derogé, & Messieurs les Gens du Roy du Parlement de Paris en ont demandé la cassation à toutes occurrences, comme fit M. de Thou en la regale de Poitiers. M. Marion en celle de Cou-tance. M. Servin en celle de Bellay. M. le Bret en celle d'Angoulême. *V. M. le Maistre & Probus, en leurs traitez des Regales, & la Biblioth. Can. to. 2. p.* 393.

210 Quoique le Roy accorde l'administration d'un Evê-ché à l'Evêque à qui sa Majesté le donne pendant le temps de la regale, & avant qu'il ait été reçû à l'E-piscopat, la collation des Benefices est toûjours ex-ceptée, & le Roy ne la remet jamais, quand même sa Majesté auroit fait don des fruits & de la tempo-ralité, avant le serment de fidelité, & les autres for-malitez requises pour la clôture de la regale. Jugé pour la Chancellerie de l'Eglise de Toulouse, le 15. Mars 1677. *Definit. Can. p.* 734.

REGALE REMPLIE DE DROIT ET DE FAIT.

211 Vacance de droit ou de fait suffit. Arrêt du 16. Août 1345. pour Jean Desmoulins. Un autre du 16. Avril 1343. pour Jean Dicy. Le 7. Mars 1445. le Pro-cureur du Roy en la cause de P. Chauveau rendit rai-son pourquoi la vacance de droit suffit ; jamais le Roy ni son regaliste ne joüiroit du droit de regale, il y auroit toûjours des competiteurs jusques à ce que l'Evêque eût fait la foy & hommage, & que l'E-vêque confirmeroit. *Voyez les Preuves des Libertez, to. 1. chap. 16. n.* 33.

212 Le 26. Novembre 1560. M. Dumesnil Avocat Ge-neral du Roy plaidant, dit qu'en matiere de regale il y a deux maximes reçûës & gardées ; sçavoir, que si la possession n'est remplie de fait & de droit *cumu-lative* il y a ouverture de regale. *Item propter litigium*, il y a lieu à la regale ; & qu'il a été ainsi jugé par Arrêt que l'on cote de l'an 1410. *Bibliotheque Canonique, to. 2. page* 389. *col.* 2.

213 *Titius* est pourvû par le Pape d'une Prébende, il se presente au Chapitre, le supplie de le recevoir ; il est refusé ; Titius obtient rescrit du Pape adressant à certain Commissaire ; neanmoins en vertu de sa signature, il se fait mettre en possession par un Notaire Apostolique ; l'Evêque décede avant l'exe-cution du rescrit ; *Mævius* se fait pourvoir en regale. *Carondas, liv.* 1. *Rép.* 7. est d'avis que le regaliste n'est pas bien fondé, parce que la supplication faite par Ti-tius au Chapitre, est un acte de fait.

213 Pour empêcher la regale le Benefice doit être rem-
bis. pli de droit & de fait par une seule & même person-ne. Jugé le 18. Janvier 1487. Papon, *li.* 2. *tir.* 3. *n.* 18. Charondas, *li.* 1. *Rép.* 11. Voyez *M. le Maistre, trai-té des Regales, chap.* 3.

214 Par Arrêt du mois d'Avril 1573. il a été jugé que si le Beneficier a pris & perçû les fruits, le Benefice est rempli de fait, encore qu'il n'ait pris possession que par Procureur, & que depuis il ne soit venu en per-sonne sur le Benefice, parce que la perception des fruits est une vraye, naturelle & réelle possession non

feinte. Par ce même Arrêt le regaliste fut débouté de sa regale qu'il avoit fondée sur ce que le Beneficier partie adverse n'avoit pris possession que par Procu-reur, & que jamais en personne il n'avoit desservi son Benefice ; il s'agissoit d'une Prébende de Bayeux. *Biblioth. Can. to. 2. p.* 596. *col.* 2.

215 *Mævius Archipresbyter Ecclesiæ Andegavensis re-signat simpliciter in manibus Ordinarii ; Ordinarius tunc Parisiis erat & pridie obiit, quam resignatio illa à Mæ-vio fieret : resignatio admissa fuit à Vicario generali, mor-tem Episcopi ignorante : controversia inter Mævium Seium & Sempronium regalistam ; Senatus arresto provi-sorio in favorem regalistæ judicavit*, le Mardy 23. Jan-vier 1590. *Anne Robert, livre* 3. *chap.* I.

216 La regale n'a lieu és Benefices resignez *in favorem*, encore que la resignation ait été admise en Cour de Rome, si le resignataire n'a pris possession dans les trois ans, étant lors le Benefice rempli de droit & de fait, nonobstant la resignation & prise de posses-sion après ledit temps, & depuis la regale ouverte. Jugé le 27. Juillet 1628. *M. Bouguier, lettre R. nom-bre* 22.

REGALE, RESIGNATION.

217 Pendant l'ouverture de la regale un Beneficier ma-lade veut resigner sa Prébende, ou autre Benefice su-jet à la regale ; en ce cas il pourra le faire entre les mains du Roy, lequel est le seul Collateur pendant ce temps, avec la condition que si le resignant meurt dans les 20. jours de cette maladie, la resignation sera annullée ; dans ce cas, si le resignant meurt dans les 20. jours, avant toutefois la clôture du Benefice, le Roy pourra conferer une seconde fois le Benefice comme vacant par mort, & il pourra, même conferer pendant trente jours entiers, à compter du jour que la regale est fermée ; mais il ne donne pas cette col-lation en vertu de la regle des 20. jours, laquelle ne peut avoir aucun effet en ce rencontre ; mais il le fait parce qu'il a pû & qu'il a voulu, qu'au cas que le re-signant decedât dans les 20. jours, le Benefice vaquât par mort, nonobstant la resignation, & qu'il le pût de nouveau conferer comme vaquant par mort. *M. Charles Du Moulin*, sur la regle *de infirmit. nom-bre* 412.

218 Jugé le 3. Septembre 1588. que la resignation faite, même *in favorem certæ personæ, & non alias* donnoit ouverture à la regale, & que le Roy n'étoit pas tenu de conferer au resignataire. Le contraire jugé par deux Arrêts celebres, le 1. du 7. May 1601. pour le Chanoinie de l'Eglise de Troyes. Le second du 13. Decembre 1612. pour une Prébende de Bayeux. *Voyez Corbin, traité des Fiefs, loy* 20. *Arrêt* 13.

219 *Aperta Regaliâ, collatio Papæ medio resignationis fac-ta est nulla ; & debet fieri coram Rege*. Arrêt du Parle-ment de Paris du 18. Janvier 1389. *V. Ruzée, privil.* 44.

220 Le droit de regale ne peut être empêché par la re-serve faite par le resignant de pourvoir aux Benefi-ces. Jugé le Jeudy 6. Juillet 1564. *Charondas, liv.* 1. *Réponse* 8.

221 Le Roy peut admettre une resignation *in favorem vel ex causâ permutationis*, d'un Benefice vacant en regale *etiam retentâ pensione*. Jugé le Lundy 7. May 1601. *M. Loüet, lettre R. somm.* 47. *Chenu, en sa* 1. *Centurie, quest.* 4. *Filleau, part.* 4. *chap.* 4. *Chapon-das, liv.* 10. *Rép.* 3. & *M. Servin, en ses Plaidoyers*, rapportent le même Arrêt.

221 De deux pourvûs en regale, l'un par resignation, &
bis. l'autre par mort, & si la regale est sujette à la regle des vingt jours ? Arrêt du 13. Mars 1653. qui declara la Prébende contentieuse de l'Eglise de Rheims avoir vaqué en regale. On convenoit que la regale n'est point sujette aux regles de Chancellerie Romaine ; mais on disoit que la concession portoit une condi-tion qui devoit être executée, sçavoir, *pourvû que le resignant vécut vingt jours après la date des provisions*.

Les

REG   REG

Les 10. jours se comptent *de momento ad momentum*, & en regale, *dies termini computatur in termino.* Soëfve, *to.* 1. *Cent.* 4. *ch.* 26. & Du Frêne, *liv* 7. *ch.* 21.

223   Un fils de famille resigne son Benefice moyennant une pension ; le pere averti de cette résignation extorquée, rend plainte, & s'oppose à la prise de possession du resignataire. Un particulier ayant appris qu'il y avoit eu de l'argent donné, se fait pourvoir par dévolut ; & depuis, M. l'Evêque de Noyon étant décédé, obtient des provisions du Roy de la Prébende, comme vacante en regale par le litige qui s'étoit formé entre le pere du resignant, le resignant même, & le résignataire. Arrêt du 21. Mars 1662. qui ajuge le Benefice au regaliste ; & pour les cas resultans du procez, condamne le résignataire en huit vingt liv. parisis d'aûmone pour le pain des Prisonniers de la Conciergerie du Palais. Soëfve, *tome* 2. *Cent.* 2. *ch.* 60.

224   Pendant la regale ouverte dans le Diocese de Laon, par le décez de feu M. d'Estrées, le sieur Gaurel Chanoine de l'Eglise Cathedrale, envoya sa procuration à Rome pour résigner en faveur du sieur Bretel son neveu. La résignation fut admise à Rome le dix Décembre 1695. & le même jour dix Décembre M. l'Evêque de Laon fit signifier l'Arrêt de la Chambre des Comptes, portant enregistrement de son serment de fidelité, avec main-levée des fruits, au Subſtitut de M. le Procureur General au Bailliage de Laon ; & à l'Oeconome sequeſtre. On ne pouvoit connoître ni par les provisions de Rome, ni par les significations, lequel des deux avoit précédé, l'heure n'étant marquée ni dans l'un, ni dans l'autre de ces Actes. Le Roy donna le Benefice à M. Georges le Barbier, comme vacant en regale. D'un autre côté, Gaurel résignant étant décédé depuis la regale fermée, François Raoul avoit obtenu le Benefice, comme vacant par mort, sur la collation de M. l'Evêque de Laon. De la part du regaliste on soûtenoit deux propoſitions. La première, que le jour des dernieres significations qui forment la clôture de la regale, appartenoit en entier au Roy, & que ce n'étoit à proprement parler, que le dernier jour de la regale ouverte. La seconde proposition établie par le regaliste, étoit que dans le doute il falloit donner la préference au Roy. 1°. Par sa possession, qui lui étoit acquise au commencement de la journée de la clôture avant le temps des significations, & qui étoit présumée continuée, faute de prouver l'heure de la dépossession. 2°. Par la superiorité & la faveur de son droit. L'on opposoit encore au résignataire le défaut d'insinuation de la procuration *ad resignandum*, avant le départ du Courier. De la part du résignataire, il prétendoit que l'on devoit favoriser le retour du droit des Collateurs ordinaires. De la part du pourvû par mort, il prétendoit qu'il y avoit un concours qui rendoit les provisions du résignataire & du regaliste, nulles. Sur ces circonstances intervint Arrêt, qui declara le Canonicat, dont est question, avoir vaqué en regale, & comme tel ajugé à Barbier, avec restitution des fruits, à la reserve des distributions manuelles : ordonné que la somme de soixante livres payée par Bretel, pourra être employée dans le compte qu'il rendra des fruits, les autres parties déboutées de leur demande, avec dépens. Fait au Parlement le 7. May 1699. L'Arrêt fut rendu conformément aux Conclusions de feu M. Joly de Fleury Avocat General. *Définitions Canon.* pag. 777.

REGALE, COUR DE ROME.

225   Bulle, par laquelle Gregoire X. declare que les Benefices vacans *in Curiâ*, sont autant sujets au droit de regale que les autres, nonobstant les Constitutions des Papes. Cette Bulle est de 1271. & rapportée au premier tome des *Preuves des Libertez*, *chap.* 16. *nomb.* 21.

Tome III.

Regaliſte peut obtenir provision de Rome avec celle du Roy. Arrêts du Parlement de Paris des 12. Février 1367. & 15. Novembre 1338. *Papon, liv.* 2. *tit.* 3. *nomb.* 9.   226

Le Roy seul connoît des matieres de regale souverainement. L'appel au Pape n'en est pas recevable. Arrêt du 19. Juillet 1374. *Corbin, Traité des Fiefs*, *loi* 10. *Art.* 7.   227

Jugé que la vacance *in Curiâ*, n'empêche la collation en regale. Arrêt du 21. Novembre 1384. touchant une Prébende de Laon pour Clement Petit. *Voyez les Preuves des Libertez*, *tome premier*, *chapitre* 16. *nomb.* 21.   228

Regale a lieu en Benefice contentieux, même contre le résignataire. Jugé au Parlement de Paris le 18. de Janvier 1387. De même en 1401. *Papon, liv.* 2. *tit.* 3. *nomb.* 7.   229

Il n'appartient à la Cour de Rome de connoître de la regale. Arrêt du 26. Juin 1411. pour Nic. Baye Greffier du Parlement. Ajournemens caſſez, & les procedures faites en la Cour de Rome, pour raison d'une Prébende d'Amiens, par Arrêt du 30. Janvier 1411. pour Guillaume Fabry. On ne peut poursuivre à Rome, ou pardevant autre Juge d'Eglise, un Benefice vacant en regale. Arrêt du 26. May 1470. Du 17. Avril 1350. pour Aimery de Chartres. En l'Arrêt de Jean le Royer, ordonné de faire caſſer les procedures faites à Rome, sur peine d'amende, banniſſement, & confiscation : il est du 17. Janvier 1477. *Voyez les Preuves des Libertez*, *tome* 1. *chapitre* 16. *nomb.* 44.   230

Regalia habet locum in Beneficio vacante in Curiâ Romanâ. Arrêt en 1588. *Joan. Gall. lib.* 5. *Arr.* 150. M. Charles Du Moulin, *tom.* 2. *p.* 582. & Fournet, *lettre* R. *n.* 36. & 48.   231

Pourvû en Cour de Rome par dévolut, le benefice venant à vaquer en regale, avant qu'il ait eu son *Visa*, ne peut plus obtenir depuis l'ouverture en regale ; mais la cause a été appointée sur les demandes respectives des deux pourvûs en regale ; car le dévolutaire avoit eu la précaution d'obtenir des provisions du Roy. Comme le competiteur du dévolutaire étoit suspect de crime & peu favorable, le sequestre des fruits fut ordonné. Arrêt du 10. Mars 1631. *Bardet, to.* 1. *liv.* 4. *ch.* 16.   232

REGALE, TRANSLATION DE L'EVESQUE.

Le 7. Avril 1368. le Roy eut agreable la Requête à luy présentée par le Pape, à ce qu'il luy plût se déporter de la regale qu'il prétendoit avoir eüe par la translation que le Pape avoit voulu faire des Evêchez de Laon, Chartres & Soiſſons, lesquelles translations n'avoient point eu d'execution sur le refus des translatez ; il supplia le Roy de s'en départir, declarant que son intention a toûjours été que les translations n'auroient lieu sans le consentement des translatez. Dequoy le Roy averti par sa Cour, fut content. *Du Luc, liv.* 3. *tit.* 1. *chap.* 3. *Papon, livre* 2. *tit.* 3. *nomb.* 17. & la *Bibliotheque Canonique*, *so.* 2. *page* 394. *col.* 1.   233

La translation d'un Evêché à un autre Evêché, ouvre la regale. Arrêt du 23. Décembre 1407. pour Rabelot, contre Jacques de Bourbon, & par translation au Patriarchat de l'Evêque de Paris. Arrêt du 16. Avril 1343. pour M. Jean Dicy. Arrêt du 7. Août 1339. pour Orleans à Limoges. *Voyez les Preuves des Lib. tom.* 1. *ch.* 16. *n.* 58.   234

Evêque d'Angers pourvû & préconisé à l'Archevêché de Lyon, il n'y a point d'ouverture à la regale, que du jour de la prestation du serment de fidelité pour ledit Archevêché. Jugé le 6. Juillet 1628. *Preuves des Libertez, tom.* 1. *ch.* 16. *n.* 58. Memoires du Clergé, *to.* 2. *part.* 2. *tit.* 6. *Ar.* 23. M. Bouguier, *lettre* R. *nomb.* 21. Du Frêne, *liv.* 1. *chap.* 24. rapporte le même Arrêt, mais il le date du 1. Juillet 1628.   235

R r

REGALE, TAXE DE L'ENREGISTREMENT.

236 Déclaration du Roy du dix Février 1673. qui regle les droits que doivent payer à la Chambre des Comptes, les Archevêques & Evêques des Provinces de Languedoc, Guyenne, Provence, & Dauphiné, pour l'enregistrement des Lettres de main-levée, qu'ils obtiennent de Sa Majesté concernant la regale, registrée en la Chambre des Comptes le 27. Juillet de la même année.

Archevêché d'Aix,	600. liv.
Evêchez Suffragans.	
Apt,	300. liv.
Fréjus,	600. liv.
Gap,	350. liv.
Ricz,	350. liv.
Sisteron,	400. liv.
Archevêché d'Arles,	700. liv.
Evêchez Suffragans.	
Marseille,	600. liv.
Saint Paul Trois-Châteaux,	250. liv.
Toulon,	400. liv.
Archevêché d'Ambrun,	400. liv.
Evêchez Suffragans.	
Digne,	300. liv.
Glandeve,	300. liv.
Grasse,	300. liv.
Senez,	300. liv.
Vence,	200. liv.
Archevêché de Vienne,	500. liv.
Evêchez Suffragans.	
Valence & Die,	600. liv.
Grenoble,	400. liv.
Viviers,	600. liv.

LANGUEDOC.

Archevêché de Narbonne,	1100. liv.
Evêchez Suffragans.	
Agde,	700. liv.
Beziers,	600. liv.
Montpellier,	600. liv.
Nismes,	550. liv.
Lodeve,	500. liv.
S. Pons,	550. liv.
Alet,	600. liv.
Usez,	600. liv.
Carcassonne,	700. liv.
Archevêché de Toulouse,	800. liv.
Evêchez Suffragans.	
Lavaur,	600. liv.
Lombez,	400. liv.
Mirepoix,	550. liv.
Montauban,	700. liv.
Rieux,	600. liv.
Saint Papoul,	550. liv.
Pamiers,	400. liv.
Suffragans de Bourges.	
Alby,	1000. liv.
Mande,	650. liv.
Castres,	650. liv.
Le Puy en Vellay,	500. liv.

GUYENNE.

Evêchez Suffragans de Bourges.	
Vabres,	350. liv.
Cahors en Quercy,	650. liv.
Rodez en Roüergue,	600. liv.
Archevêché d'Auch,	800. liv.
Evêchez Suffragans.	
Aire,	600. liv.
Aqs,	400. liv.
Basas,	400. liv.
Bayonne,	400. liv.
Comenge,	700. liv.
Conserans,	600. liv.
Lectoure,	400. liv.
Lescar,	300. liv.
Oleron,	300. liv.
Tarbes,	300. liv.
Archevêché de Bourdeaux,	700. liv.
Evêchez Suffragans.	
Agen,	600. liv.
Condon,	700. liv.

Définitions Canon. p. 766.

REGALE, THEOLOGALE.

237 La Theologale tombe en regale. *Voyez le mot Gaduez, n. 138.*

REGALE UNIVERSELLE.

238 Ruzé qui vivoit il y a plus de deux cens ans, a écrit que de son temps on avoit comme arrêté dans le Conseil du Roy, de faire une Declaration que le droit de regale luy appartenoit en tous les Archevêchez & Evêchez du Royaume, sans même faire aucune exception de ceux qui en étoient exempts à titre onereux. Il ajoûte qu'il ne sçait ce qui fut arrêté. Depuis, ces déliberations ont paru en forme de declaration. *Voyez la Bibliot. Canon. to. 2. p. 414.*

239 L'on tient que la regale a lieu par tout où le Roy peut entrer. Jugé contre l'Eglise Cathedrale d'Angers le 23. Juillet 1573. & contre l'Eglise de S. Flour en Auvergne le 7. Septembre 1582. *Papon, li. 2. ti. 3. nomb. 1. & au même Recüeil, p. 1356.*

240 Le Parlement a jugé que le droit de regale etoit universel en tout le Royaume, par l'Arrêt du 24. Avril 1608. touchant le droit de regale de l'Evêché de Bellay; depuis que la Province de Bresse fut réünie à la Couronne; & encore par un Arrêt de l'année 1609. pour la regale en l'Evêché d'Angoulême. Messieurs Servin & le Bret qui poroient la parole lors de ces deux Arrêts, ont remarqué précisément en leurs Plaidoyers, que la Cour fit défenses aux Avocats de faire aucune proposition contraire à ce droit universel de la regale, & que l'on ne devoit point doûter qu'elle n'eût lieu en tous les Archevêchez & Evêchez du Royaume. *Voyez Boniface, to. 3. li. 6. tit. 1. ch. 3. & M. Loüet, lettre R. somm. 58.*

241 Declaration du Roy du dix Février 1673. portant que le droit de regale luy appartient universellement sur tous les Evêchez & Archevêchez de son Royaume, à la reserve seulement de ceux qui en sont exempts à titre onereux. *Boniface, tom. 3. liv. 6. tit. 1. ch. 1.*

242 Autre declaration du Roy du 13. Mars 1675. en interpretation de celle du dix Février 1673. concernant la regale. *Boniface, ibid. ch. 2. & la Bibliot. Canon. to. 2. pag. 398. & le Journ. du Palais.*

243 Le droit de regale appartient universellement au Roy sur tous les Archevêchez ou Evêchez de son Royaume, à la reserve de ceux qui en sont exempts à titre onereux. Jugé le 18. Avril 1673. *De la Chaffiere, tome 3. liv. 7. ch. 3.* où il y a une Declaration du Roy du deux Avril 1675. en interpretation de la Declaration du 10. Février 1673. *Voyez l'Arrêt du 11. Août 1672. rapporté dans le Journ. du Palais.*

244 Par cette Declaration du 2. Avril 1675. registrée le 13. May suivant, Sa Majesté ordonne que les pourvûs de Benefices vacans en regale, comme étant à la collation & provision des Archevêques de Bourges, Bourdeaux, Auch, Toulouse, Narbonne, Arles, Aix, Avignon, Ambrun, Vienne, & Evêques leurs Suffragans, qui y ont été maintenus par Arrêts contradictoires ou sur Requêtes, ou qui ont obtenu des Arrêts portant renvoy en la Grand Chambre du Parlement de Paris, & cependant qu'ils joüiront desdits benefices, y soient & demeurent diffinitivement maintenus; & au surplus que la Declaration du 10. Février 1673. soit executée en tous ses points. *Voyez cy-dessus le nomb. 94.*

245 Edit du Roy du mois de Janvier 1682. Sur la remontrance faite par le Clergé, verifiée en Parlement le 24. du même mois de Janvier, par lequel Sa Majesté ordonne, & défend qu'aucun ne puisse être pourvû dans toutes les Eglises Cathedrales & Collegiales du

Royaume par Sa Majefté & fes fucceffeurs, des Doyennez & autres Benefices ayant charge d'ames, qui pourront vaquer en regale, ni les Archidiaconez, Theologales, Penitenceries, & autres Benefices, dont les Titulaires ont droit particulierement, & en leur nom d'exercer quelque jurifdiction & fonction fpirituelle & Ecclefiaftique, s'il n'a l'âge, les degrez, & autres capacitez prefcrites par les faints Canons, & par les Ordonnances; Veut que ceux qui feront pourvûs des Benefices, fe prefentent aux Vicaires Generaux établis par les Chapitres, fi les Eglifes font encore vacantes; & aux Prélats, s'il y en a eu de pourvûs, pour obtenir l'approbation & miffion Canonique, avant que d'en pouvoir faire aucune fonction : Ordonne qu'en cas de refus, les Vicaires Generaux ou Prélats, en expliqueront les caufes par écrit, pour être par Sa Majefté pourvû d'autres perfonnes, fi elle le juge à propos, ou pour y pourvoir par ceux qui feront ainfi refufez, pardevant les Superieurs Ecclefiaftiques, ou par les autres voyes de droit obfervées dans le Royaume. N'entend Sa Majefté conferer, à caufe de fon droit de regale, aucuns des Benefices qui peuvent y être fujets par leur nature, fi ce n'eft ceux que les Archevêques & Evêques font en legitime poffeffion de conferer; & que pour cet effet, dans les Eglifes Cathedrales & Collegiales, où les Chapitres font en poffeffion de conferer toutes les Dignitez & Prébendes, ils continuënt de conferer pendant la vacance des Sieges, que dans celles où il y a des Prébendes affectées à la collation de l'Evêque, & d'autres à celle des Chanoines, dans celles où les Evêques & les Chanoines les conferent par tour de femaine, de mois, ou autre temps; dans celles où le tour eft reglé par les vacances; dans celles où les Prébendes d'un côté du Chœur font affectées à la collation des Chanoines, l'alternative, les tours & l'affectation foient gardez & entretenus durant l'ouverture de la regale, de même qu'ils le font pendant la Siege eft rempli; & ce faifant qu'il n'y ait point d'autres Benefices refervez à la provifion du Roy, que ceux qui font fpecialement affectez à la collation de l'Evêque, qui vaqueront dans fon tour, ou du côté que la collation des Prébendes luy eft affectée; & pour les Eglifes où la collation des Prébendes appartient à l'Evêque & au Chapitre conjointement, ou dans lefquelles l'Evêque a droit d'entrée & de voix dans le Chapitre, pour prefenter comme Chanoine, & conferer enfuite en qualité d'Evêque fur la préfentation du Chapitre, il fera député par S. M. un Commiffaire, qui affiftera en fon nom à l'affemblée du Chapitre, pour conferer avec le Chapitre des Prébendes, fi la provifion en appartient à l'Evêque & au Chapitre par indivis, ou pour prefenter avec le Chapitre, fi l'Evêque comme Chanoine y a voix, pour faire la prefentation; & en ce cas la prefentation du Chapitre fera adreffée à Sa Majefté, pour la provifion en être expediée en fon nom, dans la même forme qu'elle l'eft par l'Evêque feul. L'intention de Sa Majefté n'étant d'exercer pendant la vacation des Eglifes Metropolitaines & Cathedrales du Royaume les droits des Prélats, qu'ainfi & en la même forme qu'ils ont accoûtumé d'ufer envers leurs Chapitres, fans préjudice à Sa Majefté de fon droit de regale, dont elle entend joüir en la même maniere que fes prédeceffeurs l'ont fait jufqu'à prefent. *Biblioth. Can. to. 2. pag. 400.*

246   Acte du confentement du Clergé à l'extenfion de la Regale.

Nous fouffignez Archevêques, Evêques, & autres Ecclefiaftiques députez de toutes les Provinces du Royaume, Pays & Terres de fon obéïffance du Roy, reprefentant l'Eglife Gallicane, affemblez en cette Ville par la permiffion de Sa Majefté, fondez de procurations fpeciales de nos Provinces, pour déli-

Tome III.

berer des moyens de pacifier les differends qui font touchant la Regale, entre le Pape & le Roy, à l'occafion de la Declaration du 10. Février 1673. par laquelle Sa Majefté auroit déclaré le Droit de Regale lui appartenir univerfellement, dans tous les Archevêchez & Evêchez de fon royaume, Terres & Pays de fon obéïffance, à la referve feulement de ceux qui en font exempts à titre onereux : Après avoir entendu le rapport & l'avis des Commiffaires à cè députez; defirant, à l'exemple de ce qu'on fait en femblables occafions fur les Conciles, les Papes & nos Prédeceffeurs, prévenir les divifions qu'une plus longue conteftation pourroit exciter entre le Sacerdoce & l'Empire, par une voye qui marque à tout le monde & à la pofterité, combien nous fommes fenfibles à la protection que le Roy nous donne tous les jours & à nos Eglifes, particulierement par les Edits contre les Heretiques, & qui répondent aux fentimens de Religion & de bonté avec lefquels Sa Majefté a eu égard aux trés-humbles remontrances, que nous avons crû devoir lui faire fur l'ufage de la Regale, comme il paroît par fa Déclaration du mois de Janvier de la prefente année, verifiée le 24. du même mois, par laquelle le Roy s'étant départi en faveur de l'Eglife, de quelques droits que S. Loüis même a exercés, nous engage à faire éclater nôtre reconnoiffance d'une fi grande liberalité : De l'avis unanimement de toutes les Provinces, avons refolu de mettre ce Droit de Regale univerfel hors de doute & de conteftation; & pour cet effet avons confenti & confentons par ces Prefentes, & tant que befoin feroit, que le même Droit de Regale, dont Sa Majefté joüiffoit fur la plus grande partie de nos Eglifes, avant l'Arrêt du Parlement du 24. Avril 1608. demeure étendu à toutes les Eglifes du Royaume, aux termes de la Declaration du 10. Février 1673. Efperant que nôtre Trés-faint Pere le Pape, voulant bien entrer dans le veritable bien de nos Eglifes, recevra favorablement la Lettre que nous avons refolu d'écrire à Sa Sainteté fur ce fujet, & que fe laiffant toucher aux motifs qui nous ont infpiré cette conduite, Elle donnera fa Benediction Apoftolique à cet ouvrage de paix & de charité. Fait à Paris dans l'affemblée du Clergé de France, tenuë au Convent des Grands Auguftins, le 3. Février 1682.

R E G E N T.

DE la Regence, gouvernement & adminiftration **1** du Royaume, *Voyez les Ordonnances de Fontanon, to. 2. liv. 1. tit. 3. page 21.*

De la Regence des Reines en France, par *Luyt*, **2** Par. 1649.

Si le Regent en France peut conferer en Regale ? **3** *Voyez cy-deffus le mot Regale, n. 201.*

Regence vacante en Droit Canon ou Civil. *Voyez* **4** *l'Ordonnance de Blois, art. 86. & Mornac, L. 4. ff. de his qui notantur infamiâ,* où il rapporte un Arrêt du 5. Février 1615.

Voyez les mots *Chaire, Docteur, Droit, Précepteur, Univerfité.*

R E G I S T R E S.

LIbrum rationum pro parte acceptari, & pro parte **1** non minimè licet. Voyez *Franc. Marc. tome 1. queftion 60.*

REGISTRES DES CUREZ.

Le Siege Préfidial de Rennes avoit condamné les **2** appellans d'exhiber le Papier des Sépultures de la Paroiffe de faint Martin de Pontiny. Ils avoient répondu qu'ils n'en avoient point. La Cour dit que c'eft mal & précipitamment jugé, corrigeant le Jugement, ordonné que les appellans comparoîtront devant le Juge de Ploarmel, fe purgeront par ferment s'ils ont aucuns Regiftres & Papiers des Sépultures des perfonnes tenant Benefices enterrez en l'Eglife faint

Martin de Pontiny , tant de leurs temps que de leurs prédeceffeurs Vicaires, & fi par dol ou fraude ils ont délaiffé les avoir. Et où il feroit trouvé lefdits Curé ou Vicaire n'avoir gardé les Ordonnances difpofantes de la confection des Regiftres de la Sépulture des gens tenans Benefices, fera fait droit fur les domma- ges & interêts de l'intimé, ainfi que de raifon. Fai- fant droit fur les Requêtes du Procureur General du Roy, ordonne la Cour à tous Chapitres, Monafte- res, Colleges, Curez ou Vicaires, garder les Or- donnances difpofantes de la confection des Regiftres des Sépultures des perfonnes tenant Benefices, & des Baptêmes. Du Fail, liv. 1, ch. 68. rapporte l'Arrêt du Parlement de Bretagne en forme de Reglement du 26. Octobre 1557.

3 Les Curez ne-doivent laiffer aucune feüille blanche dans les Regiftres des mariages & autres. Jugé le Jeudy 8. Février 1663. Notables Arrêts des Audiences, Arr. 88. Voyez des Maifons, lettre M. n. 14.

4 Quand les Regiftres de mariage font perdus , on eft admis à prouver la celebration du mariage par té- moins , & les témoins qui ont donné leurs dépofi- tions par écrit, peuvent dépofer en l'Enquête, &c, Arrêt du 27. May 1672. De la Guefs. to. 3. liv. 6. ch. 7. Voyez l'Ordonnance de 1667. titre 20. article 7. & fuivans.

REGISTRES DES NOTAIRES.

5 Les Juges tant Royaux que hauts Jufticiers doi- vent , en la prefence du Subftitut du Procureur Ge- neral, ou du Procureur Fifcal, parapher gratuite- ment deux fois par an les Regiftres des Tabellions & Sergens reffortiffans en leurs Sieges. Art. 20. des Arrêtez du Parlement de Roüen les Chambres af- femblées, le 6. Avril 1666. Bafnage, tome 1. & l'art. 26. de la Coût. de Normandie.

Voyez le mot Notaires.

REGISTRES, PROCUREURS.

6 Les Procureurs font obligez de tenir Regiftre de tous les deniers qu'ils reçoivent des parties, & de re- prefenter le Regiftre, & l'affirmer veritable. Arrêt du Parlement de Paris du 6. Mars 1674. Journal du Palais.

REGLEMENS.

1 LEs Juges de la Rochelle avoient fait un Regle- ment entr'eux en prefence d'un des Maîtres des Requêtes. La Cour en l'Audience, fans voir ce que c'étoit, caffa le Reglement par Arrêt de l'an 1593. Car il n'appartient qu'à la Cour de faire les Reglemens entre Juges. Bouchel , en fa Bibliotheque , verbo , Reglement.

2 Si le Parlement a droit de faire des Reglemens entre les Avocats & les Procureurs Generaux. Voyez le mot Avocat , nomb. 199.

3 Le Parlement de Touloufe ayant fait un Regle- ment entre les Avocats & le Procureur General en ce Parlement, le Procureur General fe pourvût au Confeil du Roy, demanda caffation de l'Arrêt, di- fant que Lege regiâ folius erat Principis dare Magiftra- tus , fic & Magiftratus querelas dirimere , & volunta- tem fuam explicare , L. 3. ad L. Jul. de Amb. & idiò folus Princeps formulam præfcribere Magiftratibus quâ regantur. Novel. 17. 15. Par Arrêt du 14. Juillet 1601. il fut dit que celui du Parlement de Touloufe for- tiroit effet ; & s'il échet de faire plus grand Regle- ment aux parties, ordonné qu'il y feroit pourvû par ladite Cour. En execution de cet Arrêt le Reglement fut fait le 10. May fuivant. Voyez Filleau, 2. partie, tit. 6. chap. 19.

4 Il n'appartient qu'au Roy de faire des Reglemens Generaux pour la Police du Royaume. V. M. le Bret, traité de la Souveraineté, liv. 4. ch. 15.

5 Tout ce qui va à un Reglement appartient à la Cour. Arrêt du 19. May 1616. Mornac, L. 23. ff. de legibus & Senatufc. & c.

Défenfes aux Préfidiaux de faire Reglement entre 6 les Officiers du Roy. Voyez le mot , Préfidiaux, nombre 100.

REGLEMENT DE JUGES.

Des Reglemens de Juges en matiere civile & cri- 7 minelle. Voyez l'Ordonnance du mois d'Août 1669. titre 2. & 3.

Voyez le mot Juges , nomb. 321. & fuiv.

REGLEMENT ENTRE OFFICIERS.

Arrêt du Confeil Privé du Roy du 23. Septembre 8 1609. contenant Reglement entre l'Affeffeur Crimi- nel , & les Commiffaires-Examinateurs du Siege Pré- fidial d'Agenois en Gafcogne , demandeurs ; & les Préfidens, Préfidial , Juge-Mage, Lieutenant Gene- ral Civil, Lieutenant Criminel, Lieutenant principal & particulier , Confeillers & Enquêteurs anciens du- dit Siege , Confuls , Echevins de la Ville d'Agen, & autres Villes & Communautez du Pays d'Agenois, le Syndic de la Communauté des Notaires de la Séné- chauffée , & le Juge Royal en la Ville & Prévôté d'Agen, Affeffeur Criminel , & le Commiffaire Exa- minateur en ladite Ville & Prévôté. Filleau, 2. part, titre 2. chap. 9.

Arrêt de Reglement du Grand Confeil du 24. Mars 9 1618. entre le Prévôt du pays des Lannes, Bafques, & Bas-Albret, & les Officiers du Siege Préfidial d'Aix. Filleau , 2. part. tit. 3. ch. 21.

Arrêt du Grand Confeil du 28. Septembre 1611. 10 entre le Lieutenant du Prévôt General de Norman- die réfident à Alençon , & les Préfidiaux dudit lieu. Ibidem , chap. 41.

Reglement du 20. Août 1574. entre les Confeillers 11 de la Sénéchauffée & Siege Préfidial d'Angers, & le Lieutenant Criminel. Ibid. tit. 1. ch. 12.

Reglement entre les Officiers de la Sénéchauffée 12 d'Anjou & Siege Préfidial d'Angers, & les Officiers de la Prévôté de la même Ville, du 9. Août 1684. De la Guefsiere, tome 4. liv. 7. ch. 21. où vous trou- verez enfuite un Arrêt du 10. Decembre 1611.

Arrêt de Reglement du dernier Septembre 1614. 13 entre le Lieutenant Criminel de la Sénéchauffée & Siege Préfidial d'Angoulême , & le Vice-Sénéchal d'Angoulmois, fur l'exercice de leurs Charges. Fil- leau, 2. part. tit. 3. ch. 23.

Arrêt de Reglement du 16. Février 1630. entre le 14 Lieutenant Criminel & Officiers du Siege Préfidial d'Angoulême. Ibidem , tit. 1. ch. 30.

Arrêt du Confeil privé du 16. May 1608. conte- 15 nant le Reglement du Vice-Sénéchal d'Armagnac , & de tous autres Vice-Sénéchaux, Vice - Baillis & Prévôts, pour la fonction de leur Charge , avec les Officiers de la Sénéchauffée , Comté d'Armagnac & tous autres. Ibidem , tit. 3. ch. 18.

Arrêt du Confeil privé du 26. Novembre 1611. 16 pour le Lieutenant particulier, Affeffeur Criminel , contre le Lieutenant ancien, Civil & Criminel d'Ar- gentan. Filleau, 2. part. tit. 2. ch. 16.

Reglement du 21. Juin 1614. d'entre les Juges 17 Royaux de la Sénéchauffée d'Auvergne , & Siege Préfidial de Riom, & les Juges de la Pairie de Mont- penfier, pour la connoiffance des cas Royaux. Ibid. part. 3. tit. 7. ch. 9.

Reglement par lequel la préféance eft donnée aux 18 Magiftrats de la Sénéchauffée d'Auvergne , & Siège Préfidial de Riom, fur les Treforiers en la Genera- lité de la même Ville, &c. Il y a deux Arrêts rendus au Confeil du Roy, l'un du 30. Decembre 1681. l'autre du 29. Decembre 1682. De la Guefsiere, to. 4. liv. 5. chap. 31. Voyez Henrys , tome 2. liv. 2. qu. 28.

Arrêt du 8. Août 1627. portant Reglement entre le 19 Lieutenant General & le Lieutenant Criminel, & tous les autres Officiers du Siege Préfidial d'Auxerre. Filleau , 1. partie , titre 3. chapitre 15.

Arrêt de Reglement du dernier Juillet 1610. entre 20 le Prévôt de Bar-fur-Seine , & le Lieutenant du Bail-

feillets du Siege Préfidial du *Mans*. Filleau , 1. part.
titre 4. *chap.* 37.

53 Reglement du 22. Juin 1630. entre les Enquêteurs,
Commiſſaires Examinateurs du *Mans* , & ſes Préſidens , Lieutenans , Conſeillers Ajoints & Greffiers ,
tant pour le Reglement de la Juſtice, que pour la préſeance. *Ibid.* 3. part. *des Additions* , p. 579.

54 Arrêt du 21. Juillet 1629. portant Reglement general entre les Lieutenans Generaux , Particuliers ,
Aſſeſſeurs , Conſeillers , & Avocats du Roy en la Sénéchauſſée de la *Marche-Agueret*. Filleau , 1. partie ,
tit. 4. *chap.* 34.

55 Arrêt du Parlement de *Paris* du 11. Juillet 1616.
portant Reglement entre les Lieutenans Criminels
au Bailliage de *Meaux* , & les Préſidens audit Siege.
Ibid. 2. part. *titre* 1. *ch.* 24.

56 Arrêt du Conſeil d'Etat du Roy du 6. Février 1619.
& portant Reglement entre 'le Lieutenant Particulier ,
57 Aſſeſſeur Criminel , & premier Conſeiller en la Maréchauſſée de *Melun* & *Nemours* , & le Conſeiller
Aſſeſſeur eſdites Maréchauſſées. *Filleau* , 2. partie ,
titre 3. *chap.* 56. & 60.

58 Arrêt du 7. Mars 1626. entre l'Aſſeſſeur, le Lieutenant Criminel & Conſeillers de *ſainte Menehoud*.
Ibid. *tit.* 2. *ch.* 24.

59 Arrêt de Reglement du 6. Avril 1630. entre les
Ajoints en la Prévôté de *ſainte Menehoud* , & le Prévôt dudit lieu. *Ibid. tit.* 5. *ch.* 57.

60 Reglement du 29. Avril 1606. entre le Prévôt de
la Ville de *Montmorillon* , & le Sénéchal de *Robe-*
longue , & ſon Lieutenant. *Ibid. ch.* 32.

61 Reglement du 27. Février 1610. entre le Viguier &
Juge ordinaire de la Ville & Viguerie de *Montpellier* ,
& les Officiers au Gouvernement & Siege Préſidial
dudit lieu. *Ibid. ch.* 19.

62 Arrêt de Reglement notable du 19. May 1615. entre les Châtelains , Lieutenans & Conſeillers de la
Châtellenie de *Moulins* en Bourbonnois. *Filleau* , 2.
part. tit. 5. *ch.* 44.

63 Arrêt du Grand Conſeil du 24. Septembre 1615.
entre le Prévôt & les Officiers de *Niort.* Ibid. *titre* 3.
chapitre 42.

64 Reglement du 19. Septembre 1605. entre le Lieutenant Particulier , Aſſeſſeur Criminel à Noyon , &
le Lieutenant Civil du Bailly de Vermandois au Siege de *Noyon.* Ibid. *tit.* 2. *ch.* 12.

65 Arrêt du dernier Juin 1618. contenant Reglement
entre le Prévôt Provincial au Duché d'*Orleans*, d'une
part , & les Officiers du Bailliage & Siege Préſidial
d'Orleans , d'autre part ; & le Prévôt & ſes
Lieutenans auſſi d'une part , & le Lieutenant Criminel audit Bailliage , l'Aſſeſſeur & le Subſtitut de M.
le Procureur General en ladite Maréchauſſée, d'autre
part , & autres. *Ibid. tit.* 3. *ch.* 12.

66 Arrêt du Conſeil d'Etat du Roy du 10. Septembre
1626. portant Reglement entre le Lieutenant General
Civil & Criminel au Bailliage du *Palais* , & le Lieutenant Particulier Aſſeſſeur Criminel audit Bailliage.
Filleau , 2. part. tit. 2. *chap.* 26.

67 Reglement du 23. Août 1566. entre le Lieutenant
Criminel , & les Conſeillers du Châtelet de *Paris*,
pour l'inſtruction , diſtribution & jugement des procez criminels. *Ibid. tit.* 1. *ch.* 11.

68 Arrêt du Grand Conſeil du dernier Mars 1622. entre M. Jean de Fontis Lieutenant de Robe courte au
Châtelet , Ville , Prévôté , & Vicomté de *Paris* , &
M. Jacques Levêque, Prévôt des Maréchaux au Gouvernement de Paris , Iſle de France , & encore entre
M. Antoine Agueſſeau , Lieutenant Criminel en ladite Ville, Prévôté & Vicomté de *Paris. Ibidem*, to. 1.
chap. 26.

69 Le Lieutenant Civil du Châtelet de *Paris* ayant fait
un Reglement pour les Meſſagers & Maîtres des Co-
ches ; la Cour par Arrêt du dernier Janvier 1693.
lui fit défenſes de faire à l'avenir pareils Reglemens,

ordonna que les Maîtres des plus groſſes Meſſageries
ſe retireroient pardevers un de Meſſieurs pour donner leur avis ſur l'expedient d'un Reglement pour la
ſureté publique à cet égard , & leur décharge particuliere ; pont ce fait & rapporté être communiqué au
Procureur General du Roy , & être enſuite pourvû
d'un Réglément general, ſi faire ſe doit. *V.* le *Journ.* des
Audiences tome 5. *liv.* 9. *chap.* 4.

70 Arrêt du Conſeil Privé du 28. Février 1681. pour ré-
gler les conteſtations d'entre le premier Préſident &
les Officiers du Parlement de Paris. *V. les Edits &*
Arrêts recueillis par l'ordre de Monſieur le Chancelier
en 1682.

71 Arrêt du Parlement de Paris du ſeptiéme Septembre
1616. portant Reglement entre les Lieutenant General Particulier , Conſeillers & Avocats du Roy au
Gouvernement & Prévôté de *Peronne.* Voyez *Filleau,*
4. part. ti. 4. *chap.* 36.

72 Reglement du 12. Février 1600. entre les Aſſeſſeurs
Criminels , & les Lieutenans Particuliers , & Conſeillers des Siéges Préſidiaux de *Saint Pierre-le-Mouſ-*
tier , & autres. Filleau , 2. part. tit. 2. *ch.* 2.

73 Arrêt du Grand Conſeil du 3. Decembre 1610. entre le Prévôt de Nevers & les Préſidiaux de *Saint*
Pierre-le-Mouſtier. Ibid. *tit.* 3. *ch.* 46.

74 Reglement fait au Parlement de Roüen le 21. Janvier 1604. entre l'Aſſeſſeur au Siége du *Pont de Lar-*
che , & les Lieutenans General & Particulier. *Ibidem,*
tit. 2. *chap.* 5.

75 Arrêt de Reglement fait au Conſeil d'Etat le 23.
Août 1608. entre la Cour de Parlement , Chambre
des Comptes , Cour des Aydes , & Sénéchauſſée de
Provence, ſur la contention de leur pouvoir , & juriſdiction, rang & ſéance. Il y a Edit pour le reglement
des differends d'entre la Cour de Parlement & la
Chambre des Comptes de Paris , en Decembre 1610.
enregiſtré en la Cour de Parlement, fol. 336. des Ordonnances du Roy François I. *Ibidem*, 1. part. *titre* 2.
chap. 6.

76 Arrêt du Conſeil Privé du Roy portant reglement
general entre Meſſieurs de la Cour de Parlement de
Provence, & Meſſieurs de la Cour des Comptes ,
Aydes & Finances dudit pays , du 19. Janvier 1655.
Boniface, to. 3. *liv.* 1. *tit.* 5.

77 Par Arrêt du Conſeil d'Etat du mois d'Octobre
1685. entre les Officiers de la Chambre des Comptes
de *Provence* ; ſa Majeſté ordonne que lorſqu'il ſera
fait quelque regiſtre de déliberation ou Arrêts par ladite Chambre de réviſion, les deux Greffiers du Parlement de ladite Cour des Comptes en auront chacune une minute , qui ſeront l'une à l'autre conformes, & ſeront ſignées par le Préſident du Parlement,
& par le Préſident de ladite Cour des Comptes,ſi bon
lui ſemble ſur la colonne à gauche , ſans que le Greffier de ladite Cour des Comptes puiſſe dreſſer aucune
Déliberation , Regiſtres, ni Arrêts ſans la participation & la ſignature dudit Préſident dudit Parlement , à peine de nullité. *V. les Edits & Arrêts re-*
cueillis par l'ordre de Monſieur le Chancelier en 1687.

78 Arrêt notable du 24. Mars 1603. portant reglement
entre le Prévôt de *Provins* , & les Officiers du Bailliage & Siége Préſidial dudit lieu , ſur l'exercice de
leurs Offices ; la prévention ajugée au Prévôt des cauſes criminelles , excepté le cas Royaux. *Filleau , 2.*
part. tit. 5. *chap.* 28.

79 Arrêt de Reglement du 5. May 1619. entre le Lieutenant Criminel, & les Préſidens, Lieutenant Général , & Conſeillers du Siége Préſidial de *Provins.*
Ibidem, 2. part. tit. 1. *chap.* 34.

80 Arrêt du Parlement du 23. Decembre 1617. por-
tant Reglement entre les Lieutenans Criminels de
Robe-longue , & les Lieutenans de Robe courte à
Saint Quentin. Ibid. 2. part. *tit.* 1. *ch.* 29.

81 Arrêt du Grand Conſeil du 30. Mars 1611. contenant
Reglement donné au profit du Vice-Sénéchal du

Pays & Sénéchauffée de *Quercy*, contre les Officiers du Siége Préfidial de Cahors, pour le rang en la Chambre du Conseil, & autres droits à lui attribués. *Ibid.* 2. *part. tit.* 3. *ch.* 19.

82   Reglement du Conseil d'Etat du dernier Juin 1575. entre la Cour des Aydes de Roüen, les Tréforiers Generaux de France audit Bureau de Roüen, & les Elûs du Reffort de la Cour des Aydes, *Ibidem*, 1. *part. tit.* 2. *chap.* 9.

83   Arrêt du Grand Conseil du 2. Septembre 1624. entre le Prévôt & les Préfidiaux de *Sens.* Ibid. 2. *part. tit.* 3. *chap.* 45.

84   Reglement de la Cour de Parlement du 24. Juillet 1620. entre les Lieutenans General Civil & Criminel, & Lieutenant Particulier Civil, & Lieutenant Affeffeur Criminel de *Sezanne.* Ibid. 2. *part. tit.* 2. *chapitre* 22.

85   Arrêt de la Cour des Aydes du 17. May 1630. portant Reglement entre le Préfident, Lieutenant & Elûs de *Thouars*, & le Procureur du Roy en ladite Election. *Ibidem*, 3. *part.* aux *Additions*, *p.* 578.

86   *Voyez dans la Rochefavin*, p. 484. & *fuiv.* les Reglemens que le Parlement de *Touloufe* a faits pour les Juges-mages, Lieutenans, Conseillers Gens du Roy, & Officiers des Sénéchauffées & Siéges Préfidiaux du Reffort.

87   Reglement du 25. May 1605. entre l'Affeffeur, & les Officiers du Siége Préfidial de *Xaintes*, tant pour l'exercice defdits Offices, que pour le rang & feance de l'Affeffeur. *Filleau*, 2. *part. tit.* 2. *ch.* 6.

88   Arrêt du Grand Conseil du 9. Mars 1689. portant Reglement entre le Vice-Sénéchal & les Officiers du Préfidial de *Xaintes. V.* le *Recueil de la Maréchauffée. p.* 1063.

REGLES DE CHANCELLERIE ROMAINE.

1   TOuchant les regles de Chancellerie Romaine. *Voyez Du Lue*, *li.* 1. *tit.* 4. *ch.* 8. & *fuiv.* Charondas, *en fes Memorables*, verbo *Regles*, & *en fes Réponfes*, *li.* 1. Rép. 19. *La Bibliotheque du Droit Francois par* Bouchel, tome 3. page 148. Tournet, *lettre R. Arr.* 95. & *fuiv.* Achokier. Frain, p. 630. & *fuiv.* Le traité fommaire de l'ufage & pratique de la Cour de Rome, par *M. F. Perard Caftel Avocat*, avec les *Remarques de M. Guillaume Noyer Banquier Expeditionnaire de Rome*, p. 32. & *fuiv.* & la Paraphrase du même *M. Caftel fur le docte Commentaire de M. Charles Du Moulin qui eft le fiege de cette matiere*, avec les *Notes de M. Georges Louet*, inferées dans la nouvelle édition.

2   *Voyez* Pinfon au traité de *Canonicis inftitutionum conditionibus*, §. 10. où il fait plufieurs obfervations fur les regles de Chancellerie.

3   *Voyez* Rebuffe, 3 part. praxis benef. li. 3. quæft. 15. Les *Additions du même* Rebuffe, fur toutes les regles de Chancellerie, 3. *part.* praxis benif. & Lotherius, *de re beneficiariâ.*

4   *De regulis Cancellariæ*, lib. 7. *decretor. Ecclef. Gallic.* tit. 16.

5   *Regula Cancellariæ recipiuntur apud nos*, *ut remedium politicum contra fraudes*, *& ità debent interpretari.* Molin. *in Reg. de public.* num. 53.

6   Les regles de Chancellerie Romaine de impetrantibus *beneficia viventium & de verifimili notitiâ obitûs*, ont lieu à l'égard même des Graces & des Provifions *motu proprio*, à l'égard de tous les Collateurs & de tous les genres de vacance; à l'égard des Benefices conferez en commende, & des Graces & Provifions données aux Cardinaux. *V. Du Moulin fur ces regles*, *n.* 73.

7   M. Charles Du Moulin fur la regle de *verif. notitiâ*, n. 111. combat l'erreur de ceux qui croyent qu'il faut feulement admettre les quatre regles; fçavoir, *de infirmis refignantibus, de publicandis, de verifimili notitiâ obitûs*, & celle de *impetrantibus beneficia viven-*

tium. Il dit que les autres ne font point à méprifer, & qu'il faut les admettre *quatenus jus commune & ordinarium juvant.*

8   Impetrer le Benefice d'un homme vivant. *Voyez le* mot *Benefice*, nomb. 257. & *fuiv.*

9   *Voyez le confeil* 38. de M. Charles Du Moulin, to. 2. p. 918. où il parle de la regle de Chancellerie de *publicandis. Regula Cancellaria non concernunt jus*, *nec titulum*, *fed modum conficiendi bullas*; là il traite de plufieurs autres chofes concernant les regles de Chancellerie.

10   *Regula Cancellariæ quæ contrariantur*, *jure communi cenfentur fublata*: *ut in pragmaticâ fanctione*, *inftit. de refervationibus* C. 1. & *ibi gl. fuper verbo regulas.* Voyez Franc. Marc. to. 1. quæft. 1162.

11   *Regulæ Cancellariæ pro lege non habentur*, *ut quæ temporales funt.* Voyez ibidem, quæft. 1183.

12   Les regles de Chancellerie Apoftolique durant même la Pontificat du Pape qui les a faites ou autorifées ne lient l'Eglife Gallicane, finon en tant que volontairement elle en reçoit la pratique; comme elle a fait des trois, qu'on appelle *de publicandis refignationibus in partibus*, *de verifimili notitiâ obitûs*, & *de infirmis refignantibus*, autorifées par les Edits du Roy, & Arrêts de fon Parlement; aufquelles le Pape ni fon Legat ne peuvent déroger, excepté celle *de infirmis refignantibus* dont on reçoit leur difpenfe, même au préjudice des Graduez nommez en leurs mois. *Bibliotb. Can.* to. 2. p. 419. *col.* 1. *n.* 20.

13   Le Pape ne peut déroger aux regles de Chancellerie, maximes reçues & approuvées en France. *Voyez* Févret, *traité de l'abus*, *li.* 3. *ch.* 1. *n.* 20.

14   Explication de la huitiéme regle de Chancellerie *de menfibus & alternativâ.* Voyez Hevin fur Frain, pag. 663.

15   *An eadem fit regula refervatoria octo menfium*, *cum regulâ*, *de menfibus olim dictâ.* Voyez Lotherius, *de re beneficiariâ*, li. 2. qu. 37.

16   *Regula decima fexta Cancellariæ de non tollendo jure quæfitum cum fuâ declaratione.* Voyez Rebuffe, 1. part. praxis benef.

17   *Impetrantibus*, *quatenus obfit regula de non tollendo jus quæfitum*, & *claufula*, *dummodo tempore data*, & c. Voyez Lotherius, *de re beneficiariâ*, li. 2. qu. 51.

18   Arrêt du 22. Août 1653. qui juge que la regle 17. dépend de la coûtume des Eglifes. *Voyez le douziéme* Plaidoyé *de* Raffet, to. 1.

19   *Voyez dans* Rebuffe, 2. part. praxis benef. l'explication de la regle 20. *quod quis intelligat idioma.*

20   La regle *de idiomate*, n'empêche que celuy qui eft legitimement pourvû du Benefice, ne foit préferé à celuy qui entend l'idiome du Pays. *Bellourdeau*, liv. 6. part. 2. contr. 45.

21   Voyez dans Lotherius, *de re beneficiariâ*, lib. 3. qu. 2. l'explication des regles de Chancellerie 27. de *non judicando juxta formam fupplicationis*, *fed litterarum expeditarum*; & 31. *ut non valeant commiffiones caufarum nifi litteris expeditis.*

22   *Regula* 45. *Cancellariæ*, *de confenfu in refignationibus*, & c. *quorum tendat?* Voyez Lotherius, *de re beneficiariâ*, lib. 3. qu. 16.

23   Toutes regles de Chancellerie Apoftolique, burfales & tendant à profit pecuniaire, font repudiées & déclarées abufives par le Roy Henry II. en 1556. *V.* Henrici *progymnafmata*, Arrêt 167.

24   Les regles de Chancellerie reçues en France, & qui font regardées comme loix du Royaume, demandent chacune un titre particulier, dans lequel on rapportera l'Extrait du Commentaire de Maitre Charles du Moulin, qu'il faut lire attentivement; ceux qui ne font pas verfez dans ces matieres, trouveront un prompt fecours dans la Paraphrafe que M. Perard Caftel en a faite: ceux qui les ont approfondies, doivent beaucoup aux lumieres & à la netteté de cet Auteur.

REGLE DE INFIRMIS, OU DES VINGT JOURS.

25 DE la regle *de infirmis resignantibus* en regale, & autres clauses. *Tournet*, lettre *R. Arrêt* 95. *la Bibliotheque Canon.* to. 1. pag. 736. & to. 2. p. 384. & les *Définit. Can. p.* 145.

26 Innocent VIII. est l'auteur de cette regle. Maître Charles Du Moulin, *sur la regle* de publicandis, *nomb.* 2. se sert de l'autorité de Gomez, pour dire que la regle des 20. jours fut commencée par Boniface VIII.

27 Les termes dans lesquels est conçûë la regle *de Infirmis*, autrement dite des 20. jours, sont, *Item voluit, quando si quis in infirmitate constitutus resignaverit aliquod beneficium, sive simpliciter, sive ex causâ permutationis, & posteà infrà viginti dies (à die per ipsum resignantem præstandi consensus, computandos) de ipsâ infirmitate decesserit, & ipsum beneficium conferatur per resignationem sic factam, collatio hujusmodi nulla sit, ipsumque beneficium per obitum vacare censeatur.*

28 Il faut que trois choses concourent pour donner lieu à cette regle. 10. Le résignant doit être malade. 20. Il faut qu'il décede de la même maladie dans laquelle il a donné sa procuration *ad resignandum.* 30. Qu'il décede dans les 20. jours, à compter du jour de l'admission en Cour de Rome, alors le Benefice vaque par mort, & non par résignation.

29 Pour donner lieu à la regle *de infirmis resignantibus,* il faut que le résignant décede dans les 20. jours de la même maladie dont il étoit malade quand il passa procuration. Quand même le genre de maladie seroit totalement changé, si ce changement n'est provenu que de l'infirmité dont le résignant étoit malade, il y auroit également lieu à la regle. *Du Moulin,* regle *de infirmis, v.* 8.

30 Si une personne ayant résigné son Benefice pendant sa maladie, meurt dans les 20. jours par quelque accident inopiné, si la maladie étoit mortelle, quoique le résignant soit mort par une autre cause, la regle *de infirmis* doit avoir son effet, parce que toutes les apparences étoient que la résignation n'a été faite que dans la pensée d'une mort prochaine, la qualité de la maladie se prouve par l'avis des Medecins. *Ibidem.*

31 La regle *de infirmis* n'a lieu, si le résignant meurt dans les 20. jours d'une infirmité qui le prenoit de temps en temps, & qui cependant ne l'empêchoit pas d'aller & venir; elle aura lieu, si depuis le jour de l'expedition des Bulles, ou du moins du consentement donné à la résignation, le résignant a été attaqué d'une maladie continuelle de laquelle il soit décedé dans les 20. jours. *Ibidem.*

32 Les 20. jours se comptent du jour du consentement prêté par le résignant ou son Procureur à l'expedition des provisions sur sa résignation, & non du jour de la résignation admise. Si le consentement est anterieur, l'on ne compte les 20. jours que du jour de l'admission. *Du Moulin, de infirm. n.* 10. *&* 15.

33 La regle *de infirmis* doit avoir lieu, quoique celuy au profit duquel la résignation est faite ignore la maladie & l'état auquel se trouve le résignant; l'on n'examine pas même s'il y a fraude ou non de la part du résignant, il suffit que par l'évenement il y en eût au droit des Ordinaires en faveur de qui cette regle est établie. *Du Moulin, de infirmis, n.* 25.

34 La question de sçavoir si la regle *de infirmis resign.* doit avoir lieu à l'égard des Collateurs ordinaires, est examinée par Du Moulin, *sur* cette regle *n.* 22. *& suivans.* Il observe que le Parlement de Paris l'avoit ainsi jugé dès l'année 1538. il s'agissoit d'une permutation faite d'une Chanoinie & Prébende de Mâcon, avec la Cure de Vic. Du Moulin dit qu'il écrivoit pour l'appellant de la Sentence qui avoit jugé la recreance à l'Obituaire; il commençoit deslors à

être persuadé avec les plus sçavans du Barreau, que cette regle ne pouvoit avoir lieu à l'égard des Collateurs ordinaires. Il ne paroît pas pourtant que ce fut la véritable question; l'Arrêt intervint sur des circonstances particulieres; ce qui est vrai, cette opinion a prévalu, & depuis l'on a été persuadé que la regle *de infirmis* ne devoit point avoir lieu à l'égard des Ordinaires.

35 Arrêt du Parlement de Paris du 14. Août 1550. qui a jugé que la regle des 20. jours n'a point lieu dans les collations des Ordinaires. Autre Arrêt prononcé en Robes rouges le 23. Decembre 1551. il faut observer que dans ces deux Arrêts la provision par mort avoit été donnée par le même Collateur ordinaire, qui étoit M. l'Evêque d'Angers; cela faisoit plus de difficulté, parce que comme la regle a été établie en faveur des Ordinaires, & de droit commun, & que c'étoit l'Ordinaire même qui revoquoit la résignation admise, cela étoit plus épineux que si les provisions par mort eussent été données par le Pape, ou son Légat. *Du Moulin, sur la regle de infirmis, n.* 34.

36 Il est certain que les sujets pour lesquels l'on envoye en Cour de Rome, n'étant que les résignations en faveur, dans lesquelles le Pape n'a pas la liberté de choisir ceux qu'il jugeroit les plus capables du Benefice; mais au contraire où il est obligé d'en pourvoir les résignataires, capables ou non; il ne faut pas s'étonner si pour obvier à ces abus, & aux tromperies que les résignans font dans la regle pour frauder les Expectans des Benefices, & l'on s'est servi du temperament de la regle des 20. jours; le but de cette regle n'a jamais été de donner atteinte aux provisions expediées sur les démissions pures & simples, ou sur des résignations en faveur pour cause de permutation; mais seulement de rendre nulles les provisions expediées par le Pape, ou par sa Chancellerie sur des résignations en faveur, quand le résignant vient à mourir dans les 20. jours; & ce faisant de remettre les Collateurs dans le droit commun, auquel ils sont fondez de conferer les Benefices de leurs Dioceses; droit empêché par le moyen de la prévention du Pape, & de la résignation admise, nonobstant laquelle, quand le résignant meurt dans les 20. jours l'Ordinaire peut conferer le Benefice résigné comme vacant par mort, & de la même maniere que s'il n'avoit pas été résigné. *Du Moulin, sur la regle de infirmis, n.* 84. *& suiv.*

37 Du Moulin sur la regle *de infirmis, n.* 103. prétend qu'elle auroit lieu dans les démissions pures & simples qui se feroient entre les mains du Pape. 10. parce que le droit des Ordinaires seroit également blessé. 20. Parce que dans l'usage & dans le stile de la Cour & Chancellerie Romaine, le mot de *resignare simpliciter*, comprend generalement toutes les résignations.

38 Du Moulin sur la regle *de infirmis, n.* 113. dit, que quand l'Arrêt de 1550. fut rendu, par lequel on jugea que la regle *de infirmis resignantibus*, n'avoit point lieu, la Cour *in mente rétinuit*, que cet Arrêt ne seroit aucun préjudice aux Graduez nommez, ou simples; non plus que tous les autres Arrêts qui seroient ensuite rendus en une même espece, & que les résignations qui se feroient dans les mois affectez, si les résignans décedoient dans ces mêmes mois, elles ne leur feroient aucun préjudice, & seroient nulles à leur égard, non pas en vertu de la regle des 20. jours, si ce n'étoit dans les cas ausquels elle a lieu; sçavoir, dans les résignations admises par le Pape, ou par le Legat, mais par la disposition du Droit commun; quand dans ces résignations admises, même par les Ordinaires, il se trouve des présomptions de fraude assez suffisantes.

39 Dans une regle de Chancellerie faite par le Pape Martin V. pour les résignations faites par des personnes malades, & qui étoit enregistrée & transcrite dans les Registres de la Cour de Parlement, il y avoit le mot *ubicumque*, par lequel on pouvoir voir que sa pensée

penfée avoit été que cette Regle des 20. jours eût lieu, non feulement à l'égard des réfignations admifes en Cour de Rome, mais même à l'égard de celles qui font reçûës par les Ordinaires ; mais cette Regle n'a jamais été reçûë & approuvée par les François ; bien loin qu'on l'eût tranfcrite dans les Regiftres de la Cour de Parlement, dans le deffein de l'approuver & de l'executer, ce fut au contraire afin de la rejetter avec les autres articles qui font contenus dans la même prétendue Bulle, & tranfcrits pareillement au même endroit, dans la penfée de faire voir à tout le monde de quelle nature & de quelle forme étoient ces articles, lefquels les Edits du Roy & les Arrêts de la Cour rejetterent ; ainfi cet article non plus que tous les autres, que perfonne n'a jamais douté qu'ils ne fuffent rejettez, n'a point été reçû ni exécuté en France. Il n'a pas même été approuvé par les Succeffeurs de ce Pape, qui ont fait cette même Regle de Chancellerie *de Infirmis*, bien differente neanmoins de celle de Martin V. parce que celle d'Innocent VIII. qui eft la dix-huitiéme parmi les Regles de Chancellerie, publiée le 30. Août 1484. & qui a été reçûë en France & exécutée, n'a pas pour but le profit particulier du Pape, afin que par fon moyen il arrivât plus d'affaires en Cour de Rome ; mais feulement elle a été faite dans la penfée de remedier aux fraudes qui fe faifoient dans les réfignations des perfonnes malades, & de conferver la liberté & l'autorité des Collateurs ordinaires. *Du Moulin*, de Infirmis, n. 105. & fuiv.

40   Le Pape & le Légat peuvent déroger à la Regle des 10. jours. *Voyez Du Moulin*, fur la Regle *de Infirmis*, n. 127. & fuiv. où il obferve qu'il y a de grandes raifons pour dire, que ce pouvoir n'appartient pas au Pape, *paffim & indifcriminatin, nec enim Ecclefia dominus eft, fed adminiftrator*. Cependant le Pape eft en poffeffion d'ufer de cette dérogation ; il faut qu'elle foit expreffe.

41   Le Pape peut déroger à la Regle des 10. jours, même au préjudice des Graduez. C'eft le fentiment de *Du Moulin*. Il peut auffi prévenir les Graduez. Suivant le Concordat, le Légat peut déroger à la Regle des 10. jours, au préjudice des Graduez, quand il a ce pouvoir dans fes facultez, & ce pouvoir fuffit en general, & non fpécifiquement : De même, il n'eft pas neceffaire qu'à l'égard des Graduez, le Pape déroge fpécifiquement. *Du Moulin*, ibid. n. 153. & fuivans.

42   Le Legat admet une réfignation pure & fimple d'un Benefice qui eft à la collation d'un Cardinal. Le Cardinal Ordinaire ayant eu avis de cette réfignation, l'approuve, & confere le Benefice refigné à une tierce perfonne. Depuis, il arrive que le refignant qui étoit malade, foit dés le moment de la paffation de la procuration, foit feulement au jour du confentement prêté & de l'accompliffement de la réfignation, décede dans les 10. jours de cette maladie. La queftion eft de fçavoir, fi c'eft le cas de la regle des 10. jours, & fi elle doit avoir fon effet, enforte que le Cardinal puiffe conferer ce même Benefice à un autre, comme vacant par mort ? *Voyez Du Moulin*, fur la Regle *de Infirmis*, n. 203. où il dit que la collation du Cardinal Ordinaire fur la refignation admife par le Legat, ne fe doit pas retracter, parce que la refignation n'a pas proprement & valablement été admife par le Légat, lequel n'avoit pas ce pouvoir à l'égard d'un Benefice de la collation d'un Cardinal, mais feulement depuis que le Cardinal a donné fon confentement à cette refignation, & qu'il l'a ratifiée ; & conféquemment on doit croire que ç'a été l'Ordinaire, lequel a admis la refignation, en conferant le Benefice refigné. En fecond lieu, c'eft que le Legat qui a admis la refignation d'un Benefice, dont la difpofition ne luy pouvoit appartenir, ne peut être confideré que comme une pure perfonne pri-

Tome III.

vée, devant laquelle s'eft paffée cette refignation. Et enfin la refignation n'eft pas valable du jour qu'elle a été admife par le Légat, mais feulement du moment qu'elle a été ratifiée & agréée par le Collateur ordinaire, lequel feul avoit le pouvoir de la ratifier & de l'admettre.

43   Cette maxime, que le Pape & le Légat peuvent déroger à la Regle des 20. jours, au préjudice des Indults de la Cour de Parlement, n'eft pas generalement veritable ; parce que fi le Roy, pour executer l'Indult d'un Confeiller, avoit donné fa nomination fur un Ordinaire, lequel en qualité de Cardinal ait fon Indult ; comme dés le moment que le Collateur ordinaire eft Cardinal, le Légat ne peut pas admettre la refignation, & déroger à la Regle des 20. jours, au préjudice du Cardinal, dont le droit eft favorable, il faut conclure qu'il ne peut pas non plus y déroger dans cette efpece, au préjudice de l'Indultaire nommé fur un Collateur ordinaire Cardinal ; parce que cette dérogation, quoiqu'elle ne femblât pas fort préjudiciable au Collateur ordinaire, tourne entierement à fon defavantage, puifque par ce moyen il n'eft point quitte envers cet Indultaire nommé fur lui, & que tout fon interêt n'eft que d'en être bien-tôt déchargé. *Voyez Du Moulin*, fur la Regle *de Infirmis*, nombre 231.

44   Soit que le Pape, foit que le Légat donnant des provifions fur la refignation d'une perfonne malade, déroge à la Regle des 20. jours, & que ces provifions ne puiffent fubfifter, ou à caufe de l'incapacité du Collataire, ou pour autre fujet ; en ce cas, à l'égard de quelques perfonnes que ce foit, le Benefice aura vaqué par la mort du Refignant depuis furvenue, non par fa refignation ; l'on comptera les fix mois, non pas du jour de la refignation, mais feulement du jour de la mort du Refignant. Ce n'eft pas que s'il y avoit des perfonnes qui euffent eu un droit valable pour demander & impetrer le Benefice du chef de la vacance par refignation, ils ne puffent la faire fubfifter par le moyen de cette claufe, quoique non faite à leur profit, d'autant que *concertant de jure confervando & damno vitando*. Ibid. n. 248.

45   Du Moulin, *de Infir.* n. 349 dit que cette Regle ne peut avoir lieu à l'égard des vieillards, & cela fuivant l'opinion de *Gomés*, en fa queftion 7. fur cette Regle. Si ce n'étoit un vieillard tout décrepité ou capitulaire, ou bien qu'à la vieilleffe, il luy fût furvenu quelqu'autre maladie ou infirmité qui le menaçât d'une mort prochaine. Il ajoûte que cette Regle ne doit pas avoir lieu à l'égard d'une perfonne qui part pour aller à la guerre, ou qui va pour s'embarquer. La raifon de cette limitation eft, qu'encore que celuy qui va à la guerre, ou qui s'embarque, s'expofe à un péril imminent & mortel, neanmoins les paroles ni la penfée de cette Regle ne s'y peuvent pas accommoder, fi ce n'eft que cette perfonne fût menacée de mort, particulierement contre l'opinion de *Gomés*, en fa queftion 8. fur cette Regle.

46   La Regle des 20. jours doit avoir lieu, quand même dans les 20. jours le Refignant mourroit, & qu'on luy avanceroit fes jours, ou en le tuant, ou en l'empoifonnant, ou bien par quelqu'autre accident, pourvû neanmoins qu'il fût malade au temps de l'accompliffement de la refignation, & qu'il fût alors conftant qu'il ne pourroit pas furvivre les 20. jours. *Du Moulin*, de Infir. n. 295.

47   Pourvû que celuy qui s'eft fait pourvoir du Benefice comme vacant par mort, prouve que le Refignant étoit malade au temps de l'admiffion de la refignation, & qu'il eft décedé dans les 20. jours, fa preuve eft fuffifante ; il n'a pas befoin de prouver qu'il eft mort de la même maladie, car la préfomption eft de fon côté, c'eft au Refignataire à juftifier que fon Refignant eft mort d'une autre maladie. *Ibidem*.

48   Au moyen de la Regle des 20. jours, non feulement

S f

la résignation, l'admission de la résignation, la collation & la possession prise par le Resignataire, sont annullées, si le Resignant decede dans les 20. jours ; mais aussi toutes les dispenses accordées par le Pape dans cette collation, & toutes les graces accessoires, & generalement tout ce qui dépend de telle resignation, est réputé comme s'il n'avoit point été fait. *Ibidem*, n. 297.

49 Cette Regle, quand la mort du Résignant arrive dans les 20. jours, donne non seulement atteinte aux résignations des Benefices possedez paisiblement, mais aussi aux cessions & aux résignations de droits incertains & litigieux. Cette maxime seroit fausse à l'égard de la Regle *de Publicandis*, laquelle ne peut être appliquée & executée, si ce n'est à l'égard d'une résignation faite par un Titulaire d'un Benefice, dont il étoit possesseur, & dans la possession duquel il est decedé. Opinion suivie par *Gomés, en sa question 12.* *Du Moulin, de Infirmis, n. 309. & suiv.* où il ajoûte, que cette même Regle comprend aussi les Cardinaux qui résignent, parce qu'elle n'a été introduite que pour remedier aux fraudes.

50 Elle doit avoir aussi lieu à l'égard des femmes qui possedent des titres de Benefices ; de sorte que si une Abbesse résigne effectivement son Abbaye en Cour de Rome ; si, au moment de l'admission elle étoit malade, & qu'elle fût décedée de cette même maladie dans les 20. jours, l'Abbaye sera réputée vacante par mort, les Religieuses pourront librement s'élire & se choisir une Abbesse, pourvû que l'Abbaye ne soit pas à la nomination du Roy, & qu'elle soit véritablement élective.

Cette même Regle doit avoir aussi lieu à l'égard des Benefices exempts. *Du Moulin*, de Infirmis, *nombre 310.*

51 La Regle des 20. jours doit avoir lieu pour les Chapelленies, c'est-à-dire ; pour des Autels dans des Eglises, & pour des Benefices manuels, pourvû que ce soient titres de Benefices, ainsi qu'il est prouvé aux endroits citez par *Du Moulin*, sur la Regle *de Infirmis, n. 320. & suiv.* Il passe plus avant, & dit que cela auroit même lieu à l'égard des Prieurez, lesquels ne sont point perpetuels, mais qui peuvent se révoquer *ad nutum* du Superieur. La raison que *Du Moulin* donne, est qu'ils sont nombre pour les Mandats. Elle doit aussi être observée dans les résignations des Hôpitaux, Maladeries, Léproseries, Aumôneries, & autres Benefices de cette nature, lorsqu'ils sont conferez en titre ; ce qui se doit entendre, soit ou quand par la fondation ou erection de ces Hôpitaux, Maladeries, &c. on a dit expressément que ce seroit un veritable titre de Benefice, ou bien quand on pourvoit à ces Benefices par la voye de l'élection. Elle n'a pas lieu dans les Commanderies de Saint Jacques de Jerusalem, ou de Malthe, lesquelles ne sont pas de vrais titres de Benefices, mais de simples Administrations. Elle doit être observée dans les permutations, ou égales ou inégales, faites avec des amis, parens ou étrangers, ou quoiqu'il n'y ait qu'un des deux résignans malades ; de sorte que s'il decede dans les 20. jours de cette maladie, du jour du consentement prêté, la permutation est révoquée & annullée, & le Benefice du permutant décedé vaque par mort, nonobstant la permutation. Cependant *Gomés* soûtient que la permutation faite par un résignant malade, ne devient pas nulle par la Regle des 20. jours, quoique le résignant decede dans les 20. jours, à moins qu'elle ne soit faite en fraude des Expectans, suivant la disposition du Chapitre second, *de remut, in 6.*

51 bis. *Hac Regula 20. dierum non habet locum in commendatariis Hospitalium sancti Joannis Hierosolimitani quia non sunt Beneficia, sed potius locationes pro annuâ modicâ pensione, ut decem annos, vel circa ; ut vidi & tetigi ad stylum Parlamenti. Du Moulin, ibid. n. 321.*

Cette Regle auroit lieu même à l'égard d'une résignation faite avec reserve de tous fruits, *quia*, dit 52 *Du Moulin*, *de Infir. n. 323. major est fraus reservatis fructibus, quam si absolutè resignaretur.*

Elle auroit lieu quand même le résignant seroit 53 mort de la peste. C'est l'avis de *Du Moulin*, de Infirmis, *nomb. 324.* où il réfute l'opinion contraire de *Gomés*, qui croit que pour être réputé malade, il faut que le résignant *jaceat in lecto sebre correptus* ; mais encore *prorsus delirat*, dit *Du Moulin* ; car plus la maladie est dangereuse, plus il y a lieu de desesperer de la guérison.

Pour donner lieu à la Regle des 20. jours, il n'est 54 pas necessaire que le résignant soit malade au moment qu'il passe la procuration pour résigner, il suffit qu'il le soit au moment de l'admission & de l'accomplissement de cette résignation. *Gomés* croit qu'il faut que le résignant soit malade en tout temps, & au temps de la passation de la procuration, & au temps de l'admission, & au temps de l'expedition des provisions ; opinion que réfute *Du Moulin*, sur la Regle *de Infirmis, n. 326.*

Si au moment que le résignant envoye sa procura- 55 tion à Rome, il étoit en parfaite santé, & qu'il ne souffrît aucun mal qui luy pût mettre devant les yeux l'image de la mort, mais que pendant le voyage du Courier le résignant tombe de son cheval, est blessé par quelqu'un par accident, ou qu'enfin il soit surpris d'une maladie imprévûë, de laquelle il decede le lendemain de la résignation admise, ou quelques jours après, mais toûjours dans les 20. jours ; en ce cas la Regle des 20. jours ne peut avoir lieu ; au contraire, elle doit avoir lieu quand le résignant étoit malade lors de l'envoy en Cour de Rome, soit que la procuration fût passée quelque temps auparavant, ou en ce temps ; car toute l'apparence est que ç'a été cette maladie qui a fait passer la résignation, ou du moins qui a été cause que le résignant l'avoit envoyée en Cour de Rome. *Ibidem.*

La Regle des 20. jours doit avoir son execution 56 entiere, quand dans les provisions données au résignataire ; l'on auroit mis sur la résignation la clause ordinaire & de stile, *etiam si per obitum, vel aliàs quovis modo vacet.* Cette clause n'ayant pas l'effet de déroger à la Regle des 20. jours, elle ne peut s'étendre qu'une vacance par mort, laquelle n'est pas existente au temps de la provision, mais seulement à la vacance par une mort déja arrivée. *Du Moulin*, de Infirm. *n. 328.*

Quand le Pape admet les résignations en cette 57 qualité, la Regle des 20. jours doit être observée ; mais lorsqu'il admet les résignations des Benefices dont la collation luy appartient immediatement en qualité de Diocesain, en ce cas, comme il n'agit que comme Collateur ordinaire, à l'égard duquel la Regle n'a point lieu, par la même consequence elle ne l'a point contre luy. *Ibidem, n. 331.*

Cette Regle a été reçuë en France comme une Loy 58 juste & perpetuelle, ainsi quelques opinions qu'ayent & les Italiens & ceux qui sont attachez aux sentimens 59 des Papes, nous ne laisserons pas de croire en France qu'elle ne s'éteint pas par la mort du Pape ; mais il faut observer que soit que le consentement soit prêté avant la mort du Pape, soit après dans la Chancellerie pendant la vacance du saint Siege, c'est toûjours de ce temps-là que commencent à courir ces 20. jours. *Ibidem, n. 334.*

Au *nomb. 335. & suiv.* de la Regle *de Infirmis*, Du 60 Moulin apporte plusieurs raisons, pour montrer que le Pape ne peut pas déroger à la Regle des 20. jours. 1°. Cette dérogation est une veritable reserve, & les reserves sont défenduës & abusives, à l'exception de celles *que sunt in corpore juris clausæ.* 2°. Toutes préventions sont odieuses, & quoique par le Concordat le Roy ait accordé au Pape le pouvoir de prévenir

les Collateurs ordinaires, la referve de la prévention ne doit pas être étendüe, il fuffit que la prévention puiffe avoir fon execution dans quelques révocations.

61 La premiere limitation que *Du Moulin*, ibidem, *nomb.* 341. apporte à la Regle de *Infirmis*, eft qu'elle ne doit p s avoir lieu, quand depuis la procuration qu'un refignataire avoit paffée & envoyée en Cour de Rome, il décede d'une autre maladie, ou d'un cas & accident fi inopiné qu'on ne puiffe pas préfumer, ni foupçonner qu'il eût deffein de faire fraude aux faints Canons,& à cette Regle. Si donc il eft juftifié qu'un Beneficier, après avoir réfigné en parfaite fanté, & avoir envoyé fa procuration en Cour de Rome, eft furpris d'une maladie foudaine dans un temps auquel on peut dire que les chofes n'étoient plus en leur entier, quoique la procuration ne fût pas encore admife; neanmoins il n'y avoit pas de temps fuffifant pour révoquer fon Procureur, & notifier fa révocation à luy ou à fon Supérieur, il faut qu'en ce rencontre la difpofition de cette Loy ceffe, puifque fa penfée ne peut pas être de donner atteinte à une réfignation de cette qualité, elle doit fubfifter irrévocablement; neanmoins avec ce tempérament & cette modification, qu'il faut être affuré que la maladie étoit imprévüë, enforte que depuis le jour que cette maladie fubitement arrivée au réfignant, jufqu'au moment de l'admiffion de la réfignation, il faut qu'entre ces deux temps, il ne fe foit pas écoulé affez de jours pour envoyer une procuration à Rome, & il faut que la procuration ait été veritablement & effectivement envoyée à Rome lors de la parfaite fanté du réfignant.

62 La feconde limitation apportée par *Du Moulin* fur cette Regle, eft qu'elle ne doit pas s'entendre d'une maladie, ou plûtôt d'un chagrin d'efprit, fi ce n'eft qu'un homme eût l'efprit chargé & attaqué d'un ennuy & d'une mélancolie fi preffante & fi forte, que cela alterât notablement la fanté du corps. *Ibidem*, *nombre* 347.

63 Une autre limitation eft que cette Regle ne fe doit & ne fe peut entendre que de la mort naturelle, & non de la mort civile du réfignant. *Du Moulin*, ibid. *nomb.* 351.

64 La raifon précife qui fait que la Regle des 20. jours n'a lieu que dans la mort naturelle des Domeftiques des Cardinaux, & non dans leur mort civile, & dans toutes les autres vacances, c'eft que cette Regle eft contraire à la liberté publique, & qu'elle emporte avec foy une efpece de referve admife; & par confequent, comme elle ne parle que d'une feule maniere & forte de vacance, fçavoir de la vacance par mort, elle ne doit pas être étendüe au cas de la mort civile, bien loin d'être étendüe aux autres vacances. *Du Moulin*, de Infirmis, *n.* 362.

65 Le Pape en faifant cette Regle a eu deffein de laiffer l'effet de cette Regle à la mort naturelle, ou jugement de Dieu; mais il n'a pas voulu que l'effet de cette Regle, c'eft-à-dire, que la validité de la réfignation dépendît de la volonté du réfignant; c'eft donc avec une jufte raifon qu'elle n'a pas lieu à l'égard de la mort civile; par exemple, fi le réfignant vient à fe marier, s'il fe fait pourvoir d'un Benefice incompatible, d'autant que les chofes dépendent du deffein & de la volonté feule du réfignant, lequel peut, ou avancer, ou retarder fon mariage, ou fa provifion, afin de faire tort ou plaifir à fon réfignataire, & de donner lieu à la Regle en fe mariant dans les 20. jours, ou d'en éluder l'effet en differant fon mariage jufqu'après les 20. jours; ainfi cette Regle n'y doit avoir aucun lieu. *Du Moulin*, ibid. *nomb.* 366.

66 Si cette Regle doit s'étendre à une vacance qui arriveroit par une Sentence rendüe contre le réfignant, & qui le priveroit de fon Benefice? *Du Moulin*, de Infirm. *nomb.* 367. dit qu'elle n'y a pas lieu.

Tome III.

Il faut tenir pour certain que la regle des vingt **67** jours n'a pas lieu dans le cas qui va être propofé. Une perfonne qui eft obligée de fe faire promouvoir dans l'an, ou bien qui perdra abfolument fon Benefice, quoiqu'il ne foit plus en état de prendre les Ordres dans l'année; neanmoins il peut toûjours refigner fon Benefice, même quand il feroit au dernier jour de fon année, & il fe peut défaire de ce Benefice, non feulement entre les mains de l'Ordinaire, mais entre les mains du Pape, par une refignation en faveur, fimple, ou pour caufe de permutation, on ne peut pas prétendre que la refignation & collation en confequence foient fubreptices, & ainfi nulles, à caufe que l'on n'a pas exprimé au Pape que le Benefice qu'on refigne & dont on lui demande la collation, doit vaquer le lendemain, ou peut-être même le propre jour de l'admiffion de la refignation, parce que le refignant ne s'eft point fait promouvoir dans l'an à l'Ordre de Prêtrife; jufqu'à ce que l'année foit entierement expirée, & pendant ce temps-là, il n'eft point fujet à la peine portée par le chapitre *licet canon. de election.* laquelle fe compte jour pour jour & de moment à moment. *Du Moulin*, de infirm. *n.* 382.

La même décifion doit être auffi rapportée quand **68** une perfonne eft privée de fon Benefice à caufe de quelque condition ou claufe refolutive appofée dans les provifions obtenües, foit du Pape, foit du Legat: par exemple, le Pape donne ou confere un Benefice regulier à un feculier, à la charge neanmoins qu'il prendra l'habit en la Religion de laquelle dépend ce Benefice, dans un an, ou dans tel temps qu'il plaît au Pape de limiter; on ne doit pas douter qu'il pourra refigner fon Benefice le dernier jour du terme qui luy avoit été donné pour fe faire Moine, fans craindre que la refignation qu'il fera puiffe être annullée par la regle des vingt jours, en ce que le Benefice a vaqué peut-être dès le lendemain de la refignation parfaite par la privation de droit du Benefice en la perfonne du refignant. *Ibid. n.* 383. & au *nomb.* 384. il ajoûte qu'on a fouffert au Pape qu'il pouvoit admettre ces refignations fans crainte de fubreption; mais cette tolerance vient plûtôt de ce qu'on a diffimulé, & qu'on n'a pas porté ces chofes dans le public; car il eft certain qu'on en paffe beaucoup par tolerance; fi elles étoient portées devant les Tribunaux, & que les Juges en priffent connoiffance, la Juftice ne laifferoit jamais paffer en *tolerantiam non fit difpenfatio.*

Quoique la commune opinion foit qu'il n'y a au- **68** cune fubreption dans la refignation ni dans la colla- **bis.** tion, neanmoins il eft certain qu'elle y eft toute entiere, & que les Provifions en ce cas font nulles comme fubreptices, parce que le refignant a tû & n'a pas exprimé au Pape qu'il faifoit cette refignation pour faire fraude aux Canons, & fe moquer de la peine qu'ils ont établie, de la privation des Benefices-Cures quand il ne fe fait pas promouvoir dans l'an, d'autant plus qu'en quittant & abandonnant ce Benefice, il ne le quitte pas effectivement & de la maniere que les Canons le veulent purement; mais il le donne à fon ami, ou même peut-être à quelqu'un qui eft d'intelligence avec lui, afin que par une fubrogation qu'il fera chaque année de femblables Benefices, & lefquels il refignera au bout de l'année, & aura joüi cependant du revenu, il faffe perpetuellement, fraude aux Canons. Or fi le refignant avoit exprimé cela fidelement au Pape, fans doute qu'il n'eût pas pû admettre la refignation ou la permutation, & en donner fes provifions,au moins il ne l'eût pas dû faire avec tant de facilité, ce qui fuffit pour former la fubreption, & du Moulin dit qu'il a été ainfi décidé en la Rote. *Ibid. n.* 384.

La fixiéme limitation qu'il faut apporter à la regle **69** des vingt jours, eft qu'elle n'a point lieu à l'égard

Sf ij

des Benefices confiftoriaux. Cette limitation eft inutile en France. Les raifons qui excluent les Benefices confiftoriaux de la regle des vingt jours, eft qu'ils ne font affectez à aucunes graces expectatives, & que les Collateurs ordinaires, pour l'interet defquels elle a été faite, ne les peuvent jamais conferer, même le Pape n'en peut difpofer feul, la provifion en eft donnée en plein Confiftoire, *vivo Papæ oraculo*. Voyez Du Moulin *de infirmis* n. 400. où il rapporte l'opinion conforme de Gomés.

70 Si le Roy admet une refignation faite par un malade, & qu'il confere le Benefice ainfi vacant, quand même la refignation n'eût été que pure & fimple, non en faveur, ou pour caufe de permutation, à l'égard defquelles, comme il en eft en quelque façon obligé de conferer le Benefice au refignataire, il y auroit plus d'apparence d'obferver cet ufage; mais même à l'égard des refignations pures & fimples; *Du Moulin*, fur la regle *de infirmis*, n. 416. obferve que fi le refignant meurt dans les vingt jours, du jour de l'admiffion de la refignation, le Roy pourra conferer encore une fois ce même Benefice comme vacant par mort, foit au refignataire, foit à une autre perfonne. La raifon de cet ufage, eft que le Roy a limité & reftraint l'admiffion de la refignation & la collation donnée à la refignation feule, & non à d'autre genre de vacance; ce qu'il pouvoit faire, puifqu'il eft le fouverain Seigneur, & qu'il avoit la difpofition libre & entiere de ces Benefices; ainfi jugé en 1494. au Parlement de Paris, on adjugea une Chapelle de S. Laurent fituée dans l'Eglife de Méaux, au pourvû par le Roy de cette Chapelle comme vacante par mort; le refignataire fut débouté, parce que le refignant, qui étoit malade lors de la refignation étoit mort de la même maladie dans les vingt jours; l'on a fait mention de cet Arrêt dans un autre Arrêt celebre, rendu le Jeudy 14. Août 1556. par lequel cette thefe étant debatuë & contestée, il fut enfin jugé, que la regle des vingt jours n'avoit pas lieu à l'égard des Ordinaires. Du Moulin ajoûte que de fon temps on jugea la même chofe.

71 A l'égard des Benefices qui font à la libre collation du Roy, la regle des vingt jours n'a point lieu, 1°. Parce que cette regle n'a point lieu à l'égard des Collateurs ordinaires: or le Roy l'eft dans ces cas; *imò unicus collator eft*, 2°. Parce que le Pape ne peut en aucune maniere difpofer de ces Benefices; & ainfi il ne les a pû rendre fujets à la regle de Chancellerie *de Infirmis*. Du Moulin, *de Infirm.* n. 416. La même chofe doit être dite des autres Seigneurs temporels du Royaume qui font Collateurs. *Ibid. n. 419.*

72 Comme le Pape eft le maître abfolu des Benefices fituez dans le Diocefe de Rome, ou dépendans de Saint Jean de Latran, on ne doit pas douter qu'il ne puiffe apposer dans ces Collations la condition, qu'au cas que le refignant decede dans les vingt jours, la collation & la refignation feront annullées; & en ce cas, fi le refignant decede dans les vingt jours, le Benefice vaquera par mort, non pas précisément en vertu de la regle des vingt jours; car elle n'a point lieu à l'égard des Collateurs ordinaires, le Pape eft un veritable Collateur ordinaire, elle ne peut avoir lieu à fon égard. C'eft l'opinion de *Gomez* en fa queftion 16. fur cette regle; mais la refignation eft annullée en vertu de la condition refolutive qui y eft apposée, qu'il y pouvoit apposer. *Du Moulin, de infirmis, n. 423.*

73 Puifqu'on voit que le Legat ne donne, ou ne refufe la claufe dérogatoire à la regle des vingt jours, que par un pur motif d'interet, & pour gagner plus d'argent, on pourroit & l'on devroit en ces rencontres appeller comme d'abus, parce que ce n'a jamais été la penfée ni du Roy, ni du Parlement; de luy permettre d'ufer de fes facultez en cette maniere. *Ibid. n. 425.*

74 *Du Moulin* fur la regle *de infirmis* n. 426. propofe une queftion, au fujet d'une nouvelle claufe, que les Legats mettoient dans la dérogation à la regle des vingt jours, fçavoir *quatenus abfens à Parifiis*. Il dit avoir vû une fignature de provifion fur une refignation, dans laquelle on avoit mis la claufe dérogatoire à la regle des 20. jours, *à la charge neanmoins que le refignant malade feroit abfent de Paris*: Depuis en faifant lever les Bulles, quand on les prefenta, l'on n'y vit plus cette reftriction; mais la claufe dérogatoire & étoit purement & fimplement mife. Le Pourvû par mort par le Collateur ordinaire, peut non feulement appeller comme d'abus, tant de l'impetration & conceffion de cette Bulle, que de fon execution, il peut même la foûtenir nulle & fauffe à caufe de ces mots, *dummodo abfens à Parifiis*, qui y ont été admis, & lefquels étoient dans la fignature, & qu'il étoit tres-important à ce Pourvû par mort, qu'ils euffent été mis dans la Bulle, car ils euffent prouvé que la Provifion du Legat étoit prohibée, burfalé, & pecuniaire. Mais du Moulin ajoûte que quand même il ne paroîtroit perfonne, qui fe fût fait pourvoir par l'Ordinaire, ou par le Pape, de ce Benefice comme vacant par mort, fi neanmoins le cas de la condition apposée par le Legat à la claufe dérogatoire eft arrivé, fçavoir que le refignant n'étoit pas éloigné de la ville de Paris, & qu'il eft décédé dans les vingt jours; fi le Legat vouloit conferer ce Benefice comme vacant par mort, fa provifion feroit encore nulle. *Ibidem, n. 427.*

75 *Du Moulin* fur la regle *de infirmis* n. 431. propofe cette efpece. Une Cure ayant été refignée pour caufe de permutation, le refignataire s'adreffe au dataire de la legation qui reçoit, admet, & même accepte la fupplique de provifion, dans laquelle on avoit inferé la claufe dérogatoire à la regle des vingt jours. Six jours après le refignant meurt; le Legat confere à un autre ce Benefice comme vacant par mort. Le refignataire fit affigner au Parlement de Paris le dataire, qui allegue pour raifon de fon refus, la volonté du Legat. Du Moulin fut confulté, & il dit à *Primiribus noftri ordinis conclufum fuit datarium illum teneri ad intereffe*, parce que de fa part il y avoit de la fourberie; c'étoit à luy à déclarer qu'il n'avoit que le pouvoir de recevoir des dates, le refignataire auroit pris d'autres mefures.

76 Si la regle des vingt jours a lieu en permutation? *Voyez* le mot *Permutation*, n. 82. *bis & fuiv.*

77 Si le Pape peut déroger à la regle des vingt jours au préjudice des Indults? *Voyez* le mot *Indult*, n. 69. *& fuivans.*

78 Si le Pape peut déroger à la regle des vingt jours au préjudice des Graduez? *Voyez* le mot *Graduez*, n. 171. *bis & fuiv.*

79 Dérogation à la regle des vingt jours. *Voyez* les mots *Cardinal*, nomb. 22. *& fuiv. & Legat*, nomb. 60. *& fuivans.*

80 La regle des vingt jours doit être gardée dans les refignations ou ceffions de commandes, lefquelles fuivant l'ufage de France, font de veritables titres. *Voyez* le mot *Commande*, nomb. 30. *& fuiv.*

81 Si la regle des 20. jours a lieu *in Ordinario*? Voyez les *Reliefs forenfes de Rouillard*, chap. 12.

82 Si avant la privation le Beneficier étant en bonne fanté refigne, & qu'enfuite par Sentence de condamnation il meurt, la regle des vingt jours a lieu; de même fi un malade accufé refignoit és mains du Pape, la refignation & provifion feroit fubreptice & le Benefice vaqueroit *per obitum*, comme auffi fi le Benefice vient à vaquer par un mariage contracté, & que le marié décede, comme dit Rebuffe dans les vingt jours, *ex labore herculeo uxoris nova*, parce que nôtre texte ne fe rapporte pas à ces cas-là. Biblioth. Can. to. 1. p. 738.

83 La regle des vingt jours ne comprend les refigna-

taires pourvûs par mort ; le temps de la vrai semblance se compte à leur égard du jour de la procuration, & non du jour de la mort ; en ce cas qui est
le seul auquel le Pape peut dispenser de la regle des
vingt jours, il faut une dérogation expresse. *Papon,
liv. 3. tit. 4. n. 2.*

84 La 34e. regle de Chancellerie Romaine a été publiée au Parlement le 27. Août 1492. & ensuite confirmée par plusieurs Arrêts des 4. Août 1504. 23. Decembre 1505. & 7. Septembre 1526. *Rebuffe,* sur le
Concordat au tit. *de Collationibus.*

85 La regle des vingt jours a lieu, encore qu'après la
résignation admise, le Pape, ou l'Ordinaire meurt
dans les vingt jours. Car quoique par la mort du
Pape les regles de Chancellerie soient éteintes ; neanmoins celle-cy a été faite Loy du Royaume, depuis
qu'elle a été verifiée au Parlement & registrée, qui
fut le 20. Novembre 1493. & elle a toûjours depuis
été observée. *Biblioth. Can. tome* 1. *p.* 757. *col.* 1.

86 Quoique la regle des 20. jours n'ait point de lieu
és Benefices qui sont à la pleine collation du Roy ;
neanmoins le Roy limite ses provisions à cette regle.
Deux ayant été pourvûs de la Chapelle de S. Laurent en l'Eglise de Meaux, le premier par résignation, l'autre par mort, parce qu'il se trouva que le
défunt étoit mort dans les vingt jours, celui qui étoit
pourvû par mort fut maintenu. Arrêt du Parlement
de Paris du 1. Decembre 1494. *Du Luc, liv. 3. tit. 2.
chap.* 1. & Rebuffe sur le Concordat au titre *de regid
ad prælat. nominatione.* Papon, *liv. 3. tit. 2. n. 4.*

87 La dérogation à la regle des 20. jours étoit fort
rare en la Cour Romaine, cette regle n'a commencé à y être pratiquée que du temps du Pontificat
du Leon X. Néanmoins s'étant présenté un procez à
la Cour entre le nommé Cavelier pourvû à cause de
la permutation à la Chapelle de Charles Mesnil, par
le Cardinal d'Amboise Légat, avec dérogation à cette regle, contre le Breton presenté à la même Chapelle par l'Ordinaire, il fut décidé le 30. Mars 1508.
quoiqu'on prétendît que le Légat n'avoit pouvoir de
déroger à cette regle, que la provision de Cavelier
étoit valable, bien que son résignant fût décedé le
lendemain de la résignation admise, & provision.
Et un nommé Uyon qui avoit obtenu l'expedition
de ses Lettres de résignation de la Cure de sainte
Croix de Fécan, au Concile de Pise, depuis transferé à Lyon en l'an 1502. pour la suspense ou interdiction du Pape Jules II. avec pareille dérogation à cette regle, fut évincé du plein possessoire, parce qu'il
ne convenoit pour un Concile de faire telles dérogations. V. la *Biblioth. Can. 10. 2. p.* 384. *col.* 1.

88 Arrêt du Parlement de Paris du 21. Mars 1509.
avant Pâques, par lequel une dispense de la regle *de
infirmis resignantibus* octroyée par le Légat est reçuë au
préjudice des Graduez nommez en leurs mois. *V. le
2. to. des Preuves des Liberiez, ch.* 35. *n.* 34.

89 Le Pape & son Légat peuvent au préjudice des
Graduez déroger à la regle des 20. jours. Arrêt du Parlement de Paris du 2. Juin 1536. *Papon, livre 3. titre
1. nomb. 5.*

90 La regle de 20. jours n'a lieu és Ordinaires & collations volontaires ; on l'a ainsi jugé, tant au Parlement de Paris, qu'au Grand Conseil depuis 1550. auparavant on jugeoit le contraire. Quand le résignant
ex causâ permutationis meurt dans les 20. jours, le
Collateur ordinaire ne perd le droit de conferer librement le Benefice, lequel est alors censé vaquer
par mort. Ainsi jugé le 23. Decembre 1552. *Ibidem,
nomb.* 4.

91 La question si la regle des vingt jours a lieu és
Collateurs ordinaires, a été jugée diversement, elle
a toûjours été pour l'affirmative jusqu'en 1540. mais
depuis ce temps ayant été approfondie, il a été décidé qu'elle n'a lieu és Ordinaires, tant au Parlement de Paris, qu'au Grand Conseil, & entr'autres

au Parlement de Paris pour la Cure de la Boissiere,
Diocese d'Angers, par Arrêt donné les Chambres assemblées l'an 1550. *Biblioth. Can. 10. 2. p.* 666. *col.* 2.

92 La regle des 20. jours n'a lieu en résignation volontaire, en l'Ordinaire de l'Ordinaire. *Arrêt du
mois d'Août 1550. Papon livre 3. titre 1. nomb.* 10. Du
Moulin le cite pareillement.

93 De même que la regle de Chancellerie Apostolique 19. *de infirmis beneficia resignantibus,* vulgairement appellée des 20. jours, n'a lieu pour les résignations ou démissions purement & simplement
faites entre les mains de l'Ordinaire, par une maladie du titulaire du Benefice ; comme il a été jugé le
15. May 1551. conformément à deux autres Arrêts du
Parlement de Paris du 14. Août 1550. & 23. Decembre 1551. ainsi cette regle n'a point lieu à l'égard
des Benefices qui sont en patronage laïc, & ceux qui
tombent à la nomination du Roy, soit par résignation ou autre genre de vacation. Arrêt du Parlement
de Normandie du 13. May 1524. pour un pourvû à
droit de Regale d'une Prébende, fondée en l'Eglise
Cathedrale de Courance à luy résignée par M. Robert de Bapaume décedé peu de temps après, & auparavant l'échéance des 20. jours, mais elle se pratique seulement à l'égard des Benefices résignez en
Cour de Rome. *Bibliotheque Canonique, tome* 2. *page*
385, *in fine.*

94 Le Legat peut déroger à la regle des vingt jours,
au mois des Graduez nommés, & à leur préjudice. Jugé le 22. Decembre 1565. *Charondas, li.* 1. *Rép.* 20.

95 Dans une cause qui fut plaidée au Parlement de Bretagne le 29. Mars 1571. l'Avocat du Roy dit que
la regle des 20. jours, & pour les résignations, il falloit en laisser la discretion & jugement à la Cour, &
selon les circonstances ; il seroit rigoureux de la garder exactement ; mais de l'étendre trop, on feroit
d'un Benefice un heritage, chose de perilleuse consequence. *Du Fail, liv. 3. chap.* 127.

96 La regle des 20. jours n'a point de lieu en l'Ordinaire en une résignation, *etiam ex causâ permutationis.*
Jugé le 11. Juillet 1578. *M. le Prêtre, deuxième Cent.
chap.* 43 Montholon, *Arrêt* 118. Peleus, *quest.* 164.
où il dit qu'elle a lieu en l'Ordinaire pour le regard
des Graduez nommez. *M. Louet, lettre* I. *somm.* 5.
& *lettre* P. *somm.* 42.

97 M. Charles Du Moulin conformément à l'Arrêt
du Grand Conseil du 5. Novembre 1592. dit que la
regle de 20. jours n'a point de lieu en la personne
du Roy ; il peut toutefois l'observer dans ses collac-
tions, & si le résignant ne vit les 20. jours, le Roy
peut de nouveau conferer comme vacant par mort,
même en ce cas la dispense du Pape de la regle des 20.
jours ne peut préjudicier au Roy. *M. le Prêtre, deuxième Centurie, chap.* 97. Voyez *Du Frêne, livre* 7. *chapitre* 21.

98 La regle des 20. jours a lieu en collation faite par
l'Ordinaire en permutation au mois des Graduez
nommez ; & une permutation frauduleuse admise
par l'Ordinaire ne peut préjudicier aux Graduez nommés, pourvû d'un même Benefice *per obitum.* Arrêt du 6. Septembre 1605. *Papon, livre 3. titre 2.
nomb.* 4.

99 Avant la regle *de infirmis* dont le Pape Innocent VIII.
est l'auteur, il y avoit une autre regle appellée des 20.
jours, laquelle vouloit que si dans les 20. jours de la
résignation admise, le résignant décedoit, son Benefice fût vacant par mort, sans entrer dans la question
de sçavoir s'il étoit infirme quand il a résigné ; les
Cardinaux se servent encore aujourd'huy de ce droit
ancien : *Quorum indulta non è regulâ de infirmis sed
de 20. diebus intelliguntur,* ensorte que si quelqu'un
en pleine santé avoit résigné son Benefice, & mouroit dans les 20. jours, le Benefice seroit vacant en
vertu de l'indult du Cardinal Collateur. *M. Louet,*
dans ses notes sur la regle *de infirmis, num.* 38. rap-

porte un Arrêt du Grand Conseil du mois de Septem-bre 1605. qui l'a jugé ainsi au rapport de M. d'Aligre ,*nec hujusmodi indulta infirmitatis mentionem faciunt, cum de derogatione ad hanc regulam verba faciunt.* Biblioth. Can. to. 1. p. 740.

100 Le Pape ne peut déroger à la regle des 20. jours au préjudice de l'indult des Cardinaux. Jugé au commencement de Septembre 1605. *M. Louet , lettre B. somm.* 15. Voyez *du Frêne , liv.* 6. *chap.* 27. où il rap-porte un Arrêt du 20. Juin 1651. par lequel le pour-vû par le Pape au préjudice de l'indult accordé à l'Ordinaire , a été maintenu & gardé en la possession du Benefice.

101 Encore que la regle de *viginti diebus , sive de infirmis resignantibus* , n'ait lieu contre les Collateurs ordinaires , *purè , & simpliciter , seu indistinctè & indeterminatè* , cela neanmoins doit être entendu , *si fraus absit* , d'autant qu'il est toûjours permis d'alleguer les argumens , conjectures & présomptions de fraudes , tant contre les procurations *ad resignandum* , que contre les Collateurs ordinaires. Jugé le 28. Février 1615. *M. le Prêtre , ès Arrêts de la Cinquième.*

102 Arrêt du P. de Dijon qui a jugé que le Pape peut déroger à la regle des 20. jours. *V. les Plaidoyers de M. de Xaintonge , page* 385.

103 Le Pape est tenu d'accorder sur une résignation *in favorem* des provisions , avec la dérogation à la regle des 20. jours. *Voyez aux Additions de la Biblioth. de Bouchel* , un Arrêt du mois de Février 1620.

104 La regle des 20. jours a lieu en résignation pour cause de permutation faite *ab infirmo* d'une Prébende entre les mains du Roy pendant l'ouverture en regale , *&c.* le pourvû en regale y doit être mainte-nu. Jugé le 13. Mars 1653. *Du Frêne , livre* 7. *chapitre* 21.

105 Le Pape peut déroger à la regle des 20. jours dans toutes les résignations de Bretagne , & de tout le pays d'obéissance. Jugé au Grand Conseil le 14. Décembre 1672. *De la Guessiere , tome* 3. *liv.* 6. *chap.* 18. & *le Recueil de Pinson*, to. 2. page 840. où il cite cet Arrêt pour montrer que le Pape peut déroger à la regle des 20. jours , au préjudice des indults extraor-dinaires.

106 Le Pape ne peut déroger à la regle des 20. jours au préjudice de l'indult des Cardinaux ; *Secùs* , au pré-judice de l'indult accordé au sieur de Lionne Abbé de Marmoutier ; & sans s'arrêter à son intervention , le pourvû par le Pape fut maintenu dans la Cure , avec dépens. Arrêt du Grand Conseil du 24. Decem-bre 1672. *Journal du Palais.*

107 La regle des 20. jours a lieu à l'égard des Ordi-naires dans le cas de la permutation qu'ils ont admi-se. Jugé au Parlement de Mets le 14. Avril 1675. le motif de l'Arrêt est que cette regle des 20. jours in-troduite particulierement en faveur des Ordinaires , doit être aussi bien observée dans le cas de la permu-tation (qui lie les mains des Ordinaires , puis qu'ils ne conferent qu'à ceux qui leur sont marquez par la voye de la permutation) que dans le cas de la résigna-tion en faveur admise en Cour de Rome , laquelle se fait pareillement par destination d'un successeur. *Journal du Palais.*

108 La regle de infirmis a lieu in *Ordinario in casu permutationis* , lors qu'elle est faite au préjudice des Gra-duez , Indultaires & Patrons. *Bibliotheque Can. tome* 1. *page* 739.

109 *Mandatarius Pontificis non facit , ut regula si quis in infirmitate , sit locus apud ordinarios.* Tournet , lettre *M.* Arrêt 1.

110 Par le stile des Cours de France , ces 20. jours se comptent de celuy de la résignation admise ; & cela tant en faveur des Ordinaires , que des Graduez & nommez ; ce qui a été plusieurs fois jugé aux Parle-mens de France , comme dit *Boer. quest.* 338.

111 Le Legat peut dispenser de la regle , *si quis in in-*

firmitate , mêmes aux mois des Graduez nommez par les Universitez. *Tournet, lettre R. Arr.* 100.

112 Il faut 20. jours francs entre la démission de la ré-signation & le décez , c'est-à-dire que le jour de la démission , ni le jour du décez n'y sont compris. Ar-rêt au Grand Conseil au mois de Mars 1682. *Journal du Palais. Voyez cy-après* verbo *Résignation.*

REGLE DE PACIFICIS POSSESSORIBUS.

113 Voyez cy-dessus à la lettre P. le mot *Pacificis* , où le texte de cette regle , & les Décisions qui luy conviennent sont rapportées.

De la regle *de pacificis possessoribus.* Voyez *Papon, li.* 8. *tit.* 8. Simoniaque ne peut s'aider de ce decret, il a lieu *adversus regalistam.* Chopin, li. 2. de Doman. tit. 9. n. 17.

114 De la regle *de triennali possessore,* que les Papes ont tirée presque mot à mot du decret *de pacificis posses-soribus* du Concile de Bâle , qui est en usage & obser-vé en France , non comme une regle de la Chancelle-rie Romaine , mais comme un decret dudit Conci-le , reçû par la Pragmatique Sanction , & confirmé par le Concordat. Rebuffe en a fait un ample traité , qu'il est necessaire de voir , avec la glose du Prag-matique. *Tit. de pacif. possess.*

115 La regle *de pacificis possessoribus* n'avoit point lieu en regale. Arrêt du Parlement de Paris du 10. Decembre 1601. *Voyez les Preuves des Libertez , tome* 1. *chap.* 16. *n.* 56. L'Edit de 1606. a changé cette Jurisprudence. *Voyez* le mot *Regale* , *nomb.* 155. *& suiv.*

REGLE DE PUBLICANDIS RESIGNATIONIBUS.

116 Item idem Dominus noster statuit & ordinavit quod quacumque Beneficia Ecclesiastica , sive in Curia Romanâ , sive extra tam resignata (nisi de illis facta resignationes) sin in Curia Romana facta sint , infra mensem (ex tunc ubi dicta Curia facta sint , infra mensem (ex tunc ubi dicta beneficia consistunt , publicata ; & possessio illorum ab eis quos id contingit, petita fuerit.) Si resignantes ista postmodum in eorumdem resignatorum possessione decesse-rint , non per resignationem , sed per obitum hujusmodi vacare censeantur. Collationes quoque de illis tanquam per resignationem vacantibus factæ & indè secuta nulli sint roboris vel momenti.* M. Charles du Moulin dans son Commentaire sur cette regle *n.* 14. prétend qu'elle devoit être conçuë dans les termes suivans ; *Item Dominus statuit & ordinavit quod quacumque Beneficia Ec-clesiastica , sive in Romanâ Curiâ , sive extra tam resignata nisi ista resignantes postmodum in eorumdem resignato-rum possessione decesserint non per resignationem , sed per obitum hujusmodi vacare censeantur : nisi de illis factæ resignationes , sin in Romanâ Curiâ infra sex menses , si extra dictam Curiam factæ sint , infra mensem ; ex tunc ubi dicta beneficia consistunt , publicata & possessio illo-rum ab eis quos id contingit, petita fuerit ; & ensuite le decret irritant.*

117 *Voyez* dans Rebuffe , 3. part. *praxis benef.* l'expli-cation de la regle *de publicandis resignationibus* , Mor-nac , *loy* 15. *Cod. de rei vendicatione.* M. le Prêtre , 3. *Cent. chap.* 17. où il dit qu'en France nous avons reçû cette regle de Chancellerie par l'Ordonnance d'Hen-ry II. de l'an 1550. art. 13. & 14.

118 Innocent VIII. est l'Auteur de la regle *de publican-dis resignationibus.* Du Moulin, sur cette regle , *n.* 2.

119 Pour faire que la regle *de publicandis resignationi-bus* ait lieu , trois choses sont requises conjointement & essentiellement. La premiere , que la publication n'ait été faite dans les six mois. La seconde , que la possession n'ait pas été demandée. La troisième , que le résignant soit mort après les six mois , & qu'il fût en possession : si l'une de ces choses manque , cette regle n'aura point de lieu , le Benefice sera vacant par résignation, non par mort , quoique celuy qui a ré-signé soit décédé.

Item cette regle ne doit être étenduë contre le résignataire, non seulement si le premier résignataire a
fait sa résignation à un autre dans le temps de la publication, mais en quelque façon que ce soit, cette regle a
aussi lieu és Benefices permutez, c'est-à-dire, que si
la résignation n'est pas publiée dans le temps établi,
& ordonné, le Benefice vaquera par la mort du
résignant aprés les six mois, comme s'il n'avoit
pas résigné. *Bibliotheque Canonique*, tome 2. page 511.
colonne 2.

120   Le Pape ne peut pas déroger à la Regle *de Publicandis*, qui a passé en Loy du Droit commun de la
France, par l'acceptation qu'elle en a faite. *Voyez Du
Moulin*, *n.* 3. *do Public*. Ce seroit *dispensare ad delinquendum & ad hoc invitare & authorare*.

121   *Du Moulin*, sur la Regle de *Public. n.* 12. *& suiv.*
réfute l'opinion de *Gomés*, expliquée en sa *question* 15.
sur cette Regle, & dit qu'afin que la Regle n'ait point
son effet, & que le Benefice vaque par résignation,
& non par mort, il ne suffit pas d'avoir fait publier
la résignation dans le lieu du Benefice, il faut avoir
demandé d'être mis en possession aux personnes ausquelles il appartient d'y mettre; il faut aussi que les
autres formalitez que requiert la Regle *Copulativè* se
rencontrent, autrement le Benefice vaquera par
mort, & non par résignation. Cette opinion est contraire à celle de *Gomés* & de *la Rote*.

123   Il y a tout au moins deux propositions & deux hy-
pothéses, la maxime generale, & son exception. La
premiere, sçavoir la maxime generale, est la derniere
à considerer dans l'ordre de l'écriture, quoiqu'elle
doive être, & qu'elle soit la premiere à considerer
suivant le sens & la conception de cette Regle; &
l'autre, comme ce n'est qu'une exception, doit être
à la derniere dans le sens, quoiqu'elle soit la premiere
à l'égard de l'écriture. *Ibid. n.* 17.

124   L'interpretation que donne *la Rote* à la Regle *de
Publicandis*, est ridicule & badine; l'addition que le
Pape Adrien VI. y a voulu mettre, est inutile & su-
perfluë; le changement que Paul III. y a voulu apporter, est encore moins supportable; il faut s'arrêter à cette Regle, & en prendre le sens tel qu'il est
couché, & de la maniere que cette Regle a été reçuë
dans ce Royaume & au Parlement de Paris, qui est le
veritable sens, & par lequel on voit que pour établir le droit & la prétention du pourvû par mort
contre le résignataire, il suffit qu'il prouve que le
résignant est décedé en la possession du Benefice résigné, soit aprés les six mois, soit aprés le mois du
jour de la résignation admise: & de la part du résignataire, pour se défendre du pourvû par mort, il
faut qu'il ait satisfait à deux conditions conjointement, sans qu'il suffise qu'il ait satisfait à l'une de ces
deux conditions; sçavoir que la résignation & conséquemment la provision obtenuë sur la résignation, ait
été publiée dans le lieu du Benefice, & que le résignataire ait pris possession, du moins qu'il l'ait demandée
aux personnes qui la luy pouvoient accorder; si l'une
de ces deux conditions venoit à manquer, il est certain que la prétention & le droit du pourvû par mort
demeureroit parfaitement établi. *Du Moulin*, ibid.
nombre 18.

125   Il suffit que le résignataire rende sa résignation &
sa provision publique, & qu'il prenne possession du
Benefice résigné, ou du moins la demande legitimement dans quelque temps que ce soit, même aprés
les six mois expirez, pourvû toutefois que ce soit du
vivant du résignant, lequel soit encore en possession.
Cette maxime a lieu, quand même, lors de la publication de la résignation & de la prise de possession,
le résignant seroit malade & réduit à l'extrémité, &
qu'il n'y auroit aucune esperance en sa vie, pourvû
que cette prise de possession ne se fasse pas *occultè
sed palam*. Ibid. *n.* 21.

126   Si cette Regle contenoit quelque obscurité, il fau-

droit l'expliquer *secundùm communem observantiam à
quâ non est recedendum*. Ibid.

127   *Si publicatio dilata sit in horam vel diem mortis, &
quo certum erat resignantem mori, itâ ut publicatio non
potuerit innotescere antè obitum, etiam si innotuit simul
cum obitu, tunc suspicio est exquisita fraudis & imputandum ei qui se se ità studiosè nec sine fraude arctavit.*
Du Moulin, Regle de Public. n. 22.

128   Un possesseur d'un Benefice le résigne à *Titius*, lequel trois mois aprés le résigne à *Caius*, & depuis
encore trois mois aprés, sans qu'on ait fait publier aucune de ces deux résignations, & qu'on ait pris possession en consequence, ou qu'on l'ait demandée, le
résignant décede en la possession de son Benefice;
sçavoir si en ce cas la Regle de la publication des résignations doit avoir lieu. *Voyez Du Moulin*, sur la
Regle *de Publicandis*, *n.* 33. *& suiv.* Il dit, comme
cette Regle a été faite seulement dans la pensée de
remedier aux fraudes & aux abus qui se commettoient
dans les résignations, il ne faut pas permettre qu'elle
devienne inutile à cet égard, & que bien loin d'arrêter
le cours des fraudes, elle ne fasse que les irriter &
attirer davantage; c'est pour cela que sa disposition
doit être étenduë pour avoir lieu, non seulement
contre un second, mais même contre un troisiéme
résignataire, & contre un quatriéme & cinquiéme,
s'il s'en trouvoit. *Gomés* qui a traité cette difficulté
dans sa *question premiere* de cette Regle, a conclu
pour la negative, sçavoir que le second résignataire
devoit avoir ses six mois entiers. *Du Moulin* traitte
ses raisons de frivoles, & dit qu'à l'égard du second
résignataire, on trouvera que la faveur & la liberté
des Collateurs ordinaires, demande que la Regle ait
lieu; la haine qu'on a toûjours portée aux résignations occultes, secrettes & clandestines, desire que
les seconds résignataires y soient compris; & enfin on
doit être persuadé que les mêmes raisons qu'on a
euës pour obvier aux fraudes & aux procés, se trouveront également, tant à l'égard du second résignataire, qu'à l'égard du premier; De plus, la Regle
parle indifferemment, sans faire aucune distinction
des premieres ou secondes résignations par ces mots,
nisi de illis factâ resignationes, & il dit que dans une
consultation faite le 16. Avril 1558. par M. le Charrier
Avocat, qu'il éleve & louë beaucoup, on avoit suivi
cette opinion.

129   L'on suppose qu'aprés avoir résigné son Benefice,
le même résignant le résigne une seconde fois, ou
décede dans les quatre ou cinq mois aprés sa premiere résignation, ensorte que celuy qui en est pourvû, soit par mort, soit par résignation, se met en
possession pendant que le premier résignataire ne fait
aucune diligence, jusques à ce que les six mois
soient écoulez, aprés lesquels il fait publier sa résignation, & se fait mettre en possession. *Du Moulin*,
ibid. *nomb.* 45. tranche cette question en peu de paroles; jusques à luy, elle n'avoit point été contestée;
il soûtient que la Regle n'a pas lieu en ce rencontre,
& conséquemment que le premier résignataire a le
meilleur droit au Benefice.

130   Une personne résigne une premiere fois son Benefice entre les mains du Pape; le résignataire a laissé
écouler les six mois de la Regle *de Publicandis*, ensorte qu'aprés les six mois, le résignant
étant encore en possession, résigne en faveur d'un
second, lequel non seulement fait publier sa résignation, mais même prend possession du Benefice,
soit qu'il dépossedât son résignant contre son gré,
soit que le résignant luy eût cedé la place volontairement. Trois mois aprés cette derniere résignation
le résignant décede; immediatement aprés sa mort
naturelle, le premier résignataire paroit, & soûtient
que venant dans l'année de la mort de son résignant,
il doit gagner sa cause, même au petitoire; la question est de sçavoir lequel est le mieux fondé? *Du*

Moulin, ibid. *n.* 54. se détermine pour le second résignataire.

131 Si l'on faisoit intervenir un tiers, comme *Du
Moulin* dit l'avoir vû quelquefois, & que le tiers se
fût fait pourvoir du Benefice contentieux, comme
vacant par la mort du résignant, la difficulté seroit
plus considerable. *Ibid. n.* 60.

132 Un oncle résigne en faveur de son neveu ; il garde
les provisions expediées en son nom ; trois années
après, l'oncle permute sa Cure avec un Prieuré ; de
part & d'autre la permutation s'execute. Après la
mort de l'oncle, le neveu veut faire publier la résignation faite cinq années auparavant. *Du Moulin,*
sur la Regle *de Public. n.* 68. le trouve mal fondé.

133 Résignation faite par un criminel, & tenuë secrette jusqu'à la Sentence de condamnation & privation,
devient caduque après les six mois sans satisfaire à la regle *de Publicandis.* Du Moulin sur cette
regle *nombre* 68. Voyez les distinctions qu'il établit
sur cette matiere au *nombre* 96. & *suivans.*

134
&
135
Quatre conditions sont requises copulativement
pour donner lieu à la resolution prononcée par cette
Regle. 1°. Il faut que la publication de la résignation
n'ait point été faite pendant la vie du résignant ; 2°.
que le résignant meure naturellement, & non civilement ; 3°. qu'il meure après les six mois, qui est le
temps defini & limité par la Regle ; & enfin qu'il décede en la possession du Benefice qu'il avoit résigné
auparavant. Ces quatre conditions doivent se rencontrer au commencement, c'est-à-dire, pour donner lieu à la Regle *de Publicandis,* & elles s'y doivent rencontrer conjointement ; autrement si l'une
manquoit, la Regle n'auroit point lieu. *Ibidem
nombre* 71.

136 *Du Moulin,* sur la Regle *de Publicandis,* nomb. 80.
prétend que le résignataire qui ne paroît qu'après la
Profession Monachale de son résignant, ne peut exclure celuy qui s'est fait pourvoir par la vacance de
cette Profession, & ainsi il faut conclure que la Regle
de Publicandis a lieu dans le cas de la mort civile,
quand elle produit le même effet que la mort naturelle ; & la résignation une fois annullée par la mort
civile du résignant, ne peut pas revivre, sous prétexte que le résignataire auroit prévenu le tiers impetrant, en prenant possession avant luy.

137 Un homme résigne purement & simplement entre
les mains du Collateur ordinaire. Celuy-cy pourvoit
Titius, lequel neglige de satisfaire à la Regle *de Publicandis* ; après le mois expiré, le résignant se demet
une seconde fois entre les mains de ce même Collateur, qui admet la seconde démission du résignant,
toûjours demeuré en possession ; il confere ce même
Benefice à *Cajus,* non à *Titius,* auquel il l'avoit au
premier conferé ; en ce cas, il faut conclure que le
premier résignataire venant après le mois & après
cette seconde résignation, ou plûtôt démission consommée, ne sera plus recevable à demander ce Benefice. *Ibid. n.* 87. où il dit, on ne peut pas prétendre que le Collateur change & varie sa premiere
provision, il confere par un nouveau genre de vacance survenuë depuis sa premiere collation ; en cela
il ne fait que se servir de son droit, & prévenir le
Pape ou le Legat. Si la provision du second résignataire ou collataire étoit frauduleuse, & faite seulement dans le dessein de dépoüiller le premier résignataire d'un Benefice qui luy étoit justement acquis,
le Benefice seroit conservé au premier résignataire.
Cette conclusion auroit lieu, quand même le premier
résignataire eût été absent, & qu'il eût ignoré la seconde résignation que son résignant faisoit en faveur
d'une autre personne, quand même le résignant eût
continué les pensions & le payement, & ce qu'il
donnoit au premier résignataire ; car tout cela
n'empêcheroit pas l'effet de cette Regle, lorsque le
résignant étant demeuré en possession après les six

mois, a résigné une seconde fois, & que le second
résignataire a satisfait pleinement à la Regle *de Publicandis.* La même conclusion auroit lieu, quoique le
résignataire absent eût passé procuration speciale pour
faire publier sa résignation & sa provision dans les
six mois, & pour déposseder actuellement son résignant, laquelle procuration il auroit adressée, soit à
son résignant, soit à une autre personne qui l'auroit
trompé ; parce que si l'on ne prouve que celuy au
profit duquel la seconde résignation est intervenuë, a
participé à la fraude pratiquée contre le premier résignataire, la Regle aura lieu, c'est-à-dire sa premiere
résignation sera annullée, avec tout ce qui a suivi,
sauf à *Titius* premier résignataire, à se pourvoir pour
ses dommages & interêts contre son résignant.

138 La Regle *de Publicandis,* auroit lieu, quand même
le résignant auroit pris à loyer du résignataire les revenus du Benefice. *Voyez* Du Moulin *n.* 89. il dit ensuite que si le résignant avoit fait un même bail à un
second résignataire, & qu'il continuât de demeurer
en possession du Benefice, la Regle *de Publicandis*
n'auroit pas lieu contre le premier, parce que le résignant ne seroit pas mort civilement à l'égard de ce
Benefice, sur tout si le second résignataire étoit domestique du résignant, ou que vraisemblablement il
ne pût pas ignorer la premiere résignation, *quia
tunc vitiosum aut nullum haberet ingressum,* & il ne
pourroit pas se prévaloir de la Regle *de Publicandis* ;
faite pour punir, & non pour autoriser les fraudes.

139 La question de sçavoir si la regle *de publicandis*
doit avoir lieu dans les résignations faites pour cause
de permutation est appellée par Maître Charles du
Moulin sur cette même regle, nomb. 112. *perdifficilis,
anceps,* & *argumentosa.* La Rote ne put la décider,
& Gomés dans sa question 3. sur cette regle la laisse
indécise.

140 Pierre ayant un Benefice à Paris, & Simon ayant
un autre Benefice à Sens, passent procuration respectivement pour resigner en faveur l'un de l'autre, pour
cause de permutation ; cette permutation est admise
par le Collateur ordinaire ou par le Legat, lequel
donne provisions aux deux permutans le 1. Decembre.
Simon laisse écouler le mois de Decembre sans satisfaire à la regle *de publicandis.* Pierre mourut le 5.
Janvier suivant dans la possession réelle de son ancien
Benefice de Paris ; un nommé Paris se fait pourvoir
du Benefice situé à Paris, comme vacant par la mort
de Pierre ; un autre nommé Paul se fait pourvoir du
Benefice de Sens, comme vacant par la mort de ce
même Pierre ; sçavoir si par la mort de Pierre décedé
en possession, après le mois, du Benefice qu'il avoit
résigné pour cause de permutation, la regle *de publicandis* doit avoir lieu ? *Voyez* Du Moulin *sur la regle*
de publicandis, n. 121. & *suiv.* au *nombre* 134. il conclud que le Benefice de Paris vaque par la mort *de
publicandis,* c'est à dire, par la mort de Pierre, nonobstant la résignation faite en faveur de Simon : mais à
l'égard du Benefice de Sens, le Droit commun empêche qu'il ne vaque. Il dit plus, car il soûtient que
Simon par la mort de Pierre demeure dans l'aveu &
a le même droit qu'il avoit en son Benefice de Sens
avant la permutation, & cela suivant la disposition
même de cette regle ; elle opere deux choses, la verité & la fiction ; la verité *ex nunc,* & la fiction *ex
tunc,* parce qu'au moment de la mort du résignant arrivée après le temps de cette regle, & que le résignant est mort en possession, elle annulle effectivement & veritablement la résignation faite par le défunt, comme aussi la provision du Benefice résigné
donnée au résignataire survivant, & elle opere la même chose que si elle n'avoit jamais été faite ; non seulement elle annulle la résignation & la provision,
mais tout ce qui a été fait en consequence.

141 Quand même ces deux personnes qui auroient fait
des résignations mutuelles auroient eu intention de
les

les faire pour cause de permutation, & qu'ils auroient fait un Concordat entr'eux à cet effet. Neanmoins si ce Concordat n'avoit point été homologué par le Superieur qui avoit la puissance d'admettre les résignations, & auquel on n'a point demandé qu'il confirmât cette permutation, cela devient inutile. Si un Collateur ordinaire eût entheriné ces résignations mutuelles, & qu'on ne lui eût pas exprimé qu'elles étoient faites pour cause de permutation, l'homologation de ces résignations seroit nulle, d'autant que les Ordinaires n'ont pas le pouvoir d'admettre les résignations en faveur, non plus que le Legat, s'il ne l'a expressément dans les facultez de sa Legation, & si on ne leur exprimoit nommément que c'est pour cause de permutation. Que si ces résignations mutuelles avoient été admises par le Pape, auquel on n'auroit pas exprimé le traité que les parties auroient fait entr'elles, que c'étoit pour cause de permutation; on ne pourroit pas prétendre pour cela ces résignations fussent nulles & subreptices ou simoniaques, parce que bien loin que le Pape eût été plus difficile, il auroit accordé la grace avec plus de facilité, ne s'agissant que d'une permutation. *Ibidem.*

141 Dans les résignations mutuelles, lorsque les deux résignans n'ont point satisfait à la regle *de publicandis*, le résignant survivant perd son Benefice, quoiqu'il n'en ait point été dépossedé par son résignataire prédécedé. Car cette regle n'a point été faite en faveur des résignans ou résignataires, mais contre eux, & à l'avantage des Ordinaires ; ainsi tel Benefice vaque par la mort du prédécedé. *Du Moulin,* sur la regle *de publicandis* nomb. 138. ajoûte que le survivant qui joüiroit paisiblement pendant trois années ne pourroit pas s'aider du Decret *de pacificis, cum nullum nec quidem coloratum titulum habeat, & præterea malam fidem.* Cette maxime n'auroit pas lieu dans les résignations réciproques, ou pour cause de permutation, lesquelles sont conditionnelles, au lieu que les résignations mutuelles sont censées pures & simples.

142 Dans le cas où l'un des deux résignataires aura satisfait à la regle *de publicandis,* si celui qui a fait publier la résignation prédécede, les deux Benefices vaqueront par sa mort ; si au contraire celui qui n'a pas satisfait à la regle prédécede, le Benefice qu'il avoit résigné ne vaque point par sa mort, parce que le résignataire qui survit l'avoit dépossedé. Que si les deux résignans décedent en la possession des Benefices qu'ils s'étoient mutuellement résignez avant avoir satisfait à la regle, mais avant que le temps établi pour cela fût écoulé, la regle n'auroit lieu de part ni d'autre, & les choses iroient de même maniere que si ces deux personnes eussent fait publier leurs résignations ; ainsi ni l'un ni l'autre de ces deux Benefices ne vaquera par la mort de l'ancien titulaire & possesseur, mais par la mort du résignataire.

143 Quand les deux résignataires n'ont point satisfait à la regle, si l'un prédécede dans le temps prescrit par la regle, & que l'autre survive, alors la regle n'a point lieu à l'égard du Benefice résigné par le prédécedé ; il est même douteux qu'elle ait lieu à l'égard du Benefice résigné par le survivant, parce que si ce résignant meurt quelque temps après lui dans le temps prédécede, en sorte ce soit dans le temps prescrit par la regle, il n'y pourra avoir lieu ; mais si ce résignant fournit beaucoup, on pourra se faire pourvoir du Benefice qu'il avoit résigné comme vacant par la mort du résignataire ; si l'impetrant satisfait à la regle, c'est à dire, qu'il fasse publier la résignation faite en faveur de son prédécesseur, par la mort duquel il s'est fait pourvoir, en ce cas la regle n'aura point lieu ; mais si personne ne se fait pourvoir par la mort du résignataire prédécedé, ou bien que quelqu'un s'étant fait pourvoir ne satisfasse point à la regle *de publicandis,* en sorte que le résignant survivant décede en la possession du Benefice qu'il avoit résigné, en ce

Tome III.

cas la regle aura lieu. *Du Moulin* de publicandis, nomb. 139.

Les deux copermutans étant décedez dans la possession du Benefice résigné après le temps porté par la regle *de publicandis,* sans que le résignataire y ait satisfait, la regle aura lieu ; mais de telle maniere qu'il n'y aura que l'ancien Benefice qui vaquera par la mort du prédécedé en possession, & non pas le Benefice qui lui avoit été résigné, dans lequel le survivant rentre de plein droit, sans nouvelle provision, d'autant qu'il ne fait que reprendre son ancien droit & son ancien titre tel qu'il l'avoit avant la résignation pour cause de permutation. *Ibid. h.* 140. 144

Après la permutation accomplie de part & d'autre jusqu'aux Collations inclusivement, Simon décede dans le temps prescrit par la regle *de publicandis ;* Pierre décede ensuite ; mais après le temps de la regle. Cinq personnes plaident pour les deux Benefices qui ont vaqué par la mort de ces deux copermutans ; le premier est Paris, lequel s'est fait pourvoir du Benefice de Paris, deux jours après la mort de Simon ; & la provision de ce Benefice comme vacant par la mort de Simon, est ou de deux jours après la mort de Simon ou d'une autre date, mais toûjours avant la mort de Pierre. Le second est un nommé Papus, lequel s'est fait pourvoir de ce même Benefice, comme vacant par la mort de Pierre. Le troisième contendant est Paul, qui s'est fait pourvoir du Benefice de Sens comme vacant par la mort de Simon, & sa provision est obtenuë avant la mort de Pierre. Le quatrième est Sebastien, pourvu de ce même Benefice de Sens, comme vacant par la mort de Pierre. Le dernier est un nommé *Silvius,* lequel s'est fait encore pourvoir du Benefice de Sens, comme vacant par la mort de Simon ; mais sa provision est differente de celle de Paul, en ce qu'elle est obtenuë après la mort de Pierre seulement. *Du Moulin,* sur la regle *de publicandis,* n. 143, & suiv. examine cette question, & conclut que Pierre doit l'emporter comme le plus canoniquement pourvû, & la raison est qu'il avoit été pourvû de ce Benefice comme vacant par la mort de Pierre l'ancien titulaire lequel étoit décedé en possession. Le Benefice de Sens doit être ajugé à Paul, parce que la permutation est resoluë & annullée, & qu'ainsi il se pouvoit faire pourvoir du Bénefice de Sens comme vacant par la mort de Simon, auquel il étoit retourné par le moyen de cette resolution. 145

La regle aura lieu dans les permutations, quand même elle ne se trouveroit verifiée que dans un seul des copermutans ; c'est à dire, que l'autre ait satisfait à cette regle, qu'il ait publié la résignation faite en sa faveur, & dépossedé son permutant, tandis que l'autre demeureroit dans sa negligence ; & en ce cas la permutation sera annullée & resoluë, tant d'un côté que d'autre, soit que celui qui aura satisfait à la regle prédécede, soit que l'un des permutans meure dans le temps de la regle sans y avoir satisfait, & qu'après sa mort personne ni satisfasse pour lui. *Ibidem,* nombre 172. 146

Il faut tenir pour maxime certaine que la regle *de publicandis,* ne peut avoir d'effet dans les permutations qui ne s'executent & n'ont été executées que d'un côté seulement, ou plûtôt c'est que la regle n'agit pas à demi, & qu'elle ne détruit pas seulement une partie de la permutation, mais elle l'annulle & la résout toute entiere & des deux côtez, soit que la regle se trouve verifiée de part & d'autre dans toutes les deux résignations, & à l'égard des deux résignans & résignataires, soit qu'elle ne se trouve verifiée qu'à l'égard seulement d'un résignant, lequel décedera dans la possession de son ancien Benefice, après le temps porté par cette regle. *Ibid. n.* 197. 147

Si une permutation ayant été executée & accomplie de part & d'autre, en sorte que les deux permutans ayent été reciproquement pourvûs des Benefi- 148

T t

ces permutez, si l'un & l'autre decede dans la possession de leurs anciens Benefices, mais dans le temps porté par cette regle, en ce cas les deux Benefices vaquent par mort ; mais ils ne vaquent pas par la mort du possesseur de fait, quoiqu'ils en fussent autrefois les veritables titulaires & possesseurs, mais ils vaquent par la mort du résignataire, ensorte qu'une personne qui se seroit fait pourvoir d'un de ces Benefices, comme vacant par la mort du résignataire, seroit préferable à celui, lequel se seroit fait pourvoir de ce même Benefice le premier en date, comme vacant par la mort de celui qui étoit mort dans l'actuelle possession. *Ibid. n. 198.*

149 . L'opinion de Gomez est que le temps de la regle *de publicandis* ne commence à courir que du jour de la prestation du consentement. *Du Moulin* sur cette même regle, *nomb. 206. & suiv.* est d'avis contraire, parce que *solo verbo gratia perfecta est, & ex supplicatione signata statim verum jus quæsitum;* ainsi il conclut que le temps de la regle court du jour de la résignation admise. Au *nomb. 210.* il observe que 15. années avant qu'il écrivit son Commentaire, qui étoit en 1551. l'opinion de Gomez étoit suivie, & qu'on le jugeoit de la sorte en 1437. Il apporte plusieurs raisons pour la détruire, & se sert de cette comparaison ; Quand on veut sçavoir de quel temps ont couru les vingt jours, comme on ne regarde pas le temps de la supplique, ou de la signature, mais celui du consentement prêté, parce que cela est favorable aux Collateurs ordinaires & aux pourvûs par mort ; de même il ne faut pas dans la regle *de publicandis* regarder le jour du consentement prêté, mais la date de la supplique ou signature ; car cela est utile aux Collateurs & aux impetrans par mort, que la regle a eu dessein de favoriser ; les raisons de *Du Moulin* firent changer l'ancienne Jurisprudence; & la question examinée par les Chambres assemblées, fut décidée conformément à son avis. Au *nomb. 217.* il ajoûte que dans le temps qu'il professoit les Loix à Dole, les Docteurs & Antecesseurs de cette Ville consulterent avec lui directement contre la Regle de Chancellerie de Paul III. & contre l'opinion de Gomez, & que suivant cette résolution un pourvû par mort gagna sa cause contre un résignataire *in Curiâ Bisuntinâ.*

150 . Les Papes Jules III. & Paul IV. firent une addition à cette Regle *de publicandis*, sur le mot *sex menses*, par laquelle ils déclarent que les six mois se devoient courir du jour de la date de la supplique, & non pas du jour que le consentement auroit été prêté, *à datâ supplicationis & non à die præstiti consensus computandos.* Cette opinion reprouve la vieille erreur. *Voyez Du Moulin ibid. nomb. 255.* où il observe que cela doit s'entendre d'une supplique valable & efficace qui contienne en elle-même l'admission de la résignation & la collation, ou du moins l'admission de la résignation legitime, & telle qu'elle fasse vaquer le Benefice par résignation, & qui empêche qu'il ne puisse plus vaquer par mort, si ce n'est ou par la disposition de la Regle *de infirmis*, ou par celle *de publicandis.*

151 . Un Cardinal & un nommé *Titius* font un Concordat, par lequel le Cardinal promet de résigner une Abbaye qu'il possedoit, à *Titius*. Un Religieux intervient qui s'oblige de résigner une *Infirmerie* en faveur d'une personne qui lui devoit être nommée par ce Cardinal. Le Concordat est homologué en Cour de Rome au mois de May, & la résignation faite par le Religieux est admise au mois de Juin : dans ce même mois le Religieux decede; *Cajus* se fait pourvoir de cette Infirmerie comme vacante par sa mort ; le nommé par le Cardinal se presente ; on lui objecte qu'il n'a pas publié sa résignation dans les six mois. Il répond que les six mois ne se doivent compter que du jour de la collation. Maître Charles Du Moulin, à qui la question fut proposée, la décida contre le

résignataire, parce que l'admission avoit veritablement fait vaquer l'Infirmerie par résignation, sans qu'il fût besoin de collation. *Ibid. n. 236.*

La question de sçavoir si le temps porté par la Regle **152** *de publicandis, currat ignoranti, impedito, vel minori*, est traitée par Maître Charles Du Moulin sur cette même regle *nombre 257.* il décide pour l'affirmative, ensorte que le Benefice vaquera par la mort & n'aura point vaqué par la résignation ou démission. La raison est que cette regle est réelle, *loquitur in rem*, elle a lieu dés que la résignation a été valablement admise, *non obstat justâ ignorantiâ*, parce que le résignataire ou collataire *certus de lucro, & lucrum collatarii cedere debet lucro reipublicæ.*

Si le lieu où est situé le Benefice est attaqué de **153** peste ou rempli de gens de guerre, ensorte que la publication ne puisse être faite, il suffira de la faire dans le lieu le plus proche. Une seconde exception est que celui qui auroit frauduleusement suscité un obstacle au pourvû, ne pourra lui objecter le défaut d'execution de la regle ; mais si l'empêchement ne proyenoit que du résignant, il n'empêcheroit pas que le résignataire n'eût encouru la peine. *Ibid. n. 242.*

En 1523. lors qu'à cause des guerres, & que les **154** chemins étoient si occupez par les ennemis, qu'on ne pouvoit pas aller ni envoyer à Rome & y porter l'argent pour l'expedition des provisions, & dans d'autres temps semblables, l'on faisoit les publications sur de simples signatures sans avoir les Bulles. *Voyez Du Moulin* sur la regle *de Publicandis n. 242.* il dit qu'il a vû juger & déclarer des publications de cette nature bonnes & valables. Il dit plus, car aprés avoir obtenu des Lettres en la Chancellerie du Palais, on faisoit verifier par des Banquiers ces sortes de signatures ; elles servoient non seulement pour faire ordonner le sequestre, mais pour obtenir la récréance sans qu'on eût des Bulles.

Un pourvû par le Pape, ou par le Legat, sur une **155** résignation en faveur, a fait signifier, ou à montré ses Bulles de provision à l'Evêque Diocesain & Collateur ordinaire, lequel la fait insinuer, & la veu pour bien & dûement notifiée ; & dans un Acte à part, ou même sur le pli de la Bulle, il a fait mettre par son Notaire ou Secretaire ordinaire, que les provisions avoient été vûës & examinées un tel jour par l'Evêque; ensuite le Résignataire ne fait rien davantage, & laisse mourir son Résignant dans la possession de son Benefice aprés les six mois ; on demande si en ce cas la regle doit avoir lieu ? *Voyez Du Moulin, ibidem, nombre 253. & suiv.* où en rapportant plusieurs raisons, pour prouver que ne doit pas avoir lieu au profit de l'Evêque, il dit que cette these a été une fois jugée en la premiere Chambre des Enquêtes ; mais qu'à l'égard de cette derniere raison, elle ne doit pas être considerable, d'autant qu'il ne faut pas prendre & fonder ses jugemens sur les exemples, mais sur les Loix & sur les raisons; *non exemplis, sed legibus judicandum.*

Du Moulin sur la regle *de Publicandis n. 255.* pro- **156** pose cette espece. *Sejus* se démet de son Benefice, & le résigne purement & simplement entre les mains de l'Evêque qui le confere à *Titius.* Le Collataire laisse écouler le mois sans executer sa provision & sans faire publier la résignation de *Sejus*, qui par consequent meurt en possession. L'Evêque confere une seconde fois ce Benefice à *Cajus* comme ayant vaqué par la mort de *Sejus.* Du Moulin décide que seconde collation est bonne, & en effet il est dit dans la regle, *sive in Curiâ Romanâ, sive extra eam.*

Une résignation devenue notoire & publique par **157** une autre voye que par la publication, ne dispense pas le résignataire de satisfaire à la regle *de Publicandis*, & la prise de possession tenuë secrette & cachée seroit encore insuffisante. Une possession continuë, réelle & fondée sur des Actes réels, *publicationi &*

forma hujus regula aquipollet, imo praponderat. Du Moulin *de publ. resig.* n. 261. & suiv. où il rapporte un Arrêt du mois d'Août 1550. en faveur de Jean Masier contre Pierre Bernard pour la Chanoinie & Prébende de l'Eglise de Beaulieu, Diocese de Mâcon.

258 Dans l'Eglise de Chartres il y a une Dignité, sçavoir la *Prévôté d'Anvers*, dont la collation appartient à l'Evêque, & le revenu est à Anvers. M. Deserte Conseiller au Parlement de Paris titulaire, résigna à *Titius* qui prit possession à Anvers, donna à ferme les heritages, &c. Six mois après le résignant mourut, l'Evêque confera cette Prévôté comme vacante par mort. Du Moulin sur la regle *de public.* n. 272. dit qu'il fut consulté, il se détermina pour le résignataire, attendu la publicité, tant de la prise de possession que des Actes, & qu'il n'étoit pas nécessaire que la publication fût faite en l'Eglise de Chartres où le Prévôt étoit seulement tenu de donner un cierge dans le cours de l'année.

259 On demande, si la regle *de publicandis* doit avoir lieu au cas que le Pape decede dans le temps qu'elle court? Gomez est d'avis que non, ce qui est de certain est que les regles de Chancellerie reçûes en France ne finissent point par la mort des Papes. Du Moulin de public. n. 296.

260 La regle *de publicandis* n'a point lieu à l'égard des Benefices consistoriaux, parce qu'ils sont hors la disposition & le commerce des Collateurs, & dépendent seulement du Roy & du Pape. Au reste la disposition de cette regle s'étend aussi bien aux Cardinaux & Evêques qu'aux autres Beneficiers, parce que *eorum exemplo facilius alii poterant ad similia provocari.* Du Moulin sur la regle *de publicandis* n. 309.

261 Si le résignataire après avoir satisfait à la regle *de publicandis*, demeure dans le silence pendant trois années, ou qu'il ait dissimulé, de telle maniere que le résignant soit demeuré publiquement dans la jouïssance & dans la possession de ce Benefice, de même qu'il y étoit auparavant la résignation, & qu'il soit décedé lors que tout le monde le croyoit le veritable titulaire & possesseur du Benefice qu'il abandonnoit, en ce cas la regle doit avoir lieu. *Ibid.* n. 312.

262 Si une personne résigne plusieurs fois un même Benefice à la même personne, qui ne satisfait à la regle que dans les six mois de la derniere résignation, on demande si la regle *de publ.* a lieu? M. Charles Du Moulin *de public.* n. 314. & suiv. examine cette question, & il décide que cette regle n'a point lieu, qu'il suffit que la résignation ait été publiée du vivant du résignant, & que lors de sa mort on sçache publiquement qu'il n'étoit plus titulaire.

263 Il faut tenir pour maxime certaine, que si celui qui fait faire la publication est le veritable résignataire, & que sa provision soit appuyée & soûtenuë par le Droit commun, en ce cas son droit luy est conservé par cette publication qu'il fait de sa derniere provision, quoique dans cette publication il ne fasse mention d'une premiere résignation, laquelle avoit été faite en sa faveur. *Ibid.* n. 343.

264 Du Moulin, sur la regle *de publicandis*, n. 361. & suiv. propose cette espece. Un oncle résigne en faveur de son neveu ; celuy-ci accepte & est pourvû ; la provision n'est point publiée ; six années après le neveu voyant l'oncle malade, résigne purement & simplement és mains de l'Ordinaire, qui le même jour confere à l'oncle, lequel passe de nouveau une procuration pour résigner ce même Benefice en faveur du neveu ; la procuration est envoyée à Rome ; cependant l'oncle meurt ; le Collateur ordinaire pourvoit *Titius* à cause de mort, le neveu se presente ensuite & montre les Bulles obtenuës sur la seconde résignation, soûtenant que le défaut de publication ne peut pas luy être opposé, puisque le défunt est mort dans le temps de la regle. *Titius* objecte la premiere résignation, & dit que la rettocession est ou

Tome III.

---

simulée, ou faite seulement dans la pensée d'éluder la regle. Du Moulin décide en faveur de *Titius*, sur le fondement que le temps de la regle doit courir du jour de l'admission de la premiere résignation, & dit qu'une semblable question a été plaidée au Parlement de Paris le 13. Août 1551. entre Mathurin Bonjour résignataire, & le nommé Gentius pourvû par le Chapitre de l'Eglise de saint Martin de Tours.

265 Quand le Collateur ordinaire a conferé un Benefice à un absent, jusques à ce qu'il ait accepté la collation faite en sa faveur ; le Benefice demeure toûjours vacant, de la premiere & ancienne vacance ; mais ce qu'il y a, c'est que tant que la premiere collation que l'Ordinaire a donnée, demeure en suspens jusques à ce que l'absent ait répudié le Benefice qu'on luy avoit conferé, il ne peut pas être donné à un autre. Cela a lieu, soit que la collation ait été donnée à une autre personne qui n'en sçavoit rien, peut être à cause de son absence, mais laquelle en étoit capable, soit qu'elle ait été donnée à une personne qui sçavoit bien la grace qu'on luy faisoit, mais qu'elle l'avoit point acceptée. *Du Moulin*, sur la regle *de verisimili notitiâ*, n. 81.

266 Arrêt singulier sur la 34. regle de Chancellerie contenant que *possessio beneficii resignanti in Romanâ Curiâ debet adipisci & publicari infra sex menses, & si extrà Curiam Romanam, infra mensem, alias si résignans moriatur in possessione beneficii resignanti dicitur vacare per ejus mortem, & non per ejus resignationem.* Du Moulin, *to. 2. page 677.*

267 *Qualiter inducatur vel excludatur vacatio ob non factam publicationem resignationis?* Voyez Lotherius, *de re beneficiariâ, liv. 3. quest. 21.*

268 La publication doit être faite au lieu où le Benefice est situé suivant la regle *de verisimili notitiâ.* V. Despeisses, *to. 3. page 412.* afin que le Collateur ordinaire en ayant connoissance ne confere pas à un autre ; le temps de six mois ou d'un se compte du jour de la résignation admise, & non du jour du consentement prêté au résignant à la dépesche des Bulles qui peut être prêté après la résignation admise. Cette regle n'a point lieu lors qu'il y a un empêchement. *Item*, lors que le Benefice est vacant. *Item* quand le résignataire a été mis publiquement en possession.

269 De la regle *de publicandis*, en matiere de permutation. *Voyez* le mot *Permutation*, nombre 87. & suivant.

270 Cette regle n'a point lieu si la possession est prise la veille du décez ; *secus*, si elle est prise le jour de la mort du résignant après les six mois. Jugé au Grand Conseil. *Papon, liv. 3. tit. 1. n. 2.*

271 La regle *de public.* n'est empêchée par prise de possession, si le résignant est laissé en possession. Arrêt du Parlement de Paris en faveur d'un pourvû *per obitum*, ce n'est donc pas assez de prendre possession, il faut que le résignataire jouïsse. *Papon, livre 3. titre 1. nomb. 9.*

272 Le résignant tenant le Benefice à ferme de son résignataire fait cesser la regle *de publicandis resign.* Item, cette regle a lieu si la possession est prise le jour de la mort, après les six mois. Arrêt du 23. Août pour Gilbert de Colombe, contre Martin Gambard. *Biblioth. Can.* tome 2. *page* 511. col. 1.

273 La regle *de publicandis resignationibus* est reçûe pour loy, & observée en France. Arrêts du Parlement de Paris des 27. Août 1492. 23. Decembre 1505. & 7. Septembre 1525. *Ibidem.*

274 A cette regle est satisfait par publication faite sur une simple signature, pourvû qu'il y ait guerre, ou autre empêchement. Arrêt du Parlement de Paris de 1525. *Papon, liv. 3. tit. 1. n. 7.*

275 Les six mois de la regle *de publicandis*, peuvent être prorogez par le Pape d'autres six mois par provision expresse : *cum Papa sit ultra jus positivum, Cap. proposuisti de concess. præb.* & à plus forte raison sur les re-

T t ij

gles de Chancellerie. Arrêt du Parlement de Bordeaux de 1532. présentement on doute que cela soit observé en France, où cette regle n'est pas gardée simplement comme regle de Chancellerie, mais comme loy publiée & registrée aux Cours Souveraines par Ordonnance du Roy ; parce que telles prérogatives particulieres seroient préjudice aux Graduez Mandataires, & autres qui peuvent par vacation de mort succeder aux Benefices, quelques-uns ont voulu limiter ce pouvoir au Pays d'Obédience. Ibidem, & Charondas, liv. 1. Réponse 14. & 21. & Papon, livre 3. tit. 1. nombre 5.

176 Le résignant fermier du Benefice de son résignataire fait cesser la regle de publicandis ; encore faut-il que le résignataire du vivant de son résignant ait publié sa provision, & pris possession, & aussi que laissant son résignant fermier ce ne soit collusion, autrement vacaret beneficium per obitum. Arrêt du Parlement de Paris du 13. Août 1540. Papon, livre 3. titre 1. nomb. 2.

177 Les six mois de la regle de publication introduite en faveur des Ordinaires, & des impetrans par mort, se prennent du jour de la résignation admise. Arrêt du Parlement de Paris du 14. Juillet 1541. Ibidem, nomb. 4.

178 La regle de publication n'a point lieu contre un homme empêché par crainte, voye de fait, ou autrement. Arrêt du Grand Conseil du 2. Janvier 1543. la minorité & l'ignorance n'excusent. Papon, ibidem, nomb. 3.

179 La regle de public. resign. n'a point lieu à moins que le résignant ne meure avant la prise de possession. Arrêt du mois d'Août 1550. Bibliotheque Can. tome 2. page 511. col. 1.

180 Le regle de publication n'a lieu que lors que le résignant meurt avant la prise de possession. Arrêt du Parlement de Paris du premier Février 1557. Papon, liv. 3. tit. 1. n. 6.

181 Le Pape ne peut déroger & dispenser de la regle de publicandis resignationibus. Jugé le 7. Septembre 1564. Charondas, liv. 1. chap. 23.

182 Jugé le 16. Decembre 1574. que quoique le résignataire garde long-temps sa procuration, s'il prend possession, & fait publier devant la mort du résignant, six mois après l'impetration des Bulles, la résignation ne laisse de valoir. Papon, liv. 3. tit. 1. n. 6.

183 Antoine Josses résigne son Canonicat in manibus Papæ en faveur d'Yves Turmier. Cette résignation qui est du 4. Août 1572. est admise en Février 1573. le résignataire se présente au Chapitre de Rennes pour prendre possession le 5. Février 1574. sur les 9. heures du matin ; le Chapitre étant clos il la prend en présence des Chanoines ; il la réitere le 8. & est reçû au Chapitre. Cependant Jean de Lorie obtient en Cour de Rome provision du Canonicat comme vacant par le décez de Josses arrivé le 5. Février 1574. Complainte. Lorie dit que Josses est mort en possession, il paroît que le jour de sa mort il a assisté à l'Office, & a gagné la retribution. Il faut prendre possession au moins un jour avant la mort du résignant ; de plus la procuration pour la prendre n'est passée pardevant Notaire Apostolique. Le résignataire répondoit qu'il avoit plaidé pour la Prébende, & qu'il s'étoit fait subroger le 13. Février 1574. pour tout l'interest du défunt ; à l'égard de la procuration, non revocat mandatum quin imo probat quod suo nomine gestum est, en vertu de la procuration. La Cour sur pareils actes a ajugé de pleines mainteues. La cause qui avoit été jugée à Rennes en faveur du résignataire, fut appointée au Parlement de Bretagne au mois de Septembre 1576. décidée à l'avantage du Pourvû en Cour de Rome. Du Fail, li. 3. chap. 131.

184 Par la regle de publicandis la possession se doit prendre post sex menses in Curia Romana, & post mensem extra Curiam ; tellement que si le résignant décede

dans le mois, la résignation ne laisse pas d'être bonne, & la possession se peut prendre dans le temps d'un mois. Jugé à Toulouse le 23. Juillet 1585. au profit du résignataire. Charondas, li. 7. ch. 155.

185 Un résignant decede trois semaines avant les six mois de la résignation admise en Cour de Rome ; six semaines après la mort du résignant, & ainsi trois semaines après les six mois de la résignation admise, le résignataire prend possession, & le même jour un tiers se fait pourvoir de l'Ordinaire per obitum. Jugé pour le résignataire, d'autant que sa mort avenue dans les six mois, le mettoit hors de la regle, cessant, laquelle il n'étoit point en demeure. Arrêt du Parlement de Paris du 4. Janvier 1622. Corbin, suite de Patronage, chap. 308.

REGLE DE IMPETRANTIBUS BENEFICIA VIVENTIUM.

186 C'Est la 20. regle de la Chancellerie Romaine dont la disposition est telle. Item, si quis supplicaverit sibi de beneficio quocumque, tamquam per obitum alicujus, licet nunc viventis, vacante, provideri, & postea per obitum ejus vacet, provisio dicto supplicanti per obitum hujusmodi de novo facienda nullius sit roboris vel momenti.

Cette regle a pour Auteur Benoît XII. elle est plûtôt une pure disposition du Droit commun qu'une regle de Chancellerie, M. Charles Du Moulin joint l'explication de cette regle avec celle de verisimili notitia, parce qu'elles ont beaucoup de rapport l'une avec l'autre. Voyez cy-dessus les nomb. 6. 7. & 8.

REGLE DE VERISIMILI NOTITIA.

187 L A regle de Chancellerie de verisimili notitia est la 28. selon le nombre des regles de Chancellerie, elle est fort utile, revûë & registrée au Parlement de Paris le 20. Novembre 1495. & pratiquée par toute la France, gardée és jugemens comme une loy du Royaume, à laquelle par conséquent le Pape ne peut déroger.

Cette regle est conçuë en ces termes : Item, voluit & ordinavit, quod omnes gratiæ quas de quibusvis Beneficiis Ecclesiasticis tum curâ, vel sine curâ secularibus per obitum, quarumcunque personarum vacantibus in anteà fuerit nullius roboris vel momenti sint nisi post obitum, & antedatam gratiarum hujusmodi tantum tempus effluxerit, quod interim vacationis ipsa de locis, in quibus persona prædictâ decesserint, ad notitiam ejusdem Domini nostri verisimiliter potuerint pervenisse.

188 Sur la regle de verisimili notitiâ obitûs, elle a lieu à l'égard du Legat, & des Collateurs ordinaires, & le Pape n'y peut déroger. Voyez M. Charles Du Moulin, n. 1. & suiv.

189 De la regle de Chancellerie de verisimili notitiâ. Voyez la Biblioth. Can. tó. 2. page 656. & Du Luc, liv. 1. tit. 4. chap. 11.

190 Un Curé decede à midy au mois de Juin dans un lieu distant de Chartres de 20. lieuës, le Chapitre pourvoit le même jour au soir. Arrêt du Parlement de Paris qui juge qu'il n'y avoit pas eu assez de temps pour luy donner connoissance du décez. Du Moulin, sur la regle de verisimili notitiâ, n. 9.

191 Dés qu'on justifie la garde du corps mort du défunt titulaire, le temps requis pour former la vraisemblance requise par cette regle ne commence de courir à l'égard du Pape & du Legat, que depuis que la mort du titulaire aura été publiée dans le lieu du Benefice. Voyez Du Moulin, sur la regle de verif. not. n. 25. où il rapporte un Arrêt solemnel rendu au Parlement de Paris le 23. Février 1525. pour une Prébende de Chatellerault, laquelle avoit vaqué par la mort de Guillaume Abriou, arrivée dans la Ville de Poitiers.

191 Du Moulin sur la regle de verisimili notitiâ. §. 27.

dit que pour satisfaire à cette regle, il faut sept jours en Eté pour aller de Paris à Rome, comme il a été reglé sur les témoignages des Couriers, qui en cela (ajoûte cet Auteur) ne sont pas sinceres, car il dit que n'y ayant que trois cens lieües de distance, des personnes dignes de foy lui ont assuré qu'il ne faloit que six jours. En Hyver on augmente le temps, où quand il y a guerre qui empêche la liberté des chemins, ce qui dépend de l'arbitrage du Juge; mais ordinairement on regle la course de Paris à Rome à douze jours en Hyver. *Bibliotheque Canonique, tome 1. page 285.*

193 L'on compte le temps & la vraye-semblance à l'égard du Legat, suivant les journées communes & ordinaires, telles que les font regulierement les Marchands, par l'exemple de quinze lieües par jour; mais il faut que ce soient de petites lieües, telles qu'on en trouve prés de Paris, & prés d'Orleans. *Du Moulin, sur cette regle, nombre 28.* dit que le Parlement de Paris a souvent jugé suivant cette maxime, & appuyé cette moderation par plusieurs de ces Arrêts; l'on a introduit cela afin que les Collateurs ordinaires ne fussent pas perpetuellement frustrez & prévenus par les Legats.

194 Si cette Regle doit avoir lieu à l'égard de celui qui envoye en Cour de Rome une procuration du défunt pour résigner en sa faveur *Voyez Du Moulin, sur cette regle, nombre 36. & suivans:* il tient l'affirmative.

195 Quant aux Legats on ne reçoit point la preuve par le témoignage des Couriers, pour justifier si l'on a satisfait à la regle *de verisimili notitia.* Du Moulin dit qu'à leur égard les journées des Couriers doivent être médiocres & ordinaires, *juxta mediocres & solitas dietas, quas mercatores & negotiatores conficere solent, puta quindecim leucarum in die, sed paucarum, quales sunt circa Parisiensem & Aurelianensem urbem, & si non sape in hoc Senatu moderatum est & judicatum, ne alioquin ordinarii eludantur, & semper praveniantur per Legatos.* Du Moulin dit même sur la regle *de verisimili* §. 45. qu'au commencement de l'usurpation des préventions, la prévention ne se pouvoit faire, *nisi per dietas ordinarias & de certo expresso mo to vacandi.*

196 *Aldus* résigne son Benefice és mains de l'Evêque de Paris, qui le confere à *Badius* le 1. May. *Badius* répudie la collation le 1. Juin. Cependant le 12. May *Aldus* décede, le lendemain 23. le Benefice comme vacant par mort, est conferé à *Cajus.* Le 31. May *Drusus* obtient une provision du Pape avec la clause *quovis modo.* Le Collateur ordinaire ayant nouvelles que *Badius* avoit répudié sa provision, en donne titre le 15. Juin à *Faustus* de ce même Benefice, comme vacant par la résignation pure & simple d'*Aldus*, cependant & le 11. Juin *Gilles* obtient à Rome une provision de ce Benefice comme vacant, soit par mort, soit par résignation, &c. Me. Charles Du Moulin qui propose cette espece sur la regle *de verif. notit.* n. 75. & suiv. décide pour *Faustus.* Le pourvû par le Pape demeure exclus, parce que depuis la répudiation de *Badius*, jour auquel la vacance est devenuë libre, il n'y a pas eu un temps suffisant pour porter à Rome la connoissance de la veritable vacance; les autres n'ont aucun droit, parce que *Aldus* s'étoit dépouillé par sa démission de tout celui qu'il avoit. Jusqu'à la répudiation de *Badius* le droit du Collateur est demeuré en suspens.

197 Du Moulin demande si le Pape est sujet à la regle *de verisimili notitia,* lors qu'après les quatre mois des Patrons laïcs, il confere les Benefices ausquels ils ont negligé de présenter ou de pourvoir? La raison de douter se tire de ce que la prévention du Pape est un privilege qui doit être restraint. Du Moulin répond que le Pape peut conferer dès le premier jour, après les quatre mois, parce que le cas de dévolution doit il s'agit pouvoit être prévû, avant qu'il fût ar-

rivé, *quia potest priviá die devolutionis complea, jure devoluto conferri quoniam interim pravidebatur.* Il ajoûte qu'il n'en jugeroit pas ainsi dans un autre cas imprévû de dévolution, par exemple si un Benefice vaque, aussi-tôt qu'un Patron laïc est fortuitement suspendu de son droit de presentation, car la collation de ce Benefice ne se peut faire en Cour de Rome que suivant la regle *de verisimili notitia,* ce dernier cas étant extraordinaire & ne pouvant être prévû. *Biblioth. Can.* 10. 1. p. 286.

198 Quant aux Ordinaires ils ne sont point obligez à l'égard des Patrons d'observer la regle *de verisimili notitia;* la raison est qu'ils conferent en tout temps *jure ordinario,* & que le Patronage consideré comme une servitude qui leur est imposée, ne les peut empêcher de pouvoir conferer librement *ipso jure,* mais seulement par exception, c'est à dire, sous l'évenement de la condition que le Patron voudra se servir de son droit dans le temps qui lui est accordé; en un mot la prévention de l'Ordinaire n'est pas à proprement parler une prévention; mais une provision naturelle & legitime qu'on ne peut jamais condamner d'obreption. *Du Moulin de verisimili notitia* §. 81.

199 *Mandatis Pontificis maximi expressa regula de verisimili notitia, cum ejus derogatione quatenus recepta.* Tournet lettre M. Arrêt 2.

200 Arrêt sur la Regle *de verisimili notitia,* Du Moulin, tome 2, page 678.

201 La Regle *de verisimili notitia non incipit statim post obitum quando mors fraudulenter occultata est, sed tantum à tempore mortis publice notæ in loco obitus.* Mornac, l. 6. ff. de calumniatoribus.

202 *Regula Cancellaria de tempore verisimili, an habeat locum in Ordinario?* V. *Franc. Marc.* 10.1. quest 1000.

203 *Papa Regula 28. de tempore verisimili derogare potest.* Voyez *Ibidem,* quest. 1183.

204 Extrait d'un Registre de Parlement sans aucune intitulation, commençant par une Garde gardienne pour Normandie. Il est retenu *in mente Curia;* par maniere de provision, & jusqu'à ce qu'autrement en soit ordonné, que la Cour n'aura point égard aux dérogations du Pape, ni de feu M. Georges d'Amboise Cardinal Legat, contre la regle de Chancellerie Apostolique *de verisimili notitia,* sinon dans le cas où il y auroit procuration passée, par vertu de laquelle le Benefice auroit été résigné, & collation ou provision ensuivies *cum Clausulâ etiam si per obitum,* avec ladite dérogation. Car en tel cas, jaçoit qu'il y ait temps vray-semblable depuis la mort jusqu'à la date de ladite collation ou provision, pourvû toutefois qu'il y ait temps vray-semblable, depuis le temps que celui qui auroit porté la procuration est parti jusqu'à la date de la collation ou provision, cessant dol & fraude, on aura égard à ladite dérogation, & entend ladite Cour, que ce que dit est, tant pour le temps passé que pour le temps à venir, & en retenant neanmoins *in mente,* que ceux qui le temps passé auront joüi de quelque Benefice *in vim de* ladite dérogation par an & jour pacifiquement, ne pourront être inquietez au possessoire s'il n'y a autres obstacles; *Item,* que pour le present il n'est affaire generale ou certaine interpretation de la verisimilitude de temps de laquelle est faite mention en ladite regle, on l'en demeurera en arbitrage des Jugeans, *chapi-xigence du cas. Preuves des Libertez, tre 36. nombre 29.*

205 La Règle *de verisimili notitia* Parlement de Pacomme Loy du Royaume. Arrê Reglo n'a lieu aux ris du 2. Novembre 1493. qu'il n'y ait une invin-Provisions du Roy, à cible présomption de prétendoit résignataire d'un contre un homme à S. Quentin le 24. Févtier Beneficier qui jour avoit de la provision du Roy 1561. & du Papon, liv. 3. tit. 4. n. 1. étant à A

206 *Regula Cancellaria de verisimili notitia cum suis scholiis.* Voyez Rebuffe 1. *part. praxis benef.* où il observe que cette regle est devenuë Loy du Royaume par l'enregistrement fait au Parlement de Paris le 20. Novembre 1493.

207 La Regle de Chancellerie *de verisimili notitia* est observée en France contre provisions Apostoliques de Rome, obtenuës *in fraudem.* Arrêt du Parlement de Paris de l'an 1499. *Papon. liv.* 3. *tit.* 4. *n.* 3.

208 Arrêt du Parlement de Paris du 26. Janvier 1502. portant que la regle *de verisimili notitia* a lieu ès provisions du Legat comme en celles du Pape. *Preuves des Libertez,* to. 2. *ch.* 23. *n.* 11.

209 Il a été retenu *in mente Curia* en Avril 1512. par maniere de provision jusqu'à ce qu'autrement en soit ordonné, que la Cour n'aura point égard aux dérogations du Pape, ni de M. Georges d'Amboise Cardinal & Legat, contre la Regle de Chancellerie Apostolique *de verisimili notitia,* sinon aux cas où il y auroit procuration passée, par vertu de laquelle le Benefice auroit été résigné, ou collation ou provision ensuivie *cum clausulâ etiam si per obitum,* avec la dérogation : car en tel cas, quoiqu'il n'y eût temps vray-semblable depuis la mort jusqu'à la date de la collation ou provision, pourvû toutefois qu'il y ait temps vray-semblable depuis le temps que celui qui auroit porté la procuration seroit parti, jusqu'à la date de la collation ou provision, cessans dol & fraude, on aura égard à la dérogation ; & la Cour entend ce qui est dit ait lieu, tant pour le temps passé que pour l'avenir, en retenant neanmoins *in mente* que ceux qui le temps passé auroient joüi de quelque Benefice *in vim* de la dérogation par an & jour pacifiquement, ne pourront être inquietez au possessoire, s'il n'y a d'autres obstacles. De plus que pour le present il n'est à faire loy generale ou incertaine interpretation sur la verisimilitude du temps de laquelle est fait mention en la regle ; mais le tout demeura en l'arbitrage desdits Jugeans selon l'exigence des cas. *Bouchel en sa Bibliotheque,* verbo Regle de verisimili.

210 C'est une maxime en matiere de corps de Benefice mort, que le temps de la verisimilitude se doit prendre du jour que la mort a été déclarée & sçûë. Arrêt du Parlement de Bourdeaux du 12. Mars 1525. *Tournet, lettre* G. *Arrêt* 1.

211 La Regle *de verisimili notitia* a lieu ès collations des Ordinaires, ainsi qu'à celles du Pape, *ut ambitio evitetur.* Rebuffe 1. *part. praxis beneficiaria* au chapitre *Regula de verisimili notitia glos.* 5. Arrêt du Parlement de Paris du 29. Août 1537. elle n'a lieu en Regale. Voyez *Papon, liv.* 3. *tit.* 4. *n.* 6.

212 On n'a point d'égard à la Regle *de verisimili notitia,* pour les Offices & Benefices Royaux & temporels, & le plus diligent à se faire pourvoir l'emporte. Jugé pour un Office de Sergent, par Arrêt du 22. Decembre 1542. *Voyez Rebuffe, Proæm. Concord.* Mais elle a lieu en tous Benefices Ecclesiastiques, soit Reguliers ou Seculiers, aux Dignitez & Offices de l'Eglise ; elle n'a point lieu en matiere de dévolut, parce qu'aussi-tôt les six mois expirez, la provision du Pape est valable, *C.* 2. *de concess. Præb.* car en ce cas la raison de cette Regle cesse, & ce qui est dit du Pape, aussi lieu au Legat & à l'Ordinaire. Jugé au Parlement de Paris le 29. Août 1537. pour une Prébende de sainte Radegonde de Poitiers. *Bibliotheque Can.* to. 2. p. 650. col. 2.

213 La Regle *de verisimili notitia* a lieu en l'Ordinaire & Legat comme au Pape. Jugé le 25. Février 1546. *Expilly, en ses Arrêts, chap.* 21. Voyez *Carondas, livre* 1. Réponse 26.

214 Une provision en Cour de Rome en vertu d'une procuration pour résigner purement & simplement, avec la clause *aut alias quovis modo sive per obitum,* vaut par mort, & n'est sujette à la Regle *de verisimili notitia; hac regula locum habet in Ordinario & tenet.*

C. M. *ad hanc regulam n.* 3. *& seqq.* Jugé au mois de Juillet 1589. *M. le Prêtre,* 2. Cent. ch. 44.

215 La Regle *de verisimili notitia,* n'a lieu quand on envoye en Cour de Rome avec procuration, *quia impetrans justam arripiendi itineris habet occasionem, multis tamen dissentientibus propter favorem Ordinariorum, sed potius usui communis quam ratio prævaluit.* Jugé le 25. Juillet 1589. *M. Louet, lett.* V. *somm.* 2.

216 Les Arrêts rapportez par *Brodeau sur M. Louet lett.* V. *n.* 2. sont refutez dans la *Bibliotheque Canon.* to. 1. p. 285. sur le fondement que la regale succede aux droits de l'Evêque, or l'Evêque est sujet à cette Regle *de verisimili notitia.*

217 La Regle *de verisimili notitia,* n'a lieu en regale. Jugé le 10. Decembre 1602. *Carondas,* livre 1. *Réponse* 6.

218 *Non solum resignatio in favorem justam præbet causam præcurrendi Romam, sed & quacumque beneficiarii incapacitas, adeo ut si ante emissam collationem intitulatus decesserit, ea vis sit clausulæ, aut aliàs aut alio quovis modo, ut etiam morte vacua impetranti addicat.* Arrêt du Parlement de Paris du 31. Mars 1653. en faveur d'un dévolutaire qui fut maintenu au plein possessoire du Prieuré de saint Martin de Sarden. *Voyez Pinson,* au Traité de Canon. *institut. condit.* §. 10. *num.* 44.

219 Du défaut de la dérogation à la Regle *de verisimili notitia,* dans la signature du Vice Legat en faveur d'un résignataire, & si par ce défaut l'Obituaire pourvû le lendemain, doit être maintenu à l'exclusion du résignataire ? *V. Basset,* tome 1. *liv.* 1. *tit.* 4. chapitre 3. Arrêt du Parlement de Grenoble du 12. Février 1666. qui maintint le pourvû par le Vice-Legat. L'Arrêt fondé sur ce que la dérogation à la Regle *de verisimili,* n'est point necessaire en *provisione* sur résignation, quand dés le jour d'icelle jusqu'à la résignation, il y a temps suffisant, auquel cas la dérogation seroit inutile; s'il n'y avoit temps suffisant, la dérogation seroit abusive, comme contraire aux Loix du Royaume.

220 Arrêt du Parlement de Provence du 20. May 1666. qui a jugé que la Regle *de verisimili notitia* de la mort du Beneficier, étoit induite par le Juge, par la course des chevaux de poste, sans la renvoyer à connoissance d'Experts. *Boniface,* tome 1. *liv.* 2. *tit.* 30.

221 Il y en a qui disent que *Du Moulin,* au nombre 57. *de verisim. notit.* entend qu'en son cas de la revocation avant le départ du Courier, l'impetrant qui envoye ensuite, est inhabile & incapable, à l'égard d'un Benefice d'un possesseur vivant & legitime, impetré malgré luy, *ex cap.* 1. *de concess. Præb.* c'est-à-dire, qu'il ne pourra pas avoir le Benefice impetré, vacant par la mort du résignant, quoiqu'il y ait le temps de la Regle entre la mort & la provision, tant une pareille impetration est odieuse ; au lieu que l'impetrant, en vertu d'une procuration revoquée après l'envoy à Rome constituée en bonne foy, demeure capable du Benefice, si le temps de la Regle se trouve : mais ils prétendent que cela ne doit pas dispenser de la Regle celui-cy même, parce qu'avant son entrée en bonne foy, il n'a point de titre ; le titre étant par la revocation annullé avec tous ses accessoires, où il faut compter la collation *per obitum,* puisque lorsque le principal qui est le fondement manque, tout le reste tombe. Ce dernier avis a été suivi par Arrêt du Parlement de Toulouse du 30. Septembre 1672. *M. de Castellan, liv.* 1. *chap.* 45.

REGLES DE DROIT.

DE *diversis regulis juris antiqui.* D. 50. 17. *ult.* De regulis *juris. Extr.* 5. 41. *ult....* S. 5. 12. *post. c.* 5.
Définition de la Regle. *L.* 1. *D. de reg. jur.*
On ne s'est pas contenté de mettre icy les Titres de *Regulis juris,* & de *verborum significatione;* mais

comme les Loix contenuës dans ces Titres sont generales, & se rapportent à toutes les matieres du Droit, on les a inserées dans le present Recüeil sous les noms particuliers qui designent les matieres de chacune des Loix de ces deux Titres.

REGRADATION.

Voyez le mot *Dégradation*.

REGRATIERS.

DES Regratiers & Vendeurs de Sel. *Voyez le Traité du sieur Michel, à la fin du Recüeil de Philippy*.

REGREZ.

LE Regrez a lieu tant en matieres beneficiales, pour rentrer dans les Benefices résignez, qu'en matiere profane, pour être rétabli dans une Charge ou un heritage vendu.

REGREZ, BENEFICES.

1 *De regressibus.* Voyez Rebuffe, 3. part. *praxis Beneficiariæ.*

De regressu ad Beneficium. Voyez Franc. Marc. tome 1. quest. 288.

2 Quand & en quels cas le regrez a lieu ? *Voyez Basset*, tome 2. liv. 1. tit. 7. ch. 2. & les *Définitions Canoniques*, verbo, *Regrez.*

Difference entre les résignations *in favorem*, faites en extremité de maladie, & celles qui sont faites sous des réserves & autres conditions. Au premier cas, il y a regrez sans provisions ; au second, le résignataire n'ayant accompli les conditions, le résignant rentre, mais avec nouvelle provision, *Brodeau sur M. Loüet, lettre B. somm.* 13. où vous trouverez plusieurs questions de regrez.

3 M. Talon Avocat General tenoit qu'il y avoit trois sortes de regrez ; les uns tacites, comme en matiere de permutation ou résignation pour cause d'union, parce que ne joüissant point, on rentre dans le sien *ipso jure sine novâ provisione* ; les autres, *humanitatis gratiâ*, comme les résignations faites *in extremis*, suivant l'Arrêt du Curé de saint Innocent ; les troisiémes, quand ils sont exprés *in vim de la* clause *non aliàs, nec aliter, nec alio modo.* Du Frêne, *liv.* 1. *ch.* 19. L'Arrêt du Curé de saint Innocent est du 29. Avril 1558. M. le Prêtre, 1. Cent. ch. 88. Carondas, *liv.* 1. *Rép.* 46. & M. Dolive, livre 1. ch. 19.

4 Regrez en une résignation la rend vicieuse. *Bellordeau*, 2. part. Controv. 46. & Tournet, *lett* R. Arr. 123.

5 En France la clause du regrez est absolument abusive, suivant le Decret *de reservationibus sublatis.* Si même la condition étoit écrite dans les provisions, non-seulement elle seroit abusive, mais elle vitieroit la résignation, & donneroit lieu au dévolut, si la procuration le portoit, & si le résignataire l'avoit acceptée ; neanmoins *Du Moulin*, §. 15. *de Infirmis*, dit que le résignant conserveroit son Benefice par l'impossibilité de la condition, qui rend la résignation nulle & comme non faite. *Bibliotheque Canon.* tome 1. verbo *Collation, page* 282.

6 Quand la résignation est pure & simple, la Regle generale a lieu ; sçavoir que comme la résignation est *ab initio meræ voluntatis*, & par sa définition *est spontanea sui juris abjuratio ex idoneâ causâ cum superioris authoritate factâ*, & tellement libre que nul n'est contraint, *etiam deploratâ valetudinis*, de se défaire de son droit, *cap. penult. de ægrot.* aussi depuis qu'elle est faite, elle lie tellement celuy qui s'est volontairement démis, qu'il n'y a aucun regrez pour rentrer en son Benefice.

7 Un Beneficier, *in extremis constitué*, résigne son Benefice à son neveu *retenta pensione de* 160. livres : Il revient en convalescence & demande à rentrer en son Benefice, suivant l'Arrêt du Curé de S. Innocent, & un autre Arrêt donné au Conseil Privé du Roy, pour l'Abbesse de S. Antoine des Champs, contre Dame Marie de la Salle sa sœur. Par Arrêt du 9. Juillet 1620. le résignant fut débouté de son prétendu regrez, *ex solo nomine*, qu'il s'étoit reservé une pension. Pareille question s'étoit auparavant presentée pour un Chanoine de Chartres, qui se voyant à l'extremité, avoit résigné une Abbaye à son neveu ; ayant recouvré la santé, il demande à rentrer ; le neveu consent : l'oncle retombé malade résigne derechef son Abbaye au même neveu, *retenta pensione* de 600. liv. Il revient en convalescence & la redemande. Le neveu dit qu'il le pourroit empêcher par le moyen de la retention de pension, qui montre que *prorsus voluit expirare Beneficium :* qu'il voit d'ailleurs que l'intention de son oncle n'étoit pas tant de rentrer à son Benefice, que de le résigner à un autre ; neanmoins il luy offre de le laisser joüir entierement des fruits du Benefice sa vie durant. Par Arrêt les offres du neveu furent jugées pertinentes & recevables. *Bibliot. Can. to.* 2. *p.* 417. initio.

8 Regrez au Benefice est empêché par la résignation. *Tournet*, lettre R. Arr. 121.

9 Regrez & pactes de rétrocession des Benefices reprouvez. *Ibid. Arr.* 112.

10 En matiere de résignation pure & simple, il n'y a plus de regrez au Benefice résigné, pour y pouvoir tenir le même rang qu'on y tenoit auparavant. Procés entre le Vessier Chanoine prébendé en l'Eglise Collegiale de Clermont, & un nommé Hureau. Vessier qui avoit résigné, avoit gagné sa cause. Hureau étoit appellant ; le procés fut parti en la Cinquiéme Chambre des Enquêtes, depuis accordé. *Voyez M. Bouquier*, lettre R. Arr. 11.

11 Il y a deux cas ausquels celuy qui a résigné son Benefice, peut user du regrez, selon les Canonistes. Le premier est *in permutatione*, quand quelqu'un a renoncé à un Benefice pour en avoir un autre : car en ce cas, s'il ne peut joüir du Benefice donné en contre-échange pour quelque cause que ce soit, par la nature de la permutation il rentre dans son Benefice, *ipso jure cap.* 20. si *Beneficia de Præb. in* 6. Rebuffe, *tract. de pacif. possiss. num.* 146. 147. & seq. dit que c'est *propter tacitam conditionem inhærentem permutationis, quia non aliàs dimisit quam ut aliud haberet.* Cela, dit-il, s'observe sans difficulté par la pratique de France. Il rapporte plusieurs Arrêts. Le second cas est la résignation faite *non jure & simpliciter*, mais en faveur de certaine personne ; car, comme dit Rebuffe, *num.* 146. *quando quis renunciat Beneficio, ità ut conferatur tali vel tali, nec aliàs, nec alio modo, nec habet vim conditionis :* tellement que celuy-là ne l'acceptant, ce n'est rien fait, la résignation est nulle, & le résignant rentre dans son droit. *V. la Bibl. Can.* tome 2. *p.* 417. col. 2.

12 On approuve quelquefois une substitution réciproque en matiere beneficiale, & le Pape admet une résignation avec le regrez, comme à la charge que celuy auquel l'Evêché a été résigné, meurt le premier, l'Evêché retournera au résignant, & cependant le résignant joüira durant d'un partie des fruits de l'Evêché. *Ibid. p.* 418. col. 2.

13 Celuy qui rentre dans son Benefice par la voye du regrez, n'a besoin de nouvelles provisions, à moins qu'il n'y ait quelque circonstance particuliere, comme dans l'espece de l'Arrêt du Curé des saints Innocens ; car il porte que le résigné ingrat & perfide à son maître, seroit contre remettre le même nement de sa personne à résigné Ordinaire, pour en me Benefice entre les mains [...] pourvoit de nouveau son un Religieux Novice qui

14 La question de sçavoir vûë de faire Profession, résigné son Benefice rentrer dans son tournant au siecl tiennent l'affirmative, & prétendent Quelques Aut

dent faire extension du cas d'une résignation *causâ mortis*, au cas d'une résignation faite par un Novice, *causâ emittendâ professionis*. C'est une question qui a été traitée en parlant du regrez. *Ibid. p. 855.*

15 Résignation portant reserve expresse de rentrer dans le Benefice au cas de convalescence, ne rend pas la résignation nulle, cette clause est regardée comme inutile. Ainsi jugé au Parlement de Toulouse, *Arrêts de M. de Catellan, liv. 1. chap. 72.*

16 *Tholosa in Parlamento anno Domini 1413. in vigiliâ Purificationis, cum Soror Joanna de Cardeliaco, Abbatissa Monasterii Veteris muri in manibus Papæ dictam Abbatiam, in favorem Catharinæ suæ sororis renuntiasset, & eidem Catharinæ de predictâ Abbatiâ per ante-dictam renuntiationem vacante, Papa providisset, & per aliam Bullam eidem datam, dictæ Catharinæ consensu ipsâ reservasset eidem Joannæ renuntianti omnes fructus Abbatiæ, ac omnem jurisdictionem & correctionem, ac cæteras præeminentias exerceri solitas per Abbatissam cum regressu ad eamdem Abbatiam, cedente vel decedente predictâ Catharinâ. Post modum certæ ejusdem Monasterii Moniales de præmissis certioratæ, & ob hoc adhuc eamdem Abbatiam per renuntiationem vacare pretendentes, quamdam Sororem Irsandam eligunt, ortâque posteà lite inter eamdem Joannam & Irsandiam electam se dicentem à duplo majori parte (& sic administrare posse de jure) altricem & conquerentem in casu saisinæ & novitatis ex unâ parte, & dictas Joannam & Irsandiam opponentes. Partibus tandem auditis, visaque Bullâ dictæ reservationis omnium fructuum loco pensionis & regressus, per Arrestum Curiæ ob hoc in totum in processu judicatione congregata ac dictam Bullam reservationis & regressus respectum non habendo, fuit dicta Catharina manutenta diffinitivè, quia predicta electio non valebat, &c. Quod Arrestum omninò destruit similes reservationes omnium fructuum, & regressus quæ his temporibus contra sacra Concilia & ordinationes regias à multis obtinebantur. Bibliot. Can. tome 2 p. 476.*

17 Arrêt du Parlement de Toulouse de la veille de la Chandeleur 1493. qui a jugé que les regrez & les reserves de tous fruits étoient actes nuls. Autre Arrêt du Parlement de Paris en 1496. contre certaines Bulles qui contenoient la reserve de tous les fruits, même les regrez. *Preuves des Libertez, to. 2. ch. 36. no. b. 25. & 26.*

18 *Item die 19. mensis Aprilis, anno Domini 1496. post Pascha, per Arrestum Curiæ Parlamenti Parisius fuit inhibitum omnibus personis cujuscumque statûs vel conditionis existerent, ne de cætero impetrarent provisiones & Bullas Apostolicas continentes reservationem omnium fructuum & regressum, tanquam contrarientes & derogantes sancti Decreti, ordinationibus Regiis, & pragmaticæ Sanctioni. Sub pœnâ cadendi ab effectu illarum, & emendâ arbitria, occasionem hujus ordinationis præbuit defunctus magister Joannes de Stagno, qui Cameraria Lugdunens. renuntiaverat modò & formâ predictâ in favorem magistri Francisci de Stagno Nepotis sui. Bibliot. Can. tome 2. p. 476.*

19 Arrêt du Parlement de Paris du 19. Avril 1496. qui condamne les impetrations avec la clause de regrez, c'est-à-dire que l'un décedant, le Benefice retournera à l'autre. C'étoit dans la cause de M. François de Letang Protonotaire, contre les Chanoines de l'Eglise de Lyon, quoique dans la Provence & dans le Dauphiné, on prétendit que les regrez fussent permis. *Voyez Rebuffe, sur le Concordat, au titre de Reservationibus,* où il observe que si une résignation se fait avec la clause de regrez, *valebit resignatio, regressus tamen annullabitur.*

20 Les regrez sont autorisez dans la Province de Dauphiné par des Lettres Patentes de François I. de l'année 1543. *Voyez Basset, to. 2. liv. 1. tit. 7. ch. 1.*

21 Si celuy qui rentre en son Benefice doit rentrer en toutes ses dignitez, honneurs & prééminences ?

On distingue, si le résignataire n'a pas encore accepté, même refusé d'accepter, le résignant demeure en possession avec son premier titre, n'a pas besoin de nouvelles provisions, & ne perd ni son rang ni sa dignité. Jugé le 23. Janvier 1549. *M. le Prêtre, 1. Cent. chapitre 88. Voyez M. Bouguier, lettre R. nombre 11. & M. Loüet, avec son Commentateur, lett. B. som. 13.*

12 Si le résignataire a accepté la résignation, le résignant est dépossedé, & ne luy reste qu'une action contre le résignataire, par laquelle, ou de gré ou de force, il est contraint de luy résigner de nouveau. Suivant l'Arrêt du Curé des saints Innocens, & il lui faut de nouvelles provisions, & prendre de nouveau possession. *M. le Prêtre, 1. Cent. ch. 88.* où il est rapporté quelques articles de l'Edit du Contrôle avec annotation, & fait mention de l'Edit de 1646. qui révoque l'Edit du Contrôle.

13 Le Pape ne peut entheriner ni confirmer des Concordats particuliers de reserve & de regrez, ensorte qu'il y auroit lieu d'appeller comme d'abus des provisions obtenües sur telles résignations. *Du Moulin, Regle de Publicandis, n. 6. & suiv.* en rapporte un Arrêt du 11. Février 1550. un second rendu en la troisième Chambre des Enquêtes en 1557. Il ajoûte que la même chose a depuis été jugée aux Requêtes du Palais.

14 Un homme qui a résigné en grieve maladie sous promesse de rétrocession, réintegré en ses Benefices, après la convalescence. Arrêt du Conseil Privé du Roy du 29. Avril 1558. en faveur du Curé des saints Innocens de la Ville de Paris, enregistré au Parlement le 9. May suivant, pour servir de Loy en cas semblable. Depuis Arrêt semblable le 22. Février 1578. & depuis autre Arrêt du Conseil Privé du 3. Juillet 1603. en faveur de l'Abbesse de S. Antoine, quoiqu'il y eut reserve & retention de pension. *Papon, livre 3. titre 11. nombre 4.*

25 Résignation de Benefice faite par crainte de mort & en extrémité de maladie, peut être revoquée par le résignant venu en convalescence, suivant l'Arrêt fameux donné pour Maître Jean Benoît Curé des Innocens, au Conseil Privé, le 29. Avril 1558. Ce qui a lieu en résignation d'Office de Judicature en pareil cas, mais non ès résignations faites volontairement, hors de crainte de mort. *Mainard, livre premier, chapitre 67.*

16 Pierre Georges malade résigne à M. Jean Moulnier, la Cure de Trebes. Georges convaluit, & demande son Benefice, remontrant *quomodo resignaverit ut quasi depostum.* Les Juges de Rennes le déboutent: Par Arrêt du Parlement de Bretagne du 16. Octobre 1561. il est dit mal jugé, & Georges sera restitué & remis en sa Cure; Moulnier résignera és mains du Collateur ordinaire le Benefice, pour en pourvoir Georges, & à ce faire sera contraint par emprisonnement de sa personne aux prisons de la Cour, jusqu'à y avoir obéi, sans dépens ni restitution de fruits. *Du Fail, liv. 1. ch. 143.* où il est observé que cela ne se pratique plus, car le malade reprenant sa santé, reprend son Benefice, *veluti jure postliminii.*

17 Les pactes de rétrocessions, comme des regrez de Benefices, quoique d'une très-pernicieuse conséquence, se permettent neanmoins en trois cas quand le résignant, étant dangereusement malade ou non âgé, donne comme en dépôt ou garde son Benefice, & que revenu en convalescence ou devenu en âge, il y veut rentrer, le résignant peut être contraint de luy rétroceder; outre l'Arrêt notoire du Curé des saints Innocens pour le premier cas, le 20. Juillet 1563. a été adjugée la récreance au fils du Président Dormy, contre un Pédagogue à qui il avoit commis son Benefice, & qui luy dénioit sa procuration; pour sa perfidie, il fut ordonné qu'il comparoîtroit en personne. Il en est de même de celuy qui a été contraint par force de résigner, lequel peut agir pour la

la rétrocession, ou bien impetrer une réintegrande. Arrêt du 24. May 1565. pour un Chanoine de Saint Martin de Tours. *Papon*, *p*. 1261.

28   Neveu tenu de rétroceder le Benefice à l'oncle ayant résigné *metu mortis & cum promissione*. Arrêt du Parlement de Paris du 20. May 1569. *Papon*, *livre* 2. *tit.* 8. *nomb.* 21.

29   Marguerite d'Harcourt a Lettres du Roy, confirmant le regrez à elle fait par sa sœur de l'Abbaye S. Sulpice, avec dérogation à l'Edit d'Orleans. Il est dit au Parlement de Bretagne le 26. Février 1571. qu'elles seront enregistrées. *Du Fail*, *livre* 2. *chapitre* 418.

30   Celuy qui a permuté, ne peut demander regrez lorsqu'il a transigé, pris pension, ou s'en est rapporté à Arbitre sur les contestations. Arrêt du Parlement de Toulouse le 10. Mars 1577. *Mainard*, *tome* 1. *liv.* 1. *chapitre* 57.

31   Le regrez a été accordé en faveur même de ceux qui en résignant s'étoient reservé des pensions, quoiqu'il parût qu'ils avoient abdiqué leurs Benefices, & renoncé à toutes les graces qu'ils pouvoient attendre. Arrêt du Parlement de Paris du 3. Juillet 1603. entre une Abbesse de l'Abbaye saint Antoine des Champs. Autre Arrêt du Parlement de Toulouse du 18. Mars 1628. entre un Chanoine Sacristain de Capestang, & François Lavenet, rapporté par *M. Dolive liv.* 1. *chap.* 19.

32   Le Curé de Bellecourt fort avancé en âge résigne à *Titius*, qui se fait pourvoir de la Cure, prend possession, & jouit 2. ans, après lesquels le Curé demande devant l'Official d'Amiens que Titius ait à luy donner de quoy vivre. Titius offre 40. liv. qu'il dit être le tiers du revenu de la Cure. Le Curé prend Lettres pour faire casser la procuration *ad resignandum*, & demande le regrez à sa Cure. L'Official sans avoir égard au Curé condamne Titius à payer 45. liv. au Curé par forme de pension sa vie durant. Appel comme d'abus par le Curé; il allegue l'Arrêt du Curé des saints Innocens. On luy oppose que cet Arrêt n'a rien de semblable. M. Servin pour le Procureur General interjette appel comme d'abus de la création de pension par l'Evêque d'Amiens ou son Official, encore que l'appellant n'y eût aucun interêt. Après avoir reçu l'appel comme d'abus du Procureur General; par Arrêt du 5. Janvier 1610. il a été dit que mal & abusivement la pension a été créée par l'Official : & néanmoins l'intimé condamné suivant son offre à payer à l'appellant 45. liv. par chacun an, sa vie durant. *Biblioth. Can.* 10. 2. *p.* 416. *col.* 2.

33   Le regrez a lieu aussi quand le résignant accusé de crime. *M. Dolive*, *qu. not. de Droit*, *li* 1. *ch.* 19. rapporte un Arrêt du Parlement de Toulouse qui l'a ainsi jugé le 5. Février 1611. pour un Précenteur de l'Eglise Metropolitaine d'Aix en Provence, qui avoit résigné son Benefice pendant qu'il étoit prévenu d'un crime capital; c'étoit sur des Lettres de restitution qu'il avoit obtenües contre sa résignation; de maniere qu'elles furent interdites, & en consequence on le remit en la possession & jouïssance des fruits, profits & revenus de son Benefice, pour en joüir comme il le faisoit auparavant sa procuration *ad resignandum*. Même Arrêt du 4. Juin 1635. dans le cas de peste pour Jean Lafond Curé de Marinhac.

34   Arrêt du 19. Février 1622. entre P. Lefaucheux appellant, & Claude du Vivier intimé, qui disoit qu'il étoit *in extremis*, lors qu'il avoit résigné sa Prébende, & que Lefaucheux luy avoit souftrait sa procuration. Les parties appointées à verifier leurs faits, cependant Lefaucheux joüira par forme de récreance à la caution juratoire des fruits de la Prébende, pour montrer que jamais la Cour n'a approuvé le regrez. *Additions à la Biblioth. de Bouchel*, *verbo Regrez.*

35   Arrêts contraires entre François Suchet écolier appellant, M. Robert Oüen Chanoine en l'Eglise du

Tome III.

Mans intimé. L'appel étoit de ce que la résignation de l'intimé avoit été déclarée nulle. M. l'Avocat remontre que c'étoit un vieillard de 98. ans que l'on avoit dépoüillé de son Benefice, fait résigner *in favorem*, revenu en convalescence, il avoit revoqué; que la seule volonté de rentrer au Benefice résigné *in extremis sufficit*, cela usité, & le regrez favorable, ordonné que ce dont étoit apellé sortiroit effet. L'Arrêt rendu le 6. Juillet 1626. *Ibidem.*

Voyez cy-après *le nombre* 37.

36   Par Arrêt d'Audience du Parlement de Roüen du 20. Decembre 1622. rapporté par *Berault*, *sur la Coûtume de Normandie*, titre de *Jurisdiction*, *article* 3. in verbo *Matiere Beneficiale*, il a été jugé que la résignation d'un Benefice en extrémité de maladie faite à celui qui avoit promis de le remettre entre les mains lors qu'il seroit revenu en convalescence, pouvoit être revoquée.

37   Le résignant rentre dans son Benefice par luy résigné en extrémité de maladie sans nouvelles provisions, nonobstant qu'il eût reservé pension, au même rang & séance. *Serus*, au Grand Conseil, qui suit l'article 10. de l'Edit de 1637. qui veut que le résignant soit privé de son droit, & n'y peut rentrer sans nouvelles provisions. Jugé le 6. Juillet 1626. *Brodeau sur M. Loüet*, *lettre B. somm.* 13. M. Dolive, *liv.* 1. *chap.* 19. Peleus, *quest.* 147.

38   Un Curé âgé de soixante-huit ans induit à résigner sa Cure, moyennant une lettre de confidence, déclaré recevable à rentrer, contre le résignataire du résignataire. Jugé au Parlem. de Paris le 16. Mars 1672. *Du Frêne livre* 1. *chapitre* 130.

39   Arrêt du 23. Février 1629. entre Mathurin Moriveau Curé de Bioc, appellant, M. Jean Monceau intimé & demandeur au principal, & évocation, afin d'être maintenu au Prieuré de Ruillou, ou du moins l'appellant condamné luy passer procuration pour retroceder le Benefice en faveur de l'intimé; l'appellation & ce, & au principal sur la demande de l'intimé, afin de regrez, les parties hors de Cour, *Additions à la Biblioth. de Bouchel*, *verbo Regrez.*

40   Jugé le dernier May 1629. qu'un résignant en extremité de maladie, qui a fait des actes approbatifs de sa résignation, en convalescence, n'est plus reçu au regrez. *Bardet*, 10. 1. *liv.* 3. *ch.* 51.

41   Arrêt du 2. Mars 1630. entre Etienne Notaire Chapelain de la Chapelle saint Laurent de Sens, demandeur à ce que la procuration de luy extorquée par Claude Bautru, portant résignation de la Chapelle pendant sa maladie, fût déclarée nulle; Bautru condamné à rendre la procuration, & les provisions; sur la demande, hors de Cour. *Additions à la Biblioth. de Bouchel*, *verbo Regrez.*

42   Arrêt entre Loüis Eschalart appellant, & Calas intimé, du 2. Juillet 1630. L'intimé se plaignoit qu'étant grievement malade d'une fiévre chaude, l'appellant son neveu avoit extorqué de luy une résignation. La Sentence qui portoit que l'intimé rentreroit, confirmée, c'étoit *in favorem*. Provisions en Cour de Rome. L'on dit pour concilier les Arrêts, qu'en ces démissions pures & simples il n'y a regrez, aux résignations *in favorem* qu'il y en a. *Biblioth. ibidem.*

L'Arrêt du 2. Juillet 1630. est dans toutes ses circonstances rapporté par *Bardet*, *tome* 1. *livre* 3. *chapitre* 113.

43   Résignation pure & simple d'une Chanoinie en extrémité de maladie, entre les mains du Chapitre, est sujette au regrez du résignant revenu en convalescence, qui reprend son rang, & sa maison Canoniale. Jugé le 30. May 1631. en faveur d'un Chanoine de l'Eglise de Nôtre-Dame de Châtellerault. *Ibidem*, *li.* 4. *chap.* 29.

44   Arrêt du premier Août 1633. qui juge qu'une résignation faite par un Chanoine de saint Agnan d'Orléans, âgé de 23. ans & demi, au profit de son ne-

V u

veu , n'eſt ſujette à regrez , ſous prétexte de minorité. *Ibidem* , to. 2. li. 4. ch. 53.

45   Arrêt du 7. Janvier 1641. en faveur d'un oncle qui
en extrémité de maladie avoit réſigné ſon Benefice
avec charge de penſion : l'oncle fut reçû à rentrer,
quoique la réſignation eût été admiſe. *V. Soëfve* , to.
1. *Cent.* 1. *chap.* 26. il cite l'Arrêt prononcé par ſa
Majeſté le 29. Avril 1558. en faveur du Curé des
ſaints Innocens regiſtré , dans tous les Parlemens de
France.

46   Aprés avoir reçû les arrerages de la penſion , &
aprés une tranſaction, le regrez ne peut être demandé. Arrêt du Parlement de Toulouſe du 23. Avril
1641. *Albert , lettre B. art.* 20.

47   Arrêt du Parlement de Provence du 11. May 1642.
qui a jugé que l'accuſé d'un crime qui n'eſt point capital , & qui eſt veritable , ne peut rentrer au Benefice qu'il a réſigné pendant le crime, quoique la réſignation eût été paſſée dans la priſon. & que le réſignataire fût frere du Procureur du réſignant. *Boniface , tome* 1. *liv.* 2. *tit.* 10. *ch.* 3.

48   La penſion retenuë en grande maladie n'empêche
le regrez au Benefice réſigné, quand le malade retourne en convaleſcence. *Pel. queſt.* 147. Arrêt du
Parlement de Bretagne du 9. Septembre 1642. *Sauvageau ſur Du Fail , li.* 2. *ch.* 143.

49   Le Beneficier qui a réſigné ſous penſion, & dont la
maladie n'eſt pas exprimée dans la procuration, peut
neanmoins demander le regrez , pourvû que la maladie ſoit prouvée du temps que la procuration a été
faite. Arrêts du Parlement de Toulouſe des 28. Juin
1646. 25. Février 1647. 22. Avril 1649. 20. Juin & 15.
Juillet 1653. & 11. Février 1655. rapportez par *Albert,
lettre B. article* 17.

50   Une réſignation d'un Benefice faite en Cour de
Rome en faveur , ſe trouvant nulle pour avoir été le
Patron laïc mépriſé , il y a lieu au regrez , même à
l'égard d'un pourvû depuis par l'Ordinaire ſur la nomination du Patron. Jugé le 30. May 1647. *Du Frêne,
liv.* 5. *chap.* 19.

51   Arrêt du Parlement de Provence du mois de Juin
1647. qui a jugé que le regrez n'a point lieu en réſignation faite és mains de l'Ordinaire. La même choſe jugée le 10. Mars 1661. *Boniface, tome* 1. *livre* 2. *tit.*
10. *chap.* 2.

52   Il y a lieu au regrez avant que la réſignation ſoit
admiſe. Arrêt du Parlement de Paris du 19. Avril
1649. il s'agiſſoit du poſſeſſoire du Prieuré de Belle-
noue. *Voyez Pinſon* , au chap. *quibus modis vacent beneficia.* § 13 *n.* 6.

53   En réſignation pure & ſimple faite *ab infirmo* à une
Prébende , le regrez y a lieu avec le même rang &
avantages qu'auparavant. Jugé le 30. Juillet 1652. *Du
Frêne , liv.* 7. *chap.* 8.

54   Le regrez ne peut être jugé par rapport par les Sénéchaux. Arrêts du Parlement de Toulouſe des 20.
Juin & 15. Juillet 1653. & 15. Avril 1655. qui condamnent le Rapporteur à rendre les épices, & font défenſes aux Sénéchaux de juger le regrez autrement
qu'en Audience. Neanmoins ils peuvent faire un vui-
dement de regiſtre , parce qu'alors le procez ſe juge ſans rapport. Arrêt du 23. Avril 1641. *V. Albert,
lettre B. art.* 10.

55   Le regrez n'eſt recevable lors que le Benefice a été
réſigné pour ſervir de titre Clerical au réſignataire.
Arrêt du Parlement de Toulouſe du 2. Mars 1654.
Ibidem , art. 19.

56   Jugé au Parl. de Paris le 10. Decembre 1657. que
le réſignant ayant fait quelques actes approbatifs de
ſa réſignation, ne peut demander le regrez. *Soëfve ,
tome* 1. *Cent.* 1. *chap.* 75.

57   Un réſignant ne pouvoit rentrer dans ſon Benefice
après un an de ſilence & de ſa reconvaleſcence , &
après un conſentement par luy prêté d'être mis hors
de Cour ſur ſa demande en regrez. Jugé le 16. Juin

1659. *Notables Arrêts des Audiences , Arrêt* 28. où il
parle de trois ſortes de regrez. *De la Gueſſ. tome* 2.
liv. 2. *chap.* 28. rapporte le même Arrêt ; & au même
to. 2. *liv.* 1. *chap.* 29. il rapporte un cas auquel le regrez n'a pas lieu. Jugé le 10. Decembre 1657.

58   Le regrez en Benefices eſt ceſſible. Jugé à la Grand'
Chambre le Samedy 17. Janvier 1665. *Dictionnaire
de la Ville , nomb.* 1498.

59   Un jeune homme de 16. ans fait démiſſion d'une
Prébende de l'Egliſe de Caſtelnaudari , avant que
d'entrer en Religion , entre les mains du Chanoine
Cheviller & de tour , qui en fit titre à un Prêtre ſuivant l'intention de ce jeune homme : renvoyé du Noviciat pour maladie , il obtient le regrez par Arrêt du
Parlement de Toulouſe du 12. Juin 1665. mais il y
avoit trois raiſons , l'une que la démiſſion n'avoit pas
été faite devant un Notaire, mais devant le Préſident
du Préſidial. Il eſt vrai que l'on faiſoit voir que les
Notaires ayant été inhibez , n'oſoient retenir des actes pour lors. L'autre étoit que ſon pere diſoit que ce
Prébendier mineur ne pouvoit faire de démiſſion
ſans ſon ordre & ſon autorité. La troiſiéme , que
l'ayant faite à cauſe de ſon entrée en Religion , il
étoit bien fondé au regrez ; puis qu'il n'avoit pas fait
profeſſion , à cauſe de ſon infirmité. *Albert , lettre
B. article* 21.

60   Arrêt du Parlement de Provence du 28. Mars 1666.
qui a jugé que le regrez aux Benefices a lieu en faveur du réſignant qui a réſigné *metu mortis aut ſuppli-
cii* , à un parent ou domeſtique , en luy payant les
frais de ſes proviſions. *Boniface , tome* 1. *livre* 2. *tit.*
10. *chap.* 1.

61   La Declaration du Roy & l'Arrêt du Conſeil , caſſant les penſions , le penſionnaire peut demander le
regrez. Le 12. Mars 1669. au Parlement de Toulouſe
le regrez fut ajugé à M. de Cazemajou ſur la Cure
de Cubieres , contre M. Salvat ; quoique Salvat ne
la tînt pas de Cazemajou, mais d'un nommé Dalde-
bert , parce que l'Arrêt du Conſeil , & la Declaration du Roy caſſe les penſions n'excluent pas du
regrez ; même Arrêt le 14. Mars 1669. *Albert , verbo
Penſions , art.* 4.

62   Arrêt du Parlement de Provence du 5. Novembre
1670. qui a débouté un réſignant d'une Chanoinie,
metu accuſationis , devant l'Ordinaire , quoique le
Benefice luy ſervît de titre Clerical ; mais il fut ordonné qu'il joüiroit du tiers des revenus par forme
de penſion ſa vie durant. Par autre Arrêt du même
Juin 1672. en interprétation du premier , il fut dit que
le tiers étoit des fruits & revenus du Canonicat, ſans
comprendre en iceux les droits procedans du menus,
ceremonies funebres, caſuels journaliers & perſonnels. *Boniface, to.* 3. *li.* 5. *tit.* 6. *ch.* 2.

63   Arrêt du Parlement de Grenoble du 4. Janvier
1673. qui admit un Curé au regrez ſur le fondement qu'il n'avoit pas de patrimoine. M. Galle Avocat General , dit que la clauſe *aliundè commodè vivere
habens* étoit fauſſe , & ainſi les proviſions obreptices.
Baſſet , to. 2. *liv.* 1. *tit.* 7. *ch.* 2.

64   M. Jean Arnauld Doyen du Chapitre de ſaint Gilles , réſigne en Cour de Rome ſon Doyenné en faveur de Charles Girard , ſous la réſervation de 400.
livres de penſion. La penſion mal payée donna lieu à
une inſtance pluſieurs fois repriſe , & pluſieurs fois
tranſigée & terminée par le payement des arrerages.
Le réſignant & le réſignataire paſſent une concorde
d'extinction de penſion moyennant 2000. l. payables 8.
jours aprés l'homologation. Le réſignataire cede à
prendre cette ſomme ſur ſon frere, de qui le réſignant
ne pouvant être payé , il retrocede, & le réſignataire
cede de nouveau à prendre ſur un autre qui l'accepte
ſous des réſervations ; au moyen deſquelles il prétend
enſuite qu'il eſt creancier au lieu d'être débiteur. Le
réſignataire met enſuite ſes biens en generale diſtribution ; & il ne paroît que trop qu'il n'y a plus de

resource pour le résignant pour le payement de la somme convenuë pour l'extinction de la pension ; aussi il demande le regrez dans le Benefice. Girard défend à la demande, & meurt aprés avoir résigné à Amat, lequel intervient dans l'instance où il requiert, qu'il soit fait défenses à Arnauld de le troubler. Celuy-ci demande contre Amat le regrez qu'il demandoit contre Girard, si mieux Amat n'aime luy payer les arrerages de la pension, & la pension à l'avenir. Amat gagna sa cause le 19. Août 1678. au Parlement de Toulouse, aprés partage. *Voyez les Arrêts de M. de Catellan, liv. 1. ch. 3.*

65 Le regrez n'est pas recevable dans le cas de la regale, & le Roy ne peut valablement conferer à un jeune Clerc tonsuré âgé de dix-sept ans seulement, une Prébende sacerdotale par sa fondation. Jugé au P. de Paris le 14. Mars 1679. *Journal du Palais.*

66 Du regrez de celuy qui a résigné dans le cas de la vieillesse ou de maladie. Arrêt du Parlement de Toulouse du 30. Janvier 1680. lequel y admet le Curé de Lachan. La liberté du regrez invite à la résignation ceux qui ne se trouvent pas en état de servir les Benefices. Même Arrêt du 12. Septembre suivant dans le cas d'une résignation faite par un homme qui se disoit *in infirmitate constitutus*, quoiqu'il se fût rendu chez le Notaire, & qu'il eût depuis déservi. Autre Arrêt en faveur d'un résignant, quoiqu'il ne fût point marqué dans la procuration qu'il fût malade; les Juges crurent que la verité bien que non énoncée ne devoit rien perdre de ses droits. *Voyez les Arrêts de M. de Catellan, li. 1. ch. 4.*

67 Jugé au Parlement de Toulouse qu'une seconde résignation, ou du moins la démission faite entre les mains de l'Ordinaire par un Beneficier, lequel malade avoit résigné auparavant à un autre, étoit bonne & valable dans les trois ans, quoique le résignant revenu de la maladie dont il étoit atteint lors de la résignation,tombé neanmoins dans une autre, n'eût fait à l'égard du résignataire que lui déclarer par un acte avant la démission qu'il auroit demandé son regrez, si la possession du Benefice résigné avoit été prise, & qu'il s'opposoit desormais à cette prise de possession. *Voyez les Arrêts de M. de Catellan, liv. 1. chap. 27.* où il ajoûte : J'ay encore vû dans un autre cas approchant, les Juges, pour la Cure de Mainbourguet, demeurer assez d'accord en la Grand-Chambre le 23. Decembre 1681. que le résignant en maladie ayant ensuite & six mois aprés protesté & fait-assigner le résignataire en regrez avant qu'il se fût mis en possession, & pour empêcher de la prendre, la possession prise depuis n'empêchoit pas le Benefice de vaquer sur la tête du résignant, venant à mourir avant le Jugement du regrez, si les raisons du regrez se trouvoient bonnes.

68 Si le résignant sans s'opposer à la possession du résignataire, & sans avoir rien fait pour empêcher de la prendre, forme seulement aprés la prise de possession une Instance de regrez : *Le même dit, ibid.* j'ay vû juger que le résignant venant à mourir durant le cours de l'Instance, ne fait pas neanmoins vaquer le Benefice par sa mort : L'Arrêt rendu en la Grand-Chambre le 3.Mars 1684. sur partage. On crut que le résignataire étoit par la prise de possession,à laquelle nulle opposition ne donnoit atteinte, devenu le maître du Benefice, jusqu'à ce que le résignant, trop peu surveillant à la conservation de ses droits, l'eût repris sur luy par un Arrêt qui ajugeât le regrez.

69 Arrêt du Parlement de Provence du 30.May 1687. qui a ordonné le regrez sur un Benefice résigné par un malade entre les mains du Vice-Legat. *Boniface, to. 3. liv. 6. tit. 6. ch. 1.*

70 Regrez en permutations. *Voyez le mot Permutation, nomb. 77. & suiv.*

REGREZ, OFFICES.

71 Arrêt du Conseil Privé en faveur de M. Benoît
Tome III.

Curé des Innocens mal-aisément rapporté aux Officiers Royaux & temporels, pour leurs Offices de Judicature, & pourquoy. Cet Arrêt, par la Cour du Parlement de Toulouse non étendu hors les termes d'iceluy, & en quel cas non gardé ni pratiqué. *Mainard, liv. 1. ch. 67.*
Voyez le mot Offices, §. Offices, Regrez.

REGREZ ES VENTES.

72 Arrêt du Parlement d'Aix du 23. May 1678. qui a jugé que le demandeur en regrez doit former son action pardevant le Juge du-lieu où les biens sont situez, non pardevant le Juge du domicile du défendeur. *Boniface, tome 3. liv. 2. tit. 3. ch. 1.*

REHABILITATION.

Voyez hoc *verbo* la Bibliotheque du Droit François par *Bouchel*, & au 2. tome de ce Recueïl la lettre L. *verbo Lettres de rehabilitation.*

1 *De rescripto rehabilitationis misto.* Voyez Rebuffe 3. part. praxis benef.

2 Rehabilitation d'un Religieux apostat. *Voyez* le mot *Apostasie*, nomb. 9.

3 Sur l'entherinement des Lettres de rehabilitation d'un Clerc au Greffe de la Maison de Ville de Toulouse, qui avoit fait une fausse assertion devant un Notaire. *Voyez la 14. Conclusion du sieur de Roquayrols Procureur General en la Chambre de l'Edit de Castres.*

4 Un Procureur qui a été condamné aux galeres, & à faire amende honorable, ne peut exercer l'état de Procureur aprés la rehabilitation & rappel de ban. Arrêt du Parlement de Dijon du 8. Juillet 1561. *Bouvot, to. 1. part. 3. verbo Procureux condamné aux galeres.*

5 Un Prêtre déclaré inhabile par l'Official, ne peut être rehabilité. Arrêt du Parlement de Dijon du 10. Decembre 1566. *Bouvot, ibidem, verbo Prêtre, question 2.*

REHABILITATION DE MARIAGE.

6 Il arrive souvent que quoiqu'il y ait appel comme d'abus de la part des parens, si neanmoins les parties persistent, la Cour,en prononçant sur l'abus,ordonne qu'elles se retireront pardevers l'Evêque,pour être le mariage rehabilité. Arrêts des 1. Mars 1689. & 29. Decembre 1693.*Voyez le Recueïl de Decombes, Greffier en l'Officialité de Paris, chap. 3. à la fin.*

7 Des rehabilitations de mariage.*Voyez le Recueïl de Decombes Greffier de l'Officialité de Paris, chap. 3.* la plûpart des Parlemens prétendent que l'Official ne doit connoître & juger que de la validité du mariage, s'il y a mariage ou non. Arrêt du Parlement de Paris du 11. Mars 1701. qui declare abusive la Sentence de l'Official, qui avoit ordonné une pareille rehabilitation.

REINE.

Voyez *Chopin*, en son traité du Domaine, livre 3. titre 3.

1 De la Reine, & qu'elle plaide en Parlement par son Procureur, comme le Roy par le sien. *Voyez Du Luc, liv. 3. tit. 4.*

2 La Cour par son Arrêt du 27. Juin 1411. déclara que la Reine, ainsi que les Pairs de France, auroit pour ses causes & procez,des jours ordinaires, & un papier à part pour les enregistrer. Elle est capable de regence, & a ses Procureurs Generaux comme le Roy, sous le nom desquels elle plaide. *Papon, liv. 4. tit. 3. nomb. 1.* Quand elle fait son entrée en la Ville de Paris, même honneur luy est dû qu'au Roy.

3 Les Reines de France plaident par leur Procureur General comme le Roy par le sien, non seulement depuis la Declaration d'Henry II. du 30. Novembre 1549, mais auparavant ; ce qui est justifié dans les Registres du Parlement des 10. Juin 1587. 18. May, 4. & 6. Juin 1401. 28. Août 1415. & plusieurs autres, *Du Til-*

V u ij

let, & la Bibliotheque du Droit François, par *Bouchel*,
verbo *Procureur General*.

4　Quel droit les Reines de France peuvent prétendre à titre de communauté ? *Voyez* le mot *Communauté*, *nombre* 163.

5　Du douaire des Reines de France, *Voyez* le mot
Douaire, *nomb*. 263. *& suiv*. & le Recüeil des Ordonnances par *Fontanon*, *tome* 2. *liv*. 1. *titre* 2. *& titre* 4.
p. 19. *& 24*.

6　Droits de la Reine, *vol. in* 4. Paris 1667.

7　Bouclier d'Etat & de Justice , contre les Droits de
la Reine, *vol. in* 4. 1667.

8　Stockmans *tractatus de jure devolutianis* ; & autres
pieces du même Auteur contre les Droits de la Reine, en 1667. & 1668. 5. *vol*.

9　La Défense du Droit de la Reine à la succession
des Couronnes d'Espagne, par *Georges d'Aubusson* ,
Atch. d'Ambrun, *Par*. 1674.

10　Droits de la Reine & autres pieces sur le même sujet , 4. *vol. in* 12.

Voyez *cy-après* le mot *Roy*.

REINTEGRANDE.

LA Reintegrande s'entend plus ordinairement en
matiere civile qu'en matiere beneficiale.

REINTEGRANDE, BENEFICE.

1　*Titius* est possesseur de deux Cures. *Mævius* se fait
pourvoir à la mort par mort du precedent titulaire ,
prend possession & chasse *Titius* par voye de fait &
de force. *Titius* est rétabli en la possession du Benefice, & *Mævius* condamné és dommages , interêts &
dépens. Jugé le 16. May 1566. *Charondas* , livre 8.
Réponse 10.

2　En matiere beneficiale , celui qui demande à être
reintegré, doit avoir titre. Arrêt du 25. Janvier 1597.
M. *Loüet* lettre R. *somm*. 29.

Voyez *cy-dessus* le mot *Récréance*.

REINTEGRANDE, POSSESSION.

3　*Quod spoliatus à judice antè omnia restituendus sit*.
Voyez *Antr. Gaill*, lib. 2. *Observat*. 76.

3　*Qualis possessio necessaria sit*, *ut spoliatus admittatur
bis. ad remedium recuperanda possessionis* ? Voyez Stockmans *decis*. 143.

4　Requère presentée au Roy par les Provincial &
Religieux de l'Ordre de S. Guillaume dits vulgairement les Blancs-manteaux, afin d'être reintegrez en
leur Maison & Convent de Paris, dont ils avoient été
spoliez par les Benedictins soy disans réformez. *Voyez*
la *Biblioth*. *Can*. 10. 2. p. 430. *& suiv*.

5　Un homme est reintegré dans certains biens pour
en joüir entierement, en la sorte & maniere que son
pere défunt en joüissoit. Le defendeur prétend qu'a-
vant que de passer outre à l'execution de l'Arrêt le
demandeur doit faire apparoir de la sorte, de laquelle
le défunt joüissoit des choses contentieuses. Arrêt
du Parlement de Bourdeaux du 27. Février 1517. qui
déboute le defendeur , *verba enim hæc*, en la sorte &
maniere, *non conditionem* , *sed causâ expressionem insc-
runt*. Papon, *liv*. 17. *tit*. 3. *n*. 7.

6　Reintegrande privilegiée pour attirer le tout
pardevant le Juge Royal. Arrêt du Parlement de
Bourdeaux du 8. Janvier 1521. *Ibidem*, *li*. 8. *tit*. 5. *n*. 2.
& M. *Boyer*, *décision* 161.

7　Une veuve usufruitiere dépossedée après la mort
de son mari doit être reintegrée. Par Arrêt du Parlement de Bourdeaux du 12. Octobre 1548. elle peut
intenter l'interdit *undè vi*. Papon, *liv*. 14. *tit*. 2. *n*. 7.

8　Si le défensé étoit necessaria saisi par civile possession feinte comme celle qui est continuée du défunt
à l'heritier , alors il ne peut agir en reintegrande ,
parce que l'heritier ne peut cumuler l'instance de
complainte & reintegrande, excepté quand l'heritier
est spolié par un Etranger qui n'a aucun droit en l'heredité,& n'en peut prétendre , il est plûtôt censé être
sur en sa possession que fondé d'aucune possession ;

l'on peut agir contre tel Exploit en matiere de rein-
tegrande , car l'heritier est vû être possesseur réel.
Jugé le 1. Mars 1554. *Bibliotheque de Bouchel* , verbo
Reintegrande.

9　L'on ne peut être reçû au principal jusqu'à ce que
la reintegrande soit executée, Arrêt du Parlement
de Paris du 6. Mars 1566. *Biblioth. Canonique*, *tome* 2.
p. 430. *col*. 1.

10　Femme quoique remariée tenant la maison de son
premier mari *jure dotis* , & pour ses conventions , en
étant depossedée, fut reintegrée ; par Arrêt du 5. Février 1577. *Papon* ; *liv*. 8. *tit*. 5. *n*. 1.

11　La reintegrande est tellement privilegiée , que le
spolié doit être remis en possession, quoiqu'il soit au
fond mal fondé. Jugé le 28. Mars 1577. Et toute audience déniée au spoliateur, jusqu'à ce qu'il ait remis
le spolié en même état qu'il étoit , & ajournement
personnel décerné contre les spoliateurs pendant le
procez. *Papon* , *ibidem*.

12　Toute audience doit être déniée au spoliateur jusqu'à ce qu'il ait remis le spolié en même état qu'il
étoit lors, & ajournement personnel decreté contre
tels spoliateurs pendant le procez. Arrêt du 12. Février 1587. *Papon*, *ibid*. & la *Biblioth*. *Can*. 10. 2. p. 430.

13　De l'interdit *undè vi* , qui compete au possesseur
qui veut être reintegré. Arrêt du Parlement de
Grenoble du vingt-six Novembre 1618. par lequel
il a été jugé que l'on étoit recevable à la poursuite
de cet interdit après 25. ans , quand c'est par exception. Il est à observer sur cet interdit qu'il vaut beaucoup mieux venir par l'action qui en naît , que par
la simple reivindication , c'est à dire , plûtôt par le
possessoire que par le petitoire. *Voyez Basset* , 10. 2.
liv. 5. *tit*. 5. *chap*. 5.

14　De la reintegrande, & du rétablissement des Religieux de la Congregation de Saint Maur , Ordre de
Saint Benoît, dans l'Abbaye de la Coûture du Mans,
nonobstant la prétention des anciens Religieux de la
même Abbaye. *Voyez Soëfve*, 10. 2. *Cent*. 2. *ch*. 35.

Voyez les mots *Complainte*, *Petitoire & Possessoire*.

RELAPS.

1　DEs Relaps & Apostats , & du mariage des Prêtres & Religieux qui ont quitté la Religion Catholique. *Voyez les Mémoires du Clergé*, *tome* 6. *partie* 9. *chapitre* 12.

2　Le relaps banni à perpetuité du Royaume, ses biens
acquis & confisquez au Roy. Jugé au Parlement de
Paris le 8. Février 1678. *De la Guessiere*, *tome* 4. *liv*. 1.
chapitre 7.

3　Relaps punis d'amende honorable & de confiscation de biens; le 13. Avril 1679. où est la Declaration
du Roy qui ajoûte aux precedentes l'amende honorable ; la Declaration est du 13. Mars 1679. registrée
le 13. Avril 1679. *Ibidem*, livre 2. chapitre 3.

RELEGATION.

DE interdictis , & Relegatis , & deportatis. D.
48. 22.

Voyez le mot *Bannissement*.

RELIEF.

IL y a relief d'appel, & le relief qui est un droit
seigneurial.

RELIEF D'APPEL.

1　*De libellis dimissoriis*, *qui Apostoli dicuntur*. D. 49.
6. . . . . *Paul*. 5. 33. . . L. 106. D. *de verb. sign*. Voyez
Appel, & *Bouvot* , 10. 2. *lett*. R. verbo *Relief d'appel*.

2　Le relief n'est recevable contre la peremption.
Voyez le mot *Peremption*, *n*. 100. *& 101*.

3　Il n'y a que le Parlement de Tournay dans la partie du *Hainaut* qui est de son ressort qui soit competent d'accorder les reliefs précis , comme representant seul la Cour souveraine de Mons & le souverain
Bailly du Hainaut. Ce relief est un secours que les

Chartes du Hainaut accordent aux parties par simple apostille sur leur requête, pour être relevées de toutes fautes & omissions faites au procez, pour alleguer faits nouveaux, changer de conclusions, produire titres, &c. & par le moyen d'iceux les parties condamnées par forclusion & contumace, peuvent dans les dix jours de la signification des Sentences & Jugemens se pourvoir contre iceux. Il a été jugé le 7. May 1694. contre M. le Baron de Bours & de Rieulay qui étoit encore dans les dix jours, que les gens du Hainaut ne pouvoient se servir de cette voye contre les Arrêts rendus à la Cour, quoiqu'il exposât que sa maladie l'avoit empêché de donner à son Procureur les instructions necessaires. Le motif de l'Arrêt fut la résolution prise par la Compagnie le 17. May 1693. de se conformer aux Coûtumes & Chartes du païs & Comté du Hainaut pour la décision du merite & du fond des procez de la Province, mais de se regler suivant le stile de la Cour. Depuis la Jurisprudence ayant varié, cette distinction n'a plus lieu; la Cour a estimé qu'il étoit équitable d'avoir la même facilité à relever les défaillans suivant les Chartes du païs de Hainaut, *chapitre* 79. *art.* 10. qu'on apporte à les condamner suivant les mêmes Chartes, *chap.* 78. *art.* 23. & cela à l'occasion d'un certain Philippes Bentignies demeurant à S. Pithon, contre lequel Henry Carbon demeurant à Maubeuge, ayant obtenu condamnation sur contumace, par Arrêt du 2. Juillet 1699. ledit Arrêt luy ayant été signifié le 20. Octobre suivant, il se pourvut à la Cour par Requête le 30. dudit mois dans les dix jours prescrits pour se pourvoir par voye de relief précis, & après la huitaine écoulée dans laquelle on peut suivant l'Edit du mois de Mars 1674. se pourvoir par simple Requête contre les Arrêts. La Cour, au Rapport de M. Odemaër en la troisième Chambre, les autres consultées, accorda le relief demandé. *Voyez le Recueil des Arrêts de M. Pinault,* tom. art. 26.

RELIEF, DROIT SEIGNEURIAL.

3. *Voyez cy-dessus* le mot *Rachat,* hoc verbo *Relief,* le Glossaire du Droit François de la nouvelle édition de l'Indice des Droits Royaux & Seigneuriaux par *Ragueau,* Du Frène, *liv.* 2. ch. 68. & liv. 2. ch. 85.

4. Le droit de rachat est dû en fief. *Voyez* le mot *Fief, nomb.* 111.

5. Le Seigneur qui prend pour droit de relief le revenu d'une année, si un bois taillis se trouvoit en coupe, le Seigneur ne peut prendre toute la coupe à son profit, mais il doit prendre à proportion du revenu de l'année. *Voyez Carondas, liv.* 3. *Rép.* 36.

6. Le revenu annuel des heritages appartenans au Seigneur feodal, à cause du décès de son vassal, ne se pratique pas, lors qu'en une même année il y a plusieurs mutations. *Biblioth. Can.* 10. 1. p. 415. col. 2.

7. Arrêt du 6. Février 1574. qui a jugé que le droit de relief ou rachat se doit payer selon la Coûtume des lieux, nonobstant la reception faite par les précedens Seigneurs d'une certaine somme à eux payée par leurs vassaux, laquelle ne préjudicie aux successions. *Le Caron au* 3. *liv. de ses Rép. chap.* 15. Papon, *liv.* 10. *tit.* 5. *initio.*

8. Le relief se doit estimer *inter fructus civiles & non naturales.* Arrêt du 5. Août 1600. M. Loüet lettre R. *somm.* 43.

9. Le Seigneur peut pour son droit de relief prendre tous les fruits en espece. *Ibidem, somm.* 34.

10. Le Seigneur doit être preferé au fisc pour son droit de relief dû par son vassal, condamné à cause de fausse monnoye. Arrêt à Noël 1601. *Montholon Arrêts* 97.

11. Il n'est dû aucun relief ou autre profit pour le fief échû à des enfans en ligne directe. *Idem,* si le fief a été délaissé par un frere à sa sœur pour demeurer quitte d'un employ de propres, pour les droits mobiliers leguez à la sœur, parce que ce sont des accommodemens de famille, & que les choses laissées en directe

tiennent lieu de partage. Jugé en la Coûtume d'*Anjou,* qui ne contient rien de particulier pour cela. Arrêt donné en la Grand'Chambre le 28. May 1641. *Voyez Auzanet sur l'art.* 3. *de la Coûtume de Paris.*

12. Le Seigneur qui n'a pû se faire payer par le mari d'un relief dû pour fief échû à sa femme, peut après le decez du mari, se venger sur le fief même, quoique la femme renonce à la communauté; il ne lui reste qu'un recours & une indemnité sur la succession du mari. Arrêt rendu au Parlement de Paris le 1. Avril 1692. M. le Brun, *traité de la Communauté, livre* 3. *chap.* 2. *nomb.* 6.

AYDES DE RELIEF.

13. Aydes de relief, Droit Seigneurial. *Voyez* le mot *Aydes, nomb.* 33. *& suiv.* & Berault, *tome* 2. à la fin, *page* 45.

RELIEF, DISPOSITIONS DES COUTUMES.

14. Jugé en la Coûtume d'*Anjou* le 28. May 1641. qu'il n'est dû aucun droit de relief pour chose échuë à la femme mariée, y ayant stipulation par le Contract de mariage qu'il n'y avoit point de communauté, mais il y avoit clause portant reserve de pouvoir rentrer en communauté toutefois & quantes, auquel cas le droit auroit été dû. *Voyez Soëfve,* 10. 1. *Cent.* 1. *chap.* 39. *& chap.* 54. où il rapporte un autre Arrêt du 28. May 1641. qui a débouté le Seigneur.

15. Dans la Coûtume de *Chartres* une veuve qui emporte tous les conquests, moitié en qualité de commune, & l'autre par la clause particulière de son Contract de mariage, portant que tout le profit de la communauté demeurera au survivant, doit relief pour la moitié qui appartenoit de droit commun à son mary. Jugé à Paris en la troisième Chambre des Enquêtes le 27. May 1671. *Journal du Palais.*

16. Relief en Hainault. Voyez *cy-dessus* le nomb. 3.

17. Arrêt du Conseil d'Etat du 13. Novembre 1683. qui ordonne que les proprietaires des fiefs mouvans des Comtez de *Mantes* & *Meulan,* qui sont sujets aux droits de reliefs & rachats à toutes mutations, payeront lesdits droits, même aux mutations en ligne directe. *Recüeil du Domaine,* p. 665.

18. En la Coûtume de *Paris,* pour partage fait entre coheritiers en ligne directe d'heritages feodaux, encore bien qu'il y ait soulte baillée, il n'est point dû de relief. Arrêt du vingt-sept Mars 1569. *Le Vest. Arrêt* 90.
Voyez cy-après le nomb. 25.

RELIEF, FEMME SEPARE'E.

19. La femme séparée en la Coûtume de *Blois,* ne doit relief; mais si par le contrat de mariage il est stipulé qu'il n'y aura point de communauté, le relief est dû, parce que le mary joüit des propres, comme il a été jugé en la Grand'Chambre de relevée le 19. Decembre 1662. Que si par le contrat de mariage il est convenu que la femme joüira separément de son fief, il n'est point dû de relief au Seigneur, & telle est la Jurisprudence. *Voyez* M. *Loüet,* lett. R. *som.* 45. M. le Prêtre, 1. *Cent. chap.* 57. Du Frène, *livre* 2. *chap.* 68. C. M. *tit.* 1. *des Fiefs,* §. 36. 37. & *c. nombres* 7. & 13.

20. Une femme qui se marie sans qu'il y ait communauté entre elle & son mary, ne doit aucun droit de relief de son fief dans la Coûtume de *Montfort.* Arrêt du 3. Avril 1691. *Journal des Aud. du Parl. de Paris, tome* 5. *liv.* 7. *chap.* 18.

RELIEF, FERMIER.

21. Un Fermier qui a les droits casuels & les obventions, joüit après son bail expiré, du droit de relief, qui est arrivé le dernier jour de son bail. Arrêt du 11. May 1585. rapporté par *De Lommeau, sur la Coût. d'Anjou, liv.* 2. *art.* 112. Autre du 5. Août 1600. au rapport de M. *Loüet,* en la Cinquième Chambre des Enquêtes, lequel il donne, *sur la lettre* R. *som.* 43. ce qui justifie qu'il suffit d'avoir droit aux fruits de l'année dans laquelle arrive le relief, pour avoir aussi

V u iij

droit au relief, quoiqu'il se perçoive durant le cours de l'année suivante, où l'on n'a plus de droit. *Voyez M. le Brun, Traité des Succeſſions, liv. 2. ch. 7. ſect. 6. nombre 5.*

RELIEF, MARIAGE.

22   Par Arrêt du 12. May 1559. entre M. Chriſtophe du Chat, Prévôt de Pont ſur Seine, appellant, & le Procureur General, & la Ducheſſe d'Eſtouteville, intimez, en corrigeant la Sentence du Bailly de Sezanne, ou ſon Lieutenant à Bourbonne; il fut dit qu'à cauſe de la donation faite en faveur de mariage par feu Jean de Guibert, à Magdelaine de Guibert, du Fief & Seigneurie de Gondal aſſis à Bauldement, n'étoit dû aucun relief, ni profit au Roy, ni à la Ducheſſe uſufruitiere de Sezanne, qui fut condamnée aux dépens, dommages & interêts; mais il faut remarquer que la Sentence de condamnation infirmée, portoit nonobſtant que ledit du Chat & ſa femme ſe fuſſent abſtenus de la ſucceſſion de défunt de Guibert. *Bibliot. de Bouchel, verbo, Relief.*

23   Le mary doit payer le relief dû à cauſe du mariage de ſa femme. Arrêt du 28. Juin 1604. *Peleus, queſt. 7. C. M. tit. 1. des Fiefs, §. 37. nombre 9.* pourvû qu'il ait perçû les fruits; il le doit payer ſuivant la Coûtume des lieux. *Voyez Carondas, liv. 3. Rép. 16. fol. 57. verſo, & liv. 10. Rép. 60.*

24   Si un fief échet à une femme pendant ſon mariage par ſucceſſion collaterale, ou même en directe, dans les lieux où le relief eſt dû à toutes mutations, il n'eſt dû qu'un ſeul & unique relief. Arrêt du 20. Mars 1662. en la Coûtume de *Meaux*, où l'on a fait paſſer le mariage d'une ſœur heritiere de ſon frere mort dans la même année, pour une mutation neceſſaire & fortuite; & l'on a égalé la faveur du mariage à la neceſſité de mourir. *Voyez Ricard, tome 2. ſur la Coûtume de Senlis, art. 132.*

RELIEF, PARTAGE.

25   Il n'eſt point dû de relief en la Coûtume de Paris, pour partage fait entre coheritiers en ligne collaterale, encore qu'il y ait ſoulte baillée. *Voyez cy-deſſus le nombre 18. & le mot Partage, n. 151.*

RELIEF, SECOND MARIAGE.

26   Le fils aîné acquitte ſes ſœurs du relief à cauſe de leur premier mariage, ſuppoſé même que ce ſoit le ſecond mariage, pourvû que ce ſoit le premier mariage contracté par les filles depuis l'échéance des ſucceſſions paternelle & maternelle. Arrêt du 23. Juin 1607. ſur procès par écrit aux Enquêtes, entre l'Abbé de ſaint Victor lez-Paris, appellant, & Aignan Mariette Sieur de Ponteville, & Damoiſelle Germaine de Saint-Yon ſa femme. *Voyez Auzanet, ſur l'art. 35. de la Coûtume de Paris.*

27   Par l'article 36. de la Coûtume de Paris, il n'eſt dû que la foy ſans relief, pour le premier mariage des filles; mais lors qu'elles paſſent en ſecondes nôces & autres, il eſt dû relief pour chacun des autres mariages, & non pas à cauſe de la jouïſſance; car ſuppoſé que par le contrat du ſecond mariage, il n'y ait point de communauté, & que la femme ſe ſoit reſervée la jouïſſance de ſes biens, ce relief ne laiſſe d'être dû à prendre ſur le revenu du fief, ſoit que la jouïſſance appartienne au mary ou à la femme. Par Arrêt du 5. Mars 1630. *Ibidem.*

28   Rachat eſt dû par le ſecond mariage de la femme du proprietaire d'un fief, nonobſtant que par le contrat de mariage, elle ſe ſoit reſervée la jouïſſance & l'adminiſtration de tous ſes biens. Arrêt en la Grand'-Chambre du 10. Mars 1629. entre Dame Marguerite d'Allonville, & Joachim de Vieuxpont, Sieur de la Grandebrette. *Ibidem.*

29   Arrêt du 5. Janvier 1634. qui appointe, pour ſçavoir ſi dans la Coûtume de *Touraine*, relief eſt dû par le ſecond mariage d'une femme, où elle a ſtipulé que ſon mary & elle ne ſeroient point communs. *Bardet, tome 2. livre 3. chap. 1. M. l'Avocat General*

Bignon ſe détermina pour le Seigneur. Il parla d'un Arrêt de 1606. qui avoit jugé le contraire; mais il obſerva la clauſe du contrat, portant qu'il n'y auroit point de communauté entre les mariez, même que la femme autoriſée à cet effet jouïroit ſéparément de ſes biens, au lieu qu'il eſt ſimplement dit dans le contrat dont il s'agit, que les mariez ne ſeront point communs.

Voyez de la Gueſſiere, tome 2. liv. 7. ch. 27. où il y a Arrêt du 24. Juillet 1665. par lequel il a été jugé que la femme, pour un ſecond ou autre mariage, ne doit relief, quand par le contrat de mariage il eſt ſtipulé que chacun jouïra à part & diviſ de ſon bien.

31   M. le Prince de Condé Engagiſte du Domaine de Vierzon, a prétendu contre un Gentilhomme nommé de Foyal, qui avoit épouſé une veuve, qu'il devoit relief, & que les articles avoient été ôtez de la Coûtume, ſeulement pour retrancher le relief du premier mariage, mais non du ſecond; que la nouvelle Coûtume n'ayant aucun article relief, il falloit ſuivre celle de Paris; l'uſage étoit allegué de part & d'autre; il paroiſſoit plus fort du côté de Foyal. Arrêt en Septembre 1673. M. de Saintot Rapporteur, que le Roy ſeroit ſupplié de permettre une Enquête par Turbes, nonobſtant l'Ordonnance de 1667. *Voyez Auzanet, tit. des Fiefs, p. 33. col. 1.*

RELIEF, SUBSTITUTION.

32   Pour donner lieu au relief en matiere de fideicommis, il eſt neceſſaire que la mutation, auſſi-bien pour la poſſeſſion pour la proprieté, arrive en collaterale; & pourvû que le ſubſtitué rencontre en directe la perſonne du Teſtateur, ou de celuy qui luy reſtituë, il doit demeurer exempt de ce droit. *V. M. Ricard, Traité 3. des Subſtitutions, chapitre 3. part 1. nombre 109.*

33   Si le fils eſt ſubſtitué par le Teſtament de ſon pere à un collateral, il ne doit pas de relief, parce que c'eſt à ſon pere à qui il ſuccede, & non pas à l'heritier qui luy reſtituë. *Ibid. nomb. 106.*

34   Mais ſi le Teſtateur inſtituë un collateral ſon heritier, & que ce collateral ait un fils que le Teſtateur luy ſubſtituë, le collateral doit les droits de relief, mais ſon fils fideicommiſſaire n'en doit point, encore bien qu'il ne ſuccede pas à ſon pere, mais au Teſtateur; parce que pour prétendre par le Seigneur ſes droits, il faut que la mutation arrive au fief, tant à l'égard de la proprieté que de la poſſeſſion; c'eſt pourquoy il ſuffit que le fideicommiſſaire ſuccede en directe, ſoit à la proprieté, ſoit à la poſſeſſion; en ce cas le fideicommiſſaire prend poſſeſſion de ſon pere, & la proprieté du Teſtateur. Arrêt entre le Cardinal de Lyon & Catherine Navergnon, du premier Septembre 1640. *Ricard, des Subſtitutions, Traité 3. ch. 3. no. 108. L'Arrêt eſt rapporté par Henrys, tome 1. liv. 3. qu. 26.*

RELIEF, SUCCESSION.

35   Relief eſt dû par l'heritier en ligne collaterale. Arrêt du 31. Decembre 1537. *Bibliotheque de Bouchel, verbo Relief,* où il eſt obſervé que s'il y a aucun arbre qui ait été gardé pour la beauté de la maiſon, il ſera conſervé; s'il y a étang ou vivier en pêche, l'allevin ſera reſervé, ſelon qu'il appartiendra pour peupler. On doit ſe comporter comme en ſa choſe propre, à peine de tous dépens, dommages & interêts. Voir l'Arrêt de Châteauvilain, contre la Reine d'Ecoſſe du 23. Juillet 1573. *Rux. in 56. privileg. Regal.*

36   Le relief doit être payé par l'heritier en l'acquit de l'uſufruitier & de la doüairiere, parce que le relief dû par le decez du Teſtateur, doit être payé au Seigneur, autrement l'uſufruitier ne pourroit poſſeder. Arrêt du 16. Février 1587. *M. Louet, lettre V. ſommaire 9.*

37   Un coheritier paye au Seigneur de fief le droit de relief, le Seigneur luy en remet une partie gratuitement, il n'eſt pas tenu de communiquer à ſes cohe-

tiriers cette gratification qui eſt pure perſonnelle, nonobſtant qu'ils euſſent pů facilement obtenir pareille gratification, ceſſant le payement fait précipitamment par le coheritier. Arrêt du 28. Février 1612. *Brodeau ſur M. Loüet, lett. S. ſom. 11. nomb. 6.*

RELIGIEUX.

1 VOyez, hoc verbo, *la Bibliotheque de Jovet, &* dans le preſent Recüeïl, le nom ſingulier de chaque Ordre, les Titres, *Abbayes, Benefice, Commende, Mendians, Monaſteres,* &c. & notamment les Titres du Droit qui ſont rapportez au mot *Eſclave.*

2 Des Abbez, Prieurs & Religieux, comme auſſi des Abbeſſes, Prieures & Religieuſes. *Voyez les Memoires du Clergé, tome I. part. I. tit. 1. ch. 5.*

3 Divers Reglemens pour les Reguliers & autres matieres Eccleſiaſtiques, qui n'ont pû être inſerées dans leur ordre. *Ibid. tome 5. part. 8. tit. 3.*

4 Le Flambeau des ſacrez Lévites, traittant des droits du Sanctuaire, & du droit des Prêtres & Religieux ſur le patrimoine de leurs Abbayes, & de celuy des Abbez Commendataires, par *de Renchy,* à Caën 1649.

5 De la Réception des Filles dans les Monaſteres, par *Godefroy,* à Paris 1670. *in 12.*

6 *Puella offerenda in Monaſterio modus.* Voyez *Franc. Marc. tome I. quſt. 1152.*

7 Les Religieux de divers Ordres ont recours au Parlement en pluſieurs occaſions. Les Parlemens connoiſſent des élections des Superieurs en certains cas, & des ſcandales qui ſe font dans les Monaſteres, tiennent la main à ce que les Religieux ne ſortent du Royaume pour aller aux Chapitres Generaux, ſans ordre du Roy, & qu'il ne ſoit rien fait dans les Monaſteres au préjudice de la Juſtice Royale & des familles particulieres. *Preuves des Libertez, tome 2. chapitre 33.*

8 Reglement entre les Abbez & leurs Religieux, pour leurs alimens & veſtiaire. *Item,* de la réformation des Abbayes & Monaſteres. *Item,* que l'Abbé Commendataire ne peut deſtituer le Prieur Clauſtral, qu'il n'a la correction & diſcipline Monachale, laquelle appartient au Prieur Clauſtral, & qu'il ne ſuccede à ſes Religieux. *Voyez Chenu, en ſon Recüeïl, tit. 1. chap. 6.*

9 Religieuſe qui ſort du Monaſtere, après y avoir demeuré 19. années Religieuſe. *Voyez Des Maiſons, lett. R. nomb. 3.*

10 Des perſonnes qui ſont au ſervice des Religieuſes hors & dedans le Monaſtere. *Memoires du Clergé, tome 1. part. 1. p. 998. art. 36.*

11 Moines entrans au Monaſtere n'y portent pas leur bien, contre l'Authentique *Ingreſſi.* Tournet, *ler. M. Arrêt 59.*

12 Moines ſont en la puiſſance de l'Abbé. *Ibidem, Arrêt 60.*

13 Si un Religieux étant mort en un Hôpital, ſon corps doit être porté en ſon Convent pour y être enterré ? *V. Ibid. Arr. 130.*

14 Religieux Mendians incapables de poſſeder heritages donnez, ou leguez, ou acquis, ſans Lettres d'amortiſſement & indemnité au Seigneur. Arrêt du Parlement de Bretagne du 28. Août 1614. *Bellordeau, 2.ᵉ partie, Controv. 63. & Tournet, lettre R. Arrêt 137.*

15 Religieux Profés ne peut diſpoſer entre-vifs au préjudice de ſon Abbé. Arrêt du 21. Juillet 1600. *M. Loüet, lett. R. ſom. 42.* Et s'ils peuvent recüeïllir les ſucceſſions teſtamentaires au profit de leurs Convens ? *Voyez M. Dolive, liv 1 chap. 4.* Le Pape peut les diſpenſer pour teſter. Arrêt du 29. Août 1628. *M. Dolive, liv. 1. chap. 15.*

16 *Quis Ordo ſit ſtrictioris regula, & quid conſideretur ad judicandum regulam iſſe ſtrictiorem vel largiorem?* V. Zabarell. *Conſil. 8. in princip.* Voyez l'Arrêt du 30. Juin 1601. entre les Cordeliers d'Angers, & les Ré-

collets de la Balmette. *Bibliotheque Canonique, to. 1. pag. 364. col. 2.*

17 Les Religieux & Convent peuvent être contraints par ſaiſie de leurs penſions & empriſonnement de leurs perſonnes, à l'obſervance de la diſcipline Monaſtique, & de ſe rendre à l'une des Congregations de l'Ordre de S. Benoît, de vivre en commun, & d'obſerver ce qui ſera ordonné par le Viſiteur, Superieur en icelle, autrement il y ſera pourvû par l'Evêque faiſant ſa viſite ; ainſi l'ordonna le Parlem. de Paris contre les Religieux de l'Abbaye de Nôtre-Dame du Monſtier d'Ahun, Dioceſe de Limoges, le 24. Avril 1604. *Filleau, 1. part, tit. 1. ch. 37.*

18 L'Abbé eſt tenu aux frais qui ſe font pour la punition d'un Religieux. Arrêt du Parlement de Dijon du 18. Juillet 1613. *Bouvot, tome 2. verbo, Monaſtere, queſtion 15.*

19 Un heritage échů à un Convent dont il a pris poſſeſſion, eſt cenſé du domaine du Convent. Ainſi jugé au Parlement de Grenoble. *V. Baſſet, tome 1. livre 2. tit. 4. chap. 12.*

20 Les Prieurs & Soûprieurs Reguliers ne peuvent pas donner une Obédience hors le Royaume à leurs Religieux. Arrêt du Parlement de Paris du 9. Mars 1619. *Fevret, Traité de l'Abus, livre 7. chapitre 1. nombre 10.*

21 Arrêt du 4. May 1645. qui a declaré nul le contrat perpetuel donné par un Superieur à un Religieux. Ce même Arrêt a jugé qu'un Religieux Profés ne peut ſucceder. *Boniface, tome 1. liv. 2. tit. 31. ch. 9.*

22 *Voyez le ſeizième Plaidoyé de M. Patru,* pour Dame Jeanne de Guenegaud, Prieure du Prieuré de ſaint Nicolas de l'Hôtel-Dieu de Pontoiſe, contre les Religieuſes qui ſe plaignoient des diſſipations & de la mauvaiſe conduite de la Prieure. Ce Plaidoyé eſt en forme de diſcours preſenté au Roy en 1664.

23 Reglement general pour tous les Religieux, donné en conſequence d'une Déclaration du Roy du 4. Avril 1667. *Voyez Des Maiſons, lett. R. nomb. 11.*

24 Arrêt du grand Conſeil du 1. Septembre 1604. qui ordonne que les Religieux de l'Abbaye d'Atſnay, vivront ſous la charge & obéïſſance de la Congregation des Benedictins Réformez, & ſouffriront la viſitation du General ou Provincial & Superieur d'icelle. *Filleau, part. 1. tit. 1. ch. 35.*

25 Diſſertation ſur l'Hemine de Vin de la Regle de S. Benoï. *in 12. Paris 1667.*

26 Lettres Patentes portant confirmation des privileges des Capucins, & permiſſion de s'établir en tous les lieux du Royaume. A Paris en Decembre 1661. reg. le 29. du même mois. 9. *Vol. des Ordonnances de Loüis XIV. fol. 180. & 452.*

27 Bref du mois d'Août 1680. touchant les Religieuſes de *Charonne,* avec l'Arrêt qui reçoit le Procureur General du Roy appellant comme d'abus, &c. avec défenſes auſdites Religieuſes de Charonne, & à toutes autres perſonnes d'y obéïr. *V. le Journal du Palais,* où vous trouverez l'Arrêt du 24. Septembre 1680.

28 Par la Regle des Religieuſes de *ſainte Claire Urbaniſtes,* les ſuperioritez de leurs Convens ſont adminiſtrations amovibles à volonté par le General, ou en ſon abſence par le Provincial, & encore par les Viſiteurs, mais en cas de faute ſeulement. *Voyez le 17. Plaidoyé de M. Patru.*

29 En l'année 1582. il y eut une grande diviſion dans le Convent des *Cordeliers* de Paris. Un Préſident, deux Conſeillers, l'Avocat du Roy, & le Lieutenant Criminel s'y tranſporterent, trouverent pluſieurs Religieux bleſſez de coups de pierres, bâtons, épées ou dagues. Sur le rapport, il fut ordonné que entre-tre de chacun côté des fracteurs, ou plus grand nombre s'il y échet, ſeront mis hors du Convent & envoyez en d'autres, juſqu'à ce qu'autrement par la Cour en ſoit ordonné ; & outre, enjoint au Lieutenant Criminel & au Lieutenant du Guet de ſe tranſ-

porter avec bon nombre d'Archers audit Convent,
& faire entendre à tous les Religieux qu'ils font
commandez d'aller, non pour emprifonner ou forcer perfonne, mais feulement pour empêcher les
troubles ou voyes de fait. *Voyez les Preuves des Libertez*, to. 2. ch. 33. n. 24.

30   Le grand Ecuyer avoit pris la réprefentation, figure & vêtement Royaux de Charles VIII. prétendant luy appartenir à caufe de fon état. Il fut condamné à les rendre aux Religieux de *faint Denis.* Arrêt du 21. Juillet 1501. *Charondas, liv. 4. Rép. 51.*

31   La Congrégation de la *Doctrine Chrétienne* eft Reguliere & non Seculiere. Arrêt du 18. May 1645.
Soëfve, to. 1. Cent. 1. chap. 80.

32   Confirmation de deux Arrêts de la Cour touchant
l'état des Peres de la *Doctrine Chrétienne*, par un autre Arrêt du 23. Août 1661. qui a jugé leur Communauté être Reguliere. *Soëfve*, tome 2. Cent. 2. chapitre 46.

33   Arrêt du Parlement de Paris du 19. Octobre 1543.
qui déclare abufifs deux Statuts faits par ceux de l'Ordre de *faint François*, l'un qui défend à ceux dudit
Ordre d'avoir recours aux Juges feculiers ; & l'autre touchant la reception des Etrangers en leurs Convent de Paris. Les cas aufquels les Religieux peuvent
avoir recours aux Juges feculiers font fpecifiez, & la
forme de la réformation d'aucuns Convents du même Ordre eft prefcrite. *Preuves des Libertez, tome* 2.
chap. 33. *n*, 15.

34   Les filles du tiers Ordre de faint François peuvent
fe marier, à plus forte raifon fortant, à moins
qu'elles n'ayent voüé clôture. *Papon, livre* 21. titre 1.
nomb. 1.

35   Arrêt du 8. Novembre 1557. donné fur les Lettres
patentes du Roy, obtenuës par Frere Ange de Aver-
fa General de l'Ordre de S. François, qui luy permet
d'exercer fa charge dans le Royaume, aux conditions
portées par fes Lettres ; & en confequence faire les
vifitations, corrections, & autres charges à luy appartenantes, librement par tous les pays de fon obéiffance, & que ce qu'il ordonnera pour la difcipline
des Religieux fera executé nonobftant oppofition ou
appellation quelconques, pour lefquelles ne fera differé ; interdifant à toutes Cours du Royaume, quant
à ce toute Cour, Jurifdiction & connoiffance. Et à
l'egard des Commiffaires nationaux, fa Majefté ordonne que par maniere de provifion, & jufqu'à ce
qu'autrement en foit ordonné. il puiffe durant le
temps feulement qu'il exercera ladite charge en fon
Royaume, commettre & députer quelques bons per-
fonnages de l'Ordre qui foient natifs & originaires
du Royaume, ou bien Religieux Profez, & y
demeurans depuis 25. ans, pour en fon abfence aller
vifiter les Convents où il ne pourra aller en perfonne;
& que ceux qu'il y aura commettra puiffent faire les corrections, vifitations, & ordonnances, de même que
s'il y étoit en perfonne, dont toutefois ils feront tenus de luy faire rapport, ou à la Congregation generale : Et enjoint à fes Cours, & autres fes Juges qu'ils
ayent à luy prêter, ou à fes Commis, Vicaires ou Députez faifant le dû de leur charge, toute ayde, confort & main-forte s'ils en font requis, le tout fans
neanmoins deroger aux faints Decrets, Privileges,
Statuts & Ordonnances du Royaume & Eglife Gallicane. *Biblioth. Can. to. 1. p. 363*

36   Quoique l'Abbaye de S. *Guidas* de Rhuis foit fujete à
la Jurifdiction de l'Evêque, neanmoins le Grand Confeil ordonna par Arrêt du dernier Mars 1604. qu'elle
fouffriroit la vifite, réformation & correction du Vifiteur de la Congrégation. *Filleau*, 1. part. tit. 1. ch. 17.

37   *Jefuite* congedié par fes Superieurs n'eft pas eftimé Regulier, & peut faire teftament. *Voyez* le mot
Jefuite, n. 13. & fuiv. & le nomb. 28.

38   Arrêt du Grand Confeil du 6. Octobre 1605. qui
condamne les Religieux de l'Abbaye de *Marmonftier*

à fouffrir la vifitation & réformation du General &
Provincial de la Congregation Benedictine. *V. Filleau*, part. 1. tit. 1. chap. 36.

Religieux de *faint Martin des Champs* exempts de   39
l'Evêque. *V. Du Luc, liv. 2. tit. 1. ch.* 5.

Rétabliffement des Religieux réformez de la Con-   40
gregation de *faint Maur*, Ordre de faint Benoît, dans
l'Abbaye de la Coûture, du 26. Février 1661. *De la
Guef. to 2. liv. 4. chap.* 7.

Privileges des Religieux de *faint Maximin. Voyez*   41
les Memoires du Clergé, to. 1. part. 1 p. 202. & fuiv.
La Cure de faint Maximin leur eft confervée à la charge qu'ils préfenteront à l'Ordinaire un de leur corps
pour la defervir, lequel fera fujet à fa Vifite & Jurifdiction comme les autres Curez, & ne pourra être
revoqué fans fa permiffion. *Ibidem.*

Reglement entre les Religieux & Communauté   42
réformée de l'Abbaye de *faint Nicolas lez Angers* Ordre de faint Benoît, & du Prieuré Conventuel de
Montriiil-Bellay, & les anciens Religieux, du 17.
Mars 1667. *De la Guef. to. 3. liv. 1. ch. 21.*

Les Superieurs des Religieux de *Prémontré* ne font   43
en droit de deftituer & de revoquer *ad nutum*, fans
connoiffance de caufe & fans délit, les Religieux beneficiers de leur Ordre pourvûs en titre, même ceux
qui ont charge d'ames, fans le confentement & la
participation des Archevêques & Evêques Diocefains. Jugé au Confeil d'Etat, fa Majefté y étant, le
12. Septembre 1678. *Journal du Palais.*

Arrêt du Parlement de Paris du 11. Février 1688.   44
qui déclare l'abus des Conftitutions de l'Ordre de la
Trinité, & du Bref qui les autorife, & fait défenfes de
les exercer; & enjoint à tous les Religieux de l'Ordre
de reconnoître Frere Euftache Teffier pour Superieur General, & leur fait inhibitions de fortir hors
du Royaume, & d'aller au Chapitre indiqué au quatriéme Dimanche après Pâques. L'élection du General avoit toûjours été faite en France dans la Cerfroid
premiere maifon de l'Ordre ; & la Bulle du Pape Innocent XI. autorifoit les Conftitutions faites dans un
Chapitre tenu à Rome par les Religieux étrangers du
Royaume, en l'abfence des Religieux François. *Boniface*, to. 3. *li.* 7. *tit.* 2. *chap.* 2.

Arrêt du Parlement de Bretagne du 15. Septembre   45
1558. qui fait commandement aux Religieux de l'Abbaye de *Villeneuve* de vivre en communauté, & ordonne que l'un des Confeillers fe tranfportera fur les
lieux pour entendre de leur maniere de vivre, & informer de la contravention qu'ils font de leur Regle.
Du Fail liv. 1. ch. 86.

RELIGIEUX, ALIENATION.

Religieux qui alienent leur Domaine. *Voyez* le   46
mot *Alienation des biens d'Eglife*, nomb. 41.

RELIGIEUX, ALIMENS.

Alimens dûs aux Religieux. *Voyez* le mot *Alimens*,   47
nomb. 127.

Quand les nourritures fournies aux Religieux peu-   48
vent être repetées? *Voyez* le mot *Apoftafie*, *nombre* 5.

RELIGIEUX, APOSTATS.

De Monachis Apoftatis. Per Franc. Turrenfem.   49
Voyez les mots *Apoftats & Relaps.*

Les Religieufes profeffes apoftates ne peuvent pré-   50
tendre de legitime. *Voyez* le mot *Legitime*, nombre
233. & le nomb. 234. où il remarque que les Religieux
ne font nombre.

RELIGIEUX, APPEL.

Religieux qui interjettent appel. *Voyez* le mot *Ap-*   51
pel, nomb. 225.

RELIGIEUX ASSASSINE'.

La vengeance & réparation de la mort d'un Reli-   52
gieux peut être demandée par le pere & l'Abbé. Ainfi
jugé au Parl. de Bourdeaux : mais le frere ayant pourfuivi la mort de fon frere Religieux ne peut prétendre le remboursement de fes frais contre l'Abbé du
Monaftere

Monastere. Arrêt du Parlement de Paris du 22. Novembre 1601. *Papon, liv. 24. tit. 1. n. 5. & le 15. Plaidoyé de M. Servin.*

RELIGIEUX, BATARDS.

53 Voyez le mot *Bâtards*, nomb. 199. & suiv.

RELIGIEUX, BENEFICE.

54 Touchant les Benefices Reguliers. Voyez le mot *Benefice*, nomb. 770. & suiv.

55 Cas esquels les Religieux peuvent conferer, *sede abbatiali vacante.* Voyez *le Journal des Audiences tome 5. li. 6. chap. 7. & le mot Collation, nombre 151. & suivans.*

56 *De religioso, an sine superioris licentiâ vicarius ad conferendum beneficia & procurator ad acceptandum esse possit ?* Voyez *Franc. Marc, to. 1. qu. 1181.*

57 Religieux ne peut tenir Benefice d'un autre Ordre que le sien. *Tournet, lettre R. Arr. 133.*

58 Religieux dispensé de tenir Benefice seculier n'a besoin de nouvelle dispense, en cas de permutation à un autre Benefice de semblable qualité. *Ibidem, Arrêt 134.*

59 Religieux changeant de Religion n'est capable de tenir Benefice en l'ordre dernier s'il n'a fait profession. Arrêt du Parlement de Bourdeaux du 7. Septembre 1504. *Tournet, lettre B. nomb. 48.*

60 Religieux Beneficier peut disposer des fruits de son Benefice. Arrêt du 27. Mars 1527. *Bibliotheque Can. to. 2. page 442.*

61 Religieux qui n'a fait profession expresse n'est capable de Benefice regulier. Arrêt du Parlement de Paris du 21. Février. 1534. *Tournet, lettre B. n. 47.*

62 Le 19. Février 1537. il fut jugé que la capacité du pourvû doit être considerée du temps de la vacance, quoiqu'elle ne fût du temps de la nomination, & qu'un Religieux peut être reputé capable, s'il est de l'Ordre, par translation du temps de la vacance, bien qu'il ne le soit du temps de la nomination. *Papon liv. 2. titre 4. nombre 8. & Du Luc, livre 2. tit. 4. chap. 1.*

63 Barbier & Convers d'Abbaye sont incapables de tenir Benefice. Arrêt du 14. Août 1555. *Tournet, lettre B. nomb. 45.*

64 L'Abbé d'Usarche avoit reçû en presence de trois Religieux Officiers du Convent, non contredisans, Frere Olivier Pillet. Aprés y avoir demeuré 25. ans ou environ, & acquis par ce temps présomption de consentement du Convent, il est pourvû d'un Beneficé de l'Ordre affecté aux Religieux de cette Abbaye, qui est aussi impetré à Rome *cum derogatione,* par M. Betrand Pouveret, qui fut débouté, & Pillet maintenu par Arrêt du Parlement de Bourdeaux. *Biblioth. Can. tome 2. p. 349.*

64 bis Un Religieux peut tenir deux Prieurez *in titulum,* dépendans d'une même Abbaye. Jugé le 29. Août 1598. *M. Loüet, lettre B. somm. 8.*

65 Les Religieuses ne peuvent être pourvûës d'Abbayes, ni de Prieurez Conventuels qu'elles n'ayent été dix ans auparavant professes, ou exercé un office Claustral pendant six ans entiers. *Edit de 1606. article 4.*

66 Lors qu'un Benefice dépendant d'un autre Monastere requiert résidence, & oblige à un service actuel, le Superieur peut contraindre le pourvû à se transferer suivant le Decret de ses provisions, autrement le Benefice est vacant, & impetrable suivant la teneur du Decret. Jugé par Arrêt du 7. Juin 1622. rapporté par *Brodeau sur M. Loüet, lettre P. somm. 43.* contre une Religieuse de l'Abbaye de Nôtre-Dame de Ronceray de la Ville d'Angers.

67 Religieux pourvû de Benefices dépendans de son Ordre, ne peut rien posseder en proprieté. Jugé le 26. Avril 1633. *Bardet, to. 2. liv. 2. ch. 24. Voyez les Plaidoyez de M. Gaultier, to. 2.*

68 Jesuites congediez sont capables de tenir des Benefices Seculiers. Arrêt du Grand Conseil du 15.

Tome III.

Février 1648. *Du Frêne, livre 4. chapitre 32.*

69 Un Religieux pourvû d'un Benefice Regulier dépendant d'un autre Monastere du même Ordre, ne peut prétendre, outre le revenu de son Benefice, la portion monachale dans son Convent de profession. Neanmoins il luy fut permis de demeurer si bon sembloit, dans le premier Monastere en rapportant à la mense commune les fruits & revenus de son Benefice. Arrêt du 25. Juin 1647. *Soëfve, tome 1. Cent. 2. chap. 24. & Du Frêne, liv. 5. ch. 21.*

70 & 71 Reglement en faveur des Religieux qui possedent des Cures, Vicairies, & autres Benefices, & droits honorifiques dépendans de leurs Abbayes & Prieurez; il est du 21. Octobre 1675. *De la Guesse, tome 3. livre 9. chap. 15.*

72 Quand un Religieux est pourvû de quelque Prienré, ou autre Benefice Regulier, les Officiers de la Daterie ne manquent jamais d'inserer dans ses provisions le Decret que le Religieux, aprés avoir pris possession, sera tenu de se transferer du lieu où il a fait profession, au Monastere d'où dépend le Benefice qui luy est donné, pourvû que l'observance reguliere y soit égale, ou plus austere. *Cum decreto, quod dictus orator habitâ possessione dicti prioratûs de Monasterio seu alio regulari loco in quo professus est ad dictum Prioratum dum modo par, vel arctior vigeat observantia regularis, alias præsens gratia nulla sit eo ipso transferri ibique in monachum & fratrem recipi debeat.* Que si le Religieux avoit quelque Abbaye, Prieuré Conventuel, ou office claustral, il n'y auroit point de translation; mais l'usage est contraire, & ce Decret n'est point observé en France; les Religieux du même Ordre quand il ne s'agit que *de loco ad locum* n'y ont point d'égard, & prennent possession sans se faire transferer. Le Grand Conseil l'a ainsi jugé en faveur de Dom Placide Falgeyrat Religieux de la Congregation de saint Maur, contre Dom Claude Rolland Religieux de Cluny dévolutaire pour le Prieuré Conventuel de Thisy, dépendant du Prieuré de Charlieu, Ordre de Cluny, que M. l'Evêque d'Autun Prieur de Charlieu Collateur avoit conferé audit Dom Falgeyrat, qui fut maintenu par Arrêt du 25. Janvier 1697. Il en seroit de même, si le Benefice étoit affecté aux Religieux profez du Monastere par sa fondation, car en ce cas il faut donner le Benefice à un Religieux du Monastere suivant la fondation; comme il a été jugé au Grand Conseil pour Dom Joubert Religieux de l'Abbaye de la Pellice Ordre de S. Benoît, Diocese du Mans, contre Dom Poullard pourvû d'une Chapelle reguliere dans l'Eglise de la Ferté Bernard affectée aux Religieux de l'Abbaye de la Pellice, suivant la fondation, par Arrêt du 27. Janvier 1698. *Définit. Can. p. 17.*

RELIGIEUX, CHANOINES.

73 Religieux qui sont Chanoines. Voyez le mot *Chanoine,* nomb. 122. & suiv.

RELIGIEUX, CHAPITRES.

74 Chapitre de Religieux, Voyez le mot *Chapitre,* nomb. 18. & suiv.

75 Loüis XI. en Septembre 1475. fit défenses à tous Religieux de sortir hors le Royaume, même pour le Chapitre de leur Ordre. *Ordonnances de Fontanon, tome 4. page 1240.*

76 Le 3. Septembre 1476. le Roy fit défenses à tous Religieux de sortir hors le Royaume, même pour les Chapitres de leurs Ordres. *Voyez les Preuves des Libertez, to. 2. ch. 33. n. 3.*

77 Défenses aux Cordeliers de France d'aller aux Chapitres generaux de leur Ordre, hors le Royaume, sans permission du Roy. Arrêt du Parlement de Paris du 18. Mars 1552. *Ibidem, n. 10.*

78 Arrêt du Parlement de Paris du 18. May 1564. qui ordonne que Anne de Torcy Religieuse Professe en Picardie, qui avoit été mise dehors pendant les troubles, & qui continuoit de vaguer dans le monde en

X x

habit feculier, reprendroit celui de Religieufe, & feroit mife en l'Hôpital S. Gervais à Paris , & qu'incontinent fon frere , appellant comme d'abus d'un certain Refcrit, feroit tenu luy bailler 100. liv. pour penfion , & à faute de ce faire dans la huitaine , elle doublera de huitaine en huitaine , triplera & quadruplera. *Papon, liv,* 19. *tit.* 2. *n.* 18.

79 Il y a un Statut en l'Ordre de la Merci de la Redemption des Captifs, par lequel de trois ans en trois ans on doit tenir le Chapitre general, au lieu qui eft défigné au dernier Chapitre. En l'an 1623. le Chapitre fe tint en la Ville de Bourdeaux, & le lieu défigné en Efpagne pour le prochain Chapitre ; neanmoins le General Efpagnol qui redoutoit fa dépofition , fans attendre le temps , en dénonça un en la Ville de Toulouse, où il fit trouver plufieurs Religieux & Définiteurs à fa dévotion, aufquels il donna Commiffion en langue Efpagnole. Ceux qui avoient été à Bourdeaux s'y trouverent , & s'oppoferent à la tenuë du Chapitre comme faite par anticipation & par brigues, & protefterent de nullité de tout ce qui s'y feroit. Le Pere Vifiteur & Commiffaire General les excommunia, dont ils appellerent comme d'abus. Le Procureur General au Parlement de Toulouse averti de ce defordre , en fit plainte à la Cour , laquelle par Arrêt folemnel dit que mal & abufivement, &c. enjoint au General d'établir deformais un Provincial en France, qui foit naturel François, & de faire donner l'abfolution aux Religieux prétendus excommuniez. *Bibliot. Can.* to. 2. *p.* 362. *col.* 2.

RELIGIEUX, CLOCHES.
80 Les Religieux d'un Monaftere ne peuvent avoir de groffes cloches au préjudice de l'Eglife principale ou de la Paroiffe. Arrêt du Parlement de Paris du 6. Septembre 1608. *Biblioth. Canonique,* tome 1. *p.* 370. in fine.

81 Arrêt du Parlement de Provence du 2. May 1687. qui déclare abufif le Bref du Pape portant permiffion aux Peres Prêcheurs d'avoir plus de cloches que de coûtume. *Boniface,* to. 3. *liv.* 7. *tit.* 6. *ch.* 2. *Voyez* le mot *Cloches.*

RELIGIEUX, CLÔTURE.
82 De la clôture & de la vifite des Monafteres de Religieufes. *Voyez les Memoires du Clergé,* to. 1. *Part.* 1. *tit.* 2. *ch.* 13. & le traité fait par *Tiers* en 1681.

83 Arrêt du Roy Henri fecond en 1556. qui ordonne que les Religieux demeureront dans leurs Cloîtres & Solitudes, & leur permet feulement de fortir pour affifter leur parens, mere & ayeuls malades au temps de la mort. *Voyez Henrici progymnafmata Arrêt* 203.

84 Clôture des Religieufes peut être ordonnée par l'Evêque ; mais il commet abus, en faifant afficher & publier fon Ordonnance au Greffe de l'Officialité. Jugé contre l'Evêque d'Angers, le 29. May 1618. *Bardet,* to. 1. *liv.* 1. *ch.* 27.

85 De la clôture des Religieufes, & du droit de vifiter qu'ont les Evêques , pour la rétablir ou faire obferver. *Voyez Henrys,* tome 2. *liv.* 1. *q.* 1. où il y a Arrêt du Confeil Privé du Roy du 26. Août 1653.

86 Nul Juge ne peut entrer dans un Monaftere de Filles pour avoir une fille, ou tirer autre perfonne qui y feroit refugiée , qu'au préalable il ne fe foit adreffé à l'Evêque du lieu ou à fon Grand Vicaire, en cas d'abfence de l'Evêque, & fans pouvoir rien entreprendre à cet effet que de concert avec eux & en leur prefence, foit que le Juge execute fa Sentence ou des Arrêts. Arrêt du Confeil d'Etat du 17. Mars 1679. en forme de Reglement, qui défend au Sr de la Thaumaffiere Medecin en la Ville de Bourges de plus ufer de telles voyes , auffi-bien qu'au Juge qui avoit permis l'ouverture des portes, & ce à peine d'interdiction. *Biblioth. Can.* to. 1. *p.* 834.

87 L'Ordonnance de *Blois article* 31. porte , ne pourra aucune Religieufe , aprés avoir fait profeffion , fortir de fon Monaftere pour quelque temps & fous quelque couleur que ce foit, fi ce n'eft pour caufe legitime qui foit approuvée de l'Evêque ou Superieur. Il eft vray que la Conftitution de Pie V. *decori & honeftati* , veut que les Religieufes ayent le confentement de leur Superieur regulier, & de l'Evêque; mais elle n'eft point reçuë en France, où elle n'a point été enregiftrée ni au Parlement ni au Grand Confeil. M. l'Evêque de Noyon fur ce que l'Abbeffe de l'Abbaye de Binche prés Peronne de l'Ordre de Cîteaux, étoit fortie avec la permiffion de l'Abbé de Cîteaux fon Superieur, fans avoir auffi pris la fienne, fit une Ordonnance , par laquelle il luy fit défenfes de fortir à l'avenir fans fa permiffion. L'Abbé de Cîteaux en fut appellant comme d'abus; l'affaire portée au Grand Confeil, l'Abbé de Cîteaux donna fa Requête, & demanda d'être maintenu en poffeffion de donner feul aux Religieufes de fon Ordre les permiffions de fortir. Par Arrêt du 11. Mars 1695. il fut dit y avoir abus. M. l'Abbé de Cîteaux maintenu dans la poffeffion de donner feul aux Religieufes de fon Ordre les permiffions de fortir de leurs Monafteres, qu'elles feront pourtant tenuës de reprefenter, quand elles en feront requifes. *Definit. Can. p.* 494.

RELIGIEUX , COMPROMIS.
88 Compromis fait par des Religieux , ou entre leurs mains. *Voyez* le mot *Compromis,* nomb. 50. & 51.

RELIGIEUX , CONSENTEMENT DES PARENS.
89 Le fils de famille ne peut fans le confentement de fon pere s'engager par des vœux. *Voyez* le mot *Fils de famille,* n. 31. & cy-aprés les nomb. 141. & 148.

90 *Voyez Tournet lettre M.* nombre 57. où la queftion eft agitée *in utramque partem,* & Henrys dans fon *tome* 2. *liv.* 1. *quest.* 33. où il rapporte plufieurs Jugemens & Arrêts qui ont défendu aux Religieux de donner l'habit aux enfans de famille fans le confentement de leurs peres. *Voyez au Journal du Palais* in 4°. tome 10. *page* 1. la caufe pour la Demoifelle d'Epernon.

91 Arrêt du Parl. de Paris du mois de Juillet 1583. qui ordonne que le Gardien des Capucins comparoîtra, en la Cour , & y reprefentera un fils de famille qui s'étoit rendu aux Capucins fans le confentement de fon pere. L'habit feculier lui fut remis ; défenfes aux Capucins de le recevoir , & aux pere & mere de le détourner, fi aprés l'âge atteint, il perfifte en fa premiere volonté. *Preuves des Libertez,* tome 2. *chap.* 33. *n.* 25.

92 Sur la Requête de *Jean Laurens* Procureur à Chartres, il fut par Arrêt du Parlem. de Paris du 1. Août 1601. enjoint au Provincial des Feüillans d'aller prefentement accompagné de l'un des quatre Notaires & Secretaires de la Cour, délivrer & mettre és mains du pere Claude Laurens fon fils unique , luy ôter l'habit de Religieux, & le rendre en l'habit feculier; défenfes aux Feüillans de le recevoir à l'avenir fans le confentement du pere. Ce fils avoit neanmoins dix-fept ans. *Voyez* Ibidem *nombre* 18. & fuivans , où il y a plufieurs autres Arrêts femblables.

93 Arrêt du Parlement de Paris du 7. Avril 1619. par lequel la fille du fieur de Mornay qui s'étoit retirée au Monaftere du Val de Grace eft renduë à fa mere; défenfes à la Superieure de la recevoir fans le confentement de fes pere & mere. *Voyez le* 2. to. *des Preuves des Libertez,* ch. 33. *n.* 43.

94 La Demoifelle Vernat vouloit faire fes Vœux dans le Monaftere de S. Pierre de Lyon, fes parens s'y oppofoient & vouloient qu'elle revînt dans le fiecle. Par Arrêt du 23. Juillet 1686. la Cour luy a permis de faire fes Vœux , en cas qu'elle en fût trouvée capable par l'Archevêque de Lyon, & condamne le pere & la mere à payer au Monaftere 400. livres de penfion pendant la vie de leur fille , & 1000. livres pour les frais de fa prife d'habit & profeffion , & pour les penfions de fon Noviciat, dépens compenfez. *Voyez le* 1. *Plaidoyé de M. Erard.*

RELIGIEUX, CONVENTUALITÉ.

95 Declaration du Roy du 6. May 1680. qui ordonne le rétablissement des conventualitez, & que la conventualité ne pourra être prescrite par aucun laps de temps, quel qu'il puisse être, lorsque les conditions requises & necessaires pour la conventualité se rencontreront dans les Prieurez ou Abbayes, & particulierement lorsqu'il y aura des lieux reguliers subsistans, pour y recevoir des Religieux jusqu'au nombre de dix ou douze au moins, suivant les Conciles, Arrêts & Reglemens, & que les revenus des Benefices seront suffisans pour les y entretenir. *Biblioth. Canto. 2. p. 458.*

96 Du rétablissement, imprescriptibilité, ou extinction de la conventualité. *Voyez* le mot *Conventualité*, & *cy après le mot Sécularisation.*

RELIGIEUX, CURES.

97 Si les Religieux sont capables de posseder des Cures? *Voyez* le mot *Cures*, *nomb. 134. & suiv.*

RELIGIEUX, DEPÔT.

98 Par Arrêt du Parlement de Paris du 15. Decembre 1664. il a été jugé que le dépôt d'une somme de mille livres, & de quelques pierreries, entre les mains d'une Religieuse, devoient être rendus, sur sa simple déclaration, & qu'elle étoit suffisante. *Jovet*, verbo *Dépôt*, *nomb.* 9.

CRIMINEL QUI SE FAIT RELIGIEUX.

99 Le criminel ravisseur qui se fait d'Eglise ou Religieux, de peur d'épouser la fille ravie, à laquelle il a promis mariage, est indigne de misericorde. *Voyez* Peleus q. 125. *Nemo delictis exuitur quamvis in Monasterio votum emittat.* Mornac l. 2. *verbo nemo, ff. de capite minutis.*

RELIGIEUX, DONATION.

Voyez cy-dessus le nomb. 15. & *cy-après les nombres* 179. & *suiv. & 259. & suiv.*

100 Les Religieux ne peuvent rien donner lors de leur profession, ni auparavant, directement ou indirectement au Convent où ils sont reçus, par les Ordonnances d'Orleans article 19. & de Blois en l'article 28. ce qui a été confirmé par plusieurs Arrêts du Parlement de Paris. *Voyez M. Loüet lett. H. somm. 4. ch. 8. & 18. R. 42.* Berault, *sur l'art. 273. de la Coûtume de Normandie*, rapporte quelques Arrêts semblables, & un par lequel le testament fait par un Capucin Novice fut cassé.

101 Un Religieux profez peut par donation entre-vifs disposer de ses meubles. Arrêt du 14. May 1587. *Carondas, liv. 7. Rép.* 226.

102 Don d'un mineur fait par testament aux Capucins d'Angers déclaré nul. *Voyez Tournet lettre D. ch.* 191. où il rapporte plusieurs Arrêts semblables en faveur des peres & meres dont les enfans avoient été attirez par les Jesuites, Feüillans & Capucins.

103 Religieuses du Mont-Carmel ne peuvent donner à leur Convent aucune chose depuis qu'elles y sont entrées & y ont pris l'habit, encore qu'elles n'ayent fait profession. Arrêt du Parlement de Bretagne du 19. Octobre 1617. *Bellordeau*, 2. *part. Contr.* 66.

104 Disposition d'un Religieux Novice au profit de son Ordre, est nulle. Jugé le 5. Février 1619. *Bardet, to. 1. liv. 1. ch.* 52. L'Arrêt absout les Freres de Gombault de la demande de la somme de mille livres, & pour les 4000. liv. payées ordonna qu'elles demeureroient aux Chartreux de Toulouse.

105 Religieux ne peut donner aucune chose, on ne dit pas seulement à la Maison, mais à l'Ordre dans lequel il fait profession. Jugé le 10. Février 1620. *Bardet, to. 1. liv. 1. ch.* 75.

106 Une Religieuse ne peut disposer au profit du Monastere, quoique la Coûtume du lieu le permette. Arrêt du 27. Juillet 1626. *Du Frêne, liv. 1. ch.* 120.

107 Par Arrêt du Parlement de Roüen du 24. Janvier 1627. rapporté par *Berault, sur la Coûtume de Normandie, art.* 273. jugé que le doüaire donné par un Religieux à son Monastere étoit une donation nulle. La raison que ce doüaire étoit fini par la profession de la Religion, & que ladite donation n'avoit point été insinuée, comme elle le devoit être ; étant par la Coûtume le doüaire réputé immeuble.

108 Par Arrêt du 3. Août 1627. rapporté par *Joly, liv. 2. chap.* 61. un testament par lequel un Religieux avoit donné à un Convent de son Ordre, au préjudice de ses parens, a été déclaré nul à l'égard de ladite donation, & confirmé pour une pension viagere.

109 Contract de vente des immeubles d'une femme entrant en Religion pour donner le prix à son Convent est déclaré nul, & l'acquereur évincé comme participant de la fraude ; mais pour sçavoir s'il peut repeter contre la Religieuse le prix que la Prieure a seule touché, la cause est appointée ; Arrêt du 18. Juin 1630. M. l'Avocat General Talon dit que, la Prieure avoit donné plusieurs quittances semblables, mais qu'icy on alleguoit une contrelettre vûë, lûë, & tenüe par personnes dignes de foy, & que si dans la Cour feroit porter cette peine à l'acquereur, ce seroit pour servir d'exemple à l'avenir, *habet aliquid ex iniquo omne magnum exemplum.* Voyez Bardet, *tome* 1. *liv. 3. chap.* 111.

110 Donation faite par une Religieuse avant sa profession de l'usufruit d'une terre de grand prix au profit du Monastere, réduite à la moitié de l'usufruit, le 18. Juin 1632. *Du Frêne, liv. 2. chap.* 111.

111 Un Religieux de sainte Geneviéve pourvû de Benefice dépendant de son Ordre, ne peut faire des acquisitions à son profit ou posseder somme notable, attendu le vœu de pauvreté, il ne peut disposer par testament. Par le Droit Canon il a la permission de donner à autruy quelque chose de son ménage en pleine propriété, pourvû que ce ne soit donation de consequence. Arrêt du 26. Avril 1633. *Ibidem, chap.* 137.

112 Le 28. du mois de Juillet 1643. au Parlement de Toulouse, il fut ordonné que quoique la Demoiselle de Fagemont entrant au Monastere de Sainte Claire de Cahors, se fût constituée tous ses droits, qui alloient à 10000. livres, ces Religieuses n'en auroient que 3000. livres : ces Religieuses ayant presenté Requête en interpretation, à ce qu'il plût à la Cour de déclarer qu'elle n'avoit entendu les priver de la constitution ordinaire de 2000. liv. outre les 3000. livres qui leur étoient adjugées, elles furent déboutées de leur Requête le 31. May 1644. *Albert*, verbo *Testament, article* 34.

113 Femme au Convent des Carmelites d'Orleans, en qualité de Fondatrice, portant l'habit de Religieuse, sans qu'il parût de profession, peut disposer de son bien pour la construction du bâtiment ; & si elle peut demander sa legitime sur les biens de sa mere ? Sentence qui juge la donation bonne, & qui la prive de la legitime. Appel du premier chef des parens ; & appel du second par la prétendüe Religieuse ; le second par la prétendüe Religieuse ; le second chef confirmé, & sur le premier appointé au Conseil, le 27. Juillet 1627. *Du Frêne, liv. 1. chap.* 13. Voyez *De la Guessiere, tome 2. liv. 1. chap.* 23. où il y a un Arrêt du 16. Juillet 1657. *Les Notables Arrêts des Audiences* rapportent le même Arrêt, *Arrêt* 9.

114 Arrêt du P. d'Aix du 24. Février 1672. qui a jugé qu'un Jesuite qui est sorti de l'Ordre, ensuite d'un congé par lui demandé 14. ans après les premiers vœux, ne peut pas repeter une somme de 5000. livres qu'il avoit leguée pour la construction d'une Eglise de l'Ordre, & employée à l'effet d'icelle. *Boniface, to. 3. liv. 7. tit. 4. ch.* 14.

RELIGIEUX, DOT.

115 De la dot donnée aux Religieux. *Voyez* le mot *Dot, n.* 431. & *suiv.*

116 De l'indemnité de la dot d'une Religieuse. *Voyez* le mot *Indemnité, n.* 47.

117 Arrêt du 14. Janvier 1632. par lequel les heritiers des biens maternels, & le pere heritier des meubles

Tome III.   X x ij

& acquêts de sa fille Religieuse, doivent contribuer au *pro ratâ* de l'émolument au payement de sa dot ou pension. *Du Frêne . liv. 2. ch. 102.*

118   La dot d'une Religieuse doit être portée par tous les heritiers *pro ratâ* , attendu que par ce moyen la succession a été ouverte à tous ; autrement l'heritier des meubles n'auroit rien , s'il falloit épuiser le mobiliaire. Le contraire a été jugé le 8. Juillet 1700. contre le sieur Cauvel de Mondidier ; mais il avoit derogé à son droit par une imputation volontaire avec ses coheritiers, d'une somme mobiliaire reservée au partage pour ce sujet. *V. Ricard , sur l'art. 141. de la Coût. de Senlis , page 43.*

119   *Voyez Henrys , tome 1. liv. 4. chap. 6. quest. 54.* où vous trouverez deux Arrêts , l'un du 23. Juillet 1646. & l'autre du 20. Août 1649. concernant la dot des Religieuses.

120   *Henrys , ibid. quest. 55.* établit qu'une fille majeure & maîtresse de ses droits, peut, en entrant dans la Religion , donner au Monastere telle portion de ses biens que bon luy semble, pourvû qu'elle le fasse avant l'entrée ou par le contrat de reception ; mais cette proposition n'est pas certaine ; car si la donation étoit immense, elle seroit sujette à réduction, comme étant faite contre l'esprit des Canons & des Ordonnances , & au préjudice de l'interêt des familles & du bien public, d'ailleurs une semblable disposition ressentiroit la séduction qui n'est pas moins à craindre que la violence.

121   Dans *Du Frêne , livre 3. chapitre 81.* Arrêt du 9. Decembre 1641. qui juge qu'une somme de 3000. l. pour la dot d'une fille en un Monastere, étoit valable. Il n'y a que l'excès à reprimer ; *voyez son liv. 6. ch. 15.* où vous trouverez Arrêt du 10. Janvier 1651. qui juge la même chose ; & *en son li. 7. ch. 14.* il rapporte un Arrêt du 20. Janvier 1653. par lequel toutes sortes de traitez faits avec des Religieuses pour l'ingression en Religion , sont nuls & prohibez, & la somme de 1200. liv. promise , réduite à 600. l. pour les frais de l'ingression.

122   D'un contrat fait avec des Religieuses pour la dot & Profession d'une fille Religieuse , par lequel on prétendoit qu'elles avoient voulu indirectement se rendre maîtresses de tous les biens. Arrêt du 10. Janvier 1651. qui adjugea au pere la succession mobiliaire de sa fille, en contribuant par luy au *pro ratâ* à la dot de la Religieuse ; jusqu'à la somme de 500. liv. & sans dépens. *Soefve , tome 1. Cent. 3. ch. 53.*

123   Une rente annuelle & perpetuelle pour l'entrée d'une fille en Religion , que le pere avoit constituée , ne seroit reduite à une pension viagere , mais le pere condamné à payer , parce que la somme n'étoit pas immense , qui est le cas du Reglement. Arrêt du Mardy 26. Novembre 1651. en l'Aud. de la Grand'-Chambre, plaidans Gomont pour l'appellant, Corbin pour l'intimé. *Dict. de la Ville , n. 8337.*

124   L'heritage baillé pour l'entrée d'une fille en Religion , doit treiziéme & indemnité. Arrêt du Parlement de Roüen du 2. Juillet 1654. M. l'Avocat General se rendit appellant de son chef , pour faire annuller la donation comme simoniaque ; mais la Cour ne prononça point sur son appel. *Basnage , sur l'art. 171. de la Coût. de Normandie.*

125   Par Arrêt du P. de Roüen du 30. Juillet 1659, il a été jugé que la part d'une Religieuse qui revenoit à ses sœurs, heritieres de la dot de leur mere, contribuëroit aux frais de son entrée en Religion. Si ces frais avoient été payez sur le pere de son argent , il ne seroit pas juste d'y faire contribuer les biens maternels , puisqu'ils auroient été payez d'un meuble où la mere auroit eu sa part ; mais si le pere s'étoit constitué en rente , en ce cas la contribution seroit raisonnable.

Autre Arrêt du même Parlement du 30. Juin 1655. qui a jugé que les deniers que l'on avoit payez

pour l'entrée en Religion de l'une des sœurs des sieurs de S. Sens , seroient pris sur les meubles appartenans à cette fille , & sur ce qui luy devoit revenir de son mariage avenant. Arrêt semblable du 25. May 1671. *Ibid. art. 256.*

126   Reglement pour la reception des Religieuses, portant défenses de prendre à l'avenir aucuns deniers d'entrée pour la réception desdites Religieuses, mais seulement une pension pour les plus riches ; il est du 29. Mars 1659. *De la Guess. to. 2. li. 2. ch. 16.* Autre Arrêt du 12. Juillet 1659. *ch. 33. du même livre.* Pareil Arrêt du Jeudy 11. Janvier 1635. entre Marie de Castelnau , & le sieur de Fontpertuis son oncle , rapporté par *Du Frêne, li. 3. ch. 7. & 81.* Arrêt du 28. Novembre 1656. qui est contraire, *liv. 6. ch. 11.*

127   Reglement pour la réformation des quatre Ordres des Mendians , faisant défenses aux Superieurs & Superieures des Monasteres de recevoir aucune chose pour la réception des Novices à l'Habit ou à la Profession ; il est du 4. Avril 1667. *De la Guessiere, to. 3. liv. 1. chap. 16.*

128   Arrêt du Parlement de Dauphiné du 25. Juin 1667. qui ordonne qu'il sera procedé à la réforme des quatre Ordres Religieux appelez Mendians, & défenses aux Superieurs & Superieures de tous les Monasteres , de recevoir aucune chose pour la réception des Novices à l'Habit ou à la Profession, *Voyez Basset , tome 1. liv. 1. tit. 7. ch. 5.*

129   Dot d'une Religieuse de Clermont en Beauvoisis , de laquelle on avoit payé 5000. l. il restoit à payer 4500. liv. la Cour ordonna que ce qui étoit payé demeureroit , & que ce qui étoit à payer seroit partagé entre les heritiers paternels & maternels. Arrêt du 27. Juillet 1668. de relevée, plaidant Bordel , Noet & Pinson. *Dict. de la Ville , n. 8338.*

130   Le Reglement de 1667. défend de doter des filles pour leur entrée en Religion. Un contrat de constitution de rente fait avant le Reglement par un pere à un Monastere, pour la Profession de sa fille, jugé executoire le 12. Mars 1672. *De la Guess. tome 3. liv. 6. chap. 3.* Même Arrêt du 6. Février 1673. *Ibid. liv. 7. ch. 21.* Le *Journal du Palais* rapporte l'Arrêt du 12. Mars 1672.

131   Dots des Religieuses ne sont permises, mais bien des pensions viageres. Arrêt du Parlement de Roüen du 10. Janvier 1673. *Journal du Palais.*

132   Rentes constituées pour la dot de deux Religieuses qui étoient Sœurs & Professes, avant le Reglement de 1667. Jugé que les arrerages en seroient payez purement & simplement jusques au rachat ; l'Arrêt est du 1. Juillet 1673. *De la Guess. to. 3. liv. 9. ch. 10.*

133   Arrêt du 19. Avril 1679. qui juge que le Reglement de 1667. pour les dots des Religieuses, a un effet retroactif , & est autant pour le passé que pour l'avenir ; car cet Arrêt enterine les Lettres de rescision prises par M. de la Rochefoucaut , contre un contrat, par lequel il avoit promis une dot de dix mille liv. pour la dot de sa sœur Religieuse à Xaintes ; l'Arrêt réduisit la somme à 500. liv. par chacun an tout le passé, & ainsi continuer pendant sa vie. *Soefve, tome 2. Cent. 4. ch. 95.*

134   Dot de la somme de 2400. liv. pour une Religieuse , confirmée le 21. May 1685. *De la Guess. tome 4. liv. 8. chap. 42.*

RELIGIEUX, DOUAIRE.

135   Plaidoyé notable de M. le Guerchois Avocat General au Parlement de Roüen , avec l'Arrêt du 16. Janvier 1627. par lequel les heritiers d'un defunt ont été déchargez du douaire prétendu par la veuve qui s'étoit remarié suivant l'*article 273. au titre de Succession en Propre. Voyez Berault , tome 2. du Commentaire de la Coût. de Normandie au Recueil des Arrêts qui sont à la fin, p. 71. & suiv. Voyez Jovet , verbo , Religieux , nomb. 87. & dans*

le prefent Recüeil , le mot , *Douaire* , *nombre* 234. & fuivans.

RELIGIEUX, ENTERREMENT.

136   Des Enterremens qui fe font és Maifons Religieu-fes. *Voyez* le mot *Enterrement* , *n.* 14. & fuiv.

137   Le droit d'inhumer un Religieux Curé n'appartient point au Doyen Rural , mais au Monaftere. Arrêt du Parlement de Paris du 29. Novembre 1677. *Journal des Aud.* tome 3. liv. 11. ch. 42.

RELIGIEUX, ETABLISSEMENS NOUVEAUX.

138   Nouveaux établiffemens de Religieux Mendians , & ce qui eft neceffaire pour en pouvoir faire. *Mémoires du Clergé* , tome 1. part. 1. page 984. & fuiv. Il faut la permiffion de l'Evêque Diocefain ; comment elle doit être accordée , pour empêcher que ces nouveaux établiffemens ne préjudicient aux anciens. *Ibidem.*

139   Les nouveaux établiffemens de Religieux ou Religieufes ne fe peuvent faire fans permiffion de l'Evêque Diocefain , ni pendant la vacance du Siege Epifcopal. *Ibidem* , page 996. art. 28.

140   On ne peut édifier de nouveaux Monafteres , ni inftituer aucune nouvelle Congregation ou Ordre , fous prétexte de Religion ou autre caufe , fans la permiffion du Roy. *Le Bret , en fon Traité de la Souveraineté* , liv. 1. ch. 13.

141   Par Arrêt du 20. May 1586. il fut dit qu'il feroit formé des pratiques & fubornations prétenduës avoir été faites à l'endroit du fils de M. Pierre Airault , Lieutenant Criminel d'Angers , pour fe rendre Jéfuite ; défenfes aux Jéfuites de le recevoir en leur Société , & d'ufer d'aucun allêchemens ni autres inductions envers les enfans pour fe rendre en leur prétenduë Société fans en avertir les parens , & cela à peine d'amende arbitraire , & de plus grande peine s'il y échet ; & à eux enjoint d'avertir les autres Jéfuites de ce Royaume & autres, du prefent Arrêt. *Bibliotheque de Bouchel* , verbo *Plagiaires.*

142   Commiffion accordée au Procureur General le 18. Août 1604. pour faire appeller certains habitans qui faifoient bâtir un Convent de Capucins à Peronne , fans l'autorité de la Cour. *Preuves des Libertez*, to.1. chap. 32. nomb. 5.

143   Arrêt du Parlement de Roüen du 18. Mars 1616. rendu fur la rémontrance du Procureur General , que plufieurs veuves & filles vouloient s'ériger des Convens fous le nom de Religieufes Urfulines dans plufieurs Villes de la Province, fans Lettres Patentes du Roy , ni aucun fonds pour fubfifter ; par lequel il eft fait défenfes à toutes perfonnes de quelque état , qualité & conditions qu'elles foient, d'établir aucuns nouveaux Ordres de Religieux & Religieufes ou Congregations en la Province, fans Lettres Patentes du Roy , & que les Statuts n'ayent été portez au Procureur General , & vûs en la Cour , fur les peines portées par les Ordonnances : Et fait iteratives défenfes à tous Prélats & perfonnes Ecclefiaftiques de la Province , à peine de faifie de leur temporel ; d'innover ni changer l'ancienne Police & Difcipline Ecclefiaftique , introduire aucune nouveauté au préjudice de l'autorité Royale , & enjoint aux Subftituts du Procureur General , même à ceux qui font établis aux Officialitez , de s'informer promptement des entreprifes & innovations qui fe font faites , & luy en envoyer les mémoires dans le mois, fur les peines au cas appartenant , & ordonner que l'Arrêt fera envoyé à tous les Juges du reffort du Parlement. *V. la Biblot. Can.* tome 2. page 121. col. 2.

144   Les Religieux Minimes ayant demandé main-forte contre un établiffement qui fe faifoit à Abbeville , fans le confentement de leur General , ils obtinrent le 4. Mars 1622. Commiffion adreffante aux Officiers tenans le Siege Préfidial à Abbeville , pour leur donner confort & aide , & faire enforte que la Sentence du Procureur General foit executée felon fa forme &

teneur ; enjoint au Subftitut du Procureur General fur les lieux , de tenir la main à l'execution de l'Arrêt. *Preuves des Libertez*, tome 2. ch. 33. n. 39.

145   Les Communautez regulieres ne peuvent s'établir dans une Ville , fans le confentement des habitans. Arrêt du Confeil d'Etat du 26. Juillet 1644. *Henrys* , tome 2. liv. 1. qu. 6.

146   Par Arrêt du Parlement de Rennes du 16. Octobre 1645. la Cour faifant droit fur les Conclufions du Procureur General , a fait défenfes aux Religieux & Religieufes de quelques Ordres qu'ils foient, Communautez & Gens de Main-morte, d'acquerir & s'accroître en fief , terres , domaines & heritages , fur peine de nullité & caffation des contrats faits pour les bâtimens de leurs Monafteres , Eglife & Clôture au lieu où ils auront permiffion de s'établir par Lettres du Roy , bien & dûëment verifiées. *Voyez les Arrêts qui font à la fuite du Recüeil de Du Fail* , page 94.

147   Arrêt du Parlement de Rennes du 24. Novembre 1645. qui fait défenfes aux Carmes Defchaux , & à tous autres Religieux & Religieufes de follicitter & pourfuivre leur établiffement dans la Ville & Fauxbourgs de Rennes, & aux autres Villes de la Province, fans Lettres de Commiffion du Roy, regiftrées en la Cour , confentement des Communautez , & des anciens Religieux & Religieufes établis efdites Villes, à peine de nullité des permiffions , comme fubreptice-ment obtenuës , à la furcharge & incommodité du peuple. *Ibid.*

148   Arrêt du Parlement de Provence du 13. Decembre 1649. qui a jugé que la fille prenant l'Habit de Religion fans le confentement de fon Tuteur & ayeule , doit être remife à fon ayeule , pour éprouver fa volonté , quand elle le requiert. *Boniface*, tome 1. liv. 2. titre 51. chap. 5.

149   Les Religieux ne peuvent s'établir dans une Ville fans Lettres du Roy , permiffion du Diocefain , & confentement des habitans : Par Declaration du 7. Juin 1659. verifiée au Parlement le 12. Juillet fuivant , avec modification en ces termes, *fans préjudice des Seminaires qui feront établis par les Evêques , pour l'inftruction des Prêtres feulement , & fans que les Lieutenans Generaux puiffent rien ordonner en execution de cette Déclaration , mais feulement dreffer leurs procès verbaux pour les rapporter à la Cour. Biblot. Can.* tome 2. page 458.

150   Reglement contenant les formalitez neceffaires pour l'établiffement des Maifons Religieufes ou autres Communautez, fuivant la Déclaration du Roy du mois de Decembre 1666. regiftrée au Parlement, avec l'Arrêt de modification, du 31. Mars 1667. *De la Gueff.* tome 3. liv. 1. chap. 23.

151   Reglement touchant les Communautez regulieres établies depuis trente ans , du 30. Decembre 1667. *De la Gueff.* tome 3. liv. 1. ch. 46. Une Communauté reguliere ne peut s'établir dans une Ville, fans le confentement des habitans. Arrêt du Confeil d'Etat du vingt-fix Juillet 1644. *Henrys*, tome 2. livre 1. chapitre 6.

152   Déclaration du Roy donnée au mois de Juin 1671. verifiée au Parlement le 26. de la même année , par laquelle Sa Majefté ordonne que les Religieux ne pourront être établis dans les Monafteres non réformez , ni aucunes unions être faites , fans expreffe permiffion, & fans avoir préalablement obtenu Lettres à ce neceffaires. *Bibliotheque Canonique* , tome 2. pag.105. Cette Déclaration eft dans tous les Recüells. *Voyez* le mot *Etabliffement.*

RELIGIEUX, ETUDE.

153   Religieux qui étudient , ou à qui on donne & legue *caufâ ftudiorum.* *Voyez* le mot *Etude*, nomb. 19. & fuivans.

154   Si un Religieux peut obliger fes parens à luy fournir argent pour faire fes études. *Voyez*, ibid.

X x iij

354
bis. Le douziéme Octobre 1558, entre le Syndic du Monastere de Lezat, & Frere Roger de Castet Religieux, il fut ordonné que celuy-cy joüiroit de la faculté de prendre & percevoir, les fruits de grosse de sa Prébende Monachale pour ladite année entierement & consecutivement les autres années jusques à avoir accompli le temps de ses études par cinq ans en Université fameuse, aux charges & reservations contenuës en l'Arrêt. *Bibliotheque de Bouchel*, verbo *Etudes.*

RELIGIEUX, EVESQUE.

355 Religieux pourvû d'un Evêché. *Voyez* le mot *Evêque*, nomb. 217. & suiv.

356 *Senatus bona defuncti propinquis agnatisque proximis, legitimis ab intestato hæredibus adjudicavit*, le 16. Avril 1585. Anne Robert, *rerum judicat.* liv. 4. ch. 3. *Voyez Carondas*, li. 7. Rép. 127.

357 Religieux fait Evêque, n'est rendu capable de succeder *ab intestat* à ses parens. Arrêt du Parlement de Paris du 11. May 1638. contre M. Datichi Religieux Minime, & depuis Evêque de Riez. *Bardet*, tome 2. liv. 7. chap. 22.

RELIGIEUX, FOY ET HOMMAGE

358 Un Religieux est capable de porter la foy & hommage. *Voyez* le mot *Foy & Hommage*, n. 46.

RELIGIEUX GRADUEZ.

358 Religieux Graduez. *Voyez* le mot *Graduez* nombre
bis. 173. & suiv.

GOUVERNEMENT DES RELIGIEUSES.

359 Le regime & conduite des filles Religieuses peuvent être commis à Prêtres Seculiers, & à autres que Religieux. Arrêt du Parlem. de Bretagne du 30. Juin 1620. pour le Cardinal de Berulle, à qui le Pape avoit commis la direction & gouvernement des Religieuses Carmelites Déchaussées. *Voyez Frain*, page 608. & suiv. Il observe que le Saint Pere en ordonne comme il luy plaît, & qu'il a confié la visite de certains Monasteres à des Religieux d'un autre Ordre. Ce qui a été confirmé par les Arrêts.

RELIGIEUSE GROSSE.

360 Religieuse engrossée dans le Monastere par un particulier qui fut condamné à mort, & executé. *Voyez* le mot *Grossesse*, nomb. 22.

HABITS DES RELIGIEUX.

361 *Voyez* le mot *Habit*, nomb. 26.

RELIGIEUX INSTITUE' HERITIERS.

362 *Voyez* le mot *Heritier*, nomb. 263 & suiv.

RELIGIEUX, COMMENT JUGEZ.

363 Procedure criminelle contre des Religieux. *Voyez* le mot *Procedure*, nomb. 295. & suiv.

364 Arrêt du 30. May 1377. qui déclare les Religieux de saint Martin des Champs non sujets à l'Officialité de Paris. *Du Luc*, liv. 2. titre 1. chap. 5. & Papon, liv. 1. tit. 5. nomb. 36.

365 *Monachus in iis quæ sunt jurisdictionis Episcopo, subjicitur; in iis verò quæ regulam claustralem concernunt, abbati.* Voyez Franc. Marc. to. 1. quest. 1241.

366 Un Cordelier accusé rendu à son Gardien. Arrêt du Parlement de Paris du 27. Février 1417. *Papon*, li, 1. tit. 8. n. 1.

367 Arrêt du Parlement de Paris du 27. Février 1495. qui ordonne qu'un Religieux Dominicain préveru de plusieurs crimes, sera rendu à son Prieur, & à son refus à l'Evêque de Paris, auquel il est enjoint de luy faire son procez. *Voyez les Preuves des Libertez*, to. 2. chap. 33. n. 4.

368 Arrêt du Parlement de Paris du 26. Juillet 1501. qui enjoint au Provincial des Cordeliers de corriger le scandale & tumulte des Cordeliers du Convent de Paris; leur enjoint de vivre selon leur regle & observance reguliere, à peine d'être baillez & rendus à l'Evêque de Paris pour en faire punition, sans préjudice de leur exemption. *V. Ibidem*, n. 5.

369 Religieux vagabond enrollé pour soldat, & ayant reçu la solde, pris pour crime en habit d'homme de guerre, fut débouté de son déclinatoire & privilege Clerical; ce qui depuis fut confirmé le 21. Janvier 1547. & le Moine condamné en l'amende. *Papon*, li. 1. tit. 6. n. 6.

370 Par Arrêt du Parlement de Bretagne du 10. Février 1558. commission decernée à Frere de Gand, & à l'Official de Nantes, pour proceder à la punition & correction des excez faits à un Docteur Theologien, par les Dominicains de Nantes, jusques à entiere condamnation & execution, & permis de leur faire élire un Prieur; le tout par provision. *Du Fail*, li. 2. chap. 73.

371 La connoissance de la correction des Religieux appartient à l'Abbé, & non à l'Evêque ni à l'Official. Jugé par Arrêt du Parlem. de Paris du 17. May 1603. contre l'Official d'Angers, toutefois quand il est question de crime commis par un Religieux, & *agitur in figurâ judicii*, la connoissance appartient à l'Evêque Diocesain *Papon*, li. 1. tit. 4. n. 13.

372 Par Arrêt du Parlement de Paris du 23. May 1603. il fut jugé qu'envoyer un Religieux étudier, & ordonner ce qui luy seroit necessaire pour ses études & entretien, est un acte regulier, appartenant aux Superieurs de l'Ordre, avec expresses inhibitions & défenses à l'Official de l'Evêque d'Angers de prendre connoissance ni Jurisdiction, & à Frere P. de Lamecour Bachelier en Theologie, & Religieux Profez de saint Nicolas d'Angers, & autres de ne s'y adresser plus dorénavant. *Filleau*, premiere part. titre 1. chap. 37.

373 Arrêt du Parlement de Toulouse du 9. Mars 1611. qui déclare n'y avoir abus en la procedure de l'Evêque de Condom, qui avoit fait le procez au Provincial de l'Ordre de saint Dominique pour des blasphemes qu'il avoit vomis, & procedures violentes par luy faites au Monastere des Religieuses de Proulhan. Ce Provincial avoit osé dire qu'il ne reconnoissoit point l'Evêque, ni le Roy, ni le Pape; mais seulement le General & le Chapitre de son Ordre. *Voyez Mainard*, li. 9. chap. 60.

374 Arrêt du 24. May 1631. qui renvoye un Religieux accusé d'avoir batu un Sergent, & de luy avoir pris les papiers, en vertu desquels il exploitoit, pardevant l'Official, à la charge du cas privilegié. *Bardet*, to. 1. li. 4. ch. 27. M. Talon Avocat General dit que les Superieurs Reguliers ne pouvoient connoître que de la correction Monastique.

375 Arrêt du Parlement d'Aix du 17. Novembre 1644. qui a jugé qu'un Religieux ne peut être condamné par son Superieur à un bannissement, ni à la galere, ni être chassé de l'Ordre. Ce même Arrêt a jugé que les Superieurs des Ordres ne peuvent donner aucunes Sentences hors la Monarchie contre les sujets du Roy. *Boniface*, tome 1. li. 2. tit. 31. ch. 14.

376 L'Evêque Diocesain connoîtra de tous les délits qui pourroient être commis par les Religieux Prieurs, Curez de l'Ordre de Prémontré, tant pour ce qui regarde l'administration des Sacremens, que leur vie & mœurs, & au résidu que l'Abbé General de Prémontré en connoîtra par concurrence avec l'Evêque; ainsi jugé par Arrêt du Parlement de Paris rendu par provision le 8. Février 1656, rapporté dans les *Mem. du Clergé*, to. 2. ch. 14. art. 7.

377 Par Arrêt du Parlement de Grenoble du 27. Juin 1667. rendu à la requête de M. le Procureur General pour les Monasteres, il est dit, que ce qui sera ordonné par les Superieurs concernant la correction des mœurs sera executé nonobstant oppositions ou appellations quelconques. *Basset*, tome 2. li. 2. titre 1. chap. 2.

378 Le Pape ou le General d'un Ordre Religieux, ne peut faire le procez à un Religieux en France, mais qu'il doit être jugé dans le Royaume pardevant ses Superieurs. Arrêt du 9. Avril 1682. *De la Guess.* 1yme 4. liv. 5. chap. 1.

RELIGIEUX, LEGS.

179. Des legs faits au Religieux ou parent. *Voyez cy-dessus le nomb.* 100. *& suiv.* & cy-après *le nomb.* 259. *& suiv.* & le mot *Legs* , *nomb.* 567. *& suiv.*

180. Messire Pierre Ragane Evêque , & autrefois Cordelier , legue aux Cordeliers de la Fleche 25. livres par chacun an pour être employées à l'entretenement des études d'un jeune Cordelier. Les Cordeliers font chassez de leur maison ; les Recolets qui leur sont substituez , ne peuvent rien posseder par leur regle. L'administrateur de l'Hôtel-Dieu prétend la rente ; il est ainsi ordonné par M. l'Evêque d'Angers. Les Cordeliers remontrent que ce legs a été fait en contemplation de tout l'Ordre , & non pas de la seule maison de la Fleche. Arrêt du Parlement de Paris du 17. Juin 1635. qui ordonne que le legs sera délivré à un Cordelier étudiant de la Province. *Journal des Aud.* to. 1. *li.* 3. *chap.* 31.

181. Les Religieuses de sainte Catherine de Sienne ont été jugées capables d'un legs d'immeubles. Arrêt du 21. Juillet 1653. *Henrys , tome* 2. *li.* 1. *qu.* 26.

RELIGIEUX MALADE.

182. *Tournet , lettre M. n.* 78. traite cette question , si un Religieux peut être renvoyé du Convent à cause du mal caduc , & dit que non ; mais il en est autrement d'un Novice.

183. La convention faite par un pere avec des Religieuses pour les engager de recevoir sa fille sujette à quelques infirmitez , dans leur Convent , en qualité de Pensionnaire perpetuelle , portant neanmoins habit de Religieuse , & faisant simplement les vœux de chasteté & de clôture est legitime,& ne peut être arguée de simonie. Arrêt du 12. Janvier 1671.qui débouté la Sœur des Lettres de rescision prises contre cet acte sur le fondement que la somme étoit excessive ; mais on justifioit de la pauvreté des Ursulines de Montdidier , & des maladies de la fille reçûë. *Soefve , to.* 2. *Cent.* 4. *chap.* 58.

RELIGIEUSES, MARAINES.

184. Les Religieuses ne peuvent être maraines. *Mem. du Clergé ,* to. 1. *p.* 993. *art.* 9.

RELIGIEUX, MARIAGE.

185. Une Religieuse ayant fait vœu à douze ans six mois, & par force , ayant demeuré en la Religion vingt-quatre ans , étant sortie sans avoir reclamé dans les cinq ans , mariée sous la faveur d'une dispense enterinée, ne peut demander ni conventions matrimoniales , ni douaire ; toutefois la Cour ordonna que l'heritier du mari luy payeroit une pension de 600. liv. par chacun an.En matiere de vœux la longue patience suffit. Arrêt du 24. Mars 1626. *Du Frêne , liv.* 1. *chapitre* 93.

186. De la nullité d'un mariage contracté par un Religieux avant la présentation , examen & enterinement du rescrit par luy obtenu en Cour de Rome pour l'annulation de ses vœux. Arrêt du 18. May 1645. *Soefve ,* to. 1. *Cent.* 1. *ch.* 80.

187. Une Religieuse appellée la Dorée d'Erva, qui avoit quitté le Cloître , & obtenu un rescrit du Pape, & sans l'avoir fait enteriner, elle se seroit mariée , & avoit des enfans.La Cour sans avoir égard à l'intervention desdits enfans , fit défenses au nommé Monfort son prétendu mary de la hanter ni frequenter , à peine de la vie ; ordonna que la Religieuse rentreroit dans son Cloître , & après l'Arrêt prononcé , la Cour d'Office fit défenses à toutes Religieuses qui auroient obtenu des rescrits, de se marier avant leur enterinement , à peine de la vie , mais elles qu'à ceux qui les épouseroient. Arrêt du 9. Juillet 1668. plaidans Robert & le Verrier à la Grand'-Chambre. *Dictionnaire de la Ville ,* nomb. 8327.

RELIGIEUX, MARI ET FEMME.

188. *Ingressus religionis non vitiatur etiam si in fraudem matrimonii factus sit.* Voyez *Franç. Marc.* tome 2. question 725.

189. Un mari & une femme ne peuvent s'engager dans la Religion , & faire les vœux que par un consentement mutuel. *Définit. Can. page* 898.

RELIGIEUX, OFFICE DIVIN.

190. Arrêt par Henry II. en 1556. qui enjoint aux Religieux de chanter & de ne pas dire leur Office par simple recit & prononciation. *V. Henrici Progymnasmata, Arrêt* 76.

191. Les Ecclesiastiques Seculiers ou Reguliers ne peuvent de leur autorité privée , sous quelque prétexte que ce soit, exposer le Trés-Saint Sacrement de l'Autel à découvert dans leurs Eglises , ni s'y obliger par contrat ou contravention quelconque , ni recevoir aucune fondation à cette fin , si ce n'est par l'ordre ou du consentement de l'Evêque Diocesain. *Reglement des Reguliers art.* 2. *rapporté dans les Memoires du Clergé ,* to. 1. *tit.* 2. *chap.* 5. *art.* 23.

RELIGIEUX, OFFICIAL.

192. *Mornac* sur la Loy *Placet* 17.*Cod. de Episcop. & Cler.* rapporte un Arrêt du Parlement de Paris du 18. Février 1616. qui a jugé qu'un Religieux ne peut être Official , & qu'il y auroit abus.

193. *Févret , page* 359. *nomb.* 6. dit qu'en France on ne souffriroit pas qu'un Religieux fût Official ; cependant au Parlement de Rouën le 12. Mars 1683. on a jugé le contraire pour un Religieux de l'Ordre de Saint Benoît. Cet Arrêt avec les raisons est rapporté dans le *Journal du Palais in* 4°. *partie* 10. *p.* 354.

Voyez le mot *Official.*

RELIGIEUX, PARTAGE.

194. C'est une maxime au Grand Conseil que quand le tiers lot ne suffit pas pour acquitter les charges , les Religieux & l'Abbé contribuent également au surplus. *Voyez* les mots *Abbé & Partage.*

RELIGIEUX, PECULE.

195. Meubles des Religieux decedez hors le Convent à qui appartiennent ? *V.Tournet , lettre R. Arr.* 132.

196. Les Abbez Commendataires & Prieurs succedent indistinctement au Pecule des Religieux ; & si le Benefice dépend d'une autre Abbaye , & que le Religieux y soit transferé, le Pecule appartient à l'Abbé de la translation , & non pas de la profession , si ce n'est que le Religieux n'ait point été transferé ni reclamé. *Brodeau sur M. Louet lettre R. sommaire* 42. Chopin, *Coûtume de Paris, liv.* 3. *tit.* 1. *n.* 4. Voyez le Canon *Statutum est, causâ* 18. *q.* 1. *versiculo, sed quidquid.* Mornac *tit.* 1. *ff. De Peculio & l.* 20. *ff. eodem.*

197. Par l'ancienne Jurisprudence, les Abbez & Prieurs Commendataires ne succedoient point au Pecule des Religieux de leurs Abbayes ou Prieurez conventuels, les Arrêts n'y admettoient que les seuls Titulaires ; mais depuis la Jurisprudence a changé, & l'on a ajugé le Pecule des Religieux decedez , aussi-bien aux Abbez & Prieurs Commendataires qu'aux Titulaires. *Défin. Can. p.* 154.

198. Les biens d'un Religieux Profez sont déferez à l'Abbé où il a fait profession , mais si ce Religieux devient Abbé,& qu'ensuite il résigne ladite Abbaye, & revienne à sa premiere condition de simple Religieux , toutefois ayant retenu un membre de ladite Abbaye , où il a demeuré sans avoir eu volonté de retourner à son premier Convent, s'il décede,l'Abbé résignataire lui succede. Arrêt du 7. Septembre 1546. *Carondas, liv.* 7. *Rép.* 69.

199. Arrêt du Parlement de Paris du 17. Avril 1553. qui ordonne que le Pecule d'unReligieux seroit employé, partie aux réparations de l'Eglise , & l'autre partie à la nourriture des pauvres du lieu,contre l'Evêque de Condom , Abbé Commendataire de l'Abbaye dans laquelle ce Religieux étoit décedé , & auquel il prétendoit succeder. *Définit. Can. p.* 374.

200. Si un Moine dispensé demeurant hors du Convent a des immeubles, à qui ils appartiennent , à l'Abbé superieur ou à l'Evêque, où il faisoit sa demeure,& est décedé, & s'il a testé au profit du Superieur? *V. Bou-*

vot, tome 2. verbo *Monaſtere* , queſt. 7. M. l'Avotat
General ſoûtint que les biens devoient être ajugez au
Roy ; depuis par Arrêt du Parlement de Dijon du 9.
Decembre 1605. ils furent ajugez au Provincial de
l'Ordre de S. François à l'excluſion de l'Evêque.

201   Par Arrêt du Parlement de Dijon du 12. May 1614.
la ſucceſſion d'un Religieux de l'Ordre de S. François, Curé en lieu de mainmorte , fut jugée appare-
nir au Convent des Cordeliers , & non au Seigneur
de la mainmorte. *Bouvot* , *ibidem* , queſt. 16.

202   Un Religieux aprés ſa profeſſion quitte ſon Monaſtere , prend une Charge, ſe marie ; les Religieux
ne l'ignorent point , quarante-huit ans ſe paſſent ; il
meurt, ſon bien eſt demandé par les Religieux, comme étant un Pecule. Le frere du défunt prétendit que
le vœu pouvoit ſe preſcrire par un ſi long-temps
quoad effectus civiles , & que les Religieux avoient
mauvaiſe grace de revendiquer les biens du défunt,
n'ayant point revendiqué ſa perſonne. Arrêt du 18.
Juin 1641. qui les déclare non recevables. *Soëfve* ,
to. 1. *Cent.* 1. *ch.* 44.

203   Du Pecule d'un Religieux conteſté par pluſieurs
Convens ; il fut ajugé à la Fabrique de l'Egliſe de
Nogent dont il étoit Curé, & à cet effet les deniers
mis és mains du Subſtitut de M. le Procureur General ſur les lieux ; le Curé ſucceſſeur intervint en la
cauſe , & repreſenta les ruines de la Paroiſſe. Arrêt
du 13. Février 1643. *Ibidem* , *chap.* 57.

204   Arrêt du 13. Fevrier 1651. rendu pour le Pecule
d'un Religieux de l'Ordre de Cîteaux, transferé dans
l'Ordre des Chanoines Reguliers de Saint Auguſtin,
pourvû du Prieuré-Cure de Montagny , dépendant
de l'Abbaye de S. Vincent de Senlis ; il fut ordonné
que ſa dépoüille ſeroit délivrée aux pauvres de la
Paroiſſe , & employée aux neceſſitez de l'Egliſe de
Montagny. *Soëfve* , *ibidem*, *Cent.* 3. *ch.* 62.

205   Religieux à qui on vouloit faire payer une obligation de 500. livres ſur ſon pecule, l'obligation paſſée
devant ſa profeſſion, il fut déchargé de la demande,
avec dépens. Arrêt du 20. Decembre 1678. *De la*
Gueſſiere , tome 4. *liv.* 1. *ch.* 12.
Voyez le mot *Pecule*.

RELIGIEUX, PENSION.

206   Si les Religieux peuvent obtenir des penſions ſur
des Benefices ? *Voyez* le mot *Penſion*, *n*. 130. & ſuiv.

207   Religieux peuvent être privez de leurs penſions
Monachales, lorſqu'ils ſe retirent de leurs Monaſte-
res, & qu'ils ne veulent pas retourner. *Memoires du*
Clergé, tome 1. partie 1. *page* 251.

208   Religieuſe peut demander penſion ſur la ſucceſſion de ſes pere & mere, ſon Monaſtere étant ruiné.
Bellordeau, 2. part. Contr. 55.

209   Un Religieux qui quitte le froc pour ſe faire de la
R. P. R. ne peut demander à ceux qui ont le bien de
ſa maiſon penſion pour ſon entretenement. Arrêt du
26. Août 1605. *Peleus* q. 122.

210   L'on peut faire ſaiſir le revenu affecté à la penſion
d'un Religieux pour dette , à cauſe de ſervice à luy
fait. Arrêt du Parlement de Dijon du 16. Août 1607.
Bouvot, tome 2. verbo *Monaſtere*, queſt. 16.

211   Arrêt du Parlement de Provence du 21. Novembre 1678. qui a débouté le Religieux ſorti par diſpenſe pour entrer *in laxiorem* de la demande d'une
penſion alimentaire aux heritiers de ſes pere &
mere. *Boniface*, tome 3. *livre* 7. *titre* 11. *chap.* 2.

212   Les ſimples Religieux & Religieuſes ne peuvent
diſpoſer, entre-vifs, ſans le conſentement de
leurs Superieurs & Superieures, des penſions qui leur
ont été conſtituées. Arrêt du Parlement de Dijon du
28. Février 1679. *Taiſand ſur la Coût. de Bourgogne* ,
tit. 7. *art.* 23. *n.* 7.

RELIGIEUX, PLAIDER.

213   L'Abbé doit alimenter le Religieux pendant le
procez. *Voyez* le mot *Plaider*, nomb. 15. & ſuiv. & cy-
deſſus le nomb. 18.

Quo ? Religioſus proprium tenere non poteſt , un Reli- **214**
gieux n'a point d'action. *Du Moulin*, tome 2. *p.* 601.

Un Religieux pour la pourſuite des droits dépen- **215**
dans de ſon Benefice ou Office clauſtral peut eſter en
Jugement, ſans l'autorité de ſon Abbé. *Filleau*, part.1.
titre 1. *chap.* 1.

Fuit dictum ann. 1391. *contra quamdam Carmelitam* **216**
nuncupatam Goulam , quod non erat recipiendus ad fa-
ciendum demandam ſuo proprio nomine : eo quod Carme-
lita erat. Item per aliud arreſtum dictum fuit, quod con-
demnatus fuit dictus Goulam ad dimittendum hoſpitium
de Paſſye,licet per Papam fuiſſet cum eo diſpenſatum , ut
teneret proprium. V. *Jo.Gall.* queſt. 244.

Arrêt du Parlement de Provence du dernier Jan- **217**
vier 1658. qui a jugé que le Religieux deſertour &
plaidant contre ſon Convent,ne devoit être oüi qu'a-
prés s'être retiré. *Boniface*, tome 1. *li.* 2. *tit.* 31. *ch.* 10.

RELIGIEUX, PREDICATEURS.

Voyez le mot *Prédicateurs*, *n.* 25. & ſuiv. **218**

RELIGIEUX, PROFESSION.

Religieux quand eſt eſtimé avoir fait vœu de Reli- **219**
gion. V. *Tournet*, lettre R. *Arr.* 125.

Quand on fait profeſſion,le conſentement du Con- **220**
vent , ou Monaſtere , eſt neceſſaire,s'il n'y a Coſtume au contraire. Arrêt du 14. Août 1546. *M. Expilly*
Arrêt 27.

Un Novice de Sainte Colombe de Sens ayant été **221**
reçu, y reſiſtant & en l'abſence de l'Abbé fut rendu à
ſes parens, par Arrêt du 26. Avril 1580. *Bibliotheque*
Can. tome 2. *page* 349. col. 1.

Un ſeculier pourvû en commande d'un Benefice, **222**
s'il ſe rend Religieux Profez, le Benefice vaque. Arrêt du 1. Mars 1602. *M. le Maître en ſon traité des Re-*
gales, *chap.* 2. *Pet.* Rat. *in conſuet. Pict. art.* 287. *n.* 4.
Rebuffe in pract. part. 3. *tit.* 1. *de mod. amitt. Benef.*
n. 44. M. *Loüet lettre B. ſomm.* 12. & M. *Du Perray*,
liv. 7. *ch.* 7. *n.* 14.

L'habit ne fait pas le Moine , mais la Profeſſion. **223**
Jugé le 28. May 1603. *M. Bouguier*, lettre M. *nom-*
bre 3.

Les Superieurs des Maiſons Religieuſes ne peuvent **224**
déclarer les vœux de leurs Religieux nuls , encore
qu'il leur ſoit ſurvenu maladie incurable. Arrêt du 16.
Juin 1626. *Du Frêne*, *liv.* 1. *ch.* 113.

Une fille qui a été trente ans dans un Convent por- **225**
tant l'habit de Religieuſe, n'eſt point préſumée avoir
fait profeſſion, elle peut venir à partage des biens de
ſes pere & mere. Arrêt du 16. Juillet 1657. *De la*
Gueſſiere tome 2. *liv.* 1. *chap.* 23. Le même Arrêt eſt
rapporté dans les *Notables Arrêts* , *Arrêt* 9. *Voyez*
Du Frêne, *liv.* 1. *chap.* 135.

Si une fille âgée de vingt-deux ans doit attendre **226**
la majorité de vingt-cinq, pour faire profeſſion de la
vie Religieuſe , ſans le conſentement de ſes pere &
mere, ou s'il ſuffit qu'elle ait l'âge de ſeize ans,porté
par le Concile de Trente & l'Ordonnance de Blois ,
pour faire librement cette profeſſion ? V. *le Journal*
du Palais in fol. to. 2. *p.* 606. où ſont rapportez les
Plaidoyers des Avocats,& l'Arrêt du 23. Juillet 1686.
qui ordonne qu'il ſera paſſé outre à la profeſſion , en
cas que la fille en ſoit trouvée capable par l'Archevêque de Lyon, ou ſon Grand Vicaire, lui ſera payé
quatre cens livres pour ſa penſion viagere , & aux
Religieuſes la ſomme de mille livres; ſçavoir quatre
cens livres pour les penſions de Noviciat, & ſix cens
livres pour les frais de la vêture & profeſſion,dépens
compenſez.

RELIGIEUX, RECLAMATION.

Profeſſio nulla ratione metûs ratificatur per tacitum **227**
conſenſum ; & ce à l'égard d'un Chevalier de Malthe
qui avoit fait ſes vœux à treize ans , & fait les cara-
vanes pendant quinze années entieres. ſans avoir reclamé contre ſes vœux. Jugé le 13. Mars 1628. *Du*
Frêne, *liv.* 2. *chap.* 13.

Arrêt du 21. May 1647. qui déclare abuſif un Reſ- **228**
crit

erit obtenu en Cour de Rome par une Religieuse, laquelle n'avoit point reclamé dans les cinq ans. *Soefve*, *to.* 1. *Cent.* 2. *ch.* 22.

229 Arrêt du P. de Paris du 9. Juillet 1668. qui a jugé qu'une Religieuse qui prétend avoir été violentée dans l'émission de ses vœux, n'est recevable à se plaindre, n'ayant point reclamé dans les cinq ans, & ayant ratifié ses vœux expressément & tacitement. L'Arrêt ordonna que la Religieuse qui s'étoit mariée avant l'enterinement du Rescrit, seroit tenuë de se retirer incessamment au Monastere; défenses à elle & à celui qui l'avoit épousée de la hanter, à peine de la vie. La Cour fit un Reglement contenant défenses à toutes personnes de contracter mariage avec aucun Religieux ou Religieuse avant la Sentence d'enterinement du Rescrit, à peine de la vie. *Voyez Soefve*, *to.* 2. *Cent.* 4. *chap.* 22. & les mots *Profession*, *Reclamation*, *Vœux*.

RELIGIEUX, SUBSTITUTION.

230 Substitution ne peut être ouverte au profit d'un Religieux Profez. *Cambolas*, *liv.* 1. *chap.* 30.
Voyez lettre M. le titre de la Mort civile, & cy-après le mot *Substitution*.

RELIGIEUX, SUCCESSION.

231 Si les Religieux en France, & les Monasteres succedent, & si les Etrangers sont capables de succession, & de legs? *Voyez cy-dessus le nombre* 15. & *Bouvot*, *tome* 1. *part.* 3. *verbo Testament*, *quest.* 10.

232 Edit portant que dans la Province de Dauphiné les Religieux & Religieuses, depuis qu'ils seront Profez expressément ou taisiblement, ne pourront recüeillir aucune succession directe, ou collaterale; qu'ils pourront neanmoins disposer des biens qu'ils possedoient avant que d'entrer en Religion, pourvu que ce ne soit au profit d'aucun Monastere, Eglise, College & autres gens de Main-morte; & en cas qu'ils n'en ayent pas disposé avant leur profession, lesdits biens appartiendront à leurs parens les plus prochains, avec cette réserve qu'ils pourront disposer en meubles du tiers au profit du Convent, dans lequel ils seront profession. A Châteaubriant en May 1532. publié au Parlement & en la Chambre des Comptes de Dauphiné, le 23. Juillet suivant. *Expilly*, *chapitre* 168.

233 Les Religieux Profez ne succedent point, ni les Monasteres pour eux. On compte jusqu'à cinquante Coûtumes qui en ont ainsi disposé, & c'est un droit universel dans toute la France, pour les Coûtumes qui n'en parlent point. *Bibliot. Can.* to. 2. p. 460.

234 Les Religieux & Religieuses ne succedent à leurs parens. Arrêt de l'an 1387. contre un Religieux de l'Ordre de Cluni, rapporté par *Jo. Galli*, quest. 121.

235 Jacques le Fevre demande à ses coheritiers qu'ils lui ouvrent partage dans les successions de ses pere & mere, & qu'ils lui rendent prés de 150000 liv. qu'ils lui retiennent injustement. Pour ne pas faire cette restitution, ils lui opposent qu'il y a plus de quarante années qu'il étoit frere Jay Capucin; Jacques le Fevre a soûtenu qu'il n'a été valablement Profez, & a obtenu un Bref en Cour de Rome. L'Official d'Amiens l'a déclaré non recevable; il a interjetté appel comme d'abus de cette Sentence, & de l'acte de la prétenduë profession; en consequence il a demandé d'être restitué au siécle, & envoyé en la possession de ses biens. *Voyez les Plaidoyers de M. Lordelot.*

236 On a jugé par plusieurs Arrêts que les filles Religieuses ne faisoient point de part au profit des freres, parce que la Coûtume ne donnant part aux freres qu'au droit des sœurs mariées par les pere & mere, ne doit pas être étenduë aux Religieuses, qui par leur Profession sont mortes civilement, & devenuës incapables de succeder à leurs pere & mere. *Pesnelle sur l'art.* 257. *de la Coûtume de Normandie.*

237 Les Religieuses du tiers Ordre de Saint François, sont incapables de succession, comme il a été jugé au Parlement de Normandie. On alleguoit des Arrêts

Tome III.

---

contraires, & l'on disoit qu'elles ne font vœu solemnels, & n'y sont tenuës par les Constitutions des Papes Nicolas & Sixte IV. *Biblioth. Canonique*, *tome* 2. *p.* 382. *col.* 1.

238 Religieuse du Tiers Ordre de S. François, peut demander partage aux successions de pere & mere, nonobstant le vœu de continence. *Bellordeau*, 2. *part. Controv.* 57.

239 Le Monastere ne succede point aux biens d'un Profés, s'il ne l'est dit par l'acte de Profession. Car l'Authentique. *Ingressi C. de Episc. & Cler.* n'a lieu, s'il n'est exprimé. Arrêt de 1531. *Papon*, *livre* 1. *titre* 8. *nombre* 7.

240 L'Edit de Châteaubriant du mois de May 1532. declare les Moines incapables de succession; ils peuvent donner le tiers de leurs meubles au Monastere lors de leur Profession, pourvû encore qu'il n'y ait suggestion. Cet Edit s'observe à la rigueur dans le Parlement de Grenoble. *Basset*, *tome* 1. *livre* 1. *titre* 1. *chap.* 17. en rapporte des Arrêts.

241 Religieux Profés ne succedent point. Arrêt du Parlement de Paris de l'an 1387. Et par autre Arrêt des Grands Jours de Moulins du mois d'Octobre 1540. en Pays de Droit écrit, où le contraire se pratiquoit anciennement. *Papon*, *livre* 21. *tit.* 1. *n.* 1.

242 *Chopin*, *Traité des Religieux*, *liv.* 1. *tit.* 3. *page* 124. *à la marge*, observe qu'il y a un Edit du Duc de Savoye du 2. Mars 1563. verifié le 6. Mars au Senat de Chambery, portant que les Religieux Profés ne pourront succeder à leurs parens; neanmoins avant leur Profession, ils pourront disposer par la permission de leurs Prélats ou Superieurs, pourvû que ce ne soit au profit de leurs Monasteres ou autres Gens de Main-morte.

243 Il a été question de sçavoir si les Religieuses du Tiers-Ordre de S. François sont capables de succeder. Marie Trehart fait Profession dans cet Ordre; depuis elle se marie au sieur de la Gauveriere. Son pere par son Testament la rappelle à sa succession; ses sœurs la soûtiennent incapable : elle leur oppose la *Clem. exivit.* & la Glos. ibid. la Clementine *cum de quibusdam. De Religios. domib.* la Clement. *cum ex eo & ibi gloss. de sentent. excomm.* & rapporte deux Arrêts : le premier donné pour Anne de Mousson du 9. Juillet 1583. contre le Sieur de Richelieu; l'autre du 17. Octobre 1585. pour Louïse de Clerambault, contre son frere : (M. Servin Avocat General traita la question, *an super statu transigi possit*, L. *ait Prætor de jurejur. L. fratris C. de transact.* par lequel Arrêt, aprés que la Cour eut oüi d'office plusieurs Cordeliers qui étoient au Chapitre General, il fut jugé que les Sœurs du Tiers-Ordre de S. François étoient capables de succeder. En cette cause de Clerambault, il y avoit eu Transaction pour partage, & Lettres de rescision, il fut dit ayant égard aux Lettres. En cette cause de Trehart, on alleguoit plusieurs faits, entre autres, minorité lors de la Transaction; aussi que l'on disoit n'être point tant une Transaction, qu'un partage. La cause fut appointée au Conseil le 5. Avril 1593. *Bibliot. Can. tome* 1. *p.* 364. *col.* 1.

244 Religieux Profés, quoique Mendiant, étant fait Evêque ou Archevêque, est déchargé du vœu de pauvreté, & peut disposer de ses biens. Jugé le 15. Avril 1585. pour la succession de M. Foullé, Evêque de Châlons; & auparavant Religieux Profés de l'Ordre de S. Dominique. Cet Arrêt est rapporté par *Carondas*, *liv.* 7. *de ses Réponses*, *ch.* 127. & par *Papon*, *livre* 7. *titre* 1. *nombre* 24.

245 La Coûtume de France, portant que les Religieux Mendians sont incapables de succeder, a lieu tant en successions testamentaires, que *ab intestat.* Arrêt du Parlement de Toulouse au mois de Decembre 1591. *Mainard*, *liv.* 7. *ch.* 18.

246 Jugé au Parlement de Paris le 9. Mars 1634. qu'un Religieux Profés chassé de son Ordre, ne peut re-

Y y

tourner au fiecle, & demander partage. *Bardet, to.* 2. *livre* 3. *ch.* 13. L'Arrêt luy ajugea la fomme de 250. l. de penfion annuelle fa vie durant, conformément au Teftament de fa mere; & fuivant les offres de fes freres, ordonna que dans trois mois il fe retireroit dans une Maifon Religieufe, faute de ce, le temps paffé, permet à fes freres de l'y réintegrer.

247 Religieux fait Evêque ne peut fucceder à fes parens; mais fes parens luy fuccedent. Arrêt du 11. May 1638. *Du Frêne*, *livre* 3. *chapitre* 51. Voyez *Montholon*, *Arrêt* 33. & *M. Louet*, *lettre* E. *fommaire* 4.

248 Un Religieux Jéfuite congedié trois ans après l'émiffion des trois vœux, ne peut demander à rentrer dans fes biens; & neanmoins la Cour luy ajugea, par forme de penfion alimentaire, 200. l. par chacun fa vie durant. Arrêt du 7. Juin 1641. *Soefve*, *tome* 1. *Cent.* 1. *chap.* 43.

Voyez le mot *Jéfuite*, *nomb.* 17. & *fuiv.*

249 Religieux Profès admis à fucceder contre l'article 273. de la Coûtume de Normandie. Arrêt du 4. Septembre 1646. Il objectoit que la Profeffion étoit faite dans un Ordre non approuvé. *Berault*, *à la fin du* 2. *tome de la Coûtume*, *p.* 69.

250 Jugé par Arrêt du 17. Juillet 1659. qu'un Religieux peut être rendu au fiecle, & neanmoins declaré incapable de fucceder. M. de la Nauve, Confeiller au Parlement de Paris, étoit appellant comme d'abus, de l'enterinement du referit, qui declaroit nulle la Profeffion de fon frere, dans l'Abbaye de faint Denis en France, fur lequel la Cour mit hors de procés. *Soefve*, *tome* 2. *Cent.* 2. *chap.* 3.

251 Arrêt du Parlement d'Aix du 12. Janvier 1665. qui a jugé que le Religieux forti de fon Convent par referit du Pape, ne peut fucceder ni demander penfion alimentaire. *Boniface*, *tome* 1. *liv.* 2. *titre* 31. *ch.* 11. Il rapporte à la fin un Arrêt du 8. Novembre 1644. qui avoit jugé la même chofe. Ce qu'il y eut de particulier, eft que le Religieux ayant été promû à tous les Ordres facrez, excepté la Prêtrife, la Cour, pour luy donner moyen de vivre de fes Meffes, par un *retentum* de l'Arrêt, condamna fon frere à luy payer 100. liv. pour le faire : rêtre.

252 Arrêt du 19. Octobre 1668. qui a jugé qu'un Religieux forti du Cloître, & fecularifé par referit de Juftice du Pape, eft capable de fucceffion, legs & donations. Ce même Arrêt a jugé, que les Errangers ne font recevables à débattre l'état d'un Religieux fecularifé par referit de Juftice. *Boniface*, *to.* 1. *liv.* 2. *tit.* 31. *chap.* 13.

253 Arrêt du même Parlement d'Aix du 19. Février 1674. qui declara qu'une Religieufe fortie de fon Convent, par la rupture d'iceluy, ne doit pas être en liberté, au contraire doit fe retirer en un autre Convent, du confentement de l'Evêque, à la deboutta de la demande de fes droits de fucceffion, & luy donna une provifion en joüiffant par fon frere de fes droits. Voyez *Boniface*, *tome* 3. *liv.* 7. *titre* 16. *chapitre* 1.

RELIGIEUX, SUPERIORITÉ.

254 Continuité de fuperiorité ne rend pas une fuperiorité perpetuelle : celle-cy fait titre de Benefice qui fe peut refigner, & l'autre ne donne titre ni certitude, étant une qualité revocable à chaque moment. Si un Superieur des Chartreux, fi un Prieur Clauftral dans les Abbayes en Commende, & ainfi de plufieurs autres, font continuez dans leurs emplois, & que quelqu'un s'avife de dire que cette continuité eft une perpetuité de titre, telle propofition ne peut paffer que pour abfurde; la benediction d'un Superieur ou d'une Superieure, n'eft pas la preuve d'un titre perpetuel, encore moins quand la verité evidente juftifie le contraire. Si quelqu'un en doute, il n'a qu'à confulter l'Abbé de fainte Genevieve à Paris. Voyez le dix-feptiéme Plaidoyé de M. Patru.

RELIGIEUX, TÉMOIN.

Monachus an in teftamento adhiberi poffit teftis? V. 255 *Stockmans*, *Decif.* 5.

Religiofi vel Fratres mendicantes an poffint adhiberi 256 *teftes in teftamentis?* V. *Tournet*, *lettre R. Arr.* 124.

257 Jugé par Arrêt du 22. May 1645. qu'un Teftament reçû par un Curé, en prefence de deux témoins Religieux de l'Ordre de Saint Auguftin, étoit nul; le Religieux n'étant pas capables, comme morts au monde, de fervir de témoins en des actes publics, comme font les Contrats & Teftamens, & ce d'autant plus, qu'ils n'ont de volonté, *ubi adfunt teftes rogati*, & où par confequent l'on peut prendre tels autres témoins feculiers que bon femble; feuls és actes neceffaires, comme d'une information, les Religieux y pourroient être témoins, pour aider le public qui a interêt à la punition des crimes. *Journal des Audiences*, *tome* 1. *livre* 4. *ch.* 24.

258 Le 24. Mars 1659. jugé qu'un Religieux ne pouvoit être témoin dans un Teftament, bien qu'en Pays de Droit écrit; il fût ordonné que l'Arrêt feroit publié en la Sénéchauffée de Lyon; & defenfes aux Notaires de plus recevoir de témoins de cette qualité. *Jouet*, *verbo Témoin*, *n.* 6. dit avoir oüi prononcer cet Arrêt.

Voyez *cy-après*, *verbo*, *Témoin*, §. *Témoin Religieux*.

RELIGIEUX, TESTAMENT.

259 Voyez *cy-deffus au nomb.* 15. & *au nomb.* 100. & *fuiv.* & *cy-après*, *verbo*, *Teftament*, plufieurs Décifions & Arrêts fur les Teftamens faits par les Novices & autres perfonnes au profit des Monafteres.

260 Le Pape peut difpenfer un Moine à l'effet de tefter pour jufte caufe, mais avec le confentement de l'Abbé. En France il feroit permis d'appeller comme d'abus de l'execution de telles difpenfes. V. *Mainard*, *livre* 9. *ch.* 28.

261 Si un François allant demeurer à Rome peut tefter des biens qu'il a en France; & fe rendant Feüillant, s'il peut tefter au profit du Convent, foit au temps du Noviciat, ou après : & fi nonobftant les heritiers *ab inteftat*, ne peuvent pas prétendre les biens qui font en France, & qui font anciens, provenus du côté paternel & maternel? V. *Bouvot*, *tome* 1. *part.* 3. *verbo*, *Teftament*, *queft.* 10.

262 Un Teftament d'un Religieux Chartreux & le don fait au Convent de une propriété d'une Métairie, confirmez & approuvez. Arrêt du Parlement de Bretagne, du 13. Novembre 1604. *Bellordeau*, *livre* 8. *de fes Controverfes*, *part.* 2. *chap.* 10.

264 Par Arrêt du Parlement de Roüen du 4. Mars 1614. rapporté par *Berault*, *tit. des Succeffions*, *art.* 273. jugé qu'un Teftament d'un Capucin Novice, étoit nul, étant le Novice en la poffeffion du Gardien, fans liberté, & préfumé fuggeré, principalement pour les difpofitions faites au profit du Convent.

265 Les Religieux ne peuvent point tefter. Arrêt du Parlement de Roüen du 20. Avril 1617. entre les Religieux Carmes de Ponteaudemer, appellans & prétendans à la fucceffion de défunt Gontier Religieux de leur Ordre, lequel avoit obtenu difpenfe du Pape, pour poffeder une Cure. Les Treforiers & les Paroiffiens demandoient l'execution du Teftament, par lequel il avoit legué au Tréfor & à l'Eglife plufieurs meubles & obligations. Les Religieux Carmes foûtenoient le Teftament nul par la difpofition du Droit Canonique, *Monachi teftamenti factionem non habent*; quoique le défunt eût été difpenfé pour tenir une Cure, fa difpenfe n'avoit effet que pour le rendre capable de joüir du Benefice, & non pour le difpenfer du Vœu & de la Regle dont le caractere eft ineffaçable; la dignité de Curé ne le difpenfoit pas du Vœu & de la qualité de Religieux; & par le Droit commun, tout ce que le Religieux acquiert, il acquiert au Monaftere. Les Religieux font comparez

aux ferfs & aux enfans de famille qui font incapables de tefter, & tout cequ'ils acquierent appartient à leurs Maîtres, ou à leurs peres. Le Curé, les Tréforiers, les Paroiffiens foûtenoient le teftament valable, difant que tous les biens du défunt provenoient de fon Benefice, & en les rendant à la même Eglife, il faifoit un acte de Juftice. La Cour caffa la Sentence dont étoit appellé, & en réformant déclara le teftament nul, ajugea les biens du défunt au Monaftere des Carmes de Ponteaudemer.

L'on a fait difference entre les ChanoinesReguliers & les autres Moines; & par Arrêt du 11.Janvier 1629. le teftament de Gueroult Chanoine Regulier de faint Auguftin & Curé, qui avoit donné 120. livres de rente à l'Eglife, fut confirmé, fur les Conclufions de M. l'Avocat General du Vicquet. *Le Noble cite ces Arrêts dans fon quatorziéme Plaidoyé, p. 291.*

266 Le teftament fait avant la Profeffion en Religion n'eft pas révoqué, le Religieux fortant du Monaftere après les cinq années de fa Profeffion, quoiqu'il ait refcrit du Saint Pere. Jugé le 21. Avril 1622. pour le frere d'un Prêtre qui avoit été chaffé des Cordeliers à caufe de fes mauvaifes mœurs; il fut encore débouté de fa demande en provifion, quoiqu'il réprefentât qu'il étoit fans Benefice. Arrêt femblable du 12. Avril 1631. contre un Religieux qui étoit forti par un refcrit du Pape, du Convent des Dominicains, & demandoit caffation du teftament· qu'il avoit fait avant fa Profeffion. *Cambolas, livre 4. chap. 36.*

266 bis Par Arrêt du Parlem. de Paris du 27. Juillet 1616. il a été jugé qu'un teftament d'une Religieufe de fainte Claire de Bourges au profit de fon Convent, eft nul, quoique la Coûtume l'autorife, d'autant que la Coûtume fe trouve en cela abolie par l'Ordonnance. *Bardet, tome 2. liv. 1. ch. 9.*

267 L'Ordonnance de Blois, art. 28. permet à un Religieux avant fa profeffion de tefter à l'âge de 16. ans, fans toutefois déroger à l'âge requis par la Coûtume. Arrêt du 3. Août 1627. *Du Frêne, liv. 1. chapitre 136.*

268 Les Religieux Profez peuvent être reçus par difpenfe du faint Pere à faire teftament. Arrêt du Parlement de Touloufe du 23. Août 1628. *Dolive, livre 1. chap. 15.*

269 Un jeune écolier un jour avant que de faire profeffion aux Cordeliers d'Amboife, fit fon teftament par lequel il legua une rente de deux cens livres en principal à fon Convent,& fe réferva deux autres rentes de quatre cens livres en principal pour luy aider à faire fes études. Le teftament fut annullé dans la première partie, confirmé dans la feconde. M. l'Avocat General rapporta un Arrêt de 1628. en faveur d'un Religieux Carme.de Bourges qui avoit fait une pareille referve pour fes études. Arrêt du 12. Août 1630. *Bardet, to. 1. li.3. ch. 126.*

270 La Demoifelle De Portelfan Novice dans le Monaftere de fainte Claire de Befiers, deux mois avant fa Profeffion, avoit fait fon teftament; elle inftituoit le Convent en tous fes biens, & donnoit à tous fes parens chacun 5. fols. Son pere demanda la caffation de ce teftament fur l'Ordonnance de 1539. art. 131. & fur celles de Blois & d'Orleans; il difoit qu'une Novice n'étoit pas libre, *arg. l. 1. cod. D. facrof. Eccle. les Religieufes répondoient que les biens de cette fille ne valoient pas deux mille liv. & qu'elles les abandonnoient à ce prix; or c'étoit le moindre conftitution que les filles fe fiffent dans leurMonaftere. Par Arrêt du P.de Touloufe du 30. Juillet 1643.laCour caffa ce teftament,& déclara cette fille morte *ab inteftat*, ordonna néanmoins que le Convent auroit une conftitution, à la charge qu'elle n'excederoit pas le tiers des biens de cette Religieufe. *Albert, verbo Teftament, art. 34.*

271 Les Religieux ne peuvent être témoins dans les teftamens ; jugé par trois Arrêts du Parle-
Tome III.

ment de Paris ; le premier du 22. Mars 1645. par lequel un teftament auquel avoit été témoin un Chanoine Regulier de faint Auguftin, fut déclaré nul; le fecond , du premier Avril 1656. par lequel les enfans de Pierre Bidault, ont été déboutez de leur demande en ouverture de fubftitution, parce qu'outre les fept témoins qui avoient affifté à la folemnité du teftament fait dans le Convent des Carmes de la Ville de Lyon , quatre étoient du même Monaftere. Le troifiéme Arrêt eft du 24. Mars 1659. qui a jugé que les Religieux ne peuvent être témoins dans les teftamens , quoique faits en temps de pefte. *Le Noble.cite ces Arrêts dans fon Plaidoy. 14. p. 295.*

271 Une Religieufe fur le point de faire Profeffion donne par teftament 10000. livres Barrois pour fa dot , & 10000. livres pour fonder une Meffe , & tous fes propres aux Jéfuites , pour l'établiffement d'un College dans la Ville de Toul. On prétendoit que le teftament étoit nul , étant défendu par l'article 28. de l'Ordonnance de Blois à ceux qui font fur le point de faire Profeffion de difpofer au profit des Monafteres. L'Arrêt rendu au Parlement de Paris le 15. May 1655. ordonna que le premier legs de 30000. liv. demeureroit réduit à vingt, & celuy fait aux Jéfuites à 11000. livres. *Soëfue, to. 1. Cent. 4. ch. 91.*

273 Un Religieux ne peut fervir de témoin dans un teftament , avec défenfes aux Notaires de prendre des Religieux pour témoins aux teftamens. Arrêt du 24. Mars 1659. *Notables Arrêts des Audiences, Arrêt 26. De la Guelf. to. 2. liv. 2. chap. 15. rapporte le même Arrêt.*

274 Des Religieux du refort du Parlement de Provence peuvent être témoins dans un teftament , c'eft l'ufage commun à Marfeille. Arrêt du 31. Juillet 1663. *De la Guelf. tome 2. liv. 5. chap. 35, Les notables Arrêts des Audiences, Arrêt 109.* rapporte le même Arrêt.

275 Les Religieux & Religieufes font capables de teftament avant leur Profeffion ; mais il a été jugé qu'un teftament olographe qui n'a paru & n'a été ouvert que 5.ans après fa Profeffion,ne pouvoit valoir; par Arrêt du 6. Février 1673. rapporté dans la *troifiéme partie du Journal du Palais* in quarto *page 185. & au 1. tome in folio.*

276 Si les Religieux peuvent être executeurs teftamentaires ? *Voyez* le mot *Execution* , nombre 119. *& fuivans.*

RELIGIEUX, THEOLOGAL.

177 Un Dominicain ne peut être Theologal dans une Eglife Collegiale ou Cathedrale. Arrêt rendu au Parlement de Paris le 2. Août 1663. *multis contradicentibus.* Des Maifons, *lettre T. nomb. 17.*

RELIGIEUX TRANSFERE'.

178 L'Evêque peut transferer les Religieufes en d'autres maifons du même Ordre, & deftituer la Superieure des Religieufes. *Memoires du Clergé, tome 1. part. 1. p. 952.*

279 Le Religieux ne peut paffer d'un Ordre à un autre fans difpenfe du Pape. Mais pour paffer d'un Monaftere à un autre du même Ordre , l'approbation du Superieur fuffit. *Biblioth. Can. to. 2, p. 459.*

280 Le Pape accorde aux transferez une difpenfe de fix mois de leur Noviciat , & quelquefois de huit mois , quand le transferé eft Prêtre & avancé en âge. *Définit. Can. page 515.*

281 Si les biens d'un Religieux transferé à un autre Monaftere le doivent fuivre. *Voyez les Définit. du Droit Can. p. 103.*

282 Si des Religieux Mendians paffent & fe font transferer dans l'Ordre de faint Benoît , ce ne peut être qu'en vertu d'une difpenfe particuliere du Pape , *qui fuprà jus & jure difpenfat;* & ainfi la conftitution du Pape Martin IV. fubfifte toûjours , à moins que le Pape n'y déroge : car il eft des regles les plus certaines qu'un Pape ne peut point établir de loy de laquelle fon fucceffeur ne puiffe difpenfer ; c'eft à ce

prop. s qu'on a dit que *par in partm non habet impe-rium*, mais ordinairement ces difpenfes ne s'accordent que pour de bonnes & juftes caufes ; par exemple, à caufe des maladies; quoique transferez en d'autres Ordres non Mendians, ils demeurent pourtant inhabiles, & font toûjours incapables des Dignitez, Offices & Benefices de l'Ordre où ils ont paffé, fuivant le Concile de Vienne, rapporté dans la Clementine *ut profeffores de regularibus:* pour lever cette inhabilité, & joüir des privileges de l'Ordre où ils font transferez, il faut obtenir du Pape un Bref de difpenfe & habilitation pour tenir & poffeder les Dignitez, Offices & Benefices, & joüir des privileges de l'Ordre où ils ont paffé, par lequel il eft dérogé à ladite Clementine *ut profeffores*, & à toutes les conftitutions contraires : ce qui n'eft pas fuffifant en France pour joüir en fureté de la grace du Pape, à caufe du Concile de Vienne, & de l'Ordonnance de Charles VII. mais il faut fur la translation, difpenfe & habilitation, obtenir des Lettres patentes du Roy par lefquelles fa Majefté déroge à ladite Ordonnance, & mande au Grand Confeil à qui elles font adreffées de les enregiftrer fuivant leur forme & teneur, & de faire joüir l'expofant de la Grace pleinement & paifiblement. *Définit. Can.* p. 455.

283 Arrêt du Parlement de Paris du 18. Janvier 1503. qui ordonne que deux Cordeliers qui s'étoient retirez dans un autre Monaftere, feront rendus à leur Gardien ; à luy permis de proceder par les cenfures contenües en la conftitution extravagante du Pape Martin, commençant, *viam ambitiofæ cupiditatis*, à l'encontre des Religieux qui auroient laiffé l'habit de S. François, & fe feroient mis en autre Ordre, & pareillement contre les Abbez, & autres qui les auroient reçûs. *Voyez les Preuves des Libertez,* tome 2. chap. 33. numb. 6.

284 Le Juge Lay non competent de connoître de la tranflation d'un Religieux d'un Convent à un autre. Arrêt du Parlement de Touloufe du 20. Juin 1571. entre le Syndic des Cordeliers de faint Roch. *Biblioth. Can.* to. 1. p. 323. col. 1.

285 Un Religieux ne peut être transferé, fi les Statuts approuvez du Monaftere y répugnent. Le Monaftere des Filles repenties dans Paris a des Statuts qui portent que les Religieufes ne pourront être transferées : ainfi une Religieufe de ce Monaftere s'étant fait pourvoir d'un Prieuré, elle s'adreffa à la Superieure & à l'Evêque de Paris pour avoir tranflation dans fon Prieuré, ce qui luy fut refufé ; s'étant pourvüe au Metropolitain, il luy accorda fa demande qui fut déclarée abufive ; le 7. Août 1610. *Carondas en fes Rép. liv.* 1. *queft.* 72.

286 Arrêt du Parlement de Provence du 13. Mars 1634. qui a jugé qu'une Religieufe fortant d'un Monaftere pour entrer dans un plus réformé ; doit avoir la reftitution de fa dot, par la raifon que le changement étoit fait *permittente lege.* Boniface, tome 1. *liv.* 2. *tit.* 31. *chap.* 6.

287 Si une Religieufe de fon propre mouvement fort d'un Cloître pour aller dans un autre, elle ne peut demander ce qu'elle a apporté dans le premier Monaftere. Arrêt du Parlement de Touloufe du 15. Mars 1649. mais quand les Religieufes fortent par obéiffance, & pour une jufte caufe, le premier Monaftere doit leur donner le revenu de ce qu'elles y ont apporté, comme il fut jugé à la Grand'-Chambre le 6. Octobre 1649. en faveur de la Dame d'Ufech Religieufe de Cahors, qui alla fonder un Convent à Milhau. Il eft vrai que cet Arrêt par défaut de formalité ayant été caffé fur une requête civile, par Arrêt du onze Février 1651. le Monaftere de Cahors en fut relaxé en jugeant le fonds ; le motif de la Cour fut qu'étant Superieure de Milhau elle étoit néceffaire à ce Monaftere, qu'elle le fervoit, & par confequent qu'il la devoit nourrir : car autrement le onze May

1648. nonobftant une tranfaction, les Religieufes de faint Gery de Cahors furent condamnées à rendre la dot à la Dame de Barthus, fi mieux elles n'aimoient la payer aux Religieufes de faint Pantaleon de Touloufe où elle avoit été transferée. Le 30. Avril 1650. les Religieufes de fainte Claire du Salin de Touloufe furent condamnées à payer le revenu de la conftitution dotale de la Dame des Urfins au Monaftere de fainte Claire de Lavaur. Le 20. Février 1651. autre Arrêt qui ordonna 200. livres de penfion au Monaftere de faint Pantaleon pour l'entretien de la Dame de Montagne qui y étoit allée, & qui étoit fortie d'un autre, & 400. livres pour fournir aux frais du procez. Il faut neanmoins remarquer que contre le Canon *de lapfis,* 16. *queftion* il fut jugé au mois de Mars qu'une Religieufe fortie des Maltoifes de Touloufe pour être Abbeffe en un autre, le Syndic du Monaftere de faint Jean de Jérufalem n'étoit obligé de rien rendre, parce que quand c'eft pour fonder qu'elles fortent, ou pour paffer *ad arctiorem regulam*, c'eft un fait qui venant d'elle, n'oblige pas le premier Monaftere à rien reftituer. *Albert, lettre M.* verbo *Moines, article* 1.

288 Sur la tranflation d'une Religieufe, & auquel des deux Monafteres appartient fa dot ? Arrêt du Parlement de Grenoble du 9. Avril 1658. qui donne la propriété au premier Monaftere, l'ufufruit au fecond. *Baffet,* to. 1. *liv.* 1. *tit.* 1 *ch*. 19.

289 Arrêt du Confeil d'Etat du 11. Septembre 1676. portant que les Religieux ne pourront paffer de leurs Ordres dans de plus relâchez, fans le confentement de leurs propres Provinciaux, avec leurs Affeffeurs ou Définiteurs ; défenfes aux Superieurs des Ordres où ils voudroient paffer de les recevoir fans un tel confentement ; au cas de contravention, permis aux Provinciaux de les repeter, même de les faire arrêter & de fe fervir pour cet effet du Bras feculier. *Biblioth. Can.* to. 2. p. 443.

290 Religieux d'un Ordre qui paffe à un autre, la Cour dit qu'il n'y a abus, & a débouté Frere Gebelin de fa requête, afin d'oppofition à l'execution de l'Arrêt obtenu par les Confuls de Roquebrune ; & ayant aucunement égard à fa requête pour alimens contre l'Abbé de Montmajour, le condamne à donner au Frere Gebelin, par maniere de provifion, une penfion annuelle de 200. livres avec amende & dépens. Jugé à Aix le 2. Decembre 1677. *Journal du Palais.*

291 La difpenfe que le Pape donne à un Religieux pour paffer d'un Ordre dans lequel il n'eft permis de rien poffeder, à un autre où il eft libre d'avoir un temporel, ne peut le réhabiliter pour rentrer dans les biens de fon patrimoine, ni pour avoir penfion, quoique viagere. Jugé au Parlement de Grenoble le 2. Mars 1684. entre un Religieux Profez de faint Antoine transferé à celuy du faint Efprit ; neanmoins la claufe du Bref obtenu par celuy qui reclame contre fes vœux, par laquelle il eft rétabli dans fes biens, n'eft pas abufive, parce qu'elle n'y eft confiderée que comme une fuite de la reclamation admife, & non comme un acte de Jurifdiction. Arrêt du 23. Juillet 1685. *Jurifprudence de Guy Pape par Chorier,* p. 2.

Voyez cy-après le mot Tranflation.

RELIGIEUX, VAGABONDS.

Voyez cy-deffus le nombre 169.

292 Arrêt du Parlement de Paris du 4. Juillet 1541. donné fur la requête du Superieur des Religieux de l'Ordre de faint François en la Province de S. Bonaventure, contre aucuns Religieux vagabonds, & vivans licentieufement. Il fut ordonné que le fuppliant auroit commiffion adreffante à tous Juges pour informer contre eux, les faire conftituer prifonniers, & les renvoyer en leurs Convents de Profeffion, à l'effet d'être corrigez & punis. Défenfes à toutes perfonnes fous telles peines qu'il appartiendra de favorifer & retirer lefdits Religieux vagabonds. *Voyez*

les Preuves des Libertez, tome 2. chapitre 33. nombre 13.

293 Arrêt du Parlement de Roüen du 16. Juillet 1607. qui enjoint à Frere Martin du Saint Esprit, Religieux de l'Ordre des Carmes, sur la personne duquel Thomas Savadon, Bourgeois de Roüen, avoit interjetté clameur de Haro comme saisi de quelques missives, ou rescriptions en langage Portugais, Espagnol & Italien, concernantes le trafic & la marchandise, de se retirer dans huitaine au Convent de son Ordre à Paris; pour faire & continuer sa profession, sans divaguer ni s'entremettre des affaires seculieres, à peine d'être contre luy procedé comme irregulier, suivant les Saints Decrets & Constitutions Canoniques. Bibliotheque Can. tome 1. p. 44. col. 2.

RELIGIEUX, VESTIAIRE.

294 Du vestiaire dû aux Religieux par les Abbez. Voyez les Reliefs forenses de Roüillard, chap. 8.
Voyez cy-après le mot Vestiaire.

RELIGIEUX, VISITE.

295 Un Superieur peut faire sa visite autant de fois qu'il luy plaît. Arrêt du Parlement de Paris de l'an 1388. contre les Religieux de S. Martin des Champs, qui se disoient en possession de n'être visitez que deux fois l'an par l'Abbé de Cluny. Papon, livre 1. titre 11. nombre 1.

296 Les Evêques ont droit de visite dans les maisons de Religieuses. Arrêt du Conseil Privé donné au profit de M. l'Evêque du Puy, contre les Religieuses de Sainte Claire de la même Ville; ce n'est pas que l'Arrêt ne maintienne lesdites Religieuses en tous leurs autres droits, privileges, exemptions & immunitez; l'Arrêt est du 26. Août 1653. Henrys, tome 2. livre 1. chap. 1. Autre Arrêt du 16. Janvier 1651. contre les Religieuses de la Ville de Boulogne. Pareil Arrêt du 6. Mars 1653. contre les Religieuses de la Regle, Abbaye située en la Ville de Limoges.
Voyez cy-après le mot Visite. §. Visite des Religieux.

RELIGION.

Christiana Religio.
Il est traité de la Religion Catholique, de l'Eglise, des personnes Ecclesiastiques, & autres matieres semblables, dans les treize premiers Titres du premier Livre du Code Justinien, & dans le seizieme Livre du Code Theodosien.

De summâ Trinitate, & fide Catholicâ. D. Gr. dist. 23. c. 2. ... De conser. dist. 3. c. fin. ... dist. 5. c. 39. & 40. ... Extr. 1. 1. .. S. 1. 1... Clem. 1. 1.

De summâ Trinitate, & fide Catholicâ; & ut nemo de eâ publicè contendere audeat. C. 1. 1. .. C. Th. 16. 1.

De fide. Const. I. Heracl. 1.

Nemini licere signum salvatoris Christi, humi vel in silice, vel marmore sculpere aut pingere. C. 1. 8.

De Religione. C. Th. 16. 9.

De his qui super Religione contendunt. C. Th. 16. 4.

Ut sacras Scripturas Latinè vel Graecè, vel aliâ linguâ, secundùm traditam legem, Hebraei legere liceat: & ut de locis suis expellantur non credentes judicium, vel resurrectionem, aut dicentes angelos subsistere creaturam Dei. N. 146.

De quatuor sanctis Conciliis. N. 131. c. 1.

Ut in privatis domibus sacra misteria non fiant. N. 58. ... N. 131. c. 8.

De cultu divino. Lex 12. tabb.

Voyez les mots Eglise, Heresie, Schisme.

RELIGION PRETENDUE REFORMEE.

1 De ceux qui se sont dévoyez de la Religion Catholique, Apostolique & Romaine, ensemble de ce qui est intervenu aux troubles pour le fait de la Religion, & pacification d'iceux. Ordonnances de Fontanon, tome 4. titre 7. p. 245.

2 Edit pour la punition de ceux qui sont séparez de la foy de l'Eglise Romaine, & se sont absentez du Royaume pour aller à Geneve, & autres lieux de Religion contraire à la Religion Catholique, Apostolique & Romaine, contenant 46. articles. A Châteaubriant le 27. Juin 1551. registré le 3. Septembre suivant. Ibidem, page 252.

3 Des Temples de ceux de la Religion Prétendüe Reformée, & de leur démolition. Voyez les Memoires du Clergé, tome 6. part. 9. ch. 8.

4 De l'education des enfans nouvellement convertis. Voyez Ibidem, chap. 10.

Des enterremens de ceux qui sont morts dans la Religion Prétendüe Reformée. Ibidem, chap. 11.

5 De la connoissance des procez & differends entre les Catholiques, & ceux de la R. P. R. de la maniere de les juger, & des Chambres de l'Edit. Ibidem, chapitre 14.

6 De l'imposition & levée de deniers pour ceux de la R. P. R. pour l'entretien de leurs Ministres, frais de leurs Sinodes, & pour autres choses concernant l'exercice de leur Religion. Voyez Ibidem, chap. 15.

7 Plusieurs Actes, Edits, Declarations & Arrêts rendus contre ceux de la R. P. R. sur differentes matieres, & qui n'ont pû être réduits sous les précedens chapitres. Ibidem, chap. 16.

8 Ensuite est l'extrait des Edits de pacification des Rois Charles IX. Henry III. Henry IV. & Loüis XIII. avec les Declarations données en consequence, & un abregé de l'Histoire des troubles, sous le titre de Memoires historiques. Voyez Ibidem, chap. dernier.

9 Banc appartenant dans les Eglises à ceux qui sont de la Religion Prétendüe Reformée. Voyez le mot Bancs, nomb. 36. & 37.

10 Colleges de ceux de la R. P. R. Voyez le mot College, nomb. 13. & suiv.

11 Donation faite par ceux de la Religion Prétendüe Reformée. Voyez le mot Donation, n. 666. & 667.

12 Des evocations en la Chambre de l'Edit. Voyez le mot Evocation, n. 19. & suiv.

13 Si ceux de la Religion Prétendüe Reformée peuvent suspendre ou excommunier? Voyez le mot Excommunication, nomb. 102.

14 Patrons de la Religion Prétendüe Reformée. Voyez le mot Patron, nomb. 191.

15 Arrêt du Parlement de Bretagne du 29. Octobre 1566. qui en déboutant un mari & une femme de la séparation demandée sur le fondement de la diversité de Religion, leur permet suivant l'Edit du Roy de vivre, pour le regard de la Religion, chacun d'eux en la liberté de leurs consciences. Du Fail, livre 1. chapitre 219.

16 Arrêt du mois de Janvier 1584. qui fait défenses à tous Receveurs, Commis & Exacteurs de deniers Ecclesiastiques, de les mettre entre les mains de Sequestres qui ne soient Catholiques, & que ceux qui y ont été mis leur seront ôtez. La Rochestavin, liv. 3. lettre S. titre 1.

17 Edit portant révocation des Edits de pacification, & que tous les Sujets du Roy seront obligez de vivre dans la Religion Catholique Apostolique & Romaine, sinon, &c. A Paris en Juillet 1585. registré le 18. du même mois. 6. Volume des Ordonn. d'Henry III. fol. 502. Fontanon, tome 4. p. 343. Joly, des Offices de France, tome 1. p. 44. Voyez celuy du mois de Juillet 1591.

18 Arrêt du 7. Decembre 1625. par lequel un Soldat de la Religion Prétendüe Reformée, qui avoit joüi trente années d'une place d'oblat, dont il avoit été pourvû par le Roy Henry IV. en fut privé sur la demande de l'Abbé, & un Catholique qui étoit intervenu fut reçû à sa place. Du Frêne, livre 1. chap. 8.

19 Le successeur d'un Fondateur étant de la Religion Prétendüe Reformée, ne doit être enterré dans le Chœur de l'Eglise. Arrêts des 26. Février & 5. Mars 1625. Ibidem, chap. 40. & 42.

20 Jugé le 6. Février 1648. que ceux de la Religion Prétendüe Reformée, ne peuvent user du droit de

Y y iij

Patronage , ni prefenter à un Benefice. *Soëfve* , *to.* 1.
Cent. 2. *ch.* 63.

21   Arrêt du 8. Août 1648. qui a jugé qu'un pere &
une mere de la Religion Prétenduë Réformée , ne
peuvent demander que leur fille qui s'eſt retirée de
leur maiſon , pour ſe faire inſtruire en la Religion
Catholique, leur ſoit renduë. *Ibidem, chap.* 91.

22   Un pere de la Religion Prétenduë Réformée,après
avoir conſenti que ſa fille fût élevée dans la Religion
Catholique , ne peut changer de volonté. Jugé le 14.
Mars 1663. *De la Gueſſiere* , *tome* 2. *livre* 5. *chapitre* 17.
Ce même Arrêt ſe trouve dans les *Notables Arrêts
des Audiences*, *Arrêt* 99.

23   Declaration du Roy , portant défenſes à tous ceux
qui aprés avoir fait abjuration de la Religion Prétenduë Réformée, auroient embraſſé la Catholique Romaine, de retourner à la Religion Prétenduë Reformée , *& è converſo*. Verifiée en Parlement le 7. Juin
1663. *Des Maiſons, lett. E. nomb.*3. Voyez *De la Gueſſiere, tome* 3. *chap.* 12. où il y a un Reglement
touchant ceux de la Religion Prétenduë Réformée
contenant 49. articles.

24   Un enfant mineur de la Religion Prétenduë Réformée , après avoir abjuré l'heréſie , contracte mariage ſans le conſentement de ſa mere, avec une fille
Catholique âgée de trente ans. M. l'Evêque de Poitiers avoit accordé une diſpenſe de la publication des
bans,& une permiſſion de ſe marier pardevant un autre Curé. La mere demeure dans le ſilence; le fils ſe
dégoûte de ſon engagement , abandonne ſa Religion
& ſa femme, ſe joint à ſa mere, tant à l'effet de pourſuivre l'accuſation de rapt contre la fille,que l'appel
comme d'abus du mariage. Arrêt du 30.Juillet 1664.
qui met hors de Cour ; ordonne que ce jeune homme ſeroit tenu de reconnoître celle avec laquelle il
avoit contracté mariage pour ſa legitime épouſe , &
pour les cas reſultans du procez , le condamna en
400. livres pariſis d'aumône applicable au pain des
priſonniers. *Soëfve*, *to.* 2. *Cent.* 3. *chap.* 21.

25   Ceux de la Religion Prétenduë Réformée ne ſont
pas obligez de contribuer pour les charges des Egliſes & des Paroiſſes,ni de leurs chefs, ni de leurs domeſtiques de la Religion Catholique. Jugé le 3. Decembre 1664. *De la Gueſſiere* , *tome* 2. *livre* 6. *chapitre* 56.

26   Declaration portant qu'il ſera permis aux enfans
de ceux de la Religion Prétenduë Réformée, qui ſe
ſeront convertis,de retourner chez leur pere & mere,
ou de leur demander une penſion. A Paris le 24.Oc-
tobre 1665. regiſtrée au Parlement de Paris le 27.
Novembre de la même année , & en celuy de Roüen
le 20. Février 1681. 10. *Volume des Ordonn. de Louis
XIV. fol.* 413. Voyez celle du 17. Juin 1681.

26 bis.   Défenſes aux Miniſtres de ſolliciter les perſonnes
converties & mourantes de quitter la Religion Catholique. Jugé le 3. Septembre 1667. *De la Gueſſiere,
tome* 3. *livre* 1. *chap.* 41. & pour l'avoir fait condamnez à aumôner 800. livres.

27   Declaration du Roy du 1. Février 1669. contenant
49. articles, regiſtrée le 28. May 1669. touchant ceux
de la Religion Prétenduë Réformée. *De la Gueſſiere,
tome* 3. *liv.* 3. *chapitre* 12. & *Boniface, tome* 1. *livre* 2.
titre 31. *chap.* 21.

28   Défenſes aux Miniſtres de la Religion Prétenduë
Réformée de donner des approbations,mais bien de
ſimples atteſtations aux Livres qu'ils ont permiſſion
de faire imprimer , ni de prendre autre qualité que
celle de Miniſtres de la Religion Prétenduë Réformée. Jugé le 5. Février 1671. *De la Gueſſiere, tome* 3.
livre 5. *chapitre* 1.

29   Ceux de la Religion Prétenduë Réformée, qui ont
détruit un Hôpital & Chapelle ſur leurs terres,tenus
de les rétablir ſuivant les anciennes fondations. Arrêt
du 27. Avril 1674. *Ibidem* , *liv.* 8. *chap.* 5.

30   Reglement pour les Actes d'abjuration que font

---

ceux de la Religion Prétenduë Réformée , avec une
Declaration du Roy du 10. Octobre 1679. regiſtrée
le 20. Novembre 1679. *Ibidem* , *tome* 4. *livre* 2. *chapitre* 10.

31   Autre Declaration du Roy touchant ceux de la R.
P.R. du 19. Novembre 1680.regiſtrée le 2.Decembre
ſuivant ; portant que les Juges & Officiers ſe tranſ-
porteront dans les maiſons des malades de la R. P. R.
pour ſçavoir s'ils veulent changer de Religion,& pour
recevoir leur déclaration de foy , où défenſes ſont
faites aux Catholiques de contracter mariage avec
ceux de la R. P. R. *Ibidem,livre* 3. *chapitres* 25. & 26.
Cette même Declaration a été regiſtrée au Parl. de
Roüen le 11. Decembre 1680.

32   Reglement du 20. Novembre 1679. pour la forme
des Synodes que tiennent ceux de la Religion Prétenduë Réformée , ce qu'ils ne pourront faire ſans permiſſion de Sa Majeſté , & ſans l'aſſiſtance d'un Commiſſaire nommé par le Roy. *Ibidem* , *liv.* 2. *ch.* 11.

32 bis.   Ceux de la R.P.R. ne peuvent être admis aux
Conſeils des Communautez. Arrêt du 2. Avril 1680.
dans *Boniface, tome* 4. *liv.* 10. *tit.* 3. *ch.* 6.

33   Declaration portant que les Sujets du Roy , de
quelque qualité, condition, âge,& ſexe qu'ils ſoient,
faiſans profeſſion de la Religion Catholique, Apoſtolique & Romaine , ne pourront jamais la quitter
pour paſſer en la Religion Prétenduë Réformée,pour
quelque cauſe,raiſon,prétexte, ou conſideration que
ce puiſſe être ; & que les contrevenans ſeront condamnez à faire amende honorable , & au banniſſement perpetuel hors du Royaume ; & que tous leurs
biens ſeront confiſquez : défenſes aux Miniſtres de
ladite R. P. R. & tant à eux qu'aux anciens des Conſiſtoires, de les ſouffrir dans leurs Temples & aſſemblées, à peine auſdits Miniſtres d'être privez pour
toûjours de faire aucune fonction de leur miniſtere
dans le Royaume , & d'interdiction pour jamais de
l'exercice de ladite Religion, dans le lieu où un Catholique aura été reçû à faire profeſſion de ladite
Religion Prétenduë Réformée. A Fontainebleau en
Juin 1680. regiſtrée au Parlement de Paris le 25. du
même mois , & en celuy de Roüen le 9. Juillet ſuivant. *Journal des Aud. to.* 4. *liv.* 3. *ch.* 15.

34   Declaration portant que les enfans de ceux de la
R. P. R. pourront ſe convertir à l'âge de ſept ans, &
défenſes à ceux de ladite Religion de faire élever leurs
enfans dans les païs étrangers, &c. A Verſailles le 17.
Juin 1681.regiſtrée au Parlement de Paris le 8. & en
celuy de Roüen le 17. Juillet ſuivant.

35   Arrêt du Conſeil du 12. Janvier 1682. portant
qu'aux procez qui ſe jugeront au Parlement de
Guyenne , la Grand'-Chambre & Tournelle aſſem-
blées, les Conſeillers Huguenots n'y aſſiſteront point.
*Voyez les Edits & Arrêts recüeillis par l'ordre de M. le
Chancelier.*

36   Declaration du Roy du 31. Janvier 1682. qui ordonne que les enfans bâtards de la Religion Prétenduë Réformée ſeront élevez en la Religion Catholique Apoſtolique & Romaine. *V. Ibidem.*

37   Reglement touchant les Miniſtres de la R. P. R.
pour raiſon de leurs fonctions , & concernant les
biens des Conſiſtoires, du 7. Septembre 1684. *De la
Gueſſiere, tome* 4. *liv.* 7. *chap.* 27.

38   Reglement touchant la qualité des perſonnes qui
peuvent être admiſes à l'exercice de la R. P. R. dans
les maiſons des Seigneurs ayant haute Juſtice ou des
fiefs de Haubert , du 21. Novembre 1684. *Ibidem,
chap.* 29.

39   Declaration du Roy en Février 1685. touchant les
Miniſtres de la R. P. R. qui ſouffrent dans les Temples des perſonnes contre leſquelles il y a eu des défenſes de les y admettre , & de faire exercice de la
R. P. R. regiſtrée le 26. Février 1685. *Ibidem, liv.* 8.
chapitre 3.

40   Reglement portant défenſes aux Miniſtres de faire

l'exercice de leur Religion où les Temples auront été démolis, du 30. Avril 1685. *Ibidem, chap.* 41.

41   Donation que l'on difoit être faite en haine de la Religion Catholique par une perfonne de la Religion Prétenduë Réformée, & que l'on foûtenoit être nulle, parce que le pere des donataires étoit Avocat de la donatrice. Jugée valable le 12. Avril 1685. Autre Arrêt du 10. Juillet 1647. *Ibidem, chap.* 36.

42   Declaration portant que les femmes des nouveaux Catholiques, qui refuferont de fuivre l'exemple de leurs maris, enfemble les veuves qui perfifteront dans la Religion Prétenduë Réformée, feront & demeureront déchûës du pouvoir de difpofer de leurs biens, foit par teftament, donation entre-vifs, aliena-tion, ou autrement : & à l'égard de l'ufufruit des biens qui pourront leur avenir, ou être échûs par les donations à elles faites par leurs maris,foit par con-tract de mariage, ou entre-vifs, des doüaires, droits de fuccéder en Normandie, augment de dot, habita-tions, droit de partager la communauté, précipurs, & generalement tous autres avantages qui leur au-ront été faits par leurs maris, ils appartiendront à leurs enfans Catholiques, fuivant la difpofition des Coûtumes, & à leur défaut aux Hôpitaux des Villes les plus prochaines de leur habitation ordinaire, &c. A Verfailles en Janvier 1686. regiftrée le 25. du mê-me mois.

43   Declaration contre ceux qui s'étant convertis, refu-feront dans leurs maladies de recevoir les Sacremens de l'Eglife. A Verfailles le 29. Avril 1686. regiftrée le 24. May de la même année.

44   Declaration contre ceux qui s'étant convertis, for-tiront du Royaume fans la permiffion du Roy. A Verfailles le 7. May 1686. regiftrée le 24. du même mois.

EXTRAIT DES DICISIONS CATHOLIQUES.

45   La Religion Prétenduë Réformée ne doit être nom-mée *Eglife*; défenfes à tous Miniftres de luy donner ce titre,& de fe qualifier *Pafteurs*. Voyez *les Décifions Catholiques de Jean Filleau, p.* 22. *& fuiv.*

46   Ceux de la Religion Prétenduë Réformée, ne peu-vent faire l'exercice de ladite Religion Prétenduë au dedans des Terres, Bourgs, Villages, & Jurifdictions des Seigneurs Catholiques fans leur confentement. *Voyez Filleau en fes Décifions, Décifion* 42.

47   L'article 9. de l'Edit de Nantes, qui permet l'e-xercice de la Religion Prétenduë Réformée és lieux où il étoit établi publiquement en l'année 1596. & 1597. ne peut préjudicier aux Seigneurs Catholiques. *Ibidem, Décif.* 43.

48   L'article 9. de l'Edit de Nantes nè s'entend des Villes, efquelles du confentement des habitans Ca-tholiques, & précairement l'exercice de la R. P. R. avoit été établi. *Ibid. Decif.* 44.

49   Le Seigneur du lieu où fe faifoit l'exercice de la Religion Prétenduë Réformée, s'étant fait Catho-lique, l'on ne peut continuer ledit exercice audit lieu, & ledit article 9. ne luy peut être objecté. *Ibid. Décifion* 45.

50   Les Seigneurs Religionnaires qui ont plein fief de Haubert, ne peuvent faire faire le Prêche & exer-cicé de la Religion Prétenduë Réformée en aucun autre lieu de leur Juftice, que dans leur Château ou Maifon feulement qu'ils habitent, & où ils font ré-fidens, fans pouvoir y avoir de Temple. *Ibidem, Décifion* 46.

51   Les Seigneurs de plein fief de Haubert & haute-Juftice, qui font domiciliez dans les Villes de ce Royaume, ne peuvent faire faire l'exercice de la Re-ligion Prétenduë Réformée dans leurs Maifons de haute Juftice, lorfqu'ils y font prefens. *Ibidem, Décifion* 47.

52   Il n'eft permis à ceux de la Religion Prétenduë Réformée, de faire bâtir des lieux pour l'exercice de ladite Religion, qu'és endroits qui leur font af-

fignez pour Bailliages, ou és lieux efquels il leur eft permis par l'Edit de l'an 1577. & 1598. Ceux qui ont été bâtis du depuis fans permiffion du Roy, doivent être démolis. *Ibid. Décif.* 50.

53   Arrêts qui font défenfes à ceux de la Religion Prétenduë Réformée, de chanter les Pfeaumes par les rües, ou dans leurs maifons. *V. Filleau*, ibidem, *Décifion* 52.

54   Ceux qui ne font pas Nobles & Gentilshommes, quoique Seigneurs des fiefs de Haubert ou autres fiefs, n'y peuvent faire faire l'exercice de la Reli-gion Prétenduë Réformée. *Ibid. Décif.* 53.

55   Dans les lieux & Seigneuries des Eccléfiaftiques, l'on ne peut faire aucun exercice de la Religion Pré-tenduë Réformée. *Ibid. Décif.* 55.

56   Nonobftant les articles fecrets de Nantes,& Juge-mens des Commiffaires confirmez par Arrêts, l'on a fait défenfes de continuer l'exercice de la Religion Prétenduë Réformée, dans les Terres & Seigneuries des Eccléfiaftiques. *Ibid.* 56.

57   L'exercice de la Religion Prétenduë Réformée, ne doit être continué dans les fiefs du Roy, qui fe trou-vent à prefent poffedez par des Seigneurs Engagiftes Catholiques, fi ce n'eft que ce foit un lieu de Bail-liage. *Ibid. Décif.* 61.

58   Ceux de la Religion Prétenduë Réformée ne font recevables à demander au Roy de nouveaux lieux, pour faire leur exercice, quand par les Arrêts don-nez contre eux, il y a cette claufe, fauf à eux à fe pourvoir pardevers le Roy, fi ce n'eft que le lieu foit de Bailliage. *Ibid. Décif.* 62.

59   Les Prêches établis depuis l'Edit de Nantes, tant par érection de nouvelles hautes-Juftices, qu'autre-ment, fans permiffion du Roy, doivent ceffer. *Ibid. Décifion* 63.

60   Es Villes ou lieux qui ne font du reffort d'un Bail-liage, l'on ne peut y établir le fecond lieu de Bailliage; & l'on eft bien fondé à y empêcher la continua-tion de l'exercice de la Religion Prétenduë Réfor-mée, quoique tel établiffement ait été fait par les Commiffaires. *Ibidem, Décif.* 64.

61   Les Dixniers des Villes ne peuvent être créez par ceux de la Religion Prétenduë Réformée, & le Confiftoire defdits Religionnaires fans peut fe fervir pour la difcipline de ladite Religion Prétenduë Ré-formée defdits Dixeniers. *Filleau*, ibid. *Décifion* 71. rapporte l'Arrêt de la Chambre de l'Edit de Caftres du dernier Août 1641.

62   Dans les Villes d'importance, l'on eft bien fondé d'empêcher les Religionnaires de s'y habituer, lorf-qu'il y a du péril. *Ibid. Décif.* 73.

63   Les peres & meres de la Religion Prétenduë Ré-formée, ne peuvent forcer leurs enfans d'aller au Prêche, ni les *exhereder* pour le refus qu'ils en font, ou pour le changement de Religion. *Ibidem, Dé-cifion* 76.

64   Arrêt du Confeil d'Etat du 30. Janvier 1665. qui ordonne que les enfans, dont les peres & meres font de la Religion Prétenduë Réformée, & qui fe con-vertiffent à la Religion Catholique, fçavoir les gar-çons à l'âge de quatorze ans, & les filles à celuy de douze ans, pourront opter, ou de demeurer en la maifon de leurs peres & meres, pour y être nourris & entretenus felon leur condition, ou de leur de-mander une penfion proportionnée à leurs facultez. *Ibid. Décif.* 77.

65   L'inftruction des enfans doit être faire & conti-nuée en la Religion Catholique, Apoftolique & Ro-maine, quoique le pere foit de la Religion Préten-duë Réformée, quand les enfans defirent y être inf-truits, & en ce cas l'on peut obliger les peres & meres à donner penfion. *Ibid. Décif.* 77.

66   Un pere qui fait profeffion de la Religion Préten-duë Réformée, ne peut empêcher fa fille de fe ren-dre Religieufe, & faire les vœux ordinaires, quand

il paroît que telle est la volonté de la fille. *Ibidem*, *Décision 78*.

67   Celuy qui a fait ériger sa Terre en droit de haute-Justice, par le Seigneur duquel elle releve, n'a point droit d'y faire faire l'exercice de la Religion Prétenduë Réformée. *Ibid. Décis. 81.*

68   La place d'Oblat és Abbayes de France, ne peut être possedée par un Soldat de la Religion Prétenduë Réformée, quelque service qu'il ait rendu dans les armées. *Ibid. Décis. 82.*

69   L'éducation d'un mineur ou mineure Catholique, ne peut être accordée au pere ou à la mere de la Religion Prétenduë Réformée. *Ibid. Décis. 83.*

70   L'exercice de la Religion Prétenduë Réformée, doit cesser és Villes, Bourgs & Places esquelles le Roy fait quelque séjour, ou quand il passe par icelles, quoique d'ailleurs les Religionnaires soient en possession legitime d'y faire faire l'exercice en l'absence du Roy ledit exercice. *Ibid. Décis. 84.*

71   Ceux de la Religion Prétenduë Réformée, ne peuvent ôter la liberté aux enfans & serviteurs d'aller aux Colleges & Ecoles, où il y a des Regens Catholiques. *Ibid. Décis. 89.*

72   Dans les Pays de Bearn, l'exercice de la Religion Prétenduë Réformée, ne peut être fait dans aucun lieu, où il n'y a, outre le Ministre, dix Chefs de famille domiciliez & résidens. *Voyez Filleau*, ibidem, *Décision 104.*

73   Un pere qui est de la Religion Prétenduë Réformée, après avoir témoigné consentir que sa fille fût élevée en la Religion Catholique, ne peut changer de volonté. *Ibid. Décis. 110.*

74   Les Ministres convertis ne doivent être imposez aux tailles, ni chargez de logemens de Gens de guerre; & les nouveaux convertis sont déchargez des dettes communes de ceux de la Religion Prétenduë Réformée. *Ibid. Décis. 114.*

75   Les Seigneurs hauts-Justiciers de la Religion Prétenduë Réformée, ne peuvent faire bâtir un lieu public pour l'exercice de leur Religion, hors l'enclos de leurs maisons. *Ibidem, Décis. 119.*

76   Les Seigneurs Catholiques qui ont succedé à des Religionnaires, ou qui ont acheté leur Terre, peuvent faire démolir les Temples que leurs prédécesseurs avoient fait construire. *Ibid. Décis. 124.*

77   Ceux de la Religion Prétenduë Réformée qui acquierent des Terres du Domaine du Roy, ne peuvent, en vertu de telle acquisition, y établir le Prêche, sous prétexte de la haute-Justice; & lorsque la haute-Justice est accordée par le Roy à quelqu'un de ses sujets de la Religion Prétenduë Réformée, l'exercice de ladite Religion ne peut y être établi. *Ibid. Décision 125.*

78   Les Ministres & autres personnes de la Religion Prétenduë Réformée, ne doivent user de paroles ou Prédications insolentes, ou faire actions injurieuses à l'Eglise, à peine de punition corporelle. *Ibidem, Décision 126.*

79   Ceux de la Religion Prétenduë Réformée, sont exclus de l'entrée aux assiettes particulieres qui se doivent tenir en chaque Diocese de Languedoc. *Ibid. Décision 128.*

80   Les Officiers de la Chambre de l'Edit de Castres, faisant profession de la Religion Prétenduë Réformée, ne peuvent porter la Robe rouge dans le Temple où ils font l'exercice de ladite Religion Prétenduë Réformée, ni és autres assemblées. *Ibidem, Décision 131.*

81   La pension duë sur un Benefice, est éteinte par la profession de la Religion Prétenduë Réformée, faite par celuy auquel la pension étoit duë. *Ibidem, Décision 134.*

82   De l'état des Temples, & de l'exercice de la Religion Prétenduë Réformée, au dedans de la Province de Poitou. *Filleau, ibid. Décis. 141.*

RELIQUES.

DU Service Divin, de l'exposition du saint Sacrement, des Reliques des Saints, des Ornemens Ecclesiastiques, & des Confrairies. *Voyez les Mémoires du Clergé*, tome 1: part. 1. titre 2. chap. 4. & *Fournet*, lettre *E. Arrêts 5. 6. 29. 30. 31. & encore à la page 552.* 1

De Reliquiis & veneratione Sanctorum. Voyez *Duluc*, livre 1. tit. 3. 2

Reliquiarum declaratio ad Papam spectat. Voyez *Franc. Marc.* tome 2. quest. 307. 3

Arrêt du Parlement de Paris du 19. Avril 1410. rendu entre le Chapitre de Nôtre Dame, & les Religieux de Saint Denis, par lequel il a été jugé que le Reliquaire du Chapitre est le Chef de Saint Denis le Corinthien, & non de l'Athenien, comme ce Chapitre le prétendoit. *Papon*, liv. 1. tit. 1. nomb. 5. Il ajoûte qu'il demeura à resoudre si cette contestation procedoit plûtôt de Religion que d'avarice. 4

Henry II. voyant que la magnificence exterieure des Reliques entretenoit la superstition du peuple, plus occupé de l'or & des diamans qui brilloient à ses yeux, que des saints Ossemens qu'elles renfermoient, ordonna en 1556. qu'ils seroient enchassez en bois doré. *Voyez Henrici Progymnasmata, Arrêt 115.* 5

Laussey Annales Ecclesia Aurelianensis, cum tractatu de veritate Translationis Corporis sancti Benedicti ad Monast. Floriacense. Par. 1615. 6

Ceux de la Religion Prétenduë Réformée qui font injure aux Reliques des Saints, aux Croix & aux Images, doivent être punis par les Officiers du Roy. *Voyez les Décisions Catholiques de Filleau*, *Décis. 3.* 7

Les Marguilliers doivent avoir soin des Reliques. *Voyez* le mot *Marguilliers*, *n. 9.* 8

REMBOURSEMENT.

Voyez les mots *Rachat*, & *Rentes*.
Bouchel, en sa *Bibliotheque du Droit François*, verbo, *Remboursement*, dit; J'ay appris de *M. de Montholon* qu'il avoit été jugé pour le Président de la Borde, par Arrêt de l'an 1568. qu'il n'étoit tenu prendre rien, en ce que le Roy le devoit rembourser; mais qu'il luy falloit bailler de l'argent. 1

REMBOURSEMENT, RETRAIT.

Le remboursement doit se faire devant les Tabellions. Arrêts du Parlement de Normandie des 9. Juillet 1619. & 5. Août 1622. Cela ne reçoit plus de contredit. *Basnage, sur l'art. 492. de cette Coûtume.* 2

Le remboursement doit être fait au domicile de l'acquereur, & non au lieu de l'instance évoquée; ainsi jugé contre M. le Président du Tronc, le premier Février 1630. au Parlement de Roüen. *Basnage*, ibid. *article 491.* 3

Jugé au Parlement de Roüen le 24. Avril 1629. que le retrayant étoit tenu de rembourser actuellement tous les prix & loyaux coûts, & même une rente, quoique le vendeur eût donné temps de dix ans de la racheter, & que le retrayant offrît de bailler bonne & suffisante caution d'en indemniser l'acquereur; il a même été jugé que le vendeur ayant fait condamner par corps l'acquereur à racheter les rentes dont il l'avoit chargé, cet acquereur avoit la même coertion sur le lignager, auquel il avoit fait remise de l'heritage, à condition de décharger des mêmes rentes. Arrêt en la Chambre de l'Edit du 9. Mars 1650. *Basnage, sur la Coût. de Normandie, art. 497.* 4

Par Arrêt du Parlement de Roüen du 12. Juin 1671. donné contre un lignager qui avoit fait le rachat entre les mains de l'acquereur, d'une rente qui avoit une hypoteque spéciale & privilegiée sur le fond retiré, & dont il avoit connoissance, il fut permis au creancier de se faire payer hypotequairement sur le fond; & il fut jugé que le retrayant n'avoit pû rembourser 5

bourſer l'acquereur, ſans y appeller le créancier qui avoit prêté les deniers pour l'acquiſition du fond, parce qu'il n'avoit point ignoré ſon droit ; mais on ne donna au creancier que l'action hypotecaire, & non l'action perſonnelle. *Ibidem.*

Voyez cy-après, le mot *Retrait.* §. *Retrait, Rembourſement.*

REMISES.

DEs Remiſes en fait de Saiſies réelles & d'adjudication. *Voyez le* 10. *Chap. du Traité des Criées* par *M. Bruneau, Avocat, p.* 116.

REMISSIONS.

VOyez *Lettres de Rémiſſion,* au mot *Lettres,* nomb. 3. & ſuiv. & 64. & ſuiv.

1 Les rémiſſions qui ſe donnent aux entrées ſont auſſi ſujettes à connoiſſance de cauſe que les autres. *Voyez Du Luc, liv.* 12. *tit.* 1. *chap.* 8.

2 Declaration du Roy ſur les remiſſions du 22. Novembre 1683. regiſtrée en la Cour des Aydes le 4. Decembre ſuivant. *Maréchauſſée de France, p.* 1008. & Boniface, *tome* 5. *li.* 5. *tit.* 1. *chap.* 1.

ARTICLE REMPLOI.

VOyez *ce-deſſus* le mot *Propres, nomb.* 102. & ſuiv. ſous ce titre *Remploi,* la *Bibliotheque du Droit François par Bouchel,* celle de *Jovet,* & *M.* le *Brun, en ſon traité de la Communauté, liv.* 3. *chap.* 2. *ſect.* 1. diſt. 2.

2 De la ſtipulation de remploi par contrat de mariage touchant la ſomme promiſe ou de partie en heritages ou rentes qui ſeront propres à la future épouſe , ou bien à elle & aux ſiens de ſon côté & ligne. *Voyez Carondas, liv.* 13. *Rép.* 49.

3 Le mari promet d'employer une ſomme au profit de ſa femme ; le mari meurt ; quelques terres ſont données à ſa veuve qui les délaiſſe à ſes enfans en rendant la ſomme dans un certain temps, à la charge que s'ils decedent ſans enfans elle rentrera eſdites terres, &c. *Voyez Carondas. li.* 7. *Rép.* 58.

4 La Juriſprudence du remploi a été autrefois très-incertaine , mais à preſent elle n'eſt plus en controverſe , & on n'a plus d'égard à la diſtinction des alienations volontaires ou forcées ; car il paſſe pour conſtant que le employ des propres alienez pendant le mariage eſt dû tant à l'un qu'à l'autre des conjoints, & que l'article 232. de la Coûtume de Paris fait une loy generale. *M.* le *Prêtre* 3. *Cent. chap.* 78. *in annotatione.* Voyez *Peleus queſt.* 101. & à preſent l'heritier du mari peut demander le remploi des propres alienez. *Voyez Brodeau ſur M. Loüet, lettre R. ſommaire* 30. *nombre* 4.

5 Remploi de deniers qui paroiſſent payez par la quittance du mari, mais qui ne l'avoient pas été par la contre-promeſſe du beau pere, les heritiers du mari condamnez à rendre à la veuve leſdits deniers. Arrêt du 8. Mars 1549. *Carondas, liv.* 9. *Rép.* 63.

6 Le 9. Janvier 1551. il a été jugé que l'heritier immobilier eſt tenu fournir la ſomme qui doit être baillée à la femme après le décez de ſon mari, ou icelle employer en heritages propres à elle ; ſuivant le traité de mariage , d'autant que telle action eſt reputée immobiliaire. *Le Veſt, Arr.* 51.

7 Le remploi ſe prenant ſur les acquêts de la communauté , ſe doivent conſiderer ſelon le prix qu'ils ont été acquis, & non à la raiſon qu'ils ont valu du depuis. Arrêt du 24. Juillet 1584. *M. Loüet, lettre R. ſomm.* 4.

8 Remploi doit être fait de l'heritage de l'un des conjoints vendu , ou recompenſe donnée ſur la communauté. La Coûtume de Paris , art. 232. en contient une diſpoſition formelle ; auparavant l'on jugeoit qu'il falloit une convention & une réſerve expreſſe lors de l'alienation ; il y en a un Arrêt du 21. Novembre 1574. depuis on a jugé le contraire, pour ne pas donner lieu à une infinité d'avantages indirects , car le mari profitoit de la vente des propres de ſa femme dont le prix groſſiſſoit le corps de la communauté ſur les effets de laquelle on ne luy permettroit pas de ſe venger. *Papon, li.* 15. *tit.* 2. *n.* 22.

9 Remploi de deniers ſtipulé qui n'a point été fait , & au défaut que le mari feroit rente ſur tous ſes biens , le mary ſeroit decedé ayant laiſſé un enfant , enſuite la mere , & après l'enfant , la ſomme déclarée meuble. Arrêt du 30. Juin 1636. au Rolle de Paris. *Du Frêne, livre* 3. *ch.* 33. Voyez *Carondas, liv.* 10. *Réponſe* 31.

10 Terre paternelle étant baillée en payement par un frere à ſa ſœur pour les droits de remploi de ſa mere, ſont dûs lods, &c. Arrêt du 28. May 1641. *Du Frêne, liv.* 3. *chap.* 75.

11 La fille mineure mariée par ſa mere n'ayant point ſtipulé le remploi de ſes propres alienez, elle n'a hypoteque que du jour des alienations. Arrêt du 17. Février 1654. *Ibid. liv.* 7. *ch.* 31.

REMPLOI, Action.

12 Action de remploi, ſi elle eſt mobiliaire ou immobiliaire? Voyez le mot *Action, nomb.* 55. & 56.

13 Sur la diſpoſition de l'article 94. de la Coûtume de Paris, & ſçavoir ſi l'action de remploi propre au mineur peut être changée pendant ſa minorité. *Voyez la* 23. *Conſultation de M. Dupleſſis.*

14 Arrêt rapporté dans *M.* le *Prêtre* qui a jugé qu'après la mort du fils heritier de ſes pere & mere , ſes heritiers maternels pouvoient exercer le remploi, ſans qu'il y eût de confuſion à cauſe de la regle *paterna paternis.* La réponſe à cet Arrêt, eſt qu'il a été rendu dans l'eſpece d'un fils decedé en minorité dont il falloit prendre la ſucceſſion en l'état qu'elle devoit être , & qu'autrement cet Arrêt ſeroit extraordinaire ; car il n'y a point de cas où la confuſion ſoit plus naturelle. *V. M.* le *Brun en ſon traité des Succeſſions, liv.* 4. *chap.* 2. *Sect.* 3. *n.* 33.

15 Si l'action de remploi pour des propres de la femme alienez , ou pour ſes rentes propres , rachetées durant la continuation de communauté , eſt une action propre qui ſuive le côté & ligne dans la ſucceſſion des enfans , ainſi qu'elle l'eſt en vertu de la clauſe du contrat, lorſque les propres ont été alienez durant le mariage ? ſçavoir , ſi les conquêts ayant été alienez par le mari pendant la continuation de communauté , les enfans peuvent en demander le remploi ? & ſi l'action pour ce remploi eſt propre dans la ſucceſſion des enfans ? *V. la* 33. *Conſultation de M. Dupleſſis, inſerée dans ſon Commentaire.*

16 Le remploi des heritages de la femme ſtipulé par le Contrat, eſt une dette immobiliaire qui doit être acquittée par l'heritier immobilier ſeulement. Es Coûtumes où le gardien noble eſt chargé du payement des dettes , l'action de remploi n'eſt pas compriſe entre les dettes du *gardien* , comme étant dettes immobiliaires, & le mot de dettes en ce cas ne s'entend que des mobiliaires. Arrêt du 30. Mars 1605. *Chenu,* 2. *Cent. queſt.* 95.

17 Par Arrêt du Parlement de Paris du 4. May 1646. jugé qu'à l'action de remploi des propres de la femme, quoique mobiliaire , le mari ſurvivant ne ſuccede au préjudice des collateraux, lorſque la clauſe du contrat de mariage faiſant mention du remploi contient ces mots *de côté & ligne* , ou que celle de l'emploi des deniers dotaux qui eſt précedente , en fait auſſi mention, parce qu'elle eſt cenſée repetée en celle de remploi. *V. Soëfve, to.* 1. *Cent.* 1. *ch.* 93.

18 L'action de remploi n'a point lieu en ligne directe ; de ſorte que ſi le mari avoit vendu le bien de ſa femme , le remploi s'en feroit ſur tous les biens generalement. Arrêt du Parlement de Roüen du mois de Juillet 1656. rapporté par *Baſnage ſur l'article* 408. *de la Coûtume de Normandie.*

Tome III.

19 L'action en remploi ne s'étend point au delà de celuy qui a fait l'alienation. Arrêt du Parlement de Roüen du mois de Mars 1683. *Ibidem.*

20 L'action de remploi demeure éteinte en la personne d'une majeure qui meurt sans enfans. Arrêt du P. de Paris du 16. Avril 1666. *Des Maisons, lettre P. nomb. 9.*

21 Les actions de remploi quoique mobiliaires ne tombent point dans le legs universel fait par la femme à son mari, mais elles appartiennent aux heritiers de la femme. Arrêt du 11. Août 1677. *De la Guesp. tome 3. liv. 11. ch. 19.* l'action de remploi ou de reprise, même pour les propres anciens, a été jugée mobiliaire entre les heritiers, le 11. Février 1604. *Du Frêne, liv. 6. ch. 22.* Voyez *Brodeau sur M. Louet, lettre R. somm. 30. nomb. 20.* qui parle de l'action de remploi, & de son execution.

REMPLOI EN BRETAGNE.

22 Un contrat de mariage est passé en *Bretagne* ; nulle mention du remploi des biens de la femme, ni de la récompense. Par la Coûtume de Bretagne, il y avoit article exprés, que la femme prendra récompense sur tous les biens de son mari, lesquels luy demeureront affectez du jour de l'alienation. Le mari avoit des immeubles en Bretagne ; il en avoit aussi dans la Coûtume d'*Anjou*, qui ne parle point du remploi ; question de sçavoir si la veuve étoit bien fondée à les prétendre ? Arrêt en sa faveur, & que son hypoteque ne commenceroit que du jour de l'alienation. M. Servin Avocat du Roy lut un Arrêt rendu en même espece le 23. Juillet 1604. *consultis classibus.* Voyez *la Biblioth. de Bouchel, verbo Remploi.*

REMPLOI, DENIERS DOTAUX.

23 Voyez le mot *Acquêts, nomb. 31. & les titres des deniers Dotaux, & de la Dot.*

24 Si le remploi des deniers dotaux se déduit sur le don mutuel ? *Voyez Carondas, liv. 7. Rép. 125. & le 1. tome du Journal des Audiences, li. 2. ch. 52.*

25 Remploi des deniers dotaux promis par le mari. *Voyez Carondas liv. 11. Rép. 20.* & des biens de la femme vendus par le mari. *Voyez Peleus, quest. 96.* où vous trouverez Arrêt du 28. Juin 1505. qui ordonne le remploi sur les biens de la communauté.

26 Si dans le contrat de mariage il y a cession expresse de certain heritage du propre du mari, pour au défaut de remploi en joüir par la femme, les heritiers du mari sont toûjours recevables à rendre les deniers dotaux, jusqu'à la restitution desquels elle joüira par forme d'antichrese. Arrêt du 18. Decembre 1567. S'il n'y eût eu qu'une simple assignation, la veuve n'en eût joüi que par forme d'engagement. *Bibliotheque de Bouchel, verbo Remploi.*

27 Jugé que le remploi promis par le mari des deniers dotaux de sa femme n'ayant été fait, il n'est point confus en luy, encore qu'il succede en tous les meubles de sa femme ; afin qu'il ne profite de sa faute, *jux.l. sine hereditariâ D. de negot. gest.* mais le remploi appartient aux heritiers immobiliers de la femme. Arrêt du 11. Decembre 1571. autre semblable aux grands Jours de Poitiers du 24. Septembre 1579. *Voyez la Bibliotheque du Droit François par Bouchel, verbo Remploi.*

28 Le remploi des deniers dotaux se reprend, premierement, sur la communauté, & icelle discutée sur les propres du mari. Arrêt du 19. Decembre 1585. *Ibidem.*

29 Le mari qui s'est obligé de remplacer les deniers dotaux de sa femme en fonds de terre, n'est pas censé avoir satisfait à cette condition, en les constituant en rente. Arrêt du Parlement de Roüen du 28. May 1659. *Basnage, sur la Coûtume de Normandie, article 539.*

30 C'est une Jurisprudence certaine, que lors qu'une rente dotale est dûë & affectée sur des biens de Normandie, les maris, quoique domiciliez hors Normandie, sont tenus lors qu'elles leur sont raquittées, de les remplacer en Normandie, ou de bailler bonne

caution qui y soit demeurante ; ou si les maris domiciliez hors cette Province alienent les rentes dotales de leurs femmes de leur consentement, lesquelles sont dûës en Normandie, non seulement ils sont tenus de leur fournir, ou à leurs heritiers un remplacement, mais aussi ce remplacement doit être baillé en Normandie. Arrêts du Parlement de Roüen du 9. Mars 1679. & 18. Juin 1682. *Basnage, ibidem.*

REMPLOI, PROPRES DE LA FEMME.

31 Charge de remploi dû à la femme à cause de ses propres alienez, est une dette de la communauté, laquelle est commune entre elle & les heritiers du mari. Arrêt du 23. Decembre 1525. *Papon, liv. 5. tit. 2. nomb. 22.*

32 Arrêt pour la veuve d'un nommé du Pré du 21. Juillet 1565. par lequel il a été ordonné que des rentes à elle appartenantes, qui avoient été rachetées constant son mariage, elle seroit remboursée du prix du rachat sur les biens de la communauté, quoi qu'il n'y eût stipulation ni déclaration sur ce fait ; mais la Coûtume de Paris suivie des autres pour retrancher toutes difficultez, y a ajoûté les clauses, que les sages Réformateurs ont cru avoir été traitées & décidées en la Cour de Parlement. Par cet article il appert que le remploi non stipulé par le contrat de mariage est réputé meuble ; comme il a été jugé par Arrêt du 23. Decembre, aux Arrêts de Noël 1579. *Voyez la Biblioth. de Bouchel, verbo Alienation.*

33 Quoique le remploi soit stipulé, les heritages acquis par le mari constant le mariage, sans declaration que l'acquisition sera propre à la femme, ne luy seront pas neanmoins propres ; elle n'a qu'une action contre les heritiers du mari. Arrêt du 25. Mars 1578. entre Nicolas Randoul, & Jeanne le Verger, veuve de Charles de Fernel. *Ibidem.*

34 Jugé par Arrêt du 30. Mars 1605. que le remploi des heritages de la femme stipulé par le contrat, est une dette immobiliaire, & doit être acquittée par l'heritier immobilier seulement.

Es Coûtumes où le gardien noble est chargé purement des dettes, l'action du remploi n'est pas comprise entre les dettes du gardien, comme étant dette immobiliaire ; & le mot de dette en ce cas ne s'entend que des mobiliaires. *Voyez Filleau, 4. part. qu. 195.* & *Chenu, 2. Cent. quest. 95.*

35 Remploi des biens de la femme alienez se doit faire par le mari, quoiqu'il n'en soit disposé de Coûtume des lieux ; comme il a été jugé en la Coûtume de *Vermandois* le 26. Avril 1614. Autre Arrêt en la Coûtume d'*Amiens.* Autre en la Coûtume de *Reims* du 8. Janvier 1573. En la Coûtume de *Montdidier*, par Arrêt du 11. Août 1618. après en avoir communiqué à toutes les Chambres. Le même en la Coûtume du *Maine*, comme à remarqué Chenu, *quest. 67.* Voyez *la Biblioth. de Bouchel, verbo Remploi.*

36 Il ne se fait de remploi de Coûtume à Coûtume ; de sorte que le bien d'une femme situé dans une autre Province ayant été vendu par son mari, elle ne pourroit en demander le remplacement sur ses immeubles situez en Normandie ; cela jugé par Arrêt du Parlement de Roüen du mois de Mars 1620. sur un partage de la Grand'Chambre. *Basnage sur la Coûtume de Normandie, art. 539.*

37 Remploi des propres de la femme alienez, se doit faire en *Poitou*, quoiqu'il ne soit stipulé ni ordonné par la Coûtume. Arrêt du Parlement de Paris du 29. May 1623. Ce remploi auroit lieu, quand même il y auroit une donation mutuelle ; il y en a un Arrêt de 1622. dans *Bardet, to. 1. li. 1. ch. 115.*

38 Cause appointée pour sçavoir si dans la Coûtume de *Bar*, qu'n'admet le remploy des propres alienez de la femme que quand il est stipulé dans les contrats de mariage ou de ventes ; ce remploy peut être prétendu par les heritiers de la femme contre un mari qui l'a stipulé pour luy dans tous les contrats d'alie-

nations de ſes propres, & l'a volontairement omis en ceux de la femme. Arrêt du 6. May 1631. *Bardet , 10. 1. liv. 4. chap. 24.*

59   Tranſport d'une rente fait à la femme par le mary quatre jours avant ſa mort, pour tenir lieu de remploi d'autre rente à elle propre,& alienée long-temps auparavant , n'eſt ſujet à l'action revocatoire des creanciers du mari. Jugé le 18. Février 1639. *Ibidem, tome 2. liv. 8. ch. 10.*

40   Si une femme par le contrat de mariage s'eſt réſervée la faculté de vendre une partie de ſes biens , elle peut en uſer, & cette vente ne ſera point ſujette à remploi. Arrêt du Parlement de Normandie du 15. Juillet 1666. *Baſnage ſur l'art. 539. de cette Coûtume.*

41   Si la femme peut être forcée de prendre des heritages pour la récompenſe de ſes biens alienez? Arrêt du Parlement de Normandie du 5. Mars 1677. qui permet à la femme de decreter pour ſa récompenſe, ſi mieux l'acquereur n'aimoit luy rendre ſes rentes, auquel cas il étoit permis de prendre poſſeſſion des biens du mari, juſqu'à concurrence de ce qui luy étoit dû. *Baſnage , ibidem.*

42   La queſtion étoit de ſçavoir de quel jour la faculté de retirer une maiſon ſiſe à Bar, avoit été ouverte, ſi du jour d'un contrat d'acquiſition faite par un mari qui étoit de la Ligue, avec déclaration de remploi des deniers dotaux de ſa femme, auquel elle n'avoit pas ſigné ? Il fut jugé au Parlement de Paris le 6. Septembre 1701. que le retrait n'avoit pas été ouvert de ce jour, le remploi n'étant pas formé faute du conſentement de la femme, quoiqu'elle eût parlé depuis au contrat de vente que ſon mari en avoit faite, parce qu'elle n'étoit pas cenſée avoir parlé à la vente, comme celle d'une maiſon qui luy ſervît de remploi, ne l'ayant jamais acceptée; mais bien à cauſe que la maiſon étoit un conquêt ſur lequel elle avoit ſes hypoteques , ce qui obligeoit l'acquereur de la faire parler dans le contrat , d'autant plus que ce qui s'appelloit autrefois le droit d'entrée & d'iſſue , eſt aboli par un uſage contraire. *V. M. le Brun, traité de la Communauté , li. 3. ch. 2. n. 66. page 317.*

42 bis.   R E M P L O I , H Y P O T E Q U E.
L'hypoteque qu'a la femme pour le remploi de ſon mariage , a lieu du jour du contrat de mariage, & non du payement. *Voyez* le mot *Hypoteque,nomb.*111.

43   Par Arrêt du 17. Février 1654. rapporté par *Du Freſne, liv. 7. chap. 31.* il a été jugé que s'il n'y a point de ſtipulation pour le remploi des propres, on n'a hypoteque que du jour de l'alienation.

    R E M P L O I , I N T E R E S T S.

44   Par Arrêt du 26. Juin 1696. rendu au Rapport de M. de Vertamont de Villemenon , entre les heritiers d'Ambroiſe Moinet appellans , & Jacques Monmarques, & Jean Couſin, heritiers de Barbe & Marguerite Vaillant , jugé que le pere ne devoit point aux enfans mariez, avec clauſe de laiſſer jouïr le ſurvivant de la part des conquêts du prédecedé ſans pouvoir prétendre partage , les interêts des remplois de leur mere, nonobſtant que les autres enfans demandaſſent partage,& que les enfans mariez ſe joigniſſent à eux, pour demander auſſi ces interêts des remplois ; ainſi on a exécuté, en ce cas même, la renonciation au compte & partage ; mais ce qu'il y avoit de particulier dans l'eſpece , c'eſt que les interêts auroient été payez par des tiers détenteurs , ainſi cet Arrêt né décide pas. *V. M. le Brun, traité de la Communauté,li.3. chap. 2. ſect. 6. déciſ. 2. n. 8.*

    R E M P L O I , P R O P R E S D U M A R Y.

45   En la Coûtume de *Touraine*, mari débouté du remploi, s'il n'eſt ſtipulé. Arrêt du Parlement à Tours le 18. Janvier 1593. qui déboute le pere, ſauf pour le regard du contrat où la ſtipulation eſt expreſſe ; & où il avoit déclaré qu'il entendoit que les nouvelles acquiſitions luy tinſſent lieu de patrimoine. *Bibliotheque de Bouchel , verbo Remploi.*

     Tome III.

Mari ayant vendu ſon propre pendant le mariage, **46** n'eſt recevable à demander le remploi, s'il n'a été expreſſément ſtipulé, *cum potuerit legem apertius dicere, nec fecerit.* Ainſi jugé le 27. Janvier 1592. *Voyez ibidem.*

Par Arrêt donné en la Chambre de l'Edit le 19. **47** Juillet 1597. entre Damoiſelle Eſperance d'Allibert , veuve de feu Maître Nicolas du Chemin , intimé, jugé que les deniers provenus de la vente des heritages propres de Godin pendant ſon mariage, qui avoient été ſtipulez devoir être employez en autres heritages pour ſortir nature de propre n'ayant été employez, étoient demeurez comme meubles en la communauté de luy & de ſa femme, la veuve du défunt renvoyée abſoute des concluſions contre elles priſes par du Chemin, afin de remploi ou reſtitution de la ſomme de 50. livres dont étoit queſtion ; du Chemin condamné aux dépens de la cauſe principale: c'étoit en la Coûtume de *Blois* ; le Jugement du Bailly de Blois du 22. Août 1596. fut infirmé. *Voyez Du Moulin, ſur la Coûtume de Nivernois , article 23. Joan. Galli queſt. 1. & Bouchel en ſa Bibliotheque ,* verbo *Remploi.*

Un homme en ſe mariant ſtipule que de ſes biens **48** il y aura 4000. livres qui n'entreront point en communauté ; il les ſtipule propres à luy & à ſes hoirs : il décede ſans faire remploi. Jugé en la Chambre de l'Edit le 10. Juillet 1599. que cette ſomme appartenoit à la mere comme heritiere mobiliaire de ſes enfans, à l'excluſion des collateraux du mari. *Ibidem.*

Remploi des biens alienez & propres du mari a **49** lieu en la Coûtume de *Blois*. Arrêt du 15. Janvier 1600. *Ibidem.*

Les remplois des propres du mari alienez pendant **50** la communauté , doivent être pris par délibation ſur les biens de la même communauté , nonobſtant que ſe mari eût été heritier mobilier de ſon fils décedé mineur, lequel avoit ſuccedé à la mere commune. L'un des deux contrats de conſtitution, dont on demande un tel remploi ſur les biens de la communauté,ne peut être réputé feint & ſimulé par rapport au rachat, ſous prétexte que la quittance de rembourſement devant Notaires ne porte point d'énumeration de deniers,& que la groſſe du contrat de conſtitution ſe trouve encore entre les mains du creancier. Arrêt en 1690. au *Journal des Audiences du Parlement de Paris, tome 5. liv. 6. ch. 27.*

    R E M P L O I , M E U B L E S.

Quand le mari n'a point fait de remploi, on eſt **51** reçû à faire preuve de la valeur des meubles , quoiqu'elle excede cent livres. On a même donné cette action de remploi à l'heritier de l'enfant ſorti de la femme à laquelle les meubles étoient échûs. Arrêt du Parlement de Roüen du mois de Janvier 1653. *Baſnage ſur l'art. 390. de la Coûtume de Normandie.*

Remploi des immeubles que le mari ou la femme **52** poſſedoient lors de leur mariage, doit être fait ſur les immeubles qu'ils ont acquis depuis ledit mariage au ſol la livre ; & à faute d'acquêts immeubles , il ſera fait ſur les meubles , & n'aura la femme part auſdits meubles & acquêts qu'après que ledit remploi aura été fait.

Il n'y a point de remploi de meubles s'il n'a été ſtipulé, ou au cas de l'article 590. ou quand les meubles ſont réputez immeubles ſuivant les articles 409. 511. 512. & 513. de la Coûtume. Arrêté du Parlement de Roüen, les Chambres aſſemblées, du 6. Avril 1666. art. 65. & 66. *Baſnage, tome 1. à la fin.*

    R E M P L O I E N N O R M A N D I E.

Voyez cy-deſſus *les nomb.* 18. 19. 29. 30. 36. 40. 41. 51. & 52.

Le remploi des propres ne ſe fait qu'entre divers **53** heritiers. Jugé au Parlement de Normandie. *Voyez Baſnage ſur l'art. 408. de la Coûtume.*

Par Arrêt du Parlement de Roüen du 9. Août 1538. **54**

                            Z z ij

rapporté par *Berault fur la Coûtume de Normandie, art.*
410. *p.* 454. il a été jugé que le remplacement , outre
la valeur de la dot , étoit un avancement fait par le
mari , ayant employé plus qu'il n'étoit obligé, & par
conſequent un effet de la communauté à partager.

55   Par Arrèt du 14. Août 1609. rapporté par *Berault*,
ibidem, *art.* 165. *in verbo*, les autres biens , il a été jugé
qu'en cas de ſimple promeſſe de conſigner , un remployer , le fourniſſement de remplacement ſe devoit
prendre ſur l'univerſalité des meubles & conquèts.

56   Bien que les heritiers aux acquèts ne ſoient tenus
qu'au remploy du prix des contrats de vente, ils ſont
neanmoins obligez de les remplacer , quoique cela
excede la valeur des acquèts; comme auſſi les legataires univerſels, lorſqu'ils n'ont point fait d'inventaire.
Arrèts du Parlement de Roüen des 11. Decembre
1614. 22. Août 1634. & 18. Decembre 1638. rapportez
par *Baſnage ſur l'article* 408. *de la même Coût. de Nor-*
mandie.

57   L'action en remploi peut être exercée par les heritiers au propre contre les heritiers aux meubles &
acquèts. Arrèt du Parlement de Roüen du 2. Août
1634 qui étend même action ſur les meubles.
Baſnage, ibidem, où il ajoûte les meubles ſont tellement affectez à la décharge ou au remploi du propre,
que quoiqu'il y ait conſignation actuelle de la dot, ſi
toutefois la veuve eſt legataire univerſelle des meubles de ſon mari, elle doit au défaut d'acquèts décharger les propres de la rente dotale ſur la moitié
des meubles qui luy ont été leguez. Arrèts du Parlement de Roüen des 23. May 1662. & 11. Mars 1677.

58   Le remploi ſe fait ſur le prix des contrats d'alienation, & non ſur la juſte eſtimation du propre au temps
du décez de celui de la ſucceſſion duquel il s'agit.
Arrèt du Parlement de Roüen du 28. Février 1637.
neanmoins ſur des raiſons particulieres , auparavant
& après cet Arrèt , on jugea le contraire les 22. Février 1630. & 28. Avril 1654. *Ibidem.*

59   Par Arrèt du Parlement de Roüen du mois de May
1644. il fut jugé que le remploi des propres paternels
& maternels alienez par le défunt ſeroit fait ſuivant
les prix portez par les contrats de vente ſur ce qui ſe
trouveroit d'acquèts, le ſurplus ſur les meubles que
le mary avoit leguez à la femme, ſi elle ne vouloit
renoncer à ſon legs, & à ce que la Coûtume & ſon
contrat de mariage luy donnoient , auquel cas elle
étoit déchargée du remploy , tant du propre que de
la dot , en contribuant à la moitié des dettes mobiliaires, à la reſerve des frais funeraux : ſa dot étoit
conſignée par ſon contrat de mariage. *Ibidem.*

60   Bien que la *donation* ſoit une eſpece d'alienation,
il eſt certain que les choſes données ne ſont point
ſujettes à remploi. Arrèt du Parlement de Roüen de
1654. Une femme fait une donation de 50. livres de
rente à prendre ſur ſes propres pour une fondation,
avec cette clauſe que ſes heritiers aux acquèts n'en
ſeroient aucunement chargez après ſon décez. Son
heritier au propre prétendoit que c'étoit une donation à cauſe de mort , ou en tout cas qu'elle devoir
être priſe ſur les acquèts, n'y ayant point d'acquèts
que le propre ne ſoit remplacé. On répondoit que la
donation n'étoit point ſujette au remploi; ainſi jugé
par autre Arrèt du 5. Decembre 1661. il fut dit que
l'heritier au propre ne pouvoit demander de remploi
à l'heritier aux acquèts du tiers d'une rente dotale
donnée à une femme à ſon ſecond mari ; mais ſeulement des deux autres tiers. Autre Arrèt du 5. Avril
1639. par lequel il fut dit que des rentes foncieres aſ-
ſignées ſur un ancien propre en faiſant une fondation , ne doivent point être remployées ſur les acquèts, quoiqu'il y eût clauſe d'hypoteque ſur tous
les biens. *Baſnage*, ibidem.

61   Par Arrèt du mois de Juillet 1656. jugé que l'article 408. de la Coûtume de Normandie ne regardoit
les ſucceſſions de la ligne directe , & le mary ayant

vendu des biens de ſa femme ou ſur la dot au regard
des enfans heritiers, le remplacement ſe feroit ſur
toute la ſucceſſion. *Berault ſur la Coûtume de Norman-*
die, à la fin du 2. to. *p.* 100. *ſur l'art.* 408.

62   Une femme ayant pris le tiers aux meubles, fut
condamnée de contribuer au remploi des propres
alienez, & au remploi d'une charge dont elle avoit
trouvé ſon mari ſaiſi ; cette charge avoit été perdue
faute d'avoir payé le droit annuel ; l'on ne voulut
point en faire de diſtinction , quoiqu'il parût rigoureux que la negligence du mari fît perdre à une veuve
cette petite portion que la Coûtume lui donne dans
les conquèts. *Baſnage ſur l'art.* 408. *de la Coûtume de*
Normandie.

63   Pour exempter les heritiers aux meubles & aux acquèts du remploi des propres , l'on a ſouvent agité
cette queſtion, ſi les charges & les dettes que le défunt avoit acquittées , & dont il avoit faiſi ſes propres, devoient tenir lieu de remploi pour ceux qu'il
avoit alienez , lorſque par le contrat de rachat il
n'en étoit point fait mention? Arrèt du Parlement de
Roüen du 13. Juillet 1665. qui juge la negative. Quoiqu'il ſemble que c'eſt aſſez remplacer les propres,
lorſqu'on les libere des dettes dont ils ſont chargez,
toutefois cette liberation n'étant qu'une extinction,
elle n'équipolle point à un remploi ſi elle n'y a déclaration expreſſe pour cet effet. *Baſnage*, ibidem.

64   Le remploi ne ſe fait pas ſeulement des veritables
propres, c'eſt-à-dire , des biens, que celui de la ſucceſſion duquel il s'agit a eus à droit ſucceſſif ; mais
la femme peut être obligée au remploi des acquèts
faits par ſon mary avant ſon mariage , & qu'il a alienez pendant icelui; car ces acquèts ſont reputez-pro-
pres à l'égard de la femme,quand elle prend part aux
meubles & acquèts, bien qu'ils tiennent nature d'acquèts entre les heritiers du mari ; la raiſon eſt que la
femme ne ſe remploi de tous les biens de ſon mary
qu'il poſſedoit lors de ſon mariage. Par Arrèt du P. de
Roüen du 2. Juillet 1665. il a été jugé que les acquèts
dont le mary étoit ſaiſi lors de ſon mariage, & qu'il
avoit depuis alienez, devoient être remplacez ſur les
acquèts, & ce à défaut ſur les meubles, & ce à l'égard
de la femme & du fils de la femme donataire des
meubles. *Baſnage*, ibidem.

65   La queſtion de ſçavoir ſur quels conquèts le remploi des propres doit être fait lorſqu'il y en a en
bourgage & hors bourgage, s'offrit en l'année 1651. en
la Chambre des Enquètes de Roüen ; les Juges s'étant
trouvez partis en opinions , l'affaire fut encore partagée en la Grand'-Chambre; & enfin aux Chambres
aſſemblées il paſſa à dire que le remploi des propres
ſeroit pris au ſol la livre ſur les acquèts, tant en bourgage que hors bourgage ; entre le Cauchois & le Co-
debin ; & ſur cet Arrèt l'on a formé l'article 65. du
Reglement de 1666. *Ibidem.*

66   L'heritier aux acquèts ne peut contraindre l'heritier au propre à recevoir ſon remploi en deniers.
Arrèt du Parlement de Bretagne où la cauſe fut renvoyée du Parlement de Roüen ; du 4. Juillet 1685.
entre le Sieur Préſident d'Hoqueville, le Sieur de Ri-
bouville Secretaire du Roy, & le Sieur de Moy Chanoine de l'Egliſe Nôtre-Dame de Roüen. *Ibidem.*

67   Jugé au Parlement de Normandie le 11. Février
1604. que le remploi du propre paternel alienê ſe
feroit, tant ſur les acquèts que ſur les heritages retirez au droit d'un fief maternel & réünis à iceluy. *Baſ-*
nage ſur l'art. 452. *de cette Coûtume.*

68   Par l'art. 65. du Reglement de 1666. il eſt dit que
le remploi des immeubles que le mary ou la femme poſſe-
doient lors de leur mariage , doit être fait ſur les immeu-
bles qu'ils ont acquis depuis leur mariage au ſol la livre,
& à faute d'acquèts ſur les meubles ; & que la femme
n'avoit part ſur les meubles ni ſur les acquèts qu'après le
remploy fait. Par Arrèt du Parlement de Roüen du
2. Juillet 1670. il a été jugé que cet Arrèt ne s'entend

point de la dot , ni des rentes données pour la dot , qui ont été rachetées; mais des ventes volontaires du bien de la femme. *Basnage sur l'art. 366. de la Coûtume de Normandie.*

REMPLOI EN POITOU.

69 En la Coûtume de *Poitou* , qui ne parle point du remploi des rentes propres rachetées à l'un ou à l'autre des conjoints pendant la communauté,ou des heritages propres alienez pendant icelle, le remploi y doit avoir lieu comme un droit general. Arrêt du 29. May 1623. *Du Frêne , liv. 1. chap. 4. Voyez Charondas , livre 7. Rép. 46.*

REMPLOY, RENTES.

70 Rente donnée pour remploy. *Voyez Montholon , Arr. 5. 71. 72. 93. & 115.*

71 Rentes rachetées pendant le mariage , ne sont sujettes à remploy, s'il n'en a été rien convenu. Arrêt du 23. Decembre 1579. *Le Vest , Arr. 164.*

72 La clause de remploy stipulée par le contrat de mariage , s'entend des rentes rachetées durant le mariage. Arrêt du 21. May 1581. *Papon , livre 11. tit. 6. nomb. 5.*

RENDRE.

Signification de ce mot , Rendre , *Reddere* , dans la Loi 94. *D. de verb. sign.*

RENONCIATION.

L'Ordre proposé est d'examiner , 1°. les renonciations à la *Communauté*; 2°. aux *Successions*; 3°. celles faites au préjudice des *Creanciers*; 4°. celles causées par le payement de la *dot* promise aux filles mariées. Intermediairement , & en suivant toûjours l'ordre alphabetique , jusqu'icy observé , on parlera des renonciations à differens droits acquis.

1 *Galleratus , de renunciationibus.* Geneve 1678.

2 Des renonciations faites aux successions & à la communauté. *Voyez la Bibliotheque du Droit François par Bouchel , & celle des Arrêts par Jovet , verbo Renonciation.*

3 Des renonciations. *Voyez M. le Brun , en son traité des Successions , liv. 3. ch. 8. & le même , en son traité de la Communauté , liv. 3. ch. 2. sect. 2. dist. 3.*

4 Les renonciations ont été introduites en France par une raison politique. *Voyez M. Bouguier , letre R. nombre 2.*

4 bis *Pactum de non succedendo à jure civili reprobatur, & à jure canonico approbatur.* Bacquet , 2. *partie , du Droit d'Aubaine , ch. 21. nomb. 12. & suiv.*

5 Notables Regles en cas de renonciation. *Voyez Peleus , question 3.*

6 Des enfans de celuy qui renonce. *Voyez le Brun , des Successions , liv. 1. ch. 4. sect. 6. dist. 1.* Les enfans de celuy qui renonce viennent en ligne collaterale , en égal degré.

7 Si l'on peut éviter l'effet de l'éviction en renonçant à *Voyez le mot Eviction , n. 22.*

8 *Renuncians in favorem consetur adire & cedere.* Voyez le Conseil 15. de *Du Moulin , tome 2. page 896. no. 10. & suivans.*

9 *Excipiens de renunciatione post spolium factâ per liberos renunciantis ratificatâ in interdicto reintegranda auditur; & reintegranda remedium , quod est annale , ad hæredes transit.* Voyez Franc. Marc. *to. 2. qu. 533.*

10 La clause portant renonciation generale , ne peut s'étendre que sur les biens de ceux avec qui le renonçant contracte. Arrêt du Parlement de Toulouse du mois de Février 1581. nonobstant les Arrêts contraires du Parlement de Paris rapportez par *Carondas , Rép. livre 5. chap. 8.* ensorte que les biens du pere passant au frere, celui-cy mourant , la fille est capable d'y succeder. *Mainard , tome 1. livre 4. chapitre 21.*

11 La renonciation nuit seulement à celuy qui l'a faite: exemple, l'aîné renonce à son droit d'aînesse

en faveur de son troisiéme frere ; cela luy nuit ; mais non pas au second frere ; le même de l'action de retrait ; le même touchant le gage du creancier. *Voyez M. le Prêtre , 4. Cent. ch. 29.*

La renonciation faite au Greffe d'une Jurisdiction **12** de privilege , est bonne. L'article 317. de la Coûtume de Paris rapporté : aprés une renonciation à une heredité, on ne fait pas acte d'heritier pur & simple, & furent les creanciers du sieur Hilerin deboutez avec dépens. Arrêt du 26. May 1674. *Journ. du Palais.*

RENONCIATION, ACCROISSEMENT.

Accroissement en cas de renonciation. *Voyez cy-* **13** *devant le mot Accroissement , nomb. 37. & suiv.*

RENONCIATION, AINÉ.

Renonciation au droit d'aînesse. *Voyez le mot , Ainesse , nomb. 199.*

Renonciation faite à une heredité, en faveur du **14** fils aîné, declarée nulle. *Voyez M. le Prêtre , és Arrêts celebres.*

La renonciation faite par une fille en la Coûtume **15** d'Anjou , entre les roturiers seulement , & non entre les Nobles , mineure de 25. ans , & majeure de 14. ans , *aliquo dato* à la succession de ses pere & mere qui la marioit,déclarée nulle; la fille recevable à venir à partage avec ses autres freres & sœurs , en rapportant ce qu'elle avoit eu , &c. Arrêt du 27. Février 1556. *M. Lonet , lettre R. som. 17.*

Les renonciations faites par contrat de mariage à **16** la succession du pere en faveur du fils aîné , tournent au profit des autres enfans , aussi-bien que ledit aîné. Arrêt du 14. Avril aprés Pâques 1556. *M. le Prêtre , és Arr. celebres du Parlement.*

Renonciation faite par le fils aîné à son droit d'aî- **17** nesse, en faveur de l'un de ses freres, du vivant , & en la presence du pere, est nulle. Arrêt du 21. Mars 1581. *Cavondas , liv. 5. Rép. 7.*

Les biens qui auroient pû appartenir aux filles , **18** cessant leurs renonciations , demeurent entierement à l'aîné, les renonciations étant faites en sa faveur , sans qu'au partage d'entre les autres freres & sœurs qui n'ont renoncé, l'aîné soit tenu de faire aucun rapport ou précompte des deniers baillez à ses sœurs en mariage. Arrêt du premier Juin 1607. *Chenu , 2. Cent. quest. 99.*

Les renonciations stipulées par pere & mere ma- **19** riant leurs filles , à leurs successions , au profit de leur aîné mâle, qu'est-ce qu'ils operent , & quel en est l'effet en matiere de partage pour la computation des legitimes , entre ceux qui viennent à la succession ? *V.* l'Arrêt du 2. Juin 1607. rapporté par *M. Bouguier , lett. R. nomb. 2. & 3.* Voyez *M. le Prêtre , 2. Centurie ,chapitre 62.*

RENONCIATION A L'APPEL.

Voyez le mot Appel , nomb. 90. & suiv. **20**

Edit concernant ceux qui renoncent aux appellations qui sont interjettées. A Paris le 18. Novembre 1365. *Ordinat. antiq. vol. A. fol. 4.* Ordonnances de Fontanon , to. 1. page 628.

RENONCIATION, AUGMENT.

Si la renonciation aux droits paternels & mater- **21** nels, comprend le droit que l'enfant qui renonce , a dans l'augment ? *Voyez le mot Augment , nomb. 64. & suivans.*

RENONCIATION AU BENEFICE D'INVENTAIRE.

Voyez le mot Benefice d'Inventaire , n. 48. **22**

RENONCIATION, CESSION.

Le debiteur ne peut renoncer au benefice de ces- **23** sion. *Voyez le mot Cession , nomb. 139. & suiv.*

RENONCIATION, CLERICATURE.

On ne peut renoncer au privilege de Clericature. **24** *Voyez le mot Clerc , nomb. 81.*

RENONCIATION A LA COMMUNAUTÉ.

Voyez le mot Communauté , nomb. 164. & suiv. **25**

Quel est l'effet de la renonciation de la veuve dans les vingt-quatre heures, selon la Coûtume de

Nivernois ; ou s'il eſt dit qu'elle pourra choiſir ſes convenances ? *Voyez Coquille, to. 2. qu. 114.*

26 Si la femme mineure n'ayant renoncé dans les vingt-quatre heures, peut être relevée par Lettres du Roy ? *Ibid. queſt. 115.*

27 Quand la femme eſt obligée avec ſon mari, en cas qu'elle renonce à la communauté, ſi elle eſt quitte ? *Ibidem, queſt. 117.*

28 La femme qui renonce, doit s'abſtenir de tous points, & doit faire inventaire incontinent. *Ibidem, queſtion 118.*

29 Renonciation à la communauté, après l'avoir acceptée & fait inventaire, il n'y a pas lieu à la repriſe. *Voyez le traité des Propres, ch. 4. ſect. 9. n. 26.*

30 La veûve renonçant à la communauté, n'eſt quitte des frais & dépens des procés mûs & intentez par ſon mary ſous ſon nom, afin que la partie averſe ne ſoit déçuë & circonvenuë par la foy publique, & par l'autorité du mary és cauſes neceſſaires de ſa femme. *Voyez Chopin, Coûtume de Paris, livre 2. titre 1. nombre 22.*

31 La femme qui renonce, elle & ſes heritiers ont recours contre les heritiers de ſon mary, pour les dettes eſquelles elle eſt obligée, le plus ſûr eſt de le ſtipuler par contrat de mariage. *Voyez M. le Prêtre, 2. Cent. ch. 90.*

32 Un Curateur pourvû aux biens vacans de la femme, ne peut renoncer à la communauté conjugale des biens, pour n'être tenu des dettes ſans l'autorité du Préteur, & ſans connoiſſance de cauſe, autrement il alieneroit au préjudice des creanciers perſonnels de la femme. *Chopin, Coûtume de Paris, liv. 2. tit. 1. nombre 18.*

33 La convention, que la femme ne pourra renoncer pour s'acquitter des dettes de la communauté, ne vaut. *Bouvot, tome 1. partie 2. verbo Femme, qu. 4.*

34 Un mary ayant été condamné à mort par contumax, ſa femme doit, après l'execution de l'Arrêt, ſe deſceindre pour ſe décharger des dettes. *Arrêt du Parlement de Dijon ſans date, rapporté par Bouvot, to. 2. verbo Mariage, queſt. 56.*

35 En Bourgogne la femme renonçant à la ſocieté conjugale, après le decez de ſon mary, perd le doüaire, & autres droits acquis par la Coûtume. *Arrêt du Parlement de Dijon du 14. Août 1562. Ibid. verbo, Societé, Communauté. queſt. 14.*

36 La femme eſt tenuë de faire la renonciation dedans vingt quatre heures, après que ſon mary eſt condamné à mort & effigié. *Arrêt du Parl. de Dijon du 20. May 1588. Bouvot, ibid. qu. 30.*

37 La deſceinte ſur la foſſe du mari en temps de peſte, & deux jours après en ayant tiré acte du Greffier, eſt valable. *Arrêt du même Parlement de Dijon du 21. Novembre 1605. Bouvot, tome 2. verbo, Societé, Communauté, queſt. 11.*

38 Si telle deſceinte peut être prouvée par témoins, avoir été faite, ou ſi elle doit être prouvée par acte de Juſtice, ou par le Curé & Vicaire, avec ſouſcription d'iceluy & deux témoins, ou bien par Notaire avec deux témoins? *Voyez id. ibid. queſt. 12.*

39 Pour l'effet & l'uſage de la renonciation à la communauté, il faut ſuivre la Coûtume du domicile du mari, & non celle du lieu où le contrat de mariage a été paſſé. *Arrêt du Parlement de Dijon au mois de Juillet 1648. Mêmes Arrêts des 1. Février 1667. & 20. Avril 1684. Taiſand, ſur la Coûtume de Bourgogne, titre 4. art. 19. nombre 3.*

40 Si les femmes ou enfans qui renoncent à la communauté, ſont privez de l'emphitéoſe ? *Voyez le mot, Emphitéoſe, n. 58. & ſuiv.*

41 Une femme ayant eu un enfant du premier lit, ſe remarie, elle a un autre enfant de ſon ſecond mariage; ce ſecond enfant eſt marié & doté par ſes pere & mere durant leur communauté, & des deniers de la communauté. Le pere meurt; la veuve renonce à la communauté de ſon ſecond mari. Premiere queſtion, de ſçavoir, ſi cette renonciation peut être reputée faite en fraude de l'enfant du premier lit, & ſi l'enfant du premier lit peut ſoûtenir contre celuy du ſecond, que la dot eſt pour moitié un bien maternel ſujet à rapport? Seconde queſtion, ſçavoir au contraire, ſi l'enfant du ſecond lit qui a été marié, n'eſt pas en droit de demander, qu'attendu qu'il a été doté par ſes pere & mere, mais du fond de la communauté, la mere y ayant renoncé dans la ſuite, ſes heritiers ſont obligez de fournir la moitié de la dot? *Voyez les Conſultations de M. Dupleſſis.*

41 Clauſe de renoncer par la femme à la communauté, & de prendre tout ce qu'elle aura apporté avec ſon doüaire & propre; il eſt arrivé à femme, conſtant le mariage, une ſucceſſion opulente, tant en meubles, argent monnoyé, qu'heritages. Jugé au mois d'Avril 1548. que les meubles & argent monnoyé entroient dans la communauté. *Voyez Valla, de rebus dubiis, tractat. 13. numero 12. fine.*

43 Nonobſtant la renonciation de la femme à la communauté, les creanciers peuvent ſe pourvoir contre elle, ſauf ſon recours contre les heritiers du mari. *Arrêt du Parlement de Paris donné en la Coûtume de Montargis le 2. Mars 1559. Papon, liv. 15. tit. 2. n. 1. Voyez la nouvelle Coût. de Paris, art. 221. 222.*

44 Par Arrêt du Parlement de Bretagne du 17. Mars 1565. il eſt dit que Michelle Blandin, femme renonçante, ſera payée ſur les biens de ſon mari, dont les heritiers ont pris le benefice d'inventaire; & ſeront les choſes baillées à femme renonçante, ſelon ſa qualité, & des meubles; ſera auſſi premierement payée des frais qu'elle a faits, tant pour les obſeques & confection de l'inventaire, & récompenſée des heritages à elle appartenans vendus par ſon mari, ou par elle de ſon autorité. *Du Fail, livre 1. chapitre 255.*

45 Renonciation à la communauté permiſe à la femme par ſon contrat de mariage, eſt tranſmiſſible à ſes heritiers. *Arrêt du 15. Avril 1567. au Rôle de Champagne, en la Coûtume de Meaux. Autre Arrêt du 16. Février 1587. Papon, livre 15. titre 4. n. 12.*

46 Arrêt du mois de Juin 1579. qui en enterinant les Lettres de reſciſion priſes par une Marchande publique, la reçoit à renoncer à la communauté par elle acceptée inconſiderément. *Bibliotheque de Bouchel, verbo Renonciation.*

47 Il étoit ſtipulé par un contrat de mariage, *au cas que le mari predecede ſans enfans, il ſera loiſible à la femme de renoncer à la communauté, & en ce faiſant, reprendre ce qu'elle aura apporté.* La femme predecede & laiſſe des enfans; le mari meurt incontinent après. Les enfans & heritiers de la femme diſent qu'ils renoncent à la communauté, & veulent reprendre les conventions matrimoniales. Les Creanciers du mari les empêchent, diſant que cette faculté de renoncer étoit perſonnelle, & particulierement ſtipulée en faveur de la femme, laquelle faveur ne s'étend point aux enfans, Le Prévôt de Paris avoit ajugé les Concluſions aux enfans ; Appel par les Creanciers. Par Arrêt du 15. Février 1605. l'appellation & en émendant, les enfans declarez non recevables en leurs prétentions. *Voyez Peleus, qu. 98. & la Bibl. de Bouchel, verbo Communauté.*

48 Faculté de renoncer par la veuve à la communauté, & reprendre tout ce qu'elle aura apporté, eſt perſonnelle, & non tranſmiſſible aux enfans. *Arrêt au mois de May 1605. Voyez M. le Prêtre, és Arrêts de la Cinquieme.*

49 Renonciation à la communauté, avec faculté de reprendre par la femme ce qu'elle aura apporté, ſans y faire mention des enfans dans la clauſe de repriſe. Jugé le 15. Février 1606. que les enfans pouvoient bien renoncer, mais non reprendre. *Nota au nombre 47. cy-deſſus, l'Arrêt eſt daté de l'année 1606. Quoi-*

qu'il en soit, il y a eu même Arrêt prononcé en Robes rouges le 18. Decembre 1607. Le contraire a été jugé le 27. Février 1624. bien que le mari survivant alleguât qu'il ne falloit point étendre telles clauses; qu'il avoit bien voulu donner à sa femme, au cas de survie,un avantage,mais non pas *ut sibi viventi funus duceretur* ;ce qui arriveroit,si ses enfans reprenoient. Ils disoient que la clause ne pouvoit se diviser ; que la renonciation n'avoit été stipulée que pour avoir la reprise, autrement il n'eût pas été necessaire de stipuler une renonciation, parce que, sans la stipulation, les enfans pouvoient renoncer. Ces moyens donnerent lieu à l'Arrêt rendu en leur faveur. *Additions à la Biblioth. de Bouchel*, verbo *Renonciation*.

50   Clause à la future épouse & ses heritiers, de renoncer & reprendre; il n'y avoit point d'enfans, il y avoit un don mutuel; la femme decede la premiere, ses heritiers renoncent, & demandent tout ce qu'elle a apporté, le mari demande la délivrance du don mutuel. Jugé en l'Audience de la Grand'-Chambre le Jeudy 16. May 1616. en faveur des heritiers contre le mari. *Ricard, du Don mutuel, traité 1. ch. 5. sect. 3. nombre 194.*

51   Il est stipulé qu'avenant le prédecez du mari, la femme & ses enfans pourront renoncer à la communauté, & en y renonçant, elle reprendra tout ce qu'elle a apporté. Cette femme meurt la premiere, ayant enfans d'un premier & du second mariage. Celuy du second mourut. Jugé que les enfans du premier lit pouvoient renoncer & reprendre. L'on disoit que la faculté étoit limitée au cas de survie de la femme, tout au plus qu'elle étoit personnelle, & pouvoit encore moins s'étendre aux enfans du premier lit. Arrêt du Parlement de Paris du 18. Mars 1621. en leur faveur. *Bibliotheque de Bouchel*, verbo, *Renonciation*.

52   Il est dit par contrat de mariage, que la femme survivant son mari, pourra renoncer à la communauté, & en ce faisant, reprendra tout ce qu'elle a apporté. On demande si au cas de prédecez de la femme, les enfans pourront user de cette faculté ? Contre les enfans, jugé le 22. Avril 1600. & le 15. Février 1605. M. Le Bret, Avocat General, dit qu'il y avoit eu diversité d'Arrêts sur la question, & qu'il se rapportoit à la Cour d'en ordonner. Troisiéme Arrêt du premier Septembre 1607. Pour les enfans, Arrêt du 13. May 1599. Autre au mois de Novembre 1600. en faveur d'un enfant du premier lit heritier de sa mere, contre le mari qui l'avoit épousée en secondes nôces. Depuis, par Arrêt du 8. May 1621. il a été jugé contre les enfans. *Voyez Bouchel*, ibid.

53   Renonciation à la communauté faite cinq ans aprés le décez du mari, est declarée bonne & valable dans la Coûtume du *Maine*, qui ne définit aucun temps. Ainsi jugé le 22. Juin 1622. *Bardet*, tome 1. livre 1. chapitre 99.

54   Renonciation d'une fille heritiere de son pere, pour une somme modique, à la communauté & continuation, au profit de sa mere tutrice, qui n'a point fait d'inventaire ,& ne luy a rendu aucun compte, est sujette à rescision. Ainsi jugé le 7. Juillet 1636. *Bardet*, tome 2. livre 5. chap. 24.

55   Jugé au Parlement de Mets le 16. Decembre 1636. qu'une veuve ne peut, aprés le temps prescrit par la Coûtume, renoncer valablement à la communauté, même en temps de guerre. *Voyez le onzième Plaidoyé de M. de Corberon.*

56   Dans une Coûtume qui veut que la femme renonce dans vingt-quatre heures, une femme n'ayant fait que sept jours aprés la mort de son mari,sa renonciation à la communauté à cause de la peste, a été déchargée, par Arrêt du Parlement de Mets du 6. Novembre 1637. des dettes d'icelle, en affirmant qu'elle n'a rien distrait, ni recelé aucuns effets, & cependant permis aux Créanciers de faire preu-

ve au contraire. *Voyez le vingt-troisième Plaidoyé de M. de Corberon.*

57   Une femme renonce par son contrat de mariage à tous les biens, tant meubles qu'immeubles qu'avoit son mari, & à tout droit de communauté, moyennant les avantages à elle faits; elle n'est pour cela censée privée du doüaire porté par la Coûtume. Arrêt du 2. Mars 1648. *Du Frêne, livre 5. chapitre 31. & livre 7, chapitre 17.*

58   Le 16. Mars 1661. jugé au même Parl. de Paris,que la clause d'un contrat de mariage, par laquelle le mari disoit, *au cas que ma femme veuille renoncer à la communauté, je lui donne tous mes meubles & conquêts francs & quittes de toutes dettes*, étoit vicieuse & nulle , & furent délivrez à la veuve les meubles & conquêts , à la charge de payer les dettes de la communauté , *vitiatur & non vitiat.* Journal des Aud. to. 2. livre 4. chap. 16.

59   La renonciation à la communauté ne peut se faire qu'aprés la mort du mari; de sorte que quand il survit sa femme, elle n'a jamais été en pouvoir de la faire. Arrêt du Parlement de Dijon du 9. Mars 1665. contre les heritiers d'une femme. Elle peut neanmoins demander sa séparation, auquel cas elle declare renoncer. *Taisand, sur la Coût. de Bourgogne, tit. 4. art. 19. Note 4.*

60   Acte de Notorieté de M. le Lieutenant Civil au Châtelet de Paris, portant, que l'usage inviolablement observé dans la Coûtume de Paris, à l'égard de la dot de la femme, est qu'il faut considerer avec soin, lorsque l'on procede au Jugement des questions qui naîtront en execution des contrats de mariage , s'il y a une convention speciale, par laquelle il est permis à la femme de renoncer à la communauté de son mari, & en y renonçant, reprendre franchement & quittement tout ce qu'elle a apporté en mariage, même son doüaire & préciput ; parce que si lors du contrat cette stipulation précise n'y a pas été mise , la femme en renonçant , perd tout ce qu'elle a mis dans la communauté, & ne peut reprendre & demander que ce qui lui a été stipulé propre, & les immeubles qui lui sont avenus ou donnez en ligne directe , ou échûs en succession en collaterale ; la raison est que le mari est le maître de la communauté , & par consequent de tout ce qui y entre, & la femme en y renonçant , n'y ayant plus de part , n'en peut rien prétendre, elle perd par consequent tout ce qu'elle y a mis. Mais quand par une sage prévoyance , la femme a stipulé, qu'en renonçant à la communauté lors de la dissolution d'icelle, elle pourroit reprendre franchement & quittement tout ce qu'elle a apporté en dot, ou qu'il lui sera échû, elle peut demander toute sa dot en son entier , & ce qui lui est avenu par succession ou autrement , suivant la convention établie par le contrat de mariage. Cette distinction ainsi connuë, il est constant que la femme, separée d'avec son mari dissipateur, peut discuter les biens de son mari , meubles & immeubles, sur lesquels, elle n'a aucun privilege. Si les biens du mari sont des meubles, la femme à contribution au sol la livre avec tous les Creanciers du mari , & les enfans ni la femme n'entrent point dans cette contribution sur les meubles pour le doüaire. *Recüeil des Actes de Notorieté, p. 10. Voyez Doüaire.*

RENONCIATION A LA DOT.

Voyez le mot Dot, n. 367. & suiv.   61

RENONCIATION, DOÜAIRE.

La femme mineure peut, par son contrat de mariage, renoncer à son doüaire. La renonciation faite pendant le mariage, ne pourroit préjudicier aux enfans pour le fond du doüaire , qui leur est acquis dés l'instant du contrat, ou par la disposition de la Coûtume. Arrêt du mois de Janvier 1606. *Le Bret, liv. 1. Décision 9.*   62

Voyez le mot Doüaire, n. 238. & suiv.

RENONCIATION A UNE SUCCESSION.

63 *Voyez* le mot *Acte d'heritier*, *nomb.* 10. & le mot *Heritier*, *nomb.* 364.

De la renonciation à l'heredité. *Voyez le 3. tome des Loix Civiles, liv.* 1. *tit.* 3. *sect.* 4.

64 *An matris renunciatio futura liberorum successioni valeat ?* Voyez le *Conseil* 15. de *Du Moulin*, *tome* 2. *page* 848.

65 Renonciation pure & simple que l'on fait aux successions, differe des cessions expresses ou tacites. *Du Frêne*, *liv.* 3. *chap.* 22. Voyez M. *le Prêtre*, 3. *Cent. chap.* 94.

66 Les petits fils *nepotes*, peuvent de leur chef propre revenir sur les biens de leur ayeul ausquels leur pere ou leur mere a renoncé, mais s'ils sont heritiers des renonçans, ils les représentent, ce qui les exclut de toute action, l'heritier confondant ses droits dans l'heritage qu'il a accepté ; en cas qu'ils succedent ce n'est que *in stirpes* par souches, & non *in capita*.Voyez *Guy Pape*, *quest.* 228.

67 De quelque maniere que le Droit & la Coûtume reglent les successions, il est permis d'y renoncer, & même de ceder l'esperance d'un fideicommis. Arrêt du Parlement de Grenoble du mois de Decembre 1449. *Voyez Guy Pape*, *quest.* 227. 228. & 231. où il traite des renonciations. *Chorier en la Jurisprudence de cet Auteur*, *page* 202. observe que le cas de cette question 232. est une fille qui renonce à un fideicommis duquel son pere heritier étoit chargé envers elle, & que ce fideicommis n'étoit pas encore échû ; que depuis il a été jugé que cette cession ne se peut faire utilement qu'à l'heritier chargé de rendre au cedant, & qu'étant faite à un autre, elle ne luy donnoit ni action, ni droit, sur quoi il faut voir M. *Expilly*, *chap.* 13.

68 Si l'un des enfans quitte sa portion avant que l'heredité soit acceptée & reconnuë à l'un des autres, telle quittance sert seulement à celuy à qui elle est faite, mais à tous les autres coheritiers. *Voyez Papon*, *liv.* 16. *tit.* 4. *n.* 16.

69 Neveu peut succeder à son ayeul, quoiqu'il ait renoncé à la succession de son pere. Arrêt du Parlement de Paris du dernier Decembre 1559. *Ibidem*, *livre* 21. *tit.* 1. *n.* 21.

70 Renonciation à succession future, cassée par Arrêt du Parlement de Bretagne du 21. Avril 1562. *Voyez Du Fail*, *li.* 2. *chap.* 155.

71 Un heritier qui renonce, le plus prochain en degré du défunt ne peut venir, ni apprehender la succession qu'il n'ait fait apparoir de la renonciation. Arrêt du 26. Novembre 1565. *Chenu*, 2. *Cent. quest.* 22.

72 Renonciation generale à toutes successions, comprend tant les directes que les collaterales. Arrêt du Parlement de Bretagne du 15. Septembre 1575. *Du Fail*, *livre* 1. *chap.* 384.

73 La renonciation faite par une sœur de sa part hereditaire faite pour deniers, est réputée acquet. Arrêt du 23. Août 1586. *Carondas*, *livre* 8. *Réponse* 48. si mieux n'aime la sœur heritiere rendre le prix.

74 Le fils peut renoncer à la succession de son pere toutefois & quantes, si ce n'est qu'il soit poursuivi, ou qu'il veüille intenter action. Arrêt du 8. Février 1590. M. *le Prêtre*, 3. *Cent. chap.* 93.

75 Celuy qui a accepté une succession, n'est plus recevable à renoncer. Arrêt du 27. Janvier 1601. *Ibidem*, *chap.* 11.

76 Par Arrêt du Parlement de Roüen du 8. Mars 1611. rapporté par *Berault sur la Coûtume de Normandie*, *art.* 394. in verbo *Renoncer*, il a été jugé qu'une femme qui a fait acte d'heritiere de son mary, & après renoncé à sa succession, & puis s'étoit fait relever de ladite renonciation, étoit recevable à demander ladite succession aux charges de droit, & d'entretenir les contrats de vente, accord & transaction qui auroient

été faits suivant la loy 8. *non nunquam de collat. bon.*

77 La renonciation faite par l'un des enfans à la succession de son pere, fait que sa personne n'est plus considerable en la computation des parts & portions des legitimes dües aux enfans qui n'ont pas renoncé. Arrêt du Parlement de Paris du premier Février 1610. M. *Bouguier*, *lettre R. nomb.* 3.

78 Renonciation aux successions échûës au profit d'un coheritier, moyennant une somme franche des dettes hereditaires, est une veritable cession & vente des droits successifs, qui n'est sujette à rescision pour lezion d'outre moitié du juste prix. Jugé le 21. Avril 1622. *Bardet*, *tome* 1. *liv.* 1. *chap.* 95. où il fait plusieurs remarques sur ces sortes de renonciations.

79 Le sieur de Colombiere avoit pour fils Paul & Gabriel de Briqueville ; après la mort de sa mere, il renonça à sa succession, & fit instituer un tuteur à son fils aîné, au nom duquel on accepta la succession de son ayeule ; après la mort du sieur de Colombiere, son fils aîné voulut prendre préciput en la succession de son pere, & retenir au profit celle de son ayeule toute entiere, où au moins y prendre encore un préciput, comme étant distincte & separée de celle du pere, ce qui luy fut contesté par le puîné, par la raison que le pere n'avoit pû répudier la succession de sa mere dont il étoit saisi suivant la coûtume, pour en avancer son frere, que c'étoit un avantage indirect qu'il ne pouvoit faire, & que sans y avoir egard la succession de l'ayeule devoit être partagée conjointement avec celle du pere, comme en faisant partie. La défense de l'aîné fut que nul n'est heritier qui ne veut, & que le pere ne pouvoit être forcé d'accepter une succession. Par Arrêt du Parlement de Roüen du 27. Juillet 1627. il fut jugé que la succession de l'ayeule seroit partagée entre les freres, comme succession paternelle, & que l'aîné seroit tenu de déclarer s'il entendoit prendre préciput. On jugea le contraire en cette espece ; de la Riviere Ecuyer sieur du Thuy Hebert, ne voulut pas accepter la succession d'un sien neveu ; il la prit sous le nom de son fils aîné, & apparemment il ne fit cette renonciation que par la crainte des dettes de cette succession : car depuis il l'a menagea & en disposa comme luy appartenant. Après sa mort Gaspard de la Riviere ayant pris préciput, ses puînez avoient pris possession des biens de cette succession, comme faisant partie de la succession paternelle, & en joüirent quelque temps ; après quoi leur aîné leur demanda part ; & ayant compromis de leur differend, il fut debouté de sa prétention. Sur l'appel on jugea que le pere avoit pû renoncer, & on confirma la Sentence qui avoit ordonné qu'il seroit fait des lots, par Arrêt du Parlement de Roüen du 9. Juillet 1665. On ne peut concilier cet Arrêt avec le précedent que par cette distinction, que le premier fut donné dans l'espece d'une succession directe où les avantages des peres envers l'un de leurs enfans sont plus étroitement défendus que dans la collaterale ; cependant c'est aujourd'huy l'usage que le pere peut renoncer à la succession qui luy arrive, quoiqu'il n'ait aucun sujet de le faire. *V. Basnage sur la Cout. de Normandie, art.* 434.

80 Renonciation faite à la succession d'un frere, pour & en faveur de son fils aîné seulement, n'étoit pas valable après la déclaration faite en l'Audience qu'il avoit entendu prononcer au profit de tous ses enfans à qui la succession pouvoit appartenir. Arrêt au mois de Février 1636. *Du Frêne*, *li.* 3. *ch.* 22.

81 Quelque déclaration que l'on ait faite d'accepter une succession, si toutefois *rebus integris*, & avant que d'avoir mis la main à la chose, on change de sentiment pour avoir reconnu que la succession étoit onereuse, on est reçû à y renoncer ; cela fut jugé en la cause du sieur Bafire ; il avoit entrepris procez pour se faire déclarer heritier de son pere ; la succession luy avoit été ajugée, par Arrêt ; neanmoins craignant qu'elle ne fût chargée de dettes, il déclara qu'il

qu'il l'abandonnoit pour la prendre au nom de ſes enfans, & nonobſtant le contredit de ſes beau-freres qui étoient creanciers, il fut reçu à renoncer. Arrêt de la Chambre de l'Edit de Roüen en 1648. Baſnage ſur l'article 235. de la Coûtume de Normandie.

82 Si la fille qui a renoncé à la ſucceſſion de ſon pere, peut venir à la ſucceſſion de ſon frere mort ſans enfans, & qui avoit recüeilli la ſucceſſion du pere ? V. Bouvot, to. 1. part. 3. verbo Teſtament qu. 7.

83 Le profit de la renonciation entre dans la maſſe hereditaire, & appartient à tous les heritiers, tant fils que filles ; ce qui a lieu quand on en eſt expreſſément convenu dans le contrat de mariage de la fille qui renonce. Arrêt du Parlement de Dijon du 9. Juillet 1668. Taiſand ſur la Coûtume de Bourgogne, tit. 7. art. 21. n. 15.

RENONCIATION, HERITIER COMPTABLE.

84 La renonciation d'un heritier comptable à la ſucceſſion de ſon pere comptable vers le Roy, n'eſt d'aucune conſideration. Arrêt du 21. Août 1682. De la Gueſſ. to. 4. li. 5. ch. 26. l'Arrêt rendu en la Chambre des Comptes.

RENONCIATION, DISPOSITIONS DES COUSTUMES.

85 Une fille moyennant les avancemens à elle faits en deniers en faveur de mariage ayant renoncé aux ſucceſſions de ſes pere & mere, ne laiſſe de ſucceder à ſes freres puînez aux portions de quint des fiefs âeux échûs avec ſes autres freres, même au quint entier, ſe trouvant ſeule puînée, à l'exluſion de l'aîné, ſans qu'elle ſoit tenüe de déduire ſur la valeur du quint, les deniers qui luy ont été donnez en mariage. Arrêt du 10. Février 1653. au Rolle d'Amiens. Du Frêne, li. 7. ch.17. & li. 3. ch. 36.

86 Es Coûtume d'Anjou & du Maine, celuy qui a eu quelque choſe du défunt, s'il renonce, eſt tenu de la rapporter. M. le Prêtre, 1. Cent. ch. 36.

87 Les renonciations faites aux ſucceſſions directes & collaterales échûës en la Coûtume d'Anjou au profit de l'aîné, la ſœur prend les Lettres, les Lettres entherinées, & que les parties viendroient à partage de toutes les ſucceſſions directes collaterales; l'Arrêt n'eſt point daté. Notables Arrêts des Audiences, Arrêt 64.

88 La renonciation faite par une fille mineure de 25. ans, & majeure de 14. aliquo dato, à la ſucceſſion de ſes pere & mere qui la marioient, jugée nulle en la Coûtume d'Anjou, entre les roturiers ſeulement, & non entre les Nobles. L'Arrêt eſt du penultiéme Février 1556. M. Loüet, lettre R. ſomm. 17.

89 Fille noble dans la Coûtume d'Anjou mariée noblement par ſon frere, ne peut etiam aliquo dato vel retento, niſi viſis tabulis, renoncer à des ſucceſſions échûës tant directes que collaterales. Jugé le 16. Juillet 1661. Journal des Audiences tome 2. livre 4. chap. 34.

90 En la Coûtume d'Anjou le fils renonçant à la ſucceſſion de ſon pere qui avoit acquis pour ce fils une Charge, n'eſt pas obligé de rapporter les deniers aux creanciers de ſon pere. Jugé le 24. Mars 1662. Notables Arrêts des Audiences, Arrêt 74.

91 Arrêt du 13. Mars 1665. qui appointe ſur la queſtion de ſçavoir ſi en la Coûtume d'Anjou, les enfans d'une fille qui par ſon contrat de mariage, a renoncé aux ſucceſſions directes de ſes pere & mere, & collaterale de ſes freres, & ce en faveur des freres, moyennant ſa dot, pouvoient venir à la ſucceſſion de leur oncle décédé ſans enfans depuis leur mere, conjointement avec les enfans ou petits enfans de leurs autres oncles pareillement decedez; les uns & les autres ſe trouvant en pareil degré ? M. l'Avocat general Talon conclut en faveur des enfans de la fille qui avoit renoncé; il ſe fonda ſur ce qu'ils n'étoient point appellez à la ſucceſſion de leur oncle par la répreſentation de leur mere, n'y ayant plus aucun de leurs autres oncles vivant lors de la ſucceſſion échûë : il ajoûta que ces renonciations n'avoient pas été favorablement reçûës dans la Coûtume d'Anjou, & que ſi les renonciations avoient eu leur effet quant aux biens de pere & de mere, il n'en avoit pas été de même des biens acquis par l'induſtrie, & rapporta un Arrêt du 2. Juillet 1569. cité par Chopin ſur la Coûtume d'Anjou, li. 3. tit. 1. n. 11. & li. 1. ch. 63. n. 6. Voyez Soëfve, to. 2. Cent. 3. ch. 50.

92 En la Coûtume d'Anjou, la fille Noble ne peut renoncer aux ſucceſſions collaterales; & nonobſtant ſa renonciation ſes enfans ont été admis à la ſucceſſion de l'oncle, ſuivant la Coûtume des lieux où les biens étoient ſituez. Jugé le 22. Mars 1667. De la Gueſſiere, to. 3. liv. 1. chap. 19.

93 Les articles 26. & 27. tit. 12. de la Coûtume d'Auvergne, & autres ſemblables expliquez; & ſi on peut faire donation de tout, ou de partie à la fille qui a renoncé, où il y a Arrêt du 3. Juin 1650. Voyez Henrys, to. 2. liv. 4. queſt. 7.

94 Dans la Coûtume d'Auvergne la renonciation faite par une fille dans ſon contrat de mariage, lors que le pere ou la mere aux biens deſquels elle renonce viennent à deceder avant la celebration du mariage, la fille eſt reſtituable contre cette renonciation en ce qui concerne le bien de celuy qui eſt décedé. Arrêt du Parlement de Paris du 3. Juin 1682. Journal du Palais.

95 Renonciation en la Coûtume d'Auvergne; deux ſœurs renoncent par leur contrat de mariage au profit de leur frere qui a ſurvécu le pere dans le contrat de la cadette il y a une clauſe, que ſi le frere vient à deceder ſans enfans, le ſurplus de leurs biens, dont les pere & mere n'auront diſpoſé, appartiendra à ladite future & aux ſiens; en vertu de cette clauſe la cadette prétend les biens. Jugé que la clauſe étoit diviſible, & la diſpoſition conditionnelle. Arrêt du 2. Août 1684. De la Gueſſiere, to. 4. li. 7. chap. 19. où il eſt parlé de la Nov. 108.

96 Par la Coûtume de Bourbonnois une fille mariée par pere ou mere, ayeul ou ayeule, n'eſt recevable à revenir; quand elle a expreſſément renoncé; telle renonciation expreſſe ſert; que ſi ſes pere ou mere, ayeul ont du bien au détroit de Paris, par telle renonciation elle en eſt excluſe, nonobſtant la Coûtume de Paris; mais auſſi s'il n'y a expreſſe renonciation elle eſt ſeulement excluſe des biens de Bourbonnois, & revient pour ceux de Paris. Ainſi jugé. Bibliotheque de Bouchel, verbo Renonciation.

97 Déliberé ſur le Regiſtre le 25. Juin 1631. pour ſçavoir ſi dans la Coûtume de Bourbonnois le petit fils iſſu de la fille qui a renoncé aux ſucceſſions directes, eſt excluſe celle de l'ayeule par la petite fille iſſu du mâle encore vivant, & qui a répudié la ſucceſſion échûë de ſa mere. Bardet, to. 1. liv. 4. chap. 34. On diſtingue entre la renonciation & la répudiation; celle-là ſe fait au profit de certaines perſonnes, celle-ci purement & ſimplement. Voyez ibidem, l'Addition aux notes fol. 618.

98 La renonciation d'une fille noble en la Coûtume de Bretagne aux ſucceſſions de ſes pere & mere, en conſequence d'une dot promiſe dont il n'y avoit eu que partie de payée lors du mariage ; après leur mort la fille avoit des Lettres pour être reſtituée le 14. Mars 1675. la cauſe appointée, & le 3. Juillet 1677. Arrêt qui déboute des Lettres de reſtitution. De la Gueſſ. to. 3. li. 12. chap. 17.

99 En la Coûtume de Melun, le frere & la niéce d'un défunt venant à ſa ſucceſſion, le frere qui a beaucoup d'enfans renonce; la niéce vient par répréſentation; les enfans du renonçant prétendent devoir partager avec la niéce, comme étant en pareil dégré. Jugé que la ſucceſſion appartient entierement à la niéce, parce que viventis nulla repraeſentatio. Arrêt du 7. Decembre

Tome III.   A a a

1628. *M. le Prêtre, ès Arrêts de la Cinquième.*

100   La question de sçavoir si dans la Coûtume de *Normandie* la part d'une fille mariée par son pere, & payée de sa dot en argent, doit accroître à ses cœurs qui renoncent & s'arrêtent à leur tiers Coûtumier, ou bien aux creanciers du pere, lors qu'elle renonce audit tiers Coûtumier pour ne pas rapporter le don qui luy a été fait, a été jugée au Parl. de Roüen pour les creanciers du pere, le 29. Avril 1684. *nemine contradicente.* Voyez *le Recüeil des Arrêts du Parlement de Normandie, page 196. & suivantes,*étant ensuite de l'Esprit de la même Coûtume.

101   Les successions des filles qui ont renoncé en faveur des mâles, se partagent également entre les mâles, sans droit d'aînesse,en la Coûtume de *Poitou.* Jugé à Noël 1619. *Montholon, Arrêt 133.*

RENONCIATION, EN FRAUDE DES CREANCIERS.

Voyez le mot Fraude *, nomb. 103. & suiv.*

102   Renonciation à une succession *in fraudem creditorum* n'est valable. Préjugé par Arrêt du Parlement de Bretagne du 20. Mars 1565. *Du Fail, livre 3. chapitre 54.*

103   En ligne collaterale, l'heritier débiteur ne peut renoncer en fraude de ses creanciers, mais les creanciers peuvent se faire subroger au lieu de leur débiteur. Arrêt du 27. Janvier 1596. *M. Loüet, lettre R, somm.* 20. Voyez *Montholon, Arr. 82.*

104   Le débiteur ne peut en fraude de ses creanciers renoncer aux successions à luy échûës, tant en ligne directe que collaterale, & même en est au droit de la legitime dû au pere , contre la disposition de l'ayeul, faite en faveur des petits fils ; autre chose est aux quartes falcidie & trebellianique. *M. Abraham la Peirere, en ses Décisions du Palais., lettre D. nomb.* 28. où il ajoûte, *je crois la décision bonne, & l'ay vû souvent juger, parce que le débiteur est saisi par la Coûtume generale de France.*

105   Un débiteur ne peut répudier une succession à luy échûë au préjudice de ses creanciers, &c. Arrêt à Pâques 1596. *Carondas, livre 9. Réponse 18.* Voyez *Henrys, tome 2. liv. 6. quest 24.* où il est dit que *rebus integris,* & dans les trois ans celuy qui a répudié peut reprendre, & cite la loy derniere. *Cod. de repud. vel abstinendâ hereditate,*qu'il dit avoir lieu en pays Coûtumier. *Voyez M. Loüet, lettre D, somm.* 69.

106   Le pere ne peut renoncer à une succession pour la transmettre à ses enfans au préjudice de ses creanciers. Arrêt du 12. Juillet 1597. *M. le Prêtre, ès Arrêts de la Cinquième;* Idem , du fils débiteur pour sa legitime. Arrêt du 28. Mars 1589. *M. Loüet, lettre R. somm.* 19. Montholon , *Arrêt* 55. rapporte le même Arrêt. *M. le Prêtre, premiere Cent. ch.* 89.

107   Si le débiteur renonce à la succession à lui échûë, le creancier peut demander à être reçû au lieu de son debiteur à se dire & porter heritier. *V. Bouvot, to.* 2. *verbo Succession, quest.* 41.

108   Jugé au Parlement de Toulouse en 1665. que les enfans ne pouvoient au préjudice de leurs creanciers répudier l'heredité venant de leur pere & mere. Voyez *le Recüeil des Arrêts de M. de Catellan, liv.* 2. *chapitre* 69.

109   Le pere peut au préjudice de ses creanciers renoncer à l'usufruit qu'il a sur le legs fait à son fils. Arrêt du Parlement de Toulouse en l'année 1672. *Voyez M. de Catellan, ibidem, chap.* 45.

110   Jugé au Parlement de Toulouse en 1678. que le pere ne peut renoncer au préjudice de ses creanciers à la legitime qu'il a sur les biens de ses enfans, ni à leur succession *ab intestat* ; cependant il peut renoncer à la portion virile qui lui compete par la dot de sa femme, quand elle n'a point été hypotequée nommément. *V. M. de Catellan, ibid.*

RENONCIATION DES FILLES MARIÉES.

111   Voyez *Bouvot, to.* 1. *part.* 3. *lettre* S. *verbo Succes-*

---

sion entre freres & sœurs. Papon , *liv.* 16. *tit.* 4. Peleus, *quest.* 140. Chenu , 1. Centurie , *quest.* 22. Carondas, *liv.* 3. *Rép.* 16. *& liv.* 4. *Rép.* 88. Le Vest, *Arrêt* 146. M. le Prêtre, 1. *Centurie, chap.* 23, *& 4. Cent. ch.* 94. Hevin *sur Frain, page* 875. les Arrêtez faits chez M. le Premier Président de Lamoignon , recüeillis dans le Commentaire de M. *Barthelemy Auzanet sur la Coûtume de Paris*, & Renusson , *traité des Propres, chap.* 2. *sect.* 6.

112   Si des filles peuvent renoncer à la succession de leur mere encore vivante au profit de leur frere commun ? Voyez *le Recüeil des Plaidoyers de M. Galand, Avocat au Parlement de Paris.*

113   *De filiâ quæ renuntiavit futuræ successioni.* Voyez Du Moulin, *Conf.* 55. *to.* 2. *p.* 968.

114   *De filiâ quæ bonis paternis renuntiavit acceptâ dote dato fidejussore , num valeat renuntiatio, si filia sit ensrmiter læsa?* Voyez *Francisci Stephani, decis.* 88. qui dit *pronuntiavit Senatus filiam posse repetere legitima suppletionem.*

115   *Pactum factum inter parentes & filiam,per quod filia bonis paternis & maternis cessit , cum reservatione succedendi cum filiab. masculis vitâ functis : an per tale pactum jus succedendi dictæ filiæ quæsitum sit ?* Voyez *Franc. Marc. to.* 2. *quest.* 610.

116   Si la renonciation de la fille nuit à ses enfans,pour empêcher qu'après le décez d'elle,ils ne viennent à la succession de l'ayeul *Voyez Coquille , tome* 2. *question* 127.

117   Arrêt du Parlement de Toulouse du 4. Mars 1571. qui a déclaré une femme non recevable à demander supplément de legitime ; elle avoit renoncé à tous biens paternels en recevant sa dot, & trente ans après le décez de son pere , quoiqu'elle fût en puissance de mary , ayant été remontré que ce n'étoient biens dotaux , & par consequent que l'action appartenoit à la femme. *La Rocheflavin , livre* 6. *titre* 41. *Arrêt* 12.

118   Les filles qui ont renoncé par leur contrat de mariage à tous biens paternels , maternels & fraternels, *sauf future succession,* ne sont après reçûes à la succession *ab intestat* de leur pere , mais seulement à demander leur supplément de legitime, nonobstant ladite clause *sauf future succession,* & sans avoir égard à leur minorité & à la puissance paternelle par le chapitre *quamvis de pact. in.* 6. Arrêt du premier Juillet 1586. *La Rocheflavin , ibidem, Arrêt* 21.

119   Si la fille qui a renoncé à la succession de sa mere vivante peut luy succeder en vertu du testament, quoique la renonciation fût au profit des freres? Voyez *Bouvot, to.* 1. *part.* 2. *verbo Renonciation à la succession.*

120   Si la fille qui a renoncé,fait part en l'heredité, encore qu'elle ne soit reçûe à la succession? Voyez *Ibidem, tome* 2. *verbo Succession, quest.* 3.

121   Les enfans de la mere qui a renoncé,peuvent après son décez venir à la succession de l'ayeul, parce qu'ils y viennent *ex personâ suâ.* Arrêt du Parlement de Dijon du 7. Juin 1561. *Bouvot, tome* 2. *verbo Legitime , quest.* 24. il rapporte un Arrêt contraire du 13. Février 1618. mais les enfans n'étoient heritiers de leur mere. *Ibid. verbo Legitime succession, quest.* 6.

122   Les enfans d'une fille qui a renoncé à la succession legitime , ne peuvent venir de leur chef à la succession de l'ayeul en répudiant l'hoirie de la mere. Arrêt du Parlement de Paris du 14. Août 1583. Même Arrêt du Parlem. de Dijon le 5. Avril 1569. *Bouvot, tome* 1. *part.* 1. *verbo Renonciation.*

123   Fille qui a renoncé par contrat de mariage à la succession de son pere, ne peut arguer de nullité son testament auquel elle n'est dénommée heritiere. Arrêt du Parlement de Dijon du 26. Juillet 1607. *Ibidem , to.* 2. *verbo Heritier, quest.* 5.

124   La fille qui a renoncé à la succession de ses pere & mere, au profit de ses frere & sœur, n'est par le dé-

cez du frere tacitement rappellée à la succession des pere & mere, pour y partager également avec ses sœurs. Arrêt du Parlem. de Dijon du 2. Août 1619. *Ibid.* verbo *Legitime succession, quest.* 7.

125 Le 27. Juin 1624. il a été jugé au Parlement de Toulouse qu'une fille qui a renoncé, moyennant la constitution qui luy étoit faite par son pere, à tout droit de legitime & de supplément de son pere & de sa mere, sauf future succession, institution, substitution & legs, n'est point privée de la succession de sa mere *ab intestat*, parce qu'elle n'est censée avoir renoncé qu'aux biens du pere. *Cambolas*, *liv. 1. ch. 9.*

126 C'est aujourd'hui une maxime certaine, que les enfans de la fille qui a renoncé, ne peuvent après le décez de leur mere venir aux successions, ausquelles elle a renoncé, soit directes ou collaterales, suivant la Jurisprudence des Arrêts rapportés par *Papon, dans ses Arrêts liv. 16. tit. 4. art. 17.* Robert, *de autor. rer. jud. l. 2. c. 5.* Montholon, *Arr. 11. & 79.* Coquille, *quest. 12.* Chenu, *dans ses quest. q. 26.* Le Brun, *dans son traité des successions, liv. 2. chap. 3. sect. 1. nomb. 30. & suiv.* Ce qui doit s'entendre, quand il y a d'autres enfans, freres ou sœurs de la fille qui a renoncé, ou des enfans des freres & sœurs qui n'ont pas renoncé; car à l'égard des collateraux qui ne descendent pas des pere & mere qui ont stipulé la renonciation, ils n'excluent pas la fille qui a renoncé ni ses enfans, suivant la doctrine de *Coquille* au même endroit, & sur la Coûtume de *Nivernois*, titre des droits appartenans aux gens mariez, art. 24. *V. Henrys, tome 1. liv. 4. quest. 4.*

127 Renonciation de la fille pour une somme payable après le décez du pere, est nulle. *Brod. lit. R. n. 17.*

Arrêt rendu au Parlem. de Bourdeaux le 23. Mars 1671. en la Seconde des Enquêtes, au Rapport de M. Duval, entre Damoiselle Antoinette de Fraisse, & Maître Antoine de Fraisse Avocat en la Cour son frere : jugé que le pere commun des parties ayant fait renoncer sa fille à ses droits paternels, moyennant une constitution de trois mille livres faite de son chef, payable après le décez du pere, la renonciation étoit nulle pour n'avoir rien constitué & jouissance. *La Peirere, lettre R. nomb. 52.*

128 *Henrys, to. 1. li. 4. chap. 6. quest. 61.* établit que la renonciation faite par une fille impubere, quoique par contrat de mariage, & que le mariage ait continué dans la puberté, n'est pas valable : il ajoute que la question est problematique, & qu'elle l'interessoit à cause de la femme. Son sentiment est suivi. *Voyez Masuer, dans sa Pratique, tit. 29. n. 20.* Basmaison, *sur la Coûtume d'Auvergne, tit. des Successions, art. 25.* M. Le Brun, *traité des Successions, liv. 3. ch. 8. sect. 1. nomb. 6.* M. Dolive, *liv. 3. ch. 30. & Mornac l. 3. §. sed utrum ff. de minoribus 25. annis.*

129 Renonciation faite par une fille par son contrat de mariage, devient nulle, si le mariage ne s'accomplit pas. *V. Henrys, tome 1. liv. 4. ch. 6. quest. 62.*

130 La renonciation des filles ne s'étend à l'augment que la mere a gagné, ni aux avantages qu'elle a perdus par ses secondes nôces. *Henrys, ibidem, & to. 2. liv. 4. q. 5.*

131 Si le mariage est dissous par l'impuissance du mary, la renonciation ne sera pas valable, parce qu'elle a été faite en vûë d'un mariage qui est présumé n'avoir point été fait. *V. Henrys, to. 1. liv. 4. ch. 6. quest. 62.* il décide la même chose à l'égard de la profession Religieuse que du mariage, si la fille qui a renoncé dans la vûë de se faire Religieuse, n'execute pas son vœu, ou que son pere décede avant la profession, la renonciation ne sera pas valable.

131 Si le pere qui a stipulé la renonciation meurt avant l'accomplissement du mariage, cette renonciation n'aura point d'effet. *V. Ibidem.* M. *Anne Robert de author. rer. jud. liv. 3. chap. 4.* traite la question fort doctement, M. *Julien Brodeau sur M. Louet lettre R.*

Tome III.

---

chap. 17. n. 11. rapporte plusieurs Arrêts qui l'ont jugé. *Voyez* M. Denis le Brun, dans son traité des Successions, *liv. 3. ch. 8. sect. 1. nomb. 33. & suiv.*

Si la fille qui renonce à la succession des pere & 133 mere, peut aussi bien renoncer à celle des freres, quoiqu'ils ne soient presens ni consentans ? *Voyez Henrys, to. 1. liv. 4. ch. 6. quest. 104.*

Une fille dotée par le pere qui la fait renoncer, 134 l'ayant auparavant instituée heritiere par moitié, parce qu'il n'avoit que deux enfans, son testament n'est censé révoqué à l'égard de cette fille. Sentiment d'*Henrys, tome 1. liv. 4. quest. 6.*

Les filles mariées qui renoncent, sont exclues de 135 succeder *ab intestat. Voyez Ibidem, quest. 7.*

Henrys, to. 2. liv. quest. 21. propose une question 136 particuliere assez intriguée. Un pere ayant quatre filles en marie deux pendant sa vie, & les fait renoncer à sa succession; ensuite il fait son testament, par lequel il institue sa femme son heritiere, à la charge de rendre sa succession à celle de ses quatre filles qu'elle voudra choisir. La mere par le contrat de mariage de l'une des deux filles qui restoient à marier, la nomme heritiere des biens du pere; mais cette fille meurt avant la celebration du mariage, & par son testament elle fait sa sœur aînée son heritiere universelle. Il est question de sçavoir à qui doit appartenir la succession du pere, ou à la fille aînée en vertu du testament de sa sœur que la mere avoit nommée heritiere du pere, ou à toutes les trois filles également, ou à la plus jeune de toutes ? *Henrys* décide en faveur de la plus jeune, parce que les deux autres en sont exclues par leur renonciation, de laquelle elles ne sont pas relevées expressément par le testament du pere; & à l'égard de celle que la mere avoit nommée, la nomination avoit été faite dans la vûë d'un mariage qui n'a pas été accompli, elle ne peut produire aucun effet.

Les renonciations en tous les païs du ressort du 137 Parlement de Paris, faites par contrat de mariage ou quittance de ce qui est promis, sont reçûes & ne peuvent les filles qui ont renoncé demander supplément de legitime, si elles ne sont rappellées par le testament du pere; avec cette distinction, que si les renonciations sont faites aux droits échûs ou aux droits à échoir, au premier cas elles sont nulles. Il faut encore observer, si elles sont faites aux successions échûës & à échoir *unico pretio*, auquel cas la fille est restituable en l'une & en l'autre succession; mais si les sommes sont séparées, la renonciation est nulle pour les droits échûs, & vaut pour les droits à échoir, d'où il est aisé d'induire que si la renonciation est faite pour les droits à échoir, elle est bonne, & ne le peut, quoique mineure, être restituée, si elle ne peut, quoique mineure, être restituée, si les Coûtumes ne sont au contraire; la renonciation se fait par les filles en faveur des mâles, & *non è converso*; le petit-fils ne peut venir à la succession de son ayeul, lorsque sa mere y a renoncé, quoique décedée avant l'ayeul, & que le petit-fils renonce à la succession de sa mere. *Voyez* M. *Louet & son Commentateur lettre R. somm. 17. nomb. 7. & suivans, & lettre R. somm. 18.*

Fille qui moyennant la dot renonce aux biens pa- 138 ternels, succede aux avantages nuptiaux que les secondes nôces ôrent au pere. *V. Guy Pape, quest. 228.* ainsi jugé souvent au P. de Toulouse. *V. Mainard, liv. 4. chap. 22.*

Fille noble renonçant à la succession de pere & de 139 mere non échûë peut être relevée. *Voyez Charondas, livre 2. Réponse 44.*

Fille mariée qui renonce aux successions de pere 140 & de mere, n'est point exclue de la succession de son oncle maternel, la mere de la fille étant décedée avant l'oncle. *Avis de Charondas, livre 3. Réponse 59. Voyez son liv. 7. Rép. 29. & liv. 8. Rép. 64.*

Une fille en se mariant renonce aux biens de ses 141 pere & mere qui la dotent ; si depuis le pere donne

quelque bien à la mere, dont elle perd la proprieté par son second mariage, &c. cette fille n'est point excluse desdits biens donnez par sa renonciation, elle y a sa part avec les autres enfans en vertu de la loy. *Brodeau sur M. Loüet lettre N. somm. 3. nemb. 19.*

142 La fille excluse par renonciation expresse ou par disposition d'un statut de la succession de ses pere & mere, peut succeder à son frere, & par ce moyen recüeillir indirectement la succession du pere qui n'est plus paternelle, mais fraternelle. *Ibidem, lettre S. somm. 20. nombre 7.*

143 La renonciation aux biens paternels n'empeche pas que la fille qui la faite n'ait part aux choses que son pere aura perduës par sa faute, comme entre autres s'il a convolé à secondes nôces; le Parlem. de Grenoble l'a jugé dans cette espece: elle ne s'étend non plus aux biens des freres & des sœurs du renonçant, encore qu'ils soient venus du pere, parce que celuy-cy étant mort, ils ont cessé d'être paternels, tellement que si on n'a point renoncé aux biens fraternels, on y succedera. Le Parlement suit cette opinion, qui souffre moins de difficulté, si au temps que la renonciation a été faite, les freres & les sœurs vivoient, n'y ayant pas alors apparence que l'on ait renoncé à une succession que l'on n'attendoit pas. *Voyez Guy Pape, quest. 192. 228. & 251.*

144 On peut renoncer à une succession collaterale v. g. l'oncle mariant sa niéce à laquelle il donne quelques biens en dot, peut la faire renoncer à sa succession; *per renunciationem excluditur fæmina à successione dotantis in collaterali, Bened. El. Cap. Raynutius, verbo, duas habens filias n. 147. Journal du Palais in 4o. part. 6. page 147.*

145 On a proposé la question de sçavoir si un oncle mariant sa niéce, à laquelle il a donné quelques biens en dot, peut la faire renoncer à la succession? La difficulté s'en est formée à cause de la Loy *Pactum, Cod. de collationibus,* dont voici les termes: *Pactum dotali instrumento comprehensum, ut contenta dote quæ in matrimonium collocabatur, nullum ad bona paterna regressum haberet juris authoritate improbatur, nec intestato succedere filia eâ ratione prohibetur: dotem sani quam accepit, fratribus, qui in potestate manserunt conserre debet.* Voyez le Journal du Palais *in folio to. 2. p. 975.*

146 Contre la Loy *Gallus,* & la doctrine de Bartole sur la Loy *qui superstitis, de acquirend. hæred.* fille mariée, & ayant renoncé, ne peut apres la mort du pere venir à la succession de l'ayeul; comme aussi ne peuvent venir les enfans d'elle, soit par representation ou autrement. *Papon, livre 21. titre 8. nombre 12.*

147 Si la fille mineure roturiere qui a renoncé par contrat de mariage aux successions futures de ses pere & mere, peut être relevée de telle renonciation, au moins si elle peut demander le supplément de sa legitime, tant en païs Coûtumier que de Droit écrit, venant dans les dix ans de sa majorité? *Voyez Filleau, 4. part. quest. 25.*

148 Si la renonciation faite par la fille à la succession de son pere s'étend aux enfans de ladite fille qui est décedée avant son pere, & si lesdits enfans peuvent apres le décez de leur ayeul demander le supplément de la legitime de leur mere, comme y venant de leur chef? *Filleau, ibidem, quest. 26.*

149 Renonciation faite par la fille mariée par pere & mere, en Coûtume où l'on ne peut avantager l'un des enfans. *Voyez M. Loüet lettre R. sommaire 17. & son Commentateur.*

150 La renonciation aux droits paternels & maternels, quelque generale qu'elle puisse être, ne comprend pas les avantages que les peres & meres perdent par leur convolen secondes nôces; c'est l'opinion commune de tous les Aureurs. *Voyez Henrys, to. 1. liv. 4. chap. 6. quest. 63.* Il faut joindre *Papon* dans ses Arrêts. *liv. 16. tit. 4. art. 9. & dans les Notaires, to. 1. liv. 4. p. 302. Fernand. de filiis natis ex matr. ad morg.*

chap. 3. nombre 10. *Brodeau sur M. Loüet lettre N. chap. 3. nomb. 19. Despeisses, to. 2. p. 400. nomb. 75. & Faber, Cod. de sec. nupt. def. 15.*

151 Fille appanée & qui a renoncé à la succession du pere, n'est exclusé de prendre part aux biens que le second mariage fait perdre au pere; car telles quittances s'entendent uniquement de ce que le pere laisse à ses enfans *jure patrio,* & non de ce qui est acquis aux enfans par la faute & contre le gré du pere. Jugé au Parlement de Grenoble en 1459. *Papon, liv. 16. tit. 4. n. 9.* Le même jugé au Parlement de Toulouse. *V. Mainard, liv. 4. de ses quest. ch. 12.*

152 Renonciation faite par fille mariée & appanée à la succession de pere, mere, freres & sœurs, ne s'entend point de la succession des freres vivans, mais seulement des défunts lors de la quittance; car telles renonciations sont odieuses & sujettes à l'interpretation du droit, & notamment si les freres & sœurs n'y ont consenti; autrement il y auroit plus grande apparence d'en frustrer la fille. *Arrêt du Parlement de Grenoble de l'an 1459. Papon, liv. 16. tit. 4. n. 10.*

153 Il n'est pas indispensablement necessaire que la fille qui renonce aux biens de son pere, soit avertie de la Loy de l'Empereur Alexandre Severe; *Pactum dotale, C. de Collat.* qui dit que *Pactum dotali instrumento comprehensum, ut contenta dote quæ in matrimonium collocabatur, nullum ad bona paterna regressum haberet, juris authoritate improbatur,* & qu'elle y renonce, cette précaution est inutile. Arrêt du Parlement de Grenoble de l'an 1461. il s'agissoit d'une renonciation faite avec serment; il suffit de jurer sur le fait present, sans porter sa pensée plus loin. *Voyez Chorier en sa Jurisprudence de Guy Pape, p. 203.*

154 Renonciation faite par une fille du premier lit, dotée par son contrat de mariage, accroît au profit des enfans du premier lit. *Arrêt du Parlement de Bourdeaux du 3. Août 1524. Papon, livre 15. titre 1. nombre 10.*

155 Fille qui a renoncé à la succession future de son pere par jurement solemnel, ne peut plus être relevée sans Lettres du Prince. *Arrêts de 1531. & 2. Juillet 1565. Ibidem.*

156 Un pere apres le contrat de mariage de sa fille, prend d'elle & de son futur mari pendant les fiançailles, une promesse verbale de renoncer à sa succession, legitime & supplément, moyennant la dot constituée, & d'en passer Acte à la premiere requisition. La mere mourut peu de jours apres le mariage; son heritier les fait appeller pour executer la renonciation verbale, & la rediger par écrit. Arrêt du Parlem. de Toulouse du mois de May 1580. qui les déboute, avec dépens. *V. Mainard, liv. 4. chap. 26.* il dit qu'il n'eût rapporté cet Arrêt, comme étant hors de toute difficulté, si *Charondas, en ses Rép. liv. 4. ch. 88,* n'en eût cité un contraire donné à Paris le 6. Mars 1545. dans cette espece la promesse étoit portée par le contrat même.

157 A été jugé entre Nobles, que les Filles Nobles qui ont renoncé à la succession de leurs pere & mere tant échüe qu'à écheoir *dote contenta,* en faveur des mâles, ne peuvent plus venir contre telles renonciations, quoiqu'elles n'ayent eu leur legitime. Jugé pour les Sieurs de Courtalin & des Ursins en 1546. pour la Maison d'Estoges le 26. Juin 1567. pour la Maison de Rambouillet contre le Sieur de Thouars le 29. Mars 1575. *Papon, liv. 16. tit. 4. n. 20.*

158 Une fille dotée & appanagée par le pere, auquel elle a quitté en contrat de mariage, ou apres, n'est recevable à requerir restitution *ex capite læsionis,* pour les biens du pere, duquel il n'est point à presumer qu'il ait voulu tromper sa fille. Ainsi jugé au Parlement de Toulouse le 20. Avril 1545. Autre Arrêt aux Grands-Jours du Puy du 19. Octobre 1548. *Biblioth. de Bouchel, verbo Renonciation.*

159 Un pere avoit un fils aîné & trois filles; il marie

deux de ses filles, & les fit renoncer à sa future succession en faveur de l'aîné. Le pere meurt; le fils aîné transige avec les deux sœurs mariées, & leur baille argent,
par le moyen duquel elles confirment la renonciation
qu'elles avoient faite. La troisième fille demande partage à son aîné, & dit que la succession se doit partag-
ger entr'eux, comme seuls capables de la succession.
Au contraire, le frere aîné disoit qu'il devoit prendre
la part qui luy étoit échûë de son chef, & outre la
part de ses deux sœurs, lesquelles, du consentement
de leur pere, avoient renoncé en sa faveur. Par Arrêt prononcé en Robes rouges le 14. Avril 1554. avant
Pâques, il fut dit que la succession se partageroit entre eux deux, sans avoir égard à la renonciation faite par les deux filles en faveur de leur frere aîné du
consentement de leur pere. Il faut noter que les parties se disoient Nobles. *Bibliotheque de Bouchel*, verbo, *Partage.*

160   La Coûtume de *Montargis* porte, que nul ne peut
avantager aucunement ses heritiers venans à sa succession, l'un plus que l'autre. Le sieur de Villeneuve
avoit un fils & trois filles, il en marie deux, & les fait
renoncer à sa succession au profit des mâles. Après le
décez du pere, la troisième fille qui n'avoit renoncé,
combat les renonciations faites par ses sœurs. Le
procès fut parti en la première Chambre des Enquêtes en 1556. & départi en la seconde, où il fut arrêté
que telles renonciations étoient contre la Coûtume,
& que la sœur auroit part ès biens contenus en la renonciation. *Voyez* le mot *Avantage, n.* 59.

161   Un pere a trois filles ; il en marie deux, & les do-
tant, il les fait renoncer à sa succession en faveur de
son fils. Après le décez du pere, la troisième fille est
mariée à un Gentilhomme; l'aîné prétend trois parts.
Le beau-frere s'y oppose, & dit que par la Coûtume
le pere n'a pû avantager aucun de ses enfans plus
que l'autre ; 2°. que c'est le pere qui a constitué &
payé la dot ; 3°. que quand même le fils aîné auroit
constitué la dot, il n'a pû, *ante hæreditatem delatam
& aditam*, faire propres à luy les portions de ses Coheritiers; au préjudice des autres. Le fils aîné répond,
que depuis le décez du pere, il a obtenu nouvelles
renonciations. Arrêt du Parlement de Paris du 14.
Avril 1556. infirmatif de la Sentence du Châtelet, en
faveur du beaufrere. *Papon, liv.* 16. *tit.* 4. *n.* 16.

162   Un pere institue sa fille & les enfans issus d'elle, ses
heritiers ; il décede ; sa fille recueille ses biens, ensuite elle marie quelqu'une de ses filles, & par le
contrat de mariage la fait renoncer aux droits de sa
succession future; la mere décede, l'enfant qui a renoncé aux successions de pere & mere, ne peut rien
prétendre ès biens de l'ayeul auquel la mere a succedé, le testament ne contenant aucune substitution.
Arrêt du 22. May 1560. *Peleus, qu.* 50.

163   Par Arrêt du 14. May 1562. prononcé en Robes
rouges, il fut jugé que la fille, qui a renoncé à future
succession de pere ou de mere, moyennant une
dot, s'en peut faire relever & que le temps qu'elle
a été mariée, ne court point contre elle, pour la prescription de dix ans, introduite par l'Ordonnance
contre la rescision des contrats; & ce, quoique son
mari fût majeur, lors du contrat de mariage. *Bibliot.
de Bouchel*, verbo *Renonciation.*

164   La renonciation peut être faite par la fille à la succession, sous condition & protestation de rentrer à la
legitime, en cas d'éviction de ce qui a été legué. Arrêt du 10. Juillet 1564. *Papon, liv.* 15. *tit.* 1. *n.* 10.

165   Fille qui, contente de sa dot, a renoncé, n'est recevable à demander la succession de l'ayeul. Il en est
de même des enfans qu'elle a eus, quoiqu'ils ne
soient ses heritiers, & offrent de rapporter pour parvenir à la legitime. Arrêt prononcé en Robes rouges
le 5. Avril 1569. *Le Vest, Arr.* 98.

165   Lucrece est mariée par son pere qui lui donne en
bis. dot la somme de douze mille écus, & la fait renon-

cer à sa succession, ajoûtant le pere qu'il ne veut pas
qu'elle soit moins avantagée que ses autres filles. Les
mâles décedez, le pere marie une cadette, & lui
constitue en dot la somme de vingt mille écus. Après
le décez du pere, par accord avec les heritiers testamentaires, il est donné à ladite cadette la somme
de trente-cinq mille écus. Lucrece demande supplément jusques à ladite somme. Les heritiers soûtiennent qu'elle n'y est pas recevable, & neanmoins luy
offrent supplément jusques à la somme de vingt mille
écus, autant qu'il avoit été donné à sa cadette par
son contrat de mariage. Arrêt du 28. Mars 1605. qui
declare les offres bonnes & valables. *M. le Prêtre*,
1. *Cent. chap.* 23.

166   La fille qui renonce par son contrat de mariage en
faveur de ses freres, sa renonciation l'empêche bien
de prétendre aucune chose en la succession de son pere *ab intestat*, mais elle ne l'exclut pas de la disposition testamentaire, c'est-à-dire de ce que le pere peut
leguer par testament. Le pere la peut rappeller par
son testament, & vaudra son rappel par forme de
legs. Arrêt du 22. May 1574. *Carondas, liv.* 5. *Rép.*
44. Le Vest, *Arrêt* 134. Peleus, *quest.* 69. & M. le
Prêtre, 1. *Cent. chap.* 23.

167   Les filles qui ont renoncé pour dot reçûë, ne peuvent demander la restitution sous prétexte de lézion.
Arrêts en 1560. & 1576. Ce qui s'entend des successions à écheoir. Si la succession est faite à une, succession échûë, & qu'il y ait lézion notable, la fille
sera restituée. Arrêt du 1531. Autre Arrêt en 1576. pour
le sieur de Listenoy, contre l'Evêque de Troyes. *Bibliot. de Bouchel*, verbo Renonciation.

168   Fille mariée renonçant aux biens de son pere, est
exclue de l'heritage donné en emphitéose à son pere.
Arrêt du 18. Avril 1576. Ce qui n'est pas à l'égard de
la femme, ayant renoncé à la communauté, laquelle
n'est exclue du bail emphitéotique fait à son mari &
à elle. *Papon, livre* 16. *tit.* 4. *nombre* 19. & *Le Vest,
Arrêt* 146.

169   Par Arrêt solemnellement prononcé le 22. Decembre 1576. M. le Président de Thou declara que la fille qui renonce aux successions de ses pere & mere
vivans, moyennant certaine somme, suivant la forme
prescrite par le Chapitre *quamvis*, ne peut plus succeder, soit entre nobles, ou roturiers, en Pays Coûtumier ou de Droit écrit, quoiqu'elle eût mineure lé-
zée & n'eût eu sa legitime, à moins que la Coûtume
ne fût contraire. *Papon, li.* 16. *tit.* 4. *n.* 20.

170   Anne Barthon renonce à la succession de son pere
moyennant 100. liv. de dot. Après le décez du pere,
elle prend Lettres. Philippes Barthon lui offre la legitime telle que de droit. Le Sénéchal de la Marche
condamne suivant les offres. N'étant point acceptées,
Philippes prétend devoir être relevée, se fondant sur
l'ignorance d'un droit qui lui étoit acquis. L'intimée
disoit, *in judicio quasi contractum est* par la Coûtume
de la *Marche*, quelque renonciation qu'il y ait, s'il
n'y a point de mâles, la fille peut demander sa legitime ; outre que l'appellante *jurisconsultorum copiam
habuit*, il y a eu depuis la Sentence, compromis sur la
liquidation de la legitime. Arrêt du 11. Décembre
1578. confirmatif de la Sentence. *Bibliot. de Bouchel*,
verbo Renonciation.

171   Quoique la Coûtume d'*Auvergne* soit severe contre les filles qui ont renoncé à la succession de leurs
père & mere, neanmoins par Arrêt du dernier Juin
1581. ou 1582. deux sœurs furent reçûës à la poursuite & supplément de leurs droits successifs & legitimes, quoiqu'elles eussent été mariées par le pere, &
qu'elles eussent reçû legs testamentaire outre la dot.
Papon, liv. 16. *tit.* 4. *n.* 14.

172   Renonciations des filles se font ordinairement en
faveur des aînez; & en ce cas, on a demandé si l'aîné
venant à la succession, & prenant la part de celles
qui ont renoncé, ne doit pas rapporter le prix & les

deniers qu'ont eus les filles , attendu que seul il profite de leur renonciation? Il avoit été jugé que l'aîné en ce cas rapporteroit. Arrêt du 27. May 1583. entre le Sieur du Bellay , & la Dame d'Usez. Toutefois par un Arrêt postérieur, entre le Baron de Montrotier , & Gilles de Châtillon Sieur d'Argençon , en la premiere des Enquêtes , le premier Juin 1607. jugé que le Sieur d'Argençon ne rapporteroit pas les deniers du mariage de ses sœurs, qui avoient renoncé en sa faveur. La raison étoit que le pere demeuroit en Poitou , & que par la Coûtume de *Poitou*, un pere peut donner par préciput ses meubles à l'un de ses enfans. Contre l'Arrêt y ayant eu Requête civile, les parties sur icelle hors de Cour & de procés. *Addit. à la Bibliot. de Bouchel*, verbo *Renonciation*.

173 Les enfans de la fille qui a renoncé , ne peuvent venir à la succession de l'ayeul, encore qu'ils ne soient heritiers de leur mere. Arrêt du 15. Octobre 1590. *Voyez* Montholon , *Arrêt* 79. Carondas, *li.* 5. *chap.* 8. Le Vest , *Arr.* 98. Anne Robert, *rerum judicat. liv.* 2. *ch.* 5. *& Carondas , li.* 7. *Rép.* 106.

174 Si les fils ou filles ont renoncé à la succession de leurs pere & mere , leurs enfans n'y sont pas recevables. Arrêt du Parlement de Toulouse du 15. Decembre 1592. *Mainard , tome* 1. *liv.* 4. *ch.* 23.

175 Les renonciations faites par les filles mariées aux successions de leurs pere & mere , se font ordinairement en faveur des aînez ; mais si elles sont faites entre nobles , sans specifier au profit de qui, les droits qui appartenoient aux renonçans, accroissent à tous ses freres & sœurs, & non à l'aîné seulement. Arrêt du 7. Septembre 1599. *Papon , liv.* 15. *tit.* 1. *n.* 10.

176 Françoise de la Musse mariée, intervint au contrat de mariage de son frere, où elle renonce en la faveur de ce frere aux successions de ses pere & mere, la renonciation déclarée au profit du seul frere, à l'exclusion des autres coheritiers. Jugé le 31. Mars 1607. *M. le Prêtre* , 2. *Cent. ch.* 62.

177 Des renonciations faites par les filles aux successions de leurs pere & mere en faveur des mâles. Jugé par Arrêt du premier Juin 1607. que les biens qui eussent appartenu aux filles , cessant lesdites renonciations, demeurent entierement à l'aîné , la renonciation étant faite en sa faveur , sans qu'au partage d'entre les autres freres & sœurs qui n'ont renoncé , il soit tenu faire aucun rapport, ou précompte des deniers baillez à ses sœurs en mariage. *Voyez Filleau*, 4. *part. quest.* 199.

178 Jugé au Parlement de Grenoble le 26. May 1610. qu'une fille qui avoit renoncé à tous les biens paternels sous cette clause , *sauf loyale échûte* , pouvoit succeder à son pere décedé *ab intestat* , avec les autres enfans de l'un & de l'autre sexe. *Basset , tome* 1. *livre* 5. *titre* 11. *ch.* 2.

179 Il a été jugé au Parlement de Dijon le 9. Janvier 1612. que la fille qui avoit renoncé par un seul contrat , & pour un seul prix , aux successions échûes de sa mere & de son ayeul maternel , comme aussi à celle à écheoir de son pere, devoit être restituée contre les renonciations à toutes les successions à écheoir, à cause de l'individuité du contrat. *Voyez Taisand, sur la Coût. de Bourgogne, tit.* 7. *art.* 21. *Note* 1.

180 Arrêt du Parlement de Dijon du 13. Février 1618. donné contre les enfans de Jeanne Larcher, que ses pere & mere avoient mariée par mariage divis , & qui avoit renoncé à leurs successions ; ensorte que, bien qu'elle fût morte du vivant de ses pere & mere , & qu'elle eût laissé des enfans qui survéquirent leurs ayeul & ayeule, neanmoins ses enfans qui prétendoient leur succeder , en furent déboutez. *Voyez Taisand, ibid. Note* 2.

181 Quand une fille, par son contrat de mariage , a renoncé aux successions de ses freres , sa renonciation ne s'étend pas à celle des enfans des freres , à moins qu'on n'en soit expressément convenu ; parce que dans les choses peu favorables , telles que sont les renonciations à des successions legitimes , il ne se doit point faire d'extension d'une personne à une autre , ni d'un cas à un autre cas. Arrêt du même Parl. de Dijon du 21. Juillet 1622. rapporté par *Taisand* , ibid. *art.* 21. *Note* 10.

181 On demande si la fille, qui a été mariée par mariage divis , succede à ses pere & mere , lorsqu'il ne reste que des filles? Il faut distinguer la renonciation expresse & tacite ; car si elle n'est que tacite , par le moyen du mariage divis , elle peut leur succeder, suivant la disposition de l'article 21. de la Coûtume de Bourgogne, parce qu'il ne dispose qu'en faveur des mâles qui sont dans la condition ; cela veut dire, tandis qu'il y a des mâles , la fille est exclue ; & que quand il n'en reste plus , elle retourne aux successions de ses pere & mere avec ses sœurs qui n'ont pas été mariées par mariages divis : Mais si la renonciation est expresse dans le contrat de mariage, les filles qui restent , & qui n'ont pas renoncé, excluent celle qui a renoncé expressément. Arrêt du Parlement de Dijon en 1625. *Voyez Taisand , sur la Coût. de Bourgogne , tit.* 7. *art.* 21. *Note* 5.

183 Les peres & meres ayant une autorité entiere pour disposer de leurs biens, peuvent dispenser leur fille de l'exclusion contenüe dans l'article 21. de la même Coûtume, lorsque par son contrat de mariage, ils consentent que le droit de pouvoir entrer en partage avec leurs autres enfans luy soit reservé , ou quand ils declarent que la dot qu'ils luy constituent , est en avancement de leurs successions ; autrement , la fille étant mariée de pere & de mere par mariage divis , (ce qui se fait même tacitement, lorsqu'on n'exprime pas que ce qu'ils luy donnent est en avancement de leurs successions,) elle sera exclue de partager avec ses freres & sœurs , quoiqu'elle offre de rapporter ce qui luy aura été donné en mariage ; mais cette reserve est un moyen que la Coûtume donne à la fille , pour n'être pas exclue de prendre sa part, comme les autres enfans de la maison , en remettant neanmoins dans la masse hereditaire , tout ce qu'elle a eu de biens. *Voyez Taisand , sur la Coût. de Bourgogne , titre* 7. *art.* 21. *Note* 11. où il rapporte un Arrêt du 7. Juin 1629.

184 Il est certain que la fille, qui par son contrat de mariage, a renoncé à la succession paternelle ou maternelle à écheoir , moyennant une dot qui luy a été donnée ou promise , le pere ou la mere venant à mourir avant la celebration & consommation du mariage de la fille, une telle renonciation ne peut nuire ni préjudicier à cette fille, car il faut que le pere ait constitué à la fille une dot divise , soit qu'il la luy constitué seul , ou conjointement avec la mere , de sorte que la dot & le mariage sont necessairement & conjointement requis du vivant du pere. Arrêt du Parlement de Dijon du 11. Janvier 1641. *V. Taisand, ibid. Note* 1.

185 Jugé par Arrêt du Parlement de Dijon du 1. Juin 1646. les Chambres consultées , que l'exclusion de la fille, mariée par mariage divis , n'avoit lieu qu'au profit des enfans du même mariage , freres & sœurs germains , & non des consanguins & uterins. *Ibidem, Note* 3.

186 Quoiqu'il ne soit point parlé de mariage divis ni de renonciation dans le contrat , neanmoins la fille mariée de pere & de mere , sans se reserver le droit de retourner à leurs successions , est mariée par mariage divis. Ainsi jugé au Parlement de Dijon le 28. Août 1651. nonobstant l'opinion contraire de quelques-uns, qui prétendoient que dans le contrat de mariage, il falloit faire mention de mariage divis ou de dot divise, & renonciation , pour marquer que les parties avoient entendu ce qu'elles avoient fait. Autre Arrêt du 22. Avril 1660. Même Arrêt du 3. Janvier 1667. *Voyez Taisand*, ibid. *Note* 1.

187 Fille mariée ayant renoncé à tous droits moyennant la somme qui luy avoit été donnée en mariage, la renonciation fut caſſée, & la continuation de communauté jugée à ſon profit. Arrêt du 18. Juin 1611. *Brodeau ſur M. Loüet , lettre C. ſomm 30. nomb.* 19. *circà finem.*

188 De la renonciation en contract de mariage , ſauf loyale écheute. Arrêt du Parlement de Grenoble du 22. Novembre 1624. par lequel les enfans de qui la mere avoit renoncé , ſauf la loyale écheute , ſont admis à la ſucceſſion *ab inteſtat* de leur ayeul, quoique leur mere eût renoncé , & fût morte avant ſon pere. *Voyez Baſſet, to.* 2. *li.* 6. *tit.* 2.

189 La renonciation à tous droits paternels & maternels, legitime & ſupplément d'icelle faite par une fille en ſon contrat de mariage , ne l'exclut de demander ſa part de l'augment gagné par la ſurvivance à ſes pere & mere , parce que ce n'eſt un droit ni paternel, ni maternel , mais un benefice accordé par la loy. Arrêt du 17. Août 1642. *Baſſet, to.* 1. *li.* 4. *tit.* 6.*ch.*8.

190 Fille qui renonce aux droits ſucceſſifs maternels échûs, moyennant une ſomme qui luy eſt promiſe par contract de mariage par ſon pere , a hypoteque par privilege pour le payement ſur les biens maternels , encore qu'elle ne l'ait point ſtipulé juſques à la concurrence de ſa part hereditaire , non ſeulement du jour de ſon contrat de mariage , mais du jour du décez de ſa mere, & eſt preferable aux creanciers intermediaires, entre ledit décez & le contrat contenant la renonciation. Arrêt du 7. Septembre 1626. *Brodeau ſur M. Loüet , lettre H. ſomm.* 21. *nomb.* 8. Voyez *M. Bouguier, lettre H. nomb.* 12.

191 *Henrys, to.* 1.*li.*4.*ch.*6.*q.*106. examine ſi une fille qui a renoncé à la ſucceſſion de ſes pere & mere doit être excluſe de celle de ſes freres, quoiqu'ils n'ayent point été preſens au contrat de mariage , ni conſentans à la renonciation? Il établit deux propoſitions. La premiere, que dans les pays du Droit écrit c'eſt une regle certaine , que la renonciation faite par une fille dans ſon contrat de mariage , ſoit generale & expreſſe pour tous droits de pere & de mere, & encore des freres & ſœurs ; neanmoins elle n'eſt pas excluſe de la ſucceſſion de ſes freres & ſœurs, ſi la renonciation n'a été faite en leur preſence, & de leur conſentement. La ſeconde, que dans les Pays de Coûtume, l'on diſtingue en ce cas entre les propres & les acquêts ; la fille qui a renoncé à toutes ſucceſſions , même aux ſucceſſions fraternelles , eſt excluſe des premieres, & non pas des ſecondes, qui ne font point partie des ſucceſſions des pere & mere. Ces deux maximes ont changé, aujourd'huy dans le païs de Droit écrit du Parlement de Paris une ſemblable renonciation comprend tous les biens délaiſſez par les freres , & ſœurs, quoiqu'ils n'ayent pas été preſens au contrat ; ainſi qu'il a été jugé par Arrêt du 3. Avril 1635. rapporté par le même *Henrys, to.* 1.*liv.* 4. *queſt.* 4.

192 Renonciation , dot. *Voyez Chenu ,* 1. *Cent. qu.* 12.
La renonciation faite par le contrat de mariage à cauſe de la dot promiſe, & payée par les pere & mere eſt valable ; mais ſi la dot promiſe n'eſt payée qu'aprés le décez des pere & mere , elle eſt nulle. Arrêt du 19. Janvier 1639. *Du Frêne, liv.* 3. *chap.* 57. & elle fait part pour regler la legitime. Jugé à la my-Août 1589. *Montholon, Arrêt* 58.

193 Renonciation tant aux ſucceſſions paternelles, maternelles que fraternelles ; ſi la renonçante meurt & laiſſe un enfant , cet enfant ne peut venir à la ſucceſſion de ſon oncle *jure ſuo.* Arrêt du 29. Mars 1650. *Henrys, tome* 2.*liv.* 4. *queſt.* 4.

194 Si la renonciation faite par une fille à toutes ſucceſſions paternelles, maternelles, & fraternelles ne s'étende aux biens qui peuvent échoir à ſes freres autrement que par la ſucceſſion de leur pere. La cauſe appointée au Conſeil par Arrêt du 29. Mars 1650. *V. Soëfve, to.* 1. *Cent.* 3. *chap.* 28.

195 Une fille dotée par ſes pere & mere, & par ſon con-

trat de mariage ayant renoncé aux ſucceſſions futures de ſeſdits pere & mere , & aux fraternelles, eſt excluſe, & ſes enfans de la ſucceſſion des meubles & acquêts d'un de leurs oncles, qui étoit tres-opulente, laquelle fut ajugée au frere du défunt, le 24. Mars 1651. contre les niéces. *Du Frêne , livre* 6. *chap.* 3. Voyez *Henrys', tome* 1. *liv.* 4. *qu.* 4.

196 La derniere Juriſprudence eſt que la renonciation qu'une fille fait aux ſucceſſions futures directes & collaterales eſt bonne & valable en faveur des mâles , & qu'elle eſt excluſe deſdites ſucceſſions pour toutes ſortes de biens indiſtinctement , ſoit que les freres & autres parens, à la ſucceſſion deſquels on a renoncé ayent été preſens au contrat de mariage , ou non, ſoit qu'on demeure au pays de Droit écrit, ou pays Coûtumier. *Renuſſon , traité des Propres , chapitre* 2. *ſection* 6. *nomb.* 23. où il rapporte un Arrêt du 20. Mars 1651.

197 Es Coûtumes d'Amiens & de Peronne , une fille qui en faveur de la renoncé aux ſucceſſions de ſes pere & mere , ne laiſſe de ſucceder à ſes freres puînez , aux portions de fiefs , &c. & ce à l'excluſion de l'aîné. Arrêt du 10. Février 1653. *Du Frêne , liv.* 7. *chap.* 17.

198 Par Arrêt du 5. Decembre 1656. jugé que la renonciation d'une femme par ſon traité de mariage étoit valable , mais que la joüiſſance que les heritiers luy avoient laiſſée , ſans s'arrêter à leur relevement, comme d'une ſurpriſe , & ignorant ne ſe pouvoit faire rapporter. *Berault; à la fin du* 2. *to. de la Coûtume de Normandie ,p.* 97. *ſur l'art.* 359.

199 Jugé au Parlement de Paris le 11. May 1660. que la renonciation faite par une fille aux ſucceſſions & directes collaterales de ſes pere , mere, & freres par ſon contrat de mariage , moyennant la dot à elle conſtituée, & ce au profit de ſes freres , & de leurs deſcendans mâles , ne l'excluoit point de prendre part à la ſucceſſion échûë d'une ſienne niéce fille de l'un de ſes freres décedée en minorité depuis ſon pere , quoique l'on ſoûtint que le bien n'eût point changé de nature, & qu'il devoit être conſideré comme s'il eût été à partager en la ſucceſſion fraternelle. *Soëfve , to.* 2. *Cent.* 2. *chap.* 21.

200 Jugé au même Parlement de Paris le 26. Février 1666. que dans le reſſort du Parlement de Bourdeaux és lieux qui ſe regiſſent par le Droit écrit , comme le Perigord & le Limoſin, la renonciation faite par une fille dans le contrat de mariage à la ſucceſſion de ſes pere & mere, en faveur de ſes freres, moyennant la dot à elle conſtituée , ne l'excluoit point d'agir aprés leur décez pour le ſupplément de ſa legitime. *Ibidem, Cent.* 3. *chap.* 63.

201 Si en la Coûtume de ſaint *Jean d'Angely* les renonciations faites par une fille à la future ſucceſſion de ſes pere & mere ſont valables, moyennant une conſtitution de dot ? Si la minorité eſt un moyen legitime de reſtitution ? ſi une telle renonciation comprend la legitime ou le ſupplément; quand elle n'y eſt pas exprimée en termes formels ? Si les enfans mâles en faveur deſquels cette renonciation eſt faite , étant predecedez ſans mâles , la fille qui a renoncé eſt rappellée à la ſucceſſion à laquelle elle avoit renoncé? Arrêt du Parlement de Provence du dernier Juin 1666. qui a reſtitué la fille ſur le fondement de la minorité & de la lézion. *V. Boniface, to.* 2. *li.* 1. *tit.* 10.

202 La fille inſtituée heritiere par ſon pere, à la charge de ne rien prétendre à la ſucceſſion de ſa mere , ayant accepté , ne peut ſucceder *ab inteſtat* à ſa mere. L'entiere ſucceſſion fut ajugée au frere, par Arrêt du Parlement de Touloſe du premier Decembre 1668. aprés partage. *Arrêts de M. de Catellan , livre* 2. *chapitre* 21.

203 Comme en Normandie les filles ne ſuccedent point, la renonciation aux ſucceſſions de leurs pere & mere lors de leur contrat de mariage eſt inutile ; elles ne

peuvent rien demander que ce qui leur a été promis en mariage, parce qu'ils sont quittes de toutes choses envers elles, quand ils les ont mariées; ce qui a lieu, même quoique le pere & la mere ayent d'autres biens sous des Coûtumes qui appellent les filles aux successions. Arrêt du Parlement de Roüen du 3. Avril 1672. Il n'est donc pas necessaire que la renonciation soit précise, il suffit que la fille ait déclaré être contente de ce qu'elle recevoit. *Basnage, sur l'art. 250. de la Coût. de Normandie.*

204   On ne présume pas que la fille ait renoncé aux droits maternels qui luy sont échûs par cette clause, *moyennant quoy, du consentement de son époux, elle renonce en faveur de son pere, à tous droits paternels, maternels, fraternels, sororiels, & autres quelconques,* ces droits maternels luy étant échûs depuis son mariage; mais il faut que les droits à échoir soient specifiquement compris dans la renonciation, & qu'elle soit expresse. Arrêt du Parlement de Grenoble du 10. Juillet 1675. rapporté par *Chorier, en sa Jurisprudence de Guy Pape, page 202.*

205   En la Coûtume d'Auvergne deux sœurs renoncent par leurs contrats de mariage au profit de leur frere qui a survécu le pere; dans le contrat de la cadette il y a une clause, que si le frere décede sans enfans, le surplus de leurs biens dont ils n'auront disposé, appartiendra à la future, & aux siens; en vertu de cette clause la cadette prétend les biens. Jugé que la clause étoit divisible, & la disposition conditionnelle; l'Arrêt est du 2. Août 1684. *De la Guesseire, to. 4. li. 7. ch. 19.*

206   Fille mineure ne peut renoncer à ses droits acquis, ni à des substitutions & successions qui ne sont pas encore ouvertes. Arrêt du Grand Conseil du 13. Septembre 1692. en faveur de Madame la Duchesse de Richelieu. *Voyez le Journ. du Palais in fol. to. 2. p. 822.*

207   Jean Montrochier & Claude Baillhon marierent Denise Montrochier leur fille, & par son contrat de mariage du 5. Septembre 1647. ils luy constituerent en dot 300. livres & quelques meubles, moyennant quoi ils la firent renoncer *à tous droits paternels & maternels, à leur profit & de leurs enfans nez & à naître, sauf, & à elle reservé la loyale & collaterale échoite.* Après le décez de la renonçante, un de ses freres nommé Georges Montrochier mourut sans enfans; ce qui donna lieu aux enfans de la renonçante de demander part en cette succession. Leurs oncles maternels soûtinrent qu'ils n'y étoient pas recevables, attendu la renonciation de la mere: ce qui forma trois questions. La premiere, Denise Montrochier n'ayant renoncé qu'aux droits paternels & maternels, n'étoit pas censée, sans considerer même la clause de rappel, avoir été suffisamment reservée pour les successions collaterales. La seconde, si cette reserve ainsi conçûë, *sauf & à elle reservée la loyale & collaterale échoite,* n'assuroit pas à Denise Montrochier les successions collaterales à mesure qu'il pouvoit déceder quelqu'un de ses freres & sœurs sans enfans, ou si elle ne l'appelloit qu'après la mort du dernier de ses collateraux. La troisiéme, si l'effet de cette reserve n'étoit pas transmissible aux enfans de Denise de Montrochier, en cas qu'elle décedât avant quelqu'un de ses collateraux. Sur ces contestations le Bailly de Busset avoit débouté les enfans de Denise de Montrochier de leur demande; & ils interjetterent appel au Siege Présidial de Riom, qui par la Sentence du 20. Decembre 1678. infirma celle du Bailly de Busset, faisant droit sur la demande, ordonna que les enfans de Denise Montrochier viendroient à partage des biens en question; c'étoit l'appel qui avoit saisi la Cour, sur lequel la Cour mit l'appellation au néant, avec amende & dépens. L'Arrêt est du 3. May 1692. *V. M. le Brun, traité des Successions, liv. 3. chap. 10. sect. 1. n. 8.*

FORME DE LA RENONCIATION.

208   Pour la validité d'une renonciation faite à une com-

munauté par la veuve, ayant envoyé procuration pour ce faire, il n'est point necessaire que la minute de cette procuration reste au Greffe; & elle ne peut sur ce défaut être réputée commune, si d'ailleurs elle ne s'est immiscée. Jugé en la Grand'. Chambre du Parlement de Paris le 16. Février 1694. *Journal des Aud. to. 5. liv. 10. ch. 5.*

209   La femme doit faire sa renonciation au Greffe, ou par-devant Notaires; mais dans l'un & l'autre cas le Greffier ou le Notaire doivent en retenir minute, suivant l'Arrêt de Reglement du 14. Février 1701. intervenu dans la premiere cause du rolle de Paris, sur l'appel interjetté par Loüise Taine, veuve du Commissaire Gourbi; des Sentences renduës au Châtelet les 17. Avril & 22. May 1700. contre la Demoiselle Gourbi sa fille. Le Lieutenant Civil avoit fait le Reglement pour le Châtelet, & les Justices de son Ressort; mais par l'Arrêt faisant droit sur les conclusions de M. l'Avocat General Joly de Fleury, la Cour les suivit, & prononça : *Enjoins aux Greffiers & Notaires, qui recevront à l'avenir des actes d'acceptations & renonciations à la communauté d'en garder des minutes, sans les laisser aux parties : ordonné que le present Arrêt sera lû & publié dans les Siéges du Ressort; enjoint au Substitut du Procureur General du Roy d'y tenir la main, & d'en certifier la Cour au mois.* V. l'Auteur des notes sur M. Duplessis, traité de la Communauté, li. 2. ch. 5.

RENONCIATION, HYPOTEQUE.

210   Creancier qui renonce à son hypoteque en faveur de l'acquereur. *Voyez le mot Hypotheque, nomb. 222. & suivans.*

211   Un creancier qui renonce à son hypoteque en faveur d'un acquereur, est recevable à revenir indirectement contre cette renonciation, en formant une demande en déclaration d'hypoteque contre le détempteur d'un autre fonds, à la garantie duquel celuy qui a été vendu est affecté & hypoteque. Arrêt du Parlement de Paris du 10. May 1687. *Au 2. to. du Journ. du Palais, in fol. page 662.*

RENONCIATION, LEGITIME.

212   Renonciation à la legitime. *Voyez le mot Legitime, nomb. 235. & suiv.*

213   Par l'usage general de la France, les filles mariées & dotées qui ont renoncé, ne peuvent pas demander le supplément de leur legitime. *Brodeau sur M. Loüet, lettre R. somm. 17. nomb. 7. Voyez M. Expilly, Arrêt 14. & Renusson, traité des Propres, chap. 2. section 6.*

214   Fille mariée par pere & mere ne peut renoncer au préjudice de ses enfans, & les priver de la legitime succession de leur ayeul & ayeule à qui la renonciation est faite, lesquels nonobstant icelle sont recevables à prendre la succession, non du chef de leur mere, mais d'eux-mêmes. Arrêt du Parlement de Grenoble allegué par *Guy Pape, sans date. Papon, li. 16. tit. 4. n. 17.* Il est vrai que cela doit être après la mort de la mere arrivée du vivant de l'ayeul, auquel cas neveux & niéces *ex filiâ* entrent au premier degré & *efficiuntur sui;* ainsi il faut instituer ou exhereder.

215   Simple renonciation à biens paternels & maternels, ne comprend la legitime dont n'est faite mention. Arrêt du Grand Conseil du 11. Octobre 1515. rendu au rapport de M. Boyer, depuis premier Président au Parlement de Bourdeaux, qui admit la fille mariée à demander le supplement de legitime. M. Boyer soûtint comme une maxime certaine qu'un futur époux ne peut promettre de faire faire telle renonciation à la fille lors qu'il l'aura épousée, & que cette promesse ne vaut, si elle n'est ratifiée. Quand même il y auroit serment de faire renoncer; ce serment ne supplée pas la renonciation qui n'est point plée; il ne pourroit que reparer le vice de la renonciation qui auroit été faite. *Papon, li. 16. tit. 4. n. 12.*

216   Quand la Coûtume permet de renoncer, quoiqu'on n'ait point eu de legitime, la renonciation vaut à
l'égard

l'égard des biens qui y font fituez. Arrêt dans la Coûtume de Bourgogne, le 9. Mars 1574. *Ibidem, titre 3. nombre 4.*

217　La fille qui a renoncé moyennant fa dot, fait part pour regler la legitime ; les enfans non juftement exheredez , font auffi part. Arrêt à la my-Août 1589. *Montholon, Arrêt 58.* Voyez *Henrys, tome 2. livre 5. queftion 3.*

RENONCIATION, LEGS.

218　Renonciation au legs. Voyez le mot *Legs*, nombre 592. & fuivans.

219　Une fille qui a renoncé peut avoir les interêts du legs que luy fait le pere , du jour du terme du payement échû, & qui précede fa demande, parce que le legs tient lieu du fupplément ; c'eft pourquoy l'interêt en eft dû. *Henrys, tome 1. liv. 4. ch. 6. q. 63.*

220　Un fils ayant renoncé à la fucceffion de fa mere, eft recevable à demander fa part du legs univerfel porté par le teftament de fadite mere. Arîet du 20.Février 1674. *De la Gueff. tome 3. liv. 8. chap. 3.*

RENONCIATION, LETTRES.

221　*Litteris annalibus vel quinquennalibus an & quando renunciari poffit?* Voyez *Franc. Marc. to.2. queft. 386.*

222　Quoiqu'un debiteur en s'obligeant ait ftipulé qu'il renonce à tous répits , quinquenelles , ceffions de biens , il eft roûjours reçu par le Juge à faire ceffion *etiam*, quoiqu'il ne foit relevé par Lettres Royaux , & difpenfé de fon ferment ; cependant le plus fûr eft d'obtenir Lettres , parce que telle renonciation ne fe peut faire, que comme chofe inhumaine, & contre la liberté de l'homme & l'honnêteté publique. Arrêt donné en pareil cas au Parlement de Grenoble le 22. Novembre 1459. *Papon, liv. 10. tit. 10. n. 3.*

De la renonciation à toutes Lettres d'Etat. *Voyez les Obfervations faites* fous le mot *Lettres*, nombre 40. & fuivans.

RENONCIATION A LA LOY fi unquam.

223　Voyez le mo*t Donation*, nombre 876.

RENONCIATION, LOYALE ÉCHÛTE.

224　La claufe *fauf loyale échûte*, que les filles mariées par pere & mere ou freres ajoûtent à leur renonciation, exclud les heritiers collateraux & tranfverfaux , enforte que s'il ne refte ni freres ni fœurs, ou qu'ils ayent renoncé, elles fuccedent *ab inteftat*. Si cette claufe n'eft point inferée, les collateraux les déboutent. Arrêt du Parlem de Grenoble. *Guy Pape, queft. 192. & Papon, liv. 16. tit. 4. n. 8.*

225　De la renonciation *fauf loyale échûte*. Voyez *Guy Pape, queft. 192* il prétend que telle renonciation ne prive pas de la fucceffion de fon pere celuy qui la faite , s'il meurt fans teftament & fans d'autres enfans , car ils fucçederont à fon excluſion. *Chorier, page 204.* dit que l'opinion de Guy Pape n'eft pas fuivie, & rapporte deux Arrêts contraires du Parlement de Grenoble des mois de Decembre 1536. & 26. May 1610.

226　De la renonciation aux droits paternels, fauf future fucceffion. Jugé au Parlement de Toulouſe les 5. Juin 1662. & 8. Juillet 1663. que par cette refervation la fille qui a renoncé, eft admife à la fucceffion *ab inteftat* avec fes freres. *Voyez les Arrêts de M. de Cattelan, liv. 2. chap. 10.*

RENONCIATION, MINEUR, TUTEUR.

227　Le mineur renonçant à une fucceffion apprehendée par fon tuteur , eft quitte en rendant les actions qu'il a contre fon tuteur, & n'eft tenu de reftituer les deniers reçus par fon tuteur qui les a diffipez. *Voyez la loy finale ff. de adminiftratione & periculo tutorum & curatorum , &c.* Voyez *M. Brodeau fur M. Louet, lettre R. fomm. 54. nomb. 5.* où il dit que la Novelle 97. *ult.* a corrigé la loy du Digefte , mais cette Novelle ne parle que de *collatione dotis aut donatione propter nuptias.*

228　Par Arrêt du Parlement de Roüen du 8. Mars 1594. un mineur fut reçu à renoncer à une fucceffion, qu'il

Tome III.

---

avoit apprehendée , en remettant les chofes en état. *Berault, fur la Coûtume de Normandie, art. 235. in verbo Renoncer* ou *Accepter* , ce qui a été depuis jugé en Août & Decembre 1607.

Par Arrêt du 27. Juillet 1653. il a été jugé qu'un fils 229 mineur ayant pris la fucceffion de fon pere , fauf à renoncer, venant à déceder, l'heritier de ce mineur ne pouvoit s'éjoüir du tiers & renoncer. *Berault, à la fin du 2. tome de la Coûtume de Normandie , page.98. fur l'art. 399.*

RENONCIATION A LA PRESCRIPTION.

Voyez le mot *Prefcription*, nomb. 299.　　230

RENONCIATION, RAPPEL.

Voyez cy-deffus le nombre 166.

231　En Païs coûtumier deux fœurs ayant renoncé par leurs contrats de mariage aux fucceffions futures de leur pere & mere, moyennant tout dot en faveur de leur frere aîné, étant par après inftituées par le teftament de leur pere fes heritieres également avec leurs freres : la Cour réformant cette difpofition , leur ajugea feulement par forme de legs tout ce dont le pere pouvoit difpofer envers les Étrangers , fuivant la Coûtume particuliere des lieux où les biens étoient fituez. Arrêt rendu au Parlement de Paris au mois de May 1574. *M. le Prêtre , premiere Cent. chapitre 23.* Voyez auffi le *chapitre 25. de la même Centurie.*

232　Si le pere donnant par fon teftament quelque fomme par forme de fupplément à la fille qui a renoncé, la rappelle par ce moyen à fa fucceffion ou à la demande du droit de legitime. *Voyez Henrys , tome 1. liv. 4. chap. 3. queft. 11.*

233　Si le pere donnant pouvoir à la mere d'augmenter la conftitution des filles qui ont renoncé, les rappelle par ce moyen, & fi l'augmentation doit être faite à concurrence de la legitime. Jugé que l'augmentation s'en devoit faire jufqu'à concurrence de la legitime , à proportion des biens & facultez de l'hoirie. Arrêt du 14. Juillet 1631. *Henrys , ibidem , queftion 12.*

Voyez le mot *Rappel*.

RENONCIATION, RAPPORT.

234　Jugé par Arrêt du dernier Avril 1605. au Parlement de Paris , *nutis tamen contradicentibus* , que la fille venant à la fucceffion de fes pere & mere , doit rapporter actuellement ce qui lui a été donné en dot & mariage , ou moins prendre; & il ne fuffit de rapporter les actions contre les heritiers & biens tenans de fon mari. *Filleau, 4. part. queft. 162.*

235　On demande fi l'on peut répudier un heritage fans répudier les prélegs, & fi les dots & prélegs doivent être rapportez en l'heritage par les filles coheritieres? Arrêt du Parlement de Provence du mois de May 1671. portant qu'en déclarant n'y avoir lieu de conferer la dot & les prélegs, la tranfaction faite entre les parties, de l'avis de trois Avocats , feroit confirmée. Cette Sentence avoit déclaré l'heritage n'avoir pû être répudié, fans répudier les prélegs. *Boniface, tome 5. liv. 1. tit. 25. ch. 5.*

Voyez le mot *Rapport*.

RESTITUTION CONTRE UNE RENONCIATION.

236　Voyez cy-deffus les nombres 26. 46. & 168.

237　Si la fille, ayant renoncé à la fucceffion de fon pere, fe peut faire relever par Lettres Royaux ; & fi elle peut être reçûe à demander le fupplément de legitime ? Voyez *Bouvot, to. 1. part. 3.* verbo *Teftament, queftion 5.*

238　Si la fille qui a renoncé aux fucceffions de fes pere & mere au profit de fes freres,& s'étant emparée des biens fans faire Inventaire, en peut être relevée ? *Ibidem, tome 2.* verbo *Mariage, queft. 26.*

239　Si la fille à laquelle le pere a conftitué dot , & qui a renoncé, peut être relevée par Lettres, s'il y a lefion en la legitime , & fi elle peut être reçûe au

supplément ? *Voyez Bouvot, tome 2.* verbo *Succession, question 22.*

240 *Filia dotata renuntians successioni paterna, an ob læsionem in integrum restituatur?* Voyez *Andr. Gaill. lib. 2. Observat. 147.*

241 Filles qui ont renoncé en considération de la dot à elles payée, ne peuvent sous prétexte de minorité ou de lésion être restituées. *Voyez Filleau, 4. partie, question 22.*

242 Fille qui renonce a droit de se faire à quatorze ans, par la disposition de la Coûtume, en luy donnant récompense, la prescription des dix ans ne se doit prendre depuis les quatorze ans de la renonciation ; mais depuis les vingt-cinq ans jusqu'à trente-cinq ans, & ainsi la fille à vingt-un an peut se faire restituer. *Bacquet, 2. part. du Droit d'Aubaine, ch. 21.*

243 Fille ne peut être relevée de la renonciation faite par elle en contrat de mariage en païs Coûtumier. 2. Ou du Droit écrit. 3. Par prétexte de minorité. 4. Ou lésion en la legitime. 5. Soit qu'elle ait juré ou non. 6. Et tiendra la renonciation contre ses enfans la representant. *Faber. C. de pact. def. 21.1.2. 6. Loüet & Brod. lit. R. n. 17. 6. id. Fernand. de hæred. ab intestato n. 10. 6. id. Mainard. lib. 4. ch. 23. 6. id. Coquille 3. quæst. 12. 3. id. Ferrer. quæst. 191. 4. id. Bened. verb. duas habens filias n. 17. & seq. sed addit de congruâ dote, 4. cont. Boër. dec. 3. n. 7. nisi expressè renuntiaverit supplemento, vid. l 1 pon. lib. 16. tit. 4. n. 17. 2. 3. 4. id. Charond. resp. lib. 4. n. 58. 6. id. Charond. resp. lib. 5. n. 8. 6. cont. Ferrer. & Ranchin. quæst. 548. 1. 2. 4. id. Argent. art. 215. gl. 4. n. 5. 11. 6. id. Bened. verb. duas habens filias n. 175. 3. id. Mornac ad L. 3. §. Sed utrum ff. de minorib. si sit benè collocata, 4. cont. Mornac ad L. 36. ff. fam. ercisc. 6. cont. Mornac. ibid. 1. 2. 3. 4. id. Charond. resp. lib. 7. n. 28. 1. 3. 4. 6. id. Bacquet, aubaine chap. 21. n. 14. 17. 4. cont. Mainard lib. 4. chap. 19. 6. cont. Mornac. ad L. unic. C. si adversus dot. 4. cont. Faber C. de collat. def. 5. & ibi glo. 4. id. Molin. consil. 55. n. 8. 3. id. Chopin. Paris. lib. 2. tit. 1. n. 23. 6. vid. Chopin. Paris. lib. 3. tit. 5. n. 10. 4. cont. Fachin. lib. 3. chap. 23. 6. Fernand. distinguit ad L. in quartam præfat. 2. art. 1. n. 2. 6. id. Peleus lib. 4. chap. 57. 6. cont. Faber. C. de pact. def. 1. 2. 4. cont. Graffus §. Hereditas quæst. 12. n. 11. & §. Legitima quæst. 4. 6. id. Graff. §. Successio quæst. 3. n. 3.*

Maître Abraham la Peirere, *en ses decisions du Palais lettre R. nombre 46.* joint à toutes ces citations les Observations & Arrêts qui suivent, *Quand je vins au Palais on relevoit dans ce Parlement, la fille qui souffroit sa legitime, notamment si elle étoit mineure : mais la jurisprudence a depuis changé, & suivons à present la decision, mêmes à l'égard des petits-fils, venans de la mere, qui a renoncé & qui a décedé avant ses pere & mere, soit qu'ils soient heritiers ou non de leur mere. La faveur des renonciations des filles pour conserver les biens de famille a fait suivre cette jurisprudence contre les veritables regles du Droit. 5. Nôtre Coûtume requiert serment dans la Coûtume, soit exprés ou general.*

Arrêt rendu au Parlement de Bourdeaux au Rapport de Monsieur le Blanc, après partage fait en la Premiere & Seconde des Enquêtes, vuidé en la Grand'-Chambre. Un pere & une mere constituant dot à leur fille, la font renoncer. La fille meurt laissant à elle survivans des enfans, & ses pere & mere, lesquels faisant Testament, la mere mourant la premiere, laisse à ses petits enfans la somme de dix livres, & le pere mourant ensuite, laisse aussi à ses petits enfans la somme de quinze livres, en ce compris la somme de dix livres leguée par sa femme. Les petits enfans demandent à leur oncle heritier institué un supplément de legitime, dont ils font déboutez : & la Cour jugea trois choses; la premiere, que la renonciation comprenoit le supplément de legitime, quoique non exprimé ; la seconde, que la renonciation lioit les enfans aussi-bien que la mere ; la troi-

fiéme, que les enfans étoient rappellez, *in tantum & non in totum.*

Renonciation à une succession future faite au profit de ceux *qui dotaverunt renuntiantem*, est moins sujette à la restitution que celle faite aux successions échûës où il y a lésion. Arrêt notable du Parlement de Paris de l'an 1531. Autre Arrêt du 21. Decembre 1576. La femme qui a renoncé n'est recevable à se pourvoir, sous ombre qu'elle étoit en puissance de mari, car elle a dû protester ou se faire autoriser. Arrêt du 16. Juin 1567. contre une femme qui alleguoit qu'elle étoit hors du Royaume. *Papon, liv. 16. titre 3. nombre 4.*

245 Fille mariée par pere ou mere, ou l'un d'eux ayant renoncé à leurs successions, ne peut revenir contre la quittance, quoique passée en minorité. Jugé par plusieurs Arrêts. *Robert, au 2. liv. des choses jugées, ch. 4.* en rapporte un du 22. Decembre 1576. s'il se trouve beaucoup d'enfans morts depuis la renonciation, on y a égard, & à cause de l'extrême lésion, la restitution est accordée. Arrêt du Parlement de Paris du 21. Février 1545. *Ibidem, tit. 4. nomb. 13.*

246 Une fille qui a renoncé étant dotée par contrat de mariage, de l'autorité de son futur mari, à la succession future de son pere & de ses freres consanguins du second lit, moyennant certaine somme, ne peut dix ans après sa majorité être relevée d'une pareille renonciation, quoique lezée de plus d'outre moitié de juste prix, où plusieurs Ordonnances sont expliquées. Jugé le 26. Juin 1567. *Chenu, premiere Cent. question 22.*

247 Jugé par Arrêt solemnel à Noël 1570. qu'une femme n'est recevable après les trente-cinq ans à se faire relever d'une renonciation par elle faite à une succession à elle échûë, sous prétexte de la crainte maritale par elle alleguée. *Bibliotheque de Bouchel, verbo Renonciation.*

248 Fille mineure mariée & dotée par son frere aîné & son tuteur, & moyennant ce, renonce de l'autorité de son futur mary aux successions de ses pere & mere échûës, & quitte sondit frere de la reddition de compte & fruits de leurs droits, ayant été empêchée par son mary obligé à l'entretenement desdites renonciation & quittance de pouvoir pendant son mariage se faire restituer, ses enfans & heritiers ne sont recevables à être restituez desdites renonciation & quittance, y venans dans les trente-cinq ans de leur âge, & dix ans après le decez de leur mere. Arrêt du 29. Mars 1575. *Chenu, 1. Cent. q. 24.*

249 En 1576. Arrêt en Robes rouges à Noël, par lequel il fut jugé qu'on ne peut être restitué contre la renonciation faite en faveur de mariage faite en majorité & legitime, non pas même afin d'avoir supplément de legitime. Et après la prononciation de l'Arrêt, M. le Premier Président avertit les Avocats que l'Arrêt avoit été résolu, toutes les Chambres assemblées, afin que l'on n'en fît plus de doute : c'étoit en un nommé Gaspard Gascon, & s'appelle l'Arrêt des Alexis, jugé aussi pour les Tripotiers de Poitiers. *Bibliotheque de Bouchel, verbo Renonciation, & Charondas, liv. 4. Rép. 98.*

250 Une Roturiere épouse un Gentilhomme; de ce mariage naît un fils, le pere décede ; les parens tuteurs de l'enfant conviennent avec elle de quelques rentes & quelques meubles, moyennant quoy elle renonce à tous les droits en faveur de son fils ; elle se remarie, obtient Lettres pour être restituée, &c. Jugé en faveur du fils en l'an 1578. *Charondas, li. 5. Rép. 35.*

251 Quand une marie sa fille mineure, & qu'il la fair renoncer à la succession échûë de sa mere, elle est restituable, s'il ne lui donne autant en faveur de mariage que la succession maternelle peut valoir. Il en est autrement de la renonciation à la future succession du pere, la dot tenant lieu de legitime, la fille n'est pas restituable. Arrêts du Parlement de Dijon

en Juin 1584. & le 16. Février 1615. *Taiſand, ſur la Coût. de Bourgogne, tit. 7. art. 21. n. 6.*

252   Fille mariée à l'âge de douze ou treize ans, & qui renonce aux ſucceſſions de pere & de mere, à la legitime & ſupplément, moyennant une ſomme de deniers pour ſa dot, n'eſt pas reſtituable. Arrêt du 7. Juin 1586. *Le Veſt, Arrêt 181.* touchant la fille qui renonce avant l'âge de douze ans accomplis. *Voyez Henrys, to. 1. liv. 4. ch. 6. queſt. 60. & M. Bouguier lettre M. nombre 2.*

253   Une fille renonce à la ſucceſſion de ſes pere & mere. Son pere luy donne par teſtament une ſomme, à la charge qu'elle ne pourra demander aucun bien paternel ni maternel ; elle l'accepte ; ſes enfans aprés ſon décez demandent la reſtitution contre la quittance. Arrêt du Parlement de Dijon du 18. Mars 1594. qui les juge mal fondez. *Bouvot, tome 2. verbo Legitime, queſt. 22.*

254   Arrêt du 16. Juillet 1595. qui déboute un fils des Lettres de reſciſion priſes contre la renonciation à la ſucceſſion de ſa mere. *Bibliotheque de Bouchel, verbo Renonciation.*

255   Si la fille mineure qui a renoncé à la ſucceſſion échûë de ſon pere ou de ſa mere peut être relevée ? *Voyez Bouvot, tome 1. part. 2. verbo Renonciation à la ſucceſſion.*

256   La fille mariée eſt reſtituable contre les renonciations aux ſucceſſions échûës du pere ou de la mere, la reſtitution contre les ſucceſſions à écheoir eſt refuſée. Arrêts du Parlement de Dijon des 9. Janvier 1612. & 15. Février 1624. *Taiſand, ſur la Coûtume de Bourgogne, titre 7. art. 21, note 7. & Bouvot, tome 2. verbo Legitime, queſt. 17.*

257   La fille ayant renoncé par ſon contrat de mariage du conſentement de ſon futur époux, aux ſucceſſions de ſes pere, mere, freres, peut prétendre, par Lettres de reſtitution, ou autrement, part à la ſucceſſion de l'un de ſes freres décedez *ab inteſtat.* Arrêt de Dijon du 16. Février 1615. *Ibidem, verbo Legitime ſucceſſion, queſt. 2.*

258   Les majeurs ayant répudié une ſucceſſion de leur pere, mere, ayeul ou ayeule, en peuvent être reſtituez dans le temps de trois ans, introduits par les Conſtitutions des Empereurs in *L. ult. Cod. de repud. hered.* Arrêt du 11. Decembre 1612. De même les collateraux peuvent être reſtituez de la renonciation d'une collaterale, *ex L. nonnunquam. ff. de collat.* dans le temps introduit par le droit commun. *Tronçon, article 510.*

259   *Frater repudiatione hereditatis factâ, & in favorem fratris reſtitutus.* Ainſi jugé par Arrêt du 20. Mars 1648. *Berault, à la fin du 2. tome de la Coûtume de Normandie, p. 67.*

260   Par Arrêt du 3. Mars 1657. jugé qu'une femme qui n'avoit renoncé, mais avoit plaidé ſur la demande de la moitié des meubles, laquelle neanmoins avoit été réduite au tiers, ne pouvoit s'en faire relever pour être reçûë à renoncer aprés le temps de la Coûtume. *Berault, ibidem, p. 58. ſur l'article 394.*

261   Majeur eſt reſtituable dans les trois ans contre la renonciation par luy faite en majorité à une ſucceſſion directe échûë, les choſes étant entieres. Arrêt du Parlement de Paris du 4. Decembre 1628. *Bardet, tome 1. liv. 3. chap. 15,* où pluſieurs autres Arrêts ſont rapportez.

262   Les filles ſont facilement reſtituées, *ex cauſâ leſionis & metus reverentialis,* & la fille qui a renoncé eſt reçûë par Lettres Royaux à demander les droits ſucceſſifs qui lui étoient échus dans les biens de ſa mere, auſquels elle a renoncé. Arrêt du Parl. de Grenoble du 17. May 1631. & quant à la ſucceſſion *ab inteſtat,* elle y aura part avec ſes freres & ſœurs. Arrêts des 26. Mars 1610. & 15. May 1621. quoiqu'il n'y eût aucune réſerve de loyale échûte. *Voyez Chorier en ſa Juriſprudence de Guy Pape, p. 202.*

Tome III.

Nonobſtant la renonciation faite par le tuteur, le mineur aprés ſa majorité eſt reſtituable par la ſeule raiſon de ſa minorité, ſans avoir beſoin de juſtifier de leſion ; mais en ce cas il doit prendre la ſucceſſion en l'état qu'il la trouve, & en indemniſer celuy qui la recüeillie. Arrêt du Parlement de Roüen du 12. Avril 1633. *Baſnage ſur l'article 235. de la Coûtume de Normandie.*   **263**

Une fille qui a renoncé à la ſucceſſion de ſon pere au profit de ſes freres uterins eſt reſtituable. Arrêt du Parlement de Dijon du 14. Decembre 1655. fondé ſur ce que les renonciations ne ſont admiſes qu'au profit des freres pour la conſervation des familles, & non en faveur des Etrangers, telle que ſont les freres uterins à l'égard de leur beaupere. *Taiſand, ſur la Coût. de Bourgogne, tit. 7. art. 21. n. 3.*   **264**

Au Parlement de Bourdeaux une fille mineure qui avoit renoncé par contrat de mariage aux ſucceſſions échûës & à écheoir, & à tout droit de legitime & ſupplément d'icelle, a été miſe en l'état qu'elle étoit avant les renonciations portées par ſon contrat de mariage. Arrêt du 3. May 1664. *De la Gueſſiere, to. 2. liv. 6. chap. 30.*   **265**

Les femmes mineures peuvent être reſtituées par le défaut de renonciation dans les quarante jours. Arrêt du Parlement de Roüen de l'année 1671. rapporté par *Baſnage ſur l'article 394. de la Coûtume de Normandie.*   **266**

RENONCIATION, SENTENCE.

On peut changer de volonté, & renoncer à l'effet d'une Sentence donnée contradictoirement à ſon profit, bien que les choſes ne ſoient plus entieres. Arrêt du 29. Avril 1600. *M. Loüet & ſon Commentateur lettre C. ſomm. 37.* Voyez *M. Bouguier lettre R. nomb. 4.* où l'Arrêt eſt daté du 29. Avril, & non pas du 29. *Charondas, li. 6. Rép. 8.* rapporte un Arrêt contraire, qu'il date du 11. Juin 1550. mais *M. Bouguier* dit que l'Arrêt rapporté par *Charondas,* ne ſe trouve point dans les Regiſtres.   **267**

RENONCIATION, SUBSTITUTION.

Quand pluſieurs coheritiers ſont inſtituez & ſubſtituez réciproquement *per fideicommiſſum,* ils peuvent renoncer ; mais il faut que les renonciations ſoient expreſſes : elles ne peuvent être induites d'un partage fait entre eux, avec promeſſe de garentie, quoique la teneur des ſubſtitutions y ſoit rapportée. *V. Mainard, liv. 5. ch. 96.*   **268**

Jugé au Parlement de Toulouſe le 17. Juin 1646. qu'on pouvoit renoncer à une ſubſtitution dont le cas n'étoit point encore arrivé, quoique la renonciation ne fût pas tout-à-fait expreſſe, & qu'elle fût en termes vagues. *Albert lettre F. verbo Freres, art. 2.*   **269**

Arrêt du Parlement de Toulouſe du 15. Mars 1655. qui juge qu'une renonciation à l'eſperance d'une ſubſtitution, ſi la renonciation n'eſt pas expreſſe, & s'il ne paroît pas qu'en ce faiſant on ait eu connoiſſance du teſtament contenant la ſubſtitution, non ſeulement ne nuit point, mais même n'empêche pas qu'on ne ſe puiſſe pourvoir aprés les dix ans contre l'Acte de renonciation. *La Rocheflavin, livre 2. lettre L. tit. 4. Arrêt 4.*   **270**

RENONCIATION, VELLEIEN.

Renonciation au Velleien ſans expreſſe declaration ſuffit. Arrêt du Parlement de Paris du 19. Février 1544. Le contraire s'obſerve aujourd'huy ; il eſt neceſſaire que la femme ſoit avertie de l'effet du Velleien & de l'Authentique, que la minute contienne declaration des termes, autrement s'il n'y avoit qu'un *& cætera* de Notaire en la minute, encore que la groſſe fût étendüe au long, l'obligation ſeroit nulle à l'égard de la femme, ſauf contre le Notaire les dommages & interêts du créancier. *Papon, liv. 12. tit. 5. n. 1.*   **271**

Voyez *cy-aprés* le mot *Velleien.*

RENTES.

Exemplum sacræ Pragmaticæ formæ, de usuris. N. 160. Des rentes annuelles des Villes & Communautez.

De his qui denuntiant ne civiles annona, vel pensiones solvantur. N. 88. c. 2. Saisie des rentes ou revenus, entre les mains des Fermiers, Locataires, & Debiteurs.

Ne prælati vices suas vel Ecclesias sub annuo censu concedant. Extr. 5. 4.

1 *Voyez, hoc verbo* Rentes, *la Bibliotheque du Droit François, par* Bouchel, *celle de* Jovet, *ou le Glossaire du Droit François, & l'Indice des Droits Royaux & Seigneuriaux, par* Ragueau, *derniere Edition.*

Voyez les Commentateurs de la Coûtume de Paris, art. 94. & M. le Brun, en son Traité de la Communauté, liv. 1. ch. 5. sect. 1. dist. 4.

Des rentes & hypoteques. C'est le septieme Titre de la Coûtume de Nivernois. Vide Coquille, tome 2. page 119.

2 *Quædam notatu digna de reditibus annuis, redimibiles sint, an irredimibiles ?* Voyez Stockmans, Decis. 71.

3 *Constitutiones Imperatoris Caroli V. super emptionibus redituum, an ad casus præteritos extendantur ?* Voyez Andr. Gaill. lib. 2. Observat. 9.

4 *Annui reditus an inter immobilia computentur ?* Ibid. Observat. 10.

Pecunia ad emptionem prædiorum destinata, item actiones vel nomina debitorum, an censeatur res immobilis ? Ibid. Observat. 11.

5 *Usura prius intelliguntur soluta quam sors.* Mornac, L. 21. Cod. de usuris.

6 Si lorsqu'une constitution de rente créée pour payement du prix d'un immeuble, commence par le terme de vente, & qu'il y a un prix reglé, c'est une pure constitution de rente, ou si c'est une simple baillée à rente ? Cette question est traitée au Journ. du Palais, tome 2. page 681.

7 Si la rente ancienne ou nouvelle que le vendeur impose sur le fond qu'il vend, est censée fonciere ou constituée à prix d'argent, & de quelle nature est celle qui, après la réünion du fief, est vendue, en retenant le fond ? *Voyez M. Dolive, livre 2. chapitres 20. & 21.*

8 Rente acquise par un tiers détempteur sur des heritages qu'il est contraint de vuider, il est tenu de la laisser, en luy rendant ce qu'il en a déboursé. *Voyez M. Louet, lettre R. som. 14. & M. le Prêtre, 1. Cent. chapitre 93.*

9 Il ne suffit pas de proposer par sa Requête, pour se faire ajuger un cens, une rente, une redevance annuelle, qu'elle a été payée durant 40. ans ; il faut justifier en vertu de quel titre ce payement a été fait, autrement le défendeur doit être absous. Arrêt sans date rapporté par *Guy Pape, en sa question 408.*

10 Heritiers de l'enfant du côté maternel, ne sont tenus des rentes & hypoteques constituées par le pere. *Voyez Carondas, liv. 9. Rép. 65*

11 Si une constitution de rente en Bourgogne, étant à prix d'argent, peut être saisie comme meuble, & quand il est question d'une constitution de rente, si elle est meuble ou immeuble, s'il faut avoir égard au lieu où les rentes sont dûes? *V. Bouvot, tome 2. verbo Rentes à prix d'argent, qu. 2.*

12 Par Arrêt du Parlement de Toulouse du 5. Avril 1546. les rentes volantes furent taxées à raison de 60. livres le carton. *La Rocheflavin, liv. 5. lettre V. titre 5. Arr. 1.*

13 Arrêt du 8. ou 9. May 1558. par lequel un contract d'achat de rente fait par un majeur, avec paction, que dans cinq ans le vendeur seroit tenu de rendre à l'acheteur le prix & sort principal, ou bien un heritage de pareil revenu que la rente, a été declaré

valable ; mais l'acheteur declara ne se vouloir servir de la clause, & elle fut anéantie. *Papon, liv. 2. titre 7. nomb. 31.*

Successeur, comprend ayant cause, & s'étend ad extraneum successorem. Le debiteur d'une rente prétendoit qu'ayant passé hors la famille du Creancier, elle n'étoit plus dûe. Arrêt du Parlement de Paris du 28. May 1574. contre M. le Cardinal de Crequy, pour l'acquereur d'une rente constituée, où il y avoit, pour luy, ses heritiers & successeurs. *Papon, liv. 17. titre 3. nomb. 5.*

Vente d'une rente que le vendeur ne peut fournir, réduite à somme certaine. Arrêt du Parlement de Grenoble du dernier Juillet 1578. *Besset, to. 1. livre 4. titre 12. ch. 3.*

Heritage baillé à rente fonciere moyennant une quantité de froment, avec cette convention, qu'il ne pourroit aliener cette rente ou pension, sans le consentement du preneur & de ses heritiers, pour avoir à leur choix la préference, le bailleur à leur insçû la vend à Mœvius : *Senatus pro hæredibus accipientis pronunciavit justique ut refuso & soluto 500. nummorum pretio reditus ille annuus, seu annuus illa frumenti pensio, ex lege conventionis accipientis commodo cedat.* Arrêt du 17. Avril 1586. *Anne Robert, rerum judicat. liv. 3. chap. 3.*

17 Rente en deniers, créée pour demeurer quitte d'un reliqua de compte de tutelle, est aussi bonne que si elle étoit créée de liquide. Cette rente prend hypoteque, non seulement du temps du contrat de creation, ou de l'action formée en reddition de compte, mais du jour de l'acceptation de la même tutelle. Arrêt du Parlement de Roüen du 18. Août 1603. contre Messire Jean Morel, Chevalier, Sieur des Reaux, & consorts, opposans au profit de Chrystophe le Morel, curateur aux biens vacans de Marie de Collan. *Bibliot. de Bouchel, verbo Reliqua.*

18 La rente d'un moulin ou d'une maison est dûe, quoiqu'il ne reste que le sol. Arrêt du Parlement de Toulouse du 9. Août 1633. *Cambolas, liv. 6. chapitre 46.*

19 Si le pere promettoit d'abord une somme, & qu'il la constituât en rente, l'interêt n'en pourroit être promis ou stipulé plus haut qu'au taux du Roy ; & cela fut jugé de la sorte le 3. Avril 1653. au Parlement de Roüen. *V. Basnage, sur la Coûtume de Normandie, art. 524.* Il ajoûte, & par forme de Reglement, défenses furent faites de constituer aucunes rentes, même dotales, qu'au prix de l'Ordonnance. Nonobstant ce Reglement, il fut jugé le 30. Août 1663. qu'il étoit permis de donner pour le mariage d'une fille, & de s'obliger à une rente rachetable au denier 10. quoique cette rente eût passé en un main étangere, & qu'elle ne tînt plus lieu de dot à la fille, que les arrerages devoient être payez sur le même prix. *Basnage, sur la Coûtume de Normandie, article 524.*

10 Rentes au denier vingt, le 22. Decembre 1665. *De la Guess. tome 2. livre 7. chap. 36.*

RENTES, ARRERAGES.

21 Des constitutions de rente à prix d'argent, & qu'on ne les pourra demander que depuis cinq ans. Tome 1. livre 4. titre 22. p. 770.

22 L'heritier beneficiaire ne peut être condamné personnellement pour les arrerages de rentes. *Voyez le mot Heritiers, n. 92. & suiv.*

13 Si l'on peut pour arrerages saisir un sort principal, & en avoir main-levée, pour en tirer les arrerages du debiteur ? *V. Bouvot, tome 2. verbo Usures, qu. 8.*

14 Par la vente d'une maison, si on convient que jusqu'au payement l'acheteur payera au denier douze les interêts, l'on ne peut exiger le sort principal en payant par le debiteur les arrerages. Arrêt du Parlement de Dijon du 2. Août 1594. *Ibid. verbo Rentes, question 5.*

25 Lorsqu'un Emphytéote justifie des quittances de trois années de suite, les precedentes ne peuvent luy être demandées, elles sont présumées payées. Jugé au Parlement de Toulouse, le 22. Janvier 1597. *Cambolas, livre 2. chap. 26.*

26 Une maison est venduë, partie du prix payée comptant ; pour le restant, rente constituée au denier douze jusqu'à parfait payement ; dix années se passent ; le creancier poursuit. Le debiteur répond qu'il s'agit d'une rente constituée, dont cinq années peuvent seulement être exigées. L'autre replique qu'il n'y a point eu d'argent pour créer la rente ; que c'est un interét du prix, au lieu des fruits de la chose venduë. Arrêt du 19. Décembre 1600. confirmatif de la Sentence du Châtelet, qui condamne à payer tous les arrerages. *Bibliotheque de Bouchel,* verbo *Rentes,* où il est observé que deux ans auparavant il y avoit eu même Arrêt.

27 Par Arrêt du Parlement de Roüen du 9. Juin 1606. rapporté par *Berault, sur la Coûtume de Normandie, art. 525.* il a été jugé que d'une rente constituée par le mari, pour raison de la dot de sa femme qu'il avoit receuë, il n'en pourroit être demandé plus de cinq années, comme de rente réputée hypoteque. Le même a été jugé par Arrêt du 22. Décembre 1612. & par un autre du 25. Février 1614.

28 L'acheteur de la rente fait assigner le debiteur en payement du capital, faute d'avoir acquitté les arrerages pendant plusieurs années. On a demandé si le vendeur pouvoit purger la demeure, en offrant à deniers comptans la rente & les arrerages ; il y eut partage, & pour l'éviter la cause fut appointée. Arrêt du 4 Juin 1669. au Parlement de Toulouse, qui condamne le debiteur au remboursement, sans avoir égard à la consignation. Les quatre ans passez, une condamnation par défaut attenduë & soufferte, circonstances qui donnoient au debiteur un air de chicanne & de mauvaise volonté, eurent quelque part à la décision. Arrêt contraire en 1672. en faveur du Chapitre S. Etienne, debiteur d'une rente ; mais il avoit chargé le Syndic de la payer, & le creancier ne s'étoit point adressé à ce Syndic. Il y a eu depuis un autre Arrêt, qui en condamnant au rachat, ajoute, *sauf si dans le mois ;* cet Arrêt est suivi. Voyez les *Arrêts de M. de Catellan, liv. 5. chap. 20.*

29 Jugé au Parlement de Tournay le trente-unième Janvier 1698. qu'on peut stipuler que les arrerages d'une rente se payeront au denier vingt-cinq à leurs échéances, & faute de ce, dans lesdits termes des échéances, qu'ils se payeront au denier vingt, pourvû que ce ne soit point par le fait du creancier, comme s'il y a des saisies, autrement il ne devroit payer qu'à raison du denier vingt-cinq. *Voyez Pinault, tome 2. Arr. 201.*

Voyez le mot *Arrerages.*

RENTE, ASSIETTE.

30 *Voyez* le mot *Assiette.*

Pierre Vincent, & Charlotte Gesbin, mariez, & ne pouvant payer 500. liv. vendent à leurs crediteurs 25. livres sur leurs heritages, à condition de racquit d'un an, avec promesse d'assiette. Le temps passé, Perrine heritiere de Pierre, est appellée par les heritiers du crediteur au payement des arrerages échûs, & à faire l'assiette ; elle intime Gesbin, afin de la liberer pour la moitié. Gesbin dit que la rente est immeuble, & qu'elle n'en doit rien, qu'elle si elle en avoit fait assiette, elle qui est heritiere de son mari, seroit tenuë par la Coûtume à la recompenser. Perrine dit que Gesbin a pris la moitié des immeubles & acquêts de la communauté du mariage, à la charge de payer une moitié des rentes. Les Juges condamnent Gesbin à liberer Perrine d'une moitié de la rente en principal & accessoire. Par Arrêt du Parlement de Bretagne du 11. Mars 1566. la Cour met l'appellation & ce dont a été appellé au néant, corri-

geant le Jugement, ordonne que Gesbin remboursera la moitié de la somme pour laquelle la rente est constituée, si mieux n'aime faire l'assiette de la moitié de la rente ; & en tous cas, sera tenuë de payer la moitié des arrerages échûs durant la communauté. *Du Fail, liv. 1. ch. 211.*

31 La Dame de Grand-Ville dit qu'en 1509. il y a eu Transaction, par laquelle l'ayeul du sieur du Rochay mineur, a promis faire assiette de 20. livres de rente en fond & fief noble, s'il ne franchissoit dans certain temps pour 400. liv. Comme il n'avoit point franchi, elle concluoit à l'assiette des 20. livres de rente, & outre à 100. sols de rente pour 100. livres d'arrerages, laquelle a été aussi promise, & au payement des arrerages des 20. livres de rente, depuis les cinq dernieres années. Le mineur prit Lettres pour faire declarer, ou le contrat usuraire, ou la rente perpetuellement rachetable. La Dame de Grand-Ville dit qu'un debiteur peut payer en meuble ou par heritage ; 2°. que la rente de 20. livres, par rapport à son ancienne creation, est estimée fonciere. Arrêt du Parlement de Bretagne du 18. Août 1572. *Du Fail, liv. 1. ch. 335.*

32 Par Arrêt du Parlement de Bretagne prononcé en Robes rouges le dernier Avril 1576. au procés d'entre les Chanoines & Chapitre de S. Pierre de Rennes, & Dame Françoise du Pirdufou, jugé que les successeurs de celuy qui s'étoit obligé de faire assiette à l'Eglise de 150. livres de rente, & jusques à ce qu'il l'eût faite, luy payer la somme par chacun an, l'ayant payée durant le temps introduit pour la prescription, ne peuvent être contraints de faire assiette de la rente. Cet Arrêt est l'un des notables du sieur Président de Lancran. *Bibliotheque du Droit François par Bouchel,* verbo *Rentes.*

33 Rentes en assiette. *Voyez* Mornac, *L. 2. Cod. de pignoratitiâ actione,* où il y rapporte un Arrêt du 19. Juin 1617.

RENTES, ASSIGNAT.

33 bis *Voyez* le mot *Assignat,* & cy aprés *le nomb.* 167.

BAUX A RENTE.

34 *Voyez* le mot *Bail,* *nomb.* 13. & suiv.

Terres baillées à rente, appellées par Chopin, *fundi vestigales,* en son Traité, *de sacr. Polit. lib. 3. tit. 7. n. 1.*

RENTES EN BLED.

Voyez le mot *Bled,* *nomb.* 30. & suiv.

35 Rentes foncieres en bled ne sont réductibles à prix d'argent. Arrêt du 28. Juin 1572. entre Chrystophe de Hericourt, d'une part, & Messire Antoine Cardinal de Crequy, Evêque d'Amiens, d'autre part. *Le Vest, Arrêt* 120.

36 Si quelqu'un vend un heritage *certo pretio,* qu'il paye partie du prix, & pour le surplus, constitué rente en bled, l'acheteur ne peut demander la réduction de la rente en bled, en argent. Arrêt du Parlement de Dijon du 2. Juin 1588. *Bouvot, tome 2.* verbo *Vente,* quest. 33.

37 Le 7. Janvier 1586. il a été parti un procés en la Cinquième Chambre des Enquêtes, & depuis departi en la Premiere le 25. Janvier suivant, à jugé qu'une rente constituée en bled à prix d'argent, étoit rachetable en argent, eu égard à la monnoye qui couroit lors du rachat, & non de la forte monnoye qui couroit lors de la constitution. *Nota,* qu'il y avoit prés de 200. ans que la rente étoit constituée. *Bibliot. de Bouchel,* verbo *Rentes.*

38 Arrêt du Parlement de Roüen du dix-huit Janvier 1665. qui a jugé que le haut Justicier ne peut faire l'apprétiation des grains qui luy sont dûs, mais qu'il faut avoir recours au Greffe du Juge Royal. 2°. Que le Vassal qui n'a point payé les rentes les doit sur l'apprétiation faite sur un prix commun, résultant de l'apprétiation du plus haut, mediocre, & bas prix de l'année, si mieux le Seigneur n'aime les faire payer

sur le prix qu'elles valoient au temps de l'échéance. Cet Arrêt a été confirmé par un autre du 19. Avril 1667. *Basnage, tit. de Jurisdiction, art. 21.*

RENTE, CAUTION.

39 La clause de bailler caution dans un temps est odieuse, & une espece de paction usuraire pour donner ouverture de retirer le principal quand on veut. *Voyez Brodeau, sur la Coûtume de Paris, article 94. nombre 3.*

40 Le débiteur est contraignable par corps comme stellionataire à racheter la rente, quand ayant promis de faire obliger dans un temps une caution, il n'y satisfait point. Arrêt du 20. Avril 1638. *Brodeau, sur M. Louet, lettre S. somm. 18. nomb. 5.*

41 Caution d'une rente, si elle est tenuë de racheter? *Voyez* le mot *Caution, nomb. 248. & suiv.*

RENTE, COMMUNAUTÉ.

42 Rente constituée par le mari pendant le mariage, si sa veuve accepte la communauté, elle en est tenuë pour moitié, jusqu'à la concurrence des biens de la communauté, & hypotecairement pour le tout, si elle possede des immeubles de la communauté, sauf son recours. Arrêt du 10. Février 1559. *Carondas, liv. 4. Rép. 90.*

43 En la Coûtume de Meaux, il fut accordé par le contrat de mariage que le survivant des deux conjoints prendra les meubles & conquêts immeubles; le mari étant décedé qui avoit constitué des rentes sur ses biens pendant la communauté, la veuve survivant prenant lesdits meubles & conquêts immeubles est seule tenuë desdites rentes, & doit en acquitter & dédommager l'heritier du mari. Arrêt du 19. Janvier 1574. *Le Vest, Arrêt 128.*

44 Un contrat de constitution de rente fait par un mari solidairement, tant en son nom que comme Procureur de sa femme, fondé de procuration qui ne contenoit speciale & specifique renonciation au Velleïen & à l'authentique *si qua mulier.* (Henry IV. a abrogé cette renonciation) mais generalement à tous privileges introduits en faveur des femmes, ne peut obliger sa femme qui a renoncé à la communauté, & furent les Lettres enterinées, & renvoyée absoute des fins & conclusions du creancier. Arrêt du 24. Mars 1595. *Chenu, 1. Cent. quest. 53. & 54.*

45 Rentes duës par le mari, ou par la femme, *Voyez* le mot *Communauté, nomb. 6. & 17.*

RENTES CONSTITUÉES.

46 *Voyez la nouvelle édition des Oeuvres de M. Charles Du Moulin, to. 2. page 1. & suiv.* où est son traité des rentes constituées à prix d'argent.

47 *M. Philippes Renusson en son traité des Propres, ch. 5. section 2.* parle des rentes constituées à prix d'argent, lesquelles sont reputées immeubles; il marque la disposition de plusieurs Coûtumes où on les repute meubles, telles que les Coûtumes de Vitry, Troyes, Reims, & Chauny.

48 Dans les Coûtumes où les rentes constituées sont reputées immeubles, elles deviennent propres, & non affectées à la ligne d'où elles sont venuës, mais elles ne sont point sujettes à retrait lignager, il n'y a que les rentes foncieres. *Vide Renusson, ibid. p. 444.*

49 *Non currit reditus antè realiter factam numerationem.* Du Moulin, to. 1. p. 145.

50 Si une rente constituée à prix d'argent peut être faite fonciere, & non rachetable? *Voyez Coquille, to. 2. quest. 186.*

51 Jugé au Parlement de Roüen que les rentes constituées dont les débiteurs avoient leurs biens dans la Province du Maine seroient partagées suivant la Coûtume du domicile du pere qui étoit en Normandie, parce que la succession y étoit échuë. *Basnage, sur la Coûtume de Normandie, art. 434.*

52 Arrêt rendu de l'avis des Chambres, par lequel il fut dit qu'une rente volante constituée à dix pour cent, seroit moderée & réduite au denier quinze pour

les arrerages à payer, quoiqu'il y eût cinquante ans de prescription; cependant il fut dit que la rente ne seroit rachetable. Autre Arrêt qui a jugé qu'il y avoit lieu au rachat, nonobstant la prescription de plus de soixante années. *Papon, livre 12. titre 7. n. 24.*

53 Un contrat portoit, tel constitué sur tous ses heritages 20. livres de rente pour 400. qu'il a reçûs, & promet de franchir dans trois ans, autrement & le temps passé, il sera contraint de faire assiette. Par Arrêt du Parlement de Bretagne du 19. Août 1658. il fut dit mal jugé par le Juge qui avoit condamné l'appellant à faire assiette de 20. liv. de rente surcens constituée dés 1548. & payer les arrerages de dix années; & corrigeant le jugement déclare la rente rachetable suivant l'Ordonnance, & condamne l'appellant aux arrerages de cinq ans seulement. *Du Fail, liv. 1. ch. 118.* où il est dit avoir été jugé que telle clause, *franchir dans trois ans,* viatiat & non vitiat.

54 Les rentes constituées à prix d'argent que l'on nomme volantes quoique reputées immeubles, n'entrent pas dans la communauté des mariez, ni activement, ni passivement; mais elles sont propres quant aux principaux, à celui auquel elles appartenoient avant le mariage, ou, à qui elles sont échuës par succession legitime pendant le mariage; ainsi qu'il a été jugé par Arrêt du 9. Août 1604. elles n'ont point de suite en hypoteque quand elles ont été venduës à un tiers sans fraude, avant que d'être saisies. Arrêt du 2. Mars 1600, elles ne sont point sujettes au doüaire Coûtumier. Arrêt du 16. Mars 1593. *Taisand, sur la Coûtume de Bourgogne art. 1. tit. 3.*

55 En Bourgogne les rentes constituées peuvent être cedées & transportées comme les autres dettes simples, sans être sujettes aux hypoteques des creanciers, pourvû qu'elles n'ayent pas été saisies avant le transport. Arrêts du Parlement de Dijon des 2. Juin 1594. 25. Juin 1618. 3. Juillet 1619. 17. Juin 1681. Le 18. Janvier 1689, il y eut Arrêt en apparence contraire; mais on soutenoit qu'il y avoit fiction dans le transport, puis qu'avec la parenté qui étoit entre la cedante & le cessionnaire, la cedante avoit touché les interêts depuis le transport, sans que le cessionnaire s'en fût plaint. *Ibidem, art. 2. n. 4.*

56 Es rentes constituées, il faut que le prix soit payé comptant, & que le contrat le porte, & en quelles especes le payement en a été fait. Arrêt du 26. Mars 1602. *Mornac, l. 26. C. de usuris. Voyez Henrys, to. 1. liv. 4. ch. 6. quest. 72.*

57 Deux coheritiers ayant une maison indivisible la liciterent entr'eux, & l'un quitta à l'autre sa part pour une certaine somme, partie payée comptant, & le surplus montant à trois cens livres constitué en trente livres de rente. Le creancier demandoit 29. années d'arrerages, prétendant que cette rente ayant été créée pour fonds étoit fonciere. L'obligé s'en défendoit, disant qu'il ne devoit que l'argent constitué au denier dix. Par Arrêt du Parlement de Roüen du 7. Juillet 1623. la rente fut déclarée constituée à prix d'argent. *Basnage sur la Coûtume de Normandie, article 525.*

58 Les rentes constituées se partagent en Normandie selon la situation des biens du redevable. Arrêt du Parlement de Roüen du 20. Février 1652. *Basnage, sur l'art. 261. de la Coûtume de Normandie.* elles se partagent à Paris suivant la Coûtume du domicile du creancier.

59 Les rentes constituées à prix d'argent, doivent être réglées par le domicile du creancier, & non du débiteur d'icelles, ni de la situation des hypoteques. Jugé au Parlement de Paris le 3. Decembre 1655. *Soëfve, tome 2. tom. 1. chap. 3.*

60 Le contrat de constitution de rente qui ne porte point numeration actuelle de deniers est nul, & ce qui a été payé pour les arrerages doit être imputé au principal. Jugé par plusieurs Arrêts, entr'autres

par un du mois de Decembre 1600. suivant l'Edit du Roy Henry second. *Voyez Papon, livre 12. titre 7. nombre 8.*

61 Un pere promet en termes generaux 600. livres de rente par avancement de succession, les biens du pere étans vendus par decret, le fils demanda les 600. livres de rente en fonds comme donnez par un avancement de succession, que n'y ayant point de rentes constituées il falloit luy délivrer du fonds; les creanciers répondoient qu'on ne luy avoit promis qu'une rente, & que cela s'entendoit d'une rente constituée; ainsi jugé au Parlement de Roüen le 9. Mars 1669. *Basnage, sur l'article 244. de la Coûtume de Normandie.*

62 Les rentes constituées participent de la nature des immeubles dans le Dauphiné, & l'hypoteque des creanciers les suit, après même qu'elles sont entrées dans les Convents des Ordres Religieux, pour les enfans de celuy en faveur duquel elles ont été constituées, Arrêt du Parlement de Grenoble du 8. Mars 1682. contre les Peres Minimes du Convent de Vienne pour quelques creanciers de Flory Chol. *Voyez Chorier en sa Jurisprudence de Guy Pape, p. 244.*

RENTES, DISPOSITIONS DES COUSTUMES.

63 Un contrat de constitution de rente passé à Alençon à un homme y demeurant, à raison du denier dix, est bon & valable, encore que celuy qui l'avoit constituée eût son bien situé au pays du Maine, où il n'étoit loisible qu'au denier douze. Arrêt du 13. Decembre 1604. *M. le Prêtre 1. Cent. ch. 79. fine.*

64 Les rentes en la Coûtume d'Amiens sont réputées immeubles entre les heritiers du débiteur, encore qu'elles ne soient realisées & nanties. Arrêt du 18. Septembre 1604. *M. le Prêtre, és Arrêts de la Cinquiême; secus, à l'égard du Seigneur & du creancier. Voyez Brodeau sur M. Louet, lettre D. somm. 4. nomb. 10.*

65 En 1527. le prédecesseur de l'appellant vend une tenuë au prédecesseur de l'intimé à raison du denier vingt. Il stipule que si la tenuë vaut davantage il recompensera la plus valuë en terre de pareille qualité. Les Juges de Vannes condamnent l'appellant à faire assiette de la rente, & payer les arrerages depuis la constitution; appel. Par Arrêt du Parlement de Bretagne du 20. Avril 1563. la Cour en émendant le jugement, ordonne que la rente demeurera toûjours franchissable, rendant les deniers de la constitution, & condamne aux arrerages depuis la constitution jusqu'en 1539. & de 5. années seulement échuës depuis 1539. avant le procez intenté, & aux arrerages qui étoient échûs durant le cours du procez. *Voyez Du Fail, livre 1. chapitre 157.*

66 En la Coûtume de Chalons les rentes constituées ont suite par hypoteque entre les mains du tiers détempteur; cette Coûtume les repute immeubles, jusqu'à ce qu'elles soient rachetées. Arrêt du 19. Août 1687. *Journal du Palais.*

67 Reglement general sur le fait des rentes en grains de la Province de Dauphiné, du 20. Août 1601. *Basset, tome 1. livre 3. titre 3.*

68 Rente en sel doit être payée en espece. Arrêt du 6. Avril 1634. *Basset ibidem, chap. 7.*

69 Arrêt du Conseil d'Etat du Roy du 15. Juin 1636. rendu pour le rachat des rentes en Dauphiné. *Ibidem.*

70 En Dauphiné toutes rentes en grains & autres especes sont réduites & rachetables en argent à raison du denier vingt, tant pour les arrerages que pour l'avenir, excepté les rentes qui sont dûes au Roy à cause de son Domaine, ensemble celles données à l'Eglise d'ancienne fondation, & celles dûes aux Seigneurs hauts Justiciers. Arrêt du Conseil d'Etat du Roy du 5. Septembre 1646. *Ibid.*

71 Arrêt du Conseil d'Etat du Roy du 15. Juin 1661. concernant les rentes en Dauphiné, verifié le pre-

mier Septembre ensuivant. *Ibidem.*

72 En Haynaut on peut agir pour une rente par voye de main-mise sur le fonds hypotequé à ladite rente, mais non sur la personne, ou autres biens du débiteur. Jugé au Parlement de Tournay le 7. Novembre 1697. *Arr. du Parlement de Tournay, tome 2. page 101. nombre 188.*

73 Les rentes à Lyon sont immeubles & non meubles; contre les conclusions de M. Bignon, Arrêt, Audience, Grand'-Chambre du 16. Juillet 1668. plaidans le Verrier pour l'appellant, & Pajot pour l'intimé. *De la Guesse, tome 3. livre 2. chap. 10.*

74 Le survivant qui par la convention du contrat de mariage doit prendre les meubles & conquêts immeubles; si le mari constituë des rentes & décede, la veuve qui les prend est seule tenuë desdites rentes, &c. Arrêt du 19. Janvier 1574. *Le Vest, Arrêt 118. & doit en acquitter l'heritier du mari en la Coûtume de Meaux.*

75 En Normandie les rentes constituées se partagent selon la Coûtume des lieux où les biens du débiteur sont assis; cet usage est contraire à celuy de Paris où les rentes se partagent selon la loy du domicile du creancier; de sorte qu'une rente dûë à un Bourgeois de Paris sur des biens situez en Normandie, se partage suivant la Coûtume de Paris. L'usage de Normandie est fort ancien. Arrêts des 23. Août 1546. & 4. Juin 1603. *Basnage, sur l'article 329. de la Coûtume de Normandie.*

76 *Voyez Carondas, liv. 10. Rép. 67.* où il rapporte un Arrêt du 11. Avril 1600. qui a réduit une rente du denier dix passée en Normandie au denier douze, contre les débiteurs ayans leur domicile en Beauvoisis.

77 *Usura in Neustria usitata ad rationem decimi redacta fuit ad rationem decimi quarti, edicto regio anno 1601. Mornac, loy 10. ff. mandati.*

78 Le Juge ayant ordonné en la Coûtume de Normandie qu'une fille aura pareil mariage que sa sœur mariée par le pere commun lors decedé, sa dot doit être reglée, non sur le pied de la rente constituée à ladite sœur, mais sur le pied du principal, la réduction des rentes qui avoient cours au denier dix, ayant été faite au denier quatorze. Jugé le 4. Decembre 1654. *Soëfve, tome 1. Cent. 4. ch. 72.*

79 En Normandie les rentes se partagent selon la nature des biens obligez. Par Arrêt du Parlement de Roüen en 1662. jugé que les rentes constituées sur personnes dont les biens étoient situez en la Province du Maine, seroient partagez suivant la Coûtume du Maine. *Basnage sur l'article 539. de la Coûtume de Normandie.*

80 De quelle maniere les rentes sur particuliers doivent être reglées en la Coûtume de Normandie, si par le domicile du creancier, ou par celuy du débiteur, ou par la situation des biens immeubles. Arrêt du 8. Mars 1667. qui les regle suivant la situation des hypoteques, & non suivant le domicile du creancier, non qu'il y ait aucun article de la Coûtume qui le regle ainsi, mais on rapporta un Arrêt du Parlem. de Normandie de l'année 1546. qui l'avoit jugé de la sorte. *Soëfve, tome 1. Cent. 3. chap. 94.*

81 En Normandie quand il échet en une succession des rentes dûes par des personnes domiciliées hors de cette Province, par quelle Coûtume le partage s'en doit regler, & quelle part les femmes y peuvent avoir? Par Arrêt du Parlement de Roüen du 30. Juillet 1671. il fut dit que les rentes seroient partagées selon la Coûtume de Châteauneuf en Timerais où les débiteurs étoient domiciliez, & que les heritiers de la femme y auroient moitié. *V. Basnage, sur l'article 329. de la Coûtume de Normandie.*

82 En Normandie les rentes constituées suivent la situation des heritages qui y sont hypotequez, & neanmoins les rentes constituées au profit des particuliers de la Province de Senlis, dont les débiteurs

demeurent en Normandie , ne laiſſent pas d'être partagez ſuivant le domicile du creancier ; autrement il
faudroit diviſer les rentes , eu égard aux biens que
le débiteur auroit en differentes Provinces ; l'Arrêt
entre les heritiers de M. de Leſſeville a été rendu ſur
le fondement que ce Prélat avoit ſon domicile en ſon
Evêché de Coutance, quoiqu'il réſidât ordinairement à Paris , & y fît les fonctions de Treſorier de
la Sainte Chapelle. Le contraire a été depuis jugé
pour M. Joſeph Rizard , le 19. Juin 1691. en la Seconde des Enquêtes , que les rentes actives laiſſées
par Adrien Gaulde décedé à Beauvais, ſeroient partagées ſuivant la Coûtume de Senlis , quoiqu'elles
fuſſent dûës en Normandie , & que les biens hypotequez y fuſſent ſituez. Voyez M. Ricard , ſur l'article
198. de la Coûtume de Senlis.

83   Rentes volantes en la Coûtume d'Orleans jugées
immeubles. Arrêt du 23. Février 1577. & l'Arrêt lû,
&c. Le Veſt , Arrêt 151. Voyez Charondas , livre 6.
Réponſe 34.

84   Des rentes en la Coûtume de Paris. Voyez cy-
deſſus le nombre 1. & l'article 94. de cette Coûtume.

85   Par Arrêt general du 5. Avril 1546. avant Pâques
en la Ville de Toulouſe, arrêté le 26. Mars précedent,
les rentes volantes furent taxées à raiſon de ſoixante
livres le carton. Biblioth. de Bouchel, verbo Uſures.

86   Jugé au Parlement de Tournay le 11. Mars 1697.
qu'une rente créée en 1648. & paſſée pardevant Tabellion,eſt ſujette à réduction, lorſqu'il n'eſt pas porté par le contrat qu'elle a été conſtituée en deniers de
permiſſion , à moins qu'on ne le prouve ; le procez
étoit entre Petronille de Vic veuve de Jean Henry,
& Meſſire Antoine François Gaſpard de Colins ,
Comte de Mortagne. Voyez le Recüeil des Arrêts de
M. Pinault, tome 1. Arrêt 143.

87   Arrêt en la Coûtume de Troyes du 24. May 1577.
qui a déclaré immeuble une rente rachetable. Voyez
la Bibliotheque de Bouchel , verbo Rente.

Rente, Decret.

88   Le creancier s'oppoſant aux criées d'une ferme
pour rente à luy baillée ſur l'Hôtel de Ville , avec
clauſe de garantir, fournir , &c. au préjudice de l'E-
dit du Roy portant ſurſeance , les creanciers ſubſe-
quens ont touché les deniers en baillant par eux caution, & les creanciers deſdites rentes mis en leur ordre le 28. Mars 1600. M. Loüet lettre C. ſomm. 41.

89   Par Arrêt du 29. Decembre 1609. la Cour a fait
défenſes au Bailly d'Amiens, & tous autres Juges, de
faire aucun decret à la charge de rente conſtituée à
prix d'argent,quand elles ſont rachetables. Bibliotheque de Bouchel , verbo Rentes.

Rentes, Discussion.

90   De la diſcuſſion és rentes. Voyez le mot Diſcuſſion,
nomb. 74. bis & ſuiv. & cy-aprés le nomb. 168.

Rente divisée.

91   Voyez M. Loüet & ſon Commentateur lettre R. ſommaire 6. & Bacquet, des Droits de Juſtice , chapitre 21.
nombre 244.

Rentes, Domicile.

92   Jugé par Arrêt ſolemnellement donné Conſultis
Cameris, que les rentes ſortiſſoient leur nature, ſelon
la coûtume du domicile du creancier. Bibliotheque de
Bouchel , verbo Rentes.

93   Les rentes conſtituées ſe reglent ſuivant le domicile du creancier, & non ſuivant la Coûtume des lieux
où les heritages hypothecquez ſont ſituez. Arrêt du
premier Juin 1570. Le Veſt , Arrêt 110. Autre Arrêt
du 7. May 1598. M. le Prêtre és Arrêts de la Cinquième.
Autre Arrêt du 2. Février 1608. portant que pour juger la nature d'une rente, il faut conſiderer le domicile que l'acquereur avoit lors du contrat d'acquiſition ou conſtitution , & non le temps de ſa mort.
M. le Prêtre, ibidem. Voyez du Frêne, liv. 1. chap. 55.
& Bardet, tome 1. liv. 2. ch. 44. où il y a Arrêt du 30.
May 1625. Voyez Charondas , liv. 12. Rép. 27. Voyez

M. Loüet lettre R. ſomm. 31. Le même Charondas, liv.
10. Réponſe 67. & Tronçon , ſur la Coûtume de Paris,
article 163.

Rentes, Douaire.

94   Si les rentes conſtituées ſont ſujettes au doüaire ?
Voyez le mot Doüaire, n. 247.

Rentes, Droits Seigneuriaux.

94 vii.   Voyez cy-aprés le nombre 174. & ſuivans.

Rentes, Echange.

95   Des rentes échangées. Voyez le mot Echange, nomb.
21. & ſuivans.

Rentes deues a l'Eglise.

96   Rentes dûës aux Egliſes & Communautez Eccleſiaſtiques ne ſont ſujettes à rachats, nonobſtant l'Edit
de 1553. Ainſi jugé pour les Chanoines de la ſainte
Chapelle à Paris , contre Maître Guillaume Buron
Procureur au Châtelet. Le Veſt , Arrêt 117.

97   L'on a jugé,& l'on juge ordinairement,que les rentes des Eccleſiaſtiques ne ſont point rachetables, même celles qui ſont ſur les maiſons de cette Ville de
Paris ; il y a deux Arrêts notables ; l'un du 9. Février 1561. pour la Sainte Chapelle contre Maître
Guillaume Vivons Procureur au Châtelet pour 17.
ſols ſix deniers de rente dûë par ſa maiſon ; l'autre
du 6. Août 1575. entre les Chanoines de Saint Denis
du Pas, & Claude Louvet Marchand,pour une rente
d'un écu pour quelques vignes ſiſes au pré Saint Gervais ; les deux Arrêts portent que les pieces furent
communiquées au Procureur General qui y prit ſes
Concluſions. V. Loiſel , en ſes Obſervations du Droit
Civil, page 131.

98   Rente en grain conſtituée à prix d'argent au profit
de l'Egliſe , eſt rachetable, & les arrerages payables
en argent,nonobſtant qu'elle ſoit conſtituée de temps
immémorial. Arrêt du premier Avril 1586. Anne Robert rerum judicat. liv. 4. chap. 18. Montholon, Arrêt
39. Voyez M. Loüet lettre R. ſomm. 10. & 12. Voyez
le Veſt, Arrêt 93. Voyez Mornac l. 16. C. de uſuris,
où il y a Arrêt du 12. Decembre 1598. toutes rentes
en bled rediguntur ad pecuniam.

99   Par Arrêt du Parlement de Roüen du 30. Juillet
1608. il a été jugé qu'une rente donnée d'ancienneté
à l'Egliſe , n'étoit point rachetable. La raiſon étoit
que la faculté de rachat étoit preſcrite , & que la
rente étoit d'autre nature,qu'une rente hypotequée,
en laquelle on s'oblige en deniers reçûs. Berault, ſur
la Coûtume de Normandie , art. 530.

100   L'on ne peut agir perſonnellement contre un tenancier d'une terre ſur laquelle eſt aſſignée une rente
chacun an par teſtament a une Egliſe , & telle rente
eſt preſcriptible. Arrêt du Parlement de Dijon du
28. Juillet 1617. Bouvot , tome 2. verbo Legs , queſtion 12.

101   Les rentes dûës à l'Egliſe pour la fondation du
Divin Service, ſont réputées foncieres, & les arrerages
en ſont dûs de vingt-neuf années ; cependant il y a
Arrêt rendu le 10. Juillet 1638. en faveur du Sieur
Marquis de Saint Prieſt , contre les Curé & Prêtres
de la Ville de Boën en Forêts , qui a réduit les arrerages d'une rente de cette qualité à cinq années : cet
Arrêt eſt appellé ſolitaire & particulier. V. Henrys,
tome 1. liv. 4. chap. 6. queſtion 71.

102   Les rentes dûës à l'Egliſe & qui ſont de patrimoine ancien par fondation ou dotation, ne pourront
être rachetées en Dauphiné. Arrêts du Conſeil d'E-
tat du Roy des 10. Août 1641. & 12. Février 1642.
Baſſet , tome 1. livre 3. titre 3.

103   Si une penſion d'une ſomme certaine eſt créée en
faveur de l'Egliſe, à prendre ſur tous les biens de celuy qui la créée , & particulierement ſur un fonds
n'étant pas fonciere,elle eſt indiviſible.Arrêt du Parl.
de Grenoble du 7. Septembre 1674. rapporté par
Chorier en ſa Juriſprudence de Guy Pape,p. 244.

Rentes, Engagement.

104   Si le contrat d'engagement peut être converti en
conſtitution

conftitution de rente ? *V. Bouvot, tome 2. verbo Ufu-res, queftion 16.*

RENTES EN ESPECES.

105 Le vaſſal ne peut être contraint de payer ſes rentes en d'autres eſpeces qu'en celles qu'il doit ; il ne peut auſſi contraindre ſon Seigneur de les recevoir en argent. Arrêt du Parlement de Roüen du 24. Janvier 1524. Lorſque le Seigneur refuſe de recevoir le grain qui luy eſt offert, le vaſſal ne luy doit que l'eſtimation du prix qu'il valoit au temps des offres ſuivant l'évaluation faite par la Juſtice ordinaire, c'eſt-à-dire, par la Juſtice Royale ; car par Arrêt du 28. May 1619. ſur la remontrance de M. le Procureur General, il fut dit que les Sénéchaux ſe regleroient ſur les appretiations apportées au Greffe des Juriſdictions ordinaires, & du temps que les rentes ſont dûës. *Baſnage , titre de Juriſdiction , article 34.*

106 Quand une rente eſt ſtipulée & promiſe en une eſpece, le poſſeſſeur ne peut , quelque prétexte qu'il ait, la convertir en deniers. Arrêt du Parlement de Grenoble du 5. Avril 1634. pour le Prieur de S. Martin de Miſeré au ſujet d'une rente de trois minots de ſel qu'il avoit à prendre ſur une maiſon , contre le poſſeſſeur qui la vouloit faire réduire à une ſomme certaine. De même ſi l'introge promis par le précedent poſſeſſeur eſt encore dû, le nouveau poſſeſſeur ne peut non plus éviter de payer l'introge que la rente. Arrêt du 14. Juin 1614. les Chambres conſultées. *V. Chorier en la Juriſprudence de Guy Papé , p. 246.*

107 Le proprietaire d'une rente fonciere peut la recevoir en argent, ou autre eſpece , ſans que cela luy préjudicie pour les années qu'il la voudra demander en nature ; s'il s'agit de l'eſtimation, elle ne doit pas être faite au prix moyen du marché, mais au prix ſur le pied duquel leſdites eſpeces ſont évaluées en fait de rentes. Jugé au Parlement de Tournay le 5. May 1696. *Voyez M. Pinault , tome 1. Arrêt 104.*

RENTES , ESTIMATION.

108 De l'eſtimation des rentes. *Voyez* le mot *Eſtimation , nombre* 57.

109 Par Arrêt du 13. Juin 1517. entre Loüis de Levis, Baron de la Voute , le Sieur de Monthalin , Marguerite de Joyeuſe, & autres, après eſtimation faite par Experts ſur la valeur de la rente fonciere contentieuſe,il fut jugé que chaque livre de rente avec Juſtice haute moyenne & baſſe valoit trente-cinq livres dix-ſept ſols , & la ſomme de 388. livres de rente contentieuſe entre les parties, fut eſtimée 11000. liv. tournois , eu égard au temps de la vente faite le 25. Octobre 1464. *La Rocheſlavin, des Droits Seigneuriaux , ch.* 10. *art.* 2.

110 Rente ſubrogée en la nature d'une terre , eſt eſtimée par le lieu où l'hypotheque eſt aſſiſe,& non par le lieu du creancier. Arrêt du 1. Juin 1571. *M. le Prêtre , 1. Cent. chap.* 79.

RENTES SUR L'ETAT.

111 Rentes dûës par l'Etat peuvent être ſaiſies entre les mains des payeurs ſur ceux à qui elles ſont dûës à la requête de leurs creanciers. Jugé au Parlement de Tournay le 29. Octobre 1693. *Voyez M. Pinault , tome* 1. *Arrêt* 3.

RENTES , FEMME.

112 Le mary ne peut rien changer *in propriis uxoris ,* comme s'il change une rente en bled qui étoit du propre de ſa femme en argent , la femme acceptant la communauté peut demander ſa rente, & ce à cauſe de la prohibition ; mais quand le mari a fait le profit de la femme , ayant accepté la communauté, *contrà propria commoda laborans non erit audienda.* Brodeau, ſur *M. Loüet lettre F. ſomm.* 5. *nomb.* 15. & 16.

113 L'Huiſſier Macheroux & ſa femme avoient conſtitué une rente de cent livres aux Chanoines de la ſainte Chapelle du Palais un ſeul pour le tout ſans diviſion ; Macheroux decede le premier, ſa veuve fut ſeulement condamnée en la moitié de cent livres

Tome III.

---

tournois de rente & arrerages. Arrêt du 1. Février 1546. *Le Veſt , Arrêt* 32.

114 Une femme n'eſt tenuë à cauſe de la communauté du principal de la rente dûë par ſon défunt mari, mais ſeulement des arrerages qui avoient couru pendant le mariage ; & à l'égard du doüaire , qu'elle paſſeroit titre nouvel de la rente qu'elle ſeroit tenuë de continuer tant qu'elle ſeroit détentrice des propres de ſon mari. Arrêt à Pâques 1592. *Montholon , Arrêt* 67.

115 Rente ſubrogée ne va plus avant qu'à affecter la rente aux conventions matrimoniales. Arrêt du 23. Janvier 1625. *Du Frêne , livre* 1. *chap.* 37.

116 Rente conſtituée par une femme ſeparée de biens & d'habitation , quoiqu'autoriſée d'une autoriſation generale , & par tranſaction de ſon mari , déclarée nulle , c'étoit la Dame d'Hyllerin & le ſieur Blondeau Avocat : ſi pour tous droits paternels & maternels il n'eſt donné en partage que des paternels , ce qui excede le paternel , eſt cenſé propre maternel. Arrêt du 26. Janvier 1680. *De la Gueſſiere , to.* 4. *liv.* 3. *chapitre* 5.

RENTES FONCIERES.

117 Des rentes foncieres. *Voyez le Recüeil des Ordonnances par Fontanon , tome* 1. *livre* 4. *tit.* 25. *p.*804.

Rentes foncieres & dûës en grain. *Voyez Grimaudet , livre* 1. *des Contrats, pign. & uſu. chap.* 10.

118 Traité des cenſives , rentes foncieres, &c. Paris 1691.

119 Quatre differences, ſelon Loyſeau , entre les rentes foncieres Seigneuriales, & celles qui ne le ſont pas : celles-là ne ſe preſcrivent par le Rentier , les arrerages ſeulement par trente ans , parce que le Rentier *qui poſſidet nomine Domini non poteſt ſibi mutare cauſam poſſeſſionis.*

2°. Les rentes Seigneuriales emportent lods & ventes quand l'heritage ſujet à icelles eſt vendu , parce que c'eſt une tacite condition que le Seigneur uile ne peut vendre l'heritage ſans l'approbation du Seigneur , pour laquelle approbation le Seigneur a les lods & ventes ; ces lods & ventes ſont dûs au premier & plus ancien Seigneur & bailleur du fond; Aux ſimples rentes foncieres , il n'échet jamais lods & ventes.

3°. Les rentes Seigneuriales ne ſont point purgées par le decret , *aliud* des ſimples rentes foncieres.

4°. Les rentes Seigneuriales ſont miſes en ordre avant les frais des criées par l'*Ordonnance des criées , chap.*12.les ſimples rentes foncieres ne viennent qu'après les frais.

120 Differences entre les rentes foncieres & conſtituées.

1°. De celles-là on peut demander vingt-neuf années , de celles-cy cinq.

2°. Les rentes conſtituées à prix d'argent, en bled ou autres eſpeces , ſont réduites en argent par l'Ordonnance de 1553. les rentes foncieres de bail d'heritages, quoique ſtipulées rachetables, ne peuvent être réduites en argent , quand il n'y en a point eu de baillé.

3°. Le débiteur eſt tenu perſonnellement de la rente conſtituée , quoiqu'il ait aliené l'heritage ; *Secùs,* du preneur à rente après qu'il l'a mis hors de ſa main.

4°. Les criées des rentes foncieres ſe font ainſi que celles des heritages, les rentes conſtituées ſe decretent autrement.

5°. L'heritage s'ajuge à la charge de la rente fonciere , le creancier vient ſeulement en cas de rente conſtituée ſur le prix de l'heritage.

6°. Pour les arrerages de la rente fonciere on peut proceder par voye d'arrêt ou brandon ſur les fruits, ce qui n'a pas lieu pour la rente conſtituée.

7°. Le retrait lignager a lieu en rente fonciere, non en conſtituées,celles-là ſont indiviſibles,celles ci ſont diviſibles.

120 bis *Loyſeau* remarque pluſieurs autres differénces.

Les rentes foncieres ſont entierement à la charge des debiteurs, *aliud* des rentes conſtituées.

Ès rentes foncieres, le preneur peut s'exempter en déguerpiſſant, *ſecùs* aux autres.

Ès rentes foncieres, la diſcuſſion n'a point lieu au profit du tiers détenteur, même quand il eſt queſtion des arrerages précedens ſa détention, *ſecùs ès* conſtituées.

En la ceſſion & tranſport, & auſſi dans le rachat & amortiſſement d'une rente fonciere, ſont dûs lods & ventes, comme auſſi dans la conſtitution & impoſition d'icelle, ſi elle eſt rachetable, & non autrement, art. 87. de la Coûtume de Paris, *ſecùs ès* rentes conſtituées.

Pour arrerages de rentes foncieres, on peut, même ſans contrat executoire, directement proceder par voye de ſaiſie ſur l'heritage. Par l'Ordonnance de 1563. en rente conſtituée, il faut contrat ou condamnation. *Vide Loyſeau, liv. 1. des Rentes, ch. 3.*

121 De la difference des rentes foncieres & des rentes conſtituées à prix d'argent. *Voyez Henrys, tome 1. liv. 4. chap. 6. queſt. 68.*

122 Pour ſçavoir ſi la rente eſt fonciere ou volante & rachetable, il faut toûjours avoir égard à la premiere conſtitution. *V. M. le Prêtre, 1. Cent. ch. 35. & Henrys, tom 1. livre 4. ch. 6. queſt. 68.*

123 Fond noble baillé à la charge d'une rente fonciere, la rente n'eſt pas feodale comme le fond, ſi elle n'a été inféodée, mais ſeulement réputée propre ou acquêt comme le fond, & ſe partage roturierement. *Chopin, Coût. de Paris, liv. 1. titre 1. n. 15.*

124 Un debiteur de rente fonciere d'un poinçon de vin, ne peut payer l'eſtimation ; mais il eſt tenu de payer en eſpece, *quia aliud pro alio invito creditori ſolvi non poteſt*, & que la rente eſt dûe à cauſe du fond, *ità judicatum audivi*. Bouvot, *tome 1. part. 2. verbo Detteur de vin, queſt. 1.*

125 Si celuy qui prétend une rente fonciere ſur une maiſon, peut contraindre le détenteur à exhiber le titre en vertu duquel il poſſede ; & ſi telles rentes foncieres dûës ès Villes aux Eccleſiaſtiques, ſont rachetables ? *V. Bouvot, to. 2. verbo Rentes à prix d'argent, queſtion 24.*

126 Si la rente fonciere doit porter ces qualitez, portant *lods, retenue, remûage*, ſans aucun prix, afin qu'elle ne ſoit rachetable, & qu'il y ait expreſſe reſerve ſur l'aſſignat ; autrement, ſi elle peut être dite volante & rachetable ? *Ibid. queſt. 32.*

127 La rente fonciere doit être payée au lieu où l'heritage eſt ſitué, & non au lieu du domicile du bailleur. Arrêt du Parlement de Bourgogne du 21. Janvier 1582. Bouvot, *tome 2. verbo Cenſe, queſt. 1.*

128 Dans une rente qui a toutes les marques d'une rente fonciere, la clauſe du rachat moyennant un certain prix, en change la nature, & la fait conſiderer comme une rente conſtituée. Arrêts du Parlement de Bourgogne des 11. & 28. Mars 1670. *Taiſand, ſur cette Coûtume, tit. 5. art. 2. n. 5.*

129 Rentes foncieres, même celles ſur les maiſons des Villes, ſont rachetables. Arrêt du Parlement de Dijon du 26. Avril 1674. L'on citoit un Arrêt contraire de l'année 1628. mais on ne ſit point état de cet Arrêt unique, contre une maxime dont perſonne ne trouva lieu de douter. *Ibid.*

130 Le 17. Août 1574. arrêté que les rentes de grain & toutes autres, fors celles d'argent, dûës par tenanciers d'heritages aſſis aux champs, *in dubio* ſont réputées comme foncieres & pour bail d'heritage, & le debiteur ne peut en demander le rachat ni déduction, s'il ne montre qu'elles ayent été conſtituées & acquiſes à prix d'argent. *V. la Biblioth. de Bouchel, verbo Rentes.*

131 Appropriement n'exclut les rentes foncieres, c'eſt-à-dire, que celuy qui a acquis un heritage, & s'en

eſt approprié, ne laiſſe pas d'être tenu de payer les arrerages anciens. Arrêt du Parlement de Bretagne du 17. Février 1575. qui condamna un détenteur à payer vingt années d'arrerages d'une rente de froment. *Du Fail, liv. 1. ch. 395.*

132 Une maiſon chargée d'une rente fonciere, bâtie près des murs de la Ville, ruinée par les guerres civiles, le proprietaire du fond ne peut contraindre le debiteur au payement de la rente. Jugé le 23. Decembre 1600. *Mornac, L. 9. §. muros ff. de rerum diviſ.*

133 Jugé que les rentes anciennes dûës en grains ou argent de bail d'heritage, payées par plus de quarante ans, ſont réputées foncieres, perpetuelles & non rachetables, encore qu'il n'apparoiſſe des titres originaires. Arrêt du Parlement de Paris du 2. Août 1601. *M. Bouguier, lettre R. p. 7.*

134 Pluſieurs s'oppoſent à un decret pour rentes qu'ils appellent foncieres ; les conſtitutions le portent ainſi, même une appartenance à l'Egliſe. Les creanciers diſent qu'il ne peut y avoir qu'un Seigneur foncier. *Ejuſdem dominii duo non ſunt domini in ſolidum.* Les autres rentes ne ſont que conſtituées ; ils conſentent qu'elles ſoient acquittées. Arrêt du Parlement de Paris du 24. Novembre 1605. confirmatif de la Sentence du Châtelet, qui juge que le plus ancien titre eſt la rente fonciere ; que la rente conſtituée ſe devoit liciter au decret, & le rentier venir comme creancier, quoique la rente fût dûë à l'Egliſe. *V. les Plaidoyez de Corbin, ch. 147.*

135 Il n'échet de faire remiſe & diminution pour arrerages de rentes foncieres, échûs pendant la guerre. Arrêt du 14. May 1639. *Du Frêne, livre 3. chap. 59.* où il eſt remarqué que ſi le détenteur étoit entierement dépoſſedé de l'heritage, il ne ſeroit tenu au payement de la rente fonciere.

136 Un debiteur ayant une rente fonciere de 13. livres avec quelques ſeptiers de bled, cede à ſon creancier le revenu de cette terre pour cinq ans ; un an & demi après, le debiteur vend le fond à un acheteur, à la charge de dédommager le creancier. L'acheteur attaque le creancier pour vuider les lieux. Le creancier ſoûtient qu'il a acheté une rente pour cinq ans, & qu'il n'eſt point Fermier. Le Préſidial de Poitiers maintient le creancier dans la joüiſſance ; appel par l'acheteur. Arrêt du 28. Juin 1644. qui confirme la Sentence, & condamne l'appellant à l'amende. *Dict. de la Ville, n. 8586.*

137 Les rentes foncieres ne peuvent être créées que in *alienatione fundi*, & non par ſimple aſſignat. Dans ce dernier cas, l'on n'eſt recevable à demander que cinq années d'arrerages. Ainſi jugé au Parlement de Paris le 14. Juillet 1688. en inſtituant une Sentence des Requêtes du Palais. *Voyez le Journal du Palais, tome 2. page 748.*

Voyez cy-après le nomb. 148.

138 Rente fonciere, en quel cas elle a été jugée rachetable ? *Voyez M. Expilly, Arrêt 129.* où il y a Arrêt du 5. Février 1605.

139 Le Chapitre de Caſtelnaudary vend en 1474. une maiſon à un nommé Falga, moyennant cinquante écus, par acte paſſé devant Notaire & témoins, & confeſſe devoir 8. ſeptiers de bled de rente pour cinq Obits, leſquels il promet payer audit Chapitre, à la charge que lorſqu'il payeroit dix écus d'argent, le payement d'un ſeptier ceſſeroit ; depuis ce temps, la rente a toûjours été payée en bled, à l'exception de quelques années qu'elle l'avoit été en argent. Le ſucceſſeur de Falga demande à amortir la rente en payant cinquante écus, comme rente volante & conſtituée à prix d'argent. Par Arrêt du 23. Decembre 1603. la rente fut déclarée fonciere, parce qu'il y avoit un fond donné, quoiqu'il fût convenu qu'elle ſeroit rachetable, permis ſeulement au poſſeſſeur de déguerpir, ce qui avoit été jugé auparavant pour le

même Chapitre, le 18. Novembre 1595. *Cambolas*, *liv. 3. chap. 37.*

140   Le Seigneur auquel l'heritage chargé de rentes foncieres retourne, a cette faculté de les pouvoir racquitter au denier vingt. On a étendu ce privilege plus loin. Par Arrêt du Parlement de Roüen du 13. Juillet 1628. il a été jugé qu'un Seigneur feodal qui avoit retiré à droit feodal un heritage chargé de rentes foncieres, avoit la liberté & le pouvoir de les racheter. *Bafnage, fur l'art. 201. de la Coût. de Normandie.*

141   Jugé au Parlement de Roüen le 10. Février 1663. pour l'Hôpital de Coutance, qu'encore qu'une rente fonciere n'eût été payée qu'à cinq fols par boiffeau durant *plus* de quarante ans, & que par une Sentence donnée plus de quarante ans auparavant, dont il n'y avoit point d'appel, l'Hôpital eût été condamné à recevoir la rente fur ce pied; neanmoins elle feroit payée en effence, conformément à deux Arrêts rapportez par *Berault*. Voyez *Bafnage*, *fur la Coût. de Normandie*, *art. 521.*

142   Jugé au Parlement de Roüen le 13. Juin 1664. qu'une rente créée pour le prix d'un heritage vendu, encore qu'il y eût clause comiffoire, n'étoit point fonciere. Il n'en eft pas de même d'une rente dont un lot eft chargé; quoiqu'elle foit rachetable, elle ne laiffe pas d'être fonciere. *Bafnage, fur la Coût. de Normandie*, *art. 515.*

143   Au procés d'entre Pierre Grandmare appellant, & les Prieur & Religieux Celeftins de Roüen, intimez, l'on agita cette queftion, fçavoir fi le détempteur d'une partie de l'heritage obligé à une rente fonciere, ayant joüi avec fes auteurs pendant quarante années, fans être inquieté pour le payement des arrerages, avoit pû liberer fon fond, & l'affranchir de cette redevance? Par Arrêt du Parlement de Roüen du 20. Decembre 1681. la Sentence fut confirmée. Au fait particulier, il y avoit risque de mauvaise foy, en ce que Martin Grandmare, ayeul de Pierre appellant, avoit ftipulé pour le preneur à fiefe dans le contrat de 1604. & depuis avoit acheté fes quatre acres & demie, dans la vûë de les diftraire de la fiefe, & de frauder le proprietaire de fa rente. *Bafnage*, *ibidem, art. 521.*

RENTES A FOND PERDU.

144   La Déclaration du Roy eft du 11. Août verifiée en Parlement le 2. Septembre fuivant 1661. par laquelle le Roy défend à toutes les Communautez, tant regulieres que feculieres, de recevoir des deniers à fond perdu, à l'exception de l'Hôtel-Dieu de Paris, l'Hôpital Général, les Incurables, & le grand Bureau des Pauvres. La Charité, par Lettres Patentes qu'elle a obtenuës du Roy enfuite de la Déclaration, a eu le même privilege. Dans cette Déclaration, il n'eft point parlé des particuliers.

145   On ne peut faifir réellement une rente à fond perdu; on a diftribué les arrerages comme meubles, la Sentence des Requêtes de l'Hôtel infirmée, & ajugé à la Dame, à qui appartenoient les arrerages de cette rente à fond perdu, la fomme de 400. livres par chacun an. Jugé à Paris le 31. Juillet 1685. *Journal du Palais.*

146   Rente à fond perdu faite entre particuliers au denier dix, eft permife. Arrêt du 26. Août 1687. *Ibidem.*

Voyez lettre F. au titre Fond perdu.

RENTES, GARANTIE.

147   De la garantie en fait de rentes. *Voyez le mot Garantie, nomb. 105. & fuiv.*

  La garantie n'a point de lieu pour les rentes dûës par le Roy. *Ibid. nomb. 116. & fuiv.*

RENTES EN GRAIN.

148   Voyez cy-deffus *le nomb. 35. & fuiv.* & *le nomb. 98.* & *encore le nomb. 117. & fuiv.*

  Penfions de grains & autres denrées fondées pour

Obits, doivent être réduites *ad legitimum modum*, & font rachetables. *Voyez* le mot *Fondation*, *nomb. 97. & fuivans.*

149   Rentes de denrées, bleds & autres chofes, fe doivent conftituer ou vendre à raifon du denier courant de l'Ordonnance. Arrêt du 9. Février 1531. qui declare ufuraire un contrat, parce que le creancier ne prouvoit pas que communément & durant dix années, la rente de bled, n'avoit pas excedé le prix de la conftitution. *Papon*, *liv. 12. tit. 7. n. 22.*

150   Le 18. May 1516. Guyon d'Orcheres, & Jeanne Jamin fa femme, vendent à Raoul Loifel fix boiffeaux & demi de rente, pour la fomme de feize liv. cinq fols monnoye. Depuis le boiffeau fut apprecié à douze fols fix den. monnoye. La rente de bled fut réduite à prix d'argent à l'égard de ce qu'elle fut premierement achetée, fçavoir à feize fols trois den. de rente monnoye, & à ce prix feront payez les arrerages, tant de ce qui eft refté, que de ce qui auroit été payé, icelle rente rachetable à toûjours. La claufe du contrat fut auffi caffée, portant que les vendeurs ne pourroient vendre leur terre hypotequée, à autres qu'à l'acheteur. Arrêt du Parlement de Bretagne du premier Octobre 1535. *Du Fail, li. 3. chapitre 411.*

151   Arrêt du 13. Mars 1549. qui réduit à raifon du denier 15. une rente d'un muid de froment, conftituée pour 100. liv. de principal, & la declare rachetable, quoiqu'elle fût conftituée en l'an 1510. Autre Arrêt du 28. May 1564. qui declare qu'une rente conftituée en grains, quoiqu'elle n'excedât le denier douze, fe pouvoit payer & racheter à prix d'argent, à raifon du denier douze. Arrêt femblable du 30. Juillet 1576. *Papon*, *liv. 12. tit. 7. n. 17.*

152   Trente boiffeaux de feigle vendus pour cent liv. furent declarez perpetuellement rachetables, & ce au denier douze. Arrêt du Parlement de Bretagne du mois d'Octobre 1557. *Du Fail*, *liv. 2. ch. 64.*

153   Rente en bled qu'on prétendoit avoir été conftituée à prix d'argent, a été declarée fonciere & non rachetable, par Arrêt du 15. Janvier 1563. entre le Chapitre de Roüen, d'une part, & Meffire Robert de Pellevé, d'autre part. *Le Veft*, *Arr. 221.*

154   L'appellant en l'an 1554. vend à l'intimé fept boiffeaux de froment de rente, mefure de faint Malo, à devoir de portage en la maifon de l'intimé, fous hypoteque fpeciale d'une piece de terre pour 57. livres en principal, & vingt fols en commiffions, à condition de racquit de cinq ans, & le temps paffé, l'appellant fera affiette de la rente fur les heritages. Le temps de grace & faculté paffée, l'appellant eft condamné faire affiette d'appel. Il prend Lettres pour franchir la rente & la réduire. Par Arrêt du Parlement de Bretagne du 27. Février 1563. il eft dit mal jugé, corrigeant le Jugement, & enterinant les Lettres, la rente dûë en efpece de bled réduite à argent, à raifon du denier quinze; à laquelle raifon, fera tenu l'appellant payer les arrerages; & à la même raifon, luy fera fait déduction fur les arrerages feulement, de ce qu'il en a payé davantage pour le paffé; condamne l'intimé aux dépens de la caufe d'appel. *Du Fail*, *liv. 1. chap. 191.*

155   *Thevenau*, fur l'Ordonnance de Charles IX, rapporte un Arrêt du 25. Février 1605. par lequel il fut jugé que rentes conftituées au denier dix, pour un heritage demandé par retrait, n'étoient fujetes à la réduction du den. 12. ni celles conftituées pour foulte de partage. Et par Arrêt du Parlement de Bretagne du 26. Juin 1597. jugé que de rente promife pour un droit naturel ou récompense dont l'affiette eft defignée, les arrerages peuvent être demandez de plufieurs années, comme les rentes foncieres. *Ibid.*

156   Pierre des Maifons eft condamné par l'Alloüé de Nantes à payer les arrerages de vingt années en efpece de deux feptiers de bled; il appelle, difant que la

rente eſt conſtituée pour 25. livres , & que deux ſeptiers valent chacun , & par chacun an ſoixante ſols ;
ce qui eſt une uſure exceſſive : il conclut à ce que le
contrat ſoit déclaré uſuraire , au moins la rente rachetable , & les arrerages ajugez ſeulement de cinq
années avant le procez , à raiſon du denier vingt.
L'Adminiſtrateur de l'Hôpital de Nantes diſoit qu'il
y avoit preſcription à l'Hôpital, en faveur duquel *eſt
aliquid relaxandum.* Par Arrêt du Parlement de Bretagne du 16. Février 1576. il fut dit que la rente ſeroit rachetable à perpetuité , en rendant le ſort principal , & loyaux coûts. La rente réduite à prix d'argent à raiſon du denier douze; le débiteur condamné
à payer ſur ce pied les arrerages du paſſé. *Du Fail ,
livre 1. chap.* 401.

157   Rente de cinquante boiſſeaux de froment, conſtituée
dés 1460. pour deux cens livres , réduite par Arrêt
du Parlement de Bretagne du 4. Octobre 1567. à prix
d'argent au denier quinze , & rachetable toutefois
& quantes. *Ibid. li.* 2. *ch.* 299.

158   Sans raſſembler tous les préjugez ſur cette matiere; il
y a l'Ordonnance de Charles IX. en 1565. par laquelle
toutes rentes conſtituées en bled de quelque temps, &
à quelque prix que ce ſoit, ſont réduites à prix d'argent
à raiſon du denier douze, tant pour les arrerages qui
en peuvent être dûs , que pour le payement qui s'en
fera à l'avenir , laquelle Ordonnance a lieu en dot ;
comme il fut jugé entre le beau-pere & le gendre, par
Arrêt du Parlement de Paris du 3. May 1571. *Chopin,
2. li. de privil. ruſt. part.* 1. *cap.* 6. *Papon , liv.* 12. *tit.*
7. *nomb.* 10.

159   Rente en grain eſt rachetable à prix d'argent pour
la ſomme débourſée, & les arrerages dûs payables au
denier douze. Arrêt du 2. Août 1567. *Voyez le Veſt ,
Arrêt* 93.

160   Un Seigneur feodal eſt préferable à la diſcuſſion des
immeubles du vaſſal pour la preſtation & recouvrement du payement des redevances en deniers & eſpeces à luy dûës; mais s'il étoit queſtion du payement des
redevances en grain , il ſuffiroit qu'il fût fait de ceux
recueillis par le Vaſſal, exempt de fraude, mauvaiſe foi
& negligence, ſous laquelle conſideration le Parl. de
Roüen rendit Arrêt en 1578. entre le ſieur de Gui-
hesberg , & ſes hommes Vaſſaux , & décida qu'ils
payeroient leurs rentes en grains , de ceux qui proviendroient ſur les terres de ſa Seigneurie; & par même moyen qu'il bailleroit quittance & décharge du
payement qui luy ſeroit fait par leſdits Vaſſaux. *Biblioth. de Bouchel,* verbo , *Redevance feodale.*

161   Arrêt donné és Arrêts generaux de Pâques 1586. par
lequel une rente d'un ſeptier de grains méteil conſtituée à prix d'argent dés l'an 1584. nonobſtant l'allegation de la forte monnoye du temps, & ſans avoir
égard à aucune preſcription, a été déclarée rachetable
& réductible en argent au denier douze, ſans avoir
égard au temps & à la valeur de la monnoye forte,
ou autre, de laquelle la rente étoit conſtituée , & que
le rachat ſe feroit ſuivant le prix que la monnoye
auroit lieu pour lors. *Papon, livre* 12. *tit.* 7. *n.* 17.

162   En rente de grains portable, les arrerages en peuvent être demandés & eſtimés ſuivant la plus valuë
de chaque année , ce qui n'a pas lieu à l'égard des
rentes generales. Jugé le 3. Février 1590. pour le
ſieur de Gaignac , contre un emphiteote , afin de les
rendre exacts à payer aux termes convenus. *Cambolas , liv.* 1. *chap.* 20.

163   Nonobſtant le long-temps qu'il y avoit qu'une rente avoit été conſtituée à prix d'argent en bled , ou
autre eſpece de grains , que l'on eût montré par
écrit que lors de la conſtitution , & par pluſieurs années precedentes & ſubſequentes le bled n'avoit valu, ſuivant le prix commun , à raiſon du denier
quinze & douze; neanmoins par Arrêt du premier
Août 1598. la rente & les arrerages ont été réduits au
denier douze. Autre Arrêt du premier Août 1601. qui

a jugé que quand il ne paroît point de la création de
la rente en grain , & qu'elle a été payée ſur les heritages quarante ans & plus , elle eſt reputée fonciere
& non rachetable. *Papon , li.* 12. *tit.* 7. *n.* 20.

   Rente en grain réduite en argent ſuivant l'Ordon- 164
nance, à la raiſon du denier douze. Arrêt du 22. Decembre 1598 *Bibliotheque de Bouchel* , verbo *Rente.*

   Jugé au Parlement de Mets le 22. Decembre 1619. 165
que les Prêtres & Chanoines dans une Abbaye de
Filles , & dont le revenu eſt fondé & déſigné en certaine quantité de grains & de vin , peuvent dans un
temps miſerable, & lors qu'il n'y a pas de grains ſuf-
ſiſamment pour nourrir les Religieuſes, être contraints de recevoir leur revenu en argent. *Voyez le* 35.
Plaidoyé de M. de Corberon ; il fut dit que pour le
paſſé les rentes ſeroient payées en eſpece , mais que
pour l'avenir tant que la guerre durera , les Prêtres
auroient chacun an 150. livres tournois.

   Par Arrêt du Parlement de Paris du 29. Decem- 166
bre 1659. il a été jugé qu'une rente en grains, payée
pendant plus de quarante années , doit être reputée
fonciere , & non rachetable. *Soëfve , to.* 2. *Cent.* 1.
chap. 5. il rapporte un Arrêt contraire du premier
Juillet 1606.

      RENTE SUR HERITAGE.

   Une rente eſt aſſignée ſur le revenu d'un heritage ; 167
ſi l'aſſignation n'eſt que pour montrer & déſigner le
lieu ſur lequel elle ſe pourroit prendre plus commodément , & non pas pour la reſtraindre au revenu
dudit heritage ; au premier cas , la rente doit être
ſuppléée ſur les autres biens de celuy qui a donné la
rente ; au ſecond cas , non. *Carondas , liv.* 11. *Réponſe* 69.

   Heritage pris à rente , jugé que la terre ſeroit diſ- 168
cutée par le ceſſionnaire aux perils & fortune du preneur , & ſur le prix le ceſſionnaire payé, tant du ſort
principal que des arrerages de la rente ; ſi tant il pouvoit ſe monter, ſinon le preneur condamné luy fournir le ſurplus ; il s'agiſſoit ſi un preneur d'heritage à
rente en bled avec promeſſe de la fournir & faire
valoir , eſt reçu à la rembourſer. Arrêt du 30. Avril
1626. *Du Frêne ,* livre 1. *ch.* 101.

      RENTES , HYPOTEQUE'ES.

   Si les rentes conſtituées ont ſuite par hypoteque 169
entre les mains du tiers détempteur dans les Coûtumes qui les réputent meubles ? *Voyez* le mot *Hypoteque , nomb.* 230. *& ſuiv.* où il eſt parlé de l'hypoteque des rentes.

      RENTES IMMEUBLES , OU MEUBLES.

   Si les rentes ſont réputées meubles ou immeubles ? 170
Voyez le mot *Immeubles , nomb.* 23. *& ſuiv.*

   Il y eut Arrêt au mois de Septembre 1260. par le- 171
quel une rente fut déclarée immeuble. *Bibliotheque
de Bouchel,* verbo *Rentes.*

   La rente eſt déclarée mobiliaire ſelon la Coûtume 172
du lieu où le creancier a ſon domicile. Arrêt du 7.
Mars 1598. *Carondas , livre* 11. *Rép.* 42. voici l'eſpece. Un habitant d'Orleans vend & conſtituë une
rente à un autre habitant d'Orleans au temps de la
vieille Coûtume , que les rentes à Orleans étoient
reputées mobiliaires. Le vendeur oblige au payement
tous ſes biens , entre leſquels il y a une ſeme ſize
au Bailliage d'Etampes, où les rentes ſont immobiliaires : *quæritur* , de quelle nature ſera reputée la rente ?
Rép. Il faut ſeulement conſiderer le domicile des parties contractantes , *quia debitorum nomina* , principalement des dettes mobiliaires *adhærent perſonis creditorum.* Même Arrêt du 7. Mars 1598.

   Pour ſçavoir la nature d'une rente ſi elle eſt meu- 173
ble ou immeuble , il faut conſiderer la Coûtume du
lieu où étoit demeuré le premier acquereur de la
rente , & non ſimplement le domicile du débiteur.
Arrêt du 10. Février 1608. *M. le Prêtre , és Arrêts celebres du Parlement , &* 3. *Cent. chap.* 57. *Voyez
Carondas , liv.* 11. *Réponſe* 27.

RENTES, LODS ET VENTES.

174 Lods & ventes font dûs pour le principal de la rente constituée fur foy par l'acheteur de l'heritage redevable, fans attendre le rachat, quoiqu'il n'y ait deniers débourfez ; ainfi jugé pour l'Evêque de Paris, contre M. Jean Beauclerc Treforier, le 24. Mars 1567. En rente rachetable, le Seigneur prend feulement les lods & ventes de la fomme accordée pour le rachat. *Papon, liv. 13. tit. 2. n. 24.*

175 Arrêt du Parlement de Paris du 17. Février 1568. qui condamne à payer les lods & ventes aux Religieux de S. Denis en France, pour la vente d'une rente fonciere. *Ibidem, nomb. 36.*

176 Jugé par Arrêt du 15. Avril 1606. qu'en la Coûtume de *Lorris* l'acquereur d'un heritage chargé de rente fonciere, neanmoins rachetable, lequel s'eft chargé de la rente par fon acquifition, n'eft tenu de payer les lods & ventes du prix de la rente, mais feulement des deniers actuellement débourfez. *Chenu, 2. Cent. queft. 94. Filleau, 4. part. queft. 194.*

177 Si quelqu'un fait achat d'une rente portant lods, retenue & remuage à prix d'argent, que le vendeur affigne fur certains heritages, laquelle l'acheteur agiffant contre les tenanciers ; s'il peut demander·les arrerages de 29. années ; & fi cette rente doit être jugée fimple & viagere, & réduite à la nature des rentes viageres? *V. Bouvot, tome 1. part. 1. verbo Vente, de cenfe portant lods, queft. feule.*

Voyez lettre L. le titre des Lods & Ventes, n. 309. & fuiv. & cy-après le nomb. 299.

RENTES SUR MAISONS.

178 *Voyez les Commentateurs fur l'article 122. de la Coûtume de Paris.*

Une rente fur une maifon que l'on dit rachetable, ne pouvant faire apparoir de contrat valable pour montrer qu'elle eft Seigneuriale, & non rachetable ; il faut toûjours préfumer pour la liberté. *Voyez Bouvot, tome 2. verbo Cenfe, queft. 42.*

179 Les rentes foncieres fur les maifons bâties dans les Villes font déclarées rachetables à perpetuité par les Ordonnances du mois d'Octobre 1539. & May 1553. elles n'ont point été obfervées à Touloufe à l'égard des Ecclefiaftiques. *V. Mainard, livre 4. chapitre 49.*

180 Quand un débiteur eft en demeure de payer, & qu'il doit quelques années d'arrerages d'une rente en grain, ou autres efpeces, l'eftimation fe fait, non au plus haut prix de chacune année, mais au prix qui a été le plus commun ; ainfi jugé par Arrêt és grands Jours tenus à Riom le 10. Novembre 1546. & une Arrêt femblable du Parlement de Paris du 22. Janvier 1548. *Papon, liv. 13. tit. 2. n. 13.*

181 Par Edit du Roy Henry II. du 26. Juin 1554. publié le 26. Novembre audit an, les rentes affifes fur maifons des Villes clofes, ont été déclarées rachetables au denier quinze. Jugé par plufieurs Arrêts du Parlement de Touloufe, entr'autres le 28. Novembre 1562. pour une rente affife fur une maifon en la ruë du Salin à Touloufe. *La Rocheflavin, liv. 3. titre 6. Arrêt.*

182 Arrêt du Parlement de Paris du dernier Mars 1576. qui permet à Simon Acarie proprietaire d'une maifon à Paris, de racheter une rente dûë à l'Eglife de fainte Oportune, en payant le fort principal à raifon des rentes au denier vingt. Chopin plaidoit pour les Marguilliers. *Définit. Can. p. 100.*

183 Une maifon fize au Fauxbourg de Châteaudun baillée à rente, eft brûlée lors de la prife de la Ville, comme les autres au nombre de 1500. Le bailleur demande fa rente. Le preneur abfous par Sentence des Requêtes du Palais. Par Arrêt donné en Juin 1595. la Sentence confirmée. *Bibliotheque de Bouchel, verbo Rente.*

184 Une place ou maifon avoit été baillée par un particulier autre que le Seigneur, avec claufe que la

rente ne pourroit être rachetée. Par Arrêt du 26. Novembre 1620. il a été jugé que la maifon qui avoit été faifie réellement feroit ajugée à la charge de la rente, nonobftant que le faififfant foûtint qu'il feroit impoffible de trouver des encherifleurs, avec la charge de la rente. *Voyez Auzanet, fur l'art. 121. de la Coûtume de Paris, page 106.*

185 Par deux Arrêts donnez, l'un le 22. Novembre 1620. & l'autre en Janvier 1634. contre les Religieux Feüillans ; il été décidé que la premiere rente après le cens dont le rachat a été jugé prefcriptible par l'art. 121. de la Coûtume de Paris, doit être entenduë de celle qui eft dûë au Seigneur, & non de celles dûës à des particuliers. On allegue un autre Arrêt du 23. Juillet 1639. donné en la quatrième Chambre des Enquêtes entre Jean Coudray & Loüife Guillois fa femme, François de Blois, & Pierre Bauquinville, lequel comme on prétend, a paffé outre, & jugé qu'une rente fur une maifon fize à Poiffy étoit rachetable à perpetuité, & que le rachat étoit imprefcriptible par quelque temps que ce foit en faveur de la liberté *& ne ædificia urbium difformentur* ; mais il faut obferver qu'en l'efpece fur laquelle ce dernier Arrêt a été rendu, il fe trouvoit un titre nouvel accepté par le créancier durant les trente années dernieres, dans lequel la rente étoit demeurée rachetable, & quelques-uns des Juges furent d'avis que ce titre nouvel avoit interrompu la prefcription, & prorogé en ce temps la faculté de rachat de la rente pour trente années, à compter du jour du titre nouvel. *Voyez ibid. art. 110.*

RENTE, MARCHANDISE.

186 Jugé que pour marchandife livrée, le Marchand ne peut tirer une conftitution de rente, fi ce n'eft *ex intervallo*, & un long-temps après que le débiteur pourfuivi fe trouve n'avoir moyen de payer comptant. *Bibl. de Bouchel, verbo Rente. & Loüet, let. l. fom. 8. n. 2.*

187 Une rente conftituée, partie pour marchandife, & partie pour argent, a été déclarée bonne pour l'argent, & nulle pour la marchandife. Arrêt du 13. Decembre 1512. *Papon, li. 12. tit 7. n. 8.*

188 Mais quand il y a un an que la marchandife a été livrée on peut conftituer rente ; l'on rapporte un Arrêt d'Audience du 20. Février 1564. ce requerant M. du Mefnil pour le Procureur General, par lequel il fut jugé que rente fe pouvoit créer par vente de marchandife, pourvû qu'il y eût quelque temps, comme de trois ou quatre mois entre la vente & le contract. *M. le Prêtre, 4. Cent. ch. 11. Chopin, Coûtume de Paris, li. 3. tit. 2. n. 14. Mornac, l. 25. C. de ufuris. Carondas, li. 9. Rép. 15. & liv. 11. Réponfe 25. & Jevet, au mot Rente, à la fin.*

189 Une rente peut être créée pour vente de vin. Arrêt du Parlement de Dijon du 8. Avril 1603. le terme donné pour payer étoit expiré. *Bouvot, tome 2. verbo Ufures, queft. 2.*

RENTE, MINEUR.

190 S'il eft permis de faire créer une rente d'arrerages dûs par un débiteur au profit d'un mineur, auquel les arrerages de fix années font échûs en partage ? *Voyez Bouvot, to. 2. verbo Rentes à prix d'argent, queft. 16.*

191 Par Arrêt du Parlement de Paris du 8. Mars 1549. la Cour a caffé le contrat, en rendant par le mineur le fort principal dans fix mois, aljas le contrat entretenu, & fans aucuns arrerages ni dépens. *Papon, li. 12. tit. 7. n. 12.*

192 On ne peut faire un rachat de rente à un mineur étant marié fans autorité de tuteur ou de curateur. Arrêt du 9. Avril 1562. *Voyez Tronçon, Coûtume de Paris, article 216. verbo fans fon confentement,* où il rapporte deux Arrêts, l'un pour le pays de Droit écrit de l'an 1596. l'autre pour le pays Coûtumier du 18. Decembre 1610.

193 Es Coûtumes où l'on eft majeur à 20. ans, un mineur de 19. ans reçoit un rembourfement d'une rente,

fa veuve quatorze ans aprés fut reçûë en fes Lettres. Arrêt du 8. Août 1684. *De la Gueffiere,* 10. 4. liv. 7. *chapitre* 20.

RENTES, MONNOYE.

794 D'une rente payable en écus d'or, lorsque les especes font augmentées. *Voyez Cambolas ,* livre 2. *chapitre* 25.

795 Titre ancien ne peut être diverti : comme à caufe d'une maifon fife à Lyon , fuffent dûs douze écus vieux de rente fonciere, dont il apparoiffoit par Lettres de Bail authentique , toutefois le detenteur difoit que depuis cinquante ans & plus, luy & fes prédeceffeurs avoient payé vingt-quatre livres feulement , comme il juftifioit par quittances qu'il offroit payer & continuer , alleguant prefcription. Par Sentence du Sénéchal de Lyon confirmée par Arrêt il eft condamné à payer les douze écus vieux, *ut qui iter & actum habet, eundo non perdit actum, fic per folutionem partis totum retinetur.* L. 2. quem adm. ferv. amitt. L. ult. §. de præfcript. 30. Bibliotheque de Bouchel, *verbo* Rentes, p. 186.

796 Monfieur de Montholon dit que M. Allegrain lui avoit cotté un Arrêt , par lequel il prétend avoir été jugé que la rente continuée en écus fans appreciation de l'écu, le payement pour les arrerages fe doit faire en efpeces d'écus ; c'étoit entre Madame de Brienne & quelques creanciers pour des criées qui avoient été faites? *Ibidem.*

797 Rente conftituée pour certaine fomme de deniers en écus fol lorfqu'ils ne valoient que quarante fols la piece , fut déclarée rachetable pour ladite fomme en mêmes efpeces d'écus fol, jufqu'à la concurrence d'icelle fomme ; toutefois feulement & felon la valeur defdits écus lors du rachat qui étoient de 45. f. piece, par Arrêt du 4. Février 1539. *Ibidem.*

798 Rentes conftituées en écus fe payeront , continuëront & racheteront en écus ou à la valeur d'iceux par chacun an. Arrêt du 13. Août 1569. entre le Chapitre de Paris & le Duc de Montpenfier. *Le Veft, Arrêt* 100.

799 Il y avoit cinquante ans que l'on avoit conftitué fix écus de rente à des Religieufes moyennant cent écus : les arrerages toûjours payez en fix écus. Le debiteur obtient Lettres , & foûtient qu'il n'eft tenu de payer les arrerages qu'en monnoye courante à raifon du prix que valoit l'écu lors de la conftitution, & non à raifon de la valeur prefente. Arrêt du 20. Juillet 1594. qui le condamne à payer fix écus fuivant le contrat de conftitution, quoiqu'ils ne fuffent point évaluez. Bibliotheque de Bouchel, verbo Rentes.

800 Hervé Airaud vendit & conftitua en 1526. au Chapitre d'Angers fix écus couronnez de rente moyennant cent écus , qui luy furent baillez en foixante & dix-fept couronnez , & le refte douzains marquez à la couronne. On continuë toûjours le payement de fix écus par chacun an. En 1594. René Airaud offre de payer quelques arrerages , & même racheter la rente à la raifon de ce que les écus valoient lors de la creation qui étoit trente-cinq fols par écus, & avoit pris Lettres pour être relevé des payemens faits en fix écus. Le Chapitre dit qu'il faut avoir égard non à ce que lors valoit l'écu , mais à la bonté intrinfeque de l'écu qui avoit été ftipulé. Le Sénéchal d'Angers déboute Airaud de fon offre, appel. Par Arrêt du 26. Juillet 1594. il fut dit l'appellation de grace au néant ; & aprés l'Arrêt prononcé M. le Premier Préfident de Harlay dit aux Avocats, qu'ils avertiffent leurs parties de ne plus mettre en controverfe ce qui avoit été décidé par les Arrêts, parce que cette caufe avoit déja par plufieurs fois été jugée en cas femblable. Voy la Loy *Paulus refpondit de folutionib. fecus,* s'il y avoit fix écus couronnez à 35. fols piece. *Molin. de ufur. qu.* 90. Voyez la Bibliotheque de Bouchel, verbo *Monnoye.*

801 Sols , bonne monnoye , comment & à quel prix

estimée en fait de rente. Arrêt du Parl. de Grenoble du 13. Septembre 1636. par lequel il fut dit que quant aux fols bonne monnoye , le payement devoit en être fait fuivant l'évaluation faite par la Chambre des Comptes de Dauphiné, à raifon de deux fols cinq deniers. Quand il fe trouve quelque difficulté ou incommodité en une preftation de certaine efpece , on a toûjours admis le remede fubfidiaire de l'eftimation. *Baffet,* tome 2. liv. 3. tit. 11. chap. 2.

802 Arrêt du Parlement de Grenoble du mois de Septembre 1662. qui déclare rachetable une penfion annuelle de cinquante écus impofée l'an 1576. fous le capital de fix cens écus , & les arrerages qui en étoient dûs payables à raifon de trois livres cinq fols par chaque écu, fuivant l'Edit de Monceaux de l'an 1602. c'étoit en la caufe de Pierre Allian & la Communauté d'Alois. *Chorier en fa Jurifprudence de Guy Pape,* p. 264.

RENTE, PARTAGE.

803 Rente à dix pour cent conftituée pour argent dû de foure par partage d'immeubles , eft valable , & ne fe réduit , parce que cette rente eft au lieu de l'immeuble , & tient lieu d'intereft & de fruits qui font incertains. Jugé par Arrêt confirmatif de la Sentence du Confervateur des privileges, nonobftant l'Arrêt du 19. Février 1552. parce qu'il n'apparoiffoit point de l'origine de la conftitution qu'elle fût vrayement pour folte de partage d'immeubles. *Voyez la Bibliotheque de Bouchel, verbo Rentes.*

804 Les rentes fe partagent entre coheritiers fuivant la Coûtume où le creancier de la rente a fon domicile. Arrêt du premier Juin 1571. *M. Loüet lettre R. fommaire* 31.

805 Rente annuelle conftituée en deniers, fe doit partager entre les habitans de Paris , felon la Coûtume du lieu où les heritages fpecialement font fituez, finon qu'il fût convenu entre les contractans que la rente feroit payée par chacun an à Paris. Arrêts des Partenay & Charmouluës. Chopin , *Coûtume de Paris, livre 2.* titre 5. n. 21. c'eft l'Arrêt du 1. Juin 1571.

806 Quand la rente eft fubrogée au lieu de l'heritage, on fuit la Coûtume du lieu où l'heritage eft fitué ; mais fi la rente eft conftituée & dûë par obligation feulement , on fuit le domicile du creancier. *M. le Prêtre* , 1. Cent. chap. 79.

807 Rente de fief rachetée ; les deniers s'en partagent également entre les heritiers, fans aucun droit d'aineffe ni préciput. Arrêt du 15. Juillet 1589. *M. Loüet lettre D. fomm.* 30. & lettre R. fomm. 15.

808 Jugé au Parlement de Paris, toutes les Chambres affemblées, le 7. Mars 1598. que pour le partage des rentes rachetables, on regarde le domicile du creancier. *Bibliotheque de Bouchel ,* verbo Rentes.

809 Pour les rentes conftituées fur les Aydes d'une Ville ou fur le Roy, elles fe doivent partager fuivant la Coûtume du lieu où elles font affignées, & non fuivant le domicile du teftateur. Arrêt du 21. Mars 1603. *M. Loüet lettre R. fomm.* 31.

810 Rente acquife des deniers procedans de la vente d'un heritage feodal, fe partage roturierement & non feodalement , finon qu'il y eût de la difpofition de pere fût contraire. Arrêt du 21. Juin 1607. *Brodeau fur M. Loüet lettre S. fomm.* 10. nomb. 5.

811 Rentes confufes revivent entre les heritiers paternels & maternels. Arrêt du 23. Août 1608. *M. le Prêtre, ès Arrêts de la Cinquiéme.* Voyez *Brodeau fur M. Loüet lettre F. fomm.* 5.

812 L'acquereur au bout de neuf ans de prorogation de la grace en la Coûtume d'Anjou quittant la poffeffion de l'heritage , & au lieu de fon rembourfement prenant une conftitution de rente , cette rente luy eft acquet , & fe doit partager comme tel entre fes heritiers,& non comme propre. Arrêt du 6. Juin 1622. *Ibidem,* lettre D. fomm. 30.

813 Rente fous feing privé eft immeuble , quoiqu'elle

n'emporte hypoteque que du jour de la reconnoiffance. *Brodeau fur l'art. 94. de la Coûtume de Paris,
nomb. 13.* Il y en a Arrêt du 24. Mars 1662.

214 Les rentes appartenantes à M. de Lesseville, Evê-
que de Coûtances en Normandie, & qui d'ordinaire
demeuroit à Paris; à l'égard des rentes constituées en
Normandie, il a été jugé que sa sœur n'y prendroit
aucune chose, mais que les rentes hors de ladite
Coûtume seroient partagées également. Arrêt du 8.
Mars 1667. Audience Grand'-Chambre, plaidans de
Lhommeau & Caillard. *Journ. des Aud.10.3.li.1.ch.17.*

RENTES, PAYEMENT.

215 Du payement en matiere de rentes. Voyez le mot
Payement, n. 97. & suiv.

PAYEURS DES RENTES.

216 Dés Payeurs des rentes. Voyez le mot *Payeurs, n. 1.
& suivans.*

RENTES PORTABLES.

217 *Henrys, tome 2. livre 1. quest. 21.* rapporte un Arrêt
du Parlement de Paris du 8. Août 1643. qui a jugé
qu'une redevance annuelle de bled dûe à un Hôtel-
Dieu, à prendre sur une Terre, est portable.

218 Jugé au Parlement de Toulouse que la rente étoit
portable au Château du Seigneur, l'emphiteote étant
obligé par le Bail en première reconnoissance de
rendre & payer la rente au Seigneur; & on crût que
ces mots *rendre & payer* exprimoient suffisamment la
portabilité; mais si par les reconnoissances du Seigneur d'une Terre, la rente est payable au lieu ou
payable au Seigneur au lieu, elle est querable, du
moins si elle est en grains, ainsi par les anciennes reconnoissances des Seigneurs de Quint étant dit que les
rentes sont payables au lieu de Quint, ou payable au
Seigneur audit lieu de Quint, & les dernieres reconnoissances ayant précisément stipulé en rentes, por-
tables, il fut jugé le 28. Mars 1673. que les dernieres
reconnoissances ne contenoient pas surcharge pour
les rentes en argent; mais qu'elles contenoient surcharge pour les rentes en grains. L'Arrêt est après
partage sur le dernier article. *Voyez M. de Catellan,
livre 3. chap. 3.*

RENTE, PRESCRIPTION.

219 De la prescription des rentes. Voyez le mot *Prescription, n. 300. & suiv.*

220 Prescription des cinq ans pour les arrerages d'une
rente constituée. Voyez le mot *Arrerages, n. 72.*

221 Si les rentes Seigneuriales sont prescriptibles?
Voyez le mot *Prescription, n. 315. & suiv.*

222 Le 23. Août 1533. il fut conclu en la Troisiéme
Chambre des Enquêtes, par l'avis pris des autres
Chambres, qu'une rente volante constituée à dix
pour cent qui est au denier dix, seroit moderée &
réduite au denier quinze pour les arrerages à payer,
quoiqu'il y eût cinquante ans de prescription. Toutefois il fut dit que la prescription serviroit quant au
rachat, & qu'en ce faisant la rente n'étoit pas rachetable. *Biblioth. de Bouchel, verbo Rentes.*

223 La prestation faite d'une rente fonciere par l'un
des detenteurs des heritages sujets à la rente, n'empêche point l'effet de la prescription. *Voyez M. le
Prêtre és Arrêts de la Cinquième,* où il y a Arrêt du
mois de Juillet 1587. & *Henrys, tome 1. liv. 4. ch. 6.
question 72.*

224 Jugé par Arrêt du 12. Mars 1629. que la prescription du rachat de la rente assignée sur une maison
de la Ville de Senlis, n'est interrompuë ni par le rachat d'une partie d'icelle, ni par le titre nouvel accepté par le creancier de la même rente en qualité
de rachetable, le tout durant le cours des trente années, & neanmoins la rente qui avoit été stipulée rachetable au denier quinze réduite au denier vingt.
Auzanet sur l'art. 110. de la Coûtume de Paris.

RENTE, PROMESSE.

225 Quand par obligation il y a promesse de passer
contrat de constitution, & qu'il n'est au pouvoir du
creancier de demander le sort principal, en ce cas la
promesse n'est usuraire, mais contrat de constitution
de rente. *Voyez M. le Prêtre 2. Centurie, chap. 23. in
margine.*

RENTES, PROPRES.

226 Si la rente qui est des propres de l'ayeule doit retourner à ceux qui la representent? *Voyez Peleus,
question 136.*

227 Rentes retrocedées, & qui avoient été cedées avec
garantie, & depuis retrocedées aux enfans heritiers
des vendeurs, ou par eux retirées, pour se décharger
de la garantie, même après le partage fait des biens
du défunt, sont censées & réputées propres aux enfans & heritiers. Arrêt du 3. Mars 1618. *M. Bouguier
nomb. 8.*

228 La rente acquise pour être de pareille nature qu'un
heritage propre auparavant aliené & hypotequé aux
conventions matrimoniales est acquet ou conquêt.
Arrêt du 23. Janvier 1625. *Du Frêne, liv. 1. ch. 37.*

229 Les rentes propres rachetées pendant la communauté d'une mineure, étant depuis sa majorité dévoluës à son fils son heritier, qui décede trois mois après
sa mere, l'action en est mobiliaire, & appartient à
l'heritier des meubles & acquêts. Arrêt du 9. Avril
1651. *Du Frêne, liv. 6. chap. 21.*

230 Une rente constituée donnée en remploy de deniers dotaux qui avoient été stipulez propres à la
femme, aux siens, estoc & ligne, la femme en dispose
par donation entre-vifs confirmée par testament en
la Coûtume de Senlis, cette donation n'avoit point
été ensaisinée, jugée bonne & valable à l'exclusion
des collateraux qui la prétendoient. Arrêt du 12. Février 1664. *Notables Arrêts des Audiences, Arrêt 116.
De la Guessiere, tome 2. livre 6. chap. 13.* rapporte le
même Arrêt.

RENTES, RACHAT.

231 Si le contrat porte rente rachetable, sans dire à
quel prix, le rachat d'icelle est au denier vingt; s'il
est dit rachetable au denier quinze en fondation,
étant assignée sur une maison, & si la rente constituée au denier dix, doit être réduite au feur de l'Ordonnance? *V. Bouvot, tome 2.* verbo *Rentes à prix
d'argent. quest. 33.*

232 Maxime que toute rente par quelque laps de temps
qu'elle ait été payée est présumée volante & constituée à prix d'argent non fonciere d'heritage, s'il n'appert du contraire, & par consequent racheptable suivant l'Ordonnance. *Brodeau sur M. Louet lettre R.
somm. 12. nomb. 4.*

233 Si toutes rentes telles qu'elles soient dûes sur maisons sises és villes & fauxbourgs, & principalement
de la ville de Paris, sont rachetables à perpetuité?
Voyez le 16. Plaidoyé d'Ayrault.

234 Jugé par plusieurs Arrêts que le debiteur rachetant
la rente, payeroit le prix principal d'icelle en especes d'or, selon qu'il les avoit reçuës lors de la constitution, si mieux il n'aimoit payer en autre monnoye
selon la valeur presente, & non selon qu'elle valoit
au temps du contrat. *M. Rob. lib. 1. rer. jud. cap. 16.*

235 D'une rente que l'Eglise prétendoit perpetuelle, &
dont elle ne vouloit recevoir le remboursement.
*Voyez la nouvelle Edition des œuvres de Maître Char-
les Du Moulin, tome 2. p. 834. en son Conseil 9. & 10.*
on présume toûjours pour la liberté, c'est au creancier
à prouver la qualité de sa rente.

236 Rachat de rente fait de deniers empruntez, il faut
trois choses pour entrer au lieu du premier creancier. *Voyez Bacquet, des Droits de Justice, chapitre 21.
nomb. 240. & suivans.*

237 Les rentes acquises à prix d'argent sont rachetables, & non les autres emphiteotiques. *Basset, tome 1.
livre 3. titre 3. ch. 1.*

238 Rente achetée à la charge qu'elle ne pourra être
rachetée dans certain temps, ou que si le debiteur la
rachette, il sera tenu de payer entierement l'année

commencée ; telle clause eſt uſuraire. Arrêt du 9. Avril 1513. *Papon, liv. 12. tit. 7. n. 1.*

239 Quand par long-temps, comme de quatre-vingt ou cent ans, une rente eſt poſſedée, & que pour le payement & continuation il y a eu pluſieurs Senten-ces, elle n'eſt plus amortiſſable, même quand il y a eu certain fond obligé & hypotequé, & qu'il ſe trouve par les titres que la rente a été conſtituée à plus haut prix qu'au denier douze. Arrêt ſolemnel du Parlement de Paris du 19. May 1543. *Bibliotheque de Bouchel, verbo Uſures.*

240 Un pere baille à ſon fils naturel une rente dont le pere joüit; le creancier qui n'a pas connoiſſance de la donation, la rachete. Aprés ſon décez, conteſta-tion par le fils naturel contre la veuve à qui tous les meubles appartenoient par la Coûtume, que c'étoit donner & retenir, qu'elle n'étoit point heritiere, & qu'elle n'avoit jamais eu connoiſſance de la donation. Arrêt au profit de la veuve, le 12. Juillet 1544. *Ca-rondas, livre 7. Rep. 49.*

241 En 1549. Arrêt de la Cour, qu'une rente ache-tée à prix d'argent, ſe peut racheter *toties quoties*, nonobſtant qu'il ſoit accordé au contrat qu'elle ne ſera rachetable, *per L. Nemo, ff. de Legat. 1. Bibliot. de Bouchel, verbo, Uſures.*

242 Rentes conſtituées avant cent ans, furent déclarées rachetables, par Arrêt du 2. Avril 1549. Et par arrêt du 14. Mars 1552. entre le ſieur de la Trimoüille, & le Chapitre de Sens, fut une rente déclarée racheta-ble, encore qu'elle fût conſtituée au denier vingt dés quatre-vingt ans & plus, & que par le contrat ne fût faite mention de faculté de rachat. *Voyez la Bibliot. de Bouchel, verbo Rentes.*

243 Rente conſtituée à prix d'argent, eſt toûjours rache-table, nonobſtant toutes clauſes contraires. Arrêt du Parlement de Paris, du 2. Avril 1549. *Papon, li. 12. titre 7. nomb. 26.*

244 Arrêt du Parlement de Paris de 1551. qui a déclaré une rente conſtituée, rachetable juſques à trente an-nées, quoique le rachat ne fût ſtipulé que pour trois années. Cependant le debiteur qui s'eſt obligé au ra-chat, peut y être contraint par corps, à la décharge de ſa caution. Arrêt du même Parlement du 14. Août 1559. *Ibid. nomb. 1.*

245 Rentes ou penſions annuelles impoſées ſur certai-nes pieces, par achat ou autre contrat que par emphy-téoſe, bail, ou inféodation de piece, ſont rache-tables à perpetuité pour le prix & ſommes qui ſur elles ſont impoſées. Jugé par pluſieurs Arrêts des 8. Avril 1551. 17. May 1555. 24. May 1563. 30. May 1564. & 7. Mars 1567. *La Rocheſtavin, liv. 3, titre 6. Arrêt 3.*

246 Rentes dûës aux Egliſes & Communautez Eccle-ſiaſtiques, ne ſont ſujetes à rachat, nonobſtant l'E-dit du mois de May 1553. Arrêt du 9. Février 1571. *Le Veſt, Arrêt 117.*

247 Le Prévôt de Paris avoit condamné le debiteur d'une rente de 50. écus ſol pour 600. écus, à payer les arrerages en écus ſol, & faire auſſi faire aſſiette en écus en pareilles eſpeces & en pareil nombre, quoique l'écu eût augmenté de prix, depuis le temps de la conſtitution. M. du Ménil Avocat du Roy dit, qu'il falloit ſuivre la convention & les termes du contrat. Arrêt du premier Août 1560. confirmatif. *Bibliot. de Bouchel, verbo, Rentes.*

248 L'intimé donne à l'appellant 10. livres de rente ſur un particulier, à la charge que l'appellant luy donnera pareille rente, dont il ſe pourra franchir dans un an, aprés lequel l'intimé pourra le contrain-dre à faire aſſiette à raiſon du denier douze, qui eſt à douze ans quitte. L'appellant obtient Lettres pour caſſer cet accord. Par Arrêt du Parlement de Bretagne du 11. Octobre 1560. il eſt ordonné que l'appellant, qui avoit été condamné à faire aſſiette, amortira ſui-vant ſon offre, & franchira la rente, ſi bon luy ſem-

ble, dans trois mois, à raiſon du denier vingt, & payera les arrerages depuis le contrat; & faute de fai-re l'amortiſſement dans le délai, ſera faite aſſiette au denier douze, ſuivant la tranſaction. *Du Fail, liv. 1, chapitre 122.*

249 Les rentes conſtituées ſur les maiſons des villes, ſont rachetables. *Cambolas, liv. 3. chap. 29.*

250 Arrêt du 9. Mars 1588. rendu entre le Syndic du Clergé de la Province de Touloufe, & des Dioceſes de Commenge & Conſerans, ſuppliant en enterine-ment de certaines Lettres Patentes du 23. Mars 1575. & le Syndic du pays de Languedoc & de la Ville de Touloufe, oppoſans ; par lequel il eſt ordonné, qu'ayant égard à la Requête & Concluſions du Pro-cureur General du Roy, nonobſtant leſdites Lettres, pour le regard du rachat des rentes foncieres appar-tenantes audit Clergé ſur les maiſons, édifices, jar-dins, & places vuides, ſituez en la Ville de Toulou-ſe & Fauxbourg d'icelle, ſeront regiſtrées au Regiſ-tre de la Cour, pour joüir par ledit Syndic du con-tenu en icelle. *La Rocheſtavin, livre 3. titre 6. Arrêt 5.*

251 Un Fermier perpetuel ſous certaine rente annuelle, s'étant reſervé de pouvoir racheter à même prix la rente, au cas que le maître le vende à un autre, peut en vertu de la convention, ôter la rente à l'ache-teur, en rembourſant le prix qu'il en a donné. Ar-rêt du Parlement de Paris du 17. Avril 1589. *Papon, liv. 11. tit. 10. n. 1.*

252 Les rentes foncieres ſur les maiſons de la Ville de Paris & autres Villes, quoique non rachetables par le contrat, ſe peuvent racheter à raiſon du denier vingt, ſi le denier n'eſt point ſtipulé; ſi elles ne ſont les premieres aprés le cens & fond de terres, *Coût. de Paris, art. 121. Voyez Bacquet, des Francs-fiefs, chap. 2. nomb. 14.* Pour les rentes foncieres dûës aux Eccleſiaſtiques, par l'article 20. de l'Edit de 1606. il eſt dit que les Eccleſiaſtiques ne pourront être con-traints à ſouffrir le rachat des rentes foncieres dé-pendantes de leurs Benefices. Quant aux rentes à prix d'argent, le rachat s'en pourra faire, appellé le Patron ou Collateur du Benefice, à ce que les de-niers ſoient employez à l'augmentation du revenu du même Benefice. Arrêt du 9. Février 1571. *Le Veſt, Arrêt 117.*

253 Arrêt du Parlement de Paris du 21. Août 1574. par lequel un debiteur de rente ayant par ſon ſecond donné à ſon creancier un fond par aſſiette, pour en joüir à perpetuité, a été reçû à racheter la rente avec le fond, en payant le ſort principal & les interêts. *Papon, liv. 12. tit. 7. n. 11.*

254 Le 12. Février 1595. il a été jugé qu'une rente conſti-tuée à prix d'argent, n'étoit point rachetable, quoi-qu'on ait ceſſé de la payer par deux ans, non plus qu'une penſion conſtituée, ou d'une rente fonciere; parce que *facta eſt perpetua alienatio ſortis*; & parce que par les Edits & Ordonnances rendus ſur leur conſtitution, cela eſt défendu, nonobſtant les Arrêts du Parlement de Toulouſe, leſquels parlent des ren-tes conſtituées en eſpece de bled & vin, réduites par leſdits Arrêts en argent, & auſſi par proviſion, juſques à ce qu'autrement par le Roy ſoit ordon-né. *La Rocheſtavin, liv. 3. tit. 6. Arr. 7.*

255 C'eſt une maxime du Palais, ſuivie par tant d'Ar-rêts, qu'il n'en faut plus douter. Quand une rente a été conſtituée en eſpeces d'écus, ſans ſpecifier leur valeur, comme ſi pour cent écus comptans on en a, l'on a conſtitué ſix écus de rente par chacun an, l'on doit faire le rachat de la rente en eſpeces d'écus, quoique l'écu ſoit augmenté de valeur, ou bien en monnoye blanche, à la raiſon de la valeur de l'écu, lors du rachat. Arrêt du 27. Juillet 1599. portant dé-fenſes aux Avocats de plus plaider telles cauſes déci-dées par pluſieurs Arrêts. Que ſi par le contrat l'é-cu étoit évalué, il conviendroit ſuivre l'évaluation, ainſi

ainſi qu'il a été jugé. *V. Papon, livre* 10. *titre* 5. *nombre* 8.

256 Un fils aîné & un puiné comme heritiers de leur pere debiteur de 1000. livres de rente, étoient tenus perſonnellement, chacun pour ſa portion hereditaire, hypotequairement pour le tout. L'aîné plus expoſé aux pourſuites du creancier, rachete la moitié de la rente, & ſomme ſon frere de racheter ſa part. Celui-cy dit que ſon aîné ne l'avoit point cautionné, au ſurplus que la rente n'étoit que conſtituée. Arrêt du Parlement de Paris du 7. Janvier 1603. qui déboute l'aîné. *V. la Bibliotheque de Bouchel*, verbo *Rente rachetable*, & Mornac, *L.* 18. §. *Celſus ff. familia erviſcunda.*

257 *Cohæres non poteſt cogere cohæredem ad extinguendum pro ratâ reditum civilem hereditarium.* Arrêt du 7. Janvier 1603. *Mornac, ibid.*

258 Un heritier ne peut contraindre ſon coheritier de fournir ſa part, pour racheter une rente conſtituée par le defunt, duquel ils ſont heritiers. Arrêt du 7. Septembre 1603. *Brodeau ſur M. Loüet, lettre F. ſomm.* 27. *nomb.* 6.

259 *Voyez M. Expilly, Arrêt* 129. où il rapporte un cas où l'on a jugé la rente fonciere rachetable. Arrêt du 5. Février 1605.

260 La rente conſtituée pour le don mobile du mari, eſt rachetable après les quarante ans. Arrêt du Parlement de Roüen du 8. May 1611. *Baſnage, ſur la Coût. de Normandie, art.* 524.

261 Arrêt du 9. Avril 1612. rendu entre les Religieux de l'Abbaye de ſainte Geneviéve, & Denis Martinot qui tenoit d'eux une maiſon, jardin & jeu de paume, qui avoient été baillez à ſes prédéceſſeurs, à la charge de 12. deniers de cens, 16. livres 9. ſols 2. deniers de rente non rachetable, & 43. liv. 10. ſols 10. den. de rente rachetable ; il fut jugé que la convention de la premiere rente ſtipulée non rachetable, étoit valable, & le preneur débouté de la demande par luy formée pour le rachat d'icelle, & les Religieux condamnez de recevoir le rachat de l'autre rente, quoique la convention eût été faite plus de ſoixante ans auparavant, & le proprietaire déchargé du remploy des deniers du rachat. *Auzanet, ſur l'article* 121. *de la Coûtume de Paris.*

262 Si la femme eſt mineure, & le mari majeur, il pourra recevoir le rachat, ſans qu'on crée un tuteur à ſa femme ; parce qu'il luy tient lieu de tuteur ; ce qui a été décidé par Arrêt du 9. Juin 1648. rendu en la Grand'Chambre, au rapport de M. Ferrand, entre M. le Duc de Liancourt, & M. le Prince de Lorraine d'Harcourt, & rapporté dans *les Mémoires de M. Barthelemy Auzanet.* C'eſt auſſi le cas d'un Arrêt du 20. Mars 1632. rendu entre M. le Duc de Mantoüé, & Damoiſelle Anne Guarlin, veuve de Charles de Languerais, & rapporté par *Palu, ſur l'art.* 304. *de la Coûtume de Tours.* Enfin cela a été jugé par un Arrêt de la Grand'Chambre du 27. Mars 1691. & ces Arrêts ſont rapportez dans *une Note marginale, ſur le chap.* 5. *du livre* 1. *Traité de la Communauté,* par *M. Dupleſſis.* Voyez *le Brun, en ſon même Traité de la Communauté, liv.* 2. *ch.* 2. *n.* 18.

263 Rentes foncieres conſtituées autrement qu'à prix d'argent, peuvent être dûës en bled, ſans être réducibles ni rachetables, au contraire, s'il eſt dit, le debiteur d'icelle peut être contraint de racheter, & peut devoir les arrerages de plus de 5. ans. *Loyſeau, du Déguerp. liv.* 1. *chap.* 7. *n.* 2. *& ſuiv.* La Peirere, *lettre R. nomb.* 78. rapporte un Arrêt du 5. Septembre 1663. donné en la Grand'Chambre du Parlement de Bourdeaux, au rapport de M. de Maran, dans l'eſpece qui ſuit. Le ſieur de la Fon avoit baillé à rente un ſien fond à 40. livres par an, avec pouvoir au Tenancier de racheter la rente pour certaine ſomme. Le Tenancier étoit en arrerages de payer ladite rente pendant pluſieurs années, & ſur la demande qui

Tome III.

luy en eſt faite par le Seigneur, il prétendoit en être quitte en payant cinq années d'arrerages, comme en rente conſtituée ; jugé qu'il en payeroit les arrerages comme d'une rente fonciere.

264 Arrêt rendu au mois de Février en l'année 1665. au rapport de M. de Bouran, entre les nommez Leſpen, & Fondviolle ; jugé que de deux coobligez ſolidairement dans un contrat de conſtitution de rente, l'un des coobligez ſe voulant liberer & racheter pour ſa part, ne pouvoit contraindre l'autre à racheter. *La Peirere,* ibidem.

265 Rente contrat de conſtitution eſt bon, nonobſtant la ſtipulation de racheter. Arrêt du 28. Juin 1677. *De la Gueſſ. tome* 3. *liv.* 11. *ch.* 22.

266 Arrêt du Parlement de Tournay du 5. Mars 1701. qui a déclaré nulle une ſtipulation faite dans la conſtitution d'une rente, qu'elle ne pourroit être rachetée avant ſept ans. L'Arrêt rendu en faveur d'un debiteur demeurant à Valenciennes. *Voyez M. Pinault, tome* 2. *Arrêt* 299.

Voyez cy-deſſus le mot Rachat, n. 24. *& ſuiv.*

RENTES REDUITES.

Voyez Bouvot, tome 2. verbo *Rentes.*

267 De la réduction des rentes conſtituées en bled, appellées volantes, à prix d'argent, à raiſon du denier douze. *Ordonnances de Fontanon, tome* 1. *liv.* 4. *titre* 23. *page* 788.

Rente réduite. *Voyez M. le Prêtre,* 4. *Centurie, chap.* 12. & *l'Ordonnance de Neron.*

268 Les Arrêts qui ont moderé & réduit les rentes exceſſives, n'ont point compris celles baillées pour heritages ; car les choſes immobiliaires ne ſont point ſujetes à réduction. *Papon, liv.* 11. *tit.* 7. *n.* 18.

269 Jugé le 23. Decembre 1532. qu'une conſtitution de rente à raiſon du denier dix, ſeroit réduite au denier quinze, & que les arrerages ſeroient précomptez ſur le ſort, & ce conformément à un autre Arrêt du 23. Decembre 1512. rendu entre Raoul de Feron, & Jean de Mailly, ſieur d'Auchy. *Le Veſt, Arr.* 5.

270 Il y a des Arrêts qui portent réduction au denier douze ; les autres au denier quinze, quoique la conſtitution ſoit de même ſort. Par Arrêt notable du 21. Juillet 1517. la rente du denier dix fut réduite au denier quinze, parce qu'elle avoit été levée à cette raiſon depuis 1493. & ce tant pour l'avenir, que pour les arrerages dûs, & fut outre cela déclarée rachetable pour toûjours. *Bibliotheque de Bouchel,* verbo *Uſure.*

271 La conſtitution de rente à raiſon d'un pour dix, ſera réduite au denier quinze, & que les arrerages ſeront précomptez ſur le ſort. Arrêt du 23. Decembre 1532. *Le Veſt, Arrêt* 5.

272 Par Arrêt du 17. Avril 1544. il a été jugé qu'une rente achetée par le Chapitre de Lectoure à raiſon de dix pour cent, ſeroit réduite à raiſon d'une livre de penſion annuelle pour quinze livres d'achat, & ſeroit rachetable à perpetuité. *La Rocheflavin, livre* 3. *titre* 6. *Arrêt.* 4.

273 La rente en grain conſtituée par argent & donnée pour payer une ſomme de deniers, promiſe par contrat de mariage, eſt ſujete à réduction. Arrêt du 3. May 1571. *Voyez Carondas, liv.* 6. *Rép.* 31. & *l'Ordonnance de Neron.*

274 Rente acquiſe de deniers alloüez à plus haut prix qu'il n'eſt porté par l'Ordonnance, doit être réduite à raiſon du prix de l'Ordonnance. Arrêt à la Prononciation de Pâques 1586. *Carondas, livre* 6. *chapitre* 84.

275 L'obligé ſubſidiairement ne peut demander réduction d'une rente conſtituée au den. dix, par le principal debiteur demeurant en Normandie, même après diſcuſſion de tous les biens & hypoteques ſiſes en Normandie, pour n'en être plus tenu qu'au denier douze. Arrêt du 25. Février 1605. *M. Bouguier, lettre R. nombre* 6.

Ddd

276 Le lignager n'ayant argent pour retirer les heritages vendus, traite avec l'acheteur, luy constituë rente en vin rachetable pour un prix; la rente en vin a été réduite en argent au denier douze, Arrêt du Parlement de Dijon du 2. Août 1563. *Bouvot, tome* 1. *part.* 2. verbo *Lignager, quest.* 1.

276 bis. Les habitans d'un Village débiteurs d'une rente en 1596. ayant toûjours payé des arrerages ce qui a été payé de plus des arrerages reduits au denier feize par l'Edit. Arrêt du Parlement de Dijon du 6. Février 1615. *Bouvot*, *to.* 2. *lettre* R. *verbo* Rente à prix d'argent, question 21.

277 Edit de réduction des rentes au denier feize publié au Parlement, n'a lieu dans les Bailliages que du jour qu'il y est aussi publié; & les contrats de constitution passez intermediairement au denier douze sont vapassez intermediairement au denier douze sont valables. Arrêt du Parlement de Paris du 5. Decembre 1628. *Bardet, tome* 1. *li.* 3. *ch.* 16.

278 On peut réduire une rente *ex causâ*, quand elle est à trop grande charge. Arrêt du 30. Juin 1651. Dans le fait, la maison sur laquelle la rente étoit à prendre, & constituée pour luy donner sauvegarde, avoit été démolie. *Bosset*, *to.* 1. *liv.* 3. *tit.* 3. *ch.* 5.

279 Edit portant réduction des constitutions de rente dans la Province de Normandie au denier 18. A Paris en Novembre 1667. registré au Parlement de Roüen le 13. Janvier 1668.

280 Rente au denier douze affectée au doüaire, réduite depuis au denier feize, ne donne pas un recours à la femme lors du rachat pour le parfournissement. *Voyez* le mot *Doüaire*, *n.* 15.

281 Lorsqu'il convient de réduire les rentes créées au temps du désordre des monnoyes, on réduit les arrerages à l'avenant du capital; s'il échet de faire la réduction à proportion de 33. un tiers pour cent, la diminution ne sera pas d'un tiers, mais d'un quart; sçavoir, de 33. un tiers sur 133. un tiers, & ainsi du reste; & s'il y a du trop payé, il en faut faire l'imputation sur ce qui peut être dû d'arrerages, avant de rien imputer en diminution du capital. Jugé au Parlement de Tournay le 5. Decembre 1697. *V. M. Pinault*, *to.* 2. *Arr.* 193.

282 En Haynaut les rentes personnelles avec rapport d'heritages, sont sujettes à moderation & attermination, aussi-bien que les hypotequées lors que les débiteurs ont souffert une perte considerable de tous leurs biens. Arrêt du Parlement de Tournay le 1. Juillet 1699. rapporté par le même *M. Pinault*, *to.* 2. *Arrêt* 264.

RENTE, RETRAIT.

283 Celuy qui avoit une rente sur quelque heritage ayant éteint la rente par l'achat de l'heritage, étant évincé par retrait lignager ne pouvoir comprendre au sort principal ladite rente. Arrêt du 8. Janvier 1495. *Carondas*, *liv.* 3. *Rép.* 44. L'article 137. de la Coûtume de Paris a changé cette Jurisprudence.

284 Rentes constituées ne sont plus sujettes au retrait lignager. Arrêt du Parlement de Dijon du 11. May 1584. *Taisand*, *sur la Coûtume de Bourgogne*, *titre* 5. *article* 2. *note* 4.

285 Rente non amortissable en la Coûtume de Chartres, & depuis rachetée par le preneur, ou son heritier, entre les mains du bailleur creancier de ladite rente n'est sujette à retrait. Arrêt du onze Février 1659. *Notables Arrêts des Audiences*, *Arr.* 23. de la Guesse. *to.* 2. *liv.* 1. *chap.* 8. rapporte le même Arrêt. *Voyez* Chopin, *Coûtume de Paris*, *liv.* 2. *tit.* 6. *n.* 10.

286 Les rentes constituées ne peuvent être retirées à droit de sang, ni feodal; mais on a agité cette question, si une rente constituée par le pere en faveur du mariage de sa fille, & depuis devenuë fonciere après les 40. ans étoit sujette à retrait? Pierre d'Epiney en mariant Simonne d'Epiney sa fille luy constituë dix livres de rente pour dot; après les 40.

ans, les enfans de cette femme vendirent cette rente à Pierre Bourrey. Pierre d'Epiney frere de Simonne, & débiteur de la rente, forma action pour la retirer, le Vicomte du Pontaudemer le reçut à sa demande; mais le Bailly ayant cassé la Sentence, sur l'appel, par Arrêt du Parlement de Roüen du 20. Novembre 1664. la Cour en infirmant la Sentence du Bailly, ordonna que celle du Vicomte sortiroit son effet.

Au moyen de ce que le pere baille à sa fille en payement de la dot, il se fait une continuation de proprieté, *sit continuatio dominii*; c'est pourquoy par l'Arrêt de Maigremont rapporté par Berault, le frere fut débouté de la demande en retrait; par la même raison il n'est point dû de treiziéme, *quia subrogatum sapit naturam subrogati*; M. d'Argentré dit qu'il y a lieu au retrait, parce que le fonds sort de la famille; mais ce n'est pas l'en faire sortir que de le donner à une personne du même sang, & de la même famille; & il sort si peu hors du nom qu'il demeure toûjours un bien maternel; s'il étoit vendu, les freres ou les descendans auroient l'action en retrait lignager. *Vide Molin.* §. 55. *gl.* 1. *n.* 110. *Basnage*, *sur la Coûtume de Normandie*, *article* 452.

187 Rentes constituées par conjoints pour retraire un heritage sont dûës par celuy à qui il est propre, & les arrerages échûs durant le mariage sont à la charge de la Communauté. Jugé au Parlement de Tournay le 23. Juillet 1695. *Pinault*, *to.* 1. *Arr.* 71.

RENTES SUR LE ROY.

188 Les rentes dûës par le Roy & constituées sur des recettes, se reglent suivant la Coûtume du lieu où le Bureau est établi. Arrêt du Parlement de Roüen du 13. Août 1546. entre la veuve de Saint Maurice & Marion de Saint Maurice, par lequel on a jugea à cette veuve la moitié de 85. livres de rente acquise par son mari pendant son mariage, sur la recette des Aydes d'Arques, & quinze liv. de rente sur le Grenier à Sel; & à l'égard de l'emploi demandé par ladite veuve de ses rentes dont son mari avoit reçu le rachat sans diminution de son doüaire, ni de son meuble, & de la part qu'elle avoit aux conquêts, le remploi seroit pris sur la part des acquêts revenans à lad. Marion, & en cas qu'ils ne pussent suffire sur le propre. *Basnage*, *sur l'article* 329. de la Coûtume de Normandie.

189 Les rentes sur le Roy se partagent suivant la Coûtume generale entre les sœurs qui sont reçuës à partage. Arrêt du Parlement de Roüen du 4. Août 1661. *Ibidem*, *art.* 170.

Voyez cy-après le nomb. 306. & suiv.

RENTES SEIGNEURIALES.

290 Par l'usage de Dauphiné les rentes Seigneuriales ou simples foncieres sont divisibles; mais on peut agir solidairement sur un des fonds chargé d'une rente ou pension constituée à prix d'argent. *Voyez* Salvaing *de l'usage des Fiefs*, *chap.* 77.

291 Par l'article 68. titre 5. de la Coûtume de Blois, *Rente constituée sur heritage feodal n'est point cense feodale, jusqu'à ce que l'acquereur en soit entré en foy & hommage. Si avant ce faire l'acquereur décede, la rente se partagera entre ses heritiers comme roturiers.* *Voyez* Pontanus sur cet article.

292 Arrêt du 13. Juin 1513. entre de Levis, & de Moucamp, & de Joyeuse, par lequel la livre de rente en censive est estimée 37. livres 10. sols; & de revenu à 20. liv. eu égard au temps de l'an 1464. sans justice. La Roch staivin, *liv.* 3. *tit.* 6. *Arr.* 6.

293 Si une rente est constituée, & specialement assignée sur un fief, le fils aîné encore qu'il prenne les deux tiers du fief ne payera les deux tiers de la rente. Arrêt donné en l'Audience sur un appel de Poitou le 4. Juin 1584. *Carondas*, *liv.* 7. *Réponse* 139. & la Bibliotheque de Bouchel, *verbo* Rente.

294 *Dolivé au chap.* 21. *du livre* 2. avance une fausse doctrine en soûtenant que la nouvelle rente établie avec

tous droits Seigneuriaux fur un fonds allodial par teluy qui le poffede & qui le retient devers foy, de-
oit être jugée fonciere, car il eft certain qu'elle ne
eut être jugée que volante, quoique *nomine tenus* elle
...uiffe être qualifiée rente fonciere, cette qualité étant
donnée aux fimples cens fans la qualité d'emphiteofe,
qui neanmoins ne laiffe pas de fe refoudre en conftitution ; l'Arrêt du 19. Août 1634. qu'il allegue eft
contraire à la propofition qu'il veut établir. *Graverol
fur la Rocheflavin*, liv. 3. tit. 6. *Arr.* 7.

295   L'ufage eft certain que le Seigneur qui poffede fa
rente Seigneuriale ou fonciere fur l'un des détenteurs du fonds obligé; la poffede fur tous les autres
détenteurs; ce qui a été jugé par Arrêt rapporté
par Berault fur l'art. 522. de la Coûtume de Normandie, & par autre du même Parlement de Roüen du
17. Decembre 1664. *Bafnage, fur cette Coûtume, article* 521.

296   Les rentes dûës aux Seigneurs, même aux hauts
Jufticiers feront payées fur le prix des aprétiations
faites par le Bailly Royal, dans les enclaves duquel
leurs fiefs font fituez; ce qui a auffi lieu à l'égard des
Engagiftes & Receveurs du Domaine de fa Majefté.
Arrêté du Parlement de Roüen, les Chambres affemblées au mois d'Avril 1666. *art.* 14. *Ibidem, tome* 1. à
la fin.

296 *bis*   I. Si le capital d'une rente dûë par la défendereffe
a pû être compenfé avec les arrerages de cens dûs par
les demandeurs?

II. Si la défendereffe a pû conftruire une digue,
ou levée d'un bord de la riviere à l'autre, & de l'ap-
puyer contre le fonds du demandeur?

III. Si l'on peut demander les interêts des arrerages de fervis non liquidez?

IV. Si les demandeurs doivent rapporter les contrats de leurs acquifitions, pour regler les lods qu'ils
doivent?

V. Si de fimples extraits de reconnoiffance font
foy?

VI. Si une redevance ftipulée fous conditio n ft
annuelle, & fi elle porte avec foy le droit de lods?

VII. Si la redevance d'un feptier de feigle doit être
payée pour l'entrée en Religion d'une fille?

VIII. Si l'on peut obliger un emphiteote à reconnoître confufément les articles qui font feparez &
reconnus par différentes reconnoiffances.

IX. Si le fervis ayant été reçû de chaque emphi-
teote, il n'eft pas cenfé divifé? *Voyez le Recüeïl des
Factums & Mémoires imprimez à Lyon chez Antoine
Boudet*, en 1710. to. 1. p. 496.

RENTE, TITRE NOUVEL.

297   Un heritier beneficiaire qui paffe titre nouvel d'u-
ne rente fans prendre cette qualité, en eft tenu comme heritier pur & fimple, fans préjudicier en autre
caufe à fon benefice d'inventaire. Arrêt du 10. Juillet 1599. Peleus queft. 44.

RENTE VIAGERE.

298   *De emptione reddituum ad vitam.* Voyez Andr.
Gaill, lib. 2. *obfervat.* 8.

299   *Voyez Carondas*, liv. 11. *Réponfe* 30. où il dit que
Droits Seigneuriaux pour l'heritage vendu à la charge d'acquitter une rente viagere, font dûs, non à
raifon du prix entier de la valeur de la rente, mais
feulement du tiers.

300   Lorfqu'un particulier donne une terre avec une rentes, tant fonciere que viagere dûës audit lieu,
membres & dépendances, & qu'aprés il fubftitue la
terre, membres & dépendances, fi fous ces mots,
membres & appartenances, les rentes viageres font
comprifes & peuvent être demandées par les fubftituez? V. Bouvot, to. 1. part. 1. verbo *Subftitution*,
queft. 4.

301   Si un particulier baille un moulin à rente de bled
rachetable de 400. livres, la rente eft tenüe pour
viagere, & doit être reduite au denier douze, à pro-

Tome III.

portion du prix, y ayant droit de retenüe au contrat
en cas de vente, & convention que le reteneur ne
pourroit vendre le moulin fans le confentement du
bailleur. *Voyez ibid. to.* 2. verbo *Rente à prix d'argent*,
queft. 25.

302   En fucceffion les rentes viageres font reputées
meubles, & le pere y fuccede encore que les rentes
viennent *ab avo, proavo.* Arrèt du Parlement de
Dijon du 22. Mars 1588. Autre Arrèt du 22. Mars
1599. *confultis claffibus*; la raifon eft que le pere n'eft
exclus que des anciens heritages, & qui ont fait
tronc, & l'heritage s'entend de chofe herente & permanente. *Ibidem, tome* 1. part. 3. verbo *Rentes viageres*.

303   Le creancier d'une rente viagere ne peut s'adreffer à l'acheteur du fonds hypotequé pour la rente; il
n'a qu'une action réelle laquelle *non fequitur fundi
poffefforem.* Arrèt du Parlement de Dijon du 5. Decembre 1600. *Ibid. to.* 2. verbo *Ufures*, qu. 7.

304   Une rente créée par un pere au profit du Monaftere dans lequel fa fille a fait profeffion, ayant été par
luy qualifiée annuelle & perpetuelle, elle ne doit
être reputée viagere, & ne demeure pas éteinte par
la mort de ladite Religieufe. Jugé au Parlement de
Paris le 26. Decembre 1652. *Soefve, tome* 1. *Centurie* 3.
chap. 99.

305   Par Edit du mois d'Août 1661. verifié le 2. Septembre fuivant, il eft défendu aux Communautez Ecclefiaftiques, Regulieres & Seculieres (à l'exception
de l'Hôtel-Dieu de Paris, du grand Hôpital de Paris,
& de la maifon des Incurables) de prendre à l'avenir aucuns deniers comptans, heritages ou rentes, à
condition d'une rente la vie durant des rentiers. Enfemble aux Notaires & autres perfonnes publiques
de recevoir les actes, à peine de cinq cens livres
d'amende contre les Notaires, & nullité des contrats,
& de confifcation fur les donateurs, de 3000. livres
d'amende contre les Communautez & gens de main-
morte. L'Arrèt de verification porte, fans préjudice
neanmoins de l'execution des contrats qui ont été
faits jufques à ce jour qui feront executez felon leur
forme & teneur. *Biblioth. Can. to.* 2. p. 458.

RENTES SUR LA VILLE.

306   Quelques actes fur les differends mûs entre le
Clergé de France & la Ville de Paris pour le payement des rentes de l'Hôtel de Ville. *Voyez les Memoires du Clergé*, to. 4. part. 6. tit. 3. ch. 2.

307   Arrerages de rente fur la Ville. *Voyez* le mot *Arrerages* nomb. 84.

308   Des Etrangers qui ont des rentes fur la Ville. *Voyez*
le mot *Etranger*, nomb. 88.

309   Pour rentes fur l'Hôtel de Ville, fi l'on doit
mettre en ordre les creanciers oppofans aux criées au
préjudice de l'Edit de furfeance. *Voyez M. Loüet, lett.*
C. fomm. 41. & M. le Prêtre, 2. *Cent.* ch. 26.

310   *Voyez* la onzième *Action* de M. le Bret, fur les *Lettres Patentes*, par lefquelles le Roy confirme les affignations des rentes dûës fur la Ville de Paris, & défend le divertiffement d'icelles.

311   Jugé au Parlement de Paris le 5. Janvier 1601.
qu'une rente de 800. livres fur l'Hôtel de Ville avoit
été valablement ajugée par decret pour 2500. écus.
Comme par Arrèt du Confeil Privé, & de la Chambre des Comptes, il eft dit que ceux qui ont acheté
des dettes du Roy, ne feront rembourfez que de ce
qui fe trouvera avoir été par eux payé; la difficulté fera venüe en execution. *Bibliotheque de Bouchel*,
verbo *Rentes*.

312   Rentes fur l'Hôtel de Ville de Paris au profit des
Etrangers, étoient éteintes & amorties par leur décez;
ainfi jugé par Arrèt rendu le 17. Decembre 1626. *Bardet, tome* 1. liv. 2. ch. 95.

313   Pour purger les hypotheques des rentes fur l'Hôtel
de Ville de Paris, il ne faut plus de decret, mais feulement des lettres de ratification. Edit du mois de

Mars 1673. quarante fols au Greffier , dix fols au Commis, & douze livres pour le prix ne s'obferve point, cela vient de la negligence de Meffieurs les Juges.

Il faut recourir aux derniers Edits, dont les difpofitions font favorables à ceux qui acquierent ces fortes de rentes.

RENTE , USURE.

314 En conftitution de rente la confeffion d'avoir reçû auparavant la fomme dûë par obligation ou cedules qui ne font point reprefentées , eft fufpecte de fraude & d'ufure. V. Bouvot , tome 1. part. 3. verbo Confeffion, queft. 2. où il rapporte des Arrêts qui ont ordonné l'imputation des arrerages au fort principal.

315 Si l'achat d'une rente au denier dix eft ufuraire , & fi l'on doit imputer fur les arrerages reçûs au-delà des interets au denier dix-huit ? Bafnage , fur la Coût. de Normandie , article 530. où il obferve que chaque partie produifoit des Arrêts à fon avantage. En effet il a voit été jugé que ce qui avoit été payé au deffus du denier quatorze devoit être imputé fur le principal; mais cette même queftion s'étant prefentée pour les habitans de Louviers , il fut jugé que les arrerages ayant été payez volontairement , il n'y avoit lieu d'en demander l'imputation fur le principal : & les parties s'étant pourvûës au Confeil contre cet Arrêt, il y fut confirmé.

316 Cette claufe fi le vendeur rachete la rente , il fera tenu de payer la rente entiere de l'année commencée , a été jugée ufuraire par Arrêt du Parlement de Paris du 9. Avril 1513. Bibliotheque de Bouchel , verbo Ufure.

317 En conftitution de rente l'année ne peut commencer deux mois avant la date du contrat , à peine de nullité & d'ufure. Jugé au Parlement de Paris le 27. Mars 1518. Papon , liv. 12. tit. 7. n. 1.

318 Terme de rente acceleré eft ufuraire , même en rente à bled. Arrêts du Parlement de Paris des 17. Juin 1521. & mois de Novembre 1531. à caufe qu'il étoit dit que le premier terme écherroit à Noël , quoique la rente fût conftituée qu'à la Touffaint. Papon , ibidem , n. 24.

319 C'eft une paction ufuraire que celle-ci , le debiteur ne pourra avant quatre & cinq mois , ou autre temps rachter la rente. Jugé au Parlement de Paris le 21. Octobre 1541. que le contrat étoit entierement nul. Biblioth. de Bouchel , verbo Ufures.

320 Il y a ufure dans l'achat de rente pour un prix , dont partie eft actuellement comptée, & partie affignée en rente fur l'acheteur. Neanmoins il y a Arrêt du Parlement de Paris du 14. Juillet 1547. par lequel après que l'acheteur eut déclaré ne fe vouloir aider de l'achat , finon pour la partie pour laquelle les deniers avoient été comptez , il fut dit que pour cette partie la rente étoit dûë , pour l'autre non. Papon , liv. 12. tit. 7. n. 19.

321 La rente conftituée du prix d'un cheval vendu, eft ufuraire, fujete à déduction du fort principal. Arrêt du Parlement de Dijon du 19. Juillet 1570. Bouvot , tome 2. verbo Ufures , queft. 13.

322 La rente fut conftituée en 1524. pour marchandife baillée & réduite à prix d'argent, avec promeffe d'affiette. Arrêt du Parlement de Bretagne du 26. Août 1566. qui caffe le contrat , déclare la rente raquitable. payant le fort principal , fur lequel feront précomptez les arrerages , fi aucuns ont été payez. Les arrerages avoient été convertis en principal. Du Fail, liv. 1. chap. 25.

323 Bien que l'on ne puiffe pas conftituer une rente à prix d'argent à un moindre prix que celuy de l'Ordonnance , on peut neanmoins l'acheter à un prix moindre que celui de fa conftitution : cela a été jugé par plufieurs Arrêts, & notamment par un du 23. Decembre 1513. mais on donnoit auffi cette faculté à l'o-

bligé de fe pouvoir liberer par le même prix que le ceffionnaire en avoit payé. Arrêt du Parl. de Roüen du 12. Mars 1616. entre Hannot & Vaffe. Cela ne fe jugeroit pas maintenant, fi la rente n'étoit point litigieufe. Bafnage fur la Coût. de Normandie, art. 530.

314 Par deux contrats des 21. May 1644. & 14. Janvier 1647. le Sieur de Saint Clair , & fon fils, encore mineur, s'étoient chargez d'acquitter M. Denis Barbey de deux rentes, l'une de cent huit livres, & l'autre de cent fept livres , & d'en rapporter le rachat dans un certain temps, au moyen des quittances qui leur furent délivrées de 400. & de 500. livres d'arrerages, fur les arrerages d'autres rentes qu'ils devoient audit Barbey. Par Sentence des Requêtes ces contrats avoient été déclarez valables. Par Arrêt du Parlement de Roüen du 25. Juin 1663. la Cour en émendant la Sentence, ordonna que les deniers reçûs par Barbey feroient imputez fur les arrerages des rentes à luy dûës, & le furplus fur le principal de la rente : pour valider ces contrats,& effacer tout foupçon d'ufure, il faut fuivant la doctrine de Du Moulin qu'il y ait nova perfona ; on ne pouvoit dire qu'il y eût nova perfona ; celui auquel on s'étoit obligé de payer n'ayant point acquitté le tranfport;au contraire Barbey avoit reçû les arrerages des rentes que l'on devoit acquitter : la queftion avoit été jugée aux Enquêtes le 11. Février 1633. quoique les arrerages pour lefquels le debiteur d'une rente avoit été chargé d'acquitter une rente , euffent été tranfportez à un autre que celui auquel le principal étoit dû , & qu'il y eût divers payemens en execution du contrat & ratification d'icelui , on n'y eut aucun égard. Bafnage , ibidem.

315 Les conftitutions de rentes pour alimens, arrerages de doüaire , de rentes foncieres & Seigneuriales, pour fermages & pour des dépens ne font ufuraires. Arrêt du Parlement de Roüen du 17. Mars 1645. Bafnage , ibidem.

316 Par Arrêt du Parlement de Roüen du 13. Juillet 1651. la conftitution d'une rente en laquelle on voit fait entrer les arrerages d'une rente dotale qui n'étoit point rachetable, fut déclarée ufuraire ; que fi un pere promettoit & s'obligeoit fimplement en une rente rachetable par une certaine fomme , en ce cas non feulement on pouvoit en conftituer les arrerages , parce que ce n'étoit point une rente dont la conftitution eût commencé par un prix d'argent, mais même quoique la rente s'en pût faire par une fomme qui produiroit un interet moindre que celui permis par les Edits, la conftitution ne laifferoit pas d'être valable : par exemple, fi le pere avoit promis mille livres de rente qu'il pourroit rachter par feize mille livres , la conftitution ne feroit point ufuraire , cette faculté de rachat à moindre prix n'empêchant que la promeffe ni l'obligation de payer mille livres de rente ne fût legitime : ces fortes de rentes ne font point de la nature & de la qualité des rentes conftituées, & font plûtôt des contrats commutatifs,où le pere pour la legitime de fa fille au lieu d'argent comptant lui donne une rente. Ibidem , art. 524.

317 Un frere pour demeurer quitte de la legitime de fa fœur, par tranfaction luy avoit accordé 3000. livres, dont il y en avoit 2000. livres conftituent en 110. liv. de rente jufqu'au racquit ; le mary avoit tranfporté cette rente ; enfin le frere fe défendoit comme d'une rente ufuraire. L'on voulut diftinguer,lorfque la rente paffe à une autre main , & quand le frere ou pere donnent une fomme qu'ils conftituent pour en ce cas la tenir illicite ; neanmoins par un Arrêt du 14. Juillet 1659. vû un autre Arrêt de 1653. l'on la déclara licite, que toutefois pour les arrerages non payez, échûs & à écheoir, la rente feroit réduite au denier 24. & on ajoûta à l'Arrêt, ainfi qu'à celui de 1653. que defenfes étoient faites à l'avenir de faire pareilles conftitutions. Berault fur la Coûtume de Normandie , p. 105. col. 1.

328 Le prix de la constitution des rentes ayant souvent changé, on a plusieurs fois agité cette question, si celui qui bailloit de l'argent à un tiers pour l'acquitter d'une rente au denier dix ou au denier 14. dans un temps où il n'étoit pas permis de constituer ses deniers à ce prix-là, commettroit une usure, & si le contrat étoit feneratif & usuraire ? En 1625. Gilles Gabriël acquit un heritage de Richer moyennant 300. livres, dont il en paya comptant 150. livres, & pour les 150. livres restans, il se chargea d'acquitter Richer de 15. livres de rente au denier dix; peu de jours après Haribel fit un contrat avec Gilles Haribel Sieur du Parc, par lequel il le chargea de payer à son acquit deux rentes au denier dix; l'une de 12. livres, & l'autre de 15. livres, qui étoit celle qu'il s'étoit obligé de payer, & pour ce lui paya 270. livres; tant en argent qu'en des obligations montant à 103. livres dont le sieur du Parc lui étoit redevable: celui ci ayant laissé échoir quelques arrerages, par Sentence de l'année 1639. il fut condamné de garantir Gilles Haribel, & de payer ce qui étoit dû; mais en 1659. le sieur du Parc étant poursuivi pour les arrerages, il s'avisa de soûtenir que le contrat étoit usuraire: le procez ne fut vuidé que le 14. Août 1676. & par Sentence le contrat fut déclaré usuraire, & ce qui avoit été payé d'arrerages imputé sur le principal. Par Arrêt du Parlement de Roüen du 17. Août 1677. la Sentence fut cassée, & le contrat déclaré valable. *Basnage, sur la Coûtume de Normandie*, art. 530.

329 Le sieur de Languerie s'étoit soûmis de décharger le sieur de Bedey de cent livres de rente, moyennant mille livres qui lui furent baillez; mais ce n'étoit qu'un prétexte pour exiger un interêt au denier dix, paroissant par les quitances que le sieur le Bedey avoit reçû les arrerages, ce qui donna lieu à la cassation du contrat: mais lorsque la rente est veritablement dûë, & que celui qui baille l'argent n'en profite point, on ne peut réputer le contrat usuraire: ce qui fut jugé par un Arrêt du Parlement de Roüen du 10. Février 1656. entre Maître Loüis Ameline Curé des Obeaux appellant, & du Fayel intimé, où Monsieur le Guerchois Avocat General fit distinction entre les deniers qui avoient été baillez & les obligations. *Basnage, ibidem.*

Voyez cy-après *le titre de l'Usure.*

RENVOI.

LE Renvoi est, *Dimissio ad alium judicem.*
Les Renvois que les Juges inferieurs font quelquefois au Juge superieur, ou au Prince, ont du rapport avec les Relations ou Rapports, *Relationes*, qui étoient autrefois en usage, & qui ont été abrogées par la Novelle 125.
De relationibus. C.7. 61.... C, Th. 11. 29.... N.125.
De appellationibus & relationibus. D. 49. 1.... Exir. 2. 28.

Voyez hoc verbo *Renvoi.* Bouvot, tome 2. & les mots *Declinatoire, Evocation, & Incompetence.*

1 Causes renvoyées pardevant le Juge dont a été appellé. *Voyez* le mot *Appel*, nomb. 183. *& suiv.*

2 Du Renvoi demandé par les Clercs pardevant leurs Juges. *Voyez* le mot *Clercs*, nombr. 85. *& suiv.*

3 Du renvoi fait au Juge d'Eglise. *Voyez* le mot *Juge*, n. 469.

4 On ne peut appeller d'un ajournement, mais demander son renvoy. Arrêt du Parlement de Paris de l'an 1390. *Papon*, liv. 7. tit. 7. n. 34.

5 La Duchesse de Lorraine avoit appellé du Maître Particulier des Eaux & Forêts à Chaumont, comme de Juge incompetent, & entreprenant sur les droits & Jurisdiction; & relevée en la Cour, elle prétendoit ne devoir être renvoyée au Grand Maître à la Table de Marbre, parce que ni l'un ni l'autre n'avoient Jurisdiction sur elle. Le Procureur General disoit que le renvoi s'en devoit faire, & qu'elle ne pou-

voit venir à la Cour, omisi le Grand Maître sur ce: par Arrêt de l'an 1517. la cause a été renvoyée pardevant le Grand Maître ou son Lieutenant à la Table de Marbre. *Biblioth. Can. 10. 2. p. 462. col. 2.*

6 Le 21. Juillet 1517. sur ce que M. le Duc d'Alençon appellant du Bailly de Chartres ou son Lieutenant, disoit que le Bailly l'avoit grevé en lui déniant le renvoi d'une cause en laquelle un Gentilhomme avoit obtenu Lettres Royaux, par lesquelles il disoit aucuns heritages assis en la Châtellenie de Châteauneuf, Comté du Perche, luy appartenir, & étoit mandé au premier Huissier de faire commandement aux possesseurs de s'en départir, & en cas d'oppositions ajourner les opposans pardevant le Bailly de Chartres, auquel étoit mandé sur ce faire proceder les parties pardevant lui, sans avoir égard à la prescription ou laps de temps écoulé durant la minorité de l'impetrant intimé, a été dit, mal ordonné & refusé par le Bailly, & bien appellé; la cause principale renvoyée pardevant le Vicomte de Châteauneuf. *Bibliotheque de Bouchel*, verbo *Lettres Royaux.*

7 Si un debiteur ne s'est soûmis à toutes Cours Royales par l'obligation, qu'il soit trouvé hors de son lieu & executé en vertu d'un Mandement donné par un Juge Royal autre que le sien, ou qu'il y ait soûmission à toutes Cours Royales, & qu'un Juge non Royal subalterne ait déclaré les Lettres executoires de l'obligation, il peut, en formant son opposition, demander son renvoi pardevant son Juge. Arrêt du Parlement de Paris du 15. Février 1529. *Ibidem*, verbo *Competence.*

8 En Païs Coûtumier le sujet sans le Seigneur ne peut décliner & demander son renvoi; mais en Païs de Droit écrit il le peut faire seul; ainsi jugé en 1530. à moins qu'il ne se trouve soûmission du sujet au Juge duquel il veut décliner la Jurisdiction; car alors il a besoin de l'aide de son Seigneur. *Ibidem*, verbo *Renvoi.*

9 *Judex secularis, quamvis pronuntiet malè judicatum, non potest retinere causam, sed debet eam remittere ad eandem sedem, ad alium tamen quam ad eum qui judicavit, ut Senatus pronunciavit an. 1513. & die 16. Decembris; quod procedit quando appellatur de judice Regio ad Regium, secus quando appellatur à judice non Regio ad Regium, quia tunc causam retinere ex consuetudine solet, licet contrarium ex causâ fuerit judicatum pro Dominis de Royalmont die 24. Novemb. anno 1534.* Rebuffe sur le Concordat *tit. de frivolis appellat.*

10 Arrêt du Parlement du 19. Janvier 1545. portant défenses au Prévôt de Paris ou son Lieutenant de plus délivrer Lettres ou Commission en laquelle y ait adresse à un Sergent de renvoyer une cause au refus du Juge sur peine de nullité de la Commission, & aux Sergens de l'executer. *Papon, livre 7. titre 7. nomb. 59.*

11 Les Juges doivent faire droit sur le renvoi requis en vertu de Committimus sur le champ, & ne pas appointer les parties à mettre. Jugé au Parlement de Paris le 26. Avril 1566. *Chenu, premiere Centurie, question 87.*

12 Un sujet ne peut demander son renvoi sans être vendiqué par son Seigneur. Un appellant de déni de renvoi qui n'étoit pas vendiqué, fut condamné en l'amende aux Grands Jours de Poitiers par Arrêt de 1567. *Mol. in Consuet. Paris. tit. 1. parag. 2. glos. 3. num. 12.*

13 Le 13. Juillet 1597. Chamet plaidant contre A. Arnauld, dit qu'il avoit des Arrêts par lesquels la Cour avoit confirmé des Jugemens des Présidiaux qui avoient retenu une cause en laquelle un des Conseillers du Siege étoit partie, nonobstant le renvoi requis par l'autre partie, & dit qu'on faisoit cette distinction, quand la cause étoit de l'ordinaire seulement, il n'étoit pas besoin de faire renvoy, mais bien si la cause étoit Présidiale. Monsieur l'Avocat

Servin, dit que la Cour avoit accoûtumé de diſtinguer, ſi le fait dont il s'agiſſoit étoit un point de
droit, il n'étoit pas beſoin de renvoy ; mais s'il gi-
ſoit en Enquête, parce que la preuve fait le Jugement, il n'étoit pas raiſonnable que le Préſidial en
connût ; en ce cas, il faut garder l'Ordonnance.
Toutefois par Arrêt pour le regard de l'appel, on
mit les parties hors de Cour & de procés, parce que
le principal étoit évoqué. *Bibliotheque de Bouchel*,
verbo, *Renvoy*.

14   La clauſe contenuë és renvois que la Cour fait
devant les Juges deſquels il a été appellé, pour leurs
Sentences avoir été infirmées, en tout ou en partie,
ou autres conſiderations en ces termes, *pardevant
autres toutefois que celuy dont avoit été appellé*, s'entend de celuy qui auroit préſidé à la déliberation de
la Sentence, & non du Rapporteur ; c'eſt la diſpoſition des Arrêts des Cours, ſinguliérement de celle de
Touloufe. *Mainard, liv. 3. ch. 32.*

15   Jugé par Arrêt du 3. Septembre 1609. qu'en matiere criminelle, un Prêtre accuſé de crime pardevant
un Juge ſeculier, n'ayant demandé ſon renvoy
pardevant ſon Juge naturel, l'Official de l'Evêque le
peut faire en la cauſe d'appel. *Filleau, 4. partie,
queſtion 113.*

16   Comme les Juges Royaux ne ſe déſaiſiſſent pas volontiers, & ne prononcent qu'avec peine le renvoy
qui leur eſt demandé, par Arrêt du Parlement de
Roüen du 20. Novembre 1664. il leur fut enjoint d'y
prononcer ſans délai, & au Greffier, en cas d'appel,
d'expedier les Sentences en papier. Il fut encore enjoint au Juge Royal, de faire le renvoy en la Cour
à jour certain, pour diſpenſer les Hauts-Juſticiers de
prendre des Lettres à la Chancellerie, & de donner
des Aſſignations. Il n'eſt pas neceſſaire, comme le
prétendent mal à propos quelques Juges Royaux,
que le Procureur Fiſcal vienne en perſonne ; c'eſt
aſſez que le Procureur, qui parlera pour luy, ſoit
fondé d'un pouvoir ſpecial. Arrêt du 1. Février
1619. pour M. le Duc d'Elbœuf. *Baſnage, titre de Juriſdiction, art. 15.*

17   Par Arrêt du Parlement de Roüen du 6. May 1644.
il a été ordonné que les Tabellions de la Haute-Juſtice de Quatre-mares, ſeront tenus tous les ans repreſenter leurs Regiſtres, pour être paraphez, pardevant le Juge Bailly de la Haute-Juſtice, en la preſence du Procureur Fiſcal : Et faiſant droit ſur les Concluſions du Procureur General du Roy, la Cour a ordonné que les Juges Royaux du Pont-de-l'Arche, en
cas de renvoy requis par le Seigneur Haut-Juſticier,
ſeront tenus, après communication faite aux Subſtituts, prononcer l'accord ou l'éviction d'iceluy, & en
délivrez les actes en papier, & non en parchemin.
*Berault, à la fin du 2. tome de la Coût. de Normandie.
page 43. ſur l'article 19.*

18   *Voyez l'Ordonnance d'Orleans, art. 52. 53. & de
Blois, art. 121.* On ne doit l'étendre hors de ces cas,
ni l'entendre que des propres oncles, neveux, &
non pas des grands oncles ou arriere-neveux. Arrêt
au mois de May 1617. M. le Prêtre, *és Arrêts de la
Cinquiéme.* Voyez la *Declaration du Roy de 1670.*

19   Arrêt du Parlement de Provence du 7. Janvier
1678. qui a jugé que l'Eccleſiaſtique, après avoir répondu pardevant le Juge laïc, n'eſt pas obligé
d'aſſiſter en perſonne au Jugement de renvoy, ſauf
d'aſſiſter au Jugement du principal, s'il en eſt débouté. *Boniface, tome 1. liv. 2. tit. 4. ch. 2.*

20   Le 8. Avril 1678. jugé qu'un ſimple Clerc, ſans
Benefice, étant accuſé, ne peut demander renvoy au
Juge d'Egliſe. *Ibidem.*

21   Arrêt du 16. Juin 1670. qui a jugé qu'une cauſe
ayant été renvoyée par Arrêt du Conſeil aux Officiers d'un Siege pour la juger, le Lieutenant ne peut
pas la juger ſeul. *Boniface, tome 3. liv. 1. titre 8.
chapitre 12.*

Il a été jugé au même Parlement de Provence le 6.   22
Juillet 1675. que l'on peut demander renvoy de la
cauſe pendante au Siege, à un autre plus prochain du
chef de la partie, qui eſt Officier ou Succeſſeur préſomptif de l'Officier. *Ibidem, ch. 22.*

Renvoy en une autre Chambre, des cauſes d'un   23
Conſeiller au Parlement, ou en un autre Siege, des
cauſes d'un Conſeiller. *Voyez le mot Recuſation,
nombre 14.*

REPARATIONS.

A   Edium ſarta tecta. Refectio. Impenſa.
Définition & diviſion de ce mot, *Impenſa, L.
79. D. de verb. ſign.*
    De impenſis in res dotales factis. D. 25. 1.
    De refectione domûs. L. 61. D. de reg. jur.
    Voyez, hoc verbo, *Réparations, Bouvot, tome 2. &
la Bibliot. Canon. tome 2.*

Reglement pour les réparations qui doivent être
faites pendant le temps des *Baux judiciaires,* & quelles en doivent être les formalitez ; il eſt du 25. Juin
1678. *De la Gueſſiere, tome 4. liv. 1. ch. 9.*

S'il eſt permis de couper des *Bois,* pour faire les   2
réparations ? *Voyez le mot Bois,* nomb. 53. *& ſuiv.*

Réparations des *Chemins.* Voyez le mot *Chemins,*   3
nomb. 16. & ſuivans.

Eccleſiaſtiques tenus de contribuer à la réparation
& entretenement des chemins publics. Arrêt du 24.
May 1583. contre les Religieux de Saint Victor, pour
les proviſeurs des chauſſées d'Orleans. *Tournet, lett.
E. Arrêt 39.*

Si l'*uſufruitier* eſt tenu à la réparation du chemin,   4
& à quelles charges il eſt tenu ? *V. Bouvot, tome 1.
partie 1.* verbo, *Uſufructuaire,* & verbo, *Uſufruit,
queſtion 2.*

De quelle maniere ſe fait la contribution aux ré-   5
parations des Villes & Villages. *Voyez le mot Contribution, nomb. 48. & ſuiv.*

Réparations faites ou à faire par le preneur à titre   6
d'*Emphytéoſe.* Voyez le mot *Bail,* nombre 310. *&
ſuivans.*

Des réparations dont eſt tenu l'*Emphytéoſe.* Voyez
le mot *Emphytéoſe, n. 61. & ſuiv.*

Comment ſe fait l'eſtimation des réparations ? *V.*   7
le mot *Eſtimation, n. 61. & ſuiv.*

De la *compenſation* des fruits, avec les réparations.   8
*Voyez le mot, Fruits, nombre 132. & cy-après, le
nombre 16.*

De l'*hypotheque* & privilege des réparations, *Voyez*   9
le mot *Hypotheque, nomb. 233.*

Des réparations faites par le *Fermier.* Voyez le mot   10
Fermier, nomb. 73.

An contribuere debeant ad fortalitium reparandum   11
habitantes extrà ? Voyez la nouvelle Edition des Oeuvres
de *M. Charles Du Moulin, tome 2. p. 580. Item ad
murorum. Ibid. p. 581. queſt. 137.*

*De proviſione faciendâ ſuper reparationibus fortaliti
& vadiis capitanei. Ibid. p. 581. queſt. 141.*

Teſtamenti antiſtitis curatorem vel executorem ad   12
ſarta tecta rectè conveniri. V. *Du Luc, lib. 1. tit. 4.
cap. 17.*

Réparations faites par le mary qui augmente l'he-   13
ritage de l'un ou de l'autre, ſont réputées conqueſts.
Voyez Carondas, liv. 2. Rép. 63.

Le locataire perpetuel d'une maiſon déguerpiſſant,   14
ne peut pas repeter la valeur des réparations faites
depuis le Bail, quoique grandes & importantes, ni
même la valeur des réparations faites avant le bail,
& autres hypotheques qu'il avoit ſur le fond dont il a
décharge le bailleur, nonobſtant la clauſe de
bail, par laquelle il étoit dit que ce locataire ne
pourroit être dépoſſedé, qu'il ne fût au préalable
rembourſé de toutes ſes reparations, tant de celles
qui avoient précedé le bail, que de celles qui pourroient être faites dans la ſuite. Arrêt du Parlement

de Toulouse rapporté par *M. de Catellan*, *livre 3. chapitre 23.*

15 Si les réparations étant faites en une chose decretée, pour lesquelles l'acheteur de la maison, où elles ont été faites, est colloqué, le creancier saisissant pour lesdites réparations, est preferable, quoiqu'il soit posterieur creancier, si telles réparations en l'action pour en avoir le payement & remboursement, sont meubles ou immeubles ? *Voyez Bouvot*, tome 2. verbo *Réparations*, quest. 2.

16 Si celuy qui achete un heritage y plante une vigne, qui aprés est decretée, à la Requeste des creanciers du vendeur, l'acheteur est tenu de *compenser* les réparations avec les fruits, ou s'il doit être payé pour icelles par preference ; & si le mary a fait des réparations & méliorations en ses fonds & bâtimens, la femme peut, aprés la dissolution de la communauté, repeter la moitié des impenses ? *Ibid. quest. 4.*

17 Proprietaire en partie d'une maison, peut être contraint pour le tout aux réparations pour son voisin, si elle menace ruine, sauf son recours contre les autres coproprietaires. *Arrêt du Parlement de Paris de l'an 1588. Papon, liv. 6. tit. 11.*

18 Le possesseur ne peut retenir la maison ou heritages, pour le remboursement des réparations par luy faites ; mais il peut seulement obliger le demandeur de luy donner caution pour icelles. *Arrêt du Parlement de Paris du 12. Février 1530. Papon, livre 11. tit. 9. n. 1.* où est ensuite rapporté un autre Arrêt du 19. Mars 1569. qui a jugé qu'un appellant déposedé en vertu d'un Arrêt infirmatif d'un decret contre mineur, seroit reçu à s'opposer, & empêcher l'execution de l'Arrêt, pour raison des impenses & méliorations.

19 Mineur restitué contre une vente faite sans decret, condamné de rembourser les réparations necessaires, dont compensation doit être faite jusqu'à concurrence, avec les fruits du jour de l'alienation ; s'ils ne sont suffisans, le mineur tenu de parfaire ; & si au contraire les fruits montent plus que les impenses necessaires, ils doivent être compensez avec les réparations utiles, dont le mineur doit être au surplus déchargé. *Arrêt du Parlement de Paris du 26. Mars 1544. Papon, liv. 18. tit. 4. n. 14.*

20 Locataire est tenu des réparations des ruines arrivées par sa faute, même depuis qu'il est condamné à sortir. *Arrêt du même Parlement du 21. Février 1563. Ibid. liv. 11. tit. 9. n. 1.*

21 Par Arrêt du Parlement de Toulouse, l'Abbé de S. Gilles condamné és frais des réparations non faites par son Predecesseur, sauf à les prendre sur les fruits du Benefice. Le même jugé contre l'Abbé de Vertus, le 27. Mars 1574. *Papon, liv. 1. tit. 1. n. 14.*

22 Arrêt du Parlement de Paris du 22. Février 1586. qui ordonne que l'Evêque d'Angers sera tenu d'employer la quatriéme partie de ses revenus aux réparations de son Evêché, & luy enjoint de poursuivre les heritiers ou biens tenans de son Predecesseur, à fournir les réparations avenuës de son temps, sur peine de s'en prendre à luy ; les Chanoines condamnez pareillement à employer le quint de leurs fruits, à réparer l'Eglise Cathedrale, esquelles réparations seroient employez les arrerages des festages, & les deniers de la Fabrique. *Ibidem.*

23 Le proprietaire d'une maison, n'est pas privilegié ni preferé à celuy qui a fait les menuës réparations, desquelles le locataire étoit tenu sur les meubles qui se trouvent en la maison qu'il a louée. *Arrêt à Noël 1590. Montholon, Arrest 64. Voyez M. Bouguier, lettre M. nombre 1.* où il y a Arrêt du 26. ou 27. Juillet 1622.

24 Réparations des maisons & des saillies. *Voyez Le Vest, Arrêt 106.*

25 Le *Maçon* est preferé pour les réparations par luy faites, contre le bailleur d'heritage à rente, sur les loyers de la maison. *Arrêt du 15. Mars 1598. Carondas, liv. 10. Rép. 79.*

26 Distraction ne peut être faite des bâtimens & améliorations au profit des creanciers, qui ont prêté leur argent, pour réparer la maison sujete au douaire coutumier. *Arrêt du Parlement de Paris du 7. Septembre 1601.* qui ordonne que distraction seroit faite de la maison au profit des mineurs, en l'état qu'elle étoit, sans aucune diminution ni distraction des réparations & améliorations. *V. Carondas, livre 10. Rép. 16. & Papon, liv. 15. tit. 5. n. 26.*

Voyez le mot Bâtimens, n. 17. & suiv.

27 Les menuës réparations dûës par un locataire, sont ordinairement estimées à six livres. *Arrêt du Parlement de Paris du mois de Février 1606. V. les Reliefs forensis de Rouillard, chap. 41.*

28 Entre Loüis de Courtignon Ecuyer, Prieur & Seigneur de Saint Martin les-Longueaux, appellant du Bailly de Senlis, d'une part, & les habitans, d'autre, ceux-cy ont été condamnez à fournir & contribuer à leur égard, à la réédification & réparation de l'Eglise Paroissiale de Saint Martin ; & l'appellant contribuer jusques à la concurrence du tiers des dîmes, sans comprendre les oblations, ni que pour le surplus des revenus dépendans du domaine dud. Prieuré, il en puisse être tenu. *Arrêt donné en l'Audience de la Grand'Chambre, sur l'avis de M. le Bret, Avocat General, le 16. Février 1610. Corbin, suite de Patronage, chap. 230.*

29 Arrêt du Parlement de Grenoble du 18. Février 1611. par lequel il a été jugé que les réparations utiles & necessaires, doivent être renduës à un creancier possedant *jure creditoris*, *Basset, tome 2. liv. 5. titre 8. chap. 1.* où il explique quelles sont les réparations necessaires, ajoûtant que celles faites de mauvaise foy, peuvent être retirées par celuy qui les a faites, pourvû qu'elles luy puissent être utiles, & qu'il ne paroisse pas qu'il ait le seul dessein de nuire.

30 Arrêt du Parlement de Grenoble du 10. Août 1609. qui a jugé que les réparations & méliorations doivent être payées avec interêt, quand les fruits sont restituables. *Basset, tome 2. liv. 5. tit. 8. ch. 2.*

31 De la contribution des Monasteres aux réparations publiques. *Arrêt du Parlement de Grenoble du 2. Mars 1626. V. Basset, tome 1. liv. 1. tit. 1. ch. 22.*

32 Il faut rendre au possesseur de bonne foy toutes les réparations qui ont rendu le fond plus precieux, même le prix des fonds achetez pour la plus grande commodité & valeur de celuy qu'on veut évincer. *Arrêt du 21. Mars 1630. Ibidem, livre 2. titre 34. chapitre 7.*

33 L'heritier grevé n'a en détraction que les réparations par luy faites sur le fond sujet au fideicommis ; *in quantum fundus est factus locupletior*, & plus logeable, & cela sans aucuns interêts. *Arrêt du Parlem. de Grenoble du 21. Février 1633. Basset, to. 1. liv. 5. tit. 9. chap. 17.*

34 Le Seigneur direct n'est tenu de fournir aux réparations du fond emphyteotique. *Arrêt du 31. Juillet 1646. Basset, tome 1. liv. 3. tit. 4. ch. 1.*

35 Les réparations & les méliorations, dont le possesseur évincé demande la restitution, doivent être estimées en détail, & non en gros & confusément. *Arrêt du même Parlement de Grenoble du mois de Novembre 1650. rapporté par Chorier, en sa Jurisprudence de Guy Pape, page 296.*

36 Jugé au Parlement de Roüen le 3. Février 1657. qu'une veuve qui prend du fond pour sa dot, est tenuë des réparations utiles. *Basnage, sur la Coût. de Normandie, art. 575.*

37 Le possesseur d'un fond convenu hypotequairement, n'est recevable d'offrir la valeur du sol & des mazures, sous pretexte que les réparations qu'il y a faites, excedent la valeur de ce fond. *Arrêt du Parlement de Grenoble du treiziéme*

Mars 1663. *Voyez* Basset , tome 1. *livre* 2. *titre* 34. *chapitre* 9.

38 Si le possesseur vendant au creancier par droit d'offrir doit être remboursé des réparations utiles , necessaires & superfluës. Arrêt du Parlement de Provence du 28. Février 1670. qui n'ajuge que le remboursement des réparations utiles & necessaires , & non des superfluës. *Boniface, to.* 4. *livre* 9. *titre* 2. *chapitre* 1.

39 De l'exemption de contribuer aux réparations. *Voyez le mot* Exemption , *nomb.* 99. *& suiv.*

RÉPARATIONS, BENEFICE.

40 Réparations d'Eglise. *Voyez cy-dessus le nomb.* 12. *& suiv.* hoc verbo *Réparations*, la Biblioth. de Jovet.

41 Qui est tenu de la réparation des Eglises ? *Voyez le mot* Eglise , *nomb.* 36. *& suiv.*

42 Des réparations dont sont chargez les Décimateurs. *Voyez* le mot *Décimateur* , *nomb.* 5. *& suiv.* Décimateurs sujets aux réparations. *Voyez* le mot *Dîme* , *nomb.* 438. *& suiv.*

43 Quêtes pour les réparations de l'Eglise. *Voyez* le mot *Quête* , *nomb.* 7.

44 Réparations des Eglises ruinées qui sont en Patronage. *Memoires du Clergé* , *to.* 2. *part.* 2. *p.* 72.

45 Réparations des ruines arrivées pendant les guerres. *Ibid.* to. 3. part. 3. *p.* 193. *& 194.*

46 Réparations des Eglises & autres lieux pieux, ou dépendans des Benefices. *Voyez ibidem* , *titre* 5. *page* 499. *& suiv.* Moyens d'y pourvoir , ibid. Les Evêques y pourvoiront dans leurs Visites.

47 Défenses à tous juges de prendre aucuns salaires pour la visite des réparations qui sont à faire aux Eglises , à peine de concussion. *Ibidem* , *page* 510. jusqu'au 514.

48 Les Juges des lieux ne doivent connoître des réparations qu'en cas que l'Official neglige d'y faire contraindre les Beneficiers de son Ressort dans le temps qui-luy est accordé pour ce sujet. *Voyez Ibid. p.* 512. En quel temps les Procureurs du Roy peuvent faire saisir le revenu des Benefices , faute de réparations? *Ibid, p.* 514.

49 Sur qui tombe l'obligation de réparer les Eglises & Convens, il s'en fait la contribution. *Voyez* Papon, liv. 1. tit. 1. n. 11.

50 Du rétablissement des Eglises & maisons Presbyterales. *Voyez* Filleau part. 1. tit. 1. chap. 14. où il rapporte plusieurs anciens Arrêts en faveur des Curez.

51 De la réparation des Eglises, & pour quelle part les Prieurs & Seigneurs Décimateurs y sont tenus? *Voyez* Henrys, to. 1. liv. 1. ch. 3. quest. 15.

52 *An ratione decimæ quis ad chori Ecclesiæ instaurationem teneatur?* Voyez Franc. Maré. tome 2. qu. 360.

53 *De quibus reparationibus teneantur Episcopi , & eorum executores?* Joann. Galli , quest. 69. In Parlamento fuit dictum per arrestum pro executoribus Domini Gonterii Archiepiscopi Senonensis contrà dominum Guidonem de Roye, quod nec dictus defunctus Archiepiscopus , nec ejus executores tenebantur pro reparationibus castrorum & aliorum locorum quæ erant per hostes destructa ; & idem fuit in Parlamento immediaté præcedenti dictum pro executoribus Domini Joannis Nicoti Episcopi Aureliânensis , pro tunc cùm vivebat. Contrà Episcopum Aureliânensem? V. la Bibliotheque Can. to. 2. p. 516. col. 2.

54 Jugé que le Prieur-Curé primitif , lequel tenoit les dîmes en la Paroisse de Cayeu, seroit tenu de contribuer aux réparations & refection de l'Eglise Parochiale , jusques à la concurrence du tiers de son revenu , les oblations exceptées. *Voyez les* Plaidoyés *de* Corbin , chap. 45.

55 Curé primitif percevant les dîmes d'une Cure, tenu de contribuer aux réparations. V. Bouvot , tome 2. verbo Eglise , quest. 8.

56 Les reparations d'Eglises & manoirs presbyteraux

sont tellement privilegiées qu'elles sont preferées à tous , même à ceux qui ont obtenu du Roy le droit d'aubaine. Arrêt du Parlement de Paris contre Michel du Bois , donataire de l'aubaine du Cardinal Cajetan mort à Rome ; & pourvû de Benefices en France. *Biblioth. Can.* to. 2. p. 518. col. 1.

57 Ceux de la Religion prétenduë Réformée sont obligez de contribuer aux réparations des Eglises à cause des dîmes inféodées, ès cas ésquels les Seigneurs Catholiques possesseurs des dîmes y sont condamnez. Comme aussi tous les Religionnaires aux réparations du clocher de l'Eglise de la Paroisse. *Voyez* Filleau , en ses décisions Catholiques , Décis. 75.

58 Les Ecclesiastiques nonobstant les anciens Arrêts sont tenus de contribuer au rétablissement & réparation des Eglises ruinées par les guerres civiles. Arrêt du Parlement de Toulouse contre l'Evêque de Castres qui s'y opposoit , jusqu'à avoir entrepris d'arrêter les Juges seculiers & souverains par excommunications & censures Ecclesiastiques , pour raison de quoy il fut condamné en l'amende. *Bibliotheque Can.* to. 2. p. 516. col. 2.

59 Le prix des réparations est dû à l'Ecclesiastique qui rentre en ses domaines alienez. *Voyez* le titre *Aliénation de biens d'Eglise* , nomb. 86.

60 Arrêt du 26. Novembre 1384. qui a jugé que l'executeur testamentaire d'un Prélat pouvoit être assigné pour les ruines des bâtimens du Benefice, arrivées du temps du défunt. *Papon , liv.* 1. tit. 1. n. 15.

61 La question des réparations d'un Benefice appartient au Juge Lay. Arrêt du Parlement de Paris de l'an 1389. *Ibidem* , tit. 5. n. 21.

62 Les Parlemens du Royaume se sont reservez d'ordonner & de faire proceder à la visitation des Benefices , dont il y a un Arrêt du Parl. de Paris du 16. Decembre 1521. qui ordonne que le Prieuré de saint Maurice à Senlis seroit visité & réparé ; & en outre , que pendant le procès du Prieuré l'administration des choses sacrées seroit commise à deux Clercs , & des choses profanes à deux Laïcs. Et les Moines de l'Abbaye d'Orbais en Champagne se plaignans de l'Abbé fiduciaire , le Monastere fut visité par Arrêt du même Parlement de l'an 1568. Elle appartient veritablement aux Evêques,mais ils ne peuvent user de contrainte pour la réparation des Edifices d'iceux. Ils doivent appeller avec eux les Officiers Laïcs des lieux pour pourvoir tous ensemble au rétablissement & entretenement des Eglises Parochiales , & edifices d'icelles. Ensuite l'execution appartient aux Juges Laïcs , qui à ces fins doivent contraindre les Marguilliers & Paroissiens à la contribution des frais requis & necessaires , par toutes voyes duës & raisonnables , même les Curez par saisie de leur temporel à porter telle part & portion de réparations & frais qui sera arbitré par les Prélats. *Bibliotheque Can.* tome 1. p. 764. col. 1.

63 Joann. Gallus , quest. 587. rapporte un Arrêt du Parlement de Paris confirmatif d'une Sentence renduë par un Bailly de Vermandois , par laquelle en procedant à une commission du Roy il avoit ordonné qu'il connoîtroit de l'aprétiation des réparations qui étoient à faire en quelques maisons de l'Eglise de Laon. Un Evêque de Noyon assigné au Parlement pour réparations qu'il avoit negligé de faire dans un Evêché qu'il avoit auparavant , fut débouté de son declinatoire. *Voyez ibidem* , qu. 225.

64 Les habitans des Paroisses pour la réparation de leur Eglise sont obligez de faire les charois & manœuvres necessaires dans la Paroisse. Arrêt du Parl. de Toulouse du 20. Mars 1538. ce qui fut reglé par Arrêt du 3. Septembre 1538. suivant à la faction du mortier , port de chaux , sable , tuille , & autres materiaux. *Mainard* , to. 1. liv. 1. ch. 32. & 33.

65 Arrêt du Parlement de Paris du 20. Février 1542. qui sur la requête du Procureur General ordonne que les

les réparations de l'Eglise Collegiale de Nôtre-Dame de Montbrison en Forêt feront faites. *Preuves des Libertez*, *to.* 1. *ch.* 35. *n.* 55.

66 Troifiéme partie des fruits décimaux faifie & arrêtée pour la réparation de l'Eglife, à la charge au Recteur de parfaire l'Eglife. Arrêt du Parlement de Touloufe du 9. Decembre 1555. *Mainard*, *to.* 1. *liv.* 1. *ch.* 41. Au *chapitre fuivant*, il rapporte d'anciens Arrêts qui ont condamné les Evêques de Mende & Leictoure, & Archevêque d'Auch, à fournir toutes dépenfes neceffaires pour les fabriques & réparations des Eglifes fans aucune limitation.

67 Declaration portant exemption en faveur des Ecclefiaftiques, de réparer les bâtimens dépendans de leurs biens pendant les troubles. A Saint Maur des Foffez le 10. Septembre 1568. Regiftrée le 15. Février 1571. *Voyez le Recueil des Ordonnances par Fontanon*, *to.* 4. *p.* 518. Même Edit le 18. Septembre 1571. *Ibid.* *page* 571.

68 Des réparations que font tenus faire les Beneficiers en leurs Benefices. A Paris le 3. Novembre 1572. Regiftré le 22. Decembre fuivant. *V. Ibidem*, *titre* 29. *page* 571.

69 Le revenu Ecclefiaftique eft faififfable & applicable pour moitié à la réfection & réparation des Temples démolis par les guerres. Arrêt en 1569. du 27. Mars 1576. contre l'Abbé de Vertu. *Biblioth. de Bouchel*, verbo *Réparations.*

70 Tous prenans fruits décimaux doivent contribuer à la réparation & conftruction des Eglifes. Arrêt du Parlement de Touloufe du 25. Janvier 1571. *Mainard*, *to.* 1. *liv.* 1. *chap.* 31.

71 *Boyer dans fa décifion* 204. rapporte un Arrêt du Parlement de Touloufe du 27. Mars 1574. par lequel l'Abbé de faint Gilles en Provence fut condamné aux frais des réparations de fon Benefice, qui n'avoient pas été faites par fon prédéceffeur.

72 L'Abbé de Rhedon avoit été condamné en plufieurs réparations, & à entretenir plus grand nombre de Religieux; il a Lettres du Roy pour un furfeoir l'execution. Par Arrêt du Parlement de Bretagne du 29. Avril 1575. il eft dit que la Cour ne peut, ni doit furfeoir l'execution des Arrêts, attendu le fait dont eft queftion; & enjoint au Procureur General de les faire executer. *Du Fail*, *liv.* 1. *chap.* 493. fumma ratio eft quæ pro religione facit.

73 Les Paroiffiens font tenus aux groffes réparations du Presbytere. Arrêt en 1579. *Carondas*, *liv.* 1. *Rép.* 57. Les biens du titulaire font affectez & hypotequez du jour de fa prife de poffeffion. Arrêt du 24. Mars 1603. *M. Loüet*, *lettre* R. *fomm.* 50.

74 Jugé par Arrêt du P. de Dijon du 2. Avril 1584. que qui percipit decimas tenetur ad reparationem Ecclefiarum, quand il n'y a point de Fabrique. *Bouvot*, *to.* 1. *part.* 3. *verbo Réparations d'Eglife queft.* 2.

75 Jugé au Parlement de Dijon le 27. Avril 1584. que l'Abbé de faint Pierre contribuëroit pour le tiers aux réparations qu'il prétendroit faire en l'Eglife de Ciel, & le Curé pour un autre tiers. *Ibidem*, *part.* 2. verbo *Réparations d'Eglife.*

76 Arrêt de l'année 1586. rendu contre les Doyen, Chanoines, & Chapitre de l'Eglife Cathedrale d'Angers, contre leur nouvel Evêque, par lequel en enterinant la requête préfentée par M. le Procureur General, il fut dit que l'Evêque feroit tenu d'employer la quatriéme partie du revenu de fon Evêché pour les réparations qui étoient à faire à l'Eglife & aux lieux dépendans de fon Evêché, & luy enjoint en outre de pourfuivre les heritiers & biens tenans du défunt Evêque à luy fournir leur part & portion pour les ruines & démolitions furvenuës au temps de la tenuë de leur parent, qu'ils réprefentoient dans l'ordre de fa fucceffion, à peine de s'en prendre à luy, même pour raifon de ce; & à l'égard des Archidiacres, Treforiers & Chanoines, il fut pareillement dit qu'ils fe-

Tome III.

roient tenus d'employer en réparations à la même Eglife la quatriéme partie de leur revenu jufqu'à ce qu'elle fût entierement remife dans fon ancien état. *Définit. Can. p.* 780.

Le 29. Novembre 1588. au Rolle de Vermandois, 77 jugé qu'un Arrêt donné contre le Cardinal d'Eft, de la fomme de 4000. écus pour les réparations de l'Abbaye de . . . . feroit execute contre fon nouveau fucceffeur, encore que Chauvelin remontât qu'il étoit nouveau venu, la dépenfe qu'il avoit faite pour l'annate, en décimes, à la garde du Château de l'Abbaye, qu'il avoit menfe feparée de celle des Moines, fur lefquelles il vouloit faire tomber les réparations, comme ayant plus grande menfe que lui; il fut débouté de fon oppofition. *Bibliotheque de Bouchel*, verbo *Réparations.*

Oblations ne peuvent être imputées au tiers des 78 réparations. Arrêt du 31. Juillet 1599. *M. Loüet*, *lettre* O. *fomm.* 6.

Les Ecclefiaftiques doivent contribuer à la répara-79 tion des Eglifes ruinées par les guerres civiles. Arrêt du Parlement de Touloufe du 9. Septembre 1599. contre l'Evêque de Caftres. *V. Mainard*, *tome* 1. *livre* 1. *chap.* 6.

Arrêt du dernier Juin 1607. rendu fur un procez 80 par écrit à la Grand Chambre du Parlement de Paris, entre les Marguilliers & Paroiffiens du Bourg du grand Effigny, entre les Religieux-Abbé du Convent du Mont Saint Quentin lez Peronne, qui furent condamnez par cet Arrêt de faire réparer, & de plus de maintenir en bon & fuffifant état, de toutes fortes de réparations le Chœur & le Cancel de la même Eglife, jufqu'au mur de la ruë, à quoi ils feroient tenus & contraints par faifie des leurs dîmes qu'ils avoient coûtume de percevoir en la même Paroiffe. *Définit. Can. p.* 781.

Tous les proprietaires tenans heritages, foit qu'ils 81 réfident actuellement dans la Paroiffe, ou ailleurs, doivent entrer en contribution à proportion des heritages qu'ils poffedent pour la réédification de leur Eglife. Jugé au Parlement de Roüen le 29. Novembre 1607. entre les Paroiffiens de Langrune prés Caen; il fut ordonné que la taxe feroit faite à l'acre, tant pour les habitans du Village que horfains y ayant heritages. *Biblioth. Can.* to. 2. *p.* 517. *col.* 1.

Arrêt du Parlement de Grenoble rendu en forme 82 de Reglement, les Chambres affemblées, le 10. Avril 1609. entre un Forain & les Habitans de la Paroiffe de Beauregard dans la Province de Dauphiné, par lequel il fut ordonné que les gros décimateurs feroient tenus de contribuer aux réparations des Eglifes Paroiffiales, & permis aux Paroiffiens de fe cotifer entre eux pour fatisfaire aux parts & portions qu'ils devoient porter chacun d'eux en particulier. *M. Expilly*, *Plaidoyé* 9.

Les Paroiffiens d'une Eglife ruinée depuis long-83 temps, la veulent faire réparer, & foûtiennent que le Curé doit contribuer pro rata emoluments, qu'il prend de la Cure; au contraire le Curé dit que c'eft à la Fabrique à faire réparer Eglife. Le premier Juge ordonne que les lieux feront vifitez, enfemble le revenu, tant de la Fabrique que de la Cure évalué, afin de fçavoir pour quelle part chacun y contribuëroit. Appel par le Curé. Arrêt du 4. Janvier 1610. qui met fur l'appel hors de Cour; & neanmoins que fur la part du Curé ne feront comprifes les oblations & crües de l'Eglife. *Bibliotheque de Bouchel*, verbo *Réparations.*

Arrêt du Parlement de Bretagne du 13. May 1617. 84 qui enjoint aux Juges Royaux, & Subftituts du Procureur General de faire procez verbaux des réparations & ornemens neceffaires, és Benefices; ordonne que le temporel fera faifi à cet effet. *Voyez les Arrêts qui font à fuite du Recueil de Du Fail*, *page* 11.

E e e

REP

85   Arrêt du Parl. de Touloufe du dernier Octobre. 1619. pour les réparations & conftructions des Eglifes de quelques Diocefes de fon reffort. Il fut ordonné que pour fubvenir aux frais neceffaires à l'execution de l'Arrêt, tant les Evêques, Syndic du Clergé du Diocefes, que leurs Receveurs des décimes feront contraints par toutes voyes, & par faifie de leur Temporel, de configner & avancer les fommes neceffaires ès mains du Greffier du Commiffaire député, & jufqu'à la fomme de 900. livres, fauf à icelle augmenter ou diminuer. *Voyez les Preuves des Libertez, to. 2. chap. 35. n. 88.*

86   Le 14. May 1620. la Cour condamna pareillement les gros Décimateurs de la Paroiffe de Val, de faire les réparations du Chœur, chacun d'eux fuivant la part & portion qu'ils percevoient des dîmes ; & les habitans furent pareillement condamnez à faire les réparations de la Nef, c'eft-à-dire, depuis le Chœur jufqu'à la porte de l'Eglife. *Définitions Canoniques, page 781.*

87   Curé primitif qui a les deux tiers de la dîme, doit les deux tiers des réparations du Chœur & cancel de l'Eglife, & le Vicaire perpetuel doit l'autre tiers. Arrêt du 24. Août 1622. *Bardet, to. 1. ch. 102.*

88   Ceux qui perçoivent les dîmes dans les Paroiffes, font tenus de contribuer pour un tiers. Arrêt du 12. Decembre 1623. *Du Frêne, liv. 1. chap. 9.*

89   Arrêt du Parlement d'Aix du 13. May 1624. lequel ordonne les réparations qui fe devoient faire à l'Evêché de Digne, & que le tiers du revenu y fera employé. *Preuves des Libertez, to. 2. ch. 35. n. 94.*

90   Arrêt du même Parl. d'Aix du 6. Juin 1628. par lequel l'Evêque de Toulon eft condamné de contribuer pour la refection de l'Eglife de S. Paul d'Yere, & aux ornemens de ladite Eglife. *Ibidem, n. 98.*

91   Arrêt du 10. Juillet 1630. qui appointa pour fçavoir fi ceux de la Religion Prétenduë Reformée doivent contribuer à l'édification d'un clocher, quoiqu'ils foient exempts des réparations de l'Eglife Paroiffiale. *Bardet, to. 1. livre 3. chap. 114.* M. l'Avocat General Talon avoit conclu à l'exemption.

92   Reglement entre les Seigneurs, Curez & Habitans des Paroiffes, portant qu'il fera pris le tiers des dîmes pour les réparations & entretenement des Eglifes ; il eft du 4. Janvier 1642. *Henrys, tome 1. livre 1. chap. 3. queftion 15.*

93   Arrêt du Parlement de Grenoble du 11. Février 1647. qui a jugé que les Paroiffiens feroient rebâtir le clocher étant dans le Chœur en contribuant par le Prieur à proportion de fes fonds. *V. Baffet, tome 1. livre 1. titre 7. chap. 2.*

94   Les Curez primitifs principaux dîmeurs des Paroiffes, font tenus folidairement aux réparations du Chœur & du Cancel, fauf leur recours entre les Codîmeurs, même qu'ils font tenus de fournir les Calices, Livres & Ornemens, la Paroiffe étant pauvre. Arrêt du 22. Février 1650. *Du Frêne, liv. 5. ch. 54.*

95   Les Religieux de Fécamp Patrons de Saint Georges fur Fontaine-le-Bourg, furent condamnez au Parlement de Roüen de réédifier le Chœur, & de contribuer à la Nef à caufe des dîmes & des autres biens qu'ils poffedoient en cette Paroiffe.

Par autre Arrêt du 7. Juin 1651. entre les Curé & Treforiers de S. Eloy de Roüen, les Paroiffiens en general, il a été jugé que les proprietaires de maifons & heritages en cette Paroiffe payeroient les trois quarts, & les locataires l'autre quart des fommes neceffaires pour la réparation du Presbytere.

Pareil Arrêt entre les proprietaires d'heritage de la Paroiffe de Maromme, & les fermiers & locataires. *Bafnage, fur l'art. 212. de la Cout. de Normandie.*

96   Arrêt du Parlement de Grenoble du 4. Juin 1658. qui a jugé que le Titulaire d'un Benefice eft obligé de le réparer, & ne peut repeter fes réparations. *Voyez les 19. & 20. Plaidoyez de Baffet.*

97   Jugé le 30. May 1659. que c'eft aux Décimateurs à faire les réparations du Chœur, du Clocher & de la Nef qui avoit été abbatuë par la chûte du Clocher. *Journal des Aud. to. 2. liv. 2. ch. 25.*

98   Declaration du Roy du 18. Février 1661. par laquelle Sa Majefté exhorte, & neanmoins enjoint aux Archevêques & Evêques du Royaume, & en cas de legitime empêchement, à leurs Grands Vicaires & Officiaux, de vifiter inceffamment les Eglifes & Maifons Presbyterales de leurs Diocefes, & de pourvoir promptement, les Officiers des lieux appellez, à ce qu'elles foient bien & duëment réparées, mêmes les Maifons Presbyterales bâties aux lieux où il n'y en a pas, enforte que le Service Divin y puiffe être duëment & commodément fait & celebré, & les Curez & Vicaires convenablement logez, même à ce que les Eglifes foient fournies des Ornemens & autres chofes neceffaires pour la celebration du Service Divin, à quoy faire ils feront contraindre les Décimateurs, Marguilliers, Paroiffiens & autres, fuivant qu'ils en peuvent être tenus, même les Curez pour telle part & portion qui fera par eux arbitrée, s'ils jugent que le revenu de leurs Cures le puiffe commodément porter, & ce par toutes voyes duës & raifonnables, & par faifie de leurs biens & revenus ; & feront les Ordonnances rënduës pour raifon de ce par les Archevêques & Evêques, leurs Vicaires & Officiaux executées nonobftant oppofitions ou appellations quelconques, fans préjudice d'icelles, Sa Majefté n'entend que fes Officiers ni autres Juges puiffent fous prétexte des appellations ou de renvoi, en vertu de Committimus donner aucune main-levée des faifies, lefquelles ne pourront être accordées qu'en jugeant le fond diffinitivement fi il y échet. Enjoint à tous Officiers & autres de tenir la main à l'execution de ce qui fera ainfi ordonné, le tout fans frais, falaires & vacations. Cette Declaration eft regiftrée au Parlement de Paris le 18. Juillet 1664. *Voyez le 10. Volume des Ordonnances de Loüis XIV. fol. 128. & la Biblioth. Can. to. 1. p. 498.*

99   Arrêt du Parlement de Provence du 26. Mars 1665. qui condamne les Communautez de payer les deux tiers des réparations des Eglifes. *Boniface, to. 2. part. 3. liv. 2. tit. 1. chap. 19.*

100   Le Prieur eft tenu de contribuer aux réparations de la maifon curiale pour le fonds qu'il poffede au lieu. Arrêt du Parlem. de Grenoble du 9. May 1665. *V. Baffet, to. 1. liv. 1. tit. 7. ch. 1.*

101   Les gros Décimateurs condamnez au rétabliffement du Chœur des Eglifes Paroiffiales. Arrêt du 9. May 1665. *De la Gueffiere, to. 2. liv. 7. ch. 28.*

102   Les Eglifes Paroiffiales feront entretenuës de toutes réparations, fçavoir celles du Chœur par les Décimateurs, & les autres par les habitans, les Ornemens & Livres neceffaires pour la celebration du Service Divin, feront fournis par les Habitans & Décimateurs, fuivant les Arrêts, & encore par lefdits, habitans un logement pour le Curé ; & en cas d'impuiffance & de pauvreté defdits habitans, feront lefdites réparations & ornemens pris fur toutes les dîmes Ecclefiaftiques, & fubfidiairement fur celles qui font inféodées, diftraction préalablement faite de la portion du Curé. *Arrêt de Reglement des Grands Jours de Clermont concernant les affaires Ecclefiaftiques du 30. Octobre 1665.*

Il y a plufieurs Arrêts donnez en pareils cas, tant par le Parlement de Paris que celui de Touloufe, & autres rapportez dans les *Memoires du Clergé, tome 1. chap. 4. art. 22. 23. 24. & 25.* que l'on voit.

103   Arrêt du Parlement de Provence du 26. Février 1667. qui a jugé, que le fucceffeur au Benefice doit payer les réparations & ornemens ajugez par Sentence de vifite, contre fon prédeceffeur. *Boniface, to. 1. liv. 2. tit. 9. ch. 4.*

104   Arrêt du Parlem. de Paris du premier Avril 1670.

& qui condamne le Chapitre de Nôtre-Dame de Reims gros Décimateurs de la Paroisse du grand Mormelon, de faire rétablir le Chœur & Cancel de l'Eglise, & les mettre en tel état qu'ils étoient avant leur chûte ; & à cet effet la moitié des dîmes qu'ils ont perçûës depuis le premier Janvier 1658. jusqu'au jour du present Arrêt (selon l'estimation qui en sera faite sur les extraits de la valeur des gros fruits qui seront tirez du Greffe de la Vicomté de Reims) y sera employée, comme aussi la moitié de celles qu'ils percevront cy-après jusqu'au rétablissement, & ne pourra le Chapitre faire les Baux des dîmes sans y appeller les Marguilliers de la Paroisse & le Procureur Syndic des habitans, auquel rétablissement le Chapitre sera tenu de faire travailler dans quinzaine du jour de la signification de l'Arrêt à leur Procureur Fiscal de Reims, & rendre les ouvrages parfaits dans les six mois : autrement & à faute de faire dans ledit temps, permis aux habitans d'y mettre ouvriers, & pour ce faire emprunter deniers à interêt jusqu'à la concurrence de la somme à laquelle les ouvrages se trouveront monter suivant les marchez qui en seront faits par les habitans, les Chanoines du Chapitre dûëment appellez, & obliger au payement du principal & interêt de la somme qui sera empruntée, la moitié des dîmes étant échûës qu'à écheoir, & pour la réduction du Chœur & Cancel, se pourvoiront les habitans pardevers l'Archevêque de Reims , qui leur semble. *Biblioth. Canon. to. 1. p.* 487. & le *Nouveau Recueil des Declarations concernant les Dîmes, page* 115. & *suivantes.*

105

106 & 107   Arrêt du Parlement de Paris du 14. Mars 1673. rendu sur la remontrance de M. le Procureur General, qui ordonne que suivant l'article 52. de l'Ordonnance de blois, l'article 3. de l'Edit de Melun , & la Declaration du Roy du 18. Février 1661. les Archevêques & Evêques faisant leurs visites, pourvoiront, les Officiers des lieux appellez , à ce que les Eglises soient fournies de Calices , de Croix & d'Ornemens necessaires pour la celebration du Service Divin : & celles qui sont ruinées, rétablies, ensorte que le Service y puisse être fait avec décence, & les Curez logez commodément. Enjoint aux Officiers de tenir la main à l'execution des Ordonnances qui seront rendües à cet effet par les Archevêques & Evêques , & de proceder par toutes voyes , même par saisie pour cet effet ; & qu'en cas de contestation les Ordonnances rendües pour l'achat des Calices, Croix & Ornemens necessaires à la celebration du Service Divin, seront executées par provision contre les Marguilliers & Fabriciens étant actuellement en charge, si les Fabriques ont un revenu suffisant, sinon contre les gros Décimateurs, jusqu'à la somme de cent livres, & pour le rétablissement des réparations necessaires du Chœur des Eglises, jusqu'à deux cens livres contre les Décimateurs. Et à l'égard de celles concernant les logemens des Curez, enjoint aux Officiers des lieux de faire assembler incessamment les habitans pour y pourvoir & regler quelle part chacun d'eux sera tenu d'y contribuer , & en attendant les logemens soient en état d'être habitez, faire lever sans frais sur toute la communauté & à proportion de ce que chaque habitant paye de taille jusqu'à la somme de 40. livres, si besoin est, par an, pour le loüage d'une maison où le Curé puisse demeurer, & les Ordonnances, saisies & contraintes faites en vertu de Sentences des Officiers pour l'execution des Ordonnances des Archevêques ou Evêques executées nonobstant oppositions ou appellations quelconques , sans préjudice neanmoins aux Décimateurs, Marguilliers & Habitans de contester entre eux pardevant les Juges Royaux des lieux quelle part & portion ils seront tenus d'y contribuer. *Bibliot. Can. to.* 1. p. 484.

108   Arrêt du Parlement de Provence du 28. Janvier 1675. qui a jugé que la construction ou réparation de
Tome III.

la Maison claustrale est de la connoissance du Juge laïc , qu'elle doit être réparée ou construite aux frais des deux tiers par les Paroissiens, & l'autre tiers par les Prieurs décimateurs. *Boniface, tome* 3. *li.* 5. *tit.* 14. *chapitre* 6.

Quelques réparations que fasse le Titulaire dans son Benefice , il ne s'y acquiert aucun droit ni à ses heritiers ; ils ne peuvent repeter ce qu'elles ont coûté, ni s'en conserver la possession pour quelques années ; il faut qu'elle ait été promise & permise avant que de s'engager à réparer. Il y en a deux Arrêts du Parlement de Grenoble des 31. Juillet 1675. & 8. Août 1676. rapportez par *Chorier en sa Jurisprud. nce de Guy Pape, p.* 27.

109

Par Arrêt du Conseil du 8. Janvier 1678. & en conformité du 17. article du Reglement de 1639. les Ecclesiastiques qui possedent des dîmes doivent réparer le Chœur des Eglises, & tous generalement contribuent aux réparations de la Nef & des maisons des Curez , pour les fonds , pour les rentes & pour les autres droits qui leur appartiennent dans les Paroisses. Arrêt du Parlement de Grenoble du 3. Août 1638. *Voyez Chorier, ibid. p.* 117.

109 bis.

Arrêt du Grand Conseil du 17. Novembre 1676. pour les Religieux de Haut-Villiers Ordre de Saint Benoît , qui condamne le Curé de Vraux de contibuer aux réparations du Chœur de sa Paroisse pour telle part & portion qu'il est gros Décimateur. *Bibliotheque Can. to.* 1. p. 487.

110

Les réparations sont si absolument acquises au Benefice , qu'elles ne peuvent même être compensées avec les déteriorations, en faveur du Beneficier qui les a faites. Arrêt du Parl. de Grenoble du 18. May 1680. rapporté par *Chorier en sa Jurisprudence de Guy Pape, page* 28.

111

Arrêt du Conseil d'Etat du Roy du 16. Decembre 1684. pour le rétablissement des Nefs des Eglises ou des Presbyteres tombez par vetusté ou incendie ; Sa Majesté étant en son Conseil a ordonné & ordonne qu'en envoyant par les Sieurs Archevêques & Evêques aux Intendans & Commissaires départis dans les Provinces & Generalitez, copie des procez verbaux qui auront été par eux faits ou par leurs Archidiacres ou Grands Vicaires pour leurs ordres, des Nefs des Eglises ou des Presbyteres qu'il conviendra construire ou réparer dans les Villes, Bourgs, Villages & Paroisses dépendans de leurs Dioceses, il sera par lesdits Sieurs Intendans & Commissaires départis , en faisant la visite de leurs Generalitez, nommé des Experts pour proceder à la visite desdites Nefs des Eglises & Presbyteres contenus aux procez-verbaux à eux envoyez par lesdits Sieurs Archevêques & Evêques , & au devis & estimation des ouvrages qu'il conviendra faire en présence des Maires & Echevins & Syndics des lieux , & ensuite faire une assemblée des habitans en la forme portée par ladite Declaration du mois d'Avril 1683. pour aviser aux moyens qui pourront être pratiquez pour fournir à la dépense à laquelle montera l'adjudication desdits ouvrages pour être le tout remis ausdits Sieurs Intendans & Commissaires départis, & par eux envoyé au Conseil avec leurs avis sur iceux pour y être pourvû par Sa Majesté ainsi qu'il appartiendra. *Voyez les Edits & Arrêts recüeillis par l'ordre de M. le Chancelier en* 1687.

112

Quand les Paroissiens de temps immémorial ont toûjours réparé les Presbyteres, les gros Décimateurs n'en peuvent être tenus. Arrêt du Parlement de Tournay du 10. Decembre 1698. qui décharge le Chapitre de la Cathedrale de S. Omer, & condamne les Cottiseurs du Village de Broukerque Châtellenie de Berghe. *Voyez M. Pinault, to.* 2. *Arr.* 244.

113

REPARATION CIVILE.

Voyez le mot *Interêt , nombre* 73. & *suiv.* où il est parlé des interêts civils ajugez à un accusateur ,

114

E e e ij

& dans la Bibliotheque de Jovet le titre de la *Réparation civile*.

115 Des réparations civiles aufquelles un homme eſt condamné par contumace. *Voyez* le mot *Contumace*, *nomb.* 14. & ſuiv.

116 De la réparation dûë à la fille engroſſée. *Voyez* le mot *Groſſeſſe*, *nomb.* 23. & ſuiv.

117 Si par réparation civile on eſt reçû au Benefice de ceſſion? *Voyez* le mot *Ceſſion*, *nomb.* 144. & 145.

118 L'on doit déduire d'une réparation civile ce qui a été payé par proviſion, quoiqu'il ne ſoit expreſſément dit. *Voyez Du Luc, liv.* 11. *tit.* 14. *chap.* 5.

119 Celui qui prend la réparation civile, ne fait point acte d'heritier. Mornac *l. ult, C. de hæredit. vel act. vend.* Voyez Tronçon Coûtume de Paris, art. 317. *circà medium.*

120 Entre les enfans heritiers de leur pere, ſi à l'un d'eux a été ajugé quelque choſe pour réparation du tort qui lui a été fait, il n'eſt point tenu de le rapporter à ſes freres coheritiers, quoique tout ce qui eſt acquis par l'un des freres doive être rapporté aux autres, parce qu'il a plûtôt pourſuivi la vengeance de l'injure que l'argent ; & quant à ce qu'il a reçû, il ne l'a reçû comme heritier. Chopin, *Coûtume de Paris, liv.* 2. *tit.* 1. *n.* 23.

121 Si le crime emporte mort civile, la femme du criminel n'eſt point tenuë à contribuer à l'amende, ni à la réparation civile , mais l'heritier ſeul ; s'il n'y a point de mort civile, la réparation ſe prend ſur la communauté. M. Loüet lettre D. *ſomm.* lettre C. *ſomm.* 35. & 52. & lettre F. *ſomm.* 15. *& 24.* Coquille, queſt. 108. & Du Frêne , *li.* 1. *chap.* 28.

122 Arrêt du premier Juin 1554. rendu entre la veuve & les enfans, qui ordonne que la moitié de la ſomme ajugée pour la réparation du meurtre, ſeroit donnée par proviſion à la mere , & l'autre moitié ſeroit miſe entre les mains d'un ſequeſtre pour être convertie au profit des enfans. *Voyez* Chopin, *ſur les Coûtumes d'Anjou, li.* 1. *ch.* 73. *art.* 5. & Papon, *liv.* 24. *tit.* 2. *nombre* 3.

123 Un homme tuë ſa premiere femme, paſſe à des ſecondes nôces, eſt enſuite condamné en des réparations; il étoit queſtion de la préference entre le pere de l'homicidé & de la ſeconde femme ; le pere a été préferé à la ſeconde femme pour ſa réparation, & le ſurplus des biens affectez & hypotequé au doüaire de la ſeconde femme. Arrêt à Pâques 1581. Montholon, *Arr.* 9. Charondas , *liv.* 6. *Rép.* 82.

124 Après la mort d'un accuſé d'homicide, l'on peut pourſuivre ſes heritiers pour la réparation civile. Arrêt du 27. Janvier 1582. jugé que *morte extinguitur crimen.* Charondas *li.* 5. *Rép.* 82.

125 En 1595. au mois de Janvier, jugé en la Tournelle qu'un fils condamné purger la memoire de ſon pere , ayant déclaré qu'il n'étoit point ſon heritier, n'eſt tenu de conſigner la réparation. *Bibliotheque de Bouchel*, verbo *Réparation.*

126 Par Arrêt donné en la Tournelle de Paris le 14. Novembre 1601. jugé que les cinq ans de l'Ordonnance de Moulins pour la conſignation de la réparation ne courent que du jour de la ſignification de l'Arrêt. *Ibid.* verbo *Réparation civile.*

127 La moitié de la réparation de l'homicide du mari appartient à ſa veuve, quoiqu'elle renonce à la communauté, & l'autre moitié aux heritiers. Arrêt du Parlement de Bretagne du 29. Août 1614. rapporté par Frain, *page* 159. H. vin dans ſa note ſur cet Arrêt examine la queſtion de ſçavoir comment la réparation civile ajugée aux enfans ſera partagée , & s'il y a lieu à égard au droit d'aîneſſe? La negative eſt le plus juſte parti.

128 Les creanciers d'un mari & de la femme ont été préferez ſur les deniers provenans de la vente par decret d'une maiſon acquiſe pendant ladite communauté, à une femme qui avoit obtenu pendant ladite

communauté une condamnation de 157. livres de réparation civile pour délit contre la femme ſeule, quoique ladite condamnation fût beaucoup anterieure à la dette du creancier commun. Arrêt du 17. Juillet 1627. M. le Prêtre *és Arrêts de la Cinquiéme.*

119 Un bleſſé decede après 45. jours, eſtimé mort de ſa bleſſure , & la réparation civile ajugée à ſa veuve, nonobſtant une tranſaction contre laquelle il y avoit Lettres. Arrêt du 18. Janvier 1631. Du Frêne, *liv.* 2. *chapitre* 88.

130 La moitié de l'indemnité accordée pour le meurtre du mari contre les meurtriers, appartient à la femme du meurtri , l'autre moitié aux enfans , quoiqu'ils ſoient pluſieurs. Arrêt du Parlement de Touloufe en 1645. Cette moitié ne ſe perd pas par les ſecondes nôces, parce que la femme l'a à titre d'indemnité, & qu'indemnité & gain ſont deux choſes contraires ; c'eſt pourquoi il fut jugé le 18. Juillet 1664. que cette veuve avoit ſuccedé par le decez *ab inteſtat* de deux de ſes enfans du premier lit à leur portion de cette indemnité, laquelle ne venoit pas des biens & par la diſpoſition du pere. *Voyez les Arrêts de M. de Catellan, liv.* 4. *chap.* 48.

131 La réparation civile ſe prend par préference à l'amende ajugée au Roy, nonobſtant les anciens Arrêts. (Monſieur Bignon conclut à la concurrence.) Jugé le 10. Mars 1660. *Notables Arrêts des Audiences, Arrêt* 41. Voyez Tronçon, *Coûtume de Paris, article* 107. ſur ces mots *emporte hypotheque,* & Coquille, *qu.* 13.

132 On ne peut faire compenſation d'une réparation civile avec des arrerages de rente dûs par celui à qui la réparation étoit dûë. Arrêt du 15. Mars 1664. *Dictionnaire de la Ville, nomb.* 8666.

133 La veuve d'un Miniſtre eſt condamnable aux réparations civiles & amendes , pour raiſon des contraventions faites aux Edits par ledit Miniſtre ſon mari , décedé durant les pourſuites. *Voyez les Déciſions Catholiques de Filleau, déciſion* 140. où il rapporte un Arrêt de la Chambre de l'Edit à Paris du 2. Septembre 1667.

134 Deux freres, l'un coupable du meurtre , & l'autre l'accompagnant , le premier rompu vif, le ſecond condamné aux galeres pour neuf ans, a été recherché pluſieurs années après pour la réparation civile, quoique la veuve de l'homicidé ſe fût départie de cette réparation lorſque le procès fut fait au meurtrier, & a été condamné en 3000. livres de dommages & intérêts ; ſçavoir un tiers pour la veuve, & les deux autres tiers pour ſes enfans. Arrêt du Parlement de Paris du 3. Avril 1685. *Journal du Palais.*

REPARATION D'INJURE.

135 Sitôt que le défendeur en injures déclare qu'il ne veut ſoûtenir ce qu'il a dit & deſavouë , le Juge ne doit pas paſſer outre, ni permettre d'informer. Arrêts du Parlement de Paris donnez és Grands Jours de Moulins les 15. Octobre 1534. & 9. Février 1564. Papon, *li.* 8. *tit.* 3, *n.* 16.

136 Un homme avoit été condamné à être pendu en effigie ; la potence & le tableau ayant été abattus, la partie demanda permiſſion de les faire redreſſer ; & cependant il la fit porter au logis d'un oncle du condamné , lui faiſant ſignifier qu'il l'en établiſſoit gardien comme de biens de Juſtice. L'oncle ſe plaignit de l'offenſer; ils furent mis hors de Cour. Appel, ſur lequel intervint Arrêt le 1. Juillet 1606. qui dit qu'à jour de Marché le Sergent & la partie iroient avec l'Executeur, nuds têtes, requerir la potence du lieu où elle avoit été miſe en dépôt ; défenſes de plus commettre de ſemblables fautes, à peine de punition corporelle , & neanmoins ſans note d'infamie. *Le Bret, li.* 6. *déciſion* 6.

137 Les heritiers d'un défunt appellez en Juſtice pour réparation d'injures atroces, ſont tenus , le défunt s'en trouvant coupable par l'évenement , de bailler

acte en qualité d'heritiers au demandeur, qu'ils le tiennent pour homme de bien & d'honneur, & condamnez aux dépens liquidez à 48. livres parisis. Arrêt du 9. Decembre 1656. *Du Frêne*, *livre* 8. *chapitre* 47.

Voyez le mot *Injure*, *nomb.* 133. *& suiv.*

RÉPETITION.

ACtion pour redemander ce que l'on a avancé ou payé de trop. *Conditio.*

De rebus creditis, si certum petatur, & de conditione. D. 12. 1.

Si certum petatur. C. 4. 2. Ces deux Titres parlent de la répetition de ce qu'on a prêté, soit argent, soit autre chose : *Conditio ex mutuo.*

De conditione, causâ datâ, causâ non secutâ. D. 12. 4.

De conditione ob causam datorum. C. 4. 6. Ces deux Titres parlent de la demande ou répetition d'une chose donnée, à condition de faire telle chose qui n'a pas été faite.

De conditione ob turpem vel injustam causam. D. 12. 5.

De conditione ob turpem causam. C. 4. 7. *& 9.* Ces deux titres sont pour la répetition de ce qui a été donné pour faire une chose illicite ou injuste.

De conditione indebiti. D. 12. 6... C. 4. 5... L. 53. D. *de reg. jur... l.* 3. 15. §. 1... l. 3. 28. § 6. *& 7.* Répetition de ce qui a été payé par erreur, sans être dû.

De conditione sine causâ. D. 12. 7. Répetition de la chose promise ou donnée sans cause.

De conditione ex lege, & sine causâ, vel injustâ causâ. C. 4. 9.

De conditione ex lege. D. 13. 2. De l'action particuliere qui naît de la Loi même, quand elle ne prescrit point d'action generale.

De conditione triticariâ. D. 13. 3. De l'action pour répeter toutes les choses prêtées, autres que de l'argent. *Triticaria, à Tritico ;* parce que le premier à qui cette action fut permise, agissoit pour du blé.

De conditione furtivâ. D. 13. 1... C. 4. 8. Revendication de la chose qui nous a été volée. *V. Vol.*

Voyez Revendication.

Répetition de la chose payée. *Voyez* le mot *Payement. n.* 102. *& suiv.*

REPI.

VOyez les mots *Attermoyement, Banqueroute, Cession, Lettres, nombre* 184. *& suiv.* & *Quinquenelles.*

1 Des Répis. *Voyez Coquille, tome* 2. *Institut. au Droit François, page* 109. l'Ordonnance de 1669. *tit.* 6. & le *tit.* 11. de l'Ordonnance du 23. *May* 1673.

2 On ne peut empêcher un decret par Lettres de répi. *Voyez* le mot *Decret, nomb.* 58.

3 Si aprés avoir obtenu Lettres de répi, on peut demander à faire cession ? *Voyez* le mot *Cession, nombre* 46.

4 Debiteur emprisonné aprés l'ajournement en Lettres de répi, doit être reintegré. Arrêt du Parlement de Bourdeaux. *Papon, liv.* 10. *titre* 9. *nombre* 4. Car c'est un attentat à l'autorité du Prince.

5 Lettres de répi n'ont point effet contre les dettes contractées depuis leur obtention. Jugé par plusieurs Arrêts du Parlement de Grenoble. *Ibid. n.* 7.

6 Acheteur de biens de Justice, peut être contraint par prison, & ne peut s'aider de répi. Ainsi jugé. *Ibid. nombre* 10

7 Obligations causées pour arrerages de rente dûs par un Fermier, sont executoires, nonobstant Lettres de répi. Jugé au Parlement de Paris. *Ibidem, nombre* 14.

8 Les Lettres de répi n'ont point lieu contre les arrerages de rentes foncieres, moissons, loyers de maison, ferme, & exploitation d'heritages, fruits &

revenus d'iceux, pension & nourriture d'Ecoliers, Apprentifs & autres Pensionnaires, dettes de mineurs contractées avec les mineurs, ou leurs tuteurs durant leur minorité, reliqua d'administration de tutelle des mineurs, des biens de la chose publique ou de l'Eglise, des prodigues ou insensez, alimens dûs à des mineurs, pauvres, orphelins, veuves, ou autres qui ne peuvent souffrir délai, frais funeraires, pour chose donnée en dépôt, gage non rendu, acheteurs de vivres, vente de bled, vin, bétail, entre Marchands, & de Marchands à Marchands, & même pour vente de vaisseaux à mettre vin és lieux de vignobles, dette procedante de délit, salaires d'ouvriers, &c. *Papon, ibid. n.* 15.

9 Lettres de répi n'empêchent point l'execution des Sentences ou Jugemens, dont il n'y a point eu d'appel. Jugé par Arrêt du Parlement de Grenoble du 24. Decembre 1456. *Ibid. n.* 8.

10 Cession de biens doit être reçûë, nonobstant la renonciation à icelle. Arrêt du Parlement de Paris du 22. Novembre 1459. *Ibid. n.* 3.

11 Lettres de répi n'ont point lieu contre dettes privilegiées, comme consignation, dépôt volontaire. Jugé par Arrêt du Parlement de Bourdeaux du 3. May 1524. *Ibid. n.* 15.

12 Un acheteur de maison n'ayant payé le prix comptant, mais s'étant obligé payer le prix, & depuis obtenu répi à un an, fut debouté de l'effet de ses Lettres, par Arrêt du 21. Janvier 1533. *Ibid. n.* 10.

13 Ceux qui veulent obtenir Lettres de répi, sont obligez de justifier que leur ruine est arrivée depuis qu'ils ont contracté avec leurs creanciers ; ils doivent le mettre de même dans les Lettres : mais si par erreur dans les Lettres, il est dit que les pertes sont arrivées avant les dettes faites, & qu'il soit prouvé que ç'a été aprés, ils seront deboutez de l'enterinement. Jugé par Arrêt du Parlement de Paris du 1. Decembre 1533. *Ibid. n.* 1.

14 Les Boulangers creanciers pour marchandises de pain, par compte fait & arrêté, n'ont pas plus de privilege que d'autres ; le debiteur peut se servir contre eux de Lettres de répi. Arrêt du 11. Decembre 1533. *Ibid. numb.* 6.

15 Debiteur emprisonné, aprés l'ajournement donné à sa Requête, pour venir proceder sur l'enterinement des Lettres de répi, par son creancier, doit être reintegré. Arrêt du Parlement de Paris du 19. Février 1555. *Bibliotheque du Droit François par Bouchel*, verbo, *Répi.*

16 Le demandeur en enterinement de Lettres de répi, ne doit pendant le procés garnir la main. Arrêts du même Parlement des 4. Février & 26. Avril 1537. Si les Lettres de répi sont impetrées aprés la condamnation à garnir, la condamnation sera executée ; de même, s'il étoit dit que les gages pris seront vendus par provision. Ainsi jugé le 21. Mars 1526. Depuis est venuë l'Ordonnance de François I. de l'année 1535. & celle d'Orleans, qui autorisent les Juges à donner main-levée, en baillant caution par le debiteur. *Papon, liv.* 10. *tit.* 9. *n.* 2.

17 Répi n'a lieu en moisson de grain ou argent. Arrêt du Parlement de Paris du 13. Avril 1548. La Cour avoit même jugé le 11. Decembre 1555. que si d'arrerages de telles rentes, on avoit fait compte, transaction, ou nouvelle obligation, le répi n'auroit pas lieu, vû que la même cause subsiste toûjours, qui est celle d'alimens. *Bibliotheque de Bouchel*, verbo, *Répi.*

18 Le debiteur condamné par Sentence, peut se servir de Lettres de répi. Jugé en la Grand'Chambre des Enquêtes, par Arrêt du 17. Mars 1540. aprés avoir demandé l'avis de Messieurs de la Grand'-Chambre. Le même jugé le 16. Octobre 1548. és Grands Jours de Toulouse. *Papon, livre* 10. *titre* 9. *nombre* 11.

19　Par Arrêt donné au Conseil, du 16. Juillet 1544. rapporté par *Berault, sur la Coûtume de Normandie, tit. de Jurisdiction, art.* 20. verbo *Répi*, il a été jugé qu'une dilation de payer de six semaines, ne s'étend à celuy qui est solidairement obligé comme caution, suivant la Loy, *exceptiones quæ. ff. de except. Joann. Faber. §. quodcumque Instrat. de Jur. art.*

20　Celuy qui veut faire enteriner les Lettres de répi, peut demander un délai. Par Arrêt du Parlement de Paris du 6. Février 1545. il a été accordé deux mois de surseance au debiteur, pour faire juger l'enterinement de ses Lettres, & qu'iceux passez, le creancier pourroit faire executer son obligation. *Papon, livre* 10. *titre* 9. *nombre* 5.

21　Un Receveur de Seigneur particulier ayant rendu son compte, & par la clôture trouvé redevable, fut débouté de Lettres de répi à un an; il lui fut neanmoins de grace, & pour cause, *creditore non admodum reclamante*, octroyé délai de six mois. Arrêt du même Parlement du 14. Janvier 1547. *Papon*, ibid. *nomb.* 9. & la *Bibliot. de Bouchel*, verbo *Répi*.

22　En moisson de grain ou denier, répi n'a point lieu. Arrêt du Parlement de Paris du 13. Avril 1548. *Papon, liv.* 10. *tit.* 9. *nomb.* 12.

23　Un creancier seul peut empêcher l'enterinement des Lettres de répi, bien que tous les autres y ayent consenti. Arrêt du Parlement de Grenoble du 16. May 1555. en faveur d'un tuteur. *V. Bassset, tome* 1. *liv.* 2. *tit.* 25. *chap.* 10.

24　Celuy qui obtient répi annal, doit être chargé de donner caution. Arrêts rendus au même Parlement de Grenoble les 5. Février 1556. & 12. Novembre 1571. *Ibid. chap.* 11.

25　Quand le debiteur est prisonnier, il doit tenir prison, ou bailler caution, à moins que les Lettres de répi ne le portent autrement. Jugé au Parlement de Paris le 22. Avril 1577. *Papon, livre* 10. *titre* 9. *nombre* 3.

26　Le 19. Decembre 1595. par Arrêt contradictoire, Madame de Guise, veuve de feu M. de Guise, a été déboutée des Lettres de répi, d'un an, pour le regard de M. Pasquier Avocat du Roy en la Chambre des Comptes, & de plusieurs autres creanciers qui empêchoient le répi; & pour le regard de quelques autres creanciers qui l'accordoient, les Lettres enterinées. *Bibliot. de Bouchel*, verbo *Répi*.

27　Cession de biens n'est reçûë, après une condamnation diffinitive. Arrêt du Parlement de Toulouse du mois de Mars 1595. comme aussi quand il y a, du côté du cessionnaire, dol & fraude, comme d'une tutelle, dépôt & administration publique; car en ce cas, les tuteurs, pour les deniers pupillaires, dont ils sont redevables; les Dépositaires des biens de Justice; Receveurs & Administrateurs publics, comme Hôpitaux, Maladeries, & autres semblables, ne sont recevables à ladite cession, comme par plusieurs Arrêts du Parlement de Toulouse, il a été souvent jugé. *La Roche flavin, liv.* 6. *tit.* 10. *Arr.* 1.

28　Si le debiteur a délaissé la poursuite du répi, le creancier le peut poursuivre après quatorze mois, & faire vendre ses biens. Arrêt du Parlement de Bourgogne du 10. Decembre 1598. *Bovot, tome* 2. verbo, *Cession, quest.* 12.

29　Jugé par Arrêt du Parlement de Dijon du 17. Février 1610. que le répi ne peut être demandé contre les creanciers qui ont obtenu Jugement. *Bouvot, tome* 1. part. 2. verbo, *Creancier, quest.* 3.

30　Par Arrêt du Parlement de Roüen du 14. Février 1611. rapporté par *Terrien, livre* 10. *titre dernier*, il a été jugé que répi n'avoit point lieu contre une dette contractée pour le poisson, à cause du péril dans lequel se mettent les Poissonniers, d'exposer leur vie; ce qui leur donne un privilege particulier. *V. M. le Prêtre, Cent.* 3. *chap.* 125.

31　En Dauphiné, les Lettres de répi ne sont reçûës,

mais on accorde quelque délai, pourvû qu'on n'en ait pas déja obtenu, & qu'il ne s'agisse de dette privilegiée; encore oblige-t'on de payer les interêts. Arrêt du Parlement de Grenoble du premier Février 1638. *V. Basset, tome* 1. *liv.* 2. *tit.* 25. *ch.* 14.

32　Arrêt du Parlement de Mets du 8. Octobre 1638. portant défenses à tous Procureurs, & autres personnes, de plus inserer dans les Lettres de répi autres défenses, que les generales, à peine de tous dépens, dommages & interêts envers les parties. *Voyez* le 33. *Plaidoyé de M. de Corberon*.

33　Arrêt de Reglement provisionnel, donné au Parlement d'Aix le 12. May 1653. entre le Lieutenant des Soûmissions, & le Juge, sur la connoissance des répis. *Boniface, tome* 1. *liv.* 1. *tit.* 10. *n.* 21.

34　Celuy qui obtient Quinquenelles ou Lettres de répi, est obligé de donner caution, pour la sûreté des creanciers, suivant le Reglement de la Cour de Dauphiné de 1560. Jugé par Arrêt; neanmoins elles ne sont jamais reçûës pour avoir effet, ni pour ni contre la caution. Arrêt du quatorze Août 1653. rapporté par *Chorier, en sa Jurisprudence de Guy Pape, page* 342.

35　Les Lettres de répi qui viennent du Prince, ne sont point enterinées que sous caution. Arrêt du Parlement de Grenoble du 5. Février 1556. rapporté par *M. Expilly, chap.* 41.

36　Les Lettres de répi ne peuvent surseoir l'execution des Lettres de change. Edit du Roy au mois de Mars 1673. servant de Reglement pour le commerce des Négocians & Marchands. Arrêt du Parlement de Bordeaux du 14. Mars 1672. Il avoit jugé le contraire, & donné du temps de trois mois, mais il faut observer que c'étoit auparavant l'Edit. *Journal du Palais.*

REPLETION.

1　DE la répletion des Graduez. *Voyez* le mot *Gradué, nomb.* 175. & *suiv.*

2　Si taire la répletion donne ouverture au dévolut, contre la provision de l'Ordinaire; & du dévolut, contre les provisions de l'Ordinaire? *Voyez Peleus, en ses questions concernant le droit des Graduez.*

3　Par Arrêt du mois d'Août 1601. jugé que les Benefices hors le Royaume, & à plus raison les pensions créées sur iceux, ne remplissent point le Gradué. *M. Loüet, lettre* G. *somm.* 10.

4　Indultaire rempli. *Voyez* le mot, *Indult, nombre* 77. & *suivans.*

5　Brevetaire de joyeux avenement, à qui l'on oppose la répletion, parce qu'ayant requis une Prébende, en vertu de son Brevet, il s'étoit laissé évincer par un Arrêt par défaut, & non par Arrêt contradictoire. *Voyez lettre* J. verbo, *Joyeux avenement, nombre* 19.

REPLIQUE.

REplique. *Responsum. Replicatio. Iterata responsio. Contradictio, &c. De replicationibus. Inst.* 4. 14. *Voyez* le mot *Exception*, & le titre, *de la Procedure Civile.*

REPRE´SAILLES

REprésailles. Prise faite sur ceux qui ont pris sur les autres. *Clarigatio. Represalia.*

Le droit de représailles, s'appelle aussi, droit de marque, & d'Arrêt; *quia est jus transeundi in alterius principis marchas, seu limites, & bona eorum occupare, qui nostra usurparunt.*

Le Roy accorde des Lettres de représailles & de marque, selon les formes prescrites par le Titre 10. du Livre 3. de l'Ordonnance de la Marine. *Ut non fiant pignorationes pro aliis personis. N.* 51.... *N.* 134. 6. 7. *Pignoratio*, signifie la saisie ou l'arrêt

que l'on fait par repréfailles : *Jus alium pro alio retinendi.*

Ut nullus ex vicaneis, pro alienis vicaneorum debitis teneatur. C. 11. 56. On ne peut ufer de repréfailles , ni exercer la folidité contre le concitoyen de fon debiteur.

    De reprefaliis. In fexto Decret. lib. 5. tit. 8.... D. Grat. 23. *q.* 2. *c. dominus.*

1   Repréfailles ou droit de marque. *Voyez* , le mot , *Marque ,* la *Bibliotheque du Droit François ,* par *Bouchel.*

2   De l'octroy des Lettres de marque & de repréfailles , de la contrainte folidaire, & du privilege du bétail de labourage. *Voyez M. Expilly* , Plaidoyé 16.

3   *De reprafaliis , & earum origine.* Voyez *Andr. Gaill , lib. fing. de pignorationibus. Obfervat.* 2.

4   *An civitas fingulos cives , & eorum bona fub pœnâ reprefaliarum obligare poffit ?* Voyez *Andr. Gaill,* en fon Traité *de Arreftis Imperii , cap.* 9.

5   *Jus reprefaliarum in bonis exiftentibus in concedentis territorio illorum contrà quos conceffum eft , exequi poteft.* Voyez *Franc. Marc.* tome 2. queft. 331.

6   *Senatus pro executione Arrefti in defectûm juftitia , an & quando reprefalias concedere poffit ?* Ibidem, queftion 358.

7   *Reprefalia contrà Clericum concedi poffunt , quando fegniter juftitiam adminiftrat.*

    Clerici contrà quos reprefalia conceffa funt per laicos , capi non debent. Voyez *Franc. Marc.* tome 2. queftion 395.

8.   En Villes maritimes tenuës de divers Princes Souverains , la coûtume de repréfailles eft tolerable : Celuy par le fait duquel le Citoyen eft détenu , le doit indemnifer. *V. M. le Prêtre* 4. *Centurie* , chapitre 93.

9   Du droit *de Marcha feu de reprifâ ,* que l'on dit repréfailles. *Voyez* un Arrêt du Parlement de Paris du 5. Juillet 1328. dans *Corbin , fuite de Patronage chapitre* 28.

10   Le Parlement de Grenoble a le pouvoir d'ufer de repréfailles fur les fujets des Princes étrangers , pour la défenfe de fa Jurifdiction , & de fes Jufticiables ; il le peut abfolument après s'être informé de la verité fans autre préliminaire ; il les a permifes ainfi une fois contre les fujets du Duc de Bourgogne , & deux fois contre ceux du Duché de Savoye ; l'une en 1466. pour un habitant d'Avalon , & l'autre deux ans après pour Roche Chinard , elles l'avoient déja été en 1448. contre les fujets de l'Evêque de Valence. *Voyez Guy Pape ,* queft 31. *& 33. & Chorier ,* p. 77.

11   Les repréfailles ordonnées par les Magiftrats temporels n'ont pas moins d'effet contre les Ecclefiaftiques, que contre les Laïcs. Arrêt du Parlement de Grenoble du 8. Octobre 1448. contre un Clerc du Diocefe de Valence , au fujet d'un faux monnoyeur qui s'étoit retiré dans l'Evêché avec 1400. écus faux fabriquez en France ; l'Evêque n'avoit pas voulu le rendre après trois fommations de la part des Commiffaires du Dauphiné ; enfin il obéit. *Voyez ibidem,* queft. 34.

12   Droit de repréfailles ne fe peut exercer contre les Ecoliers. Arrêt du Parlement de Paris du mois de Juillet 1593. ni contre les Laboureurs ; ainfi jugé. *Voyez les Reliefs forenfes de Roüillard ,* ch. 17.

13   Les repréfailles ne peuvent être executées contre les Marchands qui viennent aux Foires de Lyon. Arrêt du Confeil du 9. Juillet 1627. pour les Marchands négocians à Lyon. *Voyez Chorier , en fa Jurifprudence de Guy Pape ,* p. 77.

14   Lettres de repréfailles n'ont lieu que contre les fujets d'un autre Prince , fur meubles & marchandifes , non fur les immeubles , & font révoquées fans expreffion particuliere dans l'Edit d'abolition generale, qui profite aux heritiers de ceux qui étoient de-

cedez pendant la rebellion de la Rochelle. L'efperance du pardon , & de la clemence du Prince a été tranfmife aux heritiers , ainfi ils doivent joüir du Privilege. Arrêt du 12. Juin 1630. *Bardet , tome* 1. *livre* 3. chapitre 110.

REPRESENTATION.

LA répréfentation s'entend des *actes* que l'on produit, d'un droit qui s'exerce par quelques *Archidiacres* ; de la comparution d'un accufé contumax , ou de celle d'un *prifonnier* : Et plus ordinairement en matiere de fucceffion du droit de répréfenter la perfonne d'un défunt , & de remplir fon degré.   1

REPRESENTATION , ACTE.   2
Définition & fens de ces mots *Exhibitio, Exhibere.* L. 22. *& 246. D. de verb. fign.*

    Ad exhibendum, D. 10. 4.... C. 3. 42... I. 4. 17. §. 3. *Eft actio ad rem mobilem exhibendam.* Répréfentation d'Actes ou titres , & autres chofes mobiliaires ou contentieufes.

    De tabulis exhibendis. D. 43. 5... C. 8. 7. Répréfentation du Teftament à ceux qui y ont quelque interêt. *V.* Acte.

    De homine libero exhibendo. D. 43. 29. Contre ceux qui refufent de répréfenter un homme libre.

    De liberis exhibendis , item ducendis. D. 43. 30. Action pour contraindre ceux qui retiennent les enfans d'autrui , à les répréfenter.

    De liberis exhibendis , feu deducendis ; & de libero homine exhibendo. C. 8. 8.

REPRESENTATION , ARCHIDIACRE.   3
Droit de répréfentation appartenant à quelques Archidiacres. *Voyez* le mot *Archidiacre ,* nomb. 42.

REPRESENTATION , CONTUMAX.   4
Representation du contumax. *Voyez* le mot *Contumax ,* nomb. 42.

REPRESENTATION DE PRISONNIER.   5
Voyez cy-après le *nomb.* 87. *& fuiv.*

REPRESENTATION , SUCCESSION.   6
De reprefentatione , imprimé en 1676. *Voyez* un petit traité in octavo,

Voyez, hoc verbo *Répréfentation ,* la *Bibliotheque du Droit François par Bouchel.*   7

De la répréfentation en ligne directe & collaterale, & dans les fiefs. *Voyez M. le Brun ,* en fon *traité des Succeffions, liv.* 3. *chap.* 5. le traité fait par *M. Ricard ,* & *les notes fur l'article* 140. *de la Coûtume de Senlis ;* & *les Commentateurs des Coûtumes qui admettent ce droit.*   8

Traité de la répréfentation des filles , *vol. in quart. Paris* 1660.

Voyez le traité fait par M. François Guyné Avocat au Parlement de Paris , *imprimé chez Simon Langlois en* 1698.

De la répréfentation dans le droit Romain. *Renuffon* l'explique en fon *traité des Propres , chap.* 2. *sect.* 1. où il parle de la répréfentation en ligne directe afcendante ;   9

Au même traité *chap.* 2. *sect.* 8. il parle de la répréfentation fuivant l'ufage ancien , & depuis réformé.

Le duel fut ordonné pour le droit de repréfentation par Othon II. Empereur , les répréfentans gagnerent contre les oncles. *Voyez Expilly , Plaidoyé trentième.* M. le Prêtre rapporte quelques exemples pour la répréfentation ; mais fans duel. *V. la* 2. *Cent. chap.* 19. fine.   10

Representation en ligne directe & collaterale. *Voyez Peleus ,* queft. 136.   11

Répréfentation en droit écrit en ligne directe, va *in infinitum.* En ligne collaterale il n'y avoit point de répréfentation ; Juftinien en la Novelle 118. a corrigé cette rigueur , & l'a admife jufqu'au troifiéme degré. *Voyez M. le Prêtre* 2. *Cent. chap.* 19.   12

Representation de la perfonne , ou répréfentation   13

de degré different. *Du Frêne, liv. 6. ch. 3.*

14 L'enfant venant par réprésentation ne succede au lieu de son pere qu'à l'égard du degré seulement, & non à l'égard de la personne. *Voyez les notables Arrêts des Aud. Arrêt 91. art. 3. & Henrys, to. 1. liv. 5. ch. 4. qu. 52.* où il dit qu'en ligne directe le fils réprésente la personne & le degré. Dans la collaterale le neveu qui succede par réprésentation peut bien réprésenter la personne, mais non pas le degré. *Voyez Brodeau sur M. Loüet, lettre R. somm. 9. nomb. 19. Voyez Charondas, liv. 2. Réponse 8.*

15 La réprésentation approche d'un degré une personne plus éloignée pour la faire concourir avec une personne plus proche ; celuy qui réprésente entre au droit & condition de la personne par luy réprésentée, &c. *Voyez Henrys, to. 1. liv. 6. chapitre 1. question 1.*

16 *Quaestum est,* si l'enfant de celuy qui s'abstient & renonce se peut porter heritier, comme par droit de réprésentation pendant la vie de son pere, ou de sa mere qui a renoncé ? *Du Moulin sur le 241. art. de la Coûtume du Maine,* au titre des successions, tient que non. Toutefois il y a eu jugement contraire au Siege de *Bourges* en la succession de Catherine Gerard, entre Maître Antoine Baruthen, & Savary Maréchal sieur de Breton, dont il y a appel ; on allegue la loy *si quis filium C. de inofficiosi.* où toutefois *querela datur filio transmissionis jure ex persona patris, non successionis ex sua.* Bibliotheque de Bouchel, *verbo Réprésentation.*

17 C'est une maxime *repræsentationem locum habere semper ac in infinitum in descendentibus, in ascendentibus numquam ; in collateralibus ultra fratris filios non extendi. Voyez Mainard, liv. 6. ch. 95.*

18 Le Roy Henry II. ordonna en 1556. que par tout son Royaume la réprésentation auroit lieu en ligne directe à l'infini, & en ligne collaterale jusqu'au troisiéme degré. *Voyez Henrici secundi Progymnasmata, Arrêt 160.*

19 Les heritiers en pays de réprésentation *in æquali gradu succedunt in stirpes.* Arrêt du 13. Février 1574. *Le Vest, Arrêt 129.*

20 *Vivens nulla repræsentatio.* Arrêt du 7. Decembre 1628. *M. le Prêtre és Arrêts de la Cinquième.*

21 Il n'y a point de réprésentation quand la personne est vivante, ou qu'elle a renoncé à la succession à elle déferée. Arrêt du 11. Decembre 1612. *Chenu, 2. Cent. quest. 23. Mornac, l. 7. ff. de his sunt sui juris vel alieni.* Soit en directe ou collaterale. *Voyez M. Loüet, lettre R. somm. 4.*

22 Un pere renonçant, ses enfans ne le réprésentent point. Arrêt du 7. Decembre 1628. *M. le Prêtre, és Arrêts de la Cinquième.*

23 Quoique la réprésentation ne se fasse ordinairement que d'une personne absente, ou morte, il semble que si le pere vivant ne veut point se prévaloir de son droit, il ne doit point faire d'obstacle à ses enfans ; celuy qui ne veut point être heritier, ne devant plus être consideré en cet égard que comme s'il n'étoit plus dans l'être des choses. Cependant le contraire a été jugé en la Chambre de l'Edit à Roüen le 23. Juillet 1634. Henry Bauquemare décede sans enfans ; Michel un de ses freres se déclare heritier ; mais Pierre son autre frere renonce, & comme creancier, fait saisir les biens de la succession. Après sa mort, Tobie son fils demande part en la succession d'Henry son oncle : la veuve & les enfans de Michel luy opposerent qu'il ne pouvoit venir à la réprésentation de son pere, puis qu'il étoit vivant lors que la succession fut ouverte ; & qu'il n'y avoit jamais eu de réprésentation ; par cet Arrêt Tobie a été débouté des Lettres de restitution qu'il avoit obtenües. On peut douter si par cet Arrêt la Cour a décidé la question ; car en consequence de la renonciation faite par Pierre Bauquemare, Michel avoit pris la succession

entiere, & le fils de Pierre ne venoit qu'après 20. ans de paisible possession que Michel avoit eüe ; de sorte que son silence faisoit présumer qu'il avoit abandonné son droit, quand même il eût été capable de succeder. *Voyez Basnage sur l'art. 304. de la Coûtume de Normandie.*

RÉPRÉSENTATION, BAIL.

24 Réprésentation a lieu aux baux à vie. *Voyez le mot Bail, nomb. 246.*

RÉPRÉSENTATION, COUSTUME D'AMIENS.

25 Par Arrêt prononcé en Robes rouges le 23. Mars 1578. sur la Coûtume d'*Amiens,* en laquelle il y a réprésentation, la Sentence du Bailly d'Amiens fut confirmée par laquelle il avoit ajugé l'hoirie du défunt au fils de son frere, contre l'oncle de ce défunt qui y prétendoit part comme étant en pareil degré. *Voyez la Bibliot. de Bouchel, verbo Réprésentation, & cy-après le nomb. 68.*

RÉPRÉSENTATION, COUSTUME D'AUVERGNE.

26 Par l'article 9. du titre des *Successions,* réprésentation a lieu en ligne collaterale jusqu'à l'infini, &c. *Voyez Henrys, tome 1. liv. 6. quest. 22.*

COUSTUME DE BOURBONNOIS.

27 L'article 306. de la Coûtume de *Bourbonnois* est ainsi conçuë, *les termes de réprésentation sont dans les successions directes des ascendans ou descendans in infinitum, & en ligne collaterale des freres & sœurs, ou de leurs enfans,* il dit ensuite que hors les termes de réprésentation l'on partage par têtes, & non par souche ; c'est une fort ancienne dispute dans cette Coûtume, si son esprit est tel, que pour être censé se trouver dans les termes de réprésentation, & pour partager par souches, il suffit d'être dans les degrez dans lesquels on admet la réprésentation, soit que l'on soit en degré égal, soit que l'on se trouve en degré inégal ? La difficulté est que quand l'on se trouve en degré égal, il semble qu'il n'y ait pas lieu à la réprésentation actuelle, au moins en ligne collaterale. Cependant la Coûtume déclarant indistinctement les enfans des freres être dans les termes de réprésentation, il semble qu'elle les y ait supposez en l'un & en l'autre cas, & soit qu'ils viennent avec leurs oncles freres du défunt, soit qu'ils réprésentent tous en égal degré ; le mot de *termes* signifiant fins & limites, & non pas degrez. Aussi ç'a été l'avis de M. Charles Du Moulin, comme il se voit en sa note sur cet article, où il taxe un peu les Avocats de Moulins qui lors étoient d'avis contraire. Peut être que le fondement de leur opinion étoit que le texte original de la Coûtume, qui est resté à Moulins, ne dit pas comme les dernieres impressions, *& en ligne collaterale des freres & sœurs, ou de leurs enfans,* mais il dit *des freres & sœurs, & de leurs enfans ;* ce qui fait une difference essentielle ; car la conjonctive suppose le degré inégal, au lieu que la disjonctive suppose le degré égal ; mais comme la disjonctive se suit aujourd'huy, je semble que c'est avec raison que le Siege de Moulins a depuis jugé le partage par souches entre neveux, & que les Avocats ont adhéré au Grand Maître, aussi les Arrêts ont autorisé cet avis : il y en a deux rapportez par *Montholon, Arrêt 49.* l'un du 18. Juillet 1551. & l'autre du 24. Decembre 1608. Cependant j'apprends que les Avocats de Moulins retournent encore à leur premiere opinion, & qu'ils estiment derechef que la réprésentation n'a lieu qu'en degré inégal. *V. M. le Brun, en son traité des Successions, livre 3. chapitre 5. sect. 1. n. 21.*

28 En la Coûtume de *Bourbonnois* les enfans des freres succedent *in stirpes, & non in capita,* encore qu'ils ne succedent que par réprésentation. Arrêt de la Nôtre-Dame d'Août 1587. *Montholon, Arrêt 49. Voyez Loüet, lettre R. somm. 9. & le Vest, Arr. 129.*

COUSTUME DE BOURGOGNE.

29 En *Bourgogne,* lors qu'il n'est question que d'un legs, ou d'un fideicommis, & non d'une succession, la

la répréfentation n'a point de lieu. Arrèt du Parlement de Dijon du 24. Avril 1674. *Taifand, fur cette Coûtume, tit. 7. art. 19. note 6.*

30 Philippes le Sage prétendoit qu'étant frere germain de François, Jean & Suzane le Sage, il devoit leur fucceder feul à l'exclufion de Lazare de Rochemont, qui n'étoit qu'un arriere neveu. Lazare de Rochemont foûtenoit qu'il devoit fucceder aux biens laiffez par fes grands oncles & tantes, conjointement avec Philippes le Sage, parce qu'il répréfentoit Elizabeth le Sage, Marie Bernard fa mere, qui étoit fille de la même Elizabeth le Sage. On répondoit pour Philippes le Sage que fi cette répréfentation avoit lieu ce feroit une double fiction, autrement *per faltum* qui n'étoit pas admife par la Coûtume de *Bourgogne*; de forte qu'il s'agiffoit de l'explication de l'article 10. de l'ancienne Coûtume, qui depuis les articles ajoûtez fe trouve à prefent le 19. dans le titre des fucceffions, lequel article porte qu'*en toute fucceffion reprefentation a lieu, quand la perfonne repréfentée eft en pareil degré que celuy de la ligne & branche avec lequel il fuccede.* Par Arrèt du Parlement de Dijon du 4. Juin 1693. il fut jugé que Lazare de Rochemont ne pouvant reprefenter que Marie Bernard fa mere, qui n'étoit pas en pareil degré que Philippes le Sage fon grand oncle, avec lequel il vouloit fucceder, il étoit exclus des fucceffions dont il s'agiffoit; & en confequence Philippes le Sage fut envoyé feul en poffeffion des biens délaiffez par François le Sage & fes enfans, & par Jean & Suzanne le Sage. *Voyez Ibid. Coût. de Bourg. titre 7. art. 19. note 1.*

REPRESENTATION EN BRETAGNE.

31 Par Arrèt du Parlement de *Bretagne* prononcé en Robes rouges le dernier Arrèt 1575. jugé que les neveux roturiers peuvent recueillir une fucceffion collaterale avec pareil avantage que feroit leur grande mere, Demoifelle, qu'ils repréfentent au préjudice de leur tante, fœur puînée de leur grande mere; cet Arrèt eft l'un des notables du fieur Préfident de Lancran. *Biblioth. de Bouchel, verbo Succeffion.*

COUSTUME DE CHAUNY.

32 En Pays Coûtumier on fuit les Coûtumes : en la Coûtume de *Chauny* article 36. répréfentation n'a point de lieu, même en la directe, &c. *Voyez M. le Prêtre 2. Cent. chap. 19.*

COUSTUME DE CLERMONT.

33 Dans la Coûtume de *Clermont* en Beauvoifis repréfentation n'a lieu en ligne directe pour les fiefs; *feciès*, pour les autres meubles & immeubles roturiers. Arrèt du 9. Août, tiré du Regiftre des Jugez du Parlement de Paris de l'an 1331. *Arrèt* 120. Voyez *Corbin, fuite de Patronage, chap.* 174.

REPRESENTATION, EPTE.

34 Sur l'article dernier des ufages locaux des 24. Paroiffes qui font au delà de la riviere d'*Epte*, il eft porté qu'en ligne collaterale *répréfentation a lieu jufqu'au fecond degré inclufivement.* Atrêt du Parlement de Roüen du 8. Avril 1631. par lequel l'on a admis l'arriere neveu avec le neveu à la fucceffion de l'oncle, comme étant l'arriere-neveu au fecond degré de repréfentation, quoiqu'il foit au troifième degré de parenté, autrement cet article de l'ufage local n'eût rien dit davantage de la Coûtume generale, quoiqu'il étende la répréfentation plus qu'aucune autre Coûtume de France : car en effet le frere ne répréfente perfonne, il eft de fon chef au premier degré, & le neveu bien qu'il vienne à la fucceffion de fon chef, neanmoins comme il ne peut être reputé auffi proche parent que le frere du défunt, qu'en feignant qu'il repréfente fon pere, il eft le premier qui a befoin du fecours de la repréfentation, ainfi il fait le premier degré, & l'arriere-neveu le fecond. *Bafnage, fur l'art. 404. de la Coûtume de Normandie.*

COUSTUME DU MAINE.

35 M. *Charles du Moulin fur l'article 242. de la Coûtume*

mt du Maine, dit que fi des deux enfans l'un repudie la fucceffion du pere, l'enfant du répudiant ne viendra à la fucceffion de fon ayeul avec fon oncle par repréfentation, parce qu'il n'y a point de repréfentation, finon d'une perfonne décedée naturellement ou civilement. *Coquille, Coûtume de Nivernois, ch. 34. des Succeffions.* V. *M. Loüet, lettre R. fomm. 41.* où il parle de la repréfentation que font les defcendans.

COUSTUME DE MEAUX.

36 Repréfentation en ligne collaterale n'a lieu en la Coûtume de *Meaux.* Jugé le 16. Avril 1585. *Montholon, Arr.* 31. Voyez *Anne Robert*, rerum judicat. *liv. 5. chap. 15.* où l'Arrèt eft rapporté bien au long.

COUSTUME DE MELUN.

37 Cette Coûtume n'admet point de repréfentation en ligne directe, mais par contrat de mariage on y peut déroger; & par le moyen de la dérogation les enfans iffus de ce mariage prennent le même droit d'aîneffe en la fucceffion de leur ayeul que le pere y eût pris. Arrèt du 31. Decembre 1556. *M. le Prêtre, ès Arrèts celebres du Parlement.*

COUSTUME DE MONTDIDIER.

38 Traité pour montrer qu'en la Coûtume de Montdidier entre Nobles, la repréfentation en ligne collaterale n'a lieu quant aux fiefs anciens partagez noblement entre les freres heritiers de leur pere, & que l'aîné des freres étant décedé, lequel avoit furvécu fon fecond frere, lefdits fiefs appartiennent au troifième frere, à l'exclufion de fon neveu fils du tiers frere prédecedé, par *Claude le Caron* Avocat, & ancien Mayeur de Montdidier, in octavo, *à Paris chez Denis Langlois* 1629.

COUSTUME DE MONTFORT.

39 Par Arrèt prononcé en Robes rouges le 7. Septembre 1565. jugé que le coufin germain ne fuccede point avec fon oncle au coufin germain, *etiam* en la Coûtume de *Montfort*, quoi qu'elle porte que répréfentation a lieu en ligne collaterale; ce qui fe doit entendre, quand il eft queftion de la fucceffion du frere ou de la fœur; auquel cas l'enfant du frere répréfente fon pere pour fucceder au frere fon oncle, *non fic* en la fucceffion du coufin germain, conformément à la Loy *avunculo C. commun. de fucceforibus.* Biblioth. du Droit François par Bouchel, *verbo* Répréfentation.

40 M. de Montholon dit avoir vû l'Arrèt donné pour Saint Vidal en la Coûtume de *Montfort*, qu'y ayant répréfentation *in collaterali* la fille répréfente fon pere dans les fiefs *qui alioqui*, par la même Coûtume appartiennent au mâle & concurrit cum fratre deffuncti masculo qui eum non excludit; prononcé en Robes rouges à Pâques 1568. *Ibidem.*

REPRESENTATION EN NORMANDIE.

41 Dans la Coûtume de *Normandie* en fucceffion aux propres, répréfentation a lieu jufques & compris le feptième degré, auquel cas la fucceffion eft partagée par fouches, & non par têtes, même en ligne collaterale; foit que les heritiers foient en pareil degré, ou en degrez inégaux. Arrêté du Parlement de Roüen, les Chambres affemblées, le 6. Avril 1666. article 42. *Bafnage, to. 1. à la fin.*

COUSTUME D'ORLEANS.

42 En la Coûtume d'*Orleans* ù répréfentation n'a lieu Martin a trois fils, Robert, Jean, Simon, & une fille qui eft mariée, & meurt; elle laiffe des enfans fes heritiers : Simon leur oncle s'abfente, & on n'en oit aucunes nouvelles; le pere de Simon ayeul des enfans de fa fille décede; pour le partage de fes biens, proces entre Robert & Jean, & les enfans de leur défunte fœur qui font demandeurs, & leurs oncles défendeurs; Sentence qui ajuge un quart aux demandeurs, & les autres trois quarts aux défendeurs, tant de leur chef, que comme feuls heritiers de Simon qui étoit tenu pour mort, parce que répréfentation n'avoit lieu en ligne collaterale, Appel. Arrèt qui ajuge aux

Fff

REP

demandeurs la tierce partie des biens, & aux défendeurs les deux autres tiers; ainsi la Cour a préfumé que Simon étoit décedé avant fon père. Jugé le 23. Mars 1561. *Le Veſt , Arr. 71.*

43 En la Coûtume d'*Orleans*, les oncles vouloient bien admettre les neveux à la fucceſſion de leur ayeule, mais ils difoient qu'il en falloit diftraire deux parts pour deux de leurs freres qui étoient décedez aprés l'ayeule. Les neveux foûtenoient que ces deux oncles par le bruit commun étoient décedez devant l'ayeule. Arrèt à Pâques du 23. Mars 1561. au profit des neveux. *Charondas , livre 2. Rép. 75.*

COUSTUME DE PARIS.

44 L'ancienne Coûtume de *Paris* étoit prohibitive de repreſentation en ligne collaterale, la Coûtume réformée l'a admiſe. *Voyez Papon , liv. 21. tit. 1. n. 20.* où il parle de cette repreſentation & de fa faveur.

Voyez les Commentateurs *fur les articles* 319. & 320. *de la Coûtume de Paris*, qui diſpoſent ſingulierement de la repreſentation tant en ligne directe que collaterale.

COUSTUME DU PERCHE.

45 *Entre Nobles & Roturiers , repreſentation a lieu infiniment tant en ligne directe que collaterale, & fuccedent les deſcendans, ou collateraux du défunt , étant entre eux en pareil ou inégal degré, par ſouches & non par têtes,* c'eſt l'art. 151 de la Coûtume du *Grand Perche* ; l'article 157. de la même Coûtume porte , En ſucceſſion collaterale, ſoit Noble ou Roturiere, les mâles excluent les femelles és heritages propres du défunt , tenus en foy & hommage, ſinon que leſdites femelles repreſentaſſent l'hoir mâle, auquel cas elles prennent telle part eſdits heritages qu'eût fait ledit hoir mâle ; & quant aux autres heritages dudit défunt, encore qu'ils fuſſent feodaux, étant ces heritages feodaux par lui acquis , les femelles y ſuccedent également avec les mâles. Voyez les Conſultations de M. Dupleſſis, où au ſujet de ces deux articles il examine la queſtion de ſçavoir ſi dans le cas de la repreſentation l'aîné des repreſentans exclud des fiefs les femelles ſes fœurs.

46 En la Coûtume du *Perche* article 157. un homme decede qui avoit une ſœur, tante des neveux & niéces d'un défunt frere , ce particulier décedé, & ſa fœur avoit fait un don mutuel ; il y avoit des propres feodaux & roturiers. Les niéces prétendoient de partager avec leurs freres comme venans du pere commun , & par repreſentation ; les fiefs ajugez aux freres à l'excluſion des filles , parce qu'ils venoient de leur chef. Jugé au Parlement de Paris le 26. Juillet 1672. *Journal du Palais.*

COUSTUME DE SENS.

47 En la Coûtume de *Sens* les filles deſcendantes d'un mâle , & venant par repreſentation avec leur oncle, ſuccedent avec leur oncle és fiefs. Jugé par l'Arrêt des Beroults en 1631. & le 13. May 1658. *Notables Arrèts des Audiences, Arrèt* 13. M. le Prêtre, 1. *Centurie, chap.* 22. Cette Juriſprudence a varié par l'Arrêt de Meſſieurs de Saintot , par lequel la fille du frere prédecedé , n'herite ni avec fes fiefs avec fon oncle frere du défunt. Jugé le 23. Février 1663. en la Premiere des Enquêtes. *Notables Arrèts des Audiences, Arr.* 91. Requête civile contre l'Arrêt, le 16. May 1669. Arrêt qui déboute la Requête civile.

COUSTUME DE TOULOUSE.

48 Dans la Coûtume de *Toulouſe* où le plus proche du côté du pere eſt appellé, les neveux ſuccedent par droit de repreſentation. Arrêts du mois de Février 1590. 6. May 1621. & en l'année 1609. & le 6. Avril. *De Cambolas , livre* 1. *chap.* 22.

COUSTUME DE VALOIS.

49 De l'effet de la repreſentation en la Coûtume de *Valois.* Arrêt du 7. Avril 1562. *Le Veſt, Arrèt* 72.

50 Si en la Coûtume de *Valois,* laquelle dans la collaterale admet la repreſentation juſqu'aux couſins germains incluſivement , l'oncle , comme étant le plus

proche , peut exclure les couſins germains dans la ſucceſſion de leur couſine germaine? Arrêt du 17. Février 1653. qui ordonna que la ſucceſſion ſeroit partagée entre l'oncle & les couſins germains par repreſentation, ſuivant la Coûtume. *Soëfve, tome* 1. *Cent.* 4. *chapitre* 11.

COUSTUME DE VERMANDOIS.

51 Jugé par Arrêt du 29. Janvier 1660. que la Novelle 118. de l'Empereur Juſtinien & l'Authentique *poſt fratres, Cod. de legit. hared.* touchant la repreſentation en ligne collaterale doit avoir lieu dans la Coûtume de *Vermandois*, & qu'ainſi doit être entendu l'art. 75. de la même Coûtume, qui dit, qu'*en ligne collaterale repreſentation a lieu aux enfans des freres & ſœurs incluſivement, ſuivant la raiſon écrite* ; & en conſequence que les neveux du défunt qui n'a laiſſé aucuns freres vivans, doivent être admis à ſa ſucceſſion, à l'excluſion des oncles du même défunt. *Soëfve,* 10. 2. *Cent.* 2. *chap.* 8.

COUSTUME DE VITRY.

52 Repreſentation a lieu en ligne collaterale au Bailliage de *Vitry*, tant és heritages nobles que roturiers, & défenſes faites aux Juges d'appointer les parties ſur le fait des Coûtumes rédigées par écrit , ou la maniere d'uſer d'icelles. Jugé le 5. Avril 1541. *Le Veſt, Arrêt* 19. Et pour l'effet de la repreſentation *in gradu inaquali.* Arrêt du 7. Septembre 1576. *Voyez le même le Veſt, Arrèt* 149.

53 Les neveux iſſus de filles qui viennent par repreſentation en la ſucceſſion de leur oncle avec leur tante , qui eſt gradus naturâ inaqualis beneficio conſuetudinis, prennent telle & auſſi grande part que ſeroient celles qu'ils repreſentent , tant aux fiefs qu'aux rotures, & ſi elles étoient vivantes : ſecus, ſi c'étoit un mâle venu d'un mâle, qui vînt à repreſentation; car il auroit la part qu'eût eûë ſon pere , & tous les fiefs, ainſi qu'il a été jugé par tous les Arrêts où il y a ſemblable Coûtume, comme à Vitry. *Le Veſt, Arrèt* 161. rapporte l'Arrêt du Parlement de Paris du 19. Juin 1579. qui a jugé cette queſtion. *Voyez le même Auteur au chap.* 65.

54 Repreſentation tant en ligne directe que collaterale aux rotures & meubles dans les Coûtumes de *Vitry & de Reims.* Voyez les Plaidoyers de M. Servin au troiſiéme Volume, & l'Arrêt du 3. Decembre 1601.

55 Par Arrêt du 22. Janvier 1665. jugé en la Coûtume de *Vitry*, qui n'admet la repreſentation dans la ligne collaterale que juſqu'aux enfans des freres incluſivement , que le rappel fait par une défunte d'aucuns de ſes parens *extrà terminos repreſentationis*, pour prendre par eux pareille part en la ſucceſſion que leurs défunts pere ou mere , s'ils euſſent été vivans, ne pouvoir valoir que par forme de legs , ſuivant l'avis de M. Charles Du Moulin ſur l'art. 6. de la Coût. de *Lepuroux* locale de Blois. *Soëfve , to.* 1. *Cent.* 3. *chapitre* 40.

REPRESENTATION , FIDEICOMMIS.

56 Si le droit de repreſentation a lieu en fideicommis ? *Voyez le mot Fideicommis, nomb.* 197. & *ſuiv.* & *cy-aprés le nombre* 72. & *ſuiv.*

REPRESENTATION EN LIGNE DIRECTE.

57 La fille repreſente ſon pere en la ſucceſſion de ſon ayeul, & prend les mêmes droits que ſon pere. *Voyez Charondas , liv.* 2. *Rép.* 9.

58 Du partage de l'augment entre les enfans, & s'il y a lieu de repreſentation, la qualité d'heritier ceſſant? *Voyez Henrys, tome* 1. *liv.* 4. *chap.* 6. *q.* 56.

59 On peut déroger par contrat de mariage à la Coûtume qui n'admet la repreſentation en ligne directe. Arrêt du 31. Decembre 1556. *M. le Prêtre és Arrêts celebres du Parlement.*

60 Une ayeule a ſurvêcu ſes deux enfans, dont l'un a laiſſé ſix enfans , repreſentans leur pere , & l'autre un ſeul enfant, qui venoient à la ſucceſſion de leur ayeule par repreſentation , & non de leur chef, & par ce

moyen ils avoient moitié en ses biens. L'ayeule fait son testament en la Coûtume d'*Auxerre* ; elle donne à quatre des six tous ses meubles, acquêts & quint de ses propres ; les quatre legataires renoncent à la succession de leur ayeule , les deux autres prétendent avoir la moitié des quatre quints. Jugé que celuy d'une branche auroit la moitié des quatre quints, & que dans l'autre moitié les deux autres n'auroient qu'un tiers, & les deux autres tiers seroient partagez par moitié entre l'enfant seul , & les deux autres. L'Arrêt est du 20. Decembre 1602. *M. Loüet, lettre D. somm.* 56. Voyez *Montholon, Arr.* 109. & *M. le Prêtre,* 1. *Cent, chap.* 78. *& Cent.* 2. *ch.* 33.

REPRESENTATION EN LIGNE COLLATERALE.

61   De la representation en ligne collaterale en un seul cas. *V. Coquille, to.* 2. *quest.* 240.

61   Si l'exclusion de la sœur par le frere a lieu hors les termes de representation? *Ibidem , quest.* 241.

63   Les enfans des freres ne representent leur pere , pour succeder conjointement avec les oncles à un cousin germain. *Cambolas, li.* 2. *ch.* 41.

64   Representation en ligne collaterale jusqu'aux enfans des freres : car s'il est question de cousin à cousin, cela est hors les termes de la representation , & *tunc jure proximiores succedunt.* Et selon cela il a été toûjours jugé que la tante comme plus prochaine d'un degré exclud les cousins germains de la succession de leur cousin décédé sans hoirs de son corps. *Voyez la Bibliotheque de Bouchel, verbo Representation.*

65   Neveux issus des filles viennent par representation en la succession de leur oncle avec leur tante , &c. Jugé le 22. Mars 1558. *Le Vest, Arrêt* 65.

66   En ligne collaterale, on peut ordonner que les neveux representeront leur pere en la part & portion qui lui eût pû appartenir. Arrêt du 7. Septembre 1564. *Charondas, liv.* 2. *Rép.* 55.

67   Dans *Charondas, livre* 7. *Rép.* 210. vous trouverez l'Arrêt de Partenay du 7. May 1569. qui a jugé que les neveux en la Coûtume de Paris , ou pour lors representation n'avoit pas lieu en collaterale , n'y succederoient.

68   Par Arrêt du 24. Mars 1578. entre François le Caron & consors d'une part , & Balthasar Caron & consors d'autre part , jugé que les neveux en ligne collaterale excluent leurs oncles par representation de leur défunt pere, en la succession d'un de leurs oncles, en la Coûtume d'*Amiens*. Le Vest, *Arrêt* 156. *Voyez cy-dessus le nomb.* 25.

69   Representation en collaterale, *in locis in quibus lege municipali representatio locum non habet, Senatus hæreditatem fratri adjudicavit, excluso fratris filio.* Arrêt du 16. Avril 1585. *Anne Robert rerum judicat. liv.* 3. *chap.* 25. Voyez *Montholon, Arrêt* 32. qui rapporte le même Arrêt , & dit avoir été rendu en la Coûtume de *Meaux.* La representation collaterale se doit entendre de ceux qui sont en pareil degré & branche. *Charondas, liv.* 13. *Rép.* 35.

70   Les petits-neveux des freres n'ont point droit de representation, pour succeder à un grand oncle. Jugé au Parlement de Toulouse le 9. Mars 1626. *Cambolas, liv.* 5. *chap.* 21.

71   La representation de la representation n'a pas lieu contre les collateraux ; c'est pourquoy le 3. Juillet 1659. au Parlement de Toulouse, en la cause des Castels , il fut jugé qu'un arriere-neveu ne succederoit pas avec un neveu à l'oncle decedé , parce que *post fratres fratrumque filios non est locus representationi.* La Cour ordonna que l'un des Castels prouveroit qu'il étoit en même degré que sa partie adverse. *Albert, verbo Transmission , art.* 1.

REPRESENTATION, FIDEICOMMIS, SUBSTITUTIONS.

Voyez cy-dessus le nombre 56.

72   Le droit de representation à lieu dans la succession des ascendans & des oncles ; & on y succede par souches ; neanmoins il a été jugé au Parlement de Grenoble que dans les fideicommis , les neveux succedoient *in capita* avec leurs oncles ; ç'a été dans cette espece , *si celui ou ceux , ou celle de ses enfans , ou des enfans de ses enfans qu'elle voudra choisir, &c.* par ces termes *ceux ou celles,* le testateur avoit regardé ses petits-fils & leurs enfans individuellement. *Voyez Chorier en sa Jurisprudence de Guy Pape, p.* 197.

73   La representation doit avoir son effet en matiere de fideicommis à l'instar de la succession *ab intestat ,* avec prérogative d'aînesse, d'autant que ces sortes de substitutions n'ayant point que la Coûtume , elles doivent être gouvernées suivant les dispositions qu'elle a établies. *M. Ricard, des substitutions, chap.* 9. *sect.* 2. *nomb.* 663.

74   Les substitutions en termes nominatifs, comme, *j'institue Pierre mon heritier, & en cas qu'il décede sans enfans, je lui substitue Jean & Philippes ses freres,* different des substitutions en termes collectifs , comme quand le testateur substitue sa famille ou ses descendans en termes generaux ; au premier cas la representation n'a point de lieu ; neanmoins la representation y peut être admise en certain cas par la présomption de la volonté du testateur , lorsque celui qui est chargé de restituer, est heritier purement fiduciaire, & obligé de restituer aux enfans incontinent & sans delay , pour leur tenir lieu de legitime & de portion hereditaire. *Voyez Ricard , ibidem , traité* 3. *chap.* 9. *sect.* 2. *nomb.* 664. *& suivans.*

75   Dans la representation du fideicommis, on ne doit point considerer la personne du testateur , mais la personne de celui qui est chargé de restituer. Un testateur institué son fils aîné son heritier , & le charge d'un fideicommis graduel au profit de la famille , en cas qu'il vienne à deceder sans enfans ; la condition du fideicommis arrive ; trois sortes de personnes se presentent , sçavoir le second fils du testateur , les enfans du troisiéme qui est prédecedé , & les petits enfans du quatriéme qui étoit décedé avant l'ouverture de la substitution. Si on considere le testateur , ils doivent tous joüir du benefice de la representation , parce qu'ils sont en ligne directe où elle a lieu infiniment ; mais si on regarde celui qui est chargé de restituer, la representation se doit regler comme collaterale, & ainsi les enfans du quatriéme en seront exclus ; c'est pourquoi il n'y a que le frere & les neveux de l'heritier qui puissent demander l'ouverture du fideicommis. *Ibidem, nomb.* 690.

76   La representation doit avoir son effet en matiere de fideicommis à l'instar des successions *ab intestat ,* avec prérogative d'aînesse, d'autant que ces sortes de substitutions n'ayant pour regle que la Coûtume, elles doivent être gouvernées suivant les dispositions qu'elle a établies. *Ibidem, nomb.* 692.

77   *Jus representationis in substitutionibus locum non habet.* Cujas *Consultat.* 15. *fine.* Brodeau sur *M. Loüet lettre F. somm.* 2. *circa medium.* Voyez *Henrys , to.* 1. *liv.* 5. *chap.* 26. & tome 2. *liv.* 4. *quest.* 2. & *liv.* 5. *quest.* 5. & 41.

78   La representation a lieu dans les fideicommis faits en termes collectifs à la famille , & ce par souches, & non par têtes. Arrêt de la Dame Duhamel du 31. May 1642. *Ricard, des Substitutions, traité* 3. *chap.* 8. *sect.* 2. *nomb.* 576. *& chap.* 9. *sect.* 2. Pour la representation en fait de fideicommis, *Voyez Henrys, to.* 2. *liv.* 5. *quest.* 5.

79   En l'ouverture d'une substitution, la representation n'a lieu. Arrêt du 20. Juillet 1624. *Henrys , tome* 1. *liv.* 5. *ch.* 4. *quest.* 25. où il examine si le fils aîné peut être préferable à l'oncle , ou du moins faire concours.

80   Si la representation peut avoir lieu en fait de fideicommis , avec une notable hypothese de substitution sur ce sujet ? *V. Henrys, tome* 2. *liv.* 5. *question* 5.

81   Si dans un contrat de mariage les futurs conjoints ayant stipulé une donation perpetuelle irrevocable du tiers de tous leurs biens au profit du premier mâle survivant qui naîtroit de leur mariage au défaut du mâle au profit de la fille de son mariage & au défaut de mâles, au profit de la fille aînée qui se trouveroit en vie, n'y ayant point eû de mâles, & la fille aînée étant décédée avant ses pere & mere, mais ayant laissé une fille de son mariage, sçavoir si la donation devoit avoir son effet en faveur de cette fille, ou si la fille puînée des donateurs devoit en profiter au préjudice de sa niéce? *Henrys, to.* 1. *li.* 4. *quest.* 2. établit par plusieurs autoritez, & par des raisons trespuissantes, que la representation devoit avoir lieu en ce cas, & que la fille de l'aînée doit exclure sa tante; cependant il rapporte une Sentence arbitrale renduë par cinq fameux Avocats, qui a jugé en faveur de la fille puînée au préjudice de la fille de sa sœur aînée. Il dit que les Avocats fonderent leur Jugement sur un mot inseré dans la donation, *& au défaut de mâles de la fille aînée, qui se même se trouveroit en vie*; il fait voir par plusieurs raisons que ces termes ne sont pas capables de faire changer la maxime, qui veut que dans les dispositions contractuelles les enfans de l'aînée succedent à tous ses droits.

82   *Henrys, tome* 1. *liv.* 5. *chap.* 4 *quest.* 25. examine si la representation a lieu dans les fideicommis; dans le *tome* 2. *li.* 2. *quest.* 5. *&* 41. il traite la même question.

     M. Cujas dans sa Consult. 15. sur la fin dit que personne ne révoque en doute que la representation n'a pas lieu dans les substitutions, *quia enim nescit, jus representationis habere tantum locum in successionibus ab intestato, non in substitutionibus.*

83   Quoique regulierement le droit de representation n'ait pas lieu en fait de substitution & de fideicommis, sur tout entre collateraux; il a pourtant lieu entre eux lorsque le testateur dont la volonté doit servir de loy, la voulu par exprés. Arrêt du Parlement de Toulouse du mois de Septembre 1636. *Graverol sur la Rochestavin, liv.* 4. *lettre* T. *tit.* 6. *Arr.* 1. Voyez *cy-aprés* le mot *Substitution.*

     R E P R E S E N T A T I O N , R E T R A I T.

84   La representation n'a pas lieu dans le retrait lignager, le frere du vendeur, & le fils d'un autre frere predecedé demandant le retrait lignager, le frere est préferé. Arrêt du Parl. de Toulouse du 24. Janvier 1661. rapporté par *M. de Catellan, livre* 3. *chap.* 12. La nature ne connoît point de representation, qui est une espece de fiction; c'est la Loy qui l'a introduite seulement pour les successions.

     R E P R E S E N T A T I O N , T R A N S M I S S I O N.

85   La representation & la transmission different. La transmission est la translation des droits acquis à une personne en la personne d'une autre; la representation au contraire. Les biens ne passent point par la personne de celuy qui se trouve au milieu, mais aux enfans ou autres qui viennent aux successions, au lieu de leurs peres morts naturellement ou civilement, pour concourir avec d'autres plus proches qu'eux. *Ricard, Traité* 3. *des Substitutions, chap.* 9. *sect.* 2. *nomb.* 663.

86   Au pays de Droit écrit, les Docteurs font difference entre *jus representationis, & jus transmissionis.* Voyez *M. le Prêtre,* 2. *Cent. ch.* 19.

     R E P R E S E N T E R U N A C C U S E'.

87   De celuy qui s'oblige de representer un prisonnier. *Voyez* le mot *Prisonnier, nomb.* 78. *& suiv.*

88   Le pere n'est tenu de representer son fils accusé d'homicide. Arrêt du 10. Mars 1569. *Carondas, liv.* 4. *Réponse* 97.

     Le fils qui s'est obligé de representer son pere qui meurt subitement, sans que le fils ait été interpellé, ni ordonné de le representer, est quitte. Arrêt du 13. Août 1622. *M. Rauquier, lettre* O. *nomb.* 4.

89   Celuy qui a promis de representer un prisonnier,

est tenu de le faire, à peine de tous dépens, dommages & interêts. Arrêt du Parlement de Dijon du 23. Juin 1618. *Bouvot, tome* 2. verbo *Emprisonnement, question* 29.

     R E P R E S E N T E R L E S M E U B L E S.

90   Défenses aux Huissiers & Sergens & à tous autres d'emprisonner les gardiens établis aux saisies des meubles, faute de les representer. Arrêt du Parlement de Paris du 28. Août 1676. *Au Journ. des Aud. tome* 3. *liv.* 10. *ch.* 13. Voyez le mot *Reprise.*

     R E P R I S E.

I L y a la reprise d'Instance, & les reprises qui se font par la femme en vertu de son contrat de mariage, qui contient la clause & faculté de reprendre.

     R E P R I S E D E P R O C E' S.

     Voyez le mot *Procés, nomb.* 62.

     Un heritier reprend en procedant, & par toute cette procedure, il prend cette qualité même. Il y a Arrêt contre luy en cette qualité, contre lequel il se pourvoit depuis par Requête civile, fondé sur ce qu'il n'y avoit point eu d'acte passé au Greffe de la reprise; la Requête civile fut enterinée. *Bibliot. de Bouchel,* verbo *Reprise de procés.*

1   L'on est reçû par Lettres Royaux à poursuivre en quelque matiere que ce soit, aprés cause contestée, quoique la matiere ait été par l'espace de trois, six, neuf, même jusques à trente ans sans poursuite, & on ne peut prescrire la poursuite que jusques à 40. ans passez. Arrêt du Parlement de Paris du premier Février 1347. *Ibidem.* V. le mot *Peremption.*

3   Le procés est interrompu par la mort du défendeur, & le demandeur est tenu dans l'an de la mort, de faire reprendre ou délaisser le procés, autrement il n'est plus reçû. Arrêt du même Parlement en 1390. *Ibid.* verbo *Reprise.*

4   Des cas esquels l'instance ayant pris fin par la mort de l'une des parties, les heritiers doivent être assignez en reprise. *Voyez Despeisses, to.* 2. *p.* 475.

5   Sur ce que le Procureur General a remontré, que sur les reprises des procés se sont diverses procedures, & à faute de reprendre, sont intervenus plusieurs Arrêts, par lesquels les procés tenus pour délaissez, les parties réduites à reprendre leurs conclusions, & faire nouvelle instruction de leurs demandes à grands frais & longueur; dont seroient relevez, si les procés étoient tenus pour repris, comme il est raisonnable, quand ils auront été declarez & jugez heritiers, suppliant la Cour y pourvoir à leur soulagement, la matiere mise en déliberation; la Cour a ordonné que les parties appellées en reprises de procés, feront ladite reprise dans le délay qui leur sera donné selon la distance des lieux, autrement & à faute de ce faire, & sans autre délay, pour venir reprendre ou délaisser, en adjugeant le profit des défauts qui auront été obtenus, seront tenus pour repris, pour y venir proceder par les parties, suivant les derniers erremens. Publié en Jugement le 24. Novembre 1603. *Bibliotheque de Bouchel, tome* 3. verbo *Reprise de procés, p.* 238.

     R E P R I S E S D E L A F E M M E.

6   Effets de la stipulation de reprise. *Voyez* le mot *Communauté, nomb.* 184. *& suiv.*

7   Si la clause de reprise empêche le don mutuel? *Voyez* le mot *Don mutuel, nomb.* 58. *& suiv.*

8   De la reprise de la dot. *Voyez* le mot *Dot, n.* 371. *& suivans.*

9   De la reprise des propres. V. *M. le Brun, Traité de la Communauté, liv.* 3. *ch.* 2. *sect.* 1. *dist.* 1.

10   De la reprise des propres en cas de renonciation. *Ibid. sect.* 2. *dist.* 3.

11   *Renusson, Traité des Propres, chapitre* 4. *sect.* 9. explique plusieurs difficultez concernant la reprise.

12   Reprife, & de l'option à laquelle les collateraux fuccedent à caufe du décez du mineur. *Voyez Brodeau fur M. Loüet, lettre F. fomm. 28.*

13   Lorfque les pere & mere ont ftipulé la faculté de renoncer à la communauté & de reprendre, celuy des conjoints qui furvit feul, peut exercer la claufe de reprife pour le tout. *V. M. Dupleffis, Confultation 25.*

14   La reprife des deniers provenans du rachat fait durant le mariage, des rentes propres à la femme, eft préferée au doüaire, quoique la femme ait figné les quittances de rachat avec fon mari. *Ibidem, Confultation 13.*

15   Quand il eft dit que la femme renonçant reprendra fa dot après la diffolution du mariage, elle le peut auffi après la féparation jugée, bien qu'il n'y ait aucune ftipulation de remploy. Arrêt du 7. Janvier 1505. *Peleus, queft. 87.*

16   Si l'on doit conferver à la femme ce qu'elle a apporté, fi elle renonce, encore qu'il n'y ait pas eu de ftipulation par le contrat? *V.* l'Arrêt du 7. Septembre 1574. dans *Le Veft, Arr. 5.*

17   L'action de reprife, même pour les propres anciens, a été jugée mobiliaire entre les heritiers, le 11. Février 1604. *Du Frêne, liv. 6. ch. 22. fine.*

18   Si la reprife n'eft ftipulée que pour la femme, les enfans ne peuvent s'aider de la convention. Arrêt à Pâques 1592. *Montholon, Arrêt 66.* Que fi la reprife n'eft point ftipulée par le contrat de mariage, la femme renonçant à la communauté, perd ce qu'elle y a mis. Arrêt à Pâques 1604. *Montholon, Arr. 103.* Voyez *Brodeau, fur M. Loüet, lettre R. fom. 50.* On n'étend point les claufes d'un contrat de mariage hors leurs cas. Arrêt à Noël 1607. *Montholon, Arrêt 112.* La faculté de renoncer à la communauté & reprendre à la femme, n'eft tranfmiffible aux enfans. Arrêt du 5. Decembre 1617. *M. Bouguier, lettre R. nombre 9.*

19   La claufe de reprife eft perfonnelle, & lorfque la femme renonce, & que la reprife a été omife en fon contrat, elle perd ce qu'elle a mis dans la communauté. Arrêt du 30. Février 1611. *Mornac, L. 10. Cod. de pactis.* Voyez *Peleus, queft. 98.*

20   Si la reprife, en cas de renonciation, eft accordée à une femme qui paffe en fecondes nôces, & aux enfans qui naîtront du mariage; alors elle ne s'étend point aux enfans du premier lit, qui ne font dénommez dans la claufe, parce que les contrats de mariage font de droit étroit. Arrêt du 3. Février 1615. qui l'a ainfi jugé. *Auzanet, fur l'article 237. de la Coûtume de Paris.*

21   Deux conjoints fe font un don mutuel; la femme décede la premiere, qui laiffe des heritiers collateraux, lefquels renoncent à la communauté, & demandent la reprife de tout ce que la femme y a apporté. Le mari foûtient qu'il en doit avoir la joüiffance, & qu'ils ne peuvent prétendre ladite reprife qu'après fon décez. Jugé en 1616. en faveur des collateraux. *Voyez Renuffon, au Traité des Propres, ch. 4. fect. 9. n. 30.*

22   La ftipulation de reprife à la future époufe & à fes heritiers collateraux, empêche le don mutuel. Jugé en l'Audience de la Grand'Chambre le 26. May 1616. *Ricard, du Don mutuel, Traité 1. chap. 5. fect. 3. nombre 194.*

23   Claufe de reprife qui regardoit feulement la femme, a été étendüe aux enfans dénommez dans la précedente, pour la faculté de renoncer, contre leur pere remarié. Jugé en 1624. *Bardet, tome 1. livre 2. chap. 10.* où M. Claude Berroyer, fait une differtation curieufe, & rapporte plufieurs Arrêts contraires, fur des circonftances particulieres, & fe détermine enfin à penfer que la claufe de reprife, eft odieufe & perfonnalliffime, & que la renonciation n'a rien de commun avec la reprife.

23 bis.   Une femme mariée mineure par fa mere, qui luy

a baillé en dot pour mettre en communauté la fomme de 3000. liv. fur la fucceffion de fon pere, ne peut être relevée du défaut de ftipulation de reprife des deux tiers de cette fomme, en cas de renonciation à la communauté. Arrêt du 17. Février 1654. Le fondement de l'Arrêt fut qu'une mere tutrice qui marie fa fille mineure, n'eft jamais préfumée avoir rien obmis par trop grande facilité, ou par imprudence, en une affaire en laquelle l'on fçait que des meres prennent toûjours le confeil & l'avis de leurs plus proches parens, & y apportent toutes les précautions neceffaires pour faire la condition de leurs filles plus avantageufe, fuivant quoy jamais on ne les reftitué contre l'omiffion de la claufe de ftipulation de reprife. *Voyez le Journal des Audiences, to. 1. livre 7. chapitre 31.*

24   Mais quand les filles mineures, qui ont la plûpart de leurs biens en meubles, ont été mariées par des tuteurs étrangers, lefquels abufant de l'autorité de leur charge, & de la puiffance qu'ils ont fur leurs perfonnes & biens, ont omis à ftipuler la reprife des deux tiers des deniers qu'elles ont portées en dot; il y a lieu de les reftituer contre cette omiffion. Jugé par Arrêt, *ut imperitia hominum & rufticitas nihil eis poffit afferre præjudicii, & caufa dotium inveniatur valida & perfecta, quafi omnibus dotalibus inftrumentis à prudentiffimis viris confectis,* felon que l'Empereur y a pourvû en fon temps, introduifant l'hypotheque tacite des dots, *in L. unic. parag. & ut plenius. Cod. de rei uxoria actione. Ibid.*

25   Une fomme de 4000 livres ftipulée propre à la future époufe, & fes enfans, pour être employée en achat d'heritages, finon qu'elle fera reprife fur les biens de la communauté, eft en la fucceffion de l'enfant réputée meuble. Arrêt du 13. May 1656. *Du Frêne, livre 8. ch. 39.*

26   La reprife ftipulée par contrat de mariage en faveur des heritiers de la future époufe décedant fans enfans, en cas de renonciation à la communauté, n'emporte point fubftitution, & n'ôte point la liberté de difpofer des chofes fujetes à reprife, Arrêt du 6. Avril 1666. *Soefve, tome 2. Cont. 3. ch. 73.*

27   Claufe que la femme renonçant à la communauté, reprendra fa dot, & tout ce qu'elle montrera avoir apporté de plus, luy donne droit de reprendre le legs univerfel à elle fait par un étranger, comme fi l'on avoit ftipulé la reprife de tout ce qui luy écherroit par fucceffion, donation, legs ou autrement. Jugé le 12. Août 1631. *Bardet, tome 1. liv. 4. ch. 45.* Voyez ibid. l'Addition aux Notes, fol. 619.

28   Quand la femme, qui avoit ftipulé la claufe de reprife en cas de renonciation, eft prédécedée fans avoir renoncé, fes creanciers ne peuvent pas après fon décez, exercer la faculté de reprife, comme exerçant fes droits. Arrêt du Parlement de Roüen du 19. Août 1676. qui l'a ainfi jugé. *Traité des Propres, ch. 4. fect. 9. nomb. 17.*

29   Reprife des conventions matrimoniales ne fe doit faire des chofes mobiliaires échüës par fucceffion directe pendant le mariage, quand par le contrat il n'y a qu'une reprife de dot en general, & qu'il n'eft point ftipulé qu'elle fera de ce qui fera échû par fucceffion. Arrêt du 16. Juillet 1677. *De la Gueffiere, tome 3. liv. 11. ch. 35.*

30   La claufe d'un contrat de mariage portant, que *la femme renonçant à la communauté, reprendra tout ce qu'elle fe trouvera y avoir apporté,* ne fuffit pour luy donner droit de reprendre tout ce qui luy eft échû par donation, legs ou autrement; elle n'eft entendüe que pour les chofes mifes effectivement dans la communauté au moment qu'elle a été contractée. Arrêt du Parlement de Paris du 18. Juin 1687. infirmatif de la Sentence du Châtelet. *V. le Journal du Palais, in fol. tome 2. p. 673.*

31   Quoiqu'il y ait claufe de reprife pour la femme,

les fiens & ayans caufe, après fon décez, fes pere & mere renonçant à la communauté, les chofes mobilifées de la femme prédecedée, ne laiffent pas d'être fujetes au don mutuel. Jugé en la Grand'Chambre du Parlement de Paris le 8. Juin 1694. *Journal des Aud. tome 5. liv. 10. ch. 11.*

32 La faculté de reprife n'eft extenfible hors le cas de la ftipulation; fi elle eft accordée à la femme, & qu'elle prédecede, fes heritiers ne peuvent l'exercer. Arrêt du Parlement de Paris en 1697. *Ibidem, liv. 13. ch. 7.*

REPROCHES.

DE *teftium reprobatione.* Voyez le Traité fait per *Bartolum, cum addi. Jaco. Ægidii.*

Des reproches faits contre les témoins. *Voyez cy-devant le mot Objets*, & *cy-après Témoins, §. Témoins reprochez.*

RÉPUDIATION.

CE mot fe dit en deux fens: le premier, au fu-jet d'une Femme que fon mari renvoye; le fecond, d'une fucceffion à laquelle un heritier renhonce.

RÉPUDIATION DE FEMME.

Définition & fens de ce mot, *Repudium.* L. 101. §. 1. D. *de verb. fign.*

Sa différence avec divorce. L. 101b §. 1. & L. 191. *eod. tit.*

De divortiis & repudiis. D. 24. 2.... C. *Th.* 3. 16.... *Lex 11. tabb.*

De repudiis, & *de judicio de moribus fublato.* C. 5. 17.

Nov. 22. de nuptiis, ubi de repudiis, paffim.

Ut que mulier mariti odio abortat, repudiari ab illo poffit. Leon. N. 31.

De muliere, que, vivo marito, alios compellat de matrimonio. Leon. N. 30. C'étoit une caufe de répudiation.

Voyez *Divorce, Séparation.*

RÉPUDIATION D'HOIRIE.

De repudianda bonorum poffeffione. C. 6. 19.

De repudianda vel abftinenda hereditate. C. 6. 31.

De eo qui transfert hereditatem. L. 6. D. *de reg. jur.*

Voyez les mots *Renonciation, Succeffion.*

REQUESTE.

REquête. *Libellus fupplex.*

Ce qui ne fe peut faire par une fimple Requête. L. 71. D. *de reg. jur.*

De precibus imperatori efferendis, & *de quibus rebus fupplicare liceat.* C. 1. 19.

Quando libellus Principi datus, litis conteftationem facit. C. 1. 20.

Ut lite pendente vel poft provocationem aut definitivam fententiam nulli liceat Imperatori fupplicare. C. 1. 21.

Voyez les mots *Demande, Lettres Royaux*, & *Procedure.*

REQUESTE CIVILE.

DE *retractationibus fententiarum Præfecti Prætorio. N.* 119. *c.* 5.... *N.* 82. *c.* 12.... *L.* 5. C. *de precib. imper. offer.*

1 *Voyez* Rebuffe, *dans fon Commentaire fur les Ordonnances, fous le titre de Requeftis civilibus.*

2 Des Lettres Royaux en forme de Requête civile. *Joly, des Offices de France, tome* 1. *livre* 1. *titre* 50. *page* 316.

3 Des propofitions d'erreur. *Voyez* Joly, *ibidem, tit.* 51. *page* 317.

4 Des Lettres Royaux en forme de Requête civile. *Ordonnances de* Fontanon, *tome* 1. *livre* 3. *titre* 22. *page* 580.

5 Des Requêtes civiles. *Voyez* La Rocheflavin, *livre* 13. *chap.* 82.

6 Des Requêtes civiles ou en interpretation, & de la propofition d'erreur, & Lettres en oppofition. *V.* Defpeiffes, *tome* 2. *p.* 592. où font plufieurs cas exprimez.

7 Des Requêtes civiles. Voyez l'Ordonnance de 1667. *tit.* 35. le *Commentaire de M.* Philippes Bornier, & le *nouveau Procés verbal de cette Ordonnance.*

8 Les Romains avoient une maniere de fe pourvoir contre les Jugemens, qui approchoit affez de la Requête civile. Elle étoit refufée à celuy qui avoit attenté à la vie du Prince. *Voyez M.* le Bret, *en fon Traité de l'ordre ancien des Jugemens, chapitre* 46. *de fupplicatione & reftitutione.*

9 Cette claufe ordinaire dans les Requêtes & dans les demandes, & *autrement Juftice luy être miniftrée,* fert à faciliter l'adjudication d'un acceffoire omis dans celle du principal, & c'eft ce que pratique le Parlement de Grenoble. *Voyez* Guy Pape, *queftion* 263. & 405.

10 L'omiffion dans l'Arrêt d'une des qualitez du procés, ne peut être excufée par la confideration de cette claufe generale, & *fur les autres fins & conclufions des parties*, la Cour, &*c.* de forte qu'elle eft un moyen de Requête civile. Ainfi jugé au Parlement de Grenoble le 18. Juillet 1676. Cet Arrêt eft rapporté par Chorier, *en fa Jurifprudence de Guy Pape, page* 353.

11 Des moyens de Requêtes civiles & fins de non recevoir contre icelles, & que pour la preuve des actes il fuffit que l'Arrêt en faffe mention, bien qu'ils foient égarez, & que le défendeur n'en faffe point apparoir. *Voyez* Peleus, *queft.* 158.

REQUESTE CIVILE
EN MATIERE BENEFICIALE.

12 Jean Imbert qui s'étoit rendu fuppliant en réparation de furprife contre un Arrêt donné en matiere beneficiale, au profit de Jean Maillac, fut débouté de fa Requête au Parlement de Touloufe le 9. Septembre 1628. *M.* d'Olive, *liv.* 1. *ch.* 25.

REQUESTE CIVILE
EN MATIERE CIVILE.

13 Requête civile enterinée au Parlement de Bretagne, parce que les parties condamnées, n'avoient affifté à quelques Enquêtes faites contre elles. *V.* Du Fail, *liv.* 2. *chap.* 261.

14 Les deux parties peuvent prendre Requête civile contre un Arrêt. Jugé au Parlement de Grenoble par Arrêt fans date dans un procés, au fujet de la Terre d'Ornacieu. *Voyez* Guy Pape, *queft.* 345.

15 On peut obtenir Requête civile, pour faire changer une qualité de la partie impetrante, comme fi l'on eft condamné par Arrêt comme heritier fimple, quoique l'on n'ait qualité que d'heritier par benefice d'inventaire. Arrêt du 20. Avril 1540. après Pâques. *Bibliot. de* Bouchel, *verbo, Requête civile.*

16 Les Lettres en forme de Requête civile n'induifent aucune litifpendance. Arrêt du 11. Decembre 1540. *Ibidem.*

17 A l'examen de M. Jean Brugelles pourvû d'un état de Confeiller en la Sénéchauffée de Lauraguois, Meffieurs de la Seconde Chambre des Enquêtes furent partagez; des huit, il y en eut cinq pour la réception, & les trois autres pour le renvoy pour fix mois. Le fait porté à la Grand'Chambre, l'affaire fut renvoyée aux Chambres affemblées, pour donner un Reglement. Premierement, il fut mis en déliberation, fi Meffieurs tenans la Chambre des Requêtes, devoient être appellez & opiner en cette affaire; il fut jugé que non, parce qu'ils n'ont point voix aux Chambres affemblées, fi ce n'eft lorfqu'il s'agit d'affaires concernant le corps du Corps de la Cour, ou de la publication & verification des Edits Royaux; mais és affaires des particuliers qui font traitées par

occurence aux Chambres aſſemblées, par partage ou autrement, autres toutefois que des Meſſieurs de la Cour, ils n'y opinent point. *Reglement de la Rocheſlavin, chap. 2. Arr. 15.*

18 La Requête civile doit être jugée par les mêmes Juges qui ont jugé le procés. Arrêt du Parlement de Grenoble du 15. Decembre 1609. *Bouvot, tome 1. part. 1. verbo, Requête civile, queſt. 2.*

19 Le 6. Mars 1615. au Parlem. de Touloufe, il fut arrêté qu'une Requête civile fondée ſur contrarieté d'Arrêts donnez en autre Parlement, ſe jugeroit en la Grand'Chambre, ſans appeller deux Chambres. La plus forte des raiſons contraires étoit que s'il y avoit contrarieté entre deux Arrêts donnez à la Grand'Chambre, on appelloit une Chambre des Enquêtes, encore que la Requête civile ſe jugeât en la Chambre où les Arrêts avoient été donnez ; neanmoins le procés fut jugé à la Grand'Chambre ſeule. Les Arrêts de la contrarieté deſquels il étoit queſtion, avoient été donnez à la Grand'Chambre. *Cambolas, liv. 1. ch. 14.*

20 Requêtes civiles profitent même à ceux qui ne les ont impetrées, y ayant interêt. Arrêt du Parlement de Grenoble du 9. May 1615. *Baſſet, tome 2. livre 2. tit. 13. chap. 1.*

21 Autrefois en la Chambre de l'Edit de Caſtres, la Cour ne faiſoit pas de difficulté d'admettre à plaider les Requêtes civiles impetrées contre les Arrêts du Parlement de Touloufe, comme étant cenſées de nouvelles inſtances ; mais aujourd'huy elles ſont rejettées à cauſe des conteſtations volontaires des parties faites au Parlement lors des Arrêts, après leſquelles conteſtations ceux de la qualité de l'Edit, heritiers, ou ayans droit de ceux qui les ont faites, ne ſont point reçûs à decliner la Juriſdiction de leurs Juges naturels, pour recourir à celle de leurs Juges de privileges. Ainſi jugé en la Chambre de l'Edit de Caſtres le 10. Août 1627. *Voyez Boné, Arrêt 79.*

22 Arrêt du Parlement de Provence du 26. Novembre 1637. qui a reſtitué un coheritier contre un Arrêt rendu contre un coheritier, quoique ſur mêmes raiſons, *tamquam res inter alios acta.* Boniface, *tome 1. liv. 6. tit. 2. ch. 5.*

23 L'on peut ſe pourvoir par Requête civile contre un Arrêt qui ordonne le regrez. Arrêts du Parlement de Touloufe des 2. Mars 1654. & 25. Juillet 1660. rapportez par *Albert, lettre B. art. 19.*

24 Arrêt du Conſeil d'Etat du 27. Août 1668. qui caſſe une Requête civile ſur les articles 17. & 30. de l'Ordonnance de 1667. Il y avoit une Conſultation d'Avocats étrangers. Il y avoit eu reſtitution contre les ſix mois. Elle étoit expediée en la Chancellerie de Grenoble, contre un Arrêt rendu à Paris. *Voyez le Recüeil des Arrêts rendus en interpretation des nouvelles Ordonnances, p. 216.*

25 Le ſieur Gombaud Conſeiller au Parlement de Bourdeaux, expoſe qu'il y avoit eu Requête civile, obtenüe avant l'Ordonnance de 1667. attendu que la Chambre a renvoyé les parties vers Sa Majeſté, pour ſçavoir ſa volonté, requeroit qu'il plût à Sa Majeſté declarer ſi ſon intention eſt que la premiere Requête civile obtenüe en 1661. & appointée & jointe en la même année, avec l'ampliation de la même Requête civile obtenüe depuis la publication de ſa nouvelle Ordonnance, appointée avant ſon execution, demeure toûjours appointée & jointe ; doit être jugée avec le principal ; & ſi les autres Requêtes civiles obtenuës depuis la publication de ſa nouvelle Ordonnance, appointées à l'Audience ſur les Concluſions du ſieur Talon Avocat General, doivent être disjointes & portées de nouveau à l'Audience.

Le Roy en interpretant les articles 35. & 40. du tit. des Requêtes civiles de l'Ordonnance de 1667. a ordonné & ordonne qu'en jugeant les Requêtes civiles incidentes qui ont été appointées & jointes avant le 11. Novembre 1667. au procés principal, d'entre leſdites parties, le principal differend d'icelles pourra être jugé en même temps que leſdites Requêtes civiles incidentes. Arrêt du premier Juillet 1669. *Au Recüeil des Arrêts rendus en interpretation des nouvelles Ordonnances, p. 223.*

26 Arrêt du Parlement de Touloufe du 29. Avril 1675. qui a jugé que les faits d'erreur, & contre les titres, couchez dans les écritures, & non contredits par précipitation, ſont des moyens d'ouverture de Requête civile. *Boniface, tome 3. liv. 3. tit. 4. ch. 4.*

27 Edit du Roy pour les Requêtes civiles, du mois de Mars 1674. enregiſtré au Parlement de Tournay. *Voyez le mot Coûtume, nomb. 202.*

28 Edit portant que les Requêtes civiles qui ſeront priſes contre des Arrêts rendus en la Chambre de la Tournelle du Parlement de Touloufe, y ſeront plaidées, ſans que la Grand'Chambre en puiſſe prendre connoiſſance, &c. A Saint Germain en Laye, en Février 1682.

29 Une Requête civile n'ayant été que ſignifiée, ſans avoir donné aſſignation ſur la communauté, fut enterinée le 4. May 1682. *De la Gueſſiere, tome 4. liv. 5. ch. 15. Voyez les art. 5. & 7. de l'Ordonnance de 1667. tit. 35. des Requêtes civiles.*

30 Edit du mois de Janvier 1684. pour regler la maniere de ſe pourvoir par Requête civile au Parlement de Pau. *V. les Edits & Arrêts recüeillis par l'ordre de M. le Chancelier en 1687.*

REQUESTE CIVILE, AMENDE.

31 De l'amende dûë par le demandeur qui ſuccombe. *Voyez le mot Amende, nomb. 26.*

32 Impetrans de Lettres en forme de Requête civile, ſuccombant, ſont condamnez à l'amende par l'Ordonnance de l'an 1539. article 127. qui eſt tirée d'un Arrêt du mois de Février avant Pâques 1537. à la Requête de M. Capel Avocat General, laquelle amende ne pourra être moindre que l'ordinaire du fol appel. *Voyez la Bibliot. de Bouchel, verbo Requête civile.*

33 Impetrant de Requête civile acquieſçant au Jugement, eſt quelquefois excuſé de l'amende. Exemple en l'Arrêt du 6. Mars 1542. *Ibidem.*

34 Celuy qui a obtenu Requête civile, y renonçant, ne peut être exempt de l'amende. Arrêt du Parlement de Dijon du 24. Février 1614. *Bouvot, tome 1. part. 1. verbo Requête civile, queſt. 3.*

35 Sur l'art. 16. du tit. 35. de l'Ordonnance de 1667. celuy qui eſt débouté de Requête civile obtenüe avant l'année 1667. plaidée après l'Ordonnance, doit l'amende des 450. livres.

Le ſieur de Gaillard Conſeiller au Parlement d'Aix, ayant été debouté d'une Requête civile contre les Dominicains de la Ville de Saint Maximin, avec amende & dépens, par Arrêt du Grand Conſeil du 4. Juin 1668. le Grand Conſeil ſe feroit abſtenu de fixer ladite amende, juſqu'à ce qu'il en ait été donné avis à Sa Majeſté, attendu que leſdites Lettres ont été obtenuës avant ladite Ordonnance : Le Roy a ordonné & ordonne, que conformément à l'Ordonnance du mois d'Avril 1667. ledit ſieur de Gaillard demeurera condamné en 300. livres d'amende envers Sa Majeſté, & 150. livres envers les Religieux, de laquelle amende de 300. livres, Sa Majeſté neanmoins par grace, a dechargé & decharge ledit ſieur de Gaillard. Arrêt du 25. Juin 1668. *Voyez le Recüeil des Arrêts rendus en interpretation des nouvelles Ordonnances, page 201.*

36 Arrêt du Parlement de Provence du 20. Octobre 1678. qui a jugé qu'une Requête civile ayant été ouverte contre un chef de l'Arrêt, l'amende conſignée doit être reſtituée, quoique ladite Requête civile n'ait pas été ouverte contre tous les chefs. *Boniface, to. 3. li. 3. tit. 4. ch. 2.*

REQUESTE CIVILE, ARREST D'AUDIENCE.

37   Les Requêtes civiles n'ont point de lieu contre les Arrêts donnez en l'Audience ; il a été souvent ainsi jugé, même par Arrêt des Generaux du 22. Juin 1566. *Bibliotheque de Bouchel*, verbo *Requête civile*.

38   Arrêt du Parlement de Provence du 23. Mars 1639. par lequel a été déclarée non recevable la Requête civile obtenuë contre un Arrêt d'Audience, à moins qu'il n'y ait nullité dans l'Arrêt, parce que comme on n'écrit pas ce que disent les Avocats, on ne sçait pas le motif du Jugement. *Boniface, tome 1. liv. 1. tit. 22. chapitre 1.*

REQUESTE CIVILE, ARREST INTERLOCUTOIRE.

39   Les Requêtes civiles n'ont point de lieu contre un Arrêt provisionnel. Arrêt du 15. Mars 1544. Autre Arrêt pour le sieur de Vallançay du 23. Avril 1595. telle chose se peut réparer en diffinitive. *Voyez la Bibliotheque de Bouchel, verbo Requête civile.*

40   Sur le fait d'une Requête civile contre un Arrêt de récreance. *V. Bastet, to. 1. liv. 1. tit. 5. ch. 3.*

Au Parlement de Toulouse, l'on ne reçoit les Requêtes civiles contre les Arrêts interlocutoires ni de récreance. *Voyez M. d'Olive, liv. 1. chap. 25.*

41   Arrêts du Parlement de Provence des 22. & 27. Mars 1640. & 1641. qui ont jugé que la Requête civile est non recevable contre un Arrêt donné par provision, parce qu'il est réparable en diffinitive. *Boniface, to. 1. liv. 1. tit. 22. n. 1.*

42   Le 13. Decembre 1640. Arrêt qui a déclaré qu'on ne peut obtenir Requête civile contre un Arrêt interlocutoire & de récreance, quand il ne touche point au principal. *Boniface, ibidem, n. 1.*

REQUESTE CIVILE, ARREST FRAUDULEUX.

43   Arrêt du Parlement de Provence du 23. Juin 1644. par lequel il a été jugé, qu'il y a ouverture de Requête civile contre un Arrêt obtenu par dol & fraude de la partie, qui avoit supprimé une piece importante. *Boniface, ibidem, n. 10.*

L'Ordonnance de 1667. au titre des *Requêtes civiles, art. 12. & 34.* en contient une disposition formelle.

REQUESTE CIVILE, ARREST PARTAGÉ.

44   Arrêt donné en la Cour des Comptes, Aydes & Finances de Provence le 17. Decembre 1641. qui déboute d'une Requête civile obtenuë contre un Arrêt parti en opinions. *Boniface, to. 1. tit. 22. nomb. 4.*

REQUESTE CIVILE, PLUSIEURS CHEFS.

45   Arrêt du Parlement de Provence du 29. Janvier 1684. qui a jugé que la Requête civile peut être ouverte contre un chef de l'Arrêt, les autres subsistans, & que l'amende consignée est restituable. *Boniface, to. 3. liv. 3. tit. 4. chap. 1.*

46   On peut obtenir Lettres en forme de Requête civile contre quelques chefs d'un Arrêt, sans donner atteinte aux autres chefs. Arrêt du Parlement de Paris du dernier Juillet 1685. *Journal du Palais.*

REQUESTE CIVILE, CONSULTATION.

47   Par Arrêt de la Cour, il a été défendu aux Avocats & Procureurs de conseiller à leurs parties d'obtenir Requête civile, que la chose ne soit meurement déliberée, & par consultation signée de trois Avocats. Arrêts des 10. Decembre & 7. Mars 1563. *Papon, liv. 19. tit. 8. n. 4.*

48   La Cour ordonna que dorénavant nulles Requêtes civiles seroient reçuës au Sceau, sans au préalable être consultées par deux anciens Avocats, & la Consultation attachée aux Lettres & vûë par le Secretaire, lesquels anciens Avocats seroient tenus conseillant les Requêtes civiles de signer leur Consultation, & l'ayant signée, assister à la Plaidoirie, & en cas de maladie seroient excusez, rapportant leur Consultation signée. *Corbin, Plaidoyers, chap. 113.* rapporte ce Reglement & ne le date pas.

49   Par Arrêt du 2. Avril 1607. la Cour sur le Requisitoire de M. Servin Avocat General du Roy, ordonna que les Avocats qui assisteront l'Avocat plaidant pour le demandeur en Requête civile, seront anciens Avocats, autrement le demandeur ne sera point oüi. *Bibliotheque de Bouchel*, verbo *Requête civile*.

50   Par Arrêt du 10. Mars 1608. il fut dit par la Cour, faisant droit sur les Conclusions du Procureur General, que les Avocats plaidans les Requêtes civiles, se feroient assister de trois anciens Avocats suivant l'Ordonnance : & en cas d'absence & legitime empêchement de l'un d'iceux certifié, seroit rapportée la Consultation de ceux qui auroient conseillé la Requête civile. Le Procureur General avoit requis que la Consultation fût attachée aux Lettres avant que de les sceller ; mais on pensa que ce seroit faire tort aux Maîtres des Requêtes, & douter de leur suffisance. Toutefois dit *Bouchel en sa Bibliotheque*, verbo *Requête civile*, j'ay appris de M. Duhamel qu'autrefois il y avoit eu Arrêt conforme à ces Conclusions, du temps de M. le Premier Président Magistry.

51   Arrêt du Parlement de Provence du 27. Novembre 1645. qui permet aux seuls Avocats qui fréquentent le Barreau du Parlement de consulter les Requêtes civiles. Le motif est que les Avocats des Sieges ne peuvent pas être instruits de ces matieres qui ne se presentent point dans leur Jurisdiction. *Boniface, tome 1. li. 1. tit. 18. nomb. 5. & tit. 22. nomb. 6.*

52   Arrêt de la Chambre de l'Edit de Castres du 5. Février 1651. qui déboute une demanderesse en Requête civile, parce qu'elle ne contenoit aucun moyen libellé de restitution, & fait défenses aux Procureurs de dresser aucunes Requêtes civiles, sans consultation de deux Avocats, & sans y libeller les moyens. *Voyez Boné, part. 2. Arr. 82.*

REQUESTE CIVILE, CONTRARIETÉ.

53   Arrêt du Parlement de Provence du 28. Janvier 1666. qui a jugé que la contrarieté d'Arrêts étoit un moyen de Requête civile. Cette Jurisprudence se trouve confirmée par l'Ordonnance de 1667. art. 34. au titre des Requêtes civiles. *Boniface, to. 1. liv. 1. tit. 22. nomb. 9.*

La contrarieté d'Arrêts rendus en differens Parlemens, produit un moyen particulier pour se pourvoir contre les Arrêts. Ces contestations se portent & se jugent au Grand Conseil. *Voyez* le mot *Contrarieté.*

REQUESTE CIVILE EN DAUPHINÉ.

54   Le parfournissement a lieu entre Etrangers, & la Requête civile prise contre un chef de l'Arrêt, n'est ouverte avant le parfournissement de tous les chefs. Arrêt du Parlement de Grenoble du 14. Decembre 1635. qui juge que l'Ordonnance d'Abbeville auroit lieu entre Etrangers pour les Arrêts rendus en ce Parlement, & que bien que les Arrêts ne fussent que préparatoires pour quelques parties, neanmoins pour l'interêt de ceux qui avoient obtenu définitivement, la Requête civile ne pourroit être ouverte ni contre les uns ni contre les autres. La raison fut que les Arrêts sont considerez indivisibles, qu'on ne les peut impugner en partie & les approuver en l'autre, & que le parfournissement qui est aussi de l'usage de ce Parlement est indivisible : ce qui fut aussi jugé le 12. Septembre 1641. *V. Bastet, tome 2. livre 2. tit. 13. chapitre 3.*

Il faut en Dauphiné parfournir tous les chefs d'un Arrêt, bien que la Requête civile n'en concerne qu'un détaché des autres. Arrêt du 12. Septembre 1641. Au Parlement de Grenoble ils prétendent que les Arrêts sont indivisibles, il faut les impugner en tout, sinon qu'il n'y a pas lieu de les attaquer, *Voyez Bastet, to. 1. liv. 2. tit. 24. ch. 2.*

55   Parfournissement de l'Arrêt contre lequel on a impeté

impetré Requête civile, bien qu'il ne soit réparable, a neanmoins été ordonné par Arrêt du 17. Décembre 1666. Un homme avoit été condamné à une amende sans note d'infamie ; il soûtenoit que son honneur seroit flétri en attaquant cette derniere partie de l'Arrêt, la Cour ne laissa pas d'ordonner le parfournissement entier. *Voyez Ibid. ch. 3.*

57 Les cas ausquels le parfournissement préalable n'a pas de lieu, 1°. contre un Arrêt de récreance d'un Benefice. 2°. Lorsqu'il y a eu quelque dol. 3°. Quand l'Arrêt a été rendu au préjudice d'une convention de transiger. 4°. Quand il est par défaut, sinon pour les dépens de la contumace. 5°. Quand il est par forclusion. 6°. Quand l'impetrant déclare qu'il abandonne tous ses biens à la partie averse. *Basset, ibidem, chap. 4.* rapporte les Arrêts qui l'ont ainsi jugé.

58 On doit expedier un Certificat du nom des Juges qui ont assisté à l'Arrêt contre lequel on a pris Requête civile. Arrêt du 19. Janvier 1645. *Voyez Ibidem, chapitre 8.*

REQUESTE CIVILE, EGLISE.

59 Requête civile enterinée sur le seul moyen de défaut de communication au Parquet dans une affaire de biens d'Eglise, quoique l'Arrêt fût rendu en faveur de l'Eglise; ainsi jugé au Parl. de Paris en May 1671. *De la Guessiere, tome 3. liv. 10. chap. 22.*

REQUESTE CIVILE, EXECUTION D'ARREST.

60 La Requête civile n'empêche l'execution de l'Arrêt, à moins que les choses ne fussent irréparables en définitive. *Despeisses, to. 2. p. 569.*

61 Quand les moyens de Requête civile sont prompts, l'on a accoûtumé d'ordonner que l'execution d'Arrêt surseoira. Il en est de même, quand par la Requête civile, *arguitur factum judicum,* qui ont donné l'Arrêt, on renvoyé la Requête civile en une autre Chambre; ainsi fut fait au procez de Bussy d'Amboise. *Bibliotheque de Bouchel,* verbo *Requête civile.*

62 On n'est pas recevable à plaider en la Requête civile, que l'Arrêt ne soit execute par le rétablissement des fruits & payement des dépens. Arrêt du Parl. de Bretagne du 10. Septembre 1568. contre Fabry Evêque de Vannes. *Du Fail, liv. 3. chap. 218.*

63 Arrêt du Parlement de Provence du 18. Novembre 1686. qui a débouté l'impetrant d'une Requête civile envers un Arrêt faute de plaider, pour l'avoir l'impetrant executé, & pour être la cause au fonds notoirement injuste. *Voyez Boniface, tome 3. liv. 3. titre 4. chapitre 3.*

REQUESTE CIVILE, JUGEMENT DU FOND.

64 Quelquefois avant l'Ordonnance de 1667. en enterinant la Requête civile, on faisoit droit au principal, & on jugeoit le fond. Arrêt du Parlement de Paris du 1. Août 1598. *Bibliotheque de Bouchel,* verbo *Requête civile.*

65 Requête civile pour retrait lignager, la procedure avoir quelque nullité, mais l'Arrêt qui avoit ajugé le retrait, ayant bien jugé sur les Lettres en forme de Requête civile, les parties hors de Cour. Arrêt du 5. Decembre 1658. *De la Guessiere, tome 2. liv. 1. chap. 61.*

66 L'on accorde quelquefois des Arrêts qui permettent aux Cours de juger en même temps & par un seul Arrêt le rescindant & le rescisoire. *Voyez cy-aprés Rescindant.*

REQUESTE CIVILE, MINEUR.

67 Arrêt du Parlement de Provence du 29. Novembre 1674. qui reçut la seconde Requête civile envers un Arrêt donné contre un mineur, au fonds sur pieces fausses. *Boniface, to. 3; li. 3. tit. 4. ch. 6.*

68 Un mineur de qui l'on conteste l'état, en debattant de nullité le mariage de sa mere, & prétendant que du moins il ne doit point avoir d'effets civils, ne peut être réputé avoir été suffisamment défendu, lorsqu'il n'a point eu de tuteur dans la contestation; mais seulement un curateur aux causes qui étoit son Pro-

Tome III.

cureur. Ce défaut est un moyen valable de Requête civile pour un mineur. Arrêt du Parlement de Paris du 21. Février 1692. *Voyez le Journal des Audiences, tome 5 liv. 8. chap. 5.*

69 Une Requête civile est non recevable aprés les six mois de majorité; quand on a executé l'Arrêt, on y est mal fondé, quoique des mineurs prétendent avoir été mal défendus, s'il y a eu des majeurs en cause qui se sont défendus. Arrêt du Parlement de Paris du 13. Avril 1696. *Ibidem, liv. 12. chap. 13.*

REQUESTE CIVILE, PIECES FAUSSES.

70 Quand la piece fausse donne lieu au Juge de prononcer le Jugement dont on se plaint : exemple, une obligation fausse sur laquelle on est condamné, ce fait de faux est un bon moyen de Requête civile. *M. le Prêtre, 2. Cent. chap. 73.*

71 Un moyen de Requête civile est, si le Juge a jugé sur pieces fausses, & ne suffit de prouver qu'il y ait eu des pieces fausses, mais il faut prouver que le Jugement a été rendu sur pieces fausses; car s'il y a quelque piece vraie, le Juge *ex veris judicavit,* & point de lieu à la Requête civile. Arrêt en 1608. au fait de M. de Pontac, Maître des Requêtes. *M. le Prêtre, Ibidem.*

72 La requête civile sur pieces apparemment fausses n'arrête le parfournissement. Arrêt du Parlement de Grenoble du 14. Février 1659. *V. Basset, tome 1. liv. 2. tit. 14. chap. 7.*

REQUESTE CIVILE, PIECES NOUVELLES.

73 Des pieces nouvellement recouvrées dont l'on faisoit un moyen de requête civile. *Vide Servin, tome 2. page 752.*

74 On n'est recevable à se pourvoir contre un Arrêt qui déclare un homme roturier, sur le fondement de pieces nouvellement recouvrées. Arrêt du mois de May 1691. *Voyez la 37. Action de M. le Bret.*

REQUESTE CIVILE, OU PLAIDE'E.

75 Requête civile se doit présenter au Parlement où le jugement a été donné. Arrêt du Parlement de Paris du 14. Juin 1555. sur une requête civile à luy présentée contre un Arrêt du Grand Conseil, où elle fut renvoyée. *Papon, liv. 19. tit. 8. n. 17.*

76 Arrêt du Parlement de Paris du 22. Novembre 1622. qui juge les requêtes civiles ne doivent être plaidées aux Rolles des Provinces les Lundis & Mardis. *Bardet, to. 1. liv. 1. chap. 103.*

77 Par Arrêt rendu au Conseil d'Etat Privé du Roy le 23. Septembre 1668. le Roy a ordonné qu'aprés que les requêtes civiles auront été appointées elles seront renvoyées aux Chambres où les Arrêts auront été rendus pour y être instruites & jugées, encore que lesdites requêtes civiles fussent fondées sur la contrarieté d'Arrêts; l'instruction des procez par écrit se fera dans les Chambres où ils auront été distribuez. Cet Arrêt contient plusieurs autres dispositions, & est un reglement entre la Grand'-Chambre du Parlement de Toulouse, & les Enquêtes du même Parlement pour l'execution des articles 24. & 28. titre 11. & article 34. tit. 35. de l'Ordonnance de 1667. *Voyez le Recueil des Arrêts rendus en interpretation des nouvelles Ordonnances, page 68.*

Arrêt du Conseil d'Etat du 11. Mars 1669. par lequel une requête civile est renvoyée à d'autres Juges qu'à ceux qui avoient rendu l'Arrêt, & le temps de six mois prorogé. *Ibid. p. 154.*

PLUSIEURS REQUESTES CIVILES.

78 Quand il y auroit trente Arrêts & autant de Requêtes civiles jugées, *ex nová causâ,* on peut toûjours obtenir requêtes civiles. Toutefois en la cause du Comte de Caravas, contre son frere qui se vouloit faire relever du vœu de Chevalier de Malthe qu'il disoit avoir été contraint de faire par force en minorité, dont il avoit été débouté par Arrêt du Parlement de Roüen; il obtint requête civile au Grand Conseil, de laquelle il avoit aussi été débouté; contre lesquels

Arrêts il avoit obtenu une autre requête civile en la Chambre de l'Edit à Paris le 4. Août 1599. Pour le regard de la requête civile, la Cour mit les parties hors de procez. M. le Président Forget dit à Arnault qu'il avoit déja allegué ses moyens par requête civile dont il avoit été débouté. *Biblioth. de Bouchel*, verbo *Requête civile*.

79 Celuy qui a obtenu requête civile, ne peut recourir par Lettres en forme de requête civile, contre l'Arrêt rendu sur une précedente, quoique ce n'ait été qu'en vertu de la forclusion. Arrêt du Parlement de Grenoble du 5. Mars 1657. rapporté par *Chorier en sa Jurisprudence de Guy Pape*, *p.* 352.

REQUESTE CIVILE, PRESCRIPTION.

80 Arrêt rendu au Parlement d'Aix le 24. Janvier 1646. qui a jugé que les requêtes civiles ne se prescrivoient que par trente ans en Provence. *Boniface*, *tome* 1. *liv.* 1. *tit.* 22. *n.* 7.

81 Autre Arrêt du même Parlement de Provence du 30. Janvier 1666. qui a déclaré les instances de requête civile peries par trois ans ; l'Arrêt fondé sur ce qu'il ne faut pas donner plus de temps aux instances des requêtes civiles, qu'à celles des appellations des Sentences. *Ibidem, n.* 11.

REQUESTE CIVILE, PROCUREUR.

82 La faute du Procureur ou curateur n'est pas un moyen suffisant pour venir contre un Arrêt, parce qu'elle est réparable par le recours de la partie, ou du mineur, contre le Procureur, ou curateur. *l. in causâ. D. de minoribus*, Arrêt du 7. May 1537. *Bibliot. de Bouchel*, verbo *Requête civile*.

83 Une Requête civile fut enterinée sur ce que l'Arrêt avoit été obtenu avec un autre Procureur que celuy qui avoit contesté, & sur une procuration surannée, passée par un Notaire Royal hors de son Ressort, & fut décerné ajournement personnel contre le Notaire. Arrêt du Parlement de Paris du 10. May 1607. *Plaidoyez de Corbin*, *chap.* 89.

REQUESTE CIVILE, QUESTION DE DROIT.

84 Un homme ayant perdu sa cause prend requête civile : il remontre que les Conseillers de France qui ont assisté au jugement de son procez, n'entendoient la Coûtume de ce pays : son Avocat fut si hardi de plaider & de conclure. La Cour le déboute de sa requête civile, condamne l'impetrant en l'amende seulement de vingt livres vers le Roy, & de dix vers la partie ; défenses aux Avocats de plaider telle cause sur peine de l'amende, & autres peines arbitraires. Arrêt du Parlement de Bretagne du 12. Octobre 1556. *Du Fail*, *liv.* 1. *chap.* 13.

85 Arrêt du Parlement de Provence du 23. Decembre 1660. qui a jugé que la requête civile n'est point recevable contre un Arrêt donné en question de droit. *Boniface*, *to.* 1. *liv.* 1. *tit.* 22. *n.* 5.

REQUESTE CIVILE, ROY.

86 Tout le monde peut alleguer des moyens de droit en cause d'appel sans Lettres de requête civile, & le Roy n'en a jamais besoin pour quelque cause que ce soit, lorsqu'il plaide pour ses droits. Arrêt du Parlement de Tournay du 23. Janvier 1696. qui prononce sans avoir égard aux Lettres de requête civile obtenuës par l'appellant dont il n'avoit besoin. *V. M. Pinault*, *to.* 11. *Act.* 87.

REQUESTE CIVILE, SIX MOIS.

87 Les six mois des Requêtes civiles courent du jour de la prononciation de l'Arrêt contradictoire ; si c'est par forclusion, du jour de la signification ; s'il n'y a fausseté ou minorité, elle n'empêche l'execution de l'Arrêt. *M. Loüet*, *lettre R. som.* 49. Voyez *l'Ordonnance de Blois*, *art.* 91. Et à l'égard des six mois, l'Ordonnance de 1667. *tit.* 35. *art.* 11. désire que l'Arrêt soit signifié à personne ou domicile pour induire les fins de non recevoir contre la requête civile.

88 Arrêt du Parlement de Provence du 20. Mars 1670.

qui a jugé que le temps de la requête civile ne court pas contre un Hôpital, l'Arrêt n'ayant pas été signifié au lieu ordinaire du Bureau de l'Hôpital. *Boniface, to.* 3. *li.* 3. *tit.* 4. *chap.* 9.

89 Il a été jugé le 14. Novembre 1672. que les six mois établis par l'Ordonnance pour impetrer les requêtes civiles doivent courir depuis la signification seule de l'Arrêt en personne, ou en domicile, nonobstant l'execution de l'Arrêt faite long-temps avant la signification, & que cette Ordonnance doit être accomplie *in formâ specificâ*. Ibid. ch. 7.

90 Arrêt rendu au même Parl. d'Aix le 12. May 1673. qui enterina la requête civile quoiqu'elle n'eût été obtenuë qu'un an après la signification faite seulement au Procureur de la partie. *Boniface, ibidem, chapitre 8.*

91 On ne peut venir contre les Arrêts par requête civile après les six mois préfigez par l'Ordonnance de 1667. Arrêt du Parlement de Grenoble du 19. Juin 1671. qui juge que les six mois ne commencent à courir que du jour de la signification specifique qui a été faite de l'Arrêt à la partie condamnée, quand même elle l'auroit levé. Il ne convient non plus contre celuy dont la production est arrêtée dans le Greffe d'où il ne peut l'en retirer, il faut que cet empêchement ait cessé. Arrêt du 18. Juillet 1671. rapporté par *Chorier, en sa Jurisprudence de Guy Pape, page* 353.

REQUESTE CIVILE, TRANSACTION.

92 Contre un Arrêt portant homologation d'une transaction faite par ignorance d'un Arrêt précedent, on n'est pas recevable à proposer requête civile, n'étoit que la transaction portât un grand & notable préjudice, *quia post rem judicatam valet transactio*. Arrêt du 8. Janvier 1545. pour une femme de Montferrant. *Biblioth. de Bouchel*, verbo *Requête civile*.

93 On n'a pas besoin de requête civile contre les Arrêts d'homologation des transactions. Arrêt du Parlement de Grenoble du 10. Decembre 1672. les Chambres ayant été consultées. *Chorier en sa Jurisprudence de Guy Pape*, *p.* 352.

REQUESTE CIVILE, EN CRIMINEL.

94 Requête civile en matiere criminelle. *Voyez* le mot *Procedure, nomb.* 239. 247. *& suiv. & 260.*

95 Si les requêtes civiles ont lieu *in pœnali judicio* ? Cette question fut traitée au Parlement de Roüen à l'Audience de la Tournelle en 1651. de la Motte avoit été condamné aux galeres à perpetuité pour homicide, son complice condamné à mort par contumax ayant eu grace à l'entrée du Roy, il déclara qu'il croïoit avoir commis l'homicide. Cela donna lieu à de la Motte de se pourvoir contre l'Arrêt par requête civile, & prétendoit qu'elle devoit être reçuë en crime comme en civil, que s'agissant de la vie & de l'honneur d'un accusé, il n'étoit pas juste d'étouffer ses défenses, sur tout quand son innocence commençoit à paroître. M. Hué Avocat General remontra la consequence de recevoir des requêtes civiles *in pœnalibus judiciis*, qu'il n'y en avoit point d'exemple ; que ce seroit un moyen pour anéantir les condamnations de mort, & les rendre inutiles. La Cour appointa la cause au Conseil : depuis la requête civile fut enterinée, celuy qui avoit commis le crime l'avoit confessé, & il en avoit obtenu la remission ; de sorte qu'il n'eût pas été juste de faire prévaloir la fin de non recevoir contre l'innocence connuë du condamné. *V. Basnage, sur la Coûtume de Normandie ; article 143.*

96 Requête civile a lieu, même en matiere criminelle. Arrêt du 15. Mars 1580. *Bibliotheque de Bouchel*, verbo *Requête civile*.

97 Requête civile non reçuë contre un Arrêt de relaxe en matiere criminelle. Arrêts du Parlement de Toulouse en 1617. & 1634. Autres les 11. Avril 1647. & le 10. Janvier 1659. neanmoins *ex magnâ causâ*, la Cour

reçoit quelquefois de telles impetrations, comme elle fit le 16. Mars 1647. en la cause de la Dame Daiguevilles, contre un certain Demas accusé d'un meurtre, sur ce qu'elle justifioit par actes que Demas étoit à Beziers lors de son relaxe; & sur ce que cette Dame ayant impetré requête civile contre un Arrêt préparatoire, la Tournelle fit un vaidement de Registre sur cette requête, ce qui ne pouvoit se faire alors suivant le Reglement. La Cour en reçut une semblable le 3. Mars 1648. de la part du sieur de Casvillac, contre le sieur de Monjesieu qui s'étoit fait relaxer de plusieurs crimes, sans que les procedures fussent severement remises; depuis peu M. le Procureur General s'étant pourvû par requête civile contre un Arrêt du Parlement de Bourdeaux sur de pareils défauts; elle a été reçûë, parce qu'en effet l'on ne peut pas dire que de tels prévenus *judicium subierint*, car l'un ne risquoit rien, puis qu'il n'étoit pas remis prisonnier, l'autre n'avoit non plus rien risqué, puis que la procedure n'étant pas remise, il ne pouvoit jamais être convaincu; ainsi la raison de la loy, qui ne veut pas qu'on subisse deux fois le danger, cessoit en eux. La Cour en a aussi reçû une contre un Arrêt rendu dans le délay, & sur le défaut par le prévenu de s'être remis. *Voyez Albert*, verbo *Requête civile*, art. 1.

98 Requête civile n'a pas lieu contre un Arrêt rendu en matiere criminelle. Arrêt du Parlement de Grenoble du 3. Decembre 1630. *V. Basset*, tome 1. liv. 2. tit. 4. chap. 5.

99 En action criminelle on ne reçoit point requête civile contre les Arrêts de condamnation ou d'absolution. Jugé au Parlement de Grenoble les 3. Decembre 1630. & 18. Septembre 1663. pour le sieur de Truchis, contre le sieur Procureur General qui rapportoit des informations plus amples contre un homme qui avoit été absous par un Arrêt précédent. *Voyez Chorier, en sa Jurisprudence de Guy Pape*, p. 352.

100 Requête civile est recevable contre un Arrêt d'absolution, quand l'accusé a falsifié ou supprimé les charges, corrompu les témoins, ou usé d'artifices semblables pour la procurer; mais non par de simples défauts contre la procedure. Jugé le 16. Juin 1632. *Bardet*, to. 2. liv. 1. ch. 32.

101 En matiere criminelle les requêtes civiles sont regardées comme des monstres. Un Procureur accusé d'assassinat ayant été renvoyé absous de l'accusation contre luy faite, parce qu'il avoit eu l'adresse de supposer une information à la place de la veritable, la partie ayant produit la veritable dans la suite, & s'étant pourvûë par requête civile sur la supposition; par Arrêt de l'année 1628. en la Chambre de la Tournelle, après y avoir eu partage en audience, elle fut déboutée de sa requête, sauf à s'enquerir de la supposition. Arrêt semblable du 18. May 1639. *Graverol sur la Rocheflavin*, li. 3. tit. 7. Arr. 2.

102 Le 24. Avril 1640. au Parlement de Toulouse un nommé Terrisou Concierge de Tournay ayant impetré des Lettres en forme de requête civile envers un Arrêt qui le condamnoit au fouet & aux galeres, pour avoir laissé évader un prisonnier, remettant le prisonnier, les Lettres furent enterinées; mais cela est si extraordinaire qu'en l'année 1644. il fut défendu aux Avocats de plaider de telles Lettres; c'est pour cela que quelques causes qu'il y ait de restituer en entier, la Cour ne le fait pas, comme il se verra par cet exemple. Un nommé Roques avoit fait condamner à mort par défaut un autre de même nom, pour meurtre, par Sentence des ordinaires de Montfaucon en 1627. sans que ce prévenu eût purgé la contumax. En 1645. il fit informer contre sa partie, disant qu'il l'avoit blessé d'un coup de pistolet; & il y avoit une Sentence qui portoit que le prévenu prouveroit les objets dans trois jours; au préjudice de cette Sentence les ordinaires de Montfaucon avoient ordonné qu'il seroit appliqué à la question. Sur l'appel de suite

Tome III.

par surprise, elle fut confirmée, sans que ce miserable eût pû relever les nullitez de cette Sentence; de sorte qu'il se pouvût contre l'Arrêt par Lettres en forme de requête civile que M. Parisot plaida, commençant *per insinuationem*, pour se disculper luy-même de ce qu'il plaidoit contre un Reglement; la Cour voyant d'un côté la consequence si l'on ouvroit cette porte, & de l'autre l'innocence de cet homme, le démit de sa requête civile; par Arrêt du 5. Decembre 1645. mais elle retint *in mente curiæ*, qu'il ne seroit que présenté à la question, comme en effet, il y fut présenté, & ensuite relaxé. *Albert*, verbo *Requête civile*, art. 1.

103 Arrêt du Parlement de Provence du mois de Juin 1653. qui a jugé qu'en matiere criminelle la requête civile étoit recevable en faveur de l'accusé. *Boniface*, to. 1. liv. 1. tit. 12. n. 8.

104 Arrêt du 13. Juin 1661. qui a reçu la requête civile d'un accusateur contre un Arrêt quand il y a eu nullité. *Idem*, to. 2. part. 3. li. 1. tit. 16. ch. 1.

105 Arrêt du mois de Novembre 1666. qui a déclaré une fille accusatrice en crime de rapt non recevable en sa requête civile, sous prétexte que le ravisseur n'avoit été condamné qu'en des amendes. *Idem*, to. 1. li. 1. tit. 22. n. 8.

106 Par Déclaration du mois de Février 1681. sa Majesté ordonne que les requêtes civiles que l'on prendra dorénavant contre les Arrêts rendus en la Chambre Tournelle du Parlement de Toulouse soient plaidées & jugées en ladite Chambre Tournelle, sans que la Grand'Chambre en puisse prendre connoissance pour quelque cause & sous quelque prétexte que ce puisse, dérogeant en tant que besoin est ou seroit, à tous usages à ce contraires. *V. les Edits & Arrêts recueillis par l'ordre de M. le Chancelier.*

REPY.

*V*oyez cy-dessus *Repi.*

REQUESTES DE L'HOSTEL.

*V*oyez lettre M. le titre *des Maîtres des Requêtes.*

1 Maître des Requêtes de l'Hôtel connoissent des differends d'Officiers pour le titre seulement; quant au reglement il faut aller au Parlement. *Papon, liv. 4. tit. 9. n. 4.*

2 Messieurs des Requêtes de l'Hôtel sont Juges competens, non seulement en cas de contestation d'Office, mais aussi pour connoître si l'Office est hereditaire ou domanial, & titulaire à la disposition du Roy. Arrêt du 15. May 1564. *Papon, liv. 7. tit. 7. nombre 54.*

3 Messieurs les Maîtres des Requêtes de l'Hôtel connoissent en premiere instance des affaires des Conseillers des Requêtes du Palais, suivant l'article 45. de l'Ordonn. du Roy Loüis XII. faite en Mars à Blois en l'an 1498. Arrêt du 12. Avril 1588. *Le Vest, Arr.* 188.

Jugé par Arrêt du 16. Decembre 1602. que les Présidens, Conseillers, & autres Officiers des Requêtes du Palais, plaideront en la Jurisdiction des Requêtes de l'Hôtel, & non aux Requêtes du Palais, à peine de nullité des procedures & Jugemens. *V. Filleau, part. 3. tit 11. chap. 41.*

REQUESTES DU PALAIS.

1 *D*es Conseillers ou Commissaires des Requêtes du Palais. *Voyez Du Luc, liv. 4. tit. 8.* ils sont appellez par *M. René Chopin*, en son traité de la Police Ecclesiastique, li. 1. tit. 8. n. 3. *libellis in palatio cognoscendis præfecti.*

2 Des Conseillers tenans les Requêtes du Palais, *Ordonn. de Fontanon*, to. 1. li. 1. tit. 8. p. 8. & *Joly, des Offices de France*, to. 1. li. 1. tit. 8. p. 56. & *aux Additions p. ex. & suiv.*

3 Des Requêtes du Palais, & Officiers d'icelles, & de leur inftitution & établiffement. *Joly, des Offices de France*, to. 1. li. 1. tit. 26. p. 263.

4 Des renvois aux Requêtes du Palais en vertu des Lettres Royaux & Committimus. *Joly*, ibid. tit. 27. page 285.

5 Committimus aux Requêtes du Palais. *Voyez* le mot *Committimus.*

5 bis. De la Jurifdiction de Meffieurs des Requêtes du Palais, de leur pouvoir & autorité. *Voyez Filleau*, 4. partie, queftion 87. La Rocheflavin, *des Parlemens de France*, liv. 13. ch. 66. & M. le Prêtre, 2. *Centurie*, chapitre 32.

6 Par l'Ordonnance des Rois Loüis XII. & Charles IX. Meffieurs des Requêtes du Palais ne connoif-foient des matieres réelles & petitoires ; mais à pre-fent l'ufage de la pratique eft tel, qu'ils connoiffent des droits fonciers & exploits domaniaux, même des faifies feodales & autres caufes femblables. *Brodeau fur M. Loüet lettre R. fomm. 35.*

7 Meffieurs des Requêtes du Palais font Confeillers en la Cour, y prêtent le ferment, & ne font pas nean-moins diftribuez aux Chambres des Enquêtes , mais font dir ctement inftalez aux Requêtes du Palais ; quand l'un d'entre eux après un long travail en la Juftice ordinaire, *gravis annis, miles, multo jam fractus membra labore* , fe démet de fa Commiffion , il peut, confervant l'Office de Confeiller , entrer au Parle-ment & y prendre feance. *Voyez la Bibliotheque de Bouchel*, verbo *Préfeance.*

8 Les Requêtes du Palais peuvent connoître des fer-vitudes , il y avoit eu anciennement un Arrêt con-traire ; mais l'expedition en fut défenduë. *Papon, liv.* 14. tit. 1. n. 1.

9 Meffieurs des Requêtes du Palais ne peuvent con-noître des actions hypothecaires, *cum hypothecaria fit actio merè realis*. Arrêt du Parlement de Paris de l'an 1384. ils peuvent connoître de la perfonnelle & hy-pothecaire quand on agit au payement & continua-tion. Arrêt du 22. Janvier 1535. *Ibidem*, liv. 4. tit. 9. nombre 2.

10 Le 7. Février 1519. toutes les Chambres affemblées, il a été ordonné qu'en matieres petitoires, les Gens te-nans les Requêtes du Palais, ne font Juges capables, & n'en pourroient connoître, quoiqu'elles leur fuf-fent déleguées par Lettres de Chancellerie , excepté quant aux Secretaires du Roy qui maintiennent avoir privilege d'avoir leurs caufes réelles & petitoires com-mifes aux Requêtes. *Bibliotheque de Bouchel* , verbo *Requêtes du Palais.*

11 Meffieurs des Requêtes font Juges de compe-tence, & ont privilege de faire évoquer toutes caufes à eux commifes de tous Juges par un fimple Sergent Royal en vertu d'un Committimus , fans que la partie foit tenuë faire pourfuite ni attendre que le Juge faffe le renvoy ; il fuffit que le Sergent faffe au Juge, tenant fon Audience, commandement de renvoyer la caufe , & à fon refus ou délay, le doit renvoyer luy-même ; ce qui n'eft pas permis à l'égard des Juges Confervateurs des Privileges des Univerfitez , car il faut que le Juge le faffe ; ainfi fut dit par Arrêts du Parlement de Paris des 8. Juillet 1368. 1. Avril 1389. & 18. Mars 1575. *Bouchel, ibid*. & *Papon, liv. 7. tit. 7. n. 2.*

12 Caufes où le Procureur du Roy eft partie ne font renvoyées aux Requêtes du Palais ; fouvent jugé. A l'égard de la reintegrande , en laquelle il y a a quef-tion criminelle incidente pour la force, Arrêt du Parlement du 27. Novembre , qui renvoye aux Requêtes, fauf de renvoyer les parties pardevant le premier Juge pour faire le procez criminel , au cas que l'accufé ne gagne fa caufe au civil. *Papon, liv. 4. tit. 9. nomb. 3.*

13 La Cour des Requêtes connoît d'actions perfon-nelles, poffeffoires, mixtes, & non de réelles , quoi-que Lettres de Chancellerie leur foient adreffées

pour le petitoire. Arrêts du Parlement de Paris des 19. Août 1530. & 7. Février 1519. *Ibidem*, n. 1.

14 Meffieurs des Requêtes ne peuvent évoquer de la Cour d'Eglife, fous prétexte d'un aveu en action per-fonnelle. Arrêt du Parlement de Paris du 25. Sep-tembre 1531. en faveur d'un pere qui s'étoit rendu caution. *Papon, liv. 7. tit. 7. n. 14.*

15 Le fieur Forget Secretaire du Roy étant affigné aux Requêtes du Palais fur le renvoy par luy demandé, comme domeftique de la Maifon du Roy pardevant les Maîtres des Requêtes. Par Arrêt du Parlement du 23. Février 1550. la caufe a été remife au Confeil, & par provifion ordonné que la caufe feroit traitée aux Requêtes. *Papon , ibid. n. 13.*

16 Le Roy Henri II. regla en 1556. la Jurifdiction des Requêtes du Palais. V. *Henrici Progymnafmata*, Ar-rêt 197.

17 Le 13. Avril 1559. fut infirmé par Arrêt le Juge-ment de Meffieurs des Requêtes du Palais, par lequel ils avoient retenu la connoiffance d'une action nega-toire en matiere de fervitude de vûës & des eaues; l'appellant avoit remontré que telle action eft réelle. *Bibliotheque du Droit François par Bouchel* , verbo *Servitude.*

18 Renvoy aux Requêtes étant demandé , doit être donné fans connoiffance de caufe , fauf à debattre & renvoyer s'il y échet. Arrêts des 4. Janvier 1563. & 7. Juin 1574. Que s'il eft queftion d'appreciation ou de vifitation , & autre chofe qui fe doit faire fur les lieux par le Juge ordinaire , le renvoy ne doit être fait. Jugé le 7. Juin 1574. *Papon, liv. 4. tit. 9. n. 3.*

19 & 20 Le privilege des Requêtes du Palais eft fi grand, que quelque Juge que ce foit doit déferer , & en quelque état que foit la caufe , furvenant quelqu'un incidemment qui y a interêt, elle doit être renvoyée, fauf le debat du renvoy pardevant Meffieurs des Re-quêtes. Arrêt du premier Mars 1585. *Ibidem*, liv. 7. tit. 7 nomb. 12.

11 De la peremption d'Inftance aux Requêtes du Palais. *Voyez* le mot *Peremption*, n. 104. & *fuiv.*

22 Jugé par Arrêt du 23. Avril 1605. qu'il y a peremp-tion d'Inftance en un procez , étant en état de juger aux Requêtes du Palais. *Filleau*, 4. part. queft.134.

13 Un Chapitre étant ceffionnaire de plufieurs obli-gations pour rente & fomme leguée pour celebration de Meffe , peut ufer de fon privilege, & faire affigner les debiteurs aux Requêtes du Palais. Arrêt du Par-lement de Dijon du 21. Juillet 1608. *Bouvot , to. 2* verbo *Transport, queft. 4.*

14 Arrêt de la Chambre de l'Edit de Caftres du 11. May 1637. confirmatif d'un decret de prife de corps décerné par Meffieurs des Requêtes du Palais à Tou-loüfe , comme incompetens des Inftances des crimes par l'Edit de leur établiffement defquels ils peuvent feulement connoître incidemment aux Inftances ci-viles des privilegiez qui font traitez devant eux, & non originairement en commençant par le criminel. V. *Boné*, part. 2. *Arr.* 56.

15 Arrêt du Parlement de Provence du 20. Novem-bre 1641. qui a jugé que la Chambre des Requêtes du Palais ne connoît point des matieres réelles. *Bo-niface*, to. 1. liv. 1. tit. 11. n. 1.

16 Edit portant rétabliffement d'une feconde Cham-bre des Requêtes du Palais au Parlement de Roüen ; creation des Officiers dont elle doit être compofée, & Reglement pour fa Jurifdiction & autorité. A Fon-tainebleau en Juillet 1680. regiftré le 27. Août de la même année.

17 Arrêt du Confeil du 7. Janvier 1681. touchant le fervice des Requêtes du Palais du Parlement de Guyenne, & le rang des Officiers d'icelle. *Voyez les Edits & Arrêts recueillis par l'ordre de M. le Chance-lier en 1682.*

28 Préfident des Requêtes du Palais. *Voyez* le mot *Préfidens.*

REQUISITION.

DE la Requisition des Graduez. *Voyez* le mot *Gradué* , n. 188. *& suiv.*

RESCINDANT ET RESCISOIRE.

1   *V*Oyez M. le Prêtre , *deuxième Centurie , chapitre* 59.

2   Du rescindant & rescisoire qui ne peuvent être accumulez. *Voyez Guy Pape , question* 145.

3   Pendant le procez rescisoire le contrat par provision doit être entretenu , autrement le défendeur n'est point obligé de proceder. Arrêt du Parlement de Paris du 5. Juillet 1513. Autre Arrêt semblable en 1554. *Papon , liv.* 18. *tit.* 1. *n.* 28.

4   Rescindant & rescisoire pouvoient être anciennement accumulez. Arrêts du Parlement de Paris du 16. Septembre 1540. 1560. & 20. Novembre 1582. *Ibid. liv.* 16. *tit.* 3. *n.* 8.

Le contraire est pratiqué aujourd'hui. Quelquefois il plaît au Legislateur de dispenser de l'execution de la Loy. *Voyez* Requête civile, *nomb.* 64. *& suiv.*

RESCISION.

*V*Oyez *Dol, Fraude, Lettres de Rescision* , au mot *Lettres, nomb.* 189. *& suiv. Mineur, Restitution.*

La matiere des rescisions , & restitutions en entier, est traitée dans le second Livre du Code, depuis le Titre 20. jusqu'au 54.

De in integrum restitutionibus. D. 4. 1... *Paul.* 1. 7... C. *Th.* 2. 16... *Dec. Gr.* 7. q. 1. *&* 2.... 35. *& 9....*
Extr. 1. 41.... *S.* 1. 21...., *Cl.* 11. 1... *I. Lanc.* 3. 18.

De rescindendâ venditione , & quando liceat ab emptione discedere. D. 18. 5... *C.* 4. 44. 45. *& 46....*
Conft. I. Romani Sen. 2. *& 3.*

Quod metus causâ gestum erit. D. 4. 2. Premiere cause de rescision.

De his qua vi , metûs-ve causâ gesta sunt. C. 2. 20.
V. Violence.

De dolo malo. D. 4. 3. ... *C.* 2. 21. .. *Paul.* 1. 16.... C. *Th.* 2. 15. Second moyen de restitution. V. Dol.

De dolis mali & metûs exceptione. D. 44. 4.

De minoribus viginti-quinque annis. D. 4. 4. Minorité : troisiéme moyen de restitution.

De in integrum restitutione minorum viginti-quinque annis. C. 2. 22.

Si in communi eâdemque causâ, in integrum Restitutio postuletur. C. 2. 26. Si le Mineur releve le Majeur ?

Si adversus rem judicatam Restitutio postuletur. C. 2. 27. Cela s'entend d'un Mineur.

Si adversus venditionem. C. 2. 28. Ce Titre & les Titres suivans se doivent entendre des Mineurs.

Si adversus venditionem pignorum. C. 2. 29.

Si adversus donationem. C. 2. 30.

Si adversus libertatem. C. 2. 31. *Scilicet , si minor meré manumiserit.*

Si adversus transactionem , vel divisionem, in integram minor restitui velit. C. 2. 32.

Si adversus solutionem à tutore vel à se factam. C. 2. 33.

Si adversus dotem. C. 2. 34. D'une femme mineure, qui a donné toute sa dot.

Si adversus delictum. C. 2. 35. Pour être relevé d'une faute commise par ignorance du mineur.

Si adversus usucapionem. C. 2. 36.

Si adversus fiscum. C. 2. 37.

Si adversus creditorem. C. 2. 38.

Si ut minor, ab haereditate se abstineat. C. 2. 39.... *N.* 119. *c.* 6. Le mineur est restitué quand il s'est porté pour heritier mal à propos.

Si ut omissam haereditatem , vel bonorum possessionem , vel aliud adquirat. C. 2. 40. Le mineur est restitué quand il a négligé d'accepter une succession dans le temps prescrit.

In quibus causis restitutio in integrum necessaria non est. C. 2. 41.

Qui , & adversùs quos in integrum restitui non possunt. C. 2. 42. Ce Titre & les titres suivans expliquent les cas ausquels les mineurs ne sont pas restituez.

Si minor se majorem dixerit, vel probatus fuerit. C. 2. 43.

Si saepius in integrum restitutio postuletur. C. 2. 44.

De his qui veniam atatis impetraverunt. C. 2. 45. C. *Th.* 2. 17. Les mineurs ne sont pas relevez de ce qu'ils ont fait touchant la simple joüissance de leurs biens, quand ils ont obtenu des Lettres d'émancipation, ou de Benefice d'âge.

Si major factus ratum habuerit. C. 2. 46.... *Idem.* 5. 74. Les mineurs ne sont pas restituez contre les Actes qu'ils ont ratifiez en majorité. *Voyez* le mot *Ratification.*

Ubi & apud quem cognitio restitutionis agitanda sit. C. 2. 47.

De reputationibus qua fiunt in judicio in integrum restitutione. C. 2. 48. Des imputations & compensations que l'on peut demander contre le mineur qui demande à être relevé.

Etiam per procuratorem , causam in integrum Restitutionis agi posse. C. 2. 49.

In integrum restitutione postulatâ, ne quid novi fiat. C. 2. 50. Toutes choses doivent demeurer en état pendant l'Instance de rescision. Ce Titre est le dernier de ceux qui traitent de la restitution des mineurs.

De restitutionibus militum , & eorum qui reip. causâ absunt. C. 2. 51.

De uxoribus militum , & eorum qui reip. causâ absunt. C. 2. 52. Les femmes qui ont suivi leurs maris à la guerre, ou dans les voyages faits pour la République, sont relevées du dommage que l'absence leur a pû causer, & peuvent recouvrer le profit qu'elles ont manqué de faire.

De temporibus in integrum restitutionis , tam minorum & aliarum personarum qua restitui possunt, quàm haeredum eorum. C. 2. 53. Nôtre usage est different de celui qui est prescrit par Justinien dans la Loy derniere de ce titre , pour le temps auquel il faut demander la restitution en entier.

Quibus ex causis majores in integrum restituuntur. C. 2. 54.... *D.* 4. 6.

1   Des rescisions de contrats & transactions , restitution en entier, & dans quel temps elle se doit obtenir ; ensemble des relevemens fondez sur minorité, lesion, dol, crainte, & autres cas semblables ? *Voyez* les Ordonnances recüeillies par Fontanon , *to.* 1. *liv.* 4. *tit.* 19. *p.* 768. *&* Papon , *liv.* 16. *tit.* 3.

2   Quand l'imperant de Lettres de rescision ne peut executer le contrat dont il demande la cassation , le défendeur peut demander caution pour ses dommages & interêts, s'il étoit dit que le contrat fût valable, en rendant le prix, auquel cas le défendeur doit aussi donner caution. Arrêt du Parlement de Paris du 28. Août 1528. Papon , *liv.* 18. *tit.* 1. *n.* 32.

3   Arrêt du Parlement de Bretagne du 31. Octobre 1559. qui avant faire droit sur les Lettres de rescision, ordonne que les heritages dont est cas, seront vûs & estimez, tant à rente annuelle qu'une fois payée, eu égard au temps du contrat , & à l'état auquel ils étoient alors par trois priseurs , dont les parties conviendront. *Du Fail, liv.* 2. *chap.* 85.

4   L'Intimé prend Lettres pour casser un contrat d'heritage fait avec l'appellant à Ploarmel, l'heritage situé en cette Jurisdiction dont est l'intimé , lequel ajourne l'appellant à Ploarmel. L'appellant prend appointement d'écrire : ensuite il dit être mal ajourné , qu'il devoit être convenu à Nantes dont il est , d'autant que c'est une action personnelle. L'intimé répond que la contagion est à Nantes. Le Juge ordonne que l'autre défendra ; Appel. Par Arrêt du Parlement de Bretagne du 6. Septembre 1563. la Cour met l'appellation au néant , sans amende ni dépens , & pour cause ordonne neanmoins que ce dont a été appellé sortira effet. *Ibid. liv.* 1. *chap.* 166.

5 La Loy 2. *Cod. de rescind. vend.* n'a point lieu en contrat d'infeodation. Arrêt du P. de Toulouse du mois de May 1591. pour les Chartreux de Cahors. *La Rocheflavin, li. 3. tit. 8. Arrêt. 1.*

6 Acceptation d'une Lettre de change du mary par la femme, est sujete à rescision comme une autre simple promesse, en cas de renonciation à la communauté. Arrêt du Parlement de Paris donné pendant les troubles, plaidans Chauvelin & Chopin, le treiziéme jour d'Août 1592. *V. Chopin, liv. 2. de mor. Parif. tit. 1. nomb. 7.*

6 Arrêt du Parlement de Provence du 26. Avril 1638. **bis.** qui a jugé que pour la rescision d'un contrat, la crainte reverentielle seule ne suffit point. *Boniface, to. 2. liv. 4. tit. 19. ch. 1.*

7 La rescision n'a lieu contre les contrats des fermes publiques, sous prétexte de lézion. Arrêt du même Parlement de Provence du 20. Juin 1681. *Boniface, to. 4. liv. 10. tit. 3. ch. 16.*

8 Les dix ans accordez par les Ordonnances Royaux, courent utilement, nonobstant l'impetration de Lettres Royaux, si elles n'ont pas été signifiées pendant ce temps-là, parce que la seule impetration ne suspend pas le cours de la prescription, mais en exerçant l'action en restitution. Le Parlement de Grenoble a même jugé le 18. Decembre 1669. que l'interpellation pour le rescisoire, n'étoit pas un moyen legitime pour interrompre le cours du rescindant. *Graverol, sur la Rocheflavin, liv. 3. tit. 8. Arr. 1.*

9 En rescision de contrat, le demandeur peut requerir de joüir par provision. *Voyez* le mot *Provision, nomb. 34. & suiv.*

10 Par Arrêt du 11. Août 1677. la rescision de dix ans pour reddition de compte, fut jugée n'avoir point de lieu, les parties remises en l'état qu'elles étoient avant les lots, & renvoyées devant le Bailly de Roüen, pour y proceder. *Berault, à la fin du 2. tome de la Coûtume de Normandie, p. 105. col. 2.*

RESCRIT.

1 IL y a les rescrits du Prince, & les rescrits de Cour de Rome.
RESCRIT DU PRINCE.
De diversis rescriptis, & pragmaticis sanctionibus. C. 1. 23... C. Th. 1. 2.

2 *De rescriptis. D. Gr. 25. q. 1. & 2... Extr. 1. 3... S. 1. 3... Cl. 1. 2.*
Voyez Lettres Royaux.

3 *Kinschotii consilia juris, & de rescriptis gratia in Senatu Brabantiæ concedi solitis.* Lovanii 1633.
RESCRITS DE COUR DE ROME.

4 *Voyez* les mots *Bref, Bullet, Pape, Provisions, Rome.*

5 *Differentia inter privilegium & rescriptum.* Voyez *Rebuffe, 1. part. prax. Benef.*

6 Voyez Rebuffe, sur le Concordat, tit. *forma mandati Apost.* où il parle *de rescriptis, rationi congruit, perinde valere, si neutri in forma dignum.*

7 *Differentia inter rescripta gratia & justitia.* Voyez *Rebuffe, 1. part. prax. Benef.*

8 *De rescripto si neutri, si alteri, & si nulli.* Voyez *Rebuffe, ibidem.*

9 *De rescripto etiam & perinde valere.* Voyez *Rebuffe, 2. part. prax. Benef.*

10 *De rescriptis mistis.* Ibidem, 3. part. *praxis Beneficiaria.*

11 *Rescriptum contra Jus an valeat?* Voyez *Com. Joan. Const.* sur l'Ordonnance de François I. art. 35.

12 *Voyez verbo Abus, nomb.* 70. où il est parlé des rescrits adressez *extra* ou *intra partes Diœcesis.*

13 Des rescrits, & de leurs differentes especes. *Voyez la Bibliotheque Canonique, to. 2. p. 468. & suiv.* où il est parlé des rescrits de grace & de Justice, des rescrits en forme commune, & en forme des pauvres, pour les Graduez, du rescrit en la forme *dignum*, des

rescrits pour les Benefices vacans, des rescrits mixtes ou communs, du rescrit *si neutri, si alteri, si nulli,* des rescrits *etiam & perinde valere,* du rescrit de Noblesse, de legitimation, & du rescrit *rationi congruit.*

14 Par le rescrit de *perinde valere,* est supplée tout le faut qui peut être supplée de droit, mais non pas un défaut naturel; de sorte que si un furieux avoit obtenu un Benefice, l'impetration seroit nulle, quand même il auroit depuis obtenu un rescrit de *perinde valere,* comme s'il étoit sage & plein de raison. *Bibl. Can. tome 2. p. 475. col. 1.*

15 *Pithou, en ses Commentaires sur les Libertez de l'Eglise Gallicane, Note 44.* Rescrit *in partibus,* a-t-il dit-il, jugé par plusieurs Arrêts devoir être *in Diœcesi,* & particulierement par un du 19. Novembre 1575. l'*Homedé* plaidant pour l'appellant comme d'abus; il fut jugé que tous rescrits portant ces mots *authoritate apostolica,* étoient abusifs, à moins que l'impetrant, avant l'execution, n'eût signifié à sa partie, qu'il n'entend s'en servir *authoritate apostolica,* mais seulement *authoritate ordinaria*; d'où il s'ensuit que les appellations d'une Sentence renduë par l'Ordinaire sur l'execution d'un Bref, doivent ressortir devant le Juge superieur immédiat de l'Ordinaire. C'est l'usage du Royaume, comme dit *Févret,* en son *Traité de l'Abus, liv. 9. ch. 3. n. 7.* que les Evêques, quelque clause qui soit inserée dans leur Commission, & de quelque qualité que soit l'affaire, à l'instruction ou jugement de laquelle ils sont commis pour y proceder, *authoritate apostolica,* ne s'y entremettent que *vi & potestate ordinaria*; ainsi les sujets du Roy, en cas d'appel, ne sont jamais distraits à ce sujet.

16 Rescrit obtenu du Pape par Jacques de Baudry, Cordelier, contre ses vœux, avec l'Arrêt en sa faveur, qui le renvoye pardevant l'Official de Chartres, & par provision alimentaire luy ajuge la somme de 2000. liv. &c. Arrêt du 8. Juillet 1680. *De la Guess. to. 4. liv. 3. ch. 17.*

Voyez cy-dessus le mot *Reclamation,* & cy-après le mot *Vœux,* où il est parlé de ces sortes de rescrits.

RESERVE.

1 LA reserve a lieu en matiere beneficiale, par rapport aux droits que prétend le Pape sur certains Benefices, & à la provision anticipée qu'il en donne avant la vacance, ce que nous n'admettons point en France. La reserve a lieu en matiere civile dans certains actes, ce qui sera cy-après expliqué.
RESERVES, BENEFICE.

2 *Voyez* le mot *Benefice,* & *Mandat.*

3 *Simoneta de reservatione beneficiorum. In octavo,* Col. 1583.

4 *De reservationibus beneficiorum. Per Æneam de Falconibus, per Gasparem de Perusio, & per Thomam Campegium, in tractatu de auth. Rom. Pont.*

5 *Hieronymus Gonzalez, de reservatione mensium, & alternativa Episcoporum.*

6 *De reservationibus, gratiis expectativis, & regressibus, lib. 7. Decret. Ecclesiæ Gallic. tit. 17.*

7 *Reservatio quid & quotuplex?*
An eadem sit vacatio apud sedem, quæ in curiâ, indeque perpetuò inducatur reservatio, & an reservatio hujusmodi indifferenter dicatur, clausa in corpore juris, quæque ejus sit ratio? Voyez Lotherius, de re beneficiariâ, li. 2. quæst. 26. & 27.

8 *Reservatio, de quâ in primâ regulâ Cancellariæ quâ ratione nitatur? V. Ibid. quæst. 30.*

9 *Qualiter inducta sit reservatio ratione personæ quæque sit ejus ratio qualiter inducta sit, ex certâ qualitate beneficii, & quæ sit unius cujusque ratio?*
Qua sit ratio reservationis regula. 2. in verf. at etiam reservavit?

Quæ fit ratio reservationis inducta per regulam 8. Cancellariæ in versꝰ. nec non ad collationem, &c?

Quæ fit ratio reservationis regula 9. in ejus primâ parte? Voyez Lotherius, *de rs beneficiariâ, lib. 2. quæst. 32. 33. 34. 35. & 36.*

10 *De reservationibus tam generalibus quam specialibus sublatis.* Voyez Rebuffe, sur le Concordat.

11 *De reservationibus tam generalibus quam specialibus.* Voyez Rebuffe, 1. part. prax. Benef.

12 Des reserves. *Voyez le Traité qui a été fait par Gonzalez, sur la 8. Regle de Chancellerie, de la reserve des mois, & de l'alternative des Evêques.*

13 Des reserves. *V.* Papon, *li. 8. tit. 2.* Coquille, *to. 1. p. 254.* la Bibliotheque Canonique, *to. 2. p. 476. & suiv.* les Définitions Canoniques, *p. 785.* & Hevin sur Frain, *p. 673. & suiv.*

14 Des reserves des Benefices au Pape. *Voyez les Mémoires du Clergé, tome 2. part. 2. p. 183. & 309.*

15 Des reserves des Benefices, tant generales que speciales, abolies. *Ibid. p. 211. & 251.*

16 Abus & inconveniens des reserves de Benefices de personnes vivantes. *Ibid. p. 244. 245. 251. 309. jusqu'à 313. & tome 5. part. 8. p. 190. & 253.*

17 Les reserves Apostoliques sont les Constitutions des Papes, par lesquelles ils retiennent à leur collation certains Benefices, qui vaqueront en certain temps, en certains lieux, & pas la mort de certaines personnes. Elles n'ont point de lieu en France; elles sont abolies & défendües par la Pragmatique Sanction, & par le Concordat *de reservat. sublatis.*

18 La reserve perpetuelle, est lorsque le Pape fait cette reserve tant à luy qu'à ses Successeurs au saint Siege, de maniere qu'elle n'est pas tant au Pape, qu'elle ne soit autant au saint Siege; ce qui fait que cette reserve est perpetuelle. La temporelle se remarque, en ce que le Pape se reserve de conferer un Benefice *ad beneplacitum.* Cette reserve est à sa personne même, & non point au saint Siege, ni à ses Successeurs au Pontificat. C'est de cette difference que *Gonzalez, glos. 11. n. 6.* a formé deux especes de reserve. *Definit. Can. pag. 785.*

19 Les reserves generales, sont celles qui sont connuës dans les Constitutions extravagantes, *ad regimen & execrabilis,* des Papes Benoît XII. & Jean XXII. comme l'a observé le Glossateur de la Pragmatique Sanction, *tit. de reservat.* au mot *speciales. Reservatio autem generalis dicitur facta generaliter de beneficiis electitiis, aut beneficiis officialium sedis Apostolicæ, ut per extravagantes ad regimen & execrabilis.* Les reserves speciales, sont celles qui sont contenuës dans les regles de Chancellerie, suivant l'opinion d'*Alphonse Sotto,* dans son Glosseme, rapporté par *Jean Accquier,* sur la premiere regle de Chancellerie, *des reservations generales & speciales du Pape Innocent VIII.*

20 On a cy-devant observé que les reserves sont abolies en France par la Pragmatique Sanction & le Concordat; & de toutes les differentes reserves expliquées cy-dessus, celles des mois Apostoliques & de l'alternative, & la reserve des Dignitez majeures après la Pontificale, dans les Eglises Cathedrales pendant toute l'année, ont encore lieu en Bretagne, comme étant pays d'obédience, où sont reçuës les regles de Chancellerie, & les Constitutions des Papes. *Définir. Can. p. 787.*

21 Toutes les reserves sont abolies & ôtées par le Concile de Bâle reçu en France, par lequel sont revoquées les extravagantes *ad regimen, & execrabilis,* & toutes celles qui sont comprises és regles de Chancellerie. *Bibliot. Can. to. 2. p. 477. col. 2.*

22 Touchant les reserves abolies par le Concordat, & qui sont appellées *ambinosa decreta,* Voyez Boniface, *to. 1. liv. 6. tit. 10. ch. 7.*

23 *De reservationibus omnium fructuum beneficiorum: Per Thomam Campegium. Ibid.*

24 De la reserve de tous les fruits en matiere de

pension. *Voyez* le mot *Pension,* nombre 136. & suivans.

25 Quelquefois le Pape reserve les fruits à celuy qui a résigné son Benefice, par forme de pension; laquelle reserve de tous les fruits, est tolerée en pays d'obédience, soit qu'il soit dit qu'il percevra ces fruits de son autorité, ou par les mains d'un autre, parce que l'entiere & pleine dispensation des Benefices appartient au Pape. Neanmoins par Arrêt du 9. Avril 1496. telle reserve de tous les fruits fut défendüe, & n'est point reçüe en pays Coûtumier. *Bibliot. Can. tome 2. p. 477. col. 2.*

26 Si quelqu'un résigne avec la reserve de tous les fruits, & non aliter, & que le Pape admette la résignation avec la reserve de la moitié des fruits seulement, la résignation vaudra, pourvû que le Procureur ait résigné en vertu de sa procuration, parce que le Pape n'est pas obligé d'entretenir les conventions des parties, quand elles sont opposées aux Loix & aux saints Decrets. Arrêt du Parlement de Bordeaux de l'an 1552. *Ibid. p. 501. col. 2.*

27 Reserve du droit de conferer. *Voyez* le mot *Collation,* nomb. 154.

RESERVE EN MATIERE CIVILE.

28 La reserve des *conquests* au survivant stipulée par contrat de mariage, n'est sujete à insinuation; ce n'est pas une donation, c'est une convention reciproque & matrimoniale. Arrêt en Mars 1582. *Caronaas, liv. 8. Réponse* 70.

29 Reserves apposées par le donateur. *Voyez* le mot *Donation,* nomb. 683. & suiv.

30 Donation avec reserve de pouvoir disposer d'une partie des choses données, ou de l'usufruit & joüissance la vie durant du donateur. *Ibid.*

31 Au pays du Duché de Bourgogne, la reserve nuptiale de donation libre entre mariez, ne s'étend pas à la testamentaire ni au legs ou donations à cause de mort. Chopin, *Cout. de Paris, liv. 2. tit. 3. nomb. 9.* Voyez *la Coûtume de Bourgogne, des droits appartenans à gens mariez, art. 7.*

32 La reserve ne fait pas la donation conditionnelle; de même, si un acheteur appose cette convention, dit s'il ne paye dans le mois *res fiet inempta magis,* dit Ulpien, *ut sub conditione resolvi emptio quam sub conditione contrahi videatur L. 1. si fundus ff. de lege commissoriâ.*

33 La reserve faite dans la donation, n'appartient au mary, mais aux heritiers de la femme, qui a reservé pour en disposer, n'en ayant disposé. Arrêt du 21. Juin 1623. *M. d'Olive, li. 3. ch. 28.* Voyez *M. Ricard, des Donations entre-vifs, 1. part. ch. 4. sect. 2. distinct. 2. nombre* 1014.

34 De la reserve faite au profit d'une fille, en la mariant, du droit des successions directes, si elle se peut étendre aux collaterales. *Voyez Henrys, to. 1. liv. 6. chap. 5. quest. 22.*

35 Reserve de faire des legs. *Voyez* le mot *Legs, n. 96. & suivans.*

36 Dans les Coûtumes où il ne faut point de tradition réelle, comme aux termes du Droit écrit, si la chose est simplement reservée, sans destination de personne en particulier, elle appartient à l'heritier; mais si le testateur a dit dans sa reserve, que s'il n'en a disposé, elle appartiendra au donataire, l'heritier n'y peut rien prétendre: que si la tradition est necessaire, quelque clause que le donateur puisse exprimer, elle appartiendra à l'heritier. Arrêt du 3. Avril 1648. *Ricard, des Donations entre-vifs, 1. part. ch. 4. sect. 2. distinct. 2. n. 1018.*

37 De la reserve de l'hypotheque sur l'heritage vendu. *Voyez* le mot *Hypotheque, n. 234. & suiv.*

RESIDENCE.

LA residence astraint tant les Beneficiers, que les Pourvûs de Charges & Dignitez seculieres.

RES

RESIDENCE DES BENEFICIERS.

1 Antonii Pagani, *Tractatus de Ordine, jurisdictione & residentiâ Episcoporum.*

2 Athanasii Constantinopolitani, *de necessariâ Episcoporum residentiâ Epistolâ 8.*

Ambrosius Catharinus, *de residentiâ Episcoporum contra Carranzam.*

3 Dominici Soti, *Apologia contra Ambrosium Catharinum, capite 1.*

4 Bartholomæi Carranzæ, *Libellus de necessariâ residentiâ Episcoporum & Pastorum.*

5 Nicolaus Garzias Canonicus Abulensis, *de Beneficiis.*

6 Guillelmi de Prato Episcopi Clarimontensis, *Sententia de residentiâ Prælatorum.* Item Brachii Martelli, *in actis Concilii Trident.*

Flaminius Parisius.

7 Franciscus Turrianus, Soc. Jesu, *de residentiâ Pastorum;* idem, *de Commendatione, vacantium Ecclesiarum, & residentiâ Pastorum.*

Jacobus Naclantus.

Sylvester, *in Summâ.*

Thomas Campegius, *de residentiâ Episcoporum.*

Hieronymus Gigas, *de residentiâ Episcoporum.*

8 *De residentiâ beneficiis debitâ.* Voyez Pinfon, *cap. 2.*

Du devoir de la résidence. *Voyez le 4. tome des Loix Civiles, liv. 1. tit. 10. sect. 2. n. 8.*

9 *M. de Selve* parle de la résidence dans la quatriéme Partie de son Traité.

10 De la résidence que doivent faire les Prélats & autres Ecclésiastiques, en leurs Prélatures & Bénéfices. *Voyez les Ordonnances recueillies par Fontanon, tome 4. tit. 2. p. 218.* la Bibliotheque de *Joret,* au mot *Résidence,* les Memoires du Clergé, *to. 2. part. 2. tit. 14.* Despeisses, *to. 3. p. 438.* Henrys, *to. 1. liv. 1. chap. 3. quest. 9.* & le petit Recüeil de *Borjon, to. 4. p. 142.*

11 Beneficiers doivent résider, ou être privez de leurs Benefices. *Tournet, lettre B. nomb. 84.*

12 Résidence des Beneficiers, & ceux qui en sont exempts. *Ibid. lettre R. Arr. 146.*

13 Dispense de résidence pour les Ecoliers. *Ibidem, Arr. 147.* Voyez cy-aprés le nomb. 50. & suiv.

14 De la résidence aux Benefices. *Voyez les Memoires du Clergé, to. 1. part. 2. p. 370. jusqu'à 406. tome 6. part. 9. p. 10. & 30.*

Résidence des Evêques, *to. 2. part. 2. p. 374. & suivantes.*

Résidence des Chanoines, & comme ils sont obligez d'assister à l'Eglise, *part. 2. p. 404.*

Ils sont tenus de résider, & d'assister en personne du moins aux grandes Heures, sur peine de privation des fruits de leur Prébende. *Ibid. & p. 115. n. 8.*

15 La matiere de la résidence est traitée dans le titre des Décretales, *de Clericis non residentibus,* qui est composé de 17. chapitres. Gonzales a fait sur chaque chapitre un ample Commentaire; il y a plusieurs personnes qui sont exemptes de la résidence. Rebuffe dans sa Pratique Beneficiale chap. *dispensatio de non residendo,* en parle & rapporte tous les sujets d'excuses qui peuvent dispenser de la résidence. Bouchel en sa Somme Beneficiale sur le mot *Résidence,* traite cette matiere doctement & amplement. *Voyez Henrys, to. 1. liv. 1. chap. 3. quest. 9.*

16 Arrêt du Grand Conseil donné sur la requête de M. le Procureur General, portant que tous les Titulaires Reguliers des Prieurez Conventuels seront tenus de résider; cela regardoit particulierement les Religieux de la Congregation de saint Maur, Ordre de saint Benoît, qui unissent des Prieurez à leur mense, & dont les Titulaires changent aussi souvent qu'il plaît à leurs Superieurs. *Bibliotheque Canonique, to. 1. page 13.*

17 La possession immemoriale ne peut autoriser la non résidence dans les Benefices-Cures, Canonicats, ou autres qui demandent le Service personnel du Bene-

ficier; ce qui est si veritable que si le Pape, ou l'Evêque avoient dispensé sans cause legitime un Curé de résider, & s'il y avoit des Statuts pour exempter les Chanoines d'assister aux Heures Canoniales, tout cela seroit abusif. *Ibid. to. 2. p. 160.*

18 Arrêt du Parlement de Toulouse du 17. Decembre 1526. qui enjoint aux Juges de Rieux, & à tous les autres du Ressort, en suivant les Ordonnances faire leurs résidences personnelles dans leurs Sieges principaux, à peine de cent marcs d'or, *Reglement de la Rocheflavin, ch. 4. Arr. 5.*

19 Par Arrêt du Parlement de Bretagne du 3. Septembre 1562. la Cour, vû les Lettres Patentes obtenues par l'Evêque & Clergé de saint Malo le 26. Août 1562. ordonné qu'elles seront registrées pour y être obéi par provision seulement, sans toutefois qu'un Chanoine de l'Eglise Collegiale soit excusé de la résidence qu'il doit en un Benefice-Cure; & neanmoins pourront les Juges Présidiaux en cas de negligence des Juges inferieurs, & la Cour selon l'occurrence des cas, faire proceder par saisie sur les fruits des Benefices des non résidens. *Du Fail, liv. 2. chapitre 180.*

20 La saisie du temporel des Beneficiers faute de résidence ne peut se faire que par les Juges Royaux, si ceux non Royaux la font, ils doivent tous dépens, dommages & interêts. Jugé le 18. Janvier 1571. pour le Doyen de Montbrison. *Papon, p. 1359. tiré des Memoires de Bergeron.*

21 Arrêts pour la résidence des Ecclésiastiques, rendus au Parlement de Toulouse les 3. Janvier 1572. 30. Juillet 1576. 12. Juin 1577. 13. Novembre 1582. & les Chambres assemblées du 23. Août 1583. *La Rocheflavin, liv. 6. tit. 12. Arr. 1. & la Biblioth. Canonique, to. 2. p. 481. col. 1.*

22 Le 3. Decembre 1575. il a été jugé au même Parlement de Toulouse pour le sieur de Giradon pendant l'année qu'il fut Trésorier de l'Hôtel-Dieu, qu'il jouïroit comme s'il étoit présent, & faisoit le service actuel en l'Eglise. *Ibid. tit. 36. Arr. 5.*

23 Arrêts solemnels des 20. Mars 1609. & 19. Juillet 1630. par lesquels il est enjoint à tous les Recteurs & Beneficiers ayant charge d'ames dans les Eglises du Ressort de faire résidence aux lieux de leurs Benefices, sous peine de privation des fruits; le dernier fut publié pour servir de loy aux Justiciables du Ressort du Parlement de Toulouse, à la diligence de M. le Procureur General. *Cambolas, livre 6. chapitre 41.*

24 Declaration du Roy du sept Février 1681. portant que lorsqu'une même personne sera pourvûe de deux Cures, ou d'un Canonicat, ou dignité, & d'une Cure, ou de deux autres Benefices incompatibles, soit qu'il y ait procez, ou qu'il les possede paisiblement, le pourvû ne joüira que des fruits du Benefice auquel il résidera actuellement, & fera le service en personne, & que les fruits de l'autre Benefice, ou des deux, s'il n'a résidé & fait le service en personne en aucun, seront employés au payement du Vicaire, ou des Vicaires qui auront fait le service, aux reparations, ornemens, & profits de l'Eglise dudit Benefice, par l'Ordonnance du sieur Evêque Diocesain; laquelle sera executée par provision, nonobstant toutes appellations simples, ou comme d'abus, & tous autres empêchemens auxquels les Juges & Officiers n'auront aucun égard. *V. les Edits & Arrêts recueillis par l'ordre de M. le Chancelier en 1681.*

25 Si aucuns Prélats ou autres Ecclésiastiques qui possedent des Benefices à charges d'ames, manquent à résider pendant un temps considerable, ou si les Titulaires des Benefices ne font pas acquitter le service & les aumônes dont ils peuvent être chargez, & entretenir en bon état les bâtimens qui en dependent: Nos Cours de Parlemens, nos Baillifs & Sénéchaux ressortissans nuëment en nosdites Cours, pourront les en avertir, & en même temps leurs Superieurs Ecclesiastiques

Ecclefiaftiques,& en cas que dans trois mois après ledit avertiffement ils négligent de réfider fans en avoir
des excufes legitimes , ou faire acquitter le Service
ou les aumônes , & de faire faire les réparations, particulierement aux Eglifes , nofdites Cours, & les
Baillifs & Sénéchaux pourront feuls à la requête de
nos Procureurs Generaux , ou de leurs Subftituts
faire faifir jufqu'à concurrence du tiers du revenu
defdits Benefices , pour être employé à l'acquit du
Service & des aumônes , à la réparation des bâtimens , ou diftribué à l'égard de ceux qui ne réfident
pas par les ordres du Superieur Ecclefiaftique , au
profit des pauvres des lieux , ou autres œuvres pies
telles qu'ils fe jugeront à propos:Enjoignons à nos Officiers & Procureurs de proceder aufdites faifies avec
toute la retenuë & circonfpection convenable , & par
la feule necefficé de faire obferver les fondations , &
de conferver les Eglifes & bâtimens qui dépendent
defdits Benefices ; & à l'égard des Archevêques &
Evêques, voulons que de tous nos Juges & Officiers,
nos feules Cours de Parlemens en prennent connoiffance , & qu'elles donnent avis à nôtre tres-cher &
feal Chancelier de tout ce qu'elles eftimeront à propos de faire à cet égard pour nous en rendre compte.
*Article 23. de l'Edit concernant la Jurifdiction Eccle-
fiaftique, du mois d'Avril 1695.*
Voyez cy-deffus le mot Ponctuation.

RESIDENCE, ARCHIDIACRE.

25   Archidiacres difpenfez de la réfidence. *Voyez le
mot Archidiacres , nomb. 17.*

RESIDENCE , BENEFICE SIMPLE.

26   Les Benefices fimples ne font point fujets à la réfidence a moins que ceux qui en font pourvûs n'y fuffent
tenus.L'Eglife de S.Vulfran d'Abbeville en fournit un
exemple ; l'on remarque que par un Statut particulier , les Beneficiers font obligez à la réfidence, encore que ce foient des Benefices fimples. *Définitions
Canoniques , p. 793.*

27   Le fondateur d'une Chapelle ayant précifément
voulu que celuy qui la poffederoit ne pût s'abfenter
pour quelque caufe & difpenfe que ce fût ; celuy qui
en eft pourvû doit la perdre faute d'y avoir réfidé
pendant dix mois , & ne peut être difpenfé de la réfidence fous prétexte que le revenu ' eft diminué par
le fait des guerres. *Voyez le 76. Plaidoyé de M. de
Corberon , Avocat General au Parlement de Mets.*

RESIDENCE DES CARDINAUX.

28   *Voyez le mot Cardinal, nomb. 25.*

RESIDENCE DES CHANOINES.

29   *Voyez le mot Chanoines , nomb. 106. 127. & fuiv.*
Si les Chanoines & autres Beneficiers tenus à la
réfidence gagnent les fruits pendant qu'ils font abfens
& à la pourfuite des procez qu'ils ont contre le Chapitre ? *Voyez Filleau , part. 1. tit. 1. ch. 32.* où il tient
l'affirmative & dit , qu'il faut demander congé au
Chapitre.

30   Les Chanoines & autres Beneficiers des Eglifes Cathedrales font tenus de faire réfidence pour gagner
les fruits , à l'exception des privilegiez. *Tournet , lettre
C. nomb. 8.*

31   N.Pefteau Chanoine de l'Eglife Collegiale de fainte
Monegonde à Chimay s'étoit préfenté au Chapitre la veille de faint Jean en 1694. & y avoit déclaré
qu'il prétendoit de commencer fa réfidence perilleufe ; trois mois après il avoit préfenté 25. Horins au
Chapitre pour racheter comme à l'ordinaire le furplus des neuf mois de la réfidence perilleufe ; & fur
le refus de les recevoir , il avoit fait fommer le Chapitre de luy faire connoître ce qu'il devoit faire pour
fe conformer aux Statuts. Le Chapitre avoit répondu
qu'on le luy feroit fçavoir dans le temps. Enfuite
Pefteau avoit fait fommer ceux du chapitre de lui rendre compte des fruits depuis la mort du prédeceffeur,
& de les luy reftituer , fauf dix muids de bled pour
l'année de grace accordée aux heritiers du défunt.

Tome III.

Arrêt du Parlement de Tournay du 5. Decembre
1696. en faveur de Pefteau , défenfes aux Chanoines
de diftraire à l'avenir aucune portion des fruits de la
feconde année deftinée pour la Fabrique , & de les
appliquer à leur profit. Ainfi cet Arrêt a jugé trois
queftions ; fçavoir, qu'un nouveau Chanoine peut
entreprendre fa réfidence perilleufe dés la premiere
faint Jean Baptifte fuivante fa prife de poffeffion , &
le Chapitre ne peut l'empêcher fous prétexte que les
années de grace ne font expirées. 20. Lors qu'un nouveau pourvû peut racheter une partie de fa réfidence
perilleufe, le Chapitre ne peut s'y oppofer fans caufe.
3°.Il n'y a point de ftatut ni d'ufage qui puiffe autorifer
un chapitre de s'approprier les fruits des abfens ou
des nouveaux pourvûs. *V. M. Pinault, to.1. art. 130.*

32   Les Canonicats de l'Eglife Collegiale de Nôtre-
Dame de Meffines , ne font fujets à réfidence ; il a
été ainfi préjugé au Parlement de Tournay le 22. Novembre 1698. Le Chanoine difoit qu'il étoit notoire
qu'une Prebende de Meffines, bien loin de fuffire à
l'entretien d'un pourvû , n'étoit pas même admife
pour fervir de titre à un Prêtre ; ainfi qu'il conftoit
d'une Declaration des Vicaires generaux d'Ypres du
24. Juillet 1685. La Cour admit les parties à prouver, & cependant ajugea la recréance au Chanoine.
V. ibid. to. 2. Arr. 239.

RESIDENCE, CONSEILLERS DES COURS.

33   Confeillers Chanoines difpenfez de la réfidence &
comment ? *Voyez le mot Chanoines, nomb. 128.*

34   *M. Boyer , decif. 17.* rapporte plufieurs exemples
de ceux qui ne font pas obligez à la réfidence , au
nombre defquels il met les Confeillers des Cours
fouveraines.

35   Confeillers de Cours fouveraines font difpenfez de
la réfidence dans leurs Benefices. Arrêt du Parlement
de Bourdeaux du 1. Février 1527. contre le Chapitre
de Bazas , *hominibus enim id genus obPrincipem cui
affident favere juftum eft.* Biblioth. Can. p.480. col.1.

RESIDENCE DES CUREZ

36   *De refidentiâ Paftorum.* Voyez le traité fait *per
Fran. Torrenfem.*

37   De la réfidence des Curez. *Vide les Memoires du
Clergé, to. 1. part. 1. p. 199. & to. 2. part. 2. p. 245.
& fuiv.*
Ils ne peuvent s'abfenter fans la permiffion de l'E-
vêque , *to. 2. part. 2. p. 345. 347. 382. & fuiv.* pendant long-temps, *fecùs* ,quand c'eft pour peu de temps,
ce qui s'entend de trois femaines ; & il faut laiffer
des Prêtres pour l'adminiftration des Sacremens.
Caftel , Mat. benef. to. 1. p. 31. où il ajoute la difpofition du Concile de Trente, *chap. 1. fect. 23.* qui donne trois mois aux Prélats Superieurs , deux aux Curez, & autres ; à ce dernier eft conforme l'Ordonnance de Blois , art. 14.
Injonction aux Curez pourvûs de Canonicats de
réfider à leurs Cures , ou de s'en défaire , autrement
privez des fruits. *Mem. du Clergé, to. 2. part. 2. p. 383.
& fuiv. & 401.* Au même endroit il y a un Plaidoyé
de M. Bignon Avocat General fur la réfidence.

38   De la réfidence des Pafteurs & Curez. *Voyez Henrys , to. 2. liv. 1. queft. 10.*

39   Si les habitans peuvent pour la réfidence du Curé
fur les lieux fe pourvoir pardevant le Juge Royal ?
Voyez Bouvot , to. 2. verbo Réfidence , qu. 1.

40   Les Curez peuvent commettre des Vicaires qui
feront toutes fonctions ; mais cette non réfidence des Curez ne peut être que pour un temps , &
fi quelqu'un avoit obtenu une difpenfe de non réfidence dans fa Cure , elle feroit abufive ; ce qui a été
ainfi jugé par un ancien Arrêt du 7. Novembre 1559.
conformément au Droit commun. *Définitions Can.
page 248.*

41   Par Arrêt rendu au Parlement de Bretagne le 19.
Octobre 1563. fur la requête du Connêtable de Montmorency , Seigneur de Châteaubriand , enjoint aux

H h h

RES

Curez de réfider , & aux Evêques d'en commettre de capables , fur peine de faifie de leur Temporel ; aux Juges Royaux d'y avoir l'œil, & aux Subftituts du Procureur General de faire les diligences requifes, fur les peines qui y échéent. *Du Fail, liv. 2. chapitre* 214.

42 Le 2. Decembre 1578. le Curé d'Affy du Diocefe de Meaux, a été condamné de réfider en perfonne , finon pour excufe valable , auquel cas il donneroit Vicaire de bonne vie & litterature. *Item*, le Curé de Chambly par Arrêt du 20. Janvier 1579. *Biblioth. Can. to. 1. p.* 480. *col.* 1.

43 Le Curé de la Ferté Bernard, comme Chanoine de Beauvais , fe difant difpenfé par une Bulle du Pape Victorius , fur la plainte de non réfidence faite par fes Paroiffiens , l'Official de Tours l'avoit feulement condamné à y mettre un bon Vicaire . Par Arrêt du 12. Février 1587. il fut condamné de réfider, fuivant l'Ordonnance de Blois , article 14. faute dequoy permis de faifir fon Temporel. *Mornac l. unic à Cod. in quibus caufis militantes fori, &c.* Voyez M. Expilly, *Arrêt* 147. & la *Biblioth. Can. to. 2. p.* 480. *col.* 1.

44 Arrêt du Parlement de Dijon du 2. Decembre 1623. qui maintient les Doyen, Chanoines & Chapitre de l'Eglife Collegiale de Châlons dans l'exemption de la Jurifdiction de l'Evêque , & dans le privilege de réfider aux Cures dont ils feront pourvûs; & faifant droit fur les Conclufions de M. le Procureur General, a ordonné & ordonne à tous Curez & autres Eccefiaftiques du Reffort poffedans Benefices ayant charge d'ames, d'aller réfider dans trois mois fur leurs Benefices pour y faire fervice & defferte en perfonne, à peine, ledit temps paffé, de faifie de leur Temporel. Enjoint aux Lieutenans & Subftituts du Procureur General des Bailliages , chacun en droit foy, de dreffer des procez verbaux des non réfidens, proceder par faifie de leur Temporel , & en certifier la Cour dans trois mois, à peine de fufpenfion de leurs charges: & à tous les Ecclefiaftiques prétendans avoir privileges, de les mettre pardevers le Greffe de la Cour, dans trois mois, pour iceux communiquez au Procureur General, fes Conclufions vûës, y être pourvû ainfi qu'il appartiendra ; & fera l'extrait du prefent Arrêt envoyé par tous les Bailliages & Sieges du Reffort à la diligence du Procureur General pour y être lû, publié & enregiftré, à ce qu'aucun n'en prétende caufe d'ignorance. *Ibidem, page* 491.

45 M. l'Evêque d'Alby fit une Ordonnance Synodale, qui enjoignoit aux Curez de réfider; elle fut fignifiée au Vicaire d'un Curé appellé Villeneuve. Il en avoit rendu une autre, fignifiée auffi ; le Curé ayant dit fes raifons à M. l'Evêque, il lui avoit accordé trois mois; mais ne le trouvant pas un jour qu'il faifoit fa vifite, il déclara par une troifiéme Ordonnance le Benefice vacant, & en pourvût un nommé Boyer. Comme les moyens d'abus fembloient être plûtôt des griefs , M. l'Avocat General difoit qu'il n'y avoit point d'abus; c'eft pourquoy il y eut partage en la Grand' Chambre de Touloufe le 8. Avril 1641. porté à la Premiere des Enquêtes, il fut déclaré y avoir abus, parce que l'Ordonnance d'Orleans, art. 3. & l'Ordonnance de Blois, art. 14. ne portent privation ni des fruits du Benefice, ni du Benefice même, & que l'Evêque par fon Ordonnance ne pouvoir pas décider de la perte du Temporel d'un Benefice, fur tout en vifite & fans les formalitez requifes ; d'ailleurs il falloit trois comminations , & après le priver des fruits, & en dernier lieu du Benefice. *Albéri , verbo Evêque, art.* 13.

46 Les Curez de l'Archevêché de Bourdeaux font aftraints à une réfidence actuelle , fur peine de perte des fruits, s'ils n'ont difpenfe par écrit de l'Archevêque ou de fes Grands Vicaires. Arrêt du Confeil d'Etat du 12. Decembre 1639. rapporté dans les *Memoires du Clergé, tome 2. part. 2. tit. 13. art. 5.* Même Arrêt du 18. Septembre 1643. *Ibid. art.* 6.

Curez tenus de réfider. Jugé au Confeil Privé du 47 Roy le 18. Mars 1644. *Henrys , tome* 1. *liv.* 1. *chap.* 3. *queft.* 9. & *tome* 2. *liv.* 1. *queft.* 10. où il rapporte un Arrêt du 12. Juin 1654. *Voyez De la Gueffiere , tome* 2. *liv.* 2. *chap.* 19. où il rapporte un Arrêt du 7. May 1659.

L'Evêque d'Angers ayant ordonné à tous les Cu- 48 rez de fon Diocefe de réfider en perfonne en leurs Cures, ou de fe défaire des Benefices, Maître Jean Martineau Archidiacre & Curé de la Ville l'Evêque au Diocefe d'Angers , interjetta appel comme d'abus de ladite Ordonnance , de laquelle appellation il fut débouté & déclaré non recevable, nonobftant l'intervention du Chapitre , avec amende & dépens , par cet Arrêt celebre du Parlement de Paris , rendu contradictoirement à l'Audience de la Grand'-Chambre en forme de Reglement le 9. Juin 1654. Autre Arrêt du 12. Juin 1654. qui ordonne que Martineau fatisfera à l'Arrêt, & dans fix mois fe démettra de fa Cure ou de fon Archidiaconé & Prébende. *Mem. du Clergé, to. 2. part. 2. tit. 14. Arr.* 13.

Les Chanoines Curez du Mans doivent réfider en 49 leurs Cures , autrement feront déchûs des fruits defdites Cures , & iceux appliquez à l'Hôpital General du Mans. Arrêt du même Parlement du 7. May 1639. *Memoires du Clergé, to. 2. part. 2. tit. 13. art. 15.* & le 2. *tome du Journal des Aud. liv. 2. ch.* 19.

DISPENSE DE RESIDER.

De la difpenfe de réfider. *Voyez cy-deffus le numb.* 50 13. le mot *Difpenfe, n. 56. & fuiv. & les Reliefs forenfis de Rouillard , chap.* 2.

Difpenfatio de non refidendo. Voyez Rebuffe 2. *part.* 51 *praxis benef.*

Arrêt du Parlement de Paris du 12. Janvier 1515. 52 qui ordonne qu'aux Lettres de non réfidence que l'Evêque d'Angers donnera aux Chanoines, ces mots *de gratiâ fpeciali* feront ôtez. *Preuves des Libertez, to. 2. ch.* 35. *n.* 46.

Fuit reprobata compofitio inter Canonicos & Vicarios 53 de Lefat , *fuper non refidendo* ; 14. *Mart.* 1537. Voyez *Rebuffe* fur le Concordat au tit. *de Collationibus* § 1.

Les Evêques ne doivent rien prendre pour les Let- 54 tres de non réfidence. Arrêt du Parlement de Paris du 5. Février 1548. qui ordonna que les Evêques feroient tenus de rendre ce qu'ils avoient auparavant reçû, pour être diftribué aux pauvres, à la difcretion de la Cour, & qu'à cette fin les comptes des Receveurs feroient exhibez. *Papon, liv.* 3. *tit.* 13. *n.* 1.

Défenfes aux Evêques de donner Lettres de non 55 réfidence ; finon au cas de droit , & prendre falaire. Arrêt du Parlement de Bretagne du 11. Septembre 1553. *Du Fail, liv.* 3. *chap.* 431. & 447.

Arrêt du Parlement de Paris du 27. Novembre 56 1559. qui a déclaré abufive une difpenfe de réfider, donnée à un Curé par fon Evêque ; il fur dit que l'Evêque d'Angers qui avoit donné la difpenfe viendroit défendre au mois, fur l'appel de M. le Procureur General. *Papon, liv.* 3. *tit.* 13. *n.* 2.

Les Statuts de l'Eglife de Dol, portoient que les 57 Chanoines qui auroient commencé leur premiere réfidence au jour de la vigile de S. Samfon, & continuée durant les vingt-quatre femaines fuivantes, ne feroient tenus à l'avenir de réfider que trois mois l'an & à leur plaifir. Le Procureur General interjetta appel comme d'abus. Arrêt du Parlement de Bretagne du 25. Février 1562. qui le reçoit appellant comme d'abus, & ordonne que les Chanoines qui auront fait leur réfidence felon les Sanctions canoniques feront payez de leurs gros fruits depuis le commencement de leur réfidence. *V. Du Fail, liv.* 1. *chap.* 159.

Les Chanoines de l'Eglife de Bourges, & autres 58 Beneficiers difpenfez de la réfidence en leurs autres Benefices, même és Cures où ils pouvoient commettre des Vicaires. Arrêt du Parlement de Paris du 15. Juillet 1563. Les Chanoines de Beauvais prétendirent telle

exemption; par Arrêt du 11. Février 1587. le contraire jugé. Ceux de l'Eglise d'Amiens l'avoient par privilege de Pie II. auquel a été dérogé en 1586. par Pie V. *Papon, liv. 3. tit. 13. n. 2. & la Biblioth. Can. tome 2. p. 480. col. 1.*

59   Maître A. Loisel par Arrêt du 26. May 1583. fut dispensé de la résidence en l'Eglise de Laon, & encore que le Chapitre soûtint qu'il falloit requerir sur le lieu en personne, la dispense du stage & stance des six mois ; toutefois la Cour en faveur des Etudes, ordonna que ledit Loisel joüiroit du jour de la prise de possession, *etiam per procuratorem,* par privilege de l'Université. *Bibliot. Can. to. 2. p. 480. col. 1.*

60   Un Chanoine de l'Eglise Collegiale de S. Georges à Châlons & Curé de S. Remi, eut ordre de son Evêque, d'aller résider à sa Cure. Le Chanoine se fondant sur une Bulle de dispense accordée à tous ceux du Chapitre fulminée & confirmée par Lettres du Roy Charles VIII. interjette appel comme d'abus. Arrêt du Parlement de Dijon du 11. Decembre 1623. qui déclare le Chanoine non recevable en son appel, enjoint à tous Beneficiers d'aller résider dans trois mois , & que ceux qui prétendent avoir Lettres de dispense les mettront au Greffe de la Cour dans six semaines. On voulut se pourvoir en cassation d'Arrêt; mais il a été dit qu'il auroit son execution; d'autant qu'il ne s'est point trouvé de privilege posterieur à l'Ordonnance de Blois, soit en concession ou verification. *Voyez les Plaidoyers de M. de Xaintonge, page* 542.

61   Les Chanoines des Eglises d'Amiens & de Poitiers, par un privilege particulier , sont dispensez de résider dans les autres Benefices qu'ils possedent, étant assidus au service qu'ils doivent à leurs Prébendes & Chanoinies, grace qui leur fut accordée par une Bulle du Pape du 2. ou 4. Novembre 1460. mais par une nouvelle Jurisprudence Françoise, tres-sagement établie par plusieurs Arrêts, & sur les conclusions & sur les requisitions de M. l'Avocat General Talon, ennemi de ces sortes d'abus , rendus contre les Chanoines des Eglises de Clermont & de Laon, és années 1660. 1661. & 1664. ces dispenses sont abolies. *Défin. du Droit Can. p. 133.*

61   Privileges de non résider dans les Cures, accordez par les Papes , jugez nuls & abusifs par Arrêt du 18. Juillet 1662. *Soëfve , to. 2. Cent. 2. chap. 66.*

RESIDENCE DES EVESQUES.

63   De *Residentiâ Episcoporum.* Per Hieron. Gigantem.
   Per Bartholomæum Caranza.
   Per Thomam Campegium.
   Et per Jac. Naolan. Episc. Clagiensem.

64   Evêques obligez à résider. *Voyez* le mot *Evêque, nomb. 228. & suiv.*

65   De la résidence des Evêques, Curez & autres. *Voyez la Biblioth. Can. to. 2. p. 479. & suiv.* où il est aussi parlé des raisons capables d'en dispenser.

66   Edits , Lettres Patentes & Arrêts sur la résidence des Evêques & des Curez. *Voyez les Preuves des Libertez , to. 1. chap. 18.*

67   Comme le Roy a la nomination des grands Benefices de France depuis le Concordat, la Jurisprudence de ces anciens Canons, qui veut que les Evêques qui ne résident pas soient privez de leur Evêché, & qu'on en peut élire un autre à leur place, n'est plus en usage maintenant : au lieu de ces dépositions, ou de ces élections ainsi ordonnées , Messieurs les Procureurs Generaux peuvent obliger ces grands Prélats à faire leur devoir, & peuvent même suivant le Droit François les y contraindre par des saisies de leur Temporel. *Défin. Can. p. 792.*

68   Arrêt d'Henri II. en 1556. pour la résidence des Evêques. *Voyez Henrici Progymnasmata,* Arrêt 31.

69   Commandement aux Evêques & Juges de ce Ressort de résider, sur peine de saisie de leur Temporel, & privation de leurs gages ; défenses aux Payeurs de

Tome III.

rien bailler , sinon aux résidens. Arrêt du Parlement de Bretagne du 3. Octobre 1560. *Du Fail, livre 2. chapitre* 108.

70   Les Evêques Conseillers au Conseil d'Etat ne sont pas dispensez de la résidence. Arrêt du Parlement de Paris du 30. Mars 1562. *Voyez les Preuves des Libertez, to. 1. ch. 18. n. 11.*

71   L'Archevêque a droit d'enjoindre aux Evêques de résider dans leurs Diocéses. Comme ce devoir est réciproquement negligé, il est du ministere des Procureurs Generaux d'y veiller, & de le faire ordonner; il y en a un Arrêt du 10. Février 1578. rapporté dans les *Preuves des Libertez, de l'Egl. Galli. to. 2. ch. 35. n. 71.*

72   Arrêt rendu le 19. Juin 1582. dans la Chambre de Justice envoyée par le Roy en Guyenne , enjoignant à tous Evêques & Curez de résider, & aux Archevêques & Evêques de faire leurs visites, & autres choses concernant la Police de l'Eglise. *Voyez les Preuves des Libertez, to. 1. ch. 18. n. 16.*

73   Arrêt sur la Requête de M. le Procureur General du Parlement de Provence du 12. Mars 1605. qui ordonne la saisie du Temporel des Prélats non résidens actuellement en leurs Benefices. *Voyez ibidem , n. 17. Voyez* cy-dessus *le nomb. 25.*

RESIDENCE , MONITIONS.

74   Arrêt du 12. Février 1587. contre M. Frontin Curé de la Ferté Bernard qui avoit negligé les admonitions à luy faites par ses Superieurs, de résider dans sa Cure. *Définit. Can. p. 385.*

75   Avant qu'un Curé puisse être privé des fruits de son Benefice pour cause de non résidence , il faut que les monitions ayent précedé. Arrêt du Parlement de Paris du 26. Juin 1635. pour la Cure de saint Jean, Diocese de Poitiers , en faveur de Jean Dubos , contre Jacques Duor. Le stile de la Daterie de Rome est conforme ; les Officiers , dans les impetrations fondées sur la non résidence , inserent toûjours cette expression qui fait la vacance du Benefice , *ex eo quod spretis ordinariis loci monitionibus , ab anno ex ultra residere negligit.* Définitions Canoniques, *verbo* Residence , *page* 792. & cy-dessus *le n.* 45.

76   Si l'absence du Chanoine , sans juste cause , fait seule vaquer de droit le Canonicat, ou s'il faut encore des sommations qui le mettent en contumace. Arrêt du Grand Conseil du mois de Janvier 1686. après partage , qui maintient le Chanoine contre le dévolutaire. *V. le Journal du Palais* in fol. *to. 2. p.* 574. où l'Auteur observe que le dévolutaire étoit en decret , & qu'il s'étoit intrus dans la possession du Benefice, circonstances ausquelles le Lecteur fera telles reflexions qu'il jugera à propos.

RESIDENCE , OFFICIERS DE LA CHAPELLE.

77   Par Arrêt du 27. Juillet 1571. entre M. François Textoris, d'une part, & les Chanoines & Chapitre de Clermont , d'autre , il a été jugé qu'un Chantre de Chapelle de la Musique du Roy , pourvû d'une Prébende hebdomadiere en l'Eglise de Clermont , n'est exempt de la résidence. *Le Vest , Arr.* 219.

78   Les Conseillers Clercs & Officiers de la Chapelle du Roy pourvûs de Canonicats, sont tenus de résider, hors le temps de l'exercice de leurs Charges. *Voyez les Memoires du Clergé, part. 2. tit. 14. de la Residence,* qui rapportent tout au long un Arrêt du Conseil Privé du 19. Juin 1585.

RESIDENCE , VACANCE DE BENEFICE.

79   *Vacatio qualiter inducatur ex privatione ob non residentiam?* Voyez Lotherius , *de re beneficiariâ, liv. 3. quest.* 27.

o   Quoique deux Benefices requierent residence , & qu'une même personne en soit pourvûë, neanmoins il n'y a pas lieu à un dévolut. Jugé le 26. Juin 1635. *Bardet , to. 2. liv. 4. chap.* 20. M. l'Avocat General Bignon dit, qu'il faut sommer le titulaire de résider ; s'il ne satisfait , le Superieur peut y pourvoir , & encore le titulaire a la faculté d'opter.

Hhh ij

RESIDENCE, OFFICIERS ROYAUX.

81 *Voyez cy dessus le nomb.* 33.

De residentiâ Officiorum Regiorum. Voyez la nouvelle Edition des Oeuvres de *M. Charles Du Moulin*, tome 2. p. 518. & *Papon*, p. 1365.

82 De la residence que doivent faire les Officiers de la Cour de Parlement en leurs Charges. *Ordonnances de Fontanon*, tome 1. liv. 1. tit. 12. p. 59. & liv. 2. tit. 21. p. 548.

83 De la residence que doivent faire les Baillifs, Sénéchaux, & tous Officiers Royaux en leurs Charges, à cause de leurs Offices. *Joly*, tome 2. liv. 3. tit. 4. p. 910. & aux *Additions*, p. 1825. 1826. & 1831.

84 De la residence des Officiers de la Cour. *Voyez La Rocheflavin*, des Parlemens, liv. 8. ch. 5.

85 De la residence des Officiers. V. *Bouvot*, tome 2. verbo, *Jugement*, quest. 23. & 24.

86 *Super residentiâ Seneschallorum, Baillivorum, & cæterorum Officiariorum Regiorum in partibus sibi commissis.*

Huc pertinet ordinatio Caroli VII. anni 1443. ordinamus quod nostri Seneschalli Judices majores criminum & cætera. In compilatione ordinationum factâ à Carolo Molinæo & insertâ parti tertiâ tit. 30. de residentiâ Officiariorum Regis libro qui inscriptus est stylus antiquus supremæ Curiæ, &c. Voyez M. *Servin*, tome 2. page 406.

87 Declaration du Roy du 29. Decembre 1663. pour obliger les Officiers des Maréchaussées & autres, de resider és lieux de leur établissement. *Maréchaussée de France*, p. 851.

88 Residence des Capitouls. *Voyez le mot Capitouls*, nomb. 9. & suiv.

RESIGNATION.

1 DE renunciatione, lib. 7. Decretor. Eccles. Gallic. tit. 14. & lib. 1. Decretal. tit. 9. & lib. 1. sext. tit. 7. & Clement. lib. 1. tit. 4.

2 *Voyez les mots Benefice, Collations, Démission, Procuration, nomb.* 39. & suiv. sous la lettre R. les titres *Regles de Chancellerie Romaine*, & le mot *Regrez*.

3 La resignation est une libre démission de son Benefice, ou du droit qu'on y a, faite entre les mains du Superieur qui a pouvoir de conferer. *Est spontanea & libera beneficii demissio, seu juris cessio coram superiore factâ. Toto titulo extra de renunciat.* Rebuffe, dans sa pratique *de resignat.* Flaminius Parisius, *de resignat.* li. 1. quest. 1. n. 34.

4 Voyez Flamini Parisii J. C. Consentini, *tractatus de resignatione beneficiorum, & confidentiâ prohibitâ, complectens ferè totam praxim beneficiariam.* Coloniæ 1615. apud Anton. Hierat, in fol.

5 De *resignatione expressâ, purâ & conditionali.* Voyez Rebuffe, 3. part. praxis benef.

6 De *causis resignationem irritantibus, & primo de dolo, de vi in resignationibus adhibitâ, de resignatione metu extortâ.* Ibidem.

7 *Ratione personæ & rei vitiatur resignatio.* Voyez Rebuffe, ibid.

8 De *beneficiorum ejuratione, quæ & resignatio appellatur: quis possit ejurare, quando beneficium ejurandum sit; effectus ejurationis?* Duaren, lib. 8. de Beneficiis, cap. 12.

9 Des resignations. *Voyez la Bibliotheque Canonique*, tome 2. p. 500. & suivantes, & celle de *Jovet*, au mot *Resignation*.

10 De *resignationibus beneficiorum.* Voyez Anne Robert, lib. 1. rerum judicat. cap. 7.

11 De l'origine & du progrés des resignations. *Voyez M. Charles Du Moulin*, sur la Regle de verisimili notitiâ, n. 99. & suiv.

12 *Resignationis facienda modus.* Voyez Franc. Marc. to. 1. quest. 1179.

13 Reglement pour la validité des resignations. *Voyez les Mem. du Clergé*, to. 2. part. 2. p. 45.

14 De ceux qui peuvent resigner ; de la forme de la resignation; de ceux qui peuvent l'admettre ; de la resignation admise ; des cas esquels elle est revoquée & annullée. *Voyez Despeisses*, to. 3. p. 457. & suiv.

15 *Renunciatio beneficii simoniacè factâ an tentat vel non, & quid de resignatione factâ in favorem certæ personæ in manibus Legati?* V. la nouvelle Edition des Oeuvres de *M. Charles Du Moulin*, to. 2. p. 670.

16 Les resignations se font en trois façons ; la premiere, pure & simple ; la seconde, in favorem ; la troisiéme, *permutationis causâ.* Voyez M. le Prêtre, 1. Cent. chap. 87. avec l'annotation ; & la Declaration du Roy, portant Reglement pour le Contrôle des Benefices, faite en 1646. contenant vingt articles, verifiée en la Cour le 2. Août 1649. Autre Declaration, par laquelle le Roy veut que toutes les procurations ad resignandum, ou par permutations soient registrées és Greffes des Dioceses, dans lesquels les procurations & autres actes dont l'insinuation est ordonnée, auront été passées, & ce devant que d'être envoyées en Cour de Rome. *Voyez M. d'Olive*, liv. 1. ch. 16.

17 Par le droit des Decretales, les renonciations, & les démissions ne se pouvoient faire valablement en d'autres mains, qu'en celles des Collateurs ordinaires. *Voyez M. Charles Du Moulin*, de Infirmis, n. 345.

18 Une resignation bonne & valable dans son origine, peut être aneantie dans la suite. Par exemple, un homme pourvû d'un second Benefice incompatible, resigne le premier. L'autre étoit affecté à un Mandataire, sans qu'il le sçût, ou le Pape avoit prévenu: Comme la démission n'avoit été faite qu'en vûë de conserver ce second Benefice, s'il en est évincé, il rentre dans le premier. *Voyez le Chap. Si Beneficia de Præb. in 6.* & Du Moulin, sur la Regle, de Public. nomb. 69.

19 Il y a une erreur introduite, & par la Glose, & par les Docteurs. Ils disent que le Collateur ordinaire a deux voyes contre le resignant entre les mains d'une personne qui n'a pas le pouvoir d'admettre ; car il peut ou le priver absolument de son Benefice, ou ordonner que sa renonciation tiendra & sera valable : mais cela ne peut être veritable, d'autant que le texte du Chapitre *quod in dubiis*, parle seulement d'une personne qui a resigné son Benefice, *sponte*, entre les mains d'un Laïc au mépris de l'Eglise ; & a pris une nouvelle collation de ce même Laïc, ôtant ou voulant ôter à l'Eglise tout son pouvoir ; encore dans ce rencontre, il n'est pas privé de plein droit de ce Benefice ; mais en connoissance de cause, il en peut être privé, ainsi qu'on le peut voir dans le Chapitre même *quod in dubiis.* Du Moulin, Regl. de Infirmis, nomb. 346.

20 *Acta & judicata cum resignante post resignationem nocent resignatario, sive scienter dissimulanti, sive ignoranti, sive etiam mentis imposi ; multò magis saltem æquè prosunt.* Du Moulin, Reg. de public. resign. nomb. 428.

21 Resignation faite és mains de celuy qui ne peut sçavoir si elle prejudicie au resignant & resignataire? *Voyez D. D. in C. adveniet, C. quod in dubiis de renunci. dominum de Rot, Decis. 3. & 4.*

22 Si pendant le procés touchant la privation du Benefice, le pourvû resigne à un qui a deux Benefices, cette derniere provision ne fera pas vaquer les deux autres par la Clement. si plures de Prabend. parce que cette derniere provision est nulle. Il est vray que si, en vertu de celle-cy, il avoit pris possession pacifique du troisiéme, il feroit vaquer les deux autres, per cap. eum qui de Præb. in 6. encore que ipso jure, la collation soit nulle, même ne puisse servir de titre coloré.

23 Resignations, *cum regressu & retentione omnium fructuum*, sont défenduës en France. Arrêt du P. de Paris du 13. Avril 1496. *Papon*, liv. 2. tit. 8. n. 3.

24 Celuy qui a refigné avant le procés, n'eft tenu faire venir le refignataire. Jugé au Parlement de Paris le 15. Janvier 1545. Il en feroit autrement , fi la refignation étoit faite après avoir contefté. *Papon, liv. 2. tit. 8. n. 19. & liv. 8. n. 13.*

25 En 1556. le Roy Henry II. declara nulles les provifions de Benefices , faites à la refignation de ceux , qui depuis fe font retirez à Geneve ou ailleurs. *V. Henrici Progymnafmata , Arrêt 221.*

26 Provifion faite par refignation , encore qu'il y ait claufe , *vel aliàs quovis modo* , ne peut s'étendre à la vacation par mort. Jugé le 23. Decembre 1561. *Carondas , liv. 1. Rép. 17.*

27 L'appellant eft excommunié, aggravé & réaggravé, faute de payer certaine penfion ; ordonné que telles cenfures font nulles & abufives ; l'intimé apportera dans quatre mois une abfolution , fur peine de faifie de fon temporel. Le temps paffé , l'appellant fait faifir les fruits de l'Abbaye. Le titulaire refigne à Cefar Brancace , lequel , à la nomination du Roy , eft pourvû ; & averti que l'appellant vouloit affermer encore les fruits , il s'oppofe au bail , dit que le refignant n'y a rien , & que la caufe de la faifie eft perfonnelle , ce n'eft pour caufe de Benefice , les fruits duquel ne font affectez à l'appellant , finon que pour le temps que le refignant en a été titulaire & poffeffeur. Arrêt du Parlement de Bretagne du 10. Septembre 1562. qui ordonne que Brancace aura pleine main-levée des fruits de ladite Abbaye , le recours audit appellant vers le refignant. *Du Fail , liv. 1. ch. 147.*

28 Les mots *aut aliàs quovis modo* , appofez à une provifion par refignation , ne fe peuvent étendre à la vacation par mort du refignant , contre un autre qui auroit été depuis ladite provifion pourvû par icelle. *V. Mainard , liv. 1. de fes queft. ch. 59. & Tournet, lett. R. Arrêt 169.*

29 Refignation *metu excommunicationis* , eft nulle. *Tournet , lett. R. Arrêt 173.*

30 Refignant ayant furvécu fon refignataire , retient fon premier rang entre les Chanoines. *Ibidem , Arrêt 181.*

31 Le refignant ne peut donner fon avis fur la réception du refignataire. Arrêt du Parlement de Dijon du premier May 1611. *Bouvot , tome 1. part. 2. verbo Refignant.*

32 De la reftitution des majeurs ou des mineurs en matiere beneficiale , pour avoir refigné. *Carondas , liv. 1. Réponfe 45.*

33 Arrêt du Parlement de Paris du 10. Avril 1629. par lequel il a été jugé qu'un Benefice refigné , lorfque le refignataire n'avoit fait les expreffions neceffaires en Cour de Rome , demeure toûjours en la perfonne du refignant , par la mort ou mariage duquel le Benefice vaquoit , & non en la perfonne du refignataire. *Filleau , 1. part. tit. 1. ch. 52.*

34 Reglement pour la validité des refignations & autres expeditions de Cour de Rome, intervenu entre les Banquiers expeditionnaires, & les Notaires Apoftoliques , le 13. Août 1661. *De la Gueffiere , tome 2. liv. 4. chap. 38.*

35 Il faut exprimer clairement le nom & furnom du refignataire ; quoique l'article 18. de l'Edit de Henry II. des petites Dates , ne porte point peine de nullité, felon *Du Moulin* , elle y eft fous-entendue. Arrêt du Parlement de Touloufe du 4. Mars 1693. au profit d'un dévolutaire , dont le moyen étoit que la refignation étoit en faveur de *Pierre Lance* , & qu'ils étoient deux de ce nom , oncle & neveu. *Arrêt de M. de Catellan , liv. 7. ch. 72.*

RESIGNATION ACCEPTÉE.

Voyez le mot *Acceptation , nomb. 2.*

36 Si la refignation eft acceptée , le Benefice vaquera par la mort du refignant , quoiqu'il répudiât la refignation lors de fon décez. Exemple rapporté par M. Du Moulin fur la regle *de public. n. 249.* Un oncle refigne à fon neveu , avec retention de penfion. Celuy-ci charge un Banquier de la procuration pour la faire expedier,& en donne une autre pour confentir à la création de penfion ; trois ans après les procurations expediées le neveu prêt de mourir déclare qu'il répudie la refignation , Du Moulin dit que le Benefice ne laiffera pas de vaquer par fa mort , *quia jam fatis acceptaverat.*

37 L'acceptation eft à l'accompliffement de la refignation , & fon execution, quand il paroit par quelque acte que le refignataire a accepté la refignation ; le Parlement a jugé que c'eft une fuffifante acceptation comme s'il a chargé le Banquier de la procuration, obtenu le *Vifa* , (fuivant le fentiment de Du Moulin *de publicand. refignat. n. 45. & 49.* mais la Jurifprudence eft differente au Grand Confeil , où le refignant n'eft cenfé privé de fon droit qu'après la prife de poffeffion du refignataire , fuivant la modification de l'article 10. de l'Edit du Controlle que le Grand Confeil a verifié & modifié , enregiftré , à la charge que pour les refignations faites en faveur , le refignant ne fera privé de fon droit qu'après la prife de poffeffion du refignataire , & que pour la multiplicité & diverfité des refignations les Arrêts feront executez felon leur forme & teneur. *Définitions Can. page 801.*

38 Si le refignataire n'accepte le Benefice, le refignant peut continuer fa poffeffion , fans qu'il luy foit befoin de prendre de nouvelles provifions. Jugé au Parlement de Paris le 23. de 1549. pour un Chanoine de l'Eglife de faint Etienne de Bourges , contre le Chapitre , qui fut condamné aux dépens, dommages & interêts. *Bibliotheque Canonique , tome 1. page 28. col. 1.*

39 Par Arrêt du Parl. de Roüen du 23. Decembre 1605 donné en la deuxième Chambre des Enquêtes , rapporté par *Berault , fur la Coûtume de Normandie , titre de Jurifdiction , art 3.* il a été jugé que la refignation *in favorem* non acceptée par le refignataire, ni confentie par la procuration envoyée de fon vivant,étoit nulle, comme il avoit été jugé par Arrêt du Grand Confeil du 7. May 1613. fçavoir qu'une refignation faite avec retention de penfion étoit nulle , fi le refignataire n'avoit paffé fa procuration pour confentir à la penfion , icelle délivrée à la partie , & fait expedier du vivant du refignant , & que fi ledit refignant décede avant les chofes faites, le Benefice vaque par mort , fuivant les décifions de Rebuffe en fa Pratique Beneficiale , titre *de refign. conditionali, & cs.num.7. 11. & 24.* & Du Moulin fur la regle de la Chancellerie *de publ. refig. num. 4.*

40 Refignation *in favorem* admife , même le *Vifa* donné au refignataire abfent , ne font vaquer le Benefice fans acceptation de fa part. Arrêt du 29. Juillet 1619. *Bardet , to. 1. liv. 1. ch. 69.*

ACCUSÉ QUI RESIGNE.

41 Refignation faite par un homme accufé. *Voyez* le mot *Benefice, n. 69. & fuiv. & le mot Dévolut , n. 50.*

42 Dévolut fur refignations faites par des Prêtres après la Sentence de condamnation. *Voyez* le mot *Dévolut , nomb. 50. & fuiv.*

43 Refignation pour éviter accufation quand fe peut faire. *V. Tournet , lettre R. Arr. 160.*

44 Refignation faite par un Curé après un meurtre commis , fujete à dévolut. *Ibid. Arr. 182.*

45 C'eft une grande erreur de croire qu'une perfonne accufée puiffe refigner fon Benefice, fans diftinction, auparavant la Sentence de condamnation; cette propofition n'eft veritable qu'à l'égard des démiffions pures & fimples que l'accufé peut faire entre les mains du Collateur ordinaire , & non à l'égard des refignations en faveur , c'eft la penfée de tous les textes qui ont parlé des refignations faites avant la Sentence. *Du Moulin , de infirmis, n. 370.*

Hhh iij

46 Un Beneficier accufé devant l'Official de fon domicile , poffede des Benefices dans un autre Diocefe, où il envoye clandeftinement un Procureur pour refigner entre les mains du Collateur ordinaire ; cette refignation quoique faite purement & fimplement, ne pourra fubfifter, non par la raifon de la fubreption, parce que le cedant a crû qu'il étoit accufé d'un crime qui meritoit la privation, & que la Sentence en devoit bien-tôt intervenir contre luy ; mais par la prohibition que luy fait le Droit commun de refigner fon Benefice en fraude de la Sentence qui doit être renduë contre luy. Du Moulin, de infirmis , n. 376, il paffe plus avant , car il dit qu'encore que la provifion & la collation des Benefices dont l'accufé eft pourvû , appartienne à l'Evêque , & que ce foit par-devant fon Official que le procez fe fait ; neanmoins fi cet Evêque admet la refignation pure & fimple de l'accufé, & qu'il confere à un autre ce Benefice ainfi refigné, & l'admiffion & la collation ne pourront fubfifter fi l'Evêque ignore qu'elles fe font en fraude du jugement, & de la Sentence qui doit intervenir contre le coupable, parce qu'alors il s'agit uniquement *de caufâ lucrativâ*, & par confequent c'eft affez que le dol & la tromperie foient du côté du refignant, pour faire caffer & annuller l'acte tout entier.

47 Lorfqu'un coupable paffe procuration pour refigner fon Benefice entre les mains du Pape, ou du Legat, ou qu'il envoye cette procuration pour faire executer la refignation, il eft certain que l'admiffion de la refignation, & collation donnée par le Pape, ou par le Legat, font nulles & ne peuvent jamais valoir, pour deux raifons. La premiere eft la prohibition établie fur le Droit commun qui lie les mains aux refignans , & qui les empêchent de refigner leurs Benefices en fraude de la Sentence & du jugement qui doit intervenir ; or le Pape n'a pas voulu, & n'a pas pû même déroger au Droit commun. La feconde eft la fubreption, fi l'on avoit exprimé au Pape que le refignant étoit coupable & accufé, prêt à être condamné à perdre fon Benefice , fans doute il n'eût pas admis cette refignation, ou du moinfil l'eût admife avec beaucoup plus de difficulté , puis qu'il eût bien vû que cette refignation fe faifoit en fraude de la Sentence future : ainfi le Benefice quoique refigné vaquera par la Sentence de condamnation, & non par la refignation ; il vaque fur les lieux , & non en Cour de Rome. Suppofé qu'on ait exprimé au Pape que le refignant étoit accufé d'un crime digne de privation, & que la Sentence en doit bien-tôt intervenir, & que le Pape ou le Legat ait fait mention expreffe de cela ; comme il n'y avoit plus de fubreption il fembleroit que la refignation & la collation feroient valables ; mais toute cette expreffion bien loin de favorifer l'affaire la rendroit encore plus mauvaife , d'autant qu'il y auroit un abus fondé fur le titre du Concordat *de caufis*, lequel veut que toutes fortes de caufes tant civiles que criminelles, foient traitées fur les lieux , & non pas à Rome, & ainfi il y auroit lieu d'appeller comme d'abus de l'execution de ces Bulles , parce que les Pape ou le Legat fçachant le crime du refignant pour lequel il eft en procez pardevant fon Juge naturel & ordinaire , & duquel il attend de jour à autre la Sentence de condamnation, admettent la refignation, ils troublent & confondent la Jurifdiction ordinaire, car *per hanc admiffionem refignationis*, ils ôtent au Juge ordinaire le moyen de prononcer avec effet fa Sentence , puifque l'accufé n'aura plus fon Benefice ; ce qui eft directement contraire au titre *de caufis*. Ibid. *nomb.* 378.

48 Il faut auffi tenir pour une maxime affurée qu'un Beneficier accufé d'un crime de faux & fuppofé, peut refigner nonobftant l'accufation, fon Benefice, foit entre les mains du Collateur ordinaire, foit entre les mains du Pape ou du Legat, & l'innocence du refignant dé-

truit le foupçon de la fubreption, d'autant qu'une perfonne innocente d'un crime dont on l'accufe n'eft pas obligée d'en faire mention , & quand on eût exprimé que ce refignant étoit accufé d'un crime, mais duquel il étoit abfolument innocent, ni le Pape, ni le Legat n'euffent pas été plus difficiles à luy accorder ce qu'il leur demandoit ; il eft bien veritable que cette refignation , quoique faite par une perfonne innocente, demeure neanmoins en fufpens jufqu'à la Sentence diffinitive afin d'être caffée , ou valoir, fuivant la Sentence de condamnation ou d'abfolution qui interviendra. Ibid. n. 379.

49 Si un Beneficier accufé d'un crime dont il étoit coupable , & lequel meritoit la privation , obtient neanmoins en fa faveur Sentence d'abfolution, non pas fondée fur fon innocence, mais par grace, par abolition ou pardon ; dira - t'on que la refignation qu'il aura faite dans le temps de fon accufation, foit legitime, & qu'elle doive fubfifter, ou qu'elle demeure toûjours nulle ? Du Moulin fait une difference entre la refignation pure & fimple admife par les collateurs ordinaires , lefquels ont conferé librement ces Benefices ainfi refignez par un accufé, laquelle doit demeurer bonne & valable , parce qu'il n'y auroit que le vice de la fubreption qui la pourroit annuller ; il ne peut y avoir de fubreption dans les provifions des Ordinaires : mais pour ce qui eft des provifions données par le Legat ou par le Pape, fur des refignations de cette nature , elles font nulles & fubreptices, d'autant que le refignant n'a pas exprimé au Pape le crime dont il étoit accufé & prévenu. Il en feroit de même, fi un accufé avoir refigné fon Benefice meurt avant qu'aucune condamnation foit intervenuë contre luy, encore qu'il le meritât. Ibidem , n. 380.

50 On propofe une autre difficulté touchant cette matiere , laquelle ne peut avoir lieu dans nôtre Jurifprudence , fi le Pape n'a pas conferé le Benefice d'une perfonne coupable, mais qu'avant qu'aucune action foit intentée contre le poffeffeur , & qu'il eût refigné , le Pape ait donné un Mandement à quelqu'un qu'il députe de s'informer du crime, & s'il trouve qu'il en foit prévenu & convaincu, qu'il le prive du Benefice , & le confere à un autre ; on a demandé fi nonobftant ce Mandement, ou ce refcrit donné par le Pape, le Beneficier qui n'eft pas encore accufé du crime pourra refigner ? Les Docteurs ont crû qu'il pourroit refigner , & que la collation de Benefice donné en confequence de cette refignation fera bonne , pourvû que le refignant n'ait aucune connoiffance de ce Mandement, ou de ce refcrit. Ibidem , n. 381.

51 Quand même le refignant fe feroit démis purement & fimplement de fon Benefice entre les mains du Collateur ordinaire , fi neanmoins ce Collateur n'étoit pas le Juge devant lequel le procez & l'accufation fût pendante, la renonciation feroit nulle , parce que ce feroit une efpece d'alienation qui fe feroit en fraude du jugement. V. Du Moulin, fur la regle *de Publicandis* , n. 98.

52 Un Curé ayant commis quelque crime ou délit capital , duquel il n'eft encore prévenu, accufé , ni déféré en Juftice , a neanmoins puiffance de refigner fon Benefice à qui bon luy femble ; ainfi a été jugé par Arrêt du Parlement de Paris , pour le Prieuré de S. Denis de la Chartre ; mais après l'accufation, il ne peut refigner *in favorem*. Tournet , *lettre C. nombre* 178. & *la Biblioth. Can.* 10. 1. p. 28. col. 2. & p. 506. col. 1.

53 Un accufé qui veut refigner, le doit faire avant que les Gens du Roy ayent conclu. *Voyez* Papon , liv. 1. tir. 8. n. 16. où il rapporte cette efpece. Un Titulaire la veille de la Sentence de privation , avoit paffé procuration *ad refignandum* qui fut executée à Rome long-temps après. Il étoit alors contumax & fu-

gitif. Il appella ensuite, mais il ne fit aucune poursuite, en sorte que par désertion le jugement obtint force d'Arrêt. Le resignataire fut débouté comme *in fraudem datus ad declinandum judicium & ad
illusionem privationis.*

54   On demande si un accusé de crime capital peut resigner son Benefice après la Sentence ? On tient l'affirmative, & que la resignation est valable pendant
l'appel qui éteint le jugé, à moins que le crime fût
tel qu'il fit vaquer le Benefice *de jure & de facto*,
tels que l'heresie, simonie, force commise contre un
Cardinal, contrainte de resigner, intrusion, homicide qualifié. La resignation *in favorem* ne vaut. *Papon*, liv. 3. tit. 6. n. 2. La Biblioth. Can. 10. 2. p.
508. & Maynard, liv. 1. chap. 61.

55   Pour éviter ou prévenir les inconveniens qui pourroient arriver dans les resignations faites par des criminels, il faut informer le Pape, en luy demandant
des provisions, de la qualité du crime dont le resignant est accusé, & faire mention du procez qui est
intenté contre luy; sans quoy la provision ne seroit
pas bonne, & celuy qui *medio tempore*, se feroit pourvoir du Benefice, l'emporteroit au préjudice du resignataire; c'est le sentiment de Rebuffe, *de modo
amit. benef. n. 35.* en sa Pratique beneficiaire.

56   Peleus, en ses *Actions forenses*, liv. 1. act. 31. dit avoir
été jugé au Parlement de Paris au mois de Juillet
1598. qu'un dévolut avoit été bien dévolu pour une
resignation faite par un Curé de sa Cure, après un
meurtre par lui commis, & admise en Cour de Rome,
après la Sentence de mort donnée contre ledit Curé.
La raison de cet Arrêt est que le resignant ne perd,
ni titre, ni possession *antè admissam resignationem*,
comme Du Moulin *in regul. cancella de infirm. re-
signantib.* de sorte qu'il étoit vrai de dire, que le Curé
étant condamné devant la resignation admise, avoit
perdu son Benefice, lequel il retenoit *usque ad resignationem admissam, & sic,* il n'avoit pû resigner, *nam
ut donationes, sic etiam resignationes beneficiorum post
contractum capitale crimen factà, non valent si condam-
natio secuta sit antè admissionem eorum, ut hic;* au contraire si la resignation eût été admise devant la Sentence, elle eût été bonne, comme n'étant le resignant privé par la Sentence, ce qui est necessaire
*cap. Clericis; ne Clerici vel Monachi, cap. ex tit. de
excess. Panorm. in cap. ult. Ibidem.* Le même Arrêt de
1598. est rapporté par *Charondas, li. 1. Rép. 22.*

57   Un Prêtre ayant commis quelque crime, ou délit,
capital duquel il n'est encore prévenu, accusé ni déferé en Justice, a la liberté de resigner son Benefice
à qui bon luy semble. Arrêt du Parlement de Paris
pour le Prieuré de S. Denis de la Chartre; mais après
l'accusation il ne peut resigner *in favorem*, seulement
remettre le Benefice entre les mains de l'Ordinaire;
que si le crime étoit énorme, comme d'homicide,
ou autre semblable, en ce cas pendant l'instruction
du procez, l'Ordinaire pourroit commettre au service
du Benefice, suivant qu'il fut jugé par un Arrêt du
Parlement de Roüen prononcé en la Grand'Chambre
le 8. Février 1608. que l'Archevêque seroit supplié
de commettre un Prêtre pour ledit service, pour le
payement duquel ledit Parlement ordonna, que les
fruits seroient sequestrez pour être employez à la
pension du Prêtre, payement des Décimes & réparations du Manoir Presbyteral, sans luy avoir octroyé
aucuns frais pour subvenir aux frais de son procez.
Que si par l'évenement il n'y avoit qu'un bannissement à temps, ou que la condamnation fût telle que
le Prêtre ne fût déclaré indigne de son Benefice &
privé d'iceluy, en ce cas le Prêtre auroit main-levée,
comme il fut jugé par Arrêt du même Parlement du
26. Mars 1604. Autre chose seroit du bannissement
perpetuel, qui emporte consequence necessaire de
privation du Benefice, encore que la Sentence n'en
fit mention, suivant l'avis de Panorme *in cap. 2. de arb.*

& *cap. cum non de Jud.* suivi d'un Arrêt du Parlement de Toulouse de l'an 1559. *Jovet* au mot *Resignation,* nomb. 32.

58   Le Curé de Saint Valery de Heudebouville prés
de Louviers en Normandie, fut condamné par Sentence du Juge du lieu à cinquante livres d'amende,
& à quarante jours de prison; pendant lequel temps
seroit par luy pourvû à l'exercice de sa Cure ou Benefice; & ordonné que les poudres, drogues & ma-
nuscrits dont il étoit saisi, seroient jettez au feu &
brûlez en sa presence. Le même jour de la condamnation il passe procuration pour resigner & remettre purement le Benefice és mains du Juge, ou du
Collateur ordinaire, M. le Cardinal de Joyeuse Abbé
de Fescamp y presente le sieur Guy qui prend collation de l'Evêque Diocesain, & possession. Deux autres se font pourvoir de la même Cure par incapacité & inhabilité du Curé; le premier se fait pourvoir
par le Cardinal de Joyeuse, & l'autre en vertu d'un
dévolut; le second pourvû dit que s'agissant d'une
condamnation pour sortileges elle emportoit privation du Benefice; neanmoins par Arrêt du Grand
Conseil du 10. Juillet 1609. sans avoir égard à ces
raisons, ni à la requête presentée par le resignant
afin d'être reçû partie en la cause, sous prétexte de
ce qu'il disoit n'avoir jamais resigné la Cure, le
nommé Guy fut maintenu, avec dépens & intérêts
contre les deux pourvûs, & le resignataire; par Arrêt fondé sur ce que par la Sentence de condamnation du resignant il n'étoit pas déclaré atteint du
crime de sortilege ou magie; l'arrêt portoit seulement ces paroles generales, (*pour réparation des cas
résultans du procez,*) qui n'emportent pas infamie;
mais sont employez à raison d'autres cas ou circonstances remarquées par la Justice. *V. Tournet lettre C.
nomb. 181.* & la *Biblioth. Can. to. 2. p. 507. col. 1.*

59   Encore que la regle *de 20. diebus sive de infirmis resignantibus* n'ait lieu contre les Collateurs ordinaires *purè
& simpliciter seu indistinctè & indeterminatè;* neanmoins
elle doit être entendue *si fraus absit,* d'autant qu'il est
toûjours permis d'alleguer les argumens, conjectures
& présomptions de fraude, tant contre les procurations *ad resignandum* que contre les Collateurs ordinaires. Jugé par Arrêt du 28. Février 1615. *M. le
Prêtre, és Arrêts de la Cinquième.*

60   L'on tient que celuy qui est prévenu d'un crime,
n'est point interdit de resigner avant sa condamnation. *M. le Prêtre,* 1. Cent. chap. 84. *in margine,* où
il y a Arrêt du 18. Septembre 1618. si ce n'est que le
crime soit tel qu'il porte avec soy l'interdiction
de toute administration; mais s'il y a condamnation,
pendant l'appel il ne peut resigner. *M. Louët, lettre
C. somm. 25.* où il fait mention de l'Arrêt contre la
resignation faite de la Cure de Baugé. *Voyez Tronçon, Coûtume de Paris,* article 272. *Idem,* de l'Officier.

61   Un Beneficier coupable d'un crime qui fait vaquer
le Benefice de plein droit, ne peut *renuntiare nec simpliciter nec in favorem.* Arrêt du Parlement de Paris du
5. Decembre 1625. qui maintint Sœur Marie de Ma-
laba dans la possession du Prieuré de Valdoine,
sans avoir égard à la resignation faite par la Sœur
Testart Prieure, après un assassinat prémédité. Autre
Arrêt du 11. Juillet 1626. en faveur de Michel Ha-
melin dévolutaire; il s'agissoit de la Cure de saint
Laurent de Baugé Diocese d'Angers, que René So-
phier accusé d'inceste spirituel & d'adultere, avoit
resignée *pendente appellatione* à Jean Hunault. *Voyez
Pinson,* au chap. *quibus modis vacent beneficia, §. 5.
nomb.* 11.

62   Jugé au Parlement de Toulouse au mois de Janvier 1654. que le cas de la resignation devoit être reglé de même que celuy des autres actes passez par
le prévenu durant sa prévention, si la condamnation
s'en ensuit; les resignations faites par le coupable

font d'ailleurs en un sens moins favorables que les donations & les ventes ; il y a lieu d'en craindre de mauvaises acquisitions pour le bien & pour le service de l'Eglise. Cet Arrêt est rapporté par *M. de Catellan, liv. 3. chap. 43.* V. M. le Prêtre, *Cent. 4. ch. 85.*

63   La resignation faite en faveur d'un homme decreté ne fait aucune impression sur sa tête, de sorte qu'il peut resigner à un autre le même Benefice. Arrêt du Parl. de Paris du 18. Août 1688. V. M. Du Perray, *liv. 2. ch. 1. n. 10. & suiv.*

RESIGNATION ADMISE.

64   Le Benefice ne vaque par resignation , quand le resignant decede devant la resignation admise. *Voyez Peleus, quest. 164.*

65   La procuration *ad resignandum* avant que d'être admise par le Superieur , n'est pas à proprement parler une resignation , mais seulement *præparatio seu mandatum ad resignandum*; ainsi elle ne fait pas vaquer le Benefice. *Voyez Du Moulin de infirmis resign. n. 1.* Au *nomb. 4.* il rapporte le sentiment de Cassadorus, qui tient que jusqu'à ce que la resignation soit admise, le resignant dans l'impetration qu'il feroit d'un autre Benefice doit exprimer celuy qu'il a resigné, & dont la resignation n'est point encore admise. Au *nomb. 7.* il dit que si le resignant sans attendre l'autorité & le consentement du Superieur eût quitté réellement le Benefice , & s'en fût depossedé luy-même , alors sans attendre l'admission de la resignation , le Benefice vaqueroit.

66   Un Benefice n'est censé vaquant par la simple resignation du Titulaire , il faut que la resignation soit admise. Arrêt du Parlement de Toulouse du mois de Juin 1578. Mainard, *liv. 1. ch. 62.* & Papon, *livre 3. titre 6. nomb. 2.*

67   Si le Beneficier resigne, & le lendemain v. g. se marie avant que la resignation soit admise, elle est nulle & sans effet. Arrêt du P. de Grenoble du 3. Mars 1665. rapporté par *Chorier en sa Jurisprud. de Guy Pape, p. 50.*

RESIGNATION, BAIL.

68   Si le resignataire est tenu d'entretenir les Baux ? *Voyez le mot Bail, n. 293. & suiv.*

RESIGNATION, BASTARDS.

69   Resignation faite au profit des bâtards. *Voyez le mot Bâtards, n. 38. & 39.*

70   Bâtards tenans Benefices par dispense peuvent resigner à un capable & legitime. Arrêt du 23. Novembre 1549. V. *Tournet, lettre B. nomb. 28.*

RESIGNATION, BENEFICE ELECTIF.

71   La resignation faite d'un Benefice electif ne vaut, à moins que le consentement de ceux qui ont droit d'élire n'y soit intervenu. *Cod. Fab. liv. 1. tit. 3. deff. 44.* Et le consentement arrivé, même après coup, est suffisant. Si la resignation est faite avant la confirmation ensuivie, il faut proceder à une nouvelle élection, mais non après la confirmation. *Ibid. deff. 48.*

72   Arrêt du Parlement de Paris du 20. Février 1569. qui confirme le resignataire du Doyenné de Chartres prétendu electif par les Chanoines, sauf au Chapitre d'y pourvoir par élection, vacation avenant par mort ou incapacité. Papon , *liv. 1. tit. 3. n. 4.* *Voyez cy-après le nombre 96.*

RESIGNATIONS, BENEFICES OPTATIFS.

73   La resignation pure & simple des Benefices optatifs és mains de l'Ordinaire n'empêche le droit d'option. Jugé le 19. Juillet 1630. M. d'Olive , *liv. 1. ch. 21.*

RESIGNATION, BRETAGNE.

74   Le Jeudy trentième Mars 1662. jugé au Parlement de Paris que l'Ordinaire en Bretagne peut admettre une resignation pure & simple dans les mois reservez au Pape, & en consequence pourvoir qui bon luy semblera, plaidant Pinson pour Primanier, & Billard pour Bossard, lequel par surabondance de droit , avoit pris du Roy des provisions en Regale, attendu la demission dudit Evêché par M. de la Motte Haudancourt entre les mains du Roy, qui avoit don-

né son Brevet dudit Evêché à M. de la Vieuville, à present Evêque de Rennes ; laquelle démission avoit donné ouverture à la Regale. La disposition de cet Arrêt est d'autant plus juste, qu'elle est conforme au Concordat fait entre la Bretagne , Pays d'obédience, & le Pape, lequel par iceluy s'est reservé de pourvoir pendant son alternative aux Benefices vacans par mort ; ainsi cette reserve étant restrainte à ce genre de vacance , il n'y a pas lieu de l'étendre à d'autres genres. Cette reserve est contraire à l'usage de la France , laquelle par la Pragmatique Sanction , conformément au Concile de Bâle , a aboli toutes sortes de reserves. *Journal des Aud. tome 2. liv. 4. ch. 57.*

RESIGNATION, BULLES.

75   Bulles levées ou retenuës par le Resignant. *Voyez le mot Bulles, nomb. 49. & suiv.*

RESIGNATION CAPTATOIRE.

76 & 77   Il y a une espece de resignation que Du Moulin nomme captatoire, *captatoria*, qui est quand un Beneficier passe procuration à un laïc pour resigner son Benefice en faveur de telle personne que le laïc voudra choisir. Et *Du Moulin* prouve que cette sorte de resignation est permise en son Edit des *Petites Dates* § 10. *gloss. 2. n. 11.* V. la regle de *Inf. n. 13.*

78   Maître Jean Garreau resigna une Chapellenie à François Jalier, qui promit de la resigner à celuy que Garreau luy nommeroit : Garreau le mit en cause pour satisfaire à sa promesse, & il fut débouté par Arrêt du Parlement de Bretagne du 3. Avril 1576. telle promesse *vitiatur & non vitiat , pactum de succedendo non admittitur , & partibus de hoc conqueri non est liberum.* Du Fail, *liv. 2. ch. 504.*

79   Un Beneficier qui veut resigner, ne peut donner une procuration à un laïc, pour nommer tel que celui-cy voudra, & auquel le Beneficier promet d'envoyer sa procuration, *ad resignandum.* Arrêt du Parlement de Paris du 6. Mars 1691. au *Journal des Aud. tome 5. liv. 7. ch. 12.*

RESIGNATION, CHÂPITRE.

80   Un particulier resigne son Benefice és mains du Chapitre , le Siege Episcopal vacant qui étoit en la pleine collation de l'Evêque ; le Chapitre ou son Vicaire y pourvoit ; l'Evêque successeur le confere à un autre qui demande contre le premier ; le demandeur est maintenu. Jugé au mois de Juillet 1532. *Charondas, liv. 10. Rép. 12.*

RESIGNATION, CHORISTE.

81   Benefices affectez aux Choristes ne peuvent être resignez. *Voyez le mot Chapelles , nomb. 27.*

RESIGNATION CONDITIONNELLE.

82   Un Evêque ou Collateur ordinaire peut conferer un Benefice à quelqu'un , à la charge qu'il resignera un autre Benefice dont il sera déja pourvû. *Voyez la Bibliot. Can. to. 1. p. 279.*

83   Par la Bulle de Pie V. qui commence *quanta Ecclesia*, il est défendu aux Evêques & autres Collateurs de recevoir & admettre les resignations conditionnelles avec resignation d'un successeur au Benefice. *Chopin*, dans son traité *de sacrâ Politiâ* , dit que par Arrêt du 4. May 1535. il a été jugé que le Vicaire de l'Evêque ne peut conferer tels Benefices vacans par resignation du dernier & paisible possesseur, bien qu'il ait lors droit de conferer generalement toutes sortes de Benefices ; il s'agissoit du Prieuré de Chivery. *Défin. du Droit Can. p. 884.*

RESIGNATION, CONFIDENCE.

84   Resignations entachées du vice de confidence. *Voyez le mot Confidence , nomb. 14. & suiv.*

85   Celuy qui a resigné un Benefice ne peut être interrogé sur l'effet de confidence contre son resignataire. Jugé le 13. Février & Juillet 1604. *Chenu, 2. Cent. qu. 75. & Filleau, 4. part. qu. 175.*

86   Lettre de confidence entre le resignant & le resignataire , ne peut servir au resignataire du resignataire, pourvû avec la clause , *aut alio quovis modo*, le premier

premier refignant eft reçû à rentrer dans le Benefice. *Voyez* cy après *le nomb.* 94.

RESIGNATION, CONSENS.

Voyez le mot *Confens*, & cy-deffus *le nomb.* 39.

87 La refignation faite en Cour de Rome fe prend de la date & expedition des Bulles , & le Procureur à refigner peut donner fon confentement après la mort du refignant , & les trois fubrogez furent condamnez folidairement à la reftitution des fruits. Jugé le 21. Juillet 1496. *Charondas , liv.* 1. *Rép.* 59. & Tournet , *lettre R. Arr.* 158.

88 Confentement à un refignant pour la levée des Bulles n'eft neceffaire en France. *Tournet, ibidem, Arrêt* 157.

89 Un Religieux ayant poffedé pendant plufieurs années la Prébende Theologale de l'Eglife d'Angoulême, en confequence de provifions obtenuës en Cour de Rome , par lefquelles, attendu fa qualité de Regulier , la defferte du Benefice avec la joüiffance des fruits *(fuppreffo interim titulo,* luy avoit été accordée , n'a pû refigner le titre avec referve de penfion. La refignation n'étoit préfumée admife du jour de l'arrivée du Courier avant que les pieces neceffaires pour obtenir le confens y fuffent envoyées. Le confens prêté après le decez du refignant & l'homologation de la penfion, faute de laquelle l'effet des provifions étoit demeuré en fufpens, empêchoit que le refignataire eût acquis aucun droit , & ne pouvoient avoir effet retroactif avant le decez. Ces trois queftions jugées par Arrêt le 27. Mars 1651. M l'Avocat General Bignon dit que la caufe étoit arbitraire , & qu'il pouvoit dire ce qu'il avoit oüi en pareil cas de M. Servin , que la collation du Benefice étoit en la difpofition de la Cour. *V. Soëfue* , tome 1. *Centurie* 3. *chapitre* 71.

RESIGNATION, DEROGATION A LA REGLE DES VINGT JOURS.

90 Si le Pape a conferé en un jour un Benefice par refignation, avec dérogation à la regle des vingt jours, & que le même jour l'Ordinaire l'ait conferé *per obitum* , la collation du Pape fera préfumée avoir été faite la premiere, tant à caufe de la prérogative *C. fi à fede de prebtnd. in 6.* qu'à caufe de la refignation. Arrêt du 24. Decembre 1514. encore que celuy qui étoit pourvû par l'Ordinaire eût le premier pris poffeffion. *Bibliot. Can. to.* 1. *p*, 738. *col.* 1.

91 Une refignation d'une Cure admife en Cour de Rome , avec dérogation à la regle *de viginti diebus* , eft valable au préjudice d'un Indult, par lequel le Pape a feulement excepté les refignations faites en fes mains, fans faire mention de la dérogation à cette regle. Jugé le 20. Juin 1651. *Du Frêne,* li.6. *ch.*27. *Voyez* cy-deffus *l'explication des Regles de Chancellerie Romaine.*

RESIGNATION , DETTES.

92 Le refignataire eft tenu des dettes dûës par fon refignant au Chapitre de l'Eglife de Chartres , & ce fuivant un Statut. Jugé le 18. Mars 1598. *M. le Prêtre,* 2. *Cent. ch.* 68.

RESIGNATION , DEVOLUT.

93 *Titius* dévolutaire de *Mævius* eft maintenu par Sentence. *Mævius* refigne ; nouvelle complainte ; le refignataire demande caution. *Titius* répond qu'elle ne luy a point été demandée par *Mævius* ; de plus que le dévolut n'eft point obtenu fur le refignataire. Arrêt du Parlement de Paris du 4. Janvier 1607. qui déboute le refignataire. *M. Loüet lettre D. fomm.*18.

94 Un dévolut obtenu pour caufe de confidence depuis prouvée & verifiée, n'ayant été fignifiée au confidenciaire, n'empêche pas l'effet de la refignation, ne prive pas le fucceffeur du droit qui luy eft acquis par collation de l'Ordinaire, en vertu de ladite refignation. Jugé le 30. Juillet 1612. *M. Bouguier, lettre D. nombre* 20.

Voyez le mot *Dévolut.*
Tome III.

RESIGNATION , DOYEN.

95 Si le Chapitre peut empêcher que fon Doyen ne refigne ? *Voyez* le mot *Doyen* , *n.* 25. & *fuiv.*

BENEFICES ELECTIFS.

96 Refignation des Benefices électifs. *Voyez* cy-deffus *le nomb.* 71. & le mot *Election* , nomb. 141. & *fuiv.*

RESIGNATION , EVESCHEZ.

97 Refignation d'un Evêché. *Voyez* le mot *Evêque* , *n.* 234. & *fuiv.*

98 Depuis l'Indult d'Alexandre VII. & l'ampliation de Clement IX. le Roy a toûjours nommé aux Benefices des trois Evêchez,& de leurs dépendances, quoique les Officiers de la Daterie prétendent que Sa Majefté , en vertu de ces Indults , n'a pouvoir de nommer qu'aux Benefices vacans par mort, & non à ceux qui vaqueront par refignation ; & fous ce prétexte ils font difficulté de faire mention de fa nomination dans les Bulles expediées pour les Benefices vacans par refignation ; mais c'eft une prétention fans fondement, & contraire aux termes de l'Indult de Clement IX. qui donne au Roy la nomination *ad quæcunque & qualiacunque Beneficia Ecclefiaftica , &c. quæ extrà Romanam Curiam quibufvis modis & ex quibufcunque perfonis vacare contigerit , & quorum collatio, provifio & omnimoda difpofitio nobis & fuccefforibus noftris prædictis, & dicta fedi quomodolibet, non tamen ratione obitûs apud fedem tamdem refervata exiftat.* Enforte qu'il eft conftant que le Pape ne s'eft refervé que la difpofition des Benefices qui pourront vaquer par mort en Cour de Rome , ce qui a donné lieu à l'Arrêt du Confeil du 13. Decembre 1670. par lequel Sa Majefté a déclaré nulles toutes les refignations qui pourroient être admifes fans fon agrément & fa nomination. Les Officiers de ladite Cour prétendent auffi que le Roy n'a droit de nommer qu'aux Benefices fituez dans l'étenduë des terres & lieux qui étoient fous fa domination au temps defdits Indults, *ad quæcunque Beneficia, Ecclefiaftica , in præfatis Metenfi, Tullenfi & Virdunenfi civitatibus , earumque territoriis , fua ditioni & dominio temporali de præfenti fubjectio , duntaxat confiftentia.* A l'égard de ceux qui font fituez dans le païs depuis foûmis à l'obéïffance de Sa Majefté, bien qu'ils foient dépendans des autres trois Evêchez , comme les Benefices de l'Eglife de Saint Gery d'Efpinal du Diocefe de Toul, ils foûtiennent que c'eft au Pape à qui la difpofition en appartient. *Définit. Can. p.* 367.

RESIGNATIONS EXTORQUE'ES.

99 *Refignatio facta metu cruciatûs corporis & carcerum nulla eft.* Voyez Franc. *Marc. to.* 1. 1.188.

100 Refignations faites par crainte font nulles. *Voyez* les *Mem. du Clergé* , tome 2. part. 2. p. 584.

Refignation extorquée d'un mineur par fubornation déclarée nulle , & le refignataire condamné à faire amende honorable & au banniffement. *Ibidem, page* 557.

101 Un Chanoine de S. Martin de Tours, durant les troubles, pour fe délivrer de prifon & fe faire penfer, avoit refigné au fils du Capitaine de la Porte qu'il avoit és prifons,fa Prébende, & ce fils à un autre. Le refignant donna fa Requête , les parties étant contraires en faits, il fut dit que par provifion il rentreroit en fon Benefice , & furent tenus les Chanoines de le recevoir, à peine de 600. livres d'amende. *Papon , liv.* 3. *tit.* 11. *n.* 1.

102 Arrêt du Parlement de Paris du 12. Avril 1510. qui condamne l'Evêque de Treguier à cent livres d'amende, aux dépens,dommages & interêts,pour avoir mis en prifon un homme qui n'avoit pas voulu refigner fon Benefice. *V.* Rebuffe, 3. *part. praxis benef. C. de procur. ad refign. Conftit. n.* 31. Papon , *livre* 2. *tire* 8. *nomb.* 2. la *Bibliotheque Canonique* , *tome* 2. p. 504. *col.* 2. & la *Clementine multorum de pœnis.*

103 b.2. *Decius Confil.* 219. *qu.* 1. a répondu que la refignation faite par l'Evêque de Plaifance étoit nulle,parce

qu'elle avoit été faite par le commandement du Roy.

103 Le 18. Juin 1554. en l'Audience fut lû par le Greffier un Arrêt donné au profit de Mathurin Congnet, contre Jean & Pierre Violier freres, & un certain Prêtre, par lequel les procurations *ad refignandum*, qu'avoit extorquées Jean Violier de fon difciple, furent déclarées nulles ; Violier condamné à faire amende honorable en la Cour, & en cent livres envers le Roy, cent livres envers la partie, cent livres envers les pauvres, & fon frere condamné en amende pecuniaire. *Bibliot. de Bouchel*, verbo *Procuration ad refignandum.*

104 Refignation extorquée, déclarée nulle par Arrêt du Parlement de Bretagne du 19. Février 1559. Le refignant avoit eu la précaution de révoquer pardevant deux Notaires la refignation. *Du Fail*, livre 1. chapitre 112.

105 Contraint par force à refigner, peut rentrer en fon Benefice. Jugé le 24. May 1565. *Charondas*, livre 1. *Réponfe* 46.

106 Un pere ne fe peut plaindre de la refignation faite par fon fils majeur de fon Benefice, comme ayant été extorquée de luy par fubornation & mauvaifes pratiques de la part du refignataire. *Soefve*, tome 1. Cent. 3. ch. 8. L'Arrêt eft du 19. Avril 1649.

107 Reftitution accordée contre une refignation de Benefice faite par le titulaire, *pendente accufatione*, nonobftant la referve de penfion. Arrêt du 24. Juillet 1656. La Prieure qui avoit refigné, juftifioit qu'elle avoit été menacée & intimidée lors de l'accufation, qui n'avoit été recherchée, que pour l'obliger à refigner. Le chef d'accufation étoit qu'elle avoit diffipé les biens du Monaftere, & qu'elle s'étoit adonnée à la chimie. *Voyez Soefve*, tome 2. Centurie 1. chapitre 39.

108 Celuy qui a refigné par crainte, force, ou violence, peut dans les trois ans la faire annuller ; mais ce temps paffé, il eft débouté. Arrêt du Parlement de Grenoble du 4. Février 1672. Un Beneficier majeur ayant refigné en prifon où il s'eft arrêté pour crime, ne peut la faire relever fous prétexte de crainte du fuccès de l'accufation. Arrêt du 4. Mars 1673. Un Curé qui avoit refigné étant *in reatu*, ayant révoqué fa refignation, & obtenu des Lettres Royaux, même après la refignation admife, par Arrêt du 8. Janvier 1674. a été maintenu, parce qu'il auroit été obligé de demander fa vie. *Jurifprudence de Guy Pape, par Chorier*, p. 21.

109 Arrêt du Parlement de Provence du 2. Juin 1687. qui a préjugé une refignation d'un Benefice forcée, nulle. Il s'agiffoit d'une refignation faite par un fils du premier lit, en faveur d'un fils du fecond lit. *Boniface*, tome 3. liv. 6. tit. 8. ch. 1.

Refignation extorquée d'un fils de famille. *Voyez* le mot *Regale*, nomb. 223.

RESIGNATION EN FAVEUR.

110 *Voyez* cy-deffus le nomb. 15.

Des refignations en faveur. *Voyez* Rebuffe, 3. part. *praxis benef.* C. *de refignatione conditionali quam in favorem vocant.*

111 *De renunciatione in favorem.* Voyez Pinfon, au tit. *quibus modis vacent, vel amittantur beneficia.* §. 11.

112 Il n'y a qu'un feul cas dans lequel les Ordinaires peuvent admettre les refignations en faveur ; fçavoir quand le titulaire refigne fon Benefice pour unir à un autre, car c'eft plûtôt une union autorifée par le Droit commun, qu'une refignation ; & d'ailleurs cette refignation étant en faveur de l'Eglife, on ne peut pas dire qu'aucun interêt humain y ait part. *Bibliot. Can.* tom 1. p. 178.

113 La procuration étant admife par le Dataire, & le confens prêté par le Notaire qui l'écrit au dos, la fignature s'expedie ; & fi le Pape en fait refus, il y a lieu d'appel comme d'abus ou de complainte, fi on

eft empêché de prendre poffeffion, ou fe faire pourvoir par l'Ordinaire. *Du Fail*, liv. 3. ch. 1.

114 Les refignations *in favorem*, foit expreffes ou tacites, ne peuvent être faites entre les mains de l'Ordinaire ni du Legat *à latere*, s'il n'y a clause expreffe dans fes facultez. *Brodeau, fur M. Loüet*, lettre C. *fommaire* 40.

115 Arrêt du Parlement de Paris de l'an 1513. qui a déclaré nulle une refignation faite *in favorem*, és mains de l'Ordinaire. *Papon*, liv. 2. tit. 8. n. 19.

116 Lorfque celuy qui a refigné fon Benefice en faveur de certaine perfonne, & non autrement, fi le Pape le confere, & que celuy-la ne le veüille accepter, le refignant peut toûjours continuer fa poffeffion, & deffervir fon Benefice, fans prendre nouvelle provifion, à cause de la clause *non aliter*, & parce que la refignation faite autrement ne vaudroit rien, comme étant faite contre la forme & les termes de la procuration. Arrêt du 23. Decembre 1549. pour le fieur Bochetel Chanoine de faint Etienne de Bourges, contre le Chapitre, qui fut condamné aux dépens, dommages & interêts. *Bibliotheque Canonique*, to. 2. p. 295. col. 1.

117 Concordat non homologué en Cour de Rome, doit être exécuté, entre le refignant & le refignataire. Arrêt du 18. Decembre 1629. Par le Concordat, le refignataire s'obligeoit de donner dans trois années au refignant, un Benefice fimple de Patronage lay, de la valeur de 60. livres de revenu, & jufqu'à ce, luy payer une penfion annuelle de même fomme. *Bardet*, tome 1. liv. 3. ch. 74.

118 Quand le Pape fait un injufte refus d'admettre une refignation en faveur, l'on peut fe pourvoir pardevers le Roy fes Cours Souveraines, & faire dire que le refus vaudra titre. Arrêt du Parlement de Paris du 24. May 1696. *Journal des Aud.* to. 5. liv. 12. chapitre 16.

RESIGNATION FRAUDULEUSE.

119 *Voyez* le mot *Fraude*, n. 28. & fuiv.

Voyez M. Charles Du Moulin, fur la Regle de Publicandis, n. 361. & fuiv. où il marque les préfomptions d'une refignation frauduleufe.

120 *Quid de refignatione factâ in favorem certa perfona in manibus Legati?* V. Bibliot. Canon. to. 2. page 508.

121 Jugé au Parlement de Bretagne contre l'Abbé de Rhuis, au Grand Confeil, & au Parlement de Paris, que les refignations *in fraudem*, par Commendataires oberez, qui empêchent la faifie des fruits jufqu'à payement effectif ; en tout cas, les fruits fe doivent divifer à compter du 1. Janvier. *Robert*, liv. 3. ch. 4. Rer. jud. & Du Fail, liv. 1. ch. 147.

122 Les refignations faites par les Beneficiers malades, en fraude des Graduez, font nulles. Jugé le 9. Janvier 1616. *M. Bouguier*, lett. R. n. 12.

123 Entre trois Contendans le Prieuré de faint Médard de Fenoüiller, il y avoit de la fraude dans la refignation qui fe tiroit de quelques conjectures ; le pourvû par l'Abbé de Grace, d'où dépendoit ledit Prieuré, fut maintenu en la poffeffion du Benefice contre le refignataire, & le pourvû en Cour de Rome. Jugé au Grand Confeil le 26. Juillet 1677. *Journal du Palais.*

RESIGNATION, GRADUEZ.

124 Si les Graduez peuvent prétendre aux Benefices refignez ? Voyez le mot *Gradué*, n. 198. & fuiv.

RESIGNATION, INSINUATION.

125 Les refignations doivent être infinuées. Voyez le mot *Infinuation*, n. 208. & fuiv.

126 Une procuration *ad refignandum* non infinuée, le défaut n'eft pas confiderable, fi ce n'eft que la fraude ou fauffeté foit manifefte. Raffé avoit gagné fa cause au Châtelet ; Jean qui étoit aux droits de Bonichon, la gagna au Parlement le 4. Avril 1675. *De la Gueffiere*, to. 3. liv. 9. ch. 8. Brodeau fur M. Loüet, lett. G. fomm. 3.

RESIGNATION, LEGAT.

127 Resignation ès mains du Legat. *Voyez* cy-dessus *les nomb.* 15. 120. & le mot *Legat*, *nomb.* 106. *& suiv.*

128 M. *Charles Du Moulin*, sur la Regle *de Publicand. n.* 116. *& 184.* dit qu'il n'avoit vû aucun Legat, autre que l'Archevêque de Barry, qui eût la faculté d'admettre des resignations en faveur.

129 Resignation *cum retentione*, peut être simplement dépêchée par le Legat, & la pension par le Pape. *Arr.* 11. Rebuffe, *in reg. de verisim. not. glos.* 7.

130 En jugeant par la Cour, les deux Chambres assemblées en 1513. le procès par écrit, M. Hardoüin Fournier, appellant du Prévôt de Paris ou son Lieutenant, & M. René Vailly, intimé ; pour raison de l'Eglise Parochiale d'Udence, Diocese d'Angers, auquel procès a été question d'une resignation faite à la Cure, ès mains du Cardinal d'Amboise, lors Legat en France, par le moyen d'une procuration passée par M. Aléxandre Fournier, pour resigner en faveur de M. Hardoüin son frere, *& non aliàs, aliter, nec alio modo.* La Cour, pour mettre ordre à la décision des procés qu'il conviendra juger cy-après, a retenu *in mente*, que telles & semblables resignations faites *in favorem certa persona*, ou par vertu d'une procuration portant la clause *in favorem certa persona & non aliàs, aliter, nec alio modo*, & les collations qui s'ensuivent, faites par autre que par le Pape, sont illicites, & de nulle valeur, *& tanquam sapientes speciem simonie*, ne tiennent *etiam* au préjudice des resignans ; & la Cour entend que cette presente conclusion ait lieu, non seulement pour les resignations qui se feront à l'avenir *in favorem certa persona* ; mais aussi aux resignations déja faites *in favorem certa persona*, pour raison desquelles il y auroit procès intenté, pourvû que le procès soit contesté, non autrement. *Bibliot. de Bouchel*, verbo *Resignation.*

131 La resignation admise par le Legat étant en France, doit être publiée dans le mois comme de l'Ordinaire, nonobstant la Regle *de viginti diebus.* Jugé le premier Avril 1560. Carondas, *liv.* 1. *Rép.* 18.

132 Resignation en faveur du Vice-Legat, a lieu pardevant le Vice-Legat, bien que le Procureur ait resigné purement. Arrêt cité par *Basset*, *tome* 1. *liv.* 1. *tit.* 4. *ch.* 6. Si les resignations sont *ad effectum unionis cum clausulâ non aliter, nec alio modo*, l'Ordinaire peut les admettre. *Du Moulin*, sur la Regle de Public. *n.* 175.

133 Arrêt du Parlement de Provence du 27. Février 1660. qui, en déboutant le dévolutaire, a maintenu au Benefice le resignataire pourvû en la Légation d'Avignon, qui s'étoit mis en possession deux mois, quatorze jours après, & quarante heures avant la mort du resignant. *Boniface*, *tome* 1. *liv.* 2. *titre* 24. *chapitre* 3.

RESIGNATION PAR UN MALADE.

134 M. *Charles Du Moulin*, sur la Regle *de Infirmis resig. n.* 16. demande dans quel temps il faut qu'un resignant soit malade, pour donner lieu à la Regle *de Infirmis resignantibus* ? Quelques-uns avoient été d'avis, qu'il falloit qu'il fût malade au temps de la passation de la procuration *ad resignandum* : mais il rejette cette opinion, vû que par ce moyen, on feroit fraude à la Regle, d'autant qu'un Beneficier en santé passeroit une procuration pour resigner son Benefice, laquelle on n'envoyeroit à Rome que lors-que l'on le verroit malade : & enfin il conclut que pour donner lieu à la Regle, si le consentement est prêté auparavant l'admission de la resignation, en ce cas il suffira que le resignant soit malade au temps du consentement prêté, & qu'il soit mort dans les 20. jours, à compter de ce jour. *Voyez* les Especes qu'il propose.

135 Le même Du Moulin, *ibid.* propose cette espece. Un homme sain passe procuration pour resigner son Benefice le premier Janvier ; elle est admise le 1. May. Le procureur constitué par le resignant, prê-
Tome III.

te son consentement le 1. Août à l'expedition des provisions du resignataire. Les provisions ne sont accordées que le 1. Decembre. Le resignant meurt le 20. du même mois, d'une maladie qui l'avoit pris avant la date des provisions. *Du Moulin* décide que le Benefice vaque par mort, parce que jusqu'à ce que le resignataire soit pourvû, ce n'est point une resignation veritable, mais seulement une préparation, & un effort pour faire accomplir la resignation. Il n'en seroit pas de même des resignations pures & simples ; car le resignant s'est dépouillé totalement & sans condition ; & il n'est pas obligé de faire ensorte que son resignataire soit pourvû.

136 Resignation faite en extrémité de maladie ; le resignant revient en convalescence, y veut rentrer sans nouvelle provision. *Voyez* hoc loco & suprà, Benefices, Regrez, ou bien *M. Loüet & son Commentateur*, *lett. B. somm.* 13.

137 Cause appointée au Grand Conseil le 23. Octobre 1629. pour sçavoir si la resignation pure & simple du titulaire *in extremis*, entre les mains du Collateur ordinaire, peut être attaquée par un indultaire, comme faite en fraude de son indult. M. Gaulmin, Avocat General, conclut en faveur de celuy qui avoit obtenu la collation du Chapitre de Châlons sur Saone. Arrêt qui appointe. *Bardet*, *tome* 1. *liv.* 3. *ch.* 63.

138 Malade resignant ne perd point son Benefice, qui n'est vacant que par le décès du resignataire, sans avoir pris possession. Arrêt du 7. Avril 1639. au profit d'un Chanoine de Langres. *Bardet*, *10.* 2. *livre* 8. *ch.* 17.

RESIGNATION, MEDECIN.

139 Resignation faite au fils d'un Medecin. *Voyez* le mot *Medecin*, *n.* 43.

RESIGNATION, MINEUR.

140 Des resignations faites par les mineurs. *Voyez* Rebuffe, 3. *part. praxis benef. C. ratione persona, & rei vitiatur resignatio.*

141 La resignation faite par un mineur, est valable. *V.* les *Plaidoyez* de Bordeaux & Rebuffe, *prat. Ben. part.* 3. *chap.* 14. *n.* 1. *& suiv.* & sur la Regle de Chancel. 41. Carondas, en ses *Pand. liv.* 1. *ch.* 10.

142 Un mineur de quatorze ans dispensé à tenir Benefice, s'il resigne, peut être restitué en entier contre le resignataire ; mais s'il a quatorze ans, & est dispensé du Pape à porter ce Benefice à la forme accoûtumée, *& cum clausulâ renuntiandi & retinendi*, il faut qu'il y ait cause urgente pour obtenir telle restitution, autre que l'age, sçavoir, menaces, contrainte & obéïssance paternelle. Arrêt du Parlement de Bordeaux du 7. Septembre 1500. Papon, *liv.* 16. *tit.* 3. *nomb.* 3.

143 Arrêt du Privé Conseil du Roy rendu à la Rochelle le 2. Janvier 1542. en faveur de François Mathieu, contre Nicolas de Berry, condamné, à peine d'être emprisonné, de passer & donner dans deux jours une procuration valable, pour rétroceder la Cure de S. Hilaire de Lymerat, en faveur de François Mathieu, duquel il l'avoit extorqué & obtenue par mauvais artifices ; défenses à Mathieu de passer aucune procuration pour resigner en faveur de qui que ce soit, sans l'avis & le consentement de son curateur, & à toutes personnes d'accepter ces resignations faites sans la volonté du curateur, à peine d'amende arbitraire. *Du Moulin*, sur la Regle *de Publicandis*, *n.* 240. dit, avoir une copie de cet Arrêt. Il en rapporte un autre rendu en pareil cas par le Parlement de Bordeaux du 25. Juin 1564. mais je crois que c'est 1544. Papon, *liv.* 3. *tit.* 10. *nomb.* 1. rapporte les mêmes Arrêts, & date le dernier de 1544.

144 La resignation faite par un impubere pendant la prison de son pere, nulle. Arrêt du 16. Janvier 1581. Papon, *liv.* 3. *tit.* 11. *n.* 1. & Peleus, *quest.* 78.

Resignation faite par un mineur à l'insçu de son pere, est nulle. Jugé à Mets le 12. Septembre 1672. *Journal du Palais.*

145 Un Mineur que le Pere a fait pourvoir d'un Benefice ne peut le resigner sans son consentement. Arrêt
du 12. Avril 1602. pour une Prebende de saint Maurice de Lyon ; autre Arrêt du 17. Janvier 1594. pour
un nommé de la Chaise. *Biblioth. Canonique tome 2.
p. 507. col. 2.*

146 Resignation *Beneficii facta temerè & inconsultò à minore nulla est.* Jugé le 7. Janvier 1593. & le 12. Avril
1601. *minor tamen utens jure communi nunquam dicitur
læsus , & potest condemnari in expensas & in carcerem eo nomine post quadrimenses inducias.* Jugé le 13.
Octobre 1607. *Morn. l. 7. ff. de minoribus.*

147 Le mineur sous la puissance de pere ou de mere,
ne peut resigner son Benefice sans son consentement.
Jugé le 10. Avril 1601. *Charondas livre 13. Rép. 78.*
Voyez *hoc loco & suprà ,* fils de famille.

148 Mineur âgé de 14. ans debouté de la restitution
demandée contre une resignation par luy faite. Arrêt du Parlement de Bourdeaux du 18. Juillet 1613.
Voyez *les Plaidoyers celebres dediés à M. de Némond
p. 529.*

149 Le pere recevable de poursuivre l'annullation de
la resignation indiscretement donnée par son fils ou
de luy extorquée, Arrêt du 20. Juin 1618. *V. Basset
tom. 1. liv. 1. tit. 4. ch. 5.* Il en rapporte plusieurs au
même chapitre , & observe que cela s'execute encore plus rigoureusement quand le mineur n'a qu'un
Benefice pour sa subsistance : s'il en a plusieurs , la
resignation d'un vaudroit , *quia in hoc non videtur de-
ceptus* ; il ajoûte que le mineur ne peut resigner en
faveur de son tuteur , curateur , précepteur , leurs
enfans ou autres personnes interposées.

150 Regulierement les resignations des Benefices faites par des mineurs âgez de dix-huit à vingt ans *non
malis artibus ,* ni directement ni indirectement au
profit de tuteur , précepteur & autres , sont valables. Jugé le 21. Juillet 1622. *Brodeau sur M. Loüet
lettre B. Som. 7.* où il est parlé du serviteur qui resigne le Benefice sans le consentement de son maître.

151 Un fils de famille âgé de 18. ans , sans le sçû de son
pere qui a resigné ses Benefices *malis artibus* : Jugé le
23. Juin 1616. que telles resignations étoient nulles,
& le pere recevable à les debatre ; mais si le fils de
famille au dessus de vingt ans ne voulant être d'E-
glise, dispose de ses Benefices avec retention de pension sans le consentement de son pere , sans mauvais
artifice , à une personne capable , la resignation est
bonne. Ainsi jugé. *Du Frêne liv. 1. chap. 114. & Bardet
tom. 1. liv. 2. ch. 88.*

152 Fils de famille âgé de vingt-deux ans & retenant
une pension , peut resigner sa Prebende sans le consentement de son pere , n'étant la Prebende venuë
de l'industrie de son pere. Jugé le 15. Juin 1628. *Du
Frêne liv. 2. chap. 21.* Voyez liv. 4. ch. 19. où il y a
Arrêt du 2. Mars 1645.

153 Resignation faite par un Mineur , confirmée par
Arrêt du 30. Juin 1629. sur l'appel d'une Sentence du
Juge de Riom , entre Me. Antoine Tournade Chanoine d'une part , & Me. Pierre Chardon. *Additions
à la Bibliotheque de Bouchel ,* verbo *Resignation.*

154 Le Parlement de Paris par son Arrêt du 7. Septembre 1639. condamna un particulier à faire amende honorable & au bannissement , pour avoir extorqué d'un mineur par subornation la resignation de
son benefice, elle fut déclarée nulle. *Mémoires du Clergé tom. 2. tit. 21. art. 4.*

155 Le mineur qui resigne sans la participation de son
pere, rentre facilement sans Lettres Royaux. Arrêt
du Parlement de Grenoble du 21. Juillet 1643. sur
tout quand le pere du resignant mineur agit pour luy,
quasi decepto , comme il peut *pro corrupto.* Arrêté du
même Parlement des 20. Juin 1618. & 11. Août 1656.
Jurisprudence de Guy Pape par Chorier p. 21.

156 Arrêt du Parlement de Paris du 26. May 1648. qui
restituë un mineur contre une resignation par luy

faite. M. Talon Avocat General dit qu'à la verité il
n'y avoit point dans le Droit Canon de titres *de minoribus,* non plus que *de titulis ,* mais qu'il y avoit
un titre *de dolo ,* que tout ce qui sentoit le dol & la
fraude ne pouvoit être confirmé. *Soëfve tom. 1. Cent.
2. ch. 88.*

157 Arrêt du 15. Février 1666. qui casse une resignation
faite par un mineur âgé de 14. ans & demi seulement,
quoyque du consentement de son pere & avec reserve de pension, mais l'on prouvoit qu'elle avoit été
faite au cabaret, & que le resignataire avoit payé quelques sommes en l'acquit du pere du resignant. *Soëfve
to. 2. Cent. 3. ch. 64. & le Journ. des Audiences tom. 2.
liv. 8. chap. 3.*

158 Resignation d'un mineur *malis artibus ,* est nulle,
& il la peut revoquer , & en faire valablement une
seconde Arrêt du 3. Septembre 1686. *Journ. du Palais.*

RESIGNATION, MINUTES.

159 Les minutes des procurations *ad resignandum* doivent être gardées par les Notaires. Voyez *cy-dessus* le
mot *Procuration nomb.* 12.

MORT DU RESIGNANT.

160 *De Beneficio resignato à sano qui postmodum moritur ,
Beneficium per renunciationem vacare dicetur.* V. *Franc.
Marc. tome 1. quest. 295.*

161 Quand même le resignant par la mort duquel le
Benefice a vaqué n'auroit jamais pris possession , ni
fait expedier des Bulles , mais qu'il justifieroit du
droit qu'il avoit au Benefice seulement par une simple signature du Pape ou du Legat , comme en ce
cas dés le moment que la supplique & la grace est
signée , elle est accordée , & le droit acquis à celuy
auquel elle est faite ; on ne doit pas douter que ce
ne soit le veritable titulaire ; & que ce ne soit par sa
resignation ou par sa mort que le Benefice doit. vaquer , la regle des vingt jours doit avoir lieu à son
profit, & en a qui ont passé plus avant ; & ils ont
soûtenu que par la seule parole du Pape ou du Legat , la grace étoit reputée parfaite. V. *Du Molin* sur
la regle *de Infirmis. n. 308.*

162 Un particulier resigne son Benefice ; la resignation est admise en Cour de Rome ; quelque-temps
aprés il resigne decede ; le resignataire prend possession dans les six mois, la resignation declarée bonne au préjudice du Collateur ordinaire de la Prebende. Jugé à Toulouse le 23. Juillet 1605. *Chems.
Cent. 4. 5.*

163 Une resignation expediée à Rome aprés les six
mois de la date retenuë , & aprés le décéds du resignant arrivé à l'extremité des six mois , est bonne &
valable. Jugé le 10. Mars 1685. *De la Guess. tome 4.
liv. 8. chap. 32.*

RESIGNATION, PENSION.

164 De la resignation d'un Benefice à la charge d'une
pension. Voyez le mot *Pension ,* nomb. 164. & suiv.

165 Procuration à resigner , *retentâ pensione ,* sont deux
actes , qui se peuvent separément expedier ; & par
intervale de temps. Voyez *Du Luc, liv. 2. tit. 4. ch. 6.*

166 Par Arrêt du 7. Septembre 1575. fut un resignant
préferé à rentrer en son Benefice , faute d'avoir par
le resignataire accompli les conventions pour la pension , quoyqu'il eût provision par mort du resignataire. *Papon , liv. 2. tit. 8. n. 20.*

167 Celuy à qui un Benefice est resigné à la charge de
faire créer certaine pension en Cour de Rome , est
tenu de retroceder le Benefice , ou de payer la pension. Jugé le 20. Janvier 1581. *Charondas , liv. 1. Réponse 26.*

168 Le resignataire d'une Cure qui n'a aucun revenu
assuré , ne peut se liberer de la pension qu'il a consentie & promise sur le Benefice en faveur du resignant en proposant l'excés , & offrant de rendre
compte des droits & émoluments. Jugé par Arrêt contradictoire qui n'est point rapporté. *Henrys tome 1.
liv. 1. chap. 2. q. 3.*

Dans *Henrys tom.* 1. *liv.* 1. *ch.* 2. *question* 3. il paroît qu'on a jugé qu'un resignataire d'une Cure, ne pouvoit pas faire reduire la pension sous prétexte d'excés, par la maxime, *cede aut solve*, cependant la maxime est certaine qu'un resignataire est bien fondé de faire reduire la pension au tiers, qui est la portion Canonique.

169 Par Arrêt de reglement rendu sur la remontrance de M. l'Avocat General Talon, il est fait défenses à tous Chanoines & autres ayant Benefices incompatibles qui resigneront des Cures, de retenir pension sur icelles, sous quelque prétexte que ce soit; ordonné qu'à l'avenir nul ne pourra retenir ni stipuler aucune pension sur une Cure seculiere, qu'il ne l'ait desservie continuellement & actuellement l'espace de 10. ans; laquelle pension ne pourra exceder le tiers du revenu de la Cure, & même ne pourra monter au tiers, qu'au cas qu'il reste au titulaire au moins 300. liv. de revenu, sans y comprendre le Casuel, & sans qu'il puisse être diminué par aucune convention, ni sous quelque prétexte d'équité & de bonne foy dont elle puisse être colorée: & ce nonobstant toutes pactions entre le resignataire & le resignant, & tous cautionnemens même des personnes étrangeres. Et au cas que le titulaire d'une Cure paie pension au préjudice du present reglement, il est ordonné qu'elle demeurera vacante & impetrable: fait pareillement inhibitions & défenses sous les mêmes peines de promettre de fournir un Benefice de certaine valeur, à condition cependant de payer une pension annuelle de même somme, ordonne que le Roy sera trés-humblement supplié d'envoyer une Declaration conforme au reglement d'incompatibilité des Prebendes avec les Cures, & au present Arrêt qui sera leu, affiché & publié à la Requête du Procureur General par tout où besoin sera. Fait en Parlement le 16. Juin 1664. *Tom.* 2. *du Journal des Audiences liv.* 6. *chap.* 33.

170 Le Pape ne peut admettre la resignation d'une Cure, sans admettre la pension que le resignant s'est reservée par la même procuration pour resigner, c'est-à-dire il ne peut admettre la resignation & rejetter la pension. Arrêt du Parlement de Paris du 1. Mars 1696. *Journal des Audiences tom.* 5. *liv.* 12. *chapit.* 10. *Voyez cy-dessus le mot Pension.*

R E S I G N A T I O N , P E R M U T A T I O N.

171 Benefice permuté & depuis resigné par l'un des permutans à un tiers qui en joüit par trois ans, ne peut être repeté par le resignant, sous prétexte que le Benefice copermuté luy seroit rendu litigieux. *Carondas liv.* 1. *Rép.* 13.

172 La provision de l'Evêque étant nulle à cause du refus fait par le Patron Laic d'agréer la permutation, le Benefice retourne au resignant. *Voyez Servin tom.* 1. *page* 94.

173 Rescision de resignations, *ex causâ permutationis.* se poursuit devant le Juge ordinaire, & Ecclesiastique. Arrêt du Parlement de Paris du 6. Septembre 1512. *Papon liv.* 2. *tit.* 7. *n.* 6.

174 Le resignataire ne peut lors du litige formé conclurre à la décharge absolue de la pension assignée par supplement lors de la permutation reciproque, non plus qu'au regret du Benefice copermuté, ni à condamnation de dépens & interêts, autrement la conclusion de l'un & l'autre seroit prématurée; à moins qu'il n'appaut que c'est le resignant collusoirement qui a donné lieu au Procez. Jugé au Parlement de Normandie en pareil cas l'an 1604. au mois d'Août entre Farin & Picot. *Biblioth. Can. tom.* 2. *p.* 208. *col.* 2.

175 Resignation de la Tréforerie d'une Cathedrale, & ensuite permutation du même Benefice, au profit d'une même personne ne sont point contraires. Arrêt du 29. Novembre 1633. *Bardet tom.* 2. *liv.* 2. *chap.* 59.

On ne peut resigner *causâ permutationis* les Cures **176** dépendantes de l'Ordre de Malthe sans le consentement du Commandeur. Arrêt du dernier Septembre 1673. *Journal des Audiences tom.* 3. *liv.* 7. *chap.* 18.

R E S I G N A T I O N , PLACES MONACHALES.

Arrêt du Grand Conseil du dernier Septembre **177** 1611. portant qu'il a été mal & abusivement procédé à l'execution d'une Declaration, laquelle permettoit aux Religieux de l'Abbaye de Lezat Ordre de Cluny, de resigner leurs Prébendes & portions Monachales. *Bibliotheque Canonique tom.* 1. *p.* 418.

Les places Monachales ne peuvent point être re- **178** signées, ni on ne peut s'en demettre. Arrêt du Parlement de Toulouse au mois de Juillet 1687. conformément à un autre Arrêt du 4. Juillet 1686. *V. M. de Castellan liv.* 1. *chap.* 39.
Voyez cy-après le nomb. 202.

P L U S I E U R S R E S I G N A T I O N S.

Me. Charles Du Moulin sur la regle *de infirmis n.* **179** 160. *& suiv.* examine cette question; un malade a fait **&** deux resignations toutes deux admises; la premiere **180** ne contient point la derogation, la seconde la porte. Le resignant decede dans les vingt jours à compter du jour de la premiere resignation. On demande si le Benefice vaquera par mort, ou si au contraire la derogation subsistant sera pareillement subsister la resignation? Du Moulin décide que les resignations ne vaudront, soit qu'elles ayent été faites au profit du même ou de differentes personnes. Si les resignataires sont differens, il est certain que le Benefice ayant été rempli par le premier, il y a eu subreption dans la seconde provision. Si le resignataire est le même, quoyqu'on ne puisse pas dire qu'il y ait subreption, il est pourtant vray que lors de la seconde resignation, le resignant n'avoit plus de droit au Benefice; ainsi la seconde resignation ne peut donner lieu à aucune provision. La premiere resignation n'est pas nulle dans son principe; au contraire elle est valable, mais elle est annullée dans la suite par la regle des vingt jours; la seconde est nulle de droit commun dans son origine. Il convient ensuite que la derogation se peut faire dans l'intervalle qui se rencontre entre l'admission de la resignation & les provisions expediees sur icelle, pourvû que le resignant soit encore en vie, si la derogation survient dans l'intention de conserver la resignation & la collation précedente; cela n'a point lieu, quand cette derogation ne se fait pas précisément pour faire valoir la premiere resignation de laquelle il n'est fait aucune mention dans la seconde, mais seulement pour faire valoir la seconde resignation.

Si une premiere resignation n'est pas valable, com- **181** me si par exemple elle avoit été faite entre les mains du Legat, d'un Benefice dependant de la collation d'un Cardinal, & que le resignant voulût resigner le même Benefice entre les mains du Pape en faveur de la même personne, en faveur de laquelle il l'avoit resigné en la Legation, il ne faut pas oublier de faire mention dans cette seconde resignation de la premiere, quoyque nulle & abusive, autrement la derniere seroit nulle à cause de la subreption & obreption. *Voyez Du Moulin* sur la regle *de Infirmis n.* 207.

Une seconde resignation faite dans le mois ou dans **182** les 6. mois que le premier resignataire devoit avoir francs & libres pour satisfaire à la regle *de publicandis* est tellement nulle, qu'elle ne peut jamais subsister, soit que le resignant soit décedé naturellement ou civilement aprés les 6. mois ou aprés le mois, soit qu'elle ait été publiée & executée ponctuellement, soit que le premier resignataire ne paroisse point pour demander l'execution de la resignation, laquelle deviendroit pareillement nulle. Si une personne s'étoit fait pourvoir par mort avant qu'elle fût arrivée; sa provision seroit nulle; de même si dans ce temps le resignant fait une seconde resignation *remanet*

in suâ mirâ & originali nullitate, & elle ne peut pas devenir valable, quoique dans la suite il arrive un cas dans lequel si elle eût commencé, elle eût été valable. *Du Moulin de Publicandis n.* 107. *& suiv.* Autre chose seroit, c'est-à-dire, la seconde resignation vaudroit alors, si la premiere étoit nulle comme simoniaque, ou qu'elle eût été faite à un absent qui ne l'auroit point acceptée.

183   De la resignation d'un même Benefice faite plusieurs fois à la même personne. *Voyez Du Moulin* sur la regle *de Publicandis, n.* 314. *& suiv.*

184   C'est une maxime que *secundo resignans nihil agit ;* neanmoins si le resignant est demeuré trois ans en possession du Benefice par luy resigné, & qu'après les trois ans, il resigne à un autre, cette seconde resignation est valable, comme étant par le temps rentré en ses droits. Arrêt du 3. Juillet 1623. entre Loüis le Clerc Chanoine de saint Paul de Lyon, appellant d'une part, & Urbain Scaron intimé. *Additions à la Bibliotheque de Bouchel, verbo Resignation.*

185   Cause appointée pour sçavoir si le titulaire d'une Cure peut resigner deux fois son Benefice en faveur du même, la premiere resignation ayant été admise sans être executée. Arrêt du 24. Janvier 1639. *Bardet, tome* 2. *liv.* 8. *chap.* 4. M. Bignon Avocat General dit, que quoique le resignataire n'eût pas pris possession, le resignant avoit perdu tout droit au Benefice, jusques là que plusieurs ont tenu que s'il demeuroit en possession plus de trois ans, il ne pourroit se servir du Decret *de pacificis possessoribus,* parce qu'il n'a qu'une possession nuë & naturelle, & non appuyée d'aucun titre.

RESIGNATION, PORTION CONGRUE.

186   Le resignant obligé à la portion congruë envers le resignataire. *Voyez* le mot *Portion congruë, nombre* 52.

187   Par Arrêt du Parlement de Bourdeaux du 27. May 1672. sur un appel du Sénéchal d'Agen, il a été jugé qu'un resignataire d'un Curé pouvoit obliger le resignant de luy payer la somme de 300. livres de portion congruë en luy délaissant tout le revenu de la Cure, conformément à la Declaration du Roy du mois de Juin de l'année 1671. enregistrée le 3. Août ensuivant, quoique la pension eût été créée auparavant cette même Declaration. *Journal du Palais, in folio, to.* 2. *p.* 969. & l'in quarto, *part.* 3. *p.* 430.

RESIGNATION, PREUVES.

188   La preuve par témoins d'une resignation n'est recevable. Arrêt du Parlement de Bretagne du 13. Septembre 1554. *Du Fail, liv.* 3. *chap.* 172.

RESIGNATION, PRISE DE POSSESSION.

189   Possession des Benefices se doit prendre six mois après la resignation admise. *Bellordeau, liv.* 5. *Cent.* 92. *&* Tournet, *lettre P. Arr.* 149.

190   L'on peut resigner un Benefice avant que d'avoir pris possession & sans avoir levé Bulles, mais non pas avant qu'il ait été conferé au resignant. Quoique le resignataire ne soit tenu de montrer le droit & le titre de son resignant, il doit justifier qu'il étoit en possession paisible du Benefice. *Papon, livre* 2. *tit.* 8. *n.* 5. dit avoir été ainsi conclu à Bourdeaux.

191   La publication de la resignation & prise de possession est necessaire pour asseurer le Benefice ; outre l'Ordonnance qui l'a ainsi statué, les Arrêts l'ont toûjours ainsi jugé. Arrêt du Grand Conseil du 27. Août 1492. Un autre du 7. Septembre 1526. & du 3. Decembre 1505. cette publication doit être faite dans les six mois, si le Benefice a été resigné en Cour de Rome, sinon, & si le resignant vient à mourir en possession du Benefice resigné, *censetur vacare per ejus mortem, & non per resignationem,* ce qui est perpetuellement veritable ; ce qui a été ainsi jugé par Arrêt du Parlement de Paris le 14. Août 1504. *quòd fuit extractum à Regestris Curiæ Parlamenti. Papon, liv.* 3. *tit.* 1. *nomb.* 1. *Jovet, verbo Resignation, n.* 33.

Arrêt singulier du 14. Août 1504. *super* 34. *regulâ Cancellariæ Apostolicæ continente, quod possessio beneficii resignati in Romanâ Curiâ debet adipisci & publicari in sex menses, & si extrà Curiam Romanam infrà mensem ; aliàs si resignans moriatur in possessione beneficii resignati dicitur vacare per ejus mortem, & non per resignationem.* Jo. Gal. *part.* 7. *styl. Parlam. Arr.* 19.   192

193   Bonnet resigne une Chapelle à Titius *eo insciô* sur cette resignation il fait expedier une signature, garde le tout pendant 5. ans ; après il tombe malade Titius en le visitant trouve les provisions, il se veut mettre en possession, Bonnet s'y oppose, & meurt quelque temps après. Mœvius est pourvû de la Chapelle *per obitum ;* procez entre Titius & Mœvius. Par Arrêt du 23. Février 1606. en confirmant la Sentence du Sénéchal d'Angers, la maintenuë fut ajugée à Mœvius. *Biblioth. Can. to.* 2. *p.* 289. *in fine.*

194   Jugé au Parlement de Paris le 13. Decembre 1612. qu'il n'y a vacation de droit ni de fait par la resignation en Cour de Rome *in favorem,* quoiqu'admise, mais non acceptée par prise de possession. Il s'agissoit d'une Chanoinie de Bayeux. *Corbin traité des Fiefs, page* 790.

195   Le Benefice vaque par la mort du resignataire, & le resignant ne peut plus resigner une seconde fois, quand même le premier n'auroit pas pris possession. Jugé à Toulouse au mois de Decembre 1617. *Cambolas, livre* 4. *chap.* 13.

196   Resignataire en faveur n'ayant pris possession du Benefice que le même jour du décez de son resignant, & peu de temps après, est déchû de son droit, & le Benefice déclaré vacant par mort. Arrêt du P. de Paris du 2. Janvier 1639. *Bardet, to.* 2. *li.* 8. *ch.* 1.

197   M. François Petit resigne son Benefice à Bernard son neveu & son pupile, la provision de Cour de Rome est du 24. Septembre 1678. non suivie de prise de possession. En 1683. seconde resignation devenue caduque comme la premiere ; on n'y avoit point fait mention de cette premiere resignation ; troisiéme procuration *ad resignandum,* à l'effet de reparer ce défaut. Le 19. Mars 1684. Bernard déclare pardevant Notaire qu'il répudie la resignation. Cependant Bernard reçoit la provision de Cour de Rome le 24. le 15. Juillet suivant il prend possession. Le resignant meurt le premier Decembre. Un Obituaire paroit, & obtient au Grand Conseil le 11. Mars 1687. Arrêt en sa faveur. On agita plusieurs questions. La premiere, si la resignation étoit nulle aux termes du controlle, qui porte que *tous resignataires seront tenus de prendre au plus tard possession dans trois ans après leurs provisions, autrement que le resignant ne pourra plus leur resigner.* La seconde, si cette même resignation étoit nulle par défaut d'expression des resignations precedentes. La troisiéme, si un resignataire ayant répudié la resignation faite à son profit, peût dans la suite s'en servir. V. le *Journ. du Palais.*

198   Resignation faite en infirmité de maladie est valable, le resignataire n'ayant pris possession que dix jours devant les trois ans après la resignation, le resignant étant décedé pendant l'opposition par luy formée à la prise de possession du resignataire. Jugé le 5. Decembre 1684. *De la Guessiere, tome* 4. *livre* 7. *chapitre* 30.

RESIGNATION, PREBENDE.

199   Arrêt du Parlement de Provence du 20. Octobre 1622. qui permet au Chanoine Préceptorial de resigner. *Bonıface, to.* 1. *liv.* 2. *tit.* 21. *chap.* 2. il rapporte un semblable Arrêt du Grand Conseil du 17. Avril 1663. qui a jugé que le Theologal peut resigner à personne capable son Benefice, & le permuter. *Ibidem, nomb.* 5.

200   Reglement touchant les resignations des Canonicats dans les trois Evêchez de Mets, Toul & Verdun ; il est du 13. Decembre 1670. rendu au Conseil d'Etat. *De la Guess. to.* 3. *liv.* 4. *chap.* 9.

201 La Chanoinie Préceptoriale est un Benefice resignable & non électif, & la Prébende pour le Précepteur ne peut être separée de la Chanoinie Préceptoriale. Jugé à Aix le 6. Février 1673. *Journal du Palais in quarto, part. 3. p. 397. & le 1. to. in fol.*

202 Prébendes & portions Monachales ne peuvent être resignées. *Voyez* cy dessus *le n. 177. & le mot Abbé, nomb. 72.*

RESIGNATION AU PRECEPTEUR.

203 Arrêt du Parlement de Paris du 18. Juin 1554. qui déclare nulle une resignation faite par un Ecolier à son Précepteur, & fait défenses aux Précepteurs d'accepter directement ou indirectement telles resignations ; le condamne à faire amende honorable, & en cent livres d'amende, tant envers le Roy qu'envers la partie, & en autres cent livres envers les pauvres de la Trinité, & à tenir prison jusqu'à plein payement. L'Arrêt lû dans l'Université. *Papon, livre 3. tit. 11. n. 1.*

204 Un Précepteur ayant induit son disciple à luy resigner un Benefice, lequel depuis il permute à un autre qui acheve de jouir par trois ans, est tenu & son permutant rendre ledit Benefice avec les fruits. Jugé le 12. Avril 1601. *Charondas, liv. 1. Rép. 32. Peleus, quest. 79. & la Biblioth. Can. to. 2. p. 159.*

PROCURATION *ad resignandum.*

205 *De Procuratorio ad resignationem constitutione.* Voyez *Rebuffe, 3. part. praxis benef.*

206 Procuration après l'an est nulle. Arrêt du Parlement de Toulouse sans date ; depuis est intervenu l'Edit du Roy. *Papon, liv. 2. tit. 8. n. 1.*

207 Quoique de droit le Procureur puisse être constitué par amples missives & écritures privées, *l. 1. & l. si procuratorem D. de procuratorib.* néanmoins à cause de l'importance des procurations, on n'y recevroit pas une écriture privée, *quæ non facit probationem probatam, sed probandam*, & partant ne peut assurer pleinement & parfaitement le Collateur de la verité de la resignation, joint le hazard des faussetés & antidates. Le Notaire même ne seroit pas crû, & ne pourroit pas resigner valablement, s'il se disoit avoir été constitué Procureur, *Bart. in l. ex Sententia D. de testam. tut. Guid. Pap. qu. 136. & Matth. de Afflict.* dit avoir été ainsi jugé en la Cour souveraine de Naples, *décis. 317. Bald. in l. judices C. de fide instrum.* Voyez *la Biblioth. Can. to. 2. p. 503.*

208 Un Procureur peut resigner avant que d'avoir reçû sa procuration, pourvû qu'il soit bien certain que veritablement il a été constitué Procureur. *Rota decis. 145. & Boër. in decis. Burdegal. quest. 174.* dit que *hoc servatur de consuetudine*, & qu'il faut qu'il soit assuré de son Mandement par Messager ou Lettres du Maître, & non pas d'un autre. *V. la Biblioth. Can. to. 2. p. 504. col. 1.*

209 La procuration pour accepter Benefice, & pour le resigner après l'an est nulle, *juxta Felinum in cap. non nulli. §. sunt & alii de rescript. Immola ad cap. uh. eod. tit. cap. gratum de offic. præleg.* & les Auditeurs de la Rote Romaine, décis. 529. *in antiquis* ; & comme il fut jugé par Arrêt du Grand Conseil du 31. Janvier 1536. & par autre du Parlement de Bourdeaux rapporté par *M. Boyer en ses décis. décis. 308. Chopin, li. 1. de la Police Ecclesiastique, tit. 6. n. 11. & Tournet, lettre P. Arr. 199.*

210 Une procuration à resigner que le resignant n'a pû signer, où il n'y a que deux témoins, jugée nulle par Arrêt du Parlement de Grenoble du 23. May 1658. *Basset, to. 2. liv. 1. tit. 6. chap. 1.* Il observe que l'Edit des petites dates qui est daté à saint Germain en Laye au mois de Juin 1550. dans les Registres du Greffe du Parlement de Dauphiné est daté dans celuy de Dauphiné du mois de Decembre 1548. il y est ordonné que le resignant signeroit la procuration, ensemble deux témoins ; & où le resignant ne pouroit signer il y auroit quatre témoins. Cet Edit en la forme qu'il

se trouve registré au Parlement de Grenoble y est donc suivi. Au contraire suivant les termes de son enregistrement au Parlement de Paris, il ne faut que deux témoins.

211 Une resignation où l'Edit d'Henry II. contre les petites Dates n'a été observé au regard des témoins, & dont la cede est demeurée en son pouvoir pendant sa vie, & le resignataire en faveur n'a pris possession qu'après la mort du resignant, est nulle. Par Arrêt du 20. Août 1672. *Basset, to. 2. li. 1. tit. 6. ch. 2.*

212 Jugé au mois de Juin 1681. au Parlement de Provence qu'une procuration *ad resignandum* doit être attestée par témoins domiciliez non parens ni domest. tiques. *Boniface, to. 3. liv. 6. tit. 10. ch. 5.*

213 Si une procuration pour resigner peut être reçûë valablement par un Notaire haut Justicier ? Arrêt du Parlement de Paris du 4. May 1693. qui a appointé les parties au Conseil. *Journal des Audiences, to. 5. li. 9. chap. 7.*

214 La procuration *ad resignandum*, quoique passée devant deux Notaires subalternes, & sans minute, est valable, & le resignataire est censé faire une acceptation suffisante pour la resignation qu'il fait luy-même à un tiers. Jugé en la Grand'Chambre du Parlement de Paris le 27. Juillet 1694. *Journal des Audiences, to. 5. liv. 10. chap. 16.*

RESIGNATION, PROVISION NOUVELLE.

215 Jugé au Parlement de Provence en 1659. que le resignant rentrant en son Benefice, n'est point obligé de prendre de nouvelles provisions, mais seulement d'obtenir Sentence de réintegrande. *Boniface, tome 1. liv. 2. tit. 10. chap. 6.*

PUBLICATION DES RESIGNATIONS.

216 Sur la Regle *de publicandis resignationibus.* Vide *Servin, tome 1. p. 242.*

217 M. Charles Du Moulin fut consulté en 1525. ou 1526. avec les plus celebres Avocats sur la question suivante. Un resignataire prend possession en présence de deux témoins seulement, & du consentement du resignant. Il avoit renouvellé le bail des revenus du Benefice ; le resignant demeura toûjours en possession, & étoit reputé le veritable titulaire. Six mois après, ce resignant est pourvû d'une dignité, sans quitter le premier Benefice, *Titius* l'obtient comme vacant par incompatibilité. Après cette impetration, le resignataire paroît & fait publier sa resignation du vivant du resignant, lequel même étoit encore en possession. Du Moulin se détermina pour l'impetrant, il ne fut pas suivi, les autres Avocats déciderent pour le resignataire, sur le fondement qu'on ne doit faire aucune extension d'un genre de vacance à un autre. *Voyez Du Moulin, sur la Regle de publicandis, nombre 62. & suiv.*

218 Un oncle malade resigne un Doyenné en faveur son neveu âgé seulement de 18. ans ; la resignation fut admise, le Pape donna la collation à ce neveu avec la dispense d'âge, & la clause dérogatoire à la Regle *de infirmis.* Cette provision ne fut expediée que par simple signature ; l'oncle revenu en convalescence ne voulut point executer la resignation ; les Bulles ne furent levées, ni expediées. Six années après le resignant tombé dans une maladie plus dangereuse, consent que la premiere resignation soit executée ; mais comme l'extrémité de sa maladie ne donnoit pas le temps d'envoyer à Rome, il fit une démission és mains du Collateur ordinaire, qui conferà ce Benefice au neveu. L'oncle étant mort deux jours après la publication, le Collateur conferà ce même Benefice à *Titius* comme vacant par mort ; un tiers s'en fit encore pourvoir en Cour de Rome avec la clause *quovis modo.* Arrêt du Parlement de Paris en faveur du neveu. On luy objectoit principalement la premiere resignation ; mais il répondoit qu'il n'en avoit point eu connoissance, qu'il ne l'avoit pas même acceptée, *præsumitur ignorantia ubi scientia*

non probatur. Les autres ne le prouvant point, il devoit demeurer pour conftant qu'il l'avoit ignorée. *Voyez Du Moulin* fur la regle *de publicandis, n.* 327. *& fuivans.*

219   *Titius* paffe procuration pour refigner fon Benefice devant le Pape. Le Procureur le refigne ; le refignataire qui a fes provifions ne prend poffeffion, pas même aprés les fix mois. *Titius* refigne derechef à un autre , qui en vertu de cette feconde refignation obtient fes provifions , & prend poffeffion depuis dans les fix mois ; enfuite *Titius* refignant décede , & par fa mort *Cajus* impetre le Benefice. Le Benefice appartient à celui qui eft pourvû *per obitum*, par la regle de Chancellerie *de publicandis* , qui veut que le Benefice foit réputé avoir vaqué par mort. *Biblioth. Can. to.* 2. *p.* 295. *col.* 2.

210   Refignation admife par le Legat étant en France doit être publiée dans le mois comme de l'Ordinaire, nonobftant la regle des vingt jours. *Charondas, liv.* 1. *Réponfe* 18.

211   Le pourvû par refignation doit faire publier fa refignation , & les provifions obtenuës fur icelle dans le fix mois , fi elles ont été expediées en Cour de Rome, ou dans le mois fi elles ont été expediées hors d'icelle : enforte que fi le refignant meurt aprés ledit temps , étant en poffeffion du Benefice , il fera eftimé vacant non par refignation, mais par mort. *Defpeiffes, to.* 3. *p.* 432.

212   Arrêt fingulier *Super* 34. *regulâ Cancell. Apoftolicæ continen. quod poffeffio Beneficii refignati in Romanâ Curiâ debet adipifci & publicari infrà fex menfes , & fi extrà Curiam Roma. infrà menfem : alias fi refignans moriatur in poffeffione Beneficii refignati, dicitur vacare per ejus mortem, & non per refignationem : quod nota perpetuò & in æternum.* Cet Arrêt eft du 14. Août 1504. *Bibliot. Can. to.* 2. *p.* 510. *& fuiv.*

213   Si le refignataire n'a point été depoffedé , la refignation devient caduque. *Voyez Rebuffe* 3. *part. praxis benef.* dans fes *Addit. fur la* 37. *Regle de Chancellerie*, où il rapporte des Arrêts des 23. Decembre 1505. 15. Mars 1508. & 7. Septembre 1526.

214   Refignations fe doivent publier dans les fix mois, autrement font nulles quand le refignant meurt en poffeffion , & elles font ouverture à la vacance par mort. Arrêt du Parlement de Paris du 2. Avril 1567. *Papon, liv.* 2. *tit.* 8. *n.* 1.

225   Un refignataire garde long-temps fa procuration ; mais il prend poffeffion & fait publier avant la mort du refignant, fix mois aprés l'impetration des Bulles; la refignation ne laiffe de valoir. Arrêt du Curé de la Magdelaine du 16. Decembre 1574. *Bibliotheque Can. to.* 2. *p.* 511. *col.* 1.

226   Jugé par Arrêt du Parlement de Touloufe du 23. Juillet 1605. que la refignation faite d'une Prébende admife en Cour de Rome , du vivant du refignant, quoique la poffeffion ait été prife aprés le decez du refignant , étoit bonne , pourvû que ce foit dans fix mois aprés la refignation admife , au préjudice du Collateur ordinaire de ladite Prébende. *Filleau* , 4. *part. queft.* 105. *& Chenu.* 2. *Cent. queft.* 5.

227   Il ne fuffit pas d'avoir fatisfait à la lettre de la regle *de publicandis*, c'eft-à-dire, d'avoir pris poffeffion par un refignataire , & de l'avoir fait publier ; mais il faut encore fatisfaire à l'efprit de la regle, c'eft-à-dire, depoffeder entierement le refignant, autrement s'il meurt en cet état, un tiers fera bien fondé à obtenir des provifions *per obitum*. Jugé en la Grand'-Chambre du Parlement de Paris le 28. Juillet 1693. *Journ. des Aud.* tome 5. *liv.* 9. *ch.* 21.

RESIGNATION PURE ET SIMPLE.

228   De la refignation pure & fimple. *Voyez le Recueil des Arrêts de Jovet , p.* 74.

229   *De renunciatione fimplici.* Voyez Pinfon au titre *quibus modis vacent , vel amittantur beneficia* §. 9.

230   Jugé au Parlement de Paris qu'un Abbé, Prieur, ou

autre ; auquel droit de prefenter aux Benefices vàcans appartient , ne peut admettre les refignations, à moins que par privilege ou autrement la difpofition *pleno jure* ne luy en appartienne. *Papon , liv.* 2. *tit.* 8. *nombre* 18.

231   Celuy qui s'eft démis és mains de l'Ordinaire , ne peut plus refigner en Cour de Rome , fi la démiffion a été admife par l'Ordinaire. Arrêt du Parlement de Paris de la veille de l'Affomption 1539. *Rebuffe* fur le Concordat *tit. de Collationibus.* §. *Volumus, verbo vacantia Beneficia.*

REFUS DU RESIGNATAIRE.

232   *Beneficium in alterius gratiam ejurantem, fi ille repudiaverit, jus priftinum retinere, neque ei novâ collatione opus effe.* V. *Luc.* li. 2. tit. 4. cap. 7.

233   Si un refignataire répudie la refignation en faveur qui luy eft faite , le refignant rentre de plein droit dans fon Benefice ; *fecus*, fi la refignation eft pure & fimple , quoique le Collataire répudie, la vacance fubfifte toûjours , & le Collateur eft en droit de pourvoir une autre perfonne. *Du Moulin* fur la regle *de publicandis, n.* 248.

234   Au mois de May un oncle refigne en faveur de fon neveu , lequel *abfens & ignorans* , eft pourvû par le Pape. Au mois de Juillet le refignant *adhuc poffidens* décede; l'Evêque confere à *Baldus* le Benefice comme ayant vaqué par mort ; *Cynus* obtient une provifion du Pape. Au mois d'Août le neveu répudie la refignation & collation ; l'Evêque confere à *Dynus* le même Benefice *per obitum* ; le Vicaire General de l'Evêque le confere à *Ennius* comme vacant par la repudiation du neveu. Enfin le nommé *François* fe fait pourvoir par le Pape, & la provifion comprend tous les genres de vacances. *Du Moulin* fur la regle *de verifim. notit. n.* 83. *& fuiv.* propofe cette efpece & la décide en faveur de *Dynus* , parce que la répudiation du neveu a laiffé en effet le Benefice dans le veritable état d'une vacance par mort. Car lors de la collation donnée à *Baldus* , la refignation fubfiftoit encore, & lors de la provifion de *Cynus* le Benefice n'étoit pas vacant. De plus *Cynus* avoit été prévenu par *Baldus* , comme cette répudiation fait remonter la vacance au jour de la mort du refignant arrivée au mois de Juillet , fi un Gradué avoit requis le Benefice, il luy appartenoit.

235   Si le refignataire quoique pourvû refufe , le refignant demeure en premier droit , & il n'eft pas neceffaire qu'il fe faffe nouvellement recevoir au nombre des Chanoines. Arrêts du mois de Septembre 1565. & 23. Janvier 1549. Davantage le refignataire n'ayant accepté, nul ne peut aprés fon decez fe faire pourvoir , le refignant eft maintenu ; ainfi jugé le 5. Février 1577. *Papon , liv.* 2. *tit.* 8. *n.* 172.

236   Jean Bouchetel, Chanoine de Bourges, avoit refigné fa Chanoinie & Prébende en faveur de fon neveu, la refignation admife par le Pape, lequel au même temps en avoit pourvû ce neveu, qui quand il eut connoiffance de cette refignation & de cette collation faites en fa faveur ne les voulut pas accepter. Le Chapitre de Bourges refufoit de donner les fruits de cette Prébende au refignant, & ne vouloit plus reconnoître comme Chanoine, à caufe de cette refignation publique, qu'on ne pouvoit pas douter être admife en Cour de Rome. Bouchetel voyant ce refus , fit affigner le Chapitre & forma complainte contre lui pour le trouble qu'il luy faifoit en la poffeffion & jouiffance de cette Chanoinie. Par Arrêt du Parlement de Paris du 23. Janvier 1549. il fut maintenu dans la pleine poffeffion & jouiffance; & ordonné qu'il garderoit fon ancien rang entre les Chanoines, & la place qu'il avoit dans le Chœur avant cette refignation, & que l'autre , comme dernier Chanoine, prendroit la derniere place. *V. Du Moulin* , fur la regle *de publicandis, n.* 245. il n'approuve pas neanmoins abfolument cet Arrêt ; il referve à dire fon fentiment dans

fon

fon Commentaire fur la regle *de verifimili notitiâ*,
n. 108.

237   Ce même Arrêt de 1549. eſt rapporté par *Rebuffe en fon traité des Nominations*, n. 21. queſt. 21. par *Papon, liv.* 3. *Arrêt* 17. & par *Lucius lib.* 2. *Placitor. tit.* 4. lequel rapportant la deciſion de l'Arrêt, *judicaverunt, inquit*, *P. C. conditionem huic ejurationi ineſſe* : & *ſic dictus Bouchetel*, dit Rebuffe, *in priorem locum & ſtatum antiqui Canonici reſtitutus fuit*, *ſive potius permanſit. D. num.* 45.

238   Au Grand Conſeil la Juriſprudence eſt differente de celle du Parlement ; l'on tient au Grand Conſeil que quelque acceptation qu'un reſignataire puiſſe faire, quand même il auroit obtenu *Viſa* en perſonne, ſur les proviſions de Cour de Rome, à moins qu'il n'ait actuellement dépoſſedé ſon reſignant, la reſignation n'eſt point cenſée accomplie ; enſorte que ſi depuis la reſignation acceptée, le reſignataire décedoit ſans avoir pris poſſeſſion, le Benefice ne vaqueroit point par ſa mort, & le reſignant demeureroit dans ſon ancienne poſſeſſion, ſans qu'il fût beſoin de nouvelles proviſions. C'eſt ce qu'il déclara en procedant à la verification de l'Edit du contrôle ſur l'article 10. qui portoit : *Et quant aux reſignations faites en faveur, ſi le reſignataire y a conſenti expreſſément ou tacitement ; le reſignant demeurera pareillement privé de ſon droit*, & *n'y pourra rentrer ſans nouvelles proviſions* : *comme auſſi tous les reſignataires ſeront tenus de prendre poſſeſſion au plûtard dans trois ans après leurs proviſions, autrement* & *après ledit temps, elles demeureront entierement nulles*, *ores que le reſignant ſoit encore vivant, lequel ne pourra plus reſigner directement ni indirectement le même Benefice en faveur de celuy qui aura laiſſé paſſer ledit temps de trois ans ſans prendre poſſeſſion.* Le Grand Conſeil y apporta cette modification par ſon Arrêt, *à la charge que pour les reſignations faites en faveur, le reſignant ne ſera privé de ſon droit qu'après la priſe de poſſeſſion du reſignataire*, & *que pour la multiplicité* & *diverſité des reſignations, les Arrêts ſeront executez ſelon leur forme* & *teneur*. A l'égard du Parlement, il a jugé que dés le moment que le reſignataire, par quelque acte, avoit accepté la reſignation faite en ſa faveur, il acquiert tout le droit au Benefice ; & s'il venoit à deceder avant que d'avoir dépoſſedé ſon reſignant, il feroit vaquer ſon Benefice par ſa mort : en quoy il a ſuivi l'autorité de M. Charles Du Moulin, en ſon Commentaire ſur la regle *de publicandis reſignat*: n. 244. & 245. Voyez les *Définitions Canoniques*, verbo *Acceptation*, p. 8.

239   Une reſignation eſt admiſe en Cour de Rome, cependant le reſignataire la refuſe. Jugé par Arrêt prononcé en Robes rouges le 7. Septembre 1565. que le Benefice eſt demeuré *pœnes reſignantem*, ſans qu'il prenne une nouvelle poſſeſſion. *Bibliotheque de Bouchel*, verbo *Reſignation*.

RESIGNATION, REGALE.

240   Reſignation faite pendant la Regale. *Voyez* le mot *Regale*, n. 217. & *ſuiv.*

241   Une reſignation d'une Prébende admiſe en Cour de Rome après trois ans de poſſeſſion du reſignant, n'eſt plus conſiderable, & la Prébende ne peut être impetrée comme vacante en regale. Jugé le 27. Juillet 1628. *Du Frêne, liv.* 2. *chap.* 25. Voyez *Charondas, liv.* 11. *chap.* 43. qui rapporte un Arrêt contraire du 22. May 1599.

242   En l'ouverture de Regale, le Roy peut pourvoir ſur une reſignation *in favorem*. Arrêt du Parlement de Paris du 7. May 1601. *Papon, liv.* 2. *tit.* 3. n. 21.

243   Reſignation *in favorem*, non admiſe ni effectuée, ne fait vaquer le Benefice en Regale, & le reſignant étant décedé avant l'admiſion, la Regale n'eſt ouverte que par le decez. Arrêt du 19. Mars 1618. dans *Bardet, tome* 1. *liv.* 1. *ch.* 14.

RESIGNATION, REGREZ.

244   Reſignataire contraint de rendre le Benefice reſi-

Tome III.

---

gné pour indiſpoſition. *Tournet, lettre R. Arr.* 179.

Arrêt du Parlement de Paris du 23. Janvier 1549.   245 qui ordonne que M. Bochetel Chanoine de Saint   & Étienne de Bourges, rentreroit dans le Benefice qu'il   246 avoit reſigné, & qu'il reprendroit au Chœur ſon premier rang, le Chapitre qui s'oppoſoit à ſa prétenſion, & qui demandoit un droit de Chappe, fut condamné aux dépens, dommages & interêts. *Voyez* Rebuffe, 3. *part. praxis Benef.* ſur la regle *de publicandis reſig. gloſ.* 18. n. 50. & cy-deſſus le n. 236.

Curé âgé de ſoixante-huit ans induit à reſigner ſa   247 Cure moyennant une lettre de confidence, reçû à y   & rentrer contre le reſignataire du reſignataire. Jugé le   248 16. Mars 1627. *Du Frêne, liv.* 1. *chap.* 136.

Reſignant en extrêmité de maladie une Chanoinie   249 dans le Chapitre de S. Hilaire de Poitiers, admis au regrez, reprend ſon même rang, lieu & place. Jugé le 7. Juillet 1637. *Bardet*, 5. to. 1. *li.* 6. *ch.* 19.

Une reſignation d'un Benefice faite en Cour de   250 Rome en faveur, ſe trouvant nulle pour avoir été le Patron laïc mépriſé, il y a lieu au regrez, même à l'égard d'un pourvû depuis par l'Ordinaire ſur la nomination du Patron : le même a lieu en la Regale, icelle venant à être ouverte. Jugé le 30. May 1647. *Du Frêne, liv.* 5. *chap.* 19.

Arrêt du Parlement d'Aix du 20. May 1661. qui a   251 jugé que celuy qui avoit deux Benefices incompatibles pouvoit rentrer au Benefice qu'il avoit reſigné, quand l'autre lui avoit été évincé. Ce même Arrêt a jugé, que le reſignant rentrant en ſon Benefice, doit payer les frais des proviſions du reſignataire. *Boniface, to.* 1. *li.* 2. *tit.* 10. *ch.* 4.

Par Arrêt du Parlement de Paris du 17. Janvier   252 1665. jugé que le Titulaire d'un Benefice par luy reſigné en extrêmité de maladie étant revenu en convaleſcence, rentre de plein droit dans le Benefice, en telle ſorte qu'il peut le reſigner une ſeconde fois en faveur de quelque autre. *Soefve, to.* 2. *Centurie* 3. *chapitre* 57.

Le regrez ne doit avoir pour motif que la reſigna-   253 tion faite en extrêmité de maladie ; & il ne doit s'y rencontrer aucunes autres circonſtances. Arrêt en la Grand'Chambre du Parlement de Paris du 9. Juillet 1694. *Journ. des Aud. tome* 5. *liv.* 10. *ch.* 16.

RESIGNATION, RESERVE.

De la reſerve des fruits dans la reſignation. *Voyez*   254 le mot *Fruits*, n. 135. & *ſuiv.* & M. Loüet, *lettre F. ſomm.* 16.

La reſignation de celuy qui a retenu la moitié des   255 fruits eſt valable ; il ne peut même demander de rentrer dans ſon Benefice faute du payement du total de la penſion ; le ſucceſſeur du reſignataire, le reſignataire luy-même peut en obtenir la réduction. Que ſi la procuration a été paſſée avec cette clauſe *nec aliàs, nec aliter, nec alio modo*, cette condition étant impoſſible, eſt en même temps nulle, & ainſi ſi le reſignant meurt en poſſeſſion du Benefice dans les ſix mois, le Benefice vaquera par ſa mort. *Du Moulin*, de *infir. reſig. n.* 14.

Un neveu pourvû de la Chanoinie reſignée fit le   256 lendemain un contrat ſous le ſcel du Chapitre de Chartres, par lequel il donna & ceda à ſon oncle tous les revenus du Benefice tant gros fruits que diſtributions manuelles pour en joüir ſa vie durant, & les percevoir ſur ſes quittances particulieres. *Du Moulin* ſur la regle *de publicandis*, n. 290. dit que ce contrat ne valoit rien, parce qu'il étoit fait en fraude du decret, *ut beneſicia ſine ullâ diminutione conferantur*, au préjudice du decret de *reſervationibus ſublatis*, *in fraudem ſimonia vetita*, & c.

Sur la queſtion de ſçavoir ſi le Pape peut réduire   257 la reſerve generale à une partie des fruits ? *Voyez Du Moulin* ſur la regle *de public.* n. 294.

Reſervations exceſſives ne rendent point la reſi-   258 gnation nulle. Arrêt du Parlement de Toulouſe du

K k k

1. Février 1493. qui maintient une Abbesse résignataire, sans avoir égard aux reserves tant des fruits
que de regrez. *Papon, liv. 2. tit. 8. n. 8.*

259 Une résignation qui seroit faite d'un Benefice, à la
reserve de tous les fruits, est abusive. *Flamin. l. 6.
quast. n. 41.* rapporte un Arrêt qui l'a ainsi jugé le
14. Avril 1496. il n'est pas juste qu'un homme qui
n'est plus titulaire joüisse de tous les fruits d'un Benefice qu'un autre dessert. Ce même Auteur rapporte un autre Arrêt qui a jugé qu'une telle résignation
est nulle, & que si le résignant venoit à déceder, le
Benefice vaqueroit *per obitum* ; ce qui est à remarquer, l'Arrêt est de 1512. *Rebuffe* sur le Concordat,
au tit. *de reservationibus.*

260 Vincent Flamand avoit été pourvû de la Cure d'A-
migniac sur la résignation de Nicolas de Lorme ; résignation admise par le Pape, suivie de prise de possession, le tout notifié à l'Evêque de Mâcon qui étoit
Collateur, & au Chapitre qui étoit Patron. Après
deux années & demie le résignant mourut ; Barthelemy Maguin se fit pourvoir de cette Cure comme vacante par le décez de de Lorme qui avoit toûjours
joüi. Arrêt du Parlement de Paris du 5. Mars 1512. en
faveur de Maguin. La Cour n'eut égard à la possession presque triennale, fondée sur un titre non coloré
& absolument abusif, à cause de la reserve de tous les
fruits. *Voyez Du Moulin* sur la regle *de publicandis,
nombre 293.*

261 Résignation avec retention de la moitié des fruits
est reçûë en France. Arrêt du Parlement de Bourdeaux de l'an 1534. on suppose que l'autre moitié
peut suffire aux alimens. *Papon, liv. 2. tit. 8. n. 4.*

262 La résignation faite avec reserve de tous fruits,
ne laisse pas de valoir, quoique le Pape n'ait accordé
que la moitié, parce qu'alors *non stat per procura-
rem,* & que *Papa non subjicitur conventionibus quæ
contra leges fiunt.* Arrêt du Parlement de Bourdeaux
de 1552. *Voyez Rebuffe, 3. part. praxis benef. C. de
resignat. condit. n. 25. & suiv.* & *Papon, liv. 2. tit. 8.
n. 7. & suiv.*

263 M. Jacques Foüin, Abbé de saint Serge lez-An-
gers, resigne son Abbaye à son neveu, à la charge
d'une pension de 1000. écus ou la moitié des fruits,
avec la collation des Benefices dépendans de cette
Abbaye. La résignation admise en Cour de Rome,
le résignataire meurt. M. Jean Surhomme se fait
pourvoir de l'Abbaye *per obitum.* L'oncle prétend
que son neveu avant son décez luy avoit rétrocédé ;
procés au Grand Conseil. Le sieur Foüin forme complainte pour raison du possessoire, & subordinément
en la joüissance de la pension de 1000. écus, ou de la
moitié des fruits & reservation de la collation, &
presentation des Benefices dépendans d'icelle Abbaye. Surhomme interjette appel comme d'abus de
la creation de pension & reservation de la collation.
Par Arrêt du Grand Conseil du dernier Septembre
1593. à Chartres, défenses sont faites à Foüin de troubler Surhomme dans la possession de l'Abbaye ; & en
tant que touche l'appel comme d'abus, la pension est
déclarée abusive, en ce qu'elle contient reservation
de la collation des Benefices, & de la moitié des fruits,
ou de la somme de 1000. écus ; en corrigeant l'abus,
la pension réduite au tiers des fruits, sans que Foüin
se puisse aucunement entremettre en la presentation
& collation des Benefices en dépendans. *Bibliotheque
Can. to. 1. page 266. col. 2.*

264 Le Cardinal de Pelve resigne à son neveu un Prieuré, & par un acte separé, il retient les fruits & les
collations du Benefice ; le résignataire maintenu le
28. Mars 1597. *M. Loüet, lettre F. som. 16.*

265 Le 6. Juillet 1600. fut plaidé l'appel comme d'a-
bus interjetté par M. l'Avocat General Servin, de
l'execution de la Bulle accordée à M. le Cardinal de
Gondy, résignant l'Evêché de Paris à Messire Henry
de Gondy son neveu, avec reserve de la collation des

Benefices simples, & des Dignitez, *loco pensionis,*
Cet appel fondé sur la maxime ordinaire, *ne Beneficia Ecclesiastica cum diminutione conferantur,* qui seroit admettre deux Evêques *in eadem civitate,* &
que d'ailleurs sur les Benefices à charge d'ames, les
pensions n'étoient point favorables. Le Cardinal
soûtenoit que *non erat in jure prohibitum,* que le résignant ne pût retenir, *loco pensionis,* les collations ;
qu'en même espece, on l'avoit ainsi pratiqué dans
l'Evêché de Paris, comme rapporte *Probu,* Traité
des Regales, *quæst. 23. in principio,* que *collationes
erant in fructu, partim fructus faciebant propter grati-
ficationem* ; que l'on n'étoit point au cas de la Regle,
ut Ecclesiastica Beneficia sine diminutione conferantur ;
que les Benefices étant conferez par l'Evêque, c'é-
toit *sine ulla diminutione* ; que l'on ne pouvoit dire
que *duo essent Episcopi* ; que le Roy avoit consenti à
la retention des collations, ce qui avoit été autorisé
par le Pape, & que tous deux ont *magnam,* même
comme l'on dit en France, *omnimodam potestatem
habent in consistorialibus Beneficiis* ; que particulierement cette prérogative, ou ce privilege avoit été
accordé à Messieurs les Cardinaux, qui en avoient
de tout temps usé en France. Par Arrêt la cause
fut appointée au Conseil. *Voyez M. Loüet, lettre P.
sommaire 33.*

Sur un pareil appel comme d'abus interjetté par
M. du Mesnil, Avocat General au Parlement de Paris ; & sous le Regne de Henry II. il y eut un semblable appel comme d'abus interjetté par M. le Procureur General du Grand Conseil, qui fut appointé
au Conseil ; c'étoit contre M. le Cardinal de Lorraine, qui fit évoquer l'affaire au Privé Conseil.
M. Loüet, ibid.

RESIGNATION REVOQUE'E.

Voyez cy-dessus le nomb. 158.   **266**

Résignation révoquée pour cause d'ingratitude.
Voyez le mot *Ingratitude, n. 17.*

De revocatione procuratoris quomodò & quando fieri **267**
possit ? V. *Rebuffe, 3. part. praxis benef.*

De la révocation des procurations *ad resignandum.*
Voyez Rebuffe, sur le Concordat, au titre *de sublatione Clementina litteris.*

Touchant la révocation des résignations. *Voyez* **268**
le Conseil 58. de Du Moulin, tome 2. p. 975.

En quel cas le résignant peut révoquer des Pro- **269**
cureurs constituez ? V. *Tournet, lett. R. Arr. 159.*

Felinus a soûtenu, qu'il suffisoit de révoquer la **270**
procuration *ad resignandum,* renvoyée en Cour de
Rome, & de notifier cette révocation à celuy-là
même, en faveur duquel la résignation étoit faite,
d'autant que jusques à l'admission, on ne peut pas
dire qu'il y ait une résignation. V. *Du Moulin,* sur
la Regle *de Publicandis, n. 176.*

Révocation du Procureur peut être faite avant la **271**
résignation, *Clement. un. de renunciat.* mais il faut **272**
que cette révocation soit intimée & signifiée au Collateur, & au Procureur constitué ; autrement la résignation vaudra *D. Clemen. un.* & non seulement au
Procureur, mais à tous les Procureurs, s'il y en a
plusieurs constituez ; autrement la résignation qui
auroit été faite par l'un de ceux ausquels la résignation n'auroit pas été signifiée, seroit jugée bonne,
cap. si duo ubi duo. de procurat.

L'Ordinaire ne peut toucher à un Benefice auquel **273**
le Pape a mis la main. Jugé au Parlement de Bourdeaux le 23. May 1514. qu'un titulaire ayant passé
procuration à resigner en Cour de Rome, ne peut,
ores qu'il ait révoqué premierement la procuration,
resigner és mains de l'Ordinaire, ce qui depuis a
été confirmé par autre Arrêt du mois de Février 1521.
Papon, liv. 2. tit. 8. n. 15. Et dans la Note, il est ajoûté, *pourvû que l'un ou l'autre, sçavoir le Procureur ou le Superieur sçache la révocation. Voyez Boré, quæst. 107.*

274   Révocation faite aprés la refignation admife, ne peut nuire au refignataire, ni la Regle *de Publicandis refignationibus*, pour n'avoir pris poffeffion dans les fix mois du vivant du refignant. Jugé le premier Février 1547. Et il faut que le refignataire entre en joüiffance. Jugé le 18. Janvier 1603. *Carondas*, *liv. 1. Réponse 21.*

275   Provifions admifes fur refignation au préjudice d'une révocation fignifiée au refignataire, font nulles, & n'ont pû être validées par un départ intermédiaire de la révocation. Arrêt du 16. Mars 1627. *Bardet*, *tome 1. liv. 2. ch. 103.*

276   Révocation d'une refignation, dûment fignifiée avant la date de la fignature, & du confens, (quoique depuis l'arrivée du Courier) eft valable. Ainfi jugé le 21. Juillet 1631. *Ibid. liv. 4. ch. 40.*

277   La révocation avant l'admiffion empêche l'effet de la refignation, même fans une penfion. Jugé au Parlement de Toulouse le 27. Février 1637. en faveur de Barbé, contre un autre Barbé fon neveu, la penfion étant de 1200. liv. *Albert*, *lett. B. art. 15.*

278   Arrêt du 3. Novembre 1643. qui a jugé que la révocation de procuration *ad refignandum*, notifiée au refignataire *in favorem* fuffit. Ce même Arrêt a jugé que la refignation étant révoquée, le refignataire doit être rembourfé des frais des provifions obtenuës fur la foy de la procuration contre le refignant. *Boniface*, *tome 1. liv. 2. tit. 24. ch. 1.*

279   Jugé que la révocation nulle à l'égard du refignant, & qui à caufe de fa nullité, ne donnoit point le droit au refignataire de rentrer dans fon Benefice, pouvoir être bonne contre le refignataire, en faveur du pourvû par l'Ordinaire. Voicy le cas. Darles refigne à Pons, qui obtient des provifions au mois de Février, & fe met en poffeffion au mois d'Août fuivant, trois ou quatre jours avant la mort du refignant, qu'il paroiffoit avoir, avant la refignation admife, il révoque la refignation par acte en Cede volante. Aprés la mort de ce refignant, l'Ordinaire fait rentrer à Delpoüy du Benefice comme vacant par le décez de Darles. Le pourvû fur refignation prétendoit que les provifions devoient avoir leur effet malgré la révocation nulle, fuivant l'article 28. de la Déclaration de 1646. qui veut que les révocations foient regiftrées fur le Regiftre du Notaire, à peine de nullité. Le pourvû par l'Ordinaire répondoit que cela n'étant ainfi ordonné que pour empêcher les fraudes qui pourroient par cet endroit être pratiquées contre les Collateurs ordinaires, ce qui avoit été établi en leur faveur, ne devoit point tourner à leur préjudice, & cette raifon décida en faveur du pourvû par l'Ordinaire. Arrêt du Parlement de Toulouse, rapporté par *M. de Catellan*, *liv. 1. ch. 22.*

280   Voyez les 12. 13. & 14. *Plaidoyez de M. Gaultier*, *tome 2.* pour M. Payen, Confeiller au Parlement, maintenu dans la poffeffion du Prieuré de la Charité, par Arrêt du Grand Confeil. Il s'agiffoit d'une queftion de révocation d'une refignation.

281   Il fuffit que la révocation d'une refignation foit fignifiée au Banquier chargé de la procuration de la part du refignant; la fignification n'étant point rapportée, eft fuffifamment prouvée par l'Extrait du Controlle, où les Commis du Banquier, porteur de la révocation & fignification d'icelle, a figné. Arrêt du 19. Avril 1649. *Soefve*, *tome 1. Cent. 3. ch. 5.*

282   *Henrys*, *to. 2. liv. 1. queft. 15.* cite un Arrêt rendu à l'Audience de la Grand'Chambre du Parlement de Paris le 15. Juillet 1653. au Rôlle de Lyon, pour un Canonicat de faint Paul de la Ville de Lyon, par lequel il a été jugé que la révocation d'une refignation ne fe peut pas verifier par témoins. Cette queftion ne peut plus fe prefenter au moyen de l'Edit des Infinuations du mois de Decembre 1691. qui veut que tous les actes concernans les Benefices foient infinuez, à peine de nullité.

Tome III.

La preuve par témoins d'une refignation révoquée, a été rejettée par Arrêt du Parlement de Toulouse du 25. Février 1669. *Voyez M. de Catellan*, *li. 1. ch. 22.*   283

284   Me. Daubeze Curé de la Gardelle étant malade, fit une procuration en Cour de Rome, pour refigner fa Cure en faveur de Me. Timbal: mais cette procuration ayant été revoquée bientôt aprés, il fe trouva que la révocation avoit été fignifiée trois jours avant que la procuration fût admife. Me. Daubeze étant mort, Bourzes impetra le Benefice *per obitum* & un autre aprés luy. Arrêt du Parlement de Toulouse du 10. Septembre 1672. en faveur de Bourzes, il eft rapporté par M. *Jean Albert lettre B. art. 15.*

285   Révocation d'une refignation doit être rapportée en forme, & ne peut être prouvée par le livre Journal du refignant, ni celuy du Sergent qui dit l'avoir fignifiée, ni par témoins. Jugé le 4. Juillet 1633. *Bardet tom. 2. liv. 2. ch. 49.*

286   D'une feconde refignation faite dans les trois ans de la premiere. Me. Boyer Curé de fainte Foy *in infirmitate conftitutus*, la refigne à Lafcube le 29. Août 1668. Celuy-ci n'en prend poffeffion que le 7. Septembre 1670. intermediairement, & le 29. Juillet 1669. Boyer revenu de fa maladie, refigne fon même Benefice à Camare. Procez. Arrêt du Parlement de Toulouse du 6. May 1678. en faveur du premier refignataire, fondé fur ce que le refignant dépoüillé de fon droit, n'avoit point marqué qu'il voulût y rentrer, d'ailleurs *Renuntiantibus non datur regreffus*. V. les *Arrêts de M. de Catellan*, *liv. 1. chap. 12.*

287   En fait de refignation pure & fimple, il n'y a plus lieu à la révocation, du moment qu'elle eft admife par l'Ordinaire, quoique le Benefice ne foit pas encore remply. Arrêt du Parlement de Metz du 31. May 1691. *Voyez le Journal des Audiences tom. 5. liv. 7. chap. 19.*

RESIGNATION, SERVITEUR.

288   La refignation faite par un ferviteur qui avoir été nourry & élevé par fon Maître, des Benefices obtenus par la liberalité de fon Maître, & fans confentement, encore bien que la refignation fût faite *caufa permutationis*, Jugée nulle le 12. Janvier 1564. *M. Loüet & fon Commentateur lettre B, Somm. 7.*

RESIGNATION, SIMONIE.

289   Lorfque la refignation eft fimoniaque de la part du refignataire, elle eft nulle; le refignant mineur peut être réintegré même par le Juge feculier, fans qu'il ait befoin de Lettres de reftitution, ni refcript du Pape, comme plufieurs ont penfé; jugé au Confeil Privé du Roy le 2. Janvier 1542. pour François Matthieu contre Nicolas de Berry: celuy-ci condamné fur peine de prifon, à paffer une procuration valable & en bonne forme, pour retroceder la Cure de faint Hilaire de Lymerat, en faveur de Matthieu, duquel il avoit extorqué une refignation, avec deffenfes à Matthieu de paffer une procuration fans l'autorité de fon curateur, & à tous refignataires d'accepter à l'avenir telles refignations fur peine d'amende arbitraire. Arrêt femblable de Bourdeaux du 25. Juillet 1564. *Bibliotheque Can. tom. 2. p. 293. col. 1.*

291   Le fait de fimonie concernant le refignant qui n'en a été convaincu, ne nuit à fon refignataire, & n'eft facilement reçû en regale. Jugé au mois de Mars 1574. *Charondas*, *liv. 1. Rép. 9.*

RESIGNATION, TITRE CLERICAL.

292   Celuy qui a pris les Ordres fous le titre de fon Benefice, quoiqu'il n'ait pas d'ailleurs de quoy vivre, peut le refigner. C'eft l'ufage de France contre la prohibition du Concile de Trente, *Neque ea refignatio admittatur, nifi conftito quod alimde vivere commodè poffit*, & contre l'ufage & le ftyle des Officiers de la Daterie, qui dans les fignatures d'Indult *extra tempora*, à titre de Benefice, mettent toûjours la claufe aprés qu'il aura apparu que les fruits dudit Benefice

Kkk ij

font suffisans pour sa subsistance ; *Constito prius quod idem orator capellaniam hujus modi verè, realiter, & pacificè possideat, & capellania hujus modi fructus ad congruam sui sustentationem sufficiant.* Pastor lib. 3. tit. de renunciat. num. 14. Pinson de tit. Beneficiorum num. 19.

293   Par Arrêt du Parlement de Paris du mois d'Avril 1592. lors seant en la ville de Tours, il a été jugé que le Benefice dont un Prêtre étoit pourvû lorsqu'il a été reçû à l'Ordre, pouvoit être résigné. *Vide cap. Cùm secundùm Apostolum, & cap. Tuis quæstionibus de Prebend.* Biblioth. Can. to. 2. p. 644. col. 2.

RESIGNATION, VACANCE.

294   Si un homme a résigné son Benefice à une personne qui ne peut l'obtenir à cause de quelque incapacité & inhabilité, on demande si le Benefice vaque par la résignation, en sorte que le résignant n'y puisse rentrer. Rebuffe tient que le résignant peut rentrer ; *Parisius* est d'avis contraire. *Voyez* Frain, page 858.

295   C'a été une grande question dans laquelle Gomez & Du Moulin, sur la regle *de infirmis resig. que*. 29. sont d'avis contraires, de sçavoir lors d'une résignation en quel temps commence la vacance. Gomez a crû que c'étoit du jour de la procuration pour résigner, & que le Notaire comme Juge cartulaire, avoit l'authorité de recevoir la renonciation à un Benefice. Du Moulin au contraire a refuté cette opinion, il l'appelle simoniaque, en ce qu'elle attribuë à un Laïc le pouvoir sur des choses spirituelles. L'opinion de Du Moulin a prévalu à celle de Gomez. *Bibliotheque Can.* tom. 1. p. 287.

296   Si le résignant continuë de percevoir les fruits, la résignation est caduque, & le Benefice vaque, non par elle mais par la mort du résignant qui n'est point dépossedé. *V.* Rebuffe 3. part. praxis Benef. dans ses additt. sur la 37. regle de Chancel. où il rapporte des Arrêts des 13. Août 1504. 15. Mars 1508. & 7. Septembre 1526.

RESIGNATION, Visa.

297   Si un titulaire peut résigner avant qu'un devolutaire ait pris visa ou Lettres *In formâ dignum* de l'Ordinaire ? Oüy, dit *Basset*, tom. 1. liv. 1. page 58. parce que les rescrits *cum decreto & committatur Ordinario in formâ dignum antiqua aut novissima* ne sont que provisions conditionnelles, ou autrement *mandata de providendo*, dont la perfection dépend du visa. *Vide ibid.* p. 59. Duperray *en sa capacité des Ecclesiastiques, p.* 642. *& suiv.* refute cette opinion, & dit que les mandats *de providendo* ont toûjours été donnés *ad vacatura*, ce que l'on appelle graces expectatives, lesquelles ont été abolies par le Concile de Trente à la reserve des Graduez, Indultaires, Brevetaires de joyeux avenemens & serment de fidelité. Comme le Pape donne tous les jours des provisions sur de veritables vacances, il est vray de dire que les provisions donnent *jus in re*, & que les graces expectatives ne donnent qu'un droit *ad rem*, lequel on ne peut résigner, le résignataire peut donc résigner *possessione nondum adepta*, à un tiers & sans avoir un visa, quand même il luy auroit été refusé pour cause d'indignité.

298   Si le résignataire n'a point pris de visa, le résignant n'est point dépossedé, ensorte que le résignataire mourant, le Benefice ne vaqueroit par sa mort. *Voyez* M. du Perray *en sa capacité des Ecclesiastiques, page* 643.

299   Le résignataire ayant sa signature de Rome *sub formâ dignum*, doit se présenter à l'Evêque pour avoir son visa, autrement la provision est nulle, & donne ouverture à la vacation par mort, & à la regale. Arrêt du 22. Juillet 1575. *Papon liv.* 2. tit. 3. n. 19.

300   Un titulaire peut résigner avant qu'un devolutaire ait pris visa, ou Lettres *in formâ dignum* de l'Ordinaire. Arrêt du 2. Septembre 1665. La raison donnée est que les rescripts *cum decreto & committatur Ordinario* ne sont que provisions conditionnelles, ou autrement *mandata de providendo*, dont la perfection dé-

pend du visa. *Voyez* Basset, tome 1. liv. 1. tit. 4. ch. 10. & cy-après verbo *Visa*.

RESIGNATION D'OFFICE.

301   *Voyez* cy-dessus le mot *Offices* §. *Resignations d'Offices*.
   Des résignations & survivances promises ou prohibées. *Voyez la Conference des Ordonnances liv.* 11. tit. 86. & la Bibliotheque Can. tome 2. p. 500.

302   En Offices il faut pour valider la résignation, qu'il y ait reception & prestation de serment, *alioqui* le résignant demeure toûjours en possession, & le résignataire mourant, *non censetur vacare Officium.* Jugé le 27. May 1573. contre les Elûs d'Orleans, pour un Duplessis qui avoit résigné à un autre depuis la mort de son premier résignataire non receu, ils vouloient faire supprimer cet Office par mort. Papon, *liv.* 3. tit. 6. *nombre* 2.

303   On n'est point contraint précisément de résigner un Office dont on est pourvû, bien que l'on s'y soit obligé ; cela se resout en dommages & interêts. Arrêt de 1608. M. Bouguier lettre R. nombre .13.

304   Arrêt du mois de Mars 1615. qui a jugé que la résignation d'un Office de Conseiller de la Cour n'avoit pû être revoquée. Le résignant offroit des dommages & interêts, mais il étoit prouvé que le résignataire avoit manqué trois ou quatre occasions. *Le Bret liv.* 2. decision 2.

305   Après un crime & assassinat commis & avant la Sentence Prevôtale de mort donnée contre l'accusé & mort dans les cinq ans, la résignation de son Office est valable, parce que ce n'est pas une vraye & parfaite condamnation, mais feinte & imparfaite. Jugé le 18. Septembre 1618. M. le Prêtre première Cent. ch. 84. in margine.

RESSORT.

1   DU dernier ressort, & que c'est un des principaux droits de la Souveraineté. Le Bret, *Traité de la souver. liv.* 4. ch. 2.

2   Arrêt du 4. Septembre 1545. qui défend à tous Magistrats de porter juger les Procez hors des ressorts des Sieges où les matieres sont traitées. La Rocheflavin liv. 6. tit 56. Arr. 8.

3   Sergens & Notaires ne peuvent exploiter ni instrumenter és terres des Hauts-Justiciers, sinon és cas de ressort, & par la permission desdits Seigneurs, suivant l'Ordonnance. Jugé par Arrêts des 20. Decembre 1575. & 20. Mars 1603. M. le Prêtre 4. Cent. chap. 34.
   Voyez le mot *Notaires* nomb. 181. bis & suiv.

4   Il n'est pas permis de distraire du pays de Bourgogne hors du ressort, sans visa ou *partatis* de la Cour. Arrêt du Parlement de Dijon du 16. Février 1615. Bouvot, tom. 2. verbo Sergent, quest. 25.

5   Arrêts du Parlement de Provence des 21. Mars 1634. & 21. May 1665. qui défendent aux Officiers de faire des procedures hors le lieu de leur établissement. Boniface, tom. 1. liv. 1. tit. 25. n. 4.

6   Arrêt du même Parlement de Provence du 23. Janvier 1687. qui a jugé que les Parties de differens ressorts en même Cause, pour être attirées au Lieutenant General d'Aix, suivant l'Edit de Cremieu, doivent être Parties principales. Boniface, tom. 3. liv. 1. tit. 8. chap. 17.

RESTITUTION.

1   IL y a la restitution qui consiste à rendre une chose induëment prise & reçuë ; & la restitution qui est un rétablissement dans le premier état où l'on étoit avant un acte passé.
   La restitution dans le premier sens que nous luy donnons, est un droit bien negligé, & sur lequel les Jurisconsultes se sont expliquez aussi-bien que les Canonistes.

2   Définition & sens de ce mot *Restituere*. *L.22. 35. 73.*
75. . 94. & 246. §. 1. D. de verb. sign.
Restitution emporte les fruits. *L. 173. §. 1. D. de*
reg. juris.
Sur la restitution des biens mal acquis. *Voyez les*
Auteurs qui suivent.

3   *S. Bernardini de Christianâ Religione, sermo 33. &*
7. sequentes.

4   Dominicus Sotus *de Jure & Justitiâ, libro 4. quæs-*
tione 6. & 7.

5   Silvester *tractatus octo, & alii in summis.*

6   *De restitutionibus usurarum.* Fratris Franc. de Plateâ
& Gerardi Senensis. *Ord. Herem.*

7   Franc. de Plateâ *tractatus restitutionum & usurarum.*
Joannis de Medinâ *codex de restitutione.*
S. Thomas *2. 1. quæstio 62.*
S. Antonini *summa confessionalis cum tractatu de res-*
titutionibus.

8   *Rebus pignoratis pretio redemptis, an ad restitutio-*
nem pratii agi possit ? Voyez *Andr. Gaill. lib. sing. ob-*
servatio. 11.

9   Des fruits & de la restitution d'iceux. *Ordonnances*
de Fontanon, to. 1. li. 3. tit. 62. p. 640.

10   De la restitution de fruits, arrerages, dommages
& interêts, & remboursement de réparations. *Voyez*
le mot *Fruits, n. 139. & suiv.*

11   Restitution de fruits en faveur de l'Eglise qui rentre dans un domaine aliené. *Voyez* le mot *Alienation*
de biens d'Eglise, nomb. 86.

12   Legs par forme de restitution. *Voyez* le mot *Legs,*
nomb. 598. & suiv.

13   De la restitution de la Dot. *Voyez* le mot *Dot, n.*
372. & suiv. & cy après le nomb. 65.

14   Le mineur, qui a traité avec son tuteur, & reçu argent, peut, étant restitué, être contraint à rendre ce
qu'il a reçu ; mais son office de bailler caution est suffisante de rendre s'il se trouve debiteur. Arrêt du
Parlement de Dijon du 15. Juin 1619. *Bouvot, to. 2.*
verbo *Tuteurs & Curateurs, quest. 24.*

RESTITUTION DU CONDAMNE'.

15   Restitution du condamné en ses biens par Lettres
du Prince. *Voyez* le mot *Condamné, nombre 28. &*
suivans.

LETTRES DE RESTITUTION.

16   *Voyez* cy-dessus *Rescision*, & à ce sujet le Commentaire Latin de Jean Constantin sur l'Ordonnance
de François premier.

17   *De restitutione in integrum.* Per Emanuelem Cos-
tam, & per Joan. Mauritium Dolanum.

18   *Tract. de restitutione in integrum variorum*
fol. Francofurti.

19   Oddius *de restitutione in integrum.* vol. in folio.
Ffurti 1671.

20   *De restitutione in integrum adversùs lapsum fatalium.*
Voyez *Andr. Gaill. lib. 1. observ. 143.*

21   Restitution demandée contre un contrat. *Voyez* le
mot *Contrat, nomb. 24. & suiv.*

22   *Mainard, liv. 6. ch. 16. & suiv.* montre que *Papon*
rapportant un Arrêt du Parlement de Toulouse au
titre des Restitutions en entier, livre 16. Arrêt dernier a erré au fait.

23   Si l'émancipé est restituable ? *Voyez* le mot *Emanci-*
pation, n. 33. & suiv.

24   Des restitutions en general, de la restitution des
mineurs & des majeurs. *Voyez* le 2. tome des *Loix Civi-*
les, liv. 4. tit. 6.

25   De la restitution en entier, de ses causes, soit minorité, crainte, dol, erreur de fait. *Voyez Despeisses,*
to. 1. p. 738. & suiv.

26   *De iis quæ faro accidunt, non datur in integrum resti-*
tutio. Mornac *l. 44. ff. ex quibus causis majores, &c.*

27   *Non enim eventus damni restitutionem indulget ; sed*
inconsulta facilitas, ætatisque lubricum. Mornac *l. 11. §.*
sciendum ff. de minoribus 25. annis.

28   *Beneficium restitutionis transit ad hæredem ; & tem-*

pus quod ad in integrum restitutionem defuncto superverat,
non currit hæredi minori. Mornac *l. 2. C. de temporibus*
in integrum restitutionis, &c.

29   La restitution passe à l'heritier & acquereur. *Voyez*
M. le Prêtre premiere Cent. chap. 48.

30   Interpretation & limitation de la Loy seconde au
C. ubi & apud quem cognitio in integrum restitutionis
agitanda sit ? V. Ayrault, Plaidoyé 15.

31   *Minor vel Ecclesia an beneficium restitutionis in inte-*
grum, adversùs rem bis judicatam, vel tres sententias
conformes petere possit ; & quis potest in integrum resti-
tuere, & hac restitutione impediatur executio ? Voyez
Franc. Marc. to. 2. quest. 54.

32   *An concedatur restitutio in integrum adversùs purga-*
tionem civilem, quam vocant, solito ritu perastam, &
sententiâ plenè conclusam. Voyez *Stockmans, decis. 113.*

33   *Nulla admittitur in integrum restitutio, contrà adju-*
dicationes & alienationes decreto judicis factas. Voyez
Ibidem, *decis. 114.*

34   L'Instance de restitution poursuivie pardevant le
Juge du domicile du creancier. Arrêt du Parlement
sans date rapporté par *Bouvot, to. 2. verbo Rescision de*
contrat, quest. 4.

35   Aux Grands Jours de Troyes M. Loüis Buisson
plaidant une Requête civile, dit que la Republique
est restituable comme le mineur ; il fut débouté, parce
qu'il n'alleguoit des moyens pertinens. *Bibliotheque*
de Bouchel, verbo *Restitution.*

36   *Henrys, to. 2. liv. 4. quest. 61.* établit par plusieurs
autoritez, & par de bonnes raisons, que la crainte reverentielle n'est pas suffisante pour faire rescinder
les actes passez par les femmes & par les enfans, sous
prétexte de l'autorité & de la persuasion de leurs parens, ou de leurs maris ; il met une exception à cette
regle si l'action refléchit contre le pere ou le mari,
comme quand ils sont garands de la chose alienée.

37   Une confession faite dans l'énoncé des Lettres Royaux, sur une copie que la partie adverse avoit fait
signifier par fraude, ne fait point de preuve contre
celuy qui veut être relevé. Arrêt du 15. Janvier 1494.
Charondas, liv. 3. Rép. 24.

38   En restitution de contrat on peut demander de
joüir par provision. Arrêt du 31. Mars 1502. *Ibidem,*
liv. 5. Rép. 31. & liv. 7. Rép. 176.

39   Lors qu'un mineur a fait rescinder une transaction, il ne peut plus y renoncer, ni par requête être remis
au même état qu'il étoit auparavant. Arrêt du Parlement de Dijon du 28. Decembre 1577. *Bouvot,*
to. 1. part. 2. verbo Mineur.

40   Un particulier executé & pris au corps par un Sergent, étant mené à sa priere vers le creancier, auquel
il fait vente de marchandise, est restituable contre
cette vente, Arrêt du Parlement de Dijon du 25. Decembre 1569. *Ibid. to. 2. verbo Rescision, quest. 11.*

41   Une fille recevable à se pourvoir par Lettres Royaux, afin de restitution en entier contre un contrat
& ratification d'icelui faite par elle au prejudice des
droits successifs en la succession de sa mere & de son
oncle au profit de son pere. Arrêt du 4. Juin 1579.
Le Vest, Arrêt 199.

42   *Henrys, to. 1. liv. 4. ch. 1. quest. 3.* rapporte un Arrêt du 7. Septembre 1655. qui en restituant le fils mineur, déboute la mere qui s'étoit obligée pour lui, de
la restitution par elle demandée. L'Auteur observe
qu'elle avoit fait diverses fuites, n'avoit voulu rapporter l'Inventaire ni son compte, s'étoit laissée décheoir, & avoit été condamnée en son nom ; ainsi ce
n'étoit pas pour le mineur seul qu'il s'étoit obligé,
mais pour se liberer de l'effet d'une condamnation
personnelle. *Bonus judex varie ex personis causisque*
constituet L. in fundo. ff. de rei vindica.

43   Restitution en entier accordée contre une delega-
tion aux Ursulines de S. Romans, par Arrêt du Parlement de Grenoble du 31. Juillet 1654. *Basset, to. 2.*
liv. 6. tit. 1. ch. 5.

44 Le Chapitre de l'Eglife Collegiale de Montfaucon en Argonne, ayant été obligé de créer une Chapelle fous le nom de Saint Pierre, de deux cents livres de revenu par les menaces de celuy qui commandoit l'armée en Lorraine, pour récompenfer le Chanoine qui fe démettroit de fon Canonicat en faveur d'une perfonne marquée par ce Commandant, le Chapitre a obtenu des Lettres de refcifion contre cette fondation comme faite par violence. Ces Lettres ont été enterinées par Arrêt du 30. May 1665. mais celuy qui avoit donné fon Canonicat en permutation de la Chapelle, fut maintenu & gardé dans la poffeffion & joüiffance de fon Canonicat avec reftitution de fruits. *V. le 2. tome du Journal des Aud. liv. 7. ch. 23.*

RESTITUTION, ADITION D'HEREDITÉ.

45 Voyez *Henrys*, tome premier, *livre* 6. chap. 5. queftion 32.

46 Mineur qui veut être reftitué contre l'acceptation d'une heredité, doit 1°. juftifier de la minorité, 2°. de la lefion. Arrêt du Parlement de Grenoble du 22. Decembre 1457. *Bibliotheque de Bouchel*, verbo *Reftitution*.

47 Une femme majeure eft reftituable contre une adition d'heredité onereufe acceptée de parole feulement, quand par dol on a recelé & tû les dettes paffives & charges de l'heredité. Arrêt du 7. Septembre 1559. *Le Veft*, Arrêt 66.

48 Un mineur s'étant fait reftituer contre une adition, telle reftitution peut être oppofée aux creanciers ; non oüis ni appellez, & cependant la provifion peut être ajugée. Arrêt du Parlement de Dijon du 26. Mars 1576. *Bouvot, to. 1. verbo Mineur, queftion* 13.

49 Un majeur qui a accepté une fucceffion avec un mineur, peut être reftitué, *ex confequentiâ & capite minoris cohæredis*, à moins que le creancier hereditaire ne veüille fe contenter de la part & portion du majeur pour le payement de fon dû. Arrêts des 5. Mai 1578. & 9. Mai 1591. Papon, liv. 15. tit. 1. n. 15.

50 Une mere tutrice de fa fille, fut relevée de l'acceptation pure & fimple qu'elle avoit faite pour elle de l'heritage de fon pere, fans aucune preuve de lefion, par Arrêt du Parlement de Grenoble du 13. Août 1579. rapporté par M. le Préfident de la Croix Chevrieres. C'étoit une femme qui avoit accepté fans l'avis des parens de fa fille. *Voyez Chorier en fa Jurifprudence de Guy Pape, p.* 321.

51 Un majeur ayant apprehendé une fucceffion avec un mineur, fi le mineur par après fe trouvant lezé en l'adition de l'heredité fe fait relever, le majeur fera relevé en confequence de la reftitution du mineur. Arrêt du 23. Mars 1580. fuivant la Loy *Si communem, ff. quemad. fervit. amitt.* Cela eft fans doute en droits individus, & audit cas de reftitution eft tenu rendre compte aux creanciers & legataires de la fucceffion, de la geftion & maniement que fon Tuteur ou Curateur en a fait, & tout ce qui aura été fait par eux de bonne foy fera valable, fera déclaré valable. *Tronçon, Coût. de Paris, art.* 317.

52 Ifabeau du Mas avoit accepté en minorité l'heredité pure & fimple de fon frere decedé ; elle eft pourfuivie par les créanciers ; fon mary plaide en cette qualité pardevant le Prevôt de Paris ; depuis il obtint Lettres pour être receu à fe porter heritier par benefice d'inventaire , il appelle. Arrêt confirmatif, Requête civile ; elle dit qu'elle eft encore mineure , & qu'elle n'a pas été bien défenduë , qu'on devoit répudier la fucceffion de fon frere qui luy étoit recevable infiniment onereufe, comme de fait elle y renonce. Le mary intervient, qui demande en confequence de la reftitution de fa femme, d'être déchargé des pourfuites. Par Arrêt du 25. Février 1604. la Requête civile enterinée, & en confequence de la reftitution de la femme, le mary déchargé. On allegue deux femblables Arrêts donnez auparavant, l'en

de Thomas, l'autre de Annot. *Bibliot. de Bouchel*, verbo *Reftitution*.

53 Un majeur ayant apprehendé une fucceffion avec un mineur, le majeur fait renoncer le mineur en le mariant, qui après fe trouvant lezé, fe fait reftituer, le majeur fera reftitué *ex confequentiâ reftitutionis minoris*. De même un majeur & un mineur s'étans folidairement obligez, même le majeur fe faire ratifier au mineur parvenu en âge de majorité, le mineur fe faifant reftituer, le majeur le fera auffi *ex confequentiâ minoris*. Prononcé le 27. Juin 1609. *Chenu, 2. Cent. queft.* 64. *&* 65.

54 Jugé par Arrêt du Parlement de Paris du 11. Août 1611. qu'un mineur ayant apprehendé la fucceffion de fon pere, duquel les fonds étoient fubftituez ; depuis étant majeur, & dans l'âge de 35. ans, s'étant fait relever, tant de ladite apprehenfion, que d'un contrat fait avec un creancier de fon pere, y a été reçu, à la charge de rendre compte des biens non fubftituez à fes dépens. *V. Filleau*, 4. part. queft. 189.

55 Majeur non recevable de recourir à une répudiation d'heritage , fur tout les chofes n'étant plus en leur entier. Arrêt du Parlement de Grenoble du 3. Juillet 1639. *Baffet, tome* 2. *liv.* 6. *tit.* 1. *ch.* 1.

56 Un majeur fe peut faire reftituer d'une adition d'heredité qu'il a traite étant mineur, hors le cas de fraude & de mauvaife foy continuée. *Voyez M. Loüet, lettre H. fom.* 14. pendant dix ans, à compter de fa majorité, pourvû que dans ces dix années de majorité, il ne faffe point d'autres actes d'heritier que ceux qu'il a commencés en minorité, comme fi mineur, il a fait un bail d'une terre de la fucceffion , & devenu majeur , il reçoit les loyers & donne quittance , cette quittance n'eft qu'une fuite du bail. Jugé à Paris le 4. Septembre 1660. *Journal du Palais.*

57 Un tuteur accepte une fucceffion pour fon mineur ; ce mineur decede , & laiffe fon tuteur pour heritier ; le benefice de la reftitution qui appartient au mineur paffe à fon heritier majeur, & ce benefice peut être demandé par l'heritier pendant le temps qu'il a pû être demandé par le mineur , c'eft-à-dire , pendant dix ans de fa majorité , c'eft pourquoy les Lettres furent enterinées , & les Sentences infirmées, & ordonné que les parties viendroient à nouveau compte à l'amiable, pardevant deux Marchands de Paris Jugé à Paris le 18. Août 1678. *Journal du Palais.*

58 Un mineur qui accepte fous l'autorité de fa tutrice la fucceffion de fon pere purement & fimplement, & perfevere dans cette acceptation depuis fa majorité fans faire inventaire, eft recevable à l'accepter par benefice d'inventaire, & eft bien fondé dans fes Lettres de reftitution obtenuës dans les 10. ans de fa majorité contre cette acceptation ; & la veuve fa mere & tutrice recevable à renoncer à la communauté , après avoir geré & adminiftré les effets en qualité de tutrice, fans inventaire pendant plufieurs années. Jugé à Paris le 16. Février 1679. *Ibidem.*

59 Un mineur qui a accepté une heredité eft reftituable *initio infpecto* , encore qu'il ait perfeveré dans l'acceptation qu'il en a faite par des actes paffez en majorité jufqu'à la trente-cinquiéme année de fon âge, fans en avoir profité. Jugé au Grand Confeil le 16. Decembre 1680. *Journal du Palais.* Voyez dans le même Journal les Arrêts du premier Mars 1675, & 16. Février 1679.

RESTITUTION , ASSOCIATION UNIVERSELLE.

60 Affociation de tous biens qui pourront échoir par droit de fucceffions quelles qu'elles foient , ne fe peut refcinder par Lettres Royaux. Jugé en la caufe de Vertamont par Arrêt du P. de Bourdeaux du 21. May 1571. depuis confirmée par Arrêt du Grand Confeil du 27. Janvier 1573. *Voyez la Bibliot. de Bouchel*, verbo *Affociation.*

61 *Henrys*, tom. 1. liv. 4. ch. 6. queft. 23. décide qu'une

fille mineure peut être restituée, contre une association universelle faite avec son mary par leur contrat de mariage. Il rapporte l'exemple de la communauté entre conjoints, dans les Pays de la Coûtume. Il cite *M. Loüet, sur la lettre M. ch. 9.* pour prouver que les filles mineures peuvent par contrat de mariage mettre tous leurs biens en communauté. Cependant les Arrêts rapportez en cet endroit par M. Loüet, ont jugé que l'ameublissement fait par une fille mineure dans son contrat de mariage, est reductible *ad legitimum modum.* Il y a plus, les Arrêts rapportez par le même Auteur, sous la même lettre, *chapitre 10.* ont jugé, que quand la dot d'une mineure consiste en deniers, son tuteur n'en peut faire entrer que le tiers en communauté, & que le surplus demeure propre à elle & aux siens de son côté & ligne. Cette Jurisprudence est aujourd'huy certaine au Palais.

RESTITUTION, COMMUNAUTEZ.

62 Si les Communautez sont restituables envers les contrats, sous prétexte de lézion après les dix ans. Arrêt du Parlement de Provence du 9. Février 1662. qui ordonna le rapport par Experts de la valeur des biens. *Boniface, to. 4. liv. 10. tit. 3. ch. 15.*

63 Si les Corps & Communautez doivent venir dans les dix ans, pour la rescision des contrats, où si l'on peut doubler le temps. Arrêt du même Parlement d'Aix du 22. Mars 1679. qui regla le temps à dix ans? *Ibid. liv. 3. chap. 14.*

64 Arrêt du Parlement de Toulouse au mois de Juillet 1694. qui restituë la Communauté de S. Plancard en Nebouzan, contre un bail emphyteotique, où elle avoit renoncé à la faculté de déguerpir. On n'eut point d'égard à la fin de non recevoir, tirée de ce que la Communauté n'étoit point venuë dans les dix ans. *Voyez les Arrêts de M. de Catellan, livre 3. chapitre 31.*

RESTITUTION DE LA DOT.

65 S'il est toûjours veritable que pour la restitution de la dot, le mary ne soit tenu que *in quantum facere potest?* Voyez *Henrys, to. 2. liv. 4. quest. 63. & to. 1. liv. 4. ch. 3. quest. 9.* où il parle de la dot & de son payement.

Voyez cy-dessus *le nomb. 13.*

RESTITUTION, ETRANGER.

66 Etranger est recevable à obtenir Lettres pour être restitué contre un contrat fait avec un François, où il prétend avoir été lezé d'outre moitié de juste prix. Arrêt du Parlement de Paris du 18. Juillet 1616. *Le Bret, liv. 2. Décision 3.*

RESTITUTION DES FEMMES.

67 Restitution accordée à la femme qui s'est obligée. *Voyez* le mot *Femme, nomb. 116. & suiv.*

68 Femme obligée *in solidum* avec son mary, peut être après sa mort restituée de la moitié de l'obligation, encore qu'elle eût renoncé au Velléian. *Carondas, livre 2. Réponse 42.* Cette Jurisprudence est changée.

69 Une femme après dix ans de majorité, ne peut être relevée de la renonciation faite à la succession de pere & de mere, en faveur de son frere & tuteur. Arrêt du 29. Mars 1575. *Carondas, liv. 11. Rép. 45.*

70 Si une femme mineure, qui de l'autorité de son mary baille à rente emphyteotique un lieu infertile & inculte, peut être relevée par Lettres du Prince, sous prétexte de minorité & lézion? *Voyez Bouvot, tome 1. part. 3. verbo Mineur, quest. 2.*

71 La femme mineure ayant après le décez de son mary, accepté la communauté, ne peut être restituée par Lettres, & être reçuë à la renonciation, en rapportant ce qu'elle auroit reçu. Arrêt du Parlement de Dijon du 21. Avril 1586. *Bouvot, tome 2. verbo Rescision de contrat, quest. 18.*

72 Jugé au Parlement de Paris le dernier Juillet 1600. que le temps de la restitution, à cause de la minorité,

court contre la femme mariée pendant son mariage, quoiqu'elle ait mis en fait qu'elle a été contrainte par son mary à passer l'acte; mais elle est restituée, *ex capite* de la force, si elle est prouvée. C'est pourquoy la Cour ordonna qu'il seroit informé des violences, sans avoir égard à la minorité. *V. la Bibliot. de Bouchel,* verbo *Restitution.*

73 La donation faite par un pere à sa fille, qui à l'instant par acte separé, declare ne s'en vouloir servir, n'est pas valable, & la fille, *in casu posito*, peut être restituée contre sa declaration, pour n'avoir pas été autorisée de son mary. Arrêt du 7. Mars 1620. *Henrys, tome 1. liv. 4. chap. 1. quest. 4. avec l'avis de l'Auteur.*

74 Dans la Coûtume d'Anjou une femme majeure de vingt ans, mineure de vingt-cinq, a été restituée contre une indemnité par elle consentie avec son mary, pour une somme de 300. livres, avec mainlevée de ses immeubles saisis réellement, par Arrêt du 4. Decembre 1655. *Bardet, tome 1. livre 4. chapitre 30.*

75 Separation volontaire entre le mary & la femme d'habitation & de biens, avec autorisation expresse de la femme pour passer certains contrats, suivie de la promotion du mary aux Ordres sacrez, n'empêche qu'elle ne soit restituable contre les contrats d'alienation non exprimez. Arrêt du 13. Juin 1642. *Ibid. liv. 9. chap. 25.*

76 Une femme mineure s'obligeant pour son mary, poursuivi comme stellionataire & faux vendeur par corps, peut être restituée. Arrêt du 2. Janvier 1651. *Du Fresne, liv. 6. ch. 14.*

77 Si par la Coûtume de Reims, art. 10. le mary & la femme, quoique mineurs, sont réputez majeurs pour la disposition de leurs meubles seulement; la femme qui s'est obligée indéfiniment, demande à être restituée du chef de sa minorité, le creancier restraint l'execution son obligation sur les meubles dont elle avoit la disposition; les Lettres de rescision enterinées pour le tout, sur le fondement que l'acte étoit en luy même. Arrêt du 5. Decembre 1651. *Soefve, tome 1. Cent. 3. ch. 87.*

78 La femme ne se peut faire restituer contre le consentement par elle fait à la vente des biens de son mary, pour le tirer de prison, pour dette civile. *M. Abraham la Peirere, en ses Décisions du Palais, lettre R. nomb.* 106. rapporte un Arrêt du Parlement de Bordeaux du 14. Mars 1651. rendu en la premiere des Enquêtes, au rapport de M. de Fayard : Jugé qu'une femme, qui avoit consenti à la vente de partie des biens de son mary pour le tirer de prison, où il étoit détenu pour dette civile, se contentant du restant des biens de son mary, ne pouvoit être restituée. Pareil Arrêt au rapport de M. de Mirat, entre la femme d'un nommé Marquet, & la Dame de Monnier. Et encore pareil Arrêt en l'Audience, du 26. Janvier 1668. parce que la femme par tel consentement, *non intercedit, sed minuit.* Il y a des Arrêts qui permettent à la femme de vendre son propre bien, pour tirer son mary de prison, détenu pour crime, sans qu'elle puisse être relevée.

79 Une femme est recevable après la mort de son mary, & dix ans après avoir traité de ses droits successifs, à se pourvoir contre les actes par elle faits & passez conjointement avec son mary. Arrêt du Parlement de Paris du 11. May 1671. *De la Guesse, tome 3. liv. 5. chap. 9.*

80 Par la Coûtume de Nivernois, article 14. *des droits appartenans à gens mariez,* la femme demeure quitte des dettes de la communauté créées par les deux conjoints, ou l'un d'eux, en renonçant dans les vingt-quatre heures du décez. Cela présuposé, une femme s'oblige pendant sa minorité avec son mari, & renonce par le contrat au benefice de la Coûtume. Elle obtient Lettres de rescision plus de dix années

après la majorité acquise. Arrêt du 1. Juillet 1672. qui les enterine. On considere ces sortes de renonciations, ou comme des clauses de stile, ou comme des effets de surprise. *Soefve*, tome 1. Cent. 4. ch. 75. Il rapporte un semblable Arrêt du 27. May 1672. qui n'eut aucun égard au laps de temps, & qui restitua après les dix années, la femme ayant toûjours été sous l'autorité de son mari.

81   Si la femme separée de son mary, & colloquée pour sa dot sur les biens d'iceluy, & vendu ses biens, peut venir contre la vente 35. ans après, le mary toûjours vivant? Arrêt du Parlement de Provence du 21. Juin 1672. qui restituë la femme, & condamne l'acheteur à vuider. L'Arrêt fondé sur la prohibition d'aliener le fond dotal. *Boniface*, to. 4. liv. 5. tit. 14. chapitre 3.

82   Si la rescision de la femme envers l'obligation solidaire passée par elle & son fils, fondée sur le S. C. Velleïan, doit être obtenuë dans les dix années, ou étenduë à trente, comme passée contre le droit. Arrêt du 16. Mars 1677. qui declara la femme non recevable après les dix ans. *Ibidem*, livre 9. titre 1. chapitre 8.

RESTITUTION, GARANTIE.

83   De la restitution en fait de garantie. *Voyez* le mot *Garantie*, n. 118. & suiv.

RESTITUTION, INSINUATION.

84   On ne peut être restitué du défaut d'insinuation, au préjudice du creancier. *Voyez* le mot *Insinuation*, n. 47. & suiv.

RESTITUTION, JUGE.

85   Pardevant quel Juge doit être portée la connoissance des Lettres de rescision? *Voyez* le mot *Competence*, nomb. 20. & suiv.

RESTITUTION, MAJEUR ET MINEUR.

86   Si le benefice de restitution accordé au mineur, profite au majeur? *Voyez* Henrys, tome 2. livre 4. question 19.

87   Lorsqu'un majeur & mineur ont ensemble, & chacun d'eux seul & pour le tout, avec renonciation au benefice de division, ordre de droit & discussion, vendu l'immeuble du mineur pour ses affaires propres, ou bien que le prix est converti ou employé à son profit, si le mineur par Lettres du Prince a fait casser la vente, l'acheteur ne se peut adresser au majeur. Jugé par plusieurs Arrêts sans date. *Papon*, liv. 16. tit. 1. nomb 15. dit l'avoir sçû par aucuns de bon nom.

88   Jugé par Arrêt du Parlement de Paris du 8. Février 1603. que le mineur ne releve pas le majeur. Il s'agissoit d'une transaction consentie par un majeur & une mineure. Celle-cy fut restituée; l'autre debouté. Cet Arrêt est rapporté par *Hevin sur Frain*, page 443.

89   Jugé par Arrêt du 17. Juin 1609. qu'un majeur ayant apprehendé une succession avec un mineur, le mineur par après se trouvant lezé, & se faisant restituer, le majeur sera relevé *ex consequentiâ restitutionis minoris*.

De même un majeur & un mineur s'étant solidairement obligez, même le majeur, de faire ratifier le mineur parvenu en âge de majorité; le mineur se faisant relever, le majeur sera aussi restitué, *ex consequentiâ minoris*. *Filleau*, 4. partie, question 163. & 164.

90   La restitution du mineur ne profite au majeur son coheritier. Jugé à Paris le 17. May 1680. *Journal du Palais*.

91   Dans la Coûtume de Nivernois, des filles majeures ayant passé titre nouvel en qualité d'heritieres de leur mere, qui avoit predecedé son mary sans avoir ratifié les contrats, la mere ayant laissé passer les 35. ans sans se faire relever, les filles majeures ayant pris des Lettres pour être restituées de leur titre nouvel, en furent deboutées; & à l'égard de l'autre fille

mineure, les Lettres furent enterinées. Jugé à Paris le 11. Juillet 1682. *Journal du Palais*.

RESTITUTION DES MAJEURS.

Voyez le mot *Majeur*, n. 6. & suiv.

91   Un majeur peut être restitué en entier contre l'obligation par luy faite, s'il y a dol, & preuve que la partie est accoûtumée à en user, & que luy-même n'entendoit pas ce qu'il faisoit. *Arrêt du 9. Janvier 1556. Papon, liv. 16. tit. 3. n. 13.*

93   Jugé au Parlement de Paris le 9. Janvier 1556. qu'un majeur ayant contracté par fidejussion ou autrement, peut être restitué, *ex eâ causâ* qu'il n'entendoit pas ce qu'il faisoit, & que sa partie a coûtume de pratiquer telles fraudes. *Bibliot. de Bouchel*, verbo *Restitution*.

94   Restitution accordée à un majeur contre une renonciation à la succession de sa mere. Arrêt du Parlement de Paris du 4. Decembre 1628. *Journal des And. tome 1. liv. 2. ch. 26.*

RESTITUTION, MARCHAND.

95   Le fils aîné du sieur de la Tour, Baron de Château-roux, vint à Angers. L'Evêque de cette Ville, qui luy fit prêter de l'étoffe pour s'habiller, fut condamné envers le Marchand, sauf son recours contre le Baron. Celuy-cy interjetta appel de la Sentence; mais la Cour considerant que la somme étoit modique, & d'ailleurs que M. d'Angers n'avoit eu qu'en vûë l'honneur du pere, mit l'appellation au néant; sans toutefois que l'Arrêt pût tirer à consequence pour autres creanciers; car il faut observer que le fils étoit interdit. *Papon*, liv. 12. tit. 4. n. 2.

96   Le 4. Decembre 1585. au procez de Pierre Mallecost, contre Arnauld Bertrand Marchands trafiquant en laine de la Ville de Limours, fut arrêté & conclu qu'un Marchand trafiquant, mineur de 20. ans, ne peut être restitué en entier contre les contrats & obligations par luy faites, concernant le fait de sa negociation. *L. quòd si minor. 25. §. nam semper D. de minor. 25. annis*. La Rocheflavin, livre 2. lettre M. tit. 2. Arrêt 1.

97   Si un Marié & Marchand donnant à ferme ses biens peut être relevé par Lettres fondées sur lezion & restitué, ou s'il fait achat de marchandise, & qu'il soit lezé, ou si le mineur peut être restitué pour meubles? *Voyez Bouvot*, tc. 1. part. 1. verbo *Mineur*, quest. 4.

98   Si le fils mineur qui est Marchand, se rendant caution pour son pere avec lequel il ne demeure pas, peut être restitué en entier, sous prétexte de minorité & lézion? *Ibidem*, part. 2. verbo *Restitution*, question 4.

99   Arrêt du Parlement d'Aix du 13. Juin 1667. qui a jugé que le mineur & fils de famille industrieux n'est point restituable contre son obligation. Son pere luy avoit donné un bateau dans Marseille pour negocier; le fils fut debouté de la rescision de deux promesses de 400. livres à luy prêtées pour son commerce. *Boniface*, to. 1. li. 4. tit. 8. ch. 7.

RESTITUTION DES MINEURS.

100   De la restitution des mineurs. *Voyez* cy-dessus le nomb. 86. & suiv. le mot *Mineurs*, nomb. 138. & suiv. *Mainard*, liv. 3. ch. 36. & suiv.

101   De la restitution des mineurs dans les 10. ans de la majorité, où sont traitées plusieurs questions. *Voyez Caronáas*, liv. 6. Rép. 69.

102   *Minor non restituitur ex eo quòd utilitatis sua causâ gessit*. M. le Prêtre, 3. Cent. ch. 41.

103   *Minor restitutus pratium restituit.* Voyez *Franc. Marc.* to. 1. quest. 21.

104   Prêtre mineur, restituable. *V. Mainard*, livre 3. chap. 37.

105   Un mineur qui a emprunté des deniers par obligation pour se faire pourvoir d'un Office ne peut être restitué contre son obligation, encore que l'Office ex eventu ait été perdu par son décez avenu bien-tôt après.

après. Prononcé le 28. Novembre 1573. *Chenu*, 2.
Cent. quest. 71.

106 Mineur restitué contre la constitution de dot faite à sa sœur par son curateur sans decret, ni connoissance de cause; le curateur toutefois condamné à payer à la sœur la somme de six cents livres, leguée par le pere à une seule fois, bien que attermoyée par le testament, si mieux elle n'aimoit sa legitime, avec restitution de fruits depuis le decez du pere. *Mainard*, *liv. 3. chap. 43.*

107 Aux majeurs de 20. ans ès Coûtumes d'Anjou, art. 444. & du Maine 455. la restitution a lieu *ex capite læsionis, non minoris ætatis.* M. le Prêtre, 5. Centurie, chap. 42.

108 Procez commencé contre un mineur, poursuivi pendant sa majorité & jugé; le mineur n'est pas restituable s'il n'y a dol apparent & évidemment prouvé. *V. ibidem, chap. 44.*

109 Le mineur qui n'a fait que ce qu'un majeur eût pû faire, n'est pas restitué. Arrêt du 23. Decembre 1574. *Carondas, liv. 3. Rép. 30.*

110 L'on n'est point relevé des formalitez prescrites par les Coûtumes, le temps court contre les mineurs, sauf leur recours contre le tuteur. Arrêt du 11. Mars 1600. qui déboute un mineur du retrait non exercé dans les 40. jours marquez par la Coûtume de Berry, sauf son recours contre sa mere tutrice. *Papon, liv. 12. tit. 3. n. 17.*

111 La fille mineure se faisant relever de la quittance & renonciation par elle faite au profit de son tuteur, & personne, le mari de le pere du mari qui s'étoient obligez de faire valoir sa quittance, doivent être relevez & restituez en consequence de la restitution de la mineure; ainsi jugé le 27. Juin 1609. *V. Henrys, to. 1. liv. 4. chap. 6. quest. 25.*

112 Sur la restitution d'un fils de famille & mineur qui s'étoit dit majeur en s'obligeant pour son pere. *M. le Bret, liv. 2. décis. 1.* rapporte l'Arrêt du 4. Février 1610. & en cite un autre du 10. Février 1608. par lequel la Cour déclara nulle une promesse de 400. écus qu'un fils mineur avoit faite à un Bourgeois de Cambray pour retirer le corps mort de son pere qu'il tenoit en Arrêt pour gage de cette somme qui luy étoit dûë.

113 Un mineur ayant apprehendé la succession de son pere dont les fonds étoient substituez, depuis étant majeur & dans l'âge de 35. ans s'étant fait restituer, tant de ladite apprehension, que d'un contrat fait avec un creancier de son pere, a été restitué à la charge de rendre compte des biens non substituez à ses dépens. Prononcé le 11. Août 1612. *Chenu, 2. Cent. quest. 89.*

De restitutione minorum. Voyez Valla, de rebus dubiis, tractatu 19.

114 Pour la restitution en entier, la seule minorité ne suffit, & il est necessaire avant que de casser le contrat d'entrer en connoissance de cause de la lésion. Arrêt du 3. Mars 1629. Autre Arrêt du 6. Avril 1623. *Henrys, to. 1. liv. 4. chap. 1. quest. 1.*

115 Restitution du fils mineur pour lequel la mere s'étoit obligée, le fils s'étant fait restituer, la mere en consequence n'a pû parvenir à la même restitution en entier. *Voyez l'espece & l'Arrêt du 7. Septembre 1635. Ibidem, quest. 3.*

116 Le mineur peut être restitué envers la premiere restitution. Une fille voulant être Religieuse fait donation de tous ses biens à ses freres, à la charge de payer une somme au Convent où elle vouloit entrer; les donataires se font relever de l'acceptation. La donatrice resaisie de ses biens en fait une donation nouvelle à un beau-frere qui les vend avantageusement. Les premiers donataires obtiennent Lettres contre leur repudiation sous prétexte de minorité. Arrêt en leur faveur rendu au Parlement de Toulouse le 13. Septembre 1650. ils gagnerent leur cause

Tome III.

beaucoup plus par la parité de cas, avec celuy de la répudiation d'heredité; & par la décision des loix sur cette matiere, que par les circonstances particulieres de la lézion & suggestion du second donataire. *Voyez les Arrêts de M. de Catellan, liv. 5, ch. 65.*

117 Celuy qui a contracté avant l'âge de 20. ans accomplis, peut en obtenir relevement dans l'an trentecinquiéme de son âge. Arrêt du Parlement de Roüen, les Chambres assemblées, le 6. Avril 1666. art. 39. *Basnage, to. 1. à la fin.*

118 Mineur reçû à rentrer dans son bien vendu conventionnellement, quoique par autorité de Justice. Arrêt du Parlement de Paris du 28. Avril 1664. *De la Guess. to. 2. liv. 6. chap. 28.*

119 Arrêt du Parlement d'Aix du 16. Avril 1668. qui a jugé que le mineur n'est restituable contre l'arrentement qu'il a fait de ses biens; il l'avoit passé au même prix que celuy de son pere. *Boniface, to. 1. livre 4. tit. 8. chap. 5.*

120 Arrêt du 5. Février 1671. qui débouta un fils de famille de sa rescision, envers un consentement par luy donné à une lézion, faite par son pere d'un capital à luy appartenant. *Ibidem, tome 4. livre 8. tit. 5. chap. 5.*

121 Un mineur ne peut être restitué d'une caution judiciaire à laquelle il s'est soûmis pour tirer son frere de prison. Jugé au même Parlement d'Aix le 20. Février 1672. *Journal du Palais.*

122 Un mineur ayant accepté sous l'autorité d'un tuteur la succession de son pere, & ensuite devenu majeur ayant donné en qualité d'heritier quittance du remboursement d'une Charge d'Elû supprimée, qui étoit un des effets de la succession, a été restitué contre cette quittance, & reçû à renoncer à l'heredité paternelle. Arrêt de la Cour des Aydes de Paris, le premier Mars 1673. *Ibidem.*

123 Arrêt du Parlement de Toulouse du premier Février 1679. qui déboute un mineur de la restitution prétenduë envers sa reception dans une Confrairie de Penitens. La raison du mineur étoit qu'en cette qualité de Confrere, il étoit tenu de quelques dettes communes. *V. M. de Catellan, li. 5. ch. 27.*

124 La restitution du mari mineur, contre les contrats de rente de ses immeubles faits en minorité, & contre l'autorisation qu'il y a donnée à sa femme; & de sa femme majeure qui s'est dite separée de biens d'avec luy, & étant obligée solidairement avec luy à la garantie, doit profiter à la femme, & la faire décharger de la garantie envers l'acquereur, sans qu'il soit necessaire qu'elle obtienne personnellement des Lettres de rescision pour se faire relever de son obligation. Arrêt du Parlement de Paris du 27. Avril 1701. *V. Henrys, tome 1. livre 4. chap. 6. qu. 22.*

RESTITUTION, OFFICIERS.

125 M. d'Aygua Avocat General au Parlement de Toulouse fut restitué sous prétexte de minorité contre un contrat. *V. Mainard, liv. 3. ch. 39.*

126 Un Sergent Royal mineur peut être restitué en entier, de même que les Officiers du Roy. Jugé à Toulouse & à Bourdeaux plusieurs fois, bien que pour y être reçû il faut qu'ils rapportent preuve de leur âge de 25. ans. Le Parlement de Paris juge le contraire. *Ibid. liv. 9. chap. 4.*

127 Un contractant deçû d'outre moitié de juste prix n'est point recevable à se faire relever des choses mobiliaires venduës, ou rachetées: toutefois un mineur est reçû; témoin l'Arrêt de M. Corbin Conseiller au Grand Conseil, pour un cheval & une mulle follement achetés en minorité; & notamment si les meubles sont précieux & de grande valeur. Notable Arrêt donné à Paris le 22. Juin 1510. pour le Seigneur Daiglure qui avoit acheté un diamant de pierre fine 4000. livres, lequel achat fut annullé. *Biblioth. du Droit François par Bouchel, verbo Restitution.*

128 Un Gendarme ayant acheté un cheval, ne peut être restitué sous prétexte de minorité ou lézion, non plus qu'un mineur qui auroit acheté des meubles. Arrêt du Parlement de Dijon du mois de May 1588. *Bouvot, to. 1. part. 2. verbo Restitution. qu. 2.*

129 Officier de Judicature est censé majeur, & non restituable pour minorité. Jugé au Parlement de Paris le 7. Juin 1633. contre M. Odebert Avocat, qui depuis fut pourvû de la Charge de Conseiller au Présidial de Poitiers, débiteur solidaire d'une somme de 2400. livres, avec les interêts. *Bardet, tome 2. li. 2. chap. 39.*

130 De la restitution d'un fils mineur Auditeur en la Chambre des Comptes. M. Antoine le Picart ancien Avocat son pere, étoit appellant de l'appointement; & demandeur en requete afin d'évocation du principal. Arrêt du 27. Février 1648. qui enterine les Lettres. *Soëfve, tome 1. Cent. 2. ch. 67.*

131 Jugé par Arrêt du même Parl. de Paris du 9. May 1668. qu'un Magistrat peut prétendre d'être restitué contre un acte public par luy passé en pleine majorité, sous prétexte qu'il a été induit par fraude & circonvention à la passation de l'acte. La Cour ordonna la déduction des sommes touchées. *Ibidem, tome 2. Cent. 4. chap. 17.*

132 De la restitution en entier d'un Officier de Cour Souveraine sous prétexte de sa minorité. Arrêts du Parlement de Grenoble des 7. May 1661. & 28. Août 1670. qui ont débouté de la restitution. *Voyez Basset, to. 2. liv. 6. tit. 1. chap. 2.*

RESTITUTION, PEREMPTION.

133 On ne peut être relevé de la Peremption d'instance. *Voyez le mot Peremption, nomb. 110. & suiv.*

RESTITUTION, PARTAGE.

134 Il suffit d'être lezé du tiers ou du quart. *Voyez M. le Prêtre, 4. Cent. chap. 31. & premiere Centurie, chap. 12. Voyez la loy 3. majoribus C. comm. utriusque judic.*

135 Il ne faut pas recevoir facilement les restitutions contre les contrats faits entre Nobles pour leurs partages & droits successifs. *Voyez Charondas, livre 5. Réponse 34.*

136 Un Mineur ayant demandé partage & jetté au sort, n'y ayant point de lézion, ne peut être restitué encore que l'autorité du Juge ne soit intervenüe. Arrêt du Parlement de Dijon du 17. Avril 1581. *Bouvot, tome 2. verbo Partage, quest. 9.* *Voyez cy-dessus le titre du Partage.*

RESTITUTION, PRESCRIPTION.

137 Restitution contre la prescription. *Voyez le mot Prescription, nomb. 310. & suiv.*

RESTITUTION DES PRINCES.

138 De la restitution des Princes. *Voyez la question 305. de Guy Pape,* où il rapporte un Jugement celebre de Grenoble, le Roy Charles VII. ayant fait cession des Comtez de Valentinois & de Diois à Loüis de Poitiers, Seigneur de saint Valier, il fut restitué par la raison de cession & de la lézion.

RESTITUTION, RENONCIATION AUX SUCCESSIONS.

139 La restitution n'est point donnée contre les renonciations faites aux successions futures, au profit de ceux *qui dotaverunt renunciantem*; mais si telles renonciations sont faites aux successions acquises, l'énorme lézion est considerée. Ces deux points furent jugez par Arrêt du Parlement de Paris, conclu en la Grand'-Chambre des Enquêtes environ l'an 1531. il y avoit 24. ou 25. Conseillers, dont une partie avoit été pris des autres Chambres, ce qui rend l'Arrêt notable. *Papon, liv. 16. tit. 3. n. 4.*

140 Si un fils ayant acheté l'hoitie de sa mere, étant devenu majeur, obtient Lettres pour être reçû à la répudier, & y ayant consentement prêté à l'enterinement des Lettres, & jugement ensuite, le fils peut être recevable à renoncer au benefice desdites Let-

tres, & à se dire heritier de sa mere. *Voyez Bouvot, to. 1. part. 1. verbo Majeur, quest. 1.*

141 Si la fille qui a renoncé à la succession échûë de son pere, ou de sa mere étant mineure de 25. ans, peut être relevé? *Voyez ibidem, part. 2. verbo renonciation à la succession.*

142 Si le pere tuteur de sa fille convole en secondes nôces, & moyennant une somme fait renoncer sa fille à la succession de sa mere échûë, & à sa succession à écheoir, la fille peut se relever de cette renonciation, obtenant des Lettres, & être reçûë au partage des biens avec ses autres freres & sœurs. Arrêt du Parl. de Dijon du 9. Janvier 1612. *Ibidem, tome 2. verbo Legitime, quest. 17.*

143 Arrêt rendu le 30. Avril 1671. au P. d'Aix qui restitua un fils envers la répudiation faite par sa mere heritiere fiduciaire de son mari. *Boniface, to. 5. li. 1. tit. 25. ch. 3.* *Voyez le mot Renonciation, nomb. 236. & suiv.*

RESTITUTION, RETRAIT.

144 Restitution n'a lieu contre le temps du retrait. *Voyez Carondas, liv. 3. Rép. 67. Voyez M. Loüet, lettre R. sommaire 7.* où il y a Arrêt au mois de May 1532.

TEMPS DE LA RESTITUTION.

145 *Decem annis concluditur omnis in integrum restitutio ex Constitutione Ludovici XII. Morn. l. 3. C. quibus ex causis majores, &c.*

146 De la restitution dans les dix années. *Voyez Hevin sur Frain pag. xxxv de ses Additions aux notes.*

147 Le temps de la restitution ne peut être étendu à 30. ans au-delà de la majorité complette, il faut distinguer avec le texte de l'Ordonnance de Loüis XII. & suivant la doctrine d'Henry's tom. 2. liv. 4. quest. 10. les actes ausquels les mineurs sont positivement intervenus, & un simple laps de temps auquel on ne leur peut imputer qu'une negligence passive. Au second cas, quelques-uns tiennent que la restitution en entier dure 30. ans après la majorité, & que c'est une exception à l'Ordonnance qui prescrit par 10. ans toutes les actions rescindantes : mais lorsque les mineurs ont agi, consenti, & contracté, il faut qu'ils se fassent restituer dans la 35. année de leur âge. *Boniface tom. 5. liv. 2. tit. 2. ch. 1. n. 45.*

148 Sur le sens de l'Ordonnance de Loüis XII. art. 46. portant que dans dix ans on se doit pourvoir contre tous Contrats, il y a eu doute en matiere de Contrats de vente faits à pacte de rachat, de quel jour doivent être comptez les dix ans, ou du jour du Contrat, ou du jour du rachat, expiré? Mais la Cour de Toulouse les compte du jour du Contrat, suivant le texte de l'Ordonnance, qui est à compter du jour que les Contrats auront été faits. *Voyez Maynard liv. 3. chap. 68.*

149 Les dix ans introduits par l'Ordonnance ancienne n'ont lieu que *inter majores* quand il y a nullité, dol & fraude, & ces dix années commencent à courir du jour du Contrat & non de la majorité. L'Ordonnance de 35. ans de l'an 1539. a lieu entre mineurs, & commence à courir *a tempore majoris ætatis,* a été jugé *quod est declaratoria juris antiqui*, tellement qu'elle a lieu & pour les Contrats & pour les Procez intentez avant l'Ordonnance. *Papon, liv. 16. tit. 3. n. 1.*

150 Si le temps de la restitution commençant à courir contre un majeur, court aussi contre son heritier mineur pendant sa minorité; ou si le temps qui restoit au majeur cesse de courir jusqu'à ce que son heritier soit fait majeur? *Voyez Bouvot tom. 1. part. 2. verbo, Temps de restitution quest. unique.*

151 *Maynard liv. 3. chap. 72.* conformément au sentiment de Rebuffe, tient que la feinte & simulation d'un Contrat étant voye de nullité, l'action dure 30. ans, & n'est sujette à l'Ordonnance de dix années : cependant le contraire est observé, & l'Ordonnance est pratiquée.

152 La fille doit venir dans les trente-cinq ans, si elle est mineure ; si elle est majeure, elle doit obtenir ses Lettres, & les signifier dans les dix ans du jour du Contrat. *Voyez Bacquet, seconde partie du Droit d'Aubaine chap. 21. nomb. 17. & suivans.*

153 Quand on veut revenir contre des renonciations, ou autres actes semblables ; il faut se pourvoir dans les 10. ans, & compter depuis la majorité atteinte. *Voyez Filleau part. 4. quest. 24.*

154 La femme mariée, après les 35. ans ne peut être restituée de la renonciation, ni Contrat par elle fait étant mineure. Arrêt des Rambouillets, du 18. Juillet 1575. *Charondas, livre 6. Rép. 78. Voyez Henrys tome 2. liv. 4. q. 21. Voyez encore Charondas livre 2. Rép. 45.*

155 *Henrys tom. 2. liv. 4. quest. 74.* décide que les mineurs se doivent pourvoir dans les dix ans de leur majorité, contre les actes par eux passés avec leur tuteur. Il cite un Arrêt rendu le 26. Juin 1632. qui infirme la Sentence du Bailly de Montpensier, qui avoit enteriné des Lettres de rescision obtenuës par une mineure après dix ans depuis sa majorité, contre la quittance par elle donnée à son tuteur du reliqua de son compte, *non visis, neque dispunctis rationibus.*

156 La prescription pour le dol ne court que du jour qu'il a été découvert, comme si quelqu'un a vendu un heritage chargé de censes, qu'il a dit ignorer, & néanmoins qu'il sçavoit les avoir payées au Seigneur, le Seigneur le demandant, l'acheteur peut obtenir Lettres pour être restitué en entier. Arrêt du Parlement de Dijon du 26. Avril 1606. *Bouvot, 10. 2. verbo Rescision quest. 6.*

157 Un mineur qui a contracté avec son tuteur, ne peut être restitué dix ans après l'âge de majorité. Arrêt du Parlement de Bourgogne du 25. Février 1607. *Bouvot, tome 2. verbo Legitime, quest. 26.*

158 Un majeur recourant de la vente de ses biens faite par son tuteur, doit intenter son recours dans les 10. ans, & appeller de la Sentence d'interposition par Decret, dans le même temps de dix ans après sa majorité, autrement il n'y est plus recevable. Arrêt au Parlement de Grenoble le 17. Juin 1643. M. le Président de Servien étoit partie. *Basset, tome 2. livre 6. tit. 1. chap. 3.*

159 Dans quel temps le mineur doit être restitué ? Arrêt du 4. Août 1647. qui a jugé que l'action en reddition de compte duroit jusqu'à 30. ans, après les 35. sur le fondement que la transaction *non visis, neque dispunctis rationibus* n'étoit pas valable, au contraire nulle. Autre Arrêt semblable du 9. Février 1654. *Voyez Basset, tom. 2. liv. 6. tit. 1. ch. 3.*

160 Il ne suffit pas que les Lettres de restitution soient obtenuës dans les dix ans, si elles ne sont signifiées dans les dix ans. *Mornac ad L. 12. C. de diverf. rescript.*
Arrêt du Parlement de Bourdeaux du 21. Juillet 1660. au rapport de Monsieur de la Roche, au Procés d'Israël Juge de Monguyon : jugé qu'il ne suffisoit d'avoir obtenu Lettres de restitution dans les dix ans : mais qu'il falloit aussi les faire signifier dans les dix ans. Et il même a été jugé au mois de Mars 1660. dans l'Audience de la Chambre de l'Edit. Autre Arrêt en ladite Chambre au rapport de Monsieur de Gachon, entre les sieurs Renauder & Carré, Juge de Jonzac. *La Peirere lettre R. n. 107.*

161 Par Arrêt du Parlement de Toulouse du 17. Août 1663. jugé qu'il suffisoit au mineur d'avoir impetré dans les 10. ans des Lettres pour être relevé du laps du temps, à cause du port des Armes pour le service du Roy ; & de la condamnation à mort par défaut, quoy qu'elles ne fissent point mention de la minorité, & que la minorité n'eût été alleguée que long-temps après les 35. ans du demandeur dans ses écritures. *M. de Catellan, liv. 7. chap. 16.*
Tome III.

RESTITUTION TRANSACTION.

162 *Nulla restitutio contra transactionem ex capite lezionis, sed doli, aut metûs causâ tantùm.* Voyez *l'Ordonnance de Neron.* Voyez *M. le Prêtre 4. Cent. ch. 30.* Voyez *Charondas liv. 3. Rép. 79.*

163 Celuy qui par dol a été induit de transiger d'une succession sur un testament nul, le croyant bon, & ayant été lezé énormément, est bien fondé à se faire relever. *Voyez Charondas livre 10. Rép. 32.*

164 La force est un moyen de restitution. Arrêt du 23. Juillet 1578. contre la Dame Comtesse de Brienne, qui casse une transaction faite entre elle & les tuteurs sieurs de Luxembourg & parens, pour leur laisser l'éducation des enfans & la garde noble, suivant le testament du pere irrité contre la mere. *Papon, liv. 16. tit. 3. n. 6.*

165 Mineur n'est relevé de transaction par luy faite en matiere criminelle. Arrêt du Parlement de Paris du 2. Novembre 1581. contre un mineur qui avoit transigé pour 10. écus avec celuy qui l'avoit maltraité à coup d'épée. *Papon, liv. 1. tit. 13. n. 19.* Le même a été jugé au Parlement de Toulouse.
Voyez cy-après verbo Transaction.

RESTITUTION, VENTE.

166 L'acquereur ne peut être restitué contre un Contrat d'acquisition, sous prétexte qu'il prétend être troublé en la joüissance de l'heritage. Jugé le 11. Decembre 1546. *Voyez Charondas liv. 7. chap. 51.*

167 Une vente avoit été faite à vil prix, l'heritier du vendeur l'ignora long-temps ; l'acheteur étoit decedé sans en avoir payé le prix ni les interêts. L'heritier se pourvut pour être relevé du laps du temps *ex capite ignorantia*, & pour être reçu à faire casser la vente, & condamner les tiers possesseurs à abandonner, si mieux ils n'aimoient payer le prix legitime. Ce qui fut ordonné par Arrêt du Parlement de Grenoble du 8. Mars 1613. *Basset, 10. 2. liv. 4. tit. 16. ch. 8.*

168 S'il faut impetrer Lettres Royaux pour être reçu au Benefice de la Loy 2. *Cod. de rescind. vendit.* Au Parlement de Grenoble il a été jugé le 19. May 1619. qu'il n'en falloit point, par la raison que ce recours étant un remede ordinaire donné par le droit, on n'a pas besoin du remede extraordinaire d'une restitution en entier. *Voyez Basset 10. 2. liv. 6. tit. 6. ch. 3.* Il ajoute qu'il ne faut point de Lettres, quand on propose la simple lezion d'outre moitié, *secus* quand un autre moyen y est joint, comme dol, fraude, stellionat ; il dit aussi avoir été jugé les 7. Août 1654. & 16. May 1663. que sur le point de ce recours, l'Ordonnance de 10. ans de Louis XII. a lieu, quand il s'agit de la seule lezion d'outre moitié de juste prix.

169 Vente & cession faite au mary par les heritiers de la femme, de leur part en la Communauté, n'est sujete à rescision pour aucune lezion. Jugé au Parlement de Paris le 10. May 1633. *Bardet, tom. 2. l. 2. chap. 26.*

170 Arrêt du Parlement de Provence du 12. May 1656. qui a jugé qu'un acheteur des fruits d'un dixain d'une Communauté, est restituable pour lezion. *Boniface, tom. 2. part. 3. liv. 2. tit. 13. ch. 5.*

171 Un acquereur faute de luy livrer partie des choses venduës, & étant lezé d'outre moitié du juste prix, a été restitué, & a fait casser le Contrat. Jugé au Parlement de Paris le 31. Août 1658. *De la Guesse. tom. 2. liv. 1. chap. 56.* Le même Arrêt est rapporté aux notables Arrêts, Arrêt 20.

RETENUE FEODALE.

1 SI le droit de retenuë se peut ceder, & de la diversité de retenuë & retrait lignager ? *Voyez Coquille, tome 2. quest. 37.*

2 Les gens de main morte peuvent user du droit de retenuë feodale. Arrêt du Parlement de Paris du 15. Février 1538. qui réserve aux Chartreux quand il y

aura ouverture de Fief , de se pourvoir comme de raison. *Bibliotheque de Bouchel verbo Fiefs.*

Cette matiere est cy-après expliquée au titre des Retraits, & l'on fait un titre particulier du Retrait feodal.

RETABLIR.

Retablir. Rétablissement.

De sententia passis & Restitutis. D. 48. 23.... C. 9. 51. ult. Ce titre regarde le rétablissement des Condamnez , & particulierement le rappel de ceux qui ont été bannis.

Voyez les mots *Bannissemens , Condamnez , Rappel,* nomb. 1. & suiv. *& cy-dessus* le mot *Restitution ,* n. 15. & suiv.

RETARDEMENT.

De *usuris , & fructibus , & causis , & omnibus accessionibus, & morâ. D. 22. 1.* Retardement qui produit des interêts. *Voyez* Interêts.

Retardement vicieux. *L. 63. D. de reg. jur.*

Nul Retardement sans demande. *L. 88. D. de regulis Juris.*

RETENTUM.

Les Juges inferieurs ne peuvent faire aucun *Retentum.* Voyez *Despeisses , tom. 2. p. 566.*

RETOUR.

Le Droit de retour , se dit de deux choses bien differentes.

I. Il signifie le Droit que les peres & meres ont de reprendre , après la mort de leurs enfans , ce qu'ils leur ont donné en les mariant : & ce droit s'appelle aussi , droit de reversion : *jus reversionis.*

II. Il signifie le retour ou le rétablissement de ceux qui ont été Captifs ou Prisonniers de Guerre : *jus postliminii.*

DROIT DE REVERSION.

1 Droit de retour & deReversion, dont il est encore cy-après parlé , *verbo* Reversion.

Soluto matrimonio , dos quemadmodum petatur. D. 24 3....C. 5. 18.

Si dos , constante matrimonio , soluta fuerit. C. 5. 19.

De rei uxoriæ actione. C. 5. 13. Des actions pour la répetition de la Dot.

Lex 6. D. de jure Dot. Mornac. ad hanc. L. & ad L. 15. D. de inoff. testam.

V. Dot.

RETOUR DES CAPTIFS.

2 Retour des Captifs & Prisonniers , *Postliminium.*

De Captivis , & de Postliminio, & redemptis ab hostibus. D. 49. 15....C. 8. 51.

De Postliminio , id est , post captivitatem reversis. C. Th. 5. 5....I. 1. 12. §. 5.

De Postliminii tempore. Const. Justiniani. 1. c. 3. 4. & 6.

Voyez Prisonnier.

RETOUR , REVERSION.

3 Du droit de retour en matiere de succession. *Voyez Mourgues en son Commentaire sur le Statut de Provence page 251.*

4 Touchant le droit de retour. *Voyez Renusson traité des Propres chap. 2. sect. 19.* il dit que le droit de retour n'a point lieu à l'égard des peres naturels , car les choses données en dot à la fille bâtarde retournent au fisc.

5 Le droit de retour appartient au pere par le droit Romain , en cas que les enfans soient décedés sans enfans : le Parlement de Toulouse a étendu ce droit à d'autres qu'aux peres ; la mere , l'ayeul & autres ascendans, même les collateraux en jouïssent , mais il n'a pas été étendu au-delà des oncles & tantes.

Il se pratique dans ce Parlement , que quand le pere a doté sa fille une seconde fois , les enfans du pre-

mier mariage n'empêchent pas le retour de la dot , constituée en faveur du second , dont il n'y a point d'enfans. *Ferriere sur la Coûtume de Paris art. 313.*

6 *De Clausulâ reversionis bonorum inserta pactis nuptialibus , quando fideicommissum contineat , & quando successionem ab intestato designet ?* Voyez *Stockmans , Décis. 43.*

7 De la reversion de la veuve du dônateur en cas de prédeceds du donataire sans enfans , & sans en avoir disposé. *Voyez Peleus en ses questions illustres , qu. 41. Montholon en ses Arrêts ch. 18. & Henrys tom. 1. l. 6. ch. 5. quest. 30.*

8 Retour a lieu és coûtumes qui n'en disposent , & n'a lieu qu'*ab intestat*, & non quand l'enfant a disposé jusqu'à ce que la Coûtume le permet. *Voyez M. Loüet & son Commentateur lettre P. Som. 47.*

9 Le droit de retour ou de reversion n'a pas lieu pour la portion que la mere n'a pas retenuë , quoy-qu'elle eût pouvoir de la retenir en nommant heritier un des enfans. *Advis d'Henrys tome 1. liv. 6. ch. 5. q. 28.*

10 Le testament étant nul par la preterition de l'ayeule , la mere peut prétendre le retour de ce qu'elle avoit donné. *Advis d'Henrys tome 1. liv. 6. chapit. 5. quest. 31.*

11 La reversion stipulée par le pere où la fille décederoit sans enfans , & ses enfans sans enfans , a lieu pour les autres enfans , quoyque le pere n'ait pas survêcu sa petite fille. *Advis de M. Henrys tom. 2. liv. 6. q. 3.*

12 Quand les biens donnez par l'ascendant luy retournent , & s'ils retournent sans charges faites par le donataire ? *Voyez Coquille, tome 2. qu. 167.*

13 Le droit de retour n'est ajugé à la charge des hypoteques que subsidiairement. Arrêt du Parlement de Provence de l'an 1605. rapporté dans *Boniface , to. 1. liv. 7. tit. 8. chap. 2.*

Voyez le mot *Hypotheque nomb. 239. & suiv.*

14 La dot fait retour à la mere , la fille étant décedée sans enfans. Arrêt du 16. Février 1591. pour une ayeule , quoyque les enfans eussent survêcu à leur mere. *Cambolas liv. 1. chap. 5.*

15 En la Coûtume de Chauny où il n'est point parlé du droit de retour, Arrêt du 29. Avril 1606. en faveur du droit de retour. *M. Loüet , lettre P. Som. 47.*

16 Du droit de reversion en faveur de la mere. *voyez les Plaidoyers celebres dediez à M. de Nesmond , page 297.* où il est observé qu'il a été prononcé diverse-ment sur cette question par le Parlement de Bourdeaux , & quelquefois jugé que le pere seul , ou l'ayeul paternel , devoient jouïr du droit de réversion , par vertu de la puissance paternelle, & non la mere , ni l'ayeul maternel ; mais elle est aujourd'huy résoluë aussi bien en faveur de la mere , & de l'ayeul maternel , que du pere , par les derniers Arrêts donnez au même Parlement.Il y a encore l'Arrêt de Jean Joly, contre Joseph Brignon , du 22. Août 1607. quoique par cet Arrêt il ait été ajugé à Brignon comme pere un droit de legitime ; le Parlement a depuis jugé n'être dûë aucune legitime , & ne l'eût ajugée par l'Arrêt sans le consentement de Joly.

17 Le gain que le mari fait en survivant à sa femme , étant retourné à l'enfant du premier lit , doit être censé propre maternel en la succession du fils. Arrêt du premier Juin 1619. *Brodeau sur M. Loüet , lettre N. somm. 3. n. 16.*Voyez *Henrys , to. 2. liv. 4. qu. 25.*

18 Le droit de retour n'a pas lieu en faveur des oncles par alliance. Arrêt du 10. May 1621. *De Cambolas , li. 1. chap. 5.*

19 L'ayeule maternelle en la Coûtume de Berry , legue une terre à sa petite fille en faveur de mariage ; elle decede sans enfans , l'ayeule aussi decede ; la terre leguée à la petite fille doit appartenir à la mere, comme étant de l'estoc & ligne , & la plus proche, & ce à l'exclusion des oncles. *Brodeau sur M. Loüet ,*

lettre P. somm. 47. *nomb.* 4. où l'Arrêt qu'il rapporte
est daté du 5. Janvier 1630. *Ricard sur la Coûtume de
Paris, art.* 312. rapporte ce même Arrêt. *Voyez Henrys, to.* 1. *liv.* 6. *chap.* 5. *qu.* 12. où il y a Arrêt du 12.
Juillet 1625. qui a jugé le retour au profit de l'ayeul :
ce n'est pas que le fils ou la fille donataire ne puisse
par testament faire préjudice au droit de retour, &
en exclure le pere à la réserve de la legitime. Jugé le
6. Avril 1593. *Peleus, quest.* 70. *Voyez Henrys, to.* 1.
liv. 6. *ch.* 5. *quest.* 13. & *tome* 2. *liv.* 5. *quest.* 60. &
liv. 6. *quest.* 3. & 11. M. le Prêtre, *ès Arrêts de la Cinquième* où il y a Arrêt du 12. Juillet 1615. qu'Henrys
rapporte, comme il est marqué cy-dessus.

20 Retour stipulé par une mere en cas que sa fille décé-
dast sans enfans, & que la mere survécût ; la fille &
l'enfant étoient morts sans sçavoir lequel avoit survécu, transaction avec la mere, à qui on avoit fait
entendre que l'enfant avoit survécu, l'heritier prend
des lettres, les Lettres enterinées. Arrêt du 6. Juin
1641. *Henrys, tome* 1. *liv.* 6. *ch.* 5. *quest.* 33.

21 La fille survivant à la mere n'empêche pas le retour en faveur de son ayeul pour les biens qui y sont
sujets. Arrêt du Parlement de Toulouse du 27. Juin
1648. *Aibert, verbo Substitution, art.* 1.

22 Jugé au Parlement d'Aix le 16. Decembre 1655. que
le droit de retour n'a point lieu en faveur des Etrangers sans stipulation d'iceluy. *Boniface to.* 1. *liv.* 7. *tit.*
8. *chap.* 5.

23 Clause de réversion stipulée par contrat de mariage, opere que la fille mariée, & qui étoit fille naturelle, ne peut disposer au préjudice de la clause
de reversion. Jugé le 6. Avril 1666. *De la Guess. to.*
2. *liv.* 8. *chap.* 36.

24 Droit de retour a lieu en faveur du pere contre la
confiscation des biens du fils condamné, bien que le
fils ait des enfans. *Mainard, liv.* 2. *ch.* 91. *Ex bono
& aquo,* le pere doit exclure le fisc. *M. Abraham
la Peirere en ses Décisions du Palais, lettre R nomb.*
116. rapporte un Arrêt rendu en la Seconde des Enquêtes au rapport de Monsieur de Boucaud, entre le
sieur Lespes, & la Demoiselle de Lalande sa belle
fille : jugé qu'une de deux petites filles dudit sieur
Lespes, provenuës de son fils, étant décédée, ladite
Lande auroit son droit de legitime sur les biens de
son fils, sauf de rendre & rétablir ledit droit de legitime, en cas que le droit du retour fust ouvert à
l'avenir par le decez de l'autre fille à son ayeul.

25 Le droit de retour se fait en faveur du pere sans
aucune charge ni hypoteque contractée par le donataire, répondront neanmoins subsidiairement les
biens donnez en faveur de mariage, des conventions
matrimoniales de la femme. *Ferrey. qu.* 147. *vid. Vignes, tit.* 4. *id. Mornac, ad L.* 2. *de jur. dot. id. Bacquet, justi. ch.* 21. *n.* 304. *vid. Chopin. Paris. lib.* 2.
tit. 5. *n.*15.

A été au Parlement de Bourdeaux du 8. May 1666.
rendu en la Grand'-Chambre, au rapport de Monsieur de Mirat, entre Lucresse Jay, & Françoise Ma-
lois veuve d'Antoine Layral : jugé que la donation
faite par ladite Jay audit Layral son fils, par son contrat de mariage, étoit subsidiairement sujette au
payement de la dot de ladite Maloys, quoique ladite
Jay n'eût point assisté au second contrat de mariage
de son fils avec ladite Maloys, & avoit fait la donation à son fils dans son premier contrat de mariage.
La Peirere, lettre R. nomb. 114.

26 Si le fils ou la fille donataires peuvent par testament, ou autre disposition faire préjudice au droit
de reversion, & en exclure le pere, à la réserve de
la legitime? *Voyez Henrys, to.* 1. *liv.* 6. *qu.* 15. où il
tient la négative : le même *Henrys, tome* 2. *liv.* 5. *qu.*
60. rapporte un Arrêt du 17. Septembre 1658. qui a
jugé le contraire. L'Arrêt de Madame de Guito agée
de 21. à 22. ans; elle avoit fait un testament par lequel elle laissoit la legitime par forme d'institution à

ses pere & mere, & instituoit M. le Prince son heritier; elle étoit de Bourgogne, où ses biens étoient
situez; on soûtenoit la reversion; son testament déclaré bon. Audience de la Grand'-Chambre le 8. Juillet 1669. *Voyez M. le Prêtre, ès Arrêts de la Cinquiéme,* où il y a Arrêt du 12. Juillet 1625. *Voyez Carondas, liv.* 7. *Rép.* 114.

27 Le droit de reversion en pays de Droit écrit du
ressort de la Cour, n'a lieu qu'*ab intestat.* Arrêt du
19. Juillet 1666. *De la Guess. to.* 2. *liv.* 8. *chap.* 16.
Voyez Henrys, to. 1. *liv.* 6. *ch.* 5. *qu.* 14

28 Arrêt du Parlement de Paris du 16. May 1692. qui
juge qu'une stipulation à laquelle on avoit joint une
clause, portant que la mere de la future succederoit
à la somme stipulée propre, à l'exclusion de tous collateraux, n'établit point un droit de retour en faveur
de cette mere. *Voyez le Recueil des Factums & Mémoires, imprimez à Lyon chez Antoine Boudet, en* 1710.
tome 2. *p.* 55°.

29 Du droit de reversion. *Voyez le Brun, des Successions, livre* 1. *chap.* 5. *section* 2. la reversion a lieu
au profit de l'ayeul, lors que les enfans de la fille
doiée décedent sans enfans. Arrêt du Parl. de Paris
du 6. Mars 1697. Le Présidial de Lyon se confor-
mant à l'usage du Parlement de Grenoble, avoit jugé le contraire.

RETOUR, AUGMENT.

30 Du retour de l'augment, & quand il a lieu? *Voyez
le mot Augment, nomb.* 61. *& suiv.*

RETOUR DES BIENS DONNEZ.

31 Du droit de retour en faveur du donateur. *Voyez
le mot Donation, nomb.* 707. *& suiv.*

32 Si les biens donnez par le pere à son fils, & à ses
enfans mâles reviennent au pere par le décez de son
fils qui n'a laissé que des filles *Du Perrier, liv.* 1. *qu.*
15. rapporte des Arrêts contraires. Le dernier qui
est du 22. Decembre 1661. a jugé en faveur de la
fille.

33 Si le pere par convention est tenu de donner à sa
fille pour meubles & acquêts quand elle se mariera
1500. livres, à la charge que si elle vient à deceder
sans enfans, cette somme retournera au pere; & qu'a-
près il donne à sa fille une maison en payement des
1500. livres, à la charge qu'où elle viendroit à déceder sans hoirs de son corps, ladite maison retourneroit au pere ou aux siens, nonobstant tout ce qui pourroit être dit au contraire; si la fille étant décédée sans
enfans après son pere la somme consignée, ne peut
pas demander ladite maison par droit de retour & reversion, sans être tenuë à rendre les 1500. livres? *V.
Bouvot, tome* 1. *part.* 1. verbo *Vente de maison à charge
de Retour.*

34 Si les biens que le pere a donnez en faveur de mariage à son fils, & les fils de son fils décedans sans
enfans, survivant le donateur, luy reviennent à l'exclusion de la mere du petit fils, qui n'y peut rien
prétendre. *L.* 2. codice de bonis qua lib. § igitur per
quas personas acquir. instit. l. jure succur. de jure
dotis, quoiqu'en la succession ab intestat, & autres
biens du petit fils l'ayeul soit exclus par la mere comme plus proche, auth. de facto. Codice ad senat.
Tertul. ainsi se jugea à Toulouse, & en autres Parlemens pour toutes donations faites par les parens survivans aux donataires, & à leurs enfans decedez sans
enfans. *Voyez Mainard, liv.* 9. *ch.* 16.

35 Entre personnes de pays de Droit écrit il a été jugé
par Arrêt sans date que la retention faite par un donateur, que si le donataire meurt sans enfans, la chose donnée retournera au donateur, sans mention des
siens, est réelle & non personnelle, & ainsi transmissible à l'heritier du donateur s'il se trouve mort lors
que la condition d'icelle retention active. *Papon, li.*
11. *tit.* 1. *n.* 28.

36 La reversion des biens donnez par le pere ou la
mere à l'enfant qui decede avant le donateur, luy

retourne: *Voyez Carondas, liv. 10. Rép. 81. Voyez l'art. 313. de la Coûtume de Paris.*

37. La donation faite par le pere d'une terre à fa fille aînée en la mariant, à condition que fi elle décede fans enfans, cette terre retournera ou reviendra à fa fœur puînée ; le cas de l'aînée étant arrivé, le pere peut difpofer de ladite terre, parce que la puînée n'avoit pas accepté la donation. 2o. L'aînée n'en pouvoit avoir la propriété qu'après le décez du pere qui s'en étoit refervé l'ufufruit, & avoit furvêçu fon aîné. Arrêt du 26. Avril 1561. *Carondas, livre 10. Réponfe 91.*

38. Si le fils donataire a difpofé des biens donnez en faveur de fes enfans, au cas qu'ils prédecedent l'ayeul donateur ; le droit de revifion a lieu. Arrêt du Parl. de Touloufe du 17. Avril 1564. *Mainard, li. 2. ch. 91.*

39. Jugé au Parlement de Touloufe le 18. Juin 1565. qu'un pere par droit de reverfion, pouvoit reprendre les biens donnez à fon fils condamné à mort, & executé, quoiqu'ils fuffent demandez par le fifc, & que le condamné eût laiffé une fille furvivante qui n'en eut aucune part. *Mainard, ibidem.*

40. Un oncle donne à fon neveu la moitié de fes biens, fe refervant l'ufufruit & le retour des biens donnez, fi le donataire décedoit fans enfans, l'oncle décede, & après le donataire fans enfans ; procez entre leurs heritiers ; mais par Arrêt du Parlement de Touloufe en Janvier 1574. il fut jugé que les biens feroient retour aux heritiers du donateur, quoiqu'il eût omis de ftipuler le retour nommément pour luy, & pour les fiens. *Ibid. liv. 8. ch. 33.*

41. Le 27. Mars 1580. il a été jugé que les biens donnez par le pere au contrat de mariage, & *fi donatarius decefferit relicto filio ipfo decedente donante, adhuc fuperftite,* font retour au pere donateur. *La Rocheflavin, li. 6. tit. 44.*

42. Les biens donnez par la mere à fon fils luy retournent en cas de prédecez du fils fans enfans. Arrêt du 23. Juin 1582. *La Rocheflavin, liv. 2. tit. 7. Arr. 3.*

43. Cette reverfion des biens donnez fe fait *cum omni caufâ,* & la mere du donataire furvivante ne peut prétendre droit de legitime fur iceux ; les alienations des biens faites par le donataire font fujettes à refcifion. Arrêt du Parlement de Touloufe du 26. Juin 1581. *Mainard, liv. 2. ch. 93.*

44. Les biens donnez au fils après fon décez retournent aux pere qui ont fait la donation, à la charge des hypoteques, & autres obligations contractées par le fils ; fpecialement lors qu'il n'y a point réfervation d'ufufruit. Arrêt du premier Avril 1591. *La Rocheflavin, liv. 6. tit. 40. Arr. 21.* L'obfervation de Graverol eft, comme les raifons alleguées de part & d'autre font extrêmement fortes (quoique s'il me falloit déterminer, je n'héfitaffe pas à le faire pour les enfans furvivans contre leur ayeul.) Le Parlement a pris ce milieu & ce temperament, d'ordonner le retour en faveur de l'ayeul, à la charge de conferver aux petits neveux furvivans la fomme des biens donnez par une efpece de fideicommis tacite. C'eft ainfi qu'il le jugea par Arrêt du 21. May 1659. & par autre Arrêt du 19. May 1670. Il eft vrai qu'en l'efpece de cet Arrêt les freres furvivans n'étoient que freres uterins ; mais la queftion devant être jugée fur la même raifon de décider à l'égard des freres germains, les préjugez doivent fervir de Loy.

45. Les biens donnez aux neveux décedans fans enfans la donatrice leur doit fucceder par droit de retour. Arrêt du 10. May 1610. *La Rocheflavin, livre 6. tit. 41. Arrêt 19.*

46. Ce que l'ayeul donne à fa belle fille fait retour aux neveux de l'ayeul. Un pere donne à la veuve de fon fils quelques biens pour en difpofer à fa volonté, & luy permet de fe remarier ; ce qu'ayant fait, & inftitué fon fecond mari heritier, après fon décez fa fille du premier lit, demande à fon beau-pere les biens donnez par fon ayeul. Par Arrêt du Parl. de Touloufe du mois de May 1619. il fut jugé que les biens donnez par l'ayeul à fa belle fille feroient retour au profit des enfans dudit Guillaume ayeul, comme ayant été les feuls confiderez en cette donation, laquelle n'avoit été faite à la belle fille, *quam ut res neceffitudini committeretur,* & que la permiffion de fe marier n'empêchoit pas le retour, qu'il falloit qu'il y eût renoncé. *Cambolas, liv. 4. chap. 17.*

47. Le droit de retour a non feulement été accordé à la mere, mais encore au frere, à l'oncle, & à la tante, comme remarque Ferrieres fur la première queftion de M. Duranty, où il dit que fi les biens ont été donnez par un pere naturel à fon fils, s'il vient à déceder fans enfans, ils ne font point de retour à l'ayeul. Arrêt du 16. Avril 1621. *Voyez ce qu'a dit Cambolas, liv. 1. ch. 5.* fur le droit de Retour.

48. Les biens qui viennent par droit de retour, reviennent exempts de toutes charges, de forte que fi le fils après la donation que fon pere luy a faite en faveur de mariage, contracte des hypoteques fur les biens donnez, le cas du retour arrivant, le pere n'eft point tenu de les décharger des dettes hypotequées, mais il reprend fon bien quitte de toutes charges que fon fils y auroit impofées par l'argument de la Loy *vectigali. ff. de pign.* la raifon eft, comme remarque *Faber, liv. 6. tit. 36. def. 12. n. 4.* d'autant que le pere en la donation ne peut être cenfé heritier de fon fils pour en fupporter les charges. Arrêt du 28. May 1626. quoique le fils eût été émancipé par fon contrat de mariage, ce retour exclut auffi les plus proches, lefquels fuccederoient fans cette confideration ; en forte que fi un pere a marié fa fille, qu'il meure & laiffe des enfans, & fa fille prédecedent leur ayeul, le pere vivant quoiqu'en la fucceffion des enfans le pere foit préférable à l'ayeul, neanmoins il l'exclut en la fucceffion de ce qu'il a conftituée à fa fille, & même ne peut demander droit de legitime fur icelle, comme de biens de fes enfans: car il dot revient à l'ayeul maternel fans aucune diminution. Arrêt du 19. Avril 1622. neanmoins ces biens qui reviennent libres entre les mains du donateur, ne font point exempts en cas d'infuffifance des hypoteques qui viennent du contrat de mariage, dans lequel ces donations font faites. Arrêt du 15. Octobre 1623. *Ibidem.*

49. Un homme fait fa femme heritiere par fon teftament ; après la mort de fon mari elle fe remarie ; au moyen de ce fecond mariage, les biens que fon mari lui avoit donnez reviennent à la fille du premier lit, à la charge de l'ufufruit que la mere a toûjours. La fille meurt, & difpofe de fes biens au préjudice de fa mere ; la mere lors donnés à fon fecond mari par teftament, l'heritier de l'enfant du premier lit prétend que les biens que fon premier mari avoit laiffé à fa femme luy appartenoient à caufe de fon mariage. Par Arrêt du 2. Mars 1630. les biens furent adjugez au fecond mari, la fille ne pouvant difpofer au préjudice de fa mere des biens que fon pere luy avoit laiffez, qui appartenoient à fa mere par droit de retour dont elle avoit pû difpofer. *Ibid. liv. 6. ch. 4.*

50. Le donataire étant mort fans enfans, la donation ne fait retour au donateur étranger. Arrêt du Parlement de Touloufe du 29. Janvier 1631. *Ibidem, livre 6. chap. 14.*

51. Le droit de retour établi par l'article 313. de la Coûtume de Paris, à l'égard des chofes données par les peres & meres aux enfans décedans fans enfans, n'empêche pas lefdits enfans d'en difpofer. Arrêt du 18. Juillet 1647. *Soefve, to. 1. Cent. 2. ch. 33.*

52. Retour à l'oncle, quoiqu'il ne foit pas ftipulé en faveur de l'oncle donateur ; il y a neanmoins un Arrêt fingulier, qui a jugé qu'un Commandeur de Malthe ne pouvoit pas demander le retour des biens donnez à fa niéce en contrat de mariage, ne l'ayant pas ftipulé, quoique la niéce fût morte fans enfans. L'Arrêt

est du 27. Juin 1651. à Touloufe, aprés partage. *M. de Catellan , liv. 5. chap. 8.*

53   Le droit de retour a lieu, lorfque le donataire eft decedé laiffant des enfans , & que ces enfans font morts avant le donateur. Jugé au Parlement de Touloufe le 5. Septembre 1651. en faveur d'une ayeule. Autre Arrêt femblable du 3. Juin 1694. qui ajuge le retour à l'ayeul le predecez de fon fils donataire, & de fes enfans, au prejudice de la mere de ces enfans. *Voyez les Arrêts de M. de Catellan , livre 5. chapitre 8.*

54   Jugé au Parlement de Grenoble le 20. Juin 1656. qu'une mere ayant fait donation entre-vifs à fon fils, fous une referve de penfion annuelle, & de certaine fomme pour en difpofer, ce fils étant mort fans enfans , ayant inftitué heritier fon frere, cette mere ne pouvoit, par reverfion legale, demander les biens qu'elle avoit donnez ; l'heritier de ce fils fut maintenu. *Baffet, to. 2. liv. 6. tit. 5. ch. 1.*

55   Par Arrêt du Parlement de Normandie du 28. Janvier 1665. jugé que l'avancement fait par un pere à fon fils, aprés la mort de ce fils fans enfans , ne retournoit point à ce pere. *Bafnage, fur l'art. 244. de cette Coûtume.*

56   Par Arrêt du Parlement de Paris du 6. Avril 1666. jugé qu'une ftipulation de reverfion d'une fomme de 6000. liv. baillée par un pere à fa fille naturelle, étoit valable, & fut icelle fomme ajugée au pere & à fes heritiers. *Journal des Audiences , tome 2. livre 8. page 895.*

57   Un Novice voulant faire profeffion, inftitué heritier un de fes freres. La mere commune intervient dans ce teftament, & renonce en faveur de l'heritier à la legitime qu'elle pouvoit pretendre fur les biens du teftateur. Cet heritier étant mort avant fa mere fans enfans, jugé au Parlement de Touloufe le 20. Juin 1667. que cette renonciation étoit une veritable donation fujete au retour. *V. les Arrêts de M. de Catellan , liv. 5. ch. 8.*

58   Le fieur de Saint Jean Herbouville donne au fieur Delombre , qui avoit été fon Page , 200. livres de rente avec cette ftipulation , que s'il decedoit fans enfans, la rente retourneroit au donateur. Le donataire eut une fille qui luy furvécut. Au moyen de cette claufe , les heritiers de cette fille prétendirent cette rente. Jugé au Parlement de Roüen le 19. Mars 1682. en leur faveur. *Bafnage, fur l'article 244. de la Coût. de Normandie.*

RETOUR , BIENS PROFECTIFS.

59 & 60   La donation faite au fils, & la conftitution de dot faite à la fille , & autres biens que l'on nomme profectifs venans du pere lui retournent en cas qu'ils decedent fans enfans, & les freres n'y peuvent rien pretendre. *Idem* de là mere. Arrêt du Parlement de Grenoble du mois de Juin 1461. Arrêt femblable du Parlement de Paris du 5. Août 1558. en faveur de la mere. *Papon, liv. 21. tit. 1. n. 5.*

61   Arrêt du Parlement de Touloufe du 8. Juin 1565. qui a ajugé au pere d'un fils condamné, les droits de reverfion contre le fifc qui les prétendoit à caufe de la confifcation. M. le Préfident qui prononça l'Arrêt, dit que la Cour eftimoit que le donateur laifferoit les biens à luy ajugez par le droit de reverfion à fa petite fille, que *neptis erat ex filio damnato.* Ibidem, *nombre 24.*

62   Si le droit de reverfion des biens profectifs peut empêcher que le fils n'en difpofe? Il y a un Arrêt du Parlement de Touloufe du 17. Avril 1564. qui juge l'affirmative. Même Arrêt du Parlement de Paris aux Grands Jours de Clermont au mois d'Octobre 1582. *Voyez Ibidem,* nombre 23. *id non in patre tantum fed in avo obfervandum.*

RETOUR DE LA DOT.

63   *Voyez* le mot *Dot, nomb.* 383.

Du droit de retour ou de reverfion des chofes don-nées en faveur de mariage , ce droit n'empêche pas les gains fur les biens fujets au retour ; le pere a le retour de la dot donnée par l'ayeul paternel. *Voyez le 3. tome des Loix Civiles, liv. 2. tit. 2. fection 3.*

64   La dot conftituée par la mere, decedant la fille fans enfans, eft fujete à retour ; la queftion ayant été partagée en trois Chambres , a été ainfi jugée *per L. quod fciris C. de bon: qua liber.* La Rocheflavin, liv. 3. tit. 9. Arrêt 2.

65   Retour au pere de l'heritage donné par contrat de mariage aprés le decez de fa fille fans enfans, fans être tenu à la contribution de l'ameubliffement convenu par ledit contrat. *Voyez Charondas , livre 11. Réponfe* 41.

66   Si la fille dotée par le pere laiffe deux enfans de divers lits , & que l'un des enfans la furvive de prés laiffant l'ayeul, le pere & le frere, l'ayeul doit recüeillir fa part par droit de reverfion. *Henrys, tome 1. livre 6. chap. 5. queft.* 15.

67   Le pere ayant fait donation de tous fes biens en faveur de fon fils , à la charge de doter fes fœurs , la dot que le fils leur a conftituée, eft reverfible au profit du pere. *Avis d'Henrys , tome 1. liv. 6. chapitre 5. queftion* 29.

68   Si un pere ayant ftipulé par le contrat de mariage de fa fille , que fi elle decede fans enfans, & fes enfans fans enfans , la dot qui luy conftitué , luy retournera , fes heritiers font en droit d'exercer le droit de reverfion, quand cette fille a laiffé des enfans qui ont furvécu à l'ayeul ? *Voyez Henrys, tome 2. liv. 6. queft.* 3.

68 *bis*   La dot retourne à la mere qui la conftituée, la fille prémourant fans enfans. Arrêt du 26. Juin 1582. quoique la fille eût tefté, *id que ex L. 2. C. de bon: qua liber. qua licet vulgo interpretetur de patre , habet etiam locum in matre que dotem conftituit.* La Rocheflavin, liv. 3. tit. 9. Arr. 1. & Mainard , liv. 2. chapitre 90.

69   Au pays de Droit écrit, la reverfion a lieu de la dot de la fille dans la fucceffion du petit fils , en faveur de l'ayeul qui l'avoit conftituée, à l'exclufion du pere du défunt , foit qu'elle ait été payée ou fût encore dûë , en tout ou partie. Dans *Bardet, tome 1. liv. 1. chap.* 118. eft rapporté un Arrêt du 10. Juin 1611. qui le juge ainfi, & un autre du 10. Avril 1623. qui appointe.

70   Non feulement l'ayeul, mais l'ayeule ont droit de reverfion de toutes les fommes qu'ils ont conftituées en dot à leurs fils ou fille, fans que le pere puiffe prétendre aucun droit de legitime , quoique plus proche. Arrêt du Parlement de Bordeaux du 18. Juillet 1613. *Voyez les Plaidoyez celebres dédiez à M. de Nefmond , page* 451.

71   La donation faite par l'ayeul à fa petite fille fortie de fa fille, qu'il avoit mariée & dotée , retourne aux enfans mâles aprés la mort de la donataire comme un propre , & non aux collateraux comme un acquêt. Arrêt du Parlement de Roüen du 28. Mars 1623. *Bafnage , fur la Coûtume de Normandie, art.* 252.

72   En pays de Droit écrit, l'ayeul maternel eft préferable par droit de retour au pere, en la fucceffion de fa fille décedée fans enfans , pour les chofes par luy données en dot à la défunte mere de ladite fille décedée. Arrêt du 12. Juillet 1625. *M. le Prêtre , és Arrêts de la Cinquiéme.* Voyez *Henrys, tome 1. liv. 6. chap. 5. queft.* 12. où il rapporte l'Arrêt du 11. Juillet 1615. au profit de l'ayeul.

73   Les enfans du premier mariage de la femme ne peuvent empêcher le retour de la dot conftituée au fecond mary , dont il n'y a point d'enfans. Arrêt du 5. Juillet 1632. *M. d'Olive , liv. 3. ch.* 17.

74   Arrêt du 17. Septembre 1658. qui a jugé qu'une fille à laquelle fa mere avoit conftitué une dot, avoit pû difpofer de fa dot au profit de fon mary , au prejudice de fa mere , à laquelle cette même dot devoit re-

venir par droit de retour. *Voyez Henrys, to. 2. liv. 5. quest. 60.*

75 Arrêt du premier Decembre 1667. qui ajuge le retour de la dot à la mere & ayeule. Ce même Arrêt ajuge la dot profectice, constituée par le pere, à sa fille par son predecez & de ses enfans. *Boniface, to. 1. liv. 7. tit. 8. ch. 2.*

76 Sçavoir si la Demoiselle Anne Pierrefort, femme de Henry Verney, ayant reçû sa dot de ses pere & mere, & ayant laissé aprés sa mort un enfant qui mourut quatre mois aprés elle, la succession de cet enfant appartient au pere; ou si c'est aux ayeuls fondez sur le droit commun de la reversion de dot ? *Voyez le Recüeil des Factums & Memoires imprimez à Lyon, chez Antoine Boudet en 1710. to. 2. p. 549.*

RETOUR, DOUAIRE.

77 Si le douaire est sujet à retour ? *Voyez le mot Douaire, n. 259. & suiv.*

78 Du douaire sans retour. *Voyez, ibidem, nombre 261. & suivans.*

RETOUR, FISC.

79 Le fisc a été preferé au pere naturel, qui avoit donné à sa bâtarde, avec défenses d'aliener. La bâtarde étant décedée sans enfans, le pere naturel prétendoit que ce qu'il avoit baillé à sa bâtarde luy devoit retourner. Jugé au profit du fisc le 7. Septembre 1584. Pareil Arrêt du 10. Avril 1612. *Ricard, des Donations, entre-vifs, part. 3. ch. 7. sect. 4. n. 764. Voyez Henrys, to. 1. liv. 6. ch. 5. quest. 30. & Montholon, Arrêt 28. Ricard, des Substitutions, Traité 3. chap. 7. part. 1. nomb. 331.*

RETRAIT.

1 LE retrait est un droit singulier & extraordinaire, que la Coûtume a établi contre le droit commun, & la liberté des contrats de ventes, qui sont du droit des gens. *M. Loüet, lett. R. som. 52.* & fait succeder le retrayant en la place du vendeur. *Voyez M. le Prêtre, 2. Cent. ch. 86. & les Commentateurs des Coûtumes,* qui admettent ce droit ; *& M. Duplessis, en son Traité du Retrait lignager.*

Le retrait se divise en deux, en legal & conventionnel.

Le legal en deux, en feodal & en lignager.

Le feodal est en partie legal, & en partie conventionnel.

Le lignager est purement legal, & appartient à toute la famille. *M. Loüet, lettre R. sommaire 38. & M. Charles Du Moulin, tit. des Fiefs, art. 13. hodie le 10.*

2 D'autres divisent le retrait en conventionnel, lignager, feodal & censuel. A Paris le censuel n'a pas de lieu. *Coquille, en son Droit François, tit. de Retrait lignager,* tient qu'il y en a de trois sortes, conventionnel, lignager & Seigneurial, qui comprend le feodal & censuel.

3 *De utroque retractu, municipali & conventuali, per And. Tiraquel.*

4 *De jure retractûs, & ejus requisitis. Voyez Andr. Gaill, lib. 2. Observat. 19.*

5 Du retrait feodal, conventionnel, & lignager. *Voyez hoc verbo, Retrait, la Bibliotheque de Jouet, & Papon, liv. 11. tit. 5. 6. & 7.*

6 Retrait conventionnel, & lignager. *Voyez Bouvot, tome 2. verbo Retrait.*

7 *Voyez Mornac, L. 7. ff. de statu hominum.* Les loix statutaires courent contre toutes sortes de personnes. *Joly, en ses Notes, sur la Coût. de Paris.*

8 Si l'argument est bon du retrait à la succession des meubles & acquets? *Voyez Pelens, quest. 136.*

9 Dans les contrats on ne peut employer des conditions qui tendent à empêcher le retrait. *V. Basnage, sur l'art. 497. de la Coû. de Normandie.*

10 Pour donner de l'ordre à ce Titre, qui est très-étendu, & susceptible de plusieurs divisions, il faut parler du retrait des biens d'*Eglise*, du retrait conventionnel, du retrait feodal, du retrait lignager, & du retrait du my-denier. Chacune de ces subdivisions demande & merite un Titre singulier.

RETRAIT, BIENS D'EGLISE.

11 REtrait d'un bien d'Eglise vendu pour le secours du Roy. *Voyez Carondas, liv. 8. Rép. 2.*

12 L'Eglise ayant droit de retenuë, peut s'en aider, pour le revendre & faire son profit. Arrêt du Parlement de Paris du 30. Janvier 1519. pour l'Evêque de Senlis, lequel fut dispensé de jurer que c'étoit pour réünir à sa table, mais seulement que c'étoit sans fraude, & de ses deniers. *Papon, livre 11. titre 5. nombre 7.*

13 Jugé par Arrêt du 18. Novembre 1614. que les Ecclesiastiques n'étoient tenus de retirer que ce qui étoit de leur domaine, quoiqu'il y eût d'autres heritages vendus qu'ils n'en étoient pas. *Bouvot, tome 1. verbo Biens Ecclesiastiques, quest. 3.*

14 Ecclesiastique qui retire, est tenu de rembourser les ameliorations. *Ibidem.*

L'on ne s'étend pas beaucoup sur cette sorte de retrait, parce qu'il en est amplement traité, lettre A. au titre *Alienation de biens d'Eglise, n. 51. & suiv.*

RETRAIT CONVENTIONNEL.

15 DU retrait conventionnel. *Voyez le mot Faculté, & Du Luc, liv. 9. tit. 2.*

16 Du retrait conventionnel. *Voyez Guy P. ape, qu. 516. où* il dit que s'il n'est permis que pour être exercé dans dix ans, il ne le sera que la derniere, & non plûtôt, mais qu'un tel contrat n'est pas exempt de soupçon d'usure.

17 *Retractus conventionalis gentilitius, feudali & censuali, in consuetudinibus, ubi admittitur, præfertur, &c.* & ce en Pays coûtumier ; *secùs,* en pays de Droit écrit. *Tournet, Coûtume de Paris, art. 159. C. M. §. 15. hodie le 22. n. 1. & 4.*

18 Un heritage est vendu avec faculté de remeré ; le vendeur cede ladite faculté à deux ; toutefois l'un aprés l'autre. Le dernier obtient Sentence, & rembourse l'acquereur ; il doit être preferé au premier cessionnaire, quoique cette faculté soit *jus incorporale quod possideri non intelligitur.* Arrêt à la prononciation de la Pentecôte 1549. *Carondas, livre 3. Réponse 6.*

19 Retrait conventionnel exclut le lignager ; mais si le fief est vendu à un parent, le Seigneur ne peut le retenir par retrait feodal, à cause de la préference du retrait lignager au feodal. *C. M. tit. des Fiefs, §. 13. hodie le 20. & §. 15. hodie le 22. n. 3.*

20 Le demandeur en retrait conventionnel, doit être saisi pendant le procés en donnant caution pour l'insuffisance de la consignation, sauf au défendeur de prendre les deniers consignez. Arrêt du Parlement de Paris de l'an 1563. *Papon, liv. 11. tit. 8.*

21 En retrait conventionnel tous les fruits qui étoient pendans lors du rachat, appartiennent au vendeur, & ne sont divisez entre luy & l'acheteur *pro ratâ temporis.* Arrêt prononcé en Robes rouges le dernier May 1566. *Papon, liv. 11. tit. 5. n. 5. & Carondas, liv. 5. Réponse 33.*

22 Contrat de vente portant faculté de rachat pendant neuf ans avant l'échéance, l'heritier du vendeur assigne la veuve de l'acheteur pour proceder au rachat. Elle demande délay. Cependant l'heritier consigne une bourse, donne assignation à la présidiée pour compter argent. Rien ne se termine ; l'affaire dure un an ; le délay accordé étoit passé. La veuve s'en prévaut, & dit que la consignation ne vaut rien qu'il falloit déposer l'argent & le compter. Réponse par l'heritier, qu'il a donné caution de tout payer dans le temps de la grace, ce qui est suffisant pour interrompre la prescription. Arrêt du Parlement de Bretagne

tagne du 10. Février 1575. qui ajuge le retrait conventionnel. *Du Fail, liv.* 1. *ch.* 389.

23   Trois vendent par un même contrat un heritage,
& stipulent faculté de remeré dans un certain temps.
L'acheteur stipule qu'ils seront tenus de racheter le
tout ensemble, & non par parties. L'un offre sa part,
même le total. L'acheteur veut bien le recevoir pour
son tiers, sauf quand les autres se presenteront, de
les recevoir. Arrêt du Parlement de Paris du 9. Juillet 1577. en sa faveur, dont le motif fut que c'étoit
un retrait conventionnel, qui ne donne pas plus de
droit au vendeur que celuy qu'il avoit dans la chose.
Bibliot. de Bouchel, verbo *Retrait.*

24   Un particulier vend un heritage, à la charge
que si le preneur le vend, le vendeur pourra le retirer. Le vendeur & le preneur décedent, & laissent des enfans. Le fils du preneur vend l'heritage ; un de ses parens vient au retrait lignager. Le
fils du bailleur, en vertu de la clause, demande la
préference. Arrêt du 2. Mars 1585. qui préfere le fils
du vendeur. *Carondas, liv.* 13. *Rép.* 92.

25   L'action en retrait conventionnel ne se prescrit
point par an & jour. Arrêt du Parlement de Normandie du 1. Février 1648. *Basnage, sur l'art.* 499. *de
cette Coûtume.*

RETRAIT FEODAL.

26   *Voyez cy-dessus le mot Fief, nombre* 124. *& suiv.*
   Despeisses, tome 2. *pages* 24. 81. *& 87. & les
Arrêtez faits chez M. le Premier Président de Lamoi-
gnon, recueillis dans le Commentaire de M.* Barthelemy
Auzanet, *sur la Coûtume de Paris, page* 93.

27   Le retrayant par droit feodal, est tenu hypothequairement de satisfaire aux creanciers du vendeur.
Chopin, Coûtume de Paris, liv. 1. *tit.* 2. *n.* 21.

28   *In retractu feudali,* le Seigneur n'est tenu de retirer
que ce qui est sorti du domaine ancien de son fief,
*quia retractus competit favore certæ rei ; retractus geni-
litius favore personæ.* Voyez *M. Bouguier, lettre R.
nombre* 15. *& M. Loüet & son Commentateur, lett. R.
sommaire* 25.

29   Domaine d'un fief ayant été aliéné par le vassal,
avec retention de foy & hommage & censive ; cette
censive étant depuis aliénée par le même vassal, tombe en retrait feodal avec tout le domaine du fief.
Voyez M. Loüet, lett. R. som. 16.

30   Droit de retenuë n'est empêché par la resolution de la vente, du commun consentement des
parties, car la vente a acquis un droit au Seigneur.
Arrêt du Parlement de Paris du 9. Février 1533. *Papon, liv.* 13. *tit.* 2. *n.* 6.

31   Droit de retenuë ou retrait feodal n'a lieu, quand
le vassal s'est retenu sur la terre certain cens Seigneurial ou Justice. Arrêt du 16. Février 1537. entre
les Chartreux, & le Prévôt de Villeneuve-le-Roy.
Aussi n'y a-t-il ouverture de fief, & le Seigneur ne
peut prendre quint ni requint, quoiqu'il y ait eu
somme d'argent déboursée pour le retrait. *Arrêt du* 5. Février 1543. entre Florent Bourgoüin,
& Maître Guillaume Hurault, en la Coûtume d'Or-
leans, *art.* 4. La saisie feodale declarée tortionnaire.
Bibliot. de Bouchel, verbo *Retenuë.*

32   Deux conjoints par mariage, constant iceluy, acquierent quelques heritages feodaux, dépendans d'un
fief appartenant au survivant ; il peut demander par
retrait feodal aux heritiers du défunt, la moitié desdits heritages acquis, en rendant la moitié du sort
principal, frais & loyaux coûts. Arrêt du 23. Août
1584. *Voyez la Coûtume de Paris, art.* 155. *& Carondas, liv.* 7. *Rép.* 19.

33   Le 18. Juillet 1587. Arrêt du Parlement de Bordeaux, par lequel la Dame de la Fayette est condamnée de faire revente de la Terre & Seigneurie d'Aix
au Duc de Ventadour, demandeur en retrait feodal.
Tome III.

Corbin, *Traité des Fiefs, p.* 938. *& la Bibliotheque de
Bouchel*, verbo *Retrait.*

34   Par Arrêt du Parlement de Roüen du 14. Mars
1596. un acheteur parent du vendeur, ayant déclaré
que comme lignager d'iceluy, il retenoit la chose
venduë, le Seigneur feodal fut debouté de sa demande en retrait, *juxtà Molin.* sur le titre des Fiefs,
§. 15. Mais si le lignager poursuivoit son retrait en
fraude, le lignager seroit preféré. Arrêt du dernier
May 1543. *Berault, sur la Coûtume de Normandie,
article* 452.

35   Le Seigneur du fief est tenu dedans quarante jours
après la signification de l'achat, copie donnée, &
offre de faire foy & hommage de retenir la chose
feodale ; sinon ledit temps, il en doit être debouté.
Arrêt du Parlement de Dijon du 2. Août 1568. *Bouvot, tome* 1. *part.* 3. verbo, *Seigneur du Fief, qu.* 1.

36   Si le Seigneur feodal a un an pour retenir la chose
mouvante de son fief après la declaration de l'acheteur,& copie donnée d'un contrat d'achat ? *V. Ibidem,
question* 3.

37   Celuy qui n'est Seigneur que pour un quart, peut
user du droit de retenuë pour le tout. Arrêt du Parlement de Dijon du 4. l'Février 1619. *Bouvot, tome* 2.
verbo *Réponses par crédit, quest.* 9.

38   Faculté de retrait est personnelle au Seigneur. Arrêts du Parlement de Toulouse en Decembre 1649.
& le 30. May 1652. *Albert,* verbo *Retrait, art.* 1.

39   Receveur du Seigneur, pour lever les rentes &
autres droits Seigneuriaux, ne fait point préjudice
au retrait, quoiqu'il ait reçû les ventes. *Du Moulin,*
verb. a reçû, *n.* 9. *& seq.* id. Ferrer. *quast.* 173. *&
eum libera, cont.* Ferrer. *quast.* 477. *in conductore cum
potestate exigendi laudimia, cont.* Chopin, *Andeg. lib.*
1. *cap.* 38. *n.* 2. id. au Fermier. *Maichin.* tit. 4. art. 25.
chap. 2. id. au Fermier. Chopin, *Andeg. lib.* 2. *tit.*
4. *n.* 15. *& eum vid. ibid. vid.* Automne, art. 89.
   Arrêt du Parlement de Bourdeaux du 21. Mars 1651.
au rapport de M. de Monnier. Un acquereur de certains biens situez dans le Duché d'Aiguillon, avoit
reconnu desdits biens entre les mains du sieur du
Burg, comme ayant procuration genetale de la Dame
Duchesse d'Aiguillon, pour l'administration des affaires du Duché. Cet acquereur étant actionné par
un lignager, il obtient le droit de prélation de la
Dame Duchesse. Jugé que le droit de prélation excluoit le lignager. *Nota* qu'en Droit écrit, le retrait
feodal exclut le lignager. *La Peirere, lett. R. n.* 121.

40   Le retrait feodal se peut ceder & se bailler à ferme, comme étant *in fructu ; secús,* du lignager qui est
un droit personnel *ad rem,* & le feodal est un droit
in re ou foncier. *Voyez M. Loüet, lettre R. somm.* 3.
Coquille, *Coûtume de Nivernois,* tit. *des Fiefs, article* 35. V. Henrys, *tome* 1. *liv.* 3. *chap.* 3. *question* 16.
où il traite si le retrait feodal est cessible, & s'il appartient plûtôt au Roy qu'à la Reine doüairiere.
Voyez Carondas, liv. 7. *Rép.* 198.

41   Le droit de retenuë peut être cedé par le Seigneur
à un autre. Arrêt du Parlement de Dijon du 12. Juin
1607. *Bouvot, tome* 2. verbo, *Réponses par crédit,
question* 4.

42   Retrait feodal est cessible. Arrêt du 23. Juin 1612.
Le Bret, liv. 5. *Décis.* 14. La question étoit pour un
fief sis en la Coûtume de Boulenois.

43   Par l'ancienne Jurisprudence du Parlement de Dijon, le droit de retenuë n'étoit pas cessible ; mais on
juge en dernier lieu le contraire. Arrêt du 7. Juin
1633. *Voyez Taisand, sur la Coûtume de Bourgogne,*
tit. 11. *art.* 4. *n.* 3.

44   Entre le sieur du Peyrat, Trésorier de France à Limoges, donataire du Roy du droit de prélation du
retrait feodal de la Terre & Seigneurie de Tourron,
& le tuteur des enfans de M. Pierre des Fourreaux.
Arrêt du 7. Avril 1637. qui condamne le tuteur à

laisser au demandeur, comme ayant les droits du Roy par transport de prélation & retrait feodal, la Terre de Touron, en remboursant par le demandeur ou consignant, à la décharge des défendeurs le prix de l'adjudication, frais & loyaux coûts, sans dépens. *Additions à la Bibliotheque de Bouchel, verbo Retrait,* où il est observé que l'usage & cession du retrait feodal, est fréquent dans le Pays de la Marche, & autres de Droit écrit.

45 Par la Jurisprudence de presque tous les Parlemens, le retrait feodal appellé aussi droit de prélation & de retenuë, est jugé cessible. Les Parlemens de Grenoble & de Touloüse ne l'admettent que pour réünir le fief au domaine ou table du Seigneur, & rejettent la cession. *Voyez Salvaing, Traité de l'usage des Fiefs, ch. 21. & la Rocheflavin, ch. 13, art. 1.* M. Cambolas, *liv. 5. chap. 10. n. 2. de ses Décisions.* Hevin sur Frain, *page 809.* rapporte un Arrêt du Parlement de Bretagne du 5. Mars 1670. qui a jugé le retrait feodal cessible.

46 Le retrait feodal, & la faculté que le Roy a de réünir & de retenir les biens vendus dans sa mouvance, est cessible. Arrêt du Parlement de Mets du 1. Decembre 1684. *Au Journal des Audiences, tome 5. liv. 1. chap. 11.*

RETRAIT FEODAL, COUSTUMES.

47 Si en Bourgogne il y a lieu de retenuë de chose feodale venduë, & si la retenuë doit être faite dans quarante jours, ou dans l'an? *V. Bouvot, tome 2. verbo Retenuë de cens, quest. 3.*

48 Jugé au Parlement de Bretagne le 22. Octobre 1556. que celuy qui avoit 110. sols de rente fonciere & de cens sur une maison, laquelle d'un autre côté devoit au Roy 4. deniers de rente propre, pouvoit exercer le retrait censuel, *Du Fail, liv. 3. ch. 189.* où il est observé que le retrait a pareillement lieu en bail à complaint, à la charge de payer un chapon, un denier de cens, & un écu pour chacun quartier de droit d'entrée. Arrêt du 30. Août 1613.

49 Le 24. Novembre 1575. Chopin plaidant une cause pour le Prieur de la Charité, soûtenoit que la Coûtume du *Nivernois,* ne peut avoir lieu en un heritage chargé de bordelage, *quia dominus eo jure semper utitur ut penes eum maneat directa,* & partant *locus non est retractûs, Mas. Tit. de retract. jux. L. sin. C. de jure emphit.* Il dit que l'article de la Coûtume s'entend de meuble mêlé avec immeuble, de censuel mêlé avec le feodal, & non quand il s'agit du seul immeuble tenu du Seigneur bordelier. *Bouchel en sa Bibliotheque,* verbo *Retrait.*

49 Pour l'usage en *Normandie,* l'on n'a jamais entendu dire que depuis que les Normands s'y établirent en l'an 892. aucun Ecclesiastique y ait prétendu le droit de retrait feodal, avant l'Abbé de Valosse, qui en fut debouté, & déclaré non recevable par Sentence du Juge des lieux. Il en appella au Parlement, & en la cause plaidée le 19. Mars 1610. M. du Viquet, premier Avocat General, assisté de Messieurs de Bretigneres, & le Guerchois, Procureur & second Avocat Generaux, soûtint en leur Conclusion extraite au Registre du Greffe du Parlement; *que l'Eglise n'a point le droit de retrait feodal en Normandie, ni le droit de gardenoble comme les Seigneurs laics; ne peut posseder heritage en France, sinon par privilege de chaque chose qu'elle possede, & après l'amortissement; & à plus forte raison, ne peut pas retirer feodalement. L'on n'a jamais entendu dire qu'aucun Ecclesiastique ait prétendu ce droit. Le Roy n'en use pas en Normandie aux fiefs de son Domaine. Ce droit seroit perilleux en Normandie, où l'Eglise possede plus de biens qu'aux autres Provinces, & les principales Seigneuries desquelles sont tenus la plûpart des fiefs, à trait de temps elle auroit tout.* Arrêt qui declare les Ecclesiastiques incapables de retrait. *Beraults, à la fin du 2. tome de la Coûtume de Normandie, sur l'art. 451. p. 64.*

Autre Arrêt du 22. Decembre 1642. qui deboute l'Abbesse de Saint Sauveur d'Evreux, d'un retrait feodal par elle prétendu. *Ibid.*

50 Les gens de main-morte sont incapables d'exercer le retrait feodal dans la Province de *Normandie.* Le Parlement de Paris & le Conseil Privé l'avoient autrement jugé en 1643. Nonobstant ces Arrêts, le Parlement de Roüen a maintenu son usage, & pour le rendre plus notoire & incontestable, par l'article 96. du Reglement de l'année 1666. il est porté que les gens de main-morte ne peuvent retirer à droit feodal les heritages relevans de leurs fiefs. *V. Basnage, sur la Coût. de Normandie, art. 178.*

51 Par Arrêt du 27. Février 1658. de la Chambre de l'Edit, jugé qu'à faute d'avoir garni le rembours d'un heritage clamé à droit feodal dans les vingt quatre heures, & que l'an & jour de la clameur étant expiré, l'acquereur seroit maintenu en sa joüissance & possession. *Berault, à la fin du 2. tome de la Coût. de Normandie, p. 106. col. 2.*

52 En la Coûtume de *Poitou,* jugé le 9. Février 1533. que si le vassal vend son fief, le Seigneur peut exercer le retrait feodal, quoique dés le lendemain de la vente, le contrat ait été resolu, & même que délivrance n'ait été faite à l'acheteur, *quia sufficit venditum, & facile utile dominium ad directum redit.* Ce retrait du fief doit se faire pour le prix qu'il est vendu entier, non déduits les quints & requints. S'il y a deux Seigneurs, dont l'un consente d'investir l'acquereur, le Coseigneur ne pourra retirer que l'autre moitié. Arrêt du mois d'Août 1577. en la Coûtume de Touraine. *V. la Bibliotheque de Bouchel, verbo Retrait.*

53 En la Coûtume de *Senlis,* il n'est point dû de droits Seigneuriaux pour une acquisition faite par un Seigneur feodal, en consequence d'une Sentence renduë, de prendre le total de l'acquisition par droit de retrait feodal, encore que le total de ladite acquisition ne fût mouvant de son fief, mais d'un autre. Arrêt du 10. May 1662. *Notables Arrêts des Audiences, Arrêt 79. Voyez Brodeau, sur M. Loüet, lett. R sommaire 26.*

54 Si le retrait feodal a lieu dans le Gardiage & dans la Viguerie de *Toulouse?* On appelle Gardiage le territoire adjacent à la Ville, qui est sous la garde & jurisdiction des Capitouls. La Viguerie est le détroit de la jurisdiction du Juge Royal ordinaire de la Ville. Plusieurs Arrêts anciens ont jugé que le retrait feodal y avoit lieu. Mainard est d'avis contraire. *V. les Arrêts de M. de Catellan, li. 3. ch. 9.* où il en rapporte un du 10. Mars 1644. qui a jugé que les Seigneurs particuliers n'ont point droit de prélation dans le Gardiage, quoique ce droit soit stipulé par des reconnoissances. Quant à la Viguerie, il y a Arrêt du 5. Mars 1647. en faveur du sieur de Maleprade. Arrêt posterieur du 26. Août 1663. qui a jugé que le droit de prélation n'avoit pas lieu dans la Viguerie; mais il étoit prouvé que le Seigneur avoit demandé pendant un long-temps le droit de lods. Autre Arrêt du 9. Juin 1665. qui a préjugé que le droit avoit lieu dans la Viguerie.

RETRAIT FEODAL, DESISTEMENT.

55 Quand le Seigneur a choisi la retenuë de l'heritage vendu, il ne peut varier & demander ensuite les lods. Arrêt du Parlement de Dijon du 17. May 1677. contre le Seigneur de la Loyere, qui après avoir fait signifier à l'acquereur d'un heritage mouvant de sa directe, qu'il vouloit user du droit de retenuë, & ayant consigné le prix à cet effet, changea de dessein, & retira les deniers consignez, prétendant qu'il pouvoit se départir de la retenuë, & luy demanda les lods. *Voyez Taisand, sur la Coût. de Bourgogne, tit. 11. art. 4. note 4.*

RETRAT FEODAL, DROIT ÉCRIT.

56 Si le retrait feodal a lieu en pays de Droit écrit?

Voyez Corbin, *Traité des Fiefs*, *Loi* 22. où il rapporte les Plaidoyez de M. Auguste Galand, & de M. Nicolas Rigault, fur la queftion de la prélation & retenuë feodale.

57 Le Seigneur feodal en pays de Droit écrit, peut dans l'an de la vente retirer à luy le fief mouvant de luy noblement, en rembourfant le fort principal, loyaux coûts. Arrêt du 4. Juin 1515. pour Meffire François d'Alleigre, & autant pour M. le Duc de Montmorency. Autre Arrêt pour le Seigneur de Château-mourant l'an 1540. En pays où le lignager eft préféré au Seigneur, fi l'acheteur eft parent du vendeur, il exclura le Seigneur du droit de prélation. Arrêt du Parlement de Bourdeaux du 8. May 1582. Le contraire jugé au Parlement de Touloufe au mois de Septembre 1598. *Papon*, *liv.* 11. *tit.* 5, *n.* 6.

58 Arrêt du Parlement de Paris du 3 Août 1611. qui juge Meffire Henry de la Tour, Duc de Boüillon, premier Maréchal de France, Vicomte de Turenne, bien fondé à prétendre le droit de prélation & retrait feodal de la Terre & Seigneurie de Noüailles, tenuë & mouvante de la Vicomté de Turenne. *Corbin*, *Traité des Fiefs*, p. 963. *& fuiv.*

RETRAIT FEODAL, DROITS SEIGNEURIAUX.

59 Il a été jugé au Parlement de Dijon, en general & fans diftinction, par Arrêt du 14. May 1579. pour le nommé Renaudot, contre les Confreres de la Chapelle de Sainte Anne de l'Eglife de Nôtre-Dame de Dijon, que l'acquereur ayant traité du droit de retenuë avec le Seigneur cenfier, s'il arrivoit une éviction de l'heritage cenfable de la part du Seigneur, après le payement fait par l'acquereur fuivant la convention, le Seigneur eft obligé à rendre la fomme qu'il a reçuë pour fon droit de retenuë. L'ufage préfent eft au Duché de Bourgogne, que le retrayant rembourfe l'acquereur ce que qu'il a payez, & qu'il devroit payer luy-même au Seigneur, fi le Seigneur étoit obligé de les rendre à l'acquereur. *Voyez Taifand*, *fur la Coûtume de Bourgogne*, *titre* 11. *article* 4. *note* 4.

60 Si un Seigneur de fief qui clame à droit feodal des rotures tenuës de fon fief, peut demander le treiziéme fur le prix de l'adminiftration par decret de ces rotures? *Voyez le Recüeil des Arrêts notables du Parlement de Normandie*, *page* 209. *& fuiv.* étant enfuite de l'efpece de la même Coûtume.

RETRAIT FEODAL, EGLISE.

61 L'Eglife n'a retenuë en cens; & fi en fraude d'elle on aliene à vil prix, quel remede? *Voyez Coquille*, *tom* 2. *queft.* 47.

62 L'Eglife a droit de retrait feodal en Normandie auffi-bien que dans les autres Provinces. *Memoires du Clergé*, *to.* 3. *part.* 3. p. 189. *& fuiv.*

63 Par la Coûtume de Berry tit. de la retenuë, l'Eglife n'a droit de retenuë d'heritages mouvans d'elle en fief ou cenfive, & pour ce l'Eglife en cenfive a droit de prendre deux fols pour livre de l'alienation, & les lais qui ont droit de retenuë 2°. deniers feulement, *tit. des cens art.* 6. Pareillement le Roy n'a droit de retenuë, parce que s'il avoit il ne fe trouveroit perfonne qui voulût acheter du vaffal ou cenfier du Roy. Arrêt du mois de May 1537. *Papon*, *livre* 11. *titre* 5. *nombre* 7.

64 Les Chartreux font recevables à avoir par retrait feodal les heritages qui fe vendent en leur mouvance. Arrêt du 16. Mars 1537. *Le Veft*, *Arr.* 14. Mais fi un vaffal fe joue de fon fief, au défir de l'article 51. de la Coûtume de Paris, les Chartreux ayant intenté le retrait feodal, en ont été déboutez. Arrêt du 15. Février 1538. *M. le Maître des fiefs & hommages*, *chap.* 4. *& 5. Voyez M. Loüet*, *lettre R. fomm.* 26.

65 Les heritages du Clergé étant vendus pour le fecours du Roy, il n'y a point de retrait feodal. Arrêt du 2. Decembre 1595. *Charondas*, *liv.* 8. *Rép.* 3.

66 Arrêt du Parlement de Touloufe du 27. Juin 1597.

Tome III.

par lequel l'adjudicataire d'un fief noble appartenant au Chapitre de Montpellier fut condamné de le délaiffer par droit de retenuë & puiffance de fief au fieur Evêque de Beziers. *Corbin*, *traité des fiefs*, *page* 938. & *la Bibliotheque de Bouchel*, *verbo Retrait.*

67 Si le droit de retention feodale appartient au Chapitre qui a l'annate des revenus du Prévôt décedé, Seigneur temporel & fpirituel, ou au Prévôt fucceffeur? Arrêt du 9. Decembre 1669. en faveur de celuy ci. *Boniface*, *to.* 4. *liv.* 2. *tit.* 3. *ch.* 3.

68 Arrêt du Parlement de Provence du 3. Novembre 1672 qui a reglé la caufe au Confeil pour fçavoir fi l'Evêque de Riez ayant un fief, a pû retenir par droit de prélation le bien alienê dans fon fief pour le réünir à fon Evêché. *Ibidem*, *ch.* 7.

RETRAIT FEODAL, ENGAGISTE.

69 Engagiftes ne peuvent point exercer en leur nom le retrait feodal. *Voyez le mot Domaine*, *nombre* 35.

RETRAIT FEODAL, EXCLUSION.

70 Un Seigneur feodal ayant écrit a fon vaffal nouvel acquereur, qu'il luy feroit bonne compofition des lods & ventes; jugé par Arrêt en la Coûtume d'Anjou, plaidant Robert, que le Seigneur avoit élû les lods & ventes, il fut débouté du retrait feodal. *Bibliotheque du Droit François par Bouchel*, *verbo Retrait.*

71 Un Seigneur qui a reçû aveu ou dénombrement contenant l'alienation du domaine dudit fief, avec retention de foy & cenfive, agréé tacitement l'alienation, & n'eft plus recevable au retrait feodal. Coûtume de Paris art. 52. *M. Loüet*, *lettre R. fommaire* 28.

72 Jugé au Parlement de Paris le 16 Février 1538 qu'il n'y a lieu au retrait feodal, quand le vendeur a retenu un droit de cenfive & de Seigneurie, fauf aux Chartreux demandeurs & Seigneurs feodaux, quand il y aura ouverture de fief de fe pouvoir comme de raifon L'affaire avoit été partagée. Même Arrêt prononcé en Robes rouges au mois de Septembre 1510. pour le fieur de Montmorency, contre Jean Patu. *Biblioth de Bouchel*, *verbo Retrait feodal.*

73 Si le Seigneur feodal s'eft prefenté aux expeditions exercées fur la pourfuite du decret par oppofition conchée de fa part, à l'effet d'obtenir le payement de quelques deniers & preftations, foit perfonnellement à luy düës, ou à caufe de fon fief, qu'il ait encheri fur la vente, comme forcé, des heritages relevans de luy compris au decret; cela ne luy ôte pas le droit d'exercer le retrait feodal, quand même les heritages feroient acquis au Roy par confifcation. Arrêt du Parlement de Normandie du 19. May 1553. *Ibidem*, *verbo Executoires.*

74 Le 13. Août 1585. Carbon de Luppes, fieur Darbellade avoit requis un fief luy être délaiffé par droit de préference feudataire; la Cour voyant le procez jugea qu'il en avoit plufieurs fois approuvé l'alienation, & qu'il n'étoit pas recevable en fa demande: mais en le déboutant pour montrer que la préference luy eût été ajugée, fi luy-même ne s'en fût privé par telles approbations de la vente; elle ajoûta, fans préjudice audit de Luppes dudit droit de préference & retenuë feodale pour l'avenir. Arrêt du Parlement de Touloufe du 13. Août 1585. *Ibidem*, *verbo Retrait.*

75 Un vaffal fe prefente à fon Seigneur pour être reçû en foy, dont toutefois il ne paroiffoit point; quelque temps après le Seigneur baillant fon dénombrement à fon fupérieur, articule entr'autres chofes, que tel fon vaffal tient de luy un certain fief. Il veut enfuite retirer le fief, & le réünir. Par Arrêt donné aux Enquêtes en l'an 1592 il fut débouté. *Ibidem*, *verbo Retrait.*

76 Arrêts du Parlement d'Aix des 11. Avril 1611. 23 Février 1634. & 29. Janvier 1626. qui ont jugé que le

M m m ij

Seigneur peut retenir par droit de prélation , quoiqu'il ait tiré payement de la cense. *Boniface* , tome 4. *liv.* 2. *tit.* 3. *chap.* 2.

77   La reception des droits faite par le fermier , l'usufruitier , ou l'engagiste n'exclut pas le proprietaire d'exercer le retrait feodal , en remboursant luy-même , *de suo* ces mêmes droits à l'acquereur , & quand les droits n'auroient point été payez , il ne peut jamais exercer le retrait feodal sans indemniser les premiers. Arrêt du 7. Avril 1637. *Voyez* M. *Du Plessis, traité des Fiefs* , liv. 7. *chap.* 5.

78   Le mineur ou son tuteur qui reçoit le treiziéme est privé du retrait feodal. Arrêt du Parlement de Normandie du 30. Avril 1652. rapporté par *Basnage* , sur l'art. 451. de cette Coûtume.

79   Jugé au Parlement de Paris le 28. Février 1653. que le Seigneur après avoir reçû son Vassal en foy & hommage , ne peut plus retirer l'heritage par puissance de fief. *S'éfve* , 10. 1. *Cent.* 4. *ch.* 15.

80   La reconnoissance acceptée par le Seigneur du nouvel acquereur n'exclut du retrait feodal, quoique la reconnoissance ne fasse point mention de l'acquisition , & qu'ainsi le Seigneur ait pû ignorer l'achat, & ait pû croire que le possesseur possedoit depuis plus de 30. ans , ou qu'il possedoit par succession, donation ou autre titre, excluant le retrait feodal. Arrêt du Parlement de Toulouse du 12. Juin 1665. rapporté par M. *de Catellan* , liv. 3. *chap.* 10.

81   Arrêt du Parlement de Roüen du 25. Juin 1684. qui a jugé que la demande des lods & ventes faite par le Seigneur ne l'empêche pas d'exercer le retrait feodal , mais il faut qu'il les ait reçûs. *Basnage, sur l'article* 181. *de la Coûtume de Normandie.*

RETRAIT FEODAL, BIEN DE LA FEMME.

82   Si le mari prend le fief de sa femme avec promesse de la faire ratifier , le Seigneur feodal n'est pas obligé de recevoir l'acheteur à faire les devoirs de fiefs , & ne peut user de retenuë, quoique le contrat d'achat luy ait été notifié avec les formalitez ordinaires , à moins que la femme n'ait ratifié ; la raison est que le mari ne peut légitimement vendre le bien de la femme sans son exprès consentement, à peine de nullité ; s'il le vend sans qu'elle consente , il ne peut transferer aucun droit de proprieté à l'acheteur, jusqu'à ce qu'elle ait ratifié, de même maniere que si outre la vente faite par le mari , & la ratification faite par la femme, elle venoit à s'obliger dûement, & à hypotequer ses biens , le creancier de la femme seroit préferé à celuy qui auroit acheté du mari , nonobstant qu'elle eût ratifié posterieurement cette vente faite de son propre fonds par son mari ; ainsi jugé par Arrêt du Parlement de Bourgogne entre la Demoiselle de Seaux Dame de Bussiere d'une part, & M. Antoine Fiot Conseiller à la Cour d'autre , le 11. Août 1569. *Taisand sur la Coûtume de Bourgogne* , tit. 3. *art.* 1. *n.* 20.

RETRAIT FEODAL, FERMIER.

83   Le Fermier peut exercer le retrait feodal. *Voyez* le mot *Fermier* , nomb. 74.

RETRAIT FEODAL, FRAUDE.

84   En échange frauduleux le Seigneur a droit de retenuë feodale. *Voyez Charondas* , livre 3. *Rép.* 17.

85   Le Seigneur peut user du droit de retenuë du jour de la fraude découverte. Arrêt du Parlement de Paris du dernier Mars 1576. *Papon* , livre 11. titre 5. nombre. 7.

86   Arrêt du Parlement d'Aix du 15. Février 1592. qui a déclaré un surchargement du prix de la vente des biens emphiteoticaires pour frauder le retrait feodal amendable , avec defenses à tous emphiteotes de faire de semblables fraudes. *Boniface* , tome 4. liv. 2. tit. 3. *chap.* 6.

87   Jugé par Arrêt du 20. Mars 1610. qu'en retrait feodal & censuel, tout ainsi qu'en retrait lignager le temps ne court contre le Seigneur qui veut user du

droit de retenuë , que du jour qu'il a découvert la fraude dont l'acquereur a usé pour se conserver l'heritage acquis , & qu'il ait été rendu certain de celuy qui est vrai acquereur , & que le vrai titre d'acquisition luy ait été exhibé. Le Seigneur feodal & censuel retenant l'heritage vendu , est seulement tenu rembourser l'acquereur des réparations & meliorations utiles & necessaires par luy faites en l'heritage retenu. *Chenu* , 2. *Cent.* quest. 25.

RETRAIT FEODAL, GENS DE MAIN-MORTE.

88   Du retrait feodal exercé par Gens de main-morte. *Voyez Mornac* , l. 27. §. *quod in specie ff. de pactis.*

89   Gens de main-morte peuvent user du droit de retenuë feodale. Arrêt du 15. Février 1538. en faveur des Chartreux de la Ville de Paris. *Papon* , livre 13. tit. 1. n. 4.

90   Les Gens de main-morte, ni les engagistes du domaine du Roy ne peuvent retirer à droit feodal les heritages relevans de leurs fiefs. Arrêté du Parlement de Roüen, les Chambres assemblées, le 6. Avril 1666. art. 96. *Basnage, tome premier, à la fin.*

RETRAIT FEODAL, HYPOTEQUE.

91   Par la Jurisprudence nouvelle le Seigneur direct qui a retiré par droit de Prélation le fief ou le fonds emphiteotique est tenu hypotecairement des dettes que le vassal ou l'emphiteote a contractées. *Voyez Salvaing , de l'usage des Fiefs, chap.* 29.

92   En cas de retenuë feodale ou bordeliere , si l'heritage tient au Seigneur franc des hypoteques constituées par le Seigneur utile ? *Voyez Coquille* , tome 2. quest. 38.

Voyez le mot *Hypoteque* , nomb. 251. & suiv.

RETRAIT FEODAL ET LIGNAGER.

93   Arrêt du Parlement de Toulouse du 24. May 1538. pour la préference du retrait feodal au retrait lignager. Autres Arrêts semblables des 4. Avril 1585. 6. Septembre 1597. & 7. Août 1606. *Corbin, traité des Fiefs* , page 863.

94   Le Seigneur direct doit être préferé au proche parent. Arrêt du Parlement de Toulouse du 4. Avril 1585. Même Arrêt au mois de Septembre 1598. *Mainard* , to. 1. liv. 2. chap. 83.

95   Le retrait feodal dans un fief noble a lieu en faveur du Seigneur dominant de plein droit, quoiqu'il ne soit pas stipulé , le Seigneur usant de ce droit est préferé au lignager. Arrêt du Parlement de Toulouse du 13. Decembre 1655. rapporté par M. *de Catellan* , liv. 3. *chap.* 11.

RETRAIT FEODAL, PLUSIEURS SEIGNEURS.

96   Un particulier achete un fief , pendant la contestation de la mouvance feodale entre deux Seigneurs ; cet acquereur exhibe son contrat à l'un & à l'autre des deux Seigneurs ; un an se passe du jour de l'exhibition du contrat , on tient qu'il n'a point prescrit le retrait feodal , & que la prescription ne peut courir que du jour que la mouvance feodale a été adjugée à l'un des contendans , parce que l'effet de la feodalité est tenu en suspens, pendant laquelle l'acheteur n'est point obligé de reconnoître au retrait ni l'un ni l'autre des Seigneurs, qui ne sont point obligez de reconnoître pour vassal ce nouvel acquereur. M. Charles Du Moulin est de contraire opinion *in verbo* par main souveraine. §. 40. hod. è le 58. *Voyez Tronçon, Coûtume de Paris* , art. 159. *in verbo* l'an & jour.

97   Le Seigneur feodal a la prérogative de ne retirer que ce qui est mouvant de son fief, & quoique les autres heritages vendus ou decretez fussent tenus d'autres fiefs dont il seroit aussi proprietaire , il a cette faculté de n'user de son droit que pour un fief, s'il ne luy plaît ; mais en ce cas il est obligé de prendre tout ce qui en dépend , suivant l'Arrêt remarqué par *Berault, sur l'article* 172. *de la Coûtume de Normandie.*

98   Le retrait feodal ne peut être demandé par le Seigneur qu'à proportion de la part qu'il a dans le fief dominant ; car le retrait feodal n'a été établi que pour réünir le fief servant au dominant, cette réünion ne peut être faite que pour la part qui appartient au demandeur en retrait dans le fief dominant. Arrêt donné en la Cinquième Chambre des Enquêtes le 15. Avril 1581. après avoir pris l'avis de toutes les Chambres. Et neanmoins en pareille rencontre, on donne le choix à l'acquereur d'abandonner au Seigneur la totalité du fief servant, *quia forè partem non faiſſet empturm.* Auzanet, *ſur l'art.* 10. *de la Cout. de Paris.*

99   Si, quand il y a plusieurs Seigneurs, l'un peut retraire malgré l'autre ? *Guido Papa, queſt.* 412. *&* 508. dit que si l'un veut user du retrait, & l'autre investir, *quiſque poteſt uti jure ſuo.* Mais Ferrieres, *ibid.* rapporte un Arrêt general du Parlement de Toulouse du 22. Decembre 1601. qui juge qu'un Seigneur qui a trois portions de quatre, ne peut en user malgré son consort, contre l'opinion *de Chaſſ. tit. 'des Retraits, rubr.* 10. §. 1. *verbo*, Retenuë, *num.* 4. qui se fonde sur l'argument tiré de la premiere Loy, §. *ſi alter*, *ff. quorum legat.* En effet suivant cet Arrêt general, il fut jugé au mois de Mars 1643. en la cause de M. Lacombe, Curé de Caſſade, contre le sieur Comte d'Orval, qu'il ne pouvoit retirer un fond. *Albert*, verbo *Retrait, art.* 3.

100   Arrêt rendu au Parlement d'Aix en l'année 1654. qui a jugé que quand les Coſeigneurs ne veulent pas user de leur droit, & retenir par prélation une proprieté venduë, un des Coſeigneurs peut retenir la totalité de la proprieté. *Boniface*, *tome* 1. *liv.* 2. *tit.* 2. *chap.* 11. Il rapporte plusieurs autres Arrêts.

101   Le Coſeigneur par indivis avec un autre, peut retraire l'entier fond vendu, du consentement & avec la ceſſion du Coſeigneur, malgré l'Emphytéote Arrêt du Parlement de Toulouse du 27. Juillet 1667. rapporté par *M. de Catellan*, *liv.* 3. *ch.* 11.

102   L'acquereur d'une Terre située dans la Coûtume de *Montfort-Lamaury*, mouvante de deux differens Seigneurs, ne peut obliger l'un des Seigneurs, qui veut exercer le retrait feodal, de retirer toute la Terre, mais il suffit qu'il retire ce qui est de sa mouvance. Jugé à Paris le... Juin 1683. *Journal du Palais.*

RETRAIT FEODAL, PRESCRIPTION.

103   Si le retrait feodal peut se prescrire par trente ans. *Voyez Carondas*, *liv.* 2. *Rép.* 7.

104   Pendant la contention de la mouvance entre deux Seigneurs d'un fief, *Titius* achete le fief contentieux, & exhibe son contrat à l'un & à l'autre ; ſçavoir si après l'an de l'exhibition de son contrat, il peut prescrire le retrait feodal. *M. Charles Du Moulin* tient l'affirmative. *Tronçon* tient la negative, *Coûtume de Paris*, *art.* 159. verbo *L'an & jour*, & que la prescription ne peut courir que du jour que la mouvance est ajugée. *Voyez C. M.* §. 13. hodie *le* 10. *gloſ.* 12. *n.* 11. *Cout. de Paris.*

RETRAIT FEODAL, REMBOURSEMENT.

105   Un Seigneur réünit à son fief un autre fief par puiſſance feodale, il doit la moitié du prix aux heritiers de la femme. Prononcé en Avril 1548. *Valla, de rebus dubiis tractat.* 13. Voyez *Carondas*, *livre* 7. *Réponſe* 20.

106   L'acquereur d'une terre à la charge d'une rente rachetable, n'est tenu d'accorder le retrait feodal, si le Seigneur ne rembourse actuellement les deniers de la rente ; & s'il le fait, il demeure obligé vers son vendeur. Jugé au mois de Février 1633. *Du Frêne, liv.* 2. *chapitre* 130.

107   Arrêt du 16. Novembre 1675. qui a jugé que le retrayant feodal doit rembourser les frais & loyaux coûts de l'acquereur ; si au rang des loyaux coûts, les frais des voyages pour faire les acquisitions y sont

compris, si le prix des arbres plantez à la place des morts, le prix des foſſez & remparts couverts est emporté par les eaux, les engraiſſemens & les fumiers sont compris aux loyaux coûts. *V. Boniface, to.* 4. *liv.* 2. *tit.* 3. *chap.* 4.

108   Jugé au Parlement de Toulouse le 23. Février 1699. que le Seigneur feodal qui exerce le retrait, est tenu de rembourſer à l'adjudicataire les sommes à luy düës par le diſcret au delà du prix du decret. On rapportoit deux Arrêts contraires, mais il ne paroiſſoit pas si dans ces Arrêts le decretté, en faisant les ſurdites & encheres, avoit reſervé les autres sommes à lui düës, ce qui étoit dans l'eſpece de celui-cy, & qui servit à déterminer les Juges. *V. les Arrêts de M. de Catellan*, *liv.* 3. *ch.* 14.

RETRAIT FEODAL, RENTE.

109   Le Seigneur feodal a droit de retenuë pour une rente venduë par son vaſſal, qu'il tient en fief de lui. Arrêt du Parlement de Paris du 7. Septembre 1528. en faveur de M. le Duc de Montmorency. *Papon*, *liv.* 13. *tit.* 1. *n.* 5.

110   Il a été jugé au Parlement de Roüen le 13. Juillet 1618. qu'un Seigneur qui avoit retiré par puiſſance de fief un heritage, & l'avoit réüni au fief, étoit recevable à racheter les rentes foncieres düës par cet heritage, en rendant le denier vingt ; car le retrait feodal est une eſpece de retour, & le Seigneur a interêt de n'être pas le debiteur de son vaſſal. *Baſnage*, *ſur l'article* 178. *de la Coûtume de Normandie.*

111   Jugé en la Coûtume de *Senlis* le 16. Février 1657. qu'un contrat par lequel un particulier avoit déclaré avoir vendu & tranſporté une maiſon moyennant 50. livres de rente, proprietaire & non rachetable, & outre 700. livres payez comptant, ne pouvoit être pris pour un contrat de bail à rente, exempt du retrait Seigneurial, qu'ainſi le Seigneur étoit bien fondé à uſer du droit de retenuë. *Soefve*, *tome* 2. *Cent.* 1. *ch.* 56.

112   Rente fonciere venduë à celuy qui en est redevable, ne peut être clamée à droit lignager ni feodal. Arrêté du Parlement de Normandie, les Chambres aſſemblées, le 6. Avril 1666. art. 28. *Baſnage*, *tome* 1. *à la fin.*

Voyez cy-deſſus le nomb. 106.

RETRAIT FEODAL, ROY.

113   Retrait feodal, s'il peut être exercé par le Roy ? *M. le Maître*, *au Traité des Fiefs*, *chap.* 5. *ſur la fin*, rapporte un ancien Arrêt de 1277. que le Roy retira du Comte de Foix un Château de la Roche par luy acheté.

114   Le Roy peut donner ou transporter la retenuë feodale d'un fief vendu mouvant d'aucune de ces Terres & Seigneuries. *Voyez Carondas*, *livre* 7. *chapitre* 140. *& chap.* 198.

115   Encore que le Roy puiſſe retenir par retrait feodal le fief immédiatement tenu de ſa Majeſté, vendu par ſon vaſſal, celuy qui a acquis du Roy à faculté de remeré quelque Seigneurie du Domaine de la Couronne, ne peut retenir par retrait feodal les fiefs mouvans de ladite Seigneurie vendus par les proprietaires, &c. *Bacquet*, *Droits de Juſtice*, *ch.* 11. *nombre* 10.

116   La retenuë feodale a lieu és terres données en appanage ſur les Secretaires du Roy, ſans leur payer des droits de quints, & les fruits pendans ſur terre lors de l'acquiſition, eſtimez à 2000. liv. Arrêt du 21. Août 1649. *Du Frêne*, *liv.* 5. *ch.* 47.

RETRAIT FEODAL, SERMENT.

117   Le Seigneur retrayant doit jurer qu'il veut pour luy-même les biens dont il demande le retrait, & non pour un autre. Arrêt du Parlement de Toulouse du 27. Juillet 1667. On exige pareil serment du retrayant lignager. Arrêt du 24. Janvier 1661. rapporté par *M. de Catellan*, *liv.* 3. *ch.* 11.

RETRAIT FEODAL, TEMPS.

118 Le temps du retrait court du jour de la réception en foy & hommage, & le devoir fait en l'absence du Seigneur feodal tient lieu de foy. Arrêt du Parlement de Paris du mois de Janvier 1567. *Biblioth. de Bouchel*, verbo *Retrait*.

RETRAIT FEODAL, TOUT OU PARTIE.

119 Le Seigneur du fief dominant en partie venant au retrait feodal, il est au choix de l'acquereur de le recevoir au retrait par moitié seulement ou pour le tout, sinon il doit être debouté du retrait. Arrêt du 30. May 1587. *Brodeau, sur M. Loüet, lett. R. somm. 25. nomb. 9.* où il met distinction entre le Seigneur feodal du tout, & le Seigneur feodal en partie.

120 Arrêt de la Chambre de l'Edit de Toulouse du 8. May 1638. qui a décidé que le Seigneur est obligé de prendre toutes les pieces mouvantes de sa directe, comprises dans la saisie & dans le decret des biens de l'Emphytéote ; ce qui doit être entendu, si chaque piece emphytéotique n'a pas un prix separé : car si chacune de ces pieces a son prix dans le contrat ou dans l'enchere, par la raison qu'il y a autant de contrats que de prix differens, le Seigneur peut retraire une ou plusieurs, sans être tenu de retraire les autres. *Voyez M. de Catellan, liv. 3. ch.* 14. où il observe que le 23. Février 1699. on agita la question de sçavoir, si dans un decret chaque surdite ou enchere fait un contrat separé? les raisons de part & d'autre sont rapportées.

121 Le 6. May 1649. il fut jugé au Parlement de Toulouse en la cause de Capelle & de Nadal, contre le sieur de Montagudet, que le Seigneur devoit tout retirer. Cet Arrêt en confirmoit un autre precedent, le sieur de Montagudet fut démis de sa Requête civile. *Albert*, verbo *Retrait, art. 4.*

122 Le 21. Mars 1675. il fut jugé au Parlement de Toulouse, en faveur du sieur d'Arboras, contre un decretiste, qu'il pouvoit retraire la seule piece de sa directe ; mais il faut observer que le sieur d'Arboras avoit surdit de plus de 100. livres sur cette piece, ce qui faisoit le profit des creanciers ; ce fut le motif de l'Arrêt, de sorte qu'il ne fait rien contre l'opinion de ceux qui disent que le Seigneur doit prendre tout. *Ibidem.*

123 La Demoiselle de Maleprade fut reçûë à retirer ce qui étoit de sa directe, & à laisser le reste. Il faut noter que Massut sa partie ne contestoit pas par cette raison, mais seulement par ce qu'il disoit que le droit de prélation n'avoit pas lieu dans la Viguerie de Toulouse ; si bien que l'acheteur ne demandant pas que le Seigneur fût tenu de prendre le tout, cet Arrêt qui est du mois de Février 1646. ne doit pas être tiré à consequence. *Ibid.*

124 Le Seigneur feodal doit retirer tous les heritages qui sont en la mouvance du fief à cause duquel il fait le retrait ; mais il est tenu de retirer les heritages relevans des autres fiefs qui sont en sa main. Arrêté du Parlement de Roüen, les Chambres assemblées, du 6. Avril 1666. art. 114. *V. Basnage, to. 1. à la fin.*

125 Le Seigneur feodal est obligé de retirer par retrait feodal seulement ce qui releve de luy. Arrêt du 14. Juin 1683. *De la Guess. to. 4. liv. 6. ch.* 11.

RETRAIT FEODAL, TUTEUR.

116 Du pouvoir du tuteur pour reprendre le fief. *Voyez le mot Fief, n.* 156.

RETRAIT FEODAL, USUFRUIT.

127 Le Seigneur peut, l'usufruit éteint, retenir ce que l'usufruitier a acquis par retrait feodal, en rendant le prix & loyaux coûts. Arrêts du Parlement de Paris des 9. Janvier 1563. & 23. Février 1571. *Papon, livre 13. titre 1. n. 5. & Carondas, livre 2. Rép.* 85.

RETRAIT LIGNAGER.

128 DU Retrait lignager. *Voyez Grimaudet, la Bibl. du Droit François par Bouchel, Du Luc, liv. 9.*

tit. 3. Carondas, liv. 5. Rép. 37. liv. 7. Rép. 141. & liv. 9. Rép. 57. Auzanet, sur la Coûtume de Paris, page 116. & *suiv. les Arrêtez faits chez M. le Premier President de Lamoignon, & recueillis dans le même Commentaire d'Auzanet.*

129 *De jure gentilitio, vulgò retrait lignager. Voyez Francisci Stephani, Decisio 3.*

130 Du retrait lignager. *Voyez le 31. chapitre de la Coûtume de Nivernois, & Coquille, en son Commentaire sur icelle, tome 2. page* 289. où il est parlé des formalitez du retrait, & *en son Institution au Droit François, page* 89.

131 Retrait lignager plus favorable qu'odieux. *Voyez les Opuscules de Loisel, page* 122.

132 Le retrait lignager ne se regle pas à l'instar des successions, parce que *jus retractatus consanguinitatis non datur certæ personæ sed toti familiæ & cognationi in genere*, tellement qu'il suffit d'avoir cette qualité, *esse de familiâ & cognatione tempore actionis.* M. Loüet, *lett. R. somm.* 38. Coquille, *Coûtume de Nivernois, chap.* 31. *de Retr. lign. art.* 1. Tronçon, *Coûtume de Paris*, verbo, *du côté & ligne, art.* 119.

133 Maxime generale, lignager sur lignager n'a point de retenuë, bien que l'acquereur soit parent au huitiéme degré. M. Loüet, *lett. R. som.* 63.

134 Retrait ajugé à un défunt qui a consigné, doit tenir, & est transferé à ses heritiers. *Voyez Carondas, liv. 2. Rép.* 77. & *liv. 6. Rép.* 60.

135 Contrat où il y a simple promesse de vendre, ne donne point ouverture à l'action en retrait. *Mainard, liv. 7. chap.* 52.

136 Retrait reconnu. *Voyez Brodeau sur M. Loüet, lett. C. somm.* 37. *nomb.* 4.

137 *Pactum inter fratres super jure retractûs, nullà haredum mentione factâ, an ad filios extendatur?* Voyez *Franc. Marc. to.* 1. *quest.* 405.

138 Le retrait a lieu en heritage baillé en payement ou pour récompense, *scil.* quand le mary pour récompenser sa femme de son heritage vendu, luy donne le sien, *quia videtur permutatio quædam.* Arrêt du 14. Août 1411. *Bibliot. de Bouchel*, verbo *Retrait.*

139 S'il y a un frere & une sœur, & que la sœur vienne à la retraite, & revende les biens retirez, si le frere peut venir à la retraite dedans l'an & jour, en rendant le prix de la premiere vente, frais & loyaux coûts? V. *Bouvot, to.* 1. *part.* 1. verbo *Retrait, question* 3.

140 Si la chose acquise par un parent est échuë par succession, il y a lieu de retraite en la rente qui en est faite aprés, encore que le lignager ne soit descendu de l'acquereur, ou qu'il ne soit du côté d'où il vient, & comme se prend le mot d'*ancien* en retraite, & comment en succession? V. *ibidem, part.* 2. verbo *Retraite, quest.* 1.

141 Si en retraite l'heritage ancien se prend comme en succession, & si le confise fait entre les mains d'un Prêtre étoit valable? V. *ibidem, to.* 2. verbo *Retrait conventionnel, quest.* 13.

142 Si l'action de retraite doit être intentée pardevant le Juge du domicile de l'acheteur, & si l'an du retrait court contre le mineur sans esperance de restitution? V. *ibid. to.* 2. *quest.* 41.

143 Si le vendeur s'est pourvû par Lettres de rescision de contrat, fondé sur lézion d'outre moitié du juste prix, le lignager peut retraire pendant l'instance de rescision, & si le Juge peut joindre deux instances, & differer de prononcer sur la retraite? V. *ibid. to.* 2. *quest.* 41.

144 Si la vente est faite sous cette condition, que si le vendeur rend dans l'espace de 18. mois le prix qu'il a reçû, elle demeurera pour non faite, le temps du retrait courra nonobstant tous procés, il courra même contre le mineur, mais il sera restituë s'il le veut. *Voyez Guy Pape, quest.* 31. & *Chorier en sa Jurisprudence du même Auteur, p.* 240.

145 La faculté de retraire les biens contre la prohibition faite dans un testament, dure trente ans. *Cambolas, liv. 5. chap. 42.*

146 Le prochain lignager ayant exercé le retrait lignager, & après rendu pour le même prix, ou autre plus fort à l'acquereur étranger si c'est hors les temps du retrait, autre prochain n'y pourra être reçu : car le le heritage sera acquêt au premier retrayant, & s'il dans l'an il y sera reçu. Arrêt du Parlement de Bourdeaux du 10. Octobre 1510. *Arr. de Papon, livre 11. tit. 7. nomb. 6.*

147 Jugé par plusieurs arrêts que quand la Coûtume ne met aucune limite aux dégrez de succession, elle passe *in infinitum ad exclusionem fisci*, & le droit de retrait va aussi loin que la succession, s'il n'y a Coûtume au contraire. Au reste par la raison tirée du présent article a été fondé l'Arrêt des Hannequins du 2. Juin 1556. pour la regle *paterna paternis. Biblioth. de Bouchel, verbo Retrait.*

148 Promesse faite au lignager de le recevoir au retrait est censée *in dubio* n'avoir lieu après l'an & jour de retrait. Arrêt du Parlement de Bourdeaux en 1570. *Mainard, liv. 7. ch. 45.*

149 Retrait refusé à un religionnaire absent. Arrêt du Parlement de Bretagne du 15. Mars 1571. *Du Fail, li. 1. chap. 322.*

150 En matiere de retrait pour les formalitez, il faut suivre la Coûtume du lieu où les choses sont situées. Arrêt du Parlement de Paris du 28. May 1574. *Papon, liv. 11. tit. 7. n. 27. & 28.* Arrêt contraire du 19. Mars 1557. qui juge que l'action de retrait est plus personnelle que réelle, & en effet Messieurs des Requêtes du Palais en connoissent.

151 *Voyez le* 10. *Plaidoyé de M. Marion*, in octavo, sur les solemnitez précisément requises en l'execution du retrait lignager ; même en ce qui concerne le poids exact des especes offertes, & la forme de les bien consigner, au refus de les prendre par l'acheteur. Arrêt du 28. Juin 1584. qui déboute du retrait.

152 Le 27. Février 1590. il a été jugé au Parl. de Touloufe 1590. que le traité fait par deux freres, que l'un voulant vendre ses biens, l'autre seroit obligé sous l'obligation expresse de tous lesdits biens, n'étoit suffisant pour retraire, parce qu'il n'étoit fait en la tradition ou division de la chose. *Cambolas, livre 1. chapitre 14.*

153 Nicolas demande de retraire la vigne vendue par son frere Pierre, en vertu de la clause apposée au testament de Nicolas leur pere, par lequel il avoit ordonné que l'un des enfans du premier lit venant à vendre les autres fussent préferez à même prix. Par Arrêt du 26. Janvier 1593. il a été jugé que ce droit dure trente ans, & que le retrayant ne pouvoit ceder ce droit, & qu'il pouvoit être contraint d'affirmer que c'étoit pour luy. *Ibid. ch. 39.*

154 Retrait lignager est individu ; il ne peut s'exercer pour une partie seulement, & l'an ne court que du jour de l'ensaisinement, & non du jour du decret. Arrêt du Parlement de Paris du 21. Février 1622. *Bardet, to. 1. liv. 1. chap. 92.* il observe que M. le premier Président étant aux opinions demanda au retrayant s'il ne prêtoit point son nom, & dans l'Arrêt il fut ajoûté que s'il le prêtoit, la Cour dés à présent le déclaroit déchû du retrait.

155 La déclaration faite judiciairement par un lignager à l'acquereur est valable, en ce cas il n'est pas necessaire de la signifier par un Huissier. Arrêt du Parlement de Roüen du 27. Août 1637. *Basnage, sur la Coûtume de Normandie, art. 452.*

156 Arrêt du Parlement d'Aix du 19. Octobre 1640. qui a jugé que l'action de repetition de retrait n'a pas plus de durée que l'action de retrait ; & que le parent peut prêter son nom à son parent, sans tomber dans la peine du parjure en retirant pour luy. *Boniface, to. 1. liv. 8. tit. 1. ch. 8.*

157 La Coûtume n'éxigeant pas que l'heritage vienne de la ligne directe pour être ancien en retrait, il est sans difficulté que le fonds qui vient d'un collateral ne laisse pas d'être ancien en retrait, de même que s'il venoit d'un ascendant. Arrêt du Parlement de Dijon du 21. Juin 1646. *Voyez Taisand, sur la Coûtume de Bourgogne, tit. 10. n. 8.*

158 Arrêt du Parlement de Paris du 31. May 1650. qui a jugé que dans la Coûtume de Chaumont en Bassigny, l'an & jour du retrait doit courir du jour de l'adjudication par decret, & non du jour de l'ensaisinement. 2°. Qu'y ayant eu contestation, entre le retrayant & le défendeur en retrait, le prix entier de l'acquisition doit être consigné, ou à faute de consignation offerte & représentée à chaque jour de la cause, & que l'année étant bissextile, la demande en retrait ne peut être prorogée au delà du terme ordinaire établi par la Coûtume, & le jour intercalaire servir au retrayant, pour montrer que son action a été intentée dans l'an. *Soëfve, tome premier, Cent. 3. chapitre 42.*

159 Jugé par Arrêt du 31. May 1656. que dans l'action de retrait lignager, le défendeur ne peut refuser de répondre sur les faits de fraude alleguez par le demandeur, & qu'il n'y a nullité en l'exploit de demande, le Sergent n'ayant point fait mention du domicile des témoins. *Ibidem, to. 2. Centurie 1. chap. 27.* où il observe que dans la Province de Normandie le retrait est extrêmement favorable, au lieu que dans les autres Coûtumes il est odieux.

160 Un particulier vend, cede une moitié de maison à des Religieuses, moyennant 1000. livres comptant, & une pension viagere de 450. livres pendant sa vie, & de celles de son pere & de sa sœur 100. livres. Jugé qu'il y avoit lieu au retrait, le 5. Mars 1657. *De la Guesse. to. 2. liv. 1. chap. 9.*

161 La faculté du retrait lignager est personnelle. Arrêt du Parlement de Grenoble du 11. Février 1659. *V. Basset, to. 1. liv. 2. tit. 25. ch. 13.*

162 Un acquereur dans l'an & jour de son acquisition hypotequer le fonds par luy acquis au préjudice d'un retrayant lignager : un creancier après vingt-cinq années de possession par le lignager, luy demande les arrerages d'une rente constituée, le premier Juge le déboute, le second Juge informe cette Sentence. Appel. L'appellation, & ce en tant que touche la condamnation personnelle des arrerages, sauf à l'intimé d'agir par voye hypotequaire. Jugé à Roüen le 11. Janvier 1671. *Journal du Palais.*

163 Les heritages de Vautier ayant été saisis & ajugez, Joachim Lescaley Ecuyer fit signifier à Longuet adjudicataire qu'il les retiroit à droit de sang ; il fit réponse le lendemain huit heures du matin il consentiroit de luy en faire remise : le même jour Fillâtre autre gendre du decreté se rendit aussi demandeur en retrait lignager, & en l'absence du sieur Lescaley, Longuet luy fit un délai : par le contrat de rembourssage il étoit porté que les deniers avoient été prêtez par le Vasnier auquel on en ceda la joüissance pour l'interêt de ses deniers, & en cas qu'il n'en fut rembourssé dans un an, Fillâtre luy en quittoit la propriété. Le même jour le sieur Lescaley somma Longuet de se transporter au Tabellionage pour recevoir son remboursement ; il fit réponse qu'il avoit fait remise à Fillâtre, cette réponse donna lieu de faire ajourner Fillâtre. Par Arrêt du Parlement de Roüen du 11. Août 1672. le retrait ne fut ajugé que pour une moitié au sieur Lescaley, & l'autre moitié à Fillâtre comme étant beau-frere. On se fonda sur ce que cette condition étoit quelque chose, que Lescaley pourroit la retirer, & il devoit attendre après l'an, & qu'en cas que Fillâtre ne disposât pas de la condition, il y auroit de la fraude au contrat ; c'est pourquoi il fut prononcé que Lescaley étoit débouté quant à présent de son action pour une moitié, sauf

son regard. *Basnage , sur la Coûtume de Normandie, article 478.*

164   Acte de Notorieté donné par M. le Lieutenant Civil du Châtelet de Paris, le 7. Avril 1701. portant qu'un demandeur en retrait lignager n'est recevable à s'opser à une Sentence renduë par défaut , à moins que ce ne soit pendant la même Audience. *Recueil des Actes de Notorieté , page* 143.

RETRAIT , ACQUESTS.

165   Si le retrait lignager a lieu és acquets faits par le vendeur , comme si le pere a acquis une maison , & que l'heredité de ce pere soit jacente, curateur creé , le fils n'étant heritier du pere , la maison étant decretée & adjugée , le fils peut venir à la retraite, & s'il y a des acquets vendus avec des anciens , le retrayant est tenu de retirer les acquets. *V. Bouvot, to.* 2. verbo *Retrait conventionnel , quest* 35.

166   Jugé au Parlement de Dijon le 18. Juillet 1603. qu'il suffit que l'heritage vendu n'ait été acquis par le vendeur , & qu'il luy soit échû par succession directe & collaterale : & s'il y a des heritages vendus avec des acquets faits par le vendeur, l'acheteur s'il veut n'est tenu que de remettre l'heritage ancien , & peut retenir l'acquet , & s'il veut il peut contraindre l'acheteur à retirer le tout. *Ibidem qu.* 31.

167   Le 16. Decembre 1603. il a été jugé au Parlement de Toulouse que la Coûtume qui permet le retrait lignager sans parler des acquets ne laisse pas d'y étendre sa disposition , parce que le bien étant acquis , il se communique à toute la famille : & souvent dans le droit , *bona & patrimonium* se confondent. *Cambolas , liv.* 3. *chap.* 35.

168   En matiere de retrait lignager le retrayant est tenu de retirer même ce qui est acquet , quand il ne se peut commodément separer d'avec le propre. Arrêt du 22. Juillet 1606. *M. Bouguier lettre R. nomb.* 15. *Voyez M. Loüet , lettre R. somm,* 25.

169   Heritage legué à un collateral qui en fait legs à un autre collateral, étant vendu par le dernier, ne tombe point en retrait dans la Coûtume de *Paris* , parce que c'est un acquet , & non un veritable propre. Arrêt du 9. Juin 1633. *Bardet, tome* 2. *livre* 2. *chapitre* 40.

170   Les heritages propres acquis par un parent du côté & ligne, dont les heritages procedent , sont vrais acquets audit parent acquereur , combien qu'ils soient sujets à retrait, s'ils sont par luy vendus. Arrêt du 16. Février 1647. *Du Frêne , livre* 5. *chapitre* 6.

171   Si la femme peut participer en l'acquet fait d'une maison qui appartenoit au parent du mari , & si elle avoit été venduë à un autre , le mari la pouvoit avoir par droit de retrait , ou si la femme peut demander le remboursement de la moitié du prix , & si le même a lieu en retrait feodal. *Voyez Bouvot, tome* 2. verbo *Société , Communauté , qu.* 31.

RETRAIT, ACTION.

172   L'action de retrait lignager *est personalis in rem scripta* , & ne peut être pure personnelle , puis qu'elle descend *ex contractu* ; & partant elle peut être intentée ou devant le Juge de l'acheteur , ou du lieu où les biens sont assis ; toutefois aujourd'huy elle est tenuë comme purement personnelle , & se debat le Juge du défendeur , quelque contrarieté d'Arrêts du temps passé qui se trouvent sur ce sujet. *Voyez Mainard , liv.* 7. *ch.* 51.

173   Quand le retrayant devient Religieux profez, ou meurt délaissant qui ne sont au degré du retrait , avant le retrait ajugé , l'action demeurera perie. *Voyez Coquille , to.* 2. *quest.* 187.

174   Action de retrait est personnelle contre l'acheteur, & réelle contre un tiers. Par Arrêt du 25. Septembre 1545. *ideoque attenditur consuetudo loci ubi res est.* Bibliotheque de *Bouchel* , *verbo* Retrait.

175   L'action en retrait lignager dure trente ans , s'il y

a en fraude au contrat ; comme il a été jugé par Arrêt du mois d'Avril 1554. rapporté par *Berault sur la Coûtume de Normandie , article* 500. suivant l'avis de M. Charles du Moulin , sur le titre *des Fiefs* , §. 13. *gl.* 8.

176   Par Arrêt prononcé en Robes rouges le 6. Septembre 1566. en la cause de Messire François de Chabannes Baron de Curton , d'une part , & Catherine de la Berandiere , & Consors , d'autre ; il a été jugé qu'en matiere de retrait lignager un ajournement sans contestations , quoiqu'il y ait défaut , ne proroge l'action outre l'an. *Le Vest , Arr.* 87.

177   Arrêt du Parlement de Bretagne du 19. Septembre 1577. qui déboute d'une demande en retrait lignager, sur le fondement que le contrat avoit été passé depuis plus de trente ans. Arrêt semblable du 26. Mars 1635. *Du Fail , liv.* 1. *chap.* 437.

178   Arrêt du Parlement d'Aix du 21. Novembre 1658. a jugé qu'en matiere de retrait lignager le retrayant ne peut l'intenter après huit ans. *Boniface , to.* 2. *liv.* 1. *tit.* 4. *ch.* 5.

179   Si l'acquisition n'est publiée en Jugement , l'action de retrait dure trente ans , & en ce cas l'article 135. de la Coûtume de *Paris* s'étend aux Coûtumes qui n'en disposent point. Arrêt du 3. Mars 1661. *De la Guesse. to.* 2. *liv.* 4. *chap.* 10.

180   Un lignager qui a intenté son action en retrait, & a obtenu Sentence qu'il n'a point executée pendant l'an & jour , le contrat de l'acquereur n'ayant été ensaisiné, jugé qu'il n'étoit pas recevable à intenter une nouvelle action ; c'étoit au Rolle de Vermandois , sur la demande en retrait hors de Cour. M. l'Avocat General dit que la Sentence devoit être en ce pays executée dans l'an & jour : à Paris qu'il n'y avoit que vingt-quatre heures : que lors qu'un lignager avoit fait faute en son exploit , il étoit déchû de retrait , & qu'il suffisoit d'avoir intenté l'action auparavant l'ensaisinement. Arrêt du Mardy 8. Janvier 1664. prononcé à la Grand'-Chambre. *Dictionnaire de la Ville , nomb.* 9035.

RETRAIT, FILS ADOPTIF.

181   Fils adoptif n'est reçu au retrait. *Voyez cy-devant Adoption, nomb.* 9.

RETRAIT, AN ET JOUR.

182   An & jour du retrait. *Voyez cy-dessus le mot An, nomb.* 7. *& suiv.* & hoc verbo, *la Biblioth. du Droit François par Bouchel.*

183   Si l'an du retrait lignager court du jour du contrat ensaisiné , ou du retrait conventionnel expiré. *Voyez Carondas , liv.* 6. *Rép.* 64.

184   En matiere d'heritage propre vendu étant en censive , l'an & jour du retrait ne court qu'après l'ensaisinement. *Coûtume de Paris , art.* 129. Etant en fief , du jour de la réception en foy & hommage , art. 129. *&* 130. Etant en franc-aleu , du jour que l'acquisition a été publiée & insinuée en Jugement au plus prochain Siege Royal , art. 132. Et si le Seigneur acquiert le fief mouvant de luy , il est réputé infeodé du jour de son acquisition publiée en Jugement au plus prochain Siege Royal , art. 135. De même s'il l'a retenu par puissance feodale, art. 159.

185   Si le pupille devenu majeur ratifie la vente faite pendant sa minorité par son tuteur , l'an du retrait ne commence à courir que du jour de la ratification, parce que cette vente n'ayant été parfaite que par la ratification faite en majorité, il n'a pas dû commencer plûtôt. *Taisand , sur la Coûtume de Bourgogne , tit.* 10. *art.* 13. *n.* 8.

186   En plusieurs lieux, le temps du retrait ne court que du jour de l'investiture faite par le Seigneur direct ; mais au ressort de Toulouse où le retrait lignager a lieu , on ne compte l'année que du jour du contrat. *V. Mainard , liv.* 7. *ch.* 43.

187   L'an du retrait lignager se prend du jour de la saisine & investeture de l'acheteur. Arrêt du Parlement

ment de Paris de l'an 1269. *Papon, liv. 11. tit. 7. n.13.* où il est ajouté que l'assignation doit écheoir dans l'an & jour.

188   En vente à faculté de remeré , l'an du retrait lignager ne commence à courir que du jour de l'expiration de la faculté. Arrêt du Parlement de Paris du 10. Janvier 1530. *Ibidem , nomb.* 8. Ce qui a lieu aussi en pactes commissoires de vente ; car à l'égard du retrait, les ventes doivent être parfaites & irrevocables, avec tradition de possession.

189   Claude Genton Prévôt de l'Hôtel, fut debouté de ses Lettres afin d'être relevé de ce qu'il n'étoit venu au retrait dans l'an & jour , étant absent à la guerre avec le Roy , *resp. causâ* , le 6. Mars 1552. *Bibliot. de Bouchel , verbo Retrait.*

190   Un mari avoit vendu en 1555. l'heritage de sa femme, & avoit promis de faire ratifier la vente ; elle ratifie en 1558. Le lignager dans l'an de la ratification fait ajourner l'acheteur à fin de retrait, & dit que l'an du retrait n'a couru que du jour de la ratification. L'acheteur au contraire dit que l'année couroit depuis la vente faite par le mari, *cui etiam rem alienam vendere licet.* Par Arrêt prononcé en Robes rouges en 1560. le retrait fut ajugé au lignager, & dit que le temps n'avoit couru que du jour de la ratification. *Bibliot. de Bouchel , verbo Retrait.*

191   S'il intervient débat sur la saisine, la preuve par témoins n'y est reçue. Arrêt prononcé en Robes rouges le 23. Décembre 1568. *Papon , livre 11. tit. 7. nombre 13.*

192   M. *Mainard , en ses questions de Droit , liv. 17. chapitre* 44. tient que le jour intercalaire ou de Bissexte, est compris dans l'an & jour du retrait lignager. *Carondas , sur la Coûtume de Paris* , en rapporte l'Arrêt du 10. Décembre 1569. On le juge ainsi à Toulouse & à Bourdeaux.

193   *Dies termini computatur in termino ex L. 1. ff. si quis cautionibus.* Si le contrat est passé le 26. Février , le 27. Février suivant l'an est revolu, & le retrayant non recevable. Arrêt du 16. Avril 1574. *Le Vest, Arr.* 132. Il y a des Arrêts contraires.

194   Quand deux conjoints ayant enfans ont acquis des biens sujets à retrait, l'an & jour du retrait lignager ne court & ne se prend que depuis le decez des enfans du survivant des acquereurs. Arrêt du 8. Juin 1574. *Papon, liv. 11. tit. 7. n. 13.*

195   Nonobstant l'article 38. de l'Edit de l'an 1577. auquel est conforme le 59. de l'Edit de Nantes , qui décharge ceux de la Religion Prétenduë Réformée de toutes prescriptions, tant legales que coûtumieres, la prescription d'an & jour du retrait lignager ou conventionnel qui a couru durant les troubles , doit avoir lieu contre eux. *Voyez les Décisions Catholiques de Filleau , Décis.* 94.

196   Le jour de la vente , & le jour de l'ajournement ne sont comptez en la prescription de l'an & jour. Arrêt du 8. Juin 1577. *Labbé & Tronçon , article* 137. *Coûtume de Paris, in verbo, dedans l'an & jour.*

197   L'action de retrait est de sa nature annale , & l'instance périt par discontinuation d'an & jour. S'il y a contestation, l'instance est perpetuée & continuée , & il ne peut y avoir peremption que par trois ans. Arrêt du 10. ou 11. Avril 1579. *Papon, livre 11. tit. 7. nombre 15.*

198   Par Arrêt du mois de Juillet 1584. Chopin plaidant, il fut jugé que l'an du retrait lignager court du jour de l'ensaisinement du decret volontaire fait suivant le contrat. *Bibliot. de Bouchel , verbo Retrait.*

199   L'an se compte du premier jour du mois de Janvier. *Ordonnance de Roussillon, art.* 39. *sous Charles IX.* Elle doit être intentée de jour & non de nuit , contre l'opinion de M. *Tiraqueau & de Chassanée.* Arrêt du 7. Septembre 1602. *Mornac, L. 10. Cod. de transactionibus.* Faute de poursuite , elle périt par an & jour ; contestée , elle dure trois ans. *Brodeau , Coût. de Paris , art. 129. nomb.* 17.

200   La demande dans l'an discontinuée , après plus d'un an, le demandeur en retrait non recevable. Arrêt du 7. Juillet 1605. *Peleus , quest.* 81. Contestée, dure trois ans.

201   Le lignager ayant laissé écouler l'an & jour d'une maison venduë , laquelle après est revenduë par decret , peut venir par retrait dedans l'an & jour de la revente par decret. Arrêt du 16. Février 1613. *Bouvot, tome 1. part. 1. verbo Lignager , quest.* 2.

202   Si le lignager a laissé passer l'an & jour sans venir à la retraite de la chose venduë à faculté de rachat , que le vendeur achete le droit de rachat , le lignager peut venir à la retraite du droit de rachat , & retirer l'heritage en rendant le prix de la premiere vente, & du droit de rachat. *Ibidem , verbo, Retrait , question* 5.

203   Si l'an & jour du retrait court dés le contrat de vente fait sous écriture privée , où devant Notaire Royal , & si le Seigneur de la main-morte doit venir à la retraite de la chose venduë dans l'an , ou dans les quarante jours ? *V. Bouvot , tome* 2. verbo *Retrait conventionnel , quest.* 52.

204   L'an & jour en la Coûtume de *Melun* touchant le retrait ne court que du jour du rachat. Arrêt du 14. Avril 1615. *Brodeau , Coûtume de Paris , article* 137. *nombre* 5.

205   Le temps d'un an & un jour commence à courir dés le jour du contrat de vente , lorsqu'elle est faite dans les formes ; car la faculté de rachat n'empêche point le cours du temps du retrait. Si la vente étoit faite secretement, l'an & jour ne commenceroit à courir que du jour qu'elle seroit connuë, ce qu'on appelle *à die notitiæ.* Ainsi jugé le 11. Juin 1619. au Parlement de Dijon. *Taisand , sur la Coût. de Bourgogne, tit. 10. art. 1. not. 1.*

206   Un demandeur en action de retrait lignager , doit intenter son action dans l'an & jour de la Sentence & adjudication par decret, & non dans l'an & jour de l'Arrêt confirmatif de ladite Sentence. Arrêt du 10. May 1622. *M. le Prêtre, és Arrêts de la Cinquiéme.*

207   L'an & jour ne court pas du jour de la Sentence ou Arrêt affirmatif seulement , mais du jour de l'ensaisinement du decret si c'est en roture ; si c'est un fief du jour de l'infeodation & réception en foy & hommage, ou de la publication & insinuation en jugement au plus prochain Siege Royal , si c'est un francaleu , Arrêt du 10. May 1622. Arrêt d'Audience du 4. Août 1633. *Ricard , Coûtume de Paris , art.* 150. Brodeau , *sur le même art. n.* 4. Soit que l'heritage soit vendu à la charge du decret, l'an & jour court du jour de l'ensaisinement. *Brodeau , eodem loco , nombre* 5.

208   Le délay d'un an au retrait lignager se compte depuis la ratification du mineur , & non depuis le premier contrat de vente. Arrêt du Parlement de Toulouse du 20. Mars 1643. *Albert , verbo Retrait , article* 5.

209   Le jour du terme n'est point compris dans le terme, & qu'en la Coûtume de *Berry* pour parvenir au retrait, la consignation du prix n'est point necessaire, mais seulement pour le gain des fruits de l'heritage retiré, lesquels le retrayant ne gagne que du jour de la consignation. Arrêt du 23. Mars 1656. *Du Frêne , liv. 8. chap.* 34.

210   Arrêt du Parlement d'Aix du 28. Juin 1656. qui a jugé que le retrait lignager ne peut être intenté après l'an de la vente enregistrée au Greffe du ressort. *Boniface , to. 4. liv. 9. tit. 5. ch.* 3.

211   Jugé au Parlement de Paris au mois de Juin 1657. que l'an & jour du retrait court du jour de l'adjudication , & non du jour de l'Arrêt qui l'a confirmée , parce que l'Arrêt qui confirme *nihil dat , sed datum*

significat ; & par cette raison, il a un effet rétroactif. *Basnage , sur l'article* 458. *de la Coûtume de Normandie.*

212 Si le contrat de vente n'avoit point eu d'effet, parce qu'un autre se seroit rendu adjudicataire, en ce cas l'an & jour du retrait ne commenceroit à courir que du jour de l'adjudication ? *Berault* rapporte un Arrêt qui l'a jugé de la sorte. *Voyez Basnage,* Ibidem.

213 Jugé par Arrêt du Parlement de Paris du 2. Juillet 1657. que l'an & jour du retrait és adjudications par decret dont il y a appel, doit courir du jour de l'adjudication, & non de l'Arrêt confirmatif d'icelle, parce que c'est l'adjudication qui transfere la propriété. *Soefve , to.* 2. *Cent.* 1. *ch.* 12.

214 Jugé par Arrêt du 3. Mars 1661. en interprétation des articles 83. & 84. de la Coûtume de *Meaux*, touchant le retrait lignager, que l'an & jour du retrait de l'heritage feodal acquis par le Seigneur feodal, ou par luy retenu, ne court que du jour que ladite acquisition ou retenuë a été publiée en Jugement. *Ibid. Cent.* 2. *ch.* 36.

215 Le nommé Poulet commun en biens avec ses beaux-freres, vendit quelques heritages, avec promesse de faire ratifier les femmes des vendeurs. Deux ans après la vente, un proche parent des vendeurs demande le retrait. On luy oppose que le temps de la Coûtume est expiré. Il répond que l'an du retrait ne commence que du jour de la fraude découverte ; que les vendeurs & l'acheteur ont concerté ensemble de faire ratifier leurs femmes pour le surprendre, & l'empêcher d'exercer le retrait, sous prétexte qu'elles n'avoient pas ratifié ; & qu'en haine de la fraude, il étoit dans le temps d'exercer le retrait. Il fut jugé au Parlement de Dijon le 7. Decembre 1666. qu'il n'y avoit lieu au retrait qu'après la ratification des femmes, & qu'alors le parent se pouvoit pourvoir à cet effet. *Taisand , sur la Coûtume de Bourgogne, tit.* 10. *art.* 13. *note* 7.

RETRAIT LIGNAGER, APPEL.

216 Si à l'instant de la Sentence adjudicative du retrait, l'acheteur en interjette appel, le retrayant n'est tenu de consigner, & les 24. heures ne courent qu'après l'Arrêt confirmatif de la Sentence. *Brodeau, Coûtume de Paris, article* 136. *nombre* 25. *circà medium.*

217 Lignager ne perd l'année à luy accordée, pendant l'appel du demandeur. Ainsi jugé à Bourdeaux. *Papon , liv.* 11. *tit.* 7. *n.* 23. *Boëtius , Decis.* 140.

218 Le retrait doit être intenté dans l'an & jour de la Sentence, & non dans l'an & jour de l'Arrêt confirmatif de la Sentence. Arrêt du 10. May 1622. *M. le Prêtre, és Arrêts de la Cinquiéme. Voyez Carondas, liv.* 6. *Rép.* 14. *Voyez de la Guessiere, tome* 2. *livre* 1. *chap.* 18. où il y a Arrêt du 2. Juillet 1657.

RETRAIT, ASSIGNATION.

219 Un acquereur est assigné par deux particuliers ; l'acquereur contre l'un, allegue la prescription; contre l'autre, il dénie le lignager : si en ces deux procés l'un des deux lignagers gagne sa cause, devant que le procés de l'autre soit vuidé, il est tenu en ce cas de rendre l'heritage au lignager, en baillant caution à l'acquereur, de le défendre. *Voyez Mornac, L. penult. ff. de petitione hereditatis.*

220 L'assignation peut être baillée un jour de Fête. Elle doit écheoir dans l'an & jour en la Coûtume de Paris, art. 130. *secùs,* aux autres Coûtumes qui n'ont point de disposition semblable, où il suffit que l'assignation soit donnée dans l'an & jour, quoique l'écheance arrive après l'an & jour. *M. Louët, lett.* A. *sommaire* 10.

221 En matiere de retrait lignager, une assignation sans contestation, encore qu'il y ait défaut, ne proroge l'action outre l'an. Prononcé le 6. Septembre 1566. *Le Vest , Arr.* 87.

Assignation donnée à une personne qui n'étoit pas 222 acquereur, qui avoit laissé passer l'an & jour, & ensuite déclaré qu'il n'étoit point acquereur. Arrêt du 8. Août 1573. qui déboute le demandeur en retrait, avec dépens. *Le Vest, Arr.* 126.

Un acquereur est assigné en retrait lignager ; l'assi-223 gnation donnée à longs jours, mais écheante dans l'an. Avant l'écheance, il anticipe le demandeur, tend le giron, & offre de délaisser en remboursant ; c'étoit dans la Coûtume de *Montargis*. Le demandeur excipe du délay. L'acquereur soûtient qu'il faut suivre la disposition de la Coûtume, portant qu'après le retrait ajugé ou accordé, le demandeur est tenu rembourser dans les 24. heures. Ainsi il conclut au remboursement. La cause fut appointée au Conseil le 29. Decembre 1582. depuis jugée au profit de l'acquereur, qui fut absous de la demande afin de retrait. *Bibliot. de Bouchel,* verbo *Retrait.*

Jugé par Arrêt du 27. Juin 1583. qu'une assignation 224 pour retrait, baillée à comparoir hors l'an du retrait, n'est valable. *Ibidem.*

L'assignation en retrait lignager donnée nuitam-225 ment, declarée nulle, par Arrêt du 7. Septembre 1602. & défenses aux Sergens de donner telles assignations à telles heures, les Juges ne pouvant faire exploit de nuit, conformément à l'ancienne Loy des douze Tables, *solis occasus suprema tempestas esto.* Tronçon, *sur la Coûtume de Paris , article* 129. in verbo, *l'an & jour.*

L'ajournement en retrait doit être fait selon la 226 Coûtume du lieu, où la chose, de laquelle il est fait le retrait, est située, & la procedure selon le stile de la Jurisdiction du Juge pardevant lequel la cause est renvoyée. Ainsi jugé par Arrêt du 10. Avril 1606. Tronçon, *art.* 130. verbo, *Demander,* & 129. verbo, *Ajournement.*

Si le temps de l'écheance de l'assignation pour 227 faire délaissement de l'heritage, est dans l'an & jour de la lecture, & que l'ajourné ait comparu sur l'assignation, il ne peut alleguer les défauts de l'Exploit pour faire débouter le retrayant, parce que par sa comparence, il a reconnu que le retrayant a fait sa demande en retrait, ce qui suffit ; cette demande pouvant être retenuë en Jugement sans Exploit, quand l'acquereur y est présent, comme il a été jugé au Parlement de Roüen le 18. May 1612. Mais si l'écheance de l'assignation est après l'an & jour, l'ajourné peut comparoître pour se défendre des fins de l'action par les moyens de la nullité de l'Exploit ; le demandeur ne pouvant se prévaloir d'un Exploit nul, & n'étant plus dans le temps de faire une demande ; ce qui a été jugé par plusieurs Arrêts. *Pesnelle , sur l'art.* 484. *de la Coût. de Normandie.*

L'assignation de demande en retrait lignager, étoit 228 nulle, parce que les témoins n'avoient signé ladite assignation, & que leur demeure & qualité n'y étoient inserées. Arrêt du 10. Février 1615. *M. le Prêtre, és Arrêts de la Cinquiéme.* Le même quand le Sergent signifiant la demande en retrait au domicile de la partie, pour n'avoir exprimé la demeure de l'un de ses témoins, ni iceux fait signer ou interpellé de ce faire. Arrêt du 20. Mars 1632. *M. le Prêtre,* ibidem. *Voyez du Frêne, liv.* 2. *chap.* 61. où il rapporte un Arrêt du 21. Janvier 1630. qui l'a ainsi jugé.

L'Exploit d'assignation en retrait ne contenant au-229 cun jour à comparoir, emporte nullité de l'action. Arrêt du 4. Août 1625. *Du Frêne, liv.* 1. *ch.* 64.

Regulierement l'assignation donnée pardevant 230 un Juge incompetent, est nulle, & ne produit aucun effet pour interrompre la prescription, la citation étant un acte de Jurisdiction. *M. Louët, lettre* A. *sommaire* 10. *Du Frêne,* tient le contraire, l'assignation étant libellée, & rapporte un Arrêt du premier Juillet 1627. *au livre* 1. *chapitre* 134.

231 Un acquereur affigné à la huitaine en demande de retrait par un lignager, ne peut avant l'échéance de ce délay faire débouter le lignager, faute de le rembourfer, après luy avoir fait fignifier le lendemain matin de l'affignation, qu'il étoit prêt ce jour-là même de le recevoir au retrait pardevant le Juge. Jugé à Bourdeaux le feptiéme Janvier 1672. *Journal du Palais.*

232 Acte de Notorieté donné par M. le Lieutenant Civil du Châtelet de Paris, le 17. Janvier 1691. portant que l'affignation en retrait lignager fuivant la Coûtume de Paris, doit être de huitaine franche, & échoir dans l'an & jour de la foi & hommage en matiere de fief, & de l'enfaifinement en matiere de biens en roture. *Recueil des Actes de Notorieté p. 71.*

RETRAIT, AUBAINS.

233 Aubains exclus du retrait. V. *Bafnage, fur l'article 452. de la Coûtume de Normandie.*

RETRAIT, BAIL.

234 Bail emphyteutique eft baillé en emphyteofe, à la charge du retrait conventionnel, c'eft-à-dire, qu'en cas que le preneur, ou les fiens l'alienent pour le tout ou partie, le bailleur ou les fiens le pourront avoir pour le prix dedans l'an & jour que la vente fera venuë à leur connoiffance, & par ce moyen feront préferez au retrait lignager, comme étant le retrait conventionnel plus puiffant que le lignager. Arrêt du 2. Mars 1585. Tronçon, *Coûtume de Paris, article* 137. Voyez *Charondas, liv. 2. Rép. 76.*

235 Un homme ayant fait couper & démolir un bois de haute futaye, tranfporta le fonds à la charge de le défricher & cultiver, & le planter en vigne blanche, & donner au bailleur le quart de la vendange par chacun an. Le retrait eft demandé par les heritiers. Arrêt du 13. Août 1613. qui l'ajugé, fur le fondement que le bail étoit tranflatif de propriété. *Frain, page 785.*

236 Par Arrêt du Parlement de Roüen du 23. Novembre 1656. entre Pelerin & Tullon; Pelerin fut declaré non recevable à fon action en retrait lignager d'un contrat de fieffe de 350. livres de rente fonciere; mais le même jour de fon contrat il s'étoit paffé un écrit entre le bailleur & le preneur à fief, par lequel le bailleur s'obligeoit en cas qu'il voulût vendre fa rente, d'en faire le preneur premier refufant, & le preneur s'obligeoit de l'acheter toutefois & quantes que le bailleur voudroit, à raifon du denier vingt; plufieurs furent d'avis contraire à l'Arrêt, foûtenant que c'étoit une fraude. *Bafnage, fur la Coûtume de Normandie, art. 452.*

237 Retrait a lieu en matiere de bail à rente perpetuelle de maifon fituée en une Ville, fuivant l'Ordonnance d'Henry II. en 1553. Arrêt du 18. Juin 1658. *De la Gueff. to. 2. liv. 1. ch. 49.*

238 En contrat de bail à rente rachetable à la volonté du vendeur, le retrait n'a pas lieu dans la Coûtume d'Anjou. Arrêt du 17. Juin 1659. *Soefve, tome 2. Cent. 2. chapitre 2.*

RETRAIT, BASTARDS.

239 Si les bâtards peuvent exercer le retrait ? *Voyez* le mot *Bâtards, nomb.* 201.

240 Le bâtard ni le legitimé par refcrit du Prince ne peuvent retraire. *Coûtume de Paris, article* 158. Coquille, *Coûtume de Nivernois, tit. de Retrait lignager, art.* 25. le même au Droit François, tir. de Retrait *circà medium.* Voyez fa queftion 180. & cy-après le n.249.

RETRAIT, BASTIMENS.

241 Jovet, verbo *Retrait feodal & lignager, n.* 111. dit qu'on feroit doute fi une maifon venduë à la charge d'en enlever les bâtimens eft fujete à retrait, d'autant que les bâtimens tirez du fonds, ne font plus que meubles, & le fonds demeure, fur lequel les lignagers ont droit de retrait en cas de vente. Toutefois par Arrêt du Parlement de Normandie du 18. Decembre 1590. la Cour admit le Seigneur feodal au *Tome III.*

retrait d'une maifon ainfi venduë; c'eft-à-dire, à la charge d'en enlever les bâtimens. Cet Arrêt eft rapporté par *Berault, fur l'article 452. de la Coûtume de Normandie, in verbo Heritage.* Autre Arrêt du 12 Janvier 1613. fur l'art. 453. la maifon ayant été démolie. L'Arrêt a ordonné que fur le prix, le retrayant auroit déduction des bâtimens.

RETRAIT, BOIS DE HAUTE FUTAYE.

242 Par Arrêt du Parlement de Bretagne du 7. Octobre 1562. jugé que le retrait n'a lieu en arbres vendus. Voyez *Du Fail, liv. 1. chap.* 138. M. Sauvageau en fa note, dit, *fecus,* quand le vendeur avant l'abat s'eft pourvû par lézion, & que fous l'inftance il a demandé la premeffe au nom de fon fils; car en ce cas elle a été ajugée par Arrêt d'Audience du 3. Decembre 1637.

243 *Retractus gentilitias in venditione grandium arborum locum non habet.* Arrêt du 22. Avril 1583. *Anne Robert, rerum judicatarum, liv. 3. chap. 9.* Voyez *M. Charles Du Moulin, fur l'article 201. de la Coûtume de Blois.* Chopin, *Coûtume de Paris, liv. 1. tit. 1. n. 22.* Tronçon, *fur la même Coût. art.* 129. verbo *Heritage ou Rente.* Coquille, *Droit François, titre de Retrait lignager, fine.* Tournet, *Coûtume de Paris, titre du Retrait lignager.* Berault, *fur la Coûtume de Normandie, article 463.*

244 La vente des bois de haute futaye eft fujette au retrait lignager, fuivant l'art. 449. de la Coûtume de Normandie, encore que ce foit à la charge d'être coupé; comme il a été jugé contre M. le Comte de Soiffons l'an 1608. ce qui a été interpreté, pourvû qu'il furpaffât 100. ans en croiffance, car s'il étoit au deffous, le retrait n'auroit lieu. *Bibliotheque Canonique, to. 1. p. 461. col. 1.*

245 Jugé au Parlement de Roüen qu'un droit de tiers & danger appartenant au Roy, engagé, & depuis revendu par l'engagifte à un tiers, pouvoir être retiré par le proprietaire du bois, fans préjudice des droits du Roy. Arrêt entre Damoifelle Catherine Angelique d'Harcourt, & M. Nicolas Etienne, fieur de la Guyonniere, du 25. May 1622. la caufe ayant été évoquée au Confeil par le fieur de la Guyonniere, l'Arrêt du Parlement fut confirmé. *Bafnage, fur la Coûtume de Normandie, art.* 501.

Voyez le mot *Bois, nomb.* 57. & fuiv.

RETRAIT, CESSION.

246 Le retrait lignager ne peut être cedé; neanmoins fi le cedant a déja un droit acquis par offres & confignation, la ceffion eft valable. Arrêts des Parlemens de Bourdeaux & de Touloufe, rapportés par *Mainard, livre 8. chapitre 21.*

247 Lignager eft préferé à l'étranger ceffionnaire du retrait conventionnel. Arrêt du Parlement de Paris fans date. *Papon, liv. 11. tit. 7. n. 3.*

248 Ceffions de droit en retrait lignager, de ceux même de qui on avoit emprunté de l'argent font nulles. Arrêt du Parlement de Paris du 4. Juillet 1543. le retrayant eft obligé de jurer que c'eft pour luy, de fes deniers, & fans fraude; autrement fi par la fuite on en découvre, il eft débouté avec amende & dépens. Arrêt du Parlement de Bourdeaux du 23. Février 1580. *Ibidem, n.* 4. & *Boërius, Décif.* 139.

249 Jugé au Parlement de Touloufe le 6. Decembre 1587. le retrait lignager *extraneo cedi non poffe & legitimatus refcripto principis ad dictum retractum admittit non poffe etiam ad bona aliundè quàm à patre naturali provenientia.* Mainard, tome 1. li. 2. ch. 81.

250 Le droit de retrait lignager ne peut être vendu à un étranger. Arrêts du Parlement de Dijon des 30. Juin 1610. & premier Août 1614. *Bouvot, to. 1. part. 1. verbo Retrait, queft.* 1.

251 Le retrait lignager ne fe peut ceder à un étranger, & après l'avoir cedé, le cedant ne peut plus s'en fervir. Voyez *Mornac, l. 11. ff. de fervitutib. ruft. prædiorum, & l. 66. ff. de jure dotium.* Coquille, *Coûtume*

N n n ij

de Nivernois, titre des Fiefs, art. 35. La cession au parent de la même ligne, est valable. Arrêt du 21. Janvier 1615. *Brodeau, Coûtume de Paris article 129. nombre 10.*

252 &
253
L'on tient à present pour certain qu'un lignager peut profiter du droit de retrait, & faire les conventions qu'il juge à propos ; que les conventions entre un lignager & un étranger de luy remettre l'heritage quand il est retrayé, sont des faits non admissibles en preuve, & que le lignager n'est pas même obligé à prêter serment sur des faits de cette nature. Le lignager ne peut vendre ni ceder son droit de retrait à un étranger : car une pareille cession est entierement contraire à l'intention de la Coûtume ; mais quand il use du retrait, il peut revendre les choses retirées à un étranger pour en tirer du profit. Arrêt du Parlement de Dijon du 19. Decembre 1642. Par autre Arrêt du 26. Février 1654. on a jugé qu'encore que la convention fût certaine, même par la concession judiciaire du lignager, il luy étoit neanmoins permis d'user de son droit de retrait, & qu'il le pouvoit ceder à un étranger pour en tirer du profit, d'autant que ce droit ne devoit pas être inutile à ceux de la famille du vendeur, & qu'il leur seroit souvent infructueux s'ils n'avoient pas la liberté de vendre à un étranger les choses retirées, sur tout si l'on y joignoit qu'il n'y avoit rien en cela de contraire à l'intention de la Coûtume ; mais lors qu'il est certain qu'il y a convention faite avec le parent du vendeur de remettre l'heritage à celuy qui prête l'argent pour exercer le retrait au préjudice du lignager, une pareille convention est frauduleuse, & le retrayant est privé de son droit ; ainsi jugé le 21. Juin 1624. *Taisand, sur la Coûtume de Bourgogne, titre 10. art. 6. n. 7.*

254
Le droit de rachat statutaire ne se cede point, *secus*, du contractuel qui ne dépend pas de la Coûtume, ou du Statut, l'acquereur doit être reçû à prouver que le retrayant ne fait que prêter son nom. Arrêt du Parlement de Grenoble du 11. Février 1659. rapporté par *Chorier en sa Jurisprudence de Guy Pape, page 241.*

RETRAIT, COMMUNAUTEZ, EGLISE, VILLES.

255 Retrait lignager n'a point lieu contre une Communauté de Ville, ni d'Eglise. Arrêt du Parlement de Bourdeaux du 6. Septembre 1591. Autre Arrêt du Grand Conseil du 21. Juillet 1595. pour les mêmes Jurats de Bourdeaux. Il y en avoit eu un du 17. Juillet 1571. pour la Ville & Communauté de Chartres. *Papon, livre 11. titre 7. n. 11. & Chopin, livre 3. de Dom. tit. 23. n. 3.*

256 Le retrait n'a lieu en vente faite à la Communauté d'une Ville. Arrêt du P. de Paris du 7. Juillet 1571. du GrandConseil du 20. Juillet 1591. pour les Jurats de Bourdeaux & du P. de Bourdeaux du 6. Septembre 1591. *V. Bouvot, to. 1. part. 1. verbo Retrait, qu. 9.*

257 La Ville de Dijon ayant acheté par decret la maison de M. Pierre Marey pour agrandir le College qui étoit trop étroit ; le nommé Jantot comme lignager se presente dans l'année pour user du droit de retrait ; on luy maintint que ce droit n'a pas lieu dans un achat fait par une Ville pour l'utilité publique; Jantot fut débouté par Arrêt du 27. Octobre 1580. *Taisand sur la Coûtume de Bourgogne, tit. 10. art. 1. note 19. Chopin, dans son traité du Domaine, liv. 2. titre 23.* est de même avis, & aussi le *Grand sur la Coûtume de Troyes, art. 144. gl. 3. n. 31.* qui dit que les parens ne peuvent avoir par la voie du retrait lignager les choses achetées pour le bien public, comme pour élargir & agrandir les rües, ou pour faire construire un Hôtel de Ville, & autres edifices necessaires au public; sur quoi il rapporte deux Arrêts du Parlement de Paris, & un troisiéme du Grand Conseil qui l'ont ainsi jugé.

RETRAIT, CONCOURS.

158 Deux également proches concurrens au retrait *eodem die*, sont également reconnus. *Mornac, l. 47. §. 1. ff. de minoribus.*

159 Un retrayant intente son action. Un plus proche pour faite plaisir à l'acheteur s'oppose, il est subrogé; mais il tergiverse, & laisse perdre sa cause; le premier demande d'être reçû à poursuivre sa cause au même état qu'elle étoit au temps de l'opposition; *sic judicatum Dominicâ post Cathedram S. Petri*: pris du Registre *olim*, feüillet 108. *Corbin, suite du Patronage, chap. 134.*

160 *Ex mutuo concursu sese impediunt, nisi intrà annum deponatur integrum pretium.* Arrêt du 14. Août. 1568. *Mornac, l. 5. ff. de servitutibus.* Voyez *Carondas, li. 4. Rép. 94. Brodeau, sur la Coûtume de Paris, article 136. nombre 5.*

161 Si en retrait il se rencontre deux Exploits d'un même jour, le plus prochain doit être preferé, encore qu'il ait été prévenu de l'heure, & en concurrence de proximité, & du jour, celuy que l'acheteur voudra choisir : il y a des Coûtumes qui les admettent en pareil degré par portion également. *Voyez Brodeau sur M. Louet, lettre M. somm. 10. nomb. 13.*

262 Il y a des Coûtumes qui donnent la faculté de retirer au plus proche, mais si deux parens en même degré concurrent en même jour & heure, *aut in dubio* ; il a été jugé sur l'article 201. de la Coûtume de Blois que l'un & l'autre doivent consigner. *Bibliotheque de Bouchel, verbo Retrait.*

163 Retrait lignager ajugé à plusieurs heritiers par égale portion. Arrêt du Parlement de Bretagne du 5. Septembre 1577. *Du Fail, liv. 1. ch. 439.*

164 L'action en retrait ayant été formée par deux freres, il fut dit que l'heritage seroit partagé entr'eux par moitié. Arrêt du Parlement de Rouën du 17. Février 1597. *Papon, li. 11. tit. 7. n. 29.*

165 Deux lignagers se présentent en la Coûtume d'Anjou pour retirer la terre de la Cour-Vaulandry, du moins ce qui étoit situé dans le ressort de Beaugé. Les acquereurs déclarent qu'ils n'entendent recevoir les offres, sinon pour le total ; elles sont ainsi faites par l'un des lignagers, & acceptées par les acquereurs ; l'autre lignager s'oppose, & persiste dans sa demande ; le Seigneur forme la sienne en retrait feodal ; Sentence qui reçoit les deux lignagers conjointement au retrait chacun pour moitié, & à faute de ce faire, permis au sieur d'Etranges d'executer son retrait feodal. Arrêt du 2. Mars 1633. qui confirme la Sentence. *Voyez le 18. Plaidoyé de M. Gautier, to. 2.*

266 Il fut jugé au profit du parent d'un côté seulement, quoique le Parent des deux côtez, fût également proche, qu'ils doivent être admis ensemble au retrait. Arrêt du Parlement de Dijon du 13. Avril 1617. *Taisand sur la Coûtume de Bourgogne, titre 10. art. 1. n. 14.*

267 Jugé par Arrêt du P. de Paris du 21. Février 1630. qu'en concurrence de la veuve & d'un retrayant qui demandoient sur les heritages du mary qui étoit étranger de la famille, le retrait de la moitié que la veuve étoit préferable à cause de la moitié qu'elle avoit dans l'heritage, quoique sa demande fût posterieure. *Auzanet, sur l'article 147. de la Coûtume de Paris.*

RETRAIT, BIENS CONFISQUEZ.

158 Retrait lignager n'a point lieu à l'égard des biens confisquez. Arrêt du 21. Decembre 1563. pour les biens d'un homme condamné & mort à mort. *Papon, liv. 11. tit. 7. n. 8.*

169 L'heritage confisqué & vendu pour l'amende, n'est sujet à retrait. Arrêt du mois d'Août 1565. *Carondas, liv. 4. Rép. 27.* Voyez *Pithou, sur la Coûtume de Troyes, art. 7. n. 7. tit. 9. du Retrait,* où il y a Arrêt à la Prononciation de Noël 1569.

270 Si un heritage réüni au fief par confiscation, est

decreté pour les dettes du confisqué, les parens d'iceluy ne font recevables à la retraite. Jugé par Arrêt du
Parlement de Paris du 22. Decembre 1563. rapporté
en la Conference des Coûtumes, titre des Retraits lignagers ; & par autre pareil Arrêt de l'an 1565. rapporté
par Chopin, liv. 3. de Doman. tir. 23. fuivant l'opinion de Boyer, en la Décifion 279 nomb. 1. & par
autre Arrêt du Parlement de Normandie du 19. Mars
1608. rapporté par Berault, avec les deux fufdits,
fur l'article, 452. Ces Arrêts fondez fur ce que les
retraits font déferez à ceux qui pourroient fucceder
aux vendeurs, ce que ne peuvent les parens du confifqué, qui ne peut avoir d'heritier. Il n'y a que le
Seigneur qui peut retraire à droit feodal. Jovet, verbo Retrait, n. 115.

271. Les lignagers de celuy qui a été confifqué, ne peuvent retirer les heritages qni luy ont appartenu, &
qui depuis ont été decretez. Outre les Arrêts remarquez par Berault, cela fut encore jugé au même Parlement de Roüen le 17. May 1657. entre les lignagers
d'un confifqué, & les adjudicataires de fon bien ;
cela eft fans difficulté, quand le Seigneur s'eft mis
en poffeffion des biens confifquez ; fi le Seigneur ne
s'étoit pas mis en poffeffion, il y auroit lieu au retrait. Arrêt du 26. Mars 1638. contre un Seigneur qui
avoit reçû le treizième, lorfqu'un des enfans du
condamné avoit vendu ce même heritage à fon frere
qui étoit le retrayant. Bafnage, fur la Coût. de Nor-
manoie, art. 452.

271. Les biens d'un nommé le Grand étant faifis réellement, il fit production d'un contrat contenant le rachat de la rente pour laquelle on avoit faifi ; ce contrat fut déclaré faux, & le Grand condamné aux galeres, & fes biens confifquez ; le decret fut caffé
fur l'appel d'un creancier, & le pourfuivant citées
ayant fait une nouvelle faifie aprés fommation faite
au Seigneur confifcataire, on proceda à l'adjudication. Un parent de le Grand demanda à retirer les heritages ; l'adjudicataire le foûtint non recevable, difant que les retraits fe reglent felon les fucceffions ;
or le decreté ayant été confifqué, le decret n'avoit
pas été fait fur luy, mais fur le Seigneur confifcataire,
ce qui excluoit les parens du confifqué. Par Arrêt du
Parlement de Roüen du 17. May 1657. les parties fur
la demande en retrait, furent envoyées hors de Cour.
Bafnage, fur la Coûtume de Normandie, art. 468.

273. Heritages vendus fur le curateur aux biens vacans,
& fur le proprietaire dont les biens ont été confifquez pour crime au profit du Roy, font fujets au
retrait. C'eft auffi l'ufage du Duché de Bourgogne ;
quant aux biens vacans, quoique la Coûtume n'en
parle point. Arrêt du P. de Dijon du 15. Mars 1663. La
raifon eft que dans les biens vacans, le Roy ou le Seigneur haut-Jufticier eft fucceffeur, & l'heredité reprefente le défunt. Hæreditas in multis partibus pro domino defuncto habetur. Il en eft autrement d'une chofe abandonnée, car le curateur reprefente feulement
la chofe abandonnée. A l'égard des biens confifquez
fur un criminel, il a été jugé le 22. Decembre 1637.
qu'il n'y avoit lieu au retrait. Voyez Taifand, fur cette
Coûtume, tit. 10. art. 9. n. 1.

274. Si le parent d'un condamné à mort, dont les biens
ont été confifquez, & depuis vendus en Juftice pour
le payement des amendes, & de la réparation civile,
eft recevable à vouloir retirer par droit de retrait lignager fur celuy qui s'en eft rendu adjudicataire. La Sentence avoit ajugé le retrait. Arrêt du
11. Août 1665. qui appointe les parties au Confeil.
Soëfve, to. 2. Cen. 2. ch. 61.

RETRAIT, CONSIGNATION.

275. Voyez cy-deffus le mot Confignation, nombre 69.
& fuivans. Carondas, liv. 6. Réponfe 6. & liv. 13.
Réponfe 70.

276. Du défaut de la confignation en retrait lignager.

Voyez M. Loüet & fon Commentateur, à la lettre R.
fommaire 35.

277. Entre Jean de Xantolio, Miles retrayant d'une
part, & Jean Saunier acheteur, d'autre. Un retrait
lignager avoit été ajugé à Miles. Pendant le procés,
Saunier acheteur avoit joüi, même il y avoit eu
faifie. Miles demande d'être reçû à configner le prix
de l'achat, déduction faite des fruits perçûs. Au
contraire on dit que l'offre & confignation n'eft valable ; elle fut jugée bonne ; ordonné que confignation fera faite, deduction faite des fruits & revenus;
pris du Regiftre olim, de l'an 1299. feüillet 33. B.
Corbin, fuite de Patronage, ch. 112.

278. Par Arrêt du mois de Mars 1508. rapporté par Berault, fur l'art. 452. il a été jugé qu'un retrayant n'é-
toit recevable au retrait, pour n'avoir apporté la
confignation au jour préfix, s'étant excufé par maladie, & encore que le jour précédent, il ait iceluy
offert en deniers à découvert, & depofer en la main
du Juge qui l'avoit refufé ; ce qui a été jugé par
deux Arrêts, l'un du 11. Septembre 1599. & l'autre
du 19. Juillet 1616. Dilatione autem data per hæc
verba, intrà certum diem ; ad aliquid faciendum, poteft
illud fieri in qualibet die inclusâ intrà tempus dilationis.
Glof. Pragm. Sanct. in tit. de concub. §. nec non in
verbo ut intrà.

279. Le retrayant qui a configné, doit être faifi par
provifion. Ainfi jugé en 1565. Papon, livre 11. titre 5.
nombre 9.

280. Deux parens qui retirent en même temps, doivent
configner in folidum. Mornac ad rubricam ff. qui potiores. Voyez M. Loüet, lett. R. fomm. 25 Et ne fait
la part de la confignation faite par l'un des retrayans. Arrêt du quatorze Août 1568. Le Veft,
Arrêt 97.

281. Le confing fait fur le refus n'eft valable étant fait
en l'abfence, & fans avoir été fignifié, & l'offre réelle
fans confing. n'eft valable. Arrêt du Parlement de Dijon du 8. Juillet 1578. Bouvot, to. 2. verbo Retrait
conventionnel, qu. 19

282. Aprés le confing des deniers pour la retraite, le
vendeur & acheteur peuvent accorder la réfolution
du contrat. Arrêt du Parlement de Dijon du 8. Février 1602. Ibidem, queft. 12.

283. S'il fuffit d'avoir offert les deniers, & au refus de
les avoir confignez dedans l'an, encore que la confignation pour la retraite foit donnée aprés l'an expiré ? Jugé au Parlement de Dijon le 21. Juillet 1600.
que le confing fait dans l'an avoit interrompu la préf-
cription, V. Bouvot, ibidem, qu. 26.

284. Le retrayant ayant configné le prix de l'achat, & non
des vins bûs, a été par cette faute débouté du retrait,
quoiqu'il eût configné plus que le prix de l'achat,
avec proteftation d'ajoûter ou retirer ; le retrait eût
de douze livres dix fols pour les vins, il n'avoit configné que douze livres fix fols. Arrêt du Parlement
de Dijon du 13. May 1611. Bouvot, ibidem, qu. 58.

285. Un empêchement neceffaire peut fervir d'excufe à
celuy qui n'eft tenu de configner pour le retrait lignager dans les vingt-quatre heures. Arrêt du 14. Janvier
1588. Anne Robert, rerum judicat. liv. 4. chap. 15.
fecus, fi c'étoit un jour feulement de Dimanche, ou
de Fête. Arrêt du 11. Mars 1603. Carondas, livre 9.
Réponfe 52.

286. Par Sentence du Bailly de Montereau, Jean Picard
& fa femme avoient été reçûs au retrait lignager ; ils
confignent ; mais ils n'apportent point de décharge
de certaines claufes du contrat efquelles Jean Bedan
acheteur étoit obligé ; pour ce défaut, & n'avoir entierement configné les frais & loyaux coûts exprimez
au contrat, ils font declarez déchûs du retrait lignager, & condamnez aux dépens. Sentence, confirmée
par Arrêt du 23. Juin 1606. Corbin, fuite du Patronage, chap. 301.

287. Par Arrêt du Parlement de Normandie du 9. Mars

2611. rapporté par *Berault, sur la Coûtume de Norman-die, art.* 492. il a été jugé que les deniers consignez par le retrayant aux fins de remboursement ne pouvoient être arrêtez par les creanciers pour le payement de leur dû ; la raison est que ces deniers au moyen de la consignation n'étoient plus siens, *sed emptoris* , & que la perte n'en pouvoit tomber sur l'acheteur. *L. acceptam Cod. de usur. l. qui decem in princ. ff. de solut.*

288 Retrayant déchû du retrait, faute d'avoir fait appeller l'acquereur pour voir consigner les deniers à son refus. Arrêt du 13. Mars 1629. *Du Frêne livre 2. chapitre 37.*

289 Par Arrêt du 18. Juin 1659. jugé que pour la rencontre de deux lignagers, le délai n'ayant pû être fait, mais les deniers consignez ; jugé que l'acheteur clamé n'étoit tenu d'aller prendre l'argent du receveur des Consignations, mais que le clamant devoit luy faire tomber sans diminution du droit de consignation, sauf son action contre l'autre lignager qui a donné lieu, & attendu qu'il faut que l'acquereur soit rendu indemne. *Berault, à la fin du 2. tome de la Coûtume de Normandie, p. 104. col. 2.*

290 Le retrayant lignager doit non seulement donner l'assignation dans le temps prescrit, c'est-à-dire dans l'an & jour de la vente ; mais il doit consigner dans l'an & jour. Arrêts du Parlement de Toulouse du 10. Decembre 1663. & 5. Juillet 1666. rapportez par *M. de Catellan, li. 3. chap.* 11. Il ajoûte que le dernier Arrêt décide aussi que l'an & jour veut dire un an, sans compter le jour du contrat, & cite *M. Loüet, lettre A. sommaire* 10. *littre* R. *soum.* 29. *& Mainard , livre 7. chap.* 44.

RETRAIT, DISPOSITION DES COUSTUMES.

291 Coûtume où le temps ne court que du jour de la prise de possession faite pardevant deux Notaires, ou un Notaire, & deux témoins, celuy qui n'est pas né au temps de la vente, est recevable au retrait; l'action est personnelle, & dure 30. ans. *Voyez Carondas , liv.* 10. *Rép.* 42.

292 Si en differentes Coûtumes deux heritages sont & ajugez, dont l'une n'admet le retrait lignager en adjudication par decret, l'autre au contraire admet le
293 retrait, le retrayant aura l'heritage dans la Coûtume qui admet le retrait, & dans l'autre il en sera débouté ; & à cet effet ventilation faite pour estimer le prix desdits heritages, si mieux n'aime l'adjudicataire se départir du total, c'est-à-dire qu'en ce cas si l'adjudicataire offre les deux heritages, le retrayant ne sera pas reçu à en retraire l'un, bien qu'ils soient situez en diverses Coûtumes. Arrêt du 3. Juin 1589. *Brodeau sur M. Loüet, lettre* R. *sommaire* 25. *nombre* 11. Cet Arrêt est aussi rapporté par le même Brodeau, & par Tournet sur la Coûtume de Paris, articles 150.

RETRAIT , COUSTUME D'ANJOU.

294 En la Coûtume d'*Anjou* les meubles vendus par un même contrat de vente d'heritages, ne sont sujets à retrait, quand le prix des meubles est distingué du prix des immeubles. Arrêt du 16. Juin 1657. *Notables Arrêts des Audiences, Arrêt* 3.

295 L'action en la Coûtume d'Anjou est réelle ; le contrat de bail à rente perpetuelle, avec une simple faculté de racheter, n'est sujet à retrait ; en interpretant l'article 356. de la même Coûtume. Arrêt du 17. Juin 1659. *De la Guess. to.* 2. *liv.* 2. *chap.* 29. *en ses notables Arrêts des Audiences , Arr.* 19.

296 En la Coûtume d'Anjou les retraits doivent être jugez à l'Audience ; & le fils du vendeur ne peut être connu à retrait, n'ayant fait donner assignation qu'après la mort de son pere, quoique renonçant à la succession. Jugé le 21. Mars 1661. *Notables Arrêts des Audiences , Arr.* 73. *De la Guess. to.* 2. *liv.* 4. *ch.* 33. rapporte le même Arrêt.

RETRAIT , COUSTUME D'AUXERRE.

La Coûtume d'*Auxerre* article 167. porte que le
297 retrait en vente d'heritages propres ajugez par decret, court dans l'an & jour de la délivrance & scel du decret ; de maniere que si le retrayant fait sa demande hors de l'année de l'adjudication par decret, quoiqu'il soit dans l'an de l'Arrêt confirmatif du decret, il est non recevable. Ainsi jugé. *V. Ricard & Brodeau , Coûtume de Paris, art.* 150.

RETRAIT , COUSTUME DE BERRY.

Par la Coûtume de *Berry* article 10. des Fiefs &
298 adjudication par decret feodal ou censuel , le Seigneur ne peut user de retenuë, s'il ne vient dedans la huitaine. *Tronçon, Coûtume de Paris , art.* 150.

Jugé par Arrêt du 23. Mars 1656. dans la Coûtume de
299 *Berry* que le jour de la vendition n'étoit point compris dans les 60. jours accordez pour le retrait. *Soesve , tome* 2. *Centurie* 1. *chap.* 21.

Le retrait en la Coûtume de *Berry* des biens ven-
300 dus par decret, ne court que du jour de la déclaration faite par le Procureur, & ne se compte la huitaine que du jour de la déclaration. Arrêt du 16. Janvier 1683. *De la la Guess. to.* 4. *liv.* 6. *ch.* 4.

RETRAIT , COUSTUME DE BLOIS.

Enquête par Turbes ordonnée par Arrêt du 17.
301 Juillet 1618 touchant l'usage de *Blois*, pour sçavoir si le retrait lignager n'a lieu lors que l'acquereur a des enfans de la ligne du vendeur ; & si tous les enfans étant décedez , un lignager du vendeur est reçu au retrait ; quoiqu'il y ait plusieurs années expirées depuis la vente. *Bardet, to.* 1. *liv.* 1. *ch.* 37.

RETRAIT , COUSTUME DE BOULLENOIS.

La Coûtume de *Boullenois* dit que les retraits lignagers
302 se gouvernent comme les successions, & qu'en concurrence de plusieurs retrayans, le plus proche de la côte & ligne du vendeur doit être préferé ; cela se doit entendre quand la vente de l'heritage est faite à un étranger qui n'est pas de la ligne, & non quand elle est faite à un qui est parent & de la ligne, & que le retrait n'est encore executé : car après le retrait ajugé au lignager qui est entré en possession, un plus prochain n'est pas recevable à demander le retraicte ; ainsi jugé le 21. Janvier 1625. On allegua un Arrêt rendu environ deux ans auparavant qui sembloit être contraire ; mais M. Talon Avocat General qui avoit plaidé en la cause, montra que c'étoit en autre cas ; & qu'alors il s'agissoit d'une vente faite *extraneo*. *V. la Bibliotheque de Bouchel , verbo Retrait, & Du Frêne, liv.* 1. *chap.* 36.

RETRAIT , COUSTUME DE BOURBONNOIS.

Les trois mois accordez par la Coûtume de *Bour-*
303 *bonnois* , suivant l'article 422. ont couru au profit de l'acquereur , du jour de la Sentence du Juge d'Espineul, qui a donné acte à son Procureur de ses diligences & offres de faire la foy & hommage, quoiqu'elle le pretît refus de le recevoir ; le lignager débouté de son retrait, qu'il fondoit sur ce que l'acquereur n'avoit pas fait sa foy & hommage, n'y ayant que le Seigneur qui s'en puisse plaindre. Jugé à Paris le 13. Août 1682. *Journal du Palais.*

RETRAIT , COUSTUME DE BOURGOGNE.

Au Duché de *Bourgogne* il n'est pas necessaire que
304 l'assignation soit donnée, ni qu'elle échet dans l'an du retrait ; mais il suffit qu'elle soit donnée dans l'an, pourvû que la consignation soit dûement faite dans l'an & jour de la vente. Arrêt du Parlement de Dijon du 21. Juillet 1600. cela est fondé sur ce que la Coûtume ne parle point de l'assignation qui doit être donnée à l'acheteur , & qu'elle n'oblige le retrayant qu'à rendre le prix & les frais raisonnables. *Taisand sur la Coûtume de Bourgogne, tit.* 10. *art.* 1. *n.* 10.

Par la Coûtume de *Bourgogne* les lignagers peu-
305 vent retirer dans l'an. Jean Bacquot exerce le retrait, sa sœur étant encore dans l'an demande d'y être admise pour moitié ; le frere oppose qu'il a été plus di-

ligeht. M. de Xaintonge Avocat General dit qu'il n'y a lieu de préoccupation ni de prélation entre personnes qui font en même degré. 1o. Parce que le Statut a limité le temps, autrement le plus riche excluroit le moins opulent. 2o. Le retrait lignager imite le droit fucceffif, là diligence d'un coheritier ne prive point l'autre du délai qu'il a pour deliberer. Arrêt du Parlement de Dijon du 23. Février 1616. qui condamne Jean Bacquot à retroceder à fa fœur la moitié de l'heritage contentieux. Après la prononciation M. le premier Préfident dit aux Avocats qu'ils n'en fiffent plus de douté. Cet Arrêt eft rapporté par M. de Xaintonge en fes Haranguts & Plaidoyers, p. 316.

306   Si dans la Coûtume de Bourgogne il faut être lignager du vendeur pour retraire, ou s'il fuffit d'être parent à une perfonne de la famille, & s'il y a en ce cas quelque diftinction à faire entre la ligne directe & la collaterale ?

Si la demande en retrait doit être faite au domicile du proprietaire ou détempteur ou fermier de la terre que l'on veut retraire ?

Si dans la fufdite Coûtume le retrayant doit offrir le prix entier de l'acquifition ?

Et fi la copie de l'exploit contenant ladite demande doit être fignée des Recors & du Sergent ; auffibien que l'original ? Arrêt du 11. Mars 1647. qui déboute le demandeur en retrait. Soëfve, tome 1. Cent. 2. chap. 7.

Retrait en Bretagne.

307   Les actions annales en France, comme de retrait, & autres femblables, s'éteignent avec la peremption d'inftance. Chenu, queft. 95. ce qui n'a lieu pour retrait en Bretagne, qui va jufques à quinze ans contre l'acquereur non approprié par bannies, & s'il n'a poffeffion par Notaires jufques à trente ans ; de forte que pour exclure les lignagers, il fe faut approprier, même ayant acquis par decret. Sauvageau fur Du Fail, liv. 1. chap. 293.

308   La Dame de Maure tutrice du Baron du Pont fon fils, conclut à revendication de quelques tenuës congeables qu'elle nomme. François Poulain demande qu'elle montre les heritages qu'elle prétend. Le Juge de Rennes l'ordonne ainfi ; ce qui eft confirmé par Arrêt du Parlement de Bretagne du 10. Août 1556. Du Fail, liv. 1. chap. 47.

309   Arrêt du Parlement de Bretagne en Robes rouges, au profit de M. Mathurin Richard, qu'il n'y a lieu de retrait lignager inter ejufdem gradus confanguineos, le tranfport étant fait à l'un d'eux. Ibidem, livre 3. chap. 75. il ne date point l'Arrêt.

310   Retrait lignager n'a lieu en domaine convenantion ne le doit point confiderer comme étant une proprieté incommutable, puis que le Seigneur peut toutefois & quantes congedier le tenancier. Arrêt du Parlement de Bretagne en 1559. V. ibidem livre 3. chapitre 161.

311   En vente de rente avec obligation d'affiette, le temps de la prémeffe ne court que du jour de l'affiette faite, à moins que l'affiette ne fût promife fur certain fonds défigné & que le contrat ne fût banni, & certification faite en Jugement, auquel cas l'appropriement a fon effet, fuivant l'article 324. de la Coûtume de Bretagne, où d'Argentré rapporte plufieurs Arrêts. Du Fail, liv. 1. ch. 149. en cite un du dernier Août 1561. M. Sauvageau, eû la note obferve que le contraire, fe juge fuivant la doctrine de Du Moulin, Auteur de la nouvelle Jurifprudence.

312   L'intimée & fon mari acquierent un heritage, banniffent & s'approprient fans oppofition. En 1564. l'appellant demande premeffe ; fes moyens fon qu'il y a dol au contrat, qu'il étoit mineur lors d'iceluy ; que Charles Godet fon prédéceffeur & vendeur étoit prodigue, qu'il eft dans les dix ans jufqu'à la certification des bannies ; le Juge déclare l'appellant non recevable. Ce qui eft confirmé par Arrêt du Parlement

de Bretagne du 20. Septembre 1565. Du Fail, livre 3. chapitre 72.

313   Le frere de l'appellant acquiert un heritage, le bannit & approprie, puis le vend à l'intimé. L'appellant demande la premeffe, difant qu'en vertu de l'appropriance eft fait le ramage, tronc, fouche, & eftoc requis par la Coûtume ; ainfi jugé par Arrêt d'un fils reçu au retrait lignager d'un heritage que fon pere avoit acheté, puis approprié, & l'avoit, enfuite vendu. L'intimé dit duo concurrunt, 'en retrait lignager par la Coûtume, lignage & ramage, l'un manquant tout ceffe ; quant à l'Arrêt, il y a raifon, quia res fit majorum, qui eft le fondement du retrait lignager, car le pere s'en eft approprié, ubi filius quoddam antiquitatis jus videtur habere : mais en ce cas, collaterales non dicuntur majores ; le Juge deboute de fa premeffe. Par Arrêt de Bretagne du 17. Février 1567. la Cour de gratid, a mis l'appellation à néant, fans amende ; ordonne que ce dont a été appellé fortira fon effet. Cet Arrêt eft rapporté par d'Argentré, fur l'article 284. de l'ancienne, où il en rapporte un contraire pour la terre de Galliffon, au retrait des acquêts d'un frere : maintenant l'article 198. a lieu aux acquêts appropriez, & y viennent les collateraux, auffi-bien que les defcendans du vendeur, & autres du lignage, & ramage, encore mêmes qu'ils ayent renoncé à la fucceffion, de laquelle font les heritages qu'ils demandent par retrait. V. ibid. liv. 1. chap. 249.

314   Retrait du domaine congeable n'a lieu. Arrêt du Parlement de Bretagne du 13. Avril 1567. rendu pour aucunes confiderations. Du Fail, liv. 1. chap. 243. le contraire a depuis été jugé par Arrêt en Robes rouges, rapporté par M. d'Argentré fur l'article 299. de l'ancienne Coûtume.

315   Le 17. Février 1556. le pere de l'intimée acquiert un heritage du pere de l'appellant, il fait bannir fon contrat le dernier du même mois. La feconde bannie eft le 7. Mars. La troifiéme du 14. & la certification des bannies eft du 22. En 1566. l'appellant fils du vendeur demande la premeffe. L'intimé répond que fon pere eft mort approprié de l'heritage ; il dit que la certification ne vaut rien, qu'il faut huit jours francs. L'intimé replique que la huitaine doit fe prendre de Dimanche en Dimanche. Arrêt du Parlement de Bretagne du 2. Octobre 1567. qui ordonne la premeffe. Sur le fondement que la huitaine doit être franche. Du Fail, li. 1. ch. 259. Cet Arrêt a donné lieu à l'article 269. de la même Coûtume.

316   L'appellant neveu du vendeur d'une maifon demande la premeffe. L'intimé le prétend non recevable, & fe dit approprié. L'autre foûtient l'appropriement nul, & appelle des bannies & certifications, 1o. Le contrat principal eft avec condition de raquit ; ce qui empêche qu'on ne forme oppofition, dans l'efperance que le vendeur ne laiffera paffer la condition. 2o. Le prix n'eft point défigné. 3o. Il étoit dit par le contrat que le vendeur demeureroit en la maifon jufqu'à ce que l'acquereur fût approprié. Ainfi le vendeur continuant d'être poffeffeur, l'appropriement n'eft foûtenable. Arrêt du Parlement de Bretagne du 26. Février 1568. qui reçoit l'appellant au retrait. Ibidem, chap. 268.

317   L'appellant acquiert en 1552. un heritage duquel il fe veut approprier en 1553. L'intimé s'oppofe & prend conclufion de premeffe. En 1568. l'intimé ajourne l'appellant pour procéder fuivant les derniers appointemens qui étoient en 1558. Arrêt du Parlement de Bretagne du 3. Août 1569. qui ordonne qu'il répondra. Ibidem, chap. 293.

318   Retrait n'a lieu, quand l'acquereur eft parent au vendeur en pareil degré. Arrêt du Parlement de Bretagne du dernier Octobre 1579. Sur cet Arrêt & autres femblables il fut dreffé l'article

326. de la Coûtume. *Du Fail*, *livre* 3. *chapitre* 159.

319 Un coheritier vend la quatrième partie par *indivis* de certaines terres venant de la succession paternelle. Le retrait est demandé ; le coheritier répond que c'est un droit convenancier, où il n'y a premesse. Le rettrayant dit que le droit convenancier vient *ut minus dignum*, accessoirement au fond & à la proprieté duquel il doit retenir la nature, *& est unicus contractus*. Arrêt du Parlement de Bretagne du 12. Septembre 1572. qui juge la demande bien fondée. Le contraire a été jugé. Neanmoins le retrait n'auroit lieu, si l'acquereur des droits convenanciers se rendoit Seigneur du fond. Arrêt du 12. May 1609. *Ibid. liv.* 1. *chap.* 333.

320 Arrêt du Parlement de Bretagne du 20. Octobre, qui admet au retrait aprés quinze années, sur le fondement que la joüissance de l'acquereur n'étoit pas notoire, & qu'il avoit laissé le vendeur en possession. *Du Fail*, *liv.* 1. *ch.* 324. où il est aussi rapporté un Arrêt du 16. Février 1620. qui a jugé que la prise de possession devoit être cartulaire devant Notaires.

321 Le retrait n'a point lieu en bail à convenant, parce que ce n'est point une alienation. Arrêt du Parlement de Bretagne du 12. Octobre 1572. *Du Fail*, *liv.* 1. *chap.* 355.

322 En 1557. Françoise passe procuration à Jean pour retirer quelques terres venduës par son frere. Jean négocie tant avec le frere, qu'il a tout l'heritage pour 800. liv. il s'en approprie. Depuis le Seigneur feodal retire par puissance de fief. Françoise conclut contre luy au retrait lignager. Il allegue une possession de dix années. Cependant comme il y avoit eu beaucoup de collusion de la part de Jean, & que l'appropriement avoit été fait par la Cour de Keronzere. dont il étoit Sénéchal, le Parlement de Bretagne par Arrêt du 2. Octobre 1574. ajugea la premesse à Françoise, en remboursant dans six semaines. Jean fut decreté d'ajournement personnel. *Ibidem*, *livre* 3. *chapitre* 139.

323 En 1567. Jean Lépaule vend plusieurs terres, appartenantes à Helain sa femme. Il vendit aussi en 1570. à sa sœur uterine la maison en laquelle il demeuroit, pour la somme de 50. livres, avec faculté de remeré pendant deux années. Il ne fut point dépossedé ; sa sœur subrogea à son droit le nommé Macé qui prit possession en l'absence d'Helain. Lépaule meurt ; la veuve continuë de joüir. Macé fait bannir son contrat, & s'en approprie. La veuve assigne en retrait, dit que recompense luy est duë de son propre alienè, outre qu'elle prétend son doüaire. Macé répond qu'elle se devoit opposer aux bannies. Arrêt du Parlement de Bretagne du 7. Mars 1575. qui ordonne qu'elle demeurera en la possession de la maison dont il s'agit, jusqu'à la concurrence de son droit de doüaire, & que les autres heritages appartenans au défunt mary, luy demeureront affectez pour la récompense de ses propres alienez. *Du Fail*, *livre* 1. *chapitre* 190.

324 Jean de la Chapelle vend en 1571. la terre de Quetrebert à Guillaume Guillard pour 500. livres. Guillard la rétrocede pardevant les mêmes Notaires à la Chapelle pour 20. livres de rente, que Guillard devoir aux enfans du second mariage de la Chapelle. Une fille de la Chapelle demande à Guillard la terre par premesse ; elle luy est ajugée. Lorsqu'il s'agit de l'executer, elle trouve François Bouquen, & Marguerite de la Chapelle sa femme en possession. Ceux-cy disent que la terre leur a été donnée en échange, & parfournissent d'un droit naturel & part en la succession de Charles de la Chapelle. De plus que le contrat de vente de Guillard fut resolu le même jour. Arrêt du P. de Bretagne du 21. Mars 1575. qui ordonne le retrait lignager, sans préjudice des autres droits des défendeurs. *Ibid. chap.* 392.

325 Jacques Robin prend tant du Sénéchal de Rennes que de certains Commissaires de la Chambre des Comptes, un emplacement & cabaret prés l'Auditoire de la Prévôté de Rennes pour sept ans. Depuis il a Lettres du Roy, par lesquelles cet emplacement luy est baillé à titre de rente cens, à la charge de demolir toutesfois & quantes. En 1566. Robin vend le cabaret & fond à François Lemoine. Quelque temps aprés Robin, au nom de son fils, demande la premesse. Lemoine dit que premesse ni écheoit, d'autant que par la Coûtume, il faut qu'il y ait en toute premesse & retrait lignager, lignage & ramage ; ce qui n'est en ce cas. Robin dit que le Roy l'ayant voulu, *res incipit esse de suâ familiâ*, conséquemment son fils y est bien fondé. Ce qui est ainsi jugé & confirmé par Arrêt du Parlement de Bretagne du 27. Octobre 1575. *Du Fail*, *liv.* 1. *ch.* 377.

326 Arrêt du Parlement de Bretagne du 4. Septembre 1576. qui ordonne le retrait lignager. L'acquereur prétendoit être suffisamment approprié ; mais on luy opposoit qu'il n'avoit banni toutes les clauses du contrat, & que si les proches en eussent été connus, *promptiores fuissent ad retrahendum*. Ibid. *ch.* 417.

317 Peronnelle Robinault & Barbe Estaisse sont cousines germaines, & parentes en pareil degré de Jacquette le Bretin, laquelle ayant vendu la Haye au Seigneur d'Aligné, Robinault y demande la premesse, laquelle luy est ajugée, & aprés executée. Estaisse *his peractis*, demande contre sa cousine la moitié au retrait, par le même droit de premesse, d'autant qu'elle est en pareil degré, aux offres de payer la moitié de tout ce qui a été exploité en la premesse. Robinault dit qu'elle est premiere en la demande de premesse, au remboursement, & en tout & par tout. Estaisse replique qu'étant en pareil degré, elles sont fondées en même concurrence, & que pour l'en faire débouter, il falloit faire l'ajournement de quinzaine à ban suivant la Coûtume, pour forclore les autres prémes. Les Juges de Rennes ordonnent que Estaisse participera à la moitié de la prémesse, payant la moitié des deniers dûs, loyaux coûts, & mises ; ce qui est confirmé par Arrêt du Parlement de Bretagne du 25. Septembre 1576. Ibid. *ch.* 421.

318 Une heritiere de Pierre du Vauclet donne à sa veuve une piece de terre pour récompense de deux maisons par luy venduës. La veuve aliene cette piece de terre. Le frere de cette veuve s'oppose à la vente, & demande la prémesse. Elle dit que le retrait lignager doit être executé, non par fiction, *nec per equipollens, sed in formâ specificâ*. Il est fondé sur ce que l'heritage *fuit majorum*, & cependant la piece de terre n'est ni de lignage & ramage du rettrayant, qui répond *subrogatum sapere naturam subrogati*, que cette terre tient nature de celles alienées. Arrêt du Parlement de Bretagne du 2. Mars 1577. qui admet au retrait. *Ibid. ch.* 429.

319 Par Arrêt du Parlement de Bretagne prononcé en Robes rouges, le dernier Avril 1577. au procés entre Jeanne le Corre, & Guillaume le Poulain, jugé que le lignager peut avoir par retrait la terre venduë par son parent, laquelle il tenoit seulement à titre de convenant & domaine congeable. Cet Arrêt est l'un des notables du sieur Président de Lancran. *Bibliot. de Bouchel*, verbo *Retrait*.

330 Entre Guillemette Ruallon, & Vincent Gourdel intimé. L'appellante demande prémesse qui luy est ajugée, parce qu'à la Requête de l'intimé, elle jureta ce n'est pour elle qu'elle veut retirer. Au jour qu'elle doit faire serment, l'intimé empeche l'execution de prémesse, disant qu'elle a déja cédé son droit au sieur de Guemadeuc. Le premier Juge appointe les parties en faits contraires. Arrêt du Parlement de Bretagne du 11. Octobre 1557. qui infirme la Sentence. *Ibid. ch.* 66.

331 Retrait n'a lieu en pur feage noble. Arrêt du Parlement

lement de Bretagne du 4. Septembre 1578. Le contraire a été jugé, quand les terres roturieres sont baillées à titre de feage noble, & à rente grande. *Voyez Du Fail, liv. 3. ch. 399.*

332. Une demanderesse en retrait disoit entre autres moyens que depuis les bannies commencées & non parachevées, le défendeur avoit prorogé d'un an la faculté de remeré, laquelle prorogation n'avoit été bannie ni publiée; de plus, qu'elle étoit mineure lors de la vente. Arrêt du Parlement de Bretagne du dernier Octobre 1578. qui admet au retrait. *Du Fail, liv. 1. chap. 450.*

333. Ces mots de l'article 298. de la Coûtume de Bretagne, *& sera censé l'heritage du ramage du retrayant, quand aucun de sa famille en a été approprié, &c.* s'entendent d'acquets seulement, non de l'ancien propre, où il faut lignage & ramage pour avoir prémesse. Arrêt du Parlement de Bretagne du 11. Septembre 1614. rapporté par Frain, p. 163. La question est amplement traitée par *Hevin, dans sa Note.*

334. Par Arrêt du Parlement de Bretagne du 11. Septembre 1614. jugé que ces mots de l'article 298. de la Coûtume, *& sera censé l'heritage du ramage du retrayant, quand aucun de sa famille en a été approprié, & fait Seigneur irrevocable; ores que le retrayant n'en soit descendu,* se doivent entendre des acquets seulement, & non des propres & anciens heritages, lesquels ne se peuvent retirer par prémesse, sinon que le retrayant soit parent en estoc & ramage ancien de l'heritage. *Frain, sur l'art. 309. Jovet, au mot, Retrait, nomb. 139.*

335. En Bretagne pour exclure le retrayant, il faut prise de possession par écrit. Arrêt du 16. Février 1621. *Voyez Frain, sur la Coûtume de Bretagne, art. 3.*

336. Arrêt du Parlement de Bretagne du 25. Octobre 1621. qui a jugé que lors de la prémesse, le congément étant demandé & jugé, & ayant depuis & durant le procès le Seigneur remboursé, il n'y avoit lieu au retrait lignager, parce que le Seigneur ayant remis les terres dans son domaine, elles ne pouvoient plus rentrer dans la famille du vendeur. *Frain, page 322.*

337. En matiere de retrait, il faut suivant les Arrêts que l'acquereur défendeur en retrait mette le contrat au Greffe à l'instant de l'adjudication, & en demande acte, & l'y laisse toute la quinzaine, afin que le retrayant puisse en prendre communication, si bon luy semble. Faute de cette solemnité, il fut donné Arrêt au Parlement de Bretagne le 22. Août 1625. portant que ladite quinzaine n'avoit couru. *Du Fail, liv. 1. ch. 37.* où il est observé dans la Note de *Sauvageau,* que pareils Arrêts sont intervenus le 7. May 1630. & au mois de Decembre 1637.

338. Si dans la Coûtume de *Bretagne,* qui ne requiert aucune formalité dans l'action de retrait lignager, l'Ordonnance touchant la designation du domicile des Records ou témoins dans les Exploits, à peine de nullité, doit être observée? Arrêt du 14. Mars 1665. qui appointa les parties au Conseil; les Conclusions de M. l'Avocat General Talon étoient en faveur du retrayant. *Soëfve, tome 2. Centurie 3. chapitre 51.*

COUSTUME DE BRIANÇON.

339. Le retrait lignager est reçu dans le *Briançonnois,* mais il doit être exercé dans les dix jours qui suivent immédiatement la vente entre les presens, & dans l'an & jour entre les absens. Ce temps que prescrit la Coûtume, ne court, s'il y a procés, qu'aprés qu'il est terminé. *Voyez Guy Pape, quest. 257.* Chorier, en sa Jurisprudence du même Auteur, p. 241. observe que le délay pour intenter le retrait, court dés le jour de la vente pure & sans condition, sans attendre même la tradition, ni la mise de possession, quoique l'Ordonnance du Roy Henry III. du mois de Novembre 1587. porte que ce ne soit que dés le

• *Tome III.*

jour de l'insinuation du contrat de vente; la décision de *Guy Pape* est neanmoins suivie dans le Dauphiné.

COUSTUME DE CHARTRES.

340. La prescription est opposée au demandeur en retrait lignager. Le Bailly de Chartres infirme deux Sentences qui l'avoient declaré non recevable. Sur l'appel, Arrêt qui ordonne que l'usage de la Coûtume de *Chartres* sera prouvé, pour sçavoir si par l'article 67. tit. *de Retrait,* portant ces mots, *dedans le jour & an de la possession réelle & actuelle sans fraude,* il étoit necessaire, pour exclure le retrayant lignager, que la possession réelle de l'acquereur fût prise par luy ou par Procureur, Notaire & témoins presens, quoique l'acquereur, avant son acquisition, joüir à titre de loüage ou autrement, & non dedans les six semaines lors prochainement venans. Aprés l'Enquête par Turbes, Arrêt définitif du Parlement de Paris du 7. Decembre 1548. confirmatif de la Sentence du Bailly. *Corbin, suite de Patronage, chap. 244.*

341. Dans la Coûtume de Chartres le bailleur à rente fonciere non rachetable, veut bien que l'acheteur l'amortisse. Le retrait n'y a point de lieu, la Coûtume n'ayant aucune disposition ni pour ni contre. Jugé le 11. Février 1659. contre les Conclusions des Gens du Roy. *Notables Arrêts des Aud. Arr. 23.*

RETRAIT, DROIT ECRIT.

342. Edit portant que le retrait aura lieu dans toute l'étenduë du Royaume, même en pays de Droit écrit, &c. A Paris en Novembre 1581. reg. le 25. Janvier 1582. 5. *Vol. des Ordonnances d'Henry III. fol.* 74. Fontanon, *to.* 1. *page* 486. Joly, *des Offices de France, tome 2. page* 1390. Voyez l'Edit du mois de Decembre suivant.

Voyez cy-aprés le nombre 555. & suiv.

RETRAIT EN FOREST.

343. Le retrait lignager n'a lieu en *Forêt,* pays de Droit écrit. Arrêt du 17. Juin 1604. Ni en Maconnois, Arrêts des 7. May 1604. & 27. Novembre 1610. Ni en Lyonnois, Arrêt de 1611. Ni à Issoudun, Arrêt du 3. Juillet 1596. *Corbin, Traité des Fiefs, Loy* 13.

344. Le retrait lignager n'a point de lieu au pays de *Forêt,* nonobstant un usage que l'on prétendoit contraire. Arrêt du 27. Novembre 1610. *M. le Prêtre, és Arrêts celebres du Parlement.*

RETRAIT, ISSOUDUN.

345. Le retrait lignager n'a lieu en la Coûtume d'*Issoudun, art.* 30. Arrêt du 3. Juillet 1596. *Brodeau, en son Préambule du Retrait lignager, nombre* 3. Voyez *M. le Prêtre, és Arrêts celebres,* où il rapporte trois Arrêts des années 1589. 1610. & 1611.

RETRAIT, LUXEMBOURG.

346. Dans la Coûtume de *Luxembourg,* l'omission des termes avec offres de compter le prix de l'achat, est une nullité essentielle; & le retrayant declaré non recevable en sa demande, avec dépens. Jugé à Mets le 27. Février 1673. *Journal du Palais.*

COUSTUME DE LA MARCHE.

347. En la Coûtume de la *Marche,* le retrait étant adjugé par Arrêt, le retrayant n'ayant payé ni consigné dans le temps porté par la Coûtume, déchû du profit de l'Arrêt, & condamné aux dépens que l'Arrêt luy avoit adjugez. Jugé le 19. Février 1665. *De la Guesse. tome 2. liv. 7. ch. 7.*

COUSTUME DU MAINE.

348. Si l'art. 392. de la Coûtume du *Maine,* desirant que *le retrait lignager soit demandé en toutes les Jurisdictions où les choses acquises sont situées, ou en la Cour suzeraine qui soit capable du tout,* il suffit au retrayant, qui a droit de *committimus,* de faire donner l'assignation aux Requêtes du Palais; & si l'Exploit d'assignation en retrait n'étant signé d'aucuns témoins ou records, cette nullité peut être reparée par un autre Exploit fait incontinent aprés, signé des re-

O o o

cords ou témoins, la partie étant encore dans le temps d'intenter son action. Arrêt du 10. Mars 1653. qui déboute de la demande en retrait. *Soëfve*, *to. 1. Cent. 4. chap. 22.*

COUSTUME DE MELUN.

349 *Voyez au troisiéme Volume des Plaidoyez de M. Servin*, le Plaidoyé & Arrêt, en la cause d'entre M. le Comte de Soissons, appellant & demandeur, d'une part, & le sieur de Montignac & consors, intimez, d'autre, pour le retrait lignager de la terre de Blaudy sise en la Coûtume de *Melun*.

350 En la Coûtume de *Melun* l'an & jour du retrait ne courent que du jour du rachat. Arrêt du 14. Avril 1615. *Brodeau, Coûtume de Paris, art. 137. n. 5.*

351 Le retrait en la Coûtume de *Melun*, ne commence à courir que du jour que l'acquisition de fief est publiée en Jugement; il y avoit douze ans que l'on joüissoit du fief. Arrêt du 3. Mars 1661. & ce suivant l'article 135. de la Coûtume de Paris. *Notables Arrêts des Audiences, Arrêt 54.*

RETRAIT EN NORMANDIE.

352 *Voyez* le mot *Clameur.*

Ce que nous appellons Retrait, est appellé en la Province de Normandie Clameur; c'est pourquoi le titre 17. de la Coûtume porte, *des Retraits ou Clameurs de Bourse.* Le proprietaire d'un heritage sujet à une rente fonciere, la peut retirer par droit de clameur, si elle est venduë à un étranger, & il est preferé en vertu de ce droit aux lignagers & aux Seigneurs, en faveur de la reconsolidation de l'usufruit avec la propriété; ce qui est une nouvelle Jurisprudence établie par le Reglement de la Cour du 6. Avril 1666. qui veut que cette rente venduë puisse être clamée par le debiteur. *Voyez l'Auteur de l'esprit de la Coûtume de Normandie, p. 144.*

353 Par Arrêt du Parlement de Roüen du 23. Juillet 1521. rapporté par *Berault, sur la Coûtume de Normandie, art. 246.* jugé qu'un heritage qui avoit été retiré par clameur de bourse, par un mary au nom de sa femme, à laquelle le fils d'icelle avoit succedé, étant iceluy fils mort sans enfans, devoit retourner aux parens maternels, & non aux paternels dudit fils; & ainsi ce qui avoit été acqu& à la mere, fut estimé propre au fils, pour retourner au côté maternel dont il étoit venu, comme il avoit été jugé par Arrêt du 13. Février 1517. *Jovet, verbo Succession nombre 55.*

454 Si dans le Bailliage de Caux les enfans de l'aîné succedant à leur ayeul, sont obligez de retirer le tiers appartenant en propriété à leur oncle, frere puîné de leur pere, dans l'an & jour du decez de leur ayeul, comme leur pere, s'il avoit survécu, & qu'il eût été mineur, auroit eu le temps de sa majorité, ses enfans doivent avoir le même temps; la cause plaidée au Parlement de Roüen le 27. May 1621. fut appointée au Conseil, & depuis terminée par accord entre les parties. *Voyez Basnage, sur la Coûtume de Normandie, art. 296.*

455 Par Arrêt du Parlement de Roüen du 13. May 1552. jugé qu'un contrat de vente faite sous seing privé, non reconnu, ni ratifié, n'y a lieu au retrait, attendu qu'il y avoit vingt-deux ans passez du jour du contrat; que s'il fût venu dans les six ans, *Jovet, verbo Retrait feodal & lignager,* dit, j'estime qu'il y auroit été reçû, comme à present il faudroit venir dans les trente ans pour le retrait de tel contrat. *Berault, sur la Coûtume de Normandie, art. 354. & Jovet, ibid. n. 122.*

455 bis Par Arrêt du même Parlement du 9. Decembre 1628. le Seigneur fut condamné de quitter au lignager les heritages dont l'acquereur luy avoit fait délai. *Basnage, ibid. art. 452.*

456 On a demandé s'il étoit necessaire que le contrat fût passé devant Notaires, ou si n'étant que sous signature privée, l'an & jour ne commençoit à courir

que du jour de la lecture? Par Arrêt du Parlement de Roüen du 16. Août 1619. entre le sieur de la Motte Heuzé, & la veuve du Sage, il fut jugé que la lecture faite sur un contrat sous signature privée, étoit valable, & que l'acquereur, bien que son contrat fût sous seing privé, l'ayant fait lire, pouvoit retirer à droit de lettre lûë, son acquisition, laquelle avoit été decretée pour les dettes de son vendeur, au préjudice des lignagers du decreté. Cependant cette même difficulté s'étant offerte le 3. Février 1651. il fut jugé que l'an & jour n'avoit couru que depuis la reconnoissance du contrat devant Notaires. Ce qu'il y avoit de particulier, étoit qu'après la premiere lecture, l'acquereur avoit fait reconnoître son contrat; & depuis, comme s'il avoit douté de la validité de la premiere lecture, il en avoit requis une seconde. *Basnage, ibid.*

456 bis Si les heritages vendus sont situez en diverses Paroisses, & que la lecture du contrat n'ait pas été faite en tous ces lieux, ou qu'elle ait été faite en divers temps, on est reçû à retirer les heritages situez dans les Paroisses où la lecture n'a point été faite, où dont l'an & jour n'est point encore passé, quoiqu'il soit pour la plus grande partie des autres choses vendues; en ce cas le lignager n'est tenu de retirer que les terres qui peuvent être retirées, parce que l'an & jour de la lecture n'est point encore expiré. Par Arrêt du Parlement de Roüen du 14. Decembre 1655. la Cour en réformant les Sentences qui avoient débouté le lignager de son action, condamna l'acquereur à faire délais des heritages clamez, si mieux il n'aimoit remettre le tout; quoy faisant, le lignager seroit tenu de rembourser le prix entier du contrat. *Basnage, ibid.*

457 Quoiqu'en Normandie les filles ne soient pas heritieres de leurs peres, neanmoins comme elles ne sont pas incapables de succeder, elles peuvent exercer le retrait lignager, lorsque les mâles ne leur font point d'obstacle. Arrêt du Parlement de Normandie du 18. May 1666. *Basnage, sur l'article 452. de cette Coûtume.*

457 bis Le 28. Juin 1619. on agita au Parlement de Roüen la question de sçavoir si la lecture d'un contrat de vente n'ayant point été bien & dûment faite, & l'heritage vendu ayant depuis été saisi réellement sur l'acquereur & ajugé, les lignagers du vendeur étoient recevables au retrait, en consequence des défauts qui se rencontroient en la lecture & publication du contrat de vente. Par l'Arrêt il fut dit à bonne cause le retrait, en remboursant l'adjudicataire du prix de l'adjudication, à proportion de l'heritage retiré. *Basnage, ibid. art. 413.*

458 Un particulier après une premiere vente en fit une seconde du même heritage au même acquereur; l'on ne fit la lecture que du second contrat. Après l'an & jour de cette lecture, mais avant les 30. ans de la passation du premier, un lignager prétendit que le premier contrat n'ayant point été lû, il y avoit ouverture à l'action en retrait. Par Arrêt du Parlement de Roüen du mois de Juin 1621. le retrayant fut déclaré non recevable. L'on trouva qu'en ce cas la lecture du second contrat avoit purgé le défaut de lecture du premier. Par ce même Arrêt, l'on jugea qu'il n'y avoit point de nullité en la lecture, pour avoir été faite par le Vicaire de la Paroisse, quoiqu'il fût beau-frere de l'acquereur; le Curé & le Vicaire étant des personnes necessaires, contre lesquels l'on ne reçoit point de reproches. Autre pareil Arrêt du 15. May 1668. *Basnage, ibid.*

458 bis Clameur intentée 29. ans 11. mois 29. jours après la lecture de vente lû, quoique l'assignation échée après les 30. ans, jugée bonne, par Arrêt du premier Mars 1633. rapporté par *Berault, à la fin du deuxiéme tome de la Coûtume de Normandie, sur l'article 453. page 66.*

459 Suivant la remarque de *M. Josias Berault*, la lecture du second contrat de vente ne purge point le défaut de lecture du premier contrat. Vastel vendit un heritage à Crevon moyennant 1400. liv. dont il paya 1000. liv. comptant ; pour le surplus il luy bailla quelques terres. Vastel negligea de faire lire son contrat. Après six ans un lignager de Crevon demanda d'être reçû au retrait. Vastel s'en défendit par cette raison, que le contrat de Crevon avoit été lû, & que par cette lecture les parens de Crevon avoient eu connoissance de la vente qui luy avoit été faite, étant contenuë dans le même contrat. Le retrayant répondoit que la lecture ne se supplée point par des équivalences, & qu'étant certain que ce contrat n'avoit point été lû, il y avoit ouverture au retrait. Le retrayant ayant obtenu Sentence à son profit, elle fut confirmée par Arrêt du Parlement de Roüen du 19. Juillet 1669. *Basnage, sur la Coûtume de Normandie, article 455.*

459 bis. Par Arrêt du mois de Mars 1586. jugé que la lecture dont il est parlé par la Coûtume de Normandie, que l'acquereur est obligé de faire en Normandie, c'est-à-dire l'acte de prise de possession, se doit faire en tous les lieux & endroits où les heritages sont assis. *Berault, sur la Coûtume de Normandie, art. 455.*

460 Par Arrêt du 31. Janvier 1613. jugé qu'une lecture faite par un Sergent autre que du lieu & de la querelle, & hors de son détroit, quoique de la même Vicomté, & quoique faisant ordinairement autres Exploits, étoit nulle. *Berault, à la fin du 2. tome de la Coûtume de Normandie, sur l'art. 455. page 101.*

461 La lecture du contrat de vente se doit faire à l'issuë de la Messe Paroissiale, & doit être employée sur le dos du contrat. Arrêt du Parlement de Roüen. Ce défaut ne peut être réparé par le registre du Sergent. Arrêt du 18. Avril 1654. Par autre Arrêt du 26. Février 1619. une lecture faite au Prône fut cassée. Elle doit être faite en toutes les Paroisses où les heritages sont situez. Arrêt du 14. Decembre 1655. La presence & la signature de quatre témoins y est requise. Si les parens de l'acquereur peuvent servir de témoins ? La cause fut appointée le 19. Novembre 1655. L'on cita un Arrêt de 1622. pour l'affirmative. Ce n'est pas assez que les témoins ayent signé, il faut qu'ils soient dénommez. Arrêt du 19. Novembre 1656. Le Curé ou le Vicaire, le Sergent ou le Tabellion, peuvent seuls faire la lecture ; il faut que ce soient eux qui la fassent ; une lecture faite par un Sergent de la Vicomté, mais non de la querelle, fut cassée par Arrêt du 3. Janvier 1618. Si la lecture est mal faite, le Curé ou Vicaire n'en sont responsables. Arrêt du 3. Août 1650. La preuve par témoins de la lecture d'un contrat de vente n'est recevable. Arrêt du 25. Octobre 1616. *Voyez Basnage, sur l'article 455. de la Coûtume de Normandie.*

462 Un lignager 25. ans après un contrat passé forma une action en retrait sur le défaut de lecture ; l'acquereur avoit perdu son contrat, mais il representoit le registre du Curé décédé six ans avant l'action, qui contenoit que la lecture avoit été faite ; il soûtenoit que la preuve qui resultoit de ce registre étoit suffisante après la perte de son contrat ; il ajoûtoit que le retrayant avoit déja disposé de l'heritage en faveur d'un Officier, ce qui le rendoit non recevable, le retrait étoit incessible. Le lignager disoit que la lecture n'étoit valable pour exclure le retrait, que quand elle étoit employée sur le contrat, que la preuve n'en étoit point reçuë par équivalence ; qu'en tout cas la Coûtume ordonne que la lecture soit enregistrée au Greffe de la Jurisdiction ordinaire, & que la vente, qu'il ne vouloit faite que depuis la Sentence. Par Arrêt du Parlement de Roüen du 14. May 1630. le retrayant fut débouté de son action. Même Arrêt le 8. Juillet 1681. *Ibidem.*

463 Alix Mustel voulant retirer les heritages acquis par

Tome III.

Langlois 16. ans auparavant, se fonda sur le défaut de lecture : Langlois disoit qu'il avoit perdu son contrat ; mais pour preuve de la lecture, il produisoit un extrait du controlle où la lecture étoit employée ; davantage, il offroit prouver que son contrat avoit été vû, tenu & lû, & que sur le contrat la lecture étoit employée & signée de témoins. Mustel avoit obtenu Sentence à son profit ; sur l'appel Langlois representa encore un extrait du Tabellion qui avoit fait la lecture, & il concluoit qu'elle étoit valablement prouvée par ces deux pieces, en tout cas il persistoit à la preuve de ses faits. Mustel luy opposoit la fin de non recevoir, & pour les pieces qu'elles n'étoient point suffisantes, parce que dans le registre du Tabellion il n'y avoit point de témoins signez. Par Arrêt du Parlement de Roüen du 11. Janvier 1650. la Sentence fut cassée, & Mustel débouté de son action. Dans cette espece la Cour jugea que la lecture étoit suffisamment prouvée, de sorte qu'elle ne prononça rien sur la preuve ; la même chose avoit été jugée par un Arrêt du mois de Juin 1621. *Ibidem.*

464 Par Arrêt du 23. Juin 1657. jugé qu'un contrat ne s'étant trouvé signé par le Tabellion qui avoit fait la lecture étoit clamable dans les trente ans, quoique le registre fût en bonne forme, & que l'acquereur se plaignît du lignager clamant qui luy avoit demandé son contrat sous autre pretexte. *Berault à la fin du 2. tome de la Coûtume de Normandie, page 101. sur l'article 455.*

465 Par contrat un heritage avoit été fieffé à rente irraquitable ; mais par un écrit fait posterieurement, le preneur à fief s'étoit soûmis d'en faire le rachat au double prix toutefois & quantes que le bailleur voudroit ; 16. ans après la fille du bailleur y tendoit clameur comme d'un contrat frauduleux, & d'une rente rachetable ; il fut neanmoins jugé que le retrait n'y venoit, ne pouvant être dit la rente rachetable ; puis que le preneur n'en avoit la faculté, que cet écrit n'étoit qu'une contre promesse en fraude, mais une paction volontaire, ensuite d'un contrat qui n'étant reciproque, pouvoit même être soûtenu nulle. Arrêt du 23. Novembre 1656. rapporté par *Berault à la fin du 2. tome de la Coûtume de Normandie, page 101. & 102. sur l'article 462.*

466 Sur l'article 465. de la Coûtume de Normandie il a été douté si la preuve se pouvoit faire par témoins. Par Arrêt du 16. Août 1656. jugé que la preuve par témoins instrumentaires, Tabellions, & les Avocats qui avoient concerté & minuté le contrat se pouvoit faire, *& tamen nullis adminiculis.* Berault, *à la fin du 2. tome de la même Coûtume, p. 101.*

467 & 468 Par Arrêt du 10. Mars 1659. jugé que ce fait est recevable par témoins, que le prix du contrat avoit été enflé de 2400. livres, que les censures Ecclesiastiquesy venoientʒil y avoit grandes présomptions d'ailleurs au contrat qui y aidoient; & aussi l'on passa par dessus les défenses de l'acquereur, qu'il y avoit 24. ans & plus, que c'étoit un fils qui n'étoit en état de clamer lors du contrat. *Ibidem, art. 465.*

469 & 470 Quand la Coûtume de Normandie rejette la prévention par les articles 470. 475. 476. & 477. cela ne se doit entendre que quand le retrait fait est dans l'an & jour de la publication du contrat ; car s'il étoit fait après à raison de la fraude ou du défaut de la lecture, il conviendroit préferer le parent qui auroit prévenu en découvrant la fraude, ou le défaut, & le maintenir en la possession en laquelle il auroit été envoyé sur son acte, suivant qu'il semble avoir été jugé au Parlement de Roüen le 22. Mars 1616. *Berault, sur l'art. 470.*

471 Retrait à droit de Lettre luë est introduit en faveur de l'acquereur, & il est cessible. *V. Basnage, sur l'article 471. de la Coûtume de Normandie.*

472 Cette question s'est présentée au Parlement de

Ooo ij

Normandie, sçavoir, si le mari étant dépossedé par
une saisie réelle des acquêts par luy faits en Bourgage, & étant mort durant le decret, sa femme ou
ses heritiers pouvoient retirer à droit de Lettre lûë
la part que la femme auroit euë en ses conquêts; la
cessant la dépossession du mari. Poyer avoit acquis
quelques maisons situées en la Ville de Roüen, dont
il devint proprietaire incommutable ; depuis elles
furent saisies, ajugées pour les dettes de son vendeur,
il mourut avant l'adjudication, les lignagers de cet
acquereur perdant voulurent retirer le tiers à droit de
Lettre lûë ; Chedeville qui représentoit la femme qui
avoit survêcu à son mari en demandoit la moitié, parce que le mari en étoit devenu proprietaire incommutable , & qu'elle y auroit eu la moitié , s'il n'avoit
pas été dépossedé ; mais puisque son mari avoit ce
droit de lettre lûë , elle devoit y avoir la même part
qu'à la chose même: au contraire le gros lignager de
l'acquereur perdant , soûtenoit que la femme n'avoit
aucun droit aux conquêts du mari que par sa mort.
Arrèt du 14. Juillet 1615. qui confirma la Sentence,
laquelle avoit reçû le gros à retirer le tout ; cela à
mon avis reçoit beaucoup de difficulté ; car encore
que l'acquêt ne se trouvât plus entre les biens du mari , neanmoins ce droit de Lettre lûë luy appartenoit,
& se pouvoit compter entre ses biens , ou par consequent la femme avoit part comme à un droit réel. Berault sur l'article 329. & 368. fait mention d'un Arrèt par lequel nonobstant la renonciation de la femme à la succession de son mari, ses parens avoient
été reçûs à retirer la part qu'elle avoit euë à ses acquêts ; mais il n'y a pas d'apparence que l'Arrèt ait
été donné de la sorte; car la femme en consequence
de la renonciation n'avoit jamais eu aucun droit aux
acquêts de son mari, elle n'y prend part que quand
elle se déclare son heritiere ; il seroit donc étrange
que l'on reçût ses parens à retirer un bien où elle
n'avoit jamais eu de part ; il n'en est pas de même
dans l'autre espece où la femme étoit heritiere de
son mari, le droit de Lettre lûë étant quelque chose
de réel , puis que l'action pour retirer un immeuble
est réputée immobiliaire , on ne pouvoit la priver
de ce droit de Lettre lûë : aussi Berault n'estimoit
pas que cet Arrèt qui admettoit les heritiers de la
femme à retirer la part qu'elle auroit euë si elle
avoit renoncé , fût raisonnable. Godefroy au contraire approuvoit l'Arrèt ; mais la Jurisprudence a changé sur cette matiere. V. Basnage, art. 471.

473 Par Arrèt du 8. Mars 1656. jugé qu'un proprietaire
par contrat d'échange ne pouvoit pas clamer à droit
de Lettre l'heritage duquel il étoit dépossedé par
decret , la loy luy donnant un autre remede de rentrer en son contre-échange. Berault , à la fin du 2. to.
de la Coûtume de Normandie, p. 102. sur l'art. 471.

474 Par Arrèt du 22. Février 1658. jugé qu'un clamant
qui prétendoit ne rembourser que les heritages non
saisis en decret , & consigner seulement le prix des
heritages saisis jusqu'après le decret, dont il y auroit
appel, n'étoit recevable qu'en remboursant le total.
Ibidem.

475 Si le retrait à droit de Lettre lûë a lieu dans les
contrats d'échange & de fieffe? Autrefois la Jurisprudence étoit incertaine ; elle est devenue constante par
l'article 99. du Reglement en 1666. suivant lequel celuy qui a acquis par échange , ou
par fieffe , ne peut clamer à droit de Lettre lûë.
Ibidem.

476 Les parens de l'acquereur perdant retrayans à droit
de Lettre lûë , ne sont tenus de consigner. Arrèt du
Parlement de Roüen le 16. Juillet 1630. pour le Lai-
gle premier Huissier au Bailliage; il fut dit qu'il avoit
satisfait à la Coûtume , en offrant le remboursement
dans l'an & jour , bien qu'il n'eût pas consigné ses
deniers. Ibidem , art. 473.

477 Si pour le retrait lignager il y a représentation comme pour les successions , si les enfans d'une niece sont
admissibles en concurrence de retrait avec la niece
du vendeur. Par Arrèt du Parlement de Roüen du
15. Juillet 1616. en réformant la Sentence des Requêtes , le sieur de Miromesnil au nom de la Dame
sa femme fut reçû seul au retrait de la maison ; mais
la Cour se fonda sur ce que la maison étoit indivisible , & qu'en ce cas il étoit plus juste de donner la
préference à la mere au préjudice de l'arriere niece;
ce que Berault n'ayant pas remarqué , il a eu raison de
dire que cet Arrèt ne doit pas être tiré à consequence;
cette circonstance ne s'y rencontrant pas, il n'y avoit
pas de lieu d'exclure l'arriere niece; comme il ne s'agissoit pas de succession , mais de droit de retrait , elle en étoit capa-
ble, puis que ses freres ne vouloient point exercer
leur droit ; comme s'ils avoient renoncé à la succession , les sœurs auroient pû la prendre , aussi n'ayant
point du droit de retrait , les sœurs pouvoient l'exercer en leur place : c'est une regle certaine que le plus
éloigné n'est pas exclus par le plus proche quand il
est admis avec luy à la succession. Ibidem , article 475.

478 Berault n'a pas rapporté l'Arrèt de Labbé dans sa
veritable espece , & il n'a pas connu la difficulté qui
fut décidée par cet Arrèt , qui porte date du 3. Août
1555. il propose cette espece comme si la contestation
eût tombé sur la proximité , à sçavoir , si l'oncle
étant plus proche que son neveu pourroit exclure, ce
n'étoit pas la question. Jacques Labbé avoit acquis
des heritages de N. Labbé son frere puîné. Guillaume qui étoit l'aîné voulant les retirer , le tuteur des
enfans de Jacques Labbé acquereur soûtint qu'il n'y
étoit pas recevable , parce qu'il avoit pris un fief par
préciput , & qu'il ne pouvoit par consequent succeder aux rotures qu'il avoit abandonnées à ses freres
puînez ; il s'aidoit de l'article 476. suivant lequel il
falloit être plus proche & plus habile à succeder.
Guillaume Labbé prétendoit que jure sanguinis retractus competit , & que la seule proximité acqueroit un
droit : par l'Arrèt on reçut Guillaume à concurrer
pour la moitié. Ibidem , art. 476.

479 L'on ne peut retirer que pour la part en laquelle on
succede à la chose venduë , comme il paroit par l'Arrèt du sieur de Pretot, rapporté par M. Josias Berault,
sur la Coûtume de Normandie, art. 477.

479 bis Clamant peut assigner l'acquereur, ou à son domicile , où à celuy du Fermier. Arrèt du 20. Juillet 1635.
rapporté par Berault à la fin du 2. tome de la Coûtume
de Normandie , art. 484. & 485. p. 67.

480 Par Arrèt du 24. Février 1646. jugé que le clamant n'étoit tenu de payer l'interêt au prix du Roy à
l'acquereur , quoique stipulé par le contrat , avec la
clause par le vendeur de n'en être prenable. Ibidem,
page 102. sur l'art. 480.

481 Par Arrèt du Parlement de Roüen du 10. Decembre 1658. jugé que le lignager du premier vendeur
peut valablement signifier le retrait au second acquereur qui est en possession, quoique le premier acquereur dont le contrat donnoit ouverture au retrait fût
resseant dans la Vicomté. Basnage , ibidem , article 485.

482 C'est l'usage en la Province de Normandie, & conformément à l'Arrèt de Cingal rapporté par Berault , sur l'art. 487. de la Coûtume de cette Province , qu'il suffit au retrayant de faire offre & exhibition de ses deniers pour gagner les fruits, & que
la consignation n'en est pas necessaire. Ibidem , article 486.

483 Clamant doit comparoir au lieu donné par le Juge,
& à l'heure limitée, à faute de décheoir. Arrèt du mois
de Juin 1646. rapporté par Berault , à la fin du 2. to.
de la Coût. de Normandie , sur l'art. 491. p. 67.

484 Un mary ayant retiré au nom de sa femme , d'avec
laquelle il étoit séparé quant aux biens par son traité

de mariage:Il a été jugé par Arrêt du 13. Mars 1653. que la femme étoit obligée à rendre tous les deniers sur le soûtien des creanciers du mari. *Ibidem , page 102. sur l'article 495.*

485 Par Arrêt du 22. Février 1657. jugé que la discontinuation de poursuites pendant un an en la Cour, emportoit éviction de la clameur. *Ibidem , sur l'article 499.*

486 L'on a voit intenté action en retrait lignager , & procedé avec le vendeur qui avoit déclaré vouloir retenir à droit de constitution retenu pendant le procez ; le clamant étoit décedé quatorze mois aprés; le tuteur de ses enfans mineurs reprend le procez : question , de sçavoit s'il pouvoit y revenir aprés l'an. Par Arrêt du 17. Mars 1659. il a été jugé que le tuteur le pouvoit , & qu'il n'étoit exclus par l'article 499. de la Coûtume de Normandie, qui s'entend d'une action discontinuée ; mais comme par la mort la peremption d'instance cessé, aussi cette action introduite d'un an en cet article cessoit, cet article limitant seulement la peremption où elle échet à un an seulement au cas où peremption a lieu , non au cas de mort. *Ibidem.*

487 Les fiefs perpetuels ne sont sujets à retrait. Arrêt du Parlement de Normandie du 15. Octobre 1616. *Basnage , sur l'article* 502. *de cette Coût.*

488 Par Arrêt du 31. Juillet 1658. jugé qu'aprés l'offre & consignation faite entre les mains d'un ami pour le refus d'en avoir voulu convenir , & l'assignation donnée devant le Juge dans le temps de la convention & réprésentation d'une bourse , encore dans le temps que le clamant ne pouvoit exciper aprés le temps expiré, que le dépositaire soit suffisant , qu'il y avoit eu numeration de deniers & bordereaux; que l'on avoit dû consigner entre les mains du Receveur des Consignations, & qu'il avoit dû dessors de l'assignation que l'on eût pû mettre l'argent dans le temps. *Berault à la fin du* 1. *tome de la Coûtume de Normandie , p.* 101. *sur l'art.* 503.

489 Jugé le 3. Decembre 1653. que l'action de clameur duroit 40. ans , comme une chose réelle, & quoique la clameur de soy apparente ni même proprement , si est-il qu'elle intentée étoit suffisant , sauf au Juge à donner l'option. *Ibidem , page* 103. *sur l'article* 540.

490 Sur la question generale , sçavoir , si la clameur revocatoire pour lézion de moitié d'outre prix avoit lieu au contrat de fieffe, par Arrêt du 26. Avril 1667. jugé que le preneur en fieffe seroit maintenu en la possession. *Ibidem , p.* 107. *col.* 2.

491 Touchant la clameur revocatoire, si les dix ans courent du jour du contrat , ou de l'expiration de la condition. Arrêt du 2. Septembre 1662. qui maintient l'acquereur vû l'expiration de la condition. *Ibidem.*

RETRAIT, COUSTUME D'ORLEANS.

492 Dans la Coûtume d'Orleans article 400. titre du retrait , Retrait n'a lieu sur la chose vendüe par decret forcé, parce que c'est une vente necessaire ; *Secùs , és Decrets volontaires. Tronçon & Tournet , Coûtume de Paris art.* 150.

RETRAIT, COUSTUME DE PARIS.

493 En la Coûtume de Paris , l'enfant peut demander par retrait lignager l'immeuble de son estoc maternel contre son pere acquereur. Arrêt du 2. Decembre 1639. *Bardet , tome* 2. *livre* 8. *chapitre* 41.

Voyez les autres decisions & les Commentateurs de la Coûtume de Paris au titre du retrait lignager.

RETRAIT, COUSTUME DE POITOU.

494 C'est une prémesse ajugée en la marche commune de Poitou ; l'acquereur dit qu'il a insinué son contrat en Poitou , & joüi un an depuis , consequemment qu'il est approprié , d'autant qu'en la marche commune il y a prévention de jurisdiction.

Le retrayant répond que pour la moitié , il ne veut avoir la prémesse , mais il veut avoir l'autre , d'autant qu'il n'a banni ne certifié les bannies suivant la Coûtume de ce pays. *Si in pluribus locis opus fiat, non una sufficit nunciatio , sed plures ,* 1. *de pupillo ff. de op. no. nunciat.* Le Juge de Nantes ordonne que le retrayant aura la moitié de l'heritage. Appel ; par Arrêt du Parlement de Bretagne du 14. Mars 1570. la Cour a mis les appellation & Sentence dont est appel au néant , sans amende & sans dépens des causes d'appel, corrigeant le Jugement, a condamné l'appellant recevoir au retrait lignager l'intimé au nom qu'il procede , des choses par luy demandées devant le Juge *à quo* , condamne neanmoins l'appellant és dépens de la cause principale. Et faisant droit sur les conclusions du Procureur General, ordonne que les acquereurs en marche commune , ne pourront exclure les lignagers demeurans en ce pays, du droit de premesse , qu'ils n'ayent banni leurs contrats & satisfait à la Coûtume de ce pays. *Du Fail, liv.* 1. *chapitre* 297.

495 Jugé par Arrêt du Parlement de Paris du 18. Février 1656. que l'heritage acquis par un parent & lignager du vendeur en la Coûtume de Poitou, n'est pas sujet au retrait. *Soëfv* e, *to.* 2. *Cen.* 1. *chap.* 12.

RETRAIT, COUSTUME DE PONTHIEU.

496 Si les immeubles donnez par les pere & mere à leurs puînez en la Coûtume de *Ponthieu,* sont propres ou acquets en leur personne à l'effet du retrait lignager? Arrêt du 16. Janvier 1657. par lequel la cause fut appointée au Conseil, M. l'Avocat General Talon conclut en faveur du retrayant. *Soëfve , to.* 2. *Cent.* 1. *chap.* 47.

RETRAIT, VILLE DE ROMANS.

497 De la faculté du retrait lignager dans la Ville de *Romans.* Arrêt du Parlement de Dauphiné du 4. Septembre 1671. qui jugea que le retrait porté par le statut de Romans , étoit réel. *Voyez Bassei , to.* 2. *liv.* 6. *tit.* 7. *chap.* 1. où il observe que quand un retrait est personnel, *non egreditur personam* , les enfans même de celuy qui en avoit le droit, en sont exclus. Ainsi jugé le 28. Août 1663.

498 Le retrait lignager a lieu dans la Ville de *Romans.* Arrêt du Parlement de Grenoble du 4. Septembre 1672. pour les enfans du sieur Merez Maître des Comptes. *Voyez Chorier en sa Jurisprudence de Guy Pape , p.* 240.

RETRAIT, COUSTUME DE RHEIMS.

499 Dans la Coûtume de *Rheims* il ne faut point être descendu de celuy qui a mis l'heritage en la famille; sur la demande en retrait les parties hors de Cour , la femme de l'acquereur étant du côté & ligne. Arrêt du 7. Janvier 1659. *De la Guess. tom.* 2. *livre.* 2. *chapitre* 2.

RETRAIT, COUSTUME DE RIOM.

500 En la Coûtume de *Riom* en Auvergne , qui permet le retrait des acquests , & ne requiert aucune discussion , il a été jugé le 29. May 1619. que l'heritage d'un tiers détenteur ajugé par decret pour les dettes de son vendeur , peut être retiré que le lignager de ce tiers détenteur. *Bibliotheque de Bouchel* verbo *Retrait.*

RETRAIT, COUSTUME DE TOULOUSE.

501 La Coûtume du retrait lignager est observée en quelques lieux du ressort de *Toulouse*;il a lieu en ventes judicielles & retraits , à la charge par le retrayant de rembourser le decretiste des frais du decret & autres loyaux-coûts. *Voyez Maynard , livre* 6. *chap.* 46.

RETRAIT, COUSTUME DE TOURS.

502 En la Coûtume de *Tours* article 180. quand il y a decret, le retrait n'a point de lieu ; *Secùs* , en licitation. *Mornac* , sur la loy 3. *C. Communi dividundo.*

503 En la Coûtume de Touraine le retrait lignager fut ajugé pour moitié , & non pour le tout à cause des

circonstances. Jugé le 8. Avril 1540. Prononcé le 5. Avril 1541. Le Vest, Arrêt 20.

504   Par la Coûtume de *Tours*, le plus proche parent est préféré au retrait, tellement que le tout se regle suivant la succeſſion. Arrêt du 7. Septembre 1545. qui ajuge toute une terre à un premier né des enfans qui avoit ſuccedé à tout l'heritage. *Papon, liv. 11. tit. 7. n. 6.*

RETRAIT, COUSTUME DE TROYES.

505   Cauſe appointée, pour ſçavoir ſi dans la Coûtume de *Troyes* le retrait lignager a lieu contre un acquereur, parent au 8. degré. Arrêt du 5. Septembre 1639. *Bardet, tom. 2. liv. 8. ch. 37.*

RETRAIT, COUSTUME DE VITRY.

506   En la Coûtume de *Vitry*, le retrayant lignager doit offrir le prix entier de l'acquiſition. Arrêt du 7. Février 1691. *Bardet, tom. 2. liv. 9. chap. 16.*

RETRAIT, CURATEUR.

507   Du retrait exercé ſur le curateur. *Voyez le mot* CURATEUR*, nomb. 45. & 46.*

508   L'heritage ajugé ſur un curateur aux biens vacquans, n'eſt ſujet à retrait. Arrêt de la prononciation de Noël 1569. *Bibliotheque de Bouchel verbo Retrait.*

509   Ce que c'eſt que la choſe abandonnée de laquelle il n'y a point de retrait ? c'eſt celle qui eſt déguerpie & délaiſſée par l'acquereur, à cauſe des dettes & hypotheques, & non pas quand un debiteur abandonne ſes biens ; car pour lors les creanciers ſont créer un curateur aux biens vacquans de leur debiteur pour le decreter. Arrêt du 22. Juin 1606. *M. le Prêtre 2. Centurie, chap. 34.*

510   Point de retrait ſur le curateur à la choſe abandonnée ; ſecùs ſur le curateur à la choſe vacante. Arrêt du 23. Décembre 1613. *M. Bouguier lettre R. nombre 17.* Voyez la Coûtume de Paris art. 151. & 153.

RETRAIT, DECRET.

511   *Retractûi gentilitio an locus ſit in rebus diſtractis ſubhaſtatione Judiciarià.* L'affirmative eſt certaine. *Voyez Sto kmani deciſ. 99.*

512   Si l'acheteur d'un heritage pris par decret, rapporte le prix de ſon achat au profit des creanciers ? leſquels y conſentent, moyennant ce, diſtraction de l'heritage vendu, s'il y a lieu de retraite. *V. Bouvot, tom. 1. part. 1. verbo Retrait queſt. 10.*

513   S'il y a lieu de retrait en decret fait ſur un debiteur, non ſeulement pour les biens decretez poſſedez par le debiteur mais auſſi pour ceux poſſedez par autres, auſquels ils auroient été vendus, & dont ils auroient joüi plus de trois ans avant le decret, & s'il y a lieu de retraite quand il eſt vendu ſur un heritier beneficiaire, & ſi l'heritier peut venir à la retraite ? *Voyez Bouvot tom. 2. verbo Retrait conventionnel, queſt. 53.*

514   Le retrait a lieu contre les heritages ajugez par decret, & ne peut le retrayant obliger le defendeur à affirmer le prix. Arrêt du premier Decembre 1542. *Papon liv. 11. tit. 7. n. 30.*

515   Le retrait lignager peut être exercé contre les adjudicataires par decret, de même que contre les autres acquereurs. Arrêt du Parlement de Toulouſe du dernier Octobre 1573. *La Rocheſlavin, liv. 2. tit 1. arr. 11.*

516   Il y a délivrance par decret d'un heritage ancien, dont appel ; le temps du retrait court du jour de la délivrance, nonobſtant l'appel. Arrêt du Parlement de Dijon du 4. Fevrier 1580. *Bouvot, tom. 2. verbo Retrait conventionnel, queſt. 39.*

517   Titius achete un heritage, & ſtipule qu'il fera un decret ; le temps du retrait enſaiſiné, les ventes payées on fait le decret ; un lignager intente ſon action en retrait du jour de l'adjudication ; débouté de ſon action. Arrêt du 7. Février 1584. *Brodeau ſur M. Loiſet lettre D. Som. 26. nomb. 2.* Voyez *Mornac, l. 16. Cod. de inoffiċioſ. teſtam.*

518   Noël le Sage & ſa femme acquierent d'un parti-

culier un heritage de ſon propre ; le contrat non enſaiſiné, les creanciers de Noël les font decreter & ajuger ; dans l'an de l'enſaiſinement le tuteur des enfans du vendeur ſe conſtituë demandeur en retrait, contre la veuve ; elle dit n'avoir plus les heritages en ſa poſſeſſion. Le tuteur preſente Requête à la Cour, à ce qu'au lieu du délaiſſement, elle ſûr tenuë de luy rendre 200. écus qu'elle avoit reçûs pour le prix des heritages dont étoit queſtion avec intereſts, offrant de ſa part de ſatisfaire à ſes offres de retrait. Arrêt du Parlement de Paris du 8. Juillet 1595. confirmatif de la Sentence qui avoit ajugé le retrait, & neanmoins ordonne que la veuve en demeurera quitte en payant 200. écus, à laquelle ſomme les heritages demandez par retrait lignager, ont été ajugez, ſur ce déduit le ſort principal, frais & loyaux coûts par elle débourſez, condamnée aux dépens de la cauſe d'appel, ainſi au lieu de l'heritage la Cour a ajugé la ſomme provenante de la vente. *Bibliotheque de Bouchel verbo Retrait.*

519   Le retrait n'eſt recevable és ventes & adjudications par decret pour vouloir retirer les portions des coheritiers, parce que toutes ventes judiciaires & adjudications par decret, ſont actes individus & ſolidaires, *& earum forma & ſubſtantia non cadit ſuper portionibus ſingulis ſeorſum, ſed ſuper re totà ſimul.* Arrêt du 4. Août 1609. *Brodeau ſur M. Loiſet lettre R. ſom. 25. nomb. 13.*

520   Retrait en vente par decret d'un heritage qui a appartenu à un ceſſionnaire de biens. Arrêt prononcé à Noël 1613. *Montholon, Arrêt 123.*

521   Une maiſon étant venduë pour un prix, pour la ſûreté duquel il y a ſpeciale hypoteque, étant revenduë avec même hypoteque ſpeciale, eſt priſe par decret, & adjugée, les enfans du premier acheteur ne ſont recevables à venir à la retraite. Arrêt du Parlement de Dijon du 14. Janvier 1614. *Bouvot, to. 2. verbo Retrait conventionnel queſt. 19.*

522   Par Arrêt du Parlement de Roüen du 28. Juin 1619. Jugé que ſi l'heritage decreté avoit été auparavant vendu ſans lecture, duquel contrat les lignagers du vendeur viennent à retrait, avant la poſition & adjudication du decret, & avant la tenuë de l'état, ils ſont recevables, bien qu'ils ſoient venus 18. ans après le contrat. *Berault, ſur la Coûtume de Normandie art. 456.*

523   Temps préfix pour intenter l'action en retrait lignager, court du jour de la Sentence portant adjudication par decret, & non pas ſeulement du jour de l'Arrêt confirmatif. Arrêt du 4. Août 1633. *Bardet to. 2. liv. 2. ch. 55.*

524   Par Arrêt du Parlement de Dijon du 14. Janvier 1642. on jugea que le retrait avoit lieu contre le ſieur de Château-Verd, qui ſoûtenoit que le père avoit acquis cet heritage, & qui dans la ſuite l'avoit vendu, ſi après cette vente il étoit mis en decret ſur lui, il n'y avoit pas lieu au retrait, parce que cet heritage avoit, diſoit-il, été aliené avant qu'il fût ancien ; mais on repliquoit que les alienations ſont revoquées par le decret, & que tout ſe réünit au patrimoine de celui ſur lequel le decret eſt fait. *Voyez Taiſand ſur la Coûtume de Bourgogne tit. 10. art. 9. note 1.*

525   Par Arrêt du Parlement de Dijon du 26. Novembre 1637. entre trois difficultez qui furent jugées ; celle-cy fut du nombre, ſçavoir qu'un pere ayant vendu ſon ancien heritage ſans que ſes enfans fuſſent allez au retrait, & cet ancien ayant été diſcuté à la pourſuite des creanciers du pere, anterieurs à la vente, les enfans pouvoient aller au retrait lignager, car le decret caſſoit la vente, & donnoit au pere un droit dont il ne s'étoit pas ſervi originellement. *Voyez Taiſand ſur la Coût. de Bourg. tit. 10. art. 9. n. 1.*

526   L'impetrant & les oppoſans ſont admis au retrait lignager ſans reſtriction comme tous autres parens

du défendeur principal, il est vray qu'il semble que l'on pouvoit dire de l'impetrant, qu'ayant poursuivi la vente des biens, il a été obligé à la garantie envers l'acheteur; mais par Arrêt du Parlement de Dijon le 19. Juillet 1660. il fut jugé que l'impetrant devoit être admis au retrait lignager, parce qu'il pouvoit se rendre adjudicataire, & qu'il ne falloit pas le considerer comme le vendeur de ses propres biens, mais comme poursuivant la vente des biens du debiteur, dont les parens peuvent demander le retrait, & non ceux de l'impetrant. *Voyez Taisand, sur la Coûtume de Bourgogne, tit. 10 art. 9. n. 3.*

527   Par Arrêt du Parlement de Paris du 17. Fevrier 1665. jugé que dans une adjudication par decret, l'adjudicataire ayant simplement levé un extrait de l'adjudication, en attendant que le decret luy fût expedié, & ayant fait ensaisiner l'extrait, l'an & jour du retrait lignager avoit couru du jour de l'ensaisinement d'extension, & non du jour de l'ensaisinement du decret. M. Talon, Avocat General réleva d'autres nullitez; l'Huissier n'avoit pas déclaré son domicile, quoiqu'il eût déclaré la paroisse où il étoit demeurant; des deux recors qui avoient signé il n'y en avoit qu'un present, lorsque l'exploit fut baillé, ce qui resultoit du procès verbal d'un Commissaire que le défendeur en retrait manda à cet effet; dans plusieurs Ordonnances au bas des Requêtes, portant *viennent les parties*, il n'y avoit eu aucunes offres faites. *Soefvé, to. 2. Cent. 3. chap. 48.*

Retrait, Deguerpissement.

528   Une mere par Contrat de mariage avoit donné à sa fille une maison en avancement d'hoirie; la fille poursuivie par les creanciers de sa mere, avoit déguerpi la maison, un lignager avoit intenté l'action en retrait; Sentence, qui déclare non recevable au retrait: appel, hors de Cour, le 11. Février 1658. *De la Guess. som. 2. liv. 1. chap. 35.*

Retrait, Deniers.

529   Deniers prêtez pour être employez à un retrait lignager ne peuvent être arrêtez par autre creancier comme meubles. Arrêt du Parlement de Paris du 19. Février 1564. *Papon, liv. 17. tit. 4. n. 6.*

530   Somme de deniers prêtée pour employer au retrait d'une terre, l'interest n'en est pas licite, encore que le retrayant eût commencé à le payer, & fût en joüissance de la terre. Arrêt du 16. May 1628. *Du Fresne, liv. 2. chap. 19.*

Retrait, Desistement.

531   Le retrayant doit les reparations faites depuis l'ajournement, pourvû qu'elles soient peu considerables & fort necessaires; il peut être contraint, s'il a obtenu jugement, à retraire. Arrêt du Parlement de Bordeaux du 24. Janvier 1524. *Papon, liv. 11. tit. 7. nombre 7.*

532   Si le retrayant veut se départir de la Sentence renduë à son profit; Arrêts des 11. Juillet 1551. & du mois d'Août 1552. qui dans ce cas l'ont contraint de satisfaire à la Sentence, nonobstant l'offre de payer les dépens, & d'être deboutez du retrait. Quelques-uns même ont tenu qu'après contestation en cause, le demandeur, auquel l'acheteur a tendu le giron, est tenu prendre la chose & rendre le prix & loyaux coûts. Ainsi jugé. *Voyez la Bibliotheque de Bouchel, verbo Retrait.*

533   Le retrayant qui a fait condamner, ne peut se desister, mais il le peut auparavant, quoiqu'il ait offert & contesté. Arrêts du 10. Juillet 1551. & du 21. Mars 1580. *Papon, liv. 11. tit. 7. n. 11.*

534   Le lignager qui a été reçû par l'acquereur au retrait ne s'en peut desister ni renoncer; *Secus*, si le défendeur a purement contesté, & n'a tendu le giron, en ce cas les choses étant entieres, le retrayant peut se desister, en payant seulement les dépens de l'instance. *Chopin, Coutume de Paris liv. 2. tit. 6. n. 17.* l'offre de reconnoître se doit faire en Justice.

Arrêt du 12. May 1570. *Le Vest, Arrêt 104.*

535   Le Baron du Pont afferme une terre pour six années; sa sœur demande la prémesse, ensuite elle se désiste moyennant 100. liv. & consent que la ferme ait lieu. Quelque temps après elle forme la même demande, disant que la terre luy a été donnée en partage; elle offre de payer tous dépens & interests. Arrêt du Parlement de Bretagne du 20. Octobre 1575. qui la juge bien fondée. *Du Fail, liv. 1. chap. 378.*

536   Le retrayant peut être contraint, s'il veut se desister après l'ajournement de retrait, quand même la chose seroit depuis tombée en ruine. Jugé au Parlement de Paris le 22. Juin 1576. *Papon, liv. 11. tit. 7. n. 7.*

537   Jugé au Parlement de Paris, qu'un retrayant peut ne se point aider du Jugement rendu en sa faveur. Dans le fait, Moreau acquereur est condamné à délaisser Blondet vendeur à rembourser; celui-cy demande delai, il l'obtient, Moreau appelle, parce que le retrait lignager avoit couru du jour de l'ensaisinement, & non du jour de l'ensaisinement du decret. M. Talon signifie qu'il ne veut point s'aider de la Sentence, alors Moreau demande pardevant le Prevôt de Paris, que la premiere Sentence soit executée, *quia in judiciis quasi contrahimus*. Ainsi ordonné. Blondet appelle. Par Arrêt l'appellation, & ce sans amende ni dépens; ordonné que dans 24. heures Blondet consignera le prix, *alias* debouté du retrait. *Bibliotheque de Bouchel, verbo Retrait.*

538   Le Demandeur en retrait peut y renoncer, & ne peut être contraint de prendre l'heritage; mais il doit les dépens. Jugé par Arrêt du Parlement de Normandie du 8. Mars 1602. rapporté par Berault sur la Coûtume de Normandie art. 491. la raison est que par le jugement le retrayant n'est pas condamné de payer; mais bien l'acquereur de rendre l'heritage pourvû qu'il soit remboursé & indemnisé. Boyer en sa décision 48. dit neanmoins avoir été jugé par Arrêt du Parlement de Bourdeaux, que le lignager étoit non recevable à renoncer au marché par Sentence; lequel Arrêt est aussi rapporté par *Papon, au titre de retrait lignager. Arrêt 7.*

539   Un acquereur avoit promis au lignager une somme d'argent pour ne retirer point après l'an & jour expiré: ce lignager demandant à l'acquereur ce qu'il luy avoit promis, il offrit de luy remettre l'heritage: il s'agissoit de sçavoir s'il y étoit recevable? Cette question s'offrit au Parlement de Roüen le 2. Juin 1656. Gruchet étoit demandeur pour retirer une maison decretée & ajugée à la veuve de Sircut, pour faire cesser ce retrait l'adjudicataire promit 300. liv. payables, 50. liv. comptant, & les 250. l.v. dans un an, en consequence dequoy le retrayant se desista de son action: Ferecoq cessionnaire de Gruchet, ayant demandé les 250. liv. la veuve s'en défendit, alleguant qu'elle souffroit perte en cette adjudication, & offrant d'en faire remise, le Juge eut égard à ses offres. La Cour sur l'appel mit les parties hors de Cour & procès. *Basnage, sur la Coûtume de Normandie art. 452.*

540   Un particulier intente action en retrait lignager, & ensuite moyennant une somme de deniers, il s'en désiste par transaction; ce particulier étant decedé, son fils intente l'action en retrait. Jugé à Roüen qu'il y étoit non recevable, le 7. Février 1673. *Journal du Palais.*

Retrait, Dîmes.

541   Si le retrait lignager a lieu en dîme? *Voyez le mot Dîmes, n. 442. & suiv.*

542   Les dîmes octroyées aux personnes laïques après le Concile de Latran, & venduës depuis à l'Eglise, ne sont sujetes à retrait, comme étant retournées à leur premiere origine. *Ordonnance de Saint Louis 1262.*

543   Quand les dîmes inféodées sont une fois venduës à l'Eglise, elles ne sont plus sujetes à retrait, & par

conſequent elles retournent en leur premiere nature de dîmes Eccleſiaſtiques. Ainſi jugé par pluſieurs anciens Arrêts du Parlement, donnez l'un à la Touſſaint de l'an 1267. & les autres en 1272. 1280. & 1550. rapportez dans les Memoires du Clergé, & par Tournet lettre D. n. 86. & par Borjon, to. 3. n. 90.

RETRAIT, DONATION.

544 Si donation eſt faite pour cauſe ſpeciale de recompenſe de ſervices eſtimables en deniers, s'il y a retenuë ou retrait lignager? Voyez Coquille, to. 2. queſt. 36.

545 Il n'y a lieu au retrait lignager ni ſeodal en pur don, par la Coûtume de France. Jugé pour la Dame de Vierzon, aux Arrêts de la Pentecôte. 1281. Voyez la Bibliotheque de Bouchel, verbo Retrait.

546 M. Boyer en ſa déciſion 43. rapporte un Arrêt du Parlement de Bourdeaux, par lequel il fut jugé que nonobſtant la clauſe de donation de la plus valuë, le retrayant n'étoit tenu de rembourſer que les deniers payez par l'acquereur; ſi toutefois on avoit diſtingué & ſeparé par le contrat ce que l'on vouloit vendre, & ce que l'on prétendoit donner, cette donation ne ſeroit pas ſujete à retrait, pourvû qu'il n'y eût aucune fraude, & que la choſe venduë eût été eſtimée à ſa juſte valeur. Baſnage, ſur la Coûtume de Normandie, art. 452.

547 Monſieur de Fleury Conſeiller en la Cour, ayant retiré par retrait lignager du Commiſſaire Arroger, quatre maiſons en cette Ville de Paris, en fait donation en 1609. pour cauſe remuneratoire, à Vincente Amelin, femme d'Antoine le Pere, ſur laquelle Maître Jacques de Pardouë Conſeiller au Châtelet, les veut retirer comme lignager, ſe fondant ſur l'article 129. de la Coûtume de Paris. Il a été debouté ſur le champ en l'Audience, par Arrêt du 1. Mars 1610. Corbin, ſuite de Patronage chap. 213.

548 Jugé par Arrêt du Parlement de Roüen du 6. Août 1610. qu'une donation de tous biens, à la charge de payer les alimens au donataire, n'étoit point ſujete à retrait, ſuivant le ſentiment de Grimaudet ſur le titre de Retrait liv. 5. chap. 15. à quoy eſt conforme la Coûtume de Vitry, art. 39. Voyez Berault, ſur l'article 452 de la Coûtume de Normandie.

549 Jugé par Arrêt du 16. Février 1657. que le retrait lignager peut avoir lieu à l'égard d'un immeuble acquis, moyennant une pension viagere payable au proprietaire pendant ſa vie, & à ſes pere & mere, & au ſurvivant aprés ſa mort, quoique le donateur declare qu'il avoit eu intention de donner, & que ce n'étoit point une vente; l'Arrêt ordonna que le retrayant ſatisferoit aux clauſes du Contrat. Soefve, to. 2. Cent. 1. ch. 60.

550 Un Contrat fait d'une maiſon à des Religieuſes qui portoit ces termes, vend, cede, quitte & transporte, moyennant la ſomme de 1000. liv. comptant, & une penſion viagere de 450. liv. pendant ſa vie & la vie de ſon pere & de ſa ſœur 100. liv. Un tel contrat n'eſt pas une donation, mais une vente ſujette au retrait lignager. Arrêt du 5. Mars 1657. De la Gueſſiere to. 2. liv. 1. ch. 9.

551 L'heritage que les peres & meres vivans donnent en avancement de leur ſucceſſion à leurs enfans, eſt ancien en retrait lignager. Arrêt du Parlement de Dijon du 24. Mars 1670. Voyez Taiſand, ſur la Coûtume de Bourgogne, tit 10. art. 1. n. 15.

RETRAIT, DOT.

552 Par Arrêt du Parlement de Roüen du 28. Août 1615. rapporté par Berault ſur la Coûtume de Normandie, art. 452. in verbo, vendu par deniers, jugé qu'une terre baillée en payement de dot, n'étoit point ſujete à retrait.

RETRAIT, DOÜAIRE.

553 Le doüaire, ſoit prefix ou coûtumier, eſt paternel, & non maternel, & ainſi les parens maternels ne peuvent pas intenter l'action en retrait. Arrêt à la veille de Noël 1551. Carondas, livre 4. Rép. 26.

La doüairiere qui avoit ſon doüaire aſſigné ſur quelques heritages, le vend au proprietaire. Le lignager de la doüairiere le prétend. Arrêt du 3. Avril 1611. en la Coûtume de Poitou, qui le deboute ſans dépens de la cauſe, d'appel & de grace. Additions à la Bibliotheque de Bouchel, tom. 1. p. 27.

Jugé par Arrêt du 19. Février 1669. que le prix d'une maiſon acquiſe par un particulier, quelque temps avant ſon mariage, & depuis ſur luy retirée par un lignager du vendeur, eſt ſujet au doüaire coûtumier de l'enfant iſſu du mariage. Soefve, to. 2. Cent. 4. ch. 34.

RETRAIT LIGNAGER, DROIT ÉCRIT.

Du retrait lignager dans les païs du Droit écrit. Voyez cy-deſſus le nomb. 342. M. le Prêtre és Arrêts celebres du Parlement, & l'Autheur des Obſervations ſur Henrys tom. 1. liv. 2. ch. 4. queſt. 19.

En païs de Droit écrit pour heritage ſis à Brioude, encore que par la Coûtume generale d'Auvergne il n'y ait que trois mois pour intenter le retrait lignager, neanmoins l'action de retrait eſt annale, en conſequence de l'Ordonnance du Roy Henry III. de l'an 1581. & le retrait a lieu auſſi bien en vente & adjudications par decret, comme en vente volontaire. Arrêt du 18. May 1626. M. le Prêtre és Arrêts de la 5.

En païs de Droit écrit le retrait lignager n'a lieu; il n'a auſſi lieu à Iſſoudun. Premier Arrêt du 17. Juin 1589. 2. Arrêt du 13. Juillet 1596. 3. Arrêt du 23. Juin 1611. M. le Prêtre és Arrêts celebres du Parlement. Le même pour le païs de Forêt où le retrait n'a lieu. Voyez du Frêne liv. 1. chapitre 121.

Il n'y a lieu de retrait lignager en païs de Droit écrit. Bouvot, tom. 1. part. 1. verbo Retraite, queſt. 7. où il obſerve que ceux de la Châtellenie de Cuſery ont obtenu Lettres Patentes du Roy, avec l'Arrêt publié au Bailliage de Châlon en 1621. pour joüir & avoir le Droit de retrait.

Si le retrait lignager a lieu en païs de Droit écrit? Arrêt du 18. Juillet 1651. qui appointa les Parties au Conſeil. Des Arrêts contraires ſont rapportez dans Soefve, tom. 1. Cen. 3. chap. 84.

RETRAIT, DROITS SEIGNEURIAUX.

Comment ſe payent les Droits Seigneuriaux en matiere de retrait? Voyez le mot Droits Seigneuriaux n. 142. & ſuiv.

De la reſtitution des lods en cas de retrait. Voyez le mot Lods & Ventes, n. 321. & ſuiv.

Quand le Seigneur fait grace du quint, ou lods & vente à l'acquereur, ſi le retrayant doit avoir la même grace? Voyez Coquille, tom. 2. queſt. 184.

Lods & ventes ne ſont dûs de revente faite à un lignager hors jugement. Arrêt du Parlement de Paris du dernier May 1582. Papon, liv. 13. tit. 3. n. 36.

Le retrayant eſt tenu de payer à l'acquereur les droits dont il a été gratifié en rapportant quittance, & n'eſt tenu d'affirmer quelle ſomme il a payée pour leſdits droits. Arrêt du 8. Juin 1606. Brodeau ſur M. Loüet lettre S. ſomm. 22. nomb. 4.

Un Secretaire du Roy venant au retrait lignager ſur un acquereur Secretaire du Roy, n'eſt tenu de rembourſer les droits ſeigneuriaux; le privilege de l'exemption eſt attaché au College des Secretaires du Roy; ce ſeroit faire payer les droits ſeigneuriaux par l'acquereur à un autre Secretaire qui n'auroit rien payé. Arrêt du 5. Avril 1607. M. Loüet lettre S. ſom. 22. Secùs, ſi l'heritage a été acquis d'un particulier non privilegié, en ce cas le Secretaire doit les droits à l'acquereur, ſauf ſon recours contre le Fermier du Domaine.

Retrayant lignager doit rembourſer l'acquereur de tous les lods & ventes, & ne peut le contraindre d'affirmer & jurer qu'il n'en a eû compoſition. Arrêt du 8. Janvier 1619. Bardet tom. 1. liv. 1. chap. 51. qui remarque que M. de Verdun premier Préſident dit à la fin de l'Arrêt, ne plaidez plus telles cauſes pour les Droits Seigneuriaux.

Un

566   Un particulier possedoit une terre, laquelle suivant ses aveux étoit en franche vavasorie & exempte de treiziéme ; en la vendant il ne declara point cette exemption à l'acquereur, & ne luy en bailla aucun titre, au contraire il le chargea de payer tous droits seigneuriaux ; il stipula toutefois que le prix luy seroit payé franchement & entierement : cet acquereur étant clamé, demanda au retrayant le remboursement du treiziéme qu'il avoit payé, ignorant cette exemption, & ne s'étoit fait ajuger à porter cette perte, sauf à le repeter contre le Seigneur ; par Arrêt du Parlement de Roüen du 18. Novembre 1664. le retrayant fut condamné à rembourser le treiziéme après le serment de l'acquereur qu'il l'avoit payé, sauf son recours contre le Seigneur. *Basnage sur la Coûtume de Normandie, art.* 433.

567   Le sieur Truchot Secretaire du Roy, évincé par le sieur Marquis d'O, du tiers de la terre de Franconville, & du total de la terre de Rossay par retrait lignager ; le sieur Truchot demandoit les droits feodaux qu'il s'étoit fait ajuger par défaut ; Appel par le sieur Marquis d'O, & par Madame la Princesse de Carignan, & Dame de Nemours ; Truchot débouté de sa demande, avec dépens de la cause d'appel, le 18. Decembre 1668. *De la Guess. tom.* 3. *liv.* 2. *ch.* 27. *Le Journal du Palais* rapporte le même Arrêt.

RETRAIT, ECHANGE.

568   Coquille tom. 2. question 31. estime que le lignager peut offrir à celuy qui a acquis l'heritage propre par échange, les deniers du sort principal de la rente pour retraire l'heritage.

569   Arrêt de la Chambre de l'Edit à Roüen, entre M. de la Ferté Maître des Requêtes, & Jacques le Seigneur, Ecuyer Seigneur de Botot ; M. de la Ferté avoit promis par écrit à son permutant, de luy faire trouver un acheteur pour prendre la terre qu'il luy bailleroit en contréchange ; il fut jugé que cette paction ne donnoit point ouvertûre au retrait. *Basnage sur la Coûtume de Normandie, art.* 461.

570   Par Arrêt du Parlement de Paris, pour la terre de Brêle, dont M. de Joüé Maître des Comptes avoit pris le fief mouvant du Roy par échange, contre une piece de pré, & un mois après avoit acheté le domaine non fieffé, suivant la promesse qu'il en avoit baillée lors de l'échange, & depuis fourni un acheteur du contréchange, auquel il avoit baillé les deniers en rente, & neanmoins le beaufrere du demandeur fut débouté de son action en retrait, parce que l'échange étoit veritable & sans fraude, n'étant point entré en possession du contréchange, étant permis d'acheter une partie d'une terre, & d'échanger le surplus, pourvû que le tout se fasse sans simulation, *licet obliquè, sed non simulatè contrahere.* *Basnage sur la Coûtume de Normandie, art.* 461.

571   Deux freres ont par indivis un fief, l'un d'iceux échange sa moitié à une terre rachetable, l'autre veut retirer par retrait. Arrêt du mois d'Août 1496. qui le débute du retrait. *Carondas, liv.* 5. *Rép.* 15.

572   Lorsque l'argent baillé en permutation n'excede ou excede de peu l'immeuble donné, c'est une permutation contre laquelle le retrait n'a point lieu ; mais s'il excede de beaucoup, c'est une vente, & le retrait a lieu. Arrêt du 3 Decembre 1511. Arrêt contraire du 14. Decembre 1517. *Papon liv.* 11. *tit.* 7. *n.*15. *V.* Mainard *liv.* 4. *de ses quest. ch.* 37. *& la Décision* 144. *de M. Boyer.*

573   Un demandeur conclut au retrait lignager ; le defendeur dit que le contrat est partie d'échange, partie de vente, & qu'il est bien approprié. Le demandeur dit que l'échange est une feinte, car le contréchange ne paroît point, ni aucune prise de possession. A l'égard de l'appropriement, il ne vaut rien ; dire qu'autant d'obéissances de menées sont autant de plaids, c'est *impingere in verba statuti,* la Coûtume use de ces mots, *aux prochains plaids, en l'endroit de l'obéissance.* Tome III.

Il faudroit qu'il y eût autant d'assignations que de plaids, or il n'y en a qu'une. Arrêt du Parlement de Bretagne du 12. Mars 1576. qui admet au retrait, en remboursant le sort principal avec les loyaux coûts dans quinzaine. *Du Fail liv.* 1. *chap.* 409.

574   Le retrait lignager n'a pas lieu dans les échanges ou permutations, donations, ni dans les partages. Arrêt du 21. Mars 1610. *Tournet Coûtume de Paris.* Tronçon *Coûtume de Paris, art.* 129. *Voyez du Fresne, liv.* 5. *chap.* 57.

575   S'il y a Contrat d'échange, & que le prix donné excede en valeur la moitié de la chose donnée en échange, il y a lieu de retraire comme en Contrat de vente. *Voyez* Bouvot, *tom.* 1. *part.* 3. *verbo Retraite, quest.* 1.

576   Lorsqu'il y a échange, & qu'en même moment la maison est venduë à un tiers, il y a lieu à la retraite, comme en vente. Arrêt du Parlement de Dijon du 10. May 1610. Bouvot, *tom.* 2. *verbo Retrait conventionnel, qu.* 448.

577   Retrait lignager a lieu en échange fait d'un heritage retrayable avec des rentes constituées. Jugé le 2. Janvier 1611. Chenu 2. *Cent. q.* 26.

578   Josias Bertheaume Tabellion, avoit pris par échange une prairie du sieur Malherbe ; en contréchange il avoit baillé quelques heritages, avec trois petites parties de rente qu'il assuroit être foncieres, & lesquelles neanmoins n'étoient que des rentes constituées ; deux ans après il paya au sieur Malherbe 400. liv. au lieu de ces rentes. 25. ans après Pierre & Claude Malherbe ses enfans vendirent l'heritage que leur pere avoit baillé en échange à Bertheaume, & quelques jours après ils se rendirent demandeurs en retrait lignager, pour retirer cet heritage comme d'un Contrat frauduleux. Pierre & Eustache Bertheaume donnerent les mains à cette demande, mais depuis ayant découvert que les sieurs Malherbe avoient disposé de cet heritage, avant le délai ils se pourvûrent de Lettres d'appel & de restitution, dont ils furent déboutez par le Vicomte & par le Bailly d'Alençon au Siege de Tran. Par Arrêt du Parlement de Roüen du 24. May 1671. la Sentence fut confirmée. *Basnage, sur la Coûtume de Normandie art.* 479.

Voyez le mot *Echange, nomb.* 26. *& suiv.*

RETRAIT EMPHITEOSE.

57   Si le retrait a lieu en emphiteose ? *Voyez* le mot *Emphiteose, n.* 66.

RETRAIT, ENCHERE.

580   Si le retrait a lieu en enchere ? *Voyez* le mot *Enchere, n.* 77. *& suiv.*

RETRAIT, ENSAISINEMENT.

581   Le lignager peut venir au retrait d'un heritage vendu dans l'an de saisine & investiture. Arrêt de la Chandeleur 1269. pour la terre de Beaumont retirée sur le Maître & Freres du Temple. *Voyez la Bibliotheque de Bouchel, verbo Retrait.*

582   Par Arrêt du mois de Novembre 1586. lignager débouté du retrait. L'acheteur avoit ensaisiné le 17. Novembre, l'assignation n'avoit été donnée que le 18. Novembre de l'année suivante. La Sentence du Prevôt de Paris infirmée. *Bibliotheque de Bouchel, verbo Retrait.*

583   *Voyez* du Frêne, *livre* 6. *chapitre* 9. où il parle de l'article 115. de la Coûtume de Chaumont : deux exceptions quand le Seigneur vend l'heritage en sa censive l'an & jour se comptent du jour de la passation du Contrat. Arrêt du 22. May 1648. contre le frere du Baron de Couve ; l'autre quand le tuteur du mineur est acquereur. *Brodeau sur M. Loüet, lettre R. somm.* 40.

RETRAIT, ESPECES.

584   *Voyez* Brodeau *sur M. Loüet, lettre R. sommaire* 25. *nombre* 4.

585   En retrait le poids des especes est necessaire. Arrêt

P p p

du 22. Juin 1584. *M. le Prêtre*, *premiere Centurie*, *chapitre 97.*

586 L'augmentation des especes survenuë, peut être couchée en loyaux coûts. Arrêt du 12. Janvier 1603. *Tronçon*, *Coûtume de Paris*, *art.* 129. verbo *Loyaux coûts*, fine.

587 En retrait lignager on ne peut contraindre l'acquereur de prendre des especes qui ne soient de poids de l'Ordonnance, ni aussi prendre les especes à autre prix & valeur. Arrêt du 26. Février 1579. *M. le Prêtre*, 1. *Cent.* ch. 97. Autre Arrêt du 15. Janvier 1605. par lequel suivant la Declaration du Roy de 1602. sur les monnoyes, toutes les especes non visiblement rognées, seroient reçûës sans être pesées. *Le Prêtre*, ibid.

588 Entre le contrat d'acquisition, & l'offre de rembourser faite par le retrayant, est intervenu l'Edit du rehauffement des monnoyes; le retrayant n'est point tenu de rembourser en especes, mais selon l'estimation qui étoit lors du contrat d'acquisition. Arrêt du 14. Mars 1605. Arrêt contraire, & suivant l'opinion de *C. M.* du 9. Mars 1605. *Voyez Peleus*, *quest.* 110.

589 Dans le retrait il suffit d'offrir les deniers ayant cours, & non les semblables especes qui ont été payées. Arrêt du 14. Mars 1605. *Peleus*, *qu.* 110.

RETRAIT LIGNAGER, ETRANGER.

590 Les Etrangers & Aubains sont exclus du retrait lignager. *Chopin*, *Coûtume de Paris*, *livre* 2. *titre* 6. *nombre* 1.

591 Jugé au mois d'Août 1554. qu'un François étant en pays étranger, étoit resevable à exercer le retrait lignager en France. Cet Arrêt solemnel rendu pour Marie Mabile, est appellé l'Arrêt de l'Angleise. *Voyez* la *Bibliot. de Bouchel*, verbo *Aubains.*

592 Jugé le 25. Février 1613. qu'un Flamant avoit pû intenter en France une action en retrait lignager de la Terre de Croüi située au Bailliage d'Amiens, venduë par decret. L'Arrêt fondé sur l'intérêt public. Une terre ainsi retirée étoit de gage à la France de la fidelité du lignager. Delà vient que de tout temps on a permis aux Etrangers d'acquerir des biens en ce Royaume, pour avoir autant d'ôtages de leur affection. *Le Bret*. *liv.* 5. *Décif.* 15.

593 Un lignager ayant acheté avec un Etranger un heritage par moitié, peut venir à la retraite de l'autre moitié venduë à l'Etranger, & qui n'est parent. Arrêt du Parlement de Dijon du 25. Novembre 1614. *Voyez Bouvot*, *tome* 1. *part.* 1. verbo *Retrait*, *quest.* 6.

594 Du retrait lignager dans la Provence, demandé par une personne conçuë hors de la Province, & qui y est née par accident, & de qui les pere & mere ont toûjours habité dans le Languedoc. Arrêt du 28. Août 1654. par lequel il fut jugé que le retrayant étant habitant de Languedoc, n'étoit pas recevable à ce retrait, quoique mi par occasion dans le terroir d'Arles; d'ailleurs il étoit présumé avoir eu connoissance de la vente, & n'étoit venu dans le mois porté par le Statut. Le même Arrêt jugea qu'un pere & legitime administrateur ayant approuvé la vente par son intervention en la discussion du prix en provenant, & par la réception de son payement, le mineur n'étoit pas recevable au retrait. *Basset*, *to.* 2. *liv.* 6. *tit.* 7. *chap.* 1.

RETRAIT, EVICTION.

595 Si l'éviction a lieu en retrait? *Voyez* le mot *Eviction*, *nombre* 26.

RETRAIT, EXPLOIT.

596 Ce qui doit être marqué dans l'Exploit de retrait. *Voyez* le mot *Retrait*, *nomb.* 17. *& suiv.*

597 Sur une question de retrait lignager en la Coûtume de *Chartres*, les témoins doivent signer les Exploits, ou les Huissiers declarer la cause. *Voyez Servin*, *tome* 2. *page* 715.

598 En Exploit de retrait lignager les témoins ou records doivent signer, sinon mention doit être faite,

à peine de nullité, qu'ils ne sçavent signer. C'est la disposition de l'Ordonnance de Charles IX. en 1568. confirmée par Arrêts du Parlement de Paris des 5. Août 1605. 1. Septembre 1608. en la Coûtume de *Dreux*. 14. Decembre 1612. en celle de *Nivernois*. Autre Arrêt de 1613. en la Coûtume de *Meaux*. 5. Juillet 1614. en la Coûtume de *Paris*. 2. Juillet 1622. en celle de *Lochet*. 14. Février 1626. en celle de *Troyes*. 3. Decembre suivant. en la Coûtume d'*Orleans*, & autre du mois de Juillet 1629. *Additions à la Bibliot. de Bouchel*, verbo *Retrait*.

599 Par Arrêt donné au mois d'Août 1607. contre Guillard Procureur au Parlement, appellant d'une Sentence du Bailly de Chartres, jugé que les Exploits en matiere de retrait lignager doivent être signez des records, ou bien l'Huissier doit declarer qu'ils ne sçavent signer, sur peine de nullité, & sera l'Arrêt lû & publié au Siege de Chartres. *Ibidem*, verbo *Records*.

600 Demandeur en retrait lignager a été condamné de rapporter son premier Exploit, nul par les défauts de signature des témoins en la copie, & jugé qu'il n'avoit pû réiterer sa demande par un second Exploit. *Bardet*, *tome* 2. *liv.* 2. *ch.* 56. rapporte l'Arrêt du 11. Août 1633. *Voyez le même Auteur*, ibidem, *page* 613. *aux Notes*.

601 Demandeur en retrait lignager, ayant voulu réparer les défauts & nullitez d'un premier Exploit, par un second où les témoins n'ont point signé, est débouté de sa demande. Jugé le 5. May 1639. *Bardet*, *tome* 2. *liv.* 8. *ch.* 19.

602 Jugé au Parlement de Roüen le 6. Juillet 1635. qu'un Exploit de retrait étoit valable, qui contenoit qu'il avoit été fait l'après-midi, sans employer l'heure, & que sans inscription, on n'étoit pas recevable à verifier par une simple preuve, qu'il avoit été fait la nuit. *Basnage*, *sur la Coûtume de Normandie*, *art.* 452.

603 Dans un Exploit de retrait fait le dernier jour du temps fatal, la date étoit en blanc; mais dans celuy du retrayant, le jour y étoit employé, & même dans le Registre du Sergent. Par Arrêt du même Parl. du 13. Juin 1653. il fut dit que le retrait auroit lieu, & neanmoins le Sergent condamné aux dépens des parties. *Ibidem*.

604 Un Sergent dans un Exploit de clameur avoit employé la datte du Controlle, au lieu de celle du contrat. La Demoiselle de Fontaines-Neüilly fit juger par le Vicomte de Caën que cette erreur en la date rendoit l'Exploit nul. Sur l'appel, par Arrêt du Parlement de Roüen du 15. Janvier 1655. en infirmant la Sentence du Vicomte, on prononça, à bonne cause le retrait. *Basnage*, ibid.

605 Ce n'est pas une nullité dans un Exploit en retrait lignager, d'omettre la parenté du demandeur, & la qualité de l'heritage. Arrêt du Parlement de Paris du 26. Juillet 1674. *Journal du Palais.*

RETRAIT, FACULTE' DE RACHAT.

606 Si durant le temps accordé pour racheter le fief, le Seigneur exerce le retrait feodal, ou confisque, sans que le vendeur en ait eu connoissance, le vendeur peut s'adresser directement à l'acheteur; Si pendant la procedure qui se fait avec l'acheteur seul, & avant que d'appeller le Seigneur, le temps de la faculté expire, & qu'il y ait en neanmoins consignation, le vendeur est recevable; car il a fait son devoir, & est présumé ignorer telle commise. Arrêt du 26. Mars 1548. *Papon*, *liv.* 11. *tit.* 6. *n.* 6.

607 Jugé le 16. Decembre 1564. que deux ans après l'ensaisinement d'un acheteur avec faculté de rachat, *qui non venit ad notitiam proximi; cum fuisse ex alia possessorem quam ex causâ conduci, & in contractibus gratiosè ac plurimum fieri solet recondučtio*, le prochain lignager est reçû en retrait, encore que d'ailleurs la Coûtume ne requiere qu'un an, hors

lequel le retrayant n'est reçû. *Bibliotheque de Bouchel,* verbo *Retrait.*

608 Celuy qui a donné faculté de rachat d'un an, ne peut demander les fruits *pro rata temporis*, que l'on a demeuré à faire ledit rachat, sinon que par exprès ils soient stipulez par le contract de vente, encore que le rachat se fasse *maturis fructibus.* Arrêt du 31. May 1566. *Le Vest, Arrêt* 83.

609 Vente faite d'un heritage avec faculté de rachat pendant sept ans, au même jour & lieu, la grace est éteinte moyennant une certaine somme. Le retrait est demandé. Celuy qui a conclu, oppose que l'acquereur n'a fait bannir que le premier contract, & non l'amortissement de la faculté, qu'ainsi les bannies sont nulles. Arrêt du Parlement de Bretagne du 13. Octobre 1572. qui admet au retrait. *Du Fail, livre 1. chapitre* 329.

610 Le Prince de Guemené demande par retrait une Terre que son pere avoit vendue à Guillaume Carie. Ses moyens sont que le contract portoit faculté de rachat pendant trois ans, qu'avant l'expiration, le Prince de Guemené écrivit à Carie, & le pria de continuer la grace pour le même temps. Carie Officier du Prince, luy répond *qu'il luy accordoit la grace non seulement de trois ans, mais durant son bon plaisir*, lesquels mots signifioient une faculté de *toties quoties*, qui dure trente ans. Les heritiers de Carie disent que ce n'est qu'une simple promesse; & que ces mots, *durant vôtre bon plaisir*, se doivent referer à pareil temps que celuy d'abord accordé, sçavoir trois années. Arrêt du Parlement de Bretagne du 9. Août 1575. qui déboute le Prince. *Du Fail, livre 1. chapitre* 374.

611 La donation de remeré n'empêche pas le retrait lignager. Arrêts du Parlement de Normandie des 23. Mars 1638. 11. Juillet 1653. & 18. Decembre 1664. Si ces sortes de donations d'une faculté de rachat reservée par le vendeur étoient valables, on frustreroit aisément tous les retraits. *Basnage, sur l'art.* 452. de cette Coûtume.

RETRAIT, BIEN DE LA FEMME.

612 L'an ne court contre la femme durant le mariage, ni contre l'enfant pendant la tutelle de son pere. Voyez MORNAC, *L.* 19. §. *si cum me absente, ff. de negot. gest.*

613 Deux filles d'un premier lit; le pere marie l'une, & la fait renoncer aux successions de la mere échûes & du pere à écheoir, Le pere se remarie & a des enfans; il decede. La fille mariée obtient Lettres; procés entr'elle & les enfans du second lit. Transaction par laquelle cette fille ratifie son contract de renonciation, moyennant certaine somme. Sa sœur du premier lit demande par retrait lignager dans l'an de la ratification les propres de leur mere; elle y est reçûe par Arrêt du 13. Août 1558. *Carondas, livre* 7. *Réponse* 37.

614 Il faut venir dans l'an & jour de la ratification faite par la femme de son propre vendu par le mari. Arrêt prononcé en Robes rouges le Mardy avant Pâques 1560. confirmatif de la Sentence du Prévôt de Mante. *Bibliot. de Bouchel,* verbo *Retrait.*

615 *Decisum est annum retractus fundi uxorii à marito venditi currere à die ratihabitionis uxoris.* Arrêt du 4. Decembre 1598. *Mornac, L.* 16. *ff. de pignoribus, &c.* Voyez *Anne Robert, rerum judicat. liv.* 3. *ch.* 17. & *Carondas, liv.* 2. *Rép.* 76.

616 Si un mary comme procureur de sa femme vend un heritage, & qu'ensuite elle ratifie la vente, l'année du retrait ne courra pas du jour de la ratification, mais du jour du contract même. Arrêt du Parlement de Paris du 1. Juin 1585. Autre Arrêt semblable du onzième Mars 1600. *Papon, liv.* 11. *tit.* 7. *nombre* 34.

617 Il s'agissoit d'une vente faite par le mary des biens de sa femme, avec promesse de la faire ratifier. Jugé *Tome III.*

au Parlement de Toulouse le 27. Juin 1603. que l'an & jour devoit se compter du jour du premier contract, & non de la ratification. Le Parlement de Paris a jugé au contraire. Sur cette contrarieté d'Arrêts, *Mainard, liv.* 7. *chap.* 33. dit pour la sauver, qu'il pouvoit y avoir des circonstances differentes, ou quelques défauts d'assignations. Neanmoins il ajoûte, s'il falloit juger la question en termes generaux, nous suivrions le préjugé de la Cour de Parlement de Paris. *Au chapitre suivant*, il dit que quand le mary contracte, tant en son nom, que comme procureur de sa femme, en vertu de sa procuration, avec promesse de faire ratifier; il est certain que l'an & jour court *à die contractûs.*

618 L'action en retrait lignager ne court que du jour de la ratification, quand le mary a vendu le bien de sa femme, sans son consentement. Arrêt du Parlement de Roüen en 1620. *Basnage, sur la Coûtume de Normandie,* art. 452.

619 Un particulier de la Ville de Baieux avoit vendu, à son gendre une maison moyennant 1500. livres. Celuy-cy mourut quatre ans après. Sa veuve renonça à sa succession, & dans l'an & jour du décez de son mary, elle forma action pour retirer la maison venduë par son mary; le Juge de Baieux l'en débouta. Coquerel son Avocat prétendoit qu'elle étoit recevable à retirer cette maison; qu'il étoit vray que si un autre que son mary l'avoit acquise, elle ne viendroit plus dans le temps fatal; mais à l'égard de son mary l'an & jour n'avoit pû courir contre elle, que du jour de sa mort, suivant la regle *non valenti agere, &c.* étant *in sacris mariti*, elle étoit incapable d'intenter aucune action; ainsi la prescription ne pouvoit avoir couru durant le mariage, *L. cum notissimi de præscr.* 30. *vel* 40. *ann.* On répondoit que cette femme n'étoit point plus favorable qu'un mineur; que le mary avoit pû luy faire préjudice *in omittendo*; qu'il n'étoit pas obligé d'acquerir pour sa femme. La cause appointée, fut depuis jugée, & par Arrêt du Parlement de Roüen du 3. Mars 1625. la Sentence fut confirmée. *Ibidem.*

620 Jugé au même Parlement de Roüen le 28. Janvier 1660. que Postel, qui avoit retiré au nom de sa femme, seroit remboursé de la moitié du prix, comme aussi du prix de son propre qu'il avoit aliené auparavant, quoiqu'il ne parût point que les deniers de cette alienation eussent été employez à faire ce retrait. Cela fut jugé pour éviter aux avantages indirects que le mary pourroit faire à sa femme. *Ibid. article* 496.

621 L'heritage baillé à la femme par le mary, pour récompense de ses biens qu'il auroit alienez, n'est point sujet à retrait. Outre l'Arrêt de Maigremont, la même chose fut jugée, entre Baudoüin, & d'Estrépagny. *Ibid. art.* 451.

622 Le mary, quoiqu'il ne soit lignager, peut retirer au nom de sa femme, pour cet effet, il n'a pas besoin qu'elle autorise son action par une procuration speciale, ou qu'elle la ratifie dans le temps fatal, parce qu'il est le maître des actions de sa femme, & qu'il ne s'agit que de luy faire un avantage; ce qu'il peut toûjours faire sans son aveu, quoiqu'il ne puisse aliener ce qui luy appartient, que par son consentement. Mais l'on a fait cette question, s'il avoit ce même pouvoir, lorsque sa femme étoit civilement séparée? L'affirmative a été jugée par deux Arrêts du Parlement de Roüen, le premier donné en l'année 1666. en la Chambre des Vacations, mais ce n'étoit qu'après l'an & jour; le second fut donné en l'Audience le 30. Juin 1675. il y avoit moins de difficulté en cette espèce; le mary qui vouloit retirer au nom de sa femme, sans en avoir de procuration, n'étoit point separé de biens d'avec elle. *Basnage, ibidem.*

Arrêt du Parlement de Provence du 10. Février 623

1656. qui a jugé que la femme mariée, peut retirer par retrait lignager. On diſoit pour elle, que bien qu'elle n'eût que 1000. livres en dot, ſon mary pouvoit fournir la ſomme, ſous l'affectation du bien du retrait. *Boniface, tome 1. liv. 8. tit. 7. ch. 1.*

614 Damoiſelle Anne Suhard, femme de du Fayel, Ecuier, Sieur de Blé, avoit été accuſée d'adultere par ſon mary en l'année 1652. & par une tranſaction qui fut faite à la priere & ſollicitation de ſa mere & de tous ſes parens, elle fut privée de ſes dot & doüaire, & confinée dans un Monaſtere, pour y paſſer le reſte de ſes jours. Après avoir demeuré 25. ans dans ce Monaſtere, elle préſenta Requête à la Cour, pour être renvoyée en la poſſeſſion de ſon bien, & incidemment elle obtint des Lettres de reſciſion contre la tranſaction ; mais avant que l'on eût fait droit ſur cette Requête, il arriva que la Terre d'Anterville qui avoit appartenu à ſon frere, fut ſaiſie réellement, & adjugée à vil prix ; ce qui fut cauſe que pluſieurs perſonnes firent deſſein de s'en rendre maîtres, & pour cet effet on eut recours à pluſieurs parens. La Demoiſelle de Blé prêta ſon nom à un particulier, qui intenta action en retrait lignager ; le fils du Sieur de Blé & d'elle ſe préſenta auſſi pour la retirer. Par Arrêt du Parlement de Roüen du 23. Janvier 1680. elle fut déboutée de ſa Requête, la tranſaction confirmée, & la clameur adjugée au fils. *Baſnage, ſur la Coûtume de Normandie, art. 468.*

615 Si le mary vend au nom de ſa femme, le temps de ce retrait court, non du jour de la ratification, mais de la vente, ſuivant la déciſion de *Mainard*, au livre 7. chap. 33. Il en eſt de même de la vente faite par le mary du fond dotal, ratifiée par la femme après la mort du mary. Ainſi jugé au Parlement de Toulouſe au mois de Septembre 1680. *M. de Catellan, liv. 3. chapitre 12.*

RETRAIT LIGNAGER, FIEF.

626 Le retrait lignager a lieu en matiere de mouvance féodale. L'acquereur diſoit pour moyens qu'il n'avoit acquis que ſa liberté, & qu'on ne pouvoit faire revivre une ſervitude éteinte. La demandereſſe répondoit que la ſervitude, *non eſt pars fundi ſed jus inhaerens rei*, & qu'au contraire la mouvance féodale étoit une partie du fond. Arrêt rendu en ſa faveur au mois de Juin 1619. *Le Bret, liv. 5. Décif. 13.*

RETRAIT, FRANCS-FIEFS.

627 Un roturier acquiert un fief, & enſuite il paye les francs-fiefs ; le fief eſt retiré *à conſanguineo nobili*, le roturier ne peut repeter ce qu'il a payé pour les francs-fiefs. *Mornac*, ſur la Loy 21. §. *cum per venditorem ff. de actionibus empti.* cite un Arrêt de 1172. rapporté par *Pithou*, ſur l'article 151. de la Coûtume de Troyes. *Voyez Bacquet, des francs-Fiefs, chapitres 3. & 4.*

628 Le retrayant lignager entre en la place du vendeur, & comme il retient à ſon profit tous les
629 avantages portez par le contrat, il doit auſſi entrer en toutes les obligations & charges d'iceluy, *vitia perſonalia emptoris non tranſeunt in retrahentem, ſed vitia realia, vitia contractûs*, qui affectent la choſe, & qui ſont de l'obligation du contrat. Ainſi jugé le 29. Novembre 1605. *M. le Prêtre, 2. Centurie, chapitre 86.*

RETRAIT, FRAUDE.

630 De la fraude dans le contrat de vente, pour empêcher le retrait. *Voyez le mot Fraude, nombre 39. & ſuivans.*

631 Le retrait lignager peut être exercé après l'an & jour, quand il y a eu dol de l'acquereur. *V. Coquille, tome 2. queſt. 305.*

632 La peine de celuy qui fait mettre en ſon contrat un plus grand prix qu'il n'a vendu ou acheté, eſt arbitraire : en la Coûtume de Melun on perd le prix. *Voyez Mornac, Loy 11. § od. de re ſecundo vendita [...]*

633 Le parent qui retire & qui dès le lendemain vend

l'heritage pour ſon profit, ne fait point de fraude, & *Du Luc liv. 9. titre 5.* Arrêt 8. remarque qu'il fut jugé en faveur du parent. *Voyez M. le Prêtre 2. Cent. chap. 3.* où il y a pluſieurs exemples.

634 Un lignager fait convenir afin de retrait l'acheteur qui accorde la qualité & fait offre de revendre, pourveu que ce lignager jure & affirme que c'eſt pour luy & de ſes deniers ſans fraude ; le prix & frais ſont rembourſez, & le retrait exécuté ; le lendemain le retrayant vend l'heritage à un autre moyennant 100. écus d'augmentation. Par Arrêt ſans date, le dernier acheteur a été maintenu contre le premier acheteur. *Papon liv. 11. tit. 7. n. 9.*

635 Berault a remarqué un Arrêt de Roüen, par lequel il a été jugé que ce n'eſt point une fraude que de revendre l'heritage retiré, cinq jours après le délai à celuy dont on avoit empruntè les deniers. *Baſnage, ſur la Coûtume de Normandie art. 479.*

636 Par Arrêt du Parlement de Paris du 3. May 1512. a été un retrayant débouté du retrait après la fraude découverte, & ſes deniers confiſquez. *Berault ſur la Coûtume de Normadie, art. 463. Jouet verbo Retrait féodal & lignager. n. 128.*

637 Il y a lieu au retrait lignager, quand la fraude eſt découverte, *à die detecta fraudis.* Arrêt du 21. Decembre 1537. *Le Veſt. Arrêt 13. Voyez M. le Prêtre, 2. Cent. chap. 3.* la fraude ſe peut verifier par affirmation ou par témoins ; mais ſi l'on a demandé l'affirmation, l'on ne peut revenir à la preuve par témoins. *Voyez M. Loüet lettre R. ſomm. 53.*

638 Par Arrêt du Parlement de Roüen du 23. Decembre 1539. rapporté par *Berault ſur la Coûtume de Normandie, art.* 500. jugé qu'un bail d'heritage vendu & retrait, doit être entretenu par le retrayant, s'il a été fait ſans fraude.

639 Le défendeur en retrait juſtifiant qu'il y a paction faite entre le demandeur & autre, pour remettre la choſe qu'il demande, a été déchargé par Arrêt du Parlement de Paris du 4. Juin 1545. *Papon, livre 11. tit. 7. n. 5.*

640 Le temps du retrait court à *die & anno notitia ſive detecta fraudis.* Jugé le 23. Février 1396. Arrêt de Courbefoſſe du 1. Decembre 1569. *etiam*, ſi le lignager n'a point eu aucune démarche pour la découvrir. Arrêt du 8. Août 1572. *Bibliotheque de Bouchel*, verbo *Retrait.*

641 Fraude pratiquée entre deux lignagers: la Vion quant à préſent déboutée du retrait, ſauf à elle à ſe pourvoir au cas que cy-après Dolet aliene la terre de Lagué en fraude du retrait, & qu'il n'execute ledit retrait dans les 24. heures portées par la Coûtume, ainſi qu'elle verra être à faire par raiſon. Arrêt du dernier Avril, prononcé le 7. May 1605. *M. Loüet lettre R. ſomm. 54.*

642 L'acheteur eſt recevable à faire preuve par témoins de la fraude du lignager, qui a promis de retirer l'heritage pour le revendre à un tiers pour une ſomme, quoyque le retrayant eût prêté ſerment, & confeſſé avoir emprunté les deniers, mais non pour les remettre. Arrêts du Parlement de Dijon des 10. Juillet 1604. & 16. Decembre 1608. *Voyez Bouvot tom. 2. verbo Retrait conventionnel, queſt. 41.*

643 Un acheteur eſt tenu de répondre ſur la fraude prétendue, & prix de l'acheteur, & s'il y a fraude, le temps du retrait ne court du jour du Contrat, mais de la fraude découverte. Arrêt du Parlement de Dijon du 28. Juillet 1606. *Voyez Bouvot, tom. 2. verbo Retrait conventionnel, queſt. 30.*

644 En retrait féodal, cenſuel & lignager, le temps de retenüe ne court que du jour que la fraude eſt découverte, & le Seigneur retenant l'heritage rembourſe l'acquereur des reparations & meliorations utiles. Arrêt du 20. Mars 1610. en la Coûtume de Berry. *Chanu 2. Cent. queſt. 25.*

645 Arrêt du dernier Decembre 1619. au tête de Ver-

mandois , qui a jugé qu'en retrait lignager , la fraude commise par l'un de deux lignagers qui avoient formé la demande le même jour , & dont l'un étoit d'intelligence avec l'acquereur pour le laisser jouir, donnoit ouverture au droit de l'autre. *Bardet* , *tom.* 1. *liv.* 3. *chap.* 78.

646 Dans la Coûtume du *Maine* , un retrayant lignager est receu à prouver par témoins l'excés du prix porté par le Contrat d'acquisition , & cependant doit le consigner tout entier. Jugé le 23. Mars 1632. *Bardet* , *tom.* 2 *liv.* 1. *ch.* 18.

647 Lorsqu'il y a plusieurs Contrats frauduleux , le retrayant n'est point obligé de retirer le tout , & bien qu'il ne puisse regulierement diviser le Contrat , neanmoins il n'est tenu de prendre le tout, que quand l'acquereur a contracté de bonne foy & non lorsqu'il contracte frauduleusement. *Basnage* , *sur la Coûtume de Normandie* , *art.* 469. rapporte Arrêt du Parlement de Roüen du 8. Août 1638.

648 Arrêt du Parlement de Paris du 30. May 1650. contre un retrayant étant lors en Auvergne à la suite d'un grand Seigneur. L'acquereur avoit soûtenu qu'il y avoit fraude , que ce n'étoit point pour luy qu'il vouloit retirer l'heritage , & qu'il s'en rapportoit à son serment ; il avoit envoyé sa procuration , contenant son affirmation ; sans avoir égard , le premier Juge en luy ajugeant le retrait , avoit ordonné qu'il feroit son affirmation en personne dans la quinzaine , cette sentence fut confirmée. *Basnage* , *sur la Coûtume de Normandie* , *art.* 479.

649 Un lignager avoit promis par écrit à l'acquereur , que s'il étoit clamé , il se presenteroit & feroit débouter le retrayant de son action ; cela fut exécuté ; le retrayant que l'on avoit exclus , eut depuis connoissance de cette paction , il soûtint qu'il y étoit preferable , l'action de l'autre parent étant frauduleuse & la fraude étant justifiée par écrit. Il fut répondu que ce n'étoit pas assez d'avoir eu le dessein de faire une fraude , il en falloit prouver l'execution & l'evenement ; or il ne paroissoit pas que l'on eût fait remise de l'heritage à l'acquereur , le retrayant ayant appellé à deni de Justice , & demandé l'évocation du principal , la Cour mit sur l'appel, & principal les parties hors de Cour. Arrêt du 11. Juillet 1653. au Parlement de Roüen. *Basnage* , *sur la Coûtume de Normandie* , *art.* 478.

650 Bien que l'acquereur ait fait remise à un retrayant qu'il croyoit lignager , il peut reprendre l'heritage , en justifiant la surprise qui luy a été faite. Arrêt du Parlement de Roüen le 3. Mars 1662. *Basnage sur la Coûtume de Normandie* , *art.* 452.

651 Du retrait frauduleux & de plusieurs circonstances. *Voyez les Notables Arrêts des Audiences* , *Arrêt* 89. & *le Journal des Audiences* , *tom.* 2. *liv.* 5. *chap.* 5. où il y a Arrêt du 12. Février 1663. qui juge un retrait frauduleux , & en ajuge la repetition à l'acquereur ; le Conseil & l'évenement verifient la fraude. *M. le Prêtre* , 2. *Cent.* *ch.* 3.

652 De la fraude & simulation prétenduë dans un contrat d'échange , à l'effet d'empêcher le retrait lignager. Arrêt du 18. Août 1663. qui condamne l'acquereur à délaisser l'heritage. *Soëfve* , *tom.* 2. *Cent.* 3. *chap.* 92.

RETRAIT, FRUITS.

653 A qui appartiennent les fruits de l'année en matiere de retrait lignager ? *Voyez le mot* Retrait *n.* 159. *& suiv.*

654 Quand les heritages , partie retrayables , partie non , ont été accommodez l'un avec l'autre , le retrayant n'est pas reçû à demander l'un sans l'autre , *Coquille* , *tom.* 2 *quest.* 189.

655 Comment se doivent partager les fruits de l'année en cas de retrait ? *V. Coq. tom.* 2. *quest.* 304.

656 En retrait lignager viennent les fruits , quoique le retrayant n'ait rien consigné , les fruits déja échus ,

vendus avec le fonds , tombent en retrait lignager comme le fond. *Voyez du Luc, liv.* 9. *tit.* 3. *ch.* 3.

657 Par la Consignation le retrayant gagne les fruits, *Consignatio pro solutione habetur. L. obsignatione C. de solut.* V. Bouvot , tom. 1. part. 2. *verbo* Retrayant.

658 Le 18. Août 1532. jugé en la Grande-Chambre, qu'un retrayant lignager doit avoir les fruits de la chose ajugée depuis contestation en cause , pourvû qu'il ait offert bourse & deniers , & à parfaite, quoiqu'il n'ait fait aucune consignation réelle. *Voyez la Bibliotheque de Bouchel* , *verbo* Retrait.

659 Vente de fruits cumulez , n'empêche le retrait lignager. Arrêt du dernier Juin. 1550. *Papon, liv.* 11. *tit.* 7. *n.* 17.

660 Un retrayant conclut à la restitution des fruits depuis la date du contrat , offrant de déduire deux cens écus. Arrêt du Parlement de Bretagne du 19. Avril 1561. qui le déboute. *Du Fail , livre* 2. *chap.* 122.

661 Par Arrêt du 11. Janvier 1610. jugé qu'un retrayant lignager fait siens les fruits pendans par les racines , sans être tenu d'aucuns interêts de deniers. *Voyez la Bibliotheque du Droit François par Bouchel* , *verbo* Fruits.

662 Quand un ou plusieurs heritages de diverses lignes sont vendus par un seul prix , un des lignagers n'est point recevable à demander l'heritage de sa ligne seulement , il sera au choix de l'acquereur de l'y recevoir ou le contraindre à tout retraire , ce benefice pourtant ne se donne de lignager à lignager ; lesquels retrairont par portions competentes. *Voyez M. Loüet. Brod. lit. R. n.* 25. *id. Loysseau du Deguerp. lib.* 5. *chap.* 2. *n.* 22. *in duabus domibus separatis licet sint diversa pretia , in uno contractu , id. Chopin. Andeg. lib.* 1. *cap.* 4. *n.* 4. *id, Mornac ad L.* 47. § 1. *ff. de minorib. & ad L.* 16. *ff. de in diem addict. & ad L.* 34. *ff. de Edilit. edict. id. Automne art.* 33. *id. Muichin. tit.* 6. *art.* 1. *chap.* 1.

663 Par Arrêt du Parlement de Bourdeaux du 23. Mars 1654. au rapport de Monsieur de Moneins, il a été jugé qu'un lignager ne pouvoit retirer deux maisons de quatre qui avoient été decretées par un seul prix d'enchere , & qu'il falloit tout retirer. *Voyez M. Abraham la Peirere en ses décisions du Palais. lettre R. nombre* 138.

664 Quand le lignager ou le Seigneur viennent au retrait avant la recolte , les fruits se divisent entr'eux , & l'acquereur à proportion du temps, 2. Mais s'ils viennent après la recolte , ils n'ont aucune part aux fruits, quand bien ils eussent été pendans lors de l'achat.

Coquille quest. 40. *& eum vide, quaest.* 304. 1. *id.* Peregrin. *art.* 49. *n.* 98. 2 *id.* Chopin. *Parif. lib.* 2. *tit.* 6. *n.* 7. 1. *id. abr.* Maynard. *lib.* 7. *chap.* 47. *indesinité vid.* Automne *art.* 24. La Peirere , *ibidem* nomb. 186. dit & ajoûte , je trouverois juste d'ajuger l'interêt à l'acquereur.

665 A été rendu en la premiere des Enquêtes après partage fait en la Grand'Chambre , Monsieur de Primet Rapporteur , Monsieur de Sabourin Compartiteur. Les biens du nommé Copi ayant été ajugez au sieur de la Montagne au mois de Decembre , trois mois après vient un lignager ; le sieur de la Montagne ne conteste point la revente , mais demande la part des fruits à venir à proportion , où l'interêt de son argent : jugé suivant l'avis de Monsieur de Primet , que ledit sieur de la Montagne auroit , ou les fruits ou l'interêt. *La Peirere , let. R. n.* 186. *Voyez le mot* Fruits.

RETRAIT, GARANTIE.

665 bis. De la Garantie en fait de retrait. *Voyez le mot* Garantie , *n.* 121. *& suiv.*

RETRAIT, GREFFES.

666 Les Greffes en Normandie sont sujets à retrait lignager, parce qu'en Normandie ils sont hereditaires.

P p p iij

Arrêt du 22. Février 1676. Autre Arrêt du 2. May 1684. *De la Guess. to, 4. liv. 1. ch. 1.*
Voyez le mot *Greffe*, *nomb.* 119

RETRAIT, HERITIER.

667 Le parent lignager est recevable au retrait quoiqu'heritier du vendeur. Arrêts en la Coûtume de Paris la veille de la Chandeleur 1543. & au mois d'Avril 1548. Même Arrêt en la Coûtume d'Angoumois le 7. Decembre 1548. *item* quoique caution. Ainsi jugé par l'Arrêt de René Du Moulin (*Bibliotheque de Bouchel*, verbo *Retrait*.

668 Retrait n'a lieu en partage. Arrêt du Parlement de Bretagne du 9. Septembre 1563. *Du Fail*, livre 1. chapitre 160.

669 L'action du retrait lignager commencée peut être continuée par les heritiers, ou autres successeurs universels, dans la vûë de suivre les intentions du défunt. Arrêt du Parlement de Toulouse du mois de Mars 1581. Cette action dure trente ans, parce que l'Edit de Roussillon portant seulement trois ans pour la contestation en cause n'est point verifié, encore moins observé en ce Parlement. *Mainard*, tome 1. livre 2. chap. 81.

670 Les Biens acquis par un pere ne sont sujets à retrait si le fils n'est heritier, & que l'heredité soit jacente. Arrêt du Parlement de Dijon du mois d'Avril 1591. *Bouvot*, tome 2. verbo *Retrait conventionnel*, *quest.* 24.

671 Le fils ayant renoncé aux biens maternels de sa mere au profit de son pere, & qu'après les biens se vendent sur le pere, duquel il n'est heritier, il y a lieu à la retraite. Arrêt du Parlement de Dijon du 28. Juillet 1593. *Ibidem*, *quest.* 25.

672 L'heritier beneficiaire ne peut repraire l'heritage de la succession vendu sur luy par decret ; le curateur parent peut retirer l'heritage de la succession vendu sur luy, parce que l'heritier est reputé vendeur. Arrêts du 7. May 1609 & en 1621. *Tronçon*, art. 251. *de la Coûtume de Paris*, M. *Bouguier*, lettre R. *nomb.* 16. M. le *Prêtre*, 2. *Cent. chap.* 34.

673 Conformément à l'opinion de Boërius, il y eut Arrêt donné au Parl. de Dijon le 29. Mars 1612. pour les enfans du nommé Bavolet de Beaune, heritiers de leur pere, lequel avoit vendu une servitude réelle, & étant mort dans l'année de la vente, ses enfans furent admis au retrait lignager, quoiqu'ils fussent ses heritiers ; la raison est qu'ils n'allerent pas au retrait lignager comme heritiers, mais comme enfans du vendeur, & par consequent de sa famille, & l'on prit pour motifs que les enfans ne tiennent pas ce droit de leur pere, mais de la Coûtume. *Taisand*, sur la *Coûtume de Bourgogne*, tit. 10. art. 1. n. 8.

674 Le fils après la mort de son pere, étant heritier simple, ou par benefice d'inventaire, peut venir à la retraite des biens vendus par son pere. Arrêt du Parlement de Grenoble sans date rapporté par *Bouvot*, tome 1. part. 1. verbo *Retrait*, *quest.* 2.

RETRAIT LIGNAGER, JUGE.

675 Les Présidiaux sont incompetens de connoître du retrait lignager. *Voyez* le mot *Présidiaux*, *nomb.* 101. & suivans.

676 Le Juge qui a fait l'adjudication d'un heritage peut le retraire par retrait lignager. *Voyez Brodeau Coûtume de Paris*, art. 150. n. 3.

677 Le retrayant peut se pourvoir devant le Juge du domicile du défendeur en retrait. Ainsi jugé. *V. Auzanet*, sur l'art. 140. de la Coût. de Paris.

678 L'action de retrait lignager ou coûtumier, *ut cum edictio ex lege municipali est in rem scripta*, & peut être intentée pardevant le Juge de l'acheteur, ou bien pardevant le Juge ordinaire du lieu, où l'immeuble du retrait duquel est question, est situé de même qu'en toutes actions purement réelles. Arrêt du 23. Decembre 1545. *Papon*, liv. 7. tit. 7. n. 43. & liv. 11. tit. 7. n. 27.

La demande en retrait conventionnel ou lignager **679** se doit intenter pardevant le Juge du lieu où les choses sont situées. Arrêt du P. de Paris contre M. le Roux Conseiller en la Cour, du premier Avril 1548. Arrêt du 18. Avril 1564. qui a jugé que telle action est plus personnelle, *quia ex contractu*. Ibidem, liv 11. tit. 6. n. 1.

Par Arrêt du 16. Avril 1562. fut appointée au Con- **680** seil la question de sçavoir si le demandeur en retrait lignager a option de convenir le défendeur au lieu de la chose ; ou au lieu du domicile du défendeur. Marillac soûtenoit que l'action de retrait est personnelle, *in rem scripta & sic mixta*, que la personnelle *dignior est*, & que par les Arrêts il a été plusieurs fois ainsi jugé. Saint Mploir au contraire disoit que l'action de retrait lignager étoit *in rem scripta*, attendu qu'elle a lieu *contra tertium detentorem*, & que la Loy finale, *Ubi in rem actio* avoit lieu, & que par Arrêt qu'il avoit en main, il avoit été ainsi jugé ; la Cour qu'il avoit en main, il avoit été ainsi jugé ; la Cour qu'elle verroit les Arrêts. *Bibliot. de Bouchel*, verbo *Retrait*, p. 313.

En retrait lignager l'on doit traduire l'acheteur **681** pardevant le Juge de son domicile, & étant assigné pardevant le Juge du lieu où sont assis les heritages, il peut demander son renvoy. Arrêt au Parlement de Dijon du 22. Mars 1588. *Bouvot*, tome 2. verbo *Renvoy*, *quest.* 3.

Actio retractûs Gentilicii apud judicem domicilii non **682** *rei movenda est.* Jugé le 10. Avril 1606. *Mornac*, l. 14. *Cod. de contrahendâ emptione, Vide locum ubi multa assert de retractu.*

L'action de retrait est pure personnelle, & appar- **683** tient au Juge de la personne, & non de la chose, si la Coûtume n'est au contraire. *Tronçon*, *Coûtume de Paris*, article 129. in verbo *se Demander*. Et Sentence pardevant le Juge du domicile de l'acquereur. Arrêt du 10. Février 1606. *Ricard*, *Coûtume de Paris*, article 129. *Voyez Mornac*, *ley* 14. *Cod. de contrahendâ empti.*

Retrait intenté par exploit libellé pardevant un Ju- **684** ge incompetent, jugé valable en l'année 1617. *Du Frêne*, livre 1. chap. 134. M. *Loüet*, lettre A sommaire 10. où il y a quelque chose d'opposé.

Action en retrait lignager se doit intenter parde- **685** vant le Juge de la situation des heritages. Arrêt du 12. Decembre 1633. *Bardet*, tome 2. livre 2. chapitre 60.

L'action en retrait lignager se doit renvoyer parde- **686** vant le Juge du lieu, où les heritages sont situés, & non du domicile de l'acquereur. *Brod.* lit. R. n. 51. *Ferrer.* quæst. 217. in utroque, vid. Vignes, tit. 6. art. 6. *Papon*, lib. 7. tit. 7. n. 41, & lib. 11. tit. 7. n. 25. in utroque & n. 26. M. *Abraham la Peirere* en ses décisions du Palais, lettre R. nombre 141. ajoûte aux citations précedentes cette reflexion ; Devant le domicile de l'acquereur, comme l'action en retrait est pirôt réelle que personnelle, j'ay toûjours crû que le Juge de la situation étoit le vrai Juge. Autre chose est au retrait conventionnel.

Arrêt du Parlement de Bourdeaux du 26. Février 1657. Président Monsieur le Premier, plaidans Licterie & Soubies : jugé que le retrayant ayant fait assigner l'acquereur devant le Juge de la situation de la chose, l'acquereur ne pouvoit demander le renvoy devant le Juge de son domicile.

Le retrait lignager intenté pardevant un Juge in- **689** competent, renouvellé pardevant le Juge de l'acquereur, & c. le retrayant débouté de sa demande en retrait, & c. Arrêt du 11. Février 1677. *De la Guessiere*, tome 3. livre 11. chap. 6.

Jugé au Parlement de Paris le premier Mars 1701. **690** que l'action en retrait est réelle, & qu'elle se doit intenter pardevant le Juge de la situation des heritages que l'on veut retirer. *Bruneau traité des Criées*, ch. 11. p. 135.

RETRAIT, LICITATION

691   Le fils émancipé âgé de six ou sept ans peut venir à la retraite d'une maison licitée, auſſi-bien que celuy qui n'étoit né, ni conçû lors du contrat. *Bouvot*, *tome* 2. verbo *Retrait conventionnel*, *qu.* 23.

692   On a jugé au Parlement de Paris qu'en licitation faite entre copropriétaires, ou cohéritiers, bien que de diverſes lignes, l'action en retrait lignager de ce qui ſe trouve propre n'eſt faite recevable, d'autant que celuy des propriétaires qui ſe rend adjudicataire eſt réputé avoir changé ſa part, ſon acquiſition tient lieu de permutation, & non point de vente. *Baſnage ſur la Coûtume de Normandie*, *article* 469.

693   La licitation faite entre copropriétaires, ou héritiers, bien que de diverſes lignes, l'action en retrait lignager de ce qui ſe trouve propre n'a point de lieu. Arrêt du 3. Mars 1650. *Du Frêne*, *livre* 5. *chapitre* 57. & *l'article* 154. *de la Coûtume de Paris*. *Voyez Carondas*, *livre* 9. *Rép.* 54.

RETRAIT, LOYAUX COUSTS.

694   Les loyaux coûts ſont les droits des proxenetes, le quint, les lods & ventes, les droits de Notaires, ce qui eſt donné à la femme pour ſes épingles, labourage, ſemence & réparations neceſſaires, & autres frais. *Voyez Carondas*, *Coûtume de Paris*, *article* 21. *circà finem*. & Tronçon, *Coûtume de Paris*, *article* 129. fine.

695   En retrait lignager, ſi les frais & loyaux coûts ne ſont liquides, il ſuffit de bailler caution pour entrer en joüiſſance de l'heritage ajugé. Arrêt au mois d'Août 1494. *Carondas*, *liv.* 3. *Rép.* 23.

RETRAIT, BIENS DU MARY.

696   Arrêt du 6. Septembre 1701. rendu en la Grand'-Chambre, au rapport de M. Bruneau Conſeiller, qui a jugé que le mary qui étoit en ligne ayant acquis un heritage, avec déclaration qu'il ſerviroit de remploi à ſa femme, laquelle n'avoit point ſigné à ce contrat, mais bien à une vente poſterieure faite par ſon mari, le retrait lignager n'avoit pas été ouvert par le premier contrat; la femme qui étoit étrangere à l'heritage, n'ayant pas acquis ni par la déclaration de remploi faite par ſon mary, par le premier contrat, ni par la vente poſterieure, parce qu'elle n'avoit pas accepté la déclaration de remploi, & qu'elle n'avoit parlé à la vente que comme d'un conquêt pour ſe déſiſter de ſes hypoteques pour la ſûreté de l'acquereur, & en conſequence que le retrait n'avoit été ouvert que du jour de cette vente, dans l'année de laquelle il avoit ſuffi aux retrayantes de venir. *Voyez le traité de la Communauté par M. le Brun*, *p.* 583.

RETRAIT LIGNAGER, MEUBLES.

697   Si les deniers débourſez pour un retrait ſont meubles ou immeubles? *Voyez le mot Immeubles*, *nomb.* 28. & *ſuivans*.

698   Si quelques meubles d'une heredité jacente ſont vendus & délivrez, & après du conſentement de l'acheteur revendus à ſa folle enchere, s'il y a lieu de retrait deſdits meubles par l'acheteur premier, ou ſon ceſſionnaire dans les dix jours donnez au débiteur pour le réachat de ſes meubles. *Voyez Bouvot*, *to.* 1. *part.* 3. verbo *Retraite*, *queſt.* 2.

699   Tranſport d'heritage fait pour meubles non appréciés, ſi c'eſt vraie vente ſujete à retrait lignager & à retenuë? *V. Coquille*, *tome* 2. *queſt.* 266.

700   Sur la queſtion ſi choſes mobiliaires peuvent tomber en retrait lignager. Il y a Arrêt du Parlement de Paris rapporté par *Du Luc*, *placit.* 136. *art.* 4. au cas de la vente faite d'un fonds avec les arrerages des fruits qui luy étoient dûs; il fut dit que le retrait auroit lieu pour la vente, *fandum enim ac fructus uno pretio emptos fuiſſe & fundo fructus accedere*, ce qui autrement n'eût eu lieu en cas de vente ſimple des fruits, non conjoints avec la vente du fonds. A Toulouſe il n'y a aucun préjugé au cas du retrait

lignager qui eſt rare au Reſſort de ce Parlement; mais en cas de retrait feodal dont on peut tirer argument au lignager, il y a préjugé contraire donné en vente faite, conjointement du fonds, fruits & meubles, portant que eſtimation ſéparée ſeroit faite du fonds pour ſçavoir à quoi revenoient les lods d'iceluy. *Voyez Mainard*, *liv:* 7. *chap.* 39.

701   L'heritage & meubles acquis par un même contrat, ſi le prix des meubles eſt diſtingué de l'immeuble, les meubles ne ſont ſujets à retrait. Arrêt du 16. Juin 1657. au Rolle de Poitou. *De la Gueſſ.* tome 2. *liv.* 1. *chap.* 16.

702   Par Arrêt du Parlement de Paris rapporté par *Du Frêne*, *liv.* 1. *chap.* 16. il a été jugé le 16. Juin 1657. que les meubles vendus par un même contrat de vente d'heritage ne ſont ſujets à retrait, quand le prix des meubles eſt diſtingué de celuy des immeubles, en interprétant l'article 361. & l'article 379. de la Coûtume d'Anjou. Toutefois par Arrêt du 20. Avril 1600. il a été jugé que l'acquêt fait par le fils peut retraire étant vendu ſur l'heritiere beneficiaire. *Tronçon*, *art.* 151. *de la Coûtume de Paris*.

RETRAIT, MINEUR.

703   Mineur ajourné en retrait, & s'il peut retirer par retrait lignager? *Voyez le mot Mineur*, *nombre* 167. & *ſuivans*.

704   Le temps du retrait lignager court contre le mineur, ſans eſperance de reſtitution. Par Arrêt du Parlement de Toulouſe, un mineur fut démis des Lettres en reſtitution obtenuës pour être relevé de quelques ſolemnitez requiſes par la Coûtume locale en retrait lignager, quoiqu'il fût venu dans le temps, & n'y eût rien à dire au fonds. *Voyez Maynard*, *livre* 8. *chapitre* 22.

705   Le temps du retrait court contre le mineur ſans eſperance de reſtitution. Jugé au Parlement de Toulouſe le 23. Février 1596. Par ce même Arrêt il a été jugé que pour retraire il faut offrir la ſomme à deniers à découvert. *Cambolas*, *liv.* 2. *ch.* 17.

706   Mineur peut être relevé du laps de temps du retrait conventionnel ſeciès, du retrait lignager. *Papon*, *liv.* 11. *tit.* 7. *n.* 23. & 24.

707   Retrait lignager a lieu en choſe litigieuſe, à la charge du procez. Arrêt du Parlement de Paris du 13. Août 1563. Un mineur avoit pris des Lettres de reſciſion contre une vente; un creancier du mineur ſaiſit le reſcindant & le reſciſoire; l'adjudication en eſt faite; le propriétaire appelle; un parent du mineur demande le droit luy ſoit ajugé pour le prix de la derniere enchere. Jugé recevable. *Ibidem*, *n.* 3.

708   Le mineur n'eſt point relevé du temps paſſé pour retraire. Arrêt du 14. Decembre 1564. *Ibidem*, *titre* 6. *nombre* 3.

709   Retrait ajugé au négociateur & bienveillant d'un mineur, par Arrêt du Parlement de Bretagne du 16. Août 1569. *Du Fail*, *li.* 1. *ch.* 283. M. Sauvageau en ſa note dit que la qualité de bienveillant n'eſt pas reçuë en Juſtice, il faut un curateur au mineur, il ajoûte qu'il l'a fait ainſi juger au mois de May 1608.

710   Loüis Loiſſel retire une terre que ſes pere & mere avoient venduë; ils la revendent enſuite au nommé Pithoys. Loyſel *major factus* appelle l'acquereur en revendication de la terre; il dit qu'il étoit mineur; mais l'acquereur répondoit que la vente avoit été ratifiée, & qu'il n'y avoit eu aucune oppoſition. Arrêt du Parlement de Bretagne du 3. Septembre 1573. qui déboute le demandeur. *Du Fail*, *livre* 1. *ch.* 354.

711   *In alienatione à minore factâ, contractûs dies, non ratihabitionis ſpectatur*. Arrêt du premier Juin 1585. *Anne Robert*, *rerum judicat.* liv. 3. *chap.* 17.

712   Le mineur qui fait ajourner en retrait ſans l'autorité de ſon tuteur qui approuve l'ajournement. Jugé bon, *minor enim in acquirendo meliorem ſuam conditionem facere poteſt*. Arrêt du 3. Juin 1585. *M. Loüet*, *lettre M. ſomm.* 11. *Voyez Peleus*, *queſt.* 43.

713   L'ajournement fait à la requête d'un mineur sans l'autorité de son curateur, a été jugé bon & valable, par Arrêt donné en la seconde Chambre des Enquêtes le 3. Juin 1585. entre Guillaume du Coin, & Jean Renard, *parce que c'étoit au profit du mineur*, pour un retrait lignager qui luy fut ajugé. *M. Loüet, lettre M. somm. 11.*

714   L'an du retrait court contre le mineur sans espérance de restitution, ce qui reçoit une exception quand celuy qui demande le retrait étoit sous la tutelle de l'acquereur. Car c'étoit à l'acquereur à exercer cette action contre soy-même. Arrêt du Jeudy 22. ou 29 Decembre 1639. *Auzanet sur l'article 131. de la Coûtume de Paris.*

715   L'heritage d'un mineur ayant été vendu par le tuteur, le fils du tuteur actionnaire voulant user du retrait, l'acquereur déclara qu'outre le prix du contrat, il donnoit encore 500. livres au profit du mineur; l'on douta si cette offre étoit recevable pour empêcher le retrait; le retrayant soûtenoit que le contrat étant parfait l'on ne devoit point avoir égard à cette offre pour le priver d'un droit qui luy étoit acquis : neanmoins en faveur du mineur l'emporta sur la rigueur ; & par Arrêt du Parlement de Roüen du 19. Juillet 1650. la Cour ayant égard à cette offre, ordonna qu'il seroit procedé à une nouvelle proclamation de l'heritage, mais ce qui fut jugé en faveur du mineur ne le pourroit être en d'autres rencontres. *Voyez Basnage, sur la Coûtume de Normandie, art. 453.*

RETRAIT, NÉ, NI CONCEU.

716   Si celuy qui n'est né ni conçû au temps de la vente, peut exercer le retrait lignager? Arrêts contraires rapportés par *Mainard, livre 7. chap. 38.*

717   On tient que l'enfant né & conçû après la vente est recevable au retrait lignager, encore que lors de la vente il ne fût de la famille de laquelle l'heritage est sorti, parce qu'il suffit qu'il soit lignager lors que l'action de retrait est ouverte. On allegue à ce propos l'Arrêt d'Apollo Conseiller au Châtelet : on allegue aussi communement la loy *Titius de suis legit. hered.* laquelle neanmoins semble être au contraire. *Bibliot. de Bouchel, verbo Retrait.*

718   Ceux qui ne sont encore nez ni conçûs lors de la vente, reçûs à intenter retrait lignager. Arrêt de la troisiéme Chambre des Enquêtes l'an 1541. Le contraire jugé le 1. Decembre 1564. enfans non nez lors de la vente débouté du retrait. Autre Arrêt contre les enfans non conçûs. *Voyez Papon, livre 11. titre 7. nombre 1.*

719   *De concepto & an retrahi possit fundus sub ejus nomine?* Le 11. Février 1578. fut plaidé une cause par Bautru & Choppin, sur un appel interjetté de certaine Sentence du Sénéchal d'Anjou, par laquelle un pere avoit été reçû au retrait lignager de certains heritages par luy vendus sous le nom d'un fils, *qui conceptus tantum tempore venditionis, nec dum animatus erat sed embrio tantum : at verò is post contractam venditionem mensè editus erat.* La Cour en délibera au Conseil pour l'importance de la matiere, & sera l'Arrêt prononcé en Robes rouges. *Voyez la Bibliotheque de Bouchel, verbo Retrait.*

720   Un lignager qui n'est né ni conçû au temps de la vente de l'heritage propre, pourvû qu'il soit né au temps de l'action, peut user de retrait. *Voyez M. Loüet, lettre R. somm. 38. Secus,* pour les successions. *M. Ricard, Coûtume de Paris, article 158.* rapporte un Arrêt du 9. Février 1595.

721   Si celuy qui est conçû au temps de la succession échûë, peut succeder & venir à la retraite? *V. Bouvot, to. 1. part. 3. verbo Retraite, qu. 2.*

RETRAIT, OFFRES.

722   Le retrayant gagne les fruits du jour des offres. Arrêt du 7. Septembre 1531. Arrêt du 3. Juin 1589. qui ne les ajuge que du jour de la consignation en la Coûtume de Bourges. *Papon, livre 11. tit. 5. n. 5.*

Les dispositions de chaque Coûtume doivent être observées. En general l'offre peut suffire quand on n'est pas certain du prix ; si on le sçait, la consignation semble necessaire.

723   Offres en retrait hors le temps sont nulles. Arrêt du Parlement de Bretagne du 30. Août 1566. il s'agissoit d'un retrait conventionnel dont le demandeur fut débouté, quoiqu'il alleguât que les offres eussent été faites dés le lendemain de l'année échûë, & qu'il offrît de prouver que sa partie luy avoit donné un délai de trois semaines, même qu'il avoit été absent du pays pour le service du Roy. *Du Fail, livre 1. chapitre 225.*

724   En retrait il ne suffit d'offrir deniers sans les montrer à découvert. Arrêt du Parlement de Dijon du 5. Février 1581. *Bouvot, tome 1. part. 3. verbo Retraite, quest. 4.*

725   Si en retrait il faut avoir procuration speciale du retrayant pour offrir & consigner : & si le retrait doit finir à tel moment & heure que l'achat a été fait, l'an révolu ? *Voyez ibidem, quest. 5.*

726   Le défaut d'offres désirées par la Coûtume se rencontrant dans la signification d'un débouté de défenses, & dans des avenirs, n'emporte pas nullité & décheance du retrait. Jugé par Arrêt du 22. Decembre 1640. Et en effet les avenirs sont des actes *extra causam*, ou *libelli extrà tribunal.* Soëfve, *tome 1. Cent. 1. chap. 23.*

RETRAIT, PARENS DU VENDEUR.

717   *De Prelatione. Const. Imp. Rom. Senior. 3... Niceph. Ph. 3... Michaël. 1...* Préférence des Parens pour le retrait lignager.

718   Quand les parens en pareil degré & pareille diligence sont reçûs à retraite par égale portion ; & l'on sera reçû à retraite *pro parte*, & contre la volonté de l'acquereur? *Voyez Coquille, to. 2. qu. 185.*

719   Si en retrait lignager pour sçavoir le plus prochain lignager, l'on a égard à la personne du vendeur, & sans s'enquerir d'où viennent les biens? *Voyez Bouvot, to. 1. part. 3. verbo Lignager, quest. 1.*

730   En matiere de retrait lignager *nullo modo, consideratur duplicitas vinculi.* Charles Du Moulin, Coûtume de Lodunois, article 15. & *sic utrimque junctus* n'est pas le plus prochain. *Voyez Brodeau sur M. Loüet, lettre S. somm. 17. nomb. 5. & suiv.*

731   En retrait lignager le plus prochain en degré, exclut les plus éloignez s'il vient dans le temps, sans que la diligence du plus éloigné nuise au plus prochain ; mais si le plus prochain ne se présente dans le temps, le retrait sera ajugé au plus éloigné? *Voyez Mainard, liv. 7. chap. 49. & 50.*

732   Il suffit d'être parent de l'estoc & ligne du vendeur sans être descendu de l'acquereur. Exemple : deux freres ont chacun un fils, l'un des freres achete un heritage & décede, son fils recueïlle sa succession, l'autre frere décede aussi, & laisse son fils, cousin de l'autre fils qui vend l'heritage : le cousin est recevable au retrait. *Voyez la Coûtume de Paris, art. 141. & Charondas ; liv. 3. Rép. 13.*

733   Retrait n'a lieu quand l'heritage est vendu à une personne de la ligne ; ni quand cet acquereur le revend à un autre de l'estoc & ligne, encore qu'il soit éloigné en degré. *Voyez Carondas, liv. 7. Rép. 35.*

734   Si l'on veut retirer par retrait lignager des heritages qui soient alienez par les enfans, il faut être parent du côté du pere, & non du côté de la mere, encore que lesdits heritages ayent été donnez par le pere à sa femme, & que les enfans en ayent joüi comme heritiers de leur mere. Arrêt de la Benestaye, & pour le sieur de Malicorne. *Montholon, Arrêt 17.*

735   Jugé que le lignager qui dans la quinzaine du remboursement, demande à retirer les choses ajugées à un plus éloigné, doit être preferé, mais non après la quinzaine, suivant l'avis de d'Argentré sur l'article 286. de la Coûtume de Bretagne, *glos. 2.* si les retrayans

retrayans également favorables & diligens se présentent, & un seulement consigne pour sa part; l'un & l'autre doivent être déboutez du retrait. *Rocquemont le Vest, Arr. 97.*

736 Le plus proche parent exclut toûjours le plus éloigné s'il n'a renoncé d'user de son droit, ce qu'il peut faire en faveur du vendeur ou de l'acheteur; si neanmoins il est simplement intervenu caution de la vente, il n'est pas exclus du retrait, suivant l'opinion de Du Moulin, *de Feud.* quoique par un ancien Arrêt de 1536. on ait jugé le contraire. *Basnage, sur la Coût. de Normandie, art. 452.*

737 Le plus prochain lignager peut retraire de l'acheteur lignager, qui n'est si proche parent du vendeur. Ainsi jugé par Arrêt du Parlement de Paris donné à la Chandeleur en 1543. *Papon, liv. 11. tit. 7. nomb. 29.* Il faut suivre la disposition des Coûtumes. Dans celles qui ne parlent point du plus prochain, il ne pourra exclure les autres parens qui auront formé leur action.

738 Les neveux, enfans d'un frere, ne peuvent retraire les acquêts vendus par leur oncle, parce qu'ils ne sont pas de la famille en laquelle l'heritage a fait souche. Arrêt du 7, Septembre 1565. *Papon, livre 11. titre 7. nomb. 37.*

739 Il semble qu'il est necessaire que l'heritage vienne de la souche commune du vendeur & du retrayant, soit qu'il vienne par succession directe ou collaterale. Toutefois on dit qu'en la Coûtume de *Paris*, il a été jugé au profit de Julien de Bouligny, contre M. Pierre des Forges, & Gilbert de Vendôme, que l'heritage acquis par un frere, & venu à son fils par succession, si le fils le vend, tel heritage peut être retiré par l'oncle du vendeur frere de l'acquereur; & de cet Arrêt est fait mention en un autre solemnel donné en la Grand'Chambre, le 29. Novembre 1566. par lequel il fut jugé en la Coûtume de *Berry*, sur l'article 4. du titre *des Retraits*, que la sœur n'étoit point reçûë à demander par retrait l'heritage vendu par son frere, auquel frere l'heritage étoit advenu par la succession d'un autre qui l'avoit premierement acquis; & ordonné que ledit Arrêt seroit lû & publié aux Sieges du Duché de Berry, pour servir de Loy en pareille difficulté. *Bibliot. de Bouchel, verbo Retrait.*

740 Arrêt du Parlement de Bretagne du 16. Août 1569. qui ajuge le retrait à l'oncle du fils du vendeur, comme son négociateur & bienveillant. *Du Fail, liv. 3. chap. 114.*

741 Par Arrêt du Parlement de Paris du 29. Mars 1599. jugé que le fils aîné, en la representation de son pere, exclut son oncle puîné au retrait lignager de l'heritage. *Berault, sur la Coûtume de Normandie, article 463. & Jovet, verbo, Retrait feodal & lignager, nombre 129.*

742 Si un parent du côté d'où l'heritage vendu procede, le retire dans l'an & jour, à compter non du jour du retrait fait par le parent plus éloigné, mais du jour de la vente de l'heritage, un autre plus proche parent du vendeur du même côté le peut retirer dans le premier an & jour du premier ou second acquereur, qui est détempteur de cet heritage, & même s'il y a quelqu'un de la famille, un plus proche parent le peut retirer de luy, de même que s'il avoit été vendu à un étranger; car suivant l'esprit de la Coûtume, le plus proche parent doit avoir la préference pendant le premier an & jour. Arrêt du Parlement de Dijon du 14. Février 1605. *Taisand, sur la Coûtume de Bourgogne, tit. 10. art. 2. note 1.*

743 Un heritage étant vendu à un de la ligne, un plus proche ne peut le retirer sur luy, quoique la Coûtume préfere le plus proche au moins proche. Arrêt du 21. Janvier 1625. en la Coûtume de *Boulenois. Du Frêne, liv. 1. chapitre 36.*

Tome III.

744 Le nom de parent ne se perd jamais, quoique l'on répudie la succession du défunt, & les acquêts qu'il a faits sont anciens à ceux qui luy devoient succeder, encore qu'il répudie, outre que le retrait lignager s'accorde, non pas à l'heritier, mais au parent; & il suffit que l'heritage soit ancien, sans qu'il soit besoin qu'il y ait un heritier, pourvû qu'il y ait un parent. Arrêt du Parlement de Dijon du 21. Juin 1646. *Taisand, sur la Coûtume de Bourgogne, titre 10. art. 1. note 3.*

745 Arrêt du Parlement d'Aix du 8. Février 1646. qui a jugé qu'en retrait lignager, le parent peut prêter son nom à un parent. *Boniface, tome 1. liv. 8. tit. 1. chapitre 7.* Semblable Arrêt du 19. Octobre 1640. *Ibidem, chapitre 8.*

746 Si l'acquereur est luy-même lignager, un pareil en degré que luy ne pourra point demander concurrence. 2. Mais si l'acquereur est plus éloigné, l'autre aura le retrait. *Papon, liv. 11. tit. 7. n. 27. 2. cont. Du Frêne, liv. 1. chap. 36. 1. cont. Automne, art. 6. 2. cont. Brodeau, lettre R. n. 53.* M. Abraham la Peirere, *lettre R. n. 153.* dit, je crois que comme l'action en retrait se regle à l'instar des successions, il n'est pas juste que l'acquereur puisse renvoyer un lignager plus proche que luy; mais quand il y a concurrence du degré, *facilius damus retentionem quam petitionem.*

Arrêt du 22. May 1648. rendu en la premiere des Enquêtes; jugé qu'un frere s'étant rendu adjudicataire des biens d'un sien frere, la sœur, quoy qu'en égal degré, ne pouvoit point venir au retrait lignager sur son frere. *La Peirere, lett. R. n. 153.*

747 Un retrayant du chef de son bisayeul, s'appercevant après l'an qu'il luy seroit plus facile d'établir par titres la preuve de sa parenté du chef de sa bisayeule, peut par Lettres de Requête civile, être reçû à le faire, même après l'ouverture des premieres Enquêtes, & la conclusion de la cause en droit. Arrêt du Parlement de Tournay le 8. Juillet 1700. rapporté par *M. Pinault, to. 2. Arr. 285.* Le sieur Huvino defendeur en retrait intenta revision d'Arrêt, mais il s'en desista, & fut condamné en l'amende & aux dépens, le 31. Octobre 1701.

RETRAIT, PERE, FILS.

748 Un mary survit sa femme; il est créé tuteur à ses enfans; la tutelle dure quinze ans, les enfans sont recevables à intenter l'action de retrait. *Voyez M. Louet, lettre R, sommaire 40.* Tronçon, *Coûtume de Paris, article 156. & l'article 155. de la même Coûtume.*

749 Retrait par le pere sous le nom de son fils. *Voyez M. le Prêtre, 3. Cent. ch. 95.*

750 Enfans en la puissance de leur pere, peuvent retirer par retrait lignager. Arrêt du Parlement de Bourdeaux du 14. Août 1521.

Le pere ne succede point à l'heritage retiré par retrait lignager au nom de l'enfant; il est propre au fils. Arrêt du Parlement de Paris du 7. Septembre 1560. *Papon, liv. 11. tit. 7. n. 2.*

751 Le pere succede à l'action du retrait intenté au nom de sa fille. Arrêt du Parlement de Bretagne du 26. Octobre 1568. *Du Fail, liv. 1. ch. 273.*

752 Le pere administrateur de son fils retire un heritage vendu par un parent de sa défunte femme; le pere & le fils meurent ensuite. Les parens maternels demandent l'heritage, disant qu'il n'est point acquêt, mais propre. Un frere consanguin du fils prétendoit au contraire qu'il c'étoit un acquêt. Arrêt du Parlement de Paris du 7. Septembre 1570. en faveur des heritiers maternels. *Papon, liv. 11. tit. 7. nomb. 37. & Carondas, livre 2. Réponse 101. & livre 6. Réponse 63.*

753 *An filius rem distractam à patre possit retrahere, saltem patre mortuo? & quid si hæres scriptus sit?* Voyez *Francisci Stephani, Decis. 34.* où il rapporte

Qqq

un Arrêt du Parlement d'Aix du 10. Janvier 1583. qui a jugé l'affirmative, *licet venditionis tempore facultas non suppetaret.*

754 Par Arrêt du Parlement de Bourdeaux du 20. Juin 1590 un fils fut reçu à retirer par tour de bourse certain heritage vendu par sa mere, avec clause de constitut & précaire, pacte de rachat de six ans, & bail à ferme pendant ce temps. La raison fut que la venderesse étoit toûjours demeurée en possession. *Chopin, sur la Coûtume de Paris, livre 2. titre 6. art. 3. & Papon, liv. 11. tit. 7. n. 2*

755 Par Arrêt du Parlement de Paris de l'an 1591. rapporté par *Berault, sur la Coûtume de Normandie, art. 482.* il a été ajugé à une fille du second lit, le tiers d'un heritage qui avoit été retiré par le pere au nom de deux filles du premier lit, plus de quinze ans avant que l'autre fût née.

756 Un homme vend son heritage propre. Depuis, comme tuteur de sa fille, il intente action en retrait lignager. La fille décédée comme son heritier, il reprend l'action. On luy objecte, 1º. qu'elle n'étoit née ni conçuë lors de la vente; 2º. que luy pere, *ex contractu*, est tenu de laisser joüir l'acquereur. Il répond, 1º. qu'elle étoit conçuë dans le temps marqué pour l'action du retrait, qui compete *jure sanguinis & familia, non jure haeredis ario*; 2. que la reprise du procez étoit faite *ex nová causá*. Arrêt du Parlement de Paris du 9. Février 1595. en sa faveur. *Bibliot. de Bouchel, verbo Retrait.*

757 L'action en retrait lignager intentée, passe à l'heritier. Arrêt du Parlement de Paris du 10. Février 1595. pour le pere heritier de son fils. *Papon, liv. 11. tit. 7. nomb. 1.*

758 Si le pere, ayant émancipé son fils de six ou sept ans, peut venir à la retraite? *V. Bouvot, tome 2. verbo Retrait conventionnel, quest. 16.*

759 Le pere ayant vendu, & le fils venant à la retraite, l'acheteur ne peut requerir qu'ils ayent à répondre par serment, s'il n'y a point de fraude, mais seulement s'ils ne viennent pas au retrait pour un autre. Arrêt du Parlement de Dijon du 24. Janvier 1597. *Ibid. quest. 20.*

760 Le pere vendant au fils, ou donnant par préciput un heritage, cet heritage est réputé ancien au fils, enforte que le vendant, ses enfans peuvent venir à la retraite, la vente étant faite après le décez du pere, quoique l'heritage fût acquis par le pere. Arrêt du même Parlement de Dijon du 21. Novembre 1613. *Ibid. quest. 34.*

761 Par Arrêt du Parlement de Toulouse du 17. Juin 1603. il a été préjugé qu'un fils de famille pouvoit, par vertu de la Coûtume du retrait lignager, retirer les biens vendus par son pere, en la puissance duquel il étoit, nonobstant la maxime, que ce que le fils acqueroit, retournoit au pere *jure patri potestatis*, & que le pere même fournissoit l'argent au fils qui n'avoit rien au monde de propre; & sic, indirectement, & au non supposé de son fils, venoit contre son contrat; mais il y a divers Arrêts du Parlement de Paris qui disent, que sur tels biens retirez par le fils, le pere n'a droit que d'usufruit, & n'en peut disposer. *Voyez Mainard, liv. 7. ch. 31.*

762 Si l'heritage retiré par le pere au nom de ses enfans leur appartient, au préjudice de ses creanciers? La Jurisprudence a changé. Jugé au Parlement de Roüen au mois de Décembre 1633. que le pere ayant acquis un heritage au nom de son fils, & le fils ayant renoncé à sa succession, pouvoit revendiquer cet heritage, sans que les creanciers pussent en arrêter les fruits. Autre Arrêt du 10. Décembre 1644. Autre du 17. Mars 1666. Suivant tous ces Arrêts on avoit tenu pour maxime, que les enfans ne sont point obligez au remboursement des deniers payez par leur pere, pour le retrait fait en leur nom; mais par un dernier Arrêt du 25. May 1674. on a changé cette Jurispru-

dence. *V. Basnage, sur l'article 482. de la Coûtume de Normandie.*

763 Si l'heritage retiré par le pere au nom de sa fille qu'il a depuis mariée, luy appartient au préjudice de ses freres nez depuis le retrait? Arrêt du Parlement de Normandie du 17. Décembre 1632. qui maintient les freres en la proprieté de l'heritage retiré. *Ibidem.*

764 La qualité de mere & tutrice naturelle, est suffisante en une action de retrait lignager. Arrêt du Parlement de Paris du 12. Janvier 1644. *Du Frêne, livre 4. chapitre 12.*

765 On ne doute point au Parlement de Roüen, suivant les Arrêts remarquez par *Berault*, que l'heritage retiré par le pere au nom de ses enfans, ne leur appartienne, & qu'il ne puisse plus l'aliener à leur préjudice, quoiqu'il en ait fourni les deniers. Arrêt semblable du 10. Décembre 1644. Il est vrai que par un Arrêt du 15. Novembre 1635. il fut jugé que l'heritage acquis par le pere sous le nom seul de l'un de ses enfans, & dont le prix étoit payé au nom de l'enfant, sans aucune stipulation de la part du pere, de le repeter, mais dont il avoit toûjours conservé la joüissance, étoit présumé appartenir au pere, & que les deniers avoient été fournis par luy pour son enfant qui étoit mineur; & par ce moyen, sans avoir égard à la vente que le fils en avoit faite, le pere fût maintenu en la joüissance de l'heritage. Cet Arrêt ne fait point de conséquence; la Cour jugea que l'heritage retiré par le pere au nom de ses enfans, & dont il avoit payé le prix, étoit comme en sequestre durant la vie du pere & du fils, & qu'il ne pouvoit être aliené ni par l'un ni par l'autre; le fils mauvais ménager, ne pouvoit en ôter la joüissance au pere: il seroit rigoureux de priver le pere de cet usufruit, c'est assez que le fils soit assuré de la proprieté. *Voyez Basnage, sur la Coûtume de Normandie, article 482.*

766 Par Arrêt du Parlement de Roüen du 10. May 1660. le fils du decreté qui avoit renoncé à la succession de son pere, fut reçu à retirer l'heritage decreté. L'on tint pour constant qu'un fils heritier peut retirer, pourvû que la saisie réelle & le decret n'ayent point été faits sur luy, parce que ce droit luy appartient à droit de sang, & il n'est pas moins admissible à retirer ce qui a été vendu par decret, que ce qui a été aliené volontairement. *Ibidem, article 452.*

767 Heritage retiré ou acquis par pere, mere ou autre ascendant, au nom de l'un de ses enfans, doit être remis en partage, si l'enfant n'avoit d'ailleurs, lors de l'acquisition, biens suffisans pour en payer le prix. Article 101. des Arrêtez du Parlement de Roüen, les Chambres assemblées, du 6. Avril 1666. *V. Basnage, tome 1. à la fin.*

768 Quand le pere sous le nom de son fils, vient au retrait de l'heritage par luy vendu, l'heritage appartient au fils en remboursant, & est reputé ancien acquêt en la personne du fils. *Bechet, art. 61.* Arrêt du Parlement de Bourdeaux du 26. Juin 1645. présidens M. le Premier, plaidans du Mantet, Vielbans & Dalon, entre Micanau jeune enfant impubere plaidant sous l'autorité d'un curateur contre le nommé Semilion, & la Demoiselle Vilatel mere de l'impubere, fut confirmé un appointement du Sénéchal de Guyenne, par lequel Semilion acquereur ayant été assigné en retrait lignager à la Requête de l'impubere, il cota des faits de fraude contre le retrait. & requit que l'impubere ni le curateur ne pouvant jurer, le serment fût par luy déferé à ladite Vilatel mere, dont elle fut déchargée par lesdits appointement & Arrêt.

Par autre Arrêt du 3. Mars 1663. il a été jugé qu'un pere, après une vente de fonds par luy faite, son fils âgé de trois ans venant au retrait lignager autorisé

par fon pere, le pere étoit obligé de fe purger, qu'il vouloit le bien pour fon fils & non pour autre. *La Peirere, lettre R. nomb. 202.*

769 Le fils de famille pendant la vie de fon pere, eft reçû à recouvrer par retrait lignager les biens vendus par fon pere. Arrêt du Parlement de Touloufe du 18. Juin 1667. rapporté par *M. de Catellan liv. 3. chapitre 12.*

770 Le pere a l'action en retrait pour fes enfans mineurs, elle ceffe par leur majorité. Arrêt du Parlement de Roüen du 14. Février 1680. rapporté par *Bafnage, fur l'article 452. de la Coûr. de Normandie.*

RETRAIT, PEREMPTION.

771 Les mineurs ou abfens du Royaume, *Reipublica cauſâ*, ne peuvent être relevez de la peremption d'an & jour. *V. Mainard, liv. 7. ch. 41.* où il rapporte l'Arrêt de 1566. contre le fieur de Gurton.

772 Il faut trois ans pour perir l'inftance de retrait lignager, aprés que la caufe eft conteftée, & qu'elle eft appointée en Droit; auparavant, l'action eft annale, de forte que fi elle n'eft pourfuivie, & la caufe conteftée dedans l'an, elle emporte perte de l'action contre le retrayant, *ratione L. omnes. ff. de reg. jur. omnes actiones quæ morte, aut tempore pereunt, femel Inclufâ judicio falva permanent.* Ainfi jugé fuivant l'opinion de *Tiraqueau*, par Arrêt du 2. Août 1584. *Tro-çen, art. 131. in verbo Majeur Mineur.*

773 Jugé qu'aprés l'ajournement en retrait lignager fans conteftation, il y a peremption d'inftance, par difcontinuation de pourfuites par an & jour. Arrêt du 23. Janvier 1588. *Le Veft, & Arrêt 386.*

774 Sentence qui ajuge le retrait lignager en rembourfant, & ordonne que l'acquereur mettra fon titre au Greffe, (quoiqu'il n'y ait point fatisfait) n'empêche la peremption contre le retrayant. Arrêt du 27. Novembre 1635. *Bardet, tome 2. liv. 5. ch. 28.* M. Talon Avocat General dit que regulierement l'execution d'une Sentence, même de provifion, duroit 30. ans; mais que dans les retraits il en devoit autrement, parce que telles Sentences n'étant que declaratives du droit & de l'action introduite par la Coûtume, leur execution ne devoit pas être de plus longue durée que l'action.

775 Arrêt du Parlement d'Aix du 22. Decembre 1666. qui a jugé que l'inftance en retrait, non conteftée, ne dure pas plus que l'action. *Boniface, to. 1. liv. 8. tit. 1. chapitre 9.*

Voyez le mot Peremption, n. 113. & fuiv.

RETRAIT, PREFERENCE.

776 En caufe pareille la condition de celuy qui previent, eft à preferer. *Coquille, Coûtume de Nivernois, chap. 31. de Retr. lign.*

777 En retrait des biens maternels les heritiers maternels préferez aux heritiers paternels; les terres du douaire propre à l'enfant par luy venduës, font retrayables par les parens paternels, & non par les maternels; Arrêt du 7. Septembre 1570. *Chopin Coûr. de Paris liv. 2 tit. 6. nomb. 11.* & au même nombre il remarque que le plus diligent eft préferé.

778 En retrait lignager, le plus prochain parent du vendeur eft préferé à celuy plus prochain, d'où vient l'heritage vendu. Arrêt du Parlement de Dijon du 14. Février 1605. *Bouvot, tom. 2. verbo Retrait conventionnel, queft. 43.*

779 De deux freres qui font venus à la retraite, celuy qui a été le plus diligent n'eft pas préferé à l'autre, quoiqu'il ait ceffion d'un parent plus prochain. Arrêt du Parl. de Dijon du 7. May 1607. *Ibid. qu. 50.*

780 La prévention & diligence n'a lieu entre perfonnes, qui font en même degré, il fuffit d'y venir dans l'an & jour. Arrêt du Parlement de Dijon du 7. Mars 1614. *Ibid. queft. 31.*

RETRAIT, PRESCRIPTION.

781 Prefcription pour le retrait lignager court pendant l'appel. *Voyez appel, nomb. 136.*

Tome III.

RETRAIT, PROCUREUR.

781 Arrêt du Parlement de Bretagne du 12. Février 1575. qui admet au retrait, quoique le retrayant eût une procuration generale & non fpeciale. *Du Fail, liv. 1. chap. 314.*

783 La Cour reçut un retrayant qui declara par fon Procureur, ayant procure generale, qu'il faifoit le retrait pour fe retenir à foy. Arrêt du 15. Mars 1632. au Parlement de Bretagne. *Sauvageau fur Du Fail, liv. 1. chap. 314.*

784 Celuy qui vient à la retraite au nom & comme ayant charge, doit juftifier de fa procuration fpeciale dedans l'an, ou faire ratifier fes pourfuites; & le temps de la retraite fe compte *de momento ad momentum.* Arrêt du Parlement de Dijon du 4. Juin 1601. *Bouvot, tom. 2. verbo Retrait conventionnel, queft. 11.*

RETRAIT, PROPRE.

785 Si l'heritage retrait par le lignager, luy eft propre. *Voyez le mot propre, n. 113. & fuiv.*

RETRAIT, RATIFICATION.

786 Si le vendeur a fait vente des biens de fon pupile la retraite n'a lieu du jour de la vente, mais de la ratification. Arrêt du 7. Février 1611. & fi le mary a été créé tuteur à fes enfans, le temps du retrait pour les biens acquis ou retirez du parent de la femme, court durant la tutelle. *Voyez Bouvot, tom. 2. verbo Retrait conventionnel, queft. 38.*

787 Si quelqu'un vend l'heritage d'autruy, comme le mary l'heritage de fa femme, fon procureur, fon mandataire, fans procuration, le retrait ne court que du jour que les contrats de vendition & ratification auroient été lûs. Jugé par un Arrêt du Parlement de Normandie, du 20. Juin 1619. rapporté par *Berault fur la Coûtume de Normandie, art. 453. titre des retraits & clameurs,* la raifon, parce qu'avant la ratification *non eft perfecta venditio,* & que l'acheteur ne fe peut point dire Seigneur incommutable.

RETRAIT, REMBOURSEMENT.

788 Le retrait lignager ne defire le rembourfement en mêmes efpeces. *Brodeau, fur M. Loüet lettre R. fom. 25. nomb. 15.*

789 Le retrayant ne doit pas rembourfer en mêmes efpeces de monnoye, & des Coûtumes du temps de forte & foible monnoye. *Voyez Coquille, tom. 2. queft. 183.*

790 Si un acquereur prend un decret, pour feureté de fon acquifition, & que l'on vienne au retrait lignager, le rembourfement doit être du prix du decret, & non pas du contrat de vente. *Voyez du Luc, liv. 9. tit. 3. ch. 5.*

791 Le lignager du premier vendeur qui veut retirer, n'eft pas obligé au fecond acquereur de rendre le plus haut prix de fon achat; mais bien le prix du premier achat, fauf au fecond acquereur fon recours contre fon vendeur pour le refte du prix qu'il a baillé; mais fi le fecond acheteur a acheté à moindre prix, le retrayant doit payer le prix du premier contrat, & non du fecond contrat. *Chopin, Coûtume de Paris liv. 3. tit. 4. nomb. 20.*

792 Le retrayant qui veut retirer l'aire d'une maifon qui a été brûlée dans l'an du retrait, & avant fon action, eft tenu à rembourfer le prix entier de l'acquifition. *Voyez Brodeau Coûtume de Paris art. 136. nomb. 3. & Mornac. l. 14. Cod. de contrahendâ emptione.*

793 Le retrayant lignager eft tenu rembourfer ce que l'acquereur a payé pour fe faire enfaifiner d'une rente, par le Seigneur duquel les heritages hypothequez à la rente, font tenus, pour avoir droit d'hypoteque en la Coûtume de Vallois. *Bibliotheque de Bouchel, verbo Retrait.*

794 Par Arrêt du 3. Janvier 1410. au Regiftre du Confeil, un appellant du Prevôt de Paris, reçû au Retrait d'une rente en rendant la fomme baillée par

Q q q ij

l'acheteur, & les loyaux coûts, en pareils deniers que lesdites sommes furent baillées & payées, ou en monnoye courante lors de l'Arrêt jusqu'à la valeur d'iceux deniers. *Ibid.*

795 Le retrayant est tenu de payer tout le prix quoiqu'il y ait terme pour le payement. *Voyez Bouvot, tom. 1. part. 1. verbo Retrait quest. 4.*

796 Par Arrêt du Parlement de Roüen du 23. Decembre 1503. Jugé que le retrayant n'est tenu rembourser les frais de l'hommage porté par l'acquereur dans l'an & jour du contrat lû, parceque l'acquereur n'étant incommutable *ultro se detulit*, autre chose seroit, si l'hommage avoit été fait après la saisie du Seigneur. *Berault, sur la Coûtume de Normandie, art. 453.*

797 La Coûtume de Tours porte que le retrayant a huit jours pour rembourser, pendant lesquels si un plus prochain lignager paroît, il sera reçû, un acheteur ayant long-temps contesté, tend enfin le giron. Dans les huit jours de la reconnoissance, intervient le curateur d'une fille âgée seulement de 3. à 4. mois; laquelle étoit née hors le temps du retrait. Arrêt du 14. May 1521. qui l'admet. On a prétendu conclure de cet Arrêt, qu'un enfant pouvoit être restitué contre l'annale prescription du retrait; mais il y a une raison de l'Arrêt, c'est au vendeur à opposer la prescription, icy il luy importoit peu de le faire, puisqu'il ne s'agissoit que d'une préference entre les parens. *Papon, liv. 11. tit. 7. n. 25.*

798 Un demandeur en retrait dûement reconnu, n'ayant ses deniers prêts, demande délay, il en est débouté, & appelle: cet appel demeure plus d'un an à juger, l'intimé voulut opposer la fin de non recevoir. Arrêt du 23. Juillet 1521. qui renvoye les parties pardevant le Prevôt de Paris à huitaine, auquel jour le retrayant pourra consigner. *Papon, liv. 11. tit. 7. n. 26.*

799 Un homme voulant retirer l'heritage vendu, presente le prix à l'acheteur qui le reçoit sans passer revente. Le retrayant se met en possession, & vend à un autre; l'autre acheteur voulut l'inquieter. Jugé par Arrêt du Parlement de Bourdeaux du 25. Janvier 1523. qu'il étoit non recevable, attendu qu'il avoit reçû son prix. *Papon, liv. 11. tit. 5. n. 4.*

800 Lignager n'est tenu de rembourser la plus valüe donnée par le vendeur. Arrêt du Parlement de Bourdeaux du 18. Juin 1523. *Ibidem. tit. 7.*

801 Arrêt du Parlement de Paris du 6. Septembre 1533. par lequel le retrayant a été condamné seulement à rembourser le prix du decret, & non celuy du contrat qui étoit plus fort.

Le Retrayant doit rembourser le sort principal, frais, loyaux coûts du premier contrat, non de l'adjudication forcée par decret. Arrêt du Parlement de Paris du 10. Août 1583. *Papon, liv. 11. tit. 7. n. 2.*

802 Le retrayant offrant le remboursement à l'égard du liquide & caution pour le non liquide, doit être écouté. Arrêt du Parlement de Paris du 9. Août 1551. autre Arrêt semblable rapporté par le *Caron au liv. 3. de ses Rep. chap. 23. Voyez Papon liv. 11. tit. 5. n. 2.*

803 *Quæritur.* Si le retrayant rendra le prix d'une rente sur l'heritage, à la charge de laquelle il a été vendu par le lignager, rachetée par l'acheteur dans l'an? *Nec videtur in hoc modo retractus beneficium difficilius reddi possit ab emptore intra annum domini commutabilis; contra tamen judicatum,* pour le vendeur contre le lignager, par Arrêt prononcé en robes rouges en 1566. confirmatif de la Sentence du Bailly d'Auxerre; contre l'opinion du Rapporteur, & de deux Presidents de la Grand'Chambre, & plusieurs autres. *Voyez la Bibliotheque de Bouchel, verbo Retrait.*

804 Il suffit de rendre la somme en valeur & non en mêmes especes de la numeration: comme si le prix est de 1000 liv. payées en écus, il suffit de rendre la valeur de 1000. en autres deniers loyaux & usuels

qu'écus: Arrêt du 17. Avril 1560. autre du 2. Août suivant, autre en Février 1565. quoique les especes eussent été augmentées entre le jour du contrat & celuy du retrait; *aliud,* si le prix est conçu en écus, & non la numeration seulement; comme au procès de Nus, où il fut dit que le prix seroit rendu en pareilles especes d'écus au Porc Epic, & fut douté s'il s'entendoit du Porc Epic couchant ou dressé. *Voyez la Bibliotheque de Bouchel, verbo Retrait.*

805 Par Arrêt du 26. Avril 1560. jugé qu'en matiere de retrait lignager, le remboursement est bien fait en monnoye usuaire, sans que le retrayant soit tenu de le faire en mêmes especes que l'acquereur a déboursées. *Ibidem.*

806 Le retrayant doit rembourser à l'acheteur tout ce qu'il a payé, même le sort principal & arrerages des rentes dont les choses étoient chargées, & que l'acquereur aura acquittées depuis son acquisition. Arrêt du Parlement de Paris du 23. Decembre 1560. *Papon, liv. 11. tit. 7. n. 21.*

807 Un retrayant obtient Arrêt à son profit le 5. Août 1557. en remboursant les frais & loyaux coûts. Il ne satisfait point dans la huitaine, ainsi qu'il est requis par la Coûtume de la Maine. L'acquereur presente sa Requête le 6. Août 1560. tendante à le faire déclarer non recevable. Le retrayant répond que l'action *ex judicato,* est perpetuelle jusqu'à 30. ans. Arrêt du Parlement de Paris du 23. Mars 1561. qui maintient le retrayant dans la possession des choses adjugées, & condamne le demandeur aux dépens. Il y avoit eu pareil Arrêt le 17. Février 1542. pour un moulin. *Bibliotheque de Bouchel, verbo Retrait.*

808 François de la Vilermaye achete de Gilles Morel adjudicataire par decret, certains heritages pour 600. l. depuis il supplée jusqu'à 1200. Jeanne & Gillette le Voyer demandent premesse qui leur est adjugée, payant 1200. liv. qui est le principal & supplément. Par Arrêt du Parlement de Bretagne du 27. Septembre 1561. il est dit, mal jugé, & réformant le Jugement, la premesse est adjugée payant seulement 600. liv. *Du Fail, liv. 2. ch. 146.*

809 Une vente est faite pour 1200. liv. moitié payée comptant, pour l'autre moitié, rente constituée. Un lignager se presente, & veut profiter de la condition du contrat. Arrêt du Parlement de Toulouse en 1562. qui le condamne au remboursement actuel du prix total avec dépens. *Voyez Maynard, liv. 7. chap. 31.* où il fait cette observation: Si cet Arrêt peut & doit être tiré à consequence sans appeller les vendeurs principaux, jugeront ceux à qui il appartiendra.

810 Entre François Poullart & François Gicguel Arrêt du Parlement de Bretagne du 30. Mars 1566. qui ordonne que Poullart remboursera huitaine après la liquidation, les loyaux coûts & frais, sur peine d'être déchû de ladite premesse suivant la Coûtume. Maintenant il y a quinzaine pour la Coûtume nouvelle, tant pour le principal que loyaux coûts, après la reconnoissance & adjudication; & ne suffiroit reconnoissance, car il faut aussi adjudication. Arrêt d'Audience du mois de Mars 1613. & aux loyaux coûts, ne vient le quart des ventes, qui est donné & remis à l'acquereur, qui dans le temps de l'Edit, exhibe son contrat. Arrêts en *Belourdeau R. Contro. 143.* mais bien les rentes; desquelles les Secretaires sont exempts, on qui sont remises par le Seigneur. *Voyez Du Fail, liv. 3. chap. 210.*

811 Remboursement en retrait en mêmes especes contenües au contrat, ou au prix qu'elles valoient lors du payement du Parlement de Bretagne du 14. Octobre 1566. *Du Fail, liv. 1. chap. 1210.*

812 Temps pour le remboursement, prolongé de trois jours, à compter du jour de la prononciation de l'Arrêt. Jugé au Parlement de Bretagne les 15. Mars 1568. & 20. Octobre 1572. *Du Fail, liv. 3. chap. 216.*

813 Yves le Moine requiert que le temps de rembourser un retrait de premesse à luy ajugée, luy soit prolongé; ce qui est ordonné dans trois semaines, à compter du jour de la prononciation du present Arrêt. Jugé au Parlement de Bretagne le 28. Mars 1568. *Du Fail*, *liv. 2. ch. 321.*

814 Un homme achete une place, à la charge d'y bâtir un moulin. Dans l'an il bâtit le moulin, & dans l'an il est ajourné en retrait lignager. L'on ajuge au lignager les lieux & le moulin, en remboursant les deniers portez par le contrat dans les 24. heures, temps de la Coûtume, & en remboursant l'estimation du moulin dans huitaine après la liquidation. Appel par l'acquereur, qui disoit pour grief qu'on luy devoit ajuger le remboursement de ce que le moulin luy avoit coûté, ou le choix de reprendre ou emporter son moulin, sans deteriorer la place. De plus, que le remboursement étoit ajugé dans la huitaine après la liquidation, & qu'il se devoit ajuger dans les 24. heures après la liquidation. Par Arrêt du 2. Decembre 1569. il fut dit, mal jugé, en ce qu'il étoit dit dans la huitaine, & en émendant le Jugement, que le remboursement du prix, & l'estimation du moulin se fera dans les vingt-quatre heures après la liquidation. *Bibliot. de Bouchel*, verbo, *Retrait.*

815 Le 10. Octobre, Arrêt qui donne trois semaines pour faire le remboursement: Assignation au 22. Novembre; les parties comparoissent. L'acquereur prétend le vendeur non recevable, attendu que les trois semaines sont passées. Le vendeur dit que la huitaine doit estre franche, *terminus à quo & ad quem non computantur.* Les jours sont de 24. heures. Arrêt du Parlement de Bretagne du 14. Août 1676. qui ordonne l'execution du retrait. *Du Fail*, *livre 1. chapitre 422.*

816 En l'instance du retrait lignager, entre Jean de Rey fils de Nicolas de Rey, comme plus proche parent, & Damoiselle Benigne Gaveau veuve de Jean Maillard, laquelle empêchoit le retrait comme adjudicataire du fecus Nicolas de Rey, qui luy avoit été délivré pour le prix de 6300. livres; il se presenta une difficulté, sur ce que Jean de Rey demanda la rétrocession des biens de son pere, & offrant de rembourser la Demoiselle Gaveau de cette somme de 6300. livres, prix effectif, elle soûtint qu'elle avoit augmenté son appréciation de 1800. liv. employées au payement d'une collocation qui la précedoit. Le retrayant ayant maintenu qu'il n'étoit pas obligé de payer ces 1800. liv. comme étant hors du prix de la vente lignagere; par Arrêt du Parlement de Dijon du 30. Janvier 1580. il fut dit que le retrait auroit lieu, sans que le retrayant fût tenu au remboursement des 1800. liv. dépens compensez. Ainsi il faut tenir pour constant, qu'en retrait lignager, l'augmentation frauduleuse du veritable prix est rejettée. *Voyez Taisand*, *sur la Coûtume de Bourgogne*, *tit. 10. art. 1. n. 24.*

817 L'acheteur doit être remboursé entierement des lods, quoiqu'ils n'ayent été payez. Arrêt du Parlement de Dijon du 5. Février 1581. *Bouvot*, *tome 2. verbo Retrait conventionnel*, *quest. 18.*

818 Si le remboursement que le retrayant est obligé de faire dans les 24. heures, échet un jour de Dimanche, il doit être fait ou offert valablement, sinon le retrayant doit être débouté, à moins qu'il n'y ait Procession solemnelle, comme de la Châsse de sainte Geneviéve, ou autres Reliques, auquel cas le remboursement pourroit être fait l'après-midy. Arrêts des 11. Mars 1603. & 14. Janvier 1588. *Papon*, *liv. 11. titre 7. nombre 19.*

819 Le retrayant voulant faire son payement, & pour cet effet avoit apporté ses deniers; pour en faire la numeration, & rembourser l'acquereur; si à l'instant ils sont saisis par d'autres creanciers, cela n'a effet

de remboursement. Arrêt du 21. May 1602. *Carondas*, *livre 13. Réponse 41.*

820 La Coûtume dit que quand un acquereur tend le giron, & a mis son contrat au Greffe, le retrayant lignager doit rembourser dans les 24. heures, *alias* est déchû du retrait. Le Parlement séant à Tours, une cause de la Rochelle en matiere de retrait ayant été évoquée au Parlement, *pendente lite*, l'acquereur tend le giron. Le retrayant demande un délay, pour aller querir son argent, eu égard à la distance des lieux, aux dangers des chemins, & attendu que la cause avoit été renvoyée de la Rochelle. L'acquereur objectoit qu'il devoit toûjours être prêt de rembourser, même dans les 24. heures, suivant la Coûtume en quelque lieu que fût la cause; neanmoins par Arrêt on donna au retrayant deux mois de délay. Au mois de Février 1603. se plaida à la Grand'Chambre une pareille cause, entre le sieur Maillard retrayant lignager, pour lequel Dolé plaidoit, & le sieur de Sardiny acquereur. Dolé demandoit un délay, attendu l'évocation, & alleguoit l'Arrêt précedent; neanmoins la Cour ordonna qu'il rembourseroit dans les 24. heures, *alias* déchû du retrait. Il étoit question de payer cent ou six vingt mille livres. *Biblioth. de Bouchel*, verbo *Retrait.*

821 Un retrayant lignager ne doit joüir du benefice des délais de payer, portez par le contrat de l'acquereur; l'offre de payer & continuer les rentes constituées pour partie du prix, n'est valable; il doit précisément consigner le total, sinon fournir acquit & décharge du vendeur dans les 24. heures. Arrêt du 23. Juin 1606. *Voyez les Relicts forenses de Railliard*, *chapitre 62.*

822 Si le retrayant est tenu au remboursement des voyages faits pour le contrat de vente, coûts d'aveu, dénombrement, frais de lettres, instrumens? *V. Bouvot*, *tome 1. pari. 3. verbo Retrayant.*

823 Lorsqu'il y a vente pour un prix d'un heritage, & qu'avant l'interpellation & consignation du prix de l'achat, il y a augmentation, le lignager est tenu rembourser le supplement, quand il y a preuve de fraude. Arrêt du Parlement de Dijon du 11. May 1610. *Bouvot*, *tome 2. verbo Retrait conventionnel*, *question 49.*

824 Par Arrêt du Parlement de Roüen du 28. May 1610. rapporté par *Berault*, *sur l'art. 453.* jugé que le retrayant n'est tenu de rembourser ce que l'acquereur a payé pour la plus-value & la sur-enchere du decret, mais seulement ce qui a déboursé pour la premiere adjudication, le decret n'étant que l'execution & l'accomplissement du premier contrat.

825 L'augmentation du prix (qui est la convention faite après coup le plus ordinaire) doit estre remboursée par le retrayant, lorsqu'elle se trouve faite avant ses diligences, quoique l'augmentation de prix & les diligences du retrayant ayent été faites le même jour, pourvû qu'il soit certain en fait que l'augmentation faite par le vendeur & l'acheteur, a précédé les diligences du retrayant, ainsi qu'il fut jugé au Parlement de Dijon le 8. Octobre 1615. La raison fut que l'augmentation avoit été faite le même jour que le lignager se presenta pour user du retrait, & qu'on avoit exprimé l'heure de Vêpres dans l'acte d'augmentation, au lieu que l'heure n'étoit pas exprimée dans l'interpellation faite à l'acheteur, pour recevoir son remboursement, ce qui donna lieu de croire l'interpellation étoit posterieure à l'égard de l'augmentation du prix. *Voyez Taisand*, *sur la Coûtume de Bourgogne*, *tit. 10. art. 11. n. 2.*

826 Le retrayant peut forcer l'acquereur à reprendre une rente qu'il a baillé au lieu d'argent. Arrêt du Parlement de Normandie du 17. Mars 1617. *Basnage*, *sur l'article 453. de cette Coûtume.*

827 Si le fils doit rembourser le prix du retrait, étant offert de prouver que les deniers avoient été prêtez

par l'acquereur ? Jugé pour l'affirmative. La raison fut que le contrat ne portoit pas que les deniers proviussent de cet acquereur ; on ne pouvoit donc le réputer un creancier privilegié : neanmoins, vû qu'il étoit constant que l'heritage étoit retiré de ses deniers, on ne trouva pas juste que le fils s'enrichît à ses dépens, *cum illius damno locupletior fieret.* Arrêt du Parlement de Roüen du 10. Decembre 1621. *Ibid. art. 482.*

828   Jugé par Arrêt du Parlement de Paris du 8. Février 1628. que le retrait lignager est en usage dans la Ville de Lyon, & l'acquereur ayant tendu le giron, doit être remboursé dans trois jours. *Bardet, to. 1. liv. 3. chapitre 2.*

829   Si un acquereur pouvoit donner sans fraude, temps de six mois ou un autre délay à un retrayant, de le rembourser, pour exclure les autres lignagers, & ensuite constituer en rente le prix du remboursement ? Au mois d'Août 1633. Adrien le Marchand, & Françoise Mansel, vendirent par autorité de Justice neuf acres de terre à Jean le Blanc moyennant 200. livres l'acre ; cette terre appartenoit à la femme. Le contrat fut lû le 30. Octobre 1633. & le 27. Octobre 1634. Adrien le Vilain parent de la femme forma action devant le Bailly de Longueville aux fins du retrait, & donna ajournement au 10. Novembre suivant. Avant l'échéance, le 28. Octobre, Adrien le Marchand, comme tuteur naturel & legitime d'Antoine le Marchand son fils mineur, avoit aussi fait signifier une clameur lignagere, & le 3. Novembre le Blanc luy avoit fait remise au moyen du remboursement qu'il confessoit luy avoir été fait. Il paroissoit neanmoins par une contre-promesse, qu'il n'avoit rien payé, & qu'il luy avoit donné temps de six mois de luy payer 1200. liv. pendant lequel temps l'acquereur demeuroit en puissance, & qu'à faute de faire le remboursement dans ce terme, cette remise demeuroit nulle. Le Vilain ayant representé ses deniers au jour de l'échéance de l'assignation, il conclut que, sans avoir égard à cette remise collusoire, l'acquereur devoit luy quitter la possession de l'heritage ; on ordonna seulement que le Vilain auroit son regard en cas de fraude. Arrêt du Parlement de Roüen le 23. Novembre 1635. *Basnage, sur la Coût. de Normandie, art. 478.*

830   Retrayant lignager doit rembourser à l'acquereur dans les 24. heures, cette partie du prix qu'il a payé actuellement en deniers ; mais pour les rentes passives du vendeur, dont l'acquereur s'est chargé de faire le rachat ; il y a lieu d'accorder un délay competent au retrayeur pour le faire. Jugé au Parlement de Paris le 4. Février 1636. *Bardet, tome 2. liv. 5. chap. 3.*

831   Le retrayant sur un acquereur, à la charge d'une rente, ne luy doit payer le prix de la rente ; il suffit qu'il promette l'en décharger envers le vendeur. Arrêt du 3. Février 1636. *Journal des Audiences, to. 1. livre 3. chap. 21.* où il est dit, cet Arrêt établit une Jurisprudence nouvelle.

832   Le terme de 24. heures donné par la Coûtume, pour l'execution du retrait, ne court que du jour que l'acquereur a mis son contrat au Greffe ; s'il est en demeure d'y satisfaire, on demande si le droit du retrayant est conservé en son entier ? Jugé par Arrêt du 27. Novembre 1636. que le retrayant étoit exclus du retrait, faute d'avoir fait son remboursement dans l'an, après la Sentence adjudicative du retrait. *Auzanet, sur l'art. 136. de la Coût. de Paris.*

833   Arrêt du Parlement d'Aix du 16. May 1645. qui a jugé que le retrayant donne caution du prix au vendeur, quoy qu'à pension perpetuelle, & que l'acheteur n'y fut pas soûmis. *Boniface, tome 1. livre 8. titre 1. chap. 4.*

834   Arrêt du 22. Mars 1647. qui a jugé que l'acheteur est obligé de payer au vendeur le prix du bien, du

retrait, & le retrayant obligé de le relever, & donner caution du prix, autrement déchû du retrait. *Boniface, ib.*

835   Jugé au Parlement de Roüen le 15. Janvier 1655. que le lignager n'étoit pas tenu de rembourser le vin du contrat, parce que la somme avoit été laissée en blanc, & remplie depuis la lecture ; ce seroit une ouverture pour commettre des fraudes que l'on ne doit point approuver ; & le Tabellion, pour avoir laissé la place en blanc, lorsqu'il expedié le contrat, fut condamné en 30. livres d'amende. *Basnage, sur la Coûtume de Normandie, art. 452.*

836   Par Arrêt du Parlement de Toulouse du 23. Février 1654. le retrait lignager fut jugé à Carlori sur l'offre & consignation par luy faite au vendeur, du prix & interêts, & sur l'offre faite à l'acheteur, des frais du contrat, sans exhibition d'aucuns deniers, & sans offre des loyaux coûts. Neanmoins par Arrêt posterieur du 23. Decembre 1655. il fut jugé après partage sur cet article, que le Comte de Clermont retrayant devoit payer à la Dame de Pompignac, qui avoit acheté, l'entier prix dont le terme du payement étoit déja échû, quoiqu'il ne l'eût pas entierement payé à la Dame de Recouderc sa mere, qui luy avoit vendu, d'autant que la Dame de Pompignac, qui étoit de bonne intelligence avec sa mere, demandoit dans le procés le payement de cet argent pour le luy compter ; ce qui fut ordonné par l'Arrêt que rapporte *M. de Catellan, tome 1. livre 8. titre 1.*

837   Arrêt du Parlement d'Aix du 1. Février 1657. qui a jugé que le retrayant ne remboursant le prix dans le terme établi par la Sentence, à peine de décheance, est déchû diffinitivement, & n'est point reçû à purger la demeure. *Boniface, tome 1. livre 8. titre 1. chapitre 6.*

838   Arrêt du même Parlement du 1. Février 1657. qui a jugé que le retrayant ne peut demander caution du prix qu'il rembourse à l'acheteur. *Ibid. ch. 5.*

839   Le Parlement de Dijon a jugé que la consignation doit être complete aussi-bien que les offres. Arrêt du 11. Mars 1658. au profit des nommez le Duc, contre la Demoiselle de la Grange, laquelle voulant retirer des heritages qu'ils avoient acquis pour le prix de 1210. livres, sçavoir 1100. livres pour le prix principal, & le surplus pour les frais ; sur ce n'ayant pas dit qu'elle offroit 1120. livres, pour le prix principal, cette omission de 20. livres la fit débouter du retrait lignager. *Taisand, sur la Coûtume de Bourgogne, titre 10. art. 1. n. 29.*

840   Par Arrêt du Parlement de Roüen du 4. May 1661. jugé qu'un retrayant étoit obligé de rendre à l'acquereur la valeur des heritages baillez avec argent, pour le prix de l'acquisition, quoique le retrayant offrît de faire rendre l'heritage ; le retrait étant introduit contre la liberté publique, il faut en toutes manieres desinteresser celuy que l'on dépossede, & que l'on prive du bon marché qu'il avoit fait. *Basnage, sur la Coûtume de Normandie, art. 452.*

841   Par Arrêt du même Parlement du 14. May 1661. il fut jugé qu'un retrayant étoit tenu de rendre au défendeur en retrait, la valeur de l'heritage baillé avec de l'argent pour prix de l'acquet, quoique le retrayant offrît de faire rendre le prix des immeubles baillez pour partie du prix ; & d'autant que par le contrat ils n'étoient point estimez, il fut dit que ce seroit à dûë estimation. *Ibid. art. 464.*

842   Si l'acquereur n'a pas payé le prix, mais s'est constitué debiteur du tout ou d'une partie, promettant de payer dans un certain temps, le lignager venant au retrait, est obligé de consigner l'acte de décharge, & de rembourser le principal & arrerages. Arrêts du Parlement de Dijon des 4. Août 1661. & 18. Janvier 1678. *Taisand, sur la Coûtume de Bourgogne, titre 10. art. 1. note 16.*

843   Le retrayant est obligé de payer à l'acquereur les

frais qu'il a faits en justice, ensemble la restitution de fruits esquels il a fait condamner le vendeur, à faute de luy laisser la possession de la chose venduë. *Chopin. Paris. lib. 1. tit. 6. n. 7.*

Arrêt rendu au Parlement de Bourdeaux le 7. Septembre 1667. en la Grand'-Chambre, au rapport de Monsieur de Mirat, entre le nommé Fermis & Robert. Fermis avoit acquis des biens d'un nommé Robert. Un lignager nommé Pierre Robert vient au retrait, lequel ayant fait quelque faute en la formalité du retrait, il est débouté du retrait. Ensuite paroît un autre lignager qui vient dans l'an ; Fermis luy accorde le retrait : mais demande qu'il ait à luy rembourser les frais & dépens qu'il avoit faits en plaidant contre le premier lignager, lesquels luy avoient été ajugez, & qu'il avoit fait taxer. Jugé que ce second lignager rembourseroit lesdits dépens audit Fermis. *La Peirere, lettre R. n. 178.*

844 Par Arrêt du Parlement de Roüen du 18. Decembre 1671. il fut dit que la retrayante ne rembourseroit qu'à proportion du prix total de l'enchere. *Basnage, sur l'art. 472. de la Coûtume de Normandie.*

RETRAIT, RENONCIATION.

845 L'heritier d'un lignager qui a renoncé à son droit de retrait, ne peut retirer de son chef. Arrêt du Parlement de Normandie du 7. Février 1673. Autre hose seroit si cet heritier présomptif venoit avant la succession échuë. *Basnage sur l'article 460. & 493. de cette Coûtume.*

Voyez le mot *Désistement*, & Bouvot, *tome 2.* verbo *Retrait conventionnel, quest. 57.*

RETRAIT LIGNAGER, RENTE.

846 Rente constituée à prix d'argent est sujete au retrait lignager. *Voyez Du Luc, livre 9. titre 3. chapitre 2.*

847 Il n'y a point de retrait lignager ou feodal aux rentes constituées, d'autant que sont rentes volantes, *que situm non habent*, mais aux heritages pris à rente rachetable. *Voyez Brodeau sur M. Loüet, lettre R. som. 2. nomb. 15.*

848 Retrait feodal ou lignager n'a lieu és rentes constituées, parce que *situm non habent, nec perpetuò fundum afficiunt.* Voyez *M. Loüet lettre R. som. n. 2.*

849 L'heritage baillé à rente rachetable est sujet au retrait dedans l'an & jour de la saisine ou infeodation, si c'est un fief. *Voyez Brodeau sur M. Loüet, lettre L. somm. 18. nomb. 11.*

850 Jugé par l'Arrêt 218. rapporté par Rocquement le Vest, qu'un lignager étoit recevable à retirer par retrait lignager une partie des propres alienez à rente, dont il avoit l'autre partie, afin d'empêcher le partage. *Voyez d'Argentré sur l'art. 194. de l'anc. Coût.* in verb's en ce qu'il en pouvoit payer ; *nullum exemplum*, dit-il, *in toto regno Franciæ talis juris reperitur.* Grim, *liv. 1. des Retraits, ch. 10.*

851 Rente venduë sur certains fonds, & sur tous biens est sujete à retrait. On est tenu de faire le remboursement en mêmes especes ; le titre doit être donné au retrayant, & une copie collationnée à l'acheteur. Arrêt du Parlement de Paris du 3. Janvier 1420. *Papon, liv. 11. tit. 7. n. 19.*

852 Par Arrêt du Semestre en la Chambre de M. le Président Ranconnet, 1550. jugé que retrait lignager avoit lieu en maison à Paris devant le Palais baillée à rente rachetable après avoir communiqué au Châtelet, & s'être informé *de modo utendi* ; *quid*, si l'heritage propre est baillé à rente rachetable, *quo casu*, il seroit sujet à retrait, si l'heritage peut être retiré par le lignager, quand la rente est rachetée, soit que le rachat ait été fait peu de temps après le bail à rente, comme de deux ou trois jours, ou long-temps après, comme de 5. ou 6. ans ? Cela a été disputé en la Coûtume de Paris ; il y a Arrêt du 13. Août 1551. par lequel il est ordonné qu'il sera informé d'office par deux Turbes, & depuis il y eut Arrêt au profit de la

lignagere du 14. Avril, & autre du dernier Decembre 1555. Autre sur l'execution du dernier Avril 1556. *Bibliotheque de Bouchel, verbo Retrait.*

853 Si l'acquereur dans l'un du retrait rachete quelque rente constituée, de laquelle l'heritage acquis étoit chargé, il faut que le retrayant rembourse & le fort principal baillé au vendeur, & les deniers que l'acquereur a débourset pour le racheter. Arrêt prononcé en Robes rouges le 23. Decembre 1560. *Voyez la Biblioth. de Bouchel, verbo Retrait.*

854 Par Arrêt de la prononciation de Noël 1560. entre Leonard Brissart & François le Prince ; la Sentence du Bailly de Sens fut confirmée, qui avoit condamné un lignager à rembourser 200. écus & 120. livres pour le rachat de 28. bichets de bled de rente que le défendeur en retrait avoit racheté incontinent après l'acquisition du fonds chargé de la rente par le contrat de vente du fonds, moyennant les 200. écus que le retrayant offroit rembourser & passer titre nouveau, à quoy il avoit été reçu par le Prévôt. La Cour se fonda sur ce que par le même contrat de vente la rente étoit déclarée rachetable, & que le rachat faisoit *partem pretii*, aussi-bien que les 200. écus. *Biblioth. de Bouchel, verbo Remboursement.*

855 On jugeoit anciennement au Parlement de Bretagne que retrait avoit lieu en rente constituée. Arrêt du 23. Septembre 1567. Autre Arrêt du 19. Septembre 1571. Cela n'a plus lieu ; Du Moulin prétend avoir fait changer la maxime & la Jurisprudence. *Du Fail, liv. 1. chap. 290. & 392.*

856 L'heritage vendu pour rente constituée ou pour prix payable à terme, les offres, la caution de faire décharger l'acquereur ne sont recevables, s'il veut décharge pure & simple. Arrêt du 5. May 1579. *M. le Prêtre, 2. Cent. ch. 23.* Voyez les articles de la Coûtume de Paris, *art. 129. & 137.*

857 Il n'y a lieu de retrait lignager en une rente fonciere perpetuellement rachetable, & échangée contre un heritage. Arrêt du Parlement de Dijon du 11. May 1584. *Bouvot, to. 2. verbo Retrait conventionnel, question 40.*

858 Retrayant lignager d'un heritage baillé à rente est tenu de rembourser le prix de la rente. Arrêt du Parlement de Paris du 5. Mars 1614. *Bardet, to. 1. liv. 2. chapitre 12.*

859 Le propriétaire d'un fonds sujet à rente fonciere peut le retirer au préjudice des creanciers. Arrêt du Parlement de Normandie du 8. Février 1629. *Basnage, sur l'article 501. de cette Coûtume.*

860 La Coûtume de Normandie en l'article 501. permet au lignager & au Seigneur de retirer la rente fonciere quand elle a été vendue ; & quand ils n'usent point de leur droit, le propriétaire du fonds sujet à la rente, peut la retirer ; mais cet article n'explique pas la difficulté, si quand la rente est vendue directement au propriétaire, le lignager & le Seigneur feodal ont droit de la retirer au préjudice du propriétaire du fonds. On a jugé par l'Arrêt rapporté par Berault, qu'en ce cas le propriétaire du fonds est préferable, parce que ce n'est pas proprement une vente, mais l'extinction d'une servitude ; ce qui a été pareillement jugé le 17. Juin 1635. *Basnage, sur cet article 501.*

861 M. le Royer Avocat avoit pris un fonds à fieffe à charge de rente fonciere, en déduction de laquelle rente il devoit payer 4. l. à la sœur du bailleur, qu'il luy devoit pour sa dot ; il étoit ajoûté qu'en cas que le bailleur fît le rachat des 4. livres de rente, le preneur seroit tenu de luy payer la rente entiere de 15. livres. Un lignager prétendit que c'étoit une vente, vû la paction d'amortir 4. livres de rente. On répondoit que ce n'étoit qu'une délégation pour payer les arrerages tant que la rente subsisteroit ; & pour la deuxiéme clause, que le preneur n'étoit pas obligé de fournir ces deniers en cas que le bailleur voulût

racheter ; il s'obligeoit seulement en cas de rachat à continuer la rente entiere. Par Arrêt du Parlement de Roüen du 5. Juin 1657. le lignager fut débouté de son action. *Ibidem , art. 452.*

862   Jugé par Arrêt du Parlement de Paris du 11. Février 1619. en la Coûtume de Chartres qu'une rente de bail d'heritages stipulée perpetuelle & non rachetable , ayant neanmoins aprés plusieurs années été rachetée du consentement du creancier, n'est point sujete au retrait lignager. *Soefve , tome 2. Cent. premiere , chap. 94.*

863   Rente perpetuelle en la Coûtume d'Anjou avec une simple faculté de remeré , n'est sujete à remeré. Arrêt du 17. Juin 1659. *Notables Arrêts des Audiences , Arrêt 19. Secùs en la Coûtume de Paris.*

863 bis.   La rente constituée à prix d'argent en faveur de mariage, n'étant plus rachetable aprés les 40. ans , est sujete à retrait comme une rente fonciere : ce qui fut jugé au Parlement de Roüen entre de l'Epiney & Boursi , le 20. Novembre 1664. *Basnage , sur la Coûtume de Normandie , art. 524.*

Voyez cy-dessus le mot Rentes, nomb. 283. & suiv.

RETRAIT, REPARATIONS.

864   Si le retrayant est tenu au remboursement des materiaux achetez pour réparations necessaires? *V. Bouvot, to. 1. part. 3. verbo Retrayant.*

865   L'acheteur d'un fonds pris par decret , auquel fonds il a fait quelques meliorations estimées par luy deux cents livres a l'adjudication des biens pour six cents livres , outre les méliorations. Le lignager par retrait n'est tenu de payer 200. livres pour les meliorations, mais bien suivant l'estimation. Arrêt du Parlement de Dijon du 25. Juin 1610. *Ibidem, part. 1. verbo Meliorations.*

866   L'acheteur d'une maison , en laquelle il fait des reparations , est preferable à tous creanciers pour la valeur & prix desdites réparations, & doit être colloqué aprés les frais privilegiez. Arrêt du Parlement de Dijon du 26. Juin 1610. *Ibidem , tome 2. verbo Retrait conventionnel , quest. 56.*

RETRAIT, RESTITUTION.

867   E's prescriptions annales on ne reçoit aucune restitution en entier. *Coquille Coûtume de Nivernois , titre de Retrait lignager.* Voyez *Carondas, liv. 3. Réponse 67.*

868   Un acquereur ayant reconnu au retrait, peut encore contester la ligne du vendeur, s'étant préalablement fait restituer. *Voyez Mornac , loy 14. ff. de Jurisdictione.*

869   Titius reconnu à retrait par Sentence du Prévôt de Paris , découvre que l'heritage devoit être évincé pour avoir été échangé avec une rente de l'Hôtel-de-Ville ; il appelle de la Sentence, & obtient Lettres pour se faire restituer, à cause qu'il avoit ignoré l'échange qui en avoit été fait ; la Sentence infirmée, & les Lettres admises. *Voyez ibidem , loy 11. §. ex causa ff. de interrogationibus.*

870   Le Prince par rescrit peut relever le demandeur en retrait, lequel ayant fait ajourner sa partie , & fait offres verbales, ne les a assez tôt executées, ni fait délivrance ou consignation de deniers , si aprés le relief le défendeur se laisse contumacer , les fruits sont dûs au demandeur à *citatione.* Arrêt du mois de Juin 1527. *Papon , liv. 11. tit. 7 n. 26.* où il est observé que ce relief est contre le stile & l'usage.

871   Le temps de retrait lignager court sans restitution même pendant les troubles, & nonobstant la mort arrivée au service du Roy. Arrêt prononcé en Robes rouges au mois de Septembre 1566. *Ibidem , n. 33.* Mainard, *liv. 7. deses quest. chap. 41.* Le Caron, *au 3. liv. des Rép. chap. 67.*

RETRAIT, ROY.

872   Le retrait a lieu contre le Roy. *Voyez Brodeau sur M. Loüet , lettre S. sommaire 22. nomb. 2.* Il y a des Docteurs de sentiment contraire.

Vente faite au Roy , à une Ville , pour la necessité 873 & commodité publique, n'est sujete au retrait lignager. *V. Mainard , liv. 7. chap. 40.*

Le Roy peut retenir ce qui est vendu de son fief im- 874 mediat , & non d'arriere-fief. *Voyez Papon liv. 11. tit. 5. n. 10.*

Retrait lignager n'a point lieu en terres venduës 875 au Roy. Arrêt du Parlement de Paris du 11. pour le Comté de Guines acquis par le Roy. *Ibidem , tit 7. n. 12.*

RETRAIT, SERMENT.

En retrait lignager, on peut faire jurer le retrayant 876 s'il veut les biens pour soy , ou pour autrui , ou si c'est de ses deniers ou de ceux d'autruy qu'il fait la consignation , car le droit de retrait ne peut être cedé à un tiers. *Voyez Mainard , livre 7. ch. 46.*

Le retrayant lignager est simplement tenu d'af- 877 firmer que c'est pour luy l'heritage , sans être contraint de dire s'il veut le garder , ni s'il a emprunté les deniers. Arrêt du Parlement de Paris du mois de Novembre 1572. qui avoit condamné une femme à tenir prison, faute de dire & répondre si on lui avoit prêté l'argent. *Papon , liv. 11. tit. 7. n. 9.* M. Mainard dit que le Parlement de Toulouse approuve le serment du demandeur s'il veut les biens pour luy, & si les deniers fournis sont à luy.

Le sieur du Plessis vend des heritages à Bequet pour 878 2060. livres. Le fils du vendeur demande la préemesse , Bequet l'accepte , le retrayant fournit nombre d'especes qui reviennent à 2450. liv. eu égard au cours des especes entre Marchands. Bequet reçoit cet argent , mais il dit qu'il ne vaut selon l'Edit du Roy que 1600. livres. Le retrayant assigné pour payer le reste , dit que Bequet qui est Marchand a pris les especes selon le cours qu'elles ont dans le commerce, il s'est rapporté à son serment , & au cas de refus, déclare qu'il se désiste du retrait? Arrêt du Parlement de Bretagne du 30. Août 1577. qui ordonne que Bequet sera tenu de jurer, si mieux il n'aime retenir la terre , & rendre les especes reçuës à l'appellant, suivant l'offre , sans dépens, & pour cause. *Du Fail, liv. 1. chap. 444.*

Le retrayant peut faire purger par serment le ven- 879 deur & l'acheteur. Arrêt du Parlement de Roüen du 19. May 1618. *Basnage , sur l'article 465. de la Coûtume de Normandie.*

Par Arrêt du Parlement de Dijon en 1622. serment 880 du retrayant qu'il n'avoit pas prêté son nom à un étranger pour le mettre en possession de l'heritage sujet au retrait ; l'acheteur fut admis à la preuve du contraire. *Taisand sur la Coûtume de Bourgogne , tit. 10. art. 6. n. 3.*

Jugé au Parlement de Paris le 30. May 1650. qu'en 881 matiere de retrait lignager le retrayant auquel le serment est déferé sur le fait de fraude s'accommodant de nom, doit faire l'affirmation en personne, & non par Procureur. *Soefve , to. 1. Cent. 3. chap. 41.* & enfin c'est *in pecuniariis controversis* qu'il est permis de répondre par Procureur ; & non dans ces sortes d'actions personnelles & réelles.

RETRAIT, SERVITUDE.

Il y a lieu de retraite en servitude , & vente de 882 droit de prisage. Arrêt du Parlement de Dijon du 5. Avril 1612. *Bouvot , tome 1. verbo Retrait conventionnel , quest. 37.*

Encore que la Coûtume ne dise pas que le retrait a 883 lieu en vente de servitude réelle, neanmoins la servitude réelle ne laisse pas d'être sujete au retrait lignager , quand le retrayant est possesseur de l'heritage dominant auquel cette servitude est attachée ; car on la regarde comme étant de la même nature & qualité que le fonds , & l'on a égard qu'elle le rend plus utile & plus considerable ; ainsi les Arrêts ont jugé qu'elle étoit sujete au retrait, de même que le fonds dont elle fait partie, l'un ne pouvant être separé de

l'autre

l'autre. *Taisand sur la Coûtume de Bourgogne*, *titre* 10. *article* 9. *n.* 4. où il cite un Arrêt du Parlement de Dijon du 29. May 1612.

RETRAIT, TEMPS.

884 *Voyez* le mot *Delay*, *nombre* 33. & *suiv.* M. le Prêtre, *Cent.* 4. *chap.* 98. & *cy-dessus le nombre* 182. & *suivans.*

885 Le temps du retrait court du jour de la vente sous signature des parties, quoiqu'il y soit stipulé, *à la charge de la passer pardevant Notaire Royal.* Arrêt du Parlement de Dijon du 30. Mars 1562. *Bouvot*, *to.* 2. *verbo Vente*, *quest.* 1.

RETRAIT, TOUT OU PARTIE.

886 Si le retrayant est obligé de retenir toutes les pieces acquises par un même contrat. *Voyez Mornac*, *ad l.* 34. *ff. de adili. edict.* Pasteur & Coquille, *ibidem*, Loüet & Brodeau, *lettre R. n.* 25.

887 S'il y a des heritages anciens vendus avec d'autres acquêts, le lignager est tenu de retirer tout, & de consigner tout le prix. *Ibidem*, *to.* 1. *part.* 2. *verbo Lignager*, *quest.* 2.

888 Si le retrayant doit payer tout le prix convenu, quoiqu'il ait terme de payer le tout ou partie ? *Voyez Bouvot*, *tome* 1. *part.* 1. *verbo Retrait question* 4.

889 Retrait lignager & conventionnel ne se divisent point, & doit le tout être retiré. Arrêts du Parlement de Paris des 7. Février 1546. & 14. Août 1568. Ce dernier Arrêt a jugé que le retrayant doit retraire le total, si bon semble à l'acquereur, quoique le total de l'heritage vendu ne soit retrayable par luy. *Papon*, *livre* 11. *titre* 5. *nombre* 8.

890 Un coheritier peut retirer le tout par retrait lignager sans cession de ses coheritiers. Arrêt du Parlement de Paris du 21. Avril 1548. Si de trois freres demeurans ensemble l'un vend sa portion hereditaire à l'autre, l'acquereur est obligé d'en faire part à son frere. Jugé par deux Arrêts des 3. Août 1526. & 23. Juin 1548. *Ibidem*, *tit.* 6. *n.* 8. Chopin, *liv.* 3. *de privil. rust. part.* 3. *cap.* 10.

891 Un lignager receu à retirer par retrait une partie des propres alienez & baillez à rente, dont il avoit l'autre partie. Arrêt du 23. Decembre 1561. *Le Vest*, *Arrêt* 218. *Voyez* M. *Loüet*, *lettre R. somm.* 25.

892 Si par un même contrat il y a des heritages retrayables, & non retrayables vendus, le retrayant est tenu de tout prendre & rembourser l'acheteur, s'il le requiert. Arrêt du 7. May 1569. car un quartier fait vendre un autre. *Voyez la Bibliotheque de Bouchel*, *verbo Retrait.*

893 Un retrait est demandé; l'acquereur dit avoir acheté plusieurs terres situées dans trois Jurisdictions, il offre de recevoir au retrait pour le tout, ou que loties en soient faites suivant la Coûtume, mais que c'est à luy de choisir. Arrêt du Parlement de Bretagne du 21. Février 1572. qui accorde le retrait tel qu'il est demandé. *Du Fail*, *liv.* 1. *chap.* 342. Arrêt contraire du 8. Janvier 1607. en *Belordean P. Contr.* 136. & autre du 11. Août 1605.

894 Si un acquereur achete plusieurs choses, dont partie est sujete au retrait, les autres non, on distingue si la vente est faite *unico pretio*, le retrayant est tenu de retirer le tout ; *secùs*, s'il y a diversité de prix, encore que les heritages soient acquis par un seul contrat ; mais dans le retrait feodal le Seigneur n'est tenu de retirer la totalité des choses vendües, ce n'est que le Seigneur ne soit Seigneur du fief qu'en partie, auquel cas il est au choix de l'acquereur de l'admetre pour sa partie ou pour le tout. Arrêt du 20. Janvier 1577. *Brodeau sur* M. *Loüet lettre R. Som.* 25. *nomb.* 7. & 12. *Voyez* Mornac *l.* 34. *ff. de adili* 110 *edict.* & la loy 13 *ff. de in diem additione.*

895 Arrêts du Parlement de Dijon qui ont jugé, que quand les meubles & les heritages ont été vendus

Tome III.

---

dus ensemble pour un seul prix, l'acheteur peut contraindre le retrayant à tout prendre, ou à tout laisser; les Arrêts sont du 30. Janvier 1580. & du 5. Février 1627. le choix fut laissé à l'acheteur de quitter les anciens, & de retenir les acquêts, ou de tout quitter; mais si l'acheteur revend les anciens dans l'an du retrait, & se reserve les acquêts, le retrayant pourra retirer dans la même année du second acheteur separément revendus, nonobstant la clause contraire qui pourroit être dans le contrat, sans que le premier acheteur le puisse obliger à retirer le tout; la raison de la difference est que le premier acquereur n'a plus d'interest, & s'est départi de son droit, ayant divisé les anciens d'avec les acquêts par la vente separée des anciens, & par la reserve des acquêts. *Taisand*, *sur la Coûtume de Bourgogne tit.* 10. *art.* 1. *n.* 16.

895 Par un même decret, un particulier acquiert une metairie située pour la plus grande partie en la Coûtume de Montargis, où le retrait lignager a lieu, l'autre partie en la Coût. d'Orleans qui ne l'admet, Il est appellé en retrait pour le total; il se défend pour ce qui est situé en la Coûtume d'Orleans. Arrêt du 3. Juin 1589. qui le condamne à se départir des heritages sis au bailliage de Montargis, & quant à ceux sis au Baillage d'Orleans, l'en absout, ordonne que l'estimation sera faite des heritages par gens de ce connoissans, & ce pour faire rembourser l'acquereur du prix des heritages situez en la Coûtume de Montargis, si mieux il n'aimoit rendre le tout par droit de retrait. *Papon*, *liv.* 11. *tit.* 5. *n.* 8.

897 Le retrayant lignager est tenu de retirer ce qui est acquêt, lorsqu'il ne peut commodément se separer d'avec le propre. Arrêt du 21. Juillet 1606. M. *Bouguier*, *lettre R. nomb.* 15. Secùs s'ils se peuvent commodément diviser, *Montholon Arrêt* 8.

898 *Domus indivisa à pluribus vendita in consuetudine Turonicâ, filius unius ex venditoribus vult universam domum jure gentilitio habere, à petitione summotus est secundùm art.* 178. *consuetudinis, circà tamen impensas*, le 4. Août 1609. *secùs, in consuetudine Parisiensi cum additio uno pretio facta est.* Mornac. *l.* 16. *ff. de in diem additione.*

899 La Coûtume de Bretagne art. 194. reçoit le lignager au retrait pour autant que les choses se puissent commodément diviser. Monsieur Titaqueau est d'avis, que le retrayant est recevable qu'en retirant le tout. Par Arrêt du Parlement de Roüen du 13. Mars 1618. le retrayant fut déclaré non recevable, à faute de prendre le tout; le lignager n'étoit pas favorable, parce qu'il avoit qualité pour retirer le tout étant neveu des autres vendeurs. *Basnage*, *sur la Coûtume de Normandie art.* 452.

900 Retrait lignager est individu, & le retrayant n'est pas recevable à demander les terres, & rejetter un Gouvernement compris en la vente, sous prétexte qu'il n'est pas en commerce faute de l'agrément du Roy. Jugé au Parlement de Paris le 7. Juin 1624. en faveur de M. de Luxembourg qui avoit acquis les Terres de Lausat & de S. Savin situées en Guyenne, & le gouvernement de la Ville de Bourg pour le prix de 200000. liv. *Voyez Bardet*, *tom.* 1. *liv.* 2. *chap.* 22.

901 Quand on dit que le retrait ne peut s'executer en partie, cela s'entend à l'égard de l'acquereur, & non de deux collingnagers aufquels le droit est acquis chacun pour moitié, & ne leur peut être ôté, *iis invitis*, notamment quand l'heritage se peut commodément diviser, & les offres que peut faire le lignager à l'autre de prendre le tout ou bien de luy laisser, ne sont considerables. Arrêt du 21. Mars 1630. *Brodeau sur* M. *Loüet*, *let. R. som.* 25. *nomb.* 10. *fine.*

902 Arrêt du Parlement de Bretagne du 30. Avril 1651. qui a jugé que le parent en un estoc peut exercer le retrait pour le tout contre l'acquereur étranger. En

Rrr

quoy on n'a pas suivi les Coûtumes voisines, Tours, Maine, Anjou, qui déferent à l'acquereur étranger l'option d'obliger le retrayant des heritages d'acquêt à prendre le tout ou partie. *Voyez Hevin sur Frain*, *page* 46.

903 Par Arrèt du Parlement de Roüen du 20. Juin 1653. jugé qu'encore qu'un retrayant ne pût être reçu à retirer tout ce qui a été vendu ou encheri contre la volonté du vendeur ou de l'adjudicataire, neanmoins quand il y donne les mains, le retrayant est obligé de prendre le tout; mais cet Arrêt n'a pas été suivi. *Basnage, sur la Coûtume de Normandie, art. 452.*

904 Deux freres coheritiers ayant vendu conjointement une maison qu'ils avoient partagée auparavant par 800. liv. dont l'un devoit recevoir 300. liv. & l'autre 200. liv. parce que chacun ne seroit garant que de sa part, un lignager également parent, ne vouloit clamer qu'une part, parce que la garantie de l'un des freres étoit bonne, & celle de l'autre douteuse; mais par Arrèt du Parlement de Roüen du 18. Février 1638. il fut jugé qu'il étoit tenu de clamer le tout. *Basnage ibidem.*

905 Par Arrèt rendu au Parlement de Bourgogne le 16. Février 1697. en réformant la Sentence du Bailliage de Beaune du 5. Decembre 1696. on déboûta Loüis Dorey Boulanger en la même Ville & sa femme, intimez, de la demande en retrait pour la moitié d'une maison; laquelle moitié n'y étoit pas sujete, quoique cette maison fût indivise & construite d'une maniere à ne pouvoir être partagée sous le benefice des offres faites par l'appellant qui étoit acquereur de la maison dont il s'agissoit, de la liciter dans les formes ordinaires, & de retroceder l'autre moitié de la même maison, laquelle moitié étoit seulement sujete au retrait, en satisfaisant par les intimez aux obligations portées par la Coûtume de Bourgogne. *Taisand, aux additions, p. 817.*

RETRAIT, TRANSACTION.

906 Retrait a lieu d'un heritage cedé par transaction. Arrèt du P. de Bretagne du 17. Octobre 1575. *Du Fail, lib. 1. chap. 368.*

907 Arrèt du Parlement de Bretagne du 16. Octobre 1578. qui déboûte d'un retrait demandé. Les moyens du défendeur étoient que le contrat étoit une transaction non une vente, & que si on pouvoit considerer cette transaction & partage comme une vente, il possedoit depuis 15. ans. *Du Fail, liv. 3. chap. 394.*

908 Retrait lignager n'a lieu en transaction. Arrèt du Parlement de Toulouse du 7. Juillet 1622. *Cambolas liv. 4. chap. 39.*

RETRAIT, TUTEUR.

909 Le tuteur qui acquiert un heritage dont son pupille est lignager, & avoit fonds en la tutelle pour acquerir, le pupille étant majeur, peut dedans l'an après la tutelle finie, & compte à luy rendu, recouvrer l'heritage par retrait lignager, nonobstant que l'an & jour fût passé. *Voyez Coquille, tom. 2. quest. 181.*

910 Entre Dame Françoise de Pompadour tutrice de sa fille, & Robert Forgeais, l'intimé acquiert l'heritage avec le sieur du Pont, bannit & certifie ses bannies le 27. Octobre 1568. L'appellante signifie le 22. Octobre à l'intimé une opposition extrajudicielle de non s'approprier, & demande prémesse le 28. Septembre 1570. l'appellante ajourne l'intimé pour proceder sur cette opposition extrajudicielle; il dit que l'appellante est non recevable; ce qui est ainsi jugé & confirmé par Arrèt du Parlement de Bretagne du 15 Février 1571. L'appellante disoit que sa fille étoit absente & hors du Duché. L'intimé répondoit que l'appellante tutrice, y étoit au temps des bannies, qui est le temps considerable. *Du Fail, liv. 1. chap. 314.*

911 Par Arrèt du Parlement de Paris du 28 Avril 1610. jugé que le tuteur qui avoit été évincé du retrait au nom de son mineur, devoit porter les dépens en son propre & privé nom; la raison étoit qu'il n'avoit point pris avis de parens de son mineur, lorsqu'il avoit voulu intenter ladite action, suivant la Loy, *non est ignotum, Cod. de admin. tut.* Berault *sur la Coûtume de Normandie art. 463. Jovet verbo Retrait feodal & lignager n. 130.*

912 Il n'y a lieu de retraite pour l'heritage donné par un tuteur en payement du reliqua du compte, omissions & souffrances, & autres differends à un pupille. Arrèt du Parlement de Dijon du 13. Avril 1617. *Bouvot, tom. 1. part. 3. verbo Retraite quest. 3.*

913 Par Arrèt du Parlement de Paris du 14. Février 1619. rapporté par Berault sur la Coûtume de Normandie art. 463. Jugé que les heritages retraits par un père tuteur au nom de ses enfans, leur appartenoient. *Jovet, verbo Retrait feodal & lignager, n. 131.*

RETRAIT, VILLES.

914 Biens achetez pour les Villes, s'ils sont sujets à retrait? *Voyez cy-dessus le nomb. 255. & suiv.*

RETRAIT, USUFRUIT.

914 bis Vente d'usufruit quand est retrayable? *Voyez Basnage, sur l'art. 502. de la Coûtume de Normandie.*

915 Chassanée & autres tiennent qu'en vente d'usufruit retrait a lieu; le contraire est decidé par la Coûtume de Paris, art. 147. *Voyez M. Loüet lettre D. som. 23.*

915 bis L'an est aussi à prendre du jour de l'usufruit fini. Arrèt du 14. Février 1585. *Papon liv. 11. tit. 7. n. 13.*

916 L'on ne peut retirer par retrait lignager un usufruit, comme un douaire; la raison, que l'usufruit ne fait part de l'heritage sur lequel il est dû, *non est pars dominii*, ce sont droits separez que l'usufruit & la propriété. *L. restè 35. ff. de verb. sign.* tellement qu'un demandeur en retrait lignager pour un douaire, en a été deboûté par l'Arrèt du 23. Avril 1612. *Tronçon, art. 144. Berault* en rapporte un Arrèt du Parlement de Normandie du 20. Juin 1617. *en l'art. 502. de la Coûtume de Normandie.*

RETRAIT, MY-DENIER.

917 Voyez Mornac *l. 61. ff. de ritu nuptiarum.* la *L. 81. ff. pro socie,* & la *L. 78. ff. de jure dotium § si fundus.* Voyez *M. le Prêtre 3. Cent. chap. 99. Chopin, Coûtume de Paris liv. 2. tit. 6. n. 19.*

918 Si le survivant des deux mariez, en negligeant de rembourser les heritiers du premier décedé, quand l'heritage de son estoc a été acquis, peut préjudicier aux autres lignagers? *Voyez Coquille, tome 2. quest. 139.*

919 Quand le survivant des deux mariez est tuteur de ses enfans, & il ne rembourse pas dedans l'an, si l'heritage sera conquêt son avantage? *V. ibid. question 140.*

920 Si l'un des coheritiers fait seul le remboursement, sera-t-il tenu d'en faire part aux autres, & dans quel temps? *Voyez ibid. question 141.*

921 Retrait de choses acquises pendant le mariage, est suspendu jusqu'au jour de la dissolution de la Communauté, & au cas qu'il y ait des enfans, le retrait ne peut être exercé que du jour de leur decès. Arrèt du Parlement de Paris du dernier Janvier 1544. *Papon, liv. 11. tit. 7. n. 36.*

922 Jugé au Parlement de Bretagne, qu'un mary n'est point recevable à demander la prémesse au nom de sa femme, des heritages qui sont de son ramage, après l'an & jour de l'appropriement de l'acquereur, encore qu'il ne fût dans la Province lors de la certification des bannies de l'appropriement. Belord, & la chose retirée du côté de l'un des conjoints est son propre, de sorte qu'elle n'est engagée pour les dettes de l'autre. Arrèt en Peleus, liv. 3. art. 32. Voyez Du Fail, liv. 1. chap. 303.

623 Un pere meurt & laisse deux enfans, la veuve est tutrice; les enfans décedent ensuite; une sœur du pere se porte heritiere, & conclut au retrait de la

moitié des acquets faits pendant le mariage, des héritages étant de son ramage avec offre de my-denier, suivant la Coûtume. La veuve objecte que le retrait n'a point été intenté dans l'an, & qu'il y en a cinq que le défunt est mort. La sœur répond que le temps n'a pû courir, attendu que la veuve avoit caché les contrats. La veuve replique que la Coûtume use de ce mot *dans l'an*, & que le retrait est odieux ; un tuteur n'est *in dolo*, *nec in culpâ qui acquirendi occasione non utitur*. Arrêt du Parlement de Bretagne du 14. Mars 1570. qui déboute du retrait. *Du Fail, liv. 1. chap. 303.*

914   Quand deux conjoints par mariage, ayant enfant ont acquis chose sujete à retrait, l'an & jour du retrait lignager ne court que depuis le décès des enfans du survivant. Arrêt du 8. Juin 1574. *Papon, liv. 11. tit. 7. n. 13.*

915   Le survivant des deux conjoints par mariage en la tenuë feodale, duquel ont été acquis quelques heritages durant iceluy peut en demander par retrait feodal la moitié en rendant la moitié du sort principal, frais & loyaux coûts. Arrêt du 23. Août 1684. confirmatif de la Sentence du Senechal du Perche, ou son Lieutenant à Bellême. *Carondas, lib. 7. Resp. 20.*

916   Jugé par Arrêt du Parlement de Paris du 15. Mars 1589. que le Censier qui acquiert le fief dominant, réünit la cenfive au fief, s'il n'y a déclaration au contraire, & depuis la même question a été jugée le 24. Février 1607. entre les heritiers de M. Thomas de Bragelonne. *Bibliotheque de Bouchel, verbo Cenfive.*

917   Le mary pendant la Communauté retire par retrait feodal un heritage ; il décede, sa veuve prétend la moitié. Jugé qu'elle n'auroit que la moitié du prix. Arrêt du 15. Septembre 1594. *M. Loüet, lettre R. Som. 3.* Brodeau *sur cette lettre R. nombre 5.* remarque que si le mary & la femme sont tous deux lignagers, le retrait du my-denier ne peut avoir lieu, mais l'heritage se divise par moitié. *Voyez le même Brodeau, sur la lettre R. somm. 25.*

918   Sur l'article 332. de la Coûtume de Normandie, qui permet au mary ou à ses heritiers de retirer dans les trois ans du jour du décez de la femme, la part qu'elle a en proprieté aux conquêts, il a été jugé au Parlement de Roüen le 24. Janvier 1692. qu'en cas de prédécez du mary, ses heritiers ne sont point tenus de faire ce retrait dans les trois ans, mais qu'ils peuvent le diferer l'action jusqu'à trois ans après la mort de la femme. *Basnage, sur cet article.*

919   On ne peut faire le remboursement d'une partie d'un heritage, mais on est obligé au tout. Arrêt du Parlement de Roüen du 19. Juillet 1652. *Basnage, ibidem.*

920   Les heritiers du mary ayant retiré la part des conquêts qui a appartenu en propriété à la femme, elle devient un propre paternel en la personne des heritiers qui la retirent ; le droit qu'ils ont eu de la retirer, leur est venu à droit successif du côté du mary ; mais si le mary l'avoit retiré luy-même durant son second mariage, ce seroit une nouvelle acquisition, à laquelle la seconde femme auroit part, le droit & l'action change de nature en la main de ses heritiers. Arrêt du même Parlement du 22. Février 1674. *Ibidem.*

931   Les oncles & les neveux peuvent retirer leur part des conquêts. Arrêt du Parlement de Roüen du 3. Avril 1655. *Ibid.*

932   Il ne suffit pas que l'action en retrait soit intentée dans les trois ans ; mais le remboursement ou la consignation en doivent être faits dans les trois ans. Arrêt du Parlement de Roüen du 26. Février 1619. Les heritiers de la femme ne sont pas tenus de rembourser l'integrité des conquêts, quand le mary ou ses heritiers leur abandonneroient leur part, &

Tome III.

leur en feroient un délaissement. Jugé au même Parlement de Roüen le 30. Août 1664. *Ibid.*

Le retrait ne se doit pas faire au dommage des heritiers de la femme. Si les heritages sont occupez par des fermiers ou des locataires, les heritiers du mary ne peuvent pas les déposseder ; parce que la veuve ou ses heritiers en seroient garands, ou obligez à un dédommagement. Arrêt du Parlement de Roüen du 30. Juillet 1648. *Ibid.*   933

On ne révoque point en doute que le mary ou ses heritiers ne puissent repeter la moitié des deniers qu'il a déboursez, pour retirer un heritage au nom de sa femme, quand elle n'étoit point séparée de biens d'avec luy ; mais on a donné des Arrêts differens sur cette question ; si, quand la femme étoit séparée de biens, le mary ou ses heritiers pouvoient repeter tout ce qui avoit été déboursé, ou seulement la moitié ? Pour concilier ces Arrêts il faut faire une distinction entre les creanciers & les heritiers. A l'égard des creanciers, comme la séparation met la femme à couvert de toutes leurs demandes, & la rend exempte de toutes les dettes de son mary, ne souffrant rien pour son mauvais ménage, & que d'ailleurs elle joüit de son bien, & peut en faire son profit, il ne seroit pas juste qu'étant à couvert de tous risques, elle profitât du bien de son mary au préjudice de ses creanciers ; sa condition ne doit pas être meilleure que si elle avoit renoncé. Aussi l'article 495. de la Coûtume ne parle que du mary & de ses heritiers. Si l'acquet étoit en bourgage, elle y auroit la moitié ; à plus forte raison elle ne doit rendre que la moitié des deniers, puisque cessant son nom & sa qualité, son mary n'auroit pû retirer, ni par conséquent joüir du profit qui pouvoit revenir de cette action en retrait : mais comme elle ne pourroit avoir part aux acquets, qu'en se déclarant heritiere de son mary, & en devenant sujete à ses dettes, il faut aussi à l'égard des creanciers, que si elle veut user de l'avantage que son mary luy a procuré, elle contribuë aux dettes qui peuvent avoir été contractées, pour parvenir à ce retrait, bien que le contrat n'en fasse aucune mention. V. *Basnage, sur la Coûtume de Normandie, art. 495.*   934

Si la disposition de l'article 156. de la Coûtume de Paris, est limitée au seul cas du retrait du my-denier ? Acte de Notorieté de M. le Lieutenant Civil, du 27. Juillet 1682. Que l'usage observé au Châtelet, est qu'indistinctement l'action de retrait est suspenduë, lorsque pendant la Communauté, les conjoints acquierent un heritage propre à l'un d'eux, & qu'elle n'a pas de lieu, même après le décez de l'un des conjoints, si le survivant ayant des enfans lignagers acquiert un heritage propre aux enfans. *Recüeil des Actes de Notorieté, p. 13. & suiv.*   935

REVENDERESSES.

1   Voyez au Recüeil des Statuts & Ordonnances concernans les Orfévres, page 544. plusieurs Arrêts & Sentences contre les Revendeurs & Revenderesses.

2   Arrêt du Parlement de Touloufe du 14. Février 1550. qui défend aux revendeurs & revenderesses de vendre aucun Merlus, Merlusse, Saulmon, ni autres poissons moüillez, és ruës & places publiques, ou maisons privées, ni ailleurs, qu'aux lieux à ces fins ordonnez & destinez. *La Rocheslavin, liv. 3. tit. 10. Arrêt 1.*

3   Le 4. Decembre 1587. il a été fait défenses aux revendeuses de Touloufe se se trouver aux ventes publiques, ni de faire encherir par personnes interposées, sur peine du foüet. *Ibidem.*

4   Perles venduës par une revenderesse à un Auditeur des Comptes ; la revenderesse mange l'argent, & meurt. La personne qui avoit donné ces perles pour les vendre, apprend la personne qui les avoit

achetées ; elle l'attaque. Jugé en affirmant par l'Auditeur, que la somme qu'il avoit baillée luy seroit renduë. Arrêt du Parlement de Paris du 28. Août 1609. *secus*, si la revenderesse les avoit engagées, on ne rend point le prix. Arrêt du 14. Mars 1616. *Mornac, L. 44. ff. pro socio.*

5 Revenderesse publique ne peut engager ce qui lui est donné pour vendre, & le maître de la chose la peut revendiquer, sans restitution du prix pour lequel elle est engagée. Ainsi jugé le 5. Mars 1637. *Bardet, tome 2. liv. 7. ch. 6.*

6 Celuy qui achete pour revendre, est coupable de stellionat, & privé du benefice de cession. *Voyez le mot Cession, nomb. 127.*

7 Revenderesse non reçuë au benefice de cession. *Voyez le mot Cession, nomb. 148.*

REVENDICATION.

LA revendication, est l'action par laquelle on demande la restitution d'une chose qui nous appartient, & qu'un autre retient injustement. La revendication se dit des choses mobiliaires ; & l'éviction se dit des immeubles.

De rei vindicatione. D.6. 1... C. 3. 32... C. Th.2.23.

De publiciana in rem actione. D. 6. 2... l. 4. 6. §. 4. Ce Titre parle d'une autre espece de revendication qui appartient au possesseur ou à l'acheteur, pour recouvrer la chose qu'il possedoit de bonne foi : *Possessor pro domino habetur. Publiciana in rem actio, sic dicta, à Publicio pretore, qui primus eam in edicto proposuit.*

Ubi in rem actio exerceri debeat. C. 3. 19.

De petitione hereditatis. D. 5. 3... C. 3. 31... C. Th. 2. 22. Revendication, ou éviction de l'heredité.

Ad exhibendum, D. 10. 4... C. 3. 41... I. 4. 17. §. 3. Avant la revendication d'un meuble, on demande qu'il soit representé.

De exceptione rei vendita & tradita. D. 21. 3. Contre le vendeur qui veut revendiquer la chose qu'il a venduë.

V. Eviction, Repetition.

1 Sur la Loy *cum à matre C. de rei vindicatione.* L'heritier ne peut pas évincer ce que le défunt a vendu avec promesse de garantie. Plusieurs estiment que cette maxime ne comprend que les ventes prohibées par la Loy. *Cujas,* sur la Loy 11. *C. de evict.* & *Dargentré, sur la Coûtume de Bretagne*, art. 419. *glos.* 3. *n.* 234. sont d'avis contraire, & n'admettent aucune distinction. *Voyez Duperier, liv. 1. quest. 9.*

2 Un mineur peut agir en revendication, sans avoir possession réelle de la chose. *Voyez l'espece dans Carondas, liv. 3. Rép. 43.*

3 Vente de bétail vendiqué. *V. M. Expilly, Plaidoyé 10.*

4 L'action *ad exhibendum*, est préparatoire de la revendication ; & le défendeur est tenu d'exhiber le titre duquel il s'est vanté. Arrêt du 13. Decembre 1568. *Papon, liv. 8. tit. 13. n. 1.*

5 Saisie faite de marchandise de vin venduë & non payée, étant és mains du vendeur, n'empêche la revendication. Arrêt du Parlement de Paris du 15. Avril 1579. *Papon, liv. 18. tit. 5. n. 46.*

6 *Mornac,* sur la Loy 1. *ff. de rerum divisione,* rapporte un Arrêt du 19. Février 1603. qui a jugé qu'un Fondeur de cloches ne pouvoit revendiquer, & faire dépendre les cloches qu'il avoit venduës à une Eglise, quoiqu'elles eussent été sacrées & bénites, parce qu'il n'avoit pas été payé de leur valeur.

7 Le Prévôt de l'Isle de France prend un voleur saisi d'un cheval, qu'il confesse avoir volé. Par le Jugement de mort, il est dit que le cheval sera vendu pour les frais de Justice. Il est adjugé à un Archer moyennant 30. écus. Un mois après il est revendiqué par Girard de la Carriere, l'Archer somme le Prévôt. Arrêt du Parlement de Paris du 22. Decembre 1608.

qui ordonne que le cheval sera rendu en payant la nourriture depuis le jour de la vente, jusqu'à celuy de la demande ; le Prévôt condamné à rendre 30. écus à son Archer, sans dépens, sauf au Prévôt à se pourvoir pour ses frais, ainsi qu'il verra être à faire par raison. *Bibliot. de Bouchel, verbo Revendication.*

8 Proprietaire vendique la chose dérobée sans restitution de prix. Jugé le 29. Novembre 1630. *Bardet, tome 1. liv. 3. chap. 130.* L'on n'excepte que le cas où la chose a été achetée à l'encan dans un marché public, ou pour la conserver au proprietaire, lequel autrement l'eût perduë.

9 Le proprietaire de la chose venduë par celuy qui n'en avoit pas le pouvoir, a le choix, ou de luy en demander le prix, ou de vendiquer la chose même du possesseur, *Du Perier, liv. 3. quest. 1.*

REVERSION.

DU droit de reversion. *Voyez* le Traité fait par *M. Côme Béchet,* Avocat au Parlement de Paris, & Siege Présidial de Saintes, *in quarto,* à Saintes, chez Jean Bichon, 1647.

1 Du droit de reversion. *Voyez Henrys, to. 1. liv. 6. chap. 5. quest. 12.*

2 Si le fils ou la fille donataires peuvent par testament, ou autre disposition faire préjudice au droit de reversion, & en exclure le pere, à la reserve de la legitime ? *V. Ibid. quest. 13.*

3 *Henrys, tome 1. liv. 6. chap. 5. quest. 14.* propose si le pere substituant à son enfant impubere, cette substitution peut faire préjudice au droit de reversion ? Il dit que cette question ne souffre aucune difficulté, n'y ayant pas apparence que le pere, qui pendant sa vie ne peut pas exclure l'ayeul du droit de reversion, le puisse faire en mourant, par une substitution pupillaire.

4 L'Auteur des *Observations sur Henrys, to. 1. li 6. ch. 2. qu. 8.* rapporte un Arrêt du Parl. de Paris du 6. Mars 1697. qui a jugé que le droit de reversion a lieu au profit de l'ayeul, au préjudice de la mere qui est vivante lors du décez du dernier de ses enfans, & que ce droit de reversion n'est pas franc & exempt de dettes ; mais à la charge de payer par l'ayeul sa part des charges & dettes de la succession de son fils & de ses petits enfans.

5 De la reversion du fief. *Voyez* le mot *Fief, n. 117. & suivant.*

Voyez ce qui a été cy-dessus observé, sous le mot, Retour.

REVISION.

1 DE revisione sententiarum in Camerâ imperiali. Voyez Andr. Gaill, lib. 1. Observat. 153.

2 *De revisionibus, & jurisdictione revisorum Camera imperialis : item de modo procedendi. Ibidem, Observat. 154.*

3 *De tempore interponenda revisionis, & utrum illa in sententiis interlocutoriis locum habeat ? Ibidem, Observat. 155.*

4 Aux Registres du Parlement de Paris commencez à la Saint Martin d'Hyver 1313. il est fait mention d'une Ordonnance du Roy, portant que la Cour reverra un certain procés qu'elle avoit jugé. Le motif étoit *quod per errorem non viderat omnes processus factos.* Après le procés revû, l'Arrêt fut confirmé. *Corbin, suite de Patronage, ch.* 139.

5 Arrêt du Conseil d'Etat du 27. Octobre 1679. portant que sur les plaintes des parties des Jugemens de la Chambre des Comptes, les revisions en seront faites par les Officiers du Parlement, & pareil nombre de la Chambre des Comptes, & jugées en la Chambre du Conseil. *Boniface, tome 3. liv. 1. tit. 6. chap. 4.*

6 La protestation de se pourvoir par appel à *minimâ,* par voye de revision contre un Arrêt, n'empêche pas

qu'il ne soit procedé à l'execution de l'Arrêt, sans préjudice aux fins de non recevoir dans l'instance de revision. Jugé au Parlement de Tournay le 14. Juillet 1698. *Voyez M. Pinault*, *to: 2. Arrêt 214.*

Voyez le titre 16. de l'Ordonnance de 1670. touchant les Lettres de revision obtenuës par les condamnez.

REUNION.

REUNION, DOMAINE.

1 DE la réünion au Domaine, qui est appellée par Chopin en son traité de la Police Ecclesiastique, *Redhibitoria domanii lex*, *Voyez* le mot *Domaine*, *nomb.* 84. *& suiv.*

REUNION DE FIEF.

2 *Voyez* le mot *Directe*, *nomb:* 14. *& suiv.* & les Arrêtez de *M. de Lamoignon*, recüeillis dans le Commentaire de *M. Barthelemy Auzanet sur la Coûtume de Paris*, *page* 122.

3 De la réünion des deux Seigneuries. *Voyez* le mot *Fief*, *nomb.* 128. *& suiv*, 157. *& Henrys*, *tome* 1. *li.* 3. *chap.* 2. *quest.* 7.

4 De l'extinction des hypoteques aprés la réünion. *Voyez* le mot *Hypoteque*, *nomb.* 243.

5 *Vide* Renusson en son traité des propres *ch.* 1. *sect.* 11. où il explique en quels cas se fait la réünion des Fiefs, & en quels cas les Fiefs réünis sont censés être propres, ainsi que le Fief auquel se fait la réünion. 1°. La réünion se fait quand le Fief a été concedé pour un certain temps. 2°. Quand il a été donné à titre d'emphiteose, en ces deux cas, ce qui est réüni prend la première qualité de propre. 3°. Quand un condamné pour crime donne lieu à la confiscation, c'est un acquêt, *item* au cas de desherence ou de bâtardise, & même que le Fief est réüni par le commise du Vassal, *item* quand le Seigneur achete l'arriere-fief de son vassal, ou quand il le retient par puissance de fief.

6 De la réünion du fief servant au fief dominant par la felonie du vassal. *Voyez Dupuis*, *traité des droits du Roy*, *page* 143.

7 Si l'acquêt de l'arriere-fief ou de la censive se fait pendant la communauté, il n'y aura que la moitié de réüni, la part de l'autre demeure en même état; mais les heritiers pourront rembourser cette moitié à ce qu'elle demeure consolidée, & que l'arriere-fief ne soit demembré. *M. le Prêtre*, *2. Centurie*, *ch.* 64.

8 La réünion d'heritage en roture ayant été faite au fief, elle ne cesse point aprés la mort du Seigneur acquereur, par la division de ces mêmes heritages entre les heritages des propres des acquêts, parce que la chose étant une fois devenuë feodale, elle ne change plus de nature & de qualité. *V. la* 19. *Consultation de M. Du Plessis.*

9 Aprés la mort de Dame Jaqueline de Harcourt, la Dame Comtesse de Fiesque premiere heritiere à sa succession, choisir par préciput le fief de Lignon, qui consistoit en un quart de fief de Haubert; & pour faire valoir son option, elle justifioit que le fief dans son origine étoit un quart de fief de Haubert, & qu'encore qu'il eût été autrefois divisé entre deux filles, il avoit été depuis remis de droit & de fait: De droit, par le retour de deux portions en la main d'un même proprietaire; de fait, en vertu des Lettres de réünion qui avoient été verifiées & enregistrées selon toutes les formes. M. François de Brou premier Ecuyer de Madame la Duchesse d'Orleans, soûtenoit que le fief dans son origine étoit un quart de fief de Haubert, & qu'il y avoit deux fiefs, que la réünion du droit ne pouvoit valoir, que les Lettres de réünion étoient nulles, parce que l'on avoit deux huitiémes du fief que l'on prétendoit réünir, étoient tenus du Roy, quoiqu'ils fussent mouvans du fief de Brioüse; & pour faire valoir cette nullité, l'on fit intervenir M. Jacques d'Orglandes Seigneur de Brioüse qui reclamoit la mouvance des deux fiefs, soûtenoit que la réünion n'avoit pû être faite que de son consentement. Par

Arrêt du Parlement de Roüen du 23. Juin 1689. le fief entier de Lignon fut ajugé à la Dame de Fiesque en consequence de son action, & la mouvance ajugée au sieur de Brioüse. *V. Basnage*, *sur l'article* 100. *de la Coûtume de Normandie.*

10 Un Seigneur réünit à son fief un autre fief par puissance feodale; il doit la moitié du prix aux heritiers de la femme. Arrêt du mois d'Avril 1548. *Valla de rebus dubiis, tractat.* 13. *& Catondas*, *liv.* 7. *Rép.* 20.

11 Jacques le Roux ayant réüni retrait feodal un heritage; il luy fut permis par Arrêt du Parlement de Roüen du 29. Mars 1576. de se faire payer de la rente Seigneuriale sur les autres tenanciers, sa portion déduite; la raison en peut être que *servitus pro parte confunditur, pro parte retinetur, pro parte acquiri non potest, pro parte retinetti non potest. L.* 6. *de servitutibus.*

12 Par Arrêt du Parlement de Roüen du 19. Decembre 1625. il fut jugé à tort l'execution par indivis requise par un Seigneur qui avoit réüni par confiscation le chef de l'aînesse, & ordonné que les autres tenans payeroient seulement leur part; contre cet Arrêt le Seigneur ayant obtenu requête civile elle fut appointée au Conseil sans avoir été plaidée; mais toutefois & quantes que l'aîné voudra remettre le chef de l'aînesse, il aura la solidité comme auparavant. *Basnage*, *sur l'article* 179. *de la Coûtume de Normandie.*

13 Heritage réüni au fief par retrait feodal est acquêt en la personne du Seigneur de fief. Ainsi jugé au Parlement de Paris le 14. Janvier 1623. *Bardet*, *tome* 1. *liv.* 1. *chap.* 109.

14 On a demandé si la déclaration faite par l'acquereur que son intention est que l'heritage demeure en roture, produit un effet perpetuel dans sa famille entre ses heritiers de degré en degré pour empêcher la réünion du même heritage avec le fief, bien qu'il n'y ait pas de déclaration réiterée dans les partages de ses enfans? M. Du Plessis tient l'affirmative, *traité des Fiefs*, *li.* 10. où il ajoûte que cette difficulté s'étant présentée dans la succession du President de Maupeou, & renvoyée au Parlement de Roüen, il y eut Arrêt portant qu'il seroit informé par Turbes, ce qui ayant été fait en 1638. tous les Turbiers au nombre de 30. rapporterent avoir toûjours vû juger que quand il y a eu une déclaration faite par l'acquereur qui a empêché la réünion de l'heritage roturier, il retient toûjours la qualité de roturier, & se partage comme tel. Nonobstant cette Turbe l'Arrêt du Parlement de Roüen du 5. Decembre 1639. jugea pour la réünion, & que la roture seroit partagée comme fief, quoique la réünion ne fut lors de son acquisition eût fait sa déclaration confirmée par testament, & réiterée par l'un d'eux. Les Auteurs des notes sur M. Du Plessis tiennent que cet Arrêt est contraire à l'usage, & ne doit pas être suivi.

15 En la Coûtume de Paris la réünion se fait de plein droit par l'acquisition des censives, au fief, si dans le contrat le Seigneur ne fait déclaration contraire, qui ne peut plus être valablement faite aprés un long intervale. Arrêt du 21. Juillet 1639. *Bardet*, *tome* 2. *liv.* 8. *chap.* 31.

16 Le Seigneur ayant acquis un heritage mouvant de son fief, chargé d'une rente fonciere envers le fief, la rente est éteinte par la réünion de l'heritage fief; en sorte que si le même Seigneur revend l'heritage sans imposer de nouveau la même charge à laquelle il étoit sujet avant la réünion, il ne peut obliger l'acquereur au payement d'icelle. Arrêt du 10. Decembre 1648. *Soëfve*, *to.* 1. *Cent.* 2. *chap.* 97.

17 M. de Montmorency ayant donné sans réserve quelques fiefs relevans de Preaux qui luy étoient venus par droit de desherence; demande quarante années aprés aux proprietaires de ces mêmes heritages des rentes dont ils étoient chargez. Deux

Rrr iij

questions; la premiere, si le Seigneur cedant l'heritage qui luy étoit retourné par desherence étoit présumé avoir donné ces rentes: Et la seconde, si la prescription avoit eu cours durant que le possesseur avoit exercé la Charge du Procureur Fiscal ? Par les termes de la donation il paroissoit que le Seigneur n'avoit eu la volonté que de donner l'heritage en l'état qu'il étoit avant la desherence. Par Arrêt de la Chambre de l'Edit de Roüen du 8. Août 1651. rendu sur procez par écrit, il fut dit que le Vassal seroit tenu d'employer les rentes en son aveu. Neanmoins par Arrêt du même Parlement du 14. ou 26. Février 1681. il a été jugé que les rentes dûës par un heritage roturier, étoient éteintes *ipso facto*, lors que les heritages affectez étoient acquis par le Seigneur du fief, soit que le fief & la roture soient possedez par differentes personnes. Jugé par autre Arrêt du 30. May 1688. que par l'acquisition que fait un Seigneur de fief des rotures qui en relevent, & qui étoient sujetes à des rentes Seigneuriales, il se fait une extinction des rentes, en sorte que le fief demeurant à l'aîné, & les terres roturieres aux puînez, il ne peut demander les rentes dûës avant l'acquisition. V. *Basnage, sur l'article 178. de la Coûtume de Normandie.*

18 Heritage noble ou roturier acquis par le Seigneur n'est pas réüni au fief duquel il releve, s'il n'est retiré ou échû à droit feodal, ou après le temps porté par l'article 200. de la Coûtume. Arrêté au Parlement de Roüen, les Chambres assemblées, le 6. Avril 1666. art. 30. *Ibidem*, to. 1. à la fin.

19 Les heritages relevans d'un fief sont censez réünis au fief, si le contraire n'est justifié. Arrêt du Parlement de Roüen, les Chambres assemblées, du 6. Avril 1666. art. 204. V. *Ibidem.*

20 En Normandie on favorise si peu les Réünions, que par un Arrêt de la Grand'-Chambre, en l'année 1669. entre les nommez du Bardou il fut jugé qu'un Seigneur ayant acheté des heritages relevans de son fief, & donné faculté de remeré ; cette condition ayant été venduë & retirée par le Seigneur, il ne s'étoit point fait de réünion, & que ces heritages ne seroient compris dans le préciput de fief pris par l'aîné. V. *Ibidem*, *article* 200. *de la Coûtume de Normandie.*

21 Jugé au Parlement de Roüen le 18. Février 1669. qu'un Seigneur feodal ayant acquis un heritage mouvant de son fief, à condition de remeré, & cette condition ayant été venduë & depuis retirée par le Seigneur à droit feodal pour se maintenir en son acquisition, cet heritage devoit être partagé comme une roture, & comme n'étant point réüni au fief ; la condition de retirer à droit feodal n'avoit en d'autre effet que de maintenir le Seigneur en sa premiere acquisition: qui étoit une roture, & n'avoit fait qu'empêcher la résolution du contrat de vente ; mais n'avoit point rendu l'heritage noble. *Ibidem*, *article* 337.

22 Si deux fiefs relevans du Roy sont réünis par une possession de 40. années ? Arrêt du Parlement de Roüen le 29. Janvier 1674. qui a jugé la négative. *Ibidem*, *article* 200.

23 Jugé au P. de Roüen le 6. Février 1691. que les rotures venduës ayant été retirées à droit lignager par le Seigneur du fief dont elles relevoient, n'étoient réüniës au fief, & n'augmentoient point le préciput de l'aîné, quoique l'heritier de retrayant les eût possedées pendant un fort long-temps, au dessous neanmoins de 40. ans, comme domaine non fieffé, & les eût même employées dans l'aveu qu'il avoit rendu de son fief, comme incorporé & réüni à iceluy en vertu de la possession quadragenaire, que le retrayant son heritier & luy en avoient eûë ; ainsi pour operer la réünion d'une roture qui échet à droit successif, il faut une possession quadragenaire. *Basnage, Ibidem.*

REVOCATION.

Quod in genere revocatur, speciem comprehendit, *l. 2. ff. de liber. & posth.* Montholon, *Arrêt* 76. circâ medium.

REVOCATION, CHOIX.

Révocation d'un choix & option. *Voyez* le mot *Choix*, *nomb.* 17. & *suiv.*

REVOQUER SON CONSENTEMENT.

Le pere ne peut revoquer le consentement par luy donné au contrat fait par ses enfans de sa future succession. Arrêt du 14. Février 1586. Charondas, *livre* 7. *Réponse* 201.

REVOCATION DE DONATION.

Patruus qui fratris filium ad successionem suam admitti voluerat, pœnitere & voluntatem suam revocare potest. Arrêt du 27. May 1582. Anne Robert, rerum judicat. *liv.* 3. chap. 16.

Voyez le mot *Donation*, *nomb.* 782. & *suiv.*

La donation peut être revoquée pour injures verbales & réelles ; mais la preuve des faits n'en doit être reçûë après dix ans. *Voyez* le mot *Injure*, *nombré* 62.

Les donations ne peuvent être revoquées sans cause pendant les quatre mois de l'Ordonnance pour l'insinuation ; & si les donateurs viennent à faire pendant ledit temps d'autres donations des mêmes biens, elles sont nulles, quand même elles auroient été insinuées sous la premiere. Arrêt de Toulouse du 7. Decembre 1580. La Rocheflavin, *liv.* 6. *tit.* 40. *Art.* 11.

REVOCATION, EXHEREDATION.

De la revocation de l'exheredation, *Voyez* le mot *Exheredation*, *nomb.* 81. & *suiv.*

REVOCATION, FONDATION.

Si les fondations sont revocables ? *Voyez* le mot *Fondation*, *nombre* 107. & *suiv.*

Donations & fondations faites à l'Eglise peuvent être revoquées avant qu'elles soient acceptées & fulminées. Arrêt du Parlement de Paris du 23. Decembre 1598. quoique la revocation n'eût été faite que 12. années après la fondation, qui étoit de deux Messes par semaine en l'Eglise Paroissiale de Longué. Papon, *liv.* 20. *tit.* 6. *n.* 12.

Les fondations obituaires peuvent être revoquées jusqu'à ce qu'elles ayent été acceptées par le Superieur, ou par le Titulaire de l'Eglise où la fondation est faite. Jugé par Arrêt celebre prononcé à Noël en 1598. c'étoit en une cause en laquelle il s'agissoit de la validité d'une fondation de deux Messes par chacune semaine, qui n'avoit point été acceptée par le Chapelain de la Chapelle où ces deux Messes devoient être dites, laquelle fondation avoit été revoquée par le fondateur ; de maniere qu'après son decez les heritiers ayant en procez avec ce même Chapelain pour raison de l'homologation du contrat de fondation de ces deux Messes, le Chapelain fut débouté de sa demande. *Définit. Can. p.* 519.

Une femme fondatrice d'une Prébende dans l'Eglise Collegiale de Châtelleraut en Poitou, qui ne s'étoit pas reservé assez de bien pour sa subsistance, ne fut point reçûë à revoquer sa donation, quoique decretée & executée. Arrêt du Parlement de Paris du 3. Juillet 1675. après un partage donné sur la question. *Journal du Palais.*

REVOCATION DE LEGS.

Elle se peut faire par un acte simple pardevant Notaire, n'ayant forme de testament, elle se peut faire *nudâ voluntate sine codicillis, quacunque enim voluntas sufficit, pourvû que constet de illâ voluntate l. fin. Cod. de pactis* ; c'est pourquoy telle mutation vaut pour ademption, *cum translationem in se contineat de adim. & transfer. leg. translatio. ff. eod. tit. translatio enim sit aut de re ad rem, aut de personâ ad personam.* Arrêt du 3. Mars 1612. M. *Bougnier, lettre R. ch.* 18.

Voyez le mot *Legs*, *nomb.* 601. & *suiv.*

REVOCATION, HERITIER.

13   De la revocation de l'inſtitution d'heritier. *Voyez* le mot *Heritier*, *nomb.* 267. *& ſuiv.*

REVOCATION, PARTAGE.

14   De la revocation du partage. *Voyez* le mot *Partage*, *nomb.* 174.

REVOCATION, PROCUREUR, PROCURATION.

15   Un Procureur du Roy ne peut revoquer ſon Subſtitut ſans cauſe jugée par le Juge. Arrêt du 20. Juillet 1499. *Carondas*, *liv.* 4. *Rép.* 54.

16   *Revocatio mandati etiamſi procuratori denuntiata non fuerit, dummodo antè contractum matrimonii id fiat*, valet. Mornac, l. 15. ff. *mandati.*
Voyez le mot Procez, *nom.* 96. *& ſuiv.*

REVOCATION DE RESIGNATION.

17   *Voyez* cy-deſſus le mot *Reſignation*, *nomb.* 266. *& ſuiv.* *& Bardet*, *to.* 2. *liv.* 2. *chap.* 59.

REVOCATION DE TESTAMENT.

18   De la revocation des teſtamens mutuels. *Voyez* M. *Ricard*, *tome* 2. *traité du don Mutuel*, *chapitre* 5. *ſection* 7.

19   Si le teſtament fait il y a plus de dix ans eſt revoqué par une volonté ſolemnelle, & de la pieté & affection des pere & mere envers leurs enfans? *V. Bouvot*, *to.* 1. *part.* 1. *verbo Teſtament*, *queſt.* 4.

20   Si le teſtament precedent peut être revoqué par un ſubſequent, quoique nul, quand il y a revocation du precedent en bonne forme? *V. Ibid.* *part.* 3. *verbo Teſtament*, *queſt.* 4.

21   L'homme & la femme peuvent faire teſtament par un même écrit, & l'un d'eux le peut revoquer après le decez de l'autre. Arrêt du Parlement de Dijon du 12. Decembre 1586. *Ibid.* *tome* 2. *verbo Teſtament*, *queſt.* 11.

22   Un premier teſtament ayant été revoqué par un ſecond, qui après eſt auſſi revoqué, le premier ne doit ſubſiſter. Arrêt du Parlement de Dijon du 21. Juillet 1609. *Ibid.* *queſt.* 65. où il obſerve qu'il y a des opinions contraires.

23   Le mary & la femme ayant fait un teſtament conjointement & après le decez de la femme, le mary l'ayant revoqué, & déclaré qu'il entendoit que ſes enfans ſuccedaſſent par égale portion, n'ayant ſurvêcu les vingt jours, telle revocation n'eſt pas valable? Arrêt du Parlement de Dijon du 12. Janvier 1616. *Ibidem*, *queſt.* 73.

24   Le teſtateur peut revoquer ſa volonté. Arrêt du 27. May 1581. *Annè Robert*, *rerum judicat.* *livre* 3. *chapitre* 16.

25   *Nudâ declaratione factâ coram Tabellione*, *teſtamentum revocari poteſt.* Arrêt du 29. May 1608. *Mornac*, *l.* 8. ff. *de peculio.*

26   Si un teſtament ſecret commun & conjointement fait par pere & mere, contenant partage de tous leurs biens entre leurs enfans, peut être revoqué par le pere ſurvivant qui l'avoit executé, pour y avoir par leurs enfans contrevenu, en ce qu'ils auroient demandé inventaire être fait avec leur pere contre la prohibition teſtamentaire? *Voyez Filleau*, *4. part.* *queſt.* 181. il rapporte l'Arrêt du premier Septembre 1612. confirmatif du teſtament mutuel, ſauf à l'enfant du ſecond mariage de ſe pourvoir pour ſa legitime.

27   Par Arrêt du Parlement de Paris du 14. Juillet 1666. jugé qu'un teſtament mutuel entre mary & femme en pays de Droit écrit, ne ſe peut revoquer par l'un d'eux ſans le conſentement de l'autre, & qu'il eſt neceſſaire pour la validité de la revocation que celuy des deux conjoints qui l'a fait la faſſe ſignifier à l'autre. *Soefvé*, *to.* 2. *Cent.* 4. *ch.* 81.

28   Si le teſtament fait en faveur de la cauſe pieuſe eſt revoqué par un poſterior ſans la revocation expreſſe du premier? Arrêt du Parlement d'Aix du 20. Novembre 1670. qui confirma le dernier teſtament. *Boniface*, *to.* 5. *liv.* 1. *tit.* 14. 60. 3.

RICHELIEU.

Déclaration portant établiſſement d'un Académie & College Royal en la Ville de Richelieu, & Reglement pour ſes Privileges. A Saint Germain en Laye en Septembre 1640. regiſtrée au Grand Conſeil le 27. du même mois.

RIVAGE.

Définitions de ce mot *Littus*, dans la *L.* 96. *&* 112. D. *de verb.* *ſign.*
De ripâ muniendâ. D. 43. 15.
V. L'article qui ſuit.

RIVIERE.

Fluvius. Flumen.
  De fluminibus: nè quid in flumine publico, ripâve ejus fiat, quo pejus navigetur. D. 43. 12.
  Ne quid in flumine publico fiat, quo aliter aqua fluat, atque uti priore æſtate fluxit. D. 43. 13.
  Ut in flumine publico navigare liceat. D. 43. 14.
  De claſſicis. C. 11. 12... C.Th. 10. 23 Soldats prépoſez pour veiller à la commodité de la navigation.
  De ripâ muniendâ. D. 43. 15.
  De alluvionibus & paludibus. C. 7. 43. Des accroiſſemens faits à un champ par une riviere.
  De Nili aggeribus non rumpendis. C. 9. 38. Ceux qui rompoient les remparts ou chauſſées du Nil, étoient condamnez au feu.
  Voyez les mots *Eaux*, *Fleuves*, le titre 28. de l'Ordonnance des *Eaux & Forêts de l'année* 1669. *& cy-après Ruiſſeaux.*

1   Si la riviere étant entre deux Seigneurs qui ont toute Juſtice en leur terre, eſt commune? *V. Bouvot*, *to.* 1. *part.* 1. *verbo Riviere.*

2   Des Bâtimens qui ſont faits ſur le bord des rivieres. *Voyez* le mot, *Bâtiment*, *nomb.* 73. *& ſuiv.*

3   Arrêt qui ordonne la demolition des édifices & bâtimens empêchans le cours de la riviere, du 12. Mars 1547. *La Rocheſlavin*, *liv.* 6. *tit.* 42. *Arr.* 1.

4   Il eſt certain que les droits des Rivieres navigables appartiennent au Roy privativement aux Seigneurs hauts-Juſticiers qui n'ont titre ou poſſeſſion immemoriale au contraire, laquelle poſſeſſion immemoriale a été jugée valable, lorſqu'elle a été prouvée, même contre le Roy, comme droit de Peage, Pontage, de bac, & autres ſemblables; même à l'égard des droits d'afforage, pêche & autres; ce qui a été ainſi jugé par Arrêt du Parlement de Paris, du 10. Novembre 1548. verifiant l'Edit, par lequel il étoit enjoint à tous prétendans droit de peage en la Riviere de Loire, d'apporter leurs titres: La Cour déclara qu'elle n'entendoit déroger aux permiſſions de la preuve du temps immemorial, octroyez par l'Edit du Roy Loüis XII. Ce qui eſt conforme à la diſpoſition du droit *in L. ſi quiſquam* ff. *de diverſ.* *& temp.* *præſcript.* L. *injuriarum.* §. *ult.* ff. *de injur.* ce qui fut amplement traité en la cauſe du Vicomte de Melian. *Jovet*, *verbo Seigneurs*, *n.* 58.

5   Arrêt du Parlement de Toulouſe du 13. Février 1553. qui ordonne que la riviere de Giron ſe a élargie ſuivant ce qui ſera trouvé neceſſaire par les Experts que le Commiſſaire commis à cet effet nommera; & que ceux dont les biens ſeront pris pour agrandir le lit de ladite Riviere en ſeront recompenſez par la contribution à laquelle les prochains voiſins ſeront taxez; & que les déliberations des trois Etats de Languedoc, concernans le paturage, & Arrêt rendu en conſequence ſoient executez. *La Rocheſlavin*, *lib.* 3. *lettre R. tit.* 12. *Arr.* 1.

6   Les fleuves navigables appartiennent au Roy; les ſimples ruiſſeaux ſont aux Seigneurs hauts Juſticiers, & par ce moyen la riviere de Loire, dans l'étenduë du païs de Forêt où elle ne porte bâteau, eſt au Seigneur haut Juſticier, & ce Sei-

gneur a droit d'y permettre les moulins & les prises
d'eau, & non au Roy. Arrêt du 9. Decembre 1651.
Henrys , tom. 2. liv. 3. quest. 5.

Le fleuve de Loire étant entre deux Seigneurs, l'un
d'eux y faisant un avaloir ou moulin , ne peut l'ap-
puyer sur la terre & Seigneurie de l'autre ; ainsi jugé
sans dater l'Arrêt. *Henrys , tom. 2. liv. 3. quest. 6.*

ROBELLE.

ON appelle ainsi ce qui est ajugé à une femme qui
a renoncé au meuble de son mary. *Voyez le mot
Femme* , n. 121.

ROLE.

L'On distingue les Rôles des causes , les Rôles des
tailles, &c.

RÔLE DES CAUSES.

Des Rôles. *Joly , des Offices de France , to. 1. liv. 1.
tit. 10. p. 291.* & le recueil des Ordonnances , par
Fontanon , tom. 1. liv. 3. tit. 3. p. 556.

Par Arrêt du 22. Novembre 1575. défense aux Procureurs de mettre au Rôle des causes d'appel , quand
par la Sentence il paroît que c'est un procès par écrit;
il fut enjoint d'avoir en main la Sentence pour justifier que ce soit procès par écrit , afin que sur le
champ on condamne le Procureur qui a fait mettre
la cause au rôle , s'il se trouve que ce soit un procès par écrit ; & afin que dorénavant on ne juge plus
de congez après la déclaration que c'est un procès
par écrit. *Biblioth. de Bouchel* , verbo *procès par écrit.*

Le Greffier ne peut appeller du Rôle les causes que
bon luy semble. Arrêt du Parlement de Bourgogne ,
du 22. Novembre 1599. il doit suivre l'ordre à peine
de suspension & d'amende. *Bouvot , tom. 2. verbo
Action , quest. 12.*

Arrêt du Parlement d'Aix du 22. Decembre 1672.
qui a jugé que contre un Arrêt d'exploit au Rôle du
Jeudi , faute de plaider , il faut venir en opposition
en opposition dans les huit jours , non par Requête
civile. *Boniface , tom. 3. liv. 3. tit. 4. chap. 12.*

Il y a une Déclaration particuliere pour les Rôles
du Grand Conseil.

RÔLE, GARDE DES RÔLES.

Des Gardes des Rôles des Offices de France.
*Joly , des Offices de France , tom. 1. liv. 2. tit. 1. aux
additions p. CCLXXVI. & suiv.*

RÔLE, ROY.

Le premier mis au Rôle & Etat du Roy , précede
celuy qui est le premier en date du don & dernier
au Rôle. Arrêt de la Cour des Aydes , du 10. Février
1576. *Charondas , liv. 7. Rep. 12.*

RÔLE DES TAILLES.

Le 5. Septembre 1586. Arrêt en la Cour des Aydes
de Paris , rapporté par *Joly Conf. des Ordonnances ,
tom. 2. fol. 175.* par lequel la Cour faisant droit sur
le Reglement , requis par le Procureur General du
Roy , fit défenses aux Elûs de recevoir aucune demande pour les tailles d'une année après l'autre expirée; ce qui seroit là & publié aux Sieges des Elections du ressort. Il y a neanmoins une exception à
l'execution des Rôles des Tailles , quand ils sont
faits cinq années auparavant celle en laquelle on
veut les executer; cette exception resulte d'un Arrêt du Conseil d'Etat , rendu au rapport de Monsieur Pelletier lors Contrôleur general le 12. Mars
1686. Depuis cet Arrêt en 1690. des Collecteurs de
Pontoise de l'année 1676. ayant demandé un reste
de taille de la même année 1676. à la veuve d'un
taillable , ils en furent déboutez par les Elûs de Paris ; mais la Sentence fut infirmée par Arrêt du 16.
Février 1691. quoique l'on objectât l'Arrêt de 1586.
& que suivant l'Arrêt du Conseil du 11. Mars 1688.
les Collecteurs devoient au moins avoir la permission de Monsieur l'Intendant. *Memorial alphabetique,
verbo Rôles , n. 6.*

Par l'article 8. du Reglement de 1673. défenses ont
été faites aux Elûs , de rien changer aux Rôles , sauf
à eux à faire droit sur les oppositions en surtaux ,
ainsi qu'il est accoûtumé , sans retardation du payement qui sera fait par provision. Nonobstant ce Reglement , par Arrêt du 22. Janvier 1684. il a été ordonné que la cote d'un particulier omise, seroit mise
dans le Rôle , & que les Collecteurs diminueroient
la cote de tous les habitans au sol la livre ; ce qui
fut ainsi jugé contre la regle , parce que cette omission fut reconnuë avant qu'aucun des habitans eût
rien payé sur le Rôle. *Idem. n. 4.*

Des Collecteurs de la Ville de Loudun , ne sça-
chans ni lire ni écrire, ou du moins assez bien pour
faire leurs Rôles , se servirent d'un homme qui fit
plusieurs erreurs , omissions & doubles emplois. Les
Collecteurs en ayant été avertis , donnerent leur Requête avant la verification de leurs Rôles, qui étoient
entre les mains des Elûs pour les faire verifier , afin
que ces erreurs, omissions & doubles emplois fussent
reformez : la Requête fut communiquée au Procureur du Roy , qui desirant pratique , conclud à débouter les collecteurs. Les Elûs , dans la même vûë
du Procureur du Roy , esperant que ces erreurs &
omissions feroient des procès en abus à ces pauvres
collecteurs, les déboutent de leur Requête , & le
Rôle fut verifié tout défectueux qu'il étoit ; ils interjetterent appel de l'Ordonnance des Elûs de Loudun. Par Arrêt du 16. Decembre 1701. défenses ont
été faites de l'executer , ordonné que pardevant
d'autres Elûs , les Rôles feroient reformez , & les
erreurs , omissions & doubles emplois rétablis. *Idem.*

Voyez le mot Collecteur, & cy-après Tailles.

ROME.

AUgustinus , *tomo 9. de urbis excidio.*
Engelbertus Admontensis, *de ortu & fine Romani imperii.*

Blondus , *de Româ.*

Francisci Polleti Jc. *historia fori Romani.*

Franciscus Albertinus , *de mirabilibus nova & veteris
Romæ.*

Hieronymus Rotta , *de principalitate Romana Ecclesiæ.*

L. Fenestella , *de magistratib. Rom.*

Melchior Canus , *libro sexto locorum de auctoritate Romana Ecclesia.*

Sexti Ruffi & Cassiodori , *de rebus gestis Romanorum.*

Statuta , Reformationes & Privilegia , *urbis Romæ
in sex libris 1521.*

VVolffgangus Lezius , *de Romanâ Republicâ , in exte-
ris provinciis bello acquisitis constitutâ.*

De Principatu Romanæ sedis per Hieronymum Donatum.

De summi Pontificis Romani dignitate, & Constantini
donatione. Per Joann. Hieronymum albanum

De officiis & officialib. Romanæ curiæ, & in quibus rerum versetur officium. Per Octa. Vestrium foro cornioliensi.

Rosini antiquitates Romanæ. vol. in 4. Genevæ, 1632.

Usage de la Cour de Rome pour l'expedition des
signatures de France , *par Castel , in 12. Paris ,1689.*

Des provisions de Cour de Rome. *Voyez les memoires du Clergé , tom. 2. part. 2. tit. 3. & le mot Provisions n. 88. & suiv.*

Appel à Rome. *Voyez le mot Pape , n. 4. & suiv.*

Arrêt du 25. Février 1417. portant que tous ceux
qui appelleroient à Rome des Ordonnances du Roy ,
seroient punis comme criminels de leze-majesté.
Voyez les Preuves des Libertez , to. 1. ch. 9. n. 4.

Arrêt du Grand-Conseil du 5. Septembre 1590. sur le
pouvoir des œconomes ecclesiastiques pour les provisions des benefices électifs , étans à la nomination
du Roy , pendant les empêchemens d'aller à Rome;
au bas duquel sont les extraits des autoritez de saints
decrets , & des Peres catholiques touchant les œconomes. *Ordonnances de Fontanon , to. 4. p. 1273.*

Mori

11 *Mori extra curiam Romanam quando quis dicatur & an dispositio cap. 2. de præbend. libr. 6. procedat in dignitatibus electivis?* Voyez *Franc. Marc. 10. 1. quest. 187.*

12 Citations des sujets du Roy en Cour de Rome, déclarées abusives. *Voyez* plusieurs Arrêts rapportez dans le 1. tome des preuves des Libertez de l'Eglise Gallicane, ch. 9.

Voyez le mot *Citation*, *nomb. 15. & suiv.*

13 Les benefices qui vaquent en Cour de Rome, ne peuvent être conferez par autres que par le Pape, mais il le doit faire dans un mois à compter du jour de la vacance, autrement ce droit passe à l'Evêque ou autre collateur ordinaire, *cap. 2. & cap. statutum de præbend. in 6.* de même que si le Pape mouroit avant la collation faite.

14 Appel comme d'abus interjeté en l'année 1566. par l'Evêque d'Usez, d'une procedure extraordinaire faite à Rome contre luy; semblable appel interjeté par l'Evêque de Valence de la publication & fulmination de certaines procedures faites contre luy à Rome, pardevant les Inquisiteurs en 1567. *V. les Preuves des Libertez, to. 1. chap. 9. n. 14. & 15.*

15 Arrêt de verification du dernier Janvier 1596. des Lettres du Roy, portant la levée des défenses d'aller prendre à Rome les provisions des benefices, sans approuver ce qui a été fait à Rome au préjudice des libertez de l'Eglise Gallicane, ni que l'on puisse inferer, que le Roy puisse être excommunié par le Pape, ni son Royaume interdit, & contraint par censures, ni ses sujets absous du serment de fidelité. *V. le 1. tome des Preuves des Libertez, to. 4. n. 43.*

Voyez cy-dessus le mot *Pape.*

R O T E.

1 *Opinio ea prævalet in rotâ, quam semel Curia approbavit.* Lotherius, *liv. 1. Apparat. n. 67.*

2 *Rota dicitur aliquando rotare, id est à suis recedere sententiis; tamen Rota contrà sententiam judicare perfracta temeritas.* Lotherius, *ibidem, n. 79.*

3 *M. C. Du Moulin* n'est pas souvent touché des Jugemens de la Rote; quand il veut refuter *Gomés,* lequel allegue assez ordinairement des sortes de préjugez, il dit, *non tam spectandum quod Romæ factum est quam quod fieri debeat.* Du Moulin, *de Publicand. nomb. 35.*

4 *Decisiones Rotæ Romanæ, collectæ per Beltraminum.* Lugd. 1622.

5 *Decisiones Rotæ Romanæ, collectæ à Rubeo. to. 2. & 3.* Romæ 1646. 2. vol.

Voyez le mot *Auditeurs.*

R O T U R E.

1 Voyez hoc verbo, le *Glossaire du Droit François,* ou la nouvelle *Edition de l'Indice de Ragueau.*

Terres roturieres acquises par le Seigneur en sa Seigneurie, ne sont réputées nobles, & ne se partagent noblement, s'il n'en a fait foy & hommage, ou donné dénombrement; *idem* aux rentes infeodées. Arrêt du Parlement de Paris du 27. Mars 1498. *Papon, liv. 13. tit. 1. n. 21.*

2 Jugé que si le détenteur soûtient l'heritage roturier, il n'est tenu d'avoüer ou desavoüer, jusqu'à ce que celuy qui le prétend fief en ait fait apparoir. Cet Arrêt rendu en interprétation de l'article 51. de la Coûtume de Troyes, entre les Chanoines du Bois de Vincennes, Seigneurs de Mery, & le sieur de Clesses. Autre Arrêt semblable du 20. Novembre 1574. *Bibl. de Bouchel,* verbo *Aveu.*

3 Si le fief peut être converti en roture par le pere? Voyez le mot *Fief, n. 133.*

R O U A G E.

1 Du droit de roüage. Voyez le mot *Droits Seigneuriaux, n. 145.*

Tome III.

R O Y.

1 De potestate Regiâ. Per Ant. Corset. ubi de Minimis.

2 De oratoribus seu Legatis Principum, & de eorum fide & officio. Per Julium Ferretum.

3 De Legatis Principum. Per Martin. Garat. Laudens.

4 De officio Principis. Per Jacobum Omphalium.

5 De successione Regum. Per Guilielmum de Monteferrato.

6 Quod Princeps ad publicam utilitatem res privatorum auferre possit? Voyez Andr. Gaill, *lib. 2. Observat. 56.*

7 Promissio sub fide Principis, an juramento comparetur. Ibid. *Observat. 59.*

8 De privilegiis Regum Francorum. Per Jo. Ferrault, & per Carol. de Grassali. Carcason.

9 Droits de Souveraineté que le Roy a dans le Royaume. A . . . le 8. May 1372. *Ordin. antiq. vol. A. fol. 71.*

10 Les Genealogies des Rois de France, avec leurs Epitaphes & Effigies, par *Jean Bouchet.* Par. 1527.

11 Explication de la Genealogie de Henry IV. trad. du Latin, par *de Heris.* Par. 1595.

12 Alliances genealogiques de France, par *Paradin,* vol. *in fol.* Genève 1606.

13 Discours abregé de l'Artois, membre ancien de la Couronne de France, & de ses Possesseurs depuis le commencement de la Monarchie, 1640.

14 Origine de la Maison de France, vol. *in fol.* par *du Bouchet.* Paris 1646.

15 Histoire genealogique de la Maison de France, par *de Sainte-Marthe,* 2. vol. *in fol.* Paris 1647.

16 Traité de l'autorité des Rois touchant l'administration de l'Eglise, par *M. Talon,* imprimé à Amsterdam en 1700. *in octavo.*

17 Traité des Droits du Roy sur le Royaume de Sicile, avec les Genealogies. *V. Dupuy, Traité des Droits du Roy, page* 1.

18 Du Droit du Roy, aux Villes & Places de Coni, Savillon, Fosson, Mondevis, Cherasc en Piémont. *Ibid. page* 36.

19 Du Droit du Roy au Royaume d'Angleterre. *Ibid. page* 145.

20 Des Droits du Roy sur les Villes de Tournay & le Tournesis, Mortagne lez-Tournay, Saint Amand. *Ibid. p.* 189.

21 Du Droit du Roy aux Comtez de Provence, Forcalquier & Terres adjacentes, avec les Genealogies. *Ibid. p.* 225.

22 Du Tillet, Recüeil des Rois de France, leur Couronne, & Maison.

23 La recherche des Droits du Roy & de la Couronne de France; sur les Royaumes, & Etats Etrangers, par *Cassan.* Par. 1634.

24 Traité des Droits de la Couronne de France sur le Comté de Saint Paul, par *M. de la Guest.* Par. 1634.

25 Alliances generales des Rois & Princes de Gaule, par *Paradin.* Genève 1636. figur.

26 La prééminence des Rois de France sur l'Empire & l'Espagne; par *Aubery,* vol. *in quarto,* Par. 1650.

27 Petri Bellugæ, *Speculum Principum, in quo Regum Principum & populorum, præsertim Arragoniæ, jura expenduntur,* vol. *in fol.* Bruxellis 1655.

28 Du Roy & de sa Majesté. *Voyez les Ordonnances recüeillies par* Fontanon, *tome* 2. *liv.* 1. *titre* 1. *page* 1. Du Luc, *liv.* 3. *tit.* 1. & Papon, *liv.* 4. *tit.* 1.

29 Du Droit de Royauté. Voyez Coquille, en son Institution au Droit François, *to.* 2. *p.* 1.

30 De la puissance Royale. Voyez Grimaudet, où il traite du Droit de Regale.

31 De la puissance, des droits, & des devoirs de ceux qui ont le gouvernement souverain. Voyez les Loix Civiles, *to.* 4. *liv.* 1. *tit.* 2.

32   *Voyez* ce que *M. Charles Du Moulin, nouvelle Edition de ses Oeuvres, to. 2. p. 1035.* a dit de la Monarchie des François, où il établit le pouvoir de nos Rois, les usurpations des Papes; les Decretales ont usurpé sur la Jurisdiction des Rois.

33   L'Histoire de Bearn, remarque que le Roy Loüis XI. étant dans ce pays, fit baisser son épée que l'on portoit haute devant luy; il ne voulut pas que l'on scellât aucunes Lettres pendant le séjour qu'il y fit, disant qu'il étoit hors de son Royaume.

34   De la puissance du Roy dans l'Eglise, & sur les choses sacrées. *V. la Bibliotheque Canonique,* tom. 2. p. 522. & suivans.

35   *Quæ sunt jura regalia,* par rapport à la Jurisdiction? *Voyez le 29. chap. du stile du Parlement, dans Du Moulin,* tome 2. page 471.

36   *De juribus & privilegiis Regni Franciæ.* Du Moulin, *tome 2. p. 339. & suiv.*

Rex Franciæ neminem in temporalibus recognoscit superiorem. Ibid.

Rex Franciæ nomen habet pulcherrimum. p. 540.

Potest inconsulto Papâ sub nomine mutui doni aut charitativi subsidia componere viris Ecclesiasticis, pro defensione Regni. p. 541.

Quicumque orat pro Rege habet decem dies indulgentiarum. Ibid.

Rex in Ecclesiis capit regalia, & beneficia confert in regaliis vacantiæ. p. 542.

A nullo sui Regni antistite potest excommunicari, nec excommunicatus declarari. Ibid.

Nonobstante quod laici Ecclesiis non debent præfici, tamen Rex Franciæ obtinet ut obtinere possit præbendas in Ecclesiis sui Regni. p. 543.

Licet jus conferendi præbendas adeò sit spirituale ut laico non conveniat, nihilominus Rex Franciæ pleno jure confert beneficia, & dignitates Ecclesiasticas; M. Charles Du Moulin ajoûte, que *Rex Franciæ* plus est privilegiatus *quam Imperator,* parce que celui-cy *non habet potestatem conferendi,* mais *facultatem faciendi præcipi,* ce qu'on appelle *primaria preces.*

In electione Prælati requiritur Regis consensus, qui si non adsentiat, non confirmatur electio. p. 543.

Episcopi Regni Franciæ tenentur Regi jurare fidelitatem seu reverentiam. Ibid. p. 544.

Rex habet cognitionem causarum civilium inter personas Ecclesiasticas in possessorio de causis spiritualibus, vel causam eis annexam habentibus.

Solus Rex facit Constitutiones seu Leges in Regno Franciæ. Ibid. p. 547.

Rex Franciæ potest eligi in Imperatorem. Ibid.

Restituit famam. Ibid. p. 548.

Papa non legitimat, aut restituit in Regno Franciæ, sed solus Rex.

Rex Franciæ potest non successibiles, facere succedere. Ibidem.

Solus Rex & nullus alius potest imponere novum vectigal, etiam in suis terris & proprio domanio seu patrimonio.

Quamvis usus procuratoris sit necessarius, ut qui suæ causæ adesse nolunt, vel non possunt eum in judicio sistant, tamen nulla civitas etiam communem bursam habens potest se congregare & pro ejus utilitate disponere nisi expressâ licentiâ Regis. Ibid. p. 549.

Nemo in Regno Franciæ de portu armorum cognoscit, nisi Rex.

Ad Coronam Regni Franciæ non potest succedere fæmina nec masculus ex eâ descendens. Ibid.

37   *Voyez la Bibliotheque du Droit François par Bouchel,* verbo *Roy,* où il est traité des Droits & Privileges Royaux.

38   *De privilegiis apostolicis concessis. Voyez le 29. chapitre du stile du Parlement, dans Du Moulin,* tome 2. page 529.

39   *Voyez le Traité que M. le Bret a fait de la Souveraineté du Roy.* Il explique les Droits de la Royauté,

blâme l'erreur de ceux qui disent que la France doit dépendre de l'Empire, parle des Loix fondamentales du Royaume; de la majorité des Rois acquise à 14. ans; des droits des femmes, veuves, enfans & freres des Rois; du pouvoir qu'ils ont sur les Benefices, & de la Regale spirituelle dont ils joüissent; de la collation de ceux dont ils sont Patrons & Fondateurs; de l'obéïssance düe aux Commandemens & Rescrits du Prince; du pouvoir qu'il a de faire seul des Nobles, naturaliser les Etrangers, legitimer les bâtards, faire battre monnoye: de ses droits sur la Mer, sur les Fleuves navigables, sur les grands Chemins: du droit de marque & de represailles: de celuy qui luy appartient d'établir des Postes, & des Courtiers publics, d'écrire aux Parlemens en Corps, & aux Armées, & de plusieurs autres droits dépendans de la Souveraineté, comme ceux qu'il a sur les mines & métaux, biens vacans par desherence, acquis par confiscation, de l'autorité & droits des Sceaux, du dernier ressort, de la puissance du glaive.

40   Le Roy fils aîné de l'Eglise. *Voyez la Bibliotheque de Bouchel,* verbo *Aînesse, p. 109.*

41   *Voyez Henrici secundi Progymnasmata,* où il y a plusieurs Arrêts confirmatifs du pouvoir qu'a le Roy en ce qui concerne les Eglises, Service Divin, & Ceremonies de la Religion; en voicy le stile, *le Roy a ordonné que par toute l'Eglise Gallicane, sur laquelle ledit Seigneur a superintendance, quasi pontificale jure, l'octroy & privilege irrevocable des saints Conciles generaux, &c.*

42   *Princeps in dubio actui jurato derogare non nisi specialiter dicatur, intelligitur.* Voyez Franc. Marc. to. 1. quest. 189.

43   *Rescripta Principum sine tertii præjudicio concessa esse intelliguntur.* Ibid. quest. 452.

44   *Jurium regalium licitationes quomodo facienda sint, & qui ad licitationes non admittantur?* V. ibidem, to. 2. quest. 257.

45   *In concessione Regni veniunt etiam omnia regalia secundùm Bald. in C. 1. quæ sunt regalia in fine.* Ibid. quest. 271.

46   En quels cas le Roy peut disposer des biens des particuliers contre leur gré, pour fortifier une Place, élargir des fossez, &c. *V. M. le Bret, Traité de la Souveraineté,* liv. 4. ch. 10.

47   *Quorum cognitio specialiter pertinet ad Regem, & qualiter contrà personas Ecclesiasticas procedatur? Voyez le 29. chapitre du stile du Parlement, dans Du Moulin,* tome 2. p. 440. & sur les Notes, p. 469.

48   Plaidoyé de *M. Brisson,* touchant un transport d'or & d'argent, perles & pierreries saisies en l'extrémité du Royaume. *Voyez le Recueil des Plaidoyez & Arrêts notables imprimez en 1645.*

49   Des deniers Royaux. *Voyez le mot Deniers,* nomb. 51. & suivans.

50   Le Roy Arbitre entre Princes Etrangers. *Carondas,* liv. 4. Rép. 2.

51   Exemples, que les Rois se peuvent entremettre d'accommoder les differens qui surviennent entre les Rois leurs voisins, & leurs peuples. *Voyez Dupuy, Traité des Droits du Roy, p. 666.*

52   Du droit que le Roy ou les Seigneurs ont pour debiter du vin pendant un mois de l'année, & si ce droit, qu'on appelle le ban de May ou le ban d'Août, est cessible. *Voyez Henrys,* tome 1. livre 3. chapitre 3. question 41.

53   Le Roy voulant purger les Eglises de son Duché de Bretagne, toutes clauses, pactions & convenances dont l'on use ès resignations & permutations des Benefices & Dignitez, a déclaré toutes les resignations & permutations faites & à faire *cum regressu,* & toutes Expectatives des Benefices & Dignitez, vacantes & impetrables, reservant à luy, & à son Aumônier & ses Vicaires, les provisions des dévolutaires, à cause

que cela provient de cette presente providence, & autant en a ordonné & ordonne pour toutes les autres Terres & Pays de son obéïssance. Arrêt du Roy Henry II. en 1556. *Voyez Henrici Progymnasmata, Arrêt 170.*

53   Le Roy peut bien ceder & quitter les Droits Royaux, comme de Justice, censive; mais non les cas Royaux & de Souveraineté, comme accorder rémission. Arrêt du Parlement de Paris contre le Duc de Nevers de l'année 1564. *Papon, livre 5. titre 1. nombre 1.*

54   Arrêt du même Parlement du 17. Juin 1606. qui condamne Messire Charles B. de Valois, à se desister & départir de la détention & occupation des Comtez de Clermont & d'Auvergne, & de la Baronnie de la Tour, appartenances & dépendances, & en laisser & souffrir joüir la Reine Marguerite demanderesse, suivant le contrat de mariage de la Reine Mere des Rois, du 27. Octobre 1533. *V. les Plaidoyez de M. Servin.*

55   Arrêt du même Parlement de Paris du deuxième jour de Janvier 1615. toutes les Chambres assemblées, sur la remontrance de M. le Procureur General du Roy, que bien que par plusieurs Arrêts les maximes de tout temps tenuës en France, que le Roy ne reconnoît aucun Superieur au temporel de son Royaume, sinon Dieu seul, & que nulle puissance n'a droit ni pouvoir de dispenser ses sujets du serment de fidelité & obéïssance qu'ils luy doivent, ni le suspendre, priver ou déposer de son Royaume, & moins d'attenter ou faire attenter par autorité, soit publique ou privée, sur les personnes sacrées des Rois, ayent été confirmées; neanmoins plusieurs personnes se donnent la licence de les révoquer en doute, & de les tenir pour problématiques; en consequence requiert, qu'il luy plaise ordonner que les anciens Arrêts seront renouvellez, &c. Par cet Arrêt de 1615. il est ordonné que les Arrêts des 2. Decembre 1561. 29. Decembre 1594. 7. Janvier & 19. Juillet 1595. 27. May, 8. Juin & 26. Novembre 1610. & 26. Juin 1614. seront gardez & observez selon leur forme & teneur. Défenses à toutes personnes de quelque qualité & conditions qu'elles soient, d'y contrevenir, sous les peines y contenuës, & à cette fin seront publiées aux Bailliages & autres Sieges du ressort, à la diligence des Substituts du Procureur General, qui en certifieront la Cour au mois, à peine d'en répondre en leurs noms. *Bibliotheque Canonique, tome 2. page 338.*

ROY, BENEFICE.

56   *De regali nominatione ad sacrorum præfecturas.* Voyez Chopin, *Pol. sacr. tit. 7. n. 22. & suiv.*

57   *Voyez le mot Nomination, n. 8. & suiv.*

58   *De collationibus Regiis jure fundationis.* Voyez Pinson, au titre *de modis adquirendi beneficii. §. 15.*

59   *An Rex Franciæ in collationibus beneficiorum per eum factis possit decretum apponere ?* Voyez la nouvelle Edition des Oeuvres de M. Charles Du Moulin, *tome 2. page 574.*

60   Abbayes de Fondation & Patronage Royal. *Tournet, lett. P. Arr. 21.*

61   Du pouvoir du Roy sur les Benefices qui sont en sa collation. *Voyez M. le Prêtre, 2. Cent. ch. 67.*

62   De la nomination que le Roy fait au Pape des premieres Dignitez de l'Eglise. *Voyez M. le Bret, en son Traité de la Souveraineté, liv. 1. ch. 17.*

63   Collations qui appartiennent au Roy, & quels droits exerce le Roy Collateur ? *Voyez le mot Collation, nomb. 156. & suiv.*

64   Du droit du Roy dans les Elections. *Voyez le mot Election, nomb. 146.*

65   Es nominations que fait le Roy aux Prélatures, il faut que les Bulles soient expediées dans les six mois après la date du Placet ou Brevet du Roy. *Voyez cy-devant le mot Procuration, n. 47.*

    Tome III.

---

65   Des formalitez observées en la provision aux Archevêchez, Evêchez & Abbayes de ce Royaume, & du pouvoir des Rois de France, depuis le commencement de la Monarchie, jusques aux Concordats faits à Boulogne, entre le Pape Leon X. & le Roy François I. De l'information des vies & mœurs des nommez aux Prélatures. *Voyez les Preuves des Libertez, tome 1. chap. 15.*

66   La nomination du Roy pour son joyeux avenement à la premiere Prébende vacante, ne se peut tellement mettre les mains à l'Ordinaire, qu'il ne puisse valablement la conferer à un autre. *M. Louet, lettre P. sommaire 6.*

67   La provision du Roy prévaut sur celle du Trésorier de la Sainte Chapelle. *Voyez Concours, & Brodeau sur M. Loüet, lett. V. som. 1.*

68   Jugé qu'encore que le Roy soit absent du Royaume, & que saisies ayent été faites en sa main avec adjudication d'un Fief noble tenu nuëment de luy, auquel y a droit de Patronage joint, son Procureur ne peut presenter au Benefice vacant; mais ce droit est reservé au Roy seul, ou au Regent ayant pouvoir special. *Bibliot. Can. 10. 2. p. 581. col. 1.*

69   Les Prébendes de l'Eglise de Saint Urbain de Troyes, dont la presentation appartient au Roy & au Doyen de la même Eglise, alternativement, sont sujetes aux Graduez, bien entendu que cette sujetion aux Graduez n'est qu'à l'égard des Benefices qui tombent dans le tour du Collateur Ecclesiastique, & non pour ceux qui sont au tour du Roy. Cette Jurisprudence est fondée sur un Arrêt du 5. Février 1656. rendu au profit de Mademoiselle de Montpensier, fille de M. le Duc d'Orleans, pour le Doyenné de Saint Fargeau. Autre chose seroit, si un Benefice dépendoit de deux Patrons, un Ecclesiastique, & l'autre Laïque. Si la presentation ou collation se fait *uno eodemque actu*, pour lors le privilege du Patron laïque profite au Patron Ecclesiastique, parce qu'étant un acte individu, le privilege n'est point divisible ; mais quand le Patronage est distinct & alternatif, que chacun confere à son tour, pour lors le tour du Patron Ecclesiastique arrivant, le Benefice est sujet au Gradué, & le Patron Ecclesiastique est obligé de luy conferer conformément au Concordat. *Bibliorb. Can. tome 1. page 203.*

70   Plusieurs prétendent que celuy qui resigne en faveur pendant la Regale, doit survivre vingt jours après la resignation, si ce n'est que le Roy eût dans ses provisions dérogé à cette Regle, & que le Benefice eût été conferé au resignataire, en quelque sorte & maniere qu'il ait vaqué, comme les plus adroits ont coûtume de faire mettre dans les provisions qu'ils obtiennent du Roy, afin de conformer tous les genres de vacances, par lesquels Sa Majesté pourroit pourvoir. D'autres soûtiennent que la Regle des vingt jours n'a point lieu en Regale, quoique le Roy ait continué d'en mettre la condition dans ses provisions ; que si elle n'y étoit pas, il ne seroit pas necessaire que le resignant vécût les vingt jours, pour faire valoir les provisions de Sa Majesté. Ce dernier parti a plus de fondement. *Bibliotheque Can. tome 1. page 281.*

71   Celuy qui veut permuter, ne le peut faire sans le consentement du Roy, soit dans le temps de la Regale, soit lors de la collation en qualité de Fondateur. En quoy Sa Majesté ne joüit que du droit commun des Patrons laïques ; & dans tous ces cas, comme le Roy ne connoît point de Superieur, ses Collataires n'ont pas besoin d'être autorisez du Visa des Evêques, pour prendre possession : en un mot il n'y a que les provisions de Cour de Rome qui ayent besoin de Visa. Les presentations laïques ont besoin d'investiture, mais aux collations laïques, le Visa n'est pas necessaire. *Ibidem.*

72   Quoique la Regle des vingt jours n'ait point de

lieu és Benefices qui sont à la collation du Roy, comme sont les Chanoines des Saintes Chapelles de Paris, de Bourges, du Sault, de Vincennes & autres, dont le Roy est seul Ordinaire, le Pape, & encore moins le Concile de Latran n'y ayant aucun droit, neanmoins le Roy fait ses provisions conformes à ladite Regle, & les limite expressément à cela, ce qu'il peut faire comme Souverain. Ensorte que de deux Pourvûs par le Roy, l'un par resignation, & l'autre par mort, par Arrêt du Parlement de Paris du premier Decembre 1494. le dernier fut maintenu, le défunt étant mort dans les vingt jours. *Papon, liv. 3. tit. 2. nomb. 4.*

73   *Chopin* rapporte qu'il y a des Lettres du Roy Henry III. du 6. Mars 1577. par lesquelles il est ordonné que les premiers Benefices venans à vaquer dans la Ville ou Diocese où le Roy fait son entrée, soient affectez aux Aumôniers, Chapelains & Chantres de sa Chapelle, pour leur être conferez par les Evêques, & non à d'autres, & que cela a été jugé au Grand Conseil le 11. Août 1604. au profit de René Vallin, Chapelain du Roy. *Biblioth. Canon. tome 2. page 50.*

74   En ouverture de la Regale, le Roy peut pourvoir sur une resignation *in favorem.* & la Prébende ajugée au Pourvû en Regale. Jugé le 7. May 1501. *Chenu, 1. Cent. quest. 4.*

75   L'Ordinaire ne peut conferer *spreto patrono,* mais admettre une permutation : le Roy peut conferer en regale *spreto patrono Ecclesiastico,* c'est l'un des points jugez par l'Arrêt du 9. Juin 1608. *Brodeau sur M. Loüet, let. R. som. 47.* Secùs *spreto patrono laico Rex non potest conferre.* Jugé le dernier Juin 1642. *Du Frêne, liv. 4. ch. 3.*

76   Le Roy conferant en Regale peut déroger à un patronage mixte; le Roy ne souffre point de compagnon. Jugé le 11. Août 1677. *de la Guess. to. 4. liv. 1. chap. 4.*

ROY, CHANOINE.

77   Le Roy Chanoine en plusieurs Eglises. *Voyez* le mot *Chanoine,* nom. 130. & *suiv.*

ROY, COMMITTIMUS.

78   On ne peut se servir de son Committimus contre le Roy. *Voyez* le mot *Committimus,* nom. 4. & 5.

ROY, COMPLAINTE.

79   Si la Complainte peut être formée par le Roy ou contre le Roy. *Voyez* le mot *Complainte,* nomb 41. & 42.

ROY, CONCOURS.

80   S'il peut y avoir concours entre le Pape & le Roy. *Voyez* le mot *Concours,* nom. 25.

ROY, CONTRATS.

81   Des contrats & traitez qui se font entre les Rois. *Voyez M. le Bret, traité de la Souveraineté, liv 4. ch. 8.*

82   *Sacrilegium est de Regum contractibus dubitare. Du Moulin, to. 2. p. 165.*

83   On demande si le Prince Souverain est sujet aux contrats de son prédécesseur, & si telle obligation est compatible avec la Souveraineté *Voyez la Bibliotheque de Bouchel,* verbo *faits & promesse du prédecesseur* où la negative est tenuë, conformément à un ancien Arrêt de 1250. qui est au Registre *Olim fol. 105. li. 3.*

ROY, DAUPHIN.

84   *Voyez* le mot *Dauphin.*

ROY, DETTES.

85   Si le Roy est obligé de payer les dettes de son prédecesseur *V. M. Le Bret traité de la Souveraineté, liv. 4. ch. 9.* il distingue entre les Monarchies hereditaires, le successeur doit; & celles qui sont déferées par la Loy du Royaume, le successeur ne doit.

86   *Successor in regno solvere non debet debita predecessoris. Mornac* verbo *aliis indicamus, Cod. de legibus.*

87   Messire Jean de Mendon Chevalier, étoit deman-

deur en reconnoissance de cedule contre la Reine Blanche; la cedule étoit reconnuë; l'on demandoit la garnison de main; la Reine l'empêchoit, disant que telle garnison n'avoit lieu qu'entre gens de commun Etat, & non entre Roy & Reine qui sont notoirement solvables, & ne sont sujets aux droits ordinaires. Au contraire on soûtient que les Rois & Reines & autres puissant sont plûtôt sujets à garnison de main que les moindres, vû qu'ils ont plus de moyen. *Imo,* ils doivent eux-mêmes rendre la Justice aux particuliers. La Cour condamne la Reine à garnir la main par provision, sans préjudice au principal. Arrêt du 8. Juillet 1375. *Voyez Corbin, suite au patronage Chap. 58.*

58   Entre le sieur Dubois de la Mothe, & les heritiers de Jacques Pars intimez, ceux-cy portent une Sentence provisoire de l'an 1549. contre l'appellant, par laquelle il est condamné garnir la main de douze cens écus que défunt Messire Philippe de Montauban prédecesseur de l'appellant s'étoit obligé de payer pour la Reine Anne audit Pars; l'obligation étoit de l'an 1489. La Sentence est déclarée executoire par le Senechal de Rennes, & ce par provision, dont il appelle; il dit que Montauban n'étoit que caution de la Reine, que Pars étoit Tresorier de ses guerres, & qu'il a été trouvé reliquataire au Roy de 80000. liv. ils doivent donc comme ses heritiers prendre la Sentence & dette en payement, ou bien qu'elle leur soit rabatuë. Le Procureur General dit qu'il n'y a que le Roy qui perde en cette cause. Le Juge qui a vû qu'il y avoit de l'argent *in nominibus* du debiteur du Roy devoit le luy ajuger; quant à la Requête de l'appellant, par laquelle il demande que le Procureur general prenne la cause & défenses du procés. il est mal fondé; parce que le Roy ne peut être poursuivi comme heritier de la Reine Anne pour plusieurs raisons, qu'il déduira s'il en est besoin, ainsi qu'il y a prescription évidente La Cour ayant aucunement égard à la Requête de l'appellant, ordonne que le Procureur general du Roy se joindra au present procés pour son interêt, lequel il a reçû pour appellant & tenu pour bien & düement relevé; & faisant droit en ses appellations, même en celle de l'appellant, a mis & met les appellations, & ce dont a été appellé, au néant sans amende & dépens, & pour cause; & en émendant le jugement, dit qu'aucune provision n'appartient; & les parties renvoyées, &c. pour proceder au principal. *Du Fail, li. 1. ch. 106* rapporte l'Arrêt du Parlement de Bretagne du 11. Octobre 1559.

ROY, DISCUSSION.

89   La discussion n'a lieu à l'égard du Roy; le Roy n'est obligé à aucune discussion pour ce qui luy est dû. *Tronçon, Coûtume de Paris, art. 101.*

ROY, DÎMES.

90   Le Roy condamné à payer à son Curé la dîme des fruits de son jardin, par Arrêt de 1266. *V. la Bibliotheque de Bouchel,* verbo *Roy.*
Voyez le mot *Dîme,* nombre 447.

ROY, DONATION.

91   Insinuation des donations faites par le Roy. *Voyez* le mot *Insinuation, n. 35.*

ROY, EMPEREUR.

92   *An à Principe, vel Comite Imperii extrajudicialiter gravante ad Cameram appellatur. Voyez Andr. Gaill, lib. 1. observ. 110.*

93   *An à Commissariis Caesaris ad cameram appellari possit? Ibidem.*

94   *Appellationes infra summam ordinationis, vel privilegiorum in camera non recipiuntur. Ibidem observat. 123.*

95   *De Collectis imperii. Idem observ. 53. V.* le mot *Empereur.*

ROY, ENFANS DE FRANCE.

96   Des Enfans de France. *Voyez* le mot *Enfant.*

ENTRE'E DU ROY,

97 Voyez cy-deſſus le n. 73. & le mot Entre'e n. 6. & ſuiv.

ROY, EXCOMMUNICATION.

Des Rois temerairement excommuniez. Voyez le
98 mot Excommunication, nomb. 104. & ſuiv.

Bulle du Pape Benoît, par laquelle il excommu-
nioit le Roy, les Princes de ſon ſang, & ſa Nobleſſe,
fut condamnée & déchirée par Arrêt de la Cour du
19. Juillet 1408. Bibliot. Canon. to. 1. p. 172. Col. 2.

99 Anciennement pour mieux aſſûrer la Majeſté des
Rois de France, contre la puiſſance du Pape, on a
obtenu des Bulles des Papes ſéans en la Ville d'Avignon pour être exempt de leur puiſſance, il y a au
Treſor de France une Bulle du Pape Clement V. par
laquelle non ſeulement il abſout Philippes le Bel &
ſes ſujets, de l'interdiction de Boniface ; mais auſſi
il déclare le Roy & le Royaume, exempts de la puiſſance des Papes : & même Alexandre IV. donne ce
privilege au Royaume de France, qu'il ne peut être
interdit, ce qui depuis a été confirmé par ſept Papes
conſecutivement : ſçavoir Gregoire VIII. IX. X. &
XI. Clement IV. Urbain V. Benoît XII. deſquels
les Bulles ſont encore au Treſor de France, ce qui
n'étoit pas agrandir, mais diminuer la Majeſté de
nos Rois, qui n'ont jamais rien tenu des Papes; & qui
plus eſt la Cour de Parlement par pluſieurs Arrêts du
27. Juin 1536. & dernier Janvier 1552. a declaré nulle &
abuſive la clauſe auctoritate apoſtolicâ, inſerée aux
reſcrits des Papes envoyez en France, il faut que celuy qui ſe veut aider du reſcrit, proteſte en jugement
qu'il ne ſe veut ſervir aucunement de la clauſe, Bibliot. Can. to. 2. p. 358. Col. 2.

ROY, GÎTE.

100 Droit de gîte dû au Roy, & non à la Reine, V.
le mot Geoliers, nom. 23.

ROY, INSTITUTION D'HERITIER.

101 Un teſtateur ayant inſtitué un heritier univerſel,
ajoûte qu'en cas que ſon heritier ſeroit troublé par
litige, voye de fait, ou main armée, il inſtituoit le
Roy en la moitié de ſon heritage, à la charge par Sa
Majeſté de prêter main-forte à ſon heritier, le défendre & ſoûtenir pour l'autre moitié ; mais par Arrêt du Parlement de Toulouſe du mois de Février 1533.
le teſtament fut pour le regard de l'inſtitution du
Roy, déclaré nul ſuivant les Loix res qu a §. lites dona-
tas ff. de jure fiſci l. penult. ff. de hered. inſtit. 3. C. de
teſtam. & l. nolumus C. eod. & ce non ſans difficulté,
& après un partage. Voyez Maynard, liv. 7. ch. 20.

ROY, LIVRES DEFFENDUS.

102 Vû par la Cour, les Grand'Chambre de la Tournelle, & de l'Edit aſſemblées, le Livre intitulé, Tractatus de poteſtate ſummi Pontificis in temporalibus ad-
verſus Guillelmum Barclaium, authore Roberto ſanctâ
Eccleſiâ Romanâ Cardinalis Bellarmino, imprimé à
Rome par Barthelemy Zanneti, l'an 1610. Concluſions
du Procureur general du Roy; & tout conſideré, la
Cour fait défenſes à toutes perſonnes, ſur peine de
crime de leze-Majeſté, de recevoir, retenir & communiquer, imprimer, faire imprimer ou expoſer en
vente ce livre contenant une fauſſe & déteſtable pro-
poſition, tendant à l'éverſion des Puiſſances Souveraines ordonnées & établies de Dieu, ſoûlevement
des ſujets contre leurs Princes, ſouſtraction de leur
obéiſſance, induction d'attenter à leurs perſonnes &
Etats, troubler le repos & la tranquillité publique:
Enjoint à ceux qui auront des exemplaires du Livre,
ou connoiſſance de ceux qui en ſeront ſaiſis, de le déclarer promptement aux Juges ordinaires, pour en
être faite perquiſition à la requête des Subſtituts du
Procureur General, & proceder contre les coupables, ainſi que de raiſon, A fait & fait pareilles inhibitions & défenſes, ſur la même peine à tous Docteurs, Profeſſeurs & autres, de traiter, diſputer,
écrire ni enſeigner, directement ou indirectement,
en leurs Ecoles, Colleges & tous autres, la ſuſdite

proposition ; ordonne que le preſent Arrêt ſera envoyé aux Bailliages & Sénéchauſſées de ce reſſort,
pour y être lû, publié & regiſtré, gardé & obſervé
ſelon ſa forme & teneur ; enjoint aux Subſtituts du
Procureur General du Roy de tenir la main à l'execution, & certifier la Cour de leurs diligences au
mois. Fait en Parlement le 26. Novembre 1610.

Après l'Arrêt les Gens du Roy mandez, ce qui venoit d'être jugé leur a été notifié par la Cour de ſon
Ordonnance, le Livre du Cardinal Bellarmin a été
remis en leurs mains.

Sur les plaintes & remontrances faites par nôtre
Saint Pere le Pape, pour raiſon de certain Arrêt du
26. de ce mois contre le Livre intitulé Tractatus de
poteſtate ſummi Pontificis, &c. imprimé à Rome par
Barthelemy Zanneti, l'an 1610. le Roy étant en ſon
Conſeil, aſſiſté de la Reine Regente ſa mere, Meſſieurs les Princes de Condé & Comte de Soiſſons
Princes du Sang; Duc de Mayenne, Chancelier, Duc
d'Epernon, de Lavardin, & Bois Dauphin, Maréchaux de France, Amiral & Grand Ecuyer de France, a ordonné & ordonne pour certaines bonnes
cauſes & conſiderations, que la publication & execution dudit Arrêt ſera tenuë en ſurſeance ; juſqu'à
ce que par ſa Majeſté il en ſoit autrement ordonné ;
& ſera le preſent Arrêt délivré au Procureur General de ſa Majeſté ; enjoint à tous Bailifs, Sénéchaux,
& autres Juges du reſſort du Parlement de ſurſeoir
la publication & execution ſuivant l'intention de ſa
Majeſté. Fait au Conſeil tenu à Paris le dernier jour
de Novembre 1610. Depuis M. le Premier Préſident
de Harlay fut mandé par la Reine, ſur ce que le
Nonce s'étoit plaint que l'Arrêt qui condamnoit le
Livre du Cardinal Bellarmin faiſoit grand préjudice à l'autorité du Pape. M. le premier Préſident
rendit compte de ce qui avoit été fait & délivré par
le Parlement ; & le 10. Decembre 1610. M. Servin
Avocat General dit, que ſur ce que quelques-uns
avoient dit à la Reine, qu'il n'y avoit rien de mauvais
dans le Livre de Bellarmin, il en avoit fait quelques
extraits qu'il mettroit en François pour préſenter à
ſa Majeſté. Il les lût, M. le Prince de Condé prit le
cahier & lût tous les articles latins, qui furent in-
terpretez à la Reine, chacun trouva ce Livre mauvais. La Reine & M. le Chancelier dirent qu'il falloit ſupprimer, & empêcher de vendre. M. le
Chancelier dit qu'il avoit expedié une commiſſion à
cet effet ; la Reine y ajoûta qu'elle déſiroit que les
choſes ſe paſſaſſent doucement, & qu'il ne fût rien
propoſé qu'elle n'en fût avertie auparavant ; on les
chargea de les préſenter au premier jour au Parlement. Biblioth. Can. tome 2. p. 534.

Voyez le mot Libelle.

Arrêt de la Cour du 26. Juin 1614. contre le Livre de
François Suarez, intitulé Defenſio fidei Catholicæ, contenant pluſieurs propoſitions contraires aux Puiſſances Souveraines des Rois ; il fut ordonné que le Livre ſeroit brûlé par l'Executeur de la haute Juſtice,
& arrêté que quatre Peres Jeſuites ſeroient mandez
au premier jour en la Cour ; & à eux remontré que
contre leur déclaration & decret de leur General de
l'an 1616. le Livre de Suarez a été apporté en cette
Ville contre l'autorité du Roy, ſûreté de ſa perſonne,
& Etat ; & leur ſera enjoint de faire vers leur General qu'il renouvelle ledit decret, & qu'il ſoit publié,
en rapportant acte dans ſix mois, & pourvû à ce
qu'aucuns livres contenans ſi damnables & perni-
cieuſes propoſitions ne ſoient faits ni mis en lumiere
par ceux de leur Compagnie; à eux enjoint par leurs
Prédications exhorter le peuple à la doctrine contraire
auſdites propoſitions, autrement la Cour procedera
contre les contrevenans comme criminels de léze-Majeſté. Voyez les Preuves des Libertez to. 1. ch. 4. n. 47.

Arrêt du Parlement de Bourdeaux du 7. Février
1643. rendu, les Chambres aſſemblées, & ſur la re-

§ ſ ſ iij

quête du Procureur General , qui condamne une Lettre écrite par l'Archevêque de la même Ville, tendante
à déprimer l'autorité souveraine du Roy, & à tous ceux
qui ont des exemplaires de les remettre au Gruffe dans
trois jours pour être supprimés; leur fait défenses de
les faire courir & publier , à peine d'être procedé
contre eux par la rigueur des Ordonnances faites
contre les auteurs des libelles diffamatoires ; permis
au Procureur General d'en informer pardevant deux
Conseillers ; cependant ordonne que le Roy sera
averti de tout , & qu'un exemplaire de la Lettre soit
envoyé à sa Majesté. *Voyez les Preuves des Libertez ,*
to. 1. ch. 7. n. 88.

105 ROY, FONDATEUR.
Fondations faites par les Rois. *Voyez le mot Fonda-*
tion , nomb. 112. & suiv.

106 FOY ET HOMMAGE AU ROY.
Voyez *la Bibliotheque du Droit François par Bouchel,*
verbo *Hommage.*

107 ROY, GRADUEZ.
Le Roy n'est sujet aux Graduez. *Voyez le mot Gra-*
duez , nomb. 204. & suiv.

108 ROY INDEMNITE'.
De l'indemnité dûe par le Roy. *Voyez le mot In-*
demnité , nomb. 50. & suiv.

109 ROY, INDULTS.
Indults accordez au Roy par les Papes. *Voyez le mot*
Indult , nomb. 84. & suiv.

110 ROY SOUMIS AUX LOIX.
Par Arrêt de 1415. le Roy débouté des Lettres de
restitution qu'il avoit obtenuës pour couvrir les de-
fauts contre luy acquis. *Bibliotheque de Bouchel ,* verbo *Roy.*

111 Les Rois se soumettent volontairement aux Loix, sur
tout quand il s'agit de secourir le peuple. Arrêt du *P.*
de Paris du 26. Novembre 1419. qui ordonne que le
Roy sera tenu de vendre jusques à 30. arpens de Forêts proche Paris. *Papon, li. 4. tit.1.n. 1. & li.6.tit.1.n. 4.*

112 ROY, MAJORITE'.
Ordonnance pour la majorité des Rois de France à
quatorze ans. Au bois de Vincennes en l'an 1374 *Or-*
din. antiq. vol. A. fol. 74. *Corbin, p.* 9. Fontanon ,
tome 2. *page* 1.

113 Ordonnance touchant la majorité des Rois de France. A Paris le 13. Decembre 1392. Fontanon.

114 Edit portant qu'en cas que les Rois se trouvent mineurs à leur avenement à la Couronne , ils seront incessamment Couronnez , & le Royaume gouverné
par les Reines meres, & les plus prochains du Royaume , par le avis des Connétables , Chancelier & Sages
hommes du Conseil. Donné , lû & publié en
Parlement le Roy y tenant son lit de Justice , le lendemain de la Fête de Noël, le 26. Decembre 1407.
Fournival , page 814.

115 De la majorité des Rois. *Voyez Papon , livre* 4. *tit.*
1. *n.* 3. L'Edit de Charles V. & la Declaration faite
par Charles IX. avec le traité de *Du Tillet.*

116 MORT DU ROY.
Lettres de grace , commandement d'un Roy défunt ne sont executés du regne du successeur sans
confirmation.
Lettres de Justice octroyées par un Roy qui soit
décedé, sont executées du Regne du Roy successeur
sans confirmation. *Du Tillet , p.* 205.

117 Les Mandemens du Roy sont executoires nonobstant sa mort , ainsi qu'ils étoient de son vivant. Arrêt du Parlement de Paris du 6.° Octobre 1381. *Pa-*
pon , liv. 4. *tit.* 2. *n.* 3.

118 Le Roy avant sa consecration use de sa Majesté ;
il est tenu pour consacré , toutes les expeditions se
scellent sous son autorité, & non au nom du Roy défunt ; cela fut arrêté au Parlement de Paris le° 19.
Avril 1498. *Idem, liv.* 3. *tit.* 2. *n.* 1.

119 L'Abbé & les Religieux de S. Denis en France ont
les poëles & dépoüilles des effigies des Rois & Rei-

nes portez à leurs obseques. Ainsi jugé par Arrêt du
9. Juillet 1501. contre le Grand Ecuyer de France qui
les prétendoit. Cet Arrêt est rapporté par *Du Til-*
let en ses Mem. & par Chopin , dans son Monasticon ,
liv. 2. *tit.* 2. *n.* 23.

120 Le Roy ne meurt jamais ; le Parlement de Paris ,
arrivant quelque interregne, y pourvoit toûjours, soit
pour approbation de Regence , ou autrement , en
attendant le sacre ou élection , comme il arriva aprés
la mort de Charles IX. quand le 3. Juin 1574. on
confirma les Lettres de la Reine mere. *Papon , livre*
4. *tit.* 2. *n.* 4.
Voyez le mot *Funerailles.*

121 ROY, MOUVANCE DE FIEF.
Sur la demande faite par le Syndic des Prêtres de
l'Oratoire de Toulouse , que le Procureur General
fut obligé de luy passer reconnoissance des pieces
de terres mouvantes de leur directe ; dans le Vicomté de Villemur , & acquises par le Roy avec la Vicomté ; le Procureur General fut déchargé de la reconnoissance feodale , à la charge de procurer
dans l'année à ce Syndic une indemnité conforme à
l'estimation qui en seroit faite par des Experts L'Arrêt fut rendu en la Grand'-Chambre , le 27. Novembre 1671. Il ne convient pas à la dignité Royale de
rendre cette redevance , même par Procureur ; mais
il est juste que le Seigneur du fief soit indemnisé du
préjudice que luy porte l'acquisition faite par le Roy.
M. de Catellan , liv. 3. *chap.* 42.
Voyez cy-aprés le nomb. 152.

122 ROY, NOBLES.
Le Roy fait les Nobles. *Voyez le mot Noblesse,*
nomb. 83. *& suiv. & cy-aprés le nomb.* 145.

123 ROY, PAPE.
De l'autorité du Pape sur le temporel des Rois.
Voyez le mot Pape , nomb. 87. *& suiv.*

124 ROY, PARIAGE.
Du Pariage entre le Roy & un Seigneur, & si le
Roy peut déroger aux conditions d'iceluy ? *Voyez*
Henrys , to. 1. *liv.* 3. *chap.* 3. *qu.* 39.
Voyez le mot Pariage.

125 ROY, PARLEMENT.
De la reception du Roy és Cours de Parlement.
Voyez la Rochestavin , des Parlemens , livre 7. *cha-*
pitre 1.

126 Necessité publique est cause suffisante pour contraindre le Prince d'y donner secours. Par Arrêt du
Parlement de Paris du 26. Novembre 1419. il fut ordonné sur la faute de bois avenuë en la Ville de Paris , que le Roy seroit tenu de vendre jusqu'à trente
arpens de Forêts prochaines de Paris. *Papon , livre* 6.
tit. 1. *nomb.* 4.

127 Arrêt du Parlement en 1446. contre Charles VI. par
lequel il fut condamné souffrir qu'on coupât les bois
qu'il avoit prés Paris , pour l'usage du public en general , & d'un chacun en particulier , & qui plus est
le prix luy fut taxé par l'Arrêt ; ce qu'on ne feroit
pas à un particulier. Et neanmoins au même temps
Philippes Marie Duc de Milan défendoit de passer
les rivieres sans avoir congé de luy , qu'il vendoit à
prix d'argent. *Biblioth. de Bouchel ,* verbo *Roy.*

128 Les articles de paroles que le Roy à son avenement
à la Couronne a coûtume de jurer , furent envoyez
au Parlement par Loüis XI. le 23. Avril 1481. pour être
enregistrez. *Papon , liv.* 4. *tit.* 1. *n.* 1.
Voyez le mot Parlement.

129 ROY, PATRON.
Des Patronages Royaux. *Voyez le mot Patron ,*
nomb. 192. *& suiv.*

130 Dans les Eglises où le Roy est Patron, on se fait
donner des Lettres de sa Majesté pour joüir des
droits Honorifiques. *Voyez le mot Droits Honorifi-*
ques , nomb. 25. *& suiv.*

131 Provision contre le Roy. *Voyez le mot Provision*
nomb. 55.

ROY, PLAIDER.

132   Comment l'on entend ce que l'on dit ordinairement , *le Roy plaide la main garnie.* M. le Bret , *traité de la Souveraineté, livre 3. chap. 11.*

133   La regle qui dit que *le Roy ne plaide point deſſaiſi,* n'eſt pas toûjours vraye. *Voyez Du Luc, livre 3. titre 1. chap. 8.*

134   *An in principe diſponente contra jus, in dubio juſta cauſa preſumatur?* Voyez *Andr. Gaill , lib. 2. obſervat. 58.*

135   Les Rois ont ſoûmis leurs differends à l'autorité des Parlemens. Les Gens du Roy ayant mis en leurs mains la Seigneurie du Comte d'Alençon , prétendant qu'elle appartenoit à ſa Majeſté ; il fut dit par Arrêt de l'année 1278. attendu que la main du Roy étoit enſaiſiné , que la main du Roy étoit levée , & que le Comte devoit demeurer en ſaiſine , ſauf , au Roy ſon action pour la propriété. *Papon , livre 5. titre 1. n. 10.*

136   Le Roy doit plaider ſaiſi, & la poſſeſſion luy eſt dûë quand on lui conteſte des droits,ſur tout dans le cas de nouvelleté. Arrêt du Parl. de Paris en l'an 1281. qui ordonne que le Roy qui avoit fait de nouveau dreſſer moulins ſur le port de Greſtonne demeureroit en cette poſſeſſion , ſauf au Chevalier Bertrand ſon action de propriété contre le Roy. On juge le contraire s'il appert ſommairement du droit du ſujet. Arrêt du 6. Août 1565. pour le Marquis de Maizieres , touchant la Seigneurie de Villebois. *Ibidem , n. 9. &* Chopin , *du Domaine de France, liv. 3. tit. 10. in fine.*

137   Arrêt prononcé par les Etats entre le Roy Edoüard d'Angleterre & Philippes de Valois , tous deux prétendans à la Couronne de France , en faveur de Philippes comme plus prochain heritier de la ligne maſculine. *Idem, lib. 4. tit. 1. n. 2.*

138   Le Comte de Savoye d'une part, Monſieur le Dauphin , & le Marquis de Saluces d'autre , avoient ſoûmis leurs differends pour le Marquiſat de Saluces au jugement du Roy & de ſa Cour de Parl. On doutoit ſi la ſucceſſion étoit continuée en la perſonne du Roy ſucceſſeur ſans autre nouveau conſentement. Le Roy ſéant avec ſon Parlement au Louvre le prononça, & les parties y acquieſcerent & leurs raiſons ouyës, elles furent appointées à informer , par Arrêt donné par le Roy , & prononcé par Meſſire Arnault de Corbie ſon premier Préſident, le 23. Février 1376. *Corbin , ſuite de Paironage , chap. 59.*

139   Le Roy anciennement n'aſſiſtoit pas même au jugement des coupables de crime de lèze-Majeſté. Il ſe trouve au regiſtre de la Cour une proteſtation du 3. Mars 1386. faite par le Duc de Bourgogne comme premier Pair de France au Roy Charles VI. par laquelle il eſt porté que le Roy ne devoit aſſiſter au Jugement du Roy de Navarre , & que cela n'appartenoit qu'aux Pairs de ſorte qu'il y avoit une ſemblable proteſtation faite au Roy Charles V. afin qu'il ne fût preſent au Jugement du Duc de Bretagne : où il voudroit paſſer outre , les Pairs de France demanderent en plein Parlement qu'il leur fût decerné acte de leur proteſtation, & deſlors il fut enjoint au Greffier par Arrêt de la Cour de délivrer aux Pairs & au Procureur General du Roy, acte de leur proteſtation. Même quand il fut queſtion de juger le procez du Marquis de Saluces ſous le regne de François I. il fut ſoûtenu par vives raiſons , que le Roy de France ne pouvoit aſſiſter au jugement, puis qu'il y alloit de la confiſcation du Marquiſat, & quoiqu'il fût paſſé outre ce requerant le Proureur General, & que le Marquis fût condamné & ſes biens confiſquez, toutefois que les autres Princes le trouverent mauvais. *V. la Biblioth. de Bouchel,* verbo *Juges.*

ROY, PRELATION.

140   Voyez le mot *Prélation,* nomb. 49. & 50.

ROY, PRESCRIPTION.

141   Preſcription court contre le Prince quoique mi-

neur. Arrêt du Parlement de Paris du 4. May 1551. parce que le Roy a ſes Procureurs & Officiers qui le défendent. *Papon, liv. 12. tit. 3. n. 32. &* Mainard, *li. 7. ch. 5. & liv. 8. ch. 36. &* le mot *Preſcription, numb. 316. & ſuiv.*

ROY PRISONNIER.

142   Aprés que le Roy Jean fut fait priſonnier à la bataille de Poitiers , les Gens des trois Etats de Languedoc aſſemblez de l'ordre du Comte d'Armagnac Lieutenant de Roy, ordonnerent qu'audit pays, ſi le Roy n'étoit délivré durant l'année perſonne ne porteroit or , argent , ni perles , couleur de verd, ni gris , robes , ni chaperons decoupez , ni autres , & que Jangleurs ni Meneſtriers ne joüëroient de leur Métier durant ledit temps. *Cambolas ſur la Rocheflavin, livre 2. lettre J. tit. 2. Arr. 1.*

143   Lors de la priſe de François I. il a été défendu de danſer , ni faire feſtin ; ordonné que chacun ſe retrancheroit , que celuy qui avoit trois chevaux ſe contenteroit d'aller à deux. *Ibid.*

ROY, REGENCE.

Voyez cy-devant *Regence.*

144   Regens & Gouverneurs des Rois. *Voyez la Bibliotheque du Droit François par Bouchel,* verbo *Regence.*

ROY, REHABILITATION.

145   Il n'appartient qu'au Roy ſeul de rehabiliter en ſon Royaume. *Voyez M. le Prêtre , 3. Centurie , chapitre 30. &* cy-deſſus *le nombre 122.*

ROY, RENTES.

146   Rentes ſur le Roy. *Voyez* le mot *Rentes , nombre 288. &* 289.

ROY, REQUESTE CIVILE.

147   Le Roy n'a jamais beſoin de Requête civile, lors qu'il plaide pour ſes droits. *Voyez* le mot *Requête , nombre 86.*

ROY, RETRAIT.

148   Le Retrait lignager n'a point lieu en vente de terre faite au Roy. Arrêt de l'an 1283. contre le ſieur de Guines. *Papon , liv. 11. tit. 7. n. 12.*
Voyez le mot *Retrait , nomb. 113. &* 871. *& ſuiv.*

SACRE DU ROY.

149   L'ordre & ceremonies obſervées aux Sacres & Couronnemens des Rois & Reines de France. *Voyez Filleau , part. 3. tit. 11.*

150   *Per arreſtum expeditum in Parlamento, anno Domini 1275. nonobſtantibus rationibus & defenſionibus capituli Remenſis , pronunciatum fuit quod Burgenſes Capituli & Canonicorum Remenſium pro rata poſſeſſionum & hæreditatum quas habent in banno & Juriſdictione Archiepiſcopi Remenſis , tenentur contribuere in taliâ factâ Remis , una cum aliis hominibus & hoſpitibus Archiepiſcopi memorati. Ex Regiſtro olim. B. fol. 29.*
Voyez cy-aprés le mot *Sacre.*

ROY, SEIGNEUR.

Voyez cy-deſſus le nomb. 121.

151   Le Roy peut diſpoſer de tous les biens qu'il avoit acquis , ou qui luy ſont obvenus par ſucceſſion avant ſon avenement à la Couronne, pourvû qu'ils ne ſoient point de l'appanage, ou unis au Domaine. *Bacquet , Desherence , ch. 7. n. 9. ſeq. id.* Chopin , *Pariſ. liv. 1. tit. 2. n. 28.*

152   Quand le Vaſſal s'avoüe tenir du Roy contre un autre Seigneur , le Roy doit demeurer ſaiſi ; & la connoiſſance en appartient au Juge Royal. Chopin, *Andeg. lib. 1. cap. 6. n. 7.*

153   Le Roy eſt tenu mettre hors de ſa main l'hommage relevant d'un Seigneur qui luy eſt adjugé pour dettes , ou autrement. 2. Autre choſe eſt de l'heritage acquis par le Roy dans la ſeule Juſtice du Seigneur. 3. Delaquelle encore il demeurera exempt. 1. Chopin, *Andeg. lib. 1. ch. 7. n. 3. 2. 3. id.* Loiſeau , *des Seign, chap. 12. n. 22.*

154   Le Syndic & Conſuls de Sainte Dode en l'an 1568. paſſent accord avec le Comte d'Eſtarat , *quo ſis nar-*

ratio , qu'à l'occafion de grandes & diverſes occupa-
tions du Roy , Seigneur dudit lieu , les habitans d'i-
celuy ne ſe ſont aucunement défendus contre les incur-
ſions des Anglois , & autres voleurs, contre leſquels ledit Comte prend leſdits Habitans en ſa protection pour les défendre , & donne exemption du
peage par toute ſa Comté en payant à la premiere
Ville une fois , & leſdits Habitans s'obligent payer
annuellement chacun un quarton avoine; de ſe ſuivre
à la guerre , préter ſecours en temps de guerre & de
paix , & le recevoir de nuit & de jour , contribuer à ſa
redemption , voyage outre mer , mariage des filles.
Il demande l'execution de ce contrat , & ſoûtient
qu'il a toûjours été executé. Les habitans ſoûtiennent au contraire. Le Procureur General du Roy intervient, & oppoſe que les hommes de la Seigneurie
du Roy & ſes cenſitaires ne peuvent ſe rendre cen-
ſuels d'un autre Seigneur ; ce qui fut jugé ainſi. *La
Rocheflavin , des droits Seigneuriaux , ch. 39.*

356   Arrêt du 26. Février 1605. rendu entre le ſieur de
Bar , Seigneur pour la quatriéme partie de la Juriſdiction haute , moyenne & baſſe du lieu d'Iſlemade ,
avec le Roy Seigneur des autres trois parties, demandeur , & les Conſuls dudit lieu , qui permet audit de Bar pouvoir créer & mettre un Baile audit lieu
pour la conſervation de ſes droits , & ordonne qu'il
précedera les Conſuls tant aux aſſemblées particulieres que publiques , avec inhibition aux Conſuls d'y
contrevenir ; & luy permet de conſtruire priſons audit lieu en ſon fond , pour la garde des priſonniers
qui ſeroient faits en ladite Juriſdiction , tant pour le
Roy que pour luy, deſquelles le droit , uſage , profit & revenu demeureroit commun entre le Procureur du Roy & luy, ſuivant les cottitez de ladite Juriſdiction à eux appartenante; & de plus qu'il aſſiſtera à la preſtation de ſerment des Conſuls dudit
lieu , & d'iceux prendra & recevra avec le Juge ledit ſerment. *Ibidem , chap. 21. art. 14.*

SUJETS DU ROY.

357   *Princeps an ſubditos ſuos in alium transferre ſine ip-
ſorum ſubditorum conſenſu valeat?* Voyez *Franc. Marc.
tome 1. queſt. 337.*

358   Si le Roy eſt en droit & en pouvoir d'échanger
& aliener les Provinces de ſon Royaume , contre le
gré de ſes Sujets ? *V. Henrys, to. 1. li. 3. ch. 3. qu. 40.*

ROY DE L'ARQUEBUSE.

359   Par Arrêt de la Cour des Aydes du 29. Janvier 1689.
jugé qu'à Sezanne le Roy de l'Arquebuſe n'a point de
privilege. Les motifs de l'Arrêt furent que les habitans , ou du moins les Chevaliers de l'Arquebuſe de
Sezanne n'avoient point de Lettres de Conceſſion du
Roy pour joüir d'un privilege comme les habitans
de Beauvais ; 2°. que par l'article 23. de l'Edit de
1634. les privileges des Rois de l'Arquebuſe étoient
révoquez , ce que la Cour avoit conſenti pour la
taille , & non pour les Aydes , par l'Arrêt de verification ſur cet article ; 3°. que par l'article 35. du même Reglement de 1634. les habitans ne peuvent
exempter ni abonner perſonne à la taille. *Memorial
alphabetique, verbo Roy de l'Arquebuſe , n. 3.*

ROY DE LA BAZOCHE.

360   Recüeil des Statuts, Ordonnances, Antiquitez ,
Prérogatives du Royaume de la Bazoche. *Paris ,
1654. in octavo. V. le mot Bazoche.*

ROY D'ESPAGNE.

**360
bis.**   Lettres Patentes du Roy , avec l'Arrêt du Parlement , pour conſerver à Philippes V. Roy d'Eſpagne
le droit de ſucceſſion à la Couronne de France. *Voyez
le Recüeil des Arrêts notables imprimez en 1710. chez
Michel Guignard , ch. 25.*

ROIS DES RIBAULTS.

361   Ils avoient connoiſſance ſur tous jeux de dez & de

brelans qui ſe faiſoient en l'oſt & chevauchée du
Roy. Il en eſt parlé dans un Arrêté du 13. Janvier 1357.
& en d'autres Arrêts recüeillis par le Greffier *du Tillet.*
Voyez Paſquier , dans ſes Recherches, liv. 8. ch. 44.
& Ragueau , verbo Ribault.

ROY DES VIOLONS.

161   Lettres Patentes de confirmation des Statuts , Ordonnances & Reglemens faits par les Rois ſur l'exercice de la Charge du Roy des Violons, Maîtres à
danſer , & Joüeurs des inſtrumens tant haut que bas,
du mois d'Octobre 1658. *Boniface , to. 3. liv. 4. tit. 13.
chapitre 2.*

163   Si le Lieutenant du Roy des Violons ſe peut faire
pourvoir par le Lieutenant du Sénéchal de Marſeille,
au préjudice d'un Arrêt de défenſe obtenu par la bande des Violons de la même Ville ? Arrêt du 15. Mars
1679. qui declara la procedure incompetente , & permit à ceux de la bande de faire leur métier, avec défenſes de les troubler. *Ibid. ch. 1.*

ROY D'YVETOT.

   Voyez cy-après *Yvetot.*   **164**

ROYAUME.

1   Genealogies de ſoixante-ſept Maiſons illuſtres iſ-
ſuës de Meroüée , avec un Traité des Droits de
pluſieurs Princes au Royaume de Jeruſalem , par *Eſt.
de Luſignan.* Par. 1,87,

2   Edit portant défenſes à tous Religieux de ſortir du
Royaume, même pour tenir les Chapitres de leurs
Ordres. A Seloines le 3. Septembre 1476. *Ordonnan-
ces de Fontanon , to. 4. p. 1240.*

3   Traité des prétentions du Roy d'Angleterre 3
ſur le Royaume de France , & ſur aucunes Provinces
dudit Royaume , avec les Genealogies. *V. Dupuy ,
traité des Droits du Roy , p. 125.*

4   Recherches pour montrer que pluſieurs Provinces
& Villes du Royaume ſont du Roy ; le tout recüeilli
de divers Memoires & Titres anciens, tirez tant du
Tréſor des Chartes du Roy , qu'autres lieux , redigé
par ordre alphabetique. *Ibid. p. 403.*

5   Arrêt au Parlement de Paris du 16. Decembre 1610.
qui a declaré abuſives les citations données aux François , pour plaider hors le Royaume. *Voyez Brodeau
ſur M. Loüet , lett. D. ſomm. 49.*

6   Si les contrats paſſez hors du Royaume, peuvent
être executez en France ? *Voyez* le mot *Contrat, n.
96. & ſuiv.* & le mot *Etranger , n. 43. & ſuiv.*

7   Si la diſcuſſion ſe fait des biens, étant ſituez hors
du Royaume ? *Voyez* le mot *Diſcuſſion , nombre 79.*

8   De ceux qui quittent le Royaume ſans la permiſſion du Roy. *Voyez* le mot *Etranger , nombre 11.*
A quoy il faudra joindre l'inſtruction extraordinaire
commencée contre M. le Cardinal de Boüillon, au
Parlement de Paris , au mois de May 1710.

RUE.

   De *via publicâ, & ſi quid in eâ factum eſt diſa-
tur. D. 43. 10.* Ce Titre s'entend des rües de la
Ville ; il y a d'autres Titres qui traitent des chemins
de la campagne. *V. Chemin public.*

   Il n'eſt pas permis de loüer aux revenderreſſes ni autres , aucunes portions des rües publiques, au devant
des maiſons qui aboutiſſent auſdites rües. Arrêt du
17. Mars 1577. *publicâ res non ſunt in commercio privatorum.* La Rocheflavin, *liv. 6. lett. L. titre
65. Arrêt 3.*

RUISSEAU.

   De *Rivis. D. 43. 21.* Ce Titre s'entend des ruiſſeaux ou canaux que l'on fait pour détourner
l'eau d'une riviere. *Voyez* cy-deſſus le mot *Riviere.*

SACRE.

S

SACRE DES ROIS.

LE Théâtre d'honneur & de magnificence préparé au Sacre des Rois, par *Marlot*. Rheims 1645. Des anciennes Enseignes & Etendarts de France ; de la Chappe de Saint Martin, de l'Oriflamme ; de la Banniere de France, & Cornette blanche. *Par.* 1637.

Aprés que Gervais, Archevêque de Rheims, eut sacré & couronné le Roy Philippe I. il reçut & regala tous ses assistans. C'étoit à luy à porter la dépense du Sacre & Couronnement. Les Citoyens de la Ville de Rheims étoient tenus y contribuer, pour ce taillables; ainsi qu'il paroît par les Arrêts & Jugez des Parlemens de la Pentecôte en 1287. & de la Chandeleur 1290. *Du Tillet.*

L'ordre & ceremonies observées aux Sacrés & Couronnemens des Rois & Reines de France. *Voyez Filleau*, *part.* 3. *tit.* 11.

Voyez cy-dessus le mot Roy, nomb. 150. *&* 151.

SACRE'E'S.

COmplainte en choses sacrées. *Voyez* le mot *Complainte*, *nomb.* 41. *& suiv.*

De la veneration dûë au Saint Sacrement & choses sacrées, & ce qui a été fait & ordonné contre les Heretiques sur ce sujet. *Voyez les Memoires du Clergé*, *to.* 6. *part.* 9. *ch.* 4.

SACREMENT,

DE Sacramentis in genere, & in specie. *Inst. Lanc.* l. 2. *& seqq.*

Quoiqu'on ne se propose pas de parler des Sacremens *more & modo Theologis proprio*, cependant on ne laissera pas d'indiquer les Auteurs qui en ont traité; cela peut même avoir beaucoup d'application & une liaison étroite avec la Jurisprudence, qui n'a que trop d'occasions de regler en cela la police de l'Eglise, de corriger les abus, & de punir les profanateurs & sacrileges.

Ambrosii, *de Sacramentis, libri sex.*

Ambrosius Camaldulensis, *de Sacramentis.*

Franciscus Sonius, *de Sacramentis.*

Franciscus de Victoria, *Summula de iisdem.*

Franc. Suarez Granatensis, Societatis Jesu Theologi, in Divum Thomam, tom. 3. & 4. de Sacramentis agit.

Robertus Card. Bellarminus, *to.* 2. *Controversiarum de Sacramentis.*

Henricus Henriquez, *Societ. Jesu, part.* 2. *moralis Theologia de Sacramentis.*

Guillelmi Parisiensis, *Dialogi de Sacramentis, to.* 2.

Guillelmus Alanus, *de Sacramentis in genere, de sacramento & sacrificio Eucharistiæ.*

Hugonis de S. Victore, *de Sacramentis Christianæ legis libri duo, Dialogus de Sacramento legis naturalis & scripta tomo* 3.

Henricus VIII. *contra Lutherum.*

Joannis Eckii, *Homilia de Sacramentis.*

Joannes Cochleüs, *de gratia Sacramentorum contra Lutherum*. Francofordiæ 1523.

Joannis de Burgo, *pupilla oculi, quâ instituitur Sacerdos de Sacramentis, præceptis & Ecclesiasticis officiis.*

Laurentius Petrus, *de Sacramentis.*

Tome III.

Melchior Canus, *de Sacramentis in genere.*

Ruardus, *articulo* 1. *& sequentibus.*

Lud. de Ponte, *de perfectione stat. tomis tribus* 4, *colon.*

Roberti Cenalis, *adversus Sacramentarios antidotum.*

Sententiarii, *libro* 4.

Sanctus Thomas, *parte* 3. *à quæstione* 60.

Thomæ Waldensis, *de Sacramentis tomus secund.*

Eustachius de Sichenis, *de septem Sacramentis, cæterique qui in tertiam partem scripsere.*

De Sacramentis, per Nicolaum Plovium, & per Stephanum de Caietâ, Neapolitanum. **3**

De la mission des Prédicateurs, approbation des Confesseurs, & administration des Sacremens. *Voyez les Memoires du Clergé, tome* 1. *partie* 1. *titre* 2. *chapitre* 8. **4**

Administration des Sacremens. *Voyez cy-devant le mot Administration, nomb.* 20. *& le Recueil de Decombes, Greffier en l'Officialité de Paris*, 2. *partie*, *chapitre* 2. **5**

Complainte ne peut être formée pour l'administration des Sacremens. *Voyez* le mot *Complainte*, *nomb.* 45. **6**

Droits dûs aux Curez, pour l'administration des Sacremens. *Voyez* le mot *Neufme*. **7**

Des salaires du Prêtre qui administre les Sacremens en temps de peste. *Voyez* le mot *Peste*, *nomb.* 33. *& suivans.* **7**

Arrêt du Parlement de Toulouse du 27. Novembre 1542. qui fait défenses par tout son ressort à tous les Ecclesiastiques de rien prendre pour l'administration des Sacremens, outre ce qui leur sera volontairement offert; ni pareillement pour faire sonner les cloches és funerailles, sauf le salaire de ceux qui sonneront. *Papon, liv.* 1, *tit.* 3. *n.* 7. **8**

Sacramenta Pœnitentiæ & Eucharistiæ, an & quando incarceratis danda sint? *Voyez Franc. Marc. to.* 2. *quæst.* 10. **9**

Chanoines & Prébendiers, reglez pour le fait des Sacremens. *Tournet, lett. C. n.* 32. **10**

Les Curez ne sont tenus de commettre à leurs dépens des Prêtres és lieux de santé, pour administrer les contagiez. Arrêt du 31. Janvier 1633. au Rôle d'Amiens. *Du Frêne, liv.* 2. *ch.* 129. **11**

Déclaration contre ceux qui s'étant convertis, refuseront dans leur maladie de recevoir les Sacremens de l'Eglise. A Versailles le 19. Avril 1686. registrée le 14. May de la même année. **12 & 13**

SACREMENS, RELIGIEUX.

Les Religieux n'ont droit d'administrer les Sacremens aux personnes laïques qui se retirent dans leurs Maisons Conventuelles, situées dans l'étenduë des Paroisses, sinon aux Religieux & aux domestiques à gages, ni aussi les inhumer dans leurs Eglises, s'il n'y a testament du défunt, ou deliberation des parens, sans la permission du Curé ou Recteur, & pour l'avoir fait, condamnez en six livres d'aumône. Jugé à Rennes le 23 May 1672. *Journal du Palais.*

Les Religieux maintenus & gardez au droit d'administrer les Sacremens à un Religieux Curé pendant sa maladie, même de l'inhumer ; contre le Doyen Rural, & l'intervention de M. l'Evêque de Soissons. Arrêt du 29. Novembre 1677. *De la Guessiere, to.* 3. *livre* 11. *chapitre* 42. *Voyez le tome* 4. *liv.* 4. *ch.* 10. où il y a Arrêt contraire, du 21. Janvier 1681. **14**

Voyez le mot *Exemption*, *nomb.* 173.

Ttt

SAINT SACREMENT.

1 Voyez le mot, *Pape, nomb.* 54. où est rapporté un Arrêt qui fait défenses au Pape de se faire précéder d'un homme étant à cheval, & portant le S. Sacrement.

2 Par les Loix politiques du Royaume, ceux de la Religion Prétendue Réformée, doivent rendre les respects extérieurs au Très-saint Sacrement de l'Autel, lorsqu'il est porté en public; ceux qui y manquent, punis. *Voyez les Décisions Catholiq. de Filleau, Décis.* 5. §. 5.

3 Ceux de la Religion Prétendue Réformée, sont obligez de tendre devant leurs maisons, és jours des Processions du Très-saint Sacrement, ou de payer les frais de la tenture, ou souffrir que l'on rende devant leurs maisons. *Ibid. Décis.* 6.

4 Les Religionnaires Prétendus Réformez doivent être punis corporellement, lorsqu'ils font quelque injure au saint Sacrement, ou qu'ils l'ont reçû avant que d'être convertis. Arrêt du Parlement de Paris du 17. Février 1632. qui condamne deux Ecoliers de Saumur à faire amende honorable, à un bannissement de trois ans, 1200. livres d'amende envers le Roy, & 1000. liv. dont 200. liv. seront employez à l'achat d'une Lampe d'argent, qui sera mise en l'Eglise de Nôtre-Dame des Ardilliers, & les 800. l. restans, à fonder une rente, pour la faire luire à perpetuité, & faire mettre proche le lieu où est le saint Sacrement, une lame, en laquelle sera inscrit l'Arrêt. *Ibid. Décis.* 7.

SACRILEGE.

Sacrilege. Vol des choses sacrées. *Sacrilegium.* *Homo sacrilegus.*

De sacrilegia. Lex 12. *tabb.*
De crimine sacrilegii. C. 9. 29.
De sacrilegiis. Paul. 5. 16.
Ad legem Juliam peculatus, & de sacrilegiis, & de residuis, D. 48. 13.
De sortilegis, maledicis, & sacrilegis. Inst. Lanc. 4. 5.

1 An in crimine sacrilegii facto in personam sacram, si agatur contra laicum, an praeventionis locus sit? Voyez *Franc. Marc.* 10. 2. quæst. 803.

2 Crimen sacrilegii an sit Ecclesiasticum vel mistum? Ibid. quæst. 817.

3 De poena sacrilegii. Ibid. quæst. 861.

4 Voyez Julius Clarus, *lj.* 5. *Sententiarum*, où sont rapportées plusieurs condamnations contre les sacrileges. La jeunesse ne justifie pas le coupable; elle donne lieu seulement à modérer la peine. *Voyez les Additions qui sont à la fin de l'Ouvrage du même Auteur,* §. Sacrilegium.

5 De la punition des jureurs, blasphémateurs, sacrileges, & autres profanateurs des choses saintes. *Voyez les Memoires du Clergé, tome* 2. *part.* 1. *tit.* 2. *chapitre* 21.

6 En crime de sacrileges, les complices font pleine foy contre un autre. *C. in primis* 12. quæst. 1. & 6. qui autem 17. qu. 4.

7 Les Religionnaires qui commettent quelques sacrileges, ou vol du saint Ciboire, punis de mort. *Voyez les Décisions Catholiques de Jean Filleau, Décision* 8. où il rapporte plusieurs Arrêts notables.

8 Sacrilege qualifié, puni de mort. Arrêt du Parlement de Bourdeaux du 17. Mars 1627. par lequel un homme convaincu d'avoir à coups de pied voulu rompre la coupe, pour l'emporter plus aisément avec la custode où étoit la sainte Hostie, a été condamné à mort. Arrêt semblable du 12. Septembre 1633. *Papon, liv.* 24. *tit.* 10. *n.* 3.

9 Arrêt du Parlement de Bourdeaux du 12. May 1628. par lequel deux jeunes gens, pour avoir dérobé un Calice d'argent avec sa Patène, le Jeudy Saint,

furent condamnez à être battus de verges deux jours de Samedis, & Dimanche assister à toute la grand-Messe, en chemise, à genoux, la torche ardente au poing, la corde au col, & lors de l'Elevation du précieux Corps de Dieu, luy demander pardon hautement, tenus de faire refaire le Calice, & l'augmenter d'un marc, & bannis de la Sénéchaussée de Bazas. *Ibid. n.* 4.

10 Clercs qui ont commis sacrilege, ne peuvent demander leur renvoy au Juge d'Eglise, Arrêt du 11. Janvier 1545. *Bibliot. Canonique, to.* 2. *p.* 461. *col.* 2.

11 Arrêt du 16. Octobre 1577. qui condamne aux galeres pour un temps, un homme convaincu d'avoir crocheté un coffre, & pris un bout de cierge. On avoit trouvé chez luy plusieurs meubles, comme nappes, custodes, & autres, qu'il confessa avoir dérobez és Eglises de saint Médard, de saint Honoré, & autres. La Sentence du Juge de saint Marceau, qui l'avoit condamné à être pendu, fut infirmée; de douze Juges, les avis se trouverent partagez, six pour la mort, & les six autres aux galeres, à laquelle opinion il passa, *tanquam in mitiorem.* Bibliotheque Canonique, *tome* 2. *page* 550. *col.* 1.

12 Arrêt du Parlement de Provence du 13. Février 1645. qui a attribué la connoissance du sacrilege aux Lieutenans Criminels, & l'interdit aux Juges Royaux. *Boniface, to.* 1. *li.* 1. *tit.* 10. *n.* 29.

13 Déclaration du Roy du 11. Janvier 1685 en execution de celle du 21. Mars 1671. & qui défend à toutes les Cours & Juges de prononcer des condamnations d'aumônes, pour employer en œuvres pies, si ce n'est pour sacrileges & autres cas ésquels il n'échet pas d'amende: & ordonne que lesdites aumônes ne pourront être appliquées qu'au pain des prisonniers, ou au profit des Hôpitaux, Religieux Mendians, & lieux pitoyables. Registrée en Parlement le 11. Mars ensuivant. *Voyez le recueil du Domaine p.* 697.

SACRISTAIN.

1 De officio sacristæ. *Extr.* 26. Sacristie de l'Eglise Collegiale de Lyon compatible avec la Cure. *Voyez le mot Cure, nomb.* 17. La Sacristie est la première dignité de cette Eglise V. le mot *Dignité, nomb.* 18.

3 Arrêt du Parlement de Provence du 4. May 1677. qui a jugé que le Sacristain de l'Eglise Cathedrale de Glandeve, est chargé des vases sacrez, & ornemens de l'Eglise, non le Sous-Sacristain, *Boniface, tom.* 3. *liv.* 5. *tit.* 9. *chap.* 1.

SACS.

1 Voyez, *Juges, Pieces, Procureurs,* Jugé par Arrêt en la cause des heritiers de M. Boucher Avocat du Roy, que les heritiers d'un Juge ou Avocat du Roy ne peuvent être recherchez des sacs des parties, trois ans après le decés du Juge ou Avocat du Roy. *Bibliotheque de Bouchel,* verbo *Sacs.*

2 Les parties ayant transigé d'un procés, ne peuvent retirer leurs sacs, que leur transaction n'ait été homologuée. Arrêt du Parlement de Paris du 27. Septembre 1421. *Papon, liv.* 6. *titre* 6. *n.* 5.

Rolland de la Corneliere qui avoit les sacs de Jacques de Clebinault, & étoit son solliciteur, est condamné les rendre par emprisonnement de sa personne, sauf ses actions pardevant le Juge ordinaire pour son salaire. Arrêt du Parlement de Bretagne du 15. Octobre 1556. *Du Faill, liv.* 2. *chap.* 39.

4 Arrêt du Parlement de Bretagne du 11. Mars 1563. par lequel la Cour faisant droit sur les Requêtes du Procureur General, ordonne que dorénavant tous Procureurs & Solliciteurs qui recevront des parties leurs sacs & pieces, en donneront recepissé par inventaire, & certification sous leurs signes, ou de deux Notaires, aux dépens des parties, & seront papiers & registres d'icelles pieces, à ce qu'aucun in-

convenient n'en avienne. *Du Fail, liv. 6. chap.* 137.

5 Les Magistrats Rapporteurs & leurs veuves , sont déchargez des pieces aprés trois ans; le même au profit des veuves & heritiers des Sergens & Huissiers de la Cour , qui sont chargez des procés jugez ou indecis. Arrêt du 25. Novembre , prononcé le 22. Decembre 1565. *Le Vest.* Arrêt 226. *Voyez M.* Loüet & son Commentateur lettre S. som. 21. & Mornac, l. 4. Cod. ad exhibendum.

6 M. François Oregan ayant perdu son petit inventaire de production ; demande son sac au Greffier lequel demande son petit inventaire , où il est obligé; Oregan presente Requête; il est dit que le sac luy sera rendu , se purgeant par serment , que par dol ou fraude il n'a cessé d'avoir son petit inventaire, baillera quittance qui sera enregistrée au Greffe. Arrêt du Parlement de Bretagne du 24. Octobre 1567. *Du Fail, liv. 2. chap.* 360.

7 Vincent le Roy, Procureur des Paroissiens de Plovesec , demande que Maître Nicolas Vassault Procureur en la Cour, luy rende un sac & pieces qu'il a dés 1562. ou monstrer en avoir été déchargé. Vassault dit qu'il l'a rendu. Par Arrêt du Parlement de Bretagne du 26. Octobre 1577 il fut ordonné, sans tirer à consequence, que Vassault se purgeroit par serment qu'il n'a ni par dol ou fraude , cessé d'avoir les sac & pieces ; ce faisant, la Cour l'en a déchargé , ordonné neanmoins qu'il sera fait commandement à tous Procureurs, de se faire décharger des sacs , les procés étans jugez dans trois ans aprés , & d'en tirer quittance, suivant les anciennes Ordonnances , sur peine d'en répondre, & des dépens, dommages & interêts des parties. Depuis est intervenu l'art. 221. de la Coûtume , qui oblige les parties de retirer leurs sacs dans les 3. ans aprés les Jugemens executez, revocations ou autrement. *Du Fail, liv. 2. ch.* 568.

8 La repetition des sacs des Plaideurs se prescrit par cinq ans aprés le procés jugé, & par dix ans quand il n'a pas été jugé. Edit du 11. Decembre 1597. la Cour confirmant cet Edit le 14 Mars 1603. en décharge les veuves des Avocats & Procureurs aprés cinq ans jugez ou non jugez; même. Arrêt le 3. Juillet 1604. le même jugé le 14. Octobre 1614. encore bien qu'il y eût des mineurs. *Mornac, l. 49. ff. de procuratoribus.*

9 Par l'Ordonnance confirmée par les Arrêts , les Avocats , Procureurs, leurs veuves & heritiers, sont déchargez de la representation des sacs , nonobstant leur recepissé , aprés cinq ans. Messieurs du Parlement de Paris , leurs veuves & heritiers aprés trois ans. Arrêts des 14. Octobre 1614. 13. May 1621. 25 Juin 1611. 18. Juillet 1601. 23. Août 1613. 23. Decembre 1620. 3. Juin 1621. & beaucoup d'autres rapportez par *M.* Loüet , *lettre S. sommaire* 21. & ibi Brodeau. Chenu tit. 27. no. 150. rapporte la Déclaration & l'Arrêt de la Cour du 14. Mars 1603. Joannes Galli quest. 65. fait mention d'un Arrêt accordé au profit d'un Avocat , par lequel il fut jugé qu'aprés l'affirmation par luy faite d'avoir rendu à la partie certaines pieces , il n'étoit obligé de justifier d'ailleurs sa décharge. *Voyez Loyssel, au Dialogue des Avocats du Parlement de Paris.*

10 Déclaration du Roy du 5. Decembre 1611. qui décharge les Avocats du Parlement de Provence , comme aussi les Procureurs , leurs veuves , enfans & heritiers, des sacs dont ils se trouvent chargez aprés 5. ans , avant l'action intentée contr'eux. *Boniface, tom. 3. liv. 2. tit. 5. chap.* 11.

11 Les Avocats , leurs veuves & heritiers , sont déchargez six mois aprés le Jugement des procés par eux jugez. Arrêt du Parlement de Grenoble du 16. May 1619. *V. Basset, to. 1. li. 2. tit.* 10. *ch.* 4.

12 Arrêt du Parlement de Provence du 27. Mars 1670. qui a jugé que le Lieutenant Particulier au Siege de Castelene , ne peut se saisir des sacs en distribution. *Boniface, to. 3. liv. 1. tit.* 8.

Tome III.

---

13 Sac & pieces étant perdus , celui qui en est chargé , est responsable des dommages & interêts. Arrêt du 15. Mars 1674. *Boniface , to. 3. li. 1. tit.* 8. *ch.* 23.

De l'erection en titre d'Offices des places de Clercs, Gardes des sacs & autres. *Joly des Offices de France, to. 1. liv. 1. tit.* 10. *aux additions p.* CXXIX. & CXXX.

S'AGE-FEMME.

S Age-Femme. Accoucheuse. *Obstetrix.*
De inspiciendo ventre , custodiendoque partu. D. 25. 4. Visite faite par des Matrones & Sages Femmes , pour reconnoître si une Femme est grosse.

De Obstetricibus vide Cujacium , *lib.* 17. *observat. Cap.* 17.

1 Déclaration portant que les Sages Femmes seront dorénavant reçûës à S. Côme par le Corps de Chirurgie , en presence de la Faculté de Medecine , sur la presentation & instruction qui en sera faite par la Jurée Sage-Femme , en titre d'office és Châtelets. A Vincennes en Septembre 1664. reg. le 19. Août 1666.

2 Déclaration portant défenses à celles de la R. P. R. de faire la fonction de Sages-Femmes , nonobstant l'art. 30. de celle du 1. Février 1669. à S. Germain en Laye le 19. Février 1680. reg. au Parlement de Roüen le 19. & en celuy de Paris le 29. Mars suivant.

Ædificat Deus domp; Obstetricibus timentibus se & servantibus pueros Hebræorum. *Exod.* 1.

Les Femmes qui favorisent les suppositions n'ont point de part à ces benedictions.

S A I S I E.

S Aisie , Saisir , chose saisie. *Bonorum pigneratio , traditio sub custodiam. Manum regiam injicere.* R es vel bona publicè possessa, &c.

Quæ res pignori obligari possunt , vel non ; & qualiter pignus contrahitur C. 8. 17. Des choses qui ne peuvent pas être saisies: *Pignus & Pignorari*, signifient saisie , & saisir : La chose saisie est le gage de la Justice.

De pignoribus. *C. Th.* 2. 30. Ce titre parle encore des choses qu'on ne peut saisir.

De capiendis & distrahendis pignoribus , tributorum causâ. *C.* 10. 21.... *C. Th.* 11. 9. De la vente des choses saisies pour les impositions publiques. *Voyez le Titre* 46. au Livre 4. du Code.

De deposito , & denuntiatione inquilinis factâ , & de suspendendâ administratione panum , vel pensionum. N. 88. Saisie du dépôt des loïers & revenus , & des pensions ou rentes. *Denuntiatio ,* Saisie.

Qui potiores in pignore habeantur ? C. 8. 18.1. D. 20. 4. De la préference entre plusieurs Saisissans.

Si in causâ judicati pignus captum sit ? C. 8. 23. de la saisie faite en execution du Jugement.

Saisie réelle

Ut nemini privatus titulos prædiis suis , vel alienis imponat,vel vela regia suspendat. C. 2. 16.... N. 17. c. 15...; N. 164. c. 1. Ce Titre & le suivant parlent des Brandons & Panonceaux que l'on mettoit aux heritages , pour marquer qu'ils étoient saisis réellement. *V. Brandon.*

Ut nemini liceat, sine judicis authoritate, signa imponere rebus alienis, C. 2. 17. Voyez *les mots* Cisés, Decret, Hypoteque. Panonceaux.

De deposito & denunciatione, &c. N. 88.... Denunciatio , signifie icy saisie entre mains , avec défense de rendre , ou de païer.

1 Des executions de biens. *Voyez le mot* Execution, n. 9. & suiv. & Charondas , li. 11. Rep. 43.

2 Saisie mobiliaire ou réelle faite par le creancier , & ce qu'il est tenu faire aprés avoir saisi? *Voyez le mot* Creancier, nomb. 66. & suiv.

Si l'on peut executer les jours de Fêtes? *Voyez le mot* Execution, n. 37. & suiv.

3 Une saisie faite un jour de Dimanche , est nulle. *Bouvot, to.* 2. *verbo* Saisie, *quest.* 49.

4 Saisie faute de payement d'un legs , sur quels

biens doit être faite ? *Voyez* le mot *Legs*, n. 608.

5   Arrêt se peut faire sur les sommes dûes à son débiteur, encore qu'elles ne soient liquides ; de sorte que l'on peut faire proceder par Arrêt sur dépens ajugez & non taxez, auquel cas le creancier peut faire préfinir *temps* à celuy qui les a obtenus pour les faire taxer, & à faute de ce faire, le contraindre à ceder son droit pour en poursuivre la taxe, & luy payé de sa dette & des frais de la taxation, deliver le surplus à celui qui les a obtenus. *Terrien*, *Livre du Droit de Garde en Normandie*, chap. 8. Voyez la *Bibliotheque de Bouchel*, verbo *Arrêt*.

6   Il n'est pas permis d'executer dans les maisons des meubles, s'ils ont ailleurs des gages suffisans. C'est l'article 7. des Libertez du Dauphiné. *Franc. Marc.* to. 1. quest. 51. nomb. 7.

7   Chose saisie quoiqu'en la puissance du debiteur, ne peut être alienée sans le consentement du creancier, & avec le consentement du creancier ne suffit, si quelqu'autre prétend droit à la chose comme celuy à qui il l'auroit venduë ou autrement engagée. Arrêts du Parlement de Grenoble de Pâques fleurie 1455. & du mois d'Avril 1460. *Papon*, *liv.* 18. *tit.* 5. *n.* 19.

8   Les Huissiers doivent mettre par écrit ce qu'ils saisissent, & en donner copie à la partie saisie. L'Ordonnance de Roussillon depuis intervenuë, veut que les exploits soient libellez, & copie baillée à peine de nullité, & des dépens de l'assignation, sauf le recours contre le sergent. Jugé par Arrêts du Parlement de Paris des 2. Juillet 1549. & 14. Janvier 1551. *Papon* li. 6. tit. 7. n. 5.

9   Saisie, opposition de plus valuë de biens saisis, n'est recevable après les trois mois. Arrêt du dernier Février 1555. *M. Expilly*, *Arrêt* 39.

10   Si une saisie pour chose litigieuse non liquide, vaut au préjudice d'une faite depuis pour somme certaine & liquide ? *V. Bouvot*, *to.* 1. *part.* 3. verbo *Veuve*, *quest. unique.*

11   Si celuy qui a amodié un heritage doit être preferé non seulement pour le droit de retirer, mais aussi pour ce qu'il a prêté aux saisissans, & si l'on peut faire saisir des meubles d'un moulin pour dette publique ou particuliere ? *Voyez Bouvot*, *to.* 2. verbo *Saisie*, *quest.* 9.

12   Les saisies qui se font en vertu d'un *debitis* general scellé, sont valables, quoique les obligations, constitutions de rente ne soient scellées. Arrêt du Parlement de Dijon du 23. Juillet 1604. *Bouvot*, *Ibid. quest.* 12.

13   Saisi ne peut encherir, ni être adjudicataire. Arrêt du Parlement de Paris du 13. Avril 1628. *Bardet*, *to.* 1. *liv.* 3. *chap.* 7.

14   Le 16. Avril 1666. il a été jugé au Parlement de Provence que la saisie des deniers d'un debiteur faite par un creancier, profite à tous les creanciers, le debiteur étant insolvable. *Boniface*, tome 2. *liv.* 4. *tit.* 7. chapitre 5.

15   Arrêt du dernier Janvier 1670. qui a jugé que la saisie en force de Jugement, empêche l'alienation de la chose saisie. *Boniface*, *to.* 3. *liv.* 3. *tit.* 5. *ch.* 1.

16   Autre Arrêt du dernier Juin 1671. qui a declaré qu'au préjudice d'un arrêtement des sommes dûës, entre les mains des debiteurs, le creancier ne peut pas se faire payer & se colloquer, sans faire lever l'arrêtement. *Ibid.* to. 4. *liv.* 8. *tit.* 3. *ch.* 2.

SAISIE, AFFIRMATION.

17   Celuy qui est assigné pour affirmer, doit faire son affirmation, sinon doit être condamné à payer les causes de la saisie sans dépens, à moins qu'il n'ait contesté mal à propos. Arrêt du Parlement de Paris du 15. May 1528. *liv.* 18. *tit.* 3. *n.* 31.

SAISIE, APPOINTEMENS, GAGES.

18   Les appointemens des gens de guerre, des Prévôts des Marêchaux ne peuvent être saisis qu'à la Requête des (*Viarch:*) c'est-à-dire, Vivandiers, pourvoyeurs, & autres fournisseurs de vivres. *Mornac*, *Authent.*

sed jam cautum, verbo quibus pœnis. C. deposiii vel contra.

19   Les émolumens des Professeurs dans les Universitez, ne peuvent être saisis. Il en est autrement des gages. Arrêt du Parlement de Toulouse du 16. Mars 1675. Même décision à l'égard des Officiers Royaux. Arrêt du 11. Avril 1676. *V. M. de Catellan*, livre 6. chapitre 23.

SAISIR LES ARMES.

20   Creditori interdicitur manum in equum & arma militis injicere. Arrêt du 5. Decembre 1588. *Mornac*, *L.* 4. *C. familia erciscunda.*

SAISIE, BAIL.

21   Saisie faite avant le bail à loyer & toûjours poursuivie, le proprietaire locateur de la maison n'est préféré pour les loyers. *M. Bouguier*, *lettre M. nombre* 11. où il cotte l'Arrêt du 26. ou 27. Juillet 1622.

SAISIE DE BOEUFS.

22   Arrêt du Parlement de Provence du 24. Février 1640. qui a jugé que l'on ne peut saisir les bœufs qui servent au labourage. *Boniface*, *to.* 1. *liv.* 1. *tit.* 4. nomb. 3. L'Ordonnance de 1667. titre 33. article 16. y est formelle.

SAISIE DE BOIS.

23   *Voyez* le mot *Bois*, nomb. 62.

SAISIE, CHEVAUX.

24   Les chevaux de guerre & de campagne ne peuvent être saisis. Arrêt du Parlement de Dijon du 10. Nobre 1595. *Bouvot*, *to.* 2. verbo *Saisie*, *quest.* 41.

25   Les chevaux de laboureurs ne peuvent être pris par execution. Arrêt du 4. Septembre 1604. *Peleus*, *question* 41.

SAISIE, COMMANDEMENT.

26   Commandement quoique non fait à la personne du debiteur, ne laisse pas d'être valable. Arrêt du Parlement de Paris du mois de Novembre 1392. qui reprouve l'usage de Poitou, où l'on ne pouvoit saisir qu'après sommation faite au debiteur, trouvé en personne. *Papon*, *liv.* 18. *tit.* 5. *n.* 30.

SAISIES SUR LES COMPTABLES.

27   Des saisies & Arrêts de deniers faites sur les comptables, Ordonnance de *Fontanon*, *to.* 2. *liv.* 3. *tit.* 22. *p.* 1142.

SAISIE, CONDAMNATION.

28   Arrêt du Parlement de Provence du 10. Octobre 1639. qui a déclaré nul un Arrêt & saisie de deniers & de meubles, fait sans condamnation précedente. *Boniface*, *to.* 1. *liv.* 1. *tit.* 26. *n.* 11.

SAISIE, CONSIGNATION.

29   La perte des deniers consignez tombe sur les creanciers, & non sur le saisi. Jugé le 3. Decembre 1594. *Charondas*, *liv.* 13. *Rép.* 23. Autre Arrêt du 20. Juillet 1598. *M. Loüet* lettre C. somi-50.

30   *Bouvot* en ses questions notables *to.* 2. *in verbo* dépôt, quest. 9. rapporte un cas assez singulier sur la matiere des saisies ; il dit qu'une saisie faite par un creancier des deniers consignez pour le rachat d'une rente, fut approuvée, mais le particulier étoit que la consignation n'avoit pas été faite de l'autorité du Juge. *Vide L. acceptam, cod. de usur.*

SAISIE COOBLIGEZ.

31   Chose commune ne peut être saisie sans commandement en particulier à tous les coobligez. Arrêt du Parlement de Paris du 16. Mars 1534. *Papon*, *liv.* 18. *tit.* 5. *n.* 26.

32   Celuy qui a deux obligez insolidement, ayant saisi sur l'un, ne le peut faire après cela sur l'autre que subsidiairement, & en cas d'insuffisance. Arrêt du Parlement de Dijon du 16. May 1600. *Bouvot*, *to.* 2. *quest.* 47.

33   La saisie faite contre un des coobligez solidairement, a effet contre les autres. Arrêt du Parlement de Grenoble du 24. May 1617. *Voyez*, *Buffet* *tom.* 1. *liv.* 2. *tit.* 35. *ch.* 5.

SAISIE SUR ECCLESIASTIQUES.

34 Des Saisies & executions faites fur les Ecclesiastiques, & de la saisie réelle de leurs immeubles. *Voyez* le mot *Ecclesiastiques*, n. 49. & *suiv.*

35 Quelles choses peuvent être saisies sur un Prêtre? *Voyez* le mot *Clercs*, *nomb.* 115. & *suiv.*

36 Distributions manuelles ne peuvent être saisies. *V.* le mot *Distributions*, nomb. 11. & *suiv.*

37 Si la dîme peut être saisie ? *Voyez* le mot *Dîme*, n. 454. & *suiv.*

38 La portion congruë n'est saisissable. *Voyez* le mot *Portion congruë*, n. 56. & *suiv.*

39 Par la Coûtume de la Rochelle chap. 4. art. 6. le Seigneur ayant Jurisdiction, peut saisir les terres, cens & autres choses appartenantes à l'Eglise de laquelle il eſt patron, étant en sa Jurisdiction, faute de service non fait, & réparations non faites : mais les Ordonnances ont pourvû & ordonné que les seuls Juges & Officiers Royaux, & non les Seigneurs hauts-Justiciers, & leurs Officiers pourroient faire saisir les biens des Ecclesiastiques, sous prétexte de la non residence, ou réparations non faites, à la requête des Procureurs Generaux ou leurs *Substituts*, Charles IX. à Paris le 16. Avril 1510. art. 12. Henry III. 1519. art. 15. & 16. & en l'Ordonnance de Melun, art. 5. *Bibliorh. Can.* ro. 2. p. 465. *Col.* 2.

40 Les revenus Ecclesiastiques peuvent être saisis, pourvû qu'on laisse une portion suffisante. Ainsi jugé au Parlement de Toulouse. Le Prêtre avoit une pension de 20. liv. par mois qui luy étoit payée par le Chapitre Cathedral de l'Eglise de Nîmes, dans le Chœur de laquelle ce Prêtre faisoit certain service. La Cour ordonne que de cette pension il sera pris chaque mois à l'avenir huit francs par le creancier, jusqu'à son entier payement, les 12. liv. restantes demeurantes au Prêtre. *M. de Catellan,liv.* 6. *ch.* 23.

41 L'on peut saisir les meubles des Clercs non mariez quoiqu'ils vivent clericalement, pour loüages de maisons à cause du privilege réel sur les meubles du locataire, lequel privilege ne peut être éteint par le privilege personnel. Arrêt du Parlement de Paris en Juin 1511. *Bibliotheque de Bouchel*, verbo *Loüage*.

42 On peut se pourvoir par saisie du temporel contre les Prélats qui refusent d'obeir aux Arrêts. Arrêt du Parlement de Paris du 5. Août 1373. contre l'Archevêque de Roüen. *Papon*, *liv.* 1. *tit.* 5. *n.* 50.

43 Arrêt du 13. Juin 1517. qui declare nulle la saisie des biens meubles des Clercs. *Bibliotheque de Bouchel*, verbo *Meubles*.

44 Contre l'Archevêque de Lyon, condammé en quelque somme, il fut dit par Arrêt que les immeubles seroient saisis, & qu'il seroit contraint de vuider ses maisons, & mettre hors tous ses meubles. Autre Arrêt semblable du 4. May 1537. *Papon*, *liv.* 1. *tit* 5. *n.* 56. & li. 18. *tit.* 5. *n.* 14.

45 Un Mandement de Justice obtenu sans discussion faite, ni solemnité gardée par le Patron Laïc, le Curé étant absent de la Province, contenant permission d'arrêter les fruits du Benefice, a été cassé par Arrêt du 6. Mars 1538. à la poursuite d'un nommé le Comte, Curé de Saint Crespin, contre le Baron de Tambronne, Patron, sauf à s'adresser par action contre le Curé. Telles saisies ont été depuis défenduës, par les art. 15. & 16. de l'Ordonnance de Blois, à la tenuë des Etats, & par l'Edit d'Henry III. du mois de Février 1580. arr. 4. & 5. *Biblioth. Canonique*, tome 2. page 518. col. 1.

46 Le gros des Chanoines & Prébendiers peut être saisi par les Creanciers, mais non pas les distributions quotidiennes & manuelles, & le droit des miches & pains qui se distribuënt chaque jour auſdits Chanoines & Prébendiers. Arrêts des 19. Septembre 1554. & 15. Septembre 1575. *La Rochesavin*, livre 2. lettre H. tit. 4. *Arr.* 7. *liv.* 6. *tit.* 36. *Arr.* 3. & *Mainard*, liv. 1. chap. 15.

47 Les distributions quotidiennes des Chanoines & Prébendiers, sont exemptes de toutes saisies des Créanciers, parce qu'elles tiennent lieu d'alimens. Arrêt du Parlement de Toulouse du 20. Septembre 1576. La portion congruë d'un Vicaire perpetuel, ou d'un Prébendier, peut être saisie pour les dettes contractées par le Beneficier, pourvû qu'il luy reste 100. liv. pour la subsistance. Arrêts des 8. Février 1666. & 10 Septembre 1668. *La Rochefl. vin*, livre 2. ti. 1. *Arrêt* 21.

48 Arrêt du Parlement de Bretagne du 22. Octobre 1566. qui fur les Conclusions du Procureur General, commande aux Juges en jugeant les matieres Beneficiales, de faire droit aux Parties; suivant l'Arrêt de Henon, sans permettre de venir par voye d'Arrêt sur les fruits des Benefices : or cet Arrêt fut donné en 1543. entre M. Jean Lohier, & M. Thomas Henon, par lequel il est défendu de faire arrêt, tant en matieres Beneficiales qu'hereditaires; que l'arrêt ne soit auparavant decreté par Justice. *Du Fail*, livre 1. chapitre 216.

49 Les Juges subalternes ne peuvent décerner Commission pour saisir le temporel des Benefices, sous prétexte de réparations ou non residence, Arrêts du Parlement de Paris des 15. Février & 22. Mars 1571. *Papon*, liv. 1. tit. 5. n. 50.

50 Le Chapitre ne peut mulcter un Chanoine par saisie de son temporel. Jugé aux Grands Jours de Lyon en 1596. *Cavondas*, liv. 13. Rép. 8.

51 L'Ordonnance qui défend de saisir les meubles des Prêtres, ne s'étend point aux Diacres. Arrêt du 26. Juillet 1607. *Bibliotheque Canonique*, tome 2. pag. 555. colonne 2.

52 La saisie du temporel d'un Benefice,ne se doit faire sans Ordonnance de Justice, à la Requête d'un Procureur du Roy. Arrêt du Parlement de Bretagne du 16. Octobre 1611. *Bellordeau*, 2. part. de ses Controv. *Controv.* 17.

53 Un Curé peut demander sur les fruits de son Benefice saisis par ses Créanciers,une Provision pareille à la portion congruë, sans y comprendre les terres d'aumône. Arrêt du Parlement de Roüen du 8. May 1670. qui ajuge au Curé de Mis 100 liv. en ce, non compris les Obits. *Basnage*, sur la Coût. de Normandie, article 514.

54 Quand des Evêques se sont exposez par leurs dépenses aux poursuites des Créanciers, & que leurs biens ont été saisis, ils ont toûjours obtenu la troisiéme partie de leurs revenus, & les deux autres ont été donnez aux Créanciers. Ainsi jugé pour un Evêque de Laon. Même Arrêt pour le sieur de Calviston, qui avoit une pension de 3000. liv. sur l'Abbaye de Laon, & il fut jugé qu'il auroit 1000. liv. l'Arrêt prononcé le 26. Juin 1682. de relevée. *M. Duperray*, liv. 1. chap. 9. n. 29.

SAISIE, EMPHYTEOSE.

55 L'Emphyteose peut être saisie comme les autres immeubles. *Voyez* le mot, *Emphyteose*, n. 67.

SAISIE D'EPICES.

56 Epices non saisissables. *Voyez* le mot, *Epices*, nombre 53.

SAISIE, EVOCATION.

57 Si un décret d'heritages peut être évoqué ? *Voyez* le mot, *Evocation*, n. 23.

SAISIE EXCESSIVE.

58 L'intimée opposoit à celuy qui étoit subrogé à une saisie faite sur elle, que telle saisie étoit tortionnaire, le poursuivant ayant saisi pour plus qu'il ne luy étoit dû, & disoit que tels vices, *tales transeunt in delegatum*. Le Sénéchal déboute des Lettres de subrogation ; appel ; le 19. Octobre 1560. Arrêt du Parlement de Bretagne,qui declare l'appellant bien fondé à poursuivre les criées. *Du Fail*, livre 1. chapitre 124.

59 *Guy Pape, en sa question* 320. dit que si la chose sai-

sie est d'un prix qui aille au de-là du double de la dette, le gagement sera révoqué, les Statuts le voulant ainsi, quoy qu'il ne soit pas nul de droit. *M. Expilly, chap. 39. & 42.* observe qu'il en faut opposer avant le troisiéme inquant, & que c'est la disposition de l'Ordonnance de la Cour de Dauphiné de l'an 1560.

60   La saisie faite en vertu d'un *debitis* general sur une Sentence de provision de l'Hôpital, n'est valable, & la saisie étant faite pour plus grande somme, le saisissant ne doit être condamné aux dommages & interêts, quand il n'y a point d'offre de la part du debiteur. Arrêt du Parlement de Dijon du 23. Janvier 1578. *Bouvot, tome 2. verbo, Saisie, quest. 5.*

61   Celuy qui saisit pour plus qu'il ne luy est dû, doit être condamné aux dépens, encore que ces mots soient, *sauf à déduire.* Arrêt du 19. Février 1596. *Bouvot, ibid. question 42.*

62   Arrêt du Parlement de Grenoble du 13. Août 1620. qui a jugé que la délivrance se faisant piece à piece, à concurrence de la dette, pouvoit couvrir le vice de l'excessiveté de la saisie. *Basset, tome 2. liv 7. titre 7. chapitre 4.*

63   Sur l'excessiveté d'une saisie, qu'en ce cas, il faut faire vendre les fonds piece à piece, & de la lesion enormissime. *Voyez Basset, Ibid.*

64   Jugé au Parlement de Grenoble le 21. May 1649. que l'opposition de l'excessiveté de saisie, est recevable au troisiéme inquant, & qu'elle avoit dû arrêter les executions signifiée à ceux qui faisoient faire le troisiéme inquant : la délivrance faite au préjudice de l'opposition, est nulle. Ce même Arrêt a jugé que les inquans & délivrances avoient pû être faits en un autre lieu que celuy de la situation des choses saisies, quand il y a crainte de se faire sur le lieu. *Ibidem.*

65   Saisie faite pour plus qu'il n'est dû, ne laisse pas d'être bonne, si le saisi n'offre quelque chose, la saisie ne peut être declarée tortionnaire *cum sit debitor.* Voyez la Loy unique, *C. de plus petitionib.* Arrêt du 11. Juillet 1625. *M. Bouguier, lettre S. nomb. 1.*

Saisie Feodale.

66   Cy-après l'on en fait un titre particulier, qui commence au *nombre* 130. & *suiv.*

Saisie des Fruits.

66   De l'effet de la saisie des fruits pendans. *Voyez Coquille, tome 2. quest. 200.*

67   Si le Locateur de l'heritage peut saisir les fruits avant le terme échu ? *Ibid. quest. 203.*

68   Le Proprietaire des terres données à partie des fruits, est préferé au saisissant des fruits pendans és heritages, pour ce qu'il a fourny au colon partiaire, pour l'année courante, mais non pour toutes les années precedentes. Arrêt du Parlement de Dijon du dernier Juin 1616. *Bouvot, tome 1. part. 1. verbo, Fruits, question 2.*

69   Le pere ayant constitué en dot 1000 écus à sa fille, & luy donnant un heritage pour en joüir jusqu'à ce qu'elle soit payée, les fruits ne peuvent être saisis par les Créanciers du pere, à moins qu'ils ne se pourvoyent *actione hypothecariâ.* Arrêt du Parlement de Dijon du 24. Avril 1603. *Bouvot, tome 2. verbo, Saisie, quest. 8.*

70   Celuy qui baille un heritage à cultiver & prête de la graine pour le semer, est préferable aux Créanciers saisissans, quand il est dit par l'obligation que les fruits dudit heritage demeureront specialement hypothequez. Ainsi jugé au Parlement de Bourgogne. *Ibid. quest. 9.*

71   Si les Créanciers du pere peuvent saisir les fruits des biens maternels, qui sont destinez pour la nourriture des enfans, quoyque le pere en ait l'usufruit ? Arrêt du Parlement de Provence du 20. Mars 1668. qui donne la main-levée des fruits aux enfans. *Boniface, tome 4. liv. 5. tit. 10. ch. 1.*

Saisie, Gardien.

Acte de Notorieté donné par M. le Lieutenant Civil, le 22. Septembre 1688. que les Huissiers & Sergens, faisant des saisies de meubles, doivent laisser copie du procés verbal de saisie aux Commissaires qu'ils établissent, & aux Gardiens qui se chargent volontairement des choses saisies, sans les déplacer. *Recüeil des Actes de Notor. pag. 53. & 54.*   72

Saisie Generale.

Par Arrêt du Parlement de Dijon du 29. Novembre 1582. jugé que la saisie speciale est préferable à la generale. *Bouvot, tome 1. part. 1. verbo, Saisie.*   73

Une saisie particuliere, quoyque posterieure, est préferable à la generale. Arrêt du Parlement de Dijon du 25. Decembre 1582. *Bouvot, tome 2. verbo, Saisie, question 30.*   74

La saisie particuliere est preferable à la generale. Arrêt du Parlement de Dijon du 23. Janvier 1606. *Ibid. quest. 18.*   75

Une saisie peut être faite en vertu d'un mandement general émané du Juge, qui permet de saisir tout ce qui seroit dû à un tel. Arrêt du Parlement de Dijon du 18. Avril 1606. *Ibid. quest. 16.*   76

Saisie, Habillement de la Femme.

Arrêt du Parlement de Grenoble du 26. Janvier 1549. qui fait main-levée d'une robe nuptiale, & des chemises d'une femme, la saisie declarée nulle. Cet Arrêt est rapporté par *Chorier, en sa Jurisprudence de Guy Pape, p. 340.*   77

Le Créancier ne peut faire prendre & saisir les habillemens d'une femme. Arrêt du Parlement de Bourgogne du 21. Decembre 1602. *Bouvot, tome 2. verbo, Debiteurs, quest. 6.*   78

Hypotheque du Saisissant.

Voyez le mot, Hypotheque, nombre 246. & suiv.   79

Saisie, Marchandise.

La saisie est bonne de la marchandise qui a été vendue *re adhuc extante,* & le saisissant n'est tenu d'entrer *in tributum.* Arrêt du 27. Novembre 1574. *Le Vest, Arrêt 157. Voyez la Coût. de Paris, art. 177.*   80

Saisie, Pension.

Pension ajugée aux filles sur les fruits saisis à la Requête des Créanciers. Arrêt du 14. Août 1599. *M. le Prêtre, 4. Cent. chap. 7.*   81

Le pere ne peut révoquer la pension alimentaire qu'il a faite à son fils au préjudice de ses Créanciers, qui la peuvent saisir. Arrêt du Parlement de Roüen du 28. Juin 1629. *Basnage, sur l'art. 244. de la Coût. de Normandie.*   82

Saisie, Peremption.

Arrêt du Parlement de Provence du 13. Decembre 1650. qui a jugé qu'une saisie faite ensuite de clameur, n'est sujete à peremption, si elle n'a été suivie d'aucune opposition. *Boniface, tome 2. livre 4. tit. 7. chapitre 6.*   83

En Flandres on peut saisir pour dette non liquide, & la saisie dure jusques au parfait payement du principal & dépens. Arrêt du P. de Tournay du 11. Juin 1697. rapporté par *M. Pinault, tome 2. Arrêt 159. Voyez le mot, Peremption.*   84

Plusieurs Saisissans.

Créanciers saisissans même jour viennent à contribution au sol la livre. Jugé à la Nôtre-Dame de Septembre 1588. *Montholon, Arrêt 53.*   85

Il y a concurrence entre les Créanciers qui saisissent le même jour, sur leur debiteur commun. Arrêt du Parlement de Dijon du 22. Octobre 1610. *Bouvot, tome 2. verbo, Saisie, quest. 26.*   86

Si entre plusieurs saisissans il faut suivre l'ordre des saisies ? & si un blessé ayant obtenu une Provision d'alimens, est privilegié ? *Voyez Bouvot, Ibidem, question 14.*   87

Saisie, Preference.

De la préference entre saisissans. *Voyez le mot, Préference, nomb. 19. & suiv.*   88

Le prix convenu d'une tapisserie à faire, & payé au Tapissier, l'achoteur doit être préféré aux autres Créanciers saisissans, parce que ce n'est pas une simple & nue convention, mais une vente parfaite, *Carondas, liv. 4. Rép. 69.*

89 Le Creancier qui saisit pour une somme à luy ajugée pour delit, quoyque posterieur, est preferable au premier Creancier saisissant, pour un dû prétendu, & non jugé. Arrêt du Parlement de Dijon du 8. Janvier 1581. *Bouvot, tome 2. verbo, Saisie, quest. 31.*

90 Jugé par Arrêt du Parlement de Dijon du 6. Mars 1581. que celuy qui a avancé argent & plomb pour faire des thuilles plombées, n'est préferable à un creancier saisissant les thuilles. *Bouvot, to. 1. part. 3. verbo Creancier, quest. 3.*

91 Jugé par Arrêt du Parlement de Dijon du 7. May 1584. que celuy qui fait déplacer les meubles du débiteur, est préferable à celuy qui fait executer le detteur qui s'est rendu adjudicataire de ses gages. *Ibidem, to. 1. part. 3. verbo Creancier, quest. 4.*

92 Le creancier de l'heritier n'est preferable aux meubles du défunt au creancier du défunt. *Ibidem, to. 2. verbo Saisie, quest. 21.*

93 Ceux qui ont fourni argent & grains pour la nourriture des vignerons, sont préferables à tous creanciers saisissans. Arrêt du Parlement de Dijon du 17. Decembre 1599. *Ibid. quest. 28.*

94 Celuy qui a avancé des grains à un granger pour semer, quoiqu'il n'y en ait eu que partie employée aux semailles, que le surplus ait servi à la nourriture du granger, est neanmoins préferable au creancier du granger saisissant, y ayant convention que les fruits qui proviendroient des heritages, demeureroient specialement affectez & hypoteqez. Arrêt du Parlement de Dijon du 2. Avril 1601. *Ibid. qu. 24.*

95 Celuy qui a des meubles en sa puissance pour seureté de son dû, est preferable au saisissant. Arrêt du 22. Decembre 1608. *Ibidem, qu. 23.*

96 Le Maître est preferable aux creanciers qui saisissent les fruits, non seulement pour le droit de rieterre, mais pour les grains fournis au Granger pour sa nourriture, & pour ensemencer les terres, & s'il n'a obligation, il est recevable à le prouver. Arrêt du Parlement de Dijon du 10. Avril 1617. *Voyez Bouvot, ibidem, quest. 38.*

97 Entre deux creanciers saisissans les mêmes meubles du même débiteur, la preference est reglée par la date de la saisie, & non par la priorité des hypoteques; & le premier saisissant, quoique creancier posterieur, est preferé au creancier anterieur qui s'oppose à cette saisie avant la vente des meubles. Ainsi jugé au Parlement de Toulouse le 26. Avril 1669. en faveur du Syndic du Chapitre de Rieux, suivant l'avis de Louët, & Brodeau. V. M. nomb. 10. V. *M. de Catellan, liv. 6. ch. 28.*

PREMIER SAISISSANT.

98 La femme saisissante première les meubles de la communauté pour le payement de ses conventions matrimoniales, après la faillite de son mari, n'est preferable en matiere de déconfiture, il n'y a aucun privilege. Arrêt du 23. Decembre 1585. *M. Louët, lettre M. somm. 8.*

99 Les creanciers saisissans en un même jour les meubles de leur debiteur commun, sans pouvoir connoître qui étoit le premier saisissant, viennent par contribution au sol la livre. Arrêt du 7. Septembre 1588. *Ibidem, somm. 10.* Montholon, *Arrêt 53.* rapporte le même Arrêt.

100 Au mois de Mars 1600. jugé au Parlement de Paris en la Chambre de l'Edit, que le premier saisissant sur les rentes de l'Hôtel de Ville devoit être payé de tous les deniers qui luy étoient dûs, & les autres après, sans être obligé de venir à contribution. *M. le Prêtre, Arrêts celebres du Parlement.*

101 Celuy qui saisit le premier les meubles est preferable, quoique posterieur creancier, Arrêt du Parlement de Dijon du 19. Juin 1600. *Bouvot, tome 2. verbo Saisie, quest. 48.*

102 Si une saisie peut être bonne & valable au préjudice d'un premier creancier hypotequaire, sur des deniers provenans des heritages sur lesquels le débiteur avoit hypoteque? Jugé au Parlement de Dijon le 3. Juillet 1608. que tels deniers étoient saisissez, & appartenoient au premier saisissant. *Ibid. qu. 22.*

103 Jugé par Arrêt du Parlement de Dijon du 2. Juillet 1611. que la veuve premiere saisissante est preferable à celuy qui a fait une saisie particuliere de meubles ou bestiaux. *Bouvot, ibid. qu. 17.*

104 La déconfiture fait cesser le privilege des premiers saisissans après la chose jugée. Prononcé le 23. Decembre 1639. *Henrys, tome 1. livre 4. chapitre 6. question 38.*

105 Un creancier pour arretages de rente premier saisissant les meubles ou chevaux d'une ferme des champs, est preferé sur la vente au proprietaire de la ferme opposant pour les redevances dûës. Arrêt au Rolle de Vermandois, le 22. Novembre 1655. *Du Fresne, liv. 8. ch. 25. secu.* pour Paris, parce que la Costume article 171. est contraire, *sed suo clauditur territorio.*

106 Entre les saisies & arrestations des sommes dûës au débiteur la preference doit être reglée par la priorité de l'hypoteque, & non par la date des saisies. C'est la derniere Jurisprudence du Parlement de Toulouse nonobstant quelques Arrêts précedens. Ainsi jugé le 20. Février 1681. *V. M. de Catellan, liv. 6. ch. 28.*

107 A present l'on juge dans la Ville de Lyon, & dans toute la Province qu'en matiere de saisie de meubles ou de deniers, le premier saisissant l'emporte; cela a été ainsi decidé dans un procez jugé à la Grand-Chambre, au rapport de M. Maulnourry, le 17. Mars 1699. entre le sieur du Lieu Lieutenant Particulier en la Sénéchaussée & Siège Présidial de Lyon, & le sieur de Grange-Blanche Procureur du Roy en l'Hôtel de Ville de Lyon. *Henrys, tome 1. livre 4. chapitre 6. question 38.*

SAISIE, REVENDICATION.

108 Meuble saisi & trouvé en la possession du débiteur peut être reclamé, & s'il appartient à un tiers, mainlevée en doit être faite avec dommages & interêts contre le saisissant qui auroit connu que la chose n'appartenoit point au débiteur. Arrêt donné és Grands Jours de Moulins le 6. Septembre 1540. *Papon, livre 18. titre 5. n. 33.*

Voyez le mot *Revendication.*

SAISIE, SEQUESTRE.

109 Les Sergens ne doivent laisser les meubles par eux saisis en la garde du proprietaire, ou de ses domestiques. Arrêt du Parl. de Paris du 26. Février 1515. Autre du 8. Février 1590. en forme de reglement. Si le débiteur étoit dépositaire, l'execution ne seroit qu'imaginaire & non réelle; un autre creancier qui saisiroit ensuite, seroit preferé; ainsi jugé au même Parl. les 22. Janvier 1572. & 17. Juillet 1589. *Ibidem, nomb. 24.*

110 La saisie n'est pas parfaite sans bailler copie, & établir sequestre, & au préjudice d'icelle le débiteur peut vendre la chose saisie. Arrêt du Parlement de Grenoble du 11. Mars 1583. *M. Expilly, Arr. 81.*

111 Arrêt du Parlement de Provence du 25. Octobre 1646. qui a cassé des executions, faute d'avoir établi les rentiers sequestres des revenus saisis. *Boniface, to. 1. livre 1. tit. 26. n. 3.*

SAISIE ROYALE.

112 De la saisie Royale, & comment l'on entend ce que l'on dit ordinairement, *le Roy plaide les mains garnies?* Voyez *M. le Bret, traité de la Souveraineté, livre 2. chap. 11.*

SAISIE, SURANNE'E.

113 Une saisie après un an est nulle, & le second saisissant a été jugé préferable au premier. Arrêt du P. de Dijon du 11. Mars 1596. *Bouvot, to. 2. verbo Saisie, qu. 43.*

114 La saisie de meubles après deux ans est surannée, & lors qu'il vient un nouveau saisissant, on n'a aucun égard à cette première saisie. Arrêt du Parlement de Dijon du 5. Juillet 1604. *Bouvot, ibid. qu. 13.*

SAISIE SUR SAISIE.

115 Saisie sur saisie ne vaut, & comment cela s'entend? *Voyez la Biblioth. du Droit François par Bouchel.*

116 Au Parlement de Grenoble, on a souvent préjugé que saisie sur saisie vaut, s'il y a intervale ou cessation des pourfuites du premier saisissant d'environ six mois, *La Rocheflavin, liv. 2. tit. 1. Arr. 33.*

117 Deux maisons sont saisies & mises en criées avant les troubles, à cause desquels on ne veut point les poursuites: cependant une de ces maisons perit & devient masure. Après les troubles, un autre creancier fait saisir cette masure, mettre en criées, & ajuger. Un Procureur en la Cour qui avoit un droit d'hypoteque sur ces deux maisons ne s'oppose point à cette adjudication, mais il se va depuis opposer à la premiere saisie, & appelle de l'adjudication faite sur la seconde saisie, disant que saisie sur saisie ne vaut. On luy répond que la derniere saisie n'est que d'une masure, & que la premiere étoit d'une maison. *Ergo*, ce n'est pas saisie de la même chose. Par Arrêt le decret fut confirmé, ainsi qu'a dit M. de Bornage. On dit qu'il y a des Arrêts contraires; le même Bernage en côtoit un pour le Conservateur de Lyon, au rapport de M. le Voix, un autre pour la Dame de Thorigny, contre le sieur de Tornoille. *Bibliotheque de Bouchel, verbo Saisie, p. 392.*

118 Saisie sur saisie ne vaut, il faut se pourvoir par opposition. Arrêt du Parlement de Toulouse du mois de Decembre 1591. *Mainard, to. 1. liv. 2. ch. 64.*

119 Encore que par la maxime du Palais saisie sur saisie ne vaille; neanmoins saisie sur saisie peut valoir. Quand quelqu'un fait saisir au sçu du premier saisissant, & fait opposer le decret sans qu'il s'oppose, *nam qui tacet quando prohibere poterat pro consentiente habetur.* Arrêt du 20. Mars 1601. *Pelleus li. 3. art. 34.*

120 Saisie sur saisie peut valoir; le premier saisissant n'est point consideré lors qu'il a negligé de faire des pourfuites. Arrêt du Parlement de Grenoble du 15. Novembre 1603. qui prefere le second saisissant. Saisie sur saisie peut encore valoir, si c'est au vû & sçû du premier saisissant qui ne s'y oppose. Ainsi jugé au Parlement de Grenoble le 20. May 1604. *Basset, to. 2. livre 7. tit. 7. chap. 1.*

121 Saisie sur saisie vaut s'il y a intervale ou cessations de pourfuite du premier saisissant d'environ six mois. Arrêt du même Parlement de Grenoble du 9. Février 1608. *V. ibid. to. 1. liv. 2 tit. 35. ch. 4.*

SAISIE, TRANSPORT.

122 La somme cedée peut être saisie par les creanciers du cedant, tant que le transport n'est point signifié. Arrêt du Parlement de Toulouse du dernier Juillet 1674. mais si la cession a été acceptée, on distingue; ou le débiteur delégué est à terme de payer au temps de l'acceptation, ou il n'est pas à terme; s'il n'est pas à terme les creanciers du cedant peuvent nonobstant l'acceptation, & avant l'écheance faire saisir s'il est à terme, quoique dans l'acté d'acceptation le cessionnaire luy donne un nouveau delai, il n'y a plus lieu de saisir. Cette distinction fondée sur deux Arrêts des 16. Février & 11. Avril 1679. rapportez par *M. de Castellan, liv. 4. chap. 47.*

SAISIE, VENTE.

123 Par Arrêt du 12. Avril 1588. rapporté par *Tronçon sur la Coûtume de Paris, art. 176. in verbo sans Terme,* il a été jugé que la chose se trouvant saisie sur le débiteur par autre creancier, en ce cas celuy qui la vendue, nonobstant qu'il eût donné terme de payer, ne laisse d'être fondé à demander la vente jusqu'à ce qu'il soit payé, & qu'il est préferable sur la chose nantie au creancier, autrement si la chose étoit saisie, en ce cas le vendeur n'auroit aucun droit de préference sur le premier saisissant. Arrêt du 10. Mars 1587.

124 Celuy qui a charge d'acheter du bétail en ayant fait l'achat, & le creancier d'iceluy faisant saisir le bétail, la saisie n'est valable au préjudice du mandant qui a baillé l'argent pour l'achat. *Bouvot, tôme 1. part. 2. verbo Saisie.*

125 Si le vendeur, d'un meuble n'étant pas payé du prix est préferable à un creancier saisissant? *Voyez ibid. to. 2. verbo Saisie, quest. 3.*

126 La vente étant faite d'un Marrein, & n'ayant été délivré, le creancier qui le saisit sur le vendeur, est préferable à l'acheteur. Arrêt du Parlement de Dijon du 5. Decembre 1594. *ibid. qu. 37.*

127 La chose prétendue vendue étant en la puissance du débiteur, le saisissant est préferable. Arrêt du Parlement de Dijon du 2. Juin 1598. *Ibidem, verbo Rente, quest. 20.*

128 Celuy qui a vendu des tonneaux pour mettre le vin provenu des fruits saisis, n'est pas préferable aux saisissant. Arrêt du Parlement de Dijon du 12. Juillet 1605. *Bouvot, to. 2. verbo Saisie quest. 11.*

129 L'acheteur d'un heritage mis en criées peut faire saisir des deniers dûs au vendeur pour seureté de son achat. Arrêt du Parlement de Dijon du 29. Juillet 1605. *Bouvot, ibidem, quest. 15.*

SAISIE FEODALE.

130 *Voyez* les mots *Commise, Désaveu, Felonie, Foy & Hommage, n. 48. & suiv. & cy-après le n. 269. & suiv.* Des saisies de fiefs par les Seigneurs feodaux Ordonnances de Fontanon, to. 2. liv. 4. tit. 16. page 804. & l'Ordonnance de Roussillon, art. 11. & Chatondas, *Livre 2. Rép. 27.* & les Arrêtez faits chez M. le premier Président de Lamoignon, recueillis dans le Commentaire de M. Barthelemy Auzanet, sur la Coûtume de Paris.

131 *Patronus tenetur de casu fortuito, si acciderit & effectum habuerit occasione prehensionis injusta; Secus si cessante prehensione res peritura erat penes Clientem.* Voyez M. Charles du Moulin sur la Coût. de Paris, §. 6. bodit le 9. Glos. 7. n. 19.

132 Dans la saisie feodale *si subest causa,* le Seigneur peut saisir sans être solemnitez, & encore que sa saisie soit nulle il ne doit aucuns dépens, dommages & interêts; mais *si non subest causa,* comme s'il n'est rien dû, en ce cas la saisie est plûtôt troncationale, faite *pro non debito;* nulle *ex defectu solemnitatis.* M. Charles Du Moulin, sur l'art. 76. de la Coûtume de Blois apporte cette distinction. *Voyez M. Loüet, lettre F. somm. 20.*

133 *Non sit prehensio feudi pro juribus pecuniariis tantùm, sed dominus viâ actionis sua jura petit & hoc de antiquis juribus:* M. Charles Du Moulin, §. 1. Glos. 2. n. 1. *hoc si patronus admisit clientem in fidem non potest uti prehensione feudali pro juribus.* M. Charles Du Moulin §. 1. Glos. 9. n. 22.

134 *Prehensio feudalis, aliis predominatur.* C. M. §. 1. Glos. 2. n. 3. soit qu'elle soit premiere ou suivante. *Coquille, Coûtume de Nivernois, tit. des Fiefs.*

135 Le chef lieu étant saisi tout le fief est saisi. *Mornac, l. 44. ff. de religiosis & sumptibus.*

136 La saisie feodale doit être signifiée pour avoir effet. *Tronçon, Coûtume de Paris, art. 178. in verbo Saisir.*

137 Si le Seigneur qui a saisi le fief demande droit de presenter aux Offices? *Voyez Bacquet des Droits de Justice, chap. 17. nomb. 4.* s'il a droit de presenter aux Benefices? *V. ibid.*

138 La saisie feodale n'a point d'effet resolutif, mais seulement suspensif. *Brodeau sur M. Loüet, lettre S. somm. 34.* Voyez la Coûtume de Paris, art. 56.

139 Si les creanciers du Seigneur feodal peuvent par Justice le contraindre à saisir son fief servant pour gagner les fruits? *Voyez Coquille, tome 2. quest. 26.* il tient l'affirmative.

140 Si durant la saisie feodale vient une échoite hoirielière

liere, fi le Seigneur faififfant en prendra le profit? *V. ibidem, queft.* 43.

141   Si le Seigneur feodal peut faifir les feuls profits, quand la foy ne defaut, & s'il fait-audit cas les fruits fiens? *V. ibidem, queft.* 164.

142   De deux Seigneurs dominans (comme il peut arriver qu'un même fief tienne de deux divers Seigneurs,) l'un ayant fait faifir faute d'hommes, & l'autre non, la faifie & interruption du faififfant ne fert & ne profite point à l'autre, jufques-là qu'il n'interrompt point la prefcription à fon égard. *Brodeau, fur M. Loüet, lettre F. fomm.* 26.

143   Les Seigneurs directs ne doivent point faifir fur leurs Tenanciers fans condamnation précedente; autrement les Tenanciers peuvent requerir la reintegrande comme fpoliez. Arrêt du Parlement de Grenoble de la veille de Noël 1456. *Papon, liv.* 13. *tit.* 2. *nomb.* 11.

144   Le Seigneur peut faire faifir pour fes droits, encore qu'ils ne foient liquidez; mais il ne fera vendre, finon après la liquidation; par l'argument de l'article 76. de l'Ordonnance de 1539. *Coquille, Coûtume de Nivernois, chap.* 5. *des Cens, &c.*

145   Pour le payement des rentes au treiziéme, l'heritage du vaffal ne peut être decreté; le Seigneur feodal doit fe contenter de faifir & arrêter les levées & fruits du fonds. Arrêt du 4. Decembre 1540. *Bibliotheque de Bouchel, verbo, Decrets.*

146   Par Arrêt du Mardy 7. Avril 1551. rapporté par *Coquille, fur la Coûtume de Nivernois, art.* 9. du titre des Fiefs, jugé que les Officiers ne peuvent dans les faifies feodales qu'ils font, ufer de ces termes, *& en cas d'oppofition, la main feodale tenant*, mais après la faifie faite le Juge de la caufe, après avoir oüi les Parties, peut ordonner que la main feodale tiendra nonobftant l'oppofition.

147   Arrêt du P. de Bretagne du 16. Avril 1562. qui declare nulle une faifie pour une rente feodale düe fur une maifon de la ville de S. Malo. La faifie étoit faite à la Requête d'Olivier le Maire, il étoit en poffeffion aux trois ans derniers, cependant le détenteur condamné à payer la rente. *Du Fail, liv.* 2. *chap.* 159.

148   La faifie feodale eft perfonnelle, elle ne fe transfere au fucceffeur fingulier, comme étoit le Duc de Brunfvvich. Arrêt du 20. May 1575. *Carondas, livre* 4. *Réponfe* 45.

149   Le Seigneur feodal ayant fait faifir, la faifie tient jufqu'au devoir fans peremption, tellement que les autres Seigneurs fonciers ou directs & autres ne peuvent faire faifir, mais venir par oppofition. Arrêt du P. de Paris du 9. Août 1582. *Papon, liv* 13. *tit.* 1. 2. *n* 77.

150   Sur les fiefs en l'air la faifie feodale ne peut être faite par main-mife que fur les arrieres-fiefs. Arrêt du 21. Février 1604. *Peleus, queft.* 75.

151   La faifie feodale qui n'a point été faite fur le fief, mais feulement entre les mains du vaffal en parlant à fa perfonne n'importe perte de fruits; *fecùs*, fi le fief confifte en un droit de redevance, en ce cas la faifie vaut-fans qu'il foit befoin de faifir les mains du debiteur de la redevance, fi ce n'eft pour empêcher qu'il ne paye au vaffal. Arrêt du 22. Decembre 1608. *M. le Prêtre* 2. *Cent. chap.* 49.

152   Par Arrêt du 21. Février 1613. rapporté par *Tronçon fur la Coût. de Paris, art.* 28. *in verbo*, fait faifir, une faifie feodale a été convertie en oppofition, à la charge de la préference pour les droits Seigneuriaux. Autre Arrêt du 9. Janvier 1624. par lequel il a été jugé que la faifie feodale faite au Fermier, n'y ayant manoir au fief, étoit nulle felon la Coûtume d'*Amiens*.

153   La faifie feodale eft nulle, quand elle eft faite au nom du Procureur Fifcal, & non du Seigneur dominant. 2. Quand les fruits pendans par les branches & racines font pendans & non le fief. 3. Quand le Sergent a faifi & mis en la main du Roy, au lieu de mettre en la main du Seigneur dominant. 4. La foy & hommage ayant été renduë. *Voyez les Notables Arrêts Tome III.*

des Audienees. Arrêt 53 du 14. Février 1661. Saifie feodale faute de foy & hommage faite au nom du Procureur Fifcal fignée de deux témoins fans declarer leur domicile, jugée valable, & la perte des fruits reduite à une année feulement. Arrêt du Parlement de Paris du 11. Mars 1681. *Journal du Palais.*

154   Le nouveau Seigneur ne peut faifir un fief mouvant de luy, fur la fimple fignification faite à fon vaffal, fans publications d'hommages. Arrêt du 3. Avril 1691. *Au Journ. des Aud. du Park. de Paris, tome* 5. *liv.* 7. *chap.* 18.

Voyez cy après le mot, *Seigneur, nomb.* 147.

SAISIE FEODALE,
ABSENCE DU VASSAL.

155   Abfent de cinq ans n'eft réputé mort, & la faifie feodale faite à la Requête du Seigneur dominant après le partage fait par les freres, des biens de l'abfent, fut declarée tortionnaire & mainlevée, &c. attendu que l'abfent avoit fait avant fon départ la foy & hommage, le faififfant condamné aux dépens. Jugé le 7. Août 1576. *Carondas, liv.* 4. *Rép.* 70.

156   L'abfence ne peut fervir de prétexte pour proceder à une faifie faute d'hommes & devoirs non faits, quand le vaffal abfent a donné fon aveu; mais fi le vaffal n'en a point donné & que le Seigneur ait ufé de main-mife, l'heritier préfomptif peut être reçû à donner aveu. Arrêt du Parlement de Normandie du mois de Juin 1661. qui renvoye l'heritier en poffeffion de l'heritage, en baillant caution de rapporter les fruits en cas de retour de l'abfent, & en donnant aveu, faifant les devoirs & payant les frais de la réünion. La caufe de l'abfence étoit un pelerinage à faint Jacques en Galice; cet Arrêt eft d'autant plus remarquable qu'en Normandie on n'admet point de Curateurs aux biens vacans, ni de Commiffaires comme à Paris. *Bafnage, fur l'art.* 120. *de la Coût.*

SAISIE FEODALE, ALIENATION.

157   La faifie feodale n'empêche d'aliener; *Secùs quando eft pignus prætorium quod afficit rem ipfam.* V. M. le Prêtre 2. Centurie, chapitre 58. & M. Charles du Moulin, fur la Coût. de Paris, §. 35. hodie, le 51. nomb. 31. & M. Loüet, lettre R. fomm. 34.

158   Le Seigneur qui a ufé de main-mife fur les heritages feodaux de fon vaffal, ne peut en vendre ni aliener; mais fi le Seigneur après la faifie du fief baille à rente quelques arpens du domaine faifi, & que les preneurs en joüiffent par l'efpace de 30. ans, ils font affûrez contre le vaffal. *Voyez Chopin, Coûtume de Paris, liv.* 1. *tit.* 2. *nomb.* 37.

159   Le Seigneur du fief dominant ayant faifi le fief de fon vaffal, faute d'hommes & droits, &c. s'il vend fon fief dominant avec referve du droit de faifie, & que l'Acquereur reçoive depuis le vaffal à foy, il peut neanmoins pourfuivre la faifie. Arrêt du 10. Decembre 1565. *Papon, liv.* 13. *tit.* 1. *nomb.* 15.

SAISIE FEODALE, BAIL.

160   Si le Seigneur doit entretenir les baux pendant la faifie feodale? *Voyez* le mot *Bail, nomb.* 210. *& fuiv.*

SAISIE FEODALE, BENEFICE.

161   De la prefentation au Benefice pendant la faifie feodale. *Voyez* le mot *Dénombrement, nomb.* 4.

SAISIE FEODALE, BESTES.

192   Le Seigneur peut faifir pour fa rente les bêtes pâturantes fur fon fond, non feulement celles appartenantes à fon vaffal, mais les bêtes de ceux qui tiennent l'heritage à loüiage ou qui ont aloüé les Bêtes; mais celuy dont il auroit faifi les bêtes, pourroit agir folidairement contre les redevables, de même que le Seigneur auroit pû faire. Arrêt du Parl. de Roüen du 3. Janvier 1650. rapporté par *Bafnage, fur l'art.* 67. *de la Coûtume*; il obferve que l'Arrêt ne paffa pas tout d'une voix, & que M. Damiens un des Juges difoit que le contraire avoit été jugé à fon rapport.

SAISIE FEODALE, COMMISSION.

163   Du Commiffaire établi aux heritages faifis feodale-

Vu u

ment. *Voyez* le mot *Commiſſaire*, *nomb.* 50. *& ſuiv.*

164 Pour ſaiſir feodalement il faut avoir une commiſſion du Juge du Seigneur ou du Juge Royal, &c. *V. M. le Prêtre* 3. *Cent. chap.* 49. *fine.*

165 Arrêt donné le 13. May 1550. entre Maître Auguſtin de Thou, Avocat en Parlement & Meſſire François du Monceaux Chevalier Seigneur de ſaint Sire, par lequel commiſſion generale pour ſaiſir tous fiefs trouvez ouverts eſt reprouvée, & eſt défendu à tous Juges de décerner telle commiſſion. *Biblioth. de Bouchel*, verbo, *Fief.*

166 Saiſie feodale faite ſans mandement du Juge & à la Requête du Procureur Fiſcal ſeul, ſans nommer le Seigneur, eſt neanmoins valable. Arrêt rendu au Grand Conſeil le 7. Mars 1692. au profit de M. le Duc de Nevers. *Voyez le Journal du Palais in fol. tome 2. page* 808.

SAISIE FEODALE, DAUPHINÉ.

167 La Saiſie feodale n'eſt pas de l'uſage de Dauphiné: le Seigneur vient par action, pour avoir declaration du Commis. Arrêts du Conſeil Delphinal des 4. Avril 1369. & 3. Juillet 1452. Autres Arrêts du Parl. de Grenoble des 16. Decembre 1649. & 27. Novembre 1633. *Voyez M. Salvaing*, Traité *des Fiefs*, *part.* 1. *chap.* 10.

SAISIE FEODALE, ENREGISTREMENT.

168 La ſaiſie feodale doit être enregiſtrée au Greffe de la Juriſdiction, ſoit ſubalterne ou Royale, lequel enregiſtrement eſt pour le premier cas de la ſignification auſſi bien que pour celuy de la publication. *Ricard* eſt d'avis contraire, & que l'enregiſtrement n'eſt pas neceſſaire; ce qui a été ainſi jugé par l'Arrêt du 11. Mars 1681. qui eſt en *la* 7. *partie du Journal du Palais.* Neanmoins la queſtion s'étant preſentée entre le ſieur de la Ravoye acquereur du fief de Montbelin, & le ſieur de Verneüil, Seigneur du fief de Montlignon, le ſieur de Verneüil, qui ſoûtenoit que l'enregiſtrement n'étoit neceſſaire que dans le cas de la publication au Prône; le ſieur de la Ravoye qui prétendoit que l'Exploit de ſaiſie feodale devoit dans tous les cas être enregiſtré au Greffe du lieu ſaiſi. Par Arrêt rendu après un déliberé en la premiere Chambre de la Cour des Aydes de Paris le 3. Juin 1699. on jugea conformément à l'avis de *M. du Pleſſis* qui fut cité & lû. *Voyez Du Pleſſis*, Traité *des Fiefs*, *livre* 5. *chapitre.* 3.

SAISIE FEODALE EVOCATION.

168 bis Saiſie feodale ne peut être évoquée aux Requêtes de l'Hôtel ou du Palais en vertu d'un *Committimus.* Arrêt du Parl. de Paris du 4. Juin 1703. *Notables Arrêts imprimés chez Michel Guignard en* 1710. *chap.* 41.

SAISIE FEODALE, FRUITS.

169 Les fruits ne ſont dûs au Seigneur du Fief que du jour de la ſaiſie feodale faite à ſa requête; & les précedens demeurent à l'Acquereur. *Voyez* le mot *Fruits*, *nomb.* 175.

170 Arrêt du Parlement de Bretagne du 31. Octobre 1562. qui a jugé que la ſaiſie feodale n'emportoit point perte de fruits. *Du Fail*, *liv.* 2. *chap.* 167.

171 Le Seigneur direct peut faire ſaiſir les fruits du Fermier quand ils ſont pendans par les racines, quoique le Fermier diſe avoir payé; mais s'ils ſont ſerrez & recüëillis, il ne peut que faire arrêter entre ſes mains ce qui peut être dû au principal preneur. Arrêt du Parlement de Paris du 17. May 1574. *Papon*, *liv.* 13. *tit.* 2. *nomb.* 11.

172 La ſaiſie feodale ordonnée par le Juge du Seigneur n'emporte point perte des fruits que du jour qu'elle eſt executée, & qu'il y a eû Commiſſaire établi. Arrêt du 9. Decembre 1595. *M. le Prêtre*, *és Arrêts de la Cinquieme.*

173 & Au Rôle d'Amiens une ſaiſie feodale n'ayant été

174 ſignifiée qu'au Fermier, la Coûtume deſirant qu'elle ſoit ſignifiée au chef-lieu, s'il y en a un, ou bien à la porte de l'Egliſe Paroiſſiale & par affiches, n'eſt ſuffiſante pour acquerir les fruits au Seigneur. Arrêt

du 9. Janvier 1624. *Du Frêne*, *liv.* 1. *chap.* 13.

175 Une ſaiſie feodale des fruits, ſans parler du fief, à la Requête du Procureur Fiſcal ſans commiſſion ſpeciale n'eſt pas valable, & main-levée des bois taillis vendus commencez à couper devant la ſaiſie & reſtans à couper. Arrêt du 14. Février 1661. *De la Gueſſ. tome* 2. *liv.* 4. *chap.* 6.

176 *Baſnage*, *ſur l'art.* 111. *de la Coût. de Normandie*, où il eſt parlé de la ſaiſie feodale, dit, ſi les heritages ſont donnez à ferme, il faut ſuivre l'art. 19. du Reglement de 1666. ſuivant lequel les fermages des heritages reünis ſont acquis au Seigneur, ſi pendant que les fruits ſont encore ſur le champ, il a ſignifié au Fermier qu'il s'arrête audit fermage, ſi le vaſſal ne donne aveu avant que les fruits ſoient engrangez par le Fermier. Touchant la peine qu'encourt le vaſſal quand il empêche la joüiſſance du Seigneur. *Voyez Coquille*, *queſt.* 25.

177 La réünion étant jugée par Sentence au profit du Seigneur ſaiſiſſant feodalement, les fruits luy appartiennent; elle ne perit point par an & jour; mais s'il les laiſſe enlever par le vaſſal, il les perd. Arrêt du Parlement de Roüen du 31. Juillet 1671. *Voyez Baſnage*, *ſur l'art.* 111. *de la Coûtume de Normandie.*

178 Un Seigneur en vertu de la ſaiſie feodale avoit fait réünir des heritages; mais il ne fit ſignifier la Sentence de réünion qu'après qu'une partie des fruits avoit été engrangée; neanmoins le Seigneur ayant déclaré au Fermier qu'il s'arrêtoit au fermage, le Juge de Neufchâtel les luy avoit ajugés entierement. Sur l'appel du vaſſal, ſur la conteſtation pour ſçavoir le nombre des bleds qui avoient été engrangez avant la ſignification de la réünion, les Parties furent appointées en preuves reſpectives de leurs faits. Il parut qu'il y avoit le tiers des bleds engrangez. Par Arrêt du Parlement de Roüen du 11. Août 1681. l'on jugea au Seigneur les deux tiers des fermages. *Baſnage*, *ſur l'art.* 118. *ibid.*

179 La ſaiſie réelle du Créancier n'empêchera point la perte des fruits acquis au Seigneur par la ſaiſie feodale, faute d'hommage non fait, *Bechet*, *art.* 66. M. Abraham la Peirere, *en ſes Déciſions du Palais*, *lettre H. nombre* 37. dit, *ſe ferois doute ſi la ſaiſie réelle précedoit la feodale.*

Arrêt rendu au Parlement de Bourdeaux le 15. May 1673. Le Seigneur de Boüillon avoit fait proceder par ſaiſie feodale ſur le ſieur de Miramont ſon vaſſal, faute d'hommage non rendu ſans avoir fait établir Commiſſaires; la ſaiſie dura depuis le 5. Août 1670. juſqu'au 15. Octobre 1672. que ledit ſieur Miramont rendit ſon hommage. La queſtion étoit ſur la perte des fruits pendant la ſaiſie; ledit ſieur Miramont ſe défendoit ſur ce que n'y ayant point d'établiſſement de Commiſſaires, le Seigneur de Boüillon l'avoit laiſſé joüir des fruits volontairement; neanmoins jugé que ledit ſieur de Miramont avoit perdu les fruits, & les devoit reſtituer audit ſieur de Boüillon.

180 Saiſie feodale en la Coûtume de *Lorn*, faute de droits & devoirs non payez, on demandoit les fruits depuis 80. ou 100. ans, le Demandeur débouté de ſa demande. Jugé au Parlement de Paris le 13. Juillet 1678. *Journal du Palais.*

SAISIE FEODALE, MAINLEVÉE.

181 En Normandie la ſimple preſentation de l'aveu bon ou mauvais, aneantit la ſaiſie feodale & la réünion, il ſuffit pour obtenir main-levée de la ſaiſie feodale que le vaſſal ait fait la foy & hommage. Arrêt du Parlement de Normandie du 6. Février 1543. rapporté par *Baſnage*, *ſur l'art.* 109. *de cette Coûtume.*

182 Pour obtenir main-levée de l'heritage réüni, il ne ſuffit pas de ſe preſenter pour faire les foy & hommages, ou de bailler un aveu; il faut de plus faire ceſſer toutes les cauſes qui ont donné lieu à la réünion, c'eſt-à-dire, il faut payer les reliefs & treiziéme & les rentes, même les frais, comme il ſe peut inferer de l'article 110. de la Coûtume de *Nor-*

mundie , ce qui a été jugé par Arrêt du 23. Mars 1543. comme *Berault* le remarque. *Voyez Pesnelle sur cette Coût.* art. 117.

183   Si le Seigneur feodal blâme quelques-uns des articles du dénombrement baillé , & les autres non ? La main-levée se doit bailler *pro rata* de ce qui est accordé , demeurant la saisie pour les autres articles blâmez, à la charge des dommages & interêt. Ainsi jugé au Parlement de Paris en 1563. & sont ce conformes les Coûtumes de *Vermandois*,art.205. *Châlons* art. 206. *Senlis* , art. 252. *Chaumont.* art. 19. *Biblioth. de Bouchel* , verbo , *Saisie feodale.*

184   Entre Jean Beau-joüan, & le Seigneur de Guemené. L'Appellant acquiert du sieur de la Pommeraye une terre tenuë de l'Intimé, auquel il montre son Contract , & paye les ventes ; l'Intimé qui auparavant avoit saisi la terre ,non encore venduë par défaut de foy , poursuit la saisie. L'Appellant dit qu'ayant reçû les ventes & vû le contrat , il n'est recevable en la saisie, de l'execution de laquelle il appelle. Par Arrêt du Parlement de Bretagne du 13. Avril 1564. il est dit, mal saisi , mal executé, mainlevée à l'appellant des fruits de la terre , pour en joüir depuis les ventes payées à l'intimé , lequel est condamné és dépens & interêts de l'execution, sauf son recours vers le sieur de la Pommeraye, pour les fruits du temps précedent. *Du Fail, liv. 1. ch.* 171.

SAISIE FEODALE, OFFRES.

185   Jugé par Arrêt du Parlement de Paris du 10. May 1662. qu'en cas de saisie feodale par faute d'homme, droits & devoirs non faits & non payez, les offres faites par le vassal de tous & tels droits qui peuvent être dûs au Seigneur par la mutation du fief , outre la foy & hommage , sont suffisantes. *Soëfve* , tome 2. *Cent. 2. chap.* 64.

SAISIE FEODALE, PREFERENCE.

186   Si la saisie feodale est preferée à la saisie des creanciers ; & en cas que l'un des deux prévienne, si neanmoins l'autre pourra saisir ? *Voyez Coquille* , tome 2. *question* 21.

187   Un Seigneur feodal fut preferé à tous les autres creanciers, non seulement pour les droits Seigneuriaux, mais aussi pour les fruits tombez en pure perte depuis le cours de sa main mise , encore qu'elle fût posterieure aux dettes de quelques creanciers , *Arg. L. lex vectigalis de pign.* en Novembre 1543. Arrêt entre le sieur de Guise , & le Président de Brinon,& ne passa que d'une voix. *Bibliot. de Bouchel*, verbo *Saisie feodale.*

SAISIE FEODALE RENOUVELLE'E.

188   *Quaeritur* , si la surseance d'une saisie feodale accordée pour un temps , empêche l'effet de la saisie après le temps, si elle n'est de nouveau renouvellée ? Jugé par Arrêt du 16. Mars 1565. que ladite saisie doit être renouvellée, autrement qu'elle n'a plus d'effet. *Tronçon* , art. 31. *de la Coût. de Paris*, verbo *De trois ans en trois ans.*

189   La saisie feodale n'étant renouvellée après trois ans , n'a aucun effet ; mais si l'instance d'opposition sur la saisie dure plus de trois ans ; la saisie feodale dure , sans qu'il soit besoin de la renouveller. Arrêt du 24. Mars 1600. *M. Loüet*, lett. S. som. 14. Voyez *M. le Prêtre*, 2. *Cent. ch.* 58. où il date l'Arrêt du 28. & non pas du 24. Mars 1600.

SAISIE FEODALE , REPARATIONS.

190   Le Seigneur qui pendant la saisie feodale , a la joüissance des maisons , les doit reparer & tenir en bon état, pourvû qu'il ait perçû les fruits ; car s'il n'en a pas profité , on ne doit luy tenir compte des réparations qu'il aura faites utilement. Arrêt du Parlement de Roüen du 9. Février 1653. Il fut aussi dit par le même Arrêt , que le vassal rembourseroit les frais que le Seigneur auroit fait faire après la réünion d'une adjudication , jusqu'aux hoirs venans. *Basnage, sur l'art.* 109. *de la Coûtume de Normandie.*

Tome III.

SAISIE REELLE.

191   VOyez cy-dessus *les textes de Droit Civil,* les mots *Bail judiciaire* , *Commissaire* , *Criées* , *Decret* , *Distribution* , nomb. 34. *Encheres* , *Ordre*, nomb. 67. *& suiv. Panonceaux* , *&c.*

Des saisies, criées, subhastations, & établissement de Commissaires, & des opposans ausdites saisies & criées. *Ordonnances de Fontanon* , to. 1. liv.3. tit. 60. page 632.

Voyez les traitez des Criées , qui ont été faits par *Forget* , par *Gouget* , par *M. le Président le Maître* , & *la derniere Edition de celuy* fait par *M. Bruneau* , *Avocat au Parlement de Paris.*

192   Des saisies , criées , & ventes par decret , & des formalitez qui s'observent dans la Province de Bretagne. *Voyez Hevin sur Frain*, p. 429. *& suiv.*

193   C'est une question fréquente , & diversement décidée en la Province de Bretagne , de sçavoir si l'on peut saisir des heritages d'une succession beneficiaire, sur l'heritier par benefice d'inventaire ? *V. le même Hevin* , p. 465. Il tient l'affirmative.

194   Des adjudications separées. *Voyez* le mot *Decret* , n. 13. *& suivans.*

195   Saisie réelle des biens du défunt ou de son heritier. *Voyez* le mot *Heritier* , n. 377. *& suiv.*

196   Par la saisie d'un heritage , un autre y est compris, dont le proprietaire n'auroit été dépossedé, & n'étoit debiteur du saisissant, l'adjudication ne peut faire préjudice audit proprietaire. *Voyez Carondas* , liv. 7. *Rép.* 122.

197   A l'Ordonnance qui porte, que les heritages saisis seront designez par tenans & aboutissans, la Cour de Parlement de Toulouse a ajoûté l'expression particuliere de la quantité & qualité des pieces saisies, à sçavoir prés de telle contenance, & vigne aussi contenant tant , &c. *Voyez Mainard* , liv. 7. *ch.* 78.

198   Partie saisie reçuë à demander surseance à la poursuite, & permission de vendre ses immeubles, pour satisfaire ses creanciers, à la charge de porter les deniers au Receveur des Consignations. Arrêt du 5. Mars 1518. pour le sieur de Mailly , dont les bois étoient saisis réellement. *Papon* , livre 18. titre 6. nombre 19.

199   Un creancier adjudicataire par Arrêt , ayant en vertu d'iceluy fait saisir une maison , & procedé jusqu'à interposition par decret , un tiers s'y opposa. disant avoir acheté la maison , & n'étant reçû opposant par le Sergent executeur , il en appella , disant qu'il avoit des droits d'hypoteque anterieurs au saisissant , qui soûtenoit son execution par la force de son Arrêt , au préjudice duquel l'opposant n'avoit pû ni dû acquerir au fond. Arrêt du Parlement de Grenoble du 16. Mars 1552. qui condamne l'appellant. *Basset* , to. 2. liv. 7. tit. 7. ch. 2.

200   Les choses saisies ne peuvent être alienées pour quelque cause que ce soit. Arrêt du Parlement de Grenoble du 4. Juin 1565. Elles sont par un article du Statut de 1379. *sub protectione & salvagardia D. N. Delphini à tempore executionis inchoatae.* Si neanmoins le prix en est destiné, & employé au payement du creancier , il ne pourra pas empêcher l'effet de la vente,n'y ayant plus d'interêt de droit sur la chose saisie , puisque *solutione ejus quod debetur , tollitur omnis obligatio.* Voyez *Guy Pape* , qu. 87. *& Chorier* , en sa *Jurisprudence du même Auteur* , p. 237.

201   La saisie du fond aprés la saisie des fruits , n'est rejettable. Arrêt du Parlement de Bretagne du 21. Octobre 1563. *Du Fail, liv.* 2. *ch.* 208.

202   Le tuteur heritier sous benefice d'inventaire , fait bailler à ferme les heritages saisis par Justice. Un créditeur du défunt fait saisie secundo , en vertu d'un Arrêt de la Cour ; il y a procés à qui a la meilleure saisie. Ordonné que la derniere saisie tiendra ; appel. Par Arrêt du même Parlement de Bretagne du 19.

Août 1567. il est dit, mal jugé, ordonné que le premier bail à ferme tiendra. *Du Fail, liv. 1. ch. 265.*

203 Quand les biens d'un debiteur sont saisis par ses creanciers , & qu'une partie est suffisante pour les payer, le Juge en doit ordonner la vente, sauf , en cas qu'ils ne suffisent, à faire vendre l'autre partie. Arrêt du Parlement de Toulouse du 2. May 1591. *La Rocheflavin , liv. 2. tit. 1. Arr. 40.*

204 Saisie faite sur biens par indivis , jugée nulle au Parlement de Grenoble, le 3. Juillet 1587. *M. Expilly , Arrêt 99.*

205 Par Arrêt du Parlement de Paris du 11. Mars 1611, rapporté par *Joly, liv. 1. ch. 72.* il a été jugé que la saisie & arrêt d'arrerages de la rente, cessoit par la saisie réelle du fond de la rente, & qu'elle ne reprenoit son effet qu'après la main-levée de la saisie réelle.

206 La perte du fond délivré au creancier saisissant, tombe sur luy, bien qu'il n'en ait encore pris possession. Arrêt du Parlement de Grenoble du 15. Juin 1613. *Basset , to. 2. liv. 7. tit. 8. ch. 4.*

207 Des demandes d'heritages pour la prisée. *Voyez le traité des Criées , par M. Bruneau , ch. 18. p. 246.*

208 M. Bruneau, dans son même traité des Criées , dit que c'est une maxime à Paris, que l'on ne peut saisir réellement, pour une somme moindre que de cent livres.

209 On ne peut saisir réellement pour une somme modique, Un creancier ayant fait saisir pour 10. livres une maison qui étoit loüée 30. liv. le decret fut cassé au Parlement de Roüen le 4. Août 1651. En prononçant un Arrêt le 9. Février 1683. M. le Premier Président avertit les Avocats, que l'on ne pourroit decreter pour une somme de 50. liv. une fois payée. *Basnage , sur l'art. 546. de la Coût. de Normandie.*

210 Saisie faite sur un fond pour la somme de 29. liv. a été cassée au Parlement de Toulouse le 4. Février 1674. entre Lombard debiteur, & Vayret creancier saisissant, Les saisies ont en ce cas un air violent & tortionnaire. C'est une trop mauvaise affectation de s'en prendre au fond, quand les fruits peuvent suffire. *M. de Catellan, liv. 6. ch. 19.*

211 Reglement pour les saisies réelles ; les Fermiers judiciaires tenus de faire faire la visite des biens dont ils seront adjudicataires, les saisis & saisissans, & plus ancien Procureur des opposans appellez en leurs domiciles , ou ceux de leurs Procureurs, pour assister à ladite visite, &c. & des réparations à faire , &c. Arrêt du Parlement de Paris du 23. Juin 1678. *Journal du Palais.*

212 Saisie réelle d'un fief qui en contient plusieurs, & des heritages roturiers. *Voyez Carondas , livre 12. Réponse 45.*

213 Reglement du Parlement de Bretagne du 19. Juillet 1683. sur le fait des saisies , criées, baux judiciaires, & adjudications ; des biens saisis sur les heritiers sous benefice d'inventaire. *Voyez Hevin sur Frain , page 37. de ses Additions aux Notes.*

214 Quelques-uns d'entre plusieurs creanciers consentant de prendre des heritages saisis réellement , en payement de leur dû , la partie saisie ne peut y obliger les autres creanciers refusans ; & sur ce même fondement , la partie saisie n'est pas recevable à interjetter appel d'une Sentence , qui ordonne la certification des criées. Arrêt du Parlement de Paris du 6. Septembre 1690. *Journal des Audiences , tome 5. liv. 6. chap. 24.*

215 Les biens d'un debiteur sont generalement saisis. Le creancier saisissant comprend dans la saisie une maison possedée par un acquereur ; ensuite ce creancier, & tous les autres se départent de la saisie à l'égard de cette maison, & consentent que l'acquereur en joüisse comme auparavant , à la charge d'en payer le prix à la distribution. L'acquereur refuse d'accepter cette offre, & represente que la saisie l'a dépose-

dé, & l'a mis en liberté de demander l'allocation pour les réparations qu'il a faites en cette maison, & pour le prix soûtient avoir payé, que ce droit luy étant une fois acquis , ne peut luy être ôté par une declaration posterieure. Arrêt du Parlement de Toulouse en 1698. qui déboute les creanciers. Il est rapporté par *M. de Catellan, liv. 6. ch. 36.*

SAISIE REELLE AFFICHÉE,

216 Acte de Notorieté donné par M. le Lieutenant Civil du Châtelet de Paris le 18. Juillet 1708. portant que l'affiche que l'on appose , pour avertir le public de la vente ou licitation de maisons & heritages, & dans l'enchere qui se met au Greffe & qui se publie , le détail de la consistance, & les tenans & aboutissans, aussi bien que les servitudes, y doivent être exprimées, ce qu'il n'est point necessaire de dire dans l'Exploit de la demande, afin de licitation. *Recueil des Actes de Notorieté , page 256.*

SAISIE REELLE , BIENS DE LA FEMME.

217 Du decret fait du bien commun entre le mary & la femme pendant leur mariage. *Voyez* le mot *Decret, nombre* 18.

218 Bâtimens faits sur l'heritage saisi réellement. *Voyez* le mot *Bâtimens , n.* 47.

219 Si le bien de la femme étoit saisi réellement , on demande s'il suffit que la sommation soit faite au mary seul ? Par l'usage de la France, où la communauté a lieu , il est necessaire que la sommation soit faite à la femme comme au mary. Par un ancien Arrêt du 10. Mars 1512. au decret de la Terre de S. Germain sur Cailly, appartenante à la Damoiselle de Maillot , il fut jugé que c'étoit assez que la sommation fût faite au mary. En Normandie le mary est le maître de tous les biens, n'y ayant point de communauté, & par cette raison , la sommation faite à sa personne doit suffire ; mais le plus sûr est de le faire à l'un & à l'autre. *Basnage ; sur la Coût. de Normandie , art.* 546.

220 En matiere de saisie & criées , un mary n'est pas obligé de proceder en qualité de curateur de sa femme mineure. Arrêt du Parlement de Bordeaux du 3. Août 1671. *Journal du Palais. Voyez M. Louet, lett. M. somm.* 1.

221 Si l'article 127. du Reglement de 1666. qui permet d'executer les contrats faits par la femme separée ; sur ses meubles & acquêts, & sur le revenu de ses immeubles, s'entend de tous les immeubles en general, sans excepter la dot ? Arrêt du Parlement de Normandie du 5. Decembre 1686. qui juge l'affirmative. *Basnage , sur l'art. 538. de cette Coûtume.*

222 Une saisie réelle des propres d'une femme mariée, peut être faite & poursuivie avec elle seule, sans l'autorisation ni assistance de sondit mary, quand elle se trouve separée de biens d'avec luy, & par leur contrat de mariage autorisée, pour ester en Jugement. Arrêt du Parlement de Paris du 15. Juin 1690. *Journal des Aud. to. 5. liv. 6. ch. 15.*

SAISIE REELLE , BIENS DU MINEUR.

223 Le Parlement de Toulouse n'exige pas la discussion préalable des effets mobiliers d'un mineur. On peut d'abord saisir réellement ses immeubles. *Voyez Masnard , liv. 7. ch. 63.* Mais les mineurs peuvent exposer la lézion , & alors ils sont restituez contre les criées. *Ibid. ch. 75.*

Voyez cy-après le nomb. 242. & suiv.

SAISIE , COMMISSAIRE, COMMISSION.

224 Des Commissaires aux saisies réelles. *Voyez le traité des Criées de M. Bruneau , part. 2. & cy-devant* le mot *Commissaires.*

225 Les commissions generales pour saisir tous les fiefs ouverts , sont défenduës par l'Arrêt du 13. May 1590. le Roy seul peut bailler des commissions generales. *M. le Maistre , des Fiefs , chapitre 5. & 6.* Toutefois quand la cause de la saisie est exprimée par l'Exploit fait en vertu de la commission , la saisie est bonne.

Tronçon, art. 7. de la Coûtume de Paris, in verbo , *Ne peut-saisir.*

226   Quoique les parties voulussent élire trois Commissaires, le Juge ne doit pas le leur permettre. Arrêt du Parlement de Paris du 22. May 1533. par lequel une Commission faite en pareil nombre, a été déclarée nulle. *Papon, liv. 8. tit. 10. n. 2.*

227   Il a été souvent jugé par plusieurs Arrêts, que ni le propriétaire sur lequel l'on crie, ni le poursuivant criées, ni autres ses opposans aux criées, ne peuvent être Commissaires, ni Fermiers des heritages saisis pendant les criées ; & de cecy y a Arrêt donné le 6. Decembre 1557. au Plaidoyé entre M. Jean Briçonnet Président des Comptes , & la Dame de Mailly. *Voyez la Bibliot. de Bouchel*, verbo *Saisie feodale.*

228   Les parens , les alliez , freres , oncles & neveux du saisi ne pourront être établis Commissaires. *Voyez l'Ordonnance de 1667. tit. 19. art. 13. & 14. & le titre 17. de l'Ordonnance criminelle, art. 6.*

SAISIE REELLE, DESISTEMENT.

229   Jugé au Parl. de Roüen, que si le creancier même qui a saisi , reconnoissant la saisie défectueuse, s'en veut départir, pour en faire une autre , il ne le peut faire valablement qu'aprés avoir declaré son desistement au debiteur, & qu'il obéit de payer les dépens & interêts qui peuvent être dûs pour ce qui a été fait auparavant. Arrêt du 5. May 1626. rapporté par *Berault , sur l'article 576. de la Coûtume de Normandie.*

SAISIE REELLE, DOMICILE ELU.

230   Saisie réelle declarée nulle , parce que le saisissant n'avoit fait élection de domicile au Bailliage où l'heritage saisi étoit situé. Arrêt du Parlement de Paris du 22. Avril 1606. qui ordonne qu'il sera procedé à nouvelle saisie, établissement de Commissaire, & criées. *Papon, liv. 18. tit. 6. n. 29.*

SAISIE REELLE D'UN DUCHE'.

231   Si l'on peut saisir réellement quelques Terres particulieres faisant partie d'un Duché ? Il fut dit que le debiteur payeroit le creancier dans six mois , autrement sera fait droit sur la saisie. Arrêt du 4. Mars 1659. *De la Guess. to. 2. liv. 2. ch. 11.*

SAISIE REELLE, ENREGISTREMENT.

232   Les saisies réelles & criées doivent être enregistrées au Châtelet un mois auparavant le congé d'ajuger , & ce pour empêcher l'abus qui se commettoit. Arrêt du 24. Janvier 1674. *De la Guessier, tome 3. liv. 8. chap. 1.*

233   Arrêt du 7. Juin 1691. qui regle l'enregistrement des saisies réelles , & les oppositions qui y sont formées. *Journal des Aud. to. 5. liv. 8. ch. 16.*

BIENS DE LA FEMME.

234   *Voyez cy-dessus le nomb. 217. & suiv.*

SAISIE REELLE, FIEF.

235   L'Ordonnance dit qu'il suffit en general de saisir le fief & appartenances , *quid* si le vassal a démembré , & l'acquereur joüit ? *V. Coquille to. 2. quest. 217.*

236   Si la saisie faite à la Requête des creanciers sur le fief saisi par le Seigneur feodal , est nulle , & l'offre des creanciers faire en Jugement de faire la foy & hommage par le Commissaire au Seigneur , est valable ? *Voyez Carondas, liv. 3. Rép. 1.*

237   Jugé au Parlement de Toulouse, que sous le nom des dépendances de la maison noble, étoit compris le droit de présentation d'une Chapelle , & que la collation étant comprise sous le nom de fruits, appartenoit au sequestre. *Mainard , to. 1. liv. 2. ch. 41.*

238   Si les membres dépendans des Principautez , Duchez-Pairies , & autres grands fiefs de cette nature, peuvent être saisis réellement ? Arrêt du Parlement de Paris du 4. Mars 1659. qui ordonna que dans six mois la partie saisie feroit cesser les causes de la saisie , autrement & le temps passé , qu'il seroit fait droit. *Soëfue, to. 2. Cent. 1. ch. 97.*

239   Quand le fief qui compose tout le patrimoine du

pere, est saisi réellement & decreté , les enfans ne peuvent avoir leur tiers coûtumier en essence, mais seulement en deniers : & il est à leur choix de le prendre , ou sur le pied de l'adjudication , ou sur la vraye valeur , suivant l'estimation qui en sera faite par Experts , franc & quitte de tous frais , même du decret, & de consignation. Arrêt du Parlement de Roüen du 4. Mars 1672, entre le sieur de Sassey , les sieurs Dardez , Loubert & Preaux. Et par autre Arrêt du 9. Août 1675. la Cour ordonna que sur la somme de 47500. livres , prix de l'adjudication , au profit commun de la Terre de Sassey , le sieur de Sassey seroit payé de la somme de 25100. livres pour son tiers, suivant l'estimation, sur laquelle somme on prendroit le tiers des défalcations jugées pour les rentes Seigneuriales & foncieres, & le tiers des dettes aînées du mariage du sieur de Sassey pere , & les deux autres tiers sur le restant du prix de l'adjudication , & les frais du decret & treiziéme , parce qu'en cas que le surplus du prix de l'adjudication ne fût pas suffisant pour payer les deux autres tiers des dettes aînées , elles seroient payées sur le tiers de la somme de 25100. livres adjugée audit sieur de Sassey , ensorte que ladite somme ne puisse être diminuée , ni qu'elle contribuë en aucune façon aux frais du decret , droits de consignation & treiziéme, qui seront payez par les creanciers qui ont soûtenu , que le tiers devoit être decreté au sol la livre de leurs credites. *Easnage sur l'art. 171. de la Coût. de Normandie.*

240   Des terres baillées en fief par un Prince de la Maison Royale à un particulier, pour en joüir par luy & ses descendans de son corps , sans faculté de les pouvoir aliener, peuvent bien être saisis réellement pour la dot & conventions matrimoniales de la femme d'un des descendans de ce premier donataire. Arrêt du Parlement de Paris du 16. Decembre 1686. *Au Journal des Aud. to. 5. liv. 2. ch. 8.*

SAISIE REELLE, FRUITS.

241   A qui appartiennent les fruits des biens decretez. *Voyez* le mot *Fruits, n. 67. & suiv.*

SAISIE REELLE, MEUBLES DISCUTEZ.

242   La disposition du Droit Romain, *in L. divo pio : si in vendisione ff. de re judicatâ*, portant qu'avant que de toucher aux immeubles d'un debiteur , il faut discuter ses meubles , a été corrigé par l'Ordonnance de François I. de 1539. art. 92. qui permet de faire saisir les immeubles, sans precedente perquisition des meubles ; & bien que le Parlement de Paris n'ait pratiqué l'Ordonnance contre les mineurs executez, mais cassé les saisies de leurs immeubles, sans precedente perquisition des meubles , & discussion faite par le Juge sur un état sommaire de la recette & dépense des biens du mineur & pupille remis devers luy par le tuteur ou curateur ; toutefois à Toulouse l'Ordonnance a été reçuë & gardée indifferemment, même contre les mineurs , sauf la grace dont la Cour use sur le recouvrement des biens decretez en cassant les decrets, s'il y a à la moindre formalité ômise. *V. Mainard, liv. 6. ch. 42.*

243   Le défaut de discussion de meubles ne peut être opposé par le mineur, s'il ne justifie que lors de la saisie réelle faite de son immeuble, il avoit des deniers suffisans pour acquiter la dette qui a donné lieu à la saisie réelle. Arrêt du 30. May 1656. *Soëfue, to. 2. Cent. 1. ch. 18.*

Voyez cy-dessus le nomb. 223.

SAISIE, HERITAGES DU MINEUR.

244   *Voyez cy-dessus le nomb. 223.*

SAISIE REELLE D'UN MONASTERE.

245   Arrêt du 25. Février 1650. qui a jugé qu'une maison acquise par les Religieuses de l'Annonciade des dix Vertus au Fauxbourg Saint Germain, dans laquelle elles se sont établies, même ont fait faire une Chapelle , un Cloître, & un Dortoir, pouvoit, à faute de payement du prix de l'acquisition , être saisie réelle-

ment, & vendüe par decret à la Requête des creanciers, tant du fond, que des bâtimens & augmentations, sans que les Religieuses pussent prétendre aucune distraction des Lieux saints. *Sœeve, to. 1. Cent.
3. ch. 25. & du Frêne, liv. 5. ch. 56.*

SAISIE, MOULINS.

246   Les moulins sur bâteaux se doivent decreter, bien
que par la Coûtume ils soient entre les meubles. Jugé le 23. Octobre 1581. parce qu'ils gisent en revenu
ordinaire & annuel. *M. Loüet, lett. M. som. 13.*

SAISIE REELLE, NORMANDIE.

247   Le 27. Août 1629. Messieurs de la Chambre de l'E-
dit à Roüen firent un *consulatur* en la Grand'Chambre, sur cette difficulté. Le Sergent n'avoit pas affiché la copie des contrats en vertu desquels il avoit
fait la saisie, mais seulement la Déclaration des choses saisies en chacune des criées, comme il avoit fait
en la saisie; ce qui est conforme à la Coûtume, qui
n'oblige point de faire autre chose. La difficulté procedoit d'un Arrêt donné en la Grand'Chambre en
forme de Reglement le 8. Mars 1608. rapporté par
Berault, sur l'article 556. de la Coût. de Normandie,
qui sembloit porter par forme de Reglement une injonction aux Sergens, non seulement de faire la lecture des contrats, mais aussi d'en afficher la copie,
tant à la saisie que criées, sur quoy il fut dit que la
Coûtume seroit gardée sans l'étendre davantage, &
que c'étoit assez d'attacher la copie de la Déclaration.
Basnage, sur la Coûtume de Normandie, art. 557.

248   Quand les terres que l'on veut saisir réellement,
sont situées en divers Bailliages, il n'est pas necessaire de faire autant de saisies; mais on obtient un Arrêt en la Cour, par lequel on renvoye poursuivre la
saisie devant celuy des Baillis, dans le détroit duquel
la plus grande partie des heritages est située. C'est
l'usage du Parlement de Roüen. Arrêt du 4. Decembre 1642. *V. Basnage, titre de Jurisdiction, art. 4.*

249   Celuy qui a acquis les heritages avant qu'ils fussent saisis par decret, peut demander le payement
des dettes par luy acquittées, anterieures à la saisie
pour laquelle la saisie est requise, ou obliger le saisissant de donner caution de les faire porter en execution du treiziéme, & frais du decret. Arrêté du
Parlement de Roüen, les Chambres assemblées, du 6.
Avril 1666. art. 138. *V. Basnage, to. 1. à la fin.*

250   La saisie & criée des rentes constituées par argent,
doit être faite en la Paroisse en laquelle l'obligé est
domicilié. Arrêté du même Parlement du 6. Avril
1666. art. 139. *Ibidem.*

251   Le creancier ne peut comprendre en une même
saisie par decret, les heritages situez en divers Bailliages Royaux, s'il n'y est autorisé par Arrêt du Parlement, encore que l'un des Bailliages Royaux, soit
dans les enclaves de l'un des sept Bailliages de Normandie. Arrêté du même Parlement, les Chambres
assemblées, du 6. Avril 1666. *Ibid.*

252   On ne peut saisir réellement l'avancement fait au
fils par le pere, avec stipulation de ne l'hypotequer
que de son consentement. Arrêt du Parlement de
Roüen du 12. Juillet 1668. *Basnage, sur l'art. 244. de
la Coût. de Normandie.*

253   On peut obliger le creancier qui ne saisit qu'une
partie des biens de son obligé, à saisir le surplus, aux
périls de celuy qui le demande; mais le saisissant
n'est tenu de comprendre dans la saisie les autres
biens situez hors Normandie. Arrêt du même Parlement de Roüen du 17. Juillet 1670. rapporté par
Basnage, sur l'art. 546. de cette Coûtume.

254   Suivant *l'art. 547. de la Coûtume de Normandie,*
la saisie réelle doit être faite dans l'an & jour de la
sommation; d'où il s'ensuit que toute saisie est annale, puisque dans l'an & jour il faut faire des poursuites. Quoyqu'il en soit, la Coûtume ne desire pas que
les criées soient faites dans l'an & jour de la saisie; il
suffit d'avoir fait quelque procedure, par le moyen du

laquelle la saisie ayant subsisté, on soit en droit de
continuer les diligences. Arrêts du Parlement de
Roüen des 14. Mars 1671. 19. Decembre 1673. & 23.
Août 1685. On a long-temps douté, si après une
Sentence ou un Arrêt qui vuidoit l'appel ou l'opposition, qui avoit arrêté la continuation des diligences
d'un decret, il falloit poursuivre dans l'an, faute de
quoy l'appel étoit péri? Arrêt du même Parlement
du 7. Mars 1672. qui jugea la négative, & ordonne
qu'il seroit passé outre à l'adjudication finale. *V. Basnage, sur cet article 547.*

255   Les Jugemens interlocutoires, qui confirment des
diligences de decret, n'ont que trois ans d'execution,
& les Jugemens diffinitifs, trente. Ainsi jugé au Parlement de Roüen. *Ibid.*

256   Si le creancier ne saisissoit qu'une partie des immeubles de son debiteur, les autres creanciers peuvent l'obliger à saisir le tout, en luy baillant une déclaration des heritages qu'ils veulent faire comprendre dans la saisie, & mettant les choses en état, que
le poursuivant criées puisse continuer le decret, à
leurs périls & risques; comme il a été jugé le 29.
Janvier 1683. au même Parlement de Roüen. *Basnage, ibid. art. 546.*

257   En Normandie un creancier du vendeur peut venir saisir réella sur l'acquereur les fruits de la chose
vendüe, sans être obligé d'agir par action hypotecaire. Arrêt du Parlement de Paris du 9. Juillet 1698.
Journal des Aud. to. 5. liv. 14. ch. 8.

SAISIE D'OFFICES.

258   Le vendeur d'un Office qui vient à être saisi, ne
vient en contribution avec les autres saisissans, mais
il est préféré sur le prix de l'Office. *Voyez Mornac,
L. 5. §. plane. ff. de tribut. actione.*

259   Pour les Offices venaux, si pendant la poursuite
des criées, & avant l'adjudication, le debiteur qui
étoit proprietaire de l'Office vient à deceder, l'Office se perd par sa mort au profit du Roy, nonobstant
la saisie réelle des creanciers, & n'y ont plus de
droit. *Voyez M. le Prêtre, 2. Cent. ch. 13.*

260   Un Office venal saisi, les deniers adjugez au premier saisissant, en baillant caution de les rapporter,
suivant l'article 180. de la Coûtume de Paris, pour
être distribuez entre les creanciers au sol la livre,
au cas que les biens du debiteur se trouvassent insuf-
fisans pour payer les dettes. Arrêt du 17. Mars 1607.
M. le Prêtre, 3. Cent. ch. 60. La Jurisprudence a varié; les deniers se distribuent par ordre d'hypotheque, suivant la Déclaration du Roy du mois de Février 1683. registrée le 23. Mars 1683.

261   Par Arrêt du 20. Mars 1623. fut confirmée la Sentence de Messieurs des Requêtes du Palais, qui
avoient ordonné qu'un parti saisi seroit vendu &
avoüé par decret, & confirmé l'apposition des affiches à la porte de l'Eglise de Saint Barthelemy seulement, comme d'un Office comptable. C'étoit un
homme de Lyon, qui avoit pris pour le temps de
seize ans, le parti de sol pour livre des Tailles du
pays de Lyonnois; & après en avoir joüi dix ans entiers, seroit decedé, ses creanciers avoient fait saisir
ledit parti, pour six mois qui restoient à parfaire. *Biblioth. de Bouchel, verbo Parties Casuelles.*

262   Les Offices de Judicature ne pouvoient être saisis
ni mis en criées. Jugé le 11. Févrir 1626. *Du Frênt,
liv. 1. ch. 1.* Et la saisie réelle d'un Office de Lieutenant General declarée nulle, & à faute de payer
dans un certain temps, condamné par corps à passer
procuration pour resigner son Office. Jugé le 30.
Avril 1629. *Du Frênt, liv. 2. ch. 44.*

263   Une saisie réelle lie les mains au titulaire, & étant
enregistrée au Greffe, constitue le resignataire de
l'Office en mauvaise foy. Arrêts des 22. Janvier 1647.
& 22. Avril 1657. *Du Frênt, liv. 4. ch. 46. & liv. 6.
chap. 23.*

264   Par Arrêt du 14. Avril 1651. jugé que la saisie réelle

d'un office, peut empêcher le titulaire, d'en disposer, quoique la saisie n'ait point été signifiée à M. le
Chancelier, & qu'il n'y ait eu aucune opposition au
sceau. *Soëfve, to. 1. Cent. 3. chap. 76.*

265 L'article 95. de la Coûtume de Paris n'est plus en
usage, la Jurisprudence a varié par Edit du mois de
Février 1683. regiftré le 23. Mars 1683. par lequel
l'Office venal est immeuble, & a suite par hypotheque. *Voyez le mot Offices. nomb. 108.*

SAISIE, PATRONAGE.

266 Le droit de prefentation ou nomination à un bénefice, peut être faifi & vendu par decret, quand même il ne feroit point exprimé en l'exploit de faifie du
fief. *Bibliotheque du Droit François, verbo Decrets.*

SAISIE RE'ELLE SUR LE PROPRIETAIRE.

267 La faifie réelle doit être faite fur le proprietaire,
ou du moins fur celuy qui passe publiquement pour
proprietaire, quoiqu'en effet il ne le soit pas ; fi la
faifie est faite sur celui qui passe pour proprietaire ,
le veritable proprietaire qui ne s'y est point opposé,
perd son droit de proprieté. *Voyez Gouget, pag. 351.*
Sur ce principe la Cour a jugé par Arrêt du 22.Février
1607. qu'un decret fait fur celuy qui avoit fait ceffion de biens , fans avoir fait créer un curateur , étoit
nul, parce que celui qui a fait cession , ne doit plus
passer pour possesseur ni proprietaire. *V. ibid. pag.
350. & Dupleffis fur la Coûtume de Paris, art. 346. tit.
des faifies réelles.*

268 Arrêt du Parlement de Paris du 18. Décembre 1635.
qui a déclaré nulle une saisie réelle faite sur un pere,
des heritages appartenans aux enfans du chef de leur
mere. *V. Henrys,tom. 2. liv. 3. quest. 17.* où il dit qu'il
y avoit une circonstance fondée fur l'équité qui peut
avoir contribué à faire déclarer la faifie nulle ; elle
avoit procédé pour des arrerages de cens modiques.
fur cela il obferve que quand les fruits de deux ou
trois années sont suffisans pour le payement , l'on ne
doit point faire faisir réellement le fond , ni faire
vendre les biens des mineurs.

SAISIE RE'ELLE PAR LE SEIGNEUR.

269 Pour une faifie de plufieurs heritages à faute de
payement de cens , il n'est dû qu'une amende & non
plufieurs, encore que chaque heritage faifi eût son
cens feparé. *Arrêt en 1607. M. le Prêtre 2. Cent. ch.
58.*

270 L'article 74. de la Coûtume de Paris, permet au
Seigneur , à faute de payement des arrerages du
droit de cens, de proceder par voye d'Arrêt & Brandon
fur les fruits de l'heritage sujet au droit de cens,
mais il ne peut faisir & faire faifir réellement le fond
de l'heritage fans jugement & condemnation précédente. Arrêt du Parlement de Paris du 2. Janvier
1603. *V. Auzanet fur l'art. 74. de la Coûtume de Paris,
page 55.*

271 Pour faire faisir réellement l'heritage , en vertu
d'un jugement de condamnation, il est necessaire que
les arrerages dûs au Seigneur soient considerables ,
& ne puissent être payez fur les fruits d'une ou deux
années. *Arrêt du Parlement de Paris du 30. Juillet
1609. Auzanet. Ibidem.*

272 La faisie réelle n'empêche, pas que le Seigneur ne
puisse poursuivre ses droits par les voyes ordinaires
qui luy font ouvertes par la Coûtume,c'est-à-dire,par
faifie feodale ; mais la faisie feodale permife par la
Coûtume,n'a effet que pour l'hommage qui luy doit
être fait par le Commissaire ;autre chofe est des droits
& profits de fiefs dûs à cause de la mutation pour
lesquels le Seigneur est obligé de se pourvoir en l'ordre,& pour cela la faisie feodale faite de la part d'un
Seigneur particulier , doit ceder à la faisie réelle faite
de l'autorité de Justice pour le bien commun de tous
les creanciers du vassal. *Arrêt du 7. Août 1627.* entre
Dame Efter de Jamard,& Dame Magdelaine Berthe-
lemy veuve du sieur Dupleffis Praslin.*Voyez Auzanet,
fur l'article 34. de la Coûtume de Paris.*

273 On avoit autrefois jugé qu'on ne pouvoit faisir réellement pour les arrerages des rentes Seigneuriales ,
parce que le Seigneur ou fon receveur peuvent fe
faire payer par une simple faisie des fruits , & par la
coërtion qu'ils ont fus les contribuables. Arrêt du
Parlement de Roüen du 6. May 1654. mais depuis par
Arrêt du 20. May 1675. on a jugé le contraire. *Bafnage,fur la Coûtume de Normandie , art. 546.*
Voyez cy-deffus le nomb. 230. & fuiv.

SAISIE REÉLLE, SOMMATION.

274 Le faisiffant voyant sa faisie mal faite, trois mois a-
près il en fit fignifier un defistement au decreté,& re-
paroit tout de nouveau fans faire une nouvelle fommation : on fut en doute si la fommation faire lors de la
premiere faifie étoit suffisante, il fut jugé qu'elle étoit
bonne, par Arrêt du Parlement de Roüen du mois de
Juillet 1603. *Basnage , fur la Coûtume de Normandie,
art. 546.*

275 La fommation doit être faite au domicile de l'obligé , & à l'égard du faisiffant , il doit élire un domicile
s'il est restéant hors la Vicomté ; que s'il y est domicilié, il n'a pas besoin d'élire un domicile. Arrêt du
Parlement de Roüen du 2. Avril 1631. *Basnage , fur la
Coûtume de Normandie , art. 546.*

276 Sommation faite au tiers détenteur feulement
déclarée nulle par Arrêt du Parlement de Roüen du
19. May 1649. *Ibidem.*

277 Le premier Mars 1657. entre Ameline & Gamare le
Parlement de Roüen confirma une faisie, quoiqu'elle
eût été faite dans la quinzaine de la fommation : il
y avoit de particulier que lors de la fommation , le
tuteur avoit déclaré qu'il n'avoit aucuns deniers en
fes mains, ainsi il n'étoit plus necessaire d'attendre la
quinzaine, mais en examinant les paroles de l'article
591. de la Coûtume de Normandie, il paroîtra que le
creancier n'est tenu d'attendre que l'expiration de la
quinzaine. *Basnage, fur cet article. 591.*

278 Par Arrêt du Parlement de Roüen du 18. Avril
1659. une fommation faite à une personne hors Province , fut jugée nulle, quoiqu'elle eût été faite au
Fermier des terres obligées. *Basnage , fur la Coûtume
de Normandie , art. 587.*

SAISINE.

Voyez le mot *Ensaifinement* , & cy-après verbo
Seigneur.
Voyez hoc verbo *Saifine*,le Gloffaire du droit François ou l'Indice des droits Royaux & Seigneuriaux ,
par Ragueau derniere édition , & Ricard fur le tit. 14.
de la Coûtume de Senlis.

1 De la faisine , *Vide Coquille tom. 2. en son inftitution
au Droit François , p. 122.*

2 Seigneur qui prétend la fuccession vacante de son
fujet , peut dans l'an intenter le cas de faisine & de
nouvelleté. *Charondas, li. 4. Rep. 38.*

3 Une fille qui a renoncé par son contrat de mariage à la fuccession de son pere moyennant fa dot ; le
pere par un autre contrat veut qu'elle luy fuccede en
fa part en rapportant ; enfuite le pere par son teftament ordonne qu'elle fe contente pour toute fa portion hereditaire de ce qu'il luy a donné en mariage ,
cette fille ne peut intenter le cas de faisine. Arrêt au
mois de Juin 1501. *Charondas , liv. 5. Rép. 60.*

4 Un Seigneur enfaisinant un fecond acquereur d'un
moulin qu'il avoit vendu en minorité avec referve du
droit de cenfive, on demande si c'est là une ratification qui empêche de la restitution? Le procés a été parti en la premiere Chambre des Enquêtes le 31. Janvier
1564. *Papon , liv. 16. tit. 1. n. 5.*

5 Par l'article 81. de la Coûtume , *ne prend faifine qui
ne veut* , & en l'article 130. l'an du retrait lignager ne
commence à courir que du jour de l'enfaisinement :
mais on a douté si la quittance des ventes avec promesse de la part du Seigneur d'ensaifiner le contrat ,
équipole à un enfaisinement. Jugé que non? Il faut

un enfaifinement réel fur le contrat pour faire courir l'année du retrait. Arrêt du 17. Février 1605. V. *Auzanet fur l'art.* 130. *de la Coûtume de Paris.*

6 Creancier par un contrat de conftitution , qui a la liberté de ne le point faire enfaifiner , l'ayant fait ne peut plus varier & s'exempter des droits du Seigneur , ni les repeter contre le debiteur de la rente, parce qu'ils ne font point partie des loyaux coûts. Jugé le 5. Février 1641. *Bardet,* to. 2. *liv.* 9. *ch.* 15.

7 Arrêt du 22. May 1648. qui a jugé qu'un Seigneur cenfier ayant vendu des heritages étant en fa cenfive, celui qui acquiert de luy n'a pas befoin d'autre enfaifinement que fon contrat d'acquifition. *Soëfve ,* tom. 1. *Cent.* 2. *ch.* 87.

8 La poffeffion actuelle du donataire équipole à la faifine s'il n'y a difpofition au contraire. Arrêt du Parlement de Paris du 18. Mars 1656. dans l'efpece de l'article 209. de la Coûtume de *Bourbonnois* qui eft l'une de celles qui requierent faifine en matiere de donations univerfelles. Les heritiers de la donatrice fe fervoient d'un Arrêt contraire du 17. Août 1650. *Voyez M. Potier commentateur de cette Coûtume.*

SALAGE.

1 DU droit de Salage. *Voyez lettre* D. verbo *Droits Seigneuriaux ,* n. 146. *& fuiv.*

2 Arrêt du 12. Decembre 1586. par lequel il eft enjoint aux Religieux Abbé & Convent de Saint Mefmin , recevoir leur droit de falage au dedans du détroit dudit Saint Mefmin , & non en la Ville d'Orleans. *Voyez le recueil des Arrêts concernans les Marchands frequentans la Loire.*

3 Arrêt de la Cour du Parlement du 13. Août 1588. par lequel il eft decidé que les batteaux allegés font exempts du droit de falage au péage de Blois. *Ibidem.*

SALAIRE.

1 VOyez le mot *Gages.*
Salaire. *Merces, Pretium.*
De variis & extraordinariis cognitionibus; & fi judex l'item fuam fecifle dicatur. D. 50. 13. Dans ce titre il eft particulierement traité des falaires de ceux que l'on a employez, comme Profeffeurs , Medecins , Ouvriers , Artifans & autres : & de l'honoraire des Avocats.
De Proxmeticis. D. 50. 14. Salaires des entremetteurs ou Courtiers. *Voyez Entremetteur.*
De præbendo falario C. 10. 36. .... C. Th. 12. 2. Défenfes d'augmenter les gages & falaires des Officiers de Ville, fans permiffion du Prince.
De lucris Officiorum. C. Th. 8. 9. Salaires des Officiers.
De annonis & capitatione adminiftrantium & eorum adfefforum, &c. C. 1. 51. Les falaires des Officiers étoient païez aux dépens du public , & confiftoient en provifions de bouche. *Voyez Provifion,* pour l'explication de ce titre.

SALAIRE, POUR CONSIGNATION.
1 Si l'on peut demander falaire pour confignation de deniers? *Voyez le mot Confignation,* nomb. 89. *& 90.*
SALAIRE DE CURATEUR.
2 Voyez *Curateur,* nomb. 3. *& ci-après le* nomb. 44. *& fuiv.*
SALAIRES DES EXPERTS.
3 Des Salaires dûs au Experts. *Voyez le mot Experts,* n. 21. *& fuiv.*
SALAIRES DES GREFFIERS.
4 Des falaires & droits dûs aux Greffiers. *Voyez le mot Greffiers,* nomb. 65. *& fuiv.*
SALAIRES DU JUGE.
5 Voyez le mot *Juge,* n. 343. *& le mot Offices,* nom. 477. *& fuiv.*
6 Des falaires & épices pour la vifitation des procez en la Cour & prononciation des Arrêts. *Joly des Offices de France,* tom. 1. *li.* 1. *tit.* 46. *pag.* 310.

Du falaire des Confeillers de la Cour qui font commis à faire Enquête & Interrogatoires , tant civils 7 que criminels. *Joly, des Offices de France,* tom. 1. *li.* 1. *tit.* 41. *pag.* 305.

Un citoyen de Grenoble promet de payer fes vignerons à même raifon que les autres citoyens payeront 8 les leurs , les uns ont donné 15. deniers , les autres 18. d'autres 20. le maître en offre 15. l'offre jugée bonne par Arrêt. *Papon,* li. 6. *tit.* 12. *n.* 9. & *Maynard ,* liv. 6. *de fes quest. ch.* 88.

Jugemens de falaires jufqu'à 25. liv. fe doivent 9 executer nonobftant l'appel , en ce qui concerne ledit falaire. Arrêt du Parlement de Paris le 7. Mars 1529. *Bibliotheque de Bouchel* verbo *Salaire.*

Arrêt du Parlement de Paris du 18. Janvier 1663. 10 qui a jugé que le creancier par falaires & vacations, n'eft point obligé de fe payer par département des biens d'une communauté impuiffante, mais qu'il doit être payé en deniers. *Boniface,* tom. 2. *liv.* 4. *tit.* 3. *ch.* 6.

SALAIRES DES MERCENAIRES.
Vignerons mercenaires & journaliers , font tenus 11 de travailler dès le foleil levé jufqu'au foleil couché, fans fe divertir de leur journée , autrement le falaire à eux promis ne doit être payé. Arrêt du Parlement de Paris en 1391. *Bibliotheque de Bouchel ,* verbo *Salaires.*

Si on n'a rien promis de certain aux ouvriers en 12 les loüant, *Guy Pape* eftime en fa queftion 252. que fi les uns payant plus , les autres moins , le falaire fera fixé au plus bas prix. M. le Prefident de la Croix de Chevrieres , eft d'un avis plus raifonnable , difant qu'il faut choifir un milieu entre le plus grand & le moindre prix. *Voyez Chorier en fa Jurifprudence de Guy Pape ,* p. 250.

Par Arrêt du 13. Juillet 1563. il fut jugé que les ouf- 13 terons & mercenaires peuvent convenir celui qui les a mis en befogne pardevant le Juge du lieu où la befogne a été faite , encore que celui qui les a mis en befogne n'y ait fon domicile, & qu'il foit d'une autre Juftice. *Bibliotheque de Bouchel,* verbo *Salaires.*

Quoique l'Ordonnance & Coûtume privent le mer- 14 cenaire , ouvrier & manœuvre de leur falaire demandé après fix mois, *hoc tamen non videtur habere locum in rufticis , fed magis in urbanis.* Arrêt du 4. Février 1583. qui déboute un fermier de la fin de non recevoir qu'il alleguoit contre un pauvre manœuvre. *Maynard en fes queftions,* liv. 6. *ch.* 89. *Papon , liv.* 6. *tit.* 12. *n.* 9.

Pour demander falaire , il faut faire apparoir de 15 procuration ou convention. Arrêt du Parlement de Dijon du 18. Février 1599. *Bouvot,* to. 2. verbo *Salaires,* queft. 4.

Arrêt du Parlement de Provence du 11. Mars 1655. 16 qui regle la taxe des porteurs de chaifes , 50. liv. par an , 20. f. pour une matinée 30. f. depuis midy jufqu'à la nuit. Arrêt du 20. Février 1665. qui a moderé la taxe des porteurs de chaifes , à l'encontre des donataire du Droit. *Boniface,* tom. 1. *liv.* 8. *tit.* 11.

Le Vendredy 16. Avril 1660. il a été ajugé en la 17 fucceffion de défunt Maître Antoine le Tonnelier Auditeur en la Chambre des Comptes , la fomme de 20000. liv. pour les appointemens dûs audit défunt fieur le Tonnelier , Intendant de la Maifon d'Angoulême , quoique le Brevet ne portât point d'appointement, & que ledit fieur le Tonnelier eût vêcu trois ans depuis la mort dudit fieur d'Angoulême , fans en avoir rien demandé , & qu'il eût reçu 3000. liv. pour fa part de 30000. l. leguez par ledit fieur d'Angoulême à fes domeftiques , dont il avoit donné quittance fans proteftation , & fait plufieurs actes depuis. *Jovet,* verbo *Salaires ,* n. 2. dit avoir entendu prononcer cet Arrêt par M. de Némond.

SALAIRES DES NOTAIRES.
Un Notaire ne peut contraindre ceux qui ont con- 18 tracté

racté devant lui, à prendre & lever l'expedition de ce qu'il a reçû, mais doit en être requis. Arrêt des grands Jours de Moulins du 14. Octobre 1550. Papon, liv. 4. tit. 14. n. 15.

19 Les Officiers ayant procedé à un inventaire, ne peuvent faire proceder par saisie de meubles, sauf de se pourvoir en adjudication & taxe. Arrêt du Parlement de Dijon de 21. Juin 1605. Bouvot, tom. I. verbo Salaires, quest. 2.

20 Les Notaires après deux ans de la date des actes & instrumens, ne peuvent demander salaires. Arrêt du 17. May 1607. M. Expilly, Arrêt 140.

SALAIRES DES PRESTRES.

21 Du salaire des Prédicateurs. V. le mot Prédicateurs, n. 30. & suiv.

22 Réglement du Parlement de Paris du 11. Mars 1401 entre les Echevins d'Abeville, & l'Evêque d'Amiens, Curé d'Abeville pour le payement des Lettres de fiançailles, oppositions aux bans, Enterremens, Baptêmes, &c. Papon, liv. I. tit. I. nomb. 3.

23 Par Arrêt du 11. Juillet 1531. un Prêtre fut déclaré recevable à demander pardevant le Juge laïc, & contre un laïc, le salaire de sa vacation, d'avoir celebré Messe par la raison du chap. precaria 10. qu. 2. Bibliotheque de Bouchel, verbo Salaires.

24 Arrêt de la Cour de Parlement de Paris, par lequel un Prêtre peut agir pardevant Juge competent pour son loyer d'avoir dit Messe pour autruy. Raisons foibles, & autoritez impertinentes de Papon, pour la preuve & confirmation du précedent Arrêt. Autre Arrêt du Parlement de Toulouse par lequel le jugement de pareille question avoit été suspendu, & pourquoi l'erreur de Gratien en cela corrigée par le Pape. Voyez la Bibliotheque de Bouchel, verbo Salaires.

25 Prêtre peut demander salaires de sa Messe seulement contre un Lay, & pardevant Juge Lay. Arrêt du Parlement de Paris du 11. Juillet 1531. Papon, liv. 6. tit. 12. n. 1.

26 Arrêt du 27. Novembre 1542. rendu sur la requisition de l'Avocat du Roy qui défend à tous ledit ressort, ayant charge & regime des Paroisses, & administration des ames, d'exiger ecompeu & ne prendre aucune chose, par forme necessaire pour les Sacremens de Bâtême, Extrême-Onction, Mariage, & autres Sacremens de l'Eglise, ni aussi pour les Sepultures, Terrages, Croix portées aux Funerailles & Enterremens, outre ce qui par devotion & volonté leur sera offert &donné librement sans contrainte, ni pareillement pour faire sonner les cloches esdites sepultures & funerailles, que le salaire de ceux qui sonneront. La Rochestavin, liv. 6. tit. 34.

27 Le Juge Laïc est seul competent pour connoître des salaires dûs aux Prêtres par les Laïcs. Jugé par Arrêt du Parlement de Paris du 17. Avril 1545. Papon, liv. 1. tit. 1. n. 3.

28 Autrefois le P. de Toulouse avoit accoûtumé de laisser au croc les procez où il s'agissoit du salaire prétendu pour le celebration des Messes suivant l'Arrêt rapporté par Mainard, liv. 1. chap. 1. presentement il suit l'usage du Parl. de Paris; par Arrêt du 7. Decembre 1666. en faveur du Syndic des Prêtres de Nasbinals, contre Jean Elye, & Guillaume Batisols, les parties ayant été renvoyées devant l'Evêque Diocesain pour la taxe des Messes. La Rochestavin, liv. 6. tit. 34.

SALAIRES DES PROCUREURS.

29 Salaires des Procureurs. Voyez dans Du Fail, liv. 2, chap. 423. un Reglement du Parlement de Bretagne du 18. Août 1572.

30 Un Procureur après deux ans n'est recevable à demander son salaire à la partie qu'il a servi: de plus il est tenu de faire registre & écrire ce qu'il a reçû afin de sçavoir ce qui luy est justement dû de reste, sous peine de faire quoiqu'il n'ait pas reçû le tout, & voulu affirmer, il doit être débouté de demander aucune

Tome III.

ne chose. Arrêt du Parlement de Paris publiquement prononcé en une Audience par M. de Saint André President, le premier Février 1547. Biblioth. de Bouchel, verbo Salaires.

31 Les Procureurs & Greffiers ne peuvent demander leurs salaires après deux ans. Arrêts du Parlement de Dijon de l'an 1583. & 158. Bouvot, to. I. part. 3. verbo Procureur, quest. 3. Voyez le mot Procureur, nomb. 102. & suiv.

SALAIRES DES SERGENS.

32 Un Sergent ne peut demander payement de ses salaires après un an. Arrêt du Parlement de Dijon du 20. Février 1603. Bouvot, to. I. verbo Salaires, question 6.

33 Les Sergens ne peuvent se faire payer de leurs salaires par les débiteurs. Arrêt du 25. Juin 1611. Ibid. verbo Sergent, quest. 18.

34 Un Sergent peut demander ses salaires à un creancier payé, encore que les Exploits fussent nuls. Arrêt du Parlement de Dijon du 24. May 1612. Ibidem, quest. 31.

35 Il n'est pas permis aux Sergens de retenir les meubles des débiteurs pour payement de leurs salaires. Arrêt du Parlement de Dijon du 20. Mars 1610. Bouvot, ibid. quest. 24.

36 Arrêt du Parlement de Provence du 29. Janvier 1647. par lequel il a été jugé qu'un Sergent qui a rendu les pieces à la partie, est présumé paye de ses salaires & vacations; le Serment de la partie fut pris. Boniface, to. I. liv. 1. tit. 25. nomb. 6. Voyez cy-après Sergens, nomb. 84. & suiv.

SALAIRES DES SERVITEURS.

37 Le Parlement de Toulouse ne reçoit pas favorablement la prescription alleguée contre les serviteurs qui demandent leurs salaires; il y a des Arrêts qui en ont adjugé jusqu'à sept ou huit années. Voyez Mainard, liv. 6. chap. 87.

38 On ne doit distraire du salaire des serviteurs le temps de leur maladie dans la maison du Maître. Arrêt du Parlement de Toulouse conforme à autre du Parlement de Paris du 26. Mars 1556. rapporté par Charondas, livre 9. tit. 3. ch. 24. de ses Réponses. & Mainard, liv. 3. ch. 13.

39 La servante étant au service d'un Maître decedé, peut demander ses salaires de six ans, & est preferable au creancier saisissant les meubles qui sont en la maison. Arrêt du Parlement de Dijon du 25. Mars 1566. Bouvot, to. 2. verbo Saisie, quest. 2. il observe que l'Ordonnance qui limite l'action à trois années de gages n'a lieu que contre les serviteurs qui sont hors du service du Maître.

40 La servante pour ses salaires est preferable à tous saisissans, car salvum fecit totius pignoris causam. Arrêt du Parlement de Dijon du 6. May 1566. Ibidem, quest. 32.

41 Voyez l'Ordonnance de Loüis XII. art. 67. qui oblige les serviteurs à faire demande de leurs gages dans un an après qu'ils seront sortis de se. vices. Voyez l'art. 127. de la Coûtume de Paris; ladite Ordonnance ne leur donne action que pour les trois dernieres années s'il n'y a convention. Arrêt du 13. Février 1621. Henrys, to. I. li. 4. ch. 6. qu. 20.

42 Gages dûs à une servante par un Prêtre; la connoissance en appartient au Juge Royal, sans que le Juge d'Eglise, nonobstant que ce soit une action personnelle, &c. Jugé le 15. Août 1635. Brodeau sur M. Louet, lettre B. somm. 11. & Henrys, loco citato, au nombre précedent.

SALAIRE, SOLLICITEUR.

43 Par l'article 291. de la Coûtume de Bretagne les Solliciteurs étant considerez comme des serviteurs à gages, doivent demander leurs salaires dans l'an; neanmoins les Agens des Grands ne sont compris dans cette disposition. Jugé contre la Dame de Tivarlan

X x x

le 9. Janvier 1615. au Parl. de Bretagne. *Sauvageau, livre 2. chapitre 39.*

SALAIRES, TUTEUR.

44   Salaires du Tuteur. *Voyez* cy-deſſus *le nomb.* 2. *&* le mot *Compte , nomb.* 82.

Des ſalaires prétendus par les Tuteurs , on leur en ajuge, quand on voit que pour ſolliciter les dettes des mineurs , ils ont fait des diligences , & ont été obligez de commettre des Solliciteurs. *V. dans Mainard, liv.* 6. *chap.* 55. pluſieurs Arrêts du Parlement de Touloſe.

45   Arrêt du Parlement de Provence du 23. Decembre 1664. qui ajugea 3000. livres au Tuteur pour certaines conſiderations , ſans tirer à conſequence. *Boniface, to.* 4. *liv.* 4. *tit.* 1. *chap.* 9. rapporte pluſieurs autres Arrêts qui ont ajugé ſalaire au Tuteur.

46   Acte de Notorieté de M. le Lieutenent Civil le 7. Mars 1685. portant que l'uſage du Châtelet, eſt que l'on paſſe au tuteur les frais neceſſaires pour la perception des droits du mineur , même l'entretien d'un homme d'affaire & voyages ; lors qu'il a été ainſi reglé par l'avis des parens aſſemblez pour l'élection des Tuteurs , & que tous les comptes de tutelle ſe rendent aux dépens du mineur , ſans que le Tuteur ſoit obligé d'en porter aucune choſe , dont l'on fait à cet effet un chapitre de dépenſe , qui ſe nomme chapitre de dépenſe commune du compte. *Recüeil des Actes de Notorieté , p.* 29.

47   Autre Acte de Notorieté de M. le Lieutenent Civil du Châtelet de Paris du 19. Juin 1708. portant que les appointemens & les voyages des Tuteurs de mineurs ne doivent point être paſſez dans les comptes de tutelles, s'ils ne ſont fixez par l'avis des parens , ou ſi les Juges n'ont décidé quelle dépenſe en eſt neceſſaire. *Ibid. p.* 251.

Voyez cy-après le mot *Tuteur ,* §. *Tuteur , Salaires.*

SALAISON.

DE la ſalaiſon des poiſſons, chairs & beurres. *V. l'Ordonnance des Aydes & Gabelles au mois de May* 1680. *tit.* 15.

SALINES.

1   DU droit du quart boüillon des ſalines de Normandie. *V. ibidem , tit.* 10.

2   Des lieux privilegiez dans les pays de Gabelle , & des ſalines appartenantes aux particuliers. *Voyez le tit.* 14. *de la même Ordonnance.*

SALPESTRE.

DEs ſalpêtriers & ſalpêtres. *Ordonnances de Fontanon, to.* 3. *tit.* 16. *p.* 179.

SALVATION.

VOyez le mot *Production.*
Salvations fournies par l'intimé pour productions nouvelles entrent en taxe. Arrêt du 8. Mars 1510. *Papon , liv.* 8. *tit.* 2. *n.* 19.
Ne fournit ſalvations ni réponſes à griefs qui ne veut. Arrêt du 29. May 1589. *M. Loüet , lettre* S. ſommaire 2.

SANG.

NE ex ſanguine cibus conficiatur. Leon. N. 58. .... *Ita Levit. c.* 17. *& Act. Apoſt.* 15. *v.* 19.

SAVETIERS.

1   VOyez *Cordonniers.*
Reglement entre les Maîtres Cordonniers & Savetiers de Paris , du 11. Avril 1562. *Le Veſt , Arr.* 73. Entre les Savetiers & Cordonniers de Pontoiſe. *Le Veſt , Arrêt* 140.

2   Jugé par Arrêt du Parlement de Dijon du 3. Juillet 1574. qu'il faut trois ans d'apprentiſſage pour être reçû Savetier à Châlons. *Bouvot , to.* 1. *part.* 3. *verbo Savetier.*

SAUF.

SAuf notre droit. & l'action. Voyez dans la *Bibliotheque du droit François par Bouchel ,* verbo *Sauf,* l'explication de cette clauſe.

SAUF CONDUIT.

SAuf-conduit , Sauve-garde. *Fides , ſecuritas publica. Commeatus.*
De fide publica , aut ſecuritate non paſſim danda. N. 17, & 6.
Ne præſides , in fiſcalibus cauſis, fidem publicam dent. Ed. Juſt. 2.
De his qui potentiorum nomine , titulos prædiis adſigunt , vel eorum nomina in lite prætendunt. C. 2. 14. N. 17. C. 15. N. 264. Défenſes d'appliquer les Armoiries d'une perſonne puiſſante pour ſervir de Sauve-garde.
Ut nemo privatus , titulos prædiis ſuis , vel alienis imponat ; vel vela regia ſuſpendat. C. 1. 16.
De ſalvo conductu. Voyez le traité fait per Gregorium Magalotum.
Touchant le ſauf conduit. Voyez *Julius Clarus, liv.* 5. Sentent. §. finalis , quæſt 32. aux additions.
Salvi conductus ſunt tenendi. Voyez la derniere édition des œuvres de M. Charles Du Moulin, to. 2. p. 591.
Judex lite pendente ſalvum conductum quo ad cauſa incumbentia partibus dare poteſt, quum in delictis ſervare tenetur. Voyez Franc. Marc. to. 2. queſt. 68.
Sauf-conduit obtenu par Marchands. Voyez le mot *Marchand , nomb.* 108.

SAVOYE.

STile & Reglement du Senat de Savoye. Chambery , 1582.
Sola ad univerſa Sabaudorum Ducum decreta, vol. in fol. aug. Taurin. 1625.
Graſwincheliens de Jure præcedentia inter remp. Venet. & Sabaudia Ducem. Leyde 1644.
Guichenon hiſtoire genealogique de la maiſon de Savoye , 3. vol. in fol. Lyon 1660.
Traité des differends qu'a le Roy avec Monſieur de Savoye , concernant Foſſigni , Bonne , & autres lieux du Genevois , Nice , Villefranche , & autres lieux dépendans du Comté de Provence , Coni , Foſſan , Savillan , Mondevis , & Cheraſc en Piemont. V. Dupuy traité des Droits du Roy , p. 129.
Des droits reſervez aux Rois de France par les traitez de Château en Cambreſis , de Turin , Vervins , & de Lyon , ſur pluſieurs Etats & Seigneuries poſſedés par le Duc de Savoye. 2. Quelles ſont ces Seigneuries. 3. Conference de Lyon 1561. des Députez du Roy Charles IX. avec ceux du Duc de Savoye. V. Ibid. p. 31.
Declaration portant que les Savoyards qui étoient habituez dans le Royaume avant la reſtitution du Duché de Savoye , & qui ſont demeurez depuis , ſont reputez regnicoles , & comme tels capables de , &c. A Moulins le 5. Février 1566. regiſtré le 21. May enſuivant. Ordonnances de Fontanon , to. 2. p. 442.
Voyez les mots *Aubains , Etrangers.*
Indult dont on prétendoit étendre l'effet dans la Savoye. Voyez le mot *Indult , nomb.* 52.

SAUVE-GARDE.

IL en eſt parlé dans Du Moulin , to. 2. p. 471. chap. 4. V. cy-deſſus le mot *Sauf-conduit.*
Eccleſia licet fundatione Regiâ , non eſt in ſalvagardiâ Regis , niſi ſpecialiter recipiatur. Du Moulin , to. 2. page 560.
Rex Francia poteſt ſolus dare ſalvam gardiam. Voyez la Biblioth. du droit François par Bouchel.
L'infraction de la ſauve-garde donnée à ſes ennemis par le Souverain durant la guerre , eſt punie de mort ; elle l'a été en la perſonne d'un des plus braves de la nation Françoiſe , ſous le Regne de Loüis

XIII. *Voyez Chorier en sa Jurisprudence de Guy Pape, page 78.*

4. Le Juge Lay connoissoit contre un Clerc de sauve-garde par luy enfrainte extraordinairement. Arrêt du Parlement de Paris. *Papon, liv. 1. tit. 5. n. 45.* ne le date point.

5. Clercs accusez d'avoir enfraint une sauve-garde Royale, condamnez par Arrêt du Parlement de Paris de l'an 1394. en l'amende de 100. liv. envers le Roy, & 300. livres envers partie civile, & à tenir prison jusqu'à payement. *Ibid. liv. 1. tit. 5. n. 46.* Imbert, *li. 3. inst. ch. 9. & Jo. Galli, quest. 172.*

6. Les Eglises qui font au Roy quelques redevances pour le droit de sauve-garde, ne laissent pas de les payer, nonobstant que les Châteaux qui leur servoient de retraite, ne soient plus en état de défenses, parce que saMajesté protege suffisamment tous ses sujets par les garnisons qu'elle entretient aux places frontieres, neanmoins le droit de sauve-garde qui luy est dû à cause du Comté d'Albon, par le Prieur de S. Philibert en la terre de S. Vallier, fut équitablement moderé, par Arrêt du 30. Juin 1651. à huit septiers d'avoine, quatre septiers de froment, & quatre charges de vin, après qu'Antoine le Bret Prieur eut verifié que la plus grande quantité portée par les reconnoissances consumoit presque tout le revenu de la métairie sujet à ce droit là. *Salvaing, de l'usage des Fiefs, ch. 49.*

SCEAU SCEL.

1. DES Audienciers & Controlleurs ésChancelleries de France, & de ce qui concerne le grand Scel. *Ordonnances de Fontanon, tom. 1. liv. 2. tit. 16. p. 150.*

2. Des Lettres obligatoires passées sous le Scel Royal, ou autre scel authentique. *Ibid. liv. 4. tit. 13. p. 758.*

3. Taxes de ce que l'on doit payer pour le Sceau des Lettres scellées és Chancelleries. *Joly des Offices de France, tome 1. liv. 2. tit. 9. pag. 770. & aux additions, page ccclvij. & suiv.*

4. Des Lettres de Clameur du petit Scel de Montpellier, & de l'execution d'icelles. *Ordonnances de Fontanon, tom. 1. liv. 4. tit. 14. pag. 759.*

5. Des Sceaux du Roy, de leur autorité, & de leurs droits, de la dignité de Garde des Sceaux. *Voyez M. le Bret, Traité de la Souveraineté, liv. 4. chap. 1.*

6. *Littera Principis non sigillata an & quatenus effectum aliquem habeant ? Voyez Stockmans, Decis. 148.*

7. *Obligatio parvi sigilli Montispessulani quod & exceptionem paratam habeat, & clamorem. Voyez Franc. Marc, tome 1. quest. 158.*

8. *Sigillum recognoscendum est; quod si negetur, aut de eo dubitetur, an pro sigillo præsumatur ? Voyez ibidem, quest. 989.*

9. *Sigillum cum subscriptione ut quis obligetur ut sibi prejudicet, requiritur. Ibid. quest. 990.*

10. *Littera sigillata sigillo alieno cum attestatione valent & faciunt fidem. Ibid. quest. 991.*

11. *In Tholos. Parlamento 1433. die 25. Novembris per Curiam fuit ordinatum quod durante absentiâ sigilli Regis omnia quæ per Curiam passarentur, sigillo ipsius Curiæ sigillarentur : & quod jus Regis, scilicet emolumentum sigilli Regii servaretur. Bibliothade Bouchel, verbo, Scel.*

11. Les Actes non scellés ne sont point attributifs de Jurisdiction, quand même on s'y seroit soûmis. Arrêt du Parlement de Grenoble du 24. Mars 1458. le débiteur pourra être attiré en la Jurisdiction à laquelle il s'est soumis ; mais il y sera jugé selon le droit commun, & non suivant la rigueur de la Jurisdiction. *V. Guy Pape, quest. 409.*

13. Le privilege du scel attributif de Jurisdiction n'a lieu contre un tiers possesseur. Arrêt du Parlement de Paris du 6. Mars 1541. *Papon, liv. 5. tit. 8. nomb. 3.*

14. Défenses au Bailly de *Meaux* de plus prendre la qualité de Conservateur de son scellé ; cela n'appartient qu'au Prévôt de Paris par privilege exprès de
Tome III.

se dire Conservateur de son scellé. Jugé le 26 Janvier 1545. *Le Vest, Arrêt 30.*

15. Arrêt du Parlement de Bretagne du 16. Octobre 1554. qui ordonne que le Sceau de la Chancellerie sera entre les mains du premier des Présidens ou Conseillers de la Cour en l'absence du Garde. *Du Fail, liv. 3. chap. 282.*

SCEAU, OFFICE.

16. Un Tuteur vend un Office à la charge de payer ce qui étoit dû : deux Créanciers font saisir les deniers entre les mains de l'Acquereur, & en demeurent là ; l'Acquereur revend un autre, à la charge de payer les saisissans ; un autre Créancier s'oppose au sceau, prétend d'être payé par préference aux saisissans. Débouté de sa demande le 22. Janvier 1647. *Du Frêne, liv. 4. chap. 46.*

17. Charge ajugée, le prix consigné, il n'est plus necessaire de continuer ses oppositions au Sceau. Arrêt par lequel la Dame de la Cour des Bois a été colloquée sur le prix d'un Office de Secretaire du Roy, concurremment avec le sieur le Gendre, qui avoit continué après la consignation ses oppositions au Sceau, & ce par contribution au sol la livre. Arrêt de la Cour des Aydes, à Paris du 16. Février 1681. *Journal du Palais.*

18. Les Sceaux en matiere d'Office purgent toutes les hypotheques, c'est pourquoy les Créanciers doivent s'opposer au Sceau ; l'opposition au titre ne dure que six mois, l'opposition pour somme de deniers dure un an, c'est pourquoy il faut veiller & renouveller les oppositions. Edit de 1683. *Voyez le mot Office, nombre. 108.*

SCEL DU CHASTELET.

19. Privilege du Scel du Châtelet de Paris. *Voyez M. Bruneau, Traité des Criées, chap. 4. page 65.*

20. Le Scel du Châtelet de Paris a ce privilege, qu'il s'étend par tout le Royaume de France : de quoy il se trouve un Arrêt du dernier Décembre 1319. contre Clemence veuve du Roy Loüis Hutin, Appellante du Prévôt de Paris. Ce privilege confirmé par Lettres Patentes du Roy Charles V. du 8. Février 1367. *Voyez l'Edit de Charles VII. en 1447. & la Biblioth. de Bouchel, verbo, Scel.*

21. Le Scel du Châtelet de Paris est attributif de Jurisdiction par tout le Royaume, tel privilege ne s'étend point contre les tiers possesseurs pour hypotheque. Arrêt du Parlement de Paris du 13. Février 1549. *Papon, liv. 4. tit. 10. nomb. 2.* où il observe que le Scel de Montpellier, & des foires de Brie, est pareillement attributif de Jurisdiction.

22. Le 29. Avril 1557. fut appointé au Conseil, sçavoir si l'heritier est tenu proceder pardevant le Prévôt de Paris étant convenu *ex testamento* qui est passé sous le scellé de Paris. *Bibliotheque de Bouchel, verbo, Sceau du Roy.*

23. Preuves par titres depuis 400. ans que le Sceau Royal dont l'on s'est toûjours servi au Châtelet, est attributif de Jurisdiction par tout le Royaume. *Voyez le Recüeil des Actes de Notorieté* donnez par M. le Lieutenant Civil, *page 170. jusqu'à la fin.*

Voyez à ce sujet les Factums & Memoires imprimés à Lyon en 1710. par Antoine Boudet tome 2. pag. 93.

24. Du droit de suite par tout le Royaume que les Officiers du Châtelet peuvent exercer pour juger les contestations principales ou incidentes, lorsqu'un Commissaire a apposé le Scellé de l'Ordonnance de M. le Lieutenant Civil. *Recüeil des Actes de Notorieté, pag. 32.* l'Acte en fut délivré le 1. Février 1686.

SCEL ECCLESIASTIQUE.

25. Le Scel Ecclésiastique fait foy, mais il ne donne hypotheque, & *quid si hypotheca sit ex vi legis ? Voyez Coquille, tome 2. quest. 218.*

26. Du droit du Sceau appartenant au Chapitre, le Siége Episcopal vacant. *Voyez le mot Chapitre, n. 33.* Chenu, *tit. 7. & Tournet, lettre C. nomb. 29.*

X x x ij

27 Les Contracts & Obligations paſſez ſous ſcel Eccleſiaſtique n'emportent execution, garniſon, ni hypotheque, ſoit expreſſe ou tacite, non plus que les cedules reconnuës pardevant le Juge d'Egliſe. *Voyez* M. Louet, lett. H. ſomm. 15.

28 Du Sceau des Evêques. *Voyez* Franc. Marc, en ſes Déciſions du Parl. de Dauphiné, tome 1. queſt. 988.

29 Le Scel de l'Archevêque de Bourges fait *foy. V.* la nouvelle edition des œuvres de M. Charles du Moulin, tome 2. pag. 668.

30 · Littera ſigillata ſigillo Archiepiſcopi Bituricen. & Officiarii ſui faciant plenam fidem in Bituriâ in Curiis ſecularibus, pro ut extitit conſuetum, ann. 1283. Biblioth. de Bouchel, verbo, Scel.

31 Archevêque de Lyon condamné en 10. livres d'amende pour avoir fait appoſer ſon ſcel en une Lettre au deſſus de celuy du Roy. Arrêt du Parlement de Paris du 5. Juillet 1379. Preuves des Libertez, tome 2. chap. 36. nomb. 16.

32 Par Arrêt du 10. Novembre 1391. entre le Duc de Bourgogne & l'Evêque d'Authun, ce Duc fut maintenu en poſſeſſion de faire ſceller, ſous le Scel de la Cour, & quelquefois ſous ſon Scel, & le Scel de l'Evêque d'Authun, tous Teſtamens, Ordonnances & dernieres Volontés, Contracts, Convenances de quelque état qu'ils ſoient, ſoit d'Egliſe ou autres. Et tels Teſtamens & Contracts ſont reputez bons & valables, ſoit ſous leſdits Sceaux enſemble, ou ſous le Scel du Duc ſéparément ; toutefois cet Evêque n'eſt tenu ſceller avec ce Duc ſi bon ne luy ſemble. *Bibliotheque de Bouchel*, verbo, Scel.

33 Contrats paſſez ſous le Scel de la Cour Eccleſiaſtique, ne portent point hypotheque ; ainſi arrêté le 14. Mars 1534. en la Grand-Chambre des Enquêtes après en avoir entendu l'avis de la Grand-Chambre & de la Tournelle. Preuves des Libertez, tome 2. ch. 36. nomb. 28.

34 De quels droits Archiepiſcopaux ou Epiſcopaux dépendans du Sceau, les Chapitres jouïſſent. le Siège vacant, & de quels le Roy par droit de Regale ? *V.* l'Arrêt entre le Procureur General & les Chanoines de Bourges du 26. Avril 1580. Autre Arrêt pour les Chanoines d'Angers du 15. Juillet 1587. *Biblioth. de Bouchel*, verbo, Sceau.

SCEL, EXECUTION.

35 Autrefois ce n'étoit point l'uſage de ſceller les Sentences ; au contraire il y eut Arrêt au Parlement de Normandie le 3. Mars 1546. qui le défendit abſolument, afin d'éviter à frais ; mais les Edits ont changé cette Juriſprudence. *Biblioth. de Bouchel*, verbo, Execution.

36 Sentences, Obligations ou autres Actes non ſcellez, ne ſont executoires à peine d'amende contre le Sergent, pour lequel il peut être actionné. Arrêt du Parlement de Paris du 18. Février 1575. Autre Arrêt du 1. Decembre 1552. par lequel une execution réelle en vertu d'Obligation non ſcellée a été déclaréé nulle, & la partie à la requête de qui elle avoir été faite condamnée aux dépens, dommages & intérêts de la partie ſaiſie. *Papon, liv. 9. tit. 8. nom. 1. & 2.*

37 Par Arrêt donné au Parlement de Paris le 1. Decembre 1552. fut declarée nulle l'execution réelle faite à la requête de Thomas Petit ſur les biens de Hubert Malert, en vertu d'une Obligation non ſcellée. Petit condamné aux dépens, dommages & intérêts. *Biblioth. de Bouchel*, verbo, Inſtrument.

38 Sergens Royaux ne peuvent exploiter en vertu des Contracts paſſez ſous Scel Royal, au dedans de l'enclos des Doyen, Chanoines & Chapitre de Chartres, leſquels avec l'Evêque ont été autrefois Comtes de Chartres avant l'accord fait avec Charles de Valois en 1106. Jugé par Arrêt du Parlement de Paris du 18. Janvier 1580. *Papon, liv. 6. tit. 7. nomb. 4.*

39 Arrêt du Conſeil d'Etat du 9. Février 1627. qui ordonne que toutes les expeditions de la Juriſdiction

de la Maréchauſſée, ſeront ſcellées du Sceau des armes du Prévôt. *Maréchauſſée de France*, page 487.

40 Un Contract non ſcellé porte hypotheque dés le jour qu'il a été paſſé, & eſt préferable à un autre poſterieur en date, qui ſe trouve dûement ſcellé, enſuite de l'Edit des petits Scels ; mais il faut être relevé par Lettres Royaux du manquement du Scel. Arrêt du Parlement de Grenoble du 7. Juillet 1633. Baſſet, tome 2. liv. 5. tit. 2. chap. 1.

41 Par l'Edit du mois d'Août 1672. regiſtré au Grand Conſeil du Roy & aux Parlemens ; il eſt défendu aux Huiſſiers de faire aucuns Exploits en vertu d'Arrêts executoires, & autres expeditions de toutes les Cours où il s'agit d'execution, ſi les Arrêts & expeditions ne ſont ſcellez à peine de 500. liv. d'amende d'interdiction de leurs Charges pour la premiere fois & de punition corporelle pour la ſeconde, ce Reglement eſt conforme à l'Edit du mois de Janvier 1566. *La Rocheflavin, liv. 2. tit. 1. Arr. 38.*

42 Arrêt du Conſeil d'Etat du 26. Mars 1678. qui condamne pluſieurs Huiſſiers, Sergens & Archers y dénoncés, en 300.l. chacun d'amende, pour avoir fait des ſignifications & executions d'Arrêts, Sentences & jugemens, ſans commiſſions dûement ſcellées, auſquels ils ſeront contraints. *Recueil du Domaine*, page 538.

GARDE-SCEL.

43 De l'Inſtitution des Gardes des Sceaux és Contrats & Sentences, en toutes les Cours, Reſſorts & Juriſdictions, ſoit Chambres des Comptes, Aydes, Monnoyes, Treſor, Connétables, & Maréchauſſée, Amirauté, Requêtes & Prévôté de l'Hôtel, Eaux & Forêts, Siéges Préſidiaux, & autres Cours & Juriſdictions de France, fors & excepté les Chancelleries établies és Cours de Parlemens & aux Siéges Préſidiaux, leſquels dépendent de la Grande Chancellerie. *Joly des Offices de France*, tome 1. liv. 2. tit. 11. pag. 811. & aux additions, pag. ccclxiij. & ſuiv.

44 *Voyez dans Filleau, part. 1. tit. 5.* pluſieurs Arrêts en faveur des Gardes du Scel, portant défenſes d'exploiter aucuns Actes ſans ſcel à peine d'amende, & aux Juges d'y avoir égard.

45 Arrêt de Reglement du 15. Decembre 1522. par lequel il eſt dit que le Scelleur du Châtelet pour chacun decret, quoiqu'il y eût mille rôles ne prendroit que deux ſols parifis, autant pour chacune oppoſition enregiſtrée après la délivrance, & rien pour celles faites auparavant, à luy enjoint de demeurer en ſon banc depuis ſept heures du matin juſqu'à onze, & depuis deux heures juſqu'à cinq. *Du Luc, liv. 6. tit. 3. art. 1. Papon, liv. 6. tit. 12. nomb. 4.*

46 L'Office du Garde du petit Scel, & des Controlleurs des Titres & autres domaniaux, ſe partagent ſuivant la Coûtume du domicile du proprietaire. Arrêt du 22. Février 1629. *Du Frêne, liv. 2. chap. 34.* Du partage d'entre l'ancien Proprietaire & du nouveau. *Voyez Henrys, tome 1. livre 2. chapitre 4. queſtion 25.*

47 Declaration du Roy du mois de Septembre 1697. portant rétabliſſement des Gardes des petits Scels. *Voyez l'Obſervation ſur Henrys, tome 1. liv. 2. chap. 4. queſt. 25.*

SCEL ROYAL.

48 Du privilege du Scel Royal. *Voyez Coquille, tom. 2. queſt. 192.*

49 Le Roy ne peut uſer de Scel Royal en la Terre d'un haut Juſticier, ſinon en défaut dudit Juſticier. *Du Moulin*, tome 2. pag. 667.

50 Le Roy ne peut uſer de Scel Royal en la Terre d'un haut Juſticier, niſi in defectu illius. Arrêt de 1281. rapporté par Bouchel, en ſa Bibl. du Droit François.

51 Quoique le débiteur d'une Obligation ſe ſoit ſoumis à la Juriſdiction du Juge Royal, il ne peut être contraint en vertu d'icelle qu'elle ne ſoit ſcellée du Scel Royal. Arrêt du Parlement de Grenoble du 24.

Mars 1458. *Voyez* Papon, *livre* 9. *titre* 8. *nombre* 5.

51 Quoique par l'Obligation un débiteur soit expreſſément & nommément ſoumis à la contrainte du Juge
Royal, neanmoins ſi l'Obligation n'eſt ſcellée du
Sceau Royal, il ne peut en vertu d'icelle être contraint. Arrêt du Parlement de Grenoble du 24 Mars
1548. *Biblioth. de Bouchel*, verbo, *Inſtrument*.

53 Le Scel Royal ſans ſoûmiſſion, n'emporte competence, & le Seigneur peut demander ſon ſujet au
Juge Royal. Arrêt du Parlement de Paris du 9. Février 1550. Papon, *liv.* 7. *tit.* 7. *n.* 40.

54 Le 9. Février 1550. il fut dit par Arrêt que le Seigneur peut demander & requerir ſon Sujet au Juge
Royal, pardevant lequel il eſt convenu, par le moyen
d'une obligation paſſée ſous le Scel Royal, pourvû
qu'il n'y ait point de ſoûmiſſion faite par la partie au
Scel Royal.

Soûmiſſion faite pardevant un Juge Royal, n'empêche point que le renvoy ne ſoit fait pardevant autre Juge Royal; ainſi jugé par Arrêt au Grands Jours
de Moulins le 17. Septembre 1534. *Bibliot. de Bouchel*,
verbo, *Competence*.

55 Le 7. May 1582. M. Liſet, plaidant pour le Roy en
une cauſe où il étoit queſtion incidemment de l'effet
& puiſſance du Scel Royal, ſans ſoûmiſſion expreſſe,
dit un mot remarquable; ſçavoir, qu'anciennement
on avoit vû dire au Palais, que l'oppoſition du Scel
Royal étoit ſuffiſante pour attribuer la connoiſſance
au Juge Royal par prévention; mais cela depuis n'a
été gardé, *imò*, qu'il y falloit ſoûmiſſion; *& tunc ratione ſubmiſſionis*, la prévention & connoiſſance en appartient au Juge Royal, *Biblioth. de Bouchel*, verbo,
Scel Royal.

56 Des *Pareatis* du grand & petit Sceau. *Voyez Deſpeiſſes, tom.* 2. *p.* 570.

SCELLE'.

1 LE ſcellé ne ſe doit faire ſi ce n'eſt à la Requête de
quelque partie; par pluſieurs Arrêts, les Procureurs du Roy ou Fiſcaux, qui faiſoient faire les ſcellés,
ont été condamnez aux dépens, dommages & interêts des heritiers: auſſi le ſcellé à la Requête du créancier, en la maiſon de ſon débiteur, étant à l'article
de la mort, ſans forme de Juſtice, eſt reprouvé par
l'Empereur Juſtinien, *Novell. Conſtitut.* 60. vel de-
functi, &c. Biblioth. de Bouchel, verbo, Sceau du
Roy.

2 Le Juge Royal pour appoſer le ſcellé & faire l'inventaire, *non poteſt prevenire judicem Eccleſiaſticum*,
quand il eſt requis de ce faire par les créanciers ou
heritiers, & que ledit Juge *ſe tuetur poſſeſſione longiſſimâ*. Voyez Mornac, *L.* 1. *ff. de Juriſdictione*.

3 En concurrence de ſcellé les Officiers du Roy doivent faire l'inventaire, quand la Juſtice eſt déniée aux
hauts-Juſticiers, & que le Roy a prévenu. *Voyez*
Bacquet, *des droits de Juſtice*, *chap.* 21. *n.* 6. *Seciis*, ſi
la Juſtice n'eſt point déniée aux hauts-Juſticiers, &
que le Roy n'ait pas prévenu. Arrêt du 9. Mars 1554.
A Paris en concurrence, la Cour ordonne que l'inventaire ſera fait par un tel Notaire de la Cour, ou
un Huiſſier. *Ordonnance de Blois*, *art.* 164.

4 L'appellant condamné en 20. liv. d'amende vers
l'intimé, pour avoir levé les Sceaux appoſez d'autorité de Juſtice, & à rendre pluſieurs Actes que l'intimé a verifié y avoir été mis par la défunte femme de
l'intimé, & en tous dépens, dommages & interêts.
Arrêt du Parlement de Bretagne du 20. Septembre
1567. *Du Fail*, *livre* 2. *chap.* 193.

5 Par Arrêt du Parlement de Bretagne du 23. Mars
1571. Jacques Judin intimé, eſt condamné en dix liv.
d'amende vers le ſieur de Coüaſcan, pour avoir en
mépris de Juſtice levé les Sceaux appoſez ès coffres
de ſa maiſon, ſans note d'infamie. *Du Fail*, *livre* 3.
chapitre 118.

Arrêt du Parlement de Paris du 3. Décembre 1569. 6
en forme de Reglement, donné tant contre les Commiſſaires du Châtelet, que tous les Seigneurs ſubalternes & leurs Officiers, par lequel défenſes leur
ſont faites de proceder par ſcellé ſur les biens des
défunts, s'il n'y a partie requerante, ou que ce ſoit à
faute d'hoirs apparens. *Voyez les Chartres des Notaires, chap.* 7. *page* 388.

Arrêt du Parlement de Paris du 17. Novembre 7
1581. portant que le ſcellé qu'un Huiſſier de la Cour
vouloit lever, ſeroit levé & ôté par un Commiſſaire
du Châtelet, *Ibid. chap.* 9. *p.* 543.

Arrêt du 30. Décembre 1615. qui fait défenſes aux 8
Officiers des Juges ſubalternes, d'appoſer le ſcellé
après le décés de leurs Juſticiables, s'ils n'en ſont requis par les heritiers ou créanciers; défenſes aux
Officiers de mulcter d'amende les Juſticiables qui ſe
feront pourvûs pardevant le Prévôt de Paris. *Fileau,
part.* 3. *tit.* 7. *chap.* 14.

Un homme étant décédé, & ayant laiſſé ſa femme 9
avec des enfans impuberes, le Procureur du Roy ne
peut obliger la veuve & tutrice deſdits enfans à faire
appoſer le ſcellé, ni faire inventaire contre ſon gré.
Arrêt du 7. Août 1617. *Voyez* Mornac, *L.* 1. §. *ſolent.
ff. de officio præfecti.*

Arrêt du Parlement de Bretagne du 19. Avril 1635. 10
qui fait défenſes à tous Juges d'appoſer le ſcellé ſur
les meubles, ni faire inventaire d'iceux, tant que le
pere eſt vivant. *Frain, p.* 713.

Reglement touchant les appoſitions de ſcellez, in- 11
ventaires, & taxes des Juges, par lequel défenſes ſont
faites à tous Juges d'appoſer des ſcellez dans les maiſons des défunts ſans en être requis par les parties,
ſinon ils n'auront aucuns ſalaires ni vacations pour les
appoſitions de ſcellez & inventaires faits ſans requiſition des parties; s'il y a des enfans mineurs, le
heritiers abſens, le ſcellé ſera appoſé à la Requête du
Procureur du Roy ou du Procureur Fiſcal. Fait en
Parlement le 15. Janvier 1684. *De la Guiſſ. tome* 4.
Iv. 7. *chap.* 2.

Le Magiſtrat de Menin ne peut appoſer ſcellé ſans 12
l'aſſiſtance du Bailly ou de ſon Lieutenant. Arrêt du
Parlement de Tournay du 11. Mars 1698. rapporté par
M. Pinault, *tome* 2. *Arr.* 210.

Reglement pour les ſcellez. Arrêt de la Cour des 13
Aydes de Paris du 19. Mars 1698. qui ordonne que
les ſcellez qui auront été appoſez par les Officiers
commis à cet effet, ne pourront être levez que par
eux, ſinon en cas d'abſence, maladie ou recuſation.
Journal des Audiences du Parlement de Paris, tome 5.
liv. 14. *chap.* 2.

Si après le décés des Seigneurs hauts-Juſticiers, 14
leurs Officiers doivent, à l'excluſion des Officiers
Royaux, appoſer le ſcellé dans leurs Châteaux, faire
l'inventaire de leurs effets, & donner des tuteurs à
leurs mineurs? M. l'Avocat General conclut en faveur des Officiers du Préſidial de Mantes, contre
ceux des Seigneurs. La Cour, par Arrêt du 26. Février 1701. avant de faire droit, ordonna que les
Seigneurs de Binanville & d'Orvilliers ſeroient appellez, pour le Reglement être fait avec eux, &
juſqu'à ce, & par proviſion, accorda aux Officiers
du Préſidial de Mantes le droit d'appoſer le ſcellé,
& de faire l'inventaire des effets de tous les Seigneurs hauts-Juſticiers, dépendans de leur Juriſdiction, ſi le cas y échet, même de donner des tuteurs à leurs enfans, le tout au cas du Reglement,
c'eſt-à-dire, ſi requiſition leur en eſt faite; car il ne
ſeroit pas juſte, ajoûta M. le premier Préſident de Harlay, *que des Juges vinſſent ſans être requis faire des frais
& des procedures inutiles*. Voyez le Recueil des Arrêts
Notables imprimez en 1710 *chez* Michel Guignard,
chap. 39.

Voyez cy-deſſus le mot, Scel, *nomb.* 14. *& le mot*,
Inventaire.

X x x iij

SCHISME.

1   *DE Schismate, per Bald. Peruf. & per* Conradum *de* Gerlenhufem, & per *Hermannum Theutonicum Monachum Cisterfienfem,* & Nicolaum, *Archidiaconum Bajocenfem,* & Joannem Herfon, *Cancellarium Parifienfem.*

2   De Niem, *de fchifmate Avenionenf.* vol. in folio, *Bafil.* 1566.

3   Etat de l'Eglife Gallicane durant le fchifme , par *Pierre Pithou,* Avocat en Parlement. *Ordonnances de Fontanon ,* tome 4. pag. 1209.

4   Des Schifmatiques. *Voyez la Bibliot. Canon.* tom. 2. *pag.* 565. & *fuiv.*

5   Si ce qui eft fait par les Schifmatiques,eft valablet *Voyez Franc. Marc.* tom. 1. queft. 947.

6   *Schifmatici pertinaces nedum* excommunicati *funt , fed in carceres detrudendi funt. Voyez Franc. Marc.* to. 1. queft. 947.

7   Etat de l'Eglife Gallicane durant les Schifmes en l'Eglife Catholique. Ordres donnez par les Rois de France durant les Schifmes , & durant leur mauvaife intelligence avec les Papes , ou durant quelques difficultez d'envoyer à Rome , ou pour autres caufes. *Voyez les Preuves des Libertez,* tome 2. chap. 10. Là, font rapportées les Lettres Patentes du Roy Charles VI. du 17. Juillet 1398. où après avoir dit ce qu'il avoit négocié pour appaifer le Schifme qui étoit en l'Eglife entre le Pape Benedict. XIII. & Boniface IX. Antipape, qu'il avoit trouvez fort contraires à l'union & à la paix,il declare que par l'avis de fon Eglife, des Princes, Seigneurs , & autres affemblez,qu'il n'entend plus obéir au Pape,ni à l'Antipape ; fait défenfes à tous fes Sujets de les plus reconnoître, en quelque forte que puiffe être.

8   *Arreftum Curia Parifienfis* 17. *Julii* 1406. *contrà Epiftolam quandam Univerfitatis Tholofana, à Guigone* Flandrin *, ejufdem nuntio allatam, quâ dicebatur fubftractionem obedientia fcandalofam & impiam effe.Voyez les Preuves des Libertez,* tome 1. ch. 20. n. 2.

9   Arrêt du Parlement de Paris du 23. Mars 1646. par lequel il eft ordonné que le libelle intitulé, *Optati Galli de cavendo fchifmate, &c.* fera lacéré & brûlé ; défenfes à toutes perfonnes d'en avoir & retenir , fur les peines portées par l'Arrêt. *Ibid.* tome 2. chap. 35. *nombre* 100.

Voyez les mots , Herefie & *Religion.*

SCHOLARITE'

1   *AN Advocatus vel Procurator à tailliis fe poffit exemptare pretextu Scholaritatis? Non.* Du Moulin , tom. 2. p. 574.

2   Un Sergent ne doit faire le renvoy en vertu des Lettres de Scholarité. *Tournet,* lettre S. Arr. 29.

3   Un Etudiant à Paris ne peut ufer du privilege des Ecoliers pour y faire plaider un autre qui eft de Bourgogne. Arrêt du Parlement de Dijon du 25. Novembre 1577. *Bouvot,* tome 1. part. 3. verbo , *Privilege des Ecoliers.*

4   Le privilege de Scholarité n'exempte point du droit d'Aubaine. *Voyez le mot, Aubaine , n.* 29.

Voyez les mots , Ecoles, Ecoliers, & *cy-après,*verbo, *Univerfité.*

SCRUTIN.

*A*Ction de recüeillir les fuffrages de ceux qui font une élection. *Scrutinium. Suffragiorum collectio. De Scrutinio in ordine faciendo.* Dec. Gr. dift. 23. c. 2.... dift. 24.... dift. 51. 6. 5... Extr. 1. 12.

De l'élection par fcrutin. *Voyez le mot , Election, nombre* 155.

SCULPTEURS, SCULPTURE.

1   *L*ES Sculpteurs & les Peintres de Paris , font exempts des Lettres de Maîtrife. Jugé au Souve-

rain aux Requêtes de l'Hôtel,le 28. Avril 1678. *Journal du Palais.*

Sculpture eft un Art liberal, & les Sculpteurs déchargez des taxes que les Menuifiers , Charpentiers , & autres de cette qualité, payent à la Communauté pour leurs Apprentifs , en ne travaillant que de la Sculpture. Jugé à Aix le 6. Mars 1674. *Journal du Palais.*

3   Les Sculpteurs ne s'addonnant qu'à la Sculpture, ont pû fe féparer de la Confrairie des Menuifiers , Charpentiers, & entrer dans celle des Peintres & Brodeurs. Arrêt du mois de Mars 1674. *Boniface,* tome 3. liv. 4. tit. 11. ch. 1.

4   Le Roy ayant été informé que quelques-uns des Maîtres Sculpteurs de la Ville de Paris , fous prétexte des privileges qu'ils prétendent avoir obtenus pour mouler leurs propres ouvrages , entreprennent de faire mouler & contrefaire ceux des Sculpteurs de l'Académie Royale de Peinture & de Sculpture , & par leur ignorance en corrompent la beauté , & en changent même fouvent l'ordonnance , y ajoûtant ou diminuant , felon les places où ils les veulent mettre , & étant ainfi contrefaits, les débitent fous le nom des Sculpteurs de l'Académie , ce qui fait un tort confiderable à la réputation , que leur travail & étude leur ont acquife,& trompent le public ; à quoy étant neceffaire de pourvoir , Sa Majefté étant en fon Confeil , en confirmant les Privileges qu'elle a cy-devant accordez à ladite Académie , a fait & fait treffexpreffes inhibitions & défenfes à tous les Sculpteurs, Mouleurs , & autres , de quelque qualité & condition, & fous quelque prétexte que ce puiffe être, de mouler , expofer en vente , ni donner au public aucuns ouvrages defdits Sculpteurs de l'Académie Royale de Peinture & de Sculpture , ni copie d'iceux , lors qu'ils fe trouveront marquez de la marque de ladite Académie , & non autrement,fans avoir permiffion de celuy qui les avoit faits, à peine de 1000. liv. d'amende , & de tous dépens , dommages & interêts. Arrêt du Confeil d'Etat du Roy du 22. Juin 1676.

SECONDES NOPCES.

*V*Oyez le mot , *Nopces.*

Un pere convolant en fecondes nopces , peut convenir que les enfans qui en proviendront n'auront qu'une certaine fomme en la Communauté , fi ce n'eft qu'ils aiment mieux fe tenir à la legitime. Arrêt du Parlement de Paris du 1. Juin 1627. *Journal des Aud.* tome 1. liv. 2. ch. 48.

Un fecond mariage contracté par un particulier , ne peut legitimer un enfant qu'il a eû de fa feconde femme pendant fon premier mariage. La conteftation portée au Châtelet ; Sentence qui declare Elifabeth Fiorelli , fille de *Tiberio Fiorelli,*dit *Scaramouche,* illegitime,fuivant la difpofition du Chapitre,*tanta eft vis. Qui filii funt legitimi,* aux Decretales , & qui luy ajuge 1500. liv. à une fois payer , & 200. liv. de penfion. Arrêt rendu en la Grand-Chambre du Parlement de Paris le 4. Juin 1697. *Recüeil des Arrêts notables en* 1710. *chez Michel Guignard.* chap. 2.

SECOURS.

*E*Glife fuccurfale. *Voyez le mot , Eglife,* nomb. 50. & *fuivans.*

Es Eglifes Paroiffiales il n'eft permis de donner fecours & annexe, fi ce n'eft par l'autorité de l'Evêque; parties appellées devant l'Official. Quand une Eglife fuccurfale eft érigée, le Curé de l'Eglife Matrice peut contraindre les Paroiffiens du fecours de fe trouver les quatre Fêtes annuelles , même le jour de la Dedicace en l'Eglife Matrice. Ainfi jugé au Parlement de Paris, les 23. Janvier 1576. & 14. Mars 1584. *Papon ,* liv. 1. tit. 1. n. 12. & *Tournet , let.* E. n. 20.

SECRETAIRES.

Il y a les Secretaires de la *Cour*, les Secretaires d'*Etat*, & les Secretaires du *Roy*.

SECRETAIRES DE LA COUR.

1 Des Notaires & Secretaires, tant de la Cour de Parlement de Paris, que des autres Parlemens. *Joly, des Offices de France, tome 1. liv. 1. tit. 11. pag. 123. & n.4.* & aux Additions, *pag. CXXX. & CXXXI.*

2 Par Arrêt du Parlement de Bretagne du 23. Août 1554. Secretaires déboutez de leur Requête, tendante à s'asseoir durant l'Audience prés le Greffier de la Cour. Il se trouve sur le Registre autre Arrêt, qui leur attribuë droit de s'asseoir sur le banc proche du Barreau du côté des Païrs, étant en habit decent. *Du Fail, liv. 3. chap. 331.*

SECRETAIRES D'ETAT.

3 *De Magistris sacrorum scriniorum. C. 12. 9... C. Th. 6. 11. Magistri scriniorum*, representent nos Secretaires d'Etat, & les Secretaires du Cabinet. *Scrinium*, proprié, signifie, Coffret, Cassette. Ici ce mot, signifie Porte-feüille, Registre. *Erant quatuor scrinia Palatina: scil. scrinia memoriæ, Epistolarum, libellorum, & dispositionum.* Vide *Cujacium, & Notit. Imper.... & Jac. Gotofr. ad Cod. Th.*

De proximis sacrorum scriniorum, caterisque qui in sacris scrinis militant. C. 12. 19... C. Th. 6. 26. Des Officiers du Conseil, & des Commis, &c.

Histoire des Secretaires d'Etat, par *Du Toc*, vol. in quarto, *Par. 1668.*

4 Par Arrêt du 10. Decembre 1602. il a été jugé que la Provision en Regale doit être signée en Commandement par l'un des quatre Secretaires d'Etat. *Bibliot. Canon. tome 2. pag. 597. col. 2.*

5 Declaration du Roy du 21. Avril 1692. concernant les Contracts de mariage reçûs par les Secretaires d'Etat. Ces sortes de Contracts portent hypotheque, on en garde minute; & neanmoins pour la commodité des parties, on en dépose une copie signée par le Secretaire d'Etat, par collation, chez un Notaire, qui en delivrera des expeditions, comme s'il en avoit reçû la minute. Cette Declaration a été enregistrée au Parlement le 30. du même mois. *V. le Recüeil de De Combes, Greffier en l'Officialité de Paris, 1. partie, chap. 4. pag. 442.*

SECRETAIRES DU ROY.

6 *De Primicerio, & Secundicerio, & Notariis. C. 12. 7... C. Th. 6. 10.* Du Doyen, & des Secretaires du Prince. *De Secundicerio, nihil hic.*

7 *Abraham Tessereau*, Ecuyer Secretaire du Roy, a fait un Recüeil de leurs Privileges, sous le nom de l'*Histoire Chronologique de la grande Chancellerie de France.* Il y en a une nouvelle édition en deux volumes, 1710. chez *Pierre Emery.*

8 Des Secretaires de la Couronne de France, & Reglement du Grand Scel. *Ordonnances de Fontanon, tome 1. liv. 1. tit. 25. p. 150.*

9 Secretaires du Roy. *Voyez ibid. tom. 4. p. 921. & suiv.* & Joly, *des Offices de France, tom. 1. liv. 2. tit. 5.* & aux Additions, *pag. CCCXL.* & Filleau, *partie 1. titre 5.*

10 Des Secretaires du Cabinet, & de la Chambre du Roy. *Joly, des Offices de France, tom. 1. tit. 12. pag. 819.* & aux Additions, *p. CCCLXVIII.*

11 Declaration portant confirmation de la Confrairie des Secretaires du Roy, & les Reglemens qui les concernent. A Paris à l'Hôtel de Saint Paul le 9 May 1365. *Mest. hist. p. 66.* Joly, *des Offices de France, to. 1. page 483.*

12 Les Secretaires du Roy sont Nobles, joüissent des Privileges de Noblesse, leur succession se partage noblement, sont exempts du droit de Francs Fiefs, Tailles, Quints & Requints, & autres Droits Seigneuriaux acquis au Roy. Leurs Privileges sont fondez sur de grandes Patentes qui leur ont été accordées par nos Rois. Arrêt du 21. Mars 1603. *M. Loüet, let. S. n. 19.* Le procés ne peut leur être fait que par M. le Chancelier, & Messieurs les Maîtres des Requêtes. Ils ont l'obligation de leurs Privileges à Maître Alain Chartier, Notaire, & Secretaire des Rois Charles VI. & Charles VII. *Joly, liv. 4. chap. 84.* rapporte un Arrêt du 27. Février 1629. pour le vin du droit duquel les Secretaires du Roy sont exempts. *Jovet, verbo., Secretaires du Roy, n. 1.*

Voyez dans le *present Recüeil tome 2.* le mot, *Noblesse, nombre 91.*

SECRETAIRES DU ROY, ACTES.

13 Quoique les Secretaires du Roy donnent une foy publique à tous les Actes qui sont signez d'eux; & qu'ils surpassent les Notaires en Dignité; ils ne sont pas neanmoins capables de recevoir un Testament en une Coûtume, qui donne seulement ce pouvoir à un Notaire; ce qui a été jugé par un Arrêt du Parlement de Paris, sur une Requête Civile, obtenuë contre un Arrêt du Parlement de Bourgogne, qui avoit décidé la même chose. *Ricard, des Donations, part. 1. chap. 5. section 8.*

SECRETAIRES DU ROY, EXEMPTIONS.

14 Le 10. Avril 1554. fut plaidée une cause de Secretaires du Roy, qui se disoient exempts de la solde de 50000. hommes, parce qu'ils sont Commensaux du Roy. Au contraire, il fut dit que si les pauvres qui n'ont que bien peu à perdre, contribuënt à la défense du Royaume, à plus forte raison les Secretaires qui sont fort riches, y doivent contribuer. Par Arrêt, quant au principal, les Parties furent appointées au Conseil; & cependant par provision, les maisons & heritages des Secretaires seront sujetes aux tailles, & charges réelles. *Biblioth. de Bouchel, verbo, Secretaires du Roy.*

15 Secretaires du Roy exempts de tous droits de
16 Greffe. Ordonné par les Requêtes de l'Hôtel du Roy, le 15. Juin 1595. que Bluet, Clerc au Greffe des Requêtes du Palais, rendra ce qu'il a reçû de M. Martin Connay, Secretaire du Roy; défenses de plus contrevenir à l'exemption. *Idem. verbo, Greffiers.*

Le même Jugement des Requêtes de l'Hôtel, du 15. Juin 1595. est rapporté *Ibidem, lettre S. verbo, Secretaires au Roy.*

17 Secretaire du Roy qui a acquis d'un autre Secretaire, retire l'heritage par retrait lignager, il ne doit aucuns lods & ventes. Autre chose seroit, si le Secretaire retiroit sur un non privilegié, auquel cas il doit le rembourser *ut indemnis abeat*, sauf son recours contre le Fermier & Receveur, que si un non privilegié retire du Secretaire du Roy, il doit rembourser les droits Seigneuriaux, ne plus ne moins que s'ils avoient été payez au Roy. Arrêt du 5. Avril 1607. *M. Loüet, & son Commentateur, sur la la lettre S. Sommaire 22.*

18 Si le privilege des Secretaires du Roy pour l'exemption des lods & ventes par eux acquises dans le Domaine du Roy, a lieu contre les Enfans de France, qui possedent le Domaine en Appanage? Arrêt du 21. Mars 1641. qui appointe; mais qui forme un préjugé, en donnant main-levée à la veuve d'un Secretaire du Roy, de la saisie féodale faute des droits non payez. *Soefve, tome 1. Cent. 1. ch. 35.*

19 Leurs Privileges n'ont lieu que sur les Terres du Domaine qui appartiennent au Roy, & pour les acquisitions qu'ils font des Fiefs relevans nuëment & immediatement du Roy. Arrêt du 21. Mars 1641. *Du Frêne, liv. 3. ch. 70.* qui fit main-levée à la veuve d'un Secretaire du Roy, &c.

20 L'exemption des Secretaires du Roy des quints deniers pour les acquisitions qu'ils font dans la mouvance du Roy ou des Seigneurs Appanagers, n'opere une exemption de la retenuë féodale sur eux & étant rétirées par les Seigneurs Appanagers, ou ceux

qui ont leurs droits, il ne leur est dû aucun droit de quint, & les fruits pendans par les racines au temps de l'adjudication, estimez à 2000. liv. Arrêt du 21. Août 1649. *Du Frêne, liv. 5. ch. 47.*

21 Les Secretaires du Roy sont exempts de lods & ventes, & autres droits Seigneuriaux, pour les heritages qu'ils acquierent dans la mouvance & censive des Evêchez & Archevêchez vacans en Regale. Arrêt du Grand Conseil du 7. Juin 1666. *De la Guess. tome 2. livre 8. chapitre 11.*

22 Pendant la vie des Secretaires du Roy, qui n'ont pas vingt années de service, leurs enfans sont exempts des impositions ordinaires des roturiers. Jugé au Privé Conseil le 27. Janvier 1675. *Journal du Palais.* Il y a deux Declarations du Roy du mois d'Août 1669. & 1672.

23 Arrêt du Conseil d'Etat du 21. Mars 1682. qui ordonne que les Secretaires de Sa Majesté payeront les droits de lods & ventes, quints & requints, & autres droits Seigneuriaux, établis par les Coûtumes, pour les acquisitions qu'ils feront par échanges, dans les mouvances des Seigneurs particuliers. *Recüeil du Domaine, p. 600.*

24 Secretaires du Roy peuvent faire valoir quatre charrües dans une métairie, quoyque les heritages qui la composent soient situez en differentes Paroisses. Edit du 13. Decembre 1701. enregistré au Grand Conseil le 21. du même mois.

25 Par Arrêt rendu au Grand Conseil le 7. Decembre 1702. conformément aux Conclusions de M. Pierre-Jacques Brillon, lors Substitut, & portant la parole pour M. le Procureur General ; le sieur Vilain, Secretaire du Roy en la Chancellerie, prés la Chambre des Comptes, Cour des Aydes, & Finances de Dole, a été reçû opposant à l'execution du Rôlle de la Taille négotiale de la Ville de Beaune, declaré franc & exempt de cette Taille ; ordonné qu'il seroit rayé du Rôlle. *V. Tissereau, tom. 2. p. 446.*

JUGES DES SECRETAIRES DU ROY.

26 Tous Juges sont competens, pour informer & decreter contre les Secretaires du Roy : mais la Cour seule peut faire leur procés. Arrêt du Parlement de Paris du 5. Août 1632. *Bardet, tom. 2. tit. 1. chapitre 41.*

27 Les Secretaires du Roy prés la Chancellerie du Parlement de Tournay, n'ont point d'autres Juges de leurs privileges que ce Parlement. Jugé au Parlement de Tournay le 17. Decembre 1698. contre un Secretaire du Roy, qui demandoit son renvoy au Grand Conseil, sous prétexte qu'il étoit Juge de leurs privileges, & qu'il s'agissoit en la cause d'une exemption du droit de Greffe. Mais le Greffier répondoit que les *Committimus* n'avoient point de lieu dans le ressort du Parlement de Tournay ; que le Roy l'avoit ainsi reglé par la Déclaration du mois de Novembre 1671. même que Sa Majesté avoit par Arrêt du 30. Septembre 1688. fait défenses aux Secretaires de la Chancellerie prés le Parlement de Tournay, de se pourvoir au Grand Conseil, pour sujet de leurs privileges & exemptions, & fait défenses au Grand Conseil d'en connoître, à peine de nullité. *Voyez M. Pinault, to. 2. ch. 247.*

SECRETAIRES DU ROY, SUCCESSION.

28 Secretaires du Roy, & du partage entre leurs heritiers ; le 24. Mars 1603. il fut jugé que la succession de Jean Gauchery Secretaire du Roy, se partageroit roturierement, étant échûë avant la verification de leur privilege au Grand Conseil. *M. Loüet, lett. S. sommaire 29.*

29 Par Arrêt donné en la Cinquiéme Chambre du Parlement de Paris, les autres consultées, le 23. Mars 1603. la Cour a ordonné que la succession du sieur Gauchery Secretaire du Roy, sera partagée, sans aucun précipu ni avantage de noblesse ; que la maternelle sera neanmoins, au desir de la Coûtume *du*

Maine, partagée noblement, & la fraternelle aussi noblement, pour les heritages tombez en tierce foy. S'étant la Cour principalement fondée, pour declarer roturieres les successions des Secretaires du Roy, sur ce que leurs prétendus privileges n'ont point été verifiez ni registrez au Parlem. joint qu'ils ne parlent que d'immunitez personnelles, & nullement de noblesse réelle ou hereditaire, sinon la Chartre du Roy Charles VIII. de 1484. laquelle n'a été registrée au Grand Conseil que prés de six vingt ans aprés, sçavoir en l'an 1575. & sans Lettres d'adresse ni de suranation. *Voyez les Reliefs forensez de Roüillard, chapitre 20.*

SECULARISATION.

1 Voyez *Abbayes, Religieux.* Benefice séculier, ou sécularisé. *Voyez* le mot *Benefice, nomb.* 174. *& suiv.* & le mot *Oblat, nomb.* 11. 13. *& 23.* & le mot *Religieux, n.* 252.

2 Sécularisations de Monasteres, pour établir des Chapitres séculiers en des Eglises Cathedrales. *Memoires du Clergé, tome* 1. *partie* 1. *page* 131. *jusqu'à* 156.

3 Sécularisation des Eglises de Montpellier, de Nîmes, & de S. Pons de Tourmieres. *Ibid.* 10. 2. *part.* 2. *page* 129.

4 Eglise de Maguelone sécularisée. *Voyez* le mot *Regale, nomb.* 174.

5 Quand il s'agit de sécularifer des Eglises regulieres, outre l'autorité du saint Siege, il faut que le consentement de tous ceux qui y peuvent avoir interêt, y intervienne de nécessité, comme du Roy, de l'Evêque, du Chapitre, des Patrons, & du peuple, avec l'homologation & approbation du Parlement. *Févret, traité de l'Abus, liv.* 2. *ch.* 2. *art.* 9.

6 Lettres Patentes du mois de May 1469. par lesquelles le Roy consent & ratifie les Bulles du Pape, portant le changement de l'Eglise de Luçon, de Reguliere qu'elle étoit, en Séculiere. *Preuves des Libertez,* 1. *to.* 2. *ch.* 36. *n.* 20.

7 Le Pape ne peut faire les mutations des Monasteres de regularité en sécularité, sans le consentement du Roy. La preuve en resulte d'une Lettre écrite par François I. le 29. Janvier 1538. au Sénéchal de Carcassonne. *Ibid. ch.* 35. *n.* 53.

8 Par Arrêt du Parlement de Paris du 22. Janvier 1600. rapporté par *Peleus, en ses Actions forensez, liv.* 2. *Act.* 30. il a été jugé que les Eglises sécularisées ne laissoient d'être tenües de recevoir les Oblats, & tel changement étoit fait, *cum suâ causâ, onere & conditione, L. legatum. ff. de adim. vel transfer. legat.* & le simple consentement du Roy prêté à la sécularisation, ne pouvoit éteindre les Droits Royaux, comme est celuy de presenter un Oblat. *L. oblig. generali. ff. de pignor.* Neanmoins si cette raison a lieu, il y a peu d'Eglises Collegiales & Cathedrales en ce Royaume, qui se puissent exempter de cette charge ; car elles ont été premierement Monasteres, & depuis sécularisées. *V. Chopin, L.* 1. *de sacrâ Polit. tit.* 3. *n.* 7. *& 8.* Voyez Brodeau *sur M. Loüet, lett. O. somm.* 7. *nomb.* 5. Chenu, *en ses Reglements, tit.* 1. *ch.* 8. *sur la fin,* & Filleau, *part.* 1. *tit.* 1. *ch.* 8.

9 Un Beneficier regulier ne peut être rendu séculier par la possession de quarante ans, s'il n'y a titre de sécularité, &c. Le Juge de Lyon avoit ajugé la récréance au Religieux comme étant regulier ; la Sentence mise au neant, & la récréance ajugée au séculier ; & avant faire droit sur la maintenüe, que le séculier rapporteroit le titre de son auteur, qui avoit possedé quarante ans ledit Benefice, pour, ce fait, ordonner ce que de raison. Jugé le 15. Juillet 1602. *M. Bouguier, lett. B. nomb.* 2. *& Tournet, lett. B. nomb.* 77.

10 En l'année 1608. l'Abbé & les Religieux de l'Eglise de saint Etienne de Dijon, Ordre de saint Augustin,

tin, paffent un Concordat, pour parvenir à une féculariation ; il eft dit que l'Eglife fera defservie par douze Chanoines prébendez ; & parce qu'ils étoient alors en plus grand nombre, on convint qu'arrivant le décez d'aucun d'eux, leurs places demeureroient fupprimées, jufqu'à ce qu'ils fuffent réduits au nombre de douze : que la collation appartiendra à l'Abbé ; fera neanmoins libre de difpofer par permutation ou refignation en Cour de Rome. Ce Concordat fut admis en Cour de Rome en 1611. & fulminé en 1613. Par Arrêt du Parlement de Dijon depuis rendu, il a été jugé qu'un de ces Chanoines avoit pû refigner fa Prébende, & qu'il n'y avoit pas lieu d'attaquer leur féculariation. *Voyez les Plaidoyez de M. de Xaintonge, Avocat General, p. 385.*

11   Les fonds acquis par un Moine de fa place Monacale, luy demeurent, lorfque tout le Monaftere vient à être féculariié. Arrêt du Parlement de Touloufe du 14. Juillet 1654. contre le Syndic de l'Abbaye de Moiffac, qui s'étoit emparé d'un fond ainfi acquis par un Religieux. Il y avoit cette raifon contre le Syndic, que fi après la féculariation, l'autre ne pouvoit garder comme Moine, le Chapitre ne pouvoit auffi acquerir comme Monaftere. *Albert, lett. M. verbo Moine, article 2.*

12   Déclaration pour l'enregiftrement des Bulles de féculariation de l'Eglife Cathedrale de *Saint Pons de Thomiers.* A Paris le 10. Janvier 1656. reg. le 17. Septembre 1661. 8. *Vol. des Ordonn. de Louis XIV. folio 542.*

13   La Congregation des Cardinaux, dite des Reguliers, ne peut féculariier un Religieux ; ce droit appartient feulement au Pape. Le Religieux féculariié *ad tempus*, pour foulager fes pere & mere pauvres, ayant encouru l'irregularité, pour n'être pas retourné après leur mort dans fon Monaftere, ne purge point ce défaut par fa Profeffion dans un autre Ordre, dans lequel il s'eft fait transferer. Cette irregularité encouruë de droit, n'eft point remife & effacée. Arrêt du Grand Confeil du 10. Septembre 1694. *Voyez le Journ. du Palais, in fol. to. 2. p. 872.*

SEIGNEUR.

1   VOyez *Affranchiffement, Cens, Directe, Commife, Droits Honorifiques, Droits Seigneuriaux, Fief, Felonie, Quint, Relief, Retrait feodal, Saifie feodale.* Seigneur, appellé *Dynaftia* & la Seigneurie *Dynaftia*, par M. *René Chopin*, en fon Traité *de facrâ Polit. lib. 2. tit. 1. n. 12.*

2   Voyez, *hoc verbo Seigneur*, le *Gloffaire du Droit François*, ou l'*Indice de Ragueau*, la *Bibliotheque des Arrêts par Jovet*, M. *Auzanet*, en fon traité de l'*état des Perfonnes, p. 8.*

3   *De poteftate Dominorum, & libertate fubditorum.* Voyez le Traité fait *per Jo. Bagnionum.*

4   Des Seigneurs Hauts-Jufticiers, & de ceux qui font exactions induës. *Ordonnances de Fontanon, to. 3. tit. 9. page 79.*

5   De la diftinction de la Seigneurie directe & utile. Voyez *Henrys, to. 1. liv. 3. ch. 2. queft. 6.*

6   Quel eft le droit des Seigneurs Jufticiers, & s'ils ont droit de fifc, & autres droits Royaux ? Voyez *Coquille, to. 1. queft. 6.*

7   Le Seigneur direct eft tenu d'entrer, aux réparations qu'on fait contre un torrent. Arrêt du 19. Decembre 1598. M. *Expilly, Arr. 121.*

Seigneur direct qui recherche fes droits, n'eft pas fujet aux regles des hypotheques ; mais il doit s'adreffer à l'heritage fien. *Coquille, queft. 46.*

8   De l'heritage qui fe trouve fans tenementier, fi le tuteur ou gefteur de négoces pourra empêcher le Seigneur direct ? *V. ibidem. qu. 48.*

9   En cas que l'heritage foit vendu, fous charge de Seigneurie directe, le Seigneur direct, par telle déclaration a preuve fuffifante, *Ibid. qu. 51.*

Tome III.

Quand la mutation eft occulte, fi la retenuë fe **10** perd pour le Seigneur par 30. ans, & de même quant aux autres profits ? *V. Coquille, qu. 265.*

En quel cas le Seigneur prenant la maintenuë de **11** fon homme ferf, eft tenu payer fes dettes, & à quelle raifon ? *Ibid. queft. 280.*

Quand le franc acquiert du ferf, le Seigneur **12** le contraint de vuider fes mains, s'il vend, devra-t-il profit au Seigneur ? & de même le bordelier qui a démembré le tenement ? *V. Ibid. qu. 281.*

Si le Seigneur qui a la Juftice moyenne & baffe, **13** peut égadiller les mefures de fes fujets ; S'il peut faire défenfes de joüer jeux de hazard ; & s'il y a procès pour fauffes mefures, à qui la connoiffance appartient ; fi c'eft au Seigneur qui a la moyenne & baffe Juftice, ou au Haut-Jufticier ? *V. Bouvot, to. 1. part. 3. verbo Seigneur en Juftice moyenne & baffe.*

Le Seigneur cenfier contraignant l'un des tenan- **14** ciers, eft tenu de ceder fes actions, afin qu'il fe faffe payer. Arrêt du Parlement de Dijon du 23. Janvier 1581. *Ibid. verbo Seigneur cenfier, queft. 1.*

Les Seigneurs Ducs, Comtes, Barons, Haut-Juf- **15** ticiers, &c. ne peuvent inftituer en leurs Terres & Seigneuries, nouvelles maîtrifes ni métiers, moins encore des Statuts aufdits métiers, fans Lettres ou permiffion du Roy, parce que c'eft un Acte de Souverain. Jugé par Arrêt du 8. Février 1621. *Tronçon art. 126. in verbo, Gens de métier.*

Le 14. May 1624. il a été jugé contre la Dame **16** veuve du fieur de Calviffon, Seigneur haut, moyen & bas de S. Pons, qu'en Languedoc, pour la preuve de la demande en inftance feodale, le bail ou deux reconnoiffances étoient néceffaires, du moins une, avec des adminicules, & quoique ledit fieur de Calviffon fût Seigneur haut, moyen & bas de S. Pons, neanmoins qu'une feule reconnoiffance n'étoit pas fuffifante pour l'établiffement de la directe fur une Terre dédit lieu, comme n'ayant la Juftice ni rien de commun avec la directe. *Cambolas, liv. 5. ch. 14.*

Quand le Seigneur eft demandeur contre fon **17** vaffal, le Juge du Seigneur ne peut connoître de la caufe. Arrêt du 8. Janvier 1617. *Dict. de la Ville, verbo Seigneur.*

Seigneur en partie d'un Village acquerant une **18** maifon de fon Cofeigneur, ne peut la démolir pour la mettre à ufage de prez. Arrêt du 15. Mars 1629. *Du Frêne, liv. 2. ch. 38.*

Arrêt du Parlement d'Aix du 17. Janvier 1639. qui **19** a jugé que le poffeffeur d'un arriere-fief, ne peut appeller fa maifon *Château*, ni s'appeller *Seigneur*, mais *Sieur* feulement. Autre Arrêt du 21. May 1649. qui a jugé le femblable. *Boniface, to. 1. liv. 3. tit. 2. chapitre 8.*

Par l'ufage du pays de Dauphiné, le poffeffeur **20** d'un fief fans Juftice, comme plufieurs maifons fortes, a droit auffi de s'en qualifier Seigneur, en defignant le fief ; mais non celuy qui n'a qu'un fimple domaine noble & exempt de tailles. Arrêt du Parlement de Grenoble du 15. Janvier 1657. *Baffet, to. 2. liv. 3. tit. 5. ch. 1.*

Le haut Seigneur peut empêcher celuy qui n'a **21** qu'une directe & point de jurifdiction, de fe qualifier Seigneur de la Terre. Jugé par Arrêt du 27. Août 1665. dans un procès évoqué du Parlement de Paris, & renvoyé en celuy de Dauphiné, en faveur de M. Perreault, Préfident en la Chambre des Comptes de Paris, Seigneur de Mailly, contre les Religieux de S. Victor. *Baffet, ibid. où il rapporte plufieurs Arrêts.*

Celuy qui achete un fond à la charge de relever **22** d'un certain Seigneur, n'acquiert point preuve au Seigneur contre foy. *Cont. Argent. art. 85. gl. 4. n. 2. id. Papon, liv. 14. tit. 2. n. 18. id. Mainard, liv. 4. ch. 48. cont. Coquille, queft. 51.*

Arrêt du Parlement de Bourdeaux du 19. Août

Yyy

1669. au rapport de M. Delpech, en la Premiere des Enquêtes, entre Marie Daragny dite de Ruthi, & Pierre Dirigaray ; jugé que la déclaration du vendeur dans le contrat de vente, que le fond vendu relevoit d'un tel Seigneur, ne faisoit pas une preuve suffisante pour le droit de directité, & ledit Dirigaray chargé de verifier plus amplement son droit de directité. *La Peirere, lett. P. n. 119.*

SEIGNEUR, ALIENATION.

23   Seigneurs qui alienent leurs Fiefs, Jurisdictions, & sujets. *Voyez* le mot *Alienation, n. 94. & suiv.*

ALIMENS AU SEIGNEUR.

24   Alimens ne sont dûs au Seigneur par le vassal. *Voyez* le mot *Alimens, nomb. 120.*

SEIGNEUR, AMENDE.

25   Des amendes prononcées au profit des Seigneurs dans les procès criminels faits à la Requête des Procureurs Fiscaux. *Voyez* le mot *Amende, nomb.* 61. 66. & 67.

SEIGNEUR, BAIL A RENTE.

26   Le Seigneur peut demander reconnoissance tant au locataire de 29. en 29. ans, *& sic in perpetuum,* comme tenancier & possesseur de la piece, qu'au locateur & maître qui l'a baillée à ferme ; parce que *domini interest plures habere reos debendi*, & d'avoir plusieurs obligez. Ainsi jugé au Parlement de Toulouse, pour le Syndic de S. Martial, Seigneur de Fenoillet. *Bibliotheque de Bouchel*, verbo, *Reconnoissance.*

29   Un Seigneur ne peut empêcher le loüage perpetuel en vertu de la clause apposée en toutes reconnoissances, prohibitives aux emphiteotes, de mettre cens sur cens, parce que ce n'est pas surcens, mais pris le loüage, lequel ne diminue point la rente du Seigneur, ni le droit de lods, parce que le Seigneur a double lods, l'un quand se vend, & l'autre, lors que la rente retenuë se vend ; ce qui n'a lieu aux directes du Roy, esquelles par Arrêt rendu au Parlement de Toulouse le 22. avril 1556. tels baux à loüage perpetuels sont prohibez entre le Procureur General, Malines, & autres ; & encore pour les autres Seigneurs il y a des Arrêts prohibitifs, en leurs directes de faire telles locations perpetuelles, l'un du mois de Juillet 1578. Autre du mois de Juin 1577. *Bibl. de Bouchel*, verbo *Reconnoissance.*

30   Un Seigneur voyant qu'une vigne qu'il avoir donnée à complant ou à rente étoit mal cultivée, la reprend en sa main, & la redonne à un autre. Le Seigneur est appellé devant le Sénéchal de Poitiers par un creancier du premier preneur pour se voir condamner à luy passer titre nouvel d'une rente, au payement de laquelle il luy avoit obligé cette vigne. Sentence qui le condamne à renouveller l'obligation. Arrêt du mois de Novembre 1606. qui la confirme, à la charge de la preference au Seigneur, tant pour ses droits, que pour ses dommages & interêts. *Le Bret, liv. 2. Décision 5.*

31   Le Seigneur est alloüé non seulement pour la rente & arrerages de la rente séparée du fonds qui y est sujet ; il y a des Arrêts qui ont poussé la faveur des Seigneurs jusqu'à étendre ce privilege aux dépens faits pour la poursuite de la condamnation de cette rente & arrerages, & qui ont alloüé les dépens en même temps que la rente. Arrêts du Parl. de Toulouse du 21. Avril 1667. Autre en Janvier 1677. rapportés par M. de Catellan, *liv. 6. ch. 9.* *Voyez* le mot *Bail à rente.*

SEIGNEUR, CHASSE.

32   Seigneur qui a droit de chasser, ou d'empêcher que d'autres ne chassent. *Voyez* le mot *Chasse, nomb. 42. & suiv.*

33   Le Seigneur dominant ne peut empêcher son vassal de chasser sur sa terre, & poursuivre la bête. Arrêt du 17. Mars 1573. *Voyez Carondas, livre 4. Réponse 82.*

SEIGNEURS, CHASTELAINS.

Voyez le mot *Chêtelains.*

SEIGNEURS, CLERCS. 34

Coûtume où pour s'engager dans la Clericature il faut avoir le consentement du Seigneur. *Voyez* le mot *Clercs, nomb. 123. & 124.* 35

SEIGNEUR, COMMUNES.

Un Seigneur haut Justicier & censier ne peut demander partage d'une commune aux habitans de la Paroisse qui y ont usage, quand la commune est au dessous de cinquante arpens. Jugé le 24. May 1658. de relevée. *Notables Arrêts des Audiences, Arrêt* 16. De la Guessiere, *to. 2. liv. 1. chap. 45.* rapporte le même Arrêt. *Voyez Expilly, Arr. 66.* 36

SEIGNEUR, COMPENSATION.

Si la compensation peut être offerte au Seigneur? *Voyez* le mot *Compensation, nomb. 55. & 56.* 37

SEIGNEUR, COMPLAINTE.

Si la complainte peut être formée par le vassal contre son Seigneur ? *Voyez* le mot *Complainte, nomb. 46. & suiv.* 38

Le sujet n'est reçu à former complainte contre son Seigneur en cas de saisine & de nouvelleté ; neanmoins le résident en sa Jurisdiction, comme un Convent, est exempt ; & telle regle n'a lieu à son regard. Arrêt du Parlement de Paris entre un Convent de Religieuses, contre le Comte d'Alençon en l'an 1394. *Bibliot. de Bouchel*, verbo *Complaintes possessoires.* 39

Arrêt du Parlement d'Aix du 21. Avril 1644. qui a jugé que contre le Seigneur le vassal ne peut intenter statut de querelle, ni action de complainte, & que les Consuls ne se peuvent dire protecteurs du lieu. *Boniface, to. 1. liv. 3. tit. 2. ch. 6.* 40

SEIGNEUR, CONFISCATION.

Confiscation prétenduë par les Seigneurs. *Voyez* le mot *Confiscation, nomb. 113. & suiv.* 41

En l'an 1506. Jean Pomié étant condamné à mort, & ses biens confisquez pour avoir tué sa femme, par Sentence du Juge ordinaire, ladite Sentence confirmée par Arrêt ; avant l'execution dudit Arrêt differé par des raisons particulieres, le condamné meurt ; le Seigneur Justicier demandant la confiscation, en a été débouté par Arrêt en la Grand-Chambre sur le partage fait à la Tournelle, parce que le corps ne se trouvant confisqué, qui est le principal, les biens qui sont l'accessoire ne le peuvent être. *La Rocheflavin. liv. 6. lettre C. tit. 23. Arr. 5.* 42

SEIGNEUR, CONSIGNATION.

Consignation en faveur du Seigneur. *Voyez* le mot *Consignation, nomb. 91. & 92.* 43

SEIGNEUR, CONTRIBUTION.

Quand il y a double dîme octroyée pour l'acquittement des dettes d'un Bailliage à prendre sur les heritages, le Seigneur n'y est compris, ni les Forains. *Bouvot, to. 2. verbo Subsides, Tailles, qu. 1.* 44

Par Arrêt du 19. Decembre 1598. il a été jugé qu'un Seigneur étoit tenu contribuer aux réparations des ruines qu'avoit fait un torrent, avec tous ceux qui possedoient des fonds. L'Arrêt rapporté par *Expilly, part. 2. chap. 121.* 45

Un Seigneur qui enclôt quelques heritages d'autruy avec les siens, est tenu d'en payer le triple de l'estimation. Arrêt fondé sur la Loy *Invitum. Cod. de contrah. empt.* qui ne permet pas qu'un chacun puisse être contraint de vendre son bien malgré luy. Arrêt du 15. Mars 1647. *Journal des Aud. to. 1. liv. 5. ch. 10.* 46

SEIGNEUR, CORVE'ES.

Arrêt du Parlement de Paris du 23. Decembre 1578. qui condamne les habitans de Marigny à faire les corvées de leurs bras & chevaux à leur Seigneur fondé en titre & possession, sans qu'il fût tenu les nourrir, ni les payer. *Pithou sur la Coûtume de Troyes, titre 1. article. 3.* 47

Les corvées ne doivent être demandées que par necessité, & pour telle distance de lieux, que partant 4

le matin les hommes puissent retourner à leurs maisons & gîtes le même jour ; & doivent être avertis les Paysans desquels on voudra exiger la journée du charroy deux jours devant pour s'y disposer, sans pouvoir accumuler lesdits charrois, ni exiger les arrerages d'iceux. Arrêt entre le sieur de saint Jory & ses Habitans, le 18. Septembre 1579. *La Rocheflavin, des droits Seigneuriaux*, ch. 3. *& Terrien, Coûtume de Normandie*, liv. 5. ch. 3.

Voyez le mot Corvées.

SEIGNEUR, COSEIGNEUR.

49 Il faut venir aux anciennes investitures, quand il y a contestation entre deux. Seigneurs. Arrêt en l'an 1365. *Carondas*, liv. 11. *Rép.* 72.

50 Le Coseigneur direct peut avoir Château, Creneaux, Giroüettes & Tours. *Cambolas*, livre 6. chapitre 49.

51 Un Seigneur foncier ne peut prendre la qualité de Seigneur d'une terre, où se dire Coseigneur, au préjudice du Seigneur qui a la Justice haute, moyenne & basse. Arrêt du Parlement de Paris du 20. Mars 1511. rapporté par *Chopin*, *sur la Coûtume d'Anjou*, liv. 2. part. 2. tit. 2. V. Bouvot, to. 1. part. 2. verbo *Seigneur foncier*.

52 Entre Coseigneurs Justiciers ceux qui ont la plus grande portion & cotité de la Justice, précedent les autres en toutes assistances, assemblées, actes & honneurs publics, & privez, és lieux & détroits de leurs Seigneurie & Jurisdiction ; & se doivent accorder de lieu & maison convenable pour tenir la Cour & exercer les actes de Justice, & faire construire prisons sûres & condecentes audit lieu, & y contribuer à proportion des cotitez de leur Jurisdiction. Arrêt du Parlement de Toulouse, du 14. Août 1553. *La Rocheflavin, des droits Seigneuriaux*, chap. 21. *Art.* 1.

53 Par plusieurs Arrêts il a été défendu aux Seigneurs directs ou fonciers seulement de se dire, ni attitrer Seigneurs absolus des lieux, si ce n'est en y ajoûtant la qualité de directs ou fonciers, tant és terres des Seigneurs jurisdictionnels, que du Roy : & entr'autres, à la requête du Procureur General du Roy, à un nommé de Haultpoul, fut défendu de se nommer Seigneur de Calconieres, le 22. Février 1569. Arrêt semblable du 17. Février pour le Seigneur Justicier de saint Ferriol. *Ibidem. Art.* 8.

54 L'Archevêque de Toulouse étant seul Seigneur haut & moyen de Gragnague, & pour une moitié de la basse Ville ; Sebastien Nogaret, & François de Bosquet pour l'autre moitié, fruits & émolumens d'icelle, jusques à soixante sols monnoye forte. Par Arrêt du 10. Juillet 1522. il fut jugé que pour l'exercice de la Jurisdiction lesdits Archevêques, Nogaret & Bosquet communément & respectivement institüeroient un Juge & un Greffier, & un chacun d'eux un Bail pour faire informations, décerner prises de corps, emprisonner, & connoître des matieres & cas de la basse Jurisdiction, & icelles décider & condamner les délinquans jusques à ladite somme de soixante sols, & au dessous, ou iceux renvoyer au sieur Archevêque haut Justicier, à ses Officiers ; neanmoins que la création & prestation de serment des Consuls dud. Gragnague leur appartenoit comme dépendans de la basse justice. *Ibid. ch.* 26. *Art.* 6.

55 Plusieurs Arrêts ont défendu aux Coseigneurs Justiciers de se dire ni intituler en seul Seigneur, mais seulement Coseigneurs ; entr'autres pour Antoine Pageès Coseigneur du Fousssat, contre Aimable du Bourg Avocat, Coseigneur dudit Fousssat ; il fut permis audit du Bourg Coseigneur faire les reconnoissances pour sa part & cotité des droits fonciers, sans appeller l'autre Coseigneur, sans neanmoins luy préjudicier. *Ibid. ch.* 21. *art.* 6.

56 Par Arrêt du Grand Conseil du 4. Août 1685. pour Hunault Baron de Lanta, il a été défendu à de saint Etienne, Combaron des 24. parties une seulement de *Tome III.*

se dire, ni intituler Seigneur ni Baron dudit Lanta, si ce n'est en y ajoûtant ces mots, *pour la* 24. *partie*. *Ibidem, art.* 7.

57 Celuy qui a portion en une Seigneurie se peut dire aussi bien Seigneur que l'autre qui a portion plus grande. Arrêt du Parlement de Dijon en 1584. *Bouvot*, *to.* 1. *part.* 3. verbo *Seigneur*.

58 Arrêt du Parlement de Paris du 23. Juin 1584. par lequel il fut dit que deux Seigneurs demandans differens droits de cens sur les mêmes terres en joüiroient suivant leurs titres ; & à l'égard des lods & ventes, & autres droits, Commissoires & Seigneuriaux le plus ancien en joüiroit seul. *Papon*, livre 13. titre 2. nomb. 9.

59 Il est défendu au Seigneur qui n'a que des directes sans Justice de se dire Coseigneur du lieu ; mais demandant sa directe, il se peut dire Seigneur direct du fief qui luy fait rente, non du lieu. Arrêt du 13. Mars 1623. qui défend au sieur Comte de Rabat de se qualifier Coseigneur de Daumasan, parce qu'il n'avoit audit lieu que des directes ; la Justice haute, moyenne & basse appartenant au Roy & au sieur de Rochefort. *De Cambolas*, liv. 3. ch. 33.

60 Par Arrêt du 15. Juillet 1603. rendu contre le sieur des Casses Seigneur haut & moyen dudit lieu, & les sieurs d'Alboüys Seigneurs en partie de la basse Justice ; il a été premierement jugé que lesdits Alboüys pouvoient avoir comme bas Justiciers droits de banc dans l'Eglise, & en lieu plus éminent que celuy des Consuls, neanmoins après le haut Justicier, lequel le précederoit en tout, ensemble sa femme & enfans, & après eux que lesdits Alboüys, leurs femmes & enfans precederoient les Consuls ; & sur la demande que le haut Justicier faisoit qu'il fût défendu ausdits Alboüys de se dire Coseigneur du lieu des Casses ; il fut jugé qu'ils ne se pourroient dire que Coseigneurs du lieu des Casses en la basse Justice, & non Coseigneurs simplement. *Ibidem*.

61 Le 17. Février 1633. entre le Baron d'Orgüeil & le sieur Ladugie, il a été jugé que ledit Ladugie se pourroit dire Coseigneur direct de la Chapelle, dans les tennemens de ladite Baronnie, parce qu'il avoit un fief noble dans ledit lieu de la Chapelle, pour lequel il faisoit hommage au Roy pour sa maison qu'il avoit audit lieu, & quantité de directes ; ce qui ne doit pas être tiré à consequence, parce que c'étoit en Guyenne où toute la terre du Village faisoit directe; par consequent, luy en ayant une grande partie relevée encore par un fief noble, on crût qu'il se devoit dire Coseigneur direct du lieu de la Chapelle. *Ibid.* livre 6. chap. 30.

62 *Henrys*, tom. 2. liv. 3. quest. 12. rapporte un Arrêt du Parlement de Paris du 20. Février 1638. qui a jugé que dans le concours & le doute de la directe elle seroit partagée entre les deux prétendans droit. Il n'approuve pas cette décision, & l'appelle *judicium rusticorum*. L'Auteur des observations insiste sur son avis.

63 Le Coseigneur direct d'un fief par indivis doit passer une reconnoissance, & payer la rente des biens qu'il possede dans le fief à son Coseigneur, mais le Coseigneur institué par indivis n'est pas tenu reconnoître pour la Justice son autre Coseigneur Justicier, quoiqu'il habite dans l'étendüe de la Justice ; ces questions ont été ainsi décidées au Parl. de Toulouse le 2. Février 1658. *M. de Catellan*, li. 3. ch. 15.

64 Le Seigneur principal se peut dire seul indéfiniment Seigneur, avec préference en tous les droits honorifiques, & doit être nommé le premier en tous les actes de Justice & Seigneurie, sauf aux autres Seigneurs à se dire Seigneurs en partie. Arrêt du 26. Février 1661. *De la Guesfiere*, tome 2. livre 4. chapitre 9.

DEMENTI AU SEIGNEUR.

65 Vassal ayant démenti son Seigneur perd son fief

pour fa vie. Arrêt du Parlement de Paris du dernier Décembre 1556. à la charge qu'après la mort du vaſſal l'uſufruit retourneroit à ſes heritiers, avec la proprieté, & ſans note d'infamie. *Papon, Lv. 8, tit. 3. n. 17. & liv. 13. tit. 1. n. 18.*
Voyez le mot *Dé nenti.*

Seigneur, Demolition.

66　Monſieur le Duc d'Orleans avoit traité de la Terre & Seigneurie de Champigny, appartenante à Mademoiſelle d'Orleans, avec M. le Cardinal de Richelieu pour en faire l'union avec le Duché de Richelieu; la terre de Champigny ayant eté démolie, Mademoiſelle d'Orleans après la mort de M. le Cardinal de Richelieu intenta action contre Madame la Ducheſſe d'Aiguillon pour la reſtitution & rétabliſſement de ladite terre de Champigny : ce qu'elle obtint par Arrêt rendu en la ſeconde Chambre des Enquêtes du Parlement de Paris, qui ordonne, faiſant droit ſur la ſommation de la Dame Ducheſſe d'Aiguillon, que M. le Duc d'Orleans l'acquitteroit de la condamnation portée par l'Arrêt. M. le Duc d'Orleans prit Lettres en forme de Requête civile. *Voyez les Plaidoyez de M. Pouſſet de Montauban,* qui plaidoit pour luy.

67　Un Seigneur en partie d'un Village acquerant une maiſon tenuë en cenſive de ſon Coſeigneur, ne la peut démolir pour mettre à uſage de prez & jardin, d'autant que telle démolition ſeroit grandement préjudiciable à celuy de qui la maiſon ſeroit tenuë & mouvante, en ce que perdant un domicile, il perdroit un homme, & en ce faiſant, un Seigneur pourroit en acquerant les maiſons tenuës en cenſives de ſon Coſeigneur, les mettre en uſage de jardin, & par ce moyen rendre la portion du Village de ſondit Coſeigneur inhabitée : de plus, il perdroit un tenancier qui pourroit vendre, & par ce moyen ſeroit privé des lods & ventes, des droits de desherence, de confiſcation, d'amendes que pourroit encourir ſon ſujet. Arrêt du 15. Mars 1629. *Journal des Audiences, to. 1. liv. 2. chap. 58.* il y avoit eu même Arrêt le 23. Décembre 1578. rapporté par *Carondas, livre 11. Réponſe 29.*

Seigneur desavoué.

68　Déſaveu du Seigneur: *V.* les mots *Aveu & Déſaveu.*

Seigneur, Felonie.

69　La felonie s'entend auſſi des excez commis par le Seigneur envers ſon vaſſal, auquel cas le Seigneur perd ſon hommage & droit de fief, lequel droit retourne au Seigneur Souverain de celuy qui a commis la felonie. Arrêt de l'Echiquier de Roüen de l'an 1301. Autre Arrêt du P. de Toulouſe du 14. Août 1526. pour les habitans de la Ville de Myrande, contre la Comteſſe Aſterac. *La Rocheſlavin, des droits Seigneuriaux, ch. 32. art. 1.*

70　Certains payſans & ſujets du Capitaine Malcouran, Seigneur Juſticier de Beauſlour en Lauragois, s'étant emparez du Château; & ayant dans iceluy maſſacré leur Seigneur, ſa femme & enfans, par Jugement du Prévôt de Languedoc, donné ſur l'avis des Magiſtrats Préſidiaux de Toulouſe, furent condamnez à être tenaillez tous vifs par les Carrefours de Toulouſe, & après être mis à quartiers tout vifs, la tête derriere, leurs biens confiſquez aux hoirs de leur Seigneur, ce qui fut executé au mois de Mars 1592. *La Rocheſlavin, des Droits Seigneuriaux, ch. 32. art. 3.* *Voyez* le mot *Felonie.*

Seigneur, Fortification.

71　Maiſons nobles ne peuvent être fortifiées ſans la permiſſion du Seigneur haut Juſticier. Arrêt du Parlement de Paris du premier Novembre 1597. *Papon, liv. 6. tit. 10. n. 1.*

Seigneur, Fouiller l'Heritage.

72　Jugé le 14. Février 1648. contre le ſieur Marquis de la Vieville, qu'un Seigneur ne peut empêcher celui qui poſſede un heritage dans ſa cenſive, d'y fouiller ſi avant que bon luy ſemble & de tranſporter la

marne d'iceluy ſur d'autres terres, étant dans une autre cenſive pour les ameliorer, ſous prétexte que l'heritage foüillé étant moins vendu, les droits Seigneuriaux ſeront peu conſiderables, *Soefve, tom. 1. Cent. 2. ch. 66.*

Seigneur haut Iusticier.

73　Le Seigneur Juſticier n'eſt pas fondé en préſomption de ſe dire Seigneur direct de tout ce qui eſt en ſon territoire; car la Juſtice eſt marque de protection & non de proprieté, toutefois la qualité de Seigneur ſert d'aide. *Coquille Coûtume de Nivernois, chap. 32. des Execut. &c.*

74　Seigneur Juſticier ne peut empêcher l'enterinement des lettres de grace accordées par le Roy, ſous prétexte que la confiſcation luy appartient. Jugé par Arrêt du Parlement de Paris. *Voyez Jo. Galli queſt. 284. & Papon, liv. 24. tit. 17. n. 1.*

75　Le titre Seigneurial d'une terre, n'appartient qu'au Seigneur haut Juſticier. Arrêt du Parlement de Paris du 16. Février 1550. en la cauſe des Budez pour la Seigneurie de Marly-la-Ville en France, il fut ordonné que Guillaume de Meaux ne s'intituleroit Seigneur de Marly, ni Seigneur des Fiefs de Marly indiſtinctement, mais qu'il s'intituleroit ſpecifiquement Seigneur des Fiefs qu'il prétendroit être à luy, aſſis en la Seigneurie & territoire de Marly. Autre Arrêt du 4. Juin 1646. en faveur du Seigneur d'Herbelay, défenſes aux Beauvais de s'en dire Seigneurs, & à leurs Officiers de ſe qualifier Officiers de la Juſtice d'Herbelay, mais ſeulement de la moïenne & baſſe Juſtice du fief de Beauvais ſis au village d'Herbelay, permis aux Beauvais de prendre la qualité de Sieurs du fief d'Herbelay en la paroiſſe de Champagne ſur Oyſe condamnez à effacer le titre qu'ils avoient fait mettre en l'Egliſe d'Herbelay. *Loyſeau en ſon Traité des Seigneuries chap. 11. n. 8.* dit que c'eſt une coûtume preſcrite déſormais d'appeller Seigneurs du village, ceux qui ont la Juſtice directe, ſoit feodale ou cenſuelle de la plus grande partie des maiſons, ſans qu'il eſtime que non ſeulement un particulier, faute d'intereſt legitime, ne ſeroit recevable de leur empêcher ce titre; mais même que le Seigneur Juſticier du village, n'y ſeroit fondé, ſinon en trois cas, ſçavoir ou que ce fût le principal village de la Seigneurie, ou celui dans lequel fût l'auditoire de ſa Juſtice, ou duquel luy-même tirât coûtume de porter le nom; neanmoins le contraire a été jugé nonobſtant la poſſeſſion immemoriale en une cauſe celebre, évoquée du Parlement de Paris en celuy de Grenoble, entre les enfans & heritiers de Meſſire Henry d'Argouges, Marquis de Raſnes, oppoſant tant pour luy que pour les Religieux du Convent de S. Victor lez Paris, & frere Pierre Leſcot deſſervant le Prieuré d'Oney, pour leſquels il avoit pris cauſe en main, afin de diſtraire aux criées pourſuivies par M. Guillaume Languet Secretaire du Roy, ſur la Terre & Seigneurie de Milli, d'une part, & Meſſire Jean Perault, Préſident en la Chambre des Comptes de Paris, ayant pris la pourſuite de Langues, comme proprietaire de la Terre de Milli d'autre part. *Voyez Salvaing de l'uſage des Fiefs, ch. 56.* où il ajoûte par l'uſage de Dauphiné le poſſeſſeur d'un ſeul fief a Juſtice, comme ſont pluſieurs maiſons fortes, a droit auſſi de s'en qualifier Seigneur en déſignant le fief, mais non celui qui n'a qu'un ſimple domaine, noble & exempt de tailles, comme il a été jugé le 15. Janvier 1657. en faveur de Jeanne Geneviéve de Rochefort, Dame de Meyſieu, par l'Arrêt défenſes ont été faites à Noble Gaſpard de Vincent, de prendre la qualité de Seigneur de Panete, qui eſt un domaine ſis dans la terre de Meyſieu, nonobſtant qu'il eût allegué que ſes predeceſſeurs l'avoient poſſedé d'ancienneté, avec la qualité de Seigneur.

76　Arrêt notable au Parlement de Toulouſe donné en la cauſe de Bernard de Molinier, Seigneur de Malaſa, & M. Paul de Caſare du 13. Septembre 1552. con-

tenant une déclaration par le menu des cas qui appartiennent à la Jurisdiction haute, moyenne & basse, & reglement entre deux Coseigneurs, à l'un desquels appartiennent les sept neuviémes parties, & à l'autré les deux neuviémes. *Le Vest*, *Arrêt* 57.

77 Seigneur Justicier peut saisir ce qui ne luy est reconnu ; il peut inseoder & abeneviser les terres hermes autres que les bois, forêts & Montagnes communs, empêcher la pêche à tous dans les limites des pêches & éclufes de ses moûlins ; comme aussi il peut empêcher de couper les bois pour autre usage que celui des habitans : de même il peut empêcher que les habitans ne fassent loges & cabanes dans les bois communs, & ne les reduisent en sol & labourage. Arrêt du Parlement de Toulouse du 13. Septembre 1554. *Papon*, *liv.* 13. *tit.* 2. *n.* 2.

78 Arrêt du 15. Janvier 1579. entre les Doyen Chanoines & Chapitre de l'Eglise de Troyes, Seigneurs de Massey, appellans contre Maître Nicolas Réglet, comme ayant les droits Royaux, par lequel il fut dit, mal jugé par le Bailly de Troyes, qui avoit fait défenses de faire inventaires & partages en ladite terre de Massey, où ils n'ont que police & réalité, & ordonne que l'Arrêt seroit publié. *Voyez la Bibliotheque de Bouchel* verbo *Aveu*.

79 Le Seigneur d'un fief situé au territoire du Seigneur haut Justicier, ne se peut intituler Seigneur du nom du fief du Seigneur haut Justicier. *Voyez Filleau*, 4. *part. quest.* 131.

80 Un Seigneur haut Justicier ne peut donner la basse & moyenne Justice à son vassal és terres qu'il tient en fief de luy. Arrêt du 3. Juillet 1615. *Du Frêne*, *liv.* 1. *chap.* 61.

81 Le Seigneur Justicier ne doit pas souffrir que celui qui a une directe en fief noble dans son village, prenne la qualité pure & simple de Seigneur de ce village, & le Seigneur Justicier peut l'empêcher & le reduire au titre de Seigneur direct dans le village. Arrêt du Parlement de Toulouse du 10. Septembre 1650. rapporté par *M. de Catellan*, *liv.* 3. *ch.* 1.

82 Non seulement les Seigneurs hauts Justiciers ont droit d'empêcher qu'un Seigneur direct sans Justice, se qualifie Seigneur du lieu où il a ses directes ou quelque maison forte ; mais ils ont encore droit de faire abbattre les crenaux, & autres marques de noblesse dans la maison de ce même particulier, & de se qualifier noble. Arrêt du P. de Grenoble du 7. Septembre 1663. en faveur du sieur de Cardaillac de Levi, Comte de Bioulle. *Basset*, *tom.* 2. *liv.* 3. *tit.* 5. *ch.* 1.

83 Regulierement le titre de Seigneur du village appartient au haut Justicier non au Seigneur feodal, 1. Toutefois si le Seigneur feodal avoit pris le nom du village, le haut Justicier ne pourra l'empêcher qu'en trois cas, si c'étoit le principal village de la Seigneurie ou celui dans lequel fût l'auditoire de la Justice, ou duquel luy-même eût accoûtumé de porter le nom. *Loys. des Seign.* chap. 11. *n.* 9. 10. 11. 1. *id.* Morn. *ad* L. 1. C. de off. pref. verb. vid. Chopin. *Andeg. lib.* 2. *part.* 2. *tit.* 4. *n.* 7 ; M. Abraham la Peirere *en ses Décisions du Palais*, *lettre* N. *nomb.* 13. réunit toutes ces autoritez, & rapporte l'Arrêt rendu au Parlement de Bourdeaux le 20. Février 1668. Président M. le Premier, plaidans Poitevin & Dalon, entre le Seigneur d'Estissac Seigneur de Moncla, & le sieur Rochon. Il fut fait défenses audit Rochon de prendre la qualité de sieur de S. Felix, sous prétexte qu'il avoit quelques fiefs & rentes dans la Paroisse de S. Felix, faisant partie de la Seigneurie de Moncla.

HONNEURS AU SEIGNEUR.

84 Seigneur ayant droit d'avoir un banc dans l'Eglise. *Voyez* le mot *Bancs* nomb. 38. & *suiv.*

85 Si le Seigneur du lieu où est assise l'Eglise, quoiqu'il ne soit patron, a les honneurs ? *Voyez* le mot *Droits honorifiques*, *n.* 61. & *suiv.*

86 Le Seigneur Justicier peut demander à la commu-

nauté & aux habitans, l'hommage & le serment de fidelité, quoiqu'il ne paroisse point qu'ils l'ayent jamais prêté, ni à luy, ni à ses devanciers. *Du Perrier liv.* 2. *quest.* 2.

87 Arrêt du 6. Mars 1561. concernant le droit & prérogative d'honneurs entre le sieur Baron de Montaut, & Coseigneur pour les deux parties, trois faisant le tout du lieu de la Bruguyere. *La Rocheflavin des droits Seigneuriaux*, ch. 21. *Art.* 2.

88 Arrêt du Parlement de Toulouse du 30. Août 1603. qui regle entre les Coseigneurs de Montbrun, les honneurs de l'Eglise, la nomination des Officiers, la perception des droits, &c. *La Rocheflavin, des droits Seigneuriaux*, ch. 21, *art.* 11.

89 Arrêt du Parlement d'Aix du 5. Novembre 1644. qui a jugé qu'au Seigneur censier n'est dû honneur par le debiteur du cens, & qu'il n'avoit pas été obligé de le saluer, M. l'Avocat General de Cotmis avoit conclu au contraire. *Boniface*, *to.* 1. *liv.* 3. *tit.* 2. *ch.* 5.

90 Le 22. Juin 1647. il a été jugé que le Seigneur doit être honoré par le Vicaire du lieu. *Boniface*. ibidem *chapitre* 4.

91 Arrêt du 16. May 1665. qui a jugé que l'action criminelle n'est point donnée au Seigneur du fief contre son vassal qui ne le salué point, quand l'irreverence n'est pas grande, ce même Arrêt juge que le vassal doit respecter son Seigneur. *Boniface*, *tom.* 1. *part.* 3. *li.* 1. *tit.* 2. *ch.* 29.

92 Le 21. Juin 1669. Arrêt qui enjoint au Curé de recommander au Prône le Seigneur, sa femme, & sa famille, aux prieres publiques, & leur presenter la paix & l'aspersion, & les faire encenser aux jours de Dimanches & autres Fêtes solemnelles, par le Soudiacre ; & qu'il fera dire l'une des Messes à une heure convenable & commode pour le Seigneur & sa famille. *Boniface*, *tom.* 4. *liv.* 1. *tit* 4. *ch.* 1.

93 Si les Consuls du lieu doivent visiter le Seigneur, après leur creation, & s'ils doivent luy demander la permission de battre le tambour à la Fête du village, pour faire courir les joyes à la jeunesse. Arrêt du Parlement de Grenoble du 27. Juillet 1679. qui débouta le sieur Baron de Viens, de sa prétention. *Boniface*, *tom.* 4. *li.* 1. *tit.* 7. *ch.* 1. Un Arrêt contraire rendu au Parlement d'Aix le 30. Avril 1682. en faveur du Seigneur de Reillane, est rapporté au 2. *ch.*

94 Dans la Châtellenie de Lisle, c'est au Seigneur du village, y ayant les droits honorifiques, de permettre de danser aux jours de Fêtes, & de la Dédicace, à l'exclusion de tous les autres Seigneurs, ayant des fiefs dans le village. Arrêt du Parlement de Tournay du 3. Decembre 1695. contre Eustache Lesart, Ecuyer Sieur de Farvaques, demandeur au profit de Messire Guillaume François de Montmorency, Vicomte de Roullers. *M. Pinault*, tom. 1. *Arr.* 82.

SEIGNEUR, INDEMNITÉ.

95 Indemnité taxée à la valeur & estimation du quart des heritages, s'ils sont feodaux, & à la valeur & estimation du quint, s'ils sont censuels. Ainsi jugé en la Coûtume de Boulonnois par Arrêt prononcé en robes rouges, le 22. Decembre 1581. entre les sieurs de Mont-Caurel & Chanleu d'une part, & le Maître Administrateur & Religieuses de l'Hôpital de Montreüil d'autre. *Bibliotheque de Bouchel*, verbo *Indemnité*. *Voyez le Vest*, *Arrêt* 78.

96 Une maison est achetée par deux Convents d'un même Ordre chacun pour moitié, l'indemnité est payée au Seigneur ; dix ans après, l'un des Convents transporte sa moitié à l'autre par échange ; le Seigneur prétend un nouveau droit ; le Convent renvoyé absous, par Arrêt du 20. Avril 1651. *Du Frêne*, *liv.* 6. *ch.* 22.

Voyez le mot *Indemnité*

JUGES DE SEIGNEURIE.

97 *Voyez* le mot *Competence*, nomb. 55. & *suiv.* & le mot *Juges*, nomb. 529. & *suiv.*

Y y y iij

98 Le 19. Juin 1652. jugé que les Seigneurs hauts Justiciers, ayant un Bailly d'ancienneté dans leur Justice, ne peuvent y établir un Lieutenant ou autres Officiers nouveaux. *Du Frêne , liv.* 7. *ch.* 7.

99 Les Seigneurs des terres peuvent plaider pour leurs droits Seigneuriaux & feodaux devant les Juges qu'ils y ont établis, contre leurs sujets ; mais non en autres cas. Arrêt du Parlement de Grenoble du 2. May 1655. les Chambres assemblées. *Voyez Chorier en sa Jurisprudence de Guy Pape , page* 101.

JUSTICE HAUTE , MOYENNE , ET BASSE.

100 *Voyez* le mot *Justice , nomb.* 493.

Des matieres dont les hauts , moyens & bas Justiciers peuvent connoître. *Voyez* le mot *Juge , nombre* 522. *bis.*

101 De la prévention des Juges superieurs sur les inferieurs. *Voyez* le mot *Prévention , nomb.* 32, *& suiv.*

102 Qu'en même Ville il n'y aura qu'un degré de Jurisdiction en premiere instance commune entre le Roy & les hauts-Justiciers. *Voyez les Ordonnances de Fontanon , tome* 1. *liv.* 2. *tit.* 16. *page* 475.

103 Des Justices temporelles des Seigneurs Ecclesiastiques & de leurs Officiers. *Ibid. chap.* 3.

SEIGNEUR , LODS.

104 Les lods & demi-lods servant d'indemnité dûs par les gens de main-morte non compris specifiquement dans la ferme, sont dûs au Seigneur, non au Fermier ; parce que ce sont droits extraordinaires. *Boniface , tome* 4. *liv.* 2. *tit.* 2. *chap.* 4.

105 Le Seigneur qui a pris des lods & ventes d'heritage à rachat, peut , il le rachat est revendu , retenir l'heritage. Arrêt du Parlement de Dijon du 12. Juillet 1566. *Bouvot , tom.* 1. *part.* 2. verbo, *Seigneur, question* 2.

106 Si le vendeur cede à un tiers la faculté du rachat qu'il s'étoit reservée , le droit de lods & de prélation en est dû au Seigneur. *Voyez Du Perrier, liv.* 4. *quest.* 15.

107 Si de la prorogation du temps du rachat , le droit de lods & de prélation est dû au Seigneur , le rachat s'en étant ensuivi après le premier terme? *Voyez ibid. quest.* 16.

108 Le Seigneur direct ne peut prendre par droit de prélation , ni demander lods & ventes, lorsque la piece moûvante de sa directé est donnée en locatairie , mais la locatairie se vendant , il peut demander l'un ou l'autre. Jugé au Parl. de Toulouse le 25. Juillet 1604. *Cambolas , liv.* 3. *chap.* 41.

Voyez le mot *Lods.*

NOTAIRE DES SEIGNEURS.

109 *Voyez* le mot *Notaires , nomb.* 207. *& suiv.*

SEIGNEUR OFFENSÉ.

110 Es Arrêts generaux de Pâques en 1566. certains habitans de la Commanderie de Sainte Croix, qui avoient offensé & blessé en un de ses doigts le Commandeur leur Seigneur , furent condamnez à faire amende honorable, avec un bannissement de la Commanderie , & grande amende pecuniaire. *La Rocheflavin , des Droits Seigneuriaux , chap.* 32. *art.* 2.

111 Seigneur offensé par son vassal. *Voyez* les mots *Fief. nomb.* 105. *& suiv.* & *Injure , nomb.* 153. *& suiv.*

OFFICIERS DU SEIGNEUR.

112 *Voyez* le mot *Office , nomb.* 479. *& suiv.*

Consuetudo quòd solus Dominus electionem parium habeat , an valeat? Voyez *Andr. Gaill. lib.* 2. *observ.* 34.

113 Officiers du Seigneur sont exempts même incapables des Charges de la Communauté. *Voyez* le mot *Communauté , nomb.* 62. *& suiv.*

114 Il n'appartient au Seigneur moyen ni bas Justicier de donner permission aux Consuls de porter chaperons mi livrée consulaire mi-partie de rouge & noir , mais seulement au Seigneur haut-Justicier. Arrêt du 21. Avril 1603. pour le Seigneur haut-Justicier de Moncla , contre le Seigneur moyen & bas qui avoit donné ladite permission aux Consuls dudit Moncla.

La Rocheflavin *des Droits Seigneuriaux , chapitre* 21. *article* 9.

115 Les Officiers des Abbayes & autres Beneficiers ne se peuvent qualifier Juges d'une telle Seigneurie, ni les Abbé & Beneficiers, se qualifier Seigneurs d'un tel village ; ils doivent ajoûter , à cause d'une telle Abbaye. Arrêt du Parlement de Dijon du 27. Novembre 1610. *Bouvot , tome* 2. verbo, *Offices, quest.* 35.

116 Quand il y a plusieurs Seigneurs, ils peuvent avoir plusieurs Officiers qui rendent la justice alternativement , le temps de l'exercice reglé suivant la portion qu'ils ont en la Seigneurie. Arrêt du Parlement de Dijon du 9. Août 1612. *Bouvot , tome* 1. *part.* 1. verbo , *Seigneur.*

DU DROIT COMMUN DE PAIX.

117 *Voyez* le mot *Droits Seigneuriaux , nomb.* 24.

SEIGNEUR , PLAIDER.

118 Un Seigneur peut plaider devant son Juge. *Voyez* le mot , *Plaider , nomb.* 20. *& suiv.*

119 Avocat plaidant contre son Seigneur. *Voyez* le mot *Avocat , nomb.* 143. *& suiv.*

120 Jugé par Arrêt du 21. Août 1613. que le vassal est tenu de plaider en la Justice de son Seigneur feodal, quand il s'agit des droits feodaux prétendus par le Seigneur , si ce n'est que le vassal ait prevenu par offres , ou qu'il soit question de ventilation. *Filleau, 4. part. quest.* 129.

SEIGNEUR , POSSESSION.

121 Les Seigneurs sont censez proprietaires des terres gastes & incultes , mais la possession immemoriale sert de titre aux habitans. *Boniface, tome* 4. *liv.* 3. *tit.* 1, *chap.* 1.

122 Le Seigneur d'Espatnes prétendant être Seigneur direct dudit lieu & jurisdictionnel jusqu'à 3. livres,& en possession de temps immemorial de tenir Boucheries & Tavernes, & de les affermer à son profit , les Consuls de Montfort forment possessoire,& soûtiennent que ces droits ne luy peuvent appartenir , comme n'étant de la basse Jurisdiction , & qu'au contraire , ils leur appartiennent comme exerçant la Jurisdiction au nom du Roy de Navarre , Vicomte de Fezesanguet: ce qui fut jugé ainsi en l'année 1576. *La Rocheflavin , des Droits Seigneuriaux , chap.* 29.

123 M. Bouguier *in litt. D. ch.* 19. dit avoir été jugé que les baux, & accensemens du droit universel en toute une contrée,quoiqu'il n'apparût d'aucune concession, & baillée des terres ; cependant la possession de plus de quatre-vingt ans & payement universel par les particuliers, fit juger que les Chanoines & Chapitres de S. Pierre de Bourges, étoient bien fondés *in quâlibet parte territorii limitati* ;le detenteur de certaine quantité de terre assise & enclavée parmi les autres , fut declaré sujet audit droit , quoiqu'il ne fût verifié d'aucun payement par luy fait , & qu'il fût en possession immemoriale de liberté. *Mol. in cons. Par. r.§.* 46. *n.* 6. *& jus commissi post tres annos, & jus retractûs* montre la retention de la directe Seigneurie. La même chose jugée par Arrêt du Parl. de Bourgogne contre le sieur Burignot Grenetier au profit de l'Evêque de Châlons. *Bouvot , tome* 2. verbo , *Cens , quest.* 34.

124 Le Seigneur ne peut par voye de fait & de son autorité se mettre en possession du fief de son vassal, mais il doit se servir de l'autorité de la Justice , du ministere d'un Sergent, lequel au nom & de l'autorité du Seigneur mettra entre ses mains le fief du vassal , pour en joüir bien & dûement. Arrêt du 9. Decembre 1595. en la Cinquiéme Chambre des Enquêtes du Parlement de Paris entre Theroneau & Rodet. *Voyez Auzanet , sur l'article* 1. *de la Coûr. de Paris.*

125 Un Seigneur feodal ayant haute Justice , moyenne & basse, fut maintenu en la joüissance des droits specifiez par les aveux qu'il avoit rendus au Seigneur dominant : la Cour se fonda sur la possession & joüissance de ces droits verifiez par l'information, dont

fut fait recit par M. Servin Avocat du Roy. Ces droits appellez droits de *nôces*, étoient que ce Seigneur feodal haut-Justicier & en son absence son Sergent de sa Justice devoit être convié à la nôce huit jours devant pour accompagner l'Epouse allant à l'Eglise, & se pouvoir seoir avant le marié à dîner, avoir deux chiens courans & un levrier durant le dîner, qu'ils auroient aussi à dîner; & après dîner ce Seigneur ou son Sergent pourroit dire la premiere chanson: l'Arrêt du Parlement de Paris du 6. Mars 1601. fondé sur ce qu'il n'y a rien en ces droits contre les bonnes mœurs. Par la Sentence du Juge des lieux en tout confirmée, il étoit ordonné que les mots concernant autres droits de nôces contraires aux bonnes mœurs, contenus dans les mêmes aveus seroient rayez. *Bibliotheque de Bouchel*, verbo, *Droits Seigneuriaux*.

116   Une masse d'ambre gris trouvée par un particulier au bord de la mer, le Seigneur du territoire la prétendoit, & soûtenoit que de temps immemorial ce qui se trouvoit de la sorte appartenoit au Seigneur du lieu. Arrêt à Pâques 1606. qui ordonne que la masse seroit laissée au particulier, & que le Seigneur seroit preuve de sa possession, laquelle ayant été faite la masse d'ambre gris luy fut ajugée. Mornac, *l.* 3. *ff. de rerum divisione.*

127   Conformément à l'opinion de *Du Moulin*, touchant la possession immemoriale sans titre, il a été jugé par Arrêt du Parlement de Dijon du 11. May 1667. au profit de M. Jacques Poussi Avocat, contre Messieurs Espiard & Blanot, au sujet de fonds délivrez par decret; car le sieur Poussi ayant été admis à une preuve de possession immemoriale, fut maintenu dans le droit de tierce, en execution duquel Arrêt, s'étant pourvû contre des possesseurs, qu'il prétendoit luy devoir des droits de tierce, ils s'opposerent à l'execution de même Arrêt, & soûtinrent que ce jugement étoit, *Res inter alios acta & judicata*, qu'il falloit un titre au sieur Poussi, & subsidiairement ils offrirent de faire la preuve de la franchise de leur fonds, sur quoy par Arrêt du 6. Mars 1668. La Cour sans s'arrêter au titre demandé par les opposans, les admit à la preuve qu'ils offroient de faire touchant la franchise des heritages sur lesquels le sieur Poussi prétendoit un droit de tierce en vertu d'une possession immemoriale, & comme les opposans ne firent pas une preuve suffisante, par Arrêt du 10. Juillet 1669. ils furent condamnez à payer le droit de quatorze gerbes l'une. *Taisand, sur la Coutume de Bourgogne*, titre 11. article 1. note 9.

118   SEIGNEUR, PRESCRIPTION.

Solutione tributi an probetur subjectio: & an adversus solutionem praescribatur? V. *Franc. Marc.* to. 1. quest. 352.

119   Un Seigneur peut prescrire contre un autre Seigneur par l'espace de 30. ans, en faisant apparoir des reconnoissances, joüissance paisible, & payement de la rente pendant trente ans. *Voyez les Arrêts de M. de Catellan*, liv. 3. chap. 2.

130   Comme les Seigneurs ne se font pas toûjours payer en especes, & qu'au lieu d'icelles ils les estiment à un certain prix pour éviter les appréciations, il ne s'ensuit pas que le vassal en consequence des payements continués par plusieurs années, puisse changer la nature de la premiere obligation en vertu de la prescription, cela ne se faisant que pour une plus grande commodité du vassal, le titre de la redevance demeure toûjours en sa force & vertu. On en rapporte un Arrêt notable donné pour le Roy de Navarre, comme Comte de Marle, du 12. Mars 1581. par lequel il fut dit que la possession de 60. ans durant laquelle il avoit payé 25. deniers pour un chapon de rente qui étoit dû, n'empêchoit point qu'il ne se fît payer en essence quand il voudroit. *Chopin*, liv. 2. chapitre 2. tome 1. art. 2. *de feudis Andeg.* Mornac, *ad L. in venditionibus, de contrah. empt. Voyez Basnage, article 185. de la Coûtume de Normandie.*

Sur la question de sçavoir si la surcharge peut être   131
prescrite par un Seigneur, il faut établir cette difference, si les emphiteotes depuis le premier titre ont déguerpi: car en ce cas le fief étant retourné aux mains du Seigneur, il a pû être donné sans de nouvelles conditions; ainsi jugé au Parlement de Toulouse en 1597. entre le sieur Malroux, contre les habitans de Battade en Quercy. *Albert*, verbo, *Seigneur*, *art.* 3.

Par Arrêt du Parlement de Roüen du mois de Juil-   132
let 1629. il fut jugé que deux Seigneurs, dont l'un étoit vassal de l'autre, ne pouvoient prescrire les tenures l'un de l'autre. *Basnage*, *sur la Coûtume de Normandie*, art. 521.

Entre deux Seigneurs, la prescription, & la peremp-   133
tion ont lieu, au Parl. de Roüen. Arrêt du 14. May 1654. rapporté par *Basnage*, sur l'art. 116. de cette Coûtume.

Un Seigneur prescrit contre un autre Seigneur par   134
30. ans entre Laïcs & par 40. contre l'Eglise. Arrêt du Parlement de Toulouse du 11. Juillet 1670. *La Rocheflavin des Droits Seigneuriaux*, chap. 20. Arr. 3.

La dénegation de la mouvance necessaire pour l'in-   135
terversion de possession, & pour la prescription de la liberté, doit être expresse & faite en jugement au dans le procés intenté, parce que la prescription de la mouvance étant contre la loy du bail qui veille toûjours pour le Seigneur, il faut le ministere du Juge & la contestation en cause pour donner cours à cette prescription. Arrêt du Parlement de Toulouse du 20. Decembre 1675. Autre Arrêt semblable en 1679. rapporté par *M. de Catellan*, *liv.* 3. *chap.* 19.

Voyez le mot Prescription, *nomb.* 325. & *suiv.*

SEIGNEUR, RECONNOISSANCES.

Le Seigneur de la main-morte allouant l'achat fait   136
par un homme franc, ne peut après le contraindre à mettre l'heritage en main habile, & de qualité. Arrêt du Parlement de Dijon du 10. Decembre 1563. *Bouvot*, tome 1. part. 2. verbo, *Seigneur de Main-morte.*

Si un Seigneur censier ou rentier peut intenter   137
action contre le tenancier du fonds, quoiqu'il n'ait reconnu & ne soit obligé, ni heritier de reconnoissant? *Voyez Bouvot*, tome 1. part. 3. verbo, *Seigneur censier*, quest. 3.

Le Seigneur demandant être reconnu; si c'est au   138
Corps & Communauté il peut être créé un Syndic pour faire la reconnoissance ou pour s'en défendre; si c'est aux particuliers tenanciers, si les droits demandés sont generaux & universels & égaux à tous, comme tant pour chaque maison, chaque feu allumant, chaque homme, chaque arpent de terre, prez ou vignes, parce que c'est l'interêt universel & general de tous, ils peuvent aussi créer un Syndic comme dessus; mais si les demandes sont particulieres à des particuliers, pour des particuliers terroirs & pour des droits particuliers & differens les uns des autres, ils ne peuvent créer Syndic pour generalement s'en défendre ou garantir; mais comme la demande est particuliere, il faut que particulierement chacun se défende en son particulier; peuvent neanmoins se servir d'un même Procureur, pourvû qu'il n'y ait des garanties entr'eux, & ce afin de ne donner *potentiores adversarios* au Seigneur, comme il a été jugé par plusieurs Arrêts qui ont declaré odieuses les clauses contre le Seigneur, comme de jurer & promettre jamais accord avec luy, & ne le reconnoître, de le poursuivre par appel & évocations. *La Rocheflavin*, *des Droits Seigneuriaux*, chap. 1. art. 27.

Par Arrêt du 16. Avril 1571. le Seigneur de Marthes   139
pour avoir surchargé & fait reconnoître à son emphiteote plus que l'infeodation ne portoit, fut privé de son fief durant sa vie & les reconnoissances cassées, & l'emphiteote condamné à reconnoître les hoirs du Seigneur, quoique l'infeodation (quoique ce fût le pere de l'emph'teote qui avoit fait les reconnoissances, & tant lui que son fils toûjours payé

suivant icelle. Un Préfident pour femblable furcharge ne fut pas feulement privé de fon fief, mais encore dégradé en pleine Audience, & après remis par le Roy en fon honneur & état, l'exerça long-temps après, & le Vicomte de Sere fut privé de la Jurifdiction & rentes à luy dûës pour pareille furcharge, le 25. Février 1538. Autre Arrêt du 10. Avril 1571. qui décharge l'Emphyteote de rien payer fa vie durant. *La Roch flavin, des Droits Seigneuriaux, chapitre 1. article 21.*

140 Quand le tenancier a luy-même paffé reconnoiffance, ou quand il eft heritier, ceffionnaire, legataire ou donataire, ou autrement, ayant droit & caufe, *ex caufâ lucrativâ*, de celuy qui a reconnu, il fuffit au Seigneur de faire apparoir de cette feule reconnoiffance, à caufe de l'obligation perfonnelle & hypothequaire contenuë en icelle, laquelle eft tranfmife à fes heritiers. Arrêt de l'an 1590. *Ibid. art. 6.*

141 Quand une terre ou fond eft vendu à faculté de rachat, il eft au choix & option du Seigneur de faire reconnoître celuy que bon luy femblera, ou l'acheteur ou le vendeur, parce qu'ils font tous deux maîtres & propriétaires, fauf, pour la poffeffion & jouiffance qui appartient à l'acquereur, à caufe de laquelle il ne peut fe défendre de reconnoître. Arrêt du 8. Février 1591. *Ibid. art. 31.* *Voyez cy-deffus le mot Reconnoiffance.*

RENTES SEIGNEURIALES.

142 *Voyez le mot Rentes, nomb. 290. & fuiv.*

SEIGNEUR, RETRAIT.

143 Seigneur cenfuel ne peut retenir un heritage par retrait Seigneurial, s'il n'y a convention expreffe, ou Coûtume au contraire. *Voyez Carondas, liv. 2. Réponfe 11.*

144 Si la locataire perpetuelle fe vend, le Seigneur direct la peut prendre par droit de prélation, ou les lods & ventes. Jugé au Parlement de Touloufe le 9. Avril 1630. *Cambolas, liv. 6. ch. 7.*

145 Quand il y a plufieurs Seigneurs, fi l'un peut retraire malgré l'autre. *Voyez le mot Retrait, nomb. 96. & fuiv.*

SEIGNEUR, REUNION.

146 Arrêt du P. de Paris du 10 Decembre 1648. au profit des Carmes d'Angers. Le Seigneur de fief ayant acquis un heritage mouvant de fon fief, & chargé d'une rente fonciere envers le fief, la rente étoit éteinte par le moyen de la réünion qui s'étoit faite de cet heritage à ce fief, en telle forte que le même Seigneur, ou ceux qui étoient à fon droit, ayant revendu cet heritage, fans le charger de nouveau, l'acquereur de la même rente ne pouvoit pas être pourfuivi pour raifon d'icelle par le Seigneur du fief, fuivant la Loy *Si quis ædes de fervit. urban. præd.* D. *Voyez Bafnage, fur l'art. 178. de la Coûtume de Normandie.* *Voyez cy-deffus le mot Réünion.*

SEIGNEUR, SAISIE FEODALE.

147 Si le Seigneur feodal ayant faifi, devra joüir de la maifon Seigneuriale du fief fervant ? *Voyez Coquille, tome 2. queft. 24.* *Voyez cy-deffus le mot Saifie, n. 130. & fuiv.*

SEIGNEUR, SUCCESSION.

148 Seigneur qui fuccede au bâtard. *Voyez le mot Bâtard, nomb. 211. & fuiv.*

149 De la fucceffion des taillables & main-mortables mourans fans enfans, acquife au Seigneur. *Voyez Guy Pape, queft. 312. & 361.* Il y en a un Arrêt du Parlement de Grenoble du 26. Février 1530. mais il n'a pas été fuivi d'autres. Le Dauphin Humbert II. a renoncé, & voulu abolir cette fervitude. *Voyez Chorier en fa Jurifprudence de Guy Pape, p. 146.*

150 Le Seigneur, par le trépas de fon homme de mainmorte, eft faifi des biens & fucceffion de fondit homme de main-morte, quant à ce qui tombe en ladite mainmorte, Coûtume de Troyes, art. 91. Le Seigneur eft

faifi des biens, *etiam* contre l'heritier, & il eft recevable à former complainte contre luy. Arrêt du 10. Mars 1570. prononcé en Robes rouges. Le Seigneur eft faifi *jure peculii, non jure hæredis.* Bibliotheque de Bouchel, *verbo Main-morte.*

151 Si le Jéfuite congedié de fa Maifon, après deux ans, acquiert des biens dans le fiecle, ils appartiendront à fes parens, non au Seigneur Haut-Jufticier. Arrêts des 12. May 1671. & 9. Avril 1674. *Le Brun, traité des Succeffions, liv. 1. ch. 2. fect. 2. n. 8.*

SEIGNEUR, TERRIER.

152 *Henrys, tome 1. liv. 3. ch. 3. queft. 42.* établit que les tranfactions paffées entre le Seigneur & les Emphytéotes, ne font valables, quand elles contiennent des charges plus fortes que celles portées par les anciens terriers. Il ajoûte que le temps ni la longue poffeffion ne peuvent les autorifer; car comme l'on préfume que la tranfaction a été paffée par force & violence, l'on préfume auffi qu'il y en a eu dans la jouiffance.

153 *M. de la Rocheflavin, des Droits Seigneuriaux, ch. 1. art. 22.* fait mention de plufieurs Arrêts du Parlement de Touloufe, qui ont privé des Seigneurs de la jouiffance de leurs terres pendant leur vie, pour avoir furchargé leurs Emphytéotes de plus grands droits que ceux portez par les anciennes reconnoiffances. Graverol, dans fes Obfervations fur cet article, diftingue: Il dit, que fi le Seigneur, qui avoit mis la furcharge, eft vivant, il doit être privé de fa directe durant fa vie; fi c'est l'ouvrage de fes auteurs, les reconnoiffances qui contiennent la furcharge, doivent être caffées, & réduites aux titres anciens, fans avoir égard à la poffeffion, quelque longue qu'elle puiffe être, laquelle ne peut acquerir aucun droit contre le titre, fuivant la Loy *improba, Cod. de acquirendâ vel omitt. poffeff.*

154 Seigneur direct, quoique bas Jufticier, peut contraindre un poffeffeur de fond, étant dans fa directe & cenfive, à reconnoître en fon terrier, & luy payer les droits Seigneuriaux. Arrêt du Parlement de Paris du mois de Juin 1548. *Papon, liv. 11. tit. 2. n. 16.*

155 Par la Coûtume generale de France, *nulle Terre fans Seigneur;* & ainfi un Seigneur, en vertu de Lettres de terrier, peut faire faifir, & affigner pour bailler par déclaration; & fi le fujet ne defavouë ou n'allegue franc-aleu, & immunité, il eft tenu de la faire. Arrêt du Parlement de Paris du dernier Juin 1567. Dans les Coûtumes de Franc-aleu, le prétendu vaffal n'eft tenu d'avoüer ou defavoüer, jufqu'à ce que le Seigneur ait fait apparoir de fa mouvance. Arrêt du 10. Novembre 1574. *Papon, liv. 13. tit. 2. nombre 16.*

156 Quand un Seigneur obtient Lettres de terrier, tous font tenus bailler déclaration, autrement terre roturiere feroit plus privilegiée que la feodale, pour laquelle, fans exception, le Seigneur eft tenu faire fervices, s'il n'a titre d'exemption; & de fait, le Seigneur peut faire faifir pour les redevances; la faifie tient nonobftant l'oppofition; toutefois les fujets doivent avoir main-levée, en confignant trois années des droits prétendus. Arrêt pour M. Pierre Pithou, contre Quentin Blanchet, Edme Briel & conforts, habitans de Luyeres, au Bailliage de Chaumont, du Mardy 28. Avril 1573. *Sed hoc potius ex vi Edicti Regii,* fur la faifie pour rentes & cenfives, publié l'an 1593. *quàm ex confuetudine.* V. la *Bibliotheque de Bouchel, verbo Alcu.* *Voyez cy-après le mot Terrier.*

SEIGNEUR, TITRES.

157 Quels titres font neceffaires pour prouver la directe ? *Voyez le mot Directe, n. 19. & fuiv.*

158 *Vaffallus vel emphyteuta emphyteufis inftrumentum domino, an & quando oftendere teneatur ?* Voyez *Franc. Marc. tome 1. queft. 606.*

159 Si le Seigneur, pour demander 29. années d'arrerages

rages du cens, eſt tenu de rapporter des titres? *Voyez Henryz*, tome 2. *liv.* 3. *queſt.* 23.

160   Directe Seigneurie fondée par la déclaration ſimple du vendeur, ne peut ſervir de titre; ainſi le Seigneur duquel le vendeur a déclaré le fond par luy vendu, être tenu & mouvant, ne peut contraindre l'acheteur de le reconnoître, s'il ne montre terriers. Arrêt du Parlement de Grenoble. Cependant telle déclaration ne laiſſe pas de faire queſqua ſorte de preuve, ſur tout ſi le vendeur a payé & reconnu les droits du Seigneur. *Papon*, *liv.* 13. *tit.* 2. *n.* 19.

161   Les déclarations de certaine mouvance faites dans les contrats, n'acquierent aucun droit aux Seigneurs; elles peuvent ſervir d'adminicule, au cas que d'ailleurs ils ayent des terriers, ou qu'ils rapportent la preuve d'une perte de titres. *V. Guy Pape*, queſt. 24. nomb. 1. & Benedict, *in verbo & uxorem*, *n.* 444. & 1001. & Mainard, *liv.* 4. *ch.* 48.

162   Quand un Seigneur a par ſes inſtrumens de bail, inféodation ou reconnoiſſance, donné un terroir uni & limité de chemins, montagnes ou autres bornes & limites, il n'eſt pas tenu de montrer ſes titres au tenancier, mais ſeulement luy montrer que la terre, de laquelle les droits ſont demandez, eſt encloſe dans ſon terroir & dans les limites, & confrontation d'iceluy. En ce cas le tenancier eſt tenu de reconnoître, & payer les droits Seigneuriaux, comme les autres circonvoiſins, & à proportion de ce qu'il y poſſede, ſi ce n'eſt que le tenancier faſſe apparoir de la liberté & affranchiſſement de la terre, comme il eſt tenu de faire en ce cas. Arrêts des 9. Juin 1516. & 11. Mars 1552. *La Rocheſlavin, des Droits Seigneuriaux*, *ch.* 1. *Arr.* 3.

163   Les ſujets doivent être appellez à fin d'exhibition de titre, & de réformation en Reglement. Arrêt du Parlement de Touloſe du 23. Juin 1528. entre la Dame de Mouſtin, & le Syndic des Conſuls & habitans du lieu. *Papon*, *liv.* 13. *tit.* 2. *n.* 3.

164   Si le Seigneur par feu, larcin, guerre, ou autres cas fortuits, a perdu ſes titres & reconnoiſſances, il doit être reçu & en faire preuve, & ſur les payemens faits par les Emphytéotes, & réciproquement les Emphytéotes leurs affranchiſſemens. Par Arrêt du 19. Août 1532. les Chapitres de Montpellier, Mende & Gailhac, & autres, ayant obtenu Lettres Patentes du Roy, elles furent reçuës & regiſtrées au Parlement de Toulouſe; celles de Montpellier le dernier Juin 1583. celles de Mende le 8. Août 1587. *La Rocheſlavin, des Droits Seigneuriaux*, chap. 1. art. 11. & *la Bibliotheque de Bouchel*, verbo Reconnoiſſance.

165   Le Seigneur direct ou foncier ne peut de droit commun contraindre les habitans & biens tenans en ſa directe, à luy payer ni reconnoître aucun droit, ſi ce n'eſt en tant qu'il en juſtifiera par infeodation, tranſaction, jugemens, & nombre ſuffiſant de reconnoiſſances, non ſeulement en Languedoc ou le franc aleu à lieu, mais auſſi en Guyenne & ailleurs; ce qui a été jugé pour Dampmartin en 1576. les deux Chambres des Enquêtes aſſemblées; & en conſequence, fût rejettée une minute de reconnoiſſance qu'un Seigneur demandoit, dans laquelle il avoit ramaſſé tous les droits qui peuvent appartenir à un Seigneur Juſticier & foncier, pour les droits non ſpécifiez en ſes précedentes reconnoiſſances, leſquelles pour les droits de nouveau ajoûtez, & autres exorbitans, les Parlemens ont coûtume de caſſer, même punir de la privation de titre; & extraordinairement les Seigneurs extorquans telles reconnoiſſances. *La Rocheſlavin, des Droits Seigneuriaux*, ch. 1. art. 29.

166   Le Seigneur direct ne peut contraindre l'Emphytéote à luy montrer ſes titres d'acquiſition pour le payement des lods & ventes, & liquidation de ſes droits, qu'auparavant il ne ſoit trouvé bien fondé par bons & valables titres, à demander la directe, & des pieces ſeulement; deſquelles il eſt declaré Seigneur foncier; mais alors il le peut, pour ſçavoir quels droits de lods & ventes luy appartiennent, & déliberer s'il veut le bien vendu, dont on luy demande l'inveſtiture par droit de préſation. Arrêt du 8. Août 1590. *Ibid.* ch. 1. Art. 13.

167   Le Seigneur qui fait aſſigner ſon vaſſal, pour voir déclarer la commiſe, attendu le devoir non fait, eſt tenu de juſtifier de ſon titre. Arrêt du Parlement de Dijon ſans date, rapporté par *Bouvot*, 10. 1. part. 3. verbo Seigneur de Fief, queſt. 2.

168   Le titre de Marquiſat attribué par le Roy à une Seigneurie, eſt réel, non perſonnel. Arrêt du 21. Mars 1550. au Grand Conſeil. *Caronaas*, livre 11. Réponſe 71.

169   Le Seigneur ne peut prendre pour trouble le refus du vaſſal, avant que de luy avoir communiqué ſes titres. Ainſi jugé au Parlement de Bourgogne le 26. Janvier 1582. contre le Seigneur de Montfort, qui fut débouté de ſa complainte, au profit du ſieur de Baleure. Il fut jugé de même par un autre Arrêt du 3. Juillet ſuivant, entre le ſieur de Rabutin, & la Dame Marquiſe de Neſle. Le vaſſal peut donc refuſer de faire le devoir de fief, lorſque le Seigneur refuſe de luy faire voir ſon titre, & de juſtifier de ce qu'il prétend être de ſon fief, comme le vaſſal de ce qu'il tient en fief du Seigneur. *Taiſand, ſur la Coûtume de Bourgogne*, tit. 3. art. 1. note 21.

170   Il y a une maniere de procedure qui a été permiſe par les Arrêts au Seigneur Juſticier & cenſier d'un territoire, pour faire appeller en Juſtice les Seigneurs particuliers prétendans droit de cenſive dans l'étendue de ſa terre, pour rapporter leurs titres, & s'inſcrire dans le Regiſtre des déclarations faites au profit dudit Seigneur, & dans ſon terrier, ſans que le Seigneur ſoit tenu de bailler aucune communication de ſa part, l'univerſalité de ſon territoire ſuffiſant pour l'établiſſement de ſon action. Jugé par Arrêt du Grand Chambre, le 15. Mars 1605. plaidans Talon & Roy, au profit de M. de Meſmes, Sieur de Roiſſy, contre le ſieur de Bragelonne. *Voyez Auzanet, ſur l'art.* 1. *de la Coûtume de Paris*.

171   *Patronus feudalis debet doceri à vaſſallo in jure feudi primævo, ac dominico & cenſuali, ſed ſi patronus alia jura petat veluti civica & incolatus, nonobſtante longiſſimâ poſſeſſione, tenetur dominus edere titulum, quo obligati ſint incola.* Arrêt du 13. Decembre 1616. *Mornac, L. 6. ff. de rei vindicatione.*

172   Par Arrêt du Parlement de Roüen du 8. Février 1618. il a été jugé que les journaux & papiers terriers des Eccleſiaſtiques, ne peuvent leur ſervir de preuves pour leurs rentes. A l'égard des Seigneurs particuliers, il eſt ſans doute que leurs papiers, les gages pleiges, & les Regiſtres des Receveurs, n'obligent point leurs vaſſaux, quand ils ne ſont point ſignez d'eux. Arrêt du Parlement de Roüen du 17. Août 1618. *Baſnage, ſur l'art.* 185. *de la Coûtume de Normandie.*

173   Lorſque le vaſſal deſavouë de poſſeder le fond que le Seigneur prétend être affecté à ſa rente, le Seigneur eſt obligé de l'indiquer. Arrêts du même Parlement de Roüen des 28. Août 1618. 28. May 1632. & premier Août 1670. Ainſi l'on n'a pas ſuivi l'Arrêt remarqué par *Berault*. Pour éviter ces conteſtations, les vendeurs ſont obligez d'employer dans leurs contrats les tenures, rentes & charges particulieres. Ainſi jugé le 1. Juin 1607. Et par Arrêt du 18. Août 1661. on confirma la Sentence, qui avoit condamné un vendeur à deſintereſſer l'acheteur, pour le chef & aſſemblement d'une aîneſſe. Le contrat contenoit que l'acquereur avoit connoiſſance de l'heritage qui luy étoit vendu, à condition de payer les rentes & ſujetion qu'il devoit. L'acquereur répondoit qu'il ne ſçavoit s'entendre que des ſujetions ordinaires, & que le vendeur avoit dû *legem apertius dicere*. Ibidem.

174 Par Arrêt rendu au Parlement de Toulouse le 21. Mars 1646. il fut ordonné qu'un Seigneur Justicier qui n'avoit qu'une reconnoissance & une énonciation d'une autre, justifieroit de plus amples titres. *Albert*, verbo, *Seigneur*, art. 1.

175 Jugé au Parlement de Grenoble le 6. Septembre 1663. que les Seigneurs, notamment les hauts-Seigneurs, ne sont obligez d'exhiber les titres primitifs de leurs droits & devoirs Seigneuriaux. *Basset*, to. 1. liv. 6. tit. 8. chap. 2.

176 On a prétendu autrefois que celuy qui possedoit le Fief principal & le Patronage, pouvoit obliger les autres Seigneurs qui prétendoient avoir des extensions de Fief dans la même Paroisse, de communiquer leur titre, n'ayant besoin d'autre preuve que de son clocher, pour s'attribuer la mouvance de tout le Territoire de sa Paroisse; mais le Patronage ne fait aucune consequence pour la Seigneurie féodale; parce que le Patronage peut être attaché à une roture, & il n'y a que le Seigneur dominant qui puisse demander à son Vassal qui luy dispute une teneure, qu'il luy justifie son droit. Ainsi par Arrêt du Parlement de Roüen du 9. Mars 1686. il a été ordonné que Jean de Vieuxpont, Seigneur d'Auzouville, & le sieur de Martainville se communiqueroient respectivement. *Basnage*, tit. de Jurisdiction, art. 41.

SEIGNEURS, MAUVAIS TRAITEMENS.

177 *Subditi propter malam Domini tractationem à Jurisdictione, Domini eximi debent.* Voyez *Franç. Marc.* tom. 2. quest. 374.

178 *Domini sævitia in subditos quomodo mandatis pœnalibus coërceri possit?* Voyez *Andr. Gaill.* lib. 1. observ. 17.

179 Le Seigneur qui met la main sur son homme & vassal pour l'outrager, perd l'hommage & la teneure, les rentes & les devoirs à luy dûs, à cause du Fief de son Vassal; cet usage est fort ancien. Par un Arrêt de l'Echiquier de l'an 1380. il fut jugé que Guillaume Aubert, Vassal de Messire Guillaume d'Orbec, qui avoit été maltraité par luy, seroit déchargé des rentes & de toute autre redevance, & que le Roy auroit l'hommage, avec la Cour & Usage, bien que le Procureur du Roy voulust avoir les rentes & redevances. Il y a un Arrêt du 21. Novembre 1540. entre la Vigne & Raverton; mais pour les arrerages échûs avant la felonie, le Seigneur n'en est point privé. Arrêt du 28. Novembre 1509. *Basnage, sur l'art.* 126. de la Coût. de Normandie.

180 Le Seigneur qui abuse de sa Justice contre son Sujet, doit être privé de sa Justice. Arrêt du 21. Novembre 1558. *Carondas, liv. 2. Rép.* 17.

181 Arrêt du Parlement de Paris du 14. Juin 1548. entre le Seigneur Comte de Tonnerre, & ses Sujets, par lequel ils ont été déboutez de leur Requête, afin d'être mis au sauf-conduit du Roy; & enjoint aux Parties de se comporter entre eux selon leurs états, & permis d'informer des excés commis contre eux par le Comte de Clermont, pour après leur être fait droit, *Papon, liv.* 13. ti. 2. n. 5.

182 Les Seigneurs ne doivent user de rigoureux ni mauvais traitemens envers leurs Sujets & Justiciables, au moyen de quoy, par Arrêt du 29. Juillet 1578. Damoiselle Robine de Saint Pasteur, veuve de Bernard Dalbine, & ses enfans dudit Dalbine & leurs successeurs, ont été declarez exempts à perpetuité de la Jurisdiction du sieur de Fonterailles, & de ses successeurs, & de luy payer aucuns céns, oublies, & droits Seigneuriaux, par elle ou ses enfans, ou ses successeurs dûs. *La Rocheflavin, des droits Seigneuriaux, chapitre* 32. *art.* 5.

183 Par Arrêt rapporté par *Bérault, sur l'art.* 37. *de la Coûtume de Normandie*, in verbo, *autrement il doit renvoyer*, un Gentilhomme pour avoir detenu trop long-temps un sien Sujet prisonnier dans ses prisons, & usé envers luy de plusieurs inhumanitez, pendant ledit emprisonnement, fut condamné en plusieurs

amendes, & privé du droit de Justice, qu'il avoit au dedans de sa Terre & Seigneurie, ordonné que ladite Justice seroit unie à la plus prochaine Jurisdiction Royale; & que pour le payement des gages des Officiers, qui exerceroient ladite Justice, seroit pris pour chacun sur le revenu de sa Seigneurie, la somme de 50. liv. parisis; ce qui est conforme au sentiment de Maître Charles Du Moulin, tit. des Fiefs, §. 2. *Gloss.* 4. n. 14. qui dit, *& si malè tractat hominis & subditos suos, & monitus à domino suo non desistat, privatur Jurisdictione suâ quæ revertitur ad Dominum.* Ce même Arrêt est rapporté par *Bacquet, au Traité des droits de Justice, chap.* 18.

184 Seigneur qui avoit donné des coups de bâton à un Vassal, condamné en 4000. liv. d'amende, le Vassal & ses parens affranchis de sa Justice. Arrêt du Parlement de Toulouse en 1644. *Voyez* le mot, *Amende, nombre* III.

185 Arrêt de la Cour des Grands Jours de Clermont, du 27. Novembre 1665. contre les Seigneurs qui abusent de leur justice & pouvoir. Le sieur Comte de Montvallat privé pendant sa vie du droit de Justice; ordonné qu'elle sera exercée par le plus prochain Juge Royal des lieux, à la charge du ressort; condamné à aumôner 8000. liv. tournois, &c. les habitans mis sous la protection du Roy; défenses au Comte de Montvallat de les maltraiter; ni de leur mésaite, ni médire, à peine de la vie. *Voyez le Recueil des Grands Jours, page* 133.

186 Arrêt du Parlement de Provence du 4. Avril 1686. qui a condamné le Seigneur de Montpezat, atteint & convaincu d'avoir chassé par force & violence presque tous les habitans, & d'avoir ravi leurs biens, à être banni d'Aix & de son Fief, & de la Viguerie de Moustiers sa vie du ant; l'a declaré indigne de posseder Fief à l'avenir, l'a privé de la Jurisdiction du lieu durant sa vie, & que pendant ce temps la Justice sera exercée par les Officiers de la Judicature Royale de Moutiers, l'a condamné en de grosses amendes. *Boniface*, tome 4. liv. 1. tit. 6. ch. 1.

SEIGNEUR, VASSAL.

187 Un Seigneur prétend de pouvoir loger dans les maisons de ses Vassaux ceux qui le viennent visiter; telle prétention rejettée. *Voyez M. d'Olive, liv.* 2. chapitre 5.

188 Le Seigneur est reçu à poursuivre la vengeance de son Sujet. Arrêt du 10. Janvier 1587. *Papon, liv.* 24. tit. 2. *Arr.* 5.

189 Le Seigneur féodal peut, quand bon luy semble, quitter les biens de son Vassal, desquels il a joüi à droit de Garde-Noble, confiscation ou desherence, ou autre droit féodal. Neanmoins il doit payer les arrerages des rentes & autres charges annuelles échûes pendant sa joüissance, encore qu'elles excedent le revenu. Il n'est point tenu personnellement de payer les dettes mobiliaires qui étoient dûes par son Vassal, lors qu'il est entré en joüissance, sans prejudice de l'hypotheque des Créanciers. Arrêtez du Parlement de Roüen du 6. Avril 1666. art. 22. & suiv. *Basnage,* tome 1. à la fin.

190 *Dominum Territorii Vassallos, seu subditos sine eorum consensu in alium transferre non nisi majori, vel æquali Domino alienari posse regulare.* Voyez *Franc. Marc.* tom. 1. quest. 353.

191 Sentiment de *M. d'Argentré* n'est pas entierement suivi en France: car il n'est pas permis à un Seigneur de changer les Vassaux, qui tiennent de luy noblement; mais il peut ceder la teneure roturiere. Arrêt du Parlement de Roüen du 21. Août 1675. d'autant plus considerable, que l'alienation avoit été faite par le Roy. *Voyez Basnage, sur l'art.* 104. *de la Coûtume de Normandie.*

SEIGNEUR, VENTE.

192 Aujourd'huy que les Fiefs & Emphyteoses sont patrimoniaux, le défaut du consentement du Seigneur

n'est plus un obstacle à la perfection de la vente. Jugé à Grenoble les 5. Septembre 1651. & 31. Juillet 1652. *Basset, tome 2. liv. 7. tit. 7. ch. 2.*

SEIGNEUR, VEUË ET MONTRE'E.

193 Seigneur direct pour sa rente n'est point obligé de faire vûë & montrée. Arrêt du 3. Août 1566. Même Arrêt du 3. Juin 1582. *Papon, liv. 8. tit. 14. n. 2.*

194 Un Seigneur de Fief n'est tenu de faire vûë à son Vassal. Arrêts des 8. Février 1572. 12. Decembre 1586. & 12. Juin 1587. Autre Arrêt du 21. Juin 1593. en faveur de M. de Montpensier, qui demandoit une rente féodale aux Détenteurs de certains heritages, sis au tenement appellé *la Picotiere*. Bibliotheque de Bouchel, *verbo*, Vûë.

GRANDS SEIGNEURS.

195 Voyez les mots, *Ducs, Pairs, Princes, Roy.*

Obligation des femmes des Seigneurs, quoyque non autorisées, sont valables. *Voyez* le mot, *Autorisation, n. 56.*

SEL.

1 Voyez le mot, *Gabelles*, & Bouvot, *to. 2.* verbo, *Magasin.*

2 *Voyez* le Recueil des Edits & Declarations concernans les Cours des Aydes, fait par *M. Jacques Corbin, Avocat & Maître des Requêtes de la Reine*; il en traite particulierement au *tome 2. liv. 3.*

3 Des Greniers à Sel, & Offices des Grenetiers, de leurs droits, privileges & fonctions. *Voyez Filleau, part. 3. tit. 2.*

4 *Pretium salis an augeri possit per prœpositos tractûs, maximè cum trium statuum consensu, & stante caristiâ?* Voyez *Franc. Marc. tom. 1. quest.* 154.

5 *Salinarum jus quale sit: sal an & à quo Gabellari potest?* V. Idem, *tom. 2. quest.* 39.

6 *Pretium salis per conductores autoritate privatâ etiam cum trium statuum consensu augeri non debet.* Ibidem, *quest. 616.*

7 La prise des deniers du sel affectez au payement des rentes, n'est censée remise par les Traitez des Villes, s'il n'y en a articles exprés. Arrêt du mois de May 1595. *Voyez la 10. Action de M. le Bret.*

8 Reglement pour le sel, façon, transport d'iceluy, lequel donne la liberté aux Paludiers & Laboureurs, de le vendre dans tous les temps, & les affranchit de la servitude qui leur avoit été imposée par les Officiers de Guerrande, de garder les Marêts depuis le mois de May jusqu'au mois d'Octobre. Les Officiers de Guerrande furent ajournez en personne, par l'Arrêt rendu en Bretagne le 11. Juillet 1619. *Voyez Frain, page 253.*

9 Lettres Patentes en forme d'Edit, au mois d'Août 1661, sur l'établissement du minot pour la debite du sel en Provence, au lieu de la vieille Emine, & pour l'augmentation du sel à 15. liv. le minot, pesant 100. liv. poids de marc, qui fait 25. liv. poids ordinaire, sous les conditions y mentionnées, conformément aux autres Provinces du Royaume. *Boniface, tome 4. livre 10. tit. 3. chap. 31.*

10 Arrêt du Conseil d'Etat du 12. Février 1671. qui ordonne que les particuliers qui voudront faire construire ou tenir des chaudieres ou payelles pour cuire, blanchir & rafiner le sel, dans l'étenduë des villages & lieux conquis & cedez au Roy, seront tenus d'en prendre la permission des Intendans de Justice, Police & Finance desdits Pays, sur la nomination ou consentement du Fermier des Domaines, ou de ses Procureurs & Commis, & de luy payer la somme de 62. liv. 10. sols de redevance annuelle. *V. le Recuëil du Domaine, pag. 224.*

11 Du chargement & du transport du sel dans les dépôts aux embouchûres des rivieres. *V. l'Ordonnance des Aydes & Gabelles au mois de May 1680. tit. 2.*

Des mesurages & contre-mesurages du sel. *Voyez ibid. tit. 3.* 12

De la voiture, descente & emplacement du sel dans les Greniers. *Ibid. tit. 4.* 13

Des Greniers à sel de vente volontaire, & du prix du sel. *Ibid. tit. 5.* 14

De la vente volontaire du sel. *Ibid. tit. 6.* 15

Des Greniers à sel d'impôt, & du prix du sel. *Ibidem, tit. 7.* 16

De la distribution du sel par impôt. *Voyez ibidem, titre 8.* 17

De la vente du sel à petites mesures. *Voyez ibidem, titre 9.* 18

Des dechets du sel. *Ibid. tit. 11.* 19

Du commerce du sel dans le Poitou, & autres Pays redimez, & des depôts établis dans les Paroisses limitrophes des Pays de Gabelles. *Ibid. tit. 16.* 20

Faux sel, & de la peine des Faussonniers, *Voyez* le mot, *Faux, n. 145.* 21

SELLIERS.

Statuts des Selliers, Carossiers de Paris. *Paris,* 1679. in 12.

SEMINAIRE.

Des Seminaires. *Voyez* le mot, *College*, le mot, *Evêque, n. 235. & suiv.* Le Concile de Trente, chap. 18. *de reformatione.* Les Memoires du Clergé, *tome. 1. part. 1. tit. 1. chap. 6.* La *Biblioth. Can.* verbo, *Seminaire*, & le *4. tome des Loix Civiles*, in quarto, *liv. 1. tit. 10. sect. 1. n. 8.* 1

L'Archevêque d'Aix ayant uni au Seminaire de la Ville le Prieuré de Cabry, situé dans son Diocese, Messire Pierre Baltazard, Maître des Requêtes, ayant formé sa complainte, pour raison du possessoire de ce Prieuré en ladite qualité, contre le Directeur du Seminaire; il en fut débouté, & l'union confirmée par Arrêt du Grand Conseil du dernier Decembre 1666. nonobstant la requisition de ce Benefice par l'Indultaire. *Biblioth. Canon. tom. 2. p. 591. in fine.* 2

Le Seminaire de Saint Nicolas du Chardonnet à Paris, fut érigé par Messire Jean François de Gondy, premier Archevêque de Paris, le 20. Avril 1644. L'érection en fut confirmée par Lettres Patentes du mois de May suivant, & verifiées au Parlement avec certaines modifications, le 21. Juin, & depuis purement & simplement le 25. May 1661. Cette verification du 21. Juin 1644. ne fut qu'à condition qu'ils ne pourroient accepter ni recevoir aucuns dons que par donations entre-vifs, sans rétention d'usufruit; mais depuis, la verification a été faite purement & simplement, en vertu de Lettres de Jussion. *Bibliot. Canon. Ibidem.* 3

L'Assemblée du Clergé du Diocese de Laon, ayant arrêté qu'il seroit imposé par chacun an sur les Benefices du Diocese, une somme de 2000. liv. pour la subsistance du Seminaire, & le Rôlle des taxes & assiette de ladite somme; cet Acte fut homologué, par Arrêt du Parlement de Paris du premier Février 1663. *Ibidem.* 4

Le Seminaire de la Rochelle fut établi par Lettres Patentes du mois de Juin 1664. verifiées en Parlement le 5. Septembre suivant, avec confirmation des taxes faites sur les Benefices du Diocese, pour la subsistance du Seminaire. *Ibidem.* 5

Sur le nouvel établissement d'un Seminaire dans le Prieuré ou Abbaye de Saint Martin de Miseré, Diocese de Grenoble, par M. l'Evêque de Grenoble, dans sa visite, le 2. Février 1673. *Basset, tome 2. liv. 1. tit. 4. chapitre 2.* 6

L'Edit de Châteaubriant, par lequel il est défendu de faire aucun legs, ni institution testamentaire, en faveur d'un Corps Ecclesiastique, n'a point d'execution pour les Seminaires; ainsi jugé le 2. Mars 1674. au profit du Seminaire de Gap. Ibid. *ch. 1.* 7

8   Les Curez & autres Ecclefiaftiques , ne peuvent pas interjetter appel comme d'abus des Ordonnances rendües par les Evêques, leurs Grands Vicaires , & Archidiacres, foit qu'ils fuffent dans le cours de leur vifite, ou qu'ils n'y fuffent pas, quand ils ordonnent verbalement ou par écrit, aux Ecclefiaftiques , de fe retirer pendant un temps médiocre dans un Seminaire ; il n'eft pas befoin que ces Ordonnances foient précedées d'aucune information, ni même d'aucun proces verbal. Arrêts des 28. Novembre 1689. & 15. Juillet 1693. au *Journal des Audiences du Parlement de Paris* , *tome* 5. *liv.* 5. *ch.* 42.

9   Declaration du Roy du 15. Decembre 1698. pour l'établiffement des Seminaires dans les Diocefes où il n'y en a point.

Voyez cy-après , le mot , *Union.*

SEMI-PREBENDES.

1   SEmi-Prébendes. *Voyez* le mot, *Prébendes*, *n.* 47. *& fuiv.* & le petit Recüeïl de *Borjon*,*to.* 1. *p.* 307.

2   Le droit de Regale s'étend jufqu'aux Semi-Prébendes. Arrêt du 19. May 1564. *Papon*, *page* 1356. tiré de *M. Bergeron.*

SENATEUR.

LEs Titres du Droit qui concernent la dignité & les fonctions du Senateur, peuvent s'appliquer aux Juges, Officiers de Juftice, & Magiftrat.

De Senatoribus. D. 1. 9. .. *C. Th.* 6. 1.

De Senatoribus , & eorum ordine. N. 62.

Ubi Senatores , vel Clariffimi, civiliter, vel criminaliter conveniantur. C. 3. 14. *Senatores , erant Senatores, fine dignitate : Clariffimi, Senatores cum dignitate.*

De dignitatibus, C. 12. 1.

De prædiis Senatorum. C. Th. 6. 3.

Abrogatio legis qua Senatui Prætores , Decurionibus verò Præfectos conftituere concedebat. Leon. N. 47. Anciennement le Senat nommoit les Préteurs. *L.* 2. *C. de off. Prat.*

SENATUS-CONSULTE.

SEnatuf-Confulte. *Senatus-Confultum.*

Ne amplius Senatus-confulta fiant. Leon. N. 78.

Senatus-confultis. C. 1. 16.

Senatus-confulto Claudiano tollendo. C. 7. 24.

Senatus-confulto Macedoniano. D. 14. 6.

Senatus-confulto Orphitiano. J. 3. 4.

Senatus-confulto Syllaniano & Claudiano , &c. D. 29. 5.

Senatus-confulto Tertulliano. I. 3. 3.

SENECHAUX.

SEnéchal. Sénéchauffée. *Senefcallus. Senefcalli Tribunal.*

La dignité & les fonctions des Sénéchaux, répond en quelque forte à celles des Proconfuls de l'Empire Romain, lefquels avoient des Lieutenans , *Legatos* , qui reprefentez par les Lieutenans Generaux des Sénéchaux. *Voyez* les mots , *Préteur. Proconful.*

1   *Voyez* hoc verbo , *Sénéchal* , le Gloffaire du Droit François , ou l'Indice de *Ragueau*, *nouvelle édition de* 1704.

2   Des Sénéchauffées. *Voyez Du Luc* , *liv.* 6. *tit.* 4.

3   Des Sénéchaux & de leurs fonctions. *Voyez les Reliefs Fortnfes de Roüillard* , *chap.* 18. Ils ne peuvent entreprendre fur celles des Lieutenans Criminels.

4   Des Sieges Royaux, Particuliers des Bailliages & Sénéchauffées, & Confeillers defdits Sieges. *Voyez Filleau*, *part.* 2. *tit.* 4. où font rapportez les Reglemens qui les concernent.

5   Le 18. Janvier 1559. il a été défendu par le Parlement de Touloufe, aux Sénéchaux d'ufer de ces termes: *l'appellation & ce dont-a été appellé, mis au néant* ; mais doivent prononcer *aut benè vel malè.* Reglement de la Rochefiavin, *ch.* 2. *Arr.* 9.

Arrêt du Parlement de Paris du 8. Août 1628. portant défenfes au Sénéchal de Clermont , & Officiers dudit lieu, de prendre la qualité de Sénéchal d'Auvergne, & icelle inferer en leurs Jugemens, & autres Actes judiciaires. *Filleau*, 1. *part. tit.* 4, *ch.* 31. **6**

Arrêt du Parlement d'Aix du 29. May 1673. qui a jugé que les Lieutenans des Sénéchaux font proclamer aux encheres les biens & domaines des Communautez de l'ordre des Confuls, & qu'ils connoiffent des caufes arrivées aux Confeils des Communautez. *Boniface* , *to* 3. *liv.* 1. *tit.* 8. *ch.* 7. **7**

Voyez le mot *Juge.*

SENLIS.

ORigine de la Prévôté de Senlis avec abrogation de la Commune, Maire , Echevins & Jurats. 16. Février 1319. *Corbin , fuite de Patronage*, *chap.* 74.

SENTENCE.

1   QUa *fententia fine appellatione refcindantur. D.* 48. 8. Des Sentences qui font nulles d'elles mêmes. Ce titre & le fuivant ne font pas en ufage, parce que les voies de nullité n'ont pas lieu en France, & il faut toûjours que le Juge fuperieur prononce fur la nullité.

Quando provocare non eft neceffe. C. 7. 64. de même que l'article précedent.

Ne liceat in unâ eâdemque caufâ , tertiò provocare ; vel poft duas fententias judicum , quas definitio prefectorum roboraverit , eas retractare. C. 7. 70. Deux Sentences conformes excluent l'appel.

De fententiis , &c.

Voyez les mots *Amende* , *Appel* , *Arrêts & Jugemens* , & le Recüeïl des Ordonnances par *Fontanon* , *to.* 1. *li.* 3. *tit.* 59. *p.* 625.

De fententiis, arreftis & executione eorumdem. Voyez la nouvelle édition des œuvres de *M. Charles Du Moulin* , *to.* 2. *p.* 514. **2**

De Sententiâ , & re judicatâ. Per Jo. Oldendorpium , & per Federicum Schen. **3**

De fenten. & interlocu. & diffin. Per Franc. de acceptantibus. **4**

Heraldus de rerum judicatarum autoritate. in octav. *Paris.* 1640. **5**

De fententiâ reformatoriâ. Voyez *Andr. Gaill* , *lib.* 2. *obferv.* 110. **6**

Sententia an in Dominum vel procuratorem ferenda fit ? Voyez *ibid. obfervat.* 111. **7**

De ce qui eft requis pour la validité des Sentences & Arrêts, *Defpeiffes*, *to.* 2. *p.* 548. Il faut qu'ils foient prononcez par Juges competens à la pluralité des voix , fuivre l'équité ; & on peut juger un jour de Fête quand il eft dit que le Commiffaire pourra juger fans forme ni figure de procez. *Idem* , des Sentences arbitrales. **8**

Des Sentences provifoires, & autres qui font executoires, nonobftant oppofitions ou appellations quelconques, & execution d'icelles. *Ordonnances de Fontanon*, *to.* 1. *liv.* 3. *tit.* 54. *p.* 623. **9**

Des Sentences interlocutoires, provifionnelles, & de récrance. *Vide Defpeiffes*, *to.* 2. *p.* 588. **10**

Sententia debet effe conformis libello. Mornac , *l.* 18. *ff. communi dividundo.* **11**

La Sentence donnée contre aucuns en des cas , peut nuire aux uns , & ne pas nuire aux autres. *V. Carondas*, *liv.* 12. *Rép.* 10. **12**

La Sentence rendüe contre une perfonne morte eft nulle; mais fi elle eft rendüe en fa faveur, elle eft bonne & valable. *Voyez Brodeau* fur *M. Loüet* , *lettre M. fomm.* 11. *nomb.* 2. **13**

De fententiis paribus numero , itur in mitiorem ; en matiere criminelle, le procez eft parti ; quand l'un des partis exce̔de d'une voix , il en faut deux. *Voyez M. le Prêtre* , 1. *Cent. chap.* 74. **14**

Sententia lata contra vaffallum non præjudicat Domino etiam fcienti. Du Moulin , *to.* 2. *p.* 880. **15**

16 *Sententia ubi m...tur, novum instrumentum censetur. In reformatione dies quo facta fuit reformatio non prima data ponendus.* Voyez Franc. Marc, tom. 1. qu. 670.

17 *Sententia lata tribus judicibus, licet unus eorum corruptus sit valida est.* Ibid. tom. 2. quæst. 687.

18 *Minori vel Ecclesiæ an adversus sententiam in integrum restitutio competat?* V. Ibid. tom. 2. quæst. 53.

19 *Interdum sentencia diffinitiva potest fieri ex causâ necessitatis de nocte.* Ibid. quæst. 301.

20 *Sententia facta super principali nullâ factâ mentione de juramento suppletivo, per appellationem revocanda venit.* Voyez ibid. quæst. 454.

21 *Sententia tot sunt, quot capita diversa.* V. Cym. Joan. Const. sur l'Ordonnance de François I. art. 115.

22 Lors que le Greffier du Présidial de Rennes commençoit à prononcer une Sentence, la demanderesse à qui l'on contestoit la qualité qu'elle avoit perduë par un second mariage, requit qu'il fût sursis à la prononciation & lecture, offrant que les Avocats & Procureurs fussent Procureurs speciaux, *ad causam*, & qu'elle fourniroit caution de l'événement du procez. Le défendeur veut l'empêcher. Les Juges instruirent suivant l'offre de la demanderesse les Procureur & Avocat Curateurs speciaux du mineur. Appel au P. de Bretagne. Arrêt du 7. Mars 1577. qui faisant droit sur les conclusions du Procureur General, enjoint aux Juges du Ressort de faire prononcer sans aucune remise les Sentences qu'ils arrêteront, & icelles mettre au Greffe, sans qu'ils puissent en empêcher la prononciation, ou donner autres Sentences ou appointemens contraires, sur peine de tous dépens, dommages & interêts des parties. Du Fail, livre 1. chap. 426.

23 Autrefois on appelloit comme d'abus des Sentences des premiers Juges. Il y a plusieurs appellations ainsi qualifiées dans la Rocheflavin, livre 3. titre 6. Arrêt 8.

24 Sentence confirmée ou réformée. Voyez le mot Appel, nomb. 180. & suiv.

25 Sentences executoires nonobstant l'appel. Voyez le mot Appel, nomb. 189. & suiv.

26 On peut changer de volonté & renoncer à l'effet d'une Sentence donnée contradictoirement à son profit, bien que les choses ne soient plus entieres. Arrêt du 27. Avril 1600. M. Bouguier, Arrêt. 4. Voyez M. Louët, lettre C. somm. 37. où il est dit, en payant les dépens de la procedure.

27 Quoiqu'une Sentence ait été renduë du consentement d'une partie, si par la suite elle recouvre un contrat qui justifie de ses exceptions, elle est reçuë en refondant les dépens, sans prendre Lettres de rescision, *nulla est errantis consensus, nulla voluntas.* Arrêt du Parlement de Dijon du 23. Juin 1605. Bouvot, to. 2. verbo Fin de non recevoir, quæst. 1.

28 Celuy qui est condamné de payer par Sentence le contenu en une obligation ou cedule, ne peut être contraint au payement, si l'on ne fait apparoître de l'obligation ou cedule. Arrêt du Parlement de Dijon du 10. Decembre 1614. Bouvot, to. 2. verbo Sentence, quæst. 1.

29 Une Sentence ne fait foy si l'on ne fait apparoir du contrat sur lequel elle a été renduë. Arrêt du Parlement de Dijon du 5. Juillet 1614. Ibid. qu. 5.

30 L'appel d'une Sentence diffinitive a effet dévolutif & suspensif. Arrêt du 13. Decembre 1610. Brodeau sur M. Louët, lettre C. somm. 4. nomb. 7.

31 Fins de non recevoir se doivent suppléer, encore qu'elles eussent été omises dans l'appointement de conclusion, la Sentence étant donnée en dernier ressort. Arrêt du premier Avril 1613. M. le Prêtre, ès Arrêts de la Cinquiéme.

32 Par Arrêt du Parlement de Bretagne du 30. Août 1658. la Cour fait défenses aux Sénéchaux & autres Juges du ressort de prononcer leurs Jugemens & Sentences en leurs maisons privées, leur enjoint de les faire prononcer au Greffier suivant les Arrêts & Ordonnances d'icelles. Du Fail, li. 1. ch. 85. & 88.

33 Acte de Notorieté donné par M. le Lieutenant Civil du Châtelet de Paris, le 24. Avril 1700. que l'énonciation de titres de creances qui se met dans les qualitez des Sentences, ne peut pas servir pour établir la créance, si les originaux ne sont ensuite représentez. Recueil des Actes de Notor. p. 110. & 121.

SENTENCE ARBITRALE.

34 Sentences renduës par les Arbitres. Voyez le mot Arbitres, nomb. 43. & suiv. & le mot Compromis.

35 Homologation de Sentence arbitrale. Voyez le mot Arbitres, nomb. 44. 56. & 57.

36 *Utrùm à sententiâ arbitri appellari possit?* Voyez Andr. Gaill, liv. 1. observat. 150.

37 Dès Sentences arbitrales, & si la peine est duë pour n'avoir pas satisfait au temps porté par la Sentence? Voyez M. le Prêtre, 2. Cent. chap. 79. & Anne Robert rerum judicat. liv. 3. chap. 8.

38 Si une Sentence arbitrale a été approuvée, & qu'il apparoisse que les parties y ont acquiescé par exprés, elle est vrayement transaction. Arrêt du 2. Mars 1546. M. Expilly, Arrêt 22.

39 Des Sentences d'Arbitres par les Ordonnances de Loüis XII. en l'année 1512. art. 54. touchant les Jugemens des Arbitres, du Roy François II. en 1560 & de Charles IX. son successeur en l'an 1561. verifiée le 16. Avril 1562. il est dit que nul ne sera reçû appellant des Jugemens des Arbitres, que préalablement ils ne soient entierement executez, tant en principal, que dépens, & en la peine, &c. V. M. Expilly, Arr. 102. sur la Sentence d'appel. Voyez Charondas, li. 4. Rép. 62.

40 La Sentence donnée ensuite d'un compromis étant nulle, ne peut être executée. Arrêt du Parlement de Dijon du 14. Mars 1576. Bouvot, to. 1. part. 3. verbo Sentence nulle.

41 L'appellant d'une Sentence arbitrale doit la peine, encore qu'il n'ait soûtenu son appel. Arrêt du 23. Decembre 1582. Caronda, liv. 4. Rép. 3.

42 Si de trois Arbitres deux signent la Sentence, elle est bonne. Jugé le onze Decembre 1585. M. Loüet, lettre C. somm. 3. Voyez Henry, to. 2. liv. 2. quæst. 16. & Mornac, l. 17. §. principaliter, ff. De receptis.

43 Le 18. Février 1590. il fut jugé par Arrêt du Parlement de Toulouse qu'une Sentence arbitrale donnée contre un mineur étoit nulle. Voyez la Bibliotheque de Bouchel, verbo Arbitre.

44 On peut prononcer les Sentences arbitrales executoires, nonobstant l'appel par provision, & sous caution, mais quant à la peine on ne charge point l'intimé de caution. Arrêt du Parlement de Grenoble du 2. Mars 1617. V. Basset, to. 1. li. 2. tit. 22. ch. 8.

45 Une Sentence arbitrale renduë le Jeudy Saint a été confirmée le 9. Janvier 1604. Mornac, l. 7. verbo octava pars C. de feriis, fol. 298.

46 Sentence arbitrale n'emporte hypotheque que du jour de l'homologation. Arrêt du 29. Juillet 1623. Brodeau sur M. Louët, lettre H. somm. 25. nomb. 4. circà medium.

47 Sentence arbitrale est valable, bien que les Arbitres n'ayent eu ni le temps, ni jour limité. Arrêt du 5. Janvier 1629. Du Frêne, li. 1. ch. 76.

  Homologation de Sentence arbitrale ne peut être empêchée par une opposition, le Juge ordinaire des parties pardevant qui l'on se pourvoit pour l'homologation, doit y proceder purement & simplement, sans prendre aucune connoissance de la cause, & laisser aux parties à se pourvoir par appel, ou autrement. Arrêt du 4. Janvier 1630. Bardet, to. 1. livre 3. chap. 80.

48 Aprés le temps du compromis expiré, les Arbitres ne peuvent expliquer, ni interpréter leurs Sentences, & si elles sont publiées aprés ce temps là, elles ne sont executoires. Arrêt du Parlement de Grenoble du 27. Mars 1635. V. Basset, to. 1. liv. 2. tit. 22. ch. 7.

49 Une Sentence arbitrale est bonne sans compromis quoiqu'elle ne soit souscrite par les parties. Arrêt du 21. Mars 1634. sur le fondement que le consentement verbal est suffisant. *V. Basset, ibid. ch. 3.*

50 La Sentence arbitrale est nulle, si de 3. Arbitres un d'eux n'est présent. Arrêt du 17. Avril 1663. *V. Basset, ibid. ch. 6.* Il est vrai que les voies de nullité n'ont point lieu en France, mais cette maxime n'a lieu qu'aux Jugemens necessaires, non aux volontaires. L'Auteur ajoûte au même endroit que la décision de l'Arrêt doit être étendue à l'instruction qui doit être faite par le même nombre.

51 Il y a difference entre les Sentences arbitrales & les avis que rendent les Avocats, en consequence des renvois pour juger les contestations des parties, ils redigent leurs avis par forme d'appointement. Arrêt du 28. Février 1680. *De la Guesfiere, tome 4. livre 3. chapitre 7.*

SENTENCE, TIRER A CONSEQUENCE.

52 Le Prévôt de Paris ou son Lieutenant, ne doit mettre en ses Sentences, *sans tirer à consequence.* Arrêt du 28. Avril 1584. *Le V est, Arrêt 176.*

53 Par Arrêt du 15. Mars 1594. défenses au Bailly de Vendomois, & tous autres Juges de prononcer, *sans tirer à consequence ;* cela appartient seulement à la Cour, comme aussi de dire que les Sentences seront executées nonobstant l'appel par provision. *Biblioth. de Bouchel, verbo Sentence.*

SENTENCE EN CRIMINEL.

54 Sentence plus douce en cas de supplice qui tend au bannissement ou aux galeres, que celle qui va à la question. Arrêt du 3. May 1614. *M. Bouguier let. S. nomb. 17.*

Voyez cy-dessus lettre P. le titre de la procedure criminelle.

SENTENCE, Dictum.

55 Après que le *dictum* est signé, & mis au greffe, les Juges n'ont plus la liberté de le retirer, ni d'y rien augmenter ou diminuer, Arrêt du 17. Decembre 1555. raporté par *Papon, li. 6. nomb. 26.* & afin qu'ils ne soient pas maîtres de changer ce qui a été arrêté à la Chambre du Conseil, l'Ordonnance de 1667. *tit. 11. art. 15.* veut que trois jours après que le procés aura été jugé, le Rapporteur mette au greffe le *Dictum* de la Sentence.

56 Par Arrêt de la Cour des Aydes de Paris du 14. Decembre 1683. intervenu sur la Requête du Procureur Général du Roy, pour connoître si les Sentences ont été rendües par trois des Officiers des Elections, & pour distinguer en cas de renvoi pardevant d'autres Officiers de la même Election ceux qui en peuvent prendre connoissance ; la Cour auroit enjoint aux Officiers des Elections de son ressort de signer les *dictums* de leurs Sentences, & aux Greffiers desdites Elections de faire mention dans leurs grosses des noms des Juges qui ont signé les minutes, aux peines de l'Ordonnance. *Memorial alphabetique, verbo Sentences, n. 1.*

SENTENCE, EXECUTION.

57 De l'execution des Sentences. *Voyez* le mot *Execution, nomb. 59. & suiv.*

58 De sententiis & earum executione, Citatio ad audiendam sententiam definitivam an sit necessaria? Voyez *And. Gaill, lib. 1. observat. 109.*

59 Nullitas evident impedit executionem etiam triplicis sententia. Du Moulin, to. 2. p. 867. & 875.

60 In sententia executione omnia videntur commissa sine quibus executio fieri commodè non possit. Voyez *Franc. Marc. to. 2. quest. 635.*

61 Si la Sentence est confirmée, le Juge a été appellé la peut faire mettre à execution *secus,* si elle est infirmée, l'execution appartient au Juge qui l'infirme. *Mornac,* authentiqué, *si quis C. de Episcopali audientiâ.*

62 Quand les Sentences des premiers Juges doivent

être executées nonobstant l'appel. Voyez *Henrys, to. 2. liv. 2. quest. 40.* où vous trouverez la Mercuriale composée de 13. articles, qui regle cette matiere avec d'autres.

63 Sentence est executoire contre tiers possesseurs. Arrêt du Parlement de Bourdeaux. *Papon, livre 12. tit. 3. nomb. 15.*

64 Quand on vient contre une Sentence par des voyes extraordinaires, sçavoir, par Lettres Royaux, pour être reçû appellant après les dix & quarante jours que ladite Sentence a passé en force de choses jugées, elle peut être executée nonobstant ledit appel. Arrêt du 28. May 1545. *M. Expilly, Arr. 19.*

65 Le demandeur en execution de Sentence ou Arrêt de partage contre les détenteurs des héritages de la succession qui est à partager, n'est tenu de faire vûë, & montrée ; il suffit qu'il déclare & désigne les heritages. Arrêt du 31. Decembre 1556. *Carondas, li. 2. Réponse 95.*

66 Quand deux parties ont été condamnées respectivement, le défendeur peut contraindre le demandeur de satisfaire de sa part dans un temps, à peine d'être débouté de l'effet de la Sentence. Arrêt du 23. Mars 1559. *Papon, liv. 18. tit. 5. n. 36.*

67 Les Sentences & Jugemens d'injures donnés contre les femmes non autorisées par leurs maris, sont executoires sur les biens de la communauté, étant dissolué, & sur les propres de la femme, l'usufruit réservé au mari durant la vie de la femme. Arrêts des 3. Août 1574. & 30. Août 1578. *Chenu, 1. Centurie, quest. 60.*

68 Quand l'inhibition empêche l'execution d'une Sentence ? *Voyez M. Expilly, Arr. 110.* où il rapporte un Arrêt du 5. Septembre 1592. qui a confirmé la Sentence nonobstant l'inhibition, conformément à l'Ordonnance d'Abbeville, art. 280.

69 La Sentence donnée contre un du party sans obligation ou promesse pour le fait du party, n'est pas executoire contre la veuve & heritiers du défunt. Arrêt du 14. Juin 1596. *Carondas, liv. 9. Rép. 23.*

70 Sentence rendue en la Flandre Espagnole ne peut être déclarée executoire en France ; mais la Cour jugeant de nouveau la même chose, a admis le tireur d'une lettre de change au benefice de cession de biens. Jugé le 23. Janvier 1626. *Bardet, tome premier, liv. 2. chapitre 65.*

71 La Sentence du Juge d'Eglise qui a déclaré un Prêtre incapable de tenir Benefice dans le Diocese de son Evêque, pour avoir abusé de ses Paroissiennes dans le Sacrement de Penitence, a son effet hors le Diocese. Arrêt du 6. May 1649. fondé sur l'atrocité du crime. *Soëfve, to. 1. Cent. 3. chap. 11.*

SENTENCE, HYPOTHEQUE.

72 Par l'Ordonnance de Moulins art. 53. l'hypotheque a lieu sur les biens du condamné du jour de la Sentence confirmée par Arrêt. *Voyez Coquille dans ses Regles, M. le Prêtre, 4. Cent. chap. 10. & Brodeau sur M. Loüet, lettre H. somm. 25. nomb. 3.*

73 Une Sentence quoique par défaut, qui tient une cedule sous seing privé reconnuë, emporte hypotheque du jour de la prononciation. *Ordonnance de 1539. art. 92. & 93.* où il est dit que si le débiteur dénie la cedule, & qu'elle soit reconnuë, l'hypotheque aura lieu du jour de la dénégation.

74 Hypotheca in delictis incipit à die sententia. Jugé le 14. Février 1603. *Mornac, ff. de pignoribus & hypothecis.* Voyez l'Ordonnance de Moulins, art. 53.

75 La Sentence donne hypoteque suivant l'Ordonnance. Arrêt du 11. Mars 1606. *Brodeau & M. Loüet, lettre H, somm. 25.*

76 La Sentence donne hypoteque sans être nantie, suivant l'Ordonnance de Moulins article 53. & le creancier de la Sentence est preferé à un creancier de la même succession non nanti ni fondé en Sentence ou Arrêt. *M. Loüet, lettre H. sommaire*

2 5. & Brodeau, *sur la lettre D.* du même Loüet, *sommaire* 25. *nombre* 3. *du même Loüet.*

Les Sentences des Juges d'Eglise n'emportent hypotheque. *Voyez le mot Hypotheque, nombre* 164. *& suivans.*

SENTENCE, PRONONCIATION.

78   Le 4. Decembre 1576. entre les Bailles Serruriers de Touloule, & un nommé Gaston, il a été défendu aux Capitouls de Touloule, à tous autres Juges inferieurs d'user en leurs Sentences de ces termes, *pour certaines causes & considerations à ce nous mouvans,* ces termes n'appartenant seulement qu'aux Cours souveraines. *Reglement de la Rocheflavin, ch.* 2. *Art.* 10. *Voyez cy-dessus le mot Prononciation.*

SENTENCE DE PROVISION.

79   Des Jugemens & Sentences de provision. *Voyez le mot Provision. n.* 56. *& suiv.*

80   En vertu d'une Sentence de provision on peut saisir, vendre & ajuger par decret, la caution étant pour la sureté des dommages & interêts, mais non pas emprisonner le condamné en matiere pure civile. *Voyez Brodeau sur M. Loüet, lettre P. som.* 27. *nomb.* 3. *& 4.*

81   Sentence de provision donnée au profit d'une veuve qui s'étoit obligée avec son mary pour la nourriture d'elle & de ses enfans, se doit continuer après son trépas ausdits enfans. Arrêt du 2. Janvier 1560. *Charondas, liv.* 2. *Rép.* 89.

82   L'Ordonnance de Moulins art. 48. des quatre mois, n'a lieu és Sentences de provision, parce qu'un emprisonnement n'est réparable en définitive. Arrêts des 17. Octobre 1569. & 18. Mars 1602. *Chenu, premiere Cent. q.* 59.

83   En vertu d'une Sentence provisionnelle, l'on peut proceder par criées, nonobstant l'appel. Arrêt du Parlement de Dijon du mois d'Avril 1599. *Bouvot, to.* 1. *part.* 3. *verbo Sentence provisionnelle.*

84   De deux Sentences de provision qu'un Juge a données aux deux parties, la premiere doit tenir. Arrêt du Parlement de Bourgogne du 23. Février 1600. *Bouvot, to.* 2. *verbo Jugement, quest.* 1.

SENTENCES RETRACTE'ES.

85   *Judex an & quanto suam Sententiam emendare possit ?* Voyez *Franc. Marc. part.* 1. quest. 668.

86   *Sententia quae in rem judicatam transivit instrumenti novi reperti praetextu retractari regulariter non potest.* Voyez *Franc. Marc. tom.* 1. *quest.* 312.

87   Le Juge ne peut toucher à la Sentence après qu'elle a été prononcée. *V. M. le Prêtre,* 4. *Cent. ch.* 56.

88   Le Juge ne peut corriger une Sentence, diffinitive. Arrêt du Parlement de Dijon du 17. May 1605. fondé sur la *L. Fin. C. de modo mult. L. hac lege C. de Sent. ex. pet. recit. Jas. in L. quod jussit.* Bouvot, *to.* 2. verbo *Sentence, quest.* 3.

89   Les Lieutenans Generaux ni autres Juges des Sieges Présidiaux, ne peuvent revoquer les Sentences par eux données, ni en donner d'autres contraires, ni faire défenses de les executer, ou en suspendre l'execution à temps, ni même des Sentences des Juges inferieurs ; mais se doivent les parties pourvoir par appel. Arrêt du Parlement de Paris du 26. Juillet 1608. *Filleau,* 1. *part. tit.* 4. *ch.* 18.

90   Juges subalternes ne peuvent retracter leurs Sentences contradictoires. Arrêt du Parlement de Toulouse des dernier Avril 1644. & 11. Juin 1648 depuis il y a eu une Déclaration du Roy leur défend cet usage. *Albert,* verbo *Sentence, art.* 2.

TROIS SENTENCES.

91   Si l'appel de trois Sentences conformes est reçu ? *Voyez le mot Appel, nomb.* 228. *& suiv.*

92   Arrêt du 25. Février 1537. entre l'Abbé de Pontigny & un nommé Richer, par lequel il fut dit que trois Sentences de Cour d'Eglise en matiere decimale, dont la seconde étoit absolutoire *ab instantiâ & observatione judicii in causâ appellationis propter contumaciam*

appellantis, furent reputées diffinitives & conformes, l'Abbé appellant declaré non recevable, ordonné que les trois Sentences seroient executées. *Bibliotheque de Bouchel,* verbo *Sentence.*

93   Execution d'un rescrit pour être reçu appellant, & avoir des Juges *in partibus,* après trois Sentences Ecclesiastiques conformes, est abusive. Arrêt. du 25. Avril 1629. *Bardet, tom.* 1. *liv.* 2. *ch.* 43.

SEPARATION.

1   **D**Es femmes séparées. *V. le mot Divorce, & le mot Femme, nomb.* 112. *& suiv.*

2   *Voyez hoc verbo la Bibliotheque du Droit François.* par Bouchel ; *Celle de Jovet, le Recueil de Bouvot, tom.* 2. *p.* 227. Papon, *liv.* 15. *tit.* 3. *& Charondas, liv.* 2. *Rép.* 57.

3   De la séparation de biens entre le mary & la femme, des causes & effets de la séparation. *Voyez le* 1. *tom. des Loix civiles, tit.* 9. *sect.* 5.

4   Du divorce & séparation, & de ses formalitez. *V. l'Auteur de l'esprit de la Coûtume de Normandie, p.* 16.

5   De la séparation qui n'est pas faite dans les formes ordinaires, & qui ne laisse pas d'être regardée comme une séparation veritable, à l'effet de dissoudre la communauté. *V. Soefve, tom.* 2. *Cent.* 4. *ch.* 64.

6   Des femmes séparées, ou qui ont vécu dans le libertinage & épousé leurs valets. *V. M. Bruneau en son traité des criées, ch.* 3. *p.* 22.

7   Des séparations de biens. *V. l'Ordonn. de* 1673. *tit.* 8. *Conjugum alteri an liceat se propriâ authoritate separare sive propter fornicationem, sive malam tractationem, sive alias, & an Sententia requiratur ?* Voyez *Franc. Marc. to.* 1. *quest.* 513.

8   *Criminis ratione tortus an separari possit.* Voyez *Franc. Marc. tom.* 2. *quest.* 739.

9   *Voyez les plaidoyers de M. Boüé, Avocat au Parlement de Toulouse, part.* 2. *p.* 67. il plaidoit pour un mary qui redemandoit sa femme, laquelle avoit obtenu par surprise un Arrêt de séparation de corps, & de biens : foiblesse étrange dans le mary, ou prodige énorme dans la femme qui rendoit sa perte si douloureuse !

10   Entre les causes legitimes de séparation, l'on en a reçu deux principalement, les sevices du mary envers sa femme qui est aux Jurisconsultes, *actio de moribus,* & que les Canonistes veulent que *si tanta sit viri saevitia ut mulieri trepidanti, non possit sufficiens securitas provideri, non solum non debet restitui, sed ab eo potius removeri.* Innocent III. *cap. litteras* 13. *ext. de restitut.*

11   L'autre cause, *ob dilapidationem bonorum à marito,* quand le mary est idiot & hebeté, ou prodigue & mauvais ménager, dissipe les biens de luy & de sa femme, *vergit ad inopiam, tunc enim matrimonio constante, mulier sibi prospicere potest, donec repetendo,* dit Justinien, *L. ubi adhuc, Cod. de jure dot.* ce qui se connoît quand le mari est chargé de grandes dettes, *quando neque tempus, neque finem impensarum habet. L.* 1. *Cod. de curat. fariosi quando plus annuatim impendit quam habet ex reditu.* Jovet, verbo Séparation, n. 1.

12   La femme poursuivant la séparation d'avec son mary, le doit suivre & luy remettre tout ce qu'elle a emporté jusqu'au jugement diffinitif. Arrêts des 15. Février 1491. & 18. Août 1536. Papon, li. 15. *tit.* 3. *n.* 1.

13   En cas de séparation de biens d'entre le mary & la femme, les enfans issus de leur mariage, doivent être nourris par le mary & la femme. Arrêt du 14. Mars 1661. *Charondas, li.* 11. *Rép.* 79.

14   Si la femme peut demander, vivant son mary, d'être separée de biens, telle separation de son mari ouïs, & appellez, & les gens du Roy, quand il y a du mauvais ménage : & si telle séparation peut être empêchée par les creanciers du mari, ou par le mari ? *Voyez Bouvot, to.* 1. *part.* 3. verbo *Séparation de biens.*

15 Si la femme qui est séparée de biens, perd les avantages qui lui ont été faits, par contrat de mariage, des meubles & acquêts? V. Bouvot, tom. 2. verbo Séparation de biens, quest. 10.

16 Jugé par Arrêt du Parlement de Bourgogne du 25. Juillet 1565. que la femme peut être reçue à demander séparation de biens après criées, Sentence & exe-cution. Bouvot, tom. 2. verbo. Criées, quest. 36.

17 Arrêt du 23. Avril 1575. qui sépare le mary d'avec sa femme, jusqu'à ce qu'il ait employé le bien aliené. Papon, liv. 15. tit. 3. n. 1.

18 Femme séparée de biens, ne peut vendre son bien, encore que son mary soit absent. Jugé par Arrêt du 24. Avril 1586. non plus donner son immeuble par donation entre-vifs sans l'autorité de son mary. Arrêt du 5. Juillet 1605. & ne peut être caution sans son consentement & autorité. Idem. ne peut s'obliger par acte judiciaire au payement du prix d'un heritage, duquel elle se seroit renduë adjudicataire, sans être par acte particulier autorisée de son mari, à l'effet de l'adjudication, bien que le mari y soit present. Jugé par Arrêt du 22. Septembre 1579. Tronçon, art. 234. in verbo, si elle n'est séparée. V. Bouvot, part. 3. in verbo Divorce, quest. 15. il en rapporte un du 14. Juillet 1584.

19 Femme séparée de biens n'a qu'une pension viagere par forme de provision d'alimens plûtôt que par droit de douaire, & non les autres gains nuptiaux & préciput, & elle doit faire appeller au procès de séparation, les coobligez à la restitution de sa dot & conventions matrimoniales. Arrêt du 20. Mars 1593. Chenu, 1. Cent. q. 46. & 47.

20 Sur la demande en séparation faite par la femme, le premier Juge appointe les parties à informer; cependant la femme demande par provision, qu'inventaire soit fait des biens de la communauté, défense au mary de contracter & rien aliener au préjudice de l'instance de séparation. Le Juge ordonne qu'inventaire sera fait des biens de la communauté sans rien déplacer; appel par le mari: le Juge à quo dit nonobstant l'appel par provision: appel en adherant. Par Arrêt donné à Tours le 18. Juin 1593. l'appellation & ce dont est appellé, mis au néant: les parties renvoyées par devant le Juge à quo, autre que celuy dont est appel, pour proceder au principal, suivant l'appointement de contrarieté. Défense au Juge des lieux de passer outre, nonobstant l'appel en telle matiere, & autres semblables, qui ne sont des cas de l'Ordonnance. Biblioth. de Bouchel verbo Séparation.

21 Une transaction faite entre mari & femme, portant divorce & séparation de biens, a été déclarée nulle, n'y ayant eu connoissance de cause ni partage des meubles de la Communauté. Arrêt du 5. Février 1601. M. Loüet, lettre S. som. 16. Pour la validité d'une séparation soit de biens ou d'habitation, il est requis qu'il y ait information ou enquête faite par le Juge des lieux; & quand la séparation est solemnelle, quoique les séparez vivent ensemble, il n'y a point de communauté, s'il n'y a acte ou Jugement par lequel ils se départent de la communauté, & se remettent en communauté. Arrêt du 30. May 1623. Brodeau sur cette lettre nomb. 12. Chopin, Coûtume de Paris, tit. 1. liv. 2. tient le contraire, & dit que la communauté se contracte reipsâ. Voyez M. le Prêtre premiere Centurie chap. 67. où il dit que les causes de séparation sont deux, les sevices, & la déprédation.

22 Par la Déclaration du Roy du 22. Octobre 1648. registrée au Parlement le 24. art. 30. il est dit que les séparations faites depuis les Traitez avec le Roy, sont nulles.

23 Sur une Requête en séparation de corps & de biens entre le sieur Défiat & la Dame son épouse, fut ordonné le 1. Mars 1664. Notables Arrêts des Audiences. Arrêt 121. De la Guessiere, tom. 2. li. 6. ch. 18. rapporte le même Arrêt fort au long.

24 Femme condamnée en une réparation pecuniaire, pour avoir témerairement accusé son mari, & sa belle-fille, de l'avoir voulu empoisonner, à 4000. liv. de réparations envers le mari, & de 2000. liv. vers la fille. Arrêt du 12. Mars 1674. De la Guess. tom. 3. li. 8. ch. 4.

25 Une femme qui se sépare d'avec son mary, & fait divorce avec luy, sans en avoir une juste cause, risque de se faire priver de sa dot & conventions matrimoniales, si elle n'y retourne dans un bref delay. qu'on luy donne; il est de la prudence des Juges de luy donner quelque temps à demeurer dans un Convent avant de retourner avec son mary. Elle ne peut pas prétendre se dispenser de revenir avec son mary, jusqu'à ce qu'il ait payé les dettes qu'elle dit avoir contractées dans son éloignement; il faut qu'elle commence par son retour, sinon dés-lors auprès du mary, du moins dans un Convent pour quelque temps; le mary est aussi obligé en ce cas de payer les dettes de sa femme pendant son absence, sur ce qui est arbitré de juste & necessaire. Arrêt du Grand Conseil du 29. Decembre 1689. dans la cause de M. de Mazarin. Voyez le Journal des Audiences, tome 5. livre 5. chapitre 44.

26 Acte de notorieté de M. le Lieutenant Civil du Châtelet de Paris du 8. May 1703. portant que une femme par la séparation de biens & d'habitation en Justice, devient émancipée à l'égard de son mari, pour recevoir & disposer de ses revenus, & des sommes mobiliaires qui peuvent lui écheoir. Recueil des actes des Notar. p. 178. & suiv.

27 Acte de notorieté de M. le Lieutenant Civil du 8. May 1703. portant qu'encore que la femme soit séparée en Justice, elle ne peut vendre, aliener ni hypothequer ses immeubles sans autorité, & sans le consentement de son mari; ou si elle n'est autorisée par Justice au refus de son mari, lorsqu'il y a necessité de faire la vente ou alienation. Ibid.

28 De l'execution de la Sentence de séparation. Ibid. Acte de notorieté de M. le Lieutenant Civil du 16. Juillet 1707. portant que le défaut de renonciation à la communauté de biens, ne fait un moyen de nullité dans une Sentence de séparation que la femme a obtenuë au Châtelet contre son mari, & que la femme qui n'a pas renoncé, est en état de demander le partage de cette même communauté de biens. Même Recueil des actes de Notar. p. 213. & suiv.

SÉPARATION, ACTION CIVILE OU CRIMINELLE.

29 Séparation de corps & de biens doit être poursuivie par l'action civile ou criminelle, la procedure extraordinaire fut confirmée, & sans entendre le sieur Marquis Deffiat sur de simples lettres qu'il avoit écrites, quoiqu'elles ne fussent point reconnuës, il fut ordonné que sa femme demeureroit séparée d'avec luy: M. l'Avocat General Talon avoit conclu au contraire. Depuis sur la Requête civile prise par M. Deffiat, la Cour, après avoir entendu les parties par leur bouche, les appointa au Conseil; & cependant ordonna que la femme seroit payée du my-douaire, & que son mari la pourroit voir chez la Dame sa mere où elle s'étoit retirée. Soëfve, tom. 2. Cent. 3. ch. 9.

30 Demande en séparation d'habitation & de biens, ne peut être poursuivie que civilement, & non par la voye extraordinaire. Jugé le 21. Février 1636. Bardet, to. 2. li. 5. ch. 7.

SÉPARATION POUR ADULTERE.

31 La femme peut demander le divorce & séparation de biens contre son mari pour son adultere & impudicité. Jugé le 14. Juin 1561. Charondas, liv. 9. Rép. 33. Coquille, Coûtume de Nivernois de Douaire art. 5. & 6.

32 Si les sevices, inhumanité, & autres mauvais déportemens, même pour fornication, la femme peut demander la séparation de corps & de biens contre son mari? Voyez les reliefs forenses de Roüilliard, ch. 47. où il dit la Cour suivant la coûtume plus ordinaire en matiere de

de procés de divorce aprés avoir mandé le mari & la femme en la cinquième Chambre, & étant comparus, les avoir respectivement admonestez de leur devoir, le mari, du bon traitement qu'il étoit tenu de rendre à sa femme, & la femme de l'obéiffance, dont le lien du mariage l'obligeoit envers son mari; auquel ladite. Cour avoit fait inhibitions & défenfes d'ufer de fevices & inhumanitez vers elle, ni de vendre, difpofer, ou aliener fon bien aux peines contenuës en l'Arrêt du mois de Janvier 1604. n'ayant par iceluy la Cour touché à la queſtion de ſçavoir ſi pour la fornication du mary la femme peut intenter l'action de divorce, attendu que la plus commune opinion eſt, qu'à cet égard, alia ſunt leges Chriſti, alia leges Cæſaris.

33   Si en mariage entre des perſonnes de la Religion P. R. l'adultere & les fevices du mary donnent droit à la femme de demander ſéparation de corps & de biens? *Voyez le 3. Plaidoyé de M. Jean Boné*; il plaidoit pour la femme qui avoit pris Requête civile contre un Arrêt qu'elle prétendoit avoir été furpris par le mary : elle en fut déboutée, par Arrêt du Parlement de Touloufe du 15. Avril 1636. Il eſt vray que le mary avoit fait offre d'éloigner de ſa maiſon la femme avec laquelle on l'accufoit d'être en mauvais commerce, auffi bien que l'enfant adulterin.

RE'TABLISSEMENT DE COMMUNAUTE'.

34   Séparation de biens jugée & executée, n'eſt point annullée, *etiam redintegratâ gratiâ*, encore que le mary & la femme ayent demeuré enſemble en bonne union & intelligence par l'eſpace de 40. ans, & qu'en mariant leurs enfans ils ſe ſoient obligez enſemble au payement de la dot, ſans faire mention de la ſéparation; mais il faut qu'il y ait acte d'annullation de la ſéparation, & rétabliſſement de la ſocieté. Arrêt du 22. Février 1521. On alleguoit au contraire quelques Arrêts; entr'autres celuy du Vicomte d'Auchy, contre ſa femme. *Biblioth. de Bouchel*, verbo, *Séparation*.

35   Si aprés la ſéparation de biens, le mary & la femme ſe raſſemblent, & mettent leurs biens enſemble, l'effet de la ſéparation ceſſera, & rentreront en la communauté les meubles & acquêts immeubles, même ceux qui ſont échûs & acquis pendant la ſéparation. Ainſi jugé par Arrêt du 4. Février 1601. *Nam & poſt verum divortium nuptiæ revocari poſſunt, & matrimonium reconciliatur, item ſi mulier diverterit & judicio de dote conteſtato reverſa fuerit in matrimonium reintegrato matrimonio expirat judicium & omnia in ſtatu priſtino manent.* Tronçon, *art. 214. de la Coût. de Paris*.

36   La ſéparation une fois jugée ne peut être anéantie par le conſentement de la femme. Arrêt du Parlement de Normandie du 24. Février 1644. rapporté par *Baſnage ſur l'art. 558. de cette Coûtume.*

37   Une femme qui a vêcu comme ſéparée, qui en a fait tous les actes & ſoûtenu cette qualité contre les Créanciers de ſon mary, n'eſt plus recevable à alléguer qu'elle ne l'étoit point, ni à prendre des Lettres de reſtitution contre tous les actes qu'elle a paſſez en cette qualité. Arrêt du Parlement de Roüen du 1. Juin 1655. rapporté par *Baſnage, ſur l'art. 391. de la Coût. de Normandie*.

SEPARATION DE CORPS.

38   Des ſujets de la ſéparation de corps. *Voyez Franc. Marc. en ſes Déciſions du Parlement de Dauphiné, tome 2. queſt. 677.*

39   Des demandes en ſéparation *à thoro*, de couche & d'habitation, pour adultere, portées pardevant l'Official. *Voyez le recueil de Decombes Greffier de l'Officialité de Paris, chap. 4.*

40   D'une ſéparation de biens & d'habitation fondée ſur trois moïens, 1. la fureur, 2. la reconnoiſſance du mary qu'il étoit poſſedé par les démons, 3. ſa miſere & pauvreté notoire, juſtifiée par écrit. *Voyez les Plaidoyers de M. Auguſte Galand; Bou-*

Tome III.

chel a inſeré celuy-ci dans ſa *Biblioth. du Droit François*, verbo, *Séparation*.

SEPARATION DES BIENS DU DEBITEUR.

41   Séparation des biens du défunt, & de ceux de l'heritier.

De ſeparationibus. D. 42. 6... Inſt. 2. 19. §. 1. de hæred. qual. & differ.

De bonis auctoritate judicis poſſidendis ſeu venundandis : & de ſeparationibus bonorum. C. 7. 72.

42   De la ſéparation des biens du défunt & de ceux de l'heritier entre leurs Créanciers. C'eſt par l'uſage de cette ſéparation que les Créanciers du défunt qui craignent que ſon heritier ne ſoit pas ſolvable, empêchent la confuſion des biens du défunt avec ceux de l'heritier, afin que les biens de leur debiteur leurs ſoient conſervez, & ne paſſent pas aux Créanciers de cet heritier; de même que ceux-cy peuvent diſtinguer & ſéparer les biens de l'heritier de ceux du défunt, dont la ſucceſſion ſeroit onereuſe. Comment finit, où ſe perd le droit de cette ſéparation? *Voyez le 2. tome des Loix Civiles, liv. 3. titre 2.*

43   Si les Créanciers & legataires de l'heritier peuvent demander la ſéparation des biens du débiteur d'avec ceux du défunt, de même que les Créanciers du défunt la peuvent demander des biens du défunt d'avec ceux de l'heritier? *V. Boniface, tome 2. liv. 4. tit. 3. chap. 7.*

Voyez le Traité de la Communauté, par M. le Brun, liv. 2. chap. 3. ſect. 4.

SEPARATION, DEMENCE.

44   M. Duval Conſeiller au Parlement de Paris tomba en démence. Arrêt du 7. Septembre 1599. qui accorde la ſéparation demandée par ſa femme, ſans que jamais elle ſoit tenuë de retourner avec luy, avec condamnation pour la reſtitution de ſes deniers dotaux, & adjudication d'une ſomme pour ſon préciput, bagues & joyaux. Cet Arrêt eſt énoncé dans un plaidoyé de M. Auguſte Galand, & dans Bouchel, t. 3. p. 455.

45   La démence & la fureur d'un des conjoints ſurvenuë pendant le mariage, ſont des cauſes legitimes de ſéparation. Jugé à Paris; l'Arrêt n'eſt point daté. *Journal du Palais*, fine. où il y a pluſieurs raiſons.

Voyez le mot Démence, nomb. 4.

SEPARATION, DONATION.

46   Le mary aprés la ſéparation de biens d'avec ſa femme luy peut donner, quand il n'y a point de prohibition par la Coûtume; & l'heritier du mary n'en peut faire inſtance. Arrêt du 15. Février 1498. *Carondas, liv. 3. Rep. 76.*

47   La femme ſéparée de biens ne peut faire donation. Arrêt du Parlement de Dijon du 3. Mars 1585. *Bouvot, tome 2. verbo, Mariage, queſt. 52.*

48   Si une femme ſéparée de biens & d'habitation ayant par ſon teſtament diſpoſé de ſes biens au profit de ſon pere, à la charge de les remettre à ſes enfans lorſqu'ils auroient 25. ans, ou ſeroient pourvûs par mariage; le mary pere de ſes enfans, ſous prétexte d'un interêt éloigné, peut conteſter cette diſpoſition comme inofficieuſe ou faite en haine de luy? Arrêt du 24. Avril 1660. qui ordonna que le teſtament ſeroit executé ſelon ſa forme & teneur, en baillant par le pere bonne & ſuffiſante caution, de remettre les biens aux petits enfans au temps porté par le teſtament. *Soefve, tome 2. Cent. 2. chap. 19.*

SEPARATION, DOT.

49   Une femme porte 1000. écus en dot; il eſt ſtipulé par le Contract qu'en cas de prédeceds du mary ſans enfans, elle remportera tout ce qu'elle aura apporté en renonçant par elle à la communauté. Le mary *vergit ad inopiam*, elle ſe fait ſéparer de biens, & renonce à la communauté; elle demande ſur les biens de ſon mary 1000. écus ſuivant ce qui étoit ſtipulé par ſon Contract. Le mary l'empêche, & dit qu'elle ne doit rien reprendre qu'aprés ſon décés. Elle répond que cette ſéparation pour le regard de ſes con-

ventions matrimoniales équipolle à une mort, que *publicè in:e est mulieribus dotes salvas esse.*Le Prévôt de Paris par Sentence ordonne qu'elle reprendra 2000. écus. Appel : l'appellation au neant & sans dépens. *Voyez la Bibliotheque de Bouchel*, verbo, *Séparation.*

50   Cession de biens n'a lieu pour la restitution de la dot de la femme qui a été du tout séparée d'avec le mary impuissant. Jugé le 28. Avril 15;9. *Carondas*, *liv.* 13. *Rép.* 52.

51   Arrêt au Parlement d'Aix du 21. Décembre 1655. qui a jugé qu'une femme s'étant séparée de son mary pour ses sevices, peut demander le payement de ses alimens contre luy. Ce même Arrêt a jugé que la séparation étant legitime, le mary ne peut prétendre la confiscation de la dot de sa femme. Autre Arrêt semblable du 15. Décembre 1665. *Boniface*, *tome* 1. *liv.* 5. *tit.* 8. *chap.* 5.

52   Femme séparée de biens par la faillite de son mary, *en Païs de Droit* écrit joüit de son augment de dot en baillant caution, bien que la propriété ne luy appartienne qu'en cas de survie à son mary. Arrêt du 18. Juillet 1656. Rôse de Lyon. *Du Frêne*, *liv.* 8. *chap.* 46. Voyez *Henrys*, *tome* 2. *liv.* 4. *quest.* 1.

53   Arrêt du 28. Février 1659. qui a jugé *en Pays de droit* écrit que le mary offrant de bailler caution de la dot ou d'en consigner les deniers, la femme ne peut insister à la séparation. *Soëfve*, *tome* 2. *Cent.* 1. *chap.* 95.

SEPARATION, DOUAIRE.

54   Femme séparée de biens pour sevices de son mary mauvais ménager & dissipateur de ses biens, peut reperer non seulement sa dot & heritages propres, mais aussi son doüaire, combien que son mary soit vivant. Arrêt des 18. & 19. Décembre 1576. & 1577. *Chenu*, 1. *Cent.* quest. 41.

55   Jugé par Arrêt du 20. Mars 1593. que la femme séparée de biens n'a qu'une pension viagere par forme de provision d'alimens plûtôt que par droit de doüaire, & ne gagne les autres gains nuptiaux & préciput. Elle doit faire appeller au procès de séparation les obligez à la restitution de sa dot & conventions matrimoniales. *Voyez Filleau*, 4. *part.* quest. 46.

56   Une femme séparée, son mary absent, peut demander son doüaire. Arrêt du 17. Décembre 1593. *Chenu*, 1. *Cent.* quest. 43.

57   Femme séparée de corps & de biens d'avec son mary ne doit point avoir un demi-doüaire. Jugé le 27. Mars 1684. au Parlement de Paris, *Journal des Audiences*, *tome* 5. *liv.* 1. chapitre 6.

SEPARATION, DROITS SEIGNEURIAUX.

58   Dans la Coûtume de *Blois* une femme est séparée de biens par Arrêt ; cette femme herite par le décès de sa mere d'un fief ; le Seigneur fait saisir pour payement du droit de rachapt, & se fonde sur la Coûtume qui veut que la femme mariée doive rachapt du fief qui luy est échû en ligne directe. Arrêt du 20. Juin 1601. qui déboute le Seigneur, parce qu'en ce cas le mary ne prend aucune chose és fruits. *M. Loüet*, *lettre* R. *somm.* 45.

SEPARATION, ENQUESTE.

59   On tient au Palais, & il a été jugé par plusieurs Arrêts en 1597. & en May 1598. que la séparation de biens ne vaut rien s'il n'y a eu enqueste faite du mauvais ménage & dissipation dès biens par le mary : encore que l'on fit apparoir de plusieurs obligations & Contracts d'alienations par luy faites, telles alienations ou obligations peuvent avoir été faites pour subvenir aux affaires de la communauté. *Biblioth. de Bouchel*, verbo, *Séparation.*

60   Les séparations d'entre mariez sans connoissance de cause sont nulles. Arrêt du Parlement de Bretagne du 22. Octobre 1626. qui ordonne avant faire droit qu'il sera informé du mauvais ménagement du mary, & que la femme sera apparoître des Contracts d'alienation par elle alleguez. *Fran*, page 163.

61   Si la femme qui poursuit la séparation de biens

---

d'avec son mary est obligée de justifier par écrit les faits par elle articulez touchant la dissipation & mauvais usage par luy fait de ses biens dotaux, ou si la preuve par témoins luy en doit être accordée ? Arrêt du 3 Février 1661. qui permet à la femme de verifier les faits par elle mis en avant. *Soëfve*, *tome* 2.*Cent.* 2. *chap.* 57.

62   Une séparation sans enquête déclarée nulle. Arrêt du 4. May 1677. *De la Gu:ss. tome* 3. *liv.* 11. *chap.* 14.

SEPARATION, FEMME ABSENTE.

63   Voyez le 8. *Plaidoyé de M. le Maître*, au sujet de la séparation demandée par une femme qui disoit avoir été chassée par son mary. L'Arrêt du 10. Décembre la condamna à retourner avec luy.

64   Une femme qui pendant plusieurs années quitte son mary par legereté & sans cause, n'étant point retournée lors de la mort de son mary, fut privée de demander part en la communauté, du jour qu'elle s'étoit retirée. Arrêt du 20. Janvier 1672. *De la Gu:ss. tom.* 3. *liv.* 6. *chap.* 4. Ce même Arrêt est rapporté au *Journal du Palais*, & dans *Soëfve*, *tom.* 2. *Centurie* 4. *chapitre* 64.

65   Femme qui a quitté son mary, après plusieurs années de mariage pour faire déclarer ce mariage nul, ayant été declarée non recevable en l'appel comme d'abus & condamnée de retourner avec luy, n'est pas bien fondée à demander qu'il soit tenu de l'acquitter des *dettes* par elle contractées pour sa nourriture & son entretien, pendant qu'elle a vécu séparée d'avec luy. Arrêt du 23. Mars 1672. *Soëfve*, *tome* 2. *Cent.* 4. *chap.* 70.

SEPARATION, FEMME QUI ALIENE.

66   Alienations faites par une femme séparée. *Voyez* le mot *Alienation*, *nomb.* 60. & *suiv.*

67   Séparation de biens ne baille point permission à la femme de vendre ni engager ; mais seulement luy laisse l'administration. *M. Loüet & Brodeau*, *lett.* F. *nomb.* 30. id. *Lois. des off. liv.* 5. *ch.* 2. *nomb.* 39. id. *Mornac*, *ad L.* 4. *ff. ad Senat. Maced. & L.* 60. *Lucins*, *ff. Mandat. & L.* 2. §.1 *ff. Divort. ubi recte se obligat.* id. *Chopin*, *Paris. liv.* 2. *tit.* 4. *nomb.* 15. & en la séparation du corps. *M. Abraham la Peirere, en ses Décisions du Palais*, *lett.* S. *nomb.* 27. rapporte un Arrêt du Parlement de Bordeaux après seulement vû en la seconde des Enquêtes, entre le sieur Ponthelier & Jeanne Dessalis, par lequel il a été jugé qu'une femme séparée de biens d'avec son mary, & ayant toûjours habité avec luy, pouvoit repeter sur ses biens les bagues & joyaux & meubles que son mary avoir dissipez & consommez, depuis la séparation, contre les Créanciers de son mary, au rang & ordre de ses femmes dotales.

68   Femme séparée de biens peut seulement disposer des fruits de ses immeubles sans qu'elle puisse hypothequer, ni vendre ses immeubles, constituer rente sur iceux ni s'obliger sans son mary, la raison prise de la loy, *si filius*,§. 4. *ff. ad Maced.* Tronçon, *art.* 234.

69   En quels cas la femme séparée de biens, peut obliger, vendre & aliener ses immeubles sans l'autorité de son mary? *Voyez Filleau*, 4. *part.* quest. 51.

70   Par Arrêt donné en la Grand'Chambre le 24. Avril 1584. il fut jugé en la Coûtume d'*Orleans*,que la femme séparée d'avec son mary, ne peut aliener ses heritages ; & l'alienation qu'elle avoit faite fut declarée nulle contre l'acquereur. On dit qu'il y avoit des particularitez, & que le mary remontroit qu'il avoit des enfans de luy & de sa femme séparée, & qu'elle s'étoit retirée à Genève étant de la Religion Prétendüe Reformée, & qu'elle avoit emmené avec soy quelques-uns de ses enfans, & en avoit laissé quelques-uns en France. *Bibliotheque de Bouchel*, verbo, *Séparation.*

71   Femme séparée de biens ne peut aliener sans être autorisée de son mary. Arrêt du 14. Avril 1586. *M. Loüet*, *lett.* F. *somm.* 30. ni faire échange. Arrêt du

30. Juin 1603. *M. Bouguier, lett. O. nomb. 2.* ni être constituée gardienne ni dépositaire de biens de Justice. *Brodeau sur M. Loüet, lett. F. somm.* 30. & si la femme mariée le fait, elle est recevable au Benefice de cession, c'est-à-dire, qu'elle se rende gardienne des biens saisis sur son mary. Arrêt au mois de Novembre 1604. *Brodeau sur M. Loüet, lett. F. som.* 11. *n.* 5. ni vendre ni donner ses immeubles sans être autorisée. Arrêt en Juillet 1605. *M. le Prêtre & Arrêts de la Cinquième. Voyez Carondas, liv. 7. Rép.* 208.

71   En Normandie les alienations faites par la femme, même pour parvenir à sa séparation ont été declarées nulles. Arrêt du Parlement de Roüen le 14. May 1651. au profit de l'heritiere de la femme, après déclaration faite qu'elle abandonnoit les meubles & acquêts. *Basnage, sur l'art.* 538. *de cette Coût.*

73   La femme séparée de biens peut, sans autorité ni permission de Justice, & sans l'avis & consentement de son mary, vendre & hypothequer ses meubles presens & à venir, de quelque valeur qu'ils soient, & les immeubles par elle acquis depuis sa séparation, sans qu'il soit besoin d'en faire le remploy; mais elle ne peut vendre ni hypotequer les immeubles qui luy appartenoient lors de sa séparation, qui luy sont échûs depuis par succession, sans permission de Justice & avis de parens; & neanmoins les Contracts qu'elle en aura faits sans ladite permission pourront être executez sur les meubles & sur le revenu de ses immeubles après qu'il sera échû & amobilié. Arrêté du Parlement de Roüen les Chambres assemblées du 6. Avril 1666. art. 116. & 117. *Basnage, à la fin.*

74   Suivant l'article 541. de la Coûtume de *Normandie*, & 116. du Reglement de 1666. une femme séparée de biens en cette Province, peut sans autorité de Justice, & sans l'avis & consentement de son mary, vendre & hypothequer ses meubles, & les immeubles par elle acquis, sans être obligée à remploy. Arrêt du Parlement de Paris du 9. Juillet 1698. *Journal des Aud. tom. 5. liv. 14. ch.* 8.

SEPARATION, FEMME MINEURE.

75   Femme mineure séparée de biens, a besoin d'un Curateur aux causes pour les actions mobiliaires, & d'un Curateur pour les réelles & les hypothecaires. *Brodeau sur M. Loüet, lettre M. somm.* 2. où il cite *M. Charles Du Moulin*, en son Commentaire manuscrit, *art.* 117. *sur la Coût. de Paris.*

FEMME SEPARE'E QUI S'OBLIGE.

76   Si la femme séparée peut s'obliger sans être autorisée? *Voyez* le mot, *Autorisation, nombre* 69. & *suivans.*

77   Non seulement la femme mariée & séparée de biens, ne se peut obliger pour autruy, sans l'autorité de son mary, mais elle ne le peut pour son propre fils. *Filleau, part.* 4. *quest.* 50.

78   Femme séparée se peut obliger. Arrêt du Parlement de Paris du 21. Janvier 1597. Il s'agissoit d'une obligation de 200. écus, & l'on jugé que la séparation, ayant été executée par inventaire & partage, l'autorisation du mary n'avoit été necessaire. *Biblioth. de Bouchel, verbo, Séparation.* & *Carondas, liv.* 13. *Rép.* 16.

79   Quand on dit que la femme séparée de biens, peut s'obliger sans l'autorité de son mary; cela se doit entendre d'une simple obligation, qui n'emporte une expresse alienation de son immeuble, mais seulement une hypotheque; tellement qu'un Contract d'échange fait par une femme sans l'autorité de son mary, doit être cassé, n'ayant été autorisé par Justice au refus de son mary; d'autant que les Contracts de vente & d'échange *qui habent in se causam perpetuam transferendi dominii*, ne peuvent être compris sous le mot d'obligation; & aussi la Loy défend en ce cas à la femme d'aliener sans l'autorité de son mary. *L. ubi Cod. de jure dot. nulla licentia ei res suas alienandi.* M. Bouguier, *let. O, ch.* 2.

Tome III.

Jugé par Arrêt du Parlement de Roüen du 8. Juin 1603. que la femme séparée de biens étoit obligée de payer la somme de 4000. liv. pour la folle enchere d'un heritage qui luy avoit été ajugé par decret. *Berault, sur la Coûtume de Normandie, art.* 538.

81   Femme séparée peut entrant en Religion, quoyque non autorisée par son mary. Arrêt du 13. Mars 1651. *M. le Prêtre,* 1. *Cent. chap.* 67. *in additione.*

82   Femme séparée de biens ne peut s'obliger par emprisonnement de sa personne, par Acte judiciairement fait, encore que son mary y soit present, sans l'autoriser. Arrêt du 22. Septembre 1579. *Chenu,* 1. *Cent. quest.* 52. Elle ne peut aussi s'obliger valablement sans procuration de son mary, qui doit être rapportée & annexée à la minute de l'obligation. Arrêt du 8. Mars. 1661. *Notables Arrêts des Audiences, Arrêt* 55. & le *Journal des Aud. tome* 2. *livre* 4. *ch.* 13

SEPARATION, FILS DE FAMILLE.

83   Arrêts du Parlement d'Aix des 22. Février 1638. & 15. Janvier 1665. qui ont jugé que le fils de famille marié, ne peut se séparer de son pere sans son consentement, quoyque la séparation ait été stipulée, en cas qu'ils ne pussent vivre ensemble. *Boniface, tome* 1. *liv.* 5. *tit.* 9. *chap.* 1.

84   Si un pere ayant fait donation à son fils en se mariant, de certains biens qui se trouveront le jour de sa séparation; & ce fils étant décedé sans avoir été jamais séparé du pere, la fille de ce fils peut demander à son ayeul les biens qui étoient lors de la mort de son pere, ou lors de sa séparation d'avec son ayeul par son mariage. Arrêt du 7. Avril 1642. qui a jugé les biens au temps de la mort du pere. *Ibid. to.* 4. *li.* 7. *tit.* 10. *ch.* 2.

85   Arrêt du 5. Février 1667. qui a jugé que la belle-fille ne se peut séparer de la maison de son beau-pere sans sujet, même en cas de clause dans le Contract de mariage, qu'ils ne pussent demeurer ensemble, ni en faire séparer son mary; à elle enjoint de se retirer avec son mary dans la maison de son beau-pere, & en faire séparer maritalement, avec inhibition au beau-pere & à la belle-mere de la maltraiter. *Ibid. tome* 1. *liv.* 5. *tit.* 9. *ch.* 3.

SEPARATION D'HERITAGES.

86   La séparation des heritages peut être ordonnée au préjudice du tiers & d'un acquereur des biens, & cet acquereur doit repayer le prix du bien au Créancier. Arrêt du 10. Decembre 1670. *Boniface, to.* 5. *li.* 1. *tit.* 30.

SEPARATION FRAUDULEUSE.

87   Si un mary bon ménager, pour frustrer sa femme de la part qu'elle pourroit avoir en ses meubles & en ses acquêts, l'engageoit à se faire séparer, cette séparation, quoyque revêtuë de toutes les formes, ne pourroit luy préjudicier, étant frauduleuse. Arrêt de la Chambre de l'Edit de Roüen du 22. Mars 1650. Neanmoins en ce cas elle doit faire sa protestation durant le mariage, ou peu de temps après la dissolution d'iceluy, suivant l'Arrêt du 19. Juin 1612. *Basnage, sur l'art.* 391. *de la Coûtume de Normandie.*

SEPARATION, JALOUSIE.

88   Jalousie cause de séparation. Le premier Arrêt, sur l'appointement, ordonna la réünion du mary & de la femme; l'autre sur Requête civile, jugea la séparation de biens & d'habitation; & depuis les esprits se reconcilierent. *Voyez* le 19. *Plaidoyé de M. Gaultier, tome* 1.

SEPARATION, INSINUATION.

89   Aux termes des Edit & Declaration du Roy du mois de Decembre 1703. & 19. Juillet 1704. les séparations de corps & de biens doivent être insinuées.

INSTANCE DE SEPARATION.

90   *Divortii causâ pendente, & uxorem & res apud virum esse debere. Vide Luc. lib.* 8. *tit.* 4. *c.* 1. & 2.

91   *Divortii causâ pendente, uxorem seorsum à viro agere, rerumque suarum partem habere, aliquando indultum. Ibid. cap.* 3. & 4.

A A aa ij

92   Si la femme pendant le procés en séparation, peut demander des alimens ? *Voyez* le mot, *Alimens*, *nombre* 74.

93   Pendant le procés de séparation pour sevices, le mary est tenu de bailler provision à sa femme. Arrêt aux Grands Jours à Clermont, du 28. Novembre 1582. *Chenu*, 1. *Cent. quest.* 48.

94   La femme qui est condamnée de se retirer avec son mary, aprés avoir formé instance en séparation de corps & de biens, doit avoir un delay à se retirer, jusques au jugement des procés civils, pour la liquidation de sa dot & droits. Arrêt du Parlement d'Aix du 17. Octobre 1672 *Boniface*, *tome* 4. *liv.* 5. *tit.* 14. *chapitre* 4.

95   Arrêt du même Parlement d'Aix du dernier Mars 1678. qui a ordonné que la femme pendant l'instance de séparation, joüiroit des fruits de sa dot, si mieux n'aimoit le mary luy payer 300. liv. par an. *Boniface, ibid. chap.* 5.

SÉPARATION, INTERESTS.

96   Interêts dûs à la femme du jour de la Sentence de séparation seulement, & non du jour de la demande. Arrêt du 8. Avril 1672. *De la Guessiere*, *tome* 3. *liv.* 6. *chapitre* 23.

SÉPARATION, JUGE D'EGLISE.

97   Les diligences requises pour la séparation, doivent être faites devant les Juges Royaux, & non devant l'Official. Par Arrêt du Parlement de Roüen du 23. Février 1657. entre les Officiers Royaux de Montivilliers & le Bailly de Longueville, il a été jugé que le haut Justicier pouvoit connoître des Lettres de séparation civile. *Basnage*, *sur l'art.* 391. *de la Coût. de Normandie*.

98   Jugé au Parlement de Paris le 22. May 1665. que le Juge d'Eglise n'est point competent de connoître d'une demande en séparation entre mary & femme, appointa les Parties, pour sçavoir si l'*épilepsie* ou mal caduc peut donner lieu à la séparation de corps & d'habitation entre personnes mariées ; ordonna cependant que deux Transactions passées entre le mary & la femme, par lesquelles le mary avoit consenti que sa femme demeurât séparée d'avec luy, seroient executées. *Soëfve, tome* 2. *Cent.* 2. *chap.* 82.

SÉPARATION, MALADIES.

99   *De separatione ex causâ luis venerea.* Voyez *M.* le *Prêtre*, 1. *Cent. ch.* 100.

100   Arrêt du Parlement de Paris du 1. Juin 1580. confirmatif d'une Sentence de l'Official, par laquelle un mary avoit été séparé d'avec sa femme pour cinq ans, à cause de la verolle réïterée. *Papon*, *livre* 5. *titre* 1. *nombre* 11.

101   Par Arrêt du Parlement de Dijon, séparation ordonnée sur la preuve faite par la femme de la mauvaise conduite de son mary ; elle se plaignoit qu'il luy avoit donné deux fois la verolle. *Voyez les Harangues & Plaidoyez de M. de Xaintonge*, *ch.* 24.

102   Si le mal caduc est une cause de séparation de corps & d'habitation. Le 22. May 1665. la cause appointée. *Voyez les Notables Arrêts des Aud. Arr.* 104. & *Jovet*, verbo, *Séparation*, *n.* 16. & cy-dessus le *n.* 98.

SÉPARATION, MARCHANDS.

103   Par l'Ordonnance du mois de Mars 1673. titre 8. des séparations de biens, art. 1. il est porté que dans les lieux où la Communauté de biens d'entre mary & femme, est établie par la Coûtume ou par l'Usage, la clause qui y déroge dans les Contracts de mariage des Marchands Grossiers ou Détailleurs & des Banquiers, sera publiée à l'Audience de la Jurisdiction Consulaire, s'il y en a, sinon dans l'Assemblée de l'Hôtel commun des Villes, & inserée dans un Tableau exposé en lieu public, à peine de nullité, & la clause n'aura lieu que du jour qu'elle aura été publiée & enregistrée.

SÉPARATION DEMANDE'E PAR LE MARY.

104   Il y a des cas où l'on doit permettre au mari de de-mander la séparation, quand les affaires de la femme sont si intriguées, que l'application & la fortune du mary n'y suffisent pas. Il y en a un Arrêt rendu entre M. Porte, Conseiller en la Cour, appellant de pareille Sentence de séparation ; que le mary soûtint sur ce que sa femme avoit cent quatorze procés indécis contre M. Poële : ce qui donna lieu de confirmer la séparation, par Arrêt du 27. Février 1602. qui est dans *Pelens*, *liv.* 5. *des Actions forenses*, *Action* 28. & cy-dessus le nombre 121.

SÉPARATION, MARY PAUVRE.

105   Femme séparée de biens est tenuë de nourrir son mary, lorsque *lapsus est facultatibus, non suo, sed fortuna vitio ; Secus,* si c'est par son mauvais ménage, suivant le Droit Romain. *Voyez Brodeau sur M. Loüet, let. C. somm.* 29. Coquille, *Coûtume de Nivernois*, & en sa question 11. *circà medium.*

106   La femme voyant son mary devenir pauvre, peut répeter sa dot, & demander la séparation de biens. Arrêt du Parlement de Paris du 13. Février 1497. même son doüaire, & autres conventions, *marito vergente ad inopiam.* Arrêts des mois de Septembre 1567. & 19. Décembre 1577. *Papon*, *liv.* 15. *titre* 4. *nombre* 8.

Voyez le mot, *Pauvre*, *n.* 25. & 26.

SÉPARATION, MENACES.

107   Arrêt du 12. Juin 1655. qui a jugé que les ménaces faites par le mary à la femme, ne font pas causes suffisantes pour la séparation de corps & de biens, & qu'il faut un attentat sur la vie. *Boniface*, *to.* 1. *liv.* 5. *tit.* 8. *chap.* 2.

SÉPARATION EN NORMANDIE.

108   La mauvaise conduite du mary & les mauvais traitemens ayant donné lieu à une femme d'obtenir sa séparation, par Arrêt du Parlement de Roüen du 29. Novembre 1660. on luy accorda non seulement son doüaire, mais aussi part aux meubles & acquêts, comme si le mary eût été mort ; si mieux n'aimoit le mary luy payer 500. liv. annuellement, la somme de 1200. liv. qui luy avoit été ajugée pour avoir des meubles, 650. liv. qu'elle auroit reçuë par provision ; ce fut parce que le mary étoit un Marchand, dont la plûpart des biens consistoient en meubles. *Basnage, sur l'art.* 368. *de la Coût. de Normandie.*

109   Plusieurs ont prétendu que le droit de *viduité* ne pouvoit être préjudicié par le mary lorsque sa femme s'étoit fait séparer de biens d'avec luy, & qu'en vertu de cette séparation, elle étoit rentrée en la possession de son bien ; ils se fondoient sur cette raison, que suivant l'art. 382. de la Coûtume de Normandie, le mary doit survivre à sa femme : or comme la séparation est une espece de mort civile, qui est presque comparable à la naturelle, *in omnibus & per omnia morti aquiparatur,* le mary séparé de biens d'avec sa femme, quoy qu'il la survive, est réputé mort, à l'effet de ne pouvoir joüir de son bien. Cette question s'étant présentée entre un pere & ses enfans, par Arrêt du Parlement de Roüen du 22. Décembre 1636. il fut ordonné que le pere joüiroit des biens de sa femme à droit de viduité, nonobstant la séparation. *V. Basnage, sur cet art.* 382.

110   Si par inadvertance l'on a obmis de faire ajourner quelques-uns des Créanciers, cela n'est pas suffisant pour annuller la séparation. Arrêt du Parlement de Roüen du 10. Mars 1610. rapporté par *Berault*, *sur l'art.* 391. & par *Pesnelle*, p. 343.

111   Une femme ayant été deboutée de ses Lettres de séparation, pour cause de soustraction, en obtient de nouvelles, qui furent enterinées, nonobstant l'opposition de sa belle-mere, parce qu'elle ne luy opposoit aucune soustraction. Arrêt du Parlement de Roüen du 28. Février 1631. rapporté par *Basnage, sur l'art.* 391. *de la Coût. de Normandie.*

112   Séparation stipulée par Contract de mariage, doit être *insinuée* aux Assises ; autrement les meubles de la

femme peuvent être vendus pour les dettes du mari. Arrêt du Parlement de Roüen du 7. Août 1637. neanmoins si en consequence de la séparation stipulée par le Contract de mariage , la femme a fait un inventaire des meubles qu'elle apportoit à son mary , quoy qu'elle n'ait point fait inscrire son nom au Tabellionage , ni insinuer la séparation aux Assises, les Créanciers du mary ne peuvent executer ces meubles comme appartenans à leur débiteur. Arrêt du Parlement de Roüen du 17. Novembre 1665. *Basnage* , *Ibidem*.

113   Toutes sortes de femmes peuvent demander la séparation. Arrêt du Parlement de Roüen dès 3. & 4. Avril 1639. pour la femme d'un Receveur des Tailles ; & pour celle du Receveur & Payeur des Gages des Officiers du Présidial de Roüen. *Basnage* , *ibid*.

114   En *Normandie*,quand il y a séparation de corps & d'habitation, la femme peut demander la restitution de ses droits matrimoniaux , élire la Communauté , & en prendre sa part , & y renoncer , & demander la restitution de ses conventions de mariage. Arrêt du Parlement de Roüen du 8. Novembre 1660. La femme séparée de biens a tant d'avantage , que par Arrêt du Parlement de Roüen du 14. Août 1656. sur la question de sçavoir si 3000. liv. de meubles donnez par augmentation de dot à une Demoiselle, en cas que son mari la prédécedât, pouvoient être demandez, en consequence de la séparation civile , il fut jugé que la femme séparée jouïroit dès-à-present des interêts de cette somme au préjudice des Créanciers de son mary. *Ibidem*.

115   La femme n'a point de part aux meubles & acquêts faits par son mary depuis sa séparation, bien qu'elle soit stipulée par le Contract de mariage, suivant l'article 80. du Reglement de 1666. Ainsi jugé par Arrêts des 23. Août 1656. & 19. Mars 1664. *Ibid*.

116   Lorsque la séparation de biens est stipulée par le Contract de mariage , le mary n'en peut empêcher l'execution, bien que la femme ait vêcu quelque temps avec luy sans s'en prévaloir , & même qu'elle luy ait laissé la joüissance de son bien. Arrêt du Parlement de Roüen du 11. May 1657. rapporté par *Basnage* , *sur l'art. 391. de la Coûtume de Normandie*. Le mary soûtenoit que le silence de la femme équipolloit à une renonciation.

117   Il ne suffit pas d'avoir observé les formalitez de la Coûtume, où l'on demeure lors de la séparation , il faut satisfaire à celle où l'on vient demeurer. Arrêt de la Chambre de l'Edit de Roüen , du 16. Decembre 1658. qui a confirmé une execution faite contre le mary & la femme séparée de biens à Paris , où ils avoient demeuré , faute par eux de l'avoir fait publier à Caën où ils étoient venus demeurer *Basnage*, *ibidem*.

118   Les Créanciers du mary ayant saisi les meubles de sa femme, quoyque séparée de biens d'avec luy, sur le fondement que son nom n'étoit pas inscrit dans le Tableau des femmes séparées, elle fut débouttée de son opposition. Elle disoit pour moyens d'appel,que cette formalité n'étoit necessaire que pour la conservation de ses droits contre son mary ; mais que cette formalité n'étoit pas necessaire à l'effet de luy conserver ce qu'elle avoit réservée par son Contract de mariage ; ces biens luy appartenans, & les Créanciers de son mary n'avoient pû les saisir. Arrêt en sa faveur au Parlement de Roüen le 26. Octobre 1666. *Ibidem*.

SEPARATION , SAISIE.

119   Une femme s'oppose à la saisie faite à la Requête d'un Créancier , & dit qu'elle est séparée par Contract de mariage. On objectoit qu'il n'y avoit point eu d'inventaire fait , tout au plus qu'on n'en communiquoit qu'un broüillard non signé. Arrêt du Parlement de Paris du 21. Juin 1583. qui declare la saisie valable. *Biblioth. de Bouchel* , verbo , *Séparation*.

120   Le Contract de mariage porte faculté de renoncer à la Communauté, ce faisant que la femme reprendra

ce qu'elle aura apporté , ses bagues & joyaux. La séparation est ensuite prononcée , & la femme obtient ses conventions ; le Syndic des Créanciers du mort fait saisir ses bagues entre ses mains ; elle dit que la Sentence les luy ajuge ; d'ailleurs , c'est un meuble dont elle est saisie. On luy oppose qu'il ne paroit pas qu'elle ait payé sa dot. 2°. Qu'il y a détonfiture. Arrêt du Parlement de Paris du 18. Mars 1611. confirmatif de la Sentence des Requêtes du Palais , qui ordonne que les bagues seront vendües , sauf à ordonner de la préference sur les deniers qui en proviendront. *Ibidem*.

SEPARATION DE SOCIETÉ.

121   Séparation demandée par Maîtres Barnabé le Vest , Avocat, & Philippes de Beauvais , leur fut accordée par Sentence du Châtelet de Paris. Arrêt du 26. Février 1602. qui pour bonnes causes, justes & raisonnables, la confirme. Ces causes étoient afin d'ôter toute occasion d'aigreur entre les beaux-freres, appellans. *Ibidem*.

Voyez cy-après le mot , *Société*.

SEPARATION , SUCCESSION.

122   La séparation d'habitation empêche la succession d'entre conjoints, au cas de bâtardise & desherence. *Voyez M. le Brun, des Successions , livre 1. chapitre 7. nombre 19.*

123   Le mary qui succede aux meubles de sa femme séparée n'ayant point d'enfans , est tenu de toutes ses dettes. Arrêt du Parlement de Roüen du 11. Juin 1625. si neanmoins il avoit fait inventaire , il n'en seroit tenu que jusqu'à concurrence de la valeur des meubles ; car il n'est pas heritier , il prend les meubles *jure mariti*. Basnage , *sur l'art. 391. de la Coût. de Normandie*.

124   Femme séparée de biens d'avec son mary , par son Traité de mariage ou autrement , ne peut demander aux heritiers de son mary aucune part des meubles de sa succession, ni aux acquêts qu'il a faits depuis leur séparation.

Femme séparée de biens n'est pas censée heritiere de son mary , encore qu'elle n'ait pas renoncé à sa succession ; mais si elle n'est pas séparée , elle est censée heritiere de son mary, encore qu'elle n'ait pas renoncé à sa succession , ou obtenu du Juge dans ledit temps un plus long delay d'y renoncer. Arrêtez du Parlement de Roüen, les Chambres assemblées, le 6. Avril 1666. art. 81. & suiv. *Basnage, tome* 1. *à la fin*.

SEPARATION , TAILLES.

125   La femme séparée de biens d'avec son mary , est imposable à la taille. Arrêt du Parlement de Dijon sans date , rapporté par *Bouvot , tom.* 2. verbo,*Tailles, quest.* 74. & *cy-après* , le Titre *de la Taille*. §. *Taille. Femme*.

SEPARATION , TESTAMENT.

126   Si en Bourgogne la femme séparée de biens peut tester , encore que la séparation fût valable ? *Voyez Bouvot , tome* 1. *part.* 1. verbo , *Femme séparée. q.* 1. *Voyez cy-après le mot* , *Testament*.

SEPARATION , MAUVAIS TRAITEMENS.

127   *Matrimonium propter vitæ insidiationem & sævitiam an separari possit ?* Voyez *Franc. Marc. tom.* 2. *question.* 738.

128   De la peine des maris excedans outrageusement leurs femmes séparées d'eux de corps & de biens. *Voyez Peleus*, *quest.* 2.

129   Une femme s'étant séparée , & ayant intentée l'action de séparation *ob sævitiam & dissipationem bonorum* ; par Arrêt du 16.May 1565. il fut ordonné qu'elle retourneroit , en baillant par le mary caution *de non sæviendo*. *Papon , liv.* 15. *tit.* 3. *n.* 1.

130   La-Cour ne sépare le mary d'avec la femme que quand il y a pertinacité. Arrêt du Parlement de Paris du 18. Decembre 1576. par lequel un mary à qui la Cour avoit enjoint de traiter maritalement sa femme, & s'en étant moqué, disant que c'étoit pour la battre

trois fois par jour, la féparation fut ordonnée, le mary condamné en amende, & envoyé en la Conciergerie. *Papon, liv. 15. tit. 3. n. 2.*

131 Une femme ayant demandé la féparation pour cause de fornication, mauvais traittemens, & attentat à fa vie, nonobftant la preuve de tous ces faits, par Arrêt du Parl. de Paris du mois de Janvier 1604. a été renvoyée à fon mary qui l'avoit redemandée, & enjoint au mary de luy rendre à l'avenir les devoirs d'un bon mary fur de grandes peines. Cet Arrêt eft rapporté par Peleus, *Actions forenfes,* & dans *Boné, partie 2. page 80.*

132 Une femme n'ayant coarcté les faits de mauvais traittemens de fon mary, n'étoit recevable en caufe d'appel, de les vouloir prouver. Arrêt du Parlement de Grenoble du 13. Février 1651. *Baffet, tom. 1. liv. 4. tit. 9. ch. 1.* où il rapporte un Arrêt du 3. Juillet 1650. qui a jugé que fi les fevices ne font atroces, la femme ne peut demander féparation, & qu'une honnête correction eft permife au mary. On n'alleguoit en cette caufe qu'un coup d'affiette fur la joüe, une meurtriffure fur les cuiffes, & quelques injures verbales.

133 Femme doit être féparée de corps & de biens d'avec fon mary à fa premiere plainte, par les fevices extraordinaires. Arrêt du Parlement d'Aix du 21. Janvier 1668. *Boniface, tome 4. livre 5. titre 13. chapitre 1.*

134 La femme ayant formé inftance contre fon mary, pour être féparée de corps & de biens, pour fes mauvais traittemens, la féparation fut ordonnée pour trois ans feulement, par Arrêt du 23. May 1670. *Ibidem, chapitre 3.*

135 Si le mary peut demander que fa femme qui eft féparée de luy de corps & de biens, pour fevices, rétourne avec luy, en la traitant maritalement ? Arrêt du 18. Juin 1675. qui debouta le mary de fa Requête. *Boniface, ibid. chap. 2*

REPARATION VOLONTAIRE.

136 Si l'homme & la femme peuvent par tranfaction faire féparation de biens fans connoiffance de caufe : & fi les jugemens rendus de leur confentement fur telle féparation font valables : & quelles formalitez font requifes pour la validité de telles féparations ? *Voyez Bouvot, to. 1. part. 1. verbo Séparation de biens.*

137 La féparation de biens d'entre mari & femme ne peut valoir faite du confentement du mari, fans connoiffance de caufe, & fans appeller les creanciers, Arrêt du 3. Février 1583. *Ibid. verbo Femme féparée, queft. 2.*

138 *Bonorum feparatio voluntaria & quæ citrà plenifſimam caufæ cognitionem admiffa à judicibus fuerit, irritam pronuntiat Senatus.* Arrêt du 5. May 1598. *Mornac, l. 61. ff. de donationibus inter vivum & uxorem, &c.*

139 Sentence de féparation confentie ; le mari obtient Lettres pour être reftitué contre le confentement énoncé dans la Sentence, difant qu'il n'étoit pas plus maître de fon honneur que de fa vie. Arrêt du Parlement de Paris du 7. Mars 1608. qui met la Sentence au neant, & renvoye les parties pardevant le Juge des lieux pour proceder fur la féparation de biens avec connoiffance de caufe. *Plaidoyez de Corbin, chapitre 112.*

140 Arrêt du 14. Mars 1610. qui met hors de Cour, fur une requête obtenue par un mari contre un Arrêt par lequel de fon confentement, & de celuy de fa femme ils avoient été féparez de biens, de lit, & d'habitation. *Le Bret, liv. 1. décif. 7.*

141 Tranfaction contenant féparation de corps & de biens entre mariez eft nulle : mais la femme eft privée de la communauté jufques au jour qu'elle retourne avec fon mari. Jugé le 13. Juin 1619. *Bardet, to. 1. liv. 1. chap. 61.*

142 Séparation de biens d'entre le mary & la femme faite volontairement & executée pendant 19. ans eft bonne & valable à leur préjudice. M. l'Avocat General Bignon dit que l'appellante avoit provoqué fon mari à la féparation de biens qu'elle vouloit rétracter, ce qui n'étoit pas jufte. Arrêt du premier Decembre 1626. *Bardet, to. 1. liv. 4. ch. 93. & Du Frêne, liv. 1. chap. 122.* Même Arrêt le 6. Mars 1631. rapporté par *Bardet, to. 1. liv. 4. ch. 11. & par Du Frêne, liv. 2. chap. 92.*

143 Séparation de biens faite volontairement & par fimple contrat, eft confirmée contre les heritiers du mari. Arrêt du 5. Septembre 1635. *Bardet, to. 1. liv. 4. chap. 28.*

144 Si un mari & une femme s'étant de leur confentement féparez de corps & de biens fans qu'il en ait paru aucun fujet legitime, les heritiers de la femme peuvent après le decez des deux, contefter cette féparation de biens. Dans le fait, les parties fe prefenterent devant le Vice-Regent de l'Official de la Cour Archidiaconale de Metz, & demanderent féparation perpetuelle de corps & de biens, & auffi tôt après fe reftraignirent à une tolérance & à un divorce pour trois ans. Arrêt du Parlement de Metz du 23. Novembre 1637. qui fur les appellations comme d'abus met hors de Cour. *Voyez le 26. Plaidoyé de M. de Corberon.*

145 Arrêt du Parlement de Bretagne du 21. May 1631. contre les Sieur & Dame de Quérnault, qu'ils vivroient enfemble, quelque tranfaction qu'il y eût entr'eux. Arrêt femblable du 9. Septembre 1640. *Sauvageau en fa note fur le chap. 220. livre 1. des Arrêts de Du Fail.*

146 Arrêt du Parlement d'Aix du 5. Juin 1641. qui a déclaré nulles les féparations faites volontairement entre mariez fans information & enquête precedente. Le même Arrêt a caffé une tranfaction entre les mêmes mariez, portant defiftement des donations reciproques faites en cas de predecez dans le contrat de mariage. Autre Arrêt du 16. Octobre 1649. qui a fait défenfes aux Notaires de recevoir les contrats de féparation de corps, qu'elles ne foient ordonnées par les Magiftrats, ce qui eft conforme à un Arrêt du 11. Juin 1596. portant mêmes défenfes. *Boniface, to. 1. liv. 5. tit. 8. ch. 1.*

147 Autre Arrêt du 19. Février 1685. qui a caffé une féparation volontaire d'entre mari & femme, & fait reglement portant défenfes aux Notaires d'en recevoir. Jugé encore que la femme doit rendre compte à fon mari des fommes exigées en vertu d'une procuration ; comme auffi que les profits faits par la femme féparée des deniers du mary, appartiennent au mari. *Boniface, to. 4. liv. 5. tit. 14. chapitre 2.*

148 Séparation volontaire déclarée nulle, par Arrêt du Parlement de Bretagne du premier Octobre 1659. entre Yvon Conzenneux Ecuyer fieur de l'Efcoüet, & Damoifelle Françoife de Coufil fa femme. *Voyez Du Fail, liv. 11. chap. 144.*

149 Séparation volontaire entre Monfieur de Broüée Maître des Requêtes, & la Dame fon époufe, a été confirmée le Jeudy 16. Janvier 1662. à la Grand'-Chambre, plaidans Langlois & Garnon. *Dictionnaire de la Ville, nomb. 4691.*

SEPARATION, YVROGNE.

150 Séparation demandée par la femme du fieur de Mailly Sénéchal de Vermandois, adonné au vin, & alors capable de toutes fortes de violences. Arrêt du 10. Février 1633. qui ordonne qu'elle fera fequeftrée en la maifon, & près la perfonne de Madame la Ducheffe de Longueville, que le fieur de Mailly luy donnera 600. livres de penfion, & qu'il n'auroit autre liberté que celle de la vifiter. Second Arrêt du 21. Mars 1633. qui ordonne que durant le procez la fille iffuë de leur mariage feroit ôtée au fieur de Mailly, & mife entre les mains de fa femme avec une penfion de deux cents livres. Au mois de Juin fuivant la féparation de biens & d'habitation à été diffinitive-

ment prononcée. *Voyez les* 14. 15. *&* 16. *Plaidoyez de M. le Maitre.*

SEPARATION DE DETTES.

15r De la clause de féparation de dettes. V. *Le Brun*, *traité de la Communauté, liv.* 2. *ch.* 3. *feƈt.* 4. *& cy-deffus le nomb.* 41. *& fuiv.*

152 De la féparation des biens du défunt leur débiteur, demandée par fon creancier, contre les creanciers de l'heritier de ce même défunt. *Voyez le mot Creancier, nomb.* 73. *& fuiv.*

SEPULTURE.

DE *fepulchris. Valent. N. t.* 5... *Lex* 12. *tabb.*
1 *De fepulturis. D. Gr.* 13. *q.* 1... *Extr.* 3. 28... *S.* 3. 12... *Cl.* 3. 7... *Extr. co.* 3. 6... *I. Lanc.* 2. 24.
De religiofis, & fumptibus fanerum, & ut funus ducere liceat. C. 3. 44... *D.* 11. 7. *Religiofis, id eft, locis religiofis, quæ deftinata funt fepulturæ.*
De mortuo inferendo, & fepulchro ædificando. D. 11. 8.
De locis religiofis. I. 2. 1. *§.* 9. *de rer. divis.*
De fepulchro violato. D. 47. 12... *C.* 9. 19... *C. Th.* 9. 17... *Leon. N.* 96.
De fepulchris & lugendis. Paul. 1. *ult.* Des Sepulcres & du Deüil.
De cadaveribus punitorum. D. 48. 24. *ult.* De la fépulture des criminels.
Voyez les mots Cimetiere, Enterremens, Frais-funeraires, & Funerailles.
2 *De fepulchris & fepeliendi ritu. Per Hieronymum Magium Anglarenfem, lib.* X.
Des fépultures. *Voyez Papon, livre* 20. *tit.* 8. La *Biblioth. de Jovet,* au mot Sépulchre. Les *Memoires du Clergé, to.* 1. *part.* 1. *tir.* 2. *chap.* 6. *Fevret, liv.* 4. *chap.* 8. *Henrys, to.* 1. *liv.* 1. *chap.* 3. *queft.* 13. 14. *& 42.* La Peirere, *en fes Décifions du Palais lettre S. nomb.* 41. 42. *& 43.*
3 Du Droit de fepulture. *Voyez Carondas, liv.* 7. *Réponfe* 5. *& Mornac, l.* 4. *C. de religiofis & fumptibus.*
5 *De iure fepulchri.* Comment il s'acquiert, & à qui il paffe? *V. Lotherius, de re beneficiariâ, liv.* 2 queftion 3.
6 *Jus fepulchri ad omnes hæredes & omnes de familiâ pertinet. Voyez Franc. Marc. to.* 1. *qu.* 1137.
7 Qu'il fera fait regiftre des perfonnes tenans Benefices, & de la garde des corps morts des Beneficiers. *Ordonnances de Fontanon, to.* 4. *tit.* 24. *p.* 513.
Voyez cy-deffus le mot Regiftre, nomb. 2.
8 Les honneurs funebres ne font point dûs à la femme comme au mary; ainfi qu'il l'eft déclaré par Arrêt du Parlement de Paris du 4. Juin 1515. *Jovet,* verbo *Sepulere, n.* 11.
9 Droit de fepulture n'eft caufe fpirituelle ni Ecclefiaftique. Arrêt du Parlement de Paris du mois d'Avril 1532. il faut fe pourvoir au Juge Royal. *Papon, liv.* 20. *tit.* 8. *n.* 8.
10 Les Juges de Kimpercorentin fur lefquels il y a ajournement perfonnel, par ce jugement condamnant Pugnen à fouffrir à l'avenir Conftance Kerquellan joüir d'une tombe contentieufe entre les parties. Par Arrêt du Parl. de Bretagne du 11. Août 1567. il eft dit mal jugé, & reformant le jugement de l'intimé déclaré non recevable en fes prétenduës poffeffions. *Du Fail, liv.* 2. *chap.* 308.
11 Si le droit de fepulture eft ceffible aux étrangers au préjudice de ceux de la famille? Arrêt du Parlement de Bourdeaux du 26. Mars 1601 qui ordonne que les parens du ced. n. en joüiront auffi. *Voyez les Plaidoyez celebres dédié.* 7 *à M. de Nefmond, p.* 143.
12 Le droit d'un fepulcre familier appartient auffi-bien à ceux qui font parens du côté des femmes, comme du côté des mâles, *in familiari fepulchro, id eft familia certa conftituto* (*fic enim familiaria dicebantur fepulchra, l.* 5. *familiaria. ff. de relig. & fumpt.*

fine) *non folum agnitis, fed cognati, id eft, per fœmineis fexûs perfonas conjunƈti & defcendentes,* ont droit d'y être enterrez. Ainfi jugé par Arrêt du 14. Septembre 1604. M. Bouguier, *lettre S. chap.* 2. *Henrys, liv.* 1. *chap.* 3. *queft.* 42. rapporte ce même Arrêt du 7. Septembre 1604 & là il traite la queftion d'une autre maniere que M. Bouguier. *Voyez Mornac, l.* 30. *ff. familæ ercifc.*

13 La maintenuë du projet de fepulture appartient aux Juges Royaux, & la feule poffeffion, quoique fans titre fuffit pour l'obtenir. Arrêt du Parlement de Grenoble du 16. May 1676. rapporté par *Chorier en fa Jurifprudence de Guy Pape, p.* 47.

SEPULTURE, CHANOINES, CURÉ.

14 Les Curez ont droit de fepulture dans le Chœur de leur Eglife. *Memoires du Clergé, to.* 1. *part.* 1. *pag.* 58.

15 Entre le corps du Chapitre & les Curez d'une Ville, aux enterremens des feculiers, & autres actions publiques touchant le rang & l'ordre & la prérogative entre eux. Reglement. *Voyez Henrys, to.* 1. *liv.* 1. *chap.* 3. *queft.* 14.

16 Par Arrêt du Parlement de Normandie du 11. Avril 1504. plufieurs Chanoines de l'Eglife Metropolitaine de Roüen furent condamnez en de groffes amendes vers le Roy pour avoir voulu au Convoi du corps de M. Jean le Monnier Confeiller & Chanoine, empêcher 4. Confeillers, 2. Ecclefiaftiques, & autant de Laïcs de la Cour de Parlement lors affemblez, de tenir le drap pofé fur le corps, fait ceffer le chant, éteindre la lumiere, & renvoyé le refte du Clergé; ayant été le même corps laiffé au milieu de la ruë l'efpace de deux heures, & enfuite pris & inhumé tumultuairement par eux, *fecus,* l'avoir fait fçavoir à la Cour, contre laquelle ils avoient proferé plufieurs paroles injurieufes. *Bibliotheque Canonique, tome* 2. *pag.* 594. *col.* 1.

17 Le 21. Février 1567. Arrêt au Parlement de Bretagne par lequel la Cour ordonne que la diftribution des fepultures de l'Eglife de faint Malo fe fera par les Doyen, Chanoines & Chapitre, & pour ce faire, feront tenus huit jours après la fignification du préfent Arrêt, élire l'un d'entr'eux réfidant en la Ville, auquel les habitans fe pourront adreffer à cette fin, & en l'abfence d'iceluy, au plus ancien Chanoine; & outre fera informé des contraventions faites par les Chanoines aux Ordonnances du Roy & Arrêts de la Cour (c'eft pour l'argent qu'ils prenoient pour enterrer;) enjoint aux parties fe comporter à l'avenir en telle paix & union les uns avec les autres, qu'il n'y ait lieu de trouble & fedition, & qu'ils n'ayent occafion de retourner en la Cour, fur les peines qui y échéent. *Du Fail, liv.* 3. *chap.* 152.

18 Un particulier de la Ville de Lyon de la Paroiffe de faint Paul de la même Ville, ordonna à fes heritiers qu'après fon décez ils priaffent les fieurs Comtes de faint Jean de Lyon d'affifter à fon Convoi. Le Chapitre s'étant tranfporté à la porte du défunt où il étoit expofé en attendant l'heure de la fepulture comme Curez primitifs & Superieurs de tous le Diocefe, prétendoit faire les fonctions Curiales; le Curé s'y oppofa. Le Chapitre déclara qu'il ne prétendoit rien aux retributions du Curé. Arrêt du Parlement de Paris du 10. Juillet 1657. qui en confequence ordonna que le Chapitre pourroit affifter aux Convois & faire les honneurs de la fepulture lors qu'il y feroit appellé par les parens des défunts, ou qu'ils l'auroient auffi défiré, & qu'il feroit toutes les fonctions Curiales, *Henrys tome* 2. *liv.* 1. *ch.* 20.

SEPULTURE CHOISIE.

19 & 20 Pour la preuve d'election de fepulture, fuffifent trois ou quatre témoins finguliers, pourvû qu'ils s'accordent de ladite élection; & ainfi fut jugé par Arrêt du Parlement de Grenoble, fuivant l'opinion de *fpeculat. in tit. de teftib. §. Jam de interrogatoriis.*

verſ. item de tempore , ibi : in aliis autem & in tit. de
inquil. §. 1. verſ. ſed quid ſi unus. joint la faveur de
la ſepulture. l. 2. Cod. de ſacroſ. Eccleſ. pris de la
Déciſion de Guy Pape, Déciſion 544.

21　　La preuve de témoins au nombre de quatre eſt ſuffiſante pour juſtifier où le défunt a demandé d'être
enterré. Arrêt du Parlement de Bourdeaux du 12.
Juin 1522. Autre Arrêt du Parl. de Grenoble. Papon,
liv. 10. tit. 8. n. 5. & 6.

22　　Pierre Doublet fermier de Grenelles prêt de mourir ordonne verbalement de ſa ſepulture , & déſire
être inhumé à Vaugirard. Le Curé de S. Etienne ſa Paroiſſe refuſe de donner la permiſſion : quatre particuliers prennent ce corps & le portent à Vaugirard.
Le Curé de ſaint Etienne rend plainte ; Sentence qui
les condamne en l'amende & aux dépens. Appel ,
M. Patru plaidoit pour luy. La cauſe fut jugée le
18. May 1634. au Parlement de Paris. La déciſion
n'eſt point rapportée. Voyez ſon 8. Plaidoyé.

23　　Arrêt du Parlement d'Aix du 14. Février 1664. qui
a jugé que la ſepulture des Paroiſſiens morts dans les
bornes de la Paroiſſe , doit être faite dans l'Egliſe
Parochiale , excepté en cas de choix ailleurs. Boniface, to. 1. liv. 2. tit. 15. ch. 1.

24　　Autre Arrêt du 4. Mars 1666. qui ordonna partage des cierges & flambeaux és funerailles entre la
Paroiſſe qui avoit fait porter le corps , & l'Egliſe où
le défunt avoit voulu être enterré. Boniface , ibidem,
chap. 5.

25　　Quand il y a élection de ſepulture par teſtament
ou verbalement par les défunts ou leurs heritiers,
les corps des défunts y ſeront inhumez, mais ils ſeront portez aux Egliſes Paroiſſiales avant que d'être
préſentez au lieu où la ſepulture a été choiſie. Arrêt
du 25. Janvier 1669. De la Gueſſ. to. 3. liv. 3. ch. 1.
Voyez Du Freſne liv. 8. chap. 14. où il y a Arrêt du
14. Octobre 1655. Chambre des Vacations.

26　　Arrêt du P. d'Aix du 18. May 1673. qui a déclaré
que les corps enterrez dans une Egliſe non choiſie
ne doivent pas être déterrez pour les enſevelir en
l'Egliſe choiſie. Boniface, tome 3. liv 5. tit. 2. ch. 7.

SEPULTURE , COMPLAINTE.

27　　Complainte ne peut être formée pour ſepulture
entre perſonnes de même famille. Arrêt du 22. Decembre 1600. Chenu , 1. Cent. queſt. 84.

28　　Du droit de ſepulture , ſi pour iceluy l'on peut
former complainte , & autres queſtions. V. Filleau,
4. part. queſt. 84.

29　　Quand on eſt empêché d'enterrer un défunt dans le
ſepulcre de ſes ancêtres, on peut aujourd'huy former complainte. Voyez Mornac, l. 8. §. ult. ff. de Religioſis , &c. où il y a Arrêt du quinze Décembre 1616.

SEPULTURE , CONDAMNEZ.

30　　Majeſtatis damnatorum ſepulturam fere nunquam ,
aut ægerrime conceſſi. Vide Luc. lib. 11. tit. 11.

31　　Touchant la ſepulture des corps il y a Arrêt du
Parlement de Paris du 11. May 1406. qui permit aux
parens de M. Deſmaretz Avocat du Roy au Parlement , exécuté pour crime de leze-Majeſté de faire enterrer ſon corps en la Chapelle ſainte Catherine à Paris que le défunt avoit fait bâtir. La difficulté pouvoit être de ſçavoir ſi la ſepulture devoit
être accordée à ces ſortes de coupables , & s'il falloit demander cette grace au Prince. Papon, liv. 20.
tit. 8. n. 4.

SEPULTURE , DÉTERRER LES CORPS.

32　　Arrêt du Parlement de Paris en 1394. qui condamne l'Evêque du Mans à faire déterrer un homme que
ſon Official avoit excommunié au préjudice des défenſes obtenuës par un appellant comme d'abus ; ordonné qu'il le feroit abſoudre & mettre en terre
ſainte. Voyez Mainard, liv. 8. chap. 44.

33　　Entre Claude Auger ſieur de Crapado , & René
de la Motte, La mere de l'intimé avoit été déterrée

deux où trois fois par les gens de l'appellant en
l'Egliſe Danvrenay ; il y avoit eu procez , lequel fut
accordé entre le frere aîné de l'intimé & l'appellant ;
l'intimé puiſné, nonobſtant l'accord mis en procez l'appellant pardevant le Juge de Nantes ès procez l'ap-
des cas & injures ; & conſequemment de l'enſeu &
prééminence qu'il prétend en cette Egliſe. L'appellant dit qu'il n'eſt recevable attendu que toutes actions tant actives que paſſives ſont à l'aîné du noble. Il
même confeſſe qu'ils ſont nobles. Il convient de la Coûtume , mais que ſon frere ne luy a pû préjudicier in
ſepulcro familiari , auquel il eſt auſſi-bien fondé que
luy : la Coûtume s'entend des choſes qui reçoivent
diviſion , & non en choſe indiviſe. De plus , on ne
doit par l'Ordonnance avoir égard aux accords faits
ſur crimes. Le Juge dit que l'intimé eſt bien recevable ; ce qui eſt confirmé par Arrêt du Parlement
de Bretagne du 25. Mars 1567. rapporté par Du Fail,
liv. 1. chap. 242.

34　　Les teſtateurs ou teſtatrices ayant élû leurs ſépultures en l'Egliſe de Religieux ou Religieuſes, les Curez de leurs Paroiſſes ſont obligez d'y porter le corps
avec leur Clergé à la porte , le préſenter au Superieur , & certifier que le défunt eſt mort dans la
Communion de l'Egliſe Catholique , Apoſtolique &
Romaine ; à faute de ce , doivent être contraints
par ſaiſie de leur temporel , n'y ayant rien de plus
inviolable , & de plus ſaint en nos Loix , que les
dernieres diſpoſitions des défunts concernant leurs
ſépultures , & particulierement quand elles ſont con-
ſignées en leurs teſtamens, licet enim occaſus neceſſitatem
mens divina non ſentiat, amant tamen anima ſedem cor-
porum reliſtorum, & neſcio quâ ſorte rationis occulta ſe-
pulchri honore latantur , dit l'Empereur Valentinien.
Novelle de ſepulch. & de cette inclination des hommes procédé le déſir d'être enterré plûtôt en un
endroit qu'en un autre. Arrêt du 14. Octobre 1655.
Journal des Audiences , to. 1. liv. 8. ch. 14.

35　　Arrêt rendu au Parlement d'Aix le premier Avril
1656. qui a jugé que c'eſt un crime que de déterrer
les corps morts, & les expoſer aux bêtes. L'accuſé fut
condamné en 150. livres d'amende, aux dépens , juſqu'au payement deſquels il garderoit priſon , & à rétablir le lieu. Boniface, to. 1. liv. 1. tit. 15. ch. 1.

SEPULTURE DANS L'EGLISE.

36　　De prohibità ſepulturà in Eccleſiis. Voyez Pinſon ,
au titre de immunitatibus Eccleſiarum. §. 4.

Sépultures dans les Egliſes. Voyez Mornac, L. 2.
Cod. de ſacroſanctis , &c.

37　　S'il eſt permis de prendre & d'exiger des deniers
pour la conceſſion d'une place de ſepulture en l'E-
gliſe ? Voyez M. d'Olive , Actions forenſes , 3. partie,
Action 9.

38　　Du droit de ſepulture , & ſi celuy qui le prétend
dans une Egliſe , eſt bien fondé à demander le déter-
rement & la tranſlation d'un corps que les Religieux
ont mis dans le tombeau. Voyez ſur cette matiere ,
M. d'Olive, ibid. Action 8.

39　　Entre Thomas de Quermenozaël, & Bertrand Gue-
gant , ſieur de Queraudraou ; la Cour met les parties
hors de Cour ; & neanmoins ordonne que les tombes
prétenduës par chacune d'elles, étant ſur la terre en
l'Egliſe de Guyfray , ſeront miſes uniment & à fleur
de la terre. Arrêt du Parlement de Bretagne du 13.
Septembre 1561. Du Fail, liv. 1. ch. 149. Ainſi jugé
par pluſieurs Arrêts, & par un general , contre le Sénéchal de S. Renan. Voyez Loiſeau, des Sépultures
voûtées , au Traité des Seigneuries, ch. 11. n. 86.

40　　Il n'appartient qu'aux Patrons & aux Curez, d'être
enterrez dans le cancel ; comme il a été jugé par Arrêt
du 21. Juillet 1598. rapporté par Berault , ſur l'art.
142. de la Coût. de Normandie , in verbo les Droits honoraires , par lequel les heritiers d'un défunt qu'ils
avoient fait enterrer dans le Chœur, furent condamnez

nez en trente écus d'amende. *Jovet*, verbo *Sépulchre*, nombre 14.

41 Le Patron & le Haut-Justicier maintenus dans le droit d'être inhumez au Chœur de l'Eglise, & jugé qu'ils avoient droit d'empêcher que d'autres, même des Nobles, y fuſſent enterrez. Arrêt du mois d'Août 1605. *Le Bret*, *liv.* 3. *Déciſion* 8.

42 L'Evêque de Senlis, par une Lettre Synodale, avoit défendu d'enterrer perſonne *intrà Eccleſiarum capta*, ſans ſa permiſſion. Appel comme d'abus ; M. Talon Avocat General, conclut au débouté ; la cauſe fut appointée, par Arrêt du 8. Mars 1650. *Voyez Pinſon*, au titre de *immunitatibus Eccleſiarum*, §. 4. *n.* 9.

SEPULTURE DE LA FEMME.

43 Si une femme qui a eu pluſieurs maris, n'a point fait choix de ſa ſépulture, elle doit être donnée dans le tombeau de la famille du dernier mary ? *V.* les *Définit. Can. p.* 824.

FRAIS DE LA SEPULTURE.

44 Si le défunt a par teſtament fait quelque legs à ſa Paroiſſe, hors laquelle il a depuis été inhumé, tel legs vient en compenſation avec la quatriéme portion Canonique, ou autres droits dûs au Curé, quoiqu'il n'y en ait aucune expreſſion dans le teſtament. *Bibliot. Can. to.* 2. *p.* 595. *col.* 1.

45 Arrêt du Parlement de Paris du 23. Août 1401. portant que chacun des habitans du pays d'Anjou, faiſant chef de ménage, ſçavoir l'homme & la femme mariez, & auſſi non mariez, âgez de quinze ans, ayant leur ménage, ſeront tenus par droits de ſépultures, enterremens & funerailles, comme auſſi à cauſe des droits qu'anciennement les Curez prenoient pour le drap de linge, ſoye, ou laine, étant ſur le défunt, & pour la célébration de la Meſſe au jour de l'Obit, & ſeptime, payable vulgairement de ſeme, de chaque défunt, faiſant chef de ménage, dorefnavant de payer par chacun an aux Curez, à la Fête de Saint Jean-Baptiſte, à la Fête de la Touſſaint, & à la Nativité, ſix deniers, montant le tout à dix-huit deniers, & les arrerages échûs. Les pauvres mendians qui ſont exempts de tailles, le ſont pareillement de ces droits de ſépultures. De plus, il eſt ordonné que le luminaire de cire, qui ſera mis ſur les Autels des Egliſes, le jour de l'Obit & ſeptime, autrement feme, appartiendra dorefnavant aux Curez ; & la moitié de celuy qui ſera mis autour du corps, ou du poëſle, qui n'aura été d'aucune Confrairie, le Service fini, appartiendra aux Curez ; la quatriéme partie appartiendra aux Fabriques, ſi elles ſont tenuës de fournir le luminaire aux Egliſes ; mais ſi au contraire les Curez en ſont tenus, elle leur appartiendra, & l'autre quart aux heritiers ou executeurs du défunt, lequel luminaire ſera gardé dans l'Egliſe, un mois tout au plus, à compter du jour de l'Obit, lequel paſſé, le Service fait ou non fait, les Curez, Fabriques, heritiers ou executeurs, auront & partageront entre eux leſdits droits, comme il eſt ſpecifié cydeſſus. *Ibid. p.* 596. *à la fin.*

46 Sur les plaintes des Gens du Roy, que les Curez différoient d'inhumer ceux qui n'avoient pas le moyen de fournir aux frais de leur ſépulture, & ceux deſquels on n'exhiboit les teſtamens ; Arrêt du Parlement de Paris du 21. Juin 1505. qui ordonne que les Vicaires, & autres principaux Officiers de l'Evêque de Paris, & auſſi les Vicaires de S. Germain ſeront mandez, *Voyez le* 2. *tome des Preuves des Libertez*, *ch.* 35. *nomb.* 33.

47 Les honneurs funebres que l'on doit au mary, ſoit à cauſe de ſa charge ou autrement, ne ſont point dûs à la veuve. Arrêt du Parlement de Paris du 4. Juin 1513. pour la ſépulture d'une femme d'un Conſeiller en la Cour. *Papon*, *liv.* 20. *tit.* 8. *n.* 7.

48 Arrêt du Parlement d'Aix du 17. Decembre 1654. qui a jugé que la contrainte ne pouvoit être décernée pour le droit de ſépulture. *Boniface*, *to.* 1. *l.* 2. *tit.* 15. *c.* 4.

Tome III.

SEPULTURE, MARGUILLIERS.

49 C'eſt une maxime, que les droits & places de ſépulture ſont à la diſpoſition des Marguilliers, & fut un particulier débouté de la complainte par luy formée contre un autre, lequel avoit obtenu que ſa femme ſeroit enterrée dans une Chapelle qu'il prétendoit être ſpéciale à ceux de ſa famille, ou qui fut ainſi jugé par Arrêt du 12. Decembre 1600. rapporté par *Tournet*, *tome* 3. *lett.* B. *Arrêt* 13.

50 Par Arrêt du Parlement de Bretagne du 23. Janvier 1624. rapporté par *Frain Plaidoyé* 130. il a été jugé, qu'il appartient aux Recteurs & Marguilliers, de déſigner les ſépultures avec les Curez ; les Curez ne le peuvent ſeuls.

51 Le droit de conceder des ſépultures, qui appartenoit anciennement aux Evêques & aux Curez primitifs, a paſſé par leur négligence aux Marguilliers. Il leur appartient tellement, qu'il fut jugé à Toulouſe le 14. Avril 1665. que les Marguilliers de Nôtre-Dame des Tables de Montpellier, ne l'avoient point perdu par la démolition de cette Egliſe, demeurée démolie durant plus de 100. ans, ou qu'ils le reprenoient avec leurs autres droits & prérogatives dans l'Egliſe enſuite rebâtie. Ces Marguilliers plaidoient contre le Chapitre de Montpellier, qui comme Curé primitif, prétendoit, par la nouvelle conſtruction de l'Egliſe, rentrer dans ſon droit originaire. *V. M. de Catellan*, *liv.* 1. *ch.* 64.

SEPULTURE, PESTE.

52 *Corpora luæ interrempta ſepeliri & in hortis & in cæteris quibuſcumque locis profanis, prout impellit mali graſſantis neceſſitas.* Arrêt du mois de Juillet 1588. *Mornac*, *L.* 12. *Cod. de religioſis & ſumptibus*.

SEPULTURE REFUSÉE.

53 Arrêt du Parlement de Paris de l'an 1388. qui abroge l'ancienne coûtume des Officiers, de donner des commiſſions, en vertu deſquelles les Curez, quand un homme étoit mort *ab inteſtat*, faiſoient un teſtament à leurs avantages, lequel étoit executoire ſur ſes biens, & leur enjoint en outre de les enterrer en terre ſainte ; l'avarice des Prêtres étoit telle, qu'ils ne donnoient la ſépulture qu'aprés le teſtament, ainſi fait par le Commiſſaire député ſuivant les facultez du défunt. *Papon*, *liv.* 20. *tit.* 8. *n.* 1.

54 Arrêt du 1. Mars 1401. par lequel il eſt dit que les Curez ne pourront refuſer la ſépulture, s'il n'y a autre cauſe que celle d'être mort *ab inteſtat*. Ibidem *n.* 2.

55 Arrêt du Parlement de Paris du 13. Juin 1552. donné au ſujet de l'enterrement de M. Coët Maître des Requêtes de la Reine, fait par le Curé ſans tirer ſa Finance ordinaire ; pour raiſon dequoi, l'Evêque de Paris luy avoit ſuſcité un procés ; ſur la Requête de M. le Procureur General, le décret ſynodal fait 300. ans auparavant, portant permiſſion aux Evêques de tirer un droit des enterremens, & aux Curez de refuſer ſépulture de ceux qui ſeroient morts *ab inteſtat*, a été reprouvé & anéanti par cet Arrêt de 1552. *Papon*, ibidem, *n.* 3.

56 La ſépulture Eccleſiaſtique ne doit point ſe refuſer ſur de ſimples préſomptions. Arrêt du Parlement de Grenoble du 1. Novembre 1542. par lequel le Parlement exhorta l'Official de Grenoble de pourvoir à la ſépulture d'une femme trouvée ſur un rivage qu'on diſoit s'être précipitée, & dont il avoit été ordonné que le corps ſeroit traîné ſur une claye, & conduit dans un lieu profane. *Voyez Baſſet*, *to.* 2. *li.* 1. *tit.* 2. *ch.* 9.

57 Un Vicaire avoit refuſé ſépulture au défunt, ſous prétexte que l'executeur teſtamentaire ne luy avoit pas voulu montrer le teſtament de ce défunt. Le Vicaire ſe vouloit excuſer par un ſtatut ſynodal de l'Evêque, *ne quis inteſtatus ſepeliatur*. Par Arrêt du 10. Juin 1560. il fut dit mal & abuſivement denié, quant à l'appel comme d'abus interjeté par M. Dumeſnil Avo-

Bbbb

eat du Roy du ſtatut ſynodal, il fut dit que l'Evêque
viendroit défendre à quinzaine. *Bibliot. de Bouchel*,
verbo *Sépulture.*

REGISTRE DES SEPULTURES.

58 Regiſtre des ſépultures des Beneficiers. *Voyez les
Memoires du Clergé, to. 2. part. 2. p. 455. & cy-deſſus le
mot Regiſtres.*

SEPULTURE, RELIGIEUX

59 Le Curé, Religieux, ou autres perſonnes
de ſemblable qualité, és Egliſes dans leſquelles le
défunt a ordonné ſa ſépulture, peuvent aller querir
proceſſionnellement avec croix & bannieres, le corps
juſques dans les limites de la paroiſſe d'autruy, *Oldra-
Conſil 204. & Ancharan*, avec cette limitation
toutefois, apportée par pluſieurs Docteurs Canoniſtes, que ce doit être avec la permiſſion du Curé do-
miciliaire preſent ou appellé à lever le corps. *Voyez
Bibliot. Can. to. 2. p. 593. Col. 2.*

60 Reglement par lequel le Curé ou ſon Vicaire leve-
ra le corps qui ſera porté accompagné de ſon Clergé
juſqu'à la porte de l'Egliſe du Convent, où le Superieur du Monaſtere ou Religieux commis le recevra.
Le Curé certifiera que le défunt eſt mort en la communion de l'Egliſe Catholique, Apoſtolique & Romaine, & ſe retirera avec ſon Clergé, ſes cierges &
torches partagez entre le Curé & les Religieux également. Défenſes aux Religieux de lever le corps des
défunts, ſinon en cas de refus des Curez, & après
ſommation deuëment faite, &c. Arrêt du 27. Mars
1646. Autre du 7. May 1646. qui ordonne l'execution
du 17. Mars précedent. *Voyez du Frêne, liv. 4. chap.
38. & liv. 8. chap. 24. & Henrys, tom. 1. liv. 1. chap.
3. q. 13. & 10. 2. li. 1. queſt: 9.*

61 Quand les défunts par teſtament ou autrement ont
choiſi leur ſépulture dans quelque Egliſe de Religieux, leurs heritiers ou parens peuvent les faire enterrer, mais il faut que les corps ſoient levez par le
Curé, portez dans l'Egliſe Paroiſſiale, & enſuite
conduits dans l'Egliſe, où les défunts ont choiſi leur
ſépulture, puis être reçus par les Religieux, &
inhumez, comme il fut jugé pour le Curé de la Paroiſſe de Pompone, Dioceſe de Paris, contre les Religieux & Convent des Auguſtins du bour du Pont de
Lagny ſur Marne, par Arrêt du 25. Janvier 1669. *Dé-
finis. Can. p. 822.*

SEPULTURE DES RELIGIONAIRES

62 Les ſépulchres ne peuvent être communs entre
gens de diverſe religion. Arrêt du mois de Janvier
1606. *Le Bret, li. 3. Deciſ. 9.*

63 Ceux de la R. P. R. ne pourront être inhumez, ni
élire leurs ſépultures dans les Egliſes, Monaſteres.
Voulons & ordonnons à cet effet que l'Edit par nous
fait en la Ville de Nantes en l'article 28. pour le regard deſdites ſépultures, ſoit obſervé. Edit de l'an
1606. ſur la plainte du Clergé, art. 10.

64 Le fondateur d'une Egliſe faiſant profeſſion de la
R. P. R. ne peut être enterré en l'Egliſe de laquelle
il eſt fondateur. *Voyez Fillean en ſes déciſions catholiques, Déciſion 31. où il rapporte un Arrêt du Parl. de
Paris du 5. Mars 1625. V. du Frêne, li. 1. chi40. & 42.*

SEPULCHRE VIOLE'.

65 *Voyez Deſpeiſſes, to. 2. part. 1. tit. 12. ſeſt. 2. art. 15.*
Contre des ſoldats, leſquels dans la premiere rebellion du ſieur Duc de Rohan, démoliſſans l'Egliſe
d'Alés, violerent le ſépulchre d'une Dame de conſideration: *Voyez la dixiéme concluſion du ſieur de Roquayrols Procureur General en la Chambre de l'Edit de
Caſtres.* Les Procureurs furent condamnez à faire
amende honorable devant la porte de l'Egliſe, &
enſuite à ſervir ſur les Galeres.

SEQUELLE.

1 LE Droit de ſequelle s'appelle autrement demi-dî-
me qui eſt dû au Curé ſur les terres de la Paroiſſe,
par quiconque qu'elles ſoient labourées. *Voyez Bouvot*

to. 1. part. 2. queſt. 1 au mot *Sequelle*, où il explique en
quoy ce droit conſiſte, & comment il peut être prétendu.

Ceux qui ont part à la dîme, ont droit à la Sequelle. Arrêt du Parlement de Dijon du 27. Février 1614.
Bouvot, tom. 1. part. 1. verbo Sequelle.

SEQUESTRE.

DEfinition & étimologie du mot *Sequeſtr. L. 110.
D. de verb. ſign.*
*De prohibitâ ſequeſtratione pecuniæ. C. 4. 4.. C. Th.
2. 28. Pecunia, pro quantitate certâ.*
*De ſequeſtratione poſſeſſionum & fructuum. D. Gr. 2. q.
6, c. 26.... Extr. 2. 17... Cl 2 6*
Poſt. provocationem quid obſervandum ſit. Paul. 5. 35.
Ce Titre parle du ſequeſtre des fruits pendant l'ap-
pel.
De ſequeſtrationibus. Per Jacob de arenâ.
Per Franc. Curt. ſenior.
Per Aug. de Periglis.
*Et per Jo. Baptiſtam Cacialupum, in tract. de debi-
toribus fugitivis.*
Sequeſtratio poſſeſſionis, an lite pendente fieri poſſit ? 2
Voyez Andr. Gaill, lib. 1. obſervat. 147
*Sequeſtratio rei tempore pictura an lite pendente per-
mitti debeat ? Voyez ibid. obſervat. 148.*
Du ſequeſtre. Voyez le 1. to. des Loix civiles, li. 1. 3
tit. 7.
Voyez ſupra verbo Commiſſaires, & Bouvot, to. 2. 4
verbo *Sequeſtres.*
Des ſequeſtres ordonnez par Juſtice, & Commiſ- 5
ſaires établis à cette fin, enſemble de la reſtitution des
fruits des choſes ſequeſtrées. *Ordonnances de Fontanon, tom. 1. li. 3. tit. 61. p. 639.*
De ſequeſtre & fourniſſement de complainte. V. 6
Du Luc, li. 9. tit. 9. ch. 7.
De ſequeſtratione poſſeſſionis & fructuum. Voyez la 7
*nouvelle Edition des œuvres de M. Charles Dumoulin
to. 2. p. 512.*
Des ſequeſtres & des Commiſſaires & Gardiens 8
des fruits & choſes mobiliaires. *Voyez l'art. 174. de
l'Ordonnance de Blois, celle de 1667. tit. 19. & M. Expilly, art. 138.*
Sequeſtre par figure s'execute nonobſtant l'appel. 9
Arrêt du 9. Août 1499. toutes les Chambres aſſemblées. *Bibliotheque de Bouchel,* verbo *Sequeſtre.*
Souvent la nature de la matiere dont eſt queſtion, 10
ou bien la difficulté du fait, donne occaſion aux Juges d'ordonner qu'il n'y aura fourniſſement de complainte que par figure; & lors, telles Sentences ne
laiſſent d'être executées, nonobſtant l'appel, auſſi-
bien que les autres fourniſſemens réels. Arrêt du
Parlement de Paris le 9. Août 499. *Bibliot. de Bouchel,* verbo *Sequeſtre.*
Le Juge peut nommer ſequeſtre aux rentes con- 11
tentieuſes. Arrêt du Parlement de Bourdeaux du 12.
Mars 1519. entre deux Seigneurs qui prétendoient une
même rente ſur un même fond. *Papon, liv. 8. tit. 10.
n. 7.*
Quand il y a des biens à regir en pluſieurs Pro- 12
vinces, on ne peut élire plus de deux Sequeſtres
pour chacune, quand même les parties le voudroient.
Arrêt du Parlement de Paris du 20. Mars 1524. *Papon, liv. 8. tit. 10. n. 3.*
Lorſqu'il y a jugement du ſequeſtre, les parties doi- 13
vent nommer & s'accorder de ceux qui regiront la
choſe dont eſt queſtion, & le Juge les commettra; car
qu'il ne peut faire de ſon ſeul office, ſinon après que
le terme qu'il aura donné aux parties pour en nommer ſera expiré. *L. in venditione. D. de bon. auct. jud.
poſſ.* Arrêt du 25. Avril 1531. *Papon, ibid. nomb. 1.
Bibliotheque de Bouchel,* verbo *Sequeſtre.*
Arrêt du Parlement de Paris en 1537. contre une 14
ſequeſtration réelle, ordonnée par un Juge d'Egliſe.
Rebuſſe de regiâ ad prælat. nomin. §. 1.

15 Les proprietaires des biens saisis, ni les saisissans ou opposans ne peuvent être établis sequestres à iceux par les sergens. Arrêt du Parl. de Paris du 6. Decembre 1537. *La Rochessavin, li. 2. tit. 1. Arr. 51.*

15 bis De plusieurs litigans, les uns au préjudice des autres ne peuvent accorder le sequestre, le possesseur doit être appellé. Arrêt du Parlement de Dijon du 14. Janvier 1562. *Bouvot, tom. 1. part. 1. verbo Sequestre, quest. 3.*

16 Si le poursuivant criées est responsable du fait du sequestre, civilement, & tenu s'il est insolvable subsidiairement *V. Bouvot, tom. 1. part. 2. verbo Sequestre quest. 1.*

17 Si l'établissement d'un sequestre est valable, & oblige le sequestre qui n'a point signé. *Ibid. quest. 2.*

18 Le maitre est payé par preference au sequestre de la rieretère, mais non des interêts & dépens; lorsqu'il y a saisie sur son Fermier, & établissement de Commissaire aux fruits. Arrêt du Parlement de Dijon du 11. Janvier 1585. *Bouvot, tom. 2. verbo Sequestre, Commissaires, quest. 2.*

19 Si en succession directe, il échet sequestre, *V. Bouvot, tom. 2. verbo Saisie quest. 59.*

20 Le sequestre ayant laissé prendre les fruits à la partie, peut alleguer nullité. Arrêt du Parlement de Dijon du 13. Juin 1599. *Bouvot, tom. 2. verbo Saisie, quest. 60.*

21 L'on doit prendre un sequestre en la Jurisdiction & Bailliage, où les biens decretez sont assis, & au plus prochain lieu des heritages; celui qui ne seroit du même Bailliage pourroit être déchargé. Arrêt du Parlement de Dijon du 17. Juin 1611. *Bouvot, tom. 2. verbo Commissaires, quest. 9.*

21 De la sequestration de la chose contentieuse. Pour la permettre, il faut 10. que le droit de celuy qui la demande, soit prouvé du moins sommairement. 20. Qu'il agisse de bonne foy pour la conservation de ce droit. 30. que du chef du possesseur il y ait des causes legitimes de soupçon. Il y a pareillement lieu au sequestre, si l'on craint que les parties en viennent aux mains & à la violence. *Voyez Guy Pape, quest. 245.* la partie interessée y doit être appellée; à peine de nullité. Jugé par Arrêt du Parlement de Grenoble de l'an 1557. contre le Procureur General du Roy, rapporté par *Chorier en sa Jurisprudence de Guy Pape, p. 309.*

23 Chose sequestrée à la requête de deux creanciers, est indivisible, comme aussi les frais que le sequestre y a faits qui doivent être portez par un d'eux, sauf son recours contre l'autre. Arrêt du Parlement de Grenoble du 23. Août 1603. *V. Basset, to. 1. li. 2. tit. 37. ch. 2.*

24 Le sequestre volontaire ne representant pas les gages dans le temps qui luy ont ordonné, doit dédommager le creancier, de même que le sequestre forcé. Arrêt du Parlement de Grenoble du 24. May 1678. pour M. Puissant Secretaire du Parlement contre Rival, rapporté par *Chorier, en sa Jurisprudence de Guy Pape, p. 340.*

SEQUESTRE, APPEL.

25 L'ordonnance qui veut que sequestres soient executez, nonobstant l'appel, s'entend des Sentences rendues contradictoirement, & non pas par défaut. Arrêt des Grands Jours de Poitiers du 12. Octobre 1531. à moins que le Juge ne voye que la contumace soit vraye & sans excuse; il peut, suivant l'Ordonnance de 1539. passer outre. *Papon. liv. 8. tit. 10. n. 8.*

SEQUESTRE, BENEFICE.

26 Sequestre de benefice. *Voyez le mot Benefice, n. 229.*

27 Du droit de conferer qui appartient au sequestre. *Voyez Pinson en son Traité de modis aquirendi Beneficii §. 16. n. 95.*

28 *Sequester beneficii praesentare potest. Voyez Franc. Marc. 10. 2. quast. 464.*

29 *Sequestro in interdicto uti possidetis in beneficialibus an Tome III.*

& quando locus sit. *Voyez Franc. Marc. to. 1. qu. 1196.*

30 Le Juge d'Eglise ne connoît de sequestre. *Voyez* le mot *Juge, n. 473.*

31 Le sequestre des fruits & revenus d'un benefice, ne peut être ordonné par un Juge d'Eglise, ni par un Juge lay, comme executeur d'un mandement du Juge d'Eglise; autrement il y a abus, comme *du Moulin, sur la regle de infirmis resign. num. 100.* remarque avoir été jugé par Arrêt, mais le sequestre doit être ordonné par le Juge seculier, connoissant de son chef de la cause, non comme executeur.

32 En 1454. par Arrêt du Parlement, il fut déclaré que le gouvernement & sequestre des Benefices de ce Royaume, contentieux sur le possessoire, & la délivrance des Provisions ajugées aux parties, se doit faire par l'autorité du Roy, non pas du Pape, quoiqu'il prétendit ce droit. *Du Tillet, en son Recueil des Privilèges & Libertez de l'Eglise Gallicane.*

33 Quand un Benefice contentieux est sequestré, si l'une des parties contendantes est refusante de rétablir entre les mains des Commissaires ce qu'elle a perçu des fruits provenus du Benefice sequestré, terme luy doit être donné, lequel passé en son refus, contre partie doit être mise en possession du Benefice & luy être permis de prendre les fruits par provision, jusqu'à ce que par jugement de recréance, ou de plein possessoire il soit autrement ordonné. Arrêt du 10. Janvier 1535. *Bibliotheque de Bouchel, verbo Sequestre.*

34 Un Theologien pourvû par un Vicaire de l'Archevêque de Reims *jure devoluto* requiert le sequestre contre un autre Theologien pourvû par l'Ordinaire; le dernier l'empêche, disant qu'il est Theologien, qu'il falloit prêcher & faire des Leçons en Theologie, & qu'ainsi il n'y avoit lieu au sequestre; de plus que le pourvû *jure devoluto*, n'avoit point communiqué le Vicariat de son Collateur. Il fut dit que la complainte seroit fournie après avoir fait lire au Greffier, une copie du Vicariat collationnée à l'original partie presente.

54 bis Il avoit été dit entre les parties que la complainte seroit fournie touchant un Office claustral contentieux; l'Abbé s'étoit opposé à l'execution de la complainte, & pour ses causes d'opposition il disoit que lorsqu'un Office ou Benefice Claustral de son Abbaye est mis en sequestre, il ne peut être commis autre au regime & gouvernement que luy, dont il est en possession immemoriale: cette cause d'opposition a été trouvée bonne le 17. Mars 1533. M. Rubentel dit, qu'en tel cas, si un Office Claustral est sequestré, on doit ordonner Commissaire au spirituel un Religieux de l'Abbaye, & un autre au temporel. *Bibliotheque Canon. tome 2. page 599.*

35 Dans le temps que les Juges d'Eglise connoissoient du petitoire des Benefices, ils n'avoient pas le pouvoir d'ordonner le sequestre; ce droit a toûjours été reservé au Juge Royal. Arrêt du Parlement de Paris du 1. Juin 1537. qui declare abusive la permission de saisir donnée par l'Archevêque de Sens. *Voyez Rebusse, sur le Concordat, au Titre de regia ad prælat. nomin.*

36 Un Benefice est contentieux & sequestré, l'une des parties refuse de rétablir entre les mains du Commissaire député, & pour ce refus la recréance est jugée à l'autre partie. Sur l'appel de cette Sentence, Arrêt du Parlement de Paris du 15. Juillet 1537. qui condamne l'Intimé à remettre ès mains du Commissaire les fruits perçus; & en emendant ordonné que dans certain temps l'Appellant seroit tenu de rétablir les fruits dont est question, faute de quoy l'Intimé seroit mis en possession du Benefice & prendroit les fruits par provision, jusqu'à ce que par jugement de récréance ou de plein possessoire, il fût autrement ordonné, tant pour la restitution des fruits perçus, que de la possession, & que cependant le Benefice demeureroit sequestré. Observez que

cela se doit entendre des fruits perçûs & liquides, car pour les non liquides c'est assez de donner caution. Ainsi jugé le 6. Janvier 1535. *Papon livre 8. titre 10. nombre 5.*

37   Quelquefois ni l'un ni l'autre des Contendans n'ont aucun titre valable ; ce qu'on peut remarquer lorsque les parties sont appointées en droit sur la récréance ; pour lors le Juge ne doit pas accorder la récréance à aucun d'eux ; mais il doit sequestrer les fruits du même Benefice ; parce qu'il n'est pas juste qu'une personne sans titre ni capacité, joüisse d'un Benefice sur lequel il n'a aucun droit, ni vray ni apparent : cette question se trouve avoir ainsi été jugée par un ancien Arrêt du 2. May 1548. *Papon, liv. 8. tit. 11. nomb. 1.*

38   Celuy qui a demandé un Sequestre peut incontinent après conclure à la maintenuë. Jugé le 1. Juillet 1574. *Papon, liv. 8. tit. 10. nomb. 1.*

39   Sequestre ne se fera des fruits des Benefices contentieux qui sont de la Collation des Abbayes & Convents privilegiez, & qui ont puissance de pourvoir, par élection desquels les Benefices sont obedientiaires & revocables, & sont en cas different administrez par le Celerier de la maison. Arrêt du 20. Avril 1594. *Bibliotheque de Bouchel, verbo, Sequestre.*

SEQUESTRE, COMPTE.

40   La condamnation de deux Sequestres à rendre compte & prêter le reliqua, dont l'un n'avoit rien administré, comme ne luy ayant été fait aucun commandement parlant à luy, ni pris aucune charge, mais seulement injonction à l'autre qui étoit avec luy de l'en avertir & de luy faire sçavoir, ce qui n'avoit point été fait, fut reformée en faveur du premier qui fut mis hors de cour, & de procez par Arrêt du mois de Juillet 1580. *Arrêt de la Rochestavin, liv. 6. lettre S. tit. 74. Arr.* 1. l'action est solidaire entre les Sequestres. *Journal des Audiences, tome 1. liv. 1. chap. 51.*

41   L'Impetrant peut contraindre le Sequestre à rendre compte chaque année. Arrêt du Parlement de Dijon du 8. Août 1603. *Bouvot, tome 2. verbo, Sequestres, Commissaires, quest. 6.*

42   Le Sequestre qui a joüi est responsable, bien qu'il y ait quelque défaut en l'Exploit. Arrêt du Parlement de Grenoble du 17. Juin 1617. *Voyez Basset, tome 1. liv. 2. tit. 37. chap. 1.*

SEQUESTRE, CONSULS.

43   Arrêt de la Cour des Comptes, Aydes, & Finances de Provence du 13. Juin 1644. qui a déclaré que les Consuls chefs de Viguerie ne peuvent être sequestres. *Boniface, tome 1. liv. 1. tit. 7. nomb. 3.*

CONTRAINTS D'ESTRE SEQUESTRE.

44   Les Consuls ou Juridictiables peuvent être contraints de se rendre sequestres des biens du Seigneur du lieu, pourvû qu'il n'y habite pas. *V. Basset, tom. 1. liv. 2. tit. 37. ch. 3.*

46   Jugé par Arrêt du Parlement de Dijon du 18. Janvier 1601. que la qualité de Procureur d'Office en un village, ou à des charges de tutelle, ne doivent décharger un particulier d'être sequestre. *Bouvot, to. 2. verbo Saisie, quest. 63.*

47   Un marchand ne peut être déchargé du sequestre, sous prétexte qu'il dit qu'il y a de bons villageois plus voisins que luy des biens saisis. Arrêt du Parlement de Dijon du 14. Février 1608. *Bouvot, to. 2. verbo Sequestres, Commissaires, quest. 8.*

48   Arrêt du Parlement d'Aix du 7. Novembre 1640. qui a jugé que le sequestre n'est pas toûjours le plus proche voisin, & que trois sequestrations ne déchargent pas d'une quatriéme. *Boniface, tome 1. li. 1. tit. 16. n. 8.*

DÉCHARGEZ DU SEQUESTRE.

49   Un sequestre qui n'est du même ressort du Bailliage, où les immeubles sont situez, doit être déchargez. Arrêt du Parlement de Dijon du 26. Juin 1606.

Bouvot, tome 2. verbo Sequestres Commissaires, quest 7.

50   Un sequestre d'un bois coupé, peut s'en faire décharger. Arrêt du Parlement de Dijon du 19. Avril 1614. *Ibidem, quest. 10.*

51   Arrêt du P. de Dijon du 5. Octobre 1618. qui juge qu'un sequestre peut être déchargé ayant huit enfans, un laboureur sujet ne peut être établi sequestre aux biens de son Seigneur. *Bouvot, ibidem, quest. 11.*

52   Un septuagenaire, & celuy qui a cinq ou huit enfans, peuvent être dispensés de se charger d'une sequestration. Arrêt du Parlement de Grenoble du 18. Février 1625. *Basset, tom. 1. liv. 2. tit. 37. ch. 4.*

53   Arrêt du Parlement d'Aix du 10. Juin 1638. qui a déclaré un exacteur public exempt d'être sequestre, *Boniface, tome 1. liv. 1. tit. 16. n. 4.*

54   Autre Arrêt du 20. May 1643. qui a déclaré qu'on ne peut demander à être déchargé d'un sequestre de fruits, après la recolte d'iceux. *Ibid. n. 6.*

55   Par Arrêt du 11. Janvier 1646. la Cour a déchargé celui qui avoit procés avec le creancier d'être sequestre des fruits saisis à la requête de ce creancier. *Ibidem, n. 5.*

56   Le 16. Octobre 1661. Arrêt qui a déchargé un sequestre septuagenaire de la contrainte par corps. *Ibidem, n. 9.*

57   Arrêt du Parlement d'Aix du 26. Avril 1667. qui a jugé qu'une communauté ayant été députée sequestre des fruits de son Seigneur, n'en est pas déchargée, quand elle demande la décharge après la recolte. *Boniface, tome 1. liv. 3. tit. 2. ch. 9.*

SEQUESTRE, EXPLOIT.

58   Arrêt du Parlement d'Aix du 9. Novembre 1644. qui a déclaré nul un Exploit de sequestre, pour n'être pas signé par deux témoins ou par le Sequestre. *Boniface, tome 1. liv. 1. tit. 26. nomb. 7.*

59   Jugé au Parlement de Grenoble le 14. Janvier 1667. qu'un Acte de sequestration étoit nul, pour n'avoir été signé ni par le Commissaire établi, ou à ce défaut par un Notaire, ou par deux témoins, ou par le Greffier de la Justice des lieux à la forme de l'article 174. de l'Ordonnance de Blois ; le Sequestre fut déchargé ; il en seroit autrement, si de sa part il y avoit eu quelque approbation. *Basset, tome 1. liv. 7. tit. 9.*

SEQUESTRE, FERMIER.

60   La chose sequestrée ne doit être baillée à ferme, à l'une ni à l'autre des parties. Arrêt du mois de Septembre 1527. entre Messire Gabriel Dallegre Prévôt de Paris & le Comte de Juvigny. Autre Arrêt du mois de Novembre 1538. entre Messire Jean Briçonnet, & la veuve d'Antoine de Mailly. Autre Arrêt du 13. Février 1545. *Bibl. de Bouchel, verbo, Sequestre.*

61   Les parties ne peuvent prendre à ferme les choses sequestrées ; elles doivent être baillées à ferme au plus offrant & dernier encherisseur. Arrêts du Parlement de Paris du mois de Septembre 1527. Novembre 1538. & 8. Février 1545. *Papon, liv. 8. tit. 10. nomb. 9. & M. Loüet, lett. S. somm. 12.*

62   Un Membre de Messieurs du Parlement ne peut être établi Sequestre. Arrêt du Parlement de Dijon du 5. Mars 1600. *Bouvot, tome 2. verbo, Saisie, q. 61.*

63   Un Sequestre impetrant, & opposant, peut être admodiateur des fruits saisis. Arrêt du Parlement de Dijon du 28. Février 1603. *Bouvot, tome 2 verbo, Sequestres, Commissaires, quest. 4.*

HERITIERS DU SEQUESTRE.

64   Par Arrêt du Parlement de Dijon du 18. Mars 1596. Les heritiers du Sequestre furent déchargez en renant compte des fruits précedens jusqu'au jour de son décés, ensemble de son dol & administration. *Bouvot, tome 2. verbo, Commissaires, quest. 1.*

SEQUESTRE INSOLVABLE.

65   Si le Sequestre commis en saisie n'est solvable, qui supportera la perte, ou le saisissant ou le debiteur ? *Bouvot, tom. 2. verbo, Saisie, quest. 17.* répond que le saisissant est responsable, s'il y a de sa faute ; sinon,

quand la perte arrive par cas fortuit. Arrêt du Parlement de Dijon du 17. Avril 1606.

66 Si le Sequeſtre devient inſolvable, quand celuy qui l'a fait établir en eſt responſable ? *Voyez Baſſet, tom. 1. liv. 2 tit. 37. chap. 7.* & Coquille, *en ſes queſtions, chap. 215.*

67 Deux Sequeſtres chargez de même choſe, l'un d'eux devenant inſolvable, l'autre doit répondre du tout. Arrêt du 12. Mars 1664. *Baſſet, tom. 1. liv. 2. tirre 37. chap. 5.*

SEQUESTRE, RELIGIONAIRE.

68 Arrêt de la Chambre de l'Edit de Caſtres du 21. May 1618. qui a déchargé un homme de la Religion Prétenduë Reformée, à cauſe de ſa qualité, de la ſequeſtration de biens ſaiſis, quoyqu'il eût été établi Sequeſtre d'autorité du Parlement de Toulouſe. *V. Boné, Arr. 38. part. 2. pag. 214.*

69 Lors que ceux de la R. P. R. ſont établis Sequeſtres d'autorité du Parlement, ils peuvent demander la décharge de la ſequeſtration, en la Chambre à raiſon de leur qualité, qui neanmoins leur devient inutile ſi qu'ils ſont pourſuivis pour rendre compte de leur adminiſtration, ce qu'ils doivent faire au Parlement, comme s'étant ſoumis à ſa Juriſdiction par l'acceptation du Sequeſtre. Jugé en la Chambre de l'Edit de Caſtres le 9. Janvier 1653. là Cour declara vouloir empêcher que les parties ne ſe retiraſſent au Parlement. *Voyez Boné, part. 2. Arr. 57.*

SEQUESTRES TROUBLEZ.

70 Le Seigneur de Tournecoupe au païs d'Armagnac troublant tous les Sequeſtres établis ſur ſes biens à la Requête de ſa mere pour être payée de la penſion à elle ajugée, les Sequeſtres demandant être déchargez à cauſe des troubles & empêchemens reſultans des informations faites à ce ſujet, en furent déboutez, avec défenſes audit Tournecoupe de par luy ou perſonnes interpoſées troubler les Sequeſtres établis, autrement en cas dudit empêchement la Seigneurie dudit Tournecoupe confiſquée au Roy & unie à ſon domaine, en payant ladite ſomme de 500. l. à ſadite mere. Arrêt du 20. Juin 1566. *Arr. de la Rocheflavin liv. 6. lett. S. tit. 74. Arr. 2.*

71 Quoique l'Ordonnance porte défenſes generales à tous propriétaires & poſſeſſeurs des biens ſaiſis de troubler les Sequeſtres ; toutefois le Parlement de Paris y a fait une limitation en faveur des tiers oppoſans afin de diſtraire, & qui lors des ſaiſies ſe trouvent être actuellement jouïſſant des biens ſaiſis : il ne paroît pas juſte de les dépoſſeder ſans connoiſſance de cauſe, à moins que le titre de leur acquiſition ne fût ſi ſuſpect qu'il portât ſon vice ſur le front : Neanmoins par Arrêt du Parl. de Toulouſe du 28. May 1571. il fut jugé contre les tiers poſſeſſeurs qu'ils ne devoient troubler les Sequeſtres, *V. Mainard, livre 6. chap. 48.*

72 Arrêt du Parlement d'Aix du 3. Février 1668. qui a déchargé un Sequeſtre de la ſequeſtration, quand il a été troublé par force, après avoir fait des verbaux legitimes. *Boniface, tome 5. liv. 3. tit. 10 chap. 1.* même Arrêt en 1678. *ibid. chap. 2.*

SEQUESTRE, VASSAL.

73 Les ſujets juſticiables d'un Seigneur ne peuvent être Sequeſtres de ſes biens, *ſcus,* des emphiteotes du Seigneur foncier & direct ſans Juſtice, comme auſſi les juſticiables des Egliſes des Archevêques, Evêques, Abbez, Prieurs, Chapitre, Colleges & Communautez peuvent auſſi l'être. Jugé par pluſieurs Arrêts du Parlement de Toulouſe ; ce qui a été étendu aux ſujets juſticiables d'un Seigneur qui ne demeure ſur le lieu. Arrêt du Parlement de Paris du premier Octobre 1575. *La Rocheflavin, liv. 2. tit. 1. Arr. 56.* Gravetol rapporte un Arrêt du Parlement du 26. Juin 1666. qui confirme la ſequeſtration commiſe aux emphiteotes.

SERF.

1 VOyez *les mots* Affranchiſſement, Eſclave, Mainmorte.

2 *De ſervis fugitivis,* Per Marcum Mantuum Benavidium *in ſuo Enchiridio.*

3 Serfs, Coûtume de Troyes, *art. 3.* ce ne ſont pas des Eſclaves, car il n'y en a point en France, mais des perſonnes ſujettes de certaines ſervitudes.

En Bourgogne & en quelques autres Provinces, ceux qui ſont ſerfs ne le ſont qu'à cauſe de leurs heritages, & ils deviennent francs en les abandonnant.

En Champagne & en quelques autres Provinces, la condition de Serfs eſt differente, ſelon la nature des terres & Seigneuries, à cauſe deſquelles ils ſont hommes. *V.* au mot *Serfs, l'Indice des droits Royaux & Seign.* par Ragueau, ou *le Gloſſaire du Droit François.*

4 Un Serf ne peut être fait Clerc ſans le conſentement de ſon Maître. *Tournet, lettre S. Arr. 28. Voyez* cy-après le mot *Servitude, nomb. 93.*

SERGENS.

1 VOyez les mots, Exploits, Huiſſiers, Recors, & ſous ce mot Sergens, le Gloſſaire du Droit François, ou *l'Indice des Droits Royaux & Seigneuriaux* par Ragueau, Bouvot, *tome 2.* verbo *Sergens,* Du Luc, *liv. 6. tit. 1.* Filleau, *part. 3. tit. 6.* Chenu *des Offices de France, tit. 37. Les Opuſcules de Loyſel, page 150. & 417.*

2 Des Sergens fieffez. *Joly des Off. de France, tom. 2, liv. 3. tit. 35. pag. 1624.* & *aux additions, pag. 1924.*

3 Des Maîtres Priſeurs, Vendeurs de biens meubles en chacune ville & bourg de ce Royaume, de leurs ſalaires & réünion au Corps des Sergens Royaux. *Ibidem, tit. 33. pag. 1694.*

4 Autrefois les Huiſſiers & Sergens demeuroient en la maiſon du debiteur, & de ſuo vivebant, juſqu'à ce qu'il eût payé, c'eſt ce que l'on appelloit contrainte par gaſt & garniſon. Cette rigueur fut abolie à Toulouſe par Arrêt de l'an 1527. conforme à autre du Parlement de Paris. *Voyez Mainard, livre 7. chap. 30.*

5 Par Arrêt du Parlement de Normandie du 14. Juillet 1547. il a été jugé que les Sergens doivent faire payer dans la huitaine les deniers des ventes, ſuivant l'Ordonnance d'Orleans, *art. 91.* qui enjoint aux Sergens de bailler recepiſſé des pieces miſes en leurs mains. Berault, ſur la Coûtume de Normandie, tit. de Juriſdiction, *art. 5.* in verbo, *faire faire Inventaire.*

6 Sergens reçûs avec inquiſition de leur bonne vie & experience, ſeront âgez de 25. ans, bailleront caution de 100. liv. Ordonnance d'Orleans, *art. 89.* bailleront un receipſſé des pieces qui ſeront miſes en leurs mains, &c. Ordonnance d'Orleans, *art. 91.*

7 Un Sergent ne peut exploiter dans une haute Juſtice ſans mandement du Juge. *Voyez let. H.* au mot, *Haute Juſtice, nomb. 44. & 45.*

7 bis Les Sergens féodez de Fougere, ont le ſeptiéme denier des taux & amendes. Arrêt du P. de Bretagne du 12. Octobre 1564. ils doivent recueillir à leurs frais les rentes dûës au Roy & à leurs Seigneurs. Arrêt du 26. Decembre 1613. *Du Fail, liv. 2. chap. 239.*

8 L'Edit ampliatif des Offices de Sergent, ne s'entend que des Sergens des Juriſdictions ordinaires, non des Elûs qui ſont occupez pour les affaires du Roy. Arrêt du 15. Decembre 1571. qui ordonne qu'un Sergent ſera rembourſé par les autres Sergens oppoſans à ſa reception ; ils ſont ſujets à la ſuppreſſion de l'Edit des états de Sergens ſurnumeraires. Jugé le 28. Novembre 1564. *Papon, liv. 6. tit. 7. n. 2.*

9 Un Sergent general reçû à la Cour, & depuis au Bailliage, n'eſt tenu de faire le ſervice à la renuë des Jours, comme les autres Sergens. Arrêt du Parlement de Dijon du 29. Juillet 1600. *Bouvot, tome 2, verbo, Sergent, queſt. 5.*

10 Un Sergent pour n'avoir fait le ſervice ordinaire à ſon tour, peut être condamné à l'amende. Arrêt du

Parlement de Dijon du 15. Juin 1602. *Bouvot, ibid. question* 15.

11 *Apparitores notorias ullas conscribere (vulgus informationes vocat) nisi authore judice; imò & repetendi sunt testes ab ipsomet judice qui delegavit, alias & nisi repetita illa facta sit nihil actum, &c.* Arrêt du 19. Avril 1608. *Mornac, L. 50. ff. de evictionibus,* où il est parlé de *apparitorum perfidiâ.*

12 Les Sergens sont tenus de mettre au collier les condamnez. Jugé par Arrêt du Parlement de Bretagne du 27. Novembre 1614. rapporté par *Frain, page* 179.

13 Reglement pour obliger les Sergens qui ne sont point des Jurisdictions de Paris, de resider dans les lieux où ils doivent le service, avec défenses d'exploiter ailleurs, à peine de faux & d'amende, enjoint aux Huissiers de declarer le lieu auquel ils sont Officiers, à peine de nullité & de faux; du 2. Janvier 1665. *De la Guess. tome* 1. *liv.* 7. *ch.* 1.

SERGENT ABSENT.

14 Sergent est destituable, s'il s'absente du service sans permission & congé de son Magistrat. L'Arrêt est du mois d'Octobre 1567. *Voyez le* 2. *Plaidoyé d'Ayrault.*

15 Arrêt du Parlement d'Aix du dernier Avril 1618. qui condamne à l'amende un Sergent qui s'étoit absenté de la Ville sans la permission du Lieutenant. *Boniface, tom.* 1. *liv.* 1. *tit.* 21. *n.* 1.

SERGENT AMENEUR.

16 Sergent ameneur. Dans la Coûtume de Bretagne. *Voyez* l'Arrêt du 14. Decembre 1606. en *Bellordeau, li.* 2. *Contr.* 49. & le Stile à l'Usage touchant l'ordre des menées, redigé par *M. d'Argentré,* en 1536. étant à la fin des anciennes Coûtumes.

SERGENS D'ARMES.

17 Par Arrêt du Parlement de Bretagne du 27. Octobre 1566 il fut dit que le nommé Bourbans s'appellant Sergent general & d'Armes, pourra faire tous Exploits de Justice, fors la cueïllette des deniers des taux & amendes, dont l'intimé est tenu répondre à cause de son Office, à la charge de l'appellant de faire tous exploits, dont il sera requis par le Procureur General, sans en prendre aucun salaire. *V. Du Fail, liv.* 3. *chap.* 158.

18 Il y avoit autrefois des Sergens d'Armes; ils portoient les masses devant le Roy; & pouvoient exploiter par tout le Royaume, même contre les Princes. Arrêt du Parlement de Bretagne du 23. Septembre 1568. qui a jugé qu'ils ne devoient être condamnez en l'amende pour avoir manqué d'assister aux Audiences & services de la Cour. *Du Fail, liv.* 1. *chapitre* 276.

19 Les Sergens generaux & d'Armes ne sont tenus aller à l'Audience, ni accompagner les Juges à l'Auditoire. Arrêt du Parlement de Bretagne du 22. Septembre 1570. *Ibid. liv.* 2. *chapitre* 363.

20 Les Sergens d'Armes pour le fait de leurs Charges & Commissions, sont Justiciables de la Connêtablie, où ils sont reçus, suivant les Arrêts du Conseil d'Etat du Roy du 28. May 1639. & 21. Juillet 1668. *Jovet, verbo, Prévôt, Connêtablie, nomb.* 25;

21 Arrêt du Conseil du 1. Juin 1672. en faveur des Sergens d'Armes en la Connêtablie. *Maréchaussée de France, page* 921.

SERGENS DU CHAROLOIS.

22 Les Sergens du Comté de *Charolois* ne peuvent mettre à execution les mandemens du Juge Royal. Arrêt du Parlement de Dijon du premier Mars 1612. *Bouvot, tom.* 2. verbo, *Sergent, quest.* 29.

SERGENS DU CHASTELET.

23 Des Sergens de la douzaine du Châtelet de Paris. *Joly, des Offices de France, to.* 2. *liv.* 3. *tit.* 26. *p.* 1616. & aux *Additions, pag.* 1924.

24 Des Sergens à cheval au Châtelet de Paris. *Ibid. tit.* 31. *p.* 1547. & aux *Additions, p.* 1925.

Des Sergens à pied à verge du Châtelet de Paris. 25 *Ibid. tit.* 32. *p.* 1575. & aux *Additions, p.* 1924.

Recueil des Edits, &c. concernant l'exercice & 16 fonction des Sergens à verge au Châtelet de Paris. *Paris* 1669.

En une cause plaidée le 14. Avril 1554 entre le Pré- 27 vôt de Paris, & un des Sergens de la Douzaine, fut requis par M. Riant Avocat du Roy, que les douze Sergens, suivant leur premiere institution, qui fut lors que la Barre étoit Prévôt de Paris, eussent à tenir compagnie au Prévôt de Paris, vacant à son Office, & en son absence au Lieutenant Civil & Criminel vacans à l'état de la Police. *Biblioth. de Bouchel, verbo, Sergens.*

Jugé le 21. May 1571. que le Privilege octroyé aux 28 Sergens du Châtelet, d'avoir leurs causes commises pardevant le Prévôt de Paris, s'étend en défendant & non en demandant. Quelques-uns disent que ce Privilege est restraint aux causes qui concernent l'exercice de leurs états. *Ibidem.*

Arrêt du Parlement de Paris du 1. Decembre 1588. 29 par lequel il fut ordonné que doresnavant les criées d'un état de Sergent au Châtelet, se feroient au Châtelet; encore que le Titulaire redevable n'y fût domicilié; les affiches se mettront aux principales Portes de saint Germain de l'Auxerrois, Paroisse du Châtelet. *Ibidem.*

Reglement au profit des Huissiers, Sergens à cheval 30 au Châtelet de Paris, contre les autres Sergens Royaux, du 8. May 1668. *Voyez, De la Guess. tome* 3. *liv.* 2. *chap.* 13.

SERGENS, CLERC.

Un homme qui avoit été Sergent ne pouvoit s'ai- 31 der du Privilege de Clericature, Arrêt du Parlement de Paris du 28. Juin 1562. *Biblioth. de Bouchel, verbo, Sergens.* & cy-après le nombre 62.

SERGENS, COMMISSION.

L'on ne doit arrêter un Sergent exploitant sans *pa-* 32 *reatis;* mais il a été trouvé soutenable d'arrêter son cheval. Arrêt du Parlement de Paris du 1. Février 1543. *Papon, liv.* 7. *tit.* 5. *n.* 5.

Entre Jean Alexis & Bourbans, Sergens, par Arrêt 33 du Parlement de Bretagne du 14. Août 1559. la Cour confirme le Jugement du Sénéchal de Rennes, lequel fait prohibition à Bourbans Sergent d'exploiter sans Commission, és fins & metes de Melesse & Beton, dont Alleix est Sergent Bailliager, sur peine d'amende, & de nullité des Exploits. *Du Fail, livre* 2. *chapitre* 94.

Par Arrêt du Parlement de Bretagne du 26. Octo- 34 bre 1560. défenses, requerant le Procureur General, à tous Sergens du ressort, d'executer & signer aucuns arrêts & saisies à la Requête du Procureur General, ou de leurs Substituts, sans avoir d'eux commission & pouvoir de ce faire, sur les peines qui y échéent. *Du Fail, liv.* 1. *ch.* 119.

Arrêt du Parlement de Paris du 4. Août 1591. qui 35 fait défenses au Juge dont étoit appel, & à tous autres de bailler à Ferme, ni par Commission, l'Office d'un Sergent; ordonné que l'Arrêt seroit publié en tous les Siéges. *Bibliotheque de Bouchel, verbo, Sergens.*

Arrêt du Parlement de Provence du 20. Decembre 36 1640. qui condamne un Sergent à l'amende, pour avoir refusé d'exploiter une Commission. *Boniface, tom.* 1. *liv.* 1. *tit.* 21. *nomb.* 2.

SERGENS, LEUR CREATION.

Il n'y a que le Roy qui crée des Sergens. La pre- 37 miere création qui s'en proposa sous le Roy Henry III. fut de dix-huit mille ces Charges qui auparavant n'étoient que Commissions, ont été érigées en titre d'Office & rendües hereditaires, par Edit du 3. Mars 1672. & depuis il a été défendu par Arrêt du Conseil du 22. Août 1679. de les exercer sans Provision. En *Dauphiné* les Seigneurs hauts Justiciers sont en

possession d'établir des Sergens ordinaires, pour exploiter dans l'étenduë de leurs Terres; & cela en conformité de l'Ordonnance de 1667. ils donnent pour cet effet des Provisions à leurs Sergens, lesquelles sont enregistrées au Greffe de la Jurisdiction; mais il ne leur est pas permis d'executer, ni de faire aucun acte ni signification hors de la Terre, ni d'executer les Mandemens de la Cour, ni des Juges dans la Terre même. *Voyez Chorier, en sa Jurisprudence de Guy Pape, page* 110.

SERGENS, DENIERS TOUCHEZ.

38   Par plusieurs Arrêts, il y en a un du 22. Février 1577. qui enjoint aux Sergens de faire signer leurs Records & leurs Commissaires, & Dépositaires de Justice; *Item*, de ne donner qu'un Exploit d'établissement des biens baillez en garde; il ne leur est pas permis de retenir l'argent pour leur salaire, sauf à eux à faire taxer par le Juge. *Papon, liv. 6. tit. 7. nombre* 5.

39   Le Créancier ne peut sous prétexte que son Sergent ne luy a pas remis toute la somme entre les mains, poursuivre le débiteur pour le surplus. Jugé en la Tournelle Civile du Parlement de Paris, le 17. Février 1694. *Journal des Audiences, tome* 5. *liv.* 10. *chapitre* 6.

SERGENS, ENQUESTE.

40   Sergens ne peuvent faire enquête. *Voyez le mot, Enquête, nombre* 64.

SERGENS, LIRE ET ECRIRE.

41   Huissiers & Sergens doivent sçavoir lire & écrire, autrement ne doivent être reçus à exploiter. Ainsi décidé par plusieurs Arrêts, & même par un donné à Paris le 4. Octobre 1550. il fut expressément enjoint aux Juges du ressort de plus-recevoir ni instituer Huissiers ou Sergens s'ils ne sçavent lire & écrire. *Voyez la Biblioth. de Bouchel, verbo, Huissiers.*

41   Par Arrêt du Parlement de Bretagne du 3. Avril 1565. commandement aux Sergens qui ne sçavent écrire de se défaire de leurs états dans six mois. *Du Fail, liv. 1. chap.* 186.

SERGENS, EXCE'S.

43   Excès faits à un Sergent. *Voyez le mot, Excés, nombre* 3. *& suiv.* & cy-après le nombre 75.

44   Sergens excedez executant les Ordonnances de Justice. *Voyez l'Ordonnance de Moulins, article* 34. *&* celle de Blois, *art.* 190. Voyez M. Expilly, *Arr.* 91. & Mornac, *L. 1. ff. de in jus vocando.*

45   Le 6. Juillet 1536. un Sergent fut condamné à être pendu, & les autres foüetez devant les Escudes, pour avoir meurtri là-devant un Ecolier, en faisant quelque exploit. *Bibliothèque de Bouchel, verbo, Université.*

46   Celuy qui excede un Sergent faisant une execution, doit être puni corporellement. Arrêt du Parlement de Dijon du 22. Mars 1565. qui condamne un Moine à faire amende honorable & à un bannissement perpétuel, nonobstant la grace par luy impetrée. *Bouvot, tome 1. part. 2. verbo, Sergent.*

47   Quand un Sergent est offensé en mettant à execution un *debitis general*, la connoissance du délit appartient au Lieutenant Criminel. Arrêt du Parlement de Dijon du 16. May 1599. *Ibid. tome 2. verbo, Saisie, question* 57.

48   Il n'est pas permis à un Sergent qui se prétend offensé, de prendre argent du debiteur. Arrêt du Parlement de Dijon du 27. Avril 1613. *Ibid. verbo, Sergent, question* 32.

49   Sergent excedant est bien pris à partie. Jugé le 10. Février 1579. *Papon, liv. 7. tit. 7. n.* 49.

50   Arrêt du Parlement d'Aix du 29. Mars 1641. portant condamnation d'amende contre un Sergent qui avoit outragé la Partie qu'il executoit. Le même Arrêt défend aux Sergens de prendre avec eux d'autres Sergens en exploitant, *Boniface, tome 1. livre 1. tit. 21. nombre* 3.

SERGENS, GARANS.

Le propriétaire de la Sergenterie est garand des cautions reçues par ceux qu'il a commis pour l'exercer. *Voyez le mot, Garentie, n.* 125. *&* 126.   51

52   Jugé par Arrêt du Parlement de Normandie du 12. Avril 1511. qu'un Sergent ne doit recevoir aucune opposition sans caution, ou la main de Justice suffisamment garnie; & le Sergent qui a reçu une opposition sans caution, si l'opposant s'est évincé de ladite caution addresser, sans autre discussion. *Berault, tit. de Namps, art. 63. in verbo, peut délivrer à condition.*

53   Par Arrêt du Parlement de Roüen du 27. Juin 1597. rapporté par *Berault, sur la Coûtume de Normandie, art.* 63. jugé qu'un Sergent qui avoit reçu une opposition, & une caution devenuë depuis insolvable, étoit tenu en son nom de la dette; & fut condamné de la payer.

54   Un Sergent ne peut être condamné en son propre & privé nom, s'il n'appert *de dolo & culpâ.* Arrêt du Parlement de Dijon du 14. May 1598. *Bouvot, tome 2. verbo, Sergent, quest.* 52.

55   Jugé par Arrêt du Parlement de Normandie du 2. Juin 1598. que le Sergent ayant reçu la caution d'un opposant, depuis-débouté de son opposition, doit representer les meubles, sans discussion de l'obligé. *Berault, tit. de Namps, art. 63. in verbo, peut délivrer à caution.*

56   Un Juge peut ordonner qu'un Sergent sera condamné en son propre & privé nom, s'il ne fait les diligences necessaires. Arrêt du Parlement de Dijon du 8. Février 1599. *Bouvot, tome 2. verbo, Saisie, question* 55.

57   Un Sergent ayant vendu des meubles par luy executez, & fait son devoir, ne peut être actionné par les debiteurs, pour leur rendre les meubles, sous prétexte qu'ils ont payé. Arrêt du Parlement de Dijon du 7. Mars 1605. *Bouvot, tome 2. verbo, Sergent, question* 17.

58   Arrêt du Parlement de Provence du 28. Mars 1659. qui declare les Sergens responsables envers les Parties des manquemens de formalitez qui se trouvent dans leurs exploits. *Boniface, tome 1. livre 1. titre 21. nombre* 5.

SERGENS, INVENTAIRE.

59   Les Sergens ne peuvent faire Inventaire. *Voyez le mot, Inventaire, n.* 143.

JUGES DES SERGENS.

60   Sergens ou Huissiers de Cour Superieure punis par l'Inferieure, *si in eâ deliquerint.* Mornac, *L. 2. C. de sportulis.*

61   Sergent n'obéissant à ce que le Juge luy commande, peut être emprisonné; ainsi jugé. *Papon, livre 6. tit. 7. nombre* 11.

62   Arrêt du Parlement de Paris du 11. Septembre 1425. par lequel il est enjoint aux Sergens Clercs de se marier en dedans la Chandeleur; & prendre l'habit de Sergent, le tout afin que nonobstant leur Privilege Clerical, les Juges temporels eussent moyen de les punir de leurs fautes. *Papon, livre 6. tire 7. nombre* 2.

63   Arrêt du Parlement de Bourdeaux du mois de Juin 1536. contre le Vicomte de Turenne, & contre l'Abbesse de Saintes, de l'an 1507. par lesquels il est dit, que le Juge Royal est seul competent pour connoître des excès commis contre un Sergent en faisant son office, & non le Seigneur Justicier du domicile du Sergent. *Ibid. liv. 5. tir. 8. n.* 2.

64   Sergent Royal ayant delinqué *ut privatus*, & hors de son office, doit être puni par le Juge ordinaire de son domicile; mais si c'est comme exerçant son office de Sergent, il doit être puni par le Juge Royal duquel il est institué. *Arrêts des Grands Jours de Moulins du 16. Octobre 1540. Ibidem, livre 7. titre 7. nombre* 49.

65 Si le Lieutenant de la Chancellerie peut connoître d'un delit commis par un Sergent exploitant, en vertu de sa Commission, ou le Lieutenant Criminel? *Voyez Bouvot*, *tome* 2. *verbo*, *Saisie*, *quest*. 53.

66 La connoissance d'un delit commis par un Sergent Royal, en faisant sa charge, n'appartient au Juge du lieu, mais au Lieutenant Criminel, qui est Juge Royal. Arrêt du Parlement de Dijon du 6. Avril 1601. *Ibid.* verbo, *Sergent*, *quest.* 7.

67 Les Sergens d'un Bailliage sont tenus d'aller prendre chacun à leur tour les Lieutenans pour les conduire à l'Auditoire, & les ramener portant le Bâton Royal, à peine d'amende, & suspension de leur office; & le Juge hors des plaids peut condamner les défaillans à une amende, & les suspendre, iceux non oüis. Arrêt du Parlement de Dijon du 23. Juillet 1613. *Ibid.* *quest.* 1.

68 Un Sergent procedant par execution en vertu d'un Mandement d'un Juge Royal, commettant quelque delit, la connoissance en appartient au Juge dont est émané le Mandement, suivant la Loy *in officiales*, *C. de off. rect. provinc. L. de militibus de cust. & exhib. reorum, L. quod promulgatis, de off. praef. urbi.* Arrêt du Parlement de Dijon du 16. Novembre 1616. *Ibidem*, verbo, *Parlement*, *quest.* 9.

69 Jugé le 10. Février 1626. qu'un Sergent au Bailliage de Beauvais, ayant été publier dans la Ville de Beauvais un ajournement à trois briefs jours, de l'ordonnance du Prévôt de Paris, avoit été mal assigné pardevant le Bailly de Beauvais, pour rapporter sa Commission; d'autant que les Sergens, executans les Mandemens de Justice, ne sont tenus répondre du fait de leurs Commissions que pardevant les Juges dont elles sont émanées. *Journal des Audiences*, *tome* 1. *livre* 1. *chapitre* 85.

70 Arrêt du Parlement d'Aix du 7. Juillet 1679. qui a jugé que le Lieutenant des Submissions de Marseille connoît de la malversation d'un Sergent executant sa Commission. *Boniface*, *tome* 3. *liv.* 1. *tit.* 8. *ch.* 9.

SERGENS, NOTAIRES.

70 *bis.* Sergens ne peuvent s'immiscer dans la fonction des Notaires. *Voyez le mot*, *Notaires*, *nombre* 213. & suivans.

RAPPORT DES SERGENS.

71 Si un Sergent doit être crû à son serment sur un fait que l'on dit être faux? *Voyez Bouvot*, *to.* 1. *partie* 1. verbo, *Sergent*, *quest.* 1.

72 Les Sergens sont tenus en faisant leur rapport, de cotter & le jour & le lieu des prises qu'ils font, & de les rapporter au Greffe dans trois jours, & au plus tard dans huitaine. *Ibid.* *part.* 3. verbo, *Sergent*, *question* 4.

73 L'on ne doit décerner prise de corps, sur le simple exploit d'un Sergent qui rapporte avoir été offensé. Arrêt du Parlement de Dijon du 11. Juillet 1599, *Ibid.* tome 2. verbo, *Saisie*, *quest.* 54.

74 Si le Sergent par son rapport doit être crû de tout ce qu'il rapporte avoir fait ou avoir été fait en sa presence? *V.* Coquille, tome 2. *quest.* 112. où il cite un Edit portant que quand le rapport est témoigné de deux personnes, le Juge peut decrerer jusques à ajournement personnel.

SERGENT, REBELLION.

75 Crime de Leze-Majesté de tuer un Sergent qui exploite. *Voyez le mot*, *Crime*, *n.* 41.

76 *Licitum ne sit alicquem è manibus apparitoris eripere, si commissionis littera insinuentur?* Voyez Franc. Marc. tom. 2. *quest.* 91.

77 Sous le regne de Charles VI. un Sergent ayant fait un exploit dans la Ville de Neufchâtel, sous le nom du Roy, & apposé ses pannonceaux, le Duc de Lorraine le fit lacerer, & mettre en prison le Sergent. La Cour de Parlement luy fit son procès, & par défaut & contumace le declara avoir commis crime de felonie, le bannit à perpetuité du Royaume, & confisqua

Neufchâtel au Roy. *Bibliotheque de Bouchel*, verbo, *Execution*.

78 L'on peut resister à un Sergent, lors qu'il execute sans commission, où quand il veut faire effraction des portes, sans mandement exprés. *quia domui cuique refugium certissimum.* Arrêt du Parlement de Dijon du 30. Septembre 1610. *Bouvot*, *tome* 2. verbo, *Sergent*, *question* 23.

Voyez cy-dessus le nomb. 43. & le mot, *Rebelles*, *n.* 16.

SERGENS, RECORS.

79 Par Arrêt du Parlement de Dijon du 9. Juin 1556. sur les réquisitions du Procureur General, il fut ordonné à tous Sergens de mettre en leurs exploits les noms & surnoms des dépositaires, auxquels ils bailleront en garde les meubles qui seront par eux pris & saisis; défendu aux Sergens d'appeller Sergens pour témoins & recors de leurs exploits, & de recevoir les debiteurs pour acheteurs de leurs gages, si ce n'étoit du consentement des Créanciers : enjoint ausdits Sergens d'exploiter bien & düement, les Mandemens qui leur seront donnez à une fois, s'il est possible, & en tout & par tout observer les Ordonnances & Arrêts de la Cour. *Bouvot*, *tome* 1. *part.* 3. verbo, *Sergent*, *question* 3.

80 Un Sergent ne peut prendre un autre Sergent pour Recors. Arrêt du Parlement de Dijon du 12. Mars 1565. *Bouvot*, *tome* 1. *part.* 3. verbo, *Sergent*, *quest.* 1. Voyez *cy-dessus le mot* Recors.

SERGENT, RESSORT.

81 Un Sergent general exploitant par tout le Royaume de France, ne peut exploiter hors le ressort du Parlement, sans avoir presenté ses Lettres à la Cour, & verifiées en icelle, & n'ait donné caution & fait élection de domicile en la Province sous le ressort. Il y auroit nullité, & il encourroit l'amende. Arrêt du Parlement de Dijon du 26. Mars 1601. *Bouvot*, tome 2. verbo, *Sergent*, *quest.* 13.

82 Il n'est pas permis au Sergent du ressort de mettre à execution, ni signifier aucunes Lettres d'évocation, pour tirer les personnes hors du ressort, si elles n'ont été presentées à la Cour & que d'icelle il n'y ait permission inserée, à peine de démission de leur Office. Arrêt du Parlement de Dijon du 29. May 1604. *Ibid.* *question* 14.

83 Un Sergent exploitant par tout le Royaume, ne peut valablement executer, saisir une personne du Ressort du Parlement, si ses Lettres ne sont verifiées & enregistrées à la Cour, & qu'il n'ait fait élection de domicile sous le Ressort. Arrêt du Parlement de Dijon du 11. Novembre 1616. *Ibidem*, *to.* 2. verbo, *Sergent* quest. 1.

SERGENT, SALAIRES.

84 *Voyez cy-dessus le mot Salaires*, *nomb.* 39. & suiv. Le Sergent doit mettre son reçû; il en est de même des Juges inferieurs pour les épices, & ne peuvent être demandées par avance, ni par contraire, nisi consorte litis qui les a avancées. *Mornac, C. de sportulis.*

85 La taxe des Sergens Royaux reglée à 20. sols par jour. Arrêt du 8. Septembre 1421 confirmé & suivi par l'Ordonnance de 1539. Celle des Sergens non Royaux doit être plus foible. Arrêt des Grands Jours de Nîmes du 10. Octobre 1541. *Papon*, *liv.* 6. *tit.* 7. nomb. 4.

86 Les parties qui ont envoyé un Sergent ne peuvent prétendre plus forte taxe que s'il avoit été pris sur les lieux. Arrêt du Parlement de Toulouse du 22. Decembre 1557. *La Rochestavin*, *liv.* 2. *tit.* 4. *Arr.* 2.

87 Un Sergent qui a promis moyennant certaine somme faire des criées, & qu'à faute de ce il payeroit la somme dûë, est seulement tenu de rendre l'argent qu'il a reçû, & non la peine à laquelle il s'est engagé. Arrêt du Parlement de Dijon du 2. Mars 1601. *Bouvot*, *to.* 2. verbo *Paines*, *quest.* 3.

88 Un Sergent ne peut retenir des meubles pour le payement de ses salaires & vacations, aprés le payement

ment fait au Créancier. Arrêt du Parlement de Dijon du 3. Mars 1601. Autre du 20. Mars 1610. *Bouvot*, verbo *Sergens*, quest. 27.

89   Un Sergent faisant plusieurs executions en un jour, ne doit prendre qu'une journée pour toutes, & les départir à un chacun. Arrêt du Parlement de Dijon du 21. Novembre 1601. *Ibid.* quest. 8.

90   Les Sergens ne doivent se faire payer par les debiteurs de leurs salaires, ni retenir les meubles pour leurs vacations. Arrêts du Parlement de Dijon du 30. Janvier 1602. & 3. Mars 1611. *Ibid.* quest. 10.

91   Un Sergent demandant taxe, & luy étant allegué qu'il a fait plusieurs exploits & executions le même jour, est tenu de representer ses exploits, & à faute de ce, déchu. Arrêt du Parlement de Dijon en 1601. & au mois de May 1694. *Bouvot*, tome 2. verbo *Sergent*, qu. 9.

SERGENS DES SEIGNEURS.

92   Sergent Royal ne peut exploiter dans le terroir d'un Seigneur Justicier contre ses sujets, ni pour cas royaux, ni en cas de ressort, le Seigneur le peut contraindre d'aller demeurer ailleurs, s'il n'est natif du lieu, ou qu'il y soit marié. Arrêt ancien pour le Vicomte de Touraine de 1171. Pour l'Evêque de Langres en 1471. Pour le Seigneur de Harcourt, Vicomte de Châtelleraud en 1272. & pour le Comte de Nevers contre le Procureur General du 13. May 1334. toutefois il leur a été permis pour les cas & droits purement royaux, par Arrêt du 3. Juillet 1527. entre le Procureur General & les Religieux de Saint Germain des Prez, suivant un autre accord fait avec les Moines au mois de Février 1272. *Bibliot. de Bouchel*, verbo *Sergent*.

93   *Recordata fuit curia, quod per inquestam super hoc factam inventum fuit quod Episcopus Atrebatensis erat, in saisina quod servientes sui deferebant cultellos cum Cuspide per villam Atrebatensem; propter quod dictum fuit, in Parlamento omnium Sanctorum anno Domini 1178. quod dictus Episcopus in hujusmodi saisina remaneret, & declaratum quod illi quibus licitum est deferre Cultellos cum Cuspide, possunt enses deferre, si velint. Ex Registro olim, B. fol. 41.* Bibliotheque de Bouchel verbo Sergens.

94   Il y a accord homologué au Parlement le 25. Janvier 1402. par lequel les Sergens de l'Evêque & du Chapitre de Beauvais, peuvent ajourner leurs sujets dans les terres l'un de l'autre. *Ricard, sur l'art. 95. de la Coût. de Senlis.*

95   Sergens non Royaux ne peuvent executer commission du Juge Royal à peine de nullité. Jugé par Arrêt du Parlement de Paris du 2. Juillet 1513. & 6. Mars 1572. *Papon*, li. 6. tit. 7. n. 3.

96   Sergens Royaux, quoiqu'ils ayent pouvoir d'exploiter par tour le Royaume, ne peuvent mettre à execution dans la terre des Seigneurs, les contrats qui sont passez pardevant les Tabellions du Seigneur. Arrêt du 16. Janvier 1587. *Bibliot. de Bouchel*, verbo *Sergens*.

97   Les Sergens de Justices des Seigneurs, ne peuvent instrumenter ni exploiter hors de leur ressort. Arrêt du 20. Mars 1603. *M. le Prêtre 3. Centurie ch. 126.*

98   Comme les Seigneurs n'ont point de Jurisdiction hors de l'étenduë de leurs terres, de même les Sergens par eux commis, ne peuvent exploiter valablement que dans l'étenduë de leurs Seigneuries. Arrêt du Parlement de Toulouse du 14. Juillet 1678. *La Rocheflavin, li. 2. lettre N. Ar. 1. p. 232.*

SERGENS, SIGNATURE.

99   Les exploits des Sergens sont valables, encore qu'ils ne soient signez des parties, si ce n'est dans ce cas, l'établissement de Commissaire, ou vente de meubles. Arrêt du Parlement de Dijon du 1. Mars 1611. *Bouvot*, tom. 2. verbo *Sergent*, quest. 26.

Voyez cy-dessus le nomb. 41. & *suiv.* & *le mot Exploit, nomb.* 10.

Tome III.

SERMENT.

JUsjurandum. Juramentum. Sacramentum.

De jurejurando. D. Gr. 15. q. 6... 22. q. 1. 2. 4. & 5... 36. q. 6... Extr. 2. 24... S. 2. 11... Cl. 2. 9.

De vi & vinculo jurisjurandi. L. 12. tabb. t. 5. c. 4.

De jurejurando, sive voluntary, sive necessario, sive judiciali D. 12. 2.

De rebus creditis, & jurejurando. C. 4. 1. Ce titre ne parle point de *rebus creditis*, mais seulement du serment. *Idem tit. apud Paul. 2. sent. 1.*

De in litem jurando. D. 12. 30... C. 5. 53. Ce titre parle du serment déferé par le Juge au demandeur, qui affirme la valeur de la chose contestée, quand le défendeur refuse par dol, de la representer. *Lis pro re litigiosa. Jurare in litem, est cum juramento æstimare rem litigiosam.*

Quarum rerum actio non datur, & de exceptionibus jurisjurandi. D. 44. 5. Ce titre propose plusieurs exceptions pour se défendre d'une demande, & entre autres, l'exception du serment par lequel le défendeur a affirmé qu'il ne devoit rien. *Vide Inst. §. 11. de actio... & §. 4. De exceptione.*

Scenicas, & si fidejussores præstent, & jusjurandum dent, posse discedere. N. 51. Le serment n'est pas obligatoire pour les choses illicites : ainsi les Comédiens peuvent se retirer quoique engagez par serment.

De jurejurando a moriente, præstito propter mensuram suæ substantiæ. N. 48. Inventaire de biens affirmé par le défunt, fait Loi aux Heritiers, & non pas aux creanciers.

Jusjurandum quod præstatur ab his qui administrationes accipiunt. N. 8. tit. 3. Forme du serment que prêtent ceux qui entrent en charge. *Vide cand. Nov. tit. 2. c. 7. & 14.... Const. Frid. 1. c. 6.*

De juramento per capillos Dei, aut aliquid hujusmodi; neque blasphemetur in Deum. N. 77.

Ut litigantes jurent in exordio litis quia neque promiserunt dare judicibus, neque dabunt. N. 124.

Ut in contestatione litis, & magistratuum initio juretur. Leon. N. 97.

Ut qui jusjurandum defert, prior de calumnia juret. Leon. N. 99.

De jurejurando propter calumniam dando. C. 2. 59. C'est le serment de calomnie.

De perjurio. Lex 12. tabb.

Michaël Baius *de Juramento Antuerpiensi.*

M. Antonius Baverius *de virtute & viribus juramenti.*

Joannis Eckii, *decisio de juramenti materia.*

De virtute juramenti per Marc. Anto. Baverium.

Heribertus Rosweydus & Mart. Becanus *de fide haret. servanda.*

De jurejurando per Calum. dand. per Franc. Curtium Senio.

Joannis Lensei, *conclusiones de juramento quod fictitio duci Brabantiæ præstitum est.*

Joannis Molani, *lib. 5. qui est de juramento quod à tyranno exigitur.*

Dominici Soti, *de Jure & Justitia, lib. 8.*

L. Molin. & Leon. Lessius, *Societ. Jesu de Justitia & Jure.*

De jurejurando, per Jo. de Selva. & per Marc. Ant. Baverium.

De suspecti juramento, sive de suspectis. Per Joann. Baptistam, *de sancto Severino.*

De juramento & adjuratione. Per F. Dnic. Sotu. in trad. *de Just. & Jure.*

De jurejurando & juramenti privi. Per Maria. Sozinum Senio. & per Ant. Corset. *in Ru. de jureju.*

Chrysostomus *hom. 9. in Acta Apost. cap. 3. hom. 11. in Epist. ad Rom. cap. 7. Item Hom. 4. 5. 6. 7. 8. 9. 10. 11. 12. 14. ad Pop. Antiochenum.*

Augustinus *super Epist. ad Galat. cap. 1. lib. de mendacio, cap. 15. lib. contra Fortunatum Manichæum,*

C c c c

disp. 2. sermone 28. de verbis Apostoli , sermone de de-
collat. S. Jo. Bapt.
   Antonius de Petruciâ de jurejurando.
   Sententiariis lib. 3. distinct. 39.
   Thomas, 22. quæst. 89. 90. 98.
   Sylvester , in summâ.
   Joannes de Selvâ de jurejurando.

1   Voyez la *Bibliotheque du Droit François par Bouchel*, verbo *Jurement.*

2   *De jurejurando.* Voyez Mornac , *l. 11. ff. de jurejurando, & C. de transactionibus lege* 19.

3   De la preuve par serment , des personnes qui sont obligées de jurer , de la forme du serment , de ses effets. V. *Despeisses , to. 2. p. 527.*

4   Vide *Castel*, tome 1. de *ses mat. benef. p. 210. & suiv.* où il rapporte des choses fort curieuses au sujet du serment , en parlant de celuy qui doit être fait par les Chanoines , lors qu'ils procedent à une élection il en parle aussi au même endroit, *p. 300.*

5   *De formâ juramenti judicis, & in cujus manibus præstandum si!* Voyez *Franc. Marc. to. 1. quæst. 682.*

6   *De relaxatione à juramento ad effectum agendi.* Voyez *Andr. Gaill. lib. 1. observ. 22.*

7   *An litigimus processus , in causâ citationis ad videndum relaxari à juramento , observandus sit.* Ibid. *observat. 23.*

8   *Relaxatione à juramento obtentâ, an victus in expensis condemnandus.* Voyez Ibidem *observat. 24.*

9   *Jurisjurandi, tres species , voluntarium , judiciale, ac necessarium.* Voyez Mornac sur la *l. 1. 2. & 3. Cod. de rebus creditis.*

10   *Jurisjurandi forma cui superstitiosâ cæremonia ascribuntur , non est præcisè ac necessariò observanda.* Anne Robert *rerum judicat. liv. 1. ch. 11.*

11   *De fide jurisjurandi.* Voyez , *M. Lebret en son Traité de l'ordre ancien des Jugemens. ch. 40.*

12   Se purger par serment. Voyez *le Glossaire du droit françois*, verbo *Purger.*

13   Les sermens qui vont à détruire ce qui est établi par les loix , ne sont pas obligatoires ; & on repute contre les bonnes mœurs tout ce qui va contre les Loix. *Ricard traité des Donations , 1. part. ch. 4. sect. 2.*

14   Serment ne fait point valoir ce qui a été reprouvé de droit , jugé par plusieurs Arrêts en faveur de mineurs , qui avoient juré sur les saints Evangiles , de ne point revenir contre l'alienation de leurs immeubles. *Papon , li. 9. tit. 6. n. 23.*

15   *Si depositio prima non sit jurata, ut loquitur Boërius q. 108. secunda autem jurata , tunc depositioni secundæ juratæ standum sit vult , etiam si prima non jurata contraria.* Voyez Mornac, *l. 28. ff. de jurejurando, &c. ubi affert locum Demosthenis contra Phormionem qui locus est contrarius opinioni Boërii.*

16   *Juramentum extortum non valet, sed condici potest contra jus Superiori non valet.* Voyez *la nouvelle Edition de M. Ch. du Moulin, tom. 2. p. 845.*

17   *De formâ juramenti Episcopi , & aliorum pro testimonio ferendo.* Voyez *Franc. Marc. to. 1. quæst. 377.*

18   Du serment ; il n'est pas reçu s'il n'est déferé ; le refus de jurer sert de preuve , il peut être referé à celuy qui le déferoit , & celuy-cy peut le revoquer ; le serment éteint l'action , si après le serment il se trouve des pieces nouvelles , l'effet du serment sera détruit, & le droit de l'autre partie rétabli. V. *le 2. tome des Loix civiles , liv. 3. tit. 6. sect. 6. & les textes cy-dessus rapportez.*

19   Sermens s'entendent toûjours selon les qualitez des actes , sur lesquels ils sont intervenus , & selon les termes de droit ; ainsi un fils & heritier , à qui prohibition est faite d'aliener pour quelque cause , & toute détraction de legitime & Trebellianique , & qui a approuvé & juré d'observer telle volonté, tant devant la mort du testateur qu'après , n'est empêché d'aliener pour doter ses filles ; car telle alie-

nation est necessaire , & se fait par la permission de la loy. Ainsi jugé à Grenoble la veille de Noël 1455. *Bibliotheque de Bouchel* , verbo *Sermens.*

20   Si le creancier demande garnison par provision, & que le debiteur qui allegue avoir payé , s'en rapporte au serment du creancier , la garnison doit être differée , si le creancier est present , ou à une journée ou deux; mais s'il étoit absent de plus que de deux journées , il doit être dit qu'il jurera dans certain temps, & que cependant le debiteur consignera au greffe, sauf après le serment en ordonner. Ainsi jugé à Bordeaux le 1. Août 1526. *Papon , li. 9. tit. 6. n. 7.*

21   Quand celuy qui a affirmé , allegue erreur & surprise , le Juge doit ordonner qu'il affirmera au vray en payant les dépens en la cause d'appel. Arrêt du 1. Mars 1563. *Papon , liv. 17. tit. 2. n. 3.*

22   Quand en matiere d'Aydes , comme pour vin vendu en détail, on a requis le serment , & que le Fermier veut prouver le contraire , il n'est permis de prendre monition scandaleuse , ni informer de parjure , mais regler en contrariété de faits. Jugé pour un appellant comme d'abus, és generaux, le 2. Juillet 1577. *Ibid. liv. 9. tit. 6. n. 16.*

23   Arrêt du Parlement de Toulouse que *in ablatis violenter stabitur juramento partis* , entre l'Evêque & Chapitre de Carcassone , & un nommé Belissant , donné le 11. May 1536. Autre Arrêt semblable que *in ablatis stabitur juramento partis* , entre M. Michel de Pontaux , un nommé Planquet , & autres Chanoines de Beaumont, donné le 21. Janvier 1519. *La Rochestavin , liv. 3. lettre R. tit. 3.*

24   Une cause legere se décide par le serment. Arrêt du Parlement de Dijon du 15. Juillet 1561. *L. thesaurus ff. ad exhib. quod in causis levioribus per juramentum sit probatio.* Bouvot , *to. 1. part. 3. verbo serment*, quest. 1.

25   Le mari ne peut être reçu au serment contre sa femme accusée d'avoir soustrait quelques meubles. Arrêt du Parlement de Dijon du 12. Decembre 1566. *quia nulla actio famosa competit constante matrimonio.* Ibid. part. 2. verbo *Serment*, quest. 2.

26   Celuy qui se rapporte au serment de sa partie adverse qui a affirmé , n'est recevable à verifier le contraire ; *per jusjurandum enim transactum videtur. L. quod si deferentur 21. ff. dolo malo.* Ainsi jugé par Arrêts du mois d'Août 1573. 7. Mars 1604. 10. Decembre 1512. & 2. Mars 1610. V. *M. Leüet , lettre S. sommaire* 4.

27   Par Arrêt du Parlement de Dijon du 23. Juin 1604. il a été jugé que le Notaire peut prendre le serment si aucune chose a été soustraite. *Bouvot, to. 2. verbo Inventaire , quest.* 4.

28   Par Arrêt du Parlement de Grenoble du 10. Janvier 1619. il fut jugé que l'énonciation d'un Juge qui portoit qu'une partie avoit juré , n'étoit pas de foy probatoire , n'apparoissant pas de son asseveration , *quia non creditur referenti nisi constet de relato*, Basset, *to. 2. liv. 2. tit. 11. ch. 1.*

29   Un particulier qui s'est engagé par serment de ne point reveler un accord fait en sa presence entre deux parties , ne peut être contraint par l'un d'eux à revelation ; jugé au Parlement de Tournay le 19. Mars. 1695. *Pinault , to. 1. Arr. 58.*

SERMENT , ARRERAGES.

30   Le serment ne peut être demandé quand le debiteur oppose la prescription des cinq années. Ordonnance de Loüis XII. 1510. V. *Henrys , tom. 1. l. 4. ch. 6. qu. 73.* V. *la Conference des Ordonnances, tom. 1. liv. 4. tit. 7. art. 71. & cy-dessus le mot Prescription , nomb. 351. & suiv.*

SERMENS DES AVOCATS.

31   Voyez le mot *Avocats*, nomb. 186. *& suiv.*

SERMENT DE CALOMNIE.

Voyez le mot *Calomnie.*

32   *De juramento calumniæ quod jusjurandum calumniæ*

requirat speciale mandatum. Voyez *Anar. Gaill , l. 1.*
obs. 83.

Juramentum calumnia exactum , & non præstitum , an
processum vitiet ? Idem *Obs.* 84.

Juramentum calumnia , an consuetudine vel statuto re-
mitti possit ? Idem *obs.* 85.

Pœna non jurantis de calumnia , an committatur ipso
jure , & an ad hæredes transeat ? Idem. *obs.* 86.

Pœna non jurantis de malitia. Idem *obs.* 87.

Procurator ex officio datus , an cogendus sit præstare
juramentum calumniæ ? Idem *obs.* 88.

Contumacia procuratoris non jurantis de calumnia, an
noceat Domino ? Idem *obs.* 89.

Procurator fiscalis an de calumnia jurare teneatur ?
Idem *obs.* 90.

33   *Quid discriminis sit inter juramentum calumniæ , seu*
malitia , & juramentum veritatis. Voyez *Franc. Marc.*
to. 2. q. 686.

34   Du serment de calomnie , de la caution de payer
le Jugé , & de la contestation. *Voyez Despeisses , to.*
2. *p.* 471.

35   On ne peut contraindre une partie de répondre
par serment de calomnie sur des questions de Droit.
Arrêt du Parlement de Tournay du 21. Juillet 1694.
en faveur d'un demandeur en entherinement de Lettres Royaux pour avoir permission de vendre les
biens de la succession de son grand pere contre un
opposant qui avoit interpellé le demandeur d'affirmer
si les biens en question n'étoient pas chargez de fidei-
commis. Pinault , *to.* 1. *Arr.* 35.

SERMENT, CHANOINE.

36   Serment d'un Chanoine lors de sa reception.
Voyez le mot *Chanoine , nomb.* 143.

Voyez cy-dessus le *nomb.* 4.

SERMENT À CHARGE ET DÉCHARGE.

37   On ne peut obliger une partie à jurer sur un fait
à charge , sans pouvoir alleguer ses exceptions à décharge. Jugé au Parlement de Tournay le 14. Avril
1695. contre un Chanoine , lequel avoit demandé que
sa partie fût tenue d'affirmer seulement s'il avoit
fourni au défendeur la somme ; le défendeur offroit
d'affirmer qu'il l'avoit payée en son acquit ; ce qui
étoit même chose. Pinault , *to.* 1. *Arr.* 63.

38   On ne peut obliger une personne d'affirmer à sa
charge seulement ; mais on doit en même temps recevoir son serment à sa décharge. Jugé au Parlement de Tournay le 19. Mars 1697. sur l'appel d'une
Sentence portant que l'appellant affirmeroit simplement , *si la somme dont on luy avoit donné quittance*
ne luy avoit pas été remise entre les mains ; l'appellant
avoit offert de satisfaire ; mais il vouloit en même
temps affirmer qu'il l'avoit depuis renduë , & restitué
la somme. *V. ibid. Arr.* 145.

SERMENT, CONTRAT.

39   Arrêt du Parlement de Grenoble du 12. Septembre 1460. qui a jugé qu'on ne pouvoit contrevenir
ni de droit ni de fait à un contrat juré. Voyez *Guy*
Pape , quest. 427. Aujourd'huy ce n'est plus l'usage
d'avoir égard à ces sortes de sermens.

40   Jugé au Parlement de Toulouse le 23. Novembre
1617. qu'un débiteur s'étant obligé envers son creancier , & ayant soutenu qu'on avoit compris dans l'o-
bligation des interêts excessifs , le creancier pouvoit
sur la verité du fait soutenir contre le contrat *Cam-*
bolas , liv. 2. *chap.* 38.

41   Celuy qui est fondé en contrat , n'est tenu de
jurer , en quelle espece la rente a été constituée ?
Arrêt du 14. Janvier 1625. *Du Frêne , liv.* 1. *chap.* 32.
même Arrêt du 13. Mars 1637. Ibid.

SERMENT DÉCISOIRE.

42   Le serment décisoire du fidejusseur ne décharge
pas le principal obligé , *si quidem de sua tantum per-*
sona juravit quasi se non esse obligatum , si vero in rem
juravit, hoc est , si ideo interpositum est jusjurandum ut
de ipso contractu, & de re non de persona jurantis aga-
Tome III.

tur, etiam prodetit quia in locum solutionis succedit , 28 *ff.*
de jurejurando , & l. 1. §. 3. ff quarum rerum actio non datur.
Voyez *M. le Prêtre ,* 1. *Cent. chap.* 10. *in margine.*

43   Après une enquête, l'on peut se remettre au serment
décisif de la partie. Arrêt du Parlement de Dijon
sans date rapporté par *Bouvot , to.* 2. verbo *Serment ,*
quest. 2.

44   Serment décisoire empêche la consignation. *Voyez*
le mot *Consignation , nomb.* 25. & 16.

45   Sermens décisoires ne sont sujets à être recherchez.
Arrêt du Parlement de Paris du 10. Octobre 1512. Il
en est autrement de ceux deferez par le Juge. *Pa-*
pon , liv. Tit. 6. *n.* 16.

Depuis, autre Arrêt du Parlement de Paris du mois
d'Octobre 1511. limitatif de celuy de 1512. par lequel il est déclaré que lors qu'il est question de chose particuliere entre personnes privées , l'accusation
du parjure n'est recevable , *secus* , s'il s'agit de chose
& crime public. En l'an 1531. le 23. Decembre de la
Cour de Bourdeaux fut donné Arrêt , les Chambres
assemblées , où ces deux Arrêts furent citez , le premier fut suivi en tout, sans avoir égard à la limitation
du dernier. *Ibidem , n.* 17.

46   Le serment litisdécisoire empêche une contrainte
si le débiteur le défere au creancier sur le payement,
& ce jusques à ce que le creancier ait juré , les lettres
ne peuvent être executoires, pas même par provision. Arrêt du 28. Février 1555. *Expilly , Arr.* 38.

47   *Deferendum nunquam si fieri possit jusjurandum de-*
cisorium. Mornac , *l.* 38. *de jurejurando , & c.*

48   Pour être décisoire il doit être fait suivant les termes & la formule prescrite par le demandeur qui défere le serment , autrement il est nul. Arrêt du 10.
Février 1605. *Peleus , quest.* 95.

49   Serment décisif peut être déféré après que
les délais d'informer sont passez. Arrêt du Parlement
de Bretagne du 14. Novembre 1611. & les responses
en tel serment ne se peuvent diviser non plus qu'aux
interrogatoires. Arrêt du 21. Mars 1600. Quand il y
a fin de non recevoir la déclaration de serment décisif n'est admise. Jugé pour le sieur du Breüil Mon-
neraye , contre M. Robert Frangoul , contre de la
Bersonniere Apotiquaire , pour drogues demandées
après an & jour. *Sauvageau sur Du Fail , livre* 2. *cha-*
pitre 163.

50   La déclaration du serment décisoire ne peut se diviser , & étant conjointement déféré au mari & à la
femme, quoi qu'elle ne soit point partie en la cause,
le serment du mari n'est point considerable sans
celuy de la femme. Arrêt du 5. Juin 1617. *Brodeau sur*
M. Loüet , lettre S. som. 4. *nomb.* 10.

51   Celuy qui se rapporte au serment de partie adverse n'est recevable à verifier le contraire ; celui qui
articule payement est tenu de jurer sur la verité du
payement , l'heritier même sur ce qui est de sa scien-
ce. Arrêt du 16. Janvier 1613. *Brodeau sur M. Loüet,*
lettre S. sommaire 4. *nomb.* 8.

52   Si le serment litisdécisoire peut être déféré à l'une
des parties pour raison d'un fait étant contre la teneur du contrat ; & si celuy auquel le serment a été
déféré peut s'excuser de se présenter en jugement
pour y satisfaire , soit par sa qualité, ou par indisposition ? La partie ne voulut affirmer , & offrit de
payer. L'Arrêt du 17 Juillet 1640 le déchargea du serment , & en consequence de ses offres le condamna à
payer. *Soëfve, to.* 1. *Cent* 1. *ch.* 18. & *Henrys , to.* 1.
liv. 4. *chap.* 6. *quest.* 21.

53   Le serment litisdécisoire peut être déféré sur un
fait contraire à la teneur du contrat excedant la somme de 100. l. ce qui a lieu principalement quand la
contestation est entre les parties qui ont passé le contrat, l'heritier pourroit refuser de serment, car il n'est
pas présumé instruit de ce qui a été fait par le défunt.
Jugé à Paris le 9. Août 1649. *Soëfve, to.* 1. *Cent.* 3.
chap. 19.

C c c c ij

54. Arrèt du Parlement d'Aix du 14. Decembre 1684. qui n'a pas reçû l'appellation d'une Sentence après le ferment décifif prêté. *Boniface , to. 3. liv. 3. titre 13. chap. 1.*

55. Sur la queſtion fi le ferment aux réponſes cathegoriques eſt décifif ou non ; l'Arrêt du 25. Février 1687. confirma la Sentence qui avoit ordonné que le ſieur d'Aurillac répondroit fur les faits , fans préjudice du droit des parties , & fauf de faire droit fur la qualité des ſermens. *Ibidem , chap. 3.*

56. Le ferment litiſdécifoire peut être déferé fur un fait contraire à la teneur du contrat excedant la ſomme de 100. livres. L'on diſtingue quand la conteſtation eſt entre les parties qui ont paſſé le contrat , l'heritier pourra refuſer le ferment , car il n'eſt pas préſumé inſtruit de ce qui a été fait par le défunt. Jugé à Paris le 9. Août 1649. *Soëfve, tome 1. Cent. 3. chapitre 19.*

SERMENT DEFERE'.

57. *Juramentum neceſſarium an judex ex officio poſt concluſionem cauſæ parte non petente deferre poſſit ;* Voyez *Andr. Gaill , lib. 1. obſervat. 108.*

58. En tout état de cauſe le ferment peut être déferé. Voyez *Carondas , liv. 12. Rép. 7.* où il rapporte beaucoup d'eſpeces de ferment.

59. Du ferment déferé, joint la commune renommée , *duo requiruntur , dolus rei & difficultas probationis.* Voyez *M. le Prêtre , première Cent. ch. 65.*

60. Serment déferé en matiere civile vaut conteſtation en cauſe , en fait durer l'action trois ans comme la conteſtation. *Mornac, l. 9. §. ſi is ff. de jurejurando , &c.*

61. On diſtingue entre le ferment fait à la délation du Juge , & celuy fait à la délation d'une partie ; dans ce dernier n'eſt plus reçû à informer du contraire. Il en eſt quelquefois autrement dans le premier. Voicy deux Arrêts contraires ; une partie ayant obtenu des épices , affirme avoir payé dix écus d'épices ; le condamné recouvre quelque temps après le dicton où il ne voit que cinq écus ; il obtient ajournement perſonnel, l'appellant ſoûtint qu'il avoit juré verité. Arrêt qui met les parties hors de Cour. L'autre Arrêt du 9. Juin 1550. une partie après avoir payé les dépens taxez, fait informer du parjure de l'autre fur les voyages , & autres choſes fauſſement affirmées , l'accuſation fut admiſe, & depuis pour la preuve non concluante, les parties reçûes au procez ordinaire. *Papon , liv. 9. tit. 6. n. 1.*

62. Le 17. Juillet 1522. par Arrêt du Parlement de Bourdeaux , jugé qu'un demandeur, ou défendeur eſt tenu de jurer fur la demande, ou défenſe, ſi le ferment luy eſt déferé par ſa partie,& n'eſt recevable de l'empêcher en diſant qu'il veut faire ſa preuve par témoins , & notamment lors qu'il faut jurer , tant fur l'action que l'exception. *Bibliotheque de Bouchel* , verbo *Serment, &* Papon , *liv. 9. tit. 6. n. 4.*

63. Après tous les délais de faire preuve paſſés , un demandeur ſe peut rapporter au ferment du défendeur , n'ayant plus preuve contraire par témoins. Arrêt du Parlement de Bourdeaux au mois de Juin 1331. *Ibidem , &* Papon , *ibidem , n. 25.*

64. Une partie ne peut deferer ferment à l'autre qui a fait ſa preuve. Arrêt du Parlement de Bourdeaux du 19. Octobre 1536. depuis eſt intervenuë l'Ordonnance publiée en 1539. par laquelle partie peut être contrainte *in quâcumque parte litis* de répondre par ferment. *Papon , liv. 9. tit. 6. n. 5.*

65. Le ferment ſe peut deferer fur un fait contre le Contrat. Un Fermier afferme la Baronnie de Campendu moyennant 2100.liv. quatre-vingt & ſimplement. Les parties conviennent entre elles que les 200. liv. ſont ſeulement pour empêcher un tiercement. La Dame Baronne aſſigne le Fermier pour payer 2100. liv. il offre 2000. liv. & luy défere le ferment fur les 200. liv. diſant qu'il étoit convenu avec elle & ſon Procureur à 2000. liv. La demandereſſe diſoit que c'étoit un fait contre le Contrat , & par conſequent non recevable , & ſe ſervoit de l'article 54. de l'Ordonnance de Moulins , qui défend de recevoir aucune preuve par témoins contre un Contrat. Par Arêt du 15. May 1582. il fut dit qu'elle jureroit , & que le nom de preuve en ladite Ordonnance le ferment n'y étoit pas compris ,comme il avoit été jugé auparavant le 15. May 1582. *Cambolas , livre 1. chapitre 37.*

66. La partie qui a déferé le ferment décifif peut révoquer la déclaration *re integrâ ,* & le prouver par témoins ſuivant la Loy *Si quis juſjurandum C. de reb. cred.* Arrêt du 26. Novembre 1590. *La Rocheſlavin, liv. 3. lettre S. Ar. 1. p. 262.*

67. En action infamante ou qui décend de mauvaiſe foy , le ferment ne peut être déferé. Jugé le 20. Novembre 1602. pour un débiteur à qui le ferment étoit déferé , s'il n'avoit pas reçû des intérets exceſſifs. Arrêt ſemblable du 27. Juin 1600. *Cambolas , livre 3. chap. 18.*

68. Après la choſe jugée le ferment ne peut plus être déferé. Jugé pour une débitrice d'une obligation qui avoit été condamnée à la payer , & après avoir déferé le ferment à ſa creanciere pour affirmer s'il n'étoit pas vray que la valeur de l'obligation en queſtion n'avoit jamais été fournie. Arrêt le 20. Février 1640. *Cambolas, liv. 2. ch. 38.*

69. Le ferment déferé fur la vraye Croix venerée en l'Egliſe de Touſſaints de Rennes , a été reçû nonobſtant la qualité de celle qui offroit jurer en l'Audience , & vouloit être reçûe à ſon ferment , par Arrêt du 26. Septembre 1600. *Du Fail , liv. 1. ch. 192.*

70. Par Arrêt du Parlement de Dijon du 18. Mars 1610. rapporté par *Bouvot,t.1.part.3.* in verbo *Délation de ferment , queſt. 2.* jugé que le ferment peut être pris en l'abſence de la partie , s'il l'a déferé.

71. Celuy à qui le ferment eſt déferé fur une choſe qui n'eſt pas de ſon fait , n'eſt tenu de referer le ferment qu'il ne peut prêter. Jugé au Parlement de Tournay le 23. Novembre 1693. *Pinault , to. 1. Arr. 7.*

72. La Cour eſt competente en première inſtance par action ſur déclaration de ferment, fur tout entre les Flamands. Jugé au Parlement de Tournay le 14. Juillet 1694. *Ibidem Arr. 36.*

73. Après qu'une partie a déferé le ferment , & qu'il a été fait,elle n'eſt plus reçûe à oppoſer de nouveaux moyens. Jugé au Parlement de Tournay le 30. Juin 1695. *Pinault , ibidem Arr. 70.*

74. On ne peut ſous prétexte de convention ſe diſpenſer du ferment déferé fur le fait d'une adminiſtration qu'on a entrepriſe. Jugé au Parlement de Tournay le 14. Avril 1696. pour des creanciers qui demandoient au fils de leur debiteur qu'il fût tenu d'affirmer s'il n'avoit pas detourné & diverti les effets de la ſucceſſion, lequel s'en défendoit , en diſant que par déclaration du 11. Février 1694. ils avoient borné leurs prétentions aux effets inventoriez ; avec promeſſe de bien & fidelement inquieter. *V. ibid. Arr. 103.*

75. Celuy qui a déferé le ferment peut toûjours s'en déporter , pourveu qu'il n'ait pas été fait. Jugé au Parlement de Tournay le 18. Mars 1698. quoyqu'il y eût un Arrêt qui ordonnât que celuy à qui il étoit déferé , le pouvoit faire à ſa charge & décharge. *M. Pinault , to. 2. Arr. 213.*

76. Afin qu'une délation de ferment puiſſe rendre un Juge ſuperieur competent de connoître en première inſtance d'une affaire , il faut que le ferment ſoit déferé fur la choſe dont il s'agit de juger. Arrêt du Parlement de Tournay du 18. May 1699. rapporté par *M. Pinault , to. 2. Arr. 262.*

77. Une partie s'étant rapportée à l'affirmation de l'autre , ne peut demander à faire preuve du contraire. Arrêt du Parlement de Paris du 8. Avril 1698. *Journ. des Aud. to. 5. li. 14. chap. 3.*

SERMENT, DEMANDEUR.

78 Par Arrêt du Parlement de Roüen, du 11. Juillet 1504. rapporté par *Terrien, liv. 29. tit. 6. sur la fin*; il a été jugé qu'en concurrence de preuves, & lorsqu'il est question de décider d'un fait par le serment des Parties, le serment du demandeur doit prévaloir à celuy du défendeur. Il étoit question en l'Arrêt du fait de possession.

79 Lorsqu'il est question de petite somme, l'on doit s'en rapporter au serment du demandeur, soit pour un compte ou autrement, pourvû qu'il soit de bonne vie & renommée. Ainsi jugé à Grenoble. *Papon, liv. 9. tit. 6. n. 3.*

80 Par Arrêt du Parlement de Bourdeaux du 10. Juillet 1533. sur la déposition d'un seul témoin, disant avoir été present, que le défendeur auroit accordé la faculté de retrait au demandeur, & de l'avoir ainsi confessé en la présence de partie, & sur ce que autres témoins déposoient que le bruit étoit tel, le serment fut déferé au demandeur pour supplément de la preuve; & après l'avoir oüi; le défendeur condamné à revendre. *Papon, ibidem. n. 11.*

81 *Juranti in litem petitori. adversus cauponem creditur.* Arrêt du 14. Août 1582. *Mornac, l. 1. ff. nauta caupones stabularii.*

SERMENT, DENIERS ROYAUX.

82 Pour les deniers Royaux il est permis au Fermier après que la partie aura juré d'informer au contraire du serment, par l'Ordonnance du Roy Charles VII. article 13. *Brodeau sur M. Loüet, lettre S. sommaire 4. nombre 4.*

SERMENT, DISPENSE.

83 De la dispense de serment. *Voyez* le mot *Dispense, n. 89. & suiv.*

SERMENT, ELECTION.

84 En cas d'élection qui doit être faite conjointement avec des personnes Ecclesiastiques, & par des Laïcs après serment par eux fait, les Electeurs tant Ecclesiastiques que Laïcs doivent prêter le serment par devant le Juge Laïc. Arrêt du Parlement de Paris du 9. May 1662. *Soëfve, to. 2. Cent. 2. chap. 63.*

SERMENT, ENQUESTE.

85 Scilicet *in l. Si quis jusjurandum, quæst. ult. C. de Rab. Cod. & Jure*, tient qu'après enquête faite, l'une des parties à laquelle est déferé le serment, n'est tenuë de l'accepter ni le referer. On allegue sur ce propos un Arrêt donné en l'Audience le 4. Decembre 1511. *Voyez la Bibliotheque de Bouchel*, verbo *Serment déferé.*

86 Le creancier qui a fait preuve que la somme luy est deuë, ne peut être contraint que le débiteur se l'affirmer. Jugé à Paris le 12. May 1539. *Papon, liv. 9. tit. 6. nombre 8.*

87 Après qu'une partie a fait son enquête, il ne peut être reçu à déferer le serment à sa partie des faits sur lesquels il a informé. Arrêt du 5. May 1586. *La Rocheflavin, liv. 3. lettre S. tit. 2. Ar. 3.*

SERMENT SUR L'EVANGILE ET RELIQUES.

88 Le serment fait en l'Eglise, ne se peut plus retracter hors l'Eglise. *Bellordeau. 1. part. Contr. 50. Tournet, lettre S. Arr. 30.*

89 Le serment décisif en presence du Saint Sacrement de l'Autel, ne peut être déferé à un Catholique, par un Religionnaire. *Bellordeau, part. 2. Contr. 62. & Tournet, lettre S, Arr. 31.*

90 Le serment déferé sur la vraie Croix, venerée en une Eglise, reçu nonobstant la qualité de celle qui offroit jurer en l'Audience, & vouloir être creü à son simple serment. *Bellordeau, part. 2. Contr. 68. & Tournet, lettre S. Arr. 33.*

91 Serment sur les Reliques prohibé. Arrêt du Parlement de Bretagne du 5. Mars 1556. *Du Fail, liv. 1. chap. 14.*

92 L'intimé ayoit déferé à l'appellant le serment sur le *Corpus Domini*: l'appellant le refuse, & offre ju-

rer en face de Justice. Le Sénéchal de Nantes le condamne à jurer sur le *Corpus Domini*, ou serment réferer. Arrêt du Parlement de Bretagne du 9. Septembre 1566. par lequel la Cour corrigeant le Jugement, ordonne que l'appellant jurera suivant son offre en face de Justice selon les Ordonnances; condamne l'intimé és dépens de la Cause d'appel: deffenses à tous Juges à l'avenir d'ordonner telles delations de serment sur les peines qui y écherront. *Du Fail, l. 1. c. 217.*

93 Arrêt du Parlement de Bretagne du 10. Septembre 1567. qui prononce mal jugé par le Juge de Kimpercorentin, lequel avoit ordonné que la partie étoit tenuë de faire le serment à l'aspect du Corps de Nôtre-Seigneur, ou iceluy réferer à l'autre: corrigeant le jugement, ordonne qu'elle jurera par devant le Commissaire de la Cour en Jugement, comme l'on a accoûtumé de faire en toutes causes ordinaires. *Du Fail, liv. 2. chap. 191.*

94 Le serment étant déferé à un Marchand à jurer sur les Reliques de saint Antoine, en l'Eglise de saint Bertrand de Lezat, par un autre pour vuider la difference qui étoit entre eux, par Arrêt du 7. Mars 1573. L'offre faite d'affirmer en l'Eglise de Moutardy prés saint Antoine en Toulouse a été déclaré valable, attendu le danger qu'il y avoit d'aller à Lezat. *La Rocheflavin, liv. 3. lettre S. tit. 2. Arr. 6.*

95 Lorsqu'on use de condamnation au préalable, le demandeur purgé par serment sur la verité des choses demandées, si c'est par simple purgation sur les Evangiles, il faut qu'il se fasse avant la prolation du jugement; mais si elle est solennelle sur le *Te igitur* & Croix du Livre, Messel en quelque Chapelle, il faut que ce soit aprés la remise dudit jugement, afin que la partie condamnée le sçache, ou pour y assister, ou pour se pourvoir contre le jugement. *La Rocheflavin, liv. 3. lettre S. tit. 2. Ar. 7.*

96 Arrêt des grands Jours de Clermont en Auvergne de l'an 1582. confirmatif d'un jugement du Juge d'Aurillac qui avoit ordonné qu'un mary qui avoit maltraité sa femme préteroit le serment, sur ce que l'on appelle en Auvergne le *Te igitur*, ou sur les saints Evangiles, ou sur la Croix, en présence du Juge, en l'Eglise, en l'assemblée du peuple, au son de la cloche, & ce sur les faits que la femme mettoit en avant contre luy, par lesquels elle disoit qu'il avoit souffrait ses meubles & joyaux. *Papon, liv. 9. titre 6. nombre 24.*

97 Anciennement il y avoit diverses formes de serment, comme *per ferrum candens, per purgationem ignis*; quelquefois par certaines paroles solennelles en quelques lieux, au son de la cloche, sur les saintes Reliques: mais telles ceremonies comme abusives ont été rejettées par deux Arrêts des grands Jours de Clermont des 22. Juin 1582. & 28. Mars 1585. *Papon, liv. 9. tit. 6.*

98 Serment superstitieux sur le *Te igitur*, sur le Bras de saint Antoine, & autres telles ceremonies superfluës, reprouvées par Arrêt du 20. Mars 1585. entre M. Bertrand de la Roche appellant, & M. Antoine Julian intimé: plaidans T. Chauvelin & Deschamps. *Robert, liv. 1. rer. judic. cap. 11.*

99 Arrêt du Parlement de Bretagne du 18. Avril 1633. qui a jugé que le serment solennel in *presentiâ Corporis Christi*, a lieu en dépôt necessaire. Ce serment est ordonné dans les affaires importantes. *Voyez Hevin, p. 686.*

SERMENT, FACTEUR.

100 Facteur reçu à jurer, & sera crû de tout ce qui étoit en coffre, acquits & garants au compte qu'il doit rendre à son maitre, si le maître n'exhibe les lettres & garants. Arrêt du Parlement de Bretagne du 7. Avril 1556. *Du Fail, liv. 2. chap. 53.*

FAUX SERMENT.

101 Arrêts ou Sentences donnés sur un faux serment judiciel fait à la requisition de la partie, ne se re-

tractent point par preuves survenües depuis, à moins que la partie qui l'a fait, ne se soit vantée que par faux serment & faveur elle a ainsi obtenu. Arrêt du Parlement de Bourdeaux du 18. Janvier 1532. *Papon, liv. 19. tit. 8. n. 11.*

Voyez le mot *Parjure*, &*cy-aprés le n. 126. & suiv.*

SERMENT DE FIDELITE'.

102 *Cy-aprés nomb. 165. & suivans.* L'on en fait un titre particulier.

SERMENT, HERITIER.

103 *Juramentum defuncti an ejus haredem ab agendo repellat ? Voyez Andr. Gaill, lib. 1. observat. 27.*

104 L'heritier est obligé de prêter le serment , *se credere esse pretium quod in instrumento continetur , nec præterea potest quidquam exigi ab eo , juramento præstito de creditate.* Mornac, *liv. 1. 2. 4 ff. de in litem jurando.*

105 • Arrêt du Parlement d'Aix du 17. Juin 1684. qui a jugé que le serment ordonné, & non prêté durant la vie de celuy qui en est chargé , luy fait perdre ses adjudications à serment , & que l'heritier n'est pas reçu à le prêter. *Boniface , to. 3. liv. 3. tit. 13. chap. 2.*

SERMENT, INVENTAIRE, SCELLE'.

106 Arrêt du Parlement de Paris du 14. Mars 1610. qui ordonne que les sermens concernant les scellez seront reçus par les Commissaires, & pour le regard des inventaires qui seront faits par les Notaires , recevront les affirmations. Il y a eu deux Arrêts semblables des 11. Decembre 1610. & 20. Janvier 1612. en faveur des Notaires , à l'effet de prendre le serment pour le fait des inventaires. *Voyez les Chartres des Notaires , ch. 7. p. 444.*

SERMENT, JUGES.

107 Du serment pris de ceux qui sont choisis pour juger. *Voyez* le mot *Avocats, nomb. 108.*

SERMENT in litem.

108 Du serment *in litem. Voyez* le mot *Inventaire , n. 146. & suiv.*

109 *De jurejurando in litem.* Per Phanucium Phanucium.

110 *Juramentum in litem à defuncto dum viveret oblatum , an ab ejus harede præstari possit ? Voyez Andr. Gaill, lib. 2. observat. 43.*

111 Si le serment in plaid est reçu contre un heritier du tuteur , & quand ? *Voyez Bouvot , to. 2. verbo Inventaire , quest. 5.*

112 Le serment in plaid ne peut être reçu contre le tuteur , sans une preuve préalable de la commune renommée des biens délaissez par les pere & mere. Arrêt du Parlement de Dijon du 24. Novembre 1618. *Bouvot, tom. 1. part. 3. verbo Serment , quest. 2.*

113 Le serment in plaid peut être admis contre un tuteur qui a recelé quelques meubles. Arrêt du Parlement de Dijon du 7. Février 1617. *Bouvot , to.1. part. 2. verbo Tuteur , quest. 2.*

114 On admet un demandeur au serment *in litem*, faute par les défendeurs de satisfaire aux compellations qui sont & paroissent de leur fait. Jugé au Parlement de Tournay le 30. Juin 1698. pour une fille demandant sa legitime sur la succession de sa mere. *V. M. Pinault , to. 2. Arr. 220.*

Voyez cy-aprés le nomb. 134. & suiv.

SERMENT, MARGUILLIERS.

115 Les Marguilliers doivent prêter serment par devant le Juge Laïc. Arrêt du Parlement de Paris contre l'Official de Noyon. *Papon , liv. 4. tit. 12. n. 14.*

SERMENT, MINEUR.

116 *Pupillus vel pupilla , an ad jurandum admittantur ?* Voyez *Franc. Marc, to. 2. quast. 792.*

SERMENT, OBLIGATION.

117 Le défendeur ne peut obliger le demandeur d'affirmer que le contenu en son obligation luy est deu, mais bien que la somme luy a été payée. *Papon , liv. 9. tit. 6. n. 8.*

118 Quand un défendeur requiert qu'un demandeur fasse serment , si le contenu en son obligation con-

tient verité, & s'il est justement dû , il ne doit à ce être reçu : car l'instrument suffit. Mais s'il requiert que le demandeur jure , pour sçavoir s'il n'en a point été payé, d'équité il le faut oüir. Arrêt du Parlement de Paris le 6. Octobre 1558. *Bibliotheque de Bouchel,* verbo *Serment.*

119 Un Procureur à qui on demande 22. écus en vertu d'une obligation par luy passée , soûtient qu'il ne doit que 20. écus , n'ayant reçu que cela , & que son creancier soit tenu d'affirmer; ce qui est ordonné ; & sur l'appel , par Arrêt du 23. Mars 1594. le jugement est reformé sans dépens , & jugé qu'il n'y avoit lieu d'affirmer attendu la modicité de la somme , & que l'appellant étoit Docteur & Avocat. *La Rocheflavin, liv. 3. lettre S. tit. 2. Arr. 5.*

120 Celuy qui est fondé en Contrat n'est tenu de jurer de la verité du contenu au Contrat. Arrêts du 14. Janvier 1615. & du 13. Mars 1637. de relevée ; *Secus* , s'il y avoit inscription en faux contre le Contrat. *DuFrêne , liv. 1. chap. 32.* Voyez *Henrys , tome 1. liv. 4. ch. 6. quest. 21.*

SERMENT PAR LES OFFICIERS.

121 Que les Présidens & Conseillers de la Cour seront sujets à l'examen , & de la reception d'iceux. *Ordonnances de Fontanon , to. 1. li. 1. tit. 5. p. 13.*

122 Des sermens que sont tenus de faire les Présidens , Conseillers & autres Officiers de la Cour. *Ordonnances de Fontanon , to. 1. li. 1. tit. 7. p. 14.*

123 Du serment que sont tenus faire les Présidens , Conseillers & autres Officiers de la Cour. *Joly , des Offices de France , tome 1. liv. 1. tit. 3. page 23. & aux additions , page v. vi. lvi. lxxi. & lxxxiv.*

124 Des sermens que sont tenus faire les Baillifs , Sénéchaux, Prévôts & autres Officiers des Jurisdictions subalternes, & où ils doivent être reçus & examinez. *Ordonnances de Fontanon , tome 1. liv. 2. tit. 3. page 211. & Joly des Offices de France , to. 2. liv. 3. tit. 3. p. 903. & aux additions , p. 1811. 1814. 1817. 1823. & suiv.*

125 Prestation de serment en la Charge de Lieutenant General pour le Roy. *V. le 20. Plaidoyé de M. Expilly. Voyez cy-dessus le mot Reception.*

SERMENT PARJURE.

Voyez *cy-dessus le nombre 101.*

126 *Si in Judicio juratum fuerit & perjurium probatum , statur religioni , sufficique perjurii pœna l. quod si 21. ff. de dolo malo. Vide Freigium parat. fol. 152.*

127 *Canonicus qui consuetudines & statuta servare juravit , impetrant nonnullas portiones contra prædictas consuetudines non est perjurus , & valet provisio cum clausul. derogatoria.* Voyez *Franc. Marc. tome 1. 1265.*

128 Si quelqu'un se remet au serment décisif de la partie, & aprés dit qu'il est parjure, il n'est reçu à la preuve. *Voyez Bouvot, tome 1. part. 2. verbo ; Serment , quest. 1.*

129 Une partie qui avoit obtenu des dépens , affirme avoir payé dix écus d'épices , quelque temps aprés l'on retrouve le dicton de la Sentence où il n'y en avoit que cinq marquez. Le défendeur obtient ajournement personnel contre le parjure prétendu , il persiste à dire que quelque chose qu'on ait écrit il a dit verité. Arrêt qui met les parties hors de Cour. *Papon , liv. 12. tit. 2. nomb. 3.*

130 Par Arrêt du Parlement de Roüen du 14. Juillet 1520. rapporté par *Terrien , liv. 9. chap. 36. & par Jovet , au mot Serment, nomb. 11.* jugé que quand une partie a juré , la cause ne peut plus être reprise , sous prétexte de parjure , car qui est fondé sur les dispositions des Loix 1. & 2. Cod. de reb. cred. & jurejur. où il est dit que *causa juramento decisa perjurii pretextu retractari non potest* : & que *jurisjurandi contempta religio satis habet Deum ultorem.*

SERMENT EN PERSONNE.

131 Les sermens se doivent faire en personne quelque éminente que soit la qualité , elle ne dispensera point celuy à qui ce serment est déferé , de compa-

roître en Justice pour le faire. Jugé contre le Maréchal de Rohan sieur de Gié, par un Arrêt du 3. Avril 1505. rapporté par *Berault*, *sur l'art. 465. de la Coût. de Normandie.*

132   Serment doit être fait en personne. Arrêt du Parlement de Bretagne du 28. Février 1561. *Du Fail, liv. 2. chapitre 163.*

133   Celuy qui a prêté le serment en une procuration, sur un fait de payement, n'est tenu de venir en personne, pour répondre encore une fois. Arrêt du Parlement de Dijon du 16. Juin 1616. *Bouvot, tome 2. verbo, Interrogations, quest. 1.* il y avoit eu un Arrêt contraire le 10. Février 1594.

SERMENT EN PLAID.

134   Voyez cy-dessus le nomb. 108. & suiv.

Faute d'exhiber un acte décisif, dont on est saisi, le serment en plaid doit être déferé. Jugé au Parlement de Grenoble le 11. Janvier 1608. *Basset, tome 2. livre 7. tit. 4. chap. 3.*

135   Le serment en plaid est censé avoir été prêté, quand celuy qui l'a déferé recourt au jugement qui l'a ordonné, & que cependant celuy qui devoit jurer est venu à mourir. Jugé au Parlement de Grenoble le 3. Mars 1626. *Basset, tome 2. liv. 7. tit. 4. chap. 1.*

136   Le serment en plaid est une preuve du demandeur pour luy dans les cas où il est déferé, il l'est principalement contre les Tuteurs & les Administrateurs, & même de leur chef, contre leurs heritiers. Arrêt du Parlement de Grenoble du 19. Juillet 1662. contre l'heritier d'un pere & administrateur legitime, quoique ce serment *ratione doli potius quàm culpa deferatur*, & que l'action *de dolo* ne puisse être exercée contre la pere ni contre la mere, ni même regulierement contre les heritiers. *Voyez Chorier en sa Jurisprudence de Guy Pape, page 312.*

SERMENT DES PRÊTRES ET RELIGIEUX.

137   Ecclesiastiques appellez à témoins, comment sont tenus de prêter serment? *Voyez Tournet, lettre E. Arr. 51.*

138   Il suffit que les personnes Ecclesiastiques étant oüies en témoignage prêtent le serment, la main mise à la poitrine, sans autrement les astraindre au touchement des saints Evangiles. Arrêt du mois de Février 1582. *La Rocheflavin, liv. 6. tit. 46. Arr. 1.*

139   La forme de jurer des Prêtres & Religieux, est de jurer la main mise sur la poitrine, bien qu'en cas d'importance ils puissent être contraints de jurer, *tactis SS. Evangeliis.* Mainard, *liv. 4. chap. 63.*

140   Les sermens des Prêtres ou Religieux se doivent prêter sur les saints Evangiles; il ne suffit de mettre la main à la poitrine. *Guy Pape* dit, que de son temps au Parlement de Grenoble depositions de telles personnes faites autrement ont été declarées nulles. *Papon, liv. 9. tit. 6. nomb. 14.*

SERMENT, PROCUREUR.

141   *Juramentum an possit per Procuratorem præstari?* Voyez *Franc. Marc, tome 2. quest. 687.*

142   Procureur ne peut déferer serment décisoire sans Procuration speciale à cet effet; autrement le tout est nul, sans même qu'il soit besoin de former desaveu. Arrêt du Parlement de Paris du 26. Novembre 1543. *Papon, liv. 9. tit. 6. nomb. 21.*

143   Le 11. Septembre 1553. il fut dit au Parl. de Bretagne qu'en taxe des dépens les Procureurs auroient procure speciale pour jurer & affirmer les voyages, & consultations, autrement ne seroient reçus à faire tels sermens. *Du Fail, liv. 3. chap. 431.* où il est observé que cela n'est plus requis par l'art. 95. de la Coûtume, les Procureurs peuvent faire serment pour liquidation de dépens & tout autre servant à la cause, pourvû qu'il ne soit décisif.

144   Jugé par Arrêt du Parlement de Bourgogne du 7. May 1599. que s'il est question d'un Contract que l'on dit être en la puissance d'un corps, la Procuration qu'ils passeront pour jurer, doit porter qu'ils se

sont assemblez capitulairement, ou étant ils ont prêté le serment l'un aprés l'autre de n'avoir ni ne possedé doleusement, ni délaissé de posseder le Contrat. *Bouvot, tome 2. verbo, Communauté, quest. 26.*

145   Il a été jugé que le serment seroit prêté pour tous les Chanoines par le Syndic. Arrêts en 1609. & 3. Juillet 1622. Motnac, *l. 1. §. 1. quibus autem ff. quod cujusque universitatis.*

SERMENT, RETRAIT.

146   Le Seigneur retraïant doit jurer qu'il vend pour luy & non pour un autre les biens dont il demande le retrait. *Voyez le mot Retrait, nombre 117.*

147   On peut obliger le Retraïant lignager à jurer que c'est pour luy qu'il retraite. *Voyez* le mot, *Retrait, nomb. 876. & suiv.*

SERMENT SUPPLETIF.

148   *De juramento suppletivo, an & quando in defectum probationis deferatur?* Voyez *Franc. Marc, tome 1. quest. 387.*

149   *Juramentum suppletivum, ei qui confessionem enuntiative prolatam, & non propter se, non nisi per unum testem probaverit, defertur.* Voyez *Franc. Marc, tome 2. quest. 219.*

150   *Juramentum suppletivum an locum habeat in causâ matrimoniali?* Voyez *ibid. quest. 753.*

151   Si le serment suppletif doit être admis, & quand? Voyez *Bouvot, tome 1. part. 1. verbo, Serment.*

152   Sermens suppletifs ne sont reçus au Parlement de Paris. *Papon, liv. 9. tit. 6. nomb. 12.*

153   Le serment suppletif est reçu quand la preuve est plus qu'à demi parfaite, sçavoir quand il y a deux témoins dont l'un n'est sans reproche, ou bien qu'avec un seul témoins il y a quelques indices. Ainsi jugé au Parl. de Bordeaux en 1520. par deux Arrêts. *Papon, liv. 9. tit. 6. nomb. 9.*

154   Par Arrêt du Parlement de Bordeaux, donné le 17. Août 1535. un homme fut reçu à serment suppletif en action d'injures, en laquelle il avoit seulement conclu en amende pecuniaire, & à se dédire en amende honoraire, ni à aucune infamie. *Biblioth. de Bouchel, verbo, Serment.*

155   Arrêt du 22. Decembre 1656. qui ordonne que le serment suppletif n'ayant été prêté durant la vie par celuy qui le devoit prêter, est tenu pour non prêté. *Boniface, tome 1. liv. 1. tit. 39. no. 3.* Autre chose seroit s'il n'eût pas tenu à luy de le prêter, mais à la partie soit par appellation de la Sentence, ou autre moyen.

156   Où il échoit peine en action civile, le Juge ne doit jamais bailler le serment par supplément. *Molin. verb. qui dénie le fief, nomb. 34. cont.* Boër. *dec. 86. n. 5. vid. Clarum sent. liv. 5. quest. 63.*

Arrêt du Parlement de Bordeaux, du 13. Juin 1670. Président Monsieur le Premier, plaidans Faute & Poitevin, entre Peyronne Achart & le sieur l'Eglise Bourgeois & Marchand de Bordeaux. Ladite Achart actionna ledit l'Eglise devant le Sénéchal de Guyenne, soûtenant qu'il l'avoit engrossée sous promesse de la doter, dequoy elle luy donnoit le serment décisoire. Le Sénéchal ordonna qu'il jureroit; dequoy appel par luy; la Cour le déchargea dudit serment & le relaxa. Le motif de la Cour fut sans doute de ce que ledit l'Eglise étoit homme marié. *La Peirere, lettre S. nomb. 28.*

157   Jugé au Parlement de Tournay le 22. Novembre 1697. que la preuve d'un seul témoin suffit quelquefois pour la preuve d'un fait, du moins à l'effet de recevoir le serment suppletif d'une partie. *Voyez M. Pinault, tome 2. Arr. 191.*

SERMENT, TÉMOINS.

158   *De juramento testum.* Voyez *Andr. Gaill, lib. 1. observat. 101.*

SERMENT, TESTAMENT.

159   Serment apposé en second Testament, par lequel le Testateur jure ne vouloir que le premier Testament ait lieu, est suffisant pour toutes dérogations

fpeciales neceffaires à révoquer le premier auquel il y avoit dérogation à tous autres. Arrêt du Parlement de Grenoble du 2. Août 1457. *Papon, livre 9. titre 6. nombre 19.*

SERMENT, TUTEUR.

160   Un heritage appartenant à des majeurs & des mineurs décreté fans difcuffion préalable, valide à l'égard des majeurs, & non à l'égard des mineurs.Arrêt du 13. Mars 1574. *in individuis reftitutio minoris prodeft majori* ; à l'égard des majeurs il ne faut point de difcuffion, & pour le mineur fon tuteur doit rendre compte en Juftice : car la déclaration qu'il pourroit faire, fuivie du ferment de n'avoir aucuns deniers ni biens meubles du mineur, ne feroit pas fuffifante, & le compte doit être rendu pardevant le Juge où les criées font pendantes, fans que le tuteur puiffe demander fon renvoy pardevant le Juge de la Tutelle. *M. Loüet, lettre M. fomm. 15. & fon Commentateur, nombre 6.* où il y a Arrêt du 8. Mars 1619.

SERMENT, VENTE.

161   Jugé qu'il n'y avoit pas lieu d'admettre la Requête, tendante afin de faire jurer l'acheteur par decret fur la verité du prix, & s'il en a tant donné qu'il y en a d'écrit. *Papon, liv. 9. tit. 6. n. 22.*

162   Un tiers détenteur eft tenu encore fe purger par ferment, s'il en eft requis de la verité du prix débourfé par l'acheteur, duquel il a droit, encore qu'il dit que ce n'eft de fon fait. Arrêt du 1. Decembre 1542. entre le fieur de Sourdis. *Biblioth. de Bouchel,* verbo, *Parjure.*

163   Arrêt du Parlement de Bretagne du 30. Mars 1575. en faveur d'un Vendeur qui défere le ferment décifif à l'acheteur, qu'il n'a payé autant qu'il eft porté au Contract. *Du Fail, liv. 1. chap. 496.*

164   L'affirmation doit être déferée au vendeur, dans le cas d'une convention verbale entre Marchands. Arrêt du 14. Mars 1691. *au Journal des Aud. tome 5. liv. 7. chapitre 13.*

SERMENT DE FIDELITE'.

165   Voyez les mots, *Brevet, nombre 3. Expectative, Fidelité, Induit.* *Liber de pace conftantia. cap. 2.*

166   Serment de fidelité, appellé *clientelare jusjurandum*, par *M. René Chopin,*en fon Traité *de facrâ polit. li. 3. tit. 1. n. 10.*

167   Dans le 17. Chapitre des Preuves des Libertez, *tome 1.* font rapportées les formulaires de divers fermens de fidelité des Evêques aux Rois de France, le premier eft d'Hincmar, Evêque de Laon, qui vivoit dans le IX. fiecle.

168   Les Ecclefiaftiques ne violent pas le ferment de fidelité par les differends qu'ils ont avec leur Prince, pour les droits de leurs Eglifes. *Voyez Caftel, en fes Mat. benef. tome 1. p. 18.*

169   Les Evêques ne violent pas le ferment de fidelité par les differends qu'ils ont avec leur Prince pour les droits de leurs Eglifes. *Voyez Ibid. n. 10.*

170   *Cardinales an ad juramentum fidelitatis Papæ teneantur ficut Episcopi? Non. Voyez Franc. Marc. tome 1. queft. 1298.*

171   *Juramentum fidelitatis an per procuratorem præftari poffit? Ibid. queft. 1213.*

172   Serment de fidelité des Evêques. *Mem. du Clergé, tome 1. part 1. page 161. & fuiv.* il doit être enregiftré en la Chambre des Comptes, *page 170.* Sur le refus d'enregiftrer celuy d'un Evêque faute d'avoir rendu foy & hommage, aveu & dénombrement, le Roy ordonne à fon Procureur General en ladite Chambre, d'envoyer les motifs de refus au Greffe du Confeil, & cependant main-levée, & la regale tenüe pour clofe. *Ibidem.*

   L'Evêque peut avant le ferment de fidelité exercer les fonctions Epifcopales. *pag. 74 & 75.*

SERMENT DE FIDELITE', BENEFICE.

173   Du ferment de fidelité *V. la Biblioth. Can. tom. 1.* verbo, *Fidelité,* & *tom. 2. lett. S.* verbo, *Serment de fidelité.*

174   Les Evêques & autres Prélats du Royaume, doivent le ferment de fidelité au Roy, à caufe des grands fiefs qu'ils poffedent, & autrefois ils étoient obligez d'aller à la guerre avec leurs hommes, c'eft un ancien droit marqué au 2. tome des Libertez de l'Eglife Gallicane, *tit. 39. n. 1. & 2.*

175   Les Archevêques & Evêques font tenus de prêter le ferment de fidelité au Roy, avant que d'entrer en l'exercice de leurs prélatures. *Rebuf. fur les Concordats, chap. 5. de Reg. ad Prælat. nom. verbo, aliàs idoneum. Févret, Traité de l'Abus, livre 1. chapitre 6. article 13.*

176   Suivant l'ancienne coûtume, les Prélats étoient tenus de faire le ferment de fidelité au Roy avant que de fe pouvoir dire rels ; ainfi qu'il a été jugé au Parlement de Paris, contre l'Archevêque d'Auch, & l'Evêque de Mande ; ce qui s'obfervoit du temps de Philippes I. fuivant le témoignage de l'Evêque de Chartres, parlant en fes Epîtres addreffées au Pape Pafchal, de l'Archevêque de Reims, qui avoit été privé de fa Dignité, le rétabliffement duquel il avoit pourfuivi au Confeil du Roy; *la Cour du Prince,* dit-il, *Epift.* 106. refiftant au contraire ; nous n'avons pû impetrer une paix entiere qu'en faifant par le fufdit Metropolitain au Roy tel ferment de fidelité que les autres Archevêques de Reims, enfemble tous les autres Evêques du Royaume,quelques faints Religieux qu'ils fuffent, avoient fait à fes prédéceffeurs Rois. Plufieurs Auteurs font foy de ce ferment de fidelité fait par les Evêques aux Rois & aux Princes de France, d'Angleterre & d'ailleurs. *Bibliot. Canon. tome 1. page 573. col. 2.*

   Le Chapitre d'une Eglife Cathedrale,en poffeffion immémoriale de conferer toutes fes Prébendes, n'eft fujet à l'expectative du ferment de fidelité, dû par le nouvel Evêque.Jugé au Grand Confeil le 17. Septembre 1675. pour le Chapitre de l'Eglife Cathedrale de Mets. Le motif de l'Arrêt eft que le Brevet du ferment de fidelité feulement une dette perfonnelle de l'Evêque;ainfi c'eft à l'Evêque à y fatisfaire:& bien que dans le cas de Regale on ait quelquefois jugé contre les Chapitres, ces Jugemens ne doivent pas être tirez à conféquence,parce que le droit de Regale, dit Du Moulin,*Reg.de infirm.Refign.* eft un droit primitif de la Couronne,& qui fubfiftoit avant tous les droits Canoniques; *jus primitivum Coronæ Franciæ, antè omnia Jura Canonica natum;* c'eft pour cette raifon que l'on a jugé que s'il paroiffoit qu'autrefois l'Evêque avoit été Collateur des Prébendes, & qu'il en eût partagé la Collation avec le Chapitre,le Roy ne laiffoit pas de joüir de tout le droit ancien de l'Evêque pendant la Regale. *Journal du Palais.*

177   L'Archevêque *Auxitanus* condamné par Arrêt du Parlement de Paris du 12. Juin 1328. à faire au Roy le ferment de fidelité pour le temporel de fon Archevêché. *Corbin, fuite de Patronage, ch. 34.*

178   Par Lettres Patentes de Charles VII. du 28. May 1486. il paroît qu'un nommé Doyac, pourvû de l'Evêché de Saint Flour,avoit été maintenu en la poffeffion d'iceluy,à la charge *de prêter le ferment de fidelité au Roy, à caufe de la temporalité dudit Evêché,* ce font les termes de ces Lettres Patentes. *Voyez le 1. tome des Preuves des Libertez, ch. 15. n. 69.*

179   Les Evêques doivent faire le ferment de fidelité au Roy, quoy qu'abfent du Royaume,& non à fon Lieutenant General. Arrêt du Parlement de Paris du 13. Avril 1496. *Preuves des Libertez, tome 1. chapitre 16. nombre 53.*

180   Le 15. Août 1583. le Lieutenant General de Condom fit défenfes à M. Jean Duchemin, de faire aucun acte Epifcopal en l'Eglife de Condom, jufqu'à ce qu'il eut

                                            fait

fait apparoir du serment de fidelité qu'il devoit faire au Roy, en qualité d'Evêque. *Ibid. n.* 55.

181   Les Evêques doivent faire enregistrer leur serment de fidelité en la Chambre des Comptes à Paris, pour clore la Regale. Arrêt du 18. Avril 1614. *Du Frêne, liv.* 1. *chap.* 15.

182   M. Miron Evêque d'Angers, n'avoit point fait enregistrer son serment de fidelité en la Chambre des Comptes, ni obtenir Arrêt de main-levée de son temporel, d'autant qu'il n'y en avoir point eu de saisie, & ainsi il n'avoit dû obtenir aucun Arrêt de main-levée ; & que pour la même raison il n'y avoit point eu d'enregistrement du serment de fidelité, parce que l'enregistrement ne se fait, que lors qu'on va demander l'Arrêt de main-levée. Jugé le 11. Avril 1618. *Du Frêne, liv.* 2. *ch.* 17.

183   Le défaut d'enregistrement de serment de fidelité en la Chambre des Comptes à Paris, ne donnoit point d'ouverture à la Regale dans les Evêchez de Languedoc & de Provence, avant la derniere Declaration du Roy de 1673. registrée en la Cour, &c. Jugé les 11. Août 1672. & 25. Janvier 1674. *Journal du Palais.*

184   Comme les taxes de l'enregistrement du serment de fidelité pour les Prélats des quatre Provinces de Languedoc, Guyenne, Provence & Dauphiné, n'avoient pas été reglez ; le Roy par une Declaration du 10. Février 1673. addressée aux Officiers de la Chambre des Comptes de Paris, en a arrêté l'état, enregistré en la Chambre, le 27. Juillet de la même année. *Biblioth. Canon. tome* 2. p. 403.

185   Le Chapitre d'une Eglise Cathedrale en possession immémoriale de conferer toutes les Prébendes, n'est sujet à l'expectative du serment de fidelité dû par le nouveau Evêque. Arrêt au Grand Conseil du 17. Septembre 1675. *Journal du Palais.*

186   Quoyque les Prébendes de l'Eglise Cathedrale de Bayonne ne soient point à la seule disposition de l'Evêque, mais de luy & de son Chapitre conjointement, il a été rendu au Grand Conseil le 13. Mars 1686. Arrêt en faveur du Brevetaire. M. l'Avocat General avoit été d'un avis contraire, en estimant qu'il falloit reserver l'execution du Brevet sur les Benefices qui dépendoient de la libre disposition de M. l'Evêque de Bayonne. *Journal du Palais*, in fol. *tome* 2. *page.* 582.

187   Du serment de fidelité dû au Seigneur. *Voyez* hoc verbo, *le Glossaire du Droit François*, ou *l'Indice des Droits Royaux & Seigneuriaux*, par *Ragueau.*

SERRURIERS.

1   SI les Serruriers sont tenus de faire chef-d'œuvre, & quel, & comment ils doivent travailler ? *Voyez Bouvot, tome* 1. *part.* 3. verbo, *Serruriers.*

2   Jugé que l'article 15. du métier des Serruriers à Laon, portant défenses d'exposer en vente des ouvrages neufs, n'avoit lieu contre les Ferronniers, qui achetent en gros pour revendre, sauf aux Maîtres Jurez Serruriers d'avoir visitation & exploitation sur eux, s'ils en abusent, & font travailler en leurs maisons. Arrêt confirmatif de la Sentence du Bailly de Vermandois, & Présidiaux à Laon, du 26. Août 1606. *Corbin, suite de Patronage, chap.* 193.

SERVANTES.

IL faut voir les mots, *Domestiques, Maîtres, Serviteurs.*

Mariage avec Servantes ou Valets. *Voyez* le mot, *Mariage, n.* 707. *& suiv.*

SERVICE DIVIN.

VOyez au second *Volume de ce Recueil*, le mot, *Office, nomb.* 11. *& suiv.*

Tome III.

SERVICES.

AN sufficiat in donatione remuneratoria enuntiari merita in genere, quæ debent esse de præteritis & non de futuris ; futura merita habentur pro non adjectis. Voyez Mornac, L. 10. §. si domini debitor, ff. de in rem verse.

Voyez le mot, *Donation*, nomb. 568. *& suiv.*

SERVIS.

VOyez les mots, *Cens, Directe, Droits Seigneuriaux, Fief, Seigneur, Vassal.*

SERVITEURS.

1   DEs Serviteurs & Servantes. *Ordonnances de Fontanon, tome* 1. liv. 5. tit. 17. p. 1010.

2   Du payement des gages des Domestiques. *Voyez* le mot, *Gage,* nomb. 16. *& suiv.*

3   Serviteurs coupables du crime d'adultere. *Voyez* le mot, *Adultere, n.* 123.

4   Si les Maîtres sont tenus des delits de leurs domestiques ? *Voyez* le mot, *Delit, n.* 36. *& suiv.*

5   Serviteurs qui accusent leurs Maîtres. *Voyez* le mot, *Accusation, n.* 45.

6   Les serviteurs ne peuvent être oüis contre leurs Maîtres qu'en trois cas, *Læsæ Majestatis, fraudati cælis, & adulterii.* V. Bouvot, tome 2. verbo, *Injure, question* 38.

7   Serviteurs maltraitez. *Voyez* le mot, *Excés, n.* 6. & le mot, *Maître, n.* 41. *& suiv.*

8   Serviteur qui resigne des Benefices qu'il a reçus de la liberalité de son Maître, & sans son consentement. *Voyez* le mot, *Resignation, n.* 288.

8 bis   Si l'on peut agir criminellement contre celuy qui a corrompu le serviteur d'autruy ? *Voyez* Bouvot, tom. 2. verbo, *Serviteur, quest.* 4.

9   *Voyez* au 1. vol. de ce *Recueil*, le mot, *Corrompre.*

Arrêt du Parlement de Toulouse du 13. Decembre 1553. faisant défenses à tous habitans de tenir aucuns coffres de serviteurs sans le sçû & licence de leurs Maîtres. *La Rochestavin, liv.* 1. tit. 33.

10   Edit portant défenses de recevoir aucuns serviteurs ou servantes, s'ils ne rapportent un certificat du Maître de chez lequel ils sortent, & du sujet de leur congé. A Toulouse le 21. Février 1565. *Ordonnances de Fontanon, tome* 1. p. 1011.

11   Arrêt du 28. Janvier 1573. qui appointe au Conseil une demande en entherinement des Lettres de grace presentées par une veuve, qu'elle avoit obtenües pour avoir battu sa servante toute nuë avec une courroye de bougette de corde, supposant qu'elle luy avoit volé un chaudron : De chagrin, cette servante s'étoit penduë au grenier. *La Rochestavin, livre* 3. *lettre* S. tit. 5.

12   Les serviteurs ne peuvent sortir hors de la maison de leur Maître sans congé. Arrêt du Parlement de Dijon du 3. Février 1579. l'on procederoit contr'eux comme vagabonds & gens sans aveu. Bouvot, tom. 1. part. 2. verbo, *Serviteurs.*

13   C'est une maxime, *que gravius agendum cum servis quam cum aliis ;* pour cela sur une information faite contre une servante qui avoit injurié sa Maîtresse, ladite servante fut condamnée à faire amende honorable, la torche au poing en pleine Audience, & devant le logis de sa Maîtresse, & bannie pour dix ans, aprés avoir été fustigée de verges devant le Palais, en deux écus d'amende, deux écus de dommages & interêts, & à tenir prison jusqu'en fin de payement. Arrêt du même Parlement de Dijon du 14. May 1583. *Ibid.* tom. 2. verbo, *Injure, quest.* 11. Autre Arrêt du 9. Mars 1563. question 16.

14   Legs faits aux serviteurs. *Voyez* le mot, *Legs, nombre* 615. *& suiv.*

15   Le Testament portant un legs pour douze années de service, fait foy, & empêche la prescription de

Dddd

l'Ordonnance. Arrêt du Parlement de Dijon du 18. Juillet 1601. *Bouvot*, tome 2. verbo, *Salaires*, *question* 5.

16 Le serviteur mineur, dont la mere, avoit protesté de son remboursement, ne peut être débouté de cette demande, pour être, depuis sa rançon, rétourné chez son Maître, y avoir pris facture, & en avoir rendu compte, sans faire demande en Justice de sa rançon. *Peleus*, *quest.* 137.

17 Lettres Patentes portant que dans la Province de Touraine les serviteurs & servantes ne se pourront loüer qu'au jour & Fête de Toussaints, sur peine de perdre leurs gages. A Paris le 3. Octobre 1611. regiftrées le 16. Janvier 1612. *Vol.* 1. *des Ordonnances de Loüis XIII.* fol. 254.

18 On peut faire informer contre un serviteur, qui use de paroles injurieuses contre la fille de son maître. Arrêt du Parlement de Dijon du 23. Novembre 1603. *Bouvot*, *to.* 2. verbo *Serviteur*, *quest.* 6.

19 Il n'est pas permis à un maître d'exceder le serviteur ou servante étant hors de sa maison, sous couleur de prétenduës injures & larcin. Arrêt du Parlement de Bourgogne du 12. Janvier 1612. *Bouvot*, *to.* 2. verbo *Injures*, *Battures*, *quest.* 5.

20 Un serviteur ou servante peuvent faire informer d'outrages excessifs & avec effusion de sang commis en leurs personnes par leur maître ou maîtresse. Arrêt du Parlement de Dijon du 8. Février 1614. *Levis castigatio permittitur*, *non sævitia*. Voyez *Bouvot*, *to.* 2. verbo *Serviteur*, *quest.* 7.

21 Convention par laquelle un particulier s'étoit obligé de servir le Curé de Linas moyennant 40 liv. de pension viagere jugée licite, & que celuy qui s'étoit ainsi obligé, ayant été empêché par maladie de continuer son service, avoit été bien fondé à demander aux heritiers la pension promise. Arrêt du 16. Avril 1641. *Soëfue*, *to.* 1. *Cent.* 1. *ch.* 37.

23 Des femmes qui se remarient avec leurs valets, & gens de basse naissance. Voyez *Ricard en son traité des Donations*, 3. part. chap. 9. glosse 9. & cy-dessus le mot *Servante*.

SERVANTE ENGROSSE'E.

24 *Si quis ex Ancillâ suâ liberos habuerit.* N. 78. C. 4.

25 *Ancilla pregnans*, *in dubio*, *videtur esse pregnans à domino.* Arrêt du Parlement de Paris du 23. Février 1562. qui ordonne que le maître seroit contraint par corps au payement de la provision. *Ayrault*, 6. *Plaidoyé.*

26 Le maître d'une servante engrossée en sa maison qui dénie luy avoir fait l'enfant, pendant le procés, le doit nourrir. Jugé le 7. May 1605. *Peleus*, *q.* 91.

27 Une servante est preferable pour salaires à tous creanciers. Arrêt du Parlement de Dijon du 6. May 1566. *Bouvot*, *to.* 1. part. 3. verbo *Salaire*.

SERVITUDE.

Droit qui assujettit un fonds à quelque service, pour l'usage d'un autre fonds.

De servitutibus. D. 8. 1... L. 86. D. *de verb. sign...* *Paul.* 1. 25... *Caj.* 2. 1. §. 3. *Lex* 11. *tabb.*

De servitutibus prædiorum. Inst. 2. 3.

De servitutibus prædiorum rusticorum. D. 8. 3.

De servitutibus, & aquâ. C. 3. 34.

De itinere actúque privato. D. 43. 19. Interdit pour être maintenu en la possession d'un chemin, ou d'un passage.

De aquâ quotidianâ & æstivâ. D. 43. 20. Interdit pour être maintenu en la possession de l'eau.

De rivis. D. 43. 21. Ce titre regarde encore le droit de prise d'eau.

De fonte. D. 43. 22. Droit de prendre & puiser l'eau. Voyez *Eau.*

De cloacis. D. 43. 23. Le droit de cloaque ou d'égout, est aussi une servitude.

De servitute legatâ. D. 33. 3.

Maison donnée avec ses servitudes. L. 90. D. *de verb. sign.*

Si servitus vindicetur, vel ad alium pertinere negetur. D. 8. 5. Ce titre parle des actions pour demander en Justice, & pour défendre les servitudes : *Actio confessoria & negatoria, de quibus*, Inst. 4. 6. §. 2. *de actione.*

De operis novi nuntiatione, D. 39. 1... *Extr.* 5. 32. Celuy qui a un droit de servitude, peut s'opposer à une construction qui est contraire à son droit, comme aux vûës, égouts, &c.

De novi operis, nuntiatione maritimi aspectus. N. 63. Contre ceux qui bâtissoient pour empêcher la vûë de la Mer. Voyez *Jours* & *vûës.*

Communia prædiorum tam urbanorum, quàm rusticorum. D. 8. 4.

Quemadmodum servitutes amittantur. D. 8. 6.

1 De l'origine des servitudes & de leur usage, de leurs especes & comment elles s'acquierent ; des servitudes des maisons & autres bâtimens ; des servitudes des heritages de la campagne ; des engagements du proprietaire du fonds asservi ; de ceux du proprietaire du fonds pour lequel il est dû une servitude : comment finissent les servitudes. Voyez le 1. tome des *Loix Civiles*, liv. 1. tit. 12.

2 *De servitutibus urbanorum rusticorum prædiorum.* Per Bartholomæum Cæpolam.

3 Davezan *de Servitutibus*, vol. in 4. Aurelie 1650.

4 *De servitutibus.* Per Ber. Gammarum.

5 Voyez les mots *Egoût*, *Fenêtres*, *Veuës*, & hoc verbo *Servitude*, Bouvot, *to.* 2. & *La Bibliotheque de Joüet*, Despeisses, *to.* 1. p. 581. Les Arrêtes faits chez M. le Premier Président de Lamoignon recueillis dans le Commentaire de M^e. *Barthelemy Auzanet sur la Coûtume de Paris*, & les Commentateurs des Coûtumes qui ont un *titre des Servitudes.*

6 Comment les servitudes d'heritages s'acquierent & se perdent, tant de droit Civil que par les Coûtumes. Voyez la *Bibliotheque du Droit François par Bouchel*, verbo *Servitudes.*

7 Voir le *ch.* 35. de l'Architecture françoise des bâtimens particuliers, par rapport au titre des servitudes, par M. *Loüis Favol*, & des notes de M. *Blondel*, in octavo, à Paris, chez François Clouzier & Pierre Auboüin 1681. & cy-aprés le n. 10.

8 Sur plusieurs questions qui naissent des servitudes & autres charges & vices dissimulez ou teus dans le Contrat de vente. Voyez *Duperrier*, liv. 4. quest. 10.

9 Ce que c'est que hoir commun en servitude. Voyez *Coquille*, tom. 2. quest. 73.

10 *Quemadmodum servitutes prædiorum tam jure civili quam moribus acquirantur & amittantur.* Voyez Valla, *de rebus dubiis*, &c. tractât. 7.

11 *De celatâ servitute* ; Voyez Stockmans, *décis.* 97. *Permissum fuit emptori recedere à Contractu*, *præstito jurejurando quod empturus non fuisset*, *si scisset hanc servitutem impositam.*

12 *Multiplicatio prædiorum non multiplicat servitutem.* Mornac, *l.* 12. C. *de servitutibus & aquâ.*

13 *Servitutem proprietarius non pleno dominio fundo nec imponere nec amittere, potest tamen invito fructuario adquirere.* Voyez Mornac, *lege* 15. ff. *sufficienter verb. proprietario ff. de Usufr.* & *quem ad* &c.

14 On ne peut changer l'état de la servitude, *nisi consentiant quorum interest, l.* 19. *alias* 20. *servitutes §. si antea.* Mornac, ff. *de servitutibus urbanorum prædiorum*, *ubi de stillicidio agitur.*

15 Les servitudes comme les contrats se doivent garder suivant la forme de la concession. Voyez *Mornac l.* 29. ff. *de servitutibus rustic. præd. & l.* 8. & 11. ff. *communia prædiorum*, &c.

Concessâ servitute, concessâ videntur sine quibus servitut exerceri non potest. Voyez *Mornac, l.* 12. §. 1. ff. *communia prædiorum*, &c.

16 Nous observons la Loi 4. §. *Modus*, & la Loi 5. ff. *de servitutibus*, pour user & joüir alternative-

ment des servitudes & dans le temps prefix. Voyez *Mornac*, *ff. hoc titulo.*

17   *Jure glandagii, Bochagii seu pasnagii utendum ne noceat alii.* Voyez *Franc. Marc, to. 2. quest.* 545.

18   *Servitus coquendi vel molendi non nisi inhibitioni facta de non coquendo aut molendo alibi sit obsecundatum acquiri potest.* Voyez *ibidem*, quest. 584.

19   Les servitudes peuvent être constituées *etiam citra alienationem rei*, à la difference des rentes foncieres lesquelles ne peuvent être créées que dans le contrat de vente. *Vide Loiseau, l. 1. des Rentes, chap. 3.*

20   *De servitutum prescriptione, & statuto Provincia clastrandi fenestram, ne in aliam aeram prospiciatur.* Voyez *Francisci Stephani decis.* 71.

21   Si en vendant ou partageant, la servitude est censée avoir été imposée? On distingue, ou la servitude à une cause continuelle & permanente, elle est censée tacitement imposée à la part alienée ou retenuë, parce qu'elle fait portion de la chose venduë; mais si la cause est non continuelle, comme passage, en ce cas la servitude n'est censée tacitement imposée en contrat, mais bien en derniere volonté. *Coquille, Coût. de Nivernois, chap. 8. des Servitudes, &c.*

22   Puisque pour les servitudes urbaines, celuy à qui elles sont duës les conserve par la seule souffrance de celuy qui les doit; comment la liberté se peut-elle acquerir? L'on s'en peut affranchir en faisant un Acte contraire à la servitude; par exemple si mon voisin avoit droit de placer ses sommiers sur les murailles de ma maison, & qu'après les y avoir posez je les ôter, & bouchasse les trous, & qu'il n'en eût point formé de complainte dans le temps fatal; si tigni immissi ædes tua servitutem debent, & ego ejecero tignum, ita demum amitto jus mium, si foramen unde exemptum est tignum obturaveris, & per constitutum tempus ita habueris; alioquin si nihil novi feceris, integrum jus suum permanet L. hæc autem jura de servit. urb. præd. suivant ces maximes il a été donné Arrêt au Parlement de Roüen. Voyez *Basnage, sur l'art. 607. de la Coûtume de Normandie.*

23   Demandeur en negatoire de servitude n'est tenu de confesser son defendeur possesseur de servitude, s'il ne veut. Arrêt du Parlement de Paris, de l'an 1386. *Papon, liv. 14. tit. 1. n. 2.*

24   M. Sevin Conseiller en la Cour, & M. Benoize Maître des Comptes avoient leurs maisons voisines; autrefois ce n'avoit été qu'une maison; mais ayant été séparées par un mur, il avoit été stipulé entre les precedens proprietaires que cette muraille ne pourroit être hausée plus haut de dix environ, *ne luminibus afficeretur.* M. Benoize acheta sa maison par decret. M. Sevin ne s'oppose point pour cette servitude. Après l'achat le sieur Benoize fait élever ce mur fort haut, afin d'empêcher la vûe du logis prochain dans sa maison. Le sieur Sevin le veut empêcher, & dit s'il ne s'est opposé que c'est une servitude occulte pour laquelle il n'est pas besoin de s'opposer; par Arrêt du 10. Mars 1603. jugé qu'il se faut aussi-bien opposer pour une servitude occulte que pour une apparente. Voyez *Bouchel en sa Bibliotheque, verbo Servitude,* où il dit: J'ay appris de Maître François Chauvelin un Arrêt presque semblable donné peu auparavant. Une maison sise à la Place Maubert qui consiste en deux corps de logis, une cour au milieu où il y a un puits, est venduë par decret. Le corps de logis de devant est ajugé à un Patissier; la cour avec le corps de logis de derriere est ajugé à Gillot Procureur en la Cour, le tout par un seul decret. Il est à observer que ce corps de logis de devant avoir des chambres qui n'avoient vûë que sur la Place Maubert: les autres chambres prochaines n'avoient vûë que sur la cour. Or après l'adjudication, Gillot demande que defenses soient faites à ce Patissier d'entrer en sa cour pour prendre de l'eau à son puits, & qu'il ait à boucher ses

Tome III.

vûës qui sont sur la cour. Le Patissier répond que par un seul decret les maisons avoient été venduës en l'état qu'elles étoient: & qu'il ne s'étoit point opposé pour les servitudes, parce qu'il n'y avoit encore rien auparavant l'adjudication; neanmoins par Arrêt défenses au Patissier de plus aller en son puits de Gillot, & à lui enjoint de retirer ses vûës, & les réformer suivant la Coûtume de Paris, *à verre dormant, &c.*

25   Celui qui a constitué servitude sur son fond, n'est tenu à ses propres frais entretenir & refaire les choses sur lesquelles la servitude est imposée comme s'il a donné à son voisin le puisage dans son puits, la margelle étant rompuë, elle se doit rétablir à frais communs. Arrêt du Parlement de Dijon du mois de Juin 1567. *Bouvot, tome 2. verbo Servitude, quest. 3.*

26   Arrêt du Parlement de Paris du 19. Avril 1608. pour les servitudes de vûë, eau & égoût; ordonné qu'elles demeureroient en tel & semblable état qu'elles étoient lors du vivant du proprietaire pere commun. Voyez *la Bibliotheque de Bouchel, verbo Servitudes.*

27   De l'interpretation des articles 195. & 205. de la Coûtume de *Paris* au titre des servitudes, & que les Experts convenus par les Parties, ne les peuvent pas obliger contre la disposition de la Coûtume. Arrêt du 17. May 1650. *Soefue, to. 1. Cent. 3. che 37.*

28   Celui qui a vendu sans se reserver le droit de servitude sur les biens vendus, ne peut le prétendre, à moins que la servitude ne fût apparente & visible lors de la vente, pour que le fait d'un particulier qui établit une servitude sur un fonds puisse passer pour une veritable destination d'un pere de famille, il faut qu'il ait la puissance & la volonté d'établir la servitude. Jugé au Parlement de Tournay le 24. Novembre 1694. *Voyez Pinault, tome 1. Arr. 3.*

SERVITUDE, CAVE.

29   Cave dessous une maison acquise séparément par titre particulier, c'est une servitude pour laquelle il soit besoin de s'opposer au decret de la maison saisie réellement. Arrêt du 9. Août 1619. *M. Bouguier, lettre S. nomb. 3.*

30   En consequence de la regle *qui a le sol, doit avoir le dessus & le dessous,* l'on a fait cette question, une cave étant au dessous d'une maison, & laquelle cave on avoit acquise par un titre particulier, & dont l'on étoit en jouïssance étant decretée, le proprietaire étoit obligé de s'y opposer, comme pour un droit de servitude. Par Arrêt du Parl. de Paris rapporté par *M. Bouguier, lettre S. n. 3.* & par *Tronçon sur l'art.* 187. *de la Coûtume de Paris,* il a été jugé que le proprietaire n'avoit pas besoin de s'opposer au decret de la maison, *quia non possidebatur jure servitutis, sed jure proprietatis,* comme une part & portion séparée de ladite maison, *sine quâ ædes esse intelligebantur.* La même chose fut jugée au Parlement de Roüen le 8. Juillet 1683. *Basnage, sur la Coûtume de Normandie, art.* 608.

SERVITUDE, CLÔTURE.

31   Hors les villes & fauxbourgs on ne peut contraindre le voisin à se clorre. Arrêt de la Chambre de l'Edit de Roüen le 12. Mars 1665. *Nemo enim cogi potest ut vicino prosit, sed ne noceat.* Basnage, sur l'art. 617. de la même Coûtume.

SERVITUDE CONFUSE.

32   *Ædet meis adibus servientes emi, confusa est servitus, & si vendam eas nominatim inponenda est servitus, l. 29. ff. de servitutib. urban. præd.*

33   *Servitus hæredi debita à culpâ non amittitur per confessionem.* Mornac, *l. 9. ff. communia prædiorum.*

34   *Servitutes prædiorum confunduntur & confusione extinguntur, nemini enim res sua servit.* Voyez *M. le Prêtre 2. Cent. chap. 99. nomb. 3.*

35   Lors qu'un Seigneur achette une piece mouvante de sa directe, la servitude s'éteint, & s'il la vend après sans imposer nouvelle charge, il la vend noble & allodiale. Jugé le 26. Janvier 1593. & il faut que celuy

qui veut faire revivre la servitude qui se trouve é-
teinte par cette confusion , en vendant ou leguant le
fond sur lequel elle étoit établie , l'impose de nouveau. *Cambolas, liv.* 1. *chap.* 38.

36   *Servitus semel confusa restauratione opus habet.* Arrêt
du 19. Février 1631. *M. d'Olive, liv.* 2. *chap.* 19.

SERVITUDE, CONSOLIDATION.

37   Si on revend l'heritage , il faut stipuler dans le
contract la servitude, autrement elle demeure éte-
te. Voyez Mornac, *l.* 29 *ff. de servitutib. urban. prad.*

SERVITUDE, DECRET.

38   Si les servitudes d'égoût , privez, & autres visibles
se perdent par decret ? *Voyez Bouvot, tome* 1. *part.* 2.
verbo Servitude d'égoût.

39   Jugé que l'adjudicataire par decret d'une maison ,
qui a des vûës sur la maison du voisin, doit les ôter,
encore que le proprietaire de ladite maison voisine,ne
se soit opposé au decret, pour conserver la liberté de
ladite maison , d'autant que par la Coûtume , nul ne
peut prétendre servitude sans titre. Arrêt du 17. Février
1588. *M. le Prêtre Cent.*2.*chap.*59. Autre du 20.Juillet
1611. rapporté par Tronçon *sur la Coûtume de Paris ,
art.* 202. *in verbo Vûë*, où il y a un autre Arrêt du
premier Mars 1608.

DESTINATION DU PERE DE FAMILLE.

40   La destination n'établit aucun droit de servitude,si
elle n'est pas écrite,même entre les enfans & les coheritiers,bien que dans leur partage il y ait clause generale qu'ils jouïront des choses en l'état qu'elles sont ,
parce que cette clause ne s'étend qu'autant que pour joüir selon le Droit commun , & non pour établir aucun
droit de servitude. Voyez Mornac, *l.* 8. *ff. communia
prad. orum*, avec la nouvelle Pratique civile.

41   Il a été jugé pour le temps précedent la réfor-
& mation de la Coûtume de Paris, la destination du
42 pere de famille valoit titre en matiere de servitudes,
encore qu'il n'y eût pas écrit. Arrêt du 3. Decembre 1580. pour les Religieux de sainte Croix de la
Bretonnerie. *Voyez la Bibliotheque de Bouchel,* verbo
Destination.

43   La destination du pere de famille vaut titre en servitude,quand elle est ou a été par écrit , & non autrement,ne s'entend toutefois des servitudes qui étoient
avant la réduction de la Coûtume. Arrêt du 17. Février 1588. *M. Loüet,lett. S. somm.* 1. Voyez *M. le Prêtre* 2. *Cent. chap.* 63. *és Arrêts de la Cinquième.* Mornac, *leg.* 17. *ff. commu. prad.* Charondas , *livre* 2. *Réponse* 69.

44   En matiere de servitude,un possesseur sans titre,&
ne prouvant point la destination du pere de famille ,
ni par écrit ni autrement , cette destination n'est présumée de droit après une longue possession commencée , même avant la derniere réformation de la Coûtume , & fut le sieur Prost de la Ville de Lyon condamné à fermer ses vûës. Jugé au Parlement de Paris
le 21. Août 1674. *Journal du Palais.*

45   En fait de servitudes l'on n'a point d'égard à la destination non écrite du pere du famille , quoi qu'elle
soit justifiée par la consistance des lieux avant la réduction de la Coûtume, quand les successeurs ont innové & change la disposition des mêmes lieux. Arrêt
du Parlement de Paris du 10. May 1684. *au Journ. des
Audiences, tome* 5 *liv.* 1. *ch* 7.

SERVITUDE, DROITS SEIGNEURIAUX.

46   Lods & ventes ne sont dûs pour vente de servitude ;le vendeur d'un heritage est tenu des dommages
& interêts , *& quants minoris* , s'il n'a déclaré les servitudes. Voyez Mornac, *l.* 14. *ff. de servitutibus.*

SERVITUDE DE L'EAU.

47   Voyez le mot *Eau, nombre* 35. *& suiv.*

48   Jugé par Arrêt du Parlement de Paris du 13. Août
1644. qu'un particulier qui avoit acheté des eaux ,
dont la source étoit dans une terre, ne pouvoit en divertir le cours au préjudice de ceux ausquels elle servoit depuis ladite source , pour en faire des fontai-

nes sans necessité , suivant le sentiment de Maître Antoine Mornac, sur le §. *si initium* de la Loy 6. *de
edendo* , & ce qu'il dit avoir été ainsi jugé par Arrêt
du 6. Juillet 1605. *Henrys, tome* 2. *liv.* 4. *quest.* 75.

SERVITUDE, EGOUT.

49   *Si stillicidium dominans sit in aëre ,nec quiescens in
fundo vicini opus est titulo ; secus , si de incorporato &
inadificato visibiliter ,vel quiescente super fundo vicini.*
Mornac , *l.* 19. *ff. de servitutibus urban. prad.*

50   *Solum super quo stillicidium cadit, an illius sit cujus est stillicidium ipsum ; quid si stillicidium proten-
tur in fundum Vicini , nonne incrustare solum & aqua-
ductum facere teneatur, ne Vicini aedes , aut muris putre-
fiat.* Voyez *Franc. Marc.* 10. 1. *quest.* 499.

51   L'on ne peut par la longueur du temps acquerir le
droit de vûë ou d'égoût. *Bouvot, to.* 1. *part.* 1. *verbo
Servitude ,quest.* 3.

SERVITUDE, EMPHYTEOTE.

52   L'emphyteote peut créer une servitude sur l'heritage baillé en emphyteose , *sed finitâ emphytrusi eva-
nescit.* Mornac , *li.* 3. & *l.* 17. *ff. de servitutib.* Voyez
Brodeau sur M. Loüet, lettre C. somm. 53. *nomb.* 7.

SERVITUDE, FENESTRE.

53   *Fenestras habenbibus super ambulatorio per quod itur
ad furnum, quâd aquas projicere etiam domino soli invito
liceat. Et de immittendi & projiciendi servitutibus.* V.
Franc. Marc. 10. 1 *quast.* 497.

54   Un proprietaire a deux maisons ; il vend l'une
avec clause que les vûës demeureroient comme elles étoient ; quelque temps après il vend l'autre, l'acquereur la fait hausser ; le premier acheteur le met
en procés, débouté de la demande. Appel. Consultation. Avis qu'il avoit été bien jugé , *cujus est solum
ejusdem est calum* , s'il n'y a servitude par titre. Chopin , *Coûtume de Paris , liv.* 1. *tit.* 4. *n.* 4. Voyez *Henrys, tom.* 1. *liv.* 4. *ch.* 6. *q.* 78. où il parle des vûës
de Lyon , & rapporte un Arrêt conforme à la Coûtume de Paris.

55   Arrêt du Parlement d'Aix dû 10. Novembre 1639.
qui a ordonné que les fenêtres qui regardent dans la
basse court d'un voisin seroient treillissées à tête de
chat , & qu'il seroit informé sur l'usage de la Ville
d'Arles pour le verre dormant. *Voyez Boniface, to.* 1.
li. 8. *tit.*26.

56   Dans la Coûtume de Paris,un voisin peut faire des
fenêtres à fer maillé & verre dormant , dans un
exhaussement fait sur un mur metoyen. Arrêt du 22.
Avril 1662. Notables Arrêts des Audiences, Arrêt 77.
De la Guess. tom. 2. *liv.* 4. *ch.* 59. rapporte le même Arrêt. *Voyez la Coûtume de Paris és art.*199.200. & 201.
qui sont contraires à l'Arrêt.

SERVITUDE, FONDS LEGUE'.

57   Fonds legué sous condition , si pendant le temps
de la condition l'heritier acquiert quelque servitude,
elle demeure au profit du legataire. *Brodeau sur M.
Loüet , lettre C somm.* 53. *nomb.* 7.

SERVITUDE, FOY ET HOMMAGE.

58   La foy & hommage est une espece de servitude in-
dividuë. *Brodeau sur M. Louet,lettre F. somm.* 3. *nomb.*
2. & *même lettre F. somm.* 26. *nomb.* 2.

SERVITUDE, GARANTIE.

59   Si le proprietaire de deux maisons en vend une
comme libre , excepté une servitude exprimée par le
contrat , il doit garantir l'acheteur de toutes autres
servitudes , encore qu'elles soient manifestes & apparentes & à la vûë de l'acheteur. *Chopin , Coûtume
de Paris , liv.* 1. *tit.* 4. *nomb.* 4.

60   Ne sert au vendeur qui vend le fonds avec ses charges , ce qui se dit dans le droit *servitutes si qua servi-
tur debeuntur*, à l'effet d'être déchargé de l'éviction
quand il en a une connoissance particuliere , & s'est
tenu dans le silence sans en avertir l'acquereur igno-
rant.Jugé le 7. Juillet 1633. *M. Dolive, liv.* 4. *ch.* 24.

SERVITUDE INDIVIDUE.

61   *Ubicunque de individuis agitur, possessio partis conser-*

vat poſſeſſionem totius. Voyez Mornac, *l. 2. ff. quemadmodum ſervitutes amittantur; conſervatur ſervitus per quemcumque uſum.* Mornac, *l. 20. ff. quemadmodum ſervitut. amittantur.*

SERVITUDES, MONASTERES.

61 Les maiſons anciennes des Religieux & Religieuſes, ne ſont ſujettes à ſouffrir toutes les ſervitudes reglées par la coûtume entre les particuliers proprietaires des maiſons voiſines; mais les ſervitudes doivent être reglées *ad legitimum modum,* eu égard à la bienſeance & commodité des Monaſteres : il y a des Arrêts donnez au Parlement de Paris en faveur des Religieuſes de S. Marcel, & de l'Ave Maria, & le 21. Juin 1636. cela a été jugé en faveur des Barnabites. *V. Auzanet ſur l'art.* 186. *de la Coûtume de Paris.*

SERVITUDE, LOY *Quinque pedum.*

63 Voyez *Henrys,* tom. 1. *liv.* 4. *chap.* 6. *q.* 80. où il dit que cet eſpace ne ſe peut preſcrire.

SERVITUDE, OPPOSITION.

64 S'il eſt neceſſaire de s'oppoſer pour une ſervitude prédiale connuë à l'adjudicataire.

Si le decret purge les ſervitudes viſibles, étant ſur les heritages ajugez, ſans oppoſition. *Voyez Filleau,* 4. *part. queſt.* 187.

65 Si la ſervitude eſt éteinte par l'acquiſition faite du fond, que devoit la ſervitude par le maître, auquel elle étoit deuë, & ſi ayant une fenêtre, par laquelle un voiſin puiſoit au puits de la maiſon venduë par decret, telle ſervitude eſt perduë ne s'y étant oppoſé. *Bouvot,* tome 2. verbo *Servitude,* queſt. 6.

66 Par Arrêt du 10. Mars 1601. jugé que pour conſerver une ſervitude latente, il faut s'oppoſer au decret, ſinon qu'on la perd. *Tronçon ſur la Coûtume de Paris art.* 215. M. Loüet *in verbo Servitudes, lettre S. nomb.* 1. & Brodeau en rapporte un du 19. Août 1599. & deux autres des 3. Mars 1603. & un de la troiſiéme des Enquêtes du mois d'Août 1621.

Voyez le mot *Oppoſition, nomb.* 99.

SERVITUDE, PASSAGE.

67 Le voiſin eſt tenu de ſouffrir le paſſage & le tour d'échelle, lorſqu'il faut réparer & couvrir; mais il doit être deſintereſſé. Arrêt du Parlement de Normandie rapporté par *Godefroy* ſur l'art. 607. de cette Coûtume, *landanda eſt, vel etiam amanda vicinitas retinens veterem officii morem.*

68 La ſervitude d'aller par le champ de ſon voiſin, ne ſe peut preſcrire. Arrêt du Parlement de Dijon de l'an 1559. *Bouvot,* tom. 1. *part.* 3. verbo *Servitude.*

69 Entre Alain Levêque & Jean Tanguy, Arrêt du Parlement de Bretagne du 27. Octobre 1563. par lequel la Cour ordonna que Tanguy pourra paſſer & repaſſer par le lieu à l'endroit le moins incommode pour ledit Levêque, ſi mieux celui-cy n'aime faire recompenſe à Tanguy de la piece du bois, à laquelle eſt deuë la ſervitude. *Du Fail,* li. 2. *ch.* 209.

70 Dans la Coûtume de Sens, l'un de deux voiſins proprietaires, chacun d'une des deux maiſons contiguës auſquels appartient par *indivis* une allée commune qui ſert de paſſage à l'une des deux maiſons, n'a pas droit de faire tomber les eaux de ſes toits en ladite allée par une goutiere nouvellement poſée au bas de l'un deſdits toits, ſous prétexte de la communauté de l'allée. Arrêt du Parlement de Paris le 3. Août 1689. *au Journal des Audiences* tom. 5. *liv.* 5. *ch.* 31.

Voyez cy-deſſus le mot *Paſſage.*

SERVITUDES PERSONNELLES.

71 Des ſervitudes perſonnelles & main-mortes. *Voyez Coquille,* tom. 2. *Inſtit. au droit. Fr. p.* 45.

72 Servitudes perſonnelles ſur le fond d'autruy, ſont reprouvées. Arrêt du Parlement de Bourgogne du 14. Août 1555. en faveur de la Dame Marquiſe de Rotelin, contre les habitans de Chagny, leſquels ont été deboutez de la poſſeſſion immemoriale dans laquelle ils prétendoient être de cueillir & couper

des verdures en la Forêt de Turenay pour parer les ruës le jour de la Fête-Dieu. *Papon, liv.* 14. *tit.* 3. *nombre* 7.

73 Les reconnoiſſances ſeules ne ſont pas ſuffiſantes pour la preuve des ſervitudes perſonnelles, parce qu'elles ne ſont que pour avoir les charges portées par l'ancien titre, & non pour attribuer un nouveau droit au Seigneur direct, qui d'ordinaire eſt une perſonne puiſſante, & les tenanciers ou ſerfs mortaillables, parjures & miſerables, qui peuvent bailler les reconnoiſſances erronement ou par force, de ſorte que faute de rapporter le titre ancien & primitif, ou autre équipolent, on préſume pour la liberté naturelle, contre la ſervitude perſonnelle. Arrêt du 17. Août 1588. *M. Louet, lettre S. ſom.* 7.

SERVITUDE, POSSESSION.

74 Si la ſervitude s'acquiert par poſſeſſion immemoriale? *Voyez la Bibliotheque de Bouchel,* verbo *Servitude.*

75 La poſſeſſion immemoriale n'attribuë proprieté, n'étant aſſiſtée d'un titre. *Bouvot* en rapporte un Arrêt du Parlement de Dijon du dernier Janvier 1617. tome 1. verbo *Servitude,* queſt. 4.

76 S'il reſte des veſtiges du moulin à vent, de l'étang, & du colombier, la poſſeſſion demeure toûjours, & n'eſt point interrompuë par la diſcontinuation de 100. ans. *Voyez Mornac,* l. 34. *ff. de ſervitutib. ruſt. præd.*

77 On a demandé ſi la poſſeſſion immemoriale vaut titre, comme traite *Nicolaus Valla* en ſon traité *de rebus dubiis.* Un pere de famille proprietaire de deux maiſons, avoit impoſé ſervitude de l'une à l'autre : elles paſſent à pluſieurs qui n'en avoient point parlé. Procès; on dit qu'elles ne peuvent ſubſiſter, nulle mention dans la vente, partage trop ancien, les choſes ont depuis changé : l'on montre bien qu'un même pere de famille avoit été proprietaire des deux maiſons; l'on ne prouve point qu'il ait ainſi deſtiné & diſpoſé les ſervitudes. Neanmoins jugé au Parlement de Paris le 5. Decembre 1603, que les ſervitudes demeureroient, comme elles avoient été impoſées par la diſpoſition de l'ancien Seigneur, ſuivant ce qui étoit porté au partage. *Plaidoyers de Corbin,* ch. 127.

78 En la Coûtume de Creſpy en Valois, plaidans Petit-pied pour l'appellant, Langlois pour l'intimé, il fut jugé que l'article de ladite Coûtume qui porte, *nulle ſervitude ſans titre,* pour quelque poſſeſſion que ce ſoit, n'exclut la poſſeſſion centenaire, ſi l'article n'en dit expreſſément; Arrêt du 11. Février 1658. *Dictionnaire de la Ville,* nomb. 9360.

79 Si un poſſeſſeur qui a paſſé dans le fonds d'autruy acquiert droit de ſervitude par une poſſeſſion de trente ans ou s'il faut une poſſeſſion immemoriale? Arrêt du Parlement d'Aix du 18. May 1673. qui a ordonné la preuve de la poſſeſſion immemoriale. *Boniface,* to. 4. li. 9. *tit.* 1. *ch.* 20.

SERVITUDE PREDIALE.

80 *Non poteſt cedi nec in alium transferri, niſi cum fundo dominante à quo eſt inſeparabilis.* C. M. § 1. Gloſ. 5. n. 72. & 74. *ubi loquitur de itinere & aquæ hauſtu,& c. de ſervitute redempta an cedat feudo, & dicit quod non eſt ceſſibilis, ſed extinguibilis.*

SERVITUDE, PRESCRIPTION.

81 *Voyez cy-deſſus* le nomb. 20.

Servitude preſcriptible. *V.* le mot *Preſcription,* n. 354. *& ſuiv.*

82 *Titulum allegare in præſcriptione ſervitutis continuæ vel diſcontinuæ non neceſſum.* Voyez *Franc. Marc.* tom. 1. *q.* 209.

83 Le changement de payer la ſervitude ne preſcrit point la choſe qui eſt deuë pour la ſervitude : *quia eſt error in qualitate corporis,* comme ſi au lieu d'un chapon on paye un ſol, *quia in individuis poſſeſſio partis ſervat poſſeſſionem totius;* le même eſt rapporté Chopin pour la Juriſdiction : 2°. *quia nunquam inſer-*

tur præscriptio ex possessione quæ adversatur titulo, maximè si in corpore solutionis erratum fuerit. Voyez Mornac, *l. 9. ff. de contrahendâ emptione, &c.*

84 Touchant les servitudes discontinuées, comme les vendanges & les fenaisons, pour les prescrire, au lieu de trente ans il en faut soixante. *V. le Prêtre*, 2. *Cent. ch.* 63.

85 *Servitutes per se nusquam longo tempore capi possunt, cum ædisiciis possunt.* M. Dolive, liv. 5. ch. 33. *Voyez Henrys, tom.* 1. *liv.* 4. *ch.* 6. où il rapporte plusieurs loix qui autorisent la prescription.

85 bis. Pour prescrire servitude il est necessaire qu'il y ait eu contradiction & intervension du droit du Seigneur par celui qui a voulu entrer en possession de liberté & prescrire, ou bien quelqu'acte signalé & manifesté par lequel il apparoisse que le fief est entré en possession de liberté, y est demeuré, & aprés se soient passez trente ans. *Coquille, Coûtume de Nivernois, ch.* 8. *des servitudes &c.*

86 Par Arrêt du Parlement de Roüen du dernier Mars 1607. rapporté par Berault sur l'art. 607. de la Coûtume de Normandie, jugé qu'en ladite Coûtume, la prescription n'est admise, & ne donne aucun droit de servitude, soit rustique ou urbaine par quelque joüissance que ce puisse être sans titre, *juxta L. si quis sepulchrum de resign.* Masuer, *tit. de servit.* ensuite de quoy il y a un Arrêt du Reglement fait en 1611. sur le même fait.

87 Dans les pays du droit écrit, les servitudes s'acquierent par prescription, suivant la disposition du droit Romain, l'on n'y suit pas celle de la Coûtume de Paris, qui dit dans l'article 186. que droit de servitude ne s'acquiert par longue joüissance telle qu'elle soit sans titre. *V. Henrys, tom.* 1. *liv.* 4. *ch.* 6. *q.* 79. Dans la question suivante il semble se contredire, puisqu'il rapporte un Arrêt rendu entre les parties de la Ville de Lyon, qui a confirmé une Sentence du Sénéchal de la même Ville, par laquelle un particulier avoit été condamné à barrer de fer, & vitrer à verre dormant les fenêtres qui avoient vûë sur le jardin de son voisin, & icelles hausser & reduire à six pieds au dessus des carronemens, suivant les us & Coûtume de la Ville de Lyon.

88 Servitude d'aqueduc ne se peut prescrire par le proprietaire de l'heritage inferieur, contre celuy de l'heritage superieur où est la source. Jugé le 10, Juillet 1619. *Bardet*, to. 1. *liv.* 1. *ch.* 65.

SERVITUDE REELLE.

89 Des servitudes réelles & droits prédiaux és villes & champs. *Voyez Coquille*, to. 2. *Instit. au Droit François*, page 48.

90 *Si verba sonent jus, servitus est realis; si factum, est personalis.* Mornac, *l.* 2. *Cod. de servitutibus & aqua.*

SERVITUDE, RETRAIT.

91 Il y a lieu de retrait en servitude. *Voyez* le mot *Retrait*, nomb. 881. *& suiv.*

SERVITUDE, SOL OU SUPERFICIE.

92 *Servitus ad solum magis quam ad superficiem pertinet, & si agri cultura mutatur jus antiquum vel decima, vel alterius penstationis præstatur ex eâ specie fructuum.* Arrêt du 27. Juillet 1598. Mornac. l. 13. *ff. de servitut. rust. præd.*

SERVITUDE, SERF.

93 Si le serf qui est fait Prêtre ou Moine, ou Evêque, est délivré de servitude? *V. Coquille*, to. 2. *quest.* 283. Voyez cy-dessus le mot *Serf.*

SERVITUDE, TITRE.

94 Voyez *la Coûtume de Paris*, article 186.º *An verus titulus requiritur, an sufficit putativus cum possessione immemoriali? Minimè.* Ainsi jugé entre Guillaume Boucher demandeur, Jean le Jugé & Simon Guillot défendeurs, contre l'opinion du Rapporteur, & non sans grande contradiction d'une bonne partie des Juges; si le cas se presentoit encore, il ne seroit pas sans doute, *quia tacita patientia per tot annos con-*

firmat titulum & ad præscriptionem sufficit talem titulum esse. qui si verus esset, sufficeret ad acquisitionem. Voyez la Bibliotheque de Bouchel, *verbo* Destination.

95 Destination de pere de famille vaut titre, comme par exemple si le pere de famille divise une maison en deux, en l'une desquelles il laisse des fenêtres & vûës regardant sur l'autre, & aprés son decez ses heritiers partagent entre eux les maisons, sans parler des vûës, elles demeureront selon la destination, celuy en la part duquel elle se trouvera ne pourra être contraint de les condamner & boucher. Jugé en la Coûtume de Meaux, par Arrêt du 14. Mars 1567. *V. Ibid.*

96 Destination de pere de famille équipole à titre, suivant l'Arrêt intervenu sur la Coûtume de *Troyes* le 16. Mars 1585. *Voyez Ibidem, verbo Servitudes.*

97 Un simple titre nouvel non suivi d'aucune prestation, ne prouve pas *contra tertium possessorem.* Arrêt du 8. May 1604. M. *Bouguier, lettre T. nombre* 6.

SERVITUDE, TOUT OU PARTIE.

98 *Servitus semel constituta super toto debet redimi à toto, quoniam non potest redimi à parte indivisâ sive quotâ; sive integrali. & c.* M. Ch. Du Moulin sur la Coûtume de Paris, Glos. 5. n. 124.

99 Servitude est un accident, & non pars substantiæ sive fundi, est individua tota in toto, & tota in qualibet parte, nec pro parte adquiri, extingui aut retineri potest, l. 11. pro parte ff. de servitutibus. Brodeau sur M. Loüet, let. S. Som. 1. n. 3.

SERVITUDE, VEUES.

100 De la difference entre la servitude de vûë, & de la clarté ou lumiere. *Voyez Coquille*, tome 2. question 297.

101 Si celuy qui a droit de vûë par convention peut empêcher l'élevement d'un bâtiment de son voisin, plus que les fenêtres. *Voyez Bouvot*, to. 2. *verbo Servitude, quest.* 1.

102 Transaction faite par les Augustins de Lyon sur une servitude *altius non tollendi* cassée par Arrêt du 8. Juillet 1554. *Papon*, *liv.* 1. *tit.* 13. nomb. 8.

103 Le Sénéchal de Rennes condamna Jacques Babelée qui avoit fait une ouverture de grilles sur la cour de Pierre le Vieil, de remettre les choses en leur premier état, & boucher & estouper la fenêtre. Arrêt du Parlement de Bretagne du 20. Mars 1566. par lequel la Cour fait visiter la fenêtre, sur la valeur & estimation de l'interêt de le Vieil, & aprés ordonner que Babelée bouchera & estoupera la fenêtre dont est cas, si mieux il n'aime laisser & payer à le Vieil 25. livres pour une seule fois payé, suivant l'avis & appréciation des Marchands & Bourgeois de cette Ville. pour ce faire appellez. *V. Du Fail*, livre 2. chap. 186.

104 Vûës des maisons partagées entre coheritiers qui ont suivi la disposition du pere de famille, ne doivent être bouchées. Arrêt du 24. Mars 1567. *Carondas*, *liv.* 2. *Rép.* 69. Voyez *l'article* 216. de la Coûtume de Paris.

105 L'adjudicataire par decret d'une maison qui avoit des vûës sur la maison voisine, est tenu de les retirer, encore que le proprietaire de la maison voisine ne se soit opposé au decret pour conserver la liberté de sa maison, d'autant que par la Coûtume, nul ne peut prétendre servitude sans titre. Arrêt donné au Parlement de Paris, conformément à autre Arrêt du premier Mars 1608. *Biblioth. de Bouchel, verbo Servitude.*

106 Il est permis de percer sa muraille, & prendre jour sur le fond & jardin de son voisin. Arrêt du Parlement de Dijon du 15. Février 1618. *Bouvot*, tome 2. verbo Servitude qu. 5.

107 La servitude *altius non tollendi muri*, ne contient pas de soi-même celle ne *luminibus officiatur*, mais elle s'en induit quelquefois, suivant la nature des contrats, & des circonstances. Jugé au Parlement de

Tournay le 16. Juillet 1697. *V. M. Pinault, tome 2. Arrêt 173.*

SERVITUDES VISIBLES.

108   Celuy qui cele les servitudes d'un heritage qu'il vend, est tenu *quanti minoris, non ad interesse.* Voyez *Mornac, l. 1. §. 1. ff. de actionibus empti & venditis,* & la *l. 9. Co1. de actionibus empti & venditi, & l. penult. ff. de evictionibus.* Voyez *M. le Prêtre, première Cent. chap. 61.*

109   Quand les servitudes sont visibles, le decret ne les purge point, *quia sciens lex non subvenit, &c.* Difference entre les servitudes visibles, & les servitudes latentes. Arrêt du 16. Février 1588. *M. le Prêtre és Arrêts de la Cinquiéme.* Voyez *M. Louet & son Commentateur, lettre S. somm.* 1. Voyez *Tronçon, Coûtume de Paris. art.* 215. où il rapporte deux Arrêts l'un du 16. Février 1588. pour les servitudes visibles, l'autre pour les servitudes latentes, du dix Mars 1602.

110   Le decret ne purge les servitudes visibles & apparentes, car on présume que l'adjudicataire a vû l'état de la maison, avant que de faire son enchere. Arrêt du 2. Août 1588. *V. Auzanet sur l'article 186. de la Coûtume de Paris.*

111   Il n'est pas necessaire de s'opposer pour une servitude prédiale connuë à l'adjudicataire, les decrets ne purgent point les servitudes visibles, étant sur les heritages adjugez, sans opposition. Arrêt du 10. Janvier 1609. *Chenu, 2. Cent. qu. 87.*

112   L'adjudicataire par decret d'une maison qui avoit des vuës sur la maison du voisin, est tenu de les retirer, encore que le proprietaire de ladite maison voisine ne se soit opposé au decret pour conserver la liberté de ladite maison, d'autant que par la Coûtume on ne peut prétendre servitude sans titre. Arrêt du 20. Juillet 1611. *M. le Prêtre, és Arrêts de la Cinquiéme.*

SERVITUDE URBAINE.

113   La Cour déclara que le premier article de servitudes se doit entendre de toutes sortes de servitudes urbaines & rustique, & ques les unes & les autres ne se peuvent acquerir sans titre, par possession de quelque temps que ce soit. Arrêt du Parlement de Roüen du 13. Juin 1611. *Basnage, sur la Coûtume de Normandie, art. 607.*

114   Servitudes urbaines se reglent dans la Ville de Lyon comme à Paris. Arrêt du 17. May 1631. *Henrys, to. 1. liv. 4. ch. 6. quest. 78.*

115   La Jurisprudence du Parlement de Dijon est constante, que pour acquerir une servitude urbaine, soit continuë, soit discontinuë sur le fonds d'autrui, il faut un titre ; à l'égard d'une servitude des champs trente ans suffisent. Arrêts des 21. Mars 1648. 16. Janvier 1660. & 29. Juillet 1686. La possession immemoriale ne suffit pas pour la servitude urbaine ; il faut un titre. Arrêt du 18. Mars 1687. quoiqu'il s'agît d'un droit d'égoût, d'une grange située à la campagne sur une place voisine, on jugea qu'c'étoit une servitude urbaine, le droit d'égoût étant mis par les Jurisconsultes entre les servitudes de Ville. Même Arrêt du mois de May 1694. *Taisand sur la Coûtume de Bourgogne, tit. 14. n. 8.*

SESTERAGE.

V oyez *l'Indice de Ragueau, hoc verbo, & cy-après* Sextellage.

SEXTELLAGE.

S Extellage, Stellage ou Minage ; ce droit se paye pour raison des grains vendus aux Halles ; quelques-uns l'ont étendu au bled vendu és greniers, ou ailleurs, pour raison dequoi y a procez au Parlement de Paris entre les habitans d'Estampes, contre M. de Vendôme, & un autre entre les habitans de Soissons, contre M. le Comte. Il y a Arrêt du 9 Août 1572. entre les Abbesse & Religieuses de Maubuisson, & les Habitans de la Ville de Pontoise, par lequel après

enquêtes respectivement faites, il est dit que les habitans de Pontoise payeront le droit de *Minage* de tous grains, fors les pois & féves qui seront vendus & mesurez à mesure & boisseau, soit au marché de ladite Ville, maisons, greniers & fauxbourgs d'icelles, ou sur le port de la riviere d'icelle Ville, avec specification de la mesure pour ledit droit. Il y a encore un autre Arrêt du 17. Mars 1635. conforme entre Simon le Vasseur Fermier du droit de *Minage* desdites Religieuses de Maubuisson, & Leon le Clerc, Receveur du College de Pontoise. *V. le Glossaire du Droit François, ou l'Indice des Droits Royaux & Seigneuriaux, verbo Sextellage, & cy-devant verbo Minage.*

SIEGE VACANT.

D E *potestate capituli, sede vacante.* Per Jo. Franciscum Pavinum.   1

  Voyez le mot *Chapitre, nombre* 3. *& suiv.* 34. *& suiv.*

  A qui appartient le droit de conferer *sede vacante. Voyez* le mot *Collation, nomb.* 165. *& suiv.*   2

  Le Chapitre de Nismes, le Siege vacant, a droit de percevoir les fruits contre le Cardinal d'Avignon, d'instituer des Vicaires & Officiers spirituels. Arrêt du Parlement de Toulouse du 16. Septembre 1557. rapporté par *Tournet, lettre R. Arr.* 48. *& 50.*   3

  Destitutions des Officiers faites pendant la vacance du Siege. *Voyez* le mot *Destitution, nombre* 88.   4

SIENS.

D Onations faites aux siens. *Voyez* le mot *Donation, nomb.* 855. *& suiv.*

  Du fideicommis en faveur des siens. *Voyez* le mot *Fideicommis, nomb.* 208. *& suiv.*

  Par divers Arrêts du Parlement de Paris il a été préjugé que le mot de *siens* n'emporte aucune substitution qui empêche le premier appellé de disposer des biens, ou revoquer les alienations; cependant le Parlement de Toulouse a tenu que le mot de *siens* contient la substitution vulgaire en cas que l'heritier appellé ne veüille ou ne puisse apprehender & recueillir l'heredité. *Vid. Guid. Pap.* 9u. 250. *& 306.* & il a été ainsi jugé par divers Arrêts de 1578. *Voyez Mainard, liv.* 5. *chap.* 91.

  Voyez les mots *Estoc, Propres, Remploy, Substitution, nomb.* 491.

SIGNATURE.

I L y a la signature qui est une provision Apostolique, & la signature des Actes & Contrats.

SIGNATURE, BENEFICES.

  Voyez les mots *Bulles, Pape, Provisions, & les Memoires du Clergé, to. 2. part. 2. p.* 501. comment les Signatures de Cour de Rome doivent être verifiées par les Banquiers.

  La Signature est une écriture en papier signée du Pape par *fiat,* ou de son Délégué par *concessum,* au milieu, entre la Supplique & les Clausules sans sceau, contenant en abregé la demande du suppliant, & la concession du Pape.   1

  La signature est la minute originale en abregé des Lettres Apostoliques, ou Bulles que les Officiers de Rome supposent devoir toûjours être expediées ; mais en France la simple signature a effet de provision, sans qu'il soit besoin de la clause, *quod sola signatura sufficiat* ; elle ne laisse pas de valoir comme si les Bulles avoient été expediées. C'est un article des libertez de l'Eglise Gallicane, & un usage particulier de la France que les Papes ont souvent, mais en vain entrepris de faire abolir. *Definit. Can. p.* 819.   3

  La signature est un brevet accordé par le Pape, elle contient la supplique & la concession. La signature differe des Bulles, en ce qu'elle est en papier, & les Bulles en parchemin, elle n'a point de sceau. *Vide le Memoires du Clergé, to. 2. part. 2 page* 501. verbo *Signature.*   4

5 De la forme des fignatures. *Voyez Coquille, tome* 1. *page* 245. le mot *fiat*, eft écrit de la main du Pape, s'il ne figne luy même, le Vice-Chancelier écrit *conceffum ut petitur in præfentia Domini noftri Papæ.*

6 Des fignatures expediées en Cour de Rome fur la provifion des Benefices. *Voyez M. Dolive, liv.* 1. *ch.* 16. avec l'Ordonnance de Blois , *art.* 12.

7 La Bulle ne peut être plus ample *quantum ad fubftantialia* , que la fignature : par ce moyen la partie peut voir la fignature de fon adverfaire : car en ce que la Bulle excede la fignature , ou bien s'il y a omiffion de quelque exception ou réferve, l'on peut faire rejetter la Bulle, & croire en la fignature en ce qu'elle porte contre l'impetrant. *L. cùm precum. C. de liber. cauf.* Jugé par Arrêt du P. de Paris pour la fignature où il y avoit *provifo quod beneficium non fit de collatione Epifcopi Pictavienfis* , contre la Bulle où telle claufe étoit omife. *Bibliot. Can. tome* 2. *page* 604. *col.* 2.

8 *Litterarum expeditio an & quatenus neceffaria fit. Voyez Lotherius de beneficiis , l.* 3. *qu.* 2.

9 Signatures ne fuffifent pour obtenir récreance d'un benefice , ni pour prouver le titre , il faut que la Bulle foit produite , cependant elles fuffifent pour faire fequeftrer le Benefice , & auffi pour avoir récreance & provifion d'une penfion. Arrêt de Paris du 21. May 1543. *Papon , liv.* 2. *tit.* 9. *n.* 2.

10 En France les fignatures de provifions des Benefices communs qui s'expedient par fuppliques (autre
11 chofe eft des confiftoriaux comme font les Evêchez , font tenuës datées du jour de l'arrivée du courier en la Ville de Rome. Jugé le 21. Janvier 1612. *Brodeau fur M. Loüet, lettre M. fomm.* 10.

SIGNATURE, CONTRATS.

12 Signature. Signer. *Chirographus. Chirographum apponere. Subfcribere.*

Définition de ce mot , *Subfignare. L.* 39. *D. de verb. fign.*

Si quis prolatam manum fuam negaverit. N. 18. *c.* 8. *& 9.* Contre ceux qui defavoüent leur fignature.

13 Que les contrats feront fignez des parties , fi elles fçavent figner , fur peine de nullité. *Ordonnances de Fontanon , to.* 1. *liv.* 4. *tit.* 5. *p.* 743.

14 Signature des parties, témoins ou Notaires aux contrats. *Voyez* le mot *Contrat , nomb.* 99. *& fuiv. &* le mot *Notaire nomb.* 217. *& fuiv.*

15 Si la donation non fignée du donataire eft nulle? *Voyez* le mot *Donation , nomb.* 857. *& fuiv.*

16 L'acte obligatoire s'il n'eft figné eft nul , encore qu'il ait été fait en Jugement ; c'étoit pour une caution. *Voyez Carondas , liv.* 11. *Rép.* 35.

17 Par Arrêt du Parl. de Normandie du 6. Avril 1581. enjoint à tous Juges , quand les parties feroient reconnoiffances , offres , obéiffances , & prêteroient aucun confentement en jugement de leur faire figner & arrêter au Greffe , à peine de nullité , & de répondre des dommages , dépens & interêts des parties. *V. Forget & Bouchel , to.* 1. *p.* 1057.

8 Qui figne comme témoin un contrat de vente ne perd pas fon hypotheque.Arrêt du 31.May 1581.*V.Carondas , liv.* 7. *Rép.* 217. *& Dolive, liv.* 5. *ch.* 28. *Voyez* le mot *Hypotheque , nomb.* 253. *& fuiv.*

19 Contrat nul faute de fignature des témoins. Jugé le 6. Avril 1585. *Expilly , Arrêt* 91. *Voyez l'Ordonnance d'Orleans , art.* 84. *& de Blois , art.* 165.

20 La femme ayant conftitué rente avec fon mari, n'ayant figné le contrat , le mari qui a figné , autorifant fa femme , ne peut debattre de nullité le contrat. Arrêt du Parlement de Dijon du 14. Janvier 1599. *Bouvot , to.* 2. *verbo Rentes , queft.* 1.

21 Qui figne un contrat de mariage ne perd pas l'hypotheque fur les biens du mari , s'il n'eft dit qu'ils font francs & quittes. Arrêt du 15. Juin 1601. *M. Bouguier, let.* H *nomb.* 8. *Voyez Charondas , livre* 8. *Réponfe* 28.

22 Autrefois la fignature n'étoit pas en ufage. Une donation non fignée ayant été déclarée nulle , par Arrêt du Parlement de Paris du 6. Septembre 1603. M. le premier Préfident s'adreffa aux Avocats , les avertiffant de fuivre à l'avenir cet Arrêt, pour la fignature des actes , fans s'arrêter aux actes qui fe trouveroient avoir été cy-devant au contraire. *Bibliotheque de Bouchel , verbo Signature.*

23 Il n'eft pas neceffaire que celuy au profit duquel eft une conftitution de rente , obligation ou teftament fait au profit d'un mari & de fon autorité pour fa femme,figne à peine de nullité. Arrêt du 16. Avril 1609. *Bouvot , to.* 2. *verbo Hypotheque & Difcuffion , queftion* 7.

24 Jugé par Arrêt du 7. Mars 1652. que dans un teftament il eft neceffaire qu'il foit fait mention que le teftateur a figné , & qu'il a été interpellé de le faire lors qu'il ne peut , ou ne fçait figner , & que les Avocats peuvent valablement recevoir leurs Cliens par teftament. *Soëfve , tome* 1. *Cent.* 3. *chap.* 93.

25 Le feing eft entierement de la fubftance de tout inftrument. 2. Mais neanmoins fi le regiftre du Notaire fe trouvoit figné des parties , & non de luy , l'acte feroit bon. 1. *Loyf. des off. lib.* 2. *chap.* 4. *n.* 42. 1. *id.* Boër. *dec.* 47. *n.* 10. *& in teftamento ;* 2. Ranchin. *ad Guy Pap. queft.* 2. M. *Abraham la Peirere , en fes décifions du Palais , let.* S. *nomb.* 25. *dit à ce fujet* la queftion eft pour l'execution & l'hypotheque. Je crois que quand l'acte fe trouve dans le Regiftre du Notaire , & qu'avant & après iceluy , il y a d'autres actes fignez du Notaire, l'acte emportera execution & hypotheque , & fera préfumé que le Notaire a oublié de figner.

Arrêt du Parlement de Bourdeaux du 29. Juin 1664. donné en la Seconde des Enquêtes , au rapport de Monfieur Baratet , après partage vuidé en la Premiere , entre Guillaume Biffon , & Françoife Guillou : jugé qu'une quittance fignée feulement du Notaire fans aucun feing des parties , les uns ni les autres ne fçachans figner , & fans aucune interpellation de figner étoit bonne. Et le motif de l'Arrêt eft que dans l'article 1666. de l'Ordonnance de Blois , il n'y a point claufe irritante , & *hoc jure utimur.* La Peirere , *ibid.*

26 Signature des Sergens au bas de leurs Exploits lors du record d'iceux pour parvenir au decret , n'eft plus requife. Arrêt du Parlement de Normandie du 27. Août 1664. ainfi le Reglement de 1634. *abiit in defuetudinem.* Bafnage , *fur l'art.* 558. *de cette Coûtume.*

SIGNIFICAVIT.

C'Etoit un Monitoire qui s'obtenoit anciennement en Cour de Rome , & qui fut ainfi nommé à caufe que ce mot y étoit employé ; car au lieu que dans les provifions des Benefices les mots *Supplicat & orator* font ordinaires dans cette forte de Monitoire , il y avoit toûjours les mots *fignificavit* que le Pape s'appliquoit , & *fignificans* qu'il appliquoit à l'impetrant. *Voyez* touchant ces Monitoires , M. *Hevin fur Frain , p.* 253. *& cy-devant verbo Monitoire , nombre* 100. *& fuivans.*

SIGNIFIER.

D Efinition de ces mots , *Denuntiare , denuntiatio. dans la L.* 39. §. 2. *& L.* 40. D. *de verb. fign. Voyez* les mots , *Accufation , Dénonciation , Procedure.*

SIMONIE.

1 DE fimoniâ , *& ne aliquid pro fpiritualibus exigatur , vel promittatur.* D. Gr. *caufâ* 1. *omn. queft.* 6. *q.* 1. *c.* 22. *& 23* §. *porrò..* 7. *q.* 1. *c.* 3. *& 33...* 15. *q.* 3. *c.* 4..*Extr.* 5. 3 .. *Extr. co.* 5. 1..*Inft.* Lanc. 4. 3.

De lege Juliâ ambitus. D. 48. 14... *C.* 9. 26.. *& c. Crimini Ambitûs affinis eft Ecclefiafticorum fimonia ,* parce

parce que dans l'un on achete une dignité ; & dans l'autre on achete unBenefice,ou une chose spirituelle: c'est pourquoy *Papon* dans son *Notaire*, 2. 7; joint ces deux crimes sous un même titre d'Ambition & Simonie. Aussi *Chopin* , en son Traité *de la Police Ecclesiastique* , *liv.* 1. *tit.*8. *nomb.*15. appelle la simonie, *Ambitus simoniacus.*

Adriani Sexti , *quodlibetum nonum.*

Bartholomæus de Spinâ , *de redemptione simoniacâ vexationis Ecclesia.*

Cornelius Blockhius , *de simoniâ Religiosorum.*

Dominicus Sotus, *de jure & justitiâ libro ex quæst.* 5. *& sequentib.*

Dionysius Carthusianus , *tractatus de Simoniâ duo* , *tomo 1.*

Franciscus Victoria, *de Simoniâ.*

Engelbertus Cultificis , *de simoniâ in receptione vitandâ.*

Henricus Gorichen , *de simoniâ & quodam casu matrimoniali.*

Joannis Naucleri , *de simoniâ , libri tres.*

Joannes Gerson , *tomo 2. de simoniâ.*

Petrus Damianus, *de simoniacâ hæreseos confutatione.*

Petrus Binsfeldius , *de simoniâ 8.*

Raymundi , *Tractatus de simoniâ.*

Silvester *& alii in summis.*

S. Thomas, 22. *quæst.* 100.

Thomas Vius Cajetanus, *tomo 2. opusculo.* *De simoniâ* , *per Jo. Carafa.*

De la simonie. *Voyez* le mot *Confidence* , le mot
3 *Dévolut* , *nomb.* 35. *& suiv.* le titre *de la Resignation* , *nomb.* 289. *& suiv.* les *Ordonnances de Fontanon* , *tome* 4. *tit.* 19. *page* 501. l'*art.* 41. de l'*Ordonnance de Blois* , les *Memoires du Clergé* , *tome* 2. *part.* 2. *tit.* 16. Tournet , *lett. S. Arr.* 37. *la Bibl. de Jovet*, au mot *Simonie*, *la Bibl. Canon.* *tome* 1. *pag.* 30. *col.* 2. *& to.* 2. *p.* 617. *& suiv.* M. Loüet, *lett. B. somm.* 9. Despeisses , *tome* 2. *pag.* 681. M. Du Perray , *en son Traité de la capacité des Ecclesiastiques* , *liv.* 4. *chap.* 1.

4 La Simonie , Heresie , & crime de leze-Majesté sont reputez même crime. *can.* 6. *quæst.* 1. §. *verùm* & les Simoniaques sont excommuniez comme hérétiques. *Concil. Turon. art. finalium Calcedonense* , *art.* 2. *Toletan 6 art.* 6.

5 *Voyez Rebuffe* , sur le *Concordat* au Titre *de electionis derogatione.*

6 *Voyez* le traité de François Pinson , *de simoniâ in Beneficiis.*

7 *De simoniâ in resignatione.* Voyez Rebuffe , 3. *part. praxis benef.*

8 De la Simonie. *Voyez Lotherius de re Beneficiariâ.* *liv.* 2. *quæst.* 9. *nomb.* 60. *& suiv.*

9 De la Simonie. *Voyez Julius Clarus* , *liv.* 5. *Sententiarum* , où il est parlé de ce crime & de la peine encoûtuë par ceux qui le commettent;on y examine aussi la question de sçavoir si le Pape peut commettre simonie. *Voyez aussi les additions qui sont à la fin. de l'ouvrage du même Auteur.* §. *Simonia.*

10 De la simonie & de ceux qui doivent être admis en témoignage. *Voyez Franc. Marc* , *tome* 1. *quæst.* 496. 1118. *& 1119. in hoc crimine solus Papa dispensat non Legatus à latere.*

11 *Pactio inter patronum & præsentatum quod in tertii favorem , renunciet , est simoniaca , & an cum simoniaco dispensetur?* Voyez *Franc. Marc* , *tome* 1. *quæst.* 475.

12 *Simonia manu, obsequio, & linguâ contrahitur, vexationem in beneficialibus redimere licitum.* Voyez *ibidem.* *quæst.* 543.

13 *Papa simoniam committere, & de simoniâ accusari an possit?* Voyez *ibid. quæst.* 749.

14 *De simoniâ mentali.* Voyez *ibid. quæst.* 1126.

15 *Electio simoniaca sivè collatio ipso jure nulla est.* Voyez *ibid. quæst.* 1246.

16 M. de Selve , 1. *part. tract. quæst.* 7. explique plusieurs cas où la simonie a lieu.

Tome III.

---

17 *Renuntiatio Beneficii simoniacè facta an teneat vel non?* Voyez *la Biblioth. Canon.* *tome* 2. *page* 508.

18 Une somme de deniers comptée pour paction simoniaque ne se restituë point. Arrêt du Parlement de Paris, de l'an 1461. entre Jean Polet de Cremieu & Jean de Latra *Biblioth. Canon.* *tome* 2. *pag.* 518. *colon.* 1. & Tournet, *lett. S. Arr.* 38. il rapporte les moyens & non la date de l'Arrêt.

19 Par Arrêt du 22. Mars 1509. entre M. Guillaume Postel d'une part, & M. Jean d'Orbec d'autre, fut declarée nulle à cause de la simonie une pension de 140. liv. dont le pensionnaire avoit joüi par 14. années. *Biblioth. Canon. tome* 2. *page* 205. *colon.* 2.

20 Le Jeudy 11. Février 1550. fut plaidée une cause solemnelle au Parlement de Paris. Olivier Bichon Moine avoit resigné pour un concordat homologué par le Pape , le Prieuré-Cure, de Berchorio au Diocèse de Maillezais. Le resignataire promettoit au resignant de luy rendre, ou à telle personne qu'il voudroit le Benefice dans deux ans , à compter du jour de l'homologation du concordat ; & au cas qu'il ne le pût faire par empêchement de fait ou de droit , il s'oblige de luy donner un autre Benefice paisible , regulier , déchargé de toute pension , de valeur de 200. liv. par an , & pendant les deux années luy faire une pension de pareille somme à laquelle le Benefice étoit affermé , jusqu'à l'accomplissement du concordat. Il fut homologué avec les clauses ordinaires *nec alias* , *nec aliter.* Le resignataire prit possession réelle publiquement. 18. mois après le resignant decede. Michel Chanceau Religieux se fait pourvoir par l'Ordinaire, de ce Benefice vacant par le décès de Bichon resignant ; le Resignataire allegue sa possession;Chanceau interjette appel comme d'abus de l'execution de l'homologation du Concordat. M. Seguier lors Avocat du Roy se joignit à luy , & appella sur le fondement de la simonie. La cause fut appointée au Conseil; le 7. Septembre 1551. fut prononcé l'Arrêt définitif par lequel la Cour declara nul & abusif tout ce qui avoit été fait en execution du concordat : le même avoit été depuis jugé en la troisième Chambre des Enquêtes en 1557. & avoit auparavant été jugé en 1512. La publication d'un resignataire ne couvre point alors la simonie. *Biblioth. Canon. tome* 2. *page* 296.

21 Le Roy reprenant les derniers errements de l'execution des saints Decrets du Concile General tenu à Reims, le Pape Leon IX. séant, à la plainte de Hugues Abbé de Cluny , a ordonné qu'il sera informé à l'encontre de tous Beneficiers diffamez d'avoir été pourvûs de leurs Benefices par pravité simoniaque. Arrêt en 1556. *Voyez Henrici Progymnasmata*, Arrêt 188.

22 Declaration du Clergé de France , du mois de Decembre 1579. contre les Confidentaires , Pensionnaires illicites , & simoniaques. *Ordonnances de Fontanon* , *tome* 4. *page* 992.

23 Le 27. Juin 1581. fut le fait mis en avant contre un Docteur , qu'il avoit reçû de l'argent pour une Cure, il ordonna qu'il comparoîtroit en personne. *Papon* , *liv.* 3. *tit.* 12. *nomb.* 1.

24 Le fils quoique mineur ne peut être relevé d'une simonie sous prétexte de la reverence paternelle. Jugé le 10. Février 1598. parce qu'en matiere beneficiale les mineurs sont reputez majeurs, & plaident sans Curateur. Depuis & le 23. Août 1630. on reçut la preuve de la simonie qu'une mere avoit commise en l'obtention d'un Benefice en l'absence de son fils qui étoit à Toulouse, lorsque le Benefice, dont étoit question luy fut resigné. *Cambolas* , *liv.* 2. *chap.* 43. *page* 68.

25 La promesse de donner argent pour un Benefice , *ad reamendam vexationem*, n'est point toûjours simoniaque , *ut dicitur ex can.* quæsitum 1. *q.* 3. *& cap. nemo de simon. nam aliud est aliquid dare pro jure quærendo , aliud pro jure quæsito.* La Cour par Arrêt du 27. Août 1598. l'a ainsi jugé ; cet Arrêt est rapporté par *Peleüs* , *liv.* 20. *action* 26.

Eeee

26 Confidence autorisée par Sentence & Transaction declarée nulle par Arrêt du mois de Decembre 1600. *Voyez les Arrêts de M. Louet, let. B. somm.* 10. & *Tournet, lettre B. nomb.* 66.

27 Par Arrêt du 7. Janvier 1605. fut caffé un Contrat simoniaque fait entre l'Evêque de Comenge & le sieur de Lansac, auquel ledit sieur Evêque par ce Contrat faisoit 10000. de pension pour raison dudit Evêché, condamna ledit Evêque à payer les arrerages de deux ans audit sieur de Lanzac, applicables aux reparations de l'Eglise & aux pauvres. *La Rocheflavin, liv. 6. tit.* 31.

28 Arrêt du Parlement d'Aix du dernier Juin 1656. qui a declaré simoniaque la permutation triangulaire des Benefices, ou la resignation d'un Benefice en consideration d'un autre. *Boniface, to.* 1. *li.* 2. *tit.* 26. *ch.* 2.

29 Autre Arrêt du 27. May. 1661. qui a jugé que la convention & concordat par lequel on donne quelque chose pour obtenir un Benefice sans l'homologation du Pape, est simoniaque. Ce même Arrêt a jugé que le dévolutaire n'est pas obligé de continuer la pension imposée sur le Benefice. *Boniface, to.* 1. *liv.* 2. *titre* 25. *chap.* 1.

30 L'on ne peut faire perdre par simonie un Benefice à un resignataire, n'y ayant point de preuve de simonie qui procede personnellement de luy resignataire, mais du chef d'un tiers qui a fait faire la resignation. Arrêt du P. de Paris du 19. Août 1678 *Journ. du Palais.*

ELECTION SIMONIAQUE.

31 *Voyez* le mot *Election, n.* 163. *& suiv.*

SIMONIE IMPRESCRIPTIBLE.

32 Simonie imprescriptible. *Voyez le* 6. *Plaidoyé de M. Daudiguier du Mazet.*

33 Arrêt du 4. Mars 1574. contre un dévolutaire qui opposoit au Titulaire jouïssant depuis 12. ou 13. ans qu'il avoit acheté son Benefice 1000. liv. On jugea qu'encore que le decret *de pacificis* n'ait lieu quand il y a simonie, elle n'est confiderable après 10. ans qui sont reputées en telle matiere, *spatium longi temporis*, Papon, p. 1357. *tiré de M. Bergeron.*

34 Il faut venir dans les dix ans contre le crime de simonie, autrement on n'est point restituable après ledit temps. Jugé par Arrêts du 27. Juin 1581. & 4. Mars 1574. *Tournet, Arr.* 39. *let.* S.

35 Après dix ans le possesseur d'un Benefice ne peut être recherché sous prétexte de simonie. Arrêt du Parlement de Grenoble du 13. Mars 1609. *Basset, tome* 1. *liv.* 6. *tit.* 16. *chapitre* 1. où il rapporte l'Arrêt du Parlement de Paris du 4. Mars 1574.

36 On demande si le crime de simonie se peut prescrire par quelque laps de temps d'autant que par l'usage de la Jurisprudence des Arrêts, il y a des crimes qui se prescrivent par cinq ans; & tous generalement quelconques, de quelque nature qu'ils puissent être, & quelques horribles qu'ils soient, se prescrivent par le laps de 20. ans.

Plusieurs Docteurs tiennent que 13. années suffisent pour lever toute la crainte que ce crime peut causer dans l'esprit de ceux qui l'ont commis. *Guenois*, en ce qu'il a écrit sur la Pratique Criminelle d'Imbert du Clos, *en son Comm. sur le Docteur Flaminius* & Carondas *en ses Pandectes*, les tiennent ainsi. Autrefois cette matiere a été agitée dans l'Assemblée du Clergé de France en l'année 1586. où il fut resolu que 13. ans étoient suffisans pour prescrire contre ce crime. *Du Clos* tient que dix ans suffisent pour cela; tous ces Docteurs assurent que quand le temps on n'est plus reçu en aucune action de complainte; mais le crime de simonie est imprescriptible, & la possession du simoniaque, quelque longue qu'elle soit, ne se peut couvrir par le decret *de pacificis possessoribus.* Jugé en la Grand Chambre du Parlement pour la Cure de Presle, dont Louïs de la Mothe avoit été Titulaire plus de 20. ans après la simonie & confidence; neanmoins Jean Langevin Dévolutaire fut maintenu

contre Jean Duval Resignataire de la Mothe par Arrêt du 15. Février 1655. *Du Fresne, liv.* 8. *chap.* 10. & *Les Définit. Canon. page* 837.

37 Le vice de la simonie ne se couvre point, ni pareillement l'abus qui se trouve d'ailleurs dans une espece de jugement arbitral, quoique rendu depuis plusieurs siecles & executé. En consequence l'Abbaye de Jouarre a été déchargée d'une redevance de dix-huit muids de grains qu'elle payoit à l'Evêque de Meaux. Arrêt du Parlement de Paris le 26. Janvier 1690. *Voyez le Journal des Audiences, tome.* 5. *liv.* 6. *chap.* 1.

SIMONIE, JUGE.

38 Le crime de simonie, est comme on dit, *mixti fori*, de la connoissance du Juge d'Eglise, contre un Ecclesiastique, & de la connoissance du Juge Royal, contre un Laïc. Neanmoins le Juge Royal en peut connoître sans doute contre un Ecclesiastique, même civilement & incidemment dans une instance pendante devant luy; & sur ce principe conforme à la doctrine de *Fevret*, dans son traité de l'*Abus, liv.* 8. *ch.* 2. *nomb.* 5. il fut rendu Arrêt au Parlement de Toulouse le 26. Mars 1669. en la cause du Curé de Gourdon, qui demandoit la cassation d'un Monitoire, que M. le Procureur General avoit eu sur Requête la permission de faire publier pour luy servir dans l'instance d'appel comme d'abus, où étoit revelé le fait de simonie. L'Arrêt joint la Requête à l'instance d'appel comme d'abus, & cependant surseoit à la publication du Monitoire. La raison du surcis fut que le Juge Royal ne pouvant connoître du crime de simonie contre un Ecclesiastique pour l'en punir, mais seulement pour servir civilement dans l'instance pendante, M. le Procureur General ne pouvoit faire publier le Monitoire, qu'après avoir été par un Arrêt contradictoire admis à la preuve; il fut ensuite admis à faire cette preuve par Arrêt du 13. Decembre 1669. *M. de Catellan, liv.* 1. *chap.* 31.

SIMONIE, PAPE.

39 *Papa an labem simonia incurrere possit?* Per Thomam Campegium, *in tract. de autoritate Romani Pontificis.*

40 De quelle espece de simonie le Pape peut dispenser de celle qui est établie par le droit positif & par les constitutions de l'Eglise. *Voyez Du Perrier, livre* 2. *quest.* 1. Voyez cy-dessus les nomb. 9. & 13.

SIMONIE, PENSION ETEINTE.

41 Eteindre une pension sur un Benefice *anticipatis solutionibus* sans l'autorité du Pape est une simonie qui rend le coupable indigne même des Benefices dont il a ensuite été pourvû. Arrêt du Parlement de Toulouse du 13. Decembre 1669. contre le Curé de Gourdan. *Voyez les Arrêts de M. de Catellan, liv.* 1. *chap.* 31.

SIMONIE, POSSESSION TRIENNALE.

42 M. Charles du Moulin, sur la regle *de publicandi, n.* 30. dit que *ingresso per simoniam non prodest triennalis pacifica possessio.*

43 L'Arrêt & Declaration du Roy pour Me. Jean Benoît Curé des saints Innocents, n'a lieu ès pactions simoniaques : & le dévolutaire, quand la resignation a été faite par telles voyes, est bien recevable après la possession de plus de 30. ans. *Carondas, liv.* 1. *rep.* 47.

44 Simonie simplement conventionnelle n'empêche les decrets des *paisibles possesseurs.* Arrêt du Parlement de Toulouse du 3. Mars 1514. Il n'y a que la simonie réelle qui empêche l'effet de ce decret. *Maynard, to.* 1. *liv.* 1. *ch.* 58.

45 Quoique le decret *de pacificis possessoribus* n'ait lieu quand il y a simonie dans la provision, neanmoins on n'est point recevable contre le simoniaque après 10. ans. Arrêt du Parlement de Paris du 4. Mars 1574. *Papon, liv.* 3. *tit.* 12. *n.* 1.

46 La simonie est si odieuse que celuy qui en est coupable ne peut se prévaloir du decret *de pacif. possess.* & que le Pape ne peut le réhabiliter, à l'égard du Benefice pour lequel la simonie a été commise ; ainsi jugé au Parlement de Toulouse le 26. Juin 1651. en-

tte Maroul Curé de Villaudric & Vigonse devolutaire; ce qui doit être entendu , non feulement de la
fimonie réelle , mais encore de la confidence qui empêche tout de même que le poffeffeur triennal ne foit
en fureté : jugé par Arrêt de la Seconde des Enquêtes,après partage porté en la Premiere , contre l'Arrêt de M. de Maynard, depuis lequel a été donnée la
Bulle de Pie V. qui en confirmant celle de Pie IV.
veut que l'on ne faffe aucune différence entre le fimoniaque & le confidentiaire. A quoy paroît fe rapporter l'Ordonnance de 1629. qui joignant la confidence & la fimonie , ordonne qu'on en recevra
également la preuve fuivant les Bulles Canoniques.
Ce font lesBulles desPapesPie IV. & Pie V.qui femblent leur avoir donné une autorité nouvelle. Arrêt
rapporté par M. de Catellan , liv. 1. chap. 31. où il
obferve qu'il avoit été neanmoins jugé le 18. Février
1650. que le décret de Pacif. mettoit à couvert le poffeffeur d'une Chapelle de patronage laïque poffedée
en vertu d'une refignation admife par l'Ordinaire ,
quoyqu'il n'y eût pas lieu de douter que ce ne fût
une fimonie.

SIMONIE, PREUVE PAR TEMOINS.

47 *Mediatores & focii criminis in odium fimonia in teftes admittuntur.* Franc. Marc , to. 1. quest. 475. n. 21.
48 *Du Moulin*, fur la regle de *Publicandis* n. 31. dit, qu'il fut le premier lequel excita & pouffa les Juges laïques & feculiers par plufieurs raifons qu'il ne rap- porte pas , à admettre les faits de fimonie , & même de donner permiffion de les prouver par témoins , & de rendre leurs Sentences fur les preuves qui pour- roient refulter des informations ; il dit qu'il l'a fait ainfi juger deux fois , tant par une Sentence du Pré- vôt de Paris , que par un Arrêt du Parlement.
49 *In fimonia folos teftes fufficere citra ullas auxiliares fche-* *das, judicatum eft menfe Auguft.* 1614. Mornac, authent. *quod pro caufa,* Cod. de *Epifcopis & Clericis, &c.*
50 Le 29. Mars 1629 il a été jugé que la fimonie & con- fidence fe verifient par témoins , ayant commence- ment de preuve par écrit , fondé fur l'énormité du crime de fimonie , lequel le Public a intérêt de repri- mer , *ne fanctuarium Dei in commercio fit , & ne pro* *Epifcopis vel Abbatibus feu quibufcumque perfonis Ecl-* *fiafticis ponendis in fedem vel introducendis in Eccle-* *fiam aliquid exigatur vel detur,* fuivant la prohibition du chapitre *Cum in Ecclef. ext. de fim.* & de droit Canon ce crime eft fi odieux , qu'il eft permis au fer- viteur d'en intenter l'accufation contre fon maître , en ces termes, *tanta eft labes hujus criminis, quod etiam* *fervi adverfus dominos admittuntur ad accufationem,* au chap. *tanta eod. tit.* & au chap. 3. il veut même qu'un chacun foit exhorté à en rendre témoignage. L'Or- donnance de Henry III. faite aux Etats de Blois , art. 6. enjoint aux Archevêques & Evêques d'informer diligemment, fi pour obtenir les nominations & les provifions des Benefices ; n'a été commife aucune fi- monie. *Journal des Aud.* to. 1. liv. 2. ch. 40. & *Bar-* *det,* to. 1. liv. 3. chap. 38.
Même Arrêt rendu au grand Confeil le 1. Août 1678. *Journal du Palais.* Arrêt contraire au Parlement d'Aix du 29. Novembre 1646. qui a rejetté la preuve de fimonie. *Boniface,* to. 1. liv. 2. tit. 27.

SIMONIE D'UN TIERS.

51 La fimonie du pere nuit au fils , auquel il a acquis un Benefice fimoniaquement , quoyque le fils l'ait ignorée. Arrêt du Parlement de Grenoble du 6. Juil- let 1623. Mais après dix ans le Beneficier ne peut plus être inquieté pour la fimonie: jugé le 13 May 1609. *Voyez Chorier en fa Jurifprudence de Guy Pape. p. 56.*
52 Simonie du pere nuit au fils qui l'ignore , s'il a donné caufe à la refignation ou provifion , quoy'il en fût ignorant. Arrêt du 10. Juillet 1623. Baffet , to.1 li. 1. tit. 16. ch. 2.
53 Le fieur de Bourges refignataire de la Cure de Brunay , perdit fa caufe, quoyqu'il n'y eût aucune fi-

Tome III.

monie de fon chef, mais on en accufoit un tiers qui avoit fait faire la refignation , par Arrêt du 19. Août 1678. *Journal du Palais.*

SIMONIE, VACANCE DE BENEFICE.

54 *An & quando per fimoniam inducta fit vacatio Be-* *neficii ipfo jure ?* Voyez *Lotherius , de re beneficiaria ,* *liv.* 3. *queft.* 29.
55 *Conftitutio Gregorii XIII. contra dantes,& C. qualiter* *practicari poffit in inducenda vacatione Beneficii ipfo ju-* *re.* Voyez ibidem. *queft.* 31.
56 Concordat contenant pactions fimoniaques quoy- que homologué en Cour de Rome , fait vacquer le Benefice. Arrêt du Parlement de Paris du 7. Septem- bre 1551. qui reçut M. le Procureur General appellant comme d'abus , & declare abufif un concordat,lequel portoit que fi le refignataire prétendoit , ou étoit en demeure après deux ans d'executer ce qu'il avoit promis , le furvivant recouvreroit le Benefice. *Papon,* *liv.* 2. *tit.* 8. *n.* 10.
57 Arrêt du Parlement d'Aix du 23. Février 1639. qui a jugé que la fimonie du pere pour obtenir un Bene- fice à fon fils , fait vacquer le Benefice , quoyque le fils en foit ignorant. Ce même Arrêt a jugé que la regle de *triennali poffeffore* , n'affure pas le poffeffeur d'un Benefice qui eft fimoniaque , non pas même la poffef- fion de dix ans. Boniface , to. 1. liv. 2. tit. 26. ch. 1.

SINDIC.

1 LE Sindic , eft celuy qui eft chargé des affaires d'u- ne Communauté. *Syndicus.*
De *Syndico. Extr.* 1. 39.
Quod cujufque univerfitatis nomine , vel contra eam *agatur.* D. 3. 4. Ce Titre parle des Sindics.
2 Des Sindics directeurs & autres adminiftrateurs des corps & communautez , de leur nomination & pou- voirs , des engagemens des Sindics & autres prépo- fez , & des engagemens des communautez à leur égard. *Voyez* le 2. tome des Loix Civiles , liv. 2. tit. 3.
3 Sindics des communautez d'habitans. *Voyez* le mot *Communautez. nomb.* 83. & fuiv.
4 Il faut élire un Sindic , lorfqu'un Curé forme une demande , ou un particulier contre une communauté. *Voyez* le mot *Plaider* , n. 23.
5 Le Procureur Sindic d'une Ville ne peut fe prefen- ter fes caufes , fans exprimer fon nom. Arrêt du Par- lement de Dijon du 19. Novembre 1614. *Bouvot* , to.1. part. 1. verbo *Sindic.* Il n'appartient qu'au Roy de prefenter fes caufes fous le nom du Procureur Ge- neral.

SINDICS DU CLERGE'.

6 *Voyez le petit Recüeil de Borjon,* to. 2. à la fin.

SINDIC, DIRECTEURS.

7 Des Sindicats entre creanciers. *Voyez le Traité des Criées par M. Bruneau, ch. 19. p.* 247.
8 De Sindicatu officialium. Per Ang. de Perutio.
Per Ang. de Periglis.
Per Amodeum Juftinum.
Per Antonium Rondinellum.
Per Cataldinum de Boncompagnis.
Per Paridem de Puteo.
Et per Raynaldum Lonzon. Regium auditorem in *Regno Neapoli.*

SINDIC DE THEOLOGIE.

9 Sindic de Theologie. *Voyez* hoc verbo , *la Biblio-* *theque du droit François par Bouchel.*

SINODE.

1 DE Synodo Epifcopi , & ftatutis Epifcopalibus. Per Henricum Botils.
2 *De convocatione Synodi.* Voyez *Pinfon, titre de cen-* *fibus.* 6. 9.
3 Arrêt du Parlement de Paris du 11. Août 1583. qui a jugé qu'un Curé exempt n'eft pas tenu d'affifter per- fonnellement au Sinode , il fuffit qu'il y envoye un Procureur. Jugé en faveur d'un Chapelain de la fain

re Chapelle , lequel étoit Curé de l'Eglise de saint Pierre de Boissleray Diocése de Sens. *Voyez Pinson, de Censibus.* §. 9.

Voyez le mot *Concile.*

4   Des Sinodes & assemblées de ceux de la Religion prétenduë reformée. *Voyez les Décisions Catholiques de Filleau , Décision* 98.

S O C I E T E'.

DE Societate. *Inst.* 3. 16.
     Pro socio. D. 17. 2.... C. 4. 37.... Paul. 2. 16. *Titulus est , Pro socio : id est , Actio pro socio , que ex utroque latere est directa. Nominis & tituli ratio desumitur ex formulâ : Quod pro socio , communiterve gestum est. L. 65. §. si post hoc tit.*

De societate prædiorum maritimorum , ad piscatorias remoras constituendas, etiam ab invitis ineunda. Leon. N. 101. & 103. Société force ; pour la pêche & la Marée. Au commencement de la Novele 102. l'Empereur Leon fait l'éloge du contrat de société.

Société ou communauté d'intérests , qui se trouve en plusieurs rencontres. *Leon.* N. 70.

1   De la nature de la société, comment elle se contracte , des diverses sortes de societez , des engagemens, des associez , de la dissolution de la société, de l'effet de la société à l'égard des heritiers des associez. *Voyez* le 1. tome *des Loix Civiles, liv.* 1. tit. 8. & suiv.

2   *Felicius de societate.* vol. in 40. 1666.

Voyez le tit. 4. de l'*Ordonnance de* 1673.

3   Des communautez & societez. *Voyez* Coquille, to. 2. *instit.* au Droit Fr. page 58. & Papon, liv. 15. tit. 2.

4   De la rupture ou continuation des societez. *Voyez* cy-dessus le mot, *Séparation,* n. 121. & suiv. & Henrys, tome 1. liv. 4. chapitre 6. quest. 93. & tome 2. liv. 6. question 15.

5   *Societas in quâ unus pecuniam præstat , alter autem operas: opera impensis cujus præstabuntur?* Voyez Franc. Marc. tom. 1. quest. 888.

6   *Socius qui operas ponit , si foras proficiscatur , expensæ communis societatis sumptibus fieri debent.* Ibid.

7   *Societas inita cum superiore non valet.* Ibidem, tom. 2. quest 379.

8   *Socias quomodo inæqualitatem lucri & damni admittat ?* Voyez Anér. Gaill. lib. 2. observ. 14.

9   Des personnes qui peuvent contracter société, & de la forme de la société. *Despisset,* tome 1. p. 120.

9   Société contractuelle differe de la société conjugale. *Voyez* M. Louët, let. S. somm. 13.
bis.

10   En fait de société, le Livre de raison de celuy qui a charge par ses associez de le tenir, fait pleine preuve entr'eux. Mornac, *ad* L. 5. C. de edendo.

11   En matiere de société où l'un contribuë l'argent & l'autre l'industrie , l'argent n'est point fait commun, ni le peril d'iceluy ne touchera nullement celuy qui contribuë l'industrie. Fachin, li. 1. chap. 95. & 96. La Peirere, let. S. nomb. 47. dit, La raison de douter se prend de la Loy 1. ff. pro soc. qui veut que ce qui est porté dans la société est fait commun entre les associez ; mais comme celuy qui contribuë seulement l'industrie ne met rien de réel dans la société. il n'est pas juste qu'il ait part à ce qui est porté par l'autre ; & par cette même raison , il ne court pas aussi risque de ce que l'autre a porté.

12   Société & donation mutuelle faite par Testament entre deux filles, la donation a été jugée bonne, par Arrêt du 17. Novembre 1554. Carondas , livre 7. Réponse 70.

13   Un cheval commun peut être vendu pour une amende ajugée contre l'un des associez , sauf leur remboursement contre le coupable. Arrêt du Parlement de Dijon du 2. Août 1574. *Bouvot,* tom. 2. verbo, *Société, Communauté, quest.* 41.

14   L'associé faisant quelque chose à part & contre l'avis de la Compagnie, se départ de la société, & en est tenu à ses associez, & de leurs dommages & interests.

Frauder son Compagnon est un grand crime. Arrêt au Grand Conseil du mois de Septembre 1607. *Pelcus , quest.* 163.

15   L'associé qui dit avoir été volé, est obligé de dresser état de son voyage. Arrêt du Parlement de Dijon du 11. Janvier 1609. *Bouvot , tom.* 2. verbo , *Société, Communauté, quest.* 7.

16   Si un associé peut sous-amodier sans le consentement de l'associé , la chose amodiée : & si l'association est en bétail baillé à moitié croît & décroît, qui est pris & enlevé par des Soldats , le peril doit être commun;& si l'un des associez peut prendre les lods, & renoncer au droit de retraite, au préjudice des autres associez ? Ibid. quest. 32.

17   Le Maître & chef de la Communauté, peut obliger valablement pendant le temps de son administration, ses associez. Arrêt du 5. Juin 1655. *Voyez Henrys, tome* 2. *liv.* 4. quest. 52. Voyez M. Loüet , *lettre S. somm.* 13. où il parle d'un acte qui ne concerne pas la société.

18   Si la societé est tenuë du dommage arrivé à celuy qui travaille pour la chose commune? Arrêt du Parlement d'Aix du mois de Juillet 1673. qui ordonna la preuve de l'imprudence de ceux qui commandoient, & autres faits. *Boniface,* tome 4. *liv.* 8. titre 10. chapitre 2.

19   Henrys , tome 1. liv. 4. chap. 6. quest. 50. dit que la dot payée des deniers de la société , ne peut être répetée ni imputée à la part de l'associé.

SOCIETE', ASSOCIATION.

Voyez le mot , *Association.*

20   Association de tous biens se peut rescinder. *Voyez* le mot, *Restitution,* n. 60. & 61.

SOCIETE' EN COMMANDITE.

21   Ce qu'on nomme dans le commerce *Société en commandité* , n'est autre chose qu'une société, où l'un des associez fournit l'argent ; & l'autre sous le nom duquel le commerce se fait, son industrie, à la charge de partager entr'eux le profit. *Vide Fachin. lib.* 1. *Controversiarum.*

SOCIETE', COMPTE.

22   *Voyez* le 6. Plaidoyé de M. Patru, prononcé en la Cour des Aydes au mois de Juin 1653. il s'agissoit de faire condamner des associez à rendre compte d'une société.

SOCIETE', DETTES.

23   Des dettes de Société. *Voyez* le mot , *Dettes , nombre* 126.

24   Toutes obligations n'obligent pas l'associé qui n'a pas contracté, mais seulement celles qui sont, ou se justifieront concerner la société ; ce qui se présumera par la qualité , quantité & temps de l'obligation. 2. Et encore en ce cas l'associé ne sera obligé que jusques à la concurrence de la société. 3. Mais si les associez étoient Marchands Banquiers, ou qu'il s'agît de deniers Royaux, ils pourront être convenus solidairement pour telle obligation. Coquille,*instit. des Communautez,* vid. Chopin, *Parisil.* 2. tit. 1. n. 11. vid. Loüet, & Brod. let. S. n. 13. vid. Mornac, *ad* L. 27. ff. pro socio. 3. id. Maichin, tit. 7. art. 1. ch. 4. 2. M. la Peirere, en ses Décisions du Palais , let. S. nomb. 48. dit , Cela est conforme à la Loy 82. ff. pro socio, & la necessité du commerce, & le privilege des deniers Royaux, a baillé lieu à la solidarité qui se pratique parmi nous,& au surplus , je crois qu'en fait de société generale de tous biens , telles obligations sont pareillement solidales.

Arrêt du 21. Août 1669. donné en la Grand'Chambre, au rapport de M. de Maran , entre M. Roüard, Conseiller au Parlement , & les Vinatiers, Marchands de Dauphiné : jugé qu'il n'y avoit point de solidarité entre des associez , concernant le récouvrement des effets de la société, respectivement prétendus les uns contre les autres.

Arrêt du 5. Decembre 1671. donné en la Grand'Chambre, au rapport de M. de Maran : jugé qu'un

affocié ayant été condamné folidairement à la Bourfe, avec contrainte par corps envers un Créancier de la fociété, le condamné ayant payé, avoit pareille contrainte par corps contre l'affocié pour le rembourfement de fa moitié.

25 Le chef de la fociété oblige tous les affociez quand il contracte pour le fait de la fociété. V. Henrys. to. 2. liv. 4. queft. 52.

26 Celuy qui eft en fociété de tous biens, avec convention, qu'on ne pourra contracter dettes fans confentement, ne peut obliger fes autres affociez. Arrêt du Parlement de Dijon fans date, rapporté par Bouvot, tome 2. verbo, Société, Communauté, queft. 2.

27 Si le Créancier eft tenu de prouver, que les deniers prêtez à l'un des affociez, font tournez au profit de la Communauté. Ibid. queft. 9.

28 Deux affociez achetent à credit des marchandifes ; un créancier de l'un des deux fait faifir la part de fon debiteur, telle faifie n'eft valable, & l'autre affocié peut s'y oppofer & empêcher l'effet d'icelle, jufqu'à ce que le prix des marchandifes foit payé. Ibid. queft. 20.

29 De la claufe prohibitive d'emprunter par un de la fociété que jufqu'à certaine fomme. Arrêt du Parlement de Grenoble du 24. Mars 1635. qui fans avoir égard à cette claufe prohibitive, condamne les heritiers à payer les fommes legitimément dûës aux créanciers du défunt avant fa mort, & qui fe trouvoient inferées dans fes Livres ; outre que de la part des heritiers il y avoit approbation des emprunts, telles claufes ne peuvent nuire aux créanciers à qui elles font inconnuës, elles doivent leur être fignifiées, ou enregiftrées dans les Greffes, ou infcrites dans un Tableau affiché au lieu où fe fait le négoce. Baffet, tome 2. liv. 4. tit. 21. chap. 1.

30 De la préference d'obligation fur le fond d'une fociété. Jugé au Parlement de Grenoble le 22. Août 1637. que les dettes faites pour la fociété, font préferables aux étrangeres, que l'un de la fociété ayant contractées en fon propre, quoy qu'anterieures à la fociété. Ibid. liv. 5. tit. 2. ch. 11.

31 Entre affociez des dettes contractées par l'un d'eux, autres que pour le fait de la fociété, ne peuvent être prifes fur la Communauté. Arrêt du Parlement de Roüen du 11. Mars 1681. Un pere prend une Ferme avec deux de fes enfans ; les deux freres pendant ce bail prirent des heritages en fief d'un Chanoine de Courance ; n'étant point payé de fa rente, il fe pourvût contre le fils aîné, en qualité d'heritier de fon pere ; mais ayant oppofé que cette dette contractée par fes deux freres n'étoit point de la Communauté d'entre leur pere, il en fut débouté. Baffnage, fur l'art. 389. de la Coût. de Normandie.

32 Titius affocie Mœvius avec luy dans un commerce, avec faculté à Mœvius de s'affocier à qui bon luy femblera ; mais à la charge que Titius ne connoîtra pour affocié, & ne fera obligé de conferer qu'avec Mœvius ; celuy cy ayant prefqu'auffi tôt fait déclaration de tout fon intérêt au profit de quatre particuliers, il demeure neanmoins tenu de moitié des charges de la fociété, fans pouvoir prétendre n'être qu'un prête nom, & il n'a que fon recours fubfidiaire contre ceux aufquels il a cédé fes parts dans la fociété.

Titius de fon côté ayant affocié Sempronius pour un quart dans fa moitié, s'y étant contracté plufieurs dettes pour les affaires de la fociété principale, dans lefquelles Sempronius s'étoit obligé indéfiniment ; & Titius étant devenu infolvable, Mœvius n'a point d'action directe contre Sempronius, qui n'a point été fon affocié pour luy faire acquiter les dettes que devoit Titius ; mais il peut feulement, comme exerçant les droits de Titius, faire contribuer Sempronius au payement d'un quart dans cette moitié ; & il doit porter les trois autres quarts, fauf fon recours contre ceux,

au profit defquels il s'eft démis de fa part en ladite fociété. Ces deux queftions ont été jugées au Parlement de Paris le 13. Mars 1690. Journal des Aud. tome 5. liv. 9. chap. 8.

DISSOLUTION DE LA SOCIETE'.

33 La diffolution de la fociété doit être fignifiée aux Marchands qui fourniffoient les affociez, alias, ils demeurent obligez l'un pour l'autre, de même que fi elle continuoit toûjours. Arrêt du 20. Novembre 1564. Papon, liv. 15. tit. 2. n. 28.

FEMMES DES ASSOCIEZ.

34 Société de tous biens entre mary & femme par Contract de mariage, declarée bonne au Parlement de Dijon en 1567. Bouvot, tome 1. partie 3. verbo, Heritier.

35 Société, & des femmes des affociez qui ne peuvent être préferées aux Créanciers de la fociété fur les effets de ladite fociété. Arrêt du Parlement de Paris du 25. Janvier 1677. De la Guess. tome 3. liv. 11. ch. 3.

SOCIETE' ENTRE FRERES.

36 Société préfumée & fon execution ordonnée entre freres qui avoient eu une même habitation & jouiffance, comme d'un heritage baillé à rente. Arrêt du Parlement de Touloufe le 18. Novembre 1569. Mainard, liv. 7. chap. 54.

37 Société entre freres, & leurs defcendans en tous & chacuns leurs biens, pour long-temps de pere en fils continuée, eft cenfée durer toûjours ; même elle a été étenduë aux acquifitions par eux faites. Arrêt du Parlement de Touloufe du 2. Août 1582. Voyez Maynard, tome 1. liv. 2. chap. 71.

38 Le 11. Juillet 1627. il a été jugé que quoyque deux freres euffent été pendant plufieurs années en Communauté de biens, cela n'induifoit pas qu'ils euffent été en fociété, & par confequent qu'ils n'étoient point tenus des dettes l'un de l'autre. Cambolas, livre 5. chapitre 42.

39 Jugé au Parlement de Paris le 31. Août 1652. que dans une fociété entre trois freres, l'on avoit pû ftipuler qu'après le décès de l'un, fes enfans fuccederoient en fa place par têtes & égales portions à celles des autres affociez. Voyez Henrys, tome 2. livre 4. queftion 11.

SOCIETE', INTERESTS.

40 Arrêt du Parlement d'Aix du mois de Juin 1661. qui déclara les interêts être dûs à l'affocié des fommes qu'il a mifes dans la fociété. Boniface, tome 4. liv. 8. tit. 10. chap. 3.

SOCIETE', MINEUR.

41 Société contractée avec un mineur avec des Marchands de Lyon ou autres, ne le fait pour cela réputer majeur ; prenant Lettres il pourra fe faire relever de la fociété. Arrêt donné en l'Audience, le Parlement féant à Tours, le 2. Janvier 1593. Biblioth. de Bouchel, verbo, Société.

SOCIETE', MORT DES ASSOCIEZ.

42 Societas an uno ex fociis mortuo fopita fit, & an locatio ad hæredes tranfeat ? Voyez Franc. Marc. tom. 1. queft. 626.

43 Si l'affocié peut contraindre fes heritiers, avec lefquels il avoit pour certain temps contracté fociété, de demeurer & perfeverer en ladite fociété après fa mort ? Carondas tient pour l'affirmative, & dit qu'il eft permis au Teftateur d'ôter l'émolument de fa fucceffion à fon heritier fous cette condition, s'il ne fatisfait & obéit à fa volonté. L. unica C. quæ pœnæ nom. &c. & §. fin. Inftitut. de legat. Carondas, livre 5. Réponfe 43.

44 Il eft certain par la difpofition du Droit Romain, que la fociété finit par la mort. L. 4. L. 35. & L. 59. Le Jurifconfulte dit en ladite Loy 35. que nemo poteft hæredi fuo parare focietatem ; fic ut ipfe hæres focius fit ; mais nos Coûtumes ne fe conforment point toutes à cette difpofition ; la Coûtume d'Auvergne la fait paffer jufqu'aux defcendans, tit. des Affociations, art. 2.

lors qu'il eſt ainſi convenu & arrêté, & quand même il y auroit eu partage, ce qui fut ainſi jugé en ladite Coûtume, par Arrêt du 31. Août 1652. rapporté par *Henrys*, tome 1. liv. 4. queſt. 11. tome 2. & en ladite queſtion, il traite la queſtion de ſçavoir, ſi le mary qui eſt aſſocié avec la femme en la même Coûtume, & avec convention de ſuccéder, peut faire pareille convention avec un autre, *V. cy-après le n. 55.*

46 En quel cas la ſociété ſe tranſmet aux heritiers, & la mort de l'un d'iceux ne finit pas la ſociété. *Voyez Duperrier, liv. 2. queſt. 6.*

SOCIETE' DE NOTAIRES.

47 *Societas inter Notarios rejecta ut bonis moribus contraria.* Arrêt du 8. Février 1612. Mornac, *L. 54. ff. pro ſocio.* Filleau, *part. 3. tit. 4. ch. 13. & le mot, Notaire, n. 229. & & ſuiv.*

SOCIETE', PERE ET FILS.

48 S'il y a ſociété entre le pere & le fils, après le décés du pere le fils prendra par préciput la part qui luy doit appartenir à cauſe de ladite ſociété. Arrêt du 26. Janvier 1658. *Carondas, liv. 4. Rép. 93.*

49 La ſociété n'eſt préſumée contractée entre le pere, mere & leurs enfans qu'ils marient, s'il n'y a ſociété contractée par exprès, & la part des meubles & acquêts faits durant le premier mariage, avec les choſes données, doivent être renduës aux enfans du premier lit. Bouvot, tome 2. verbo, *Société, Communauté, queſtion 10.*

SOCIETE', PREUVE.

50 Si l'on peut prouver par témoins qu'une ſociété a été contractée verbalement. *Voyez* le mot *Preuve, nombre 142. & ſuiv.*

51 Nul n'eſt recevable à prouver un ſociété par Témoins. Mornac, *ad L. 31. ff. pro ſocio.* J'ay pourtant vû juger, dit *La Peirere, let. T. n. 14.* que bien qu'il n'apparoiſſe point d'acte de la ſociété, la preuve d'icelle eſt recevable par écrit & par témoins conjointement.

Arrêt rendu au Parlement de Bourdeaux le 28.Juillet 1645. en la premiere des Enquêtes, au rapport de M. Denis, entre Tourterel & Candau : jugé qu'une ſocieté ne ſe pouvoit verifier par Témoins. *La Peirere, ibid.*

SOCIETE' DE TOUS BIENS, SUCCESSION.

52 Si en Contract d'aſſociation, la convention que l'un ſuccedera à l'autre, & ſera ſon heritier, vaut à l'excluſion des heritiers *ab inteſtat,* avenant leur décés ſans enfans, & ſi la ſociété paſſe à l'heritier, ou ſi elle eſt diſſoluë par la mort ? *V. Bouvot, 10. 2. verbo, Société, Communauté, queſt. 13.*

53 De la ſociété, communauté & compagnie d'entre freres & ſœurs, & autres parens, même entre étrangers, gens uſans de leurs droits, qui ont demeuré enſemble par an & jour, vivans à communs dépens, & ſe communiquans leurs profits, comme il eſt marqué dans les Coûtumes de Chartres, art. 61. de Dreux 165 de Troyes 101. de Chaumont 75. de Poitou 231. & de Bourges, tit. des Societez, art. 1. & en celle de Nivernois, art. 1. 2. & 3. tit. des Communautez. *Voyez Papon, liv. 15. tit. 2.*

54 Le mary qui eſt aſſocié avec ſa femme, & avec convenance de ſuccéder, ne peut faire pareille aſſociation & convenance avec un autre. *Avis d'Henrys, tome 2. liv. 4. queſt. 12.*

55 *Henrys,* tome 1. liv. 4. ch. 6. queſt. 51. établit qu'entre les perſonnes aſſociées en tous biens, ſi la fille d'un des aſſociez eſt mariée pendant la ſociété, la dot de cette fille doit être priſe ſur tous les biens de la Communauté & non pas en particulier ſur la part du pere de la fille ; il ajoûte une exception à cette regle, pourvû que la dot ait été payée pendant la ſocieté : car ſi après la diſſolution de la Communauté, elle ſe trouve encore dûë, elle ſera ſupportée par le pere ſeul. *Henrys* dit qu'il a été ſouvent conſulté ſur cette matiere par les Villageois de la Province ; ſur

cela il faut obſerver que le Pays de Forêts eſt d'un côté limitrophe à la Province d'Auvergne, & de l'autre à celle du Bourbonnois, où ces ſortes d'aſſociations & de communautez ſont dans un frequent uſage; mais dans la Province du Lyonnois elles ſont fort rares.

56 La ſociété dure juſqu'à ce que l'inventaire ſoit fait, & clos, & un nommé Cromer fut condamné par Arrêt de 1531. à bailler moitié des biens de la ſociété, autrefois contractée avec le pere des enfans demandeurs. *Papon, liv. 15. tit. 2. n. 9.*

57 Aſſociation entre étrangers, avec promeſſe que le ſurvivant ſuccedera au défunt décedé ſans enfans de loyal mariage, doit avoir ſon effet au préjudice du Teſtament du défunt. Arrêt du 12. Decembre 1562. *Papon, liv. 15. tit. 2. n. 28.*

58 Trois freres Marchands de la Ville de Limoges, paſſent un écrit portant aſſociation de tous biens qui pourroient à l'avenir leur échéoir par droit de ſucceſſions, quelles qu'elles ſoient, avec ſerment & promeſſe de le confirmer pardevant Notaires. Depuis le pere fait ſon Teſtament, par lequel il inſtituë l'un d'eux ſon heritier. Celuy-cy prend Lettres de Reſciſion contre l'écrit. Arrêt du Grand Conſeil du 27. Janvier 1573. confirmatif d'autre Arrêt du Parlement de Bourdeaux, qui les avoit entherinées. *Papon, li. 15. tit. 2. nombre 28.*

59 Jugé au Parlement de Paris le 17. Janvier 1689. que la ſocieté n'avoit pû continuer avec un poſthume, quoique par avis des parens. *Henrys, tome 2. livre 4. queſtion 52.*

SOCIETE', TUTEUR.

60 Si le Tuteur eſt entré dans une ſociété maritime & y a employé les deniers de ſon pupille qui ſont perdus avec ceux des autres aſſociez, ce Tuteur n'auroit pas droit de réperer des aſſociez ces deniers qui auroient été perdus dans un naufrage, ou dans quelque autre commun accident. Arrêt du Parlement de Grenoble du 12. Août 1612. *Baſſet, to. 2. li. 4. tit. 13.*

SOCIETE' TACITE.

61 *De tacitâ ſocietate.* Voyez *Franciſci Stephani, Deciſion. 64.*

62 *In tacitâ ſocietate quæſitum de pecuniâ communi ad ſocios ex æquo pertinet, licet inæqualem pecuniam contulerint, ſi modò partes non ſunt conſtituta. Geometrica proportio non arithmetica in negotio ſocietatis attenditur,* Voyez ibid. *Deciſ. 84.*

63 Societez tacites qui ſe forment, ou ſe contractent entre deux ou pluſieurs perſonnes, par la demeure commune, mélange de biens, vie, bourſe & dépenſe commune & autrement que par le mariage. *Voyez* le Traité fait par M. le Brun, inſeré dans ſon *Traité de la Communauté.*

SODOMIE.

1 Eſt *Dictum de his qui luxuriantur contra naturam. N. 77... N. 141.* Vide *Notas Gotofredi.*

2 *Adulterii malum vincit fornicationem, vincitur ab inceſtu. Pejus enim eſt cum matre quam cum alienâ uxore dormire : ſed horum omnium peſſimum eſt, quod contra naturam fit : ut ſi vir membro mulieris non ad hoc conceſſo utatur, hoc execrabilius fit in meretrice, ſed execrabilius in uxore.* Canon. adulterii 32. queſt. 7.

3 *De Sodomiticâ immanitate, ad L. cum vir. nubit. C. ad Leg. Julii de adultér.* Per Hieronymum Magium, Anglarenſem libri quinque.

4 Du crime de Sodomie. *Voyez Franc. Marc.* en ſes Déciſions du Parlement de Dauphiné, tome 2. q. 895. La nouvelle édition des Oeuvres de *M. Charles Du Moulin*, tome 5. pag. IX. col. 1.

5 *Licet peccatum ſodomiticum ſit majus adulterio, tamen propter hoc non debet dimitti conjux, niſi vir vellet attrahere uxorem ad illud crimen.* Voyez *Franc. Marc. to. 2. queſt. 739.*

6.   *Qualiter inducta sit vacatio Beneficii per apostasiam à naturâ* Voyez *Lotherius*, *de re Beneficiariâ*, & *les Définit. Can. p.* 205.

7.   Du crime de sodomie, & de la peine que merite un clerc coupable. Voyez *Lotherius*, *de re Beneficiariâ*, *li.* 3. *quæst.* 31.

8.   *Ipso jure perdit Beneficium, is qui crimen sodomiticum commisit.* Ce crime est appellé *Apostasia à naturâ.* Voyez *Rebuffe*, 3. *part. praxis Benef. C. de modis amittendi Beneficia*, *n.* 38.

9.   *De sodomiâ vitio illo nefando & super omnia detestando.* Voyez *Julius Clarus*, *li.* 5. *Sententiarum.* où il est parlé de la peine de ce crime. *In oppido Talaverâ fuit combustus quidam qui propriam uxorem contra naturam carnaliter cognoverat.* Voyez, les additions qui sont à la fin de l'ouvrage du même Autheur, § *Sodomia.*

10.   Le crime de sodomie merite la peine du feu. Arrêt du 1. Février qui condamné Nicolas Dadon, lequel avoit été Recteur en l'Université de Paris, a été pendu & brûlé avec le procez. *Papon*, *liv.* 22. *tit.* 7. *nomb.* 3. Bouteille *en sa Somme rurale*, dit que de son temps on leur coupoit le testicule pour la premiere fois, & le membre viril pour la seconde.

11.   La peine du crime de sodomie. Arrêts de 1557. & du mois d'Avril 1584. *Papon*, *li.* 24. *tit.* 10. *n.* 6.

12.   Un particulier soupçonné du crime de sodomie fut constitué prisonnier à la requête de Monsieur le Procureur General, il sortit en vertu d'un Arrêt. La Cure de Nyort Diocese du Mans vint à vaquer ; il la requit comme gradué ; le sieur Bouteiller moins ancien en fit la requisition ; il obtint une Sentence par défaut au Présidal du Mans qui le maintenoit dans la Cure, & en cas d'appel la récreance : appel, parce qu'il opposoit l'antiquité de ses degrez, & qu'il étoit licentié de Theologie ; pour combattre ce moyen, il répondoit que l'appellant étoit indigne, parce qu'il avoit été soupçonné, *de crimine pessimo* : il y avoit eu un decret de prise de corps contre luy en 1677. & avoit été arrêté en 1681. Il est vray que par Arrêt rendu au mois de May 1682. il fut renvoyé de l'accusation, ordonné que les prisons luy seroient ouvertes, & néanmoins à l'avenir il ne possederoit aucune principalité, regences & autres emplois pour l'éducation & instruction de la jeunesse. Bouteiller disoit que la maxime *quod absolvit notat*, étoit très-veritable en cette espece, & que l'Arrêt faisoit une note sanglante contre la conduite de C. qu'il étoit infame *apud bonos & graves viros* par cette condamnation, & qu'un Curé de campagne, qui devoit instruire & préparer les jeunes gens de l'un & l'autre sexe, pour recevoir les Sacrements, devoit être non seulement exempt de crime, mais encore de tout soupçon, & que s'il avoit pû abuser de son authorité sur les jeunes écoliers à Paris, que ne feroit-il point à la campagne, où les enfans sont nourris dans la simplicité. On ajoûtoit que le scandale que causeroit la connoissance de cet Arrêt, & le peril qu'il y avoit de confier l'administration des Sacrements & l'instruction des jeunes gens à un homme si mal noté, devoit faire un obstacle & un empêchement perpetuel contre luy pour les Cures. La chose bien examinée, tous Messieurs de la Grand'Chambre fûrent d'avis que c'étoit une cause legitime d'exclusion ; il y eut Arrêt du 10. Decembre 1687. Voyez *M. Duperray*, *liv.* 3. *ch.* 8. *n.* 6. il étoit Avocat dans la cause.

S O E U R S.

DE la dot des Sœurs en Normandie. Voyez le mot *Dot*, *n.* 406.

S O L D A T.

DE *re Militari.* D. 49. 16... C. 12. 36... C. Th. 7. 1. Des Soldats, de leurs priviléges, fonctions, payes, pécule, crimes, peines, &c. Des Officiers d'armée, & de l'Art militaire.

Qui militare possunt, vel non possunt : & de servis ad militiam vel dignitatem aspirantibus : & ut nemo duplici militiâ, vel dignitate & militiâ simul utatur. C. 12. 34.

Quid probare debeant ad quamcumque militiam venientes. C. Th. 7. 2.

Negotiatores ne militent. C. 12. 35.

De castrensi peculio militum & præfectianorum. D. 49. 17... C. 12. 37. *Præfectiani erant apparitores Præfecti Prætorio.*

De bonis militum. C. Th. 5. 4.

De testamento militis. D. 29. 1. &c. Voyez cy-après *Testament.* § Testament militaire.

De veteranorum & militum successione. D. 38. 12.

De veteranis. D. 49. 18. *ult.* ... C. 12. 47... C. Th. 7. 20. Veteran, est un Soldat qui a son congé après avoir servi vingt ans. Privileges des veterans.

De captivis, & postliminio reversis, & redemptis ab hostibus. D. 49. 15.

De his qui, non impletis stipendiis, sacramento soluti sunt. C. 10. 54. Ce Titre parle de l'exemption que les Soldats congediez, ont des charges publiques, dans certains cas.

Quibus muneribus excusentur hi, qui, post impletam militiam vel advocationem, per Provincias, suis commodis vacantes, commorantur ; & de privilegiis eorum ; & de conductoribus vectigalium fisci. C. 10. 55. Exemptions & privileges des Soldats anciens.

De Officio Magistri militum. C. 1. 29... C. 12. 3. & 4. *Magister militum* étoit, à peu-prés, le même Officier que le Connêtable en France. V. Connêtable.

De apparitoribus Magistrorum militum, & privilegiis eorum. C. 12. 55... C. Th. 8. 3. *Hi Apparitores censentur milites.*

De comitibus rei militaris. C. 12. 12.

De restitutionibus militum, & eorum qui reipublicâ causâ absunt. C. 12. 15.

De uxoribus militum, & eorum qui reipublicâ causâ absunt. C. 2. 52. Par ce titre & le précedent, ceux qui sont à la guerre ou dans un voyage fait pour le service du public, & leurs femmes qui les ont suivis ; sont relevez du dommage que l'absence leur a pû causer, & peuvent recouvrer le profit qu'ils ont manqué de faire.

In quibus causis militantes fori præscriptione uti non possunt. C. 3. 25. *Militantes*, dans ce Titre, ne signifient pas les Soldats, mais des Officiers de la Maison du Prince, qui ne joüissoient pas du droit de *Committimus* en de certaines affaires.

Quando liceat unicuique, sine judice, se vindicare, vel publicam devotionem. C. 3. 27. Ce Titre parle des Soldats deserteurs. *Publica devotio, est Militia : quia Milites sunt publicè devoti.* De sorte que, *vindicare publicam devotionem*, signifie, arrêter un Soldat deserteur, qui blesse *publicam devotionem*, son engagement.

Quibus militantibus, ad urbem non liceat accedere. C. Th. 14. 11.

De Classicis. C. 11. 12... C. Th. 10. 23. Soldats destinez à nettoyer les batteaux, & veiller à la commodité de la navigation.

De fundis limitrophis, & terris, & paludibus, & pascuis, & limitaneis, vel castellorum. C. 11. 59. Défense aux particuliers de posseder les fonds destinez à l'entretien des Soldats qui gardoient les frontieres.

De erogatione militaris annonæ, & quis militaris cibus esse debeat. C. 12. 37... C. Th. 7. 4. Des rations & étapes.

De exactione & translatione militarum annonarum. C. 12. 39. C. Th. 7. 5.

De tractatoriis & stativis. C. 12. 52... C. Th. 8. 6. Des routes, étapes & sejours.

De Primipilo. C. 11. 63... C. Th. 8. 4. *Primipilus est Decurio prima cohortis. Est etiam annona quæ dabatur Primipili centurionibus, ut inter milites distribueretur :* Les rations.

De militari veste. C. 12. 40 . . . C. Th. 7. 6.

De metatis, & epidemeticis. C. 12. 41 . . . C. Th. 7.
8. *Metata*, Les logemens des gens de guerre : *unde*
Metatores, Maréchaux des logis qui marquent les logemens. *Epidemetica*, est l'argent qu'on donnoit pour
être dispensé du logement.

De salgamo hospitibus non præstando. C. 12. 42 . . .
C. Th. 7. 9. Salgamum signifie ici ce que nous appellons l'Ustencile des Soldats. Ce Titre leur défend d'e-
xiger l'Ustencile de ceux chez qui ils logent; les exactions leur sont défenduës.

De commeatu. C. 12. 43 . . . C. Th. 7. 12. Congé donné aux Soldats pour un certain temps.

De Tyronibus. C. 12. 44 . . . C. Th. 7. 13. Ce Titre
s'entend de ceux qui s'enrôlent pour la guerre, aussi-
bien que des autres Apprentifs: Des soldats de Mili-
ce, ou de Recruës.

Qui à præbitione Tyronum & equorum excusentur. C.
Th. 11. 18.

De Burgariis. C. Th. 7. 14. Défense d'enrôler ceux
qui étoient destinez à garder les Bourgs, les Châteaux, ou les Forts, placez sur les frontieres de l'Empire.

De desertoribus, & occultatoribus eorum. C. 12. 46 . . .
C. Th. 7. 18. & 19. Des Deserteurs.

Ut neque miles, neque fœderatus observetur domui pri-
vatæ, aut possessioni alicujus. N. 116. Défense aux Soldats de demeurer & de s'occuper ailleurs que dans
leurs quartiers: & aux Particuliers, de leur donner
retraite.

Quomodo oporteat milites transitum in civitatibus face-
re, & de introitu. N. 130.

De testimoniali ex tribunis & protectoribus. C. Th. 7.
21. Contre les attestations ou congez par écrit, donnez par faveur, aux Soldats qui ne les ont pas méritez.

1 *De Imperatore militum eligendo. Per Bart. Cæpol-*
lam.

2 Degrader un soldat. *Voyez* le mot *Degrader, n. 8.*
& suiv.

3 De la confiscation en cas de délit militaire. *Voyez*
le mot *Confiscation, nomb. 92. & 93.*

4 Ceux qui achetent des soldats, ne peuvent demander restitution du prix à celuy auquel appartient la
chose venduë. *Bouvot, tome 2. verbo Revendication,*
quest. 2.

5 Arrêt du Parlement d'Aix du 9. Avril 1642. qui
cassa l'emprisonnement fait d'un soldat pour dette civile. *Boniface, to. 5. li. 3. tit. 1. ch. 11.*

6 Mariage contracté par un soldat. *Voyez* Mariage,
nombre 145.

SOLIDITE'.

S I plures unâ sententiâ condemnati sunt. C. 7. 55. La
condamnation n'est pas solidaire contre les condamnez, si la solidité n'est pas exprimée.

De duobus reis stipulandi, & promittendi. F. 3. 17 . . .
D. 45. 2 . . . C. 8. 40 . . . N. 99. De deux créanciers,
ou deux debiteurs solidaires.

Ut non fiant pignorationes pro aliis personis, &c. N.
52 . . . N. 134. c. 7. Pignoratio, est la saisie qu'on fait
sur une personne pour un autre debiteur : *jus alium*
pro alio retinendi.

Ut nullus ex vicaneis, pro alienis vicaneorum debitis
teneatur. C. 11. 56. On ne peut pas exercer la solidité
contre le Concitoyen de son debiteur.

1 De la solidité entre deux ou plusieurs debiteurs &
créanciers. *Voyez* le 2. tome des *Loix Civiles, li. 3. tit. 3.*

2 De la solidité ? *Voyez* le titre *coobligez*, le mot *Di-*
vision, n. 13 & suiv. le mot *obligation, n. 151. & suiv.*

3 Si la Novelle 99. *de duobus reis*, abroge la tacite solidaire entre les corréez ou debiteurs aussi-bien que les debiteurs
ou coobligez : *V. Duperier, liv. 3. quest. 13.*

4 De la solidité & division des dettes actives & passives. *V. les Arrêtez de M. de Lamoignon, recueillis dans*
Auzanet, Coûtume de Paris.

L'obligation d'un seul pour le tout a lieu en plusieurs cas sans convenance. *Voyez Coquille, tome 2.* 5
quest. 195.

Quand plusieurs sont preneurs d'un heritage, sans 6
que la clause de solidité y soit, s'ils sont tenus solidairement : *V. Ibidem, quest. 278.*

Possessores in actione hypothecaria quod annuam præs- 7
tationem in solidum solvere teneantur. V. Franc. Marc,
to. 1. quest. 196.

Pro solutione annuæ pensionis pro quâ plura prædia 8
sunt hypothecata contra unumquemque possessorem prædio-
rum insolidum agi potest. Voyez *Franc. Marc, tome 2.*
quest. 413.

La veuve renonçant à la Communauté, & faisant 9
bon inventaire, l'obligation étant solidaire, peut être
poursuivie pour le tout par le Créancier en vertu de
l'obligation solidaire, sauf son recours. *Brodeau, sur*
M. Loüet, let. F. somm. 17. Secùs, si elle n'est point
obligée, la renonciation & l'inventaire la mettent à
couvert. *V. M. Loüet, let. V. somm. 6. & 7.*

Trois freres vendent la totalité d'une maison, & 10
s'obligent à la garentie, un seul pour le tout, promettent de faire ratifier la vente à leur quatriéme
frere ; le frere ratifie aux mêmes conditions & sou-
missions du Contrat précedent. Jugé par Arrêt du
16. Decembre 1588. qu'une telle ratification n'emporte point une obligation solidaire, laquelle ne se présume jamais, mais doit être specifiée. *Bibliotheque de*
Bouchel, verbo, *Solidité.*

Plusieurs obligez *in solidum*, & aprés condamnez 11
par Sentence sans parler de la solidité, peuvent être
contraints pour le tout. Arrêt du Parlement de Bourgogne du 13. Mars 1570. *Bouvot, tome 2. verbo, Det-*
teurs, quest. 5.

Quand il y a trois obligez insolidement, & que le 12
creancier fait prendre les meubles de l'un, & les rend,
il ne peut aprés executer l'autre. Arrêt du Parlement de Bourgogne du 16. May 1601. *Ibidem, ques-*
tion 9.

Arrêt du Conseil d'Etat du dix Decembre 1660. 13
qui défend de contraindre les Marchands qui ame-
nent des provisions à Paris pour les solidizez. *Voyez*
les Ordonnances concernant la Jurisdiction de la Ville de
Paris, imprimées chez *Frederic Leonard*, en 1676.
P. 193.

Arrêt du Parlement d'Aix du mois de Mars 1665. 14
qui a jugé que deux des trois solidairement obligez
à une pension perpetuelle, étant devenus insolvables,
le creancier peut demander caution au troisiéme coobligé, ou le contraindre de payer le sort principal.
Boniface, to. 2. li. 4. tit. 10. ch. 14.

Si le creancier d'une dette où il y a plusieurs soli- 15
dairement coobligez, en décharge quelques-uns; il
ne peut plus agir solidairement & pour toute la dette
contre les autres, mais pour leur part seulement.
Jugé au Parlement de Tournay le 7. Octobre 1697.
Voyez M. Pinault, tom. 2. Arr. 186.

SOLIDITE', COOBLIGEZ.

Un de plusieurs solidairement obligez ayant été 16
contraint pour le tout, ne peut exercer la même contrainte contre un autre. *Voyez Boniface, to. 4. liv. 8.*
tit. 12. ch. 2.

Les sieurs de la Marsilliere & de Mezieres s'étoient 17
obligez solidairement avec deux autres à 100. liv. de
rente. La Veuve du sieur de la Marsilliere poursuivie
pour les arrerages, veut racheter le principal ; elle
assigne le sieur de Mezieres qui est condamné par Sentence à contribuer seulement pour sa part des arrerages. Par Arrêt du Parlement de Paris du 27. Mars
1596. l'appellation & ce, & en emendant le sieur de
Mezieres condamné à contribuer la quatriéme partie
tant du sort principal que des arrerages. *Bibliotheque*
de Bouchel, verbo *Coobligez.*

Arrêt du Parlement d'Aix du 23. Novembre 1643. 18
qui a jugé que l'un des deux solidairement obligez,
sans

fans avoir renoncé à la Loy du principal & premier convenu, ne peut être convenu pour le tout que discuſſion faite de la part de l'autre. *Boniface, to. 2. liv. 4. tit. 10. chap. 13.*

19 Par Arrêt du 19. Janvier 1661. il fut jugé au Parlement de Grenoble que deux ou trois étant cobligez ſolidairement, l'un d'eux ayant payé le tout convie contraint, n'ayant pas ceſſion du creancier pouvoit attaquer chacun des autres cobligez pour leurs portions ; mais ſi l'un d'eux étoit inſolvable, il fut ordonné que celuy qui avoit tout payé le diſcuteroit avant que de pouvoir agir contre l'autre, ou autres pour les portions qui les competoient pour celle de l'inſolvable. *Bâſſet, tome 2. livre 4. titre 21. chap. 4.*

20 Jugé au Parlement de Roüen le 8. Juillet 1666. qu'un des obligez ſolidairement ayant baillé des heritages au creancier pour le rachat de ſa rente, avec ſtipulation qu'en cas d'éviction, la premiere obligation demeureroit en ſa force & vertu ſur tous les obligez, le creancier ayant été dépoſſedé pouvoit mettre ſon contrat à execution, quoiqu'il n'eût point été preſent au contrat fait par ſon cobligé. *Baſnage ſur la Coûtume de Normandie, art. 521.*

21 Le cobligé qui ſait la condition de ſon codébiteur avantageuſe, par un emprunt au denier vingt, pour éteindre une dette au denier ſeize, ne peut engager ce codébiteur à la derniere dette ſans ſa participation, ſur tout luy ayant donné une indemnité, ou ſi cette indemnité étant un acte ſecret & inconnu dans le public, ne peut nuire qu'à celuy qui l'a donné, & non au tiers nouveau creancier qui a prêté ſes deniers dans la vûë de la premiere obligation ſolidaire. *Voyez le Journ. du Pal. in fol. to. 2. p. 622. & ſuiv.* où cette queſtion eſt traitée.

22 L'Arrêt qui intervint le premier Août 1686. jugea que Philippes de Bethune porteur d'une indemnité d'Hypolite ſon fis, avoit été acquitté par le payement fait par Hypolite, lequel ne l'avoit pû obliger à la nouvelle dette contractée pour faire ce payement.

SOLIDITÉ, AMENDE.

23 Solidité entre pluſieurs condamnez en l'amende. *Voyez le mot Amende, nomb. 87.*

SOLIDITÉ, COMMUNAUTÉ.

24 Si la ſolidité peut être prétenduë contre les Habitans pour dettes de la Communauté? *Voyez le mot Communauté, nomb. 45. & 46.*

SOLIDITÉ, PROCEDURE CRIMINELLE.

25 Accuſateurs condamnez envers l'accuſé ſont obligez ſolidairement, mais celuy qui a payé le tout eſt recevable à demander la part de l'autre. *Arrêt du Parlement de Paris. Papon, livre 24. titre 10. nombre 17.*

26 Accuſez de même crime condamnez en une amende, peuvent être contraints ſolidairement, à moins que la condamnation ne porte qu'ils payeront chacun leur part, ſuivant ce qui s'obſerve au Parlement de Toulouſe. *La Rocheflavin, liv. 6. tit. 4. Arrêt 6.*

SOLIDITÉ, DEMANDE.

27 Des effets de l'obligation ſolidaire ; la demande faite contre l'un ſert contre les autres. *V. Henrys, to. 2. liv. 4. queſt. 40.*

28 Demande & condamnation d'interêts contre l'un des débiteurs ſolidaires, opere contre tous les cobligez non pourſuivis, tant pour le principal qu'interêts. *Arrêt du 16. Avril 1630. Bardet, tome 1. livre 3. chapitre 98.*

SOLIDITÉ, DEPENS.

29 De la ſolidité en dépens. *Voyez le mot Dépens, nomb. 168. & ſuiv.*

SOLIDITÉ, DEPOST.

30 Si deux perſonnes entre les mains deſquelles a été fait un depôt en ſont tenuës ſolidairement? *Voyez le mot Depôt, nomb. 50. & ſuiv.*

Tome III.

SOLIDITÉ, DISCUSSION.

31 Pere & fils obligez ſolidairement au douaire ſans renonciation, ni ſans parler de diviſion ni diſcuſſion ; le fils étant mort la veuve peut s'adreſſer au pere ſans faire diſcuſſion, pourvû qu'elle agiſſe perſonnellement ; ſi elle agit hypothequairement contre le pere pour les biens qu'il tient de ſon fils, elle doit auparavant faire diſcuſſion contre les heritiers du fils. *Arrêt du Parlement de Paris du mois de Mars 1547. Papon, liv. 15. tit. 4. n. 14.*

32 Deux ou pluſieurs débiteurs indivis obligez chacun pour le tout, l'un d'eux ne peut être contraint ſolidairement ſans diſcuſſion, à moins qu'ils n'euſſent renoncé expreſſément au benefice de diviſion. *Arrêt du Parlement de Toulouſe au mois d'Avril 1594. Mainard, to. 1. liv. 4. chap. 14.*

33 La caution ſolidaire ſans diviſion ni diſcuſſion peut être convenuë ſolidairement, quoiqu'elle n'ait pas nommément renoncé à la diviſion & diſcuſſion. Ainſi jugé le 16. May 1652. au Parlement de Toulouſe, les mots *ſans diviſion ni diſcuſſion* valent une renonciation ſuffiſante. *M. de Catellan, liv. 6. ch. 20.*

SOLIDITÉ, DROITS SEIGNEURIAUX.

34 De la ſolidité és droits Seigneuriaux. *Voyez les nombre 148. & 149. au titre des Droits Seigneuriaux.*

35 Solidité dans le payement du cens. *Voyez le mot Cens, nomb. 81. & ſuiv.*

36 Par deux Arrêts des 18. Novembre 1572. & 2. Août 1573. jugé que le Seigneur direct, & le Prêtre Obituaire ſe peuvent adreſſer contre tel de pluſieurs tenanciers du fonds ſujet à la rente ou à l'Obit, que bon leur ſemblera, ſauf ſon recours contre ſes contenanciers. *Mainard, livi 2. chap. 33.* au chapitre ſuivant, il dit que cette rigueur a été moderée par l'Arrêt du 24. Avril 1584. on ne peut convenir ſolidairement un des tenanciers qu'il ne tient au moins un quart du fief. On ne peut auſſi luy demander ſolidairement les arrerages qui ont couru avant l'introduction de l'inſtance. Chacun doit être appellé pour payer ſa cotité.

37 Dans la Coûtume d'Angoumois, le détenteur de partie des heritages, pourſuivi ſolidairement pour le payement du cens, prenant ceſſion du Seigneur cenſier, peut contraindre ſolidairement, & pour le tout, ſa portion déduite, l'un de ſes codétenteurs, qui n'a point payé ſa part. *Arrêt du Parlement de Paris du 4. Decembre 1635. Bardet, to. 2. liv. 4. chapitre 31.*

38 Quand une fois le Seigneur a reçu le cens par portion diviſée s'il ne peut plus uſer de ſolidité ? Jugé par Arrêt rendu en la quatriéme Chambre des Enquêtes du Parlement de Paris le 31. Mars 1700. au profit des habitans du Bourg Argental en Forêt, contre les Jeſuite Seigneurs du lieu, en qualité de Prieurs de S. Sauveur. *V. l'Auteur des Obſervations ſur Henrys, to. 2. liv. 3. queſt. 28.*

SOLIDITÉ, HERITIERS.

39 De la ſolidité d'un coheritier, il y a des Arrêts qui l'ont donnée, elle ne ſe pratique point en Bretagne. *Voyez Frain, p. 846.*

40 Arrêt du Parlement d'Aix du 3. Avril 1677. qui a jugé qu'un des heritiers ne peut être pourſuivi ſolidairement pour la penſion Obituaire, mais par action perſonnelle. *Boniface, to. 5. liv. 1. tit. 24. chap. 9.* Il y a des ſentimens pour la ſolidité, mais le préjugé l'emporte ſur l'opinion.

41 Les heritiers ſont tenus ſolidairement au payement des legs. *Voyez le mot Legs, nomb. 618. & ſuiv.*

SOLIDITÉ, PAYEMENT.

42 Cobligé qui a été contraint de payer ; les interêts luy ſont dûs de la ſomme payée. *Voyez le mot Interêts, nomb. 238. & ſuiv.*

43 Si la quittance eſt faite à l'un des cobligez inſolidement en une rente ; *j'ay reçu la ſomme de deux écus, dont je le quitte,* ſauf ce que me doit ſa mere, emporFfff

te divifion. *Voyez Bouvot* , tome 2. verbo *Rentes* , *quest 3.*

44 Un creancier qui a trois débiteurs folidairement obligez en prenant payement du tiers de l'un d'eux avec claufe que c'étoit pour luy faire plaifir, fans autre réfervation ; il fut jugé par Arrêt du Parlement de Touloufe de l'an 1559. n'avoir renoncé à l'obligation folidaire contre les deux autres. *Voyez Mainard* , liv. 8. *chap. 39*

45 Un coobligé folidaire payant toute la dette au creancier *non habet regreffum adverfus fingulos correos in folidum* , fuivant la loy 1. & 2. *C. de duob. reis. l. 1. C. fi plures una fententia condemn. fuer.* & l'opinion de Faber. *Cod. eod. deffin. 10.* où il eft décidé que les claufes folidaires n'ont effet qu'en faveur du creancier, & que les coobligez ne peuvent s'en fervir les uns contre les autres de peur de tomber dans un circuit long & inutile. Jugé en la Chambre de l'Edit de Caftres le 21. May 1629. entre des Affociez. Cet Arrêt eft rapporté par *Boué*, part. 2. *Arr.* 22. *Voyez Louet & Brodeau*, lettre C. n. 38.

46 La Loy *fi creditores C. de pact.* n'a point lieu fi le coobligé *folidaire* paye feulement fa part de l'interêt, ou de la rente, & non du principal , ou fi le creancier reçoit feulement fa part préjudice . ou fi le débiteur paye purement & fimplement fans dire que c'eft pour foi. *Brod. lit. R. n. 6.* id. Bacquet , *jufti. ch. 21. n. 245. etfi creditor. petierit in judicio n. 247. vid.* Chopin , *Andeg. lib. 2. part. 2. cap. 2. tit. 1 n. 4.* M. Abraham la Peirete *en fes Décifions du Palais, lettre S. nomb. 49.* réünit toutes ces citations, & rapporte l'Arrêt rendu au Parlement de Bourdeaux en l'efpece qui fuit.

Arrêt du 6. May 1661. en la feconde Chambre des Enquêtes , au rapport de M. Duval , entre Michel Tauzin , Jean Girard , & Jean Brenon , & Pierre de Cuppé Fermier de la terre de Montis:jugé après partage , vuidé en la premiere que ledit Cuppé pouvoit demander folidairement les arrerages de rente audit Tauzin , Girard & Brenon tenanciers ; nonobftant qu'il eût reçu d'eux & de quelques autres leur quotité de rente. Ledit Arrêt confirmé fur Requête Civile, qui referva feulement aux tenanciers la divifion de la rente, par temps fuffifant à prefcrire.

47 Si celuy qui eft obligé folidairement paye fans prendre ceffion du creancier, il peut convenir fes coobligez pour leur part feulement. 2. Que s'il prend ceffion, fa part demeurera confufe , & pour le refte il agira folidairement. 3. Excepté que s'il y en a quelqu'un infolvable , cette infolvabilité fera portée par luy & par les autres coobligez également. *Louet & Brod. let. R. n. 11. 1. 2.* id. Loyf. *du Deguerp. lib. 2. chap. 8. n. 6. & feq. 2.* id. Mornac, *ad L. 25. §. fi unus ff. famil. ercifc. 2.* id. Charond. *refp. lib. 6. n. 31. 2. 3.* id. Bacquet , *jufti chap. 21. n. 232. 242. 243. & inter confortes, 2.* id. Molin. *de ufur. quaft. 49. n. 344. vid.* Mainard, *lib. 8. chap. 98. 2.* id. Chopin , *Andeg. lib. 2. part. 2. tit. 1. n. 4. 3. cont.* Arrêt du Frêne , *lib. 5. chap. 54.* J'ay toûjours, dit la *Peirere* , lettre S. nomb. 50. vû juger conformément à la décifion.

Arrêt du 22. Août 1669. au rapport de Monfieur de Senaut en la premiere des Enquêtes : jugé que le coobligé folidairement qui avoit ceffion du creancier , pouvoit agir folidairement contre chacun de fes coobligez.

Par Arrêt du 8. Avril 1664. jugé qu'un des deux coobligez folidairement payant toute la dette , il avoit recours pour la moitié contre fon coobligé, & prenoit l'hypotheque du jour & date de l'obligation folidaire contre les creanciers de fon coobligé.

48 Si le coobligé payant le creancier n'a pas pris une ceffion de fon hypotheque, il ne pourra agir contre chacun des autres coobligez que pour la portion d'un chacun ; mais s'il y a des infolvables , il pourra agir contre chacun des folvables pour ce qui le concerne de cette portion des infolvables qui doit être regalée

fur tous. Arrêt du Parlement de Touloufe du 25. Juin 1664. mais fi l'un des trois coobligez folidaires payant le creancier prend de luy la ceffion de fon hypotheque, en ce cas il pourra agir folidairement contre chacun des autres coobligez , la portion de celuy qui a payé déduite. Arrêt en 1697. après partage. *V. M. de Catellan* , liv. 5. chap. 49.

49 Si le cofidejuffeur payant peut agir contre les autres cofidejuffeurs folidairement obligez fans ceffion d'actions lors des payemens, *in incontinenti aut ex intervallo*. Arrêt du Parlement d'Aix du dernier Avril 1663. qui juge l'affirmative. *Boniface*, tome 2. livre 4. tit 20. chap. 12.

50 Le coobligé ayant payé en force de jugement peut executer fon coobligé fans ceffion d'actions du creancier, & le faire conftituer prifonnier, & le prifonnier doit faire ceffion de biens ne pouvant payer. Arrêt du 22. Octobre 1671. *Boniface*, tome 4. livre 8. tit. 22. chap. 3.

51 Creancier ne divife point fon action folidaire en pourfuivant & recevant d'un des coobligez folidairement à compte de la rente. Jugé au Parlement de Tournay le 23. Octobre 1693. en faveur de Charles Stapens. *Arrêts du Parlement de Tournay* , tome premier , Arrêt 1.

SOLIDITE', RENTES.

52 Ceffion d'obligation folidaire. Par Arrêt donné en la Chambre des Enquêtes le 3. May 1590. conformément à un autre Arrêt donné en la troifiéme Chambre des Enquêtes, au rapport de Monfieur Tiraqueau,il a été jugé que de plufieurs coobligez folidairement à une rente, celuy qui rachete la rente & prend ceffion du creancier peut agir folidairement contre les autres coobligez ou détempteurs particuliers des coobligez, fa part toutefois de laquelle il étoit tenu perfonnellement, confufe & déduite , & au cas qu'il fe trouve quelqu'un des coobligez infolvables, fa part fera également portée par les autres coobligez. Arrêts femblables des 7. Mars 1575. & 14. Decembre 1601. *Bibliotheque de Bouchel*, verbo *Ceffion*.

53 Un coobligé à une rente, ayant fon argent prêt, peut obliger fon cohéritier au rembourfement de la rente dont ils font débiteurs. Arrêt du Parlement de Paris en 1630. *Journal des Audiences* , tome 1. livre 2. chap. 64.

SOLIDITE', TAILLES.

54 Une belle mere & un gendre demeuroient enfemble. Les Collecteurs les impoferent fous une même ligne à 135. livres ; le gendre s'étant plaint de cette impofition, par Sentence des Elûs de Montdidier il fut déchargé de la folidité , en laquelle les Collecteurs l'avoient compris en leurs rolles , en indiquant par luy les biens de fa belle mere , & reftant par luy garant ; & que les Collecteurs feroient tenus de déclarer à quelle fomme ils avoient entendu impofer le gendre. En execution de cette Sentence , les Collecteurs déclarerent avoir donné au gendre 90. livres de tailles ; après cette déclaration le gendre interjetta appel de la Sentence en ce que l'on l'obligeoit d'indiquer les biens de fa belle mere , & de demeurer garant de fa cote ; par Arrêt du premier Mars 1697. il a été reçu appellant, avec defenfes le plus contraindre à plus grande fomme que celle de 90. livres. *Memorial alphabetique* , verbo *Solidité* , nombre 4.

55 Si avant la folidité il fe trouve des habitans de la Paroiffe qui ayent changé leur demeure, & qui rapportent la preuve de ce changement par une publication de leur délogement, & des certificats du Curé, des Marguilliers , & autres notables du lieu de leur demeure actuelle, ou par des baux de maifons, il y a lieu fuivant la maxime certaine de la Cour des Aydes de les décharger de la folidité qui auroit été prononcée contre eux 2°. Ceux qui ont été Collec-

teurs ne peuvent être non plus compris dans les Sentences de folidité dans les trois ans de leurs Collectes. 3°. Les Syndics, Marguilliers & Echevins en charge n'y peuvent pas aussi être compris. Arrêts des 16. Juillet 1694. & 21. Août 1695. *Ibid.*

SOLLICITATION.

Sollicitation. Solliciter fes Juges. *Jus suum apud judices & cognitores persequi.*

De lege Julia ambitûs. D. 48. 14. Ce titre n'a qu'une Loy, dont le §. 4. défend aux accusateurs & aux accusez, d'entrer dans la maison de leurs Juges pour les folliciter.

SOLLICITEURS.

1 Des Solliciteurs. *Voyez la Rocheflavin, des Parlemens de France, liv.* 2. *chap.* 18.

2 Où les folliciteurs ont leurs causes commises. *Voyez le mot Commitimus, nomb.* 3.

3 Solliciteurs ne peuvent composer avec leurs parties. Arrêt du 7. Juillet 1514. Autre du mois de Mars 1583. *Papon, liv.* 6. *tir.* 4. *n.* 3. Voyez *Mainard, tome* 1. *liv.* 3. *chap.* 12. & le mot *Avocat, nomb.* 35. & *fuivans.*

4 Edit par lequel defenses font faites à tous Clercs & Solliciteurs qui n'ont pas prêté le serment de Procureur de pourfuivre aucunes affaires, & à tous Procureurs de leur prêter leurs noms, de figner pour eux, à peine d'être privez de leurs états, & de faux, & de nullité des actes & expeditions qu'ils auroient fignez. A Paris le 29. Juin 1549. régiftré le 11. Février de la même année. *Joly des Offices de France, to.* 1. *page* 171. *Ordonnances de Fontanon, tome* 1. *page* 74.

5 Défenses aux artisans & autres gens mécaniques d'exercer la Charge de Solliciteur fur peine de cent livres, & autre arbitraire. Arrêt du Parlement de Touloufe du 28. Mars 1571. *Reglement de la Rocheflavin, chap.* 2. *Art.* 1.

6 Solliciteur ne peut rien faire au préjudice de celuy dont il a manié les affaires, & conduit le procez. Jugé à la my-Août 1586. *Montholon, Arr.* 43.

7 Arrêt du Parlement d'Aix du 8. Mars 1652. qui déclare licite la ceffion de dépens faite à un Solliciteur par fon Client fur le condamné. *Boniface, to.* 1. *liv.* 1. *tit.* 40. *n.* 2.

8 Arrêt du mois de May 1666. qui a déclaré valable le teftament fait en faveur d'un Solliciteur. Il étoit cousin Germain de la teftatrice. *Ibidem, tome* 2. *liv.* 1. *titre* 11.

9 Reglement contre les Solliciteurs & Poftulans, & que les Clercs des Procureurs faisans charges feront tenus trois jours après la publication de l'Arrêt de porter dans le Palais les tocques de camelot noir, &c. du 16. Février 1671. *De la Gueffiere, tome* 3. *liv.* 5. *chap.* 3.

JUGES QUI SOLLICITENT.

10 Nous défendons à tous Préfidens & Confeillers de nos Cours fouveraines de ne folliciter pour autruy les procez pendans ès Cours où ils font nos Officiers, & n'en parler aux Juges directement ou indirectement fur peine de privation de l'entrée de la Cour, & de leurs gages pour 10. ans, & d'autres plus grandes peines s'ils y retournent, dont nous voulons être avertis, & en chargeons nôtre Procureur General fur les peines que deffus, *art.* 124. *de l'Ordonnance de François I.* Voyez *Com. Jean. Conft.* fur cette Ordonnance.

11 Il eft défendu par Arrêt du Parlement de Grenoble du 12. Novembre 1663. aux Préfidens, aux Confeillers, aux Gens du Roy, à leurs femmes, & à leurs enfans de folliciter pour autres que pour leurs parens jufques au quatrième degré, & leurs domeftiques. *Voyez Chorier, en fa Jurifprudence de Guy Pape, page* 72.

Tome III.

Des Sommations faites aux Juges. *Voyez* le mot *Juge, n.* 345.

SORBONNE.

1 Inftitution & fondation de Sorbonne pour être un Seminaire de Theologie. *Voyez Tournet, lettre H.* *Arrêt* 38.

2 De l'autorité des conclusions du College de Sorbonne. *Voyez Peleus, q.* 67.

3 Arrêt du Parlement du 2. Août 1618. la Cour fur la plainte faite par la Requête à elle prefentée par les Doyen, Syndics & Docteurs de la Faculté de Theologie, du refus que faifoit M. Hennin, de communiquer au Prieur fes thefes, & de répondre de fa Sorbonique au jour & lieu accoûtumé, ledit Hennin, & le Grand Maître de Navarre mandez & oüis en leurs excufes pour les exceffives dépenfes à traiter le Prieur & les Docteurs, & du grand nombre qui eft au College, emportant pour la pluralité des voix, ce qu'ils ont projeté ; & pareillement oüi M. Jean Filefac ancien Docteur qui a fait lecture du ftatut ; & Servin pour le Procureur General du Roy, a ordonné que demain fe fera la Sorbonique au College de Sorbonne, ainfi qu'il eft accoûtumé, & que celui qui la doit faire & répondre, ira ce foir trouver le Prieur, luy communiquera fes thefes & l'approbation ; & qu'à l'avenir tous ceux qui feront leur Sorbonique, fe transporteront vers le Prieur le Dimanche précédent pour luy conferer de leurs thefes, & porter l'approbation d'icelle, à peine de décheance de tous leurs droits & privileges de la Faculté & Doctorat. *Biblioth. Can. tom.* 2. *p.* 246. *col.* 1.

4 Le bedeau de la Sorbonne qui auroit fouffert une difpute contraire à l'autorité du Roy, condamné à faire amende honorable. *Voyez* le mot *Amende, nom.* 84.

Voyez Févret, li. 1. *p.* 43. & *cy-après* verbo *Univerfité.*

SORCIERS.

1 Martinus de Arles de *fuperftitionibus maleficiorum, & fortilegiorum.* Romæ, 1559. in 8.

2 *Binfeldius, de confeffionibus maleficiorum & fagarum.* Aug. Trevir. 1589. in 8.

3 *Idem tractatus, cum Auctoris Comment. in codicis titulum de maleficis & mathematicis, & collectione bullarum Apoftolicarum contra Mago.* Aug. Trevir. 1596.

Difcours des Sorciers, tiré des procés faits à quelques Sorciers du Comté de Bourgogne, par *Boguet*, Lyon, 1605 in 12.

Le même, augmenté confiderablement. *Lyon* 1610. in 8.

5 L'Hiftoire prodigieufe du Docteur Faufte horrible enchanteur, avec fa mort épouvantable. *Paris* 1616. in 12.

6 Le fleau des démons & forciers, par *Jean Bodin*. Niort 1616. in 8.

7 La découverte des faux poffedez, avec la conference touchant la prétendue poffedée de Nancy, par *Pithois.* Châlons 1621.

8 Punition des devins. *Voyez les Ordonnances recueillies par Fontanon, to.* 4. *tit.* 6. *p.* 235.

9 Si les Sorciers & forciers font dignes du dernier fupplice? *V. Charondas, liv.* 9. *Rép.* 43. & 44. où vous trouverez l'interrogatoire de Marie Martin forciere.

10 De la punition des magiciens, forciers & forcieres. *Voyez Charondas, liv.* 12. *Rép.* 64.

11 Procés faits à des forciers en la Châtellenie de Brecy en Berry, avec les Arrêts confirmatifs ou infirmatifs des jugemens donnez contr'eux par le Bailly de ladite Châtellenie. *V. Chenu,* 2. *Cent. q.* 98.

12 Il y a de tres-belles Loix dans les livres de Justinien *Cod. de Malefic. & Mathem. per totum L. quicumque eod. L. Mathem. c. de Episc. audient.* pour la punition des devins & enchanteurs, dont la connoissance appartient aux Juges & Magistrats : même il y en a une qui commande à celuy qui les aura surpris de les mettre entre les mains des Juges. Les Empereurs Honorius & Theodose écrivant à Cecilian un de leurs Magistrats de les bannir, à moins qu'ils ne veüillent consentir à voir brûler leurs livres en presence des Evêques, ce qui montre que les Evêques n'avoient nulle Jurisdiction pour ce regard, l'Empereur Leon écrit aussi à un de ses Officiers de les punir de mort comme apostats. *Novell. Leonis 65.*

11 Des sorciers & magiciens. *Voyez Henrys, to. 1. liv. 4. ch. 6. q. 99.* il est observé que le Parlement de Paris ne souffre point que l'on fasse le procès à personne simplement pour sortilege, mais pour malefice & pour les autres crimes qui accompagnent ordinairement cette fatuité.

12 De ceux qui guerissent les maladies de paroles. *Vide ann. Rob. lib. 1. rer. judic. cap. 5. & la Bibliotheque de Bouchel,* verbo *Paroles.*

13 La connoissance & jugement des accusez de sorcellerie appartient au Juge Lay; jugé par Arrêt du Parlement de Paris de l'an 1390. pour le Prévôt de Paris, contre l'Evêque demandeur en renvoy; neanmoins entre les Jugemens, Conciles & Arrêts du même Parlement de la Saint Martin 1482. trois femmes accusées de sortilege furent renvoyées à l'Evêque de Paris par Arrêt du 11. May 1130. rapporté par *Jo. Gall. qu. 141.* Pareillement la connoissance du sortilege fut attribuée à l'Evêque de Senlis, contre le Bailly du lieu ou son Lieutenant, par Arrêt du Parlement de Paris de l'an 1282. *Bibliot. Can. tom. 2. p. 621. & Papon, liv. 22. tit. 3.*

14 *De invocatione dæmoniorum, & incantationibus quæ fiunt ex causâ amoris; pœna de jure communi imposita hujusmodi sortilegiis est mortis & confiscationis bonorum; sed de consuetudine, hæc pœna non servatur, sed imponitur pœna fustigationis. In causâ cujusdam Angela Cornetanæ imputatæ de sortilegiis, maleficiis & incantationibus dubitatum fuit, an esset imponenda confiscatio bonorum? Senatus censuit quod non,* 20. *Augusti* 1563. Julius Clarus, li. 5. Sentent.

15 Sorcellerie ni magie ne sont pas cas Royaux. Arêt de la Tournelle du 12. Mars 1588. quoique ce soit crime de leze majesté divine. *La Rocheflavin, liv. 6. tit. 72. Arr. 1.*

16 Arrêt du 1. Decembre 1601. en la cause d'entre Jean Breton & Jean Bertrand, tuteurs & curateurs des enfans mineurs de défunts Sébastien Breton & Jeanne Simony sa femme, accusez de sortilege, appellans, & le Juge & Procureur Fiscal d'Inteville, intimez, par lequel il a été défendu à tous Juges de Champagne & autres Provinces, de faire épreuve par immersion d'eau. *V. la Bibliotb. de Bouchel,* verbo *Purgation.*

17 Traité du sortilege ou enchantement, vulgairement appellé le noüement de l'éguillette en la celebration des mariages. *Bibliot. Can. tom. 2. p. 621.* verbo *Sortilege.*

18 Une fille accusée d'avoir noüé l'éguillette, & decretée d'ajournement personnel, nie le contenu en l'information, & demande la cause soit civilisée; le Juge *à quo* la déboute, & ordonne le recolement & la confrontation; elle appelle; le moyen étoit qu'il étoit préalable d'ordonner que les accusateurs seroient vûs & visitez pour connoître s'il n'y avoit point en eux un défaut de nature; & qu'auparavant la procedure *constare debebat de delicto.* Voyez le 2. plaidoyé de M. Bouchin, Procureur du Roy au siege de Beaune; il conclut au bien jugé.

19 Le crime de sortilege n'est de la Jurisdiction des Prévôts des Maréchaux. Reglemens pour le jugement des procés contre les accusez de sortilege. Arrêt du 17. Août 1602. Filleau, 2. P. tit. 3. ch. 27.

10 Le Maître de la poste de Villejuive se plaint devant le Prévôt Royal du lieu, qu'un maréchal son voisin par paroles d'enchantement, luy a fait mourir 114. chevaux en moins d'un mois; information, decret & prise de corps; appel; le Maître de la poste injurie le Maréchal, & poussé de colere, le frappe; le Maréchal fait informer & decreter par le Prévôt de Paris, ou son Lieutenant Criminel; appel par le Maître de la Poste. Par Arrêt de la Tournelle du 13. Janvier 1610. la Cour a mis les appellations *hinc inde,* & ce dont étoit appel au néant, & pour le bien commun des parties, a évoqué le principal, & y faisant droit, a mis les parties hors de Cour & de procés. *Nota* comme l'Avocat vouloit montrer que les paroles n'étoient point suffisantes pour charmer, M. le President Seguier luy dit qu'il n'étoit pas besoin d'entrer plus avant en cette question qui avoit été souvent jugée à la Tournelle. *Bibliot. de Bouchel,* verbo *Sorciers.*

21 D'un Prêtre convaincu de sortilege. *Voyez Anne Robert rerum judicat. liv. 1. ch. 6. Bardet, to. 1. li. 4. ch. 38.* où est rapporté ce que dit M. l'Avocat General Bignon, de l'opinion du Parlement de Paris sur ce crime.

22 L'on ne peut pour connoître les sorciers faire l'épreuve de l'eau ou du feu, ni proceder à l'instruction du procés sans appel. Arrêt du 10. Août 1641. *Henrys, tom. 1. li. 4. ch. 6. q. 97. Voyez Anne Robert rerum judicat. liv. 1. ch. 6. M. le Prêtre 1. Cent. ch. 10.*

23 En 1672. le Parlement de Roüen ayant fait arrêter un tres grand nombre de bergers & autres gens accusez d'etre sorciers, à qui on faisoit le procés avec beaucoup de diligence & de severité, le Roy averti de cela, donna un Arrêt en son Conseil d'Etat, par lequel il fut enjoint au Parlement de Roüen, de relâcher tous ces pauvres gens; cet Arrêt eut le pouvoir de faire taire le démon. Depuis ce temps-là, l'on n'a plus entendu parler de sorciers en Normandie. *V. l'Auteur des Observations sur Henrys, to. 1. liv. 4. ch. 6. q. 99.*

V. cy-devant le mot Magie, & cy après le mot sortilege.

SORT.

DE sortibus. *Per Troylum Maluetium.*
De l'élection par sort. *Voyez le mot Election, n. 167. & suiv.*
Sort en partage. *V. les mots Lots & Partage.*

SORTILEGE.

1 DE sortilegiis, per Paulum Grillandum, & per Nicolaum Italum, de aquâ pendente.

2 De illusionibus Dæmonum, per Bernardum Theutonicum, or. præd.

3 Pererius de Magiâ, de observatione somniorum, de divinatione, &c.

4 Traité des causes de maleficos, sortileges & enchanteries, par René Benoît.

5 Declamation contre les Enchanteurs, Magiciens, &c. par Pierre Nodé.

6 Wierus de præstigiis dæmonum, & incantationibu ac veneficiis. Basil. 1566. in 8.

7 De l'imposture & tromperie des diables, des enchantemens & des forcelleries, traduit du Lat. de Jean Vuier, par Grevin. Pat. 1569. in 8.

8 Des charmes, forcelages, ou enchantemens, trad. du Lat. de Leonard Vair, par Baudon, Par. 1583. in 8.

9 Peucerus, de præcipuis divinationum generibus. Francofurti, 1593. in oct.

10 Remigii dæmonolatriæ Francofurti 1596. in 12.

11 Cicognæ magia omnifaria, seu de spiritibus & incantationibus, ex Ital. Latine, per Casparum Ens. Colon. 1607. in 8.

11 Filesacus, de Idololatriâ magicâ. Par. 1609. in 8.

13   Les controverses & recherches magiques, trad. du Lat. de Delrio, par *André du Chêne*, *Par.* 1611. in 8.

14   Pfellus, *de operatione dæmonum*, *Gr. Lat. cum not.* Goalmini, *Par.* 1615. in 8.

15   Traité des Anges & Démons, trad. du Latin de Maldonat, par *de la Borie*, *Par.* 1617. in 12.

16   De l'incredulité & mecréance du fortilege, par *de Lancre*, in 4. *Par.* 1622.

17   Demonologie, ou Traité des Démons & Sorciers, par *Perreaud*, avec l'antidemon, de Mâcon, ou l'histoire de ce qu'un démon a fait & dit en la maison de l'Auteur à Mâcon. *Geneve* 1653 in 8.

18   D'un Prêtre adultere qui pour corrompre une femme avoit eu recours au fortilege. *Voyez* verbo, *Adultere*, nomb. 122.

19   Connoissance du crime de fortilege à qui appartient, ou à l'Evêque, ou au Juge d'Eglise? *V. Tournet, let. S. Arr.* 42. & Chopin, *liv.* 2. *Pol. Eccl. tit.* 2. *no.* 11.

20   Si c'est fortilege de tourner à l'entour d'un puits, en difant trois *Pater* & trois *Ave Maria*, & y jettant de l'eau benite de Pâques, & si le procés peut être fait à un malade, qui a recherché ce remede pour fa guerifon, & si le fortilege doit être puni, & de quelle peine? *Voyez Bouvot*, tome 2. verbo, *Sortilege*.

21   Si une femme qui est accufée d'être forciere, peut être jettée dans l'eau, fur ce que quelques-uns tiennent, que n'allant au fond, elle est forciere tenuë pour telle? *Voyez Bouvot*, tome 1. verbo, *Sorcellerie*.

Voyez les mots, *Demon*, *Magie*, *Impuissance*, nomb. 10. & suivans.

SOUFFLET.

1   PAr Arrêt pour un foufflet donné, entre un vassal & le fieur de Fief, fut jugé privation de la feodalité *ad vitam* feulement, & s'appelle l'Arrêt de Parthenay. *Voyez Montholon*.

2   Arrêt du Parlement d'Aix du 19. Juin 1638. qui a confirmé la procedure criminelle faite à la requête d'un Chanoine Prêtre célébrant, fur un foufflet à luy donné, & a déclaré l'intervention du Chapitre non recevable pour le Chanoine injurié, ne faifant pas lors de l'excés les affaires du Chapitre. *Boniface*, tome 5. *liv.* 3. *tit.* 10. *chap.* 3.

3   L'excés du foufflet est punissable. Arrêt du 7. Avril 1674. *Ibidem*, chap. 1.

4   Arrêt rendu au Parlement d'Aix le 17. Septembre 1680. qui condamna l'accufé de declarer au parquet de l'Audience, que folement & brutalement il avoit donné un foufflet à l'accufateur & luy en demander pardon, en 20. liv. d'amende envers le Roy, 100. liv. envers la partie & aux dépens, avec inhibitions & défenses d'y retourner, à peine de punition corporelle. *Ibidem*, chap. 2.

SOUFFRANCE.

VOyez *hoc verbo*, le Glossaire du Droit François ou l'*Indice de Ragueau*, édition de 1704.
De la souffrance faute de foy & hommage. *Voyez* le mot *Foy & hommage*, nomb. 53. & suiv.

SOURD.

1   DE bonorum poffessione furiofo, infanti, muto, furdo, & c. competente. D. 37. 3. Les fourds & autres, peuvent être admis à l'hérédité.
Voyez le mot *Fideicommis*, nomb. 157.

2   Surdité n'excufe de la tutelle, si elle n'empêche la personne de faire fes affaires. Jugé le 7. Juin 1575. *Papon*, liv. 13. tit. 5. n. 11.

3   Sourd & muet qui fe marient. *Voyez* le mot *Mariage*, nomb. 716. & suiv.

SOULTE.

1   SOulte de partage. *Voyez* le mot *Partage*, nombre 176. & suiv.

2   Si la foulte est vulgairement reputée immeuble, & le prix tient lieu de l'hérédité pour avoir lieu entre les mariez, & ceux qui les representent & ne passe plus outre à d'autres perfonnes plus éloignées en degrez, ni à leurs successeurs, &c. Chopin, *Cout. de Paris*, livre 1. titre 1. nombre 24.

On demande si une foulte ou retour de partage en deniers dûs à l'un des conjoints entre comme meuble en la communauté? Oüi, au cas que le partage ait été fait avant le mariage, d'autant que l'heritier n'avoit plus aucune part aux immeubles; fecus, quand le partage fe fait durant le mariage. *Renuffon*, Traité de la Communauté, page 18.

SPECTACLE.

VOyez *Jeux publics*.
Cyprianus, tom. 3. de *fpectaculis*.
Tertullianus, tom. 1. de *fpectaculis*.
Barnabas Briffonius, ad C. Dominico de *fpectaculis*, in C. Theodofiano Commentarius. Parifiis 1564. in 8.
Joan. Mariana, *Soc. Jefu*.
Chryfoftomus, *Homil. ad eos qui ad theatra currunt*, tom. 5. & homilia 6. in Matth.
Tertullianus, *lib. de fpecta. cap.* 9. 10. 11. 12. 16. 18. 19.
Cyprianus, *Epift.* 2. & *lib. de fpectaculis*, cap. 2. 5. 8.
Lactantius, *lib.* 6. cap. 20.
Auguftinus, *de Civit. Dei*, cap. 4. 5. 6. 7. 8. 9. 10. 11. 12. 13. & *lib.* 6. *confiff.* cap. 8.
Ephræm, *quod Chriftiani abftinendum fit à ludicris*, tom. 1.
Jo. Mariana, *Societ. Jefu in opufculis*, &c.

SPOLIATION.

SPoliation d'hoirie. *Expilatæ hereditatis crimen*.
De actione rerum amotarum. D. 25. 2... C. 5. 21.
Action de recelé qui est donnée au mary & à la femme, pour les effets fouftraits & enlevez. *V. Recelé*.
De crimine expilatæ hereditatis. C. 9. 32...
Expilatæ hereditatis. D. 47. 19.
Si is, qui teftamento liber effe juffus erit, poft mortem Domini, ante aditam hereditatem, fubripuiffe aut corrupiffe quid dicetur. D. 47. 4. Contre l'Efclave inftitué heritier avec la liberté dans la fpolié l'hoirie.

STARRUM.

CE mot *Starrum* fignifie la même chofe que maifon ou manoir, du moins je le conjecture ainfi d'un titre de 1215. où il femble qu'il eft employé dans ce fens. *Salvaing*, de l'ufage des fiefs, chapitre 97. page 494.

STATUE.

DE ftatuis & imaginibus. C. 1. 24.
De imaginibus Imperialibus. C. Th. 15. 4.
De his qui ad ftatuas confugiunt. C. 1. 25... C. Th. 9. 44.

1   Si les ftatuës font meubles ou immeubles? *Voyez* le mot *Immeubles*, n. 32. & 33. & le Traité de la Communauté par M. le Brun, pag. 729.

2   Jugé par Arrêt du 9. Juillet 1629. que des ftatuës de marbre, pofées fur des bafes de pierre, font partie de la maifon, quoique non enclavées dans les murailles, fuivant la loy *Quæfitum*. §. *fpecularia*, *ff. de inftruct. & inftrum. leg.* Journ. des Audiences, to. 1. liv. 2. ch. 53. Bardet, to. 1. liv. 3. ch. 56. & Auzanet, fur l'art. 91. de la Coût. de Paris.

STATUTS.

STatutorum interpretatio quomodo facienda? Voyez *Andr. Gaill*, lib. 2. obferv. 33.
Quod judex fecundum confuetudines & ftatuta judicare debeat. Voyez ibid. lib. 1. obferv. 36.
In ftatutis, non fit extenfio ad fimilia, omiffumque in ftatutis habendum eft pro omiffo. Mornac, l. 1. C. communi utriufque & c. & l. 2. C. de noxalibus.

Ffff iij

4   Statuts des grandes Maisons contraires aux Coûtumes. *Voyez Pelous , quest. 52.*

STATUTS ABUSIFS.

5   Statuts abusifs, ou moyen d'abus tiré de la contravention aux statuts. *Voyez cy-devant verbo , Abus, nomb. 114. & suiv.*

6   Appel comme d'abus interjetté par le Doyen de Ligny en Barrois nommé d'Estati , de ce que les Chanoines avoient fait un statut par lequel ils auroient ordonné que le Doyen seroit tenu de leur donner le pas à certains jours de l'année ; l'abus fondé sur ce qu'ils n'avoient pû faire statut sans le consentement du Roy , qui est Patron & Fondateur de l'Eglise : ainsi contravention faite indirectement à la fondation. Le Procureur General concluoit à cet appel, ensemble de la citation faite à d'Estati depuis l'appel par luy interjetté , de comparoir pardevant eux pour se voir declarer avoir encouru la peine de parjure pour n'avoir gardé les statuts jurez à sa reception. Il fut dit mal & abusivement fut le dernier , & sur le premier ordonné que les parties informeroient respectivement de leurs faits. Arrêt du 16. Avril 1548. *Biblioth. de Bouchel , verbo , Statut.*

7   Le long-temps n'excuse point les Statuts des Eglises qui contreviennent aux saints Decrets. Jugé au P. de Toulouse le 5.Avril 1583.*Carondas, li.7. R:p. 170.*

STATUTS, AMENDES.

8   Amendes ordonnées par les Statuts , ne sont que comminatoires ; il faut une condamnation precedente. Arrêt du Parlement d'Aix du 8. Novembre 1638. *Boniface , tome 2. part. 3. liv. 1. tit. 12. chap. 3.*

STATUTS, ARTISANS.

9   Il n'appartient qu'au Roy seul , & non aux Ducs & Pairs , ni aux Juges de créer & faire Statuts de métier. Arrêt du Parlement de Paris du 22. Février 1534. qui reserve aux Marchands Drapiers & Bourgeois de Beauvais de se pourvoir vers le Roy si aucuns Statuts ils veulent faire sans préjudice des droits de Jurisdiction de l'Evêque ou autres choses. Arrêt semblable du 21. Février 1535. entre les Chaussetiers & Tailleurs. Le Parlement fit cependant par provision quelques Reglemens. Autre Arrêt du 17. Janvier 1536. entre les Maire , Pairs & Commune de la même ville , & les Tisserands, Drapiers & Chaussetiers. Autre Arrêt du 27. Février 1578. entre le même Evêque qui fait défenses à Guillaume Boulanger prétendu premier Barbier de se qualifier tel , & d'en faire aucun exercice, ordonné que les Statuts universels d'entre les Chirurgiens seroient entretenus. Autre Arrêt du 7.Juillet 1612. qui casse les provisions qu'il avoit données d'un Office de Mesureur, Vendeur & Visiteur de Charbon. Autre du 8. Février 1621. qui sans avoir égard aux Lettres Patentes obtenuës par l'Evêque de Beauvais, par lesquelles le Roy autorisoit les Statuts qu'il avoit faits pour les Arquebusiers & autres, infirma tout ce qui avoit été fait , & reserva seulement à se pourvoir pardevers le Roy pour ériger ce Statut par son autorité Royale, non communicable à ses vassaux, quoiqu'ils soient des premiers de sa Couronne. *Corbin , Traité des Fiefs, loy 27.*

10   Si les Statuts des Artisans n'ayant pas été autorisés par le Prince , ni Lettres sur ce prises sont executoires? Arrêt du 14. Août 1679. qui cassa les executions faites. *Boniface tome 3. liv. 4. tit. 3. chap. 1.* Les Statuts d'entre les Artisans ne peuvent lier le tiers ; ainsi il fut jugé le 16 Octobre 1682. que les Menuisiers de Marseille n'avoient pû saisir en vertu de leurs Statuts ,les caisses de bois non ouvrées, remplies de fruits venant des Pays étrangers , sur le fondement que les fruits deviendroient plus chers , & que les Menuisiers s'occupant à ces petits ouvrages negligeroient les plus considerables. *Ibid. chap. 2. & au ch. 1. du tit. 13.* il parle des Statuts non homologuez par la Cour.

11   La Déclaration des peines portées par les Statuts des Apoticaires contre les Chirurgiens ne peut être demandée par action criminelle , mais par action civile. Arrêt du 27. Octobre 1671. *Boniface , tome 3. liv. 4. tit. 4. chap. 2.*

STATUTS, CHANOINES.

12   Si les Chanoines peuvent faire des Statuts pour le Reglement des assistances ? *Voyez le mot Chapitre , nombre 19.*

STATUTS, COMMUNAUTEZ.

13   Les Corps , Colleges & Communautez peuvent faire Statuts , pourvû qu'ils ne soient contraires à l'interêt public. Arrêt du Parlement de Grenoble du 8. Janvier 1662. *Voyez Basset , tome 1. liv. 3. tit. 14. chapitre 2.*

STATUTS, REFORMATION.

14   En matiere de reformation, il ne faut introduire nouveaux Statuts, mais seulement renouveller les anciens , autrement l'appel comme d'abus seroit recevable. Jugé le 9. Août 1565. pour le Prieur de Chaumont. *Papon , liv. 1. tit. 7. nomb. 4.*

STELLIONAT.

LE Stellionat , appellé *stellionatus, à stellione, specie lacerti stellati.*

Le stellionat est un nom general que l'on donnoit dans le Droit Romain , à toutes les tromperies, fraudes, impostures , qui n'avoient pas de nom propre. Mais le stellionat est proprement le crime de ceux qui ayant engagé une chose à une personne, la vendent à un autre, luy dissimulant à dessein, & par dol, cet engagement.

De crimine stellionatûs. C. 9. 34... D. 47. 10.

1   Du stellionat. *Voyez le 1. tome des Loix Civiles,li. 1. tit. 18. sect. 3. & Despeisses, tome 2. p. 681.*

2   *Qui obligat rem alienam vel alteri obligatam committit stellionatum, nisi res obligata cuilibet creditori sufficiat pro utroque debito. L: 36. §. sed & si quis ff. de pignoratitia actione.*

3   De la contrainte par corps en cas de stellionat. *Voyez le mot , Contrainte par corps , nomb. 68.*

4   Les stellionataires ne sont reçûs au benefice de cession. *Voyez le mot , Cession , nomb. 149. & suiv. & Tronçon, Coûtume de Paris , art. 111. verbo, Répit.*

5   Stellionataires doivent être contraints par corps au remboursement des choses par eux venduës. Arrêt du Parlement de Paris du 22. Février 1542. *Papon,liv.11. tit. 4. nomb. 14.* où est rapporté un Arrêt du 26. May 1536. qui prononce une peine extraordinaire contre un homme coupable de stellionat.

6   Ajournement personnel contre un stellionataire. Arrêt du Parlement de Bretagne du 16. May 1564. *Du Fail , liv. 2. chap. 128.*

7   Stellionataire condamné par Arrêt du Parlement de Bretagne du 5. Mars 1566. à faire amende honorable. *Du Fail , liv. 3. ch. 165.*

8   Par Arrêt donné en la Chambre de l'Edit le 17. Février 1602. il fut jugé qu'un stellionataire ne peut demander provision d'alimens contre celuy qui l'a fait constituer prisonnier. *Biblioth. de Bouchel , verbo , Stellionat.*

9   La clause de bailler caution dans un temps,est odieuse, & une espece de paction usuraire pour donner ouverture de retirer le principal quand on veut. *Brodeau, Coût. de Paris , art. 94. n. 3. fine.*

10   En cas de stellionat, le débiteur peut être contraint de racheter la rente. *Item ,* pour la décharge du fidejusseur , qui peut valablement stipuler que le débiteur rachetera dans un temps, lequel passé, il peut le faire contraindre au rachat , ou son heritier. *Voyez M. Loüet, lettre F. somm. 27. & Brodeau , hic n. 3.*

11   Stellionat a lieu , tant en rentes constituées, qu'en ventes & en obligations. Arrêt prononcé le 18. Mars 1600. qui ordonne le rachat dans un an , & cependant payer les arrerages échûs, après lequel temps , contraint à faire ledit rachat. *Ibid. let. S. somm. 18.*

12   *Crimen stellionatûs infamiam irrogat damnato. L.* 13.
§. *ult. ff. de iis qui notantur infamiâ.* Voyez Mornac,
fol. 149. §. *ult.*

13   S'il y a de la negligence du Créancier qui dans une
Coûtume de nantissement ne se seroit point fait nan-
tir, quoy qu'il se soit opposé, il doit s'imputer ; le
même s'il a laissé vendre par decret, sans s'opposer, la
chose hypothequée au cas qu'il eût pû venir en ordre, le débiteur n'est point en ces cas stellionataire.
Arrêt du 12. Janvier 1610. *Brodeau sur M. Loüet,
let. S. somm.* 18. *n.* 9. circà finem.

14   L'acquereur qui retient en ses mains des deniers
pour payer les dettes dont il n'a été parlé au Contract de vente, quoyque la chose soit venduë franche
& quitte, le vendeur n'est pas stellionataire. Arrêt du
4. Février 1615. *Dictionnaire de la Ville, n.* 9500.

15   Si le débiteur promet de faire obliger solidairement
une caution dans un temps, & s'il n'y satisfait point,
il peut être contraint à racheter comme stellionataire.
Brodeau sur M. Loüet, let. F. som. 27. *n.* 3. & *let. S. som.*
18. *n.* 5. où il y a Arrêt daté du Mardy 22. Avril 1638.

16   Celuy qui vend le bien substitué commet stellionat.
Voyez Henrys, tome 1. *liv.* 4. *chap.* 6. *quest.* 38. Voyez
M. Loüet & son Commentateur sur la let. S. som. 9.

17   Un homme commet stellionat, s'il prend la qualité
d'une Terre qui est substituée, *as enim alienum esse
dicitur,* aussi-bien que s'il prend la qualité d'une Terre
qu'il a donnée, n'en ayant ou l'usufruit, ou bien
qui est saisie réellement, & prête d'être adjugée. Arrêt du 11. Février 1645. *Brodeau sur M. Loüet, let. S.
somm.* 18. *nombre* 9.

18   Les crimes sont personnels ; c'est pourquoy si l'un
des coobligez commet stellionat, obligeant une chose qui ne luy appartient pas, les coobligez qui n'ont
point fait la déclaration, ne peuvent être poursuivis
comme stellionataires, nonobstant l'obligation solidaire, *nulla enim criminum societas.* Brodeau, sur M.
Loüet, *let. S. somm.* 18. *n.* 10.

19   Les alimens sont dûs au stellionataire emprisonné,
qui sont de 4. sols par jour. Arrêt du Mercredy 14.
Février 1674. *Dictionnaire de la Ville, n.* 9491.

FEMME STELLIONATAIRE.

20   La femme mariée ayant conjointement avec son
mary commis stellionat, ne peut, pour raison d'iceluy, être contrainte par corps. Arrêt du 23. Mars 1618.
Voyez Brodeau sur M. Loüet, let. F. som. 11. *n.* 5.

21   Le 10. Janvier 1651. jugé qu'une femme mineure
qui s'étoit obligée pour son mary, poursuivie comme
stellionataire & faux vendeur, par corps, étoit restituable, par Arrêt rapporté par *Du Frêne, liv.* 6. *chapitre* 14. Il en est de même à l'égard de la femme
majeure, suivant un Arrêt du 10. May 1579. rapporté
par *Brodeau sur M. Loüet, lettre F. tire* 1. La raison
de ces Arrêts est qu'ordinairement les femmes n'ont
point de connoissance des affaires de leurs maris, &
qu'il n'est point juste que par le dol & par le fait du
mary, la femme vienne à perdre son privilege ; ce
qui a encore été jugé depuis par Arrêt du 13. Avril
1625. *Ibid.* Mornac, *ad L. ob æt. in fin. Cod. de obl.
& act.*

22   Une femme caution de son mary stellionataire, est
recevable au benefice de cession. Arrêt du 6. May
1659. *De la Guess. to.* 2. *liv.* 2. *chap.* 18.

23   Une femme obligée avec son mary, qui avoit déclaré ses biens francs & quites, & qui ne l'étoient
pas, seroit contrainte par corps, comme stellionataire.
Arrêt du Mardy 31. Janvier 1668. de relevée, contre
les Conclusions de M. Talon, Avocat General. Il y a
eu depuis un Edit du Roy du mois de Juillet 1680.
par lequel les femmes mariées pour cause de stellionat commis avec leurs maris, ne pourront être em-
prisonnées, &c. Voyez la nouv. *Pratique Civile.* Voyez
De la Guess. tome 3. *liv.* 6. *chap.* 6. où vous trouve-
tez deux Arrêts de l'année 1672. & *tome* 4. *liv.* 3.
chap. 19. où l'Edit est rapporté.

PRESTRE STELLIONATAIRE.

Prêtre stellionataire ne peut se servir du privilege   24
de l'Ordonnance de Moulins. *Brodeau sur M. Loüet,
let. C. somm.* 31. nomb. 11.

STERILITE'.

Voyez les mots *Bail, Diminution, & Ferme.*
De la diminution prétenduë pour cause de ste-   1
rilité. *Voyez Franc. Marc. de Claperiis, Caus.* 43. &
44. & suivans.

Exceptio remissionis mercedis propter sterilitatem super   2
*compulsoriis admittitur. Sterilitatis probandæ modus ; ste-
rilitas quando dicatur.* Voyez *Franc. Marc. tome* 2.
quest. 208.

Mercedis remissio colono partiario propter sterilitatem   3
fieri non debet : secus in eo qui minus colit. Voyez *ibid.*
quest. 211.

Sterilitatis exceptio in colono ad non modicum tempus   4
locum habet. Ibid. quest. 212.

De remissione pensionis ob sterilitatem. Mornac, *L.* 15.   5
§. sed & si labes. ff. locati & conducti.

Sola sterilitas concernens emphyteutas non minuit pen-   6
sionem seu reditum annuum. Arrêt du 27. Juillet 1599.
Mornac, *L.* 1. *C. de jure emphyteutico.* circà medium.

Diminution accordée pour sterilité. Arrêt du 19.   7
Juillet 1584. en faveur du Fermier des Dîmes de l'E-
glise Cathedrale de Tours. *Carondas, livre* 7. *Réponse* 137.

STILE.

IN iis quæ ad ordinationem litis spectant, stilum quidem loci servari æquum est in quo judicium redditur;
sed non ita in iis quæ ad decisionem. Mornac, *C. ut lite
pendente, vel post, &c.*

STIPULATIONS.

STipulationes omnes pœnales quæ in quantitate sunt
judicantur usuraria. Arrêt au mois de Janvier 1602.
Excipitur nisi jus sit in causâ, ut le 3. Juillet 1606. judicatum fait. Mornac, *L.* 44. ff. de usuris & fructibus,
&c.

Voyez les mots, *Clause, Contract.*

STUPRE.

LE mot de stupre n'est pas en usage ; mais on est
obligé de s'en servir à l'imitation du Latin, pour
exprimer la défloration d'une fille, & l'habitude avec
une veuve vivant honnêtement.

Définition de ce mot, *Stuprum. L.* 101. D. *de verborum significat.*

De adulteriis & stupro. D. *Gr.* 36. q. 1. c. 2. & 3. §.
cùm ergo.... Extr. 5. 6. Hìc stuprum dicitur etiam de
adulterio.

Ad Legem Juliam de adulteriis & stupro. C. 9. 9...
D. 48. 5.

Si quis eam, cujus tutor fuerit, corruperit. C. 9. 10...
C. Th. 9. 8.

De mulieribus quæ se servis propriis junxerunt. C. 9.
11... C. Th. 9. 9. V. Luxure, & Serviteurs.

SUBORDINATION.

SUbordination. Rerum, vel personarum ordo, ordinatio.

De majoritate & obedientiâ. D. *Gr.* 21. & 22...
dist. 23. c. 6.... dist. 74. c. 5... dist. 81. c. fin... dist. 93.
96. & 99... 2. q. 6. c. 12. & 14. 4. q. 7. c. 57... 8 q. 4...
q. 1. q. 3. c. 9. & 10. usq. ad fin. q... 11. q. 3. c. 11. 12.
13. & 14.... c. 55. & 102. 13. cùm ergo... 22. q. 3. & 5. c.
18... 23. q. 4. c. 5... De consecr. dist. 5. c. 34... Extr. 1.
33... S. 1. 17... Ex. Jo. 2... Ex. co. 1. 8.

SUBREPTION.

Voyez les mots, *Exemption, Obreption, Privilege, & Regies, nombre* 68. & suiv.

SUBROGATION.

IL faut icy distinguer deux sortes de subrogation, la subrogation en matiere Beneficiale, & celle qui a lieu pour l'acquisition des privileges & hypotheques.

SUBROGATION BENEFICIALE.

1 Des subrogations en matiere Beneficiale au droit d'un des Collitigans decedé. *Voyez la Bibliotheque du Droit François*, par *Bouchel*, verbo, *Subrogation*. Papon, *liv.* 8. *tit.* 17. Les Definitions Canoniques, page 825. Le petit Recüeil de *Borjon*, tome 4. *page* 296. *Lotherius*, *de re beneficiariâ*, li. 2. quest. 20. & Rebuffe, 2. part. prax. benef.

2 *Voyez* Rebuffe, 2. part. prax benef. où il explique la Regle de Chancellerie Romaine, *de subrogandis Collitigantibus*.

3 De la subrogation Beneficiale. *Voyez* Rebuffe, sur le Concordat, tit. *de Mand. Apost.* §. *declarantis*, où il rapporte plusieurs anciens Arrêts, qui ont jugé que la subrogation devoit être demandée dans l'année. Il a aussi été jugé que l'année se comptoit *à die collationis & possessionis adversarii*.

4 *Subrogationis gratiosæ literæ, qualiter expediantur & executioni demandentur*. Voyez *Lotherius*, *de re benef.* lib. 3. quest. 14.

5 *De subrogationibus judiciariis*. Voyez *Pinson*, au titre, *quibus modis conseruentur beneficia*. §. 3.

6 Voyez le 12. Plaidoyé de Basset, tome 1. fol. 145. sur une subrogation *in jus Collitigantis*.

7 La subrogation par Lettres a été abrogée par l'Ordonnance de 1667. tit. 15. art. 16. elle se fait aujourd'huy judiciairement sur une simple requête. *Definit. Can. p.* 816. Mais voici ce qui se pratiquoit.

C'étoit le style de la Dat terie, de faire mention de l'état du procés, des pieces & des noms des Juges & des Parties, pour satisfaire à la disposition du Chap. *si hi contrà quos ut lite pendent. in* 6. mais le Pape dispense toûjours par cette clause ordinaire dans toutes les Provisions ; *quatenus litigiosus existat litis status, ac nomina & cognomina judicum & collitigantium ; juraque & tituli illorum exprimi, seu etiam pro expressis haberi possint*; ce qui est regardé comme inutile en France, où le Chap. *si hi contrà quos* n'est pas observé, & où le Pape ne peut rien ordonner, concernant la forme judiciaire ni l'état du procés.

8 Le Pourvû se peut faire subroger au droit que le défunt Beneficier avoit au Benefice. *Despeisses*, tom. 3. page 4 5. Cette subrogation doit être demandée dans l'an, & se compte du jour de la prise de possession.

9 Le subrogé en l'instance & possession de l'un des Litigans, duquel le droit a vaqué, & a été conferé au Demandeur en subrogation, ne peut être tenu és dépens que de son temps, & non de ceux qui auparavant, ni obligé à la restitution des fruits pris par son predecesseur : car il ne tient pas le Benefice de luy. Arrêts de Paris des 3. Avril 1508. & mois de Février 1516. Papon, *livre* 8. *titre* 17. *nombre* 11.

10 *Subrogatus non tenetur ad expensas nisi à die subrogationis.* Arrêt du Parlement de Paris du 3. Avril 1508. à moins qu'il ne reprît le procés, & les derniers erremens de la cause, purement & simplement ; ainsi qu'il a été jugé les 7. Avril 1516. & 17. Octobre 1541. *Voyez* Rebuffe, 2. part. praxis benef. C. de subrogationibus, nomb. 47.

11 En matiere Beneficiale le procés étant conclu en la Cour, si l'une des Parties decede, il ne peut être valablement jugé, s'il n'y a repris par le subrogé au lieu du decede, & ne peut la subrogation être demandée après l'an. Jugé le 23. Juin 1509. M. *Loüet*, let. S. *somm.* 5. & 6.

12 Le subrogé peut s'aider de la possession de son predecesseur. Jugé au mois de Juin 1510. les fruits du Benefice se partagent *pro rata temporis*, & commence

l'année au mois de Janvier. Jugé le 10. Mars 1602. Carondas, *liv.* 1. *Rép.* 52.

13 *Inhabilis non notorius debet subrogari.* Arrêt du Parlement de Paris de l'année 1514. rapporté par Rebuffe, 2. part. praxis benef. Chap. *de subrogationibus*, nombre 43.

14 La subrogation Beneficiale est une action annale, il faut la demander dans l'an. Arrêt du Parlement de Paris du 8. Janvier 1514. rapporté par *Du Moulin*, sur la Regle, *de public. Resign. n.* 415. où il en parle fort au long.

14 Subrogation au lieu d'un Resignant se doit demander dans l'an, on ne reçoit point les Lettres pour être *bis.* relevé du laps de l'an. Arrêt du Parl. de Paris du 8. Janvier 1514. Il faut venir dans l'an de son titre, & ne suffit que ce soit dans l'an de la possession. Arrêt de l'an 1531. Papon, *liv.* 8. *tit.* 17. n. 3.

15 Lettres de subrogations sont entherinées aprés l'an, quand la Partie impetrante a usé de diligence ; par Arrêt du 18. Avril 1594. Papon, *livre* 8. *titre* 17. *nombre* 4.

16 Celuy qui est simplement subrogé en l'instance, droit de subrogation & procés, en reprenant les arremens de la cause, est tenu à tous les dépens, dommages & interêts, tant de son temps, que de celuy au lieu duquel il est subrogé. Arrêts du Parlement de Paris des 3. Avril 1516. & 17. Octobre 1531. Papon, *ibid.* n. 10.

17 Le subrogé n'est sujet ni obligé à la restitution des fruits recüeillis par son predecesseur, mais seulement à ceux qu'il a perçûs depuis sa subrogation ; c'est l'opinion de Probus, *in cap. præsenti de Offic. Lega. Rat.* confirmée au Parlement de Normandie le 26. Avril 1524. Bibliotheque Canonique, tome 2. p. 634. colonne 1.

18 Celuy qui avoit été subrogé par la mort de l'une des parties, demande le titre du défunt à son Procureur. Le Procureur allegue qu'il luy a été dérobé ; il fut ordonné qu'il seroit tenu de le donner dans trois semaines, pendant lequel temps il procederoit contre celuy qu'il disoit l'avoir, & contre lequel on décreta un ajournement personnel. *Ibid.*

19 Le subrogé qui succombe, quand il ne l'auroit été que quelques jours avant le jugement, doit generalement tous les dépens de la cause d'appel. *Ibidem*, colonne 2.

20 *Subrogatus non potest novum judicium inchoare ne diversa sequantur judicia.* Arrêt du Parlement de Paris 1. May 1525. Rebuffe, 2. part. praxis benef. Cap. de subrogationibus, n. 41. & les Definitions Canoniques, page 827.

21 Il a été jugé le 11. May 1525. qu'un Pourvû du droit de l'un des Contendans, ne peut commencer un nouveau procés possessoire ; il faut qu'il se fasse subroger par Lettres du Prince, & par un Juge, en reprenant le procés en l'état qu'il le trouve. *Papon, liv.* 8. *tit.* 17. nombre 6.

22 *Licet quidam fuerit in locum alicujus subrogatus, tamen alter in ejusdem locum se subrogari petere potest, quia primus fortè est inhabilis.* Arrêts du Parlement de Paris des 9. Février 1526. & 17. Mars 1527. rapportez par Rebuffe, 2. part. praxis benef. Cap. de subrogationibus, n. 42. Papon, liv. 8. tit. 17. n. 7. & les Definit. Canon. page 829.

23 *Subrogatus non prosequens litem per duos annos amplius non potest quia perempta est instantia.* Arrêt du Parlement de Paris du 14. Decembre 1528. *V. Rebuffe* 2. part. praxis benef. C. de subrogationibus n. 58. & la Bibliotheque Can. to. 2. p. 633.

24 Si pendant le litige un des deux meurt ou resigne son droit, le Pape ou l'Ordinaire confere, possession nouvelle doit être prise de la part du pourvû, & Lettres Royaux obtenues en Chancellerie. afin d'être subrogé, & mis au lieu ou place du resignant ou du decedé ; plusieurs sont d'avis qu'elle doit être prise dans

dans l'an, à compter du jour de la collation qui luy est donnée du droit ou Benefice litigieux. *Bibliotheque Can.* to. 2. pag. 634. col. 1.

25 *Subrogatus non tenetur restituere fructus quos praedecessor percepit, quia nihil juris habet ab eo.* Arrêt du Parlement de Paris du mois de Février 1536. rapporté par *Rebuffe*, 2. part. *praxis benef. C. de subrogationibus*, *n.* 46.

26 Le resignataire subrogé avant la récreance jugée, n'est tenu qu'aux dépens de son temps; mais après la récreance il est tenu à tous. Arrêts du Parlement de Paris de 1540. & 11. May 1542. *Papon, liv.* 8. *tit.* 17. *nombre* 12.

27 On peut demander la subrogation dans l'an de la prise de possession; il y avoit trois mois au-delà, mais la prise de possession étoit dans l'an de la provision. Arrêts des 4. May 1540. & 2. Decembre 1543. Si l'on prouve que la résignation a été connuë avant la possession, il semble que l'année devroit être comptée du jour de cette connoissance. *Ibidem*, numb. 5.

28 Lorsque le subrogé se trouve duëment habitué & préparé, il n'est pas reçu à former une action nouvelle; mais il doit reprendre le procez en l'état qu'il le trouve, & profite de tout ce qui a été jugé en faveur de son prédecesseur, même de la Sentence de récreance. Arrêt du Parlement de Paris, le 29. Juillet 1541. *Bibliot. Can.* to. 2. p. 634. col. 1.

29 Le subrogé entre en possession d'un Benefice, il est tenu des charges & des arrerages & dépens du temps de son prédecesseur. Jugé au mois de Novembre 1542. *Charondas, liv.* 1. chap. 31.

30 Le pourvû par la mort des litigans n'est point tenu de se faire subroger, s'il jouït. Arrêt du Parlement de Paris du 11. Janvier 1544. s'il ne jouït il est tenu dans l'an de se faire subroger, & à cette fin obtenir Lettres, à moins que la première partie n'eût résigné à l'un des litigans, ou bien que par sa mort l'un des litigans soit pourvû, le subrogé ou non subrogé doit poursuivre l'instance sans la laisser interrompre, deux ans après il ne seroit plus recevable. Jugé le 14. Decembre 1528. *Papon, liv.* 8. tit. 17. n. 1.

31 On peut être subrogé au procez de maintenuë, au lieu de celuy contre lequel il y a Jugement de récreance. Jugé au mois de Janvier 1546. mais que le défendeur en subrogation ne seroit tenu de plaider avec le subrogé sur la maintenuë, que préalablement il n'eût entierement satisfait au Jugement de récreance, par lequel son résignant auroit été condamné à la restitution des fruits, & à quelques dépens. *Charondas, liv.* 10. *Rép.* 9.

32 Les litigans ont un mois pour impetrer le Benefice contentieux & se faire subroger au lieu du défunt, suivant la regle *de subrogandis collitigantibus*, qui est du Pape *Innocent* VIII. qui tenoit le Saint Siege en l'an 1484. il faut compter ce mois du jour du décez, & non pas de la notice. Cette maxime est generale, puisque l'on voit que le Parlement de Grenoble l'a ainsi jugé le 21. May 1557. pour une Chanoinie de l'Eglise Cathedrale de Die, entre un nommé Replat, pourvû par le Pape dans le mois du décez & le nommé Brachet l'un des contendans au même Benefice, ne s'étant impetré que deux mois après le décez; quoique *Gomez* soit d'avis contraire, il est certain que le mois donné aux litigans pour un Benefice par la regle *de collitigantibus subrogandis*, se compte du jour du décez de l'un des contendans, & non pas *à die notitia*, comme le tient ce Docteur. *Expilly, Arrêt* 48.

33 Le resignataire d'un Benefice litigieux s'en fait pourvoir en Cour de Rome, & en prend possession, sans toutefois se faire subroger au procés pendant par appel en la Cour, &c. Jugé le 8. Mars 1551. pour le pourvû par mort. *Charondas, liv.* 8. *Rép.* 7.

34 C'est afin de ne point ignorer l'ancienne Jurisprudence que l'on a rapporté tous ces Arrêts; car l'Or-

Tome III.

donnance du mois d'Avril 1667. en l'art. 16. du tit. 15. a aboli les Lettres de subrogation, & ordonné que les subrogations se feroient par simples Requêtes. Pourra le Resignataire se faire subroger aux droits de son Resignant, & continuer la procedure sur une Requête verbale faite judiciairement sans appeler parties, & sans obtenir Lettres de subrogation, que nous défendons aux Officiers de nos Chancelleries de présenter, signer & sceller à l'avenir.

SUBROGATION CIVILE.

Subrogation. *Subrogatio. Substitutio : ita Paulus* 35 *Jurisc.*

De his qui in priorum creditorum locum succedunt. C. 8. 19.

Qui potiores in pignore vel hypothecâ habentur ; & de his qui in priorum creditorum locum succedunt. D. 20. 4.

De praetorio pignore, & ut in actionibus debitorum, missio Praetorii pignoris procedat. C. 8. 22. Praetorium pignus, étoit un droit que le Prêteur donnoit à un creancier, d'exercer les actions de son débiteur : ce qui étoit une espece de subrogation.

De la subrogation à l'hypotheque ou au privilege du creancier. *Loix Civiles, tome 2. livre 3. tit. 1. section 6.*

Traité de la Subrogation par *Renusson* vol. in 4. 36 *Paris.* Voyez le Traité des Propres du même Auteur, p. 50. & suiv.

Subrogation à des criées. *Voyez* le mot *Criées*, 37 *nombre* 121.

De la subrogation aux criées, tirée de l'exemple que nous en avons en la Loy, *qui autem §. sciendum ff. de his, qui in fraudem creditorum.* V. M. Bruneau en son Traité des Criées, p. 200.

La femme, les deniers de laquelle ont été em- 38 ployez par le mary au payement d'un ancien creancier, par la cession qu'il luy a faite, peut prétendre d'être subrogée à son hypotheque, quoiqu'elle n'ait point de cession d'actions, ni de subrogation expresse. *Voyez Du Perrier, liv.* 3. quest. 4.

Si l'heritier payant par Inventaire payant de son propre 39 argent un creancier hypothecaire, sans en rapporter cession d'actions, est subrogé à son hypotheque ? V. *Ibidem, liv.* 4. quest. 11.

Subrogation acquise à la caution qui a payé. *Voyez* 40 le mot *Caution*, nomb. 201. & suiv.

Subrogation, *rebus non integris facta nihil prodest.* 41 Arrêt du 7. Mars 1616. Voyez l'espece dans Mornac l. 2. ff. de pignorat. actione & l. 28. ff. mandati, & la l. 3. ff. qui potiores in pignore.

Par Arrêt du 7. Juillet 1644. jugé qu'un creancier 42 posterieur à la renonciation du présomptif heritier, n'étoit recevable à se faire subroger. *Berault, à la fin du 2. tome de la Coûtume de Normandie, p.* 97. sur l'art. 278.

SUBROGATION AU PARLEMENT DE PARIS.

In quibus subrogatum sapit naturam subrogatî? Voyez 43 M. Loüet & son Commentateur, lettre S. somm. 10. & Henrys, tome 1. liv. 4. chap. 5. q. 28.

Subrogation, *sapit naturam subrogati in re universali,* 43 comme *in successione, non in re particulari.* Montholon, bis. Arrêt 29. circa medium.

Quand il s'agit d'une hypotheque speciale & pri- 44 vilegiée, la subrogation est suffisante; il ne faut point de cession, contre ce que M. Brodeau en a écrit sur M. Loüet lettre C. somm. 38. & tel est l'avis de M. le Prêtre, qui est suivi, premiere Cent. chap. 69.

Un étranger qui n'est point creancier, a trois voyes 45 pour entrer en la place d'un creancier hypothecaire; la premiere, quand il offre luy-même les deniers au creancier, auquel cas il est necessaire qu'il prenne cession du creancier : la seconde, par Sentence du Juge, avec adjudication des mêmes droits : la troisiéme, par la convention & subrogation du debiteur, &c. *Brodeau sur* M. Loüet lettre C. somm. 38. nomb. 4.

Quand il y a plusieurs obligez envers le premier 46

Ggggg

creancier, & que l'un d'eux emprunte des deniers pour payer la dette avec convention, que le second creancier, envers qui il s'oblige, sera subrogé aux droits du premier ; en cela la subrogation n'a effet que contre le debiteur, qui a contracté la derniere obligation ; Quant aux autres, qui étoient obligez dans la premiere obligation, dont le creancier a donné quittance, ils ne sont point compris dans cette derniere obligation, où ils n'ont point parlé en la subrogation, qui est restrainte à cette obligation, dont elle est accessoire, & ne s'étend point sur eux. *Voyez la sixiéme Consultation de M. Duplessis.*

47 Ce qui est necessaire pour qu'un debiteur qui emprunte, afin d'acquiter un ancien creancier, puisse donner la subrogation à nouveau, sans que le premier y consente, est que le debiteur qui emprunte & consent, donner subrogation d'hypotheque sur les biens de sa femme obligée solidairement avec luy. *V. M. Duplessis, Consultation 17.*

48 Si le nouveau creancier ayant acquité de ses deniers l'ancienne dette du coobligé solidaire, qui n'est point intervenu dans le dernier emprunt, succede à l'obligation personnelle de l'ancien creancier, ou si par le defaut de subrogation ou de cession, il perd l'obligation personnelle, aussi-bien que l'hypotheque? *Voyez le Journal du Palais, to. 2. p. 628.* où cette question est traitée.

49 L'an 1560. Monsieur le Connêtable de Montmorency qui avoit acquis les droits du Sr de Boullainvilliers en la Comté de Dammartin, obtint Lettres pour être subrogé au lieu & droit du sieur de Boullainvilliers, le Duc de Guise en obtint de semblables, pour être subrogé au lieu & droit du Sr de Rambures. La Cour ordonna que l'un ni l'autre ne seroient subrogez ; mais que les Srs de Boullainvilliers & Rambures plaideroient & détruiroient leurs droits en leurs noms ; ce fut un Arrêt notable entre deux grands Seigneurs, se voulant heurter en procez l'un contre l'autre. *Bibliotheque de Bouchel, verbo Subrogation.*

50 Subrogation doit être reçuë nonobstant faits mis en avant. Arrêt du Parlement de Paris du 16. Juillet 1565. *Papon, liv. 8. tit. 17. n. 13.*

51 Il s'observe au Palais que par l'acquit de l'argent que l'on baille à l'ancien creancier, au droit duquel on veut entrer, il soit dit & déclaré que c'est des deniers de celuy qui veut entrer en son lieu & place d'hypotheque : *ut liquido constet suâ pecuniâ dimissam creditorem.* Arrêt du 22. Decembre 1604. *M. Loüet lettre C. somm. 39.*

52 Henry IV. au mois de May 1609. fit un Edit qui fut verifié le 4. Juin, portant que ceux qui fourniroient des deniers aux debiteurs, avec stipulation expresse de pouvoir succeder aux hypotheques des creanciers, par declaration faite par le debiteurs lors de l'acquit, seroient subrogez de droit aux hypotheques, droits, noms, raisons & actions desdits creanciers, sans autre cession & transport d'iceux. *Voyez l'Ordonnance de Neron.* M. le Prêtre premiere Centurie, chap. 69. in margine. & *Mornac, l. 2. si debitor ff. de pignoratitia actione.*

53 Jugé le 7. Mars 1616. qu'un creancier qui a prêté son argent pour payer une dette contenuë en une vieille obligation, n'est point subrogé ipso jure, au lieu du creancier auquel la dette a été payée de ses deniers, ainsi même qu'il étoit porté par la quittance. *Biblioth. de Bouchel, verbo Subrogation.*

54 L'acheteur d'un heritage qui est hypothequé, s'il paye le prix du l'acquit du vendeur au creancier, il demeure subrogé de plein droit en sa place, nonobstant le defaut de l'obmission de subrogation. Arrêt en Juillet 1622. *Brodeau sur M. Loüet, lettre C. sommaire 38. nomb. 7.*

55 Subrogation faite à la veuve commune en biens par l'un des heritiers du mary de la part à luy afferante

en la communauté, les autres coheritiers ne peuvent demander la subrogation, parce que la veuve n'est point réputée étrangere. Arrêt du 23. Mars 1623. *Brodeau, ibidem. somm. 13. nomb. 3. circa finem.*

56 Celuy qui paye un creancier de ses deniers, n'entre en sa place sans subrogation. Arrêt du 1. Août 1628. *M. d'Olive, liv. 4. chap. 14.* Il faut observer que ce soit un étranger qui paye, & non pas un second creancier qui paye au premier. *V. l'Arrêt des subrogations.*

57 Le creancier qui subroge un autre dans son hypotheque moyennant le payement de sa dette, sans autre convention, est tenu de l'éviction. Arrêt du 15. Juillet 1637. *M. d'Olive, liv. 4. chap. 16.*

58 Défenses aux Notaires de recevoir des particuliers des declarations & subrogations d'emprunts de deniers, sinon par les quittances & rachats des dettes, à peine de nullité. Arrêt du 31. Août 1676. *De la Guessiere, tome 3. liv. 10. chap. 14.*

59 Un creancier subrogé à la poursuite des criées, ne peut obliger le poursuivant & son Procureur de demeurer garans de leurs procedures pour les frais qu'il leur rembourse ; c'est pourquoy acte des offres de payer la somme de 2500. livres; & en la payant la Gardette Procureur condamné à rendre les pieces & procedures. Jugé au Parlement de Paris le 6. Juillet 1678 *Journal du Palais.*

60 Celuy qui prête ses deniers à l'un de deux coobligez solidairement une rente, à la charge qu'ils seront employez au remboursement de cette rente, à l'effet d'être subrogé aux droits & hypotheques du creancier, peut poursuivre l'autre coobligé en vertu de la subrogation du creancier, portée par la quittance de remboursement. Jugé au Parlement de Paris le 28. Avril 1679. *Ibidem.* Cet Arrêt est à present suivi.

61 La subrogation a l'effet d'une cession pour conserver l'hypotheque sur tous les coobligez, & l'hypotheque subsiste contre un coobligé qui n'a point parlé, ni été partie dans la quittance & acte de subrogation. Arrêt du 15. May 1679. *Journal du Palais.* De la Guessiere, *tome 4. liv. 2. chap. 6.* Autre Arrêt du 10. Août 1679. *Ibidem.* Autre Arrêt du 30 Juillet 1681. *La Guessiere, ibid. liv. 5, ch. 24.*

62 Celuy qui est subrogé par le debiteur du consentement du vendeur d'un Office, pour le restant du prix, n'a point de preference sur les autres creanciers privilegiez sur l'Office, mais ils viennent par concurrence. Jugé à Paris le 1. Mars 1681. *Journal du Palais.*

63 La Dame Descluselles & la Dame de Grosmors sa mere devoient une rente à Capon ; la Dame Descluselles seule emprunte de Pierre Gervy une somme pour être employée au rachat de cette rente, ce qui est executé avec subrogation, & entant que de besoin feroit cession & transport : les biens de la Dame Grosmors sont saisis réellement. Gervy s'oppose au decret & prétend devoir être mis en ordre du jour de la rente de Capon ; les autres creanciers au contraire, l'affaire partagée ; jugé que la cession faite à Gervy par le sieur Capon ne luy avoit pas conservé les hypotheques sur les biens de la Dame de Grosmors. Arrêt en la 5. Chambre des Enquêtes du 14. Mars 1684. *Journal du Palais.* Voyez *de la Guess. tome 4. liv. 7. chap. 7.* où il rapporte plusieurs Arrêts, l'un du 19. Août 1673. l'autre du 29. Février 1679. le 3. du 28. Août 1679. & du 20. Janvier 1677.

64 Arrêté, les Chambres assemblées sous le bon plaisir du Roy, pourtant qu'un nouveau creancier prêtant ses deniers à l'un des debiteurs, pour être employez au payement de l'ancien creancier, la subrogation faite par le debiteur, sans être consentie par l'ancien creancier ni par les autres debiteurs & cautions, ou ordonnée par Justice, est bonne; le 6. Juillet 1690. *Journal du Palais.*

65 Ce jour la Cour, toutes les Chambres assemblées, a arrêté & ordonné sous le bon plaisir du Roy, que pour succeder & être subrogé, aux actions, droits, hypotheques & privileges d'un ancien creancier, sur les biens de tous ceux qui sont obligez à la dette ou de leurs cautions, & pour avoir droit de les exercer en la maniere que les creanciers l'auroient pû faire, il suffit que les deniers du nouveau creancier soient fournis à l'un des debiteurs, avec stipulation faite par acte passé pardevant Notaires qui precede le payement, ou qu'il soit de même date, que le debiteur employera les deniers au payement de l'ancien creancier; que celuy qui les prête sera subrogé aux droits dudit ancien creancier, & que dans la quittance ou dans l'acte qui en tiendra lieu, lesquels seront aussi passez pardevant Notaires, il soit fait mention que le remboursement a été fait des deniers fournis à cet effet par ce nouveau creancier, sans qu'il soit besoin que la subrogation soit consentie par l'ancien creancier, ni par les autres debiteurs & cautions, ou qu'elle soit ordonnée par Justice; & qu'en attendant que ledit Seigneur Roy en ait autrement ordonné, la Compagnie suivra cette Jurisprudence, dans toutes les occasions qui s'en presenteront; ordonne que le present Arrêt sera envoyé aux Bailliages & Sénéchaussées du Ressort, pour y être pareillement observé, & à cet effet lû, publié, enregistré; enjoint aux Substituts du Procureur General du Roy d'y tenir la main, & d'en certifier la Cour dans un mois. Fait à Paris en Parlement le 6. Juillet 1690. *V.* le 2. to. *du Journal du Palais,* p. 780. Le 9. Avril 1691. la même deliberation a été faite en la Cour des Aydes. *Ibid.* p. 793.

66 Le payement fait par un fidejusseur, étant contraint, ne luy acquiert pas le droit la subrogation aux droits & actions du creancier principal, contre d'autres cautions, sans stipulation ni subrogation expresse. Arrêt du Parlement de Paris du 26. Août 1706. *Voyez le recüeil des Arrêts notables imprimé en 1710. chez Michel Guignard,* ch. 75.

SUBROGATION AU P. DE PROVENCE.

67 Arrêt du 21. Juin 1644. qui a jugé qu'un acheteur qui a payé le prix à un creancier est subrogé à son droit & hypotheque *ipso jure* sans subrogation expresse. *Boniface,* to. 4. liv. 8. tit. 2. chap. 8.

68 Jugé le 9. May 1645. que l'acheteur chargé de payer le creancier du vendeur, est subrogé tacitement à son hypotheque sans subrogation expresse. *Boniface,* to. 2. liv. 4. tit. 2. ch. 8.

69 Arrêt du 8. May 1661. qui a jugé que l'heritier grevé ayant payé une dot leguée, par la fille du testateur, est subrogé à l'hypotheque de la fille. *Boniface,* to. 2. liv. 2. tit. 2. ch. 16.

70 Si les capitaux des semences fournies en une année sont censées continuées aux années à venir par subrogation, & conservent leur hypotheque ? Arrêt du mois de Mars 1675. qui declara la subrogation à l'hypotheque en faveur de celuy qui avoit prêté du bled pour semer. *Boniface,* to. 4. liv. 8. tit. 9. ch. 1.

SUBROGATION AU P. DE ROÜEN.

70 bis L'acquereur des biens du mary étant depossedé par la femme est subrogé à ses droits & actions au préjudice de l'acquereur posterieur du bien de la femme? Arrêt du Parlement de Roüen du 30. Juillet 1669. *Basnage, sur la Coûtume de Normandie,* art. 539.

71 Un débiteur qui a emprunté de l'argent avec promesse d'employ, & qui a tiré des quittances particulieres sous seing privé sans aucune declaration ny subrogation, peut rendre trois mois aprés les quittances particulieres au creancier, & en tirer une quittance generale passée pardevant Notaires, où il declare d'où proviennent les interêts, à l'effet de produire une subrogation à l'hypotheque au profit de ceux qui ont prêté leur argent. Jugé au Parlement de Roüen le 26. Février 1687.

Tome III.

en l'ordre des creanciers de M. le Président Baillet, la cause avoit été renvoyée au Parlement de Normandie sur évocation à cause des parentez. *Voyez le Recüeil des Arr. de Nor.* p. 87. *& suiv.* étant ensuite de *l'esprit de la même Cour.*

SUBROGATION AU P. DE TOULOUSE.

72 On demande si celuy des deniers duquel le vendeur d'un fonds est payé de partie du prix, & qui est subrogé au premier, joüit du privilege contre le vendeur? Il se juge au Parlement de Toulouse que ce subrogé ne joüit point du privilege contre le vendeur, & que le vendeur est preferé sur la vente separée de la chose pour le reste du prix en capital & en interêts; sur tout s'il a reçu l'argent sans être tenu d'aucune éviction & garantie, soit que la subrogation faite à celuy des deniers de qui une partie du prix a été payée, ait été faite par l'acheteur ou par le vendeur même. Si la subrogation est faite par l'acheteur debiteur du prix, il n'est pas juste que cette subrogation que le vendeur n'a pas faite, luy porte préjudice; s'il a subrogé luy-même, il n'est pas présumé subroger à son propre préjudice, sur tout lorsqu'il a stipulé qu'il ne seroit tenu à aucune éviction ny garantie. Arrêts du Parlement de Toulouse des 15. May 1664. & 24. Janvier 1677. rapportés par *M. de Catellan, liv. 6. chap. 4.*

73 Par Arrêt du Parlement de Toulouse du 29. Avril 1665. jugé que celuy qui prête pour payer partie de la dette au creancier, & qui est subrogé par le débiteur, ne peut nuire au creancier, & cette subrogation ne vaut pas contre luy: en telle sorte que le prêteur puisse être alloüé par concurrence avec le creancier originaire, quoyque les deniers soient parvenus en fies mains. Semblable Arrêt rendu en la Grand'Chambre le 17. Avril 1684. ils sont rapportez par *M. de Catellan, ibidem.*

74 Un creancier posterieur qui paye le premier, *tacito juris intellectu,* & sans autre subrogation succede en sa place, parce qu'il est présumé avoir fait ce payement, non pas pour prêter ses deniers, mais pour conserver & augmenter ses hypotheques. C'est l'usage du Parlement de Toulouse: par la même raison l'acheteur d'un fond qui du prix paye les creanciers de son vendeur, acquiert leur hypotheque sans autre subrogation. Arrêt du 17. May 1667. Le simple engagiste n'a pas le même avantage. *Voyez M. de Catellan, liv. 5. chap. 31.*

75 Arrêts du Parlement de Toulouse des 23. Decembre 1669, & 14. Decembre 1699. qui ont alloüé l'acheteur par privilege pour les lods, quoyqu'il n'y eût point de subrogation. *Voyez M. de Catellan, liv. 5. chap. 31.*

76 Celuy qui prête une somme pour payer un creancier de celuy qui emprunte, avec subrogation, est valablement subrogé lorsque le payement n'est fait à ce creancier que le lendemain, & qu'il n'y a pas de declaration d'employ. Arrêt du Parlement de Toulouse du 2. May 1678. rapporté par *M. de Catellan, liv. 5. chap. 29.*

77 La cessionnaire succede pleinement à toute l'hypotheque réelle qu'avoit le cedant, sans qu'il soit besoin de subrogation. Arrêt du Parlement de Toulouse au mois de Decembre 1679. rapporté par *M. de Catellan, liv. 5. chap. 32.*

78 Celuy qui est subrogé au premier, ou par le vendeur ou par l'acheteur, joüit du privilege, & est alloüé sur la vente séparée de la chose vendüe, pour le capital & interêt; & les interêts courent sans interpellation, comme ils courent en faveur du vendeur: c'est l'usage du Parlement de Toulouse. Arrêts des mois de Février 1693. & Juillet 1694. rapportez par *M. de Catellan, liv. 6. chap. 4.*

79 Si le débiteur pour payer son creancier, emprunte en divers temps de deux ou trois personnes, & le subrogé à l'hypotheque du creancier, ces deux sub-

Gggg ij

rogez ne feront pas alloüez en même rang , & par concours , quoyqu'ils ayent acquis la même hypotheque , mais la préference fera reglée enrr'eux par la priorité de la date des fubrogations. Ainfi jugé au Parlement de Touloufe , en la premiere Chambre. Mais fi le creancier luy-même prenant le payement de partie de ce qui luy eft dû , fubroge à fon hypotheque , & fi enfuite prenant le payement du reftant d'un autre , il fe fubroge auffi ; on demande lequel de ces deux fubrogez fera preferé? Le dernier fubrogé doit l'être , d'autant que nonobftant la premiere fubrogation , le creancier retenant la préference fur le premier fubrogé , cette préference doit paffer au fecond. Cette queftion fe prefenta dans le cas du premier ,en la premiere Chambre des Enquêtes en 1694. & le dernier fubrogé fut preferé au premier pour le capital ; mais les interêts deus à ces deux fubrogez furent allouës par concours fur la vente feparée ; en quoy on divifa le privilege du vendeur , qui fans difficulté eft preferé pour le reftant du prix , en capital & interêts , à celuy qu'il a fubrogé à une partie. *Voyez M. de Catellan , liv. 6. chap. 4.*

80   Dans le cas où le vendeur prenant partie du prix des deniers du prêteur , le fubroge luy-même ; on vient d'obferver que cette fubrogation ne peut luy nuire , qu'il n'eft pas préfumé la faire à fon préjudice, fur tout s'il a été dit qu'il ne fera tenu d'aucune eviction & garantie , & le vendeur fera preferé en capital & interêts. M. Dolive en rapporte un Arrêt dans fa nouvelle addition au *liv. 4. chap. 10.* Ainfi par Arrêt rendu en la Grande Chambre aprés partage le 1. Mars 1700. en la diftribution de Jean Gaultier , la préference fut donnée au vendeur pour le capital & les interêts du reftant du prix , fur celuy qu'il avoit fubrogé auparavant , en recevant une partie fans être tenu d'éviction ni garantie. *M. de Catellan , ibidem.*

SUBSIDES.

Voyez hoc verbo , *le Recueil des Arrêts de Bouvot , to. 2. & les mots Impôts , Tailles.*

SUBSTITUT.

SUbftitut des Avocats du Roy. *Voyez le mot Avocat , nomb. 247. & fuiv. & le mot Procureur , n. 147. & fuiv.*

Voyez cy-aprés *Subftituts,* où leurs droits feront expliquez.

SUBSTITUTION.

1   **D**E vulgari & pupillari fubftitutione. D. 28. 6.... *Inft. 2. 15. & 16.*

De impubertum , & aliis fubftitutionibus. C. 6. 26.

De inftitutionibus , & fubftitutionibus , feu reftitutionibus fub conditione factis. C. 6. 21. Ce Titre parle des conditions appofées aux Inftitutions & aux Subftitutions.

De fubftitutionibus , & de faciendis fecundis tabulis. Cajus. 2. 4.

Ut reftitutiones fideicommiffi ufque ad unum gradum confiftant. N. 159. Des Subftitutions , & à quel degré elles s'étendent.

Voyez les mots *Fideicommis , Nôces , nomb. 107. & fuiv. & le mot Reprefentation , nomb. 72. & fuiv.*

2   *De Subftitutionibus. Per Ray. de Forlivio.*

Per Baldum de Ubaldis.

Per Lancellot. Pollitum.

Per Udalricum Zazium.

Per Antonium Fumeum.

Per Barto. de Hutio.

Per Anto. Caijum.

3   *De fucceffionibus & fubftitutionibus. Per Conftantin. Rogerium.*

4   *De quintuplici fubftitutione. Per Joan. Cruceum.*

5   *Intriglioli de fubftitutionibus,* vol. in folio. *Hannovia* 1602.

Traité des fubftitutions, par des Roys. Lyon 1644. 6

Fufarius , de fubftitutionibus. in folio. *Geneva.* 1653. & 1674.

Des Subftitutions. Voyez le traité de M. Duval, *de* 7 *rebus dubiis Cap. de fubftitutionibus, Julius Clarus in teftamentum.*

De l'inftitution & fubftitution. V. Julius Clarus, li. 8 3. *Sentent. queft.* 70.

Me. Jean *Champy* Avocat , a fait un Abregé des 9 Subftitutions & des formalitez neceffaires pour leur validité dans le Commentaire fur la Coûtume de Meaux *in* 8°. à Paris , chez *Chriftophe Journel.* 1682.

Voyez le Traité des Conditions Fideicommiffaires 10 en l'un & l'autre cas du deceds fans enfans & du deceds avec enfans , & des enfans fans enfans , exprimé ou fous-entendu dans les fubftitutions graduelles. Ce Traité a pour Autheur M. Vulfon , Confeiller au Parlement de Grenoble , & fe vend à Paris , chez *Charles Ofmont ,* ruë S. Jacques. Il a été imprimé en 1707.

Subftitutions. Voyez hoc verbo , *la Bibliotheque du* 11 *Droit François par Bouchel ,* celle de *Jovet.* Papon , *liv.* 20. *tit.* 3. Bouvot , *tome* 1. *part.* 2. *verbo Efperance de Subftitution.* Henrys , *tome* 2. *li.* 5. *queft.* 14. 18. & 20. Ricard , *to.* 2. *Traité* 6.

Le mot d'Inftitution eft fouvent pris pour celuy de 12 Subftitution. *Voyez* le mot *Heritier , n. 273. & fuiv.*

La fubftitution eft la fubrogation d'une perfonne à 13 une autre pour recüeillir le profit d'une difpofition, *inftituti dicuntur primo gradu , fubftituti fecundo vel tertio , l. 1. ff. de vulgari & pupill. fubftit.*

De fubftitutionibus & reftitutionibus fideicommiffariis, 14 *& ad quos gradus extendantur tam jure civili quam regio. M. Valla de rebus dubiis , & c. tractatu* 5. *Voyez Mornac , l. 7. ff. de ftatu hominum ,* où il eft dit que Valla s'eft mépris en fon Traité 4. & 5.

Maynard , liv. 6. ch. 19. cenfure des Arrêts de Toulouse , ou leur citation faite par *Papon ,* au titre des *Subftitutions , art.* 30. 15

Quelles font les marques d'une fubftitution, quand 16 ce terme de fubftitution ne fe rencontre pas dans les actes. *V. le Jour. des Aud. tom.* 2. *liv.* 5. *ch.* 11. & les *notables Arrêts des Aud. Arr.* 93.

Noverca fi hæres univerfalis inftituatur , & ei unus ex 17 *liberis fecundi matrimonii fubftituitur , an talis fubftitutio vulgarem contineat fubftitutionem: & quid fi fubftitutus moriatur ante inftitutum?* Voyez *Franc. Marc. to.* 2. *q.* 78

Subftitutionis vulgaris jus licet filius præmoriatur , an 18 *ad fuos tranfmittatur : & fic dies incerta rejiciatur propter hæredis in capacitatem.* Voyez *Franc. Marc, to.* 2. *queft.* 113.

Subftitutus vulgariter & pupillariter antequam admittatur , oportet quod probet an in gradu precedentes decefferint. Voyez *Franc. Marc. to.* 2. *q.* 445. 19

Subftitutus obliquè per fidei commiffum uno ex hæredi- 20 *bus mortuo fine liberis præfertur coharedi , l. finali §. filium ff. de legatis* 20. *l. Lucius §. Gaio ff. ad Senatufc. Trebellianum, nam poft aditam hæreditatem ceffat jus accrefcendi , l. 1. ff. de ufufructu accrefcendo , & l.* 30. *ff. de vulgari , & c.*

Subftitutionem defectâ conditione perire : quandoq; contra & quando hæredis nomen ad defcendentes r ftringatur. Voyez *Francifci Stephani decif.* 90. 21

Illa videntur partes repetita in fubftitutione qua in inftitutione expreffa funt. Mornac , *l.* 29. *ff.* pro focio. 22

Fait notable touchant les fubftitutions des maifons, 23 noms & familles. *V. Charondas , liv.* 2. *Rép.* 96. *Voyez* le *liv.* 5. *Rép.* 61. où il eft parlé de l'Arrêt des Dormans , & *liv.* 9. *Rép.* 34.

Le fens exprimé par les termes ; doit prévaloir à 24 l'intention préfumée. *V. Henrys , tom.* 2. *livre* 5. *queftion* 42.

Subftitution , efperance. V. Carondas liv. 7. *Rép.* 25 155. & *liv.* 13. *Rép.* 54.

25 bis M. Charles du Moulin dans. son premier Conseil agite une question de substitution. *Vide 10. 2. p. 809. Item* dans son Conseil 4. & 5. *ibid, p.* 821. *Item* au Conseil 6. 7. 8. 15. 26. où il est dit que *prohibitio alienandi causata inducit fideicommissum.*

Præscriptio non incipit currere ante singularum substitutionum eventum & c. Voyez encore les Conseils 40. 45. 51. où il dit, *verbum Hoirs intelligitur de descentibus ut verbum hæres*, Conseil 56. & dans un autre Conseil pour Martin Dharagon p. 985.

26 La substitution ne fait point de degré en la personne de celuy qui ne l'a expressément acceptée. *V. Henrys, tom.* 1. *liv.* 5. *ch.* 4 *q.* 24. & *to.* 2. *li.* 6. *q.* 9, *M. Expilly, Arr.* 124. le degré doit être rempli *cum eff. Elle*, autrement la substitution ouverte , si le fideicommissaire meurt avant que d'avoir intenté sa demande en fideicommis , il ne transmet rien à ses heritiers. *Ricard des substitutions , trait.* 3. *ch.* 9. *sect.* 6. *pars.* 1 *nom.* 760. 768. 784. & 804.

27 Un pere a deux enfans ; il institue l'aîné , & au cas qu'il meure sans enfans , luy substitue le puîné ; une disposition de cette qualité ne couvre point la préterition du puîné ; où il dit avoir été jugé sans rapporter l'Arrêt. *Henrys, tom.* 1. *liv.* 5. *ch.* 4. *q.* 27.

28 *Henrys, tom.* 2. *liv.* 5. *q.* 42. decide que le pere ayant substitué ses filles les unes aux autres , il n'est pas censé pour cela avoir voulu le substituer à son fils son heritier : il dit que quoiqu'il faille favoriser l'intention du prélateur, il ne faut pas neanmoins faire le devin , *non sine solemnda substitutione*, il donne un moyen pour concilier les loix 12. & 13. *de reg. jur.* l'une dit qu'il faut interpreter favorablement les volontez des testateurs , *in testamentis plenius voluntates testantium interpretantur* ; l'autre que quand on ne peut pas entendre ce qui est écrit dans un testament c'est la même chose que si la chose n'étoit pas écrite , *qua in testamento ita sunt scripta ut intelligi non possint, perinde sunt , ac si scripta non essent* ; il dit que la premiere se doit entendre lorsqu'il y a lieu d'expliquer la volonté du défunt , & que l'interpretation est favorable & vraisemblable ; & l'autre lorsque la disposition est conçuë en termes si obscurs , que l'on ne sçauroit y rien comprendre , ni en penetrer le sens , il faut ajoûter, ni luy en donner un qui soit raisonnable.

29 Quand la substitution , soit reciproque ou simple, se trouve conçuë en termes de compendieuse , comme lors que le testateur a dit , *qui in tocunque hæres morietur*, elle enferme une substitution graduelle & fideicommissaire , ainsi que la vulgaire & la pupillaire ; c'est parce que le mot qui la rend enveloppe divers temps. *Henrys , tome* 1. *liv.* 5. *ch.* 4. *qu. st.* 48.

30 Quand le testateur permettra à son heritier de disposer comme il voudra de ses meubles , de son argent, ou de quelques autres choses, les substituez, comme il a été jugé au Parlement de Grenoble , voudront en vain l'empêcher. *Voyez Guy Pape, quest.* 75. & *Chorier en sa Jurisprudence du même Auteur, p.* 191.

31 Arrêt solemnel du P. de Toulouse , qui ajuge à une mere la moitié des biens de sa fille , nonobstant la substitution : (sçavoir le tiers *jure legitima* : & le quart du reste *jure trebelliani* , parce qu'elle étoit morte, *jam facta pubes*, & sans avoir égard au second mariage de sa mere *longé* ante, sans avoir fait pourvoir de tuteur à sa fille impubere. *Papon , liv.* 10. *tit.* 3. *n.* 30.

32 Un substitué pour les biens à luy avenus par la mort du premier heritier , se pourvoit possessoirement , se disant saisi par la Coûtume generale de France, par laquelle le mort saisit le vif, contre l'heritiere *ab intestat* , du premier heritier , laquelle luy oppose fin de non recevoir pour la possession. Arrêt du Parlement de Bordeaux du 23. Juin 1526. qui maintient l'heritiere , le substitué debouté , à luy reservé son action au petitoire. Même Arrêt le 14.

Août 1521. pour Marguerite de Grammont , heritiere du premier heritier , appellant du Sénéchal de Limoges , contre Pierre de Grammont substitué. Cependant *Benedict*, dit qu'un substitué fideicommissaire a lieu de s'aider de la Coûtume de France , *le mort saisi le vif* , & que de son temps fut donné Arrêt à Toulouse , par lequel un substitué complaignant , fut reçû & maintenu pour les biens substituez pour la maison de Boiffe ; il soûtient cet Arrêt par l'équité du chapitre *in presentiâ de probat.* lequel il dit être déclaré par Balde à cet effet , que le cas de restitution avenu, le circuit de la restitution ne se doit observer , mais est tenu pour fait & pour le même motif, il dit que semblable Arrêt fut donné le dernier Mars 1506. *Biblioth. de Bouchel* , verbo *Substitution.*

33 Deux freres substituez l'un à l'autre en cas de décès sans enfans , par leur division & partage , peuvent contracter ensemble au préjudice des substitutions , & contre leurs mutuelles quitances , leurs redims ne peuvent revenir. Arrêt du Grand Conseil de l'an 1517. *Papon, liv.* 20. *tit.* 3. *n.* 15.

34 Par testament , un pere laisse à chacun des deux enfans qu'il a , certains biens ; au residu , il les institue heritiers universels , & substitué en cas qu'ils n'ayent enfans , l'un à l'autre , & aux deux les plus prochain : l'un d'eux meurt sans enfans , fait heritier autre que son frere ; cet heritier veut distraire la legitime du défunt ; & la quarte trebellianique , outre ce les biens qui furent prélegués par le testament au défunt. Ce frere substitué l'empêche quant au prélegat, & l'accorde quant aux quartes. Par Arrêt du Parlement de Bordeaux du 14. Juillet 1510. jugé selon le texte, *quidam liberis*, & l'opinion de Bart. *Biblioth. de Bouchel*, verbo *Substitution.*

35 Un substitué après la condition échuë, ne peut se dire possesseur, ni pourvoir par complainte, mais doit petitoirement requerir, & poursuivre l'heritier de celuy qui est chargé de la restitution hereditaire, de s'acquitter du fideicommis. Arrêt du 12. Février 1522. Les Auteurs ont été long-temps partagez sur cette difficulté ; & il a été enfin résolu qu'en droite ligne le substituez se peuvent pourvoir possessoirement, en ligne collaterale, non ; entre Madame Louïse de Savoye , mere de François I. & Charles de Bourbon, Connétable de France. *Voyez Papon , liv.* 20. *titre* 3. *nomb.* 12. & 13.

36 Un substitué ne se peut pourvoir possessoirement. Arrêt du Parlement de Bordeaux du 13. Juin 1526. qui luy reserve son action au petitoire, autres des 14. Août 1521. & 22. Février 1536. Arrêt contraire du Parlement de Paris du mois de May 1561. sur le fondement que le substitué est saisi par la Coûtume. Même Arrêt a été donné au Parlement de Toulouse. *Voyez Mainard , liv.* 5. *ch.* 10. & Papon, *liv.* 20. *tit.* 3. *n.* 21.

37 Entre Messire Jean de Levis de Châteaumorand , Gentilhomme ordinaire de la Chambre du Roy , & Gouverneur de Monseigneur le Dauphin, ayant repris le procez interrompu par la mort de Messire Jacques de Levis de Châteaumorand son pere ; & Messire Gilbert de Levis Comte de Vantadour ; au lieu de son pere , défendeur d'autre part ; il fut dit par Arrêt du Parl. de Toulouse en l'an 1533. le 5. Février , qu'au demandeur substitué par le testament de Philippes II. Antoine I. son fils , & Bremond de Levis , seroient délivrez , sept onces & demie, dont les douze font le tout des hereditez , & de tous & chacuns les biens de la maison de Levis, & Comté de Villars , ayant appartenu aux susnommez , & tous & chacun les biens & succession de Châteaumorand , ayant appartenu à M. Jean de Châteaumorand , & Dame Anne sa fille , sauf Poligny , le Vicomté de Remond , Luny , Chausseaux & le Pont de Chargi , à la déduction de la legitime de M. Jacques de Levis sur les dites places , & outre à Jean de Levis , la legitime telle que de raison , duë à M. Jacques sur les

biens de la Voute, & qui furent de Bremond Levis; Seigneur de la Voute; le surplus laissé au dessus dit pour ses quartes & autres distractions, & sans avoir égard à ce *quod essent plures substitutiones*. *V.* La Bibliotheque de *Bouchel*, verbo, *Substitution*.

38 Un Testateur institué heritier un de ses mâles, & fait deux degrez de substitution; sçavoir que si le premier decede sans mâles, le second est appellé, & au cas que le second meure sans enfans, un étranger est substitué. L'heritier meurt sans laisser aucuns mâles; le second fils qui en laisse predecede cet heritier; le dernier substitué demande les biens; les enfans s'y opposent & disent qu'ils sont appellez avant luy. Il fut debouté au Parlement de Bordeaux par fin de non recevoir, à cause qu'il s'estoit pourvû au possessoire, & luy fut reservée son action au petitoire, & depuis Arrêt du 14. Août 1537. en sa faveur. Dans la même espece Arrêt du Parlement de Toulouse du 27. Avril 1548. au profit des enfans. *Biblioth. de Bouchel*, ibid.

39 *Voyez* l'Arrêt du dernier Decembre 1554. au profit d'un frere substitué à sa niéce heritiere universelle par Justice, de son défunt pere, contre la mere de l'heritiere. *Le Vest, Arrêt* 59.

40 Jugé au Parlement de Paris le 9. Janvier 1556. qu'un mineur, quoiqu'il semble se mettre à couvert d'une poursuite desavantageuse, ne peut renoncer à une substitution non avenuë. 2. Qu'un premier substitué de plusieurs degrez, en cedant à un tiers l'émolument & biens de la substitution avenuë ou non avenuë, ne fait aucune ouverture au second ou autre consequemment substitué. *Biblioth. de Bouchel*, verbo, *Restitution*, page 296.

41 La substitution d'un pere faite à ses enfans de mâles en mâles, l'aîné vient à la succession & decede devant son fils, qui seroit aussi decedé sans enfans; la fille du puîné d'un des heritiers institué exclut la mere dudit fils. Arrêt du 1. Septembre 1571. *Peleus, question* 56.

42 Arrêt du mois de Février 1575. qui a jugé que la substitution étoit finie par la naissance des enfans survivans au décès de celuy à qui la substitution étoit faite. *La Roch-flavin, liv.* 3. *lettre S. titre* 9. *Arr.* 5.

43 Un pere qui avoit deux enfans mâles institué l'aîné, & s'il venoit à deceder sans enfans mâles, il luy substitué le puîné; après son décès l'aîné qui n'avoit qu'une fille de son mariage, la marie & luy constitué en dot la moitié de tous & chacuns les biens que son pere luy avoit laissés, le puîné present au Contract promet de n'y contrevenir; il ne le fit pas aussi; mais après son décès les heritiers du puîné demandent l'ouverture de la substitution par le décès de l'aîné sans enfans mâles. Les mariez opposent la presence & promesse du puîné au Contract de mariage. On replique que le puîné n'avoit pas quitté ses droits de substitution contenuë au Testament qui n'avoit été vû ni lû, non pas même fait mention d'icelui. Il fut jugé pour les mariez, par Arrêt du Parlement de Toulouse du 25. Juillet 1575. après le procés parti & deux Chambres des Enquêtes, départy en la Grand' Chambre. *Voyez Guy Pape, quest.* 231. & *Mainard, liv.* 7. *chap* 29.

44 La substitution ou fideicommis n'est présumé de toutes paroles rogatoires faites par le Testateur. Arrêt du 16. Avril 1585 *Carondas, liv.* 7 *Rép.* 82.

45 Par Arrêt general prononcé en Robes rouges le 13. Septembre 1585. entre Marie de Pellepoix demandant la repetition de sa dot, & le Syndic de l'Hôpital de Toulouse substitué aux biens sur lesquels sa dot étoit demandée, la femme fut deboutée de sa demande & il fut décidé que *l'Auth. Res que C. de fideicom.* n'auroit lieu que *inter ascendentes & non inter collaterales* & aux substitutions faites par le pere ou mere, à leurs enfans, ou descendans d'iceux, & non aux substitutions faites par les oncles ou autres collateraux, ni

aussi par les étrangers. *Biblioth. de Bouchel*, verbo, *Douaire*.

46 Lorsque les substituez sont des descendans ils doivent être saisis des biens ausquels ils sont substituez, avant que l'on procede aux distractions, parce qu'ils sont plus favorables que les heritiers étrangers, ou autant favorables que les heritiers mêmes, en qualité de descendans, ils sont saisis. Arrêt donné au Parl. de Toulouse 17. Avril 1598. en faveur des substituez de la Maison de Morillon en Roüergue. Arrêt semblable du 17. Avril 1603. Ce qui doit avoir lieu quand la moitié des biens est substituée, s'il n'y avoit qu'une legere partie, il n'en seroit pas de même. *Ibidem*, verbo, *Substitution*.

47 Au cas d'une substitution, *nomine filii non continetur nepos ex filiâ*. Arrêt du 12. Juillet 1601. *M. Bouguier, lettre S. nomb.* 10.

48 Un Marchand de Lyon a un fils & une fille; il institué son fils heritier & ses enfans mâles en loyal mariage; & s'il decede sans enfans mâles, il substitué sa fille & ses enfans, & si elle decede sans enfans, il substitué un de ses freres, avec prohibition d'aliener; & s'il decede sans lignée, il veut que ses biens appartiennent à l'Hôtel-Dieu de Lyon. Ce fils decede sans enfans mâles, laissant sa sœur qui joüit pendant 50 ou 60. ans des biens; elle meurt sans enfans, fait son Testament, & laisse plusieurs maisons à l'Hôtel-Dieu de Lyon; au residu de son bien, elle institué le Receveur de l'aumône du Pont de Lyon. Une petite fille du frere du premier testateur demande la substitution qui fut declarée ouverte à son profit, avec restitution de fruits, déduction faite des quartes de legitime & de trebellianique au profit des défendeurs que la Cour estima aux deux tiers. Arrêt à Noël 1615. *Montholon, Arrêt* 127. où il parle & explique la trebellianique.

49 *Voyez les* 37. & 38. Plaidoyers de M. le Maistre, & l'Arrêt du 4. Juin 1637. qui declare une substitution de quatre Terres ouverte au profit du sieur Marquis de Chabannes. Plusieurs questions importantes sont traitées dans ces Plaidoyers.

50 Arrêt du Parlement d'Aix du 15. Juillet 1676. qui a jugé que les plus proches n'étant appellez à la substitution, le neveu fils d'un frere germain exclud la tante consanguine. *Boniface, tome* 5. *liv.* 2. *tit.* 16. *chap.* 2.

51 Si l'esperance d'une substitution est transmise du pere substitué à l'enfant en ligne directe, quand il y a plusieurs degrez de substitution? *V. Bouvot, to.* 1. *part.* 2. verbo, *substitution, quest.* 3.

52 Le pere instituant deux de ses filles imputes, les substituant l'une à l'autre; si telle substitution est censée vulgaire ou pupillaire; & si la mere est excluse de la legitime par cette substitution reciproque. *Ibid. question* 7.

53 Si l'ayeul peut faire Testament pour les enfans de ses enfans impuberes après la mort de son fils, & substituer les uns aux autres, s'ils decedent sans enfans, & si la mere est excluse de la legitime pour telle substitution? *Voyez ibid.* verbo, *Mere*, *quest.* 3.

54 Si le fils est institué par le pere, au cas qu'il vint à deceder, sans enfans, le frere du Testateur substitué, s'il a des enfans qui ne se portent heritiers d'iceluy, ils peuvent avoir les biens par la disposition du pere, & empêcher que les Creanciers ne soient payez sur lesdits biens, & si en la substitution du fils est compris le petit-fils de la fille? *Voyez Bouvot, tome* 2. verbo, *Substitution, quest.* 7.

55 Si en Bourgogne le mary par un traité fait avec sa femme, declare qu'il veut & entend que tous les meubles & acquêts communs demeurent à la femme, à la charge que la femme acquittera les enfans de à toutes dettes, & pour les anciens les laisse à ses enfans, y substituant la mere en cas de predecez des enfans sans enfans, & sans institution d'iceux, si tel traité est valable? *Voyez* le mot *Dettes, no.* 126. *bis.*

56 S'il suffit pour la validité d'un Teſtament que les enfans ſoient appellez, par une ſubſtitution vulgaire ou fideicommiſſaire & conditionnelle, ou à jour incertain? *Voyez Duperrier, liv. 1. queſt. 24.*

57 Si l'interruption des degrez éteint le fideicommis, quand la ſubſtitution eſt compendieuſe, & ſi les enfans du premier ſubſtitué qui eſt predecedé, & qui n'étoient qu'en la condition, ſont preferables au ſecond ſubſtitué qui a ſurvêcu à l'heritier grevé? *Voyez Duperrier, liv. 2. queſt. 21.*

58 Une femme inſtituë ſon mary en la troiſiéme partie de ſes biens & és deux autres parties ſes enfans, leſquels elle ſubſtituë l'un à l'autre, & s'ils decedent, ſubſtituë le plus proche de parenté : la ſubſtitution des enfans decedent *vivente patre*, lequel ſe remarie & a des enfans du ſecond lit. Aprés le décés du pere la ſœur uterine de la teſtatrice demande la ſucceſſion des enfans, diſant qu'elle leur eſt ſubſtituée en vertu de ces mots, *le plus proche de parenté.* Aprés de grandes diſputes entre M. Joſſe Raporteur & M. Mainard, il a été jugé que ces mots devoient s'entendre de la parenté de la Teſtatrice. *La Rocheſlavin, livre 4. lettre T. titre 5. Arr. 12.*

59 La ſubſtitution faite, ſi l'heritier meurt ſans enfans, prend fin, l'heritier laiſſant un fils quoiqu'il décede peu de temps aprés. Jugé au Parlement de Toulouſe le 13. Février 1598. *Cambolas, liv. 2. ch. 41.*

60 Par Arrêt du 4. May 1623. il a été préjugé qu'un pere inſtituant ſon fils heritier & luy ſubſtituant, en cette ſubſtitution n'étoient pas compris les biens que le fils avoit de ſon pere par tranſmiſſion. *Cambolas, liv. 5. chap. 2.*

61 Un homme ayant deux enfans inſtitué ſon aîné & au cas où il decederoit ſans enfans, luy ſubſtitué ſon ſecond fils. L'aîné va en Eſpagne, s'y marie & a des enfans ; il vend les biens que ſon pere luy avoit laiſſés ſituez en France : aprés ſon décés ſon frere forma inſtance contre l'acqueur en ouverture de ſubſtitution, dont il fut débouté le 29. May 1626. par Arrêt du Parlement de Toulouſe. Par cet Arrêt il a été jugé que la ſubſtitution eſt empêchée par l'exiſtence des enfans, bien qu'ils ſoient conçus & nés, & faſſent reſidence en pays étrangers. *Cambolas, liv. 5. chapitre 24.*

62 Dans les ſubſtitutions au Parlement de Toulouſe, on compte par generations, & non par ſucceſſions, quoiqu'elles ſoient faites par un Collateral. Jugé le 9. Septembre 1627. Par Arrêt du 17. Avril 1636. en la maiſon d'*Archer*, il a été jugé que ceux de cette maiſon ayant leur principal manoir dans le reſſort du Parlement de Toulouſe, quoy qu'ils euſſent des biens conſiderables dans celuy de Paris, où l'on compte les degrez des ſubſtitutions par têtes, pluſieurs freres ayant recüeilly, ne font qu'un même degré à l'égard des biens ſituez au reſſort du Parlement de Paris. *Cambolas, liv. 3. chap. 7.*

63 Subſtitution faite à une partie de l'heritage laiſſé au pupile eſt étenduë aux entiers biens d'iceluy. Arrêt du Parlement de Toulouſe du 15. Mars 1631. *Cambolas, liv. 6. chap. 19.*

64 Si pluſieurs indefinîment ſont chargez de ſubſtitution precaire. 2. Ou quand la ſubſtitution precaire eſt faite aprés le décés de tous les inſtituez ; le ſubſtitué exclura le coheritier ſurvivant. 3. Autre choſe eſt lorſque les heritiers grevez ſont des deſcendans du Teſtateur. 4. Et neanmoins en ce cas il n'y aura point de ſubſtitution reciproque, entre leſdits coheritiers deſcendans. *Peregrin. art. 13. n. 36. & ſeq. & n. 59. 60. 61. 3. vid. Mainard, liv. 5. chap. 18. 3. id. Mantic, liv. 4. tit. 10. n. 11. 18. 4. cont. Olive, liv. 5. ch. 11. vid. Graff. §. Subſtitutio. queſt. 61. n. 8. & ſeq. 1. 2. 3. id. Graſſus §. Subſtitutio. queſt. 79. n. 15. & ſeq. vid. L. 2. §. 1. ff. de condit. inſtit. L. 42. ff. de vulg. & pup. L. 34. 57. §. 1. & L. 78. §. 7. ff. ad Trebellianum. M. Abraham la Peirere, en ſes Déciſions du Palais, lettre*

S. nomb. 133. dit *en rapportant toutes ces autoritez*, Cette déciſion eſt des plus controverſées parmi les Docteurs ; j'ay toûjours cru que quand les heritiers inſtituez, & les ſubſtituez ſont étrangers au Teſtateur, le ſubſtitué eſt preferé aux coheritiers ſurvivans, & à chacun d'eux ; *& pluralitas reſolvitur in ſingularitates :* mais ſi les heritiers inſtituez ſont des deſcendans du Teſtateur, & le ſubſtitué étranger, le coheritier ſurvivant eſt preferé au ſubſtitué, & le ſubſtitué n'eſt admis qu'aprés le decez de tous les heritiers inſtituez ſans enfans, auquel cas le ſubſtitué aura l'entiere heredité, ſans que neanmoins il s'en puiſſe induire aucune reciprocité de fideicommis entre les heritiers inſtituez, & la ſubſtitution demeure en ſuspens juſqu'au décés ſans enfans du dernier inſtitué.

65 Arrêt du Parlement de Bordeaux du 3. Août 1648. Maître François Château Notaire Royal faiſant ſon Teſtament, en l'an 1609. legua 600. livres à Anne & Jeanne ſes filles, inſtitua ſes heritiers univerſels Jean & François ſes enfans, & où l'un de ſes enfans decederoit ſans enfans, luy ſubſtitua le ſurvivant ; ou tous les deux decederoient ſans enfans, leur ſubſtitua ſes filles ou leurs enfans. Jean deceda laiſſant un enfant qui étoit l'intimé, ce & les deux filles decederent laiſſant enfans, qui étoient les appellans ; & aprés François mourut ſans enfans. Par Sentence du Sénechal de Perigueux confirmée par ledit Arrêt, les appellans furent déboutez de la ſubſtitution par eux prétenduë. La Cour jugea que puiſque les enfans des filles avoient été appellez, le petit fils né du fils heritier inſtitué les devoit exclure, & c'eſt une exception au §. *Cum itá L. hæredes mei. ff. ad Trebell.* La Peirere, *ibid.*

66 Arrêt du 22. Avril 1673. donné en la Grand'Chambre, au rapport de M. de Sabourin. Jeanne de Balſac femme de Claude Durſé, par ſon Teſtament diviſe ſes biens entre quatre enfans qu'elle avoit, & au cas que ſes enfans mouruſſent ſans enfans, & leſdits enfans en pupillarité, ſubſtituë Claude ſon mary, & l'inſtituë en tous ſes biens. Antoine Durſé premier enfant mâle decede ſans enfans. La queſtion étoit ſi Claude Durſé avoit recüeilli l'effet de la ſubſtitution de la portion d'Antoine ſon fils, auquel il avoit ſurvêcu à l'excluſion de ſes autres enfans : Jugé que Claude ne pouvoit prétendre aucun droit qu'aprés le décés de tous ſes enfans, & la Cour luy ajugea ſeulement une legitime ſur la portion d'Antoine. *La Peirere, ibid.*

67 Si un enfant fait legataire univerſel par le Teſtament de ſon pere, & chargé d'une ſubſtitution envers ſes enfans, & au défaut d'enfans, envers ſes freres & ſœurs, & leurs deſcendans, peut renoncer à ſon legs univerſel, pour anéantir la ſubſtitution ? La conteſtation portée aux Requêtes du Palais, intervint Sentence, par laquelle le Teſtament fut confirmé, & le Legataire univerſel condamné d'executer la ſubſtitution, ſi mieux il n'aimoit ſe contenter de ſa legitime ; auquel cas le ſurplus de cette legitime ſeroit mis entre les mains de ſon frere & de ſa ſœur, qui donneroient bonne & ſuffiſante caution, de rapporter le principal & les interêts aux enfans du Legataire univerſel, en cas qu'il en eût. La Cour par Arièt du 17. Mars 1698. confirma la Sentence. *Voyez le Recüeil des Arrêts Notables imprimé en 1710. chez Michel Guignard, ch. 8.*

SUBSTITUTION, ACCROISSEMENT,

68 Accroiſſement *in ſubſtitutionibus. Voyez le mot* Accroiſſement, *nomb. 44. fine.*

69 Le droit de ſubſtitution differe du droit d'accroiſſement ; le premier eſt perſonnel, & ne paſſe aux heritiers ; le ſecond eſt réel & tranſmiſſible *M. d'Olive, liv. 5. ch. 23. An quod ex jure accreſcendi conſecutus eſt hæres, veniat in fideicommiſſi reſtitutione? Voyez M. Henrys, tom. 1. liv. 5. ch. 4. q. 44. fine.*

70 Comme deux heritiers peuvent être inſtituez dans

un teſtament, il y peut auſſi avoir deux ſubſtituez ; ſi l'un d'eux meurt avant l'heritier, ſa portion doit être ajugée au ſubſtitué. *V. Guy Pape*, *q.* 335. *Chorier en ſa Juriſprudence du même Auteur*, obſerve que cette opinion eſt ſuivie par le Parlement de Grenoble.

71   Il a été jugé à Toulouſe au mois de Juin 1585. *in ſubſtitutione fideicommiſſariâ jus accreſcendi locum habere & gloſ. in cap. Raynaldus, de teſtam.* La Rocheflavin, liv. 3. let. S. tit. 9. Arr. 8.

SUBSTITUTION, AÎNESSE.

72   Lors que le teſtateur veut que ſes biens ſoient conſervez entiers, la ſubſtitution eſt préſumée faite en faveur de l'aîné. *Mantic. lib.* 8. *tit.* 10. *n.* 5.

73   La ſœur puînée ſubſtituée à ſa ſœur aînée ſi elle decede ſans enfans, en une donation où le pere ſe reſerve l'uſufruit, l'aînée étant morte ſans enfans avant ſon pere qui vend à un particulier la maiſon donnée à l'aînée, la puînée n'y peut rien prétendre. Arrêt du 26. Avril 1561. *Peleus*, *q.* 57.

74   Un pere ayant deux enfans & deux filles, inſtitué ſon fils aîné heritier & où il décederoit ſans enfans mâles luy ſubſtituë ſon ſecond fils, auquel il ſubſtituë, ſes filles à même condition ; l'aîné meurt & laiſſe un mâle qui decede deux ou trois jours après. L'oncle demande l'ouverture de la ſubſtitution appoſée au Teſtament de ſon frere, diſant qu'il ne faut pas tant conſiderer les paroles que la volonté du Teſtateur. La mere diſoit au contraire que ſon fils ayant acquis avec la vie le titre d'heritier de ſon ayeul, il n'avoit eu beſoin que de naître avant le décès de ſon pere, qui luy avoit tranſmis le droit qu'il avoit eu ſur cette ſucceſſion. Ainſi jugé le 24. Avril 1597. que le fils ayant ſurvécu à ſon pere. *Cambolas*, *livre* 2. *chapitre* 28.

75   Es choſes féodales arrivées par droit de ſubſtitution ou de fideicommis à une famille par ſucceſſion, bien que collaterale, l'aîné prend ſon droit d'aîneſſe. Arrêt du 3. Juillet 1604. *M. Bouguier*, *lettre* F. *nombre* 3.

76   Le pere ne peut ſubſtituer le préciput de l'aîné, parce que luy étant déferé par la Loy, le pere ne peut le charger de ſubſtitution, d'autant que pour ſubſtituer il faut donner ; le pere dans le préciput ne donne rien, & par conſequent il ne peut pas ſubſtituer le préciput. Arrêt du 17. Août 1667. à la Chambre de l'Edit. *Dictionnaire de la Ville*, au mot, *Subſtituez, nomb.* 6437.

ALIENATION DES BIENS SUBSTITUEZ.

77   *Voyez* le mot, *Alienation*, *n.* 45. *& ſuiv.*

     De ſubſtitutione & alienatione prohibitâ. Voyez *Franciſci Stephani*, *déciſ.* 15.

78   *Res quæ ſubjacent reſtitutioni alienari vel obligari prohibentur. Authent. res quæ C. communia de legatis.* Voyez l'authent. 4. tit. 18. Nov. 39. chap. 1. *Voyez Brodeau, ſur M. Loüet*, *lett.* S. *ſomm.* 9. *nomb.* 4. *& ſuiv.*

79   La ſubſtitution étant faite par les aſcendans, les biens ſubſtituez peuvent être alienez pour la dot. *Cambolas*, *liv.* 2. *chap.* 14.

80   L'alienation des biens ſubſtituez eſt permiſe, pour ſe tirer de priſons. *Voyez* le mot, *Priſonnier*, *nombre* 73. *& ſuiv.*

81   Celuy au profit de qui la ſubſtitution eſt ouverte, peut agir contre les détenteurs, tant particuliers qu'univerſels, par revendication, ſans être obligé de pourſuivre les heritiers *ab inteſtat*. Arrêt du Parlement de Grenoble de l'an 1461. *Papon*, *liv.* 20. *tit.* 3. *nombre* 20.

82   La Gloſe *in C. Sacramenti.* 12. *queſt.* 11. tient que les biens ſujets à ſubſtitution, peuvent être alienez, pour délivrer un heritier de priſon, detenu pour amende, jugée pour ſa faute, ſans delit, pourvû qu'il n'ait autre moyen d'y ſatisfaire, & de ſe ſauver ; elle a été approuvée par deux Arrêts du Parlement de Bourdeaux, dont le dernier fut donné en la cauſe des

Prêtres de S. Julien de Tulles, oppoſans aux criées pourſuivies par M. Aimé Chabanier, au mois de Septembre 1531. *Bibliotheque de Bouchel*, verbo, *Subſtitution.*

83   Un Teſtateur au Pays de Droit écrit, n'ayant enfans, inſtituë ſon frere ſon heritier univerſel, & s'il decede ſans enfans, luy ſubſtituë ceux de ſon nom & famille collectivè ; le frere inſtitué decede ſans enfans, deux couſins germains luy ſuccedent & aux biens ſubſtituez ; ils vendent les biens, & décedent ſans enfans ; d'autres couſins du nom & famille attaquent les acquereurs. Par Arrêt du 3. Avril 1557. les demandeurs déboutez de leurs Concluſions. *Carondas*, *li.* 9. *Rép.* 34.

84   On ne peut diſpoſer par Teſtament des biens ſubſtituez, ſi ce n'eſt de la legitime & quarte trebellianique. Arrêt du 20. Août 1566. *Le Veſt*, *Arr.* 86.

85   Le ſubſtitué ayant diviſé on conſenti à l'alienation, eſt cenſé avoir renoncé à la ſubſtitution. Arrêt du Parlement de Toulouſe du 15. Juillet 1575. *Cambolas*, *liv.* 1. *chap.* 25.

86   *Num fideicommiſſarius conſentiendo alienationi rerum ſubjectarum reſtitutioni, videatur remittere fideicommiſſum.* La reſolution eſt *eum in cujus favorem factum eſt fideicommiſſum, ſi conſentiat alienationi rerum ſubjectarum reſtitutioni fideicommiſſum remittere dummodo major fit.* Arrêt du Parlement de Toulouſe du 25. Juillet 1575. *La Rocheflavin*, *livre* 3. *lettre* S. *tit.* 9. *Arr.* 6.

87   Les alienations & hypotheques des heritiers chargez pendant le cas de la ſubſtitution fideicommiſſaire, demeurent en ſuſpens en attendant l'évenement de la condition. *Mainard*, *tome* 1. *liv.* 5. *ch.* 54.

88   Le ſubſtitué ou fideicommiſſaire a action contre l'acquereur, & le tiers détenteur pour la reſtitution du fideicommis. Arrêt à Noël 1585. *Montholon*, *Arrêt* 45.

89   Les biens ſujets à reſtitution, outre les cas portez par l'Authentique, *res quæ C. de fideicomm.* peuvent être vendus pour la rançon de l'inſtitué priſonnier de guerre, s'il n'a d'autres biens. Arrêt de l'an 1595. *La Rocheflavin*, *liv.* 3. *let.* S. *tit.* 9. *Arr.* 2.

90   La réception du prix de la vente des biens ſubſtituez faite par le fideicommiſſaire, comme Procureur de l'heritier, ne luy peut nuire, le cas du fideicommis échû. Arrêts des 6. Avril 1628. & 17. Juillet 1613. *M. d'Olive*, *liv.* 5. *chap.* 28.

91   Il a été préjugé au Parlement de Grenoble le 9. May 1636. que l'alienation des biens du fideicommis eſt valable, pour faire le prix de la rançon de celuy qui en eſt chargé, au cas même d'un debiteur qui pouvoit ſortir de priſon, en faiſant ceſſion de biens. *Graverol ſur la Rocheflavin*, *livre* 3. *lettre* S. *titre* 9. *Arrêt* 2.

92   *Voyez* le 12. Plaidoyé de *M. Patru*, au ſujet d'un bien ſubſtitué, & donné à la charge de ne le pouvoir aliener ; la cauſe fut jugée le 1. Mars 1640. mais la déciſion de l'Arrêt n'eſt pas marquée.

93   Celuy qui vend un bien ſubſtitué, peut être pourſuivi par l'acquereur avant l'éviction ou trouble. *Voyez Henrys*, *tome* 1. *liv.* 4. *chap.* 6. *queſt.* 38. où la queſtion eſt traitée. *Voyez Du Frêne*, *liv.* 7. *ch.* 10. où il y a Arrêt du 12. Decembre 1652.

94   Celuy qui remplit le ſecond degré, l'inſtitué non compris, peut aliener les biens, parce que ſuivant l'Ordonnance ils ſont libres en ſa perſonne. Arrêt du 2. Juillet 1653. *Ricard, des Subſtitutions, Traité.* 3. *chapitre* 9. *ſect.* 6. *part.* 1. *n.* 822. & 853. *Henrys*, *tome* 2. *liv.* 5. *queſt.* 9. rapporte le même Arrêt.

95   *Henrys*, *tome* 2. *liv.* 5. *queſt.* 9. établit que la prohibition d'aliener ne s'étend pas plus avant que les degrez des ſubſtitutions, quoyque le Teſtateur ait appoſé une peine contre ſes heritiers, & leurs deſcendans en cas d'alienation. Il rapporte un Arrêt du Parlement de Paris du 2. Juillet 1653. qui l'a jugé de la ſorte.

L'heritier

96 L'heritier peut aliener valablement pour le payement des dettes du Teftateur, fans que le fubftitué
foit reçû à recouvrer les biens en rendant le prix.
Arrêt du Parlement de Touloufe au mois de Decembre 1663. au procès d'entre le fieur de Bovial, & le
fieur de la Baftide, Préfident en la Cour des Aydes
de Montauban ; il eft rapporté par *M. de Catellan*,
liv. 7. chap. 4.

97 Le fubftitué a une hypotheque tacite fur les biens
particuliers de l'heritier grevé, pour raifon des alienations & dégradations par luy faites dans les biens
fubftituez, & cette hypotheque du jour de l'alienation & non de la condamnation, comme fi l'heritier
a vendu des bois de haute futaye, avec les interêts du
jour de la demande. Jugé à Paris le 29. Mars 1675.
Journal du Palais.

98 Le fubftitué ayant confenti à la vente des biens
fujets à reftitution, ne peut révoquer la vente aprés
l'ouverture de la fubftitution. *V. Bouvot, to.* 1. *part.2.*
verbo, *Subftitué mort avant l'inftitution.*

99 Si celui qui achete avec connoiffance les biens fubftituez, peut repeter contre le vendeur ?
Et fi les fubftituez peuvent être exclus par la vente
des biens & prefcription ? *Voyez Bouvot, to.*1. *part.* 3.
verbo, *Subftitution, queft.* 3.

100 Si les biens fubftituez peuvent être obligez pour la
dot & augment? *Ibidem, tome* 2. verbo, *Mariage,*
queftion 23.

ALTERNATIVE EN SUBSTITUTION.

101 *Voyez* le mot, *Alternative, n.* 30.
Si la vente d'une Maifon fubftituée à des enfans nez
& à naître eft nulle, la fubftitution n'ayant point été
déclarée lors de la vente? Sur la conteftation intervint Sentence qui confirma le contrat de vente. Sur
l'appel, l'affaire appointée fut diftribuée à Monfieur
Dreux, au rapport de qui l'appellation, & ce, fut
mife au neant, le contrat de vente déclaré nul, & M.
Doublet intimé condamné aux dépens par Arrêt du
15. Février 1703. *Voyez le Recueil des Arrêts Notables*
imprimé en 1710. *chez Michel Guignard, ch.* 37.

SUBSTITUTION, PORTER LES ARMES ET LE NOM.

102 Subftitution des filles, au cas que leurs maris portent
le nom & les armes du teftateur. *Voyez Peleus, q.* 69.

103 A *Caius* heritier, *Titius* fon fils eft fubftitué, &
ce fubftitué eft chargé de porter le nom & les armes du teftateur ; celuy-ci laiffe deux fils qui prétendent cette fucceffion, offrant de fatisfaire à la condition. Mais comme la préfomption eft que la penfée
du teftateur n'alloit qu'à un, & non à deux, & que
par confequent il avoit regardé l'aîné des enfans de
fon fils, le fideicommis ne fera ouvert que pour luy,
Ainfi jugé au Parlement de Grenoble. *Voyez Guy Pa-*
pe, queft. 67. & *Bouchel,* verbo *Subftitution.*

104 Inftitution d'heritier univerfel à condition que fi
au jour de fon décez il fait aucun heritier, il les
charge de porter nom, n'emporte & n'induit
point de fideicommis en faveur des mâles de l'heritier ainfi inftitué, ni d'aucun d'eux. *Voyez Mainard,*
to. 1. *liv.* 5. *chap.* 82.

105 *Rogo Mævi ut fi liberos habeas, fique eorum unum*
aliquem haredem inftituere velis, is meum Octavii no-
men & Octaviorum familiæ arma infigniaque ferre tenea-
tur, fimulque etiam omnia bona mea confequiatur; Mæ-
vius reliquit filium & duas filias inteftatus. Senatum
bona æqualiter dividenda inter liberos pronunciavit. Arrêt du 16. Avril 1585. *Anne Robert rerum judicat.*
liv. 4. *chap.* 4. Montholon, *Arr.* 54.

106 Une fubftitution où il n'eft point parlé de la condition de porter le nom, & les armes de la famille
n'eft point entendue être mafculine, & donner l'exclufion à une fille directement defcendante de l'inftitué. Arrêt du Parlement de Paris du 23. Juillet 1696.
Journal des Aud. to. 5. *liv.* 12. *ch.* 20.

Tome III.

SUBSTITUTION, AUGMENT.

107 Si l'augment peut être demandé fur les biens fubftituez? *Voyez* le mot *Augment, nomb.* 77. & *fuiv.*

SUBSTITUTION, BASTARDS.

108 Si les enfans legitimes des bâtards peuvent être
fubftituez par l'ayeul? *Voyez* le mot *Bâtard, nom-*
bre 100.

109 S'il y a fubftitution à défaut d'enfans, le bâtard
legitimé ne la rendra point caduque. 2. Autre chofe
eft au legitimé par mariage fubfequent. *Guy Pap. &*
Ferrer. queft. 481. *id. Benedict. verbo duas habens fi-*
lias n. 148. 2. *id.* Chopin. *Parif. lib.* 2. *tit.* 4. *n.* 18, 1.
id. Fachin. *lib.* 4. *cap.* 53. *nifi legitimatus fuiffet anté*
teftamentum, 1. *cont. Mantic. lib.* 6. *tit.* 6. *n.* 27. *in na-*
turali fimpliciter & lib. 11. *tit.* 9. *quem vide, vid. Pere-*
grin. *art.* 23. 24. 1. *id.* Charond. *resp. lib.* 5. *n.* 44. 2.
cont. Fachin, *lib.* 4. *cap.* 54. *fi adjectum fit ex legitimo*
matrimonio procreatis, quidam filio ex matrimonio puta-
tivo. Mantic. lib. 11. *tit.* 8. *n.* 14. 2. *id. Mantic. lib.* 11.
tit. 11. *fed. cont. fi fit adjectum filiis ex legitimo matri-*
monio procreatis n. 14. & *feq. id. Mant. lib.* 11. *tit.* 13.
quamvis matrimonium fit contractum in mortis articulo,
2. *id.* Fachin. *lib.* 4. *cap.* 55. *quamvis matrimonium fit*
contractum in mortis articulo, 2. *id.* Peregrin. *art.* 24,
2. *id.* Bacquet. *Bâtardife, ch.* 9. *n.* 1, 2. *id* Graffus, §.
Fdeicommiffum, queft. 38. *quamvis fit ajectum ex legi-*
timo matrimonio procreatis, 2. *La Peireve, lettre S.*
nomb. 73. *dit,* j'ay toûjours crû la décifion certaine,
quand bien la fubftitution porteroit *ex legitimo matri-*
monio procreatis.

110 En France & par tout ailleurs en la Chrétienté
les bâtards quoique legitimez par le Prince, ainfi
qu'il appartient, ne peuvent faire préjudice aux
fubftituez, fous la condition fans enfans. Jugé au
Parlement de Touloufe conformément à deux Arrêts
du Parlement de Paris, recitez par *Carondas, liv.* 5.
de fes Rép. chap. 44. *liv.* 9. *chap.* 38. La Rocheflavin,
liv. 6. *titre* 11. *Arr.* 1.

111 Le pere peut donner à fes bâtards une conftitution de rente pour leurs nourritures & alimens, les
fubftituant l'un à l'autre, & en cas de décez fans
enfans y fubftituer fa propre fille pour le principal.
Arrêt du Parlement de Dijon du 19. Juillet 1607.
Bouvot, to. 2. verbo *Subftitution, queft.* 1.

SUBSTITUTION, BASTIMENS.

112 Bâtimens faits fur l'heritage fubftitué. *Voyez* le
mot *Bâtimens, nomb.* 49.

SUBSTITUTION, CAUTION.

113 De la caution demandée en cas de biens fubftituez. *Voyez* le mot *Caution, nomb.* 149. & *fuiv.*

114 *Henrys,* to.1. *li.* 5. *ch.* 4. *q.* 65. examine fi les heritiers
chargez de fideicommis font obligez de donner cau-
tion? Il diftingue entre la ligne directe & collaterale, fuivant la difpofition de la *Loy jubemus* §. 1.
au Cod. ad Trebell. les peres & meres en font déchargez, à moins que le teftateur ne l'ait ordonné expreffément, où qu'ils ne paffent en fecondes nôces,
tous les autres y font obligez à moins que le
teftateur ne les ait déchargez fuivant la Loy 2. *ut in*
poffeff. leg. vel fideicom. Il dit que l'ufage n'eft pas de
demander caution en femblable cas, mais qu'on pourroit le faire.

SUBSTITUTION, CHARGE.

115 François de Navailles, Seigneur de Noillart, infti-
tue heritier univerfel Jean fon fils, & lui fubftitue
Ademar fon neveu, & fils du Seigneur de Chambre
fils du teftateur ; & à luy Jean de Cognac fils de
Louïfe de Navailles fille du teftateur, & aprés luy il
en appelle d'autres *gradatim : & noviffimé,* Jean de
faint Martial fils de Blanche fa fille. Veut & ordonne
que fi de fes filles Louïfe & Blanche defcendent filles,
elles foient dotées & mariées felon la faculté de fes
biens. On doura à qui étoit la charge des mariages,
à l'heritier premier, ou aux fubftituez, & aufquels
de tous? Par Arrêt du Parlement de Bourdeaux du

H hhh

18. Juin 1521. jugé que c'étoit au dernier substitué, suivant la vrai semblance de la volonté du testateur, laquelle il faut suivre sur toutes choses. *Papon, li. 10. titre 3. n. 15.*

116 *Henrys, to. 1. liv. 5. chap. 3. quest. 18.* décide qu'une femme instituée heritiere par son mari à la charge de rendre sa succession à un de leurs enfans, n'a pas la liberté de charger de substitution l'enfant à qui elle restitue le fideicommis. Il dit que l'ayant jugé de la sorte en qualité de Juge de l'Hôpital sur Rochefort, sa Sentence fut confirmée par celle du Bailly de Forêt, de laquelle il y eut appel au Parlement, mais l'appel ne fut pas jugé soûtenable par les Avocats de la Cour. Il remarque que l'on juge au contraire au Parlement de Toulouse.

117 Le mari chargé de nommer & substituer en l'heredité de la mere un de leurs enfans, ces mots n'emportent point le pouvoir de les substituer les uns aux autres; la substitution faite par le pere des biens de la mere a été retranchée. *Voyez Henrys, to. 1. liv. 5. chap. 3. quest. 19.* où il dit avoir été jugé de la sorte le 3. Avril 1635.

118 Une mere ne peut charger de substitution la part appartenante en sa succession à l'un de ses enfans qui demeuroit à Rome, sa part luy fut adjugée franche de substitution. Arrêt en la Grand'Chambre du 2. Mars 1654 plaidant Gailliot. *Dictionnaire de la Ville, nombre 9549.*

Substitution, CHOIX.

119 Du choix qui se fait dans le cas d'une substitution. *Voyez* le mot *Choix, nomb. 23. & suiv.*

120 *Rogo Mavia cum morieris fundum Tusculanum restituas uni ex liberis cui voles quemque eliges; Mavia est defuncta & non elegit, controversia inter primogenitum & minorem natum; Senatus fundum Tusculanum inter fratres æquis partibus dividendum judicavit.* Arrêt du 15. May 1592. *Anne Robert, rerum judicat. liv. 4. ch. 4 Henrys, to. 2. liv. 5. quest. 11. 21. & 51.*

121 Contrat de mariage portant que la moitié des biens des futurs appartiendra à leur fils aîné, ou s'ils ont plusieurs mâles qu'ils pourront élire & nommer celuy que bon leur semblera: le pere a la faculté d'élire seul pour ses biens l'un de ses enfans, mais ne luy peut imposer la charge de substitution au profit des autres. Arrê. du 12. Février 1535. *Bardet, tome 2. liv. 4. chap 5*

Substitution COLLATERALE.

122 Les biens substituez en collaterale sont sujets aux conventions matrimoniales. *Voyez la Novelle 39.* Arrêt à Paris de l'année 1675. *Journ. du Palais.*

123 De la substitution faite en ligne collaterale & de l'Authent que *res qua C. commun. de legatis.* Voyez*Carondas, liv. 7. Rép. 160.*

Substitution COMPENDIEUSE.

124 De la substitution compendieuse. *Voyez hoc verbo Bouvot, to 1. part. 2. & Despeisses, to. 2. p. 113. & M. Ricard, des Substitutions, traité 3. chap. 6. part. 1. nomb. 248. & suiv.*

125 *Substitutio compendiosa facta per verb. substituo, duo capita continet: si voluerit scilicet, vel non potuerit.* Voyez *Franc. Marc. to. 2. quest. 103.*

126 *Substitutio compendiosa facta posthumo per verbum substituo, cum temporis distinctione in ætate pupillari vel alias quandocunque sine prole legitimâ decesserit, antè aditam hæreditatem vulgarem continet; post vero fideicommissariam: extenditurque ad casum quo posthumus nascitur.* Voyez *ibidem, quest 170.*

127 Les enfans impuberes instituez heritiers par leur pere, & chargez d'une substitution compendieuse en faveur d'un tiers, sont censez substitué entre eux réciproquement. *M. d'Olive, liv. 5. ch. 11.*

128 La substitution compendieuse comprend tous les genres de substitution selon les temps & les cas. La substitution pupillaire comprise sous la compendieuse exclut la mere de la trebellianique; & non

de la legitime. Jugé premierement en 1560. en la cause de Dame Jeanne de Beaumont d'Autichamp, & depuis il y a eu plusieurs Arrêts semblables; en quoy l'on a suivi l'opinion de Decius, *in l. prioribus. C. de impub. & alius subst.* & ce Docteur *mediam viam sequutus est.* Voyez la 522. quest. *de Guy Pape & Chorier en sa Jurisprudence du même Auteur, p. 185.*

129 La substitution compendieuse exclut la mere de la succession du fils, & de la legitime. Deux Arrêts, le premier prononcé à la Pentecôte 1588. *Montholon, Arr. 69.* Le second, à la Pentecôte 1591. *Montholon, Arr. 68.* Voyez *Henrys, to. 1. liv. 6. chap. 5. quest. 14. & to. 2. li. 5. q. 7.* Voyez *Carondas, liv. 7. Réponse 157.*

130 La substitution conçuë *si sine liberis* faite aux enfans compendieuse, & eux décedans en pupillarité, elle est censée pupillaire expresse, *verbis generalibus,* comme contenuë sous la compendieuse: étant certain que celuy qui est mort dans la pupillarité est mort sans enfans. Jugé au Parlement de Toulouse le 15. Février 1598. *Cambolas, liv. 2. ch. 42.*

131 Sçavoir si la substitution compendieuse conçuë *per verbum quandocunque* étoit perpetuellement fideicommissaire, ou si elle devoit être censée pupillaire jusques à 14. ans, & si après 14. ans elle étoit fideicommissaire; *Item* si la substitution pupillaire faite par le pere en ses biens seulement s'étendoit aux biens de la mere, & à tous autres biens obvenus aux enfans prédecedez; enfin si le pere avoit pû substituer à ses filles aux biens, consistans en deniers seulement? *Voyez les Plaidoyez celebres dédiez à M. de Nesmont, pag. 359.* où il est dit, la Cour vuidant le Registre, évocant & retenant le principal, déclare la substitution faite par feu Guillaume du Drot, pere commun des parties, par son testament du 13. Decembre 1569. à feu Jean Agesilan, & Marie du Drot ses enfans, décedez impuberes, être ouverte en faveur du défendeur, a maintenu & maintient és biens délaissez par ledit feu Jean Agesilan, & Marie du Drot, distraite la legitime adjugée à Anne du Bernet ayeule des parties; par Arrêt du 27. Mars 1612. neanmoins condamné le défendeur à payer aux demanderesses la somme de 4000. livres à chacune d'elles leguées par son feu pere, par son testament, si fait n'a été; & avant faire droit de supplément de legitime par les demanderesses prétenduë; a ordonné que les parties s'accorderont d'experts dans un mois pardevant le plus prochain Juge Royal des lieux non suspect, pour estimer les biens de leur feu pere; & a la Cour adjugé aux demanderesses les deux sixiémes parties, les six faisant le tout, des biens délaissez par feu Gasparde de Melet leur mere, avec restitution des fruits depuis le décez de leur feu pere, sans dépens, & pour cause.

132 Les enfans impuberes instituez heritiers par leur pere, & chargez d'une substitution compendieuse en faveur d'un tiers, sont censez substitué entr'eux réciproquement, à cause de la substitution compendieuse. Arrêt du 15. Février 1630. *M. d'Olive, liv. 5. chap. 11.*

133 *Substitutio compendiosa, matre in medio existente, omni tempore est fideicommissaria, ubi substitutus non est ex liberis;* car il y a grande difference de la substitution faite à un descendant, ou bien à un étranger: au premier cas la legitime de la mere n'est qu'un tiers de la troisiéme ou tierce partie; au second cas la mere a la troisiéme de tous les biens. Arrêt du 27. Avril 1636. *M. d'Olive, liv. 3. chap. 10.* Voyez *la loy 8. Papinianus ff. de inoffic. testamento.* Henrys, tome liv. 3. chapitre 3. quest. 25. & tome 2. liv. 5. quest. 7.

134 Au Pays de Droit écrit la mere substituée aux enfans par une substitution compendieuse est heritiere de son mary, & non des enfans, & en cette qualité elle doit des lods & ventes au Seigneur. Arrêt du 14.

Juillet 1654. *M. Ricard des substitutions, traité 3. chap. 6. nomb. 59.*

135   La substitution compendieuse comprend la pupillaire, *matre existente in medio* ; elle exclut la mere remariée de la succession de son fils, & l'ajuge au frere. Arrêt du Parlement d'Aix du mois de Février 1656. *Boniface, to. 5. liv. 2. tit. 6. ch. 1.*

136   Lors que la substitution compendieuse est restrainte aux biens du testateur, elle est présumée precaire ; & non jamais pupillaire. *Faber. C. de impub. & al. substit. def. 5. id.* Mantica, *lib. 7. tit. 3. n. 13. quando ad certa bona.* Je crois, dit la Peirere, *lettre S. nomb.* 84. cette décision veritable, pourvû que la restriction soit claire & patente, vid. *Mantic. lib. 5. tit. 7. n. 5. & seq.*

Arrêt en la premiere des Enquêtes, au rapport de Monsieur de Boucaud le jeune. Un pere par son testament institué son heritier son fils pupille, & où il décederoit sans enfans, luy substitué un tel en son heredité : jugé que la substitution étoit pupillaire, & qu'elle s'étendoit aux biens particuliers du pupille.

137   La substitution compendieuse faite *per verbum commune*, contient en soy la vulgaire, la pupillaire, la fideicommissaire. 2. Et l'exemplaire. 1. *Guy Pap. quest. 521. & 533.* I. Boër. *dec.* 38. *n.* 20. 1. *id.* Faber, *C. de impub. & aliis substit. def.* 6. & *est pupillaris etsi adjiciatur si sine liberis def.* 20. *ibid.* 2. *id.* Mantic. *lib.* 5. *tit.* 16. *n.* 16. & *id etsi adjiciatur si sine liberis lib.* 11. *tit.* 1. *n.* 2. 1. *id.* Peregrin. *art.* 15. *n.* 16. 17. *cont. si si substitutio simplex. Peregrin. art.* 34. *n.* 8, 1. *id.* Fachin. *lib.* 10. *cap.* 13. *quæ sint verba communia Grassus* §. *substitutio, quest.* 5. & *id. etsi adjiciatur si sine liberis quest.* 60. & *continet exemplarem, quest.* 61. La Peirere, *lettre S. nomb.* 57. dit , La substitution compendieuse est fondée sur la Loy , *precibus C. de impub. & al. substit.* & se pratique ordinairement en notre ressort , & nous ne nous servons point de ces formules, *Titius hæres esto, si Titius hæres non erit, Mevius hæres esto* : mais nous nous servons de ce mot commun, je substitué , qui est pris de la Glose , *ad L.* 15. *ff. de vulg. & pupill. in verbo duntaxat*, ce qui baille un étrange changement à l'interpretation & application de quantité de Loix du Digeste & du Code. Il faut encore remarquer qu'il y a grande difference entre la substitution compendieuse, & la substitution pupillaire tacite, comprise dans la vulgaire expresse, ou la substitution vulgaire tacite, comprise dans la pupillaire expresse; car suivant le sentiment des Docteurs , la substitution compendieuse , *per verbum commune*, comprend *virtualiter*, la vulgaire , la pupillaire , & la fideicommissaire, comme si par exprès le testateur avoit substitué vulgairement , pupillairement , & par fideicommis , tellement que les Loix qui concernent ces trois substitutions séparément, s'appliqueront fort bien à la substitution compendieuse.

Arrêt du Parlement de Bourdeaux du 5. Septembre 1665. au rapport de Monsieur de saint Sever , entre Loüise Guerin , & Jeanne & Loüise Gasseteau, en la Seconde des Enquêtes. Jacmes Gasseteau par son testament avoit institué son heritier universel Jean Gasseteau son fils unique , & où il décederoit sans enfans , il le charge de substitution envers lesdires Gasseteau sœurs du testateur , *verbis generalibus.* Ledit Jean Gasseteau aprés le décez de son pere meurt en pupillarité , délaissant à luy survivant, ladite Guerin son ayeule maternelle , & lesdires Gasseteau ses tantes. Ladite Guerin soûtenoit ladite substitution fideicommissaire, & qu'étant *in medio*, elle devoit recüeillir la moitié des biens substituez & sa legitime & quart dudit Jean Gasseteau son petit fils ; & au contraire lesdires Gasseteau la soûtenoient pupillaire comprise dans la compendieuse. Jugé que ladite substitution seroit reglée comme pupillaire, & les tiers des biens substituez ajugés à ladite Guerin pour
Tome III.

---

son droit de legitime , & les deux tiers aux tantes. La Peirere , *ibidem, lettre S. n.* 37.

SUBSTITUTION, CONDAMNÉ.

138   Le condamné aux galeres perpetuelles ayant obtenu Lettres de rappel sans les avoir fait entheriner , ne peut rien prétendre en la substitution d'un frere Prêtre auquel les deux autres freres étoient substituez , & dont le condamné en étoit un. Arrêt au Parlement de Toulouse du 23. Decembre 1583. *Carondas , liv.* 7. *Réponse* 138.

139   Les substitutions ne sont point censées ouvertes par la condamnation à mort par défaut. Arrêt du Parlement de Toulouse du 29. Janvier 1618. *Cambolas, liv.* 1. *chap.* 41.

SUBSTITUTION, CONDITION.

140   Des conditions apposées és substitutions. *Voyez* le mot *Condition , nomb.* 17. & *suiv.*

141   *De substitutione conditionali. si sine liberis decesserit, ita ut filius naturalis substituendum excludat. Voyez Andr. Gaill , lib.* 2. *observat.* 136.

142   Si les enfans entre freres sont appellez à la substitution , n'étant compris qu'en la condition & non en la disposition? *V. Bouvot to.* 1. *part.* 1. verbo, *Substitution, question* 2.

143   Si la niéce d'un Testateur qui n'est nommée ni en la disposition , ni en la condition , se peut dire appellée au défaut de son frere & des enfans de son frere, nommez en la disposition? *Ibid. quest.* 3.

144   Si l'esperance d'une substitution passe à l'heritier , quand le Substitué décede avant l'accomplissement de la condition , & que les substituez ne sont des descendans? *Voyez Bouvot, tome* 1. *part.* 2. verbo *, Testament , quest.* 11.

145   Les conditions sont ou conjonctives, ou disjonctives , ou alternatives. *Voyez Henrys , tome* 2. *liv.* 5. *quest.* 4. où il explique amplement la *l. generaliter. Cod. de institut. & substitut.*

146   *Henrys* , tome 1. liv. 5. *ch.* 4. *quest.* 26. traite la question si souvent agitée parmi les Docteurs , si les enfans qui sont dans la condition sont censez appellez à la substitution. Il traite encore la même question dans le *tome* 2. *liv.* 5. *quest.* 17. & 20. Il faut tenir pour maxime certaine , que les enfans qui sont simplement dans la condition , ne sont point appellez à la substitution ; parce que la nature de la condition n'est pas disposée, *conditio nunquam disponit* ; il y a pourtant quelques cas favorables qui font presumer que la volonté du Testateur a été d'appeller à la substitution les enfans de l'heritier par luy institué ou substitué , quoiqu'il ne les ait mis que dans la condition.

147   La loy *generaliter* expliquée en faveur des enfans seulement , la disjonctive se changeant en conjonctive. *Voyez Henrys , tome* 2. *liv.* 5. *quest.* 4. & *Ricard, des dispositions conditionnelles* , traité 3. *ch.* 9. *sect.* 4. *nomb.* 734. la loy *singulis ff. de vulgari , & c.* la loy *Titia, §. Scia ff. de Legat.* 20. sont expliquées par *Henrys, tome* 2. *liv.* 5. *quest.* 35. La Loy *unum ex familiâ. ff. de Legat.* 20. Ibidem, *liv.* 6. *quest.* 14.

148   Dans le concours de plusieurs substitutions differentes , si les enfans de deux sont purifiées en même temps, le substitué aura la liberté de faire le choix de celle qu'il croira luy être plus avantageuse , comme s'il est substitué vulgairement, pupillairement & fideicommissairement. Jugé au Parlement de Grenoble. *Voyez Guy Pape , quest.* 532.

149   Si les enfans sont mis en condition , l'on ne presume pas qu'ils soient substituez , ni compris dans la disposition. *Sempronius* étant institué heritier , s'il meurt sans enfans , *Titius* luy est substitué ; en ce cas, les enfans qu'aura *Sempronius* en mourant, feront bien cesser la substitution , qui appelle *Titius* ; & neanmoins il n'y en aura point pour eux, si ce n'est que la volonté évidente les favorise : cette évidence est dans cette clause, *si mon heritier meurt sans enfans, & si*

enfans *sans enfans*, *je substituë Titius* : le redoublement de cette condition est une preuve que la volonté du Testateur est non seulement que son bien passe aux enfans de son heritier, mais encore aux leurs. Jugé au Parlement de Grenoble pour les filles d'un Gentilhomme, qui avoit fait le Dauphin son heritier. Autres Arrêts semblables de 1455.& 1456. *Voyez Guy Pape* , *quest.* 39. 184. *& 600.*

150   Si les enfans de l'heritier institué ou substitué nommez en la condition sont invitez, de même que s'ils étoient nommez en la condition, & s'ils se peuvent dire successeurs *ex testamento aut ab intestato, sub illâ clausulâ, si decesserit hæres sine liberis, substituë talem*. L'opinion la plus commune est celle de *Bartole*, sur la Loy *Centurionum* 37. *ff. de vulg.* est que s'ils succedent à leur premier heritier, c'est *ab intestat*, & non pas *ex testamento*. Elle a été suivie par Arrêt du Parlement de Grenoble, prononcé à Romans au mois de Mars 1455. entre la Dame de Clermont d'une part, & les Seigneurs de Vivray & Vatelles freres. *Biblioth. de Bouchel*, verbo, *Substitution.*

151   Les enfans de l'heritier institué ou substitué nommez en la condition, ne sont appellez, de même qu'ils le seroient s'ils étoient nommez en la disposition ; quand ils succedent à leur pere premier heritier, c'est *ab intestat* & non pas *ex testamento*. Jugé au Parlement de Grenoble en 1456. ou Juin 1457. au mois de Mars 1459. *Papon, liv.* 20. *tit.* 3. *n.* 9. Il n'est pas indifferent de succeder *ex testamento* du premier Testateur, ou *ab intestat*. Au premier cas le pere n'auroit eu la liberté d'aliener les biens hereditaires ; au second cas les alienations tiennent.

152   Pour peu que le Testateur ait fait entendre sa volonté d'appeller les enfans, comme s'il les a grevez de restituer ; on juge en leur faveur. Exemple, *Je fais mon heritier Etienne mon fils, & s'il meurt sans enfans, ou ses enfans sans enfans, je substituë tel* ; en ce cas les enfans sont grevez de restituer au dernier substitué, s'ils meurent sans enfans. Donc ils sont tacitement appellez, puis qu'ils ne pourroient pas restituer ce qu'ils n'auroient pas reçu ; ainsi ils viennent *ex testamento*, quoy qu'ils paroissent seulement être *in conditione*. Ainsi jugé au Parlement de Grenoble, au procés de la Seigneurie de Saournon, entre les filles du Seigneur du lieu, demanderesses, & M. le Dauphin, heritier du feu Baron, défendeur. *Papon, liv.* 20. *tit.* 3. *n.* 10. Au *nombre* 12. il observe que les descendans en droite ligne soit nommez en la disposition, ou seulement en la condition, sont toûjours préferez à l'étranger, ou même à un qui ne seroit en pareil degré qu'eux.

153   Un substitué aprés la condition avenuë, dont il est appellé, ne peut se dire possesseur, ni se pourvoir par complainte ; mais il doit petitoirement requerir, & poursuivre l'heritier de celui qui est chargé de la restitution hereditaire, & s'acquiter du fideicommis. Arrêt du Parlement de Paris en 1459. *Bibliotheque de Bouchel*, verbo *Substitution.*

154   L'opinion tenuë par Accurse, Bartole, & plusieurs autres que les enfans nommez à la condition, ne sont compris dans la disposition a été limitée par quelques uns, disant que s'il y a verisimilitude de l'intention du testateur, ils sont appellez, comme s'il a dit, *& si hæres decedat sine masculis*, de ce qu'il a déclaré avoir affection aux mâles, il est présumé les avoir voulu appeller, *ex eâ præsumptâ voluntate vocati censentur* ; neanmoins par Arrêt du Parl. de Grenoble en 1461. au procez de la Rochivaud entre les freres Alemands, il fut jugé que cette difference expressément nommée des mâles ne pouvoit déroger à l'opinion de la Glose *in l. Lucius*, & que les nommez par la condition n'étoient pas invitez. *Ibidem.*

155   Le droit de substitution & de fideicommis ne peut être cedé, remis & transporté qu'à l'heritier grevé avant l'evenement de la condition. Arrêt du mois de Mars 1543. M. *Expilly*, *Arrêt* 13.

---

156   Le 8. Juillet 1587. il a été jugé que pour l'ouverture de la substitution faite au cas que l'institué decederoit sans enfans ou sans faire testament, si le substitué est des descendens du testateur, il suffit que l'une ou l'autre des conditions soit arrivée, *ut locus sit substituto, favore liberorum* ; mais s'il est des collateraux ou étrangers, il faut que l'une & l'autre des conditions soient ensemble arrivées & accomplies, *quia, tunc alternativa* (aut) *resolvitur in conjunctam*, suivant le texte de la Loy, *generaliter. C. de justit. & substit.* Arrêt du 17. Août 1587. *La Rochesavin, liv.* 3. *lettre S. tit.* 9. *Arr.* 4.

157   Sur la Loi *generaliter, C. de instit. & substit.* les Docteurs ont résolu que les substitutions faites sous ces deux conditions negatives *de décez sans enfans, & sans faire testament*, ou bien par ces mots, *ou sans faire testament*, étoient de telle nature & force, que la conjonctive te prenoit ou la disjonctive, & au contraire la disjonctive se resolvoit en conjonctive en faveur des enfans & descendans du testateur, & ainsi se juge sans difficulté au Parlement de Toulouse. Un Bourgeois de Lectoure ayant deux enfans, par son testament institué l'aîné, & en cas qu'il decede sans enfans ou sans faire testament, substituë le puîné. L'aîné étant decedé sans enfans, mais non pas sans faire testament, par lequel il institua sa femme heritiere ; procez entre elle & son beaufrere, qui demandoit ouverture de la substitution ; elle fut déclarée ouverte par Arrêt du mois de Juillet 1566. aprés avoir consulté les Chambres ; parce que l'on prit ces deux conditions comme conjointes, & comme si le Testateur avoit dit, *s'il decede sans enfans, & sans faire testament*, par défaut de l'une desquelles la substitution avoit lieu, en faveur d'un fils du testateur. Mais si les substituez ne sont descendens du testateur, l'alternative demeure en sa vertu, & le substitué seroit exclus par le moyen du testament de l'heritier, quoiqu'il fût decedé sans enfans. Ainsi jugé le 17. Août 1587 cela a lieu, encore que ceux qui instituez par le testament de l'heritier soient du tout estrangers au testateur, & à son heritier aussi, quoique les substituez soient proches parens. Arrêt du 17. May 1599. contre lequel Reynaldic s'étant pourvû par Requête civile, il en fut dêmis avec dépens & amende, par Arrêt du 10. Avril 1600. pour montrer que l'on ne devoit être revoqué en doute. *Voyez Mainard, liv.* 5. *ch.* 38. *& 39.*

158   Aux substitutions des proches les enfans mis en condition, sont appellez ; & comment il faut entendre la Loy *hæredes mei, in paragr. cum itâ ff. ad trebell.* La substitution fut déclarée ouverte au profit de la fille & des enfans des filles du testateur comme representans leurs meres ; & les enfans des heritiers mâles exclus par Arrêt du Parlement de Bordeaux du 5. Août 1600. *Voyez les Plaidoyers celebres dédiez à M. de Nesmond, p.* 319.

159   Si les enfans mis en la condition sont censez appellez à la substitution par conjectures aux contrats de mariage ? Arrêt du Parlement d'Aix du dernier Juin 1633. qui juge l'affirmative. *Boniface, tome* 2. *livre* 2. *tit.* 2. *ch.* 1.

160   *An quando liberi in conditione positi censeantur in dispositione*? Voyez Basset, *to.* 1. *li.* 5. *tit.* 9. *chap.* 4. où il rapporte un Arrêt du Parlement de Grenoble du 17. Août 1650. qui prefere l'aîné au cadet.

161   De la substitution faite sous deux conditions alternatives ou conjonctives. *Voyez les Arrêts de M. de Catellan, liv.* 2. *chap.* 19. où il en rapporte un du mois de Février 1650. qui a jugé que la conversion de l'alternative en conjonctive, ou copulative en alternative n'avoit point lieu lors qu'un descendant du testateur avoit les biens, soit par la substitution, ou par quelque autre droit. Autre Arrêt du 20. Avril 1654. qui a jugé que la conversion de l'alternative en disjonctive, & de la disjonctive en conjonctive, a lieu non seulement en faveur des enfans ; mais aussi de tous les descendent

cendans du testateur substituez. La même conversion a lieu en faveur de la cause pie, suivant l'avis de *Maynard*, *livre 5. chap. 41.* mais si la cause pie est substituée aux descendans du testateur sous deux conditions conjonctives, la conjonctive ne sera point convertie en disjonctive, & la substitution ne défaillira, quoique l'une des conditions arrive. Arrêt du 28. Février 1664. *Ibidem.*

162 Une mere en la Province de *Bourgogne* fait son Testament ; elle instituë heritiers Maximilien & Antoine ses deux enfans, & veut qu'en cas qu'Antoine décede sans enfans, Maximilien luy soit substitué ; & ensuite par une clause separée, elle déclare qu'*en cas que ses enfans viennent à déceder avant l'âge de 15. ans, ou sans enfans, elle leur substituë Jean & Pierre ses cousins.* Antoine décede le premier sans enfans, mais après l'âge de 15. ans ; il avoit fait son Testament au profit de Gregoire. Jean & Pierre substituez soûtenoient que ce Testament ne pouvoit avoir effet à l'égard des biens substituez en leur faveur, & le fideicommis ouvert à leur profit, Maximilien étant décedé sans enfans, qui étoit une des conditions alternatives, sous laquelle ils luy avoient été substituez, & prétendoient que Gregoire ne pouvoit tirer avantage de la disposition de la Loy *generaliter.* Arrêt sur les Conclusions de M. Bignon, le Samedy 10. Juillet 1655. par lequel il fut jugé que le fideicommis étoit demeuré sans effet. *Ricard, des dispositions conditionnelles, Traité 2. chap. 5. sect. 4. n. 404.*

163 Arrêt rendu au Parlement d'Aix en l'année 1656. qui a jugé que le premier substitué étant prédecedé, ses enfans mis en condition seroient preferez à leur oncle substitué au second degré. *Boniface, tome 2. liv. 2. titre 2. chap. 3.*

164 Si les enfans étant en la condition sont compris dans la disposition ? *Voyez* M. Loüet & son Commentateur lett. C. somm. 46. *Liberi in conditione non sunt in dispositione.* Arrêt du 16. Juillet 1658. *De la Guesssiere, tome 2. liv. 1. chap. 54. nisi aliunde constet de voluntate testatoris.*

165 Jugé que les petits enfans qui étoient dans la condition seulement devoient être neanmoins compris dans la substitution de l'ayeul, qui avoit pour cause la crainte de la dissipation du pere desdits enfans. Jugé aussi que dans la substitution faite pour cause de dissipation, les creanciers du fils n'avoient pas droit de demander, ni de prétendre la distraction de sa legitime au préjudice des petits enfans substituez, le 17. Août 1666. Au même lieu il rapporte un Arrêt du 18. May de la même année. *De la Guesssiere, tome 2. liv. 8. chap. 17.*

166 Les enfans du premier substitué, qui est mort avant l'heritier, & qui étoient dans la simple condition, ne sont point appellez à la substitution de leur chef, & ne peuvent exclure leurs oncles substituez en second lieu. Il en est autrement si ces enfans sont dans la condition avec la qualification des mâles. Cette qualification fait qu'ils sont appellez de leur chef, non seulement à la portion de leur pere prédecedé, mais aussi à celle de leur oncle heritier chargé de rendre, & qu'ils excluent leurs autres oncles substituez en dernier lieu. Arrêt rendu au Parlement de Toulouse le 23. Janvier 1675. *Voyez M. de Catelan, liv. 2. chapitre 72.*

167 Si les enfans qui sont simplement dans la condition, sont appellez à la substitution. *An liberi in conditione positi censeantur, & quando conditio sufficit, ut indicat fideicommissum graduale & perpetuum?* V. Henrys, *to. 2. liv. 5 quest. 17.* Arrêt du 23. Novembre 1690 qui a jugé que quand la condition est suffisante pour induire une substitution, le fideicommis est graduel & perpetuel.

SUBSTITUTION, CONFISCATION.

168 Les biens substituez n'entrent dans la confiscation. *Voyez* le mot *Confiscation, nomb. 131. & suiv.*

169 Les biens substituez ou dont l'alienation est prohibée, ne tombent point dans la confiscation, sinon lors que la prohibition d'aliener ne va point au profit d'un tiers, mais seulement du criminel : cela n'a point de lieu en crime de leze-Majesté, car en ce cas le Roy reprend le fief par la loy de l'investiture sans aucune charge de dettes ni de substitution ou de fideicommis. *Brodeau sur M. Loüet, lettre C. somm. 52. nomb. 8.* Voyez Mornac, *l. 31. ff. de pignoribus fol. 735. & le mot Confiscation, nomb. 63. & suiv.*

170 Si les biens du délinquant sont sujets à substitution ou restitution fideicommissaire, le substitué les prendra, & non le fisc. *Coquill. Coûtume de Nivernois, ch. 2. des Confisc. art. 1.* toutefois si crimes de leze-Majesté les biens appartiennent au Roy, *sine ulure substitutionum.* M. Loüet, lettre C. somm. 53.

SUBSTITUTION CONTRACTUELLE.

171 Les substitutions contractuelles sont reçuës en France, & ont pareil effet pour la prohibition d'aliener, que les testamentaires. Il y a plusieurs lieux où les substitutions testamentaires ne sont reçuës, si fait bien les contractuelles, comme Montargis, Sedan, la Marche, Bourbonnois, Nivernois, & Auvergne *Brodeau sur M. Loüet, lettre S. somm. 9. nomb. 4. & suiv.*

172 La substitution se peut faire en contrat, & la seule convention que les enfans qui viendront du mariage, & ceux qui descendront d'eux perpetuellement en ligne masculine, & au défaut d'eux, le mary de la fille porteroit le nom & les armes de la Maison, ne fait pas une substitution en pays coûtumier. Arrêt du 9. Avril 1595. *Peleus, quest. 52.* où il parle des Loix & Statuts des grandes Maisons contraires aux Coûtumes. Les substitutions contractuelles sont de pareil effet pour la prohibition d'aliener que les testamentaires. Arrêt du 5. Decembre 1586. *M. Loüet, lettre S. sommaire 9.*

173 Un pere marie sa fille, & promet de faire valoir sa part en sa succession 30000. livres, pour luy demeurer propre à elle & à ses enfans, en cas d'alienation par le futur mary, il sera tenu de le remployer en pareille nature d'heritages. Le pere meurt ; la fille succede ; elle vend une partie de ce bien ; son fils mineur interjette appel de ce et, disant qu'il s'agit d'une substitution contractuelle, la mere n'a pû disposer. Elle répond qu'il y a difference, *inter verba dispositiva, & verba executiva.* Si le pere eût dit, *je donne 30000. liv. à ma fille & à mes enfans,* ils eussent été *in dispositione,* & la mere n'auroit pû aliener ; mais il n'a parlé que *in verbis executivis,* pour être propres à elle & à ses enfans. Arrêt du Parlement de Paris du 12. Janvier 1601. en faveur de la mere, conformément aux conclusions de M. Marion Avocat General. *Biblioth. de Bouchel,* verbo *Substitution.*

174 Les substitutions & institutions contractuelles d'heritier faites par contract de mariage sont donations entre-vifs sujettes à insinuation & non révocables, bien qu'elles ayent trait jusqu'à la mort. Arrêt du 21. Janvier 1605. *M. Bouguier, lett. S. n. 11.*

175 Substitution contractuelle se peut faire hors du traité de mariage. Arrêt du Parlement de Bourdeaux du 31 May 1644. *La Peyrere, lettre S. nomb. 113.*

176 Jugé par Arrêt du 23. Mars 1656. qu'en une substitution contractuelle faite au profit des mâles descendans du donateur, les enfans mâles issus de une fille, ne peuvent pas prétendre d'être appellez à la substitution, & ainsi que la sœur du dernier mâle de la famille du donateur, qui a joüi des biens substituez, luy peut succeder ausdits biens à l'exclusion des mâles descendans d'une fille, comme les ayant possedés librement à défaut d'autre mâle de la famille. *Soëfue, to. 2. Cent. 1. ch. 20.* où est encore agitée la question de sçavoir si la proximité en cas de substitution se doit prendre *à gravante vel à gravato.*

177 Difference entre les substitutions contractuelles & les testamentaires, les premieres ont leur effet du jour

de la date des contrats, les autres du jour de la mort du testateur, & ainsi l'Ordonnance d'Orleans, art. 59. peut être entenduë des premieres, & non des secondes. Arrêt du 2. Août 1659. *Notables Arrêts des Audiences, Arrêt* 31.

SUBSTITUTION CONVENTIONNELLE.

178   Voyez *Charondas*, livre 13. chapitre 91.

SUBSTITUTION,
CONVENTIONS MATRIMONIALES.

179   Si les biens substituez peuvent être obligez aux conventions d'une femme, & si c'est aussi bien en la ligne collaterale qu'en la directe, & pour tous les degrez que pour le premier? *Voyez Henrys, tome 1. liv. 5. chap. 4. q. 66.*

180   Arrêt du Parlement de Paris du 27. Mars 1584. par lequel il est jugé qu'une veuve ne peut prétendre ses conventions matrimoniales sur des biens substituez en Païs coûtumier, non pas même sur une somme de deniers subrogée au lieu desdits biens substituez. *Voyez le Recueil des Plaidoyers & Arrêts notables*, imprimé en 1645. & le *Vest*, Arrêt 175.

281   Si les biens substituez peuvent être obligez aux conventions matrimoniales d'une femme, aussi-bien en collaterale qu'en directe? Arrêt du 21. Février 1647. qui appointe les Parties au Conseil, & cependant ordonne la provision en faveur de la veuve du sieur Comte de Tournon, en baillant caution. *Soëfve, to. 1. Cent. 1. ch. 2.*

282   La veuve sur les biens substituez prend ses conventions jusqu'à la concurrence de la legitime düe à son mary. Arrêt du 5. Février 1658. de relevée, plaidans Bilin & Coignet. *Soëfve, tome 1. Cent. 1. ch.* 88. Voyez *Henrys, tome 1. liv. 5. quest. 65. & le Vest, Arrêt 175. M. d'Olive, liv. 3. chap. 22. & Henrys, tome 2. liv. 5. quest. 29.* où il parle de la directe & de la collaterale. *Peleus, quest.* 41.

283   Une femme ne peut prétendre le payement de sa dot & de son doüaire, subsidiairement sur les biens substituez à son mary par ses pere & mere, depuis le mariage de ladite femme, quand son mary a été rempli de sa legitime avant la substitution. Arrêt du Parlement de Paris du 23. Juillet 1687. *Voyez le Journal des Audiences, tome 3. liv. 3. chap. 10. & Ricard, tome 2. Traité des substitutions, p. 546.*

DISPOSITIONS DES COUSTUMES.

184   En la Coûtume d'*Anjou*, quelles sont les marques de substitution, & si on y peut substituer? La cause appointée, c'étoit une substitution en la maison du *Bellay*. Arrêt du 6. Mars 1663. *Notables Arrêts des Audiences, Arrêt* 93.

185   Sur l'explication de l'art. 17. du titre 14. de la Coûtume d'*Auvergne*, si une convention apposée au contract de mariage d'un fils aîné, & en sa faveur & de ses descendans, pouvoit s'étendre aux descendans mâles d'un second mariage, n'y en ayant point eu du premier lit, ou si elle devoit demeurer restrainte aux seuls descendans qui eussent pû naître dudit premier mariage. Le sieur Marquis de Courton étant décedé sans mâle, la substitution fut déclarée ouverte au profit du sieur Vicomte de la Roche son frere, sans préjudice de distraction. L'Arrêt n'est point daté. *Voyez Henrys, tome 1. liv. 6. chap. 5. quest.* 25.

186   *Henrys* décide que dans la Coûtume d'*Auvergne*, qui prohibe les substitutions, un pere peut leguer le quart de ses biens à celuy de ses deux fils qui aura plûtôt atteint l'âge de vingt-cinq ans; si dit que ce n'est pas un legs conditionnel, mais un legs fideicommis qui n'est pas défendu par la Coûtume; il ajoûte qu'un pere qui auroit plusieurs enfans mâles, pourroit leguer le quart de ses biens à celuy de ses mâles choisiroit, que ce ne seroit pas un fideicommis; mais un simple ministere; cependant par cette voye l'on pourroit éluder la prohibition de la Coûtume; mais le mal ne seroit pas grand, car la disposition de la Coûtume d'*Auvergne* en cela n'est pas raisonnable,

les substitutions sont tres-utiles, sur tout pour la conservation des grandes maisons; *je suis surpris*, dit l'Auteur des Observations, *que les Etats du Païs d'Auvergne où il y a tant de Noblesse, ayent souffert une semblable disposition.* Voyez Henrys, *tome 2. liv. 4. quest.* 43.

187   En *Franche-Comté* le bien substitué sans publication, a été déclaré libre & affecté aux dettes des Comtes & Comtesses de *Belun* pour être vendu, & les deniers en provenans distribuez aux creanciers. Arrêt du 14. Septembre 1669. *De la Guessiere, tome 5. liv. 3. chap.* 19.

188   Le substitué marche avant l'heritier, lorsque le testateur au défaut du legataire luy en a substitué un autre; car bien que les substitutions d'heritier soient inconnuës en Normandie, il est permis neanmoins de substituer en matiere de donations testamentaires ou entre-vifs; chacun à la liberté d'appofer telles conditions qu'il luy plaît aux chofes dont la coûtume luy accorde la disposition, pourvû qu'elles ne soient point contre les bonnes mœurs, comme il demeura constant en la cause plaidée en la Chambre de l'Edit à Roüen le 11. Mars 1648. entre Jean le Quesne sieur du Bocage, appellant, & Isaac le Bourg, intimé: quoique l'insinuation ne soit point requise pour les donations testamentaires, il est neanmoins necessaire de les insinuer, lorsqu'elles contiennent une substitution, ce qui fut jugé de la sorte. *Voyez Basnage, sur la Coûtume de Normandie, art.* 422.

189   Substitution en *Provence*. Les neveux viennent à la substitution avec leurs oncles. Arrêt du 30. Mars 1675. *De la Guess. to. 3. liv. 9. chap.* 6.

SUBSTITUTION, CREANCIERS.

190   Un pere à Toulouse laisse trois enfans, institué son fils son heritier à la charge de payer la legitime à ses deux sœurs, & les luy substitué, le frere meurt après avoir engagé du bien; dispute entre les filles & les creanciers du frere, &c. *Voyez l'Arrêt du vingt-huitiéme Août 1546. dans le Vest, Arrêt* 211.

191   Arrêt du Parlement de Paris du 6. May 1589. par lequel il est jugé qu'un creancier ne se peut adresser à des biens substituez, même en païs coûtumier. *Voyez le Recueil des Plaidoyez & Arrêts notables imprimés en 1645.*

192   Par Arrêt du Parlement de Toulouse du 10. May 1635. jugé que les substituez & les creanciers hereditaires pouvoient recourir contre le substitué pour le payement des interêts qui ont couru durant la vie de l'heritier, chargé du Fideicommis. Même Arrêt le 9. Juin 1637. *M. D'Olive, li. 5. chap.* 15.

192 bis.   Entre les creanciers de la Maison du *Bellay* & les heritiers touchant une substitution, contre les conclusions de Monsieur l'Avocat General qui alloient pour les heritiers, la cause fut appointée, & au principal en droit & joint. Arrêt du 6. Mars 1663. *Notables Arrêts des Audiences, Arrêt* 93.

SUBSTITUTION, DEBAUCHE, DISSIPATION.

193   Un pere en cas de mauvais ménage de son fils, luy peut substituer ses petits fils en tous ses biens, meubles & immeubles, &c. Arrêt en Février 1654. *Du Frêne, liv. 2. chap.* 146.

194   Une substitution faite par un pere & une mere, en ces termes, *de la part & portion que leur fils pourroit amender de leurs successions, tant en meubles qu'immeubles*, est valable, ayant pour prétexte les débauches & les déreglemens de leur fils; & la mere fut déchargée de la demande des creanciers, avec dépens, & l'Arrêt porte que Alix & sa femme joüiront de la moitié de l'usufruit des biens de Vincent Traverse, à leur dépens jusqu'au decès de son pere, jusques à ce qu'ils soient entierement payez, & l'autre moitié audit Traverse pour ses nourritures & alimens; & pour connoître les effets de ladite succession, la mere veuve representera l'inventaire desdits biens, &c. Arrêt à Paris du 21. Janvier 1672. *Journal du Palais.*

Voyez le mot *Proüigue.*

Substitution, Deceds.

195 Le premier substitué étant décédé avant l'institué, sçavoir, si le substitué au premier peut aussi être censé avoir été substitué à l'institué? *Voyez Bouvot, to. 1. part. 2.* verbo *Substitué mort avant l'institué.*

196 La substitution étant faite au cas que l'institué décede sans enfans ou avant la testatrice, & sans avoir pû ou voulu apprehender son hoirie, si ayant apprehendé l'heredité, il décede sans enfans, le substitué peut-il demander l'ouverture du Fideicommis? *Voyez Bouvot, to. 1. part. 2.* verbo, *Substitution, quest.* 5.

Substitution, Decret.

197 Les choses substituées étant decretées, le substitué doit s'opposer. *Voyez Mornac, l. 13. ff. qui satisdare cogantur.*

198 Le 4. Août 1573. fut appointée au Conseil une cause, en laquelle l'appellant disoit qu'il étoit substitué à la Terre & Seigneurie de Mons, laquelle avant que la substitution fût ouverte, avoit été ajugée par decret sur celuy qui en joüiroit sous la charge de la substitution, que luy appellant substitué ne s'étoit point opposé à cause que la substitution n'étoit pas encore ouverte, puisqu'il étoit mineur. *Bibliotheque de Bouchel,* verbo *Substitution.*

199 Si le decret se donne sur les biens substituez avant l'ouverture de la substitution, l'ouverture ensuite intervenant, le decret ne pourra point nuire aux substituez. *La Peirere, lettre D. n.* 17. dit, *je fais grand doute en cette décision s'il y avoit long-temps du decret, & encore il faudra que le substitué forme opposition envers l'Arrêt de decret aux termes de l'Ordonnance de 1667.* Arrêt du Parlement de Bourdeaux du dernier Mars 1664. qui a jugé qu'un mineur pourvû de curateur qui ne s'étoit point opposé à un decret, pour avoir distraction des biens sujets à substitution déja échûë lors du decret, n'étoit pas recevable à se pourvoir par Requête civile.

Degrez de Substitution.

200 Jusqu'à quel degré il est permis de substituer par testament, contrat, ou autre disposition? *V. les Ordonnances de Fontanon, to. 1. l. 4. tit.* 11. *p.* 756.

201 Pour le reglement general des degrez de substitution, il faut voir les *articles* 59. *& 124. de l'Edit d'Orleans, & l'art.* 57. *de celuy de Moulins.*

202 Si l'on peut substituer à l'infini, & si par les Ordonnances les fideicommis & substitutions peuvent passer le quatriéme ou second degré, & si le degré doit être pris pour generation, ou pour personnes appellées à la substitution, & qui, ont recüeilli les biens? *Voyez Bouvot, tome 1. part.* 3. *verbo Substitution, quest.* 3.

203 Deux degrez outre l'institution. *Ordonnance d'Orleans art.* 59. & pour les substitutions faites avant l'Ordonnance d'Orleans, & dont le droit n'étoit échû, seront restraintes au quatriéme degré, outre l'institution. *Ordonnance de Moulins art.* 57. *Voyez M. Expilly Arrêt* 146. Pour les degrez effectifs, voyez *Henrys, tome* 2. *liv.* 6. *q.* 9. Voyez *M. le Prêtre* 2. *Centurie chap.* 21.

204 *Aureliana constitutiones circà substitutionum gradus interpretatio. Voyez Franc. Stephani decisi.* 1.

205 L'ordre des substitutions se regle par les personnes, & non par les degrez de generation, & ce en païs coûtumier. *Voyez l'Ordonnance d'Orleans art.* 59. qui les regle à deux degrez, non compris l'institution & premiere disposition, & ainsi elle desire trois personnes, l'institué & deux substituez. L'Ordonnance de Moulins article 57. pour regler les substitutions faites avant l'Ordonnance d'Orleans, & dont le droit n'étoit encore acquis, desire 4. degrez outre l'institution, c'est-à dire, cinq personnes. La Nov. 159. les limite à quatre degrez. *Voyez M. le Prêtre,* 2. *Cent. chap.* 21. Henrys, *tome* 2. *liv.* 5. *q.* 48. Peleus, *q.* 60. *q.* 48. *& quest.* 161. Ricard, *des Substitutions, trait.* 3. *ch.* 9. *sect.* 6. *n.* 758. & *M. d'Olive, livre* 5. *chap.* 10.

206 L'Ordonnance de Moulins art. 57. porte que toutes substitutions faites auparavant l'Ordonnance d'Orleans en quelque disposition que ce soit, par contrats entre-vifs, ou de derniere volonté, & sous quelques paroles qu'elles soient conçûs, seront restraintes au 4. degré outre l'institution, exceptées toutefois les substitutions desquelles le droit est échû & déja acquis aux personnes vivantes, auxquelles n'est prejudicié. Ordonné aussi que dorénavant toutes dispositions entre-vifs ou de derniere volonté, contenant substitutions, seront pour le regard d'icelles substitutions publiées en jugement à jour de plaidoirie, & enregistrées aux Greffes Royaux plus prochains des lieux des demeures de ceux qui auront fait les substitutions, & ce dedans six mois, à compter quant aux substitutions testamentaires, du jour du décez de ceux qui les auront faites, & pour le regard des autres, du jour qu'elles auront été passées, autrement seront nulles, & n'auront aucun effet.

207 La Cour de Toulouse approuve une substitution qui s'étend plus loin que le quatriéme degré, même en faveur des descendans en ligne directe. *V. Maynard, to.* 1. *li.* 5. *ch.* 86. Les Ordonnances qui limitent les degrez de substitution n'ont point été reçûes en ce Parlement.

208 L'interruption des degrez n'est pas un obstacle, comme on l'a quelquefois prétendu. Un pere substitue reciproquement ses deux fils, qui sont ses heritiers universels s'ils meurent sans enfans mâles, il leur substitue *Titius* son cousin, & à celuy-cy au même cas de mort sans enfans mâles, *Caius & Sempronius* freres. *Titius* meurt le premier sans enfans, & aprés *Titius* les deux heritiers universels aussi sans enfans, celuy d'eux qui mourut le dernier ayant fait un étranger son heritier, *Caius & Sempronius* demandent pour eux l'ouverture de cette substitution, quoy-qu'il soit constant que *Titius* étant mort avant les heritiers, l'ordre en ait été interrompu: neanmoins leur demande est bonne, étant indifferent que le premier substitué meure devant ou aprés l'heritier, ce qui a été jugé par plusieurs Arrêts au Parlement de Grenoble. *Voyez Guy Pape, quest.* 180.

209 Si un fils qui est d'Eglise & imparfait d'esprit ou de corps, peut faire degré dans les substitutions graduelles? *M. C. du Moulin* §. 13. *Glos.* 1. *in verbo* le fils aîné *nomb.* 25. *& * 27. tient que celuy qui est insensé ou furieux, mais encore tout autre qui est inhabile ne peut avoir le droit d'aînesse. *Voyez Henrys, to.* 1. *liv.* 5. *chap.* 4. *quest.* 60. où il rapporte les Autheurs pour & contre.

210 Les substitutions perpetuelles quoyque non bornées expressément par le testateur, le sont par l'Ordonnance de Moulins de l'an 1566. & ne peuvent aller au delà du 4. degré. Jugé par plusieurs Arrêts du P. de Thoulouse, & entre autres le 7. Janvier 1658. *Graverol sur la Rochestavin, li.* 3. *lett. S. tit.* 9. *Arr.* 14.

211 Jugé au Parlement de Toulouse le 5. Juin 1587. que le progrez d'une substitution ne cesse point par l'interruption des degrez, lorsqu'il appert de la volonté du testateur. *La Rochestavin, livre* 4. *lettre T. titre* 5. *Arrêt* 3.

212 Raymond Landez par son testament institué son posthume, & en cas qu'il n'y en auroit pas ou qu'il décedât sans enfans mâles, substitué Jean Landez son frere, & ensuite avoit ajoûté d'autres substitutions, sur le sujet desquelles étant intervenu procez, par Arrêt du 23. Février 1600. il fut jugé suivant l'Ordonnance de Moulins, que la substitution pouvoit être étendüe jusques au quatriéme degré sans y comprendre l'institution dont il s'agissoit en ce fait, par laquelle le testateur avoit commencé, n'ayant pris sa force qu'en la personne de Jean, encore que l'Ordonnance d'Orleans ne fût point reçû aprés le second degré de demander ouverture de substitution. *Cambolas, liv.* 3. *chap.* 7.

213 Les degrez és substitutions au païs de Droit écrit se comptent par souches, & non par têtes. Arrêt du 13. Avril 1604. *M. d'Olive, liv. 5. chap. 10.*

Les degrez de substitution s'accomplissent par mort naturelle, & non par la Profession Monachale. Arrêt du 7. Septembre 1620. *M. le Prêtre, 3. Cent. chap. 81.* Arrêt contraire du 25. May 1660. *Voyez les notables Arrêts des Audiences, Arr. 46.* Voyez *M. d'Olive, liv. 5. ch. 8. De la Guess. tome 2. liv. 3. ch. 22.* rapporte l'Arrêt du 23. May 1660.

214 Arrêt du Parlement d'Aix du 28. Avril 1623. qui a compté les degrez des substitutions par têtes non par generations. *Boniface, to. 5. liv. 2. tit. 13.*

215 Un testament portant substitution graduelle & perpetuelle fait en 1552. le testateur decede en 1563. après l'Ordonnance d'Orleans en 1560. le testament ne commence d'avoir son execution que du jour de la mort du testateur, & qu'il n'y a que deux degrez de substitution, l'institution non comprise. Arrêt du 2. Août 1659. *Notables Arrêts des Audiences, Arrêt 31.* le Lundy 11. Mars 1675. pareil Arrêt à la Grand'Chambre, plaidans Vaultier & Loranchet. *Voyez Ricard, des Substitutions, traité 3. ch. 9. sect. 6. nomb. 813. & suiv.* De la Guess. *tome 2. liv. 2. ch. 35.* rapporte l'Arrêt du 2. Août 1659.

216 Quoyque par l'usage du Parlement de Toulouse les degrez de substitution se comptent par souches, de sorte que les freres qui recueillent la succession en divers temps ne font qu'un degré, neanmoins lorsque cette succession se fait avec interruption de degré & *per medios nepotes*, le frere qui succede par cette voye compose un nouveau degré, bien qu'il soit d'une même generation que son aîné qui a rempli cette place. Cette décision est conforme à la doctrine & aux Arrêts rapportez par *M. d'Olive, li. 5. ch. 10.* elle doit avoir lieu, quoyque le second fils du testateur, qui recueille la substitution après son neveu fils de l'heritier institué qui a rempli le premier degré, soit un des heritiers instituez, & chargez de rendre par le testament contenant la substitution. Arrêt du 6. Mars 1665. rapporté par *M. de Catellan, liv. 2. ch. 74.* où il ajoûte, si l'un des substituez repudie par acte la substitution se deferée à luy, il ne fait point de degré, & la substitution est prorogée, jusques à celuy qui sans cette repudiation auroit été au 5. degré, ainsi qu'il a été jugé en la grand'Chambre en robes rouges le 14. Août 1660. Le droit de substitution étant repudié, c'est comme s'il n'avoit jamais appartenu au substitué qui repudie suivant la maxime établie par nos Loix, *quod repudiatur numquam nostrum fuisse intelligitur*, aussi ce substitué ni son degré ne doivent pas être comptez, & par-là le substitué du 5. degré monte, & se trouve au quatriéme.

217 Acte de Notorieté de M. le Lieutenant Civil du 4. Novembre 1689. que l'usage qui se pratique dans le Siege du Châtelet de Paris, dans le jugement des causes de substitutions qui y sont portées, est que l'on suit exactement l'Ordonnance de Moulins, & la Declaration donnée en consequence, pour le nombre des degrez dont le compte se fait par celuy des personnes qui ont été en possession de droit ou de fait des biens substituez; & qu'à l'égard de l'interpretation de la volonté des testateurs ou donateurs, lorsqu'il y a des termes qui peuvent causer quelques doutes, la Coûtume de Paris n'ayant établi aucune disposition touchant les substitutions, l'on suit entierement les dispositions du Droit écrit, suivant lequel les conjectures de fait & de droit servent de décision. *Recüeil des Act. de Notor. p. 66.*

218 Dans les substitutions ordonnées anterieurement à l'Edit perpetuel des Archiducs du 12. Juillet 1611. article 11. les degrez avant l'Edit ne font pas nombre à compter des trois degrez, ausquels le Prince a restraint l'effet des Fideicommis. Si même un des appellez avoit apprehendé avant l'Edit, sa

personne ne seroit nombre entre les trois degrez, bien qu'il eût encore vécu quelque temps après l'Edit. Et lorsqu'un pere assigne à son aîné une Seigneurie, & la substitüe. à ses hoirs mâles, *pour tenir la côte & ligne de ceux de sa famille portans son nom à toûjours*, ceux appellez en vertu de Fideicommis & qui sont encore chargez, ne peuvent en intervertissant l'ordre des successions, disposer de la terre en faveur d'un Cadet, à l'exclusion de l'aîné contre le Statut Coûtumier. Arrêt du Parlement de Tournay du 23. Decembre 1700. il s'agissoit de la Terre & Baronnie de Bouvignier. *Voyez M. Pinault, to. 2. Arr. 293.* depuis ayant été intenté revision de cet Arrêt, les parties se sont accommodées.
Voyez le mot *Degrez.*

SUBSTITUTION, DEROGER.

Si les coheritiers chargez de substitution reciproque l'un envers l'autre, & leurs descendans y peu- **219** vent déroger par quelque convention particuliere entre eux? *Voyez Henrys, tome 1. liv. 5. ch. 4. q. 23.* où la question est amplement traitée.

On ne peut déroger à l'Ordonnance. *Voyez Ricard,* **220** *des Substitutions, trait. 3. chap. 9. sect. 6. nombre 843. 850. & suiv.*

Fille mariée & appanée, passant quittance de tous **221** droits paternels, maternels, successifs, presens & à venir, soit par institution ou substitution de ses predecesseurs & des leurs, est exclue du droit de substitution? Jugé au Parlement de Grenoble au mois de Decembre 1459. plusieurs étoient d'avis contraire. *Papon, liv. 16. tit. 4. n. 6.*

SUBSTITUTION, DETRACTION.

Substitution faite par un Gendarme étant à la Guer- **211** re à son fils pupille, au cas qu'il décederoit sans enfans, le fils décedant hors l'âge pupillaire, *non dicitur directa, sed habet vim fideicommissi, & ideo filius aut ejus hæres legitimam & quartam detrahit, quia ex quo ad ejus mortem refertur, non ad certum tempus, dicitur compendiosa, non directa militaris; de quâ in L. centurio quæ est interpretanda in suo casu, nempe quando ad certum tempus.* Ainsi jugé au Parlement de Toulouse. *La Rocheflavin, liv. 3. lett. S. tit. 9. Arr. 7.*

Lorsque les substituez sont des descendans, ils doi- **113** vent être saisis des biens ausquels ils sont substituez avant qu'être procedé aux detractions, parce qu'ils sont plus favorables que les heritiers, s'ils sont étrangers; & autant favorables si lesdits heritiers sont aussi des descendans; & parce qu'en ladite qualité de descendans ils en sont saisis par la Coûtume generale de France qui dit que le mort saisit le vif. Arrêt du 17. Avril 1598. en faveur du substitué de la maison de Morillon. *Ibidem. Arr. 1.*

Autrefois quand le substitué étoit des descendans **114** du testateur, la liquidation du Fideicommis se faisoit entre les mains des heritiers du testateur grevé, suivant la distinction de *Ferrerius, in quæst. Guid. Papa.* Aujourd'huy ceux-cy joüissent indistinctement à concurrence des imputations & detractions à faire sur les biens substituez, jusques à ce que *distracta sint detrahenda.* Arrêt du mois de Juin 1674. *Graverol sur la Rocheflavin, ibidem Arr. 1.*

SUBSTITUTION, DETTES.

Les dettes créées depuis la substitution, outre & par **115** dessus ce dont le donateur s'étoit reservé de disposer, ne se doivent acquiter par le donataire ou substitué; le même de l'institué par Contrat de mariage. *Voyez M. Loüet, lettre D. somm. 69.*

SUBSTITUTION ES BIENS DONNEZ.

De la substitution de la chose donnée. *Voyez* le **116** mot *Donation, n. 859. & suiv.*

Pater an in donatione propter nuptias substituere va- **117** *leat?* Voyez *Franc. Marc. to. 1. quæst. 333.*

Un pere qui a fait une donation entrevifs à son fils **118** de la totalité, ou d'une partie de ses biens, soit par contrat de mariage ou autrement, ne peut plus charger ces

ces mêmes biens d'aucune substitution par un acte posterieur, même au profit des enfans de son fils : l'on juge au contraire au Parlement de Toulouse, pourvû que le donateur fasse mention expresse des biens donnez, & que la substitution soit au profit des enfans du donateur. *Voyez Henrys*, *to. 2. li. 5. q. 52.*

229   Le pere peut substituer à son fils même biens qu'il luy a donnés en faveur de Mariage, pourvû qu'il luy substituë *unum ex liberis*, & qu'il fasse mention des biens donnez en ladite substitution, *per legem sequens Quæstio 2°. ff. de legatis.* La Rocheflavin, *liv. 2. M. tit. 4. art. 46.*

230   En donation d'un fief fait à un fils bâtard, & aux hoirs mâles, le cas arrivant qu'il ait un fils & une fille, si le mâle ne laisse que fille, & la fille un fils, le fief appartient à la fille du fils. Arrêt du Parlement de Paris pour un bâtard de la maison de la Trimouille. *Papon, liv. 20. tit. 3. n. 27.*

231   Le pere peut substituer aux biens qu'il a donnés à son fils en faveur de mariage, pourvû que ce soit un de ses autres enfans, & non pas que ce soit un étranger, ni même un collateral, comme il a été jugé sur la fin de l'année 1592. & le 11. Août 1527. *Cambolas, l. 1. c. 35.*

232   Nonobstant ce qui a été dit, qu'un pere qui a donné en faveur de mariage à un sien enfant, luy peut substituer un autre de ses freres fils du donateur, pourvû qu'il le fasse *nominatim*, & qu'autrement dans la substitution generale de tous ses biens, ce dernier ne seroient compris ; toutefois par Arrêt du Parlement de Toulouse du 30. Juillet 1571. le contraire fut jugé, parce que le donataire de la moitié des biens du pere étant après substitué avec substitution generale, s'étoit durant sa vie porté pour heritier, & étant decedé en cette volonté, par laquelle, *judicium defuncti agnovesat*, son heritier ne pouvoit venir au contraire. *Voyez Mainard, lib 6. ch. 5.*

233   Il a été jugé plusieurs fois au Parlement de Toulouse, que le fils donataire pouvoit être grevé de substitution, mais avec deux conditions ; l'une que la substitution soit faite *nominatim*, és biens donnez, car il ne suffit pas d'une substitution generale faite par le testateur en tous ses biens, vû que les biens donnez sont, *extra causam bonorum*. L'autre condition est que le testateur appelle à la substitution les descendans freres du donataire, & non les étrangers, & par Arrêt prononcé en robes rouges à Toulouse, le Mardy avant Pâques 1582. il fut jugé qu'une substitution faite, *verbis generalibus*, comprenoit les biens donnez. *Voyez Maynard, liv. 5. ch. 34.*

234   La regle generale n'admet point la substitution és biens donnez, que *verbis expressis*, & *sub conditione si sine liberis* ; & il faut que la substitution soit faite aux descendans freres du donataire & par exprés sans faire difference des mâles ou des femelles ; toutefois le pere en donnant se peut reserver la faculté de substituer ; en ce cas la substitution generale comprend les biens donnez, &c. Arrêt du premier Juillet 1630. *M. d'Olive, liv. 5. ch. 15. Voyez Henrys, tome 2. liv. 5. quest. 51.*

235   Un pere donateur, ne peut pas substituer à son fils donataire ses propres enfans, parce qu'il ne luy est pas permis par nos prejugez de substituer aux biens donnez que sous trois conditions ; la premiere que ce soit nommément qu'il substituë, la deuxieme que ce soit en cas que le donataire meure sans enfans, & la troisiéme, que la substitué soit un des enfans du donataire ; le pere ne pouvant pas par une substitution preferer un des enfans de son fils donataire à ses autres petits fils, qui ont tous droit d'esperer d'avoir part à ce même bien par la disposition de leurs peres. Arrêts des 18. Janvier 1651. 22. Février 1652. & au mois d'Août & 4. Septembre 1654. *Cambolas, liv. 1. ch. 35.*

236   L'ayeul peut substituer ses neveux aux biens qu'il avoit donnez à leur pere en ses pactes de mariage, la

Tome III.

mere le peut aussi. Arrêt du Parlement de Toulouse du 3. Avril 1631. *Cambolas, liv. 6. ch. 13.*

237   Si la substitution doit être faite nommément aux biens donnez. Arrêt du Parlement de Toulouse en 1643. qui a jugé que la substitution quoique generale, & non expressément faite aux biens donnez, les comprenoit, si le donataire a accepté l'institution faite de sa personne, sous la charge de cette substitution generale. Arrêts contraires des 17. Février 1655. 17. Avril 1665. & 28 Février 1676. ces Arrêts établissent que la substitution doit être faite nommément aux biens donnez. Neanmoins si le pere ou la mere dans leur testament ont donné des marques évidentes & non équivoques, de vouloir comprendre les biens donnez dans la substitution, cela doit suffire. Arrêt du 18. Decembre 1684. Au reste le pere ne peut pas substituer aux biens qu'il a donnez à son fils un des enfans de ce fils donataire. Arrêts du même Parlement des 23. Janvier 1651. & May 1665. *Voyez les Arrêts de M. de Catellan, liv. 2. chapitre 13.* où cette question est amplement traitée, & où plusieurs maximes importantes sont établies.

238   Regulierement l'on ne peut substituer aux biens donnez *ex intervallo*, parce que la donation les met *extra causam bonorum*, il en est autrement si elle est faite aux descendans du mariage tel que le donateur élira ; on peut alors substituer à l'élu, parce que *videtur, potius quam nominatione quam ex donatione rem consequi.* M. Maynard, *livre 5. chapitre 34.* dit que cela a été plusieurs fois jugé en faveur des Eligibles ; ainsi jugé au Parlement de Toulouse le 27. Juin 1646. après partage.

239   Le pere peut substituer aux biens donnez, quand le donataire n'a point d'enfans, & qu'il substituë un frere du donataire. Arrêt du Parlement de Toulouse du 16. Août 1650. en la cause de certains appellez Jammes freres contre les acquereurs des biens. *Albert, verbo Substitution.*

240   Sauboy avoit fait donation des biens à son fils en le mariant ; & son fils ayant alienté une piece de terre en faveur de Guy, le donateur par son testament substitua aux biens donnez, le premier mâle de son fils, le premier mâle avoit fait casser cette alienation par le Sénéchal : mais la Sentence fut réformée sur cette raison que le donateur ne peut substituer, quand il y a des enfans du donataire ; cet Arrêt fut rendu au Parlement de Toulouse du 23. Janvier 1651. La même chose fut jugée en faveur de la Demoiselle de Marthel, contre Jacques Bonnet le 22. Février 1652. *Voyez Cambolas, liv. 6. chap. 13.* Autre Arrêt le 16. Novembre 1655 sur une Sentence arbitrale, qui jugeoit que le donateur n'avoit pû substituer aux biens donnez à son fils, quoiqu'il eût survêcu au donataire, parce qu'il avoit des filles qui vivoient. *Albert, verbo Substitution, art. 1.*

241   On reçoit la substitution par paroles équipolentes en ce cas, sçavoir lorsqu'il s'agit de conserver les biens dans une famille noble ; comme il fut jugé au Parlement de Toulouse en la cause du sieur d'Albaret Seigneur de S. Clair, contre M. de Marsis son oncle ; le testateur ayant confirmé la donation dans son testament, & divisé ses autres biens aux autres enfans, les autres biens absorbez, la substitution ne peut s'entendre que de la donation : de sorte que lorsqu'il y a quelques circonstances qui favorisent & qui aident, les paroles équipolentes suffisent, quoiqu'elles ne soient pas tout à fait expresses ; il seroit bien difficile de faire une regle certaine. *Albert, Ibid.*

242   Lorsqu'il est dit qu'on substitué aux biens donnez & leguez, quoiqu'auparavant dans le testament on ait dit, *je donne & legue*, & que celuy qui défend la donation, veut interpreter les mots *donnez & leguez*, de ce qui a été dit dans le testament, non de la donation précedente, la moindre chose qui fasse comprendre l'intention du testateur, fait que cette al-

legation ne paſſe que pour une cavillation comme il
fut jugé au Parlement de Touloue,au mois de Janvier 1643. après partage neanmoins. *Albert*, verbo
Subſtitution, *art.* 1.

242   Contre ce qui eſt dit que la ſubſtitution ne s'entend des biens donnez , que lorſqu'elle eſt expreſſe,
il faut obſerver qu'on ne peut entendre la ſubſtitution que des biens donnez , comme lorſqu'il y a cinq
enfans qui abſorbent la moitié reſervée par leurs
legitimes , la ſubſtitution s'entend des biens donnez.
Ainſi jugé au Parlement de Touloue ſur l'oppoſition
à un Arrêt qui jugeoit que les paroles équipolentes
ne ſuffiſoient pas; l'Arrêt eſt du 9. Juin 1646. *Albert*,
verbo *Subſtitution*, *art.* 1.

243   Quoique les donations précedemment faites par le
teſtateur , ne ſoient point ſujetes à la ſubſtitution s'il
n'eſt dit; neanmoins ſi dans l'inſtitution il eſt fait mention des donations ; les choſes données viendront
dans la reſtitution. *Peregrin. art.* 6. *n.* 6. *vid.* Maynard,
lib. 5. *chap.* 34. 35. *vid.* Guy Pape, *quaſt.* 303. *id. L.*
68. *ff. de leg.* 2. *& L.* 62. *ff. ad trebell.*

M. la Peirere en ſes deciſions du Palais lettre S. nomb.
110. rapporte un Arrêt du Parlement de Bourdeaux du
30. Août 1660. au rapport de Monſieur Taranque ,
entre Marguerite & Anne de ſaint Aubin. Jean de
ſaint Aubin avoit dans ſon contrat de mariage , fait
une donation contractuelle de la moitié de ſes biens,
en faveur d'un de ſes enfans mâles, qui ſeroit par luy
nommé. De ce mariage naiſſent Marguerin & Bertrand de ſaint Aubin ; enſemble Marguerite & Anne
de ſaint Aubin ; ledit Jean de ſaint Aubin faiſant ſon
teſtament , déclare nommer ledit Marguerin de ſaint
Aubin pour recüeillir l'effet de la donation , & outre
ce l'inſtitue ſon heritier univerſel avec ſubſtitution
en cas de decès ſans enfans , en faveur de Bertrand
ſaint Aubin , & à défaut de Bertrand en faveur de
Marguerite , & à défaut de Marguerite en faveur
d'Anne Bertrand predécede ſans enf..ns;ledit Marguerin ayant accepté purement & ſimplement ledit teſtament, mourant ſans enfans délaiſſe à luy ſurvivantes,
leſdites Marguerite & Anne, laquelle Marguerite appellée à la ſubſtitution du teſtament de Jean,a prétendu comprendre dans la ſubſtitution la donation de la
moitié des biens, que ledit Jean de ſaint Aubin avoit
faite par ſon contrat de mariage; & ladite Anne au contraire ſoûtenoit que ladite donation n'y pouvoit être
compriſe. Jugé neanmoins que ladite moitié donnée
tomboit dans ladite ſubſtitution. Le motif de l'Arrêt
a ſans doute été,que comme dans le teſtament dudit
Jean de ſaint Aubin , ledit Jean avoit fait mention de
ladite donation , & nomma ledit Marguerin , & tout
incontinent inſtitua ledit Marguerin, &le chargea in-
definiment de ſubſtitution, ladite ſubſtitution devoit
comprendre la donation.

244   D'une donation faite aux futurs époux, & aux enfans qui naîtront de leur mariage & des deſcendans
d'eux , à la charge que l'aîné mâle qui naîtroit du mariage, porteroit le nom & les armes de la famille
du donateur , & ſi cette donation contient une ſubſtitution graduelle ou perpetuelle, au profit de tous
ceux de la famille du donateur tant mâles que femelles? Arrêt du 6. Mars 1663. qui appointa les parties au
Conſeil. M. Bignon Avocat General, conclut pour l'affirmative. *Soéfve*, *tom.* 1. *Cent.* 1. *chap.* 77.

245   Par Arrêt du 13. May 1665. jugé que les conventions matrimoniales d'une femme, & la donation qui
luy a été faite par ſon mary d'une ſomme de deniers
en contract de mariage, peuvent être prétendus par
la femme après le décès de ſon mary ſur les biens ſubſtituez dont il n'avoit que l'uſufruit ; M. Talon Avocat General , avoit conclu au contraire. *Soéfve*, *tom.*
2. *Cent.* 3. *chap.* 55

246   Si le ſubſtitué a deux heritiers donataires ou legataires, prend la portion du prédecedé, ou ſi elle appartient à l'autre heritier donataire ou legataire ? Ju.

gé au Parlement de Touloue , qu'il n'eſt ſubſtitué
qu'au dernier mourant. Si neanmoins on peut raiſon-
nablement préſumer que l'intention du teſtateur a été
de ſubſtituer ſéparément à chacun de ceux qu'il a chargez de rendre, en ce cas après la mort de l'un d'eux,
le ſubſtitué doit être maintenu en la portion du decedé. Arrêts des 18. Juillet 1676. & 17. Juillet 1680.
rapportez par *M. de Catellan*, *liv.* 2. *chap.* 25.

247 Donation portant ſubſtitution faite par Henry
IV. à Monſieur le Duc de Vendôme déclarée bonne
ſans inſinuation ni publication , comme pareillement
celle des Terres du Duché de Vendôme retirées ,
&c. depuis 1598. juſques en 1609. jour de ſon mariage juſques à la concurrence de la ſomme de 450000.
livres , & ce qui en défaudra,recompenſe luy en ſera
faite en deniers , & aura hypotheque ſur les biens
de Ceſar de Vendôme ſon pere du 3. Avril 1598. les
fruits & interêts dudit Duché en terres retirées luy
appartiendront , à compter du jour du décès du ſieur
de Vendôme ſon pere , qui luy ſeront précomptez
ſur la joüiſſance qu'il a eue des biens des ſucceſſions
du ſieur de Vendôme, & de Dame Françoiſe de Lorraine ſon épouſe ſes pere & mere , & des ſieurs Cardinal de Vendôme , & Duc de Beaufort , la ſubſtitution des 400000. livres faiſant partie de celle de
500000. liv. donnez par le Roy Henry IV. le 5. Avril
1598. ou les terres ſi aucunes ont été acquiſes , enſemble la ſubſtitution du Duché de Beaufort , des
bois de haute fuſtaye de la Terre. de Vaudevil bonne
& valable , toutes leſquelles Terres données par le
contrat du 5. Avril 1598 ſont déclarées hypothequées
aux conventions matrimoniales , indemnité des dettes & remploy; & à l'égard du ſieur Loüis Joſeph Duc
de Vendôme , que la ſomme de 100000. liv. pour
être employée en meubles , & les 270000. liv. en
pierreries , fuſſent déclarées ſubſtituées , & la ſubſtitution ouverte à ſon profit: Sa Majeſté ſur ces demandes , a mis les Parties hors de Cour & de procés. Jugé au Conſeil d'Etat du Roy , Sa Majeſté y
étant , le 24. Janvier 1678. *Journal du Palais*.

248 Par la Juriſprudence du Palais, il eſt permis aux peres de ſubſtituer aux biens qu'ils ont donnez à leurs
enfans , pourvû que cette ſubſtitution ſoit accompagnée de trois conditions, qu'elle ſoit faite nommément aux biens donnez , au cas que le donataire décede ſans enfans , & en faveur d'un des deſcendans
du donateur , *nominatim ſi ſine liberis*, *favore liberorum*.
Jugé au Parlement de Touloue le 5. Juillet 1696.
que le pere même peut ſubſtituer ſous ces trois conditions à la dot qu'il a conſtituée à ſa fille en la mariant,
en ce que cette dot excede la legitime. *Arrêts de M.*
de Catellan, *liv.* 2. *ch.* 13.

SUBSTITUTION, DOT.

249 Biens dotaux qui ſe prennent ſur les ſubſtituez. *V.*
le mot *Dot*, *n.* 411. *& ſuiv.*

250 Par Arrêt du Parlement de Touloue en 1585 entre le
Syndic de l'Hôpital ſaint Jacques d'une part,& Marie
de Pelepoix , veuve de Jean la Forcade; trois points
furent préjugez; l'un, qu'elle ne pouvoit prendre ſa
dot & augment ſur les biens de ſon mari, auſquels
Antoine la Forcade ſon oncle & collateral avoit
ſubſtitué l'Hôpital. L'autre, que les réparations faites ſur ces biens par Jean la Forcade grevé de rendre , ne devoient être compenſées avec les fruits
qu'il en avoit pris, mais diſtraites à ſon profit, & affectées au payement de ſa dot & augment de ſa
veuve. Le troiſiéme, que la fille qui étoit expreſſément excluſe par le teſtament qui appelloit l'Hôpital
en défaut de mâles , fût neanmoins dotée de 400.
livres ſur les biens ſubſtituez, attendu ſa pauvreté,
& notable valeur des biens. *Mainard*, *livre* 3. *cha-*
pitre 21.

251 La femme eſt préferée à tous creanciers ſuivant la
loy *aſſiduis* au Reſſort du Parlement de Touloue ,
pour ſa dot augment , & autres avantages à elle faits

en ſon contrat de mariage par ſon mari ſur ſes biens, même ſur les ſubſtituez & ſujets à reſtitution ; l'Ordonnance pour la publication dés teſtamens contenant ſubſtitution n'eſt pas obſervée à Touloſe. Jugé à Paris à cauſe de l'évocation du 23. Mars 1602. il y avoit Arrêt précédent du 3. Février 1575. Chenu, 1. Cent. queſt. 98. Voyez M. d'Olive, li. 3. ch. 21. Henrys, tome 2. liv. 5. qu. 19. où il parle de la directe & de la collaterale. M. Loüet, lettre D. ſomm. 21.

252 Les biens ſubſtituez ſont ſujets à la reſtitution de la dot. Arrêts du Parlement de Dijon du 18. Août 1606. Bouvot, 10. 2. verbo Subſtitutions, q. 17.

253 Henrys, to. 1. liv. 5. chap. 4. queſt. 66. rapporte le Plaidoyé de M. l'Avocat General Talon, par lequel ce grand Magiſtrat établit que les biens ſubſtituez, tant en ligne directe que collaterale ſont affectez ſubſidiairement à la dot des femmes.

254 Jugé au Parlement de Toulouſe en 1690. en la cauſe de la Dame Daubiſſon ſeconde femme du ſieur Marquis de Caſtelnau, que la répetition de la dot a lieu ſur les biens ſubſtituez en faveur de la femme d'un ſecond ou troiſiéme heritier, & d'une ſeconde femme d'un des heritiers. Voyez les Arrêts de M. de Catellan, liv. 4. chap. 44.

255 Le pere ne peut point ſubſtituer à la dot par luy conſtituée à ſa fille, ni à la donation par luy faite à ſon fils dans le contrat de mariage de ſon fils. Guy Pap. quaſt. 613. cont. Ferrer. quaſt. 184. in donatione factâ ſi 10 in contractu matrimonii ; id. Faber , de jure delib. def. 44. in donatione inter vivos factâ filio. La Peirere, lettre S. nomb. 65. dit , cette déciſion eſt certaine dans nôtre Parlement ; neanmoins ſi la donation étoit faite hors du contrat de mariage au fils émancipé, elle pourroit être ſujete à la ſubſtitution quand elle eſt expreſſe, ſuivant la Loy ſequens quæſtio.

256 L'Authentique Res quæ n'a point lieu aux enfans des enfans. 2. ni lors qu'il y a inſtitution d'étranger. 3. Ou en ligne collaterale. 4. Si ce n'eſt que les enfans de l'inſtitué fuſſent ſubſtituez. Loüet. lit. D. n. 21. 1. quid in dote datâ per patrem gravatum filiæ, Vid. Peregrin. art. 42. n. 32. & ſeq. 3. id. Mainard, lib. 3. chap. 18. 21, 2. 3. id. Graſſ. §. ſideicommiſſum , queſt. 57. n. 3. 1. La Peirere , lettre S. nomb. 197. ajoûte , excepté ſi les enfans ſont du premier degré ; il y en a encore qui tiennent que l'Authentique a lieu aux enfans des enfans, lors qu'elle n'a pas eu lieu aux enfans; c'eſt à dire qu'il faut qu'elle ait lieu une fois & non plus. 4. Je fais grande difficulté en ce chef de déciſion, vû que l'authentique ne peut avoir lieu qu'entre l'aſcendant & les deſcendans.

Au procez du Seigneur Durfé au rapport de Monſieur de Sabourin, entre ledit Seigneur & les creanciers de Jacques Durfé ſon pere : jugé que la dot de la femme ne pouvoit être priſe qu'une fois ſur les biens ſubſtituez : mais que ſi elle n'avoit pas été priſe au premier degré, elle pouvoit être priſe au ſecond ou au troiſiéme. La Peirere, ibid.

SUBSTITUTION, DOUAIRE.

257 Si le doüaire peut être demandé ſur les biens ſubſtituez ? Voyez le mot Doüaire , nomb. 169. & ſuiv.

SUBSTITUTION, DROIT ECRIT.

258 Un teſtateur en pays de Droit écrit laiſſe entr'autres enfans deux fils mariez , qu'il inſtituë ſes heritiers, & leur ſubſtituë les enfans mâles d'iceux, & de mâles en mâles , déclarant expreſſément qu'il ne veut que ſes biens viennent à ſes filles , ni aux enfans deſcendans d'elles, ni aux filles de ſes enfans mâles tant qu'il y aura des enfans mâles de luy ou de ſes fils ; l'aîné meurt ayant fils & filles ; les deux enfans de l'aîné meurent , le cadet decede après eux , & laiſſe une fille ; la mere des enfans décedez de l'aîné prétend ſelon la Loy Romaine que tous les biens luy doivent appartenir comme heritiere de ſes enfans : la fille du cadet ſoûtient que la ſubſtitution doit être ouverte à ſon profit, &c. Arrêt du premier Septembre

Tome III.

1571. qui déboute la mere. Carondas , liv. 7. Rép. 66. Voyez Pelrus , queſt. 56.

259 En pays de Droit écrit de l'étenduë du Parlement de Paris un ayeul inſtituë ſa petite fille, & luy ſubſtituë ſa femme ayeule de la petite fille, &c. la Cour ordonna que la ſubſtitution portée par le teſtament ſeroit executée ſeulement comme fideicommiſſaire, ſur les biens qui avoient appartenu au teſtateur , & le ſurplus des biens qui appartenoient à la défunte ſeroient partagez entre les heritiers ab inteſtat. Arrêt du 3. Septembre 1667. De la Gueſſ. tome 3. livre 1. chap. 39.

Le ſubſtitué en Droit écrit eſt ſaiſi de plein droit en ligne directe. Arrêt du 27. Mars 1681. en la cauſe de Monſieur de Vantadour. Ibid. tome 4. liv. 8. chapitre 10.

SUBSTITUTION. DROITS SEIGNEURIAUX.

260 La ſubſtitution pupillaire faite au profit de la mere, les droits ſont dûs au Seigneur , comme d'une diſpoſition faite par le mari à ſa femme. Arrêts du Parlement de Paris des 10. Juillet 1610. & 14. Juillet 1654. Ricard , to. 2. traité des Subſtitutions , part. 1. chap. 2. n. 59.

SUBSTITUTION, ENFANS.

261 De ceux qui ſont compris dans la ſubſtitution ſous le mot Enfans. Voyez le mot Enfans , nomb. 80. & ſuivans.

262 Ce mot enfans étant general ſignifie les deux ſexes & tous les degrez de la ligne deſcendante. Voyez Ricard des ſubſtitutions , traité 3. & Charondas , liv. 4. Rép. 47. & 48. où il y a Arrêt du 16. Avril 1500. qui ſous le nom d'enfans comprend les petits enfans, & encore Ricard des Subſtitutions , chap. 8. ſection 2. nomb. 506.

263 Des enfans mis en la double condition ſubſtituez vulgairement à leur pere, qui neanmoins a ſuccedé au teſtateur , & ſi leur ſurvivance éteint le fideicommis quoiqu'enſuite il meure ſans enfans ? V Du Perrier , liv. 4. queſt. 2.

264 Subſtitution ſous cette clauſe d'enfans nez en loyal mariage a lieu en la legitime par ſubſequent mariage. Arrêt du Parlement de Paris du 7. Juin 1538. Papon , liv. 20. tit. 3. n. 5.

265 Enfans nez & à naître comprennent les petits enfans. Arrêt du 10. Février 1699. De la Gueſſ. to. 2. liv. 2. chap. 7. que s'ils ne ſont nez ni conçus lors de la ſubſtitution échuë , ils n'y peuvent rien prétendre , &c. Arrêt du 23. Août 1607. M. Bouguier lettre F. nomb. 1. M. Ricard, des Subſtitutions , traité 3. chap. 9. Montholon, Arr. 84.

266 Le 10. Février 1659. jugé qu'un pere qui avoit ſubſtitué ſes biens à ſes enfans, avoit entendu comprendre en la ſubſtitution ſes petits enfans qui avoient ſurvécu leur pere , lequel pere étoit décedé avant le teſtateur , par Arrêt ſur Jovet , verbo Subſtitution , n. 5. dit avoir oüi prononcer.

267 Si le teſtateur nomme & inſtituë ſes enfans ; & ſubſtituë les ſurvivans à celuy qui décedera ſans enfans , les enfans des prédecedez ſeront exclus par les ſurvivans ; autre choſe eſt quand les ſurvivans & les enfans des prédecedez ſont ſubſtituez , & en ce cas les enfans des prédecedez ſuccederont avec leurs oncles par repreſentation. Peregrin. art. 21. n. 27. & ſeq. ubi de vario concurſu nepotum cum patruis , vid. Graſſum §. Fideicommiſſum quæſt. 10. 11. vid. L. ſed ſi plures ff. de vulg. & pupill. La Peirere lettre S. nomb. 145. rapporte un Arrêt du 5. Août 1672. donné en la Grand'Chambre du Parlement de Bordeaux, au rapport de Monſieur de Monnier. Un pere ayant cinq enfans les inſtituë tous ſes heritiers , & les ſubſtituë reciproquement au cas de décez ſans enfans. Le premier , le ſecond , & le quatriéme décedent avec enfans. Le troiſiéme decede ſans enfans, & par teſtament inſtituë les enfans du quatriéme. Le cinquiéme demande l'ouverture de la ſubſtitution qui luy eſt con-

testée par les enfans du quatriéme. La Cour déclare la substitution, dont le troisiéme étoit chargé, ouverte au profit du cinquiéme.

Voyez cy-aprés *le nomb.* 495. *& suiv,*

SUBSTITUTION, ÉTRANGER.

268 Etranger substitué au cas que l'heritier meurt sans enfans, n'est substitué aux enfans des enfans. *Carondas, liv.* 7. *ch.* 61.

269 Etranger substitué au défaut d'heritier legitime, ne peut ètre empêché par ceux en ligne ascendante; l'heritier legitime se doit entendre seulement de ceux en ligne descendante. Arrèt du Parlement de Grenoble de l'an 1460. *Papon, liv.* 17. *tit.* 3. *n.* 6.

SUBSTITUTION EXEMPLAIRE.

270 De la substitution exemplaire. *Voyez Despeisses, tome* 2. *page* 108.

271 *Substitutio exemplaris expirat impedimento cessante, vel liberis postea suscepis; olim morbo affectis substituere non licebat nisi à principe id impetratum est, Secùs hodie L. humanitatis. C. de impub. & aliis substit. licet mutus testamentum facere non possit. L. discretis C. qui testam. facere possunt. L.* 43. *ff. de vulgari substitut.*

272 Sentence du Lieutenant General d'Aix, qui declara nulle la substitution exemplaire faite en Contract de mariage, & sans institution d'heritier. Il y eut appel, mais il n'y a point eu d'Arrèt. *Voyez Boniface, tom.* 5. *liv.* 2. *tit.* 7. *ch.* 2.

273 Substitution exemplaire faite par une mere par son Testament à sa fille imbecille d'esprit, est bonne *salvâ filiâ legitimâ.* Arrèt du 18. Janvier 1656. *Du Frène, liv.* 8. *chap.* 17. Ricard, *des Substitutions, ch.* 2. *n.* 91. & *des Donations,* 3. *partie, chapitre* 8. *sect.* 10. *nombre* 1136.

274 En la substitution exemplaire, le petit-fils mâle descendu d'un mâle heritier de l'ayeul Testateur, est preferé à la fille du Testateur. Arrèt du Parlement d'Aix du 18. Juin 1686. *Boniface, tome* 5. *liv.* 2. *tit.* 7. *chapitre* 1.

SUBSTITUTION, EXHEREDATION.

275 Si l'exheredation du fils peut s'étendre aux biens substituez? *Voyez* le mot, *Exheredation, n:* 93. *& suiv.* & Henrys, *tome* 2. *liv.* 5. *quest.* 3.

276 Un pere qui a desherité son fils impubere, peut neanmoins luy substituer pupillairement. Il le peut encore dans le cas d'une vraye & parfaite préterition; & ce qui rend plus fort le jugement du pere, est le consentement du Tuteur. *Voyez Guy Pape, q.* 529.

277 Le sieur Comte de Mailly exhereda son fils, legua tous ses biens à sa fille, lors mariée au Grand Chancelier de Lithuanie, avec défenses d'en disposer au profit de son frere, voulant qu'ils appartinssent à l'aîné des enfans mâles qu'elle auroit de son mariage, & en cas qu'elle n'en eût, ces mêmes biens retournassent à Loüis de Mailly son fils naturel. L'exheredation fut annullée, par Arrèt du 3. Juillet 1670. mais il étoit question de sçavoir si au cas qu'elle eût été valable, & la Legataire universelle, aussi-bien que le fils naturel, jugez incapables, les biens pouvoient ètre prétendus par tous les heritiers, sans aucune distinction, ou seulement par ceux des heritiers ayant la qualité de mâles, & portant le nom & les armes du Testateur. *Voyez Soefve, tome* 2. *Cent.* 4. *chap.* 50. La Sentence des Requêtes de l'Hôtel, avoit confirmé l'exheredation, cassé le legs universel, & ajugé les biens aux heritiers collateraux du sexe masculin, portant le nom & les armes de la Maison de Mailly.

278 Jugé par Arrèt du Parlement de Paris du 17. Juillet 1601. que les petits enfans exheredez par leur ayeul pour le fait de leur pere, ne peuvent agir tant que leur pere vivra, contre ceux qui sont substituez par le Testament de leur ayeul. *Filleau,* 4. *part. quest.* 39. & Chenu, 1. *Cent. quest.* 39.

EXTENSION DE LA SUBSTITUTION.

279 *Si appellatione liberorum vel filiorum veniant nepotes,*

& quo casu fiat extensio de personâ ad personam? Voyez M. Expilly, *Arrèt* 5. & Carondas, *liv.* 10. *Rép.* 17.

280 Substitution ne se peut étendre en faveur des parens de cas à autre au préjudice des heritiers en droite ligne; mais ceux en faveur de qui elle est faite, ne peuvent revenir contre les tiers possesseurs des biens grevez de substitution avant qu'elle soit ouverte à leur profit. Arrèt du Parlement de Paris du 4. Decembre 1595. *Papon, liv.* 20. *tit.* 3. *n.* 29. & 31.

281 Une mere par son Testament instituë Benoît son fils son heritier universel; & en cas qu'il décedât sans enfans, luy substituë ses cinq filles, sœurs de Benoît, & les biens par égales portions. Benoît meurt sans enfans; deux filles ont le même sort; deux autres en laissent; la cinquieme survivante prétend tous les biens, comme seule appellée à la substitution; les neveux prétendoient le contraire, à cause de ces mots, *mes filles & les leurs.* La tante répond que cela se doit entendre graduellement; & au cas qu'il n'y eût autre plus proche en degré : car la representation n'a point lieu en substitutions; se trouvant seule des filles, elle est seule capable de recueillir les biens substituez. Arrèt du Parlement de Paris du 5. Mars 1620. confirmatif de la Sentence renduë en faveur de la tante. *Additions à la Bibliotheque de Bouchel,* verbo, *Substitutions.*

282 Un particulier par son Testament declare qu'il substituë à son neveu, qui est son seul heritier, le plus aîné dudit neveu, & s'il n'a enfans le second fils ; le neveu institué ayant plusieurs enfans lors du Testament & du décés du Testateur; le premier substitué ayant recueilli après la mort de son pere la substitution, & celuy qui étoit le second fils lors du décés du Testateur, ayant prédecedé son frere aîné mort sans enfans, la substitution ne s'étend point aux autres fils de l'institué ni à leurs enfans. Arrèt du 15. Février 1690. *Journal des Aud. tome* 5. *liv.* 6. *ch.* 6.

SUBSTITUTION FIDEICOMMISSAIRE.

283 De la substitution fideicommissaire. *Voyez* le mot *Fideicommis,* & Despeisses, *tome* 2. *p.* 114.

284 *Substitutio directa ad fideicommissariam non trahitur: neque fideicommissaria ad directam.* Voyez Franc. Marc. *tom.* 2. *quest.* 273.

285 *An substitutio breviloqua fideicommissariam contineat ob adjectionem clausula codicillaris testamento factam?* Voyez Francisci Stephani, *décis.* 22.

286 En la substitution fideicommissaire, le mot, *ses heritiers,* comprend non seulement les universels, mais aussi les substituez. Arrèts du Parlement de Grenoble & de Toulouse, rapportez par *Mainard, liv.* 5. *chapitre* 88.

287 En substitution fideicommissaire, representation n'a point de lieu, & le substitué étant décedé avant la condition, il n'a rien transmis à ses enfans. Jugé au Parlement de Paris le 5. Mars 1620. *Bardet, tome* 1. *liv.* 1. *ch.* 78. Brodeau rapporte le même Arrèt.

288 Un homme par son Testament institué son heritiere sa femme, avec cette substitution, *& substitue à sadite heritiere tous ses neveux & nièces, par égales parts & portions.* Jugé le 30. Mars 1657. que la substitution n'étoit vulgaire. 2o. Qu'elle étoit fideicommissaire d'un pur fideicommis specialement restitutoire, parce qu'il n'y avoit pas de quoy rendre quand elle mouroit, *& ubi dies non apponitur praesens die debetur.* Basset, *to.* 1. *liv.* 8. *tit.* 2. *ch.* 3.

289 Si le fideicommis est fait simplement à la famille, & que la famille soit étrangere au Testateur, tous ceux de la famille viendront par concurrence, sans consideration de la proximité du degré; que si la famille est du Testateur, les plus proches viendront par concurrence, & les plus éloignez ne seront appellez que par ordre successif, & au cas vulgaire seulement ; toutefois il y aura lieu à la substitution fideicommissaire, si le Testateur à ajoûté la cause de la conservation des biens dans la famille. *Peregrin. art.* 22. *n.* 63. & 64.

vid. Graff. §. *fideicommiſſum* , *quaſt*. 16. *n*. 3. vid. Fachin. *liv*. 10. *ch*. 19. vid. L. 32. §. *ult. ff. de Leg.* 2. & L. 67. §. 2. & §. 3. & L. 69. §. 3. *ff. de Leg.* 2. & L. 94. *ff. de Leg.* 3.

Arrêt du 24. May 1667. préſidant M. le Premier , plaidans Grenier & Jegun : jugé qu'un heritier chargé de rendre à la famille, avoit pû élire un des parens plus éloignez. *La Peirere, lettre S. n.* 144.

290 En fait de fideicommis le terme de *generation* ſe reſtraint quelquefois à la ligne directe. Arrêt du Parlement de Tournay du 15 Octobre 1676. qui le juge ainſi contre des collateraux ; ils prétendoient que l'heritage ſubſtitué n'avoit pû être chargé d'un uſufruit. *V. M. Pinault, tome* 1. *Arr.* 118.

SUBSTITUTION, FRUITS.

191 *Si quis poſſidens rem ex teſtamento vel contractu reſtitutionis ſubjectam ſub diem reſtitutionis immaturos fructus decerpat in fraudem ejus, cui res venit reſtituenda, tenetur reſtituere unà cum illis fructibus , vel eorum aeſtimatione.* Charles Du Moulin, *tit. des Fiefs* , §. 7. *n*. 13.

192 Jean Aillet inſtituë ſa femme ſon heritiere univerſelle , & aprés ſon décés luy ſubſtituë ſon propre neveu ; ſa femme décedée en 1588. le neveu demande ouverture de la ſubſtitution ; l'heritier de la femme demande la détraction de la quarte trebellianique. Le neveu dit au contraire qu'elle a joüi de l'heredité pendant pluſieurs années , & qu'il faut imputer les fruits par elle perçus ; ainſi qu'il n'y a lieu à la détraction. Arrêt en faveur du neveu , le 18. Septembre 1590. *Biblioth. de Bouchel*, verbo , *Legitime*, où il obſerve qu'il a été ordonné le 16. Avril 1580. que les neveux *qui tenent primum gradum, non imputant fructus in quartam.*

193 Un Teſtateur peut ſubſtituer les fruits de ſes biens juſques à ce que ſon heritier ait atteint l'âge de 20. ans. Arrêt du 27. May 1661. *Des Maiſons , lettre F. nombre* 8.

SUBSTITUTION GRADUELLE.

194 En ſubſtitutions graduelles, la proximité du degré ſe regle ſuivant le droit commun. 1. Eu égard au Teſtateur , & non au grevé. *Mantic. liv.* 8. *tit.* 11. *n.* 30. *& ſeq. cont. in legato relicto fratribus diverſi vinculi tit.* 13. *n.* 3. *& ſeq.* 2. *cont.* Clarus. §. *teſtamentum, queſt.* 76. *n.* 14. 2 id. Fachin. *li.* 4. *ch.* 85. vid. Peregrin. *art.* 20. *ubi de fratribus diverſi vinculi*, & *art.* 21. & *art.* 30. *n.* 10. 2. id. *in dubio.* Maynard. *liv.* 5. *ch.* 52. 1. Mantic. *li.* 6. *tit.* 6. *n.* 24. *denegat repreſentationem*, 2. *denegat repreſentationem.* Fernand. *de hered. ab inteſtato, n.* 28. vid. Graff. §. *fideicommiſſum* , *q.* 11. *n.* 8. & *q.* 11. *n.* 6. & *q.* 18. vid. L. 32. §. *ult. ff. de legat.* 2. 1. La Peirere, *let. S. n.* 98. dit , La raiſon de douter ſe prend de ce que l'Authentique ceſſante , n'a lieu qu'en la cauſe d'*inteſtat* , & non quand il y a Teſtament : neanmoins j'ay toûjours crû que repreſentation a lieu en fait de ſubſtitution , & que les enfans des freres viennent en concours avec les freres. 2. J'ay toûjours crû que *in dubio*, il faut avoir égard au degré du Teſtateur , & non de l'heritier, ſi ce n'eſt par exprés le Teſtateur ait fait mention du degré du grevé.

195 Dans la ſubſtitution graduelle & perpetuelle , les deſcendans ſubſtituez qui ſe trouvent au quatriéme degré de la ſubſtitution , ne tranſmettent l'eſperance du fideicommis à leurs enfans , qui ſe trouvent au cinquiéme degré. Ainſi jugé au Parlement de Toulouſe. *Voyez les Arrêts de M. de Catellan , livre* 2. *chapitre* 74.

196 Teſtateur qui legue l'uſufruit d'une Terre à ſon frere , & vœut que la proprieté en appartienne au fils aîné de ſondit frere aprés ſon décés , & de ce fils à d'autres y dénommés , ſans uſer des termes de ſubſtitution ou fideicommis, n'eſt pas cenſé avoir voulu faire un fideicommis graduel & perpetuel ; mais il ſe reſtraint aux perſonnes dénommées , & au cas exprimez, ſans que la condition diſpoſe. Jugé le 8. Mars 1633. *Bardet, tome* 1. *liv.* 2, *ch.* 14.

197 Le 2. Août 1659. en l'Audience de la Grand'-Chambre , jugé qu'un Teſtament portant ſubſtitution graduelle & perpetuelle faite en 1551. & le Teſtateur décedé en 1563. aprés l'Ordonnance d'Orleans de 1560. ne commençoit à avoir ſon execution que du jour de la mort du Teſtateur , & que les ſubſtitutions y contenuës ne pouvoient s'étendre au de-là de deux degrez de ſubſtitution , la premiere inſtitution non compriſe. *Jovet*, verbo , *Subſtitution, nom.* 6. dit qu'il étoit preſent à la prononciation de cet Arrêt.

198 Il eſt certain qu'au Parlement de Toulouſe les ſubſtitutions graduelles fideicommiſſaires finiſſent au quatriéme degré, ſuivant l'Ordonnance , & non pas au ſecond , ſuivant l'Ordonnance de Moulins ; il y a un cas où elle va juſqu'au cinquiéme degré ; ſçavoir , lorſque celuy qui eſt au quatriéme degré, répudie la ſubſtitution : car alors ce degré n'étant compté pour rien, celuy qui ſe trouve au cinquiéme peut recueïllir la ſubſtitution ; parce que ſi ce degré étoit compté, il s'enſuivroit que celuy qui auroit répudié ſeroit heritier , ce qui implique. D'ailleurs la limitation de l'Ordonnance étant contre la nature de la ſubſtitution , qui n'étoit pas limitée par le Droit , on ne doit entendre cette reſtriction que lorſque les quatre degrez ont été remplis réellement & d'effet. Ainſi décidé par un Arrêt general du 13. Août 1660. Quant à ce que l'on diſoit que cette répudiation avoit été faite *in fraudem creditorum* , & quainſi elle ne devoit pas être conſiderée , il étoit oppoſé par le ſubſtitué , que les Créanciers ne ſe pouvoient pas plaindre , parce qu'il y a de la difference de ne vouloir pas acquerir , & de racheter un droit acquis ; ce qui eſt traité fort au long par *M. Cambolas, liv.* 6. *chapitre* 8. V. Albert, *article* 22. *lettre A.*

199 Subſtitution graduelle & perpetuelle de la Baronnie de *Serignan* , ſituée au Comtat d'Avignon, où les Ordonnances d'Orleans & de Moulins. n'ont point de lieu. *Voyez le Journal du Palais*, où il y a Arrêt du 4. Septembre 1681.

300 Le ſieur de la Chapelle , Lieutenant General du Bailliage de Tournay . avoit choiſi un heritage à ſes deux neveux , à condition qu'*ils ne pourroient l'aliener juſqu'à la troiſiéme generation , & en joüiroient par indivis ; en ſorte que l'un d'eux venant à mourir ſans hoirs legitimes , ſa moitié appartiendroit au ſurvivant , ou à ſes enfans par repreſentation aux conditions ſuſdites.* Jean de deux freres ſans enfans. Gregoire qui luy avoit ſuccedé, n'ayant point d'enfans, avoit déclaré ſa femme ſon heritiere mobiliaire, & laiſſé à ſa ſœur la totalité de l'heritage, à condition *de rendre à ſadite femme ſa vie durant la moitié du rendage.* La ſœur objectoit que l'heritage ſe trouveroit chargé non ſeulement d'un fideicommis réciproque entre les deux freres, Jean & Gregoire ; mais encore d'une ſubſtitution graduelle , par ces termes, *qu'ils ne pourront aliener juſqu'à la troiſiéme generation.* La veuve répondoit que le fideicommis réciproque ſe trouvant évacué par la mort de deux freres ſans generation . il ne reſtoit plus de ſubſtitution graduelle ; elle ajoûtoit que par ces mots , *juſqu'à la troiſiéme generation*, le Teſtateur n'avoit point entendu appeller la ligne collaterale , puiſqu'il veut que les deſcendans ſuccedent par *repreſentation.* Arrêt du Parlement de Tournay du 15 Octobre 1696. en faveur de la veuve ; il eſt rapporté par *M. Pinault, tome* 1. *Arr.* 118.

SUBSTITUTION, HERITIER.

301 En ſubſtitution, le mot *d'heritier préſomptif* s'entend de l'heritier, ou enfant de l'heritier legitime, & non des aſcendans qui ne ſuccedent que *turbato mortalitatis ordine.* Arrêt du 6. Mars 1586. *Papon , livre* 17. *tit.* 3. *nombre* 6.

SUBSTITUTION A L'IMBECILLE.

302 Si la ſubſtitution faite à un enfant hebeté, eſt valable pour tous les biens, le frere du pere ſeulement ayant été ſubſtitué, & les autres freres & ſœurs de

pere & mere exclus. *Bouvot*, *tome* 1. *part*. 1. verbo, *Substitution*, *quest*. 1.

Voyez *Montholon*, Arrêt 121.

SUBSTITUTION, INSINUATION, PUBLICATION.

303 Si les substitutions doivent être insinuées? *Voyez* le mot, *Insinuation*, *nombre* 170. & *suiv*. & cy-après, *le nombre* 401. & *suiv*.

304 C'est à l'heritier à faire publier & registrer les Testamens, portans substitutions. Arrêt à la Nôtre-Dame de Septembre 1583. *Montholon*, *Arr*. 22.

305 L'heritier ne peut objecter aux substituez le défaut de publication, non pas même au Tuteur, s'il étoit substitué. Arrêt du 17. Septembre 1589. *M. le Prêtre*, *és Arrêts de la Cinquiéme*. Voyez M. *Loüet*, lettre S. *somm*. 3. & *Peleus*, *quest*. 55.

306 Par Arrêt du 17. Septembre 1589. jugé que l'Ordonnance de Moulins touchant la publication des substitutions, n'est point au profit de l'heritier, & que l'heritier ne peut objecter aux substituez le défaut de publication, non pas même à son Tuteur, s'il étoit substitué; d'autant que cette Ordonnance est faite en faveur des Créanciers & Contractans avec les instituez & premiers substituez. Ce qui avoit été jugé auparavant & depuis a été encore jugé, même pour le regard de l'heritier, au mois de Février 1590. *Voyez la Bibliotheque du Droit François*, par *Bouchel*, verbo, *Publication*.

307 La substitution quelquefois ne laisse pas d'avoir effet, encore qu'elle n'ait été publiée, ni insinuée, comme si par le dol ou faute de l'heritier institué, le Testament est supprimé en fraude des substituez; alors le défaut d'insinuation publique du Testament, ne leur peut nuire ni préjudicier. Arrêt du Parlement de Paris, prononcé en robes rouges, la surveille de la Pentecôte, 30. May 1591. sur un procés du Pays de Mâcon. Autre Arrêt semblable du 4. Août 1598. au Rôlle d'Angoumois. *Ibidem*, verbo, *Substitution*.

308 Le 4. Août 1598. substitution jugée valable, quoyque le Testament n'eût été publié ni insinué au Greffe, suivant l'Ordonnance. L'Arrêt porte ces mots, *en consequence des precedens Arrêts, donnez en pareils cas*. Le motif fut que le substitué n'étoit mineur, & plaidoit contre les heritiers de l'institué, auquel il étoit substitué; il disoit que le défaut de publication procedoit du fait de l'heritier testamentaire, non de la faute du substitué, qui n'étoit pas né lors du Testament; M. Marion avoit conclu contre la substitution. *Ibidem*, verbo, *Publication*, & Filleau, 4. *partie*, *quest*. 185.

309 L'heritier institué ne peut debattre une substitution faute d'insinuation, parce qu'il en est garant. Arrêt du 7. Decembre 1602. *Peleus*, *quest*. 55.

310 Le défaut d'insinuation entre freres germains instituez & substituez, n'annulle la substitution. Arrêt sans date rapporté par *Bouvot*, *to*. 1. *part*. 3. verbo *Substitution*, *quest*. 1.

311 Jugé par Arrêt du 22. Decembre 1611. que les testamens qui contiennent des substitutions pupillaires, ne sont point sujets à insinuation. *Brodeau sur M. Loüet*, lettre S. *somm*. 3.

312 Le défaut de publication de substitution peut nuire aux mineurs, lors qu'ils en ont eu connoissance. Arrêt du 3. Août 1649. *Soëfve*, tome 1. *Centurie*. 3. *chapitre* 18.

313 Les substitutions testamentaires faites en faveur des mineurs, doivent être publiées, à peine de nullité, & les mineurs ne sont exceptez de la disposition de l'art. 57. de l'Ordonnance de Moulins. Arrêt du 9. Avril 1680. *De la Guessiere*, tome 4. *liv*. 3. *ch*. 10.

314 Declaration du Roy du 17. Novembre 1690. verifiée au Parlement de Paris le 25. portant que les substitutions pourront être publiées & registrées en tout temps, & lorsque la publication & l'enregistrement

auront été faits dans les six mois du jour auquel les substitutions auront été faites, elles auront leur effet du jour de leur date, tant contre les creanciers, que contre les tiers acquereurs des biens qui y sont compris, & si elles sont seulement publiées & enregistrées après les six mois, elles n'auront effet contre les creanciers & tiers acquereurs, que du jour des publications & enregistremens. Les donations pourront être insinuées pendant la vie des donateurs, encore qu'il y ait plus de quatre mois qu'elles ayent été faites, & sans qu'il soit besoin d'aucun consentement du donateur, ni de Jugement qui l'ait ordonné, & lors qu'elles ne seront insinuées qu'après les quatre mois, elles n'auront effet contre les acquereurs des biens donnez, & contre les creanciers des donateurs, que du jour qu'elles auront été insinuées. 2. *tome du Journal du Palais*. in folio.

SUBSTITUTION, INSTITUTION.

315 La substitution universelle apposée par le pere dans son testament en faveur de ses enfans, tient lieu d'institution à leur égard, & le testament déclaré bon & valable. Jugé au Parlement d'Aix le 30. Juin 1673. *Journal du Palais*.

L'institution ayant été annullée par le prédecés de l'heritier, le testament vaut pour la substitution apposée en iceluy, & la fideicommissaire se convertit en vulgaire. Arrêt du 8. Juin 1628. *Voyez Henrys*, tome 1. *liv*. 5. *quest*. 22. & *quest*. 27. où il parle de la l. 43. ff. *de vulgari*, & c. *instituti qui substituit*.

SUBSTITUTION, INOFFICIOSITÉ.

316 Le fils exheredé ne peut intenter la querelle d'inofficiosité, quand l'heritier institué est obligé de luy rendre l'heredité; parce qu'étant substitué, il est reputé institué. Arrêt du 14. Juillet 1631. *Brodeau sur M. Loüet*, lettre R. *somm*. 9. *nomb*. 4. Voyez *Henrys*, tome 1. *liv*. 5. *chap*. 4. *quest*. 27.

SUBSTITUTION, LEGITIME.

317 Si la legitime peut être substituée? *Voyez* le mot *Legitime*, *n*. 256. & *suiv*.

318 Si plusieurs freres sont substituez l'un à l'autre décedans sans enfans, si les heritiers *ab intestat* peuvent détraire la legitime & quarte trebellianique, & si les autres parts & portions des premiers décedez ne viennent pas au dernier survivant par vertu de la substitution? *V. Bouvot*, tome 1. *part*. 2. verbo *Substitution*, *quest*. 2.

319 Le sieur de Clermont institué son fils aîné heritier universel, laisse aux autres, qui étoient huit ou neuf, 10000. livres à chacun *jure substitutionis*; au cas de décés de l'un des puînez, sa part rétourneroit à l'heritier. L'un des puînez mineur de 25. ans, a besoin d'argent; l'aîné luy en donne en presence d'un Curateur nommé, & sans caution, même avec hypotheque de tous les biens qui pouvoient luy appartenir par la succession échuë de sa mere; ensuite il aliene cette portion d'heredité à sa sœur la Comtesse de Tonnerre, & meurt sans enfans. La substitution se trouve donc ouverte au profit du fils aîné, il en demande le profit. La Comtesse de Tonnerre rémontré que *legitima non potuit gravari fideicommiss*, L. *quoniam in prioribus C. de inoffi. testam*. Par Arrêt du 7. Mars 1548. il fut dit que l'hypotheque étoit bonne. *Biblioth. de Bouchel*, verbo, *Substitution*.

320 A Toulouse on ne peut disposer par Testament des biens substituez, hors la legitime & quarte trebellianique. Arrêt du 20. Août 1566. *Lg Vest*, *Arr*. 86.

321 Arrêt du Parlement de Paris du 16. Mars 1577. qui ajuge au pere heritier de sa fille, le tiers pour la legitime, & pour la quarte trebellianique, le quart du surplus des biens de la fille, nonobstant la substitution qui en avoit été faite par la mere, en cas de décés de sa fille sans enfans, au profit de l'ayeule maternelle. *Papon*, *liv*. 10. *tit*. 3. *n*. 32.

322 Touchant la matiere des substitutions & la distraction des legitimes dans la Maison de *Crussol*, Duché

d'Uzés. *Voyez le Veft*, *Arr.* 170. où vous trouverez Arrêt du 12. May 1581.

323 Quelqu'un avoit ainfi difpofé en fon Teftament, fi mon fils décede fans heritiers, je fubftituë mon frere. Le fils décede en pupillarité, furvivante fon ayeule maternelle:procés entre l'ayeule & le frere fubftituë. L'ayeule foutenoit la fubftitution être fideicommiffaire, & qu'elle pouvoit détraire la legitime & quarte; le frere la difoit être compendieufe, & que par la pupillarité être comprife en icelle, l'ayeule étoit privée tant de la legitime que trebellianique. Le Parlement de Touloufe, par Arrêt du 10. May 1583. ajuge la legitime à l'ayeule, & luy dénie la trebellianique. Cinq jours après il y eut Arrêt contraire. *Voyez Maynard, liv. 5. ch. 25. & 26.*

324 Encore qu'il y ait prohibition d'aliener par le Teftament, & que la fubftitution foit faite fous condition *fi fine liberis*, la legitime & la trebellianique font düës à l'heritier. Arrêt à Noël 1615. *Montholon, Arrêt 127.*

325 Un pere, en cas de mauvais ménage de fon fils, peut luy fubftituer fes petits-fils en tous fes biens, meubles & immeubles, dont il pourroit profiter après luy, fans exception de la legitime, n'y ayant point de Créancier du fils qui vendiquât la legitime. Arrêt au mois de Février 1634. *Du Frêne, liv. 2. chap. 146. & liv. 5. chap. 15.*

326 Par Arrêt du 22. Août 1637. rapporté par *Henrys, tome 2. liv. 5. queft. 7.* jugé que la fubftitution compendieufe, exclud la mere de fa legitime. *Montholon, chap. 28. & 29.* rapporte deux Arrêts, qui ont jugé la même chofe.

327 Un pere ou une mere peuvent fubftituer la portion qui doit appartenir dans leur fucceffion à leur fils mauvais ménager, au profit des enfans de leurdit fils, même à l'égard de la legitime. Arrêt du 9. Avril 1647. *Soëfve tome 1. Cent. 2. chap. 16.*

328 Toutefois il a été ordonné que le pere Rainfant n'avoit pû fubftituer la legitime de fon fils, quoiqu'il lui eût laiffé des biens au-delà de fa legitime. Arrêt du 27. Mars 1669. *De la Guef. tome 3. liv. 1. chap. 28.* Voyez Mornac, *l. 26. C. de inoffic.teftam.*

329 Subftitution du pere à l'un de fes enfans qui luy donne pour droit de fa portion hereditaire en ufufruit, déclarée nulle, & que le fils joüiroit de fa portion hereditaire en toute propriété fans charge de fubftitution. Arrêt du 31. May 1680. *De la Guef. tome 4. liv. 3. chap. 13.*

330 Si un pere peut generalement fubftituer tous fes biens à fes enfans en leur laiffant l'ufufruit de leur portion entiere pour legitime, fans marquer d'autres motifs de la difpofition, finon que c'eft pour bonnes caufes à luy retenuës. *Voyez le 2. tome du Journal du Palais page 591* où eft rapporté l'Arrêt du Parlement de Paris du 1. Avril 1686. qui declare leur legitime franche & libre, & confirme le furplus de la fubftitution.

331 Si lorfqu'un pere a fubftitué tous fes biens aux enfans à naître de fes enfans, & reduit à leur legitime ceux qui contefteront la fubftitution, les enfans peuvent demander leur legitime fans aucune charge de fubftitution, & l'ufufruit des autres biens fubftituez? M. l'Avocat General Joly de Fleury conclut, à ce que diftraction fût faite en corps hereditaires de la legitime des appellans, dont ils pourroient difpofer en pleine propriété, & que l'ufufruit de leur legitime des biens leur fût donné; la propriété refervée à leurs enfans, ou aux heritiers collateraux, fuivant le Teftament. Conformément aux Conclufions intervint l'Arrêt du 9. Février 1704. qui a donné acte aux appellans de leur declaration, qu'ils confentent à l'execution du Teftament pour la fubftitution, à la charge que délivrance leur fera faite en corps hereditaires de leur legitime, & qu'ils joüiront de l'ufufruit du furplus, leur vie durant; & en confequence, a mis à

met l'appellation, & ce dont a été appellé, au néant; émendant. évocant le principal, renvoyé du Châtelet, & y faifant droit, ordonne que delivrance fera faite aux appellans de leurs portions legitimaires en corps hereditaires, feodaux & roturiers de la fucceffion, & qu'ils joüiront du furplus des biens fubftituez non compris en leurs legitimes par ufufruit leur vie durant. *Voyez le Recueil des Arrêts notables imprimé en 1710. chez Michel Guignard, chap. 45.*

Substitution, legs.

331 bis Legs fur les biens fubftituez. *Voyez le mot, Legs, nomb. 620. & fuiv.*

332 Si l'on peut fubftituer au Legataire, & à la fille inftituée heritiere, jufqu'à la legitime? *Voyez Bouvot, tome 1. part. 2. verbo, Subftitution, queft. 1.*

333 Si le fubftitué eft exclus par le décès de l'inftitué heritier avant le teftateur, & fi le legs annuel doit être payé par l'heritier inftitué, ou par le fideicommis? *Voyez Bouvot, tome 2. verbo, Subftitution, queft. 20.* Subftitué à l'heritier prend avec l'hoirie les prélegats. Arrêt du Parlement de Bourdeaux du 14. Juillet 1520. *Papon, liv. 20. tit. 1. nomb. 17.*

334 Le 14. Août veille de Nôtre-Dame il a été jugé que *legata debentur ex teftamento, revocato.* Jean Galtier de Caftres avoit fait un Teftament avec fubftitution, & à fubftituto legaverat prædium, à une fienne fœur, après par un codicille il révoque ladite fubftitution, & fait une autre fubftitué; *dubitabatur, num legata relicta à fubftituto priore revocato, deberentur à fubftituto in illo codicillo.* L'affirmative jugée par la Loy *Celfus de leg.* 2. La Rochflavin, *liv. 6. lettre L. tit. 61. Arrêt 9.*

335 Un nommé Balien décede, laiffe fa femme de qui il avoit eu 400. écus de dot; fa femme par fon Teftament écrit par le Curé en prefence de trois témoins, fubftitué fa mere, & fait plufieurs legs; cette derniere difpofition eft dépofée quelque temps après chez un Notaire pour être enregiftrée, le fils étant mort en pupillarité. Par Arrêt du 18. Decembre 1586. la fubftitution fut ouverte au profit de l'ayeule, & l'heritier fut condamné au payement des legs. *Cambolas, liv. 1. chap. 13.*

336 *Coheres filii, & eidem fubftitutus non deducit falcidiam in legatis a fe tanquam fubftituto relictis, l. 41. §. coheres, ff. de vulgari & pupil.*

337 *Inftitutus in partem purè, & in partem fub conditione, legato confert & contribuit, ut legata folida folvantur, &c. l. 41.§. coheres, ff. de vulgari, &c.*

338 Si le pere chargé de rendre à fon fils lorfqu'il aura atteint l'âge de 20. ans, peut au cas de décès arrivé avant cet âge, être contraint de rendre foudain à celuy qui eft fubftitué à ce fils? Arrêt du Parlement de Touloufe, qui juge l'affirmative. Il y avoit une circonftance, la teftatrice avoit dit qu'elle entendoit que les legs, au cas que cette fubftitution arrivât, fuffent payez dans l'an. *Voyez les Arrêts de M. de Catellan, liv. 2. chap. 94.*

Substitutions de plusieurs Maisons.

339 Maifon du *Bellay*, & qu'elles font les marques de fubftitution, quand le terme de fubftitution n'eft pas dans les actes, & fi le défaut d'infinuation peut être objecté par les créanciers fubftituez? Le 6. Mars 1665. la caufe appointée contre les Conclufions de M. Bignon. *De la Guef. tome 2. liv. 5. chap. 11. Notables Arrêts des Audiences, Arrêt 93.*

340 De la maifon de *Gozan*, Voyez *Henrys, tome 1. liv. 5. ch. 4. queft. 44.*

341 De la Maifon de *Feugerolles.* Voyez *Henrys, tome 1. liv. 5. queft. 26. & tome 2. liv. 5. queft. 20.*

342 De la maifon de *Gordes & d'Avançon*, contenuë au Contract de mariage fans infinuation, a été declarée ouverte au profit de l'Abbé de Gordes fur beaucoup de circonftances, le 7. Septembre 1657. *De la Guef. tome 2. liv. 1. chap. 26.*

343 *Henrys, tome 1. liv. 5. chap. 4. queft. 23. & fuivan-*

tes, examine la substitution de la maison de *Levy*, qui contenoit plusieurs questions ; dans celle-cy il s'agit d'examiner l'échange fait entre Jean & Guy de Levi, des biens à eux délaissez par le Testament mutuel d'Eustache de Levy, & Alix de Cozan leur pere & mere, à la charge de substitution, sçavoir à Jean qui étoit l'aîné, des biens du pere situez en Languedoc & à Guy des biens de la mere situez en Forèts : l'aîné preferant le séjour du païs de Forèts à teluy de Languedoc, engagea le cadet à échanger leurs lots du consentement de leur mere, qui étoit vivante & avec clause expresse, que les parties par cet échange n'entendoient point déroger aux substitutions portées par le Testament de leurs pere & mere, au moyen de cette clause il ne pouvoit pas y avoir de difficulté ; mais quand cette clause n'auroit pas été inserée dans l'acte, la question n'auroit pas été susceptible d'une grande difficulté, car suivant la disposition de la Loy 71. *de Leg.* 20. & les Loix 16. & 17. *de Jur. dot*, les échanges ne changent point la qualité des heritages, ou plûtôt les heritages pris en échange conservent toujours leurs mêmes qualitez.

344   Voyez *dans Basnage, sur l'art.* 255. l'Arrêt de Montbazon & Rohan.

345   Voyez le 14. *Plaidoyé de M. Marion*, in 8. pour M. le Duc de Montmorency Connêtable de France, en la cause d'*Off-mont*, & *Merlou*, il s'agissoit d'une substitution. M. Marion prétendu que les enfans mâles n'étoient point invitez ni concurremment ni successivement, mais un tout seul, & en un cas tout seul, sçavoir l'aîné, ou l'unique, ou le second au temps du décés de ses pere & mere respectivement sans gemination, ni d'autre condition qui fît autre ouverture à la substitution, ni d'autre personne qui y pût entrer.

346   De la maison de *Montlaur*, avec le fait du procés, & plusieurs Notables questions. *Voyez Carondas, liv.* 5. *Rép.* 32.

347   De la maison de *Pierrefort* en la haute Auvergne, agitée & décidée, *& an appellatione liberorum veniant nepotes*? *Voyez Henrys, tome* 2. *liv.* 5. *quest.* 17.

348   De la maison de *Tournon*. Voyez *Henrys, tome* 2. *liv.* 5. *quest.* 51.

Substitution, Masles.

349   Quand il y a lieu de présumer que la volonté du Testateur est pour les mâles, il s'y faut conformer touchant cette proposition. *Voyez Guy Pape, q* 483.

350   Lorsque la substitution est faite confusément entre mâles de divers enfans, les mâles d'une ligne excluront toûjours les mâles de l'autre ligne ; mais les mâles de l'une défaillans, les mâles descendans de l'autre succederont à l'exclusion de toute autre personne appellée par le Testament. *Molin, consil.* 40. *nomb.* 7 *& seq.*

351   Un Testateur ayant plusieurs mâles & une fille, institué les mâles heritiers universels, & la fille en certaine somme d'argent, a fait une substitution en ces mots *si quis eorum* vient à deceder sans enfans que la portion d'iceluy vienne au plus prochain de la race ; un des mâles décede, & par Arrêt les autres mâles survivans furent appellez, la fille excluse. *Voyez Mainard, livre* 8. *chap.* 2.

352   Jugé en la Chambre de l'Edit de Castres que les substitutions ordonnées entre les enfans mâles d'un Testateur & les prohibitions faites aux mêmes enfans mâles d'aliener les biens du Testateur, doivent être étendües aux enfans mâles des filles du Testateur lesquels furent maintenus en tous les biens d'iceluy. *Voyez les Arrêts de Boné*, Arrêt 44. part. 2. p. 219.

355   M. Rouillard, Plaidoyé 27. de ses Reliefs Forenses, traite si la substitution du mâle de la fille du Testateur, comprend aussi le mâle de l'arriere-fille, laquelle est décedée devant sa mere fille d'iceluy Testateur ; il fut dit que non par Arrêt.

356   Si le Testateur ayant substitué un second fils & ses

enfans mâles, ils sont censez appellez ensemble ou successivement ? *Voyez Henrys, tome* 2. *liv.* 5. *quest.* 31. & si le pere ayant substitué à son fils aîné le second, & au défaut de mâles ses filles même en la portion leguée au second & aux heritages compris en icelle, cette substitution en suppose une reciproque entre les freres, avec conciliation sur ce sujet de la Loy *vel singulis, ff. de vulgari*, & de la Loy *Titia*, §. *Scia. ff. de legat.* 2. & autres textes de droit. *Voyez Henrys, tome* 2. *liv.* 5. *quest.* 36.

357   Un Gentilhomme fait son Testament, institué son heritier universel Henry son néveu : & au cas qu'il décede sans enfans mâles, luy substituë Etienne, & ses enfans mâles : au cas qu'Etienne meure sans enfans mâles, substituë un Henry de Varennes, & ses enfans mâles. Du vivant de ce Testateur meurent, sçavoir le premier Henry institué, 1. *gradu*, sans enfans, après luy Etienne substitué, *& secundo gradu*, institué, à luy survivant un enfant mâle. Ce Testateur meurt : ce fils Etienne se met en l'hoirie, & meurt en pupillarité ; lors de ce déceds, se trouve mort Henry de Varennes, survivant un sien fils nommé Jean de Varennes, auquel les heritiers *ab intestat* du fils d'Etienne contestent l'hoirie, ils prétendent que les substitutions étoient tombées en caducité. Par Arrêt du Parlement de Grenoble de 1464 il fut jugé pour luy, contre les heritiers *ab intestat*. Voyez *La Bibliotheque de Bouchel*, verbo ; *Substitutions*.

358   Un testateur fait heritier son fils aîné, & luy substituë le premier mâle procrée de luy en loyal mariage, & au cas qu'il n'en ait, son autre fils puîné. Cet heritier a un fils d'une jeune fille dont il abusoit, il l'épouse ensuite. Jugé au Parlement de Paris le 7. Juin 1538. que le fils aîné legitimé étoit expressément appellé à la substitution. *Bouchel, ibidem.*

359   Un pere par Testament institué ses deux enfans mâles, & les substituë l'un à l'autre ; & au cas de décés de l'un d'eux sans enfans, il appelle le survivant, & s'ils en avoient, il veut que les biens leur appartiennent ou à l'un d'eux au choix & disposition de ses heritiers. Un des enfans donne par son Contrat de mariage la troisiéme partie de tous ses biens aux mâles qui en seroient procrée, & étant décedé sans faire Testament, sur le procés pendant entre eux, par Arrêt du 11. Juillet 1586. la substitution fut ouverte au profit des enfans mâles & des filles, distraite la legitime & quarte trebellianique, en laquelle ils furent maintenus, si mieux lesdits mâles n'aimoient se contenter de la troisiéme partie, tant de legitime que quarte trebellianique des biens dont leur pere étoit possesseur au temps de la donation en laquelle en cas d'option ils furent maintenus. *Cambolas, livre* 1. chapitre 12.

360   Si la substitution du mâle de la fille du Testateur comprend aussi le mâle de l'arriere fille, laquelle est décedée avant sa mere fille de ce même Testateur ? *Voyez les Reliefs Forenses de M. Sebastien Rouillard, chap.* 33. où il dit, ce procés ayant été consulté aux plus celebres Avocats du Parlement de Paris & de Toulouse de la part de l'appellant, fut trouvé tres-juste & tres-soûtenable : car quoiqu'en matiere de substitution, ce soit une regle vulgaire, qu'elle ne reçoit extension de degré à degré, ni de personne à personne, qu'ainsi la substitution du fils de la fille ne puisse comprendre en apparence le fils de la fille de la fille, toutefois, parce que la fille mere du fils étoit décedée avant la mere d'elle, fille du Testateur, il sembloit que sa personne ne devoit être comptée pour rien, puisque le fils avoit succedé à son ayeule par droit de *suite*, sa mere par son décés étant rejettée du milieu. De cette même opinion fut le Rapporteur, en la premiere Chambre des Enquêtes la pluralité emporta le contraire. par Arrêt du mois de Juin 1601. s'étant la Cour fondée sur la regle commune prohibitive des extensions. *Voyez Peleus, quest.* 48.

Le

361 Le Teftateur ayant dit par fon Teftament ou Contract, en faifant une fondation à une Eglife, qu'il délaiffoit quelques heritages pour feureté de payement, voulant que les enfans mâles & defcendans d'iceluy de ligne en ligne fuffent joüiffans defdits heritages en payant la fondation, & à faute de mâles les enfans des femelles en ligne feminine, les premiers nez de ligne en ligne joüiffans defdits heritages, fi d'une fille naiffent une fille ou un garçon, la fille doit être preferée en la joüiffance des heritages. Arrêt du Parlement de Dijon du 11. Février 1616. *Bouvot, tome 2. verbo Subftitution queft. 24.*

362 Les mâles defcendans des filles, font preferables à leurs meres. Un mâle des filles qui ne fait point profeffion des Lettres, peut être admis à la fubftitution. Arrêt du Parlement d'Aix du 21. Août 1621. *Boniface, tom. 5. liv. 2. tit. 9. ch. 1.*

363 La volonté du teftateur eft une loy fouveraine : fi un pere fait fes fils fes heritiers, & leur fubftituë les enfans mâles qu'aura fa fille au temps de leur mort, ceux qui naîtront aprés, ne fuccederont point, comme ils auroient fait, fi cette fubftitution avoit appellé indifferemment les enfans mâles de cette fille, jugé au Parlement de Grenoble, en fuivant la volonté determinée du teftateur pour des enfans nez & non à naître. *Voyez Guy Pape, queft. 511.*

364 La fubftitution des plus agez des fils ou des filles, s'entend de ceux qui feront, quand la condition arrivera, & non de ceux qui étoient quand le teftament a été fait, ou lors que le teftateur eft mort. Jugé à Grenoble le 5. Août 1636. Mais fi l'heritier a la liberté de choifir un entre plufieurs qui luy font propofez par le teftateur, il aura encore celle de charger de fideicommis celuy qu'il élira. Arrêt du 20. May 1622. *Voyez Chorier en fa Jurifprudence de Guy Pape, p. 182.* où il obferve qu'il faut que ce fideicommis foit fait en faveur des autres éligibles.

365 La qualification de mâles mife aux derniers degrez de fubftitution, doit être foufentenduë & fuppléée aux premiers degrez. Arrêts du Parlement de Touloufe des 1. Septembre 1644. & 5. May 1668. rapporté par *M. de Catellan, liv. 2. ch. 24.*

366 C'eft une regle conftante en matiere de fideicommis, & fur tout de ceux qui font faits en ligne directe, que les enfans mis en condition, fous la qualité de mâles, font cenfez difpofitivement appellez. Arrêt de l'année 1654. *Graverol, fur la Rocheflavin, liv. 3. lettre S. tit. 9. Arr. 11.*

367 Subftitution au fils aîné par le teftament mutuel d'un pere & d'une mere qui avoient Pierre, Loüis & Henry; la fubftitution à l'aîné de Pierre & fes defcendans d'aîné en aîné, & au cas que ce fils aîné decedât fans mâle, l'aîné mâle de leur fecond fils, & les hoirs d'iceluy mâle, font appellez, & à défaut de mâles, Henry leur troifiéme fils & fes hoirs mâles d'aîné en aîné. Pierre meurt fans enfans, Loüis au temps de fon decés, n'avoit point d'enfans, & dans la fuite il en a eu; la fubftitution ajugée à Henry par Arrêt du mois d'Août 1677. *De la Gueff. tome 3. livre 11. chapitre 38.*

368 Sous le nom de mâles le fils de la fille n'eft pas compris, quand la fubftitution eft faite aux mâles premierement, ce qui a lieu même aux Contrats, Coûtumes & Statuts. Arrêt au mois de Juin 1601. *Peleus, qu. 48. Voyez Ricard des Subftitutions, traité 3. ch. 9. fect. 6. n. 771.*

369 Subftitution mafculine jugée ouverte au profit des collateraux, au préjudice d'une fille iffuë du fils aîné inftitué. Arrêt du 28. Août 1680. *De la Gueff. tome 4. liv. 3. ch. 21.*

370 Les mots de mâles & femelles étant portez dans le premier degré de fubftitution, & n'étant parlé qu'en general que des defcendans & enfans dans les autres degrez de fubftitution, une arriere petite fille de l'inftitué doit l'emporter fur fon oncle. Arrêt du Parlement

Tome III.

---

lement de Paris du 23. Juillet 1696. *Journ. des Aud. tome 5. liv. 12. ch. 20.*

SUBSTITUTION, MERE.

371 Si la mere eft preferée aux tantes en fubftitution? *Voyez Bouvot, tome 2 verbo Subftitutions, queft. 2.*

372 Si l'on eft tenu d'avoüer un teftament, ou repudier tout le contenu, la mere étant fubftituée, & les oncles voulans accepter la tutelle fans préjudice de la fubftitution? *Voyez Bouvot, tome 2. verbo Subftitutions, queft. 6.*

MORT DU SUBSTITUÉ.

373 La fubftitution ne devient caduque par interruption. Exemple; un teftateur inftituë fes deux enfans heritiers univerfels, & les fubftituë l'un à l'autre, & fi les deux meurent fans enfans, il leur fubftituë Antoine, & fi leur meurt fans enfans, Paul. Aprés la mort du teftateur arrive celle d'Antoine fans enfans; & aprés luy décedent les deux premiers heritiers fans enfans. Paul demande les biens; les heritiers *ab inteftat* objectent qu'il eft fubftitué à Antoine en la perfonne duquel la fubftitution premiere n'eft avenuë. Arrêts du Parlement de Grenoble qui condamnent leur prétention. *Papon liv. 20. tit. 3. n. 2. & 13. & Guy Pape, queft. 550.*

374 Si celuy à qui on doit reftituer, meurt, les biens reftituables paffent à fes heritiers, & n'appartiennent pas à l'heritier fiduciaire. *Henrys, tome 1. liv. 3. chap. 3. queft. 25.*

375 Si l'heritier chargé de rendre aprés fon decés, rend l'heritage de fon vivant, & que le fubftitué predecede, l'heritier ne pourra être relevé de la reftitution d'hérédité contre le temps prefcrit. Arrêt du Parlement de Touloufe en Mars 1591. aprés un partage, fans préjudice de l'ufufruit refervé. *Voyez Mainard, liv. 8. ch. 81.*

376 La fubftitution ou fideicommis de l'ufufruit auquel l'un des enfans Prêtre, étoit inftitué, & à luy fubftitué trois autres freres, deux d'iceux étans morts devant le Prêtre inftitué, leurs enfans font appellez avec leur oncle furvivant. Arrêt à Touloufe le 4. Decembre 1595. *Charondas, liv. 9. Rép. 67.*

377 Si plufieurs enfans ayant été fubftituez l'un à l'autre en cas de decés fans enfans, & décedans tous, les plus proches parens ayant été fubftituez, fçavoir, fi le dernier étant décedé fans enfans, ou les enfans des freres predecedez font fubftituez? Cette queftion n'a point été jugée par Arrêt; mais elle eft traitée dans *Boniface, tome 2. liv. 2. tit. 2. ch. 6.* la Sentence du Lieutenant de Marfeille du 16. Decembre 1656. avoit ordonné l'ouverture du fideicommis.

378 La fubftitution n'eft caduque par le predecés de la fubftituée à l'heritier grevé; mais la fubftitution eft tranfmife au fils de la fubftituée par fon predecés. Arrêt du 29. Avril 1676. *Boniface, tome 5. livre 2. tit. 14.*

379 La condamnation aux galeres perpetuelles fait ouverture à la fubftitution, & non au fideicommis. *V. le mot Galeres, n. 29.*

380 Factum pour Madame la Ducheffe de Nemours, défenderesse, contre M. le Prince de Conti, demandeur. Caducité du fideicommis par le predecés de l'inftitué & des fubftituez vulgairement, nonobftant la claufe codicilaire. *Voyez le recueil des Factums & Memoires imprimez à Lyon, chez Antoine Boudet en 1710. tome 1. p. 537.*

SUBSTITUTION, OUVERTURE.

381 Quand une fubftitution eft faite au profit du plus prochain parent du teftateur, il faut confiderer le temps de l'ouverture de la fubftitution, car celuy qui fe trouve être alors plus prochain, eft appellé, comme s'il eût été nommé au teftament. *Voyez Mainard, liv. 5. chap. 46.*

382 Un premier fubftitué de plufieurs degrez en quittant à un tiers l'émolument, efperance & biens de la

K k k k

substitution avenuë ou non avenuë, ne fait par là aucune ouverture au second ou autre substituë. Arrêt du 9. Janvier 1556. *Papon, liv. 6. tit. 3. n. 13.*

383 Substitution testamentaire declarée ouverte, &c. *Voyez le Vest, Arrêt 155.* où il rapporte un Arrêt du 23. Août 1577.

384 La mort naturelle seule donne lieu à l'ouverture des fideicommis. Arrêt du Parlement de Grenoble du 15. May 1609. contre le fideicommissaire, le cas est lorsque l'heritier chargé de fideicommis, n'étoit que mort civilement, étant condamné aux galeres. Arrêts semblables des 17. Février 1633. & 15. du même mois 1635. rapportez par *Chorier en sa Jurisprudence de Guy Pape page 186.*

385 Une substitution, bien que non encore ouverte, peut donner lieu à la rescision d'un contrat d'acquisition d'un heritage. Jugé le 11. Decembre 1652. *Du Frêne, liv. 7. chap. 10.* en la cause de M. de Bercy. *Voyez le Vest, Arrêt 155.*

SUBSTITUTION DU POSTHUME.

386 Antoine Roussel ayant sa femme enceinte, instituë le posthume, & s'il décederoit avant l'âge pour disposer, il vouloit que tout son bien fût vendu pour faire un portail à une chapelle, donner aux pauvres, & marier des filles; outre les dot & augment, il laisse à sa femme 100. liv. de pension; elle accouche d'une fille qui décede deux années après; intermediairement le portail avoit été construit; le Syndic de l'Hôtel-Dieu demande l'execution du testament; la femme prétend sa legitime, disant que la substitution exemplaire, *qua introducta fuit ad instar pupillaris non excludit matrem*, moins *pupillaris*. On disoit au contraire que la substitution *habebat formulam pupillaris qua nominatim facta sub eâ conditione*, s'il décederoit avant l'âge de tester; on fit valoir le privilege de la cause pieuse, *æquiparatur filio*, de plus la femme avoit 200. liv. de pension. Arrêt du 11. Juillet 1577. qui la déboute. *Voyez la Bibliotheque du droit François par Bouchel,* verbo *Substitution.*

387 Un homme par son testament instituë son posthume, & en cas où il décederoit en minorité ou sans enfans luy substituë Anne sa femme, & Catherine Mage sa sœur. Après le décès du testateur, le posthume meurt en pupillarité. Sur le procès d'entre Anne mere du posthume, & Catherine sœur dudit Mage, pour raison de la legitime que cette mere prétendoit sur la portion des biens de son fils qui étoient échûs à Catherine, par Arrêt du mois de May 1594. il fut jugé que ladite substitution étoit expresse pupillaire, non en termes exprés mais generaux, comme layant les interpretes; & on ajugea à la mere la legitime, sur laquelle il fut ordonné qu'elle imputeroit la moitié qui luy étoit acquise par la substitution que son mary avoir faite en sa faveur. *Cambolas, liv. 2. ch. 2.*

388 Celuy qui n'est pas encore né au temps du testament, ni à la mort du testateur, ni même au temps que la substitution est ouverte & échûë, peut après demander & apprehender les biens substituez. Arrêt du Parlement de Dijon du 29. Novembre 1604. *Bouvot, tome 2.* verbo *Substitution, qu. 16.*

389 Posthume instituë heritier, s'il décede avant l'âge de vingt-cinq ans, *je luy substituë de plein droit en tous mes biens mon mary,* est une substitution vulgaire. Arrêt du 19. Juillet 1666. *De la Guess. tome 2. liv. 8. chap. 16.*

SUBSTITUTION, PRESCRIPTION.

390 Biens de substitution vendus, se peuvent prescrire contre le substituë, *quia potuit substitutus agere ad declarationem fideicommissi.* Opinion de C. M. en son Conseil 26. *M. d'Olive* tient le contraire, *liv. 4. ch. 17. in notis.*

Voyez le mot *Prescription, n. 357. & suiv.*

SUBSTITUTION, PREUVE PAR TE'MOINS.

391 Les substitutions ou fideicommis ne peuvent être prouvées par témoins, vû que par l'Ordonnance de *Moulins, art. 57.* toutes substitutions doivent être publiées & enregistrées.

392 Si la preuve de substitution ou de fideicommis verbal, est recevable par témoins, en cas de testament qui contient une institution absoluë & exempte de substitution? *M. d'Olive* tient l'affirmative. *Voyez le chap. 22. du liv. 5.*

393 Sur le differend mû à Toulouse, à cause de deux grosses d'un testament expediées par un même Notaire, l'un contenant une clause de substitution, l'autre sans cette clause, verification faite sur la minute, que la clause de substitution étoit écrite par Guidon de la main du Notaire, non signée de luy ni du testateur ni des témoins, la Cour ordonne que les témoins numeraires dudit testament, seroient oüis d'office, parce qu'ils étoient encore vivans, & ayant déposé pour ladite clause, elle sortit effet: mais il fut aussi jugé que dix ans après un testament fait, & le cas d'une pretenduë substitution échûë, il n'y avoit lieu d'en demander la preuve par témoins. *Voyez Mainard, liv. 5. ch. 94.*

SUBSTITUTION, PROFESSION RELIGIEUSE.

394 Sebastien de Noalhes ayant un fils du premier mariage, qui s'étoit fait Jesuite contre sa volonté, après en avoir fait plainte en son testament, luy donne une pension de cent livres sa vie durant seulement, à la charge de ne pouvoir rien demander de plus sur ses biens, sous prétexte de legitime, supplément d'icelle, ou autrement; & où il viendroit au contraire du testament, le prive de la pension, instituë Bertrand son fils du second lit; & si Pierre revient chez luy pour y vivre & mourir, en ce cas & non autrement, le fait heritier égal avec Bertrand, les substituant l'un à l'autre. Après son décez, contestation entre les freres. Jugé par Arrêt du Parlement de Toulouse du 23. Septembre 1589. après un partage & attestation du Provincial que Pierre n'étoit encore Profez, mais en état de disposer de ses biens, autant au profit de ses parens que de la Compagnie des Jesuites: la Cour, sans avoir égard à la condition apposée au testament, maintient ledit Pierre Jesuite en la moitié des biens de son pere, & Bertrand en l'autre moitié, à la charge des substitutions contenuës au testament, & sans qu'au moyen de la Profession dudit Pierre, ni disposition d'icelui en faveur de la Compagnie des Jesuites, ou d'autre personne, pût être fait prejudice à la substitution, sans restitution des fruits; & sauf à Pierre de se faire payer des arrerages de la pension, si aucuns en étoient dûs. *V. Mainard, liv. 5. chap. 14.*

395 Une femme fait son testament, instituë François, & luy substituë Jean, lequel se fait Religieux Minime, & fait Profession dans le Convent où il avoit pris l'habit; l'heritier instituë meurt quelque temps après, & Mourelon heritier assigne le Sindic des Minimes, prétendant que la substitution faite à Jean avoit été appellé étoit caduque. Par Arrêt il a été jugé que Jean étant mort par sa Profession dans l'Ordre des Minimes avant le décez de François, l'heredité a été acquise à Mourelon. Arrêt du mois de Decembre 1591. *Cambolas, liv. 1. chap. 30.*

396 Substitution n'est ouverte par la Profession en Religion. Arrêt du 7. Septembre 1620. *Bardet, tome 1. livre 1. chap. 86.*

397 Monastere de Religieuses, incapable des substitutions faites en sa faveur par une Novice; mais la portion perduë par incapacité du Monastere, n'accroît à l'autre substituë. Arrêt du Parlement d'Aix du 12. Février 1658. *Boniface, to. 5. liv. 2. tit. 11. ch. 1.*

398 Jugé le 25. May 1660. que la Profession en Religion qui est une espece de mort civile, a pareil effet que la mort naturelle, pour donner lieu à l'ouverture de la substitution. *Soëfve, to. 2. Cent. 2. chap. 23.*

399 Arrêt du Parlement de Bourdeaux du 11. Mars 1664. entre les Broquier frere & sœur chargez réciproque-

ment de substitution par leur pere & mere, la fille se voulant faire Religieuse, & s'étant constituée la somme de 4000. livres d'aumône dotale, à laquelle son droit de legitime ne pouvoit pas approcher, la Cour regla ladite somme à 3500. livres, à prendre tant sur les droits de legitime de la fille, que sur sa part des biens substituez *La Peirere, lettre S. nomb. 208.*

400   En France le cloître ne tient point lieu d'enfans, pour rendre une substitution caduque. *Ferrer. quæst. 477. vid. Mantic. lib. 11. tit. 7. n. 9. vid. Peregr. art. 28. n. 58. & seq. cont. Mainard, lib. 5. chap. 28. idem tamen ibid. chap. 75. cont. Graff. §. Fideicommissum quæst.* 40. La Peirere, lettre S. nomb. 71. rapporte un Arrêt du Parlement de Bourdeaux du 13. May 1671. donné en la Grand'Chambre, au Rapport de Monsieur du Verdier, entre les nommez Lespinet & Batut, pour un legs de la liberation de la somme de six cents livres fait à une fille, dont le pere de la fille étoit débiteur, & le legs fait à condition que la fille se marieroit & non autrement. La fille ne se marie point, & se fait Religieuse. L'heritier institué par le testament, demande la somme à l'heritier de la fille, la condition ayant défailli, & l'authentique, *nisi rogati*, n'ayant point lieu en France; neanmoins la Cour confirme la liberation en faveur de l'heritier de la fille. Il faut que la Cour ait eu égard à l'aumône dotale que la fille avoit portée entrant au Cloître.

PUBLICATION DES SUBSTITUTIONS.

401   Voyez cy-dessus le nombre 303. & suiv. & le mot *Publication, nombre 11. & suiv.*

Le défaut de publication de la substitution, n'exclud le substitué; mais n'étant publiée, elle ne nuit aux creanciers. Arrêt du Parlement de Dijon du 13. Mars 1611. *Bouvot, tome 2. verbo Substitutions, question 18.*

402   Par Arrêt du Parlement de Paris du 5. Juillet 1661. jugé que les mineurs n'étoient point restituables contre le défaut de publications à l'égard des tiers détenteurs. *Jovet, verbo Substitution, n. 2.*

SUBSTITUTION PUPILLAIRE.

403   De la substitution pupillaire. *Voyez Despesses, to. 2, page 100.*

404   Si le pubere & l'impubere sont substituez l'un à l'autre par clauses de substitution séparées, en ce cas la substitution vulgaire en la personne du pupille, comprendra la pupillaire. *Fachin. lib. 4. cap. 68. id. Mantica, lib. 5. tit. 14. n. 15. id. Graff. §. Substitutio, quæst. 55. n. 2.*

Arrêt du Parlement de Bourdeaux du 17. Mars 1663. donné en la Grand'Chambre, au Rapport de Monsieur Lescure; le nommé Bonnin institué sept enfans mâles qu'il avoit, & les substitué réciproquement, & veut que ses filles soient contentes de leurs dots; un des enfans instituez meurt pupille, les filles demandent part en la legitime du pupille; les coheritiers survivans disent que la substitution est pupillaire, les filles repliquent que lors du Testament & du décez du pere, partie des enfans étant puberes, partie impuberes, il n'y avoit lieu à aucune substitution pupillaire: & fut ainsi jugé par ledit Arrêt. Cet Arrêt juge qu'en fait de substitution compendieuse, si l'impubere est mêlé avec le pubere, il n'y a point lieu à la substitution pupillaire. *La Peirere, lettre S. nomb. 107.*

405   S'il y a imparité d'âge aux enfans substituez, la substitution ne peut contenir la pupillaire. *Bouvot, to. 1. part. 2. verbo Mere, quæst. 3.*

406   La mere peut substituer pupillairement à son enfant le pere de son enfant. Arrêt du Parlement de Dijon du 18. Janvier 1616. *Idem, to. 2. verbo Substitutions, quæst. 22.*

407   De la substitution pupillaire, de la si luce & marques d'icelle, questions demeurées indécises. *Voyez Boniface, to. 5. liv. 2. tit. 4. ch. 2.*

408   *Substitutio pupillaris facta per matrem pupillo, aut per Tome III.*

patrem emancipato, aut puberi vel extraneo tacitam vulgarem continet. Voyez *Franc. Marc. to. 1. quæst. 171.*

409   *Substitutio facta per patrem pupillo per verbum commune substituo, pupillarem & vulgarem continet: nec post additam hæreditatem ad si teicomi missum trahitur. Idem si fiat extraneo vel puberi. Ibidem, quæst. 172.*

410   *Substitutio pupillaris à principio jure directo, valere non potest. Substitutio pupillaris facta per verba dubia, vulgaris substitutionis jure valere potest. Ibidem, question 174.*

411   *Substitutio pupillaris tacita contenta in expressa vulgari, contra matrem non admittitur: secus in tacita vulgari.* Voyez Ibidem, quæst. 175.

412   *Substitutio facta pupillo matre existente in medio per verbum commune substituo, & si decederet in pupillari ætate aut alias expressa censetur, & matrem excludit.* Voyez Ibidem, quæst. 298.

413   Jugé que la substitution pupillaire exclud la mere de la legitime de son fils. *Bibliotheque de Bouchel, verbo Legitime.*

414   *An substitutio pupillaris includatur fideicommisso?* Jugé que si le testateur a fait la substitution pupillaire, & après grevé l'heritier en termes generaux, les biens du pupille viennent aussi en restitution au profit du fideicommissaire, même quand il auroit grevé les heritiers plûtôt que de faire cette substitution pupillaire. *V. Mainard, liv. 5. ch. 57.*

415   La mere comme n'ayant en sa puissance ses enfans, ne peut leur substituer pupillairement; mais au lieu d'instituer & substituer à ses enfans impuberes directement & dés lors, elle doit les instituer heritiers lors & du temps qu'ils seront parvenus, sçavoir le mâle à quatorze ans, & la fille à douze, & s'ils décédent auparavant, en instituer, ou substituer d'autres: quoy faisant l'entiere heredité sera dûe au substitué & conditionnellement institué. *Voyez Papon, liv. 20. tit. 3. nombre 32.*

416   Dans la substitution pupillaire, il faut que celuy qui l'a faite, ait le pupille en sa puissance jure paterno, & qu'il l'ait institué ou desherité. *Chorier en sa Jurisprudence de Guy Pape, page 184.*

417   De l'exclusion de la mere en cas de substitution pupillaire. *Voyez Guy Pape, quæst. 522.*

418   De la substitution pupillaire, & si la mere la peut faire? *Voyez Henrys, tome 1. liv. 5. chap. 4. quæst. 45.*

419   Substitution pupillaire faite en faveur de la seconde femme, est sujete au retranchement de la loy *hac edictali, Cod. de secundis nuptiis.* Arrêt du 20. Février 1631. M. d'Olive, liv. 3. chap. 14. Voyez *Henrys, tome 1. liv. 5. chap. 4. q. 11. & chap. 46.* où il demande si la mere peut reprendre par le mort de ses enfans ce qu'elle a perdu en se remariant: il se sert de distinction, où la chose est acquise, la mere la perd; où la chose est en esperance, la mere ne la perd pas.

420   Un pere substituant à son enfant impubere, cette substitution pupillaire ne peut faire préjudice au droit de reversion pour les biens paternels. *Avis d'Henrys, tome 1. liv. 6. chap. 5. q. 14.*

421   La substitution pupillaire, qui est un des principaux effets de la puissance paternelle, n'a point de lieu en Païs coûtumier de la France, mais bien l'exheredation pour le mariage contracté sans le consentement des pere & mere, & autres cas de droit. *Brodeau sur M. Louet, lettre M. somm. 18. nomb. 8.*

422   Au Parlement de Toulouse l'avantage que la mere tire par la substitution pupillaire, n'est sujet au retranchement de la loy. L'Edit des meres n'y a lieu; *secus,* où l'Edit a lieu comme à Paris. *Voyez Henrys, tome 1. liv. 5. chap. 4. quæst. 21.*

423   *Henrys, tome 2. liv. 5. quæst. 7.* propose trois questions. 1. Que la substitution pupillaire expresse exclut la mere de la legitime. 2. Que la substitution compendieuse produit le même effet. 3. Que la mere n'est pas privée de la legitime à elle accordée par la substitution compendieuse.

K k k k ij

424 Le pere inſtituant ſon fils & petit-fils heritiers, & les ſubſtituant, s'ils décedent en pupillarité ou hors de pupillarité, le fils étant hors l'âge de pupillarité, & le petit-fils en pupillarité, ſi à l'égard du petit-fils pupille la ſubſtitution. peut-être pupillaire décedant en pupillarité ? *Voyez Bouvot, tome* 1. *part.* 2. *verbo Subſtitution, queſt.* 6.

425 Si le pere fait teſtament, inſtitué ſon fils pupille heritier, & où il viendroit à déceder en l'âge de pupillarité, ſubſtituë les enfans de ſa ſœur, & délaiſſe par droit d'inſtitution à ſa femme une maiſon & heritage, ſi la mere de l'enfant décedé en pupillarité, la mere ſe cas eſt excluſe & de la ſucceſſion & de la legitime? *V. Bouvot, tome* 2. *verbo Subſtitution, queſtion* 19.

426 Il a été queſtion de ſçavoir ſi la ſeconde femme ſubſtituée pupillairement à ſon fils par ſon mary, & recüeillant au moyen de la ſubſtitution ouverte, les biens tant du mary que du fils, devoit ſouffrir retranchement du mary par vertu de la loy, *hâc edictali*, en faveur des enfans du premier lit, ou non?Pour l'affirmative ſemblent être exprès, les mots de la loy, *ſi is qui ex bonis ff. de vulg. & pup. ſubſtit. ſubſtitutum impuberi filio incapacem ſolidi ex bonis teſtatoris ſolidum ex eâ cauſâ capere quaſi à pupillo Captat, ità tamen ut ex bonis que teſtatoris fuerant amplius capere non poſſit*; toutefois la Cour de Touloufe a préjugé le contraire, ſuivant l'opinion des Docteurs ſur cette loy, par cette raiſon que la mere devoit ſucceder *ab inteſtat*, nous ôte tout ſoupçon de fraude, & captation novercale, & par même raiſon l'Ordonnance caſſant les diſpoſitions faites par pupilles & mineurs, au profit de leurs Adminiſtrateurs,ne touche point à ceux qui devoient ſucceder *ab inteſtat*. Voyez Mainard, *liv.* 3. *ch.* 81.

427 Que ſi le mary qui a des enfans du premier & du ſecond lit, inſtitué ſa ſeconde femme, & le fils qu'elle a fait à la diſpoſition de la loy *hâc edictali* ceſſe pour le regard de la portion hereditaire qui compete à la femme, par la raiſon du chapitre précedent, mais cette raiſon ceſſant, la portion en laquelle une fille d'un autre lit de la ſeconde femme eſt inſtituée, eſt ſujete au retranchement, comme étant une perſonne interpoſée pour frauder la loy? *Non obſtat*, ce qu'on pourroit alleguer pour excure le ſoupçon de fraude, que la mere pouvoit être ſubſtituée entierement, ſi le teſtateur eût eu ce deſſein, ſans choquer la loy *hâc edictali*, car puiſque cela n'a pas été fait, le teſtateur peut avoir eu d'autres intentions préjudiciables aux enfans du premier lit, c'eſt de ne pas ſubſtituer ſeulement la ſeconde femme en la perſonne de laquelle décedant, la ſubſtitution pouvoit aiſément devenir caduque; mais de luy enjoindre une autre ſubſtitution pour reculer d'autant plus cette eſperance, & affermir ladite ſubſtitution. Ce préjugé ſe peut étendre à toutes perſonnes proches de la ſeconde femme, qui ſont cenſées perſonnes interpoſées pour frauder la loy. *Voyez Maynard, liv.* 3. *ch.* 81.

428 Subſtitution pupillaire faite par le pere vaut, même ſi celuy de ſes enfans à qui il ſubſtituë n'eſt inſtitué en aucune portion de ſon hoirie. Arrêt du Parlement de Grenoble de l'an 1460. *Papon, liv.* 20. *tir.* 3. *n.* 4.

429 Subſtitutions pupillaires faites en forme de legs particuliers n'excluent la mere de prétendre ſa legitime, ſur tout quand la mere n'a de quoy vivre d'ailleurs. Arrêt du 8. Juin 1566. *Papon, li.* 20. *tit.*3. *n.*31.

430 La ſubſtitution pupillaire eſt expreſſe, encore bien qu'elle ne ſoit pas exprimée avec les termes de pupillarité ou de puberté. Exemple, je ſubſtituë Pierre à mon fils en cas qu'il vienne à déceder avant l'âge pour diſpoſer de ſes biens; cette ſubſtitution ſera appellée expreſſe. Arrêt du Parlement de Toulouſe du 11. Juillet 1577. qui l'a jugé de la ſorte. *M. Ricard, des Subſtitutions, traité* 3. *chap.* 2. *nomb.* 68.

431 Par Arrêt du Parlement de Toulouſe donné aux

prononciations ſolemnelles de la Pentecôte de 1585. il fut préjugé que par l'Auth. *Ex cauſâ C. de liberis praeteritis*,la ſubſtitution pupillaire étoit conſervée en vertu des clauſes generales de *la Novelle* 115. *ch.* 3. *& 4. in fine*, dont l'Auth. eſt tirée, portant que hors l'inſtitution, *quælibet alia capitula legibus conceſſa firma manent*, quoyqu'au cas de l'Arrêt il fût queſtion d'une préterition pour un pere, & que par diſpoſition de droit le teſtament étant rompu la ſubſtitution pupillaire ſoit auſſi anéantie. *L. moribus §.* 1. *ff. de vulg. & pup. ſubſt. & L. Papinianus. §.Sed nec impuberis ff. de inoſſic. teſtam.l.* 1. *& l.* 2.*ff.de vulg. & pupill. l. patris & filii eod.* Voyez Maynard, *liv.*5.*ch.*12.

432 Par Arrêt du 8. Juin 1585. il fut jugé *ſubſtitutionem pupilarem conſervari hodie, ex authent. Ex cauſâ C. de lib. præt. interveniente poſthumi præteritione à patre factâ.* La Rochflavin, *liv.*3. *lett. S. tit.* 9. *Arr.* 10.

433 Le ſubſtitué pupillairement eſt mis en poſſeſſion. Arrêt du 15. Septembre 1589. avec caution. M. Expilly, *Arrêt* 105.

434 La mere ne peut demander ſa legitime ſur la ſubſtitution pupillaire, *l. Papianus.8. ff. de inoſſicioſo teſtam.* parce que la loy ne luy accorde pas la legitime ſur la ſucceſſion de mort qui a la ſucceſſion de ſon fils qui n'en laiſſe point. Il y en a qui tiennent l'opinion contraire, & rapportent des Arrêts, le premier au Parlement de Paris du 8. Juin 1566. le ſecond à Bourdeaux en 1567. le troiſiéme en Provence, il n'eſt point daté,le quatriéme à Bourdeaux du 21.May 1604. par leſquels il a été jugé que nonobſtant la ſubſtitution pupillaire, faite *verbis expreſſis*, la mere auroit la legitime ſur les biens de ſon fils mort en pupillarité, *Ricard des Subſtitutions, fol.* 31. *& 32. C. M.* ſur *Decius ad legem precibus. n.* 9. *& ſuiv. Cod. de impuberum & aliis ſubſtitutionibus, & Conſ.* 211. *n.* 5. *& 118. &c.* que la mere ne peut être privée de la legitime même par le pere, qui fait un teſtament pupillaire par ſon fils. *Brodeau ſur M. Loüet, lettre M. ſomm.* 12. *nomb.* 3. M. d'Olive, *liv.* 3. *chap.* 10. M.du Vair, Arrêt prononcé en robes rouges. *Facta à patre matris legitimam excludit.* Mornac, *l.* 8. *ff. de inoſſic. teſtamento.*

435 Un fils de famille par ſon teſtament inſtitué pupillairement à ſon fils ſon perc; le cas de l'ouverture en la ſubſtitution arrivé, l'ayeul en demande l'ouverture contre la mere, laquelle prétend que la ſucceſſion de ſon fils luy eſt acquiſe, d'autant que ſon mary n'avoit pû faire valablement cette ſubſtitution, ce qui fut jugé pour la mere le 12. Septembre 1597. *Cambolas, liv.* 2. *chap.* 31.

436 La ſubſtitution pupillaire fait ceſſer toutes détractions, même la legitime des meres. Arrêt du mois de Juin 1606. *Le Bret, liv.* 3. *déciſion* 5.

437 Jeanne Barbier inſtituë par ſon teſtament ſa fille en tous ſes biens anciens, & les ſubſtituë au profit de ſon mary en cas que ſa fille décede en pupillarité, ou après, avant que d'être mariée; lors du mariage toutes ſubſtitutions levées. La fille meurt ſans être mariée; le pere demande l'effet du teſtament; on luy oppoſe que la ſubſtitution eſt pupillaire,& que la mere n'a pas ſurvécu les 20. jours ordonnés par la Coûtume reformée de Bourgogne. M. l'Avocat General de Xaintonge, dit que ce n'étoit point une ſubſtitution pupillaire, mais *fideicommiſſum partiale & ſub conditione relictum, cujus conditio extitit.* 2°. La ſurvie de 20. jours n'eſt requiſe que lorſqu'il y a des enfans les collateraux, n'ont pas droit de faire telle objection. Par Arrêt du Parlement de Dijon du 18. Janvier 1616. infirmatif de la Sentence, le fideicommis déclaré ouvert au profit du pere. Cet Arrêt eſt rapporté par *M. de Xaintonge, p.* 294.

438 De la ſubſtitution pupillaire compriſe dans la conpendieuſe. Arrêt rendu au Parlement de Grenoble le 7. Août 1630. qui a jugé que la ſubſtitution ſous la condition *ſi ſine liberis* comprend la pupillarité, 2°.Que cette pupillarité n'eſt pas aſſez expreſſe pour exclure

la mere du droit de legitime. 3°. Que *ex vi pupillaris* la substitution qui sembloit *ordine scriptura* n'être faite que pour la succession a eu lieu pour le legat. Même Arrêt le 9. Août 1641. *Basset, tome 2. liv. 8. tit. 2. chapitre 2.*

439　D'une substitution pupillaire *inter impares etate* convertie en fideicommissaire. *Voyez dans Basset, to. 1. li. 5. tit. 17.* un Arrêt du 16. Mars 1632.

440　La substitution pupillaire ne fait point de degré. Arrêt du 17. Mars 1634. La substitution pupillaire est comme un homme au pupille, au lieu que la fideicommissaire est une charge à l'heritier grevé. *Guenois en sa Conference des Ordonnances* au titre *des Substitutions & Maynard, liv. 5. chap. 86.* sont d'avis de l'Arrêt. *Voyez Basset, to. 1. liv. 5. tit. 9. ch. 1.*

441　*Henrys, tom. 1. liv. 5. ch. 4. quest. 47.* rapporte un Arrêt du 11. Avril 1634. qui a jugé que la substitution pupillaire, quoyque reciproque, n'est pas valable entre deux enfans, lorsqu'il y en a un qui n'est pas impubere : il faut dire la même chose lorsqu'un des enfans n'est pas dans la puissance du pere. Dans la question suivante, il observe que le même Arrêt a jugé que la substitution pupillaire reciproque entre deux enfans, dont l'un étoit pubere, devoit passer pour fideicommissaire ; il cite plusieurs Autheurs qui sont de ce sentiment, ausquels il faut joindre *M. Ricard, dans son traité des Substitutions, part. 1. ch. 6.*

442　Le substitué succede au testateur & au pupille dans la substitution pupillaire, & même aux biens venus au pupille d'autre que du testateur son pere, & dans la compendieuse, *si sine liberis*, elle est comprise, & comprend generalement tous les biens du pupille, de quelque côté qu'ils viennent : jugé au Parlement de Grenoble. Il a été aussi jugé le 17. Avril 1634. que cette substitution ne fait point de degré en la cause de Josserand Perdrix & de Jean Mirabel, les Ordonnances d'Orleans & de Blois reglent seulement les substitutions fideicommissaires, & non celle-là.

443　Si dans une substitution pupillaire le substitué succede au pere testateur ou au pupille pour qui à testé ? *Voyez dans Basset, to. 1. liv. 5. tit. 9. ch. 23.* un Arrêt du 4. Juin 1635. qui débouta le fideicommissaire de l'imputation des fruits sur le substitué, le fils étant mort en pupillarité, on étoit censé succeder au pere & non au pupille.

444　Jugé au Parlement de Toulouse le 3. Decembre 1656. après partage, que la substitution pupillaire faite *in re certa* en la somme de 700. liv. comprenoit tous les biens du pupille, au préjudice même de sa mere. *Arrêts de M. de Catellan, liv. 2. chap. 35.* où il ajoûte que la Cour adjugea le tiers des biens à la mere ou au pupille à son ayeule maternelle, les Juges ayant cru que puisque la substitution n'étoit faite nommément qu'en une portion de biens, il n'étoit pas juste qu'en l'étendant à tous les autres biens, ce fut au préjudice de la legitime.

445　L'ayeul ne peut substituer pupillairement à sa petite fille, après le décès de son fils émancipé par le mariage. Arrêt du 3. Septembre 1667. qui juge que la substitution ne vaudroit que pour fideicommis. *Soefve, to. 2. Cent. 4. chap. 4.*

446　La substitution pupillaire que le pere fait à son fils qu'il a en sa puissance, comprend sans doute la vulgaire ; mais si un étranger instituant ou leguant, substitué à son heritier ou à son legataire, s'il décede en pupillarité, cette substitution ne comprend pas la vulgaire, & l'heritier ou legataire mourant avant le testateur, la substitution expire, & le substitué n'est point appellé. Arrêt du Parlement de Toulouse du 11. May 1667. rapporté par *M. de Catellan, li. 2. ch. 60.*

447　Jugé au Parlement de Toulouse le 22. Mars 1670. après partage, que l'institué *in re certa* ou substitué pupillairement *in re certa*, la substitution pupillaire étant le testament du pupille, devenoit heritier universel par le décès de l'autre substitué pupillairement ar-

rivé avant le décès du pupille. Car dans la substitution pupillaire on regarde particulierement l'état des choses au temps du décès du pupille suivant la Loi 11. §. *Si quis ff. de vulg.* Voyez les *Arrêts de M. de Catellan, liv. 2. chap. 35.*

448　La mere substituant pupillairement à son fils, par le testament du pere, generalement en tous ses biens, succede à tous les biens de son fils, à l'exclusion des tantes. Arrêt du Parlement d'Aix du 18 Juin 1670. *Boniface, to. 5. liv. 2. tit. 4. ch. 1.*

449　On demande si plusieurs ayant été instituez heritiers & reciproquement substituez en cas de décez des uns en pupillarité, la portion avenuë à un des pupilles mort en pupillarité ayant été recueillie par moitié par les deux freres survivans, & l'un des deux freres étant décedé en puberté sans enfans, la part du frere decedé en puberté doit être restituée au dernier frere survivant ? Arrêt du Parlement d'Aix du 20. Mars 1671. qui a déclaré que tous les biens advenus au pubere en vertu de la substitution pupil aire devoient être compris au fideicommis ouvert en la personne du survivant. *Boniface, to. 5. liv. 2. tit. 6. ch. 2.*

450　De l'effet de la substitution pupillaire expresse, de la substitution pupillaire comprise sous la compendieuse, de la pupillaire tacite comprise dans la vulgaire contre la mere & contre l'ayeul maternel & l'ayeule maternelle. *Voyez les Arrêts de M. de Catellan, liv. 2. chap. 84.* où il observe que dans le cas de la substitution compendieuse, lorsque le frere du défunt mort impubere est ainsi substitué par le pere commun, on reduit la legitime de la mere commune à la troisiéme partie de ce qu'elle auroit eû *ab intestat* sur la legitime de son fils. Arrêts du Parlement de Toulouse des 1. Février 1661. & 15. Mars 1681. Si la mere est prédecedée & que l'ayeul maternel se trouve *in medio*, le droit établi en faveur de la mere que la substitution compendieuse est présumée en tout temps fideicommissaire simplement, & lorsque le substitué est étranger, tel droit n'a lieu en faveur de l'ayeul. Ainsi jugé le 28. Mars 1697.

SUBSTITUTION PUPILLAIRE TACITE.

451　On demande si la faveur de la mere qui fait cesser la substitution pupillaire tacite, ne peut pas être empêchée par une personne aussi favorable que la mere, comme le fils du testateur qui est appellé à la substitution ? Quelques uns sont pour l'affirmative. *Ricard* tient la negative, parce que le fils n'a point de loy pour luy comme la mere dans l'espece dont est question, *substitutiones quidem in hujusmodi casu vivâ matre respondeas esse censemus, l. ult. Cod. de instit. & substitut.* M. Ricard, *des Substitutions, trait. 3. ch. 5. n. 202.* Mais si des freres sont conjoints des deux côtez, soit qu'ils soient substituez ou non, ils concourent avec leur mere dans la succession *ab intestat* de leur frere. *Ricard des Substitutions, ibidem nomb. 233.*

452　L'ayeule maternelle n'exclud pas comme la mere la substitution pupillaire tacite ; ce privilege est personnel à la mere, *propter parius periculum & ipsam liberorum procreationem pro quibus multa nostris legibus inventa sunt privilegia, l. assiduis 12. §. quis enim, Cod. qui potiores in pignore.* Ricard, *des Substitutions, trait. 3. chap. 5. nomb. 236. & 237.*

453　Pour faire cesser la substitution pupillaire tacite, il est necessaire que la mere soit actuellement heritiere. *Ricard, des Substitutions, trait. 3. chap. 5. nomb. 240.*

454　De la substitution pupillaire tacitement comprise en la vulgaire expresse, & si l'existence de la mere luy fait obstacle. *Voyez Duperrier, liv. 3. quest. 8.*

SUBSTITUTION, QUARTE.

455　La distraction des quartes trebellianiques, & de legitimes n'est interdite par le testateur par mots generaux : comme, je veux que tous mes biens reviennent soient restituez à un tel ; ou que je defende audit cas, ou bien deviennent à plein droit : il faut qu'il y ait expresse prohibition de la trebellianique. Arrêt

du Parlement de Paris en 1549. entre le Seigneur de S. André Maréchal de France, & les sœurs de Montregnaud. *Bibliotheque de Bouchel*, verbo *Substitution*.

456 Un frere a une fille âgée de cinq à six mois, il l'inftituë fon heritiere, & luy fubftituë fon oncle frere du teftateur ; cette fille décede peu de temps après; fa mere & le fubftitué ont procés. Arrêt du 31. Decembre 1554. au profit du fubftitué, fans diftraction d'aucune quarte. *Le Veft , Arrêt:* 59.

SUBSTITUTION RECIPROQUE.

457 *Voyez Defpeiffes , tô. 2. p. 110. & Peleus , quest. 69.*

De fubftitutione reciproca quæftio quâ formulâ inducatur. Voyez *Stokmans , decis.* 34.

458 *De reciprocâ factâ inæqualibus perfonis cum expreffione pupillaris ætatis fub unâ oratione.* Voyez *Franc. Stephani , decis.* 16.

459 Si la fubftitution reciproque faite à un majeur & à un mineur pure & fimple, & fans fpecification de temps contient un fideicommis, ou fi elle contient feulement la fubftitution vulgaire. *Bouvot , to. 1. part.* 3. verbo *Subftitution , quest.* 2.

460 Si le fubftitué appellé par fubftitution reciproque peut prétendre les biens du premier décedé & écheus au dernier furvivant. *Bouvot , ibidem quest.* 7.

461 Un pere qui a trois fils & trois filles, fait fes fils fes heritiers univerfels ; il les fubftituë reciproquement les uns aux autres ; & s'ils meurent fans enfans nez de leurs corps & en legitime mariage , il leur fubftituë les filles & leurs enfans : il en meurt deux fans enfans ; au troifiéme furvit une petite fille , *neptis* , née de fa fille à qui cette fucceffion eft difputée par fes tantes filles du teftateur qui avoient furvecu leurs freres. Leur raifon eft qu'elle n'étoit pas née du corps de leur frere fubftitué à fes freres. *Guy Pape , quest.* 353. décida en faveur des tantes.

462 Si la fubftitution reciproque faite entre deux enfans de divers âge peut être pupillaire pour l'un , ou fi elle n'eft que vulgaire pour les deux ? *Voyez Henrys, to. 1. li. 5. ch. 4. quest.* 47.

463 Subftitution reciproque , faite *in infinitum* en faveur des mâles , à l'aîné d'iceux. *Voyez Peleus , q.* 69.

464 Subftitution reciproque , & fi on y peut déroger. *Voyez Henrys , to. 1. liv. 5. chap. 4. quest.* 23. où vous trouverez la queftion amplement traitée.

465 La fubftitution ne peut être reciproque ou double , la condition des fubftituez reciproquement n'étant pas égale. Arrêt du 11. Avril 1634. *Henrys , tome 1. liv. 5. chap. 4. qu.* 47. c'eft-à-dire que la fubftitution vulgaire reciproquement , ne peut pas rendre la pupillaire , fi les enfans ne font tous impuberes.

466 Si le pere ayant fubftitué à fon fils aîné le fecond , & au défaut des mâles fes filles , même en la portion leguée au fecond & aux heritages compris en icelle , cette fubftitution en fuppofe une reciproque entre les freres , avec conciliation pour ce fujet de la loy *vel fingulis ff. de vulgari* , & de la loy *Titia §. Seiuff. de legat.* 20. & autres textes de Droit. *Voyez Henrys , tome 2. liv. 5. q.* 36.

467 La fubftitution breviloque ou reciproque , comme quand un pere inftituë fes enfans impuberes fes heritiers , & qu'il les fubftituë l'un à l'autre , ils font reciproquement appellez par la fubftitution vulgaire & pupillaire. *Ricard , des Subftitutions , trait.* 3. *ch.* 5. nombre 194.

468 Il y a grande difference entre la fubftitution reciproque ou breviloque , & la compendieufe , la reciproque ne comprend pas toutes fortes de fubftitutions , à moins qu'elle ne foit faite entre perfonnes égales & en pupillarité , ou fureur ; mais la compendieufe comprend generalement toute forte de fubftitutions ; toutefois fi aux termes de la reciproque , je les fubftituë l'un à l'autre *invicem* , fans ajouter les mots de la compendieufe , quand l'un ou l'autre décedera fans enfans , telle fubftitution n'eft pas cenfée reciproque , mais prend la nature de la compendieu-

fe. Arrêt du Parlement de Touloufe au mois de Juin 1580. *Voyez Maynard , liv.* 5. *chap.* 27.

469 La fubftitution reciproque ou breviloque , *ut invicem fubftituo* eft de telle nature qu'elle ne fe peut accommoder, finon aux cas qui conviennent aux deux fubftituez. Donc fi la fubftitution eft faite entre deux perfonnes inégales d'âge, l'une pubere , & l'autre impubere , la pupillaire ne peut avoir lieu. Ainfi jugé par Arrêt du Parlement de Touloufe du dernier Mars 1583. *Voyez Mainard , liv.* 5. *ch.* 42.

470 La fubftitution reciproque n'a lieu finon quand le teftateur s'eft tenu aux termes de la reciproque , *vos invicem fubftituo* , car s'il a paffé plus avant , & y a ajouté le cas , s'ils décedent fans enfans , la fubftitution devient compendieufe , & comprenant toute forte de fubftitutions comprend auffi la pupillaire ; & ainfi il a été fouvent jugé *Voyez ibid. ch.* 44.

471 Un teftateur qui dit dans fon teftament qu'il fubftituë fes biens à fes enfans reciproquement , & qu'au cas qu'ils viennent à mourir fans enfans il fubftituë au plus proche parent ; cela s'entend de fon côté. Arrêt du Parlement de Touloufe du 4. Septembre 1685. *Mainard , ibidem , ch.* 52.

472 Fevelle Marchand ayant des enfans de deux lits , les fubftituë tous reciproquement aux fommes & biens à eux délaiffez ; deux enfans du fecond lit étant décedés , jugé au Parlement de Bourdeaux le 16. Juillet 1666. que le fecond avoit eu du premier lit en vertu de la fubftitution tomboit dans le fideicommis auffi bien que fa propre portion, *La Peirere , lettre S. Arr.* 125.

473 En fubftitution reciproque en pays de Droit écrit , il faut faire diftraction de la legitime , & la décifion de la Loy *fi pater puella , Cod. de inofficiofo teftamento* , ne s'obferve. Arrêts des 20. Juin 1621. & 7. Juillet 1625. *M. Bouguier lettre S. nomb.* 9.

474 Par Arrêt du Parlement de Touloufe du 15. Février 1630. jugé que les enfans impuberes inftituez heritiers par leur pere , & chargés d'une fubftitution compendieufe en faveur d'un tiers , n'étoient point cenfez fubftituez entr'eux reciproquement , & qu'il n'y avoit que la fubftitution pupillaire qui emportoit ce droit. *M. d'Olive , li.* 5. *ch.* 11.

475 Dans le cas de la fubftitution reciproque de deux enfans , les creanciers & legataires du prédecedé ne peuvent avoir détraction de la legitime ou trebellianique fur les biens fubftituez. Arrêt du dernier Juillet 1631. qui neanmoins fans tirer à confequence ordonna qu'un legs de cent cinquante livres fait à un domeftique feroit délivré. *Voyez Bardet , tome 1. liv.* 4. *chap.* 43.

476 De la fubftitution tacite reciproque entre enfans , un étranger leur étant fubftitué. Jugé au Parlement de Grenoble le dernier May 1634. *favore liberorum* , qu'entre les enfans appellez par le mot collectif , aufquels a été donné ou fubftitué , *refultat tacita reciproca* , & que la fubftitution n'y peut être rendre , *nifi poft mortem omnium*. Baffet , tome 2. liv. 8. tit. 2. chap. 11.

477 La fubftitution eft préfumée reciproque precaire entre les inftituez , lors que le frere furvivant eft fubftitué au mourant. 2. Ou lors que le dernier mourant eft chargé de rendre l'entiere hereditas à l'étranger. 3. Autre chofe eft lors que l'étranger eft fimplement fubftitué après le décez de tous les inftituez. 4. Ou au dernier mourant d'iceux. *Mantic. lib.* 7. *tit.* 2. *aliud in pupillari fi mater fit in medio.* Fachin. *lib.* 4. *cap.* 79. 2. 3. 4. id. Fachin. *lib.* 4. *cap.* 80. 8. *vid.* Peregrin. *art.* 13. *vid.* Craffum. §. *Subftitutio , quest.* 61. n. 8. *& feq. vid.* L. 37. ff. de vulg. *& pupil.* L. 87. §. 2. ff. de leg. 2. L. 34. ff. ad Trebell.

478 Arrêt du 8. Juin 1649. Préfidant Monfieur le Premier , plaidans Conftans & Hugon. Le nommé Bignon faifant fon teftament , inftitua fon heritiere univerfelle Jeanne Vignon fa fille unique , mariée avec

Claude de Bourgoing, & fubftitua à fadite fille les enfans mâles qu'elle avoit ou pourroit avoir, fans que les filles puiffent rien prétendre à ladite fubftitution. Ladite Jeanne Vigon meurt laiffant cinq enfans mâles,& Michelle Bourgoing fa fille.Lefdits enfans mâles à la referve de Pierre Bourgoing, meurent fans enfans, ladite Michelle Bourgoing demandant fa part de fucceffion des freres decedez ; ledit Pierre Bourgoing foûtenoit que la fubftitution étoit reciproque entre les mâles, & qu'il devoit exclure ladite Michelle fa fœur : jugé qu'il n'y avoit point de reciprocité de fubftitution entre les mâles heritiers inftituez. La raifon de douter de l'Arrêt fe prenoit des termes, *fans que les filles puiffent rien prétendre en la fubftitution.* La Peirere, *lettre S. nomb.* 94.

478 La divifion faite entre freres coheritiers de leur pere, avec promeffe de garantie, & de ne fe plus rien demander l'un à l'autre de prefent, ni ailleurs, ne préjudicie pas à la fubftitution reciproque faite entr'eux par le pere commun en cas de décez fans enfans. On convint de cette maxime au jugement du procez de Palanque à la premiere Chambre des Enquêtes du Parlement de Touloufe, le 8. Août 1667. ce qui eft conforme à la doctrine de *Mainard*, *liv.* 5. *chap.* 96. & à celle de *Cujas* & de *Godefroy* fur la Loy 122. *qui Roma*, §. *duo fratres ff. de verb. oblig.* Voyez *M. de Catellan*, *liv.* 2. *ch.* 23.

479 Plufieurs enfans ayant été reciproquement fubftituez par leurs afcendans de l'un & l'autre, en cas de décez fans enfans, & les leurs, & le furvivant, les neveux concourent avec l'oncle furvivant. Arrêt du Parlement d'Aix du 30. Mars 1675. *Boniface to.* 5. *liv.* 2. *tit* 10. *chap.* 1.

480 La fubftitution reciproque ordonnée par un pere entre fes enfans à la fuite du partage de fes biens, eft eftimée graduelle, étant contenue en ces termes.*Voulant bien expreffément qu'ils foient heritiers l'un de l'autre, au cas qu'ils viennent à mourir fans enfans; enforte que les biens du décedé accroiffent toûjours aux furvivans, pour y prendre ce que la Coûtume de la fituation des biens leur donnera, & leur défendant toute diftraction ou alienation de fes biens, au préjudice dudit fideicommis & fubftitution reciproque, fauf pour caufe de remploi, à la referve de 8000. florins dont chacun pourra difpofer librement.* Arrêt du P. de Tournay du 10. Mars 1699. entre la Dame Comteffe de Cruys-Hautem, & le fieur Comte de Canroy, rapporté par *M. Pinault*, *to.* 2. *Arr.* 258.

SUBSTITUTION, RELIEF.

481 Quand le relief eft dû en matiere de fubftitution? *Voyez* le mot *Relief*, *nomb.* 32. & *fuiv.*

SUBSTITUTION, RELIGIEUX.

482 Subftitution ne peut être ouverte au profit d'un Religieux Profez. *V. Cambolas*, *livre* 1. *chap.* 30. & *cy-deffus le nomb.* 394. & *fuiv.*

SUBSTITUTION REMISE.

483 Le droit de fubftitution ou de fideicommis ne peut être remis ni tranfporté qu'à l'heritier grevé avant l'évenement de la condition. *Voyez M. Expilly Arrêt* 13.

SUBSTITUTION, REPRESENTATION.

484 La reprefentation n'a point lieu dans les fubftitutions. *V. Henrys*, *to.* 2. *liv.* 5. *queft.* 5.

485 Les enfans du fubftitué, quoique décedé avant l'ouverture de la fubftitution, le reprefentent par la fuite au préjudice des heritiers *ab inteftat*. Arrêt du Parlement de Grenoble de l'an 1460. *Papon*, *liv.* 20. *tit.* 3. *n.* 8.

486 Un fils par teftament inftitué fa mere heritiere, luy fubftitué deux fœurs du même lit, l'une d'elles meurt & laiffe deux enfans naturels & legitimes ; la mere meurt aprés ; la fœur furvivante fe faifit de la fucceffion. Les enfans de la défunte prétendent la moitié contre leur tante difant qu'ils reprefentent leur mere, quoi qu'elle foit morte avant que la fubf-

---

titution fût ouverte. La tante foûtient au contraire que telle condition de fubftitution n'a été tranfmife aux fucceffeurs,parce que les mots *fiens* n'y font ajoûtez. Par Arrêt du Parlement de Toulouse de l'an 1567. les enfans furent deboutez, & le tout ajugé à la fœur ; alors le Préfident remontra qu'il y eût eu plus de droit, fi le pere eût été fideicommiffaire & heritier premier comme fut la mere. *Ibidem*, *n.* 25.

487 Si en fubftitution il y a lieu de répresentation, & fi l'oncle eft préferé aux enfans du frere décedé lors de l'ouverture de la fubftitution, ou s'ils fuccedent avec luy ? *V. Bouvot*, *to.* 2. *verbo Subftitution, queftion* 26.

SUBSTITUTION, RETOURNER.

488 Le mot de *retourner*, fans autre addition qui pût faire paroître une fubftitution, ne faifoit une fubftitution; & l'Arrêt des Enquêtes rendu aprés plufieurs vacations fut caffé ; & la Dame Marquife de Minieux gagna fa caufe, qui l'avoit perdue aux Enquêtes, plaidans la Requête civile le Verrier & Martinet, Langlois foûtenant l'Arrêt de 1659. *Petit Edit le Vendredy* 20. *Mars* 1665.

SUBSTITUTION, SAISIE RE'ELLE.

489 Saifie réelle des terres fubftituées. *Voyez* le mot *Creancier*, *nomb.* 77.

Voyez cy-deffus le nomb. 197. & *fuiv.*

SUBSTITUTION, SECONDES NÔCES.

490 Une femme ayant des filles du premier lit, & un fils du fecond, fait par fon teftament des legs aux filles du premier lit, & inftitué heritier fon fils du fecond mariage ; & au cas qu'il décederoit en pupillarité elle augmente les legs de fes filles, & ordonne que fon heredité viendra à fon fecond mari : Il a été jugé au Parlement de Toulouse que cette femme par fa difpofition avoit choqué la Loy *hâc edictali*, & que cette fubftitution (qui ne pouvoit valoir que *jure fideicommiffi*, la mere ne pouvant pas fubftituer pupillairement à fon fils) étoit fujette au retranchement, & que le fecond mari ne pouvoit pas répudier ce fideicommis, & reprendre les biens de la teftatrice comme heritier *ab inteftat* de fon fils. Sans cette fubftitution, fi l'inftitution du fils eût été pure & fimple, ce fils ayant recûeilli la fucceffion de fa mere, le pere luy auroit fuccedé naturellement ; mais cette mere ayant porté fa penfée plus loin, & ayant voulu gratifier fon fecond mary de fon heredité aprés la mort de fon fils au préjudice de fes autres enfans du premier lit ; ce deffein injufte partant d'une affection en quelque fens dereglée, & que la Loy condamne, merite d'être puni par le retranchement de cette fubftitution, qui dans l'intention de la teftatrice, & par l'évenement, fe trouve être en effet une liberalité exceffive. *M. de Catellan*, *liv.* 4. *ch.* 57.

SUBSTITUTION, SIENS.

491 Le teftateur fubftituant à fon heritier les fiens, ne regarde que les enfans de ce même heritier, à l'exclufion de tous autres. Une mere qui a un fils & des filles, inftitué fon fils fon heritier univerfel, & luy fubftitué fes filles, s'il meurt fans heritier legitime, Elles excluront le pere à l'ayeul quoique la qualité d'heritiers legitimes leur foit donnée par le droit ; la raifon c'eft que celuy qui eft du fang de l'heritier, eft appellé l'heritier legitime, autrement il arriveroit que les afcendans, & même les collateraux jufqu'au feptiéme degré l'emporteroient fur les fubftituez, parce qu'ils font auffi appellez heritiers legitimes. Le Parlement de Grenoble l'a fouvent jugé de la forte. *Voyez Guy Pape*, *queft.* 306.

Nomine heredum in teftamentis, & ultimis voluntatibus defcendentes tantùm intelliguntur, in contractibus autem heredes omnes qualefcunque. Idem, *p.*180.

492 Ce mot de *fiens* en fubftitution, comme *fi fubftitué Titius & les fiens*, ne s'entend que des fiens enfans, autrement la fubftitution iroit à l'infini. Arrêt au mois d'Août 1591. *Voyez Mentholon*, *Arr.* 115. & *Henrys*,

487   488   489   490   491   492   bis.

to. 2. *liv.* 5. *queſt.* 31. où il dit qu'en la ſubſtitution faite au pere & à ſes enfans , ne ſont point appellez enſemble, mais ſucceſſivement *ordine charitatis.*

493   *Suorum nomine* le pere n'eſt compris. Arrêt du Parlement de Grenoble du 23. Juillet 1619. *Baſſet , to.* 2. *liv.* 4. *tit.* 10. *chap.* 1.

494   Arrêt du Parlement d'Aix du 11. Juillet 1661. qui déclare qu'en l'inſtitution faite par un collateral de *Titius* & ſes ſiens , les enfans de l'inſtitué ne ſont appellez que par la vulgaire. *Boniface, tome* 5. *liv.* 2. *tit.* 3. *chap.* 3.

Substitution, ſi ſine liberis.

Voyez cy-deſſus *le nomb.* 261. *& ſuiv.*

495   De la condition , *ſi ſine liberis* appoſée dans les ſubſtitutions. *V. Mainard , liv.* 7. *ch.* 27.

496   *De conditione ſi ſine liberis , num conjecturis repetatur ?* Voyez *Franciſci Stephani, deciſ.* 24.

497   *Volo reſtituat , ſi ſine liberis decedas ; conditio deficit ex voluntate , vel ex uno filio ſuperſtite relicto ,* & la raiſon eſt que la nature de la condition eſtelle , que *in ſe convertitur & habet à contrario ſenſu implicitam negativam , ita ut nihil interſit utrum ſcribatur , ſi ſine liberis reſtituto an ſi cum liberis ne reſtituito.* Voyez *M. le Prêtre , premiere Centurie , chap.* 70. *& Peleus , queſt.* 49.

498   Que la condition , *ſans enfans* , miſe en une ſubſtitution ne comprend les enfans des enfans entre étrangers qui ne ſont liberos , autrement pour le regard des enfans & deſcendans en ligne directe. *Voyez Carondas , liv.* 7. *Rép.* 61.

499   De la clauſe (*s'il décede ſans enfans*) & qu'elle fait un fideicommis. *Voyez Peleus , queſt.* 51.

500   Subſtitution faite par un Gendarme étant à la guerre à ſon fils pupille en cas qu'il décederoit ſans enfans , le fils décedant hors l'âge pupillaire, *non dicitur directa ſed habet vim fideicommiſſi , & ideò filius aut ejus hares legitimam & quartam detrahit , quia ex quo ad tempus mortis refertur , non ad certum tempus dicitur compendioſa , non directâ militari de quâ in L. Centurio quæ eſt interpretanda in ſuo caſu , nempe quando ad certum tempus.* Jugé au Parlement de Toulouſe au rapport de M. Mainard, le 17. Janvier. *Bibliotheque de Bouchel , verbo Subſtitution.*

501   Jeanne la Fargue veuve de Guillaume Pelati, par teſtament de l'an 1513.après avoir legué certaines ſommes à ſes filles , en tous ſes autres biens, inſtituë Jean & Beranger Pelati , ſes enfans pupilles également , avec telles ſubſtitutions, que ſi l'un d'eux décedoit ſans enfans , ſa portion vienne au ſurvivant , & au contraire , ou à ſes enfans *ſeu ad ejus liberos* , ſubſtituant l'un à l'autre , & au contraire avec cas ſuſdits , & ſi tous deux décedoient ſans enfans , elle veut que ſes biens viennent à ſes filles également *ſeu ad earum liberos.* Aprés ſon décez Jean & Beranger recuëillent l'heredité , & jouïſſent long-temps , Beranger décede ſans enfans , & Jean recuëille ſa portion , & vend une métairie de l'heredité à Bernard Maurel Secretaire ; aprés décede Jean Pelati laiſſant Guerin & Jacques Pelati ſes enfans , leſquels comme appellez à la ſubſtitution , par ces mots *ſeu ad ejus liberos,* ils ſe ſont appellez collectivement ni ſucceſſivement avec leur pere Jean , Sinon *in caſum vulgarem,* que Jean ayant recuëilli en un temps auquel les demandeurs n'étoient pas encore nez, ils ne peuvent être concurrens avec leur pere. Ainſi jugé par Arrêt du Parlement de Toulouſe le 2. Septembre 1584. *Voyez Mainard , liv.* 5. *chap.* 37.

502   C'eſt aujourd'huy choſe certaine, que ſous cette condition *ſi ſine liberis,* les enfans ne ſont point compris diſpoſitivement , mais ſeulement conditionnellement; toutefois cela n'a lieu qu'en fideicommis teſtamentaires , mais non en contractuels , auſquels les enfans ſont cenſez appellez diſpoſitivement, par la

clauſe *ſi ſine liberis,* & révoquent les alienations; c'eſt une difference entre les fideicommiſteſtamentaires,& les contractuels ; l'autre en ce que des fideicommis contractuels , il ne ſe fait aucune détraction de trebellianique comme aux teſtamentaires ; ces deux differences ont été préjugées par deux divers Arrêts du Parlement de Toulouſe. *Vide Fernand. in cap. unic. de fil. nat. ex. matr. contract.* Maynard, *liv.* 5. *ch.* 66. *& 67.*

Nota. Ferrieres tient le contraire ſur la queſt. 39.*de Guid. Pap. &* dit que *ſi liberi in conditione poſiti non cenſentur vocati,in quib. plenius voluntatem defunctorum interpretantur; multo minus in contract. in quib. ſtrictè agimus;* il blâme *Maynard.*

503   Une ſubſtitution eſt faite en ces termes , *ſi mon fils décede ſans enfans , je ſubſtituë à ma fille ſes enfans mâles , & ſi ma fille n'a point de mâles, je ſubſtituë Caïus.* Le fils décede ſans enfans ; la fille ſurvivante n'a point encore de mâles. On demande ſi la ſubſtitution eſt incontinent ouverte au profit de Caïus, ou ſi elle eſt ſuſpenduë juſqu'au décés de la fille, ou juſqu'à ce que l'on puiſſe être aſſuré qu'elle n'aura plus d'enfans. Maynard , *liv.* 9. *chap.* 51. diſtingue , ou ceux qui ſont ſubſtituez aprés les mâles de la fille , ſont étrangers , ou proches parens , ou en même degré d'affection que ſeroient les mâles de la fille venant à naître. Au premier cas il faut ſuſpendre la ſubſtitution: au dernier, les mâles ſont exclus , s'ils ne ſont nez lorſque le fils du Teſtateur eſt mort, d'autant que la qualité jointe aux mâles de la ſubſtitution , doit être entenduë, eu égard au temps que le Teſtateur parle. Il ajoute que la ſubſtitution eſt en ſuſpens, & que la mere poſſede les biens juſqu'à ce qu'il ſoit certain que la fille ne puiſſe avoir de mâles.

504   Si la ſubſtitution en défaut d'enfans eſt vulgaire ou fideicommiſſaire ? *V. Boniface , tome* 2. *livre* 1. *titre* 8. *chapitre* 2.

505   On a demandé ſi la ſubſtitution en cas de décés ſans enfans doit être ouverte par l'ordre de Prêtriſe, pris par l'heritier grevé?La queſtion fut terminée par Tranſaction. *Voyez Boniface , tome* 5. *livre* 2. *titre* 5. *chap.* 2. où il cite un Arrêt rapporté par *Papon* , qui ajugea à une ſœur ſubſtituée ou à ſes enfans,les biens & l'heritage d'un ſien frere , chargez de ſubſtitution, en cas de décés ſans enfans , pour s'être fait Prêtre,à l'excluſion de l'heritier du Prêtre.

506   Je fais mon heritier, Etienne mon fils , s'il meurt ſans enfans , ou ſes enfans ſans enfans , je ſubſtituë tel ; en ce cas, les enfans ſont grevez de reſtituer au dernier ſubſtitué , s'ils meurent ſans enfans , *ergo* , ils ſont tacitement appellez , ils viennent *ex teſtamento.* Arrêt du Parlement de Grenoble ſous cette limitation de *Bartole* , ſur la Loy *Centurionum* 57. au procés de la Seigneurie de Sournom, entre les filles du Seigneur , demandereſſes d'une part , & M. le Dauphin , heritier dudit feu Baron , d'autre part. *Bibliot. de Bouchel , verbo Subſtitution.*

507   Le Teſtateur inſtituë autre que ſes enfans , & luy ſubſtituë , s'il décede ſans enfans , ceux du nom & famille du Teſtateur ſont entendus , & non pas ceux de l'inſtitué. *Peleus , qu.* 54.

508   Un Teſtateur fait ſes heritiers univerſels deux enfans , & les ſubſtituë l'un à l'autre ; ſi les deux meurent ſans enfans , il leur ſubſtituë Antoine leur couſin ; & à luy s'il meurt ſans enfans ſix ans aprés la mort dudit Teſtateur, les deux premiers heritiers vivans. Antoine meurt ſans enfans , & aprés luy les premiers heritiers laiſſant d'enfans. Paul demande les biens ; les heritiers *ab inteſtat* diſent qu'il eſt ſubſtitué à Antoine , en la perſonne duquel la ſubſtitution premiere n'eſt avenuë ; neanmoins la diſpoſition du Droit commun étoit contraire, nonobſtant l'interruption ; ainſi par pluſieurs Arrêts a été jugé à Grenoble. *Biblioth. de Bouchel , verbo Subſtitution.*

509   Le pere ayant un fils & une fille , fait le fils heritier ;

tier, & luy fubftituë fa fille s'il meurt fans enfans; Aprés la mort du pere, le fils fe fait Prêtre; la fille meurt enfuite, & laiffe des enfans; le Prêtre décede, & nomme un heritier; les enfans de la fœur prétendent les biens, difant que lors qu'il s'eft fait Prêtre, il y a eu lieu à la condition *fi fine liberis*, & que la fubftitution a été ouverte au profit de la fœur, lors vivante. Arrèt du Parlement de Bourdeaux du 23. Juin 1525. en faveur des enfans. Plufieurs n'en étoient pas d'avis, car les enfans n'étoient point appellez à la fubftitution, mais feulement à la condition. Le contraire a été jugé au Parlement de Paris en 1566. *Voyez Boyer, queſt.* 354. *Maynard, livre* 7. *de fes queſt. chap.* 27. Papon, *liv.* 20. *tit.* 3. nom. 1. & la *Bibliotheque de Bouchel*, verbo, *Subſtitution.* où l'Arrèt qui départage cette queftion, eft daté du 23. Juillet 1523.

510 En la condition, *s'il décede fans enfans*, les enfans ne font fubftituez, & ne peuvent empêcher leur pere de difpofer de l'heredité qui luy a été laiffée par Teftament ou par des legs, & autres chofes données. Arrèt à la Pentecôte 1535. *Peleus, qu.* 53.

511 Dans la fubftitution, *s'il décede fans enfans*, ne font compris les enfans legitimes du fils bâtard de l'inftituë pour exclure le fubftituë. *Voyez Carondas, livre* 9. *Réponfe* 38. *Secus,* fi les enfans font legitimez par un mariage fubfequent. Arrèt à la Pentecôte 1538. *Peleus, queſtion* 36.

512 Un pere fait fon heritier univerfel fon fils impubere, & luy fubftituë, s'il mouroit en pupillarité, ou bien hors de pupillarité fans enfans, fa fœur. Arrivant le cas qu'il meure en pupillarité, la fœur fubftituée reçoit le tout; & la mere ne peut demander fa legitime: car la fubftitution pupillaire eft expreffe. Autre chofe fi la pupillaire étoit tacite, par ces mots, *& fi mon fils & heritier meurt fans enfans, je fubftituë;* car s'il meurt en pupillarité (quoyqu'il y ait grand conflit d'opinions) neanmoins la plus faine eft que la legitime eft dûe à la mere. Arrèt de la Cour, féant à Riom, aux Grands Jours en 1546. au mois d'Octobre. *Biblioth. de Bouchel*, verbo, *Subſtitution.*

513 Le demandeur en fideicommis n'eft tenu de prouver que l'heritier chargé de reftituer foit mort fans enfans, n'ayant apparu qu'il eût jamais eu d'enfans; *Secus*, s'il en a eu. Arrèt du 14. Août 1547. *M. Expilly, Arr.* 29.

514 La condition négative *s'il n'y a enfans de ce mariage*, ne manque point par la naiffance d'enfans, s'ils ne furvivent à celuy aprés lequel ils font appellez; & au contraire la condition *s'il y a enfans*, n'eft point arrivée par la naiffance des enfans, s'ils ne furvivent. Arrèt du Parlement de Paris du 4. Août 1550. entre la Princeffe Suzanne de Bourbon, veuve du Seigneur de Rieux d'une part, & les heritiers dudit Seigneur. *Papon, liv.* 20. *tit.* 1. *n.* 18.

515 Si un pere inftituë fon fils, & aprés fa mort fubftituë un autre, fans faire mention des enfans; cela s'entend toûjours, *fi fine liberis decefferit*; mais cela n'a point lieu en inftitution de collateraux & étrangers. Arrèt du Parlement de Touloufe en 1551. confirmé par autre en 1594. fur la Requête Civile. Telle inftitution s'étendroit encore aux enfans, quoyque la caufe pie fût inftituée. Arrèt du Parlement de Paris du mois de Novembre 1563. contre le grand Hôpital de Lyon. Il y a des Arrèts femblables au Parlement de Touloufe. *Voyez Maynard, liv.* 5. *ch.* 83. & 84. où il fait obferver que la conftitution, portant que l'exiftence des enfans empêche l'ouverture des fideicommis, tant univerfaux que particuliers, jufqu'aux fimples legats fideicommiffaires, a lieu en ceux aufquels on a feulement legué ou qui font chargez de rendre aprés leur décès, mais non pas à l'égard des heritiers univerfels, aufquels on a laiffé quelque chofe par préciput, à la charge de le reftituer, ou qui ne font chargez que de rendre quelques biens

Tome III.

particuliers de l'heredité. Arrèt du Parlement de Paris du mois de Mars 1574.

516 Un pere ayant deux enfans, inftituë l'aîné, & s'il décede fans enfans, fubftituë le puîné, & ajoûte, *& fi omnes liberi mei decefferint fine liberis, fubſtituo fratrem meum*; l'aîné décede laiffant des enfans, aufquels il fubftituë un fien parent, autre que fon frere; les enfans aufli décedent. Procés entre ce parent fubftitué aufdits enfans de l'aîné, & le puîné qui gagne fa caufe, par Arrèt plein d'équité du Parlement de Touloufe du 16. Mars 1569. La Cour fondée fur ces mots, *fi tous mes enfans viennent à decceder fans enfans*, a crû que le Teftateur avoit entendu parler non feulement de fes enfans au premier degré, mais aufli des enfans defcendans du premier inftitué, fon fils aîné; & qu'ainfi ayant été appellez & grevez par leur ayeul, ils n'avoient pû être grevez de fubftitutions par leur pere en mêmes biens, alleguant l'opinion des Interpretes, *in L. Ceni. ff. de vulgari,* & que la perfonne la plus aînée, eft cenfée preferée, & par confequent le fils puîné du Teftateur à fes collateraux, vû qu'il avoit voulu que fon frere fût reçû à l'heritage aprés la mort de tous fes enfans & defcendans en droite ligne & non plûtôt; mais la Cour auroit adjugé la legitime & trebellianique de ce fils aîné à celuy que ce fils avoit fubftitué à fes enfans. Le même avoit été jugé par autre Arrèt du 27. Avril 1548. mais cela n'a lieu qu'en faveur des defcendans en droite ligne, & non en faveur des collateraux & étrangers. *Voyez Maynard, liv.* 8. *chap.* 91.

517 *Mævium filium meum haredem ex dimidia facio, & ex altera dimidia Seium, & fi unus ex his decefferit fine liberis, fuperſtitem subſtituo, uno ex his mortuo, relictis liberis, qui poſteà superſtiti altero filio moriuntur; an subſtitutus admittatur, & ita conditio fine liberis hanc interpretationem recipiat, vel liberi, fine liberis?* Au mois de Février 1575. aprés partage, il fut arrêté au Parlement de Touloufe que la fubftitution étoit finie par la naiffance des enfans furvivans au décés de celuy à qui la fubftitution étoit faite. *Biblioth. de Bouchel,* verbo, *Subſtitution.*

518 Un Teftateur ayant un fils & deux filles, inftituë le fils, & s'il décede fans enfans, fubftituë les filles; le fils décede fans enfans; & par Teftament inftituë l'une de fes fœurs, fille du Teftateur, avec claufe que c'eft outre la fubftitution de fon feu pere, à laquelle il ne veut être dérogé. Procés entre les deux fœurs, fur ce que l'heritiere inftituée par le fils veut détraire à fon profit la legitime & trebellianique du fils. L'autre fœur l'empêche, & dit que le defunt avoit bien pouvoir de les détraire s'il eût voulu; mais qu'il ne l'a pas fait; au contraire, s'eft tacitement departi de cette diftraction, en ordonnant que la fubftitution contenuë au Teftament de fon pere, fortît effet; en quoy *plenius videtur fatisfecifse voluntati defuncti*; comme il eft dit en cas pareil, *in L. patrem. ff. que in fraudem creditor.* Mais nonobftant ces raifons, elle perdit fa caufe, par Arrèt du Parlement de Paris du 1. Juin 1585. rapporté par Anne Robert, *rerum judicat. li.* 4. *cap.* 17. Et le même fut jugé à Touloufe. *Voyez Maynard, liv.* 7. *chap.* 2.

519 La queftion a été grande & douteufe touchant la fubftitution faite fous la condition, *fi fine liberis decefferit,* au cas que les enfans furvivans foient aprés décedez fi la fubftitution a lieu? Plufieurs ont tenu pour l'affirmative, *& cafum non exiſtentium liberorum protrahi ad cafum exiſtentium, & poſteà deficientium Auth. fed & fi quis. C. de fec. nupt.* mais l'opinion contraire a prévalu *conditionibus qua femel defecit non amplius inſtaurari, L. cum uxori, C. quando dies legati vel fidiet. L. fi quis haredem, C. de inſt.* Arrèt du 19. Juin 1586. donné au Parl. de Touloufe, les Chambres affemblées, aprés des partages faits en chacune des Chambres. *Voyez Maynard, liv.* 5. *chapitre* 74.

520 De la substitution, *si sine liberis decesserit*, l'heritier institué & les enfans , étant hors du Royaume , & ne pouvant succeder aux biens qui étoient en France : Jugé que la substitution étoit ouverte au profit du substitué. Arrêt du 23. Decembre 1598. *M. Loüet , lettre S. somm. 15.*

521 *Titius mihi hæres esto, & si sine liberis moriatur, meam hæreditatem Sempronio restituito*; si Titius laisse des enfans, *fideicommisso locus non est.* Titius a des enfans, Titius fait cession , ses biens sont saisis & mis en decret; sa femme, mere & tutrice de ses enfans, demande distraction des biens avenus à *Titius* par le Testament de son pere, comme appartenans à ses enfans, & leur étans substituez , parce qu'étant en la condition , ils étoient aussi en la disposition. Jugé que les enfans n'étoient appellez par cette clause, mais seulement les substituez exclus par le défaut de la condition. Arrêt du 10. May 1603. *M. le Prêtre , 1. Cent. ch. 70. M. Loüet , let. C. somm.* 46. *M. Expilly, Arr.* 5. Henrys, *tom.* 1. *liv.* 5. *chap.* 4. *quest.* 26. & *tome* 2. *liv.* 5. *question* 20. où il parle de la substitution des *Fougeroles.*

522 Une substitution *si sine liberis* , comprend la pupillaire , & cette pupillaire doit être expresse, pour exclure la mere de sa legitime. Arrêt du Parlement de Grenoble du 7. Août 1630. qui juge aussi que *ordine scriptura* , cette pupillaire n'a lieu pour l'heritier , & pour un legat. *Bassit , tome* 1. *liv.* 5. *tit.* 9. *ch.* 5.

523 On juge au Parlement de Toulouse que celuy qui est chargé de rendre en un certain cas, est substitué à la substitution *etiam eo casu deficiente* : Arrêt du 22. Août 1650. après partage, porté de la seconde à la premiere des Enquêtes. Jean Gouze institué ses enfans , Raymond & Jean, heritiers égaux ; & au cas que l'un d'eux vînt à deceder sans enfans , ou leurs enfans en pupillarité, substitué le survivant. Raymond étant décedé après son pere , & ayant laissé deux enfans majeurs de 25. ans , il étoit question si ces enfans étoient substituez à leur pere?Il fut jugé qu'ils l'étoient, parce qu'ils étoient dans la condition redoublée, par consequent appellez , suivant l'usage de ce Parlement ; & quoy qu'ils ne fussent chargez de rendre qu'au cas qu'ils mourussent avant l'âge de 25. ans,ils ne laissoient pas d'être absolument & purement appellez ; la clause du Testament contenant tacitement deux substitutions;la premiere par laquelle Raymond est chargé de rendre absolument à ses enfans ; & la seconde par laquelle les enfans de Raymond sont chargez de rendre, au cas qu'ils décedent avant l'âge de puberté ; la charge de restitution , quoy qu'en un certain cas, suppose une institution pure & simple , comme dit *Maynard , liv.* 5. *chap.* 71. Guy Pape, *question* 184. Boërius, *decis.* 155. *n.* 21. Le même a été jugé le 20. Septembre 1665. *Voyez M. de Catellan , liv.* 2. *chapitre* 75.

524 Par cette clause de substitution, si l'heritier decede sans enfans , ou ses enfans sans enfans , les petits-fils de l'heritier ne sont point appellez , parce qu'ils sont dans la simple condition ; mais les enfans de l'heritier sont appellez parce qu'ils sont dans la réduplicative , c'est une maxime que *liberi in conditione positi non sunt in dispositione nisi sint in reduplicativâ , vel sub nomine masculorum.* On a douté si la frequente repetition de cette clause sur la tête de chacun des enfans du testateur , pouvoit appeller les petits fils de cet enfant, & faire présumer une substitution graduelle & perpetuelle. Un testateur ayant cinq enfans mâles & deux filles, institué l'aîné , & en cas qu'il decede sans enfans , ou ses enfans sans enfans substitué le second ; & au cas que le second decede sans enfans , ou ses enfans sans enfans , substitué le troisiéme , & au cas que le troisiéme , &c. substitué le quatriéme , & au cas que le quatriéme , & c. substitué le cinquiéme , & au cas que le cinquiéme & c. substitué la premiere fille, & au cas que la premiere

fille , &c. substitué la seconde. Le petit fils de l'aîné arriere petit fils du testateur demandoit ouverture de la substitution contre un acquereur, & prétendoit que cette frequente repetition faite par le testateur sur la tête de chacun de ses enfans , s'il decede sans enfans , ou ses enfans sans enfans , pouvoit faire présumer une substitution graduelle, & l'appeller;quoiqu'il ne fût que dans la condition. Par Arrêt du 4. Juillet 1658. rendu au Parlement de Toulouse , en la cause de Henry le Noir, demander en ouverture de la substitution , après partage , porté à la seconde , il fut jugé que Henry le Noir , petit-fils de l'aîné, & arriere-petit-fils du Testateur , n'étoit point appellé, parce qu'il n'étoit que dans la simple condition , & que la frequente répétition de la clause ne pouvoit rien changer à la maxime , ni faire présumer une substitution graduelle. Par le même Arrêt, la substitution apposée au Testament de l'ayeul de Henry le Noir fut ouverte, parce qu'à l'égard de celle-là , il se trouvoit dans la réduplicative. Ceux donc qui dans une clause de substitution, se trouvent dans la simple condition, ne sont point appellez;neanmoins s'il y a fortes conjectures , les petit-fils de l'heritier sont appellez , *ex præsumptâ mente testatoris* ; comme il a été jugé le 31. May 1660. en l'affaire du Marquis de Thoiras. *Voyez M. de Catellan, liv.* 2. *chap.* 62.

Jugé le dernier Juin 1659. au Parlement d'Aix que **525** la substitution faite par le pere à son fils , en cas de décés sans enfans , ne comprend pas la pupillaire tacite , & que la pupillaire tacite n'exclut pas l'ayeule de la succession de son petit-fils mort en pupillarité. *Boniface , tome* 2. *liv.* 2. *tit.* 2. *chap.* 10.

Pierre Barracan heritier chargé de fideicommis, **526** ayant échangé une piece de terre , dépendante de la substitution de valeur de 100. livres avec une autre piece de valeur de 400. liv. & ses biens ayant été generalement saisis , il fut jugé au Parlement de Toulouse le 24. Decembre 1660. que les 400. livres de plus valuë n'étoient pas des biens de la substitution ; mais ces biens propres de l'heritier , en faveur de ses créanciers, contre ses enfans substituez par l'ayeul, cette plus valuë est justement acquise à l'heritier, qui l'a,non pas *ex bonis defuncti* , mais par son adresse ou par le peu d'habileté de celuy avec qui il fait l'échange ; *id habet ex decisione suâ , vel ex stultitiâ emptoris* , comme dit le Jurisconsulte en la Loy 3. *ff. ad Leg. falc.* M. de Catellan , *liv.* 2. *chap.* 61.

Si dans la substitution faite au cas de décés sans **527** enfans , la condition défaut par l'existence des enfans de l'heritier nez & demeurans hors du Royaume? Les Arrêts du Parlement de Paris & ceux du Parlement de Toulouse sont differens. *Loüet , lettre S. nomb.* 15. en rapporte qui ont jugé que la substitution est ouverte , ainsi décidé au Parlement de Toulouse en Decembre 1675. *Arrêt de M. de Catellan , liv.* 2. *ch.* 88.

Le sieur de Dromme avoit cinq enfans , un fils & **528** quatre filles : le sieur de Chaulieu leur oncle donna par son Testament à l'aînée & à la cadette à chacune 50. livres de rente, & qu'en cas que l'une mourût sans enfans. L'autre heriteroit de sa part sans que les freres ou les sœurs y puissent rien demander qu'après leur mort sans enfans. Les deux sœurs legataires étant décedées , les deux autres sœurs demanderent part aux 100. livres de rente prétendant les partager avec leur frere , comme étant substituées avec luy par le Testament de leur oncle. Le Juge de Vire prononça en leur faveur;le frere en appella au Parlement de Roüen. Par Arrêt du 12. Mars 1680. la Sentence fut cassée & la rente ajugée au frere. *Basnage, sur la Coûtume de Normandie , art.* 422.

M. de Marca Archevêque de Paris & auparavant **529** Archevêque de Toulouse , fait un Testament, nomme pour son heritier M. de Marca son fils Président au Parlement de Navarre , il ajoute à l'institution ces termes :*étant bien assuré que si son fils vient à deceder*

ſans enfans, il diſpoſera de ſes biens ſuivant l'ordre de la nature, & au profit de ceux dont il auroit receu plus de ſervices & de témoignages d'amitié. Le ſieur Baron de Mirepoix de Navailles ſoûtenoit que ces paroles ren-fermoient une ſubſtitution. La cauſe partagée fut déci-dée en ſa faveur au Parlement de Touloufe au mois d'Août 1693. il y avoit à la verité quelques Lettres miſſives qui ſembloient favoriſer la ſubſtitution par le rapport que la diſpoſition de l'Archevêque avoir à ces Lettres; mais la grande attention des Juges fut aux principes & aux regles generales : & l'on crut qu'en bonne Juriſprudence cette clauſe établiſſoit un fidei-commis en faveur des plus proches, particuliere-ment des deſcendans à l'excluſion des collateraux, *Voyez les Arrêts de M. de Catellan, liv. 2. chap. 9.*

SUBSTITUTION, SUCCESSION.

530   Le Subſtitué ſuccede au Teſtateur & non pas à l'heritier. *Voyez Henrys, tome 1. liv. 3. ch. 3. queſt. 25. Mantica, liv. 8. tit. 10. de conjeſt. ultim. volunt. Covar. practicarum, queſt. cap. 38. Theſaurus déciſ. 65. & Fachineus, liv. 4. cap. 85. controverſ. juris.*

531   Les enfans inſtituez heritiers avec leur pere & mere renonçant à leur ſucceſſion, ne peuvent demander par ſubſtitution les biens de leur ayeul. Arrêt du 22. May 1560. *Carondas, liv. 7. Réponſe 67. V. Peleus, queſt. 50.* où il dit qu'ils ſont conjointement inſtituez.

532   En matiere de ſubſtitutions, on ajuge les biens ſub-ſtituez au plus proche, non du Teſtateur qui a ſubſti-tué, mais du dernier décédé; & ſi on cherche la li-gne plus haute que le fils, *de cujus ſucceſſione agitur,* & ſon pere, ce n'eſt pas pour la diviſion des biens, mais ſeulement pour ſçavoir ſi ceux qui veulent ſuc-ceder ſont parens paternels ou maternels, parce qu'ils ne peuvent être paternels, s'ils ne ſont deſcendus de l'eſtoc & ligne de l'ayeul; ni maternels, s'ils ne ſont venus de l'ayeule ou autres aſcendans. *Brodeau, ſur M. Louet, lettre P. ſomm. 28. nomb. 9.*

SUBSTITUTION, TRANSACTION.

533   Les freres ne peuvent tranſiger ſur le Teſtament de leur pere, au préjudice de la ſubſtitution des biens de l'un d'eux. Arrêt du Grand Conſeil du 22. Septem-bre 1550. *Carondas, liv. 11. Rép. 82.*

534   Les biens ſubſtituez & échangez par tranſaction ou convention, ne changent la ſubſtitution, & elle doit ſubſiſter nonobſtant l'échange fait entre les freres. *V. Henrys, tome 1. liv. 5. queſt. 3. dans Peleus, queſt. 161.* il y a Arrêt du 22. Septembre 1607.

SUBSTITUTION, TRANSMISSION.

535   *Licet jus ſubſtitutionis non tranſmittatur ad hæredem hæredis, jus tamen accreſcendi tranſmittitur, l. ſi ex pluribus, ff. de ſuis & legit. hæredibus; jus enim accreſcen-di non habet conditionem, ſed eſt purum jus legale, l. 24. ff. de vulgari, & c.*

536   Il s'obſerve, & a été jugé par les Arrêts, que *ſpes ſubſtitutionis tranſmittitur in liberos primi gradus* ſeule-ment, & non aux autres enfans & perſonnes qui ſont *in remotiori gradu,* ſuivant la doctrine des Docteurs, *l. l. 2. C. de his qui contrà aper. tab. per l. is quiſ C. de actionibus & oblig. & rationem, l. ſi in perſonam, C. de fideicommiſ.* La Rocheflavin, *liv. 3. lettre S. titré 9. Arrêt 3.*

537   *Seïus Saturninus reliquit hæredem fiduciarium Vale-rium à quo petiit ut filio ſuo Oceano cùm ad annos 16. per-veniſſet, hæreditatem reſtitueret.* Ocean décede avant l'âge de 16. ans; ſon oncle demande les biens, *jure proximitati,* & y comprend *hæreditatem patris fiducia-ria,* M. Valere dit que celuy à qui il devoit reſtituer étoit décedé avant l'âge de 16. ans, & qu'il n'avoit pû tranſmettre. Le Juriſconſulte répond que les biens appartiennent à l'once, & que le teſtateur par la clauſe n'a fait que differer le payement juſques à ce que ſon fils eût atteint cet âge, & non pas pour ren-dre le fideicommis conditionel. *Voyez M. le Prêtre 1. Cent. chapitre 51. circa medium.*

538   Le fideicommis conditionel n'eſt point tranſmiſſi-

Tome III.

ble aux deſcendans avant l'exiſtence de la condition, ſuivant l'opinion des Docteurs, toutefois les Juriſ-conſultes & les Empereurs ont introduit la tranſmiſ-ſion du fideicommis conditionel aux deſcendans. *Voyez M. d'Olive, liv. 5. chap. 23.*

539   Le fideicommis conditionel *non tranſmittitur ante conditionis eventum, etiamſi factum ſit ab avo; Secùs,* aux ſubſtitutions contractuelles qui ſe tranſmettent. *M. Loüet, lettre F. ſomm. 2.* Au Parlement de Tou-louſe on juge pour la tranſmiſſion, *maxime in liberis primi gradus.* Brodeau, *ſur M. Loüet, lettre F. ſom. 2. nomb. 3.*

540   François Maynaguet par Teſtament, inſtituë Pierre & Jacques ſes enfans, les ſubſtituë l'un à l'autre, s'ils décedent ſans enfans, & à tous deux ainſi decedans ſubſtituë Simon ſon autre fils, ou ſes deſcendans. Il arrive que Simon décede, ſurvivant Pierre & Jacques, & laiſſe François & Claire mariée avec de Medecis. Claire décede auſſi & laiſſe un fils; aprés décedent Pierre & Jacques heritiers inſtituez; ſans enfans; procés pour la ſubſtitution entre François & l'enfant de Claire, qui dit que par vertu de la tranſmiſſion, & comme repreſentant Claire ſa mere, il doit venir en concours avec François, lequel au contraire, pré-tend avoir ſeul recüeilly le profit de la ſubſtitution, ou par droit d'accroiſſement, ou comme plus pro-chain en degré que le fils de Claire, tous compris ſous le nom des deſcendans au Teſtament, étant certain que ſi pluſieurs ſont appellez par un nom collectif, tel que celui de deſcendans, le plus pro-chain en degré eſt préféré aux autres. Ainſi jugé au Parlement de Touloufe le 3. Septembre 1683. l'Arrêt confirmatif de la Sentence du Sénéchal de Touloufe qui avoit ouvert la ſubſtitution à François ſeul, ex-clut l'enfant de Claire. *Voyez Mainard, liv. 5. ch. 45.*

541   Un pere en païs de Droit écrit inſtituë ſon fils en la moitié de ſes biens, & ſa femme en l'autre moi-tié, à laquelle il ſubſtituë trois de ſes autres enfans, & ſubſtituë les trois les uns aux autres & le ſurvivant d'iceux; l'un deſdits trois enfans décede avant la me-re, & laiſſe un fils qui prétend quelque choſe en la ſubſtitution avec ſes deux oncles. Arrêt du 28. Mars 1689. qui le déclare mal fondé, *quia ſpes non adiit fi-deicommiſſi conditionalis, ad filios tranſmitti non poteſt. M. Loüet, lettre S. ſomm. 8. Carondas, liv. 13. Rép. 54.* eſt de contraire avis & rapporte quelques Arrêts. *Voyez M. le Prêtre, ès Arrêts de la Cinquième,* où il rapporte l'Arrêt de *M. Loüet.*

542   Les biens qui échéent aux enfans par la tranſmiſ-ſion, n'ayant jamais appartenû au pere, & ne leur avenant pas par ſon jugement, ni en conſequence de ſa diſpoſition, ni même à l'occaſion de ſon héredité, il n'y a point de raiſon qui oblige de les comprendre dans le fideicommis, &c. Arrêt du 27. Juillet 1634. *M. d'Olive, liv. 5. chap. 24.*

543   Les Empereurs ont fait paſſer la tranſmiſſion du fideicommis conditionel aux deſcendans. Arrêt du 9. Mars 1635. *M. Dolive, liv. 5. queſt. 23. Voyez Brodeau, ſur M. Loüet, lettre F. ſomm. 2. nombre 2. & lettre S. ſomm. 8. nomb. 13. Voyez Henrys, tome 1. livre 5. queſtion 24.*

SUBSTITUTION, USUFRUIT.

544   L'uſufruit attribué aux meres par l'Edit de 1567. ne doit leur demeurer au cas de la ſubſtitution pupillai-re expreſſe. Cette ſubſtitution faite par le mary au profit de ſa femme eſt ſujette à l'Edit des ſecondes nopces. *Voyez Ricard, Traité des Subſtitutions, part. 1. ch. 2. nomb. 69. & ſuiv.*

545   Subſtitution, *cum elogio* faite par le pere Rainſant qui reduiſoit Jean Rainſant ſon fils à l'uſufruit, de-clarée non valable, par Arrêt du 5. May 1667. *De la Gueſſ. tome 3. liv. 1. chap. 28.*

546   Millet pere Procureur au Parlement, avoit reduit Pierre Millet l'un de ſes enfans à l'uſufruit de ſa por-tion hereditaire, & la proprieté ſubſtituée à ſes en-

fans, & s'il n'avoit point d'enfans à fes autres freres & fœurs, &c. Jugé que Pierre Millet viendroit à partage avec fes enfans & fœurs, de tous les biens, fans aucune charge de fubftitution, par Arrêt à Paris le 31. May 1680. *Journal du Palais.*

SUBSTITUTION VULGAIRE.

547   De la fubftitution vulgaire. *Voyez Defpeiffes, tome* 2. *pag.* 99.

De la nature & de l'ufage de la fubftitution vulgaire, regles particulieres fur quelque cas des fubftitutions vulgaires; de la nature & de l'ufage de la fubftitution pupillaire, & de celle qu'on appelle communément exemplaire, compendieufe & réciproque; regles particulieres fur quelques cas de fubftitutions pupillaires; des fubftitutions directes & fideicommiffaires de partie de l'heredité ou de certaines chofes. *Voyez les Loix Civiles, tome* 3. *liv.* 5.

548   Si la fubftitution vulgaire eft éteinte par la furvivance des enfans de l'heritier qui étoit chargé d'une fubftitution compendieufe, en cas de décès fans enfans, & qui a prédecedé le Teftateur? *Voyez Duperier, liv.* 2. *queft.* 11.

549   Je fubftituë Pierre mon heritier, & en cas qu'il ne le foit pas, je luy fubftituë Jean; cette fubftitution eft vulgaire expreff. qui contient la pupillaire tacite; c'eft-à-dire, fi Pierre prend ma fucceffion & meurt en pupillarité. *Ricard, des Subftitutions, traité* 3. *ch.* 5. *nombre* 195.

550   La fubftitution vulgaire expreffe, felon quelquesuns, s'étend d'un cas à un autre. *Ricard* tient la négative, parce que les difpofitions s'accompliffent dans les termes où elles font conçuës. *Ricard, ibidem, nombre* 206.

551   La fubftitution vulgaire réciproque, ne peut comprendre la pupillaire, fi tous les enfans ne font impuberes. Arret du 11. Avril 1634. *Henrys, to.* 1. *liv.* 5. *chap.* 4. *queft.* 47.

552   Arrêt du Parlement d'Aix du 7. Mars 1643. qui declare que le pere ayant été inftitué & les fiens; les fœurs ne font appellées que par fubftitution vulgaire & non par fideicommiffaire. *Boniface, tome* 5. *liv.* 2. *tit.* 3. *chap.* 2.

553   *Vulgari fubftitutioni ineffe tacitam pupillarem, & contra certum eft.* M. le Prêtre, 1. *Cent. ch.* 26.

554   *J'inftituë mon Pofthume mon heritier; s'il decede avant l'âge de* 25. *ans, je luy fubftituë de plein droit, & en tous mes biens mon mary.* Cette fubftitution eft vulgaire. Arrêt du 19. Juillet 1666. *De la Gueff. tome* 2. *liv.* 8. *chap.* 16. *fol.* 925.

555   Arrêt du Parlement d'Aix du mois de May 1683. qui a jugé que l'enfant du Teftateur & les fiens enfans & hoirs appellez à la fubftitution ne font appellez que par la vulgaire, non par le fideicommiffaire. *Boniface, tome* 5. *liv.* 2. *tit.* 3. *ch.* 1.

556   Cette claufe d'un Teftament, *Je donne à Bertin deux fiefs, & un à Antoine, lefquels feront heritiers l'un de l'autre,* ne contient point le cas vulgaire d'une fubftitution; enforte que fi Bertin decedant avant le Teftateur n'atteint pas fon legs, Antoine ne fera pas cenfé y être appellé; au contraire, il demeurera exclus; il fut ainfi départi en la Premiere Chambre des Enquêtes du Parlement de Tournay fur le partage de la troifiéme, le 7. Mars 1695. au procès d'entre Nicolas Mannier, Marchand, & les nommées le Dien demandereffes qui furent déboutées. *Voyez Pinault, tome* 1. *Arrêt* 56.

SUBSTITUTS.

1   SUbftituts de Meffieurs les Procureurs Generaux és Cours de Parlement, & Adjoints des Confeillers efdites Cours, enfemble les Subftituts des Avocats & Procureurs de fa Majefté, & Adjoints aux Enquêtes en chacun Bailliage, Sénéchauffée, Prévôté & autres Sieges, avec l'Edit de création. *Voyez Chenu, Offices de France, tit.* 15.

Arrêt par lequel il a été jugé que les Subftituts 1 poftuleront pour les Parties comme les fimples Procureurs, és caufes où le Roy n'a interêt, & même és Sieges où le nombre des Procureurs eft limité. *Filleau,* 2. *part. tit.* 6. *ch.* 17.

Reglement du 17. Octobre 1609. entre le Subftitut 3 à Bourges & les Avocats du Roy en toutes les Jurifdictions de ladite ville; qu'une même perfonne ne peut exercer l'Office de Subftitut aux Jurifdictions ordinaires Royales, & aux Jurifdictions extraordinaires; que le Subftitut ne peut précéder l'Enquêteur finon en l'abfence du Procureur du Roy; que le Subftitut précede les Avocats tant au Siége, qu'és Affemblées publiques. *Ibid. chap.* 10.

Le Subftitut du Subftitut au Siége de Saumur, fai- 4 fant d'ailleurs la fonction d'Avocat, n'a point de préféance au-deffus des Avocats, & n'a rang que du jour de fa matricule. Arrêt du 23. Janvier 1657. *De la Gueff. tome* 2. *liv.* 1. *chap.* 4.

Les Subftituts du Procureur General en la Cour des 5 Aydes, fignerontt toutes fortes de conclufions, foit préparatoires, interlocutoires, ou définitives; défenfes aux Avocats du Roy d'en figner ni parapher aucunes à peine de faux & de nullité, &c. Arrêt du 25. Janvier 1657. *Ibid. ch.* 5.

Voyez cy-deffus le mot Subftitut.

SUBVENTIONS.

1   DEs alienations & ventes du temporel, pour fubventions accordées aux Rois, en vertu des Bulles des Papes, & des Lettres Patentes données fur icelles. *V. les Memoires du Clergé, tome* 4. *part.* 6. *tit.* 5.

Des decimes & fubventions, accordées aux Rois 2 par le Clergé de France. *Ibidem, tit.* 6.

Du rachat & réünion des Domaines de l'Eglife, 3 vendus & alienez pour lefdites fubventions, & les Edits, Declarations & Arrêts donnez pour cet effet en faveur du Clergé. *Voyez ibid.* & les mots *Decimes, Don gratuit.*

SUCCESSION.

VOyez les Titres *Actes d'heritier, Benefice, Inventaire, Heritier, Inftitution, Legs, Partage, Rapport, Subftitution.*

La matiere des fucceffions & des Teftamens, eft fort étenduë, l'un & l'autre titre a beaucoup de rapport.

La matiere des fucceffions eft particulierement trai- 1 tée dans le Digefte, depuis le commencement du XXVIII. Livre, jufqu'à la fin du XXXVIII.

Elle comprend tout le fixiéme Livre du Code, excepté les 8. premiers Titres.

Dans les Inftitutes, elle commence au Titre X. du Livre fecond, & finit avec le Titre XIII. du troifiéme Livre.

Et dans le Jurifconfulte Paulus, elle contient le troifiéme & le quatriéme Livre de fes Sentences.

Définition de fucceffion. *Hereditas, bonorum poffeffio. L.* 24. 119. 138. 151. 178. §. 1. *D. de verb. fign.*

Succeffion teftamentaire, en quel fens eft appellée fucceffion legitime. *L.* 130, *D. de verb. fign.*

De acquirendâ vel omittendâ hereditate D. 29. 2. *Acquirere, hic pro, adire.*

De jure deliberandi, & de adeundâ vel acquirendâ hereditate. C. 6. 30.

De repudiandâ vel abftinendâ hereditate. C. 6. 31.

De eo qui tranfert hereditatem. L. 6. *D. de reg. jur.*

De crimine expilatæ hereditatis. C. 9. 32. ... *D.* 47. 19. *Voyez* Spoliation.

De fideicommiffariis hereditatibus. Inft. 2. 23. *V.* Fideicommis.

De hereditatis petitione. D. 5. 3...*C.* 3. 31. Demande de la Succeffion contre celuy qui s'en eft emparé injuftement.

Si pars hereditatis petatur. D. 5. 4.

De poffefforiâ hereditatis petitione. D. 5. 5.

De fideicommissariâ hereditatis petitione. D. 5. 6. De la succession donnée par Fideicommis.

De hereditate , vel actione venditâ. D. 18. . . . . C. 4. 39. Vente de droits successifs.

De bonorum possessionibus. D. 37. 1. . . . Inst. 3. 10.

Bonorum possessio , est jus persequendi , retinendive patrimonii , sive rei quæ cujusque , cum moritur , fuit. C'est la Succession même , ou l'hérédité.

Quorum bonorum. D. 43. 2. . . . C. 8. 2. . . . C. Th. 4. 19. . . . . Inst. de interd. § 3. Ce Titre parle d'une sorte d'interdit , par lequel l'Héritier , ou *Bonorum possessor* , étoit mis en possession de tous les biens du Défunt.

De possessionibus dandis. Ulp. 28.

Si tabula testamenti extabunt. D. 37. 2. Quand il y a eu un Testament , qui est perdu , ou corrompu , il y a lieu *Bonorum possessioni.*

Qui admitti ad bonorum possessionem possunt , & intra quod tempus. C. 6. 9. Vide tit. 16.

De bonorum possessione , furioso , infanti , muto , surdo , cæco , competente. D. 37. 3.

De bonorum possessione contra tabulas , quam Prætor liberis pollicetur. C. 6. 12. . . . D. 37. 4. Liberis , in hoc titulo , intellige emancipatis & præteritis.

De conjungendis cum emancipato liberis ejus. D. 37. 8. Comment les Enfans d'un Pere emancipé , succedent avec luy à leur ayeul. Ce Titre est abrogé par la Novelle 118. qui appelle , également aux successions , les Enfans émancipez , & ceux qui ne le sont pas. Ainsi le Pere , comme plus proche de l'ayeul , exclut le Fils.

De ventre in possessionem mittendo , & curatore ejus. D. 37. 9. Du droit de succeder qui appartient à l'Enfant qui n'est pas encore né.

De bonorum possessionibus secundùm tabulas. D. 37. 11.. C. 6. 11.

Si à parente quis manumissus sit. D. 37. 12. Manumissus , id est , Emancipatus. Que les Ascendans succedent aux Enfans qu'ils ont émancipez.

De bonorum possessione ex testamento militis. D. 37. 13.

De bonorum possessione contra tabulas liberti , quæ patronis vel liberis eorum datur. C. 6. 13.

De bonis & successione libertorum. V. Affranchi.

Quibus non competit bonorum possessio. D. 38. 13.

Ut ex legibus , senatusque consultis bonorum possessio detur. D. 38. 14.

Qui ordo in possessionibus servetur. D. 38. 15.

De repudiandâ bonorum possessione. C. 6. 19.

De his qui ante apertas tabulas , hereditatem transmittunt. C. 6. 52. Les Héritiers du Testateur transmettent la succession à leurs Héritiers , même avant l'adition. *L. 6. D. de reg. jur.*

De hereditatibus quæ ab intestato deferuntur. Inst. 3. 1. . . . Lex 12. tabb. t. 20.

De intestatorum successione. Paul. 4. 8. . . . Caj. 2. 7.

De legitimâ agnatorum successione. Inst. 3. 2.

De suorum cognatorum. Inst. 3. 5.

Si quis , omissâ causâ testamenti , ab intestato , vel alio modo possideat hereditatem. D. 29. 4.

Si omissâ sit causâ testamenti. C. 6. 39. Ce Titre & le précedent ordonnent , que si l'Héritier testamentaire renonce au Testament , pour prendre la succession qui luy peut appartenir par le droit du sang ; en ce cas les legs & les autres dispositions ne soient pas caduques.

De legitimis hereditatibus. C. Th. 5. 1.

Si tabula testamenti nulla extabunt : unde liberi. D. 38. 6. C'est-à-dire : *Liberi succedunt ab intestato.*

Unde liberi. C. 6. 14. . . . C. Th. 4. 2. Sic intellige hunc titulum : Pars edicti , unde liberi ab intestato vocantur ad successionem parentum ; & est primus gradus successionis ab intestato.

Unde legitimi , & unde cognati. C. 6. 15. . . . D. 38. 7. & 8. . . . Inst. 3. tit. 2. § 3.

De suis & legitimis liberis , & ex filiâ nepotibus ab intestato venientibus. C. 6. 55.

De successorio edicto. D. 38. 9. . . . . C. 6. 16. Cet Edit régloit le temps dans lequel les Héritiers devoient demander l'hérédité , *bonorum possessionem.* Les Enfans & les Peres avoient un an ; & les autres avoient cent jours.

Unde vir & uxor. D. 38. 11. . . . C. 6. 18.

De veteranorum & militum successione. D. 38. 12. Des successions abintestat des gens de Guerre , & des Veterans.

De hereditatibus decurionum , naviculariorum , cohortalium militum , & fabricensium. C. 6. 61.

Succession d'un Captif , ou prisonnier de Guerre. *L. 3. D. de verb. sign.*

Quis ordo in successionibus servetur. D. 38. 15. Hic titulus parum differt à titulo 9. De successorio edicto.

De heredibus ab intestato venientibus , & de agnatorum jure sublato. N. 118. Ordre de toutes les successions ab intestat.

Ut fratrum filii succedant pariter , ad imitationem fratrum , etiam ascendentibus extantibus. N. 127. c. 1.

De consanguineis & uterinis fratribus. N. 84 Partage de succession entre Freres de divers lits.

De actionibus hereditariis. C. 4. 16.

Communia de successionibus. C. 6. 59. Ce Titre ne se doit pas entendre des Successions testamentaires , & ab-intestat : il ne concerne que les Successions ab-intestat , *quæ deferuntur jure civili , vel jure Prætorio.*

De Armeniorum successione. Edict. Just. 3.

Succession des Meres , & comment elles succedent à leurs Enfans. *Voyez* le mot *Edit.* § *Edit des Meres.*

De successionibus sublatis , quæ fiebant per bonorum venditiones , & ex Senatus-consulto Claudiano. Inst. 3. 13.

Des successions en general. *Voyez la Préface , du 3. tome des Loix Civiles.* 2

Ligne des ascendans , des descendans & des collateraux. *Voyez le 3. tome des Loix Civiles , liv. 1. tit. 1. section 3.* 3

Comment succedent les enfans & les descendans , qui sont les enfans & les descendans , ordre de la succession des enfans & descendans , on crée un curateur à l'enfant à naître , la veuve enceinte obtient une provision. Comment succedent les peres , les meres , & les ascendans ; les freres , sœurs , & autres collateraux. *Voyez le 3. tome des Loix Civiles , livre 1. tit. 1. & suiv.* 4

De successione ab intestato. Per Dynum. 5
Per Cynum.
Per Bartolum.
Per Matthæ. de Matesillan.
Per Ant. Roxellum.
Per Rolandinum Passagerium.
Per Jo. Oldendorpium.
Per Fabianum Bodei in arbore.
Et per Oliverium Textorem.

De successionum creatione , progressu , effectuque & resolutione. Per Fernandum Vasquium Hispanum. 6

De statutis fœminam & cognatorum lineam à successione excludentibus. Per Albertum Brunum Astensem , & Jo. Campegium in materia dot. 7

De successionibus ab intestato clericorum regularium , & sæcularium. Per Nicolaum de Ubaldis. 8

De translatione possessionis defuncti in superstitem. Per Andræam Tiraquel. in tracta. Le mort saisit le vif. & *per Nicolaum Bellonum.* 9

Barry , *de successionibus. Furii 1653.* 10

Grassus , *de successionibus ,* vol. in fol. *Genevæ 1638.*

Voyez hoc verbo *Succession. La Bibliotheque du Droit François par Bouchel, & celle de Jovet.* Papon , *liv. 21. tit. 1.* Coquille , *tome 2. Institution au Droit François , p. 100. Le traité des Successions par M. le Brun , les Arrêts de la Tournelle & le premier Président de Lamoignon , recueillis dans Auzanet, & les Commentateurs des Coûtumes. Voyez* la nouvelle édition des Oeuvres de M. *Charles* 12

du Moulin, tome 1. p. 878. & fuiv. où il explique le traité de la Coûtume de Paris fur les fucceſſions directes, & p. 899. où il traite des fucceſſions collaterales.

13 Des fucceſſions. Voyez le 34. chap. de la Coûtume de Nivernois, & Coquille en fon Commentaire fur icelle, to. 2. p. 251. où il eſt parlé de la repreſentation qui n'a point lieu en ligne afcendante, du rapport, des lignagers, des bâtards, des fucceſſions & hereditez. Ibid. en fon Inſtitution au Droit François, p. 100.

14 Pœna privationis hereditatis indicta hæredi, qui moleſtaverit legatarium, an committatur liſe contra eum mota ab hærede? V. Stokmans, Décif. 17.

15 An teſtator poſſit derogare ſtatuto Bruxellenſi, de non dividendâ hæreditate ſine interventu Collegii arbitrorum, vulgo de Gheſuvorene Lothers, quando unus hæredum eſt minor 18. annis. V. Stokmans, Décif. 213.

16 Il ne fuffit pas pour fucceder d'être proche parent, il faut encore être habile à fucceder.
Les cauſes pour lefquelles les plus proches font inhabiles à fucceder, font.
La mort civile laquelle rend incapable des effets civils.
2°. La naiſſance non legitime des bâtards & des aubains.
3. L'incapacité qui provient du crime.
4°. La renonciation des filles par contrat de mariage.
5. L'exheredation. Voyez chaque titre.

17 De l'ordre des fucceſſions : fi l'hérédité non acceptée peut être tranfmiſe, dans quel temps eſt exclus l'heritier de l'accepter, & de celuy qui a fpolié la fucceſſion en l'inventaire. Voyez la Bibliotheque de Bouchel, verbo Succeſſion.

18 Queſtions de fucceſſions briévement décidées. V. Charondas, liv. 7. Rép. 64.

19 Propter judicium univerſale petitionis hereditatis non ſilent judicia particularia creditorum & legatariorum. Voyez Franc. Marc, to. 2. queſt. 81.

20 Filius pupillus audentitiam hereditatem etiam patre recuſante adire poteſt. Voyez ibidem, queſt. 502.

21 Qui ſemel eſt hæres, numquam deſinit eſſe hæres. V. Henrys, to. 2. li. 6. queſt. 23.

22 Les fucceſſions fe reglent felon la nature mobiliaire ou immobiliaire qui fe rencontre aux chofes dont il s'agit non inſpectâ origine. M. Bouguier, lettre R. n. 1. circa medium.

23 Quis ordo in ſucceſſionibus ſervetur, an hæreditas non adita tranſmittatur, & quo temporis ſpatio excludatur hæres qui omiſit adire hæreditatem ſibi delatam : poſtrema de eo qui rem hæreditariam celavit vel intervertit ex inventario. Voyez Valla, de rebus dubiis, &c. tractat. 10.

24 Si is qui eſt in utero ſit verè in rerum naturâ, & s'il peut toûjours fucceder avec conciliation des textes qui femblent contraires. Voyez Henrys, tome 2. li. 6. queſtion 25.

25 Si les biens employez en heritages ou rentes, font mobiliaires en la fucceſſion de l'enfant. Voyez le mot Employ, n. 14.

26 Comment fuccedent les enfans, & de quelle maniere on leur fuccede, Voyez le mot Enfant, nomb. 86. & fuiv.

27 Si le frere auquel font accruës les portions des fœurs appannées, décede fans enfans, lefdites portions retourneront-elles aux fœurs ; & quid aux bordelages ? Voyez Coquille, to. 2. qu. 116.

28 Si un homme franc a fes plus proches parens ferfs & les plus éloignez font francs, comment l'on fuccedera ? V. Idem. queſt. 235.

29 Un nommé Roſſignol s'étoit rendu Frere lay voyant en l'Hôpital des aveugles de Chartres, après la mort de ce Roſſignol les maîtres & freres des aveugles formerent complainte contre les enfans & heritiers de ce feu Roſſignol, difans que les biens fe devoient partager en deux, & que la moitié devoit être donnée à la femme, & l'autre diviſée en deux, dont eux aveugles en devoient avoir l'une, & les enfans & heritiers du Roſſignol, l'autre. C'étoit un quart en toute la fucceſſion que les aveugles prétendoient en vertu de leurs Statuts. Par Arrêt du 17. Avril 1557. les parties renvoyées pour proceder fur la complainte, & cependant la Cour ajuge aux enfans & heritiers la récreance de la quarte portion que les aveugles prétendoient leur appartenir en vertu de leurs Statuts. Biblioth. de Bouchel, verbo Succeſſion.

30 Par Arrêt du 23. Août 1578. confirmatif d'une Sentence des Requêtes du Palais, entre Maître Jean Acarie & conforts d'une part, & Jean Sochet & conforts d'autre, jugé qu'une fucceſſion ne fe peut partager comme directe & comme collaterale tout enfemble, & à une même fois, ſimul & ſemel. Le Veſt, Arrêt 158.

31 Les mots, que quelqu'un aura la fucceſſion de Titius doivent être entendus de tous les biens que Titius avoit au temps de la mort, & non pas feulement de ceux qui reſtoient au temps du contrat. Arrêt du Parlement de Dijon du 21. Janvier 1603. Bouvot, tom. 1. part. 1. verbo Vente de fucceſſion.

32 S'il y a le pere vivant des oncles, freres confanguins de la mere du défunt, & des coufins germains de l'ayeul, comment fe partagent les biens, & fi en fucceſſion directe la mere vivante &, répudiant la fucceſſion de fa mere qui luy eſt déferée ; fes enfans la peuvent repréfenter & apprehender la fucceſſion de leur ayeul avec leur oncle ? Voyez Bouvot, tom. 2. verbo Succeſſion, qu. 2.

33 Si le défunt n'a point de parens, à qui appartiennent les biens ; & fi la femme eſt preferée en la fucceſſion de fon mary décedé fans heritiers ? Voyez Bouvot, tom. 2. verbo Succeſſion legitime, qu. 5.

34 Les pere, mere fuccedent aux conſtitutions de rentes provenant de l'ayeul, biſayeul. Arrêt du Parlement de Dijon du dernier Mars 1599. Les Chambres aſſemblées. Bouvot, tom. 2. verbo Succeſſion, queſt. 9.

35 Si les interêts ajugez pour la mort d'un fils, font meubles, & fi la mere y fuccede, avec les freres & fœurs, & aux deniers provenus de la vente d'un office acquis par le pere avant fon mariage ? V. Bouvot, tom. 1. verbo Succeſſion legitime, qu. 11.

36 S'il y a des freres confanguins du défunt, & des oncles maternels des deux côtez, comment ils fuccedent, & s'il n'y a que des coufins germains, s'ils fuccedent par ligne ou par tête ? Voyez Bouvot, to. 2. verbo Succeſſion, qu. 19.

37 Si le pere a donné à fon fils quelques heritages en faveur du mariage, fi le fils décedé laiſſant un enfant, qui après meurt, la mere vivante ; & le frere du pere, la mere peut prétendre lefdits biens provenans de l'ayeul du fils, n'y en ayant des defcendans d'iceluy ? Répondu que les defcendans du tronc excluent la mere. Arrêts du Parlement de Dijon du 10. Janvier 1610. Voyez Bouvot, Ibidem, qu. 30.

38 Si en Bourgogne, il y a des parens du côté paternel & maternel en la fucceſſion collaterale, qui eſt préferable aux meubles & acquêts ? & s'il y a un parent proche, le plus éloigné peut demander la fucceſſion avant la renonciation ? Ibid. qu. 38.

39 Par Arrêt du Parlement de Roüen du 22. Août 1608. rapporté par Berault fur la Coûtume de Normandie, tit. de fucceſſion art. 235. in verbo plus proche heritier, jugé que le fils ayant renoncé à la fucceſſion de fon pere, étoit recevable à appeller du decret de l'heritage de fon ayeul, parce qu'il étoit né pendant le temps que duroit encore l'action, encore qu'il ne fût né lors de la fucceſſion échûë, ainfi il fut admis à la fucceſſion de fon ayeul, ce qui a été jugé depuis par un Arrêt de 1616. rapporté par le même Auteur fur le titre de benefice d'inventaire, art. 90.

40 Les enfans font exclus de la fucceſſion pour le delit du pere & de la mere, d'autant qu'ils y viennent *Jure repreſentationis*. Arrêt du 7. Août 1604. *M. Loüit, lettre S. ſom.* 20.

41 Celuy qui a recüeilli une ſucceſſion en vertu d'un teſtament, n'eſt recevable de la demander par fideicommis, en vertu d'une clauſe codicillaire contenuë au même teſtament. Arrêt du Parlement de Grenoble du 16. Mars 1632. *Baſſet, tom.* 1. *liv.* 5. *tit.* 17.

42 Albin le Cauchois Bourgeois de Roüen, avoit épouſé Paſquette Amette, avec laquelle il avoit fait pluſieurs acquiſitions en bourgeoiſie, où les femmes ptennent moitié en propriété. Albin décéda ſans enfans en l'année 1595. ſa ſucceſſion écheuë à Jean & Guillaume le Cauchois ſes freres, & à Françoiſe le Cauchois, fille de Nicolas troiſiéme frere lors décédé; leſquels partagerent ladite ſucceſſion avec Amette, veuve dudit Albin, & depuis ſubdiviſerent & partagerent entr'eux trois le lot qui leur étoit échû, ladite Amette étant décédée le 19. Août 1632. Bonaventure le Cauchois fils & heritier dudit Guillaume, & Jean le Cauchois, fils & heritier dudit Jean, intenterent action à l'encontre des heritiers de ladite Amette, pour retirer la part des conquêts qui luy étoient échûs de la ſucceſſion dudit défunt Albin le Cauchois, ſuivant l'art. 332. de la Coûtume de Normandie. Loüis & Pierre Dauvré freres, enfans & heritiers de ladite Françoiſe le Cauchois, ſe preſenterent aux fins d'être reçûs parties au procés & à rembourſer concurremment avec ledit Bonaventure & Jean le Cauchois, la part deſdits conquêts. Sentence aux Requêtes du Palais à Roüen par laquelle leſdits Dauvré ont été évincés. Appel. Arrêt du 3. Août 1635. qui met l'appellation & ce dont a été appellé au néant; en reformant le jugement, a reçû & reçoit les appellans à partager concurremment avec les intimez coheritiers, la part des conquêts ayant appartenu à ladite feuë veuve d'Albin le Cauchois, ſans dépens entre les parties. *Berault, à la fin du 2. 10. de la Coûtume de Normandie ſur l'art. 332. p. 54.*

43 Si l'enfant eſt né en un mois auquel il n'eût ſçû vivre, c'eſt tout de même en ſucceſſion, comme s'il étoit né mort, quoiqu'il ait ſurvécu à ſa naiſſance. *Mornac, ad L.* 12. *ff. de ſtat. hom. id* Chopin. *Pariſ. lib* 3. *tit.* 1. *n.* 3. *id.* Peregrin. *art.* 43. *n.* 26. & ſeq. *id.* Clarus §. *Teſtamentum quaſt.* 45. *cont.* Charond. *reſp. lib.* 7. *n.* 78. *id.* Mantic. *lib.* 11. *tit.* 6. *n.* 10. *in ſubſtitutione id.* Maittard *lib.* 5. *chap.* 77. *in ſubſtitutione vid. L.* 12. *ff. de lib. & paſt.* M. Abraham la Peitere *en ſes déciſions du Palais lettre S. nomb.* 223. cite ces Auteurs, & rapporte un Arrêt rendu au Parlement de Bordeaux le 10. Juin 1641. Meſſieurs de Blanc & ſaint Avid, faiſant leurs premiers plaidez; une femme étant malade, inſtituë ſes heritiers dans ſon teſtament ſon fien frere & ſon mary: étant morte on découvrit quelle étoit enceinte, & on luy tira un enfant du ventre, qui rendit des ſignes de vie, & fut baptiſé, & vêcut quatre heures, le mary demande l'entiere ſucceſſion comme ſon enfant. Sentence de l'Ordinaire, qui ordonne qu'enquête ſeroit faite, ſi l'enfant étoit né vivant, & eût pû vivre: appel par le mary au Sénéchal, qui ajuge l'entiere ſucceſſion au mary; appel en la Cour par le frere: la Cour confirma la Sentence de l'Ordinaire.

44 Le pere ou la mere en tous biens excluent le frere d'un lien de la ſucceſſion du fils. *Boër. dec.* 185. *n.* 2. *id.* Ferron. *lib.* 2. *tit.* 5. §. 11. La Peirere *lettre S. nomb.* 210. ajoûte, *excepté le pays coûtumier.*

Arrêt du 30. Août 1658. donné en la Grand'Chambre, au rapport de Monſieur de Montagne. Une mere conſtituë dot à ſa fille, du mariage vient un fils, le mary de cette fille meurt, la fille paſſe à ſecondes nôces, de ce ſecond mariage naît un fils. La fille meurt, & enſuite le fils de ce ſecond lit. Queſtion ſur la ſucceſſion de ce fils du ſecond lit: le pere prétend ex-

clure l'ayeule qui étoit vivante du droit de retour, attendu le petit fils venu du premier lit, & exclure auſſi le petit fils ſurvivant, attendu qu'il n'eſt que frere uterin. Jugé que l'ayeule reprendroit par droit de retour ce qu'elle avoit conſtitué de ſon chef à ſa fille, à la charge de le remettre aprés ſa mort à ſon autre petit fils, & que le ſurplus appartiendroit au pere.

45 Les heritiers qui conteſtent l'heredité de leur pere ou mere, doivent avoir proviſion pour pourſuivre. *Voyez le mot Proviſion, n.* 44. & ſuiv.

46 Factum pour Dame Claude Bouchard autoriſée par juſtice à la pourſuite de ſes droits, au refus de Meſſire Edme François Dupé, Chevalier Marquis de Louéſme ſon mary, heritiere en partie du feu ſieur Bouchard ſon pere, Secretaire du Roy, ſous benefice d'inventaire, & en partie heritiere pure & ſimple de la Dame Bouchard ſa mere, du ſieur Bouchard de Villevoque ſon frere, & de Demoiſelle Marie Nicole Bouchard ſa ſœur, demandereſſe & défendereſſe.

Contre Maître Pierre Soüart, Sieur du Boulay, Préſident au Préſidial de Tours, & Dame Marie Anne Bouchard ſa femme de luy autoriſée, heritiere en partie du feu ſieur Bouchard ſon pere, ſous benefice d'inventaire, & en partie heritiere pure & ſimple de la Dame Bouchard ſa mere, du ſieur Bouchard de Villevoque ſon frere, & Demoiſelle Marie Nicolas Bouchard ſa ſœur, défendeurs & demandeurs.

Laquelle de deux ſœurs, l'une aînée & l'autre puînée, doit avoir la ſucceſſion du pere, ſi les actions de la mere contre ſes enfans comme heritiers du pere, n'ont pas été éteintes dés le moment que les enfans ſe ſont trouvez envers eux-mêmes créanciers & débiteurs, ſi la renonciation pure & ſimple du frere s'étend juſqu'aux droits ſucceſſifs. A qui doivent appartenir les biens de la plus jeune des ſœurs. Enfin ſi l'aînée mariée doit rapporter ſa dot. *Voyez le Recueil des Factums & Memoires imprimez à Lyon, chez Antoine Boudet en* 1710. *tom.* 2. *p.* 171.

47 Factum pour Meſſire Yves Marquis d'Alegre, Maréchal des Camps & Armées du Roy, fils heritier, & ayant repris l'inſtance au lieu de Meſſire Emmanuël Marquis d'Alegre, qui étoit heritier de Demoiſelle Marie Jeanne Colbert de Seignelay, fille unique & heritiere de Dame Marie Marguerite d'Alegre; & encore ledit ſieur Marquis d'Alegre, comme étant aux droits de défunt Meſſire Jean Baptiſte de Colbert de Seignelay, Miniſtre & Secretaire d'Etat, qui étoit heritier mobilier de ladite Demoiſelle Marie Jeanne de Colbert ſa fille, défendeur, & incidemment demandeur.

Contre Meſſire François Gaſpard Palatin de Dyo, Chevalier Marquis de Montperoux Saligny, Colonel d'un Regiment de Cavalerie, petit fils, heritier univerſel, & ayant repris au lieu de Dame Gilberte de Roquefeüille, au jour de ſon décez, veuve & Doüairiere de Meſſire Claude Yves Marquis d'Alegre, demandeur & défendeur. A ce qu'il plaiſe à la Cour ajuger au ſieur Marquis d'Alegre les concluſions qu'il a priſes à l'inſtance, avec dépens.

La queſtion qu'on examine dans ce *Factum*, conſiſte à regler les droits & conventions du Mariage de Dame Gilberte de Roquefeüille avec Monſieur d'Alegre, & à fixer la nature des biens qui ſe trouvent dans la ſucceſſion de Demoiſelle de Seignelay, pour connoître à qui cette ſucceſſion a été déferée par la loy, ou à Mademoiſelle d'Alegre ſon ayeule maternelle, ou à Monſieur de Seignelay ſon Pere, ou à Meſſire Emmanuël Marquis d'Alegre ſon grand Oncle maternel. *Voyez le même Recueil, p.* 485.

48 Memoire pour la veuve & les heritiers de Me. Nicolas Cleron, vivant Procureur au Châtelet, heritier de Catherine Françoiſe de Puiſaye ſa petite fille, Intimez.

Servant de réponſe aux moyens de Deniſe Cham-

pagneux, veuve de Jean Chaillou Chirurgien, bis-
ayeulle, & se disant heritiere de ladite de Puisaye en
la somme de 6000. liv. prétenduë luy avoir été un
propre conventionnel, appellante de la Sentence renduë au Châtelet de Paris.

La somme de 6000. liv. ne doit point retourner à
la veuve Chaillou, parce qu'ils ont été donnez par
ladite Champagneux, pour partie de la dot de ladite
Chaillou sa fille. *Ibidem p. 556.*

Succession, Absence.

49 Absent de France par 40. ans, & marié hors de
France, est capable de succession en France. *Chenu,
question 99.*

50 Jean Martin l'Aîné a trois fils, Robert, Jean, Simon, & une fille qui decede laissant pour heritiers
ses enfans. Simon âgé de 17. ans s'absente, le pere
decede. Procez entre les enfans de la fille & leurs
oncles. Le Bailly d'Orleans adjuge aux enfans un quart
de la succession, les trois autres quarts aux oncles,
tant de leur chef que comme seuls heritiers de Simon
reputé mort; parce que la representation n'a lieu à
Orleans en ligne collaterale. Arrêt prononcé en robes
rouges le 23 Mars 1561. qui en infirmant la Sentence
adjuge aux enfans la troisiéme partie. Ainsi la Cour
presuma que Simon étoit mort avant son pere; ce
qu'elle n'eût jugé, si les oncles eussent verifié que Simon avoit survécu. *Le Vest, Arrêt 71.* Même Arrêt
du 5. Janvier 1599. *M. le Prêtre, premiere Centurie,
chap. 96. fine.*

51 Si l'heritier presomptif d'un absent. pendant dix
ans, peut demander la succession? *V. Bouvot, to. 2.
verbo Succession, quest.10.*

52 Le fils peut demander la succession qui échoit à
son pere absent. Arrêt au Parlement de Dijon du
19. Juillet 1570. *Filius enim meliorem conditionem patris facere potest.* Bouvot, *tome 2. verbo Legitime,
quest. 21.*

53 Un mineur devenu majeur, absent pendant dix ans,
ses heritiers peuvent demander sa succession en baillant
caution. Jugé le 24. May 1595. *Chavondas, liv. 13.
Réponse 19.* Mornac, *l. 22. ff. Familia ercisc̄unda, verbo,
propter spem postliminii.*

54 Un François originaire bien qu'il ait demeuré quarante ans hors de la France, n'est pourtant exclus du
droit de succeder, pourvû qu'il soit dans le temps de
la petition d'heredité, & qu'il renonce au droit de
cité acquis en Païs étranger. Arrêt du 23. Decembre 1605. *M. Bougnier, lettre S. nomb.15* Montholon,
Arrêt 103. Brodeau *sur M. Loüet, lettre S. somm. 15.*
Voyez *Edit du Roy Loüis XIV. du 13. Août 1669.*

55 L'absence de quatorze ans ne fait pas que l'absent
soit reputé mort avant sa mere, dans les biens de laquelle il devoit avoir sa legitime. Arrêt du 7. Juillet
1629. *Du Frêne, liv. 2. chap. 14. Voyez le même livre,
chap. 145.* où il y a Arrêt du 2. Janvier 1634. qui a jugé qu'un homme ne paroissant plus étoit presumé
mort. *Le Vest, Arrêt 71.*

56 Si celuy qui a abandonné son Païs en temps de
guerre, & s'est retiré en Païs de contribution, n'étant
point retourné dans le temps de la capitulation, doit
être privé de la grace du Prince, & déclaré incapable
de succeder? Arrêt du 4.Février 1647. qui juge la negative. *V. Soëfve, to. 1. Cent. 1. ch. 98.*

57 Un beaufrere avoit fait assembler les parens de
deux de ses beaux-freres, absents depuis long-temps,
pour nommer un Curateur pour raison d'une succession à eux échué, & l'avoit aussi fait juger & regler
depuis la Sentence; un des freres revenu l'empêche,
& en avoit appellé; la Sentence fut cassée & la succession à luy adjugée en baillant caution. Arrêt du 23.Juil-
let 1659. *Berault, à la fin du 2. tome de la Coûtume de
Normandie, page 103. sur l'art. 545.*

58 Succession indivise de pere & de mere entre deux
enfans; le cadet va à la guerre, on n'en a point de
nouvelles; l'aîné fait condamner le tuteur à luy ren-

dre compte, & luy rendre tous les biens, l'aîné dissipe tous les effets mobiliers, le cadet retourne de
l'armée, procez entre luy & les creanciers de l'aîné.
Jugé au Parlement de Dijon le 22. Juin 1675. que le
cadet seroit payé de toute sa portion hereditaire préferablement aux creanciers de l'aîné. *Journal du Palais.*

59 Absent est reputé mort du jour de son départ, &
en consequence sa succession censée avoir été acquise
à son oncle mort depuis son absence, & par consequent que les biens de l'absent devoient appartenir
au legataire universel de l'oncle. Jugé au Parlement
de Paris, Audience de relevée, sur les Conclusions des
Gens du Roy, le 22.Mars 1688. *Dictionnaire de la Ville,
nombre 65.*

Succession acceptée, Apprehendée.

60 Celuy qui apprehende sa part dans une succession,
les parts des autres coheritiers qui ne veulent point
apprehender la succession, luy accroissent *ipso jure,*
quoyque contre son gré, en telle sorte que *tenetur
omnia onera hereditaria sustinere.* Voyez M. le Prêtre, 1. Cent. chap. 5.

61 *Hæreditas semel adita non est amplius hæreditas, sed
proprium patrimonium adeuntis l. sed si plures. 10. §. filio ff. de vulg. & pupil. substitut.* Brodeau sur M.Loüet,
lettre P. somm. 28. nomb. 10.

62 Une succession échuë à un mineur, le pere l'accepte
pour luy purement & simplement; depuis l'hoirie
étant suspecte le pere change d'avis, & fait restituer
son fils pour l'accepter par benefice d'inventaire, le
pere qui a autorisé son fils n'en est pas responsable.
Voyez Henrys, tome 1. liv. 6. chap. 5. qu. 32.

63 Droit d'accepter la succession est hereditaire en
ligne directe; ainsi l'heredité du pere non acceptée
par le fils, peut être acceptée par le fils du fils du defunt. ce qui n'est pas en autres successions. Arrêt du P.
de Paris de la veille de Noël 1551. *Papon, l. 10. tit. 1. n. 3.*

64 Mais le fils ne peut du vivant & consentement de
son pere accepter une succession qu'elle n'ait été auparavant repudiée par son pere. Arrêt du Parlement
de Paris du 26. Novembre 1565. *Ibidem, liv. 21. tit. 1.
nombre 3.*

65 Succession qu'un mary accepte échuë à sa femme,
ne la rend heritiere, n'y ayant pas parlé, elle en a été
relevée, & son mary condamné de rendre ce qu'il
avoit reçu des biens de ladite succession, qu'il doit
justifier par un bon inventaire, *alioquin esse in dolo &
lata culpa,* à ce tenu des dommages & interêts. *Idem,*
si la preuve est impossible de justifier ce
qu'il a reçu. Arrêt du 21. Février prononcé le 28.
1595. *M. Loüet, lettre M. somm. 25.*

66 Succession du pere acceptée par son fils mineur,
comme heritier pur & simple, peut étant majeur ce
Lettres l'accepter sous benefice d'inventaire, & la
veuve sa mere peut après plusieurs années, sans avoir
fait aucun inventaire, renoncer à la communauté. Arrêt du 16. Février 1679. & ce pourvû qu'il n'ait point
fait d'acte d'heritier que ceux qu'il a commencés en
minorité; car si en majorité il a agi, & pris qualité
d'heritier, il n'y est plus recevable. Arrêt du 4. Septembre 1660. *De la Guessiere, tome 4. liv. 2. chap.1. Le
Journ. du Palais* rapporte l'Arrêt du 16. Février 1679.

67 De quelle maniere s'acceptent ou se repudient les
successions dans la Coûtume de Paris? *Voyez le Recueil.
des Actes de Notorieté donnez par M. le Lieutenant
Civil, page 216. & suiv.*

Voyez le mot *Acceptation, nomb. 34.*

Succession, Accroissement.

68 Accroissement dans les successions. *Voyez* le mot
Accroissement, nomb. 52.

De jure accrescendi. Per Franç. Duarenum.

Papillonius *de jure accrescendi,* in 11. Leyde 1640.

Pauci *de jure accrescendi,* in 12. Paris 1685.

Succession, Actions.

69 Les actions se partagent entre les heritiers comme
le

le reste du bien ; sçavoir, les actions pour choses mobiliaires entre les heritiers des meubles, & les actions
pour les choses immobiliaires entre les heritiers des
immeubles ; le mary est Seigneur des actions mobiliaires & possessoires de sa femme , & non des petitoires, parce qu'elles concernent les immeubles. Pour
les dettes actives, on regarde ce qui est contenu en
l'obligation , cedule , &c. est mobilier comme une
somme de deniers, du grain, un cheval, &c. elles appartiennent à l'heritier des meubles , ou au legataire
des meubles ; mais si ce qui est conçû dans l'obligation ou contract est immobilier, comme un heritage,
une rente constituée, un droit de censive, de champart , &c. telle detre appartient à l'heritier des immeubles. *Voyez M. le Prêtre* , 2. *Cent. chap.* 100. &
Brodeau *sur M. Loüet, lettre R. somm.*30. *nomb.* 23.

70   M. le Duc d'Epernon avoit traité comme heritier
de sa sœur, de laquelle pourtant sa mere étoit seule
heritiere, suivant la Coûtume de leur Pays. Arrêt du
20. Août 1617. qui le déclare non recevable, quoy qu'il
alleguât que cet heritage étoit parvenu à sa mere, de
qui il se disoit heritier, parce que sa mere avoit vêcu
plus de vingt ans après l'heritage à elle échû, sans
avoir fait ni acte ni declaration de le vouloir accepter. *Basset , to.* 1. *liv.*5. *tit.* 4. *chap.* 8.

SUCCESSION, AÎNESSE.

71   Le droit d'aînesse n'a lieu entre ascendans. *Voyez*
le mot *Aînss , nomb.* 5.

SUCCESSION, ASCENDANS.

72   Succession entre les ascendans. *Voyez hoc verbo
Bouvot,* tome 1. part. 1. & M. le Brun , *des successions,
liv.* 1. *ch.* 5. *sect.* 1.

73   Ascendans de divers côtez succedent par moitié ,
quoyque divers en nombre. *Boër. dec.* 185. *n.* 5. id.
Fachin. *lib.* 6. *cap.*4. *sine distinctione bonorum,* id. Grassus *§. Successio quæst.*22. *n.* 4. *sine distinctione bonorum.*

74   De la succession des descendans pour le regard des
ascendans & de l'ayeule. *Voyez M. le Prêtre, première
Centurie, chap.* 78.

75   Les ascendans succedent aux descendans à l'exclusion des collateraux , si les biens ne sont anciens , &
qu'ils ayent fait souche, & à ces biens les enfans, tant
du second que du troisiéme lit , succederont également à leur pere. Arrêt à la Pentecôte 1592. *Montholon, Arrêt* 75.

76   Si l'ascendant comme la mere, est appellé à la succession de son fils avec ses freres, & après vient à se
remarier, la portion de la mere après son décez retournera aux enfans du premier mariage, *L. femina
illud, C. de sec. nuptiis.l. fin. C. de bo is mater.* Cela est
bien certain pour la mere , mais quant au pere la
chose n'est point passée sans contradiction , quoyque
Accurse ait tenu ce §. *illud. Voyez Mainard, livre* 6.
chapitre 96.

77   Le pere & autres ascendans excluent les collateraux autres que freres du défunt ; sçavoir , oncles &
tantes, de la succession de leurs enfans pour les
biens provenus de pere & mere, & ayeul maternel du
défunt , du tronc desquels les collateraux ne sont
point descendus , ni du premier qui a acquis lesdits
biens, & que les collateraux peuvent prétendre seulement les heritages du tronc dont ils sont issus. Arrêt du Parlement de Dijon du 18. Mars 1581. *Voyez
Bouvot, to.* 1. *part.* 3. verbo *Collateraux , quest.* 1.

78   Par Arrêt du 25. Février 1602. rapporté par *Tronçon
sur Paris , art.* 313 les biens donnez par les ascendans
ont été jugez leur retourner quand leurs enfans décè-
dent sans enfans.

SUCCESSION, ASSOCIEZ.

79   Si deux freres se peuvent associer pour toutes successions futures? *Voyez Henry's , tome* 1. *liv.* 6. *chap.* 5.
quest. 16. & *tome* 2. *liv.* 6. *quest.* 7.

SUCCESSION, AVANCEMENT D'HOIRIE.

80   Succession en avancement d'hoirie, & si ce qui est
donné, doit être imputé moitié sur la succession du

Tome III.

pere & moitié sur la succession de la mere? *Voyez
M. le Prêtre, premiere Cent. chap.* 36.

Avancement fait par le testateur , s'il vient en la
restitution du fideicommis, encore que le testateur air
prohibé de l'aliener, &c. *Voyez Charondas , livre* 5.
Réponse 51.

SUCCESSION, AVANTAGE.

Des avantages qui se font aux heritiers présomp-   81
tifs ou instituez. *Voyez* le mot *Avantage , nombre* 51.
& *suivans.*

La Coûtume défend aux pere & mere d'avantager   82
un de leurs enfans venant à leur succession, elle prohibe aussi de vendre à l'enfant si la bonne foy n'est
visible. Arrêt du 23. Decembre 1532. *Charondas , liv.*
10. *Rép.* 19.

La clause que les pere & mere ne pourront avan-   83
tager l'un de leurs enfans plus que l'autre, comprend
tous les enfans, & non pas seulement celui qui se marie. Arrêt du Parlement de Dijon du 16. Janvier 1615.
Bouvot, to. 2. verbo *Mariage, quest.* 31. *Voyez la* 28.

SUCCESSION DES AUBAINS.

Voyez le mot *Aubaine , nomb.* 46. & *suiv.*   84

SUCCESSION, AYEUL.

Les enfans des enfans venans à la succession de   85
l'ayeul ou ayeule, succedent par ligne , & non par
tête. *Bouvot , to.* 1. *part.* 1. verbo *Succession entre les
descendans.*

Si l'ayeul en succession en Païs de Droit écrit hors   86
de France, exclud le frere consanguin ou uterin : &
comme l'ayeule succede avec les freres & sœurs germains du défunt de pere & mere? *Bouvot, ibid. part.* 2.
verbo *Succession , quest.* 1.

L'ayeul & l'ayeule au défaut des pere & mere, suc-   87
cedent aux meubles & acquets de leur petit fils. *Coûtume de Paris, art.*311. *Voyez M. le Prêtre.* 2. *Cent. ch.*71.

Il étoit question de sçavoir si en l'article de la Coû-   88
tume de *Paris,* qui dit que le pere & la mere succedent à leurs enfans pour les meubles & conquets immeubles , ces mots de pere & mere , *extentantur,* à
l'ayeul & ayeule? M. Riant Avocat du Roy soûtenoit
que la Coûtume se doit interpreter selon le Droit
commun , qui veut que *in favorabilibus nomine patris
intelligatur avus,& nomine filii intelligatur nepos,l.jux-
ta interpretationem l. liberorum :* il faut dit que l'ayeul
seroit préféré à la sœur, aux meubles & conquets dé-
laissés par le décez du petit fils. *Bibliotheque de Bouchel,* verbo *Succession.*

Succession d'une petite-fille décédée, adjugée à son   89
ayeule , pour les meubles & conquets , à l'exclusion
de la sœur de la défunte & de sa bisayeule. Arrêt du
1. Février 1538. *Le Vest,* Arrêt 216 *Paris appellatione
avus comprehenditur.* Jugé le 7. Janvier 1559. *Ibidem ,
Arrêt* 217.

Quand l'ayeul a donné à son fils qui est le pere de   90
la succession duquel il s'agit, des heritages , & même
des deniers qu'on a stipulé devoir sortir nature d'anciens , comme s'ils avoient fait double tronc , en ce
cas ils doivent retourner à l'ayeul à l'exclusion du
pere. Arrêts du Parlement de Dijon des 6. Juillet
1566. & 13. Juin 1600. Mais quand l'ayeul a donné
à son fils que des effets mobiliers , & des deniers
qu'on a seulement promis d'assigner, & qu'on a simplement stipulé devoir sortir nature d'anciens , alors
le pere y succede preferablement à l'ayeul. Arrêts du
même Parlement des années 1566. 1567. 26. Mars
1580. 22. Avril 1626. & 18. Juin 1640. *Taisand, sur la
Coûtume de Bourgogne, tit.* 7. *art.* 14. *note* 6.

L'ayeule maternelle en Païs de Droit écrit n'est   91
point excluse de la succession de ses petits enfans,
même pour les biens qui leur sont échûs du côté paternel, encore que la sœur en soit excluse par l'Edit
de Charles IX. donné au mois de May 1567. Jugé par
deux Arrêts , le 1. du 23 Decembre 1598. le 2. du 8.
Mars 1608 *M. le Prêtre, es Arrêts de la Cinquième.*

La Sentence qui adjugeoit à l'ayeule les biens meu-   92

bles de ſa petite fille à l'excluſion de ſa mere, a été infirmée, & par Arrêt la mere audit Païs de Droit écrit, ſuccede en proprieté en tous les meubles de ſon enfant. Arrêt du 1.Février 1600. *M. le Prêtre, ibidem.*

93   Le pere ſuccede à ſon fils aux deniers venans de l'ayeul à l'excluſion de l'ayeul même, à moins qu'ils n'euſſent été ſtipulez comme ayant fait double tronc, car en ce cas ils retourneroient à l'ayeul ; l'Arrêt du Parlement de Dijon du 3. Février 1620. Autre du 10. Mars 1639. par lequel les deniers ſtipulez avoir fait double tronc, furent ajugez à l'ayeul, à l'excluſion de la mere. Autre du 18. Juin 1640. par lequel les deniers ſtipulez anciens heritages & promis d'aſſigner furent ajugez au pere à l'excluſion de l'ayeul. *Taiſand, ſur la Coûtume de Bourgogne, tit. 7. art. 14. note 13.*

94   Le mary ſuccede comme heritier de ſon fils au préjudice de l'ayeul aux deniers donnez par l'ayeul à ſa fille, avec deſtination en employ d'heritages, que le mary a negligé de faire. Arrêt du Parlement de Paris du 14. Juillet 1638. au Rôle de *Poitou*. Journal des Audiences, *tome* 1. *liv.* 3. *ch.* 55.

95   L'ayeule maternelle ne ſuccede à ſon petit-fils, en concours avec le frere germain, *matre exiſtente in medio.* Arrêt du Parlement d'Aix du 23. Decembre 1664. *Boniface, tome* 5. *liv.* 1. *tit.* 21. *ch.* 4.

96   *Henrys*, tome 1. liv. 6. ch. 5. queſt. 15. propoſe une eſpece fort ſinguliere, qui neanmoins peut arriver ſouvent, dans le concours de l'ayeul du pere du ſecond mary de la fille décedée, & d'un enfant du premier lit, lequel des trois doit ſucceder au fils du ſecond lit? Tous les trois ſe ſervent de la regle, *ſi vinco vincentem te, à fortiori te vinco.* Il décide que la cauſe de l'ayeul eſt la plus favorable, *quia habet jus potentius*, le droit de reverſion étant plus favorable & plus puiſſant que celuy de la ſucceſſion. Il dit l'avoir ainſi jugé en qualité de Juge Royal de Châtelneuf.

SUCCESSION, BANNI.

97   Si le banni eſt capable de ſucceder ? *Voyez* le mot *Banniſſement*, *nomb.* 48. *& ſuiv.*

SUCCESSION, BASTARDS.

98   *De ſucceſſione filiorum naturalium & ſpuriorum.* Per *Rodericum Suares in legibus fori.*

99   Bâtards à qui l'on ſuccede. *Voyez* le mot, *Bâtards. nomb.* 220. *& ſuiv.*

100   Si le fils legitime du bâtard. 2. Ou de l'aubain, meurt ſans teſter, ſa ſucceſſion appartiendra premierement à ſes parens, & à leur defaut au haut-Juſticier par deſherence, à l'excluſion du Roy. *Loyſeau, des Seign. chap.* 12. *n.* 116. 1. *id.* Carondas, *rép. li.* 7. *n.* 64. 1. *id.* Coquille, *queſt.* 253.

101   Un mariage contracté *in articulo mortis* avec une fille qui étoit concubine, eſt valable, & les enfans nez pendant le concubinage, legitimez par tel mariage ſubſequent. Arrêt du 29. Mars 1599. *Chenu*, 1. *Cent. queſt.* 17. La Juriſprudence a changé, tels enfans ſont incapables de toutes ſucceſſions. *Voyez l'Ordonnance de* 1639. *art.* 6.

102   Les filles excluſes par la Coûtume de la ſucceſſion de leur pere ou mere, même des Fiefs quand il y a des mâles, n'en ſont excluſes par les bâtards legitimez par le Roy. *Voyez Carondas, liv* 10. *Rép.* 55.

103   *Henrys*, to 1. liv. 6. ch. 3. queſt. 9. rapporte un Arrêt du 14. May 1624. qui a jugé que dans le Pays de Forêts les enfans bâtards ne ſuccedent pas à leur mere, & qu'il faut ſuivre la maxime generale de la France, qui exclut les bâtards de toutes ſortes de ſucceſſions.

SUCCESSEUR AU BENEFICE.

104   *Voyez* le mot, *Benefice, nomb.* 213. *& ſuiv.*

SUCCESSION, BENEFICE D'INVENTAIRE.

105   Difference entre les enfans de pluſieurs lits touchant la ſucceſſion de leur mere, en ce qui concerne l'heritier ſimple & par benefice d'inventaire. *Voyez les art. de la Coût. de Paris*, 342. *&* 343. où l'heritier par benefice d'inventaire, n'eſt exclus par autre parent qui ſe porte heritier ſimple, & ce en ligne di-

recte ; en la collaterale l'heritier ſimple, bien qu'il ſoit plus éloigné, exclud l'heritier par benefice d'inventaire, s'il ſe preſente dans l'an de l'obtention ou préſentation des Lettres de benefice d'inventaire. *Voyez M. Loüet, & ſon Commentateur, let. H. ſomm.* 1.

106   *Memoire*, pour Meſſire Loüis-François Servien, Marquis de Sablé, & Meſſire Auguſtin Servien ſon frere, Demandeurs & Défendeurs.

Contre la Dame Marquiſe de Nancré, Défendereſſe & Demandereſſe.

De quel jour des heritiers beneficiaires qui ont payé de leurs deniers des dettes de la ſucceſſion, peuvent avoir hypotheque ſur les biens de la même ſucceſſion, pour le rembourſement de ce qu'ils ont payé ; ſi ce n'eſt que du jour des payemens qui ont été faits, ou s'ils ſont en droit d'exercer les droits & hypotheques des Créanciers payez de leurs deniers, comme ſubrogez à ces mêmes droits, par les payemens qu'ils ont faits en qualité d'heritiers beneficiaires ? *Voyez le Recüeil des Factums & Memoires imprimé à Lyon chez Antoine Boudet, en* 1710 *to.* 2. *pag.* 101.

SUCCESSION, CHANGER DE VOLONTE'.

107   *Senatus-diviſionem, quam patruus volebat fieri inter fratrem & filium fratris, ab illâ voluntate recedere poſſe, & totam ejus hæreditatem fratri relinquere poſſe, excluſo fratris filio, ambulatoria enim eſt hominis voluntas uſque ad mortem. Anne Robert, rerum judicat. li.* 3. *chap.* 16.

SUCCESSION, CHEVALIERS.

108   Chevaliers de Malthe ne ſuccedent. *Voyez* le mot, *Chevaliers, n.* 86. *& ſuiv.*

109   Les Chevaliers de Saint *Lazare*, dont on prétend le Prieur de Boiſgency lés-Orleans être le Chef, peuvent ſucceder à leurs parens, par Bulle du Pape Alexandre IV. les biens qui leur aviennent, ſont declarez exempts de toutes charges, comme auſſi les Cordeliers du Tiers Ordre de Saint François, qui n'ont voüé pauvreté ni clôture, ſuccedent ; & il y a Arrêt pour le ſieur de Prédeſou, contre la Dame de Baſoges ſa ſœur, du 28. May 1548. *Biblioth. Canon. tome* 1. *pag.* 243. *col.* 1.

110   Les Chevaliers de Malthe ne peuvent ſucceder ni demander part & portion, ſoit en proprieté ou uſufruit en l'heredité, ils n'ont point auſſi d'autres heritiers que l'Ordre. Jugé le 22. Decembre 1573. *Carondas, liv.* 7. *Rép.* 125. Du Frêne, *liv.* 2. *chapitre* 30. rapporte un Arrêt du 11. Janvier 1629. qui les juge incapables de ſucceſſions, ſans diſtinction de directe ou collaterale ; neanmoins qu'on peut leur ajuger une penſion, comme il a été obſervé en ce lieu, cy-devant *in verbo*, Chevalier de Malthe, *n.* 59. *& ſuiv. Voyez M. Loüet & ſon Commentateur, lettre C. ſom.* 18. *& Chenu,* 2. *Cent. queſt.* 16. Ricard, *des Donations entre-vifs, part.* 1. *chap.* 3. *nomb.* 309.

SUCCESSION COLLATERALE.

111   Qui ſont les collateraux, & de l'ordre de leur ſucceſſion ? *Voyez le* 2. *tome des Loix Civiles, li.* 2. *tit.* 3. *ſection* 1. M. le Brun, *des Succeſſions, liv.* 1. *chap.* 6. Henrys *tome* 1. *liv.* 6. *chap.* 1.

112   De la forme de ſucceder entre le fils de la femelle & la fille du mâle, en ligne collaterale, où repreſentation a lieu. *Carondas, liv.* 10. *Rép.* 43.

113   En collaterale les biens ſuivent les eſtocs d'où ils ſont ſortis ; cela s'obſerve au Parlement de Toulouſe. *Papon, liv.* 21. *tit.* 1. *nomb.* 28. *& Maynard, liv.* 6. *de ſes Queſtions, chap.* 90.

114   De la ſucceſſion en ligne collaterale és propres, qui procedent d'un collateral commun, & non du pere ni de la mere, & autres aſcendans. *Papon, livre* 21. *tit.* 1. *nombre* 14.

115   Si en ſucceſſion collaterale de frere ou ſœur, par la révocation de la mere, les enfans peuvent venir à la ſucceſſion de leur oncle ou tante décedez, avec autre oncle ou tante, par la repreſentation de leur pere ou mere vivans ? *Voyez Filleau,* 4. *part. queſt.* 123.

116 Succession en heritages anciens, ne monte point en collateral. *Voyez Coquille, tome 2. quest. 239.* où il explique l'art. 8. de la Coûtume de *Nivernois*, au tit. des Successions.

117 En succession collaterale les sœurs & neveux proereez d'elles, sont recevables à succeder avec les neveux des freres du défunt dans les biens nobles, non-obstant la Loy feudale, à moins qu'il n'y eût Coûtume locale au contraire, comme Chartres. Arrêt du Parlement de Paris de la Veille de Noël 1550. *Papon, liv. 11. tit. 1. n. 10.*

118 Un pere n'a que des acquets; son fils qui les recueille, meurt sans enfans, & laisse pour heritiers des cousins germains du côté paternel, & remuez de germain du côté maternel: en sorte que les troncs, dont dépendent leurs consanguinitez, se prennent de l'ayeul & ayeule dû fils de la succession duquel il s'agit. Les cousins germains disent que le tout leur appartient; car ils sont plus prochains, & aussi du côté paternel. Les autres répondent qu'ils doivent y avoir part; car ils sont tous uns par rapport au pere, qui a acquis les biens. Jugé en leur faveur le 24. Octobre 1557. *Papon, ibid. n. 15.*

119 Entre cousins succedans à un défunt sans enfans, partage se fait transversalement, & les biens procedans de l'estoc sont dûs aux cousins de cette part; & les biens procedans de la mere aux cousins maternels, sans examiner que ceux d'un côté sont plus prochains que l'autre. Jugé au Parlement de Paris le 14. May 1558. *Ibid. n. 16.*

120 Un pere laisse un fils & sa veuve; le frere du pere achete un heritage, & le laisse par succession à ce fils son neveu; les cousins du côté paternel doivent succeder audit heritage, & en exclure, tant la mere du défunt que l'ayeul paternel. Arrêts à la prononciation de Pâques 1560. du 1. Septembre 1565. & du 10. Juillet 1571. *Carondas, liv. 13. Rép. 88.*

121 Quand il est question de la succession du fils ou petit-fils entre le pere ou la mere, l'ayeul ou l'ayeule, & les cousins germains, ou autres collateraux, ces derniers ne peuvent prétendre, sinon les heritages qui viennent de leur tronc commun, avec le défunt, ainsi qu'il a été jugé au Parl. de Dijon les 18. Mars 1581. & 14. Août 1592. *Voyez Taisand, sur la Coût. de Bourgogne, tit. 7. art. 16. note 4.*

122 Succession collaterale des propres qui ont fait souche; il faut être parent du côté & ligne de celuy qui originairement a apporté l'heritage en la famille, & par consequent que les acquets de Colombe des Moulins, & de Claude Guibert, qui avoient fait souche en la personne d'Etienne, appartiennent aux tantes germaines, privativement aux tantes consanguines seulement. Arrêt du 2. Decembre 1595. *M. le Prêtre, 2. Cent. chap. 69.*

123 Les biens de Marie Neveu qui luy étoient avenus par la succession d'Anne Baudoüin sa mere, que ladite Baudoüin avoit acquis, appartenoient aux demandeurs, comme plus proches de ladite Neveu d'un degré que les défendeurs. Arrêt du 7. Janvier 1603. *M. le Prêtre, ès Arrêts de la Cinquiéme.*

124 Les Docteurs tiennent que bien que regulierement les successions collaterales s'étendent jusqu'au dixiéme degré; neanmoins tant que l'on peut justifier la parenté en quelque degré que ce soit, le fisc est exclus. Arrêt du 12. May 1622. le même aux successions illustres qui s'étendent à l'infini. *Brodeau, sur M. Loüet, let. F. somm. 21. n. 2. & 3.*

125 Les successions collaterales, quoyque d'acquêts, n'entrent point regulierement en Communauté; mais pour ce qui est donné ou legué universellement, *etiam successuro*, est acquêt & non propre. Arrêts du 23. Février 1643. *Ibid. let. A. som. 2. n. 17.*

126 Quand l'heritage tombe au collateral, il ne fourche point contremont, & demeure en la personne où il a tombé, & suffit d'être le plus proche du défunt

Tome III.

de la succession, duquel il s'agit du côté du collateral auquel il avoit tombé. *Papon, liv. 11. tit. 1. n. 4. id Carondas, Rép. li. 7. n. 64. in retractu, cont. Arrêt, apud Carond. li. 7. n. 64. vid. Mantic. li. 8. tit. 12. n. 12. id. Chopin. Parif. li. 2. tit. 5. n. 7. cont. tamen inter cognatos ejusdem linea ibid. n. 8. cont.* Du Frêne, *liv. 4. chap. 36.* M. Abraham la Peirere, *en ses décisions du Palais, lettre S. nomb. 221.* ajoûte, La décision est veritable, si la Coûtume n'est au contraire, comme quand la Coûtume dit que les biens suivent le branchage ou la ligne d'où ils viennent; en ce cas il faut remonter au premier acquereur, & suivre la ligne ou le branchage; il y a neanmoins des Arrêts contraires rendus au Parlement en la Coûtume de Bourdeaux. J'ay vû des Arrêts de la Chambre de l'Edit, dans la Coûtume de Saint Jean, qui suit le branchage, contraires à la décision; & c'est la vraye Jurisprudence en telles Coûtumes: neanmoins il est incroyable, quelle peine & quels procés engendre la preuve qu'il faut faire, pour rémonter à la source de l'acquisition. Pour à quoy obéir, je serois d'avis de la décision en toutes Coûtumes indifferemment. *Voyez Automne, art. 60.*

Arrêt rendu au Parlement de Bourdeaux le 14. May 1646. en la premiere Chambre des Enquêtes, entre Jean & Germain Colom, & Isabeau Molinier, heritiers coûtumiers de Jean & Joseph Despujols, par lequel il fut jugé que les biens suivent le branchage. Et ladite Isabeau Molinier, quoyque plus éloignée en degré, fut preferée audit Colom, parce qu'elle venoit de la ligne où les biens avoient commencé: mais depuis en la succession de Robardeau, Bourgeois de Bourdeaux, la succession se regla par la proximité du degré, sans rémonter à la source; au rapport de M. de Maran en 1674. *La Peirere, ibid. lett. S. n. 221.*

127 L'article 540. de la Coûtume de *Bretagne*, porte qu'en collaterale la Justice est saisie de la succession; il étoit autrefois necessaire de la demander la mainlevée; ce qui ne se pratique plus en la succession des freres & sœurs. Arrêt du Parlement de Rennes, qui faisant droit sur les Conclusions du Procureur General, défend à tous Juges d'apposer la saisie sur biens des successions des défunts qui auroient laissé freres ou sœurs, leur declarant dans 40. jours, suivant la coûtume d'accepter les successions; ordonné que l'Arrêt sera publié aux Sieges Présidiaux. *Voyez Du Fail, liv. 3. chap. 62.* il date diversement cet Arrêt, du 13. Decembre 1638. & 13. Octobre 1648.

128 Les enfans des neveux & nièces succedent par representation, ainsi que leurs peres & meres en ligne collaterale, aux immeubles situez dans les vingt-quatre Paroisses des conquêts de Hüe de Gournay. Art. 151. du Reglement fait au Parlement de Roüen le 6. Avril 1666. *V. Basnage, tome 1. à la fin.*

SUCCESSION, *simul Commorientes.*

129 De la succession de ceux qui meurent en même temps. *Voyez* Mort, *& les Loix Civiles, tome 3. li. 2. tit. 1. sect. 1. n. 11.*

130 Mere sans impuberé massacrez dans un Château en un même jour, sans pouvoir être sçû lequel des deux seroit le premier décedé. Le Parlement de Toulouse avoit jugé que c'étoit l'enfant impuberé; toutefois le Parlement de Paris pour la succession des biens de M. Charles Du Moulin, auroit jugé au contraire pour le prédécés de la mere avant ses petits-enfans, pour circonstances particulieres. *Maynard, liv. 3. chap. 83. & liv. 8. chap. 17.*

131 Fille de quatre ans qui se noye avec sa mere, est présumée morte la premiere, & le pere est débouté de la succession des meubles, ainsi jugé le 9. Février 1629. *Bardet, tome 1. liv. 3. chap. 25.*

SUCCESSION COMMUNE A PLUSIEURS.

132 L'heritier est tenu d'agir en la succession commune en bon pere de famille, *alias tenetur de dolo.* Mornac, *L. 15. §. non tantum dolum ff. familia erciscunda.* La

M m m m ij

possession de d'un conserve le droit des autres qui sont communs. *Voyez M. Charles Du Moulin sur l'article* 272. *de la Coûtume du Maine.* Chopin, *Coûtume de Paris*, *liv.* 2. *tit.* 1. *n.* 19.

COMPTE DE SUCCESSION.

133   *Voyez* le mot *Compte*, *nomb.* 70. & 71.

SUCCESSION, CONDAMNÉ.

134   Si un condamné par contumace succede? *Voyez* le mot *Contumace*, *n.* 43. & *suiv.*

135   Si ceux qui sont prévenus de crime, & les condamnez à mort, ou au bannissement perpetuel, ou aux galeres, peuvent succeder? *V. Le Brun, des Successions, liv.* 1. *chap.* 2. *sect.* 3.

136   *Qui deportantur, si hæredes scribuntur, tanquam peregrini capere non possunt, sed hæreditas in eâ causâ est, in quâ fuisset, si hæredes scripti non essent, l.* 1. *Cod. de hæred. instit.*

137   Hors les crimes de léze-Majesté & de peculat, l'accusé depuis l'accusation jusqu'à la Sentence, est capable de succeder ; mais s'il ne se porte heritier, la succession passe à ses enfans, ou à ses creanciers, & les Seigneurs confiscataires en sont privez. *V. Basnage*, *art.* 235. *de la Coûtume de Normandie.*

138   Il y a au Coûtumier de Normandie *in quarto* un Arrêt du Parl. de Roüen du 26. Août 1558. par lequel il est jugé que les enfans nez du sang du condamné ne sont exclus de la succession de leurs peres. *Bibliot. de Bouchel*, *to.* 1. *p.* 619.

139   Un homme qui meurt dans les cinq ans de la contumace est censé avoir recueilli les successions échûës, on doit favorablement présumer qu'il se fût representé dans le temps. Arrêt du Parlement de Paris du 26. Juillet 1652. *M. Anne Robert en son recueil d'Arrêts*, *liv.* 4. *chap.* 16. dit avoir été jugé le 17. Juin 1595. qu'un fils condamné à mort par contumace avoit été incapable de recueillir les successions de ses pere & mere, mais il ne marque pas que le décez du fils fût arrivé dans les cinq ans de la condamnation, circonstance qui a servi de fondement à l'Arrêt de 1652. *Ricard*, *traité des Donations entre-vifs, article* 1. *chap.* 3. *nomb.* 258.

140   Les enfans issus d'une femme condamnée à mort, qui a obtenu Lettres de commutation de peine, ne peuvent succeder. Arrêt du 14. Août 1585. *M. Loüet, lettre E. somm.* 8. Mornac, *l.* 57. §. 1. *ff. de ritu nuptiarum.*

141   Les enfans d'un condamné à mort reçus à la succession d'un oncle, duquel le pere avoit été heritier avant la condamnation, mais depuis le crime commis. Jugé à Pâques 1603. *Montholon*, *Arr.* 100.

142   Le fils d'un condamné à mort, & qui étoit né d'un mariage contracté après la condamnation, ayant été déclaré incapable de succeder au pere, par Arrêt du 13. Février 1625. n'est pas incapable de succeder au frere provenu du premier mariage. Arrêt du 6. Juillet 1637. *Henrys*, *to.* 1. *liv.* 6. *chap.* 1. *quest.* 6. & *Bardet*, *to.* 2. *liv.* 6. *chap.* 18.

143   Condamné à mort par contumace, depuis mise au neant, & enfin condamné à mort par Arrêt contradictoire, & executé, a été déclaré incapable des successions à luy échûës pendant la contumace. Arrêt du 23. Juillet 1626. *Bardet*, *to.* 1. *liv.* 2. *ch.* 90.

144   Le condamné par contumace est habile à succeder dans les cinq ans, mais après les cinq ans il n'est plus habile. *Loüet & Brod. lett. G. n.* 25. quid si après les cinq ans, il est reçu à fournir à droit, *vid. du Frêne, lib.* 1. *chap.* 115. *cont.* Olive, *lib.* 5. *chap.* 7. La Peirere, *lettre S. nomb.* 212. rapporte les Arrêts suivans, qui ont été rendus au Parlement de Bourdeaux.

Arrêt du 11. May 1663. au rapport de Monsieur de Taranque, entre Maître Antoine Debats Juge du Mas, & Anne Coudroy : jugé qu'un condamné à mort par défaut, & instruit après les cinq ans étoit capable de toutes donations & dispositions.

Arrêt du 3. Mars 1666. donné en la Grand'Cham-

bre au rapport de M. de Maran : jugé qu'un fils condamné à mort par contumace étoit exclus de la succession de sa mere, même de sa legitime, quoiqu'il fût mort dans les cinq ans pour se representer.

Arrêt du 5. Mars 1666. rendu en la Grand'Chambre au rapport de M. de Martin : jugé qu'un condamné à mort par défaut après la prescription de 20. ans acquise, pouvoit recueillir une succession à luy déferée depuis la prescription acquise.

Arrêt du 28. Août 1669. au rapport de Monsieur de Baratet en la seconde des Enquêtes. Martin Moreau ayant été condamné à souffrir mort par défaut, pour raison d'un meurtre, & executé en effigie, vient après les trente ans, & demande à ses freres la portion en la succession de ses pere & mere, qui luy étoit échûë pendant la contumace : jugé qu'il ne pouvoit avoir part aux successions échûës pendant sa contumace, ains seulement à celles qui luy pourroient écheoir depuis les trente ans.

145   L'absolution du condamné à mort par défaut a un effet retroactif pour les successions échûës pendant la contumace. Il n'en est pas de même de la prescription de 20. ou 30. ans : car cette prescription n'est pas une innocence justifiée, & seroit plûtôt la peine dûë au crime ; le prevenu qui prescrit, *solventi similis est*, comme on le dit de celuy qui prescrit contre une créance ordinaire. Arrêt du Parlement de Toulouse du 14. Février 1681. rapporté par *M. de Catellan*, *liv.* 2. *chap.* 68.

146   Par Arrêt du Parlement de Roüen du 26. Mars 1683. il a été jugé qu'un accusé non condamné étoit capable de succeder ; mais que pour acquerir les biens au fisc, il étoit necessaire qu'il eût fait quelque acte par lequel il parût qu'il eût pris la succession, & il fut permis au Receveur du Domaine de faire preuve que le condamné avoit fait acte d'heritier. *Basnage*, *sur l'art.* 235. *de la Cout. de Normandie.*

147   Une Sentence de condamnation de mort rendûë par contumace quoique non signifiée ni executée par effigie, rend le condamné incapable de succeder dans les vingt ans pour la prescription du crime, ensorte que l'incapacité remonte au jour de la condamnation. Jugé le 23. Juin 1690. au procez de Jean Charles Vautier qui avoit tué sa femme, & l'enfant dont elle étoit enceinte, pour reparation de laquelle il avoit été condamné à être rompu vif ; ce qui n'avoit été executé. *Voyez le recueil des Arr. du P. de Nor. p.* 152. & *suiv. étant ensuite de la même Coûtume.*

SUCCESSION, CONFISCATION.

148   Le confiscataire ne peut se faire subroger à apprehender la succession qui a été repudiée par celuy qui depuis a été confisqué. *Art.* 43. *des Arrêtez du Parlement de Normandie*, les Chambres assemblées, le 6. Avril 1666. *Basnage*, à la fin.

Voyez le mot *Confiscation*, *nomb.* 134.

SUCCESSION, CONFUSION.

149   Touchant la confusion. *Vide Renusson*, *au traité des Propres*, *chap.* 6. *sect.* 5. Il explique plusieurs cas dans lesquels certaines actions subsistent ou s'éteignent par le concours de deux heredités.

Voyez le mot *Confusion.*

SUCCESSION DES CONSEILLERS DE LA COUR.

150   La succession des Conseillers de la Cour se partage noblement. Arrêt du 9. Septembre 1595. Contre cet Arrêt proposition d'erreur ; & au mois de Janvier 1608. Arrêt qui juge que la succession seroit partagée roturierement, parce que le procez étoit entre heritiers collateraux ; mais en la directe la succession se partage noblement. *M. le Prêtre*, 1. *Cent. ch.* 9. en margine.

Voyez le mot *Conseillers*, *nomb.* 42. & *suiv.*

SUCCESSION CONTRACTUELLE.

151   *Voyez M. le Prêtre*, 2. *Cent. ch.* 94.

152   Si par traité, mariage & association de tous biens la convention de succeder l'un à l'autre en cas de décez

fans enfans, eft valable fans infinuation? *V. Bouvot*, *tome premier*, *partie* 2. verbo *Paction de fucceder.*

153   Si les pere & mere dans le contrat de mariage d'un de leurs enfans, déclarent vouloir que leurs enfans leur fuccedent également, tel pacte vaudra, & fera irrevocable entre Nobles pour l'enfant qui fe marie, & eu égard au nombre des enfans qui fe trouveront lors du décez. Autre chofe eft des autres enfans, fuffent-ils prefens au contrat *Vid. Charond. refp.* 4b. 2. *n.* 54. vid. Bacquet, *aubaine chap.* 27. *n.* 9. 10. vid. Chopin, *Parif. lib.* 2. *tit.* 5. *n.* 13. vid. Mornac, *ad L.* 15. *C. ff. pact. vid.* Faber. *C. de pact. convent. def.* 7. Tels pactes dit *La Peirere, lettre S. nomb.* 230. n'ont lieu qu'entre nobles dans nôtre reffort, & encore le pacte ne vaudra qu'en faveur de l'enfant qui fe marie fuivant le dernier chef de la décifion ; parce que le pacte ne foûtient que *per coherentiam contractûs matrimonii*; &- en faveur des futurs conjoints.

Arrêt du Parlement de Bourdeaux du 17. Août 1643. au rapport de Monfieur de Mirat, en la Premiere des Enquêtes ; le nommé Lardy mariant Anne, & Dauphine Lardy fes filles, leur conftitua certaine dot ; & dans le contrat de mariage de ladite Dauphine il promet de ne point avantager fes autres enfans plus que ladite Dauphine. Et enfuite du mariage de pere fait une donation entre-vifs à ladite Dauphine, fans faire mention de ladite promeffe , ni d'augmentation de dot après ladite donation ; le pere faifant fon teftament inftituë Anne fon heritiere, & revoque la donation qu'il avoit faite à ladite Dauphine. Jugé que ladite promeffe de ne pouvoir avantager étoit nulle , & que la donation faite à ladite Anne, avoir pû être revoquée fuivant la Loy *donationes quas parentes*,parce que par l'ufage duReffort de laCour,le mariage ne tire pas les filles hors la puiffance du pere.

Arrêt du 24. Mars 1664. donné en la Grand' Chambre, au rapport de Monfieur Dufoulier. Un pere & mere mariant leur fille, conftituerent certaine fomme, & prromirent ne point avantager leurs autres enfans;& en cas qu'ils le fiffent,font don & donation de femblable fomme à leurdite fille ; le pere après la mort du pere fait donation à une autre fille, & après la mort de la mere, la premiere fille contefte la donation à fa fœur, & demande à partager également les biens de la mere. Jugé que dans la promeffe de n'avantager pas y ayant donation, ladite promeffe valoit donation ; il fut dit que les deux fœurs partageroient également.

SUCCESSION, CONVENTION.

154   La convention de payer par un fils de famille, quand la fucceffion de fes pere & mere luy fera échûë, eft nulle & contre les bonnes mœurs. Arrêt du 15. Février 1641. *fecûs*, quand la convention eft faite du confentement de celuy des biens, & de la fucceffion diquel il s'agit. *Brodeau fur M. Loüet, lettre H. fom.* 6. *nomb.* 2.

SUCCESSION, COSTE' ET LIGNE.

155   Il faut feulement voir en l'heredité du dernier défunt, de quel côté les biens luy font échûs, *Voyez M. Loüet, lettre P. fomm.* 28.

156   Pour être heritier des propres anciens, il faut être parent du côté & ligne du défunt, *de cujus bonis, &c.* Arrêt du 22. Decembre 1674. *De la Gueffiere, tome* 3. *liv.* 10. *chap.* 30.

157   Un pere étant de l'eftoc & ligne de fa fille en la Coûtume de *Montfort*, a été preferé aux autres parens en la fucceffion des propres. Arrêt du mois d'Avril 1676. *Ibidem, chap.* 5. *& cy-après le n.* 184.

SUCCESSION, COUSINS.

158   Les coufins enfans des freres *deficientibus patruis*, fuccedent à leur oncle par têtes. Arrêt à Paris du 23. Decembre 1526. *Journal du Palais, fine*, Arrêts obmis.

159   En la fucceffion d'un coufin,fon oncle eft plus proche à luy fucceder que le coufin en la Coûtume de *Montfort*, felon la Loy *avunculo Cod. communia de fucceffionibus.* Arrêt du 7. Septembre 1565. *Le Veft, Arrêt* 80.

160   S'il eft queftion de fucceffion entre coufins germains, les heritiers du côté maternel peuvent prétendre les biens anciens du côté maternel. *Bouvot, to.* 1. *part.* 2. verbo *Succeffion, queft.* 3

161   Quoique l'oncle excluë le coufin, *Carondas, liv.* 3. *Rép.* 86. rapporte une efpece où le coufin petit fils exclut l'oncle enfant puîné. *Rép.* 26. Voyez *le lien.*

162   Dans le pays de *Vaudemont* le coufin germain exclut le pere de la fucceffion mobiliaire de fon enfant. Jugé à Metz le 13. Decembre 1671. *Journal du Palais.*

163   La tante fuccede aux meubles & acquêts à l'exclufion des coufins germains. Arrêt du 7. Juin 1616. *Bouvot, to.* 2. verbo *Succeffion, queft.* 40.

DISPOSITION DES COUSTUMES.

164   Du droit de fucceder par rapport aux differentes Coûtumes. *Voyez* le mot *Coûtume, nombre* 65. *& fuivans.*

165   La forme de fucceder & autres droits fe reglent fuivant la Coûtume du lieu où le teftateur étoit domicilié. *Voyez M. Loüet & fon Commentateur, lettre C. fomm.* 42.

166   C'eft la Coûtume qui appelle à la fucceffion, ou qui exclut de la fucceffion ; dans les fucceffions il y a ce qui eft perfonnel qui fuit la perfonne, comme les meubles ; il y a auffi ce qui eft réel, comme les propres : c'eft pourquoy il n'eft pas inconvenient que celuy qui n'eft pas heritier aux propres y puiffe être legataire. *V. Ibid. lettre H. fomm.* 16.

167   La diverfité des Coûtumes introduit divers droits pour la fucceffion des biens. Arrêt du 31. Octobre 1560. *Charondas, liv.* 2. *Rép.* 57.

168   Pour la capacité de la perfonne il faut fuivre la Coûtume du domicile, auffi-bien que pour les meubles ; à l'égard des immeubles il faut fuivre la Coûtume du lieu où ils font fituez. *V. Henrys, to.* 1. *liv.* 4. *chap.* 6. *queft.* 105. Du Moulin, *dans fon Confeil* 53. *n.* 14. d'Argentré, *fur la Coûtume de Bretagne, tit. des Donations , art.* 218. *glof.* 6. *n.* 26.

169   Les heritages fe partagent felon la Coûtume des lieux où ils font fituez lors de la fucceffion échûë, & non felon la Coûtume des lieux où font fituez ceux aufquels ils font fubrogez. Arrêté du Parlement de Roüen, les Chambres affemblées, du 6. Avril 1666. art. 67. *Bafnage, to.* 1. à la fin.

SUCCESSION, AUVERGNE.

170   *In æquali gradu fuccedîtur in ftirpes.* Arrêt du 13. Février 1574. *Le Veft, Arrêt* 129.

171   Coûtumes *d'Auvergne*, la *Marche*, & autres qui rejettent la fille mariée & dotée de toutes fucceffions directes & collaterales ; après la mort de la fille fans enfans, fes freres fuccedent à ce qui luy a été conftitué en dot, à l'exclufion du pere, ou autres afcendans qui l'ont donné. *Voyez Brodeau fur M. Loüet, lettre P. fomm.* 17.

172   Si la referve faite au profit d'une fille en la mariant de droit des fucceffions directes, fe peut étendre aux collaterales en ladite Coûtume ? *Voyez Henrys, to.* 1. *liv.* 6. *ch.* 5. *queft.* 24.

173   Sur l'explication de l'art. 53. du titre des Succeffions de la Coûtume d'Auvergne. *V. Henrys*, ibid. *queft.* 23.

174   Sur l'interpretation de l'art. 25. du titre des fucceffions de la Coûtume d'Auvergne, & fi la fille qui n'a renoncé à la fucceffion des pere & mere, peut venir avec les mâles à la fucceffion d'un oncle ? *V. Henrys*, ibidem, *q.* 24.

SUCCESSION, BLOIS.

175   Des freres conjoints des deux côtez, & des freres de pere & de mere feulement, & comment une fucceffion fe divife entr'eux en la Coûtume de *Blois* ? *V. dans le Veft. chap.* 89. l'Arrêt donné le 24. Mars 1567.

entre Jacques Veron & Jeanne Ramibouft fa femme
d'une part, & Guillaume Ramibouft & conforts d'autre part.

SUCCESSION, BOURBONNOIS.

176 En la Coûtume de *Bourbonnois*, les enfans des freres fuccedent *in ftirpes & non in capita*; encore qu'ils ne
fuccedent par reprefentation. Jugé à la Nôtre-Dame
d'Août 1587. *Montholon Arrêt 49. M. Loüet lettre S.
fomm. 9.*

SUCCESSION, BOURGOGNE.

177 L'article 14. de la Coûtume de *Bourgogne* au titre
des fucceffions, qui regle le partage de la fucceffion
du fils entre les peres & meres, freres & fœurs,
ajoûte à fa difpofition, *& au regard des autres biens
meubles & acquêts faits par lefdits enfans, leurs peres &
meres y fuccederont avec leurs freres, &c.* Il a été jugé
au Parlement de Dijon le 3. Août 1610. que l'on ne
devoit comprendre parmi ces acquêts, ceux faits par
le pere ou la mere des enfans decedez, aufquels pere ou mere les mêmes enfans avoient fuccedé; fur la
Requête civile contre cet Arrêt, on mit hors de Cour
le 22. Janvier 1613. *V. Taifand fur cet art. n. 6.*

SUCCESSION, BRETAGNE.

178 Arrêts du Parlement de *Bretagne* du 13. Decembre
1638. qui faifant droit fur les conclufions du Procureur General, défend à tous Juges d'appofer la faifie
fur les biens des fucceffions des défunts qui auroient
laiffé freres ou fœurs, leur déclarant dans 40. jours
fuivant la Coûtume d'accepter les fucceffions. *Voyez
les Arrêts qui font à la fuite du Recueil de Du Fail p. 86.*

SUCCESSION, COUSTUME D'ESTAMPES.

179 L'ayeul & l'ayeule fuccedent aux meubles au défaut de pere ou mere. *V. M. le Prêtre 1. Cent. ch. 78.*

SUCCESSION. LUSITANIE.

180 *Jus fuccedendi in Lufitania Regnum Catharina Regis
Lufitania Emmanuelis neptis, Doctorum Sententiis con-
firmatum.* Parif. 1641.

SUCCESSION, COUSTUME DU MAINE.

181 La mere ne fuccede point aux acquêts immeubles
de fes enfans, mais feulement aux meubles. Arrêt du
24. Mars 1603. *M. le Prêtre 1. Cent. ch. 78.*

SUCCESSION, COUSTUME DE LA MARCHE.

182 Dans la Coûtume de la *Marche* le pere fuccede à
fes enfans dans ce qu'ils ont herité de la dot de leur
mere, qui n'étoit pas des deniers mobiliers. Arrêt
du Parlement de Paris du 11. Août 1692. *au Journal des
Aud. tom. 5. liv. 8. ch. 21.*

COUSTUME DE MELUN.

183 La Coûtume de *Melun* eft fouchere. *Voyez du Frêne
liv. 8. ch. 26.* où il y a Arrêt du 17. Decembre 1655.

184 Il a été jugé en la Coûtume de *Melun* que la fucceffion de l'aîné échûë avant qu'il eût fait partage avec
fes cadets, fe partageroit comme en ligne directe,
par l'Arrêt du 13. May 1662. Requête civile contre
l'Arrêt. Sur la Requête civile les parties hors de Cour.
Jugé le 3. Février 1667. *De la Guef. tom. 3. li. 1. ch. 11.*

COUSTUME DE MONTFORT.

185 En la Coûtume de *Montfort* s'agiffant d'une fucceffion d'un coufin, l'oncle eft plus proche luy fucceder que le coufin, felon la loy *avunculo, Cod. communia de fucceffionibus.* Jugé le 7. Septembre 1565. *Le
Veft. Arrêt 80.* Voyez l'article 338. de la Coûtume de
Paris. & cy-deffus le nomb. 157.

COUSTUME DE MONTARGIS.

186 En la Coûtume de *Montargis* fi les biens ne font anciens, & qu'ils ayent fait fouche, les afcendans fuccedent aux defcendans à l'exclufion des collateraux.
Jugé à la Pentecôte 1592. *Montholon, Arr. 75.*

SUCCESSION EN NORMANDIE.

187 Par Arrêt du Parlement de Roüen du 10. Juillet
1614. rapporté par *Berault fur la Coûtume de Normandie art. 275.* Jugé qu'une fucceffion échûë appartient
au plus proche heritier habile à fucceder au préjudice de
ceux qui étoient lors nez & non legitimez; la regle
eft qu'il faut confiderer l'habilité de l'heritier au temps

de l'écheance de la fucceffion. §. *it à demum tamen inft.
de hæred. qua ab inteft. defer. L. his verbis §. interdum
de hæred. inft.*

188 Le 16. Février 1633. jugé que l'aîné peut auffi bien
retirer le tiers en Caux donné au puîné comme s'il
n'avoit point été donné. *Berault, à la fin du 2. tome
de la Coûtume de Normandie, p. 52. fur l'art. 296.*

189 Arrêt du 1. Août 1624. après en avoir délibéré au
Confeil, qui ajuge l'ancienne fucceffion entiere é-
tant en Caux, du frere aîné décedé fans enfans, au
fecond frere fucceffeur immediat comme aîné, au
préjudice, & à l'exclufion des autres freres puînez,
& fans dépens. *Berault, à la fin du 2. tome de la Coûtume de Normandie, p. 52. fur l'art. 303.*

190 Arrêt au Parlement de Roüen le 1. Août 1642. qui
juge que le frere plus ancien des puînez a la fucceffion en tiers de fon frere aîné décedé, au préjudice
de fes autres freres dans le pays de Caux. *Berault, à
la fin du 2. tome de la Coûtume de Normandie p. 69.
& fuiv.*

191 Par Arrêt du Parlement de Roüen du 22. Février
1633. les Chambres affemblées, la fucceffion des
meubles & acquêts de feu Jacques Auvray Ecuyer
fieur de Lefcarde Treforier de France en la Generalité de Caën, fut ajugée aux arrieres-neveux du côté
défunt, au préjudice & à l'exclufion de la tante maternelle. *Berault, à la fin du 2. tome de la Coûtume de Normandie, p. 77. & fuiv.* l'Arrêt rendu conformément
aux conclufions de M. le Guerchois Avocat General,
& en interpretation de l'article 304. de la Coûtume.

192 Le 11. Août, Arrêt qui a jugé que l'article 244. de
la Coûtume de Normandie auroit lieu, en cas qu'un
oncle eût reconnu fon neveu pour préfomptif heritier, & promis luy garder fa fucceffion, & que cette
reconnoiffance étoit commune à tous fes neveux, &
que l'oncle n'avoit pû vendre un fond d'heritage pour
payer une dette jugée anterieure, & que le neveu
pouvoit rentrer en l'heritage en le payant. *Berault,
au 2. tome de cette Coûtume à la fin, p. 95.*

193 Par Arrêt du 3. Juin 1654. jugé qu'un frere Prêtre
ayant reconnu fon frere fon heritier préfomptif,
ayant furvêcu fon frere, la veuve de fon frere
ni fes creanciers ne pouvoient y rien prétendre. *Ibidem, page 96.*

194 Par Arrêt du mois d'Août 1655. jugé qu'un pere qui avoit reconnu l'un de fes fils pour heritier, &
promis garder la fucceffion, ne pouvoit aliener même au préjudice de fes autres enfans, autrement ce feroit indirectement avancer l'un plus que l'autre. *Ibidem, p. 96.*

195 Par Arrêt du 10. Février 1656. jugé que le fils reconnu pour préfomptif heritier, avoit pû hypotequer le bien en faveur des alimens de fon pere, &
pour l'affiftance de fa famille en une maladie de pefte, même pour les frais de fon mariage, & fans lefquelles confiderations on demeura d'accord, que le
fils n'eût pû obliger ni hypothequer le bien. *Berault,
Ibid.*

196 Par Arrêt de 1634. la fucceffion des acquêts a été
ajugée au grand oncle, au préjudice d'un coufin remué de-germain. *Berault, à la fin du 2. tome de la
Coûtume de Normandie, p. 97. fur l'art. 303.*

197 Par Arrêt du 7. Février 1656. la tante a été preferée au coufin germain en la fucceffion de l'acquêt, &
ce fut l'autorité d'un ancien Arrêt de 1519. toutes les
Chambres affemblées ceffant, lequel l'on demeura
d'accord, que la difficulté étoit grande, vû que par la
fupputation canonique qui eft celle fuivie en la Coûtume de Normandie, la tante eft auffi bien au deuxième degré que le coufin germain; il eft vray que par la
civile la tante eft d'un degré plus proche, & que *in
rei veritate*, il y a toûjours quelque plus proche &
abfolue proximité, qui a donné lieu aux Arrêts.
Ibidem.

198 Pour fucceder il faut être parent au feptiéme dégré & le prouver, neanmoins il y eut Arrêt au Parlement de *Normandie* le 12. Janvier 1617. en faveur de Pierre Manfils contre le Procureur du Roy, il paffa à dire que Manfils étant en poffeffion de la parenté & ayant été appellé heritier dans les affaires onereufes de la parenté, comme de nourriture & de tutelle, cela fuffifoit. *Voyez Bafnage, fur l'art. 146. de la Coûtume de Normandie.*

199 Le Parlement de Roüen a jugé le 1. Avril 1569. qu'une fille mineure ayant accepté une fucceffion par l'autorité de fon Tureur, & depuis ayant été mariée à un majeur lequel avoit à menager les biens de cette fucceffion pendant quatre années, étoit bien fondée aux Lettres de relevement qu'elle avoit obtenuës de fon acceptation & l'amenagement fait en confequence; fon mary & elle furent déchargez des dettes de la fucceffion en rendant compte, fuivant les offres qu'il en avoit faites. *Berault qui fur l'art. 235. de la Coût. de Normandie* rapporte cet Arrêt, en cite un autre du 22. Juin 1582. par lequel il fut jugé qu'un homme ayant pris une femme en mariage pour telle part qu'il lui pourroit appartenir aux fucceffions de fes prédéceffeurs, & ayant deux ans aprés reconnu beaucoup de dettes dont ces fucceffions étoient chargées avoit pû demander la féparation de biens d'avec fa femme; il étoit conftant au procez que le mary ien de fon mariage, n'avoit été faifi d'aucun meuble ni effets dépendans de ces fucceffions, mais qu'il avoit feulement reçu quelque revenu, dont il offroit de rendre compte; ce qui fut ordonné par l'Arrêt. *V. Pefnelle, fur cet art. 235. de la même Coût.*

200 Un enfant fe porte heritier de fon pere; mais reconnoiffant que la fucceffion ne valoit rien, il l'abandonne à un parent l'accepte, accommode les affaires & la rend bonne; le premier fit porter une de fes filles heritiere de fon ayeul pour prendre cette fucceffion, & fous fon nom il en pourfuivit le poffeffeur, pour voir dire qu'elle feroit jugée à fa fille, nonobftant la renonciation contre laquelle en tant que de befoin, il prit Lettres de reftitution, prétendant que fa fille venoit *ex capite fuo, non ex perfoná patris.* Par Arrêt du Parlement de Roüen du 4. May 1610. elle fut déboutée; la Sentence qui la déboutoit, attendu qu'elle n'étoit ni née ni conçuë au temps de l'écheance de la fucceffion, fut confirmée. *Bafnage, fur l'art. 235. de la Coût. de Normandie.*

201 Une fucceffion étant échuë à trois fœurs, deux renoncerent, la troifiéme la prit par benefice d'inventaire; ces deux fœurs fe firent autorifer par leurs maris pour être reçues à y participer, & aprés quelques procedures elles laifferent tomber l'inftance en peremption; par ce moyen le benefice d'inventaire fut ajugé à celle qui l'avoit obtenu. Huit ans aprés ces deux fœurs prétendirent de rechef d'être admifes à cette fucceffion beneficiaire, difant que la Coûtume ne pouvoit être étenduë contre les coheritiers de l'hetier beneficiaire. Ainfi jugé le 29. Octobre 1643. au Parlement de Roüen. Ainfi quand on a negligé de recueillir une fucceffion échuë & que l'on a fouffert qu'un coheritier ou un parent plus éloigné en prît poffeffion, ce filence ne tient pas lieu de renonciation, & n'empêche pas de demander partage. Arrêt du Parlement de Roüen du 20. Juillet 1671. *Ibidem.*

202 Arrêt du Parlement de Roüen du 18. Janvier 1652. par lequel un aîné ne fut point exclus de la fucceffion qui luy étoit déferée par la Coûtume par le décés d'une perfonne homicidée par fon pere & fes freres conjointement. *Ibidem.*

203 Le Juge d'Eglife eft incompetent de juger fur la capacité de fucceder. Arrêt du Parlement de Roüen du 29. Mars 1658. contre l'Official de Coûtance. *Ibidem.*

204 Arrêt du Parl. de Roüen du 9. Août 1680. par le-

quel un frere étant accufé d'avoir tué fon frere, & ayant obtenu des Lettres de pardon, ne fut point exclus de fa fucceffion; la querelle dans laquelle le défunt avoit été bleffé, étoit furvenuë à l'occafion d'un partage; les Medecins dirent qu'il n'étoit pas mort du coup de pincette qu'il avoit reçu, mais qu'ils avoient trouvé une grande putrefaction dans toutes les parties de fon corps qui luy avoit caufé la mort. *Ibidem.*

205 L'article 241. de la Coûtume de *Normandie,* porte *Pere & mere, ayeul & ayeule ou autre afcendans, tant qu'il y a aucun defcendu de luy vivant, ne peut fucceder à l'un de fes enfans,* cet article fe pratique fort rigoureufement. De la Befliere fieur de faint Pierre Langers avoit 4. filles & un fils; il maria l'aînée au fieur de Boifivon, & luy donna 5000. liv. En mariant la feconde au fieur de Roton, il luy promit 18000. liv. & fon fils étant mort il donna à fa troifiéme fille qui fut mariée à M. du Boüillon Confeiller, 3000. l. de rentes rachetables moyennant 40000. liv. & enfin il maria fa quatriéme fille au fieur de Gratot. La feconde & la troifiéme filles étant mortes fans enfans, le fieur de Boifivon ne demanda point leur fucceffion d'abord; mais depuis s'imaginant que fon beaupere avoit quelque prédilection pour la Dame de Gratot, il luy demanda les fommes qu'il avoit données à fes deux filles mortes. L'affaire portée au Parlement de Roüen, fur l'appel d'un incident, Maury difoit pour le fieur de Boifivon que fuivant cet article les fœurs étoient heritieres de leurs fœurs à l'exclufion de leur pere; que par cette raifon il luy appartenoit la moitié de ce qui avoit été promis en dot par le pere aux deux fœurs décédées; puifque par le mariage elles en étoient devenuës les veritables proprietaires; que la dot conftituée par le pere étoit un veritable propre qui ne remontoit point; & pour montrer qu'il vouloit ufer de l'avantage que l'article 241. de la Coûtume luy donnoit, fon action n'ayant en d'autre caufe que cette inégalité d'affections que fon beau-pere faifoit paroître, il confentoit que l'interêt des 40000. livres fût reduit au denier 20. Le fieur de faint Pierre n'oppofoit à la rigueur de la Loy que des raifons de faveur & de pieté, il offroit même de garder fa fucceffion à fes filles. Le fieur de Gratot confentoit que fon beau-pere demeurât en poffeffion de tout fon bien: Par Arrêt du 14. Août 1657. faifant droit au principal on condamna le beau-pere à payer les dots qu'il avoit promifes à fes filles à raifon du denier 20. *V. Ibidem, art. 241.*

206 Le pere eft reçu à reclamer l'avancement qu'il a fait au préjudice de fon fils, & fe défendre des interêts refultans de crime. Le fieur de There fit un avancement de fucceffion à fes deux fils à ces conditions de luy payer une penfion de 600. livres & la dot de fa femme qu'il retenoit, & d'acquitter toutes les rentes dont il étoit chargé dans deux ans, faute de quoy aprés le temps expiré, il rentreroit de plein droit en fon bien. Nicolas fon puîné n'y ayant point fatisfait, il le fit fommer d'accomplir les conditions de l'avancement, proteftant de fe remettre en poffeffion de fon bien. Six mois aprés le fils étant condamné par contumace pour homicide, le pere obtint des Lettres de refcifion contre l'avancement qu'il avoit fait à ce fils, elles furent entherinées au Parlement de Roüen le 20. Janvier 1647. *Ibidem, art. 244.*

207 Les biens ayant changé de fituation ou de nature fe partagent en l'état qu'ils fe trouvent lors de la fucceffion ouverte. Jugé au Parlement de Roüen, l'an 1623. *Ibidem, 245.*

208 Le bien qui devient immeuble à l'égard de la femme l'eft auffi à l'égard de fon heritier; ainfi une fucceffion de meubles étant échuë au mary à caufe de fa femme qui excedoit la moitié de fon mobile n'en ayant point fait de remploy, fuivant l'art. 390. de la Coût. de Normandie, ayant laiffé une fille

mineure qui mourut fans enfans , ils furent ajugez
aux heritiers maternels. Arrêt du Parl, de Roüen
du mois de Janvier 1653. *Ibidem.*

209

Une fœur ayant fuccedé aux acquêts d'un frere avec
fes neveux , enfans d'un autre frere prédecedé , en
execution de l'article 306. de la Coûtûme de *Nor-
man die* , fi ces acquêts qui font devenus propres font
à partager dans la fucceffion de cette fœur décedée
fans enfans , ces neveux qui n'avoient point eu de preference en la fucceffion de leur oncle , l'auront en la
fucceffion de cette tante , & excluëront leurs autres
tantes & leurs defcendans. De plus fi une fœur qui a
fuccedé à fon frere uterin,tant avec fes neveux fils de
fon frere de pere & de mere qu'avec fa fœur de mere
feulement (comme elle n'eft capable par les articles 306. 307. & 316. décede fans enfans, les acquêts
du frere uterin qui font devenus propres en la perfonne de fa fœur appartiendront aux neveux iffus des
freres , à l'exclufion des neveux fortis des autres
fœurs , comme il a été jugé au Parlement de Roüen
le 24.Mars 1604 il ne faut pas oublier que cette maxime fe doit entendre hors du cas de reprefentation
de fon pere concurremment avec les mâles au partage des propres tant en ligne directe qu'en la collaterale. *Voyez Pefuelle, fur l'art. 248. de cette Coûtume.*

210

L'article 257. de la Coûtume de *Normandie*, porte,
*Fille mari e avenant que fes fœurs foient reçuës à partage,
fait part au profit de fes freres pour, autant qu'il luy en
eût pû appartenir au tiers dû aux filles pour leur mariage,
encore qu'il ne luy fût rien dû lors du deceds de fes pere
ou mere.* Jugé le 9. Mars 1646. que la Coûtume ne
parlant que des filles mariées , les freres ne font tenus de rapporter ce qui avoit été donné à leurs fœurs
Religieufes , ainfi Religieux ou Religieufe ne fait
part en Normandie. *Voyez Bafnage , fur cet article.*

211

Suivant l'article 258. de la Coûtume de *Normandie*
les filles ne font pas naturellement incapables de fucceder , puifqu'il permet au pere de fe referver à fa
fucceffion & de leur mere , ce qui eft oppofé au droit
civil , où le pere ne poûvoit donner ni conftituer la
dot à fa fille des biens de la mere contre fa volonté.
L. n que mater. C. de jure dot. mais auffi il faut que
cette refervation fe faffe en termes précis & formels
on n'admet point d'équivalence. Une mere en mariant fa fille luy donne 1200. livres que fon pere luy
avoit leguées par fon teftament & luy donne encore
600. liv. de rente à prendre fur fes heritages & rentes , & ce *par forme d'avancement de fucceffion & fans
préjudice à la mort de fa mere , de prendre part en fa
fucceffion , fuivant la Coûtume du païs où les heritages de
cette mere feroient fituez* , cette fille devenuë veuve
paffe en fecondes nopces avec le fieur de Grandval ,
lequel après la mort de la mere demande partage en
fa fucceffion , tant aux biens de Normandie que de
France , prétendant que ces mots (par avancement
de fucceffion) & les fuivans (fans préjudice) fervoient de refervation à partage pour les biens de
Normandie , autrement ils euffent été fuperflus n'é-
tant pas befoin d'une refervation expreffe pour ceux
de France où la loy donne part aux filles. Les freres
foûtenoient que pour admettre une fœur à fucceder
aux biens de Normandie,il falloit une refervation expreffe. Ces mots *fuivans la Coûtume du païs* détermi-
noient à dire, que les filles n'ayant point de part aux
biens de Normandie , elle ne poûvoit demander partage qu'aux biens de France. Ainfi jugé en la Chambre de l'Edit à Roüen le 5. Decembre 1644. *Bafnage,
fur cet art. 258.*

212

La veuve du fieur le Cocq ayant des biens en Normandie & en Hollande,& en mariant une de fes filles
avec Ifabel Procureur , luy promet de garder fa
fucceffion pour être partagée entre fes fils & fes filles, fuivant la Coûtume des lieux où ils font fituez ,
Ifabel prétendit que cela valoit refervation à partage,
& l'ayant fait juger de la forte. Les freres difoient

pour moyen d'appel que ce terme de referver devoit
y être employé ; & qu'après tout la mere ayant promis fimplement de garder fa fucceffion pour être
partagée felon la Coûtume des lieux , n'avoit point
entendu déroger aux Coûtumes ; au contraire , de
avoir laiffé les chofes dans le droit general. & puifque fuivant la Coûtume de Normandie les filles n'entrent point en partage , la fœur ne pouvoit avoir
d'autre part aux biens fituez en Normandie , que
celle qui lui étoit donnée par la Coûtume. Par Arrêt
du Parl. de Roüen du 16. Juillet 1680 la Sentence
fut caffée , & l'on ajugea feulement mariage avenant.
Ibidem.

On ne doute plus que le pere ne puiffe referver fa **213**
fille à partage *quocunque actu* , par le Contract de mariage , par Acte entre-vifs ou par teftament , pourvû
neanmoins que ce foit avant ou lors du mariage; &
par l'Arrêt de Cauchois du 8. Janvier 1639. on confirma la refervation que le pere avoit faite par Teftament
à la fucceffion même de la mere décedée , comme on avoit jugé que ces paroles de l'art.252. (*quand
ils la marierent*) ne privoient point le pere de donner
à fa fille après l'avoir matiée , pourvû que la donation n'excedât point la legitime ; ainfi ces mots (*en la
mariant*) ont été confiderez comme demonftratifs &
non point comme limitatifs ,telle refervation fe faifant le plus fouvent au temps du mariage , on a exprimé le cas comme le plus ordinaire , ce qui n'emportoit pas une exclufion de la pouvoir faire en d'autres cas ou par d'autres Actes *Bafnage, ibid. art.* 258.

On promet bien au pere d'augmenter la dot de fa **214**
fille après l'avoir mariée ; mais il ne s'enfuit pas qu'il
puiffe la referver à fa fucceffion , après l'avoir mariée,
quoiqu'il le faffe lors du fecond Contract de mariage.
Arrêt du Parlement de Roüen du 28. Janvier 1655. La
veritable raifon de cette Jurifprudence eft qu'il n'y
auroit rien d'affuré dans les familles. Un pere après
avoir marié fon fils avantageufement pourroit ruiner
fa condition en rappellant à partage fes filles qu'il
avoit mariées.

Une fille n'avoit rien eu de fes pere & mere lors de **215**
fon premier mariage , par le fecond Contract fa mere
luy donne 300. l. pour toute & telle part qu'elle pouvoit prétendre en fa fucceffion , fi mieux elle n'aimoit
partager avec fes freres. Le frere luy contefte ce
partage , parce qu'elle avoit été mariée par fes pere
& mere , qu'ils avoient pû la marier fans luy donner
aucune chofe , que d'ailleurs , fuivant l'article 448.
toutes donations d'immeubles faites de pere à fils en
faveur de mariage doivent être infinuées , que celle-
cy étant à prendre fur les immeubles étoit nulle faute
d'infinuation. Le Juge de Neufchâtel ayant dit à tort
l'action de la fœur, Arrêt du Parlement de Rouen qui
caffe la Sentence ; fauf au frere à la rappeller à partage.

Suivant cet article 258. *le pere peut referver fa fille* **216**
à la fucceffion de fa mere ; on a douté fi le fecond mary
pouvoit referver à la fucceffion de la mere la fille fortie du premier mariage , & fi cette refervation eft valable la mere n'ayant point legué lors du Contract ;
Barbe le Voleur fut mariée par fon beau-pere, & il la
referva à la fucceffion de fa mere laquelle étoit prefente au Contract, & neanmoins elle n'y figna point ;
étant devenuë veuve elle attefta fa prefence & fon
confentement à cette refervation qu'elle ratifia , & en
cas qu'elle n'eût pas d'effet , elle donnoit à fa fille le
tiers de tous fes biens ; lorfque cette fille demanda
partage à Denis la Feteur fon frere uterin , il y fut
condamné par Arrêt du Parlement de Rouen du mois
d'Août 1611. *Bafnage ,ibidem.*

En confequence du pouvoir que la Coûtume de **217**
Normandie accorde aux peres & aux meres de referver leurs filles à leurs fucceffions, on a fouvent
agité cette queftion , fi le pere au lieu de referver fa
fille à fa fucceffion peut arbitrer fon mariage , & fi la
fille

fille est obligée de s'arrêter à cette arbitration. Berault dit qu'elle ne peut se plaindre, & qu'il a ainsi été jugé; mais cette maxime n'est plus en usage, le contraire se juge, fondé sur le principe que la Coûtume ne permet pas au pere de ne donner rien à sa fille, ou de regler ce qu'il luy plaît de donner en la mariant, *in solo actu maritationis* : la loy présume en ce cas que le pere a satisfait à son devoir, lors qu'il l'a pourvûë convenablement, & que par ce moyen il luy assûre un douaire, une part aux meubles & aux acquests de son mari qui peuvent suppléer au défaut de sa liberalité: hors ce cas l'arbitration que le pere fait du mariage de sa fille n'étant que pour avoir effet après sa mort, elle devient inutile, & la fille après la mort de son pere devient capable de demander à ses freres ce qui luy appartient par la Coûtume. Jugé par Arrêt du Parlement de Roüen du mois de Janvier 1624. entre la fille du sieur de Villers-Maisons son oncle, & les creanciers de son frere; on n'eut point aussi d'égard à l'arbitration faite par Me. Pierre Penelle Procureur en la Cour, du mariage de sa fille.

Les freres aussi ne sont pas tenus d'accepter l'arbitration faite par le pere du mariage avenant de leurs sœurs.

La fille reservée à la succession doit rapporter le principal & interêt depuis la succession écheuë. Arrêt du Parlement de Roüen du 2. Mars 1657. *Basnage, sur l'art. 260. de la Coûtume de Normandie.*

219   Il y a cette difference entre le pere & la mere, quant au pouvoir de reserver leurs filles à leurs successions que la mere ne les peut reserver qu'à sa succession, & non à la succession du pere, *par l'art. 259. de la Coûtume de Normandie*, ce qu'elle ne peut pas même faire pour sa propre succession du vivant du pere son mary, mais le pere peut reserver ses filles tant à la succession qu'à celle de la mere, soit qu'elle soit décedée, soit qu'elle soit vivante. Le cas de la mere predecedée, a été jugé par deux Arrêts rapportez par *Berault*, l'un du 9. Fevrier 1513. & l'autre du 29. Juin 1605. Quant au cas de la mere vivante, on peut douter que le mary puisse reserver ses filles à la succession de leur mere sans l'intervention & le consentement de la mere, que le mary ne peut pas disposer valablement des biens de sa femme, sans qu'elle intervienne & y consente, *maritus de bonis uxoris suâ, invitâ dotem dandi nullam habet facultatem. L. 14. C. de jure dotium.* Pesnelle, *sur cet art. 259.*

220   Ce n'est point une question douteuse en Normandie, que le pere peut changer la nature de son bien, même depuis la naissance de ses enfans, & qu'il est en sa liberté de mettre hors Caux ce qui étoit en Caux, ou au contraire de placer en Caux ce qui n'y étoit pas. Jugé au Parlement de Roüen le 10. Juin 1613. entre les nommez Coupel, & par un autre Arrêt precedent du 5. Février 1626. entre Dubois & le Boucher. *Basnage, sur la Coûtume de Normandie, art. 295.*

221   Deboivin Curé de Claville, ayant demandé part en la succession de sa sœur décedée sans enfans, le sieur de Canonville fils du frere aîné, soûtint que *l'article 300. de la Coûtume* n'avoit lieu que pour les freres. Par Sentence il fut jugé en faveur dudit sieur de Claville; le sieur de Canonville ayant appellé, la Sentence fut confirmée, ne s'étant point trouvé d'Avocat pour conclure l'appel. *Basnage, sur la Coûtume de Normandie, art. 300.*

222   La Coûtume de *Normandie* ne parlant que des puînés, on a douté si la dot d'une sœur décedée sans enfans, devoit être partagée comme celle d'un puîné, pour y donner les deux tiers à l'aîné & aux puînés l'autre tiers? La raison de douter étoit que suivant *l'art. 297.* la sœur avoit été mariée de meubles qui se partagent egalement entre les freres; mais cette question se décide par cette raison, que la dot est un immeuble remplacé sur les immeubles du mary; que si ses biens sont situez en Caux, c'est une rente qui se

Tome III.

---

partage selon la loy du domicile du mary debiteur comme les autres rentes; que si ses biens sont en Bourgage ou dans la Coûtume generale, la rente est divisible également entre les freres. Arrêt du 30. Juin 1655. *Basnage, sur la Coûtume de Normandie, art. 300.*

223   Arrêt du Parlement de Roüen du 14. Août 1656. qui a jugé qu'un pere ayant constitué une rente sur les biens qui étoient tous situez en Caux pour la dot de sa fille, le frere aîné succedoit aux deux tiers de la rente dotale de cette fille morte sans enfans. Il fut aussi jugé par le même Arrêt que la part qui revenoit de cette rente à un puîné, après la mort de ce puîné sans enfans retournoit à l'aîné comme d'une ancienne succession collaterale. *Basnage, sur l'art. 300. de la Coûtume de Normandie.*

224   En Caux les acquests de l'oncle se partagent par têtes entre les neveux fils des freres puînés, & les filles de l'aîné. Arrêt du Parlement de Roüen du 12. May 1659. *Basnage, sur l'article 300. de la Coûtume de Normandie.*

225   La representation étant limitée au premier degré, les oncles & tantes en la succession de leurs neveux & niéces excluent les cousins germains. Arrêts du Parlement de *Normandie* des 20. May 1650. & 23. Juillet 1672. *Voyez Basnage, sur l'art. 304. de cette Coûtume.*

226   Les enfans du frere uterin ne peuvent s'éjoüir du benefice de la representation pour succeder avec leurs oncles. Arrêt du Parlement de Roüen du 23. Mars 1637. Autre Arrêt du 23. Août 1647. qui a jugé que les enfans du frere uterin, sont exclus par leurs oncles freres de pere & de mere. *Basnage, sur l'art. 312. de la Coûtume de Normandie.*

227   L'art. 313. de la Coûtume de Normandie porte que *les enfans du frere uterin en premier degré, succedent avec les enfans du frere de pere & de mere.* Par Arrêt du Parlement de Roüen du 23. Février 1662. il a été jugé que cet article ne doit point être étendu en faveur des enfans de la sœur uterine pour succeder avec les enfans de la sœur de pere & de mere. *Basnage, sur l'art. 313. de la Coûtume de Normandie.*

228   Les filles descendans des freres partagent également avec les mâles descendans d'autres freres. Arrêt du Parlement de Roüen du 12. de May 1519. rapporté par *Berault, sur l'art. 318. de la Coût. de Normandie.*

229   En consequence de *l'art. 318. de la Coûtume de Normandie*, qui porte que *les sœurs uterines de pere sont tantes paternelles de leurs neveux & niéces, & en cette qualité excluent les oncles & tantes maternels du défunt en la succession des meubles & acquêts*; un oncle uterin prétendit exclure la tante de pere & de mere en la succession des meubles & acquêts de son neveu. Par Arrêt du Parlement de Roüen du 22. Mars 1678. il fut débouté. *Voyez Basnage, sur cet art.*

230   Un homme de *Normandie* ayant épousé une femme d'Orleans, fit échange d'une succession qui luy étoit écheuë avec des rentes & heritages situez en Normandie; ce contrat fut ratifié par la femme; une fille issuë de ce mariage, voulut après la mort de sa mere avoir part aux biens échangez, comme subrogée à la place de ceux d'Orleans où les sœurs succedent avec leurs freres; elle disoit que la chose subrogée retient la nature de celle qui luy est subrogée, *subrogatum sapit naturam subrogati*; que la succession étoit échuë à sa mere avant qu'elle fût mariée, que son mari & elle s'étoient contentées d'un mariage avenant sur l'esperance qu'après la mort de sa mere elle auroit part en cette succession; que si elle en étoit privée par cette échange, elle seroit beaucoup deceuë. Le frere répondoit que la succession devoit être considerée au temps de la mort. Quant à la regle *subrogatum sapit naturam subrogati*, elle a lieu dans les demandes universelles, *in petitionibus universalibus, ut in petitione hæredit. & rebus quæ restitutioni subjacent*, non pas en succession directe, *nec in rebus particularibus* la subrogation doit être faite par la loy ou par le contrat; étant

N n n n

une fiction, on ne la doit point faire si elle n'est expresse par la loy, joint que la chose subrogée pourroit retenir sa condition primordiale & non pas sa qualité accidentelle, comme l'heritage paternel vendu ou remplacé retient la qualité de feodal ou autre s'il en avoit. Par Arrêt du Parlement de Roüen du 5. Février 1626. entre Noël Dubois sieur des Noyers, & Gaspard le Boucher sieur de S. Aubin, ayant epousé Marie Dubois ; le beaufrere & la sœur furent débourez de leur action. *Voyez Basnage, sur la Coûtume de Normandie, art. 341.*

231 L'art. 352. de la Coûtume de *Normandie*, qui porte que l'aîné doit avoir les titres de la succession, s'entend au cas qu'il soit sage & prudent. Sur l'appel du Tuteur des enfans puînés du sieur Martot, qui ordonnoit que le frere aîné seroit saisi des titres de la succession, il fut remontré que cet aîné étoit séparé de biens, decreté & emprisonné pour ses dettes. On ordonna qu'il seroit fait assemblée des creanciers pour convenir d'un dépositaire solvable qui seroit saisi des titres de la succession. Arrêt du Parlement de Roüen du 2. Août 1650. Le sieur de Montgommery s'étant plaint des violences de son aîné, & du peu de sûreté qu'il y avoit d'aller chez luy, on ordonna par Arrêt du 19. de Janvier 1652. qu'il mettroit au Greffe du Pont l'Evêque les lettres de la succession, pour être procedé au partage. Arrêt semblable du 24. Février suivant. *Basnage, sur cet article 352.*

232 Les oncles & tantes excluent leurs enfans, & leur sont preferez en la succession aux propres de leurs neveux cousins de leursdits enfans, mais ils sont appellez concurremment à ladite succession avec leurs neveux enfans de leurs freres & sœurs. Article 44. des Arrêtez du Parlement de Normandie, les Chambres assemblées, le 6. Avril 1666. *Basnage, to. 1. à la fin.*

233 Les heritages non alienez, & les rentes non rachetées, ainsi que les heritages & rentes qui tiennent lieu de remplacement special doivent retourner aux parens maternels de la ligne desquels ils sont venus, tant qu'il s'en trouve dans le septiéme degré inclusivement ; à faute de parens de la ligne de laquelle sont venus les heritages dans le 7e. degré soit paternels ou maternels, ils retournent au fisc, ou Seigneur feodal, au préjudice du mary & de la femme. Arrêté du Parlement de Roüen, les Chambres assemblées, du 6. Avril 1666. *Art. 105 & 106.*

234 On succede en *Normandie* jusqu'au 7e. degré inclusivement. *Art.* 231. 41. du Reglement fait au Parlement de Roüen, les Chambres assemblées le 6. Avril 1666. *Basnage, to. 1. à la fin.*

Succession, Coûtume de Noyon

235 Si dans la Coûtume de *Noyon* qui fait succeder l'aîné noble en tous les fiefs, à la charge du quint à vie, à les puînez, les enfans des puînez peuvent pretendre le même quint à vie, venans à la succession de leur aycul par representation de leur pere ou mere predecedez ? Il y eut Arrêt interlocutoire pour s'informer de l'usage de la Province ; y ayant été répondu qu'il n'y avoit point d'usage certain, le Parlement de Paris par Arrêt definitif du 13. Mars 1709. infirma la Sentence de Noyon, & jugea que le quint viager ne passoit point aux petits enfans, quoyque l'aîné fût décedée avant l'ouverture de la succession. *Voyez le Recüeïl des Arrêts Notables, imprimé en 1710, chez Michel Guignard, chap. 10.*

Succession Coûtume d'Orleans

236 Les rentes constituées en la Coûtume d'*Orleans*, doivent être censées immeubles en une succession collaterale. Jugé le 23. Février 1577. *Le Vest, Arrêt* 151.

Coûtume de Paris.

237 L'on ne dit rien de particulier sur cette Coûtume, parce que la plus grande partie des décisions de ce titre convient au titre qu'elle a des successions.

Coûtume du Perche.

238 Les meubles & acquêts en la Coûtume du *Perche*,

art. 152. qui admet la representation à l'infiny, se divise en deux lignes dans les successions collaterales, sans que les plus proches y succedent. Jugé le 2. Février 1682. *De la Guess. tome 4. liv. 5. chap. 3. Voyez le tome 2. liv. 1. chap. 15.*

Coustume de Picardie.

239 *Consuetudines in Picardiâ super non succedendo. Du Moulin, to. 2. p. 629.*

Coustume de Poitou.

240 Interpretation des art. 277. & 279. de la Coûtume de Poitou touchant les successions collaterales, &c. *Voyez de la Guess. tom. 2. liv. 1. chap. 15.*

241 Les successions des filles qui ont renoncé en faveur des mâles, se partagent également sans droit d'aînesse. Arrêt à Noël 1619 *Montholon, Arrêt* 133.

Coustume de Ponthieu.

242 Jugé dans la Coûtume de *Ponthieu*, qu'il n'y a qu'un seul heritier ou qu'une seule & unique heritiere des meubles en succession collaterale comme en directe, & qu'un mineur ne peut changer de domicile. Le 5. Septembre 1665. *De la Guess. tome 2. liv. 7. chap. 33.*

Coustume de Senlis.

243 Dans la Coûtume de *Senlis* un pere peut avantager un de ses enfans plus que l'autre, & il faut rapporter à la succession ou moins prendre. Un aycul donne à son petit fils ; l'aycul & puis le pere meurent ; les enfans veulent que leur frere rapporte à la succession ce qui luy a été donné par l'aycul, parce qu'ils disent que ça a été *contemplatione* du pere. Arrêt prononcé en robes rouges à la Pentecôte 1596. le fils donataire déchargé du rapport. *M. Loüet, lettre D. somm. 36. & 56.*

Coustume de Saint Sever.

244 Le sieur de Geneste heritier de son pere, ne pourra prétendre ès biens de saint Sever que le droit de legitime seulement ; & à cet effet qu'il seroit fait une masse de tous les biens immeubles, tant acquêts que propres, même anciens & paraphernaux, situez dans ladite Coûtume de saint Sever. Il s'agissoit d'une fille décedée *ab intestat, &c.* Jugé le 13. Mars 1666. *De la Guess. tome 3. liv. 1. chap. 7.*

Coustume de Touraine.

245 En la Coûtume de *Touraine, etiam*, en matiere de succession de roturiers les enfans des sœurs consanguines excluent les freres uterins en succession mobiliaire. Jugé le 25. Mars 1662. *M. Bouguier, lettre F. n. 5. Voyez M. le Prêtre, 2. Cent. chap. 14. circa finem, & fol. 446.* où il parle s'il n'y a que freres & sœurs conjoints d'un côté seulement les heritiers collateraux succedent par moitié. Arrêt du 29. Janvier 1606.

Coustume de Valois.

246 En la Coûtume de *Valois*, la succession d'une tante entre des coheritiers venans par representation a été ajugée par souches, & non par têtes. Prononcé le 7. Avril 1562. *Le Vest, Arrêt* 71.

Coustume de Valençiennes.

247 A *Valenciennes*, les enfans des grands oncles succedent également avec les enfans des oncles du défunt. Arrêt du Parlement de Tournay du 10. Avril 1696. rapporté par *M. Pinault, to. 1. Arr.* 101.

248 A *Valenciennes*, le plus proche parent d'un défunt n'est pas exclus de sa succession pour avoir manqué de l'apprehender dans l'an du décez. *Ibidem.*

Succession, Creanciers.

249 Creanciers qui se font subroger aux droits successifs échûs à leur débiteur. *Voyez le mot Creancier, nomb.* 31. & 32.

250 L'heritier pur l'adition d'heredité contracte avec les creanciers, mais l'obligation n'est que personnelle pour sa part, & s'il est détenteur d'heritage de ladite succession, il peut être convenu hypothecairement pour toute la dette ; mais s'il deguerpit l'heritage affecté, il ne peut être convenu que personnel-

lement. *Voyez le mot* Heritier , *nombre* 113.

251 Les creanciers peuvent contraindre le débiteur ou d'accepter une fucceffion en luy donnant caution de l'indemnifer , ou de les fubroger pour l'accepter ; finon telles fucceffions font declarées affectées à leurs dettes. Arrêt du Parlement de Bretagne du 22. Août 1592. *Du Fail , liv* 1. *chap.* 390.

252 *Le Caron , au* 9. *liv. des rép. chap.* 18. & *liv.* 10. *rép.* 78. rapporte un Arrêt prononcé à Pâques 1596. qui permet aux creanciers d'accepter une fucceffion écheuë à leur débiteur ; quoyqu'il y eût renoncé. *Papon , liv.* 18. *tit.* 5. *n.* 5.

253 Par l'art. 278. de la Coûtume de *Normandie* , les creanciers font fubrogez à accepter la fucceffion écheuë à leur debiteur , il faut neanmoins obferver que cette fubrogation n'appartient qu'aux creanciers anterieurs à la renonciation. Arrêt du 7. Juillet 1644. Cet article ne s'étend point au fifc. Arrêt du 21. Juillet 1638. *Voyez Bafnage fur cet article.*

SUCCESSION, DEGREZ.

254 Des degrez dans les fucceffions. *V.* le mot *Degrez.* En France les fucceffions legitimes font reçuës au deffus du dixiéme degré. Arrêt du Parlement de Paris du 17. May 1572. *Papon , liv.* 21. *tit.* 1. *nombre* 19. Chopin, *au* 1. *liv. du Dom. tit.* 12. *nomb.* 7. *Le Caron, au* 4. *liv. des Rép. ch.* 10. & *liv.* 8. *ch.* 62.

SUCCESSION, DENIERS.

255 La mere heritiere des meubles fuccede à fa fille aux deniers d'une rente rachetée, le remploy n'étant fait lors du décez de ladite fille. Jugé à la Pentecôte 1581. & à la Nôtre-Dame d'Août 1591. *Montholon, Arrêts* 5. & 71. Arrêt contraire à la même prononciation. *Arrêt* 72. Voyez pareillement l'*Arrêt.* 115.

256 Le pere fuccede aux deniers qui devoient fortir nature de propres, s'ils font encore à employer lors du décez du fils. Arrêt du dernier Mars 1601. *M. le Prêtre, premiere Cent. chap.* 42. & 2. *Cent. chap.* 95. Charondas, *liv.* 9. *Rép.* 60. Voyez *les Notables Arrêts des Audiences, Arrêt* 120.

257 Les deniers dûs par l'acquereur pour une vente d'heritage propre, font meubles dans la fucceffion du vendeur. Arrêt du 20. Février 1600. *De la Gueffiere , tome* 2. *liv.* 3. *chap.* 7.

SUCCESSION, DOUAIRE PREFIX.

258 Voyez *la Coûtume de Paris, article* 259. Voyez Charondas, *liv.* 7. *Rép.* 65. & que les enfans qui peuvent fucceder font part. *Ibidem , liv.* 2 *Rép.* 60.

DETTES, SUCCESSION.

259 Comment fe payent les dettes d'une fucceffion ? *Voyez* le mot *Dettes, nomb.* 117.

SUCCESSION, DEVOLUTION.

260 Comment s'entend la dévolution en matiere de fucceffion ? *Voyez* le mot *Devolution, n.* 42. *bis.*

SUCCESSION, DOUBLE LIEN.

261 Si les freres de pere & mere font préferez pour les meubles & acquêts , & non pour l'ancien patrimoine ? *V. Bouvot, to.* 2. *verbo* Succeffion , *queft.* 24.

262 Par Arrêt du 23. Janvier 1550. jugé que les freres & fœurs conjoints des deux côtez excluent en la fucceffion de leurs freres, les freres & fœurs joints feulement d'un côté, pour les biens roturiers & feodaux. Arrêt en interpretation de deux articles de la Coûtume d'Orleans. Le Veft.

263 Un pere inftituë fon fils & où il décederoit en pupillarité ou fans enfans , il fubftituë les plus prochains du grain. L'enfant meurt majeur de 24. ans , laiffant une fœur germaine de fon pere & un frere de fon pere qui n'étoit que confanguin ; l'oncle veut fucceder également avec la tante ; elle dit qu'elle eft plus prochaine du teftateur , que celle luy étoit fœur *ex utroque latere* , & que cette fucceffion doit être reglée *ut ab inteftato* : Neanmoins il a été jugé le 23. Mars 1587. qu'ils fuccederoient également par ce qu'il n'étoit pas queftion de fucceder au' teftateur ; mais au fils pour le regard duquel ceffe la difpofition

Tome III.

de l'Authentique (ceffante) *ut notat Paulus Caftrenf. in auth. poft fratres , de fuis & legit. hared.* La Rocheflavin, *liv.* 3. *lettre S. titre* 6. *Arr.* 7.

264 Par Arrêt donné en la Cinquiéme Chambre des Enquêtes le 9. May 1618. fur un appel du Bailly de *Forêt* , ou fon Lieutenant à *Montbrifon*, jugé qu'en la fucceffion d'une niéce , il n'y avoit aucune prerogative entre les deux. tantes , bien que l'un foit conjointe des deux côtez à la mere de la niéce , & l'autre conjointe feulement d'un côté ; mais qu'elles luy fuccedoient également ; & que la Novelle 118. par laquelle aux fucceffions collaterales , les conjoints des deux côtez excluent ceux qui ne font conjoints que d'un côté , n'eft extenfible , & n'a lieu, outre les cas y exprimez, hors lefquels il faut confiderer feulement la proximité du degré. *Bibliotheque de Bouchel , verbo* Succeffion.

265 Si lorfque les neveux fuccedent feuls au défaut d'oncle q'ui concoure ou qu'il faille exclure , le double lien eft confiderable. *Voyez Henrys, tome* 1. *liv.* 5. *chap.* 4. *queft.* 56.

266 Arrêt du Parlement de Normandie du 16. Mars 1637. qui ajuge une fucceffion collaterale aux meubles, acquêts, & conquêts immeubles .u frere de pere & de mere , au préjudice & à l'exclufion d'un frere uterin. *Berault , à la fin du* 2. *tome de la Coûtume de Normandie , page* 53. *fur l'art* 313.

267 En la fucceffion du neveu à l'oncle , ou de l'oncle au neveu feul, on ne regarde point le double lien. *Ferr. quaft.* 134. *id. Brod. lett. S. n.* 17. en l'oncle , *id.* Graff. §. Succeffio. *quaft.* 131. *in fine & quaft.* 33. *id.* Mainard, *lib.* 6: *cap.* 88. *id.* Olive, *lib.* 4. *chap.* 35.

Arrêt du Parlement de Bourdeaux du 29. Février 1664. donné en la Grand'Chambre , au Rapport de Monfieur Darche. Jeanne Bouchard eut un fils de fon premier lit, nommé Pierre Rullier ; de fon fecond lit , elle eut Pierre , Michel & Marguerite Landry. Pierre Rullier meurt laiffant des enfans. Pierre & Marguerite Landry meurent laiffant auffi des enfans. Michel Landry meurt fans enfans : jugé en confirmant une Sentence arbitrale, que n'y ayant point concours d'un frere germain , la fucceffion dudit Michel Landry feroit également partagée , entre les enfans de Pierre Rullier, & les enfans de Pierre & Marguerite Landry. La Peirere, *lettre S. nomb.* 216.

268 Regulierement en fucceffion de propres le double lien n'eft en aucune confideration ; autre chofe eft aux meubles & acquêts. *Brodeau, lit. S. n.* 17. *id.* Bacquet *Juft. ch.* 15. *n.* 18. *id.* Chopin, *Parif. lib.* 2. *tit.* 5. *n.* 1. *id.* Graffus §. *fucceffio. quaft.* 31. *n.* 2.

Arrêt du Parlement de Bourdeaux du 8. Juillet 1666. au Rapport de Monfieur de Sabourin : jugé qu'une fœur uterine d'un fils prédecedé concouroit avec le pere au tiers du bien maternel, deféré au pere par la Coûtume. La Peirere, *lettre S. nomb.* 216. Voyez dans le prefent Recuëil *la lettre D. titre du Double lien.*

SUCCESSION, DROIT ECRIT.

269 En Païs de Droit écrit, les fucceffions font réduites à l'ufufruit des propres du fils , foit que la mere fe remarie ou non. *Voyez Chopin, Coûtume de Paris, liv.* 2. *tit.* 5. *nomb.* 15.

270 *Henrys , tome* 1. *liv.* 6. *chap.* 1. *queft.* 3. rapporte un Arrêt du 6. Septembre 1636.. qui a jugé qu'en Païs de Droit écrit , les oncles paternels & maternels fuccedent également , de quelque côté que les biens procedent.

271 La Coûtume le mort *faifit le vif*, a lieu en Païs de Droit écrit. Arrêt du Parlement de Paris du 30. Mars 1554. *Papon, liv.* 21. *tit.* 6. *n.* 2.

272 En Païs de Droit écrit , le frere uterin eft préferé au coufin paternel, même és acquêts faits pas le pere, réputez propres paternels au fils, *de cujus fucceffione* : la Regle *paterna paternis* n'a lieu qu'en Païs Coûtumier ; mais s'il y a Contract de mariage avec claufe, il

le faut obferver. Arrêt du 17. Septembre 1582. M. Loüet. lettre V. fomm. 3.

273 En Païs de Droit écrit la mere fucede en proprieté en tous les meubles de fon enfant. Arrêt du premier Février 1600. M. le Prêtre, és Arrêts de la Cinquiéme.

274 En Païs de Droit écrit les ayeules n'heritent point avec les freres & fœurs du frere décedé ; la mere vivante eft excluse par l'Edit des meres : Serius, s'il n'y avoit ni frere ni fœur. Arrêt du 22. Février 1601 plaidans Bordel & de Lhommeau. Voyez cy-aprés le n. 278.

275 En Païs de Droit écrit les biens fe partagent également entre les ayeuls paternels & maternels , fans confideration de la regle paterna paternis , &c. Arrêt du 18. Février 1610. M. le Prêtre, és Arrêts de la Cinquiéme. Il y a feulement un cas en Droit où l'on confidere d'où font venus les biens , qui eft entre les enfans uterins pour être preferez aux confanguins és biens provenus du côté maternel. Voyez M. Bouguier, lettre S. nombre 6.

276 En Païs de Droit écrit l'ayeul fucede au petit-fils, à l'exclufion des grands oncles. Jugé le 30. Juillet 1620. Bardet, tome I liv. 1. ch. 85.

277 Les oncles paternels & maternels fuccedent également en Païs de Droit écrit de quelque côté que foient les biens procedent. Arrêt du 24. May 1633. Henrys,to.1, liv. 6. chap.1. quest. 3. M. Loüet , lettre V. fommaire 3. M. Bouguier, lettre E. nombre premier.

278 En Païs de Droit écrit les ayeules n'heritent point avec les freres & fœurs du frere décedé , la mere vivante eft excluse par l'Edit des meres. S.œus , s'il n'y a ni frere, ni fœur. Jugé à la Grand' Chambre, plaidans Bordel & de Lhommeau le 22. Février 1661. Pareil Arrêt du 7. Février 1665. confultis classibus. Voyez M. le Prêtre, 3. Cent. chap. 91. & Henrys, tome 1. liv. 5. chap. 4. quest. 28.

SUCCESSION, DROITS SEIGNEURIAUX.

279 En fucceffion les Droits Seigneuriaux ne font dûs. Voyez le mot Droits Se'gneuriaux , nomb. 151. & 152.

SUCCESSION , ECCLESIASTIQUES.

280 Qui doit fucceder aux Ecclefiastiques ? Voyez le mot Ecclefiaftiques , n. 58. & fuiv.

SUCCESSION, EGALITE'.

281 Que les enfans fuccedent également , ce qui fe fait au contraire , eft nul. Voyez Charondas , livre 2. Réponfe 54.

282 De la claufe que l'on appofe aux Contracts de mariage,que les enfans viendront également aux fuccefsions de leurs pere & mere , ou comme l'un des autres enfans. Voyez Filleau, 4. part. quest. 184.

283 Un pere ayant un fils & deux filles , mariant fes deux filles , déclara par le Contract de mariage qu'il vouloit que tous fes enfans vinffent également à fa fucceffion , & promet ne faire aucun avantage ni préciput à fon fils. Cette paction a été jugée bonne & valable, & le pere au prejudice ayant baillé à fon fils une Terre par forme de prélegat (c'étoit en une Coûtume qui le permettoit) avec déclaration qu'il vouloit que le reste de fes biens fût également partagé entre ce fils & fes filles; les filles ou leurs maris debattent ce prélegat. Par Arrêt du 14. Avril 1579. il eft dit que fans avoir égard au prélegat les biens feroient également partagez, fuivant la claufe appofée au Contract de mariage des filles. Cet Arrêt rapporté par M. Anne Robert, liv. 1. chap.15. fur un même differend au Parlement de Bordeaux eft intervenu Arrêt contraire, & cela a été jugé folemnellement comme il enfuit : La Cour, les Chambres affemblées, pour éviter diverfité de Jugemens , a arrêté par plufieurs Arrêts cy-devant donnez que les conventions faites entre Roturiers, par Contracts de mariage, ou autrement , par lefquels le pere ou la mere, promet à fon fils ou fille de luy laisser aussi bonne part de fes biens qu'à fes autres enfans, & d'avantager l'un plus que l'autre, n'être obligatoires, quoy qu'elles foient confirmées par ferment, & que nonobftant icelles les pere & mere peu-

vent difpofer librement de leurs biens , & avantager celuy ou ceux que bon leur femble , fuivant la difpofition du Droit ; à Bourdeaux le 28. Avril 1561. L'Arrêt du Parlem. de Paris femble plus équitable, vû que par le Droit de la France les Contracts de mariage font capables , non feulement de recevoir toutes inftitutions contractuelles , mais auffi toutes difpofitions de biens à l'avenir. Additions à la Bibliotheque de Bouchel, verbo Succeffion.

283 bis De æqualitate inter liberos ex pacto fervandâ , licet generi confenferint ; Senatus omnes liberos æquo jure ad paternam fucceffionem admifit , nullaque habitâ donationis, præceptionis , aut prælegati ratione , bona hereditaria inter Seium & fovores æqualiter dividi voluit. C'eft la difpofition de l'Arrêt du 14. Avril 1579. rapporté par Anne Robert, rerum judicat. liv. 1. chap. 15. Voyez Charondas, liv. 2. Rép. 54. & liv. 8. Rép. 36. Appellatio par.is , dimidiam partem continet. Mornac , l. 29. ff. pro focio. De la claufe de venir également à la fucceffion. Voyez Chenu, 2. Cent. q. 84.

284 L'aînée fille de la maifon de Gadagne prétendoit que nonobftant fa renonciation elle devoit fucceder pour un cinquiéme , & que fon pere n'avoit pas difpofer au préjudice de la referve de l'égalité des filles , portée par Contract de mariage. Arrêt du 28. Mars 1603. qui luy fait perdre fa caufe. Henrys, to. 1. liv. 4. chap. 6. quest. 59. -

285 La déclaration faite par une mere au Contract de mariage de l'un de fes enfans , qu'ils luy fuccederont également , eft obligatoire ; il n'y peut être dérogé par teftament. Jugé le 4. Juin 1625. Du Frêne , liv. 1. chapitre 58.

286 Si le pere remarié fucede également avec fon fils, à fon autre fils décedé en l'heritage qu'il avoit eu en la fucceffion d'une tante? Bonface. to. 4. liv. 5. tit. 9. chap. 1. rapporte un Arrêt du 17. Mars 1673. qui a déclaré que le pere & le fils ont fuccedé également.

SUCCESSION DES ENFANS.

287 De la fucceffion des enfans des premier & fecond lits. Voyez le mot Nôces , nombre 112. & fuiv.

SUCCESSION DES ETRANGERS.

288 De la fucceffion active ou paffive. Voyez le mot, Etranger , n. 90. & fuiv.

289 En matiere de fucceffion la Sentence donnée hors le Royaume , touchant les biens qui font affis en France , eft rétractée. Chopin , Coûtume de Paris, liv. 2. tit. 5. nombre 28.

290 Argent dépofé chez un amy demeurant en un autre Royaume , eft ajugé à l'heritier de celuy qui l'a dépofé felon la Coûtume de fon domicile , & non du lieu où l'argent eft dépofé. Voyez ibid. liv. 1. tit. 3. n. 31.

291 En fucceffion collaterale le vray Regnicole eft preferé à l'étranger , ayant droit de naturalité, encore qu'il foit plus proche en degré. Arrêt en Septembre 1533. Bibliotheque de Bouchel, verbo , le Mort faifit le Vif.

292 Une Françoife mariée avec un Anglois, eft recevable à fucceder en France , à la charge de ne point aliener les immeubles qui luy écherront , ou d'en faire le remploi en France. Arrêt du 28. Août 1630. Du Frêne, liv. 2. chap. 81.

293 Un François retiré en Flandres au fervice du Roy d'Efpagne , ne confifque point les biens qu'il a en France , ou qui luy échéent de fucceffion , &c. Arrêt du 18. Mars 1647. Ibid. liv. 5. ch. 11.

294 Un François revenant dans 30. ans en France , peut fucceder aux biens de France , & n'eft réputé étranger , encore qu'il fe foit marié en Païs étranger. Arrêt à Noël 1605. Montholon, Arrêt. 106. Voyez l'Edit du Roy du 13. Août 1669. M. Bouguier , lett. S. nom. 19. rapporte le même Arrêt. Voyez le Vest, Arr. 212. & Peleus , quest. 138.

295 U François retiré en Savoye , & qui depuis s'étoit mis au fervice de Madame la Duchesse , Fille de France , & avoit pris femme au Pays, fes enfans font

capables de recuëillir en France les successions de leur ayeul & ayeule , bien que leur pere n'en ait fait aucune demande. Arrêt du 27. Avril 1655. *Du Frêne*, *liv.* 8. *chap.* 15.

296   Un habitant de Nancy a pû recuëillir une succession échuë en France avant la Paix de Nimegue ; la regle *paterna paternis*, *&c.* a lieu en la Coûtume de *Chartres* , même en degré inégal en collaterale. Arrêt du 11. Janvier 1683. *De la Guess.* tome 4. *liv.* 6. *chap.* 1. Le Journal du Palais rapporte le même Arrêt.

297   *Factum*, pour les Directeurs Generaux de la Compagnie Royale des Indes Orientales, Appellans d'une Sentence renduë en la Chambre du Domaine, Intimez.

Contre Jacques Gaultier, Officier de Madame la Duchesse d'Orleans , Donataire du Roy , des biens d'Octavien Baudeau, décédé aux Indes, Intimé , & Appellant de la même Sentence.

A qui appartient la succession d'un homme décédé aux Indes sans heritiers apparens , ou aux Directeurs des Indes , ou à un Donataire du Roy ? *Voyez le Recueil des Factums & Memoires imprimez à Lyon chez Antoine Boudet en* 1710. tome 2. *p.* 86.

298   *Factum*, pour Adrien de Bie , Appellant. *Contre* Guillaume Van-Issandoren , Jean Dziernel, & Adrienne Van-Issandoren sa femme, Intimez.

Si les enfans d'une étrangere, naturalisez en France , y peuvent succeder à leur oncle, comme representans leur mere.

Ou si , pour la succession de l'oncle , la representation de la mere étrangere , a lieu en faveur de ses enfans naturalisez en France ? *V. Ibid.* tome 1. *p.* 291.

299   *Factum*, pour le sieur Van-Issandoren , & Dame Adrienne Van-Issandoren , épouse du sieur Dziernel, heritiers par moitié de Messire Guillaume de Bie leur oncle , &c. Demandeurs à fin de partage.

Contre Adrien de Bie , frere du défunt sieur de Bie , & son heritier aussi par moitié , Défendeur.

Et contre le sieur Herinx , se disant Créancier du sieur Adrien de Bie , & joint avec luy , aussi Défendeur.

Que l'incapacité de la mere étrangere n'empêche pas que ses enfans naturalisez en France , ne puissent succeder à leur oncle, par representation de leur mere. *Ibidem , page* 312.

Succession , Eviction.

300   De l'éviction entre heritiers. *Voyez le mot , Eviction , n.* 15. *& suiv.*

301   *Nulla evictio in venditione hæreditatis.* Mornac, *L.* 2. *ff. de hereditate vendita.*

Succession , Exheredation.

302   Si les enfans du fils exheredé sont reçus à la succession de leur ayeul ? *Voyez le mot , Exheredation, nombre* 96. *& suiv.*

303   Le pere exheredant son fils, le petit-fils luy succede. Arrêt du 7. Juillet 1615. Mornac , *L.* 33. §. *filius infans , Cod. de inoff. testam.*

304   Les enfans du fils exheredé par le pere, ont été admis à la succession de leur oncle, qui avoit recuëilli la succession du pere ; jugé que le pere leur avoit transmis cette succession, qui ne devoit point être consideree comme paternelle, mais comme fraternelle. Arrêt du 24. Mars 1603. *Brodeau sur M. Loüet, let. S. somm.* 20. *n.* 8.

Succession , Femme et Mary.

305   Si la femme succede au mary ? *Voyez le mot , Femme , n.* 128. *& suiv.*

306   Explication de la Loy *unde vir & uxor*. Voyez le mot , Bâtards , *n.* 252. *& suiv.*

307   Le Titre *unde vir & uxor* , observé en Bourgogne. *Bouvot , tome* 1. *part.* 1. verbo, *Heritier simple, & suiv.*

308   Si la femme à défaut de parens en Bourgogne succede à son mary , & peut agir en désistement contre les détenteurs des biens de son mary? *V. Ibid.* tome 2. verbo, *Succession, quest.* 37.

*Conjuges invicem sibi non succedunt in Brabantiâ deficientibus consanguineis,sed succedit fiscus.*Voyez Stockmans , *Décis.* 64.   **309**

310   Succession acceptée par le mary échuë à sa femme sans son consentement , il ne la rend point heritiere, & avec Lettres elle s'en fait relever , & son mary condamné de rendre ce qu'il a reçu sans aucuns dommages & interêts , parce qu'il n'a rien fait avec dol ; *secus* , si la succession étoit grande consistant en meubles , & qu'il n'eût point fait d'inventaire. Arrêt du 21. Février 1595. *M. Loüet , let. M. som.* 25.

311   Mary & femme décedans *ab intestat* & sans heritiers, se succedent l'un à l'autre en Pays de Droit écrit, & coûtumier, s'il y a disposition contraire, même au préjudice du fisc. Jugé par plusieurs Arrêts , & entre autres , le 7. Août 1600. contre le Comte de Sancerre. *Papon, liv.* 21. *tit.* 1. *nomb.* 19. & Maynard, *liv.* 8. *ch.* 25. & *liv.* 4. *chap.* 1.

312   Par Arrêt prononcé en Robes rouges la Veille de Nôtre-Dame de Septembre 1600. un homme décédé en la Ville de Sancerre , sans heritiers apparens. Le Procureur Fiscal du Comte de Sancerre, fait saisir la succession , suivant la Coûtume *de Paris*. En cas semblable la femme dit qu'elle est heritiere de son mari ; & d'autant que par la Coûtume de *Lorris* il n'y a rien de cela , elle prétend qu'il faut avoir recours à la plus prochaine Coûtume , qui est celle de *Berry* , par lequel, article . . . . . en ce cas la femme succede à son mary : la Cour ajuge la succession à la femme. *Bibliotheque de Bouchel* , verbo , *Succession.*

313   La veuve qui s'est remariée, peut au défaut d'heritiers , demander la succession de son premier mary. Arrêt à la prononciation de Nôtre-Dame de Septembre 1606. *V. le Brun , des Successions, liv.* 1. *ch.* 7. *nombre* 23.

314   *Henrys , tome* 1. *liv.* 6. *chap.* 5. *quest.* 18. parle de l'Edit *unde vir & uxor* , sçavoir , s'il a lieu entre les conjoints bâtards ; il rapporte un Arrêt du 23. May 1630. confirmatif d'une Sentence de la Chambre du Trésor , rendu sur les Conclusions de M. l'Avocat General Talon , par lequel il a été jugé que le mary succede à sa femme bâtarde quand elle ne laisse point d'enfans.

315   Si l'un des mariez pauvre survivant, succede à l'autre riche, pour une quatriéme partie de l'heritage ; le Juge de Forcalquier rendit Sentence le 20. Juillet 1675. portant que le mary, attendu sa pauvreté, jouïroit sa vie durant par forme de provision alimentaire , des fruits de l'heritage de sa femme , eu égard à la modicité d'iceux , en payant les charges ; l'appel de cette Sentence n'a point été jugé. *Voyez* Cujas , *ad Lib. C. unde vir & uxor, & Surdus de alimentiis, liv.* 1. *qu.* 45. où il rapporte un Arrêt du Senat de Mantouë,qui dit que *vir & uxor inopes superstites alendi sunt ab hereditatibus defuncti.*

316   Le Titre *unde vir & uxor* a lieu en France , & une femme peut prendre qualité d'heritiere sous benefice d'inventaire , lorsque le fils né de leur mariage, a renoncé , & que les collateraux ne paroissent pas pour recuëillir la succession de son mary. *Voyez la* 2. *Consultation de M. Duplessis.*

Succession , Femme Debauchée.

317   Au mois de Février de l'année 1584 il fut proposé au Parlement de Toulouse, *Num mater ob stuprum commissum post mortem mariti , successione filii privata , proximiores ex parte matris admittantur ad successionem filii ; an vero parentes ex parte patris , licet remotiores?* Il fut jugé , *eos qui ex parte patris reperiuntur , etiam uno gradu inferiores,præferri , exclusis parentibus ex parte matris proximioribus:* la raison est que *hæc privatio inducitur ob injuriam illatam marito* , de laquelle les parens du mary sont offensez & non ceux de la femme; *& ideò illis debet deferri commodum privationis.* La Rocheflavin, *liv.* 2. *let. M. tit.* 4. *Arr.* 14.

318   Une femme *ob stuprum commissum* après la mort du

mary, est privée de la succession de son fils. Jugé au Parlement de Toulouse en Février 1584. que les parens du côté du mary, quoyque plus éloignez succedent, à l'exclusion des parens maternels plus proches ; parce que ce sont les parens du mary qui sont offensez, & ideò illis debet deferri commodum privationis. La même chose avoit été jugée le 14. Février 1575. *Biblioth. de Bouchel*, verbo, *Mariage*.

SUCCESSION, FIEF.

319 De la succession des Fiefs. *Voyez* le mot, *Fief,nombre* 137. & suiv.

320 Des successions de Fief, & droit d'aînesse. *V. M. le Brun*, Traité des Successions, liv. 2. chap. 2. & les Arrêtez de M. de Lamoignon, recüeillis dans le Commentaire de M. Barthelemy Auzanet sur la Coût. de Paris.

321 En succession collaterale un mâle venu d'une fille,& une fille venuë d'un mâle, dans une Coûtume où representation a lieu, la fille exclut le mâle en Fief qui n'a non plus de droit que sa mere. Arrêt en l'an 1543. *Carondas*, liv. 10. *Rép.* 43.

322 Les mâles issus des filles en collaterale, succedent également aux filles avec leurs cousins germains mâles & issus des mâles. Arrêt du 27. Mars 1635. *Du Frêne*, liv. 3. chap. 17.

323 Les enfans d'une fille ayant partagé un Fief avec les representans d'une autre fille, cette portion de Fief qui leur est échûë, ne peut être de nouveau subdivisée, quoyque ce soient des mâles & non des filles. Arrêt du Parlement de Roüen du mois de Juin 1645. *Basnage*, sur l'art. 272. de la Coût. de Normandie.

324 En la Coûtume de *Sens* les filles descendans d'un mâle, & venans par representation avec leur oncle, succedent avec leur oncle ès Fiefs. Jugé par l'Arrêt des Beroults en 1631. & le 13. May 1658. *Notables Arrêts des Audiences*, Arr. 13. M. le Prêtre, 1. *Cent. chap.* 22. Cette Jurisprudence a varié par l'Arrêt de Messieurs de Saintot, par lequel la fille du frere prédecedé, n'herite point aux Fiefs avec son oncle, frere du défunt. Jugé le 23. Février 1663. en la premiere des Enquêtes. *Notables Arrêts des Audiences*, Arrêt 91. Requête Civile contre l'Arrêt ; le 16. May 1669. Arrêt qui déboute de la Requête Civile.

325 Succession collaterale des propres en Fiefs. *Voyez de la Guess.* tome 2. liv. 2. ch. 37. où il y a Arrêt du 11. Août 1659. rendu en la Coûtume du *Perche*.

326 Dans la Coûtume de *Vitry-le-François*, art. 46. & autres Coûtumes, qui ont semblables dispositions, les biens féodaux dans les successions roturieres, se partagent également, sans avantage ni préciput pour l'aîné. Arrêt du 16. Mars 1678. servant de Reglement. *Journal du Palais.*

327 Dans la Coûtume de *Peronne*, en ligne collaterale entre roturiers, le fils de l'aîné mâle emporte les Fiefs par representation de son pere, à l'exclusion de son oncle & de ses enfans. Jugé à Paris le 21. Juin 1679. *Ibid.*

328 Succession collaterale en Fief de propres féodaux dans la Coûtume du *Grand Perche*, si un cousin germain, issu d'une fille, doit exclure des cousines germaines, issuës pareillement d'une fille? Arrêt du 11. Août 1659. qui ordonne qu'il sera informé par turbes de l'usage. *Notables Arrêts des Audiences*, Arrêt 32.

SUCCESSION, FILLE.

329 Si le pere dispose pour le droit maternel de sa fille échû, la fille sera-t-elle tenuë de s'y tenir ? *Coquille*, tome 2. quest. 245.

330 Le plus proche parent du côté maternel, & non le pere, succede à sa fille. *Voyez* l'espece dans *Carondas*, liv. 7. *Rép.* 103.

331 Le Contract fait par une fille au préjudice de ses droits successifs en la succession de sa mere & d'un de ses oncles au profit de son pere, est cassable. Arrêt du 29. May 1546. *Le Vest*, Arrêt 199.

SUCCESSION, FISC.

332 Quelles successions appartiennent au fisc ? *Voyez* le mot, *Fisc, n.* 23. & suiv.

333 S'il n'y a point d'heritier pour les biens paternels ou maternels, du côté d'où viennent les biens paternels ou maternels, si le fisc y succede, ou l'heritier d'un côté ? *Voyez Bouvot*, tome 2. verbo, *Succession*, question 15.

SUCCESSION, FRERES.

334 *Voyez Bouvot*, tome 1. part. 3. verbo, *Succession entre freres & sœurs.*

335 Quand il y a un frere uterin, il exclud tous les autres pour le regard de tous les biens propres à la sœur ou au frere uterin, excepté ceux qui se trouvent mouvans du tronc de la famille des cousins germains. Arrêt du Parlement de Dijon du 18. Février 1570. *Ibid* part. 2. verbo, *Succession*, quest. 3.

336 Si un père acquiert avec sa femme une Terre & Seigneurie, ayant des enfans de ce mariage, desquels quelques-uns meurent, laissans leur frere & sœur survivans avec le pere ; sçavoir si le pere succede avec le frere & sœur du défunt en la part de la Terre acquise, avenuë à l'enfant mort ? *V. Bouvot*, to.1. part.3. verbo, *Succession entre les ascendans*, quest. 1. où il rapporte un Arrêt du Parlement de Dijon du 28. Mars 1588. au profit du pere, contre les heritiers maternels de la fille.

337 Si en Bourgogne le frere en double ligne exclud le frere uterin pour tous les biens, fors les maternels ; & si les cousins germains en double ligne excluënt aussi les enfans d'un frere consanguin ou uterin. *V. Bouvot*, tome 1. part. 3. verbo, *Exclusion.*

338 Le 17. Juillet 1593. il a été jugé au Parlement de Toulouse qu'en une succession d'un frere decedé *ab intestat*, laissant deux sœurs, l'une conjointe des deux côtez, & l'autre consanguine, ces deux sœurs succederoient également aux biens qui sont dans le Gardiage de Toulouse, & quant aux autres biens la sœur consanguine en fut excluë, & l'autre maintenuë. Arrêt semblable du 6. Septembre 1603. *Cambolas*, liv. 1. chap. 43.

339 Le frere d'un lien succedera avec le frere germain, au tiers du bien coûtumier, déferé pour droit de legitime à l'ascendant. *Automne*, art. 49. 57. & 65. M. *Abraham la Peirere*, en ses *Décisions du Palais*, let. S, n. 131. dit, la raison de douter est prise de ce que le défunt pouvoit disposer du tiers du bien coûtumier ; mais comme la coûtume conserve aux freres leur portion de ce tiers, elle le regarde comme bien coûtumier ; auquel le double lien n'est d'aucune consideration, ains seulement la ligne.

340 Par Arrêt du Parlement de Toulouse du 21. Janvier 1627. jugé suivant l'avis de *Benedict.* verbo, & *uxorem*, decis. 5. n. 76. que les freres uterins ne succedent avec la mere aux biens du frere. *Novell. de hered. ab intestat.* A défaut d'une ligne, les autres de l'autre ligne succedent à l'exclusion du fisc, même du bâtard qui a été marié, & aux étrangers qui ont été naturalisez ; c'est-à-dire, que la succession paternelle va aux heritiers maternels, à faute de parens paternels. Il y a un ancien Arrêt dans les Registres de la Cour, fol. 118. qui est contraire ; mais depuis jugé contre le fisc, par Arrêt du Parlement de Paris du 16. May 1566.& par Sentence du Trésor,du 10. May 1572. Autre du 16. May 1587. Autre du 9. Février 1588. rapportés par *Bacquet,* Traité du droit de Desherence,ch.4.

341 Par Arrêt du 17. Decembre 1649. jugé sur l'article 248. qu'une sœur uterine prefereroit les pere & mere en la succession d'acquets & meubles. *Berault, au 2. tome de la Coût. de Normandie, à la fin. p.96.*

SUCCESSION, HERMITES.

342 Parens pauvres, successeurs d'un Hermite. *V. Tournet, let.* S. Arr. 61.

343 Arrêt du Parlement de Paris du 27. Février 1633. par lequel un Hermite n'a été reçû à partage successions de ses pere & mere ; avec les Plaidoyez des Parties. *Voyez* le Recueil des Plaidoyez & Arrêts notables imprimez en 1645.

HERITIER DE L'HOMICIDE.

Voyez le mot *Homicide*, *nomb*. 61. *& suiv*.

344 Les biens d'une sœur tuée par son frere appartiennent entierement à la sœur consanguine, à l'exclusion du Seigneur ou fisc. Arrêt du P. de Dijon du 4. Juillet 1580. *Bouvot*, *to*. 2. verbo *Succeßion*. *qu*. 25.

SUCCESSION, HYPOTHEQUE.

345 De l'hypotheque d'un fils heritier de son pere sur les biens de sa mere. *Voyez* le mot *Hypotheque*, *nombre* 135. *& suiv*.

346 L'heritier beneficiaire conserve ses hypotheques. *Voyez* le mot *Hypotheque*, *nomb*. 142. *& suiv*.

347 Un heritier qui possede une partie de l'heritage chargé d'une rente, peut être convenu pour le tout, sauf son recours contre ses coheritiers. *Voyez* le mot *Heritier*, *nomb*. 370. *& suiv*.

SUCCESSION, JESUITES.

348 Si les Jésuites peuvent succeder à leurs parens, & combien il y a de sortes de Professions entr'eux, & qu'elle les prive & exclut des successions. *Voyez* *l'illeau*, 4. *part*. *queßt*. 117. où il rapporte l'Edit de leur établissement en France.

349 Jugé par Arrêt du 30 Janvier 1631. que les Jésuites congediez après le premier vœu simple qu'ils font à la fin des deux ans de Noviciat, sont incapables de succeder, de même que les autres Religieux. L'Arrêt par aucunes considerations ordonna que le Religieux congedié joüiroit par forme d'usufruit du tiers des immeubles & heritages de la succession par forme d'alimens, sans dépens, ni restitution de fruits. *Bardet*, *to*. 1. *liv*. 4. *chap*. 5.

350 Memoire instructif pour Messire André le Picart, Chevalier, Seigneur d'Aubetcourt heritier en partie de défunt Messire François le Picart son pere, & de Dame Anne Benard sa mere ; comme aussi des feüs Demoiselles Anne Catherine, & Marie Anne le Picart ses sœurs, & Jean Baptiste le Picart son frere, défendeur & appellant d'une Sentence surprise par défaut de comparoir.

Contre Noel Benard, sieur du Verger, au nom & comme se prétendant curateur à l'interdiction de François Gabriel le Picart, intimé & demandeur.

Si un homme qui a été Jésuite sans avoir fait profession, qui n'a fait que des vœux simples, & qui n'est sorti de la Societé qu'avec le congé legitime de ses Superieurs, & à la requisition de la famille, restant seul aujourd'huy en état de la soûtenir, est capable de succeder, & doit être regardé comme Religieux? *Voyez* le recueil des *Factums & Memoires imprimez à Lyon chez Antoine Boudet*, *en* 1710. *to*. 2. *p*. 396. *Voyez* les *Jésuites*, *nomb*. 17 *& suiv*.

SUCCESSION, S'IMMISCER.

350 *bis.* Personne ne doit s'immiscer dans une succession, sous prétexte qu'il luy est dû, *sed authore pratore*. Mornac, *l*. 3. *ff*. *de interrogationibus*, *&c*. Voyez la *Coûtume de Paris*, *art*. 317.

INCAPABLE DE SUCCEDER.

351 Incapables de succeder. *Voyez* le mot *Incapable*, *nomb*. 1. *& suiv*.

352 De l'incapacité de succeder dans les bâtards, étrangers, Religieux, condamnez à mort, effets de l'incapacité survenuë après l'ouverture de la succession *ab intestat*. Voyez le 3. *to*. des *Loix Civiles*, *liv*. 1. *tit*. 1. *sect*. 2. *n*. 8. *& suiv*.

353 Enfans incapables de succeder à leur pere en ligne directe, sont capables en ligne collaterale de succeder aux mêmes biens à leur frere aîné du premier mariage heritier de leur pere, *mutatione persona*, *mutatur qualitas bonorum*. Arrêt du 6. Juillet 1647. *Du Frêne*, *liv*. 5. *chap*. 22.

354 Le fils parricide n'est présumé pouvoir succeder à son pere, pour faire que l'amende se puisse prendre sur la part qui luy devoit appartenir dans la succession. Arrêt du 9. Juin 1659. *De la Gueß*. *to*. 2. *liv*. 2. *chap*. 27.

INDIGNE DE SUCCEDER.

355 Des indignes de succeder. *V*. *M*. *le Brun*, *traité des Successions*, *liv*. 3. *chap*. 9.

356 Par la disposition canonique, l'enfant qui a promis d'accomplir le vœu fait par son défunt pere, & est refusant d'y satisfaire sans cause legitime, doit être privé de sa succession ; le même de celuy qui étant institué heritier n'execute pas la volonté de son pere. *Brodeau sur M*. *Loüet*, *lettre* S. *somm*. 5.

357 La mere qui s'est mal comportée pendant sa viduité, est indigne de la succession. Arrêt du Parl. de Toulouse du 26. May 1590. contre une mere, quoiqu'elle opposât ce qu'avoit été sous promesse de mariage qu'elle avoit été engrossée. *La Rocheßavin*, *li*. 3. *lettre* S. *tit*. 6. *Arr*. 2.

358 Le 11. Decembre 1590. il a été jugé au même Parlement de Toulouse que non seulement la mere pour s'être remariée *intrà annum luctûs*, & sans faire pourvoir de tuteur à ses enfans, étoit privée de leur succession, décedez en pupillarité ; mais aussi les enfans d'elle du second mariage, & les enfans uterins des trepassez, la succession desquels fut adjugée à un oncle paternel comme plus proche, *excluß matre & fratribus uterinis* : & ainsi quand la mere se trouve indigne, ceux qui descendent d'elle, le sont aussi. *Ibidem*, *Arr*. 6.

359 Les enfans de la sœur qui avoit commis l'assassinat en la personne de son frere oncle desdits enfans, privez de la succession, & les cousins germains déclarez heritiers. Arrêt du 7. Août 1604. *M*. *Loüet*, *lettre* S. *somm*. 20.

360 Les coupables de ces crimes monstrueux de parricides, & fratricides sont incapables & indignes *ipso jure & facto* ; il n'est pas même raisonnable que leurs enfans profitent de leurs crimes ; mais la succession dont on les prive, ne passe point au fisc, comme il fut jugé au Parlement de Roüen le 13. Janvier 1661. entre François Moulion tuteur des enfans d'Etienne Pigeon, & les parens d'Antoine Pigeon : Etienne Pigeon avoit tué Antoine Pigeon son frere pour l'empêcher de se marier. Les enfans de ce parricide prétendans succeder au préjudice des autres parens, furent déboutez de cette prétention par Sentence du Vicomte de Beaumont : mais il ajugea cent livres de pension aux quatre enfans de ce parricide jusqu'à l'âge de quatorze ans ; ce qui fut confirmé par Arrêt qui ne peut être fondé que sur une raison de commiseration ; cette espece n'est pas conforme à celle de l'Arrêt rapporté par Berault sur l'art. 238. Les enfans de l'homicide ne demandoient pas de prendre part à la succession de celuy leur pere avoit homicidé, ils venoient de leur chef à la succession de leur ayeul. *Voyez Basßnege*, *sur l'article* 235. *de la Coûtume de Normandie*.

361 Les enfans de celuy qui a commis un crime de parricide, luy & ses enfans sont indignes de recueillir les biens ; ce seroit indirectement admettre les parricides à la succession de leur pere. Arrêt du 15. May 1665. *De la Gueß*. *to*. 2. *liv*. 7. *chap*. 20.

INSTITUTION D'HERITIER.

362 *Factum* pour Monsieur le Duc de Chevreuse, appellant, demandeur & défendeur.

Contre les sieurs Marquis de Mailly & de Vervins, & autres, intimez, parties intervenantes, & défendeurs.

Un parent institué heritier universel dans son contrat de mariage par une procuration sous seing privé, ratifiée ensuite, doit joüir pleinement de la succession, & les autres heritiers n'y ont aucun droit. *Voyez* le recueil des *Factums & Memoires imprimez à Lyon chez Antoine Boudet*, *en* 1710. *tome* 1. *page* 186.

362 *bis.* Consultation de plusieurs Avocats de Paris sur cette question, qui montre que les institutions d'heritiers universels sont de droit commun en France par

contrat de mariage, & qu'elles comprennent tous les propres fans aucune réduction, dans les Coûtumes où il eft permis de les donner entre-vifs. *Ibid.*

Voyez le mot Inftitution d'heritier.

SUCCESSION INTEREST.

363 En l'action de petition d'heredité les interèts font dûs dés la mort du défunt. *Voyez le mot Interèts, nomb 261.*

SUCCESSION, ab inteftat.

364 *De hæreditatibus, quæ ab inteftato deferuntur. Vide Luc. lib. 8. tit. 10.*

365 La fucceffion *ab inteftat* s'étend jufqu'au 10. degré de parenté fuivant Accurfe, *in fin. inft. de fucceffione cognatorum, & in auth. in fucceff. C. de fuis & legiti-mis hæredibus:* mais en fait de fucceffion de Royau-mes, Marquifats, Comtez & Duchez, fuivant Bal-de de la fucceffion a lieu *in infinitum,* & Carondas, *Refp. lib. 4. c. 10. & lib. 8. c. 62.* dit avoir été jugé par Arrêt du Parlement de Paris que *etiam* outre le dixié-me degré celuy qui fe trouve de la race ou lignée du défunt, eft preferé au fifc. *Voyez Mainard, livre 6. chap. 99.*

366 Sur l'intelligence du mot plus prochain *ab inteftat* eft fingulier le §. *quamvis & fequ. initit. de legitimâ agnator. fucceffion,* portant que fi le défunt eft décé-dé inteftat il faut prendre le temps de fa mort; que s'il a fait teftament duquel aucun ne fe foit dit heritier, il faut prendre le temps auquel il a apperçu qu'il n'y avoit point d'heritier, *tunc enim proprè quifque inteftatus deceffiffe intelligitur quòd quidem aliquandò longo tempore declaratur in quo fpatio temporis fæpè accidit ut proximiori mortuo proximus effe incipiat qui moriente teftatore non erat proximus.* Ainfi jugé par Arrêt du Parlement de Touloufe pour les plus prochains du temps que les donations & autres difpofitions du défunt auroient été déclarées nulles par la Cour. *Voyez Mainard, liv. 6. chap. 100.*

367 Un homme decéde *ab inteftat* laiffant une fœur germaine, l'ayeul paternel, l'ayeul & l'ayeule ma-ternels à luy furvivans, *Quærebatur,* touchant la fuc-ceffion & divifion d'icelle entre les quatre perfon-nes qui fans difficulté fe trouvoient concurrentes. Par Arrêt du Parlement de Touloufe de l'an 1556. confir-matif de la Sentence donnée par Mainard comme Ju-ge de faint Cere, il fut dit que la fœur en prendroit un quart, & que les trois quarts reftans l'ayeul pater-nel feul en prendroit la moitié, l'ayeul & l'ayeule maternels l'autre moitié. *Vide auth. diffunƈto. C. ad Tertull. & nov. 118. §. Silvero cum afcendentib. & fi igitur defunƈtus. Voyez Mainard, livre 6. cha-pitre 93.*

368 Par Arrêt du Parlement de Touloufe du mois de Septembre 1584. furent préjugez deux points de la fucceffion *ab inteftat.* L'un que la pluralité des liens ne paffe les freres & fils des freres fuivant la *Nov. 118. cap. 8. & l'auth. poft fratres C. de legitim. hæred.* & que la regle *paterna paternis, materna maternis* n'étoit ufitée à Touloufe, *vide Nov. 84. & l'auth. & itaque, C. communia de fucceff. Voyez Ibid. ch. 89. & 90.*

369 Par Arrêt du Parlement de Touloufe au mois de Septembre 1597. la mere ayant furvécu fils fut préferée en la fucceffion *ab inteftat,* de fon fils aux enfans des freres du défunt, quoique s'il y eût eu un frere du défunt auffi-bien furvivant, il eût efté con-current avec la mere, & auffi fait voye & accez à la même fucceffion aux enfans d'un autre frere préde-cedé. *Vide les Novelles 127. & 118. Voyez Mainard, liv. 7. chap. 21.*

370 De la fucceffion *ab inteftat* du pere ou freres, au fils & frere décedé. *Voyez les Arrêts de M de Catellan, li. 2. ch. 19.* où font plufieurs Arrêts du Parl. de Touloufe des années 1644. & 7. May 1663. qui ont jugé que le pere fuccedant à un de fes fils avec fes autres enfans, n'a point d'ufufruit fur leurs portions, quoiqu'il l'eût fur les biens du fils décedé, & qu'il offre de renoncer

à fa portion de proprieté. Le contraire avoit été jugé en 1637. & 1641.

371 De la fucceffion *ab inteftat* dans la Coûtume de Touloufe. *Voyez les Arrêts de M. de Catellan, liv. 2. chap. 32.* où il rapporte un Arrêt du 27 Février 1669. qui a décidé que la Coûtume qui appelle *promixiorem ex parte patris* devoit être entendu du plus proche parent du côté du pere du défunt, mais fans confide-rer l'agnation, Les termes de la Coûtume qui appelle le plus proche *in gradu parentela ex parte patris* s'en-tendent de la famille & eftoc du pere. Arrêt du mois de Juillet 1693.

SUCCESSION DE MAINMORTABLES.

372 De la fucceffion des taillables & mainmortables ac-quife aux Seigneurs. *Voyez le mot Seigneur, nombre 149. & le mot Serfs.*

SUCCESSION, MAISONS PARTICULIERES.

373 La Dame Ducheffe d'*Elbeuf* eft feule & univerfel-le heritiere de la Dame Ducheffe de Beaufort fa me-re. *Voyez le 21. Plaidoyé de M. Galand.*

374 Marie de *Lameth,* tante de Germain de Lameth a été maintenuë comme plus proche habile à fucceder à fon neveu Germain, au préjudice de Jacques-Fran-çois coufin de Germain, & le legs univerfel fait par Germain à Eleonor de Monfure de Graval, confirmé le 26. Janvier 1683. *De la Guiffiere, tome 4. livre 6. chap. 3.*

375 Succeffion de la Maifon de *Montagnac* controver-fée & ajugée *ab inteftat,* non par faute de difpofition, mais pour en avoir trop fait. *Henrys, tome 2. liv. 6. queft. 7.*

376 Succeffion de la Maifon de Meffire François de *Montmorency,* Marquis de Château Brun, de l'état de fon mariage & de fes enfans. *Voyez Henrys, tome 2. liv. 6. queft. 5.*

377 Succeffion de la Maifon de *Tournon* agitée, & plu-fieurs queftions décidées. *Voyez Ibidem, liv.5. qu. 51.*

SUCCESSION, MASLES.

378 *De ftatuto excludente fœminas à fucceffione, extantibus mafculis. Per Georgium Natam. in Capt. quamvis de paƈtis. lib. 6.*

379 *Fœmina propter mafculos à fucceffione paternâ vel feu-do, femel exclufa, an perpetuo cenfeatur exclufa?* Voyez *Andr. Gaill. lib. 2. obfervat. 148:*

380 L'exclufion des filles introduite par quelques Coû-tumes, au cas qu'il y ait des enfans mâles, fi ces enfans viennent à deceder avant pere & mere, ou après fans enfans, les filles qui étoient exclufes font appellées à leurs fucceffions par le Droit commun. *Voyez Cha-rondas, liv. 13. Rép. 96.*

381 Un frere decede après la mort du frere commun, avant toutefois que d'avoir accepté fa fucceffion, il tranfmet le droit d'exclufion à fes enfans mâles qui ne viennent pas par reprefentation, attendu que leur pere a été faifi de fon vivant. *Brodeau, Coûtume de Pa-ris, art. 25. nomb. 8.*

382 *Statutum Provincia revocans filias ad amiffam exif-tentiâ mafculorum fucceffionis portionem an habeat locum uno ex mafculis mortuo, fuperftite altero?* Arrêt du 18. Janvier 1586. qui juge la fœur mal fondée à demander part dans la fucceffion de fa mere, *à quâ exclufa fue-ra exiftentiâ fratris. Voyez Francifci Stephani deci/f. 86.*

SUCCESSION, MERES.

383 *Voyez le mot Edit §. Edit des meres,* que les me-res ne fuccederont à leurs enfans és biens provenus du côté paternel; mais feulement és meubles & con-quêts provenus d'ailleurs. *Ordonnances de Fontanon, to. 1. liv. 4. tit. 12. p. 757.*

384 La mere en la fucceffion du fils, eft préferée aux en-fans du frere prédecedé, n'y ayant point de concours de frere ou fœur vivant. *Mainard, lib. 7. ch. 21.* Ar-rêt du mois de Juillet 1669. donné en la Grand'Cham-bre du Parlement de Bourdeaux, au rapport de Mon-fieur de Thibault, en la caufe du fieur de Chanfort: jugé

385 jugé qu'un fils étant décedé, laissant son père & ses enfans d'un sien frere prédecedé, il n'y auroit point de concours entre les enfans du frere prédecedé, & le pere, & que le pere succederoit seul par défaut de concours d'autre frere. *La Peirere, lettre S. nom.* 236.

Par la Coûtume de Toulouse, les meres sont forcloses de la succession de leurs enfans, & ne peuvent prétendre que la legitime, laquelle leur est adjugée & déclarée être la troisiéme partie de tous & chacuns les biens appartenans à l'enfant, tant du côté paternel qu'autrement. Arrêts des 18. Avril 1565. 28. Mars précedent, & 14. Août 1564. *La Rochestavin, liv.* 3. *lettre S. tit.* 6. *Art.* 4.

386 La mere succede en proprieté à son enfant, en ce qui est venu d'elle, encore que par le contrat de mariage la mere eût donné à son mary ce dit enfant. Arrêt à la Pentecôte, 1581. *Montholon, Arrêt* 73. Voyez M. Louet pour le droit écrit, M. somm. 12. Voyez *Bacquet és Droits de Justice* chap. 21. n. 308. où il dit avoir été jugé le 14. Août 1591. que les deniers provenus d'un trachat de rente paternelle, sans avoir été emploiez, appartiennent à la mere heritiere de son enfant. *Voyez le Vest, Arrêt* 124. où il y a Arrêt du 11. Avril 1573. *Voyez M. le Prêtre troisiéme Centurie, chap.* 91. de la succession des meres à leurs enfans.

387 La sœur consanguine a exclus la mere de l'usufruit des conquêts immeubles paternels échûs par succession à un des fils décedé sans enfans. Arêt du 1. Avril 1586. *Chopin, Coûtume de Paris liv.* 2. *tit.* 5. *nomb.* 14.

388 Sur l'interpretation de la Coûtume de Toulouse, contenant que les meres ne peuvent succeder à leurs enfans, fut donné Arrêt le 24. May 1588. par lequel la Sentence du Sénéchal de Toulouse fut confirmée, laquelle adjugeoit à sa mere tous & chacuns les biens ayant appartenu à M. de Saint Aignan décedé, *ab intestat* qui sont hors de Gardiage, & outre ce, lui fut adjugée la legitime sur tous & chacuns les biens qui sont dans le Gardiage; & il fut jugé que la mere n'étoit point obligée d'imputer à la legitime les biens qu'elle perçoit hors le Gardiage, suivant plusieurs Arrêts donnez en semblable fait. *La Roch-flavin, liv.* 3. *lettre S. tit.* 6. *art.* 3.

389 Une fille étant décedée, ses deux sœurs uterines de deux autres lits, prétendirent succeder avec leur mere; par Arrêt du 21. Janvier 1617. la succession fut adjugée à la mere seule. *Cambolas, liv.* 5. *ch.* 33.

390 La mere est privée par la Coûtume de Toulouse, de la succession de ses enfans dans le Gardiage, non dans la Viguerie. Arrêt du 7. Septembre 1633. *Cambolas, liv.* 6. *ch.* 47.

391 L'Ordonnance prohibitive aux meres de succeder à leurs enfans és biens provenans du côté paternel, ne doit s'entendre que des successions *ab intestat*, & que les meres peuvent être instituées par les enfans capables de pouvoir disposer. Arrêt du 21. Janvier 1590. M. Louet, lettre M. som. 5. l'Ordonnance ne doit être étenduë aux successions. Arrêt du 7. Septembre 1603. M. Louet, lettre N. som. 8.

392 La mere succede en proprieté à ce qui est venu d'elle à son enfant, encore que le pere en eût donné de la mere de l'enfant qui étoit sa femme. Jugé à la Nôtre-Dame de Septembre 1591. *Montholon. Arrêt* 75.

393 Dans la Coûtume de Bourgogne la mere succede à un propre paternel de son fils, à l'exclusion des parens collateraux du côté paternel, qui ne sont pas descendus de l'acquereur, lequel a mis l'heritage dans la famille. Arrêt du Parlement de Dijon rapporté au 2. tome du Journal du Palais in fol. n. 977.

394 *Matre exclusâ municipali lege à successione liberorum an institutis extraneis heredibus legitimam integram peteré possit actione ad supplementum, & non aegre querelâ inofficiosi, si omnino praeterita sit à filio aut filiâ?* Voyez *Stockmans decis.* 22. l'affirmative jugée en Octobre 1653.

Tome III.

395 Si une mere en païs de droit écrit, succede à ses enfans, & en quels biens, étant en France, & sujets à l'Edit des meres. *Voyez Bouvot, tom.* 1. *part.* 1. *verbo Succession entre ascendant, quest* 3.

396 La mere étant excluse par Edit de la succession *ab intestat* de son fils pour les biens paternels, l'ayeule est aussi excluse, & tous ceux qui viennent du côté de la mere, comme les freres uterins. *Voyez Bouvot, tom.* 1. *part.* 2. *verbo Posthum, quest.* 3.

397 Si la mere succede à sa fille és meubles & acquêts faits par sa fille, & en ceux faits par le pere de sa fille, & ayeul & ayeule de sa fille. V. *Bouvot, tom.* 1. *part.* 3. *verbo Mere, quest.* 3.

398 La mere ne succede aux acquêts faits par le pere, pendant son premier mariage, comme étant à l'égard des enfans du premier lit, reputez anciens, ce qui en est avenu à l'enfant du second lit. Arrêt du Parlement de Dijon du 9. Juin 1617. le même est pour les acquêts faits durant le second mariage, s'il y a des freres du défunt consanguins, qui sont descendus du tronc du pere qui les a acquis, s'il n'y a que des freres uterins ou autres collateraux, qui ne sont du tronc, la mere y succederoit à leur exclusion. *Voyez Bouvot, tom.* 2. *verbo Succession legitime, question* 4.

399 Jugé par Arrêt du Parlement de Dijon du 14. May 1598 que la mere ne succede aux rentes constituées par les tuteurs du prix des fonds vendus du pupille décedé. *Bouvot, tome* 2. *verbo Succession legitime, question* 11.

400 La mere en la succession du fils, est préferée aux enfans du frere prédecedé, n'y ayant point de concours de frere ou sœur vivant. *Mainard. livre* 7. *ch.* 21.

400 bis Arrêt du Parlement de Bourdeaux du mois de Juillet 1669 donné en la Grand'Chambre, au rapport de Monsieur de Thibaut, en la cause du sieur de Chanfort; jugé qu'un fils décedé, laissant des enfans d'un sien frere prédecedé, il n'y avoit point de concours entre les enfans du frere prédecedé, & le pere, & que le pere succederoit seul par défaut de concours d'autre frere. *Le Peirere, lettre S. nomb.* 236.

SUCCESSION, MEUBLES ET ACQUESTS.

401 Si la succession des meubles, en quelque part qu'ils soient, se regle selon la coûtume du domicile du décedé? *Voyez Coquille, tome* 2. *quest.* 237.

402 Une succession d'un fils ne consistant qu'en meubles, le tiers en appartient à la mere, & au pere pour sa legitime le tiers des deux tiers restans. *Avis d'Henrys, tome* 2. *liv.* 6. *qu.* 2.

403 Meubles échûs à un mineur par sort dans son lot, & qui durant sa minorité s'est fait Religieux, sa succession qui ne consiste qu'en meubles, appartient à l'heritier des meubles. *Voyez le Journal du Palais* fine qu. & Arrêts sans date.

404 La succession d'une petite fille décedée a été adjugée à son ayeul pour les meubles & conquêts, à l'exclusion de la sœur & de la bisayeule de la défunte. Arrêts des 1. Février 1548. 24. Septembre 1556. & 23. Décembre 1561. *Le Vest. Arrêt* 216.

405 Mere survivant son fils est heritiere en tous ses meubles, dettes, acquêts & conquêts immeubles délaissez par le trépas de son fils. Arrêt du 11. Avril 1573. entre Maître Pierre Thibaut & conforts d'une part, & Marie le Lieve d'autre part. *Le Vest.*

406 Meubles & acquêts se partagent également entre freres de deux lits. Arrêt du Parlement de Bretagne du 9 Septembre 1577. *Du Fail, liv.* 1. *chap.* 440.

407 Rogier est marié deux fois, & a enfans du premier & du second mariage; sa seconde femme pendant sa viduité fait quelques acquêts; par son décés sans enfans, & laisse à François Rogier son fils qui décede sans enfans, & laisse Nicolas Rogier son consanguin issu du premier mariage, heritier des meubles & acquêts, & autres ses cousins heritiers des

propres maternels. Arrêt du 14. Mars 1626. *Bro-deau sur M. Loüet, lettre P. som. 28. nomb. 25. circà* finem. *Voyez M. le Prêtre, 2. Cent. chap. 69.* jugé pour les cousins maternels.

408 Un testateur ordonne que ses immeubles, acquêts seront vendus pour en bailler à chacun des heritiers sa part en argent, la part échûë à une mineure qui decede mineure, appartient à sa mere comme meubles & acquêts de sa fille. Arrêt du 23. Avril 1626. *Du Frêne, liv. 1. chap. 97.*

409 Voyez le 24. *Plaidoyé de M. de Corberon Avocat General au Parlement de Mets*, sur une succession mobiliaire qu'on soûtenoit être devoluë à la mere par la mort d'un enfant, dont l'on prétendoit qu'elle étoit accouchée, étant malade de la peste.

410 La succession aux meubles & acquêts, est toûjours déferée au plus proche. Arrêt du Parlement de Roüen du 22. Février 1633. qui ajuge la succession aux meubles & acquêts de Marguerite Safray à ses petits neveux au préjudice de sa tante maternelle ; l'Arrêt fut rendu après partage. *Basnage, sur l'art. 304. de la Coûtume de Normandie*, où il examine les lignes, degrez, souches, titres & droits de representation.

411 En la succession collaterale des meubles & acquêts hors le premier degré où la representation a lieu, le plus proche, soit paternel ou maternel, succede. Arrêt du Parlement de Roüen du 21. Mars 1659. *Basnage*, Ibid.

412 Le grand oncle exclut le cousin remué de Germain en la succession des meubles & acquêts. Arrêt du Parlement de Normandie du 17. Février 1634. *Basnage sur l'art. 304. de cette Coûtume.*

413 Par Arrêt du Parlement de Roüen du 17. Decembre 1649. un frere uterin a été preféré en la succession des meubles & acquêts au pere, & déchargé de rapporter les meubles dont il étoit saisi ; l'Arrêt fondé sur ce que succedant avec le frere de pere & de mere, il doit exclure le pere, parce que le frere uterin excluant la sœur paternelle, & icelle excluant le pere, il le doit aussi exclure ; car si je suis preféré à celuy qui vous est preféré, à plus forte raison vous suis-je preféré, *nam si vinco vincentem te, potiori ratione vinco te. Basnage sur la Coûtume de Normandie, art. 312*

414 Celui qui se trouve capable au temps de l'échéance de la succession, ne peut être exclu par ceux qui sont nez depuis, pourvû que la succession ne soit plus jacente. Arrêt du Parlement de Roüen du 4. Août 1665. Un pere ayant été marié deux fois, & le fils du premier lit étant mort, comme il n'y avoit alors qu'un enfant du second lit, la succession aux meubles & acquêts luy fut ajugée au préjudice de tous les autres freres nez depuis la succession échûë : autre Arrêt semblable. *Voyez Basnage sur l'art. 235. de la Coûtume de Normandie.*

415 Les filles admises à la succession, partagent les meubles également avec leurs freres, art. 49. des Arrêtez du Parlement de Roüen le 6. Avril 1666. *Basnage, tom. 1. à la fin.*

416 Les enfans de la sœur de pere excluent les enfans de la sœur uterine en la succession des meubles & acquêts. Art. 62. du Reglement fait au Parlement de Roüen le 6. Avril 1666. *Basnage, tom. 1. à la fin.*

417 Le sieur de la Fontelaye, Capitaine en Hollande, après y avoir demeuré 30. ans, y déceda en l'année 1655. il laissa trois heritiers, un neveu sorti d'un frere, une sœur de pere & de mere, & une sœur de pere seulement. Par la Coûtume de Mastrech, où il étoit décedé, après en avoir consulté les Avocats du lieu, la sœur du pere prit la sixiéme partie de 24000. liv. qui se trouverent dans la succession ; cette sœur étant morte 20. ans après Marthe le Févre, sa fille prétendit que le partage avoit été mal fait, & que le sieur de la Fontelaye étant originaire de Normandie, ses meubles avoient dû être partagez suivant la Coû-

tume de Normandie ; par Sentence du Juge de Fecamp, il avoit été dit que les meubles seroient partagez suivant la Coûtume de Mastrech, par Arrêt du Parlement de Roüen du 17. Juin 1679. la Sentence fut confirmée. *Basnage sur la Coûtume de Normandie art. 546.*

418 Freres & sœurs d'un côté seulement, sont appellez avec les freres & sœurs de deux côtez à la succession des meubles & acquêts de leurs freres & sœurs prédecedez. Arrêts en la Coûtume d'*Amiens*, suivant l'art. 86. le 25. Janvier 1655. *Du Frêne, liv. 8. chap. 9.* Voyez l'art. 341. de la Coûtume de Paris.

419 S'il n'y a ni freres ni sœurs germains, ni des enfans des freres & sœurs germains, les peres & meres succedent seuls aux meubles & aux acquêts qui ont été faits par les enfans décedez ; & cela a lieu, quand il n'y a que des freres & sœurs consanguins ou uterins, parce que les freres & sœurs uterins sont exclus par le pere ; & les freres & sœurs consanguins sont exclus par la mere. *Taisand, sur la Coûtume de Bourgogne, tit. 7. art. 14. note 6.* en rapporte un Arrêt du Parlement de Dijon au mois de Decembre 1642.

SUCCESSION, MINEUR.

410 Arrêt du mois de Septembre 1570. qui a jugé qu'une acquisition faite par le Tuteur de l'argent pupillaire provenant de l'heritage maternel du pupille venant à deceder, est reputé maternel, & ajugé aux freres uterins & non aux consanguins. *Papon, liv. 21. tit. 1. nombre 16.*

411 Sur quoy se doivent prendre les dettes de la succession d'un mineur, & en quel temps il faut les considerer ? *Voyez Henrys, tome 2. liv. 6. quest. 26.*

412 Si dans la succession d'un mineur les biens & les dettes se doivent prendre en l'état qu'ils se trouvent au temps du décès, ou bien au temps qu'ils luy sont échûs, &c ? *Voyez M. le Prêtre, ès Arrêts célebres du Parlement* où vous trouverez l'affaire amplement expliquée, avec l'Arrêt du 10. Juillet 1655.

413 Si un mineur n'ayant eu de la succession de son pere que des meubles, qui par sort luy sont échûs pour partage dans son lot, & ensuite s'étant fait Religieux durant sa minorité, sa succession se partage, comme elle se trouve, ensorte que la mere heritiere mobiliaire, exclut les freres & sœurs du Religieux, ou si l'on doit considerer ces meubles comme immeubles & propres, à proportion que le mineur auroit eu de ces derniers biens, en cas qu'ils eussent été distribuez également à chacun des coheritiers, dans la succession paternelle, comme cela se pouvoit facilement, parce que la plûpart de ces biens immeubles, étoient constitutions de rente? *V. le Journal du Palais, in fol. tome 2. p. 1009.* où il est observé que l'avis commun est que la mere comme heritiere mobiliaire doit avoir tous les meubles trouvez dans la succession du fils.

SUCCESSION, ENFANT MORT.

420 Un enfant qu'on présumoit être mort né, qui neanmoins avoit jetté des excremens, il y avoit rapport des Medecins, dans le doute il faut plûtôt juger l'enfant avoir eu vie que d'être mort né. *Voyez Henrys, tome 1. liv. 6. chap. 5. quest. 21.*

SUCCESSION, MUTATION.

425 *Mutatione persona, mutatur jus successionis,* & celuy qui n'est pas capable d'avoir la succession de son chef, la peut avoir du chef d'un autre. *M. le Prêtre, 3. Centurie, chap. 88.*

Les biens changent de qualité par la mutation des personnes. Arrêt du 6. Juillet 1637. *Brodeau, sur M. Loüet, lettre E. somm. 8. nombre 6.*

SUCCESSION, NEVEUX ET ONCLES.

426 *Quis potior, in successione neptis ex fratre patruus au avunculus, in maternis bonis, in quibus tantùm constabat hareditas?* Voyez *Francisci Stephani, Décis. 48.*

427 Le neveu fils du frere, exclut les neveux enfans de la sœur des heritages feodaux en la succession de leur

oncle. Coûtume de *Paris*, art. 25. & 322. Voyez Ca-
rondas, *liv.* 2. *Rép.* 13.

428 L'oncle succede à son neveu en l'heritage acquis
par son frere pere dudit neveu , & en exclut le frere
uterin de son neveu , encore qu'il soit plus proche
d'un degré, & que l'oncle ne soit descendu de celuy
qui originairement a apporté l'heritage. *Voyez M. le
Prêtre* , 1. *Cent. chap.* 71.

429 Quand un défunt ne laisse point de freres mais des
enfans de plusieurs freres, tels fils de freres succedent par têtes ; s'il y avoit un frere du défunt, ils succederoient avec luy *in stirpes.* Cela s'observe ainsi au
Parlement de Toulouse. *Voyez Mainard* , livre 6.
chap. 91.

430 Si les neveux qui *ab intestat* ne succederoient que
par souches avec les oncles, peuvent succeder par têtes , la testatrice ayant ordonné que ses heritiers pat-
tageroient également ? *Voyez Henrys* , tome 1. *liv.* 5.
chap. 4. *quest.* 52.

431 *Henrys* , *tome* 1. *liv.* 5. *ch.* 4. *quest.* 54. établit que
les neveux de differentes branches succedent par têtes,
lorsque le défunt n'a point laissé de freres. Premiere
exception , quand il y a ou oncle consanguin ou uterin : seconde exception quand il y a un grand oncle.

432 Si l'oncle peut être admis à la succession du neveu conjointement avec l'oncle maternel , tout ainsi
que le neveu succederoit à son oncle également avec
le même ayeul ? *Voyez Henrys*, tome 1. *liv.* 6. *chap.* 1.
quest. 2.

433 Dans les Coûtumes de droit commun, un oncle
peut ordonner par Testament que sa succession sera
partagée par souches entre ses neveux , pourvû
qu'il ne blesse pas en cela les reserves coûtumieres.
Le Brun, des Successions, liv. 1. *chap.* 6. *sect.* 4. *nomb.* 3.

434 Les oncles & tantes succedent à leurs neveux &
nièces au préjudice de leurs enfans cousins du défunt.
Les oncles & tantes s'accordent concurremment avec
leurs neveux enfans de leurs freres & sœurs. *Voyez
Basnage* , *sur l'art.* 243. de la *Coût.* de *Normandie.*

435 Les freres succedent par têtes à leurs freres , & les
neveux par souches à leurs oncles. Le Parlement de
Grenoble l'a ainsi jugé par divers Arrêts ; mais il
est aussi remarquable que l'ayeul n'entre point en
concours avec ses petis fils dans la succession de leur
pere , non pas même à l'égard des choses venües de
luy. *Voyez Guy Pape* , *quest.* 134. & 147.

436 Si les cousins , enfans des deux freres, *deficientibus
patruis* , succedent à leur oncle par têtes , ou s'ils ne
succedent que par souches ? Il y a un ancien Arrêt dont
il a été parlé diversement dans tous les Livres au sujet
de la succession d'un oncle pour sçavoir si elle doit
être partagée par têtes , ou par souches entre les cousins germains. *M. Du Luc* en parle , *liv.* 8. *tit.* 10.
art. 16. Carondas, *sur l'art.* 320. *de la Coûtume de Paris.* Theveneau, *sur l'art.* 277. *de la Coûtume de Poitou,*
Coquille, *dans ses Institutes sur la Coûtume de Nivernois* , *ès questions* 2401. Tronçon , *sur l'art.* 328. de la
Coûtume de *Paris*, Bugnyon , *Traité des loix abregées*,
page 464. Papon , *dans ses Arrêts* , *liv.* 21. Titre *des
Successions legitimes. Arrêts.* 21. & 23. Bouchel, *sur l'art.*
87. de la Coûtume de *Valois.* Voicy les termes dans
lesquels est conçû cet Arrêt , & de la maniere dont
il est énoncé dans un autre Arrêt , portant qu'il sera
délivré. La Cour ayant vû la Requête à elle presentée par M. Adrien de Lauray Secretaire du Roy, requerant pour éviter à longueur du procés , pendant
entre luy au nom & comme Tuteur de ses enfans
d'une part, & M. Nicolas Herbelet M^{re}. des Comptes
aussi Tuteur de ses enfans , d'autre , pour raison de la
succession de défunte Dame Marie du Ponchet , &
pour la décision d'icelle matiere , que certain arrêté
ou retenu ci-devant fait sur la Cour , ès Chambres
des Enquêtes , en pareil & semblable cas de 1526. luy
être délivré avec les moyens d'iceluy arrêté , & sur
ce , oüi le Procureur General du Roy , a ordonné &

Tome III.

---

ordonne pour le bien de Justice & soulagement &
certitude du droit des Parties , que du Suppliant &
autres Parties , ce requerans leur être baillé & délivré par extrait avec le present Arrêt . ledit retenu arrêté & inseré à la fin d'iceluy sous la teneur qui ensuit, a été arrêté par les deux Chambres des Enquêtes,
que les cousins enfans des deux freres , *deficientibus
patruis*, succederont à leur oncle , *in cspitâ* , en suivant l'opinion d'Azo en pays où il n'y a Coûtume de
representation ou autre dérogeante , & *ità decisum*
fait per dictam Curiam , *anno Domini* 1526. *die vigesi-*
mâ tertiâ mensis Decembris , *in causâ pendente inter Re-*
natum Collet & *consortes , ex unâ,& Margaritam de*
Quatre livres, *ex alterâ : prædicti processûs, relatore Do-*
mino Bonaventuro de sancto Bartholomeo. Voyez *le Jour-*
nal du Palais , in folio , *tome* 2. *page* 962. & Corbin,
suite de Patronage , *chap.* 294.

437 S'il y a plusieurs enfans de plusieurs freres ou
sœurs , qui viennent à succeder , comme ils doivent
succeder ? *V. Bouvot,* to. 1. *part.* 2. *verbo, Succession,q.* 4.

438 Si les enfans des freres du défunt succedent en pais
de Droit écrit en tous biens à l'exclusion des grands
oncles & tantes ? *Voyez Bouvot* , *tome* 1. *part.* 3. *verbo,*
Succession , *quest.* 3.

439 Pour sçavoir comme se partage en Bourgogne la
succession de celuy qui laisse un ayeul , des oncles &
tantes. *V. Bouvot* , *ibidem* , *quest.* 5.

440 Si la cousine germaine en double ligne , tant du côté paternel que maternel , exclut les oncles & tantes
d'un côté ? *Voyez Bouvot* ,*tome* 2. *verbo, Legitime suc-*
cession , *quest.* 1.

441 La destination seule *habet vicem rei immobilis* , mais
c'est un privilege *quod non egreditur personam* : s'il y a
des acquêts , ils sont adjugez au frere consanguin à l'exclusion des oncles maternels , encore qu'ils soient acquis des deniers dotaux. Arrêt du Parlement de Dijon du 23. Février 1579. *Bouvot* , *ibid* , *verbo , Succes-*
sion , *quest.* 21.

442 S'il y a une sœur germaine en double ligne , & un
neveu *in quarto gradu* , le neveu peut venir à reprendre la succession d'un grand oncle par representation
de son pere , & neveu du grand oncle. *V. Bouvot* ,
ibi'em, *quest.* 23.

443 En succession du cousin , l'oncle est plus proche à
luy succeder que le cousin en la Coûtume de *Mont-*
fort, suivant la Loy *avunculo C. communia de succession-*
nibus. Arrêt du 7. Septembre 1565. *Le Vest, Arrêt* 80.

444 La faveur faite par un oncle, acceptée & insinuée par ses neveux en une Coûtume où la representation n'est admise en ligne collaterale , par laquelle
il veut que ses neveux luy succedent avec son frere
en la part que leur défunt pere eût euë , peut être
revoquée. Jugé le 7. Decembre 1566. & le 27. May
1582. *Carondas, liv.* 8. *Rép.* 41.

445 Comment se regle la succession d'un oncle entre ses
neveux? *Voyez Papon* , *liv.* 21. *tit.* 1. *nomb.* 11. & *suiv.*
où il rapporte Arrêts differens & contraires , qui se
concilient en disant que les cousins succedent à leur
cousin germain par têtes , pourvû qu'il n'y ait avec
eux oncle vivant ; s'il y a oncle vivant , les cousins
viennent avec luy par *tête* & *in stirpes* , ainsi qu'il a
été jugé au Parlement de Paris le dernier jour de
Juin 1574.

446 Les oncles succedent également aux neveux sans
considerer la pluralité des biens. Jugé le 26. Février
1590. *Cambolas* , *liv.* 1. *chap.* 23.

447 Les neveux ne peuvent concourir en la succession
de leur oncle avec leur ayeule , & la succession luy
doit appartenir s'il n'y a point d'oncles survivans,
& s'il y en a ils succedent avec l'ayeul. Arrêt du mois
de Septembre 1593. *Ibidem chap.* 46.

448 En la succession des oncles ne succedent
pas avec l'ayeule, mais l'ayeule seule comme étant au
second degré, & les oncles au troisiéme, & par consequent qu'étant plus proche , elle devoir exclure les

plus éloignez. Jugé au Parlement de Toulouse le 29. Avril 1633. *Cambolas , liv. 6. chap. 41.*

449   Arrêt du Parlement de Normandie du 21. Février 1633. qui ajuge une succession de meubles & acquêts au profit des arriere-neveux, au préjudice & à l'exclusion de la tante maternelle. *Berault, à la fin du second tome de la Coûtume de Normandie, page 52. sur l'article 248.*

450   Les neveux en ligne collaterale excluent leurs oncles par representation de leur défunt pere en la succession d'un de leurs oncles en la Coûtume d'Amiens. Jugé le 24. Mars 1578. *Le Vest , Arrèt 156.*

451   Freres & sœurs uterins succedent à leurs freres uterins, à l'exclusion des oncles paternels , &c. *M. le Prêtre , és Arrêts celebres du Parlement ,* où il cite un Arrêt du 17. Septembre 1582.

452   Le frere legataire, & l'un des heritiers se tenant à son legs, les neveux ne peuvent partager par têtes. Arrêt du 15. May 1588. *Tronçon, Coûtume de Paris , art. 320. verbo Neveux & nieces. Henrys, to. 1. liv 5. chap. 4. quest. 52. & 53.* rapporte un Arrêt contraire du 31. May 1642. où il explique l'Arrêt de *Tronçon.*

453   En la succession des neveux aux oncles , le double lien n'est pas considerable. Arrêt du Parlement de Toulouse du 13. May 1628. *M. d'Olive, liv.5. chap 35.* Voyez *Henrys, tome 1. liv.5. chap.4. quest.56.*

454   Le fils du frere aîné predecedé , est preferé à l'oncle en la succession qui est deferée à l'aîné par coûtume ou par disposition testamentaire ou contractuelle. Ainsi jugé au Parlement de Grenoble les 9. Juillet 1631. & 17. Juin 1665. *V. Salvaing, de l'usage des fiefs, chapitre 95.*

455   Les oncles & tantes paternels & maternels, succedent également en Païs de Droit écrit , de quelque côté que les biens procedent. Arrêt prononcé le 6. Septembre 1636. *Henrys , tome 1. livre 6. chapitre 1. question 3.*

456   Les neveux qui ne succederoient *ab intestat* que par souches, quoyque la Dame Duhamel eût ordonné par son testament que ses heritiers partageroient également , n'ont point été admis par têtes, mais par souches. Arrêt du 31. May 1642. *Ibidem, liv.5. chap.4. question 52.*

457   Une tante par son testament ordonne que tous ses neveux viendront à sa succession par souches , & non par têtes, telle disposition est valable , *per modum legati.* Arrêt du 6. Février 1646. *Du Frêne , livre 4. chapitre 31.*

458   Le neveu d'un défunt en ligne collaterale luy succede aux propres naissans , à l'exclusion du même défunt, quoy qu'en égalité de degré , &c. Arrêt du 27. Mars 1646. *Ibidem, chap.37. & liv. 5. chap. 6.*

459   Une fille dotée & mariée par pere & mere , qui la font renoncer à leurs successions futures & aux fraternelles , sçavoir si les enfans de cette fille sont exclus de la succession des meubles & acquêts de l'oncle? Le 29. Mars 1650. la cause appointée ; & le 24. Mars 1651. jugée au profit de l'oncle frere du défunt contre les nieces. *Du Frêne, livre 6. chap. 3.*

460   Une cousine issuë de germain du côté & ligne du défunt, exclud l'oncle maternel du même défunt qui n'en est pas, en la succession des propres naissans. Arrêt du 19. May 1651. *Ibidem , chap. 25.*

461   L'oncle & le neveu du défunt étant également au troisiéme degré , ils semblent qu'ils doivent concourir dans la succession *ab intestat* ; neanmoins la preference est donnée au neveu par Arrêt du Parlement de Toulouse au mois de Mars 1657. suivant la Novelle 118. chapitre 3. fondée peut-être sur ce que la succession descend plus aisément & plus naturellement qu'elle ne remonte. *Arrêts de M. de Catellan , liv. 2. chap. 66.*

462   En la Coûtume de *Soissons* les neveux excluent les oncles du défunt, à la succession duquel ils sont appellez au défaut d'enfans , quoy qu'en pareil degré.

suivant l'apostille de Maître Charles Du Moulin, sur l'article 75. de la Coûtume de *Vermandois,* qui regle les parties. Arrêt du 29. Janvier 1660. *De la Guess. to. 2. liv. 3. chap. 4. Seoùs,* en la Coûtume de Paris, où il y a disposition contraire, article 319. *Le Vest, Arrêt* 107. Coûtume de Senlis. *Ibidem, Arrêt* 156. Coûtume d'*Amiens.* Entre l'oncle & les neveux, les propres ne remontent en ligne directe ni collaterale en la Coûtume de *Senlis.* Arrêt du 14. Août 1570. *Le Vest, Arrêt* 107.

463   La niéce fille d'un frere ne partage avec ses oncles à la succession des fiefs d'un autre frere décédé, l'Arrêt de M. de Sainctot du 23. Février 1663. *Notables Arrêts des Audiences, Arr.11.* avec l' *Arrêt* 32. précedent. Requête civile contre l'Arrêt, second *Arrêt du 16. Mars 1669.* qui déboute de la Requête civile. *Voyez De la Guess. tome 2. liv. 3. chap. 32.*

464   Les oncles & tantes du défunt sont preferez par les arriere-neveux & arriere-nieces dudit défunt , en la succession de ses meubles & acquêts. Arrêté du Parlement de Roüen, les Chambres assemblées, du 6. Avril 1666. *art.* 64. *Basnage, to. 1. à la fin.*

465   Dans la Coûtume de *Normandie* une tante paternelle exclud tous les neveux indistinctement en la succession des meubles & acquêts d'un autre neveu sorti d'un frere. Jugé au Parlement de Roüen le 11. Juillet 1672. *Journal du Palais.*

466   Dans la Coûtume de *Troyes* les neveux du côté paternel & maternel, sont preferez aux meubles , dettes & conquêts immeubles provenans de la succession de Marguerite Baillot , & à l'exclusion des freres & neveux consanguins d'icelle. Arrêt du 18. Juillet 1674. *De la Guess. tome 3. liv. 10. chap. 16.*

467   Un neveu venant avec un oncle & des tantes à la succession de son oncle, non de son chef ; mais par representation de son pere , en vertu de l'article 310. de la Coûtume de Paris, il est obligé de rapporter ce que sa sœur a reçu de l'oncle au mariage, & il n'aura pas plus de droit qu'en auroit eu son pere , lequel suivant le don fait à sa fille , & par son Contract de mariage avoit promis de précompter ce que son frere , oncle de la future épouse luy avoit donné en mariage. Arrêt du Parlement de Paris du 23. Mars 1688. *Voyez le Journal des Audiences, to. 5. liv.4. chap. 6.*

468   Arrêt rendu au Parlement de Paris le 18. Avril 1705. suivant l'avis de Messieurs les Gens du Roy , qui juge que quand un frere & une sœur viennent à la succession d'un oncle par representation , dans la subdivision le frere exclut sa sœur des biens feodaux. *Voyez l'Auteur des Observations sur Henrys , tome 2. livre 3. question 14.*

PACT DE SUCCESSION.

Voyez le mot Pact , nomb. 9. & suiv.

469   *Pactum mutuum de succedendo an valeat? Voyez Andr. Gail , lib. 2. observat. 126.*

470   *Pacta gentilitia vel statuta familia de succedendo, an valeant?* Ibidem, *observat. 127.*

471   *Pacta familia sive gentilitia hodiè generatim valent tam inter plebeios , quam inter nobiles , si concepta sint de bonis ipsis, non de hereditate vel successione; & subsistunt tam de feudis , quam de allodiis inita, etiam absque licentiâ principis , quam octroy vulgo dicimus. Voyez Stockmans, decis. 44.*

472   *Pactum de succedendo , reprobatum à lege , quasi bonis moribus repugnans. Voyez la Bibliotheque de Bouchel ,* verbo *Succession.*

473   *De successione mutuâ & ex pacto. Voyez M. le Prêtre , 2. Cent. chap. 14. & 94.*

474   *Valet pactum nobilium quod fœmina non succedant in eorum terris.* Voyez la nouvelle édition des œuvres de *M. Charles Du Moulin, to. 1. p. 874.*

475   *Pactum factum de succedendo in contracta matrimonii nobilitatis favore valet : nec revotari potest ad liberorum matrimonii præjudicium. Voyez Franc. Marc. to. 2. quest. 118.*

476   *Pactum dotale in contractu matrimonii de succeden-do in omnibus bonis nobilibus & immobilibus validum est.* Voyez ibidem.

477   *De pacto succedendo inter nobiles.* Voyez ibidem, quest. 132.

478   *Pactum factum in contractu matrimonii filiæ conjunc-te, de futurâ hæreditate conservandâ in defectum masculorum juridicum est.* Voyez ibid. quest. 597.

479   Par le droit civil toute paction faite de succession à écheoir, & qui empêche de tester librement de son bien, est reprouvée : tant en France nous pratiquons le contraire, tant és Pays Coûtumier que de Droit écrit, car les institutions, substitutions, renonciations à succession faites par contract de mariage & societé sont bonnes. *M. le Prêtre*, 2. Cent. chap. 14. & 94. où il rapporte plusieurs dispositions des Coûtumes.

SUCCESSION, FAIRE PART.

480   Si les Religieux Cordeliers, les bannis à perpetuité, & les incapables de succeder font part, quoy qu'ils ne soient admis à la succession ? V. *Bouvot*, to. 2. verbo *Succession*, quest. 36.

481   Succession, *facere partem.* Il n'y a que ceux qui succedent, ou qui ont renoncé *aliquo dato*, ou qui prennent legitime, qui soient comptez & qui fassent nombre ; les exheredez valablement, & les renonçans *nullo dato*, & autres incapables *non faciunt partem* ; comme aussi les enfans qui ont fait profession en Religion. Voyez *Montholon*, Arrêt 58. Henrys, tome 1. liv. 5. chap. 4. quest. 53. & 55.

SUCCESSION, PARTAGE.

482   Partage d'une succession. Voyez le mot *Partage.*

483   Le partage *inter socios* n'ôte pas l'hypotheque acquise. Anne Robert, *rerum judicat.* liv. 3. chapitre 19. *Secùs*, entre coheritiers, parce que chacun n'est censé avoir eu par la mort du pere ce qui luy écheoit en partage. Voyez *Henrys*, tome 1. livre 6. ch. 5. q. 37. & M. Loüet, lettre H. somm. 11.

484   Lorsque l'un des freres ou coheritiers empêche le partage de l'heredité, en ce cas la Cour a accoûtumé d'ordonner qu'elle sera sequestrée & regie par Commissaire; & sur execution d'Arrêt donné en pareil cas on douta comment se feroit la ferme de l'heredité, parce qu'aucuns des contendans vouloient que ce fût en moisson comme grains & denrées; autres requeroient que ce fût en deniers : la Cour par son Arrêt du 14. Decembre 1543. ordonna que ce seroit en deniers. *Papon*, liv. 15. tit. 7. n. 4.

485   Par Arrêt du 8. Janvier 1611. rapporté par *Tronçon sur Paris*, art. 232. *in fine*, il a été jugé que les successions se partagent en l'état qu'elles sont.

SUCCESSION, Paterna paternis, Materna maternis.

486   La regle *paterna paternis, materna maternis*, n'a lieu, sinon entre ceux qui sont en même degré. Voyez *Du Luc*, liv. 8. tit. 10. ch. 3.

487   En la succession des ayeuls ou ayeules à leurs neveux ou niéces, & ainsi des bisayeuls, la regle *paterna paternis, & materna maternis*, n'a point de lieu ; mais succedent également à leursdits neveux Jugé par Arrêt sans date. *La Rocheflavin*, liv. 2. lettre S. titre 6. Arrêt 5.

488   Par Arrêt du Parlement de Roüen, du 19. Février 1599. rapporté par *Berault, sur l'art.*245. *de la Coûtume de Normandie, titre de succession*, il a été jugé qu'une rente acquise des deniers procedans du rachat d'une rente faite à un decret, qui étoit provenu de parens du côté maternel, retournoit aux parens du même côté, & non aux paternels, *quia subrogatum sapit naturam subrogati.*

489   Un défunt laisse plusieurs ascendans, d'un côté son ayeul paternel, de l'autre ses ayeul & ayeule maternels; la succession se partagera par souches, moitié au paternel & moitié aux maternels, suivant la Novelle 118. chap. 2. *mediatatem quidem accipiant omnes à patre ascendentes quantumcumque fuerint, mediatatem verò reli-*

quam à matre ascendentes, quantoscumque eos inveniri contigerit, ce qui s'observe en Païs de Droit écrit. Arrêt du 18. Février 1610. *M. le Prêtre*, és Arrêts de la Cinquième ; le plus grand nombre va à partager les successions des meubles & acquêts entre les ayeuls & ayeules par têtes, & non par souches. Voyez le Traité des Propres, chap. 2. sect. 2. nomb. 3.

490   En Païs de Droit écrit l'ayeul exclut les oncles au défaut de la mere en la succession des propres des enfans décedez sans enfans, nonobstant que la regle *paterna paternis*, &c. n'y ait point de lieu. Jugé le 15. Février 1610. & 20. Juillet 1620. *Tronçon, Coûtume de Paris*, art. 311. in verbo *l'ayeule.*

SUCCESSION, PERE.

491   En Bourgogne le pere n'est comptable des fruits échûs par succession à ses enfans. Voyez le mot *Fruits*, nombre 177.

492   Si le pere succede aux heritages baillez en payement de dot à la femme qui a laissé un enfant mort survivant le pere, & aux constitutions de rente? Voyez *Bouvot*, to. 1. part. 1. verbo *Succession entre ascendans*, question 2.

493   Si le pere succede avec les frere & sœur du défunt ? V. *Bouvot*, ibid. part. 2. verbo *Succession*, qu. 2.

494   Les pere & mere en Bourgogne succedent aux meubles & acquêts faits par les enfans & par lesdits pere & mere, à l'exclusion des collateraux autres que frere & sœur, & enfans des frere & sœur. Arrêt du Parlement de Dijon du 17. Juillet 1574. *Ibidem*, partie 3. verbo *Succession*, quest. 2.

495   Si le pere succede aux immeubles par conventions, qui de leur nature sont meubles? V. *Bouvot*, tome 2. verbo *Succession*, quest. 34.

SUCCESSION, PERE TUÉ.

496   Enfans pauvres qui ne font poursuite de la mort de leur pere, ne sont pas indignes de sa succession. Jugé le 30. Juillet 1650. *Du Frêne*, liv. 2. chap. 80.

497   Un enfant qui a tué son pere, ne luy peut succeder. Arrêt du 9. Juin 1659. *Notables Arrêts des Audiences*, Arrêt 27. De la Guesse. tome 2. liv. 2. chap. 27. rapporte le même Arrêt.

498   La mere & les enfans dont cette mere avoit tué son pere, & prescrit par les vingt ans, sont non recevables à prétendre la succession de leur tante qui l'avoit recüeillie du pere tué, & sur les autres demandes hors de Cour. Arrêt du Vendredy 15. May 1665. à cause de l'Ascension, plaidans Messieurs le Févre Dormeson, Langlois le jeune, Masson & le Brun. *Dictionn. de la Ville*, n. 9984.

SUCCESSION, POSSESSION.

499   En matiere de succession la possession fictive suffit, *le mort saisit le vif*, encore qu'elle ne soit acquise réellement & corporellement pour former complainte. *Chopin, Coûtume de Paris*, liv. 3. tit. 1. nomb. 3.

SUCCESSION, POSTHUME.

500   Celuy qui est *in utero* en ligne directe, quoy qu'il ne soit pas *in rerum naturâ*, si son pere meurt, il en est l'heritier ; mais en ligne collaterale il faut être capable de la succession, parce que *le mort saisit le vif*. Voyez *Henrys*, tome 2. liv. 6. quest. 25.

501   Posthume institué né monstrueux, avec un museau de singe & un pied fourchu, capable de succeder à son pere, & la substitution pupillaire déclarée ouverte au profit de la mere. Jugé le 23. Juillet 1619. *Bardet*, to. 1. liv. 1. ch. 68.

502   Il faut être né ou conçû lors de l'ouverture de la succession pour pouvoir succeder ; ainsi jugé au Parlement de Paris le 11. Mars 1692. même contre un Etranger, en infirmant la Sentence du Châtelet. Voyez le Brun, *Des successions*, liv. 1. ch. 3.

503   Le petit-fils qui n'étoit point né ni conçu lors du decez de son ayeul, ne peut accepter la succession, qu'il trouve vacante lorsqu'il vient au monde. Arrêt du Parlement de Paris du 11. Mars 1692. *Journal des Aud.* tome 5. liv. 8. chap. 5.

SUCCESSION, PRESCRIPTION.

504   La petition d'heredité est une action personnelle qui se prescrit par trente ans, *etiam per cohæredem, tam in suis, quam in collateralibus & extraneis.* Voyez *Brodeau sur M. Loüet, lettre S. sommaire 15. nomb. 11. & le Journal du Palais dans l'Arrêt du 24. Avril 1673.*

SUCCESSION, PLUS PROCHAIN.

505   L'oncle en la succession du neveu, est preferé au cousin germain comme le plus proche au troisiéme degré, & le cousin au quatriéme. *Coûtume de Paris, art. 38.* Voyez *Charondas, liv. 3. Rép. 86.*

506   Toute succession appartient au plus proche heritier. Deux exceptions ; la premiere, la Regle *paterna paternis, &c.* par laquelle toute succession collaterale retourne toûjours à ceux du côté & ligne de celuy qui le premier a apporté l'heritage en la famille ; la seconde, la representation où elle a lieu, parce que les representans viennent concurremment avec ceux qui sont plus proches en degré.

507   En succession quand la Coûtume appelle le plus prochain, le parent paternel est reputé plus proche que le parent maternel qui est en même degré. *Extr. des Reg. du Parlement des Lettres & Arrêts du Parlement. 1328. Arrêt 26. Corbin, suite de patr. ch. 79.*

508   Jugé par Arrêt du 11. Decembre 1612. que celuy qui est plus éloigné en degré ne peut apprehender une succession qu'au préalable celuy qui est plus prochain en degré du défunt n'ait renoncé à ladite succession, & que le moins proche en fasse apparoir. *Filleau, 4. part. quest. 122.*

509   Un parent plus éloigné, habile neanmoins à succeder à un défunt, peut obliger le plus proche de se déclarer heritier ou de se déporter, pour peu qu'une succession soit embarrassée ; les Juges doivent accorder neuf mois de deliberation à l'heritier apparent, & qu'on prétend devoir se déclarer. Jugé au Parlement de Tournay le 21. Janvier 1700. au sujet de la succession du Comte d'Halennes où il y avoit beaucoup de procez. *M. Pinault, to. 2. Arrêt 280.*

SUCCESSION PROMISE.

510   Succession promise par les pactes de mariage ne s'entend que des biens qui sont lors desdits pactes. *Cambolas, liv. 4. ch. 26.*

511   Par Arrêt du Parlement de Normandie du 30. Mars 1519. rapporté par *Berault, titre des Successions en propre, art. 244. de la Coûtume de Normandie, in verbo ledit Heritage,* il a été jugé conformément auditArrêt que le pere ayant reconnu son fils seul & unique heritier,& promis de luy garder son heritage,ne le peut point aliener;il peut neanmoins vendre ses meubles& recevoir le rachat de ses rentes, en baillant toutefois caution de conserver le fonds desdites rentes. Ce qui fut encore ainsi jugé par Arrêt du mois de Janvier 1526.

512   Par Arrêt du Parlement de Toulouse du 18. Juin 1621. il a été jugé qu'une succession promise par convention d'un contrat de mariage, ne s'entend que des biens qui sont possedez lors dudit contrat, & que promesse d'instituer par contrat de mariage, vaut donations des biens presens & à venir.*M.Cambolas,l.4.c.26.*

513   Succession promise par contrat de mariage ne s'entend que des biens que les conjoints avoient pour lors. *V. Cambolas, liv. 4. chap. 26.*

514   La promesse de garder sa succession n'a son effet que par le decez de celuy qui l'a faite, & le présomptif heritier prédecedant, ses creanciers n'en tirent aucun avantage. Arrêt du Parlement de Roüen du 3. Juin 1654. Arrêt semblable du 10. Juillet 1636. en un cas bien moins favorable. Un pere avoit promis à son fils en le mariant de luy garder sa succession: après la mort de ce fils ses sœurs voulurent empêcher leur pere de disposer de son bien, prétendant que comme heritieres de leur frere,elles avoient droit de s'éjoüir de cette promesse. Le pere remontre que sa promesse ne pouvoit operer qu'en faveur de son fils ; que cette

interdiction volontaire ne subsistoit que pour luy ou pour ses enfans, s'il en avoit eu, sans pouvoir être étenduë à des heritiers ; les filles furent déboutées. *Basnage, sur l'art. 244. de la Coûtume de Normandie.*

515   La promesse faite par le pere, mere, ou autre ascendant de garder la succession à l'un de ses enfans a aussi son effet pour les parts qui doivent revenir aux autres enfans.Article 45. du Reglement fait au Parlement de Roüen le 6. Avril 1666. *Basnage, tome 1. à la fin.*

SUCCESSION, PROPRES.

516   De la succession des propres. Voyez le mot *Propres, n. 118. & suiv.*

517   L'article 248. de la Coûtume de *Normandie* porte qu'en succession de propres, tant qu'il y a mâles ou descendans des mâles, les femelles ou descendans des femelles ne peuvent succeder, soit en ligne directe ou collaterale. Voyez un Arrêt du 17. Avril 1646. rendu en interpretation de cet article dans le Commentaire de *Berault, tome 2. à la fin. p. 50.*

518   Les deniers destinez pour la dot d'une fille ne sont point immeubles, si elle n'est mariée. Arrêt du Parlement de Normandie du 11. Janvier 1662. *Basnage, sur l'art. 315. de cette Coûtume.*

519   Quand il s'agit des propres, s'il y a des collateraux descendus de l'acquereur, ou ils sont en parité de degrés avec les ascendans, ou les ascendans sont plus proches. Si les collateraux descendus de l'acquereur, sont en parité de degré avec les ascendans, ils sont preferés aux ascendans. Si les ascendans sont plus proches en degré, ils excluent les collateraux descendus de l'acquereur, suivant l'article 315, de la Coûtume de *Paris.* Et enfin si la succession est de meubles, d'acquêts & de conquêts, les ascendans en parité de degré excluent les collateraux, parce qu'en ce cas, il ne se trouve aucuns de tous les collateraux, qui soit descendu de l'acquereur. *M. le Brun, des Successions, liv. 1. ch. 5, sect. 1. nomb. 20.*

520   Les peres & meres succedent aux anciens conventionnels simplement stipulés comme en chose mobiliaire, parce que ces derniers cessent d'être anciens par la dissolution du mariage, & qu'ils reprennent par ce moyen leur premiere nature de meubles. Arrêt du Parlement de Dijon du 7. Juillet 1567. Autre du 26. Mars 1580. rapporté par *Taisand, sur la Coûtume de Bourgogne, tit. 7. art. 14. note 13.*

521   Le pere ne succede à sa fille aux propres, maisons. Arrêt à Noël 1582. *Montholon, Arrêt 17.* encore que tous les biens du pere & de la mere ayent été faits communs par le contrat de mariage.

522   Par Arrêt du 24. Mars 1586. jugé quand un enfant decede laissant des freres ou sœurs, la mere ne doit joüir par l'usufruit des propres de l'enfant decedé, & que l'article 311. de la Coûtume de *Paris* s'entend que le pere ou la mere doivent joüir des propres de leurs enfans qui sont decedez, quand ils ne laissent point de freres, suivant un autre article de la Coûtume. *Bibliotheque de Bouchel, verbo Succession.*

523   Le pere succede à son fils aux propres maternels, à l'exclusion du *fisc*, à faute d'heritier du côté maternel. Arrêt à Noël 1611. *Montholon, Arrêt 118.* Voyez la *Coûtume de Paris, art. 330.*

524   Sur une succession contestée entre la mere & les oncles du défunt qui prétendoient les propres & immeubles de leur estoc; Arrêt du Parlement de Mets du 9. Decembre 1636. qui déboute les oncles. *V. le 10. Plaidoyé de M. de Corberon.*

SUCCESSION, RAPPEL.

525   Voyez *hoc loco suprà* rappel par Contrat de mariage, & *M. Bouguier, lettre S. nombre 13.* où il y a Arrêt du 23. Decembre 1614. en la Coûtume de Beauvais.

526   Le rappel est valable en la Coûtume de *Senlis* encore qu'il n'y ait representation en ligne collaterale, ne servant à l'heritier d'offrir que le rappel eût lieu

jufques à la concurrence de ce que ladite Coûtume permet de difpofer, qui eft des meubles , acquêts & conquêts & quint des propres fuivant lequel le rappel fe peut faire : la Coûtume de *Senlis* n'étant point prohibitive du rappel , les neveux étoient rappellez par moitié. Arrêt à Noël 1614. *Montholon,* Arrêt 125.

527 Un neveu venant par rappel à la fucceffion de fon oncle avec fa tante fœur du défunt n'exclut point la tante ; mais ils fuccedent également. Le rappel a feulement la force de faire repréfenter la perfonne décedée , mais non pas de l'exclure. Arrêt du Lundy 12. Février 1655. *Du Frêne,* livre 3. chap. 10.

528 En la Coûtume de *Vitry,* c'étoient des arrieres coufins qui avoient été rappellez , le rappel jugé valable *per modum legati.* Arrêt du 24. Janvier 1665. *De la Guefs.* tome 2. liv. 7. chap. 4.

Voyez cy-deffus le mot Rappel.

SUCCESSION, RAPPORT.

529 Freres concurrens à la fucceffion de leur oncle , ne font tenus de rapporter les deniers dotaux qui ont été baillez à leur fœur par leur ayeule , laquelle fœur renonce à la fucceffion de l'ayeule. *Chopin,* *Coûtume de Paris* , livre 2. tit. 3 nomb. 19. fine.

530 Jugé au Parlement de Paris le 2. Décembre 1574. que le petit fils ayant furvêcu fes pere & mere , venant à la fucceffion de fon ayeule , eft tenu de rapporter à ladite fucceffion non feulement tout ce qui à été donné à fes pere & mere par ladite ayeule en avancement de fa fucceffion , mais auffi les deniers prêtez à fefdits pere & mere , ou moins prendre , quoyque le petit fils ait renoncé à la fucceffion de fondit pere. *Filleau,* 4. part. queft. 56.

531 En la Coûtume de *Senlis* une mere n'eft point tenuë de rapporter ce que fon pere a donné à fa petite fille *ob bene merita.* Jugé à la Pentecôte 1594. *Montholon,* Arrêt 83.

532 Une fille venant à la fucceffion de fes pere & mere , doit rapporter actuellement ce qui luy a été donné en dot, ou moins prendre ; & il ne fuffit de rapporter les actions contre les heritiers & biens tenans de fon mary. Arrêt du 30. Avril 1605. *Chenu ,* 2. Cent. queft. 62.

533 Les petits enfans ayant renoncé à l'heredité de leur pere & mere venant à la fucceffion de leur ayeul par repréfentation avec leurs oncles , font tenus de rapporter non feulement les dons & avantages faits à leur pere & mere , mais auffi les fommes de deniers qui leur ont été prêtées par leur ayeul , pour être mis en partage. Jugé le 14. Janvier 1617. M. *Bouguier, lettre* R. *nombre* 19.

534 Quand toutes les filles ont été mariées par le pere , & qu'il n'eft rien deu de leur mariage , elles viennent à la fucceffion de leur frere fans rapporter ce que leur frere leur avoit donné en mariage. Arrêté du Parlement de Roüen , lès Chambres affemblées, du 6. Avril 1666. Art. 68. *Bafnage ,* tome 1. à la fin.

535 Dans la Coûtume de *Paris* les petits enfans heritiers de leur ayeule , en conféquence des renonciations faites par leur mere furvivante, viendront à partage chacun pour un tiers de la fucceffion de leur ayeule , en rapportant les avantages faits à leur mere, le tout jufques à concurrence de ce qu'ils amenderont de la fucceffion, & n'y pourront rien prétendre, qu'au préalable le moins avantagé ne foit égalé au plus avantagé , & ce du fonds de ladite fucceffion ; après lequel également le furplus fera partagé entr'eux ; & fi les effets ne fuffifent pour l'également, les tuteurs defdits enfans ne feront tenus de contribuer audit rapport de leur tiers propre & particulier ; & ainfi la Cour a jugé que les trois meres donataires n'étoient point obligées de rapporter pour s'égaler , ou leurs enfans, s'il n'y avoit aucun fonds dans la fucceffion. Jugé au Parlement de Paris le 1. Avril 1686 *Journal du Palais.*

Voyez le mot *Rapport.*

SUCCESSION, RELIEF.

536 Relief eft deu par l'heritier en ligne collaterale. *Voyez* le mot *Relief ,* n. 35. *& fuiv.*

SUCCESSION, RELIGIEUX.

537 De la fucceffion d'un Evêque Religieux. *Tournet ,* lettre S. Arr. 64.

538 La fucceffion d'un Religieux n'eft déferée aux parens d'iceluy. *Tournet , lettre* S. Arr. 66.

539 De la fucceffion des gens d'Eglife. *Voyez Biblioth. Can.* to. 2. p. 635. verbo *Succeffion.*

540 Les moines font morts civilement , & incapables de difpofition & de fucceffion. *Voyez* M. le *Prêtre ,* premiere Centurie, chap. 18.

541 La fucceffion d'un Evêque qui avoit été Cordelier, partagée par moitié entre fes parens pauvres ; l'autre moitié employée aux reparations de l'Eglife. Arrêt du Parlement de Paris pour la fucceffion d'un Evêque d'Evreux. Autre Arrêt du 16. Avril 1585 qui donne aux heritiers la fucceffion d'un Evêque de Châlons qui avoit été Jacobin. *Papon ,* liv. 21. tit. 8. n. 5. & fuiv. M Robert , ver. judic. liv. 4. ch. 3.

542 *Abbas Commendatarius nomine Ægid. Quinault fancti Gentulphi ad Angerem fluvium , fucceffit Monachus anno 1592. Morn. l. 3. §. Sed & fi habes , ff de Minoribus 25. annis fo'. 199.* Tronçon , *Coût. de Paris, art.* 357. rapporte un Arrêt femblable du 19. Juin 1609. pour les heritiers dudit Abbé.

543 Hermites ne fuccedent point. Arrêt du Parlement de Paris du 17. Fevrier 1635. *Voyez Pinfon ,* au titre *de peculio Monachorum , n* 19.

544 La fucceffion des Religieux Evêques appartient aux heritiers du fang, & non aux Monafteres. *Voyez* Robert, *rerum judicatarum , l v.* 4. ch. 3. M. Loüet & fon Commentateur lettre E. nom. 4. Mais au contraire le Religieux Evêque ne fuccede point à fes parens. Arrêt du 11. May 1633. rapporté par *Du Frêne , liv.* 3. chap. 51. A*dditions fur M. le Prêtre ,* Cent. 1. ch. 18. *Voyez cy-deffus* le mot *Religieux , nomb.* 231. *& fuiv.*

SUCCESSION, RENONCIATION.

545 Renonciations faites par les filles au profit des mâles ne font autorifées dans la Coûtume de *Montargis,* qui défend d'avantager un heritier l'un plus que l'autre. *Voyez* le mot *Avantage ,* nomb. 59.

Ou la Coûtume *fimpliciter excludit filiam dotatam, & tunc excludit a fucceffione ; aut excludit dotatam & maritatam, quo cafu copulative requiruntur.* Voyez Brodeau *fur* M. Loüet lettre R. fomm. 18. nomb. 1.

546 Si la fille qui a renoncé aux fucceffions de fon pere & mere au profit d'eux & de fes freres , & de leurs enfans avec cette referve , *fauf à nouvelle fucceffion, & loyale écheute telle que de droit luy peut appartenir après le décez de fes pere & mere, freres & fœurs & leurs hoirs ,* eft recevable à demander les biens de fes pere & mere & des enfans de fes freres , au préjudice du Seigneur qui a droit de ferf mortaillable , par l'art. 154. de la Coûtume de la *Marche* ? *Voyez Filleau,* 4. part. queft. 100. où il obferve que cette claufe n'opere en faveur de la fille qu'en cas de prédecez de fes freres , alors elle fuccede à fon pere à l'exclufion des collateraux.

547 Si en fucceffion directe la mere vivante , & répudiante la fucceffion de fa mere qui luy eft déferée , fes enfans peuvent la repréfenter , & fic , apprehender la fucceffion de leur ayeule avec leur oncle ? *Voyez Filleau ,* 4. Part. queft. 125.

Si un enfant qui n'étoit point né lors de la fucceffion échuë de fon ayeul , à laquelle fon pere avoit renoncé, & qui avoit été prife par benefice d'inventaire par un du lignage , étoit recevable à la demander, étant encore en minorité ? Revel étant mort , fon fils renonça à fa fucceffion : elle fut prife par benefice d'inventaire par un parent collateral : cependant Revel qui avoit renoncé ayant eu un enfant , il le fit porter heritier abfolu de fon ayeul , ce qui luy fut contefté par l'heritier beneficiaire. Revel ayant ap-

pellé d'un appointement à écrire, il soûtenoit que son fils ne pouvoit être exclus de cette succession, encore qu'il ne fût point né lors de l'échéance, *Nam qui in utero funt pro jam natis habentur, quoties agitur de eorum commodis* ; que les Lettres de benefice d'inventaire contenoient toûjours cette clause, *pourvû qu'il ne se presente aucun du lignage* ; ainsi se presentant pour succeder à son ayeul, il y venoit de son chef. Par Arrêt du Parlement de Roüen du 30. Juillet 1610. la succession fut ajugée à Revel. Cet Arrêt a été remarqué par *Berault, sur l'art. 90. de la Coût. de Normandie,* & par *Godefroy, sur l'art. 235.* Le motif de l'Arrêt fut que le benefice d'inventaire n'étoit point encore ajugé ; de sorte que la succession étoit encore réputée jacente. *V. Basnage, sur cet art. 235.*

548 Voici une espece particuliere, où nonobstant l'adition d'heredité, on fut obligé d'en faire part à des enfans nez depuis la succession ouverte. François Gamard, pere de Pierre & de Jacques, doüa à Jacques son puîné, en faveur de mariage, & en la meilleure forme qu'il pouvoit, dix-huit Journaux de terres situez en Caux, & le reserva à sa succession. Jacques mourut, laissant un fils, qui mourut sans enfans. Marie & Catherine Gamard, fille de Pierre, ses cousines germaines luy succederent en ces dix-huit Journaux de terre ; cependant François Gamard leur pere, s'étant remarié, eut un fils nommé Jean, & sous son nom il poursuivit ses filles, pour faire part à Jean leur oncle de ces dix-huit Journaux de terre. Sur cette action les Parties furent mises hors de Cour, sauf à Jean après la mort de son pere à demander le rapport des terres ; ce qu'il fit après la mort de son pere. Arrêt du Parlement de Roüen du 16. May 1660. qui condamne les filles à rapporter à la succession de leur ayeul ces terres pour être partagées entre elles comme heritieres de leur pere & ledit Jean leur oncle. *Basnage. sur l'art. 235. de la Coûtume de Normandie.*

549 Trois freres, deux mineurs & un majeur prennent la succession ; les mineurs se font relever ; l'aîné demeure seul heritier, qui soûtient qu'il luy doit être permis de répudier l'heredité, ou n'être tenu qu'à la troisiéme partie des dettes. Jugé qu'il ne payeroit que le tiers des dettes, & à luy permis de renoncer aux immeubles, au moyen du décharge de la poursuite de toute hypotheque. Arrêts des 31. Decembre 1583. & 16. Juillet 1584. Anne Robert, *rerum judicat. liv. 4. chap. 5.*

550 Le fils peut renoncer à la succession de son pere, toutefois & quantes. Arrêt du 8. Février 1590. *M. le Prêtre, 3. Cent. chap. 93.*

551 Enfans de la fille qui a renoncé, ne peuvent venir à la succession de l'ayeul, encore qu'ils ne soient heritiers de leur mere. Jugé à la Nôtre-Dame d'Août 1593. *Montholon, Arrêt 79.*

552 Par Arrêt du Parlement de Roüen du 4. May 1610. un pere ayant renoncé fut exclus d'appréhender une succession sous le nom de sa fille, qui avoit été déja recueillie par le frere d'iceluy. *Berault sur la Coût. de Normandie, art. 235. in verbo, Renoncer ou accepter.*

553 Un frere qui a renoncé à la succession du pere, & se trouve dans les trois ans en Pays coûtumier, aussi-bien qu'en Pays de Droit écrit, est recevable à se porter heritier du pere, attendu que la Loy derniere *C. de repudian à vel abstin à hæreditate*, est dans l'usage. Arrêt, Audience de la Grand'-Chambre, du 11. Decembre 1611. *Henrys, tome 2. liv. 6. quest. 24.*

554 La fille qui renonce au profit des mâles aux droits successifs maternels échûs, moyennant une somme promise par sa mere, a hypotheque pour le payement d'icelle sur les biens paternels, encore qu'elle ne l'ait point stipulée du jour du décès de son pere. Arrêt du 7. Septembre 1626. *Brodeau sur M. Loüet, lettre H. somm. 21. nomb. 8.*

555 Les filles renonçans aux successions collaterales, telles renonciations ont lieu en *Pays de Droit écrit.*

Arrêt du 24. Mars 1651. *Henrys, tome 2. liv. 4. q. 4.*

SUCCESSION, RESTITUTION.

De la restitution contre l'adition d'heredité. *Voyez* le mot, *Restitution, n. 45. & suiv.* **556**

De la restitution en matiere de partage. *Voyez* le mot, *Restitution, n. 134. & suiv.* **557**

Mineur restituable contre l'adition de l'heredité. *Voyez* le mot, *Mineur, n. 169. & suiv.* où il est parlé de la succession active & passive des mineurs. **558**

SUCCESSION, SECONDES NÔCES.

Jugé le 8 Juillet 1538. que les filles du premier mariage où leurs enfans partagent également avec la fille du second mariage leur sœur paternelle, en tous les immeubles du côté paternel de la succession de l'un de leurs freres décedés, fils du second mariage, quoy qu'il ne fût frere que de pere des filles du premier mariage, & qu'il fût frere de pere, & de mere de la fille du second lit. *Le Vest.* **559**

Succession du fils du second lit entre la fille du premier lit & l'ayeule du fils *ex alio latere.* Voyez dans *Du Fail, li. 3. ch. 245.* un Arrêt rendu au Parlement de Bretagne le 18. Mars 1566. qui regle telle succession. **560**

Par Arrêt du 9. Février 1572. entre M. Jean de Pommeraye d'une part, & Jeanne Garnon d'autre, il a été jugé quand il y a plusieurs enfans de divers mariages d'un même mere, qui ont survécu leur pere, & que quelques-uns des enfans décedent sans hoirs, les freres & sœurs survivans, conjoints d'un côté seulement, leur succedent dans ses biens propres provenus de leur pere commun, concurremment avec les freres & sœurs conjoints des deux côtez, & ce au Bailliage de *Dunois.* Le Vest. **561**

L'ayeul paternel par les secondes nôces est privé de la proprieté de tous droits successifs de son neveu, fils d'une fille du premier lit de cet ayeul. Arrêt du Parlement de Bourdeaux. *Voyez les Plaidoyez celebres dédiez à M. de Némond, p. 121.* **562**

S'il y a des acquets faits par une mere constant un premier mariage & viduité, & en second mariage, & qu'il ait des enfans du premier & second lit uterins, & que l'un décede étant du second lit, l'enfant du premier, frere uterin exclut le pere des acquets faits par la mere. *V. Bouvot, tome 2. verbo, Succession, q. 35.* **563**

Le pere ou la mere remariez succedent en proprieté à un des enfans du premier lit, aux biens qu'il a eus de la succession de l'ayeul ou de l'ayeule, *ex patre vel matre defunctis*, quoy qu'il y ait des enfans de ce même lit. Arrêt du Parlement de Toulouse, dont les raisons furent que les biens que les petits-fils ont eus par leur ayeul *ex patre defuncto*, ne leur viennent pas *ex occasione vel contemplatione patris*, dans une interpretation assez naturelle de ces termes pour être regardez comme paternels. *Voyez les Arrêts de M. de Catellan, liv. 4. chap. 13.* **564**

SUCCESSION, SECRETAIRES DU ROY.

Comment se partage la succession d'un Secretaire du Roy ? *Voyez cy-dessus le mot, Secretaires du Roy, nomb. 28. & suiv.* **565**

SUCCESSION, SEPARATION.

Succession des femmes séparées *Voyez le mot, Séparation, n. 122. & suiv.* **566**

SUCCESSION, SIENS.

De suitate. Per Angelum de Periglis de Perusio. Per Jo. Pyrrhum. Per Jo. Raynaudi. Per Jo. Carronis. **567**

SUCCESSION, SOUCHES.

Un oncle Legataire de son défunt frere, renonce à sa succession ; les cousins partagent par souches, & non par têtes, d'autant que le legs équipole au droit heréditaire de l'oncle, outre que l'oncle ne peut être heritier & legataire ; toutefois si par le Testament du défunt qui a laissé le legs à son frere, il est dit que les cousins partageront entr'eux ensemble la succession, elle ne doit être divisée par souches. Ainsi jugé **568**

jugé, & qu'il faut obéïr à la volonté du Testateur, le 9. Juillet 1662. *Chopin, Coût. de Paris, liv. 2. tit. 5. nombre 5.* Voyez *M. Ricard, des Substitutions, traité 3. chap. 8. sect. 2. n. 516.*

569 Entre tantes, sœurs de pere & de mere, & leurs neveux, enfans de leurs freres seulement, la succession se partage par souches ; car le degré ne manque pas seulement , mais aussi la ligne à ceux qui ne sont que freres de mere. Arrêt du Parlement de Roüen du 15. May 1664. *Basnage, sur l'art. 304. de la Coût. de Normandie.*

570 Une femme ayant une sœur & des neveux de deux autres branches, & ayant laissé par son Testament son bien en trois branches ; sçavoir, un tiers à sa sœur, laquelle vint à predeceder de six jours la Testatrice , à qui l'on avoit caché ce décès ; sa succession se doit partager par têtes avec la fille de la sœur predecedée & cela conformément à l'article 320. de la Coûtume de Paris ; & non par souches, comme la porte l'art. 320. qui n'a point d'application à cette espece. *V. le Journal des Aud. tome 5. liv. 1. ch. 8.*

SUCCESSION, STATUTS DE FAMILLE.

571 Les Statuts & les Loix particulieres, que quelques Maisons s'étoient donnés d'elles-mêmes pour l'ordre de leur succession ; ce que les Romains appelloient *jus familiare*, les Chartes anciens *statuta familia*, ont cessé d'être executées, depuis que les Parlemens les ont rejettez, comme une entreprise sur l'autorité Royale, qui ne permet pas que les familles privées se donnent des Loix contraires au droit public ; c'est ainsi qu'il a été jugé en la Maison de Montmorency, par Arrêt du Parlement de Paris de 1519. En celle de Dreux. En 1551.en celle de Laval, par Arrêt prononcé en Robes rouges par M. le Président Seguier, le 9. Avril 1565. En celle de Montboissier en Auvergne, par Arrêt du 7. Septembre 1571. Sur quoy l'on peut voir ce qu'en ont écrit *Chopin, li. 2. de domanio,tit. 4. n. 8. & in consuet. Andegav. cap. 1. tit. 1. n. 6. & 7. Bodin , en sa Republique , liv. 1. chap. 2.* D'Argentré , *en son Traité des partages des Nobles, quest. 24.* Tiraqueau ; *tract. de jure primigenit. quest. 16.* Du Moulin, *Consil. 50. n. 5. & seq.* M Marion , *au Plaidoyé 8. du second volume.* Peleus, *en ses quest. illustres, quest. 52.* & Brodeau, *sur les Arrêts de M. Loüet, let. R. som. 9.* Voyez *Salvaing , de l'usage des Fiefs, chap. 91.*

SUCCESSION, TRANSACTION.

572 *Consuetudine fieri potest ut pactum de futurâ successione valeat.* Voyez *Franc. Marc. tom. 1. quest. 148.*

573 Jean & Françoise Vivien partagent les meubles de leur mere,& parce que Françoise a eu 700.l. de plus, ils transigent, Françoise abandonne tout le droit en la succession maternelle, moyennant 50. écus. Après le décés de Jean, Mathurin , pere commun,délaisse à Françoise les heritages que Jean luy avoit cedez, & qu'il avoit dit être siens, comme meubles, à la charge qu'après le décés des heritages seront partagez entre les heritiers,& ceux du pere commun les siens. Françoise mourut , ses heritiers sont mis en cause par Mathurin, qui demande l'entherinement de la transaction , & par consequent un partage. Arrêt du Parlement de Bretagne du 27. Février 1567. qui déboute Mathurin, & neanmoins condamne les heritiers à luy payer 50 écus:la Cour considera que l'accord fait entre Jean & Françoise étoit un partage & non une vente. *Voyez Du Fail, liv. 3. chap. 151.*

574 Un majeur qui a transigé d'une succession, ne peut être relevé s'il n'y a dol. Arrêt du Parlement de Bourgogne du 11. Août 1594. *Bouvot,tome 2. verbo, Legitime, quest. 23.*

SUCCESSION, TRANSMISSION.

575 La maxime de Droit touchant la transmission des successions, ne s'entend que des institutions , substitutions, fideicommis, & autres dispositions à cause

Tome III.

---

de mort, & non des dispositions entre-vifs, & notamment des dispositions contractuelles. *Brodeau, sur M. Loüet, let. S. som. 9. n. 13.* Voyez *Henrys, tom. 2. liv. 4. quest. 2.*

576 Enfant né à quatre mois & demi , par l'ouverture du côté de la mere, qui expiroit,ne peut avoir eü vie pour recüeillir la succession de la mere, & la transmettre à son pere quant aux meubles. Arrêt du 17. Avril 1635. *Bardet , tome 2. liv. 4. chap. 12.*

SUCCESSION, VENTE.

De l'heritier qui a vendu son droit. Voyez *M. le Prêtre, 3. Cent. chap. 94.* **577**

De la lézion en vente de succession. Voyez le mot, *Lézion , n. 69. & suiv.* **578**

Cessionnaire de droit successif est saisi par la Coûtume,*le mort saisit le vif.* Arrêt du Parlement de Paris du 17. Novembre 1517. pour une sœur qui avoit acquis les droits de sa sœur en la succession de leur pere. *Papon , liv. 11. tit. 6. n. 1.* **579**

Une succession venduë avec le consentement de celuy *de cujus hæreditate agitur*, a été déclarée nulle, & les Lettres entherinées. Jugé en Janvier 1530. *M. Loüet, let. H. somm. 6. 7. & 8.* **580**

Jugé par Arrêt du 23.Mars 1580. que la Loy 2. *C. de rescind. vend.* n'a point lieu en vente de succession , ou de droits successifs , si ce n'est que le vendeur allegue que les forces de la succession luy étoient inconnuës. *Filleau , 4. part. quest. 76.* **581**

Celuy qui a acheté tous les droits, noms, actions & biens d'une succession , n'est restituable,se disant lezé d'outre moitié de juste prix. Arrêt du Parlement de Dijon du 17. Février 1585. *propter incertum eventum. Bouvot , tome 2. verbo, Vente , quest. 31.* **582**

En vente de droit de succession l'on ne peut faire répondre par serment du prix que l'on a donné. Arrêt du Parlement de Dijon du 15. Avril 1603. *Ibid.verbo, Réponses par credit , quest. 4.* **583**

Par Arrêt du Parlement de Normandie du 21. Juillet 1603. rapporté par *Berault, sur la Coûtume de Normandie , art. 244. in verbo, il ne pourra,* il a été jugé qu'un présomptif heritier ne peut vendre la succession qu'il attend, non plus qu'un usufruitier. **584**

En vente d'heredité, il n'y a lieu à la restitution , sous prétexte de lézion d'outre moitié de juste prix, *propter incertum eventum & quia damnosa hæreditas potest esse & lucrosa.* Arrêt du Parlement de Dijon du 28. Février 1614. *Bouvot ,tome 2. verbo , Rescission , question 11.* **585**

Le fils ayant traité d'une succession avec son pere,ne peut s'en faire relever par Lettres du Prince, fondées sur la lézion,& qu'il est son Tuteur. Arrêt du Parl. de Dijon du 11. Avril 1617. *Bouvot , tome 2. verbo, Pere, question 9.* **586**

SUCCESSION, unde vir & uxor.

De la succession d'entre mary & femme. Voyez le *Brun , des Successions, liv. 1. chap. 7.* **587**

Jugé que défaillant les deux lignes d'heritiers paternels & maternels en directe & collaterale, la femme survivant son mary succede à tous ses biens, & est préferée au Seigneur haut Justicier, & au fisc *de successorio edicto,unde vir & uxor* ; l'on a dit que la succession & les personnes étoient de Sancerre en la Coûtume de *Lorris,* & que cette Coûtume ne parle point de cette difficulté ; mais qu'elle est voisine de celle de *Berry,* réformée par le Président Lizet , qui étoit Docteur en Droit , & qui avoit mis plusieurs articles,en faisant réformation , conformément au Droit Romain, qu'en autres articles de cette Coûtume de *Berry,* il y en a un qui préfere la femme au haut-Justicier & au fisc *ex successorio edicto,unde vir & uxor,* qui porte que le mary succede à sa femme, la femme au mary *ab intestat,* en ligne directe & collaterale, *Biblioth. de Bouchel,* verbo, *Vir & uxor.* **588**

Les Gens du Roy tiennent que le Titre *unde vir & uxor* **589**

Pppp

uxor ne doit avoir lieu en ce Royaume, d'autant qu'il est de disposition du Droit Romain, qui n'a lieu en ce Royaume, qu'en tant que les Coûtumes ou Ordonnances le permettent; le premier Président fut de cet avis en l'Audience 1568. depuis on dit que le contraire a été jugé.

590   Le Titre *unde vir & uxor*, qui défere la succession du mary à la femme & de la femme au mary, sous trois conditions, que le prédecedé ne laisse point de parens, que le mariage soit legitime, & que l'union conjugale ne soit pas rompuë par aucun divorce, s'observe indistinctement en Pays de Droit écrit, quoyque *M. Maynard, liv. 4. chap. 1.* ait prétendu le contraire; mais outre qu'il s'est engagé à dire que ce titre n'avoit point lieu dans tout le Royaume, en quoi il s'est trompé manifestement, pour justifier l'usage particulier du Parlement de Toulouse, il ne s'est fondé que sur un Arrêt du 17. Avril 1575. dans l'espece duquel celuy qui se prétendoit heritier, & M. le Procureur General alleguerent des faits d'ingratitude & d'indignité, qui donnerent lieu d'ajuger la succession au Roy à titre de desherence, à l'exclusion de la femme. *V. le Brun, des successions, livre 1. chapitre 7. nombre 3.*

591   La Loy *unde vir & uxor* n'a point lieu en *Normandie*, & les biens appartiennent au Seigneur au préjudice de la veuve. Arrêt du Parlement de Roüen du 30. Juillet 1620. Le contraire a été jugé en celuy de Paris, pour une succession de Normandie; mais depuis il y a eu Arrêt different; en sorte que la maxime est certaine, que ne se trouvant aucun lignager, le Seigneur est preferable à la veuve. *Basnage, sur l'art. 245. de la Coût. de Normandie.*

SUCCESSION, USUFRUIT.

592   Par la Coûtume de *Paris*, art. 314. les pere & mere succedent à leurs enfans en usufruit aux biens par eux acquis, mais la question est de sçavoir si le mary avant son mariage ayant fait plusieurs acquisitions, decedant & laissant un enfant qui survit peu de temps, la mere de l'enfant pouvoit prétendre la joüissance des acquisitions faites par son mary avant son mariage? Arrêt du 15. Juillet 1589. qui déboute la mere de l'usufruit par elle prétendu; & lesdits acquêts ajugez à l'heritier collateral. *Carondas, liv. 8. Rép. 35.*

593   Si l'ayeul paternel succede à l'usufruit des biens de son petit-fils, ou la mere en vertu de l'Edit des meres? Arrêt du Parlement d'Aix du 26. Juin 1670. qui ajugea l'usufruit à la mere. *Boniface, tome 5. liv. 1. tit. 21. chapitre 5.*

SUCCESSION, UTERIN.

594   Tant qu'il y a freres germains ils se succedent les uns aux autres, à l'exclusion des uterins, Arrêt du Parlement de Paris. *Papon, liv. 21. tit. 1. n. 27.*

595   Si en la Coûtume de *Touraine* le frere uterin est plus favorable que l'ayeul pour les meubles & acquêts. *Voyez Peleus, quest. 139.* Dans cette même question Peleus dit, que les propres naissans maternels, ont été ajugez aux grands oncles maternels, & aux cousins remuëz de germain, à l'exclusion de l'ayeule & du pere du défunt.

596   La mere succede en propriété à son enfant, en ce qui est venu d'elle, encore que par le contrat de mariage la mere eust donné à son mary pere dudit enfant. Arrêt à la Pentecôte 1581. *Montholon Arrêt 73.*

597   Si les freres uterins & consanguins, doivent succeder & partager par têtes ou par souches? *Voyez Henrys, tom. 1. liv. 6. chap. 1. qu. 5.*

598   Si au frere défunt survit un frere paternel avec la mere, elle succede pour le tout à l'exclusion du frere paternel; & au contraire, si ce frere laisse freres uterins avec le pere, ils sont exclus, & la mere emporte tout. Arrêt du Parlement de Bourdeaux du 7. Septembre 1527. *V. Papon, liv. 21. tit. 1. n. 8.*

599   Un cousin paternel en pays coûtumier, au sept ou huitiéme degré, exclura un frere uterin pour le re-

---

gard des heritages de l'estoc paternel. Arrêt du 7. Septembre 1552. *Brodeau sur M. Loüet, let. S. somm. 17. nom. 2. fine,* Le Vest , *Arrêt 56.* rapporte le même Arrêt.

600   Succession entre des freres & sœurs uterins. *Voyez Charondas, liv. 7. Rép. 73.* où il y a Arrêt du 28. Juillet 1579.

601   En pays de Droit écrit, comme *Mascon*, le frere uterin est preferé au cousin paternel, même és acquêts faits par le pere échûs à son fils, & audit fils reputez propres. Arrêt du 17. Septembre 1582. *M. Loüet, let. V. somm. 3.*

602   La succession des enfans entre les peres & meres, & les freres & sœurs consanguins & uterins, se regle de telle sorte, que quand les enfans ne laissent point des freres & sœurs germains avec leurs peres & meres, alors les peres & meres succedent à l'exclusion des freres & sœurs, consanguins & uterins en tous les meubles & acquêts des enfans décedez sans enfans, comme aussi aux heritages, qu'eux mêmes peres & meres ont acquis pendant leur mariage, dont l'enfant de la succession duquel il s'agit, est issu ; mais quant aux heritages acquis par le pere ou la mere avant le mariage, qui a donné lieu à la naissance de l'enfant, dont la succession est à partager, ou pendant un précedent mariage, ou pendant leur viduité, les freres & sœurs, consanguins & uterins y succedent à l'exclusion des peres & meres, parce que ces heritages venans de leur tronc commun, sont anciens aux freres & sœurs, consanguins & uterins : ainsi jugé au Parlement de Dijon le 21. Mars 1587. au profit de M. le Conseiller Ocquidam, contre M. le Conseiller Odebert. *V. Taisand sur la Coûtume de Bourgogne, tit. 7. art. 19. n. 7.*

603   Le frere ou la sœur uterine, exclud le pere de l'usufruit par luy prétendu des heritages acquis & faits propres naissans à ses enfans de son mariage, avec une femme qui avoit été mariée en premieres nôces. Arrêt du 8. May 1608. *M. Bouguier, lett. V. Arr. 4.* Loüet , *lettre P. somm. 28.* parle de cette même question, & cotte l'Arrêt d'un autre temps.

604   Le frere uterin partage avec son frere uterin, les meubles vénus du côté du pere. Arrêts du Parlement de Roüen des 7. Mars 1617. & 17. Juillet 1636. rapportés par *Basnage sur l'art. 312. de la Coûtume de Normandie.*

605   Les sieurs de Creulet, de Couvert, & le Prieur de S. Gabriel, étoient freres de pere & de mere, & le sieur de Meautix étoit leur frere uterin ; ce Prieur fut tué; les sieurs de Creulet & de Couvert ses freres, poursuivirent la vengeance de sa mort, & obtinrent une condamnation d'interêts contre les coupables. Le sieur de Couvert mourut; Meautix prétendoit part à cette portion d'interêts qui eût appartenu au sieur de Couvert, comme à un droit qu'il avoit transmis à ses heritiers, *l. qui injuriarum ff. de injur.* qu'il ne faloit plus considerer la cause & l'origine des interêts , que ce n'étoit plus le prix du sang, *pretium sanguinis*, mais un pur meuble. Le sieur de Creulet répondit que cet interêt ne regardoit que ceux de la famille ; le sieur de Meautix n'en étant point, ne pouvoit y prendre part, *l. quæsitum ꝗ. de sepulchro; Molin.* Il fut dit par Arrêt du Parlement de Roüen du 14. May 1624. que les sommes jugées pour les provisions & frais funeraires, seroient partagées également, & pour les interêts de l'homicide, Meautix en fut débouté. *Basnage sur la Coûtume de Normandie, art. 312.*

606   Le frere uterin exclud le pere en la succession des meubles & acquêts. Arrêt du Parlement de Roüen du 17. Decembre 1649. *Voyez Basnage sur l'art. 241. de la Coûtume de Normandie.*

607   Dans la Coûtume de *Troyes* le frere uterin du premier lit , succede à son frere du second lit, dans une stipulation de propres de la mere à elle, & à ses

enfans, à l'exclufion du pere. Arrêt le 29. Janvier 1677. *De la Gueff.* tome 3. *liv.* 11. *chap.* 4.

SUFFOCATION.

UNe nourrice ayant malfoigneufement & indifcretement fuffoqué l'enfant d'un Docteur és Droits, a été par Arrêt du Parlement de Touloufe du dernier Février 1566. condamnée à faire amende honorable au Palais, & devant la maifon du pere, battuë de verges jufqu'au fang inclufivement, & bannie de la Ville pour cinq ans, avec défenfe de plus nourrir d'enfant à la mamelle. *Papon, liv.* 22. *tit.* 5. *n.* 6.

SUFFRAGANT.

VOyez les mots *Archevêque*, *Diocèfe*, *Evêque*, *Primat*.

SUFFRAGES.

DE *fuffragiis*, & *creatione Magiftratuum*. Lex 12. *tabb.*
De fuffragio. C. 4. 3. Demande de ce qui a été promis pour avoir une dignité ; car on pouvoit vendre fon fuffrage, & acheter celuy d'autrui : ce qui fut enfuite défendu par Tibere le Jeune, dans fa Novelle 161.
Si certum petatur de fuffragiis. C. Th. 2. 29.
De lege Julia Ambitus D. 48. 14. .... C. Th. 9. 26. . . .
l. 4. *ult.* §. *ult.* Contre ceux qui achetoient les fuffrages du peuple pour les Charges & Dignitez.
An in capitulo prævaleat ejus fententia qui dignitate præftat, fi æqualia fuffragia fint : Voyez Franc. Marc. p. 849. il tient l'affirmative, Peleus en fes actions forenfes, *liv.* 1. *art.* 49. rapporte un Arrêt du 7. Mars 1600. confirmatif de cette opinion.
Voyez le mot *Election*.
A l'égard des fuffrages qui font les voix des Juges, *Voyez* les mots *Juges*, *Opinion*, *Voix*.

SUGGESTION.

1 DE la fuggeftion & fauffeté des teftamens & donations. *Voyez Ricard*, *traité des Donations part.* 3. *ch.* 1. & *la nouvelle Edition des œuvres de M. Charles du Moulin*, *tom.* 2. *p.* 901.

2 Si un teftament eft dit fuggeré par ignorance des heritiers legataires, où il y a des Blancs, porté tout écrit au Notaire, en quelque lieu éloigné en préfence des témoins inconnus, & de divers lieux, où il fe trouve quelque claufe extraordinaire, pour empêcher la confection d'un autre teftament ? *V. Bouvot, tom.* 1. *part.* 1. verbo *Teftament*, *queft.* 4.

3 Un pere ayant fait fon teftament, *que l'on difoit être nul*, pour avoir été fuggeré en fraude, & par une belle mere, & pour la préterition d'un fils abfent ; on peut appointer les parties à écrire, tant fur la fuggeftion que la nullité, & après qu'ils prouveront leurs faits. Arrêt du Parlement de Dijon du 12. Juin 1609. *Bouvot, tom.* 2. verbo *teftament*, *queftion* 64.

4 *Voyez* le 29. Plaidoyé de *M. le Maiftre*, contre un teftament fuggeré par un Confeiller au Parlement de Bourdeaux. Arrêt du 20. Avril 1635. qui le caffe, l'affaire ayant été évoquée au Parlement de Paris.

5 Arrêts du Parlement de Provence des dernier Avril 1635. 30. Mars & 18. Decembre 1656. qui ont reçu la preuve par témoins de force & de fuggeftion à tefter. *Boniface*, *to.* 1. *liv.* 8. *tit.* 27. *ch.* 14.

6 Faits de fuggeftion ne font recevables contre une donation entrevifs. Arrêt du Parlement de Paris du 30. Avril 1640. *Soefve, tom.* 1. *Cent.* 1. *ch.* 8.

7 La Coûtume de Rheims art. 289. defirant que le teftament foit dicté & nommé, lû & relû fans fuggeftion, il faut que l'acte faffe mention expreffe de ces mots *fans fuggeftion*. M. l'Avocat General Talon déclara qu'il ne pouvoit prendre parti, & laiffoit à la

Tome III.

Cour d'en juger fuivant fa prudence ordinaire. Arrêt fans date rapporté par *Soefve*, *tom.* 1. *Cent.* 1. *ch.* 33. qui déclare le teftament nul.

8 Arrêt du mois de Mars 1641. qui confirme le teftament de Monfieur de Chanteclere, Préfident au Parlement de Mets, en faveur de fon frere legataire univerfel ; le teftament étoit attaqué par des faits de fuggeftion. *Voyez* le 18. *Plaidoyé de M. Gaultier to.* 1.

9 L'équipolence des termes n'eft pas fuffifante en matiere des teftamens, & le mot d'*induction* n'a pareil effet que celuy de *fuggeftion*, en la Coûtume de Poitou ; pourquoy le teftament fait par une femme au profit de fon mary, a été déclaré nul. Arrêt du 24. Juillet 1642. *Soefve*, tome 1. *Cent.* 1. *ch.* 55.

10 Faits de fuggeftion contre un teftament jugez non recevables, la preuve d'iceux par témoins rejettée, nonobftant la jonction des faits de recelé & de divertiffement. Arrêt du 21. Mars 1653. *Soefve*, tome 1. *Cent.* 4. chap. 29.

11 En la Coûtume de *Rheims*, un teftament eft bon & valable, auquel dans la derniere claufe de dicté, nommé & relû, ne font repetez les mots fans fuggeftion, &c. Jugé le 22. Decembre 1654. *Du Frène, liv.* 8. *chap.* 3.

12 La preuve par témoins peut être reçûë des faits de fuggeftion, contre un teftament. Arrêt du 12. Janvier 1655. *Soefve, tom.* 1. *Cent.* 4. *ch.* 77.

13 Jugé par Arrêt du 18. Mars 1655. que les faits de démence & de fuggeftion, ne peuvent être alleguez contre un teftament holographe. *Soefve*, *to.* 1. *Cent.* 4. *ch.* 84.

14 La preuve par témoins des faits de fuggeftion contre un teftament, eft recevable, lorfque les faits font précis & circonftanciez. Arrêt du 11. Janvier 1656. *Soefve*, *to.* 2. *Cent.* 1. *ch.* 7.

15 Si des faits d'induction & de fuggeftion font recevables pour en admettre la preuve contre un teftament fait par un pere, & fi une exheredation tacite eft bonne ? Arrêt qui ordonne que l'appellant articulera dans huitaine fes faits, & l'intimé au contraire, defquels ils informeront pardevant le Sénéchal de Lyon, l'Arrêt eft du 2. Juillet 1658. *De la Gueff. tom.* 2. *liv.* 1. *ch.* 50. Le même Arrêt eft rapporté par les notables Arrêts des Audiences. Arrêt 19. *Voyez le même Auteur, Arrêts* 24. & 25.

16 Par Arrêt de la Grand'Chambre du 22. Juillet 1658. des faits de fuggeftion, ont été reçus en preuve contre un teftament fait en Païs de Droit écrit. *Jovet*, verbo *Teftament*, *nomb.* 38. dit avoir été préfent à la prononciation.

17 Par Arrêt du Parlement de Paris du 7. Avril 1664. les faits de fuggeftion ont été rejettez contre un teftament, lequel fut déclaré valoir, nonobftant lefdits faits. *Jovet*, *ibidem*, *nombre* 77. dit l'avoir oüi prononcer.

18 La preuve par témoins de prétendus faits de fuggeftion & moyens de nullité contre un teftament, reçûë à l'occafion d'une Infcription de faux contre le même teftament, & en confequence d'une permiffion d'informer furprife & indirectement obtenuë, eft nulle. Le Notaire qui l'a reçûë, & les témoins qui l'ont fignée, ne font recevables à dépofer contre la verité de ce Teftament. Ainfi jugé le 7. Avril 1664. *Soefve*, *to.* 2. *Cent.* 3. chap. 17.

19 Si les heritiers peuvent être admis à prouver par témoins la fuggeftion d'un teftament revêtu de toutes les formalitez ? Le Confeil de Colmar ordonna la preuve par témoins, par Arrêt du 5. Juin 1709. *V. le Recueil des Arrêts notables imprimez en* 1710. *chez Michel Guignard*, *ch.* 99.
Voyez cy-après verbo *Teftament* §. *Teftament fuggeré*.

SUISSES.

DEs privileges octroyez aux Cantons de Suiffes. *Ordonnances de Fontanon*, tome 2. livre 3. titre 35. page 1192.

2 Déclaration en faveur des Suisses qui trafiquent dans la Ville de Lyon. A Fontainebleau le premier Août 1571. *Traité des Privileges des Suisses.*

3 Déclaration en faveur des Suisses qui sont au service du Roy, & de leurs veuves. A Paris le dernier Decembre 1618. registré le 25. Janvier 1619. 3. *vol. des Ordonnances de Louis XIII. fol.* 144.

4 Recueil des Letres patentes, Edits &c. donnez en faveur des Suisses, & leurs coalliez étant en France au service de nos Rois, par Frantz Zuvellin, *Par.* 1671.

5 Déclaration par laquelle le Roy confirme l'art.20. du traité d'alliance fait par le sieur de la Barde son Ambassadeur en Suisse, le 1. Juin 1658. touchant les Marchands Suisses trafiquant en France. A Calais le 19. Juillet 1658. registrée le 11. Novembre 1663. 9. *vol. des Ordonnances de Louis XIV. fol.* 436.

SUPERSTITION.

Traité des superstitions, in 12. *Paris.* 1679. *De superstitionibus. Per* Martin. de Arles. *Voyez* les mots *Devins, Magie, Sorciers, Sortileges.*

SUPERIORITE'.

Continuité de superiorité, ne rend pas une superiorité perpetuelle. *Voyez* le mot *Religieux, nomb.* 254. & *suiv.*

SUPPLEMENT.

1 Supplément de la legitime. *Voyez* le mot *Legitime, nomb.* 178. & *suiv.*

2 Du supplément en matiere de lézion. *Voyez* le mot *Supplément, nomb.* 74. & *suiv.*

3 Lods sont dûs pour le supplément du prix. *Voyez* le mot *Lods & Ventes, nomb.* 347. & *suiv.*

SUPPLIQUE.

La Supplique pour être dans la regle doit contenir la qualité du Benefice ; s'il est Prieuré, ou Cure ; s'il est Regulier ou Seculier ; s'il demande résidence actuelle ; s'il est en Patronage Laïc ou Ecclesiastique ; s'il est électif, en quel Diocese il est situé, &c. *Voyez les Définit. du Droit Canonique,* verbo *Supplique.*

Voyez dans le present *Recueil* les mots *Bulles, Pape, Provisions, Signature.*

SUPPOSITION.

Voyez au mot *Notaires* le *nomb.* 234. où il est parlé de ceux qui supposent des personnes en passant des actes pardevant Notaires.

SUPPOSITION D'ENFANT.

1 De la supposition. *Voyez* le mot *Grossesse, nomb.* 35. & *suiv.* Filiation, *nomb.* 9. & *suiv.* le mot *Part, nomb.* 7. & *suiv.*

2 *Voyez* Menochius de presumpt. to. 2. liv. 5. ch. 24. Mascardus, de probat. to.3. conclus. 1147. Cujas, dans son *Commentaire sur le titre du Code ad leg. Cornel. de falsf.* Despeisses, to. 2. p. 673. & 674.

3 *Voyez* le 4. Plaidoyé de M. Gaultier, to. 2. pour une veuve accusée de supposition de part. Il rapporte l'Arrêt sans date, qui fans avoir égard à sa requête a maintenu les heritiers du défunt en la possession de tous les biens délaissez par son decez, sauf à la veuve à se pourvoir à l'encontre d'eux pour son douaire & conventions matrimoniales sur les biens du défunt. Cette supposition produisoit ce semble une indignité qui devoit la priver de la jouïssance du douaire.

4 Supposition d'un enfant pour exclure un frere substitué. *Voyez* Henrys, to. 2. liv. 6. qu. 21.

5 Si une fille est recevable à justifier sa naissance sur de simples présomptions, & soûtenir sa condition & son état contre les paroles mourantes de son pere, & le témoignage vivant de sa mere? *Voyez* cette question traitée par M. Galand dans ses Plaidoyez ; il paroît pour

la fille désavoüée qui gagna sa cause.

6 Arrêt du Parlement de Toulouse du 12. Septembre 1560. contre le nommé Arnoud Tilh dit Parisette, lequel s'étoit supposé être *Martin Guerre* pour abuser de sa femme, que des apparences de vraisemblance avoient entretenüe dans l'erreur. Le faussaire fut condamné à faire amende honorable, à être pendu, ensuite brûlé, ses biens, attendu la bonne foy de la femme, ajugez à une fille qu'il avoit eüe d'elle. *Voyez* Papon, liv. 21. tit. 9. n. 20.

7 M. de Coras rapporteur du procez de Martin Guerre a fait cent annotations sur l'Arrêt intervenu au Parlement de Toulouse ; c'est un petit in 12. imprimé à Paris en 1565.

8 Par Arrêt du 8. Mars 1596. fut condamné à être pendu un nommé Jacques de la Ramée, lequel se disoit fils du Roy Charles IX. & qu'il s'appelloit François de Valois ; mais que lors que la Reine Elizabeth accoucha de luy, la Reine mere avoit supposé une fille en son lieu, & qu'il fut baillé à nourrir à un personnage qu'il nommoit, lequel avant que de mourir luy avoit dit la verité de son extraction. Il disoit qu'il avoit eu revelation de s'aller faire sacrer à Reims. De fait, il y fut constitué prisonnier. Et un quidam prisonnier avec luy pour avoir dit qu'il avoit entendu de nuit une voix disant, *François de Valois prend courage, la Couronne t'appartient,* fut condamné à avoir le fouet & assister à l'execution de l'autre. *Biblioth. de Bouchel,* verbo *Supposition.*

9 En un Bailliage près d'Orleans se renouvella l'histoire de Martin Guerre. Un jeune homme suppose le nom & la personne d'un absent, la mere & les autres parens le reconnoissent, & le marient avec une jeune fille d'égale maison. Le vrai fils revient, la supposition est reconnuë, & l'imposteur executé. La femme intente action pour la restitution de sa dot, dommages & interêts contre les parens, ils répondent qu'eux-mêmes ont été trompez les premiers, *id natura fecit, non dolus.* Arrêt du Parlement de Paris du 8. Mars 1607. qui les absout. *Plaidoyez de Corbin, chap.* 87.

10 Défenses à un imposteur de prendre le surnom qu'il se donnoit faussement, à peine de punition corporelle. Arrêt du dernier Janvier 1636. *Bardet, to. 2. liv. 5. chap. 2.*

11 Arrêt du 5. Juin 1636. qui fait perdre le douaire à la veuve du Lieutenant General du Maine pour avoir supposé un enfant. *Voyez* le 30. Plaidoyé de M. le Maître, & *le Journal des Audiences, tome* 1. *livre* 3. *chap.* 29.

12 L'accusation de supposition de part n'appartient qu'au mari, luy vivant. Arrêt du Parlement de Paris du 16. Juin 1658. *Journal des Audiences, to.* 1. *liv.* 3. *chap.* 54. & Bardet, to. 2. liv. 7. chap. 31.

13 *Voyez* le 3. Plaidoyé de M. Gautier, to. 1. contre une fille supposée pour la veuve de Joachim Coignot Medecin de la Faculté de Paris. M. le Maître plaidoit pour la fille désavoüée. *Voyez son Plaidoyé septiéme* à la fin duquel est l'Arrêt du 4. Decembre 1638. par lequel Marie Coignot est déclarée fille legitime de défunt M. Joachim Coignot ; sa mere condamnée à la reconnoître pour sa fille, & dudit Coignot son premier mari dont la succession luy est ajugée. *Voyez* dans Bardet, tome 2. liv. 1. ch. 19. le Plaidoyé de M. Bignon Avocat General en faveur de la fille.

14 Voyez le second Plaidoyé de M. Patru, qui plaidoit contre Madame la Duchesse de Rohan. *Voyez* M. Gaultier, to. 1. Plaidoyé 14. & 15. où il observe que la cause ayant été depuis jugée, Arrêt est intervenu au profit de M. & Madame de Rohan, contre toutes les révocations faites par la mere de ses donations & avantages.

De la prétendüe supposition d'un enfant jugée par défaut contre la Dame douairiere de Rohan. Arrêt du

28. Février 1646. qui fait défenses au nommé Tancrede foi difant fils du. fieur Duc de Rohan de prendre le nom & les armes de la maifon de Rohan, & à la Duchefse doüairiere, & à tous autres de luy en donner le nom & la qualité, fous les peines portées par les Ordonnances. *V. Seëfve, to.* 1. *Cent.* 1. *ch.* 87.

15   L'accufation de fuppofition de part n'eft point recevable en la bouche des heritiers de la femme, le mari étant vivant. Arrêt du 18. Juin 1648. *Ibid. Cent.* 2. *chap.* 89.

16   *Voyez dans les Plaidoyez de Boné, partie* 2. *p.* 150. *& fuiv.* un Arrêt rendu en la Chambre de l'Edit de Caftres le premier Mars 1651. au fujet d'une fille fuppofée, qui fe prétendoit fille de Jean Saurin habitant de Caftres. Les preuves furent fi incertains que les Juges fe trouverent partagez. Les uns conclurent à déclarer Marie Bohemienne convaincuë du crime de fuppofition, pour cet effet condamnée d'être fuftigée jufqu'à effufion de fang, au banniffement pour cinq ans, & en l'amende de 300. livres. Les autres eftimerent qu'avant faire droit fur la requête de la Bohemienne, il feroit fait enquête dans les Villes d'Alby, Gaillac & Marfeille, où l'on prétendoit que l'autre fils avoit demeuré. Quelque temps après l'Arrêt de partage perfonne ne fe mettant en état de le faire juger, les prifons furent ouvertes à ces deux filles qui s'accufoient l'une & l'autre de fuppofition.

17   Le 25. Mars 1665 en la Chambre de la Tournelle, il a été jugé que l'action en fuppofition de part n'étoit plus recevable, après que l'enfant étoit en poffeffion de fon etat pendant 27. années. *Regiftres du Parlement.*

18   La joüiffance provifoire des biens accordez à un enfant dont l'état étoit contefté, & que l'on difoit fuppofé. *Bouvot, to.* 1. *part.* 2. verbo *Enfant fuppofé.*

19   SUPPOSITION EN MARIAGE.   *Voyez le mot Mariage, nomb.* 721. *& fuiv.*

SUPPOSITION DE PROCURATION.

20   Mariage d'un mineur qui avoit fuppofé une procuration du tuteur portant fon confentement, a été déclaré valable au Parlement de Paris le 28. Août 1630. mais il fut reftitué contre le contrat de mariage, & quittance de 22000. livres qu'il avoit eu la facilité de figner; ordonné que fix des parens tant d'un côté que d'autre comparoîtront pardevant deux de Meffieurs pour être les conventions reglées fur ce qui fe trouvera avoir été payé. *Journ. des Audiences, to.* 1. *liv.* 2. *chap.* 82.

SUPPOTS.

ENtre les fuppôts des Univerfitez font compris Papetiers, Libraires Jurez, Meffagers, Bedeaux, qui demandent renvoi, & font francs & exempts en vertu de leurs teftimoniales, fuivant plufieurs Arrêts notoires. *Papon, liv.* 5. *tit.* 14. *n.* 9.

SUPPRESSION DE BENEFICE.

1   **V**Oyez le mot *Benefice, nomb.* 235.
   La fuppreffion eft l'extinction d'un titre de Benefice avec l'union de fa menfe & revenus à quelque Chapitre, Maifon ou Seminaire; par exemple, le titre d'Abbé de faint Denis en France, a été fupprimé, & la menfe Abbatiale unie à la Maifon Royale de faint Cir.

2   Quand les extinctions & fuppreffions de titres fe font en Cour de Rome de l'autorité du Pape, par exemple, fi on veut réduire des Benefices de la valeur de 24. ducats, comme des Chapelles ou des Prébendes, à un moindre nombre, les Officiers prennent ordinairement 100. ducats d'or de componende pour chaque Chapelle ou Prebende fupprimée, & fi de cette fuppreffion & réduction on en érigeoit des Canonicats, ou autres Benefices fimples, ils prendroient 100. autres ducats d'or pour l'érection de chaque Canonicat.

Pour éviter cette dépenfe, par la difpofition du chap. *Sicut unire de exceffib. Prelat.* & même par le Concile de Trente, *fef.* 24. *ch.* 6. l'Evêque pourroit fupprimer & réduire lefdites Chapelles ou Prébendes, & fi l'on veut les ériger en Canonicats, ou autres Benefices, en gardant les formes de Droit; enfuite on en pourroit demander la confirmation du Pape. Il eft vrai que les Officiers ne laifferont pas de prétendre toûjours la même componende, mais la chofe étant faite, on tâche de les faire compofer & d'en obtenir quelque diminution. *Definit. Can. p.* 848.

Les Docteurs tiennent que pour remettre un Benefice fupprimé dans fon premier état, l'autorité du **3** Pape n'eft pas toûjours neceffaire; encore qu'elle fût intervenuë lors de la fuppreffion qui en fut faite; ce qui eft conforme au texte du chap. *cum acceffiffent. Ibid.* 849.

Suppreffion de neuf Chanoinies & Prébendes en **4** l'Eglife Collegiale de faint Honoré de Paris, confirmée, & les pourvûs en regale déboutez de leur demande. Jugé le 28. Mars 1669. *De la Guefs. to.* 3. *liv.* 3. *chap.* 7.

De la fuppreffion du part. *Voyez* le mot *Part, nom-* **5** *bre* 10.

SURCENS.

VOyez *hoc verbo le Gloffaire du Droit François,* ou *l'Indice des Droits Royaux & Seigneuriaux,* par *Ragueau.*

SURFACE.

DE *fuperficiebus.* D. 43. 18. Superficies, *hic dicitur, ædificium in alieno folo pofitum, Domino confentiente; ex caufa conductionis, vel emptionis; in perpetuum, vel ad tempus.* En ce fens, *fuperficies,* eft la même chofe qu'Emphiteofe, fi ce n'eft que, *fuperficies eft tantùm in prædiis urbanis, at Emphyteufes conftat etiam in rufticis.*

Quando fuperficies folo cedit, & viciffim. I. 2. 1. §. 29. *& feqq.*

SURSEANCE.

SUrféance de payement. *Voyez* le mot *Payement,* *nombre* 112. *& fuiv.*

SURTAUX.

1   **L**E Mercredi premier Decembre 1634. en la premiere Chambre de la Cour des Aydes de Paris, fut jugé que fur l'oppofition en furtaux on doit fe pourvoir pardevant les Elûs, & non pas en la Cour des Aydes directement. *Journal des Audiences, tome* 1. *liv.* 5. *chap.* 1.

2   Lors qu'il fe prefente en la Cour des Aydes de Paris des appellations de Sentences renduës à l'Audience fur des furtaux, & qu'il y a des pieces à examiner, la Cour ordonne qu'elle en délibera. Et le délibéré fe diftribuë à l'un de Meffieurs de la Premiere qui en fait fon rapport, après quoi l'Arrêt qui intervient fe met fur la feüille d'Audience fans épices; & cela eft fi inviolablement obfervé, que fur l'appel d'une Sentence de furtaux les Procureurs ayant pris un appointement au Confeil; & cet appointement diftribué à Monfieur Boyeter Confeiller, quoique les parties euffent refpectivement écrit & produit; par Arrêt du   Août 1695. M. le Procureur General a été reçu oppofant à la procedure, & ordonné que fur ledit appel les parties fe pourvoiroient à l'Audience. Cette regle pourroit neanmoins recevoir une exception, tant en premiere inftance qu'en caufe d'appel, lors que le furtaux eft fondé fur quelque privilege de la taillable, auquel les Habitans & Collecteurs auroient donné atteinte; parce qu'alors il ne s'agiroit pas feulement d'un fimple furtaux, mais encore de la confirmation d'un privilege qui merite plus

d'examen & d'attention qu'un simple surtaux. *Memorial alphabetique* , verbo *Surtaux*.

SURVIE.

S I la veuve doit avoir la pension viagere promise en cas de survie par le mari , outre les alimens viduaux? *Boniface* , 10. 4. *liv*. 5. *tit*. 12. *chap*. 2. rapporte un Arrêt du Parlement d'Aix du 27. Juin 1671. qui n'ajuge que la pension.

Voyez ey-après verbo *Testament* , §. *Testament, Survie*.

SURVIVANCE.

1 D U 5. Octobre 1575. au Parlement de Bretagne le Prince de Dombes , fils de M. de Montpensier , Lieutenant General en ce pays , par survivance du sieur de Montpensier , à la charge de faire réformer les clauses par lesquelles il peut amasser la Cour & appeller les Conseillers tels que bon luy sembleroit , & sans prendre autre Jurisdiction que celle des anciennes Ordonnances & Edit sur ce faits. *Du Fail, liv*. 3. *chap*. 366.

2 Arrêt du Conseil du 12. Mars 1672. qui accorde la survivance aux Officiers des Maréchaussées. Declaration du Roy sur le même sujet du 16. Mars 1672. *Maréchaussée de France*. p. 919.

3 Arrêt du Conseil du mois d'Octobre 1684. qui défend au Parlement de Toulouse de donner rang , séance , ni voix deliberative aux survivanciers des Officiers de ladite Cour , s'il n'est porté par leurs provisions. *V. les Edits & Arrêts recueillis par l'ordre de M. le Chancelier en* 1687.

Declaration du Roy du 7. Janvier 1690. qui accorde la survivance aux Officiers des Maréchaussées.
4 *Maréchaussée de France* , p. 1066.

5 Arrêt du 21. Juillet 1693. qui accorde la survivance au Lieutenant Assesseur en la Maréchaussée de Langres , moyennant le retranchement d'un quartier de ses gages pendant quatre années. *Ibid. page* 1097. *Voyez* le mot *Officiers*.

SUSPENSION.

1 D E *suspensione*. Per Anto. Archiepiscopum Florentinum.

De *pœnâ suspensionis*. Voyez *Julius Clarus* , liv. 5. *Sententiar. quæst*. 75.

2 De la suspension contre un Ecclesiastique. *Voyez M. du Perray* , p. 537.

3 *Suspensus authoritate Papæ, an per inferiorem restitui possit* ? Voyez. *Franc. Marc*. tom. 1. *quæst*. 740.

4 Voyez dans *Castel en ses mat. benef*. to. 1. p. 270. les differentes especes de suspension.

Il y a des personnes qui sont suspenduës des fonctions divines seulement devant Dieu ; ce sont les grands pécheurs , mais cependant en celebrant la Messe , ils ne tombent dans l'irregularité, parce que *hoc non est expressum in Jure*.

La seconde espece de suspension est celle qui est prononcée par la loy de Dieu même , & ensuite par le Canon; sçavoir lors qu'on trouve quelque texte dans le Droit qui veut que celuy qui a commis certain peché demeure de plein droit suspendu de l'execution de ses Ordres.

5 Il y a des suspensions *ab officio & beneficio* selon Panorme , suspension *ab officio* fait perdre tout exercice de la Jurisdiction spirituelle : Sous ce mot *officium* on comprend & ce qui est de l'Ordre , & ce qui est de la Jurisdiction. *Castel* , *mat. benef*. to. 1. p. 283.

Voyez les mot *Censures, Excommunication , Interdit*.

T

TABELLION.

1 DE Tabellione, per Bartholum à Saxo Ferraro.

Per Baldum Ubaldis.

Et per Jo. Jacobum de Canibus.

2 Tabelliones creare qui possint ? V. Franc. Marc. tome 1. quest. 488.

3 Tabellions. Voyez hoc verbo, La Bibliotheque du Droit François par Bouchel, où sont rapportez plusieurs Arrêts qui ont fixé leurs droits, & puni leurs malversations par de grosses amendes, & condamnations à faire amendes honorables.

4 Reglemens pour les Tabellions du Royaume. Voyez les Ordonnances recueillies par Fontanon, tome 4. page 65. & suiv.

5 Si un Tabellion qui a accordé du droit de Tabellionage avec un Notaire, est preferable aux créanciers du Notaire anterieurs à l'obligation du droit de Tabellionage, sur le prix de la vente de l'Office de Notaire. Voyez Bouvot, tome 1. part. 1. verbo, Tabellion. Voyez les mots Contract, Hypotheques, Notaires, & Ressort.

TABLE DE MARBRE.

DE la Table de marbre & Juges en dernier ressort. Voyez l'Ordonnance des Eaux & Forêts, tit. 12. & au 1. volume du present recueil, le mot Connêtablie.

TABLEAUX.

1 LE Seigneur Justicier demandoit que défenses fussent faites au Curé de recevoir des Tableaux où fussent dépeintes les Armoiries de ceux qui les donnoient, pour être elevez sur les Autels de l'Eglise : le Curé a été maintenu en la faculté de recevoir Chapes, Tableaux, & autres oblations avec ou sans Armoiries, & défenses de mettre Littres, &c. Arrêt du 11. Août 1621. M. d'Olive, Actions forenses, 3. part. Action 14.

2 Tableaux de Chapelle sont immeubles. Jugé le 7. Juin 1585. Ricard en ses notes sur la Coûtume de Paris, article 90.

3 Tableaux seulement suspendus & non cramponez, sont meubles. Brodeau, Coûtume de Paris, art. 90. nomb. 2.

Tableau legué à un témoin testamentaire ; le Tableau étoit de vil prix, & le Testament fut confirmé. Arrêt du 29. Mars 1677. Journal du Palais.

Tableau des interdits chez les Notaires. Arrêt du 17. Janvier 1662. qui rend les Notaires responsables des Actes qu'ils passent pour les interdits. Journal des Audiences, tome 2. liv. 4. chap. 42.

TACITE RECONDUCTION.

DE la tacite reconduction. Voyez cy-devant verbo, Bail.

Ex tacitâ reconductione, hypotheca est à lege & creditoribus præferuntur, qui ante prorogationem illam, seu, ut loquimur, continuationem locationis, contraxerint. Arrêt du 22. Août 1604. Mornac, l. 13. §. qui impleto, ff. locati & conducti.

TAILLES.

TAilles. Tributum Annona. Publica pensitatio. Census, Capitatio, & c.

De annonis & tributis. C. 10. 16... C. Th. 11. 1.

De tributis, stipendiis, censibus & prædiis Juris Italici. Ulp. 19. de domin. & acquis. rer.

De indictionibus. C. 10. 17... C. Th. 11. 5. Indictiones sunt annona & tributa, vel potius, impositiones tributorum.

De superindicto. C. 10. 18... C. Th. 11. 6. Id est, indictionis augmento : Imposition nouvelle & extraordinaire ; Taillon & Crüe.

De exactoribus tributorum. C. 10. 19... C. Th. 11. 7. Des Collecteurs des Tailles & Tributs.

De executoribus & exactoribus. C. 11. 61...C.Th.8.8. Tributa in ipsis speciebus inferri. C. Th. 11. 2.

De superexactionibus. C. 10. 20... C. Th. 11. 8...

Tributorum exactores, si plus quàm debeant, exegerint, quâ pœnâ afficiendi sint. Leon. N. 61.

De canone largitionalium titulorum. C. 10. 23. Des Receveurs des Tailles, qui doivent les remettre aux Receveurs Generaux. Canon, est annua pensitatio.

De capiendis & distrahendis pignoribus, tributorum causâ. C. 10. 21... C. Th. 11. 9.

Si propter publicas pensitationes venditio fuerit celebrata. C. 4. 46. Rescission de la vente des heritages faite à vil prix, ou sans les formalitez requises, pour le payement des Tributs qui étoient réels.

De censibus. D. 50. 15. Census, étoit un état ou terrier public, contenant la description, les confins, & l'estimation des fonds de chaque particulier, pour faire une juste imposition des Tributs, que nous appellons Tailles en France : Les Rôles des Tailles.

De censu, sive adscriptione. C. Th. 13. 10.

De censibus & censitoribus, & perequatoribus, & inspectoribus. C. 11. 57... C. Th. 13. 11.

Sine censu vel reliquis fundum comparari non posse. C. Th. 11. 3.

De censibus, exactionibus & procurationibus. D. Gr. 10. q. 2. & 3... 11. q. 1. c. 27. & 18... 23. q. 8. c. 20. §. ecce. vers. sed notandum ; usq. ad §. hinc. post c. 25... Extr. 3. 39... S. 23... Cl. 3. 13... Ex. co. 3. 10.

De apochis publicis, & de descriptionibus curialibus, & de distributionibus civilibus. C. 10. 22. Des quittances publiques pour les impositions.

De immunitate nemini concedendâ. C. 10. 25... C. Th. 11. 12... Const. Justin. Just. 9. & 10.

De collatione donatorum vel alievatorum, aut translatorum, seu adæratorum. C. 10. 28... C.Th. 11. 20. Contribution des heritages donnez & affranchis par le Prince. Dans ce titre il faut sous-entendre ce mot, prædiorum. Voici l'explication des autres mots. Donat possessiones seu prædia Princeps, dempto canone : Relevat possessiones tributis : Transfert possessiones in jus aliud, aliamve functionem. Adærare, i. est æstimare & taxare pecuniâ, quod in annonis inferebatur.

De collatione aris. C. 10. 29... C. Th. 11. 21. Les Provinces qui payoient les Tributs en monnoye d'airain, pouvoient les payer en especes d'or de la même valeur.

De argenti pretio, quod thesauris infertur. C. 10. 76. ult... C.Th. 13. 2. La même chose pour les Tributs payables en argent. Reduction de l'or à la valeur de l'argent.

De lustralis auri collatione. C. 11. 1... C. Th. 13. 1. C'étoit un Tribut que payoient quelques Marchands tous les quatres ans, ou chaque lustre. Ce tribut fut imposé par Constantin, & supprimé par l'Empereur Anastase.

De discussoribus. C. 10. 30... C. Th. 11. 16... Des Asseeurs, Collecteurs, & Receveurs des Tailles, ou Tributs. Discussores, sunt veluti cognitores & discepta-

tores rationum fiscalium, ab aliis tractatarum.

De susceptoribus. C. 10. 70... C. Th. 12. 6. Receveurs des Tailles, Tributs & deniers publics.

De capitatione civium censibus, eximendâ. Les habitans des Villes sont exemts des Tailles.

Si curialis, relictâ civitate, rus habitare maluerit. C. 10. 37... C. Th. 12. 18. Ce titre parle des Décurions, mais il peut s'étendre aux Bourgeois des Villes, qui peuvent être imposez à la Taille, quand ils demeurent à la campagne.

Ut nemo ad suum patrocinium suscipiat rusticanos, vel vicos eorum. C. 11. 53... C. Th. 11. 24. Contre les donations & ventes simulées, faites en fraude de la Taille, à une personne exempte.

Non licere habitatoribus Metrocomiæ, loca sua ad extraneum transferre. C. 11. 55. Metrocomia, étoit un bourg principal, qui tenoit, entre plusieurs autres villages, le même rang qu'une Metropole tenoit entre les Villes. Ce Titre défend aux habitans de ces Métrocomes, de vendre leurs fonds aux habitans des autres bourgs, à cause de l'exemption des Tailles.

De reliquis publicis non exigendis, & de discussione diversarum actionum. N. 147. Décharge ou remise du payement des Tributs qui étoient dûs en reste; c'est-à-dire, des arrerages échus. De cette remise sont exceptez les tributs qui étoient destinez à l'entretien des Villes, & des Soldats: ce qui est exprimé par ces mots, *de discussione diversarum actionum.* Les Empereurs exemtoient quelquefois à leurs peuples, ces sortes d'arrerages. Loüis XII. Roy de France, remit à ses sujets le present du couronnement, la troisième partie des impôts, & la dixième des Tailles. Il remit ensuite la moitié de son revenu, & mérita le nom de Pere du peuple. Le Roy Henry le Grand remit aussi tout ce qu'on luy devoit en reste des Tailles & subsides, depuis sept ans & plus, en 1599.

De indulgentiâ Reliquorum publicorum. N. 148. Justini. 1... C. Th. 11. 28. Indulgentia dicitur de præteritis tributis, des arrerages échus: Relevatio, de futuris.

De indulgentiis debitorum. C. Th. 11. 28.

De relevatione publicorum tributorum. N. 163... Const. Justinian. Just. 9. & 10... Constan. Imper. Niceph. Bot. 2.

De prediorum sterilium ad fertilia impositione. N. 166.

De hominibus qui eidem Domino subjecta prædia possident. N. 168. ult.

De collatoribus, & aliis capitulis. N. 128. De l'imposition des tributs: le temps, la maniere, la forme des impositions, de l'exaction & du payement: ce qui a du rapport à l'imposition, à la collecte & à la recepte de nos tailles.

De Hellesponto. Ed. Justin. 11. Défenses de lever aucuns tributs, impôts, ou deniers, dans les Provinces de l'Empire, sans l'attache du Gouverneur, outre les Lettres du Prince: ce qui est en usage en France pour les Intendans de Provinces.

Ne Monasteriorum prædia describantur. Const. Imp. Alex. Comm. 2. Exemption des Monasteres.

Ne conlatia per logographos, celebretur. C. Th. 11. 4. Les impositions ou taxes ne doivent pas être faites par ceux qui dressent les Rôles ou Registres. Conlatio, id est, collatio. Logographi, étoient ceux qui rationes tributorum conficiebant.

Ne equorum conlatione. C. Th. 11. 17. De ceux qui étoient obligez de fournir des chevaux à l'Empereur.

De conlationis, translatio, postuletur. C. Th. 11. 22. Défenses de faire transporter les taxes des contribuables aux tributs, des Rôlles d'une Ville ou d'une Province, en ceux d'une autre. En France on permet aux Taillables qui ont des fonds dans deux Paroisses, de faire transporter leur taxe ou imposition, aux Rôlles d'une seule Paroisse.

De Proirostasiâ. C. Th. 11. 23. Ce mot est Grec, & signifie en general, Primauté, Principatus. En cet endroit il signifie proprement la charge de lever les tri-

buts, comme sont parmi nous les Consuls & Collecteurs des Tailles.

Touchant la voiture & le transport des tributs publics, circonstances & dépendances. Voyez cy-après Voiturier.

1 Voyez les mots, Cadastre, Capitation, Cent, Collecteurs, Deniers publics, Don gratuit, Exemption, Impôt, les mots Moulin, nomb. 51. & suiv. Noblesse, nomb. 96. & suiv. Solidité, nomb. 54. & suiv.

De Talliis, exactionibus, & excubiis. Voyez la Nouvelle édition des œuvres de M. Charles Du Moulin, tome 2. page 511. & Franc. de Claperiis, cahs. 42.

2 Des Aydes, Tailles & autres impositions qui se levent en Languedoc, avec le Sommaire du style en forme de proceder en la Cour des Aydes à Montpellier. Ordonnances de Fontanon, tome 2. liv. 3. tit. 4. page 801.

3 Des Tailles, Receveurs, Asséeurs, & Greffiers d'icelles; & de ne faire levées & cottisations de deniers sans expresse permission du Roy. Ibidem, tit. 10. page 858.

4 Voyez hoc verbo, Tailles, Bouvot, tome 2. & au même volume, le mot, Subsides.

5 Dans un Commentaire fait sur la Coûtume de Melun, par M. J. Champy, Avocat, il y a un petit abregé des Regles & maximes principales de la Cour des Aydes, pour les Tailles, in 12. à Paris chez Jacquet Morel, 1687.

Il y a un traité particulier des Tailles, in 12.

6 Des Asséeurs ou Partisseurs des Tailles. Voyez la Biblioth. de Bouchel, verbo, Asséeurs.

7 Il n'appartient qu'au Roy de lever des deniers sur ses Sujets par forme de Tailles, Aydes & Gabelles, & d'en donner l'exemption. V. M. le Bret, traité de la Souveraineté, liv. 3. chap. 7. & 28.

8 Le Roy seul peut imposer la taille. Arrêt de l'an 1514. contre le Duc de Bourgogne. Bibliotheque de Bouchel, verbo Tailles, ubi multa, sur l'institution & premiere origine des Tailles.

9 C'est une maxime certaine en la Cour des Aydes, que les habitans qui ne feront valoir que leur bien, quoi qu'en differentes Elections, ne sont imposables qu'au lieu de leur domicile. Memorial alphabetique, verbo Habitans, n. 16.

10 Ceux qui ont privilege de Noblesse, ou d'Ordre de Prêtrise, ne peuvent être imposez à la Taille, sous prétexte qu'ils travaillent de leurs mains en leurs propres possessions, non plus que pour les biens Ruraux qu'ils ont acquis. Arrêts du Parlement de Grenoble de l'an 1457. & 28. Janvier 1460. Autre chose seroit, s'ils trafiquoient & tenoient Ferme. Arrêt du même Parlement du dernier Avril 1461. il n'y auroit plus lieu au privilege, s'ils exerçoient l'état de Notaire, car il est vil. Papan, liv. 5. tit. 11. n. 21.

11 Celuy qui l'on a promis de payer la taille, peut être poursuivi, mais on luy reserve son indemnité contre l'autre qui a fait la promesse. Arrêts de la Cour des Aydes de Montpellier des 16. Mars 1541. 5. Juillet 1554. & 12. Février 1557. V. Philippi, art. 14.

12 Appeller ceux qu'on veut de nouveau tirer aux tailles, Arrêt du 31. May 1604. M. Expilly, Arr. 128.

13 Bertrand du Plessis condamné à Rennes sur la Requête du Procureur du Roy, de payer la taille pour la maison du Temple, située en la Paroisse de S. Jame de la Lande, comme sujete aux tailles; sauf à recouvrer les deniers par luy ou ses predecesseurs déboursez & payez aux Paroissiens pour consentir le prétendu affranchissement de la maison; défenses au contraire, & aux dépens & interêts de l'instance. Arrêt du Parlement de Bretagne du 16. Octobre 1561. confirmatif. Du Fail, liv. 3. chap. 205.

14 Par Arrêt du mois de Janvier 1596. conformément à l'Ordonnance du Roy François verifiée en l'an 1543. Jugé que pour le payement de la taille, il n'est licite d'user de contrainte solidaire contre les particuliers,

pour

pour le commun de leurs Paroiſſes, ni d'empriſonner leurs perſonnes , ni ſaiſir leurs immeubles , bœufs & chevaux, rapporté par *Le Bret*, *Action* 15.

15 Celuy qui demeure en un lieu, ne faiſant apparoir qu'il ſoit impoſé ailleurs , peut être impoſé, & il faut appeller ceux qu'on veut impoſer à la taille. Arrêt du Parlement de Dijon du 15. Juin 1592. *Bouvot, to. 2. verbo Taille, queſt.* 13.

16 Un habitant ne peut être contraint pour la taille de ſon voiſin. Arrêt du Parlement de Dijon du 4. May 1599. ou s'il s'eſt retiré hors du village, & a renoncé à l'Incolat,il ne peut être impoſé pour les dépens faits par les ſoldats. *Ibidem, queſt.*15.

17 Les habitans du village de Proſna ayant abandonné le village, & s'étant retirez à demi-lieuë, nonobſtant la renonciation à l'Incolat, pouvoient être impoſez , faiſant labourer leurs terres , & recuëillant leurs fruits, & n'étant impoſez au lieu où ils faiſoient leur demeure. Arrêt du Parlement de Dijon du 7. May 1579. *Ibidem, queſt.* 28.

18 Si celuy qui a renoncé à l'Incolat , peut être cottiſé après ſa renonciation ? *Ibidem, queſt.* 31.

19 Un Syndic ou Echevin , avec trois ou quatre habitans , font un accord , par lequel il eſt dit qu'en payant par chacun an une ſomme certaine , un habitant ſera déchargé du payement de la taille , tel accord n'eſt valable. Arrêt du Parlement de Dijon du 8. Juillet 1599. qui décharge pour le paſſé , & confirme l'impoſition future. *Ibidem, queſt.* 45.

20 Si une Seigneurie exempte le Seigneur de payer taille ? *Ibidem, queſt.* 62.

21 Un Officier en une ville ne peut renoncer à l'Incolat, en ſe déclarant habitant d'un autre lieu pour n'être cottiſable aux tailles. Arrêt du 14. Juin 1604. *Ibidem, queſt.* 64.

22 Un Etranger non regnicole peut être cottiſé pour les heritages qu'il tient en France. Arrêt du Parlement de Dijon du 7. Février 1605. *Ibidem, queſt.* 66.

23 Ceux qui ſe retirent d'un village en un autre prochain, & neanmoins labourent leurs heritages par leurs mains, peuvent, nonobſtant la renonciation à l'Incolat, être cottiſez. Arrêt du Parlement de Dijon du 3. Mars 1605. *Ibidem, queſt.* 68.

24 Un particulier étant proche du Reſſort d'un autre Parlement , exerçant un Office alternatif de Grenetier , ne peut être impoſé à la taille en deux lieux ; mais à celui de ſa demeure ordinaire. Arrêt du Parl. de Dijon du 10. Avril 1606. *Bouvot, ibidem, queſtion* 72.

25 Aſſemblées pour les Tailles. *Voyez* le mot *Aſſemblées*, *nomb.* 15. *& ſuiv.*

Tailles, Abonnement.

26 Abonnement de Tailles ne peut être fait par les habitans à aucun d'eux : un tel abonnement,quoyque homologué par Sentence,eſt inutile,s'il n'eſt confirmé par Arrêt. Ainſi jugé en la Cour des Aydes à Paris au mois de Mars 1686.*Voyez le Memorial alphabetique ,* verbo *Abonnement.*

Tailles, Augmentation.

27 Sindics & Echevins ne peuvent être augmentez durant qu'ils ſont en charge. Il y en a pluſieurs Arrêts de la Cour des Aydes à Paris , & un aſſez recent du 22. Janvier 1694. La raiſon de cette Juriſprudence eſt fondée ſur ce que les Sindics & Echevins convoquant les aſſemblées pour les nominations des Collecteurs, & nommant les premiers ,ceux qui ſeroient nommez ne manqueroient pas pour ſe venger de les impoſer plus fortement , ils peuvent neanmoins être augmentez , en cas d'augmentation de biens ou du principal de la taille au ſol la livre. *Memorial alphabetique,* verbo *Sindics.*

Tailles, Avocat.

28 Avocats exempts de la collecte & aſſiette des Tailles. *Voyez* le mot *Avocat, nomb.* 191. *& ſuiv.*

29 *Anno* 1386. *die* 9. *Martis fuere lectæ literæ in dicto Parlamento continentes quod Rex mandabat omnibus Tome III.*

ſuis judicibus quod *Advocatos & Procuratores non permitterent practicare in ſuis Curiis qui ſe volebant eximere à ſuis tailliis , prætextu ſcholaritatis.* Voyez *Joan. Galli, queſt.* 95.

30 Le Juge de Bouſſac avoit déchargé de la collecte des Tailles un Notaire ſous prétexte qu'il étoit Avocat. M. Dulys pour M. le Procureur General, dit que ſa qualité d'Avocat fiſcal étoit inſuffiſante , qu'il n'avoit jamais exercé la fonction d'Avocat au Parlement. Arrêt de la Cour des Aydes du 3. Septembre 1617. qui infirme la Sentence , *ſans neanmoins que le preſent Arrêt puiſſe être tiré à conſequence à l'encontre des Avocats écrivains , plaidans & conſultans dans les Cours ſouveraines, Siéges Preſidiaux & Royaux.* Voyez *la Bibliotheque de Bouchel ,* verbo *Tailles,* où le Plaidoyé eſt inſeré.

31 Avocat déchargé de l'aſſiette & collecte des Tailles à la Cour des Aydes, le 8. Mars 1669. *De la Gueſſiere, tome 3. liv.* 3. *chap.* 4.

Tailles, Banni.

32 Femme d'un mary banni du Royaume à perpetuité, ne peut être impoſée. Jugé par pluſieurs Arrêts ; cela paſſe pour maxime; neanmoins il ſemble que le mari étant incapable d'aucuns effets civils , & mort civilement en France, il ne luy reſte plus de pouvoir ni de puiſſance ſur ſa femme : cela eſt ſi vray , qu'elle peut ſelon la neceſſité de ſes affaires vendre , engager & s'obliger, comme autoriſée par Juſtice, par l'impoſſibilité qu'elle le ſoit de ſon mary,ainſi elle fait chef de famille comme pourroit faire une veuve. *Memorial alphabetique,* verbo *Femme.*

Tailles, Bétail, Bois.

33 Beſtiaux communs contribuent aux Tailles. *Voyez* le mot *Bétail, nomb.* 27. *& ſuiv.*

34 Droit de dépaître le bétail & l'uſage de prendre bois,ſont ſujets à la Taille. Arrêts de la Cour des Aydes de Montpellier des 26. Mars 1556. & 28. Juin 1590. *Philippi , art.* 55.

Tailles, Cens.

35 Quoyque les directes & rentes foncieres ne ſoient ſujetes à autres charges qu'aux droits du Ban & Arriere-Ban,neanmoins en quelques villes du Païs d'Albigeois, comme à l'Iſle & Corde par coûtume & poſſeſſion ancienne, leſdites rentes foncieres ſont cottiſées pour les Tailles. Arrêt du 4. Avril 1593. *La Rocheflavin, liv.* 4. *lett. T. tit.* 1. *Arr.* 9.

36 Les rentes & cenſives perpetuelles ſont cottiſables à la taille, non les temporelles & rachetables. Ainſi jugé en la Cour des Aydes de Montpellier. *V. Philippi, article* 21.

37 Arrêt du Parlement d'Aix du 16. Juin 1675. qui déclare les cenſes impoſées ſur les fonds vendus , n'être point ſujets à la Taille. *Boniface, tome* 5. *liv.* 6. *titre* 3. *chapitre* 1. La même choſe avoit été jugée le 25. Juin 1632. *Ibid, chapitre* 2.

38 Un proprietaire d'une cenſe où il y a des terres de moindre valeur les unes plus que les autres , ne peut retenir les bonnes & abandonner les mauvaiſes pour les charges des tailles , à moins de payer les tailles pour la totalité des terres de la cenſe , ou bien il les faut toutes abandonner. Jugé au Parlement de Tournay le 4. Mars 1698. entre les gens de Loy du village de Maude & les Prieur & Religieux du Convent de Sainte Croix à Tournay. *Voyez M. Pinault , tome* 2. *Arrêt* 207.

Tailles, Cession.

39 Ceſſion non admiſe en matiere d'execution de tailles. *Voyez* le mot *Ceſſion, nomb.*132.

Tailles, Chevaliers de Malthe.

40 Chevaliers de Malthe ſujets à la taille. *Voyez* le mot *Chevaliers , nombre* 91.

Tailles, Collecteur.

41 Des Collecteurs des Tailles & deniers des Receptes particulieres & fermes en chacune des 17. Receptes generales de ce Royaume. *Voyez les Ordonnances*

Q q q q

de Fontanon, to. 2. liv. 3. tit. 12. page 888. & cy-deſſus le mot Collecteurs.

42 Les Excuſes du Droit Romain ne ſont reçuës en France pour s'exempter des charges de l'aſſiette & collecte des tailles. Ainſi un homme ayant ſoixante ans ; un autre diſant avoir ſix enfans ; être Notaire Royal, & avoir déja levé une ſomme de 200. livres pour ſatisfaire aux dettes de la Communauté, furent condamnez à exercer la charge à eux impoſée ; à l'égard du troiſiéme qui étoit Avocat au Siege Royal de la ville, il fut dit que les habitans procederoient à nouvelle élection. *Arrêt du mois d'Avril 1595. Le Bret, Action 50.*

43 Jugé en 1597. que le Collecteur n'avoit aucun droit de préference contre le proprietaire pour être payé de la taille de la Ferme. *Le Bret, Action 49.*

44 Par Arrêt donné en la Cour des Aydes le 18. May 1601. il fut dit qu'un Controleur Triennal de l'Election de Melun demeurant à Paris, payeroit la taille à Melun l'année de ſon exercice, parce que cette année-là il y doit ſa réſidence. *Bibliotheque de Bouchel, verbo Tailles.*

45 Les vacations des Perequateurs & Officiers qui ont liquidé les déttes des Communautez, ſont preferables aux dettes qu'ils perequent. *Arrêt du Parlement de Grenoble du 4. Février 1635. V. Baſſet, tome 1. liv. 3. tit. 2. chap. 9.*

46 L'union de la Charge de Conſul & la Collecte des tailles a été confirmée. *Arrêt du Conſeil Privé du 8. May 1636. Henrys, tome 2. liv. 4. queſt. 60.*

47 Arrêt du Parlement d'Aix du 8. Mars 1647. qui a ordonné que le Treſorier, pour le payement de la Taille, peut faire ſaiſir les fruits des biens arrentez, & n'eſt pas obligé de ſaiſir la rente. *Boniface, tome 2. part. 3. liv. 2. tit. 9. chap. 5.*

48 Arrêt du Parlement d'Aix du 20. Mars 1647. qui a condamné en l'amende un Collecteur qui exigeoit double payement. *Boniface, ibidem, chap. 6.*

49 L'action criminelle a lieu contre un Collecteur qui execute pour tailles déja payées. *Arrêt du 20. May 1647. Ibidem, liv. 1. tit. 2. chap. 15.*

50 Arrêt du 17. May 1658. qui a jugé que celuy qui a été premier Conſul, peut être élû Treſorier ou Collecteur des Tailles. *Ibidem, liv. 2. tit. 9. chap. 7.*

51 Ceux qui ſervent à des Confrairies ne ſont pas exempts de la Collecte des tailles pendant les années qu'ils ſont en charge. *Jugé à la Cour des Aydes le 26. Juillet 1660. De la Gueſſiere, tome 2. livre 3. chapitre 33.*

52 Les Collecteurs qui veulent impoſer un particulier à la taille, ne peuvent compulſer chez les Notaires la minute d'un Inventaire pour juſtifier de ſes facultez. *Arrêt du 22. Janvier 1664. Ibidem, livre 6. chapitre 4.*

53 Les femmes ſont exemptes de la Collecte des tailles. *Voyez le mot Femme, n. 130. & ſuiv.*

TAILLES, COMMIS.

54 Sur la queſtion de ſçavoir ſi un Commis qui n'a jamais été impoſé, mais qui a du bien dans la Paroiſſe où il prend une Commiſſion, peut ainſi que les privilegiez faire valoir une ou deux charruës ; il a été jugé à la Cour des Aydes à Paris le 9. ou 10. Juin 1698. qu'il ſeroit impoſé à raiſon du bien qu'il avoit dans la Paroiſſe. Neanmoins il ſemble que comme les Cours ne peuvent expliquer les Ordonnances, il eût été plus à propos d'ordonner que les parties ſe pourvoiroient au Conſeil pour faire expliquer juſqu'où s'étend le privilege des Commis. *Memorial alphabetique, verbo Commis.*

TAILLES, COMMUNAUTE' D'HABITANS.

55 Un particulier habitant d'un lieu, n'étant ni Conſul ni Collecteur, ne peut être contraint au payement de la taille pour la Communauté. *Arrêts de la Cour des Aydes de Montpellier. Voyez Philippi, article 66.*

56 La Communauté doit payer les tailles des Terres délaiſſées ou dévenuës ſteriles, & des maiſons démolies & abandonnées, & qu'on appelle, *non valoirs*, ſans qu'elles demeurent exemptes au profit du Roy. *Voyez Mainard, liv. 9. chap. 33.*

57 Particuliers déchargez de la clauſe ſolidaire pour la taille, & comment il faut proceder contre une Communauté pour la perequation d'une dette. *Arrêt du Parlement de Grenoble de l'année 1659. Baſſet, to. 2. liv. 3. tit. 3. chap. 4.*

58 Arrêt du Conſeil d'Etat du Roy, ſervant de Reglement general pour toutes les Communautez de Provence, du 23. Juin 1666. par lequel Sa Majeſté ordonne que tous proprietaires poſſeſſeurs d'heritages en rotures ſituez audit Païs, ſoit Eccleſiaſtiques, Seigneurs, Coſeigneurs, & Nobles & Officiers des Cours ſouveraines, contribuéront ſuivant leurs alivremens à toutes tailles, taillons, cruës, garniſons, ſubſiſtances, dettes des Communautez, & generalement à toutes les charges & impoſitions ſans aucune exception. *Boniface, tome 3. livre 6. tit. 4. chap. 3.*

59 Si le Creancier d'une Communauté, colloqué enſuite d'un département general des dettes d'icelle, ayant abandonné les biens de ſa collocation à la Communauté, pour ne pouvoir payer les tailles, par l'inſuffiſance des fruits, peut être reintegré ſur les biens, ſans payer les tailles à la Communauté qui a joüi de ces biens, ni les réparations ? Arrêt du 23. Novembre 1631. qui a ordonné la réintegrande en rembourſant les tailles dûës juſqu'au jour de la joüiſſance des biens par la Communauté & les réparations, *Ibidem, tit. 2. chap. 3.*

TAILLES, COMPENSATION.

60 Il n'y a point de compenſation en tailles. *Arrêt du Parlement de Dijon du 17. Août 1603. Bouvot, to. 2. verbo Tailles, queſt. 61.*

TAILLES, COMPLAINTE.

61 S'il y a lieu à la complainte en fait de tailles ? *Voyez le mot Complainte, nomb. 50. & 51.*

COMPTE DES TAILLES.

61 Un Exacteur de taille qui a compté de ſa Recepte, n'eſt tenu de rendre un nouveau compte, mais ſeulement d'exhiber celuy qu'il a rendu. *Jugé au Parlement de Grenoble le 1. Février 1556. Baſſet, tome 2. liv. 3. tit. 4. chap. 2.*

TAILLES, CONTRAINTE.

63 Les biens d'un lieu peuvent être pris pour la taille d'autre lieu, ſi les uns & les autres dépendent d'un même maître. Ainſi jugé en la Cour des Aydes de Montpellier. *V. Philippi, art. 45.*

64 On a demandé autrefois s'il y avoit lieu de contraindre par corps au payement de la taille. *Arrêt du 7. May 1568. qui a jugé la negative. Bibliotheque de Bouchel, verbo Tailles.*

65 Pour les tailles, ſubſides, ni autres deniers impoſez ſur une ville ou village, les particuliers habitans ne peuvent être conſtituez priſonniers par les Receveurs. *Arrêts du Parlement de Toulouſe des 9. Juillet, premier Août & 12. Octobre 1575. ce qui avoit été jugé auparavant, qui ont caſſé pluſieurs empriſonnemens, & élargi ceux qui étoient arrêtez. La Rocheflavin, liv. 4. lettre T. tit. 1. Arr. 11.*

66 Pour le payement de la taille, il n'eſt pas permis d'uſer de contrainte ſolidaire contre les particuliers pour le commun de leurs Paroiſſes, ni de les empriſonner, & ſaiſir leurs immeubles, bœufs & chevaux, ſi ce n'eſt aux cas exprimez dans un Reglement de la Cour des-Aydes du 17. May 1596. *Voyez la 15. Action de M. le Bret.*

TAILLES, COTTISATION.

67 La cottiſation des tailles ſe doit faire par déliberation de la plûpart des habitans. *Jugé le 26. Mars 1557. Expilly, Arrêt 47.*

68 Tous les fonds ſont cottiſez dans les lieux de leur ſituation : & les contribuables le ſont pour leurs

facultez mobiliaires dans celuy de leur résidence, il n'y a ni possession ni usage contraire de quelque temps qu'il soit, qui puisse empêcher cette cottisation des fonds où ils sont situez, Arrêt du Parlement de Grenoble du 20. Mars 1686. rapporté par *Chorier en sa Jurisprudence de Guy Pape*, p. 113.

TAILLES EN DAUPHINÉ.

69 De la forme que doivent pratiquer les Officiers des Villes, Bourgs & Communautez de Dauphiné dans l'imposition & perception des Tailles. *Basset, tome 1. liv. 3. tit. 2. chap. 1.*

70 De la forme que doivent pratiquer les Collecteurs & Receveurs particuliers des Communautez dans l'exaction & recette des deniers Royaux, & autres Tailles qui s'imposent dans les Communautez du Dauphiné. *Ibidem, chap. 4.*

71 Les Officiers même du Conseil Delphinal, qui étoit Souverain, payoient les tailles, & en ont été déchargez par Lettres Patentes du 8. Avril 1434. sous le regne du Roy Charles. *Voyez Chorier, en sa Jurisprudence de Guy Pape*, p. 121.

72 Si au département des tailles on peut cottiser pour le capage ou capitation; & si les Fermiers des Gentilshommes en Dauphiné peuvent être tirez aux tailles pour l'habitation. *Voyez M. Expilly, Plaidoyé 2.* où vous trouverez Arrêt du 12. Decembre 1605. qui casse la cottisation.

TAILLES, DAUPHINÉ.

73 Reglement entre les Ordres du païs de Dauphiné sur le fait des tailles & impositions du 15. Avril 1602. *Charondas, liv. 11. Rép. 61.*

74 Arrêt du Conseil d'Etat du Roy du 24. Octobre 1639. par lequel sa Majesté a déclaré les tailles réelles en Dauphiné. *Voyez Salvaing, de l'usage des Fiefs, chapitre 55.*

75 Reglement du Parlement de Dauphiné concernant l'imposition & exaction des tailles de ladite Province du dernier Mars 1651. *V. Basset, to. 1. liv. 3. tit. 3.*

76 Le collecteur qui n'a fait ses diligences sur les frais à la forme du Reglement de Dauphiné, n'est préferable. Arrêt du 9. Juillet 1659. *V. Basset, to. 1. liv. 3. tit. 3. chap. 7.*

77 Le collecteur ou Consul a privilege sur les fruits pendans, & sur le fonds quand il a fait ses diligences sur les fruits, ce qui ne se doit entendre que pour les tailles imposées après le Reglement de 1651. car pour les anterieures, il y a préference. Arrêt du 11. Août 1660. *V. Basset, to. 1. li. 3. tit. 3. ch. 3.*

78 L'affranchissement de la taille acquis au fonds par la qualité du possesseur, suivant le Reglement de 1639. est estimé sur le pié du tiers du prix de la vente. Arrêts du Parlement de Grenoble en 1668. 1669. & 1670. rapportés par *Chorier, en sa Jurisprudence de Guy-Pape*, p. 296.

TAILLES, DOMICILE.

79 Si pour le fait des tailles & impositions, l'on doit considerer le domicile. *Voyez le mot Domicile, n. 27. & suiv.*

80 Quoyque l'on ait maison en deux endroits, il suffit de payer la taille dans le lieu où est la principale résidence, & on ne peut être contraint de payer ailleurs. Ainsi jugé *Papon, li. 5. tit. 11. n. 10.*

81 On a demandé si les habitans d'une Paroisse étoient témoins suffisans pour prouver qu'une personne y demeure & doive être mise à la taille ? La negative a été tenuë; en effet il y a eu des Arrêts de la Cour des Aydes à Paris dés 16. & 17. Mars & 22. Avril 1553. qui ont fait défenses aux Elûs d'admettre en témoignage les habitans & Paroissiens dans les causes où ils auroient interêt. *V. la Bibliotheque du Droit François par Bouchel, verbo Tailles,* où nonobstant ces préjugez, l'opinion contraire est tenuë.

82 Les sujets peuvent être poursuivis pour leurs tailles en quelque endroit qu'ils aillent demeurer. Le sieur de Châteauroux reclama son serf qui s'étoit fait Bourgeois de Paris, & obtint provision.

Le 3. Mars 1576. Arrêt entre la Dame de Basincourt, contre Claude & Blaise Brouillards; elle obtint droit de suite, quoyqu'ils se fussent retirez en Barrois, & abandonnassent les biens qu'ils avoient en la Terre de Basincourt, même eussent fait intervenir M. de Loraine. *Voyez la Bibliotheque de Bouchel, verbo Poursuite d'hommes.*

83 Sur la translation du domicile des contribuables aux tailles, Arrêt du 19. Juillet 1595. ensuite duquel est cette observation. Ceux qui se retirent des Villes franches y demeureront cinq ans avant que de pouvoir jouïr des privileges, ainsi qu'il est contenu en l'Edit de 1599. Ceux qui changeront de Paroisse seront cottisez au lieu de leur ancienne demeure, jusqu'à ce qu'ils ayent demeuré par an & jour au lieu auquel ils ont fait publier qu'ils se vouloient retirer, suivant l'article 22. de l'Edit de Mars 1600. *Voyez la 17. action de M. le Bret.*

84 Les taillables ne peuvent être cottisez hors le lieu de leur domicile pour les biens qu'ils exploitent & cultivent ailleurs par leurs mains. Arrêts du Parlement du 14. Juillet 1643. & de la Cour des Aydes du 26. Septembre 1644. *Henrys, to. 2. liv. 4. quest. 30.*

85 Celuy qui n'est pas encore cottisable s'établissant dans Lyon, n'est pas obligé d'y demeurer dix ans avant que de pouvoir jouïr du privilege. Arrêt de la Cour des Aydes du 11. Mars 1656. *Henrys, tome 1. liv. 4. chap. 4. qu. 111.*

86 Par Arrêt de la Cour des Aydes de Paris du 22. Février 1659. sur la réquisition de M. le Procureur General, il est dit qu'un particulier passant d'une Paroisse à l'autre, cela s'entend dans la même élection, ne pourra être imposé qu'au lieu de son domicile actuel pour les heritages à luy appartenans en d'autres Paroisses, quoyqu'il les exploite par ses mains, cela s'entend aussi après les deux années qu'il doit payer à son ancienne Paroisse. Par Arrêt du 23. Septembre 1681. & la Déclaration du 16. Août 1683. registré le 27. Novembre suivant, article 1. servant de Reglement pour les tailles, il est dit que ceux qui auront fait les declarations requises, seront taxez pendant deux années en la Paroisse qu'ils auront quittée, après lesquelles ils seront imposez dans les Paroisses où ils auront transferé leur domicile, au moins à la même somme qu'ils payent dans la Paroisse d'où ils seront sortis. *Memorial alphabetique, verbo Habitans, n. 7.*

87 Un mary décede en 1671. sa veuve transfere son domicile dans l'avoit fait publier avant le premier Octobre, & ce dans la même Election; elle est mise à la taille de la Paroisse quittée, dont les habitans prétendent l'imposer pendant trois années. Jugé à la Cour des Aydes à Paris le 12. du mois d'Août 1671. qu'elle demeurera taillable pour l'année 1671. *Journal du Palais.*

88 L'Arrêt du Conseil du 23. Septembre 1681. & la Déclaration du 16. Août 1683. disent précisément que ceux qui transfereront leur domicile dans une autre Paroisse pour y faire valoir quelque ferme, & qui cesseront de travailler à la culture des heritages de la Paroisse d'où ils seront sortis, seront imposez une année seulement dans la même Paroisse après laquelle ils seront taxez dans celle de leur nouvel établissement. *Memorial alphabetique, verbo Habitans, n. 8.*

89 Ceux qui ne font valoir que leurs biens en differentes Elections, ne doivent être imposez qu'au lieu de leur domicile. Mais cette maxime qui sembloit s'étendre à tous les biens du taillable, quelque quantité qu'il en eût, a été restrainte par Arrêt de la Cour des Aydes à Paris du 15. May 1697. En sorte que si le taillable a plus de 25. arpens d'heritages dans l'Election où il n'a pas son domicile, & qu'il fasse valoir au delà desdits 25. arpens, il peut être valablement imposé en l'une & l'autre Election. *Memorial alphabetique, verbo Taillables, n. 13.*

TAILLES, ECCLESIASTIQUES.

90 Eglises & biens Ecclesiastiques comment chargez ou exempts de la taille? *Voyez Philippi*, en ses *Arrêts de consequence de la Cour des Aydes de Montpellier*, *article* 16.

91 Si les Clercs vivans clericalement sont exempts des tailles & autres? *Voyez* le mot *Exemption*, *nomb.* 21. & *suiv.*

92 Les Ecclesiastiques sont exempts de tailles pour leurs biens d'acquêts. *V. les Mem. du Clergé*, *tome* 3. *part.* 4. *p.* 26. & *suiv.* 40. & *suiv.* 55. & *suiv.* & *p.* 376. & en l'addition à la 4. *part.* *p.* 377. & *part.* 5. *page* 59.

93 Les Curez qui prennent à ferme les dîmes de leurs Paroisses, ne peuvent être pour ce sujet imposez à la taille. *Mem. du Clergé*, *to.* 3. *part.* 4. *p.* 59. & add. à la 4. *part.* *p.* 379. Idem *des Vicaires*, *p.* 55. & 68.

94 Les Ecclesiastiques ne doivent être imposez à la taille à cause de leurs successions directes & collaterales, donations, acquêts & tous autres biens. *Memoires du Clergé*, *to.* 3. *part.* 4. *p.* 40. & *suiv.* 69. *n.* 10. & *p.* 81.

95 Défenses aux Elûs de condamner les Curez à fournir aux Receveurs des tailles declaration des grains croissans sur les heritages des contribuables de leurs Paroisses. *Mem. du Clergé*, *to.* 3. *part.* 4. *p.* 80.

96 Les Fermiers, Receveurs, & Commis des Beneficiers, sont exempts de taille pour le profit qu'ils peuvent faire aux fermes des Benefices. *V. les Mem. du Clergé*, *to.* 3. *part.* 4. *p.* 65. & *suiv.* 71. & *suiv.* 84. & *suiv.* 95. 98. 99. & addition à la 4. *part.* *p.* 377.

97 Les Ecclesiastiques qui font valoir par leurs mains leurs fermes, sont pareillement exempts. *Mem. du Clergé*, *to.* 3. *part.* 4. *p.* 77. & 81. & *suiv.*

98 Officiers du Clergé aussi exempts de taille pour raison de leurs Offices. *Mem. du Clergé*, *to.* 2. *part.* 2. *p.* 528. *to.* 4. *part.* 6. *p.* 370. & *p.* 371. iceux déchargez de la collecte des tailles.

99 Les Chanoines & autres Beneficiers doivent contribuer aux tailles, à raison des biens patrimoniaux qu'ils ont & possedent en la Ville où sont leurs Benefices, & non à raison du revenu de leurs Benefices, & maisons Canoniales. *Filleau*, *part.* 4. *quest.* 10. en rapporte plusieurs Arrêts.

100 Arrêt du Parlement de Paris de l'année 1275. qui ordonne que l'Evêque de Toulouse seroit requis de faire admonester par trois fois Prêtres ou Clers de ne trafiquer, & ne soy mêler de choses viles & de negociations temporelles, autrement luy étoit signifié que les contrevenans il ne défendît plus de charges & subsides. *Papon*, *liv.* 5. *tit.* 13. *n.* 24.

101 Prêtres cottizé à la taille, cotisation jugée valable, par Arrêt du Parlement de Bretagne du 28. Août 1563. *Du Fail*, *liv.* 2. *chap.* 19.

102 Les Prêtres & les Chanoines sont exempts de taille. Arrêt de la Cour des Aydes du 21. Août 1577. en faveur des Chanoines de S. Furcy de Peronne, qu'on prétendit imposer à la taille à raison de leurs maisons Canoniales. Ils la doivent pour leurs biens patrimoniaux. Même Arrêt du 8. Avril 1603. pour les Chanoines d'Alby. *Papon*, *liv.* 5. *tit.* 2. *n.* 24.

103 Sur la question de sçavoir si en Provence les gens d'Eglise, de Noblesse & de Justice, sont tenus de payer les tailles pour les biens roturiers qu'ils possedent; Arrêt du Parlement de Provence du 6. Mars qui appointe les parties, & cependant ordonne par provision que ceux qui ont volontairement acheté des terres depuis l'année 1471. ou bien retenu par droit de prélation, payeront dorénavant la taille & autres charges accoûtumées. *Voyez Papon*, *liv.* 5. *titre* 11. *n.* 39.

104 Les Curez sont exempts de tailles, tant pour les biens patrimoniaux qu'acquêts, avec défenses aux asséeurs & collecteurs de plus imposer & aux Elûs de plus délivrer de commission pour raison de ce. Ainsi jugé pour le Curé de saint Jean de la Ruelle,

Diocése d'Orleans, par Arrêt du Conseil Privé du 20. Octobre 1631. rapporté dans *les Mémoires du Clergé*, *tom.* 3. *tit.* 4. *chap.* 3. *art.* 3.

105 Le Curé de Tournan ayant été imposé à la taille pour des acquêts par luy faits dans cette Paroisse, a été rayé du rôlle, par Arrêt de la Cour des Aydes du 18. Juillet 1629. *Ibid. art.* 2.

106 Par trois Arrêts du Conseil d'Etat; le premier du 26. Juin 1634. le second du 30. Octobre 1670. & le troisiéme du 30. Octobre 1671. il est défendu aux habitans des Paroisses d'imposer à la taille des Curez, qui se porteront pour fermiers des dîmes de leur Paroisses, ni les Domestiques desdits Curez qui porteront lesdites fermes. *Mém. du Clergé*, *to.* 3. *tit.* 4. *c.* 3.

107 Les Chanoines & autres Beneficiers doivent contribuer aux tailles à raison des biens patrimoniaux qu'ils ont & possedent en la Ville où sont leurs Benefices, & non à raison de leur Benefice & Maisons Canoniales. Arrêt du 8. Avril 1603. *Chenu*, 1. *Cent. quest.* 10.

108 Les Ecclesiastiques doivent payer la taille des biens par eux acquis, & qui leur sont échûs par successions collaterales ou par donation, n'ayant exemption que pour leurs biens Ecclesiastiques, leur patrimoine, titre Presbyteral, & qui leur sera échû par succession directe, &c. Arrêt du 5. Septembre 1662. *De la Guess. to.* 2. *liv.* 4. *chap.* 66.

TAILLES, EGLISES.

109 Arrêt du Parlement d'Aix du 23. Février 1684. qui a ordonné que les Temples & Cimerieres de ceux de la Religion Prétendue Réformée payeroient la taille comme les biens roturiers. *Boniface*, *to.* 5. *liv.* 6. *tit.* 4. *chap.* 1.

TAILLES EMPHYTIOSE.

110 Les biens emphyteotiques sont sujets à la taille; mais s'ils reviennent au Seigneur, qui avant l'emphyteose les tenoit noblement; il faut distinguer; ou ils luy reviennent *jure privato*, comme à un étranger par achat, donation, legs, échange, ou autre titre semblable; alors ils conservent leur nature de biens roturiers; ou ils luy reviennent *jure dominii*, *puta*, par confiscation commis & droit de prestation. Si le bien féodal est baillé en emphyteose rurale il doit tailles, supposé que le Seigneur se soit reservé la joüissance de la moitié des fruits; en ce cas, comme le Fermier est seulement *colonus partiarius*, il doit seulement moitié de la taille, le Seigneur doit l'autre. *V. Philippi*, *en ses Arrêts de la Cour des Aydes de Montpellier*, *art.* 31. rapporte ceux qui l'ont ainsi jugé.

TAILLES, ESTIMATION.

111 Les maisons & édifices tant és villes qu'és champs sont estimés, eu égard à leur revenu, non eu égard à leur beauté & magnificence. Arrêts de la Cour des Aydes de Montpellier des 23. Juillet 1540. 13. Juillet 1557. & 28. Janvier 1558. *V. Philippi*, *art.* 56.

112 Les salaires & vacations que doivent prendre les Officiers des Communautez vacans aux départemens & perecation des tailles. *V. Basset*, *tome* 1. *li.* 3. *tit.* 2. *chapitre* 2.

113 Chaque particulier taillable peut à ses frais faire de nouveau estimer ses fonds. Arrêt du Parlement de Grenoble du 2. Mars 1619. *Ibid. tit.* 3. *ch.* 10.

114 Des tailles pour étapes, il n'est dû interêt. Arrêts des 4. Avril & 15. Decembre 1660. *Basset*, *ibidem*, *chapitre* 5.

TAILLE D'ETAPE.

115 La taille d'Etape participe de la taille Royale, & de la taille negotiale, si celuy qui en avoit des quittances comptables contre une Communauté, a rétranché pour le gratifier la somme qui luy étoit dûë, les interêts des cottes particulieres luy seront dûs comme ils le seroient s'il y avoit eu novation. Arrêt du Parlement de Grenoble du 24. Juillet 1677. rapporté par *Chorier*, *en sa Jurisprudence de Guy Pape*, *p.* 113.

EXEMPTS DE TAILLES.

116 De l'exemption des tailles. *Voyez* le mot, *Exemption*, *nombre* 101. & *fuiv.*

117 Des privileges de tous ceux qui font exempts des tailles & autres fubfides. *Ordonnances de Fontanon*, *tome* 2. *liv.* 3. *tit.* 31. *p.* 1184.

118 Exemptions des tailles, cadaftres, tarifs, fubfiftances, & d'autres femblables impofitions. *Ibidem*, *chapitre* 3.

119 Archers exempts des tailles. *Voyez* le mot, *Archers.*

120 Affeffeur exempt de tailles. *Voyez* le mot, *Affeffeur*, *nomb.* 12, 13. & 19.

121 Si les *Medecins* font exempts de la taille ? *Voyez* le mot, *Medecins*, *n.* 47. & *fuiv.* & cy-aprés, le *n.* 190. & *fuivans.*

122 Le Lieutenant du Viguier de Touloufe prétendant être exempt des tailles à caufe de fon état, fut condamné le 24. Septembre 1517. par Sentence du Sénéchal de Touloufe à payer fa part. *La Rocheflavin*, *li.* 6. *tit.* 76. *Arr.* 7.

123 Le nombre d'enfans peut exempter le pere des tailles Royales. Arrêt du Parlement de Dijon du 7. Août 1573. mais non des tailles qui s'impofent pour les biens de la Communauté. Arrêt du 7. Juin 1581. *Bouvot*, *tome* 1. *part.* 2. *verbo*, *Tailles*, *queft.* 3.

124 Les Maire & Echevins pendant leurs charges, ne peuvent être exempts de payer la taille. Arrêt du Parlement de Dijon du 5. Decembre 1594. *Ibidem*, *queftion* 18.

125 Si les habitans d'une ville peuvent donner exemption à quelqu'un fur quelque confideration ? *V. Ibid.* *queft'on* 33.

126 Les Heraults d'Armes du Roy font exempts de la taille, en juftifiant qu'ils font couchez fur l'Etat, qu'ils font payez de leurs gages, & qu'ils fervent actuellement. Arrêt du Parlement de Dijon du 5. May 1600. *Ibid. queft.* 8.

117 Perfonne ne fe peut exempter de la taille par accord. Arrêt du Parlement de Dijon du 11. Juillet 1613. Cependant une Matrone ayant été à titre onereux pour fervir les femmes qui accoucheroient, l'exemption fut confirmée, par Arrêt du 24. Janvier 1614. *Ibid. queft.* 48.

118 Jugé le 14 Janvier 1632. en la Cour des Aydes de Paris, qu'une perfonne pourvûë de l'un des Offices de cent Gentilhommes de la Chambre du Roy, encore qu'il ne fût noble de race, ne laiffoit pas de joüir de l'exemption des tailles, & faifant oppofition à la taxe qui avoit été faite de fa perfonne, il fut dit qu'à bonne & jufte caufe, il s'étoit oppofé ; & faifant droit fur fon oppofition, qu'il feroit rayé du Rôlle des tailles : défenfes aux habitans de l'impofer, tant & fi longuement qu'il feroit inveftu dudit Office, rendroit fervice aux occafions, & qu'il ne feroit acte derogeant, & que les deniers par luy payez luy feroient rendus, par les mêmes voyes qu'il y avoit été contraint. *Journal des Aud. tome* 1. *liv.* 2. *chap.* 103.

119 Jugé en la Cour des Aydes de Paris le 14. Mars 1635. qu'un Maître de Pofte étoit exempt de tailles pour l'avenir ; & fur l'appel de la taxe de fa perfonne pour l'année, aprés l'Edit du 14. Janvier 1634. portant la fuppreffion du privilege de tels Officiers ; il fut mis hors de Cour, parce que la taxe avoit été faite avant la Declaration du Roy, portant qu'ils joüiroient de l'exemption nonobftant cet Edit ; fut pofé pour maxime que l'on ne mettroit point d'état en la Cour des Aydes des Maîtres des Poftes, mais feulement qu'il y avoit état de fix vingt chevaucheurs, & ainfi qu'il ne falloit pas s'arrêter fur le défaut d'être employé fur l'Etat de ladite Cour, puifqu'il ne s'en faifoit point. *Journal des Audiences*, *tome* 1. *liv.* 3. *ch.* 15.

130 Arrêt de la Cour des Aydes de Paris du 9. Avril 1672. autre du 11. Janvier 1690. qui ont maintenu non feulement les habitans de la Ville d'Amiens, mais

encore ceux de la banlieuë, dans la faculté de faire valoir leur terre dans des paroiffes taillables, fans payer tailles, les habitans d'Amiens prétendent même que leur exemption eft plus étenduë que celle des Bourgeois de Paris ; que ceux-cy ne peuvent faire valoir qu'une métairie, compofée d'une charruë, & encore dans l'étenduë de l'Election de Paris; mais qu'à l'égard des habitans d'Amiens, leur privilege n'eft limité ni dans le lieu, ni dans la quantité des charruës ; neanmoins c'eft une queftion de fçavoir fi ce privilege leur ayant été accordé à l'inftar de celuy des Bourgeois de Paris, dans un temps auquel il n'étoit pas limité, comme il eft aujourd'huy, la limitation qui en a été faite ne doit pas operer à l'égard d'Amiens. *Memorial alphabetique*, *verbo*, *Habitans*, *nombre* 23.

131 Arrêt de la Cour des Aydes de Paris du 29. May 1693. en faveur des Greffiers des Rôlles pour l'exemption des tailles. *Journal des Audiences*, *tome* 5. *liv.* 9. *chapitre* 9.

132 Les Collecteurs pour impofer à la taille un particulier qui en eft exempt, ne doivent prendre d'indemnité. *Voyez* le mot, *Indemnité*, *n.* 51.

133 Arrêt du Grand Confeil du 26. Novembre 1699. qui maintient les Invalides en l'exemption de la taille, & qui ordonne qu'ils joüiront de tous les privileges à eux accordez. *Voyez le Recueil des Arrêts notables imprimez en 1710. chez Michel Guignard*, chapitre 19.

TAILLE, BIENS DE LA FEMME.

134 Mary & femme, comment reglez pour le payement des tailles des biens dotaux. *V. Philippi, és Arrêts de confequence de la Cour des Aydes de Montpellier*, *article* 146.

135 Femme mariée eft taillable feulement au domicile du mary. Arrêt du Parlement de Grenoble du 24. May 1460. fi ce n'eft que le mary & elle foient trouvez au lieu du premier domicile d'elle. Jugé le 23. Avril 1574. *Papon*, *liv.* 5. *tit.* 11. *n.* 10.

136 De même qu'une piece noble peut être renduë roturiere par l'exprés confentement du poffeffeur, qui l'a baillé à emphyteofe, il peut auffi arriver *tacito poff foris confenfu*, que la taille ayant été payée longtemps pour un bien noble, elle ne pourroit plus en être affranchie. Arrêt de la Cour des Aydes de Montpellier, le 19. Janvier 1546. rapporté par *Philippi*, *article* 33.

137 La femme qui fe retire d'avec fon mary pour quelque querelle, faifant labourer fes terres, ne peut être mife à la taille, fon mary en étant exempt. Arrêt du Parlement de Dijon du 5. Février 1601. *V. Bouvot*, *tome* 2. *verbo*, *Taille*, *queft.* 2.

138 La veuve ayant des mineurs, ne peut être cotifée qu'à la moitié de la taille ; & fi elle fe remarie à un roturier, fon premier mary étant noble, elle perd fa nobleffe. Arrêt du Parlement de Dijon du 3. Juin 1605. *Bouvot*, *ibid. queft.* 69.

139 L'on ne doit comprendre dans les tailles pour dettes de communauté, les femmes qui fe font colloquées avant la creation des mêmes dettes. Arrêt du Parlement de Grenoble du 21. Novembre 1612. *Baffet*, *tom.* 2. *liv.* 3. *tit.* 3. *ch.* 3.

140 Mary n'eft tenu de payer la taille des biens de fa femme. Arrêt du Parlement de Grenoble du 16. Février 1619. quoique les tailles étoient *onera fruiciuum*, mais il fut remontré que la taille étoit perequée pour fes propres fonds, qui ne pouvoient pas être plus privilegiés que fi elle n'eût pas été mariée lors de la cotifation. *Baffet*, *to.* 1. *liv.* 3. *tit.* 2. *ch.* 6.

141 Mary feparée de corps & de biens d'avec fon mary, ne peut être impofée à la taille, quoiqu'elle faffe valoir à la campagne des biens confiderables, car la taille eft pure perfonnelle Arrêt de la Cour des Aydes à Paris du 7. Février 1676. Par autre du 23.

Qqqq iij

Septembre 1683. il a été jugé qu'une femme séparée, quoiqu'elle ait autre habitation que celle de son mari, n'est pas imposable; mais ce n'étoit pas là une question après ce qu'avoit été jugé par l'Arrêt de 1676. parce que la femme ne demeurant pas avec son mary, cela marque davantage la sincerité de la séparation. *V. le Memorial alphabetique*, verbo, *Femme*.

142   Femme noble d'extraction qui épouse un roturier, a besoin de Lettres de réhabilitation, autrement taillable. Jugé à la Cour des Aydes le 17. Janvier 1676. *Journal du Palais*. Voyez M. Expilly, *Plaidoyé* 1. Le contraire a été jugé. *Voyez Memorial alphabetique*.

TAILLES, FERMIERS.

143   Métayers des Nobles doivent être mis & imposez à la taille. Arrêt du mois de Février 1537. *Biblioth. de Bouchel*, verbo, *Métayers*.

144   Bien que les Maîtres soient exempts de payer la taille, les Fermiers ne peuvent prétendre l'exemption. Arrêt de la Cour des Aydes de Montpellier du 16. Janvier 1549. contre le Rentier d'un Commandeur de Saint Jean de Jerusalem. *V. Philippi*, *art.* 22.

145   Grangiers & Métayers à moitié doivent la taille où est leur grange, & ne peuvent être imposez ailleurs. Arrêt du Parlement de Paris du 13. Mars 1553. *Papon, liv. 5. tit. 11. n. 35.*

146   Celuy qui est Amodiateur d'un fourneau, ayant domicile au lieu où il est cottisé, ne peut être aussi cottisé au lieu du fourneau. Arrêt du Parlement de Dijon du 11. Juillet 1611. *Bouvot, tome 2. verbo, Taille, question* 83.

147   Arrêt du Parlement d'Aix du 21. Octobre 1643. qui a jugé que les Fermiers ou Métayers ne payent point les tailles en cette qualité. *Boniface, tome 2. part. 3. liv. 2. tit. 2. ch. 13.*

148   Le 27. Novembre 1665. jugé au même Parlement de Provence que le Fermier du Seigneur jouit de la franchise de la taille imposée sur le bétail, jusques à la concurrence du bien noble. *Ibid. ch. 14.*

149   Les Fermiers même en sont exempts, tant qu'ils demeureront Fermiers, & tiendront les biens de l'Eglise; ainsi jugé par Arrêt contradictoire du Grand Conseil du 11. Septembre 1651. & par Arrêt du Conseil d'Etat du 30. Octobre 1670. rapporté *Ibid. à la fin du 3. tome dans l'adition à la 4. partie.*

150   Par Arrêt du 31. Juillet 1693. contre les habitans de Meri, défenses d'imposer en leurs Rôlles les habitans des Paroisses de l'Election de Paris, qui ne possederoient en leur Paroisse que 25. arpens de terre, ou d'autres heritages dépendans de leurs Fermes situées dans les Paroisses de l'Election de Paris; il faut observer que si le Fermier avoit une grange dans l'Election où il fait valoir la moindre partie de sa Ferme, & qu'il y engrangeât les grains qu'il recueille sur les terres, étant dans ladite Election, il y seroit valablement taxé, pour peu qu'il y fit valoir. *Memorial alph.* verbo, *Fermiers, n.* 3.

151   Un Fermier à present est imposé au lieu de la Ferme & de l'heritage, quoyqu'il soit imposé ailleurs pour ses biens propres. *Voyez Henrys, tome 1. liv. 4. chap. 6. quest.* 86.

152   *Henrys, tome 1. liv. 4. chap. 6. quest.* 88. & *suiv.* parle de la taille dûe au Roy; il établit que les Fermiers qui exploitent des Fermes en differentes Paroisses, ou qui ont des heritages à eux appartenans dans une autre Paroisse, doivent être imposez dans les lieux où les Fermes sont situées, & dans ceux où ils ont leurs biens, ou font leur domicile; mais il n'en est pas de même, lors que c'est un particulier qui possede des biens en differentes Paroisses, il ne peut être imposé que dans celle où il a son domicile; suivant deux Arrêts rendus en la Cour des Aydes de Paris, rapportez par l'Auteur, *tome 2. liv. 4. question* 30.

TAILLE, FONDS NOBLE OU ROTURIER.

153   Roturiers tenans Fiefs nobles de celuy à qui la

taille est dûe, ne doivent point être imposez à la taille, pour raison des mêmes Fiefs: il faut que trois choses concourent ; la 1. que ce soit Fief où il y ait Justice & Sujets; la 2. qu'il y ait investiture par le Prince, & reception en foy & hommage; la 3. qu'ils vivent noblement. *Papon, liv. 5. tit. 11. n. 28.* Cela n'est plus observé; car tels Fiefs n'annoblissent pas.

154   Sur l'annoblissement d'une metairie roturiere en Bretagne, & que cela ne s'est pû faire sans indemniser la Paroisse où elle est assise. L'Arrêt du mois de Decembre 1600. ordonne que le demandeur sera décharger dans six mois la Paroisse de deux seux que portoit sa metairie, autrement tenu de dédommager jusqu'à concurrence. *Le Bret, action* 40.

155   Arrêt du Parlement d'Aix du 13. Novembre 1628. qui a jugé que les biens des Seigneurs de fief, ne peuvent être encadastrez avant la declaration de roture, & neanmoins les Seigneurs condamnez aux arrerages des tailles des biens roturiers. *Boniface, to. 4. liv. 3. tit. 10. ch. 1.*

156   Le 13. Juin 1644. Arrêt qui a ordonné que les autres biens nobles seroient appellés à surfis pour un quart de la taille; il s'agissoit de sçavoir si un Coseigneur qui n'a qu'un peu de Jurisdiction, & tous ses autres biens étant roturiers, devoit être exempt de la taille. *Boniface, to. 4. liv. 3. tit. 9. ch. 1.*

157   Fonds nobles retirés d'un roturier par un Noble en vertu de substitution, demeurent sujets à la taille, si l'ouverture du Fideicommis a été faite avant le Reglement du 24. Octobre 1639. Arrêt du 15. Mars 1658. & è converso les fonds retirez par un Noble en vertu d'un Fideicommis sont exemptez de taille. *V. Basset, tom. 1. liv. 3. tit. 3. chap. 2.*

158   Arrêt du 13. Septembre 1670. qui a jugé que le bien feodal franc de taille, d'ancienneté devient roturier, quand il se trouve dépouillé de Jurisdiction. *Boniface, to. 4. liv. 3. tit. 11. ch. 1.*

159   Arrêt du 12. Janvier 1675. qui a reglé la qualité des tailles ausquelles sont sujets les Seigneurs feodataires en Provence, comme forains; & a déclaré que le Seigneur ayant vendu le bien roturier à un habitant, à la charge qu'il payeroit toutes les impositions & tailles de la Communauté, le successeur Seigneur, heritier ou rétrayant, jouit des décharges accordées aux Seigneurs comme forains, nonobstant les contracts & charges imposées à l'acquereur. *Boniface, tome 5. liv. 6. tit. 4. ch. 2.*

TAILLES, GENS DE GUERRE.

160   Arrêt du 8. Avril 1693. qui enjoint aux Lieutenans & Elûs de toutes les Elections du ressort, de mander à tous Asseeurs de taxer & cottiser aux tailles, & autres levées de deniers, tous les Nobles de profession des armes, qui n'ont servi & ne servent le Roy en ses guerres; ainsi qu'ils y sont tenus par les Edits & Ordonnances, & dés-à-present les déclarer déchûs de tous privileges. *Le Bret, Action* 3.

161   Gens de guerre exempts de la taille. Cela se jugeoit ainsi depuis long-temps; il y en a un Arrêt du mois de Février 1596. rapporté dans la 19. Action de M. le Bret. L'Edit du mois de Mars 1600. les conserve dans l'exemption tant qu'ils servent, & aprés 25. ans de services, en obtenant Lettres Patentes, qui seront enregistrées és Cour des Aydes.

162   Contrôleurs ordinaires des guerres joüissent du privilege & exemption des tailles sans servir actuellement, sinon aux occasions, & lors qu'ils sont commandez, & sans être obligez de rapporter chaque année des certificats de service. Arrêt du 28. Août 1682. Cour des Aydes. *De la Guessiere, tome 4. liv. 5. chapitre* 27.

TAILLES, GENTILSHOMMES.

163   Claude Condebout condamné à payer des tailles & subsides, tandis qu'il a fait trafic de marchandises; défenses de l'imposer à l'avenir, attendu sa déclaration que doresnavant il veut vivre noblement. Arrêt

du Parlement de Bretagne du 6. Février 1571. Du Fail,
liv. 2. chap. 411.

164 Bâtards des Gentilshommes legitimez par le Roy,
ne joüissent comme Nobles de l'exemption des tailles, s'ils n'obtiennent Lettres d'annoblissement, fondées sur quelque grande consideration de leurs me-
rites ou de leurs peres. Arrêt du mois de Juin 1598.
V. la 35. action de M. le Bret, & l'art. 16. de l'Edit sur
le fait des tailles du mois de Mars 1600.

165 Si celuy qui est annobli par le Prince, peut être
imposé aux tailles pour les biens ruraux? V. Bouvot,
tome 2. verbo, Taille. quest. 82.

166 Celuy qui a été imposé à la taille, se prétendant
Noble, peut être maintenu en possession, jusqu'à ce
que l'on ait prouvé qu'il a dérogé à la noblesse. Arrêt
du Parlement de Dijon du 12. Decembre 1608. Ibid.
verbo, Noblesse, quest. 2.

167 Les Gentilshommes ne peuvent joüir & exploiter
par leurs mains ou par leurs serviteurs, plus d'une
Terre & Seigneurie. Arrêt du Conseil d'Etat du 22.
Octobre 1650.

TAILLES EN GUYENNE.

168 Si les tailles sont réelles ou personnelles en Guyenne, & si l'on peut transiger pour raison d'icelles?
Arrêt du mois de Mars 1597. qui ordonne que les
Religieuses de Proüillan seront rayées des Rôles, en
payant neanmoins la somme de 10. livres par chacun
an au desir d'une ancienne transaction. Par là on jugeoit que les biens composant la dot & ancien patrimoine de la maison n'étoient pas taillables. Voyez
la 39. Action de M. le Bret.

TAILLES, HAMEAUX, PAROISSES.

169 Il est défendu de séparer & distraire les hameaux
du corps des Paroisses pour lever la taille, cette séparation étant onereuse & causant la multiplicité des
Collecteurs. Arrêt de la Cour des Aydes du 16. Mars
1560. & un autre du mois de Février 1596. qui fait défenses à tous les Elûs du ressort de la Cour de diviser
& démembrer les Paroisses en leurs Elections sans
Lettres Patentes du Roy bien & dûement verifiées,
sur peine de suspension de leurs Charges. Papon, liv.
5. titre 11. nomb. 38.

170 Les departemens des tailles, suivant l'Ordonnance
se doivent faire selon les Paroisses sans distraire les
hameaux & censes des villages, quoiqu'il y ait secours à part. Arrêt du 8. Mars 1563. pour les habitans
d'Aunay, contre ceux de Savigny: & en cas de dol
ou malversation, il faut faire appeller les habitans &
Asséeurs; & furent pour tel cas les Gouverneurs &
Echevins de Montereau condamnez en leur propre
nom aux dépens, dommages & interêts. Par Arrêt
du 18. Decembre 1563. Papon, livre 5. titre 10. nombre 2.

171 Tailles se payent par terroirs & Jurisdictions, non
par Paroisses. Philippi, art. 5. en rapporte plusieurs
anciens Arrêts de la Cour des Aydes de Montpellier;
mais il ajoûte que quand il y a trop d'incommodité,
dans la levée des deniers, on juge au contraire; il
cite un Arrêt du 17. Mars 1586.

172 Quoiqu'on paye la taille en la Paroisse dont on est
sorti, on n'est exempt des charges de la Paroisse,
comme d'Asséeur, Collecteur, &c. Arrêt du 4. Janvier 1610. cependant on alleguoit que les deux Paroisses étoient en un même village; la raison décisive
fut que l'Edit n'ajoûtoit point que ceux qui transpor-
toient leur domicile supporteroient les Charges. Plaidoyers de Corbin, chap. 47.

173 Les hameaux ne peuvent être imposés à la taille
& autres impositions séparément des Paroisses dont
ils dépendent, & par des Rôles particuliers; il faut
des Lettres Patentes du Roy pour faire de semblables désunions des hameaux d'avec les Paroisses dont
ils font partie. Arrêt de la Cour des Aydes de Paris
du 21. Août 1686. Au Journal des Audiences, tome 5.
liv. 2. chap. 7.

HERITIERS DU TAILLABLE.

174 Les heritiers d'un Taillable décedé entre la confection du Rôle & la verification doivent acquitter sa
collecte. Les Collecteurs excipoient de leur bonne-
foy; ils ne prévoyoient pas le décès; d'ailleurs,
quand ils auroient rayé la personne décedée, ils auroient pû employer ses heritiers en son lieu. Arrêt
de la Cour des Aydes à Paris du 22. Janvier 1684.
Mercurial alphabet. verbo, Taillables.

TAILLES, PREMIER HUISSIER.

175 La veuve du premier Huissier au Parlement de Dijon a été déchargée de la taille, & qu'elle seroit tirée du Rôle des tailles. Jugé à Dijon le 25. Février
1669. Journal du Palais.

TAILLES, HYPOTHEQUE.

176 Des hypotheques des tailles. Voyez le mot Hipothe-
ques, nomb. 258.

TAILLES, INSENSE'.

177 Phraeneticus seu insanus ac furiosus, non ratione perso-
nae sed ratione possessionum vectigalibus tributisque annuis
est obnoxius. Arrêt du 10. Juillet 1602. Mornao, l. 1.
§. interdum ff. de aedilitio edicto, &c.

178 Un Bourgeois de Paris fut interdit à cause de sa
démence, sa femme luy ayant été crée curatrice, crut
que la campagne pourroit contribuer au recouvrement de la santé de son mary, elle l'y mena, & après
y avoir demeuré sept années, les habitans s'aviserent
de l'imposer aux tailles & au sel. Cette femme paya
l'imposition du sel & un quartier de taille volontairement: en cet état le mari venant à mourir, la femme
s'opposa aux impositions qui avoient été faites de la
personne de son mary, & prétendit qu'étant en démence, & ne pouvant joüir des avantages de la vie
civile, il n'étoit pas juste de luy faire porter les charges publiques, qu'ainsi il y avoit lieu de luy restituer les sommes qu'elle avoit payées. Par Arrêt du
5. Septembre 1664. qui se voit au Journal des Audiences, tome 2. page 758. avec le Plaidoyé de M. Bouville lors Avocat General en la Cour des Aydes, les parties furent mises hors de Cour, sur l'appel interjetté par cette femme des Sentences des Elûs, qui l'a-
voit déboutée de son opposition: neanmoins défenses
aux habitans de l'imposer à l'avenir, il semble qu'on
n'ait omis quelques circonstances en recueillant cet Arrêt, qui empêchent d'en tirer une décision certaine,
parmi plusieurs consequences qui en resultent; on ne
dit point si la femme faisoit valoir ou non dans la
Paroisse où elle s'étoit retirée avec son mary; il y a
bien de l'apparence que non: car si elle eût fait valoir quelques biens dans la Paroisse étant curatrice
de son mary, on ne peut pas dire qu'elle fût en sa
puissance, & par consequent elle faisoit chef de sa
famille, & pouvoit raisonnablement être imposée,
ainsi que l'auroit pû être une femme veuve Bourgeoise de Paris qui transfereroit son domicile à la campagne où elle feroit valoir son bien & demeurant ordinairement. D'ailleurs par cet Arrêt qui fait défenses
aux habitans d'imposer cette femme à l'avenir, on ne
luy fait point d'injonction de revenir demeurer à
Paris, suivant la faculté qu'en ont les veuves dans
les quarante jours du décès de leurs maris; ce qui fait
croire qu'elle y étoit revenuë: car autrement, si elle
eût encore resté à la campagne après la mort de son
mary, l'Arrêt ne l'auroit pas déchargé à l'avenir, à
moins qu'on ne dise que la veuve d'un Bourgeois de
Paris peut demeurer à la campagne sans y être imposée, ce qui n'a ni exemple ni apparence. Memorial
alphabetique, verbo, Femme, nomb. 9.

TAILLES, INTERESTS.

179 Interêts ne sont dûs d'étapes ni d'autres tailles.
Voyez le mot, Interêt, nombre, 264.

TAILLES, JUGES.

180 Les Officiers de Hodé ajournés devant le Sénéchal
de Rennes de la part des Paroissiens de Genesé, en
cas de malversation & surhaussement de Taille;

disent qu'ils ne répondront & plaideront à Rennes, mais au Conseil Privé du Roy seulement, d'autant qu'il y a interdiction par les Lettres, en vertu desquelles ils ont été appellez en procez. Le Juge ordonne qu'ils répondront; ils appellent & disent qu'en pareils termes il a été ordonné que les Parties se pouvoiroient ou être devroit; aussi qu'il faut déferer aux Lettres du Roy. Les Paroissiens disent que l'Arrêt allegué par les Officiers est en autres termes, que l'interdiction se doit prendre en cas que quelqu'un prétendroit exemption, & non quand il n'y va que de l'interêt particulier. Arrêt du Parlement de Bretagne du 17. Octobre 1575. *Du Fail, livre 1. chapitre 386.*

181   Arrêt du Parlement d'Aix du 7. Mars 1642. donné en la Cour des Comptes, Aydes & Finances, qui attribuë aux Lieutenans la connoissance de l'opposition aux executions faites pour les tailles ordinaires. *Boniface, tome 1. liv. 1. titre. 10. n. 5.*

182   Le 4. May 1645. autre Arrêt qui a déclaré que les Reglemens sur le fait de la taille, ne sont point de la connoissance de la Cour des Aydes, mais bien du Parlement. *Boniface, tome 2. part. 3. liv. 2. tit. 2. ch. 3.*

183   Le 2. ou le 3. Juin 1660. au Parlement de Toulouse en la cause du sieur Marquis Dauduze & d'un Collecteur de 1647. 1651. & 1652. la distribution étant pendante en la Cour, le Collecteur qui demandoit d'être renvoyé en la Cour des Aydes, fut débouté de ses fins de non proceder : la raison est qu'une distribution ne peut être attirée ailleurs, & qu'il ne s'agissoit pas si les tailles étoient duës ou non des biens du distributaire, ce qui est de la competence de la Cour des Aydes; mais de sçavoir en quel rang elles doivent être alloüées; joint à cela qu'après certain temps les arrerages de tailles *abeunt in creditum.* Albert, verbo, Tailles, art. 1.

TAILLE JUREE.

184   Taille jurée, qui se paye sans enquerir de la valeur des biens des habitans, dont est fait mention, és Arrêts du Parlement de Paris du 26. May & 1. Juin 1403. 3. Juillet 1406. où la taille est jurée; & un Arrêt du dernier May 1477. *Bibliotheque de Bouchel, verbo, Tailles.*

TAILLES EN LANGUEDOC.

185   Tailles sont réelles en Languedoc : Gens d'Eglise & Nobles les payent aussi bien que les Officiers du Parlement. *Voyez sur cette matiere Corbin, en son traité des Aydes, & Recüeil, tome 1. liv. 5.*

186   Les tailles étant réelles en la Province de Languedoc, nul Office, nul employ n'en est exempt; les Docteurs, Regens de l'Université de Toulouse & les Officiers du P. en étoient exempts par les privileges que les Rois Louis XI. & Charles VIII. leur avoient accordés aussi bien qu'aux autres Officiers de la Province; mais ladite exemption a été revoquée par l'Edit de François Premier du 18. Juin 1535. & quoique depuis, un Roy ait accordé aux Professeurs de Medecine de ne pas payer la taille, neanmoins ils y ont été condamnez par Arrêt de la Cour des Aydes de Montpellier du 17. Février 1541. *Graverol sur la Rocheslavin, liv. 5. lettre V. tit. 1. Arrêt 36.* où il ajoûte, l'on peut dire qu'en Languedoc, la taille non plus que la mort n'épargne personne.

TAILLES, MAJEURS.

187   Celuy qui est âgé de 25. ans, Marchand, trafiquant & en pension, peut être imposé, quoiqu'il ne soit marié, ni tenant feu & lieu. Arrêt du Parlement de Dijon du 22. Novembre 1593. *Bouvot, to. 2. verbo Taille, quest. 16.*

188   Un majeur quoique non marié, ne tenant ni feu ni lieu, peut être imposé à la taille. Arrêt du Parlement de Bourgogne du 29. Janvier 1610. *Bouvot, to. 1. part. 1. verbo Majeur, quest. 2.*

189   Un majeur maniant ses biens, demeurant en la maison de son oncle, peut être cottisé à la taille. Arrêt

du 29. Février 1610. *Bouvot, to. 2. verbo Taille, 977.*

TAILLES, MEDECINS.

La disposition du Droit Romain touchant le privilege des Medecins n'a lieu en ce Royaume. Arrêt du   150 mois d'Août 1595. qui ordonne qu'un Medecin demeurera compris aux rôles des tailles, & neanmoins eu égard aux services par luy rendus au Public, & tant qu'il les continuëra, qu'il ne sera taxé à plus haut que 60. sols, *Voyez la 12. action de M. le Bret.*

Par Arrêt du 7. Decembre 1629. il a été jugé qu'un   191 Medecin abonné avec les habitans de Montfort à dix sols de taille, ne peut être imposé à plus grande somme, la convention faite pour bonne cause & récompense de services étoit favorable. *Bardet, to. 7. li. 3. chap. 69.*

Voyez le mot *Medecins, nomb. 47. & suiv.*

TAILLES, MINEUR.

Si les mineurs peuvent être imposez à la taille ?   192 *Voyez* le mot *Mineur, n. 177. & suiv.*

Arrêt aux Generaux des Aydes à Paris en faveur des   193 mineurs, pour l'exemption de la taille. *Voyez la Bibliotheque de Bouchel, verbo Mineurs.*

Arrêt de la Cour des Aydes de Paris du 20. Mars   194 1550. par lequel les Consuls de saint Bonnet en Forêts ont été condamnez aux dépens pour avoir imposé une mineure à la taille; la mineure fut declarée exempte. *Papon, liv. 5. tit. 11. n. 34.* où il observe que le tiers état du pais de Forêts s'étant retiré vers le Roy, & ayant representé que l'exemption des mineurs riches & assez devenoit onereuse à ses pauvres sujets, il y eut une Déclaration du Roy adressante à Messieurs de la Cour des Aydes pour n'avoir plus égard à telles exemptions, la Cour refusa de la verifier.

Les mineurs ne sont point tenus aux tailles Royal-   195 les, ni à celles qui se font pour les affaires de la communauté. Arrêt du Parlement de Dijon du 3. Février 1582. *Bouvot, to. 1. part. 3. verbo Mineur, quest. 5.*

Les mineurs étant en puissance de Tuteurs & Cu-   196 rateurs, ne doivent être imposez à la taille. Arrêt du Parlement de Dijon du 28. Février 1594. *Bouvot, to. 2. verbo Taille, quest. 17.* Arrêts semblables rapportez en la *question* 23.

Le mineur qui fait trafic, tient feu, laboure ses   197 terres, peut être imposé à la taille. Arrêt du Parlement de Dijon du 16. Decembre 1616. *Bouvot, to. 2. verbo Taille, quest. 59.*

Si un jeune homme qui n'a ni feu ni lieu, étant en   198 pension, est cottisable à la taille comme un autre habitant? *Voyez Bouvot, ibidem quest. 60.*

Le 26. Janvier 1594. par Arrêt des Generaux, or-   199 donné que le Curateur des filles de M. Robert Garnier Conseiller au Grand Conseil, seroit rayé du rôle des tailles, & autres impositions de la Ville du Mans, parce qu'elles étoient mineures, & que ce qu'il avoit payé luy seroit rendu. M. le Bret Avocat du Roy dit que par les Arrêts les mineurs au dessous de 20. ans ne sont point contribuables aux tailles. *Bibliotheque de Bouchel, verbo Exemptions.*

Mineurs exemptez de la taille jusqu'à ce qu'ils ayent   200 atteint un âge legitime. Arrêt du mois d'Avril 1596. *Voyez M. le Bret, action* 41.

Henrys, to. 1. liv. 4. chap. 6. quest. 89. établit que   201 dans la Province du Lionnois, Forêt & Beaujolois, les mineurs joüissent à la verité de l'exemption des tailles, mais que ce privilege ne dure que jusqu'à l'âge de dix-huit ans. Il rapporte differens Arrêts du Conseil & de la Cour des Aydes; les premiers restraignent le privilege à l'âge de 18. ans : les seconds l'étendent jusqu'à l'âge de 25. ans, mais dans la question suivante il rapporte un Arrêt du Conseil du Roy du premier Octobre 1650. qui ordonne que celuy du 21. Février 1609. sera executé selon sa forme & teneur, ce faisant que les mineurs qui auront atteint l'âge de 18. ans, seront compris au rôle des tailles à raison de leurs biens, ainsi qu'il a été pratiqué de

de tout temps en ladite Province, nonobstant tous Arrêts de la Cour des Aydes, & Ordonnances des Officiers de l'Election de la Generalité de Lyon. Il faut que cet âge soit accompli au commencement de l'année, ensorte que le mineur ne doit pas être imposé, quoyque lors du département ou de l'imposition il eût 18. ans accompli, s'il ne les avoit pas au commencement de l'année, parce que la taille est dûë dés le commencement de l'année, quoyque le partage ne se fasse que long-temps après.

201 Au pais de Forêt l'exemption de la taille pour les mineurs s'étend jusques à 25.ans, & non jusques à 18. ans. Arrêt de la Cour des Aydes du 7. Mars 1646. *Henrys, to. 1. liv. 4. ch. 6. q. 87.*

203 Arrêt du Conseil qui ordonne, nonobstant l'Arrêt de la Cour des Aydes, que les mineurs qui auront l'âge de 18. ans, seront compris au rôle des tailles au pais de Forêt à raison de leurs biens. L'Arrêt est du premier Octobre 1650. *Henrys, ibidem. q. 88.*

TAILLES, MONNOYERS.

204 Sur le privilege des monnoyers. Jugé qu'ils ne le conservent point en transferant leur domicile d'une monnoye à l'autre. Il fut ordonné que l'appellant seroit rayé des tailles tant & si longuement qu'il demeurera en la Ville & Banlieuë de S. Lo, & qu'il servira actuellement en la monnoye d'icelle. Arrêt du mois de Février 1601. *Le Bret, action 46.*

TAILLES, MOULINS.

205 Ceux qui afferment les moulins de Gonnesse ne peuvent être mis à la taille dés la premiere année de l'occupation & demeure qu'ils font dans la Paroisse pour raison desdits moulins. Jugé le 8. Août 1691. en la premiere Chambre de la Cour des Aydes de Paris. *Journal des Aud. to. 5. liv. 7. ch. 41.*

TAILLES NEGOCIALES.

206 Les tailles negociales sont préférables à une rente fonciere, même aux dots des femmes à proportion de ce que chaque fonds a été cottisé en l'écart general. *Voyez plusieurs Arrêts du Parlement de Grenoble dans Basset, to. 1. li. 3. tit. 3. ch. 6.*

207 Les Cottisez sont recevables à former opposition, sans consigner en fait de tailles negociales. Arrêt du 10. Septembre 1667. *Basset, to. 1. li. 3. tit. 2. ch. 11.*

208 Arrêt du Conseil d'Etat du 17. Janvier 1680. portant qu'il sera donné avis à sa Majesté par M. Roüillé Intendant, sur la plainte du tiers état de Provence contre les Arrêts obtenus par les Nobles, du rétablissement de la franchise des tailles negociales, & de la compensation des biens nobles alienez avec les roturiers acquis. *Boniface, to. 5. liv. 6. tit. 4. ch. 6.*

TAILLES, OFFICIERS DES MAISONS ROYALES.

209 Les Officiers domestiques des Enfans de la Maison de France, sont exempts de taille. Arrêt du mois de May 1596.

210 Un Capitaine ayant porté les armes du Roy, ne peut être imposé à la taille, s'il y a servi vingt cinq ans, quoyqu'il n'ait d'exemption du Roy. Arrêt du Parlement de Dijon du 2. May 1608. *Bouvot, to. 2. verbo Taille, quest. 76.*

211 Declaration portant qu'aucun Officier des Maisons Royales ne sera exempt de tailles, s'il ne sert actuellement, & n'est couché sur l'Etat. A Paris le 8. Septembre 1610. reg. en la Cour des Aydes le 22. du même mois. *Neron, p. 865.*

212 Un Garde du Roy est exempt de payer les Tailles Royales, non celles de la Communauté. Arrêt du Parlement de Dijon du 4. Juillet 1619. *Bouvot, to. 2. verbo Taille, quest 37.*

213 Declaration du Roy du 23. Octobre 1680. verifiée le 13. Novembre suivant, portant que les Officiers des Maisons Royales, possedans des Charges de Judicature, seront imposez à la taille tant qu'ils demeureront pourvûs conjointement des deux Offices. *De la Guessiere, tome 4. livre 3. chapitre 24.*

Tome III.

On ne peut imposer à la taille celui qui est pourvû 214 d'une Charge de Marchand Mercier & Joüaillier de la Garderobe du Roy, couché & employé sur l'Etat mis au Greffe de la Cour des Aydes, tant qu'il rend service actuel & ne fait acte dérogeant à son privilege. Arrêt de la Cour des Aydes de Paris du 18. Juin 1687. *Journal des Audiences, tome 5. liv.3. ch. 8.*

Un Chirurgien s'étant fait pourvoir d'un Office 215 commensal de Mademoiselle de Montpensier prétendoit joüir des privileges attribuez à sa Charge. Les habitans soûtinrent au contraire que ce Chirurgien exerçant toûjours la Chirurgie, étoit imposable, nonobstant son privilege auquel il dérogeoit. Par Arrêt du 9. Août 1690. auroit été donné acte à l'Officier de la declaration par luy faite qu'il entendoit & ne vouloit plus faire à l'avenir la Chirurgie, & en consequence défenses aux habitans Asséeurs & Collecteurs au lieu de la demeure de l'Officier de l'imposer tant qu'il seroit Officier, rendroit service actuel, & ne feroit acte derogeant. *Memorial alph. verbo Chirurgien.*

Privilegié payant volontairement la taille, n'est pas 216 pour cela déchû de son privilege. Un privilegié Officier de la Reine ayant été imposé à la taille en 1674. se pourvût en radiation pardevant les Elûs de Mondidier, qui le confirmerent en son privilege; les habitans du lieu de sa demeure interjetterent appel de la Sentence, & continuerent à l'imposer. Pendant le Jugement de l'appel le privilegié decéda; sa veuve faute de conseil crut qu'elle ne pouvoit s'eviter de payer, & en effet elle paya la taille jusqu'en 1695. sans se plaindre; mais en 1696. mieux instuite de son droit, elle s'opposa en radiation, & par Sentence des Elûs de Mondidier elle fut déchargée de la taille de 1696. les habitans interjetterent appel. Par Arrêt de la Cour des Aydes du 10. May 1697. la Sentence fut confirmée avec amende & dépens. *Ibidem, verbo Privilegié, n. 9.*

Un Officier Commensal de la Maison du Roy, 217 faisant un commerce au lieu de sa résidence, fut imposé aux tailles. Cet Officier reconnoissant sa dérogeance paya la taille quelque temps; il fit ensuite publier au Prône & registrer au Greffe sa translation de domicile, déclarant qu'il alloit demeurer à Paris. Nonobstant cette translation de domicile, les habitans & Collecteurs de sa Paroisse où il demeuroit, l'imposerent dans leur Rôle l'année suivante de sa translation; il s'opposa, & sur le fondement de son privilege, il demanda la radiation de son taux; les Elûs le déchargerent de l'imposition. Les habitans interjetterent appel de cette décharge; ils soûtinrent que l'Officier n'avoit pas cessé de déroger dans leur Paroisse, étant venu demeurer à Paris, où même il tenoit une Hôtelerie, qui étoit encore une suite de sa dérogeance, ou du moins une chose répugnante à sa Charge. La Cour des Aydes de Paris par Arrêt du mois de Juin 1697. en infirmant la Sentence des Elûs, ordonna l'execution du Rôle des Tailles de la Paroisse du lieu où il demeuroit, & qu'il seroit imposé dix années de suite, avant qu'il pût acquerir la franchise de la même maniere qu'un particulier habitant qui seroit venu demeurer à Paris, sans être revêtu d'aucun privilege. Cet Arrêt fait connoître que ce privilege devoit cesser de déroger & se faire rayer du Rôle au lieu de sa demeure avant que de transferer son domicile à Paris ou autre Ville franche. On peut croire neanmoins que si cet Officier n'avoit point fait de commerce à Paris, il n'eût été condamné à payer la taille en sa derniere demeure, que jusqu'à ce qu'il eût acquis son domicile en ladite ville par an & jour; ainsi à l'égard des habitans taillables, qui après s'être fait pourvoir d'une Charge qui emporte un privilege, déclarent qu'ils vont demeurer en lieu exempt de tailles, comme par exemple les Archers de Ville à Paris. *Memorial alphabetique, verbo Privilegié, n. 10.*

218
&
219
Officiers de la Maison du Roy & des Maisons Royales qui ne sont pas capables de remplir les fonctions de leurs Offices , doivent être privez de leurs Charges & imposez aux tailles , suivant une Ordonnance de Loüis XIII. au mois de Janvier 1619. Un Maréchal ferrant de la Compagnie de Monsieur de Lauzun, ayant été imposé,& rayé du Rôle par Sentence des Elûs du Mans; sur l'appel de cette Sentence les habitans demanderent à faire preuve que ce Maréchal n'en sçavoit point le métier ; mais comme le Maréchal dérogeoit à son privilege,parce qu'il faisoit valoir le bien de son beaufrere , la Sentence fut infirmée sur ce principe , & luy condamné à payer la taille, & sur la Requeste des habitans , il fut mis hors de Cour quant à present ; ce qui fait voir que cessant ladite dérogeance, on auroit admis la preuve de l'incapacité. Arrêt de la Cour des Aydes du mois d'Août 1703. *Memorial alphabetique* , verbo *Officiers.*

TAILLES , OFFICIERS DE MARECHAUSSE'E.

220
Commissaire du Prévôt des Maréchaux , qui est exempt de la taille , ne doit joüir du privilege pendant qu'il exerce l'Office de Grenetier , à cause de l'incompatibilité. Arrêt du dernier Août 1655. *Bardet* , to. 2. liv. 4. chap. 27.

221
Par Arrêt de la Cour des Aydes de Paris,du 21 Février 1659. il a été ordonné à la requisition de M. le Procureur General , que les Archers des Prévôts des Maréchaux ne joüiront de l'exemption des tailles que jusqu'à 5. livres, qui leur seroient déduits sur les cottes ausquelles ils seroient imposez par les Rôles, conformément aux Edit & Declarations du Roy , Arrêts & Reglemens de la Cour. *Memorial alphabetique* , verbo *Officiers,* n. 31.

222
Déclaration portant révocation des privileges & exemptions des Tailles, accordées aux Officiers des Maréchaussées. A S. Germain en Laye en Septembre 1661. registrée en la Cour des Aydes de Normandie le 17. Octobre suivant. 9. *Volume des Ordonnances de Loüis XIV.* fol. 232. & 245.

TAILLES , PERES ET MERES.

223
C'est une maxime certaine que les peres & meres, qui de leur vivant donnent leurs biens à leurs enfans, ne s'affranchissent pas de l'imposition : si les enfans demissionnaires , quoiqu'exempts & privilegiez, doivent la payer, ils n'ont que la voye du surtaux, si ces cottes sont excessives. *V. le Memorial alphabetique*, verbo *Démission & enfans.* Le Président de la Barre en son *Formulaire des Elûs,* dit au ch.37. p.177. que si les enfans succedent aux biens de leurs peres taillables par démission ou en avancement de succession demeurant avec les peres,ils doivent être cottisez conjointement ; neanmoins avec distinction les peres à peu de chose, les enfans à une somme plus considerable , comme joüissans des biens de leurs peres.

224
Pere ou mere revenant par droit de retour en possession des biens dont ils se sont démis, sont imposables. Arrêt de la Cour des Aydes à Paris du mois de May ou Juin 1697. *Memorial alphabetique* , verbo *Pere.*

225
Le père qui a douze enfans , est exempt de toutes tailles personnelles & patrimoniales. Arrêt du Parlement de Dijon du 13. Juillet 1557. *Bouvot, tome* 2. verbo *Taille, quest.* 50.

226
Celuy qui a douze enfans est exempt de payer la taille. Jugé par Arrêt du Parlement de Dijon du mois de May 1592. *Ibidem,* verbo *Privileges, quest.* 1.

227
Le fils marié , quoyque demeurant avec son pere, peut être imposé. Arrêt du Parlement de Dijon du 22. Mars 1600. *Bouvot, to.* 2. verbo *Taille, quest.* 12.

228
Le pere qui a douze enfans , quoyque l'un d'iceux vienne à déceder, doit neanmoins être exempt de payer toutes Tailles Royales & subsides. Arrêt du Parlement de Dijon du 14. Février 1607. *Ibidem ,* verbo *Privileges, quest.* 3.

229
Le pere ayant onze enfans , & une fille de sa fille

---

morte, qu'il tient en sa maison, ne doit être déchargé de la taille. Arrêt du Parlement de Dijon du 13. Mars 1617. *Bouvot, ibidem, quest.* 6.

TAILLES PERSONNELLES.

230
Tailles sont estimées plus personnelles que réelles, étant les personnes taillables seulement ès lieux de leur domicile. Arrêts des 21. May & dernier Juillet 1573. *Papon, liv.* 5. *tit.* 11. *n.* 3.

231
La rente est préferable aux Tailles sur le fond qui y est sujet. *Voyez* le mot *Préference, n.* 23.

TAILLE , PREFERENCE.

232
Arrêt du Parlement d'Aix du 10. Mars 1638. qui a jugé que la taille doit être préferée aux frais du labourage sur les fruits des biens qui la doivent. *Boniface, to.* 2. *par.* 3. *liv.* 2. *tit.* 2. *chap.* 1.

233
Arrêt du 23. Octobre 1641, qui a déclaré la taille préferable aux semences sur les fruits. *Boniface , ibidem , chap.* 2.

234
Les tailles & arrerages ont non seulement privilege sur les biens qui y sont sujets , & sur les autres biens que le même debiteur a dans le même taillable, mais non sur les biens qu'il a dans un autre taillable. Arrêt du Parlement de Toulouse du 7. Août 1661. contre l'avis de Despeisses , qui leur donne le privilege sur les biens d'une autre collecte. Il suit de là que le Collecteur n'a point de privilege sur les sommes dûes au debiteur de la taille. Arrêt du 22. Juin 1678. qui donna la maintenuë des sommes arrêtées à un simple creancier, préferablement au Collecteur; il est vray que ce creancier étoit anterieur à l'imposition de la taille. *Voyez M. de Catellan, liv.* 6. *chapitre* 9.

TAILLES , PRESCRIPTION.

235
La seule prescription de trente ans a lieu contre les tailles. *Voyez* le mot *Prescription , n.* 363.

236
Si après sept ans l'on peut être poursuivi pour payement d'une taille , & s'il y a decret , le Roy a droit de préference contre les creanciers hypothequaires? *V. Bouvot, to.* 2. verbo *Taille, quest.* 34.

237
L'Ordonnance défend de rechercher aucun pour la taille après trois ans. Ainsi jugé le 5. Mars 1566. *Papon, liv.* 5. *tit.* 11. *n.* 2.

238
Du Privilege de Veteran pour l'exemption des tailles, il faut Lettres pour en joüir. Arrêt de la Cour des Aydes de Paris du 12. Avril 1606. contre la veuve d'un Capitaine qui avoit joüi de l'exemption pendant quarante ans. En matiere de tailles , il n'y a point de prescription. *Plaidoyers de Corbin , chapitre* 41.

239
Les Receveurs après trois ans du jour de la délivrance des Rôles , ne peuvent exiger les tailles , & à faute d'en avoir tiré le payement dans ledit temps, sont déclarez nuls & non exigeables , sinon qu'il apparoisse de diligences suffisantes. Arrêt en forme de Reglement rendu au Parlement de Grenoble le 10. Avril 1609. *V. Basset,* tome 1. liv. 3. *tit.* 2. *ch.* 1.

240
Le 2. Mars 1640 par Arrêt sur partage, il fut jugé au Parlement de Toulouse , qu'après la premiere année les tailles étoient une dette simple,& que les autres années *abierant in ereditum*, parce que suivant la disposition de Droit *sunt, onera fructuum* , non pas *onera fundorum* comme les censives. *Albert*, verbo *Tailles.*

241
Les tailles sont alloüées sans difficulté sur la vente séparée des biens qui y sont sujets , sur quoy il est à remarquer que par les anciens Arrêts du Parlement de Toulouse le privilege des tailles étoit restraint aux tailles de trois années avant l'Instance ; ainsi jugé : mais depuis la Jurisprudence a changé , on ne borne point ce privilege, non plus que dans les Cours des Aydes: Arrêt le 7. Août 1661. les dépens même exposez pour le payement de ces tailles sont alloüez sur la même vente séparée. Arrêt du 5. Juillet 1662. autres en Juillet 1664. & le 3. Decembre rapportez par *M. de Catellan, liv.* 6. *chap.* 9.

TAILLES, PRIVILEGE.

242   Le privilege de la taille une fois acquis par le nombre de douze enfans continuë, nonobstant que l'un des enfans meure. Jugé à la Cour des Aydes le 26. Août 1672. *De la Guessiere , tome 3. liv. 6. chapitre 28.* Le *Journal du Palais* rapporte le même Arrêt, & la Declaration du Roy du mois de Novembre 1666.

TAILLES REELLES.

243   En Dauphiné les tailles sont réelles & prédiales. Reglement du Roy du 24. Octobre 1639. *Basset, to. 1. liv. 3. tit. 2. chap. 1.*

TAILLES, RELIGIEUX.

244   Les Nonains de S. Panthaleon de Toulouse avoient échangé une piece de Terre exempte de tailles avec une piece roturiere : ils prétendoient que celle-cy devoit joüir de la même exemption, disant que *subrogatum sapit naturam subrogati.* Le Sindic répondoit que cette regle s'entend, *quando subrogatum est ejusdem qualitatis & juris ejusdem capax.* Il ajoûtoit que *res quælibet transit cum suâ causâ.* Arrêt de la Cour des Aydes de Montpellier du 23. Août 1552. qui condamne par provision les Nonains. *Voyez Philippi, article 40.*

245   Arrêt du 27. Juin 1569. qui declare exempts des tailles & contributions, les Religieux du Convent des Carmes de la Ville de Carcassonne contre le Sindic qui vouloit contraindre à payer les charges de ladite Ville. Arrêts semblables des 19. Mars 1573. & 11. Mars 1572. pour les Religieux de Nôtre-Dame de la Mercy de la Ville d'Auterive, & pour les Religieuses de Sainte Claire. *La Rocheflavin, liv. 6. titre 76. Arr. 2. 3. & 4.*

246   Des fonds anciens d'un Monastere exempts de tailles, donnez en emphiteose, depuis faute de payement repris tres long-temps aprés, ne sont plus taillables comme ils l'étoient ès mains emphiteoses : ainsi jugé au Parlement de Grenoble le 14. May 1611. en faveur des Chartreux. *Basset, to. 2. liv. 3. tit. 2. ch. 5.*

247   Habitans donnant leurs biens à une Maison Religieuse, ne sont pas pour cela exempts d'être imposez au Rôle des tailles. Par un Arrêt du 22. Février 1635. il a été jugé en la Cour des Aydes de Paris, qu'un particulier s'étant retiré aux Celestins de Sens devoit être imposé, & les Religieux condamnez à payer, si le particulier n'avoit d'autres biens que ceux qu'il leur avoit donnez. Il y a un autre Arrêt de la même Cour du 20. Juillet 1640. qui juge la même chose ; il ordonné qu'à l'avenir le particulier seroit imposé à la somme de quinze livres ; enjoint aux Religieux de bailler à ferme les terres à eux données. *Memorial alphabetique, verbo Habitans & Religieux, & le Journal des Audiences, tome 1. liv. 3. ch. 66.*

248 & 249   Deux personnes fort âgées quitterent le village de S. Martin, & se retirerent en la Maison des Celestins de la Ville de Sens, leur abandonnerent leur bien qui étoit de peu de valeur, à la charge d'être nourris le reste de leurs jours, & inhumez aprés leur mort, on demanda la taille sur les biens compris dans la donation. Arrêt de la Cour des Aydes du 23. Février 1635. qui n'ayant pas jugé les privileges des Celestins assez verifiez, ordonne que ces deux particuliers payeroient la taxe de six livres pour cette année, & que pour les autres ils seroient imposez aux tailles en la Paroisse de S. Martin. *Voyez le 35. Plaidoyé de M. le Maître.*

250   Les fonds des Monasteres hors le clos fermé de murailles, sont cottisables aux tailles. Arrêt du Parlement de Grenoble du 13. Août 1662. en faveur des Religieuses de Salettes. *Basset, tome 1. livre 3. titre 3. chapitre 4.*

251   Arrêt du Parlement d'Aix du 23. Juin 1671. qui a déclaré les biens censables à la religion de Malthe, être sujets à la taille. *Boniface, to. 3. liv. 7. tit. 8. chap. 5.*

252   Des Religieux s'étant soûmis lors de leur établis-
Tome III.

fement au payement des tailles, moyennant une pension de 80. écus à eux accordée, ne peuvent dans la suite en demander l'exemption pour l'enclos de leur Convent & jardin. Jugé à Aix, Cour des Aydes ; l'Arrêt n'est point daté ; les Religieux s'étant pourvûs au Conseil Privé en cassation, deboutez de leur Requête le 18. Janvier 1683. *Journal du Palais.*

253   Les acquisitions amorties peuvent être exploitées par les Religieux & Religieuses, jusqu'à concurrence de quatre charruës, ou par supplement de leurs biens d'ancienne dotation : au contraire les acquisitions non amorties, ne peuvent être tenuës par qui que ce soit de l'Etat Ecclesiastique, sans assujettir ceux qui lés font valoir à payer la taille. Cette maxime est confirmée par plusieurs Arrêts de la Cour des Aydes à Paris, rapportez *au Memorial Alphabetique, verbo Eccles.* le plus recent Arrêt est du 17. Août 1693.

254   Les Ursulines de la Ville du Mans ayant acquis un domaine en la Paroisse de Conlie, élection du Mans, y mirent une veuve & ses enfans comme domestiques à gages. Les habitans ayant prétendu que cette veuve avoit été autrefois imposée aux Rôles des tailles, la taxerent en 1690. Les Religieuses prirent le fait & cause de leurs domestiques, & conclurent sur le fondement de leurs privileges, à la radiation de leur cotte ; sur quoi par Sentence des Elûs du Mans, sans avoir égard à la prise de fait & cause, la taxe fut confirmée avec dépens. Les Religieuses interjetterent appel en la Cour, & ayant justifié que la veuve leur servante, n'avoit pas été comprise au Rôle des tailles de la paroisse, cinq années avant celle de 1690. qu'elle avoit été taxée au Rôle, par Arrêt du 27. Août 1693. la Sentence fut infirmée ordonné, que la servante seroit raïée du Rôle, ce qu'elle avoit été contrainte de payer réimposé sur les habitans, avec défenses de l'imposer à l'avenir tant qu'elle seroit servante ou domestique des Religieuses, ne possederoit aucuns biens, & ne feroit aucun trafic ni commerce. *Memorial alphabetique, verbo Domestiques.*

REMISE DES TAILLES.

255   Remise faite par le Roy des restes des tailles en 1598. Un particulier qui avoit de l'argent à toucher du Receveur, s'étoit contenté d'une obligation de 3000. liv. qu'une communauté avoit faite au Receveur pour sa cotte-part de la taille : la communauté poursuivie, obtint sa liberation. La Cour considera que le particulier pouvoit aux termes d'un Edit de 1596. prendre du Receveur un certificat de *non soluto*, pour se retirer au Roy, afin d'avoir une nouvelle assignation. Arrêt du mois de Juillet 1600. *Le Bret, action 44.*

256   De la remise des tailles en 1648. Arrêt du Parlement de Grenoble du 2. Août 1649. qui a jugé que s'agissant de chose favorable, telle que la remise des tailles, le benefice du Roy avoit lieu dès le jour qu'il avoit été accordé, & que cette remise avoit son effet en faveur du cottisé, bien que le collecteur eût payé pour luy, sa cotte fût sienne & nullement au Roy. *Voyez Basset, tome 2. liv. 3. tit. 2. chapitre 1.*

TAILLES, RÔLES.

257   Des Rôles des tailles. *Voyez* le mot *Rôles, nomb. 8. & suiv.*

258   De la verification des Rôles. *Voyez Basset, tom. 1. liv. 3. tit 2. ch. 3.*

259   Les Receveurs & Exacteurs des Rôles des tailles, feront la recepte & exaction dans trois ans aprés la délivrance du Rôle, sinon le temps passé les Rôles déclarez nuls, & les cottisez déchargez. Arrêt du 10. Avril 1609. *M. Expilly, Arrêt. 145.*

260   Les Rôles, si les cottisez sont appellans de leur cottisation, sont déclarez executoires par provision & sans caution. Arrêt du Parlement de Grenoble du 15. Septembre 1681. rapporté par *Chorier en sa Jurisprudence de Guy Pape, p. 114.*

TAILLES, RUINE DES TERRES.

261   Si le dégât ou la ruine des terres eſt trouvé perpetuel & irremediable , elles ſont déchargées de la taille , & le déchargement ſurimpoſé ſur les autres taillables du lieu ; il en eſt autrement des dégâts temporels & reparables ; le Maître condamné à payer la taille. Arrèt de la Cour des Aydes de Montpellier , rapporté par *Philippi , art.* 47.

TAILLE, È'S 4. CAS , SEIGNEUR.

262   *Voyez* le mot *Aydes , nomb.* 35. *& ſuiv. cas, nomb.* 9. *& ſuiv. lettre D. au titre des Droits Seigneuriaux , nomb.* 154. *& ſuiv.*

263   L'uſufrucẗuaire peut faire payer le droit de taille pour mariage d'une fille. Arrèt du Parlement de Dijon du 30. Janvier 1566. au profit du Seigneur de Rouſſelay. *Bouvot , tom.* 2. verbo, *Taille* queſt. 14.

264   Le Seigneur qui a faculté de tailler à mercy ſes habitans , ne le peut que *arbitrio boni viri* ; jugé pour les habitans de Maytres le 14. May 1602. *Cambobas , liv.* 3. *chap.* 21.

265   Droit de *tailles aux quatre cas* , ſe doit par convention ou par poſſeſſion immemoriale , & ſe prend pour le mariage des filles ſeulement & pour toutes, ou ſi elles entrent en Religion , ſoit que le Seigneur ſoit riche ou pauvre ; ne ſe prend pour Chevalerie de Robe ; ni ſi le Seigneur priſonnier ſortoit ſans rançons , ou ſi le Roy ou autre la payoit pour luy. *Ferrer. queſt.* 57. *vid. Papon lib.* 13. *tit.* 3. *n.* 1. *non debentur niſi ex paĉto vel conſuetudine Clar* §. *feudum,q.*29. On fait doute pour celles qui entrent en Religion. *Voyez* cy-aprés le n. 284. où l'on fait un Titre ſingulier de cette ſorte de taille.

TAILLES, SURTAXE.

266   Reglement de la Cour des Aydes du 13. Decembre 1568. pour terminer les procés & differends de ceux qui prétendent être ſurtaxez. *Voyez Papon , liv.* 5. *tit.* 11. *n.* 40.

267   Par Arrêt de la Cour des Aydes de Paris du dernier May 1606. ſur la Requête de M. le Procureur General,il lui a été permis de ſe pourvoir contre les diminutions & rabais ordonnés par les Elûs , avec les Maires & Echevins des Villes ſeuls , par les voyes de droit , défenſes aux Elûs de juger aucunes moderations ou rabais de taxes des oppoſans en ſurtaux ni d'en ſouffrir aucun département ; comme auſſi aux aſſeeurs d'en faire aucune aſſiete , & aux collecteurs la levée,que les habitans des paroiſſes intereſſez auſdites taxes, n'ayent été ouïs & duëment appellez , ſous les peines portées par les Ordonnances & Arrèts de la Cour. *Memorial Alphabetique* , verbo *Habitans , n.* 31.

268   Par Arrèt de la Cour des Aydes de Paris du 21. Novembre 1685. une Sentence des Elûs de Joigny, qui avoit ordonné que les ſommes à quoy s'étoient trouvés monter les abus & malverſations des collecteurs en charge l'année 1684. audit Joigny, ſeroient employées à la ſurtaxe des oppoſans en ſurtaux, & demandeurs en abus, & fut infirmée en ce chef , & fut ordonné que le provenu deſdits abus & malverſations , ſeroit mis ès mains du Procureur Syndic , pour être employé à la décharge du General des habitans , & être d'autant moins impoſé ſur eux à la prochaine aſſiete , ce qui fut ainſi jugé , parce que les oppoſans en ſurtaux & demandeurs en abus , n'avoient pas fait inſtruire leur ſurtaux devant les Elûs , avec les habitans dudit Joigny. *Memorial Alphabetique* , verbo *Oppoſans.*

TAILLES, TRESORIERS.

269   Un Treſorier,pour payement de la taille modique, ne peut executer ſur les biens immeubles , ſans diſcuter les fruits. Arrèt du Parlement d'Aix du 13. May 1672. *Bouſface , to.* 5. *liv.* 6. *tit.* 7. *ch.* 2.

270   Un Treſorier qui a fait ſaiſir les fruits des biens de ſon débiteur pour les tailles,ne peut être appellé en d'autres Juriſdictions par le ſequeſtre pour regler

ſa préference. Arrèt du dernier May 1673. *Boniface , to.* 5. *liv.* 5. *tit.*7. *chap.* 1.

TAILLES, TUTEUR.

271   C'eſt une maxime certaine qu'un tuteur qui fait valoir le bien de ſes mineurs n'eſt pas impoſable, parce qu'il doit rendre compte à ſes mineurs , & dans ce compte porter en recepte tout le produit du bien , ſur quoy la dépenſe doit être allouée ; en ſorte que le Tuteur ne doit faire aucun profit ſur les revenus de ſes mineurs , & par conſequent on ne le peut impoſer par conſideration de ces biens, dont il ne joüit que comme ſimple mandataire ; s'il pouvoit être impoſé, il y auroit de la juſtice de mettre en dépenſe dans ſon compte la ſomme qui ſeroit arbitrée pour cette joüiſſance, dont il faudroit faire diſtraction de ſon impoſition totale , ce qui ſeroit faire porter indirectement la taille à des mineurs qui n'en doivent point. Dans un Plaidoyé de M. l'Avocat General Du Bois, il eſt dit que les Tuteurs ſont impoſables , lors qu'ils font valoir le bien de leurs mineurs , ce qui ſemble contraire à la maxime ; mais je crois que pour concilier ces contrarietez, il faut que M. l'Avocat General ait entendu parler d'un Tuteur qui tient à ferme le bien de ſon mineur , par un bail qui luy auroit été fait par le ſubrogé tuteur. *Memorial Alphab.* verbo, *Tuteurs , n.* 8.

TAILLES, VEUVE.

272   La veuve qui a ſeulement droit de ſe loger dans une maiſon, n'eſt point obligée de payer la taille, mais les heritiers de celuy qui luy a laiſſé ce droit. Arrèt de l'an 1592. *La Rocheflavin , livre* 2. *lettre H. tit.* 2. *Arr.* 1.

273   Une veuve qui paye la taille dans ſa Paroiſſe , ſe remariant au mois de Février avant que le nouveau Rolle ait été fait, ne doit plus être compriſe , ſi ſon mary la paye dans une autre Paroiſſe ; mais s'il étoit exempt, elle ſeroit encore cottiſable cette année. Arrèt rendu en la Cour des Aydes, le 9. Mars 1619. *Bardet , tome* 1. *liv.* 3. *ch.* 31.

274   Par Arrèt de la Cour des Aydes de Paris du 11. Août 1672. ſur l'appel d'une Sentence des Elûs de Paris , qui avoit fait défenſes aux Habitans & Collecteurs de la Paroiſſe d'où étoit ſortie une femme aprés la mort de ſon mary , de la comprendre aux Rolles, en payant par elle en la Paroiſſe nouvelle où elle étoit allée demeurer,les parties furent miſes hors de Cour; en ſorte que cet Arrèt juge qu'aprés la mort du mari, la femme devient libre d'aller demeurer où elle veut, ſans que le droit de ſuite pour les tailles luy puiſſe être oppoſé. On ne voit point par cet Arrèt ſi cette veuve avoit fait publier ſa tranſlation de domicile dans les 40. jours de ſon veuvage : mais il y a bien de l'apparence qu'elle l'avoit fait, parce qu'autrement elle n'auroit pû ſe diſpenſer de payer les deux années de ſuite dans la Paroiſſe qu'elle avoit quittée. *Memorial Alphabetique* , verbo , *Femme , n.* 4.

275   Par Arrèt du Conſeil du 19. Septembre 1679. jugé que les veuves des environs de Paris qui y tranſferoient leurs domiciles , ſeroient taillables dans les Paroiſſes de leurs anciennes demeures pendant dix ans. Le Roy par une Declaration expreſſe du 29. Janvier , regiſtrée le 8. Février 1687. donne la liberté auſdites veuves de choiſir tel domicile que bon leur ſemblera, en le déclarant par écrit dans les quarante jours du décés de leurs maris, aux Syndic & Marguilliers des Paroiſſes où le décés eſt arrivé, & feront publier cette déclaration aux Prônes des Paroiſſes, & ſignifier aux Collecteurs, &c. ſi elles ont des maiſons, elles ſeront tenuës de ſe donner à loyer dans l'an du décés de leurs maris, ſinon compriſes aux Rolles des tailles, &c. *Le Journal du Palais* rapporte la Declaration du Roy du 29. Janvier 1687.

276   Par Arrèt du 5. May 1683 rendu en la ſeconde Chambre de la Cour des Aydes de Paris , une femme ayant fait declaration au Sindic & habitans de ſa

Paroisse, publier au Prône, & regiſtrer au Greffe de l'Election, qu'en conſequence de ſon mariage elle alloit demeurer en une autre Paroiſſe avec ſon mary au préjudice de laquelle declaration, les Collecteurs l'avoient compriſe en leurs rôles elle fut déchargée. Cet Arrêt n'apprend pas ſi cette declaration a été faite dans les 40. jours de la mort du premier mariage de cette femme : mais outre qu'il n'eſt pas ordinaire qu'une femme ſe remarie ſi-tôt après la mort de ſon mary, c'eſt qu'une femme paſſant par un ſecond mariage en la puiſſance d'un nouveau mary, elle eſt dés ce moment affranchie de toutes les charges perſonnelles, auſquelles elle étoit ſujete ; par conſequent il eſt indifferent que cette declaration ait été faite dans les ſix ſemaines de la mort du premier mari, ou après, pourvû qu'elle ait précédé la confection des Rolles de l'année en laquelle cette femme s'eſt remariée. *Memorial Alphabetique, verbo, Femme.*

277 Le ſieur le Noir, Greffier de l'Election de Montfort, jouïſſoit de l'exemption de la taille & autres impoſitions, à raiſon de la Charge de Greffier ; mais il étoit encore pourvû de la Charge de Procureur en la Juriſdiction ordinaire de Montfort, qui le rendoit taillable, & qui formoit une eſpece de dérogeance à ſon privilege, ſans neanmoins que les Habitans & Collecteurs de Montfort ſe fuſſent aviſez de l'impoſer. Le Noir étant décédé, ſa veuve demeurant toûjours à Montfort, auroit jouï de l'exemption, n'ayant point été compriſe au Rolle ; mais cette veuve voulant venir demeurer à Paris avec ſon fils Avocat au Conſeil, les habitans de Montfort la firent impoſer au Rolle par droit de ſuite ; elle ſe défendit par le privilege de ſon mary, qui n'avoit point reçû d'atteinte par aucune impoſition ; & ſur ce qu'elle-même depuis le décés de ſon mary n'avoit été impoſée, en conſequence du privilege ; d'où elle inferoit que ſon état étoit libre, elle avoit pû venir demeurer à Paris ſans craindre la ſuite. Les habitans prétendirent au contraire que le mary de cette veuve, étant mort dans une actuelle dérogeance, elle n'avoit jouï comme luy de ſon privilege que par tolerance, & qu'ainſi elle ne pouvoit ſe défendre de la ſuite ; neanmoins par Arrêt de la Cour des Aydes de Paris, du 18. Octobre 1690. elle a été déchargée de l'impoſition. *Ibid. verbo, Veuve, n. 1.*

278 En l'année 1676. le nommé Maubert, habitant de Pontoiſe, fut impoſé à 200. liv. Pour le payement de cette ſomme ſes meubles furent ſaiſis & vendus, & ce qui en provint ne paya qu'une partie de la taxe. Maubert étant décédé ſans payer le reſte, ſa veuve qui étoit une pauvre femme, ſe mit en ſervice. Depuis elle paſſa en ſecondes nôpces avec le nommé Hupé. En 1690. les Collecteurs de 1676. firent aſſigner Hupé & ſa femme pour être condamnez à payer le reſte de la taxe de Maubert. Ils en furent déchargez en l'Election de Paris ; mais par Arrêt de la Cour des Aydes de Paris du 16. Février 1691. la Sentence fut infirmée, & Hupé & ſa femme condamnez à païer : d'où il faut conclure qu'une veuve commune doit la taille de ſon mary. *Ibid. n. 8.*

TAILLES,
VILLES CAPITALES ET FRANCHES.

279 Arrêt de la Cour des Aydes du 13. Mars 1574. portant Réglement pour le fait des tailles, & pour les privileges des habitans des Villes. *Le Veſt, Arr. 130.*

280 Sur l'immunité des Villes capitales, & qu'il eſt permis aux habitans de faire valoir leurs terres par leurs mains, ſans être ſujets à la taille. Arrêt du mois de Février 1596. il faut un ſéjour de cinq ans pour acquerir le privilege ; à l'égard des terres on a réduit à une certaine quantié. *V. la 20. Aſſ. de M. le Bret.*

281 Par Arrêt de la Cour des Aydes de Paris, du 16. Avril 1660. défenſes ont été faites aux Habitans, Aſſéeurs & Collecteurs des Paroiſſes, de comprendre dans leurs Rolles les habitans des Villes franches,

quand ils n'auront dans leurs Paroiſſes que des maiſons & vignes, qu'ils feront façonner par les particuliers habitans de la Paroiſſe, compris aux Rolles des tailles d'icelle, ou quand ils ne recuëilleront que moitié des fruits de leurs Métairies. *Memorial alphabetique, verbo, Habitant, nomb. 22. & le Journal des Aud. tome 2. liv. 3. chap. 18.*

TAILLES, USUFRUITIER.

282 Uſufructuaire doit payer la taille d'un Pont nouveau. Arrêt du Parlement de Grenoble du 10. Août 1638. dont le fondement fut que l'Uſufructuaire poſſedoit à titre lucratif. *Baſſet, tome 2. livre 3. titre 2. chapitre 4.*

TAILLES, UNIVERSITE'.

283 Arrêt du Parlement de Toulouſe du 4. Juillet 1575. pour l'Univerſité de Touluſe, contre le Syndic de la Ville, concernant le payement des tailles, & autres ſubſides cottiſables. *La Rocheflavin, livre 5. titre 1. Arrêt 37.*

TAILLE SEIGNEURIALE.

284 **V** Oyez cy-deſſus le nombre 282. & ſuiv. Du droit des tailles & des Vaſſaux ou Emphyteotes taillables. *V. Deſpeiſſes, tome 3. p. 199.*

285 Quand les Sujets ſont taillables à la diſcretion de leur Seigneur, par pluſieurs Arrêts, cette volonté a été moderée au double des cens & droits Seigneuriaux, que le ſujet a coûtume de payer chaque année & entre autres pour les ſujets de la Dame de Paulignan. *La Rocheflavin, des Droits Seigneuriaux, ch. 7. article 1.* Les Coûtumes du Maine & d'Anjou appellent ces tailles, *Doublage.*

286 Anciennement les Aydes & Tailles étoient dûës au Roy, à cauſe des Fiefs tenus de luy, nûëment & ſans moyen, comme aux autres Seigneurs. *in Tillet*, en ſon Recuëil d'Arrêts, en rapporte un de la Chandeleur 1170. par lequel ceux de Bourges & Iſſoudun, Villes Royales en Berry, furent condamnez payer au Roy l'Ayde pour la Chevalerie de ſon fils aîné & mariage de ſa fille ; & ceux de Bourges furent taxez à 2000. liv. & ceux d'Iſſoudun à 300. liv. *La Rocheflavin, des droits Seigneuriaux, chap. 7. Art. 3.*

287 *Terrien, en ſes Commentaires ſur les Coût. de Normandie, liv. 5. chap. 19.* rapporte un Arrêt de l'Echiquier, tenu à Roüen en l'an 1266. que celuy qui étoit à la ſolde du Prince, étant priſonnier de guerre, ne pourroit faire contribuer ſes ſujets au payement de ſa rançon, s'il n'eſt pris en faiſant le ſervice qu'il doit faire, à cauſe de ſon Fief : neanmoins ceux du Vicomte de Turenne furent condamnez de contribuer au payement de ſa rançon, lequel étoit priſonnier par les Eſpagnols. *Ibid. Art. 5.*

288 Tailles annuelles jugées & abonnées : *Anjou*, articles 129. & 130. le *Maine*, art. 140. & 141. que les ſujets doivent à leur Seigneur féodal chacun an comme par un Arrêt du Parlement de Paris du 19. May 1397. il paroît que les habitans de la Juſtice d'Egligny, ſont taillables du Chapitre d'Auxerre, de quatre lieuës abonnées. Auſſi par la Coûtume d'*Anjou*, article 128. & du *Maine*, art. 138. le droit de doublage & des loyaux aydes eſt appellé *Taille*, qui ſe leve en trois cas : deſquelles auſſi eſt fait mention à la fin du procés verbal de la Coûtume du Grand Perche. *Bibliot. de Bouchel, verbo, Tailles.*

289 *Henrys. tome 2. liv. 3. queſt. 23.* parle de la taille aux quatre cas ; il établit que dans la Province du Lyonnois & Forêts, les Seigneurs n'ont pas droit de la lever, ſi ce droit n'eſt expreſſément porté par les Terriers ; il rapporte un ancien Arrêt au Parlement, en Langue Latine, rendu le 4 Mars 1474. qui a déchargé d'un ſimple droit les habitans de la Paroiſſe de Saint Michel ſituée en Forêts. Il cite un autre Arrêt du 28. Mars 1637. qui a débouté M. Charles de Bron, Comte de la Liegue, Seigneur de Laubeſpin, d'un ſemblable droit.

290   *Du Tillet*, Greffier en la Cour, au Titre des *Subsi-des*, a recüeilli plusieurs Arrêts, faisant mention du droit des tailles qui s'imposent sur les sujets par leurs Seigneurs, soit à volonté ou autrement ; & entr'autres un Arrêt du 6. Septembre 1488. par lequel les droits de tailles sur les habitans d'*Issoudun* sont ajugez au Chapitre de l'Eglise Collegiale de la Chapelle Taillefert, dont aussi est fait mention à la fin de l'ancienne Coûtume d'*Issoudun* en Berry. *Bibliotheque de Bouchel*, verbo, *Tailles*.

291   Plusieurs Seigneurs peuvent imposer la taille en quatre cas, confirmés par Arrêt de la Cour en 1521. le 5. Février, & en May 1527. & par des Coûtumes, même pour des Seigneurs qui n'ont point de Jurisdiction. Pour Loüis Rivonce jugée en 1559. le 19. Juin 1559. *Voyez ibid.*

292   En quels cas les Seigneurs feodaux peuvent tailler leurs sujets. *Voyez* l'Arrêt du 6. Septembre 1550. entre Aimard Gaste, Seigneur de saint Julien, Molin, Moles, & de Lupes, d'une part, & Jean Chaudon, & consôts, d'autre. *Le Vest, Arr. 41.*

293   Quand par les infeodations & reconnoissances les sujets sont taillables à la volonté & discretion du Seigneur ; par Arrêt general du 22. May 1601. entre le Seigneur de Montlor & ses sujets, il a été jugé que cette volonté devoit être équitable & moderée suivant la Loy *si libertus juraverit D. de op. libert. &c. cum Apostolus, §. prohibemus de censibus.* Arrêt du 7. Mars 1558. pour le Seigneur de Montmorin ; & lors que les Seigneurs & sujets n'en demeurent d'accord, plusieurs ont été d'avis que la taxe en doit être laissée à l'arbitre du Juge, eu égard à la faculté des biens des sujets ; comme il a été jugé pour le Seigneur d'Arpajon le 17. Janvier 1496. pour le Seigneur de Joyeuse, contre les habitans de saint Didier, le 17. Février 1511. & pour le Seigneur Dayssene en Roüergue, le 23. Mars 1555. *La Rocheflavin, des droits Seigneuriaux, chap. 7. art. 6.*

294   Par Arrêt du Parlement de Dijon du mois de Janvier 1569. en la cause des Doyen & Chanoines de Vergy, contre leurs sujets de main-morte, taillables, haut & bas ; jugé que la taille seroit proportionnée au nombre des feux, & aux facultez des habitans, sans que l'on fût obligé de s'assujettir à l'ancien pié des tailles, parce que les sujets venant à augmenter en nombre & en facultez, il doit être permis au Seigneur d'augmenter les tailles à proportion, autrement il seroit inutile que la taille fût à volonté, & que les gens de main-morte fussent taillables, haut & bas. *Voyez Taisand sur la Coûtume de Bourgogne, tit. 9. art. 19. n. 3.*

295   Il y a Arrêt entre les Jugés du 9. Juin 1598. au profit des Doyen & Chapitre de Langres, contre les habitans de Marcilly, Plenon, Celles, Challindrey, Eulley-Coton, Magny, Chassigney, & autres, par lequel est ajugé ausdits de Langres droit d'imposer tailles abonnées sur lesdits habitans, eu égard à leurs facultez, *ad sterilitates & adversa fortuna qua ipsis supervenire poterunt, & alias moderationis, & diminutionis talliarum justas & legitimas causas respectum habendo onera rationabiliter imponant.* Voyez la Bibliot. de Bouchel, verbo *Tailles.*

296   La taxe de ces cas Imperiaux, ou taille Seigneuriale dépend de la convention ou de la Coûtume. Par transaction passée entre Alfonse de Sassenage, & ses Habitans, du 5. Octobre 1651. elle a été reglée pour chacun des cas à 1000.l. déportables par feux sur toute la Baronnie. En la terre de la Mote Chalençon, elle est abonnée à 50. livres, à quoi la Communauté fut condamnée, par Arrêt de la Chambre de l'Edit du 3. Août 1645. En celle de la Roche des Arnauds en Gapençois, & en quelques autres, la taille est fort moderée par les titres qui doivent être suivis. Mais si la taxe ne se trouve pas reglée par les titres, les Docteurs estiment qu'elle le doit être *arbitrio judicis*,

suivant quoi les habitans de saint Nasaire en Diois furent condamnez de payer la somme de cinquante livres à Charles Brotin leur Seigneur pour le mariage de sa fille. Par Arrêt de l'an 1542. allegué par Rabot par Boneton, sur la *question* 57. de *Guy Pape.* Ainsi le Président Faber C. *de jure emphit. definit. 6.* dit que chacun de ces cas fut moderé par Arrêt du Senat de Chambery de l'an 1581. à quatre florins monnoye de Savoye par feu, *focorum duntaxat non etiam capitum aut facultatum habita ratione.* Voyez *Salvaing, de l'usage des fiefs, chap. 49. p. 244.*

297   En la Coûtume de *Bourbonnois* pour droit de taille dû par les vassaux, le Seigneur peut s'opposer afin de distraire, nonobstant le congé d'ajuger. Arrêt du 10. Decembre 1676. *De la Guessiere, tome 3. livre 10. chap. 19.*

298   On a douté quel égard on devoit avoir à un titre qui porte que les habitans sont taillables aux quatre cas ordinaires, avec la clause, que l'une de ces cas arrivant, la taillabilité sera reglée par des prud'hommes. Le Seigneur de Castelmary en un cas pareil prétendoit que ses habitans devoient payer une double rente, par la regle & l'usage qui réduisent cette taillabilité au doublement de rente : D'où il concluoit qu'il falloit épargner à toutes les parties le soin, les frais, & l'incertitude de l'éstimation arbitraire des prud'hommes, qui ne pourroient au fonds mieux la regler que la Cour l'avoit reglée par son usage. Les habitans répondoient qu'il falloit executer la clause, & qu'ils ne pouvoient ni devoient être privez du profit & de l'avantage qu'elle pouvoit leur procurer dans des circonstances particulieres. Ils gagnerent leurs causes à Toulouse, par Arrêt en 1695. après partage, *M. de Catellan, liv. 3. chap. 45.*

299   L'Auteur des Observations sur *Henrys to. 1. liv. 3. quest.* 14. estime que le mot *Taillables* se trouvant dans les anciens terriers, & dans les reconnoissances qui les ont suivis, est suffisant pour obliger à payer la taille és quatre cas. Cependant il rapporte un Arrêt du Parlement de Paris en la troisiéme Chambre des Enquêtes le 9. Janvier 1699. qui a ordonné que les parties feroient preuves, tant par titres que par témoin, si sous le nom de Justiciable & Taillable l'on entend ordinairement un homme sujet à la taille aux quatre cas. Le Marquis de Cousan Seigneur de Chalin, & le Procureur du Roy en l'Election de Montbrison, parties, transigerent suivant le conseil des Juges.

300   Tous les Docteurs sont d'avis que le Seigneur n'a pas droit de tailler, ses justiciables ou vassaux en aucun des cas, s'il y peut satisfaire de ses propres facultez, sans une diminution notable de son patrimoine. Le Parlement de Grenoble l'a ainsi jugé en faveur des habitans de Chasses, contre Pierre de Grolée leur Seigneur, comme a remarqué *François Marc, part. 2. quest. 65.* neanmoins l'usage de France est contraire. *V Salvaing, de l'usage des Fiefs, ch. 49.*

TAILLE, DROIT D'INDIRE.

301   Le droit d'*Indire* (ce mot signifie imposition d'une taille ou d'une 'ordinaire) étant personnel ; c'est assez d'être Justiciable *id est* sujet du Seigneur haut Justicier par rapport à sa Justice. Ainsi jugé à Autun au mois de Decembre 1508. pour le Baron de Mont S. Jean. *V. Chasseneux, tit. de Just. art. 4. n. 14.*

302   Pour le droit d'indire les doubles redevances sont dûs au Seigneur haut Justicier. Arrêt du Parlement de Dijon du 21. Février 1544. pour le Seigneur de Joude & de Villars. Autre du 11. Février 1563. au profit de la Dame de Fautin & de Loges. Autre au mois d'Avril 1567. les Chambres assemblées, pour le Seigneur de Brion, *V. Taisand, Coûtume de Bourgogne, tit. 1. art. 4.*

303   *Taisand sur la Coûtume de Bourgogne, tit. 1. art. 4. nomb. 14.* dit comme nôtre Coûtume ne parle pas en termes prohibitifs, je veux dire qu'elle ne dé-

fend pas d'uſer du droit d'indire hors des quatre cas qu'elle ſpecifie , le Seigneur peut acquerir le droit d'indire par convention faite de bonne foi avec ſes ſujets, au delà des quatre cas qu'elle rapporte:comme ſi étant mainmortables, il les affranchit à charge de redoubler les redevances ordinaires à chaque muta-tion de Seigneur , ou autre cas juſte & raiſonnable. Ainſi jugé les 3. Février 1550. & 3.Juillet 1592.

304   L'uſufruitier jouït du droit d'*Indire*.Arrêts du Par-lement de Bourgogne du mois de Mars 1556. 13. Janvier 1610. & 7. Mars 1658. rapportés par *Taiſand*, *Cout. de Bourg.* tit. 1. art. 4. n. 11.

TAILLES , CHEVALIER.

305   L'Auteur des Obſervations ſur *Henrys* , to. 2. liv. 3. *quſt.* 24. eſtime que le ſeul ordre du Saint Eſprit peut donner droit à ceux qui en ſont honorés,de lever la taille ſur les emphiteotes.

TAILLES , MARIAGE DE LA FILLE.

306   *Dominus pro dotandâ filiâ homines talliabiles ad nu-tum ſeu miſericordiam compellere non poteſt , ut ſibi au-xilientur , cum bonâ illi ſufficiunt: nec conſuetudo in ta-libus prodeſt.* Voyez *Franc. Marc.* to. 2. qu. 65.

307   La veuve peut tailler ſes ſujets pour le mariage de ſa fille , encore qu'elle ne ſoit tenuë à la doüer com-me le pere. Arrêt en la Coûtume d'*Auvergne* pour la veuve du ſieur de Tournon , contre les habitans des Murs. *Bibliotheque de Bouchel* , verbo *Tailles.*

TAILLE A VOLONTE'.

308   La taille & cenſe à volonté doit être reglée ſelon les cenſes & rentes que payent les Villages circon-voiſins. *Bouvot* , to. 2. verbo *Cenſe* , qu. 28.

309   Taille d'un homme taillable, haute & baſſe, en l'ancienne aſſiette de Bourgogne : ce droit de taille volontaire & raiſonnable a été ajugé à Jean Chevrier Seigneur de Chauday en Berry , par Arrêt du Par-lement de Paris du 24. Novembre 1541. Tels ſont les hommes de ſervitude , & de main-morte , leſquels en leur vie ſont taillables , & à leur décez mort-tail-lables. *Bibliot. de Bouchel*, verbo *Tailles.*

310   Quand les infeodations & reconnoiſſances portent les ſujets à être taillables aux cas en icelles ſpecifiés *ad nutum*, & à la volonté du Sieigneur , par Arrêt general du Parlement de Toulouſe du 22. May 1602. entre le Seigneur de Montlor & ſes ſujets,il fut dit la volonté devoir être équitable & moderée ſuivant la Loy *ſi libertus juraverit. D. de oper. libert. &c. Cum Apoſtolus* , §. *prohibemus de cenſib.* Le même fut jugé pour le Seigneur de Montmorin le 7. Janvier 1558. Si le Seigneur & les ſujets n'en demeurent d'accord , quelques-uns ont été d'avis que la taxe en doit être laiſſée à l'arbitrage du Juge , à cauſe de la faculté des biens des ſujets , à cauſe de quoi ſe trouvent diver-ſes taxes faites pour le Seigneur d'Arparjon, contre les ſujets de Bronſe , le 17. Janvier 1496. Pour le ſieur de Joyeuſe , contre les habitans de ſaint Di-dier, le 17. Février 1611. & pour le ſieur de Broquiés contre ſes ſujets du lieu d'Ayſſerie & Roüergue, par Arrêt du 23. Mars 1555. D'autres ont reduit cette ſor-te de contribution à double cens d'une année, ſui-vant l'Arrêt 5. *de Papon* , liv. 13. tit. 3. *Bibliotheque de Bouchel*, verbo *Tailles.*

TAILLEURS.

1   REglement du Parlement de Bretagne du 4. Sep-tembre 1570. entre les Tailleurs & Chauſſetiers de Nantes. Les Tailleurs pourront faire Chauſſes , les Chauſſetiers pourront faire Pourpoints. Jugé conformément à cet Arrêt , par autre de l'an 1636. *Du Fail, liv.* 2. *chap.* 36.

2   Par Arrêt du 4. Juin 1575 il fut dit que les Tailleurs d'habits , Frippiers , & autres Revendeurs ne pour-ront acheter ni vendre aucuns habits , ni les couper, ni tailler , changer , ni innover , s'ils ne ſont Maî-tres Tailleurs de la Ville de Paris, pour en répondre quand beſoin ſera , ſous peine de 20. livres d'amen-

de ; & que les Vendeurs , Revendreſſes & Frippiers n'achéteront retailles ni rognures de draps de ſoye,ni de laine , paſſement , tant d'or & d'argent , que ſoye, ni autres reſtes provenans de la façon des habits , ſur peine d'amende arbitraire. & de plus grande s'il y échet ; enjoint aux Maîtres Tailleurs de rendre les reſtes à qui ils appartiendront ſans en rien re-tenir, mettre ou appliquer à leur profit. *Biblioth. de Bouchel*, verbo *Tailleurs.*

3   Entre les Maîtres Tailleurs de draps & Coûturiers de la Ville de Rennes , & Guillaume le Mée. Arrêt du Parlement de Bretagne du 4. Mars 1567. par le-quel la Cour corrigeant le jugement , fait défenſes à toutes perſonnes d'exercer à Rennes le métier de Tailleur, ſoit en ouvroir, chambre fermée , ou autre lieu, qu'il n'ait préalablement fait chef-d'œuvre , & ſoit approuvé des Prévôts & Maîtres , à la charge toutefois que les reçus ſeront tenus ſuivant leurs of-fres , aller aux maiſons des habitans travailler à jour-née s'ils en ſont requis , ſans que les habitans en puiſſent prendre d'autres ; & que pour la taxe & prix de toutes façons d'accouſtrement , ſeront les Prévôts & autres Maîtres appellez pardevant le Sé-néchal de Rennes , ou ſon Lieutenant, lequel la Cour a renvoyé les parties à quinzaine. *Du Fail, liv.* 1. *chap.* 247.

4   Arrêt du Parlement d'Aix du 13. Decembre 1679. qui caſſa les executions des Tailleurs d'habits , con-tre les Chauſſetiers; ainſi il fut jugé que ceux-cy pou-voient faire des habits pour vendre aux étrangers.*Bo-niface* , to. 3. liv. 4. tit. 16. *chap.* 1.

Voyez le mot *Coûturiers.*

TAILLIS.

Bois taillis. *Voyez* le mot *Bois* , nombre 73. & ſuivans.

TALION.

LE Talion eſt une peine égale & ſemblable au cti-me commis. *Talio.*

De pœnâ talionis. Lex 12. *tabb.* 1. §. c. 3. & t. 25. c. 2.

Quod quiſque juris in alterum ſtatuerit , ut ipſe eodem jure utatur. D. 2. 2.

De pœnâ ejus qui aliquem , debitâ operâ excaſuvit, Leon. N. 92. Peine du talion.

TANNEURS.

ARrêt du Parlement d'Aix du 18. May 1643. qui fait défenſes aux Tanneurs de Manoſque de faire leur métier dans la ville , & fait injonction aux Conſuls de leur aſſigner un lieu hors la ville à cauſe de la puanteur. *Boniface* , tome premier , livre 8. tit. 7.

TAPISSIERS.

1   UN Tapiſſier pour certain prix convient de faire quelques pieces de tapiſſeries , le particulier l'ayant payé , les tapiſſeries ſont ſaiſies à la requête d'autres creanciers ; le particulier qui a payé a droit de préférence. *Voyez Carondas, liv.* 4. *Rép.* 69.

2   Tapiſſier ou Marchand avoit prêté ou loüé des meubles à un locataire ; les meubles pouvoient être ſaiſis pour les loyers , & le proprietaire de la maiſon préfere pour les loyers au proprietaire deſdits meu-bles. *Nouvelle pratique civile.*

3   Un homme vend une tapiſſerie à crédit , l'ac-quereur l'engage à un particulier. Jugé que le ven-deur ne pouvoit la revendiquer du particulier à qui elle avoit été baillée en gage, qu'en luy payant la ſomme prêtée. Arrêt du 10. Mars 1587. *Bro-deau, Coût. de Paris , article* 181. *nomb.* 5. M. le Prê-tre, *premiere Centurie , chapitre* 90. in margine ciſt-çà ſinem.

TASQUE.

ARrêt du Parl. d'Aix du 17. Février 1687. qui declare la tasque des bleds dûë aux Seigneurs ne devoir être prise des queües & grapiers des bleds. *Boniface*, tome 4. liv. 3. tit. 6. chap. 1.

TAUX.

LA Communauté de S. Remy étant en poffeffion de mettre taux au prix du vin, prétendoit obliger les Hôtes de le vendre trois fols le pot pour faire valoir la ferme, qui étoit le quart denier fur les Hôtes. Ceux-cy formerent oppofition. Arrêt du 16. Decembre 1643. qui permet de vendre les denrées au deffous du taux. *Boniface*, tome 1. liv. 1. tit. 37.

TAXE.

1   TAxe des *Bulles*, taxe des *dépens* & autres chofes qui entrent en taxe.

TAXE DES BULLES.

2   *Voyez* le mot *Bulles*, nomb. 51. & fuiv.

3   Taxe en Cour de Rome pour les Benefices qui font à la nomination du Roy. *Joly des Offices de France*, tome 1. tit. 24. page 261.

4   *Taxa Epifcopatuum Regni Franciæ, per* Benedict. Curtium Symphorian.

5   De la taxe des Evêchez & Archevêchez. *Voyez* le mot *Evêque*, nomb. 248.

6   Les droits que doivent payer à la Chambre des Comptes, les Archevêques & Evêques des Provinces de *Languedoc*, *Guyenne*, *Provence*, & *Dauphiné*, pour l'enregiftrement des Lettres de main-levée, qu'ils obtiennent de fa Majefté concernant la Regale, font reglez par Declaration du Roy du 10. Février 1673. regiftrée en la Chambre des Comptes le 27. Juillet fuivant, comme s'enfuit.

PROVENCE.

Archevêché d'*Aix*, 600. livres, les Evêchez fuffragans, *Apt*, 300. liv. *Frejus*, 600. liv. *Gap*, 350. liv. *Riez*, 350. liv. *S'fteron*, 400. liv.

Archevêché d'*Arles*, 700. liv. Evêchez fuffragans, *Marfeille*, 600. liv. *S. Paul Trois-Châteaux*, 250. liv. *Toulon*, 400. liv.

Archevêché d'*Ambrun*, 400. liv. Evêchez fuffragans, *Digne*, 300. liv. *Graffe*, 100 liv. *Glandeve*, 300. liv. *Senez*, 300. liv. *Vence*, 200. livres.

DAUPHINE'.

Archevêché de *Vienne*, 500. liv. Evêchez fuffragans, *Valence* & *Die*, 600. liv. *Grenoble*, 400. liv. *Viviers*, 600. livres.

LANGUEDOC.

Archevêché de *Narbonne*, 1200. liv. Evêchez fuffragans, *Agde*, 700. liv. *Beziers*, 600. liv. *Montpellier*, 600. liv. *Nifmes*, 550. liv. *Lodeve*, 500. livres, *Saint Pons*, 550. liv. *Alet*, 600. liv. *Ufez*, 600. livres. *Carcaffonne*, 700. liv.

Archevêché de *Thouloufe*, 800. liv. Evêchez fuffragans, *Lavaur*, 600. liv. *Lombez*, 400. liv. *Mirepoix*, 550. liv. *Montauban*, 700. liv. *Rieux*, 600. liv. *Saint Papoul*, 550. liv. *Pamiers*, 400. liv.

Suffragans de *Bourges*, Alby, 1000. liv. *Mende*, 650. liv. *Caftres*, 650. liv. *Le Puy-en-Velay*, 650. liv.

GUYENNE.

Evêchez fuffragans de *Bourges*, Vabres 350. liv. *Cahors* en *Quercy*, 650. liv. *Rhodez* en *Roüergue*, 700. liv.

Archevêché d'*Auch*, 800. liv. Evêchez fuffragans, *Aire*, 600. liv. *Acqs*, 400. liv. *Bazas*, 400. livres, *Bayonne* 400. liv. *Commenge*, 700. liv. *Leitoure*, 400. liv. *Lefcar*, 300. liv. *Oleron*, 300. liv. *Tarbe*, 300. liv.

Archevêché de *Bourdeaux*, 700. liv. Evêchez fuffragans, *Agen*, 600. liv. *Condom*, 700. liv.

Depuis ce temps-là il y a eu trois Provinces d'ajoutées, fçavoir;

Province d'*Alby* érigée en Archevêché par le Pape Innocent XI. le 3. Octobre 1678.

Archevêché d'*Alby*, Evêchez de *Cahors*, *Caftres*, *Mende*, *Rhodez*, & *Vabres*, tirez de la Province de Bourges.

Province de *Befançon*, Archevêché de *Befançon*. Evêchez de *Bafle*, *Laufanne*, *Orange* & *Belley*, en *Bugey*.

Province de *Cambray*, érigée en Archevêché par le Pape Paul IV. en 1559.

Archevêché de *Cambray*, Evêchez d'*Arras*, *Tournay*, *Saint Omer*, *Namur*.

Cette Province étoit autrefois de celle de Reims.

TAXES, D'EPENS.

7   Des dépens ajugez, & de la taxe & liquidation d'iceux. *Ordonnances de Fontanon*, tome 1. liv. 3. tit. 53. page 641. & *Joly, des Offices de France*, tome 1. liv. 1. tit. 48. page 311.

8   De la taxe des depens. *Voyez* le mot *Dépens*, nomb. 171. & fuiv.

9   Appel de taxe de dépens. *Voyez* le mot *Appel*, nomb. 201.

10   Voyages & Audiences fuperfluës ne fe taxent. Arrêt du Parlement de Paris du mois d'Août 1523. *Papon*, liv. 18. tit. 2. nomb. 22.

11   Arrêt du Parlement de Bretagne du 28. Août 1576. qui fixe la taxe & vacation du Juge à fix fols pour l'audition de chacun témoin. *Du Fail*, liv. 2. ch. 529.

12   On ne peut demander taxe de dépens d'un voyage fait afin de venir conferer la caufe pardevant Meffieurs les Gens du Roy. Arrêt du 3. Juin 1588. M. *Expilly*, *Arrêt* 103.

13   En appel de la taxe, fi la taxe des articles n'eft retranchée d'un tiers, l'appellant doit être condamné aux dépens, quoiqu'il y ait quelques articles mal taxez & reformés. Arrêt contre M. de Caftres de l'an 1599. L'Ordonnance de 1667. art. 31. du tit. 31. veut qu'on condamne l'appellant en autant d'amendes qu'il y a des croix chefs d'appel, fur lefquels il eft condamné, à moins qu'il ne foit appellant des articles croifez par un moyen general; cela n'eft pas fuivi à la rigueur &. les Cours Souveraines ufent toûjours de leur ancien droit, c'eft l'obfervation de Graverol *fur La Rochefiavin*, liv. 6. tit. 5. Arr. 7.

TAXES, EXEMPTION.

14   Ecclefiaftiques exempts de quelles taxes, *V.* les *Memoires du Clergé*, tome 3. part. 4. page 159. & fuiv.

15   Arrêt du Parlement de Provence du 25. Juin 1667. qui a declaré exempte de taxe la fuperficie, le fol ayant été taxé. *Boniface*, tome 4. liv. 10. tit. 1. ch. 17.

TAXE DE GREFFIERS.

16   *Voyez* le mot *Greffier*, nomb. 118.

TAXE, HUITIE'ME DENIER.

17   Le vendeur eft tenu de l'acquiter & non l'acquereur, avec garantie. Jugé au Parlement de Paris le 18. Juillet 1681. *Journal du Palais*.

TAXE, IMPOSITIONS.

18   Celuy qui eft chargé du recouvrement d'une taxe, ne peut être contraint qu'auparavant la repartition n'en ait été faite. Arrêt du 18. Août 1548. car jufquelà il n'eft point en demeure. *Papon*, liv. 18. titre 5. nombre 25.

19   Les Paroiffiens de Plegben & Prafebraz font cottifez en certaines fommes au profit du Greffier de Châteaulin, qui avoit été à la Cour, ainfi qu'il dit pour les affaires de ces Paroiffiens; ils répondent qu'ils n'ont été prefens ni oüis à la taxe; il prétend être follement intimé: Il eft dit mal & nullement taxé, les biens executez feront rendus. Défenfes aux Juges de ce reffort de proceder à telles cottifations, fur les peines qui y échéent, & decret d'ajournement perfonnel fur le Sénéchal & Procureur de Châteaulin. Arrêt du Parlement de Bretagne du 21. Avril 1562. *Du Fail*, liv. 1. chap. 153.

20   Les Juges de Ploarmel avoient taxé certains particuliers des Paroiffes de &c. pour le payement de la Gendarmerie, quoique les Lettres du Roy parlaffent feulement

feulement des villes clofes ; Il eſt dit mal taxé & mal ordonné, ils les avoient auſſi cottiſez pour quelques frais faits par certains par eux deputez pour aller aux Etats d'Orleans, il eſt dit qu'ils feront ajournez, & ordonné que toutes les cottiſations & taxes feront rapportées, & vûës en la Cour. Arreſt du Parlement de Bretagne du 19. Octobre 1563. *Du Fail, liv.* 1. *chapitre* 162.

21   Arreſt du mois de Mars 1593. portant défenſes à toutes perſonnes de faire aucunes levées ſans la permiſſion du Roy, ſur les peines contenuës aux Edits & Ordonnances. *Voyez* la 13. *action de M. le Bret.*

22   Toutes perſonnes de quelque qualité & condition quelles ſoient, mêmes les Eccleſiaſtiques, doivent contribuer aux frais qui ſe font pour honorer les premieres entrées des Rois és Villes de leur Royaume. Arreſt du mois d'Avril 1596. *Le Bret*, 16. *action.*

23   Les doüairieres qui joüiſſent des biens du Domaine du Roy ne ſont point tenuës des taxes, parce qu'elles ſe font *pro jure percipiendorum fructuum,* pour être maintenus en la poſſeſſion du Domaine. Arreſt de la Chambre de l'Edit de Roüen des 15. Janvier & 18. Decembre 1647. *Baſnage, ſur l'art.* 375. *de la Coûtume de Normandie.*

24   Les meubles & grains d'une femme ſéparée de biens d'avec ſon mary par ſon Contract de mariage, ayant été ſaiſis ſur le mary, comme ſe trouvant en ſa maiſon, faute de payement de ſa taxe, la femme ſe ſeroit pourvûë en l'Election, ou ayant été déboutée de la main-levée de ſes grains, qu'elle juſtifioit avoir achetés, elle interjetta appel de la Sentence, & obtint que les habitans & Collecteurs ſeroient aſſignez à quinzaine, cependant ſurcis : à l'écheance de la quinzaine, les parties ayant plaidé, la ſurſeance fut levée, après en avoir déliberé en la troiſiéme Chambre : neanmoins par Arreſt du 23. Avril 1694. rendu ſur l'appel, la Sentence a été infirmée, & main-levée a été faite à la femme de ſes grains avec dépens. *Memorial alphabetique de la Cour des Aydes, de Paris,* verbo, *Femme, nomb.* 7.

TAXE, OFFICES.

25   Si la taxe eſt faite ſur un Office pendant le mariage, il en eſt dû recompenſe à la femme ou à ſes heritiers de la taxe qui auroit été payée des deniers de la communauté. *Renuſſon, Traité des Propres, page* 482.

26   Un Greffe taxé & enſuite vendu, à la charge de payer le prix convenu de la taxe, cette taxe comme réelle ſuit l'acquereur & poſſeſſeur de l'Office. Arreſt du Parlement de Provence du 15. Novembre 1660. dont l'execution fut ordonnée au Grand Conſeil le 8. Mars 1690. où l'on avoit porté une demande en contrarieté d'Arrêts ; car le Parlement de Paris avoit jugé le contraire le 28. Janvier 1688. *Journal du Palais,* in fol. *tome* 2. *page* 777.

TAXE, VISITE.

27   L'Evêque de Graſſe ayant prétendu 50. liv. pour ſon droit & frais de viſite, la taxe fut moderée à 20. livres, par Arreſt du 8. Février 1666. *Boniface, tome* 1. *liv.* 2. *tit.* 2. *chap.* 9.

28   Arreſt du Parlement d'Aix du 23. Avril 1671. qui a déclaré qu'il n'y avoit pas moyen d'appel comme d'abus en la taxe exceſſive faite par M. Godeau Evêque de Vence dans ſa viſite, à la ſomme de 90. livres pour deux jours, attendu qu'il avoit fallu faire beaucoup de dépenſe pour ouvrir les chemins bouchez par les neiges. *Boniface, tome* 3. *liv.* 5. *tit.* 6. *chap.* 4.

TE DEUM.

C'Eſt à la Cour, non à l'Archevêque de Paris, d'aſſigner le jour & l'heure pour dire le *Te Deum,* ordonné être dit par le Roy. Arreſt du 26. Septembre 1625. *Preuves des Libertez, tome* 2. *chap.* 35. *nombre* 95.

Voyez le mot *Juge, nomb.* 479. *art.* 46.

Tome III.

TEINTURIER.

Teinturier. Teinture. *Infector. Tinctura. De veſtibus holoberis & auratis; & de intinctione ſacri muricis. C.* 11. 8... *C. Th.* 10. 21. Teinture de la Pourpre, & défenſe d'en porter. *Voyez* Luxe, Pourpre.

Des Teinturiers contre les Tiſſerans. *Du Moulin,* **1** *tome* 2. *page* 665.

Défenſes aux Teinturiers de la ville de Rennes **2** d'expoſer en vente ni debiter aucun fil noir, ou pers, ou d'autre couleur qu'il ne fût bien ſec & hors de ſon eau ; leur enjoint de teindre le fil en bonne & loyale teinture, ſans y commettre fraude, & ſans uſer d'aucune fauſſe teinture, comme teinture appellée georgette ou autre, même de teindre le fil deſtiné pour marquer les coutils en voyde ſeulement & non en breſil : lequel fil ſera dorénavant vû, viſité avant d'être expoſé en vente par un Mercier & un Teinturier, ſans prendre aucuns ſalaires, lequel Teinturier ſera nommé par les Merciers, & le Mercier par les Teinturiers. Ordonne la Cour icelui fil, & toutes autres marchandiſes être vendües & débitées au poids de marc : Défendu à tous Merciers, Epiciers & autres Marchands de cette Ville d'avoir & tenir en leurs boutiques ou maiſons autres poids que celuy d'un marc, le tout ſur peine de crime de faux & d'amende arbitraire : ordonne que le poids du Roy établi en cette Ville ſera ajuſté & reduit au poids de marc. Arreſt du Parlement de Bretagne du 31. Octobre 1566. *Dans Du Fail, liv.* 3. *chap.* 141.

Arreſt du Parlement de Touloufe du 23. Avril 1572. **3** rendu entre les Baillifs des Teinturiers de Thounis en Touloufe ; & un nommé Maillol, Conſtanſon, & autres Teinturiers en ſoye, qui fait défenſes auſdits Teinturiers en ſoye de ne faire ledit métier ſans au préalable faire acte d'experience, & à tous ceux dudit métier reſpectivement, commandement & injonction de garder les Statuts dudit métier. *La Rocheflavin, liv.* 4. *lettre T. tit.* 13.

TEMOIGNAGE, TEMOINS.

Temoin, Témoignage. *Teſtis. Teſtimonium. De Teſtibus. C.* 22. 5... *C.* 4. 20... N. 90. *Paul.* 5. 13... *Lex.* 12. *tabb. t.* 7. 6. & 8. 16. *De Teſtibus & atteſtationibus. D. Gr.* 2. 9. 1. c. 7. & 9. 4... 3. 9. 5. & 9... 4. 9. 2. & 3... 6. 9. 1. c. 17... 11. 9. 3. c. 80... 14. 9. 2... 35. 9. 6. *Extr.* 1. 20. *S.* 1. 10... *Cl.* 2. 8. *De Teſtibus cogendis, vel non. D. Gr.* 2. 9. 6. c. 3. 8... *Extr.* 2. 21. *De ſide Teſtium & inſtrumentorum. C. Th.* 11. 39. *Si litterarum ſides à voce Teſtium diſcrepet. N.* 73. c. 3. *De Teſtibus & benedictione matrimonii ſervorum Conſt.* 1. *Alex. Comn.* 9.

Ut in civitatibus quinque, in itineribus verò & agris, tres teſtes ad teſtamentorum ſidem ſufficiant. Leon. N. 41.

Ut ſufficiens numerus teſtium teſtamenti ratum faciat, tametſi id neque illorum ſubſcriptione, neque ſignacula habeat. Leon. N. 42.

Ut per ſcribendi ignaros teſtamenta etiam confirmentur. Leon. N. 43. Il n'eſt pas neceſſaire que les témoins ſçachent ſigner.

Ne mulieres in contractibus teſtimonium præbeant. Leon. N. 48.

Ne ſervi ad dicendum teſtimonium admittantur. Leon. N. 49.

Si ex falſis inſtrumentis, vel teſtimoniis, judicatum ſit. C. 7. 58.

Quot teſtes ſunt neceſſarii ad probandam feudi ingratitudinem. F. 2. 57.

Ut lite non conteſtatâ, non procedatur ad teſtium receptionem, vel ad ſententiam definitivam. Extr. 2. 6.

Ut non liberentur curiali fortunâ Judæi Hæretici, &c. Poſſe verò eos contrà Orthodoxos... Teſtimonium perhibe-

S ſſſ

re , ut qui & pro orthodoxâ politiâ teftimonium perhibent. N. 45. Les Hérétiques peuvent porter témoignage.

De pœnâ falfum teftimonium dicentium Sacerdotum. Leon. N. 76.

Quibus pœnis fubjiciantur Clerici qui falfum tulerint teftimonium. N. 123. c. 20.

De falfariorum pœnâ. Leon. N. 77.

I *De Teftibus , per Bartolum de Saxo Ferrato.*

Per Bald. de Ubald. in vol. tract. Bar.

Per Ang. de Ubald. addition. ibid.

Per Albericum de Maletis Papi.

Per Tindarum.

Per Nellum à S. Geminiano.

Per Jacobum Butrigarium,

Per Andræam Barbatiam , in repeti. C. teftimonium. de tefti.

Per Franc. Curtium Seniorem.

Per Stephanum Aufrerium.

Per Joan. Crotum , cum additioni. & fuppletione Petri de Monchadâ.

Per Federicum Schenx.

Et Per Jo. Oldendorpium.

S. Thomas 2. 2. *queft.* 7.

Silvefter , in fummâ.

Dominicus Sotus , de jure libro 5. *queft* 7. *& Leon. Leffius Socier. Je fu.*

Tract. de teftibus variorum, per Budelium.

De teftibus poft publicationem, per Maria. in C. fraternit. de teftibus.

De teftibus , & eorum depofitione. Per Lanfranch. de Oriano.

Farinacius , de teftibus. vol. in fol. Ofnabrugi. 1657.

2 *Anvemoveri debeant teftes qui pares effe deferunt?* V. *Confuetud. Feud. li.* 2. *tit.* 19.

3 *De teftibus ad perhibendum teftimonium cogendis.* V. *Andr. Gaill , lib.* 1. *obfer.* 100.

Teftis infirmus an à judice incompetente examinari poffit? Voyez *Andr. Gaill , lib.* 1. *obfer.* 101.

4 *Teftes in momentaneo judicio recepti , an fidem faciant in ordinario judicio?* Ibidem , *obfervat.* 103.

5 *De relatione teftis ad primam depofitionem.* Voyez *ibidem , obfer.* 104.

6 *De publicatione teftium.* Voyez *ibidem , obferv.* 105.

7 *De teftibus.* Vide *Luc. lib.* 11. *tit.* 8.

8 Des témoins , & quel nombre fur un fait peut être examiné , & de nommer & convenir d'experts par les parties pour l'eftimation & evaluation des chofes contentieufes. *Ordonnances de Fontanon , to.* 1. *liv.* 3. *tit.* 46. *p.* 618.

9 Des Commiffaires à examiner témoins , & de leurs falaires. *Joly, des Offices de France , to.* 1. *li.* 1. *tit.* 39. *p.* 303.

10 Témoins entendus dans l'enquête. *Voyez* le mot Enquête , *nomb.* 65. *& fuiv.*

11 Des enquêtes & de leurs dépofitions. Voyez *M. le Prêtre ,* 1. *Cent. chap.* 66. Charondas , *liv.* 12. *Rép.* 6.

Teftes an audiri poffint inquifitione civili,qui in notoriis feu informationibus à Senatu refciffis auditi funt? V. Mornac , *l.* 11. §. *ult. circâ finem, ff. de teftibus diftinguit.*

12 *Teftibus duobus affirmantibus plus creditur quam mille negantibus.* V. *Com. Joan. Conft.* fur l'Ordonnance de François I. *art.* 107.

13 *De teftium fide.* Voyez *M. le Bret , en fon traité de l'ordre ancien des jugements, chap.* 38.

14 *De teftibus , atteftationibus , & reprobationibus.* V. la nouvelle édition des Oeuvres de *M. Charles Du Moulin . to.* 2. *p.* 512. *de falvationibus contrâ reprobationes.* Ibid. *p.* 52.

15 Des perfonnes qui peuvent valablement porter témoignage , & qui y peuvent être contraints ? *Voyez Defpeiffes , to.* 2. *p.* 484.

16 Des témoins fufpects , intereffés , parens & alliez , amis , ennemis , domeftiques , incertains. Les témoins peuvent être contraints de dépofer, ceux qui ont ex-

---

cufe fuffifante peuvent la propofer; la maladie , l'abfence , la dignité fervent d'excufe. *Voyez le* 2. 10. *des Loix Civiles , liv.* 3. *tit.* 6. *fection* 3.

17 *Teftis à teftificando an legitimè excufetur, dicens negotium ad fuum commodum vel incommodum pertinere?* V. *Franc. Marc , to.* 1. *queftion* 132.

18 *De teftium publicatione.* Voyez *ibidem , queftio* 504.

19 *Alteri partium præcipi poteft , ut productionis , & examinationis tempore difcedat , ne teftes terreat , aut impediat ne teftentur.* V. *Franc. Marc , to.* 1. *qu.* 515.

20 *Teftes peritia artis turbatim deponere poffunt , fed in depofitione teftium peritia artis confuetudo loci attendi debet.* Ibidem , *queft.* 899.

21 *Teftes minus idonei in defectum , quando veritas aliter haberi non poteft , examinari poffunt.*

Privilegiati ut teftimonium ferant , quando veritas aliter haberi non poteft , cogi poffunt.

Teftes qui ex perfonæ vilitate & vitio fuo à teftimonio repelluntur , in defectum & fubfidium admittuntur. Minor viginti annis in defectum probationum quando admittatur,item & mulier? Voyez *Franc. Marc , tome* 2. *queft.* 94.

22 *Teftes minus idonei quando in fubfidium admittuntur præfumptionem quamdam non plenam probationem faciunt.*

Teftes minus idonei in fubfidium fi admittuntur , probare oportet quod alia probationes deficiant. Voyez *ibid. queft.* 94.

23 *Teftis ex confeffione quam in teftificando fecit , condemnari non debet : nec producens teftificationem pro parte accipere poteft , & pro parte non.* Voyez *ibidem , queft.* 439.

24 *Teftis unius dicto ut ftetur ad plenam probationem faciendam privilegio , confuetudine vel ftatuto judice poteft.* Voyez *ibidem , queft.* 455.

25 *In caufis quæ parvi funt momenti , unius teftis dicto ftandum eft.* Voyez *ibidem , queft.* 456.

26 *Teftis à teftimonio non excufatur dicendo fe in bonis de quibus agitur , fubftitutum effe.* Voyez *ibidem , qu.* 593.

27 Un témoin ayant été oüi en une information qui a été caffée & annullée , les parties en l'inftance civile étant admifes à la preuve de leurs faits , peut demander que fa premiere dépofition foit leuë. Arrêt du Parlement de Dijon du 7. Janvier 1560. *Bouvot , to.* 2. verbo *Témoins , queft.* 1.

28 A été dit le 10. Février 1579. que de ce que le Juge Mage de Touloufe ayant oüi certains témoins en l'abfence de fon adjoint lors malade , avoit ordonné que lefdits témoins feroient récolez par ledit adjoint , ce qui avoit été fait : la Cour par fon Arrêt a déclaré qu'il avoit nullement & mal procédé & ordonné , & bien appellé , & la caufe renvoyée au Sénéchal avec dépens. *La Rochefiavin , liv.* 4. *lett.* T. *tit.* 4. *Arr.* 2.

29 Après avoir produit un témoin , on peut *ex causâ* ne le pas faire oüir. Jugé au Parlement de Grenoble le 18. Août 1621. *Baffet , to.* 1. *li.* 6. *tit.* 8. *ch.* 3.

30 Arrêt du Parlement d'Aix du mois de Juin 1664. par lequel il a été jugé , que la dépofition d'un témoin *per verbum credo* , ne fait pas foy. *Boniface , to.* 1. *liv.* 8. *tit.* 27. *ch.* 2.

TÉMOINS , ASSIGNATION.

31 Celuy qui étant trouvé en jugement , eft *illico* appellé fans autre affignation pour rendre témoignage, ne peut être dit témoin volontaire , ni tenu pour fufpect , comme s'il étoit venu dépofer *ultro* , fans fommation & affignation précédente. V. *Maynard , li.* 4. *chap.* 87.

32 Par Arrêt du 7. Août 1565. jugé que l'affignation pouvoit être donnée au lieu où font les témoins , foit pour faire l'enquête ou pour faire examen à futur. *Bibliotheque de Bouchel ,* verbo *Témoins.*

TÉMOIN , AVOCAT , PROCUREUR.

33 *An Advocatus fit cogendus ut teftis & idem in procuratore ad requeftam partis adverfæ?* Non. Voyez *Du Moulin , to.* 2. *p.* 575.

34   *Fuit dictum, sed non per Arrestum, quod advocatus & procurator causa produci non possunt per adversarium in testem, nec cogentur de hoc. N°. in C. Romana de testibus. lib. 6. & l. mandatis, eodem titul. ff. facit. l. sin. Cod. de offic. Assisso.* Voyez *Jo. Gall. quest.* 98.

35   Anne Robert cite des Arrêts par lesquels il fut jugé que l'Avocat seroit contraint d'être témoin contre sa partie. *Lib. 2. rer. jud. cap. 19.*

36   *Licet familiares & domestici non admittantur ad testimonium pro domino, tamen benè admittuntur contrà, & idem dicitur de advocato & procuratore.* Voyez *Franc. Marc, to. 1. quest.* 93.

37   *Advocatus & procurator in defectum probationum, testimonium contra Clientulum dicere possunt.* Voyez *ibid. quest.* 382.

Voyez le mot *Avocat*, *nomb.* 193.

TEMOINS, COMMISSAIRE.

38   Le Commissaire qui n'aura pas interrogé suffisamment les témoins, soit en fait criminel, soit en fait civil, doit être condamné aux dommages & interêts de la partie. Arrêt du Parlement de Grenoble en l'an 1544. rapporté par *Chorier, en sa Jurisprudence de Guy-Pape*, *p.* 259. De même si la procedure est nulle par le fait du Commissaire. *Ordonnance d'Abbeville, art.* 204. & de 1667. *tit.* 21. *art.* 36.

TEMOINS, COMMUNAUTE' D'HABITANS.

39   *Quatenus testes admittantur in causâ universitatis?* Voyez *Mornac, Loi. 10. ff. de in jus vocando.* avec la *Loi 2. §. 1. & 2. ff. Si quis caution.*

40   *An illi de universitate possint adstringi ad ferendum testimonium contrà universitatem: & quid juris in causâ decima?* Voyez *Franc. Marc, tom. 2. quest.* 93.

TEMOINS, CONFRONTATION.

41   Les témoins confrontans sont si privilegiez, qu'en allant ou venant, ou séjournant pour être confrontez, ils ne peuvent être arrêtez ni constituez prisonniers pour dettes ni crimes, & s'ils le sont, ils sont élargis en leur donnant le chemin pour prison, & à la charge de s'aller présenter aux prisons du Juge, d'autorité de qui ils auroient été faits prisonniers. Arrêt du 20. Avril. *La Rocheflavin, liv. 4. lett. T. tit. 4. Arr.* 5.

42   Par la Declaration du Roy donnée à saint Germain en Laye le 18. Novembre 1679. il a été ordonné qu'à l'avenir, lorsqu'un accusé condamné par coûtumace se representeroit, & qu'il ne seroit point comparoître les témoins dans les délais prescrits à l'effet de la confrontation, és procez esquels elle auroit été ordonnée, les Juges ne pourront prononcer l'absolution de l'accusé, mais seulement qu'il sera mis hors des prisons à la caution juratoire de se representer toutefois & quantes qu'il luy sera ordonné, pour subir la confrontation, & être ensuite procedé au jugement définitif du procez, sans qu'un Arrêt ou Sentence qu'aura obtenu un accusé, puisse luy servir de justification ou d'absolution définitive. *La Rocheflavin, liv. 4. littr. T. tit. 4. Arr.* 1.

DIX TEMOINS.

43   L'Ordonnance par laquelle on ne peut faire ouïr plus de dix témoins sur un fait, se doit entendre que s'ils sont deux consorts à plaider, qui ensemble ont posé le même fait, chacun d'eux peut produire dix témoins sur chacun fait, d'autant que si séparément ils avoient écrit, chacun feroit sa production, ainsi la conjonction ne peut leur porter dommage. Arrêt du Parlement de Paris en 1388. *Bibliotheque de Bouchel*, verbo *Preuve*.

44   Arrêt du 14. Août 1504. qui condamne un Commissaire pour avoir oüi témoins en nombre excessif, en 30. liv. d'amende. *La Rocheflavin, liv. 6. tit.* 46. *Arr.* 12.

45   Il est dit par Arrêt du Parlement de Bretagne du 31. Octobre 1554. que Bosec pourra faire enquerir témoins jusques au nombre de l'Ordonnance, & la Coûtume de Bretagne dit, vingt, l'Ordonnance dix. *Du Fail, liv. 2. chap.* 13.

46   Ordonné au Parlement de Bretagne le 16. Octobre 1557. que les dépositions des témoins excedans le nombre de dix en matiere civile, seroient rayées. *Du Fail, liv.* 3. *ch.* 190.

47   Les témoins enquis outre le nombre de dix sur chacun article seront rejettez, & n'aura la Cour aucun égard aux dépositions. Arrêt du Parlement de Bretagne du 12. Octobre 1560. *Du Fail, li. 2. ch.* 105.

48   S'il y a deux consors à plaider, chacun peut produire dix témoins, sauf à partie d'en produire autant. Arrêt du Parlement de Grenoble du 18. Août 1621. *Basset, to. 1. li. 6. tit.* 8, *chap.* 4.

49   Par les anciennes Ordonnances, il est défendu aux Commissaires Enquêteurs d'oüir plus de 10. témoins pour un fait, & aux Juges d'avoir égard aux dépositions des témoins qui seront au de-là de ce nombre. Il y a des Arrêts anciens du Parlement de Toulouse, qui ont jugé conformément à ces Ordonnances, un entr'autres du 14. Août 1665. Il fut deliberé de ne pas lire l'onziéme témoin & les suivans, quoyque la déposition des dix premiers ne subsistât pas, & qu'il y en eût sept de reprochés par des objets connus, par le Commissaire Enquêteur, les témoins ayant avoüé leur parenté dans les generaux interrogatoires. Nôtre usage est neanmoins contraire, sur tout depuis la derniere Ordonnance de 1667. qui défendant de faire oüir plus de 10. témoins pour un fait, ajoûte seulement que ceux qui seront oüis au de-là de ce nombre, n'entreront point en taxe. *M. de Catellan, liv.* 9. *chap.* 5.

TEMOIGNAGE DOMESTIQUE.

50   Du témoignage domestique. Voyez *M. le Prêtre, Cent.* 4. *ch.* 27.

51   *Testis familiaris aut domesticus quandoque admittitur.* V. *Com. Joan. Const.* sur l'Ordonnance de François I. *art.* 155.

52   En cas commis de nuit & és maisons, les témoins domestiques sont recevables. *Papon, li.* 9. *tit.* 1.*n.* 18.

53   La preuve domestique est admise quand il est question d'un fait domestique, *quoniam non facile qua domi geruntur per alienos possunt probari, l.* 8. *§.* 5. *Cod. de repudiis.* M. le Prêtre, 4. *Cent. ch.* 27. Voyez *Mornac, l.* 3. *ff. de testibus.* où il y a Arrêt du 9. Août 1613.

ECCLESIASTIQUES TEMOINS.

54   Des Ecclesiastiques qui ont rendu faux témoignage. Vide *M. Duperray, en sa capacité des Eccles. p.* 165.

55   Les Ecclesiastiques ne sont pas moins obligés de déposer un fait civil en un fait criminel que les seculiers; s'ils le refusent, ils peuvent être contraints par saisie de leur temporel suivant l'Ordonnance du mois d'Août 1670. *tit.* 6. *art.* 3.

TEMOINS EXAMINEZ.

56   *Testes sigillatim & secretè examinandi.* Vide *Franc. Marc, to. 1. quast.* 898.

57   Les témoins doivent être examinez, selon la forme & stile de la Jurisdiction du Juge qui delegue, & non pas de celuy qui est delegué. Arrêts des 14. & 7. Mars 1532. & 1550. *Charondas, liv.* 4. *Rép.* 33.

58   Témoin recolé & confronté au procés extraordinaire, peut être examiné au procés ordinaire d'entre les mêmes parties. Arrêt du 8. Octobre 1579. *Charondas, liv.* 7. *Rép.* 219.

FAUX TEMOINS.

59   Des faux témoins & de leurs corrupteurs. Voyez le mot *Faux*, *nomb.* 147. & *suiv.* & *Papon, livre* 22. *titre* 13.

60   *Committit falsum qui tacet verum.* Mornac, *l.* 8. *Cod. de Episcopis & Clericis*, &c.

61   *Pæna falsa testationis, corruptionis testis, aut comminantis qua sit?* Voyez *Franc. Marc, to.* 2. *quast.* 443.

62   Amende honorable contre un faux témoin. Voyez *M. d'Olive, Actions forenses*, 3. *partie. Action* 6.

63   Le 2. Mars 1519. a été prononcé Arrêt qui condamne plusieurs faux témoins les uns à faire amende ho-

norable en chemife , la hart au col , au foüet , & les autres à avoir les levres coupées & fenduës , le tout en matiere Beneficiale. *La Rocheflavin, liv. 4. lett. T. tit. 4. Arr. 10.*

64　Faux témoins punis de mort. Arrêts du Parlement de Paris de l'an 1534. & du Parlement de Bourgogne 1515. Le même avoit été jugé au Parlement de Grenoble le 13. Septembre 1453. Par Ordonnance de François I. de l'an 1539. verifiée en la Cour , il eft porté que les faux témoins tant en matiere civile que criminelle ou fauffaire de contrats , feront punis de mort. *Papon , liv. 22. tit. 13. n. 1.* Cette Ordonnance

65　n'eft étroitement fuivie *in civilibus.*

Témoins fufpects de fubornation peuvent être fur le champ arrêtez ou refferrez par le Commiffaire. Le Parlement de Grenoble en fit un arrêté infcrit dans le livre vert le 25. Juin 1541. *Baffet , to. 2. liv. 9. tit. 3. chap. 2.*

66　Arrêt du Parlement de Touloufe du 12. May 1559. qui condamne le Subftitut de Monfieur le Procureur General au Siege de Beaumont , à faire amende honorable en plein Parquet , tête nuë , avec une torche allumée entre fes mains , en amende pecuniaire , & banny du Royaume pour 10. ans , pour avoir calomnié, injurié & fuborné des témoins. *La Rocheflavin, liv. 4. lett. T. tit. 4. Arr. 11.*

67　Le 15. Janvier 1567. le nommé Rivet folliciteur , a été condamné au foüet & aux Galeres pour 10. ans,& en amende honorable & pecuniaire pour avoir attiré des faux témoins en une inftance de 10. liv. *La Rocheflavin, liv. 4. lett. T. tit. 4. Arr. 4.*

68　Si la Requête donnée pour faire informer fur la qualité des témoins fauffaires oüis en l'information , étoit legitime , lefdits témoins étant abfens , & ne paroiffans pas pour faire le procés extraordinaire. Arrêt du Parlement d'Aix du 19. Novembre 1678. qui ordonna que le lieu & le domicile des témoins , feroit indiqué pour faire le procés extraordinaire. *Boniface , to. 5. liv. 3. tit. 2. ch. 4.*

69　La dépofition d'un feul témoin étant contraire à la dépofition de tous les autres pour un fait arrivé en même temps & même lieu , ce feul témoin contraire peut être pourfuivi comme faux témoin. Arrêt du 2. Septembre 1684. *Ibidem. ch. 5.*

TEMOINS , FEMMES.

70　Si les femmes peuvent fervir de témoins ? *Voyez* le mot *Femme , n. 131. & fuiv.*

71　*De ufu damnato quod in criminalibus non in civilibus mulieres in teftimonium admittantur; de Jure Canonico in criminalibus non admittuntur , in civilibus fic.* Du Moulin , to. 2. p. 616.

72　*Mulier in caufâ criminali an teftis effe poffit ?* Vide Franc. Marc. to. 1. queft. 900.

73　Femmes peuvent fervir de témoins , tant en matiere civile que criminelle. Arrêt du Parlement de Paris de l'an 1393. reformant la difpofition de la Coûtume de Laon , qui ne recevoit les femmes en témoignage qu'au Criminel , & non au Civil. *Papon , liv. 9. tit. 3. n. 17.*

74　La femme peut être obligée de porter témoignage contre fon mary. Arrêt du Parlement de Paris du 9. Janvier 1530. *Papon , liv. 9. tit. 1. n. 26.* C'étoit en matiere civile , il en feroit autrement en matiere criminelle.

75　Femme contrainte par Arrêt du Parlement de Paris du 9. Janvier 1532. de porter témoignage contre fon mary. *Biblioth. de Bouchel, verbo Preuves.*

76　La femme ne peut dépofer contre fon mary. Arrêt du Parlement de Touloufe du 26. Octobre 1546. *La Rocheflavin , liv. 4. lettre T. tit. 4. Arr. 8.* c'eft-à-dire qu'elle ne pourra être contrainte de dépofer. •

77　Témoignage des femmes aux teftamens faits en temps de pefte , eft recevable. Arrêt du 5e Juillet 1630. M. d'Olive , liv. 5. chap. 3. Voyez M. le Prêtre , 3. Cent. ch. 39.

TEMOINS EN MATIERE CRIMINELLE.

78　Des témoins en matiere criminelle. *Voyez* le mot *Procedure , n. 260. & fuiv.*

79　*De ratione dicendi teftimonium in caufis occultorum criminum;* Dialogus qui infcribitur Theoph. Joannis Genefii Sepulveda Cordub.

80　*De teftium examinatione in caufâ criminali.* Voyez Franc. Marc. to. 2. queft. 719.

81　Leurs témoignages les uns contre les autres , ne font qu'une préfumption , & ne font reçûs qu'en quatre cas , *in criminibus lefæ-Majeftatis , in fimoniâ, &c. & valent ad torturam fi fuerint præfumptiones.* Mornac , l. 10. C. de teftibus.

81　Jugé par Arrêt des Grands Jours de Poitiers , que les témoins oüis , & confrontez à un prevenu, la matiere après civilifée , pouroient être derechef produits par forme d'Enquête , & quoiqu'à Touloufe cela arrive rarement , toutefois le cas avenant , on n'y feroit point de difficulté refervant à la partie de bailler tels reproches, que bon luy fembleroit. *V. Mainard , liv. 4. ch. 86. & Ayrault ordre jud. liv. 1. part. 4. n. 7.*

83　De ceux qui peuvent ou ne doivent pas être reçûs témoins en matiere criminelle , & ne font point contraignables à le devenir. *Voyez* Julius Clarus liv. 5. *Sententiarum §. finalis qu.24.* & les additions qui font à la fin de l'ouvrage du même Auteur. *Quando ex naturâ facti alii teftes haberi non poffint, admittuntur teftes qui alias prohibentur.* En crime de lexe-Majefté, *aut in caufâ nærefis teftes inhabiles admittuntur.* Ibid. nombre 19.

84　Le témoin qui dépofe dans un procés criminel & qui vacille , peut être appliqué à la queftion. Arrêt du Parlement de Dijon du mois de Juin 1558. *V. Bouvot, to. 1. part. 3. verbo Témoin. queft. 3.*

85　Le Bailly de Forêt ayant débouté un accufateur de la demande qu'il luy faifoit de fe transporter dans le lieu où étoient les témoins , qui n'ofoient venir à Forêt; les uns craignant d'y être arrêtés pour crime,& les autres pour dettes. Par Arrêt du Parlement de Paris du 23. Août 1565. la Cour a évoqué l'inftance, & l'a renvoyé pardevant le Châtelain du lieu où refidoient les témoins pour juger diffinitivement , fauf l'appel pardevers elle. *Papon , liv. 24. tit. 5. n. 14.*

86　Celuy qui a été excedé & qui n'eft accufateur , peut être témoin. Arrêt du Parlement de Grenoble du 19. Janvier 1645. de l'avis des Chambres, fauf aux Juges de voir *quanta fides adhibenda fit illius teftimonio.* Baffet, tom. 1. liv. 6. tit. 8. ch. 2.

87　Arrêt du Parlement d'Aix du 3. Février 1646. qui a déclaré que les Lieutenans ne peuvent ordonner le recenfement des témoins en matiere criminelle ; il n'appartient qu'à la Cour de l'ordonner quand il y a quelque foupçon en la procedure , ou qu'il s'agit d'un crime atroce. *Boniface, tom. 1. liv. 1. tit. 10. n. 28.*

88　Un prevenu après avoir déclaré vouloir être aux dépofitions des témoins , peut s'en retacter & ne s'y tenir. Arrêt du Parlement de Grenoble du 20. Juin 1659. *Baffet , tom. 1. liv. 6. tit. 8. ch. 1.*

89　Arrêt rendu au Parlement de Grenoble de l'avis des Chambres le 3. Juillet 1664. que les prevenus pouvoient prendre droit des dépofitions des témoins non confrontez , foit qu'ils ayent été recolez ou non, mais non de ceux qui ont été valablement reprochez. *V. Baffet , tom. 1. liv. 6. tit. 9. ch. 5.*

90　Regulierement on ne peut arrêter les témoins après le recolement & confrontation , fi ce n'eft qu'il y eût de variations effentielles en leurs dépofitions , recollemens , &c. les Greffiers obligez de parapher les pieces du procés , qu'ils envoyent au Greffe par premiere & derniere. Arrêt du 6. Avril 1675. *De la Guiffiere , tom. 4. liv. 8. chap. 6.*

91　*In criminalibus fi teftis ante repetitionem obierit , irritum manet teftimonium.* Mornac, l. 1. circa finem ff. de teftibus.

TÉMOINS, MINEURS.

92   *Minor quinque & viginti annis in criminalibus an testis omni exceptione major sit? Vide Franc. Marc tom. 1. quast. 890.*

93   *Ætas testis in causâ criminali, cum 20. annis sit, an vigesimum inceptum fuisse sufficiat an absolutum? Ætas certa ubi requiritur, novissimum annum completum esse debere regulare. Vide Franc. Marc. to. 1. quast. 896.*

TÉMOINS MORTS.

94   Dépositions de témoins morts avant le recolement sont nulles. Arrêt du Parlement de Paris du 20. Mars 1510. *Papon, liv. 9. tit. 1. n. 13.*

95   Les témoins ja enquis reviendront pour être ouïs & interrogez, & où aucun d'eux seroit mort, la partie en pourra supplanter. Arrêt du Parlement de Bretagne du 30. Avril 1554. *Du Fail, liv. 3. ch. 175.*

96   Par Arrêt du Parlement de Bretagne du 3. Octobre 1558. il fut dit que s'il se trouvoit des témoins décedez, les parties pourroient en faire enquerir d'autres en leur lieu jusqu'au nombre de l'Ordonnance. *Du Fail liv. 2. ch. 78.*

TÉMOIN, NOTAIRE.

97   Témoins és actes de Notaires. *Voyez* le mot *Notaire, n. 242. & suiv.*

98   *Tabellio quandoque computatur inter testes? V. Com. Joan. Const.* sur l'Ordonnance de François I. art. 52.

TÉMOINS PARENS.

99   *Frater vel consanguineus in criminali causâ admissus nullam fidem facit.* Voyez *Franc. Marc. tom. 1. qu. 895.*

100   *Parentes in causâ matrimonii testimonium dicere an valeant.* Ibid. *tom. 2. quest. 71.*

Les parens peuvent être témoins dans un Testament nuncupatif, parce que le Testateur qui les fait venir, ne va pas faire une enquête sur la vie des témoins. Ainsi jugé au Parlement de Toulouse. *Albert,* verbo, *testament, art. 13.*

101   Le père ne peut être contraint de déposer contre son fils, le frere contre son frere, le mary contre sa femme, si ce n'est en crime de Léze-Majesté. *L'Ange, page 138. part. 2.*

102   Un ayeule fut exempte de porter témoignage contre son petit-fils, le 6. Septembre 1519. *Papon, liv. 9. tit. 1. n. 27.*

103   Arrêt du 14. Octobre 1546. és Grands Jours de Riom, que la mere prise pour témoin contre son fils, ne seroit point ouïe; cependant la Cour permit de la faire interroger, pour l'interrogatoire mis en un sac, y avoir tel égard que de raison. *Papon, liv. 9. titre 1. nombre 2.*

104   Arrêt du 25. Février 1556. qui enjoint à la mere de porter témoignage en la cause testamentaire d'entre la veuve de l'aîné & d'un autre, pour sçavoir si cet aîné avoit testé suivant la Loy *qui testamento §. per contrarium ff. de test.* Papon, *liv. 9. tit. 1. nomb. 27. &* Carondas, *liv. 4. Rép. 31.*

105   Jugé le 20. Juillet 1581. qu'un beau-frere en action d'injures n'étoit tenu de porter témoignage contre son beau frere. *Papon, liv. 9. tit. 1. n. 27. &* Robert, *rerum judicat. liv. 2. cap. ult.*

106   Voyez cy-après le nomb. 203. & suiv. Si deux freres étant en procès employent leur sœur pour témoin, après sa déposition elle ne peut plus être réprochée. Arrêt du Parlement de Grenoble du 28. Août 1671. *consultis classibus,* quoyque l'Ordonnance de 1667. art. 11. du tit. 22. rejette les dépositions de personnes si proches. *Voyez Chorier,* en sa *Jurisprudence de Guy Pape, p. 314.*

PREUVE PAR TÉMOINS.

107   De la preuve par témoins. *Voyez Despeisses, tome 2. pages 482. & 514.*

108   Espece notable en laquelle la preuve par témoins a été reçuë, par Arrêt du 2. Mars 1571. *Carondas, liv. 6. Réponse 28.*

109   Témoins & du cautionnement que l'on veut verifier par témoins, contre l'Ordonnance de Moulins,

art. 54. que l'on avoit cautionné un serviteur, l'on n'est pas recevable d'en faire preuve par témoins. Arrêt du 16. Février 1599. *Carondas, livre 10. Rép. 63.*

110   *Servatur constitutio Molinensis inter mercatores.* Arrêt du 8. Juin 1599. Mornac, *L. 9. §. quoniam ff. de reb. creditis.*

111   La preuve par témoins des faits de suggestion, ne peut être reçuë contre un testament. Arrêt du 7. Avril 1664. *Des Maisons, lettre S. nomb. 5.*

112   La preuve par témoins du payement d'une promesse ou obligation, non excedant 100. liv. est recevable, suivant l'art. 54. de l'Ordonnance de Moulins; encore bien que le creancier represente la promesse ou l'obligation. Il faut observer que le fermier après la mort du commis, avoit formé sa demande, & laissé faire l'enquête où la vente du payement étoit justifiée. Jugé à la Cour des Aydes sur la fin d'Août 1682. *Journal du Palais.*

TÉMOINS, RECENSEMENT.

113   Du recensement de témoins fait un jour de fête. Arrêt du Parlement de Grenoble du 24. May 1668. qui cassa la procedure, accorda nouveau delay pour la refaire, & ouïr de nouveau les mêmes témoins. L'accusateur fit assigner le Commissaire en garantie, lequel fut mis hors de Cour, parce qu'il avoit été requis avec instance de proceder au recensement le jour & fête des Rois, sans ajoûter que ce seroit à son peril. *Voyez Basset, tom. 2. liv. 7. tit. 2. ch. 3.*

RECOLEMENT DES TÉMOINS.

115   Du recolement des témoins en matiere criminelle, *Voyez* le mot *Procedure, n. 240. & suiv.*

116   *An testes sint recolendi? V. Du Moulin, to. 1. p. 592. an post tertiam publicationem sint testes recolendi? V. Ibid. p. 611.*

117   *Per arrestum Curiæ dictum fuit quod post publicationem testium factam, non est pars recipienda ad requirendam recollationem dictorum testium propter timorem subornationis, licet judex ex suo officio possit facere si videat expedire, anno 1393. Voyez Jo. Gall. quest. 288.*

118   Un témoin ayant déposé & signé sa déposition est tenu au recolement répondre & déposer de nouveau, en luy lisant la copie de sa premiere déposition. Arrêt du Parlement de Bourdeaux du mois de Juin 1520. *Papon, liv. 24. tit. 8. n. 6.*

119   Par l'Ordonnance de François I. publiée en l'an 1539. art. 165. il est ordonné qu'aux dépositions des informations, recolées toutefois par autorité de Justice sera eu tel égard comme s'ils avoient été affrontez en jugeant le procés : sur quoy par déliberation de la Cour, les Chambres assemblées le 2. Janvier 1539. interpretant ledit article, sçavoir si contre un défaillant & fugitif, il est necessaire que les témoins soient recolez auparavant le jugement ou Arrêt; ou bien si ce mot *recolez* se rapporte *ad vim & effectum probationis* il a été jugé que cela demeureroit à l'arbitrage des Juges, qu'où ils verroient être expedient faire ledit recolement ou non le pourroient faire, ou bien passer outre au payement. *La Rocheflavin, liv. 4. lettre T. tit. 4. Arr. 1.*

120   Suivant l'Ordonnance du mois d'Août 1670. pour les matieres criminelles, les témoins doivent être indispensablement recolez en leurs dépositions, & ce recolement vaut confrontation à l'égard des prevenus défaillans : ainsi il ne dépend plus de l'arbitre du Juge d'ordonner ou faire le recolement ou non. *Ibid.*

TÉMOINS RELIGIEUX.

121   Si un Religieux peut servir de témoin dans un testament? *Voyez* le mot *Religieux, n. 255. & suiv.*

122   Les Religieux peuvent être témoins dans les testamens, sur tout ceux qui *regula inserviunt laxiori. Voyez les Arrêts de M. de Catellan, liv. 2. chap. 11.*

123   Un Prêtre ou Religieux ne peut prêter témoignage en matiere criminelle, & n'y doit être contraint par le Juge Lay, sans autorité de son Evêque, Abbé ou Prieur ; mais si sans cela ils déposent, leur dé-

position vaut ; en matiere civile ils peuvent être contraints par le Juge Lay *levi coërcitione* , comme d'arrêt de leur cheval ; jugé par plusieurs Arrêts. *Papon, liv. 9. tit. 1. n. 33.* Aujourd'huy cela n'est plus observé , ils peuvent être contraints en matiere criminelle de déposer sans la licence de l'Evêque, Abbé ou Prieur.

124 Moines & Religieux peuvent être reçus pour témoins en contrats & testamens ; jugé par Arrêt du Parlement de Grenoble de l'an 1460. *Papon , liv. 9. tit. 1. n. 32.* Joan. Faber tient le contraire.

125 Les Religieux ne peuvent être témoins dans les testamens, parce qu'ils sont incapables de toutes fonctions civiles , si quelquefois leur témoignage est reçû dans les affaires criminelles , ce n'est que pour parvenir plûtôt à la connoissance de la verité , & à la punition du crime. Arrêt du Parlement de Paris du 22. May 1645. *Soëfve, tom. 1. Cent. 1. ch. 81.*

126 Testament où sept Capucins étoient témoins , a été déclaré nul, par Arrêt du Parlement de Toulouse du 26. Janvier 1647. l'on citoit un Arrêt du 16. Mars 1643. qui avoit confirmé un testament où sept Récolets étoient témoins ; mais sur la Requête civile , il fut déclaré nul le 7. Septembre 1649. & au mois de May 1650. cet Arrêt fut cassé , sur le fondement que c'étoit la Coûtume en Avignon, que les Religieux pouvoient être témoins. *Voyez Albert , verbo Testament , art. 32.*

127 Jugé par Arrêt du 24. Mars 1659. que les Religieux ne peuvent être témoins dans un testament en pays de droit Ecrit, l'Arrêt fit défenses aux Notaires du Pays de Lyonnois , de recevoir les Religieux pour témoins aux testamens. *Soëfve , to. 2. Cent. 1. ch. 99. Des Maisons, lettre T. nomb. 3. Jour. des Aud. 10. 2. liv. 2. ch. 15. & Henrys , to. 2. liv. 5. qu. 55. Voyez Du Frêne, liv. 4. ch. 24.*

128 Un testament fait à Rome , signé par des Religieux , jugé valable. Arrêt du 31. Juillet 1662. *Des Maisons, lettre T. nomb. 16.*

129 Si dans la Provence & le Ressort du Parlement d'Aix , les Religieux profez peuvent être témoins dans les testamens ? Arrêt du 31. Juillet 1663. qui a confirmé le testament en baillant caution , & a ordonné qu'il seroit informé de l'usage ; il y en avoit déja quelque preuve par l'attestation des Gens du Roy. *Soëfve , to. 2. Cent. 2. chap. 87.*

130 Arrêt du P. de Provence du 10. Mars 1670. qui a déclaré valable le testament fait dans une Eglise , en presence des Religieux tous témoins. *Boniface , tome 4. li. 1. tit. 2. ch. 1.* il observe que l'Arrêt fut particulierement fondé sur la possession de 25. ans par les tiers possesseurs.

131 Les Religieux même les Mendians peuvent assister & être témoins dans un testament ; jugé à Grenoble le 12. Août 1683. pour un testament fait en Savoye , signé de deux Religieux. *Jurisprudence de Guy Pape, par Chorier , p. 17.*

TE'MOINS , REOÜIS.

132 Témoins affurés valetudinaires , examinez avant le plaids contesté, doivent être réexaminez si lors de l'appointement à informer ils sont vivans, & neanmoins si tel examen a été premier fait par authorité de la Cour , les témoins ne doivent plus être examinez quoiqu'ils fussent vivans , & doit l'examen être joint au procez comme valable. Arrêt du Parlement de Paris en 1385. *Bibliotheque de Bouchel, verbo Preuves.*

133 Témoins peuvent être réoüis dans une seconde information, quand la premiere a été cassée , ou par l'incompetence du Juge , ou par les nullitez ; & cela à cause de la faveur des preuves. Jugé au Parlement de Grenoble le 30. Mars 1666. *Basset , to. 2. liv. 7. tit. 2. ch. 1.*

TE'MOINS REPROCHEZ.

134 *Voyez* les mots *Objets & Reproches.*

Reproches des témoins. *Voyez la Bibliotheque de Bouchel* , verbo *Témoins* , & *Carondas, liv. 4. ch. 34.*

135 Des témoins & des reproches qui peuvent être proposez à cause de l'affinité , amitié , familiarité , comperage , société, &c. *Voyez Franc. de Claperius, cauf. 35.*

136 Avoir battu pere ou mere, épousé une femme l'autre vivante, être blasphemateur ordinaire du Nom de Dieu, sont des reproches plus que suffisans; c'est assez de les alleguer. *V. Mainard , liv. 4. ch. 76.*

137 Si un témoin a été produit par les deux parties , il peut être reproché par l'une d'elles qui auroit nouvellement appris cause de le récuser. Jugé au Parlement de Bourdeaux. *Papon , liv. 9. tit. 5. n. 3.* Regulierement on n'est reçû à reprocher un témoin qu'on a produit.

138 La partie presente à la production & serment des témoins produits par sa partie adverse , doit protester & reserver de les reprocher à la fin de l'Enquête, autrement elle n'y est plus reçüe. Jugé par Arrêt du Parlement de Paris de l'an 1389. *Papon, ibid. nomb.6. & Mainard, liv. 4. de ses quest. chap. 70.*

139 Témoin doit être oüi nonobstant le reproche. Par Arrêt du Parlement de Paris du 14. Mars 1552. il fut dit d'un Commissaire qui avoit reçû & obéi à tels reproches pour en faire preuve qu'il avoit mal ordonné & qu'il en viendroit en personne. Autre Arrêt de 7. Mars 1550. infirmatif d'une Sentence du Lieutenant General du Maine , portant que le témoin reproché ne seroit point reçû. *Papon , liv. 9. tit. 3. nomb. 8. & 10.*

Il n'est permis de reprocher les témoins oüis en reproches. *Arrêt du mois de Juin 1551. Ibid. nomb.18.*

140 Quoiqu'une partie ait produit un témoin dans un certain procez , elle peut en autre cause le reprocher s'il est produit contre elle , & même si deux parties ont produit le même témoin , elles pourront encore le reprocher , en disant que les moyens sont venus depuis à leur connoissance. Arrêt du Parlement de Bourdeaux du 3. Janvier 1556. *Bibliotheque de Bouchel, verbo Reproches.*

141 Un accusé pour sa justification peut s'aider des témoins qu'il a luy-même reprochez , & qui luy ont été confrontez , sans par là encourir le danger de la Loy *si quis testib. C. de testibus.* Arrêt du Parlement de Paris du 24. Août 1545. *Papon, liv. 9. tit. 1. n. 25.*

142 Accusé peut faire oüir pour luy témoins qu'il a reprochez sans se départir des reproches par luy fournis. Arrêt du Parlement de Paris du mois d'Août 1545. *Ibidem , liv. 24. tit. 5. n. 8. & 11.*

143 Un Seigneur feodal ayant appris que son vassal étoit mort , met la main aux fiefs. Les heritiers du vassal font la foy & hommage , & demandent les fruits. Le Seigneur dit avoir preuve qu'un tel jour le vassal étoit mort dans une rencontre d'ennemis , & que des soldats à luy inconnus l'ont ainsi déposé. Les heritiers requierent que le Seigneur qui a produit ces témoins soit tenu de les presenter , ou bien dire & déclarer d'où ils sont ; le Juge l'ordonne ainsi. Arrêt du Parlement de Paris du 25. Juin 1550. qui juge que le Seigneur feodal n'étoit tenu de ce faire. *Ibid. liv. 9. tit. 3. nomb. 8.*

144 Un témoin ne peut intenter action pour le fait d'un reproche injurieux & non prouvé. Arrêt du Parlement de Dijon du 10. Decembre 1571. d'autant qu'il a été proposé *per viam exceptionis, & non animo injuriandi.* Aufrer. decis. 217. *Bouvot , tome 1. part. 3. verbo Témoin, quest. 2.*

Un témoin ayant été oüi à la requête de l'une des parties, & ensuite à la requête de l'autre , le fait de reproche qu'il a été intimidé ou suborné depuis sa premiere déposition , est recevable en preuve. Arrêt du Parlement de Dijon du 11. Janvier 1584. *Bouvot , ibidem.*

145 Au procez de Baruch le Breton , il fut dit que sur

des reproches & faits juſtificatifs prouvez par témoins, partie adverſe ſera reçûë à requerir les noms des témoins examinez ſur les faits, afin de bailler reproches prouvez par Lettres, leſquelles ſeroient communiquées à partie adverſe, ſans retardation du procez. Arrêt du 24. Octobre 1576. *Bibliotheque de Bouchel*, verbo *Reproches*.

146 Les reproches donnez par un de pluſieurs complices de même fait, ſervent aux autres des complices qui ne les auroient pas propoſez ; ainſi par Arrêt du Parlement de Toulouſe du 10. Février 1581. il fut décidé que les objets du priſonnier ne ſerviront à un défaillant & contumax, il fut fait Regiſtre de cet Arrêt. *Mainard, to. 1. liv. 4. ch. 79.*

147 Le 12. Mars 1591. par Jugement des Requêtes entre Baron & Morgues, il a été jugé que Baron ſe feroit oüir cathegoriquement ſur les objets donnez par ledit Morgues contre les témoins de l'Enquête de Baron ; ce qu'on dit avoir été ainſi jugé les Chambres aſſemblées. *La Roche-flavin, li. 4. lett. T. tit. 4. Arr. 9.*

148 Un accuſé peut nommer pour ſa juſtification les mêmes témoins qu'il avoit reprochez, les reproches pourtant demeurant en leur entier. Ainſi jugé de l'avis des Chambres le 11. Decembre 1614. *Baſſet, to. 1. liv. 6. tit. 9. ch. 5.*

149 Les témoins d'une tranſaction ne peuvent être objectez. Ainſi jugé au Parlement de Toulouſe au mois de Février 1644. *Albert, verbo Teſtament.*

150 Jugé au Parlement de Grenoble le 19. Janvier 1645. de l'avis des Chambres, que le prévenu ayant reproché un témoin en la confrontation & depuis nommé le même témoin dans ſon enquête d'office, on devoit pourtant examiner les reproches. *Baſſet, to. 1. livre 6. tit. 9. chap. 5.*

151 Le reproche d'avoir battu ſon pere ou ſa mere, eſt bon, & eſt ainſi marqué, *boka quoad impietatem*. On reçoit la preuve de ce reproche par témoins, quoy qu'on n'allegue aucun acte. Arrêt du Parlement de Toulouſe du 24. Octobre 1659. rapporté par *M. de Catellan, liv. 9. chap. 7.*

152 Reproches, en matiere civile, *voyez l'Ordonnance nouvelle de 1667. titre 23. & en matiere criminelle ; voyez M. Expilly, Arrêt 30.*

153 Dans les Inſtances criminelles, l'accuſé doit donner des reproches par ſa bouche de vive voix, & non par écrit, ni les lire. Arrêt du Parlement de Grenoble du 15. Juin 1668. rapporté par *Chorier en ſa juriſprudence de Guy Pape, p. 317.*

154 Les reproches appellez de formule, ne peuvent être baillez que deux fois ; celuy de valet à gages ne peut être compté parmi ces reproches ; & il peut être baillé contre pluſieurs témoins, même au delà du nombre de deux. Arrêt du Parlement de Toulouſe du 15. Juillet 1668. c'étoit une enquête faite par un Marchand ; celuy de corruptele n'eſt pas auſſi un reproche de formule, & peut être baillé plus de deux fois, comme il fut jugé par la Grand' Chambre & Tournelle aſſemblées pour le Jugement du procez criminel du Comte de la Buſſiere le 26. Mars 1670. *Voyez M. de Catellan, liv. 9. chap. 7.*

REPROCHES, AMITIE'.

155 Dire que le témoin eſt ami de l'ennemi capital de l'accuſé, ce reproche n'eſt pas valable. Arrêt du Parlement de Toulouſe rapporté par *Mainard, livre 4. chapitre 85.*

Le reproche d'amitié, familiarité, ni de ſervice, n'eſt recevable, s'il n'eſt domeſtique ordinaire. *Papon, liv. 9. tit. 3. n. 16.*

REPROCHES, APPEL.

156 *Guid. Pap. queſt. 500.* dit que durant quarante ans il a vû pratiquer au Parlement de Grenoble que l'on étoit reçû à faire preuve en cauſe d'appel des reproches baillez contre témoins oüis en premiere inſtance, contre le chapitre *præſentiam de teſtib.* Papon, liv. 9. tit. 3. n. 4.

L'Enquêteur ne ſe doit point arrêter à oüir un témoin reproché, quoyque ſur le champ l'on luy faſſe **157** apparoir du reproche ſuffiſant pour le débouter ; mais ſans préjudice de l'objet, il doit paſſer outre, nonobſtant ce, & oppoſition ou appellation quelconques ; & pour avoir differé par un Examinateur de recevoir un témoin pour raiſon du reproche contre luy propoſé, il fut dit qu'il viendroit en perſonne par Arrêt du Parlement de Paris du 14. Mars 1532. *Bibliotheque de Bouchel,* verbo *Reproche.*

En la cauſe d'appel, les parties ſont reçûës à verifier **158** les reproches donnez contre les témoins entendus en premiere Inſtance. *Mainard, to. 1. liv. 4. chap. 70.*

REPROCHES, COMPERE.

Suivant la maxime que *facilius judex quam teſtis rejicitur,* le compere peut être recuſé : mais en témoignage ſi la partie a donné ſon enfant à tenir au témoin, l'objet n'eſt pas bon ; car ce n'eſt pas une marque de l'affection du témoin d'avoir accepté ce qu'il ne pouvoit honnêtement refuſer. Si au contraire le témoin a donné ſon enfant à tenir à l'une des parties, ce choix qui marque ſon affection le rend ſuſpect. *Ibidem, liv. 1. ch. 89.*

Le témoin peut être reproché, s'il eſt filleul de la **160** partie pour laquelle il dépoſe. Arrêt du Parlement de Toulouſe du 4. May 1676. rapporté par *M. de Catellan, liv. 9. chap. 7.*

REPROCHES, TE'MOIN CORROMPU.

Teſtis corrumpi non dicitur, ſi aliquid pro victu & diœtâ ſibi promittatur. V. *Franc. Marc.* to. 1. queſt. 178. **161**

Falſitas & corruptela quomodo probentur, & an neceſſum ſit utrumque probari. Ibidem, queſt. 487. **162**

Au Parlement de Toulouſe pour recevoir le reproche de corruption, il faut qu'il ſoit accompagné de **163** quelque circonſtance particuliere comme de certaine ſomme, des moyens de corruption, du lieu, & du temps. *Mainard, liv. 4. de ſes queſt. ch. 91. Papon, liv. 9. tit. 3. n. 14.*

Le reproche d'avoir pris certaine ſomme d'argent pour dépoſer contre la verité, eſt bon, de même que **164** s'il étoit dit que c'eſt pour dépoſer fauſſement. Ainſi jugé au Parlement de Toulouſe aprés partage au mois de Decembre 1658. *M. de Catellan, liv. 9. chap. 7.*

REPROCHE, TE'MOIN CRIMINEL.

Si un homme a été condamné par défaut, & que **165** les cinq ans de la contumace ſoient paſſez, il peut être reproché. Arrêt du Parlement de Toulouſe. *Mainard, liv. 4. ch. 93.*

Les reproches injurieux fondez ſur des crimes ou ſur de méchantes actions des témoins ne donnent **166** pas occaſion au Juge de proceder contre eux criminellement : quoyqu'ils ne ſoient pas veritables, ceux qui les ont propoſez ne ſeront pas plus declarez infames, pour avoir au préjudice de leur ſerment menti au Magiſtrat ; ce que l'on propoſe par voye d'exception, n'eſt pas une accuſation ; & c'eſt ſeulement dans les accuſations que le Juge peut prendre connoiſſance des crimes imputez aux accuſez. *Voyez Guy Pape,* queſt. 500.

Les reproches de délit ne ſont point reçus ſans **167** Sentence, ou compoſitions qui puiſſent juſtifier de la condamnation ou compoſition. Jugé par Arrêt du Parlement de Paris, toutes les Chambres aſſemblées, le 12. Août 1568. *Papon, liv. 9. tit. 3. n. 12.*

Témoins ſuſpects de faux ou de ſubornation, peuvent être arrêtez ou empriſonnez par l'ordre du Com- **168** miſſaire qui procede à l'inſtruction du procez criminel : cela fut ordonné par un Reglement general inſcrit dans le Livre verd le 25. Juin 1541. *Baſſet, tome 2. liv. 7. tit. 2. chap. 2.*

Deux témoins qui diſent avoir été corrompus ſont **169** crus contre le corrupteur ; il y a un Arrêt du Parlement de Paris ſéant à Moulins au mois d'Octobre 1550. contre un Lyonnois contumax accuſé d'avoir corrompu deux témoins qui l'avoient ainſi déclaré

par leur procez, & qui avoient été pendus. Par cet Arrêt le Lyonnois fut condamné d'être pendu, & condamné en groffes amendes envers la partie civile. Si le corrupteur prétendu étoit prefent, tels témoins foûtenans la corruption, ne fuffiroient pour donner lieu à la condamnation, mais feulement pour faire mettre à la queftion l'accufé. *V. Papon, liv. 22. tit. 13. n. 2.*

170 Arrêt du Parlement de Paris du 20. May 1553. qui condamne à la queftion un homme accufé d'avoir corrompu deux témoins;il la fouffre fans rien avoüer; quoique par là les indices fuffent purgez,il fut neanmoins condamné en une amende de 120. livres envers le Roy, en pareille fomme envers la partie civile ; les témoins corrompus condamnez aux galeres. M. Boyer allegue un Arrêt ce femble contraire du Parlement de Bourdeaux du 5. Avril 1530. qui abfout le corrupteur, lequel n'avoit rien avoüé à la queftion. M. le Préfident Boyer dit qu'ici les deux témoins avoient été corrompus féparément, & étoient finguliers, au lieu que dans l'Arrêt de Paris les deux témoins avoient été corrompus enfemble. *Ibidem, n. 3. & 4.*

171 Corrupteur de témoins n'eft pas déchargé en fe défiftant, mais il doit être puni de même que s'il avoit réüffi dans fon pernicieux deffein. Arrêt du Parlement de Bourdeaux fans date. *Papon, ibidem, nomb. 5. & M. Boyer, décifion 319.*

172 Par Arrêt du mois de Juin 1587. en la Cinquiéme Chambre des Enquêtes, jugé que le reproche de reprife de Juftice pour crime infamant, fe doit noter *bona fupplendo. Bibliotheque de Bouchel, verbo* Reproche.

173 Reproches fur crimes prétendus commis par le témoin, font non recevables,fi l'on n'en produit le Jugement. Arrêt du P. de Grenoble du 16. Mars 1599. *Baffet, tome 1. liv. 6. tit. 9. chap. 2.*

174 On peut venir par action criminelle pour fubornation de témoins. Arrêt du P. d'Aix du 17. Decembre 1654. *Boniface, to. 2. part. 3. liv. 1. tit. 2. ch. 26.*

REPROCHES,
DEBAUCHE DU MARY ET DE LA FEMME.
175 Après un partage fait en la Grand' Chambre du Parlement de Touloufe, il fut jugé qu'il y avoit lieu de reprocher en témoignage un pere qui proftituoit fa fille, & un mary qui favorifoit la débauche de fa femme. Il fut auffi jugé que le reproche tiré d'un Miniftre de la Religion Prétenduë Réformée contre un Prêtre de ce qu'il étoit Prêtre, & le contraire étoit bon au fait de Religion, non autrement. *Voyez Boné, Arrêt 90.*

176 On doute fi le reproche donné contre le témoin d'être complice de la proftitution de fa fille, eft admiffible comme celuy de complice de la proftitution de fa femme qui l'eft fans difficulté. Arrêt du Parlement de Touloufe du 17. Mars 1662. pour la validité du reproche. Arrêt pofterieur du 6. Novembre 1698. qui a jugé le contraire. Il paroît plus féant comme plus raifonnable de fuivre le premier. *Voyez M. de Catellan, liv. 9. chap. 7.*

177 Par Arrêt du Parlement de Touloufe du 7. Février 1693. jugé que le reproche baillé contre une femme d'être complice de la débauche de fon mary,n'eft pas bon, une aveugle facilité, & une groffiere complaifance, le pouvoir trop grand & la trop grande autorité du mary fur la femme, peuvent donner quelque couleur d'excufe à un fi mauvais miniftere. *Ibidem.*

REPROCHE, DEBITEUR.
178 Le reproche d'avoir mis fes biens en diftribution, n'eft pas bon : il y a plus fouvent du malheur que de la mauvaife conduite. Arrêts du Parlement de Touloufe au mois de Mars 1668. & le 1. Mars 1670. rapportez par *M. de Catellan, liv. 9.*

179 Reproche baillé par le prévenu contre un témoin, pour être debiteur de ce prévenu,a été jugé non admiffible,par Arrêt du Parlement de Touloufe du 7. Février 1693. Seneque a dit *leve as debitorem, grave*

as inimicum facit ; fur ce principe les debiteurs, du moins les debiteurs d'une fomme confiderable, devroient être fujets aux reproches ; mais c'eft plus une fentence & une idée de Philofophe qu'une verité ferieufe qui puiffe fervir de jufte fondement à rejetter un témoin. *Voyez. Ibidem.*

REPROCHES APRE'S L'ENQUESTE.
180 Un mineur eft reçu par Lettres du Prince à propofer reproches contre témoins après la publication de l'Enquête, fi de là dépend le gain de la caufe. Jugé par Arrêt du Parlement de Bourdeaux. *Auffr.* tient le contraire en fa *décifion 53. Papon, liv. 9. tit. 3. n. 2.*

181 Mineur reçu par Lettres du Prince à propofer reproches après la publication, fi de-là dépend le gain de fa caufe. Arrêt du Parlement de Bourdeaux du 13. Janvier 1525. *Bibliotheque de Bouchel, verbo, Reproches.*

182 Les témoins peuvent être reprochez par actes,après les enquêtes ouvertes. Arrêt du Parlement de Grenoble le 18. Juillet 1660. *V. Baffet,tome 1. li. 2. tit. 15. chapitre 3.*

183 L'Ordonnance exclud tous moyens de reproches après les enquêtes ouvertes, fors les reproches qui fe prouvent par actes. *M. Expilly, Arr. 15.* Voyez *l'Ordonnance de 1667. tit. 22. art. 3. 29. & 34.* avec le titre 23. Voyez *M. Loüet, lett. R. fomm. 4. & 5.*

REPROCHES GENERAUX.
184 Un reproche fourni contre un témoin, doit contenir le cas particulier, le lieu & le temps, afin que celuy qui produit le témoin puiffe le fauver, & autrement pofé a été rejetté par plufieurs Arrêts. *Papon, liv. 9. tit. 3. n. 13.*

185 Reproches generaux contre tous les témoins *in fummâ*, font recevables pour en informer avant que de juger le procès, quoyque fpecialement ils n'ayent point été fournis contre chacun des témoins. Arrêt du Parlement de Paris du 14. Février 1450. par toutes les Chambres; & depuis autre Arrêt du dernier Août 1509. *Ibid. n. 9.*

186 Reproches generaux & generalement propofez & *in fummâ* contre tous les témoins examinez,de la part de l'un ou de l'autre des parties, font recevables pour en informer avant que de juger le procès, quoyque fpecialement contre chacun des témoins ils ne foient propofez, & pourvû qu'il n'y ait pertinence & apparence au propos & reproche general. Arrêt du 14. Février 1507. *Bibliot. de Bouchel, verbo, Reproches.*

187 Reproches de témoins ne font recevables en termes generaux, comme infames, parjures, adulteres, homicides, voleurs, larrons, domeftiques ou autrement, fans fpecialement exprimer le lieu & temps du delit commis, ou de la Sentence fur ce intervenuë, & de quel Juge, pour fçavoir s'il eft competent ou incompetent,& les autres circonftances. Et quant au temps, il fuffit d'exprimer le mois & an, & le lieu ; & à cette fin ont été donnez plufieurs Arrêts au Parlement de Bourdeaux en 1528. & 1529. *Papon, liv. 9. tit. 3. n. 10.*

188 Un reproche general eft reçu à la Cour, & à condition, que la partie qui a baillé le reproche ainfi general, déclarera plus fpecifiquement le temps, le lieu, les perfonnes, & les cas par luy propofez confufément, afin que la partie puiffe fommer fes témoins au contraire. Arrêt donné à Roüen en 1545. *Bibliot. de Bouchel, verbo, Reproches.*

189 Reproches generaux ne font reçus. Arrêt du Parlement de Bretagne du 8. Août 1559. rapporté par *Du Fail, liv. 3. chap. 350.* où il eft obfervé que les reproches generaux font quand fpecialement on n'exprime le lieu,le temps du delit, le temps de la Sentence, & quel Juge,& les perfonnes, *C. præfentium de teft. in 6. cap. Tol. dec.53.Maynard, liv. 4. chap. 90.*

REPROCHES, HABITANS.
190 Jugé le 10. Juillet 1663. que les témoins du lieu du Buis étoient valablement reprochez dans une affaire où

où il s'agiſſoit de ſçavoir ſi un fond devoit être dans les cadaſtres du Buys, ou être declaré du Terroir de la Peine, où il ne ſe paye point de taille ; le mouvement fut que ce fait touchoit *ſingulos ut ſingulos*. Baſſet, *tome* 1. *liv.* 6. *tit.* 9. *ch.* 6.

JUGEMENT DES REPROCHES.

191   Traité de la forme de juger les reproches & objets au Parlement de Toulouſe & Chambre de l'Edit de Caſtres, tant aux procés civils, que criminels. *Voyez les Plaidoyez de Boné*, *part.* 1. *p.* 122. *& ſuiv.*

192   Arrèt du Parlement d'Aix du 3. Mars 1644. qui a jugé que les objets & reproches dés témoins doivent être jugez avant le procés. *Boniface*, *tome* 1, *livre* 8. *tit.* 17. *chap.* 1.

REPROCHES, INIMITIEZ.

193   *Teſtes an inimicitia cauſâ repelli poſſint?* Voyez *Franc. Marc.* tom. 1. queſt. 892.

194   *An teſtis qui deponit in cauſâ criminali ſeu capitali dicatur inimicus meus ut poſſit repelli à teſtimonio, in aliâ cauſâ, at dicendum eſt quòd ſic.* Vide ibid. queſt 894. *& 895.*

195   Des inimitiez oppoſées au témoin pour faire rejetter ſa dépoſition. *Voyez Maynard*, *liv.* 4. *chap.* 83. *& 84.*

196   Quoy qu'en accuſation de crime de Léze-Majeſté, l'on reçoive témoins infames, vifs, & tels quels, le reproche d'inimitié eſt pertinent & admiſſible. Ainſi jugé au Parlement de Paris. *Papon, livre* 9. *titre* 3. *nombre* 16.

197   Le reproche fondé ſur inimitié, peut être détruit, par la preuve d'une reconciliation non feinte ; toutefois il a été jugé au Parlement du Toulouſe, qu'une ſalutation ſimple ne prouvoit qu'à demi la reconciliation ; il fut mis ſur l'objet un *dubie eliſa*. Arrèt du mois de Janvier 1585. *Maynard*, *tome* 1. *liv.* 4. *chapitre* 98.

198   Le reproche de l'accuſé, fondé ſur ce que le témoin l'avoit appelé en duël, n'eſt pas valable. Arrèt du 10. Novembre 1600. ils ne s'étoient point battus, & le témoin déclara n'avoir aucune inimitié contre le prévenu. Baſſet, *tome* 1. *liv.* 6. *tit.* 9. *chap.* 1.

REPROCHES INJURIEUX.

199   Si le fait injurieux de reproche procede d'animoſité du conſeil d'une partie, on peut intenter action pour reparation d'injure contre le conſeil. Arrèt du 22. Janvier 1563. *Papon, liv.* 9. *tit.* 3 *n.* 18.

200   Reproches injurieux & diffamatoires ſont bons & recevables en jugement, & n'eſt permis d'en faire informer, ni de cauſe de recuſation ignominieuſe, ſinon après le procés. Arrèts des 10. Decembre 1584. & 28. Mars 1579. *Ibid. n.* 1.

REPROCHES, MANGER ENSEMBLE.

201   Le reproche du mangeant & bûvant ordinairement ou journellement avec la partie eſt bon. Arrèt rendu au Parlement de Toulouſe le 18. Mars 1667. La table fait une ſocieté ſi familiere, que le témoin en eſt avec beaucoup de raiſon eſtimé ſuſpeċt. *M. de Catellan*, *liv.* 9. *chap.* 7.

202   Le Vicaire d'un Curé qui loge avec luy, mange à ſa table & reçoit de loy ſes appointemens annuels, ne peut être témoin dans l'enquête de ce Curé. Arrèt du Parlement de Toulouſe en 1676. rapporté par *M. de Catellan*, *liv.* 9. *ch.* 7.

REPROCHES, PARENTE'.

Voyez cy-deſſus le *nombre* 99. *& ſuiv.*

203   Les parens ſont reprochables juſqu'au quatrième degré de parenté ; cela s'obſerve ainſi au Parlement de Toulouſe, ſi ce n'eſt qu'il ſoit queſtion de la preuve de l'âge & de la parentelé en mariage. *Papon, li.* 9. *tit.* 3. *n.* 21.

204   En une inſtance d'execution d'Arrèt où les parties avoient été appointées en leurs faits, le défendeur produit un couſin germain du demandeur, & fait ſon enquête. Le demandeur venant à faire la ſienne, produit ce même couſin germain, qui eſt objecté par le

Tome III.

---

défendeur, à cauſe de la parenté ; *quærebatur, ſi ledit témoin étoit* affidé & irreprochable? La difficulté fut trouvée ſi grande en la ſeconde des Enquêtes, qu'après avoir conſulté la Grand-Chambre, où étoit M. le premier Préſident Daffis, l'objet fut reſervé *in judicandis.Voyez Boer. queſt.* 243. *nom.* 4.

205   Par Arrèt du Parlement de Toulouſe de 1592. jugé qu'un frere uterin ne pouvoit être témoin en enquête des faits juſtificatifs de ſon frere.*V. Maynard,li.* 4. *chapitre* 77.

206   Au procés des Chapitres, le débiteur, emphyteote, couſin remué de germain d'un des Chanoines, peut être témoin dans l'enquête faite par le Chapitre. Arrèt du Parlement de Toulouſe au mois de Juillet 1662. après partage ; mais le couſin-germain d'un des Chanoines peut être reproché. *Arrêts de M. de Catellan*, *liv.* 9. *ch.* 7.

REPROCHES, PAUVRETE'.

207   Du reproche ſur la pauvreté d'un témoin ; il faut qu'il ſoit mendiant. *Voyez Baſſet, tome* 1. *liv.* 6. *tit.* 9. *chapitre* 4.

208   Mendiant par les rües ne peut être reçu pour témoin, & eſt reprochable. Arrèt du Parlement de Paris du mois d'Août 1532. *Papon, livre* 9. *titre* 3. *nombre* 15.

REPROCHE, YVROGNE.

209 & 210   Le reproche d'yvrogne ordinaire, regorgeant ſon vin, étoit autrefois jugé bon en la premiere Chambre des Enquêtes de Toulouſe ; mais enfin cette Chambre ſe reformant à l'uſage des autres, a jugé que ce reproche n'étoit pas admiſſible. L'Arrèt du 18. Mars 1667. & cela ſe juge ainſi depuis. Le vin eſt ſincere, & fait dire ſouvent la vérité à ceux-là même qui ne voudroient pas la dire. Ainſi ce n'eſt pas une raiſon à ſoupçonner la foy du témoin. *M. de Catellan, liv.* 9. *chap.* 7.

REPROCHES, RECREANCE.

211   Reproches contre témoins en incident de proviſion & récréance non reçûs : car le préjudice eſt réparable ; il y a encore à juger la pleine maintenüe & le petitoire. Arrèt du Parlement de Paris du mois de Juin 1497. *Papon, liv.* 9. *tit.* 3. *n.* 5.

TEMOINS, RESIGNATION.

212   *Du Moulin* ſur la Regle *de Infirmis,n.* 143. *& 145.* prétend que l'Edit contre les petites dates, deſirant que les Procurations *ad reſignandum* fuſſent ſignées de perſonnes connües & domiciliées ; ce n'étoit pas ſatisfaire à la Loy que de prendre des Ecoliers pour témoins, & il conclut que la Procuration étoit nulle.

TEMOINS, SIGNATURE.

213   Arrèt du Parlement de Grenoble du 27. Janvier 1645. par lequel une donation pour cauſe de mort, a été declarée nulle *conſultis-cleſſibus* ; parce que le Notaire n'avoit pas enquis deux témoins qui n'avoient pas ſigné, ils ſçavoient écrire. *Voyez Chorier, en ſa Juriſprudence de Guy Pepe, p.* 149.

TEMOINS, SUBORNATION.

214   Celuy qui a ſuborné des témoins, perd ſon droit, quoy qu'il le prouve d'ailleurs. Arrèt du Parlement de Dijon du 14. Août 1540. *Bouvot, tome* 1. *partie* 1. *verbo, Subornation.*

TEMOINS, TAXE.

215   La queſtion de ſçavoir ſi en un procés fait d'office, les Juges & les témoins peuvent demander taxe,s'eſt preſentée au Parlement de Roüen le 5. Oċtobre 1626. Les plus anciens de Meſſieurs ayant atteſté qu'on ne faiſoit point de taxe aux témoins en pareil cas, on envoya les témoins qui étoient venus de cinquante lieües ſans leur faire taxe, & on remit l'affaire à la Saint Martin pour en déliberer. *Baſnage, ſur l'art.* 145. *de la Coûtume de Normandie.*

TEMOINS, TESTAMENT.

216   Si les témoins d'un Teſtament peuvent être Legataires? *Voyez* le mot, *Legs, n.* 624. *& ſuiv.*

Tttt

217 *Testamentarii testes non possunt rejici ab eo qui ab intestato vindicat hæreditatem.* Voyez *Francisci Stephani , decis.* 37.

218 Il faut que les témoins des testamens reçus par les Curez ou les Vicaires soient résumez ; autrement ils sont déclarez nuls, car étant reçus par une personne privée , le Notaire en les expediant ne peut pas les rendre authentiques. Ainsi jugé au Parlement de Toulouse le 16. Janvier 1624. c'étoit le testament d'un nommé Piqué, où il y avoit sept témoins. *Albert*, verbo *Testament , art.* 8.

219 La présence de cinq témoins en ce temps suffit , à l'exception des Magistrats & des Officiers, qui pour soigner le salut commun , se trouvent saisis du mal contagieux dans l'exercice de leurs charges , qui peuvent tester avec deux ou trois témoins. Arrêt du 19. Avril 1632. *M. d'Orve , liv.* 5. *chap.* 2.

220 Témoins du testament nuncupatif peuvent être reprochez. Arrêt du Parlement de Toulouse du 22. Juin 1633. Autre Arrêt semblable en 1698. rapportez par *M. de Catellan , liv.* 2. *ch.* 5.

221 Il n'est point nécessaire que les témoins voyent le testateur à cause du danger, il suffit l'avoir reconnu distinctement à sa voix. Arrêt du 14. Juillet 1633, *M. d'Olive , liv.* 5. *chap.* 4.

222 Le défaut de resomption joint à ce qu'il n'y avoit que cinq témoins, fit casser le testament d'un nommé Pratudel du lieu de Gragnagues , ce testateur s'étant fait porter chez un Notaire , & ne l'ayant pas trouvé, le Vicaire du lieu reçut son testament signé de la main du testateur en présence de 5.témoins. Vingt ans après , la validité de ce testament fut contestée par des gens qui avoient été pupilles. Depuis par Arrêt du Parlement de Toulouse du 15. Février 1648. le testament fut jugé nul. *Albert*, verbo *Testament , article* 8.

223 Par le Droit Romain les témoins qui avoient assisté à la confection d'un testament pouvoient être légataires, l'article 289. de la Coûtume de Paris contient une disposition contraire ; neanmoins il a été jugé le 15. May 1648. qu'un legs modique fait à des témoins étoit valable. *Soëfve , tome* 1. *Centurie* 2. *chapitre* 86.

224 On n'admet point la preuve par témoins des faits contre la teneur & l'énoncé d'un testament , à cause de la consequence. Arrêt du 19. Février 1659. *De la Guess.* 10. 2. *liv.* 2. *chap.* 9.

225 Le fait que les témoins n'ont pas été presens à la confection du testament , n'est pas recevable contre l'énoncé du testament. Arrêt du 16. Janvier 1664. *Notables Arrêts des Audiences , Arr.* 113. De la Guess. *to.* 2. *liv.* 6. *chap.* 4. rapporte le même Arrêt , & *liv.* 2. *du même to. chap.* 9. L'Arrêt du 19. Février 1659.

226 Le testament où les témoins n'ont pas signé, mais où ils ont été enquis de signer, déclaré valable, par Arrêt du Parlement de Dijon du 4. Juillet 1661. Même Arrêt le 26. Février 1672. *Taisand sur la Coûtume de Bourg. tit.* 7. *art.* 4. *n.* 9.

227 Dans le ressort du Parlement de Provence les Religieux peuvent être témoins dans un testament ; c'est l'usage, comme à Marseille. Arrêt du 31. Juillet 1663. *De la Guess. to.* 2. *liv.* 5. *chap.* 35. Le même Arrêt est dans *des Maisons , lettre T. nomb.* 7.

228 Un des sept témoins se trouvant pere de l'un des heritiers instituez dans le testament nuncupatif écrit, le Notaire ne peut suppléer au défaut, parce qu'il ne paroissoit pas là que pour l'autoriser, & non pour en porter témoignage. Arrêt du P. de Grenoble du 31. Juillet 1663. *Basset , to.* 1. *liv.* 5. *tit.* 1. *ch.* 2.

229 Contre la teneur d'un testament portant qu'il a été passé en présence des témoins y dénommez; on ne peut être recevable à prouver que les témoins n'ont point été presens. Jugé par Arrêt du 16. Janvier 1664. *Soëfve , to.* 2. *Cent.* 2. *chap.* 99.

230 En France on ne pratique plus l'usage de faire apposer les sceaux des témoins sur les testamens. Arrêt du Parlement de Paris du 20. Juin 1669. *Ricard, traité des Donations , chap.* 5. *sect.* 2.

VARIATION DES TEMOINS.

231 De la diversité & de la variation des témoignages. Voyez *Guy Pape , quest.* 544. 546. 595.

232 *Testes viles & ignoti varia deponentes an torqueri possint , & cui ditto inhærendum sit ?* Voyez *Franc. Marc.* 10. 1. *quest.* 486.

233 *Si testis revocet primam depositionem , & dicat se errasse vel falsum deposuisse , tunc ponitur in tormentis , & illa depositio , quam confirmat in tortura , solet attendi, & ità servandum esse rescripsit senatus commissario Arena 30. Jan.* 1557. Voyez *Julius Clarus , li.* 5. *Sententiarum , quest.* 53.

234 Laquelle de deux dépositions differentes doit subsister ? On distingue; en matiere civile , on a plus d'égard à la premiere, *secus* , en matiere criminelle. Si la premiere a été faite hors jugement , la seconde judiciellement faite l'emportera. Voyez *Papon , livre* 9. *tit.* 1. *n.* 14.

235 Quand un témoin ouï après serment se dédit ensuite par acte public extrajudiciel, on ne doit point avoir d'égard audit acte , parce que *non juratus* , il a fait ladite déclaration. Jugé par plusieurs Arrêts. *La Rocheflavin , liv.* 4. *lettre T.* 111 4. *Arr.* 7.

236 Si les témoins qui ont assisté à un contrat ou enquête, disant l'avoir ainsi ou autrement déposé , & que le Notaire ou enquêteur soûtienne le contraire, il faut examiner la réputation de l'un ou l'autre. Si elle est bonne on s'en tiendra à l'acte , si elle est suspect , les témoins prévalent. Arrêt du Parlement de Grenoble en 1460. *Bibliotheque de Bouchel, verbo Preuves.*

237 Quand un témoin est enquis deux fois , dépose diversement & choses contraires de ce dont il est question , l'on examine si la derniere déposition est après la publication de la premiere , & lors on demeure à la premiere , sans s'arrêter à la derniere : mais si la seconde est faite avant la publication, & par un recolement à cause de la nullité de la premiere, on demeure à la derniere. Ainsi jugé à Grenoble le 15. May 1521. *Ibidem.*

238 Témoins varians peuvent être emprisonnez de l'autorité du Commissaire qui les enquit. Arrêt du Parlement de Grenoble du 26. Juin 1541. *Basset , tome* 1. *liv.* 6. *tit.* 8. *chap.* 5.

239 Arrêt du 9. Juin 1576. qui condamne un nommé Garrigues en 200. liv. pour avoir varié en une déposition , applicable à la réparation du Palais, sans note d'infamie : la variation qu'on disoit , étoit , qu'il avoit une fois fiancé quelques filles par paroles de present , après avoir dit par paroles de futur. *La Rocheflavin , li.* 4. *lettre T. tit.* 4. *Arr.* 2.

240 Il a été arrêté dans la Chambre du Conseil du Parlement de Grenoble le 5. Juin 1641. que les témoins qui seront contraires à eux mêmes , ou qui varieront notablement seront mis aux arrêts, & même en prison de l'autorité des Commissaires ; & par autre Arrêt du 20. Août 1684. rendu les Chambres consultées , il est décidé que le témoin en fait criminel peut non seulement ajoûter ou diminuer à sa déposition dans son récollement , mais aussi la changer entierement , sans qu'il puisse être poursuivi criminellement que lors qu'il a varié à la confrontation. Voyez *Chorier , en sa Jurisprudence de Guy Pape , page* 518.

241 Si le témoin variant extrajudiciairement est punissable ? Arrêt du P. d'Aix du 15. Mars 1677. qui décharge le témoin de l'ajournement personnel. *Boniface , tome* 4. *liv.* 9. *tit.* 3. *chap.* 1.

TEMPS.

DU temps passé, present, & à venir. L. 113. D. de verb. sign.

Du temps dans lequel l'élection doit être faite. *Voyez* le mot *Election*, nomb. 168. *& suiv.*

TENEMENT.

LE Tenement de cinq ans dans la Coûtume de Touraine, n'a lieu que contre les creanciers de rentes constituées, dons & legs faits depuis trente ans, & non point contre un creancier de reliqua de compte de tutele. Arrêt du Parlement de Paris en 1697. *Journal des Aud.* to. 5. *liv.* 13. *ch.* 7.

Dissertation sur le Tenement de cinq ans, par *M. de Laurieres*, in 12. *Paris*, 1698.

TERME.

VOyez le mot *Délay*.
Termes du Droit.
De verborum significatione. D. 50. 16... *Extr.* 5. 40.., S. 5. 12... *Cl.* 5. 11... *Extr. Jo.* 12. Comme le titre *de verborum significatione*, est general pour toutes les matieres du Droit, on a cité toutes les Loix de ce titre sous les noms des matieres qui y répondent; afin que ces Loix puissent servir d'explication, ou de définition à la plûpart des termes ou articles qui composent cet ouvrage.

De verborum & rerum significatione. C. 6. 38. Ce titre regarde proprement la matiere des legs & des fideicommis, pour l'explication des termes, sous lesquels ils sont laissez dans un testament.

TERRAGE.

VOyez *Champart*.
Du droit de terrage. *Voyez droits Seigneuriaux*, nomb. 169.
Les droits de terrage ou champart ne peuvent point être levez avant la dîme. Ainsi jugé par Arrêt du Parlement du 23. Février 1668. rapporté par *Borjon*, to. 3. p. 77.
Si la dîme est payable avant le terrage? *Voyez* le mot *Dîme*, nomb. 463.

TERRES GASTES.

1 SI les herbages & pâturages ayant été baillez à nouveau bail par le Seigneur aux habitans, les habitans les peuvent vendre ou affermer, laissant le pâturage pour les bestiaux du Seigneur? Si ledit Seigneur peut donner après de la terre gaste pour défricher? Arrêt du Parlement d'Aix du 15. Mars 1561. qui a donné la disposition des herbages aux habitans, & fait défenses aux Seigneurs de vendre la terre gaste. *Boniface*, to. 4. li. 3. tit 1. chap. 3.

2 Le 21. Août 1672. autre Arrêt qui fait inhibition à Martin de défricher les terres gastes, conformément aux Arrêts de la Cour, le maintient par provision au droit d'en joüir comme les habitans; ordonne neanmoins que ledit Martin fera preuve qu'il est en possession immemoriale de joüir de la terre gaste déclarée dans son tenement, & d'en vendre les herbages. *Ibid. chap.* 1.

TERRIER.

VOyez les mots *Cens*, *Papier*, nomb. 1. *& suiv.* & *Seigneur*, nomb. 152. *& suiv.*
Census. Codex agrorum, vectigalium indicem continens.
1 S'il faut Lettres patentes du Roy, & commission du Bailliff pour la confection & validité d'un terrier? *V. Bouvot*, tome 1. part 2. verbo *Terrier*, question unique.
2 Quel effet ont les Lettres de terrier qu'on prend en la Chancellerie du Roy? *Voyez* ●quille, tome 2. quest. 177.
3 Si un terrier est valable où il n'y a ni date, ni jour, ni lieu, & où il y a des ratures & des additions aux mots essentiels? *V. Bouvot*, to. 1. part. 2. verbo *Terrier*.
4 Préambules ne peuvent obliger les tenanciers, si *Tome III.*

les préambules ne sont faits & arrêtez en presence des interessez, & de leur consentement. *Voyez Henrys*, to. 2. liv. 3. quest. 13. & tome 1. livre 3. chap. 3. quest. 19.

5 Le Seigneur direct pour faire son terrier ne doit pas commencer par saisie, mais seulement par ajournement. Arrêt du Parlement de Paris du 10. May 1526. *Papon*, li. 13. tit. 2. n. 17.

6 Un possesseur peut être contraint de donner déclaration & dénombrement pardevant le Commissaire à renouveller terrier de tout ce qu'il tient du Seigneur, & les charges & devoirs qu'il en doit : si dans le temps il ne le fait, le Seigneur peut saisir les fonds : & après une seconde contumace, il fait les fruits siens. Un appellant de telles procedures ayant été trouvé en retardement & en suite, par Arrêt du 26. Octobre 1540. il a été dit que si dans deux mois il ne satisfaisoit au dénombrement, les heritage étoient confisquez. *Ibid. Arr.* 15.

7 Le Seigneur haut Justicier peut faire publier la confection de son terrier, & demander nouvelles déclarations par des proclamations generales; mais celuy qui n'a que moyenne. & basse Justice se pourvoit par assignations particulieres signifiées à chacun tenancier. Arrêt du Parlement de Paris du 25. Février 1550. *Voyez Auzanet sur l'art.* 75. *de la Coût. de Paris*, & *Charondas*, li. 7. Rép. 89.

8 On demande si l'on peut faire publier des Lettres de papier terrier en la Justice d'autruy. Par Arrêt du 20. Février 1550. il fut dit que le Seigneur *etiam* superieur ayant censive, ne peut faire publier son terrier en la Justice d'autruy sans congé. Arrêt contraire du 23. Janvier 1580. confirmatif de la Sentence des Requêtes, par laquelle il avoit été ordonné que les Lettres de terrier obtenuës par les Religieuses de Paraclet, pour avoir reconnoissance de quelque rentes & censives au dedans de la terre de Poüy, seroient pub iees nonobstant l'opposition de Hector de saint Blaise, Seigneur du lieu. *Bibliotheque de Bouchel*, verbo *Terrier*.

9 Un Seigneur direct qui fait convenir ses sujets pour renouveller son papier terrier, & luy baille par déclaration les terres, biens & heritages qu'ils tiennent de luy, requiert qu'ils aient à luy passer nouveau titre pour les rentes à luy dûes, tant de grains, que d'argent, & suivant les déclarations & aveux de leurs prédecesseurs; ils ne peuvent demander vûë parce qu'ils doivent être certains de ce qu'ils tiennent de leur Seigneur, & doivent déclarer ce qu'ils tiennent, ou ce qu'ils ne tiennent pas. Arrêt donné à Paris le 18. Septembre 1550. *Biblioth. de Bouchel*, verbo *Vûë de lieu*.

10 Le Seigneur ne doit augmenter son terrier. Arrêt à Paris du 6. Juillet 1560. à Toulouse du 10. Avril 1571. *Carondas*, li. 8. Rép. 58.

11 Le Seigneur peut sans Lettres du Roy faire son terrier, mais l'on a recours aux Lettres quand les titres sont perdus par feu, invasion des ennemis, ou autre force majeure, & en vertu de ces Lettres on contraint les tenanciers. Si le Seigneur a ses titres, il peut s'adresser au Juge ordinaire, & obtenir contrainte pour renouveller son terrier. Arrêt du Parlement de Paris du 2. Mars 1566. en faveur de l'Archevêque d'Arles, Seigneur Justicier de saint Maurice en Gourgois à raison de son Prieuré de saint Rambert en Forêt. *Papon*, li. 13. tit. 2. n. 31.

12 En Février 1607. il fut jugé au profit de M. Tronçon Avocat, contre la Dîme de Luzarche, après en avoir consulté és Chambres qu'un Seigneur moyen & bas Justicier ne peut être empêché de faire papier terrier par le Seigneur Justicier. Ce qui faisoit le doute étoit un Arrêt rapporté au contraire par *Carondas* en ses réponses; mais cet Arrêt ayant été levé au Greffe, il se trouva qu'il ne faisoit à propos, parce qu'il s'agissoit en iceluy d'un Seigneur bas ou moyen

Tttt ij

Justicier, qui aprés avoir obtenu Lettres de papier terrier les avoit fait publier à son de trompe, dans la haute Justice du Seigneur sans son congé, & cette forme de proceder seulement fut cassée par le susdit Arrêt, non par la confection du papier terrier. *Bibliotheque de Bouchel*, verbo *Terrier*.

13 Le Seigneur n'ayant que moyenne Justice, peut faire papier terrier, & obtenir les Lettres à cette fin pour contraindre les censitaires à reconnoître les redevances, & s'inscrire à son papier terrier: mais il ne peut faire proclamer ses tenanciers à cry public, & son de trompe, au territoire du Seigneur Haut-Justicier, dans lequel le fief consistant en moyenne Justice est situé. *Filleau*, 4. part. quest. 131.

14 Sentence du Châtelet de Paris du 18. Juillet 1618. confirmée par Arrêt du 1. Septembre 1629. portant, Ordonnons qu'Antoine de Montroussel Notaire au Châtelet de Paris, commis à faire le papier terrier des Religieux de S. Germain des Prez, Seigneurs d'Anthony & Verrieres, sera tenu pour l'effet dudit terrier, élire domicile sur les lieux d'icelle Seigneurie, chacun en son particulier, même tenu recevoir les declarations qui luy seront apportées & offertes par les particuliers détenteurs des heritages mouvans desdits Religieux, encore qu'ils soient passez & reçûs Notaires, sans pour ce pouvoir prétendre aucun droit, & lequel de Montroussel sera tenu de se contenter de 2. s. parisis pour chacune declaration qu'il fera pour raison dudit papier terrier, avec défenses à luy d'en prendre davantage, à peine de concussion. *Voyez les Chartres des Notaires*, chap. 18.

15 Arrêt du Parlement de Paris en 1661. en faveur des Notaires du Châtelet pour la confection d'un papier terrier, contre le Procureur du Roy au Présidial de Melun; ordonne que le papier terrier sera parachevé par le Notaire, à la charge qu'il ira aux frais du Seigneur, & qu'il ne prendra plus grands droits que les Notaires des lieux. *Voyez les Chartres des Notaires*, chap. 18. p. 794.

16 Reglement que le Roy en son Conseil veut être observé, pour la confection d'un nouveau papier terrier, de ce qui est mouvant & dépendant de ses domaines, en l'étenduë des Ville, Prévôté & Vicomté de Paris, anciens Ressorts & Enclaves d'icelle, ordonné par sa Majesté être fait, suivant l'Arrêt du Conseil du 28. Decembre 1666. *Voyez le Recueil des Ordonnances du Domaine*, p. 49.

17 Jugement de la Chambre du Tresor du 18. Avril 1670. pour la confection du papier terrier du Roy, en la Ville, Prévôté & Vicomté de Paris. *Voyez le Recueil du Dom.* p. 186.

18 Déclaration portant que les Juges procedant à l'exemption des Lettres de terrier accordées aux communautez & particuliers pour entrer dans les biens & devoirs, qu'ils prétendent leur être dûs à cause de leurs Fiefs & Seigneuries, prononceront sur la demande desdites communautez & particuliers, ainsi qu'ils verront être à faire en leurs consciences, nonobstant & sans s'arrêter à ce que par lesdites Lettres les impetrans sont relevez de la prescription autorisée par la Coûtume des lieux, ce qui ne pourra nuire ni préjudicier aux vassaux, &c. A S. Cloud le 19. Avril 1681. Reg. au Parlement de Roüen le 8. & en celuy de Paris le 17. May de la même année.

19 Acte de Notorieté donné par M. le Lieutenant Civil le 3. Août 1698. que les Seigneurs peuvent toutes les 30. années faire renouveller leur terrier, afin d'éviter les prescriptions que les vassaux leur peuvent opposer à l'égard des rentes & charges extraordinaires; & que pour y parvenir, ils doivent obtenir des Lettres de Chancellerie, qui sont toûjours adressées aux Juges Royaux; & que sur les Sentences d'enterinement, le Juge commet un Notaire Royal, pour recevoir les declarations des censitaires, tenanciers

ou rentiers, dont il dresse minute, de laquelle le censitaire fournit un expedition au Seigneur à ses frais, sans que le Seigneur en paye aucune chose; lesquels frais sont reglez, à raison de 5 s. pour le premier article de la declaration & 2. s. 6. d. pour chacun des autres articles, moyennant lesquels salaires le Notaire commis doit dresser la minute, & fournir une expedition de chacune declaration. *Recueil des Act. de Notar.* p. 61.

20 Acte de Notorieté donné par M. le Lieutenant Civil le 10. Janvier 1708. qu'il est d'usage de payer aux Notaires par les vassaux censitaires, pour chacune declaration qu'ils sont tenus de passer aux Seigneurs en execution des Lettres de terrier, cinq sols du premier article d'une declaration, & 2. s. 6 d. de chacun des autres articles, & est donné au censitaire une copie de sa declaration sans en rien payer que les 5. s. & les 2. s. 6. d. Qu'à l'égard des fiefs; comme ils ne doivent pas être compris dans les terriers, le payement s'en doit faire suivant les actes & le temps, en la maniere que l'on a coûtume de payer les expeditions & transports, suivant l'usage des lieux. *Recueil des Act. de Notar.* p. 131.

TESTAMENT.

UNe des plus amples matieres qui soient traitées dans le Droit, est celle des Testamens, & des Successions. Elle est particulierement traitée, dans le Digeste, depuis le commencement du Livre XXVIII. jusqu'à la fin du XXXVIII. elle contient tout le sixième Livre du Code, excepté les huit premiers Titres. Dans les Institutes, elle commence au Titre X. du Livre second, & finit avec le Titre XIII. du troisiéme Livre. Et dans Paulus, cette matiere comprend les troisiéme & quatriéme Livres de ses Sentences.

Des Testamens en général.

De testamentis Lex 11. tabb. tit: 19. & 20. . . . . Caj. lib. 2. t. 2. . . . Paul. 3. 4. Ulp. 21.

De testamentis, & ultimis voluntatibus. Dec. Gr. 12. q. 2. c. 46. . . . 9.3. & 5. . . . 13. q. 2. c. 7. à §. sed illud, usque ad c. 11. . . . 19. q. 3. c. 7. usque ad fin. qu. Extr. 3. 26. . . . Sext. 3. 11. . . . Cl. 3. 6.

De testamentis, & quemadmodum testamenta ordinentur. Inst. 2. 10. . . . C. 6. 23. . . . C. Th. 4. 4.

Qui testamenta facere possunt, & quemadmodum testamenta fiant. D. 28. 1.

Qui testamenta facere possunt, vel non. C. 6. 22.

Quibus non est permissum facere testamentum. Inst. 2. 12.

Ut monachus de acquisitis testari possit. Leon. N. 5.

Ut domini testamento manumissit, si illum decessisse aditamque ejus hereditatem esse ignoret, testari possit. Leon. N. 54.

Si quis aliquem testari prohibuerit, vel coëgerit. D. 29. 6. . . . C. 6. 34.

Ut Imperatoris servi, de rebus suis, quomodo velint statuere possint. Leon. N. 38.

Ut prodigus, quæ ex re ipsius sunt, facere possit. Leon. N. 39.

Ut Captivi testamenti factionem habeant. Leon. N. 40.

Cæcos, secretò testamentum facere posse. Leon. N. 69.

Ut in civitatibus, quinque; in itineribus verò & agris, tres testes ad testamentorum fidem sufficiant. Leon. N. 41.

Ut sufficiens numerus testium testamentum ratum faciat, tametsi id neque illorum subscriptiones, neque signacula habeat. Leon. N. 42.

Ut per scribendum ignaros testamenta etiam confirmentur. Leon. N. 43. Ceux qui ne sçavent pas signer, peuvent être témoins dans un Testament.

A quibus obsignari testamenta oporteat. Leon. N. 44. Par quel Magistrat les Testamens doivent être enregistrés ou insinués. On en peut voir la formule dans Marculphe. L. 2. c. 37.

Nemo testatus & intestatus decedit. L. 7. D. de reg. juris.

La volonté du Testateur s'interprete favorablement. *L. 12. D. de reg. juris.*

De quelques formalitez des Testamens. *N. 66. c. 1. §. 4. . . . N. 119. c. 9 . . . N. 107.*

De executoribus testamentariis. Const. Imp. Manuel. Comn. 1. Executeurs Testamentaires.

Vices du Testament.

De injusto , rupto , & irrito testamento. D. 28. 3.

De testamentis imperfectis, à parentibus in filios factis. N. 107.

Quibus modis testamenta infirmentur. Inst. 2. 17.

Quemadmodum testamenta rumpuntur. Ulp. 24.

De his quæ in testamento delentur , inducuntur , vel inscribuntur. D. 28. 4.

Ad legem Corneliam testamentariam. Paul. 5. 23. Ce Titre parle des Testamens falsifiez ou alterez , & de quelques autres sortes de faussetez.

De lege Cornelià de falsis ; & de Senatus-consulto Liboniano. D. 48. 10. Le Senatus-consulte Libonien soumettoit à la peine de faux , celuy qui écrivant un Testament, *sibi aliquid adscribebat.*

De his qui sibi adscribunt in testamento. C. 9. 23. Ce Titre concerne encore le Senatus-consulte Libonien.

De falso testamento. L. 221. D. de verb. sign.

De inofficioso testamento. Inst. 2. 18. . . . D. 5. 2 . . . C. 3. 28. . . C. Th. 2. 19.

De inofficiosâ querelâ. Paul. 4. 5.

De testamento resignato. Leon. N. 82. Si les Cachets des Témoins ont été alterez par hazard , le Testament n'est pas nul.

Ouverture du Testament.

Testamenta quemadmodum aperiantur , inspiciantur, & describantur. D. 29. 3. . . . C. 6. 32.

De tabulis exhibendis, D. 43. 5; . . C. 8. 7. Representation du Testament à ceux qui y ont quelque interest.

De vicesimâ, Paul. 4. 6. Sous ce Titre , le Jurisconsulte traite de l'ouverture des Testamens. Le mot de *Vicesima,* il faut entendre la vingtiéme partie de l'hérédité. L'Empereur Auguste avoit établi une Loi qui ordonnoit que la vingtiéme partie des successions déferées aux étrangers , appartiendroit au fisc. Cette Loi s'appelloit *lex vicesima , & lex Julia de vicesimâ.*

Si tabulæ testamenti extabunt. D. 37. 2. Hic agitur de bonorum possessionibus. V. Succession.

De Senatus-consulto Silaniano , & Claudiano: quorum testamenta ne aperiantur. D. 29. 5. Le Senatus-consulte Silanien introduit par Silanus ; au temps d'Auguste, & confirmé par le Senatus-consulte Claudien , sous Neron, portoit que le Testateur avoit été tué par ses Esclaves, son Testament ne pouvoit être ouvert, qu'aprés que l'Héritier auroit fait punir les coupables.

Ad Senatus-consultum Silanianum. Paul. 3 7.

De his quibus , ut indignis , hereditates auferuntur : & ad Senatus-consultum Silanianum. C. 6. 35.

Testament Militaire.

De testamento militis. D. 29. 1. . . C. 6. 21.

De militari testamento. Inst. 2. 11.

Voyez les titres *Codicile. Héritier. Institution. Legs. Substitution. Succession.*

1   De la nature des Testamens & de leurs especes ; qui peut faire un Testament & qui on peut faire héritier ou legataire ; des formalitez necessaires dans les Testamens ; des diverses causes qui peuvent annuller un Testament en tout ou partie, quoy qu'il soit dans les formes ; des regles de l'interpretation des obscuritez, ambiguitez , & autres défauts d'expression dans les Testamens ; des conditions , charges , destinations , motifs , désignations , & termes du temps que les Testateurs peuvent ajoûter à leurs dispositions, de l'execution des Testamens ; du Testa-

ment inofficieux ; des personnes qui peuvent s'en plaindre ; des causes qui font cesser la plainte d'inofficiosité ; des effets de cette plainte. *Voyez* le 3. tome des *Loix Civiles , liv.* 3. *tit.* 1. *& suiv.*

De testamentis. Per Angelum Aretinum.   2

Per Philippum de Casolis.

Et per Rolandinum Passagerium.

De formulis ad omnia capitula testamentorum. Per Roland. Passag.   3

Joannes Gerson , testamentum Peregrini ejusdem de testamento condendo considerationes 12.   4

Silvester *in summâ.*

De ultimis voluntatibus , aliter flos testamento. Rolandini Passagerii.   5

Testandi methodus. Per Jo. Cruceum.   6

Mantica de conjecturis ultimarum voluntatum. vol. in fol. *Lugd.* 1581.   7

Simon de Pretis *, de ultimis voluntatibus,* vol. in fol. *Psurti* 1583.   8

De testandi arte & cautelis ultimarum voluntatum. Per Joannem Dilectum.   9

Durantus *, de arte testandi.* in 8°. *Lugd.* 1556.   10

Benedicti repetitio de testamentis. vol. in fol. *Lugd.* 1611.   11

Moneta *, de commutationibus ultimarum voluntatum.* vol. in fol. *Lugd.* 1624.   12

Manzius *, de testamentis,* vol. in fol. *Ffurti.* 1681.   13

De ultimis voluntatibus. Voyez *Andr. Gaill , liv.* 2. *obser.* 112. *& suiv.*   14

Voyez ce qu'a écrit Julius Clarus *sur les testamens.*   15

Des Testamens & institution d'heritier. *Voyez* Papon , *liv.* 20. *tit.* 1.   16

Des Testamens , Legs , Donations & executions Testamentaires. *Voyez* la nouvelle édition des Oeuvres de *M. Charles Du Moulin, to.* 1. *p.* 837.   17

Testament. *Voyez* le mot *Donation , nomb.* 304. *&* hoc verbo *, la Bibliotheque du Droit François par Bouchel.*   18

Testament , matieres Testamentaires. *Voyez M. le Vest , Arrêt* 155.   19

Des Testamens. *Voyez* Coquille *, to.* 2. *instit. au Dr. Fr. p.* 96.   20

Des Testamens & Codicilles. *Voyez* le 33. *chap. de la Coûtume de Nivernois , &* Coquille *, en son Commentaire sur icelle , to.* 2. *p.* 342. où il est parlé de choses desquelles on peut disposer & comment ; ensemble des executions testamentaires ; des *Notaires* qui ne peuvent rien recevoir. Et en son *Institution au Droit François, ibid. p.* 96. *& p.* 100. où il parle des Notaires qui ne peuvent être legataires.

Des personnes qui peuvent faire testament. *Voyez* Despeisses *, to.* 2. *p.* 2.   21

Du Testament de celuy qui n'a pas voulu tester. *Ibidem , p.* 17.   22

Du Testament qui ne contient pas toute la volonté du testateur. *Ibidem , p.* 19.

De la forme du Testament. *Voyez ibidem , p.* 20.

De la faveur des Testamens , de leur force & autorité. *Basset , to.* 1. *li.* 5. *tit.* 1. *ch.* 1.   23

Testament , leur origine ; & quand ils ont commencé d'être en usage? *Voyez* Peleus *, 9.* 135.   24

Voyez M. Ricard *, traité des Donations entre-vifs, part.* 1. *chap.* 5. *& part.* 3. *chap.* 1. Les Arrêtez de M. le Premier Président de Lamoignon , recüeillis dans le Commentaire de M°. *Barthelemy Auzanet , sur la Coûtume de Paris.*   25

De dispensatione seu clausulâ pænali in testamento apposita. V. *Franc. Marc , to.* 1. *quæst.* 843.   26

Verba hæc , quod non fiat controversia sive molestia in testamento, apposita quomodo accipienda sunt? V. Ibid. *quæst.* 844.   27

Quando testator prohibet molestari uxorem , intelligitur de molestiâ factâ quæ fit malo consilio. Ibid. *qu.* 845.   28

Tertius an ad testamenti editionem cogi possit? Voyez *Franc. Marc , to.* 2. *quæst.* 18.   29

30 *De tribus teflamentis quod attendendum?* Voyez *Franc. Marc.*10. 2. queft. 304.

31 *Teflamentum apud acta conditum valet fine folemnibus Edicti anni* 1611. Voyez *Stockmans, decif.* 10.

32 *De teflamenta relativo, ad aliam fcripturam.* Ibid. *decif.* 12.

33 *De teflamento, quod poft mortem teflatoris ruptum vel apertum reperitur.* Ibid, *decif.* 13.

34 *De teflamento condito ab agro delirante cui lucida intervalla.* Ibid. *decif.* 15.

35 *Permittens alium de re fuâ teflari, an poflea pœnitere poffit ?* Ibidem, *decif.* 10.

36 *Approbatio teflamenti paterni an vim tribuat fideicommiffo quod alioquin non fubfifteret ?* Ibid. *decif.* 35.

37 L'Ordonnance d'*Orleans*, art. 84. a lieu aux teftamens. Voyez *Carondas, liv.* 3. *Rép.* 49. & *liv.* 4. *Réponfe* 23.

38 De l'heritier teftamentaire. Voyez le mot *Heritier*, nomb. 381. & *fuiv.*

39 Des teftamens des *Villageois.* Voyez *Guy Pape, queftion* 543.

40 Le teftament ne vaut s'il n'eft procedé du premier mouvement du teftateur ; & des teftamens que les Notaires apportent tout écrits. *V. Coquille*, tome 2. *queft.* 293.

41 Si l'apposition des sceaux ou cachets des témoins en un Teftament eft requife ; & fi un *Notaire* peut être Legataire, & fi le défaut de folemnités qui eft en un Teftament peut être fupplée par la claufe codicillaire? Voyez *Bouvot*, tome 1. part. 1. verbo, *Notaire*, q. 2.

42 Si le Teftament eft fait par un *Villageois* & aux champs pardevant fept témoins : & fi ces mots, *Je donne tous mes biens, je délaiffe tout*, emportent inftitution d'heritier ? Voyez *Bouvot*, tome 1. part. 2. verbo ; *Teftament, queft.* 2.

43 Un Teftament où il y a des blancs, des ratures à la date & aux témoins, eft nul. Voyez *Bouvot, ibidem, queft.* 3.

44 Si un Teftament eft valable, lequel fe trouve laceré & rompu en la fignature du Notaire ou du Teftateur. Ibidem, *queft.* 13.

45 Si après le Teftament, le Teftateur donne la moitié de fes biens par donation entre-vifs, le Teftament n'a lieu que pour l'autre moitié. Ibid. part. 3. verbo ; *Teftament. queft.* 7.

46 Si la peine appofée dans un Teftament, où le fils contreviendroit à fa volonté, qu'il inftituë feulement heritier en fa legitime, eft valable. *V. Bouvot*, tome 2. verbo, *Peines, queft.* 2.

47 Un Contract peut être fait en un Teftament, & par un Contract de mariage les peres & meres peuvent inftituer leurs enfans. Ibidem, verbo, *Teftament, queftion* 18.

48 Si un Teftateur peut par Teftament obliger un tiers ? Ibidem, *queft.* 30.

49 Il n'eft pas befoin de faire reconnoître les fignatures d'un Teftament reçu pardevant Notaires Arrêt du Parlement de Dijon du 10. Février 1611. Ibidem, *queftion* 70.

50 Mary qui prohibe à fa femme de tefter. Voyez *Carondas, liv.* 10. *Rép.* 83.

51 Le Parlement de Toulouse ne rejette pas abfolument les Teftamens faits *in difcrimine vitæ*, pourvû que le Teftateur ne foit pas tout à fait moribond, & qu'il ait appellé les témoins. Voyez *Mainard*, liv. 8. chapitre 59.

52 Sur la difficulté de n'oublier point à laiffer par Teftament aux afcendans *in* 2. *gradu*, comme à une ayeule. Jugé au Parlement de Grenoble, que par cette claufe mife en Teftament, *Je donne à chacun de ceux, à qui de droit je fuis tenu de donner la fomme de cinq fols,* eft fatisfait pour la validité du Teftament ; la raifon eft, que legs & inftitution particuliere font de même nature. *Bibliotheque de Bouchel*, verbo, *Teftament.*

53 Les Ecclefiaftiques ont prétendu que la connoiffance des Teftamens leur appartenoit, comme étant une matiere de confcience, s'en difant même les naturels Executeurs, parce que le corps du défunt Teftateur étant délaiffé à l'Eglife pour la fepulture, l'Eglife auffi étoit faifie de fes meubles, pour acquitter fa confcience, & exécuter fon Teftament ; ce qui s'obferve encore à prefent en Angleterre, où l'Evêque & les gens prépofés de fa part fe faififfent des meubles de celuy qui eft decedé *ab inteftat*, & les gardent pendant fept ans, fi les heritiers ne compofent avec luy. On voit auffi qu'anciennement en France les Ecclefiaftiques ne vouloient enterrer les morts, fi on ne leur mettoit leur Teftament en main, ou fi au défaut de Teftament, on n'en obtenoit un mandement fpecial de l'Evêque, dont il fe trouve dans les Regiftres du Parlement un Arrêt de 1407. contre l'Evêque d'Amiens & les Curez d'Abbeville, que les *inteftats* feroient inhumez fans contredit, & fans mandement particulier de l'Evêque *& Jo. Galli* en fa queftion 101. remarque, que fouvent les heritiers, pour fauver l'honneur du défunt decedé fans tefter, demandoient permiffion de tefter pour luy *ad piæ caufas* : & on voit encore en d'autres endroits qu'il y avoit des Ecclefiaftiques qui contraignoient les heritiers des *inteftats*, de convenir de Preud'hommes pour arbitrer combien ledit défunt avoit dû leguer à l'Eglife. Il refte de cette entreprife que par les Coûtumes de France, les Curez & Vicaires font capables de recevoir des Teftamens, ainfi que les Notaires. *Bibliotheque Canon.* tome 1. page 760. & *Du Fail, liv.* 1. chapitre 10.

54 Plaidoyé en la caufe d'entre Dame d'Allegre, Demanderefte d'une part, & la Dame de la Tremoille & Confors Défendeurs d'autre, fur le Teftament fait par le feu Comte de Laval à l'âge de 18. ans. *V. M. Servin*, page 178. Le Teftament étoit au profit de la mere. M. *Servin* avoit conclu à ce qu'il fût declaré nul ; les Parties furent appointées ; c'étoit en la Coûtume du Maine.

55 Arrêt fur deux queftions, l'une pour raifon du Teftament d'Anne d'Efcartes fille âgée de 13. ans ou environ contenant difpofition au profit de Dame Ifabelle de Beauville fa mere. L'autre fur une autre difpofition teftamentaire d'icelle Dame de Beauville. La Cour a mis l'appellation, & ce dont eft appellé au néant, & les Parties fur la Requête civile hors de Cour & de procez : & évoquant le principal de leur confentement, y faifant droit, a abfous l'Appellante des demandes & conclufions de l'Intimé, le tout fans dépens. Voyez M. *Servin*, tome 2. page 533. le Teftament fut confirmé ; on articuloit des faits de fuggeftion.

56 Plaidoyé & Arrêt fur la validité ou nullité d'un Teftament fait par un François étant ennemi du Roy, ou avec fes ennemis durant la guerre de la Ligue. *V. Ibidem*, page 552. tome 1. Le Teftament fut declaré nul, fauf au Procureur General fes actions pour les biens contentieux, ainfi qu'il verra être à faire.

57 Teftament valable à l'égard des heritiers, l'eft auffi à l'égard des legataires, & ne peut être caffé en partie. Arrêt du Parlement de Bourdeaux du 7. Septembre 1532. *Papon, liv.* 20. *tit.* 1. nomb. 2.

58 Arrêt du Parl. de Paris en forme de Reglement du 14. Août 1559. portant défenfes aux Curez des Eglifes Paroiffiales de la Prévôté & Vicomté de Paris & à leurs Vicaires de commettre en leur lieu aucunes perfonnes pour recevoir Teftament; ne ordonnance de derniere volonté, fur peine de nullité, dépens, dommages & interêts des Parties ; ordonné que l'Arrêt feroit lû. Voyez *les Chartes des Notaires, chap.* 11, page 715.

59 Teftament & de la volonté du Teftateur, qui n'ayant ni femme, ni enfans, mais il laiffe fon amie enceinte, fi elle fait un fils 400. liv. ou le refte de fes

meubles, parce qu'il en avoit legué à d'autres, & 100. livres de rente, ou le quint de ses propres au choix de ses heritiers, & si c'est une fille, pareille somme de 400. livres pour aider à la marier, & 40. livres de rente, cette amie fait un fils & une fille. *V. Carondas, liv. 4. Rép. 68.*

60 Testament, solemnités requises par la Coûtume, & un Testament ne se prouve point par témoins. Arrêt du 31. May 1566. *Le Vest, Arrêt 82. Voyez M. Loüet, lettre T. somm. 12.*

61 Arrêt du 14. Septembre 1567. qui confirme un Testament fait par une mere, suivant la disposition du Juge & Greffier, pardevant lesquels elle avoit declaré ses heritiers ses enfans mâles, & donné aux filles certaine somme pour leur doüaire & legitime. Le Juge & Greffier l'avoient redigé par écrit, mais la mere étoit décedée sans recitation & publication du Testament. *La Rocheflavin, liv. 4. lett. T. tit. 5. Arr. 11.*

62 Le 18. May 1598. il fut jugé que bien qu'il soit certain qu'un Testament auquel le Notaire a omis de demander suivant l'Ordonnance à la Testatrice, si elle sçavoit écrire, soit nul, comme il est dit dans la conference des Ordonnances; toutefois, vû qu'il apparoissoit clairement de la volonté du Testateur, on ordonna que les témoins seroient oüis sur le contenu du Testament, suivant plusieurs autres préjugez pour après en faire valoir sans avoir égard à cette nullité; & si les témoins étoient morts, le Testament ne laisseroit pas de subsister, comme il a été jugé le 15. Mars 1631. *Camboles, liv. 2. chap. 44.*

63 Un Testateur ordonne que l'Executeur de son Testament vendra ses biens pour acquitter; quelques-uns sont vendus; l'Acquereur les revend à un tiers. Long-temps après la fille du Testateur veut rentrer, On luy objecte. 1°. qu'elle n'est pas venuë dans les dix ans de la minorité. 2°. que l'Ordonnance du Testateur en ce cas vaut décret. Arrêt du Parlement de Paris du 1. Juillet 1602. confirmatif de la Sentence de Lyon, qui la declare non-recevable. *Bibliotheque de Bouchel, verbo, Decret.*

64 Par Arrêt du Parlement de Roüen du 16. Février 1619. a été un Testament défectueux en sa forme, portant donation de quelques meubles, auquel l'heritier avoit souscrit, declaré valable, suivant le §. final, *Inst. de fideicom. hered.* Berault, *sur la Coûtume de Normandie, art. 431. in verbo, son heritage, Titre des Donations.*

65 Par Arrêt du Parlement de Roüen du 3. Décembre 1644. rapporté par *Berault, art. 412. de la Coûtume de Normandie*, jugé deux Testamens faits par une personne, un en 1635. & l'autre en 1637. qui n'avoient point révoqué le premier, étoient bons & valables, & furent toutes les dispositions portées par l'un & par l'autre confirmées. *Juxta l.si alii vestimenta ff. de aur. arg. mand. & la Loy Tabernam. ff. de fund. Inst. & instr. leg.* Jovet, *verbo, Testament, n. 116.*

66 Arrêt du Parlement d'Aix du 16. Décembre 1645. qui a declaré nul le Testament de l'Apprentif & du malade, en faveur de son Maître & de l'Apotiquaire. *Boniface, tome 2. liv. 1. tit. 10.*

67 Pour sçavoir si le Testament clos d'un illiteré est valable, il faut distinguer si l'heritier est nommé dans la subscription ou non; s'il n'est pas nommé, le Testament est nul. Arrêts du Parlement de Toulouse des 26. Août 1647. & 15. May 1648. mais lorsque dans la subscription, le Testateur illiteré nomme l'heritier, alors, comme il ne peut y avoir de tromperie, le Testament est valable. Arrêt du Parlement de Toulouse du 15. Juillet 1650. *Albert, verbo, Testament, article 38.*

68 Par Arrêt du Parlement de Paris du 12. Avril 1649. un Testament a été declaré nul, auquel les declarations (qu'il a été dicté, nommé par le Testateur, lequel a declaré ne sçavoir signer, ni écrire, & depuis leu & releu) sont apposées après la date dudit

Testament. *Journal des Audiences, tome 1. livre 5. chap. 39.*

69 *An duobus testamentis absolutis liceat testari?* sçavoir si un homme ayant fait deux Testamens, le premier en 1635. le second en 1637. par lequel il n'a point dit que ce seroit sans déroger au premier, Si le premier Testament doit subsister? La Cour confirma le double legs fait à la même disposition par l'un & l'autre Testament. *Voyez Berault, à la fin du 2. tome de la Coûtume de Normandie, p. 39.*

70 *Bacquet & Chopin* ont tenu que la réduction des legs & des donations n'appartient qu'aux heritiers; ils en alleguent pour preuve un Arrêt prononcé en Robes rouges le 8. Juin 1576. entre l'Amirauté & la Reine d'Ecosse donatrice & usufruitiere de la Touraine, par lequel il fut jugé que la Coûtume de Touraine, qui réduit la liberté de tester à une certaine somme, n'a lieu qu'en faveur des heritiers, & non pour le fisc succedant au donateur. *Chopin de doman. l. 1. t. 8. in fine.* Bacquet, *du droit de bátardise, c. 6.*

71 Un pere en la Coûtume d'Amiens a cinq enfans, un fils & quatre filles; il fait son Testament, & donne une somme à son fils aîné par prélegs, & à trois de ses filles à chacune 8000. liv. & à la quatrième 3000. liv. pour être Religieuse. Après son décès la fille entre en Religion & en sort, elle demande avant que ses sœurs; le testament confirmé le 15. Janvier 1664. *De la Guessiere, tome 2. liv. 6. ch. 3.*

72 S'il est necessaire pour la validité d'un Testament non signé du Testateur, que le Notaire qui l'a reçu fasse mention de la requisition par luy faite au Testateur de signer, & de sa réponse. Et si l'heritier institué par Testament étant décedé avant le Testateur, les dispositions demeurent caduques & sans effet, ou si la clause codicillaire les peut faire subsister. Arrêt du 14. Juillet 1664. qui appointa les Parties au Conseil. M. l'Avocat General Talon conclut à la confirmation du Testament. *Soëfve, tome 2. Cent. 3. chap. 10.*

73 Si par l'Acte de reconnoissance faite d'un Testament en présence de témoins, il faut qu'il paroisse que les témoins ont été priés & requis par le Testateur d'y apposer leurs cachets & signatures?

Si le même Acte, quoique caché & signé de sept témoins ne faisant mention que de six témoins, peut être debatu de fausseté, ou de nullité? Si le Testament olographe peut valoir en pays de Droit écrit sans y observer les formalitez requises par la Loy *hâc consultissimâ, Cod. de testamentis?*

Si le Testateur ayant choisi une maniere de tester, est obligé de l'accomplir entierement, quoyque son Testament pût être valable avec moins de solemnité. Et si un Testateur ayant voulu que son Testament valût en la meilleure forme qu'il pouvoit valoir tant de fait que de droit, cette clause peut avoir le même effet, que la codicillaire? Arrêt du 8. Août 1665. qui appointe au Conseil. M. l'Avocat General Talon avoit conclu diffinitivement en faveur de l'heritier institué par le dernier Testament. *Ibid. chap. 60.*

74 La procedure criminelle ne compete contre celuy qui donne de l'empêchement à tester; & l'heritier écrit, ayant fait convention avec le pere du Testateur dans l'extremité de sa vie, de succeder également, cette convention est nulle. Arrêt du Parlement d'Aix du 3. Novembre 1670. *Boniface, tome 5. liv. 3. tit. 14. chap. 1.*

75 *Roné, Arrêt 42.* en rapporte un sans date de la Chambre de l'Edit de Castres, par lequel un Testament portant institution de l'enfant, dont la femme du Testateur étoit enceinte, fut declaré nul, non-obstant que la cause codicillaire y fût inserée, & que par une autre clause le Testateur eût défendu à tous les parens de débatre ce Testament de nullité. La raison fut qu'après que la femme du Testateur fut accouchée d'un fils, elle eut deux ans après une fille, contre l'opinion de *Coras, au chap. 67. & la Loy plan*

cet. ff. de lib. & poft hered. Inft. Ladite Chambre ayant jugé que nonobſtant que ledit fils eût ſurvécû le Teſtateur, la fille ſa ſœur étoit *ab ignorante præterita:* & par ce même Arrêt il fut jugé que les legataires n'étoient point recevables à demander les legs portez par ce teſtament contre l'*Authenth. ex causâ de liber. prætær.* qui fut jugée n'avoir point lieu *in præteritione poſthums ignorantem factâ* Voyez *Mainard, livre 4. chap. 11. & Ferrieres, ſur la queſtion 633. de Guy Pape.*

76   Récompenſe en argent donnée par Teſtament, pour la part du patrimoine ancien de l'heritier. V y z *Peleus, queſt. 142.*

77   Qui demande en vertu d'un teſtament ce qu'il peut avoir comme donataire, renonce à la donation. *Voyez ibid. queſt. 51.*

78   L'enregiſtrement & publication du teſtament fait pleine foy ſans l'original, quand bien il ne ſeroit point allegué perte de l'original. *Graff §. Teſtamentum, queſt. 61. n. 4.* J'ay pourtant vû, dit *la Peircre, lettre T. n. 131.* recevoir l'inſcription en faux contre l'expedition faite par le Greffier des Inſinuations.

79   Repreſentation du Teſtament à ceux qui ont quelque interêt. *Voyez le mot, Acte, n. 1.*

80   L'ayeul par ſon Teſtament peut laiſſer au petit-fils les droits ſucceſſifs de ſon fils diſſipateur, & l'uſufruit au fils. 1. Autre choſe eſt à l'égard des Créanciers du fils. Ainſi jugé au Parlement de Bourdeaux. *La Peirere, lettre T. n. 133.*

80 *bis*   *Factum,* pour M. le Prince de Conty, Prince du Sang, heritier inſtitué, & Legataire univerſel de M. le Duc de Longueville, Demandeur.

Contre Madame la Ducheſſe de Nemours, ſœur conſanguine de Monſieur de Longueville, Défendereſſe.

Sur l'execution du Teſtament ſolemnel fait en faveur de M. le Prince de Conty par M. de Longueville, ſon couſin germain, le 1. jour d'Octobre 1668. *Voyez le Recüeil des Factums & Memoires imprimé à Lyon chez Antoine Boudet en 1710. tome 1. pag. 510.*

81   I. Une diſpoſition teſtamentaire étant conçûe en ces termes, *Je donne & legue à un tel ma Terre ſituée en Normandie, moyennant la ſomme de 13300. liv. pendant ſa vie durant, & après le décès du Legataire, retournera ladite ſomme à mes heritiers.* Si ce legs eſt taxatif & limitatif de l'uſufruit de la Terre, où s'il eſt d'une ſomme de 13300. liv. à payer pendant la vie du Legataire, & la Terre deſignée ſeulement par démonſtration, pour en faciliter le payement.

II. Si la ſurvie de trois mois, requiſe par la Coûtume de Normandie, eſt néceſſaire à un Teſtateur domicilié à Paris, qui a fait ſon Teſtament à Coſne.

III. Si le legs étant de l'uſufruit de la Terre, doit être reduit au tiers en uſufruit, la Coûtume de Normandie y réduiſant les legs en propriété.

IV. Si le legs devant être reduit au tiers, le Legataire doit avoir la récompenſe ſur les autres biens dont le Teſtateur pouvoit diſpoſer.

La cauſe fut plaidée aux Requêtes du Palais pendant douze Audiences; les parties furent appointées; ordonné après un délibéré, dont appel, par Madame de Ventadour; la Cour a mis l'appellation de l'appointement interjetté par Madame de Ventadour, & ce au néant; émendant, évoquant le principal, & y faiſant droit, ordonne que le Teſtament ſera exécuté ſelon ſa forme & teneur; ce faiſant, que l'appellante aura délivrance de ſon legs; en conſequence condamne les intimez à luy payer 13300. liv. de rente viagere par chacun an, & aux dépens. Jugé au Parlement de Paris le 3. Avril 1699. Par cet Arrêt la Cour jugea le legs démonſtratif, indépendamment des trois autres queſtions que M. l'Avocat General avoit auſſi décidées en faveur de Madame de Ventadour. *Voyez le Recüeil des Arrêts notables imprimé en 1710. chez Michel Guignard, chap. 15.*

TESTAMENT, FILS ABSENT OUBLIÉ. Voyez *Caronſas, liv. 10. Rép. 57.*   81

TESTAMENT, ADULTERE.   83
Teſtament fait au profit d'un Adultere, declaré nul. Arrêt du 21. Juin 1663. *Des Maiſons, lettre T. nombre 9.*

AGE POUR TESTER.

De l'âge pour teſter dans les Coûtumes qui n'ont aucune diſpoſition expreſſe. *Voyez verbo, Age, n. 47.* On ſuit la diſpoſition du Droit Romain.   84

La Coûtume de *Paris, art. 293.* deſire 20. ans accomplis pour teſter des meubles, acquêts & conquêts immeubles; & pour teſter du quint des propres, l'âge de vingt-cinq ans.   85

Toutefois ſi le Teſtateur n'a meubles, acquêts ni conquêts immeubles, peut en ce cas teſter du quint des propres après 20. ans accomplis, *art. 294.* ſi bien que pour diſpoſer de tous ſes meubles, acquêts, conquêts immeubles, & quint des propres, il faut avoir 25. ans, & le Teſtateur ne peut pas diſpoſer plus avant, encore que ce fût pour cauſe pitoyable, *art. 291. Coût. de Paris.*   86

Un jeune homme, quoique par l'Ordonnance de Blois, art. 28. il faille avoir 16. ans accomplis pour faire Profeſſion; neanmoins il ne peut valablement teſter, s'il n'a atteint l'âge requis par la Coûtume du lieu; il peut ſe reſerver quelque penſion pour étudier. Jugé le 3. Août 1627. *Du Frêne, livre 1. chapitre 136.*   87

En Droit *in maſculis* 14. *annum (ſpectandum: in fœminis* 12. *annum, L. 5. quâ ætate ff. De teſtam. & qui teſtamenta facere poſſunt.* Voyez *Du Frêne, liv. 2. chapitre 109.* où il y a Arrêt du 24. May 1632. qui a jugé de la ſorte. La Juriſprudence a varié; lorſque la Coûtume ne diſpoſe à quel âge; en ce cas on ſuit la Coûtume de *Paris.*   88

Dans la Coûtume du *Maine,* qui ne détermine point l'âge de teſter, le legs fait par une fille âgée de 20. ans ſeulement, pour la fondation d'une Meſſe, qui ſeroit celebrée par ſon Confeſſeur, a été confirmé; & la même Coûtume interdiſant la diſpoſition des propres quand on a des meubles & acquêts, l'heritage propre ſur lequel la Teſtatrice avoit aſſigné la rente, en a été déchargé, & l'heritier condamné de la payer ſur les meubles. *Bardet, tome 2. liv. 2. ch. 50.* rapporte l'Arrêt du 5. Juillet 1653.   89

Si au lieu où ſont ſituez les biens, l'on peut teſter à l'âge de 12. & 14. ans: & ſi au lieu où eſt paſſé & fait le Teſtament, il faut avoir 18. ans: le Teſtament qui n'eſt point ſigné du Teſtateur ni des témoins, eſt valable? *V. Bouvot, tome 1. part. 2. verbo, Teſtament, queſt. 7.*   90

Une fille âgée de 13 ou 14. ans, peut diſpoſer de ſes biens, tant anciens qu'acquêts, au profit de ſa mere Tutrice, quoique non autoriſée de ſa mere ni de ſes Tuteurs. Arrêt du Parlement de Dijon du 27. Janvier 1611. *Ibid. tom. 2. verbo, Teſtament, queſt. 68.*   91

Quand la Coûtume ne fixe point l'âge de teſter, on a recours à la diſpoſition du Droit Civil, où la puberté eſt acquiſe à 14. ans. *Voyez dans Soëfve, tome 1. Cent. 1. chap. 27.* un Arrêt du 21. Janvier 1641. qui confirme un Teſtament fait par un mineur de 18. ans, au profit de ſon pere Tuteur dans la Coûtume de Ponthieu.   92

Jugé en la quatriéme Chambre des Enquêtes du Parlement de Paris, le Mardy 10. Juillet 1656. qu'un Teſtateur demeurant à . . . . . où l'on peut diſpoſer à 14. ans, avoit pû valablement diſpoſer des heritages ſituez en Angoumois, où l'on ne peut teſter qu'à 25. ans, quoy qu'il ne fût que 17. *V. Ricard, traité du Don mutuel, ch. 7. n. 311.*   93

Par Arrêt du 5. Avril 1672. il a été jugé en la Coûtume de *Valois,* qui ne regle pas l'âge pour teſter, qu'il falloit avoir recours à la Coûtume de *Paris,* & *pag.*   94

non pas à la disposition du Droit Romain, dont les principes ne s'accordent pas avec les nôtres sur ce sujet ; les raisons de part & d'autre sont amplement expliquées au commencement du premier volume du *Journal du Palais*, & au troisiéme de celuy des *Audiences, liv. 6. chap. 6.* Neanmoins cet Arrêt n'a pas encore fait changer l'usage dans la Province de Senlis, où l'on tient que l'on peut disposer de ses biens à l'âge de 18. ans, qui est la pleine puberté. L'on tient aussi la même chose pour l'usage des témoins, quoyque les Notaires en ayent presque toûjours appellé à l'âge de 14. ou 15. ans, qui étoient Clercs dans leurs Etudes, & qu'il ne paroisse pas que l'on ait jamais débattu aucun Testament pour ce défaut. *Voyez Ricard, sur l'art. 173. de la Coût. de Senlis.* & le *Journal du Palais,* 1. part. fol. 1.

TESTAMENT, APOTICAIRE.

95 Par Arrêt du Parlement du Grenoble du 15. Mars 1656. le Testament d'une femme qui étoit mere de lait de celuy qu'elle avoit institué son heritier, fut confirmé, bien que cet heritier fût Apoticaire de la Testatrice. *Basset, tome* 1. *liv.* 5. *tit.* 1. *ch.* 12.

TESTAMENT, APPRENTIF.

96 Testament fait par l'Apprentif au profit de son Maître Apoticaire, declaré nul par Arrêt du Parlement de Toulouse du 9. May 1577. *Maynard, tome* 1. *liv.* 2. *chapitre* 97.

TESTAMENT APPROUVE'.

97 *Testamenti approbatio quid operetur ?* Voyez *Franc. Marc. tom.* 1. *quest.* 824.

98 *Hæres ad legatorum præstationem tenetur, & testamenti approbatio se extendit ad codicillos, qui post modum facti fuerunt.* Ibid. *quest.* 826.

99 Qui a une fois approuvé le Jugement du Testateur, n'y peut plus contrevenir. *Voyez Peleus, q.* 143. & si on l'a approuvé en quelque chose, on doit l'approuver pour le tout. *Idem, q.* 134. Voyez *Carondas, liv.* 4. *Rép.* 60.

100 Le Curé de Meré donne par son Testament tous ses meubles à ses petits neveux, & se reserve à choisir le lieu de sa sepulture ; cinq années après il change ses Livres à son neveu, Curé d'Epics ; le Curé execute le premier Testament ; depuis ayant connu son erreur, il obtint des Lettres de rescision, pour faire le second Testament qui ne luy avoit point été connu ; il fut débouté de l'entherinement, ses neveux le soutinrent non recevable à revenir contre un Acte qu'il avoir approuvé. Arrêt du Parlement de Roüen du 1. Février 1652. rapporté par *Basnage, tome* 2. *sur l'art.* 412. *de la Coût. de Normandie.*

TESTAMENT ATTAQUE'.

101 La fille qui a reçu le legs n'est exclue d'attaquer ou débattre le Testament de son pere ou de sa mere. *Voyez Carondas, liv.* 4. *Rép.* 60.

102 L'on n'est pas recevable à impugner & débattre un Testament après avoir reçu les legs. *Filleau,* 4. *part. question* 221.

103 On n'est pas recevable après avoir approuvé un Testament, & longuement plaidé pour avoir la délivrance de son legs, *(solâ spe lucri,)* d'impugner, puis après le Testament d'une fille par la mere, ni de demander supplément de sa legitime. Arrêt du 25. Septembre 1581. *M. Loüet, let. L. somm.* 1.

104 Encore qu'un Testament défectueux ne soit pas rendu valable par les Actes approbatifs de l'heritier *ab intestat,* toutefois celuy qui a accepté ne peut plus l'impugner. Ainsi jugé au Parlement de Roüen, dans la cause de Robert Cauchis, heritier de M. Adrien Cauchis, Curé d'Aubetmenil, appellant, & M. Adrien Talbot, Curé de Boisrobert. *Basnage sur la Coût. de Normandie, art.* 412.

105 La reception d'un legs contenu en un Testament, & la quitance qui en a été passée par le Legataire, couvre à son égard la nullité du Testament, sans esperance de restitution par Lettres du Prince. Arrêt

du 8. Juillet 1635. *Henrys, tome* 1. *livre* 5. *chapitre* 1. *question* 1.

106 Une mere fait un legs à sa fille naturelle, & institué *Titius* heritier : second Testament qui revoque le premier ; & au lieu de *Titius* la mere institué sa fille naturelle ; le frere de la mere soûtient le second Testament nul. Sentence qui declare la fille naturelle incapable de la succession ; appel ; *Titius* intervient ; Arrêt qui met l'appellation, & ce au néant, évoquant le principal, sans avoir égard à l'intervention de *Titius,* ordonne que ce dont est appel sortira effet, & les parties renvoyées au Juge dont est appel, pour executer sa Sentence. Jugé à Aix le 25. Février 1672. *Journal du Palais.*

107 Sur la question de sçavoir si l'ayeule n'ayant été comprise dans le Testament de sa fille, & ne l'ayant impugné de son vivant, ou l'ayant approuvé, les autres heritiers sont recevables à le débattre de nullité ; y ayant clause que s'il ne valloit comme Testament, la Testatrice vouloit qu'il valût comme codicile. Arrêt du Parlement de Dijon du 4. Août 1603. qui appointe. *Bouvot, tome* 2. *verbo, Testament, question* 44.

108 Si la clause inserée au Testament, au cas que l'un des heritiers débatte le Testament, qu'il l'institué seulement en sa legitime, est valable, cette clause étant au profit d'une seconde femme ? Arrêt du Parlement de Dijon qui declare le Testament bon à l'égard des enfans, non à l'égard de la femme. *Bouvot, Ibidem, question* 48

TESTAMENT, AVEUGLE.

109 Testament fait par l'aveugle. *Voyez* le mot, *Aveugle, nombre* 5 & *suiv.* & Bouvot, *tome* 2. *verbo, Testament, quest* 9. *& 12.*

110 Un aveugle âgé de 25. ans peut avoir le gouvernement de ses biens, puisqu'il peut tester. Arrêt du Parlement de Dijon du 3. Juin 1603. *Ibidem,* verbo, *Tuteurs, question* 10.

111 Le 19. Février 1622. il a été jugé au Parlement de Toulouse qu'un aveugle ne peut faire un Testament purement nuncupatif. *Cambolas, livre* 4. *ch.* 14.

112 Un pere privé de la vûë, est sujet aux formalitez du Testament des aveugles, lors qu'il teste entre ses enfans. Arrêt du 11. Juillet 1636. *M. d'Olive, liv.* 5. *chapitre* 6. autrement son Testament nul.

113 Arrêt du Parlement d'Aix du 20. Février 1652. qui a declaré nul le Testament solemnel d'un aveugle, & neanmoins confirmé les legs pieux qu'il contenoit. *Boniface, tome* 2. *livre* 1. *tit.* 1. *chap.* 1.

114 Autre Arrêt rendu au même P. d'Aix, le 7 Decembre 1655. qui a declaré bon & valable le Testament nuncupatif d'un aveugle, & que le Notaire servoit de huitiéme témoin. *Boniface, tome* 2. *liv.* 1. *tit.* 2. *chap.* 1.

TESTAMENT, AVOCAT.

115 Testament fait, au profit d'un Avocat. *Voyez* le mot, *Avocat, n.* 42. *& suiv.*

TESTAMENT, AUTORISATION.

116 Autorisation necessaire dans les Testamens. *Voyez* le mot, *Autorisation, n.* 83. *& suiv.*

117 Le Testament fait par une femme en l'absence & sans l'autorité de son mary est nul, sauf à payer les legats pieux. Arrêt du Parlement de Dijon du 26. Juillet 1592. *Bouvot, tom.* 2. *verbo, Testament, question* 6.

TESTAMENT, BANNI.

118 Banni à perpetuité est incapable de tester. *Voyez* le mot, *Bannissement, n.* 51. *& 52.*

TESTAMENT DES BASTARDS.

119 Testament des bâtards. *Voyez* le mot, *Bâtards, nomb.* 254. *& suiv.*

TESTAMENT BRUSLE'.

120 D'un Testament brûlé par le fils unique du Testateur en haine d'une substitution qui y étoit faite en faveur du frere du Testateur, & pour l'anéantir par l'inexistence du Testament, Arrêt du Parlement de

Grenoble du 19. Décembre 1640. qui declare le fils indigne de la proprieté de l'heritage, à la reserve de sa legitime, consistant au tiers, dont la proprieté demeureroit à ses enfans, & au défaut d'enfans au substitué ; le fils en outre condamné en 300. livres d'amende, & le tiers au Roy, le tiers à partie civile, le tiers à l'arbitration de la Cour, sans note d'infamie, & en tous les dépens. *Baffet, tome 1. livre 5. titre 1. chapitre 3.*

TESTAMENT, CACHETS.

121 De l'usage des cachets dans les Testamens. *Voyez Henrys, tome 2. liv. 5. ch. 39.*

122 De la maniere d'ouvrir & de faire la description des Testamens, lors qu'ils sont clos & cachetez. *Voyez le Recüeil des Actes de Notorieté donnez par M. le Lieutenant Civil, p. 241. & suiv.*

123 Testament non cacheté, enveloppé seulement comme une simple Lettre dans une enveloppe, reçu par un Notaire de la Ville de Condé, en presence de deux Bourgeois, a été declaré valable par Arrest du Parlement de Toulouse du 17. Juin 1657. Le Testateur avoit dit qu'il vouloit que son Testament fût ouvert en presence de sa tante ; cette clause d'ouverture, quoy qu'il ne fût pas cacheté dans les formes, ne faisoit rien sur tout dans le Testament d'un *Soldat*, & fait à la guerre. *Albert*, verbo, *Testament*, art. 17.

124 Le Testament du Chevalier de la Ferriere, signé de luy & de quelques Notaires, signé de sept témoins sans apposition de cachets ; jugé bon & valable le 20. Juin 1659. *Des Maisons, lettre T. nombre 8. Voyez Henrys, tome 2. liv. 5. question. 39.* De la Guessiere, *tome 2. liv. 2. chap. 30.* rapporte l'Arrest du Chevalier de la Ferriere.

125 Si les sceaux & cachets des témoins sont necessaires aux Testamens solemnels? Arrest du Parlement d'Aix du 16. Juin 1664. qui ordonna une enquête par turbes. *Boniface, tome 1. liv. 1. tit. 1. chap. 5.*

TESTAMENT, CAUSE PIE.

126 *Andraeas Tiraquellus, de privilegiis pie causae. Joannis Molani, Liber de piis testamentis.*

127 Le fils de famille peut tester en faveur de la cause pie, mais non y ajoûter aucun legat pour un étranger. *Cambolas, liv. 2. ch. 31.*

Testament pour cause pie, vaut sans solemnité, comme entre enfans. *Boër, dec. 240. nomb. 4. id. Papon, liv. 20. tit. 6. n. 1. cont. Mornac, ad L. 10. ff. de inoffi. test. & L. 34. ff. de adilit. Edict. sufficiunt duo testes. Mantic. li. 6. tit. 3. n. 4. Faber. C. de testam. def. 7. supplet clausulam codicillarem. Mantic. li. 1. tit. 9. n. 6. supplet clausulam codicillarem, & li. 4. tit. 1. n. 7. supplet institutionem sed cont. in holographo, li. 6. tit. 3. n. 9. id. Clarus. §. testamentum quaest. 6. sed alia legata interciddunt in fin. Clarus, §. testamentum quast. 8. n. 48. supplet clausulam codicillarem, cont. si in prejudicium liberorum. Fernand. de fil. nat. ex mat. cap. 4. n. 7. id. Graff. §. testamentum, quast. 18.*

128 Le fils de famille peut tester en faveur de la cause pie, & en faveur de ses enfans sans le consentement de son pere, parce que tous deux ont même faveur. Ainsi jugé à Toulouse le 25. Novembre 1604. *Voyez Mainard, liv. 9. chap. 36.*

129 L'un des Administrateurs de l'Hôpital du Saint Esprit, ayant par son Testament fait plusieurs legs pies & autres, & l'ayant signé dit au Notaire, *Gardez ce Testament sans le signer, & me le rapportez demain, car je le veux revoir.* Il vécut encore cinq jours après, sans avoir revû ce Testament. Etant decedé, les Legataires demanderent leurs legs ; l'heritier l'empêche, excepté pour les legs pieux, & dit que le Testament est imparfait, n'ayant point été signé des Notaires. Par Arrest du 18. Mars 1624. le Testament confirmé ; & neanmoins enjoint aux Notaires de signer les minutes des Testamens aussi-tôt que le Testateur aura signé, sauf en cas de revocation, d'en donner Acte au Testateur, & à qui besoin sera ; ordonné

que l'Arrest sera lû & publié au Châtelet, à ce que nul n'en prétende cause d'ignorance, & inseré au Registre du Syndicat des Notaires. *Biblioth. de Bouchel*, verbo *Testament*.

130 Testament fait en faveur de la cause pieuse, sans aucune solemnité, n'est valable. Arrest du Parlement de Toulouse du 2. Mars 1626. Autre semblable du 3. Avril 1658. dans l'espece qui suit. Un nommé Cardaillac, Avocat de Cahors, ayant cinq sœurs fort pauvres, étant dans son cabinet, écrivit son Testament sur une demi feüille de papier ; il legua à ses sœurs certains fonds à ses sœurs, qui ne valoient que 12. livres de rente quittes de charges ; il faisoit heritiers les Chartreux ; ce papier mis dans sa poche, y demeura jusques à sa mort, qui fut subite peu après. Il faut observer qu'il vouloit par ce Testament être enterré chez eux, qu'ils priassent Dieu pour son ame, sans regler aucun service, qu'il étoit daté, mais non signé. Les Chartreux demanderent la maintenuë en cette heredité au Sénéchal ; sur quoy ayant été appointé à écrire, il y eut appel de la part de leur Syndic. La Cour maintint les cinq sœurs aux biens de leur frere, sans restitution de fruits : Neanmoins il faut remarquer qu'un Testament signé du seul Testateur, ne fut reçu par la Cour, ni comme Codicile, ni comme Testament, l'ayant declaré nul, par Arrest du 2. Mars 1626. entre les sieurs Dutils, freres du Testateur. *Voyez Cujai, Consul. 55. Albert*, verbo, *Testament, article 19.*

131 Le Testament fait à l'agonie & par interrogation ne vaut, même en faveur de la cause pie, sur tout lorsqu'il y a dans le précedent une clause dérogatoire. Arrest du Parlement de Toulouse du 9. Mars 1669. *Albert*, verbo, *Testament, art. 20.*

132 Arrêt du Parlement de Paris du 7. Septembre 1701. qui enjoint à tous les Curez, Vicaires, Notaires, & autres personnes publiques, qui recevront des Testamens, & autres Actes contenant les legs, aumônes ou dispositions au profit des Hôpitaux, Eglises, Communautez, & personnes qui sont dans la necessité, d'en donner avis au Procureur General du Roy, ou à ses Substituts, aussi tôt que lesdits Testamens, ou autres Actes auront lieu, & seront venus à leur connoissance, & de luy mettre entre les mains, ou en celles de ses Substituts, des extraits en bonne forme desdits Testamens & dispositions, pour faire ensuite les poursuites necessaires, à peine de répondre en leurs noms des tessam; dommages & interêts. *Voyez le Recüeil des Arrêts notables imprimé en 1710. chez Michel Guignard, chap. 28.* Cet Arrest est tres-favorable aux pauvres.

TESTAMENT, CHEVALIERS DE MALTHE.

133 Des Testamens faits par les Chevaliers de Malthe, ou à leur profit. *Voyez le mot, Chevaliers, nomb. 92. & suivans.*

Voyez cy-dessus le nombre 124.

134 Les Chevaliers de Malthe peuvent disposer du quint de leur pecule par Testament. *Voyez le mot, Quint, nomb. 24. & 25.*

135 Arrêt donné le 12. Mars 1571. par Sa Majesté, & prononcé par M. de Thou, premier Président, qui a declaré abusif un Rescrit du Pape, quoyque verifié en Parlement, permettant aux Chevaliers de Saint Jean de Jerusalem de tester d'immeubles. Messieurs les Gens du Roy avoient conclu au contraire ; le fondement de l'Arrêt est qu'il n'y a que le Roy seul qui puisse donner puissance de disposer des biens temporels. *Papon, liv. 1. tit. 10. n. 5. & Carondas, liv. 7. Réponse 196.* rapporte le même Arrêt, & le date du 12. Mars, qui est la date veritable.

136 Il est permis aux Chevaliers de Malthe de tester, jusqu'à la cinquiéme partie de leur pecule, quand ils ont congé du Grand-Maître, cette permission les portant à l'épargne & à la frugalité, parce que quand ils se souviennent qu'ils peuvent tester d'une partie

de ce qu'ils acquierent, *istâ cura exsuscitat animos & magis ad rem gerendam acuit.* Arrêt du Parlement de Paris du 18. Janvier 1604. rapporté par *Pelous , en ses Actions Forenses, liv. 1. art. 72.*

TESTAMENT, CODICILE.

136   Le Codicile declaré nul, le Testament ne laisse pas de subsister. *Voyez Henrys, tome 1. liv. 5. ch. 1. qu. 5.* En Droit, aux Codiciles il faut cinq témoins, *L. ult. C. de Codicillis.* Ricard, *des Donations-entre-vifs, 1. part. chap. 5. sect. 3.*

137   Si un Testament ne subsistant que pour Codicile , les enfans qui succedent *ab intestat,* peuvent distraire une double quarte? *Voyez Henrys, to. 2. liv. 5. question 25.* où il rapporte les Auteurs pour & contre.

138   Le codicile ne peut confirmer un testament nul. *Voyez Henrys, tome 1. livre 5. chap. 1. q. 5.*

TESTAMENT, CLAUSE CODICILLAIRE.

139   De la clause codicillaire apposée dans les Testamens. *Voyez Clause codicillaire.*

De la clause codicillaire. *Voyez Henrys, tom. 1. liv. 5. ch. 1. quest. 4.* où il dit qu'elle doit être expresse & ne peut être suplée par une clause rogatoire aux Juges de conformer la volonté du défunt , & de la faire executer.

140   Par Arrêt du Parlement de Toulouse du 21. Août 1573. un Testament fait par un Prêtre fils en faveur de la mere , à laquelle il avoit institué ses freres avec quatre témoins & le Notaire , la clause codicillaire étant en la grosse qui en avoit été délivrée quoiqu'elle ne fût en la minute, mais entendue par la clause, *& caetera* qui étoit nommément mise , a été jugé bon & valable. *La Rochestavin, liv. 6. tit. 78. arr. 1.*

141   Par Arrêts des 7. Août 1587. & 25. Janvier 1588. furent préjugées deux choses , l'une que la clause codicillaire étenduë , & au long apposée à un testament , entr'autres effets pouvoit couvrir le vice de préterition des ascendans , parce qu'en vertu d'icelle *venientes ab intestato censentur rogati restituere haereditatem haeredibus in testamento scriptis* ; l'autre qu'un Notaire ne peut étendre la clause codicillaire qui est par abregé sur la cede pour couvrir le vice de préterition des ascendans , & moins par consequent des descendans. Arrêt contraire du 8. May 1589. par lequel il a été jugé que la clause codicillaire peut bien suppléer au défaut de solemnité , mais non au défaut de volonté, disant qu'un Testament nul , *ex causâ praeteritionis* ne peut être valable par la clause codicillaire. *La Rochestavin, liv. 4. lettre T. Ar. 2.*

142   Quoique la clause codicillaire , entr'autres effets, rende valable un Testament , *alioquin ruptum etiam agnatione posthumi,* suivant la glose *in L. ex eâ §. 1. ff. de testam.* ne anmoins cela a lieu quand l'heritier institué au Testament , est *unus ex suis,* & des descendans, autrement , s'il est étranger ou des collateraux ; car la clause codicillaire ne peut valider un Testament rompu *agnatione posthumi,* pour faire que l'enfant du testateur qui aura été prétérit , ayant succedé à son pere *ab intestat,* soit chargé en vertu de cette clause , de rendre l'heredité de son pere à l'heritier institué au Testament , s'il n'est de la qualité susdite. Arrêt du 5. Juin 1587. *La Rochestavin, li. 4. lettre T. tit. 5. Arr. 3.*

143   Par Arrêt du mois de Février 1575. il a été resolu, *testamentum, in quo filius est praeteritus per clausulam codicillarem sustineri, ut saltem habeat vim fideicommissi,* pour Bachelier contre Faur, *quia paria sunt rogare venientes ab intestato vel clausulam codicillarem apponere* ▸ *Doct. in.l. ex testamento C. de fideicom. at si rogati essent venientes ab intestato , tunc filius praeteritus teneretur haereditatem restituere , si quis stà instituitur , si legitimus, de haered. instit. Deinde quotiescumque testator dicit ; si non valeat jure testamenti , valeat jure codicilli ; idem ac si diceret, Si institutio non est valida jure testamenti, saltem valeat jure indirectâ.*

144   L'heritier institué venant à déceder avant le Testa- *Tome III.*

teur, le Testament devient caduc pour celuy qui est appellé par substitution fideicommissaire , le Testament devenant ainsi caduc par le défaut d'institution d'heritier , la clause codicillaire dans toute son étenduë , à sçavoir que si le Testament ne peut valoir comme Testament , il vaudra comme codicile & en la meilleure maniere qu'il puisse valoir , peut charger l'heritier naturel au défaut de l'institué , & dont il n'est point parlé, de remettre le fideicommis à ceux au profit de qui l'heritier institué étoit chargé de s'en démettre. Arrêt du Parlement de Paris du 10. Janvier 1696. entre M. le Prince de Conty heritier testamentaire de M. l'Abbé d'Orleans , & Madame la Duchesse de Nemours son heritiere du sang. *Journal des Aud. to. 5. liv. 12. ch. 1.*

TESTAMENT, CLAUSE DÉROGATOIRE.

145   Des clauses dérogatoires apposées és Testamens , comment elles doivent être rappellées , & quel est l'effet de leur omission? *Voyez lettre C. verbo Clause dérogatoire, Le 3. tome des Loix civiles, liv. 3. tit. 1. section 5.* Cujas, *lib. 14. observ. chap. 7.* Guy Pape *question 127. & 128.* les Arrêts de M. de Catellan, *l. 2. ch. 1.* Ricard *des Donat. part. 3. ch. 2. sect. 1.* Nouvelle Edition d'Henrys, *to. 1. p. 702. & suiv.*

De clausulâ dérogatoriâ. V. *Francisci Stephanidei. 60.* 146

147   Trois sortes de clauses dérogatoires ; sçavoir la generale , la speciale & la numerique ou individuelle. La generale est celle qui revoque un Testament contenant une clause dérogatoire , sans expression du nom de l'heritier institué , ni des termes de la clause dérogatoire. La speciale révoque le précedent Testament contenant une clause dérogatoire , avec expression du Notaire qui l'a passé , & du nom de l'heritier qui y est institué, sans faire mention des termes de la clause dérogatoire, parce que le Testateur n'en est pas mémoratif. L'individuelle contient la révocation avec les termes de la clause dérogatoire. *Des Maisons lettre C. nomb. 11.*

148   Si la révocation d'une donation faite à un mary , & dérogation à toutes autres dispositions , si certains mots n'y étoient inserez, annule le Testament depuis fait , & confirmation de la donation? *Voyez Bouvot , to. 1. part. 1. verbo Dérogation , qu. 1.*

149   S'il y a clause dans un Testament dérogatoire à un autre , si certains mots n'y sont inserez , le Testament par un autre , où il y a révocation generale, est revoqué, le Testateur ayant dit qu'il révoquoit tous autres testamens , d'autant qu'il vouloit que sa succession fût réduite *ab intestat?* V. *Bouvot , tome 2. verbo Testament qu. 75.*

150   Lors que le Testateur affirme par serment , qu'il veut que ce soit son dernier Testament , tel serment infirme toutes clauses dérogatoires. 2. N'infirmera pas pourtant le Testament précedent , où pareil serment auroit été fait , s'il n'y est expressément dérogé. *Faber. C. de testam. def. 11. 1. id Mantic. lib. 2. n. 21. id. Clar. §. testamentum qu. 99. n. 10. 1. id Papon lib. 9. tit. 6. n. 19. vid. L. 77. §. 23. ff. de leg. 3.* La Peirere *lettre T. nomb. 72. dit ,* je fais grand doute en cette décision, parce qu'il n'y a clause dérogatoire qui ne s'éludât par un tel serment , & je ne l'ay jamais vû pratiquer.

151   Les clauses dérogatoires, sont reçuës en Normandie. *Voyez Basnage sur l'art. 413. de cette Coûtume.*

152   Si le Testament qui contient une clause dérogatoire, venant à être rompu par la survenance d'un enfant , il est necessaire de rappeller cette clause , soit en un Testament posterieur , soit en un acte de révocation , supposé que l'enfant vienne aprés à déceder ? *Henrys, to. 2. liv. 5. qu. 19.* dit qu'il a été jugé pour les heritiers contre le mary institué par les testamens de sa femme.

153   Le Testament contenant une clause dérogatoire , est révoqué de plein droit par une donation entre-vifs de tous les biens. *Brodeau sur M. Loüet, let. T. som. 9.*

154   La clause dérogatoire soûtient le Testament antérieur contre le posterieur, dans lequel elle n'est pas rappellée specifiqgement; neanmoins par Arrêt du Parlement de Grenoble du mois d'Août 1457. un Testament posterieur de 17. jours a été déclaré valable, quoique la clause dérogatoire n'y fût pas; mais il y avoit cette circonstance; il étoit dit que le Testateur avoit juré sur les Saints Evangiles dans les mains du Notaire, qu'il se repentoit d'avoir fait le premier Testament, & qu'il ne se souvenoit point des paroles de la clause dérogatoire, qu'il vouloit qu'elles fussent tenuës pour exprimées, & que ce Testament fût fait valable. *Voyez Guy Pape, quest. 127. & 128.*

155   Le Testateur peut en son Testament apposer clause dérogatoire, pour éviter qu'il ne soit réduit à faire autre Testament contre son gré. Arrêt du Parlement de Grenoble en 1461. *Bibliot. de Bouchel*, verbo *Testament.*

156   Un Testateur ayant apposé pour clause dérogatoire, *l'entendez-vous bien*, & révoqué tout Testament, où cette clause manqueroit. Par Arrêt du 20. May 1580. fut un Testament subsequent, portant révocation de tous autres, déclaré nul, la clause speciale, *l'entendez-vous bien*, n'y étant pas. *Papon, liv. 20. tit. 1. n. 4. & 5. & Chopin sur la Coûtume d'Anjou, liv. 3. ch. 2. tit. 4. art. 16.*

157   Le second Testament fait en faveur des enfans, est valable, bien que la clause dérogatoire apposée au Testament précédent, ne soit révoquée par exprés. Arrêt du 15. Janvier 1582. *M. Expilly, Arrêt 79.* Voyez *de la Guess. tome, 2. liv. 8. ch. 10.* où vous trouverez un Arrêt du 19. May 1666.

158   *Bartolus in L. si quis in principio, de legat. 3.* tient qu'il faut exprimer au second Testament la clause dérogatoire du premier. *Salycetus in L. Savinius. C. de testam.* tient que s'il y a juste ignorance ou oubly des dérogatoires du Testateur & peut déroger generalement suivant ladite loy; mais si c'est un homme de condition, & qu'on ne puisse pas présumer qu'il ait oublié, il faut speciale dérogation, *L. divi. §. licet de jure Codicil.* Arrêt de la Fête de l'Assomption 1595. qu'il suffit qu'il soit fait expresse mention au second Testament du premier, du jour, du Notaire, & de l'heritier, *La Rocheflavin, liv. 6. tit. 78. Ar. 5.*

159   Arrêt prononcé le 14. Août 1596. où il est traité de l'effet des clauses dérogatoires, inserées en Testament pour servir de précaution contre les suivans & posterieurs; jugé que le premier Testament contenant clause dérogatoire, est valablement révoqué par le dernier, bien qu'il ne contienne point expression de la clause *in manus tuas & cætera*, inserée dans le premier, parce que le dernier portoit révocation du Testament qu'il avoit fait un tel jour, ayant marqué précisément le jour & le nom du Notaire qui avoit reçû le Testament premier, & le nom des heritiers instituez en iceluy. *Voyez Maynard, liv. 10. ch. 2. & le 2. plaidoyé de Puimisson.*

160   Les clauses dérogatoires apposées aux Testamens des autres Testamens qui pourroient être faits, par aprés ne s'étendent point aux contrats ni donations entre-vifs, aprés faites & duëment insinuées, lesquelles prévalent ausdits testamens, contenant telles clauses dérogatoires. Arrêt du 6. Mars 1608. *La Rocheflavin, liv. 6. tit. 78. Arr. 5.*

161   La clause dérogatoire a plus d'effet pour les enfans contre les étrangers, que pour les étrangers contre les enfans; car en ce premier cas il faut qu'elle soit expressément & précisément révoquée, si un étranger est institué au préjudice d'un fils ou d'un autre. Arrêt du Parlement de Grenoble du mois de May 1609. rapporté par *Chorier en sa Jurispr. de Guy Pape, p. 157.*

162   Un Testateur ayant dit & inseré ces mots en son Testament, *afin que l'on ne suppose autre testam't pour révoquer le premier, je veux qu'on n'y ait point d' gard,* si certaines paroles n'y étoient; jugé par Arrêt du Parlement de Bourgogne du 19. May 1612. que la Déclaration depuis faite par le Testateur par-devant Notaire, & en présence des témoins, qu'il révoquoit toutes dispositions qu'il pourroit avoir faites cy devant, desirant de mourir *ab intestat*, & de laisser sa succession à ceux ausquels elle pouvoir appartenir, suffit pour annuller le premier Testament. *Bouvot, tome 2. verbo Dérogation, quest. 2.*

163   Dernier Testament holographe d'un mary fort âgé, au profit de sa femme qui étoit jeune, déclaré nul pour n'avoir repeté la clause dérogatoire, insérée dans un précedent Testament, que le Testateur vouloit être écrite de sa main dans les posterieurs. Arrêt du 1. Février 1618. *Bardet, tome 1. liv. 1. ch. 11.* le Testament étoit soupçonné de suggestion, d'autant plus qu'il portoit une substitution en faveur de l'enfant qui naîtroit du second mariage de la femme.

164   Clause dérogatoire que le testateur ne puisse faire Testament ni donation simple sans faire mention d'icelle, n'empêche pas qu'il ne puisse faire une donation remuneratoire. *Cambolas, liv. 6. chap. 35.*

165   Le 11. Juillet 1613, il a été jugé que quelquefois, & par des circonstances particulieres, le dernier Testament révoquoit le premier, auquel il y avoit une clause dérogatoire, bien qu'au dernier Testament il n'y eût que la clause generale, par laquelle la Testatrice révoquoit tous les Testamens, sans faire mention de la clause dérogatoire ni du Testament dans lequel elle étoit couchée. *Ibidem, liv. 5. ch. 4.*

166   Par Arrêt du mois de Mars 1625. il a été jugé qu'un Testament dans lequel il n'étoit point fait mention d'un autre fait dix années auparavant, ne peut subsister nonobstant l'espace de temps de dix années. *Ibid.*

167   Testament avec clause dérogatoire, n'est révoqué par un posterieur qui ne la repete, & les legs pieux contenus au dernier, ne sont pas valables. Jugé au Parlement de Paris le 30. Juillet 1614. *Bardet, tome 1. liv. 2. chap. 16.*

168   Testament fait par un frere au profit de son frere avec clause dérogatoire, par laquelle il dérogeoit à tous autres Testamens, si la clause ne s'y trouvoit exprimée de mot à autre; Quatre années aprés le Testateur est blessé à mort, & pendant sa maladie il fait un autre Testament, par lequel il institué sa sœur son heritiere, avec révocation de tous autres Testamens, même du premier, nonobstant la clause dérogatoire y contenue, de laquelle il ne se souvenoit plus. Jugé le 19. Juin 1627. que le second Testament étoit bon & valable. *Henrys, tome 2. liv. 5. chap. 2. q. 9. & q. 13.* Voyez *Des Maisons, lettre T. nombre 10.* où il y a Arrêt du 14. Juillet 1664.

169   Testament en faveur de l'un des enfans avec clause dérogatoire, n'est révoqué par un posterieur au profit d'un autre enfant, sans faire mention de la clause. Arrêt du 11. Mars 1633. *Bardet, tome 2. liv. 2. ch. 25.*

170   Arrêt du 4. Juin 1635. qui appointe pour sçavoir si l'omission d'une clause dérogatoire, peut annuller un Testament posterieur confirmé par un Contract de mariage? *Ibidem, liv. 4. ch. 18.* La Sentence de Poitiers avoit confirmé le dernier Testament.

171   Sur la question de sçavoir lequel de plusieurs Testamens contenans clause dérogatoire, les autres n'en faisant aucune mention, doit être executé; Arrêt du 11. May 1640. qui confirme un sixiéme Testament olographe, par lequel le sieur Baron de Couches institué son heritier universel, avec clause de substitution, le Sieur Comte de Commarin & son fils, qu'il avoit tenu sur les Fonds Baptismaux six mois auparavant. *Soefve, to. 1. Cent. 1. ch. 10.*

172   Le 20. Mars 1641. au Parlement de Toulouse, jugé pour vû que le Testateur dans son second Testament, exprime qu'il révoque le premier, il est suffisamment révoqué. Un homme par son Testament en faveur d'un autre qu'il disoit être son parent, l'avoit

instiué pour ses bons services ; il avoit mis pour clause dérogatoire ces mots, *Dieu soit à mon aide*. Dix mois après, il avoit fait un second testament, sans répeter cette clause, il avoit fait heritier son neveu, qui étoit aussi son filleul, ayant dit seulement qu'il révoquoit ses précedens Testamens , & particulierement celui qui avoit été retenu par tel . Notaire,sans dire le nom de l'heritier , lequel Testament étoit celuy où ce prétendu parent avoit été institué;il y eut beaucoup d'avis contraires à cet Arrêt. *Voyez Albert* , verbo , *Clause dérogatoire*.

173   Il faut faire mention de la clause dérogatoire en termes specifiques, & il ne suffit de révoquer tous Testamens, même ceux contenans en clause dérogatoire. Arrêt du 15.Juillet 1641. le premier Testament étoit au profit d'une sœur ,celuy qui le révoquoit en termes generaux, étoit au profit d'un cousin. *Sœfve ,* tome 1. *Cent.* 1.*chap.* 45.

174   Le 21. Janvier 1644. il fut jugé au Parlement de Touloufe que le Testament de la Demoiselle de Maître n'étoit par révoqué par un second , où la clause dérogatoire n'étoit pas répetée. Même Arrêt en 1643. quant au Testament d'un Meûnier, en faveur de la femme d'un nommé Robert ; il fut décidé que la clause doit être révoquée *in individuo* , quoyque le Testament fût specifié ; & le 30. Juillet 1661. il fut jugé de même contre un nommé Perié , en faveur de Vezes Marchand , institué heritier dans le Testament de Jouve Patissier; c'est l'opinion de la plûpart des Docteurs. M. Duvair rapporte aussi un Arrêt,dans lequel la clause dérogatoire étoit , *mon Dieu , la femme que vous m'avez donnée m'a fait faire* : Neanmoins il y a des cas ausquels la clause dérogatoire n'a point d'effet contre le Testament , comme lors qu'il y a long-temps que le Testament où elle se trouve a été fait , ainsi jugé le 7. Decembre 1651. & que par l'espace de Vingt ans la clause dérogatoire perdoit son effet; la raison est qu'il est difficile après un si long-temps de s'en souvenir. *Albert* , verbo , *Testament* , art. 14.

175   M. l'Evêque Dupuy ayant fait un Testament holographe en 1633. avoit legué 6000. livres à Damoiselle Jacqueline de Serres , avec cette clause, *qu'il cassoit tous ses Testamens posterieurs au cas qu'ils ne fussent pas signez, & qu'il n'y eût à chaque page ces mots*, Juft. de Serres , Evêque Dupuy, Comte de Velay.) En 1641. il en avoit fait un autre , où il ne luy leguoit que 100. liv. sans specifier la clause dérogatoire *in specie* ni *individuo*: il est vray qu'il y avoit une clause au fond du Testament , portant que le Testateur ne se souvenoit pas de la clause dérogatoire inserée en son premier Testament ; mais elle étoit signée par le Notaire seul sans témoins,& écrite d'autre ancre que le corps de l'Acte. Par Arrêt du Parlement de Touloufe du 18. ou 19. Janvier 1645. la Dame de Serres perdit son legat. *Ibidem.*

176   Faute de révoquer expressément une clause dérogatoire mise dans un Testament , il subsiste au préjudice du dernier qui ne contient pas cette revocation specifique. Arrêt rendu au Parlement de Grenoble le 16. May 1645. *Bassèt* , *tome* 1. *liv.* 5. *tit.* 2. *chap.* 2. Il cite d'autres Arrêts des 30. Juillet 1630. 3. Juillet 1647.& 10. Juillet 1654.

177   De la validité d'un Testament fait par un jeune Gentilhomme au profit des enfans de son Procureur Fiscal,qui avoit été sonCurateur;& que ce Testament contenant une clause dérogatoire, avoit été révoqué par un posterieur, fait en faveur de ses heritiers collateraux, sans faire mention de la clause dérogatoire. Arrêt du 7. Août 1647. qui ordonna l'execution du premier Testament. M. Talon, Avocat General, déclara ne pouvoir prendre de Conclusions, pour la difficulté qui se rencontroit dans cette affaire. *Sœfve* ,tome 1. *Cent.* 2. *chap.* 42.

178   Une femme fait son Testament au profit de ses ritiers , avec la clause de *Jesus Maria, &c*. Quelque-

temps après, elle âgée d'environ 72. ans, fait un autre Testament au profit de son mary. La clause dérogatoire n'y est point énoncée , mais seulement par équivalence : le premier Testament & Codicile executez. Jugé le Jeudy 19. May 1650. *Du Frêne*,*livre* 3. *chapitre* 80. *Voyez Brodeau sur M. Loüet , lettre T. somm.* 9. il remarque trois limitations à la clause dérogatoire.

Arrêt du P. d'Aix du 19. Decembre 1652. qui a jugé   179 qu'un Testament fait en faveur des enfans mâles,n'est pas révoqué valablement par un posterieur,en faveur des filles,par la clause generale de révocation,il faut la clause speciale de dérogation. *Boniface* , tome 2. *liv.* 1. *tit.* 4. *chap.* 3.

La clause dérogatoire inserée dans un Testament ,   180 n'empêche pas toûjours qu'on ne puisse déroger au premier ; quoyqu'elle ne soit pas répetée dans un second. Jugé le 12. Mars 1654. *Des Maisons, lettre C. nomb.* 11. & *lettre T. n.* 10. *Voyez Du Frêne, livre* 7. *chapitre* 35. qui rapporte le même Arrêt.

Jugé le 14. Janvier 1656. qu'un Testament conte-   181 nant cette clause dérogatoire, *Sainte Marie mere de Dieu,priez pour nous maintenant , & à l'heure de nôtre mort* , n'avoit pas pû être révoqué par un autre fait six semaines après, quoyque la Testatrice, eût dit qu'elle revoquoit un Testament fait quelques jours devant , contenant une clause dérogatoire dont elle ne se souvenoit point. On présuma que ces mots n'étant pas faciles à oublier puisqu'ils composent une priere ordinaire , le dernier Testament avoit été suggeré par le mari. *Sœfve,* tome. 2. *Cent.* 1. *ch.* 8.

Testament entre enfans contenant clause dérogatoire , n'est point revoqué par le Testament subsequent entre enfans , si la clause n'est point exprimée. *Brod. lit. T. n.* 9.

Arrêt du 13. Decembre 1661. Présidant Monsieur le   182 Premier , plaidans Grenier & Dalon. Feu Pierre Gazin par son Testament de l'année 1636. institua Marie Ganteille sa femme son heritiere universelle , dans lequel il met une clause dérogatoire , *in manus tuas , &c.* Au mois de Novembre de l'année 1639. il fait un second Testament holographe , dans lequel il ne repete pas en individu ladite clause , & en appose une autre , & donne & legue à ladite Ganteille la somme de sept mille livres , & institué ses heritiers universels , les nommez Pigenat & Bazin ; le premier son cousin germain , & l'autre son parent en degré éloigné. Le second Testament n'est suivi d'aucun acte de clôture , ni signé d'aucun témoin. Au mois de Juin 1660. ce même Testateur fait un troisiéme Testament étant malade de la maladie dont il déceda , dans lequel il donna & legua à ladite Ganteille la somme de dix mille livres , & institua ses heritiers universels lesdits Pigenat & Bazin , sans faire aucune mention du premier Testament , ni de la clause dérogatoire apposée dans iceluy. La Cour confirma le premier Testament , & adjugea l'heredité à ladite Ganteille. Deux choses jugées par cet Arrêt , l'une que le Testament holographe étoit de nul effet entre étrangers ; l'autre que bien que les heritiers instituez fussent des proches , il falloit repeter la clause dérogatoire dans le Testament.*La Puirere.lett.T.nomb.*34.

Arrêt du 23. Juin 1660. qui a jugé que pour re-   183 voquer un Testament *inter liberos* ,il faut une revocation speciale , non generale quand il y a clause dérogatoire. *Boniface*, *to.* 2. *li.* 1. *tit.* 4. *ch.* 2.

Jugé au Parlement d'Aix le 10. Mars 1662. qu'un   184 Testament fait en faveur des enfans n'est pas valablement revoqué par un Testament posterieur qui n'a que la clause generale de revocation , il faut la clause speciale. *Ibid. ch.* 1.

La clause dérogatoire n'est censée apposée du con-   185 sentement d'un Testateur villageois , ou d'une mineure. Arrêt du Parlement de Grenoble du 5. May 1663. *Bassèt* , *to.* 1. *li.* 5. *tit.* 2. *ch.* 3.

Vuuu iij

186 De la clause dérogatoire apposée dans un Testament, suivi d'un autre, par lequel on prétendoit que cette clause n'avoit point été suffisamment revoquée. Comme le dernier Testament étoit en faveur des sœurs de la défunte heritieres instituées. M. l'Avocat General Talon conclut en leur faveur, Arrêt du 14. Juillet 1664. qui appointe. *Soëfve, tome 2. Cent. 3. chap. 10.*

187 Si un Testament contenant une clause dérogatoire peut être revoqué par un posterieur, écrit & signé de la main du Testateur sans revocation expresse de la clause ? M. Talon Avocat General conclut pour l'affirmative. Arrêt du 8. Août 1665. qui appointe la cause au Conseil. *Ibid. ch. 60.*

188 Arrêt du Parlement d'Aix du mois de Février 1666. qui a déclaré qu'un testament fait avec clause dérogatoire, avoit été valablement revoqué par un autre testament fait huit ans aprés qui n'avoit qu'une revocation generale de tous les Testamens. *Boniface, to. 2. li. 1. tit. 4. ch. 5.*

189 Arrêt du premier Juin 1666. qui a jugé qu'un Testament contenant clause dérogatoire, avoit été valablement revoqué par un posterieur, contenant une clause speciale de revocation, & une expression par la Testatrice qu'elle n'étoit memorative de la clause dérogatoire. *Ibid. ch. 4.*

190 Le Testament contenant une clause dérogatoire n'est revoqué par un posterieur fait quatre ans aprés, sans clause speciale de revocation. Arrêt du 11. May 1671. *Idem, to. 5. li. 1. tit. 14. ch. 1.*

191 Clause dérogatoire d'un premier testament n'a point d'effet, si dans le Testament suivant le Testateur dérogeant generalement à ladite clause, declare qu'il ne se souvient pas de la teneur d'icelle. 2. Ou si la clause étoit longue & embrouillée. 3. Ou s'il y avoit long-temps de la faction du premier Testament. 4. Ou si le second étoit fait à l'article de la mort. *Mainard, lib. 5. ch. 20. Guy Pap. quest. 17. vid. Ranchin, ibid. vid. Faber, C. de testament. def. 9. 10. cont. Ferrer. simpliciter non habere effectum, quest. 127. 1. id. Loüet & Brod. lit. T. n. 9. & eum vid. vid. Clar. §. testamentum, quest. 99. id. Faber. C. de testam. si adfuerit causa probabilis mutanda voluntatis prioris, vid. Grass. §. Testamentum, quast. 89. ubi de juramento, vid. Mainard, lib. 10. ch. 1. 1.* La Peirere, *lettre T. nomb. 55.* dit, je fais difficulté en ce premier chef, parce qu'il est facile de faire dire au Testateur qu'il ne se souvient pas de la clause. Il rapporte l'Arrêt rendu au Parlement de Bourdeaux le 5. Decembre 1667 Présidant Monsieur le Premier, plaidant Poictevin & Romat : jugé que la clause dérogatoire contenuë en un premier Testament avoit été suffisamment revoquée par la déclaration de le Testateur qui étoit un jeune Novice Cordelier avoit faite avant la profession dans un second Testament ; qu'il revoquoit le Testament precedent par luy fait dans le temps de son entrée au Noviciat, & c'est dans ce premier Testament que ladite clause étoit inserée.

192 Un premier Testament portant une clause dérogatoire, ne peut être revoqué par un second, que par la repetition *in terminis* de cette clause ; dans ce second testament il y avoit quelques circonstances particulieres. Jugé à Paris sur un appel de Lyon le 18. Juillet 1673. *Journal du Palais.* Voyez *Du Frêne, li. 3. chap. 80.* où il rapporte deux Arrêts, l'un du 15. Juillet 1641. l'autre du 19. May 1650. *Peleus. quest. 38.* en rapporte un du 20. May 1696. *Carondas, li. 11. Rép. 47.*

193 Arrêt du Parlement de Grenoble du 26. Mars 1676. contre la Dame de Blanis, qui a jugé qu'une simple revocation de tous autres Testamens suffisoit contre un précedent, où il y avoit une clause dérogatoire qui ne consistoit qu'en ces deux mots, *Jesus Maria. Chorier, en sa Jurisprudence de Guy Pape, p. 157.*

194 La repetition d'une clause dérogatoire inserée dans un premier testament fait par un mineur en Auvergne, n'est pas absolument necessaire dans un second ; la révocation generale suffit : il est vray que la mere instituée en tous les biens par le premier Testament, dans le second ne l'étoit qu'en usufruit, dont elle s'étoit contentée. Jugé à Paris le 15. Avril 1680. *Journal du Palais.*

195 En 1656. une fille fait donation à sa mere à cause de mort, de tous ses biens ; la même fille en 1659. fait un testament par lequel elle institué sa mere en sa legitime, & Jacques son frere au surplus de tous ses biens, avec une clause dérogatoire : ensuite elle fait un acte par lequel elle ratifie sa donation de 1656. avec une révocation generale, sans exprimer la clause dérogatoire, & fait Profession : la mere passe en secondes nôces ; le Curateur des enfans demande compte. Transaction en 1661. sur leurs differends en 1662. Jacques ratifie la transaction, & sans avoir connoissance du Testament de sa sœur Religieuse : en 1668. il fait son Testament, institué sa mere en sa legitime, & laisse tous ses biens à Marc son frere. Arrêt au Parlement de Dijon, qui ordonne que le Testament de la Religieuse fait au profit de Jacques son frere, sortira effet, sans restitution de fruits. Jugé le 18. Juillet 1681. *Journ. du Palais.*

196 Si le Testament fait en faveur des heritiers du sang, contenant une clause dérogatoire, doit être revoqué par un posterieur fait en faveur des étrangers 15. ans aprés, contenant simplement la clause generale de révocation ? Arrêt du Parlement d'Aix du 19. Janvier 1682. qui confirma le premier Testament, & révoqua le dernier, que la testatrice n'avoit point signé ; le Notaire ne disoit pas l'avoir interpellée de le faire, mais exprimoit seulement qu'elle étoit illiterée. *Boniface, tome 5. liv. 1. tit. 14. ch. 2.*

197 Un pere avoit fait sa fille unique & un étranger ses heritiers par un Testament, avec clause dérogatoire ; depuis il en fit un autre où sa fille étoit seule heritiere portant revocation simple du premier. Par Arrêt du P. de Grenoble du 15. Janvier 1682. le dernier a été entretenu au préjudice du coheritier nommé par le premier. *Voyez Chorier en sa Jurisprudence de Guy Pape, p. 157.*

198 Une Testatrice dans un premier Testament legue 1000. liv. aux Augustins pour un Obit, avec la charge d'un service perpetuel, institué un petit fils, substitué un autre petit fils avec clause dérogatoire. Dans un second Testament elle leur legue 800. l. pour un Obit, avec la charge d'un service perpetuel, fait le même heritier, substituë le même, révoqua le precedent Testament & clause dérogatoire, sans revoquer expressément le legs de 1000. liv. contenu au premier. L'heritier menaçant de repudier, attendu la petite portée des biens, le Syndic des Augustins, sous deliberations precedentes, réduit ce legs à 600. liv. que l'heritier s'oblige de payer ; cet heritier ayant en effet posterieurement repudié l'heredité, les Augustins demandent cassation de cette transaction, les deux legs de 1000. liv. & de 800. liv. Le substitué dit qu'il doit jouir de l'effet de la transaction passée avec l'heritier ; en tout cas qu'il doit en être quite en payant 800. liv. Par Arrêt du Parlement de Toulouse au mois de Septembre 1692. les Augustins furent restituez envers la transaction ; & neanmoins le substitué n'est condamné de leur payer que le legs de 800. liv. contenu dans le second Testament, par la raison que le premier étant repeté & renouvellé dans le second en tous ses chefs, excepté le legs pieux fait aux Augustins, la révocation de ce premier Testament contenuë dans le second, ne pouvoit tomber précisément que sur le legs fait aux Augustins dans ce premier Testament, legs qu'il paroissoit sensiblement que le Testateur avoit voulu diminuer par la révocation du premier Testament, & encore mieux

par la révocation de la clause dérogatoire y contenuë. *M. de Catellan, liv. 2. chap. 1.*

TESTAMENS CLOS.

199   *De testamento clauso in separatâ membranâ.* Voyez
Stockmans, *Decis.* 14.

200   *Testamentum conditum cum solemnibus loci ubi scribi-
tur, effectum habet quoad bona alibi sita.* Voyez ibid.
Decis. 9.

201   *Testamentum non clausum continens solemnia, in Epis-
tographo seu aversâ paginâ, an validum?* V. Stockmans,
Decis. 11. où il dit, *probatum fuit testamentum ubi testator totum manu suâ perscripserat, & deindè non in aversâ, sed in interiore paginâ non prælectum signari fecit à
Tabellione & Testibus hâc formâ, declaro quod in hâc
chartâ scripsi, meum esse testamentum cui nunc coram
vobis subscribo: in Junio 1653. in causâ P. P. Minimo-
rum contrâ Colonel Broucq.*

TESTAMENT, COLERE.

202   Des Testamens faits en colere. *Voyez Henrys, to. 2.
liv. 6. quest. 7.*

203   *Testamentum à matre iratâ factum, quo pauperibus &
collegio quod auferri liberis cuperet, erogaverat, damna-
vit Senatus mense Junio 1587.* Mornac, *L. antepenult.
§. 1. mulier ff. de probationibus.*

204   Révocation d'un Testament holographe fait *ab iratâ matre,* jugée suffisante en faveur de la fille, par une
simple déclaration de la mere agonisante au Curé
qui l'interrogeoit, quoyque non signée de la Testatrice. Arrêt du 15. Juin 1617. *Bardet, tome 1. livre 1.
chapitre 3.*

205   *Voyez le 17. Plaidoyé de M. Gaultier, tome 1.* au sujet du Testament d'un ayeul ; comme son interdiction avoit été poursuivie par ses filles, l'on jugea que
c'étoit un Testament fait *ab irato patre,* qui ne pouvoit subsister. Arrêt du 16. May 1640.

206   Testament holographe fait dans la chaleur de la
colere, & où il y a des injures contre les proches,
étoit nul. Arrêt du 3. Mars 1653. *Du Frêne, livre 7.
chapitre 19.*

207   Testament fait en faveur de l'un des enfans, au préjudice des autres, par une mere en colere contre lesdits enfans, déclaré bon & valable, par Arrêt du 24.
Avril 1662. Il y avoit preuve que les enfans avoient
maltraité leur mere, qui pouvoit même les exhereder. *Soefve, tome 2. Cent. 2. ch. 62.*

208   La preuve de la haine injuste d'un pere contre ses
enfans d'un premier lit, annulle son testament holographe, & la Cour ordonna que les parties viendroient à partage avec les enfans du second lit, que
la veuve rendroit compte des effets de la communauté d'entr'elle & son défunt mary : jugé à Paris le 1.
Septembre 1676. *Journal du Palais.*

209   Arrêt du Parlement d'Aix du 5. Decembre 1686.
qui a jugé qu'un frere ne peut faire casser le Testament fait par un frere en colere, *nisi surpis persona
sit instituta.* Bonifaee, *to. 4. liv. 1. tit. 4. ch. 1.*

210   Un Testament fait de ce que la Coûtume permet de
tester, vaut, quoiqu'il paroisse que le Testateur l'ait
fait en haine de ses parens, qui cependant ne se
plaignent que, si la disposition étant faite en faveur
d'Hôpitaux. Arrêt du Parlement de Paris du 5. Juillet
1689, *Au Journal des Aud. to. 5. liv. 5. ch. 23.*

211   Un Testament n'est pas valable, lorsqu'il paroît
que le Testateur l'a fait étant irrité contre ses enfans
& heritiers, & qu'il y a d'ailleurs des marques de
foiblesse d'esprit. Jugé en la Grand'Chambre du Parlement de Paris le 23. Mars 1694. *Journal des Audiences, tom. 5. liv. 10. th. 7.*

TESTAMENT, COLLATERAUX.

212   Le Testateur où il n'y a point de representation en
ligne collaterale, ne peut rappeller les enfans de son
frere décedé pour succeder avec ses freres. Arrêt à
Pâques 1567. *Peleus, quest. 29.*

213   Biens donnez par Testament, ou entre-vifs à un collateral avec substitution, ne peuvent être chargez de

dot ou de doüaire de la femme du donataire. Arrêt
du 17. Mars 1584. *Peleus, qu. 41.*

214   Arrêt du 15. Decembre 1626. qui confirme un
Testament fait avec éloge contre des collateraux. M.
Bignon Avocat General, dit que c'étoit plûtôt une infirmité de la nature qu'une nullité au Testament. *Bardet, tom. 1. liv. 2. ch. 44.*

TESTAMENT, COMMISSAIRES.

215   Arrêt du Parlement de Paris du 12. May 1635. portant défenses aux Commissaires de retenir les Testamens, ni d'en delivrer aucunes grosses. *V. les Chartres des Notaires, chap. 7. p. 470.*

216   Autres Arrêts des 23. Mars & 16. Decembre 1647.
portant que le Testament dont un Commissaire s'étoit
saisi, seroit par luy délivré és mains de l'un des Notaires du Châtelet, & défenses aux Commissaires de
contrevenir aux Arrêts & Reglemens : même Arrêt
le 15. Septembre 1660. *Ibid. p. 497. & 507.*

TESTAMENT DU CONDAMNE'.

217   Du Testament fait par un homme condamné à
mort par contumace. *Voyez le mot Banni, & le mot
Condamné, nomb. 42. & suiv.*

218   La condamnation à la mort naturelle ou civile,
renduë contradictoirement, révoque le testament
fait auparavant. *Voyez Duperier, liv. 2. quest. 4.*

219   En l'année 1571. un homme condamné pour avoir
volé & assassiné, fait son testament par la permission du Juge, institué ses freres & sœurs, & laisse au
Convent des Augustins 200. liv. pour prier Dieu pour
son ame : en consequence les Augustins font condamner un debiteur du défunt, par le Senechal de Toulouse. Appel au Parlement, M. le Procureur General
s'oppose à l'execution faite par ses heritiers & les Religieux. 1. moyen que les condamnez à mort ne peuvent tester. 2. que par la Coûtume generale de
France qui confisque le corps, confisque le bien.
Par Arrêt du 23. Decembre 1580. le Procureur General du Roy reçu opposant, tous les biens du condamné à luy appartenans au jour de son décés, acquis &
confisquez au Roy, distraits les frais faits par lesdits
heritiers, ensemble la somme de 200. liv. laquelle
pour aumône la Cour a jugée ausdits Religieux, afin
de prier Dieu pour l'ame de ceux qu'il avoit tuez. *La
Rochestavin, liv. 4. lettre T. tit. 5. Arr. 16.*

220   Par Arrêt donné à Tours le 28. May 1591. jugé
qu'un nommé Vauguerin après avoir été condamné à mort, n'avoit pû disposer de ses biens
par son Testament au profit de ses sœurs, ni d'autres,
au préjudice de ses vrais heritiers en la Terre de
Vauguerin en la Coûtume de Tours, où confiscation
n'a point lieu. *Bibliotheque de Bouchel, verbo Testament.*

221   Jugé que M. de S. Preüil condamné à mort, avoit
pû tester par la permission du Roy. *Voyez le 9. Plaidoyé de M. Gaultier, to. 1.*

222   Le condamné à mort par défaut, n'est pas capable
de faire testament ni de succeder. Arrêt du 4. Juin
1632. *M. d'Olive, liv. 5. chap. 7.*

223   Testament d'une ayeule au profit de ses petits enfans, (issus du mariage de sa fille avec un ravisseur
condamné à mort par contumace,) à la charge que
leur pere n'en pourra prétendre l'usufruit, est confirmé contre luy, & une autre fille de la testatrice. Arrêt
du 3. Juillet 1642. *Bardet, te. 2. li. 9. ch. 26.*

224   La preterition d'un fils, quoyque condamné à
mort par coutumace rend le testament du pere nul ,
même pour les legs , le fils s'étant depuis justifié.
Jugé le Jeudy 3. May 1646. *Du Frêne, liv. 4. ch. 40.*
Un Gentilhomme de Languedoc prévenu de meurtre & condamné par défaut, avant les 5. ans expirés
se rend dans les prisons d'Orleans à l'entrée de l'E-
vêque, & suivant le privilege prétendu par ce Prélat
d'accorder des Lettres d'abolition à tous ceux qui se
trouvent dans les prisons de la Ville à son entrée, ce
prévenu ayant été oüi, obtient ses Lettres d'aboli-

rion : forti de prison., il entre dans le fervice, & neglige de purger fa coutumace. Son frere aîné obtint
du Roy le don. de la confifcation de fes biens, &
après les 5. ans ce prévenu meurt, laiffant par un teftament fait après le même terme, tous fes biens à
un frere puîné. Celuy-cy demande au fils de l'aîné
détenteur des biens, comme aîné de la maifon après
la mort de fon pere, & comme ayant la confifcation
qu'il a trouvée dans fa fucceffion ; il luy demande la
legitime paternelle, & les droits maternels du prévenu. Le frere prétend que le Teftament eft bon, à
caufe des Lettres d'abolition. Par Arrêt rendu au
Parlement de Touloufe après partage, au mois de
Décembre 1686. il fut jugé que les Lettres d'abolition de l'Evêque d'Orleans, & la remife & l'audition
du prévenu, ne l'avoient point juftifié ni purgé fa
memoire. On réferva feulement au frere puîné de
purger la memoire du défunt, fans décider d'avance
fi le Teftament feroit bon, au cas que la memoire fût
purgée. On renvoya à décider après la juftification
de la memoire, fi la fucceffion devoit être ajugée
aux heritiers ab inteftat, comme le Teftament n'étant
pas bon, fait dans la coutumace, ou à l'heritier teftamentaire, comme le Teftament étant valable par
la juftification. *Voyez M. de Catellan*, liv. 2. ch. 101.

TESTAMENT, CONDITION.

225 *Conditio morandi Belne, pro non fcriptâ habita eft,
teftamentum erat de Joanne du May, nato in oppido Belne, &c.* Arrêt du 3. Juillet 1614. *Mornac, leg. 12. C.
de ufufrutb & habitat.*

TESTAMENT, CONIONCTIVE.

226 Plufieurs conjonctives dans un Teftament ne peuvent jamais être converties en disjonctives pour
avoir toutes effet. Arrêt du Parlement de Grenoble
du 20. Mars 1670. pour le fieur de Lauberiviere,
Maître aux Comptes, contre l'Hôpital de Romans.
La caufe fut celebre *Voyez Chorier, en fa Jurifprudence de Guy Pape*, p. 220.

TESTAMENT, CONTRAVENTION.

227 Qui contrevient à la volonté du teftateur, ne peut
joüir du legs. *Voyez Peleus*, q. 143.

228 Un teftateur avoit ordonné que fi fes heritiers con-
teftoient fes volontez, il entendoit que tout fon bien
appartînt au Roy. Grand procez entre les heritiers ;
le fifc demande que la peine foit encouruë, & les
biens acquis au Roy. Arrêt du Parlement de Paris
du 4. Avril 1319. *Corbin, fuite de Patronage*, ch. 26.

TESTAMENT, CONVENT.

229 On ne peut tefter au profit d'un Convent dont un
Religieux a été le Confeffeur de la teftatrice. Arrêt
du 9 Juillet 1657. *De la Guef. to. 2. liv. 1. chap. 19.*

TESTAMENT, DISPOSITIONS DES COUSTUMES.

230 *Teftamentum fecundùm confuetudinem loci fattum,
an ubique valeat?* Voyez *Andr. Gaill, lib. 2. obfer.* 123.

231 *Confuetudo vel ftatutum de rebus vel perfonis difpo-
nens, an extra territorium extendatur?* Voyez *ibidem,
obfervat.* 124.

232 Comment peut tefter celuy qui a des biens en diverfes Coûtumes, dont l'une permet de tefter d'une
façon, & l'autre d'une autre façon? *Coquille, tome 2.
queft.* 227.

233 En ce qui concerne la forme du Teftament, & la
validité d'iceluy, il faut confiderer le lieu où il a été
paffé. 2. Mais en ce qui concerne la forme de fucceder, il faut confiderer le lieu où les biens font fituez. *Brod. lit. C. n.* 41.vid. *Guy Pap. qu.* 261. id.
Bacquet jufti. chap. 21. *n.* 323. in donatione 1. id. *Man-
tie. lib. 6. tit. 8. n.* 14. id. *Bacquet, aubaine, chap.* 20.
n. 1. ubi mobilia fequuntur domicilium id. *Mornac ad
L. 6. ff. de evittion.* 2. id, *Chopin. Parif. lib. 2. tit.* 4.
n. 2. 1. id. *Molin. confil.* 53. *n.* 9. & apud *exteros* 1.
cont. *Fachin. lib.* 5. cap. 90. 91. 1. id, *Maynard. lib.* 5.
chap. 92. & lib. 8. chap. 51. id, *Graffus § Teftamentum quaft.* 54. *n.* 24. id. & apud *exteros.* Du Fiêne, lib.
2. ch. 81. à toutes ces citations M. *Abraham la Peirere*

en fes défifions du Palais, lettre T. n. 4. joint l'Arrêt
qui fuit.

Arrêt du Parlement de Bourdeaux du 20. Février
1664. Prefidant Monfieur le Premier, plaidans Bran-
dis & Mommejan, fur ce qu'un François voulant faire voyage en Efpagne, fit un Teftament contenant
inftitution d'heritier, & étant en Efpagne fit un autre
Teftament contenant autre inftitution d'heritier. Le
teftateur étant décédé, l'heritier inftitué par le premier Teftament joüit de l'heredité pendant plufieurs
années, jufques à ce que le fecond Teftament fait en
Efpagne ayant été découvert & rapporté, il fut débatu par le premier heritier de ce qu'il n'y avoit
point claufe codicillaire, & qu'il n'y avoit que fix
témoins. La Cour reçut le fait pofé par le fecond heritier, fçavoir, que par la Coûtume du lieu en Efpagne, où le Teftament avoit été fait, il y avoit affez
de fix témoins.

234 Aux Teftamens on doit garder les folemnitez des
Coûtumes où ils font paffez. *M. le Prêtre, 3. Cent.
chap.* 84. Voyez *M. Loüet, & fon Commentateur lettre
C. fom.* 41. *M. Bouguier, lettre T. nomb.* 2. où il y a
Arrêt du 6. Août 1602.

235 Il faut obferver la difpofition de la Coûtume *ad
unguem pour les Teftamens, & non per equipollen-
tiam.* Jugé le 31. Janvier 1645. *Ricard, des Donations
entre-vifs partie 1. chap.* 5. *fection 6. n.* 1511. & feqq.
Voyez *Peleus, qu.* 27. & *Brod. fur M. Loüet, let. R.
fomm.* 52.

236 Une claufe contraire à la Coûtume ne vitie pas le
Teftament, mais elle eft feulement vitiée. *V. Peleus,
queftion* 142.

237 Si par Teftament on peut déroger à la Coûtume?
Voyez les notables Arrêts des Audiences, Arrêt 44.

238 Teftament doit être fait felon la Coûtume des
& lieux où eft le teftateur, & non celle où les biens font
239 fituez. Arrêt du dernier May 1566. *Papon, liv.* 20.
tit. 1. n. 1.

240 Le Teftament fait fuivant la Coûtume du lieu où
l'on fe trouve,eft valable même pour les biens fituez
en d'autres Coûtumes. Arrêts du Parlement de Touloufe en 1568. & en 1598. *Maynard, li.* 5. ch. 91.

241 En païs coûtumier un pere teftateur peut donner
à l'un de fes enfans une fienne maifon en recompenfant fes autres enfans fur les biens de fa fucceffion.
Jugé le 4. Octobre 1569. *Peleus, qu.* 19.

242 Un teftament fait fuivant la Coûtume, où les fta-
tuts du lieu dans lequel il a été paffé, eft valable par
tout. Arrêt du Parlement de Paris du 16. Juillet 1661.
Soëfve, to. 1. Cent. 2. chap. 44.

243 Lorfqu'une Coûtume permet de tefter d'une partie de fes biens, cette partie s'eftime par proportion
à tous les biens du teftateur, quelque part qu'ils
foient fituez, pourvû qu'ils foient difponibles par
Teftament. Arrêt du Parlement de Tournay du 8.
May 1697. rapporté par *M. Pinault, to. 2. Arr.* 153.

TESTAMENT, AMIENS.

244 Declaration portant confirmation de tous Teftamens paffés dans la Coûtume d'Amiens, dans lefquels les mots (fans fuggeftion) ne fe trouvent
point, &c. A Villeroy le dernier Juillet 1627. Reg.
le 27. Août fuivant.

245 La Coûtume d'Amiens veut que le Teftament dans
lequel les témoins font employez, foit dicté, nommé,
& releu en préfence defdits témoins, & qu'il, foit fait
mention en iceluy, comme il a été ainfi dicté, nommé &
releu, mais il n'eft pas neceffaire de répeter que c'eft
en préfence des témoins. Arrêt du 16. Janvier 1646. qui
declare le teftament valable. *Soëfve, tome 1. Cent.
chap.* 86.

TESTAMENT, BERRY.

246 Dans la Coûtume de Berry, un Teftament fecret
écrit de la main du Notaire qui a reçu l'acte de declaration, eft valable. Jugé en 1634. *Bardet, tome 2.
liv. 3. ch. 6.*

TESTAMENT

Testament, Bourbonnois.

247 Le partage fait par Testament par un oncle entre ses neveux & niéces au préjudice de ses freres & sœurs, est cassé, & les articles 305. & 306. de la Coûtume de *Bourbonnois* sont expliquez, & remis à partager les biens dudit oncle *ab intestat*. Jugé le 14. Août 1587. *Le Vest, Arrêt* 184.

Testament, Bourgogne.

248 Le Testament en *Bourgogne* sous signature privée, écrit d'une autre main que de celle du testateur, est nul. *Bouvot, to.* 1. *part.* 1. verbo *Testament, quest.* 2.

249 Si un Testament entre collateraux fait sous l'écriture & signature du testateur, avec declaration pardevant deux Notaires, est valable en la Coûtume de *Bourgogne ?* Voyez *Bouvot, to.* 1. *part.* 3. verbo *Testament, quest.* 2.

250 Si un Testateur a disposé des biens qui sont en *Nivernois*, il faut regler la disposition suivant le lieu où sont assis les biens, & non selon le lieu du domicile du Testateur, où a été fait le Testament. *Voyez Bouvot, to.* 1. *part.* 1. verbo *Testament, quest.* 3.

251 Si en *Bourgogne* un Testament est valable, écrit par un Notaire, signé par le Testateur, clos, & avec declaration pardevant le même Notaire qui l'a écrit en presence de deux témoins que c'est son Testament ? *V. Bouvot, to.* 1. *part.* 3. verbo *Testament, quest.* 4.

252 En *Bourgogne*, un Testament entre collateraux fait sous l'écriture & signature du Testateur avec declaration pardevant deux Notaires que c'est son testament, est nul, d'autant que la Coûtume requiert ladite declaration être faite pardevant un Notaire & deux témoins. Arrêt du Parlement de Dijon du 15. Juin 1602. *Bouvot, tome* 1. *part.* 3. verbo *Testament, quest.* 9.

253 S'il ne faut pas laisser la legitime aux vrais heritiers, quand le Testament se fait suivant l'ancienne Coûtume de *Bourgogne*, & non suivant la reformée ? *V. Bouvot, to.* 1. *part.* 3. verbo *Testament, quest.* 10.

254 Si le Testament est bon & valable, étant fait selon la forme du lieu où il est fait, quoyque les biens soient situés en un autre lieu où la forme est differente ? *V. Bouvot, ibidem.*

255 Un Testament secret & clos, écrit de la main d'un tiers, signé du Testateur, n'est valable. Arrêts du Parlement de Dijon du 5 Février 1681. & au mois de Janvier 1583. *Bouvot, to.* 2. verbo *Testament, quest.* 12.

256 En *Bourgogne*, un Testament est valable, signé d'un Notaire & de deux témoins. Arrêt du Parlement de Dijon du mois de Janvier 1597. *Bouvot, to.* 2. verbo *Testament, quest.* 33.

257 Si la Coûtume est personnelle, ou réelle, & si le Testateur étant en une Province, où il est permis de disposer de ses biens, dispose d'autres biens situés dans une autre Province où il n'est permis de disposer, comme si une femme de *Bourgogne* instituë son mary en tous ses biens lesquels se trouvent situés en *Bourgogne* & à *Paris*, si telle disposition est valable, le mary & la femme s'étant reservez par leur Contrat de mariage le pouvoir de se donner ou disposer de tous leurs biens, ou de partie, chacun pour leur semblera ? Voyez *Bouvot, to.* 2. verbo *Testament, qu.* 62.

258 Ceux qui sont mariez hors la *Bourgogne*, y venans demeurer, ne peuvent faire Testament au profit l'un de l'autre, n'en ayant fait reserve par leur Contrat de mariage. Arrêt du Parlement de Dijon du 15. May 1612. *Bouvot, to.* 2. verbo *Testament, qu.* 74.

259 D'un Testament fait en la Coûtume de *Saint Quentin*, des biens assis en celle de *Bourgogne* & quelle Coûtume il faut suivre pour la validité du Testament, ou de celle en laquelle il a été fait, ou de celle en laquelle les biens du Testateur sont situés ? Si l'institution d'heritier est necessaire pour la validité d'un Testament fait dans une Coûtume qui ne le requiert point, celle en laquelle les biens sont situés le desirant ?

Tome III.

Et si la Coûtume ayant voulu que le Testateur soit tenu de laisser à ses vrais heritiers la legitime à titre d'institution, cela se doit entendre aussi bien des ascendans comme des descendans? Arrêt du 22. Août 1656. qui confirme ce Testament. Sous le nom de vrais heritiers on n'entend que les enfans & non les ascendans ni les collateraux, & il suffit de suivre la Coûtume où l'on reste. *Snesve, to.* 2. *Cent.* 1. *ch.* 45.

Testament, Bourges.

260 En la Coûtume de *Bourges* qui veut en l'art. 4. titre des Testamens, que pour les dispositions faites entre les enfans ou pour causes pies les Censures civiles & canoniques soient gardées, le Testament d'un pere entre ses enfans de divers lits, écrit & signé de sa main, sans presence d'aucuns témoins, & quoyque les portions d'entre les enfans fussent fort inégales, a été declaré bon & valable le 27. Août 1607. *M. le Prêtre, és Arrêts de la cinquième.*

Testament, Bresse.

261 Si le Testament fait en *Bresse*, païs de droit écrit, est valable, n'étant signé par les témoins quoyqu'ils sçachent signer? *V. Bouvot, to.* 1. *par.* 1. verbo *Testament.*

Testament, Bretagne.

262 Nonobstant la Coûtume de *Bretagne*, la connoissance de la validité des Testamens esquels ceux de la Religion Prétenduë Reformée ont interêt, appartient aux Juges Seculiers. Voyez *les Décisions Catholiques de Filicau, Décision* 92.

Testament, Champagne.

263 En *Champagne*, le serf ne peut faire Testament de plus de cinq sols. Neanmoins par Arrêt du mois de Mars 1541. entre l'Abbé de Toutnon, & les habitans de Prisse qui étoient simplement par autre Arrêt declarez hommes de main-morte & de servile condition de cet Abbé, qui, s'ils decedoient sans hoirs, leur succedoit, il fut dit qu'ils pouvoient tester. *Bibliotheque de Bouchel*, verbo *Serf.*

Testament, Maine.

264 Interpretation de l'article 455. de la Coûtume du *Maine*. Henriette & Catherine de Beauregard avoient donné par testament, étant âgées, l'une de dix-huit ans six mois, l'autre de dix-sept ans, tout ce qu'elles pouvoient donner à leur belle-mere. Les deux testamens executez. Appel. La Sentence infirmée en ce qu'elle avoit adjugé le tiers des propres paternels avec les fruits & revenus à leur belle-mere ; au residu la Sentence fortifiant effet. Jugé le 10. Mars 1682. *De la Guessiere, to.* 4. *l.* 5. *chap.* 8.

Coustume de Meaux.

265 Dans la Coûtume de *Meaux*, on ne peut exclure ses heritiers par Testament. Jugé le 23. Juin 1673. *De la Guessiere, tome* 3. *liv.* 7. *ch.* 12.

Testament en Normandie.

266 Homme n'ayant enfans, peut disposer par Testament ou donation à cause de mort, du tiers de ses acquêts & conquêts immeubles à qui bon luy semble, autres toutefois que sa femme & parens d'icelle, pourvû que le testament ou donation soit faite trois mois avant le décès, & qu'il n'ait disposé dudit tiers entre-vifs. Art. 421. de la Coûtume de *Normandie*. Cette prohibition de disposer des immeubles par testament est prise d'un ancien Arrêt de l'Echiquier de l'année 1246. rapporté par *Chopin, liv.* 1. *tit.* 1. *nomb.* 21. *de morib. Paris*. pour le Testament du Comte d'Auge, en l'Echiquier de Pâques tenu à Caën. *Basnage, ibid.*

267 Arrêt du Parlement de Roüen du dernier Juillet 1543. qui casse une donation faite à une Eglise à la charge de divin Service. La raison fut que la testatrice n'avoit survêcu que six semaines. *Berault, sur l'art.* 412. *de la Coût. de Normandie.*

268 Si un Bourgeois de Paris faisant Testament à *Paris*, doit survivre trois mois à son testament pour le faire valoir à l'égard des biens situez en la Coûtume de *Normandie*, laquelle demande cette survie, ou si cette survie de trois mois n'est pas necessaire, con-

X x x x

formément en la Coûtume de *Paris*? Voyez *le Journal du Palais* in fol. *tome* 2. *page* 999.

269   La donation d'un propre peut être transferée sur les acquêts ou sur les meubles, quand il y en a, si cette donation est à la charge de dire des Messes & de faire des Services. Arrêt du Parlement de Roüen du 19. Juillet 1637. qui en faveur de l'Eglise de S. Hilaire fit valoir sur les meubles une rente de 30. livres qui étoit du propre du Testateur. Pareillement si le Testateur a donné des acquêts & qu'il soit mort avant les trois mois, la recompense en est donnée sur les meubles, quand ils peuvent le porter. Arrêts des 24. Novembre 1642. 24. May 1650. 19. Avril 1652. 15. Avril 1655. 26. Janvier 1672. rappoertez par *Basnage*, sur l'art. 427. *de la Coût. de Normandie.*

270   Catherine Druel n'avoit fait aucune mention par son Testament de Christophe, Guillaume & Pierre Druel ses neveux, heritiers aux propres maternels, parce qu'elle les croyoit ses heritiers aux meubles & acquêts;mais ayant sçu qu'ils étoient exclus par un autre parent, elle ajoûta à son Testament, qu'elle leguoit le reste de ses meubles & le tiers de ses acquêts: depuis étant avertie que cette donation par Testament n'auroit point d'effet,si elle ne vivoit trois mois après, elle vendit au sieur Adelain un heritage qui ne faisoit pas neanmoins le tiers de ses acquêts, afin que les deniers de cette vente, comme étant un meuble tombassent au profit de ses neveux. Le nommé le Greffier heritier aux meubles & acquêts, fut reçu à faire preuve de quelques faits de suggestion; les Druel appellerent devant le Bailly, qui débouta le Greffier de l'appointement en preuve & ajugea tous les meubles aux legataires, à la reserve des deniers provenans de la vente de l'heritage, les Parties appellerent respectivement de cette Sentence. Par Arrêt du Parlement de Roüen du 1. Août 1651. la Cour sur l'appel du Greffier mit les parties hors de Cour, & faisant droit sur l'appel des legataires en infirmant la Sentence, on ajugea aux legataires les 6400. livres provenans de la vente faite au sieur Adelain. *Voyez Basnage,sur la Coût. de Normandie, art.* 412.

TESTAMENT, ORLEANS.

271   En la Coûtume d'*Orleans* on peut donner par Testament pour recompense de services aux enfans de ses heritiers collateraux. Jugé le 10. Février 1605. *Peleus*, *quest.* 93.

272   Les termes requis par les Coûtumes dans la confection des Testamens sont de droit étroit, ainsi un Testament dans la Coûtume de *Poitou* où il y avoit dicté & nommé *sans induction de personne* au lieu de mettre *sans suggestion*, un autre dans la Coûtume d'*Orleans* qui étoit dit *proferé par le Testateur de sa propre bouche* au lieu des mots *dicté & nommé*, ont été declarez nuls. *Voyez Soëfve, tome* 1. *Cent.* 1. *ch.* 55.

COUSTUME DE PARIS.

273   Acte de Notorieté donné par M. le Lieutenant Civil, le 30. Janvier 1708. qui l'usage de faire des Testamens est ordinaire dans la Prévôté de Paris, comme dans toutes les Provinces du Royaume; mais qu'il n'est pas de necessité d'en faire. *Recüeil des Actes de Notorieté*, *page* 232.

COUSTUME DE POITOU.

274   Dans la Coûtume de *Poitou*, pour disposer valablement de ses meubles & acquêts immeubles, il faut avoir des propres naturels & veritables, & non conventionnels. Jugé le 14. Juin 1633. *Bardet*, *tome* 2. *liv.* 2. *chap.* 41.

275   Jugé le 3. May 1650. que l'équipolence n'a point lieu à l'égard des mots desirez par les Coûtumes pour rendre un Testament parfait. La Coûtume de *Poitou* art. 268. porte que le Testament doit *être dicté ou nommé aux Notaires sans suggestion*, le Testament qui portoit *sans persuasion ni seduction d'aucune personne*, fut cassé. *Soëfve, tome* 1. *Cent.* 3. *chap.* 32. où il remarque que ce qui peut avoir servi de motif à l'Arrêt qui

semble un peu rude, est que la Testatrice avoit déja fait une donation entre-vifs à la legataire.

COUSTUME DE REIMS,

276   Testament confirmé en la Coût. de *Reims*,quoi-qu'il n'eût point été fait mention par iceluy qu'il avoit été *dicté & nommé sans suggestion*.Arrêt du 5. Janvier 1655. On opposoit une fin de non recevoir aux heritiers qui avoient déja executé partie du Testament. *Soëfve, tome* 1. *Cent.* 4. *chap.* 79.

TESTAMENT, LA ROCHELLE.

277   Par Arrêt donné en la Chambre de l'Edit en l'an 1601. jugé que puisque la Coûtume de la *Rochelle* ne parloit point de la forme des Testamens, il falloit avoir recours & garder le Droit canon. *Bibliotèque de Bouchel*, verbo, *Coûtumes.*

TESTAMENT, SENLIS.

278   En la Coûtume de *Senlis* un Testament écrit de la main d'un tiers par l'ordre du Testateur signé de sa main, & reconnu pardevant deux Notaires, &c. fut déclaré nul, le 31. Janvier 1645. *Ricard, des Donations entre-vifs, part.* 1. *chap.* 5. *section* 6. *nomb.* 1515.

TESTAMENT A TOULOUSE.

279   Par la Coûtume de *Toulouse*, un Testament fait en presence de deux ou trois témoins seulement, *præsente capellano vel subcapello*, quoique l'usage d'aujourd'huy soit d'appeller un Notaire au lieu d'un Prêtre; si le Notaire n'y a pû assister, mais le Vicaire, il est necessaire de faire publier le Testament devant le Juge qui entendra les témoins en presence des successeurs *ab intestat* & autres *quorum interest*, ou eux duëment appellez. *Mainard*, *tome* 1. *liv.* 5. *chap.* 5.

280   Si la Coûtume de *Toulouse*, concernant la forme des Testamens, & l'ordre des successions legitimes, a lieu dans la Viguerie aussi-bien que dans le Gardiage? *Voyez M. d'Olive*, *liv.* 5. *chap.* 32.

281   Dans la Coûtume de *Toulouse* on peut tester avec deux témoins, parce que la peste y étoit autrefois ordinaire. Le 4. May 1630. en un Testament qui avoit été reçu par un Capucin qui servoit les pestiferez, la Partie ayant mis en fait qu'il y avoit des témoins, mais que le Capucin n'avoit écrit que la seule volonté du Testateur qu'il avoit remise, & avoit omis les témoins ne croyant pas qu'ils fussent necessaires; sur quoy il fut ordonné qu'avant faire droit les témoins seroient resumez, & cependant donna la joüissance des biens aux successeurs *ab intestat* : ce qui avoit été jugé quelques mois auparavant, & depuis les témoins ayant été oüis, par Arrêt donné en Avril 1631. le Testament fut confirmé. *Cambolas, liv.* 6. *ch.* 9.

COUSTUME DE VALOIS.

282   Dans la Coûtume de *Valois* qui ne dispose point de l'âge requis pour tester, il faut suivre la Coûtume de Paris, & non le Droit Romain. Arrêt du 5. Avril 1672. *Journal du Palais.*

TESTAMENT, CURE'.

283   Testamens reçus par les Curez, *Voyez* le mot *Curez*, *nomb.* 150. & 151.

284   Que les Testamens ne pourront être reçus par les Curez ou Vicaires, si par iceux leur est donné ou legué aucune chose. *Ordonnances de Fontanon*, *tome* 1. *liv.* 4. *tit.* 4. *page* 742. *secus*, si le legs est fait à l'Eglise. Arrêt du 1. Août 1568.

285   Les Curez & Vicaires peuvent recevoir les Testamens. *Ordonnance de Blois*, *art.* 63. *Voyez la Coûtume de Paris*, *art.* 289. Voyez *Carondas*, *liv.* 3. *Rép.* 51.

286   Un Testament reçu par un Prêtre est nul. Arrêt du Parlement de Dijon du 19. Juillet 1571. *Bouvot*, *tome* 2. verbo, *testament*, *quest.* 16.

287   Arrêt du Parlement de Paris du 14. Août 1559. portant défenses aux Curez & à leurs Vicaires de commettre aucunes personnes pour recevoir les Testamens de leurs Paroissiens, & le même Arrêt casse un Testament reçu par un simple Prêtre; ce qui donne lieu aux défenses qui furent faites aux Curez & à leurs Vicaires de plus à l'avenir commettre aucun Prêtre

pour cet effet, pour figner un Teftament qui auroit été reçu par un Curé ou fon Vicaire. *Voyez, Chopin*, dans fon Traité *de facrâ politiâ*. & les Définit. du Droit Can. *page* 885.

288   Un Teftament ne peut être reçu par un Curé ou Vicaire auquel il eft legué quelque chofe. Arrêt du 1. Août 1668. *Bergeron en fes Mémoires d'Arrêts*, Tournet, *lettre T. Arr. 3.*

289   Un Teftament écrit en chiffre par un Curé, eft nul. Arrêt du 19. Janvier 1585. *Tournet, Coûtume de Paris , article* 289.

290   Si les Curez font obligez d'obferver toutes les formalitez de l'Ordonnance pour les Teftamens ? Arrêt du Parlement de Paris du 18. Février 1575. par lequel la Cour enjoignit aux Prêtres d'obferver l'Ordonnance ainfi que les Notaires. *Définit. du Droit Can. page* 886.

291   Un Gentilhomme malade , voulant faire fon Teftament , pria le Vicaire déportuaire de permettre au Curé voifin de l'affifter , ce qui luy fut permis ; aprés que ce Curé luy eut adminiftré les Sacremens , il reçut fon Teftament. On foûtint qu'il étoit nul n'ayant pas été reçu par le Curé du lieu , & que les formes preferites par la Coûtume devoient être gardées ; ce qui fut ainfi jugé au Parlement de Normandie aprés partage , *Bafnage fur l'art*. 412. *de la Coûtume.*

292   Vicaire qui reçoit un Teftament doit avoir fon Vicariat infinué , & ne fuffit qu'il foit reputé Vicaire. Jugé à Paris le 2. Juillet 1590. contre un Teftament reçu par un Vicaire de Saint Severin qui l'étoit depuis dix ans. Le même Arrêt enjoignit aux Curez de commettre Vicaires generaux pour recevoir les Teftamens , & aux Vicaires de faire enregiftrer leurs Vicariats. *Papon, liv*. 4. *titre* 14. *nombre* 3. & *Chopin*, liv. 1. *de facr. polit. chap*. 1. *nomb*. 14.

293   Un Teftament avoit été reçu par un Vicaire , dont le Vicariat n'étoit point enregiftré au Greffe du Châtelet de Paris où le Teftateur deceda. Les legataires qui par Arrêt du 10. Mars 1609. obtinrent par provifion la délivrance de leurs legs , répondoient que les Curez & Vicaires avoient prefque tous negligé cette formalité. *Communis hic error faciebat jus*. Biblioth. de *Bouchel*, verbo , *Vicaires*.

294   Par Arrêt du Parlement de Roüen du 7. Février 1619. rapporté par *Berault*, *fur l'art*. 412. *de la Coûtume de Normandie*, titre des *Teftamens* , un Teftament fut déclaré nul , pour avoir été reçu par un Curé autre que celuy de la Paroiffe , où ledit Teftateur étoit decedé , encore qu'il prît la qualité de Notaire Apoftolique , n'ayant point de pouvoir hors l'étenduë de la Paroiffe, fuivant l'opinion de *M. Boyer, Décif*. 228. *noms*. 11. & *Chopin*, liv. 3. *de facrâ politiâ*. titre 1. *nombre* 13.

295   Teftament reçu par un Curé en prefence de deux témoins Religieux de l'Ordre de Saint Auguftin , eft nul. Arrêt du 22. May 1645. *Du Frêne, livre*. 4. *chapitre* 24.

296 & 297   Le Curé du Fauxbourg S. Jacques de Paris reçoit un Teftament d'une femme, *dicté & nommé* par elle , avec declaration de ne fçavoir figner ni écrire, & depuis *leu & releu* ; mais ces declarations étoient oppofées aprés la date du Teftament. Ce Teftament a été jugé nul conformément aux Conclufions de Monfieur Bignon. Par Arrêt du 12. Avril 1649. *Du Frêne, liv*. 5. *chapitre* 39. Le même Arrêt eft rapporté par *M. Soefve*, *tome* 1. *Cent*. 3. *chap*. 1.

298   Un Teftament paffé pardevant le Curé ou fon Vicaire & trois témoins donne hypotheque à le legataire. Arrêt du 24. Juillet 1651. & eft executoire par provifion. *M. Ricard , des Donations entre-vifs ,* 2. *part. ch*. 1. *fect*. 5. *nomb*. 42. & 43.

299   Un Curé ne peut valablement recevoir un Teftament hors de fa Paroiffe. *Voyez Henrys*, *tome* 2. *liv*. 5. *queft*. 16. où il dit qu'un Curé voifin peut recevoir le Teftament de fon Curé voifin à qui il tient

Tome III.

---

lieu de Vicaire. *Ricard, Ibid*. 1. *part. chap*. 4. *fect*. 7. tient le contraire.

300   Un Curé ne peut empêcher l'execution d'un Teftament qui porte que des Religieux feront le fervice en fa Paroiffe , ni demander de faire lefdits fervices à l'exclufion defdits Religieux. Arrêt du 23. Janvier 1672. *De la Guess*. tome 3. liv. 6. ch. 19. & liv. 8. du même tome ch. 12. où il rapporte un Arrêt du 4. Juillet 1674.

301   Teftament reçu par un Curé & témoins contenant des difpofitions univerfelles au profit de leur Eglife. *Voyez le Journal du Palais* , où il y a Arrêt du 29. Decembre 1687.

TESTAMENT, DATE.

302   Des dates dans les Teftamens. *Voyez* le mot *Dates*, *nomb* 16. & *fuiv*.

303   La date eft neceffaire és Teftamens ; toutefois és Teftamens de pere ou de mere entre leurs enfans les teftamens ont été jugés valables fans date. *Voyez Pelous*, queft 62.

304   Arrêt du P. d'Aix du 10. Nov. 1665. qui a declaré nul un Teftament folemnel , à caufe que la date avoit été omife en la partie exterieure quoy qu'elle fe trouvât en la partie interieure. *Boniface*, 10. 1. liv. 1. tit. 7. nomb. 2.

305   En matiere de fubftitution, le Teftament doit être confideré du jour du décés du Teftateur , & non du jour de la date. Arrêt du 11. Mars 1675. *De la Guess*. tome 3. liv. 9. ch. 4.

306   Si la priorité & pofteriorité de deux Teftamens faits par un pere entre fes enfans doit être reglée par la date de fes Teftamens ou par la date des fubfcriptions qu'il y a appofées dans la fuite ? Arrêt du Parlement de Touloufe du 9. May 1699. confirmatif du premier Teftament dernier foufcrit. *Voyez les Arrêts de M. de Catellan*, liv. 2. chap. 8.

TESTAMENT, DECLARATION.

307   Des confeffions & declarations contenuës dans un Teftament. *Voyez* le mot *Confeffion*, nomb. 68. & fuiv. & le mot *Declaration*, nomb. 16. & 17.

308   Des Declarations faites dans un Teftament pour la décharge de la confcience; elles ne prouvent rien felon l'avis du Préfident Duranti, queft. 16.

309   Declaration d'un Teftateur fans date & fans témoins. *Voyez Carondas*, liv. 11. *Rép*. 61.

310   Un Prêtre malade mande Antoine Doublet fon ami, luy dépofe une fomme pour la diftribuer ainfi qu'il luy preferivit , & fe fit jurer qu'il n'en reveleroit l'employ. Doublet affigné par l'heritier du défunt declare la fomme , mais non l'employ. L'heritier dit que n'y ayant point de difpofition par écrit , l'on ne doit point ajoûter foy à Doublet. Arrêt du Parlement de Paris du 19. Février 1624. qui ordonne que Doublet affirmeroit quelle fomme luy avoit été mife entre les mains pour être icelle délivrée à l'heritier. Il affirma avoir 1273. l. dont l'heritier eut délivrance. *Du Frêne , liv*. 1. ch. 19. & les additions de la *Biblioth. de Bouchel*, verbo , *teftament*.

311   La declaration du pere Anat & d'un Gentilhomme, touchant le Teftament du fieur de Tajanac , fur laquelle le Parlement de Touloufe avoit rendu Arrêt en faveur de la fille du Teftateur , contre fa bellemere, fut reçuë; & fur une Requête civile l'Arrêt fut confirmé le 27 Novembre 1647. mais c'étoit une fille du Teftateur ; lachofe au fond étoit jufte, la declaration tres forte *Albert , lett. T.* verbo , *Teftament , article* 15.

312   Une femme fe remarie fans rendre compte de fon adminiftration tutelaire aux enfans du premier lit, elle declare par fon Teftament qu'elle a trouvé dans l'heredité du premier mary certaine fomme au-delà du contenu en l'inventaire. Jugé au Parlement de Touloufe en Janvier 1657. aprés partage , qu'une telle declaration n'oblige point le fecond mary. *Voyez M, de Catellan, liv*. 4. chap. 25.

TESTAMENT, DETTES DECLARE'ES.

313 Un particulier fait son Testament par lequel il déclare qu'il doit à un tel la somme de 1000. livres ; quatre ans après il révoque ce Testament par un autre. Jugé que sa déclaration ne demeureroit pas révoquée, & les executeurs testamentaires condamnez à payer sans interêts ni dépens. Arrêt à Paris, le 8. Mars 1659. *Journal du Palais*, fine. *Voyez Mornac*, sur la loy 26. *ff. depositi*. §. *ult.* où il rapporte un pareil Arrêt du 18. Juin 1613. *Voyez Ricard, des Donations entre-vifs*, 1. *part. ch.* 3 *sect.* 16.

TESTAMENT, DETTES REMISES.

314 Un particulier remettoit par son Testament à une Demoiselle 150. livres de rente qu'elle luy devoit, alleguant que sa conscience l'obligeoit à luy faire cette remise, & prioit son heritier qu'encore que son Testament ne pût valoir suivant la Coûtume ; il consentit à cette décharge pour le repos de son ame, & pour les causes qu'il en avoit plus amplement déduites dans un papier qu'il laissoit dans son coffre. Cet homme mourut un an après ; cette Demoiselle poursuivit les heritiers pour lui remettre cette rente, & representer l'écrit qu'ils avoient pardevers eux, qui justifiroit les causes pour lesquelles il avoit remis cette rente ; qui étoient qu'il avoit eu cette rente pour 700. livres, s'étant prévalu de sa necessité & du besoin qu'elle avoit d'argent pour la poursuite d'un procez dont il étoit solliciteur. Il fut dit par les heritiers que ce legs excedoit le tiers des acquêts du défunt ; mais il fut reparti par cette Demoiselle qu'elle ne demandoit pas cette rente par donation, mais par restitution, ayant été acquise injustement d'elle. Par Arrêt du Parlement de Roüen du mois de May 1620. on n'eut point d'égard à la déclaration du Testateur ; & on jugea que c'étoit une donation, qui fut réduite au tiers des acquêts. *Basnage*, *sur la Coûtume de Normandie*, *art.* 427.

TESTAMENT DICTE' ET NOMMÉ.

315 & 316 Si le Testament qui a été dicté par l'institué heritier, & à son interrogation, est valable ? *V. Bouvot*, *tome* 1. *part.* 2. *verbo Testament*, *quest.* 4.

317 Un Testament dicté par l'heritier institué ou substitué n'est valable. Arrêt du Parlement de Dijon du 27. Novembre 1595. *Ibid.* *quest.* 32.

318 Un Testament qui n'a point été dicté par la bouche du Testateur est nul. *Ibidem*, *quest.* 2.

319 Par Arrêt du 23. Juillet 1575. le Testament de Claude Despenses fut déclaré nul, pour n'avoir pas été dicté. Et par Arrêt du mois de Decembre 1580. sur la Coûtume de Paris, entre les heritiers de Demoiselle le Tonnellier femme de Garnier Secretaire du Roy, laquelle par son Testament avoit legué cent livres de rente aux pauvres, ce legs fut déclaré nul, à cause que le Testament ne portoit qu'il ait été relû. On allegua le privilege *pia causa*, & que le Testament avoit été fait en un Village où la Testatrice s'étoit retirée pour le danger de la peste, & que par la Coûtume l'observation du Droit Canon reçû par l'ancienne, n'avoit été expressément abrogée. *Bibliot. de Bouchel*, *verbo Testament*.

320 Lorsque la Coûtume requiert que le testament soit dicté, nommé, encore que les Notaires & témoins par écrit aient par le Testament dit qu'il a été dicté nommé, si neanmoins il paroît par les témoins oüis en l'enquête que le Testament ait été apporté tout fait, quoiqu'il ait été lû & approuvé, il doit être cassé. Jugé le 23. Juillet 1595. *Papon*, *livre* 20. *tit.* 1. *n.* 10.

321 Testament *dicté & nommé*. Du premier Decembre 1604. un Testament reçû par un Commis du Tabellion de Loris, est debatu, parce qu'on disoit que la Coûtume d'Orleans requiert que les témoins testamentaires soient majeurs de 25. ans ; ce Commis n'avoit que 23. ou 24. ans. De plus la Coûtume veut qu'un Testament, pour être reputé solemnel, soit dic-

té & nommé par le Testateur ; or il étoit écrit en ce testament qu'il avoit été dicté seulement, sans dire nommé. On répondoit au contraire, que le Tabellion étoit reputé vulgairement personne capable, & que *error communis facit jus L. Barbatius Philippus*. Que ce seroit chose dure de casser tous les Contrats & Testaments qui auroient été passez par Tabellion. Quant au mot *dicté*, *idem erat*, que nommé. Quant au texte du Testament qui falloit instituer un heritier, ou exhereder, *nominatim*. *V. la Bibliot. de Bouchel*, *verbo Testament*.

322 Le seul mot de *dicté*, quoique la Coûtume desire *dicté & nommé*, suffit. Arrêt du 30. Decembre 1604. *M. Ricard des Donations entre-vifs*, 1. *part. chap.* 4. *section* 5.

323 Si la Coûtume de *Rheims art.* 289. ayant desiré que le Testament soit *dicté & nommé sans suggestion*, & qu'en fin d'iceluy il soit fait mention qu'il a été ainsi dicté & nommé. il est necessaire que le mot de suggestion y soit employé ? Par Arrêt du premier Decembre 1653 la cause fut appointée au Conseil ; les conclusions de Messieurs les Gens du Roy alloient à infirmer le Testament. *Soëfve*, *to.* 1. *Cent.* 4. *ch.* 49. il rapporte un Arrêt de l'année 1625. qui confirme semblable Testament dans la Coûtume d'Amiens.

324 Si après les mots *dicté & nommé* desirez par la Coûtume pour la perfection d'un Testament, même depuis la date d'iceluy, le Testateur ayant fait de nouvelles dispositions, sans aucune repetition desdits mots le Testament peut être argué de nullité ? Si cette pretenduë nullité peut être opposée dans le cas d'un Testament fait par un pere entre ses enfans ; & si les dispositions contenuës au Testament ayant été laissées par le Testateur à la volonté de sa femme, avec pouvoir de les augmenter ou diminuer ; on peut dire qu'il y ait nullité ? Arrêt du 19. May 1649. qui ordonne l'execution du Testament. *Soëfve*, *to.* 1. *Cent.* 3. *chapitre* 15.

TESTAMENT, DEVOLUTION.

325 *Consensus conjugi datus de bonis devolutioni subjectis testandi*, *revocari non potest*. Voyez *Stockmans*, *décis.* 19.

TESTAMENT, DIRECTEUR SPIRITUEL.

326 Une disposition de tous biens faite au profit d'un Directeur spirituel, pour en disposer suivant les intentions de la Testatrice qu'elle dit avoir déclarées à ce Directeur : trois jours après le décez de la Testatrice, & avant l'ouverture du Testament, le Directeur declare pardevant le Juge de la temporalité de Soissons la maniere de laquelle il souhaitoit disposer des biens suivant l'intention de la défunte. L'oncle de la défunte luy fait procez. Sentence qui confirme le Testament, &c. Appel ; après la déclaration réiterée par le Directeur qu'il n'entendoit point profiter des legs universels & particuliers à luy faits, mais de tout employer en œuvres pies, & de rapporter un memoire de l'emploi és mains du Substitut du Procureur General sur les lieux, & d'augmenter les quatre legs faits aux parens jusques à la somme de 2500. livres, l'appellation au neant sans tirer à consequence. Jugé à Paris le 5. Decembre 1673. *Journal du Palais*.

TESTAMENT, DONATION.

327 Donation mutuelle entre deux filles amies, jugée valable le 17. Novembre 1554. *Carondas*, *livre* 7. *Réponse* 70.

328 Donation entre-vifs par Testament en la Coûtume de Paris, tel don est restraint aux meubles, conquêts immeubles, & quint des propres. Arrêt du 24. Mars 1567. *Le Vest*, *Arrêt* 91. Voyez *Ricard*, *des Donations entre-vifs*, 1. *part. ch.* 4. *sect.* 2. *distinct.* 3.

329 Un fils de famille fait son Testament, par lequel il fait quelques legs à son pere, & à ses freres, & institue un Hôpital son heritier ; le pere decede devant le fils ; le fils decede ensuite ; le Testament est

debatu. Jugé à Toulouse pour l'Hôpital, le 5. Décembre 1581. *Carondas*, *li. 7. Rép.* 156.

330   Un Testament fait en pays Coûtumier par une personne qui étoit originaire & domiciliée à Lyon où tous ses biens étoient situez, declaré nul, pour n'avoir fait mention de l'ayeul. Jugé le 1. Septembre 1661. *De la Guess. to. 2. li. 4. chap.* 40. Voyez *M. de Montholon*, *Arrêt* 126. où il y a Arrêt à la Nôtre-Dame de Septembre 1615. qui paroît contraire.

331   Un pere domicilié en Pays de Droit écrit, testant en pays Coûtumier, n'est pas obligé de garder les solemnitez du Droit écrit pour l'institution d'heritier. Arrêt du 26. Juillet 1661. *Des Maisons, lettre T. n.* 15. *De la Guessiere, to.* 2. *livre* 4. *chap.* 36. Les notables Arrêts des Audiences rapportent le même Arrêt, *chap.* 65.

332   Quand le Testateur a des biens en pays de Droit écrit & Coûtumier, & que la fille n'est préterite, si outre sa legitime des biens de Droit écrit elle peut demander sa portion égale des biens du pays Coûtumier? *Voyez Peleus, quest.* 134.

333   Si le Testament de Monsieur le Cardinal de Richelieu fait en pays de Droit écrit est nul, pour être destitué de quelques formalitez, & si Madame la Princesse de Condé sa niéce peut être son heritiere, nonobstant sa renonciation? La cause fut appointée. *Voyez le* 19. *Plaidoyé au recueil de ceux de Monsieur Galand.*

TESTAMENT, ECRIT.

334   Si l'écriture est necessairement requise en Testament? *V. Coquille, to.* 2. *qu.* 233.

335   Testament lû par le Notaire, qui n'étoit écrit ni de sa main, ni de la main du défunt en la presence de témoins, le testateur n'ayant fait autre réponse qu'oüi au Notaire, luy demandant si c'étoit son Testament, est valable. *Carondas* tient la négative, *livre* 11. *Rép.* 46.

336   Un Testateur fait écrire son Testament & le signe, le paraphe en chaque feüillet, va pardevant deux Notaires au Châtelet, &c. *Voyez ibidem, livre* 11. *Réponse* 36.

337   Par Arrêt prononcé en Robes rouges sur un appointé au Conseil du 11. Mars 1581. sur un legs fait aux pauvres en 1559. par un nommé Jacques Prestjan, par un Testament signé de sa main, mais écrit de la main de son serviteur, declaré défectueux & non legitime. *Idem judicatum*, en Janvier 1586. *Bibliot. de Bouchel*, verbo *Testament.*

338   Testament écrit par le Clerc du Testateur reconnu devant deux Notaires par eux relû en presence du Testateur, jugé valable le premier Février 1597. *Peleus, quest.* 27. *en la Coûtume de Paris.*

339   Testament écrit d'une main étrangere, quoique signé du Testateur, & par luy reconnu declaré nul, excepté pour les legs pieux; il est à remarquer que les heritiers en consentoient la délivrance. Arrêt du 7. Février 1622. *Bardet, to.* 1. *liv.* 1. *ch.* 88.

340   Les écritures privées ne sont point considerées comme Testament qu'après la publication & les enquêtes; jusques là il est de la justice de maintenir par provision les heritiers *ab intestat*. Jugé en la Chambre de l'Edit de Castres le 6. Avril 1631. *Voyez Boné Arrêt* 94. *& Mainard*, sur la publication des testamens, *li.* 5. *ch.* 4. *& 5.*

341   Testament écrit de la main du Clerc du Notaire en la Coûtume d'Orleans; le Notaire present qui a relû & corrigé de sa main en divers endroits, est valable. Arrêt du 11. Août 1631. *Du Frêne, livre* 2. *chapitre* 89.

342   Une personne qui ne sçait lire ni écrire, peut tester solemnellement en faisant écrire & signer son testament par un Notaire, ou autre personne confidente, sans autre attestation de sa volonté cachée & secrete. Arrêt du 8. Juillet 1655. *Henrys, to.* 1. *li.* 5. *ch.* 1. *q.* 1.

343   Testament écrit d'une main étrangere signé du testateur & des Notaires, jugé nul, quoique confirmé par un codicile holographe. Arrêt du 22. Février 1638. *Du Frêne, liv.* 3. *chap.* 47. il vaut en pays de Droit écrit. *Voyez Brodeau sur M. Loüet, lettre R. somm.* 52. *nomb.* 15. où il rapporte plusieurs Arrêts sur les Testamens touchant l'équipolence.

344   Testament écrit d'une main étrangere, puis signé du Testateur, & par luy reconnu en presence de deux Notaires, declaré nul en la Coûtume de Senlis qui veut qu'il *soit écrit & signé de la main du Testateur, ou signé de sa main, & à luy lû, & par luy entendu en la presence de trois témoins, ou qu'il soit pardevant deux Notaires.* Arrêt du 31. Janvier 1645. *Soëfue, tome* 1. *Cent.* 1. *ch.* 75.

345   Celuy qui ne sçait pas lire l'écriture de main, ne peut faire un Testament clos. Arrêt du Parlement de Toulouse en 1646. Autres du 11. May 1648. 7. Decembre 1649. 2. Août 1663. & en Juillet 1697. Arrêt contraire au mois d'Août 1658. mais il s'agissoit du testament d'une Villageoise écrit par un Notaire, en presence de deux témoins, signé par le Notaire & les témoins, & dans la subscription étoit signé par huit témoins, parmi lesquels étoient les deux qui avoient signé le Testament. Dans ce cas *fides in solo tabulario non fluctuabat*, la verité du Testament étoit suffisamment établie par le témoignage de ces trois personnes. *V. les Arrêts de M. de Catellan, li.* 2. *ch.* 12.

346   Arrêts du Parlement d'Aix dés 15. Juin 1655. & 28. May 1664. qui ont jugé qu'aux Testamens solemnels, le Testateur n'est pas obligé d'écrire de sa main le nom de l'heritier. *Boniface, to.* 2. *liv.* 1. *titre* 1. *chapitre* 4.

347   Le Testament d'un pere par lequel un des enfans est institué heritier sans Notaire & témoins, s'il est écrit de la main du Testateur, & signé de luy, est bon à l'égard des enfans; c'est l'usage certain du Parlement de Toulouse. Le testament fait en faveur de la cause pie a le même privilege, *etiam* contre les heritiers *ab intestat*, non toutefois contre les enfans. Arrêts des 26. Avril 1659. & 26. Janvier 1672. en faveur des Jésuites de Beziers; entre des cousins germains, rapportez par *M. de Catellan, li.* 2. *ch.* 37.

TESTAMENT, EDUCATION.

348   Si la clause portée par un Testament pour l'éducation des enfans est valable? *Voyez le mot Education, nomb.* 27. *& suiv.*

TESTAMENT, EMANCIPATION.

349   De l'emancipation necessaire pour faire Testament. *Voyez le mot Emancipation, nomb.* 37.

TESTAMENT ENTRE ENFANS.

350   *De Testamento paterno inter liberos.* Voyez *Andr. Gaill, lib.* 2. *observat.* 112.

351   M. Jean Bosquet Chevalier du Roy de Navarre, fait son Testament sans observer la solemnité de Droit sur le nombre des témoins. Il legue à son bâtard 200. écus, & institue heritier universel son neveu. Celuy-ci pour se défendre de la délivrance du legs, dit qu'il n'y a de ces testamens *inter liberos*, qu'on se relâche de la rigueur des loix, le legataire n'est point legitime, par consequent *non liber*. Il répond que son legs est *in piam causam, & pro alimentis*. Arrêt du Parlement de Bourdeaux du 7. Septembre 1532. qui condamne à payer le legs. *Bibliotheque de Bouchel*, verbo *Testament.*

352   Testament fait par un pere de ses biens entre ses enfans naturels, legitimez à sa poursuite, combien que les uns soient plus avantagez que les autres. Arrêt du 23. Juillet 1560. *Le Vest, Arr.* 68. qui le juge bon.

353   Le Testament *inter liberos* est si favorable que les solemnitez n'y sont si étroitement requises qu'aux autres, & du moins *valet jure codicillorum.* Arrêt du 26. Juin 1565. qui juge que le défaut de la clause de la Coûtume, qui veut que le Testament porte qu'il n'y a de *suggestion*, ne peut vitier le Testament

inter liberos. Papon , *livre* 29. *titre premier , nombre premier.*

354 Si un teſtament entre enfans redigé par un Notaire, & que pendant qu'il eſt relû le teſtateur tienne des propos de réverie, qu'il ne l'ait pû ſigner, & que les témoins & Notaire ne l'ayent voulu ſigner, pour ſçavoir s'il peut ſubſiſter ? *Bouvot, tome* 2. *partie* 1. *verbo, Teſtament, queſtion* 2. tient que le teſtament eſt imparfait & nul.

355 Un Teſtament ſigné & non écrit de la main du pere entre ſes enfans , n'eſt valable. Arrêt du Parlement de Dijon du 23. Janvier 1583. *Bouvot, tome* 2. *verbo, Teſtament , queſt.* 40.

356 Un Teſtament eſt nul, tant pour l'inſtitution d'heritier, ſubſtitution, que legats, lors qu'un pere le fait entre ſes enfans, avec clauſe qu'il entend que ſon Teſtament vaille par donation à cauſe de mort, Codicile ou autrement, en la meilleure forme qu'il ſe pourra, fait ſes heritiers ſes fils & filles par égale portion, ſubſtitué aux filles l'un de ſes fils, fait quelques legats à ſa femme & à un Etranger, & ne ſurvit les 10. jours. Arrêt du Parlement de Dijon du 3. Juillet 1606. *Ibid. queſt.* 55.

357 Le Teſtament fait entre les enfans à faute de ſolemnités, eſt nul, le Teſtateur étant décedé avant les 10. jours, requis par la Coûtume. Arrêt du Parlement de Dijon ſans date, rapporté par *Bouvot, ibidem, queſt.* 72.

358 Teſtament imparfait fait entre enfans, ne ſe peut révoquer par un Teſtament parfait, ſubſequent entre étrangers, s'il n'eſt expreſſément & ſpecialement dérogé au premier. Si ce n'eſt que le dernier Teſtament fût entre enfans. *Boër, déciſ.* 240. *n.* 6. 10. 11. Vid. Mantic. *liv.* 6. *tit.* 2. *n.* 19. id. Clar. §. *teſtament. queſt.* 98. id. Maynard , *li.* 5. *chap.* 19. *ſi inſtitutus ſit extraneus , ſed cont. ſi liberi ſint inſtituti, chap.* 20. ibid. & id. *in cauſâ piâ.* ibid. *ch.* 21. id. Olive , *li.* 5. *ch.* 1. id. Graſſus, §. *teſtament. queſt.* 86. *n.* 5. & *ſeq.* vid. Novell. 107. *cap.* 2. *li.* 34. §. 1. 2. *ff. de teſtament. milit.*

Par Arrêt du P. de Bourdeaux de 1647. jugé qu'un Teſtament fait en faveur de la cauſe pie, ne pouvoit être révoqué par un Teſtament ſubſequent, s'il n'étoit expreſſément dérogé au premier Teſtament. *La Peirere, lettre T. nombre* 48.

359 Une femme par ſon teſtament ſolemnel avec ſept témoins , inſtitue ſes deux filles heritieres ; le lendemain frappée de peſte, elle appelle quatre témoins devant leſquels elle fait un autre Teſtament , par lequel elle avantage ſa fille aînée : Par Arrêt du 15. May 1632. il a été jugé que le ſecond Teſtament devoit prévaloir au premier, quoique moins ſolemnel. *Cambolas , liv.* 6. *ch.* 29.

360 En la Coûtume d'*Amiens* un Curé reçoit un teſtament , & déclare ſeulement qu'*il avoit été dicté, nommé & relû, comme il eſt* , ſans ſuggeſtion d'aucune perſonne, ſans faire mention que ç'avoit été en la preſence des témoins. Jugé valable le 16. Janvier 1646. *Du Frêne , liv.* 4. *chap.* 30. Il faut obſerver que le Teſtament étoit d'un pere, conteſté entre ſes enfans.

361 L'inciſion du filet fait par le Teſtateur, n'induit pas la révocation du Teſtament. Arrêt du 24. Juillet 1663. *Baſſet, tome* 1. *liv.* 5. *tit.* 1. *ch.* 6.

361 bis. Du Teſtament entre les enfans , & quand le défaut de ſolemnité y eſt excuſé ? *V.* Peleus , *qu.* 62. & ſi le teſtament ſe peut prouver par un autre inſtrument ? *Voyez* Peleus, *queſt.* 63. qui dit avoir été jugé pour la négative, le 10. Septembre 1598.

362 Si le Teſtateur fait écrire ſa volonté en preſence de témoins, & envoye chercher un Notaire & autres témoins pour la recevoir, & cependant decede t elle diſpoſition ne vaudra entre enfans.

Arrêt du Parlement de Bourdeaux du 18. Juillet 1651. au rapport de M. de Sabourin, en la ſeconde des Enquêtes, entre les enfans de feu Jean Gaury. Ledit Jean Gaury étant à l'extrêmité de maladie , envoya chercher un Notaire & des témoins , déclara ſa volonté ; & tandis que le Notaire l'écrivoit , il rendit l'eſprit, ſans que luy , ni le Notaire , ni les témoins puſſent ſigner. Les enfans nommez heritiers par le défunt , offroient verifier cette diſpoſition par témoins. Les filles ſoûtenoient au contraire que cette preuve n'étoit pas recevable au préjudice de l'Ordonnance de Moulins , *art.* 54. Jugé que ledit feu Jean Gaury étoit mort *inteſtat,* & que ſon heredité partagée également entre tous ſes enfans. *La Peirere, lettre T. n.* 114.

Teſtament imparfait entre enfans a lieu , bien que les enfans ne ſoient pas du premier degré, ni ſucceſſeurs *ab inteſtat.* Clarus, §. *teſtament. queſt.* 12. *nomb.* 15. id. Graſſ. §. *teſtament. queſt.* 15. *n.* 4. & 5.

Arrêt du Parlement de Bourdeaux du 9. Août 1661. en la Chambre de l'Edit , préſident M. de Monteſquiou, plaidans Madronnet & Grozier , entre Pallier & Boucherie : jugé qu'un legat fait par un ayeul maternel à ſa petite-fille dans un teſtament holographe, ſans autre ſolemnité, la mere de la petite-fille étant vivante, étoit bon & valable. *La Peirere, lettre T. nombre* 125.

TESTAMENT , ETRANGER.

363 Teſtament fait par les Etrangers. *Voyez* le mot , *Aubains , nomb.* 61. & *ſuiv.* & le mot , *Etranger, nombre* 132. & *ſuiv.*

364 Si un François demeurant en Savoye, & y ayant pris femme , la peut inſtituer heritiere és biens qu'il a en France ? *Voyez* Bouvot , *tome* 1. *part.* 2. *verbo , Teſtament , qu.* 3.

365 Arrêt du Parlement de Touloſe du 16. Août 1577. qui permet aux habitans de Languedoc de teſter , encore qu'ils ne ſoient du Royaume. *La Rocheflavin , liv.* 4. *let.* T. *tit.* 5. *Arr.* 5.

366 Teſtament fait en terre Papale, ſelon le Droit Canon, eſt valable. Arrêt du 7. Septembre 1592. *Peleus, queſtion* 28.

367 Un François ligueur retiré en Savoye pendant les troubles de la Ligue, fait ſon Teſtament au profit d'une Savoyarde. Elle fait demande du bien que le Teſtateur avoit en France. Par Arrêt du 10. Juin 1599. le Teſtament déclaré nul , comme ayant été fait *ab hoſte vel transfuga.* Bibliotheque de Bouchel , *verbo,* Teſtament.

368 Arrêt du Parlement de Touloſe après partage, qui déclara bon le Teſtament d'un François fait à Barcellonne pardevant le Notaire & deux témoins , ſuivant la Coûtume du lieu où le défunt étoit decedé. On ne s'arrêta point à une nullité prétenduë , ſçavoir que le Teſtateur n'avoit point inſtitué ſon fils heritier, mais deux de ſes neveux, à la charge de rendre au fils, s'il revenoit de la guerre , où il mourut. *V.* Maynard , *liv.* 8. *chap.* 51.

369 Sur la validité d'un Teſtament fait à Bâle par un de la Religion Prétenduë Réformée, par lequel il avoit laiſſé ſes biens aux pauvres François qui s'y étoient réfugiez durant les troubles, & qui depuis étoient retournez en France. Arrêt du mois de Janvier 1606. *Le Bret , liv.* 3. *Déciſ.* 6.

370 Teſtament fait à Rome par un Gentilhomme François, de la ſuite de l'Ambaſſadeur de France ; ſuivant les Statuts obſervés és terres du Pape , eſt valable. *V.* le 10. Plaidoyé, au Recüeil de ceux de *M.* Galand.

371 Par Arrêt du 29. Janvier 1626. la Cour appointa pour ſçavoir ſi un Teſtament d'un François fait à Rome ſuivant les Statuts de Rome, eſt valable, pour les biens ſituez en France. *V.* Bardet , *tome* 1. *liv.* 2. *ch.* 66. où il eſt marqué que depuis le Teſtament a été confirmé, contre les Concluſions de M. l'Avocat General.

372 Par Arrêt du 21. Juillet 1626. la Cour appointa pour ſçavoir ſi un Teſtament fait à Rome par un François, eſt valable pour les biens ſituez en France. M. l'A-

vocat Géneral Bignon avoit conclu pour la nullité & caffation du Teftament. La même queftion ayant été appointée le 29 Janvier 1626. a été décidée en faveur des Legataires, *Bardet, tome 1. liv. 2. ch. 89.*

373   Teftament d'un Anglois fait en France, a été confirmé par Arrêt du Parlement de Roüen du 19. Janvier 1638. *Voyez* le mot, *Anglois.*

374   Il n'eft pas révoqué en doute parmi nous qu'un François ne puiffe valablement tefter en Pays étranger, & que fon Teftament ne doive être executé fur les biens qu'il a laiffez dans le Royaume ; il y a fur ce fujet un Arrêt du Parlement de Paris du 4. Decembre 1627. par lequel un Teftament fait à Rome par François Curault, fieur d'Auge, fut autorifé. *Ricard, des Donations, part. 1. ch. 3. fect. 4. n. 229.*

375   Teftament d'un François au Pays de Canada en prefence de huit témoins, & le Greffier du lieu, conçu à la premiere perfonne, non holographe, & celuy qui l'a écrit n'y étant pas même nommé, eft déclaré nul. Arrêt du 15. Mars 1639. *Bardet, tome 2. livre 8. chapitre 13.*

376   Si un François originaire qui s'eft retiré du Royaume en un pays qui n'eft point de la domination du Roy, demeure déchû de pouvoir faire Teftament, & recevoir des biens en France, en vertu du Teftament, d'autres perfonnes, & fi leurs enfans nez & domiciliez dans les mêmes païs font étrangers en France, & incapables d'y recueillir aucuns biens, foit *ab inteftat*, ou par Teftament. *Voyez* l'Arrêt du 3. Août 1651. entre le Duc de Mantoüe & la Princeffe Palatine. *Soëfve, to. 1. Cent. 3. ch. 85.*

377   Teftament d'un François habitué à Bruxelles depuis plufieurs années, fans être marié, ayant difpofé des biens qu'il avoit à Bruxelles & en France ; la Cour fans avoir égard au Teftament, ordonna que fa fucceffion feroit partagée *ab inteftat*. Arrêt du 18. Février 1660. *Des Maifons, let. T. nomb. 13.*

378   Un François en pays étranger, ne peut tefter ni difpofer des biens qu'il a en France, & que décédant dans un pays ennemy, il eft étranger. Arrêt du 19. Février 1660. *De la Gueff. tom. 2. liv. 3. ch. 6.*

379   Teftament d'un François en Portugal qui fe regit par le Droit écrit, l'appofition des cachets à l'égard des témoins, n'y eft point neceffaire. Arrêt du 7. Septembre 1662. *De la Gueff. to. 2. liv. 4. ch. 67.*

380   Un Teftament fait en Italie figné par des Religieux, jugé valable. Arrêt du 31. Juillet 1661. *Des Maifons, lettre T. nomb. 16.*

EXECUTEUR TESTAMENTAIRE.

381   Des executions teftamentaires. *Voyez* le mot *Execution, n. 80. & fuiv.*

Executeurs de Teftamens, appellez *fupremorum mandatorum procuratores*, par Chopin en fon traité de *Sacr. polit. lib. 3. tit. 5. n. 25.* ou bien *Curatores teftamentarii. Ibid. li. 2. tit. 5, n. 18.*

382   Des executeurs Teftamentaires ; on ne peut former complainte contr'eux ; ce droit ils ne font faifis que des meubles ; à l'égard des immeubles ils doivent s'adreffer à l'heritier pour être mis en poffeffion de ceux neceffaires à l'execution du Teftament. *Corbin, fuite de Patronage ch. 160.*

TESTAMENT, EXHIBÉ.

383   Le Teftament doit être exhibé par celuy qui l'allegue, bien qu'il en foit fait mention en une Sentence donnée entr'autres parties. Arrêt du 10. Decembre 1598. *Peleus, q. 63.* Charondas, *liv. 10. Rép. 62.* avoit rapporté l'Arrêt avant Peleus.

384   Par Arrêt du Parlement de Roüen du 6. Avril 1643. rapporté par *Berault fur la Coûtume de Normandie, art. 430. du titre des Teftamens*, jugé que l'exhibition du Teftament fe devoit faire aux executeurs pardevant le Juge ordinaire, & ne fuffifoit de l'avoir exhibé devant le Juge Ecclefiaftique.

TESTAMENT ARGUÉ DE FAUX.

385   *Teftamentum de falfo impugnatur cum duo aut tres tef-*

tes inftrumentarii dicto teftamento contradicunt. Voyez *Franc. Marc. to. 2. qu. 298.*

Teftament authentique accufé de faux, doit avoir   386 effet par provifion, en baillant caution par le legataire univerfel. *Voyez le Veft, Arrêt* 236.

Teftament argué de faux par le fieur Darquien,   387 contre le fieur de Marigny, qui prétendoient tous deux la fucceffion du fieur des Pouaffes leur oncle. *Voyez des Maifons, let. T. nomb. 16.* pour un Teftament fait en païs étranger.

On ne peut arguer de faux un Teftament ou autre   388 Acte pour une extenfion faite par le Notaire, qui ne fe trouve dans la minute. Arrêt au Grand Confeil du 3. Janvier 1550. *Peleus, queft. 23.* Carondas, *livre 11. Rép. 77.* avoit rapporté cet Arrêt.

Sur le foupçon violent de fauffeté on ne peut dé- 389 clarer un Teftament faux, ni proceder à quelque condamnation, hypothefe notable fur ce fujet. Arrêt du 10. Juillet 1618. *Henrys, tome 2. liv. 5. queft. 27.*

Un interligne fe rencontrant dans un Teftament,   390 fans être approuvé ni conftaté, foit par le Teftateur, foit par le Notaire, doit être confideré comme chofe non écrite, fans entrer dans la queftion du faux. Arrêt du 15. Février 1656. *Soefve, to. 2. Cent. 1. ch. 11.* le Teftament ne fut pas déclaré nul, mais étant écrit en interligne, que la fomme leguée *étoit pour employer aux reparations & bâtimens du Monaftere*, on confidera cette deftination comme non faite, enforte que la faifie des creanciers des Religieux legataires, fut declarée valable, ce qui n'auroit pas été prononcé, fi la deftination avoit été jugée ferieufe.

De deux Teftamens, le premier a été executé,   391 le fecond comme faux a été rejetté. Arrêt du 27. Août 1661. *Des Maifons, let. T. n. 4.*

Si l'heritier inftitué ou legataire qui impugne le   392 Teftament de faux, & fuccombe, peut s'en prévaloir ? *Voyez Henrys, to. 2. liv. 5. q. 9. 38.* où il rapporte le fentiment de *M. Ricard en fa troifiéme partie des Donations entre-vifs & teftamentaires chapitre 3.* où il dit que l'indignité qui procede de l'infcription de faux, n'eft pas autrement en ufage parmi nous.

TESTAMENT, FEMME, MARY.

Teftament, mary qui prohibe à fa femme de tef- 393 ter. *Voyez Charondas, liv. 10. Rép. 83.*

La difpofition faite par le mary ou la femme en pays hors du Royaume, & où par la Coûtume l'un d'iceux décédant fans enfans, l'autre luy fuccede en l'ufufruit de tous fes biens ; *Charondas* tient que cette difpofition ne lie point les mains pour n'en pouvoir difpofer, *liv. 1. Rép. 52.*

Contrat fait entre mary & femme par Teftament,   394 peut être valable, quoique le Teftament foit caffé. Arrêt du Parlement de Dijon rapporté par *Bouvot, to. 1. verbo Contrats en teftament.*

Si en Bourgogne la femme féparée de biens peut   395 tefter, encore que la féparation fût valable ? *Voyez Bouvot, to. 1. part. 1. verbo Femme féparée, qu. 1.*

Le mary & la femme teftans conjointement, fi le   396 Teftament eft reputé pour deux Teftamens ou pour un feul, & fi le Teftament du mary étant nul, celuy de la femme peut fubfifter ? *Voyez Bouvot, to. 1. part. 2. verbo Teftament, qu. 11.*

Teftament ne vaut, auquel les enfans font feule- 397 ment inftituez en la propriété & l'ufufruit laiffé au mary. Arrêt au Parlement de Dijon des 8. Janvier 1565. & 9. Mars 1575. *Bouvot, to. 2. verbo Teftament, queft. 15.*

Un Mary étant inftitué heritier en tous biens par fa   398 femme, en baillant à chacun de fes enfans, une fomme, telle difpofition eft par valable ; fur tout la femme n'ayant furvécu vingt jours. Arrêt du Parlement de Dijon du 16. Octobre 1595. *Bouvot, tome 2. verbo Teftament, qu. 29.*

Si le mary & la femme font enfemble un Tefta- 399 ment, fçavoir fi le furvivant peut le révoquer ? *V.*

Bouvot , to 2. verbo Testament , quest. 41.

400 Les conjoints s'étant reservé de se pouvoir faire toutes donations & contrats, la femme peut tester, au profit de son mary, au préjudice de ses enfans. Arrêt du Parlement de Dijon du 27. Novembre 1603. *Bouvot , tome 2. verbo Testament , qu. 45.*

401 Le Testament fait par la femme au profit de son mary, & au préjudice de ses enfans, n'est valable. Arrêt du Parlement de Dijon du 28. Avril 1606. *Bouvot , ibid. qu. 53.*

402 La femme par son Testament avoit donné à son mary tout ce qu'elle pouvoit luy donner par la Coûtume ; le surplus elle le donnoit à sa belle-fille : la Cour ayant découvert le dol , déclara ce qui étoit donné à la belle fille, n'être dû. Arrêt du Parlement de Paris de l'année 1551. autre Arrêt semblable du mois de Janvier 1551. Arrêt contraire de l'an 1547. *Voyez Papon , liv. 11. tit. 1. n. 4.*

403 Testament de mariage se reserve la faculté de disposer en œuvres pies ou autrement, de partie de sa dot , si elle meurt sans en disposer, elle est acquise au mary , non aux heritiers *ab intestat ,* en vertu de la Coûtume de Toulouse. Arrêt du mois de Novembre 1588. *Bibliot. de Bouchel ,verbo Mariage.*

404 Une femme par contrat de mariage se reserve de disposer d'une certaine somme par Testament ; elle décéde sans aucune disposition. Jugé au Parlement de Toulouse le 14. Janvier 1591. que la femme demeure comprise dans la dot , que le mary gagne par le prédecés de sa femme , à l'exclusion des heritiers *ab intestat ,* parce que la réservation faite d'un cas exclut l'autre cas. *Biblioth. de Bouchel, verbo , Douaire.*

405 Testament suspect par lequel le Testateur instituoit sa femme , & luy substituoit le premier enfant qu'elle auroit en secondes nôces. *Voyez dans Bardet , tome 1. liv. 1. ch. 11.* l'Arrêt du 1. Février 1618. il est vray que le Testament ne rappelloit point une clause dérogatoire.

406 Les Coûtumes ne prohibant point aux conjoints de tester à leur profit , doivent demeurer dans la disposition du Droit commun, qui laisse la liberté de tester à toute personne capable. *V. dans Bardet , to. 2. liv. 1. chap. 31.* un Arrêt du 15. Juin 1652. qui confirme un testament fait dans la Coûtume d'Anjou par une femme au profit de son mary.

407 D'un testament fait par un mary au profit de sa femme enceinte lors de son décez , & accouchée depuis iceluy , & si la naissance de cet enfant annulle le testament. Arrêt du 29. Juillet 1656. qui appointa les Parties au Conseil. Cette question tomboit dans l'application de l'article 209. de la Coûtume de Poitou , qui porte que *le mary peut donner à sa femme , & la femme à son mary, tant par donation mutuelle que simple, par testament ou autrement, tous ses meubles,acquêts, & conquêts immeubles, & la tierce partie de ses propres, soit qu'il y ait enfans , ou non.* Voyez Soëfve , tome 2. Cent. 1. chap. 41.

408 Testament d'une femme âgée de 21. an portant institution universelle que l'on soûtenoit être un fideicommis au profit du mary , jugé bon & valable, le 8. Juillet 1659. *De la Guessiere, tome 3.liv. 3. chap. 15.* c'étoit l'Arrêt de la Dame de Guitaut.

409 Arrêt du Parlement de Grenoble du 27. Juillet 1683. qui casse le testament d'une femme qui avoit institué son mary,reçu par le Curé de Champagniez , parce que si l'on avoit voulu , il étoit tres-facile de trouver alors un Notaire. Il n'y a que la nécessité pressante qui excuse. *Voyez Chorier en sa Jurisprudence de Guy Pape, page 150.*

TESTAMENT, FIDEICOMMIS.

410 Commettre à la foy de son ami tel que le testateur voudra choisir, la disposition de quelque bien ou argent sans en rendre compte à son heritier ; c'est l'Arrêt du Curé de S. Jacques de la Boucherie , rendu

le 23. Décembre 1580. *Peleus , qu. 30. Voyez Carondas, livre 3. Rép.* 48. Montholon, *Arrêt premier ,* & Anne Robert,*liv. 1. chap. 3.* rapportent le même Arrêt.

411 Le fait du fideicommis prohibé ou injuste , ou de l'incapacité même du legataire, convient encore avec les autres moyens,par lesquels un testament peut être débattu ; de sorte que l'heritier l'ayant premierement choisi comme plus prompt & plus convenable à son intention,& en ayant été déboutée, il peut valablement reprendre les autres ; comme aussi les autres, par lesquels il avoit commencé, ne luy ayant pas réüssi,il peut de nouveau contester sur l'incapacité du legataire , ou l'accuser de tacite fideicommis & de fraude ; cette accusation se pouvant même proposer après l'execution du testament & la délivrance du legs, suivant qu'il a été jugé par Arrêt rendu à la Grand'-Chambre le 5. May 1601. touchant le testament de Marthe Charpi. *V. Ricard , des Donations , part. 3. ch. 12. n. 1563.*

TESTAMENT DE LA FILLE.

412 Ayrault , *sur la fin de son premier Plaidoyé,* observe qu'on jugeoit au Parlement de Paris, que le testament d'une fille , quoyque mariée, ne valoit rien , si elle avoit son pere vivant ; mais depuis le contraire a été jugé. *Rouillard , en ses Reliefs forenses,* en rapporte un de 1593. M. *Pierre Allard, en sa Catacrise,* en cite un de l'an 1597. Au Parlement de Toulouse on juge que le testament d'une fille mariée ayant son pere,est nul. *Voyez Mainard , liv. 8. chap. 60.*

413 Arrêt du Parlement de Toulouse qui casse le testament d'une fille de dix-huit ans mariée, non émancipée par son pere ; celui-ci fut déclaré son heritier *ab intestat ,* à l'exclusion du mary institué. Arrêt contraire du Parlement de Paris au mois de Juin 1593. *consultis classibus,* qui confirme le testament d'une fille mariée & décédée à Lyon. Il y a tant de raisons de part & d'autre,qu'il ne faut pas s'étonner de la contrarieté. *Ibidem.*

414 Si le testament fait par la fille,où la mere n'est dénommée,est valable, & si celuy qui a approuvé le testament, ou accepté le legs à luy fait, le peut après impugner ? *V. Bouvot , to. 2. verbo Testament , quest. 22.*

415 En Païs de Droit écrit,la fille mariée , & à laquelle le pere vivant a constitué dot,ne peut faire testament, & exclure le pere des biens donnez. Arrêt du Parlement de Paris du 6. Avril 1594. *Bouvot , to. 1. part. 2. verbo Testament, quest. 8.*

416 La fille faisant son testament, laisse à ses veritables heritiers cinq sols , sans parler de sa mere qui est vivante, avec clause que si le testament ne vaut comme testament , elle veut qu'il vaille comme donation , à cause de mort, telle disposition est nulle. Arrêt du Parlement de Dijon du 3. Juillet 1594. *Idem , tom. 2. verbo Testament, quest. 27.*

417 La fille mariée, bien qu'elle ait pere & mere, peut tester en Païs de Droit écrit. *Voyez Peleus, qu. 70.*

418 Fille mariée peut tester en Païs de Droit écrit sans consentement du pere. Jugé au Parlement de Paris le 6. Avril 1599. nonobstant l'avis contraire de *Chopin,* sur la Coûtume de Paris, *l.1.2. tit. de testamentis.* Jugé aussi au Parl. de Bordeaux, qu'une fille, quoique majeure de 25. ans & mariée , ne pouvoit tester sans le consentement de son pere , à cause de la Coûtume de Bordeaux qui requiert tel consentement. L'Arrêt est du 20. Mars 1567. *Voyez Mainard, liv. 9. ch. 9.*

419 Par Arrêt du 12. Juin 1618. rendu au Parlement de Grenoble jugé 1°. que le simple consentement du pere suffisoit pour valider le testament de la fille de famille mariée. 2°. Que le testament est soûtenu comme donation à cause de mort , en vertu de la clause codicillaire qui en parle nommément. 3°. Que le fils de famille peut en ce cas disposer en faveur de son pere. Semblable Arrêt le 11. Juillet 1628. *Basset, tome 1. liv. 5. tit. 1. chapitre 10.* il rapporte un Arrêt contraire du 21. May 1625. qui déclara nul un testament

ment fait au profit du pere à l'exclusion du fils.

410   Testament d'une fille majeure au profit de son pere tuteur, & remarié, est bon & valable en la Coûtume de *Bourgogne*. Jugé le 5. Juillet 1623. *V. Bardet*, *to*. 1. *liv*. 1. *chap*. 116. où il rapporte plusieurs Arrêts semblables en faveur des peres & meres remariez.

421   La fille ne peut tester, quoi qu'étant remariée elle ait vécu dix ans separée de son pere. Arrêts du Parlement de Toulouse au mois de Mars 1641. & le 25. Juin 1646. Autre du 3. Decembre suivant, quoique la fille fût remariée depuis 23. ans; ses sœurs furent maintenuës *ab intestat*, contre la mere heritiere instituée. *Voyez Albert*, verbo *Testament*, *art*. 30. où il ajoûte un Testament où le pere avoit été préterit par sa fille, fut déclaré nul le 8. Janvier 1665. bien que le pere fût mort avant elle.

422   M. Sebastien Baudinet avoit autorisé Magdelaine Baudinet sa fille, pour une disposition qu'elle avoit faite de ses biens, & elle l'avoit institué son heritier; elle en fit une autre posterieurement sans l'autorité de son pere où il y avoit un legs au profit des Ursulines de la Ville de Mets; & par la seconde elle revoquoit la première; après la Profession de Magdelaine Baudinet au Monastere des Ursulines de la même Ville, Jean Boichot son frere uterin debatit ces dispositions faites au profit du pere de cette fille; la première comme ayant été revoquée par la seconde, & celle-cy comme faite sans l'autorité du pere, lequel au contraire soûtenoit que la première disposition étoit bonne. Le Lieutenant au Bailliage de Nuits la confirma; dont appel par Boichot. La Cour mit l'appellation au néant, par Arrêt du 30. Mars 1651. *Voyez Taisand sur la Coût. de Bourgogne*, *tit*. 9. *art*. 3. *note* 2.

423   Au mois d'Août 1653. au Parlement de Toulouse le Testament d'une fille autorisée par son pere, où elle liquidoit ses droits avec luy, fut cassé contre l'avis de *M. Mainard*, *liv*. 5. *ch*. 3. neanmoins le contraire a été jugé touchant une donation faite par Claude Mazet qui avoit été 13. ans mariée & séparée de son pere, en faveur de la veuve de Blanc, contre les freres de la Testatrice, & le 8. May 1646. après partage en la cause de Rigalde pere dont la fille étoit demeurée 13. ans veuve *seorsim* à son pere, étoit émancipée, parce que la séparation du pere & de la fille étoit alors volontaire. *Albert*, verbo *Testament*, *art*. 30.

TESTAMENT DU FILS.

424   Du Testament fait par un fils de famille. *Voyez* le mot *Fils de famille*, *nomb*. 32. *& suiv*.

425   *Filii familias de quibus bonis testari possint in Brabantiâ?* V. Stockmans, *décis*. 8.

426   Le privilege donné aux Avocats fils de famille de pouvoir tester valablement des biens par eux acquis, & du gain fait en l'exercice de leur charge, *postulation*, *consultation*, comme étant *pecule*, *quasi militare*, ou *quasi castrense in l. ult. C. de inofficios. test. l. fori. C. de advoc. divers. judic. Accurs. in l. cum oportet C. de bonis qua liber*. ne s'étend aux Notaires, Greffiers, ni Chirurgiens. Jugé par plusieurs Arrêts du Parlement de Toulouse. *V. M. Duraniy*, *au* 1. *li*. *de ses quest. notables*, *chap*. 44. *& M. la Rochefla*vin, *liv*. 6. *tit*. 78. *art*. 4.

427   *De testamento à filio familias facto, consentiente patre,*
428   *& cum clausulâ, si non valeat ut testamentum, valeat ut codicillus, & donatio causâ mortis*. Arrêt du Parlement de Provence du 23. Novembre 1583. confirmatif du Testament. *V. Francisci Stephani*, *décis*. 49.

429   Si le Testament du fils de famille attesté de cinq témoins, contient clause que s'il ne peut valoir comme Testament, il vaille comme donation à cause de mort, ce testament est bon. Arrêts du Parlement de Toulouse au mois de Janvier 1574. & Avril 1587. La plûpart des opinans tenoient même qu'il suffit de dire ces mots, *qu'il vaille comme codicille, ou autre quelconque derniere volonté*. Mainard, *li*. 5. *ch*. 2.

430   Quoique le fils de famille qui est en puissance d'autrui

Tome III.

ne puisse faire Testament, Codicilles, legs, ni fideicommis, *etiam patre permittente*, mais seulement donation à cause de mort, *permittente patre*; neanmoins par Arrêt du Parlement de Toulouse du 5. Decembre 1581. le Testament d'un nommé Jagot. fils de famille en faveur des pauvres, a été confirmé. Observez que le Testateur avoit survêcu son pere, en la puissance duquel il étoit. *Ibidem*, *chap*. 1.

431   Un fils de famille peut faire une donation à cause de mort, si son pere y consent. La principale raison est que la permission du pere n'est pas requise pour rendre le fils capable de donner, mais plûtôt afin que le fils ne fasse rien *inscio patre*, à son préjudice; ainsi l'intervention du pere est necessaire, *ne ad unto damnosam hæreditatem filius patri præjudicaret*. Arrêt du P. de Toulouse du 7. Février 1586. *Ibid*. *ch*. 3.

432   Jugé par Arrêt du Parlement de Dijon du 29. Juillet 1616. que le testament d'un fils est bon & valable, quoyque le pere n'y soit dénommé, ni institué, le pere agréant le testament, ou ne disant rien au contraire, les freres du testateur ne le peuvent debattre de nullité. *Bouvot*, *tome* 2. verbo *Testament*, *qu*. 56.

432   Par Arrêt du Parlement de Dijon du 29. Juillet *bis.* 1616. le testament de Philippes la Ville, fils de famille, fait du consentement de son pere au profit de ses freres consanguins, fut confirmé. Il fut jugé que le fils de famille peut tester, suivant les mœurs de France, par Arrêt du 15. Juillet 1627. entre le nommé Chanut & le Sr Lieutenant Dardaut; neanmoins la Cour ajoûta pour certaines causes & considérations; on dit que c'étoit parceque le Testament en question étoit au profit du pere, mais à l'égard d'un étranger la question demeura indécise. Par autre Arrêt du 18. Juillet 1633. au profit de Me. Jacob le Mulier Lieutenant particulier à Semur, le testament fait en sa faveur par un de ses fils fut confirmé sans reserve. *Voyez Taisand*, *sur la Coût. de Bourgogne*, *tit*. 6. *art*. 3. *note* 2.

433   Testament fait au profit d'un beaufrere par un fils de famille sans l'autorité du pere, a été déclaré nul au P. de Dijon le 13. Août 1640. quoiqu'au temps de mort du testateur le pere fut décédé. M. de Xaintonge Avocat General avoit conclu au contraire. *Taisand*, *ibid*.

434   Le fils de famille ne peut pas tester ni donner son heredité à cause de mort. Son testament vaut, quand il est fait du consentement du pere, & que la clause codicillaire & donation y est inserée, & l'heritier present. Arrêt du Parlement de Toulouse au mois de May 1641. confirmatif d'un testament fait par un fils qui ayant des enfans institua son pere à la charge de rendre à celuy qu'il voudroit de ses enfans petits-fils de ce pere, quoique le pere fût absent; mais il ratifia ce que le fils avoit fait. Arrêt contraire au mois de Janvier 1647. sans doute il y avoit quelque autre raison de nullité. *Albert*, verbo *Testament*, *art*. 30.

435   Le testament d'un fils en faveur de sa mere sa Curatrice, est valable. Arrêt du Parlement de Grenoble du 15. Mars 1656. *Basset*, *to*. 1. *liv*. 5. *tit*. 1. *ch*. 12.

436   Arrêt du Parlement de Dijon du 7. Juillet 1659. qui déclare bon le testament de Claude Chaussenot âgé de dix-huit ans & demi, au profit de son pere, quoiqu'il ne l'eût point autorisé. *V. Taisand*, *sur la Coût. de Bourgogne*, *tit*. 6. *art*. 3. *n*. 1.

437   Arrêt du 5. Avril 1663. qui a déclaré bon & valable le testament d'un fils de famille, séparé de son pere durant dix ans. Cette séparation longue tenoit lieu d'émancipation. *Boniface*, *to*. 2. *liv*. 1. *tit*. 6. *ch*. 1.

438   Du testament du fils de famille avec la clause de donation à cause de mort. Arrêt du Parlement de Toulouse du mois de Juin 1668. qui juge que la disposition valoit comme donation à cause de mort en faveur du pere contre les enfans du fils décédé. Ce fils de famille avoir fait un testament du consentement & en presence de son pere, par lequel après avoir legué la legitime à ses enfans, il instituoit son pere, avec la clause que si le testament ne pouvoit

Y y y y

valoir comme teftament , il vouloit qu'il valût comme donation à caufe de mort. *Voyez M. de Catellan, liv.* 2. *chap.* 40. où il rapporte un Arrêt femblable du 16. Mars 1664. confirmatif d'un teftament pareil qui même contenoit des liberalitez faites à des Étrangers. On croit que le pere prefent au teftament avoit fuffifamment confenti à toutes les claufes.

439 Le fils de famille ne peut faire ni teftament ni codicille, quoy qu'avec confentement du pere. 2. Toutefois fi dans le teftament fait du confentement du pere étoit la claufe de valoir comme donation à caufe de mort. 3. Ou fi le teftament étoit entre enfans, il vaudroit comme donation à caufe de mort. 1. *Benedict. matrem infuper Cleram n.* 5. 47. *& feq.* 2. *id.* Clar. §. *donatio. queft.* 6. *n.* 8. 9. 2. *id.* Fachin. *lib.* 5. *cap.* 64 3. *vid.* Guy Pap. Ferrer. *queft.* 54. *& in caufâ piâ vid.* Mainard, *lib.* 5. *chap.* 1. *& in caufâ piâ* 3. *id. in caufâ piâ* Clar. §. *Teftamentum quaft.* 5. *n.* 7. *& feq.* 2. *id.* Mainard, *fi fit claufula omni meliori modo lib.* 5. *cap.* 2. *id.* Graff. §. *Donatio. fi donatarius fit prafens vid.* Automne *art.* 2. *vid.* L. 7. §. 5. *ff. de donat.* La Peirere, *lett.T. nomb.* 111. dit , j'ay vû trois Arrêts en la Chambre de l'Edit , dans lefquels ce fecond chef de décifions a été confirmé ; toutefois les Arrêts du Parlement font au contraire, & fuivant le §. 5. de la Loy 7. *ff. de donat.* telle claufe de valoir , comme donation à caufe de mort , a été rejettée : & jugé qu'il falloit faire expreffément une donation à caufe de mort , ce que nous avons toûjours fuivi *in confulendo.*

Arrêt rendu au Parlement de Bourdeaux en l'année 1641. en la Seconde des Enquêtes, au Rapport de M. de Maran, en la caufe de Maître Jean Lanevere, Garde des Regiftres de la Cour , contre Ariftoy fon beau-frere : jugé qu'un teftament fait par un frere dudit Ariftoy étant fils de famille étoit nul, quoique le pere y eût confenti, & qu'il y eût dans le teftament claufe codicillaire, & donation à caufe de mort.

Testament, Formes.

440 Les formes prefcrites aux teftamens par les Coûtumes, font de l'effence , & ne peuvent être accomplies par chofes équipolentes. Arrêt du 6. Août 1602. M. *Bouquier, lettre* T. *nombre* 2. Peleus, *queft.* 34.

441 Un teftament fait fuivant les formes prefcrites par la Coûtume du domicile du teftateur, vaut & étend fon effet par tout ; & s'il contient une inftitution d'heritier univerfel , l'heritier inftitué peut prendre tous & chacuns les biens qui ont appartenu au teftateur au jour de fon décez , en quelque lieu qu'ils foient fituez , foit en Païs Coûtumier ou de Droit écrit, pourvû que la Coûtume du lieu ne foit point contre la difpofition. Arrêt du 14. Août 1574. Arrêt du 11. Mars 1609. *Brodeau fur M. Loüet lett.* C. *fomm.* 41. *nomb.* 5. *& 7.* Voyez Henrys, *tome* 2. *liv.* 5. *q.* 32. où il rapporte un Arrêt du 17. Février 1657. *Voyez* M. *Expilly, Arrêt* 78.

442 Sur la queftion, fi ayant choifi une forme de tefter, on peut s'en départir & en obferver une autre ? M. l'Avocat General Bignon fe fervit de la diftinction des Docteurs, quand le teftateur a témoigné par quelque claufe de fon teftament fe vouloir départir de la premiere forme, le teftament fait en la feconde eft bon , *aliàs, fi non appareat.* Voyez *Bardet , to.* 1. *liv.* 3. *ch* 4. *p.* 105. L'Arrêt rendu le 14. May 1630. au Rôle de Vermandois.

Testament, Haine.

443 Teftament fait par haine en ligne directe, & fur un faux foupçon, déclaré nul. Arrêt du 10. Janvier 1658. *De la Guffere, tome* 2. *liv.* 1. *chap.* 31. Voyez Mornac *l.* 1. *Cod. de inofficiofis donat.*

444 Teftament fait par un pere contre fon fils, qui avoit quitté la Religion Prétenduë Réformée , déclaré nul comme fait en haine de ce qu'il avoit changé de Religion. Arrêt de la Chambre de l'Edit à Paris le 30. Mars 1661. *Journal des Audiences, tome* 2. *liv.* 4. *chapitre* 19.

Testamens holographes.

445 Voyez *Ricard, des Donations entrevifs,* 1. *part. ch.* 3. *fect.* 12. *n.* 589.

446 Dans les Parlemens du Droit écrit les teftamens holographes ne font reçûs que dans deux cas feulement , fçavoir en faveur de la caufe pie & dans les teftamens des peres entre leurs enfans. fuivant les Arrêts rapportez par *Mainard, liv.* 5. *chap.* 15. D'Olive, *liv.* 5. *chap.* 1. *& 36.* Duranti, *queft.* 23. *& 24.* Cambolas, *liv.* 1. *chap.* 13. Catellan, *tome* 1. *liv.* 2. *chap.* 37. Defpeiffes , *tome* 2. *page* 61. *& 64.* La Peirere , *lettre* A. *nomb.* 44. 45. *& 115.* Boniface, *tome* 3. *liv.* 1. *tit.* 3. *chap.* 1. L'Auteur des *Queftions notables du Parlement de Provence,liv.* 1. *queft.* 15. Il faut obferver que dans les Parlemens du Droit écrit, il n'eft pas neceffaire pour la validité d'un teftament holographe, qu'il foit entierement écrit de la main du teftateur ; il fuffit qu'il foit figné de luy fuivant le témoignage de M. d'Olive, *liv.* 5. *chap.* 36.

447 Des teftamens holographes paternels, & de l'interpretation de la Coûtume de *Bayonne* au titre des *Teftamens , art.* 4. *& 5.* Voyez *les Plaidoyers des Avocats fameux de Bourdeaux , dédiez à* M. *de Nimond, page* 37.

448 Si le Teftament holographe ou d'ailleurs imparfait peut valoir en faveur de la caufe pie , ainfi qu'entre enfans? *Voyez Charondas , liv.* 5. *qu.* 13.

449 Les faits de fuggeftion ne font pas recevables contre un Teftament holographe. *Voyez Ricard, des Donations entre-vifs , 3. part. ch.* 1.

450 Teftament holographe n'emporte provifion , fi ce n'eft qu'il foit reconnu en Juftice avec l'heritier préfomptif, ou bien que le Teftateur de fon vivant l'ait reconnu pardevant Notaires. Trançon, *fur la Coûtume de Paris , art.* 292. *verbo Saines d'entendement ,* fine.

451 S'il eft reçu en Forêt païs de Droit écrit , à la forme de la Novelle feconde de Valentinien , fans aucune neceffité de témoins, au nombre que la loy defire ? *Voyez Henrys , tome* 1. *liv.* 5. *ch.* 1. *queft.* 4.

452 *Teftamentum domini Gilbert Confiliarii inventum in fuâ bibliothecâ fcriptum & fignatum ejus manu, fub datâ Octobris* 1546. *& obiit nonâ die Augufti* 1545. C. M. *refpondit valere nifi quantum ad pia , &c. quia hæc confuetudo eft privilegiata ; idcirco intelligi debet, quando omne vitium & omnis fufpicio deeft.* Ricard en fes Notes, fur la Coûtume de Paris , art. 289.

453 Antoine Virot, Seigneur de Tailly , ayant fait un Teftament fecret & holographe , & ayant écrit luy-même l'acte de déclaration qu'il fit figner par deux Notaires , Antoine & Jaquette Virot debatirent ce Teftament de deux nullitez ; l'une-parce que la déclaration en fufcription doit être écrite par un Notaire ; & la feconde , qu'elle doit être donnée par un Notaire en prefence de deux témoins, & non par deux Notaires fans témoins ; furquoy il y eut Arrêt à Dijon le 27. Juin 1587. prononcé aux Arrêts generaux, qui déclara le Teftament nul , par ce motif , que la forme prefcrite par la Coûtume doit être obfervée à la lettre. *Taifand , fur la Coûtume de Bourgoyne , tit.* 7. *art.* 8. *not.* 1.

454 Teftament holographe , au païs d'Auvergne , déclaré bon & valable , bien qu'il n'y eût aucuns témoins. Arrêt du 24. Juillet 1601. M. *le Prêtre és Arrêts de la cinquième.*

455 Henrys , *to.* 1. *liv.* 5. *qu.* 1. rapporte quatre Arrêts qui ont déclaré bons les Teftamens holographes faits dans les parties de l'Auvergne qui fe regiffent par le Droit écrit , le premier du 14. Juillet 1601. le fecond du 7. Août 1649. le troifiéme du 27 Janvier 1651. le quatriéme du 20. Juillet 1652. il dit fur la fin qu'il eftime que la Cour a entendu faire valoir le Teftament holographe dans tous les pays du Droit écrit de fon reffort.

456 Teftament holographe écrit & figné de la main du pere , par lequel il difpofoit entre fes enfans de di-

vers lits en la Coûtume de *Bourges* , a été declaré bon & valable , bien qu'il ne l'eût fait en presence d'aucuns témoins , & que les portions d'entre les enfans , fussent fort inégales. Arrêt du 27. Août 1607. *M. le Prêtre , és Arrêts de la cinquième.* Le même en la Coûtume d'*Angoulême.* Du Frêne , *liv.* 1. *chap.* 52. Le même en la Ville de *Toul.* Du Frêne, *liv.* 8. *ch.* 16.

457   Teftament holographe fait par un pere ayant enfans de cinq lits , fous fon feing fans témoins , cacheté du cachet , contenant une difpofition & partage de fes biens entre fes enfans , jugé bon & valable en la Coûtume de *Berry.* Arrêt du 1. Septembre 1607. *Chenu ,* 2. *Cent.* q. 10.

458   Le teftament écrit & figné de la main du teftateur , eft celuy qu'on appelle holographe ; l'un & l'autre eft requis : Neanmoins *Berauis* rapporte un Arrêt du Parlement de Roüen du 17. Janvier 1608. par lequel il fut jugé qu'un teftament , non écrit de la main du teftateur , mais feulement figné de luy , & depuis reconnu de deux Notaires , étoit valable: le contraire a été jugé au Parlement de Paris , qui a de plus jugé , que ce que le teftateur a écrit & figné de fa main , doit être en forme de teftament , c'eft-à-dire , que le mot de teftament ou de derniere volonté y foit exprimé; & de plus qu'un teftament étoit nul, quand on avoit écrit par chiffre les fommes qu'on avoit leguées. *Voyez Pefnelle , fur l'art.* 413. *de la Coûtume de Normandie,*

459   Teftament holographe du pere entre fes enfans , la Cour a jugé que le jour ni l'année n'y étoient point necessaires: Arrêt du 25. Juin 1612. *C. M.* en fa note *fur l'art.* 15. *de l'ancienne Coûtume d'Orleans ,* eft de contraire avis.

460   Si un Teftament doit être reputé holographe, quoy qu'il ait été reconnu devant un Notaire ? *Voyez Bafnage , fur l'art.* 413. *de la Coûtume de Normandie ,* où il rapporte deux Arrêts de ce Parlement des 17. Janvier 1616. & 27. Août 1618 confirmatifs de Teftamens fans fignatures privées , reconnus devant Notaires & témoins.

[461   Le 10. Mars 1610. fut plaidée un caufe fur le fujet d'une difpofition faite par Gilbert Andras , lequel ayant contracté mariage en cette Ville avec Marie Bonnard , & icelle fiancée , étoit allée à Bruxelles donner ordre à quelques affaires , & y ayant féjourné quelque temps tomba malade ; auffi-tôt fit une miffive à Marie Bonnard , luy mandant l'état de fa maladie , & ajoûtoit qu'au cas qu'il mourût , il luy donnoit tous fes biens , & particulierement telles & telles fommes qui luy étoient deüës ; leguoit à Jacques Andras fon frere une fomme ; aux pauvres une autre ; & que cela étoit en figne de fon vray Teftament qu'il vouloit fortir effet : ainfi portoit la miffive entierement écrite & fignée de fa main , à Bruxelles le 5. Juillet 1618. L'on demande pardevant le Prevôt de Paris l'execution de cette difpofition ; il mit fur la demande les parties hors de Cour , & neanmoins ajugea pour d'autres confiderations à ladite Bonnard 2000. liv. pour fes dommages & interêts ; il étoit juftifié que le défunt luy avoit dit long-temps promis mariage , appel de cette Sentence. Arrêt confirmatif. Autre Arrêt femblable en 1607. *Voyez la Bibliotheque de Bouchel ,* verbo *Teftament.*

462   Arrêt du 5. May 1625. qui a jugé qu'un Teftament holographe eft bon & valable en la Coûtume d'Angoumois. *Bardet , to.* 1. *liv.* 2. *chap.* 41.

463   Teftament holographe mal à propos impugné de fuggeftion. Arrêt du Parlement de Paris du 30. Janvier 1626. *Journal des Aud. to.* 1. *liv.* 1. *ch.* 83.

464   Teftamens holographes reçus en païs Coûtumier (Coûtume de *Paris ,* art. 289.) & en païs de Droit écrit : toutefois le contraire a été jugé par Arrêt prononcé en Robes rouges le 7. Septembre 1616. auquel la cinquiéme Chambre des Enquêtes protefta qu'elle jugeroit le Teftament holographe valoir en païs de

Tome III.

Droit écrit. *Voyez M. le Prêtre ,* 2. *Cent. chapit.* 70. *& és Arrêts de la Cinquième.* Du Frêne , *liv.* 1. *ch.* 11. Hentys , *to.* 1. *liv.* 5. *chap.* 1. *queft.* 2. & *tome* 2. *liv.* 5. *queft.* 1. où il rapporte plufieurs Arrêts.

465   M. Fouquet Confeiller au Parlement fait fon Teftament holographe contenant cette difpofition , *je donne & legue à Charlote & Françoife ,* & au deffus du nom de *Françoife* , il y avoit en interligne *Marie ,* fans neanmoins que le nôm de *Françoife* fût rayé, *mes niéces filles à marier &c.* Jugé que le legs n'étoit pas annullé par une fauffe caufe ou demonftration. Arrêt du 21. Fevrier 1628. *Bardet , to.* 1. *li.* 3. *chap.* 3.

466   Teftament holographe la date en blanc , & non figné à la fin par le Teftateur , eft nul , même pour le legs contenu en la premiere page , qui fe trouve fignée. Arrêt du 24. Juillet 1631. *Bardet , to.* 1. *liv.* 4.

467   Arrêt au Parlement d'Aix du 4. Novembre 1636. qui a déclaré que le Teftament holographe d'un pere n'avoit pû révoquer un precedent Teftament parfait. *Boniface , to.* 5. *liv.* 1. *tit.* 13. *ch.* 1.

468   Le Teftateur étant en pleine fanté avoit fait un Teftament holographe en 1636. depuis ayant été frapé de maladie contagieufe , il dicta un Teftament par fa fenêtre. Le Notaire fans avoir fait au Teftateur aucune interpellation de figner , ni avoir déclaré qu'il l'eût refufé , & inferé la claufe du refus fe contenta de la figner , & de faire mention qu'il ne l'avoit pas fait figner au Teftateur à caufe du peril & de fa maladie. Arrêt du Parlement de Paris du 8. Mars 1638. qui annulle ce dernier Teftament , & ordonne l'execution de celuy de 1636. *Jour. des Aud. to.* 1. *liv.* 3. *ch.* 46.

469   D'un Teftament holographe fait en païs de Droit écrit , & depuis reconnu par devant un Notaire & cinq témoins : Il faut que l'acte de reconnoiffance faffe mention que les témoins ont été requis , & les domeftiques du Teftateur ne peuvent porter témoignage. Cependant il s'agiffoit d'un Teftament fait par M. le Duc d'Epernon entre fes enfans. Arrêt du 3. May 1646. *Soëfve , to.* 1. *Cent.* 1. *ch.* 91.

470   Par Arrêt rendu au Parlement de Touloufe le 26. Juin 1647. un Teftament holographe foufcript par fept Capucins parmi lefquels étoit le Gardien , fut déclaré nul. Il eft vray que c'étoit dans une Ville où l'on pouvoit avoir d'autres témoins. C'eft une affectation en effet finguliere d'appeller fept Capucins , quand on peut auffi facilement appeller d'autres perfonnes. *M. de Catellan , liv.* 2. *chap.* 11.

471   Du Teftament holographe fait par une femme pendant l'inftance de féparation de corps d'entre elle & fon mary pour fevices & mauvais traitémens , s'il eft valable , la Teftatrice ayant par iceluy fait paroître fon animofité contre fon mary. Arrêt du 3. May 1653. qui confirme les legs pieux , & réduit le legs fait à l'Avocat de la Teftatrice. *Soëfve , tome* 1. *Cent.* 4 *chapitre* 36.

472   Le Teftament holographe eft reçu en païs de Droit écrit. Arrêt du 25. May 1655. *Soëfve , tome* 1. *Cent.* 4. *chapitre* 91.

473   Un Curé ayant fait écrire fon teftament par fon Vicaire , à l'exception des fix dernieres lignes qu'il avoit écrites, & l'avoit figné & fait figner par deux témoins , les heritiers foûtinrent qu'il étoit nul , le Vicaire n'ayant point figné , & n'étant pas capable de le recevoir , puifqu'il étoit legataire ce qui fut ainfi jugé le 8. May 1657. *Bafnage , fur l'art.* 413 *de la Coûtume de Normandie.*

474   Teftament holographe fait au profit de celuy qui en eft porteur, pour le reconnoître , il doit le mettre au Greffe , & enfuite demander permiffion de verifier que c'eft l'écriture du défunt , & après, faire affigner les heritiers du teftateur pour verifier que c'eft fon teftament , &c. & par provifion ordonner que la fomme leguée de 30000. l. feroit touchée à caution juratoire. Arrêt du 24. May 1661. *De la Gueff. tome* 2. *liv.* 4. *chap.* 27.

475 Par Arrêt du Parlement de Dijon du 14. Mars 1661. il fut dit que le testament holographe d'Isaac Aligan au profit de Blaise Sauvageot de Saulieu étoit valable , quoyque ce testament écrit dans une seule feüille , fût contenu en la premiere page , & que la suscription du Notaire fût sur la quatrième page : un parent du testateur soûtenoit que le testament étoit nul. *Voyez Taisand , sur la Coûtume de Bourgogne , tit. 7. art. 8. note 3.*

476 Testament holographe fait dans le Duché de Bourgogne par un collateral n'est pas bon , lorsque l'acte du Notaire est sur une enveloppe ou feüille séparée. Arrêt du Parlement de Dijon du 30. Avril 1665. M. le Premier Président Brulart avertit les Avocats de ne plus agiter cette difficulté. *Voyez Taisand , sur cette Coû. tit. 7. art. 9. n. 3.*

477 Testament holographe portant institution d'heritier en la Coûtume de *Berry* , où le Notaire & trois témoins avoient souscrit sur l'enveloppe ou couverture seulement , jugé valable le 16. May 1665. *De la Guess. tome 2. liv. 7. chap. 21.*

478 Jugé par Arrêt du 14. Avril 1666. qu'un testament holographe ne peut être débatu de nullité sous prétexte que les feüilles de papier dans lesquelles il se trouve écrit , sont détachées l'une de l'autre. *Soësve, to. 2. Cent. 3. chap. 78.*

479 Monsieur Poulin Avocat a dit en une consultation qu'en l'année 1668. le testament holographe fait par le Sieur Rinsant Docteur en Medecine de la Faculté de Paris & la Demoiselle sa femme , qui contenoit une substitution à l'égard de la portion hereditaire de l'un de leurs enfans , a été declarée nulle par Sentence des Requêtes du Palais, confirmée ensuite par Arrêt , le testament n'étant écrit que de la main de l'un & signé de deux. *Ricard , des Donations , part. 1. chap. 5. sect. 5. n. 1494.*

480 Quoyque le testament holographe soit bon du pere à l'enfant , il n'en est pourtant pas de même de celuy que l'enfant fait en faveur du pere , s'il n'a pas été rendu nuncupatif par la suscription & par la solemnité des témoins suivant l'Arrêt donné en l'Audience de la Grand'Chambre le 9. Février 1671. *Graverol sur la Rocheflavin , livre 4. lettre T. titre 5. Arr. 11.*

481 Testament holographe n'ayant paru que quelques années après la Profession de la testatrice en Religion, declaré nul par Arrêt du 6. Février 1673. *Soësve , to. 2. Cent. 4. ch. 78. & le Journal du Palais.*

482 Testament holographe apostillé d'une main étrangere à la marge , declaré nul. A Paris le 4. Septembre 1677. *Journal du Palais.*

483 Un testament holographe fait au profit d'un étranger de la famille du testateur , ne détruit point un testament anterieur fait devant Notaire en Hollande au profit de l'heritier présomptif & dans lequel est une clause derogatoire qui n'est point revoquée , ni specifiquement ni individuellement. Arrêt du Parlement de Paris du 1. de Mars 1689. *au Journal des Audiences , tome 5. liv. 5. ch. 9.* où il est observé que la Loi *hâc consultissimâ Cod. de testamentis* est abrogée en Hollande.

484 Au testament holographe , il suffit de la suscription du pere ou de la mere ; pourveu que la souscription exprime que c'est leur testament. *Clarus §. Testamentum quæst. 14. n. 4.* Mᵉ. Abraham de la Peirere , *lettre T. nomb. 91.* dit Entends cecy du testament *inter liberos* , dans lequel il suffit que la suscription soit de la main du pere ou de la mere ; pourvû que le mot du testateur ou testatrice soit ajoûté au seing, encore bien que le corps du testament soit écrit de main étrangere. J'ay veu davantage , sçavoir un testament solemnel d'un pere , fait *inter liberos* , dans lequel les deux filles du testateur étoient heritieres institutées , & le fils est reduit à un simple legat. Le fils après la mort du pere fait trouver un tronçon de papier de

date subsequente au testament écrit de main étrangere , signé du pere sans aucune addition au seing, par lequel le fils est institué heritier , & les filles faites legataires; par Arrêt du Parlement de Bourdeaux, ce tronçon de papier prévalut au testament solemnel ; je ferois grande difficulté en ce préjugé , vû la grande facilité qu'il y a , ou en la supposition ou en la fausseté d'un simple seing.

Voyez le Recueil des Act. de Notor. donnez par M. le 485
Lieutenant Civil , p. 165. & suiv. touchant la validité des testamens holographes , & les cas ausquels les dispositions qui y sont contenuës , peuvent avoir lieu, ou être restraintes.

TESTAMENT, IMBECILE.

486 Testament fait par une femme en demence. *Voyez* le mot *Demence.*

487 On est reçu sans s'inscrire en faux contre un testament à verifier l'imbecillité du testateur , quoyque l'acte porte qu'il étoit en son bon sens & entendement. Arrêt du 10. Decembre 1632. *M. d'Olive , liv. 5. chap. 9.*

TESTAMENT, IMPARFAIT.

Approbatio testamenti imperfecti quid operetur ? Voyez 488
Stokmans , *décis. 21.*

489 Les testamens imparfaits sont valables en faveur de la cause pie. *V. Henrys , to. 1. liv. 5. quest. 13.*

490 *Testamentum primum non tolli per secundum præteritionis ratione imperfectum. Testamentum imperfectum inter liberos etiam duobus tantum testibus roboratum valet. Testamentum secundum in quo intervenit universalis heredis institutio & septem testes : licet codicillus nuncupetur quod ut perfectum testamentum valeat , & prius tollatur. V. Franc. Marc. to. 1. quest. 319.*

491 Du testament imparfait qui est fait en faveur des heritiers *ab intestat.* Voyez les Arrêts de M. de Castellan , *liv. 2. chap. 2.*

492 Le testament imparfait vaut entre enfans *ex §. imperfectâ L. hâc consultissimâ C. de testam.* mais par l'*auth. quod sine* du même titre il faut qu'il soit écrit ou signé de la main du testateur , autrement il ne vaut. Arrêt du Parlement de Bourdeaux rapporté par *Automne* , contre le testament d'un pere qui ne sçachant écrire , l'avoit fait écrire par un Prêtre , & l'avoit plié & mis dans un Coffre duquel il portoit la Clef , par lequel son fils aîné étoit avantagé. Au contraire quand le pere l'a écrit de sa main , quoyque sans seing & témoins il ne laisse pas de valoir. Ainsi jugé au Parlement de Bourdeaux en 1573. Il vaut aussi , quoyqu'il ne soit écrit & signé du pere s'il est écrit & signé par un Notaire & un témoin, Arrêt du Parlement de Bourdeaux du 2. Avril 1612. & par autre du 15. Avril 1608. il a été jugé que le testament d'une mere entre les enfans qui ne sçavoit lire ni écrire sans solemnité , l'un desquels enfans étoit decedé avant elle , laissant des enfans , n'étoit point nul par la preterition d'iceux, mais que la portion laissée à leur frere par le testament leur étoit transmise. *Vide Boer. Cons. 48. & Maynard , liv. 9. ch. 5.*

493 Substitution apposée en un testament imparfait entre enfans est soutenuë en faveur de l'ayeul. Arrêt du 18. Decembre 1586. *Cambolas , liv. 1. ch. 13.*

494 Testament impartfait *inter liberos* , jugé bon & valable. Arrêt du 16. May 1632. *M. d'Olive , liv. 5. ch. 1.* Voyez *Henrys , to. 1. li. 5. chap. 4. q. 32.*

495 On a demandé dans la Coûtume de *Bourgogne* , si le testament imparfait d'un pere oud'une mere qui a survêcu les vingt jours , ne laisse pas d'être valable, quoyqu'il contienne inegalité entre les enfans? Arrêt du P. de Dijon du 2. Août 1674. qui confirme le testament ; cet Arrêt étant rendu pour la Bresse qui est païs de Droit écrit , n'empêche pas que la disposition de la Coûtume ne demeure dans sa force. *V. Taisand , sur cette Coûtume , tit. 7. art. 6. n. 12.*

TESTAMENT, INCAPABLE.

496 Le second Testament dans lequel l'incapable de

fucceder eft inftitué heritier, ne rompra point le Teftament parfait précedent. *Maynard, lib. 8. ch.50. vid. inftit. §. 3. quib. mod.Teftam. infirm. & L. 12, & C. 19.ff. de bon. poff. cont. tab. La Peirère, lettre T. nomb. 132.* dit, je croi pourtant que s'il y a claufe codicillaire dans le fecond Teftament, les legs faits dans iceluy feront dûs par l'heritier inftitué dans le premier Teftament.

Arrêt du Parlement de Bourdeaux du 15.May 1668. Prefidant Monfieur le Premier, plaidans Chiquet, Belluye & Pipaut. Un homme natif de Nantes s'étant habitué à Blaye,il y fit des acquets affez confiderables. Par un premier Teftament il inftitua un heritier qui luy étoit étranger. Par un fecond il inftitua le nommé Brignon fon Apotiquaire à Blayé : étant décedé, procez entre l'heritier du premier Teftament, l'heritier du fecond, & les heritiers préfomptifs. L'heritier du premier Teftament foûtenoit le fecond Teftament nul par l'incapacité de l'Apotiquaire, fur fa qualité d'Apotiquaire juftifiée au procez, & étant le fecond Teftament nul, le premier devoit fubfifter. L'heritier du fecond Teftament dénioit être incapable de fucceder. Les parens difoient le premier Teftament être revoqué par le fecond ne pouvoir fubfifter, attendu l'incapacité de l'Apotiquaire, que le premier teftament demeureroit revoqué & annullé par le fecond, & que le fecond ne pouvoit fubfifter, veu la qualité d'Apotiquaire inftitué par le fecond, & fut l'heredité ajugée aux heritiers prefomptifs. La Cour fit difference entre indigne & incapable, & priva l'Apotiquaire de la fucceffion par indignité, & non par incapacité. L'incapable, *eft incapax jure & eff. flu.* L'indigne, *eft capax jure fed incapax effeftu.*

TESTAMENT, INCISION DU FILET.

497 L'incifion du filet n'eft pas une revocation fuffifante d'un teftament, s'il paroît que l'intention du teftateur n'a été que de changer quelques legs, & non pas d'en alterer la fubftance. *Barry, lib. 10. tit. 1. n. 36.* mais l'on préfume que le teftateur a changé de volonté, lorfque le teftament fe trouve folemnel, ouvert & décacheté parmi fes papiers ; ou du moins la preuve eft rejettée fur les heritiers écrits, & les legataires que le défunt a perfeveré dans la même volonté, mais la même prefomption n'a pas lieu à l'égard du teftament nuncupatif qui fe trouve ouvert, & décacheté. *Ricard, des Donations, 3. part. ch. 2. feft. 2. p. 137.*

TESTAMENT INOFFICIEUX.

498 Une femme incertaine de la mort de fon mari abfent, demeure long-temps en la maifon d'un particulier, défenfes par les Confuls d'habiter enfemble, à caufe du foupçon de débauches ; quelque temps après cette femme fait fon teftament, & inftitué ce particulier fon heritier ; le frere de la défunte Religieux profés, attaque le teftament ; & comme il étoit incapable, le Procureur General du Roy fe joint à luy. Par Arrêt en Robes rouges du Parlement de Touloufe du 14. Août 1582. ce particulier fut déclaré indigne de la fucceffion, & parce que le Religieux ni le Monaftere pour être mendians, ne pouvoient fucceder, les biens ajugez au Roy, fur iceux pris cent écus pour ledit Monaftere. *Charondas, liv. 7. Rép. 167.*

499 Les peres ou meres ne peuvent accufer d'inofficiofité le teftament de leurs enfans. Arrêt du 18.Juillet 1647. *Soëfve, to. 1. Cent. 2. chap. 33.*

500 Un teftament n'eft pas inofficieux, lorfque la legitime eft refervée aux enfans. Jugé en la Grand'-Chambre du Parlement de Paris le 23. Mars 1694. *Journ. des Aud. tome 5. liv. 10. ch. 7.*

TESTAMENT, INSTITUTION D'HERITIER.

501 Si le teftament fans inftitution d'heritier eft valable, où font inferés ces termes, *délaiffe tous fes biens.* Voyez *Bouvot, to. 2.* verbo Teftament, queft. 35.

502 La neceffité d'inftituer un propre enfant, ou ex-

hereder,a lieu au teftament de la mere, ainfi que du pere. Arrêt du Parlement de Grenoble en 1481. *Bibliotheque de Bouchel, verbo Teftament.*

503 Inftitution de deux filles par le pere & par moitié, enfuite il marie l'aînée & la fait renoncer, il décede fans autre teftament que le premier. Voyez *Henrys, tome 2. liv. 4. q. 6.*

504 Trois Teftamens en faveur d'une fille prévalurent à un dernier que le pere avoit fait en faveur d'un étranger. Un legs pieux contenu dans ce dernier teftament fut feulement confirmé. Arrêt du Parlement de Touloufe du 21. Avril 1580. Le dernier Teftament feroit confideré & vaudroit feul, fi un autre des enfans ou defcendans du Teftateur étoit inftitué : & en effet le 1. Janvier 1588. un premier teftament où l'un des enfans du Teftateur étoit feul inftitué,fut jugé avoir été révoqué *ipfo jure,* par le fecond & dernier fait en faveur de la femme du Teftateur,à la charge de rendre à tous les enfans, parce qu'elle eft plûtôt cenfée, *res filiorum & defcendentium quibus haereditatem reftituere gravatur, agere quam proprium jus perfequi.* Mainard, *liv. 5. chap. 19. & 20.*

505 Pierre Auffagel n'ayant aucuns enfans, pere ni mere, mais Helix de Chauvet fon ayeule par teftament du 13. Decembre 1586. inftituë Antoine de Auffagel fon oncle, à la charge de rendre à Jean & à Pierre fes enfans, ou l'un d'eux, tel que ledit Antoine nommeroit, fait quelques legs, & aprés donne generalement à tous fes autres parens qui pourroient prétendre droit fur fes biens,cinq fols, & n'oublie la claufe codicillaire, ne faifant aucune mention de fadite ayeule. Aprés fon décods, procès entre l'ayeule & Auffagels heritiers inftituez & fubftituez, fur ce que l'ayeule prétendoit que le Teftament étoit nul par fa préterition, & qu'elle fuccedoit *ab inteftat,* à l'exclufion de tous autres. Arrêt du Parlement de Touloufe du 10. Septembre 1594. par lequel la Cour, fans avoir égard à l'inftitution d'heritier,demeurant le furplus du Teftament, maintient l'ayeule du Teftateur comme heritiere d'icelui en tous fes biens,à la charge de rendre prefentement, fuivant le fideicommis univerfel contenu au Teftament ladite heredité à Jean & Pierre d'Auffagels,ou à tel d'eux qui parAntoine leur pere fera nommé, fauf à diftraire d'icelle & retenir par l'ayeule la troifiéme partie de l'heredité pour fa legitime, declarant n'y avoir lieu de detraction de trebellianique au profit de l'ayeule, le tout avec reftitution de fruits depuis le décés duTeftateur,& fans dépens.Voyez *Mainard, liv, 5. ch. 11.*

506 Par la difpofition de droit *in § pofteriore inftit. quib. mod. teftam. infirmntur,* un Teftament eft annullé par le prédecés de l'heritier inftitué au Teftateur; & la chofe fe reduit *ad caufam inteftati* ; mais cela s'entend s'il n'y a pas de fubftituez furvivans au Teftateur, car en ce cas le Teftament eft confervé *& vim capit fecundo gradu inftitutionis,* & font les fubftituez tenus de payer les legats & autres charges teftamentaires ; ainfi jugé par Arrêt du Parlement de Touloufe avec dépens, & l'amende ordinaire contre l'appelant, quoiqu'avant le jugement de l'appel il eft declaré qu'il s'en remettoit à la difcretion de la Cour; le Suppliant déchargé de la reftitution des fruits, dépens & amendes. Voyez *Mainard, livre 7. ch. 10.*

507 Le Teftament pofterieur dans lequel un incapable par l'Ordonnance a été inftitué, n'annulle pas le premier qui n'a pas de défaut en la formalité. Jugé à Grenoble le 15.Février 1674. les Chambres affemblées. Il y avoit vingt années d'intervalle entre le premier & le fecond teftament ; & on difoit que la teftatrice, en inftituant par le fecond teftament un incapable, avoit voulu d'autant mieux confirmer le premier. V. *Baffet, tome 2. liv. 8. tit. 1. chap. 8.* où il obferve un Arrêt du même Parlement de Dauphiné du 19.Janvier 1660. par lequel la Cour caffa deux teftamens,du premier par le dernier, & ce dernier par l'incapacité de

l'heritier y inftitué qui fe trouvoit incapable pour avoir été Curateur du Teftateur.

508   *Henrys*, tome 1. *liv.* 5. *chap.* 4. *queft.* 63. examine s'il fuffit pour la validité des Teftamens des peres & meres , d'inftituer leurs filles mariées pour les fommes qu'ils leur ont conftituées en dot : il rapporte un Arrêt du 7. Mars 1648. qui l'a ainfi jugé entre des parties de la ville de Lyon ; il remarque pourtant que la chofe ne fe paffa pas fans difficulté , & que Meffieurs fe trouverent affez empêchez à juger ce point.

509   L'heritier inftitué décedant avant le teftateur, le teftament devient caduc pour celuy qui y eft appellé par fubftitution fideicommiffaire. Cette queftion a été agitée dans la celebre affaire jugée au Parlement de Paris le 10. Janvier 1696. entre M. le Prince de Conty heritier teftamentaire de M. de Longueville Abbé d'Orleans, & Madame la Ducheffe de Nemours heritiere du Sang. *Journal des Audiences* , tome 5. *liv.* 11. *chap.* 1.

TESTAMENT, INTERROGATOIRE.

510   *De teftamento ad interrogationem alterius.* Voyez Du Moulin , *tome* 2. *page* 904.

511   Si le teftament qui fe fait par interrogation de l'heritier, eft valable? *Voyez Bouvot*, tome 1. *part.* 2. verbo, *Teftament* , *queft.* 2.

512   Si le teftament auquel le teftateur a feulement répondu *ouy*, eft bon ? *V. Cambolas*, *liv.* 3. *chap.* 12.

513   Le teftament fera nul, fi le Teftateur proche de la mort répond feulement *ouy*. 2. Ou fi après qu'un autre a dicté le teftament, le Teftateur a répondu fimplement *ouy* à la lecture d'iceluy, quoyque fait en préfence de témoins. *Mantic. lib.* 2. *tit.* 6. *n.* 8. & *feq.* 2. id. *Mol. confil.* 31. *n.* 1. id. *Maynard* , *liv.* 5. *ch.* 6. vid. *Molin. confil.* 32. *n.* 8. & *feq.* 2. id. *Clarus.* §. *Teftamentum* , *queft* 37. *cont.* Fachin, *lib.* 5. *cap.* 69. id. *tamen lib.* 10. *cap.* 17. 2. vid. *L.* 39.§. 1. *ff. de leg.* 3. *n.* 77. La Peirere, *let.* T. dit, *Je crois la decifion tres-veritable: mais la queftion eft fi le teftament portant que le teftateur étoit en fon bon fens & entendement, tel peut être reçu, & s'il fe peut verifier par témoins fans infcription en faux. J'admettrois le fait à verifier par les témoins numeraires & non autres.*

514   Du teftament *ad interrogata alterius* ; on diftingue fi c'eft le legataire qui interroge, ou le Notaire, quelquefois même les interrogations du Notaire font fufpectes. Arrêt du P. de Grenoble du 14. Août 1544. qui caffa le Teftament d'un homme qui avoit toûjours & fimplement répondu *ouy* aux interrogats du Notaire, fans exprimer plus diftinctement fa volonté. Il y avoit preuve que le Teftateur n'étoit pas *fanus mente*, que le teftament luy avoit été porté tout écrit, qu'il n'avoit pas nommé fon heritier de fa propre bouche, ni entendu la publication de ce teftament *uno contextu*. Baffet, *tome* 2. *liv.* 8. *tit.* 1. *ch.* 1, où il parle des teftamens par fignes, & par un homme begayant.

515   Par Arrêt du Parlement de Touloufe prononcé en Robes rouges aux prononciations de Noël de 1586. le teftament d'un agonifant qui avoit répondu aux interrogatoires du Notaire par ce mot *oc* , & étoit décedé une heure après , fut declaré nul encore qu'il fût foûtenu & verifié par le dire du Notaire , que le jour auparavant le Teftateur étant en fon bon fens & liberté de langue, luy avoit declaré fa volonté telle qu'il l'avoit couchée par écrit , & à la recitation de laquelle le teftateur avoit répondu *oc*.

516   Teftament fait fur l'interrogatoire du Notaire, fait au teftateur qui n'a répondu qu'*ouy*, ne peut être valable. Arrêt du 12. Janvier 1635. *Henrys*, tome 1. *liv.* 5. *chap.* 4. *queft.* 31.

TESTAMENT, INVENTAIRE.

517   Quoy qu'un teftateur ait défendu tout inventaire , reddition de comptes & caution dont on voudroit charger fon heritier , toutefois fi l'heritier diffipe l'heredité, leve & écarte les dettes actives d'icelle ou autrement en ufe mal, le fubftitué le peut contrain-

dre pour la confervation du fideicommis , de faire inventaire & bailler caution. Ainfi jugé par Arrêt du Parlement de Touloufe de l'an 1561. *Voyez Mainard*, *liv.* 7. *chap.* 88.

518   Un pere en païs de Droit écrit ne peut par fon teftament prohiber la confection d'inventaire à la fille qu'il a inftituée heritiere. Jugé le 7. Juillet 1615. *Du Frêne* , *liv.* 1. *chap.* 62.

TESTAMENT, JUGE.

519   Arrêt du Parlement de Paris du 8. Mars 1319. que la connoiffance des teftamens appartient au Juge de Patronage par prévention à tous autres Juges. *Corbin* , *fuite de Patronage* , *chap.* 8.

520   Par l'ufage de la France , la connoiffance de tous teftamens de ceux qui décedent au Royaume , appartient au Roy par prévention. Ainfi eft dit par une Ordonnance du Parlement du 2. Janvier 1355. pour les Executeurs du teftament de M. Gilles de Seville Medecin du Roy. *Bibliotheque de Bouchel*, verbo, *Teftament.*

521   Connoiffance de la validité de Teftament appartient au Juge Lay. Arrêt du Parlement de Paris du 10. Janvier 1427. *Papon* , *liv.* 20. *tit.* 9. *nomb.* 3.

522   Le Juge d'Eglife n'eft competent pour connoître d'un Teftament reçu par un Curé. C'eft le Lieutenant au Bailliage qui doit en connoître. Arrêt du Parlement de Dijon du 13. Mars 1603. *Bouvot* , tome 2. verbo , *Reliefs d'appel* , *queft.* 33.

523   Les Juges, foit fubalternes , foit Royaux ne font pas capables de recevoir des teftamens , & n'ont point cette autorité. Olivier Nicole par fon teftament donne tous fes meubles à fa parente qui le fervoit. Marguerite Paulmier fa mere, fur le foupçon qu'elle eut que le Curé de faint Martin de Caen luy avoit reçu le teftament, n'avoit pas écrit fidellement, fit venir un Tabellion pour luy faire declarer précifément fa volonté; mais cette fille & les freres qui étoient les maîtres de la maifon luy ayant refufé la porte , le Vicomte de Caën requis de s'y tranfporter, ordonna que le Tabellion iroit accompagné d'un Huiffier ; la porte leur fut refufée ; le Juge & le Procureur du Roy vinrent en perfonne; le malade declara que fon intention étoit que fa fervante eût tous fes meubles feulement pendant fa vie. Le Juge dreffe fon procès verbal & fait figner avec luy le Procureur du Roy & deux Prêtres qui étoient dans la chambre. Après la mort du Teftateur la fille demanda l'execution du teftament , fans avoir égard à la declaration reçuë par le Juge, le teftament fut confirmé, quoyqu'il y eût preuve que l'entrée eût été refufée au Notaire que l'heritier avoit amené ; fi le Juge avoit fait fon devoir , il auroit appellé un Tabellion pour recevoir la declaration du malade. Arrêt du Parlement de Roüen du 13. Mars 1673. *V. Bafnage, fur l'art.* 412. *de la Coût. de Normandie.*

TESTAMENT EN LANGUE ETRANGERE.

524   Si un teftament fait par un François en autre Langue que la Françoife , eft valable? *V. Bafnage, fur l'article* 412. *de la Coûtume de Normandie*, où il dit, il me femble que dans les Coûtumes qui ordonnent précifément de fe fervir de certains mots folemnels, un tel teftament ne feroit pas valable ; en tout cas , il faudroit que les Notaires entendiffent la Langue en laquelle le Teftateur dictéroit fon teftament.

TESTAMENT, LETTRES MISSIVES.

525   Lettre miffive ne peut paffer pour un teftament hologramme. Arrêt du 10. Mars 1610. La Lettre écrite par un homme à fa femme étoit écrite en ces termes; *S'il arrive faute de moy, je te donne tout mon bien de bon cœur , & fpecialement la Lettre de Change; & pour mon frere , je luy donne & c.* Brodeau , *lettre D. fommaire* 17. cite un Arrêt contraire du même jour ; mais on doute de la verité de cet Arrêt. *Bardet*, *to.* 1. *liv.* 1. *ch.* 79.

526   On peut tefter en Pays Coûtumier par une Lettre miffive que l'on dit teftament , & enfuite un autre

Acte que l'on appelle Codicile;& il fut ordonné que les dispositions contenuës en ces deux Actes, seroient executées selon leur forme & teneur, & le pere de la Testatrice condamné aux dépens. Jugé à Paris le 28. Juin 1678. *Journal du Palais.*

TESTAMENT, LIBERTÉ.

527 La liberté de tester doit être reglée comme dans la Coûtume de *Paris*, art. 192. On peut disposer de tous ses meubles & acquêts & du quint de ses propres, & non plus. *Voyez M. le Prêtre, premiere Centurie, chapitre* 50.

528 Si le Testateur est empêché de tester au profit de ses neveux, dans une Coûtume où la representation n'a lieu, par ses freres ses heritiers, l'empêchement étant justifié, *Carondas, liv.* 7. *Rép.* 65. est d'avis que les freres doivent être condamnez à bailler aux neveux ce que le Testateur leur avoit voulu laisser. *Voyez M. Du Frêne, li.* 1. *ch.*35. où par Arrêt du 20. Janvier 1625. les neveux ont été déclarez non recevables à informer que la Testatrice avoit été empêchée de tester par sa sœur, autre tante desdits neveux: l'Arrêt rendu en la Coûtume de *Boulenois*, où la representation n'a pas lieu. Il faut noter que les neveux avoient laissé passer trois mois entiers sans se plaindre.

TESTATEUR QUI NE SÇAIT ECRIRE NI LIRE.

529 Testament solemnel & mistique d'une personne qui ne sçait ni lire ni écrire, est bon & valable. Arrêt du 8. Juillet 1625. Dans le fait, la Testatrice ayant un Notaire, lequel écrit son Testament en la même forme que si elle avoit sçû écrire & avoit fait son Testament holographe. Quatre jours après en presence d'un autre Notaire & sept témoins, elle déclare que ce qui est écrit en ce papier, est son Testament, & ordonnance de derniere volonté; & quelque temps après fait un Codicile, confirmatif du Testament. *Bardet*, tom. 1. *liv.* 2. *chap.* 51.

530 *Henrys*, tome 1. *liv.* 5. *chap.* 1. *quest.* 1. rapporte un Arrêt du 8. Juillet 1625. confirmatif d'une Sentence renduë dans son Siege, qui avoit déclaré valable un Testament solemnel fait par une femme qui ne sçavoit ni lire ni écrire; il remarque avec raison que cet Arrêt n'a pas jugé la question generale, mais seulement l'espece particuliere. Dans la question il paroit deux circonstances, qui tiroient l'affaire de la thése generale. La premiere que la Testatrice avoit fait deux Codiciles pardevant d'autres Notaires que celui qui avoit reçu le Testament. La seconde, que la sœur de la Testatrice, qui débattoit le Testament, avoit reçu le legs à elle fait par le Testament, sans aucune reserve ni protestation. Mais dans la thése generale, l'Auteur soûtient qu'une personne qui ne sçait ni lire ni écrire, ne peut pas tester solemnellement.

531 Un Testament clos fait par une femme qui ne sçait ni lire ni écrire, ne peut être validé par un Codicile, qui le contient & nomme tout haut pour heritier universel, en presence de sept témoins & du Notaire, la personne instituée par ce Testament : les biens furent ajugez aux heritiers *ab intestat*. Jugé à Toulouse le 29. Février 1672. *Journal du Palais.*

TESTAMENT LÛ ET RELÛ.

532 Un pere en la Coûtume de *Paris* par son Testament signé, mais non écrit de luy, laissoit aux enfans de son fils mauvais ménager, tous ses meubles & acquêts immeubles, & à son fils l'usufruit. Ce pere apporte ce Testament à deux Notaires, & leur déclare que c'étoit son Testament: ils luy en donnent Acte. Les Créanciers du fils le contestoient, parce qu'il n'avoit été lû ni relû. On disoit que cet Acte geminé faisoit présumer que le pere avoit lû & relû son Testament. A l'égard des Créanciers, ils se plaignoient sans raison, le fils est content de l'usufruit, il luy tient lieu de legitime. Arrêt du 17. Février 1600. qui confirme le Testament. *Bibliotheque de Bouchel*, verbo, *Testamens.*

533 S'il est necessaire de faire lecture au Testateur &

témoins du Testament & Contracts? *V. Bouvot,* 10. 1. *part.* 3. verbo, *Testament, quest.* 10.

534 Arrêt du Parlement de Roüen du 13. Mars 1614. qui casse un Testament, parce qu'il n'étoit point fait mention qu'il avoit été lû au Testateur. Le Testament ne portant point cette mention, on refusa la preuve qu'il avoit été lû, sauf le recours contre le Tabellion. Arrêt du 17. Decembre 1631. dans l'espece duquel on offroit encore de prouver qu'il avoit été omis à faire mention de la lecture par intelligence avec l'heritier. *Basnage, sur l'article* 412. *de la Coûtume de Normandie.*

535 Par Arrêt du Parlement de Dijon du 20. Novembre 1642. il fut jugé *in terminis*, que le mot, *fait*, dans les Actes solemnels qui se font pardevant Notaires, vaut autant que ceux de *fait* & *passé*, ou *lû* & *relû*; il s'agissoit du Testament de Marie Piot, qui ne portoit pas qu'il eût été *fait* & *passé*, ni *lû* & *relû*; mais seulement, *fait* en la Sacristie des Ursulines de Châtillon-les-Dombes, au profit de Claude Mitrat; & neanmoins il fut confirmé. *Taisand, sur la Coût. de Bourgogne, tit.* 7. *art.* 4. *note* 13.

536 Par Arrêt du 8. May 1657. un Testament écrit de la main d'un Vicaire, dont la fin étoit à cinq ou six dernieres lignes écrit de la main du Testateur, qui portoit avoir lû & relû, & n'avoir pû écrire à cause de son âge, signé des témoins, fut cassé & déclaré nul. *Berault*, à la fin du 2. tome de la Coût. de Normandie, page 100. sur l'art. 413.

537 Par Arrêt du 8. May 1659. un Testament qui portoit avoir été lû, & le Testateur déclaré être sa volonté, & qu'il n'avoit pû signer pour être tombé en sincope, & ensuite être décedé, fut déclaré valable. *Berault, Ibidem, sur l'article* 412.

TESTAMENT A LYON.

538 Si un Notaire du Lyonnois recevant un Testament en Beaujolois, le Testament est nul, les seings du Testateur & témoins se trouvant imitez? *V. Bouvot, tome* 1. *part.* 1. verbo, *Testament, quest.* 4.

539 Si un Testament reçu dans le Lyonnois, doit être écrit de la main du Notaire, ou s'il suffit qu'il signe, & les témoins qui sçavent signer, ou ceux qui ne le sçavent enquis de le faire? *Ibid. tome* 2. verbo, *Testament, quest.* 76.

540 Jugé au Parlement de Paris le 19. Juin 1595. que la fille mariée au Pays Lyonnois pouvoit tester sans l'autorité de son pere ; il y a eu mêmes Arrêts les 14. Juillet 1595. & 5. Juillet 1597. *Voyez les Reliefs forenses de Sebastien Rouillard, chap.* 29.

541 Si un homme de Lyon vient se marier à Paris, & qu'il emmene sa femme à Lyon, aussi tôt qu'elle est arrivée, elle peut tester, même au profit de son mary, le domicile qui se contracte par le mariage, l'emporte par-dessus celuy de la naissance. *Henrys, tome* 1. *liv.* 4. *chap.* 6. *quest.* 105.

542 Un homme en la ville de Lyon, ne sçachant écrire, fait un Testament pardevant Notaire ; quelque temps après il est attaqué d'une apoplexie, qui luy ôte la faculté de parler, de telle sorte qu'il ne pouvoit dire qu'oüy & non. Deux ans après cet accident il va chez le Notaire, & luy témoigne qu'il vouloit faire un autre Testament, il se le fait lire, & le Notaire l'interroge sur chacun article de son dit premier Testament, qui répond aux uns oüy, aux autres non, en presence des témoins, & révoque son premier Testament, dans lequel il change quelque disposition; le second Testament déclaré bon & valable. Jugé à Paris le 9. Août 1683. *Journal du Palais.*

543 Arrêt du Conseil d'Etat du Roy du 7. Avril 1696. qui ordonne que les Testamens solemnels, holographes, & autres dispositions à cause de mort, seront faits & stipulez par les Notaires de Lyon à la forme qui se pratiquoit avant l'Edit du mois d'Octobre 1691. ce faisant qu'on y appellera toûjours les témoins accoûtumez. *Henrys, tome* 1. *liv.* 5. *ch.* 1. *quest.* 7.

TESTAMENT FAIT SUR MER. *liv.*
544   L'Ordonnance de 1681. touchant la Marine. *liv.* 3.
tit. 11. a introduit une nouvelle forme pour les testamens faits sur la mer; elle dispose en l'*art.* 1. que les
testamens faits sur mer par ceux qui decederont dans
les voyages, seront reputez valables, s'ils sont écrits
& signez de la main du Testateur, ou reçus par l'E-
crivain du Vaisseau, en presence de trois témoins, qui
signeront avec le Testateur, & s'il ne peut, ou ne sçait
signer, il sera fait mention de la cause pour laquelle
il n'a pû signer: & par l'*art.* 2. il est dit qu'aucun ne
pourra par testament reçu par l'Ecrivain, disposer que
des effets qu'il aura dans le vaisseau, & des gages qui
luy sont dûs.

TESTAMENT MILITAIRE.
545   *De militari testamento.* Voyez *Andr. Gaill, lib.* 2.
observat. 118.
546   Des testamens militaires. Voyez *M. Maynard, li.* 5.
de ses Questions, chap. 16. 17. & 93. *Henrys, tome* 1.
liv. 5. *chap.* 4. *quest.* 38.
547   Au testament militaire, la preterition ou exheredation se doit faire avec expression de cause, à peine
de nullité au testament. *Grassus, §. testament. quest.* 7.
nombre 1.
548   Si la preterition des enfans ou du pere, ou l'injuste
exheredation dans un testament militaire, ou dans
celuy d'un Avocat, qui dispose de son pecule quasi-
militaire, rend le testament nul; & si les privileges
des testamens militaires ont lieu en ce Royaume? *Voyez*
Duperier, liv. 1. *quest.* 14.
549   Testament militaire est reçu en Pays Coûtumier,
aussi bien qu'en Pays de Droit écrit; & il faut tenir
pour maxime que le privilege militaire déroge seulement aux solemnitez & formalitez des testamens communs & ordinaires, & non aux dispositions des Coûtumes; & si le testament n'est point écrit, il n'a point
de lieu, & la preuve par témoins n'est recevable. *Voyez*
M. Louet & son Commentateur, lettre T. sommaire 8.
Exception pour ceux qui portent les armes contre le
service du Roy, ou qui vont en terre étrangere contre sa défense. *Chopin, Coûtume de Paris, liv.* 2. *tit.* 4.
nomb. 4. *Henrys, tome* 1. *liv.* 5. *chap.* 4. *question* 37.
M. d'Olive, *liv.* 5. *chap.* 1 *Peleus, quest.* 61. *Tronçon,*
Coûtume de Paris, art. 289. & *Ricard, traité des Do-*
nations, 1. *part. chap.* 5. *sect.* 4.
550   Arrêt du Parlement de Toulouse du 4. Decembre
1571. qui confirme les testamens faits par le Chevalier
d'Honaoux, décédé au Siége de Poitiers en faveur de
son neveu, *præterito Antonio patre,* & l'heritier maintenu, distraite la troisiéme partie des biens au profit
dudit Antoine pere, laquelle luy fut ajugée. *La Ro-*
che-flavin, liv. 4. *let. T. tit.* 5. *Arr.* 1.
551   Testament verbal par un homme qui va au combat,
est valable, sans formalitez. Arrêt du Parlement de
Toulouse du 23. Decembre 1578. ceux qui portent
les armes contre le Roy, ne joüissent de ce privilege.
Jugé à Paris le 1. Decembre 1598. Testament fait en
garnison, doit être revêtu de toutes les formalitez
requises. Arrêt du 20. Decembre 1576. *Papon, li.* 20.
tit. 1. *nombre* 7.
552   Toutes personnes qui sont dans un Camp peuvent
se servir du privilege & faire un testament militaire.
On a douté si cela pouvoit s'étendre à ceux qui se défendent les Villes de leur demeure, dans la conjoncture d'une guerre civile. Par Arrêt donné aux Grands
Jours de Clermont en 1582. le testament d'un habitant blessé à mort, en soûtenant une attaque d'ennemis, fait suivant le droit militaire, fut cassé. Ce qui
semble dur & rigoureux à *Maynard, liv.* 5. *chap.* 17.
où il allegue un Arrêt contraire donné au Parlement
de Toulouse en 1579. qui déclara valable le testament fait *jure militari* par un habitant de Puylaurens,
sur le point d'aller à la bréche pour défendre à l'assaut
qui alloit être donné.
553   Si le testament d'un homme mourant dans son lit

d'une blessure reçuë à un assaut, est militaire? Arrêt
des Grands Jours de Clermont de l'an 1582. qui permet aux Parties d'informer de leurs faits. *Papon,*
liv. 20. *tit.* 1. *n.* 23.
554   Testament fait par un Officier allant au combat,
disant qu'il entendoit qu'au cas qu'il fût tué dans l'action, il instituoit son cousin en son heritier, priant
ses Compagnons de s'en souvenir, ayant réiteré encore ces paroles, & declaré qu'il étoit bien fâché de
n'avoir ancre ni papier pour l'écrire; si tel Testament
est valable? Arrêt du Parlement de Dijon du 5 Juillet
1588. qui admet la preuve de ces faits, *V. Bouvot,*
tom. 1. *verbo Testament, quest.* 17.
555   L'Etranger non enrôlé se trouvant au lieu du combat, peut tester militairement. *Clar. §. testamentum,*
quast. 15. *in fine.* id. *Grassus §. Testamentum, quast.* 3.
num. 6.
556   L'institué en chose particuliere au Testament militaire, aura l'entiere heredité, si ce n'est que le Testateur eût prohibé le droit d'accroissement, ou qu'il
eût distingué son bien castrense d'avec le commun.
Clar. §. testamentum, quast. 16. *M.* Abraham la Peirere, *verbo,* Testament, *n.* 93. dit, Cette décision se
peut soûtenir pour le premier chef d'icelle, si tant est
que le Testament ait les formalitez du Testament fait
jure communi: car encore bien que le Testateur ait
entendu tester militairement, il n'a pas neanmoins
renoncé au droit du Testament fait *jure communi,* suivant la Loy 3. *ff. de testament. milit.* car autrement je
fais grand doute en ce premier chef, puisque le Soldat peut tester *pro parte bonorum,* & instituer en icelle
un heritier.
557   Voyez Mornac, *L.* 19. *Cod. de pactis, ubi multa Cu-*
riarum placita offert, des 10. Novembre 1582. 15. May
1592. & 9. Decembre 1598.
558   Testament d'un Soldat François portant les armes
en Pays étrangers contre les défenses du Roy, ne
peut être dit militaire, & est nul par le défaut de formalitez. Arrêt du 25. Juin 1618. *Bardet, tome* 1. *liv.* 1.
chapitre 31.
559   Les Testamens militaires n'ont point de lieu en
France. Arrêt du mois de Juin 1619. *Le Bret, liv.* 3.
Décision 4.
560   Un homme aprés s'être enrôlé va aux Cordeliers
de Toulouse à huit heures du matin recevoir le Saint
Sacrement. Aprés avoir fait ses dévotions, il appelle
deux Religieux, dont l'un étoit son frere, & leur dit,
qu'étant prêt de partir pour aller à la guerre, & qu'il
y avoit quelque temps qu'il avoit fait le Testament
qu'il leur mettoit entre les mains scellé au dessus de
huit ou neuf cachets, déclare que c'est sa derniere
volonté, & les prie, s'il meurt à la guerre, de témoigner cette verité, & faire que son intention soit executée; & huit jours aprés ayant été tué à l'assaut, par
Arrêt du 13. Avril 1627. le Testament fut confirmé,
quoyqu'il fût fait dans la Ville, l'ayant fait sur son
départ, il fut censé Testament d'un Soldat. *Cambo-*
las, liv. 5. *chap.* 37.
561   Un Soldat de la garnison de Montpellier, allant en
campagne, avoit donné par une Lettre certaines choses à une fille sous esperance de mariage. L'heritier
ab intestat contesta la donation: jugée nulle au Parlement de Toulouse le 14. Août 1636. *Albert, verbo,*
Testament, art. 33.
562   Un Capitaine fait un Testament holographe, où il
instituoit heritier son neveu; il le cacheta, & remit
entre les mains d'un Notaire de Pezenas, disant dans
ce Testament qu'il l'avoit fait à cause du danger auquel sont exposez les gens de guerre; & qu'il prioit
toutes les Cours d'y avoir égard. Par Arrêt du Parlement de Toulouse du 11. Février 1637. il fut déclaré
valable, & l'heritier maintenu contre son frere, qui
disoit en avoir un autre que le Testateur en mourant
avoir laissé à des Soldats; ce premier Testament avoit
été suivi d'une Lettre écrite à la mere de l'heritier,
qui

qui déclaroit encore sa volonté. *Albert*, verbo *Testament*, *art.* 33. Voyez *Mainard*, *liv.* 5. *chap.* 17. & *Cujas*, *Consult.* 49. & *Papon*, *titre des testamens Arrêt* 7. & 8.

563   Arrêt du P. de Roüen du 28. Janvier 1638. qui confirme le Testament militaire du sieur le Coulombiers, lequel étant au siége de Lyon le Saunier en Franche Comté où il déceda, avoit laissé verbalement tous ses équipages à son valet de chambre. On jugea même que l'argent étoit compris sous ce mot d'équipages ; il y avoit beaucoup moins de difficulté à confirmer ce Testament nuncupatif, parce qu'il avoit été fait dans la Franche Comté où le Droit Romain est observé.

Le Testament du sieur du Bois Capitaine au Regiment de Canisy fait en Piémont, & reçu par un Cordelier en la presence de deux soldats, & non signé du Testateur à cause de sa débilité, fut confirmé par Arrêt du Parlement de Roüen du 6. Avril 1628. Autre Arrêt du 2. Juin 1684. qui casse un Testament d'un Soldat en garnison, écrit par un autre Soldat, le Testateur ne l'avoit pas signé quoiqu'il sçût écrire ; il étoit attesté seulement par deux autres Soldats, mais le Soldat qui l'avoit écrit étoit legataire. *Voyez Basnage. sur l'article* 413. *de la Coûtume de Normandie.*

564   Un Testament avoit été dans la Ville de Cerbere en Catalogne en presence de cinq témoins ; l'Aumônier du Gouverneur avoit reçu le Testament ; mais des 5. témoins il n'y en avoit que deux de résumez, encore n'étoit-ce qu'en presence d'un Notaire, qu'on disoit être Greffier de l'armée ; de sorte que ce Testament fut déclaré nul par le seul défaut de résomption, qui devoit être faite devant un Juge, non devant un Notaire, car l'on tombe d'accord que ce Soldat avoit pû tester ainsi en garnison. Arrêt du Parlement de Toulouse du 16. Avril 1648. *Albert*, verbo *Testament. article* 31.

565   Un Testament fait par un Soldat en faveur du Lieutenant de la Compagnie en laquelle il s'étoit enrôllé, jugé bon, par Arrêt du 16. Février 1650. *Basset*, *to.* 1. *liv.* 5. *tit.* 1. *ch.* 16.

566   Du Testament militaire. *Voyez les Arrêts de M. de Catellan*, *liv.* 2. *chap.* 54. où il rapporte un Arrêt du Parlement de Toulouse du mois de Decembre 1651. après partage, confirmatif d'un Testament fait par un Soldat qui ayant été mortellement blessé à la bataille de Nortlingue, fut porté dans un Hôpital d'une Ville voisine où il avoit fait ce testament, lequel fut retenu par l'Aumônier du regiment, en presence de six témoins ; la raison décisive fut que c'étoit le Testament d'un Soldat retenu par celuy qui luy tenoit lieu de Curé.

567   Par Arrêt du Vendredy 30. Avril 1655. en l'Audience de la Grand'Chambre de l'Edit, à huis clos, conformément à l'avis de M. l'Avocat General Talon, il a été jugé que le Testament fait par le sieur d'Elbert premier Capitaine du Regiment de Cavalerie d'Yssia, au mois de Juin de l'année 1653. dans la Ville de Cadillac où il étoit pour le service du Roy, ne pouvoit pas avoir effet comme Testament militaire, n'étant pas d'ailleurs revêtu des solemnitez necessaires pour le faire valoir, en vertu du Droit commun ; il est vrai qu'en plaidant la cause, on argua aussi le Testament de suggestion. *V. Ricard, des Donations*, *part.* 1. *ch.* 5. *sect.* 4. *n.* 1446.

568   Charles Samion Chirurgien avant que d'aller à la guerre fait un Testament au profit de sa mere, avec une clause de substitution au profit de ceux de son nom ; cinq jours après il en fit un autre en faveur du nommé Grosset ; étant malade de dissenterie en garnison à Courtray, dans le Regiment de Tavannes, il fit son Testament en la presence du Maréchal des Logis de la Compagnie où il servoit, & de trois témoins tous Chirurgiens, par lequel il dit que voulant reconnoître les obligations qu'il avoit à sa mere ;

Tome III

il revoquoit tous autres testamens, & l'instituoit son heritiere pour disposer de ses biens comme elle voudroit. Grosset ayant contesté ce Testament, il fut confirmé par Sentence arbitrale de la mere du Testateur ; s'étant remariée avec Claude Bresson, elle le fit son heritier. Après la mort de cette femme, Claude Samion cousin germain du Testateur demanda l'ouverture de la substitution, soûtenant qu'il n'avoit pû être revoqué, par deux raisons principales, l'une que le Testateur étant Chirurgien & non Soldat n'avoit pû tester militairement, & que par consequent son Testament étoit nul ; l'autre qu'étant en garnison à Courtray hors des pays de la guerre, en pleine liberté d'appeller un Notaire, & ne l'ayant pas fait, vû même que la maladie avoit long temps duré, il ne falloit pas regler cette disposition, par le privilege des Soldats ; neanmoins ce Testament fut confirmé par les conclusions de Monsieur l'Avocat General Millotet, par Arrêt du Parlement de Dijon du 10. Decembre 1657. *Taisand*, *sur la Coûtume de Bourgogne*, *tit.* 7. *art.* 4. *note* 19.

Le Testament fait par un Soldat en faveur de son   569 Sergent, n'est valable. Clavere Sergent d'une Compagnie, institué par un Soldat de cette même Compagnie, fut en une Ville du pays de Basque, dans un testament fait en presence de trois témoins, suivant la Coûtume de ce pays-là. Par Arrêt du Parlement de Toulouse ce Testament avoit été cassé comme capté, de sorte qu'ayant imperté des Lettres en forme de requête civile, il en fut démis le 15. May 1660. parce qu'il peut se faire que le Sergent étant seul commandant lors qu'il fit ce testament. *Albert*, verbo *Testament*, *art.* 9.

TESTAMENT, MINEUR, TUTEUR.

Si le Mineur de 25. ans en âge de puberté peut   570 tester, même de son heritage ancien? *V. Coquille*, *to.* 2. *quest.* 228.

Voyez le 7. *Plaidoyé* de M. *Marion*, sur la nullité   571 d'un Testament fait à Paris au temps de l'ancienne Coûtume par un mineur de 25. ans. Le legs étoit considerable ; la cause fut appointée en 1570. & ordonné qu'on s'informeroit de l'usage du Châtelet ; les parties transigerent ; cependant comme cette difficulté s'étoit presentée ; les reformateurs de la Coûtume de Paris, voulurent la prevenir par la disposition de l'article 293. portant qu'on ne peut tester des meubles & acquêts avant vingt ans, & du quint des propres avant 25. ans accompli.

Un mineur fait un premier Testament, où il ins-   572 titué deux cousins germains. Il en fait un second, où il institué la fille de son tuteur, sa parente en degré plus éloigné ; celle-cy dit qu'elle n'est pas comprise en la rigueur des Ordonnances. Les heritiers *ab intestat* prétendent que par son incapacité le second testament devenu nul n'aneantissoit pas le premier. Les heritiers instituez par le premier gagnerent leur cause au Parlement de Toulouse, par Arrêt prononcé en Robes rouges le Noël 1579. le second Testament fut déclaré nul. *Mainard*, *liv.* 8. *ch.* 50.

Testament en Avignon auquel il n'y avoit que cinq   573 témoins & un Notaire, encore qu'il fût fait par un mineur au profit de son Tuteur, a été confirmé. Jugé à la Nôtre-Dame d'Août 1592. *Montholon*, *Arr.* 76.

Testament fait au profit de l'heritier du Tuteur par   574 le mineur, n'est pas valable. *Avis d'Henrys*, *tome* 1. *livre* 5. *chap.* 4. *quest.* 39. Voyez *l'article* 296. *de la Coûtume de Paris.*

Le Testament du Mineur au profit de son Cura-   575 teur, à conseil, & son plus proche parent, est bon. Arrêt du 31. May 1637. le Curateur à conseil, mais il n'a point de pouvoir sur le Mineur ; outre qu'il n'est *ad negotia & in omnem casum*, comme les Curateurs perpetuels, dont il est présumé que l'Ordonnance de 1539. a seulement entendu faire mention. *Basset*, *to.* 1. *liv.* 5. *tit.* 1. *ch.* 14.

Zzzz

576 Le Teſtament d'un mineur de 14. ans en faveur de ſa mere remariée, & duquel mineur le vitrique avoit geré la tutelle ; infirmé par Arrêt du 8. Mars 1646. on regarda ce vitrique comme une perſonne interpoſée , & auquel la mere prêtoit ſon nom. *Baſſet , tome* 1. *liv.* 5. *tit.* 1. *ch.* 11.

577 Le mineur de vingt ans és Coûtumes qui le permettent indéfiniment , ſçavoir aux mâles à vingt ans, & aux femelles à dix-huit accomplis , peuvent eſdits âges teſter du quint de leurs propres ; *ſecus* , ſi la Coûtume eſt prohibitive , & ſi leurs propres ſe trouvent en une Coûtume prohibitive, le quint n'aura lieu qu'en la Coûtume non prohibitive. Arrêt du 30. Mars 1647. *Du Frêne , liv.* 5. *ch.* 13.

578 Le mineur peut teſter en faveur de ſa mere tutrice en pays de Droit écrit. Arrêt du 1. Juin 1647. *Henrys , tome* 1. *liv.* 5. *queſt.* 38.

579 Teſtament fait en faveur de celuy qui s'étoit immiſcé dans l'adminiſtration des perſonnes , & bien d'un mineur , déclaré nul. A Grenoble le 16. Juin 1659. quoiqu'il ne fût point tuteur. *Voyez Baſſet , to.* 2. *liv.* 8. *tit.* 1. *ch.* 1.

TESTAMENT , MINISTRES.

580 Les Miniſtres & Anciens de la Religion prétenduë reformée ne peuvent recevoir les Teſtamens , és Coûtumes d'Anjou, Poitou , & autres , qui déclarent les Teſtamens valables reçus par un Curé ou Vicaire. *Voyez les Déciſions Catholiques de Filleau , Déciſion* 91. où il rapporte un Arrêt du 18. Février 1604.

TESTAMENT , MINUTTE.

581 De pluſieurs minutes de Teſtament trouvées aprés le décez du Teſtateur de luy écrites , toutes differentes & ſans date. *Voyez Carondas , li.* 10. *Rép.* 90.

582 Deux groſſes diverſes ſignées par un même Notaire ſur une minute où ſe trouve une addition non ſignée, toutefois écrite de la main du Notaire. *Voyez ibid. liv.* 7. *Rép.* 169.

583 Teſtament doit être executé , quoique la minute ſoit demeurée entre les mains du Teſtateur , ou de l'heritier , & que le Teſtament n'ait pas été publié. Arrêt du Parlement de Dijon du 4. Avril 1661. Il y a eu même Arrêt qualificatif d'un Teſtament mutuel dont la minute étoit reſtée és mains du mari. *Taiſand, ſur la Coût. de Bourg. tit.* 7. *art.* 4. *n.* 15.

TESTAMENT , MUET , SOURD.

584 Le muet & ſourd de naiſſance peut faire Teſtament pourvû qu'il ſçache écrire , & ſoit capable d'affaires au moyen de l'écriture. Arrêt du Parlement de Toulouſe au mois d'Août 1679. rapporté par *M. de Catellan, li.* 6. *ch.* 48.

585 Par Arrêt du Grand Conſeil du 13. Mars 1567. rapporté par *Beraut , ſur la Coûtume de Normandie , titre des teſtamens , art.* 412. *in verbo , & aprés luy doit être lû le teſtament,* jugé qu'un Teſtament fait en pays de Bourdeaux par un muet , non ſourd , ne ſçachant lire , ni écrire , & paſſé pardevant les Notaires qui luy avoient lors repreſenté pluſieurs ſortes de Teſtamens , & ayant atteſté qu'il avoit entendu par ſignes inſtituer heritiers certaines perſonnes dénommées au Teſtament , & depuis lors de l'interrogatoire à luy fait , luy ayant été oüy prononcer le mot oüy , fut ledit Teſtament caſſé , comme fait par ſuggeſtion. *Voyez d'Argentré ſur la Coûtume de Bretagne , titre des teſtamens , page* 571.

TESTAMENT MUTUEL.

586 *Voyez* le mot *Diſpoſition , art.* 3. *& ſuiv.* des Arrêts de M. le P. P. de Lamoignon.

587 *De mutuo conjugum teſtamento. Voyez Andr. Gaill. lib.* 2. *obſervat.* 117.

588 Du Teſtament mutuel , & ſi la révocation peut être faite aprés le décés de l'un ? *Voyez Bouvot , tom.* 2. *verbo Teſtament , queſt.* 11.

589 *Teſtamentum commune conjugum ſuperſtes ſolus revocare poteſt , & ſi incerta ſit promiſſio de non revocando.* Voyez Sthokmans, *deciſ.* 18.

590 *Vir & uxor in uno eodemque inſtrumento teſtamentum facere poſſunt. Voyez Franc. Marc.* 10. 1. *qu.* 196.

591 Si un Teſtament mutuel fait, peut être révoqué par le ſurvivant , les enfans des Teſtateurs étant inſtituez *Voyez Bouvot ,* 10. 1. *part.* 1. *verbo Teſtament , queſt.* 1.

592 Mary & femme ſingulierement entr'autres peuvent valablement faire Teſtament enſemble , en même acte , & pardevant mêmes Notaires ; toutefois l'un d'eux ſurvivant à l'autre , peut révoquer tel & ſemblable Teſtament de ſon chef , & en ce qui le concerne. Arrêt du Parlement de Toulouſe aprés celuy qui eſt allegué en la Chambre Imperiale en Allemagne. Arrêt contraire du Parlement de Paris. *Mainard , liv.* 5. *ch.* 97. & *Biblios. de Bouchel , verbo Teſtament.*

593 Des Teſtamens mutuels entre mary & femme , ils ſont reçus dans les pays du Droit écrit. *Voyez Henrys ,* to. 1. *liv.* 5. *ch.* 4. *qu.* 34.

594 S'il eſt neceſſaire que le Teſtament mutuel ſoit fait en une même carte. *Ibidem , qu.* 36.

595 Il eſt certain que le mary & la femme peuvent teſter conjointement pardevant même Notaire & témoins, & qu'étant tous deux vivans , ils peuvent l'un ſans l'autre révoquer & changer leurs diſpoſitions : mais le doute a été ſi l'un étant décedé en la volonté, ſuivant laquelle ils ont diſpoſé conjointement, le ſurvivant peut changer de volonté ? Bartole tient qu'il le peut , quand même il auroit été dit dans le Teſtament mutuel , que les Teſtamens poſterieurs ne vaudroient, s'il n'avoient été faits du conſentement des deux conjoints , d'autant que *teſtamenti factio non debet ; ex alieno arbitrio pendere , L. illa inſtitutio , ſf. de hered. inſtit.* Ainſi jugé en la Chambre imperiale, au rapport de *Minſinger ſing. obſervat.* 8. *Cent.* 1. & par divers Arrêts du Parlement de Toulouſe des années 1576. & par Arrêt du Parlement de Paris du 6. Avril 1581. quoiqu'aprés le 5. Avril 1583. le contraire fût jugé par autre Arrêt du Parlement de Paris. *Voyez Maynard , liv.* 5. *ch.* 97.

596 Mary & femme par la Coûtume du lieu , peuvent faire tant par donation entre-vifs que par Teſtament, don mutuel , par lequel ils s'entredonnent au ſurvivant l'uſufruit de tous les meubles , acquêts & conquêts , & la proprieté , & à un tiers preſent qui accepte & fait inſinuer le Teſtament ; le mary decedé , elle demande la délivrance du don mutuel ; mais étant remariée , elle revoque le Teſtament. Arrêt du 5. Avril 1584. par lequel ſa révocation eſt déclarée nulle. *Carondas . liv.* 8. *Rép.* 73.

597 Si en Teſtament mutuel le mary peut autoriſer ſa femme *in rem ſuam* ? Voyez *Peleus , qu.* 70.

598 Le Parlement de Paris a jugé par diverſes fois que non ſeulement le mary & la femme pouvoient teſter conjointement par un même acte, mais encore que ce Teſtament étoit comme indiviſible , que l'un des conjoints étant décedé dans cette volonté commune, il falloit qu'elle ſubſiſtât pour le ſurvivant, ſans qu'il eût le pouvoir de la révoquer ou changer , quand le ſurvivant l'a executé. Arrêt du 1. Mars 1601. *M. de Montholon , Arr.* 18. où il rapporte pluſieurs autres Arrêts. *Voyez Henrys,* to. 1. *liv.* 5. *ch.* 4. *qu.* 34. *Voyez M. Loüet , let. T. ſom.* 10. *Carondas , liv.* 6. *Rép.* 85. & *Chenu ,* 1. *Cent. qu.* 78.

599 Si la ſurvenance des enfans rompt le Teſtament mutuel ? *V. Henrys ,* to. 1. *liv.* 5. *qu.* 34.

600 Un Teſtament mutuel ne peut être révoqué par le ſurvivant. Arrêt du Parlement de Paris du 3. May 1608. *Corbin , ſuite du Patronage , chap.* 215.

601 Teſtament mutuel fait par pere & mere , contenant partage de tous leurs biens entre leurs enfans , à la charge qu'ils ne pourront demander inventaire au ſurvivant , le pere ayant ſurvécu & executé le Teſtament , & paſſé à des ſecondes nôces , les enfans demandent inventaire ; le pere prétend par cette de-

...ande que le Teſtament eſt revoqué, en ſecond lieu, qu'il y a un enfant du ſecond lit, obtient des Lettres, le Teſtament executé ſelon ſa forme & teneur, & que l'enfant du ſecond lit ſe pourvoiroit pour ſa legitime. Jugé le 1. Septembre 1612. *Chenu*, 2. *Centurie*, *qu*. 81. Voyez Mornac, *l. 7. ff. de pactis.*

602 Teſtament mutuel du mary & de la femme, n'eſt valablement revoqué par un Teſtament poſterieur de l'un d'eux, à l'inſçu de l'autre. Arrêt du 9. Juillet 1618. *Bardet*, *to*. 1. *liv*. 1. *ch*. 33. Brodeau cite cet Arrêt, *lettre T. n*. 5. *ſomm*. 10.

603 Jugé le 23. Janvier 1629. que le Teſtament mutuel du mary & de la femme, contenant diſpoſition de tous leurs biens entre leurs enfans, n'empêche le pere ſurvivant, qui convole en ſecondes nôces, de conſtituer un doüaire à ſa ſeconde femme. *Bardet*, *to*. 1. *liv*. 3. *ch*. 21.

604 Teſtament mutuel accepté par le ſurvivant, ne peut être revoqué. Arrêt du Parlement de Dijon du 23. Mars 1637. quelques-uns eſtiment que la faveur d'un legs pieux, donna lieu à cet Arrêt. *Taiſand*, *ſur la Coûtume de Bourg. tit.* 7. *art.* 4. *n.* 16.

605 Teſtament mutuel du mary & de la femme, n'eſt pas nul, ſous prétexte que les deux en même temps, n'ont pû le dicter aux Notaires, & l'exheredation de leur fils diſſipateur, avec inſtitution des petits enfans, eſt valable. Arrêt du 16. Mars 1658. *Bardet*, *tom*. 2. *liv*. 7. *ch*. 16.

606 La revocation du Teſtament mutuel ne peut être faite qu'après la ſignification de la volonté de revoquer. Arrêt du Parlement de Dijon du 19. Novembre 1640. cette ſignification doit être faite dans un temps non ſuſpect; car ſi celuy qui veut révoquer choiſiſſoit le temps de ſa maladie de laquelle il décederoit, la révocation ne ſeroit pas valable. *Taiſand ſur la Coûtume de Bourg. tit.* 7. *art.* 4. *n.* 16.

607 Le Teſtament mutuel ne peut être révoqué par le conjoint ſurvivant, même pour les biens acquis depuis la mort du conjoint prédecedé, ſi ce n'eſt que dans le Teſtament il eut été fait partage en corps de tous les biens. *Chopin pariſ. liv.* 2. *t*. 4. *n*. 10. M. Abraham la Peirere *en ſes déciſions du Palais*, dit, entends, la déciſion lorſque tout eſt partagé, & qu'il n'y a point d'inſtitution univerſelle. Car ſi après le partage il y a inſtitution univerſelle, l'acquêt fait depuis tomberoit dans l'inſtitution.

Arrêt du 21. Juin 1640. plaidans Mentet, la Jonie & Dalon. La Jonie pour le ſieur de Majance, Mentet pour la Damoiſelle de la Courtiade, & Dalon, pour Maître Jean de la Barriere. Il s'agiſſoit d'une donation de ſix mille livres faite entre-vifs, par ladite la Courtiade à Germaine Majance ſa fille, femme dudit la Barriere, au préjudice du Teſtament mutuel, d'entre les pere & mere deſdits Majance; par lequel ledit ſieur Majance avoit été inſtitué heritier univerſel par ſes pere & mere, ladite ſomme payable moitié dans ſix mois, & l'autre moitié ſix ans après. Dalon pour ladite Germaine Majance, avoüoit que ſi ladite donation eût eu trait de temps après la mort de ladite la Courtiade, elle pourroit valoir: mais qu'elle ſe devoit prendre ſur les reſerves faites ou à faire de l'uſufruit, que les Conteſtateurs s'étoient donnez: jugé que ladite donation étoit bonne, & que ladite Germaine ſeroit payée de ladite ſomme ſur les fruits appartenans à ladite Courtiade. *La Peirere*, *ibid*.

608 Le Teſtament mutuel ne devient pas caduc par le prédecés de l'heritier inſtitué, au cas qu'il ait été accepté par le ſurvivant des Teſtateurs, quand cet heritier a laiſſé des enfans. Arrêt du Parlement de Dijon du 15. May 1642. *Voyez Taiſand, ſur la Coûtume de Bourg. tit.* 7. *art.* 4. *n.* 16.

609 Teſtament mutuel du mary & de la femme, au profit d'un tiers, eſt confirmé contre les heritiers du mary prédecedé; mais la cauſe eſt appointée pour ſçavoir ſi la femme ſurvivante peut revoquer à ſon

Tome. III.

égard. Arrêt du 15. May 1642. *Bardet*, *to*. 2. *liv*. 9. *ch*. 22. M. l'Avocat General Talon inſinua que la révocation pouvoit avoir lieu.

610 Si le legataire ſurvit l'un des Teſtateurs, il joüit de la diſpoſition qui vient de luy, c'eſt-à-dire qu'il conſerve à ſes heritiers la proprieté de la diſpoſition, l'uſufruit reſervé au ſurvivant; que ſi le ſurvivant ne profite point des biens du prédecedé, il demeure toûjours en liberté de revoquer. *Idem*, s'il n'y a point de diſpoſition à ſon profit, encore bien qu'il prête ſon conſentement à l'execution du Teſtament, & promette de l'entretenir, ſi ce n'eſt que le nouvel acte porte une donation entre-vifs & irrevocable, qui change la nature de la diſpoſition. *Henrys*, *tome* 1. *liv*. 5. *qu*. 36. rapporte un Arrêt du 19. Novembre 1641. où l'eſpece a été jugée au contraire; mais Ricard dit que la queſtion s'étant depuis preſentée, elle a été jugée conformément à ſon opinion, entre Simon Maſſin, Gillette Marceau ſa femme, & Jean Caſaut Huiſſier au Parlement, par Arrêt du 18. Juin 1644. par lequel la Cour ayant aucunement égard aux Lettres obtenuës par la venve, a déclaré la révocation par elle faite du Teſtament mutuel, bonne & valable, & en conſequence il eſt dit qu'elle pourra diſpoſer de ſes biens, comme elle eut pû faire avant le Teſtament, & que le legs des Marguilliers de ſaint Sulpice demeureroit réduit à 4000. liv. au lieu de 8000. liv. payable ſur les biens du mary. *Ricard*, *du don mutuel*, *traité* 1. *ch*. 5. *ſect*. 7. *nomb*. 274.

611 Teſtament mutuel de deux conjoints ſigné d'eux, mais écrit ſeulement de la main du mary, n'eſt point valable; la nature des diſpoſitions mutuelles & reciproques, eſt que pour pouvoir ſubſiſter elles ſoient bonnes de part & d'autre, attendu que chaque acte doit être parfait en ſon genre. M. *Ricard des Donations entre-vifs*, 1. *part. ch*. 5. *ſect*. 5. *nomb*. 1492. Il faut faire le Teſtament double, l'un écrit du mary & l'autre de la femme, & tous deux ſignez de l'un & de l'autre.

612 Pere & mere font un Teſtament mutuel, & laiſſent l'option d'une partie de leurs biens à l'aîné; après la mort de l'un d'eux on demande ſi cette option ſe doit faire, on ſi elle doit être differée juſques au décés de tous les deux? Il fut ordonné que la mere ſurvivante, joüiroit de l'uſufruit de tous les biens; & que l'option ſe feroit, parce que l'option n'eſt pas differée en donations entre-vifs, quoiqu'on reſerve l'uſufruit, ni à plus forte raiſon en Teſtament mutuel entre mary & femme. Arrêt du 16. Juillet 1644. *Diction. de la Ville*, *nomb*. 10307.

613 D'un Teſtament mutuel entre conjoints par mariage, dans lequel les Notaires avoient déclaré que la teſtatrice ne ſçavoit écrire ni ſigner, bien que l'on rapportât pluſieurs actes dans leſquels elle avoit ſigné. Jugé par Arrêt du 2. Decembre 1649. que cette déclaration n'induiſoit ni fauſſeté ni nullité du Teſtament. La femme n'avoit point ſigné à ſon contrat de mariage, & depuis la datte des actes juſqu'au teſtament, elle n'avoit fait aucune ſignature, le long-temps & le défaut d'exercice faiſoient préſumer qu'elle avoit oublié. Deplus le Teſtament étoit attaqué par des collateraux. *Soefve*, *to*. 1. *Cent*. 3. *ch*. 21.

614 Quatre freres s'inſtituent reciproquement heritiers dans un même Teſtament; il eſt dit qu'ils ne pourront le revoquer qu'en faveur de leurs enfans s'ils en ont. Deux de ces quatre freres meurent, conformément au Teſtament reciproque, l'heredité eſt partagée entre les ſurvivans, le troiſiéme inſtitué un étranger, le quatriéme ſe plaint de la diſpoſition. Par Arrêt du Parlement de Touloſe au mois de Juillet 1655. après partage, le quatriéme frere fut maintenu aux biens que le défunt avoit eus de ſes deux autres freres, en conſequence du Teſtament reciproque, comme étant chargé de luy rendre; & l'heritier inſtitué par ce troiſiéme frere, eut les autres biens du défunt. Par ce moyen la liberté des Teſta-

mens fut confirmée. *Arrêts de M. de Catellan, liv. 2. chap. 55.*

615 Si le Testament mutuel holographe dans la Coûtume de *Poitou*, par le mary & la femme en forme de partage entre leurs enfans, est valable. Arrêt du 2. Avril 1658. qui appointe les parties, lesquelles depuis ont transigé. *De la Guess. to. 2. liv. 1. ch. 39.*

616 Si le survivant a executé le Testament mutuel, il ne le peut plus revoquer. 2. Encore qu'il offre remettre le tout en son entier, ni ne sera rompu par survenance d'enfans d'un second lit, lesquels ne pourront prétendre qu'une legitime. *Louet & Brodeau, lit. T. n. 10. id. Mornac. ad L. 7. ff. de pact. vid. Mantic. lib. 3. tit. ult. n. 9. 1. id. Charond. resp. lib. 6. n. 85. id Chopin. Parss. lib. 2. tit. 4. n. 16. generaliter & Andeg. lib. 1. cap. 40. n. 8. vid. Grass. §. testamentum quast. 90.* La *Peirere, let. T. nom. 63.* dit que le Testament mutuel ne tombe point en caducité, mais est transmis aux enfans de l'heritier institué ou legataire qui meurt avant le conjoint survivant. Autre chose est si l'institué ou le legataire n'avoient point d'enfans ; neanmoins la caducité ne concernera que le conjoint survivant.

Arrêt du Parlement de Bourdeaux du 30. Janvier 1659. Présidant Monsieur le Premier, plaidans Fontanel & Dalon. Les sieur & Dame de Nieul avoient fait un Testament mutuel, dans lequel ils s'étoient donnez reciproquement l'usufruit de leurs biens, & institué leurs enfans communs. Ladite Dame ayant survêcu à son mary fit des Actes approbatifs dudit Testament, par la joüissance & administration des biens & affaires de son mary, étant neanmoins mineure de 25. ans, lors ledit Testament que desdits actes, contre lesquels elle se pourvût par Lettres, lesquelles furent enterinées par le Sénéchal de Xaintes; & ladite Dame remise en la liberté de disposer de ses biens. Le curateur des enfans s'étant rendu appellant en la Cour, la Sentence fut confirmée: *Nota*, elle perdit tous les avantages à elle faits par le Testament.

Autre Arrêt du 13. Mars 1666. Présidant M. le Premier, Plaidans Comet & Licterie, entre Broc Procureur en Guyenne, & la veuve de Pradeau. Le fait étoit que les pere & mere avoient fait un Testament mutuel l'ayant institué leur heritier universel, & le Testament ayant été approuvé par la mere survivante au mary; & ayant pareillement survêcu audit Pradeau son fils, jugé que l'institution du fils du chef de la mere étoit tombée en caducité, & qu'à suite la mere avoit pû disposer de ses biens par autre Testament en faveur de ses petits fils enfans dudit Pradeau, au prejudice dudit Broc creancier dudit Pradeau fils. Je crois pourtant que non seulement dans la Coûtume de Bourdeaux; mais aussi ailleurs, l'ayeule étoit obligée de laisser ses biens à ses petits fils, en consequence dudit Testament mutuel, & qu'en ce cas il y avoit transmission. *La Peirere, ibid.*

617 Testament mutuel peut être revoqué *inter liberos*, il n'est point exempt des formalitez requises par la Coûtume d'Amiens. Arrêt du 10. Février 1663. *De la Guess. tome 2. liv. 5. chap. 6.*

618 Un pere & une mere avoient seulement donné à l'une de leur fille une metairie pour tout droit, à cause qu'elle avoit changé de Religion, & s'étoit mariée à un Catholique contre leur consentement; sans avoir égard au Testament, ordonné de suppléer à son legs jusques à la concurrence de sa legitime, sans charges & sans dépens. Arrêt du 13. Juin 1663. *Ibidem, chap. 27.*

619 Testament mutuel entre mary & femme, dans le ressort du Parlement de Grenoble, ne peut être valablement revoqué, sans que la revocation faite par l'un, soit signifiée à l'autre. Arrêt du 14. Juillet 1666. *De la Guess. tome 2. liv. 8. ch. 15.* la revocation faite en extrémité de maladie est nulle; la revoca-

tion n'a point de lieu en Contrat de mariage: le Testament mutuel executé par le survivant, ne se revoque point *agnatione posthumi.* Brodeau, *sur M. Louet, lettre S. som. 10.* Henrys, *tome 2 liv. 5. question 34.* tient que la survenance d'enfant, les choses étant entieres, rompt le Testament. *Voyez* le lieu où il marque la raison de la difference.

610 Si un Testament reciproque peut être sans effet, l'un des Testateurs ayant fait deux codicilles 17. ans après, où il confirme un Testament solemnel dont il ne fut jamais & ne fait nulle mention du reciproque: Arrêt du P. de Grenoble du 27. Août 1667. qui ordonne l'execution du Testament reciproque. *Basset, to. 1. liv. 5. tit. 1. ch. 22.*

611 Testament mutuel, quoiqu'executé par le survivant, est révocable quand l'heritier est étranger. *Louet, let. T. n. 10. id.* Autonne, *art. 9.* entend pourtant que si la revocation choque la volonté du Contestateur, celuy qui revoque perd tout l'émolument qu'il recevoit du Contestateur.

Par Arrêt du Parlement de Bourdeaux du 24. Février 1668. jugé qu'un Testament mutuel entre mary & femme, fait en faveur d'une niéce des Testateurs, pouvoir être revoqué par le survivant, quoiqu'il eût executé le Testament. *La Peirere, lettre T. n. 61.*

612 Femme mineure après la mort de son mary, peut se faire restituer contre un Testament mutuel qu'elle avoit executé, sous protestation que cette execution ne luy pourroit nuire. Jugé à Bourdeaux le 11. Janvier 1672. *Journal du Palais.*

613 Arrêt du 18. Decembre 1691, qui a jugé qu'un Testament mutuel fait entre deux conjoints, ne peut être revoqué, ni changé par l'un des Testateurs qui survit. *Journ. des Aud. tom. 5. liv. 7. ch. 15.*

614 Le Testament mutuel d'un mary & d'une femme, tout écrit & signé par le mary, & seulement signé par la femme, est bon à l'égard du mary, non à l'égard de la femme. Pour faire un Testament mutuel olographe, il faut que chacun des Testateurs en particulier, écrive & signe le Testament entier; s'il n'y a point d'autres manieres de tester mutuellement sous écritures & signatures privées. Cette question a été jugée au Grand-Conseil le 9. Decembre 1692. *Journal du Palais in fol. to. 2. p. 819.*

TESTAMENT, NOTAIRES.

6 5 Testamens faits par les Notaires à leur profit ou autrement. *Voyez* le mot *Notaires*, nombre 245. & *suivans.*

916 Défenses à tous Notaires du Bailliage de Forêt sur peine de faux & de privation de leurs Etats de Notaires d'écrire & recevoir aucun Testament que premierement le Testateur ou Testatrice n'aient en la presence de sept témoins, requis par la disposition du Droit écrit, & déclaré intelligiblement leur derniere volonté, sans aucune suggestion, ou induction, lequel Testament après avoir été reçu par le Notaire, sera lû, relû au Testateur, ou Testatrice en la presence desdits sept témoins, & sera fait mention par les Notaires qu'il aura été lû & relû; après laquelle lecture le Testament sera signé en la même heure, sans divertir à autres actes par les témoins, si tous sçavent écrire & signer en la presence du Testateur, ou Testatrice; ordonné que l'Arrêt sera lû au Siege de Montbrison, & du Bourg Argental les plaids tenans; enjoint au Substitut du Procureur General de le faire executer. Cet Arrêt ne parle que des Notaires de Forêt; mais comme c'est un pays de Droit écrit, il semble que la Cour n'a pas entendu dispenser ceux du pays de Droit écrit d'observer telles formalitez. *V. M. Ayrault, Plaidoyé 1. page 55.*

617 Par Arrêt du Parlement de Bourdeaux du 19. Janvier 1537. jugé qu'un Notaire Apostolique ne peut recevoir Testament, *etiam in piam causam*, s'il n'est Curé ou Vicaire du Testateur, & en luy administrant le dernier Sacrement; foy n'est ajoûtée au testament,

fans avoir les témoins numeraires. *Papon, liv. 4 titre 14 nomb. 3. & 4.*

628 Il y a cette difference d'un testament fait par un Paroissien en presence de son Curé & de luy reçu, ou de son Vicaire, d'avec celuy qui auroit été reçu par un Notaire, qu'il ne peut être executé par provision, comme celuy d'un Notaire. Jugé par Arrêt du 29. Octobre 1556. *Défin. du Droit Can. p. 886.*

629 Les testamens passez pardevant Notaires Apostoliques, sont nuls. Arrêt au mois de Juin 1569. *Peleus, question 20.*

630 Arrêt de défenses de n'expedier un testament durant la vie du testateur, du mois de Novembre 1575. entre la femme de Mᵉ. François Vignaux Conseiller du Roy en la Cour, Commissaire à ce député d'une part, & Mᵉ. Jean Fabry Lieutenant du Juge de Carmaing appellé d'autre. *La Rocheflavin, liv. 4. lett. T. tit. 5. Arᵗ. 6.*

631 Arrêt du 7. Decembre 1581. qui declare un testament fait dans la Touraine signé seulement par deux Notaires sans témoins, valable à l'égard du Dauphiné. *Chorier en sa Jurisprudence de Guy Pape, p. 212.*

632 Si le testament reçu par un Notaire est valable, n'étant point entre les mains du Notaire qui l'a reçu? *V. Boutot, to. 1. part. 1. verbo Testament, quest. 4.*

633 Si le testament reçu par un Notaire Apostolique, est nul? *Ibidem, part. 3. verbo Testament, quest. 1.*

634 Si un testament est valable, reçu par trois Notaires, n'étant signé par aucun d'iceux, & la minute s'étant trouvée avec d'autres minutes de l'un des Notaires mort, si le Commissaire peut donner expedition dudit testament? *V. Ibidem, verbo Testament, question 5.*

635 Les Notaires ne peuvent donner expedition des Testamens avant la publication. Arrêt du Parlement de Dijon du 17. Mars 1616. *Ibidem, to. 2. verbo Testament, quest. 71.*

636 Un homme fait venir un Notaire qui n'étoit pas du lieu, luy dicte son Testament; aussi-tôt qu'il eût fini, il le prend des mains du Notaire, le cachete, & déclare en presence de sept témoins, que ce qui étoit dans ce papier étoit son Testament. Par Arrêt du 21. Juin 1624. le Testament a été confirmé, quoique le Testateur ne sçût ni lire ni écrire, & que les témoins eussent ignoré le contenu d'iceluy. Par ce même Arrêt il a été jugé que le Notaire tient lieu d'un huitiéme témoin au Testament d'un illitré. *Cambolas, liv. 5. chapitre 16.*

637 Arrêt du Parlement de Paris du 30. Juin 1629. portant défenses aux Notaires de passer ni de recevoir aucun Testament qu'il ne soit à eux dicté & nommé par le Testateur en presence de témoins, & en faire expresse mention par ledit Testament qu'il a été dicté, nommé & relû au Testateur. *Filleau, part. 3. tit. 5. chapitre 21.*

638 Par Arrêt du Parlem. de Roüen du 9. Juillet 1631. rapporté par *Berault, sur l'art. 412. de la Coûtume de Normandie,* jugé qu'un Testament passé par un Prêtre en presence d'un Notaire Apostolique, étoit nul, conformément à d'autres Arrêts du Parlement de Paris. *Jovet, verbo Testament, nomb. 143.*

639 Arrêt du 21. May 1647. qui a déclaré valable un Testament passé pardevant les Tabellions de la Sergenterie d'Ofrainville, encore que le Testateur fût domicilié dans la Sergenterie de Bourdun, parce que ces deux Sergenteries étoient dans le détroit d'une même Vicomté. *Basnage, sur l'article 412. de la Coût. de Normandie.*

640 Si les Notaires d'une Justice subalterne peuvent recevoir les Testamens des personnes demeurantes hors du Ressort de ladite Justice? Et si un Testament passé pardevant un Curé autre que celuy de la Paroisse du Testateur, est valable? Arrêt du 16. Juillet 1650. qui appointe les parties au Conseil. *Soefve, to. 1 Cent. 3. chapitre 47.*

Le Curé ou Notaire qui reçoit le testament, doit 641 être celuy du lieu où le testament est passé. Arrêt du Parlement de Normandie du 15. Mars 1652. La nullité de ce testament étoit d'autant plus essentielle, que ce Notaire étoit d'une autre Province; ce qui vraysemblablement ne pouvoit être ignoré par le Testateur qui étoit le Curé de la Paroisse. La même chose avoit été jugée en l'Audience de la Grand'Chambre; le testament de Boulard fait en l'Abbaye de Bonport, Vicomté du Pontdelarche, fut cassé pour avoir été reçu par Denis, Tabellion à Roüen, qui pour cet effet s'étoit transporté dans cette Abbaye. *Basnage, sur la Coûtume de Normandie, art. 412.*

Arrêt du Parlement de Roüen du 3. Decembre 642 1652. qui a confirmé un testament reçu par un Tabellion Royal dans une Haute-Justice. Mais cet Arrêt ne doit pas être tiré à consequence, quand même un Tabellion Royal pourroit exercer dans le Territoire d'un Haut-Justicier, il ne peut pas y recevoir un testament, suivant l'article 412. de la Coût. de Normandie; il ne peut être reçu que par le Curé ou Tabellion du lieu où il est passé, la Coûtume ayant expressément établi ses personnes, on ne peut y employer d'autres. *Basnage, sur cet article.*

Les Notaires Apostoliques sont incapables de rece- 643 voir des testamens. Arrêts du Parlement de Roüen des 6. Juillet 1632. & 19. Janvier 1657. Le testament du Curé de Saint Leonard de Fécamp reçu par un autre Curé qui étoit Notaire Apostolique, fut cassé; il leguoit tous ses meubles & ses immeubles au Tresor de sa Paroisse pour faire quelques fondations. *Basnage, ibidem.*

Arrêt du Parlement de Roüen du 17. Juillet 1656. 644 qui confirme le testament du Curé de Maisoncelles, quoy qu'il eût été passé devant d'autres Tabellions que ceux de Maisoncelles; l'Arrêt fondé sur ce que ceux qui avoient reçu ce Testament, étoient Tabellions Royaux : cette raison n'est pas considerable, lorsqu'il s'agit de Testamens; car leur validité ne consiste pas en la seule volonté du Testateur; mais en l'observation des formes requises, en quoy ils déferent des Contracts qui ne laissent pas de valoir, quoy-qu'ils ayent été passez devant un autre Notaire que celuy des parties contractantes, parce que leur consentement seul les oblige; ce n'est donc pas assez pour la validité d'un Testament que le Notaire soit Royal, comme il fut jugé par l'Arrêt de Boulard, dont le Testament fut déclaré nul, quoyque celuy qui l'avoit reçu, fût un Tabellion Royal; mais il faut que ce soit le Tabellion du domicile du Testateur. Cependant il n'est pas necessaire que le Testament soit toûjours reçu par le Curé ou par le Notaire du domicile du Testateur, il suffit qu'il le soit par le Curé ou Notaire du lieu où il a été passé; de sorte que si quelqu'un étant en voyage ou hors de sa maison faisoit son Testament en quelques lieux où il se seroit arrêté, pourvû qu'il fût fait selon les solemnitez requises par la Coûtume du lieu où il auroit été reçu, les heritiers ne pourroient en empêcher l'execution, quoyque le Testateur fût depuis retourné dans le lieu de son domicile. Arrêt du Parlement de Roüen du 9. Août 1635. *Basnage, ibidem.*

Testament reçu par un Notaire autentique entre 645 gens hors de son Ressort a été confirmé par Arrêt du Parlement de Dijon du 24. Juillet 1665. *Taisand, sur la Coûtume de Bourg. tit. 7. art. 4. n. 4.* Il y avoit eu même Arrêt le 15. Mars 1627. *Ibid. art. 8. n. 2.*

Testament est valable, quoyqu'il ait été tetiré des 646 mains du Notaire, qu'il se trouve froissé & comme abandonné parmi des paperasses, & que le Testateur ait déclaré verbalement qu'il ne vouloit point que ce Testament eût effet. Arrêt du Parlement de Dijon du 19. Decembre 1665. *Voyez Taisand, sur la Coûtume de Bourgogne, tit. 7. art. 4. note 14.*

Arrêt du Parlement de Roüen du 27. Novembre 647

1667. qui caſſe un Teſtament reçu par le Clerc d'un Tabellion, bien que le Tuteur de l'heritier & le Vicaire de la Paroiſſe y euſſent ſigné comme témoins, déclaré nul. Arrêt du Parlement de Roüen du 22. Novembre 1667. rapporté par *Baſnage, ſur l'art.* 412. *de la Coût. de Normandie.*

648   Si un Notaire peut recevoir un Teſtament auquel il a écrit heritiere ſa belle-mere? Arrêt du Parlement d'Aix du 16. Janvier 1679. qui le confirme. *Boniface, to.* 5. *liv.* 1. *tit.* 11. *chap.* 1.

TESTAMENT, NOVICE.

649   Un Teſtament fait par une Religieuſe Novice, malade à l'extrémité, au profit de l'Hôpital où elle étoit Religieuſe, portant donation de tout ſon bien, jugé n'être valable. Arrêt du 24. Mars 1650. & 500. livres adjugez à l'Hôpital. *Du Frêne, liv.* 6. *chap.* 2. Autre Arrêt du 12. Juillet 1658. *Des Maiſons, lettre T. nombre* 2.

TESTAMENT NUL.

650   Nullitez qui peuvent être oppoſées contre un teſtament. *Voyez Bouvot, tome* 2. *verbo teſtament, queſtion* 67.

651   *Legata & fideicommiſſa, an ex teſtamento nullo debeantur?* Voyez *Andr. Gaill, lib.* 2. *obſervat.* 113.

652   Si le fideicommis eſt dû, quand le Teſtament eſt nul ? *Voyez* le mot *Fideicommis, nomb.* 115. Carondas, *liv.*3. *Réponſe* 47. & le *Journal du Palais* in quarto 11. *part. fol.* 245.

653   Teſtament nul ne peut être validé par un Codicile qui le rappelle. *V. Henrys, tome* 1. *livre* 5. *chap.* 1. *queſtion* 5.

654   Un Teſtament déclaré nul par l'indignité de l'heritiere inſtituée, ne rompt pas un teſtament anterieur. Ainſi jugé au Parlement de Touloſe. *Voyez les Arrêts de M. de Catellan, liv.* 2. *chap.* 83.

655   Le teſtament n'eſt pas nul pour laiſſer moins que la legitime. *Voyez Peleus, qu.* 142.

656   Teſtament entierement parfait & accompli, n'y ayant que le défaut de la ſignature du teſtateur empêchée par la mort depuis ſurvenuë, ne rend le teſtament nul, au cas particulier de l'Arrêt, ayant dit qu'à cauſe de ſon indiſpoſition, il ne pouvoit ſigner, & qu'il ſigneroit tantôt, pendant quoy il eſt mort: & on peut dire ce qui eſt dit en la Loy *Si mater Cod. de inoff. teſta. repentini caſus iniquitas, per conjecturam iniquitatis emendanda eſt*: & par la Novelle de Leon 42. *ut ſufficiens numerus teſtium teſtamentum ratum faciat, tametſi id neque illorum ſubſcriptiones, neque ſignacula habeat.* Arrêt du 17. May 1608. Tronçon, article 289. *verbo Signé.*

657   Si l'inſtitué heritier peut être renvoyé en la poſſeſſion de l'heredité, ſans aucune nullité en la forme reſultant de la Coûtume? *V. Bouvot, tome* 1. *part.* 3. *verbo teſtament, queſt.* 4.

658   Si le teſtament eſt nul, lorſque la forme preſcrite pour les teſtamens par les Coûtumes des lieux n'eſt pas gardée, & ſi les legs pieux peuvent être demandez ? *Ibidem, queſt.* 10.

659   Si un teſtament eſt nul pour avoir été reçu par un Notaire autentique au détroit de la Juriſdiction, en l'enclos & territoire du Seigneur qui a droit du ſcel autentique, & ſi on doit dans tous les teſtamens inſerer ces mets, lûs & relûs au teſtateur en preſence des témoins, à peine de nullité ? *V. Bouvot, tome* 2. *verbo teſtament, queſt.* 66.

660   Le teſtament doit être entierement lû & relû au teſtateur & la minute ſignée de luy ou interpellée de le ſigner à peine de nullité. Arrêt ſans date qui a déclaré un teſtament nul & ſuggeré, où les formalitez n'avoient pas été obſervées. Le teſtament n'en faiſant point mention, le legataire n'eſt recevable à mettre en fait qu'il a été relû comme a remarqué *Du Moulin, ſur la Coûtume de Sens.* V. *Papon, liv.*2. *tit.* 1. *nomb.* 20.

661   Les heritiers prétendans le teſtament nul, l'exe-

---

cuteur doit avoir proviſion ſur les meubles pour la pourſuite du procez & pour le payement des legs *in piam cauſam*, & ceux faits aux domeſtiques pour leurs ſalaires, pourvû qu'il n'y ait point de vice viſible. Arrêt du 17. Février 1350. Papon, *li.* 18. *tit.* 1. *n.* 33.

661   Si le pere ou la mere par teſtament oublient de nommer, inſtituer ou exhereder l'un de leurs enfans, ou luy laiſſer ſa legitime, le teſtament eſt nul. Neanmoins s'il y a clauſe codicillaire, telles fautes & autres défauts de ſolemnités ſont couvertes: le teſtament vaut *per obliquum*, c'eſt-à-dire que les heritiers *ab inteſtat* ſont tenus d'accomplir ce qui eſt ordonné par le teſtateur. Arrêt du Parlement de Grenoble en 1460. *Bibliotheque de Bouchel*, verbo *Teſtament.*

663   Si l'authentique *ex cauſa C. de liber. præterit.* a lieu quand le teſtament eſt nul par l'Ordonnance de François I. de 1539? *Baſſet, to.* 2. *liv.* 8. *tit.* 1. *ch.*3. rapporte un Arrêt du Parlement de Grenoble ſans date, lequel déclara nul le teſtament à la reſerve des legs pieux. Ils ſont dûs & non les autres, le teſtament étant caſſé par l'incapacité de l'heritier.

664   Un pere fait un teſtament, il inſtitue ſon petit fils heritier, & laiſſe à ſa fille tante de l'inſtitué une ſomme ſans parler du pere de l'inſtitué; au jour du décez du teſtateur, le fils étant décédé la tante plaidant contre le neveu ſoûtient que le teſtament eſt nul, parce que lors qu'il a été fait le petit fils avoit ſon pere dont il n'a point été parlé, & *proinde ex C. præteritionis irritum manere,* idque ſufficere. L. ſi ſex poſt mortem. §. ſi de bon. poſſ. contrà tab.* Par Arrêt du 8. Janvier 1577. il a été jugé en faveur du neveu, aprés partage en toutes les Chambres. *La Rocheflavin, liv.* 4. *lett. T. tit.* 5. *Arr.* 13.

665   *Formæ conſuetudinis non ſervata in teſtamento, totum teſtamentum corruit etiam in piis legatis,* le 29. Novembre 1580. Mornac, *l.* 10. *ff. de inoffiocſo teſta.*

666   Un pere fait ſon teſtament par lequel il declare ſon fils être dépourvû de bon ſens, & veut que s'il décéde ſans enfans ou *ab inteſtat*, les biens rétournent à ſon frere; le pere & le fils mort, ce dernier frere ayant fait les pauvres de Villaſavary ſes heritiers univerſels le frere s'oppoſe & ſoûtient que le teſtament eſt nul. 1°. Que le défunt étoit fils de famille. 2°. Qu'il étoit furieux, ce qui ſe prouve même par le teſtament du pere. Le ſindic des pauvres ſoûtient & rapporte des contrats paſſés entre le pere & le fils défunt, d'ailleurs qu'on ne prouveroit pas qu'une diſpoſition auſſi bonne pût provenir de fureur. Par Arrêt du 6. Decembre 1581. la Cour appointa les parties en leurs faits contraires pour les prouver dans le mois, & cependant adjuga au Sindic la joüiſſance de tous les biens, à la charge de les tenir ſous la main du Roy & de la Cour. *La Rocheflavin, liv.* 4. *lett. T. tit.* 5. *Arr.* 17.

667   Le 11. Octobre 1587. Barthelemy Bonnet âgé de 15. ans fait un Teſtament; il inſtitue ſes heritiers univerſels André Pinguet & Catherine Doronne: le 14. enſuivant il inſtitue heritiere Claude Laurence fille de Barthelemy Laurens, lequel auroit été élu Tuteur dudit Bonnet, & n'avoit pas encore rendu compte de la tutele. Aprés le décés, la ſucceſſion eſt prétendue par les premiers inſtituez, par le ſecond: & enſuite par l'heritier qui prétend que les deux Teſtamens ſont nuls. Par Arrêt du 9. Février 1590. la ſucceſſion a été adjugée aux inſtituez par le premier Teſtament, parce que Laurence inſtituée au dernier étoit incapable comme étant fille du Tuteur, & le Teſtament fait en ſa faveur étoit nul ſuivant l'ordonnance, & par conſequent ne pouvoit avoir revoqué valablement le premier Teſtament. *La Rocheflavin, livre* 4. *lettre T. tit.* 5. *Arr.* 14.

668   Thomas Robelin fait ſon Teſtament; un témoin ſigne, l'autre eſt ſeulement enquis. Un heritier collateral conteſte l'execution: Sentence à Semeur qui declare le Teſtament nul, à l'exception des legs faits à l'Hôpital de Saulieu. Arrêt du Parlement de Dijon

du 30. Juillet 1618. qui annulle tout le Testament. *Voyez les Plaidoyers de M. de Xaintonge*, ch. 35. à la fin. il rapporte un autre Arrêt semblable, & dit que la nullité du Testament étoit, que l'Acte endossé sur ce Testament étoit reçu par deux Notaires, contre la forme portée par la Coûtume qui requiert en ce cas un Notaire & deux témoins; dans ce Testament il y avoit un legs fait aux Feüillants de Châtillon, avec charge de celebrer quelque service, le tout confirmé par un codicille en bonne forme. Le premier Juge avoit confirmé ce legs, bien qu'on convint de la nullité de l'Acte; mais les heritiers *ab intestat* étoient instituez par le Testament: neanmoins le legs fut aussi déclaré nul, quoyque les Feüillants eussent déja celebré le service ordonné, de sorte qu'il faut tenir pour très certain en *Bourgogne*, que *l'art. 3.* de la Coûtume reformée contient les formalitez de l'une & l'autre sorte de Testamens qui sont tenuës pour distinctes bien qu'elles soient sous un même article, & que l'une ne doit rien emprunter de l'autre. 2°. Que les Ordonnances ne derogent point à la Coûtume pour ce regard. 3°. Que l'authentique *ex causâ* n'y a point de lieu, & qu'il n'y a rien qui puisse faire valoir un legs compris en un Testament qui manque en la moindre des formalitez établies.

669 Leonard Velle ayant institué par son Testament le Chapitre de saint Lazare d'Autun, & legué 400. liv. à l'Eglise de Cussi, à la charge d'y faire quelques services pour le salut de son ame, & Lazare Velle ayant débatu de nullité ce Testament, il fut declaré valable par Sentence du Bailliage d'Autun dont il y eut appel, sur lequel intervint Arrêt le 18. Juillet 1634. au Parlement de Dijon, par lequel la succession de Leonard Velle fut reglée *ab intestat*, sur ce motif que le Testament étant holographe, la suscription du Notaire étoit attestée de deux témoins, dont l'un n'avoit que 13. ans; & neanmoins l'heritier *ab intestat* fut condamné à aumôner 400. liv. à l'Eglise de Cussi à la charge des services portez par le testament. *Taisand, sur la Coûtume de Bourgogne*, tit. 7. art. 8. note 3.

670 Testament écrit d'une main étrangere, signé du Testateur & des Notaires, est declaré nul, quoyqu'il fût confirmé par un codicille holographe. Arrêt du 22. Février 1638. *Bardet, to. 2. liv. 7. ch. 14.*

671 Testament étant declaré nul, l'on peut repeter les legs payez, même ceux faits par forme de compensation, neanmoins la dette subsiste. Arrêt du 12. Juillet 1638. *Bardet, to. 2. liv. 7. ch. 34.*

672 La nullité d'un Testament ne peut être couverte par le consentement que le Testateur exige de son heritier, cependant un Curé qui laissoit beaucoup de meubles à ses freres, donnoit une rente de 30. liv. aux enfans de sa sœur; la donation agréée par les heritiers presens qui signerent au Testament, fut confirmée par Arrêt du Parlement de Roüen du 18. Janvier 1639. Le fondement de l'Arrêt fut que les meubles étoient de grande valeur; & il eut pû les donner à sa sœur; autrement la donation eut été cassée. *Basnage, sur l'article 412. de la Coûtume de Normandie.*

673 La ratification d'un Testament nul faite par l'heritier au préjudice de ses creanciers ne peut servir aux legataires. Arrêt du Parlement de Roüen du 21. Novembre 1656. *Voyez Basnage, sur l'art. 412. de la Coûtume de Normandie.*

674 Un Testament nul par l'incapacité de l'heritier, lequel étoit Curateur du Testateur, casse & révoque le premier. Arrêt du Parlement de Grenoble du 19. Janvier 1660. *Basset, to. 1. liv. 5. tit. 1. ch. 17.* Autre chose seroit si le dernier Testament se trouvoit nul par le défaut de solemnitez.

675 Si un Testament nul peut subsister au moyen d'un codicille en bonne forme étant ensuite d'iceluy? Arrêt du 22. Janvier 1665, *Soëfve, tom. 3. ch. 40.*

676 Un Testament fait en faveur d'un Monastere où la Testatrice s'étoit retirée & y mourut, jugé nul par Arrêt du Parlement de Grenoble du 25. Février 1669. Neanmoins la Cour pour les frais de maladie, funeraires & prieres, accorda 400. liv. *Basset, to. 2. li. 8. tit. 1. ch. 5.*

677 Si l'appellation de la procedure d'ouverture du Testament solemnel est recevable; si le Testament est nul pour avoir été clos par le Notaire en presence du Testateur; pour n'avoir le Testateur presenté le Testament au Notaire; pour avoir le Notaire apposé les cachets; pour n'avoir le Testateur dicté le Testament? Arrêt du Parlement d'Aix du 18. Avril 1670. qui confirma la procedure de l'ouverture, & confirma le Testament. *Boniface, to. 5. liv. 1. tit. 20. ch. 1.*

678 Arrêts des 2. Juin 1672. & 26. Janvier 1673. qui ont préjugé que les testamens revocatoires de tous autres, quoyque declarez nuls par l'incapacité des heritiers instituez, empêchent l'execution des precedens faits en faveur de personnes capables, ensorte que les premiers testamens ne reprennent pas leur force; & la révocation subsiste toûjours pour donner lieu à l'ouverture de la succession *ab intestat*. *Graverol sur la Rocheflavin, livre 4. lettre T. titre 5. Arr. 14.*

679 Un testament n'est pas nul pour avoir été reçu par un Juge qui se trouve parent du testateur, & même legataire & fideicommissaire. Il n'est point aussi nul faute de date, lorsqu'il conste de la volonté du testateur. Arrêt rendu au Parlement de Tournay le 13. May 1694. en révision de 26. Juges, sçavoir 8. étrangers, & 18. de la premiere & deuxième Chambre. *Pinault, to. 1. Arr. 27.* où sont citez des Arrêts semblables du Parlement de Bourdeaux de l'an 1573. & de Toulouse en 1617. & un pareil jugement rendu en la Cour de Frise le 22. Decembre 1609.

TESTAMENT NUNCUPATIF.

680 Des testamens nuncupatifs & de leur forme. *Voyez l'Autheur des Observations sur Henrys, tome 1. livre 5. ch. 1. quest. 7. & Carondas, liv. 9. Rép. 25.*

681 Le testament nuncupatif se prouve de deux manieres. 1°. Quand lors de la nuncupation il est rédigé par écrit, ou par un Notaire, ou par le Curé, ou par quelque autre personne, sans qu'il soit besoin que le Testateur ou les témoins signent. 2°. Quand il n'a pas été rédigé par écrit, la preuve s'en fait après le décez du Testateur, par le recollement des témoins devant les Juges des lieux. *Henrys, tome 1. liv. 5. ch 1. quest. 7.*

682 Les Testamens nuncupatifs sont reçus au Parlement de Toulouse. *Maynard, liv. 5. ch. 4.*

683 Au ressort du Parlement de Paris, on ne reçoit la preuve par témoins des Testamens, à cause de l'Ordonnance de Moulins de 1566. art. 54. qui défend la preuve testimoniale és choses excedans 100. liv. Arrêt celebre au 7. Janvier 1593. rapporté par *Robert, liv. 2. c. 10. rer. jud.*

684 La preuve par témoins n'est point reçue contre un Testament nuncupatif fait en temps de peste. Arrêts du Parlement de Paris des 7. Janvier 1594. & 16. Juin 1594. en forme de reglement, faisant défenses aux Présidiaux de recevoir telle preuve. *Papon, liv. 20. tit. 1. n. 1. Maynard, liv. 5. de ses quest. ch. 16. & 17.* Ces Testamens nuncupatifs n'ont plus lieu en France.

685 Les Testamens nuncupatifs en France doivent être écrits, ne se prouvent par témoins, même en temps de peste. Arrêt du 6. Juin 1594. *Peleus, qu. 61.*

686 *Henrys, to. 2. liv. 5. quest. 40.* décide qu'un Testament nuncupatif signé par le Testateur & les témoins, & non par le Notaire qui avoit oublié de signer la minute, est nul. Il fait mention d'un Arrêt qui l'a ainsi jugé. Il excepte pourtant le Testament entre enfans, lorsque le pere a signé.

687 Si la faveur du Testament *inter liberos*, peut s'étendre au Testament nuncupatif, ou s'il est necessaire que le pere teste par écrit pour se dispenser des solemnitez? *Voyez Henrys, tome 1. liv. 5. ch. 4. qu. 32.*

687 Si le Testament nuncupatif ne se faisant à present que par écrit, peut avoir le privilege du Testament *inter liberos* ? Il faut conclure que la faveur des enfans ni de la cause pie, ne couvre point le défaut de volonté, non plus que la clause codicillaire ne la peut pas suppléer. *Voyez Henrys*, to. 1. liv. 5. chap. 4. *quest.* 33.

688 Un pere malade à Toulouse, declare à un Notaire mandé à cet effet, quelle est sa volonté, & la distribution qu'il veut faire de ses biens à ses enfans. Il charge le Notaire de l'écrire. A cette declaration & à cette ordonnance se trouve l'Apotiquaire du malade auquel le discours n'étoit point adressé, mais qui l'entend. Le Notaire part pour aller écrire chez luy plus commodément, il commence d'écrire, & lors qu'il a déja écrit les premieres clauses, on vient luy apprendre que le malade est mort ; il cesse de continuer l'acte, en le chargeant du fait de mort qu'on luy annonce ; après quoy la veuve mere des enfans ayant fait resumer tant le Notaire que l'Apotiquaire témoins, les enfans devenus adultes, mais mineurs, passent des actes & des transactions entr'eux, suivant la disposition de ce testament : devenus majeurs, quelques uns d'eux demandent leur restitution envers ces actes & transactions, la cassation du testament & le partage de la succession *ab intestat* ; le testament fut declaré nul, comme nuncupatif au Parlement de Toulouse. *Arrêt de M. de Catellan*, rapporté en son liv. 2. chap. 4.

689 Le nommé Auzel malade voulant faire un testament par écrit, avoit envoyé querir un Notaire ; celuy-ci occupé ailleurs envoye son Clerc au malade lequel luy dit sa volonté ; le Clerc l'écrit en presence de six témoins. Le Testateur étant mort pendant que le Clerc alloit remettre son écrit au Notaire, qui le met en forme sur son registre avec une déclaration fidelle de tour ce qui s'étoit passé. Procez entre Auzel heritier institué & le plus proche parent nommé de même, qui s'étendoit être heritier legitime, soûtenant que le testament étoit nul, & ne pouvoit valoir comme nuncupatif, à cause que ce n'avoit pas été la vûë ni l'intention de celuy dont la succession étoit débattuë. L'heritier institué fut neanmoins reçu à prouver ce testament nuncupatif par la resomption de six témoins & du Clerc du Notaire. Arrêt rapporté par *M. Catellan, ibid.*

690 Arrêt du Parlement de Paris du 6. May 1594. qui fait défenses aux Juges de recevoir la preuve d'un testament nuncupatif par témoins, ordonne que l'Arrêt seroit verifié au Siége d'Aurillac. M. Servin, dit qu'en 1576. il y avoit eu pareil Arrêt prononcé en Robes rouges dans une cause du païs de Maconnois & que les Avocats furent alors avertis que cet Arrêt avoit lieu, tant au païs de Droit écrit que coûtumier. *Biblioth. de Bouchel*, verbo, *Preuves.*

691 Par Arrêt du 6. Juin 1594 défenses aux Juges dont étoit appel, à tous autres, soit en païs coûtumier ou Droit écrit, de recevoir à verifier par témoins un testament nuncupatif, enjoint de garder l'Ordonnance qui rejette la preuve par témoins d'un testament, & d'autres tels actes. *Ibid.* verbo, *Testament.*

692 Il est necessaire que le testament nuncupatif soit lû & relû, & que le Notaire en fasse mention. Arrêt du 31. Août 1602. *Henrys*, tome 1. liv. 5. chap. 1. *quest.* 7. Voyez *Carondas*, liv. 9. *Rép.* 35.

693 Testament nuncupatif est bon avec le Notaire & six témoins. Jugé le 4. Janvier 1605. & fut jugé que le Notaire serviroit de témoin, veu que l'écriture n'étoit point de l'essence dudit testament; &il fut ordonné que les témoins seroient resumez; pour le faire valoir comme nuncupatif : parce que le Notaire avoit omis de demander à deux de ces témoins s'ils sçavoient signer. *Cambolas, liv. 3. ch.* 46.

694 Un Testament nuncupatif en Bresse non signé par le Testateur ni par les témoins & n'y étant pas

même fait mention, s'ils sçavoient signer ou non, auparavant la reduction du Païs,étoit bon & valable. Arrêt du Parlement de Dijon du 4. Février 1606. V. *Bouvot, tome* 2. verbo, *Testament, quest.* 79. Autre chose seroit aujourd'huy, attendu l'Ordonnance de *Moulins, art.* 54.

695 Si le Testament nuncupatif est reçu en France, & quand il peut être dit nuncupatif ? V. *Bouvot, tome* 1. *part.* 3. verbo, *Testament, quest* 10.

696 Si le Testament nuncupatif rédigé par écrit, doit être signé par le Testateur & témoins ? *Voyez Bouvot, ibidem.*

697 Un Testament nuncupatif, ni la solemnitez d'un Testament ne peuvent être reçus en preuve. Arrêt du Parlement de Dijon du 7.Decembre 1622. *Bouvot, tome* 2. verbo, *Testament, quest.* 76.

698 Avant l'Ordonnance de 1667. suivant l'usage du Dauphiné, le Testament verbal & nuncupatif pouvoit être relevé par témoins, comme il a été jugé au Parlement de Grenoble par Arrêt du 30. Mars 1610. pour un Testament que le testateur n'avoit pû signer, & qui étoit ainsi demeuré imparfait. *Voyez Chorier en sa Jurisprudence de Guy Pape, pag* 154.

699 Jugé au Parlement de Grenoble le 10. Mars 1626. qu'un Testament nuncupatif que le Testateur n'avoit pû signer à cause qu'il fut prévenu de mort, pouvoit être relevé par témoins ;mais quand il y a des circonstances qui peuvent donner des soupçons de la verité du Testament,ou de la foiblesse du Testateur, même de subornation, cette preuve n'est pas permise. Ainsi jugé le 13. Août 1664 *Basset,tome* 1. *liv.* 5. *tit.* 1. *chap.* 4.

700 Testament nuncupatif, fait en païs de Droit écrit, est confirmé quoique la Testatrice eût une grande difficulté de parler & répondre, ayant été apparemment interrogée & ne pût se faire entendre aux Notaires & témoins,que séparément & l'un après l'autre. Arrêt du 10. Juillet 1648. *Voyez Bardet, tome* 2. *liv.* 7.*chap.* 35.

701 *Astrus*, païsan demeurant dans une métairie, fit son Testament ; il legua à sa femme l'usufruit de ses biens, & fit un de ses fils heritier. Vingt ans après y ayant eu contestation, on opposoit que ce Testament avoit été reçu par un simple Praticien Procureur Jurisdictionnel du lieu,que les témoins avoient été resumez le lendemain incompetemment devant le Juge du même lieu, & qu'ainsi *petitio hæreditatis* étant *centumvirale judicium, L. cum hæreditatis* 12. *Cod. de petit. hæredit.* on demandoit la nullité de ce Testament, & la cassation de la procedure du Juge ordinaire : mais ayant été representé que ce Testament étoit entre enfans & nuncupatif, que l'écriture ne servoit que pour en conserver la memoire, il fut jugé valable au Parl. de Toulouse le 30. Mars 1643. la veuve s'appelloit de Jammes. *V. la Rochestavin tit. des Testamens, Arrêt* 11. Du Testament fait devant un Juge & son Greffier, quoyque non recité, il faut observer qu'en ce cas tels Testamens ont besoin de resomption,comme il fut, jugé en Février 1646. *Albert, verbo, Testament, art.* 8.

702 Si le Testateur a voulu tester par écrit & que toutes les solemnitez ne s'y trouvent pas, comme lors que tous les témoins n'ont pas signé, tel Testament peut valoir, comme nuncupatif. Arrêt du Parlement de Toulouse au mois d'Août 1644. il fut ordonné que les témoins seroient resumez, parce que *actus debet magis valere quam perire.* Même Arrêt du 7. Juillet 1659. *Albert, ibid. art.* 14.

703 Testament nuncupatif peut être écrit par l'heritier. Arrêt du P. de Toulouse du 4. Mars 1646. parce que l'écriture n'y est que *memoria causâ.* Ibid. *art.* 16.

704 Arrêt du 5. Février 1654. qui a confirmé un Testament nuncupatif, dont l'original n'étoit point signé par le Notaire qui en avoit donné un extrait par luy signé: on ajoûta dans l'Arrêt, sauf à se pourvoir par inscription

inſcription en faux. *Boniface , tome 2. livre 1. titre 2. chapitre 2.*

705 Un Teſtament nuncupatif fait aux champs où il n'y a que quatre témoins ſignez avec le Notaire , qui n'a déclaré avoir enquis les autres s'ils ſçavoient ſigner , confirmé par Arrêt du 25. Juin 1667. Le Teſtateur étoit un Gentilhomme demeurant à la campagne , il avoit perſeveré dans la volonté d'inſtituer ſon heritier ; ce dernier Teſtament étoit holographe , & par conſequent de grand poids. *Baſſet , tome 1. liv. 5. tit. 1. chap.* 21. il obſerve que la même choſe avoit été jugée le 30. Juillet 1665.

706 Arrêt du Parlement d'Aix du 22. Mars 1671. qui declare nul le Teſtament nuncupatif pour n'avoir été dit par le Notaire (*publié*) mais ſeulement *fait*. *Boniface , tome 5. liv. 1. tit. 1. chap. 2.*

707 Si le Teſtament nuncupatif publié huit jours aprés eſt nul, comme n'étant pas fait *uno & eodem contextu?* Arrêt du 5. Juin 1678. qui l'a déclaré valable ; le Teſtament étoit fait *inter liberos*, confirmé par un Codicille , & avoit été executé aprés le décés de la Teſtatrice. *Boniface , tome 4. liv. 1. tit. 1. chap. 3.*

708 Si le Teſtateur a voulu teſter ſolemnellement , & n'a pû le faire , le Teſtament vaudra comme nuncupatif, ſi les formalitez du nuncupatif s'y rencontrent, quoique le Teſtateur n'ait nommé ſon heritier que par relation de celuy qui eſt écrit dans ſon Teſtament. *Boër. déc. 240. n. 5. 6. vid. Faber. C. de Teſtam. déf. 4. vid. Mantic. lib. 1. tit. 7. id. Clar. §. Teſtamentum , queſt. 4. n. 1. 2. 3. diſtinguendo ,vid. Graſſ. §. Teſtamentum , queſt. 10. vid. L. 3. ff. de Teſtam. milit. & L. 35. eod. & L. 35 §. 1. ff. de verb. oblig.* La Peirere, *lettre T. nomb.* 46. dit , *Cette queſtion arrive ſouvent par l'ignorance des Notaires , qui au teſtament ſolemnel, c'eſt-à-dire clos & cacheté appellent des témoins qui ne ſpavent pas ſigner : mais neanmoins j'ay toûjours cru qu'en ce cas le teſtament vaut comme nuncupatif.*

Arrêt du Parlement de Bourdeaux du 5. Septembre 1672. rendu en la ſeconde des Enquêtes , au rapport de M. Tortati , entre Pierre du Boſc Maître Apotiquaire , tant en ſon nom que comme mary de Marie Intras, & les heritiers de Catherine Albert. Ladite Catherine Albert veuve de feu Rigoulet Maître Apotiquaire , fait ſon Teſtament clos & cacheté , ne ſçachant lire ni écrire , dans lequel elle legue audit du Boſc ſon aſſocié les boîtes , unguens & inſtrumens de la boutique d'Apotiquaire avec la moitié des parties faites depuis la ſociété , & à ladite Intras legue la majeure partie de ſon bien , inſtitué ſes heritiers ceux qui de droit le pouvoient être. Ledit Teſtament eſt écrit de la main du Notaire & ſigné de luy , & l'Acte de clôture eſt ſigné ſeulement de ſept témoins & du Notaire. Pierre & Jean Albert heritiers preſomptifs de ladite Catherine Albert, impugne ce Teſtament de nullité, ſur ce qu'une perſonne qui ne ſçait lire ni écrire, ne peut point faire un Teſtament ſolemnel *inſcriptis*, & encore de ce qu'il défailloit un huitiéme témoin : jugé que le Teſtament étoit bon & valable. L'Arrêt juge deux choſes importantes , l'une qu'une perſonne qui ne ſçait lire ni écrire , peut fort bien faire un Teſtament ſolemnel , clos & cacheté ; l'autre que le Teſtament ne pouvant valoir comme Teſtament ſolemnel *inſcriptis* , il vaut comme nuncupatif. *La Peirere, ibid.*

709 Le nommé Baudet malade , appelle un Curé étranger ; ce Curé entend ſa Confeſſion par occaſion enſuite retient le Teſtament que ſon Penitent malade le prie de recevoir en défaut de Notaire , & dans le danger preſſant de mort , il y eſt dit , que le Teſtament a été lû mot à mot devant dix témoins , dont cinq n'ont ſçû ſigner , non plus que le Teſtateur , & que les autres l'ont ſigné , comme il ſe trouve qu'ils l'ont ſigné en effet. Procés ſur la ſucceſſion entre l'heritier & le plus proche parent prétendant ſa ſucceſſion *ab inteſtat* : il y eut partage au Parlement de

Tome III.

Touloufe le 22. Février 1681. la cauſe départie en faveur du prôche parent. *Arrêt de M. Catellan, liv. 2. chapitre 4.*

710 Le ſieur Pradelles fait en faveur du ſieur de Fizes un Teſtament nuncupatif à Montpellier devant un Notaire & trois témoins , nombre ſuffiſant dans cette ville. Le ſieur Decros neveu & plus proche parent du Teſtateur aſſigne le ſieur de Fizes au Sénéchal à venir voir déclarer nul ce Teſtament ; il ſoûtient qu'il avoit été révoqué par le Teſtateur cinq ou ſix jours avant ſa mort ; pour établir ce fait , il dit en avant que le Teſtateur voulant révoquer ce teſtament avoit le Vendredy 29. Juin 1696. appellé un Notaire & 3. témoins , que le Notaire ne s'étant point trouvé en commodité de retenir cette revocation , & ayant renvoyé la choſe au Dimanche ſuivant , le Teſtateur y avoit conſenti ; & neanmoins deſlors devant ce Notaire & ces témoins, déclaré la révocation du Teſtament, laquelle il prétendoit avoir ſa force dés ce moment voulant qu'il fût pour non avenu , ſauf un legs de 300. liv. en faveur des pauvres, lequel il augmente de 200. livres , priant le Notaire & les témoins de s'en ſouvenir. Le ſieur Decros demanda d'être reçu à la preuve de ſes faits ; le Sénéchal la refuſe & confirme le Teſtament. Appel au Parlement de Toulouſe , qui par Arrêt du mois de Mars 1698. reformant la Sentence du Sénéchal reçut Decros à la preuve des faits par luy alleguez par le nombre de témoins neceſſaires aux Teſtamens , ſuivant le Statut de Montpellier , où Decros diſoit que la révocation avoit été faite, & ce, quoique Decros ne nommât point les témoins , & que le Notaire fût mort depuis la révocation. *Arrêts de M. de Catellan , liv. 2. ch. 2.*

TESTAMENT, OFFICIAL.

711 Teſtament redigé par un Official en forme d'inſtrument public n'eſt authentique ni executoire. Arrêt du Parlement de Paris du 14. Février 1552. qui appointe ſur ce doute. *Papon, liv. 20. tit. 1. nomb. 16.*

OUVERTURE DU TESTAMENT.

712 De l'uſage des cachets dans les Teſtamens & de la formule de l'ouverture des Teſtamens ſolemnels. *Voyez Henrys, tome 2. liv. 5. chap. 39.*

713 Jugé par Arrêt du 13. Août 1613. que l'ouverture d'un Teſtament clos, ſuſcrit & reconnu pardevant un Notaire Royal, doit être fait en la Juſtice du haut-Juſticier, en laquelle le Teſtateur étoit domicilié , & l'execution d'iceluy pardevant le Juge Royal. *Filleau, part. 3. tit. 7. chap. 13.*

714 Arrêt du 11. Juillet 1634. qui appointe pour ſçavoir ſi le Juge a dû ſurſeoir juſqu'à une heure de relevée l'ouverture du Teſtament clos & cacheté , que l'heritier legitime prétend avoir été trouvé tout ouvert & preſumé révoqué, ſans préjudice de l'inſcription en faux ; l'execution proviſoire du Teſtament a été ordonnée. *Bardet, tome 2. liv. 3. chap. 29.*

Arrêt du Parl. d'Aix du dernier Mars 1667. qui a jugé que le Juge d'un Seigneur haut-Juſticier peut ordonner l'ouverture d'un Teſtament nonobſtant l'appel. *Boniface ,tome 2. liv. 1. tit. 1. chap. 6.*

TESTAMENT, PAPES.

715 *Papa de fructibus Beneficiorum teſtandi licentiam dare poteſt. Voyez Franc. Marc. to. 1. queſt. 505.*

TESTAMENT, PARALITIQUE.

716 Chopin, en ſon Commentaire ſur la Coûtume de Paris, *liv.2. tit. 4. n. 21. & 22.* rapporte un Arrêt de la Cour du Parlement de Paris du 24. Octobre 1595. qui a déclaré nul un teſtament fait par un paralitique & perclus d'une partie de ſon corps , quoique par ſignes évidens & démonſtrations , en la preſence d'un Conſeiller de la Cour du Parlement de Bourdeaux , & du Procureur General député par ladite Cour à la requiſition du teſtateur , & qui en auroient dreſſé procez verbal , & que le teſtament eût été reçu par Notaires. *Papon, liv. 20. tit. 1. n. 1.*

717 Le teſtament d'un paralitique qui ne peut parler ,

A A a a a

mais seulement ouïr , est nul. Arrêt du 27. Octobre 1595. *Peleus, qu. 59.*

718   Sçavoir si un homme avancé en âge , malade d'une paralisie , qui begaye & semble être retombé en enfance , peut tester , Si un testament fait par une personne ainsi indisposée peut valoir étant fait en presence de deux Notaires beaufreres ? *Voyez le huitiéme Plaidoyé de M. Galand.*

TESTAMENT , PAUVRES.

719   La faveur des pauvres ne rend pas un testament valable qui n'est pas solemnel. Arrêt du 27. Juillet 1598. *Montholon , Arrêt 3. circa finem.*

720   Deniers confiez à un Marchand pour employer en œuvres pies , ne peut valider au préjudice des pauvres heritiers,&c. Arrêt du 19. Février 1624. *Du Fréne, liv. 1. chap. 19.*

721   Un Curé avoit laissé parmi ses papiers un Billet écrit & signé de sa main sur un quart de feüille de papier , dans lequel il disoit qu'il déclaroit que tout son bien étoit aux pauvres , & qu'il laissoit ce Memoire afin qu'on executât la-dessus sa volonté. Ce Billet fut déclaré bon en faveur des pauvres de la Paroisse , à l'égard des biens du Curé , provenus des revenus de sa Cure , qu'on pouvoit aisément distinguer & separer de son patrimoine , auquel il n'avoit pas touché ; les Arbitres crurent qu'à l'égard de cette sorte de revenu, on devoit regarder les pauvres comme étant les enfans du Beneficier, *& quodammodo rerum Domini etiam vivente patre,* sur tout pour le superflu,qui ne peut être plus superflu ni mieux marqué pour tel , que lors qu'il est laissé en épargne ou en reserve par le Beneficier à sa mort : ainsi le memoire écrit par le Curé , par rapport à la disposition de ses biens provenus de son Benefice,fut regardé en faveur des pauvres,comme le Testament d'un pere en faveur de ses enfans , où la seule écriture privée suffit, sans aucune formalité. *Voyez les Arrêts de M. de Catellan, liv. 1. chap. 18.*

722   Reglement portant que tous ceux qui ont faculté de recevoir des Testamens , & autres Actes , contenans des legs & aumônes aux Hôpitaux,Eglises,Communautez ou Prisonniers , seront tenus de mettre ès mains de M. le Procureur General des extraits en bonne forme desdits Testamens , du 10. Janvier 1668. *De la Guess. to. 3. liv. 2. chap. 1.*

TESTAMENT PERDU.

723   De la perte du Testament prouvée par témoins. *Voyez Guy Pape , quest. 331.* L'Ordonnance de 1667. semble avoir détruit cette sorte de preuve,dans *l'art. 2. du titre 20.*

724   De la perte du Testament, & si l'affirmation du Notaire peut faire preuve ? *Voyez Franc. Marc. tom. 2. quest. 193.*

TESTAMENT D'UN PERE.

725   *Quanti momenti esse debeat testamentum patris in ordinandis rebus domesticis?* Mornac , L. 66. ff. *de ritu nuptiarum.*

726   Du Testament entre enfans. *Voyez Guy Pape , question 143. & 538.* où il est remarqué que deux témoins suffisent aux Testamens des peres entre enfans ; des femmes peuvent l'être ; & tels Testamens subsistent, quoyqu'ils n'ayent été ni publiez ni lûs aux témoins, pourvû que le Testateur leur ait expliqué sa volonté.

727   Le second Testament fait par un pere proche de la mort , sans avoir été dicté & nommé par luy , révocatif du premier fait dix ans auparavant , & ayant perdu la parole , quoyque non valable , l'enfant du premier lit & du second préterit au premier Testament; sans avoir égard ni au premier ni au second Testament , les enfans doivent succeder également *ab intestat.* Voyez *Carondas , liv. 13. Rép. 66.*

728   Un pere avoit commencé à parfaire son testament entre ses enfans , non achevé. Procés au Parlement de Toulouse , party en deux Chambres , pour sçavoir

si ce qui constoit de cette écriture imparfaite,devoit sortir effet ou non ? Pour l'affirmative on alleguoit la Loy *fin. C. fam. eroif.* & la resolution commune, qu'il suffit entre enfans *ut que quomodo constet de voluntate defuncti.* Pour la négative, que ce qui est dit de la perfection des Testamens entre enfans, s'entend quant aux solemnitez, non quant à la substance ; & que celuy qui n'a pas racheté son Testament, *magis videtur testamentum facere voluisse quam fecisse* ; mais comme on portoit le partage en la Grand'Chambre , les Parties firent dire qu'elles étoient d'accord. *Voyez Maynard , liv. 8. ch. 8.*

729   Sans avoir égard à la rigueur & forme requise de droit, qu'un pere est tenu par necessité instituer , ou exhereder ses enfans expressément par Testament,& laisser *jus institutionis* , ce qu'il luy plaît , sans quoy le Testament est nul , il fut jugé à Bourdeaux le 3. May 1530. qu'un Testament fait par le pere entre enfans étoit valable, nonobstant qu'il n'eût usé de ce mot d'*institution*; mais seulement de legs & donation ; le tout neanmoins pourvû qu'il y ait un des enfans ou aucuns heritiers universels. Autre Arrêt semblable en Avril 1537. *Biblioth. de Bouchul , verbo, Testament.*

730   Un pere ayant deux enfans , & croyant l'un d'eux mort , fait par son Testament l'autre seul heritier ; mais par Arrêt rendu & prononcé en Robes rouges à la prononciation de la Pentecôte de l'an 1543. la Cour du Parlement de Paris déclara le Testament nul. Cet Arrêt est rapporté par *Automne* , en sa Conference sur la Loy *uxorem,ff. de manumissis testamento,* même sur l'Authentique , *novissima C. de inoff. testam.* dit qu'il a été jugé par Arrêt de la Cour du Parlement de Bourdeaux du 3. May 1530. qu'un Testament fait entre enfans étoit valable , bien que le pere n'eût usé du mot d'*institution* , mais seulement de legat, ou donation , ce qui est bien remarquable.

731   Le pere qui a promis par son Contract de mariage à ses enfans du premier lit de leur conserver leur droit hereditaire , ne peut tester au préjudice de cette promesse. Arrêt du Grand Conseil du 2. Octobre 1551. *Peleus , quest. 26.*

732   Le pere peut ordonner qu'une maison demeurera à l'un de ses enfans , en récompense les autres sur les biens de la succession. Arrêt du 4. Octobre 1569. *Carondas , liv. 6. Rép. 40.*

733   Testament d'un pere qui n'a point de propres , par lequel il donne tous ses meubles & acquêts à l'un de ses enfans pour récompense de services;le Testament jugé nul le 12. May 1570. *Carondas , liv. 6. Rép. 19.*

734   Dispositions testamentaires faites par le pere, doivent être restraintes quand elles sont excessives,& en fraude des enfans. Arrêt du 14. Février 1575. *Carondas , liv. 6. Rép. 77.*

735   Testament du pere signé par la fille , cassé par Arrêt du Parlement de Bretagne du 22. Octobre 1576. *Du Fail , liv. 3. ch. 249.*

736   Quoyque les dispositions testamentaires & de derniere volonté d'un pere entre ses enfans , ne demandent aucunes formalitez de Droit Civil & positif, il faut cependant la présence de deux témoins , & que le Testament soit écrit de la main du pere. *Guy Pape, quest. 538. & Conf. 234.* Testament d'un pere écrit par son Clerc, déclaré nul à Toulouse,par Arrêt du mois d'Août 1581. *Maynard , tome 1. liv. 5. ch. 15.*

737   Le Testament *inter liberos* est présumé contenir une clause révocatoire des autres Testamens faits en faveur d'un étranger.La faveur de ce testament est telle qu'il est censé contenir la clause codicillaire. Arrêt le 7. Mars 1609. *Basset , to. 1. liv. 5. tit. 2. ch. 4.*

738   Un pere par son Testament peut ordonner que tous ses meubles , acquêts & conquêts immeubles seront partagez également entre tous ses enfans , & ce faisant préjudicier à son aîné en ce qui touche les acquêts en Fiefs. Arrêt au Rôlle d'Amiens , du 2. Jan-

vier 1623. qui l'a jugé de la forte. *Du Frêne*, *livre* 1. *chapitre* 1.

739   Jugé par Arrêt du Parlement de Paris du 7. Septembre 1626. qu'un Teſtament holographe fait par un pere, ayant enfans de cinq lits, ſous ſeing & écriture privée, ſans témoins, ſcellé & cacheté d'un cachet, contenant une diſpoſition & partage de ſes biens entre ſeſdits enfans, eſt bon en la Coûtume de *Berry*. *Filleau*, *part. 4. queſt.* 120.

740   Teſtament du pere en faveur de ſes enfans d'un ſecond mariage, ne faiſant mention que les témoins ont été requis & appellez, eſt neanmoins confirmé contre la fille d'un premier lit. Arrêt du 28. Juillet 1633. *Bardet*, *tome* 2. *liv.* 2. *ch.* 52.

741   Un pere par ſon Teſtament peut donner à l'un de ſes enfans, dont les affaires vont mal, l'uſufruit ſeulement de ſa portion hereditaire, & la propriété à ſes petits enfans; & ce faiſant charger & grever en quelque façon la legitime; jugé le 9. Avril 1647. *Du Frêne*, *liv. 5. chap.* 15.

741 *bis.*   Teſtament d'un pere contre ſon fils qui avoit quitté la Religion Prétenduë Réformée, déclaré nul, comme préſumé fait en haine de ce qu'il avoit changé de Religion. Arrêt du 30. Mars 1661. *De la Gueſſ. to.* 2. *liv.* 4. *chap.* 19.

742   Arrêt du 12. Août 1662. donné au Parlement de Dijon en une cauſe évoquée de celuy de Provence, qui a jugé après une enquête par turbes, qu'un Teſtament holographe d'un pere *inter liberos* ſans témoins, ne révoquoit pas un précedent Teſtament, lequel étoit parfait entre enfans. *Boniface*, *tome* 2. *li.* 1. *tit.* 3. *chap.* 1.

743   Je donne & legue à mon fils aîné tout ce que je luy puis donner, & dont il m'eſt permis de diſpoſer dans les Coûtumes où mes biens ſont ſituez, & tous mes meubles qui ſont dans mes Terres, outre ſa legitime & droit d'aîneſſe; le Teſtament confirmé, nonobſtant la qualité d'heritier & legataire. Arrêt du 6. Juin 1685. *De la Gueſſ. tome* 4. *liv.* 8. *ch.* 43.

TESTAMENT EN TEMPS DE PESTE.

744   Du teſtament en temps de peſte. *Voyez* le mot, *Peſte*, *nomb.* 38. *& ſuiv.*

745   *De teſtamento nuncupativo tempore peſtis, & de regià conſtitutione Molinais lata*, *art.* 54. Voyez Anne Robert, *rerum judicat. li.* 2. *ch.* 10.

746   Un teſtament fait en temps de contagion eſt valable, bien que le Teſtateur ne l'ait ſigné, & qu'il ait vécu plus d'un an après. M. *Expilly*, *Plaidoyé* 36.

747   Teſtament fait en temps de peſte, & du nombre des témoins. M. *d'Olive*, *liv.* 5. *chap.* 2. Le témoignage des femmes y eſt admis: *idem*, *chap.* 3. & quoyque le Droit déſire que les témoins voyent le Teſtateur, jugé qu'il ſuffiſoit de l'avoir oüi: *idem*, *chap.* 4. Voyez *Henrys*, *tome* 1. *liv.* 5. *ch.* 2. *qu.* 10.

748   *Henrys*, *tome* 1. *liv.* 5. *chap.* 2. *qu.* 10. établit que dans les teſtamens des Peſtiferez il ſuffit de cinq témoins: c'eſt le ſentiment de preſque tous les Docteurs. *Henrys* en cite un grand nombre, auſquels il faut joindre *Deſpeiſſes*, *tome* 2. *pag.* 65. *& 66.* il faut encore y joindre *Expilly*, *Plaidoyé* 36. *Baſſet*, *livre* 5. *tit.* 1 *chap.* 8. & *Cambolas*, *li.* 6. *chap.* 9. Ce dernier Auteur va plus loin que tous les autres, il aſſeure qu'aujourd'huy le Parlement de Toulouſe ſe contente de deux ou trois témoins en ſemblable cas. *Ferrieres ſur la queſt.* 543. *de Guy Pape*, dit que quand la peſte eſt enflammée, il ſuffit de deux témoins.

749   *Henrys*, *tome* 2. *li.* 5. *queſt.* 22. décide qu'un teſtament fait en temps de peſte eſt valable, quoyqu'un des témoins qui a déclaré ſçavoir ſigner n'ait pas ſigné.

750   Contagion du teſtateur & témoins, ne doit point ſuppléer pour leurs ſignatures. Arrêt du Parlement de Paris du 12. May 1570. qui a déclaré nul un teſtament fait par un homme frappé de la peſte, n'étant point ſigné de luy ni de témoins. *Papon*, *livre* 20. *tit.* 1. *n.* 20.

Tome III.

Un teſtament ſolemnel ne peut être révoqué que par un autre auſſi ſolemnel, quoyque le ſecond ait été fait en temps de peſte. Arrêt du Parlement de Paris du 4. Juin 1593. *Ibid.* *n.* 3.

751   Un Porte-Dieu reçoit le teſtament d'un malade de la peſte en préſence de deux témoins, mâles & une femelle. Les heritiers arguent ce teſtament de nullité, diſant que ce Porte-Dieu n'étoit pas capable de le recevoir: il faut que par la Coûtume de *Paris*, ce ſoit le Curé ou ſon Vicaire, & encore par l'Ordonnance, il faut que le Vicariat ſoit enregiſtré au Greffe. Les Legataires répliquent qu'il faut conſiderer le temps; d'ailleurs *conſtat* du Vicariat, en ce que le Curé, entre les mains duquel a été mis le teſtament, *non improbavit* la qualité dudit Porte-Dieu. Le premier Juge déclare ce teſtament nul. Arrêt ſolemnel du 8. May 1598. confirmatif de la Sentence. *Biblioth. de Bouchel*, verbo, *Teſtament*.

752   En Teſtament nuncupatif, on eſt recevable à prouver que le Teſtateur en temps de peſte, a mandé un Notaire, qui n'auroit voulu venir recevoir ſon Teſtament. Arrêt du Parlement de Dijon ſans date, rapporté par *Bouvot*, *tome* 1. *part.* 2. verbo, *Teſtament*, *queſt.* 9.

753   Si le Teſtament qu'un Chirurgien a avoir été fait par un Peſtiferé, & dont il dicte la diſpoſition à un Notaire en préſence de témoins, vaut comme Teſtament nuncupatif, & fait en temps de peſte? V. *Bouvot*, *tome* 1. *part.* 3. verbo, *Teſtament*, *qu.* 1.

754   Un homme frappé de la peſte, déclare à un Notaire & des témoins, qu'il donne & délaiſſe à ſon pere & à ſon fils ſes biens, & à l'Egliſe un demi-journal; & le lendemain réitere cette déclaration par devant les mêmes Notaires & témoins: ſçavoir ſi cel Teſtament eſt valable? V. *Bouvot*, *tome* 2. verbo, *Teſtament*, *queſt.* 38.

755   Un Teſtament d'un Peſtiferé rédigé par écrit, ſigné par les témoins & Notaire, & ayant été remis en forme, & fait iceluy ſigner par les mêmes témoins, ſans changer la ſubſtance un jour après, eſt bon & valable. Arrêt du Parlement de Dijon du 28. Janvier 1600. *Ibid.* *queſtion* 78.

756   Un Teſtament reçu par un Curé ou Vicaire en temps de peſte en Bourgogne, eſt bon & valable. Arrêt du Parlement de Dijon du 5. May 1608. *Bouvot*, *ibidem*, *queſtion* 61.

757   Des teſtamens faits en temps de peſte & reçus par des Religieux. *Voyez* *Henrys*, *tome* 1. *liv.* 5. *chap.* 2. *queſtion* 9. où il rapporte un Arrêt du Parlement de Paris du 18. Juillet 1634. qui a déclaré nul un Teſtament reçu par un Capucin dans la Ville de S. Etienne pendant le temps de la contagion.

758   Arrêt du 29. Juillet 1636. qui confirme le Teſtament d'un homme atteint de maladie contagieuſe, quoyqu'il ne l'eût point ſigné, ni été interpellé, ni déclaré la cauſe, & que les témoins euſſent ſigné, hors la préſence du Teſtateur. *Bardet*, *tome* 2. *liv.* 5. *chap.* 26.

759   Le Teſtament d'une femme malade de la peſte reçu par un Capucin commis à la garde des malades, & ſigné de quelques Marqueurs, avec quelques apparences de la ſignature de cette femme, fut déclaré nul par Arrêt du Parlement de Roüen du 18. Juin 1648. Il n'y avoit pas de difficulté d'annuller ce Teſtament, parce qu'on en rapportoit un autre fait en pleine ſanté; mais la queſtion generale fut décidée le 17. Février 1650. neanmoins on ajugea 400. liv. à l'Hôpital, parce qu'il avoit aſſiſté les Teſtateurs. *Baſnage*, *ſur l'art.* 412. *de la Coûtume de Normandie*.

760   Le Teſtament d'un Peſtiferé en faveur de ſon oncle, qui étoit auſſi ſon Apoticaire, & le traitoit dans ſa maladie, déclaré valable par Arrêt du P. de Grenoble du 26. Janvier 1644. Etant oncle du Teſtateur, cette qualité prévalut dans ſon eſprit à celle d'Apoticaire, ſuivant le raiſonnement de la Loy *item eorum,*

quaſi decurio hoc dedit non quaſi domeſtica perſona. ff.
quod cujuſque univerſ. nom. Baſſet, tome 1. liv. 5. tit. 1.
chapitre 13.

761 Teſtament fait en temps de peſte, où il n'y avoit
que cinq témoins, jugé valable, quoyque le Notaire
n'eût pas dit pourquoy les témoins n'avoient pas ſigné. Arrêt du P. de Touloufe du 2. Avril 1644. Même
Arrêt le 9. Juillet 1654. pour un Teſtament, où il n'y
avoit que 5. témoins, deux femmes & un Religieux : il
fut jugé que ce teſtament rompoit le premier, où il y
en avoit 7. Autre Arrêt ſemblable, quoyque le Religieux qui l'avoit écrit, n'eût pas inſeré dans les memoires qu'il en fit, les témoins qui y étoient, leſquels
on fit venir lors de la réſomption ; de plus *non érant*
rogati, & même il y en avoit trois qui n'avoient pas vû
la Teſtatrice, mais entendu ſeulement, on avoit encore
pris des femmes pour témoins : enfin il y avoit un
précédent Teſtament en bonne forme. Si l'on oppoſoit un Arrêt du 29. Novembre 1644. par lequel
le Teſtament de Perger Maréchal, riche de 30000. liv.
fut déclaré nul, ce ne fut point parce qu'il n'étoit pas
dit que le Teſtateur fût frappé de peſte, ou parce que
les témoins n'avoient pas marqué la cauſe du défaut
de ſignature ; mais parce que le témoin ayant été conteſté deux ans après qu'il fut fait, neanmoins le fils
n'avoit pas oſé faire refuſer les témoins. V. *Albert,*
verbo *Teſtament,* art. 10.

762 Le Teſtament fait en temps de peſte ſera bon, quoique les témoins n'ayent point vû le Teſtateur, s'ils
ont déclaré l'avoir connu à la voix. *Olive, li.* 5 *ch.* 4.
vid. Graſſ. §. *codicillus, n.* 9. & §. *teſtamentum, qu.* 59.
n. 4. Je n'ay jamais approuvé cette déciſion, voyez *La*
Peirere, lettre *T. n.* 118. vû que par la Loy il faut que
le Teſtament ſoit *in obtentu* des témoins, & le Teſtament fait en temps de peſte, n'a autre décharge des
formalitez ordinaires que l'aſſemblée des témoins,
ſuivant la Loy *ea ſus majoris.* Arrêt du 23. May 1644.
qui a jugé qu'un Teſtament fait en temps de peſte non
ſigné du Teſtateur, ni interpellé de ſigner, étoit valable & bon.

Par autre Arrêt du 13. May 1666. jugé qu'un teſtament fait en temps de peſte, dans lequel les témoins
dépoſoient avoir connu le Teſtateur à la voix, ſans
l'avoir vû, étoit nul. *Ibid.*

763 Teſtament fait en temps de peſte pardevant deux
Notaires, faiſant mention que le Teſtateur n'a
pû ſigner pour être atteint de la peſte, & non pas
d'aucune interpellation à luy faite de ſigner ; le 5. Février 1647. la cauſe appointée. *Du Frêne, li.* 4. *ch.* 48.

764 Arrêt du Parlement de Provence du 24. Mars 1665.
qui a confirmé un teſtament fait en faveur des petits
fils à naître. *Boniface,* tome 2. liv. 1. tit. 8. *ch.* 2.

765 Un Teſtament fait par un homme ſoupçonné de
peſte, qu'il n'avoit pas ſigné pour cette cauſe, a été
déclaré valable au Parlement de Grenoble, quoyqu'il
eût ſurvécu plus d'un an après. Par autre Arrêt du
9. Juillet 1664. le contraire a été jugé, *Voyez Chorier,*
en ſa *Juriſprudence de Guy Pape, pag.* 150.

766 Un Teſtament fait en temps de peſte, doit être fait
en préſence de cinq témoins, à peine de nullité. Jugé
au Parlement de Grenoble, les Chambres aſſemblées,
que deux témoins ne ſuffiſoient point. Arrêt du 17.
Juin 1667. rapporté par *Chorier,* en ſa *Juriſprudence de*
Guy Pape, p. 150.

TESTAMENT, POSTHUME.

767 *Voyez cy-devant* le mot *Poſthume,* & *Peleus, q.* 43.
An inſtitutio Poſthumi in unum caſum porrigatur ad
alium, & ? Voyez *Henrys,* tome 2. liv. 5. qu. 50.

768 De la preterition du poſthume, & ſi elle peut détruire le teſtament, nonobſtant la clauſe codicillaire ?
Explication ſur ce ſujet de la *l. ab inteſtato ſſ. de jure*
codicillorum. Voyez *Henrys,* tome 2. liv. 5. qu. 44.

769 Le cas exprimé en un Teſtament d'inſtitution de
poſthume, ſe peut étendre au cas qui n'eſt pas exprimé par une benigne interpretation *ex conj. ĉlurâ*

voluntatis. Arrêt en Février 1627. *M. Bouguier, lettre*
T, nomb. 4.

770 Un nommé Cazalede inſtitua ſon heritier le poſtu-
me ou les poſthumes, dont ſa femme étoit alors enceinte ; il ne mourut pas de cette maladie ; outre la
fille dont ſa femme accoucha, il eut un fils. 21. ans
après ce Teſtament, il fit devant un Prêtre un codicille confirmatif de ſon précédent Teſtament, & par-
ce, dit-il, *que ſon fils eſt en âge de regir ſon bien,* il luy
en donne l'adminiſtration, & legue à ſa fille 3. ou
400. liv. La ſœur ſans ſçavoir qu'il y eût un Teſtament, avoit tranſigé, mais elle s'étoit pourvûë contre la tranſaction, & demandoit la maintenüe en la
moitié des biens, & outre cela les 300. liv. comme
un prélegat. Par Arrêt du Parlement de Touloufe
du 9. Février 1645. la Cour maintint le frere aux
biens, & nonobſtant la renonciation, maintint la
fille en ſa legitime, ſi elle n'aimoit mieux prendre
le legat, ce qu'elle opteroit dans un certain temps,
après lequel elle n'y ſeroit plus reçûë. *Albert.* verbo
Teſtament, art. 37.

771 Le poſthume né d'une autre femme que celle du
temps du Teſtament, le rompt ; & la clauſe codicillaire ne fait point obſtacle. Raimond Paitavin, marié
en premieres nôces, avoir une fille appellée Madeleine, s'étant marié en ſecondes nôces avec Jeanne
Bartiſſol, il eut un fils appellé Jean, il teſta, & ayant
laiſſé quelque choſe à Madeleine, il inſtitua heritier Jean de ce ſecond lit avec cette clauſe, qu'*en cas*
que ſa femme fût enceinte d'un mâle, il le faiſoit coheri-
tier de Jean, & ſi c'étoit une fille, qu'il luy donnoit
600. liv. Jeanne Bartiſſol mourut ſans être enceinte,
Paitavin ayant pris une troiſième femme, en eut une
fille, il mourut ſans faire d'autre Teſtament ; cette
fille long-temps après la mort de ſon pere, demande la caſſation de ce Teſtament comme nul, diſant
qu'elle étoit preterite ; Jean ſoûtenoit au contraire
qu'il étoit valable, non ſeulement en ſoy, mais à
cauſe de la clauſe codicillaire qui y étoit appoſée,
que quand elle ſeroit heritiere *ab inteſtat,* elle ſeroit
chargée de luy rendre ſa portion. Nonobſtant ces
raiſons, au Parlement de Touloufe le 21. Mars 1646.
après un partage vuidé le 3. Avril, le Teſtament fut
caſſé. V. *Albert,* verbo *Teſtament* art. 1.

772 Un pere par ſon Teſtament déclare qu'il veut que
l'enfant dont ſa femme eſt groſſe, ſoit ſon heritier
au cas qu'il ſoit mâle ; au lieu d'un mâle naît une fille ; une année après naît un fils ; jugé que la diſpoſition étoit au profit du fils, & la legitime ajugée à la
fille. Arrêt du 5. Juillet 1661. *Voyez des Maiſons, let.*
T. nomb. 14. De la Gueſſ. 10. 2. liv. 4. *ch.* 30. rapporte
le même Arrêt.

773 La naiſſance d'un enfant ne rompt pas entierement
le Teſtament d'un pere, attendu que les legs pieux
ont été executez, avec la penſion d'un Chevalier de
Malthe. Arrêt du 23. Juillet 1663. *Des maiſons,* lettre
T. nomb. 6. & Ricard *des Donations entre-viſs,* 3. part.
ch. 2. ſect. 2. nomb. 150.

774 *An agnatione poſthumi preteriti rumpatur teſtamen-*
tum ? C'eſt la cauſe de la veuve & fille poſthume du
ſieur de Bourdeau, le Teſtament ne fut pas caſſé, mais
les legs furent diminuez de la mere & de ſa fille bâtarde, & à l'égard du legs fait au valet de chambre
du ſieur de Bourdeau, que la Sentence avoit réduit,
il fut confirmé ; le legs étoit de 6000. liv. & la réduction à 1500. Arrêt du 2. Mars 1665. *Des Maiſons,*
lettre *T. nomb.* 11. De la Gueſſ. to. 2. liv. 7. ch. 11. rapporte le même Arrêt. Si cette penſion doit être
conſommée en France, la mere & la fille étant An-
gloiſes ? V. *Des maiſons,* eodem loco.

TESTAMENT, PRETERITION.

Voyez cy-devant le mot Preterition.

775 *Teſtamentum quando nullum deſectu preteritionis ?* V.
Du Moulin, *Conſ.* 46. to. 1. p. 939. où il interprete la
Coûtume de Bourgogne.

776 Si le Teftament étant nul par la préterition de l'ayeule , le contrat fait par le même Teftament entre le mary & la femme , eft bon & valable ? Arrêt du Parlement de Dijon du 12. Février 1605. qui juge l'affirmative. *Voyez Bouvot, to. 1. part. 1. verbo Inftitution d'heritier , qu. 1.*

777 La préterition des enfans ; ou injufte exheredation infirmant les Teftamens , & le Teftament étant déclaré nul , fi les legs peuvent être demandez ? *Voyez Bouvot, to. 1. part. 1. verbo Teftament, qu. 4.*

778 Le Teftament eft nul par la préterition de la mere, & quand la legitime ne leur eft gardée. Arrêt du Parlement de Dijon du 31. Juillet 1603. *Bouvot , tome 2. verbo Teftament , qu. 43.*

779 Le Teftateur par fon Teftament , fait heritiere univerfelle , fa femme ; & arrivant fa mort , elle inftitué fon fils , lequel veut enfuite impugner ce Teftament , & dit qu'il y a préterition , vû qu'il eft fils , & en premier degré ; or il ne fe trouve par ce Teftament exheredé ni inftitué. La femme foûtient ce Teftament, & dit qu'il vaut , d'autant que c'eft affez qu'il prenne fa force du fecond degré , à fçavoir de la fubftitution. Le Teftament jugé bon par Arrêt du Parlement de Grenoble en 1460. *Bibliotheque de Bouchel , verbo Teftament.*

780 Droit de faire caffer un Teftament pour la préterition de l'un des enfans du Teftateur , fe prefcrit par 30. ans & non devant. Arrêt du Parlement de Grenoble de l'an 1461. *Papon , liv. 12. tit. 3. n. 6.*

781 La préterition de l'ayeule rendant le Teftament nul, *Henrys* eftime que la mere prenant tout ce que l'Edit luy donne, les legs fe doivent prendre fur le refte au préjudice de l'ayeule qui fuccede. *Henrys , tome 1. liv. 5. ch. 4. queft. 42. & au même livre, queftion 18.*

782 Teftament jugé valable , encore que la mere fût preterite, luy laiffant neanmoins par l'inftitué ce qui étoit venu d'elle. Arrêt à la Nôrre-Dame de Septembre 1615. *Montholon , Arrêt 126.* le Teftateur étoit de Lyon , & teftoit à Paris.

783 Au Teftament imparfait entre enfans , la préterition des enfans nez ou à naître , n'annullera point le Teftament. 1. *Id. Clar. § teftamentium queft. 8. n. 6. 1. id. Mainard lib. 5. chap. 22. & in injufte exheredato 1. cont. Boër. dec. 240. n. 11. vid. Graff. §. teftamentium queft. 11. n. 9. & feq. vid. L. 7. 8. 9. 33. ff. de teftam. milit. & L. 8. C. de inoff. teft.* La Peirere , *lettre T. nomb. 110. dit* , j'ay toûjours été d'avis de la décifion pour les enfans à naître , & en ay vû un Arrêt de la Chambre de l'Edit rendu entre le fils du premier lit de feu Vidau Benezit & fes enfans du fecond lit , au rapport de M. de Gachon en l'année 1631.

784 Etant nul par la préterition de l'ayeule , la mere peut prétendre le retour de ce qu'elle a donné. *Avis d'Henrys , tome 1. liv. 6. ch. 5. q. 31.*

785 Préterition d'un fils quoique condamné à mort par contumace , rend le Teftament d'un pere nul , même pour les legs, fi le fils s'étant juftifié. Arrêt du 3. May 1646. *Du Frêne , liv. 4. ch. 40.*

TESTAMENT , PREUVE.

786 De la preuve en matiere de Teftament. *Voyez le mot Teftament , nomb. 145. & fuiv.*

787 En France l'on n'eft reçu à faire preuve par témoins d'un Teftament, & les Teftamens nuncupatifs ne font valables. *Filleau , 4. part. qu. 120.*

788 La preuve qu'un Teftateur ne pouvoit parler lors qu'on prétend qu'il a fait Teftament, ne doit pas être admife, quoique la partie s'en rejette à l'audition des témoins numeraires. Ainfi jugé au Parlement de Touloufe. *Albert , lettre P. verbo Preuve ,* où il obferve que *M. Mainard, li. 5. ch. 6. & M. Cambolas, li. 2. ch. 36.* rapportent Arrêt contraire.

789 *Automne ,* fur la Loy *Sancimus, C. de teft.* parle d'un Teftament reçu par un Greffier en prefence de fon Juge , nonobftant lequel la Cour du Parlement de Bourdeaux chargea l'heritier inftitué de verifier que le défunt de la fucceffion duquel il s'agiffoit avoit tefté, ainfi que par le Teftament il étoit contenu ; mais cela n'auroit lieu au Parlement de Paris , où l'on ne reçoit la preuve du Teftament nuncupatif, qu'il ait été fait en temps de contagion ; à cela on étend le 54. art. de l'Ordonnance de Moulins qui n'admet les preuves par témoins en chofe excedant cent livres. *M. Robert ,* en cite des Arrêts en fon Recüeïl , *lib. 2. cap. 10.*

790 Sur la preuve par témoins d'un prétendu Teftament nuncupatif & militaire de Bertrand Patruçon étant en garnifon en une place tenüe par la ligue durant les troubles. La Cour a déclaré le teftament nul , & de nul effet & valeur. *Voyez M. Servin , to. 2, page 515.*

791 Le témoignage d'un homme & d'une femme n'eft point fuffifant pour prouver un Teftament d'un peftiferé. Arrêt du 11. Octobre 1590. contre un oncle du défunt qui prétendoit que le témoignage d'un homme & d'une femme qui dépofoient que le défunt voulant refter ils avoient appellé plufieurs perfonnes les priant de vouloir être témoins , mais que perfonne ne voulut arrêter , ce qui avoit obligé le défunt de leur déclarer fa volonté. *La Rocheflavin , liv. 4. let. T. tit. 5. Arr. 15.*

792 On prétend qu'une femme malade fit un Teftament nuncupatif en faveur fon mari. Celui-cy offre de le verifier par témoins , & de prouver que les Notaires mandez firent refus de venir à caufe de la contagion. Le pere de la femme allegue l'article 54. de l'Ordonnance de Moulins. Le premier Juge appointe à informer , dont le pere appelle. Arrêt du Parlement de Paris du 7. Janvier 1593. en fa faveur. Le Préfident demanda à l'Avocat du mari s'il avoit quelque chofe par écrit pour montrer du refus des Notaires ; il femble que s'il y avoit eu quelque préfomption litterale, le fait eût été reçu. *Bibliotheque de Bouchel ,* verbo *Preuves.*

793 Un Teftament peut être prouvé par témoins. Arrêt du Parlement de Touloufe du 11. May 1627. par lequel une fœur a été reçue à prouver que fa belle fœur tenoit caché un fecond Teftament, parce qu'il en revoquoit un premier qui luy étoit favorable, *Benedicti, in verbo teftamento. I. num. 91.* dit que fi le Teftament qui a été fait entre étrangers , s'eft perdu par cas fortuit , la teneur d'iceluy peut être prouvée par deux témoins numeraires , comme fait l'égarement d'une promeffe, *l. teftium in fin. Cod. de teftibus,* pourvû que ces deux témoins dépofent non feulement du contenu audit Teftament, mais encore de la folemnité d'iceluy , concernant le nombre des témoins ; comme auffi les legs faits dans un Teftament entre enfans , fe peuvent prouver par deux témoins, fi le fils eft chargé de les payer refufe de le faire. *Cambolas , liv. 5. ch. 41.*

794 Arrêt du Parlement de Roüen du 29. Janvier 1630. qui reçoit deux filles naturelles à faire preuve , que leur pere avoit été empêché de tefter , & que s'en étant plaint, il avoit dit que fon intention étoit de leur donner à chacune 500. liv. pour les marier. L'on oppofoit que c'étoit admettre la preuve d'un Teftament nuncupatif, & que la femme excedoit l'Ordonnance. *Bafnage , fur l'art. 413. de la Coutume de Normandie.*

Arrêt du mois de Mars 1633. qui a jugé que la preuve d'un Teftament devoit être reçüe neuf ou dix ans après qu'on difoit qu'il avoit été fait , les heritiers alleguans qu'ils avoient ignoré la difpofition du Teftateur. *Cambolas , liv. 5. ch. 41.*

795 Arrêt du 25. Février 1650. que le fait allegué touchant la fuppreffion d'un prétendu Teftament , n'eft point recevable pour être prouvé par témoins ; le fait n'alloit qu'à verifier que le Teftament avoit été vû entre les mains d'une perfonne du vivant du Teftateur , preuve qui devenoit infuffifante , car le Teft-

tateur avoit pû luy-même par un changement de volonté en supprimer le dernier acte. *Soëfve, tome 1. Cent. 3. chap. 24.*

797 Arrêt du 17. Janvier 1651. qui ordonne la preuve par témoins de la soustraction & retention d'un testament. Il y avoit un commencement de preuves par écrit, & par pieces qui faisoient mention de plusieurs legs pieux. *Ibidem, chap. 57.*

798 Arrêts du Parlement de Provence des 8. Mars 1657. & dernier Juin 1664. qui ont rejetté la preuve par témoins des faits qui ne vont pas à l'empêchement de tester avec effet. *Boniface, tome 1. liv. 8. titre 27. chapitre 15.*

799 Arrêt du 15. Avril 1655. qui reçoit la preuve par témoins, de l'empêchement de tester *cum effectu. Boniface, ibidem.*

800 Un Chanoine d'Ambrun prêt de mourir dit qu'il vouloit tester ; il appella un Avocat & un Notaire, leur parla assez haut pour être entendu du Medecin, Confesseur, & quelques domestiques ; l'Avocat & le Notaire passerent dans une autre chambre pour rédiger le Testament ; le Chanoine mourut sans le signer ; les neveux institutez heritiers firent oüir les témoins ; les autres neveux demanderent le partage de la succession *ab intestat*, ce qui fut ordonné par Arrêt du Parlement de Grenoble du 13. Juillet 1657. *Basset, to. 1. liv. 5. tit. 1. chap. 4.* La preuve demandée auroit pû avoir lieu dans un Testament *inter liberos, aut favore rusticitatis, aut tempore pestis*, & encore *inter liberos*, il seroit necessaire qu'en présence de témoins qui eussent été *simul convocati licet non ad hoc rogati*, le Testateur eût déclaré sa volonté.

801 *Si quis aliquem testari prohibuerit vel coëgerit*, & sur la preuve des faits de violence à une Testatrice, Arrêt du Parlement de Grenoble du 26. Février 1663. qui sans avoir égard à la preuve des faits posez, ordonna l'execution du testament. La Testatrice avoit vécu douze ans sans se plaindre, non plus que ses parens après sa mort & pendant la vie de son mary, ce qui rendoit leur action suspecte, de vexation & de calomnie. S'il y eût eu quelques plaintes faites de son vivant, la décision auroit pû être contraire, & on auroit reçu la preuve des faits, ainsi que peu de jours auparavant il fut jugé. *Voyez Basset, to. 2. liv. 8. tit. 1. chapitre 7.*

802 La preuve par témoins qu'un Testament holographe a été soustrait, n'est point recevable. Arrêt du Parlement de Roüen du 13. Février 1664. on ne lût pas même les informations qui avoient été faites, & on fit droit sur la fin de non recevoir. Arrêt semblable du 19. Août 1677. pour le Sr Marquis de Givry Conseiller au Parlement de Paris ; neanmoins le prétendu legataire fut reçu à faire publier des Censures Ecclesiastiques contre ceux qui connoissoient le testament & le détenoient ; mais on n'eut point d'égard à tous les autres faits avancez dont il offroit la preuve. *Voyez Basnage sur l'art. 413. de la Coût. de Normandie.*

803 Les preuves faites par témoins contre un Testament des faits de suggestion & prétendus moyens de nullité, faites à l'occasion de l'inscription en faux, & permission d'informer indirectement obtenuë, déclarées nulles & rejettées, & le Testament executé. Arrêt du 7. Avril 1664. *De la Guessiere, tome 2. livre 6. chapitre 26.*

804 Si l'on peut être reçu à prouver que les témoins du Testament ont signé séparément, & non tous ensemble ? Arrêt du Parlement de Toulouse du 11. Septembre 1665. qui déboute de telle preuve ; la Cour se fonda sur ce que la volonté du défunt ne pouvoit être contestée, puisqu'il avoit signé le Testament à chaque page, & l'acte de subscription. Par autre Arrêt du 10. Février 1668. Françoise Gay reçuë à prouver par le Notaire & témoins numeraires que ceux mentionnez au Testament n'avoient pas tous été presens ensemble, qu'ils n'avoient ni vû ni oüi le Testa-

teur, que le Notaire n'avoit pas pris la volonté du testateur de sa bouche, mais que le Curé luy rapportoit à une partie des témoins, ce qu'il disoit luy avoir été dit par le testateur. On citoit un Arrêt de 1664. qui avoit admis à pareille preuve, on en rapportoit un contraire du Parlement de Provence. Ce qui détermina la Cour, fut que la preuve de tous ces faits pouvoit rendre la volonté du défunt incertaine. *V. les Arrêts de M. de Catellan, liv. 2. chap. 67.*

805 Le fait d'incapacité de tester est recevable, fur ce qu'on soûtient que le testateur avoit son esprit troublé & aliené, bien que le Notaire eût dit dans l'acte qu'il étoit sain d'entendement. Arrêt du P. de Grenoble du 29. Janvier 1665. *Basset, to. 1. liv. 5. tit. 1. ch. 7.*

806 On reçoit en preuve celuy qui soûtient l'imbecillité ou frenesie du testateur, quoiqu'il ne s'inscrive point en faux contre le testament. Arrêt du Parlement de Toulouse du 18. Août 1667. Il y en a eu plusieurs autres rapportez par *M. de Catellan, livre 2. chapitre 67.*

807 De tout temps le Parlement a admis la preuve d'un testament ou d'un codicille verbal, fût-il question d'un heritage de valeur de 100000. liv. & la rigueur de la nouvelle Ordonnance qui défend la preuve au dessus de cent livres, n'a pas lieu à cet égard. Arrêt du 21. Février 1670. *Graverol sur la Rochestavin, liv. 4. lettre T. tit. 5. Arrêt 15.*

808 Il y a lieu d'admettre à la preuve testimoniale, qu'un testament holographe a été vû & lû après le decez de la testatrice, quand il paroît que son mary executeur testamentaire, & Tuteur de leurs enfans communs, en a fait donner copie par extrait, souffert Sentence de condamnation à la délivrance, & a passé Contract à l'Oeuvre d'une Paroisse, à laquelle la testatrice leguoit cent livres de rente pour une fondation. Arrêt du Parlem. de Paris du 10. Février 1690. *Au Journal des Audiences, tome 5. liv. 6. ch. 5.*

TESTAMENT, PRIÈRES.

809 Paroles rogatoires inserées dans les Testamens, comment s'interpretent ? *Voyez cy-dessus* le mot *Substitution, nomb. 44.*

TESTAMENT DU PRISONNIER.

810 Prisonnier de guerre en païs ennemi, peut tester. Arrêt du 21. Juin 1554. confirmatif du Testament fait par le Vicomte de Martigues, mort prisonnier de guerre en Flandres. Les Loix Romaines à cet égard n'ont point lieu en France. *Bibliotheque de Bouchel, verbo Prisonnier.*

811 Le sieur de Martigues, prisonnier de l'Empereur, fit un Testament ; par lequel il laissoit l'usufruit de tout son bien à M. d'Estampes, luy donnoit pouvoir d'en aliener jusqu'à cent mille écus, &c. On disoit Testament fait par un captif, fils de famille, qui ignoroit la mort de son pere. M. Seguier remontra que le moyen tiré de la captivité n'avoit point lieu en France, non plus que ce qui avoit été allegué *de patriâ potestate*. Par Arrêt du Parlement de Paris du 21. Juin 1554. le Testament fut déclaré bon ; ordonné qu'il seroit enregistré au Greffe, pour être pris extrait par tous les legataires. *Ibid. verbo Testamens.*

812 Un Ecolier étudiant à Orleans est arrêté prisonnier par les Ligueurs ; *in extremis constitutus*, il fait son testament par devant deux Notaires d'Orleans, ville rebelle, par lequel il laisse plusieurs choses à son pere. Les heritiers le débattent faute de solemnitez, & disent que les Notaires de la Ligue ne peuvent recevoir testament. Le pere offre de verifier par témoins la derniere volonté de son fils. Là Cour en 1591. a cassé le testament reçu par les Notaires de la Ligue, ordonné que le pere justifiera la derniere volonté de son fils, *ex actu nulla etiam inducitur voluntas.* Ibidem, verbo *Preuve par témoins.*

813 Arrêt du Parlement d'Aix du 26. Avril 1663. qui a confirmé le testament fait par un prisonnier de guerre. *Boniface, to. 2. liv. tit. 9.*

TESTAMENT, PROJET.

814 Si un projet de codicille trouvé parmi les feüillets d'un Testament solemnel peut en alterer la disposition? Cette question se presenta à juger en Juillet 1602. aux Etats Generaux d'Artois ; elle fut trouvée difficile, intervint Arrêt conforme aux intentions des parties, qui consentirent de partager le legs par moitié. *Voyez les Reliefs forenses de Rouillard, ch.* 32.

815 Papier écrit & signé par le défunt, encore qu'il n'ait déclaré que ce fût son testament & non daté, s'il est bon & valable? *Voyez Carondas, liv.* 6. *Rép.* 49. où il tient l'affirmative.

816 Une écriture privée holographe non signée, & ne contenant que des legats pies, doit valoir en forme d'une disposition de derniere volonté. Arrêt du Parlement de Grenoble du 22. May 1675. qui confirme cette disposition de Messire Claude Ruffier, Evêque de Saint Paul Trois-Châteaux, qui mourut en celebrant la Messe. C'étoit neanmoins le frere du défunt qui reclamoit sa succession. *Voyez Bosset, to.* 2. *liv.* 8. *tit.* 1. *chap.* 9.

817 Un projet de testament contenant un legs universel à l'Hôtel-Dieu, la Cour n'eut point d'égard au legs ; elle lui ordonna que l'Hôtel-Dieu auroit une somme de 15000. livres, & que les autres legs pieux particuliers & des domestiques seroient payez. Arrêt du premier Juin 1676. *De la Guessiere, tome* 3. *livre* 11. *chapitre* 31.

TESTAMENT, PROPRES.

818 De la disposition des propres par testament. *Voyez* le mot *Propres, nomb.* 136. & suiv.

TESTAMENT, PROVISION.

819 Testament se doit entretenir par provision en baillant caution à l'heritier *cui incumbit onus* de délivrer. Arrêt du premier Février 1551. *Le Vest, Arrêt* 52.

820 Arrêt qui donne la provision d'un legs universel demandé en vertu du testament de l'Archevêque de Vienne, que les heritiers prétendoient nul & suggeré. *Voyez le Recüeil des Plaidoyez & Arrêts notables, page* 227.

821 Si un procez prend trait pour la validité d'un testament, on peut demander par provision délivrance du legs en baillant caution par le legataire. Arrêt du 25. Juin 1575. *Le Vest, Arrêt* 141. Voyez *Peleus, quest.* 134. & M. *Ricard, des Donations entre-vifs,* 3. *part. chap.* 1. *nombre* 72.

822 Si le testament est débattu par l'heritier, il n'y a point de lieu à la provision pour le legataire, elle doit être jointe au principal. *Voyez Carondas, liv.* 13. *Réponse* 80.

823 Testament fait il y a 22. ans s'execute par provision pendant l'information du fait d'empêchement de tester de nouveau. Arrêt du 14. Octobre 1596. *Peleus, quest.* 25.

TESTAMENT, RATURE.

824 Titius fait son Testament solemnel, par lequel il instituë ses heritiers plusieurs parens, & leur en substituë d'autres ; depuis il fait un autre Testament, par lequel expressément il revoque le premier, & instituë par ce dernier ceux qu'il avoit substituez par le premier. Après le decez de *Titius,* ce second testament se trouve rayé & biffé. La question étoit si le premier testament devoit avoir lieu par la nullité du second, ou si le premier ayant été revoqué par le second, bien que depuis annullé, *Titius* sera jugé être décedé *intestat?* Par Arrêt prononcé en Robes rouges le 14. Avril 1610. jugé que le premier Testament vaudra. *Bibliotheque de Bouchel, verbo Testament.*

825 Testament holographe dont la date étoit rayée. *Voyez Des Maisons, lettre T. nomb.* 1. où il y a Arrêt du mois d'Août 1661.

826 Une rature dans un testament n'est pas toûjours une nullité ; par exemple le Notaire qui l'écrit en la maison de la Testatrice, ayant d'abord mis, *fait & passé és Etudes,* se ressouvenant qu'il est chez la Tes-

tatrice, met *en la maison de la testatrice,* & fait une raye sur le mot *és Etudes* sans l'effacer, ensorte qu'on le peut encor lire. Arrêt du 15. Janvier 1686. *Journal des Audiences, tome* 5. *liv.* 2. *ch.* 2.

827 Là révocation d'un testament raturé n'est présumée que quand la rature vient de la main même du testateur, ou quand elle a été faite en vertu de son pouvoir par écrit. Arrêt du Grand Conseil le 9 Decembre 1692. *Voyez le Journal du Palais, to.* 2. *p.* 829.

TESTAMENT, RECONNOISSANCE.

828 De la reconnoissance des dettes faite par testament. *Voyez* le mot *Dettes, nomb.* 170. & suiv.

829 Reconnoissance portée par un testament, quoyque nul, est valable. *Voyez* le mot *Reconnoissance, n.* 36.

TESTAMENT, RELIGIEUX.

830 Testament fait par le Religieux, ou en sa faveur. *Voyez* le mot *Religieux, nomb.* 259. & suiv.

831 Sur le don testamentaire fait par Philippes le Mercier, âgé de dix-neuf ans trois mois ou environ, quatre jours avant son Vœu & Profession, pour parachever le bâtiment du Convent des Capucins d'Angers. *Voyez M. Servin, p.* 39. *to.* 1. il fut déclaré nul.

832 Lettres du 11. May 1609. par lesquelles le Roy autorise une permission de tester donnée par le Legat à un Evêque qui avoit été Religieux de Saint Benoît. *Preuves des Libertez, to.* 2. *ch.* 35. *n.* 78.

833 Voyez le 14. *Plaidoyé de M. le Noble, Substitut de M. le Procureur General au Parl. de Normandie,* sur la validité ou nullité d'un testament fait par un Religieux de l'Ordre de Saint Augustin ; il n'y eut point d'Arrêt. La Sentence du Bailly de Caux accordoit le tiers de tous les meubles à l'Eglise & aux pauvres, & les deux autres tiers au Prieur.

834 Testament d'un Religieux au profit de l'Ordre où il faisoit Profession, a été déclaré nul par Arrêt à la Nôtre-Dame de Septembre 1612. *Montholon, Arrêt* 110.

835 Les Religieux sont du nombre de ceux qui n'ont point la capacité de tester, bien même qu'ils eussent obtenu dispense pour posseder des Benefices. Arrêt du Parlement de Roüen du 20. Avril 1617. entre les Religieux Carmes du Ponteaudemer, prétendans la succession de défunt Jean Gontier Religieux de leur Ordre, lequel avoit obtenu dispense du Pape pour posseder une Cure : la succession leur fut adjugée, sans avoir égard au testament, lequel fut déclaré nul, contre les Tresoriers & les Paroissiens à qui il avoit fait plusieurs legs.

On a fait difference entre les Chanoines Reguliers, & les autres Moines. Guerout Religieux de Saint Augustin & Curé avoit donné par son testament 120. livres de rente à l'Eglise dont il étoit pourvû. Par Arrêt du Parlement de Roüen du 12. Janvier 1629. le testament fut confirmé contre les Religieux de sa Maison. *Basnage, sur l'art.* 414. *de la Coûtume de Normandie.*

836 Testament reçu par un Capucin, préposé pour assister les malades en temps de peste, est nul, même pour les legs pieux ; & ne revoque un précedent testament pardevant Notaires, qui est confirmé par Arrêt du 18. Juillet 1634. *Bardet, tome* 2, *livre* 3. *chapitre* 31.

837 Un Religieux de Bonport avant sa Profession avoit fait un testament devant les Tabellions de Roüen, hors leur Territoire ; le testament fut jugé non recevable, par Arrêt du 23. Novembre 1646. rapporté par *Berault, à la fin du* 2 *tome de la Coûtume de Normandie, p.* 100. *sur l'art.* 412.

838 Thomas Bruny avoit pris l'habit de Trinitaire à Toulouse ; mais étant sorti à cause de son infirmité, ses freres chagrins de ce qu'il n'étoit pas Religieux, ne voulurent plus le voir ; il alla à Bourdeaux, demeura quelque temps dans le Monastere de S. Laurens dans les Côtes de Medoc ; il en partit, tomba malade sur le chemin, & fit son Testament ; il insti-

tua le Monastere de la Trinité de Toulouse. Les freres de Bruny par Arrêt du Parlement de Toulouse du 11. Février 1652. furent déboutez de leurs Lettres en cassation de ce Testament, sur un appel d'une Sentence arbitrale relevé par le Sindic des Trinitaires. Il est vray que les freres qui avoient perdu leur procez, susciterent le Curateur d'un autre frere imbecile du Testateur, qui se pourvent contre l'Arrêt par opposition, & demanda d'être receu à prouver que le Testateur étoit imbecile; laquelle preuve il commençoit par son exemple, ajoûtant plusieurs autres faits; sur quoy le 15. Avril suivant il fut receu à cette preuve. *Albert*, verbo *Testament*, art. 34.

839 Deux filles d'Auvergne faisans profession, peuvent par leur Testament disposer de partie de leurs biens en faveur de leurs sœurs femmes de leurs tuteurs. Jugé à Paris le 7. Septembre 1676. *Journal du Palais*.

TESTAMENT,
RELIGION PRETENDUË REFORME'E.

840 Par Arrêt du Parlement de Roüen de l'an 1604. rapporté par *Berault*, *sur la Coûtume de Normandie*, art. 412. & par *l'Hommeau en sa Jurisprudence Françoise*, liv. 2. art. 275. a été déclaré nul, un Testament fait par un Ministre, & receu par un des surveillans de Saumur, prétendant avoir la même puissance que les Curez ou Vicaires de l'Eglise Romaine: mais cela n'est permis qu'aux personnes établies & approuvées par la Coûtume, ce qui a été depuis jugé par Arrêt du dernier Mars 1621. ayant été un Testament receu par un Ministre, cassé.

TESTAMENT, REVOCATION.

841 De la revocation des Testamens. *Voyez* cy-dessus le mot *Revocation*, nomb. 18. & suiv. *Mainard*, livre 5. chap. 23. *Despeisses*, to. 2. p. 81. M. *Ricard*, *des Donations entre-vifs*, 3. part. ch. 2. sect. 2. n. 137. *Henrys*, to. 2. li. 5. quest. 46. M. de *Catellan*, liv. 1. ch. 1. *Le Journal du Palais*, in fol. to. 2. p. 830.

842 *Primum testamentum quando tollatur per posterius?* V. *Francisci Stephani*, *Decis.* 89.

843 Le Testament quelque solemnel qu'il soit se peut revoquer, *nudâ declaratione coram tabellione factâ, etiam legata*. *Mornac*, l. 32. §. *pœnitentiam*, ff. *de donationibus inter virum & uxorem*. Voyez *Ricard*, *des Donations entre-vifs*, 1. part. ch. 5. sect. 4. nomb. 1456.

844 Donation de tous les biens presens & à venir ne revoque point un Testament précedent, s'il n'y a revocation expresse. V. *La Rochflavin*, liv. 6. tit. 40. Arr. 22.

845 Si le Testament fait conjointement & par même acte par deux conjoints par mariage, est valable, & s'il peut être revoqué par le survivant? *Voyez Filleau*, 4. part. quest. 78.

846 *Henrys*, to. 1. liv. 5. ch. 2. quest. 12. parle de la revocation des Testamens, & en quel cas le second Testament revoque le premier: il traite la question avec beaucoup d'érudition, & dit que dans les principes le second Testament revoque le premier, quoyque le second soit nul; mais il distingue entre les differentes nullitez, la nullité procede du vice de la personne qui est instituée, dans le second Testament, comme si elle est indigne ou incapable; en ce cas, quoyque ce dernier Testament ne soit pas valable, il ne laisse pas de revoquer le premier; mais si la nullité provient du défaut de formalitez, pour lors le dernier Testament n'étant pas consideré comme un Testament, il ne peut produire aucun effet, ni par consequent rompre le premier Testament.

L'autheur des Observations, dit: je crois qu'il faut distinguer entre l'institution faite d'une personne incapable, & celle faite d'une personne indigne. Quand un *incapable* est institué dans un second Testament, ce second Testament ne revoque point le premier, parce qu'il est nul entierement; mais quand l'heritier institué dans le second testament est indigne, le premier testament n'est point revoqué, parce que cet

heritier est capable de recüeillir la succession, mais on la luy ôte à cause de son indignité. Cette distinction est fort bien expliquée par M. *Cujas*, sur la loy *quidam* 12. *de his quib. ut indignis*.

847 Encore qu'il soit dit par le testament ou par la Coûtume, que le testament des deux pourra être changé & revoqué par l'un ou l'autre des mariez de leur vivant; cela s'entend d'une revocation expresse & non occulte. *Chopin*, *Coûtume de Paris*, liv. 2. titre 4. nombre 10.

848 Toutefois le testament commun & conjointement fait par le mary & la femme, ne contenant aucune disposition en leur faveur, mais bien de leurs enfans ou autres, est revocable par le survivant pour ce qui le concerne. *Voyez* M. *Loüet & son Commentateur*, lettre T. som. 10. *Montholon*, Arrêt 18. *Mornac*, sur la loy 7. ff. *de pactis*. M. *le Piêtre*, 2. Cent. chapit. 14. *Chopin*, *Coûtume de Paris*, liv. 2. tit. 4. n. 9. & 10. *Peleus*, q. 22.

849 Si un mineur ayant fait un testament le peut revoquer sans en faire un autre, en sorte que son tuteur luy succede étant substitué. *Voyez Henrys*, to. 2. liv. 5. quest. 47.

850 *Secundum testamentum per quod primum per fraudem & subrogationem revocatur, non valet*. Voyez *Franc. Marc*, to. 2. quest. 129.

851 Un testament solemnel est suffisamment revoqué par autre second moins solemnel, si le testateur a vécu dix ans après le premier testament, quand même la revocation seroit faite *inter media tempore*, fut-ce un mois après le testament. Jugé au Parlement de Grenoble le 10. Mars 1459. *Papon*, liv. 20. tit. 1. n. 3.

852 Un testament peut être revoqué par un acte moins solemnel. Arrêt du Parlement de Grenoble du 6. Mars 1459. qui declare nul un testament revoqué sept mois après par le testateur en presence d'un Notaire & sept témoins. Cet Arrêt fut depuis confirmé par un autre de 1461. *Voyez Guy Pape*, question 100.

853 Entre enfans la revocation suffit sans qu'il soit besoin de faire autre testament, & un testament solemnel peut être revoqué par un autre moins solemnel. Arrêt du Parlement de Paris prononcé en robes rouges le 1. Juin 1571. *Papon*, li. 20. tit. 1. n. 3.

854 Il ne suffit pas que le pere entre ses enfans fasse un autre testament, il faut pour le revoquer qu'il y ait une dérogation particuliere au premier, suivant la *Novelle* 107. de laquelle a été tirée l'Authentique *inter liberos*, qui veut que le testament du pere entre ses enfans, quoyqu'imparfait, ne puisse être infirmé, s'il ne le declare expressément par le second qu'il fait, ou par un acte en bonne forme en presence de sept témoins. Arrêt du mois d'Août 1634. *Henrys*, to. 2. liv. 5. q. 49. Voyez *Charondas*, livre 4. Rép. 79. où vous trouverez Arrêt du premier Juin 1571. qui a jugé la revocation bonne, encore que la disposition du Droit écrit n'eut été observée.

855 Testament peut être revoqué pardevant trois témoins & un Notaire. Arrêt du Parlement de Paris du 1. Juin 1571. il s'agissoit d'une revocation favorable à tous les enfans. *Papon*, liv. 20. tit. 1. n. 21.

856 Testament de deux conjoints peut se revoquer par l'un d'iceux sans le consentement de l'autre pendant leur vie. Arrêt du 19. Février 1575. *Peleus*, qu. 22.

857 Par le second testament le premier est revoqué, même pour le regard des legs pitoyables; Arrêt du 8. Mars 1576. *Charondas*, liv. 4. Rép. 19.

858 Jean de Cussac fait deux testamens; par le premier il fait une de ses filles nommée Jeanne Cussac heritiere; par le second il institué François Cussac son neveu *ex fratre*, & par même testament revoque tous autres testamens faits auparavant, & appose la clause codicillaire. Après le décez du testateur, la fille soûtient que le dernier testament est nul, attendu qu'il n'y a expresse & particuliere dérogation aux precedens testamens, par lesquels elle est instituée heritiere.

heritiere. Par Arrêt du 21. Mars 1581. il a été dit que ladite Cuffac fille étoit maintenuë en vertu des premiers testamens, à la charge de payer les legs pies contenus au dernier testament. *La Rocheflavin, liv. 4. lettre T. tit. 5. Arr. 10.*

859 Le dernier testament moins solemnel, mais fait en temps de peste ne peut revoquer un premier testament solemnel fait par le même testateur au même temps. Arrêt à la Pentecôte 1593. *M. Bouguier, lettre T. n. 3.* quand le premier est censé revoqué par le second? *Voyez Henrys, to. 1. liv. 5. chap. 2. q. 12.*

860 Testament de deux conjoints au profit de leurs enfans ne se peut revoquer par le survivant, & le partage fait par la mere par son codicile, fut infirmé. Arrêt du 21. Mars 1595. *Peleus, q. 21.*

861 Quand un pere fait deux testamens, le premier en faveur de ses enfans, le second & dernier au profit d'un étranger; le premier n'est revoqué par le dernier si la renonciation n'est expresse, à cause de la faveur de ses enfans, suivant la décision 242. de *Boyer.* Jugé par Arrêt du 20. Novembre 1600. *La Rocheslavin, li. 6. tit. 78. Ar. 6.*

862 En droit la revocation d'un testament n'est valable, si elle n'est faite par un autre testament solemnel; au contraire par le Droit François; d'autant que les testamens ne sont reputez que pour codicilles, ils se peuvent revoquer par un simple acte de revocation & de volonté contraire, suivant l'opinion de *Guy Pape, quest.* 200. Arrêt du 28. May 1608. *Tronçon, art.* 289. verbo *Solemnel, in fine.* Vide *Mornac, ad L. 8. ff. de pecul.*

863 En Droit écrit l'institution d'heritier ne peut être revoquée que par une autre institution, & par consequent par un autre testament, & qui soit parfait. *Voyez Henrys, tome 2. liv. 5. qu. 46. Secùs* en païs Coûtumier où les testamens ne sont que codicilles, qui se peuvent revoquer par un simple acte n'ayant forme de testament. Arrêt du 3. Mars 1612. *M. Bouguier, lettre R. nomb.* 18. *Henrys* ajoûte que la revocation devant un Notaire & sept témoins est suffisante en tant qu'elle contient une institution tacite, & que le testateur declarant qu'il veut mourir *ab intestat*, invite à ses plus proches à sa succession, non par un simple silence, mais par un acte formel.

864 Testament parfait n'est revoqué par un imparfait, quoyque le testateur le revoque & annulle expressément, & le legs universel fait par le pere naturel à son fils bâtard né *ex soluto & solutâ*, même le legs particulier fait à la concubine, sont declarez valables. Jugé le 25. May 1618. *Bardet, tome 1. liv. 1. ch.* 26. *Brodeau let. D. som. 1. n.* 11. cite cet Arrêt.

865 Le dernier testament revoque le precedent *ipso jure*, sans qu'il soit besoin d'en faire mention. Ainsi jugé le 28. Novembre 1619. *Bardet, to. 1. liv. 1. ch.* 74.

866 Le dernier testament qui revoque le premier, étant biffé & bâtonné par le même testateur, le premier reprend sa force. Arrêt du 23. Decembre 1619. *M. Bouguier, lettre T. nomb.* 1. Voyez *Montholon, Arrêt* 134. où il la rapporte un Arrêt prononcé à Pâques 1620.

867 Premier testament revoqué par un posterieur, reprend sa force, le dernier étant rayé & bâtonné. Arrêt du 14. Avril 1620. en la premiere Chambre des Enquêtes, l'affaire avoit été partagée en la grand'-Chambre. *Bardet, to. 1. liv. 1. chap.* 81.

868 Lorsque par un testament on a institué un homme incapable, comme un malade son Medecin, le testament precedent doit subsister, & un premier testament ne peut être revoqué que par un autre en bonne forme. *Cambolas, liv. 5. chap.* 36.

869 Un testament est censé revoqué par une donation posterieure de tous les biens, faite par le testateur en faveur d'un tiers. *Voyez le 7. Plaidoyé de M. Jean Boné*, où il la rapporte un Arrêt du Parlement de Toulouse du 19. Juin 1617. qui l'a ainsi préjugé.

870 Testament est revoqué par la survenance des enfans du testateur en la Coûtume de Chartres. Arrêt
Tome III.

fans du testateur en la Coûtume de Chartres. Arrêt du 6. Août 1641. *Bardet, to. 2. liv. 9. ch.* 19.

871 Arrêt du Parlement d'Aix du 18. Mars 1647. qui a declaré un testament parfait revoqué valablement par d'autres testamens nuls faits après dix ans, & que les declarations faites dans le testament revoqué subsistent; la femme avoit declaré que dans la confession de la dot de 1200. écus, il y en avoit 400. du mary. *Boniface, to. 1. liv. 1. tit.* 15.

872 Arrêt rendu au Parlement de Toulouse le 9. Septembre 1647. entre Brugelles & Perès, neveux de la Demoiselle de Prunieres testatrice, qu'ayant fait deux divers testamens parfaits, avoit ensuite, devant un Notaire & sept témoins, declaré qu'elle vouloit que le premier testament valût. Le premier testament fut confirmé, *ex L. 20. Titius ff. de testam. mil. L. 11 §. ult. ff. de bon. poss. secund. tab.* mais sur tout par cette raison que c'étoit de même que si la testatrice eût fait un troisième testament conforme au premier. *Voyez les Arrêts de M. de Catellan, liv. 1. ch.* 2.

873 On n'est pas reçû à verifier par témoins la revocation d'un testament, même entre enfans, pour venir également à la succession de leur pere. Arrêt du 31. Juillet 1651. *Du Frêne, liv. 6. chap.* 28.

874 Jugé le 23. Juillet 1663. qu'un testament fait par un homme marié, lequel n'avoit point d'enfans lors de la confection d'iceluy, avoit été suffisamment revoqué par la survenance d'un enfant, quoyque le testateur depuis ledit testament ayant veu sa femme enceinte, même survêcu plus de 15. jours après la naissance de cet enfant, au Baptême duquel il avoit même assisté, n'eût point revoqué ses dispositions. *Soefve, tome 2. Cent. 2. ch.* 85.

875 Un acte de revocation annulle un testament contenant une clause dérogatoire, sans qu'il soit fait mention de la clause dans la revocation. Arrêt du 20. Février 1665. *De la Guess. to. 2. liv. 7. chapit. 8. bis.*

876 Jugé par Arrêt du 9. Avril 1666. qu'un testament par lequel le testateur a revoqué tous les precedens par luy faits, étant declaré nul à cause de l'incapacité de ceux au profit desquels il a été fait, peut empêcher l'execution des autres faits en faveur de personnes capables. *Soefve, to. 1. Cent. 3. chap.* 67.

877 Testament portant revocation de tous les autres, ayant été declaré nul par l'incapacité des heritiers institués, les testamens precedens ne reprennent point leur force, & la revocation subsiste toûjours. Arrêt à Paris du 9. Avril 1669. *Journal du Palais.* V. *Montholon, Arrêt* 134. où il est parlé d'un testament rayé & biffé par le testateur.

878 Un Testament nul par l'incapacité de l'heritier revoque le Testament precedent. Arrêt du Parlement de Grenoble du 19. Janvier 1660. Arrêt contraire à l'avis des Chambres, du 18. Février 1674. *Voyez Chorier, en sa Jurisprudence de Guy Pape, p.* 154.

879 Si le Testament parfait est révoqué par une déclaration de revocation, faite pardevant Notaires & témoins. *Boniface, to. 5. li. 1. tit.* 14. *ch.* 4. rapporte un Arrêt du 9. Juin 1679. qui a cassé le Testament.

880 En pays Coûtumier, un Testament posterieur déclaré nul, peut revoquer un premier Testament pour faire retourner les biens aux heritiers du sang. *Voyez le 2. to. du Journ. du Palais,* in fol. *p.* 709.

TESTAMENT, SECONDES NÔCES.

881 Arrêt general de l'an 1567. prononcé avant Pâques, qui casse un Testament fait en faveur des enfans du second lit, contenant legs d'une piece de terre de la valeur de six liv. au profit des enfans du premier lit, & le Testateur déclaré décedé *ab intestat. La Rocheflavin, liv. 4. let. T. tit. 5. Arr.* 8.

TESTAMENT, SERMENT.

882 Serment apposé à un Testament. *Voyez* le mot *Serment, nomb.* 159.

TESTAMENT, SIGNATURE.

883 S'il est necessaire que le Testateur & les témoins

qui sçavent signer signent , nonobstant le peril & soupçon de la contagion ? M. Mainard & Brodeau tiennent l'affirmative. Henrys tient la négative. *Voyez son to. 1. li. 5. ch. 2. q. 11.*

884 Le Testament étant signé du Testateur & des témoins , & non du Notaire n'est pas valable. Arrêt du 31. May 1566. *Voyez Henrys , to. 2. liv. 5 quest. 40. Voyez l'Ordonnance d'Orleans , art. 84. & de Blois Article 165. avec l'Ordonnance de 1539. art. 174. M: d'Olive , li. 5. ch. 5.* dit qu'il a été jugé que le Testament sans signature du Testateur est bon. Arrêts des 15. Mars 1630. & 22. May 1632.

885 Les Testamens doivent être signez , ou doit y être fait mention que les parties ne peuvent signer , sinon sont nuls. Arrêts du Parlement de Paris des 15. May 1570. & 22. Decembre 1571. *Papon , livre 4. titre 14. n. 12.*

886 Par Arrêt du 17. Février 1596. entre le Comte de Lauzun , & Dame Charlote d'Estissac sa femme , demandeur , d'une part ; Et Dame Claude d'Estissac , Comtesse de la Rochefoucault , Défenderesse , le Testament de Messire Loüis d'Estissac leur pere , du 9. May 1565. depuis l'Ordonnance d'Orleans , & auparavant l'Ordonnance de Blois , a été déclaré valable, nonobstant le défaut de la souscription du Testateur , ou de l'expression de la cause de ce défaut , & nonobstant la préterition d'une fille. *Biblioth. de Bouchel ,* verbo *Testament.*

887 Une femme fait son Testament en la Coûtume de la *Rochelle* en presence de cinq témoins qui signent tous ; quant à la Testatrice elle déclare ne pouvoir signer à cause de son indisposition , & ajoûte ces mots , *qu'elle signera tantôt* ; elle decede sans avoir signé; le Testament jugé bon , *quia superflua non nocent , &c.* Arrêt du 7. May 1608. *Brodeau sur M. Loüet , let. T. somm. 9. nomb. 9.* Tronçon , *Coût. de Paris , art. 289.* verbo *Ecrit & signé.*

888 Testament non signé des Notaires est déclaré bon & valable , avec injonction pour l'avenir de signer , à peine de nullité ; dépens , dommages & interêts des parties. Jugé le 18. Mars 1624. M. Servin Avocat General dit que suivant la disposition du Droit écrit le Testament seroit bon , qu'en pays Coûtumier il en falloit juger autrement ; qu'il étoit vrai que le défunt avoit disposé en faveur de ses parens, mais que cependant obligé de se tenir à la regle, il devoit conclure pour la nullité du Testament , & que la Cour en pouvoit autrement ordonner; il requit le Reglement. *V. Bardet , to. 1. li. 2. ch. 15.*

889 Le 21. Juillet 1616. fut plaidée la cause d'un Testament fait à Rome par un Parisien , selon les formes du Droit écrit , gardée à Rome , mais il fut debouté à Paris , & argué de nullité pour n'être signé du Testateur. Par Arrêt donné à Paris, appointé au Conseil. *Bibliotheque de Bouchel ,* verbo *Testament.*

890 Par Arrêt du Parlement de Toulouse du 15. Mars 1631. il fut jugé qu'un Testament qui n'étoit pas signé par le Testateur , mais par les seuls témoins , étoit valable , quoiqu'il ne fût pas dit pourquoi le Testateur n'avoit pas signé, suivant *la Novel.* 41. de l'Empereur Leon ; & le 22. Juillet 1646. la procedure de résomption de témoins sur un Testament que le testateur n'avoit pas signé , fut confirmée, quoiqu'il fût soûtenu que le Testateur étoit mort quand le Notaire y arriva: il en est autrement d'un codicille, lors qu'il y a Testament; par Arrêt du 4. Juillet 1663. la Cour réforma un appointement de résomption , & ordonna que le Testament que ce codicille revoquoit, sortiroit à effet. *Albert ,* verbo *Testament.*

891 Testament non signé du Testateur atteint de contagion , qui ne fait mention de la cause, ni qu'il ait été interpellé de signer , ne peut revoquer un précedent Testament holographe. Jugé le 8. Mars 1638. *Bardet, to. 2. liv. 7. ch. 15.*

892 Testateur ayant déclaré qu'il ne peut signer, étant atteint de la maladie contagieuse , son Testament est valable. Arrêt du 9. Juin 1639. *Ibidem , livre 8. chapitre 15.*

893 Arrêt du Parlement d'Aix du 24. Octobre 1639. qui cassa un Testament solemnel par défaut de la signature du Testateur en la partie exterieure du Testament , & pour n'y avoir que six témoins signez , le Notaire n'ayant pas déclaré la cause du défaut de la signature du septiéme. *Boniface , tome 2. livre 1. titre 1. chap. 3.*

894 Le Testament n'étant point signé du Testateur , mais contenant simplement une déclaration dans le milieu d'iceluy, que le Testateur ne sçavoit écrire, ni signer , ne peut être réputé parfait , cette déclaration n'ayant point été repetée à la fin : d'ailleurs on n'avoit pas mis que le Testament avoit été lû & relû sans suggestion , ainsi que la Coûtume de *Rheims,* article 289. le requiert. M. Talon n'en prit point de parti , il s'en rapporta à la prudence de la Cour, qui appointa l'affaire ; & depuis le Testament fut déclaré nul. *Soëfve , 1. Cent. to. 1. ch. 33.*

895 Un Testateur ayant signé son Testament , il n'est point necessaire que les Notaires fassent mention qu'il a signé ; l'effet est plus puissant que les paroles; & quand le Testateur déclare qu'il ne peut signer à cause de son indisposition , il n'est point necessaire que les Notaires l'interpellent de signer , &c. Arrêt du 7 Mars 1652. *Du Frêne , li. 7. ch. 5.* M. Jean Marie Ricard , *des Donations entre-vifs , 1. part. ch. 4. sect. 7.* rapporte un Arrêt du 17. Decembre 1654. qui a jugé la même chose.

896 Testament fait à Montpellier pays de Droit écrit , en presence d'un Notaire , & de sept témoins , le Testateur n'ayant point signé , mais ayant déclaré ne pouvoir signer à cause de son indisposition , jugé valable par Arrêt du 16. Juin 1656. le même Arrêt a jugé que le défaut d'interpellation de la part du Notaire n'est pas une nullité, les Ordonnances d'Orleans, & de Blois n'ont point été reçuës au Parlement de Toulouse. *Soëfve , to. 2. Cent. 1. ch. 35.*

897 Un Testament qui contenoit qu'il avoit été lû , & que le testateur avoit déclaré être sa volonté, ce qu'il n'avoit pû signer pour être tombé en sincope, & ensuite mort, fut déclaré valable par Arrêt du Parlement de Normandie du 8. May 1659. *Basnage , sur l'article 412. de cette Coûtume.*

898 Testament du sieur Marquis d'Alegre confirmé , quoiqu'on alleguât qu'il avoit été reçu par un Notaire Royal hors de son Ressort , & que tous les témoins n'avoient point apposé leur signature. Arrêt du 30. Juillet 1665. *Soëfve , to. 2. Cent. 3. ch. 59.*

899 Arrêt du Parlement d'Aix du 7. Février 1670. qui a déclaré nul le testament , le Notaire ayant dit à la fin de l'acte que le testament étoit fait en presence de témoins requis & signez , qui a sçû, le testateur ne sçachant signer, de ce enquis. *Boniface,to. 5.li. 1.tit. 12. ch. 1.* rapporte au même chapitre plusieurs Arrêts semblables. Le principe de décision est qu'il faut distinguer entre les testateurs qui ne sçavent pas signer, & ceux qui le sçavent , mais qui ne le peuvent pas à cause de quelque indisposition dont la cause doit être exprimée.

900 Autre Arrêt du 23. Decembre 1678. qui a déclaré nul le testament par défaut d'interpellation du Notaire aux témoins de signer , quand ils ne sçavent pas signer , & par le défaut de la clause *signé qui a sçû.* *Boniface, ibid. ch. 1.*

901 Si un testament fait 24. ans avant le decez du testateur non signé de lui, le Notaire ayant déclaré en presence de témoins qu'il n'avoit pû faire sa marque, peut être valable quoique les noms propres, ni les qualitez des legataires n'y soient point désignez. *Voyez le 78. Plaidoyé de M. de Corberon , Avocat General au Parlement de Metz ,* il dit que la Coûtume portant que tous actes sont peris par vingt ans , ne s'entendoit

que des contrats & obligations , non des teftamens ; à l'egard du défaut de fignature , il fuffifoit que lors du teftament l'empêchement & l'incommodité fubfiftaffent ; fi l'omiffion du nom propre étoit capable de caufer de l'incertitude , l'heritier ne feroit pas déchargé ; ce feroit à charge aux legataires à prouver *teftatorem ità fenfiffe.* L'Arrêt n'eft point rapporté , mais il y a lieu de croire qu'il avoit été conforme aux conclufions.

901   Un teftateur en pays de Droit écrit fait un teftament holographe qu'il enveloppe dans une feüille de papier ; il fait mettre l'acte du Notaire figné des témoins fur cette feüille volante. On difpute le teftament par cette feule raifon qu'il n'eft pas figné au pied , ou au dos du teftament. *Voyez le 13. Plaidoyé de M. Quarré , Avocat General au Parlement de Bourgogne* , il conclut à la validité du teftament. La caufe fut remife au Confeil.

TESTAMENT PAR SIGNES.

903   Teftament ne peut être fait par fignes. *Cambolas , liv. 3. chap. 11.*

904   *Teftamentum nutu factum nullomodo etiam fi inter liberos fuftineri poffe.* Arrêt du P. de Paris dans une caufe évoquée de Bourdeaux. *V.* Chopin , *de moribus Parif. L. 1. tit. 4. n. 21. & 22.* Peleus , *queft. 59. &* Mainard, *liv. 5. chap. 7.*

905   Depuis l'Ordonnance de Moulins article 54. les fignes de teftes ne font point reçus. Arrêt du 23. Octobre 1595. pour le Teftament d'Arnould de Catablanc fait à Bourdeaux en prefence d'un Confeiller , & du Procureur General de ce Parlement , en confequence d'une Requête prefentée fous le nom du Teftateur détenu au lit d'une paralifie qui l'empêchoit de s'expliquer par parole & par écrit , fut déclaré nul. *M. Ricard , des Donations entre-vifs ,* 1. *part. chap. 3. fect. 2. nomb. 141.*

906   L'inftitution d'heritier faite en faveur de la caufe pie , ou des enfans , par fignes de la tête ou des yeux n'eft bonne ; tel Teftament , fût-il fait même par un foldat , ne feroit valable. *Voyez Mainard , livre 9. chap. 40.*

907   Du Teftament par fignes. *Voyez Henrys , to. 1. liv. 5. chap. 1. queft. 8.* où il rapporte un Arrêt du Parlement de Paris, qui a jugé qu'un Teftament fait par un pere entre fes enfans n'étoit valable.

908   Teftament par fignes eft nul entre des enfans, c'eft l'Arrêt des Broches fans le dater. *Voyez Henrys, to. 1. li.5.ch.1q. 8.* pour l'inftitution d'heritier. *M. d'Olive, li. 5. ch. 18.* parle du legs par fignes.

TESTAMENT, SOLEMNITEZ.

909   La folemnité des Teftamens eft introduite par le Droit Civil , elle peut auffi être corrigée , changée , déclarée par le Droit écrit ou Coûtumier. Arrêt du Parlement de Bourdeaux du 17.Mars 1525. *Bibliot. de Bouchel ,* verbo *Teftament.*

910   *Teftamentum in fpeciem folemne, fi quis nullum , falfum ut effe dicat , interea legatum accepto repromifffore, deberi.* Vide *Luc. lib. 8. tit. 6. cap. 8.*

911   Pour les folemnitez du Teftament , il faut avoir égard au lieu où il a été reçu, non au lieu où les biens font fituez. Arrêt du Parlement de Dijon du 21. Juillet 1600. *Bouvot , to. 2.* verbo *Teftament, qu. 61.*

912   Si le Teftateur qui a qualifié le Teftament écrit & figné de fa main , folemnel , & en l'acte de clôture ou foufcription d'iceluy a appellé un Notaire & des témoins , mais non au nombre requis de Droit , a entendu tefter folemnellement , ou faire un Teftament holographe ? *Voyez Henrys , tome* 1. *livre* 5. *chapitre* 1. *queft.* 3.

913   Solemnité requife en un Teftament felon la Coûtume , doit être gardée , obfervée , & écrite , autrement l'on n'eft reçu à en faire preuve par témoins : comme de dire que le Teftateur n'a point fçu lire , parce qu'il a déclaré qu'il ne le pouvoit ; cette déclaration n'étant écrite par le Notaire. Ainfi un Teftament a

Tome III.

été déclaré nul , par Arrêt du dernier May 1566. parce que les Notaires qui l'avoient reçu , n'avoient écrit au défir de la Coûtume , qu'il avoit été *dicté & nommé par le teftateur, à luy lû, & relû,* & par luy figné, quoique les legataires euffent prouvé par témoins que cette folemnité avoit été gardée. La Coûtume du lieu eft confiderée où le Teftament eft reçu , & non celle du domicile du Teftateur. *Le Bret , Arrêt* 81. V. *M. Loüet , let. T. fomm. 12.*

914   Le Teftateur en faifant fon Teftament n'eft tenu de garder les folemnitez du Droit Civil ; il faut remarquer l'Arrêt pour le fieur de faint André , contre la veuve du Préfident Montbrun , du 8. May 1573. contre lequel y ayant eu propofition d'erreur , il fut jugé depuis au profit de la veuve , le 24. Août 1574. De plus l'Arrêt au profit des heritiers de Saint Gefly , contre fa veuve , laquelle le mary avoit avantagée, par fon Teftament fur les biens de Champagne, fous ombre que contractant mariage en Bourgogne, il s'étoit refervé de la pouvoir avantager, comme la Coûtume de Bourgogne le permet, & non celle-cy, du 17. Mars 1575. Il y a autre Arrêt contraire en quelque façon, par lequel la Cour réputa telle donation valable pour le regard des biens d'Auvergne , prononcé aux Arrêts de la Pentecôte le 7. Juin 1546. *Voyez la Bibliotheque de Bouchel ,* verbo *Solemnitez.*

915   Le défaut de folemnitez prefcrites par la Coûtume, vitie même le teftament pieux. Arrêt du 10. May 1581. *Peleus , qu.* 65. elles doivent être exactement gardées. *Voyez Carondas , liv.* 13. *Rép.* 63. *& liv.* 11. *Rép.* 36.

916   Teftament non folemnel déclaré nul , encore que la teftatrice fût malade de pefte. Jugé à la Pentecôte 1598. *Montholon, Arrêt* 86.

TESTAMENT, SOURD.

917   Le fourd peut tefter , à moins qu'il ne foit fourd & muet naturellement. *Cambolas , liv. 4. chap.* 34.

TESTAMENT, SOUSTRACTION.

918   De la fouftraction d'un teftament dont la preuve fut admife. Arrêt du Parlement de Paris du 17. Janvier 1651. *Soefve , to.* 1. *Cent.* 3. *chap.* 57.

918 bis.   Si pour recelement de Teftamens folemnels on peut venir par action criminelle? Arrêt du Parlement d'Aix du 13. Juin 1664. qui infirma la procedure. *Boniface , to.* 5. *li.* 1. *tit.* 20. *ch.* 2.

TESTAMENT, SUGGESTION.

919   *Pœna fibi adfcribentium in teftamento habet locum etiam in nuncupativo.* Du Moulin , *to.* 2. *p.* 906.

D'un Teftament fuggeré , & qu'on diroit avoir été apporté tout écrit au Notaire. *Ibid. p.* 901.

920   C'eft une regle que toute difpofition qui ne prend point fon principe de l'efprit du Teftateur, doit être dite fuggerée , & en confequence déclarée nulle. *Ricard , des Donations entre-vifs ,* 3. *part. chap.* 1. La Cour reçoit rarement la preuve des faits de fuggeftion contre un teftament. *Idem , eodem loco.*

921   Un homme voulant furprendre la bonne volonté d'un riche Bourgeois de Carcaffonne , feignit d'être malade , l'envoya querir & luy dit qu'il le faifoit fon heritier ; le Notaire fut mandé & rédigea le teftament. Quelques jours après la feinte maladie diffipée , le teftateur intereffé rendit vifite au légataire ; & luy fit entendre qu'ils s'étoient promis une inftitution reciproque ; même ce Bourgeois étant tombé malade , l'autre luy écrivit une lettre , où il le prioit de fe fouvenir du teftament fait en fa faveur , & de celuy qu'à fon tour il avoit droit d'attendre : le Bourgeois de Carcaffonne refte au profit de ce particulier. Arrêt du Parlement de Touloufe en 1574. qui déclare nul ce teftament comme captatoire & fuggeré. *V. Mainard , liv.* 8. *ch.* 61.

922   Un teftament fuggeré caffé , par Arrêt du Parlement de Paris du 20. Mars 1655. M. Thibault Confeiller en la Grand'Chambre , beau frere du teftateur étoit l'auteur de la fuggeftion ; il avoit fait fubftituer fon fils & les fiens au fils du teftateur , & l'avoit

engagé de ne donner qu'une portion modique à une fille, sous prétexte d'un mariage, contre la volonté paternelle. V. le Journal des Audiences, tome 1. liv. 3. chapitre 16.

914 Sur un Testament fait au profit de la femme du Testateur, débattu pour cause de nullité & de suggestion. Voyez le 42. Plaidoyé de M. de Corberon, Avocat General an Parlement de Metz. Le Testament fut confirmé, par Arrêt du 26. Novembre 1639.

915 Un Testament auquel les Notaires avoient declaré qu'il avoit été dicté & nommé sans induction d'aucune personne, au lieu d'avoir mis sans suggestion fut declaré nul le 24. Juillet 1642. V. Du Frêne, li. 4. ch. 4. & liv. 6. chapitre 6. où il rapporte Arrêt du 4. Mars 1650.

916 La Demoiselle veuve de Brugelles veuve de Germinot avoit un neveu nommé Bruguelles & une niéce de même nom, mariée avec Malard, en faveur de laquelle, elle avoit fait un Testament ; son neveu le sçachant, la pressa tant, que pour mettre la paix entre ses parens & se délivrer de ses importunitez, elle en fit un autre en sa faveur ; mais par une déclaration devant un Notaire & deux témoins, elle révoque ce Testament en faveur de son neveu, ajoûtant qu'elle l'a fait contre sa volonté & par importunité, & veut que le Testament fait en faveur de la Demoiselle de Malard ait son effet. Par Arrêt du Parlement de Toulouse du 9. Septembre 1647. la niéce fut maintenuë aux biens. Albert, verbo, Testament, art. 7.

917 Une femme en la Coûtume de Chartres fait, son mary présent au Testament, & de son autorité, legataire universel ; on débat le Testament de suggestion, & pour preuve qu'il avoit été fait en la presence & de l'autorité du mary, on y joignoit un Arrêt qui avoit privé un mary de ses legs : la Cour confirma le legs fait au mary le premier Août 1650. Ricard, des Donations entre-vifs, &c. 3. part. Chap. 1.

918 Jugé en la Coûtume de Rheims, qu'un Testament
& étoit valable, encore que dans la derniere clause les
929 mots, sans suggestion, n'y fussent repetez, parce que la Coûtume n'en parle point en la répetition. Arrêt du 22. Decembre 1654. Du Frêne, liv. 8. ch. 3. Ricard, Traité des Donations entre-vifs, 1. part. chap. 5. section 4.

930 C'est une maxime au Palais que des faits de suggestion ne sont pas recevables contre un Testament holographe. Ricard, des Donations entre-vifs. Idem ibidem, 3. part. ch. 1. Aux autres Testamens la preuve de suggestion y doit être admise plus facilement. Arrêts des 14. Janvier 1655. & 11. Janvier 1656. lors que les faits articulez regardent le temps auquel le testament a été fait. Ricard, des Donations entre-vifs. Ibid.

931 Un testament fait par avis de conseil ne peut pas être dit suggeré, quoyqu'il se soit trouvé un exemplaire écrit de la main du fils du Legataire, avec une consultation envoyée de Paris. Arrêt du 30. Juillet 1657. Ibidem.

932 Voyez les Notables Arrêts des Audiences, Arrêt 19. où il y a Arrêt du 2. Juillet 1658. qui ordonne que l'appellant articula dans huitaine ses faits, & l'intimé au contraire. Voyez dans les mêmes Arrêts, l'Arrêt 24. avec l'Arrêt 25.

933 Testament suggeré par un Confesseur en faveur de son Convent, déclaré nul le 9. Juillet 1659. Des Maisons, tot. T. n. 5.

934 Les preuves faites par témoins contre un testament, des faits de suggestion & prétendus moyens de nullité, faites à l'occasion de l'inscription en faux, & permission d'informer indirectement obtenuë, déclarées nulles & réjettées, & le testament executé. Arrêt du 7. Avril 1664. De la Guessiere, tome 2. li. 6. chapitre 26.

935 Jugé qu'il n'est pas necessaire pour la validité d'un testament solemnel fait dans la Coûtume de Vermandois, qu'il soit fait mention qu'il a été fait sans suggestion. Jugé à Paris le 17. Mars 1685. Journal du Palais.

936 Testament suggeré cassé, par Arrêt du Parlement de Toulouse en 1691. on laissa seulement subsister quelques legs pieux modiques. V. les Arrêts de M. de Catellan, liv. 2. chap. 97.

Voyez cy-dessus le mot, Suggestion.

SURVIE DU TESTATEUR.

937 La survivance des 10. jours n'est requise quand le pere a institué son fils heritier, & substitué sa mere. Arrêt du Parlement de Dijon du 24. Janvier 1613. Bouvot, tome 2. verbo, Testament, qu. 80.

938 Par Arrêt du Parlement de Dijon du 22. May 1633. le testament de Jean Darrot Hote, demeurant dans un des fauxbourgs de Dijon, contenant inegalité entre ses enfans, fut déclaré nul, parce que le Testateur n'avoit survécu que 19. jours, & quelques heures, & que les jours s'entendent, non des jours civils, mais des jours naturels, qui sont de 24. heures, & qui doivent être complets ; de sorte qu'il faut que le Testateur survive jusqu'au vingt-uniéme jour commencé. Autre Arrêt semblable du 2. Août 1641. pour la survie de 20. jours. Davantage le défaut de survie de 10. jours rend le testament nul également pour les biens situez hors du Duché de Bourgogne, & pour ceux qui s'y trouvent situez ; quand même le Testateur auroit été de Bourgogne, affecteroit de disposer hors la Province, pour éviter la survie des 20. jours. Arrêt du 11. Juin 1646. Taisand, sur la Coût. de Bourgogne, tit. 7. art. 6. note 2.

939 Autre Arrêt du 15. May 1656. par lequel un testament fut cassé à défaut de survie de 10. jours, quoyque les petits enfans eussent été subrogez, en l'institution qui avoit été faite de la personne de leur mere, en confirmant la Sentence renduë en la Chancellerie d'Autun, qui avoit réglé la succession ab intestat. Ibidem.

940 Autre Arrêt du 8. Août 1659. par lequel la disposition faite par l'ayeul au profit du petit-fils, est censée faite au pere, de sorte qu'il faut survivre 10. jours, si l'on donne à ses petits fils, de même que si on avoit donné à leur pere ; le legs étant présumé fait en consideration du pere, & en fraude de l'égalité. Voyez Ibidem.

941 La survie des 10. jours est tellement essentielle à la validité du partage des peres & meres, que s'ils ne survivent pas durant ce temps là, les partages ne peuvent subsister, non pas même sous prétexte du serment par eux fait ou des avantages qu'ils ont fait à quelques-uns de leurs enfans, sont pour récompense de services. Arrêt du 15. Mars 1643. Ibidem.

942 Sur cette question, si les donations ou legs faits dans un partage inégal, sont nuls par le défaut de survie de vingt jours ? Il y a diversité d'Arrêts: s'ils ne sont pas conformes, il est probable que le Parlement a jugé que les Donations mutuelles sont plus dignes de faveur que les legs qui sont purement gratuits. Par Arrêt rendu sur une Donation mutuelle, entre mary & femme, le 4. Mars 1633. il fut jugé que le Testament en partage à l'égard des enfans, étoit nul, & que la Donation faite au profit de la mere étoit valable, d'autant que ce sont deux actes differens, qui ne dépendent point l'un de l'autre, & qui peuvent subsister séparément chacun pour ce qu'il contient ; outre que l'événement des Donations mutuelles, étant incertain, & ces sortes de Donations n'étant pas pures & simples, mais en quelque maniere onereuses, semblent être plus favorables dans l'execution, que les legs qui sont ordinairement des liberalitez purement gratuites: aussi lorsque le Testament est nul par le défaut de survie de vingt jours, les legs ne sont pas dûs. Arrêt du 28. Avril 1587. autres des 10. Mars 1657, 30. Juillet 1660. & 27. Juin 1670. Voyez Taisand sur la Coûtume de Bourgogne, tit. 7. art. 6.

943   *Tourret en fon Commentaire fur la Coûtume de Paris*, *art.* 292. rapporte un Arrêt du 30. May 1625. par lequel il a été jugé qu'un Teftament fait en la Coûtume de Paris, devoit avoir fon effet à l'égard des biens immeubles de *Normandie*, encore que cette Coûtume requiere que le Teftateur furvive trois mois à fon Teftament pour difpofer du tiers des immeubles, ce que le Teftateur n'avoit pas fait.

944   L'on agita cette queftion en la Grand-Chambre du Parlement de Roüen le 6. Mars 1680. fi lorfque le teftament avoit été fait hors de Normandie, il étoit neceffaire que le teftateur vécût trois mois après pour faire valoir la donation du tiers des acquêts fituez en Normandie ? Un bâtard qui demeuroit à Paris, fit un legs univerfel de tous fes biens à l'Hôpital de Paris ; il laiffa une penfion viagere à un fils naturel qu'il avoit ; ce Teftament ne fut fait qu'un mois avant la mort du Teftateur. Le fieur de Digoville, duquel tous les biens étoient mouvans, les prétendit à droit de bâtardife : par l'Arrêt tous les heritages furent ajugez au fieur de Digoville, chargé neanmoins de la penfion du bâtard, & de tous les arrerages. *Bafnage, fur la Coûtume de Normandie, art.* 412.

TESTAMENT, TEMOINS.

945   Des témoins teftamentaires. *Voyez cy-deffus* le mot, *Témoins, nomb.* 216.

946   Par l'Ordonnance d'Orleans, *art.* 184. & *art.* 165. de Blois, les Teftamens doivent être fignez des témoins, ou bien ils doivent déclarer ne le pouvoir ; & fut un Teftament déclaré nul, faute d'y avoir fait figner le troifiéme témoin, les deux ayans figné : enjoint lors aux Curez, Vicaires ou Notaires Apoftoliques, de garder l'Ordonnance d'Orleans, à peine de nullité. *Papon, liv.* 20. *tit.* 1. *n.* 20.

947   *Teftes effe poffunt haeretici in teftamentis & contractibus ob utilitatem promifcui hujus.* Mornac, *L. penult. verbo quoniam C. de haereticis.*

947 bis.   *Teftes duo inftrumentarii teftamento contradicentes fufficienti teftium numero adhuc exiftente, quod teftamenti fidem non imminuant.* Voyez *Franc. Marc. tome* 1. *queft.* 321.

948   Si en Teftament les témoins doivent être requis & priez par le Teftateur, & s'ils doivent voir le Teftateur en face, & s'il ne fuffit pas d'entendre fa voix ? *V. Bouvot, tome* 1. *part:* 2. verbo, *Teftament, qu.* 2.

948 bis   Si en teftamens nuncupatif & militaire, non redigez par écrit, il faut entendre les témoins ? *Ibid. partie* 3. verbo, *Teftament, queft.* 10.

949   Si l'omiffion de la qualité & demeure des témoins annulle un Teftament ? *Ibid. to.* 2. verbo, *Teftament,* queftion 36.

949 bis.   Si le teftament eft valable, auquel il y a quelques Religieux pour témoins ? *V. Henrys, tome* 2. *livre* 5. queftion 55.

950   Si un teftament avec deux témoins eft bon dans la Viguerie de Touloufe ? Voyez *Cambolas, livre* 4. *chavitre* 3.

950 bis.   Teftament fait aux champs avec cinq témoins, rompt le premier folemnel fait avec fept. *Cambolas, liv.* 6. *chap.* 29.

951   En une Coûtume qui n'ordonne rien, un teftament paffé par deux Notaires fans témoins, eft bon ; Coûtume de *Boulenois.* Arrêt du 9. Juillet 1608. *M. le Prêtre*, 2. *Cent. ch.* 81.

951 bis.   Teftament fait aux champs devant cinq témoins, il eft bon. *Voyez les Arrêts de M. de Catellan, liv.* 2. *chapitre* 3.

952   Si de fept témoins d'un teftament, deux dépofent contre icelui, le Teftament ne laiffe pas d'être bon, *Cambolas, liv.* 3. *ch.* 13.

952 bis.   Un Prêtre envoye querir un Notaire, auquel il déclare fa volonté concernant le Teftament qu'il vouloit faire ; un des témoins difoit qu'il étoit préfent. Le teftament dreffé il le lût au Teftateur en préfence de cinq témoins. Sur la demande que luy fit le

Notaire, fi ce qu'il luy avoit lû étoit fa volonté, ayant répondu qu'oüy ; & ayant été empêché de figner le Teftament par une foibleffe qui le prit, dont il mourut deux heures après, dont le Notaire fit mention ; par Arrêt du dernier Août 1623. le teftament fut confirmé. *Cambolas, liv.* 5. *ch.* 5.

953   Arrêt du Parlement de Grenoble du 5. Août 1626. qui déclare bon & valable un Teftament fait verbalement aux champs par une Demoifelle, en préfence de cinq témoins. Arrêt femblable du 30 Juillet 1665. pour un Teftament fait à la Murette, à trois lieües de Grenoble, foufcrit feulement par trois témoins, ne s'y en étant pas trouvé alors un plus grand nombre, & par le Notaire. *Voyez Chorier, en fa Jurifprudence de Guy Pape, p.* 149.

953 bis.   Teftament holographe n'eft réputé folemnel en païs de Droit écrit, s'il n'eft figné de fept témoins, fuivant la Loy *hâc confultiffimâ, C. de teftamentis.* Arrêt du 7. Septembre 1626. *M. Bouguier, lettre. T. nomb.* 5. Du Frêne, *livre* 1. *chapitre* 121. rapporte le même Arrêt.

954   Arrêt du P. d'Aix du 10. Decembre 1646. qui a caffé le teftament folemnel d'une perfonne non lettrée, pour n'y avoir pas appelé un huitiéme témoin. *Boniface, tome* 2. *liv.* 1. *tit.* 1. *chap.* 2. M. l'Avocat General de Fauris avoit conclu au contraire.

954 bis.   Le teftament doit être figné par les témoins & par le Teftateur, ou enquis, s'ils fçavent figner. Arrêt au Parlement de Grenoble au mois de Mars 1656. *Baffet, tome* 2. *liv.* 8. *tit.* 1. *chap.* 4. où il obferve que *M. d'Olive, liv.* 5. *chap.* 5. dit qu'au Parlement de Touloufe le défaut de fignature du Teftateur qui fçait figner, ne rend pas le Teftament nul, bien que le Notaire ne l'ait enquis de ce faire.

955   Arrêt du 6. Juillet 1656. qui confirme un teftament reçû par le Sacriftain de Vizile en préfence de fept témoins, figné feulement de quatre, les autres n'ayans été ni requis ni enquis : on confidera la qualité de l'heritiere inftituée, qui étoit fille du Teftateur. *Voyez Chorier, en fa Jurifprudence de Guy Pape, p.* 150.

955 bis.   En Pays de Droit écrit, fept perfonnes requifes lefquelles doivent figner & appofer leurs fceaux. *Ricard, des Donations entre-vifs,* 1. *part. ch.* 15. *fect.* 3. mais cette appofition de fceaux n'eft pas d'ufage. *Henrys, tome* 2. *liv.* 5. *qu.* 36. Arrêt du Chevalier de la Ferriere, du 20. Juin 1659. *Des Maifons, let. T. n.* 8. Voyez la Loy *hâc confultiffimâ* 21. *C. de Teftamentis, &c.*

956   Teftament folemnel où il n'y a que cinq témoins ne peut valoir comme un teftament holographe. *Voyez Henrys, tome* 1. *liv.* 5. *ch.* 1. *qu.* 3.

956 bis.   Le 16. Janvier 1664. jugé que le fait que les témoins n'ont pas été préfens à la confection du teftament, n'eft pas recevable contre l'énoncé du teftament, qui y eft contraire. *Jovet*, verbo, *Teftament, nomb.* 41. dit l'avoir oüi prononcer.

957   Les témoins pour la validité des Teftamens, doivent être au nombre de fept, outre le Notaire, à peine de nullité. Arrêt du 18. Février 1670. les Religieux Profès ne peuvent fervir de témoins, étans morts civilement, fi ce n'eft en temps de pefte, à caufe de la difficulté d'en trouver. Arrêt du 18. Janvier 1667. *Graverol fur la Rochef lavin, liv.* 4. *litt. T. tit.* 5. Arrêt 15.

957 bis.   Un frere au Pays de Lyonnois, peut être témoin dans un teftament où fa fœur eft inftituée heritiere, à la charge qu'elle ne pourroit difpofer des biens du Teftateur qu'au profit de l'un de fes parens ; outre cette inftitution fiduciaire, il luy donne la propriété d'un heritage déclaré dans le teftament, &c. Jugé à Paris au mois de Juillet 1673. *Journal du Palais.*

958   Teftament jugé valable par Arrêt du Parlement de Dijon du 3. Février 1656. quoyque l'un des témoins eût été condamné au banniffement. La condamnation étoit ignorée. *Taifand, fur la Coût. de Bourgogne, tit.* 7. *art.* 4. *note* 8.

958 *bit.* Arrêt du 29. Mars 1677. en la Grand'-Chambre, suivant les Conclusions de M. l'Avocat General Talon, qui a confirmé un testament, nonobstant le legs d'un Tableau que le Testateur avoit fait à un des témoins; il n'en seroit pas de même si le legs étoit fait à un Curé ou Vicaire qui reçoit un testament, d'autant que l'Ordonnance d'Orleans défend de leur donner aucune chose. *Ricard, des Donations,part. 1. ch. 5. sect. 10. n. 546.*

959 Arrêt du Parlement d'Aix du 22. Mars 1683. qui a jugé que le testament fait en presence du Juge & son Greffier, n'est pas valable, n'étant signé que de cinq témoins. *Boniface, tome 5. liv. 1. tit. 10. ch. 1.*

TESTAMENT, TRANSACTION.

960 Des freres ne peuvent faire transaction sur le testament de leur pere au préjudice de la substitution du fils de l'un d'eux. Arrêt du Grand Conseil du 22. Septembre 1550. *Carondas, liv. 11. Rép. 82.*

TESTAMENT, TUTEUR.

961 Un mineur marié peut valablement disposer de ses biens au profit du tuteur ou curateur. Arrêt du Parlement de Dijon du 2. Août 1613. *Bouvot,tome 2. verbo, Testament, question 69.*

TESTAMENT, VICAIRE.

962 Les Vicaires peuvent recevoir les testamens de leurs Paroissiens. *Memoires du Clergé, tome 1. partie 1. page 199.*

963 Un testament reçu par un Vicaire d'un Curé d'une Paroisse, sans avoir aucune Lettre de Vicariat,& qui l'avoit servi dix ans en cette qualité, jugé valable, & enjoint de commettre des Vicaires Generaux pour recevoir lesdits testamens, & faire registrer leurs Lettres de Vicariat, suivant l'art. 190. de la Coûtume de Paris. Arrêt du 11. Juillet 1590. *Chenu, 2. Cent. question 92.*

964 Jugé par Arrêt du 10. Mars 1609. qu'il n'étoit necessaire pour la validité d'un testament, que le Vicaire qui le reçoit ait fait insinuer son Vicariat au Greffe, encore que la Coûtume le requît, & que nonobstant l'opposition formée par le Clergé, lors de la reformation de la Coûtume de Paris,l'article eût passé, ainsi qu'il est porté par le procés verbal d'icelle. *Biblioth. de Bouchel, verbo, Vicaires.*

965 Arrêt du Parlement de Roüen du 31. May 1644. qui a declaré nul,& fait contre la Coûtume,un testament reçu par un Vicaire, quoy qu'ayant pouvoir d'administrer. *Berault, à la fin du 2. tome de la Coûtume de Normandie, sur l'art. 412. p. 58.*

TESTAMENT, VIEILLESSE.

966 Disposition d'une femme fort âgée, declarée nulle, par Arrêt du Parlement de Toulouse du 2. Avril 1583. *Maynard,liv. 3. ch. 7.*

967 Arrêt du Parlement de Toulouse du 29. Avril 1642. qui casse le testament d'un pere âgé de 98. ans, lequel avoit fait un heritier étranger; ses enfans au nombre de quatre, disoient que le pere avoit été surpris, & que l'on avoit abusé de son grand âge. *V. Albert, verbo, Testament, art. 4.*

VOLONTE' DU TESTATEUR.

968 *De interpretatione ultimarum voluntatum.* Voyez les *Opuscules de Loisel, page 310. Carondas, livre 4. Réponse 68.*

969 *De promissione facta per heredem testatori de adimplendo testatoris voluntatem.* Voyez *Franc. Marc. to. 1. quest. 334.*

970 Interpretation de la volonté des Testateurs. *Voyez Peleus, quest 50.*

971 Les questions testamentaires se doivent resoudre par la volonté & l'intention du Testateur. *Voyez M. le Prêtre, 3. Cent. chap. 5.*

972 Le Baron de Magalas avoit mis une clause par laquelle il disoit qu'en cas qu'il y eût quelque chose d'ambigu & de douteux dans son Testament, il vouloit que le pere Bon Religieux de Saint Dominique en fût crû, le constituant juge comme sçachant sa vo-

lonté : lors de l'ouverture du Testament, le Pere sans être appellé ni interpellé déclara que l'intention du Testateur étoit que l'un de ses enfans eût tous les hommages & droits honorifiques de la Baronnie. Un des enfans s'y opposa. Arrêt du Parlement de Toulouse du 19. May 1663. qui sans avoir égard à la Declaration, ordonna que le Testament sortiroit à effet. *Albert, verbo, Testament, art. 15.*

THEOLOGAL.

1 Voyez le mot *Chanoines, nomb. 156. & suiv. & Prebende, nomb. 52. & suiv.*

De la Prebende Theologale. Voyez *Franc. Pinson,* au Titre *de qualitatibus ordinandorum. §. 9. & Rebuffe, sur le Concordat,* au Titre *de Collationibus,* où il observe qu'en quelque temps qu'elle vaque, elle doit être donnée à un Theologien; s'il n'y en a pas, à un Docteur en Droit Canon.

2 Les Prebendes Theologales sont tellement affectées aux Theologiens, qu'un Docteur en Theologie en étant pourvû, s'il n'en vouloit plus faire les fonctions & qu'il eût dessein de se retirer pour prendre un autre Benefice moins onereux, & moins à charge, il ne pourroit pas le permuter avec un autre qui ne seroit pas Docteur, Licentié, ou Bachelier formé en Theologie. C'est le sentiment de *Probus,* sur le mot, *de alio* du paragraphe *primo cum. tit. de collationibus,* de la Pragmatique, *ubi enim aliqua qualitas exigitur in aliquo ad faciendum aliquem actum, si non adsit, deficit actus.*2°. En quelque mois de l'année qu'une Prebende Theologale vienne à vaquer, soit dans les mois affectez aux Graduez nommez, soit aux Graduez simples, elles doivent être conferées à un Theologien de la qualité cy-dessus, tous les privileges cessent à son égard. 3. Une troisiéme observation est que les Prebendes Theologales ne sont point de tour dans la Collation des Benefices, *Prebenda Theologalis non facit turnum.* Définit. *Can. page 663.*

3 Les Arrêts & Reglemens ont étendu l'institution des Theologaux aux Eglises Collegiales où il y a dix Prebendes,& qui ne sont point situées dans les villes Episcopales. *Biblioth. Canon. tome 2. page 46.*

4 Le Theologal peut être un des deux Chanoines qui étant à la suite de l'Evêque, ont la presence. Ainsi jugé au Parlement de Toulouse; permis à l'Archevêque d'Auch de substituer des Prédicateurs au lieu de ce Theologal. *Albert, lettre O. verbo, Official, art. 8.*

5 *Theologus in divinis fingitur præsens ratione studii & lectura.* Les déliberations contraires des autres Chanoines pour le priver de ses distributions, ne vaudroient, ainsi qu'il a été jugé le 4. Janvier 1523, contre les Chanoines de Reims, & en 1544. contre ceux de l'Eglise de Chartres, *quia solent ignari Canonici hos probos & doctos adeo prosequi & litteratos.* Voyez *Rebuffe, sur le Concordat,* au Titre *de Collationibus,* au mot *habeatur pro præsente.*Papon, *liv. 1. tit. 3. nombre 16. & la Bibliotheque Canonique, tome 1. page 100. colonne 2.*

6 Le dernier Septembre 1621. le Roy fit une Declaration par laquelle conformément aux saints Decrets & aux Ordonnances, il érigea en Theologale la premiere Prebende qui viendroit à vaquer en l'Eglise Collegiale de saint Michel de Gaillac, & deslors il la confera à Marc Antoine de Bonnefoy, qui prit possession de la Prebende vacante par le decez du nommé Boissel. Un autre pourvû par le Roy comme un simple Chanoine à la même qualité que Boissel, prit aussi possession. Bonnefoy se voyant troublé obtint du Roy une confirmation de sa Declaration, & une collation speciale de la Prebende, comme Theologale, le Chapitre intervint pour empêcher l'érection. Cependant Arrêt du Grand Conseil du 27.Mars 1624. qui maintient Bonnefoy, & luy enjoint de faire les Leçons & Prédications, & aux Chanoines d'y assister.*V. le 6. Plaidoyé de M. Dandiguier du Mazet,*

7   Une Prebende Theologale eſt tellement affectée à un Docteur en Theologie, qu'il eſt préferé à tous autres nommez devant luy & inſinuez. Jugé le 22. Juin 1624. *M. Bouguier, lettre D. nomb. 1.*

8   Theologale eſt une des premieres Dignitez & la plus importante d'une Egliſe, de maniere que celuy qui ne demande qu'une Chanoinie ſeulement, & qui ſupprime cette qualité eſſentielle, ne doit rien obtenir. Jugé au Grand Conſeil le 14. Octobre 1642. pour une Prebende Theologale de Saint Michel de Gaillac, contre M. Jean Gabriel Durrand, qui pour l'obtenir plus facilement avoit tû & diſſimulé au Collateur que c'étoit une Prebende Theologale. *Définit. Canon. page 661.*

THEOLOGAL GRADUÉ.

9   Le Commentateur de *M. Loüet*, *lett. P. ſom.* 46. ſur la queſtion de ſçavoir ſi la Theologale eſt ſujette aux Graduez dans les mois qui leur ſont affectez par le Concordat, ou ſi elle demeure en tout temps affectée à un Theologien au choix de l'Ordinaire, rapporte deux Arrêts contraires du Parlement de Paris, l'un du 30. Juillet 1620. pour la Theologale de Noyon, par lequel le pourvû par l'Evêque fut maintenu à l'excluſion du Gradué ; l'autre eſt du 17. Février 1642. pour la Theologale de Beauvais, par lequel le Gradué fut maintenu au préjudice du pourvû par M. l'Evêque de Beauvais. *Ibidem, page* 664.

THEOLOGAL DE LYON.

10   Le Theologal de Saint Jean de Lyon peut n'être pas d'extraction Noble de 4 races du côté paternel & maternel, comme les autres Chanoines, mais en ce cas, il n'a rang qu'après eux. Jugé au Grand Conſeil le 14. Septembre 1641. *Voyez Henrys*, tome 1. liv. 1. *chap.* 5. queſtion 8.

THEOLOGAL, PRÊCHER.

11   Chanoine Theologal peut être contraint par le Chapitre de Prêcher & lire, & ce par la ſaiſie de ſes gros fruits. Arrêt du 12. Decembre 1601. *Tournet, lett. C. nomb.* 18.

12   Le Chapitre ne peut par ſes déliberations ſubroger à un Theologal, ſous prétexte qu'il n'a fait ni Lectures ni Prédications ; & ce n'eſt point au Chapitre à luy preſcrire l'heure des Leçons. Le Theologal qui neglige d'inſtruire *privandus eſt fructibus hebdomada* & non de tous les fruits. 2. Il dépend du Theologal de donner lecture, *eſt Magiſter Scola.* Arrêt du Parlement de Toulouſe du 21. Juin 1654. contre le Chapitre de Narbonne. *Albert, lettre C. verbo, Chapitre.*

13   Arrêt du Parlement d'Aix du 10. May 1658. qui a jugé que le Chanoine Theologal doit prêcher tous les Dimanches & Fêtes ſolemnelles, & faire aux Chanoines trois Leçons de l'Ecriture Sainte auſſi toutes les ſemaines, auſquelles doivent aſſiſter les Chanoines, à peine de perdre leurs diſtributions. *Boniface*, tome 1. liv. 2. tit. 21. chap. 1.

14   Le Theologal dans l'Egliſe Collegiale de Roye prêchera une fois le mois, & fera trois fois la ſemaine les leçons, ſur peine de la perte de ſes fruits, &c. Jugé le 11. Janvier 1667. *De la Gueſſ. to.* 3. li.1.ch.9.

15   Par Arrêt du Parlement de Toulouſe du 3. Decembre 1676. il fut dit que le Theologal pouvoit être ſuivant le Concordat, pointé par le Chapitre, au cas qu'il manquât aux lectures & predications de ſon obligation. Il fut encore ordonné, que lorſque le Theologal voudroit aller exercer le miniſtere de la parole Evangelique, il en demanderoit la permiſſion au Chapitre, & qu'en cas qu'il prêchât ſans retribution, il ſeroit tenu pour preſent, même quant aux diſtributions manuelles ; & qu'au cas contraire, il ne le ſeroit que pour la groſſe, ſuivant *Rebuffe, ſur le Concordat au §. 1. du Titre de Collation.* Le même Arrêt enjoint à tous les Chanoines, les ſeules Dignitez exceptées, d'aſſiſter aux lectures du Theologal, conformément à l'Ordonnance d'Orleans, art. 8. & de Blois, articles 33. & 34. *M. de Catellan, livre* 1. chapitre 59.

THEOLOGAL, RELIGIEUX.

16   Affectation de la Theologale à un regulier declarée abuſive. *Journal des Audiences*, tome 2. livre 5. chapitre 36.

17   La Prebende Theologale tenuë par un Religieux de l'Ordre des Mendians, n'eſt obligée aux charges, n'ayant rang au Chœur, n'y entrée & voix en Chapitre. *Bellordeau*, liv. 3. Controv. 105. & Tournet, lett. P. Arr. 166.

18   Arrêt du Parlement de Bretagne du 15. Octobre 1573. qui maintient contre un Pourvû en Cour de Rome, un Jacobin pourvû par le Chapitre de Lantreguier, le Siége Epiſcopal vacant, de la Prebende Theologale. *Du Fail, liv.* 1. chap. 348.

19   En 1656. le Comte de Marans Collateur des ſix Chanoinies de l'Egliſe de Beüil, preſente Requête à M. l'Archevêque de Tours & luy expoſe que comme il y a beaucoup de Huguenots dans les lieux circonvoiſins de cette Egliſe Collegiale compoſée de ſix Prebendes, il ſouhaite d'ériger la premiere vacante en Theologal, dont un Docteur en Theologie ſeroit pourvû à l'avenir. Sur cette Requête, M. l'Archevêque érige la premiere Chanoinie qui vaqueroit en Theologal, pour être affectée à un Docteur tant ſeculier que regulier, & cependant il deſtine pour la premiere vacante Frere Durand Religieux Jacobin, Docteur en Theologie, à la charge de prendre de luy de nouvelles Proviſions, & que dés à preſent il fera la fonction de l'Office de Theologal, aura place & ſéance dans le Chœur de l'Egliſe de Beüil, ſans neanmoins prétendre aucune retribution, juſqu'à ce qu'il ait une Prebende vacante. Ce Decret eſt enregiſtré dans les Regiſtres de l'Egliſe de Beüil du conſentement de tous les Chanoines.

En 1658. un des ſix Chanoines ſe démet en Cour de Rome en faveur de ſon neveu, du conſentement du ſieur Comte de Morans Patron Laïc. Durand s'oppoſe entre les mains de M. l'Archevêque au *Viſa*, & dans le Chapitre de Beüil, pour la priſe de poſſeſſion & inſtallation. Il obtient même du Patron une révocation du conſentement qu'il avoit donné à la reſignation ; ſur les conteſtations on déclara abuſive l'affectation de la Theologale à un Regulier, par la regle *Regularia Regularibus, ſecularia ſecularibus.* Journal des Audiences, tome 2. liv. 5. chap. 36.

20   Un Jacobin ne peut être Theologal dans une Egliſe Collegiale ou Cathédrale. Jugé le 2. Août 1663. *multis contradicentibus.* Des Maiſons, lett. T. nom. 17.

21   Un Evêque avec le conſentement du Patron laïc, ne peut ériger une Prebende en Theologale, pour l'affecter tant au regulier qu'au ſeculier, encore qu'il y eût des Lettres Patentes du Roy obtenuës en cauſes d'appel. Jugé le Jeudy 2. Août 1663. *Notables Arrêts des Audiences, Arrêt* 110.

THEOLOGAL, RESIGNATION.

22   Arrêt du Parlement d'Aix du 21. Janvier 1666. qui a jugé que le Chanoine Theologal peut reſigner ſon Benefice. *Boniface*, tome 1. liv. 2. tit. 21. chap. 2. il rapporte un Arrêt du 16. Juin 1616. & un Arrêt du Grand Conſeil du 17. Avril 1663.

THEOLOGIE.

1   Aſſemblées de Theologie. *Voyez* le mot *Aſſemblées, numb.* 26.

2   Arrêt du Parlement de Paris du 9. Decembre 1525. par lequel ſur les plaintes du Procureur General de diſputes frivoles, & ſcandaleuſes, il eſt ordonné que le Chancelier de l'Univerſité & la Faculté de Theologie ſeront mandez pour faire leur faire aucunes remontrances ; ils ſe juſtifierent & promirent d'y donner ordre. *Voyez les Preuves des Libertez, tome* 2. ch. 25. nombre 48.

3   *Voyez dans le Livre* intitulé, *Henrici Progymnaſmata*, un Reglement fait en 1556. par le Roy Henry II. pour la faculté de Theologie de la Ville de Paris,

concernant la maniere d'y faire les leçons, les matieres qui doivent être enseignées, &c.

4　Reglement touchant les Assemblées de la Faculté de Theologie de Paris, sur les matieres de doctrine qui ont accoûtumé d'y être traitées, du 31. Juillet 1682. *De la Guess. tome* 4. *liv.* 5. *chap.* 25.

THESES.

1　ARrêt du Parl. de Paris du 13. Juillet, 1532. donné sur la plainte de quelques Docteurs, au sujet de certaines propositions qui n'avoient dû être faites par le nommé Grandis en soûtenant des Theses. Il fut dit que la Faculté députeroit six Docteurs, lesquels s'assembleroient en presence de quatre Conseillers de la Cour, pour dire les raisons de leur censure. Ouy le rapport des Commissaires, il fut ordonné que Grandis en la premiere Sorbonique declarera qu'inconsiderément il avoit soûtenu telles propositions. *Preuves des Libertez,* tome 2. ch. 35. nomb. 51.

2　Arrêt du Parlement de Paris du 4. Septembre 1624. en faveur de l'Université de Paris. La Cour, après que Declaves avoit été admonesté, a ordonné que les Theses seront déchirées en sa presence, & que commandement sera fait par l'un des Huissiers de la Cour à Declaves, Villon, & Bidault en leurs domiciles, de sortir dans 24. heures de cette Ville de Paris, avec défenses de se retirer dans les Villes & lieux du ressort de cette Cour pour enseigner la Philosophie en aucune des Universitez d'icelui: & à toutes personnes de quelque état, qualité & condition qu'elles soient, mettre en dispute les propositions contenuës esdires Theses, les publier, vendre, ou debiter, à peine de punition corporelle, soit qu'elles soient imprimées en ce Royaume ou ailleurs, fait défenses à toutes personnes, à peine de la vie, tenir ni enseigner aucune maxime contre les Auteurs anciens & approuvez, ni faire aucunes disputes que celles qui seront approuvées par les Docteurs de la Faculté de Theologie. Ordonne que le present Arrêt sera lû en l'Assemblée de la Faculté de Theologie, mis & transcrit en leur registre, & outre copie collationnée d'iceluy baillée au Recteur de l'Université pour être distribuée par les Colleges, à ce qu'aucun n'en prétende cause d'ignorance. *Filleau, part.* 3. *tit.* 9. *ch.* 5.

3　These de Theologie, qui devoit être soûtenuë en Sorbonne, supprimée comme contraire aux privileges de l'Eglise Gallicane, en ce qu'elle élevoit la puissance du Pape au dessus de la puissance des Conciles Generaux. Arrêt du 22. Janvier 1663. *De la Guess. tome* 2. *liv.* 5. *ch.* 2.

THOULOUSE.

1　*Tholosæ Comitatus quod iisdem utatur legibus, quibus utebatur, antequam ditioni Regum Galliæ subjiceretur.* Voyez *Franc. Marc,* tome 2. quest. 341.

2　Le Comté de Toulouse est acquis au Roy par donation, non toutefois uni à la Couronne, & ce sous condition d'user du droit écrit des Romains pour la decision des procés, sauf à garder les Ordonnances Royaux, touchant la forme instructive des procés, & abbreviation d'iceux. Voyez *Mainard, liv.* 4. *ch.* 57.

TIERCE-SEMAINE.

TIerce-semaine est un droit que prétend l'Evêque de Paris sur plusieurs Marchands de cette Ville, à raison de quatre sols deux deniers par chacun an. Il en est fait mention dans un ancien Arrêt du 10. Avril 1489. & dans une Sentence du Bailly du Fort l'Evêque du mois de Juillet 1612. qui condamne les Fripiers au payement de ce droit. *Bibliotheque du Droit François par Bouchel,* verbo, *Tierce-semaine.*

TIERCEMENT.

DU Tiercement en enchere. Voyez le mot *Enchere, nomb.* 79. & suiv.

TIERS.

1　*Quibus res judicata non nocet.* C. 7. 56. Ce qui est fait entre quelques personnes, ne préjudicie point à un Tiers.

Inter alios acta, vel judicata, aliis non nocere. C. 7. 60... L. 73. in fine. L. 74. D. de reg. jur. C'est une regle du Droit, rappellée en divers lieux.

Ne uxor pro marito, vel maritus pro uxore, vel mater pro filio, conveniatur. C. 4. 12.

Ne filius pro patre, vel pater pro filio emancipato: vel libertus pro patrono: vel servus pro Domino, conveniatur. C. 4. 13. Vide lib. 10. tit 60... N. 134. c. 7.

Ut non fiant pignorationes pro aliis personis. N. 52.

Ut nullus ex vicaneis, pro alienis vicaneorum debitis, teneatur. C. 11. 57.

TIERS COUSTUMIER.

1　DU tiers Coûtumier. Voyez le mot *Doüaire, nomb.* 174. & suiv. & le mot *Nopces, n.* 18. & suiv.

2　La question que *Berault* avoit agitée sans en rapporter de décision, sçavoir si l'aîné en vertu de l'article 296. de la Coûtume de Normandie, peut rembourser le tiers aux puînez donataires, a été depuis décidée. Il avoit été jugé le 3. Février 1633. au profit de Me. Nicolas le Boulanger Avocat en la Cour, que la donation de tiers faite aux puînez, ne privoit point l'aîné du droit qu'il a de le rembourser; mais cet Arrêt fut donné sur des circonstances particulieres. C'est pourquoy la même question s'étant offerte entre les Sieurs de Ricarville, fut reglée sur la these generale le 13. Août 1665. où il fut dit que l'aîné ne pouvoit rembourser le tiers quand les puînez en sont donataires. On avertit les Avocats de n'en douter plus, & depuis on en a fait un reglement. Art. 38. du Reglement de l'année 1666. Voyez *Basnage sur cet art.* 296.

3　On a jugé par plusieurs Arrêts que quand les biens étoient alienez, sans venir à des partages, l'on procederoit directement à l'estimation de tous ces biens pour bailler aux enfans leurs tiers en argent. Voyez *Basnage, sur la Coût. de Normandie, art.* 299.

4　Arrêt du Parlement de Roüen du 19. Août 1634. après partage, qui a reçu un fils majeur des Lettres de rescision contre la vente par luy faite conjointement avec son pere de son tiers. Voyez *Basnage sur l'art.* 399. *de la Coûtume de Normandie.*

5　Quoiqu'un fils après la mort de sa mere eût vendu le tiers qui luy avoit été délivré pour son doüaire, étant mort avant son pere, ce Contract fut declaré nul, & on jugea au Parlement de Roüen le 16. Novembre 1647. qu'il ne privoit pas la sœur de le demander entier.

6　Par autre Arrêt de la Chambre de l'Edit, après en avoir consulté la Grand'Chambre le 11. Août 1655. il fut jugé que le frere ayant contracté des dettes du vivant de son pere, n'avoit pû y engager son tiers, & que venant à mourir la sœur avoit le tiers entier, sans être obligée aux dettes du frere. *Basnage, ibid.*

7　Bien qu'il ait été décidé par l'article 400. de la Coûtume de Normandie, que les enfans du second lit peuvent demander leur tiers comme du jour des premieres nôces, pourvû qu'ils fussent nez au temps du décez des enfans du premier lit, il s'est présenté une difficulté touchant ces paroles, *pourvû qu'ils fussent nez* ; enforte qu'un enfant du premier lit étant mort trois-semaines avant que la seconde femme accouchât d'une fille, on prétendoit que son tiers coûtumier ne luy étoit dû que du jour du mariage de son pere. Les premiers Juges l'avoient ainsi décidé; elle interjetta appel, & dit *conceptus pro nato habetur, cum de commodis ejus agitur.* Arrêt du Parlement de Normandie du 10. Mars 1673. infirmatif de la Sentence. V. *Basnage, sur cet article.*

8　Le tierscoûtumier se prend sur les dernieres alienations, quoique les derniers acquereurs n'ayent fait controler

contrôler leurs Contracts. Arrêts du Parlement de Roüen en 1633. & le 18. Janvier 1654. rapportez par *Basnage, sur l'art.* 403. *de la Coûtume de Normandie.* Le contrôle ne regle la préférence qu'entre les creanciers : il en seroit autrement si le premier acquereur demandoit une garantie contre son vendeur ; car en ce cas il n'auroit hypotheque que du jour du contrôle.

9 Les enfans ont tiers coûtumier sur la moitié appartenante à la mere des conquêts faits par le pere durant leur mariage. Arrêt du Parlement de Roüen du 23. Mars 1679. rapporté par *Basnage sur l'art.* 404. *de la même Coûtume.*

10 Le Contract par lequel les enfans du vivant de leur pere, ou autre ascendant, ont vendu ou hypothequé le tiers à eux destiné par la Coûtume, est executoire sur les autres biens presens & à venir, & non sur ledit tiers, en quelque main qu'il puisse passer, même de l'heritier du fils, ni sur leur personne. *Article* 85. *du Reglement fait au Parlement de Roüen, les Chambres assemblées, le* 6. Avril 1666. *Basnage, to.* 1. à la fin.

11 Les enfans n'auront pas le tiers entr'eux, si tous n'ont renoncé ; mais celuy qui aura renoncé aura la part audit tiers qu'il auroit euë si tous avoient renoncé. *Arrêtez du Parlement de Roüen ; les Chambres assemblées, le* 6. Avril 1666. *art.* 89. V. *Basnage, to.* 1.

12 Dans la Coûtume de *Normandie* le tiers coûtumier est ouvert du jour de la mort civile, soit séparation de biens, saisie réelle, cession ou abandonnement de biens que fait le pere à ses enfans, ou telle autre voye, par laquelle un pere est privé & dépoüillé de la possession de ses biens, les creanciers du pere vivant, ne peuvent contester valablement cet abandonnement par luy fait à ses enfans quant aux fruits de leur tiers coûtumier, dont ils joüissent dés le jour dudit abandonnement. Arrêt du Parlement de Paris du 9. May 1641. entre les enfans de M. le Duc d'Elbeuf & les creanciers de cette Maison. *Voyez le Journal des Aud. tôme* 5. *liv.* 7. *ch.* 24.

13 Le tiers coûtumier, qui est le doüaire propre aux enfans dans la Coûtume de *Normandie,* ayant été consommé par les dettes anterieures au doüaire, la récompense n'en peut être demandée sur les biens situez dans une autre Coûtume que celle de Normandie, qui ne donne qu'un doüaire viager à la femme, & non propre aux enfans. *Voyez le Journal du Palais* in fol. *to.* 2. *p.* 1003.

TIERS DETENTEUR.

1 SI le Tiers detenteur doit les arrerages de la rente fonciere non échûs de son temps ? *Voyez* le mot *Arrerages,* nomb. 26.

2 Tiers detenteur obligé de déguerpir. *Voyez* le mot *Déguerpissement,* n. 36. *& suiv.*

3 De la discussion à l'égard du tiers detenteur. *Voyez* le mot *Discussion,* n. 81. *& suiv.*

4 Si le Seigneur est tenu de discuter l'obligé personnellement, avant que de s'adresser au Tiers detenteur ? *Voyez* le mot *Discussion,* nomb. 83.

5 Du Tiers detenteur des biens du fideicommis. *Voyez* le mot *Fideicommis,* n. 218. *& suiv.*

6 *Tertius possessor potest conveniri pro pensione, & anniversariis.* Voyez *Franc. Marc. to.* 1. *quest.* 550.

7 Du Tiers detenteur, qui peut joüir nonobstant l'établissement de Commissaire, & s'il est tenu à la restitution de fruits ? *V. Coquille,* to. 2. *quest.* 214.

8 Tiers possesseur après la discussion du principal debiteur, peut se défendre *ex integro* du chef du debiteur ou condamné, & alleguer ou prescription, ou payement. Arrêt du Parlement de Paris du 20. May 1559. *Papon, liv.* 11. *tit.* 3. *n.* 6.

9 Tiers detenteur qui est condamné à payer les arrerages d'une rente fonciere, n'est tenu que jusqu'à la concurrence des fruits de la chose ; *falsi,* quand le detenteur a passé titre nouvel, auquel cas il est tenu

Tome III.

in solidum. Arrêt du 2. Avril 1602. *M. le Prêtre, és Arrêts de la Cinquiéme.* Voyez *M. Loüet, lettre A. somm.* 7. M. Bouguier, *lettre* D. *nomb.* 3. *& 4. & la Coûtume de Paris,* art. 103.

10 En la Coûtume de *Poitou* le tiers detenteur déguerpissant l'heritage obligé à une rente, se délivre des arrerages échûs, en rapportant seulement les fruits échûs depuis contestation en cause. Jugé le dernier Février 1612. M. *Bouguier, lettre* D. *nombre* 4.

11 Par Arrêt du 17. May 1614. jugé en la Coûtume du *Maine,* qu'on peut s'addresser au Tiers detenteur d'heritage ou rente sans faire discussion. *Tronçon sur la Coûtume de Paris,* art. 101. *in verbo Discussion,* suivant la disposition du Droit en la Loy 8. *ff. de contr. pign. ubi creditoris arbitrio permittitur ex pignoribus sibi obligatis, quibus velit distractis, ad suum commodum pervenire.*

12 Un Tiers detenteur ne peut être possedé que par la saisie réelle, & nonobstant l'action du creancier en declaration d'hypotheque, il fait les fruits siens jusqu'au jour de la dépossession. Arrêt du Parlement de Roüen du 21. Juillet 1637. *Basnage, sur la Coûtume de Normandie, art.* 532.

13 Suivant l'article 120. du Reglement de 1666. jugé au Parlement de Paris le 5. Août 1672. que dans le Comté d'Eu, comme dans le reste de la Normandie, le Tiers detenteur ne peut être dépossedé que par la saisie réelle ; & le Parlement de Paris ordonna que l'Arrêt seroit lû en la Jurisdiction du Comté d'Eu pour servir de reglement, nonobstant le Certificat contraire des Juges & des Praticiens. *Basnage, ibid. article* 546.

14 Le Tiers acquereur ne peut être obligé de déguerpir ni délaisser son heritage aux creanciers hypothequaires, & ne peut être dépossedé que par la saisie réelle. Arrêtés du Parlement de Normandie du 6. Avril 1666. art. 120. *V. Basnage, to.* 1. à la fin.

15 Un Tiers possesseur qui se trouve executé, est recevable à faire rejetter la saisie sur les autres biens du debiteur en dernier lieu alienez. Arrêt du 13. Août 1668. neanmoins tant qu'il y a des biens existans, un creancier ne peut executer un Tiers possesseur qui les indique, laquelle indication doit toûjours être reçuë, à condition par le Tiers possesseur d'en être garant, quand il a été préjugé par ledit Arrêt, l'indication n'est pourtant pas reçuë lorsqu'il s'agit de l'interêt d'un tiers, lequel venant par action hypothequaire peut demander sa garantie contre d'autres tiers acquereurs, quoyqu'ils indiquent des biens du debiteur commun ou de ses heritiers. Arrêts du 26. Août 1660. & 15. Février 1678. *Graverol sur la Rocheflavin, liv.* 6. *tit.* 49. *Arr.* 3.

16 De la prescription du tiers acquereur. *Voyez* le mot *Prescription, nomb.* 364.

TIERS ET DANGER.

1 VOyez *hoc verbo* la Bibliotheque du Droit François par Bouchel *ubi multa* ; le Traité de Maître *Christophle Berault,* Avocat au Parlement de Roüen y est inseré.

2 Défenses pour le tiers & danger de la Province de Normandie. *Roüen* 1673.

3 Es Ordonnances des Forêts du Roy Charles V. de 1376. de Charles VI. 1413. art. 236. & autres, où il faut ainsi lire. Et en l'Edit de Charles IX. de 1566. fait pour la conservation du Domaine, article 10. & en la Chartre aux Normands qui est du Roy Loüis Hutin de 1314. le droit de tiers & danger appartient au Roy, aux Bois, Forêts & Buissons de son Domaine, ou aux Bois & Forêts du fond de quelque Seigneur domanier, dont est fait mention en deux Arrêts de Toussaints de l'an 1287.

4 Au Païs de Normandie ce droit est le tiers du prix de la vente, & la dîme ou danger de deux sols pour livre de tout le prix, sçavoir treize livres de trente

livres. *Bibliotheque de Bouchel*, verbo *Tiers & danger.*

5 Si le droit de tiers & danger qu'a le Roy sur la Province de Normandie est general ou particulier, & s'il s'étend sur les bois des particuliers indistinctement? *Voyez la Bibliotheque de Bouchel, ibid.* où il est prouvé que ce Droit est universel.

TIRAN.

TIran. *Tyrannus.*
De infirmandis his quæ sub Tyrannis, aut Barbaris gesta sunt. C. Th. 15. 14.
De Tyranno. Per Bartolum.

TITRES.

Titres & Papiers. *Instrumenta, Tabulæ.* V. *Actes, Contracts, Extraits, Procez,* & la *Bibliotheque de Jovet* au mot *Titres.*
Titre lucratif: Titre onereux. *Causa lucrativa, & onerosa. Jus, lucri, vel oneris causâ, quæsitum.*
De imponendâ lucrativâ (vel lucrativis) descriptione. C. 10. 35. . . *C. Th.* 12. 4. Heritages donnez à titre lucratif, en certains cas par ceux qui étoient appellez *Curiales*, à ceux qui ne l'étoient pas: ces heritages étoient sujets à des droits envers les Décurions.

1 Des Contrôleurs des Titres en chacun Siege Royal. *Joly, des Offices de France*, *to.* 2. *liv.* 3. *tit.* 43. p. 1781. & aux Additions, p. 1946.

2 Des Titres perdus & consommez par le temps. *V. le traité de la Preuve par M. Danty Avocat en Parlement, chap.* 15. *part.* 1.

3 Titres necessaires pour la reddition d'un compte. *Voyez* le mot *Compte*, *nomb.* 72. *& suiv.*

4 Personne ne peut seul se faire un titre à soy-mème, cas où les copies de titres peuvent servir d'originaux. *Voyez les Loix Civiles*, *tome* 2. *livre* 3. *tit.* 6. *section* 2. *nombre* 9.

5 *In privilegio aut instrumenti exemplatione partis, cujus interest citatio requiritur. Voyez Franc. Marc. tome* 1. *quest.* 456.

6 *Regnante Jesu*, ou regnant Nôtre-Seigneur Jesus-Christ, qui est une date apposée en aucuns anciens Titres, comment on doit l'expliquer? *Voyez Du Tillet*, *page* 9.

7 *Documenta seu scriptura in alienâ Provinciâ vel Trritorio à Notariorum Protocollis aut Archivis quomodo exemplari possint? Voyez Franc. Marc.* to.2. *quest.*604.

8 *Voyez les Observations de Du Luc*, *li.* 11. *tit.* 1. de edendo.

9 Des défauts qui peuvent annuller un Titre, & qualifier objectus contra defectum tituli, repellatur ex præsumptione melioris tituli. Voyez Lotherius, de re beneficiariâ, li.* 2. *quest.* 46.

10 *Tituli defectus qualiter officio judicio detegatur? Voyez Ibidem, liv.* 3. *quest.* 24.

TITRES DES ABBAYES.

11 Les Titres des Abbayes doivent être inventoriez en presence du Procureur du Roy, & Copies collationnées mises aux Greffes des Jurisdictions prochaines; & lesdits Titres mis en lieu sûr, choisi par le Titulaire avec les Religieux, & enfermez sous trois clefs; le Titulaire en aura une, les Prieurs claustraux une autre, & la troisiéme mise és mains de celuy que les Religieux choisiront. *Conference des Ordonnances, liv.* 1. *tit.* 2. *partie* 2. §. 11. *art.* 10. *fol.* 16.

12 Par Arrêt du Parlement de Bretagne du 24. Octobre 1567. rapporté par *Du Fail, livre* 2. *chapitre* 302. l'Abbesse de la Joye prés de Hennebond fut reçuë à informer que certain acte par elle allegué a été vû entier signé de Notaires, & que depuis soixante ans il a été brûlé.

TITRES, BENEFICE.

13 Des Titres de Benefice. *Voyez* le mot *Benefice*, *nomb.* 227. *& suiv.*

14 L'Arrêt de pleine maintenuë sert de Titre, & celuy qui l'a obtenu & qui l'exhibe, n'est tenu de communiquer ses Titres & capacitez. *Chenu*, *quest. not. Cent.* 2. *quest.* 74.

15 *Objectus invaliditatis tituli qualiter evitetur sub sidio aut novæ provisionis, aut rescripti perinde valere, aut denique gratiâ si neutrâ Voyez Lotherius, de re beneficiariâ, li.* 2. *quest.* 54.

16 Benefices litigieux ne se doivent ajuger en faveur d'aucun sans voir les titres, quoyque les Parties y consentent. Arrêt du Parlem. de Paris de l'an 1534. & par autre Arrêt donné és Grands Jours de Moulins le 6. Octobre 1540. *Papon*, *liv.* 8. *tit.* 7. Alors il faut sequestrer le Benefice.

17 Un Beneficier qui a obtenu Arrêt de pleine maintenuë, n'est tenu exhiber ses titres & capacitez, étant depuis troublé par un tiers prétendant ledit Benefice par dévolut; l'Arrêt seul luy sert de titre valable. Jugé au Parlement de Toulouse le 4. May 1613. *Chenu*, 2. *Cent. quest.* 74. & *Filleau*, 4. *partie*, *quest.* 174.

18 Un Beneficier n'est point tenu de faire son titre apparoir du titre de son prédecesseur. *M. le Prêtre*, 3. *Centurie*, *chapitre* 13.

TITRE COLORE'.

19 Du titre coloré. *Voyez Pinson au traité quibus modis conserventur beneficia*, §. 4. *Guy Pape*, *quest.* 71. & 551. & Henrys, *tome* 2. *plaid.* 1.

20 *Institutio facta propter inferioris negligentiam*, quod titulum saltem coloratum in possessorio tribuat. *Voyez Franc. Marc. to.* 1. *quest.* 451.

21 *Confirmatio superioris colorati possidendi titulum tribuit. Voyez Ibidem*, *quest.* 926.

22 Pour sçavoir quand un Titre peut être dit coloré, ou non, il faut consulter la glose de la Pragmatique Sanction, sur le mot *Coloratum*, où elle explique toutes les conditions necessaires pour rendre un titre coloré.

23 Le vray & canonique titre est celuy qui donne droit au benefice, suivant la glose de la pragmatique; mais le titre coloré est celuy qui vient du collateur qui de droit ou par la Coûtume, a la puissance de conferer; c'est le sentiment de presque tous les Docteurs & de Rebuffe, Traité *de pacif. poss.* nomb. 32. & 33. *coloratus dicitur titulus quando est habitus ab eo qui habet potestatem conferendi seu eligendi*, *sive de jure communi sive speciali*: le glossateur de la pragmatique ajoûte que le titre est coloré par tout où il n'y a point de défaut de puissance en la personne du collateur. *Dicitur coloratus titulus ubicumque non est defectus potestatis in conferente & de pacif. poss.* au mot *coloratum*. Voicy une objection; si le titre est coloré quand il vient de celuy qui a la puissance de conferer, il s'ensuit que toutes les collations du Pape sont des titres colorez, puisqu'il a presque toûjours la puissance de conferer, & que nous reconnoissons qu'il est l'Ordinaire des Ordinaires; il vaudroit donc mieux dire avec Gomez *reg. de trien. poss.ss. quest.* 27. que le titre coloré est celuy qui vitieux dans son principe, devient bon & valable, par l'effet de la triennale paisible possession *Coloratus titulus est qui initio vitiosus beneficio pacificæ triennalis possessionis validatur.* Definit. Can. p. 641.

24 Vray & canonique titre est celuy qui donne droit au benefice, comme dit le glossateur de la pragmat. & sanct. de pacif. poss.ss. sur le mot *coloratum*: mais le
25 titre coloré est celuy qui vient du collateur, qui de droit par la Coûtume, a la puissance de conferer; c'est le sentiment de presque tous les Docteurs & de Rebuffe, traité *de pacif. poss.* n. 32. & au n. 33. il ajoûte que le titre s'appelle titre coloré, quand il n'est pas nul de plein droit, que si le titre est coloré quand il vient de celuy qui a la puissance de conferer, il s'ensuit que les Collations du Pape sont des titres colorez, puisqu'il a toûjours la puissance de conferer, & que nous reconnoissons qu'il est l'Ordinaire des Ordinaires: il semble que l'on pourroit mieux dire avec Gomez, reg. de trien. poss.ss. qu. 27. que le titre co:

loré eſt celuy qui vitieux dans ſon principe, devient bon & valable par l'effet de la triennale paiſible poſſeſſion. *Coloratus titulus eſt qui initio vitioſus beneficio pacifica triennalis poſſeſſionis validatur.* Defin. Can. p. 851.

26 Une penſion créée *pro bono pacis*, eſt dûë indiſpenſablement, quand même le penſionnaire n'auroit pas de titre valable, & qu'il n'en auroit qu'un coloré. Il y en a un Arrêt du Parlement de Paris du 11. Décembre 1543. *Papon, liv. 3. tit. 5. n. 7.*

TITRE, EGLISE.

27 Titres des Fondations. *Voyez* le mot *Fondation, nomb.* 123.

28 Des titres & papiers concernans les biens, revenus & droits des Eccleſiaſtiques, & des Archives du Clergé de France. *Voyez les Memoires du Clergé, to. 3. part. 3. tit. 2. ch. 4.*

29 *Voulons que leſdits Eccleſiaſtiques joüiſſent de tous les droits, biens, dîmes, juſtices & toutes autres choſes appartenantes à leurs benefices. Faiſons défenſes à toutes perſonnes de leur y donner aucun trouble ni empêchement ; Enjoignons à nos Cours & Juges de les y maintenir ſous nôtre protection, quand même ils ne rapporteroient que des titres & preuves de poſſeſſion, & ſans que les Détenteurs des heritages qui peuvent être ſujets aux droits prétendus par leſdits Eccleſiaſtiques, "puiſſent alleguer d'autre preſcription que celle de Droit.* Art. 49. de l'Edit du mois d'Avril 1695. concernant la Juriſdiction Eccleſiaſtique.

EXHIBITION DE TITRES.

30 *De edendis inſtrumentis.* Voyez M. le Prêtre, 1. Cent. chap. 58.

31 *Edere titulum. Nemo cogitur dicere vel edere titulum rei ſuæ ; vera eſt regula in poſſeſſore nomine proprio, & nihil recognoſcente ab altore ; ſecùs in eo qui fatetur ſe vaſſallum vel emphyteutam.* C. M. tit. 1. des Fiefs, §. 8. n. 6. fine. Tronçon, Coûtume de Paris, art. 73.

32 *Actor in omnibus cauſis, ſive criminalibus, ſive civilibus, poteſt cogi à reo ut edat ſibi inſtrumenta.* Voyez M. le Prêtre, 1. Cent. chap. 58. En France tout détenteur d'heritage eſt tenu d'exhiber aux Seigneurs hauts juſticiers feodaux ou cenſiers le titre de leur poſſeſſion. *Voyez la Coûtume de Paris, art.* 73.

33 *Poſſeſſor fundi poteſt cogi titulum ſuæ poſſeſſionis edere fiſco altori.* Mornac, *lib. 3. ff. de edendo ; atque etiam patrono.*

34 L'exhibition des titres d'une ſucceſſion, eſt neceſſaire pour liquider la legitime. *V.* le mot *Legitime, n.* 276. & 277.

35 On ne peut être contraint de fournir des titres préjudiciales, le Fiſc, les Seigneurs feodaux ont droit de les demander à ceux qui voudroient les ſouſtraire. Arrêt du Parlement de Normandie du 21. 1543. pour la Reine d'Eſcoſſe, contre Pierre des Champs: neanmoins les Religieux de Feſcamp ont été condamnez le 21. Février 1527. à exhiber & montrer à leurs parties adverſes des titres, étans au Treſor & Chartrier de leur Abbaye ; ce qui ſe pratique entre parties qui ont un interêt reciproque, & quand le requerant offre affirmer que ſa demande eſt dans la bonne foy. *Bibliot. Can. to. 2. p.* 231. *Col.* 1.

36 Le debiteur, dont les biens ſont ſaiſis, ne peut être contraint de donner à ſon creancier decretiſte, les originaux des titres des biens décretez; mais ſeulement les luy exhiber pour en tirer des extraits. Arrêt du Parlement de Toulouſe du 24. Octobre 1591. *La Rocheſlavin, liv. 2. tit. 1. Arr.* 41.

TITRES DE FAMILLE.

37 *Apud ſeniorem & honeſtiorem deponenda domûs inſtrumenta.* Mornac, *l. ult. ff. de fide inſtrument.*

38 Reguliérement l'aîné doit poſſeder les titres de la Maiſon. Mornac, *l. 5. C. communia utriuſque jud. l. 4. §. ult. ff. familiæ erciſcun.* Ils doivent être és mains de l'heritier, & non de l'uſufruitier, *l. 4. Cod. ad exhibendum.*

Tome III.

Inſtrumenta hæreditaria debent eſſe penes proprietarium, non penes uſufructuarium. Voyez *Franc. Marc. to.* 39
1. queſt. 837.

Fundi auctoritates, ſive cautiones, apud Dominum, 40
non apud auctorem eſſe debere. Vide *Luc. lib. 9. tit. 1. caput* 1.

FOY DES TITRES.

De fide inſtrumentorum. Voyez M. le Bret, en ſon 41
traité de l'ordre ancien des Jugemens, ch. 39.

Scriptura extracta de archivis Monaſterii ſine ſolemni- 42
tatibus quod fidem non faciat ; ad hoc ut talis ſcriptura archivi faciat fidem, requiritur quod ſit publicum, & quod habeat officiarios publicos, qui præſtaverint juramentum. V. *Franc. Marc. to.* 1. queſt. 298.

En fait de partage les titres anciens & papiers terriers font foy. *Mornac, l. 11. ff. finium regundorum.* 43

Un inſtrument rongé des rats, & gaſté fait foy, 44
s'il ne l'eſt aux endroits ſubſtantiels. Jugé au Parlement de Grenoble le 1. Mars 1546. *M. Expilly, Arrêt* 24.

Titres anciens ſimples & ſans ſolemnitez pourvû 45
qu'ils ſoient aidez de conjectures, ſont dignes de foy & d'autorité, & meritent la proviſion au demandeur. Arrêt du Parlement de Paris du 21. Avril 1551. en faveur de la Reine Catherine de Medicis Comteſſe de Clermont, contre l'Evêque du lieu. *Papon, liv.* 11. *tit.* 5. *n.* 21.

TITRE NOUVEL.

Voyez le mot *Reconnoiſſance, n.* 37. & 38. & le mot 46
Rentes, nomb. 185. & 297.

L'acquereur après l'exhibition de ſon Contrat & 47
le payement des arrerages de cens, peut être contraint de paſſer titre nouvel, ou declaration du même cens au Seigneur, & ſouſcrire en ſon papier terrier, & ce par action ou ſommation, & non par ſaiſie. *Brodeau, Coûtume de Paris, art.* 74. *nomb.* 17.

Le tiers détenteur eſt obligé de paſſer titre nou- 48
vel, afin d'interrompre la preſcription ; ce titre nouvel n'oblige pas le tiers détenteur par une action pure perſonnelle à la continuation de la rente, & n'exclud pas le déguerpiſſement. M. *Brodeau, Coûtume de Paris, art.* 101. *n.* 7. & 8.

Le poſſeſſeur d'heritage chargé de rente ou penſion 49
peut être contraint à paſſer reconnoiſſance & nouveau titre de la rente, quoyqu'il ne ſoit heritier ſucceſſeur n'y ayant droit de celuy qui l'a impoſée. Arrêt du Parlement de Grenoble de l'an 1454. *Papon, livre* 13. *tit.* 2. *n.* 18.

Celuy qui eſt condamné à payer une rente ne peut 50
ſe diſpenſer de paſſer titre nouvel. Jugé au Parlement de Paris en la troiſiéme Chambre des Enquêtes le 14. Août 1551. *Papon, liv.* 13. *tit.* 2. *n.* 21.

Une veuve conſtituë rente, enſuite ſe remarie ; ſi 51
ſon mary paſſe titre nouvel de la rente, il n'eſt tenu de l'hypotheque d'icelle ; & quant aux arrerages écheus durant le mariage, il n'eſt tenu perſonnellement. Arrêt du 16. Mars 1602. *Charondas, liv.* 13. *Rép.* 47.

Un ſimple titre nouvel non ſuivi d'aucune preſta- 52
tion, ne prouve pas *contra tertium poſſeſſorem.* Arrêt du 8. May 1604. *M. Bouguier, lettre T. nombre* 6.

Les biens de l'heritier ne ſont pas hypothequez 53
aux dettes de la ſucceſſion par la ſimple adition de l'heredité, mais ſeulement du jour du titre nouvel par luy paſſé, ou de la condamnation contre luy obtenuë. Arrêt du 14. Août 1625. Que ſi le legs eſt d'une choſe indivible, ou que le teſtateur ait ordonné la ſolidité, les heritiers en ſont tenus ſolidairement & hypothequairement pour le tout. M. *Ricard, des Donations entre-vifs,* 1. *part. chap.* 5. *ſect.* 10.

PERTE DE TITRES.

Inſtrumenta deperditi privilegii tenor teſtibus maximè 54
literatis probari poteſt. V. *Franc. Marc. to.* 1. *qu.* 213.

Partie qui a perdu ſon titre, peut forcer le défen- 55
deur de montrer le ſien pour en lever une expedition

laquelle sert d'original. Arrêt du Parlement de Paris de l'an 1284. pour l'Archevêque de Reims, se prétendant fondateur des Echevins. *Papon, liv. 9. tit. 8. n. 7. & la Bibliotheque de Bouchel*, verbo *Instrument*.

56 Quand on ne peut representer un titre, il suffit de justifier d'un acte en Justice qui en fasse mention, cet acte étant d'ailleurs appuyé par la possession. Arrêt du Parlement de Dijon au mois de Decembre 1560. *Voyez Taisand sur la Coûtume de Bourgogne, titre 13. art. 5. n. 3.*

57 Religieux ayant perdu le titre en vertu duquel ils ont droit de lever une rente sur certains heritages, peuvent faire publier Monitoire, si le possesseur refuse de la produire ou de payer. Arrêt du 2. Mars 1544. *Papon, liv. 18. tit. 7. n. 9.*

58 Quoyque par l'Ordonnance faite à *Melun* en faveur des Ecclesiastiques l'an 1580. confirmée par plusieurs Arrêts donnez au profit de l'Evêque de Bayeux, des Religieux de Montebourg, & des Chanoines de la Sainte Chapelle à Paris, les 17. May & 7. Juillet 1580. & 28. Avril 1587. il leur a été permis, attendu la perte de leurs titres, d'astreindre en vertu de leurs registres particuliers les proprietaires d'heritages sujets au payement des droits fonciers de les continuer, neanmoins comme telles pieces ne sont pas pleinement executées, elles ne seroient pas suffisantes pour faire un decret. *Bibliotheque de Bouchel*, verbo *Advoüer ou Désavoüer*.

59 Arrêt du Parlement d'Aix du 2. Decembre 1644. qui a déchargé l'heritier d'un tuteur d'exhiber à son jadis pupille, les titres & instrumens en sa tutelle, en jurant ne les avoir pas à son pouvoir, ni desister de les avoir par dol & fraude, & les avoir perdus par cas fortuit. *Bonifacio, to. 4. li. 4. tit. 1. ch. 13.*

TITRES, PROCEDURES.

60 Si l'on peut s'aider du titre de la partie contre laquelle on a procés, qu'elle a produit en autre cause? *Voyez Caronlas, liv. 1. Réponse 36.*

61 *Instrumenta pendente lite communia sunt, posteà autem non.* Arrêt du 4. Juillet 1599. *Mornac, l. 1. ff. de edendo.*

62 Jugé au Parlement de Roüen le 10. Decembre 1660. qu'aprés les 10. ans les creanciers n'étoient obligez de representer les diligences de la Coûtumace, en vertu de laquelle une dette avoit été declarée bonne, mais bien les pieces en vertu desquelles l'on en avoit jugé le profit. *Basnage, sur la Coûtume de Normandie, art. 586.*

TITRE RECOUVRÉ.

63 *Comperto titulo prastationis annua qua in specie facienda est, nihil nocet prastationum nummariarum quacunque objecta prescriptio.* Arrêt du 29. Decembre 1611. *Mornac, l. 9. ff. de contrahendâ empt. &c.* où il est parlé de la loy *comperit, Cod. de prescriptione* 30. *annorum*, avec Arrêt du 8. Mars 1612.

TITRES, SEIGNEURIE.

64 Titres du Cens. *Voyez le mot Cens, nomb. 90. & suiv.*

65 Quels titres sont necessaires pour prouver la directe? *Voyez le mot Seigneur, n. 157. & suiv.*

66 Titres necessaires pour l'établissement des corvées. *Voyez le mot Corvées, nomb. 41. & suiv.*

67 Le Seigneur n'est pas tenu de montrer ses titres au tenancier, quand il luy justifie d'infeodations ou reconnoissances baillées en un terroir uni & limité; alors il suffit qu'il prouve que la terre du tenancier est enclose dans telles limites. Celuy-cy est tenu de payer les mêmes droits que les circonvoisins, à moins qu'il n'exhibe un titre d'affranchissement. Arrêts du Parlement de Toulouse des 9. Juin 1516. & 11. Mars 1512. appellez les Arrêts de Monfrin & de Teride. *La Rochesflavin, des Droits Seigneuriaux, ch. 1. Art. 3. Bibliotheque de Bouchel*, verbo *Reconnoissance*.

68 Si l'emphyteote n'ose ou ne peut aller voir les livres terriers ou de reconnoissance dans la maison du Seigneur, pour crainte, haine, inimitié, à cause du procez ou autrement, & non par mépris du Seigneur; la Cour ordonne ordinairement que le Seigneur remettra ses titres és mains ou du Commissaire, ou du Greffier de la Cour, ou d'un Notaire prochain hors de la terre, en un lieu de libre accez pour y demeurer trois jours, pendant lesquels pourront être veûs par l'emphytheote & extrait pris s'il veut. Arrêts des 18. May & 9. Novembre 1600. *La Rochesflavin, des Droits Seigneuriaux, chap. 1. Art. 15.*

69 Un seul Acte peut servir de titre entre le Seigneur & le Vassal: c'est la plus commune opinion des Interpretes qu'un seul Acte suffit, s'il est assisté & suivi de la possession. *Henrys, to. 1. liv. 3. chap. 1. qu. 1.* V. *M. Bougnier, let. T. nomb. 6.* où il est dit qu'un simple titre nouvel non suivi d'aucune prestation, ne prouve pas *contra tertium possessorem.* Arrêt du 8. May 1604. Cela n'est point contraire, parce que cela est en faveur du tiers possesseur.

TITRE VITIEUX.

70 *Si titulus non sit idoneus ad transferendum dominium; vel si possessum est contra titulum, etiam per annos 350. dominium revocare à tali possessore.* Jugé en 1551. pour la Reyne Catherine de Medicis contre l'Evêque de Clermont. *Mornac, leg. 13. ff. de public. in rem actione.*

TITRE SACERDOTAL.

71 Touchant le titre Sacerdotal. *Voyez cy-dessus le mot Resignation, nomb. 292. & suiv. & les Mém. du Clergé, to. 1. part. 1. p. 850.*

Le Benefice servant de titre Sacerdotal ne peut être resigné, si le resignant n'a de quoy vivre d'ailleurs. *Ibid.* Il est alienable. *Ibid. & tome 6. part. 9. p. 335.*

72 Quel revenu est necessaire pour le titre Sacerdotal. *Ibid. to. 1. part. 1. p. 851.*

Constitution contre ceux qui se font promouvoir aux Ordres sacrez sans titre, comme s'ils étoient Religieux, quoyqu'ils n'ayent pas fait profession. *Voyez les Mém. du Clergé, to. 1. p. 974. n. 8.*

73 Un titre de Benefice n'est pas seulement pour l'usufruit, mais aussi pour la propriété. *Tournet, let. T. Arrêt 7.*

74 Du titre patrimonial & clerical & de leurs privileges. *Voyez M. Du Perray, en son traité de la capacité des Ecclesiastiques, liv. 1. ch. 9.*

75 Par l'Ordonnance d'Orleans, art. 12. & 13. il est défendu aux Prélats de promouvoir aucun à l'Ordre de Prêtrise s'il n'a bien temporel ou Benefice pour se nourrir de la valeur de cinquante livres; elle le degage ce revenu inalienable, & non sujet à aucune obligation & hypotheque crée depuis la promotion du Prêtre durant sa vie. *M. le Prêtre, 3. Cent. chap. 3. Du Frêne, liv. 4. chap. 15. M. le Maître, ch. 23. des criées* tient avec plusieurs Docteurs que le titre Sacerdotal est alienable. *Voyez Robert, rerum judicatarum, liv. 3. chap. 2.* qui traite cette question exprés & amplement.

76 Un titre Presbyteral ne dure que jusqu'à ce que le Prêtre ait moyen suffisant de se nourrir, ou qu'il a Office ou Benefice. Arrêt du Parlement de Bretagne du 10. Juin 1619. *Bellordeau, part. 2. de ses Controverses, chap. 17.*

77 Jugé par Arrêt du Parlement de Roüen du 8. Decembre 1535. que le titre d'un Prêtre ne peut être decreté pour le reliqua d'une administration de tutele; & telle rente baillée pour le titre d'un Prêtre demeurera toûjours sur l'heritage decreté, sans qu'il luy soit besoin d'opposition pour la conserver; comme il a été jugé par un Arrêt du même Parlement du 9. May 1505. & par un autre Arrêt du 9. Juillet 1533. & par un autre même Parlement à l'Audience le 22. Mars 1538. fut un nommé Morin condamné à continuer à l'avenir le payement de la pension & titre d'un Prêtre, combien qu'il eût voulu prouver ne

l'avoir tiré, sinon jusqu'à ce qu'il eût donné autant de bien à l'Eglise que ledit titre valoit. *Coûtume reformée de Normandie, titre des executions par decret.*

78   Arrêt du Parlement de Toulouse au mois de Janvier 1667. qui condamne l'heritier à payer à son frere une pension que le pere commun luy avoit constitué pour son titre Clerical, qui n'avoit été ni publié ni insinué, quoyque cet heritier repudiât l'heredité, se contentant de donations anterieures à ce titre Clerical, bien insinuées & faites en faveur du mariage, qu'il alleguât l'insuffisance des biens. *M. de Catellan, liv. 2. chap. 56.*

Titre Sacerdotal Aliene'.

79   S'il peut être aliené? Les sentimens sont partagez. S'il est imputable en la legitime du Prêtre? On distingue si le titre Sacerdotal est constitué par forme de pension, auquel cas on tient lanegative; Si en fonds & immeubles, il est sujet à imputation. *Voyez Maynard, liv. 7. chap. 83.*

79 bis.   Le titre d'un Prêtre est inalienable, & ne peut être saisi par ses creanciers. Arrêt du Parlement de Bretagne du 16. Février 1604. *Bellordeau, part. 2. Controverse 20.*

80   Le titre Sacerdotal est inalienable. *Voyez les Definit. Can. p. 856. & la Biblioth. Can. to. 2. p. 644.*

81   Si les heritages affectez au titre Sacerdotal étoient vendus à quelqu'un qui s'en fût approprié sans opposition du Prêtre, ils en seroient dechargez, & le Prêtre n'auroit plus qu'un recours contre le vendeur. Arrêt du Parlement de Bretagne du 8. Janvier 1609. *Bellordeau, part. 2. de ses Controverses, ch. 22.*

82   Titre Clerical est inalienable. Arrêt du 7. Juillet 1622. *Bardet, to. 1. liv. 1. ch. 100.*

83   Arrêt du Parlement d'Aix du 26. Février 1644. qui a jugé que le titre Clerical ne peut être aliené au préjudice de la reversion du pere par le décez du fils. *Boniface, to. 1. liv. 2. tit. 14. ch. 1.*

Titre Sacerdotal, Confiscation.

84   Arrêt du Parlement d'Aix du 24. Mars 1672. qui declare le titre Clerical d'un Prêtre accusé d'homicide confisqué, à la reserve d'une pension de 60. liv. par préference sur les biens confisquez. *Boniface, to. 3. liv. 1. tit. 3. ch. 10.*

Titre Sacerdotal, Donation.

85 & 86   Berault, *sur la Coûtume de Normandie, titre des Donations, art. 434.* rapporte un Arrêt du 4. Juin 1509. par lequel a été approuvé une donation & assignat du titre fait par un pere à son bâtard sur un heritage, pour être iceluy promû aux Ordres. *Jovet, verbo Titre, nomb. 6.*

87   Par Arrêt du Parlement de Paris du mois de Decembre 1619. jugé que ce qui est donné pour titre Sacerdotal n'est point en usufruit seulement, mais en proprieté, dont le donataire peut disposer, qu'il n'est sujet ni à insinuation, ni à rapport; c'étoit dans la Coûtume du Maine où l'on prétendoit y avoir en ce cas lieu au rapport. *Voyez les additions à la Biblioth. de Bouchel verbo Titre Sacerdotal.*

88   Ce qui est donné pour titre Sacerdotal n'est pas seulement pour l'usufruit, mais la proprieté appartient au Prêtre donataire. Arrêt du Parlement de Paris du 19. Decembre 1619. M. le premier Président de Verdun après la prononciation de l'Arrêt, dit, Avocats la Cour m'a chargé de vous avertir que la donation faite à titre n'est point pour l'usufruit seulement, mais pour la proprieté, qu'elle n'est sujette à rapport, soit en renonçant, soit en acceptant la succession en la Coûtume du pays du Maine : que la chose donnée à titre de Prêtrise se peut aliener, & que nonobstant le défaut d'insinuation, telle donation à titre étoit bonne & valable, attendu qu'elle précedoit la dette du creancier. *Tournet, let. T. nombre 7.*

89   Jugé au Parlement de Paris le 3. Avril 1629. que titre Clerical emporte donation de la proprieté, si le pere ne l'a expressément reservé, & tel don n'est compris en la prohibition de la Coûtume du Maine, d'avantager un de ses enfans plus que l'autre; il n'est sujet à insinuation. *Bardet, to. 1. liv. 3. ch. 41. & Du Frêne, liv. 2. ch. 41.*

90   Un pere & une mere ayant fait conjointement un titre Clerical à leur fils, tant pour les droits paternels, que maternels, il fut jugé au Parlem. de Toulouse le 7. Septembre 1640. qu'ils devoient en payer chacun la moitié. *Albert, let. D. art. 8.*

91   L'heritage donné pour servir de titre Sacerdotal ne peut être revoqué par la survenance des enfans. Jugé le 15. Juin. 1643. *Du Frêne, liv. 4. chap. 7.*

92   Un riche vieillard nommé Plagnes trouva un pauvre jeune homme, qui luy parut avoir tout ce qu'il faut pour être Prêtre, hors un titre Clerical; il luy fait une donation, dont voici les termes, *étant assuré du dessein que Vergne* (c'étoit le nom du jeune homme*) a de se faire Prêtre, ledit Plagnes luy donne par donation pure & irrévocable les biens y mentionnez, pour en joüir dès à present, & en disposer à ses plaisir & volonté, tant en la vie, qu'en la mort.* Cette donation est ensuite publiée dans l'Eglise comme un titre Clerical; & d'autre côté le donateur sans doute, sur quelque crainte & soupçon de surprise de fausseté déclare en jugement, comme il n'a pas fait de testament ni de donation autre que le titre Clerical qu'il a fait à Vergnes. Trois ou quatre ans après la donation, le donateur meurt *ab intestat*, ayant jusques-là demeuré dans la possession des biens donnez. Procez entre l'heritier & le donataire qui n'étoit pas encore Prêtre, ni tout à fait dans la voie. Arrêt du Parlement de Toulouse du 19. Janvier 1646. qui condamne l'heritier au délaissement des biens compris dans la donation, à la charge que Vergnes se feroit Prêtre dans trois ans. On crut que la promotion à la Prêtrise faisoit dans la donation une espece de condition appellée *sub modo*, qui ne suspend pas l'execution de la donation, mais qui oblige neanmoins le donataire à la remplir. *Voyez M. de Catellan, liv. 6. chap. 63.*

93   Si la donation du titre Sacerdotal est sujette à l'insinuation? *Voyez* le mot *Insinuation, nombre 183. & suivans.*

Titre Sacerdotal, Exemption.

94   *Non debet pati octava tributum.* Arrêt du 11. May 1616. *Mornac, leg. 5. Cod. de sacrosanctis Ecclesiis, &c.* sans tirer à consequence.

95   Le titre Sacerdotal a été déclaré exempt du droit de huitiéme sans tirer à consequence, & pour cause, le 11. Mars 1616. & ainsi la these est demeurée indécise. *Mornac, Ibid. l. 5.*

Titre Sacerdotal, Fruits.

96   Les fruits d'un titre Sacerdotal subsidiaire, & non patrimonial ne se peuvent demander que pour l'avenir, & les arrerages échus ne se peuvent exiger par le Prêtre, ni arrêter par ses creanciers. Jugé au Parlement de Tournay le 20. Janvier 1694. *Pinault, tome 1. n. 14.*

Titre Sacerdotal, Hypotheque.

97   Jugé au Parlement de Toulouse le 21. Juillet 1662. que le titre Clerical étoit bon & valable contre les creanciers posterieurs du pere, quoiqu'il n'eût été ni publié, ni insinué, & que le Prêtre eût une Cure. Même Arrêt le 22. Novembre 1667. Autre Arrêt du mois d'Août 1664. contre un tiers acquereur qui avoit joüi plus de trente ans. Arrêt contraire en 1686. il a aussi été jugé que la dénonce & opposition ne sont point necessaires pour la conservation des creances anterieures. La raison décisive de l'Arrêt fut que l'Ordonnance d'Orleans article 12. déclare seulement que le revenu du titre Clerical non sujet à aucunes hypotheques depuis la promotion du Clerc aux Ordres. Mais au mois de Decembre 1693. il fut préjugé que la publication nuisoit aux creanciers ante-

rieurs qui ne s'opposoient point, & que l'insinuation suffisoit pour donner privilege aux Clercs sur les creanciers posterieurs. Et depuis la distribution des biens de Saporta pere la joüissance de deux maisons données à son fils en titre Clerical, publié en la Paroisse de saint Etienne où les maisons étoient situées fut délaissée au fils sa vie durant, & la propriété mise seulement dans le bloc de la distribution, quoique presque tous les creanciers fussent anterieurs. Si le titre n'est publié ni insinué il ne doit nuire aux creanciers posterieurs qu'à l'égard de l'usufruit que doit être reservé au Prêtre sa vie durant. Arrêt du 16. Juillet 1677. Cet usufruit a été fixé à cent livres dans une autre cause. *Voyez les Arrêts de M. de Catellan, liv. 1. chap. 5.*

98   Es Coûtumes de Senlis & de Valois qui sont Coûtumes de nantissement, l'hypotheque d'un titre Sacerdotal non ensaisiné, n'est pas preferable à l'hypotheque d'une rente anterieure non ensaisinée; & les creanciers de la rente furent preferez au titre Sacerdotal. Arrêt à Paris le 3. Février 1679. *Journal du Palais.*

99   L'on a voulu étendre le privilege patrimonial contre les creanciers anteriers à la donation en pays de Droit écrit; & faire une analise & un parallele au privilege de la dot de la femme, avec la dot du Prêtre, fondé sur la Loy *Julia de fundo dotali* , & sur un usage du Parlement de Toulouse, par lequel les femmes sont preferées aux creanciers anteriers pour la restitution de leur dot; l'on tiroit une consequence qu'il avoit un privilege exclusif; mais les creanciers anteriers obtinrent avoir un droit acquis, que ce privilege ne pouvoit être étendu à leur préjudice, que la Jurisprudence du Parlement de Toulouse à l'égard des titres n'étoit pas certaine. Arrêt du Parlement de Paris le 25. Novembre 1689. en faveur des creanciers du donateur. *V. M. du Perray, liv. 1. ch. 9. n. 27.* Le même Arrêt est au long rapporté au *Journal des Aud. tom. 5. liv. 5. ch. 40.*

TITRE SACERDOTAL, INSINUATION.

100   Par Arrêt du 21 Decembre 1616. jugé qu'un titre Sacerdotal donné non en usufruit, mais en pleine proprieté, n'est sujet à insinuation, & qu'en renonçant à la succession du pere, le titre n'est sujet à rapport. C'étoit en une cause du Pays du Maine, dont la Coûtume est conforme à celle d'Anjou. *V. la Bibliot. de Bouchel, verbo Titre Sacerdotal.*

101   Donation faite par le pere à son fils pour titre Sacerdotal n'est point sujette à insinuation, c'est plûtôt une convention qu'un Contrat; mais si elle est faite par un parent, elle est sujette à insinuation. Jugé le 12. Decembre 16 9. & le 29. May 1645. ces deux Arrêts sont pour la ligne directe; & à l'égard de la collaterale, l'Arrêt est du 4. Septembre 1649. *Brodeau sur M. Loüet, lettre D. somm. 56. M. le Prêtre, 3. Cent. chap. 3. Du Frêne, liv. 4. chap. 25. Soëfve, to. 1. Cent. 1. chap. 82. Ricard, des Donations entrevifs, pari. 1. ch. 4. sect. 3. Glos. 1. n. 1140,* rapporte plusieurs Arrêts.

TITRE SACERDOTAL, RAPPORT.

102   Fond d'un titre Sacerdotal n'est sujet à rapport, c'est le sentiment de *Joannes Faber, sur la Loy 9. au Code de collat. Ideo credo quod Presbyter non tenetur conferre illud quod pater dedit, vel ei assignavit pro titulo in susceptione ordinum.*

103   Le fils qui renonce à la succession de son pere n'est point tenu à rapporter aux coheritiers, ni aux creanciers l'heritage à luy donné par son pere pour son titre Sacerdotal. *Chopin, Coûtume d'Anjou, li. 3. tit. 3. ch. 1. nomb. 5.*

104   Du titre Sacerdotal d'un Prêtre, & autres questions, comme sont celles de sçavoir si le titre sur lequel un Prêtre a été promû aux Ordres est rapportable à la succession de son pere, lors que c'est un immeuble, s'il peut être par luy vendu & aliené, saisi

réellement, & ajugé par decret pour ses dettes, & s'il le peut resigner lors que ce titre est un Benefice? *V. M. Bruneau en son traité des criées, p. 542.*

TITRE SACERDOTAL, RENTE.

105   Rente donnée & assignée pour servir de titre à celuy qui prétend être admis à l'ordre de Prêtrise est fonciere pendant la vie de celuy à qui elle a été donnée, ensorte que l'heritage venant à être decreté, il ne peut être contraint d'en recevoir le rachat, mais l'adjudicataire est obligé de la continuer jusqu'à la concurrence du prix de son enchere, & pour telle somme que le Prêtre pourra être colloqué à l'ordre de l'heritage vendu. Jugé le 29. May 1504. *Biblioth. Can. to. 2. p. 645. initio.*

106   Un Prêtre peut executer les meubles & lévées étant sur le fond affecté à son titre, & n'est tenu de decreter. Arrêt du Parlement de Normandie du 11 Juillet 1625. Par autre Arrêt du 21. Février 1664. il fut dit qu'un Prêtre pouvoit agir par simple execution, comme pour une rente fonciere. *Basnage, sur l'article 546. de cette Coûtume.*

TITRE SACERDOTAL, RESIGNATION.

107   Quand la promotion est faite à titre de Benefices, il y en a qui prétendent qu'on ne peut le resigner, s'il ne paroît qu'on a d'ailleurs de quoi vivre, comme il est requis par le Concile de Trente, *neque ea resignatio admittatur nisi constito quod aliundè vivere possit.* Neanmoins l'usage est contraire en France, où celuy qui a pris les Ordres sous le titre de son Benefice, quoiqu'il n'ait pas de quoi vivre en autres biens, ne laisse pas de le resigner valablement contre la prohibition dudit Concile, l'usage & le stile de la Daterie de Rome. *Solier sur Melchior, liv. 3. tir. 3. de renunciat. nomb. 14. Pinson, de titulis benefic. nomb. 19.*

108   Le titre Sacerdotal est tellement favorable qu'on ne peut refuser de le payer, quand même celuy qui l'auroit créé auroit donné un Benefice de plus grande valeur que le même titre, ainsi qu'il a été jugé en faveur d'un Prêtre en la troisiéme Chambre des Enquêtes contre les heritiers de celuy qui luy avoit créé un titre Sacerdotal; & l'Arrêt luy jugea la question, condamna les heritiers de ce défunt à payer à ce Prêtre les arrerages de son titre. *Définitions du Droit Can. verbo Titres, page 855.*

109   *Senatus provisorio judicio resignationem à Titio factam Beneficii, quod titulo Sacerdotali habebat, eo tempore quo presbyter ordinatus fuerat, quasi legitimam & rite factam, confirmavit,* le 16. Avril 1592. *Anne Robert, rerum judicat. liv. 3. chap. 2.*

110   Au mois de Juillet 1627. il étoit question de sçavoir si un Prêtre pouvoit resigner le Benefice sur lequel il avoit été fait Prêtre par l'Evêque, & *in quo*, comme on dit, *intitulatus fuerat,* qui est la même question, si un Prêtre peut vendre les biens qui luy ont été donnez par titre Clerical, parce que sans l'un ou l'autre, l'Evêque ne l'eût pas pourvû. *Cambolas, liv. 5. chap. 44.*

111   Un oncle accorde à son neveu une pension de 100. livres pour luy servir de titre Clerical, à condition que venant à être pourvû d'un Benefice, la rente sera amortie. L'oncle resigne sa Cure au neveu, moyennant une pension en grains; le neveu la resigne à un autre sous la charge de ladite pension, convertie en argent; après le décez de l'oncle, son legataire prétendit qu'il ne devoit continuer la pension de 100. livres. Arrêt du 5. Janvier 1677. qui ordonne la continuation, sur le fondement que la resignation ayant été approuvée par l'oncle, il avoit consenti le payement du titre Sacerdotal. *Soefve, tome 2. Cent. 4. chap. 94. & le Journal des Audiences, tome 3. livre 11. chap. premier.*

TITRE SACERDOTAL RUINÉ.

112   Un Prêtre dont le titre est ruiné par les calamitez des temps, ou autrement, & qui peut d'ailleurs

gagner de quoy vivre honnêtement, ne peut obliger son Evêque Diocesain de luy fournir des alimens. Jugé au Parlement de Tournay le 6. Février 1697. pour M. de la Motte-Fenelon, Archevêque de Cambray, contre un Curé qui avoit été destitué par sa mauvaise conduite, & qui n'avoit voulu permuter dans les trois mois que l'Official luy avoit donnez. *Criminosus dignus est ut egeat.* Voyez. M. Pinault, *tome* 1. *Arrêt* 140.

TITRE SACERDOTAL SAISI.

113   Si l'immeuble donné par le titre sacerdotal peut être saisi réellement & vendu? *Voyez Papon, liv* 18. *tit.* 5. *n.* 14. & 16. L'affirmative se jugeoit autrefois. Depuis l'Ordonnance d'Orleans en l'année 1560. on juge le contraire.

114   Le 7. Mars 1651. jugé que les biens dépendans d'un titre sacerdotal, ne peuvent être saisis ni décretez. *Soëfve, tome* 1. *Cent.* 3. *ch.* 65.

115   Pendant la vie du Prêtre on ne peut décreter son titre Clerical. Arrêt du Parlement de Touloufe en 1662. *V. Albert, lettre* P. *verbo, Prêtre, art.* 1. où il cite un Arrêt de 1661. qui a distrait le titre Clerical des saisies contre les Créanciers anterieurs : ce qui a lieu, quoyque le Prêtre ait un Benefice; car il peut le perdre.

116   Si le titre d'un Prêtre peut être décreté? Arrêt du Parlement de Roüen du 10. Juillet 1671. pour l'affirmative. Autre Arrêt semblable du 10. Juillet 1676. qui ordonne que les heritages demeureront compris au decret, & neanmoins affectez au titre du Prêtre, lequel en joüira par ses mains sa vie durant, si mieux n'aiment les adjudicataires donner bonne & suffisante caution, de luy payer 100. liv. de quartier en quartier & par avance, & par faute de payement de demie année, ordonné qu'il rentrera en possession des heritages. *V. Basnage, sur l'art.* 546. *de la Coûtume de Normandie.*

117   Arrêt du Parlement d'Aix du 9. Mars 1679. qui a jugé que le titre Clerical peut être laissé par un créancier pour amendes ajugées pour crime. *Boniface to.* 3. *liv.* 6. *tit.* 9. *ch.* 1.

TOMBE.

IL n'appartient qu'au Patron & au Seigneur haut-Justicier d'avoir une tombe relevée dans le Chœur; encore ne doit-elle pas faire obstacle aux fonctions du Service Divin. L'Archidiacre peut sans abus *in cursu visitationis* ordonner que celles qui apportent incommodité notable seront ôtées. *V. la* 22. *Consultation de M. Duplessis.*

Voyez cy-dessus le mot, *Sépulture.*

TONNELIERS.

ARrêt du Parlement d'Aix du 11. Juin 1647. qui a fait défenses aux Tonneliers d'avancer leurs tonneaux dans les ruës plus de trois pans, de les dessecher de jour, mais seulement de nuit. *Boniface, tome* 1. *liv.* 8. *tit.* 10.

TONSURE.

1   VOyez Rebuffe, 1. *part.* où il explique la forme des Lettres de Tonsure, & *in his requisita.*

2   *De tonsurâ Clericali.* Voyez Pinson, *au titre de qualitatibus Ordinandorum.* §. 1.

3   Du nom, de l'origine, & des effets de la Tonsure. *Voyez* M. du Perray, *p.* 2 *en sa capacité des Ecclesiastiques.*

4   Voyez *les Memoires du Clergé, tome* 1. *part.* 1. *page* 817. & *suiv.* On ne doit conferer la Tonsure dans les Monasteres sans la permission de l'Evêque Diocesain. *Ibid. page* 994.

Les Abbez Reguliers, & autres Privilegiez, ne la peuvent conferer aux Seculiers. *Ibid.*

Ils ne la peuvent aussi donner aux Reguliers qui ne sont pas de leur Jurisdiction. *Ibid.*

Lettres de Tonsure. Memoires du Clergé, tome 1. 5 *part.* 1. *pag.* 821. & *suiv.* On ne doit rien prendre pour icelles. *Ibid.*

Elles doivent être insinuées aux Greffes des Insinuations Ecclesiastiques. *tome* 2. *part.* 2. *p.* 511.

Des Clercs, par qui & comment ils peuvent être 6 créez & de la Tonsure. *Bibliotheque Canon. tome* 1. *page* 253.

Des Lettres de Tonsure, & l'examen du contenu 7 en icelles. *Bibliotheque Canon. tome* 2. *p.* 646. *verbo, Tonsure.*

Les Lettres de Tonsure sont necessaires pour ob- 8 tenir un Benefice. *Tournet, lett.* T. *Arr.* 16.

Tonsura à non suo Episcopo an valeat? Voyez ibidem, 9 *Arrêt* 13.

Le Concile de Trente, *session* 23. *chap.* 10. *de refor-* 10 *mat.* veut que les Abbez, quoy qu'exempts & de nul Diocese, ne puissent conferer la Tonsure qu'aux Religieux qui leur sont soûmis.

S'il faut être tonsuré lors de la Provision? *Voyez* 11 le mot, *Chapelle, n.* 19.

Homme non tonsuré lors de la vacance ou provi- 12 sion du Benefice. *Voyez* le mot, *Provision, n.* 70.

Ultramontanus non tenetur docere de titulo tonsura suæ 13 *quoad fori privilegium, secùs quando beneficium obtinen-* *dum.* Au premier cas, *possessio sufficiebat* : au second, il faut toûjours *litteratorie docere.* Joan. Galli, *partie* 5. *question* 53.

M. Charles Du Moulin, *in quæst.* 164. Joan. Gall. 14 rapporte un Arrêt qui condamne Pierre Courtois de rendre la Tonsure Clericale qu'il avoit reçû sans la permission des Doyen & Chanoines du Parvis de Nôtre Dame de Soissons, dont il étoit l'homme, & de servile condition. La Note de *Du Moulin,* est qu'il devoit être dégradé.

Clercs doivent porter la Tonsure. *Voyez* le mot, 15 *Clercs, nomb.* 43.

Capacité n'est entiere sans montrer Lettres de 16 Tonsure ou Prêtrise, quoyqu'elle ne soit donnée par partie adverse ; pour que sans titre on ne peut posseder Benefice, il ne suffiroit pas que par la Bulle on soit nommé Clerc & capable. *Papon, livre* 2. *titre* 4. *nombre* 9.

Henrys, tome 2. *liv.* 1. *quest.* 31. soûtient qu'un Resi- 17 gnataire non tonsuré lors de la procuration *ad resignandum,* & tonsuré lors de la Provision, *jure beneficium possidet.*

Une personne qualifiée Clerc tonsuré dans une Pro- 18 curation passée pour resigner un Benefice simple en Cour de Rome, & ne l'étant pas, est valablement pourvû, ayant pris la Tonsure pendant l'envoy de la Procuration, & avant qu'elle fût admise. C'est le sentiment d'*Henrys, tome* 2. *liv.* 1. *qu.* 31.

Si l'Indultaire doit être tonsuré lors de sa nomi- 19 nation, ou s'il suffit qu'il le soit au temps de la vacance du Benefice, ou quand il se presente pour le requerir? M. Gaulmin Avocat General, estima que la seule signification donnant l'effet aux Lettres de nomination, il suffisoit d'être alors tonsuré, & que quoique les Lettres portassent, *André le Févre, Clerc tonsuré,* ce n'étoit pas une obreption qui les rendît nulles, parce que cette qualité avoit été inserée, comme supposée veritable. Arrêt du Grand Conseil du 23. Octobre 1629. qui appointe. *V. Bardet, tome* 1. *li.* 3. *chapitre* 63.

TONSURE, AGE.

Puer minor septenario non est capax Clericalis tonsura? 20 Voyez Lotherius, *de re Beneficiariâ, lib.* 2. *quæst.* 49. *num.* 16.

Celuy qui ne sçait que lire, & qui n'a que 7. 21 à 8. ans, peut être tonsuré ; mais non celuy qui ne sçait rien du tout. *Rebuffe, prat. benef. ch.* 6. *n.* 25. 26. 27. 28. 29. *ch.* 7. *n.* 16.

La premiere tonsure ne se donne qu'à ceux qui 22 ont sept ans complets, & qui sont confirmez. *Rebuf.*

prat. benef. ch. 6. n. 4. ch. 5. n. 36. Concile de Trente, seff. 23. chap. 4. qui commence prima tonsura ; neanmoins par dispense du Pape elle peut être conferée à l'âge de six ans. Ibid. Car il n'y a que le Pape seul qui puisse donner des dispenses d'âge. Rebuffe. prat. benef. part. 2. ch. 47. n. 15. part. 1. ch. 15. n. 41.

TONSURE, DIMISSOIRE.

23 Celuy qui est tonsuré par autre que son Evêque, sans Lettres dimissoires, doit obtenir des Lettres du Pape, qu'on appelle de perinde valere. C. à ce que cette tonsure vaille autant que si elle avoit été conferée par son propre Evêque, & il le doit faire auparavant que de prendre aucun Ordre, ni d'accepter aucun Benefice ; il faut Lettres du Pape & non de ses Penitenciers : car ils n'ont pas le pouvoir d'accorder cette dispense. C. 1. in fin. de temp. Ordin. in 6.

24 Une Lettre de tonsure conferée par un Evêque, autre que le Diocesain, est valable pour obtenir un Benefice, sans rapporter de dimissoire, la Lettre portant seulement, rité dimisso. Arrêt du Parlement de Paris du 4. Septembre 1690. Journal des Aud. tom. 5. liv. 5. chap. 23.

TONSURE, PREUVE.

25 Quelle doit être la preuve de la Tonsure ? Voyez les Memoires du Clergé, tome 2. part. 1. p. 65.

26 An ultramontanus teneatur docere de titulo tonsuræ suæ cui. Voyez Joan. Galli, quæst. 53.

27 Pour être réputé capable de posseder un Benefice, il est necessaire de faire apparoir de Tonsure, laquelle ne se presume jamais, quoyqu'on fasse apparoir de Lettres de Prêtrise. Tournet, let. B. n. 50. rapporte un Arrêt du Parlement de Bordeaux.

28 Si l'on peut verifier par témoins les Lettres de Tonsure, les ayans perduës ? Voyez Guy Pape, en la Décision 474.

29 Quand il y a perte de registres, possession de 30. ou 40. ans, l'on peut être déchargé de rapporter preuve litterale de la Tonsure. Arrêt du Parlement de Paris du 25. May 1315. qui reçoit un Prêtre à son serment, & le maintient dans le Benefice contesté. Biblioth. de Bouchel, verbo, Election, p. 980.

30 Pour preuve de la capacité, il faut avoir la Lettre de Tonsure en main, ou la preuve de la perte d'icelle ; la preuve que l'on voudroit en faire par équipolent seroit rejettée. Arrêt du Parlement de Paris du 3. Decembre 1614. contre un homme qui ayant été plus de 30. ans Prêtre, justifioit de ses Lettres de Prêtrise, de Diacre, de Soûdiacre & Acolyte, mais non des Lettres de Tonsure. Bibliotheque Canonique, tom. 2. page 647. col. 1.

31 Les preuves de Tonsures se doivent faire par écrit & non par témoins ; mais si les Lettres de Tonsure & de Clericature sont perduës, leur perte peut être prouvée par témoins. Voyez la Jurisprudence de Guy Pape, par Chorier, p. 18.

TONSURE, REITERATION.

32 La réiteration de Tonsure ne produit irregularité. Arrêt du Grand Conseil le 17. Octobre 1673. De la Guess. tom. 4. liv. 7. ch. 19.

TORTURE.

Voyez cy-dessus le mot, Question.

TOUL.

Style & ordre judiciaire du Parlement de Toulouse, & de la Chambre de l'Edit de Castres, par Mallessaigne, Montpellier, 1645. Voyez Mets.

TOUR.

1 Collation pour cause de permutation, fait tour, quoyqu'elle n'ait point été suivie de possession. Arrêt du Parlement de Paris du 17 Août 1704. entre M. Pierre Remey & Jean Jacques ; ce qui s'entend

pourvû que la Collation ait été faite par l'Ordinaire & du consentement du Patron. Voyez Rebuffe, sur le Concordat, tit. de mand. Apost. §. 1.

Démissions és mains des Tournaires dans les mois 2 reservez. Arrêt du Grand Conseil du 20 Avril 1671. qui maintient le Pourvû par le Chapitre d'une Chanoinie & Prébende en l'Eglise Cathedrale de Toul, & déboute le nommé par le Roy. V. le Journal des Aud. tome 3. liv. 5. ch. 8.

Si une Collation nulle fait tour ? Voyez le mot, Collation, nomb. 169 & 170.

TOURNAY.

Reglemens du Conseil Souverain de Tournay 1 pour les procedures judiciaires, & pour les Huissiers ; dés années 1671. & 1672. Tournay 1672. in douze.

Conseillers du Parlement de Tournay. Voyez le 2 mot, Conseillers, n. 45.

TOURNELLE.

De la Chambre de la Tournelle, & Jurisdiction Criminelle. Voyez la Rocheflavin, des Parlemens de France, liv. 13. ch. 69.

TOURRIERES.

Voyez le mot, Paroisse, nombre 17.

TOURS.

Declaration portant confirmation des Privileges de la Ville de Tours. A Chartres en Mars 1594. registrée le 13. Mars 1595. Chenu, p. 297.

TRADITION.

Tradition civile & réelle, de quelle maniere elle 1 se doit faire, & si la reserve de l'usufruit suffit pour faire la tradition réelle. Voyez l'Arrêt du 4. Janvier 1674 Journal du Palais. Voyez M. Du Val, de rebus dubiis, tract. 2. de donationibus tam inter vivos quam causâ mortis ;

Tradition feinte transmet la veritable possession 2 en la personne de Mævius. Ricard, des Donations entre-vifs, 1. part. chap. 4. sect. 2. dist. 1.

Un heritage est acquis sans tradition naturelle, 3 l'heritier de l'acheteur ne peut intenter le cas de saisine contre l'heritier du vendeur. Voyez Carondas, liv. 6. Rép. 7.

La tradition par voye réelle ayant été une fois par- 4 faite, ne se détruit point par la joüissance du donateur. Ricard, des Donations entre-vifs, 1. part. ch. 4. sect. 2. distinction 1.

Voyez le mot, Donation, n. 915. & suiv.

TRAITANS.

Traitant pour récouvrement des deniers Royaux, 1 n'est point reçu au benefice de cession de biens, à l'égard du Roy, ni à l'égard de son associé, qui a payé pour le prix entier du traité commun, sans avoir pris subrogation. Jugé à la Cour des Aydes à Paris le 20. Decembre 1671. Journal du Palais.

Les Traitans sont civilement responsables du delit 2 de leurs Commis fait dans l'exercice de leurs Commissions ; & par le même Jugement qui condamne le Commis contumax, le Traitant peut être condamné civilement, quoyqu'il ne soit point en cause ; mais il n'est tenu de payer qu'en luy donnant caution. Jugé en la Cour des Aydes le 7. Août 1683. Journal du Palais.

Voyez le mot, Hypotheque, nombre 264. où il est parlé de l'hypotheque acquise au Roy sur les biens des Traitans.

TRAITEMENS

TRAITEMENS.

1 DEs enfans qui sont maltraitez. *Voyez* le mot, *Enfant*, n. 65. *& suiv.*

2 Mauvais traitemens par le mary. *Voyez* le mot, *Mary*, nomb. 15. *& suiv.*

3 Mauvais traitemens faits au Seigneur, ou par luy. *Voyez* le mot, *Seigneur*, n. 177. *& suiv.*

4 Les Seigneurs ne doivent user de rigoureux ni mauvais traitemens envers leurs Sujets & Justiciables, à cause desquels, par Arrêt du Parlement de Toulouse du pénultiéme Juillet 1578. Damoiselle Robine de Saint Pastour veuve de Bernard Dalbine, & ses enfans dudit Dalbine, & leurs successeurs, auroient été déclarez exempts à perpétuité de la Jurisdiction du sieur de Fonterailles & de ses successeurs, & de luy payer aucuns cens, oublies & droits Seigneuriaux, par elle ou ses enfans, ou ses successeurs d'eux. *Biblioth. du Droit François*, par *Bouchel*, verbo, *Femme*.

5 Des mauvais traitemens qui causent une demande en séparation. *Voyez* le mot, *Séparation*, nomb. 127. *& suivans.*

TRANSACTION.

EXplication de ces mots, *transactio, transactione componere*. L. 129. *&* 230. D. *de verborum significatione*.

De transactionibus. D. 2. 15... C. 2. 4... Extr. 1. 36.— Instit. L. 3. 3.

De pactis & transactionibus. C. Th. 2. 9.

Si adversus transactionem, vel divisionem minor restitui velit. C. 2. 31.

De usucapione pro emptore, vel pro transactione. C. 7. 26. Celuy qui possede en vertu d'une transaction, peut prescrire.

Ne judex aliquos ad transigendum compellat. N. 114. cap. 4.

V. *Convention*. Pacte. *le mot*, Requête, nomb. 92. 93. & le mot, *Retrait*, nomb. 906. *& suiv*.

1 De la nature & de l'effet de la resolution & des nullitez des transactions. *Voyez* le 1. *Tome des Loix civiles*, liv. 1. tit. 13.

2 *De transactionibus, Per* Joan. Bap. Cacialupum, & per Nicolaum Vigelium.

3 *Transactionis instrumentum, quando fidem faciat, & sollemnitas extrinseca omissa præsumatur*? V. *Andr. Gaill*, lib. 2. observ. 71.

4 *Clausula generalis transactionem, verbaque enunciativa de litibus tantummodo jam motis sunt intelligenda; transactio enim non completitur quod non est*. Mornac, l. 4 ff. de transactionibus; sed ad sola porrigitur quæ sunt expressa; in fine posita refertur non solum ad proxima, sed ad precedentia. Mornac, l. 3. 29. & 31. Cod. de transact.

5 Transaction faite *super usura futura*, pour astraindre le debiteur à payer à l'avenir, est nulle; elle vaut si elle est faite pour éteindre la recherche de l'interêt payé en vertu du Contract usuraire. *Voyez M. Louet & son Commentateur, lettre T. somm. 6.*

6 Par Edit du Roy donné à Fontainebleau au mois d'Avril 1560. publié à la Cour le 18. May 1563. sont confirmées toutes transactions faites par majeur, quoyqu'il y ait lezion d'outre moitié de juste prix sans dol personnel ou fraude; & par Arrêt du Parlem. de Paris fut un Prêtre condamné à payer suivant la transaction certaine somme excessive. *Papon*, liv. 6. tit. 3. nombre 9.

7 Transactions signées sans voir ont été confirmées par plusieurs Arrêts du Parlement de Toulouse des 24. Avril 1646. & 23. May 1647. Autre du 8. Juin 1657. en la cause des sieurs de Montfaucon & de Saintes Camèles, où les arbitres n'avoient fait que remplir le blanc laissé pour remplir le prix des grains. Autre du 24. Juillet 1663. quoyque Fermineau offrît de prouver par le Notaire & témoins numeraires qu'il

Tome III.

avoit signé une Transaction sans voir, il fut demis de ses lettres, il est vray qu'il en avoit souffert l'execution. Autre Arrêt du 30. Juillet 1665. qui confirme un accord signé sans voir par M. de Lartigues Avocat en faveur de sa belle sœur. Quelquefois la Cour casse de telles transactions. Arrêts des 3. Février 1651. & 18. Juillet 1658. cela dépend des circonstances. *Albert*, verbo, *Transaction*, art. 5.

8 Une personne âgée de quatre-vingt douze ans peut passer transaction. Arrêt du Parlement de Bourgogne du premier Mars 1612. *Bouvot*, tome 1. verbo, *Donation*, quest. 23.

9 Si l'on peut demander des dépens, quand par la transaction ils n'ont pas été exceptez? *Voyez* le mot, *Dépens*, nombre 206. *& suiv.*

10 Transaction entre Juges au sujet de leur Jurisdiction. *Voyez* le mot *Jurisdiction*, nomb. 346. *& suiv.*

TRANSACTION ENTRE ABBE' ET RELIGIEUX.

11 Lorsqu'on prétend déroger au droit d'un tiers, & au droit general, il faut que l'acte soit passé par l'ordre du Prince, ou par l'autorité de ceux qui ont en main son pouvoir, si donc de tels concordats faits par les Abbez avec les Religieux ne sont point passez en consequence d'aucunes Lettres Patentes du Roy, ni Arrêt de Cour Souveraine qui les ordonnent, ils ne pourront jamais priver les Evêques de leurs droits; cela a été ainsi jugé par deux Arrêts du Parlement de Paris, l'un du premier May 1561. & l'autre du 7. Août 1625. contre les Chapitres du Mans & de Clermont en Auvergne, au sujet d'une partition que les Chanoines avoient faite de tous les Benefices qui dépendoient du corps du Chapitre en general, en les partageant entr'eux, & les attribuant ou unissant à chaque Prébende pour frustrer les Graduez : car bien que ces partages & ces transactions fussent homologuez en Cour de Rome, ils ne laisserent pas d'être annullez, parce qu'ils avoient été faits sans Lettres Patentes, & pour priver les Graduez de leurs Privileges. *Biblioth. Canon.* tom. 1. p. 377.

12 Transaction passée entre les Religieux, n'obligent pas les Abbez successeurs. Arrêt du Parlement de Toulouse du 18. Février 1633. qui entherine les Lettres de rescision prises par l'Abbé d'Aniane, contre une transaction, par laquelle l'Abbé prédecesseur avoit abandonné aux Religieux de la même Abbaye, des terres & moulins, au lieu des pensions qu'il étoit obligé de leur faire pour leur nourriture & entretien, conformément à des transactions precedentes. L'Abbé se fondoit sur la lézion, sur le défaut de pouvoir de celuy à qui il avoit confié sa procuration, & qui en avoit passé les bornes. On luy opposoit la prescription; mais il remontroit qu'elle ne pouvoit luy être objectée, l'Abbaye ayant été long-temps possedée par des Abbez Confidentiaires. *Voyez M. d'Olive*, liv. 1. chap. 1.

13 Les transactions faites par les Abbez avec leurs Religieux, n'obligent point les successeurs, par la raison que les alienations du Domaine des Eglises, & des Benefices, sont défenduës, & que les transactions translatives des Domaines, sont alienations. Jugé au Parlement de Toulouse. Cet Arrêt rapporté par *Jovet* dans sa *Bibliotheque des Arrêts de France*, & dans la *Biblioth. Canon*. tome 1. verbo, *Curé*, p. 377.

TRANSACTION, ABUS.

14 Après l'appel comme d'abus, il n'est pas permis aux Avocats des parties, de traiter & accorder sans le consentement de Messieurs les Gens du Roy, *secùs* quand il s'agit d'un monitoire concedé pour injures verbales. Arrêt du Parlement de Bourgogne du 4. Janvier 1606. *Bouvot*, tome 2. verbo, *Abus*, question 4.

TRANSACTION, ADULTERE.

15 *Transigi non licet de adulterio*. Mornac, l. transigere 18. Cod. de transactionibus.

DDddd

16 Transaction sur crime d'adultere , est bonne & valable. Arrêt en 1619. *Bardet*, to. 1. li. 1. ch. 67, & M. le Bret, li. 1. decif. 13.
Voyez le mot *Adultere*, nomb. 157.

TRANSACTION SUR ALIMENS.

17 *Voyez* le mot *Alimens* , nomb. 122.

TRANSACTION, ARREST.

18 Transaction faite entre deux parties , dont l'une sçait qu'il y a Arrêt ; l'autre ne le sçait pas, est sujere à restitution. Arrêt du 27. Novembre 1524. *Mornac* , l. 40. ff. de pactis , secùs si ce n'est que d'une Sentence dont on peut appeller. *Mornac*, l. 7. ff. de transactionibus.

19 Arrêt rendu par surprise au préjudice d'une transaction , est cassé , par Arrêt du Parlement de Bretagne du 10. Octobre 1555. de même qu'après les Arrêts une transaction surprise est inutile. Arrêt. du 16. Mars 1599. *Du Fail* , li. 2. ch. 14.

20 *Post rem judicatam*, la transaction cassée par Arrêt du 7. Septembre 1608. M. le Prêtre , 2. Centurie, chap. 85.

21 *An transactio sub pratextu instrumentorum de novo repertorum rescindatur* ? Arrêt du Parlement de Grenoble du 21. Juillet 1612. qui a jugé la negative. *Basset*, to. 2. li. 6. tit. 1. ch. 7.

22 La transaction faite par l'une des parties , à la persuasion de l'autre , n'est valable après le procès jugé, quand les deux parties n'ont point connoissance du Jugement. Arrêt du 10. Juillet 1647. *Soëfve* , tome 1. Cent. 2. ch. 37. & M. le Prêtre , Cent. 1. ch. 85.

23 L'on ne peut transiger de l'événement d'un Arrêt avant qu'il soit rendu ; une partie ne peut opposer que la transaction n'est pas en forme publique. Arrêt du Parlement de Toulouse du 11. Mars 1650. *Albert* , verbo *Transaction* , art. 2.

24 Transaction sur Requête Civile vaut , *non autem* s'il y avoit eu Arrêt , & que l'une des parties le sçût, & l'autre non. Arrêt du Parlement de Grenoble du 3. Juin 1661. *Basset* , to. 1. liv. 4. tit. 14. ch. 1
Voyez cy-après le nomb. 43. & suiv.

TRANSACTION, BENEFICE.

25 *Transactiones omnes super Beneficio Ecclesiastico , speciem continent simonia , quando non fiunt gratis & amicabiliter , sed aliquo dato vel retento.* Arrêt du 1. Decembre 1588. *Voyez* M. Louet & son Commentateur, let. C. somm. 40.

26 *Chopin* remarque qu'une transaction faite sur un benefice litigieux avec un Seigneur laïc, est permise , & ne peut être tenuë simoniaque , encore qu'il y ait promesse d'argent , & dit avoir été ainsi jugé le 27. Août 1598. l'Arrêt est rapporté *liv. 1. des droits des Religieux & Monasteres.*

27 C'est une maxime qu'en matiere beneficiale , on ne peut donner titre par transaction à celuy qui n'en a aucun, *si quidem beneficia non pactione , non transactione , sed canonica institutione obtineri debent* : on ne peut faire par transaction plus que par collation & provision de l'Ordinaire , & comme une telle provision seroit nulle en la personne d'un confidentiaire, de même une telle transaction. Arrêt du 18. Decembre 1600. rapporté par *Tournet* , lettre B. Arr. 66.

TRANSACTIONS, COMMUNAUTÉ.

28 Les transactions entre Syndics & Echevins passées en vertu d'acte d'assemblée , sont bonnes. *Brodeau* sur M. Louet, lettre C. som. 4. nomb. 6.

29 Les Maire & Echevins , & les Communautez peuvent transiger. Arrêt du Parlement de Dijon du 5. Août 1605. *Bouvot* , to. 2. verbo *Transaction* , question 9.

30 Arrêt du Parlement d'Aix du 11. Decembre 1671. qui rescinda une transaction passée entre les Syndics Apotiquaires , & les Syndics Medecins , ne paroissant pas, que par déliberation , les Syndics des Apotiquaires eussent été fondez en pouvoir de la passer. *Boniface* , tome 2, liv. 4. tit. 6. ch. 1.

TRANSACTION, COMPROMIS.

31 Le Procureur fondé en pouvoir general , ne peut transiger ni compromettre ; & si le Procureur sans pouvoir special compromet , la peine n'est point dûë. *Brodeau* sur M. Louet , lettre C. som. 4. nomb. 7.

TRANSACTION, COMPTE.

32 *Qua sit non visis tabulis* , est nulla. Voyez M. le Prêtre , 1. Cent. chap. 25. Voyez *Chenu* , 1. Cent. quest. 27. & pour s'en faire relever , *Voyez* l'art. 134. de l'Ordonnance de 1539.
Une transaction ne peut être rescindée pour l'erreur de calcul. *Voyez Carondas* , liv. 4. Rép. 71.

33 Arrêt du Parlement de Bretagne du 27. Octobre 1571. confirmatif d'une transaction , contre laquelle on avoit pris lettres de rescision ; les défendeurs disoient que la transaction avoit été faite en presence des parens , & après les debats fournis sur le compte rendu , de plus qu'on ne venoit point des dix ans , & qu'il y en avoit trente passez au jour de l'assignation. *Voyez du Fail* , liv. 3. chap. 240.

34 Transaction faite par un tuteur avec son mineur sur la reddition de son compte , cassée , & condamné à rendre compte. Arrêt du 27. Novembre 1585. M. Louet & son Commentateur , let. T. som. 3. où vous trouverez plusieurs questions.

35 Passée en minorité avec la mere tutrice & le beaupere , & cession posterieurement faite par contrat de mariage à leurs profits de tous les droits successifs du pere écheus , les Lettres entherinées , & les parties remises comme elles étoient avant la transaction & cession , &c. Arrêt du 20. Novembre 1684. *De la Guesp.* to. 4. liv. 7. ch. 28.

36 Par Arrêt du Parlement de Toulouse du mois de Decembre 1592. fut cassée une transaction passée entre le majeur & celuy qui avoit été son tuteur, portant décharge de l'administration , sans avoir rendu aucun compte , il fut dit que les comptes seroient clos & rendus , nonobstant l'Edit de 1560. fait sur la validité des transactions entre majeurs , car jusqu'à la reddition de comptes, la charge de tutelle semble continuer. *Mainard*, liv. 2. ch. 100.

TRANSACTION, CONDITION.

37 S'il y a condition en une transaction ou contrat , &c. il faut satisfaire à la condition. Jugé en 1581. *Carondas* , liv. 7. Rép. 175.

CONVENTION , CREANCIERS ET HERITIERS.

38 La convention faite entre les creanciers & les heritiers du debiteur , est bonne & valable. *Voyez* M. le Prêtre , 1. Cent. ch. 85. où il rapporte Arrêts du 12. Juillet 1605. du 15. Decembre 1607. du 26. Avril , & 2. Août 1608. qui ont jugé que la transaction faite entre des creanciers , seroit commune avec les autres creanciers.

TRANSACTION, CRIME.

39 S'il est permis de transiger du crime de faux ? *Voyez* le mot *Faux* , n. 161. & suiv. Bouvot , to. 2. verbo *Transaction* , qu. 5, 14. 17. Coquille , to. 2. qu. 313. & la Bibliotheque du Droit François, verbo *Transaction.*

40 Qu'il ne sera loisible de composer ni transiger sur crime & excès. *Ordonnance de Fontanon* , to. 1. liv. 3. tit. 88. p. 703.

41 *Transigere vel pacisci in delictis an licitum sit* ? Voyez *Franc. Marc.* 1. part. qu. 660.

42 *Transigere vel pacisci de crimine non capitali , excepto adulterio, prohibitum non est.* Mornac, l. 18. Cod. de transactionibus. Pour les crimes qui regardent seulement l'utilité publique ou du fisc , les transactions sont nulles ; *Voyez Corbin* en ses resolutions des doutes , &c. fol. 436. Voyez *Valla* de rebus dubiis , &c. tract. 17.

43 Mineur ne peut être relevé de la transaction qu'il a faite à cause de crime ; Arrêt du Parlement de Toulouse du 2. Decembre 1544. *Biblioth. de Bouchel*, verbo *Mineurs.*

44 *Præscisci potest de falso & pactum servandum à pacis-*
centibus, sed procurator Regius vindictam publicam po-
test exequi. Jugé au mois de May 1593. *Mornac, l. 6.*
verbo pactusve, ff. de his qui notantur infamia. Voyez
Evodeau, sur M. Louet, let. A. som. 18.

45 Si un Seigneur peut transiger avec un de ses sujets
qu'il poursuivoit pardevant un Juge Royal pour crime capital? *Voyez le mot Crime, n. 52.*

46 Jugé par Arrêt du Parlement de Dijon du mois de
Novembre 1557. que celuy qui a composé d'un délit,
est infame suivant la L. *non damnatos C. ex quib. caus.*
infam. irrog. Bouvot, *to. 1. part. 3. verbo Infame.*

47 L'on ne peut transiger de tous crimes, sans l'avis de
Messieurs les Gens du Roy, pour son interêt particulier. Arrêts du P. de Dijon des 14. May 1605. & 16.De-
cembre 1607. on excepte le crime de faux. Bouvot, *to.*
2. verbo Transaction, qu. 12.

48 Un Moine ayant transigé d'un crime & payé, ne
peut être restitué. Arrêt du P. de Dijon du 20. Juillet 1611. *Bouvot, tome 2. verbo Transaction, qu. 15.*

TRANSACTION, DISMES.

49 Dé la transaction en fait de dîmes. *Voyez le mot*
Dîmes, n. 464.

50 La transaction faite avec un Curé pour raison de
dîmes, n'oblige point son successeur. Arrêt du 28.
Juin 1544. *Carondas, liv. 1. Rép. 16.*

TRANSACTION, DOL.

51 *Specialiter de dolo transigi potest, actione scilicet mo-*
tâ de dolo. Mornac, *l. 4. Cod. de transactionibus.*

52 Le Roy Charles IX. par Edit en 1560. verifié au P.
en 1565. confirme toutes transactions faites sans force,
impression ou dol personnel entre majeurs, sans
avoir égard au dol réel ou à la lezion qui y pourroit
être pour le regard du prix, & ne veut qu'aucunes
Lettres de restitution en soient baillées, sinon au cas
du dol personnel, par vove ou impression. *Conference des*
Ordonnances, livre 2. §. 3. ou bien l'Ordonnance de
Neron. Voyez *M. le Prêtre 4. Centurie, chap. 30. Et*
Mornac, liv. 7. verbo quasi causa ff. de transactionibus.

53 Toutes transactions sont nulles, si lors d'icelles
par le dol de l'une des parties contractantes quelque
acte important a été caché. Jugé en la Chambre de
l'Edit de Castres le 8. Juin 1627. contre une partie qui
ne transigea qu'après avoir sçû qu'elle avoit perdu
son procès, l'autre partie l'ignoroit. Voyez *Boné,*
Arrêt 96.

TRANSACTION, DROIT LITIGIEUX.

54 La transaction faite entre personnes conjointes,
pour raison d'un droit litigieux entr'elles, a plus de
force pour préferer celuy qui a contracté, qu'un é-
change fait avec un étranger, encore qu'il soit précédent en date. Jugé au Parlement de Toulouse le 1.
Septembre 1574. *Carondas, liv. 7. Rép. 171. & Mai-*
nard, li. 2. ch. 62.

TRANSACTION, EDIT.

55 Voyez *M. Expilly, Arrêt 111.*

TRANSACTION, EGLISE.

56 *Transigere de rebus Ecclesiæ Paroco licere, etiam sine*
superioris authoritate modo versetur utilitas Ecclesiæ,
item ex tempore diuturnitate, solemnitas intervenisse præ-
sumitur, qua alleganda est. Voyez *Franc. Maré. tom.*
2. quest. 188.

57 Arrêt du P. d'Aix du 30. Janvier 1673. qui déclara
non recevable un prélat en la rescision d'une transaction sur des droits douteux en un fief de l'Eglise
faite par son devancier. *Boniface, to.3.li. 5. tit.6. ch.7.*

TRANSACTION, EVICTION.

58 Si l'Eviction a lieu en transaction? *V. le mot Evic-*
tion, n. 29. & suiv.

TRANSACTION, FEMME, MARY.

59 Arrêt du Parlement de Paris du 7. Janvier 1574. par
lequel une transaction faite par une femme procura-
trice de son mary, sans avoir pris conseil comme il
étoit porté par la procuration, a été annullée. *Pa-*
pon, liv. 6. tit. 3. n. 6.

Tome III.

60 Transactions faites en presence des parens assem-
blés, ne sont sujetes à rescision. Arrêt donné és *Grands*
Jours de Clermont le 20. Octobre 1582. contre une
veuve qui se plaignoit d'avoir abandonné pour 1800.
liv. tous les droits qu'elle pouvoit prétendre és successions de son pere & de ses freres, disant qu'elle
étoit en puissance de mary, lequel avoit transigé pour
une petite somme sur l'accusation de rapt commis en
sa personne. Le défendeur aux Lettres remontroit
que l'estimation des biens avoit été faite par la famille assemblée.

Arrêt du Parlement d'Aix du 18. Decembre 1670.
61 qui juge le mary capable de transiger des droits de sa
femme, descendans des comptes tutelaires rendus
par ses Tuteurs. *Boniface, to. 4. liv. 5. tit. 5. cha-*
pitre 1.

TRANSACTION ENTRE HERITIERS.

62 Si la transaction faite avec grande raison & necessité par l'heritier grevé de rendre, peut préjudicier
au fideicommissaire, &c? *V. Peleus, qu. 161.*

63 Une transaction faite avec celuy qui s'estimoit heritier, ne nuit au veritable heritier, &c. *Voyez Caron-*
das, liv. 4. Rép. 24.

64 Transaction sur un partage; Lettres de rescision.
Le défendeur demande l'argent qu'il a donné; l'autre répond qu'il luy en sera dû. Arrêt du Parlement
de Bretagne du 27. Août 1566. qui le condamne à
rendre l'argent reçu, & aux dépens de l'incident. *Du*
Fail, liv. 3. ch. 87.

65 Transaction sur le partage confirmée. Arrêt du Parlement de Bretagne du 18. Février 1576. qui déboute
des Lettres de rescision. *Ibid. ch. 133.*

66 Par Arrêt du Parlement de Toulouse du mois
d'Avril 1577. fut confirmée une transaction passée entre deux freres, touchant leurs avantages sur les biens
du pere vivant, & intervenu en ladite transaction,
quoique depuis il eût changé de volonté, & fait autres dispositions entre lesdits contracts, & leurs autres freres, il fut dit que les autres freres auroient leurs
legitimes, s'ils ne se contentoient des droits à eux
reservez par le pere en ladite transaction. *Voyez Mai-*
nard, liv. 8. chap. 68.

67 *Hæredis gravati transactio bonâ fide facta valet con-*
tra fideicommissarium. Arrêt du Parlement d'Aix du
5. Decembre 1584. Voyez *Francisci Stephani, de-*
cis. 69.

68 Des transactions faites entre coheritiers *non visis*
cognitisque tabulis testamenti. Arrêts du Parlement de
Toulouse des 22. Decembre 1664. & 11. Janvier
1667. qui ont cassé semblables transactions, & ont
ordonné l'execution des testamens. *Voyez M. de Cas-*
tellan, liv. 5. chap. 46. où il en rapporte un autre
sans date qui admet l'impetrant de Lettres en cassation à prouver par les témoins numeraires qu'il avoit
signé la transaction sans la voir.

69 Acte de Notorieté donné par M. le Lieutenant Civil du Châtelet de Paris, le 8. May 1703. portant
que les transactions faites entre le mari & la femme pendant le mariage, sont des actes inutiles. *Re-*
cueil des Actes de Notor. p. 187. & suiv.

TRANSACTION, HOMICIDE.

70 Le pere peut seul composer & transiger de l'homicide de son fils, sans que ses enfans puissent
revenir contre sa quittance. Arrêt du Parlement de
Bourdeaux du 27. Février 1520. *Papon, livre 14. tit.*
2. n. 3.

71 Les heritiers peuvent poursuivre ou composer avec
l'homicide de celuy qu'ils representent. Arrêt du Parlement de Paris de l'an 1544. fondé sur ce que le
Procureur du Roy a toûjours la vindicte publique.
Papon, liv. 24. tit. 1. n. 3.

72 Marie de Casenoue condamnée en 1500. livres
envers Pardoux, après trois ans de prison, est mise
en liberté à la caution de Petit. On fait des propositions d'accommodement. Pardoux se contente de

400. livres. Le memoire est porté chez le Notaire pour dresser la Transaction; comme on la mettoit au net, l'argent fut compté ; aussi tôt Pardoux qui avoit attiré quelques Sergens les fait entrer;ils saisissent les deniers; l'on crie au voleur; Petit & Marie Casenoue rendent plainte. Pardoux disoit que ce qu'il avoit fait étoit *bonus dolus*;il alleguoit la Loy *Contractu* C. *de fide instrument.* portant qu'il est permis de résilier d'un acte avant qu'il soit signé. On répondoit que la Loy se devoit entendre *rebus integris.* Arrêt du Parlement de Paris du 17. Juin 1619. qui déclare la saisie nulle, condamne Pardoux à rendre à Petit les deniers , si mieux il n'aime passer l'accord en question , ce qu'il sera tenu déclarer dans huitaine,& outre l'a condamné à aumôner 6. livres parisis au Pain des prisonniers de la Conciergerie du Palais , & en tous les dépens. *Bibliotheque de Bouchel,* verbo *Transaction.*

TRANSACTION, IGNORANCE.

73   De Transaction faite sous ignorance d'un Arrêt. *Voyez* Papon, *liv.* 19. *tit.* 9. & M. Mainard , *liv.* 6. *de ses quest. chap.* 18.

74   Transactions passées avant ou aprés la prononciation, & sous ignorance de l'Arrêt, sont nulles, & doivent être cassées. Jugé au Parlement de Paris le 27. Novembre 1524. Autres Arrêts de 1540. & 3. Août 1564. Papon, *liv.* 19. *tit.* 9. *n.* 1.

75   Transaction de chose jugée sans faire beaucoup de préjudice , doit subsister. Arrêt du 8. Janvier 1545. *Ibidem , nomb.* 2.

76   Si avant l'Arrêt ou aprés, sous ignorance d'iceluy, la partie qui a obtenu, transige , la Transaction sera cassée, quoyque faite entre majeurs, & les parties remises en l'état de l'Arrêt. *Papon , liv.* 19. *tit.* 8. *n.* 4. *id.* Mornac. ad L. 40. §. 1. *ff. de pact. vid.* Faber. C. *de transs. def.* 4. J'ay vû ici *La Peirere, lettre T. decis.* 138. des Arrêts de nôtre Parlement de Bourdeaux conformes,& croisbiens que si par dol,l'une des parties ayant avis de l'Arrêt a surpris l'autre, l'Arrêt doit prévaloir, la Transaction,*habet majorem auctoritatem quam res judicata.*

Arrêt du 11. Janvier 1646. entre Jacobet, demandeur en Lettres , & le défendeur , qui a jugé qu'une Transaction , à laquelle ledit Jacobet avoit attiré sur un procez pendant en la Cour, le défendeur sçachant qu'il y avoit eu Arrêt , étoit un acte nul ; & l'Arrêt confirmé.

77   Par autre Arrêt du 6. Mars 1644. une Transaction passée entre les parties,sur un procez pendant au Parl. & qui avoit été jugé quatre jours auparavant au profit de Pichot, fut cassée,& l'Arrêt confirmé sur ce que la Transaction avoit été passée dans un lieu où l'autre partie avoit pû être avertie de l'Arrêt. *Ibidem.*

78   L'ignorance de droit n'est pas un moyen de rescinder une Transaction. Arrêts des 3. Avril 1637. & 5. Février 1655. dont le mouvement fut que les Transactions ne se rescindent que pour les violences ou dol personnel, & non pour le dol appellé *re ipsâ.* Voyez *les Ordonnances de Loüis XII. en* 1510. *art.* 44. François I. 1535. *art.* 30. Charles IX. 1560. & Basset , *to.* 1. *liv.* 4. *tit.* 14. *chap.* 5.

Voyez cy-dessus le nomb. 18. & *suiv.*

TRANSACTION , MINEUR , TUTEUR.

79   Transaction faite par un mineur. *Voyez le mot Mineur , n.* 180. & *suiv.*

80   Des Transactions passées entre le mineur & le tuteur *non visis tabulis.* V. *Filleau,* 4. *part.quest.* 27. & 28.

81   Mineur aprés dix ans de majorité n'est recevable à revenir contre une Transaction par luy passée en minorité. Papon , *liv.* 16. *tit.* 3. *n.* 6.

81   L'article 517. de la Coûtume de *Bretagne* , portant ces mots, & *resaisit ceux dont ils ont en la garde de leurs biens , titres* & *enseignemens,* a pour fondement un Arrêt du 30. Avril 1577. rendu en forme de Reglement , lequel entherine des Lettres de rescision

prises contre une Transaction passée entre tuteur & ses pupilles. Il est rapporté par *Du Fail , liv.* 1. *chapitre* 430.

83   Le mineur ne peut être relevé d'une Transaction par luy faite pour excés. Arrêt du 2. Decembre 1581. *Carondas, liv.* 7. *Rép.* 110.

84   Un mineur obtient Lettres de grace & dispense d'âge, on luy rend compte , & depuis il transige sur les debats du compte ; il ne peut être restitué, l'Arrêt prononcé le 20. Janvier 1596. *Ibidem, liv.* 9. *Rép.* 47.

85   Si un mineur a transigé avec son tuteur sur l'administration de la tutelle & reddition de compte , il doit se pourvoir dans les dix ans de la majorité, sinon les dix ans passez, il n'est plus recevable. *Chenu, dans la premiere Centurie , quest.* 18. en rapporte un Arrêt rendu en la Troisiéme Chambre des Enquêtes le 19. Janvier 1602. & neanmoins au chapitre précedent il cite un Arrêt du premier Février 1567. qui avoit jugé que dans ce cas le mineur pouvoit se faire relever dans les trente ans aprés sa majorité. *Voyez ces deux Arrêts,* qui sont remarquables. M. le Prêtre , 4. *Cent. chapitre* 30.

86   *Minor restitutus adversùs transactionem ab eo cum tutore initam super reddendis tutelæ rationibus, non reddet pecuniam quam accepit à tutore ex causâ transactionis, sed eam tutor in rationes suas referet quas redditurus sit.* Arrêt du 19. Decembre 1609. Mornac , *l. unica Cod. de reputationibus quæ fiunt in judicio.*

87   Arrêt du Parlement d'Aix du 19. Decembre 1639. qui a déclaré nulle la Transaction faite entre le mineur & son Curateur, *non visis neque dispunctis rationibus,* quoyque ratifiée aprés la majorité. *Boniface, to.* 1. *liv.* 4. *tit.* 3. *chap.* 3.

88   La Transaction faite par une mere pour son fils mineur blessé fortuitement par un autre, ne peut empêcher le fils devenu majeur d'agir pour son interêt particulier. Arrêt du Parlement de Paris le 18. Decembre 1648. *Soëfve, to.* 1. *Cent.* 2. *chap.* 99.

89   Par nos Loix & par nos Jugemens la Transaction passée entre l'adulte & son Tuteur , *non visis , neque dispunctis rationibus,* est nulle , & quoyque les actions rescisoires ne durent que dix ans , celle que l'adulte a pour se pourvoir contre ces sortes de Transactions en dure trente; c'est ce que nous trouvons dans *Mainard, liv.* 2. *chap.* 99. & d'*Olive, liv.* 4. *chap.* 16. ainsi la question a été jugée au Parlement de Toulouse le 24. Mars 1659. en la cause de la Lande Tuteur , & Jeanne Deleloup. V. M. *de Cattelan , liv.* 8. *ch.* 6.

TRANSACTION , PARTAGE.

90   La Transaction sera nulle passée entre freres, de partager également les biens paternels, sur l'incertain évenement de l'élection de leur mere, à qui le pere en avoit laissé le choix. Cont. *Mainard, lib.* 5. *cap.* 68. Me. Abraham la Peirere, *en ses décisions du Palais, lettre T. nomb.* 140. dit, la raison de douter se prend de ce que ce n'est point transiger,*super hæreditate viventis :* mais comme telles élections sont toûjours ordonnées pour tenir les enfans en devoir envers leur mere; c'est notoirement contrevenir à la volonté du défunt, & donner matiere aux enfans de se mocquer de leur mere, si telle Transaction avoit lieu.

91   Quoyque dans la Transaction les parties ayent promis l'entretenir, & ne venir à l'encontre d'icelle ; neanmoins les fils & heritier aprés le décez du pere, peut choquer la Transaction par son propre droit. Autre chose est si la Transaction porte tant pour soy que pour ses enfans, si ce n'est que les enfans se portassent heritiers sous benefice d'Inventaire. *Peregrin. art.* 52. *n.* 45. & *seq.* La Peirere, *lettre T. nomb.* 141. dit , j'ay toûjours crû qu'indifferemment le fils heritier pur & simple du pere, ne peut point choquer la Transaction faite par le pere.

Voyez cy-aprés le nombre 113. & *suiv.*

91   Transaction en matiere de partage. *Voyez le mot Partage, nomb.* 182. & *suiv.*

TRANSACTION, PORTION CONGRUE.

93 Arrêts du Parlement de Toulouse qui ont annullé des Transactions sur la portion congruë. V. *Albert, lettre C. art.* 6.

94 Arrêt du Parlement d'Aix du 20. Février 1679. qui cassa une Transaction faite sur la portion congruë,& sur le département de nomination des Prêtres par les Vicaires, & luy adjugea 300. liv. de pension congruë, & le maintint au droit de nommer. *Boniface*, tome 3. *liv.* 6. *tit.* 5. *ch.* 1.

95 Une Transaction faite entre les Décimateurs & un Curé ou un Vicaire pour sa portion congruë est un titre suffisant au successeur pour agir par main mise, & obtenir provision. Jugé au Parlement de Tournay le 14. Avril 1696. en faveur du Vicaire de la Paroisse de Nôtre-Dame au Quenoy. V. M. *Pinault*, tome 1. *Arrêt* 102.

TRANSACTION SUR PROCEZ.

96 Des procez feints & simulez ne peuvent donner lieu à des Transactions legitimes. *Voyez* M. *Charles Du Moulin*, sur la regle de *public.* n. 281.

97 *Clausula generalis transactionum, verbaque enuntiativa, de litibus tantummodo intelligenda sunt, qua jam mota sunt.* Mornac, *l.* 4. *ff. de transact.*

98 Un mary ayant transigé d'un procez concernant le propre heritage de sa femme, elle peut se faire autoriser par Justice pour reprendre & poursuivre le procez. *Voyez Carondas, liv.* 5. *Rép.* 14.

99 L'on ne pouvoit se servir d'un accord fait sur un procez, dont la Cour est saisie, qu'il n'eût été auparavant approuvé par icelle. De même si elle avoit permis aux parties de transiger, il falloit auparavant que la Transaction fût homologuée. Jugé par Arrêts du Parlement de Paris des années 1386. & 1387. *Papon, liv.* 6. *tit.* 3. *n.* 6. 7. & 8.

Quand les parties ont transigé d'un procez, elles ne peuvent retirer du Greffe de la Cour leurs sacs, que la Transaction n'ait été homologuée par Arrêt, ainsi jugé au Parlement de Paris le 2. Septembre 1421. *Bibliotheque de Bouchel*, verbo *Transaction*.

[101] Une femme transige avec son mary sur un procez de divorce; ensuite elle obtient des Lettres contre la Transaction ; elle en est déboutée, & ordonné au mary de la bien traiter, avec défenses de vendre les biens de sa femme sans son consentement. Arrêt du 23. Decembre 1560. *Carondas, liv.* 7. *Rép.* 45.

102 Quoyque la Coûtume de *Bretagne* en l'article 317. porte qu'en Transaction faite sans fraude sur procez intenté, & pendant entre parties il n'y aura vente ni retrait, bien qu'il y ait argent baillé ou promis pour se départir du procez; neanmoins il a été donné nombre d'Arrêts qui ont restraint cette disposition pour n'avoir lieu quand on transige sur un procez pour un droit naturel, & lorsqu'il y a de l'argent baillé à celuy qui le devoir. Arrêt du 5. Septembre 1586. *Sauvageau sur Du Fail, liv.* 1. *chap.* 369.

103 On ne peut demander des dépens après une Transaction ou un Jugement diffinitif, quoyqu'il n'y ait rien été décidé pour les dépens, *quia censentur remissi.* Arrêt du Parlement de Grenoble du 22. Janvier 1664. V. *Basset*, to. 1. *liv.* 2. *tit.* 31. *ch.* 12.

TRANSACTION, PROCUREURS, SOLLICITEURS.

104 Les Contracts & Transactions sont permises entre les Procureurs ou Solliciteurs & leurs Parties, après le procez terminé & non pendant icelui. Jugé en la Chambre de l'Edit de Castres le 20. Decembre 1629. *Voyé Boné, Arr.* 65. *traité* 2.

TRANSACTION, RAPT.

105 Transaction sur un rapt. *Voyez le mot* Rapt, nombre 102.

TRANSACTION, RETRAITS.

106 Un mineur ayant transigé d'un retrait sur la nullité du consing, n'est restituable, n'ayant consigné que les arrerages d'une rente constituée, & offert d'entrer au

lieu & place & de l'acheteur. Arrêt du Parlement de Dijon du mois de Juillet 1574. *Bouvot, tome* 1. verbo *Transaction, quest.* 3.

TRANSACTION, RESCISION.

107 De la restitution en matiere de Transaction. *Voyez* le mot *Restitution*, n. 162. & suiv.

108 *Transactio an prætextu læsionis rescindatur ?* Voyez *Andr. Gaill, lib.* 2. *observat.* 70.

109 *Transactio hodiè non rescinditur ex causâ enormis læsionis.* Voyez Stockmans, *decis.* 137.

110 *Si transactio amicis intervenientibus, processit, metûs velamento rescindi non potest.* Mornac, *l.* 35. *transactionem, Cod. de transactionibus.*

111 Transaction contenant plusieurs chefs, ne peut être rescindée pour partie, parce que l'acte est individu, & ne sert l'argument de la Sentence contenant plusieurs chefs, parce que *redditur in invitum, & pendet ex arbitrio judicis, sed transactio vel contractus, in contrahentium voluntate consistit, &c.* Voyez Carondas, *livre* 6. *Réponse* 58.

112 Le cessionnaire des droits d'un mineur, n'est point recevable à demander la rescision d'une Transaction contre laquelle le mineur ne s'est point pourvû: autre chose seroit si la Transaction ou la quittance & acte de décharge portoit qu'il sera loisible au mineur de demander la reddition de son compte, en rapportant ce qui luy a été donné, en ce cas l'action est personnelle & dure trente ans, & n'est besoin de Lettres ni de restitution, parce que la décharge n'est pure & simple, mais conditionnelle, & l'effet d'icelle suspendu jusques à trente ans du jour de la majorité. *Brodeau sur M. Loüet*, lettre T. sommaire 3. nombres 7. & 8.

113 Si la transaction faite par un majeur peut être rescindée sur le dol personnel, & si le pupile fait majeur a décharge son tuteur de l'administration des biens sans discussion de compte, & examen de la recepte & dépense, si telle décharge est valable? *Voyez Bouvot*, to. 1. part. 1. verbo *Transaction.*

114 L'on ne peut revenir contre une Transaction faite de bonne foy entre majeurs. *Ibidem*, part. 2. verbo *Transaction, quest.* 14.

115 Si le majeur peut être relevé contre une transaction, quand il y a lezion d'outre moitié ? *Voyez Bouvot*, tome 2. verbo, *Rescision, quest.* 3.

116 Si une transaction contenant plusieurs chefs peut être rescindée pour quelques-uns, les autres demeurans en leur force & vertu; & si une transaction emporte novation? V. *Bouvot*, tome 2. verbo *Transaction, quest.* 2.

117 L'on peut revenir contre une transaction faite sur les biens d'une Communauté,& renonciation à icelle moyennant certaine somme. Arrêt du 11. Juillet 1613. *Ibidem*, quest. 16.

118 On n'est pas restituable contre une transaction faite sur un Benefice. Arrêt du 13. Juillet 1604. *Ibidem, question* 7.

119 On ne peut être restitué contre une transaction faite entre majeurs; s'il n'y a dol personnel. Arrêt du 10. Juin 1605. *Ibidem, quest.* 8.

120 L'Ordonnance qui exclut les majeurs de restitution contre une transaction, n'a lieu, quand on allegue force & violence. Arrêt du même Parlement de Dijon du 12. Février 1607. *Bouvot, ibid. quest.* 10.

121 On ne peut revenir contre une transaction, quoyqu'il n'y ait lezion d'outre-moitié de juste prix ; la loy seconde, *C. de rescind. vend.* ne se pratique en transaction, si ce n'est pour dol ou cause de minorité. Arrêts du 27. Mars 1247. & 16. Septembre 1540. *Papon, liv.* 16. *tit.* 3. *numb* 6.

122 Executeur testamentaire transige avec les heritiers pour frauder l'intention du Testateur, l'Executeur poursuivi, prend des Lettres pour faire casser la transaction, il en est debouté par Arrêt du 25. May 1543. *Carondas, liv.* 7. *Rép.* 97.

123 L'on n'est pas recevable à venir contre transactions faites *super lite motâ aut movendâ* sous prétexte de lezion d'outre moitié, à moins qu'il n'y ait fraude ou minorité. Arrêt du Parlement de Paris du 27. Mars 1547. Si neanmoins l'on propose lezion énorme, la restitution sera bien fondée. Arrêt du 16. Septembre 1540. aux Grands-Jours de Moulins. *Bibliotheque de Bouchel*, verbo, *Restitution*.

124 Rescision de Transaction fondée sur lezion énorme. Arrêt du 19. Juin 1564. *Papon, liv. 16. tit. 3. nomb. 6.*

125 Une femme demande son doüaire, & la recompense de son propre, & l'amende qui seroit ajugée pour la reparation de l'homicide de son mari. Transaction par laquelle son doüaire est fixé à 50. liv. de rente, la reparation à 500. écus ; elle reçu à renoncer à la Communauté, & à demander la recompense de ses propres alienez. Quelques années après, cette femme obtient Lettres pour être restituée contre la convention du doüaire, & conclut neanmoins à être recompensée des heritages alienez. Les heritiers disent que la transaction est indivisible, ils offrent de l'anéantir, & que les parties soient remises en tel état qu'elles étoient alors. Ainsi jugé par Arrêt du Parlement de Bretagne du 10. Mars 1567. *V. Du Fail.*

126 Une mere pendant sa viduité avoit fait une transaction avec son fils ; elle se contentoit d'une somme de 5000. liv. pour tous ses droits en cas qu'elle se remariât, & où elle demeureroit veuve elle les auroit tous entiers; après s'être remariée elle obtint des Lettres de rescision, soûtenant que cette paction étoit contre les bonnes mœurs, qu'elle empêchoit la liberté du mariage, & qu'elle avoit même été forcée par les violences de son fils à faire cette transaction. Le fils répondoit que par la disposition du droit *l. his solis*, les meres qui avoient passé en de secondes nôces ou qui avoient vécu impudiquement, ne pouvoient revoquer, *quod mater C. de revocat. donat. l. 8. t. 36.* la mere qui s'étoit remariée ne pouvoit pas même pour cause d'ingratitude revoquer les donations faites à ses enfans hors les trois cas portez par cette authentique. Par Arrêt du Parlement de Roüen du 1. Février 1667. la mere fut deboutée. *Basnage, sur l'art. 244. de la Coûtume de Normandie.*

127 Jugé au Parlement d'Aix le 22. Octobre 1668. qu'une transaction faite sur comptes reciproques des parties n'est point sujette à récision, sous prétexte d'erreur de calcul, & d'omission. L'on justifioit que le demandeur avoit conservé ses pieces, pendant que le défendeur ayant déchiré les siennes seroit hors d'état de venir à aucun compte. *Boniface, to. 2. liv. 4. tit. 11. ch. 2.*

128 Arrêt du Parlement de Roüen du 15. Mars 1671. qui a déclaré non recevable des enfans qui avoient pris des Lettres de rescision contre une transaction par eux passée avec leur mere & ratifiée pour terminer le procez qui étoit entre eux à cause de pareilles Lettres de rescision qu'ils avoient prises contre une premiere transaction qu'ils avoient passée pour le reliqua de leur compte de tutelle, étant dans la 35. année de leur âge. *V. Basnage, tit. de Jurisdiction, art. 5.*

129 Si pendant la rescision de la transaction elle doit être executée? Arrêt du 16. Mars 1676. qui appointa les parties, & ajugea la moitié de la somme promise par la transaction. *Boniface, to. 4. li. 8. tit. 4. ch. 3.*

130 Si la stipulation penale de se tenir à la transaction qui seroit dressée par des Avocats arbitres, est nulle ; si la transaction dressée par des Avocats arbitres & signée par les parties, sans avoir sçu la teneur ; est sujette à rescision? *Boniface, to. 4. liv. 8. tit. 4. ch. 1.* rapporte un Arrêt du 1. Juin 1683. qui rescinda la transaction.

TRANSACTION, SEIGNEUR.

131 *Transactionis, ab altero sociorum inita, utilitatem alteri, si velit, communicandam.* Vide *Luc. lib. 11. tit. 7.*

Le Parlement de Paris a souvent refusé d'omologuer les transactions faites entre Seigneurs & pauvres personnes, à cause du soupçon de violence. Ainsi jugé entre le Duc de Bourgogne & une pauvre Demoiselle & autres parties és années 1388. & 1391. nonobstant les transactions la Cour veut voir les procez. *Voyez la Bibliotheque du Droit François, verbo Arbitres.*

132 Un Seigneur Haut-Justicier ayant transigé pour le droit de confiscation & frais de procez avec un de ses Vassaux prisonnier, est punissable. Le sieur de Vieumaison pour avoir ainsi transigé avec un Vassal prévenu de crime capital, fut condamné à 100. liv. parisis d'amende & aux dépens, & admonesté qu'il meritoit d'être privé de sa Justice. Arrêt du 2. Septembre 1564. *Papon, liv. 5. tit. 10. n. 8.*

133 Si les lods sont deus de transaction ? *Voyez* le mot *Lods & Ventes, n. 350. & suiv.*

134 Pour cession, transport ou transaction, le droit de lods & ventes n'est point deu. Arrêt du mois de Mars 1574. ce qui a lieu seulement, pourvû que les biens demeurent és mains de l'ancien possesseur ou du collitigant ; car s'ils passent à des étrangers, ou bien si le Contrat se trouve frauduleux ou feint, pour priver le Seigneur de ce droit, en ce cas *debentur laudimia.* Arrêt du 9. Septembre 1601. *La Rochestavin, des Droits Seigneuriaux, chap. 38. art. 3.*

TRANSACTION, SIMONIE.

135 Confidence ne peut être authorisée par Sentence ni par transaction. Arrêt du 18. Decembre 1600. pour Fillaut dévolutaire contre Leage, pour la Cure de saint Hipolyte de la Chapelle, Diocése de Tours. *Loüet, lettre B. sommaire 10. & Tournet, let. B. n. 66.*

TRANSACTION, SUCCESSION.

136 Transaction en matiere de succession. *Voyez* le mot *Succession, nomb. 572. & suiv.*

137 Quand il y a transaction & accord entre les parties pour les meubles & conquêts, & pour toutes choses quelconques concernant la succession ; cette clause s'étend non seulement aux meubles & fruits des meubles, mais aux réparations arrivées par la faute de la partie. Arrêt du Parlement de Paris du 27. Janvier 1563. *Papon, li. 6. tit. 3. n. 9.*

138 Un pere institué sa femme heritiere, à la charge de rendre ses biens à tel de deux enfans mâles que bon luy sembleroit; après son décez, & au desçu de la mere les freres conviennent secretement par transaction, que quelque nomination que la mere fasse, ils partageront tous également : la mere décede & nomme l'aîné, qui impetre Lettres en rescision de la transaction, & en est deboutée par Arrêt du Parlement de Toulouse du 4. Février 1585. fondé sur ce qu'ils n'avoient point transigé *de hereditate viventis*, mais du pere décédé ; que la mere, quoique vivante, n'avoit autre droit sur les biens du pere que *jus electionis*, à laquelle les enfans ne prenoient leurs droits, mais du testament du pere ; & leur transaction avoit été faite pour éviter discorde, & mettre les choses à égalité. *Voyez Mainard, liv. 2. ch. 69.*

139 Celuy qui transige de la succession d'un défunt, & vend & quitte son droit hereditaire pour quelque petite somme, sous prétexte d'un testament nul, en peut être relevé. *Voyez Charondas, liv. 10. Rép. 32.*

140 *Pactum de futurâ successione reciprocum valet inter fratres, sed revocari potest prout alteri visum fuerit, quam tamen revocationem nuntiari oportet alteri qui pactioni steterit.* Arrêt du 9. Juillet 1618. *Mornac, l. 11. Cod. de transact.*

141 Les enfans ne peuvent sous quelque prétexte que
142 ce soit, même pour le bien de la paix, transiger de & la succession future de leur pere & mere, ni la regler entr'eux, avant qu'ils soient mariez. Arrêt du Parlement de Toulouse du 17. Janvier 1650. *Voyez Albert, verbo Transaction, art. 3.*

143 Une mere ayant fait heritier son mari & ayant chargé

de rendre l'heritage à tel de ses enfans qu'il voudroit, aprés sa mort ; aprés diverses élections faites en faveur des enfans à prix d'argent, les enfans ayant convenu par transaction que les biens maternels seroient partagez à l'élection du pere rapportée aprés par l'un des freres, ne doit prévaloir, mais la transaction doit être entretenuë. Arrèt du 29. Octobre 1686. *Boniface*, *to. 5. liv. 2. tit. 20.*

TRANSACTION, TUTELE.

244 *De transactionibus Tutorum & Curatorum, item administratorum civitatis.* Voyez *Andr. Gaill. lib. 2. observat. 72.*

245 Le Juge du procez sur lequel a été transigé, doit connoître de l'action intentée pour la cassation de la transaction. Arrèt du Parlement de Dijon de l'an 1563. *Bouvot, to. 1. part. 2.* verbo *Transaction*, *quest. 2.*

246 Un mineur transigeant avec son Tuteur aprés trente cinq ans d'administration qu'il a euë de ses biens, peut être restitué. Arrèt du Parlement de Dijon du 23. Janvier 1618. *Bouvot, to. 2.* verbo *Transaction*, *quest. 18.*

247 Par Arrèt du 27. Août 1664. jugé qu'aprés dix ans on n'étoit plus recevable à se relever de la transaction faite sur l'arrèté de compte de tutelle, encore qu'il n'y eût eu aucunes formalitez observées, point de contredits baillez, point d'examen de compte, & le demandeur fut privé de ses Lettres de relevement ; neanmoins il fut reçu aprés les obmissions, parce qu'il y venoit dans les 30. ans. *Berault, à la fin du 2. to. de la Coûtume de Normandie, p. 106. col. 2.*

248 Quoyque le mineur qui a transigé *in solle* sur la reddition de compte, soit facilement relevé. 2. Neanmoins le curateur n'aura pas ce privilege contre luy. 3. Ni même le mineur aprés les dix ans de restitution. *Mornac, ad leg. 1. §. Rationis ff. de edend. 1. id. Mornac, ad L. 7. ff. de cont. empt.* en tout comptable, *& ad L. 29. C. de transact. 1. 3. id.* Loüet *& Brod. lit. T. n. 3. in majore facto sed curret decennium, 1. 2. id.* Mornac, *ad L. 4. C. de transact. 1. d.* Maynard, *lib. 2. chap. 100. 3.* cont. Olive, *lib. 4. chap. 16. vid. L. 8. ff. de lib. leg. §. 5.*

Arrèt du mois d'Août de l'année 1666. au rapport de Monsieur de Volusan en la premiere des Enquêtes du Parlement de Toulouse, entre Marie Sauvage Damoiselle, & Françoise de Sauvage sieur Deyquem son frere : jugé que ladite Marie ayant transigé avec ledit sieur Deyquem son frere à certaine somme pour ses droits paternels & maternels, étant majeure n'étoit recevable aprés dix ans, de quoter aucune lesion contre ladite transaction.

Arrèt du 3. Mars 1662. donné en la premiere des Enquêtes, sur le partage fait en la Grand'Chambre. Licterie mineur étant fait majeur transige avec Licterie son Oncle & tuteur, *in solle* ; il vit vingt-sept ans sans se plaindre, & aprés son décez ses enfans obtiennent Lettres contre la transaction, ausquels on objecte la fin de non recevoir de dix ans : jugé que lesdits enfans avoient pû obtenir Lettres dans les 30. ans. Il y a des Arrèts contraires ausquels il faut se tenir. *La Peirere, lett. T. n. 139.*

TRANSFUGE.

DE bis qui ad hostes transeunt, suaque sponte revertuntur. Leon. N. 67. V. Soldat.
De transfugiis. Per Antonium Massam Gallesium.

TRANSLATION.

1 TRanslation d'un Ordre. Voyez *le petit Recueil de Barjon, to. 3. p. 268.*

2 De la translation des Eglises. Voyez le mot *Eglise*, *n. 53. & suiv. & la Bibliotheque Can. to. 2. p. 547.*

3 Translation d'une fondation. Voyez le mot *Fondation, nomb. 124. & suiv.*

4 Translation d'un Religieux. Voyez le mot *Benefice*, *nomb. 184. & 185. & le mot Religieux, n. 278. & suiv.*

5 Des translations en matiere Beneficiale. Voyez les *Definit. Can. p. 858. & suiv.*

6 De la translation des Evèques. Voyez *la Bibliotheque du Droit François par Bouchel*, verbo *Translation.*

7 De translationibus Episcoporum & aliorum, & quando fieri possint ? Voyez *Rebusse*, 1. part. praxis benef.

8 Majorum beneficiorum translatio quid qualiter fiat, & cujus effectus ? Voyez *Lotherius de re benefic. liv. 1. quest. 12.*

9 De translatione Monachorum. Voyez *Rebusse*, 1. part. praxis benef.

10 De Monacho transeunte de Monasterio ad aliud ad consequendum beneficium, & de bonis quæ acquisivit. Voyez *Mornac, Authent. verum Cod. de Episcopis & Clericis, &c.*

11 De la translation des Moines. Voyez *la Biblioth. Can. to. 2. p. 647. & suiv.* où il se rapporte un Plaidoyé sur la translation d'une Religieuse Penitente en un autre Monastere, & sa provision d'un Benefice.

12 Avant le 6. Livre des Décretales le Droit commun permettoit de conferer les Benefices d'une Abbaye à des Religieux d'un autre Convent, sans qu'il fût besoin d'aucune translation. Voyez *Du Moulin*, sur la regle *de infirmis, n. 437.*

13 Saint Thomas tient qu'elle ne se doit faire que pour une grande utilité, ou bien pour une grande necessité ; le changement aux Religieux est permis de Droit, quand il est fait à une Religion plus austere ; mais il y a plus, il se peut faire legitimement à une Religion plus libre, &c. Voyez *M. le Prêtre*, 1. *Cent. chap. 64.*

14 Bona Monachi translati in aliud Monasterium Monachum non sequuntur. Voyez *Franc. Marc. tome 2. quest. 854.*

15 Quand il y a translation de la Religieuse d'un Convent à un autre, la dot de la Religieuse demeure au Monastere dans lequel elle a fait sa profession, sans qu'il puisse être obligé de la rendre. *Fèvret, Traité de l'Abus, to. 1. liv. 2. ch. 3. p. 126.* Mais on demande comme l'usufruit du pecule Religieux transferé passe au Monastere de translation, si le revenu des aumônes dotales ne devra pas du moins être ajugé au Convent auquel les Religieuses sont envoyées pour y faire un nouvel établissement, en quittant & abandonnant le Monastere de leur profession ? Le Parlement de Dijon la jugé ainsi par plusieurs Arrèts rapportez par *M. Fèvret, ibid. p. 252.*

16 *Henrys, to. 1. li. 3. ch. 3. qu. 35.* établit que le droit de chauffage accordé à des Religieuses par un Seigneur, se perd par la translation du Monastere dans un autre lieu. Cette question a été jugée au sujet de la translation faite des Religieuses de Chazaux dans la Ville de Lyon en 1628. mais si les Religieuses par cette translation ont perdu le droit de Chauffage qu'elles avoient dans les bois du sieur de Cornillon, de son côté il a perdu les droits de Fondateur de ce même Monastere qui ont été transferez au Roy, pour avoir donné à ces Religieuses une retraite dans la Ville de Lyon, ce Monastere est devenu une Abbaye, dont le Roy nomme l'Abbesse.

17 Lorsqu'un Religieux quitte son lieu de Profession pour passer dans un autre Monastere, à l'effet de posseder un Prieuré qui en dépend, c'est toûjours avec le decret de translation du lieu où il a fait Profession au Monastere dont dépend le Benefice ; *Cum decreto quod dictus orator habita possessione Prioratus hujusmodi, de Monasterio seu alio regulari loco in quo professus est ad Monasterium seu alium regularem locum a quo dictus Prioratus dependere dignoscitur, dummodo inibi per vel actio vsque observantia regularis, alioquin præsens gratia nulla sit eo ipso, transferri, ibique in fratrem & monachum recepi debent,* suivant la disposition du chapitre *cum singula §. prohibemus de Præb. & dignit. in 6.* qui défend aux Religieux d'avoir des Benefices

d'un autre Monaſtere , s'ils n'y ſont canoniquement transferez , *niſi canonicè transferantur ad ipſa.* Ce que les Officiers de la Daterie de Rome obſervent tres exactement ; & au moyen de la translation , le Religieux ceſſe d'être ſous l'obéïſſance de ſon premier Superieur , & devient Religieux du ſecond Monaſtere. *Définit. Canon.* verbo , *Pecule , page* 602.

18   Un Religieux qui a fait Profeſſion dans un Monaſtere y doit en conſequence de ſes vœux l'obéïſſance & la reſidence;c'eſt pour cela que par l'uſage & le ſtile de laDaterie,les Officiers ne conferent à un Moine aucun Prieuré ou Office dépendant d'un autre Monaſtere , qu'avec le decret de translation ; ce qui eſt conforme à la regle de Chancellerie , *de tranſlatione Religioſorum* , & à la diſpoſition du chapitre *cum ſingula* §. *prohibemus , de præb. & dignit. in* 6. mais n'étant qu'une translation *de loco ad locum* , d'un Monaſtere à un même Ordre , l'uſage eſt d'en prendre poſſeſſion ſans ſe faire transferer , ſi ce n'eſt quand le Benefice requiert reſidence, & un ſervice perſonel, en ce cas le Superieur eſt en droit d'obliger le Religieux à ſe faire transferer , ſuivant le decret de ſes Proviſions. *Ibid.* verbo , *translation ,* p. 868.

19   Par Arrèt du 16. Juillet 1545. l'appel comme d'abus de la translation faite par un Abbé d'un Religieux de ſon Couvent à une Abbaye hors du Royaume , fut jugée recevable, ordonné que l'Abbé le feroit ramener en ſon Abbaye. Autre choſe ſeroit , ſi la translation étoit faite en un lieu du Royaume *quo caſu;* s'il y avoit appel, il faudroit ſe pourvoir *ad Superiorem* , & non comme d'abus. *Bibl. de Bouchel,* verbo , *Translation.*

20   Le Juge Laïc non competent de connoître de la translation d'un Religieux d'un Convent à un autre ; jugé le 10. Juin 1571. *La Rocheſl. liv.*6. *tit.* 56. *Arr.*13.

21   Si une Religieuſe transferée dans un autre Ordre peut retourner à ſon premier Monaſtere & demander d'être rétabli au même rang & place qu'elle avoit avant ſa translation. Arrêt du Parlement de Paris du mois de Juillet 1606. qui renvoye les Parties devant le Juge d'Egliſe , quoyqu'elles euſſent volontairement ſubi la Juriſdiction de la Cour. *Voyez les Reliefs Forenſes de Rouillard ,* chap. 15.

22   Monſieur Miron Evèque d'Angers ayant été transferé en l'Archevêché de Lyon, il a été jugé le 6. Juillet 1628. qu'il n'y a eu ouverture de regale en l'Evêché d'Angers , juſqu'au jour de ſerment de fidelité porté au Roy pour raiſon de l'Archevêché de Lyon, quoyqu'il parût que le Roy eût déja approuvé cette translation par la creation d'une penſion ſur les revenus de l'Archevêché. *Définit. Canon.* page 762.

23   Un Religieux ayant obtenu diſpenſe d'être transferé en un Monaſtere d'un autre Ordre , pour la ſûreté de ſa conſcience,n'y peut tenir un Benefice du même Ordre. Arrêt du 30. Juin 1642. *Du Frêne , liv.* 4. *chapitre* 2.

24   Arrêt du Parlement d'Aix du 2. Decembre 1677. qui a condamné l'Abbé qui a reçu le Religieux à Profeſſion , de luy donner dans le Monaſtere où il eſt transferé 200. livres de penſion , ou un Benefice de ſemblable valeur. *Boniface , tome* 3. *livre* 7. *titre* 11. *chapitre* 1.

25   Un Religieux de l'Ordre des Hermites de Saint Auguſtin, ne peut ſe faire transferer dans un autre Ordre ſans marquer dans ſa ſuplique qu'il a été ſecularisé *ad tempus*, ce défaut d'expreſſion rend le Bref de la translation nul. Un Bref de la Penitencerie qui le transfere , & un autre Bref confirmatif obtenu dans la Daterie ſont pareillement abuſifs. Arrêt du Grand Conſeil du 20. Septembre 1694. il fut ordonné au Religieux de ſe retirer dans trois mois du jour de la ſignification de l'Arrêt dans ſa Convent & ſa Profeſſion en l'Ordre des Hermites de S. Auguſtin. *Journal du Palais,* in fol. *tome* 2. *page* 873.

26   Les translations ſe doivent obtenir du Pape par la voye de la Daterie , & non par l'Office de la gran-

de Penitencerie , dont les Brefs ne peuvent ſervir en France que pour le Tribunal interieur de la conſcience; quand même un transferé , en vertu d'un Bref de l'Office de la Penitencerie, l'auroit fait confirmer par le Pape ; il ne pourroit luy ſervir pour joüir des privileges des autres Religieux & tenir des Benefices. Frere Loüis Oudiatt Cordelier transferé dans l'Abbaye de Fontcombaut , de l'Ordre de Saint Benoît , par un Bref de la Penitencerie , en avoit obtenu confirmation du Pape; enſuite il fut pourvû par le Collateur ordinaire du Prieuré de ſainte Lurine dépendant de l'Abbaye de Charoux , dont Chârles du Sault eut des Proviſions poſterieurement en Cour de Rome : & queyque D. Loüis Oudiart eût obtenu des Lettres Patentes pour ledit Bref de confirmation enregiſtrées au Grand Conſeil , neanmoins en ayant été appellé comme d'abus,M. l'Avocat General Dagueſſeau fut d'avis que le Bref étoit abuſif & conclut en ce que du Sault fût maintenu en la poſſeſſion du Prieuré de ſainte Lurine. La cauſe fut appointée par Arrèt du 7. Août 1693. Depuis Dom Loüis Oudiart a cedé & abandonné Benefice à du Sault. François Adorne Religieux de l'Ordre des Hermites de Saint Auguſtin , s'étant fait auſſi transferer dans l'Ordre de ſaint Benoît par Bref de la Penitencerie , il en obtint la confirmation par un autre Bref du Pape ; enſuite ayant obtenu en vertu de ſes degrez le Prieuré de ſainte Gemme de l'Ordre de S. Benoît ; Diocéſe de Soiſſons , il le permuta avec le ſieur du Chêne , pour le Prieuré du Mars de la Pille du même Ordre Diocéſe de Tours : Dom Blin Religieux de l'Ordre de Cluny , ayant auſſi requis comme Gradué le Prieuré de ſainte Gemme , s'en fit pourvoir en Cour de Rome & ſe rendit appellant comme d'abus , de l'état dudit Adorne ; Par Arrèt du Grand Conſeil de l'année 1694. Dom Blin fut maintenu au Prieuré de ſainte Gemme , & ledit Adorne renvoyé dans ſon Convent , enſorte que pour ratifier ſon état, il a été obligé de recommencer & d'obtenir une nouvelle translation, enſuite de laquelle il a fait un autre Noviciat & une autre Profeſſion dans l'Abbaye du Breüil de l'Ordre de Saint Benoît , Diocéſe de Clermont , & a été pourvû d'un Benefice qui dépend de la même Abbaye.*Définit. Canon.* verbo , *Translation ,* page 866.

17   Un Religieux de la Charité peut pour cauſe de maladie , être transferé dans un autre Ordre en vertu d'un Bref de translation du Pape, & de Lettres Patentes du Roy. Arrêt du 7. Juillet 1707 *Voyez le Recueil des Arrêts Notables imprimez en* 1710. *chez Michel Guignard ,* chap. 85.

18   A quel Monaſtere appartient le Pecule du Religieux transferé? *Voyez le mot Pecule , nomb.* 29.

TRANSMISSION.

D E la transmiſſion. *Voyez le mot Heritier , nomb.* 286. le mot *Subſtitution , nomb.* 535. & *ſuiv.* & le Titre des *Succeſſions,nomb.* 575. & 576.

1   Du droit de transmiſſion , à quoy il eſt reſtraint , il n'y a pas lieu ſi l'heritier ou le legataire meurent avant le Teſtateur ; l'heritier qui meurt dans le temps de déliberer , transmet ſon droit ; transmiſſion de legs conditionnel ou à jour incertain.*Voyez le* 3.*tome des Loix Civiles , liv.* 3. *tit.* 1. *ſection* 10.

3   De la difference entre la repreſentation & la transmiſſion. *Voyez le mot Repreſentation , nomb.* 85. & *ſuivans.*

4   *Fideicommiſſum non agnitum , item hæreditas non adita , an transmittatur ?* Voyez *Andr. Gaill, lib.* 2. *obſervat.* 131.

5   Transmiſſion eſt du droit d'icelle. *V. La Rocheſlavin , liv.* 4. *lettre T. tit.* 6.

6   La Transmiſſion a lieu aux déſcendans , non aux collateraux étrangers. *Cambolas , liv.* 2. *ch.* 10.

7   De la transmiſſion ſuivant le droit ancien & nouveau : elle n'a pas lieu pendant la vie du Teſtateur.
    Arrêt

Arrêt du Parlement de Toulouse du 1. Septembre 1652. *Cambolas, liv. 2. chap. 33.*

8 Du legs ou fideicommis à jour incertain, & s'il est transmissible ? *Voyez Boniface, 10. 5. liv. 2. tit. 4. ch. 2.* Les questions sont traitées ; mais il ne paroît pas quelles ayent été décidées.

9 Par Arrêt du Parl. de Toulouse prononcé par M. le Président d'Assis à Noël 1563. il fut jugé que le droit de transmission avoit lieu entre les descendans, c'est-à-dire, que si un fils ou autre descendant étant substitué par le Testament de son pere ou ayeul sous certaine condition, vient à décéder avant l'évenement de la condition, il transmet l'esperance de cette substitution à ses enfans; lesquels peuvent, le cas arrivant, la demander aussi bien que leur pere eût fait s'il eût été vivant : surquoy neanmoins les Interpretes ont été de divers avis, la plus grande partie ont tenu la negative ; il se juge aujourd'huy sans difficulté au contraire. Il est vray que M. le Président d'Assis y mettoit deux exceptions ; l'une, *quando aliquis de liberis superesset qui absque transmissione vocaretur* ; l'autre, *quando relictum repudiatum esset pacto, vel transactione.* Voyez *Mainard, liv. 5. chap. 33.*

10 Quoyque suivant la commune résolution *spes fideicommissi conditionalis non transmittatur etiam in liberos proprios glos. & DD. in L. unic. C. de his qui ant. ap. tab.* neanmoins au Parlement de Toulouse on juge le contraire, c'est à sçavoir que *fideicommissum conditionale, defuncto fideicommissario antè conditionis eventum, transmittitur in liberos,* & ainsi *non extinguitur mortuo fideicommissario antè conditionis eventum,* quand le fideicommissaire est fils du Testateur, & qu'il laisse des enfans. Arrêt du 15. Juin 1589. *La Rocheflavin, liv. 4. lettre T. tit. 6. Arr. 2.*

11 La transmission n'a lieu qu'en faveur des descendans du Testateur, & non des Etrangers, contre lesquels, *militat ratio juris in L. unic. §. sui autem sub conditione, C. de caduc. toll.* ainsi jugé au Parlement de Toulouse par Arrêt du mois de Decembre 1567. *Voyez Mainard, liv. 5. ch. 36.*

12 Pour la transmission en faveur des descendans, & distraction des biens donnez non compris, *nominatim* en la substitution ; il y a deux préjugez ; l'un de la Chambre de l'Edit séant à l'Isle d'Albigeois au mois de Juillet 1585. l'autre au Parlement de Toulouse du 16. Avril 1584. *Voyez Mainard, ibidem, ch. 35.*

TRANSMISSION, DONATION.

13 Le mary donataire de sa femme mariée en secondes nôces, doit survivre la donatrice pour transferer à ses heritiers l'effet de la donation. Arrêt du 13. Avril 1688. *Journal du Palais.*

13 bis. La donation faite par un pere en faveur des mâles, l'ordre de primogeniture gardé, & en défaut de mâles aux filles, peut être transmise à la petite fille à l'exclusion de la fille sa tante. Arrêt du Parlement de Toulouse au mois d'Août 1655. *Albert, verbo Transmission, art. 1.*

TRANSMISSION, FIDEICOMMIS.

14 Si la transmission du fideicommis a lieu ? *Voyez* le mot *Fideicommis, n. 223. & suiv.*

15 De jure transmissionis in fideicommissis. V. Stockmans, decis. 31.

16 Si la transmission du fideicommis conditionnel est reçue indistinctement en faveur des descendans ? *Voyez M. d'Olive, liv. 5. chap. 23.*

17 Si les biens que recueillent les enfans en vertu de la transmission, sont compris au fideicommis dont le pere les a chargez ? *V. Ibid. chap. 24.*

18 Le fideicommis conditionnel, *non transmittitur ad suos haeredes antè eventum conditionis, etiamsi factum sit ab avo.* Arrêt du 28. Mars 1589. *M. le Prêtre, és Arrêts de la Cinquième.*

TRANSMISSION, LEGS.

19 De la transmission des legs. *Voyez* le mot *Legs ; nomb. 630. & suiv.*

Tome III,

TRANSMISSION, SUCCESSION.

20 Par la Loy 7. *Cod. de jure deliberandi,* l'heritier institué ne transmet point l'heredité, si avant sa mort il ne l'a accepté : *secus,* en Païs Coûtumier le mort saisit le vif, & si un défunt n'accepte pas la succession, faute d'en avoir eu connoissance, cela n'empêche pas la transmission, suivant le §. 2. l. 19. *ff. de cast. pecul.* Journal du Palais, dans l'Arrêt du 18. Juillet 1681. *Voyez Ricard, des Donations entre-vifs, 1. part. chap. 4. sect. 2.* où vous trouverez l'Arrêt d'Albiat du 16. Juillet 1613.

TRANSPORT.

1 LE Transport, ou cession de droit, est appellé, *Delegatio, Cessio, Transcriptio.*
De novationibus & Delegationibus. D. 46. 2... C. 8. 41. Delegatio. Transport fait par un Débiteur à son Créancier, sur un autre Débiteur.
De translatione juris. L. 54. D. de reg. jur.
De alienatione, judicii mutandi causâ, factâ. D. 4. 7... C. 2. 55... Dec.Gr. 11. q. 1. e. fin... Extr. 1.41. Contre les transports ou cessions faites à personnes privilegiées.
Ne liceat potentioribus, patrocinium litigantibus praestare, vel actiones in se transferre. C. 2. 14.
De actionibus ad potentes translatis. C.Th. 2 13.
De his qui potentiorum nomina in lite praetendunt, aut titulos praediis effigunt. C. Th. 2. 14.
Voyez le mot *Cession,* la Bibliotheque des *Arrêts de Joüet,* celle du *Droit François* par *Bouchel,* sous le même Titre *Cession,* & les *Arrêts* faits chez M. le Premier Président de Lamoignon, recueillis dans le Commentaire de M. *Auzanet,* sur la Coût. de Paris.
1 *De cessione jurium & actionum,* per Joannem de Graffis & Adrianum Pulveum.
De cessione actionis, Per Jacobum de Arenâ.
2 Toutes les questions qui peuvent concerner la matiere des cessions & transports, sont traitées amplement par *Alphonse Olea* Jurisconsulte Espagnol dans son *Traité de cessione jurium & actionum.*
3 Des cessions & transports. *Voyez les Ordonnances recueillies par Fontanon,* tome 1. liv. 4. tit. 17. p. 767.
Des cessions faites de choses litigieuses, ou *judicii mutandi causâ.* Voyez la *Bibliotheque de Bouchel,* verbo, *Cession.*
4 De la cession de dette. *Voyez Guy Pape, en ses quest.* 173. 530. & 567.
5 Des cessions & transports. *Voyez Papon, livre 12. titre 1.*
6 *Cessio facta officiario sive in actione personali sive reali non valet.* Voyez *Franc. Marc. tom. 2. quest. 394.*
7 Transport n'est reçu d'entre beaux-freres, ou de beau-pere au beau-fils ; comme il fut déclaré par Arrêt du Parlement de Paris du 14. Decembre 1528. *Biblioth. de Bouchel,* verbo, *Cession.*
8 *Titius* vend un droit successif ; depuis *Titius* cede à un autre le même droit, avec les actions rescindantes & rescisoires moyennant certaine somme. Le Cessionnaire obtient Lettres pour faire casser la vente ; l'acheteur ayant eu communication de la cession & transport, offre de rembourser le Cessionnaire, avec les frais & loyaux coûts. Jugé pour l'acheteur, le 6. May 1536. *Carondas, liv. 7. Rép. 31.*
9 Le transport ne peut changer la condition de l'obligation qui est meuble. Arrêt du 16. Février 1543. *Dictionnaire de la Ville, verbo, Obligation.*
10 En cession de faculté de retirer ou autre droit incorporel, le premier occupant est préferé. Arrêt à la Pentecôte 1549. *Carondas, liv. 3. Rép. 6.*
11 Le Cessionnaire est tenu de répondre par serment ce qu'il a payé du prix, & s'il a déboursé la somme mentionnée au Contract. Arrêt du Parlement de Dijon du dernier May 1568. *Bouvot, tome 2. verbo, Réponse par credit, quest. 3.*
12 Le Cedant est tenu au rembousement du principal

EEeee

& arrerages d'une rente , quand il paroît par exploit que le debiteur n'a aucuns meubles , & que le Cessionnaire a discuté les immeubles. Arrêt du Parlement de Dijon du 15. Mars 1605. *Ibid.* quest. 5.

13 Le Cessionnaire est tenu de faire déduction du tiers des arrerages de cinq années, suivant l'Edit. Arrêt du Parlement de Dijon du 7. Février 1607. *Ibid.* verbo, *Usures, quest.* 5.

14 Un Cessionnaire d'une obligation , est tenu de répondre par serment quelle somme il a payée , étant dit par le Contract qu'il a payé la somme entiere. Arrêt du Parlement de Dijon du 20. Mars 1607. *Bouvot, tome* 2. verbo, *Transport, quest.* 8. Il rapporte un Arrêt semblable rendu au Parlement de Paris.

15 En transport de choses dûës , s'il y a des privileges, le Cedant n'est tenu de faire valoir ce qui est des privileges, comme en cession de droit d'entrée. Arrêt du Parlement de Dijon du 26. Mars 1613. *Ibidem ,* question 15.

16 Un Cessionnaire est tenu de répondre par serment cathegorique , s'il a payé la somme sur la requisition du debiteur , qui dit n'être tenu qu'à rembourser la somme payée. Arrêt du Parlement de Dijon du 5. Juillet 1616. *Ibid.*

TRANSPORT, ACCEPTATION.

17 Comme la cession acceptée est un payement à l'égard du cedant, quoiqu'elle ne soit que verbale , & d'une somme au delà de 100. liv. la preuve en peut être faite par témoins. Arrêt du Parlement de Grenoble du mois d'Août 1655. rapporté par *Chorier*, en *sa Jurisprudence de Guy Pape*, p. 255.

18 Un Comptable ayant accepté & promis de payer au Cessionnaire, ne peut s'en dispenser, quoy qu'ayant compté depuis, il paroisse qu'il ne doit rien. Arrêt du Parlement de Grenoble du 10. Mars 1680. pour le sieur Perrachon , Trésorier , contre le sieur Sibilat, Receveur des Tailles. *Ibid.*

TRANSPORT, ACTION.

19 En cessions generales de droits & actions, les rescindantes & rescisoires ne viennent , parce que pour les ceder, il faut que la cession contienne une désignation particuliere & speciale des actions rescindantes & rescisoires. Jugé au mois de Juillet 1587. M. Loüet, lettre C. som. 12. Voyez M. le Prêtre, 1. Cent. ch. 93. Voyez Mornac, *ad Rubricam, ff. de rescindendâ vendit. &c.*

20 La cession d'action des Créanciers est necessaire en cas d'éviction. Exemple ; un Testateur laisse des heritiers & plusieurs legataires; les Créanciers attaquent l'un des legataires qui est évincé , & qui n'a point demandé cession d'actions des Créanciers du Testateur; les heritiers de ce legataire demandent contre l'autre legataire qu'il ait à contribuer aux dettes au *pro ratâ* du legs; ils en furent déboutez pour avoir obmis à demander cession des actions des Créanciers du Testateur. Jugé le 20. Mars 1607. M. Loüet, let. L. som. 20. En un mot, un legataire ne peut agir pour éviction de legs contre un autre legataire.

21 *Non datur actio nisi cessâ ; fallit in contutoribus, quia tutelam, ex necessitate assumunt ; si dejussores autem sponte fidejubent, &c.* Brodeau sur M. Loüet, lettre F. sommaire 27.

22 *Cessiones actionum non sunt necessaria ei , qui pecuniâ suâ priorem creditorem dimittit.* Jugé au mois d'Août 1614. Mornac, L. 11. §. ultimo, ff. qui potiores in pignore, &c. Voyez la *Declaration d'Henry IV.* en 1609. rapporté par *Neron.*

23 Par plusieurs Arrêts du Parlement de Dauphiné, les cessions d'actions comme odieuses , ont été condamnées , sauf au Cessionnaire d'accepter les offices du debiteur cedé de rembourser au Cessionnaire, lequel auroit réellement délivré au cedant, Arrêts des 28. Avril & 23. Juillet 1667. on a voulu excepter de cette regle le Créancier en perte qui acquiert par cession les droits d'un autre Créancier utilement colloqué ;

ce Cessionnaire peut se prévaloir de toute la somme alloüée à son cedant, jusqu'à concurrence de celle dont il est en perte. Ainsi jugé , l'Arrêt n'est point daté. *Voyez Basset, tome* 2. liv. 4. tit. 10, ch. 1,

TRANSPORT, AVOCAT, PROCUREUR.

24 *Cessiones impensarum judicialium si ri prohibentur patronis & procuratoribus ; propridie Cal. Maii 1613. & 1614. Valet tamen pactio in cohærede , quia cohæres non est in fide & clientelâ cohæredis.* Mornac, L. 6. §. Maurus, ff. mandati. Voyez M. Loüet, let. L. somm. 1. & M. le Prêtre , 1. Cent. chap. 93. Voyez l'*Ordonnance d'Orleans* , art. 54. & M. Loüet, let. T. somm. 4.

TRANSPORT DE BAIL.

25 Cession & transport de bail. *Voyez* le mot , Bail , nomb. 212. & suiv,

TRANSPORT, COMPENSATION.

16 Si la compensation peut être opposée au Cessionnaire : *Voyez* le mot , Compensation , n. 18. & suivant.

TRANSPORT, CRIME.

17 Les cessions & transports faits depuis le crime commis sont nuls , & n'empêchent que la Sentence ne soit executée. Jugé le 22. May 1599. M. le Prêtre , 1. Cent. chap. 84. M. le Maître , traité des Crites , chapitre 21.

TRANSPORT, DROITS SEIGNEURIAUX.

18 *Non potest cedi jus prahendendi tantum utile , id est quod, cessionarius possit nomine suo , tanquam hæres sibi competente ratione cessionis prahendere feudum , quia jus prahendendi est insparabile à fundo , vel feudo dominanti cui adhæret, &c.* M. Charles Du Moulin , §. 1. des *Fiefs, Gloss.* 3. n. 26.

19 *Dominus feudi potest cedere jura seu feudalia cui libuerit, & vassallus non potest ex hac lege agere , ut eodem refuso pretio retrocedatur ei quod Dominus feudi cesserit.* Jugé le 9. Mars 1605. Mornac, L. ult. Cod. mandati, vel contrà.

TRANSPORT, DROITS SUCCESSIFS.

30 Cessions & transports de droits successifs, bien que non litigieux , fait par le non coheritiers à un étranger ; l'autre coheritier peut demander à être subrogé en rembourssant , afin qu'il n'ait rien à démêler avec un étranger. Jugé le dernier Avril 1613. Brodeau sur M. Loüet, lett. C. somm. 13. Voyez M. le Prêtre, 1. Cent. chap. 93. Voyez Henrys, tom. 1. liv. 4. chap. 2. question 5.

TRANSPORT, FRAUDE.

31 *Cedens & cessionarius jurare debent de fraude.* Jugé le 11. Août 1614. Mornac, L. 21. ff. de interrogationibus, &c.

TRANSPORT, GARANTIE.

32 De la garantie dûë par le cedant. *Voyez* le mot , Garantie , n. 119. & suiv,

33 Le cedant n'est plus garant, si le Cessionnaire ne fait les poursuites necessaires contre le débiteur, & avant qu'il devienne insolvable. Arrêt du Parlement de Paris du 23. May 1565. Papon, livre 11. titre 1. nombre 9.

34 Le cedant d'une rente n'est point garant de l'insolvabilité du débiteur, quand elle survient par la faute & negligence du Cessionnaire. Arrêt du 12. Decembre 1594. Carondas, liv. 13. Rép. 29.

35 Le Cessionnaire ne peut agir contre son cedant, en vertu de la clause de garantir, fournir & faire valoir, sans discussion préalable des biens du principal debiteur ; & s'il ne s'est opposé aux biens d'iceluy , sur lesquels il auroit été mis en ordre , il perd son recours contre le cedant pour les sommes dont il eût pû être mis en ordre. Jugé le 2. Avril 1601. M. Bouguier , let. F. n. 4. Montholon , Arrêt 98. M. Loüet , let. F. som. 25. Tronçon, sur la Coût. de Paris, art. 109. rapporte le même Arrêt.

36 En une cession periculum & casus , tombent sur le cessionnaire , quand ils aviennent post cessionem. Jugé à Noël 1603. Montholon , Arrêt. 102. M. Loüet, let. F. sommaire 25.

37   Ceffion d'obligation folidaire au profit du cooblige qui paye, peut agir folidairement contre les autres coobligez, fa part toutefois confuse; & au cas qu'il fe trouve quelqu'un des coobligez infolvable, fa part fera également portée par les autres coobligez. Jugé le 3. Septembre 1604. *M. le Prêtre, és Arrêts de la Cinquiéme.*

38   La ceffion étant faite d'une fomme fans conduite, ni garantie, le Ceffionnaire ne peut agir, nonobftant contre le cedant, le debiteur fe trouvant infolvable. Arrêt du Parlement de Dijon du 26. Février 1604. *Bouvot, tome 2. verbo, Transport, quest. 4.*

39   Celuy qui cede une rente dont le debiteur (fans que le cedant en ait connoiffance) eft infolvable, n'eft tenu à la garantie d'icelle, s'il n'y a claufe de garantir, fournir & faire valoir. Jugé à Noël 1604. *Peleus, quest. 85.* Voyez *Montholon, Arrêt 104.*

40   Si le cedant d'une rente la doit faire valoir, ayant feulement promis la garantir de tous troubles & empêchemens, le Ceffionnaire ayant joüi de la rente, & après que le debiteur eft devenu infolvable? La caufe appointée le 4. Janvier 1605. *Peleus, qu. 86.*

41   Le Ceffionnaire d'une fomme dûë par une Communauté, & maintenuë exigible, ne peut revenir contre fon cedant, fous prétexte des difficultez qui fe prefentent. Arrêt du Parlement de Grenoble du 23. Juillet 1643. pour le fieur Sanon, Préfident de l'Election de Grenoble, qui avoit cedé à un de fes Créanciers une fomme qui luy étoit dûë par la Ville de Grenoble. *Voyez Chorier, en fa Iurifprudence de Guy Pape, pag. 255.*

42   Ceffion des droits & actions des Créanciers, avec fubrogation à l'un des coobligez, qui paye le total de la dette, ne peut agir contre l'un des autres coobligez que pour fa part & portion, fauf à porter également entr'eux la perte des deux autres. Jugé le 22. Février 1650. *Du Frêne, liv. 5. ch. 55.*

43   Si le cedant de fommes incertaines ne doit de faire valoir la ceffion? Arrêt rendu au Parlement d'Aix le dernier May 1670. qui ordonna que les biens feroient eftimez. *Boniface, tome 4. livre 8. tit. 5. ch. 4.*

44   Henry Robert & fa femme vendent à Dancy des heritages, moyennant une rente annuelle de 50. liv. Robert & fa femme le lendemain cedent cette rente à Gorgeon, avec la claufe de garantir, fournir & faire valoir, & fans que Gorgeon fût tenu d'aucune difcuffion. Gorgeon leur baille une maifon; les biens de Dancy, debiteur de la rente, font faifis réellement à la requête de fes Créanciers. Gorgeon s'oppofe pour fa rente, & fait ordonner la ventilation des heritages affectez à fa rente de 50. liv. dénonce la pourfuite aux heritiers de Robert; & comme le prix de la ventilation n'étoit pas fuffifant pour payer ce qui luy étoit dû, il conclut contre les heritiers de Robert, poffeffeurs de la maifon donnée en échange de la rente de 50. liv. Jugé au profit de Gorgeon le 20. May 1683. *Journal du Palais.* Et la maifon des heritiers affectée & hypothequée à ladite rente.

TRANSPORT *ex intervallo.*

45   *Ceffio in continenti fieri debet extraneo folvente; ex intervallo*, elle n'eft point confiderable; neanmoins pour les particularitez qui étoient au procés, même que le payement avoit été fait en vertu du Contract de mariage, &c. la ceffion faite *ex intervallo*, jugée bonne le dernier Février 1600. prononcée le 4. Mars. *M. Loüet, lett. C. fomm. 38.* Voyez *M. le Prêtre, 1. Cent. chap. 69.*

TRANSPORT, LITIGIEUX.

46   Chofes litigieufes fe peuvent ceder en France, mais non pas pour changer de Jurifdiction. Voyez *M. le Prêtre, 1. Cent. chap. 93.* où il cite *Papon, liv. 12. tit. 1. Art. 4. & 5.*

47   Il eft défendu aux Juges d'accepter directement ou indirectement aucun transport de procés ou droit litigieux és Cours où ils font Officiers, & aux Avo-

Tome III.

cats, Procureurs & Solliciteurs, pour le regard des caufes & procés dont ils auront été chargez, à peine de punition exemplaire. *Ordonnance d'Orleans, art. 54.* Voyez *M. le Prêtre, 1. Cent. chap. 93.*

48   Un coheritier achetant d'un créancier une terre litigieufe, ou s'étant fait ceder des droits réels litigieux, doit la rapporter ou le profit à la maffe de la fucceffion, & que le rembourfement s'en pouvoit faire. *M. Loüet, lettre C. fom. 5.*

49   Le 16. Juillet 1560. fut plaidée à huis clos la caufe du Comté de Dampmartin, entre M. le Duc de Montmorency Connêtable de France d'une part, & M. le Duc de Guife d'autre, tous deux étoient démandeurs en Lettres de fubrogation & jonction; l'un avoit le droit du fieur de Rambures, l'autre du fieur de Boulinvilliers. Par Arrêt tous deux furent déboutez de leurs Lettres, ordonné que le procez feroit jugé entre les premieres parties & felon les premieres qualitez; par cet Arrêt tous transports de chofes litigieufes, comme étoit le Comté de Dampmartin & ceffions faites *in potentiores*, ont été déclarées nulles. *Bibliotheque de Bouchel, verbo Ceffions.*

50   Par Arrêt du 14. Mars 1563. un tranfport fait *de re litigiofa*, par une veuve cliente à fon Avocat & folliciteur, nommé Pommeraye, fut declaré nul, & la Sentence de fubrogation donnée au profit de Pommeraye, fut caffée. *Bibliotheque de Bouchel, verbo, Ceffion.*

51   Une ceffion faite à des Religieux, de droits litigieux, a été declarée valable, par Arrêt du 24. Février 1571. *La Rocheflavin, liv. 6. tit. 20. Arr. 1.*

52   Des ceffions de droits litigieux & benefice des Loix pour le rembourfement de ce que le ceffionnaire a payé. *Voyez Henrys, to. 1. li. 4. ch. 2. quest. 5.* L'Auteur des Obfervations remarque que quand un coheritier a payé une dette de la fucceffion, & montre un tranfport qui juftifie le payement entier, tant en principal qu'interêts, les autres coheritiers ne font pas reçus à faire preuve par témoins de la fraude, quand la fomme excede 100. liv. il en cite un Arrêt du Parl. de Paris du 31. Decembre 1695. infirmatif d'une Sentence du Sénéchal de Lyon.

53   Arrêt du Grand Confeil du 12. Mars 1701. contre les Juges qui acceptent des tranfports de droits litigieux dans les Cours, Sieges & Refforts où ils font Officiers. Ordonne que le Préfident de Coriolis gardera & obfervera les Ordonnances, défenfes à luy de prendre & recevoir ceffions de tels droits pour luy ou fes enfans, directement ou indirectement, l'a condamné en 300. livres de dommages & interêts envers M. l'Evêque de Sifteron, & en tous les dépens de la procedure extraordinaire, & de la prefente inftance, fans préjudice des dépens, dommages & interêts folidaires demandez contre ledit de Coriolis, pour raifon de la complainte, fur lefquels le Confeil a renvoyé les parties à l'audience. Ordonné que les pieces produites par ledit de Coriolis par fa Requête du 28. Février 1701. feront & demeureront fupprimées au Greffe du Confeil, & fur chacune d'icelles fera fait mention du prefent Arrêt, par le Greffier du Confeil. Et demeureront les termes injurieux, au furplus refpectivement fupprimez; fur le furplus des demandes, a mis & met les parties hors de Cour & de procez. *Voyez le recueil des Arrêts notables imprimé en 1710. ch. 27.*

54   Déclaration du Roy qui défend aux parties de prendre des tranfports fur les Juges devant lefquels ils plaideront, depuis le jour que leurs procez auront été portez devant lefdits Juges jufqu'au jugement ou Arrêt diffinitif. Donné à Verfailles le 27. May 1705. *Voyez le Recueil des Arrêts notables imprimé en 1705. chez Michel Gignard, ch. 59.*

TRANSPORT, LOIX per diverfas, &c.

54 bis   Les LOIX *per diverfas & ab Anaftafio*, obfervées en France, & le debiteur reçu à rembourfer le Ceffion-

EEeee ij

naire du prix des deboursez, loyaux coûts & frais, lequel moyennant ce , eft tenu de retroceder, & tranfporter ce qui luy a été vendu & cedé. Arrêt du Parlement de Paris du 12. Juillet 1578. *Filleau*, 4. part.
queft. 99.

55   Quelques uns ont tenu que la Loy *per diverfas*, & la
Loy en *Anaftafio C. mandati* , ont lieu en France,
comme Du Moulin *de ufurâ*. *qu.* 62. *num.* 413. quelques autres praticiens font d'avis contraire, comme
Imbert *In Enchirid. in verb. cedens* , & *Chenu, queft.*
99. les Arrêts ont fait diftinction entre les ceffions de
droits litigieux & de ceux qui ne le font pas , les loix
citées ont lieu aux droits litigieux. Arrêt du 3. Septembre 1588. en la Chambre des Enquêtes. Autre Arrêt en la Grand'Chambre au profit de l'Evêque de
Bazas en Juin 1596. mais fi la dette venduë *etiam*
minori pretio, eft claire & liquide, & non litigieuse,
les loix n'ont point de lieu. Arrêt celebre en la Chambre de l'Edit du 9. Mars 1605. *Bibliotheque de Bou-*
chel , verbo *Ceffions.*

56   Ceffion de droits & des loix *per diverfas & ab Anaf-*
tafio C. mandati , comme elles ont lieu *in actionibus*
perfonalibus , ainfi qu'il a été jugé par Arrêts , même
par un du mois de Septembre 1588. elles ont auffi lieu
in immobilibus fuivant le §. *quatuor* , *l. ult. de legat.*
Arrêts en la Cinquiéme des Enquêtes des 29. Avril
1589. & 27. Juillet 1610. *Lucius l.*11. *placit. tit.*7. *de litig.*

57   En ceffion de rente ou droit immobilier la loy *ab*
Anaftafio & la loy *per diverfas.* Cod. *mandati* n'ont
point de lieu. Jugé le 21. Août 1604. *M. Bouguier* ,
let. C. no mb. 2. Voyez *M. Louet , lettre C. fomm.* 13.
pour les arrerages cedez.

58   Arrêt du Parlement d'Aix du dernier Avril 1647.
qui appointe fur la queftion de fçavoir fi le debiteur
cedé peut intenter le remede de la loy *ab Anaftafio*
& per diverfas C. mandat. avant conteftation en cau-
fe , ou après *Boniface* , *to.* 2. *liv.* 4. *tit.* 8. *ch.* 3. *Faber*
& Mornac font d'opinion contraire au chapitre fui-
vant ; il rapporte deux Arrêts du dernier Avril 1663.
& dernier Juin 1666. qui ont jugé que le debiteur cedé peut fe fervir de remede , & racheter la fucceffion des droits litigieux , en rembourfant le prix
après conteftation en caufe , quand il y a eu fraude &
déguifement de prix.

59   Jugé par Arrêt du Parlement de Paris du 27. Août
1662. qu'un tiers détenteur d'heritages appellé &
pourfuivi en déclaration d'hypotheque , pour une
fomme de 3000 liv. au payement de laquelle il prétendoit que les heritages par luy acquis , étoient affectez & hypotequez , laquelle fomme pendant le
procés , avoit été cedée & transportée par le creancier d'icelle à un Marchand de la Ville de Lyon ,
moyennant une fomme de 1650 l. étoit recevable aux
offres par luy faites au ceffionnaire , de luy rembourfer ladite fomme de 1650. l. en affirmant par luy l'avoir
effectivement payée au cedant , fuivant la difpofition
des loix *per diverfas & ab Anaftafio Cod. mandati.*
Soëfue , *to.* 2. *Cent.* 2. *ch.* 70.

60   Arrêt du Parlement d'Aix du 16. Février 1681. qui
a jugé que le debiteur ne peut pas fe fervir du remede de la L. *ab Anaftafio* pour rembourfer les fommes
claires & liquides au ceffionnaire. *Boniface* , *tome* 4.
l. 8. *tit.* 3. *ch.* 9.

TRANSPORT, MINEUR.

61   Un mineur cede fes actions ; le ceffionnaire prend
des lettres contre les tranfactions paffées par le mineur avec fon tuteur ; par lefquelles le mineur fe
décharge de la reddition de fon compte ; le ceffionnaire débouté , parce que le mineur avoit trois ou
quatre fois tranfigé , & que ce n'étoit pas luy qui a-
giffoit , mais le ceffionnaire. Jugé le 14. Decembre
1603. *Mornac* . *l.* 6. *ff de in integrum reftitut.* Voyez
Brodeau, fur M. Louet, let. T. fomm. 3.

TRANSPORT. MOINDRE SOMME.

62   Jugé par Arrêt du Parlement de Bourgogne du der-

---

nier May 1566. qu'une dette de 300. liv. étant cedée
pour 100. liv. le debiteur eft quitte en payant les
100. liv. *Bouvot*, *to.* 1. *part.* 3. verbo *Dette*, *qu.* 1.

63   Tranfport de dette revoqué , parce qu'il avoit été
fait pour moindre prix. Arrêt du 20. Août 1591. rapporté par *Philippi és Arrêts de la Cour des Aydes de*
Montpellier , *art.* 157.

64   Dette certaine , liquide & non litigieufe cedée &
transportée , ou chofe non conteftée , bien que la
ceffion foit faite *minori pretio* ; le debiteur n'eft ré-
cevable à offrir le rembourfement & demander la
fubrogation. Jugé le 9. Mars 1605. *Brodeau , fur M.*
Louet , let. C. fom. 13. Il y a un Arrêt contraire du 5.
Avril 1604. que *M. le Prêtre* rapporte, 1. *Cent. ch.* 93.
in margine.

TRANSPORT, PERE, FILS.

65   Limitation à l'Ordonnance faite à la poftulation
des Etats, article 36. touchant les ceffions & tranfports faits de pere à fils , & d'oncle à neveu. *Voyez*
le 11 *Plaidoyé d'Ayrault.*

66   L'Ordonnance Royale qui permet ceffions *judi-*
cii mutandi caufâ du pere à fils , de frere à frere &
d'oncle à neveu , ne s'entend point du beau-pere au
beau-fils , ni du beau-frere au beau-frere & autres
d'alliance comme il fut déclaré par Arrêt du Parlement de Paris du 14. Decembre 1518. *Bibliotheque*
de Bouchel verbo *Ceffion.*

67   Ceffion faite par un pere à fon fils Archer de la
Garde du Corps , contre M. Boulond , Confeiller
au Parlement , fut déclarée nulle par Arrêt du Parlement de Paris du 7. Janvier 1558. les parties renvoyées
au Juge ordinaire du défendeur. *Biblioth. de Bouchel*,
verbo , *Ceffion.*

68   L'Edit d'Orleans en défendant les tranfports de
pere à fils , *judicii mutandi caufâ* , n'a lieu en tranfport *ex caufa onerofa*,& en avancement de droits fuc-
ceffifs. Arrêt du Parlement de Paris du 27. Janvier
1564. *Papon , liv.* 7. *tit.* 7. *n* 57.

69   Le fils ayant cedé une dette contre fon pere , le
ceffionnaire peut être contraint par le pere , de recevoir la fomme par luy débourfée, *in odium du fils*. Arrêt du 14. Février 1566. *Papon , liv.* 11. *tit.* 1. *n.* 1. où
il eft obfervé que cela auroit lieu , même à l'égard
d'un debiteur étranger , ainfi jugé en 1578. & 1597.

70   Tranfport de pere à fils étant en avancement d'hoirie , fi ce n'eft auparavant le procés , eft frauduleux.
Arrêt du Parlement de Paris du 5. Mars 1576. qui renvoye les parties au Juge ordinaire, en dérogeant au
privilege d'écolier. *Papon, ibid. n.* 7.

71   Un pere cede à fon fils étudiant en l'Univerfité de
Paris , huit mille livres à luy dûs par un habitant de
la Rochelle ; le fils le fait appeller pardevant le Prevôt de Paris ; l'habitant excipe, demande fon renvoy. Jugé le 13. Août 1605. que l'habitant défende-
roit. *Peleus* , *qu.* 123.

72   Arrêt du Parlement de Tournay du 15. May 1697.
qui a déclaré frauduleux un tranfport fait par une
mere à fes enfans , quoy qu'il fût ftipulé que c'étoit
pour s'acquitter envers eux comme leur tutrice de ce
qu'elle leur devoit; ce tranfport parut fait en fraude
de fes creanciers , fauf aux mineurs à agir en preference fur les deniers , en vertu du droit de tacite hypotheque. *V. M. Pinault* , *to.* 2. *Arr.* 156.

TRANSPORT, PRIVILEGIEZ.

73   Du tranfport fait à un privilegié. *Voyez Guy Pape*,
qu. 173. où il dit que la ceffion doit fubfifter , fi elle
eft faite , fi le ceffionnaire privilegié eft parent du cedant , & s'il affirme avec ferment qu'il n'y a dol ni
mauvaife foy. Le Parlement de Grenoble ne juge pas
neanmoins toûjours de la forte.

74   L'Ordonnance Royale qui permet ceffions *judicii*
mutandi caufâ de pere à fils , de frere à frere , &
d'oncle à neveu , ne s'entend point de beau-pere à
beau-fils , du beau-frere au beau-frere , & autres
d'alliance. Arrêt du Parlement de Paris du 14. De-

cembre 1528. *Papon , livre 2. titre 1. no nb. 4.*

75 Ceffion faite à un Ecolier de la Marche d'un cens & rente , fut déclarée nulle , par Arrêt du Parlement de Paris du 7. Février 1557. *Bibliotheque de Bouchel , verbo Ceffion.*

76 Transport fait à perfonnes privilegiées, autres que de l'Ordonnance,eft nul , comme l'Ordonnance ne parle que des Ecoliers, fi le pere tranfporte à fon fils Garde du Roy, on n'y a point d'égard. Arrêt du 7. Janvier 1538. qui renvoya les parties au Juge ordinaire du défendeur. *Papon , liv. 12. tit. 1. n. 7.*

77 Freres bâtards font entendus par l'Ordonnance de Louïs XII. article 3. mais non pas freres bâtards d'un Prêtre ou biens adulterins , *& aliàs ex damnato coitu,* ceffions de l'un de l'autre , pour joüir du privilege d'Ecolier, ne font reçûes. Arrêt du Parlement de Paris du 19. May 1545. *Papon , li. 12. tit. 1. n. 9.*

78 Le debiteur peut obliger le ceffionnaire privilegié de joüir *fuper dolo* , & qu'il ne prête point fon nom, finon la caufe renvoyée par le Juge privilegié. Arrêt des Grands Jours de Moulins du 3. Octobre 1550. *Papon , liv. 12. tit. 1. n. 8.*

79 Un debiteur pendant l'appel d'une Sentence obtenuë contre fon creancier , a cedé fa dette à un homme de la qualité de l'Edit pour y attirer l'affaire, par Arrêt de la Chambre de l'Edit du 16. Juillet 1629. la caufe fut renvoyée au Parlement de Touloufe , où l'appel étoit interjetté ,ce qui n'eût pas été ordonné , fi la ceffion eût précedé le procés. *Voyez Boné, Arrêt 39.*

80 Arrêt du Parlement d'Aix du 25. Novembre 1674. qui a jugé que le privilegié a rapporté ceffion , n'a droit d'attirer le debiteur cedé pardevant les Juges , & qu'il doit fuivre les Juges du debiteur cedé. *Boniface , to. 3. tit. 2. ch. 2.*

TRANSPORT A UN PUISSANT.

81 L'Ordonnance du Roy Charles V. qui défend les ceffions & tranfports aux perfonnes puiffantes,ne s'entend point des chofes immeubles , comme font heritages , maifons & autres. Arrêt du Parlement de Paris du 18. Février 1543. *Papon , li. 12. tit. 1. n. 1.*

82 Il eft défendu de faire ceffion de dettes à une perfonne puiffante par donation , vente , ou autrement, ni à aucun Officier du Roy, ni à perfonne privilegiée, tels tranfports font déclarez nuls , &c. L'Ordonnance s'eft toûjours entenduë des dettes ou actions perfonnelles, car pour les immeubles ils fe peuvent ceder à perfonne plus puiffante comme Officiers Royaux. *M. le Prêtre* , 1. *Cent. ch.* 93. où il cite *Papon , liv. 12. tit. 1. Arrêt 1. Voyez Peleus , qu.* 89. V. *l'Ordonnance d'Orleans art.* 36. & de *Blois art.* 177. toutes ceffions faites pour vexer les parties reprouvées. Arrêt du 21. Août 1604. *M. Bouguier , lettre C. nomb.* 2.

TRANSPORT DE RENTE.

83 Transport d'une partie de rente eft nul , & doit être du tout. Arrêt du Parlement de Paris du 7. Février 1537. qui déclare nulle une ceffion faite à un écolier de la moitié d'un cens ou rente , parce qu'il faudroit plaider en deux lieux; autre Arrêt du 30. May 1564. qui a déclaré un tranfport fait d'une certaine chofe d'une fucceffion , frauduleux , parce qu'il fe devoit faire du tout. *Papon , li. 12. tit. 1. n. 5.*

84 Si le cédant des arrerages d'une rente a fait don de partie d'iceux, le ceffionnaire ne peut demander tous les arrerages , mais bien ce qu'il a débourfé actuellement. Jugé le 14. Février 1544. *Carondas , livre 7. Rép. 54.*

85 Le ceffionnaire d'une rente ayant confenti que le payement de cette rente fût tranfporté fur d'autres terres que celles qui avoient été affectées par le premier contrat , peut après ce changement exercer fa garantie contre fon cédant qui n'y a point confenti. Jugé à Dijon au mois d'Août 1679. fur la révifion d'un Arrêt de Befançon. *Journal du Palais.*

SIGNIFICATION DU TRANSPORT.

86 Un debiteur paye toûjours valablement à fon creancier , quoiqu'il y ait un tranfport qui ne luy eft fignifié. Arrêt du Parlement de Dijon du 5. Août 1599. *Bouvot , to.* 2. verbo *Tranfport , qu.* 1. la Coûtume de Paris y eft expreffe.

87 Le creancier faififfant eft preferable au ceffionnaire n'ayant fait fignifier fon tranfport , lequel eft moins moins anterieur à la faifie. Arrêt du Parlement de Dijon du 11. Février 1613. *ibid. qu.* 14.

88 Le faififfant eft preferable au ceffionnaire , qui n'a point fait fignifier fon tranfport , ni donné copie au debiteur. Arrêt du Parlement de Dijon du 11. May 1615. *Bouvot , qu.* 17.

89 Arrêt du 21. Avril 1622. qui a jugé qu'en concurrence de deux tranfports de même fomme , on confidere le jour de la fignification , & non la date du contrat , fi les deux tranfports ont été fignifiez le même jour , celuy qui porte avoir été fignifié le matin , eft preferable à l'autre qui parle feulement du jour de la fignification. V. *Auzanet , fur l'art.* 138. de la *Coûtume de Paris.*

90 Les declarations du cedant , après que la ceffion a été fignifiée , ne nuifent point au ceffionnaire , elles font confiderées comme colluſoires avec le debiteur delegué. Arrêt du Parlement de Grenoble du 11. Juillet 1625. Le débiteur delegué après la fignification ne peut payer qu'au ceffionnaire , autrement doit payer deux fois. Arrêt du même Parlement du 21. Mars 1679. rapporté par *Chorier en fa Jurifprudence de Guy Pape , p.* 255.

91 Arrêts du Parlement d'Aix des 12. Septembre 1616. 12. Novembre 1635. & 17. Février 1661. qui ont jugé que le debiteur qui a fait deux ceffions étant infolvable , & les deniers encore en état , le premier ceffionnaire qui étoit creancier anterieur , doit avoir l'expedition des deniers , quoyqu'il n'eût intimé fa ceffion que le dernier. *Boniface , to.* 2. *li.* 4. *tit.* 8. *ch.* 2.

92 De deux tranfports d'une même dette , celuy qui a été fignifié eft preferé à l'autre quoyqu'anterieur. Ainfi jugé au Parlement de Grenoble le 30. Juillet 1630. *Baffet , to.* 2. *liv.* 4. *tit.* 20. *ch.* 4.

93 Après un tranfport fignifié , la dette n'eft plus *in bonis* du cedant. Jugé au Parlement de Grenoble le 23. Août 1644. *Baffet , ibidem. ch.* 10.

94 La fignification au débiteur de la rente eft necefſaire , autrement le faififſant avant la fignification du tranfport eft preferable. Arrêt du Parlement de Dijon du 2. May 1644. & 5. Mars 1648. *Taifand , fur la Coût. de Bourg. tit.* 5. *art.* 2. *n.* 4.

95 Si après que la ceffion a été fignifiée,le debiteur delegué devient infolvable ; c'eft au peril du cedant au cas qu'il n'y ait point de temps limité pour la maintenuë. Arrêt du Parlement de Grenoble du 26. Juin 1674. contre un cedant , quoyque le Fermier délegué eût entré en payement. *Voyez Chorier en fa Jurifprudence de Guy Pape , p.* 255.

96 Acte de Notorieté définie par M. le Lieutenant Civil le 24. Juillet 1705. qu'un fimple tranfport ne faifit point , & ne peut avoir d'effet qu'il n'ait été fignifié à la partie , & qu'on ne luy en ait donné copie. *Recueil des Actes de Notor. p.* 203. *& fuiv.*

TRANSPORT, TUTEUR.

97 Si un Tuteur peut acheter ou fe faire tranfporter des obligations deuës par les mineurs? *Voyez Bouvot , to.* 2. verbo *Tuteurs , queft.* 33.

98 Par Arrêt du Parlement de Bretagne du 19. Février la Cour fait défenſes à tous Tuteurs & Curateurs de prendre & accepter aucunes ceffions contre leurs mineurs, fur peine d'amende extraordinaire. *Du Fail , liv.* 1. *chap.* 313. *& 320.*

TRANSPORT DE MARCHANDISES.

QUæ res exportari non debeant. C. 4. 41. *De fœnd illorum qui res vetitas ad hoftes tranſvehunt.* Leon. N. 63.

De servis exportandis : vel si ità mancipium venierit, ut manumittatur, vel contra. D. 18. 7. Des Esclaves vendus à condition qu'ils seront, ou ne seront pas transportez dans un autre lieu.

TREBELLIANIQUE.

La quarte trebellienne ou trebellianique se distrait sur la succession que l'heritier fideicommissaire est chargé de rendre. *Dicta à Trebelliano Maximo Consule, cum Annæo Senecâ, sub Nerone.* Voyez les mots *Falcidie ; Fideicommis, & Quarte.*

1 *De trebellianicâ.* Voyez le traité fait *per Antonium* Corsetum.

2 *Trebellianica, inventario non confecto, an amittatur?* Voyez *Andr. Gaill. lib.* 2 *observat.* 138.

3 Quarte trebellianique a lieu auTestament militaire. *Mantic. lib.* 6. *tit.* 1. *n.* 37. id. Fernand. *ad L. in quartam præfat.* 3. *n.* 8.

4 La prohibition de la quarte falcidie dans le Testament sur les legataires, n'induit point prohibition de la quarte trebellianique sur le substitué. Fernand. *ad L. in quartam præfat.* 4 *n.* 11.

5 Prohibition d'aliener, tant à l'institué qu'au substitué, empêche la detraction de la quarte trebellianique. 2. Autre chose est aux enfans du premier degré instituez. 3. Ou lorsque le Testateur a simplement prohibé à l'institué pour conserver les biens dans la famille. *Mantic. lib.* 7. *tit.* 12. *n.* 19. & *seq.* 2. id. Ferrer. *quæst.* 51. *in simplici prohibitione* 1. 2. id. Peregrin. *art.* 3. *n.* 91. & *seq.* 1. id. Mantic. *lib.* 9. *tit. ult. n.* 16. *in falcidiâ* 1. *cont.* Fachin. *lib.* 5. *cap.* 6. *in fideicommisso universali.* id. Cujac. *in falcidiâ* a t *cap.* 1. *novel.* 1. 1. id. Fernand. *ad L. in quartam præfat.* 3. *n.* 8. *distinguendo* 3. La Peirere, *en ses decisions du Palais, lett.* T. *nomb.* 149. *dit,* Je ne vois pas de raison pourquoy pareillement en ces cas entre étrangers la quarte ne doive être prohibée, puisque détraire la quarte est une alienation hors la famille.

6 Lorsque la détraction de la legitime & de la quarte se rencontrent en même temps, le fils grevé se doit contenter de l'une ou de l'autre à son choix. *Peregrin. art.* 3. *n.* 49. & *seq.* id. Mainard. *lib.* 5. *ch.* 47. *cont.* Grassus §. *Trebellianica quæst.* 4. *n.* 2.

7 Quand il y a plusieurs enfans, & un seul heritier institué chargé de substitution, la quarte trebellianique se prendra sur ce qui se trouvera rester aprés toutes les legitimes comptées, & l'heritier avec sa quarte ne retiendra que sa propre legitime. Fernand. *ad L. in quartam cap.* 3. *art.* 2. *n.* 2.

8 En substitution contractuelle, il n'y a point lieu de détraction de quarte trebellianique. *Fernand. de fil. nat. ex mat. cap.* 10. *n.* 8. & *ad L. in quartam præfat.* 3. *n.* 8. id. Peregrin. *art.* 51. *n.* 22. *nec falcidia* , id. Grassus, §. *Trebellianica quæst.* 5. *in fine , vid. L.* 22. §. *ult. ff. ad trebell.*

9 Le Testateur peut charger par son Testament la fille, de s'imputer en quarte trebellianique, ce qui luy a été constitué en dot. Fernand. *ad L. in quartam cap.* 3. *art.* 1. *n.* 2. Je crois que cela vaut prohibition expresse.

10 Si l'heritier contractuel chargé d'un fideicommis peut detraire la trebellianique? *Voyez Duperrier, liv.* 1. *quæst.* 13. il dit que si l'autorité de la chose jugée ne l'étonnoit plus que le nombre des écrivains, il ne seroit pas difficulté de les combattre, & de tenir absolument pour l'affirmative.

11 S'il faut détraire la trebellianique sur les biens donnés entre-vifs à l'heritier grevé, qui reviennent au fideicommissaire en consequence du droit de retour, stipulé dans la donation au profit du donnant & de son heritier? *V. Duperrier, liv.* 3. *quæst.* 18.

12 Sur la question du nombre des années où il faut que l'heritier grevé ait jouï des biens fideicommissaires pour avoir consumé la trebellianique en fruits; quand c'est un étranger, l'opinion vulgaire est que cinq an-

nées suffisent, & c'est ainsi que le Président Faber semble l'avoir décidé en son Code, *tit. ad Trebell. desi.* 18. & toutefois l'opinion contraire est communément approuvée par les Docteurs, comme témoigne Peregrin. *de fideic. artic.* 49. *num.* 53. & 54. Barri , *lib.* 15. *tit.* 5. *num.* 3. *p.* 197. & Faber même de *erro. prag. decad.* 11. *cap.* 4. Voyez *Duperrier, liv.* 4. *quæst.* 5.

13 La quarte trebellianique est duë au petit fils sans imputation des fruits, *fecit lex quod de bonis* §. *quod avus ff. ad L. falcid.* Arrêt prononcé en robes rouges, par lequel la legitime & quarte trebellianique furent ajugées, *sine ullâ fructuum imputatione.* Glos. *in l. fideicommissariâ* 18. *ff. ad trebell.* L. *Jubemus.* C. *eod.* La Rochflavin, *liv.* 6. *tit.* 63. *Arr.* 12.

14 *Trebellianica detractio potest prohiberi in liberis primi gradûs.* Arrêts des 23. Août 1507. & 12. May 1581. Voyez la Bibliotheque du Droit François par Bouchel, verbo *Trebellianique.*

15 Par Arrêt du 6. Août 1573. jugé que le Testateur peut prohiber & défendre qu'on détraye la quarte trebellianique ; & cecy a lieu même *in liberis primi gradûs.* Le Vest , *Arrêt* 142.

16 La trebellianique cesse quand le Testateur a voulu que le substitué entrât *de plein droit dans la succession de ses biens.* La commune opinion des Docteurs est qu'en ceci il défend tacitement la détraction de la trebellianique. Le Parlement de Grenoble donne à cette clause la force de la défense expresse. *Voyez Guy Pape,* question 557.

17 Si le Testateur a pourvû que l'heritier retienne pour soy quelque certaine chose pour son droit de trebellianique, quoiqu'elle excede en valeur la trebellianique, l'heritier aura entierement quitte sans contribuer au payement d'aucunes dettes, parce qu'en ce cas il est tenu pour simple legataire, & la charge des dettes, ne regarde les legs & choses singulieres, mais la masse de l'heredité & cotité d'icelle. Arrêt du Parlement de Toulouse du mois de Juin 1585. *Vide. l.* 1. *C. ad trebell.* & *ibi Cujac.* & Mainard, *liv.* 5. *chap.* 50.

18 La trebellianique ne peut être distraite contre les pauvres, même par les enfans. Arrêt du 16. Mars 1586. La Rochflavin, *liv.* 4. *let.* T. *tit.* 7. *Ar.* 3.

19 La trebellianique peut être prohibée aux enfans qui tiennent le premier degré, pourvû que ce soit expressément même par Codicille. Ainsi jugé au Parlement de Toulouse le 19. Novembre 1592. *Cambolas, liv.* 1. *ch.* 32.

TREIZIE'ME.

Voyez *au premier Volume de ce Recüeil, lettre D.* le titre *des Droits Seigneuriaux , p.* 921. *nomb.* 175. & *suiv.* & *au* 2. *to.* le mot *Lods, n.* 359. & *suiv.*

1 Lors qu'à un decret ou à une discussion leSeigneur se presente pour être payé de deux treiziémes, il ne peut être payé par privilege que du dernier seulement, & pour l'autre il n'est mis en ordre que du jour de la premiere vente. *Basnage , sur l'art.* 171. *de la Coûtume de Normandie.*

2 Un oncle coheritier avec ses neveux, achetant leur part doit le treiziéme. *Ibid.*

3 Le Seigneur qui fait bail de tous ses droits Seigneuriaux, ne doit point le treiziéme à sonFermier de ses acquisitions, Ainsi jugé au Parlement de Roüen. *Ibidem.*

4 Le treiziéme n'est dû des biens decretez d'un frere, n'ayant baillé à ses sœurs leur legitime, qu'aprés la legitime levée. Arrêt du Parlement de Normandie. *Ibidem.*

5 Il n'est dû qu'un treiziéme de vente à la charge du decret pour purger les hypotheques, & le Seigneur a le choix du prix de la vente ou de l'adjudication. *Basnage , ibidem.*

6 On avoit jugé au Parlement de Roüen, par un an-

cien Arrêt de l'année 1540. que l'on ne pouvoit de-creter pour un treiziéme, qu'il falloit saisir les levées : on a donné depuis un Arrêt contraire le 23. Janvier 1664. *Basnage, sur la Coûtume de Normandie, art. 546.*

7 Si en un contrat de vente il y avoit temps ou condition de rachat, les ventes, lods ou treiziéme appartiennent (*quand bien la condition n'auroit sorty effet*) au Fermier du fief dominant au temps dudit Contrat, & non à celuy qui en étoit Fermier lors ou depuis la fin ou expiration du temps de la condition, quoyque les treiziémes n'eussent pû être valablement demandés à l'acquereur. Arrêt du Parlement de Paris le 22. Decembre 1584. *Bibliotheque de Bouchel, verbo Treiziéme.*

8 Arrêt du Parlement de Roüen du 22. Avril 1611. qui a jugé que le treiziéme étoit dû d'une rente fonciere de 60. liv. venduë à un tiers pour 1200. l. Si le rachat étoit fait par le débiteur, le treiziéme ne seroit point dû. *Basnage, sur l'article 171. de la Coûtume de Normandie.*

9 En la Chambre de l'Edit à Roüen le 19. Mars 1637. jugé que le treiziéme n'étoit point dû pour un partage, quoyqu'il y eût de l'argent pour le retour, *quia incaperat à divisione.* Deux freres avoient fait des partages durant la minorité de l'un d'entre eux; & fut ce que le mineur en demandoit la rescision, l'autre frere luy avoit cedé son lot moyennant 500. liv. pour le dédommager de quelque bâtiment qu'il avoit fait, mais avant l'execution de ce Contrat, les freres s'en étoient départis volontairement. *Basnage, sur l'art. 171. de la Coûtume de Normandie.*

10 Il n'est point dû de treiziéme de la folle enchere. Arrêt du Parlement de Roüen du 27. Juillet 1638. Il en est dû de l'enchere entiere, au profit particulier, & il doit être payé par le decreté. Arrêt du 9. Juillet 1671. *Basnage, sur l'article 584. de la Coûtume de Normandie.*

11 Du treiziéme dû au cas de vente de bois. *Voyez* le mot *Bois, nomb. 69. & suiv.*

12 S'il est dû en coupe & vente de bois? *Voyez* le mot *Bois, nomb. 69. & suiv.*

13 Lorsqu'un acquereur a joüy du fonds le treiziéme est dû, & si après l'avoir payé il est dépossedé par les creanciers du vendeur, il ne peut le repeter contre le Seigneur lequel peut encore le demander s'il déguerpit l'heritage & le fait ajuger par decret. Arrêt de la Chambre de l'Edit de Roüen du 10. Decembre 1641. rapporté par *Basnage, sur l'article 171. de la Coûtume de Normandie.*

14 Lorsqu'un heritage est vendu à la charge du decret, le treiziéme ne peut être demandé qu'après le decret fait. Arrêt de la Chambre de l'Edit de Roüen du mois de Juillet 1644. *Basnage, sur l'article 171. de la Coûtume de Normandie.*

15 Le treiziéme ne fait partie des deniers que le retrayant doit consigner. Arrêt du Parlement de Normandie du 20. Avril 1649. il s'agissoit d'un retrait conventionnel. *Basnage, sur l'art. 503. de cette Cour.*

16 Le treiziéme n'est point dû sur le tiers Coûtumier des enfans ajugé par distraction; & le Seigneur dont relevent les heritages de ce tiers, ne peut contribuer les autres tiers relevans d'autres Seigneurs. Arrêt du Parlement de Normandie du 16. Août 1650. rapporté par *Basnage, sur l'art. 171. de cette Coûtume.*

17 Le Seigneur qui a affermé tous ses droits Seigneuriaux, n'est point tenu de payer à son Fermier le treiziéme de ce qu'il acquiert, mais seulement de ce qu'il retire à droit feodal. Arrêt du Parlement de Roüen du 21. Février 1653. contre le sieur Comte de Thorigny heritier du sieur Baron de la Lutumiere. Autre Arrêt semblable pour M. Soyer d'Intraville Conseiller en la Cour. *Basnage, sur l'article 171. de la Coûtume de Normandie.*

18 Lorsqu'un decret volontaire devient forcé, & est continué par un autre creancier, il n'est dû qu'un droit de treiziéme. Arrêt du Parlement de Roüen du mois de Decembre 1655. *Basnage, sur l'art. 171. de la Coûtume de Normandie.*

19 Un particulier avoit acquis à charge de payer le treiziéme, quoyque cet heritage eût été saisi réellement, le Recevéur de Preaux fit condamner cet acquereur au payement du treiziéme; celuy-ci en cause d'appel, disoit que n'ayant point contracté avec ce Receveur il ne pouvoit être condamné personnellement; la soumission portée par son contrat n'étoit qu'entre son vendeur & luy; le Seigneur n'avoit qu'une action réelle, & qu'ayant été dépossedé il ne devoit rien. Par Arrêt du Parlement de Roüen du 8. Août 1656. on mit sur l'appel hors de Cour & de procez.

20 Autre Arrêt du même Parlement du 7. Juillet 1684. qui a jugé qu'un acquereur qui s'étoit chargé de payer le treiziéme d'une acquisition qu'il avoit faite quoyqu'il en eût été dépossedé, étoit obligé personnellement de le payer, parce qu'il en avoit joüi paisiblement 14. années. *Basnage, sur l'art. 171. de la Coûtume de Normandie.*

21 Le Seigneur peut bien demander devant son Sénéchal que l'acquereur soit condamné au payement du treiziéme, mais le Sénéchal seroit incompetent de connoître de cette action si elle étoit formée contre le vendeur, parce que le fond n'étant plus en sa main & n'étant plus vassal, quoyqu'il se fût chargé du treiziéme, le Seigneur n'auroit qu'une action personnelle qu'il seroit obligé d'intenter devant le Juge du domicile du vendeur. Arrêt du Parlement de Roüen du 21. Janvier 1657. *Basnage, sur l'art. 171. de la Coûtume de Normandie.*

Ce que dit M. d'Argentré que le treiziéme est dû *ratione omnium feudorum* a reçu de la difficulté. Les habitans de la Valée d'Andelle prétendent qu'ils ne doivent point de treiziéme des heritages qu'ils vendent, & qui sont situez en cette Valée. M. le Premier Président de Roüen ayant demandé un treiziéme à un particulier de la Valée d'Andelle, celuy ci prétendit être exempté & faisoit à faire preuve de son exemption, soûtenant que ce droit n'étoit point *de naturalibus nec de essentialibus feudi,* qu'il dépendoit des conditions de l'infeodation & de la disposition des Coûtumes. M. le Prémier Président répondit que par une disposition generale de la Coûtume, le treiziéme est dû aux Seigneurs, & que par le procez-verbal de la reformation de la Coûtume, il est défendu d'alleguer d'autres Coûtumes ni d'autres Usages, que ceux qui sont réduits par écrit; ce qui fut jugé de la sorte en la Chambre de l'Edit, le 27. Juin 1657. V. *Basnage, sur l'art. 171. de la Coût. de Normandie.*

22 Le treiziéme n'est point dû de la vente d'une rente fonciere rachetable. Un particulier avoit pris un heritage par bail à rente de 25. liv. rachetable de 500. livres dont le treiziéme avoit été payé : quelque temps après le creancier l'ayant venduë, il a été jugé qu'il n'étoit point dû de treiziéme. Arrêt du Parlem. de Normandie du 14. Février 1658. *Basnage, sur l'art. 171. de cette Coûtume.*

23 Le Seigneur qui acquiert des heritages relevans de son fief, ne peut demander de treiziéme au vendeur. Arrêt du Parlement de Roüen du 16. May 1662. rapporté par *Basnage, ibidem.*

24 Si l'on payoit le treiziéme de la chose prise en fieffe, & que par après la rente dûe à cause de cette fieffe fut venduë, on en payeroit encore un treiziéme; c'est pourquoy il fut jugé par Arrêt du Parlem. de Roüen du 1. Juillet 1661. qu'il n'étoit point dû de treiziéme de cette fieffe. *Basnag, sur l'article 173. de la Coûtume de Normandie.*

25 S'il est dû deux droits pour un Contract de fieffe stipulé en partie rachetable, & en partie irrachetable? Arrêt du Parlement de Normandie du 1. Juillet 1662. qui juge que le treiziéme n'étoit dû que de la rente

rachetable. Même Arrêt du 28. Juillet 1673. dans l'espece de cet Arrêt la demande du Seigneur étoit favorable, car pour le fruftrer de fes droits , on n'avoit pas employé dans le Contract de fieffe l'argent qui avoit été payé ; neanmoins on n'ajugea le treiziéme que pour les deniers payez. *V. Bafnage, fur la Coûtume de Normandie, art.* 172.

26   Il n'eft dû aucun treiziéme pour le retour & licitation de partages entre coheritiers ou proprietaires en commun. *ibidem.*

27   Il n'eft auffi dû aucun treiziéme du rachat d'une rente fonciere , quand il eft fait après l'an & jour de la fieffe , finon en cas de fraude ou convention dans l'an & jour d'en faire le rachat. Arrêté du Parlement de Roüen, les Chambres affemblées le 6. Avril 1666. art. 26. & 27. *Bafnage , to.* 1. à la fin.

28   Le treiziéme eft dû des ormes étans en haye au deffus de 40. ans , comme des autres bois de haute fûtaye, la poffeffion contraire pour la dîme. eft nulle & vitieufe. Arrêt du Parlement de Roüen du 13. May 1667. Pour les poiriers & pour les pommiers , il n'en eft dû ni treiziéme ni difme. *Bafnage, fur l'art.* 173. *de la Coûtume de Normandie.*

29   Le Seigneur ne peut demander le treiziéme de l'heritage donné en payement pour la dot d'une fille. Depuis on fait cette diftinction, fi l'heritage a été donné au mary par le Contract de mariage , ou fi on luy a donné en payement *ex intervallo.* Au premier cas , par Arrêt du Parlement de Roüen du 29. Juin 1671. il a été jugé qu'il n'en étoit point dû ; & par Arrêt rapporté par *Berault*, il a été jugé le contraire pour le fecond cas. Neanmoins l'opinion la plus commune eft qu'en quelque temps que l'heritage foit donné pour le don mobil , le treiziéme n'en eft point dû , la raifon étant égale dans l'un & l'autre cas. *V. Bafnage, fur l'art.* 171. *de la Coût. de Normandie.*

30   Sur la queftion de fçavoir fi le treiziéme eft dû de l'enchere au profit particulier ? Il a été jugé au Parlement de Roüen le 9 Janvier 1671. qu'il eft dû parce qu'il fait partie du prix de l'adjudication ; mais qu'il ne fe devoit payer que fur le quart qui alloit au profit commun ; & que pour les autres trois quarts, qui étoient pour le profit particulier de l'adjudicataire, le treiziéme en étoit dû par l'adjudicataire , fauf fon recours contre le decreté ou fes heritiers. *Pefnelle, fur l'art.* 584. *de la Coûtume de Normandie.*

31   Le treiziéme eft dû d'une vente d'heritages appartenans à une femme mariée, faite par le mary & la femme, quoyque la femme rentre en poffeffion à faute de remploy fur les biens de fon mary. Arrêt du Parlement de Roüen du 18. Mars 1681. *Bafnage , fur l'art.* 171. *de la Coûtume de Normandie.*

32   Par un acte de partage entre deux freres, il eft porté que l'un cede à l'autre le tiers d'une Terre, la vente faite moyennant 1300. livres, à la charge par l'acquereur de payer le treiziéme , s'il en étoit dû. L'acquereur affigné à la requête du Seigneur luy oppofe l'article 16. du Reglement de 1666. lequel porte qu'il n'eft dû aucun treiziéme pour le retour ou licitation de partage entre coheritiers ou proprietaires en commun ; & quoiqu'on fe fût fervi du mot de *vente*, il falloit confiderer l'intention des contractans. Par Arrêt du Parlement de Roüen du 29. Janvier 1683. le Seigneur fut débouté. *Bafnage, ibidem.*

33   Un Seigneur de fief qui retire à droit feodal des rotures tenuës de fon fief, peut demander le treiziéme fur le prix de l'adjudication par decret defdites rotures. Arrêt du Parlement de Normandie du 30. May 1688. *Bafnage, ibidem.*

TRESOR.

DE *Thefauris. C.* 10. 15. . . . *C. Th.* 10. 18. . . . *I.* 2. 1. §. 40.

De invento Thefauro, cujus effe debeat. Leon. N. 51. Trefor Royal, *Ærarium.*

De canone largitionalium titulorum. C. 10. 23. De quelle maniere les deniers des Tailles & Impofitions doivent être apportez au Trefor public.

De his qui cum dispensatore contraxerunt. C. Th. 10. 24. Défenfes aux Officiers du Trefor de prêter , & aux particuliers d'emprunter des deniers du Prince. Voyez *Deniers publics & Finances.*

1   Des Trefors. *Voyez le* 4. tome des *Loix Civiles, liv.* 1. *tit.* 6. *fection* 3. *n.* 7.

2   Voyez hoc verbo *Trefor* , la *Bibliotheque du Droit François* par *Bouchel*, celle de *Jovet* , & M. le Brun, en fon traité de la Communauté, chap. 5. diftinction 2.

3   *De thefauris.* Voyez *Mornac, l.* 67 *ff. de rei vindicat. leg.* 7. *ff. de ufuf. & quemadm.* la *Loy* 22. *ff. famil. ercifcun.* & les inftitutes, *de rerum divifione* §. *thefauris.*

4   La Coûtume de Paris ne parle point des Trefors , mais il en eft parlé dans la Coûtume de *Sens*, art. 8. Coûtume de *Bar* , art. 44. Coût. de *Cambray*, art. 3. Coûtume de *Bourbonnois* , art. 335. Coûtume de *Bretagne*, art. 46. *Normandie*, 211. & 212. Coûtume d'*Anjou*, article 61. *Voyez Renuffon, traité du Droit de garde* , p. 93. où il rapporte la difpofition de chacun de ces articles.

TRESOR TROUVÉ.

5   *De thefauris inventis.* Voyez la nouvelle édition des Oeuvres de M. *Charles Du Moulin , to.* 2. *p.* 591. *Papon, liv.* 13. *titre* 7. & M. *Expilly , Plaidoyé* 37.

6   Comment le trefor trouvé fe partage? En trois parts, l'un à celui qui l'a trouvé, l'autre au proprietaire du fonds, & la troifiéme au Seigneur Haut-Jufticier; mais fi c'eft le proprietaire qui l'a trouvé, il fe partage en deux, l'une au proprietaire, l'autre au Seigneur. *Voyez Cavendas, liv.* 3. *Rép.* 10.

7   Trefor trouvé en or appartient au Roy, non à autre. Arrêt de l'Abbé de Saint Denis à la Touffaint 1195. mais piece d'or trouvée en appert femble plûtôt épave que Trefor. Elle appartient au Haut-Jufticier non au Roy. Jugé pour l'Abbé de S. Denis. *Bibliotheque de Bouchel, verbo Trefor, & Jo. Gall.* queft 193.

8   A la prononciation des Arrêts en Septembre 1259. entre le Procureur General, & l'Abbé de S. Pierre le Vif de Sens, le Trefor fut ajugé au Seigneur Haut-Jufticier, excepté l'or, qui fe eft appellé *fortune d'or* , fut ajugé au Roy. Par autre Arrêt prononcé le Roy à la prononciation de Saint Martin 1261. l'argent trouvé en une maifon à l'Ocher fut ajugé au proprietaire de la maifon, *Bibliotheque de Bouchel*, verbo *Trefor.*

9   Le Seigneur Haut-Jufticier joüit de pareil droit que le Roy fur les Trefors trouvez en fa Haute-Juftice. Arrêt du Parlement de Paris en 1388. pour les Religieux de Saint Germain des Prés , aufquels fut ajugé moitié d'un Trefor trouvé dans l'étenduë de leur Haute Juftice. Ce Trefor confiftoit en mille pieces d'or. *Papon, liv.* 13. *tit.* 7. *n.* 2.

10   Par Arrêt du Parlement de Roüen du 22. Decembre 1515. rapporté par *Berault, fur la Coûtume de Normandie, tit. des fiefs*, art. 212. in verbo *dans la Nef du Cimetiere* , & par *Terrien, liv.* 4. chap. 7. jugé qu'un Trefor qui avoit été découvert en la Nef d'une Eglife Paroiffiale appartiendroit à la Fabrique, & feroit employé aux réparations de ladite Eglife, le Curé appellé , auffi la glofe dit que les Hauts-Jufticiers doivent avoir le Trefor trouvé en leur Terre, *eft autem thefaurus vetus quædam depofitio pecuniæ , cujus non extat memoria ut jam Dominum non habeat. L. numquam ff. de acquir. rerum Dom. de jure. Thefaurus inventus in fundo proprio conceditur Domino fundi fi in alieno , dimidia pars Domino fundi, altera inventori. §. thefaurus. Inft. de ver. divif. fi verò in locis fifcalibus vel publicis, religiofifve, tum dimidia pars pertinet ad fifcum. L. unam intelligitur. §. fr. de ff. de jure fifci. V. ibid.* Terrien, *ex difpo. juris, quid thefaurus.*

11   Trefor trouvé par un Bourgeois d'Amiens en faifant raccommoder fa maifon, par Arrêt du Parlement de

de Paris a été homologuée la composition faite du partage de ce Tresor, dont moitié au Roy, & l'autre moitié à ce Bourgeois. M. le Procureur General avoit requis que le tout fût ajugé au Roy. *V. Papon, liv.13. tit. 7. uomb. 1.*

12   *Chopin au 2. livre du Domaine de France,tit.5. art.11. & le Caron, au 3. li. de ses Réponses, ch. 20.* rapportent un Arrêt du 29. Juillet 1570. par lequel un Tresor trouvé a été partagé entre le repetteur, le proprietaire du fonds, & le Seigneur Haut-Justicier. *Papon, liv.13. tit. 7. n. 2.*

13   Un Vigneron foüissant dans sa vigne trouve une chaîne d'or antique : il la vend à Jean Lopin Marchand de Semur en Auxois. Le Procureur d'office fait assigner l'acheteur, pour oüir dire qu'il la representera, & qu'elle sera ajugée comme épave au Seigneur Haut Justicier du lieu. Sentence en la premiere Justice, qui ordonne que la chaîne sera representée; dont appel par Loupin, qui somme en garantie son vendeur. La Sentence est confirmée au Bailliage d'Auxois : encore appel; la cause ayant été solemnellement plaidée, l'appellation & ce furent mis au néant, & par nouveau Jugement les Parties hors de Cour & de procez. Arrêt du Parlement de Bourgogne du 5. Avril 1612. d'où l'on peut conclure qu'un Tresor, & tout ce qui est compris sous ce mot, n'est pas une épave, & qu'il appartient entierement à celui qui le trouve dans son propre fond. *Taisand, sur la Cout. de Bourgogne, tit. 1. art. 3.*

14   Tresor trouvé dans une Eglise Parochiale située au Bailliage de Melun, a été ajugé à la Fabrique, à la charge de l'employer aux réparations. Arrêt du 6. Février 1614. *Le Bret, liv. 5. décision 4.* il rapporte un Arrêt semblable de l'année 1575. au profit des Religieuses de Nôtre-Dame de Soissons, il fut dit qu'un Tréfor trouvé en un lieu regulier du Monastere leur demeureroit.

15   On peut agir criminellement en cas d'un Tréfor découvert sans avertir le maître. Jugé au Parlement de Grenoble le 24. Juin 1615. contre un Maçon. *Basset ṗ to. 2. liv. 7. tit. 10. chap. 1.*

TRESOR DES CHARTRES.

16   *Voyez* le mot *Chartres.*

CHAMBRE DU TRESOR.

Voyez le mot *Chambre, nomb. 44. & suiv.*

17   De la Chambre du Trésor, & Domaine du Roy. *Ordonnances de Fontanon, to. 2. liv. 2. tit. 5. p. 245. Voyez cy-après le nomb. 48. & suiv.*

TRESORIER DE COMMUNAUTEZ.

18   Arrêts du Parlement d'Aix des 8. Mars 1634. & 10. Mars 1638. qui ont jugé que celuy qui ne sçait pas écrire, ne peut être Tresorier d'une Communauté. *Boniface, to. 2. part. 3. liv. 2. tit. 9. chap.1.*

19   Jugé le 1. Avril 1639. qu'un Tresorier ne peut être élû deux ans de suite. *Boniface, ibidem, chap. 3.*

20   Le 27. May 1639. il a été jugé que le mineur ne peut être Tresorier. *Ibidem, chap. 4.*

21   Arrêt du 27. May 1639. qui a déchargé un mineur de la charge de Tresorier d'une Communauté de Ville. *Boniface, to. 1. liv. 4. tit. 6. ch. 2.*

22   Il a été jugé au même Parlement de Provence le 16. Février 1652. que celuy qui sçait écrire son nom peut être Tresorier, comme aussi *negotiorum non experti. Boniface, to. 1. part. 3. liv. 2. tit. 9. chap. 2.*

TRESORIER D'EGLISE.

Voyez cy-dessus le nombre 17. *& suiv.*

23   *De Thesaurariis.* Voyez *Pinson* au titre *de divisione beneficiorum.* §. 13.

24   La Tresorerie de S. Jean de Lion déclarée n'être sujette à l'Expectative des Graduez par Arrêt du 12. Août 1697. sur le fondement que ce Benefice est affecté par les anciens Statuts de Lyon, ainsi que les trois autres Custodes, & se perpetuiez de cette Eglise, à ceux qui ont été élevez dans ses Rits & usages, affectation anterieure au Concordat, & confirmée par les

Tome III.

Bulles du Pape Paul IV. de 1545. suivies de Lettres Patentes du Roy de 1547. enregistrées au Parlement en 1548.

Il fut jugé au Grand Conseil en 1650. que ces Benefices n'étoient pas sujets à l'Expectative des Indultaires. *Voyez le Recueil des Arrêts notables, imprimé en 1710. chez Michel Guignard, chap. 4.*

25   Arrêt du 10. Decembre 1658. qui appointa les Parties au Conseil, pour sçavoir si le Tresorier de l'Eglise Cathedrale de *Soissons* ayant une Prébende dans la même Eglise unie à sa Tresorerie, peut prétendre d'entrer & avoir voix déliberative dans le Chapitre. On disoit contre luy qu'il ne faisoit point dans le Chapitre le serment ordinaire des autres Chanoines, qui est de ne reveler jamais le secret du Chapitre, ce qui prouvoit qu'il n'étoit point consideré comme un autre Chanoine. *Scéfse, tome 2. Cent. 1. chapitre 90.*

26   Tresorier de la sainte Chapelle du Palais à Paris, a été conservé dans le privilege que ses Prédécesseurs avoient de conferer sans Lettres du Roy les Chapelles dépendantes de la sainte Chapelle à l'un des Chapelains, *qui sit de gremio*, & qui ait servi deux ans. Arrêt du 14. Janvier 1665. *De la Guessiere, tome 2. liv. 7. chap. 3.*

27   La Tresorerie de Coûtance est une dignité qui n'est point sujete au Brevetaire de joyeux avencement & de serment de fidelité, & ainsi le pourvû par l'Ordinaire fut maintenu. Jugé au Grand Conseil le 5. Juillet 1672. *Ibidem, tome 3. liv. 6. chap. 9.*

TRESORIERS DE FRANCE.

28   Traité de l'origine & progrez des Offices de Tresoriers de France & Generaux des Finances. *Des Tresoriers de France & de l'Epargne. Ordonnances de Fontanon, to. 2. liv. 2. tit. 2. p. 49.*

29   Du rétablissement des Tresoriers de France, & Generaux des Finances du Royaume, & de la préséance d'iceux au-dessus des Baillifs, Sénéchaux, Présidens, Lieutenans & Officiers des Sieges Présidiaux. *Ibidem, liv. 3. tit. 36. p. 1193.*

30   Lettres Patentes comme la connoissance des franesfiefs, & nouveaux acquêts, appartient aux Conseillers du Tresor. *Ibidem, to. 4. p. 1472.*

31   De l'origine des Tresoriers de France, leurs Charges & Jurisdiction. *V. Filleau, part. 3. tit. 11. ch. 53.*

32   Des Présidens & Tresoriers Generaux de France. *Voyez Escorbiac, tit. 24.* où il rapporte les Edits, Declarations & Arrêts concernant leurs fonctions.

33   De la préséance düe aux Tresoriers de France. *Voyez* le mot *Préséance, n. 142. & suiv.*

34   Par Arrêt de la Cour des Aydes du 11. Decembre 1592. il fut défendu aux Tresoriers Generaux de France de faire aucune Ordonnance séparément, mais seulement assemblez en leur Bureau, ni de prendre connoissance de Jurisdiction contentieuse. *Bibliotheque de Bouchel*, verbo *Tresoriers.*

35   Les Tresoriers de France ne peuvent proceder à la verification des Lettres d'Octroy. Arrêt du Parlement de Dijon du 6. Février 1611. *Bouvot, to. 2. verbo Tresoriers.*

36   Tresoriers de France n'ont Jurisdiction contentieuse. Arrêt du 19. Mars 1619. *Bardet, tome 1. liv. 3. chapitre 35.*

36 bis.   Tresoriers de France n'ont point de Jurisdiction contentieuse. Les Edits qui la leur attribuent n'ont point été verifiez au Parlement de Paris. *Ibidem, to. 2. liv. 9. chap. 14.*

37   Reglement entre la Chambre des Comptes & les Tresoriers de France de la Generalité d'Aix, du 16. May 1640. *Boniface, to. 3. liv. 1. tit. 6. ch. 1.*

38   Arrêt du Conseil d'Etat du dernier May 1659. qui maintient les Tresoriers de France en Provence en la Jurisdiction des causes du Domaine du Roy & de la grande & petite Voirie en premiere Instance sans appel jusqu'à 250. livres, & aux sommes exce-

dans 150. liv. par appel au Parlement. *Ibidem, tit. 7. chapitre 2.*

39   O. donnance des Préſidens Treſoriers Generaux de France, Grands Voyers, Intendans du Domaine, Finances & Gabelles en Provence, en conſequence des Arrêts du Conſeil, portant declaration de leur Juriſdiction & étenduë d'icelle ; du 6. Septembre 1673. *Ioidem, chap. 4.*

40   Arrêt du 27. Juillet 1675. qui a jugé que les Treſoriers Generaux de France n'ont pas la connoiſſance des Regales des Villes & Villages, chemins publics & ruës publiques dans les lieux des Seigneurs Hauts-Juſticiers. *Ibidem, chap. 5.*

41   Arrêt de Reglement du Conſeil d'Etat du 15. Septembre 1685. entre la Chambre des Comptes & les Treſoriers de France de la Generalité de Touloule & Monipellier. *Ibidem, tit. 6. chap. 2.*

42   Les privileges des Treſoriers de France ſont confirmez par un Edit donné à Verſailles au mois d'Août 1694. Il eſt dans *Taiſand, Coût. de Bourgogne, titre 3. article* I.

TRESORIERS DE LA GUERRE.

43   Des Treſoriers des Guerres. *Ordonnances de Fontanon, to. 4. p.* 1329.

44   Des Treſoriers ordinaires & extraordinaires des Guerres. *Voyez Corbin en ſon Recueil des Edits & Arrêts concernans les Aydes, to.* 1. *liv.* 6.

TRIBUT.

Tribut. *Tributum. Vectigal.*

Le Tribut étoit une impoſition faite ſur les heritages, laquelle ſe payoit chaque année en denrées ou eſpeces, ou en argent. En France les ſujets payent la Taille en argent ſeulement. Tous les Titres qui traitent du Tribut, ſont expliquez & citez ici ſous le mot *Taille.*

Voyez les mots *Droits Royaux, Impoſition* & *Tailles.*

TROMPETTE.

Titre du Trompette Juré du Roy. *Joly, des Offices de France, tome* 2. *liv.* 3. *tit.* 25. & aux additions, *page* 1915.

TROUBLE.

NE vis fiat ei qui in poſſeſſionem miſſus eſt. D. 43. 4. Interdit, ou défenſe de troubler.

Unde vi. C. 8. 4... C. Th. 4. 22.

Si per vim, vel alio modo abſentis perturbata ſit poſſeſſio. C. 8. 5 ... Inſt. de interd. §. 6.

Ut de poſſeſſione agi oporteat. C. 3. 16. Pardevant qui il faut ſe pourvoir en trouble

Voyez les mots *Complainte, Force, Poſſeſſion, Poſſeſſoire, Reintegrande.*

1   Edits & articles accordez par le Roy Henry IV. pour la réunion de ſes ſujets, depuis l'an 1593. juſqu'en l'an 1598. *Ordonnances de Fontanon, tome* 4. p. 747.

2   Diminution des loyers demandée à cauſe de la non joüiſſance pendant les troubles. *Voyez* le mot *Bail, numb. 7. & 9.*

3   Trouble fait aux Commiſſaires aux ſaiſies réelles. *Voyez* le mot *Commiſſaires, nomb. 48. & ſuiv.*

4   Criées faites durant les troubles. *Voyez* le mot *Criées, nomb. 9.*

5   Pendant les troubles les interêts ne courent. *Voyez* le mot *Interêts, nomb. 268. & ſuiv.*

6   Si la preſcription a lieu pendant les troubles? *Voyez* le mot *Preſcription, n. 387. & ſuiv.*

7   Les procedures faites pendant les troubles, ſont nulles. *Voyez* le mot *Procedure, n. 65.*

8   Une obligation extorquée d'une communauté par gens de guerre pendant les troubles, a été déclarée nulle par Arrêt du Parlement de Provence du 9. Juin 1653. *Boniface, tome* 2. *part.* 3. *livre* 2. *titre* 1. *chap.* 10.

Le trouble fait au ſequeſtre, après ſa décharge. 9 *Voyez* le mot *Sequeſtre, n. 70. & ſuiv.*

TROUPE.

DE his quæ perturbam fiunt. Paul. 5. 3. Crime, ou dommage fait par une troupe de gens.

De vi bonorum raptorum, & de turbâ. D. 47. 8. Des gens attroupez.

Si familia furtum fuciſſe dicatur. D. 47. 6. Familia, eſt turba vel cœtus ſervorum.

Ad legem Juliam, de vi publicâ, & privatâ. C. 9. 12... D. 48. 6. & 7.

Voyez Force. Violence. & l'Ordonnance de 1670. *tit.* 2. *art.* où il eſt parlé des attroupemens & aſſemblées illicites.

TROUSSEAU.

LE Trouſſel, comme on parle en Dauphiné, qui 1 eſt l'*Arrodium* de Bartole, & le *mundus muliebris* des Latins que la femme apporte avec ſa dot dans la maiſon de ſon mary, s'il n'a pas été eſtimé, n'eſt reſtituable qu'en l'état où il ſe trouve au temps qu'il doit l'être. Jugé au Parlement de Grenoble par Arrêt du premier Juin 1587. & par pluſieurs autres. *Voyez M. Expilly, chap. 47.* & *Chorier en ſa Juriſprudence de Guy Pape, p. 225.*

Trouſſel que la femme porte chez ſon mary avec 2 ſa dot, qui peut ſe conſumer par l'uſage, ſi aucune eſtimation n'en a été faite lors du Contract de mariage, ne peut être demandé, ſinon en l'état qu'il ſe trouve lors de la reſtitution des deniers dotaux. Arrêt du 29. Juin 1587. *M. Expilly, Arrêt 96.*

TROUVER.

PArtage de ce qui eſt trouvé par pluſieurs enſemble. *Leon. N. 70. in princip.*

Voyez cy-deſſus le mot *Treſor, nomb. 5. & ſuiv.*

Des Enfans trouvez. *Voyez* le mot *Enfant, nombre* 98. & 99.

TROYES.

COûtumes de *Troyes* avec des annotations. Un 1 recueïl des Evêques de Troyes, des Memoires des Comtes de Champagne & Brie, &c. Par *Pierre Pithou. Troyes* 1609.

La Mairie & Echevinage de Troyes avec les Privi- 2 leges de ladite Ville. *Troyes, 1679. in 8.*

Reglement de Police militaire pour la ville de 3 Troyes. *Troyes 1675. in 8.*

SE TUER.

VOyez le mot *Homicide.*

Les biens de celuy qui ſe tuë ſoy-même, ſont confiſquez au préjudice de ſes enfans. *Carondas, livre* 7. *Réponſe* 115. toutefois rapporte un Arrêt du 24. Janvier 1582. rendu au Parlement de Toulouſe au profit de l'enfant. Voyez *M. d'Olive, liv.* 1. *chap.* 40. où il parle de la peine qui eſt impoſée à ceux qui ſe tuent eux-mêmes.

TUILLES, TUILLERIES.

ARrêt du 9. Février 1556. qui condamne un Tuil- 1 lier pour avoir vendu de la brique mal cuite, & poſſedé quatre Tuilleries à la fois en 50. livres d'amende pour la réparation du College où il l'avoit fourni, en 10. livres d'amende vers le Roy, & fait défenſes à toutes ſortes de perſonnes de tenir en proprieté ou autrement pluſieurs Tuilleries directement ou indirectement, ſur peine de confiſcation, & outre enjoint aux Capitouls promptement & diligemment réduire & moderer le prix deſdites tuiles, ainſi qu'il ſera trouvé raiſonnable. *La Rocheflavin, liv.* 4. *lett.* T. *tit.* 8. *Arrêt* 1.

Tuilleries & de leurs conſtructions. *Voyez Des* 2 *Maiſons, lettre* T. *nombre* 18. où vous trouverez Arrêt

Interlocutoire touchant les Religieuses de Popincourt du 14. Août 1666. avec plusieurs remarques curieuses.

TURBES.

Voyez *Carondas , liv. 5. Réponse 16. & Papon , liv. 8. tit. 5. nomb. 70.* L'enquête par turbes devoit se faire par l'autorité de la Cour ; les Juges subalternes ne pouvoient l'ordonner.

Enquêtes par turbes abrogées. *Voyez l'Ordonnance de 1667. tit. 12.*

TURENNE.

Le Vicomte de Turenne a droit de lods sur les fiefs. *Voyez Papon , titre des Fiefs , & Mainard , liv. 4. chap. 32. & 33.*

TUTELLE.

Il est traité des Tutelles, des Tuteurs, & des Curateurs , dans le Digeste , Livres XXVI. & XXVII. dans le Code , Livre V. depuis le Titre 28. jusqu'à la fin & dans les Institutes, Livre I. depuis le Titre XIII. jusqu'à la fin.

Des Tutelles & des Tuteurs , en général.

De tutelis. D. 26. 1... Inst. 1. 13... Lex. 12. tabb. 1. 18... Caj. 1. 1. 7. & 8 .. Ulp. 12. & 13. Paul. 2. tit. 28. 29. 30. & 31.

De tutoribus & curatoribus. C. Th. 3. 17...Theod. N. titre 5.

De falso tutore. L. 211. D. de verb. sign.

Tutelle Testamentaire..

De testamentariâ tutelâ. D. 26. 2... C. 5. 28... Inst. 1. 14.

De confirmando tutore vel curatore. D. 26. 3...C.5.29.

Si contra matris voluntatem tutor datus sit. C. 5. 47. Il ne faut pas donner au Pupille le Tuteur prohibé par le Testament de la mere.

Tutelle legitime.

De legitimis tutoribus. D. 26. 4.

De legitimâ tutelâ. C. 5. 30... N. 118. c. 5.

De legitimâ tutelâ agnatorum. Inst. 1. 1;... Patronorum. 17... Parentum 18.

De fiduciariâ tutelâ Inst. 1. 19.

Tutelle dative , & nomination des Tuteurs.

De Attiliano tutore , & eo qui ex lege Juliâ & Titiâ dabatur Inst. 1. 20. De la Tutelle dative aux mineurs qui n'ont point de Tuteur. Les Tuteurs étoient nommez à Rome par les Tribuns, suivant la Loy *Attilia* : & dans les Provinces, par les Présidens, ou Proconsuls & Gouverneurs , suivant la Loy *Julia* & *Titia.*

De tutoribus & Curatoribus datis ab his qui jus dandi habent : & qui , & in quibus causis specialiter dari possunt. D. 26. 5. De ceux qui ont droit de nommer les Tuteurs , & de ceux qui peuvent l'être.

De tutoribus & curatoribus creandis. C. Th. 3. 17.

Ubi petantur tutores vel curatores. C. 5. 32.

Qui petant tutores vel curatores , & ubi petantur. D. 26. 6...C. 5. 31. .. C. Th. 3. 18.

De tutoribus & curatoribus illustrium vel clarissimarum personarum. C. 5. 33.

Qui dare tutores vel curatores , & qui dari non possunt. C. 5. 34... L. 73. D. de reg. jur.

De potioribus nominandis. C. 10. 65... Paul. 2. 29.

Qui potiores nominare non possint. Paul. 2. 30. Voyez cy-dessous , Excuses du Tuteur.

Qui tutores vel curatores pupillo vel adolescenti esse non possunt. N. 72. Les Créanciers ou les Débiteurs d'un mineur , ne doivent pas être Tuteurs.

Si post creationem , quis decesserit. C. 10. 68. La nomination d'une Tutelle ne passe pas aux heritiers du Tuteur nommé.

Quando mulier tutelæ officio fungi potest. C. 5. 35... N. 22. c. 40... N. 94. & N. 118. c. 5.

In quibus casibus , tutorem vel curatorem habenti , tutor vel curator dari potest. C. 5. 36.

Tome III.

De in litem dando tutore vel curatore. C. 5. 35... 44. Des Curateurs à plaids , & à Conseil.

De Magistratibus conveniendis. D. 27. 8... C. 5. 75... I. 1. 24. §. ult. Quand le Juge est responsable de la nomination d'un Tuteur , *ex Senatusconsulto , seu oratione Trajani.*

Actions tutelaires , & reddition de compte.

De tutelâ , & rationibus distrahendis , & utili curationis causâ , actione. D. 27. 3 .. Inst. 1. 20. §. ult. De la reddition de compte & de la soustraction des effets pupillaires.

Arbitrium tutelæ. C. 5. 51. De l'action tutelaire qui appartient au mineur. Elle est appellée *Arbitrium*, parce qu'elle dépend de l'arbitrage du Juge.

De contrariâ tutelâ , & utili actione. D. 27. 4. De l'action qui appartient au Tuteur & au Curateur.

De contrario judicio tutelæ. C. 4. 58.

De dividendâ tutelâ , & pro quâ parte quisque tutorum conveniatur. C. 5. 52.

De eo qui pro tutore, prove curatore negotia gessit. D. 27. 5... C. 5. 45.

Quod, falso tutore auctore gestum esse dicatur. D. 27. 6. Action contre le Tuteur supposé.

Ut matres etiam tutelâ rationibus obnoxiæ sint. N. 155. V. Mere , Tutrice. Compte.

Administration & autorité du Tuteur.

De administratione & periculo tutorum & curatorum qui gesserint, vel non ; & de agentibus vel conveniendis, uno vel pluribus. D. 26. 7.

De administratione tutorum & curatorum, & de pecuniâ pupillari fœnerandâ , vel deponendâ C. 5. 37...C. Th. 3. 19... N. 72. c. 6. 7. & 8. Voyez Deniers pupillaires.

De periculo tutorum & curatorum. C. 5. 38... N. 118. c. 5. in fine.

Si ex pluribus tutoribus vel curatoribus, omnes , vel unus agere pro minore , vel conveniri possint. C. 5. 40.

Quando ex facto tutoris vel curatoris , minores agere vel conveniri possunt. D. 26. 9... C. 5. 59.

Ut causâ , post pubertatem , adsit tutor. C. 5. 48. Le Tuteur doit soûtenir le procès qu'il a commencé , jusqu'à ce qu'il ait rendu son compte , & les pieces du procez.

Dolus tutoris. L. 198. D. de reg. jur.

De authoritate & consensu tutorum & curatorum. D. 26. 8... Inst. 1. 21... Ulp. 11. §. 24.

De authoritate præstandâ. C. 5. 59.

Si tutor vel curator intervenerit. C. 2. 14. Intervention du Tuteur , au Contrat de vente passé par son mineur.

Cautions & engagemens du Tuteur.

De satisfatione tutorum vel curatorum. Inst. 1. 24.

Rem pupilli vel adolescentis , salvam fore. D. 46. 6. Caution que le Tuteur & le Curateur légitime , & nommé *sine inquisitione* , devoit donner devant le Préteur.

De fidejussoribus , & nominatoribus , & hæredibus tutorum & curatorum. D. 27. 7.

De fidejussoribus tutorum vel curatorum. C. 5. 57.

De hæredibus tutorum vel curatorum. C. 5. 54.

De tutore vel curatore qui satis non dedit. C. 5. 42. Excuses du Tuteur.

De excusatoribus. D. 27. 1.

De excusationibus tutorum vel curatorum. Inst. 1. 25... Paul. 2. 28. & seqq.

De excusationibus , & temporibus earum. C. 5. 62. Le temps pour proposer les excuses , étoit cinquante jours.

Si tutor vel curator falsis allegationibus excusatus sit. C. 5. 63.

Si tutor vel curator , reipublicâ causâ aberit. C. 5. 64... Inst. 1. 25. §. 2.

De excusationibus veteranorum C. 5. 65.

Qui numero liberorum se excusant. C. 5. 66. Inst. 1. 25. in princ. Trois enfans vivans , dans la ville de Rome ;

quatre enfans dans l'Italie, & cinq dans les Provinces.

Qui morbo se excusant. C. 5. 67... I. 1. 25. §. 7.

Qui ætate se excusant. C. 5. 68... I. 1. 25. §. 13. Ceux qui ont moins de 25. ans ; & ceux qui en ont plus de soixante & dix.

Qui numero tutelarum. C. 5. 69. Trois tutelles exercées au même temps.

Si tutor vel curator vel Magistratus creatus appellaverit. D. 49. 10. Le Tuteur appellant de sa nomination, doit administrer pendant l'appel.

De vacatione & excusatione munerum. D. 50. 5... C. 10. 45. & alibi. V. Exemption.

De potioribus ad munera nominandis. C. 10. 65.... Paul. 2. 29. & 30. Excuse & moyen d'appel, pour un Tuteur nommé, quand quelqu'un est plus proche que luy.

Si propter inimicitias creatio facta sit. C. 10. 66... Inst. 1. 25. §. 11. Autre excuse de Tutelle.

De sumptuum recuperatione. C. 10. 67. Celuy qui est nommé nonobstant une excuse évidente & légitime, gagne ses dépens contre le nominateur.

Ut Monachi & Clerici tutores esse possint ; sed ab administratione, ac pupillorum rectione arceantur. Leon. N. 68.

Episcopi & Clerici immunes à tutelâ & curâ. Lege 51. C. *de Episc.* D. Gr. 16. q. 1. c. *generaliter... Can. Apost.* 6. & 80.

Clericis permittitur cognationis jure, tutelam vel curam accipere. N. 123. c. 5. & 6.

Choses défendues au Tuteur.

Ne tutor vel curator vectigalia conducat. C. 5. 41. Défenses aux Tuteurs d'entrer dans les Fermes du Prince.

Si quis eam, cujus tutor fuerit, corruperit. C. 9. 10... C. Th. 9. 8.

De tutore qui pupillam suam vitiat. Leon. N. 34.

De interdicto matrimonio inter pupillam & tutorem, seu curatorem, liberosque eorum. C. 5. 6.

Ut curatores nullo modo suscipiant cessiones adversùs minores. N. 72. c. 5.

Rem alienam gerentibus non interdici rerum suarum alienationem. C. 4. 53.

Fin de la Tutelle.

Quibus mo lis tutela finitur. Inst. 1. 22.

Quando tutores vel curatores esse desinant. C. 5. 60.

De actore ac tutore seu curatore, dando. C. 61. La Tutelle ne finit pas par l'absence du Tuteur ; mais il doit donner *Actor. m*, un homme qui agisse en sa place.

De suspectis tutoribus, vel curatoribus. Inst. 1. 26: ult.

1   Des Tuteurs, de leur pouvoir, engagemens, des engagemens des cautions des Tuteurs ; & de ceux qui les nomment , & de leurs heritiers , des engagemens des mineurs envers leurs tuteurs, comment finit la tutelle, & de la destitution des Tuteurs, des causes qui rendent incapables de la tutelle, & de celles qui en excusent. *Voyez* le 2. tome *des Loix Civiles, livre* 2. *tit.* 1.

2   Freherus, *de legitimâ tutelâ curâque Electorali Palatinâ.* Heidelb. 1612.

3   Molius, *de tutelis,* in 8. Moguntiæ, 1667.

4   *Voyez* le Traité fait par M. *Pierre de Blanchecape, Prieur des Facultez de Droit en l'Université de Caën,* in quarto , à Rouen, chez *Eustache Viret* en 1673.

5   *Voyez* Bailliste, Baillisterie, les mots, *Mineur,* nomb. 186. & suiv. *Mariage* , nomb. 723. & suiv. *Nôces* , nomb. 113. & suiv. *Préférence* , nomb. 24. & suiv.

6   Tutelle , Tuteurs. *Voyez* sous ce Titre , *la Bibliotheque de Droit François par Bouchel.* La Bibliotheque de *Jovet* , au mot *Tuteur* , & Despeisses, tome 1. page 480.

7   De Tutelles & Curatelles. *Voyez* le 30. chap. de la Coûtume de N vernois , & Coquille en son Commentaire sur icelle, tome 2. page 281. où il est parlé des Tuteurs testamentaires , & des peres & meres qui sont legiti-

mes administrateurs , & ibid. en son Institution au *Droit François* , page 85.

8   *Coquille,* tome 2. quest. 178. explique la difference qui est entre Tuteur & Curateur.

9   Observations sur les Tutelles. *Voyez* le Traité des Criées par M. *Bruneau,* page 494.

10   Des Tutelles. *Voyez* les Arrêts de M. *de Lamoignon* recueillis dans *Auzanet* , page 14.

11   *Tutores legitimi qui de Provinciâ omninò extraneæ sunt Tutoribus dativis, qui de pupillis Jurisdictione sunt, postponuntur.* Voyez *Franc. Marc,* tome 1. quest. 251.

12   *Declarata fuit subreptitia, datio tutelæ facta remotioribus cognatis , eo quod præteriti essent propinquiores non minus idonei , idque procuratum appareret studio quorumdam affectantium administrationem , neque auditi essent in decernendâ tutelâ omninò proximi , qui tamen audiri facilè potuissent. Ità in causâ revisionis , Comitissæ de Moulart impetrantis , contra Dominum de Romaré, citatum* 10. Julii 1651. Voyez *Stockman, Decis.* 117.

13   *Quod administratio tutoris ex consuetudine , pubertate non finiatur.* Voyez *And. Gaill.* lib. 2. observ. 96.

14   Curateur agissant contre le Tuteur. *Voyez* le mot *Curateur,* nomb 48.

15   Tuteur qui est Créancier du Pupile. *Voyez* le mot *Créancier,* nomb. 78.

16   Le debiteur du mineur valablement pourvû , est liberé purement & simplement , en payant le Tuteur. *Abr. Mainard,* liv. 9. ch. 7. vid. L. 25. C. *de administ. tut.*

Il faut que ce soit un Tuteur diffinitif bien certifié.

17   En tutelle les mâles sont preferez aux femelles , & les parens paternels aux maternels. *Voyez la Biblioth. de Bouchel,* verbo , *Tutelle.*

18   Si le Tuteur legitime est volontaire, ou s'il a besoin de s'excuser: *Voyez Coquille,* tome 2. pag. 176.

19   Tuteur baillé à celuy qui en a un, si & comment on peut le donner. *Voyez Peleus,* quest. 15.

20   Tuteur ordonné par le Juge avec la voix des parens doit demeurer. *Voyez Carondas,* liv. 2. Rép. 56.

21   Il faut regulierement qu'avant que le Tuteur entre dans les fonctions de sa charge, il ait satisfait à ces préliminaires. 1. qu'il ait reçu par Ordonnance du Juge les choses dépendantes de la tutelle. 2. qu'il en ait fait inventaire. 3. qu'il ait prêté serment. 4. qu'il ait donné caution. 5 qu'il ait promis de défendre son Pupille, comme il y est obligé. Neanmoins par la Coûtume de Dauphiné, tout ce qui a été fait pour , ou contre le Pupille , avec le Tuteur , avant qu'il y ait inventaire , subsiste, comme fait legitimement : par le même usage, il luy est permis d'exercer cette charge sans caution ; & quand il n'auroit satisfait à aucun de ces préalables , ce qu'il auroit fait à l'avantage du Pupille , ne laisseroit pas de subsister ; mais s'il est Créancier , il est obligé de le declarer , & s'il ne le fait pas il perd sa dette ; en cela on suppose que le Testateur qui l'a nommé Tuteur , l'a ignoré ; car s'il l'a sçu, rien ne luy peut être imputé , & sa dette ne court aucun danger ; comme il a été jugé pour N. Jean Alleman. *V. Guy Pape,* qu. 144. & 330.

22   Choses administrées par le Tuteur mal décerné doivent avoir provisoirement leur execution, quoyqu'il soit dit que le Tuteur a été mal décerné. Arrêt du Parlement de Paris du 13. Decembre 1546. *Papon,* liv. 13. tit. 5. nomb. 5.

23   Le petit fils est recevable à demander les biens que sa mere mineure avoit quittés à son pere Tuteur par son Contrat de mariage , Arrêt du 11. Mars 1558. *Carondas,* liv. 4. Rép. 92.

24   Deux conjoints par leur societé s'obligent réciproquement que le survivant sera Tuteur des enfans du défunt : le cas arrivé , le survivant refuse la charge, & fait autoriser des parens, par Arrêt du 4. Decembre 1559. ils furent contraints de prendre la charge, & fut jugé que les conventions ne valoient rien *quia facta contra jus publicum, cum tutela sit juris publici,* en dé-

chargeant un proche parent du défunt , parce qu'il étoit Capitoul. *La Rocheflavin, liv. 4. lettre T. tit. 8. Arrêt 11.*

25 Lors qu'on ordonne qu'un Tuteur sera oüy cathegoriquement, on ne dit point qu'autrement les faits feront tenus pour confessez ; mais on le contraint par commination de peines à son nom, n'étant pas raisonnable que le Tuteur soit le maître de faire tort à son pupille. *Ibid. liv. 6. tit. 46. Art. 7.*

26 Un Tuteur ne peut être contraint par corps au payement d'une provision envers son pupille. Arrêt du Parlement de Paris du 13. Décembre 1599. *Bibliot. de Bouchel,* verbo , *contrainte par corps.*

27 Par Arrêt du Parl. de Paris du 19. Février 1605. la Cour enjoint au Prévôt d'Angers, & autres Juges & Officiers, de ne permettre qu'aucune femme mariée soit élûë Tutrice ; & aux Subftituts du Procureur General de tenir la main à ce que ceux qui auront été élûs Tuteurs, à la charge de bailler caution, foient contraints d'y fatisfaire avant que de s'immiscer en l'administration , sur peine de tous dépens, dommages & intei êts des Parties, & que l'Arrêt fera lû au Siege en la Chambre du Conseil. *Biblioth. de Bouchel ,* verbo , *Tuteur.*

28 Un Tuteur peut demander ce qu'il a avancé pour la culture des heritages de son pupille. Arrêt du Parlement de Dijon. *Bouvot , tome 1. part. 1. verbo, Tuteur, question 5.*

29 Jugé par Arrêt du Parlement de Dijon du 9. Decembre 1603. que les suffrages n'ayant été reçus & donnez en présence du Juge, la nomination du Tuteur eft nulle. *Ibid. tom. 2. verbo , Tuteurs , qu. 11.*

30 Un parent n'eft obligé d'accepter la charge des biens vacans de son pupille. *V. Bouvot , to. 2. verbo , Tuteur , quest. 19.* où il examine si le Tuteur eft tenu de payer les arrerages de deniers dont il se trouve reliquataire.

31 Jugé par Arrêt du Parlement de Dijon du 31. Janvier 1617. qu'il eft aux choix des parens de nommer un Tuteur , soit du côté paternel , foit du côté maternel , qui se trouve le plus capable. *Bouvot, to. 2. verbo, Tuteurs & Curateurs , quest. 38.*

32 Un mineur ayant trois freres, l'aîné doit être appellé à la tutelle. Arrêt du Parlement de Dijon du 11. Juillet 1619. *Ibid. quest. 40.*

33 Le Tuteur de trois mineurs, defquels il y en a un marié âgé de 23. ans , auquel il remet l'administration de tous les biens, n'eft suffisamment déchargé, il doit rendre compte, sauf son recours. Arrêt du Parlement de Dijon du 31. Janvier 1619. *Ibid. quest. 42.*

34 La qualité de Tuteur ne se prouve que par la délation de tutelle, prestation de ferment de Tuteur , & confirmation du Juge. Arrêt du Parlement de Grenoble du 11. Juin 1625. *Baffet , tome 2. liv. 4. tit. 14. chapitre 1.*

35 Arrêt du 12. Decembre 1616. qui condamne des affirmateurs qui avoient été oüis dans une information en laquelle ils avoient déposé que le Tuteur & Commiffaire étoient solvables,à payer subsidiairement au mineur ce qui pourroit luy être dû par son Tuteur ; ce qui n'auroit pas été si le Tuteur étoit devenu insolvable pendant sa minorité. Jugé par divers Arrêts du Parlement de Paris & de Touloufe , rapportez par *Maynard , liv. 6. ch. 56.* Ce qui doit pareillement être observé en la personne des Magistrats. *Cambolas , liv. 5. ch. 29.*

36 Pour être valablement nommé Tuteur, il faut avoir été du nombre des nominateurs. Arrêt du 14. Janvier 1642. *Soëfve , tom. 1. Cent. 1. ch. 48.*

37 Un parent non affigné eft déchargé de la tutelle. Arrêt du 13. Avril 1644. *Berault, à la fin au 2. to. de la Coût. de Normandie , p. 106. col. 1.*

38 Arrêt du Parlement de Touloufe du 19. Decembre 1667. en faveur d'une fille d'un premier lit, qui étant majeure de 25. ans , avoit renoncé dans ses pactes de mariage en faveur de sa mere mariée , laquelle avoit administré ses biens, n'apparoiffant pas que cette fille eût eu aucun autre Tuteur , quoyque son pere l'eût délaissée impubere ; cette fille ayant renoncé à tous droits paternels & maternels en faveur de sa mere , moyennant la somme de 350. liv. fut reçuë 26. ans après cette renonciation à se pourvoir en restitution, & fut maintenuë aux biens paternels, & la mere condamnée à rendre compte de l'administration. *M. de Catellan , liv. 8. chap. 6.*

39 La premiere chose que le Tuteur doit faire , eft de faire proceder à l'inventaire , & ensuite à la vente des meubles & choses périssables, conformément à l'article 103. de l'Ordonnance d'Orleans, à peine d'en demeurer responsable, & de payer l'interêt du prix qu'ils auroient produit. Arrêts des 4. Juillet 1672. & 27. Janvier 1674. Pour ce qui regarde les biens immeubles , lors qu'un Tuteur a fait ses diligences pour les affermer,ayant fait faire les proclamations en tel cas requises,il ne peut être chargé que sur le pied des fruits qu'il a perçus annuellement. *Gravero! fur la Rocheflavin, liv. 6. Art. 2. p. 405.*

40 Jugé au Parlement d'Aix que ceux qui font déchargez de la tutelle , le font aussi de cautionner pour le Tuteur. *Boniface , tome 4. liv. 4. tir. 1. ch. 3.*

41 Arrêt du 14. Janvier 1672. qui a préféré l'amy à la mere, pour une tutelle qui avoit été déferée par le pere à cet amy,par acte de déclaration. *Boniface, to. 4. liv. 4. tit. 1. ch. 5.*

42 Arrêt du 2. Août 1681. qui donna la tutelle à l'oncle paternel, & l'éducation à la mere ; elle n'avoit pas des commoditez suffifantes pour répondre de sa gestion. *Boniface, tome 4. liv. 4. tit. 1. chap. 6.* Voyez *Education.*

43 Si le pere Tuteur de ses enfans, qui n'a point accepté la gardenoble ou bourgeoise,en rendant compte du maniement qu'il a eu du bien des enfans . dont il a joüi, a droit de retenir & d'employer en dépense sur les fruits, leur nourriture & entretien , ou s'il eft obligé de les nourrir à ses dépens ? *Voyez le Recueil des Actes de Notorieté donnez par M. le Lieutenant Civil , pag. 122. & suiv.* où il eft observé que le Tuteur qui n'avoit point de revenu ne peut faire une dépense qui excede le produit des revenus du pupille : s'il la fait plus grande, il la perd, sans avoir répétition sur les biens des mineurs ; de maniere que s'ils n'avoient aucuns revenus, le Tuteur eft personnellement obligé de fournir les nourritures fans répétition.

TUTEUR, PUPILLE ABUSÉE.

44 Un Tuteur ayant été trouvé par les Capitouls cou ché en chemise avec sa pupille âgée de 10. à 11. ans toute nuë dans un lit, étant appellant de la Sentence des Capitouls , qui l'avoient condamné à être mis en quatre quartiers ; mais étant certifié par la visite faite par deux Barbiers & deux Sages-femmes , que la fille n'avoit point été déflorée , fut feulement condamné à faire amende honorable en Audience , en chemise, tête nuë , la hart au col , & une torche ardente en la main,& aux galeres pour dix ans , & en 500. livres envers ladite pupille pour son mariage,& en 100. liv. à la réparation de la Ville. Arrêt du P. de Toulouse du 13. Septembre 1571. *La Rocheflavin , liv. 4. lettre T. tit. 8. Arrêt 12.*

TUTEUR ADJUDICATAIRE.

45 Tuteurs qui se rendent adjudicataires des biens de leurs mineurs. *Voyez le mot , Adjudication,nomb. 55.*

46 Le Tuteur enchériffant l'immeuble de son mineur, fait son profit, & provoque les autres à enchérir par deffus ; c'eft le sentiment de *Coquille, art. 7. Tit. des Executions , Criées & Subhastations de la Coûtume de Nivernois.* Mornac, sur la Loy 3. *C. de Contrah. empt.* rapporte un Arrêt du Parlement de Paris qui l'a jugé de la forte.

47 Si le Tuteur peut prendre l'eftrouffe des fruits de son mineur ? On diftingue si la bonne foy du Tuteur

s'y rencontre, & qu'elle foit vifible fans artifice & avec liberté pour les encheres, il le peut;mais fi c'eft pour y profiter il ne le peut. *Voyez Henrys, tome 2. liv. 4. quest. 14.*

48   Jugé au Parlement de Paris le 21. Juin 1521. qu'un Tuteur peut s'accommoder du bien de fon mineur, quand perfonne ne fait la condition plus avantageufe. *Biblioth. de Bouchel, verbo, Benefice d'âge.*

49   *Henrys, tome 1. liv. 4. ch. 6. quest.* 112. rapporte un Arrêt de Reglement fait aux Grands Jours tenus à Lyon le 27. Novembre 1596. par lequel il eft fait défenfes aux Tuteurs de retenir les meubles des mineurs pour le prix de la prifée,& à eux enjoint de les faire vendre au plus offrant & dernier encherisfeur, avec les folemnitez accoûtumées, aufquelles ventes ne feront reçus à encherir les Greffiers qui auront assifté à l'inventaire.

50   *De tutore emente immobilia palam;quod palam factum eft præfumitur bonâ fide licitèque factum, licet à perfonâ prohibitâ factum fit.* Arrêt du 12. Janvier 1610. Mornac, *L. 5. C. de contrahendâ empt. & L. 24. §. ult. ff. eodem.*

TUTEUR, APPEL, ARREST.

51   Tuteurs appellans de la nomination, doivent neanmoins adminiftrer, & font chargez de la tutelle,fi leur contumace eft vraye, & qu'ils fe foient frauduleufement abfentez; mais fi la contumace eft vraye, & que l'on n'y trouve un dol évident, la Sentence ne fera executoire, nonobftant l'appel. Arrêt du Parlement de Paris du 27. Avril 1534. *Papon, liv. 15. tit. 5. nombre 4.*

52   Tuteur ordonné par Juftice appellant de ce, doit être contraint, nonobftant fon appel, & fans préjudice d'iceluy, de gerer, & exercer le fait de cette tutelle, finon qu'il eû. été ordonné Curateur,fans avoir été oüy, ou par coûtume mal venuë & donnée : car en ce cas il doit être oüy. Arrêt du Parlement de Paris du 27. Avril 1534. Il eft à obfervér que ce que le Tuteur ainfi adminiftrant par provifion doit avoir lieu, quoyqu'il foit que mal a été judée & ordonné. Arrêt du Parlement de Paris du 15. Décembre 1546. *Bibliot. de Bouchel, verbo, Tuteur.*

53   Confentement du Tuteur en Jugement, & que l'on peut appeller de la Sentence, fans qu'il foit neceffaire de fe faire relever de ce confentement. Arrêt du 2. Avril 1595 *Ibid. verbo, Confentement.*

54   Appellations de tutelle fe relevent directement à la Cour. Arrêt du Parlement de Bretagne du 11. Septembre 1618. rapporté par *Frain, p. 496.*

55   Si un Arrêt qui décerne provifionnellement la tutelle à quelqu'un, peut être executé au préjudice d'une Requête Civile, impetrée par les parens du pupille contre cet Arrêt. *Voyez le 9. Plaidoyé de M. Jean Boné.* La caufe fut appointée au Parlement de Touloufe, par Arrêt du 24. Avril 1634.

TUTEUR, AVIS DE PARENS.

56   Le nombre des parens pour l'élection d'un Tuteur, doit être de douze ou plus, fuivant un ordre établi au Parlement de Roüen le 12. Janvier 1550. qui s'eft toûjours obfervé depuis. Pour regler le nombre & la qualité des parens qui doivent entrer dans la déliberation, il y avoit fouvent de grandes conteftations, fuivant le Reglement pour les tutelles, *art.* 14. les afcendans, les freres ou oncles du mineur, doivent être appellez à l'élection du Tuteur, & par l'*article* 15. à l'égard des autres parens collaterauz, on doit appeller feulement l'aîné de chaque branche; ce qui avoit été jugé de la forte, par Arrêt du mois de Novembre 1661. *Bafnage, titre de Jurifdiction, article 5.*

57   Ceux qui ont donné leurs avis pour l'élection d'un Tuteur, ne font tenus fubfidiairement ni autrement, au payement du *reliqua*. ni autres chofes pour ledit Tuteur envers fes pupilles. Arrêt du mois de Juin 1585. *La Rocheflavin, liv. 6. tit. 76. Arr. 1.*

Arrêt du Parlement de Bretagne du 4. Juillet 1628. 58 qui enjoint à tous Juges de faire rapporter aux dations de tutelles, le nombre des enfans, leur âge, nom, furnom,& degré de parenté des parens;& leur fait défenfes de recevoir aucune femme à nommer aux tutelles fur la mere & l'ayeule. *Frain, p. 495.*

Les femmes ne peuvent être admifes dans une af- 59 femblée des parens pour nommer un Tuteur.Arrêt du Parlement de Touloufe du 18. Janvier 1674. mais à leur exclufion il a été jugé par le même Arrêt que l'oncle par alliance pouvoit être Tuteur. *V. M. de Catellan, liv. 8. chap. 2.*

TUTEUR, AVOCAT, PROCUREUR.

Les Avocats & Procureurs en Parlement, ne peu- 60 vent être à raifon de leurs Charges, excufez de la tutelle. *Voyez Maynard, liv. 9. ch. 49.*

L'Ordonnance de l'an 1539. n'a lieu aux négocia- 61 teurs volontaires. 2. Bien aura lieu aux Avocats, Procureurs & Solliciteurs. *Maynard, livre 2. chap. 97. & li. 3. ch. 12. 2. cont. Du Frêne aux Avocats, liv. 7. chap. 5.*

Arrêt du Parlement de Bordeaux du 31. Août 1665. donné en la Grand'-Chambre, au rapport de M. de Pichon, entre le fieur Malat, Lieutenant-Asfeffeur au Siege de Saint Jean d'Angely, & les Demoifelles de Palet: jugé qu'une donation faite par Marguerite Malat, jeune fille de 16. à 17. ans, fœur germaine dudit fieur Malat, en faveur defdites Palet fes tantes, de tout ce que par Droit & Coûtume elle pouvoit donner, étoit bonne, quoy qu'au temps d'icelle ladite Marguerite Malat fût pourvûë de Curateur, & qu'elle demeuroit chez lefdites Palet,où elle étoit nourrie & entretenuë. Il s'agiffoit fans doute d'une donation à caufe de mort; & la Cour la jugea, fur ce que lefdites Palet n'avoient nulle adminiftration des biens de ladite Marguerite Malat. *La Peirere, let. T. nombre 172.*

AUTORITE' DU TUTEUR.

Tutor in ipfo negotio præfens debet auctor fieri, poft 62 *tempus verò vel per Epiftolam interpofitâ authoritâs,nihil agit.* Inftit. liv. 1. tit. 21. §. tutor.

Tutorum vel Curatorum poteftas an & quando tutelâ 63 *finitâ expiret ?* Voyez *Franc. Marc. to. 1. qu. 55.*

TUTEUR, AYEUL.

L'ayeul preféré à la mere, & autres proches parens, 64 nommez avec elle. Arrêt du Parlement de Touloufe, rapporté par *Maynard, liv. 6. ch. 52.*

Un ayeul paternel ayant été nommé Tuteur de deux fiens petits-fils, & après fa nomination fa belle-fille étant accouchée d'un autre mâle, il doit être nommé Tuteur du troifiéme, quoyqu'on le foûtînt infolvable. Arrêt du Parlement d'Aix du 5. May 1678. *Boniface, to. 4. liv. 4. tit. 1. ch. 2.*

TUTEUR, BEAU-PERE.

Si le beau-pere eft Tuteur avant que d'être beau- 66 pere, il ne perd point la tutelle. *L. fin. C. de contratut.* Cujas,*obfervat. li. 6. C. 29.* obferve que non feulement *tutelam fed etiam educationem habere poteft.*

La mere veuve doit faire pourvoir de Tuteur à fes 67 enfans & fatisfaire à la Loy, avant la foy baillée au fecond mary, autrement doit encourir les peines de non fucceder. *V. Coquille, tom. 2. quest. 285.*

Bien que de droit le paraftre de pupilles puiffe 68 être leur Tuteur, *L. fin. C. de cont. judicio tut.* neanmoins en France il n'y peut être contraint ; comme il a été jugé par plufieurs Arrêts du Parlement de Touloufe & de Paris, alleguez par *Maynard, li. 9. ch. 49.* Il remarque que quoyque par les Arrêts de Paris, le paraftre qui confent d'être fait Tuteur, foit préférable aux autres parens des pupilles ; au contraire à Touloufe les autres parens des pupilles font ordinairement préferez aux paraftres.

Le beau-pere peut être chargé de la tutelle ou de 69 l'éducation du fils de fa femme. Arrêt du 18. Decembre 1575. pour M. de la Châtre, & Dame Anne

Chabot sa femme, contre M. d'Estanges,oncle d'Anne d'Anglure , sieur de Givry , de la Gardenoble duquel il s'agissoit. *Biblioth. de Bouchel* , verbo , *Beaupere.*

70 Le beau-pere, autrement le parastre peut être Tuteur de son beau-fils & filiâtre; mais il ne peut être contraint d'accepter la charge. Arrèt des Grands Jours à Poitiers , le 3. Octobre 1579. Mêmes Arrèts au Parlement de Toulouse en 1593. & 1594. Si neanmoins des parens plus proches se presentent pour accepter la tutelle, ils sont preferables au beau-pere ; ce qui dépend pourtant de l'arbitrage du Juge. *V. Maynard , liv.* 7. *chap.* 16.

71 Par le Droit écrit,le beau-pere peut être Tuteur des enfans de sa femme. *L.32.§.imperator.ff. de adoptionibus & ult. C. de contrario tut. judic.* En France les tutelles sont datives & déferées selon l'ordre des successions, & ainsi le beau-pere ne peut être contraint d'accepter la tutelle contre sa volonté. Jugé aux Grands Jours de Poitiers le 17. Octobre 1579. *Chenu,*1. *Cent. quest.* 18. mais si le beau pere est élû Tuteur, & veut bien exercer la tutelle, faire le peut , & même il est préferé aux parens du mineur. Arrèt du 18. Decembre 1565. *Chenu, eodem loco.*

72 Un beau-pere nommé Tuteur par les parens , & donné par le Juge, vaut. Arrèt du 31. May 1607. *M. Expilly , chap.* 141.

73 Le vitric peut être Tuteur ou Curateur du fils de sa femme son privigne , *L. si pater , & de contra. jud. Boër. decis.* 266 Ainsi jugé à Paris. Arrèt contraire du Parlement de Bourdeaux du 16. Juillet 1609. portant que le vitric ne pouvoit être Curateur de son privigne , quoyqu'il luy eût été nommé Curateur ; il fut ordonné que les parens s'assembleroient pour en nommer un d'entr'eux Par Arrèt neanmoins du Parlement de Paris du mois de May 1610. un vitric fut contraint être Tuteur, suivant l'opinion d'*A:curse*, en la Glos. de la Loy 1. *ubi pup. educ. debeat.* Voyez *Maynard , liv.* 9. *ch.* 13.

74 Un vitric ayant épousé la mere Tutrice des mineurs , si en procedant à l'élection d'un Tuteur , il est nommé à la pluralité des voix,sera contraint d'accepter la tutelle. Arrèt du 10. May 1610. le Parlement séant aux Augustins. *Bibl. de Bouchel* , verbo, *Tuteur.*

75 *Vitricus potest esse tutor privigni sui, coqi non potest.* Jugé le 25. Decembre 1598. & le 7. Août 1614. Mornac, *L.* 32. *ff. de adoptionibus.*

BELLE-MERE TUTRICE.

76 La belle-mere ou marâtre que le pere a nommée en son Testament pour Tutrice , ne doit être admise à la tutelle, Arrèt du 23. Juillet 1619. *M. d'Olive , liv.* 1. *chapitre* 33.

77 Par Arrèt du Parlem. de Toulouse du 6. Mars 1646. la Cour cassa un Testament fait par un nommé Glandy en faveur de sa marâtre, qui avoit été instituée par le pere de Glandy , à la charge de nourrir & entretenir son fils du premier lit tant qu'il seroit en bas âge , & qui en effet avoit administré les biens de ce fils & ceux de ses autres enfans, & qui n'en avoit pas rendu compte : car quoyque cette tutelle semblât ne devoir être entendue que des biens des enfans du second lit, non de ceux de cet enfant du premier lit, neanmoins la Cour cassa ce Testament , & maintint la sœur du Testateur aux biens de son frere. *Albert,*verbo, *Restitution , art.* 1.

TUTEUR , CAUTION.

78 Caution demandée au Tuteur , ou par luy donnée, *Voyez* le mot, *Caution , n.* 165. *& suiv.*

TUTEUR , CESSION.

79 Les mineurs déchargez de la dette , profits & interêts d'icelle , en payant la somme de 300. liv. seulement, qui étoit le prix de la cession faite à leur Tuteur. Arrèts des 22. Avril 1595; & 12. Janvier 1624. *M. Lóuet & son Commentateur , let.* T. *som.* 4. Voyez *Henrys , tom.* 1. *liv.* 4. *ch.* 6. *qu.* 36.

Tuteur non reçu au benefice de cession. *Voyez* le mot , *Cession , n.* 154. *& suiv.* **80**

TUTEUR , COMPROMIS.

Si le compromis fait par le Tuteur l'oblige personnellement? *Voyez* le mot , *Compromis , nombre* 54. *& suivans.* **81**

COMPTE DE TUTELLE.

Compte que doit , ou que rend le tuteur. *Voyez* le mot *Compte , nomb.* 75. *& suiv.* **82**

Un tuteur couche une dette en son compte , depuis étant annullé , elle n'empêche la prescription. *Voyez Peleus , quest.* 120. **83**

Comment le tuteur est tenu de la tutelle,après la tutelle finie avant qu'il ait rendu compte? *Voyez Coquille, tome* 2. *question* 179. **84**

An sit standum assertioni seu confessioni tutoris super receptione pretii , & quod fuerit conversum in utilitatem pupilli ? Voyez *Franc. Marc* , to. 1. *quest.* 148. **85**

Le Receveur des biens d'un mineur doit garder le reliqua du compte par luy rendu , si le tuteur le requiert , jusques à ce qu'il ait rendu son compte. *Carondas , au liv.* 3. *de ses Rép. ch.* 31. **86**

La restitution d'un fideicommis au fils du tuteur , n'est valable , quand son pere n'a pas rendu compte. *Voyez* le mot *Fideicommis , nomb.* 124. **87**

Henrys , to. 2. *liv.* 4. *quest.* 31. dit, que quoique les Tuteurs soient toûjours reputez Tuteurs, jusqu'à ce qu'ils ayent rendu compte, & remis les titres ; neanmoins l'action des mineurs pour demander la reddition de compte , & la restitution des pieces, ne dure que trente ans. L'Auteur des *Observations* estime qu'à l'égard de l'action pour demander compte elle est imprescriptible,sur tout si le mineur a eu des raisons legitimes pour ne pas poursuivre le tuteur,comme si c'est un pere , ou autre parent dont le mineur soit heritier presomptif. A l'égard des suites du compte , comme le payement du reliqua, la restitution des pieces, réformation des erreurs , l'action ne dure que trente ans à compter du jour de la majorité. **88**

Tout administrateur doit rendre compte au lieu de son administration, sinon qu'il offre de compter ailleurs à ses dépens. Arrèt du 4. Août 1544. *M. Expilly , Arrèt* 17. **89**

Tuteur peut seulement coucher en compte de la tutelle de son mineur les frais par luy faits depuis qu'il a été reçu tuteur, non ceux faits auparavant. Arrèt le 23. Decembre 1550. *Le Vest , Arr.* 46. **90**

Tutor reddere debet rationes apud judicem cui jusjurandum tutorio nomine præstitit , quamvis gesta esset alio loco tutela. Arrèt du 14. Juin 1560. *Mornac , loy* 1. C. *ubi de ratiociniis tam publicis quàm privatis agi oporteat.* **91**

Si le tuteur offre de rendre compte , il ne peut être condamné à contraindre le debiteur du pupile à payer , sinon à payer luy-même. Arrèt du Parlement de Dijon en Juillet 1563. *Bouvot , to.* 1. *part.* 2. verbo *Tuteur , quest.* 3. **92**

Le tuteur n'est tenu de faire recette particuliere pour les portions des mineurs , mais generale. Arrèt du 13. Juillet 1570. *Carondas , liv.* 6. *Rép.* 22. **93**

Un Tuteur ayant geré & administré avant la reddition de Tutelle pour la reddition de compte , l'hypotheque commence du jour de l'administration, & non du jour de l'érection. Arrèt general prononcé avant Pâques 1574. *Papon , livre*15. *tit.* 5. *nomb.* 20. . **94**

Tuteur élu par les parens , est préferé au testamentaire. Arrèt du 8. Juillet 1587. *M. le Prêtre , és Arrèts de la Cinquième.* Voyez *M. Lóuet , let.* T. *sommaire* 2. où les tutelles Coûtumieres les tutelles sont datives ; *Secus* , en pays de Droit écrit. **95**

Un Tuteur prisonnier pour reliqua de compte demandé à faire cession, débouté; il demande contre sa partie adverse provision d'alimens , & le gîte & geolage par le Geolier , le premier Juge le condamne à payer 8. sols parisis par jour ; appel ; la Cour **96**

par Arrêt du 6. Août 1588. modere la taxe à quatre
fols par jour , fans tirer à confequence. *Biblioth. de
Bouchel* , verbo *Prifons.*

97   Un Tuteur avoit rendu compte , néanmoins les
mineurs prétendoient le rendre garant de quelques
dettes. Le Prévôt de Paris avoit ordonné qu'ils in-
tenteroient leurs actions dans trois mois , à faute de
ce , que filence perpetuel leur étoit impofé , défenfes
à eux plus inquieter le Tuteur. Appel , dont le
moyen étoit qu'ils ne pouvoient dans un fi bref délay découvrir leurs faits ; ils ajoûtoient que
l'action de tutelle duroit 30. ans , & que le Juge à
quo n'avoit pû réduire ce temps à trois mois. Arrêt
du 9. Février 1598. qui ordonne que la Cour en dé-
liberera. *Ibid.* verbo *Tutelle.*

98   Par Arrêt du 12. Août 1603. jugé que les parens qui
ont élû un tuteur , & l'ont certifié fuffifant & folvable par lettre d'élection ne font pas tenus de payer
aux mineurs le reliqua de compte dû par le Tuteur
quand il fe trouve infolvable. *Ibidem* , verbo *Nominateurs.*

99   Le Tuteur n'a hypoteque fur les biens du mineur
pour le reliqua de fon compte , que du jour de la
clôture , & non de l'acte de création de tutelle. Arrêt du Parlement de Paris du 4. Janvier 1617. & ce
aprés avoir vû les Arrêts intervenus fur la même
queftion. *Ibid.* verbo *Tuteur.*

100   Le Tuteur eft obligé de faire recette & dépenfe année par année. Arrêt du Parlement de Grenoble de
l'an 1619. *Bouvot* , tome 1. part. 2. verbo *Tuteur , queftion 6.*

101   Par Arrêt du Parlement de Roüen du 6. May 1619.
fur un partage de la Grand'Chambre , il a été jugé
que les mineurs ayant compté étoient tenus folidairement envers leur Tuteur de l'executoire qui luy
avoit été ajugé , pour avoir plus mis que reçu.
Nonobftant cet Arrêt , l'ufage eft certain que chaque
oyant compte n'eft tenu qu'à proportion de la dépenfe que le tuteur a faite fur luy. *Bafnage* , titre de *Jurifdiction* , art. 5.

102   Arrêt du Parlement d'Aix du dernier Juin 1656.
qui chargea la protutrice de rendre compte de fon
adminiftration , & déclara les biens du fecond mary
affectez pour le payement du reliqua. *Boniface* , tome
4. liv. 4. tit. 1. ch. 14.

103   Aprés la tutelle finie , fi le Tuteur abufant de la facilité de fon pupille , le fait tranfiger fur fon compte
fans connoiffance de caufe fuivant la maxime generale , toutes ces tranfactions *non vifis nec difpunctis rationibus* , font nulles , & les Lettres de refcifion peuvent être obtenuës pendant trente années , l'Ordonnance n'ayant point lieu en ce cas. Arrêt du Parlement
de Roüen du 26. Février 1670. conformé à deux
précedens. Même Arrêt le 31. Janvier 1674. Autre
du 9. Juillet 1680. qui a reçu aprés 28. années les heritiers à fe pourvoir par Lettres de refcifion contre
une tranfaction paffée entre un Tuteur & celle dont
il avoit été tuteur ; ce qui a lieu en faveur de l'heritier du mineur. Le Tuteur eft obligé de luy rendre
un nouveau compte. *V. Bafnage* , au tit. de *Jurifdiction* , art. 5. où il obferve que par les derniers Arrêts on a jugé que les pupilles devoient fe pourvoir
dans les dix ans aprés leur majorité.

104   Une mere qui convole en fecondes nôces fans
avoir rendu compte à un enfant du premier lit ,
fon fecond mary eft tenu de répondre des effets de cette tutelle non exigez , fuivant la Loy 2.
C. *arbitrium tutelæ* , & la Loy 6. C. *in quibus caufis
pignus, &c.* Jugé à Aix le 3. May 1671. *Journal du
Palais.*

105   Un Tuteur pour être excufé de la tutelle fit offre
de fournir deux cents livres par an pendant dix années au profit des mineurs. Un autre fut inftitué Tuteur , & déceda vingt mois aprés ; le premier fut de
nouveau choifi & nommé nonobftant la répétition

de fes offres. On maria une des mineures , le mary
fe chargea de toute l'adminiftration ; le Tuteur rend
compte , on prétendoit qu'il devoit fe charger de
400. livres pour deux années , pendant lefquelles il
avoit été excufé. L'on difoit en fa faveur que la condition ayant défailly par la feconde dation , l'obligation n'avoit été parfaite ni efficace en aucun temps.
Arrêt du Parlement de Bretagne du 19. Janvier 1682.
qui le décharge. *Hevin fur Frain* , p. 750.

TUTELLE, CONDECENTE.

Le puîné eft bien fondé en l'action de condécente **106**
fur fon aîné , bien que toute leur fucceffion fût toute affife fous la Coûtume generale. Arrêt du 6. Février 1454. *Berault* , à la fin du 2. to. de la *Coûtume
de Normandie* , p. 106. col. 1.

Par Arrêt du 7. Decembre 1649. jugé que l'aîné **107**
gereroit à la caution du puîné. *Ibid.*

Meffieurs du Parlement ne prétendent point avoir **108**
exemption de tutelle , & le fieur Bras-de-fer s'étant
condecendu fur M. Voifin Confeiller en la Cour , il
fut dit à bonne caufe la condécente , & M. Voifin
condamné de gerer la tutelle des enfans du fieur Ha-
ley. Arrêt de 1631. Il eft vrai que cet Arrêt porte
fans tirer à confequence. *Bafnage* , titre de *Jurifdiction*,
article 5.

L'action en condécente a lieu non feulement d'un **109**
parent éloigné contre un plus proche , mais auffi
quelquefois contre celuy qui eft en parité de degré ;
on même plus éloigné , quand tout le profit de la tutelle regarde celuy que l'on pourfuit en condécente ;
il fut ainfi jugé au Parlement de Roüen le 5. Juin
1652. que la condécente d'un oncle fur le fils de fon
frere aîné dans la Coûtume de Caux étoit valable.
le neveu fuccedant à tout l'ancien propre au préjudice
de fon oncle ; & fur ce même principe on a reçu la
condécente en parité de degré ; & par Arrêt du 16.
Mars 1639. dans la Coûtume de Caux on prononça ,
à bonne caufe la condécente d'un puîné contre fon aîné,
à caufe du grand avantage dont cet aîné joüit dans
les fucceffions , & fur tout dans les fucceffions collaterales de l'ancien propre qui luy appartiennent entierement.

Autre Arrêt du 18. Novembre 1667. contre les nommez Larcher. Aprés la mort du frere aîné , le dernier
puîné qu'on avoit inftitué Tuteur à fes enfans , ayant
été débouté de fon action en condécente fur l'aîné
des puînez , il en appella , & pour caufe d'appel , il
difoit que *quò cedit hæreditas, ibi & tutela pervenit,*
que le premier puîné auroit toute la fucceffion fi les
mineurs mouroient. La même chofe avoit été jugée en
la Coûtume generale , le 7. Decembre 1649. & afin
qu'on n'en doutât plus, la Cour en a fait un Reglement
article 24. au Reglement pour les Tutelles *Ibid.*

Jugé par Arrêt du 20. Juin 1642. que l'aîné en Pays **110**
de Caux doit gerer la Tutelle , & que la condécente y avoit lieu. *Berault* , à la fin du 2. to. de la *Coût.
de Normandie* , p. 107. col. 1.

L'alliance où la parenté eft furvenuë depuis l'inftitu- **111**
tion de Tutelle , le Tuteur n'eft pas recevable à demander la condécente. Arrêt du Parlement de Roüen
du 7. Juillet 1648. contre un homme qui avoit époufé
la tante de fes mineurs ; cela ne reçoit plus de doute
aprés l'article 34. du Reglement fuivant lequel le Tuteur ne peut fe démettre de la Tutelle fur celuy qui
a époufé la fœur du mineur depuis fon inftitution ;
mais feulement fur les freres du mineur devenus
majeurs depuis cette inftitution. Autre Arrêt donné
contre le Vavaffeur lequel voyant fon frere mort prit
une Commiffion pour les Eaux & Forêts d'Arpenteur dans le bois , qui exemptoit de Tutelle , mais on
n'y eut point d'égard , cette exemption n'ayant été
prife que depuis la Tutelle ouverte. *Bafnage* , tit. de
Jurifdiction , art. 5.

La condition des fœurs étant égale , & l'aî- **112**
née n'ayant d'autre prérogative que celle de pouvoir

voir choisir, l'action en condescente n'est point reçuë entr'elles suivant l'Arrêt du 25. May 1653. *Voyez Basnage, titre de Jurisdiction, art. 5.*

113 Un cousin germain a l'action en condescente contre l'oncle. Arrêt du Parlement de Roüen du 31. Janvier 1659. l'oncle est plus proche que le cousin d'un demi degré, selon le Droit Canonique, & il l'exclut de la succession aux meubles & acquêts ; il a esté neanmoins jugé que la condescente d'un oncle sur le fils aîné de son frere aîné en Caux étoit valable, parce que le neveu succedoit à son préjudice en la meilleure partie. *Basnage, tit. de Jurisdiction, art. 5.*

114 Celuy qui est demeuré chargé de la Tutelle en consequence de l'action de condescente, (elle consiste au droit qu'a un Tuteur nommé par les parens de se décharger de la gestion de la Tutelle sur un parent plus proche ou plus habile à succeder,) est le veritable Tuteur : c'est pourquoy le mineur doit s'adresser à luy pour demander le compte de sa Tutelle, & le doit discuter avant que d'intenter l'action en garantie. Jugé au Parlement de Roüen le 21. Novembre 1671. *Pesnelle en sa Coût. de Nor. art. 5.*

115 Lorsque celuy sur lequel un Tuteur s'est condescendu n'est pas solvable, les mineurs sont tenus de discuter celuy qui a geré quand le Tuteur nommé le demande. Jugé au Parlement de Roüen le 28. Novembre 1671. *Basnage, tit. de Jurisdiction, art. 5.*

116 Lorsqu'il s'agit de Tutelle entre deux parens, celui des deux qui est le plus habile à succeder est toûjours reputé le présomptif heritier à l'égard de celui qu'il exclud ; de sorte qu'il n'importe qu'il y en ait un plus proche ; car il suffit que celuy sur qui l'on se condescend soit plus habile à succeder que le demandeur en condescente, bien qu'ils fussent en degré plus éloigné. M. le Guerchois Avocat General representa que l'on devoit avoir égard au nombre d'enfans & à l'âge ; mais la plus grande part n'en eut point d'égard ; & par Arrêt du 22. Novembre 1680. il fut dit à bonne cause l'action en condescente. *Voyez Basnage, titre de Jurisdiction, art. 5.*

TUTEUR, CONSEILLER.

117 Conseillers de la Cour excusez de Tutelle, par Arrêt du 3. Mars 1493. *Papon, liv. 15. tit. 5. n. 11.*

Un Conseiller ayant été nommé Tuteur honoraire à une de ses niéces par son frere, en a été déchargé le 28. Avril 1578. ce qui n'auroit pas été ainsi, si le défunt eût été aussi Conseiller. *La Rocheflavin, li. 4. lettre T. tit. 8. Arr. 8.*

118 Jugé le 6. May 1588. que la charge de Conseiller au Châtelet n'exemptoit de Tutele. *Bibliotheque de Bouchel, verbo Tutelle.*

TUTEUR, CREANCIER DU PUPILLE.

119 *Voyez cy-dessus le nomb. 15.*

120 Tuteur, creancier du mineur en païs de Droit écrit doit demander sa dette en Justice, autrement la prescription peut courir contre luy. *V. Peleus, qu. 110.*

Si le Tuteur ne reserve, ou proteste de sa dette, soit par l'acte de serment prêté, soit lors de l'inventaire, il en demeure purement déchû par la *Nov. 22. de Justinien, chap. 4.* d'où est tirée l'Authentique *minoris C. qui dare tutores.* Voyez *Henrys, to. 1. liv. 4. chap. 6. q. 36. & tome 2. liv. 4. q. 15.*

121 Par l'auth. *minoris C. qui tut. dare poss. & c. novell. ut hi qui oblig. se habere perhib. coll. 6.* il est porté que le Tuteur qui est creancier du Pupille, ne doit charger volontairement de son administration à peine de perdre sa dette, si toutefois il n'étoit proche parent & allié du pupille *auth. ad hæc C. quando mulier offic. tut. fungi pot.* Ainsi jugé par Arrêt du Parlement de Toulouse, l'oncle & le frere du pupille ne perdra le droit de fideicommis és biens du pupille pour avoir pris sa Tutelle volontaire, comme aussi le Tuteur testamentaire ordonné par le défunt qui le sçavoit son débiteur, ne tombe dans la peine de la *Nov.* pour avoir accepté volontairement la Tutelle.

Tome III.

Guid. Pap. quest. 149. & Mainard, liv. 8. chap. 13.

122 & Le creancier d'un mineur ne peut être Tuteur, & 123 s'il accepte la Tutelle sans declaration au Juge, il perd sa dette & le droit qu'il a sur les biens du mineur : en Tutelle testamentaire cela n'a lieu, si le Testateur a sçu que celuy qu'il nomme Tuteur étoit son creancier. Arrêt du Parlement de Grenoble le 6. Février 1541. *Bibliotheque du Droit François par Bouchel, verbo Tuteur.*

123 Le même Arrêt est rapporté dans *Papon, livre 15. titre 5. nombre 2.* il le date de l'année 1461.

124 Le creancier du pupille non seulement peut être Tuteur, Arrêt du Parlement de Toulouse du 26. Novembre 1669. mais il peut être contraint d'accepter la Tutelle. Arrêt du 8. Mars 1689. rapporté par *M. de Catellan, liv. 8. chap. 1.*

125 Quoyque l'Authent. *minoris, cod. qui dare tutores,* défende la Tutelle aux creanciers & aux débiteurs du pupille, neanmoins M. Mingot Avocat au Parlement de Toulouse fut préferé à la Tutelle de son cousin & son filleul de même nom, suivant la déliberation des parens, contre l'ayeul du pupille, bien qu'il fût creancier de 3600. liv. L'ayeul avoit fait donation de tous ses biens & par consequent étoit insolvable, d'où s'ensuit qu'en ce cas la *Novelle* & l'*Authentique* ne furent pas observées ; & depuis il fut rendu un même Arrêt au Parlement de Thoulouse, celuy de M. Avangau est du 26. Novembre 1669. *Albert,* verbo *Tutelle, art. 1.*

TUTEUR, DEGUERPISSEMENT.

126 Par Arrêt du 11. Juillet 1578. degüerpissement fait par un Tuteur declaré nul. *Tronçon, Coûtume de Paris, art. 109. verbo Renoncer.*

TUTEUR, DENIERS DU PUPILLE.

127 Tuteur obligé de faire employ des deniers pupillaires. *Voyez le mot Employ, nomb. 15.*

128 *Tutor convertens in proprios usus pecuniam pupillarem in centesimam tenetur.*

Tutor, si deteriora fiant pupillaria nomina, tenetur tantum de latâ culpâ. Du Moulin, to. 2. p. 246. Usuras debet tutor ad diem restituta tutela. ibidem. p. 249.

129 Par la Loy 15. *si tutor, ff. de administ. & peric. tutor.* le Tuteur est tenu dans les six mois après la recepte, de mettre à profit les deniers du mineur. *Voyez M. le Prêtre, 1. Cent. chap. 52.* où en marge il est parlé des Marchands Tuteurs.

130 Le Tuteur est tenu d'employer les biens meubles & les deniers des mineurs de trois ans en trois ans. *Voyez M. le Prêtre, ibidem.* Henrys, *to. 1. liv. 4. ch. 6. quest. 110.* ou les suite profiter. *Le Vest, Arrêt 47.*

131 La rusticité du Tuteur l'excuse de n'avoir prêté l'argent de son pupille à interêts. Arrêt du Parlement de Paris du 19. Avril 1574. *Papon, liv. 15. tit. 5. n. 13.*

132 Marchand Tuteur est tenu de l'interêt des deniers pupillaires, à raison du denier douze avant l'Edit, & depuis l'Edit au denier seize. Arrêt du 5. Septembre 1597. *M. le Prêtre, 1. Cent. ch. 52. in margine.*

133 Le remploy que le Tuteur doit faire des deniers de ses mineurs est l'acte le plus perilleux de la Tutelle ; il doit s'y conduire avec prudence, sur tout quand il le fait de son chef, & sans avoir consulté les parens. Par Arrêt du Parlement de Roüen du 14. Août 1618. quoyqu'un Tuteur eût baillé l'argent de son mineur à une personne très solvable, & qui n'avoit perdu son bien que par le malheur de la guerre, il en fut neanmoins jugé responsable, pour avoir fait cette constitution sans l'avis des parens : il y avoit cela de particulier que le débiteur n'avoit que des meubles, lesquels étant perissables de leur nature, le Tuteur n'avoit pas dû fonder là-dessus la seureté de cette rente. *Basnage, tit. de Jurisdiction, art. 5.*

TUTEUR, DE'PENS.

134 En quel cas le Tuteur est tenu des dépens ? *Voyez le mot Dépens, n. 208. & suiv.*

GGggg

DESTITUTION DU TUTEUR.

135 La destitution du Tuteur peut être demandée par les parens nominateurs, s'ils craignent qu'il ne soit, ou qu'il ne devienne insolvable; ou ils peuvent l'obliger à donner caution, en cas qu'il prouve qu'il en a mal usé. *Basnage, tit. de Jurisdiction, art. 5.*

136 Par Arrêt du 25. Avril 1591. au lieu de Me. Jean Rochefort Docteur & Avocat & Tuteur d'autre Jean Rochefort, il a été jugé qu'il seroit pourvû d'autre Tuteur audit pupille, parce que ledit Rochefort Tuteur, par Arrêt de la même année avoit été condamné à faire amende honorable, la hart au col & banni de la Ville & Sénéchaussée, où ledit pupille & la plûpart des biens étoient assis, *per L. licet C. quand. tutor. La Rochesflavin, liv. 4. lett. T. tit. 8. Arr. 4.* cela s'entend d'un bannissement à perpetuité.

137 Les heritages acquis par le Tuteur des deniers de son pupille, appartiennent au mineur, quoique l'acquêt soit fait au profit du Tuteur. Arrêt du Parlement de Dijon du 14. Août 1576. *Bouvot, to. 1. par. 1. verbo Tuteur, quest. 3.* Mainard, *liv. 6. ch. 94.* estime le contraire.

138 Un Tuteur ayant été démis à la poursuite des parens, & la démission étant signifiée, les défenses de payer à autre qu'à celuy qui a été subrogé en son lieu, suffisent. Arrêt du Parlement de Dijon du 11. Mars 1614. *Bouvot, to. 2. verbo Tuteurs, quest. 31.*

TUTEUR, DETTES DU MINEUR.

139 Un Tuteur poursuivi par les creanciers de son pupille, peut être contraint d'exiger les dettes de son pupille, faute de ce de payer luy-même. Arrêt du Parlement de Dijon du mois de Juillet 1563. *Bouvot, to. 1. part. 2. verbo Tuteur, quest. 3.*

140 Le Tuteur ne peut être contraint en ses biens pour le dû du mineur condamné pour provision d'alimens en cas de blessure. Arrêt du Parlement de Dijon du 27. Février 1616. *Bouvot, to. 2. verbo Tuteurs, qu. 35.*

141 Tuteurs & Curateurs ne sont point obligez de faire les dettes actives de leurs mineurs bonnes, mais seulement de faire apparoir de leurs diligences. Arrêts du Parlement de Paris de l'an 1580. & du Parlement de Toulouse du 17. Juin 1585. *Papon, liv. 15. tit. 5. n. 25. & Maynard en ses quest. not. liv. 3. ch. 55. liv. 3. & Charondas, liv. 7. Rép. 177.*

142 En la Coûtume d'Anjou & du Maine on est reputé majeur à 20. ans. Un jeune homme âgé seulement de 16. ans obtient Lettres de Benefice enterinées par l'avis des parens & du Tuteur. Il dépense beaucoup; presque ruiné il demande compte à son Tuteur, & appelle de la Sentence d'enterinement des Lettres. Le Tuteur répond qu'elle a été renduë de l'avis des parens, & que les plus grandes dépenses ont été faites depuis 20. ans. Arrêt du Parlement de Paris du 19. Juillet 1599. qui condamne le Tuteur à acquitter le fils de famille de toutes dettes jusqu'à l'âge de 20. ans. *Bibliotheque de Bouchel, verbo Tuteur.*

DEUX TUTEURS.

143 Tuteurs, soit qu'ils ayent tous été condamnez ou bien l'un d'eux, in solidum, peuvent lors de l'execution s'aider de l'exception de division auparavant non opposée, car toûjours ils sont veus être condamnez selon leur charge & la nature de leur Tutelle. Arrêt du Parlement de Bourdeaux en Juillet 1519. *Bibliotheque de Bouchel, verbo Pleige.*

144 Deux Tuteurs sont creez à quelques mineurs, lesquels décedent & laissent chacun des enfans; les pupilles venus en âge demandent compte, & les heritiers ne le peuvent rendre ny representer l'inventaire: le Juge les condamne à certaine somme: les heritiers disent qu'ils n'en sont tenus que pour leur part & portion, les mineurs qu'ils en sont tenus chacun solidairement. Jugé que les heritiers de l'un des Tuteurs sont condamnez à payer la moitié, chacun d'eux seul & pour le tout; le même pour les heritiers de d'autre Tuteur, sauf leur recours les uns contre les autres, par Arrêt du 7. Septembre 1560. *Charondas, liv. 7. Rép. 72.*

145 De deux Tuteurs l'un peut exclure l'autre, & administrer seul en baillant caution pour l'indemnité de l'autre, & à l'égard du relief d'indemnité l'un contre l'autre, ils ont même faveur & privilege d'action que le pupille a contr'eux. Par Arrêts du Parlement de Paris & de Toulouse des années 1566. & 1587. il fut jugé *bonorum cessionem quâ pupilli reliquator uti vellet in socium tutelæ minime admittendam,* & de même que le pupille peut faire emprisonner son Tuteur pour le payement du reliqua, aussi celuy des Tuteurs qui sera contraint faire la maille bonne, aura contrainte par corps contre son Cotuteur pour son indemnité. *Voyez Mainard, liv. 4. ch. 18.*

146 Deux Tuteurs sont élus solidairement, si un mineur desquels l'un seul gere & passe indemnité à l'autre, le mineur venu en âge, poursuit le Tuteur qui n'a point geré; la poursuite déclarée bonne par Arrêt du Samedy d'après la Pentecôte 1597. *Charondas, liv. 11. Réponse 44.*

147 Mineur ne se peut adresser contre son Cotuteur qui n'a pas geré ses biens avant la discussion faite des biens de celuy dont il a eu la gestion. Arrêt du 3. Août 1601. *Papon, li. 15. tit. 5. n. 23.* Carondas, *au li. 2. de ses Rép. ch. 134.* rapporte un ancien Arrêt qui donne au mineur un recours solidaire.

DONATION, LEGS AU TUTEUR.

148 De la donation faite par le pupille à son Tuteur. *Voyez le mot Donation, nombre 923. & suiv.*

149 Si la prohibition de disposer par les mineurs au profit de leurs Tuteurs, s'étend à leurs heritiers? *V. Henrys, to. 1. liv. 5. ch. 4. quest. 39.*

150 L'Ordonnance qui prohibe les dispositions au profit des Tuteurs, n'a lieu à l'égard de la donation faite au frere consanguin fils du Tuteur. Arrêt du Parlement de Dijon du mois de Janvier 1599. *Bouvot, to. 2. verbo Testament, quest. 26.*

151 Prohibition de l'Ordonnance de l'an 1539. n'a lieu lorsque le Tuteur est le plus proche à succeder au mineur. *Chopin. Paris. lib. 2. tit. 4. n. 13. cont.* Mainard. *lib. 2. chap. 94. si habeat coheredem.* J'ay veu dit M. Abraham La Peirere, en ses décisions du Palais, lettre T. nomb. 170. des Arrêts en la Chambre de l'Edit à Bourdeaux, qui ont jugé suivant la décision, encore bien qu'il y eût un coheritier en égal degré, & est juste.

152 La prohibition de l'Ordonnance de l'an 1539. s'étend après la Tutelle finie, & jusques à la clôture du compte & payement du reliqua. 2. Autre chose est du Tuteur honoraire. *Mainard. lib. 2. chap. 96. I. id,* Olive, *lib. 5. chap. 20. vid. L. 81. ff. de condit. & dem.*

Arrêt du P. de Bourdeaux du 16. Janvier 1662. Président Monsieur le Premier, plaidans Fontenel & Poïctevin, par lequel un mineur entrant en Religion, & qui étoit sous puissance de Curateur, ayant fait Testament en faveur de celuy qui avoit été auparavant son Tuteur, sans qu'il eût rendu compte, ledit Testament fut cassé, & l'heredité adjugée à la sœur du testateur; les parties plaidantes étoient Me Bascaules sœur du Testateur, & le nommé du Lur heritier institué. *La Peirere, lettre T. n. 171.*

153 Le Tuteur nommé ne voulant accepter la charge, perd les legats. Arrêt du Parlement de Dijon du 11. Juillet 1605. *Bouvot, to. 2. verbo Tuteurs qu. 13.*

154 Jugé par Arrêt du P. de Dijon du 12. Juin 1618. que les donations faites aux Tuteurs honoraires, sont nulles quoiqu'ils n'administrent rien; ils sont reputez compris dans l'Ordonnance de 1539. *Bouvot, to. 2. verbo Tuteurs & curateurs, qu. 41.*

155 De la validité d'un legs fait par une mineure à ses neveux enfans de son Tuteur, après le compte rendu, quoiqu'auparavant le payement du reliqua. Arrêt du 18. Mars 1651. *Soëfve, to. 1. Cent. 3. ch. 73.*

Voyez cy-après le nombre.250. & suiv.

TUTEUR ELOIGNE'.

156 M. le Boucher, Conseiller en la Cour des Aydes, de Roüen, qui avoit été nommé tuteur aux enfans du sieur Boullais, ayant fait juger par Sentence du Bailly de Roüenne à bonne cause son action en condécence contre le sieur de la Mare Auger, qui étoit domicilié en la Vicomté de Valogne, sur l'appel du sieur de la Mare Auger, l'affaire ayant été portée au parquet, on ne fit point de difficulté à casser la Sentence : au reste il faut que l'éloignement soit considerable, autrement l'excuse ne seroit pas admissible. Un bourgeois de Bayeux, après avoir été nommé Tuteur, agit en condécence contre un Libraire de Caën, & ayant été debouté de son action, sur son appel, le Tellier soûtenoit que la condécence étoit juste, puisque ce Libraire étoit plus proche parent. Le Libraire se défendoit sur l'éloignement & l'imbecillité de sa vûë : mais l'éloignement n'étant que de six lieuës, & sa vûë n'étant pas entierement perduë, il fut condamné. Voyez Basnage, tit. de Jurisdiction, article 5.

157 Il convient d'élire les Tuteurs en la Province en laquelle les biens des mineurs sont assis. Arrêt du 29. Novembre 1569. Carondas, liv. 6. Rép. 41.

158 Un Tuteur nommé, fut déchargé pour habiter hors du lieu du domicile du pupille. Arrêt rendu au Parlement de Grenoble le 7. May 1638. Basset, to. 2. liv. 4. tit. 14. ch. 4.

159 Quelquefois l'éloignement de celuy qu'on veut charger de la Tutelle, fournit une excuse valable. Du Frêne, liv. 1. ch. 29. assure que c'est une jurisprudence certaine au Parlement de Paris, que les Tuteurs doivent être pris & choisis dans la Province, c'est-à-dire dans le ressort du Bailliage ou Sénéchaussée, où les biens des mineurs sont situez. Arrêts semblables du Parlement de Normandie en 1653. le 17. May 1675. rapportés par Basnage, tit. de Jurisdiction, article 5.

160 Arrêt du Parlement de Provence du 10. Decembre 1663. qui a jugé que le Tuteur est excusé de la tutelle, par l'éloignement de son domicile, à celuy du pupille. Boniface, to. 1. liv. 4. tit. 1. ch. 1.

TUTEUR, ENFANS.

161 Henrys, to. 2. li. 4. qu. 73. établit que les enfans qui ont fait profession de la vie religieuse, sont comptez pour la décharge des Tutelles ; il cite Fontanon, & Potier. Despeisses, to. 1. pag. 500. col. 2. est aussi de cet avis.

162 A Paris il suffit d'avoir trois enfans pour se dispenser d'accepter une Tutelle, dans les Provinces il faut en avoir cinq. Maynard, li. 7. ch. 25. Papon, dans ses Arrêts, li. 7. art. 11. Carondas en ses Réponses, liv. 9. ch. 26. Despeisses, to. 1. pag. 501. & suivantes, où il marque toutes les causes pour lesquelles on peut s'excuser des Tutelles. Coquille dans ses questions,q.177. soûtient que la Ville de Paris en cela ni en toutes autres choses, n'a aucun privilege pardessus toutes les autres Villes du Royaume. M. de Castellan, to. 2. liv. 8. ch. 7. convient que dans le ressort de son Parlement, le nombre de cinq enfans est necessaire, mais il prétend que celuy qui n'est pas encore né, ne doit pas être compté, & il le prouve fort bien. Cela a été ainsi jugé au Parlement de Paris, par un Arrêt du mois d'Avril 1668. rapporté dans le Journ. des Audiences, to. 3. liv. 2. ch. 9.

163 Des excusations de Tutelle pour nombre d'enfans, & si l'on fait bien de se tenir au nombre de cinq. Voyez Coquille, to. 2. quest. 177.

164 Par Arrêt du Parlement de Roüen du 12. Decembre 1550. Simon Baudoüin âgé de 65. ans, pere de 14. enfans, fut déchargé d'une Tutelle. Basnage, tit. de Jurisdiction, art. 5.

165 Ceux qui ont cinq enfans sont exempts de Tutelle. Arrêt du Parlement de Paris du 5. Janvier 1561. Papon, liv. 15. tit. 5. n. 11. & le Caron, liv. 3. ch. 68.

196 Dans Rome le nombre de trois enfans, de quatre en Italie, & de cinq aux Provinces, excuse de la tutelle & curatelle, à Paris à cause du Parlement trois enfans excusent ; le même és autres Villes où le Parlement a été transferé. Arrêts du 18. May 1589. & du 17. Avril 1592. Carondas, liv. 9. Rép. 26. Voyez le même Carondas, liv. 3. Rép. 68.

167 Par le droit Romain, in §. 1. instit. de excusat. Tut. & c.l.1. ff. qui num. libero se excusant, il est porté que si quis tres liberos superstites Roma habeat, vel in Italiâ quatuor, vel in Provinciis quinque, à tutelâ & curâ excusari potest exemplo caeteror. Tellement que Paris tenant lieu de Rome en France, il a été jugé que le nombre de trois enfans dans Paris suffisoit pour excuser de la Tutelle, & quand le Parlement de Paris fut transferé à Tours, il fut jugé par deux Arrêts du Parlement séant à Tours du 18. May 1589. & mois d'Avril 1592. que ladite Ville de Tours joüissoit du même privilege de Paris, & excuse de la Tutelle par le nombre de trois enfans; mais à Toulouse, & ressort gouverné par le droit écrit, on ne présume pas que la Ville de Toulouse ait aucun privilege, mais il se juge indifferemment par tout le ressort ; que le nombre de cinq enfans est necessaire pour décharger de la Tutelle, quasi in Provinciis. Voyez Mainard, liv. 7. ch. 21. 22. 24. 25.

168 Par Arrêt du Parlement transferé à Tours, jugé le 12. Février 1593. que les habitans de la Ville de Tours joüiroient du Privilege trium liberorum, ainsi que faisoit la Ville de Paris. Bibliotheque de Bouchel, verbo Tuteur.

169 Un homme de Tours demandoit d'être déchargé de la Tutelle, parce qu'il avoit deux enfans, & étoit contraint de nourrir son pere prisonnier. L'on soûtenoit que ce n'étoit point là une excuse de droit, le nombre des enfans est considéré non pour les charges qu'il cause, mais pour une faveur, iis enim juvatur respublica. Jugé par Arrêt, que le Tuteur demeureroit. Ibidem.

170 Cinq enfans excusent de Tutelle. Arrêt du Parlement de Grenoble du 19. Decembre 1626. fondé sur la disposition du droit Romain. Basset, tome 2. liv. 4. tit. 14. ch. 2.

171 Les Enfans qui ont fait profession religieuse, font nombre pour la décharge de la tutelle ou curatelle. Arrêt du 22. May 1640. Soëfve, tome 1. Centurie 1. ch. 11.

172 Arrêt du Parlement de Toulouse du 12. Mars 1641. qui pour faire le nombre de cinq enfans necessaire, à l'excuse de Tutelle a compté le cinquiéme seulement conçu, & dont la femme du Tuteur nommé, étoit enceinte. Voyez les Arrêts de M. de Castellan, liv. 8. chap. 7. où il parle du nombre des enfans qui peut excuser de la Tutelle. Albert, verbo Tutelle, rapporte le même Arrêt.

173 Simon Heat, Tuteur des enfans de son frere, devenu indisposé, il fit nommer Mauclerc en sa place, qui avoit quatre enfans & sa femme grosse, laquelle avant la décision de l'appel accoucha : la Cour mit les appellations, & ce dont étoit appellé au néant, émendant, ordonna, qu'à la diligence de Simon Heat nouvelle assemblée de parens seroit faite pour être procedé à la nomination d'un Tuteur autre que lesdits Mauclerc & Heat, le 23. Avril 1668. De la Guess. tome 3. liv. 2. chap. 9.

TUTELLE, EXCUSES.

174 De excusationibus Tutor. per Anto. Augustinum, videlicet nova textus traductio, & per Carolum Camusium Divionensem.

175 Lorsqu'un Tuteur a quelques excuses à proposer il le doit faire devant le Juge, & non pas appeller avant que de les avoir proposées, autrement il sera déclaré non recevable. Expilly, Plaidoyé 5. où il ajoûte que l'excuse d'avoir été ennemi du Testateur ou du pere du

Pupille, eſt illegitime. *Voyez Baſſet* , *tome* 2. *liv.* 4. *tit.* 14. *ch.* 4.

176   Un Tuteur élû diſoit pour s'excuſer qu'il n'avoit que 26. ans, que le pere des Pupilles avoit été ſon Tuteur, & qu'il vouloit les pourſuivre à fin de reddition de compte. Il ajoûtoit que la Cour avoit ordonné que deux Tuteurs ſeroient commis l'un du côté paternel, l'autre du côté maternel. Arrêt du Parlement de Paris du 17. Juillet 1531. qui confirme ſa nomination, & cependant ordonne que les parens paternels ſeront aſſemblez pour élire du côté maternel un Tuteur oneraire. *Bibliotheque de Bouchel* , verbo, *Tutelle.*

177   Une tutelle fut déferée à un nommé Regnier, par Sentence du Prévôt de Chartres, pendant que la ville tenoit pour la Ligue. Regnier s'étoit depuis fait décharger par le Bailly. Arrêt du 30. Août 1593. qui ordonne que Regnier demeurera Tuteur. Par cet Arrêt la Cour ne prétendoit pas confirmer les jugemens de la Ligue, mais il fut rendu *ex eo* que Regnier n'avoit aucune excuſe valable. *Ibidem* , verbo, *Ligueurs.*

178   Un homme qui a promis au défunt de prendre la tutelle de ſes enfans, ne peut s'en excuſer. Jugé au Parlement de Touloſe au mois de Juin 1596. Quoyque le Tuteur expoſât qu'il avoit un procez auquel il étoit queſtion de la plus grande partie de ſes biens, il fut condamné d'accepter & adminiſtrer ladite tutelle. *Cambolas* , *liv.* 2. *ch.* 19.

179   Celuy qui eſt Créancier du mineur, ſe peut excuſer de la tutelle. Arrêt du Parlement de Dijon du 11. Juillet 1605. *Bouvot* , tome 2. verbo, *Tuteurs* , *& Curateurs* , queſt. 14.

180   Un Tuteur ayant procez contre les mineurs de la plus grande partie de ſes biens, ou inimitié capitale, peut être excuſé. Arrêt du Parlement de Dijon du 12. Decembre 1605. *Bouvot* , ibid. queſt. 15.

181   *Decurio militiæ urbicæ Pariſ. vulgo* , un Dizenier, *excuſari poteſt à tutelâ.* Arrêt du 12. Février 1613. Mornac, *l.* 7. *ff. ex quibus cauſis majores* 25. *annis* , *&c.*

182   Offre de nourrir ſe rend excuſé de la tutelle, ceſſe par le décez de celuy qui s'eſt obligé. Arrêt du Parlement de Bretagne du 8. May 1613. *Frain* , *page* 748.

183   Arrêt du Parlement de Provence du 5. Mars 1646. qui a jugé que le partage des biens à faire entre le Tuteur & le Pupille, n'eſt pas une legitime excuſe de tutelle, pour proceder au partage il fut donné Curateur aux Pupilles. *Boniface* , tome 1. *liv.* 4. *titre* 1. *chapitre* 2.

184   On eſt déchargé de la tutelle pour cauſe de maladie. Arrêt du Parlement de Roüen du 13. Avril 1644. *Berault à la fin du 2. tome de la Coût. de Normandie* , *page* 106. *colon.* 1.

185   Le 12. Février 1647. il y eut Arrêt donné en la Chambre de l'Edit, entre Jacques Bloüet demandeur en Lettres de Requête civile, Dame Jeanne le Reverend, femme de Meſſire Jacques de Mongommery, Chevalier Seigneur de Lorge, auparavant veuve de feu ſieur Tobie Barberie, vivant ſieur de ſaint Conteſt, ayant la garde des enfans mineurs dudit défunt & d'elle, & Monſieur Jacques Moiſſant ſieur de Brieux, Conſeiller au Parlement de Metz, & autres parens & parties, par lequel ledit ſieur de Brieux à raiſon de ſa maladie & le ſieur Marcellet pareillement valetudinaire, ont été déchargez de la tutelle deſdits mineurs. *Berault* , ibid. *page* 105. *col.* 2.

EXEMPTION D'ESTRE TUTEUR.

186   Capitaine de 50. hommes d'armes declaré exempt de la tutelle, *privilegio militari* , ainſi jugé. *Papon* , *liv.* 15. *tit.* 5. *nomb.* 20.

187   Les Conſeillers d'Etat exempts de tutelle, & ſi la tutelle precede ils la quittent ; les Echevins pendant leur Echevinage, tous les Officiers de Ville, les Eccleſiaſtiques *Bacquet, Droit de Batardiſe* , *ch.* 7. *n.* 32. Les Chantres de la Sainte Chapelle, les Huiſſiers du Conſeil, du Parlement, de la Chambre des Comptes, du Grand Conſeil, *M. Loüet* , *lettre* C. *ſom.* 31. Du Frêne, *liv.* 1. *chap.* 31.

188   *Confirmata eſt tota illa viatorum Senatûs immunitas* , le 23. Février 1534. Mornac, *l.* 6. *C. de Epiſcop. & Clericis.*

189   General des Aydes declaré exempt de tutelle par Arrêt du Parlement de Paris du 8. Janvier 1564. *Papon* , *liv.* 15. *tit.* 5. *nomb.* 18.

190   Receveur des decimes, comme étant Comptable du Roy, ne doit être élû Tuteur & eſt exempt de tutelle. Arrêt du 14. Juillet 1574. pour celuy de Chartres. *Papon, ibid. nomb.* 2.

191   Le 15. Février 1592. au Parlement de Touloſe M. Jean Maurel Secretaire de la Cour, fut déchargé de la tutelle teſtamentaire de ſes neveux à cauſe de ſon Office. *La Rocheflavin* , *liv.* 4. *lettre* T. *tit.* 8. *Arr.* 13.

192   Les Secretaires du Roy ſont exempts auſſi des charges de tutelles ſuivant une declaration du Roy Henry IV. du 23. Decembre 1594. verifiée au Grand Conſeil le 25. Octobre 1603. par laquelle le Roy en interpretant leurs privileges, declara qu'ils étoient exempts de toutes charges de tutelle. *Ibidem.*

193   Un Soldat des Gardes déclaré exempt de tutelle. Arrêt du 29. Decembre 1598. cité par *Peleus* , *liv.* 2. *action* 8.

194   Par Arrêt du 1. Mars 1605. jugé qu'un Huiſſier de la Chambre des Comptes n'étoit exempt de tutelle : fut allegué un Arrêt, par lequel les Huiſſiers de la Cour ſont declarez exempts. *Biblioth. de Bouchel* , verbo, *Tutelle.*

195   *Actuarius Curiæ immunitatem tutelæ obtinuit.* Arrêt du 31. Mars 1620. Mornac, *l. 6. C. de Epiſcopis & Clericis.*

196   Par Arrêt du 10. Janvier 1621. au Rôle d'*Amiens* , jugé que la qualité de Procureur du Roy ne donne pas exemption de tutelle. Le même jugé auparavant contre le Procureur du Roy de Provins. *Biblioth. de Bouchel* , verbo, *Tuteur.*

197   Le privilege ſurvenu depuis l'aſſignation donnée à l'un des parens pour être Tuteur profite. Arrêt du 14. Janvier 1628.

198   Les Officiers de la Chambre des Comptes qui ſont en charge, ſont exempts de tutelle. Arrêt du Parlement de Roüen des 22. Avril & 16. Decembre 1649. rapportez par *Baſnage* , *tit. de Juriſdiction, art.* 5.

199   Les Receveurs des Tailles ne peuvent être élus Tuteurs à cauſe du privilege des deniers Royaux. Jugé au Parlement de Roüen le 12. Juillet 1650. on caſſa une Sentence, attendu qu'elle portoit, *vû ſa qualité de Receveur des Tailles* , & on envoya proceder devant le Vicomte à nouvelle élection. *Ibidem.*

200   Chirurgiens de peſte exempts de tutelle. Arrêt du Parlement de Touloſe du 13. Mars 1650. *Albert* , verbo, *Tutelle* , *art.* 3.

TUTEUR, FRAIS.

201   Un Tuteur peut ſeulement coucher en compte les frais par lui faits depuis qu'il a été Tuteur, & non les frais faits auparavant. Arrêt du 23. Decembre 1550. *Le Veſt, Arr.* 46.

202   Mere Tutrice n'eſt tenüe de payer en ſon nom les frais & ſalaires d'un Procureur qui a occupé pour elle en qualité de Tutrice. Elle en doit être déchargée quand elle a rendu compte, & le Procureur eſt tenu de ſe pourvoir contre le mineur devenu majeur. Arrêt du Parlement de Paris du 5. Août 1687 *Journal du Palais* , in fol. *tome* 2. *page* 675.

TUTEUR HONORAIRE.

203   *Quando tenentur honorarii, tutores & quando non ?* Mornac, *l.* 60. *ff. de ritu nuptiarum.* Voyez *M. Loüet* , *lettre* T. *ſomm.* 13.

TUTEUR, GARANTIE.

204   Si un Tuteur eſt reſponſable des obligations des debiteurs qui deviennent inſolvables ? *Voyez Bouvot* , *tome* 1. *part.* 1. verbo, *Tuteur* , queſt. 1. *& 2.*

205 & 206   Le Sénéchal de Touloſe ayant ordonné qu'un nommé Druillet, Hallebardier de la morte-paye de

Carcaſſonne , adminiſtreroit au peril des parens , à cauſe que ſur une contrainte par corps obtenüe ſur pied de Requeſte , il avoit prêté le ſerment ; la Cour le 19. Avril 1647. en reformant l'appointement , la déchargea ſans qu'il eût obtenu de Lettres , ſuivant la Loy 8. §. *Veteranus* , & §. 9. *ff. de excuſat.* car il ſuffit qu'un Soldat , *qualitercumque militet,etiam incohortibus Urbanis* , Albert , verbo , Tutelle , *art.* 3.

207 Celuy de qui le Tuteur eſt chargé de prendre l'avis n'eſt reſponſable de l'adminiſtration. Arrêt du Parlement de Touloufe du 15. Juin 1667. *Voyez M. de Catellan* , *liv.* 8. *ch.* 9.

208 Arrêt du Parlement d'Aix du 4. May 1672. qui a déclaré le ſecond mary reſponſable de l'adminiſtration tutelaire faite aprés & avant le mariage. *Boniface* , *tome* 4. *liv.* 4. *tit.* 1. *chap.* 15.

209 Un particulier nommé Tuteur par les parens aſſemblés qui n'étoient que couſins , remuez de germain par affinité , s'étant fait décharger par Sentence du Juge,n'eſt point reſponſable envers les mineurs de la mauvaiſe adminiſtration de cette même tutelle gerée par l'oncle des mineurs qui a été nommé en ſa place , & qui eſt devenu depuis inſolvable. Jugé au Parlement de Paris le 30. Août 1672. *Journal du Palais* , Voyez *Henrys*,tome 2. liv. 4. queſt. 73.

TUTEUR , HERITIER DU PUPILLE.

210 Le Tuteur étant dévenu l'heritier de ſon Pupille , les actes par luy faits , en qualité de Tuteur ne luy peuvent être oppoſés comme un obſtacle à la reſtitution. La raiſon eſt que ce que le Tuteur fait , il ne le fait jamais librement , mais *neceſſitate officii,* Voyez la 3. *Conſultation de M. Du Pleſſis.*

TUTEUR , HYPOTHEQUE.

211 De l'hypotheque du Tuteur. Voyez le mot *Hypotheque* , nomb. 185. 256. 268. & ſuiv. & Henrys , tome 1. liv. 4. chap. 6. queſt. 35.

212 Si le Pupille a ſon hypotheque du jour de la tutelle ſur les biens de ſon Tuteur? Voyez *Bouvot* , tome 1. part. 1. verbo, *Hypotheque* , queſt. 1. & tome 2. verbo , *Hypotheque & diſcuſſion* , queſt. 17. où il rapporte un Arrêt du Parlement de Paris du 7. Mars 1706. en faveur du Pupille.

TUTELLE , INIMITIEZ.

213 Des inimitiez qui naiſſent de la Tutelle. *Voyez Bouvot*, to. 2. verbo *Tuteur*, queſt. 22. & 23.

214 Un Curateur qui a inimitié capitale contre un Tuteur, ne peut aſſiſter au compte ; mais peut bien donner des memoires. Arrêt du Parlement de Dijon du 10.Mars 1610. *Bouvot, ibid.*

215 Par Arrêt de 1604. rapporté par *Expilly, Plaidoyé* 4. il a été jugé que le fait de l'inimitié entre deux freres , n'étoit pas le ſujet d'excuſe legitime à un , pour s'exempter d'être Tuteur des enfans de l'autre. La raiſon, d'autant que c'eſt choſe certaine & ordinaire entre parens,que celuy qui a haï le pere,aprés le décez du pere, aime le fils: ainſi Jean Duc de Bretagne, ennemi juré de Charles V. iceluy décedé , fut incontinent reconcilié avec Charles VI. ſon fils.

TUTEUR , INTERESTS.

216 Intereſts du compte de tutelle. *Voyez* le mot *Intereſts* , nomb. 269. & ſuiv.

217 Les Tuteurs ſont tenus de vendre les meubles des pupilles , & de bailler à rente les deniers , & à faute de ce payer l'interêt. *Ordonnance d'Orleans* , *art.* 102. Voyez *Bouvot, to. 1. part.1.* verbo *Tuteur,queſt.*4.

TUTEUR , INVENTAIRE.

218 Tuteur qui ne fait Inventaire doit être deſtitué comme ſuſpect , & encourt une eſpece d'infamie. Il eſt encore tenu en ſon propre des dommages & interêts du pupille. Arrêt du Parlement de Grenoble du 10. Janvier 1634. *Baſſet, to.* 2. *liv.* 4. *tit.* 14. *ch.*3.

219 Tuteur qui ne fait pas inventaire eſt privé du Reliqua qui peut luy être dû. Arrêt du Parlement de Touloufe aprés partage en 1666. L'un des avis avoit été de permettre au mineur de prouver les omiſſions;

mais la preuve étant difficile , on conſidera que la peine d'infamie ſeroit mépriſée par le Tuteur , ſi elle n'étoit jointe à une peine pecuniaire, *quid enim ſalvie infamia nummis.* Voyez *M. de Catellan* , *liv.* 8. *chapitre* 3.

TUTEUR , JUGE.

220 Tuteur en vertu de ſon privilege perſonnel ne peut évoquer. *Voyez* le mot *Evocation* , nomb. 40.

221 Le Haut-Juſticier a droit de decerner Tuteur aux mineurs d'un Officier Royal , & faire Inventaire. *Voyez les nomb.* 46. & 47. du titre *des Hauts-Juſticiers, lettre H.*

222 Arrêt du Parlement de Touloufe du 27. Septembre 1544. qui défend au Juge ordinaire de Touloufe de ne decerner tutelle , ni pourvoir de Tuteurs à ceux qui ne ſeront point de ſa Juriſdiction,ſous prétexte des Inſtances qui pourroient être pardevant luy. *La Roche flavin*, liv. 4. lettre T. tit. 8. *Arr.* 6.

223 Toutes actions concernans la Tutelle doivent être traitées pardevant le Juge d'icelle , & le Tuteur ne peut alleguer qu'il a ſon domicile ailleurs. Arrêt du Parlement de Paris du 11. Decembre 1565. *Papon, liv.* 7.tit. 7. n. 54.

224 Celuy qui a confirmé la Tutelle, doit connoître de la reddition du compte. Arrêt du Parlement de Dijon du 22. Mars 1588. *Bouvot* , tome 2. verbo *Renvoy* , queſtion 5.

225 Tuteur étant hors le domicile du pere de ſon pupille,doit être traduit pardevant ſon Juge,& non pardevant le Juge du pere défunt. Arrêt du Parlement de Dijon du 17. Janvier 1603. *Bouvot, ibid.* verbo *Tuteurs & Curateurs* , *queſtion* 5.

226 ✱Les Regins demeurans à Riom en Auvergne, qui eſt du Reſſort du Parlement de Paris , ſont appellez en la Ville du Puy , qui eſt du Parlement de Touloufe , pour nommer des Tuteurs à un mineur, où ils ont comparu & nommé. La Tutelle finie , le mineur fait appeller ſon Tuteur pardevant le Juge du Puy pour luy rendre compte, enſemble les Nominateurs pour aſſiſter au compte & ſubſidiairement être garants de la tutelle. Quelques-uns des Nominateurs privilegiez ſont renvoyer la cauſe aux Requêtes du Palais à Paris où elle eſt retenüe. Appel par le mineur comme de Juge incompetent ; ce qui faiſoit le débat & le principal interêt de l'une & l'autre des Parties , étoit que ſi l'on procedoit dans le Reſſort du Parlement de Paris , les Nominateurs ne ſont tenus de leur nomination,ſuivant un Arrêt general ſervant de Reglement donné en 1587. ſi au contraire dans le Reſſort de Touloufe , ils en ſont tenus ſuivant la diſpoſition de droit , de ſorte que le Jugement de la competence jugeoit le fonds. Par Arrêt du 4. Decembre 1603. l'appellation & ce, en émendant les Parties renvoyées au Puy , la raiſon, parce que la Tutelle avoit été déferée au Puy , & par conſequent l'obligation contractée en ce lieu-là. *Bibliotheque de Bouchel* , verbo *Tuteur.*

227 Un homme demeurant à Paris fait en vertu de ſon *Committimus* appeller pardevant Meſſieurs des Requêtes du Palais , le Tuteur de ſa femme demeurant en Auvergne,pour luy rendre compte. Le Tuteur décline & demande d'être renvoyé en Auvergne où les biens ſont aſſis. Meſſieurs des Requêtes retiennent la cauſe. Appel par le Tuteur. Par Arrêt du 21. Janvier 1608. l'appellation & ce, en émendant , renvoyée en Auvergne. *Ibidem* , verbo *Tutelle.*

228 Par Arrêt du premier Mars 1630. il eſt défendu aux Vicomtes , & autres Juges , de prendre aucune choſe pour l'élection du Tuteur & deliberation pour pauvres mineurs & perſonnes miſerables, & ordonné aux Greffiers de délivrer les Actes en papier , autrement à peine de concuſſion , & que l'Arrêt ſera lû & envoyé dans les Bailliages ſuivant la requiſition de M. le Procureur General. *Berault* , *à la fin du 2.tome de la Coûtume de Normandie*, p. 107. col. 1.

229 Arrêt du Parlement d'Aix du 19. Octobre 1671. qui a jugé que la dation des Tutelles des Nobles appartient aux Lieutenans ou aux Juges Royaux. *Boniface, to.* 3. *liv.* 1. *tit.* 8. *chap.* 1.

TUTEUR, LEGS.

230 Legs faits aux Tuteurs. *Voyez* cy-deſſus *le nombre* 148. & le mot *Legs*, nomb. 631. & ſuiv.

231 Au mois de Decembre 1591. il a été jugé au Parlement de Touloſe, que les plus proches parens ayans pris la charge d'une Tutelle, pouvoient être inſtituez heritiers par leurs mineurs ; il fut jugé que le Teſtament fait en leur faveur étoit bon & valable. *Cambolas, liv.* 1. *chap.* 33.

232 Les Tuteurs & Curateurs peuvent être inſtituez par leurs pupilles étans les plus proches, & quand il s'en trouveroit d'autres en pareil degré. Arrêt du 4. Septembre 1624. *Ibidem, chap.* 34.

MARY TUTEUR.

233 Le mary n'eſt pas obligé d'accepter la Tutelle des parens de ſa femme quand elle eſt morte ſans enfans, mais s'il luy en reſte, il peut être inſtitué tuteur ; c'eſt la diſpoſition de l'article 19. pour le Reglement des tutelles. Il fut même jugé au Parlement de Roüen le 5. Avril 1658. qu'un mary pouvoit être nommé tuteur aux enfans de ſa femme, iſſus d'un autre mariage, quoiqu'il ſoûtint que les enfans étant majeurs, & étant les veritables parens, ils devoient entrer en ſa place ; l'on confirma la Sentence qui l'avoit jugé de la ſorte. Si ce pere avoit déclaré qu'il remettroit à ſes enfans la joüiſſance du bien de leur mere, ſon excuſe eût été juſte. *Baſnage, tit. de Juriſdiction, art.* 5.

TUTEUR, MARIAGE DU PUPILLE.

234 Les Promeſſes & Obligations que le tuteur exige pour conſentir au mariage de ſa mineure, ſont rejettées, & les conjectures ſervent de preuves. Arrêt du 9. Avril 1652. *Henrys, tome* 2. *liv.* 4. *queſt.* 16.

235 Quelle authorité de la mere ou du tuteur doit prévaloir au mariage d'une fille ſans le conſentement du tuteur. Il ſemble que les liens de la nature ſont plus forts que ceux de la loy, neanmoins le tuteur s'étant plaint d'un mariage que la mere avoit fait d'une pupille ſans le tuteur avec le ſieur Comte de Maillé, le mariage fut déclaré non valablement contracté, &c. le 26. May 1653. *M. le Maiſtre*, en ſon *Plaidoyé* 27. rapporte un Arrêt qui ſemble contraire. *Henrys, to.* 2. *livre* 4. *queſt.* 18.

236 Mariage contracté entre une mineure & le fils de ſon Tuteur, & l'un & l'autre couſins germains, enſuite d'une diſpenſe de Cour de Rome par eux obtenuë, après avoir habité charnellement enſemble, déclaré nul & abuſif par Arrêt du 11. Août 1663. La Cour permit neanmoins aux Parties pour aucunes bonnes conſiderations de ſe retirer pardevers l'Official pour leur être pourvû ſur la rehabilitation du mariage, condamna le Tuteur & ſon fils ſolidairement en deux mille livres pariſis d'aumône, deſtitua le Tuteur de la Tutelle, & ordonna que pardevant l'un de Meſſieurs il ſeroit procedé à nouvelle élection d'un Tuteur. *Soëfve, tome* 2. *Cent.* 2. *ch.* 89.

TUTEUR, MEDECIN.

237 La diſpoſition du Droit Romain touchant le privilege des Medecins, n'eſt point gardée en France à l'égard des Tutelles, & la qualité de Medecin n'eſt pas une excuſe legitime pour prétendre une exemption de cette charge. Arrêt du Parlement de Roüen du 3. Decembre 1652. rapporté par *Baſnage, titre de Juriſdiction, art.* 5.

MERE TUTRICE.

238 La tutelle ne peut être refuſée à la mere en donnant caution, ſuivant l'art. ſecond du Reglement fait au Parlement de Normandie. *Baſnage, tit. de Juriſdiction, art.* 5.

239 La mere nommée Tutrice de ſes enfans, n'eſt point obligée de donner caution, quand il ſeroit notoire qu'elle n'auroit aucuns biens. Arrêt du 8. Juillet, au rapport de M. Trelon, en infirmant une Sentence du Sénéchal de Touloſe. *La Rocheſlavin, liv.* 4. *let.* T. *tit.* 8. *Arr.* 5.

240 Par Arrêt du Parlement de Bourgogne du 1. Février 1557. jugé qu'une mere ne peut être contrainte à être Tutrice de ſes enfans. *Bouvot, tome* 1. *part.* 3. verbo, *Mere, qu.* 4.

241 La mere qui veut être Tutrice de ſes enfans, peut être obligée de donner caution. Arrêt du Parlement de Grenoble du 26. Avril 1555. Il a été auſſi jugé que les parens nominateurs d'une mere inſolvable, qu'ils n'ont pas obligée de donner cette ſeureté, ſont reſponſables de ſon adminiſtration & en demeurent garants ; ſi la mere a demandé un Tuteur & rendu compte, le pupille étant devenu mineur & pubere, ſera élevé par elle, ce qu'elle ne ſera pas dans ſa pupillarité. Arrêt de l'an 1659. *Voyez Chorier*, en ſa *Juriſprudence de Guy Pape*, *pag.* 288. & M. *Expilly*, *Arrêt* 40.

242 La mere qui refuſe la tutelle, peut être contrainte de pourvoir de Tuteur dans un certain temps, ſinon elle ſera contrainte de proceder comme Tutrice. Arrêt du Parlement de Touloſe du 10. Juin 1567. *Papon, liv.* 15. *tit.* 5. *n.* 15.

243 La Coûtume d'Auvergne porte, *La mere âgée de* 25. *ans eſt Tutrice & Adminiſtratrice de ſes enfans ſi elle veut* ; la mere déclara ne vouloir être Tutrice ; les parens ne laiſſerent pas de la nommer ; le Juge avoit ordonné qu'elle feroit le ſerment, dont elle appella. Arrêt du 14. Juillet 1567. qui ordonne qu'il ſeroit pourvû au fils d'autre Tuteur ou Curateur, attendu la déclaration de la mere. *Papon, liv.* 15. *tit.* 6. *nombre* 27.

244 *Tutela munus non eſt neceſſarium in matre aut aviâ.* Arrêt du Parlement de Paris du 14. Juillet 1567. qui ordonne, attendu la déclaration de la mere, qu'il ſeroit pourvû au fils d'autre Tuteur ou Curateur. *V. le* 22. *Plaidoyé d'Ayrault.*

245 La mere n'eſt tenuë d'accepter la tutelle ; mais l'ayant acceptée, elle ne peut plus s'en décharger, à moins qu'elle ne convola en ſecondes nôces. Arrêt du Parlement de Paris, transferé à Tours, le 7. Février 1593. & il fut dit que la mere confirmeroit la tutelle, juſqu'à ce qu'il fût pourvû d'autre Tuteur aux enfans, elle venant à ſe marier. Arrêt convolant en ſecondes nôces perd la tutelle & non pas le pere. Arrêt du 15. Janvier 1579. elle ne perd toutefois l'éducation. Arrêt du 6. Juin 1578. *Papon, liv.* 15. *tit.* 5. *n.* 3.

246 Jugé par Arrêt du mois de Juin 1594. que la mere veuve d'un ſecond mary, pouvoit être Tutrice des enfans du premier lit. *V. Peleus*, en ſes *Actions forenſes, lib.* 4. *act.* 61.

247 La femme éluë Tutrice par le Teſtament de ſon mary, n'eſt tenuë de bailler caution. Arrêt du Parlement de Dijon du 27. Février 1601. *Bouvot, to.* 2. verbo, *Mary, qu.* 4.

248 La mere mineure peut être donnée Tutrice à ſes enfans par le Teſtament de ſon mary. Jugé les Chambres aſſemblées, le 1. Avril 1620. *Cambolas, liv.* 4. *chap.* 21. & 46.

249 La mere veuve qui n'a point pourvû de Tuteur à ſes enfans *repellitur ab eorum hæreditate.* Arrêt du 30. Mars 1618. mais ſi elle eſt mineure *tunc excuſatur.* Arrêt du 15. Juin 1655. *M. d'Oliſe, li.* 5. *ch.* 5. *Voyez Coquille, queſt.* 285.

250

251 La mere Tutrice de ſes enfans, ne doit être congediée de l'inſtance, qu'elle ne leur ait fait pourvoir de Tuteur. Arrêt du Parlement de Grenoble du 19. May 1635. *Baſſet, tome* 2. *liv.* 4. *tit.* 11.

252 Une mere Tutrice de ſes enfans, prétend ſe faire décharger de la tutelle, ſur ce que ſon ſecond mary ne veut pas ſouffrir qu'elle continuë l'adminiſtration des biens de ſes enfans. Par Arrêt du Parlement de Mets du 17. Septembre 1657. il a été ordonné qu'à la diligence du ſecond mary, les parens ou amis ſeroient

affemblez au nombre de fix, & qu'il feroit procedé à l'élection d'un Tuteur, autre que luy. *Voyez le 16. Plaidoyé de M. de Corberon.*

252 bis. Le 10. Decembre 1646. il fut ordonné que M. Conftaney Prêtre, oncle du pupille, qui avoit adminiftré quatre femaines la tutelle, continueroit, & cependant que les parens s'affembleroient pour en nommer un autre. *Albert, verbo, Tutelle, art. 3.*

253 Quand un fils, quoyque majeur, & après trois fommations s'eft marié malgré fa mere, elle ne peut être obligée d'accepter la tutelle de fa petite fille. Arrêt du Parlement de Paris du 11. Janvier 1691. au *Journal des Aud. tom. 5. liv 7. ch. 3.*

253 bis. Un voifin nommé Tuteur par le pere du pupille, ne peut fe défendre de gerer par provifion, en attendant que les parens en ayent nommé un autre. Le 21. Decembre 1649. au Parlement de Touloufe, un appointement qui ordonnoit que Crouset adminiftreroit, pendant que les parens s'affembleroient, fut confirmé, quoyqu'il ne fût parent ni allié, qu'il foûtint qu'il n'étoit habitant de Touloufe, & qu'il fuivoit l'armée de Catalogne ; mais il refidoit principalement à Touloufe. *Vid. L. amiciffimos, ff. de accufat.* Albert, *verbo, Tutelle, art. 4.*

TUTEURS, MEUBLES DU MINEUR.

254 Si les Tuteurs ou Curateurs n'ont fait vendre les meubles, ils font condamnables à la plus valuë qui eft de quatre fols pour livre fur le pied du prifage. *Du Fail, livre 3. chapitre 41.* dit l'avoir vû juger par Arrêt.

TUTEUR, NOMINATEURS.

255 De la garantie duë par ceux qui nomment les tuteurs. *Voyez le mot Garantie, nombre 143. & fuivans.*

256 Nominateurs ne font refponfables de l'infolvabilité du tuteur. *V. Filleau, 4. part. queft. 21.*

257 Il fe juge en *Bretagne* que les Cautions & Nominateurs des Tuteurs infolvables font obligez à tenir compte & de payer le reliqua, fi aucun eft dû : il y en a nombre d'Arrêts. *Voyez l'article 484. de la Coûtume.* Mais fi lors de la tutelle finie les Cautions & Nominateurs faifoient voir que les Tuteurs étoient folvables, ils ne feront tenus ; car le majeur doit fuivre fes droits. *V. Sauvageau, liv. 2. chap. 312.* où il dit l'avoir vû ainfi juger.

258 Parens qui élifent un Tuteur ne font refponfables de fa mauvaife adminiftration ou infolvabilité, pourvû que de leur part il n'y ait point de dol. Arrêt du Parlement de Paris en 1387. *Bibliotheque de Bouchel, verbo tutelle.*

259 Par Arrêts du Parlement de Roüen des 19. Mars 1584. & Mars 1619. jugé que les parens qui avoient nommé le Tuteur, feroient refponfables du Tuteur, s'il étoit infolvable au temps de la nomination, *videntur enim fuo periculo nominaffe,* non les autres qui ont affifté, & n'ont été d'avis de l'élection. Pareil Arrêt du 23. Mars 1616. *Berault, fur la Coûtume de Normandie, art. 592.* & la *Bibliotheque de Bouchel,* verbo *Difcuffion,* où il eft obfervé fi quelquesuns des Nominateurs ont été d'avis contraire, & protefté lors de la nomination, la condamnation ne doit tomber fur eux.

260 Les Nominateurs ayant nommé un homme folvable pour être Tuteur, ne font point garants, s'il devient infolvable. Arrêt du 14. Août 1587. Autre Arrêt du 14. Decembre 1600. fur un appel du Sénéchal de Saumur, qui a jugé que les Nominateurs ne font refponfables d'un Tuteur infolvable, même au temps de leur nomination. Autres Arrêts femblables des 5. Juillet & 11. Août 1603. *Papon, liv. 15. tit. 5. nomb. 21. & Mainard, liv. 6. chap. 56.*

261 En la Coûtumier on ne s'addreffe point aux Nominateurs de Tuteurs. Jugé à la Nôtre-Dame d'Août 1587. *Montholon, Arrêt 48.* Voyez M. le Prêtre, 3. *Cent. chap. 61.* Carondas, liv. 12. Rép. 41. M. Loüet,

lettre T. fommaire 1. & Mornac, l. 3. C. de probationibus, où il dit que *nominatores tutorum non poffunt conveniri ex adminiftratione tutoris, neque judices,* par Arrêt du 14. Decembre 1600.

262 Autrefois au Parlement de Roüen, l'on jugeoit que les Nominateurs du Tuteur étoient folidairement garans. Il y en a Arrêt du 24. May 1621. Cette action folidaire a été abrogée par le Reglement, des Tutelles, ils ne font tenus que perfonnellement, & après la difcuffion de tous les biens du Tuteur. *Bafnage, titre de Jurifdiction, art. 5.*

263 Il a été jugé au Parlement de Roüen en 1621. que fi au temps de la Tutelle finie le Tuteur étoit infolvable, & que le mineur eût negligé d'intenter fon action en compte dans les dix ans, il n'étoit plus recevable à inquieter les Nominateurs, qui depuis fa majorité n'étoient plus en obligation de s'informer de fes affaires. Il a même été jugé qu'il ne fuffit pas au mineur pour conferver fon action en garantie contre les Nominateurs d'avoir pourfuivi fon Tuteur dans les dix ans du jour de la Tutelle finie ; mais qu'il eft encore obligé de les appeller à l'examen du compte qui a été prefenté par fon Tuteur. *Ibid.*

264 Nominateurs d'un Tuteur, ne font refponfables de fon infolvabilité. Arrêt du 16. Juillet 1640. *Bardet, tome 2. liv. 9. ch. 10.*

265 Pour être nommé Tuteur, il faut avoir été du nombre des nominateurs. Arrêt du 14. Janvier 1642. *Du Frêne, liv. 3. ch. 84.*

266 Jugé par Arrêt du 19. Janvier 1661. que dans le reffort du Parlement de Bourdeaux les Atteftans ou Affirmateurs d'une tutelle n'ayant point figné l'Acte de nomination ; mais ayant depuis révoqué la nomination avant que le Tuteur eût commencé de gerer, ne font tenus fubfidiairement de l'infolvabilité du Tuteur par eux nommé. *Soefve, tome 2. Centurie 3. chapitre 28.*

267 Les nominateurs font refponfables de la geftion du Tuteur, s'il eft infolvable ou le devient. Arrêt du Parlement de Roüen au mois de Février 1665. contre nominateurs d'un Tuteur devenu infolvable par le feu. *Bafnage, tit. de Jurifdiction, art. 5.* où il obferve que le nombre des nominateurs doit être de douze.

268 En la Coûtume de *Bretagne,* fi les parens nominateurs d'un Tuteur qui devoit bailler caution, & ne l'ayant pas fait, font refponfables du compte de tutelle. Il y a quelques circonftances, la caufe appointée, & que dans deux mois les parties feroient juger le compte de tutelle. Arrêt du 4. Juillet 1675. *De la Gueff. 10. 3. liv. 9. ch. 13.*

TUTELLES EN NORMANDIE.

269 Par Arrêt du Parlement de Roüen du 11. Decembre 1684. il a été jugé que les paroles du préfomptif heritier, portées par le Reglement des Tutelles en 1666. ne doivent s'entendre que de celuy qui a cette qualité lors de l'inftitution de la Tutelle, *Bafnage, titre de Jurifdiction, art. 5.*

270 Les Nominateurs du Tuteur font garants de fon adminiftration chacun pour leur part & portion, & non folidairement. Ils ne font garants que fubfidiairement après la difcuffion des biens, meubles & immeubles du Tuteur. Ceux qui ont été prefens à l'élection du Tuteur ne font point garants de fon adminiftration, fi le Tuteur a été élû contre leur avis, mais ceux fur lefquels l'on a obtenu deux défauts font garants de l'élection faite par la pluralité des voix des parens prefens. Celuy qui a été élû Tuteur, peut à fes perils & fortunes nommer un parent plus proche du mineur ; lequel fera tenu de gerer la tutelle en fon lieu & place. *Bafnage, tome 1. à la fin.*

271 Quand la femme Tutrice fe remarie, les parens la peuvent faire deftituer de la Tutelle, & fon mari peut auffi faire proceder à nouvelle élection du Tuteur : néanmoins le mari s'il n'eft féparé d'avec fa

femme , ou la femme fi elle eft féparée d'avec luy , font obligez de continuer la geftion de la Tutelle jufqu'à ce que les parens ayent élû un autre Tuteur en leu. lieu & place , fans qu'il foit befoin qu'ils foient autorifez par Juftice. Arrêtés du Parlement de Normandie , les Chambres affemblées le 6. Avril 1666. *Bafnage , to. 1. à la fin.*

271   Arrêt du 12. Février 1641. par lequel les parens domiciliez en la Province , feront appellez à la Tutelle jufqu'au quatriéme degré , que le pere & le fils n'auront qu'une voix , & que les parens maternels n'excederont les paternels. *Berault à la fin du 2. to. de la Coûtume de Normandie , p. 105. col. 2.*

272   Par Arrêt du 9. Juillet 1652. fur les conclufions de M. le Procureur General , jugé qu'un parent non appellé peut être nommé , & que deux ne feront élûs fans qu'ils foient difpenfez de nommer. *Ibidem , page 106.*

273   Arrêt du Parlement de Normandie du 18. Novembre 1651. qui déclare les parens défaillans refponfables de la geftion du Tuteur nommé par les électeurs. *Ibidem , p. 108. in fine.*

274   Par Arrêt du 19. May 1659. jugé que le fils de l'aîné prefereroit fo i oncle puîné de fon pere , en la déliberation & affemblée des parens d'une mineure. *Ibidem , pag. 104. col. 2.*

275   Par Arrêt du 18. Novembre 1667. jugé qu'un troifiéme frere appellant , ayant été élû Tuteur , fuivant les Conclufions de M. l'Avocat General , feroit déchargé , & que le fecond frere excluroit fon cadet en la fucceffion , fuivant la Coûtume de *Caux*, & ce fuivant les 15. & 16. articles des propofitions touchant les tutelles. *Berault , à la fin du 2. tome de la Coût. de Normandie , p. 106. col. 1.*

276   *Bafnage , tome 1. à la fin.* rapporte les articles arrêtez au Parlement de Roüen , les Chambres affemblées fur le fait de l'élection de Tuteurs , adminiftration & alienation des biens des mineurs , comptes & tranfaction fur iceux. Ces articles font au nombre de 180. & conçûs en ces termes.

I. Le frere aîné par la Coûtume de Normandie eft Tuteur naturel & legitime de fes freres & fœurs ; & par l'Ufage de ladite Province , le pere & ayeul font auffi Tuteurs naturels & legitimes de leurs enfans & petits-enfans.

II. Et neanmoins s'ils ne font folvables , les parens du mineur peuvent élire un autre Tuteur en leur lieu & place.

III. Le pere , ayeul & frere aîné , feront preferez en la tutelle de lesfdits enfans , petits enfans , & freres puînez , en baillant par eux bonne & fuffifante caution de l'adminiftration d'icelle , & d'en payer le *reliqua.*

IV. Pourront lesfdits pere , ayeul intenter retrait ou clameur au nom de lesfdits enfans , encore qu'ils n'y foient autorifez , & n'ayent été élûs Tuteurs par lesfdits parens.

V. Après la mort du pere des mineurs , la mere ou ayeule d'iceux fera tenuë de faire affembler les parens pour proceder à la nomination d'un Tuteur , dans trois mois , du jour que la mort du pere aura été communement fçuë , à peine de répondre par elle de la perte que lesfdits mineurs pourroient fouffrir , à faute de leur avoir fait établir un Tuteur.

VI. Si la mere & ayeule desfdits mineurs font décedez , le plus proche parent d'iceux doit faire proceder à la nomination dans le même temps , & fur la même peine portée en l'article précedent.

VII. La mere & ayeule ne peuvent être contraintes d'accepter la tutelle de leurs enfans & petits-enfans.

VIII. Et neanmoins au cas que ladite mere & ayeule ne foient remariées , ayant fait affembler les parens , elles feront preferées en ladite tutelle aux autres parens , en baillant par elles bonne & fuffifante

caution de l'adminiftration d'icelle , & d'en payer le *reliqua.*

IX. La mere & ayeule pourront fe décharger de la tutelle toutefois & quantes , & demander qu'il foit procedé par les parens à l'élection d'un autre Tuteur ; & fe fera audit cas l'affemblée des parens & élection de Tuteur aux frais de ladite mere ou ayeule , & non du mineur.

X. Quand la femme Tutrice fe remarie , les parens la peuvent faire deftituer de la tutelle , & fon mary peut auffi faire proceder à nouvelle élection de Tuteur.

XI. Neanmoins le mary , s'il n'eft feparé d'avec fa femme , ou la femme fi elle eft feparée d'avec luy , font obligez de continuer la geftion de ladite tutelle , jufqu'à ce que les parens ayent élû un autre Tuteur en leur lieu & place , fans qu'il foit befoin qu'ils y foient autorifez par Juftice.

XII. La mere & ayeule du mineur peuvent être prefentes à l'élection du Tuteur , fans qu'elles y puiffent avoir voix déliberative.

XIII. Ladite élection doit être faite par fix parens paternels du mineur , & fix maternels , fi tant s'en trouve.

XIV. Neanmoins pour diverfes confiderations , le nombre des parens pourra être augmenté.

XV. Les afcendans , freres & oncles du mineur , feront appellez à l'élection du Tuteur , & y auront chacun voix déliberative.

XVI. Et au regard des autres parens collateraux , on appellera feulement l'aîné de chaque branche , s'il s'en trouve affez pour fournir le nombre fufdit en parité de degré , & à faute de ce faire , appellé le plus proche de chaque branche.

XVII. On ne peut inftituer qu'un Tuteur aux mineurs , fi leurs biens ne font fituez en telle diftance qu'ils ne puiffent être facilement , & fans beaucoup de frais adminiftrez par un même Tuteur.

XVIII. Ceux qui ne font point appellez à l'élection du Tuteur , ne peuvent être contraints d'accepter la tutelle.

XIX. Ceux qui ont fait ceffion ou démiffion de biens , ou ceux defquels les heritages ont été ajugez par decret , peuvent être exclus de ladite élection.

XX. Le pere qui a des enfans vivans de fa femme décedée , peut être appellé à la nomination du Tuteur , des parens de ladite femme , & être élû leur Tuteur.

XXI. A faute de parens du mineur , les voifins feront appellez à ladite élection , à la diligence du Subftitut du Procureur General , ou Procureur Fiscal , & pourront être élûs Tuteurs , fans que les voifins ayant fait ladite élection foient garants de la geftion d'iceluy qui fera par eux nommé.

XXII. Les Juges feront tenus à l'avenir de faire figner en l'acte de tutelle les parens qui auront nommé le Tuteur , & à faute par eux de l'avoir fait , ils en répondront en leur nom privé.

XXIII. Celuy qui a été élû Tuteur , peut à fes perils & fortunes nommer un parent plus proche du mineur , lequel fera tenu de gerer la tutelle en fon lieu & place.

XXIV. Pourra neanmoins celuy qui a été élû Tuteur fe décharger de la tutelle fur celuy qui eft heritier préfomptif du mineur , foit qu'ils foient parens en pareil degré , ou en degré plus éloigné.

XXV. Ceux qui peuvent fucceder également au mineur , ne peuvent fe décharger de la tutelle les uns fur les autres , mais feulement fur celuy qui attend plus grande part en la fucceffion dudit mineur.

XXVI. Les nominateurs peuvent employer pour condition de l'élection qui fera par eux faite , que le Tuteur rendra compte en abregé dans le temps qu'ils jugeront à propos , qui ne pourra être moindre que d'un an après ladite élection , & enfuite de trois ans en trois ans après le premier compte.

XXVII.

XXVII. Aprés l'examen dudit compte les parens pourront obliger le Tuteur d'employer au profit du mineur les deniers qui seront en ses mains, ou de les déposer entre les mains de celuy qui sera par eux nommé.

XXVIII. Comme aussi ils pourront employer pour condition de ladite élection que le Tuteur ne pourra recevoir les deniers du rachat des rentes des mineurs, ni en faire le remploy, qu'en la présence de celuy ou ceux qu'ils auront nommez pour cet effet.

XXIX. Les parens peuvent lors de l'élection du Tuteur choisir le lieu & la personne qu'ils jugeront à propos pour l'éducation du mineur, lesquels ils peuvent aussi changer pendant la suite de la tutelle, s'ils avisent que bien soit.

XXX. Celuy qui a la Garde-noble, soit Royale ou Seigneuriale, ne peut avoir l'éducation du mineur, si les parens qui ont été appellez à la tutelle dudit mineur n'en sont d'avis.

XXXI. Lesdits parens peuvent lors & depuis la nomination du Tuteur, arbitrer la pension & entretien du mineur, & l'augmenter de temps en temps s'il y échet.

XXXII. Lors de l'institution de tutelle les nominateurs pourront choisir deux ou trois parens des Avocats ou autres personnes, par l'avis desquels le Tuteur sera tenu de se conduire aux affaires ordinaires de la tutelle, sans neanmoins qu'ils puissent délibérer & resoudre du lieu de la demeure, éducation, ou mariage des mineurs qu'en la présence desdits parens nominateurs.

XXXIII. En cas de décés desdits nominateurs, seront subrogez en leur lieu & place les plus proches parens du mineur, suivant l'ordre susdit.

XXXIV. Les freres & oncles des mineurs devenus majeurs depuis l'élection du Tuteur, ainsi que ceux qui ont épousé les sœurs dudit mineur, ont droit d'assister aux déliberations des affaires de la tutelle, avec lesdits parens nominateurs.

XXXV. Neanmoins le Tuteur ne pourra se démettre de la tutelle sur celuy qui aura épousé la sœur dudit mineur depuis son institution, mais seulement sur les freres dudit mineur, devenus majeurs depuis ladite institution.

XXXVI. Le nombre des déliberans aux affaires de la tutelle, étant augmenté par les oncles, freres, & beaux-freres du mineur, aux cas susdits, s'il arrive contestation, le nombre desdits déliberans sera augmenté; en sorte que l'égalité soit gardée entre les parens paternels & maternels.

XXXVII. Les Juges ne doivent s'ingerer de faire inventaire des biens des mineurs, s'ils n'y sont appellez; mais doivent lesdits inventaires être faits par le Sergent qui en sera requis en la présence du Tuteur Actionnaire, & du Tuteur Consulaire, ou autre qui sera nommé pour cet effet par les parens.

XXXVIII. Les parens peuvent dispenser le Tuteur de faire proclamer en Justice les réparations des Bâtimens & baux à fermes, des heritages du mineur, & l'authoriser de faire lesdites réparations, & baux, par l'avis de ceux d'entr'eux, & autres personnes qu'ils jugeront à propos.

XXXIX. Et au refus des parens d'en déliberer sur la requisition du Tuteur, il sera valablement déchargé des proclamations desdits baux, pourvû qu'il ne diminue point le prix d'iceux.

XL. Peuvent aussi lesdits parens, si le bien du mineur le peut porter, ou si les affaires le requierent, autoriser le Tuteur de choisir un homme d'affaires pour en faire les poursuites, desquels ils regleront les salaires qui seront passez en compte au Tuteur, en offre les voyages dudit Tuteur, & article general de ses vacations.

XLI. Le Tuteur peut bailler en constitution de rente les deniers du mineur, à la charge de les rendre audit mineur, tant en principal qu'interêts aprés sa majorité.

XLII. Le Tuteur sera tenu de faire payer les deniers provenans de la vente des meubles du défunt, & tous les autres deniers dûs lors de son décés, dans les six mois, du jour que les termes des payemens seront échûs, & dans autres six mois en faire le remploy.

XLIII. Il sera aussi tenu de faire le remploy dans le même temps de six mois, de l'argent comptant trouvé lors dudit décés, des deniers provenans du rachat des rentes, ventes d'heritages, & Offices appartenans au mineur.

XLIV. Si le Tuteur n'a pû faire sortir le payement des obligations, & autres dettes mobiliaires dans ledit temps, il sera déchargé du remploy d'icelles, en justifiant des diligences valables.

XLV. Et au regard des arrerages des rentes, loyers de maisons, & fermages d'heritages, il ne sera tenu de les exiger, ni d'en faire le remploy que dix-huit mois aprés que les termes des payemens seront échûs.

XLVI. Le Tuteur pourra en outre retenir en ses mains une demi-année entiere du revenu annuel du mineur, pour l'employer aux affaires d'iceluy, sans qu'il soit tenu d'en faire aucun interêt.

XLVII. Aprés le temps susdit, le Tuteur sera tenu à l'interêt au denier 20. ce qui aura lieu pour ceux qui seront cy-aprés nommez, & pour le temps restant de la gestion de ceux qui ont été cy-devant instituez Tuteurs.

XLVIII. Les interêts provenans des deniers susdits, seront joints aux sommes desquelles le Tuteur se trouvera redevable de 500. écus en cinq ans, dont du tout il sera interêt au denier 20.

XLIX. Lors que le Tuteur aura en ses mains, outre ladite demi-année du revenu annuel des deniers suffisans pour acquiter ses dettes du mineur, il sera tenu d'en faire le payement, sans attendre les temps susdits.

L. Lesdits parens pourront dispenser le Tuteur de faire proclamer en Justice les deniers qu'il aura en ses mains, ou l'autoriser d'en faire le remploy à moindre interêt qu'au denier 20. ce faisant ledit Tuteur sera valablement déchargé dudit interêt, sans que d'iceluy les parens qui luy auront donné ledit avis, en soient responsables.

LI. Le bien du mineur pourra être vendu par l'avis des parens qui ont été appellez à la déliberation de la tutelle pour urgente necessité, ou évidente utilité du mineur.

LII. Les parens donneront ledit avis en la présence du Juge, & aprés qu'il aura été communiqué au Substitut du Procureur General, ou Procureur Fiscal interviendra la Sentence dudit Juge, qui ordonnera l'alienation aprés les proclamations bien & dûement faites.

LIII. Lesdites proclamations seront faites par trois Dimanches consecutifs à l'issuë des Messes Paroissiales de la Paroisse où seront situez les heritages qui seront mis en vente, & de trois des Paroisses voisines, comme aussi en l'Audience de la Jurisdiction, sous laquelle lesdits heritages seront situez, & seront mises lors desdites proclamations des affiches aux portes desdites Paroisses & Jurisdiction.

LIV. Dans lesdites affiches seront designez les heritages qui seront exposez en vente & le prix d'iceux, si aucun a été offert, ensemble le jour & l'heure auquel l'adjudication en sera faite.

LV. Lesdites proclamations ainsi faites & rapportées en Justice, sera procedé en l'Audience de ladite Jurisdiction à l'adjudication desdits heritages, au jour qui sera porté par lesdites proclamations & affiches, dont le delai ne pourra être moindre que de six semaines, aprés la derniere proclamation.

LVI. L'adjudication des biens du mineur étant faite

en la forme fufdite, il ne pourra s'en faire reftituer, finon pour les caufes pour lefquelles les majeurs peuvent être reftituez.

LVII. Les heritiers du Tuteur font obligez de faire proceder à l'élection d'un nouveau Tuteur, & jufqu'à ce qu'il ait été nommé, doivent continuer l'adminiftration de la tutelle.

LVIII. La tutelle finie, le Tuteur eft obligé de rendre inceffamment fon compte, & n'eft point déchargé des interêts pupillaires, jufqu'à ce qu'il l'ait prefenté.

LIX. Depuis la prefentation du compte & pieces juftificatives d'iceluy, & pendant l'examen d'iceluy, le Tuteur ne fera tenu de payer interêt qu'au denier 25. & non aux interêts pupillaires.

LX. En cas de refuites & mauvaifes procedures de la part du Tuteur pour empêcher la clôture & afinement de fon compte, fera pourvû par le Juge fur l'augmentation des interêts.

LXI. Après l'affinement & clôture dudit compte, le Tuteur ne pourra être obligé de payer le *reliqua* pendant fix mois, pendant lefquels il ne fera auffi tenu d'en payer aucun interêt.

LXII. Le temps de fix mois étant expiré, fi le Tuteur ne paye le *reliqua* de fon compte, il fera tenu d'en faire l'interêt au prix du Roy, & demeurera neanmoins le principal exigible.

LXIII. Les frais de l'examen du compte doivent être avancez par le Tuteur, & fe fera neanmoins ledit examen aux dépens du pupille.

LXIV. Sera ledit compte, contredits, & falvations dreffez aux dépens du pupille, lequel fera tenu de payer les vacations, tant des Juges ou Commiffaires, procedans à l'examen, que du Tuteur, ainfi que des Avocats & Procureurs qui y feront prefens.

LXV. Mais les inftances qui naîtront dudit compte, étant renvoyées & reglées en l'Audience, ou par rapport, il fera en l'arbitration du Juge d'ordonner des dépens d'icelles, ainfi qu'il appartiendra.

LXVI. Le Roy fera fupplié de permettre qu'il ne pourra affifter plus de deux Commiffaires à l'examen dudit compte.

LXVII. Sera alloüé au Tuteur pour l'article general de fes vacations, la fomme de 50. liv. à raifon de 100. liv. du revenu annuel du pupille, fans faire déduction de fes dettes.

LXVIII. Pourra neanmoins ladite fomme être augmentée ou diminuée, fuivant la facilité ou difficulté de l'adminiftration.

LXIX. Outre ledit article general, feront alloüés au Tuteur les voyages & autres frais qu'il aura utilement faits.

LXX. Le Tuteur fera payé de l'interêt au denier vingt, des fommes qu'il aura été obligé d'avancer pour fon mineur, pour lefquelles, ainfi que pour ledit interêt, il aura hypotheque fur les biens dudit mineur, du jour qu'il aura été inftitué Tuteur.

LXXI. Les nominateurs du Tuteur font garants de fon adminiftration, chacun pour leur part & portion, & non folidairement.

LXXII. Ils ne font garants que fubfidiairement, & après la difcuffion des meubles & immeubles du Tuteur.

LXXIII. Ceux qui ont été prefens à l'élection du Tuteur, ne font point garants de fon adminiftration, fi le Tuteur a été élû contre leur avis.

LXXIV. Mais ceux fur lefquels on a obtenu un défaut, font garants de l'élection faite par la pluralité des voix des parens prefens.

LXXV. Si le mineur ne fait aucune pourfuite contre le Tuteur dans les dix ans après fa majorité, les nominateurs feront déchargez de la garantie de fon adminiftration.

LXXVI. N'aura auffi le mineur après ledit temps de dix ans, hypotheque fur les biens de fon Tuteur, au

préjudice de fes autres Créanciers, que du jour de fon action.

LXXVII. Pareillement le Tuteur n'aura hypotheque fur les biens du mineur pour les fommes qu'il auroit avancées, après trois ans du jour du compte apuré que du jour des pourfuites qu'il aura faites pour en être payé.

LXXVIII. Le Tuteur ne pourra tranfiger avec fon pupille, s'il ne luy a prefenté le compte de fon adminiftration & pieces juftificatives d'iceluy, & qu'il n'y ait eu contredits & falvations baillez fur ledit compte.

LXXIX. Ne pourra auffi ledit Tuteur tranfiger avec ledit mineur dans l'an après fa majorité, finon en la prefence de deux de fes parens, qui feront nommez pour cet effet par les autres parens, ayant procedé à l'élection dudit Tuteur.

LXXX. Ledit temps d'un an après la majorité du mineur étant expiré, le Tuteur ne fera valablement déchargé par la reftitution des pieces énoncées en la tranfaction qu'ils pourroient paffer entr'eux, fi ladite reftitution des pieces n'a été faite en la prefence des deux parens fufdits, & par l'acte par eux figné.

TUTEUR, NOTAIRE.

Par Arrêt du 18 Février 1611. au Parlement de Paris, jugé qu'un Notaire mineur de 25. ans, ne peut être Tuteur, encore qu'en ce qui eft de fon office. il fe puiffe obliger. & obliger les autres. *Brodeau fur M. Loüet, let. G. fom. 9. nomb. 5.*   **277**

TUTEUR, OBLIGATION.

Tuteur obligé en fon nom, peut être contraint en fon bien, quoique la tutelle foit finie. Arrêt du Parlement de Paris du 21. Mars 1540. autre chofe s'il eft obligé feulement comme Tuteur, faute d'indiquer les biens de fon mineur, peut auffi être contraint en fon nom. Arrêt du 27. Avril 1530. *Papon, livre 15. tit. 5. n. 6.*   **278**

Un Tuteur avoit donné quittance & remis une obligation faite à fon profit, montant à 1200. liv. le pupille faifant rendre compte à l'heritier de fon Tuteur, demande qu'il fe charge en recette de cette fomme; l'heritier répond que l'obligation appartenoit au Tuteur; le pupille allegue l'authentique *minoris*, & la Loy finale, *C. arbitrium tutela*, & dit que le Tuteur n'a dû rien prendre par fes mains; 2°. que la quittance contenant décharge des titres rendus, appartenant à l'heredité, luy tenoit lieu d'inventaire. Arrêt du Parlement de Paris du 7. Juillet 1605. au profit du mineur, quoiqu'on alleguât que l'authent. *minoris* étoit pénale, & que toutes les loix penales étoient abrogées en France. *Plaidoyers de Corbin, ch. 44.*   **279**

Jugé le 10. Decembre 1619. qu'un oncle s'étant fait décharger de la Tutelle, à la charge de nourir l'un des mineurs jufqu'à 25. ans, & luy apprendre fon métier, cette obligation ceffe par le decez de l'oncle, & ne produit aucune action contre fes heritiers. *Boffet, to. 1. li. 3. ch. 77.*   **280**

L'emprunt fait par le Tuteur pour acquiter les mineurs, s'il y a preuve dans la fuite que le Tuteur avoit des deniers fuffifans entre fes mains à eux appartenans, ne peut obliger les mineurs. Arrêt du 23. Juin 1684. qui interloque, & que dans un mois on feroit diligence à faire juger le compte de Tutelle. *De la Gueff. tome 4. liv. 8. ch. 34.*   **281**

PARENS DU PUPILLE.

Le plus proche parent doit être élû & nommé Tuteur, & le beau pere peut être élû. *Bouvot, to. 2. verbo Tuteurs, qu. 39.*   **282**

Voyez le 18. Plaidoyé de M. de Corberon Avocat general au Parlement de Mets, pour des parens qui à caufe du peu de fûreté des chemins, n'etoient pas comparus à l'affignation qui leur avoit été donnée pour proceder à l'élection d'un Tuteur.   **283**

En cas de décès, minorité, ou fecond mariage de   **284**

la mere , fi le pupille a un frere majeur , celuy-cy
fera contraint de luy faire nommer un Tuteur , ou
d'accepter luy-même la tutelle. Arrêts du Parlement
de Touloufe des 10. Juin & 14. Juillet 1567. rapportés par *Maynard* , *li. 6. ch.* 51.

286 Frere majeur doit pourvoir de Tuteur à fon frere
pupille , s'il n'y a point de mere , ou qu'elle foit mineure ou remariée , autrement il fera tenu de proceder comme Tuteur. Arrêt du Parlement de Touloufe
du 24. Juillet 1567. *Papon* , *liv.* 15. *tit.* 5. *n.* 16.

287 Arrêt du Parlement d'Aix du 14. Mars 1645. qui a
déféré la Tutelle à l'oncle germain , fous la caution
d'un confanguin , qui avoit été nommé Tuteur par
le Teftament du pere , & fubftitué au pupille & qui
refufoit la tutelle. *Boniface* , *to.* 1. *li.* 4. *tit.* 1. *ch.* 3.

288 Arrêt rendu au même Parlement de Provence le 23.
Février 1674. qui a donné la Tutelle au plus capable de divers parens en même degré , qui font fans
excufe legitime. *Boniface* , *to.* 4. *liv.* 4. *tit.* 1. *ch.* 4.

TUTEUR , PAYEMENT.

289 Du payement fait au Tuteur. *Voyez* le mot *Payement* , *n.* 115. *& fuiv.*

290 Payement fait à un mineur fans fon curateur, non
valable fauf au debiteur de déduire ce qui paroîtra
avoir été employé au profit du mineur. Arrêt prononcé *aux Grands Jours* , tenus au Puy le 15. Octobre
1548. *La Rochefl avin* , *li.* 2. *lettre M. tit.* 9.

PRE'TRE , TUTEUR.

291 Titre d'un Prêtre ne peut être faifi pour le reliqua
de compte de Tutelle; mais il peut être contraint
par corps; jugé au Parlement de Roüen le 5. Decembre 1536. mais à l'égard de la condamnation par
corps , quoique l'Ordonnance de 1667. la permette
pour un reliqua de compte , on la jugeroit difficile-
ment contre un Prêtre , parce qu'on a même de la
peine à prononcer cette condamnation contre une
perfonne laïque. *Bafnage* , *tit. de Jurifdiction* , *art* 5.

293 *Clericus aut Presbyter* , *qui voluntarie tutelam fufce-
pit , juvari amplius privilegio fuo non poteft , menfe
Maio* 1586. Mornac , Authent. Presbyteros C. de Epif-
cop. & Clericis.

294 Les Prêtres qui poffedent des benefices à charge
d'ames , font exempts de tutelle , & non les autres;
jugé au Parlement de Roüen le 24. Janvier 1662.
Bafnage , *tit. de Jurifdiction* , *art* 5.

TUTEUR , PROCE'S.

295 Tuteur ou Curateur ne peut être contraint de répondre aux affignations données en matiere criminelle à fon mineur , les accufations ne peuvent s'a-
dreffer à luy. Arrêt du Parlement de Paris du 30.
Janvier 1544. *Papon* , *li.* 15. *tit.* 5. *n.* 10.

296 Procureur conftitué par un Tuteur , n'a plus de
puiffance , le Tuteur étant mort. Arrêt du Parlement
de Paris du 16. Novembre 1551. *Papon* , *ibidem n.* 7.

297 Tuteurs qui entreprennent des procés fans avis
de parens , ne peuvent repeter les frais. Arrêt du P.
de Bretagne du 6. Mars 1556. *Du Fail* , *li.* 2. *ch.* 60.

298 Le Tuteur eft decheu de toute action qu'il a contre
le mineur , duquel il accepte la Tutelle , fans le déclarer. Arrêt du Parlement de Dijon du 15. Janvier
1565. *Bouvet* , *to.* 2. *verbo Tuteurs* , *qu.* 37.

299 Quand le plus proche parent a des procés importans contre les mineurs *de fumma bonorum* , il ne peut
être inftitué Tuteur. Jugé par Arrêt du Parlement de
Roüen le 9. Mars 1631. par ce même Arrêt il a été jugé que le fils ni le gendre ne font proche ne le pouvoient être en ce cas , & le beau-frere du défunt en
fut déchargé , parce qu'il étoit éloigné de 17. lieuës.
Bafnage , *tit. de Jurifdiction* , *art.* 5.

300 Les Tuteurs ne doivent rien entreprendre pour
l'adminiftration des biens de leurs mineurs que par
confeil & avis d'Avocats , autrement ils font garans
des dommages & interêts qui pourroient être contre
eux ajugés. Jugé au Parlement de Tournay le 24.
Janvier 1697. au procés d'entre la veuve du Baray
Tome III.

d'Haurincourt appellante , & le Comte d'Avelin.
V. M. Pinault , *tome* 2. *Arr.* 137.

TUTEUR , RECEVEUR DES CONSIGNATIONS.

301 Les Receveurs des Confignations nommez par les
parens tuteurs ; la Cour ordonna que les parens qui
perfeveroient en la nomination , feroient garants &
cautions du compte de la Tutelle , & feroient les
foumiffions à ce neceffaires. Arrêt du 30. Decembre
1624. *Du Frêne* , *li.* 1. *ch.* 31.

TUTEUR , RENTE.

302 Arrêt du Parlement de Roüen qui a jugé qu'un Tuteur avoir pû garder le rembourfement d'une rente
qu'il avoit reçû pour fes mineurs , en leur en faifant
rente au denier 14. comme celle qui avoit été rembourfée, quoiqu'il eût pû s'en defaififfant, la donner au denier 10. il peut auffi retenir une demi année du revenu, fans en payer l'interêt. *Bafnage* , *tit.
de Jurifdiction* , *art.* 5.

303 Le Tuteur qui fans avis de parens , & fans autorité du Juge , a employé les deniers de fon pupille en
rente fur particulier , eft tenu de faire valoir la rente. Arrêt du 29. Juillet 1596. *Charondas* , *livre* 15.
Rép. 31.

304 Un Tuteur avec l'avis des parens ne peut conftituer une rente au profit d'un Monaftere , abforbant
tout le revenu du bien, où la fille fe rend Religieufe , & fut la rente reduite à 400. livres , & à vie feulement. Arrêt du 9. Mars 1618. *Du Frêne* , *livre* 2.
ch. 12.

TUTEUR , RETRAIT.

305 Tuteur qui retire l'heritage appartenant à fon pupille. *Voyez* le mot *Retrait* , *n.* 909 *& fuiv.*

SALAIRES DU TUTEUR.

Voyez *Peleus* , *qu.* ff. 120.

306 Les Tuteurs ordinairement ne peuvent prétendre
de falaire pour leurs peines & vacations , fi ce n'eft
aux cas qu'ils foient pauvres , *& foliti operas fuas lo-
cari*, ou s'il y a beaucoup d'affaires , auquel cas il leur
eft permis d'y mettre un follicireur ou negociateur ,
& la dépenfe moderée leur eft allouée fi lefdits procés ou affaires le requierent. Jugé par plufieurs Arrêts. *La Rochefl avin* , *li.* 4. *lettre T.* tit. 8. *Arr.* 10.

307 Au procés du Procureur General appellant de certains articles de dépens contre Julien Gerault. Arrêt du Parlement de Bretagne du 30. Avril 1567. qui
ajuge cent livres au Tuteur pour fix ans, & pour fes
peines & vacations extraordinaires. *Du Fail* , *livre*
3. *chap.* 244.

308 Les Tuteurs ne font recevables à demander falaire
de leurs peines & vacation pour les affaires & procés de leurs pupilles , principalement lors qu'ils pouvoient vaquer fans fortir de leur maifon , Ville ou
lieu où ils étoient. Arrêt du Parlement de Touloufe
du mois de Juin 1585. & de la Tournelle 1591. mais
s'il faut voyager ou aller loin de la maifon, ou fi les
procés font en fi grand nombre , ou de telle importance , qu'il foit befoin d'employer un follicireur,au-
dit cas il eft jufte que les frais moderez foient alloüez au Tuteur. Arrêt du mois de Juillet 1578. *La
Rocheflavin* , *li.* 6. *tit.* 78. *Ar.* 2.

309 Arrêt du 30. Juin 1634. qui ajuge 100. liv. de falaires à un oncle tuteur à Paris pour chacune année de
fa geftion. *Bardet* , *tome* 2. *li.* 3. *ch.* 26.

Arrêt de la Chambre de l'Edit de Caftres , rendu
le 4. May 1635. confirmatif de la Sentence des Auditeurs des Comptes , qui avoit donné 2600. liv. à
Terrive Tuteur des Reynauds pour fes peines & vacations. Ce Tuteur en acceptant la Tutelle avoit protefté qu'il vouloit en être payé , il avoit adminiftré
pendant 14. ans, avoit abandonné fes affaires & fon
négoce, étant Marchand , & les biens étoient d'une
notable valeur. *La Rochefl avin* , *li.* 4. *tit.* 9. *art.* 10. dit
qu'on ajuge un falaire aux Tuteurs lorfqu'ils font pauvres, *& foliti operas fuas locare* , ce qui eft encore conforme à la décifion de la Loy première §. 6.ff. de Tut.

HHhhh ij

& Rat. diſtrah. dans laquelle on paſſe en compte au Tuteur, la ſomme qu'il avoit donnée à l'affranchi co-tuteur, *qui aliter ſe exhibere non poterat.* M. de Ca-tellan, *liv.* 8. *ch.* 10.

TUTELLE, SECONDES NÔCES.

310   Si la mere convole en ſecondes nôces, fait pour-voir de nouveau Tuteur à ſon enfant, lequel dit qu'il n'a rien en la puiſſance des biens de la pupille, & qu'il n'a rien manié, que tout eſt en la puiſſance de la mere & du nouveau mari, ce qu'ils confeſſent, ſçavoir, ſi la mere ſe peut après faire relever de tel-le confeſſion, & de l'acceptation de la nouvelle Tu-telle avant ſon mary, n'ayant renoncé au Velleïen, & en étant relevée par Lettres royaux? *Voyez Bouvot,* *to.* 1. *part.* 2. *verbo Mere*, *qu.* 4.

311   La femme roturiere ne perd la Tutelle de ſes en-fans par les ſecondes nôces. Arrêt du Parlement de Dijon du 4. Avril 1588. *Bouvot*, *to.* 1. *part.* 3. *verbo Secondes nôces.*

312   La mere tutrice convolant en ſecondes nôces, eſt tenuë de bailler caution de payer à ſes enfans la ſom-me promiſe par un accord fait avec ſon mary. Ar-rêt du Parlement de Dijon du 26. Janvier 1615. *Bou-vot*, *to.* 2. *verbo Tuteurs*, *qu.* 33.

313   La veuve qui ſe remarie & vit impudiquement en viduité, perd la Tutelle. *Coquille, Coût. du Nivernois, chap.* 27. *des Donat.*

314   De la mere tutrice qui perd la Tutelle en convo-lant à ſecondes nôces. *Voyez Guy Pape,* *qu.* 539.

315   Une mere ſe remariant perd la Tutelle; elle la re-demande après le décez du ſecond mary. M. Servin Avocat General remontra que le fils avoit plus de 25. ans, & qu'étant idiot, il s'agiſſoit plus du gouverne-ment de ſa perſonne que de ſes biens. Arrêt qui dé-fere la Tutelle à la mere. *Bibliotheque de Bouchel*, *verbo Tutelle.*

316   Mere nommée Tutrice par le Teſtament du mari, ne perd la Tutelle par les ſecondes nôces; ſi elle ad-miniſtre mal, la Tutelle doit être donnée au plus riche des parens, ſans avoir égard à la proximité du lignage. Arrêt du Parlement de Bourdeaux le 27. Juillet 1521. *Bibliotheque de Bouchel*, *verbo Tutelle.*

317   Femme mineure de 25. ans peut être nommée Tu-trice par le Teſtament de ſon mary, & continuer la Tutelle quoyqu'elle ſe remarie, pourvûu que ce ſoit du conſentement des parens; neanmoins elle ne peut être contrainte d'accepter la Tutelle; ni de renoncer au Velleïen. Arrêt du Parlement de Bourdeaux du 27. Juillet 1521. & du Parlement de Paris du 8. Juil-let 1567. *Papon*, *liv.* 15. *tit.* 5. *n.* 3.

318   Celle qui a perdu la qualité de Tutrice par ſes ſe-condes nôces, ne peut la recouvrer devenant une ſe-conde fois veuve, quoyqu'elle n'ait point d'enfans du ſecond lit, car dés lors elle a été non ſeulement incapable mais indigne de la Tutelle, *ſemel neglectâ defuncti memoriâ & materno ergâ filios amore ſpreto.* Arrêt du 10. Juin 1567. *Papon*, *liv.* 15. *tit.* 5. *n.* 27.

319   Dame Jeanne Dupleſſis Doüairiere d'Acigné Tu-trice de ſa fille, ſe conſtituë demandereſſe en offre de retrait lignager; le défendeur la dit non receva-ble, attendu qu'elle eſt remariée au Seigneur de Saint Fale, & qu'elle a perdu ſa Tutelle. La de-mandereſſe répond que par la Coûtume, la femme peut pour elle, ou pour ſon mary, ou pour ſes en-fans, s'entremettre de negociation de Cour, de plus qu'elle eſt Tutrice teſtamentaire confirmée par le Roy, *non debet finiri tutela.* Arrêt du Parlement de Bretagne du 7. Mars 1577. qui luy enjoint de faire dans trois mois pourvoir ſa fille de Tuteur ou Cu-rateur univerſel, ſur les peines qui y écheent. *Du Fail, liv.* 1. *chap.* 426.

320   La mere qui ſe remarie ſans avoir fait pourvoir de Tuteur à ſes enfans ni rendu compte, eſt privée de la ſucceſſion de ſes enfans, ſoit qu'elle luy arrive *ab inteſtat* ou par droit de ſubſtitution; ſi ſon fils dé-

cede en pupillarité, & outre cela ſi elle n'eſt pas ſol-vable, les biens du ſecond mary ſont obligés pour le reliqua de la Tutelle. *Cambolas*, *liv.* 4. *ch.* 46. *& li.* 5. *chapitre* 31.

321   Le 3. Decembre 1610. jugé que la mere, quoy-qu'elle ne fût pas Tutrice de ſes enfans, s'étant re-mariée ſans leur avoir fait pourvoir de Tuteur, étoit privable de leur ſucceſſion. Le 9. Février 1623, en l'affaire de Daré contre Montet, Daré s'étant re-mariée ſans avoir fait pourvoir de Tuteur à ſes en-fans ni rendu aucun compte, fut privée de la ſuccef-ſion de Montet un de ſes enfans du premier lit qui étoit décédé pupille. Elle fut auſſi privée de l'aug-ment & de la donation à cauſe de mort, quoyque reciproque & autres avantages du mary : ce qui ſer-vit beaucoup au jugement, ce fut parce qu'elle n'a-voit pas fait pourvoir de Tuteur à ſes enfans, ni ren-du compte avant que de ſe marier. Même Arrêt le 23. May 1628. contre la Vicomteſſe de Seres. *Cambolas*, *liv.* 4. *chap.* 46.

322   La femme qui s'eſt remariée ſans avoir fait pour-voir de Tuteur à ſes enfans, n'eſt point privée de l'augment ſi les enfans meurent en majorité. Jugé le 24. Septembre 1632. *Cambolas*, *liv.* 6. *chap.* 36. *Voyez* le mot *Augment*, *nomb.* 69.

323   La mere ſe remariant ſans avoir fait pourvoir de Tuteur à ſes enfans, n'eſt privée de leur ſucceſſion s'ils meurent après la puberté. Jugé le 23. Juin 1633. *Cambolas*, *liv.* 6. *chap.* 36.

324   La mere mineure de 25. ans ſe remariant ſans avoir fait pourvoir de Tuteur à ſes enfans ni rendu compte, eſt relevée & ne perd la ſucceſſion de ſes enfans. Ju-gé au Parlement de Toulouſe le 25. May 1633. *Cam-bolas, liv.* 6. *chap.* 43.

325   La mere qui ſe remarie ſans avoir rendu compte de ſon adminiſtration, & ſans avoir fait pourvoir de Tuteurs à ſes enfans, étant privée de leur ſucceſſion legitime, il a été douté ſi cette indignité paſſoit aprés ſa mort à ſes enfans du ſecond lit, en telle ſorte qu'ils fuſſent exclus de la ſucceſſion de leur frere uté-rin, & que les oncles paternels leur fuſſent preféra-bles? Arrêt du Parlement de Toulouſe du 9. Juin 1637. qui décide cette queſtion à l'avantage des en-fans du ſecond lit. M. d'Olive, *liv.* 3. *chap.* 6.

326   Arrêt du Parlement de Dijon du 1. Février 1640. qui prive une femme de la Tutelle de ſes enfans à cauſe de ſon ſecond mariage. *Taiſand*, *ſur la Coût. de Bourg. tit.* 6. *art.* 9. *n.* 1.

327   La mere qui s'eſt remariée ſans pourvoir de Tuteur à ſes enfans, doit être privée de ſa ſucceſſion. Arrêt du 18. Août 1655. au cas qu'il n'y a point d'en-fans ſurvivans du premier lit, & ne doit pas même être réduite à un ſimple droit de legitime. Arrêt du 23. Decembre 1634. en infirmant la Sentence du Juge de Nimes, qui adjugeoit ſeulement la legitime d'un fonds. *La Rocheflavin*, *liv.* 3. *lettre M. tit.* 4. *Ar.* 16.

328   La femme qui ſe remarie *non petitis tutoribus* à ſes enfans du premier lit, eſt privée de la ſucceſſion le-gitime de ſon fils mort en pupillarité. Jugé au Parle-ment de Toulouſe le 17. Juin 1660. qu'ayant perdu la propriété de l'augment par le convol, elle ne l'a-voit pas recouvrée par le prédecez de ce fils mort en pupillarité ſans aucun frere : la perte de la proprieté de l'augment eſt une peine des ſecondes nôces; ne pas la recouvrer par le prédecez du fils mort en pu-pillarité, eſt une peine de la negligence à luy faire donner un Tuteur. *V. les Arrêts de M. de Catellan, liv.* 4. *chap.* 58.

329   Femme qui ſe remarie ſans rendre compte de la Tutelle, eſt privée de la ſucceſſion de ſes enfans. Ar-rêt du Parlement de Toulouſe du 18. Juin 1663. rap-porté par M. de Catellan, *liv.* 4. *chap.* 73.

330   Si la veuve qui ayant pris la Tutelle de ſes enfans ſe remarie, *non petitis tutoribus*, eſt ſujette aux mêmes peines que celle qui ſe remarie dans l'an du deüil?

M. d'Olive rapporte des Arrêts contraires, il y en a un du 14. Août 1698. quia privé la mere de l'usufruit des liberalitez de son premier mary. *Voyez M. de Catellan, liv. 4. ch.* 21.

931 De la femme qui se remarie *non petitis tutoribus*, & si étant excluse de la succession de ses enfans du premier lit morts impuberes, ceux du second en sont pareillement exclus: Il faut distinguer si elle est morte lorsque le fils du premier lit vient à mourir impubere, le fils du second lit, frere uterin du défunt peut succeder, car il vient de son chef. Arrêts du Parlement de Toulouse des 27. May 1661. & 30. May 1675. Si la mere est vivante, son existence empêche les enfans d'un second mariage de succeder. Il pouvoit arriver que la mere leur succederoit. *Voyez M. de Catellan, liv.* 4. *ch.* 73. *& Cambolas, li.* 5. *ch.* 31.

TUTEUR, SERMENT.

932 Subrogé Tuteur doit prêter le serment lors de la confection d'inventaire. *Voyez* le mot *Communauté*, *nomb.* 84.

SUBROGÉ TUTEUR.

933 En France le Tuteur subrogé n'est point tenu au défaut du Tuteur principal. Arrêt du 7. Septembre 1604. *Peleus, q.* 80. M. le Prêtre, *és Arrêts de la cinquième*, & M. Loüet, *lettre T. som.* 13. rapportent le même Arrêt.

934 Le Tuteur subrogé n'est point subsidiairement tenu pour le Tuteur principal. Arrêt du Parlement de Paris du 7. Septembre 1604. il n'y avoit ni gestion ni obligation solidaire. *Papon, liv.* 15. *tit.* 5. *n.* 24.

TUTELLE TESTAMENTAIRE.

935 La nomination testamentaire est obligatoire, & neanmoins le Tuteur nommé se peut excuser. Arrêt du Parlement de Dijon sans date, rapporté par *Bouvot, to.* 2. *verbo Tuteur, quest.* 12.

936 Au païs de Droit écrit, Tuteur élu est préferé au Tuteur testamentaire. Arrêt du 8. Juillet 1587. *Bibliotheque de Bouchel*, verbo *Tutelle.*

937 La mere ne peut repudier la Tutelle que le mary luy a déferée par Testament, sinon elle perdroit le legs à elle fait sous cette condition, Arrêt du Parlement de Toulouse au mois de May 1581. *Maynard, liv.* 6. *ch.* 32.

938 *Uxor quæ demandata tutela excusationem meruit, non amittit legatum à marito factum quia censetur factum propter merita non propter onus tutela.* Arrêt du Parlement d'Aix du 16. Novembre 1582. *Voyez Francisci Stephani, décis.* 32.

939 Arrêt de l'an 1587. qui décharge deux Marchands nommés Tuteurs par le Testament du pere des mineurs, attendu que le défunt avoit un frere, & par consequent oncle des mineurs, lequel fut élû en leur place. *La Rochestavin, li.* 4. *lett. T. tit.* 8. *Arr.* 3.

940 *In Provincia quâ jure scripto regitur, Italus testamento alium Italum tutorem dederat filiis, petebat mater ut satisdaret; Senatus testamentum patris confirmavit, quia nihil in personam diceretur.* Arrêt du 7. Mars 1596. *Mornac, l.* 20. *C. de Episcopali audientia.*

941 Tuteur par un pere donné à ses enfans dans un Testament imparfait, est valable. Jugé au Parlement d'Aix le 14. Janvier 1671 *Journal du Palais.*

MAUVAIS TRAITEMENS DU TUTEUR.

942 *Voyez* le 27. Plaidoyé de M. le Maître, contre les violences d'un Tuteur, & mauvais traitemens envers la pupille.

TUTEUR, TRANSACTION.

943 Transactions permises aux Tuteurs, pourveu qu'ils décident la chose douteuse à l'avantage du pupille. *Voyez M. d'Olive, liv.* 1. *ch.* 1. *circà finem.*

944 Si le mineur fait majeur qui quitte à son Tuteur le maniement de sa Tutelle par simple décharge ou par transaction, peut reclamer après les 10. ans? *Voyez Henrys, to.* 2. *liv.* 4. *q.* 31. *& 74.* *Voyez Brodeau sur M. Loüet, lettre T. somm.* 3. *nomb.* 3. *Voyez l'Ordonnance de* 1539. *art.* 134.

Tutor qui transigit cum minore, non restituitur. Arrêt du 6. Août 1602. *Mornac, l.* 1. §. *rationes ff. de edendo.*

TUTEUR, VENTE.

945 Si un Tuteur peut acheter les biens de son pupille ou mineur? *Voyez Bouvot, to.* 2. *verbo Tuteur, q.* 34.

Le Tuteur qui doit des grains à son pupille, luy doit tenir compte du prix selon la vente qu'il en a faite, de laquelle il est crû à son serment. Arrêt du Parlement de Dijon du 15. Juillet 1569. *Bouvot, to.* 2. *verbo Tuteurs, quest.* 6.

946 Le Tuteur ne peut vendre ni bailler à rente les biens des mineurs sans avis de parens & Sentence du Juge, & ce en jugement au plus offrant & dernier enchérisseur. Arrêt du 10. Janvier 1573. *Carondas, li.* 11. *Rép.* 21.

947 Un particulier ayant vendu en qualité de Tuteur, ne peut être appellé en garantie en son propre & privé nom. Arrêt du Parlement de Dijon du 28. Janvier 1608. *Bouvot, to.* 2. *verbo Tuteurs, quest.* 8.

948 Office de judicature peut être vendu par un Tuteur sans decret sur un avis de parens, & le mineur n'est pas recevable à demander un supplément du prix. Jugé au Parlement de Paris le 23. Février 1626. *Bardet, to.* 1. *liv.* 2.

949 Arrêt du Parlement de Provence du 7. Janvier 1671. qui regla les parties à écrire, pour sçavoir si le Tuteur qui a la permission de vendre les biens du mineur par le Testament du pere sans solemnité, ayant vendu certains biens sans solemnité, la vente est valable. *Boniface, to.* 4. *liv.* 4. *tit.* 1. *chap.* 11.

TUTEUR, VOISIN DU PUPILLE.

950 C'est une maxime que tous les Juges doivent bien prendre garde de ne donner Tuteur qui ne soit *ejusdem municipii*, afin d'obvier aux dépens & frais qui se feroient pour aller & venir, *textus est in L. Etiam ff. de tutel. & l.* 3. *ff. de tutor. dat. ab his*, ce qui s'entend du plus prochain parent, & en défaut de parens le plus prochain voisin, lesquelles ne peuvent neanmoins être contraints, que lorsqu'il n'y a parent idoine & suffisant. Cela s'observe au Parlement de Toulouse. *La Rochestavin, liv.* 4. *lett. T. tit.* 8. *Arr.* 2.

951 Au défaut des parens, le voisin le plus prochain des mineurs fut élû Tuteur, sans qu'il pût s'en dispenser, sous prétexte qu'il n'étoit parent. Arrêt du Parlement de Paris du 21. May 1534. *Papon. li.* 15. *tit.* 5. *n.* 1.

TUTEUR, VOYAGES.

952 Messire Jean-Baptiste Gaston de Vernoux, Chevalier Seigneur de Melziard, ayant été tué à la bataille de Conis en l'année 1691. Dame Elisabeth de Sainte-Maure de Jouzac sa veuve, étoit alors enceinte de Damoiselle Jeanne de Vernoux, seule fille & heritiere de son pere, dont elle accoucha plus de quatre mois après; comme le sieur Melziard faisoit sa résidence ordinaire en Poitou dans l'une de ses Terres, on auroit élû pour Tuteur à la Damoiselle mineure, Messire Loüis Charles de Vernoux, Chevalier Seigneur de Bonneüil. Lors du compte de Tutelle, le sieur de Bonneüil employa dans la dépense d'iceluy, & coucha plusieurs articles pour frais de voyages qu'il prétendoit avoir été obligé de faire, de Flandres où il étoit à l'armée, à Paris; de Paris en Poitou; & de Poitou à Paris pour les affaires de la mineure, qu'il faisoit monter à plus de 60000. liv. La Dame veuve l'auroit soûtenu non recevable à en pouvoir rien demander.

M. le Lieutenant Civil au Châtelet de Paris ayant été requis le 19. Juin 1708. de donner un Acte de Notorieté concernant l'usage qui s'observe en pareil cas, convient que la Coûtume n'en a aucune disposition précise, mais que c'est une question generale qui dépend entierement de la disposition des Loix, dont l'esprit est de donner à ceux qui ne peuvent pas agir, des personnes capables, qui dans leur bas âge les défendent & administrent leurs biens; d'où l'on

HHhhh iij

doit conclurre qu'il n'est pas permis à des Tuteurs de dissiper le bien de leurs pupilles, ni de rien faire & entreprendre qui leur soit préjudiciable : c'est pour cela que l'Empereur Justinien en la *Novelle* 72. défend aux Tuteurs de dépenser plus qu'il n'est necessaire pour les mineurs, & leur ordonne de faire employ de l'excedant.

Comme la dépense necessaire ne peut se juger que par rapport à la naissance, au bien & à l'âge des personnes, l'Empereur Antonin dans la Loy 3. *Cod. de administratione Tutorum*, le décide en ces termes : *Sumptus in pupillum tuum, necessario, ex justis & haustis causis judici, qui de eâ re cognoscet, probabuntur, etiamsi Pratoris decretum de dandis eis non sit interpositum: namque quod à tutoribus, seu curatoribus, bonâ fide erogatur, potius justitiâ quàm autoritate firmatur.*

De maniere que l'employ de 60000. liv. en dépenses de voyages, sera décidé suivant la necessité, & le Juge en trouvera la décision dans la Loy 11. *Cod. de administ. Tutorum*, qui retranche tout ce que le Tuteur fait en fraude du mineur, & donne au mineur l'action d'indemnité contre un Tuteur, tant eu égard à la fraude, qu'à sa negligence. *Voyez* le *Recüeil des Actes de Notorieté de M. le Lieutenant Civil*, imprimé en 1709. chez Jean-Baptiste Coignard, pag. 251. & suiv. Les Juges devant qui ces sortes de causes sont portées, doivent les décider suivant les circonstances, & prendre garde avec Justinien, *Novelle* 72. *ne curatio fiat minori rerum propriarum interitus, & ne hostis potius quàm curator datus sit.*

V

VACANCE.

L A fignification de ce mot fe détermine particulierement aux vacances de Benefice.
    Vacance de Benefice. *Voyez* le
mot *Benefice*, *nomb.* 142. *& fuiv.*
& la Bibliotheque Canonique, *to.* 2.
page 6.

1   Des differens genres de vacan-
ce. *Voyez* Lotherius *de re beneficiariâ*, *livre* 3. *queſtion* 8.

2   De la vacance qui arrive *per religionis ingreſſum, per
promotionem ad Epiſcopatum, per matrimonium, militiam*, *&c.* Voyez *ibid.* *queſt.* 26.

3   *Impetratio Beneficii viventis nulla eſt*, *& impetrans
efficitur incapax illius Beneficii*, *ſi poſteà vacare contingat.* Voyez *Franc. Marc.* *to.* 1. *queſt.* 1170.

4   *Non tenet impetratio ex quo non exprimitur verus modus vacandi. Suſceptum, C. de reſcript. lib. 6. & maximè
ubi non eſt appoſita clauſula quovis modo vacaverit.*
Voyez *Ibidem*, *queſt.* 1147.

5   Les Benefices ſont vacans & impetrables quand celuy qui les poſſede *ſe immiſcuit ſævis & enormibus*, *&
ad bellum profectus eſt*. Ruzé, *en ſon traité de la Regale*,
Priv. 1. *n.* 17.

6   Le Benefice vaque par la non réſidence. *Voyez* le
mot *Réſidence*, *nomb.* 79. *& fuiv.*

7   De diſpoſition de Droit és cas où un Beneficier
étoit privé de ſon Benefice, comme d'hereſie, ſimonie, faute de promotion, ou autres, il falloit avant
que d'impetrer le Benefice obtenir déclaration contre le poſſeſſeur, & attendre trois Sentences. Aujour-
d'huy le contraire ſe pratique, on attaque tout d'un
coup le poſſeſſeur. Ainſi jugé en 1543. *Papon*, *liv.* 3.
tit. 6. *n.* 2.

8   Election du Prieuré de ſaint Vvſt de Soiſſons déclaré abuſive, parce que ſans avoir fait déclarer le
Doyenné vacant par incapacité, ou autrement, on y
avoit procedé avec précipitation contre l'Edit d'Orleans. Arrêt du 9. Decembre 1571. *Papon*, *livre* 2. *tit.*
9. *n.* 6.

9   On conſidere le temps de la vacation, & non le
temps de la nomination pour être capable d'obtenir
Benefice. *M. le Prêtre*, 3. *Cent. ch.* 11.

10   La clauſe generale *quovis modo*, s'étend à tous les
genres de vacances non exprimez, qu'il faut pourtant reſtraindre à ceux ſeulement qui peuvent provenir du chef de la perſonne nommée dans les proviſions : mais la clauſe generale *quovis modo*, jointe à
celle *aut ex alterius cujuſcumque perſonâ*, comprend
tout genre de vacance du chef de quelque perſonne
que ce ſoit, dont le nom ne ſeroit pas exprimé dans
les proviſions, comme il a été jugé au Grand Conſeil dans l'affaire du Prieuré de Montet aux Moines,
Ordre de ſaint Benoît, Diocéſe de Bourges. *Definit.
Can. p.* 841.

11   Vacation des Benefices, de ceux qui ont quitté
l'ancienne Religion, *Tournet*, *lettre V.* Arrêt 3.
Voyez le mot *Apoſtat*, *nomb.* 8.

VACANCE PAR CRIME.

12   De la vacance du Benefice par crime. *Voyez Deſpeiſſes*, *to.* 3. *p.* 454. *& cy-devant* le mot *Benefice*, *nomb.*
69. *& fuiv.* & le mot *Crime*, *nomb.* 2. *& fuiv.*

13   *De vacatione ex delicto.* Voyez *Pinſon*, *au titre quibus modis vacent, vel amittantur Beneficia*, §. 1.

14   *De vacatione ex quaſi-delicto.* Ibid. §. 3

15   *De vacatione per ſententiam.* Ibid. §. 4.
    De diverſis utriuſque vacationis effectibus & differentiis.
Ibid. §. 5.

16   De la vacance qui arrive par le crime, ou par une
Sentence de condamnation. *Voyez* Lotherius, *de re
Beneficiariâ*, *liv.* 3. *queſt.* 18.

17   Benefice vacant pour avoir aſſiſté à un jugement
de mort. Jugé au mois de Mars 1551. *M. Louet*, *let.*
B. ſomm. 1.

18   Le 15. May 1565. en la cauſe d'un nommé Lauxer-
rois, fut par Arrêt appointé au Conſeil, ſçavoir ſi un
Beneficier condamné aux galeres, & ayant fait aman-
de honorable, par Arrêt de la Cour, *cenſeatur ipſo jure
privatus*, de ſes Benefices, *itâ ut vacent*, & qu'on les
puiſſe impetrer, ou bien s'il faut qu'il y ait déclaration du Juge d'Egliſe, ſuivant ce qui eſt traité, *in
cap. at ſi Clerici de Judic.* où tous tiennent que *conſiſ-
ſio facta in foro ſeculari*, *non nocet Clerico in foro Ec-
cleſiaſtico ut Beneficia Clerici vacare dicantur.* Voyez
la Biblioth. de Bouchel, *verbo Galeres.*

19   Condamnation contre un Chanoine à une amende
honorable, pour irreverence & jugemens faits dans
l'Egliſe, ne fait point vaquer ſon Benefice de plein
droit ; cette queſtion a été appointée au Rôlle de
Vermandois en la Grand'Chambre du Parlement de
Paris. *Du Frêne*, *liv.* 2. *chap.* 125. *de ſon Journal.* Au
même endroit il cite deux Arrêts, l'un dans le cas
d'un homicide qu'une Prieure avoit fait commettre, &
l'autre dans l'eſpece d'un adultere & inceſte ſpiri-
tuel par un Curé avec une de ſes penitentes, qui ont
jugé que ces deux cas avoient donné lieu à la vacance de droit, & que la Prieure & le Curé condamnez
n'avoient pû reſigner aprés la condamnation.

20   Par quelles ſortes de crimes le Benefice vaque, *ipſo
jure* ? V. *Albert*, *lettre B. art.* 23. par le parricide. Arrêt du Parlement de Toulouſe, du 25. Février 1640.
par l'hereſie. Arrêt du 27. Janvier 1656. par un vol
fait par un Sacriſtain de ſix bâtons d'argent d'une
lampe. Arrêt du 9. Avril 1658.

21   Le crime ne fait vaquer un Benefice de plein
droit, & avant la plainte ou condamnation ſans appel ;
il peut être valablement reſigné en faveur, & la reſignation en peut être admiſe par le Pape. Jugé en la
Grand'Chambre du Parlement de Paris le 27. Juillet 1694. *Journal des Audiences tome* 5. *livre* 10. *chapitre* 16.

VACANCE DE DROIT.

22   *De vacatione ipſo jure.* Voyez *Pinſon*, *au titre de
quibus modis vacent*, *vel amittantur beneficia*, §. 1.

23   En matiere Beneficiale *vacat ipſo jure Beneficium*,
quand la reſignation eſt admiſe, quoique la poſſeſſion
ne ſoit priſe. *Papon*, *p.* 1363.

24   Le Lundi & le Mardy 16. & 27. Juillet 1694. il s'eſt
plaidé une cauſe importante à la Grand'Chambre du
Parlement de Paris pour la Cure d'Etablieux, Diocéſe de Tours, pour ſçavoir ſi elle avoit vaqué de
plein droit par la condamnation faite de Chauvin qui
l'avoit reſigné à Guittet, & celuy-cy à Brunet ? On
accuſoit le premier reſignant d'avoir commis un inceſte, il n'y avoit pas de preuve entiere de l'action
commiſe & conſommée, mais ſeulement de tous les
efforts & actions indécentes & criminelles que la pu-
deur de l'Audience empêcha de dire. Les concluſions
de Monſieur Lamoignon lors Avocat General étoient
à confirmer la Sentence, & à juger que le Benefice
avoit vaqué de plein droit, & à mon ſens il y en avoit
aſſez pour conclure que cet Eccleſiaſtique étoit un

inceſtueux ; encore que l'action n'eût pas été conſommée. La cauſe fut appointée , la Cour voulut
s'inſtruire en voyant les preuves. *M. Du Perray,liv.3.
chap. 7. n. 23.*

VACANCE DE FAIT.

25   *De vacatione ipſo facto tantum.* Voyez *Pinſon,* au
titre *de quibus modis vacent , vel amittantur beneficia*
§. 6.

VACANCE DE DROIT ET DE FAIT.

26   Vacance de droit eſt quand le Titulaire n'a plus de
droit au Benefice , ou qu'il en a été privé , ou bien
quand il a un Titre qui ne peut ſubſiſter de droit :
Vacance de fait eſt quand on n'a plus de poſſeſſion ;
neanmoins on retient le droit & le Titre du Benefice : Vacance de droit & de fait eſt quand il n'y a ni
Titulaire ni poſſeſſeur du Benefice. *Définit. du Droit
Canon. p. 876.*

27   Ce qu'on appelle vaquer de droit eſt lorſque le
poſſeſſeur n'a point de titre valable , ou qu'en ayant
un il l'a perdu par ſon crime , ou par ſon fait. Vaquer
de fait eſt lors qu'une perſonne a un tître bon & va-
dable, mais qu'il n'a point pris de poſſeſſion , du moins
en perſonne comme il y eſt obligé pour empêcher
la Regale. La vacance de droit, ſelon l'opinion de M.
le Maître, s'entend encore *per non promotionem ad ſa-
cros ordines intra tempus juris ; per contractum matrimonii ; per ingreſſum Religionis , & profeſſionem ſecutam.*
Ibidem , *p. 730.*

28   De la vacance de droit ou de fait. *Voyez Rebuffe ,*
1. *part. au titre Requiſita ad Collationem bonam.*

29   *De vacatione jure & facto ſimul.* Voyez *Pinſon,* au
titre *quibus modis vacent vel amittantur beneficia* § 7.

30   La Profeſſion Religieuſe, auſſi-bien que le mariage
fût-il clandeſtin & non valablement contracté , fait
vaquer le Benefice de fait & de droit. *Voyez dans
Baſſet , to. 1. liv. 1. tit. 4. chap. 8.* un Arrêt rendu au
Parlement de Grenoble le 13. Mars 1665.

VACANCE PAR MARIAGE.

31   A l'égard de la vacance *per contractum matrimonii ,*
trois queſtions ſont examinées par *Probus,* en ſon traité
de la Regale , queſtion 4. depuis le nombre 2. juſqu'au
nombre 11. La premiere , d'un Beneficier qui contracte
mariage avec une fille impubere au deſſous de douze
ans, & qu'il n'a point conſommé ; il décide que quoyque le mariage ſoit nul , les Benefices ne laiſſent pas
de vaquer, n'ayant pas tenu à luy que le mariage n'ait
eu ſon entier effet. La ſeconde , d'un Evêque , d'un
Prêtre, ou d'un Soûdiacre, qui contracte mariage de
fait , lequel quoyque nul , il ne laiſſe pas de faire vaquer ſes Benefices, & la troiſiéme , eſt d'un Beneficier impubere, mineur de quatorze ans, qui contracte
mariage avec une fille majeure. Il ſemble ſe déterminer auſſi pour l'affirmative.

32   Les Benefices vaquent par le mariage du Beneficier *per verba de praſenti* , & non pas *per verba de futuro,* qui ne ſont que des fiançailles, deſquelles il peut
reſilir. Ils vaquent auſſi par la Profeſſion reguliere,
& pendant l'année du Noviciat ils ne ſont point vacans, à moins qu'il n'y renonçât. Ces deux cas ſont
décidez par *M. Ruzé ,* en ſon traité de la Regale,
privil. 1. nomb. 15. & 16. *Probus , tract. Reg. q. 6. &
per totum & quaſt.* 43. *num.* 2. & 3.

33   Un Beneficier Prêtre ou conſtitué aux Ordres ſacrez , qui contracte mariage ; ce mariage , quoyque
nul, ne laiſſe pas de faire vaquer ſes Benefices , ayant
fait ce qu'il a pû pour quitter & abandonner ſon Benefice ; d'ailleurs les actes nuls ont leur effet de
droit , & ſont toûjours valables contre & au préjudice de ceux qui ſont, *tum quia ille fecit quod potuit
etiam quantum ad ſuam Eccleſiam, quam pro derelictâ
habuit ; tum quia actus nulli effectum inducunt juris ;
tum quia actus nullus in prajudicium facientis eſt vali-
dus:* on peut dire par les mêmes raiſons que la Profeſſion d'un Religieux, quoyque nulle, ne laiſſe pas
de faire vaquer les Benefices. *Défin. Can. p. 853.*

VACANCE PAR MORT.

34   *De vacatione per mortem.* Voyez *Pinſon,* au titre
quibus vacent vel amittantur beneficia, §.8.

35   Vacation par mort n'eſt entenduë par la proviſion
faite par reſignation. *Carondas , liv. 1. de ſes Réponſes,
chapitre 17.*

36   Une perſonne qui a droit de demander & impetrer le premier Benefice qui vaquera par mort , ne
peut exercer cette faculté à l'égard des autres vacances ; par exemple à l'égard des vacances qui viennent
de la privation du Benefice ordonné par Sentence
contre le Beneficier , ou à l'égard des vacances qui
viennent à cauſe de ſon mariage ; elle ne doit pas
même avoir lieu à l'égard des vacances par mort, leſquelles ſont introduites par un droit particulier , telles que celles qui arrivent en conſequence de la regle
des vingt jours. C'eſt l'avis de *Gomez* & de *Du Moulin,* ſur la regle *de Infirmis,* n. 293. & ſuiv.

37   Par Arrêt du Parlement de Paris du onze Mars
1621. jugé que le fils d'un Apoticaire pouvoit obtenir le Benefice vacant par le décez de celuy que
ſon pere avoit aſſiſté durant ſa maladie , principalement quand on ne peut accuſer le pere de dol ou
de malverſation, & que le fils a obtenu le Benefice
par les voyes ordinaires , *ut quilibet extraneus.* Voyez
le mot *Apoticaire,* nomb. 14.

38   On doit plûtôt déferer à l'aſſertion de l'Ordinaire
touchant l'heure du décez du dernier Titulaire , qu'à
l'extrait mortuaire , & autres actes, qui juſtifient auſſi
l'heure du décez, & ainſi le pourvû par l'Ordinaire
fut maintenu contre le pourvû par le Vicelegat d'A-
vignon. Jugé au Parlement d'Aix le 24. Mars 1678.
multis contradicentibus. Journal du Palais.

39   De la vacance qui arrive par la mort civile du Beneficier. *Voyez M. Charles Du Moulin ,* ſur la regle
de publicandis , n. 47. & ſuiv.

VACANCE PAR PROFESSION.

40   De la vacance qui arrive par la Profeſſion Monacale. *Voyez Du Moulin ,* ſur la regle *de publicandis ,*
n. 80. & ſuiv.

41   Si une perſonne ayant fait Profeſſion Monacale,
mais dans laquelle il ſe trouve des nullitez, eſt dépoüillé des Benefices dont il étoit d'ailleurs legitimement pourvû? *Voyez les Définit. Can. p. 853.*

VACANCE PAR RESIGNATION.

42   *De vacatione per renuntiationem.* Voyez *Pinſon,* au
titre *quibus modis vacent , vel amittantur beneficia.* §. 9.

43   Ne vaque par reſignation quand le Reſignant décede avant la reſignation admiſe. *Voyez Peloni,* q.164.

44   Le Benefice ne vaque point par mort ſi la collation s'en trouve faite avant le décez du Reſignant
quelque peu de temps qu'il y ait. Jugé le 10. Janvier
1609. *M. le Prêtre,* 2. *Cent. chap.* 87.

VACANCE A ROME.

45   Des Benefices vacans *in Curiâ.* Voyez le mot *Collation , nomb.* 122. *& ſuiv.*

46   Les Benefices vacans *in Curiâ,* ſont autant ſujets à
la Regale, que les autres. *Voyez* le mot *Regale, nomb.*
225. *& ſuiv.*

47   *Beneficium vacans in Curiâ cenſetur vacare ſublatâ
commendâ.* Voyez M. de Selve, 3. *part. tract. queſt.* 33.

48   *De Collationibus Beneficiorum , in Curiâ Romanâ vacantium.* Voyez *Pinſon ,* au titre *de modis acquirendi
beneficii.* § 9.

49   Le Pape ne peut *abſque nominatione Regiâ* conferer
praelaturas vacantes in Curiâ. Voyez *Pinſon,* au titre
de Canonicis inſtitutionum conditionibus, §. 2. où il rapporte deux Arrêts, l'un du Grand Conſeil du mois de
Septembre 1546. l'autre du Parlement de Paris du 6.
Juillet 1628.

50   Des Benefices vacans en Cour de Rome. *Voyez
Pinſon ,* au traité de *Canon. inſtitut. condit.* §. 9. où il
traite que *majora beneficia , & Patronatus laici &
beneficia vacantia tempore Regalia aperta non vacant
in Curiâ, &c.*

51 La glose sur le chapitre *Statutum de Præb. in 6.* sur le mot *Numerandam*, dit que le mois porté par la Constitution de Gregoire X, commence à courir du jour de la vacance, & non pas du jour que le Pape a eu connoissance de la vacance, & cela pour deux raisons. La premiere est que cette Constitution a été faite en faveur des Eglises, afin qu'elles ne fussent pas si long-temps vacantes, & non pas en haine de la negligence du Pape, après le mois le droit des Ordinaires revient en son entier & dans sa premiere vigueur: car comme ce droit est tres favorable, & fondé dans le Droit commun *ad illud de facili sit recursus extendendo.* Voyez *Du Moulin*, sur la regle *de Infirmis*, nomb. 168.

52 Pendant le mois que le Pape a pour conferer les Benefices vacans *in Curiâ*, les Collateurs ordinaires ont les mains liées, & ne peuvent toucher à ces Benefices, & les conferer; s'ils les conferoient, leurs Provisions ainsi données contre l'Ordonnance expresse du Pape seroient nulles de plein droit, & ne pourroient jamais devenir valables, quand même le Pape laisseroit écouler son mois sans conferer ces Benefices ainsi vacans; ce n'est pas que *Du Moulin* approuve cette opinion, il dit que l'opinion contraire suivie par *Imola* est plus veritable. *Voyez Du Moulin*, ibid. nombre 170.

53 Plusieurs Docteurs estiment que si le Collateur ordinaire confere un Benefice vacant *in curiâ* dans le mois off. êté au Pape, cette Collation est radicalement nulle. *Du Moulin* sur la regle *de infirmis*, nomb. 175. & suiv. tient le contraire, parce qu'on ne peut pas dire que la Provision soit subreptice; en ce cas le Collateur ordinaire ne prévient pas, mais il use de son droit naturel & primitif, en cet endroit il applique les maximes qui ont lieu dans les Benefices qui sont à la présentation des Patrons; s'ils sont negligens, la Provision de l'Evêque subsiste incommutablement.

54 Lorsque les Nonces & les Envoyez du Pape meurent en chemin faisant, mais dans les lieux voisins de la Cour de Rome, on a decidé que le Pape seul pouvoit conferer leurs Benefices, comme vacans *in curiâ*, il en est de même des Officiers de Cour de Rome qui iroient en quelque voyage ou pelerinage. *Idem* des Nonces & autres Envoyez qui decederoient près de la Cour de Rome en s'en retournant de leurs Legations, & des Officiers qui decederoient en revenant de leurs voyages ou pelerinages. *Voyez Du Moulin*, sur la regle *de infirmis*, nomb. 285. où il ajoûte, si le Pape vient demeurer pour quelque temps à Paris & qu'un Beneficier y domicilié décede, les Benefices ne seront reputez vacans *in curiâ*, si ce n'est que cette personne fût d'ailleurs Officier, le Collateur ordinaire pourra prévenir le Pape, ces difficultez sont décidées par le chap. *in præsenti de prebend. in 6.*

55 *Du Moulin*, sur la regle *de infirmis*, nomb. 285. & suiv. propose plusieurs questions importantes au sujet des vacances en Cour de Rome, c'est-à-dire, à deux journées de chemin, ou vingt lieuës à la ronde du lieu où demeure le Pape.

57 La Cour de Rome ayant demeuré quelque temps à Paris, retourne à Rome; des Officiers de cette Cour tombent malades en chemin, ou bien même decedent à Paris: la difficulté est de sçavoir, si leurs Benefices vaquoient *in curiâ*, & s'il n'y avoit que le Pape qui les pût conferer dans le mois? Il est décidé dans le chap. *in præsenti de prebend. in 6.* qu'ils vaquent *in curiâ*, & ainsi pourvû que suivant le chapitre les Benefices ne vacquent point *in curiâ*, mais seulement qu'on veuille prétendre qu'ils y ayent vaqué par une resignation faite en Cour de Rome, les Collateurs ordinaires les pourront conferer, si le resignant decede dans les vingt jours hors la Cour de Rome. *Voyez Du Moulin*, sur la regle *de infirmis*, nomb. 285.

58 Ce qu'on dit des Benefices vacans *in curiâ* ne doit

Tome III.

---

avoir lieu qu'à l'égard de la Cour du Pape, & non à l'égard de celle du Legat, à l'égard duquel on ne peut jamais prétendre que les Benefices vaquent *in curiâ.* Du Moulin, *de infirmis*, nomb. 286.

59 La clause, *aut ex alterius cujuscumque persona*, ne pourroit s'étendre à la vacance arrivée par le décès de la personne de celuy qui seroit mort en Cour de Rome; mais seulement à toutes autres personnes du chef desquelles, le Benefice auroit pû vaquer. *Definit. du Droit Canon. page 840.*

60 Pour les Benefices possedez par des François qui sont residens à Rome de l'agrément du Roy, ou pour le service de sa Majesté, le Pape au nom du Roy, & à l'instance de son Ambassadeur à Rome, leur accorde un Bref particulier *de non vacando in curiâ* par lequel sa Sainteté renonce à son droit en cas qu'ils viennent à deceder pendant leur séjour en Cour de Rome, pour laisser à sa Majesté la libre nomination de leurs Benefices, suivant la disposition du Concordat. *ibidem*, page 787.

VACANCE DU SIÉGE.

61 Pendant la vacation du Siége Pontifical, *Sacro constante interregno, vel sacro solio vacuo*; ainsi s'explique Chopin, *de sacr. polit. lib.* 1. tit. 6. nomb 6.

62 L'Evêché vacant, à qui appartiennent les fonctions de l'Eglise Episcopale? *Voyez* le mot *Evêque*, nombre 252.

63 *Sede vacante Archiepiscopatûs, Episcopatûs, regulares Ecclesiæ & seculares ad Regis Delphini manus reducendæ sunt.* Voyez *Franc. Marc*, tome 2. quest. 552.

64 De quels droits Archiepiscopaux dépendans du Sceau, les Chapitres jouïssent, le Siége vacant; & de quels le Roy par droit de Regale? *Voyez Tournet, lett. C.* nomb. 28.

VACANCE, SIMONIE.

65 *An & quando per simoniam inducta sit vacatio beneficii ipso jure?* Voyez le mot, Simonie, nomb. 54. & suivans.

BIENS VACANS.

1 VOyez le mot *Biens*, nomb. 31. & 32. & le mot *Curateur*, nomb. 51. & suiv.

2 Parent n'est obligé d'accepter la charge des biens vacans de son Pupille. Arrêt du Parlement de Dijon du 7. Août 1607. *Bouvot*, tome 2. verbo, *Tuteur*, question 19.

VACATIONS.

1 VOyez le mot *Chambre*, § *Chambre des Vacations*, nombre 47.

2 Du temps des Vacations. *Joly*, *des Offices de France*, tome 1. liv. 1. tit. 17. page 203. & aux additions, page clxvi. & clxviii. & les *Ordonnances de Fontanon*, tome 1. liv. 1. tit. 16. page 90.

3 De la fin du Parlement. *Ordonnances de Fontanon*, tome 1. liv. 1. tit. 15. page 89. & *Joly*, tome 1. liv. 1. tit. 16. page 202. & aux additions, page clxvi.

4 Edit du mois de Juillet 1679. portant Reglement pour les Chambres des Vacations de Rouen. Voyez les *Edits & Arrêts recueillis par l'ordre de Monsieur le Chancelier en* 1682.

5 Declaration du Roy, du 13. Janvier 1582. sur le service des Officiers des Présidiaux, dans les Vacations, elle porte: Voulons que depuis le premier jour de Septembre jusqu'à Noël, il réside actuellement dans les Villes, esquelles nos Siéges Présidiaux sont établis le nombre de sept Juges d'entre eux, sans en pouvoir desemparer pour quelque cause & occasion que ce puisse être, sur peine de désobeïssance; & afin que lesdits Officiers Présidiaux ayent le temps de vaquer à leurs affaires particulieres, Voulons qu'ils se partagent entr'eux de semaine en semaine, en sorte qu'après qu'un Officier aura servi une semaine il puisse aller chez luy, sans que le service en soit retardé. *Voyez Ibidem.*

6   Declaration du mois d'Avril 1682. portant Reglement pour la Chambre des Vacations du Parlement de *Provence*. Voyez *Ibidem*, en 1687.

7   Edit du mois de Janvier 1683. servant de Reglement pour la Chambre des Vacations du Parlement de *Guyenne*. Ibidem.

8   Declaration du Roy du 12. Avril 1682. portans Reglement pour la Chambre des Vacations du Parlement de *Toulouse*. V. *Ibidem*, en 1587.

9   Edit du mois de Janvier 1683. portant Reglement pour la Chambre des Vacations du Parlement de *Pau*. Ibidem.

10   Edit du mois de Decembre 1684. pour la tenuë de la Chambre des Vacations du Parlement de *Bezançon*. Voyez ibidem.

11   Edit du mois de Septembre 1681. portant Reglement pour la Chambre des Vacations du Parlement de *Dijon*. Voyez *Ibidem*, 1682.

12   Edit du mois de May 1685. pour l'établissement d'une Chambre des Vacations au Parlement de *Grenoble*. Voyez *Ibidem*, 1687.

VACATIONS DES JUGES.

13   Si les Officiers des Greniers à Sel peuvent décerner des contraintes & executoires, pour raison de leurs épices, droits, & vacations, & des droits & salaires de leurs Greffiers? Arrêt du Parlement de Paris le 23. Avril 1704. qui a fait & fait inhibitions & défenses aux Officiers du Grenier à Sel de *Montfaufon*, & autres Officiers des Greniers à Sel du ressort de la Cour, de décerner aucunes contraintes & executoires pour raison de leurs épices, droits & vacations, ni des droits & salaires des Greffiers, sur les peines portées par l'Ordonnance, sauf à eux à se pourvoir par action en nôtredite Cour.

Voyez le mot *Epice*.

VAGABOND.

VAgabond. *Homo vagus. Erro.*
Définition de ce mot, *Erro. L.* 215. *D. de verb. sign.*

Defugitivis. D. 11. 4. Ce titre parle des Esclaves fugitifs, & des Vagabonds.

Si vagum petatur mancipium. C. Th. 10. 12.

De servis fugitivis & libertis, mancipiisque civitatum, artificibus, & ad diversa opera deputatis, & ad rem privatam, vel dominicam pertinentibus. C. 6. 1.

De quaestore. N. 80. Officier qui devoit veiller aux Vagabonds, & gens sans aveu. Ce soin regarde aujourd'huy nos Officiers de Police, dans les Villes ; & les Prévôts des Maréchaux, à la Campagne.

1   Des Vagabonds. *Ordonnances de Fontanon*, tome 1. liv. 3. tit. 67. page 659.

2   Celuy-là est dit vagabond qui n'a point d'habitation ni domicile. *Voyez Bouvot*, tome 2. verbo, *Voleurs*, quest. 2.

3   Religieux vagabonds. *Voyez* le mot *Religieux*, n. 169. & 292. & suiv.

4   Arrêt en 1556. par le Roy Henry II. contre les vagabonds. L'oisiveté n'avoit point alors de prétextes : car il ne falloit que paroître dans la place publique pour être employé. Ceux qui étoient ensuite trouvez oisifs étoient foüettez pour la premiere fois sous la custode, pour la seconde dans les carrefours, & pour la troisiéme envoyés aux Galeres. *Voyez Henrici Progymnasmata*, *Arr.* 50.

5   Declaration contre les vagabonds & gens appellez Bohêmes & Bohêmiennes, & ceux qui leur donnent retraite. A *Versailles*, 11. Juillet 1682. registrée au Parlement de *Roüen* le 31. du même mois & en celui de Paris le 4. Août suiv.

VAISSEAU.

UN Vaisseau est un meuble & n'a pas de suite. Arrêt du 14 Janvier 1677. La *Rochestavin*, liv. 2. lettre H. tit. 4. *Arr.* 5.

Voyez cy-dessus le mot *Navire*.

VALEUR.

VAleur, plus-valüe : Moins-valüe. *Voyez* les mots *Estimation*, *Lezion*, *Mesure*, *Rescision*, & cy-aprés le mot *Vente*.

VARECH.

LE droit de Varech appartient au Seigneur, & luy acquiert les choses que l'eau jette à terre par fortune ou tourmente de la mer, ou qui se trouvent égarées dans son Fief, quand dans l'an & jour personne ne se presente pour reclamer. La Coûtume de Normandie a un Titre particulier du Varech.

Toute sorte de Varech n'appartient pas au Seigneur, il y en a qui appartient au Roy à son exclusion, comme l'or & l'argent monnoyé ou en masse qui excede vingt livres, chevaux de services, francs-chiens, oyseaux, yvoire, corail, pierreries, écarlatte, verd de gris, & les peaux zebelines qui ne sont pas encore appropriées à aucun usage d'hommes ; les trousseaux de draps entiers, lits, & tous les draps de soye entiers, tout le poisson royal qui vient en terre sans aide d'hommes, en quoy n'est compris la baleine ; toutes les autres appartiennent au Seigneur du Fief. *V. l'Auteur de l'esprit de la Coûtume de Normandie*, tit. 23.

Aprés la visitation dûement faite du Varech, il doit être laissé en la Garde du Seigneur, lequel en la qualité de gardien & de dépositaire, est tenu d'en faire bonne & sûre garde ; autrement il en est responsable en son propre & privé nom, & même lorsqu'il n'a pas empêché le pillage & l'enlevement du Varech, s'il étoit en son pouvoir de le faire, & faute d'y avoir apporté les ordres necessaires, il doit être condamné solidairement à la restitution des choses volées suivant l'Arrêt rapporté sur l'article 597. de la Coûtume de Normandie, par *M. Josias Berault*, *Voyez Bosnage sur ladite Coûtume*, art. 598.

Les Seigneurs Feodaux ont droit de Varech, mais ils n'ont pas droit de *Vraich*, comme quelques uns l'ont prétendu, voulant empêcher leurs vassaux & les habitans de leurs paroisses de l'amasser & de le porter sur leurs terres, ce qui a été jugé en faveur des habitans des paroisses voisines de la mer, par Arrêt rapporté par *Berault sur l'art.* 596. Par cet Arrêt la liberté fut conservée à un chacun de prendre du Vraich aux lieux où il croît lorsque la mer est retirée, cette prétention des Seigneurs étoit peut-être fondée sur ce que nos Commentateurs se sont imaginez que le mot de Varech venoit de celuy de *Vraich*, dont ils inferoient qu'ayant droit de Varech ils avoient aussi droit de Vraich ; mais cette étimologie n'est pas veritable. *Basnage sur la Coûtume de Normandie*, art. 601.

Jacques Jalot Ecuyer, Sieur de S. Remy, ayant fait faire défenses aux habitans de S. Remy de prendre du *Vraich* qui est une herbe qui croît au bord de la mer, & dont les Laboureurs se servent pour engraisser leurs terres, les habitans de S. Remy furent maintenus en la liberté d'enlever ce vraich, & de le porter sur leurs terres, par Arrêt du Parlement de Roüen du 18. May 1624. En l'année 1635. l'on tenta par une autre voye de priver ces miserables paisans de ce present que la mer leur fait : on mit le vraich en parti, & le traitant le faisoit brûler & reduisoit en cendres qu'il vendoit cherement ; pour en profiter seul, il fit faire défenses à toutes personnes d'en enlever ni de s'en servir : sur les plaintes qui en furent faites au Parlement, la Cour donna Arrêt le 14. Decembre 1635. contre le nommé Piley & le partisan, par lequel défenses furent faites au partisan de le brûler, ni d'en empêcher l'usage aux riverains, & par l'Ordonnance de 1681. au tit. de la coupe du Varech, il est fait défense à tous Seigneurs des fiefs voisins de la mer, de s'approprier aucune portion

des rochers où croît le varech , d'empêcher leurs vaſſaux , de l'enlever dans le temps que la coupe en ſera ouverte , d'exiger aucune choſe pour leur en accorder la liberté ; & d'en donner la permiſſion à d'autres , à peine de concuſſion. Par la même Ordonnance , il eſt enjoint aux habitans des paroiſſes ſituées ſur les côtes de la mer , de s'aſſembler le premier Dimanche du mois de Janvier de chacune année ; pour regler les jours auſquels devra commencer & finir la coupe du Vraich. *Baſnage , ſur la Coûtume de Normandie , art. 601.*

VARIATION.

1. Voyez *les Opuſcules de Loyſel , p 144.*
VARIATION, BENEFICE.
Voyez le mot *Ordinaire , nomb. 7.*

2. Proviſion du Roy n'eſt ſujete à variation. *Forget , Traité des Droits de Regales, ☞ 23. & Tournet, lettre P. Arr. 224.*

VARIATION, CHOIX.

3. Variation dans le choix. *Voyez* le mot *Choix , nom. 26. & ſuiv. &* le mot *Election.*

4. Si la mere chargée d'élire un heritier , peut varier? *Voyez Henrys , to. 2. liv. 5. q. 10.* où il rapporte un Arrêt du 27. Juillet 1658. par lequel la variation de la mere dont le choix avoit été fait par teſtament , a été déclarée valable ; ſecus ſi le choix a été fait par acte entre-vifs.

5. Si l'heritier chargé de reſtituer un fideicommis , après avoir fait choix , peut encore varier? *Voyez* le mot *Fideicommis , n. 233. & 234.*

VARIATION, PATRON.

6. De la variation du patron. *Voyez* le mot *Patron , n. 208. & ſuiv.*

VARIATION, TE'MOINS.

7. Variations des témoins. *Voyez* le mot *Témoins , n. 231. & ſuiv.*

VASSAL.

Vaſſal. *Poſſeſſor fundi inferioris , vel clientelaris. Beneficiarius cliens.*
Quot teſtes ſunt neceſſarii ad probandam feudi ingratitudinem. F. 2. 57. Il faut cinq témoins pour prouver l'ingratitude du vaſſal.
Si ſervus exterœ vni mandaverit. C. 4. 36. Ce Titre peut s'appliquer ſelon nôtre uſage , au vaſſal qui reconnoît un autre Seigneur direct , que le ſien. *Mornac , ſur ce Titre , & ſur la Loy 54. ff. Mandati.*

1. *Voyez* les mots *Affranchi , Cens , Directe , Emphiteote & Seigneur.*
Bannito vaſſallo , an feudum veniat in publicationem bonorum? Voyez Andr. Gaill , tract. de pace publicâ , lib. 2. cap. 14.

2. De la maniere d'être vaſſal de pluſieurs Seigneurs ſans violer la foy. *Voyez M. Chantereau , en ſon Traité des Fiefs , liv. 1. ch. 15.*

3. Vaſſal abſent. *Voyez verbo Abſent , nomb. 67. & ſuivans.*

4. Vaſſal qui aliene. *Voyez* le mot *Alienation , nombre 94. & ſuiv.*

5. Alimens dûs au vaſſal par le Seigneur. *Voyez* le mot *Alimens , nomb. 120.*

6. Si le vaſſal peut être établi Commiſſaire ? *Voyez* le mot *Commiſſaire , nomb. 52. & 53.*

7. Vaſſal établi ſequeſtre. *Voyez* le mot *Sequeſtre , nomb. 73.*

8. *Vaſſallus non perdit feudum ſine culpâ , & poteſt reſtitui in integrum & actionem habet contrà dominum ad inveſtituram & fructuum reſtitutionem. Du Moulin , to. 2. page 879.*

9. Papon dit avoir été jugé par Arrêt du 14. Juin 1548. que le vaſſal ne peut demander trêve , ou ſauve-garde contre ſon Seigneur ; le même a été jugé au Parl. de Roüen ſéant à Caën. La raiſon eſt qu'il y a *ipſo jure ,* aſſurance entre le Seigneur & le vaſſal , mais le

Tome III,

vaſſal ſe doit pourvoir en la Chancellerie , & y obtenir Lettres en forme commune , auſquelles ne ſera dénommé le Seigneur. Jugé de même à l'égard de deux freres , par Arrêt du 2. Septembre 1530. Ces Arrêts ſont rapportez par *Berault , ſur l'article 450 de la Coût. de Normandie , tit. de Juriſdiction.*

10. Jugé par Arrêt du Parlement de Normandie du 9. Septembre 1548. que le Vaſſal ſe doit pourvoir pardevant le Juge Royal du lieu auquel le Fief dominant eſt aſſis , & non pardevant le Juge du Fief ſervant , ni du domicile du Seigneur, *quia, cum actor debeat ſequi forum rei ,* l'action qu'en ce cas intente le vaſſal , ſemble être plûtôt adreſſée contre le Fief dominant , que contre la perſonne qui le poſſede. *Jovet , verbo Felonie , n. 25.*

11. Vaſſal & arriere vaſſaux , ne peuvent rien faire au préjudice du fief dominant. *Voyez Peleus , qu. 75.*

12. Le vaſſal peut faire la condition du Fief meilleure , mais il ne la peut diminuer ſans le conſentement du Seigneur. *Voyez Carondas , li. 2. Rép. 14.*

13. Le Seigneur ne peut changer ſon vaſſal retenant ſon fief. *Voyez M. Loüet , lettre V. ſomm. 10.*

14. Vaſſal & du Procureur , & ſi au fait de la cauſe la procuration peut empêcher la ſaiſie de ſes grains. *V. Peleus , queſt. 141.*

15. Si le vaſſal qui a droit de prendre ſur le Seigneur une rente à titre de fief , & pour laquelle il doit foy & hommage , peut en demander les arrerages , encore qu'il n'ait fait ou offert l'hommage à ſon Seigneur? *Voyez Henrys , tome 1. liv. 3. chapitre 1. queſtion 2.*

16. Un vaſſal privé de l'uſufruit de ſon fief ſa vie durant , pour avoir démenti ſon Seigneur dominant en Jugement. Arrêt du 31. Decembre 1556. *M. le Prêtre , és Arrêts celebres. Voyez Carondas , liv. 2. Rép. 16. & M. Loüet , lettre F. ſomm. 9.*

17. Un vaſſal peut chaſſer en l'étenduë de ſon fief ſans le congé de ſon Seigneur. *Voyez le Veſt, Arrêt 88. Voyez Bacquet des Droits de Juſtice , chap. 34. nomb. 12. & 13.* où vous trouverez deux Arrêts , l'un du 23 Decembre 1566. l'autre du 17. Mars 1573. *Voyez Carondas , liv. 4. Rép. 82.*

18. Le vaſſal eſt tenu de plaider en la Juſtice de ſon Seigneur feodal , quand il s'agit des droits feodaux prétendus par le Seigneur. Deux exceptions , la premiere , quand le vaſſal par ſes offres a prévenu la ſaiſie du Seigneur qui a refuſé ſes offres; la ſeconde , quand il s'agit d'une ventilation , lorſque le fief eſt tenu de pluſieurs Seigneurs. Jugé le 21. Août 1613. & le 21. Février 1612. *Chenu , 2. Cent. queſt. 29.*

19. Vaſſal Eccleſiaſtique qui a été une fois reconnu & reçu à foy & hommage , n'eſt tenu de bailler homme vivant & mourant. Arrêt du 9. Juin 1632. *Voyez Henrys , tome 1. liv. 3. ch. 1. queſt. 3.*

20. Le Seigneur offenſé par ſon Vaſſal , luy peut faire faire ſon procés par ſes Officiers : toutefois *Henrys tome 1. liv. 3. ch. 1. queſt. 5.* eſt d'avis de ſe pourvoir en cas ſemblable , plûtôt devant le Juge Royal ſuperieur , que devant ſes Officiers : où il rapporte un Arrêt du 25. May 1637.

21. De l'ingratitude du Vaſſal. *Voyez* le mot *Fief , nombre 71. bis. &* ingratitude *, n. 18. & ſuiv. & Chorier , en ſa Juriſprudence de Guy Pape , p. 130.*

VELLEIEN.

Senatus-conſulte Velleïen. *Ad Senatus-conſultum Velleianum. D. 16. 1.... C. 4. 29.... N. 134. c. 8.... Paul. 2. 11.* Par le Senatus-conſulte Velleïen , les obligations des Femmes étoient nulles. Cette Loi a été abrogée en France , par Déclarations de 1606. & de 1664. pour les Provinces de Lionnois & de Mâconois.
Voyez le mot *Femme, nomb. 70. & ſui.* le mot *Renonciation , n. 271. & M. le Brun en ſon Traité de la communauté , liv. 2. ch. 3. p. 268.*

IIiiiij.

2   *De Senatus-consulto Velleiano.* Vide *Luc. lib.* 10. *tit.* 6.

3   Du Senatus consulte Velleïen, & en quel cas la renonciation est necessaire ? *Voyez Filleau*, 4. part. q. 53. *& suiv.*

4   Si la femme qui s'est départie du benefice d'inventaire, en faveur de quelques creanciers particuliers, se peut aider du Velleïen? *Voyez Duperier*, liv 4. quest. 12.

5   Si la donation d'une somme d'argent faite conjointement & solidairement, en faveur d'un mariage par le pere & la mere, est sujete à l'exception du Velleïen, le pere se trouvant insolvable pour la portion qui le concerne? *Voyez Ibidem*, liv. 4. qu. 22.

6   Si le mary & la femme sont obligez un seul & pour le tout, sans qu'elle ait renoncé au Velleïen; comme sera tenuë la femme? *Voyez Coquille*, tome 2. question. 110.

7   *Antuerpia locus non est Senatus-consulto Velleïano de intercessionibus mulierum.* Voyez Stockmans, *decis.* 142.

8   Par Arrêt du Parlement de Paris du 21. Mars 1528. une femme fut reçuë au Velleïen, contre un creancier de son mary, auquel elle s'étoit obligée pour mettre son mary hors de prison. *Bibliotheque de Bouchel*, verbo *Velleïen*.

9   Le Velleïen n'a lieu contre une dette réponduë par deux fois. Arrêt du Parlement de Paris du 23. Novembre 1543. Papon, *liv.* 12. tit. 5. n. 7.

10   Le mary & la femme avec un laboureur, s'obligent chacun d'eux seul & pour le tout à payer une somme; le laboureur qui n'est que caution, prend une indemnité, la femme demande d'être reçuë au Velleïen. Arrêt du Parlement de Paris de 1543. qui la déboute. *Biblioth. de Bouchel*, verbo *Velleïen*.

11   Femme ayant en termes generaux, sans expression du Velleïen, renoncé au privilege; pourvû toutefois que *in genere* il soit fait mention du Velleïen, sans expresse déclaration, n'est recevable à s'en aider, & en pareil cas une femme requerant être reçuë par lettres qu'elle avoit obtenuës, fut deboutée, par Arrêt du Parlement de Paris du mois de Février 1544. pour le Seigneur de Crevecœur. *Ibid.*

12   Une femme vend avec une autre solidairement l'une avec l'autre; en ce cas quoique la femme puisse être censée caution, neanmoins il y a Arrêt du Parlement de Paris du 23. Février 1545. contre les heritiers de Dame Anne de Calligny, pour Jean Olard, que le Velleïen n'a point de lieu en vente, d'autant qu'il y a bien à dire entre pleger & vendre, l'acheteur n'eût point acheté, si la femme n'eût vendu, *in solidum*. On en pourroit dire autant *in proprio casu Velleiani*, que le creancier n'eût plegé, si la femme n'eut plegé, vû que le Velleïen est expressément interdit pour tous cas, ausquels la femme prend en soy l'obligation d'autruy, soit prêt, vente ou autre contrat. *Ibidem.*

13   Le Velleïen n'a lieu en obligation de garantie, stipulée dans un Contrat de vente. Arrêt du Parlement de Paris du 23. Février 1545. Papon, liv. 12. tit. 5. nombre 6.

14   Femme ne peut opposer le Velleïen de dette répondue par deux fois. *si mulier. C. ad Velleïa.* 2°. Une femme condamnée pour dette répondue, & ayant obmis d'alleguer telle exception, le peut faire après la Sentence, par Lettres Royaux, *l. tamen. si. ff. ad Macedo.* Cela présupposé, une femme ainsi condamnée pour la dette de son mary, sans avoir opposé ce privilege, est executée, & de son gré fournit au Sergent executeur gages, & après obtient Lettres pour être reçuë à se faire; l'entherinement est contredit par Arrêt du Parlement de Paris du 23. Novembre 1545. elle est déboutée, car un dernier consentement vaut une seconde réponse contre laquelle elle n'est recevable. *Bibliotheque de Bouchel*, verbo *Velleïen*.

15   Une femme ayant chargé un Marchand de prêter

de l'argent à son fils jusqu'à certaine somme, & dont elle avoit promis le payement, est assignée; elle a recours aux Lettres Royaux, & au Velleïen; déboutée par Arrêt du Parlement de Paris du 26. Novembre 1545. Ibidem.

16   Une femme pour être relevée de l'obligation contractée à l'effet de tirer son mari de prison, dit qu'elle n'a pas renoncé au Velleïen, & qu'il n'y avoit aucune communauté entr'eux. L'on répond qu'on ignoroit la clause de leur Contract; mais que la communauté de biens est introduite par la Coûtume; l'on ajoûte que *Velleianum datur deceptis, non decipientibus.* Arrêt du Parlement de Paris du mois de Mars 1551. qui condamne la femme, sans approbation toutefois d'aucune communauté entre les mariez pour autres dettes. *Ibidem.*

17   Par Arrêt prononcé en Robes rouges le 14. Mars 1551. jugé qu'une mere s'étant obligée pour son fils sans avoir renoncé au Velleïen, ne pouvoit être relevée pour l'affection & proximité. *V. Ibid.* où il observe que M. Boutillier nous dit qu'en 1548. M. le Président Brisson en un après dîné, comme une mere se vouloit obliger pour son fils en Jugement, il luy donna premierement à entendre ce que c'étoit que le Velleïen.

18   S'il se trouve que la femme ait sollicité le creancier de luy prêter, & qu'elle ait moyenné le prêt, auquel après elle s'obligea avec le debiteur en qualité de plege, encore qu'elle n'ait expressément renoncé au Velleïen, elle n'est recevable à le proposer. Arrêt du Parlement de Paris du 25. Novembre 1554. pour un nommé Rolland contre une veuve. *Ibidem.*

19   Une femme ayant cautionné, ou s'étant obligée pour autruy, quoy qu'avec serment elle ait renoncé au Velleïen, neanmoins elle en peut être après relevée & restituée en entier. Arrêt de l'an 1578. La Rochestavin, liv. 5. tit. 2. Arr. 1. *Graverol* fait cette observation, lorsqu'on ne peut pas présumer que la femme ait été induite à accepter une cession de dette contractée par son mary insolvable, elle peut valablement prendre cession d'un creancier de l'hoirie de son mary en augmentations de ses hypotheques, & pour lors elle ne peut se prévaloir de la faveur du Velleïen. Arrêt du 11. Septembre 1674.

20   Par Arrêt du 10. Février 1575. jugé que Catherine Liger, qui avoit plegé & cautionné son fils Marchand devant les Consuls, sans avoir renoncé, se pouvoit aider du Velleïen. Du Hamel plaidoit pour elle, appellante de ce qu'on l'avoit condamnée, suivant sa fidejussion judiciaire. *Voyez la Bibliotheque de Bouchel*, verbo *Velleïen.*

21   Une femme qui en se rendant caution a renoncé au Velleïen avec serment, peut neanmoins être restituée en entier, parce que *dum renunciat, decipitur*, & d'ailleurs *promissio non potest plus operari quam solutio.* Arrêt du Parlement de Toulouse en 1578. *Ibidem.*

22   Une mere s'étoit obligée en Jugement devant les Consuls de Tours pour son fils qui étoit prisonnier, sans avoir renoncé au Velleïen. La Cour entherinant les Lettres, a cassé l'obligation sans dépens, dommages & interêts. Arrêt du Parlement de Paris de la Saint Martin 1592. *Ibidem.*

23   Une femme étoit appellante de ce que les Consuls de Tours l'avoient condamnée à payer à un creancier, suivant la fidejussion & réponse par elle faite pour son fils en Jugement pardevant les Consuls, sans renoncer au Velleïen. Par Arrêt du 1. Decembre 1592. ayant égard aux Lettres, la Cour a mis l'appellation & ce dont étoit appellé au néant; en émendant le Jugement, renvoyée absoute des conclusions prises par le creancier. On alleguoit qu'elle étoit Marchande publique; mais on répondoit que la fidejussion & réponse par elle faite n'étoit pas faite pour son trafic, & quoyqu'elle y eût faite, le Velleïen assiste à toute femme répondante pour autruy, si elle n'y renonce;

ou si elle n'est en dol; *l. si decipiendi ad Senat. Velleï.* Ibidem, & *Carondas*, liv. 8. *ch.* 2.

24 Jeanne Taschere obligée solidairement avec son mary par deux obligations, est condamnée à payer de son consentement. Depuis elle est séparée de biens. Pour éviter aux executions, elle transige avec le crеancier de son mary, *forte redintegratâ gratiâ*; & par la transaction elle luy vend quelque chose de son bien pour s'acquiter; ensuite elle s'oppose à sa joüissance, veut faire casser la Transaction, prend Lettres fondées sur la force qu'elle articule generalement, & sur le défaut de renonciation au Velleïen. Il fut remontré par M. l'Avocat Servin, qu'il n'étoit pas ici question de Velleïen, ni d'une intercession faite par elle pour autruy ; mais bien pour soy-même, *agebatur de Lege Juliâ de fundo dotali*, & la restitution étoit en la Novelle qui étoit posterieure à la Loy derniere *C. ad Velleï*. Arrêt du 4. Janvier 1593. *Voyez la Bibliotheque de Bouchel*, verbo *Velleïen*.

25 Trois Arrêts du Parlement de Paris sur la sommation contre les Notaires, *qui n'avoient fait extension du Velleïen*, à ce qu'ils eussent à faire valoir la renonciation que l'on revoquoit en doute par leur faute ; Le premier, du 21. Juillet 1595. entre Bernard, Denise & Thibault : Le deuxiéme, du 12. Août 1599. entre Gaudrée & Bouju; & le troisiéme, le 28. Juin 1604. par lesquels Arrêts sur les sommations, les Parties ont été mises hors de Cour & de procez. *Voyez les Chartres des Notaires*, chap. 19.

26 Un premier Juge avoit déclaré nulle une obligation passée par une femme pour son mary prisonnier, en laquelle elle n'avoit point renoncé au Velleïen ; appel par le creancier, relevé en la Cause vuidée par expedient, par l'avis de Me. Pierre du Lac qui confirme la Sentence. L'expedient signé & passé par Arrêt, le creancier obtient Requête civile par Arrêt du 6. Février 1601. après midy ; le demandeur fut débouté de ses Lettres en forme de Requête civile, condamné en l'amende & aux depens. *Bibliotheque de Bouchel*, verbo *Velleïen*.

27 Une femme s'oblige avec son mary en une rente de 25. liv. la minute porte ces mots, *obligeant, renonçant aux droits & ben-fices qui luy ont été donnés à entendre*, &c. la grosse porte la renonciation tout au long. Après le décez de son mary, elle renonce à la communauté ; neanmoins étant poursuivie, elle offre de payer un tiers. Depuis elle fait refus, & soûtient n'être valablement obligée pour le défaut de renonciation. Elle obtient Lettres pour être relevée de ses offres & du payement. On luy répond qu'elle avoit approuvé l'obligation par son offre & payement, *L. si mulier, C. ad Velleïan*. M. Servin Avocat du Roy remontra que le consentement reïteré *etiam millies*, n'avoit point de lieu, quand la femme étoit obligée pour son mary ; mais seulement quand elle s'obligeroit ; qu'en ce fait il apparoissoit qu'elle ne l'avoit voulu consentir en ce qu'incontinent après le décez de son mary, elle avoit renoncé à la communauté. Que si elle avoit payé, il y avoit lieu de repetition. Le Bailly d'Amiens l'avoit deboutée de ses Lettres dont étoit appel. Par Arrêt du 11. Janvier 1605. la Cour entherinant les Lettres, a mis l'appellation & ce dont a été appellé au néant, en émendant a absous la femme, & condamné l'Intimé aux depens. *Ibidem*.

28 Edit du mois d'Août 1606. portant défenses aux Notaires de plus inserer és Contracts, la renonciation au Benefice du Velleïen. *Voyez les Chartres des Notaires*, chap. 19. p. 808. Ordonnances de Neron, & *la Conference des Ordonnances*, liv. 4. tit. 6. §. 1.

29 Velleïen autrefois devoir être donné à entendre par les Notaires aux femmes qui s'obligeoient pour autruy, autrement leurs obligations nulles, même pour leurs maris ; à present la renonciation au Velleïen est ôtée par Edit du mois d'Août 1606. publié en Parlement le 22. May 1607. & les femmes se peuvent obliger valablement & interceder sans faire aucune renonciation. *Voyez* M. Loüet & son Commentateur, lettre V. somm. 7. *Infirmitati fœminarum, non calisvitati auxilium debetur*. Mornac, *l.* 2. *ff. ad Senatusconsultum Velleïanum*. Autrefois la femme en vendant, si elle n'avoit renoncé au Velleïen, étoit relevée. *Montholon*, Arrêt 44. Voyez *Carondas*, liv. 2. *Rép.* 43. & liv. 12. *Rép.* 25.

30 La femme qui renonce à son hypotheque en faveur d'un autre, n'est pas relevée par le Velleïen; le secours de ce Senatusconsulte ne luy est accordé que pour les obligations qu'elle contracte pour autruy, & non pour les renonciations qu'elle fait ; c'est la décision de la Loy *jubemus, Cod. ad Senatusc. Vellei*. Ainsi jugé au Parlem. de Toulouse, après partage. Neanmoins si dans le même Contract où elle renonce à une hypotheque, elle s'oblige aussi pour un autre, tout l'acte sera emporté : J'ay vû, dit *M. de Catellan*, liv. 5. chap. 17. tous les Juges en convenir le 13. May 1653. en un procez où la question ne fut pourtant point jugée à cause des circonstances.

31 Par Arrêt du Parlement de Toulouse de 1628. rapporté par *M. d'Olive*, il a été jugé en faveur de la mere qu'elle doit être relevée par le Benefice du Velleïen de toutes les obligations qu'elle contracte de ses biens propres pour ses enfans dont elle est Tutrice. Cette décision pleine d'équité fut approuvée lors du Jugement du procez de Chaulary, Royer & Colomiez en la premiere Chambre des Enquêtes le 5. Mars 1665. Mais en même temps il fut jugé qu'un creancier ne pouvoit pas se servir du Velleïen *invitâ muliere*. Voyez *M. de Catellan*, liv. 4. chap. 49. où il y ajoûte, l'heritier même de la femme, qui a cautionné, & qui s'est chargé de payer une dette qui ne la regarde pas, puisqu'il entre naturellement dans tous ses droits, & qu'il puisse regulierement se servir du Velleïen, suivant la Loy *si sciens*, & la Loy 20 *C. ad Vellei*. ne peut pas neanmoins y avoir recours. Si cette femme dont il est heritier étant assignée, a témoigné ne vouloir pas se servir du Benefice de ce Senatusconsulte, se contentant, par exemple, de demander sa garantie, de l'instruire & de l'obtenir. Ce fut le principal motif de l'Arrêt rendu au Parlement de Toulouse le 29. Janvier 1675.

32 La femme heritiere avec Inventaire de son mary, qui s'est obligée en son propre aux creanciers ou aux legataires de l'hoirie de son mary, ne se peut servir de Velleïen, parce qu'alors la dette luy devient propre, & on ne peut dire qu'il y ait intercession. Arrêt du Parlement de Grenoble du 11. Mars 1655. *Basset*, tome 1. liv. 4. tit. 9. ch. 4.

33 Femme séparée de biens obligée pour viande prise dans la Boucherie, ne se peut servir du Velleïen. Arrêt du 23. May 1659. *Ibidem*, chap. 5.

34 La mere qui s'oblige pour le payement d'une somme, & des dommages & intérêts prononcés contre son fils, pour lesquels il est détenu prisonnier, sans pouvoir faire cession de biens, ne peut être relevée par le Velleïen. Arrêt du Parlement de Toulouse du 3. Février 1667. *Voyez* M. *de Catellan*, liv. 5. chapitre 16.

35 La restitution par le Velleïen doit être demandée par la femme dans les dix ans, à compter de la date du Contract. Arrêt du Parlement de Toulouse du 3. Septembre 1667. après partage, rapporté par *M. de Catellan*, ibidem, chap. 17.

VENDANGES.

1 **B**An de Vendange. *Voyez* **Ban**, *nombre* 9.

2 Arrêt du Parlement de Paris de l'an 1534. portant défenses de vendanger sans information *super commodo aut incommodo*, & sans avoir pris l'avis des tenanciers à la pluralité des voix. Papon, liv 6. tit. 1. nomb. 12. où il parle de la bannie des vendanges.

3 Les criées faites avec inhibition de vendanger plûtôt que le jour marqué en icelles, ne valent & tiennent, à moins que préalablement par Experts n'ait été
faite information & relation sur la commodité & incommodité de l'avancement, ou retardement des vendanges. Arrêt du Parlement de Toulouse de l'an 1561.
Voyez Mainard, liv. 8. ch. 24.

4 Vendange & d'indire le ban d'icelle ; permis aux
Officiers des Seigneurs en leurs terres & Justice d'indire le ban de vendanger; défenses à toutes personnes
de l'enfreindre, sans leur expresse permission, &
congé qu'ils ne pourront bailler, sinon pour cause
raisonnable & gratuitement. Arrêt du 2. Juin 1600.
M. le Prêtre, és Arrêts celebres. Voyez M. Henrys, to.
1. liv. 3. chap. 3. quest. 36.

5 Arrêt du Parlement de Bourgogne du 13. Juin 1605.
qui a jugé que l'Official ne peut connoître d'une contravention faite aux défenses de vendanger un jour de
Dimanche ; il y a lieu d'appeller comme d'abus. *Bou-*
vot, to. 2. verbo Appellation, quest. 44.

6 Les habitans de la Paroisse S. Marie en l'Isle de Ré
sont condamnez payer & porter és pressoirs, és gran-
ges, la sixiéme partie des vins & raisins de leurs vignes au dedans des fiefs de l'Abbaye de Châteliers,
& la septiéme partie des bleds provenus és terres tenuës en censive de l'Abbaye, avec défenses de commencer vendanges sans congé, & d'enlever les fruits
sans avoir actuellement payé, même d'emporter aucuns raisins par, panneréé sans appeller & payer la
sixiéme partie, sur peine de confiscation. Arrêt du
Parlement de Paris du 19. Août 1666. *Corbin, Juste de*
Patronage, chap. 188.

7 Un particulier ayant vignes, est sujet au ban ainsi
que les autres Villageois, il ne peut vendanger plûtôt. Arrêt du Parlement de Dijon du 16. Février
1612. contre le Curé de Marvilly, *Beuvot, to. 2. verbo*
Droits Seigneuriaux, quest. 3.

8 Du ban des vendanges, & du privilege qu'a le
Seigneur de vendanger avant ses justiciables. *Voyez*
Salvaing, de l'usage des fiefs, ch. 39. où il dit que le
fait proposé par le Curé de Pollenas, & par le Seigneur de Marcousse d'être en possession immemoriale de vendanger le même jour que le Seigneur,
fut jugé pertinent par Arrêt du Parlement de Grenoble du 16. Janvier 1666.

9 Un Bourgeois de Paris qui a des vignes à Tonnerre, n'est pas obligé du jour de l'ouverture des
vendanges à enlever le vin de son crû, & à le faire
amener à Paris dans six semaines, suivant l'article 7.
de l'Ordonnance de 1680. touchant les anciens &
nouveaux cinq sols ; laquelle Ordonnance ne regarde que les domiciliez de Tonnerre qui passent les
six semaines payent deux entrées. Arrêt de la Cour des
Aydes du 13. May 1686. *Journal du Palais.*

12 Un Seigneur Haut-Justicier a droit de faire abonner les vendanges par son Juge, & le Juge superieur
ne sçauroit rien ordonner au contraire sans bonne
raison & entiere connoissance de cause. Arrêt du
Parlement de Paris du 21. Janvier 1689. *au Journal*
des Audiences, tom. 5. liv. 5. ch. 2.

13 *L'Autheur des Observations sur Henrys, tome 1. liv.*
3. ch. 3. observe que le droit de publier les vendanges
est de la Haute-Justice, & que cela a été jugé depuis
peu au Parlement de Paris ; il ajoûte qu'en 1690. le
Juge du sieur de Valorge fit publier une Ordonnance
pour l'ouverture des vendanges ; & le Châtelain du
Haut-Justicier, sans avoir égard à l'Ordonnance du
moyen Justicier auquel il fit défenses d'en rendre de
pareilles, en rendit une par laquelle il indiquoit le
ban des vendanges : ce qui fut confirmé.

VENDOSME.

Voyez le differend entre Messieurs de Vendôme &
d'Eibœuf, sur un mariage, rapporté bien au long
dans *Henrys, tome 2. liv. 4. quest. 28.*

VENERATION.

DE la veneration des Eglises & autres lieux saints,
Voyez les Mémoires du Clergé, tome 1. part. 1. tit.
2. chapitre 2.

VENISE.

LEs Statuts de la Comté de Venaissin, trad. du Lat.
par *Phileul.* Avignon 1558.
Traité du Comté de Venise. *Voyez Dupuy, traité*
des droits du Roy, p. 248.

VENTE.

DE emptione & venditione. *I. 3. 24. . . D. Gr. 1. q.*
1. 6. 21. . . q. 2. & 3. . . 33. q. 3. de pœnit., Dist.
5. c. 2. . . Extr. 3. 17. . . Extr. co. 3. 5.
De contrahendâ emptione & venditione. C. 4. 38. . . .
C. Th. 3. 1. . . Lex 12. tabb. t. 13.
De contrahendâ emptione, & de pactis inter empto-
rem & venditorem compositis ; & quæ res venire non
possunt. D. 18. 1.
Vente imaginaire. *L. 16. D. de reg. juris.*
De pactis inter emptorem & venditorem compositis. C.
4. 54.
De in diem addictione. D. 18. 2. Additio, Adjudication. Ce Titre parle de la vente faite sous cette
condition, que si dans un certain tems le vendeur
trouve à vendre plus avantageusement, la premiere
vente sera nulle.
De Addictione. J. 4. 17. §. ult.
De lege commissoriâ. D. 18. 3. La Loy Commissoire
est une condition apposée au Contrat de vente, quand
le Vendeur stipule que si l'acheteur ne paye le prix
dans un certain tems, la vente sera nulle.
De servis exportandis : vel si ita mancipium venierit,
ut manumittatur, vel contra. D. 18. 7.
Si servus exportandus veneat. C. 4. 55.
Si mancipium ità venierit, ne prostituatur. C. 4. 56.
Si mancipium ità fuerit alienatum, ut manumittatur,
vel contra. C. 4. 57.
De hereditate, vel actione venditâ. D. 18. 4. . . C.
4. 39.
De rescindendâ venditione, & quando liceat ab emp-
tione discedere. D. 18. 5. . . C. 4. 44. & 45. . . . I. de
empt. & vend. in fine princ. V. Rescision.
De rescindendis venditionibus rei dominicâ. Nov.
Th. 17.
De periculo & commodo rei venditæ. D. 18. 6. . . . C.
4. 48.
De actionibus empti & venditi. D. 19. 1. . . C. 4. 49.
Ex empto & vendito. Paul. 2. 17.
Quæ res venire non possunt, & quæ vendere vel emere
vetantur. C. 4. 40. . . D. 18. 1.
De Eunuchis. C. 4. 42. Défense de vendre des Eu-
nuques.
De pœnâ ejus qui rem aliquam publicam vendiderit.
Leon. N. 62.
De magistratibus non vendendis. Const. 1. Zoa. 1.
De patribus qui filios suos distraxerunt. C. 4. 43.
Abrogatio legis quæ hominem liberum vendere se per-
mittit. Leon. N. 59.
Si propter publicas pensitationes venditio fuerit cele-
brata. C. 4. 46. Vente publique de fonds, pour le
payement des Tributs.
De capiendis & distrahendis pignoribus, tributorum
causâ. C. 10. 21. De la vente des choses saisies pour
les Tailles & Tributs.
Si quis alteri, vel sibi, sub alterius nomine, vel aliâ
pecuniâ emerit. C. 4. 50. Des ventes & adjudications
faites pour soy, ou pour son amy élû ou à élire.
De rebus alienis non alienandis ; & de prohibitâ rerum
alienatione & hypothecâ. C. 4. 51.
De communium rerum alienatione. C. 4. 52.
Rem alienam gerentibus non interdici rerum suarum
alienationem. C. 4. 53. Les Tuteurs, & tous autres

adminiſtrateurs du bien d'autrui, peuvent vendre le leur, ſauf l'hipoteque tacite.

De æſtimatoriâ Ectione. D. 19. 3. Contre ceux qui ſe ſont chargez d'une choſe, pour la vendre à certain prix, comme les Courtiers & les Revendereſſes.

De ædilitio Edicto, & redhibitione, & quanti minoris. D. 21. 1. Contre les ventes frauduleuſes, ſoit par quelque vice de la choſe venduë : (*V.* Redhibition) ſoit par l'excez du prix, (*V.* Eſtimation.)

De ædilitiis actionibus. C. 4. 58. De même que le Titre précedent.

De exceptione rei venditæ & traditæ. D. 21. 3. Contre le Vendeur qui veut revenir de la vente qu'il a faite.

De uſucapione pro emptore, vel pro tranſactione. C. 7. 26.. *D.* 41. 4. Celuy qui a acheté de bonne foy, peut preſcrire la choſe par la poſſeſſion.

De fide & jure haſtæ fiſcalis, & de adjectionibus. C. 10. 3... *C. Th.* 10. 17. Des ſubhaſtations, encheres, ventes & adjudications faites par decret.

De venditione rerum fiſcalium, cum privatis communium. C. 10. 4.

Ne fiſcus, rem quam vendidit, evincat. C. 10 5.

De prædiis curialium ſine decreto non alienandis. C. 10. 33.... *C. Th.* 12. 3. Vente nulle par le défaut des formalités. Ce Titre peut être appliqué à la vente des Immeubles des mineurs.

De vendendis rebus civitatis. C. 11. 31.

De litigioſis. Dig. & cod. Défenſe de vendre les choſes litigieuſes, *V.* Litige.

1   De la nature du contrat de vente, & comment il s'accomplit ; des engagemens du vendeur envers l'acheteur pour garantir la choſe, la délivrer ; des engagemens de l'acheteur envers le vendeur pour le payement ; quelles choſes peuvent être venduës, du prix, des conditions, des changemens de la choſe venduë & comment la perte ou le gain en ſont pour l'acheteur ; des ventes nulles, des perſonnes qui ne peuvent vendre ou celles qui ne peuvent être venduës, de la reſciſion des ventes par la vilité du prix ; de la redhibition & diminution du prix ; des autres cauſes de la réſolution des ventes ; des ventes forcées pour le bien public & neceſſité particuliere. *Voyez* le 1. tome des *Loix Civiles, liv.* 1. *titre* 2.

Voyez les mots *Adjudication, Alienation.*

2   *De emptione & venditione.* Per Fabian. de Monte S. Sabini, *& per* Felicem Maleolum.

3   *Authores variis de emptione & venditione.* in 8. Colon. 1574.

S. Thomas *de venditione ad terminum opuſculo* 67. Vincentius Giacharus *de venditione rerum fructuoſarum ad terminum.*

4   *De venditione rerum fructuoſarum ad terminum cum impoſitione Livelli, ſeu penſionis.* Per Vincentium Giacharum, *Ordi. Prædicatorum.*

5   *Si emptor ſtatim poſt venditionem bonis cedat, an venditor mercibus exſtantibus, aliis creditoribus præferendus ſit ?* Voyez Andr. Gaill, *lib.* 2. *obſervat.* 15.

6   De la vente, & des circonſtances qui la déſignent. *Voyez* le *Conſeil* 30. de *M. Charles Du Moulin, to.* 2. p. 897. où il eſt parlé de la promeſſe de vendre.

7   *Venditori nullatenus permiſſum modum uſurarum legitimum excedere, quamvis fructiferum fundum tradiderit, venditor poteſt rei venditæ ſimpliciter poſſeſſionem & fruitionem emptori locare ad diem ſolutæ pecuniæ.* Nouvelle édition des Œuvres de *M. Charles Du Moulin, to.* 2. p. 251.

8   Qui a vendu avec terme, ne laiſſe pas d'avoir *privilege* ſur la choſe venduë contre tous creanciers ; quoyqu'il n'ait pas reſervé. *Coquille, inſtit.* des exécutions, *id. Molin. verb.* aliené à prix d'argent, *n.* 17. *diſtinguendo* cont. Mornac. *ad* L. 5. §. Planè ff. de tributo. act. niſi in mercibus *&* in manibus emptoris, cont. Brod. *lit. H. n.* 21. *id.* Loyſ. des *iff. lib.* 3. *ch* 8. en meuble *n.* 6. *& ſi ſit clauſula generalis hypotheca n.* 29. *id.* Loyſ. du Deguerp. *ff. lib.* 3. chap. 3. *n.* 6. cont. Bac-

quet *juſti. chap.* 21. *n.* 280. *in mercede locationis,* id. Bacquet *juſti. ch.* 21. *n.* 409. *id.* en meuble, *Coquille, quæſt.* 101. *vid.* Olive *lib.* 4. *ch.* 10. quid. au blé convertie en farine, *vid.* Brod. *lit. P. n.* 19. *vid. L.* 20. ff. de precario. M[e]. Abraham La Peirere, *en ſes déciſions du Palais, lettre P. noub.* 129. obſerve & dit, Nous pratiquons dans nôtre Reſſort qu'en vente de fonds, le défaut de reſervation d'hypotheque n'empêche pas que le vendeur n'ait privilege, pour ce qui eſt à payer du prix de la vente : & à l'égard du meuble s'il eſt vendu au comptant, le vendeur a ſuite par tout où il trouve le meuble, ſuivant le §. *venditæ inſtit. de rer. diviſ.* que ſi le meuble eſt vendu au credit, & qu'il ſe trouve és mains du ſecond acheteur, le privilege aura lieu en faveur du premier vendeur, ſur le prix qui eſt és mains du ſecond acheteur : voire même j'ay veu juger qu'encore bien que le ſecond acheteur eût diſpoſé du meuble, le premier vendeur a privilege ſur le prix qui eſt encore és mains du ſecond acheteur : Et touchant la farine j'ay toûjours crû qu'encore bien que l'eſpece ait changé par la converſion du blé en farine, neanmoins le vendeur du blé a privilege & hypotheque tacite ſur la farine, parce que par effet le vendeur du blé, *ſalvum facit totius pignor. cauſam,* ſuivant la Loi vulgaire, *interdum.*

Arrêt du Parlement de Bourdeaux du 10. Mars 1665. Préſident Monſieur le Premier, plaidans Grenier, Licterie & Comet, entre le Blanc & la Caze, du lieu d'Aiguillon. Rogier Marchand de Bourdeaux, & Verſegol Marchand de Villeneufve : jugé que leſdits le Blanc & la Caze, qui avoient vendu leur vin audit Verſegol, & ledit Verſegol à Labatur, entre les mains duquel étoit le prix de la vente, devoient être préferez ſur ledit prix audit Rogier creancier de Verſegol, & que leſdits le Blanc & la Caze avoient ſuite ſur le prix de leur vin, *licet in re ſingulari :* j'ay veu juger de même choſe au rapport de Monſieur de Pichon, en faveur du ſieur Boid Marchand dans la Banqueroute de Boiſſet.

9   *Res vendita in vim ſententiæ quæ deinde reſcinditur, an repeti poſſint, & an irrita fiat earum hipothecatio ab emptore facta ?* Voyez Stockmans, déciſ. 94.

10   *De pœnâ & die adjectis in venditione.* Mornac, loy 21. ff. de judiciis.

11   *Valet venditio etiam inter conjunctas perſonas ſi dicatur inſtrumento numeratum fuiſſe pretium.* Mornac, l. 8. ff. de donationibus inter, &c.

Poſſeſſeur de la choſe venduë n'ayant été payé, eſt recevable à s'oppoſer à la ſaiſie de la choſe. *Voyez* Carondas, *liv.* 7. *Réſp.* 109.

12   Des termes, clauſes & circonſtances qui caracteriſent le contrat de vente. *Voyez Franc. de Claperiis, Cauſ.* 29.

13   *Venditio domûs, ut quis talem artem in eâ non exerceat, valet.* Voyez *Franc. Marc. to.* 1. qu. 22.

14   *Pactum revenditionis an rem afficiat ?* Voyez Andr. Gaill, *lib.* 2. *obſervat.* 16.

15   L'acheteur & le vendeur demeurent d'accord du prix d'un heritage, à la charge de le faire délivrer par decret, & que l'acheteur ſeroit tenu de fournir le prix convenu pour être diſtribué aux creanciers, & où le prix ſeroit ſurhauſſé, que le vendeur parfourniroit le ſurplus. Sçavoir ſi le contrat de vente eſt parfait, & ſi toutes encheres doivent être criées & publiées à la charge de faire ajuger. Le Lieutenant avoit ordonné que toutes encheres ſeroient reçûës, il n'y a point eu d'Arrêt. *Bouvot, tome* 2. verbo Vente.

16   Un vendeur de bled, ou vin, par défaut de délivrance eſt tenu de payer la valeur au plus haut prix. Arrêt du Parlement de Dijon du mois de Novembre 1566. *Ibid. part.* 2. verbo *Vendeur ne délivrant.*

17   L'on peut agir par action de dol, lors que le vendeur a celé quelque charge. Arrêt du Parlement de

Dijon du 9. Decembre 1588. *Ibidem , quest. 8.*

18　Un contrat de vente ne peut valoir , l'une des parties étant absente, & pour icelle le Notaire stipulant. Arrêt du Parlement de Dijon du 8. May 1595. *Ibidem, quest. 7.*

19　La maison de la femme étant venduë , avec clause que du prix sera acquis heritage à son profit , & que les deniers en seront payez par l'acheteur , & que les biens acquis specialement hypotequez , le vendeur peut prendre les biens retirez par sa fille , & contraindre l'acheteur de rendre le prix en donnant bonne & suffisante caution. Arrêt du Parlement de Dijon du 24. Mars 1605. *Ibid. qu.* 37.

20　Un contrat par lequel un particulier a vendu un heritage chargé de ses charges, sans déclarer une cense qu'il sçavoit être duë , ne peut subsister. Arrêt du Parl. de Dijon du 16. Avril 1605. parce que *dolus dedit causam contractui.* Ibid. *qu.* 38.

21　En chose mobiliaire on peut contraindre le vendeur à reprendre la chose venduë , qui n'est de la qualité & bonté requise , & a rendre le prix. Arrêt du Parlement de Dijon du 27. Novembre 1608. *Ibidem, quest.* 47.

22　Celuy qui a vendu une maison à la charge d'acquitter ses creanciers faute de les venir payer ; peut faire vendre la maison. Arrêt du Parlement de Dijon du 14. Août 1609. *Ibidem quest.* 53.

23　Celuy qui a acheté des graines , faute de les venir prendre dans le temps , est tenu de payer l'interêt du déchet. Arrêt du Parlement de Dijon du 27. Avril 1610. *Ibid. quest.* 56.

24　Il est permis au vendeur de resilir du contrat avant qu'il soit passé pardevant Notaire. Arrêt du Parlement de Dijon du 15. Septembre 1614. *Ibidem , quest.* 65.

25　Le vendeur ne peut être dépossedé de son heritage qu'il ne soit entierement acquitté des rentes , & principaux qu'il doit , dont l'acheteur s'est chargé. Arrêt du Parlement de Dijon du 16. Juillet 1615. *Ibidem , quest.* 67.

26　Si la vente peut valoir en cas que l'on paye quelque somme prêtée dedans le terme préfix , n'y ayant aucun prix arrêté , ni personne nommée pour en faire l'estimation ? *Ibid. quest.* 40.

27　Si la vente du fond vendu comme noble , faisant rente , est cassable ? *V. Cambolas , liv.* 4. *chap.* 8. où il tient que le vendeur qui a tû sciemment la charge que le fond qu'il vendoit, faisoit , est tenu aux dommages & interêts , non celuy qui a eu une juste cause de l'ignorer.

28　Il n'est permis après la vente d'une maison de faire resilir le contrat en rendant le prix , & payant les réparations. Arrêt du Parlement de Dijon du 18. Avril 1611. *Bouvot , to.* 2. *verbo Vente , quest.* 59. V. Nicol. Valla , *de rebus dub. tract.* 20.

29　Si l'on peut obliger un acheteur à jurer ? *Voyez* le mot *Serment , nomb.* 161. *& suiv.*

30　Vente est nulle & l'achat réputé usuraire , quand il y a à vil prix , & principalement si le vendeur demeure possesseur sans translation de domaine , le contrat est pignoratif. Le Chapitre de Tours fut condamné de recevoir un remboursement de 500. livres , avec les fruits revenans au denier douze d'une terre qui en valoit beaucoup plus, venduë , & neanmoins à l'instant baillée à rente à quarante liv. Arrêt du Parlement de Paris du 7. Decembre 1570. *Papon liv.* 12. *tit.* 7. *n.* 3.

31　Si le vendeur a stipulé qu'au cas que l'acheteur aliene la chose venduë , elle reviendra à luy , cette paction sera inutile , parce que l'effet en est renvoyé à un temps auquel la proprieté sera déja donnée à un autre, & l'alienation parfaite : mais s'il a été convenu que la chose viendra au vendeur pour le prix auquel l'acheteur l'aura venduë , cette convention aura effet. Le Parlement de Grenoble l'a approuvé ,

par Arrêt du 28. Mars 1461. *Voyez Guy Pape, quest ion* 569.

31　La promesse de ne vendre point ce que l'on a acheté , a seulement effet , lorsque celuy à qui elle est faite s'y est réservé quelque droit ; néanmoins si elle est jurée , l'alienation qui s'en fera , sera nulle , parce qu'elle seroit l'ouvrage d'un parjure. *Voyez Guy Pape, quest.* 569. *Chorier en sa Jurisprudence du même Auteur , page* 238. en cite deux Arrêts du Parlement de Grenoble , l'un du mois de Janvier 1550. l'autre du 4. Decembre 1668. pour les Chartreux.

33　Un vendeur vend une maison sans la charge de ladite rente , l'acheteur est poursuivi par le creancier de la rente, *&c.* l'acheteur poursuit son vendeur. Arrêt qui donne un certain temps au vendeur pour racheter ladite rente. Arrêt du 14. Mars 1553. *Carondas , liv.* 7. *Rép.* 99. où il dit que le crime de stellionat n'a lieu en l'hypotheque generale suivant Faber, *& Angelus in l.* 1. *Cod. de crim. stellion. & l. ab eo C. de servo corrupto.*

34　Vendeur contraint précisément à délivrer la chose venduë , s'il a moyen de ce faire , & non d'offrir des dommages & interêts. Arrêt du 18. Decembre 1557. *Carondas , liv.* 12. *Rép.* 24.

35　Vente de l'heritage de l'enfant par le pere ou la mere , l'enfant le peut revendiquer ; mais s'il est bon heritier , il rendra le prix à l'acheteur. Arrêt à la Pentecôte 1572. *Carondas , liv.* 3 *Rép.* 29. *& livre* 6. *Réponse.* 46.

36　Vendeur d'heritage à rente , avec condition qu'il ne la pourroit transporter à autre que l'acheteur n'en fût le premier refusant ; un frere l'ayant acquise contre la convention du contrat de vente , l'acheteur de l'heritage a été déclaré recevable à rembourser le tiers acquereur. Arrêt du 17. Avril 1586. *Ibid. li.* 7. *Rép.* 231.

37　Le vendeur d'un heritage se reserve une vente, & s'oblige de ne la ceder à un autre qu'au refus de l'acheteur. Si le vendeur cede la vente sans avertir l'acheteur, il semble que celui-cy n'est pas en droit de rembourser l'acquereur , & qu'il a seulement action contre le vendeur pour les dommages & interêts, parce que *obligatio faciendi non parit actionem nisi ad id quod interest.* Jugé neanmoins au Parl. de Paris & à celuy de Toulouse en 1580. & 1586. que l'acheteur étoit recevable au remboursement. Si le vendeur veut aliener , il suffit qu'il ait fait à l'acheteur une sommation de prendre la rente. Arrêt du mois d'Août 1584. *Mainard , liv.* 4. *ch.* 10. *& 11.*

38　L'action *quanti minoris* , n'a lieu ès ventes necessaires qui se font par interposition de decret. Jugé à Toulouse le 11. Septembre 1635. *M. d'Olive livre* 4. *chap.* 25.

39　Un vendeur a été condamné de rendre à un acquereur qui avoit acheté l'heritage qu'il sçavoit n'appartenir au vendeur , non-seulement le prix de la vente , mais encore 200. liv. pour ses dommages & interêts. Arrêt du 10. Decembre 1640. *Brodeau , sur M. Louet , lettre A. somm.* 13.

VENTE PAR UN ACCUSÉ.

40　*Accusatus super fractâ pace , an pendente judicio, de rebus suis disponere possint ? Voyez Andr. Gaill. tract. de pace publicâ, lib.* 1. *cap.* 19.

41　De la vente faite par un fils parricide, de son bien avant l'accusation. Arrêt du 25. Juin 1619. qui la déclare nulle , & juge que l'acquereur n'avoit pû prescrire par possession de vingt ans , il falloit une possession de trente années. *Le Bret, liv.* 6. *decis.* 4.

42　Si un accusé de crime vend , ou la vente est forcée ou volontaire ; au premier cas elle est bonne , au second cas elle est nulle. *Voyez M. le Prêtre , premiere Cent. chap.* 84. *& Henrys , tome* 2. *liv.* 4. *q.* 36.

VENTE , BAIL.

43　De la vente faite de la maison loüée & de l'heritage affermé : que devient le Bail ? *Voyez* le mot *Bail , nomb.* 221. *& suiv.*

Un

45 Un fond affermé ayant été vendu pendant le temps de la Ferme, il n'y a aucuns dommages & interêts à prétendre contre le vendeur. Arrêt du Parlement de Bourdeaux du 5. Août 1666. *La Peirere, lettre F. n. 29.*

46 Si quelqu'un a baillé à rente un heritage, à la charge que le preneur ne le pourra vendre, sans le consentement du bailleur, si le preneur le vend, & que les creanciers de l'acheteur le fassent saisir réellement, si le bailleur peut demander distraction de l'heritage vendu sans son consentement, comme étant la vente faite du consentement du bailleur, nulle? *Voyez Bouvot, to. 1. part. 1. verbo Prohibition de vendre, quest. 1.*

VENTE DE BESTIAUX.

47 *Voyez* le mot *Retrait, nomb. 28. & suiv.*

VENTE DE BLED.

48 Si quelqu'un vend du bled, & ne l'a délivré, les offres de payer l'estimation au temps du Contract, ne sont valables. Il faut le donner en espece. Arrêt du 3. Juillet 1603. *Bouvot, to. 2. verbo Fraude, question 4.*

49 Vente de bled en verd. *Voyez* le mot *Bled, nombre 4.*

VENTE DE CHEVAL.

50 *Voyez* le mot *Cheval, nomb. 11. & suiv.*

VENTE, CHAPELLE.

51 Si l'heritier du Fondateur d'une Chapelle en une Eglise Paroissiale, peut ceder & délaisser cette Chapelle à un tiers étranger de la famille, en faisant vente de la maison que le défunt avoit en la Paroisse, au préjudice de ses coheritiers de même famille : & si telle vente & cession est bonne & valable, étant confirmée par les Marguilliers & Procureurs Fabriciens. *V. Filleau, 4. part. quest. 86. rapporte l'Arrêt du 18. Mars 1602. en faveur du parent.*

VENTE, COMMUNAUTÉ.

52 Ceux qui sont en Communauté de biens ne peuvent vendre aucune piece ni portion d'iceux, tant petite soit elle sans le sçû & consentement des autres qui y ont part. Arrêt de l'an 1578. *La Rochestavin, liv. 6. tit. 1. Arr. 1. & Mainard, liv. 6. chap. 72.*

Il est permis à un coheritier ou codetenteur de vendre sa portion indivise avant l'action de division ou partage universel. Arrêt du 7. Février de relevée 1602. *Carondas liv. 13. Réponse 37.* Autre Arrêt du 15. Decembre 1648. rapporté *au Journ. des Audiences, tome 1. livre 5. chap. 37.*

53 Vente du bien de Communauté sans autorité de la Cour, nulle. Arrêt du 22. Decembre 1614. *Basset, tome 1. liv. 4. tit. 12. chap. 5.*

54 Alienation des biens appartenans aux Communautez. *Voyez* le mot *Alienation, nomb. 87. & le mot Communautez, nomb. 94. & suiv.*

55 Es ventes faites à une Communauté le retrait n'a point lieu. *Voyez* le mot *Retrait, nomb. 155. & suiv.*

VENTE A DEUX.

56 De la vente faite à deux, qui est preferable? A l'égard des fiefs, c'est celuy qui s'est le premier mis en possession; à l'égard des censives, c'est celuy qui a reçu le premier l'investiture du Seigneur direct. *Voyez Mainard, liv. 1. de ses quest. chap. 60. & 61. & Papon, liv. 11. tit. 6. nomb. 9.*

57 De deux ventes faites de même chose à deux personnes differentes; le premier en possession, ne fût-elle que civile, est preferé; mais il faut que le prix soit payé, ou que le vendeur ait suivi la foy de l'acheteur, & que celuy-cy ait eû investiture, si la chose n'est pas allodiale. *Voyez Guy Pape, quest. 22. 87. 105. 112. & 509.*

58 Martin avoit vendu à trois personnes une même maison, & étoit par consequent tenu de stellionat, *L. qui duobus ff. ad l. corn. de falsi,* il y avoit contestation entre deux des acheteurs; la premiere vente n'étant faite que par écriture privée, l'acheteur de la seconde vente par contract public avoit été preferé par Arrêt

Tome III.

du Parlement de Toulouse, le premier acheteur se pourvut; son moyen étoit l'erreur de fait, prise de ce que la Cour en préferant son adversaire, n'avoit pas sçû qu'il fût en possession de la chose venduë depuis la vente qui luy en avoit été faite, & qu'ainsi la tradition luy avoit acquis le plein droit & la proprieté de la chose. *l. traditionibus, cod. de pactis.* & en effet ce premier acheteur l'emporta par cette raison de possession, suivant la Loy *quoties, Cod. de rei vindicat. Albert, verbo, Vente, art. 2.*

59 Celuy qui achete une chose venduë ou donnée à un autre, le sçachant se mettant le premier en possession n'est preferable au premier acheteur; mais ne le sçachant point il est preferable. Arrêt du Parlement de Dijon du 16. Juillet 1564. *Bouvot, tome 2. verbo, Vente, quest. 68.*

60 De deux particuliers qui disent avoir acheté du vin, il faut s'arrêter à la Déclaration du vendeur, & celui-là est preferable, qui le premier a donné le *denier à Dieu,* goûté & ensuite fait le prix. Arrêt du Parlement de Dijon du 28. Septembre 1609. *Bouvot, ibid. question 51.*

61 Jugé en la Chambre de l'Edit de Castres, le 8. Août 1614. que des conventions signées d'un Notaire & de trois témoins portant vente d'une Metairie, prévaloient à une vente posterieure en forme authentique, d'autant plus que ce second acquereur n'avoit pas pris possession du bien vendu. *Voyez Boné, Arrêt 99.*

62 Quand toutes les ventes sont en même forme, la premiere est preferée. Jugé au Parlement de Toulouse le 7. May 1655. quoyqu'il y eût des actes possessoires du pré, dont il s'agissoit de la part de l'un & de l'autre des acheteurs. *Albert, lettre V. verbo, Vente, article 2.*

63 Un coffre ayant été vendu, la clef donnée à l'acheteur, une partie du prix payé & depuis vendu & livré à un autre qui en avoit payé le prix sur le procez entre ces deux acheteurs, par Arrêt du Parlement de Grenoble du 17. Septembre 1673. le coffre a été adjugé au premier à qui la clef en avoit été donnée. Cet Arrêt est rapporté par *Chorier, en sa Jurisprudence de Guy Pape, page 236.*

VENTE, BIENS DOTAUX.

64 *Voyez le V. est Arrêt 24.* où il rapporte un Arrêt du 20. May 1547. qui a déclaré la vente bonne.

Vente de fonds dotal faite par la femme autorisée de son mari avec toutes renonciations, a été cassée à la poursuite des enfans de ladite femme, comme ses heritiers. Arrêt du 14. Août 1600. toutefois si la vente a été faite avec serment, la femme ni ses successeurs ne peuvent venir au contraire. *M. Expilly, Arr. 125.*

VENTE, DROITS SEIGNEURIAUX.

65 Droits en cas de ventes. *Voyez* le mot *Droits Seigneuriaux, n. 180. & suiv.* & le titre *des Lods & ventes.*

66 Le vendeur sera privé du prix de la vente; s'il n'a déclaré de quel fief ou censive est la chose venduë; cela est vray s'il y a malice & affectation de sa part & qu'il ait dissimulé les charges foncieres, l'enregistrement des Lettres Patentes pour la verification de l'Ordonnance de 1549. est dans *Du Moulin, to. 2. p. 802.*

67 D'une vente d'heritage à la charge d'acquitter une rente viagere, sont dûs droits Seigneuriaux à raison du tiers du prix de la rente, à cause qu'elle est viagere, & pour l'incertitude du viage. Arrêt du 8. Octobre 1568. *Carondas, liv. 11. Rép. 30.*

68 Es Coûtumes où les droits Seigneuriaux des ventes sont dûs par le vendeur ou moitié par luy, & l'acheteur, quand la vente n'est faite francs deniers qu'és adjudications par decret, elle est toûjours presumée francs deniers, & est l'adjudicataire tenu des droits. Arrêt du 24. Janvier 1648. *Du Frêne, li. 5. ch. 27.*

69 Quand le dernier vendeur stipule dans le Contract que l'acheteur payera les tailles & censives qui pourront être dûs par les fonds vendus; en ce cas les autheurs du vendeur ou ceux qui les representent,

K K K K K

comme font des succeſſeurs, des heritiers, ou même des derniers acquereurs font à couvert de la demande du *quanti minoris*. Arrêt du Parlement de Toulouſe du mois de Juillet 1679. *La Rocheſlavin*, liv. 2. tit. 1. article 12.

VENTE DE DROITS SUCCESSIFS.

70 La loy 2. *Cod. de reſcindendâ vendicione*, n'a point de lieu en vente de ſucceſſion ou de droits ſucceſſifs, encore que le vendeur allegue que les forces de la ſucceſſion luy étoient inconnuës. Arrêt du 23. Mars 1580. *Chenu*, 1. *Cent. queſt.* 76:

71 Vente de droits ſucceſſifs du conſentement de celuy *de cujus ſucceſſione agebatur*, déclarée nulle par Arrêt en Janvier 1530. *M. Loüet*, lettre H. ſomm. 6.

72 En vente de droits ſucceſſifs, la lezion d'outre moitié de juſte prix n'a lieu. Arrêt du dernier Août 1583. *Voyez M. Loüet*, lettre H. ſomm. 7. & 8.

73 Vente & ceſſion de droits hereditaires n'eſt ſujette à reſciſion, pour lezion d'outre-moitié du juſte prix, encore moins, aprés dix ans. Jugé le 24. Decembre 1636. *Bardet*, tome 2. liv. 5. chap. 34.

74 Contract entre deux ſœurs, par lequel l'une vend à l'autre ſa part indiviſe de ſes droits ſucceſſifs, eſt reputé partage, & n'en ſont dûs lods & ventes. Arrêt du 15. Decembre 1648. *Du Frêne*, liv. 5. chap. 37.

75 Vente de droits ſucceſſifs, faite à un executeur teſtamentaire, des mineurs qui obtiennent Lettres contre la vente de leur pere, fondées ſur dol perſonnel & lezion, les Lettres entherinées. Jugé au Parlement de Paris le 7. Decembre 1666. *Journal du Palais*.

VENTE, ECRITURE PRIVE'E.

76 Si la vente faite par écriture privée eſt parfaite, lorſque l'on eſt convenu qu'elle ſeroit redigée en Contract public dans un certain temps ? Arrêt du Parlement de Toulouſe en 1637. pour l'affirmative. Arrêt contraire du 21. Decembre 1646. qui relaxa l'acheteur; il y a apparence que ce fut à cauſe des ventes poſterieures que le proprietaire avoit faites par Contract public qui privoient cet acheteur de ſon hypotheque. *Albert*, verbo, *Vente*.

77 Au Parlement de Toulouſe la vente d'un fond écrite de main privée ne paſſe que pour promeſſe de vendre; celle qui eſt faite par un Contract public prévaut. Arrêts des 15. Février 1638. & 10. Decembre 1645. *Voyez Albert*, lettre P. verbo, *Promeſſe*.

78 De la vente faite par un billet privé, dont il ſera paſſé un Contract. Cette vente eſt bonne & parfaite ſi le billet eſt ſigné par l'acheteur & le vendeur, & le prix reglé, le refuſant, peut être contraint de l'executer. On oppoſe que lorſque les parties ont eu intention de paſſer un Contract de vente, là vente n'eſt pas parfaite que le Contract ne ſoit paſſé, ſuivant la loy *Contractus, Cod. de fid. inſtrum.* mais cette Loy doit être entenduë, ſuivant l'avis des Docteurs, & entre autres de Mornac, lorſque les parties ont voulu que le Contract fût neceſſaire pour la validité de leur convention; mais lorſque la convention eſt préciſe, ſignée par les parties, le prix eſt reglé, & que le Contract n'eſt requis que pour la conſervation de la memoire de la vente, elle ne ceſſe point d'être parfaite avant le Contract paſſé. Arrêts du Parlement de Toulouſe des 12. Janvier 1649. & 20. Janvier 1676. rapportez par *M. de Catellan* tome 2. liv. 5. chap. 4.

79 Il eſt plus ſûr d'acheter par Contract public, non ſeulement à cauſe des inconveniens, mais parce que l'achat peut devenir inutile par le retrait, de ceux qui ont droit de l'exercer. Jugé au Parlement de Toulouſe le 28. Juin 1650. contre Jean Grimal acquereur d'un fond, quoy qu'il eût paſſé aux mains de trois divers poſſeſſeurs depuis la vente qui en a été faite par un nommé Tamié en 1640. & qu'il reſultât du payement de 390. liv. *Albert*, verbo, *Vente*, art. 2.

VENTE, EGLISE.

80 Vente de biens d'Egliſe. V. les mots *Alienation, Egliſe*.

Redoanus *de alienationâ rerum Eccleſiaſticarum*, in fol. *Placentia* 1576.

81 Villagut *de rebus Eccleſia non alienandis*, in octo. *Colonia* 1609.

82 Chenu, de l'alienation des biens de l'Egliſe, in 8. *Paris*. 1644.

84 Le ſieur Montagrier vend au Lieutenant de la Rochelle un Convent de Cordeliers ruiné par les guerres, prétendant qu'il avoit été fondé par ſes anceſtres. L'acquereur n'ignoroit point qu'il achetoit une choſe ſacrée; le Contract portoit (*le lieu où cy-devant étoit le Convent des Cordeliers*, moyennant 700. livres; l'acquereur évincé & le vendeur aſſigné en garantie, ce dernier offre le prix ſeulement ſans dommages & intereſts. M. l'Avocat General Servin remontra que cet achat étoit illicite ſur tout par un Juge en pleine paix, & certain de la qualité de ce qu'il achetoit; il demanda que le prix de la choſe fût donné aux pauvres, par Arrêt du 27. Février 1698. le prix fut jugé le tiers à l'Hôtel-Dieu, un autre tiers aux pauvres priſonniers, & autant aux Cordeliers de Paris. *Bibliotheque Canon.* tome 2. page 539. colon. 2.

85 Biens de Confrairie alienez. *Voyez* le mot *Alienation de biens d'Egliſe*, nomb. 45.

VENTE, EVICTION.

86 Si le coheritier du vendeur peut évincer l'heritage pour une partie, & ſi la Loy *cum à maire C. de reivindicat*. eſt en uſage? *Henrys* tome 1. liv. 4. ch. 6. queſt. 30. tient la negative.

De l'éviction que craint un vendeur. *Voyez* le mot *Eviction*, nomb. 30. & ſuiv.

VENTE, FACULTE'.

87 Le Contract de vente d'heritage à peine de rachat eſt uſuraire, quand des fruits l'on tire plus que l'intereſt legitime au denier ſeize. Arrêt du Parlement de Dijon du mois de Février 1567. *Bouvot*, tome 2. verbo, *Uſures*, queſt. 14.

88 La faculté reſervée par le vendeur d'être preferé en la choſe en cas que l'acheteur vienne à la revendre eſt preſcriptible. Arrêt du 16. Juillet 1644. *Henrys*, tome 1. liv. 4. chap. 6. queſt. 76.

Voyez le mot, *Eviction*.

VENTE PAR LA FEMME.

89 Vente faite par une femme qui avoit fauſſement pris la qualité de veuve, déclarée nulle. *Notables Arrêts des Audiences*, Arr. 85.

90 Vente d'une Terre avec renonciation de la femme à ſon douaire préfix a été caſſée; & les arrerages, tant du douaire préfix que de ſes deniers dotaux, luy ont été adjugez. *Voyez* le *Veſt*, Arr. 55. où il rapporte Arrêt ſans le dater.

91 Femme mariée ne peut vendre ſes propres. Arrêt en Juillet 1605. *M. le Prêtre*, ès Arrêts de la Cinquième.

92 De la vente du bien de la femme. *Voyez* le mot, *Alienation*, n. 55. & ſuiv. *Decret*, nomb. 41. & verbo, *Femme*, n. 123. & 134. & ſuiv.

VENTE, FRANC.

93 Un heritage vendu franc, ſe trouvant chargé d'une rente, le vendeur eſt obligé d'en affranchir l'heritage, en conſtituant ſemblable rente ſur heritages ſuffiſans. Arrêt du Parlement de Dijon du 29. Janvier 1574. *Bouvot* tome 1. part. 3. verbo, *Vente des heritages cenſables*, & tome 2. verbo, *Vente*, queſt. 4.

Voyez le mot, *Franc*, & cy-aprés le nombre 123.

VENTE, FRAUDE.

Voyez le mot *Fraude*.

94 *De venditione fundi in fraudem*. Voyez la nouvelle édition des Oeuvres de M. Ch. Du Moulin, to 2. p. 161.

Pretii paucitate & pacto de retrovendendo, an emptionis contractûs ſimulatus, fraudulentus vel pignoratitius cenſeatur. Voyez Franc. Marc. tom. 1. qu. 483.

95 *Voyez* le 11. Plaidoyé de M. Marion, in 8°. ſur un Contract prétendu déguiſé en forme de vente, bien qu'il ſoit en effet un ſimple engagement, reſoluble à

toûjours, même aprés 40. années, en faisant offre de rendre le prix pour dégager la Terre. Cependant la Cour par son Arrêt confirma la vente, en infirmant la Sentence du Bailly de Chartres, qui avoit déclaré le Contrat déguisé & pignoratif.

VENTE, FRUITS.

96 Jugé en la Chambre de l'Edit de Castres, le 13. Decembre 1641. qu'un Contract de vente pure d'une maison fait cesser un Contract de vente des fruits ; & parce que la vente avoit été faite par une mere Tutrice *inconsulto pratore*, la Cour ordonna qu'elle seroit mise aux encheres. Par Arrêt contraire du 8. Mars 1652. la Cour fit subsister une vente de fruits contre la vente pure de la propriété. *Voyez Boné, Arrêt* 36. & 37. Il ne rapporte point les circonstances qui ont pû donner lieu à la décision differente.

97 Si la vente d'un fonds est faite avant la Saint Jean, le vendeur a les fermages à proportion du temps, & l'acquereur a le restant du jour de son Contract, jusques à la Saint Michel, qui est le terme ordinaire, où les baux à ferme commencent. *Arrêt du Parlement de Roüen du* 1. Decembre 1657. *Basnage, sur la Coût. de Normandie, art.* 505.

VENTE, GARANTIE.

98 De la garantie en fait de vente. *Voyez le mot, Garantie, n.* 150. & suiv.

99 Si l'acheteur d'harengs en caque qui se trouvent gâtez & corrompus, est tenu de payer le prix ? *Voyez Bouvot, tome* 2. *part.* 1. verbo, *Vente d'harengs.* Il estime que la restitution demandée par Lettres, auroit son effet.

100 Si l'acheteur qui a promis d'acquitter le vendeur de quelques principaux & arrerages, quoyque le bien vendu soit mis en criées, est tenu de faire l'acquitement, sans que le vendeur baille caution ? *V. Bouvot, tome* 2. verbo, *Vente, quest.* 25.

101 En cas d'hypotheque l'on ne peut refuser de payer le prix de la chose ; mais le vendeur est tenu de donner bonne & suffisante caution pour le principal & arrerages en cas d'éviction. *Arrêt du Parlement de Dijon du* 15. Decembre 1663. *Ibid. quest.* 35.

102 De celuy qui en vendant donne les titres pour toute garantie. *Voyez Du Moulin, en son Conseil* 49. *n.* 2. *page* 945.

103 Si le vendeur sciemment vend la chose d'autruy, il ne laissera pas d'être tenu à la restitution du prix, quoyque le contraire fût stipulé. *Jugé au Parlement de Paris le* 27. Novembre 1548. *Biblioth. de Bouchel, verbo, Garantie.*

104 Un mary vend (avec promesse de garantie, & de faire ratifier) le propre de sa femme sans son consentement à un parent de sa femme, & qui sçait bien que ce qu'il achete n'est pas au mary. *Jugé le* 10. Decembre 1640. que le mary rendroit le prix avec 200. liv. pour dommages & interêts. *Brodeau, sur M. Loüet, let. A. somm.* 13.

105 Lors qu'un vendeur conditionne le rendage ou loyer de l'heritage qu'il vend, être d'une certaine somme, & que par le bail il se trouve d'une moindre somme ; l'acquereur a droit de prétendre diminution du prix, non pas à raison de ce qu'il recevra moins pendant le terme du bail seulement ; mais bien à raison de ce que la somme défaillante produit en capital. *Jugé au Parlement de Tournay le* 8. Janvier 1699. entre le sieur Marquis d'Heuchin, & Damoiselle Jeanne de Lanney Dumesnil. *Arrêt du Parlement de Tournay. tome* 2. *Arrêt* 248.

VENTE DE GRAINS.

106 Vente de neuf années d'une redevance de grains, est réprouvée. *Arrêt du* 7. Decembre 1632. *Du Frêne, liv.* 2. *chap.* 120.

107 D'une vente de grains à jour nommé. *Arrêt du Parlement de Grenoble du* 27. Mars 1637. qui met les parties hors de Cour, pour les dommages & interêts demandez respectivement ; l'acheteur avoit tort de ne

Tome III.

s'être pas trouvé au jour marqué pour recevoir les bleds ; parce que *dies solutionis summa pars est stipulationis.* D'un autre côté le vendeur ne pouvoit pas prétendre un dédommagement, puisque n'ayant pas trouvé l'acheteur, il avoit profité de l'occasion de vendre à d'autres. *Basset, tome* 2. *liv.* 4. *tit.* 6. *ch.* 3.

VENTE D'HEREDITÉ.

108 Vendre son droit d'heritier. *Voyez M. le Prêtre,* 3. *Cent. chap.* 94.

109 Vente d'heredité de tout le droit qu'on peut prétendre, il n'y a lieu de restitution, à cause de déception d'outre-moitié de juste prix. *Arrêt du* 30. Avril 1584. *Carondas, liv.* 8. *Rép.* 75.

VENTE, HYPOTHEQUE.

110 De l'hypotheque en matiere de vente. *Voyez le nombre* 277. & suiv. verbo, *Hypotheque.*

111 L'hypotheque constituée par l'acheteur, est éteinte lorsque par la Loy 2. *Cod. de rescind. vendit.* la vente a été resoluë en Justice, &c. *Voyez Carondas, liv.* 6. *Réponse* 48.

112 Un Notaire Créancier hypothequaire d'un, qui après son heritage, franc & quitte de toutes hypotheques, le même Notaire recevant le Contract, renonce tacitement à son droit d'hypotheque au profit de l'acquereur, qui est préferé à luy, quoyque posterieur en hypotheque. *Filleau* 4. *part. question* 167. & 168.

113 Vente preferé sur sa marchandise au Créancier de l'acheteur, par Arrêt prononcé à Pâques 1588. *Montholon, Arrêt* 51. Voyez M. le Prêtre, ès Arrêts de la Cinquiéme, & en sa 1. Cent. chap. 90. M. Loüet, lettre P. som. 19. & let. H. som. 21. M. d'Olive, liv. 4. chapitre 10. M. Henrys, tome 1. liv. 4. chap. 6. question 107.

114 En jugeant le procés de la distribution de Durand, la Cour décida deux points; l'un que ceux qui avoient vendu certains biens en fonds à Durand, & n'avoient été payez de l'entier prix, n'étoient pourtant pas recevables à demander la distraction des biens vendus; la vente en fut ordonnée séparément, à la charge que des premiers deniers qui en proviendroient, les vendeurs seroient payez; l'autre que ceux qui avoient vendu & livré certaines marchandises à Durand, qu'ils soûtenoient être encore en nature, n'avoient hypotheque speciale, ni privilege pour être payez sur le prix de ces marchandises, par préference aux autres Créanciers ; cependant au dernier cas, il fut jugé par Arrêt du dernier Avril 1587. que deux Marchands de Bourdeaux ayant délivré leurs marchandises à un Saffranier, qui avoit perdu son credit à Toulouse, s'étant ravisez promptement, & les ayant fait arrêter, les pouvoient revendiquer, & au préjudice des autres Créanciers. *Maynard, liv.* 2. *ch.* 46.

115 Celuy qui a vendu une maison, avec creance hypotheque, est préferé à tous Créanciers de l'acheteur. *Arrêt du Parlement de Dijon du* 5. Août 1566. *Bouvot, tome* 1. *part.* 2. verbo, *Hypotheque speciale.*

116 Celuy qui vend l'heritage, encore qu'on ait omis de stipuler la speciale hypotheque sur la chose venduë à credit ou bailliée à rente, a préference même dans la vente des marchandises. *Arrêts des dernier Avril, & 8. Septembre 1616, M. Bouquier, lettre H. nombre* 12. Voyez M. d'Olive, liv. 4. chap. 10. & Henrys, tome 1. liv. 4. chap. 6. question 107.

117 Les derniers Créanciers ne peuvent user du droit d'offrir contre les acquereurs anterieurs. *Arrêt du* 5. Juin 1628. Voyez l'espece rapportée par M. d'Olive, liv. 4. chap. 11. Voyez le chap. 26. de son troisiéme Livre.

118 Le vendeur d'un fonds n'ayant reçû que partie du prix de sa vente ; & s'étant reservé pour le surplus, son hypotheque speciale & privilegiée, peut se pourvoir contre un tiers détenteur, acquereur du premier, sans discussion des biens du premier acquereur. *Jugé à Paris le* 9. May 1672. *Journal du Palais.*

VENTES IMAGINAIRES,

119 Voyez *Peleus, question* 135.

VENTE, INTERESTS.

120 Interests en cas de vente. *Voyez le mot, Interèts, nombre* 274. *& suiv.*

121 Si le vendeur doit les interèts du *quanti minoris* depuis le jour qu'il a reçu le prix, ou seulement depuis la demande faite par l'acheteur, d'un fonds qui se trouve emphyteotique, & qui luy avoit été vendu comme allodial. *Voyez Duperrier, liv.* 4. *quest.* 13.

122 Par Arrêt du Parlement de Dijon du 24. Juillet 1587. un particulier qui avoit vendu des grains, faute de les livrer, fut condamné à rendre le prix, avec les interèts au denier dix. Même Arrêt le 2. May 1588. *Bouvot, tom.* 2. *verbo, Vente, quest.* 11. *&* 12.

123 Celuy qui vend un heritage franc de toutes charges, redevances, hypotheques, ce qui ne se trouve pas, n'est tenu de donner un autre heritage de même qualité, bonté & quantité; mais seulement de payer les dommages & interèts resultans. Arrêt du Parlement de Dijon du 15. Janvier 1609. *Ibidem, quest.* 48.

124 Par Arrêt du Parlement de Roüen du 13. Avril 1617. il a été jugé que quoyque le prix de l'Office ait été converti en Contract de constitution, toutefois le Créancier avoit son privilege & droit de preference, non seulement pour le principal, mais aussi pour les interèts, *argum. L. quæro. ff. loc. Jovet, verbo, Preference, n.* 28.

VENTE JUDICIELLE.

125 Arrêt du 2. Août 1649 du Parlement de Grenoble qui juge qu'une vente judicielle n'est parfaite avant la mise en possession. *Basset, tome* 2, *li.* 3. *tit.* 2. *ch.* 1.

VENTE, LEZION.

126 Au cas de lézion d'outre moitié l'on a égard au temps du contract de vente. *Voyez Bouvot, to.* 2. *verbo Vente, quest.* 71.

127 Un vendeur prend lettres sur le fondement de lézion d'outre moitié; l'acheteur offre le supplément, & demande qu'il luy soit permis de vendre du bois de la piece en question. L'imperant l'empeche, & dit qu'il pourroit arriver, que l'acheteur ne payeroit pas encore, & seroit forclos de l'option; qu'ainsi la chose vendüe retourneroit au vendeur, lequel a interêt qu'elle ne soit pas diminuée. Par Arrêt du Parlement de Paris du 14. Juin 1515. l'acheteur débouté. *Bibliotheque de Bouchel, verbo Restitution.*

128 Vendeur renonçant au benefice de la Loy 2. *de rescind. vend.* peut neanmoins être restitué pour lézion d'outre moitié de juste prix. Arrêt du 9. Juin 1571. *Carondas, liv.* 10. *Rép.* 88.

129 Celuy qui a vendu quelque heritage pour certain prix, à la charge de le faire ajuger par decret par l'acheteur, ne peut être relevé de la vente pour cause de déception d'outre moitié de juste prix, ayant été vendu à bien plus haut prix par le decret, que par le contract d'acquisition. Arrêt du 17. Mars 1584. *Ibid. liv.* 3. *Rép.* 2.

130 Lézion de moitié de juste prix, n'a lieu à l'égard de l'acheteur. Arrêt à la Nôtre-Dame d'Août 1592. *Montholon, Arr.* 77.

VENTE, CHOSE LITIGIEUSE.

131 De la vente de chose litigieuse. *Voyez Guy Pape, quest.* 337. 437. 479. *&* 488.

VENTE, LOY COMMISSOIRE.

132 *Lex commissoria* de laquelle il est parlé au troisiéme titre du Digeste, loy 28. est celle qui favorise la convention, *quæ venditioni adjicitur, ut si intrà certum tempus pretium non fuerit numeratum, res sit empta.* Du Moulin, tome 2. page 146. parle de cette Loy & l'explique.

In reditibus improba lex commissoria. Ibid. p. 164.

133 Arrêt du Parlement de Paris qui a débouté un vendeur qui se vouloit aider de la Loy commissoire deux ans après le terme dans lequel il avoit été accordé

que le prix seroit payé, autrement la vente nulle. *Papon, liv.* 12. *tit.* 8. *n.* 2.

134 Le pacte commissoire peut être apposé dans un contract de vente, mais l'on peut aussi *purgare moram celeri præstatione.* Arrêt du Parlement de Toulouse qui donne quinzaine à l'acheteur pour payer. *M. de Catellan, liv.* 5. *ch.* 20.

135 La loy commissoire n'est qu'au profit du vendeur, & ainsi il n'est point au choix de l'acheteur de se départir d'une vente casuelle: c'est le sentiment de Henrys contre le sentiment de son Siege. *Voyez l'espece, te.* 1. *liv.* 4. *chap.* 6. *quest.* 40.

VENTE, LOY quoties.

136 La loy *quoties duobus C. de reivindicatione,* se garde au Palais. Arrêt de préjugé du 24. Avril 1585. *M. Louet, lettre V. somm.* 1.

137 La Loi *quoties Cod. de rei vendic.* décide que de deux acheteurs ou donataires d'un même fond; celuy-là est preferé en la proprieté qui se trouve le premier en possession, quoiqu'il soit posterieur en contract. La tradition qui se fait par la retention de l'usufruit n'est pas consideree en la décision de cette Loy, la possession réelle l'emporte. Arrêt du Parlement de Toulouse du 23. Février 1668. *Voyez M. de Catellan, liv.* 5. *chap.* 28.

VENTE, MESURE.

138 Le vendeur n'est point tenu au mesurage, quand il vend les pieces confinées par bouts & côté; *secus* par arpent ou journaux. *Voyez Tronçon, Coûtume de Paris, art.* 346. *Voyez Mornac, loy* 40. §. 2. *ff. de contrahenda empt. & Henrys, to.* 1. *liv.* 4. *chap.* 6. *quest.* 83. *Voyez la loy* 69. *qui libertatis ff. de evictionibus, circà finem.*

139 Arrêt de partage au Parlement d'Aix sur la question si le vendeur d'un fonds désigné & confronté, ou limité, ayant commencé par un corps doit suppléer la moindre contenance à l'acheteur. La Sentence avoit ordonné qu'il seroit fait rapport par Experts, si lors de la vente de la proprieté contentieuse étoit de la même contenance, que du temps de la collocation, & qu'elle seroit aussi estimée à ce qu'elle pouvoit valoir au temps de la vente. *V. Boniface, to.* 2. *liv.* 4. *tit.* 1. *chap.* 2.

140 Es contrats de vente, il faut suivre la Coûtume où les heritages sont assis pour la mesure, & non pas la Coûtume où les contrats sont passez. Jugé en Juillet 1585. *Carondas, liv.* 7. *Rép.* 83.

141 De la mesure des heritages vendus & garantie d'iceux. *Voyez Papon, liv.* 11. *tit.* 4. *n.* 17. il faut regarder la mesure du lieu de la situation de la chose vendüe, & non du contract. Arrêt du Parlement de Paris du 4. Juillet 1585. *Ibid.*

VENTE, BIENS DU MINEUR.

142 Vente faite par un mineur, ou de ses biens. *Voyez le mot Mineur, nomb.* 194. *& suiv.*

143 Les deniers procedans de la vente d'heritages, ou rentes propres aux mineurs, tiennent pareille nature que tenoient lesdits heritages ou rentes pour retourner aux parens du côté & ligne dont lesdites rentes étoient procedées. *Coûtume de Paris, article* 94. parce que ne pouvant disposer de leurs biens, les choses ne changent point de nature, & ce pour éviter les fraudes que pourroient faire les tuteurs. *Voyez M. Bouguier, let. R. nomb.* 1.

144 Les mineurs sont facilement relevez des ventes faites par leurs tuteurs. Arrêt du 14. Août 1536. *Le Vest. Arr.* 103.

145 Un mineur vendant à un majeur une chose commune, & se faisant après restituer, l'acheteur n'est tenu d'entretenir la vente à l'égard du majeur. Arrêt du Parlement de Dijon du 16. Février 1582. *Voyez Bouvot, to.* 1. *part.* 3. *verbo Majeur.*

146 La vente des biens d'un mineur faite par autorité de Justice avec les solemnitez requises, ne peut être revoquée sous prétexte de lézion. Arrêt du Parle-

ment de Dijon du 21. Mars 1585. *Ibid. to. 2. verbo Vente, quest. 32. Voyez M. le Maître, au traité des Criées, chap. 19.*

147. Les mêmes solemnitez requises par le Droit aux alienations & ventes pures des biens de mineurs & pupilles sont aussi requises aux ventes à faculté de rachat. Arrêt du Parlement de Toulouse du 14. Decembre 1586. *V. la Rochestavin, livre 1. titre 3. Arrêt premier.*

148. Vente de meubles des mineurs, comment se doit faire, & comment les tuteurs en sont comptables? *V. Henrys, to. 1. liv. 4. chap. 6. quest 110.* où il y a Arrêt de reglement du 27. Novembre 1596. fait és Grands Jours de Lyon, qui défend aux tuteurs, & à tous autres de retenir les meubles des mineurs pour le prix de la prisée.

149. *Tutor rem pupilli emere potest, modo fiat palam venditio.* Jugé le 12. Janvier 1610. *Alias secus*; Mornac, *L. 14. §. ult. tutor, ff. de contrahendâ empt.*

150. En matiere de vente des biens de mineurs, un avis de parens donné en Justice ne suffit pas, il faut qu'il y ait des publications & affiches en l'Auditoire du lieu, &c. Arrêt du Parlement de Paris du 9. Avril 1630. *Du Frêne, liv. 2. chap. 71.*

151. Vente faite par Tuteur ou Curateur, des biens de son pupille ou mineur sans solemnitez requises sujette à rescision, s'il y a lézion. Arrêt rendu au Parlement de Grenoble le 14. May 1662. qui ordonne la preuve de la lézion. *Basset, tome 1. livre 4. titre 12. chapitre 6.*

152. La mere heritiere de son fils, peut demander la cassation de la vente d'un fond qu'elle a faite, comme administreresse, sans autorité de Justice. Arrêt du Parlement de Toulouse du 18. Juillet 1662. *Voyez M. de Catellan, liv. 5. chap. 47.* où il dit avoir été jugé que si celuy qui demande le délaissement, est heritier, pour une portion seulement du vendeur, il peut obtenir de son chef le délaissement de la chose qui luy appartient, en payant la garantie pour sa portion hereditaire.

153. La lecture est requise en vente ou adjudication par Justice des biens des mineurs, nonobstant deux proclamations. Ainsi jugé au Parlement de Normandie. *V. Berault & Basnage, sur l'art. 458. de cette Coûtume,* où il est observé que le vendeur peut servir de témoin contre le retrayant & l'acheteur, & que l'acquereur est recevable à prouver le retrait frauduleux.

VENTE, PAYEMENT.

154. Au commencement du Parlement établi à Tours, il y eut Arrêt au profit de Mademoiselle de Valmer, contre l'acheteur d'une Terre, qui ne pouvoit payer, par lequel il fut dit que dans tel temps il payeroit, *alias,* le Contract de vente resolu, & que le vendeur rentreroit en sa Terre. Il y eut aussi pareil Arrêt, contre la veuve d'un Italien, pour la Terre & Seigneurie de la Coste en Touraine; il semble que tels Arrêts de resolution de Contract de vente faute de payement, sont fondez sur la Loy *cum te. C. de pact. inter empt. & vendit.* Biblioth. du Droit François, par Bouchel, verbo, *Resolution de Vente.*

155. Sur un fait & marché, par lequel un Marchand vend à l'autre un devant de cotte fait en broderie, pour le prix de 90. écus sols, payable en laines, à raison de tant la livre, qu'il promet fournir au vendeur dans certains jours, lequel passé, le vendeur demande à son debiteur cinquante écus, & le fait executer, qui s'oppose, disant n'être debiteur de ladite somme, mais de la laine qu'il offre. Le vendeur dit qu'il a laissé passer le jour, qu'il s'est constitué en demeure, qu'il ne peut aujourd'huy payer; condamné à payer la somme: il appelle, & il releve à Paris, où il est dit par Arrêt, allegué par M. du Luc, qu'il a été bien jugé, & que l'appellant l'amendera; le motif de l'Arrêt étoit suivant ce qu'on dit communément, que le terme interpelle le debiteur. *Biblioth. de Bouchel, verbo, Terme.*

156. Un Gentilhomme emprunte 500. écus d'un Marchand, qu'il promet luy rendre dans un an, & à cette fin hypotheque un Fief, & convient que l'an passé, sans faire le payement, dés-à-present comme dés-lors, le Fief seroit vendu au Marchand. L'an se passe sans payer; le Marchand veut se saisir du Fief, & forme complainte: par la Sentence du premier Juge, le Fief est sequestré sur l'appel, Arrêt du 19. May 1553. qui ordonne que si dans deux mois l'appellant ne paye, iceux passez, la Terre sera dés-lors vendue au Marchand, à tel prix que les Experts estimeront. *Papon, liv. 11. tit. 2. n. 2.*

157. Avant le terme de payer le vendeur de bétail le fait saisir; la saisie déclarée tortionnaire, & le saisissant condamné aux dépens, par Arrêt du 28. Juin 1582. *Carondas, liv. 7. Rép. 218.*

158. Arrêt du Parl. de Provence du 19. Février 1644. qui a jugé que le vendeur d'un mulet, avec pacte prohibitif de vendre jusqu'au payement du prix, peut le faire saisir pour le payement du prix entre les mains d'un second acheteur, lequel est obligé de donner caution du prix dû au premier vendeur. *Boniface, to. 2. liv. 4. tit. 1. ch. 11.*

159. Jugé le 3. Decembre 1646. que la vente d'un bien acquis sous clause de constitut & précaire, & pacte, que les ventes en seront nulles, n'est pas nulle; mais donne seulement jour en défaut de payement, de se servir des pactes. *Ibid. ch. 5.*

160. Arrêt du même Parlement de Provence du 18. Février 1661. qui a jugé qu'un acheteur avec pacte de payer le prix à sa commodité en payant les interets, & de posseder les biens acquis au nom de précaire, jusqu'à l'entier payement, a pû vendre ou ses heritiers, même après 30. ans. *Ibid. ch. 6.*

VENTE, PREFERENCE.

161. *Venditor quando praeferatur caeteris creditoribus in re vendita & tradita?* Voyez Stockmans, *Décis. 93.*

162. Le vendeur est préferé pour le prix de la chose, à toute sorte de Créanciers, en la Coûtume de Paris, *art. 176. & 177.* encore qu'il ne soit premier saisissant, *quia venditor non aliter contracturus & vendidit pretium recepturus, L. cum te Cod. de pact. inter empt. & vend. composit.* Arrêt de l'an 1581. Autres du 12. Avril 1588. 2. Septembre 1608. 15. Mars 1603. 19. Avril 1611. 12. Avril 1616. & 16. Decembre 1614. *M. Loüet, lettre P. somm. 19. & ibid. Brodeau.*

163. Par Arrêt de l'an 1604. la preference du vin trouvé saisi en la maison loüée, a été ajugée au Marchand qui l'avoit vendu, ledit vin pris & à cet Arrêt de l'étape. *Tronçon, sur la Coût. de Paris, art. 171. in verbo, premiers payez.* Cet Arrêt est fondé sur l'art. 177. de la Coûtume.

164. En Bourgogne le vendeur de vin à la requête des Créanciers de l'acheteur, n'est préferable aux Créanciers saisissans, le vin étant en la puissance de l'acheteur. Arrêt du Parlement de Dijon du 11. Mars 1616. conforme à plusieurs autres, & publié en Audience, afin que les Avocats ne revoquassent plus en doute. *Bouvot, tome 1. part. 1. verbo, Vente de vin saisi.*

165. Le vendeur est préferé à tous pour ce qui luy est dû de reste de la chose vendüe. Jugé au Parlement de Toulouse le 27. Mars 1630. Par ce même Arrêt il a été jugé que la clause de précaire étoit sous-entenduë au contrat de vente. *Cambolas, liv. 6. ch. 6.*

166. Un vendeur après avoir reconnu par le Contract de vente d'avoir été satisfait du prix de la chose vendüe, ne peut sur icelle prétendre préference, en vertu d'un billet où l'acheteur reconnoît devoir au vendeur le prix entier ou en partie de la chose vendüe. Arrêt du Parlement de Tournay du 6. Novembre 1696. rapporté par *Pinault, tome 1. Arr. 124.*

VENTE, PREUVE.

167. On n'est pas recevable à prouver la vente d'un heritage excédant 100. liv. Arrêt du Parlement de Dijon du 30. Juin 1594. *Bouvot, tome 2. verbo, Vente, question 5.*

Vente, Prohibition.

168 De la prohibition d'aliener portée dans un Testament. Voyez le mot, Alienation , n. 6. & suiv. le 7.
Conseil de Du Moulin, to. 2. p. 824.

Promesse de Vendre.

169 Des promesses de vendre & de ne pas vendre , &
comment elles sont obligatoires ? Voyez question
169. de Guy Pape , & Cujas, chap. 4. du liv. 27. de ses
Observations.

170 Des promesses verbales de vendre un fond roties
quaties , moyennant le prix. Arrêt du Parlement de
Grenoble, du 21. Avril 1636. qui déboute celuy sur
qui la Terre avoit été saisie ; le motif fut que le tiers
possesseur avoit joüi long-temps , & disoit que celuy
à qui la promesse avoit été faite , devoit se pourvoir
contre ceux avec qui il avoit contracté. De plus, promissio de vendendo non est vendisio. Basset, to. 2. liv. 4.
tit. 16. chap. 1.

171 La simple promesse de vendre n'oblige pas précisément à la tradition de la chose ; mais cela se resout à
de simples dommages & interêts : toutefois il faut
bien prendre garde de quelle sorte la promesse est
dressée : car si on parle en termes de présent & non
de futur , la promesse est obligatoire. Voyez Henrys,
tome 1. liv. 4. ch. 6. quest. 39.

172 Convention de vendre à plusieurs ensemble , est divisible. Arrêt du 21. Decembre 1581. Montholon ,
Arrêt 8.

173 La promesse de vendre n'est pas vente, si substantia venditionis non intervenerit. Arrêt du Parlement de
Grenoble de 1618. entre le Seigneur & les Consuls
de l'Espine , rapporté par Chorier , en sa Jurisprudence
de Guy Pape, page 238.

174 Un homme auquel appartenoit le Fief de la Gane-
rie , sis au Pays d'Anjou , promet à Damien Dubois
de luy vendre dans quatre mois le Fief pour la somme de 6800. liv. Avant les quatre mois expirez il
vend ce Fief à M. de la Fautriere Maître des Requêtes , pour le même prix ; mais il expose par le même
Contract qu'auparavant il étoit convenu de prix avec
Dubois , & stipule que le sieur de la Fautriere l'acquittera de tous dépens , dommages & interêts. Procés aux Requêtes de l'Hôtel ; appel ; par Arrêt du 30.
Janvier 1625. l'appellation au neant , le principal évoqué , & y faisant droit , le Contract de vente fait au
sieur de la Fautriere confirmé , lequel neanmoins est
condamné aux dépens , dommages & interêts de Dubois , le tout liquidé à 400. liv. Biblioth. de Bouchel,
verbo , Promesse.

175 Jugé au Parlement de Grenoble le 21. Mars 1631.
contre Charles Chamaux , que la promesse de vendre
qu'il avoit faite , devoit être entretenuë , y ayant eu
convention de prix , & les Parties ayant bû ensemble , ut moris est inter plebeios ; tellement qu'une vente qu'il avoit faite à un autre fut déclarée nulle. Voyez
Chorier en sa Jurisprudence de Guy Pape, p. 238.

176 Des conventions de main privée de la Demoiselle
de Bassin & du sieur de Bienassis , qui portoient vente
de present , & qu'il en seroit fait Contract , par avis
d'Avocats, ce qui pourtant n'avoit pas été fait , furent confirmées au Parlement de Grenoble, par Arrêt
du 3. Mars 1640. cette Demoiselle fut déboutée de sa
Requête , par laquelle elle avoit déclaré le changement de sa volonté , soûtenant que cette vente n'étoit
point parfaite. Voyez Chorier , en sa Jurisprudence de
Guy Pape, p. 238.

177 Il y avoit eu des propositions écrites entre Madame
la Marquise du Quêne & M. Bosc, pour l'achat de la
Terre & Marquisat du Quêne , le prix 160000. liv.
M. Bosc prétendit ne pas executer les propositions.
Arrêt du Parlement de Paris du mois de Juillet 1697.
confirmatif de la Sentence des Requêtes du Palais,
qui le condamnoit à passer Contract. V. l'Auteur des
Observations sur Henrys, tome 1. livre 4. chapitre 6.
question 40.

Vente de Propres.

178 L'heritage propre vendu par un mary pendant son
second mariage , & depuis racheté, demeure propre.
Arrêt du 3. Mars 1557. Carondas , liv. 2. Rép. 70.

179 Les acquets de la Communauté faits après la vente
des propres de la femme, se considerent selon le prix
qu'ils ont été acquis, & non à raison de ce qu'ils ont
valu depuis. Arrêt du 24. Juillet 1584. M. Loüet, lettre R. somm. 24.

180 Vente d'heritage propre , ou rente rachetée , les
deniers trouvez dans la succession du fils majeur &
qui décede , appartiennent au pere ou à la mere , à
l'exclusion des heritiers des immeubles. M. Bouguier , lettre R. nombre 1. & suivans , encore que le
terme du payement ne soit échû lors du décés. Arrêt
du 8. Janvier 1611. M. le Prêtre , ès Arrêts de la Cinquiéme.

181 Vente des propres de la femme par le mary , sans
elle & sans son consentement , avec promesse de garantie , & de faire ratifier ; l'acquereur évincé , le
mary fut condamné en 100. livres de dommages &
interêts de l'éviction , outre la restitution du prix ,
encore que l'acquereur fût parent de sa femme , &
sçût bien que la maison luy appartenoit de son propre. Arrêt du 10. Decembre 1640. Brodeau , sur M.
Loüet , lettre A. somm. 13. De la vente faite par le
mary du fonds & heritage dotal. Voyez le Vest,
Arrêt 34.

182 Dans la Coûtume de Paris un particulier vend ses
propres maternels , & des deniers en provenans il
acquiert d'autres immeubles , & déclare qu'il veut
qu'ils tiennent lieu à luy & aux siens de son côté &
ligne de propres maternels ; ils ont été jugez acquets
au Parle. de Paris le 16. Avril 1671. Journal du Palais.

Ventes Publiques.

183 Des ventes publiques , & si les encheres y sont reçües ? Voyez le mot , Encheres , n. 82. & suiv.

Vente, Ratification.

184 Ratification de vente. Voyez le mot , Retrait, n. 786.
& 787.

185 Celui qui vend sans procuration une Terre exempte
de toutes hypotheques, substitutions, & autres charges, sous signature privée , à la charge d'en passer
Contract ; celuy à qui appartient cette Terre, ratifiant la vente, ne peut contraindre l'acheteur de passer Contract , si effectivement cette Terre n'est quitte
des charges cy-dessus. Arrêt du Parlement de Dijon
du 15. May 1600. Bouvot, tome 2. verbo, Vente , question 21.

186 Le mary vendant l'heritage de sa femme, avec promesse de la faire ratifier , peut se faire restituer, y
ayant lézion d'outre-moitié de juste prix ; mais il ne
peut s'exempter des interêts , ni obtenir la restitution
des fruits. Arrêt du Parlement de Dijon du 25. Juillet 1593. Ibid. quest. 9.

Vente, Rescision.

187 Restitution en matiere de vente. Voyez le mot Restitution , n. 166. & suiv.

188 Voyez la nouvelle édition des Oeuvres de M. Charles Du Moulin , to. 2. p. 64. où il explique la Loy 2.
au Code de rescindenda venditione.

189 Clause ajoûtée au contrat de vente , si plus il vaut,
le vendeur le donne à l'acheteur , n'empêche la rescision du contrat. Arrêt du 21. Janvier 1559. Charondas,
liv. 12. Rép. 36. & liv. 9. Rép. 55.

190 Vente d'heritage pour partie de la rançon d'un prisonnier pris durant les troubles , & de l'argent payé.
Arrêt du Grand Conseil de l'an 1564. le contrat de
vente cassé , & ordonné que le vendeur rentreroit en
son heritage , & pour l'argent payé le défendeur absous. Charondas , liv. 11. Rép. 80.

191 L'acquereur qui est évincé de la moitié de l'heritage vendu, peut être relevé de toute la vente. Jugé
les 10. Mars 1565. & 13. Decembre 1587. Charondas ,
liv. 8. Rép. 56.

192   Vente d'heritages faite durant les troubles & guerres civiles, est sujette à rescision. Arrêt au mois de Février 1597. *Charondas, liv. 11. Rép. 1.*

193   *Omnis contractus hac in se habet, ut invidia penes emptorem, inopia penes venditorem esse videatur, quia emptor ad hoc emit, ut suam substantiam augeat, venditor ad hoc vendit, ut minuat. Salvian, de gubern. lib. 5.* c'est pourquoy *Beneficium legis secunde C. de rescind. vendit. male ad emptorem porrigitur.* Arrêts du Parlement de Grenoble des 7. Decembre 1637. & 14. Juin 1655. & depuis jugé par d'autres, que l'acheteur ne peut s'en servir. *Voyez Chorier, en sa Jurisprudence de Guy Pape, p. 235.*

194   Rescision entre majeurs; jugé qu'il n'y avoit point de restitution, encore qu'il y eût lezion énorme; la cause étoit entre deux freres, Monsieur de Castres Evêque, & le Sieur Comte de Si son frere, qui luy avoit vendu sa terre d'Irbemont, par Arrêt du 28. Juillet 1658. *Des Maisons, lettre R. nomb. 4.*

195   Si le Benefice de la Loy 2. C. de rescind. vendit. a lieu *in emptore*? Les préjugez sont differens. Arrêts du Parlement de Grenoble du 30. Août 1606. & 29. May 1619. pour l'affirmative; les derniers Arrêts ont jugé la negative. *Voyez Basset, to. 2. liv. 6. tit. 6. chap. 2.* où il propose un temperament, sçavoir quand à la lezion d'outre moitié de juste prix est joint, quelque autre moyen de droit, comme un dol, une surprise de la part du vendeur, l'acheteur doit être restitué, & rapporte un Arrêt du Parlement de Paris du 31. Août 1658. la terre avoit été venduë sur le pied de 10000. liv. de rente par les baux il paroissoit qu'elle n'avoit jamais été affermée plus de trois ou 4000. l. 2°. Il y avoit défaut de délivrance.

196   Arrêt du Parlement de Tournay du 11. Decembre 1698. qui a déclaré nulle une vente faite pardevant un Juge de Village au préjudice de l'Edit du Roy du mois d'Avril 1675. pour l'établissement des Tabellions & d'un Arrêt du 6. Août 1676. & en consequence permis au vendeur de rentrer dans la possession des biens vendus, en restituant les sommes touchées avec les interêts au denier vingt. *Voyez M, Pinault, to. 2. Arr. 245.* où il est observé que les Justices des Villages ont si peu le droit de proceder à des ventes volontaires de biens, que les vendeurs aussi-bien que les acheteurs en peuvent resilir du chef de nullité. Il y en a un autre Arrêt du 9. Janvier 1699. rapporté *ibid. Arr. 249.* qui fait défenses aux Aman & Echevins de la Noort-Vierschaere de la Châtellenie de Cassel d'en passer de semblables sous les peines portées par les Edits, les a condamnez aux dépens & aux interêts arbitrez à trois florins.

197   Un vendeur à Tournay est reçu à resilir du contrat par luy fait, en payant les interêts; jugé au Parlement de Tournay le 4. Février 1699. à la charge neanmoins de payer les interêts quinzaine après la liquidation, sinon que le contrat de vente seroit executé; ainsi faute de payer les interêts effectivement, il est tenu de livrer la chose venduë. *V. M. Pinault, to. 2. Arr. 252.*

VENTE, SERVITUDE.

198   Si on revend l'heritage, il faut stipuler dans le contrat la servitude, autrement elle demeure éteinte. *V. Mornac, Loy 12. de servitut. urb. præd.*

VENTE, BIENS SUBSTITUEZ.

199   La reception du prix de la vente des biens substituez, faite par le fideicommissaire fondé de procuration de l'heritier, ne luy peut nuire, le cas du fideicommis étant échû. Arrêt du 6. Avril 1628. *M. d'Olive, liv. 5. ch. 28.*

VENTE, SUCCESSION.

200   Vente de la succession. *Voyez le mot Succession, n. 577. & suiv.*

VENTE, SUPPLEMENT DE PRIX.

201   Supplément payé pour vente d'heritage, appartient au Seigneur qui a acquis le fief dominant, lors

que ce supplément a été fait après la vente du fief dominant, & non au Seigneur du temps de la vente. Arrêt du 5. Janvier 1595. *Charondas, liv. 6. Rép. 67.*

VENTE, TUTEUR.

202   Le Tuteur ayant vendu les biens de son pupille sans autorité de Justice, le pupille sans obtenir Lettres, peut agir contre l'acheteur & faire déclarer la vente nulle. Arrêt du Parlement de Dijon du 18. Février 1573. *Bouvot, to. 1. part. 3. verbo Pupille, quest. 1.*

203   Le Tuteur vendant les biens du mineur, l'acheteur est tenu de prouver le prix être tourné au profit du mineur. Arrêt du Parlement de Dijon du 14. Juin 1528. *Bouvot, to. 2. verbo Rescision, quest. 1.*

204 & 205   Alienations faites par un Tuteur des biens des mineurs sans avis de parens & sans autorité de Justice, sont nulles de plein droit, sans qu'il soit necessaire d'obtenir des Lettres de rescision contre de pareilles alienations.

2. Si une femme peut faire annuller sans Lettres une vente faite par sa mere au profit de son mary & d'elle, d'un de ses propres paternels? La Cour faisant droit sur le tout, sans qu'il soit besoin de s'arrêter aux Lettres de rescision, a mis & met les appellations au néant, ordonne que les Sentences & ce dont a été appellé, sortiront effet; en consequence ordonne que les sommes legitimement payées & déboursées par Charles De Blois, au lieu duquel est Gabriel Lambert, seront & demeureront compensées jusqu'à duë concurrence, avec les fruits des heritages en question, dont ledit Gabriel Lambert est condamné faire restitution par ladite Sentence du 29. Juillet 1699. à l'effet de quoy les parties contesteront plus amplement, écriront & produiront dans le temps de l'Ordonnance, & sur le surplus de toutes les autres demandes, les parties hors de Cour & de procés, sauf audit Mercier à se pourvoir pour raison des frais par luy faits en la presente instance, tant sur son débiteur que sur les biens restez dans la saisie réelle, autres que ceux compris dans les Sentences dont est appel, ainsi qu'il s'avisera bon être, défenses au contraire; condamne lesdits Mercier & autres parties, és amendes ordinaires & en tous les dépens, tant des causes d'appel, qu'oppositions; Lettres & demandes, chacun à leur égard; vers lesdits Valée, sa femme & Lambert; la taxation des ajugez par devers la Cour reservée. Jugé le 19. Février 1704. *Voyez le Recueil des Arrêts notables imprimé en 1710. chez Michel Guignard pch. 16.*

VENTE, CHOSE VOLÉE.

206   La vente de choses dérobées est encore moins legitime que celle des choses litigieuses, neanmoins si l'achat est fait, *palam & publice*, d'une marchandise qu'on a de coûtume d'exposer en public, comme de chanvre habillé pour être filé, quoyqu'elle ait été dérobée, l'acheteur ne peut être contraint de la rendre qu'en luy rembourfant ce qu'il a payé de bonne foy; Arrêt du Parlement de Grenoble de l'an 1685. rapporté par *Chorier, en sa Jurisprudence de Guy Pape, p. 236.*

VENTE, UTILITÉ PUBLIQUE.

207   Vente pour l'utilité publique. *Voyez le mot Alienation, n. 103.*

208   On peut être contraint de vendre un heritage pour la commodité des Religieux, ou pour ôter l'incommodité qu'ils reçoivent. Arrêts du Parlement de Dijon des 2. Juin 1604. & 3. Février 1609. *Bouvot, tome 2. verbo Vente, quest. 42.*

209   Un particulier peut être contraint de vendre son heritage, quand il est question de necessité & utilité publique. Arrêt du Parlement de Dijon du 12. Juillet 1612. *Bouvot, to. 2. verbo Vente, quest. 63.*

VERBA ENUNTIATIVA.

DIstinctio aut verba enuntiativa principaliter & propter se prolata atque ad eum solum finem ut

enuntient quod proferunt , & tunc dispositionem inducunt , aut non propter se , sed propter aliud emissa sunt , & tunc non disponunt. Mornac, *l. 26. §. ult. ff. depositi.*

VENTILATION.

VEntiler , c'est estimer le prix d'un heritage , eû égard à la totalité du prix de l'acquisition faite de plusieurs heritages acquis par un même contrat , & un seul prix , *habità ratione totius pretii & bonitatis rei , ut in L. si plura ff. de ædilit. Edicto.* Tronçon , *sur la Coût. de Paris , art. 29.*

VERIFICATION.

1 DE la verification des écritures contestées en Justice. *Voyez les mots Écritures & faux.*

2 De la verification des écritures. *Voyez le traitté de la preuve par M. Danty , Avocat en Parlement , chap. 5. part. 1.*

VERITE' D'UN ACTE.

VEritatis substantia mutari non potest. Mornac, *l. 5. Cod. de juris & facti ignorantia.*

Verité & non l'écriture. *In contractibus rei veritas potius quam scriptura perspici debet.* Mornac, *l. 1. Cod. plus valere quod agitur quam , &c.*

VEROLE.

ARrêt du Parlement de Paris du 4. Mars 1496. portant que ceux qui avoient la verolle, appellée le mal de Naples , seroient chassés des Villes comme ladres. Papon, *liv. 6. tit. 1. n. 11.* Le prompt remede qu'on a depuis apporté à ce mal , rend l'Arrêt sans consequence.

VERRE.

1 LEs marchandises des Gentilshommes Verriers sont exemptes de tous peages, gabelles & impositions. Jugé par Arrêt du Parlement de Grenoble du 26. May 1575. Basset, *to. 2. liv. 3. tit. 9. ch. 1.*

2 Arrêt de la Chambre de l'Edit de Castres du 7. Decembre 1651. qui declare la marchandise des verres exempte du droit de leude & péage ; & condamne les Fermiers ce droit à restituer ce qu'ils avoient exigé des Chartiers , que les Gentilshommes Verriers avoient envoyez à Narbonne pour y apporter leurs verres , & leur fit défenses d'en exiger sur peines. *Voyez Boné , part. 2. Ar. 85.*

VERSAILLES.

IL y a une Declaration du Roy du 24. Novembre 1672. portant décharge d'hypoteques pour les maisons de Versailles , à la reserve du cens , droits Seigneuriaux , privileges des vendeurs & ouvriers ; elle a été enregistrée au Parlement le 10. Decembre suivant.

VERTE MOUTE.

1 SI le droit de verte moute emporte celuy de Bannalité ; *Voyez le mot Bannalité , nomb. 45. & suiv.*

2 En Normandie les Seigneurs demandent à leurs vassaux banniers un certain droit qu'ils appellent *verte moute* , & ils prétendent qu'il leur est dû lorsque le vassal bannier laboure des terres dans le territoire de la bannalité , & qu'il enleve les grains ailleurs sans les engranger sur le fief ; ce droit consiste ordinairement en la seizième gerbe ou au seizième boisseau , s'il n'y a titre ou possession contraire. *V. Basnage , Coûtume de Normandie , article 210.*

3 Par Arrêt de l'an 1510. il paroît qu'on a étendu le droit de verte moute beaucoup au delà des termes ordinaires , car on le demandoit sur le surplus des bleds que le Fermier n'avoit pas consommez , & qu'il envoyoit à son maître en déduction de ses fermages ; mais cet Arrêt eut pour fondement un titre & une possession ; autrement c'auroit été un étrange abus

si les Fermiers qui auroient eu grange sur le lieu n'eussent pas pû faire porter ailleurs leurs bleds pour le payement de leurs fermages ; aussi cela ne se pratique pas.

Par autre Arrêt du 13. Août 1629. on prétendoit la verte moute , non seulement des bleds, mais aussi des avoines ; surquoi après des preuves respectives , il fut dit qu'il n'y avoit cause d'empêcher la possession de la verte moute, tant pour les avoines que pour le bled , à la raison de la sixième gerbe. *Basnage , sur l'article 210. de la Coûtume de Normandie.*

4 Le droit de verte moute n'est pas une dépendance & une suite du droit de bannalité , & il ne peut être demandé qu'en vertu d'un titre & une possession legitime ; cette question a été neanmoins disputée entre M. le Comte d'Harcourt & plusieurs de ses vassaux , qui étoient resséans dans le Comté d'Harcourt. Par Arrêt du 30. Juin 1671. la cause fut appointée au Conseil.

Par autre Arrêt donné lors que le Parlement étoit séant à Caën, entre la Dame de Purrecourt & un autre particulier , il fut dit que le droit de bannalité de four n'emportoit avec soy le droit de verte moute , & qu'il falloit un droit special, outre celuy de bannalité. *Basnage , ibid.*

5 Il s'agissoit de sçavoir si un Seigneur dont le vassal non resséant a reconnu la bannalité par un aveu rendu en 1645. & qui a toûjours payé depuis ce temps-là le droit de verte moute , n'est pas bien fondé à luy en demander la continuation ; & si le vassal peut se contredire sous prétexte que ce droit de verte moute n'est pas formellement exprimé par l'aveu. M. Richomme possede au droit du sieur de la Marc son ayeul maternel , plusieurs heritages, dont la plus grande partie releve de la Seigneurie d'Estrepagny où il fait sa demeure , & il possede encore deux pieces de terre contenant sept vergées ou environ , qui relevent de la Seigneurie de saint Martin , appartenante au sieur de Brevedent. En 1689. Jean le Fevre Receveur du sieur de Brevedent demanda à M. Richomme la verte-moute ou la seizième gerbe des bleds qui avoient crû sur ces deux pieces de terre , ce que M. Richomme ayant refusé, le Receveur fit faire les levées en vertu d'un Mandement obtenu du Juge de Gisors. Le sieur Richomme s'étant opposé, & ayant demandé la main-levée de cette saisie, elle luy fut accordée par provision , en garnissant la somme de 15. livres pour le prétendu droit de verte moute , & après que les parties eurent écrit respectivement , le sieur Richomme fut condamné au payement de la seizième partie des gerbes ayant crû sur les deux pieces de terre en question, & à la continuation du droit de verte-moute à l'avenir , lequel aveu il seroit tenu de rendre au Seigneur de saint Martin. Appel de la Sentence en la seconde Chambre des Enquêtes , ce procez ayant été mis sur le Bureau le 11. Février 1693. les opinions furent partagées , l'avis de M. du Four Rapporteur étoit d'ordonner que l'appellant rendroit son aveu conformément à celuy rendu en l'année 1645. & vû la bannalité reconnue par cet aveu , & la possession de la verte-moute sur les deux pieces de terre en question, de maintenir l'intimé en la possession de ladite verte-moute , & de condamner l'appellant à la somme de huit livres pour la levée de l'année 1689. M. Durant de Missy Compartiteur étoit d'avis de dire à tort le Mandement & saisie, à bonne cause l'opposition , & en faisant décharger le sieur Richomme du droit de verte-moute : ce partage ayant été porté en la Grand'Chambre sur un renvoy de la Premiere des Enquêtes , il passa à l'avis de M. le Rapporteur , du nombre d'onze Juges , il y en eut huit de l'avis de l'Arrêt. Cet Arrêt fut rendu le 14. Mars 1693. le veritable motif fut la possession , jointe au titre de bannalité ;

lité ;

lité : ceux des Messieurs qui ne furent pas de l'avis de l'Arrêt, n'estimoient pas que le droit de bannalité emportât celuy de verte-moute, au contraire ils étoient d'un sentiment que la possession du sieur de Brevedent n'étoit pas considerable, puis qu'elle n'étoit point fondée sur un titre qui est toûjours absolument necessaire pour établir une servitude ; de sorte que l'on ne peut assurer que cette question, si le droit de bannalité emporte celuy de verte-moute, quand on n'en est en possession, ait été décidée par cet Arrêt. *V. Basnage aux additions à l'art. 210. de la Coûtume de Normandie.*

VESTIAIRE.

DU Vestiaire dû aux Religieux par les Abbez. *Voyez les Reliefs Forenses de Rouillard, chap. 5.*

VETERAN.

VEteran. *Veteranus : qui à militiâ dimissus est, honestâ missione.*

Veteran, est un Soldat qui a son congé, après avoir servi pendant vingt ans. Il joüit des mêmes privileges que les soldats qui sont actuellement au service. Le nom de veteran s'est étendu à tous ceux qui ont possedé une charge pendant 20. ans.

De Veteranis D. 49. 18, alt.... C. 12. 47.... C. Th. 7. 10 Privileges des veterans.

De filiis Militarium, & Veteranorum. C. Th. 7. 21... C. 12. 48.

De Veteranorum & Militum successione. D. 38. 12.

De his qui, non impletis stipendiis, sacramento soluti sunt. C. 10. 54. Ce Titre parle de l'exemption que les veterans ont des charges publiques.

Quibus muneribus excusentur hi qui, post impletam militiam vel advocationem, per Provincias, suis commodis vacantes, commorantur ; & de privilegiis eorum. C. 10. 55.

De primicerio & Notariis, C. 12. Du Doyen & des Secretaires du Prince. Ce titre parle des veterans. *Voyez Soldat.*

1   Lettres de veterance accordées à un Archer de Maréchaussée après 20. ans de service, le 14. May 1672. *Maréchaussée de France, p. 489.*

2   Lettres de veteran accordées le 29. Août 1649. pour le Lieutenant de la Maréchaussée de Châteauroux, quoiqu'il eût resigné la charge à son fils. *Ibid. page 726.*

3   Lettres de veteran accordées le 13. Mars 1662. au Prévôt Provincial du Perche. *Ibid. p. 835.*

4   Lettres de veteran du 17. Juin 1672. pour le Prévôt de Mayenne, pourvû qu'il n'y ait au Siege de la Maréchaussée que deux Officiers honoraires, lui compris. *Ibid. p. 923.*

5   Lettres de veteran pour le Prévôt General de l'Isle de France, du 5. Septembre 1672. *Ibidem, page 925.*

6   Lettres de veteran accordées le 14. May 1678. au Lieutenant de la Maréchaussée du Maine après 30. années de service. *Ibid. p. 952.*

7   Lettres de veteran accordées le 9. Mars 1687. au Prévôt General d'Auvergne après 35. ans de service. *Ibid. page 1038.*

VEUES.

IL y a les vûës & montrées qui sont un examen de l'heritage, & les vûës qui sont des servitudes.

VEUE ET MONTRE'E.

1   Défendeur qui a pris fait & cause n'est plus reçû à demander vûe de lieu ; il est présumé avoir en connoissance de la chose. Arrêt du Parlement de Paris de l'an 1327. *Papon, liv. 8. tit. 14. n. 3.* Il en est de même de celuy qui n'a pris délay de défendre.

2   Vûë & montrée de lieux faite de plusieurs endroits, & aussi de certains circuits de murailles ou buissons qui renferment des lieux vendiquez, & par le moyen

Tome III.

duquel renfermé, il n'est pas possible d'entrer dans les lieux, la montrée est bonne & valable, & ne peut être redarguée d'insuffisance. Arrêt du Parlement de Paris entre M. de Montmiral Conseiller en la Cour, & M. Jean le Clerc. *Biblioth. de Bouchel, verbo Vûë.*

3   Vûë ne doit être faite en quatre cas. Le 1. quand on demande une université, comme une hoirie, biens délaissez, Seigneuries, Baronnies, & autres choses universelles. Arrêt de 1391. contre le sieur de Terride pour le Vicomté de Guines. *Idem,* pour la Comtesse de Bar, contre le Duc de Bourgogne. La raison est parce que la Declaration vient en execution de Sentence, & non devant, *not. in cap. 2. ext. de libel. abl.* 2. quand un Seigneur direct demande sa rente. Arrêt du 18. Septembre 1550. pour le sieur de Cremeaux, contre Claude Goüart & Consors ses sujets & Justiciables. De même par Arrêt du 3. Juin 1582. Toutefois voyez le contraire in Masuer, tit. *de locato* §. *Item Dominus directus, & tit. de feud.* §. *Item, non sequitur, Jo. Gaill, quest. 5.* où Du Moulin dit que cela s'entend d'un qui n'a reconnu. *Chopin, sur la Coûtume d'Anjou, lib. 11. part. 1. cap. 1. tit. 1. art. 7.* 3°. Quand un appellé à garant a pris la cause en main pour celuy qui l'en a requis : car la présomption est necessaire, que puis qu'il a pris garantie & défenses, il est certain de ce dont est question, *l. 1. D. de act. empt. & cap. de excommunicato. ext. de rescript.* En quatriéme lieu, un demandeur en execution de Sentence ou Arrêt de partage contre un tiers détenteur de quelque heritage de la succession qui est à partager, n'est tenu de luy faire vûë. Arrêt du dernier Decembre 1556. *Bouchel, Ibid.* verbo *Vûë & Montrée.*

VEUES, SERVITUDES.

Voyez le mot *Fenêtres,* & le mot *Servitude, n. 100.*

4   Vûës de maisons partagées entre coheritiers qui ont suivi la disposition du pere de famille, ne doivent être bouchées. Arrêt du 24. Mars 1567. *Cavondas, liv. 2. Rép. 69.*

5   Le decret & adjudication d'une maison en l'état qu'elle étoit, n'est suffisant pour conserver les vûës qui subsistoient lors de la saisie réelle, & de la poursuite du decret ; mais il est necessaire de rapporter un titre particulier des vûës. Ainsi jugé au Parlement de Paris le premier Mars 1608. & 20. Juillet 1611. *Auzanet sur l'art. 202. de la Coût. de Paris.*

6   Arrêt du 12. Juillet 1670. qui a jugé que celuy qui a fait faire des vûës aux Us & Coûtumes de Paris dans le mur mitoyen qu'il a fait exhausser & bâtir à ses dépens, peut être obligé par son voisin de les boucher en luy remboursant la moitié du mur, depuis l'exhaussement d'iceluy, quoique le voisin ne veüille point bâtir contre ledit mur. *Soëfve, to. 2. Cent. 4. chap. 51.*

VEUVE.

1   **V**Oyez les mots *Femme, Mariage, Secondes Nopces.*

Sens particulier de ce mot, *Vidua, L. 242. §. 3. D. de verb. sign.*

Quando Imperator inter Pupillos, vel Viduas, vel miserabiles personas cognoscat. C. 3. 14.

De raptu virginum, vel Viduarum, vel sanctimonialium. C. 9. 13.

De indicta viduitate, & de Lege Julia Miscella tollenda. C. 6. 40. Des legs faits à condition de garder le veuvage, *Miscella où/ sereis ; quia pertinet tam ad mares quàm ad fœminas. Vide Nov. 22. c. 43. & 44.*

De favore viduitati attributo. N. 22. C. 20 ... N. 127. c. 3.

De muliere, quæ parit undecimo mense post mariti mortem. N. 39. c. 2. .l. Lex 12. tabb. tit. 2.

Ut cum matrimonium est sine dote, & conjux superstes inops, mortui quartam partem accipiat. N. 117. c. 5. Leon. N. 106. Veuf, ou Veuve pauvre, sans dot.

De infirmandis pœnis Cœlibatûs & viduitatis. C. 8. 58. C. Th. 8. 16.

V. lettre N verbo Secondes Nopces.

1 S. Augustinus, de bono viduitatis.

Ambrosius, de viduis.

Hieronymus, Epist. 10.

Joannis Chrysostomi, ad viduam Juniorem Epistola dua 1576.

Fulgentius, Epist. 2. de statu viduarum.

Sylvester, in summâ.

Tertulliani, ad uxorem libri duo.

Erasmi, vidua christiana, tomo 5. deletis paucis dictionibus.

Joannes Ludovicus Vives, de viduæ officio.

Fulvius Androtius, de viduitate.

3 Veuves. Voyez hoc verbo, la Bibliotheque du Droit François par Bouchel, où est marquée la peine d'une veuve impudique.

4 Immunitas mariti à publicis oneribus, an ad viduam ejus transeat? Voyez Stockmans, decis. 65.

5 Consuetudo Bruxellensis, quæ optionem tribuit viduis servandi aut repudiandis pacta nuptialia, non comprehendit eas quæ alibi contraxerunt. Voyez Ibidem, decis. 54.

6 Provision dotale ajugée à une veuve pour sa nouriture & de ses enfans, doit être continuée après la mort de la mere. Carondas liv. 2. des ses réponses, chap. 89.

7 La veuve qui n'a que l'usufruit des biens de son mari doit avant que de s'en mettre en possession, les prendre par autorité de Justice, & les faire estimer par gens qui seront à ce commis, & par inventaire, & sous caution fidejussoire. Ainsi jugé par plusieurs Arrêts du Parlement de Paris. Papon, livre 15. titre 4. nomb. 16.

8 L'Authentique prætereà, C. unde vir & uxor, porte que si le mari est décédé riche, & la veuve laissée pauvre & sans dot, elle doit succeder avec les enfans de ce mariage, ou d'autre précedent pour le quart, s'ils ne sont que deux ou trois; s'ils sont quatre ou au dessus, par virile portion, à la charge qu'elle n'en aura que l'usufruit, la propriété reservée aux enfans; si neanmoins il n'y a pas d'enfans, ou qu'il décedent, elle peut disposer de la portion à elle délivrée. Arrêt du Parlement de Toulouse donné és Grands Jours du Puy au mois d'Octobre 1548. en faveur d'une veuve qui n'ayant enfans de son lit avoit disposé de sa portion. Ibid. n. 7.

9 Jugé au Parlement de Toulouse au mois de Février 1569. qu'une femme veuve qui se trouvoit aux assemblées, aux festins, étoit magnifique & vaine en habits, sans neanmoins avoir agi contre son honneur, ne devoir être privée de l'heredité que son mari luy avoit donnée en vivant viduellement, aliud Papinianus, aliud Paulus præcepit; aliud jus soli aliud jus Poli. Les Loix de la Religion sont differentes de celles du monde & du Droit. V. Mainard, liv. 6. chap. 4.

10 Le 8. Janvier 1579. il a été jugé qu'une veuve pour s'être remariée avec l'ennemi capital de son mari ne perdoit point le legs qu'il luy avoit fait, mais bien pour s'être fiancée dans l'an du deüil par paroles de present. Cambolas, liv. 1. ch. 1.

11 Une veuve ne peut être contrainte pendant sa viduité à reprendre sa dot & augment. Arrêt du 1. Mars 1590. La Rocheflavin, liv. 2. lettre M. tit. 4. Arr. 39.

12 La femme ne peut demander sa pension viduelle, comme son augment lors de sa collocation. Arrêt du Parlement de Grenoble du 20. Decembre 1612. Basset, tome 1. liv. 4. 10. ch. 4.

13 Des preuves necessaires pour l'établissement de la qualité de veuve, lorsque le prétendu mariage a été tenu secret & caché. Arrêt du 4. Mars 1647. qui déboute la veuve de la demande du douaire. Soëfve, tome 1. cent. 2. ch. 6.

14 La qualité de veuve d'un défunt doit être établie

sur des pieces authentiques & sans contredits. Arrêt du 18. Mars 1647. Ibid. ch. 11.

15 Don mutuel à la charge de demeurer en viduité. Voyez le mot, Don mutuel, n. 65. & 66.

16 La veuve qui agit contre les heritiers de son mary, pour la restitution de sa dot. Voyez le mot, Dot, nombre 425. & suiv.

17 Acte de Notorieté donné par M. le Lieutenant Civil le 21. Juillet 1688. portant qu'il est loisible à une veuve après la mort de son mary, de demeurer avec sa famille en la maison où il est décedé, sans que pour cette residence l'on puisse luy imputer avoir fait acte de commune. Recüeil des Actes de Notorieté, page 45. & suiv.

VEUVES CONTRAINTES PAR CORPS.

18 Les femmes veuves ne peuvent être contraintes par corps en vertu d'Arrêt d'iterato pour dépens taxez par executoire sur l'interpretation de l'article 8. du titre 34. de l'Ordonnance de 1667. Premier Arrêt du 10. Mars 1672. second Arrêt du 18. May 1672. De la Guesse. tome. 3. liv. 6. chap. 6.

VEUVE, EXCLUSION DU FISC.

19 La veuve en la succession de son mary étranger & non naturalisé, n'exclud point le fisc. Arrêt du 23. Novembre 1568. Brodeau, sur M. Loüet, lettre V. som. 13.

VEUVE, HABIT.

10 Les heritiers doivent fournir la veuve d'habits de deüil. Arrêt au mois de May 1600. M. Loüet, lettre V. som. 11.

VEUVE IMPUDIQUE.

21 Vidua impudica laesa. Voyez la Bibliotheque de Bouchel, verbo Veuves.

22 Veuve impudique dans l'an du deüil. Voyez le mot Deüil, n. 2. & suiv.

24 La veuve vivant impudiquement dans l'an du deüil, ou dans la maison du défunt, est privée de la dot. Arrêt du Parlement de Toulouse multis grassantibus, mais dans la circonstance d'une malversation qualifiée. V. Mainard, liv. 8. ch. 12.

25 Si la veuve qui vit impudiquement, doit perdre sa dot? Henrys, to. 1. li. 4. & 6. qu. 66. soûtient l'affirmative. L'Auteur des Observations semble vouloir refuter cette opinion.

26 Vidua quæ ipso luctûs anno impudicè vixit, privatur doario. Jugé le 11. Avril 1571. Anne Robert, li. 1. ch. 13. Voyez Du Frêne, liv. 5. ch. 26. où il y a Arrêt du 7. Janvier 1648. qui n'a pas tirer à consequence, n'a pas privé une veuve villageoise de son doüaire.

27 La mere pour la malversation faite pendant son veuvage, soit durant ou après son deüil, est privable de la succession legitime de ses enfans; aux biens desquels elle ne doit point succeder, soit qu'ils luy soient obvenus de la succession de leur pere, cujus memoriæ vidua tantam injuriam fecit, soit que d'ailleurs ils fussent acquis, elle perd aussi l'augment, ensemble tout ce qui luy étoit obvenu, ex hereditate & ex substantiâ & patrimonio mariti, toutefois sa dot luy doit être renduë & restituée, & pareillement tous les biens qu'elle a d'ailleurs, qui par le moyen de son mary & de ses enfans luy doivent demeurer, & les peut librement disposer. Arrêt du 14. Février 1575; rapporté en la Bibliotheque de Bouchel verbo Mariage.

28 La mere qui s'est mal comportée durant sa viduité, perd la succession de ses enfans, quoique tous ces enfans soient décedez, & qu'il ne reste que des parens du pere, pourvû qu'ils puissent prouver formellement sa malversation. Arrêts des 2. Janvier 1578. & 11. Septembre 1674. Arrêt de la Rocheflavin, liv. 2. lettre M. tit. 4. Ar. 8.

19 Une mere qui s'est mal comportée pendant sa viduité, se rend indigne de la succession de ses enfans predecedez, & perd l'augment. Jugé le 2. Janvier 1578. contre une mere, quoiqu'elle eût épousé celuy dont elle étoit enceinte; & il fut jugé que ce mariage

ne pouvoit point avoir un effet rétroactif, au préjudice des enfans du premier mariage, *Cambolas, li. 3. ch. 45.*

30 La femme qui a malversé durant le veuvage, perd l'augment. ·Arrêt du Parlement de Toulouse du 2. Janvier 1578. *Cambolas, li. 3. ch. 45.*

31 Une veuve ayant vécu scandaleusement pendant son veuvage, quoique de son vivant personne ne s'en fût plaint, a été déclarée indigne de la succession de ses enfans,& son frere leur oncle maternel; la succession fut ajugée aux parens du côté paternel, qui étoient en degré plus éloigné. Arrêt du mois de Février 1584. *La Rocheflavin, liv. 6. tit. 41. Arr. 7.*

32 Une mere qui a été d'une mauvaise conduite après la mort de son mary, est privée de la succession de ses enfans. Arrêt du Parlement de Toulouse du 14. Février 1585. qui l'ajuge aux parens du côté paternel, il fut dit que ceux du côté maternel se contenteroient de la dot que la mere avoit apportée, & des autres biens qu'elle pouvoit avoir recuë.Ils d'ailleurs que du chef de son mary : cependant les parens du côté paternel étoient en degré aussi proche que les paternels ; mais il fut jugé que puisque l'injure touchoit au pere, la réparation en étoit dûë à ses heritiers. *Mainard, tom. 1. li. 3. ch. 99.*

33 Une veuve *que stuprum commiserat,*a été non seulement déclarée indigne de la succession de son mary ; mais aussi l'ayeule de cette veuve, & les biens ajugez aux plus prochains parens du côté paternel. Arrêt de la veille de la Pentecôte 1590. *La Rocheflavin, liv. 2. lettre I. tit. 4. Arr. 1.*

34 Veuve impudique dans l'an de deüil, déclarée décheüe des privileges de son mary. Arrêt de la Cour des Aydes,en Decembre 1631.*Du Frêne, li. 2. ch.100.*

35 Jugé le 7. Janvier 1648. qu'une veuve qui avoit vécu impudiquement dans l'an du deüil, avec celuy qu'elle a ensuite épousé, ne peut être privée des avantages à elle faits par le Testament de son mary. M. Bignon Avocat General, observa que les parties étoient de basse condition, que l'avantage se reduisoit à un usufruit modique: aussi l'Arrêt porte, *sans tirer à consequence.* Soëve, *to. 1. Cent. 2. ch. 51.*

36 Une veuve vivant impudiquement, perd ses avantages, non pas sa dot. Arrêt du Parlement de Grenoble du 2. Septembre 1660. *Basset, to. 1. livre 6. tit. 19. ch. 3.*

37 Pendant l'an du deüil, un enfant est reçu à verifier l'impudicité de sa mere, afin de la faire priver des avantages qu'elle a reçus de son mary. Jugé à Aix le 3. Février 1674. *Journal du Palais ; Anne Robert, li. 1. rerum judicat. chap. 13.* V. *Henrys, tome 1. li. 4. ch. 6. quest. 65.*

38 Si les enfans sont recevables à opposer par forme d'exception à leur mere, son incontinence pendant l'année du deüil, pour la faire priver des doüaire, de son deüil, & des autres avantages que son mary peut luy avoir fait ? Sur cette demande les parens tant paternels que maternels, ayant été appellez pour donner leur avis, intervint Sentence du Juge de Laval, qui luy ôta la tutelle de ses enfans, nomma pour leur curateur l'ayeul paternel, & ordonna suivant l'avis de toute la famille, qu'il poursuivroit les demandes qu'il avoit intentées contre sa bru. Sur ces poursuites il obtint une seconde Sentence, qui luy permit d'informer par enquête de la débauche de cette veuve, & de la faire visiter. Arrêt conforme aux Conclusions de Monsieur l'Avocat General le Nain, qui a confirmé la Sentence dont étoit appel,& a condamné l'appellante en l'amende & aux dépens. Jugé au Parlement de Paris le 23. May 1704. *Voyez le Recüeil des Arrêts imprimez chez Michel Guignard, ch. 50.*

V E U V E, N O B L E S S E.

39 Une veuve ayant perdu sa noblesse avec un roturier, épousant un gentil-homme, recouvre sa noblesse, & en doit joüir. Arrêt du Parlement de Grenoble du mois d'Avril 1461. *Papon, liv. 5. tit. 51. n. 26.*

V E U V E S, P R I V I L E G E S D U M A R Y.

40 ·Les veuves retiennent le privilege de leur mary défunt ; ainsi jugé pour une veuve d'un Maître Barbier Chirurgien de la Ville de Paris, il luy fut permis d'exercer par ses serviteurs, & même par Chirurgiens Experts reçus & approuvez par les Commissaires de la Cour. Arrêt du Parlement de Paris du 19. Novembre 1417. *Bibliotheque de Bouchel, verbo Métiers.*

41 Tant que les veuves demeurent en viduité, elles retiennent l'état & les privileges de leurs maris. Arrêt du 18. Decembre 1553. en faveur de la veuve du General Baïard. *Bibliotheque de Bouchel,verbo Veuve.*

V E U V E, R E C E L E'.

42 *Joannes Galli quest. 151.* dit avoir été jugé que la veuve qui recele perd le droit de renoncer à la Communauté ; mais qu'elle conserve son droit de communauté dans les choses qu'elle a soustraites ; au contraire M. Ch. du Moulin est d'avis qu'elle en doit être privée. V. le mot *Recelé.*

V E U V E R E M A R I E' E.

43 Si la veuve qui se remarie avant la fin de l'année du deüil doit être privée des avantages à elle faits par son premier mary? *Voyez Henrys, tome 1. liv. 4. chap. 6. quest. 66.* où il dit que les peines des secondes nôces ne sont prononcées que lorsque la précipitation est trop grande,ou que le mariage est scandaleux. Ces peines n'ont pas lieu dans le Ressort du Parlement de Bourdeaux,suivant le témoignage de Bechet, dans son Traité des *secondes Nôces, chap. 2. & 15.* & la Peirere, *lettre N. nomb. 6.* mais elles ont lieu dans tous les autres Parlemens de Droit écrit.

44 Arrêt du 5. Janvier 1575. qui prive de la succession de certains biens & d'un legs de 1000. liv. une femme qui s'étoit remariée dans l'an du deüil. *Biblioth. de Bouchel, verbo, Mariage.*

45 Une veuve remariée avec convention portée par le Contract de mariage, que si le survivant se remarioit il perdroit le don mutuel, *Senatus donationis legem observari voluit.* Arrêt du 24. Mars 1592. Anne Robert, *rerum judicat. liv. 2. chap. 7.*

46 Une veuve ne peut être contrainte de prendre ses conventions matrimoniales & renoncer à l'état de veuve, lorsque le défunt luy a fait des avantages qui doivent cesser lorsqu'elle cessera d'être veuve. Arrêt du Parlement de Toulouse du 22. Novembre 1597. contre des heritiers qui vouloient contraindre la veuve de prendre payement de sa dot & augment. *Mainard, tome 1. liv. 2. chap. 76.*

47 *Vidua in jure scripto non potest impuné nubere intrà annum luctûs, & si nubat, amittit hæreditatem filiorum primi matrimonii atque usum-fructum à marito relictum, augmentum dotis, ac cætera commoda quibus frui consueverunt viduæ.* Jugé en 1601.Mornac,*Lege 11. §. & si talis ff. de his qui notantur infamia.*

48 Arrêt du 12. Juin 1634. qui appointe pour sçavoir si une veuve contractant un second mariage dans l'an du deüil, en la Coûtume du Maine, doit être privée de son doüaire. *Bardet, tome 2. liv. 3. chap. 104.* M. Bignon Avocat General dit que cette peine avoit lieu dans l'Italie,dans l'Allemagne,même en ce Royaume en pays de Droit écrit, mais que dans la France coûtumiere il en étoit autrement, sinon au cas d'une grande indignité, d'une extrême inégalité, & conclut en faveur de la femme: au fait particulier il n'y avoit que trois mois & demi d'intervalle.

49 Si la femme est privée des biens que son mari luy a laissez vivant viduellement, lorsqu'elle ne se remarie qu'après la mort de ses enfans de ce premier lit ? Le 25. Juin 1654. au Parlement de Toulouse, il fut jugé qu'une nommée Delpech, veuve d'un nommé Caissac qui l'avoit instituée heritiere à la charge de vivre

viduellement , perdoit cette heredité , qui fut ajugée au frere de son mari, suivant *la Nov. 22. ch. 44.* contre le *ch. 26.* de la même *Nov.* qu'on alleguoit, & contre la Loy *Femina , Cod.* de 2. *nupt.* & contre l'opinion de Jean de Garron *de 2. nupt.* qui tient le contraire ; mais la Cour tient que cette condition n'eſt pas ſeulement pour les enfans, mais pour la ſatisfaction du mary , *cujus manes non debent contriſtari ,* ſuivant la ſuperſtition des Anciens. *Albert, lettre N.* verbo , *Nôces , art.* 2.

50 Veuve mineure ne peut ſe marier ſans le conſentement de ſon pere. Arrêt du 13. Mars 1663. *Notables Arrêts des Audiences , Arrêt* 98. Voyez *Brodeau ſur M. Louet, lettre M. ſomm.* 18. *nomb.* 3. où il y a Arrêt contraire du 4. Septembre 1632.

51 Jugé le 13. Mars 1663. qu'une veuve mineure ne peut pas ſe marier ſans le conſentement de ſon pere. *Soëſve , tome* 2. *Cent.* 2. *chap.* 79. cite un Arrêt du 14. Septembre 1632. par lequel dans la Coûtume d'Auvergne la Cour jugea en faveur d'une fille veuve & mineure, qu'il n'y avoit pas lieu à une accuſation de rapt intentée par ſon pere pour raiſon du mariage par elle contracté ſans ſon conſentement.

Veuve, Rente.

54 Comment la veuve peut être tenuë de la rente créée conſtant le mariage d'entre elle & ſon défunt mary ? Voyez *Carondas ,* liv. 4. *Rép.* 90. & liv. 6. *Rép.* 10.

Veuve, Droit de Viduité.

55 Pendant l'année du deüil où l'action de dot eſt ſuſpenduë , l'on donne à la veuve une certaine ſomme par forme d'alimens, qu'on appelle droit de viduité , il en eſt traité dans *Henrys,* 10.1. *liv.* 4. *ch.* 6. *queſt.* 59.

56 Il y a un cas où le droit de viduité pourroit être ſujet au retranchement , c'eſt quand la femme n'a point apporté de dot , dans les pays du Droit écrit du reſſort du Parlement de Paris, l'an de viduité eſt dû *ipſo jure,* quoique la femme n'ait point apporté de dot ; en ce cas il pourroit être conſideré comme une liberalité ſujete au retranchement ; cependant il y a beaucoup de doute , parce que c'eſt une grace de la loy : d'ailleurs , c'eſt pour faire honneur à la memoire du mary & à ſa famille. Le droit de viduité a la même faveur que les habits de deüil qui ne ſont pas ſujets au retranchement. *Henrys,* tome 1. liv. 4. *chap.* 6. *queſt.* 59.

57 *Graverol dans ſes Obſervations* cite un Arrêt du 21. Juillet 1677. qui a jugé que la veuve a droit de demander ſon deüil & ſon droit de viduité , quoique l'heritier de ſon mary luy ait rendu ſa dot , cet Arrêt peut ſervir à confirmer l'uſage de Lyon qui donne le droit de viduité à la femme , quoiqu'elle n'ait point apporté de dot.

58 L'article 382. de la Coûtume de Normandie , porte, & *Homme ayant eu enfant né vif de ſa femme, joüit par uſu-* 59 *fruit tant qu'il ſe tient en viduité de tout le revenu appartenant à ſa dite femme lors de ſon décés , encore que l'enfant ſoit mort avant la diſſolution du mariage, & s'il ſe remarie, il n'en joüira que du tiers.* Au ſujet de l'interpretation de cet article, une queſtion s'eſt preſentée au Parl. de Roüen le 18. Decembre 1636. il s'agiſſoit de ſçavoir ſi le ſieur de Courſeulle qui depuis 20. ans entretenoit une femme, (à laquelle il faiſoit tenir le rang & la condition de ſa femme, & dont il avoit eu une fille qu'il avoit auſſi mariée comme ſa fille ſans ajoûter la qualité de fille naturelle) étoit privable du droit de viduité, en conſequence, ou de la turpitude ou de la préſomption du mariage ſecret ? La cauſe fut appointée au Conſeil ; depuis par un accommodement on fit perdre au mary la moitié de ſon uſufruit. Voyez *Baſnage , ſur cet article.*

60 Le pere peut ceder ſon droit de viduité à ſes enfans au préjudice de ſes créanciers. Article 77. des *Arrêtez du Parlement de Rouen , les Chambres aſſemblées, le* 6. *Avril* 1666. Baſnage , tome 1. à la fin.

61 Quoyqu'on ne puiſſe renoncer à ce qui appartient

---

de plein droit en fraude des créanciers, neanmoins le pere peut remettre à ſes enfans ſon droit de viduité au préjudice de ſes créanciers , quand même ils auroient procedé par voye de ſaiſie ſur les arrerages , ſuivant l'art. 77. du Reglement fait au Parl. de Roüen en 1667. conforme à pluſieurs Arrêts. Cet abandonnement du droit de viduité n'auroit pas le même effet, ſi le mary n'y renonçoit pas en faveur de ſes enfans ; mais en faveur des heritiers de ſa femme ; il faut neanmoins obſerver que ces Arrêts n'ont été rendus que quand les femmes ſont ſéparées de biens d'avec leurs maris. Les Arrêts ſont fondez ſur cette raiſon que par la ſéparation civile de la femme , ſes biens ceſſent d'être obligez aux dettes de ſon mary ; deſorte qu'en étant deſaiſi ſes biens ne ſont plus ſuſceptibles de la ſaiſie de ſes créanciers. Voyez *Baſnage, ſur l'art.* 382. *de la Coût. de Normandie.*

62 Le mary n'a point droit de viduité ſur les biens échûs aprés la mort de ſa femme. Arrêts du Parlement de Roüen des 5. Août 1670. & 17. May 1672. rapportez par *Baſnage, ibid.*

63 Le pere ne peut remettre à ſes enfans ſon droit de viduité ſur la dot dont les biens ne ſont dû leur étoit debiteur au préjudice de la caution de la dot. Arrêts du Parlement de Roüen du 17. Août 1679. & 28. Avril 1682. rapportez par *Baſnage , ſur l'art.* 399. de la même *Coûtume.*

64 *Berault , ſur l'art.* 391. *de la Coûtume de Normandie* a remarqué , qu'un mary , quoyqu'il n'eût point eu d'enfant né vif , prétendoit neanmoins joüir à droit de viduité des acquêts faits par ſa femme; la Cour le declara mal fondé dans ſa prétention ; & neanmoins ayant égard à ſa pauvreté , elle ordonna qu'il prendroit une proviſion ſur ſes acquêts , d'où l'on peut inferer que le droit de viduité ne luy auroit point été conteſté , s'il avoit eu des enfans. Voyez *Baſnage, ſur le même article.*

Viduité recommandée.

65 Un homme veuf & une veuve ſe remarient , & par le Contract ſe font donation de leurs biens à la charge que le ſurvivant ne ſe remariera. La femme ſurvécut , ſe remaria , & prétendit les biens donnez, diſant que cette condition étoit vicieuſe & oppoſée aux bonnes mœurs. Elle perdit ſa cauſe au Parlement de Touloze , ſuivant la nouvelle conſtitution de Juſt. 22. §. 43. d'où eſt tirée l'authentique *cui relictum C. indicta viduit. toll.* qui corrige toutes les conſtitutions precedentes. Voyez *Mainard ,* liv. 8. chap. 93. & *Robert , rerum judicat.* qui rapporte un Arrêt ſemblable du 14. Mars 1592.

66 Donation portant clauſe que ſi le ſurvivant ſe remarie , elle ſera nulle, a été en effet annullée par le ſecond mariage. Arrêt du Parlement de Paris du 24. Mars 1592. Il s'agiſſoit d'une donation faite par un homme de Poitou. *Carondas ,* liv. 8. *Rép.* 39.

67 Donation mutuelle à la charge de garder viduité par le ſurvivant, confirmée par Arrêt prononcé en Robes rouges le 24. Mars 1592. *Robert , liv.* 2. *rerum judicat. chap.* 7.

68 Cauſe pour ſçavoir ſi une femme inſtituée heritiere par ſon mary , (à la charge de demeurer en viduité , & de reſtituer l'heredité à celuy de leurs enfans que bon luy ſembleroit, n'eſt privée que pour l'avenir par ſon convol en ſecondes nôces ? ou ſi elle doit compter des fruits perçus auparavant. Arrêt du 11. May 1635. *Bardet ,* tome 2. *liv.* 4. *chap.* 17. La Sentence du Bailly de Mâcon avoit déchargé de la reſtitution des fruits.

69 La veuve à qui ſon mary a laiſſé des heritages , à la charge de demeurer veuve, les perd, ſi elle ſe remarie ; ils retournent aux heritiers du défunt. Arrêt du mois de Juin 1654. *La Rocheflavin ,* liv. 2. lettre M. tit. 4. *Arrêt* 15.

70 Un mary à Lille ne peut par ſon teſtament obliger ſa veuve reſtée ès biens & dettes , ſuivant ſon Con-

tract de mariage , au cas qu'elle convole à de secondes nôces , à plus reftituer à fes enfans que la moitié des biens exiftans lors du remariement ; mais un pere peut bien par fon teftament exclure fa veuve de pouvoir fucceder à ceux de fes enfans , qui pourroient deceder fans hoirs , en les fubftituant les uns aux autres. Arrêt du Parlement de Tournay du 8. Octobre 1698. rapporté par *M. Pinault* , *tome 2. Arr. 227.*

VIAGERE.

VOyez cy-deffus le mot *Rentes, nomb. 298. & fuiv.*
    Edit du Roy du mois d'Août 1661. par lequel fa Majefté défend très-expreffement à tous fes fujets, de quelque qualité & condition qu'ils foient , de donner à l'avenir aucuns deniers comptans , heritages ou rentes , aux Communautez Ecclefiaftiques, Regulieres ou Seculieres , & autres Gens de main-morte , (à l'exception de l'Hôtel-Dieu , du grand Hôpital de Paris , & de la maifon des Incurables) par donations entre-vifs , ou autres contracts , directement ou indirectement , en quelque forte & maniere & pour quelque caufe & prétexte que ce foit , à condition d'une rente leur vie durant , plus forte que ce qui eft permis par les Ordonnances , ou qui excede le legitime revenu que pourroient produire lés maifons , terres ou heritages donnez : & aufdites Communautez & autres Gens de main-morte, de les prendre & accepter , à peine de nullité defdits Contracts, & de confifcation fur les donateurs , des chofes qui auront été par eux autrement donnés , & de 3000. liv. d'amende contre lefdites Communautez & Gens de main-morte, qui les auront acceptez, le tout payable , fçavoir , un tiers au dénonciateur , un tiers audit Hôtel-Dieu de Paris , & Hôpital des Incurables , & l'autre tiers à l'Hôpital General. Comme auffi défend à tous Notaires , Tabellions , Greffiers & autres perfonnes publiques , de recevoir lefdits Actes , à peine de 500. livres d'amende , en cas de contravention , applicable comme deffus. Regiftré au Parlement de Paris le 2. Septembre 1661.
    Edit du Roy du mois de Janvier 1690. par lequel fa Majefté ordonne que les défenfes portées par la Déclaration du mois d'Août 1661. & qu'elle a en tant que de befoin reïterées par le prefent Edit , foient executées felon leur forme & teneur , à l'égard de tous les Hôpitaux & Communautez, tant Séculieres que Regulieres du Royaume, & même à l'égard de l'Hôtel-Dieu de Paris , de l'Hôpital General , & de l'Hôpital des Enfans trouvez , des Incurables & du grand Bureau , veut que les Adminiftrateurs d'iceux ne puiffent prendre aucun argent à fonds perdu, pour conftituer lefdites rentes viageres , à peine de le payer & d'en répondre en leurs propres & privez noms. Défend à tous particuliers de leur faire aucun prêt de cette qualité , à peine de reftitution des interêts qu'ils en auroient reçus & de perte de leur deu , à l'exception toutefois des dons qui feroient faits aufdits Hôpitaux par aucuns particuliers, à la charge de leur en payer leur vie durant les arrerages à raifon du denier vingt. Regiftré au Parlement de Paris le 6. Février 1690.

VICAIRE.

1 **D**Es Vicaires. *Voyez hoc verbo la Bibliotheque du Droit François par Bouchel,* où il eft amplement traité du pouvoir des Vicaires des Evêques : *La Bibliot. Canonique, to. 2. p. 663. & fuiv, & le petit Recüeïl de Borjon , to. 2.* où il y a plufieurs décifions.
2 Des qualitez communes aux grands Vicaires & aux Officiaux. *Voyez M. Jean Bordenave , en fon traité de l'état des Cours Eccl-fiaftiques.*
3 *De Vicariis perpetuis.* Voyez *Pinfon* , au titre *de divifione Beneficiorum. §. 22.*
4 Des Vicaires perpetuels. *Voyez Coquille , tome 2. queft. 79.*

Vicarii plures conftitui an in folidum poffint? Voyez 5 *Franc. Marc, to. 1. queft. 995.*
    Quando Vicarii poteftas evacuetur? Voyez *Franc.* 6 *Marc, tome 1. queft. 1098.*
    Déclaration du Roy du mois de Septembre 1554. 7 qui défend à tous Beneficiers de France étrangers , de commettre Vicaires & Officiers qui ne foient du Royaume , à peine de faifie de leur temporel. *Bibliot. Can. to. 2. p. 665. col. 2.*

VICAIRES, ABBEZ.

Les Abbez ne peuvent créer ou commettre aucuns 8 Vicaires ni Officiers étrangers du Royaume. A Villiers-Cotterêts au mois de Septembre 1554. *Conférence des Ordonnances , livre 1. titre 3. partie 2. §. 49. Voyez l'Ordonnance de Moulins , art. 76.*

VICAIRE, APPELLATIONS.

Tholofæ in Parlamento anno 1454. dictum fuit , quod 9 *Abbas de Creffà conftituet Vicarios duos ex confiliarius clericis ejufdem curiæ, quibus frater Antonius Chambreti Religiofus prifonerius in Conciergeriâ reddetur ad faciendum ejus proceffum Tholofæ & aliqui confiliarii per curiam deputarentur ad affiftendum ad fines conducendi proceffum pendentem in curiâ tangentem, materiam iftam: & dictus Abbas ejus Vicariatum mitteret in curiâ infrà* 8. *deinde* 22. *Januarii vifo prædicto Vicariatu , per quem fuerant deputati Gentiam de Trilha, fuit idem prifonerius eifdem per curiam liberatus & commiffus, le Laffeur ad affiftendum cum eis in proceffurâ , & curiâ, dictis Vicariis id requirentibus , prifiones , feu carceres Conciergeria commodavit.* Bibliotheque Canonique , *to. 2. p. 665. col. 1.*
    Rebuffi fait mention d'un Arrêt donné à Paris le 5. 10 Decembre 1524. portant que l'Archevêque de Bourdeaux établiroit un Vicaire en la Ville de Poitiers, *& hoc propter appellationes ab abufu , ne in urbe Pictavienfi litigantes à finibus fenatoria Parifiorum Provinciæ d'ftraherentur.* Cet Arrêt fut fuivi d'un Edit de François I. de l'an 1542. par lequel il déclare que cet Arrêt feroit gardé és trois autres Diocéfes de Poitou , fçavoir de Luçon , de Maillezais , & d'Angoulême ; avec claufe expreffe que fi les Prélats refufoient de le faire , permis aux parties de s'adreffer au premier Archevêque qu'ils aviferoient dans le territoire & reffort du Parlement de Paris , ce qui s'obferve par tout le Royaume conformément à l'Ordonnance de Moulins , felon *M. René Chopin ,lib. 1. Monaft. tit. 3. num. 17. & lib. 2. de facr. polit. tit. 4. numb. 26.* où il remarque plufieurs Edits & Arrêts donnez en confequence , même contre l'Archevêque de Bourdeaux en faveur des Suffragans qui font au reffort de Paris ; & contre l'Archevêque de Tours pour le contraindre de donner un Vicaire en l'Evêché de Rennes. A quoy l'on peut ajoûter que l'Archevêque d'Aix par divers Arrêts du Parlement de Pau en l'an 1523. eft notamment obligé de mettre & établir dans leBearn un Vicaire General en faveur des habitans du Païs, afin qu'ils ne foient point obligés de fortir hors de leurs limites , contre le privilege de leurs fors & Coûtumes , pour avoir juftice fur les appels interjettez des Evêques & Officiaux de Lafcar , d'Oleron , d'Acqs , & de Tarbe , en la partie de leurs Diocéfes , qui eft fituée dans les enclaves & territoires de la Cour fouveraine. *Voyez la Bibliotheq. Can. tome* 2. *p.* 516.
    L'Archevêque de Bourdeaux condamné par Arrêt 11 du 27. May 1544. d'inftituer un Vicaire au dedans du reffort du Parlement de Paris pour connoître des appellations qui feront interjettées de fes Suffragans , demeurans dans le reffort de ladite Cour , fur les peines y contenuës. *Preuves des Libertez, to. 2. ch. 35. nombre 56.*
    L'Archevêque de Roüen condamné par Arrêt du 12 14. Decembre 1545. d'inftituer un Vicaire au dedans du reffort du Parlement de Paris , pour connoître des appellations interjettées de fes Suffragans dans le

reſſort de ladite Cour. *Preuves des Libertez*, *tome 2.* *chap. 35. nombre 57.*

13   Ordonné par Arrêt du 14. Decembre 1545. que l'Archevêque de Roüen bâillera Vicariat à quelque bon & notable perſonnage , pour connoître des appellations interjettées par les demeurans au reſſort de Séez , ou le Diocéſain; & en défaut de ce faire, il ſera procédé par ſaiſie de ſon temporel , & autrement ainſi qu'il appartiendra par raiſon. *Additions à la Bibliotheque de Bouchel*, verbo *Vicariats.*

14   Arrêt donné aux Grands Jours à Tours le 9. Septembre 1547. entre Pierre Hüet , appellant comme d'abus de l'Official de l'Archevêque de Bourdeaux , & M. Jean Carrey inthimé , par lequel il fut dit que deux mois le Cardinal du Bellay Archevêque de Bourdeaux & Evêque de Paris , bâilleroit Vicariat à un ou deux Chanoines de Poitiers , pour connoître des appellations des Officiaux de ſes Suffragans étant au reſſort du Parlement de Paris , & à faute de ce faire , ſeroit le temporel de l'Evêché de Paris ſaiſi & mis en la main du Roy. *Voyez la Bibliotheque de Bouchel*, verbo *Vicaires.*

15   L'Archevêque d'Authun qui eſt du Parlement de Bourgogne , a ſon Vicaire à Moulins. Un Prêtre commet pluſieurs fautes, & on luy veut faire ſon procez; l'Archevêque envoye un Vicaire & un Greffier à Lezi petite Ville de ſon Archevêché aſſez prés de Moulins , lequel Vicaire fait citer le Curé devant luy en perſonne ; il compare & demande ſon renvoy pardevant le Vicaire de Moulins. On replique au Curé qu'il n'a point d'interet lequel des Vicaires luy faſſe ſon procez , & qu'il n'y avoit que le Procureur General pour l'interet public ; auſſi le renvoy luy eſt déſnié , dont il appelle comme d'abus. M. Servin ſoûtenoit pour le Roy que puiſqu'il y a un Vicaire ordinaire à Moulins , ſuivant l'*Ordonnance de Moulins*, *art. 76.* cela étoit ſuſpect d'envoyer un autre Vicaire & un autre Greffier ; il adheroit avec l'appellant. Par Arrêt du 1. Février 1601. ſur l'appel comme d'abus, les parties hors de Cour , & neanmoins renvoyé pardevant le Vicaire de Moulins. *Bibliotheque de Bouchel*, verbo *Vicaire.*

VICAIRES DES CUREZ.

16   En *Bourgogne* , un Vicaire ne perd point les droits de ſon domicile ordinaire & de la communauté de biens , quand il va demeurer dans un autre endroit pour remplir les fonctions de ſon Vicariat. *Voyez le mot Domicile , n. 14.*

Voyez le mot Curez, p. 605.

VICAIRES GENERAUX DES EVESQUES.

17   Vicaire des Evêques. *Voyez le mot Evêque, n. 259. & ſuiv.*

De Vicariis Epiſcoporum , formâ Vicariatûs Archiepiſcoporum & aliorum collatorum. Voyez Rebuffe , 1. part. prax. Benef. où il eſt traité de leur pouvoir.

18   De la Juriſdiction des Grands Vicaires. *Voyez le mot Juge, n. 451.*

Des Vicaires generaux , Archidiacres , Archiprêtres & Doyens Ruraux. *Voyez les Memoires du Clergé, tome 1. part. 1. tit. 1. ch. 3.*

19   Touchant les Vicaires generaux des Archevêques & Evêques. *Vide les Memoires du Clergé , to. 1. part. 1. p. 157. & ſuiv.* ils doivent être François & non Etrangers , *Ibid.* & *to. 3. part. 3. p. 308. & 309.*

Ils doivent auſſi être Prêtres & Graduez, *to. 1. part. 1. p. 157.* les Religieux peuvent être Vicaires generaux des Evêques pourvû qu'ils ayent d'ailleurs toutes les qualitez requiſes , *p. 158.*

20   Le Vicaire General de l'Evêque ne peut conferer au moyen de l'alternative , s'il n'a pouvoir exprès de l'Evêque. *Bellordeau , part. 2. liv. 9. controverſe 67.*

21   Mendians ne peuvent être Grands Vicaires des Evêques. *Definit. Can. p. 467.*

22   Les Lettres de Grands Vicariats ne ſont revoquées par l'établiſſement d'un autre , peut neanmoins conferer, ladite revocation ne luy ayant été notifiée. Arrêt du 18. Juillet 1514. comme note Rebuffe , *in formâ Vicarii Archiepiſcopals & alio num. 198. in praxi benef. & id ſcribit.* Panorm. *in capite non eſſent. de præ. Imber. in verbo Abbas,* en ſon Enchiridion en parle fort diſterement.

13   Les Grands Vicaires doivent être pris dans le reſſort des Parlemens , par Arrêts des 27. May 1544. & 7. Juin 1547. ſuivant l'Edit de *Moulins* 1566. *art. 76.* lequel fut ſuivi par un Arrêt du Parlement de Paris de 1577. *Tournet . lettre V. Arr. 10.*

24   Du pouvoir qu'a le Vicaire conſtitué par l'Evêque, *Voyez M. de Selve , 2. part. tract. queſt. 14.*

25   *De Vicariis & Epiſcoporum Officialibus.* Voyez Pinſon, *de diviſione beneficiorum , §. 19.*

26   Vicaires generaux des Metropolitains , dont les Provinces s'étendent en divers Parlemens. *Memoires du Clergé , to. 1. part. 1. p. 157. & to. 2. add. à la premiere part. p. 234.*

27   Les Prélats de Provence , maintenus en la poſſeſſion d'envoyer leurs Vicaires generaux aux Etats & autres aſſemblées pour les y repreſenter. *Memoires du Clergé, to. 2. ad 1. à la premiere part. p. 259.*

28   Rang, préſeance, & autres prérogatives des Grands Vicaires, tant aux Aſſemblées de Ville qu'en d'autres occaſions. *Memoires du Clergé, tome 1. part. 1. pag. 374. n. 8.*

29   Les Vicaires generaux des Archevêques peuvent en leur abſence convoquer les Aſſemblées Provinciales. *Memoires du Clergé , to. 4. part. 5. p. 5.*

30   Lorſque les Vicaires generaux ſont Chanoines, ils ſont reputez preſens & gagnent franc. *Ibid.* p. 107. 161. & to. 4. part 5. p. 104. n. 8.

31   Arrêt du Parlement d'Aix du 1. Decembre 1597. que l'Archevêque d'Avignon doit avoir des Vicaires François naturels. *Preuves des Libertez, to. 2. chapitre 30. n. 4.*

32   Vicariat d'un Evêque qui a pluſieurs Provinces en ſon Dioceſe limité à une deſdites Provinces , eſt bon & valable. *Carondas , liv. 1. Rép. 33. & la Bibliot. Can. to. 2. p. 665.*

33   Les Grands Vicaires peuvent faire tout ce qui depend de la Juriſdiction volontaire de l'Evêque qu'ils exercent , conferer les benefices , donner les dimiſſoires , les penitences , les abſolutions , decreter les fondations , & faire des unions & érections de Benefices, *Deſin. du Droit Can. p. 883.*

34   Par Arrêt du Parlement de Paris du 20. Avril 1514. il eſt défendu aux Conſeillers d'icelle , d'accepter aucuns Vicariats des Prelats & Evêques. *Regiſtres de la Cour.*

VICAIRE, COLLATION.

35   Vicaires qui conferent. *Voyez le mot Collation , nomb. 171. & ſuiv.*

36   *De Vicario generali unius Abbatis cum omni poteſtate conferendi beneficia.* Voyez Franc. Marc. tome 1. queſt. 991.

37   *Vicarius extrà Diœceſim inſtituendi præſentatum à patrono poteſtatem non habet.* Voyez Franc. Marc. to. 2. queſt. 413.

38   Vicaire conferant concurremment avec l'Evêque, la collation de l'Evêque preferable. *Chopin , liv. 1. de la Police Eccleſ. tit. 6. n. 7.*

39   *Voyez* Chopin , au 1. liv. de ſacrâ politiâ , *lib. 1. tit. 6. num. 7.* & *Carondas , au 1. livre de ſes Réponſes , art. 34.* où ils traitent de deux collations faites d'un même benefice , l'une par un Abbé , & l'autre par ſon Grand Vicaire ; ils tiennent que celle de l'Abbé eſt la meilleure , quoique celuy pourvû par le Grand Vicaire ait pris poſſeſſion. *Tournet , lettre P. Arrêt 211.*

40   Le Vicaire General de l'Evêque peut inſtituer ſur la preſentation des patrons , parce que ſa proviſion eſt neceſſaire ; mais il ne peut ſans un ſpecial pouvoir , conferer les benefices qui ſont en la libre diſ-

position de l'Evêque. *Bibliot. Can. to.* 2. *p.* 189.

41 Un Evêque avoit donné un Vicariat fous ces mots, *cum poteſtate conferendi omnia beneficia præter ea quæ vacabant per mortem*; un Benefice avoit vaqué par refignation faire entre les mains de ſes Vicaires, il avoit conferé : *Quærebatur de validitate talis collationis* ; le point étoit *ſuper validitate vicariatûs & utrum valeret, in his quæ non ſunt excepta* : l'affirmation paroît bonne, car *exceptio firmat regulam.*

Item ſpecies derogat generi. cap.1. de reſer. ext. ces ſortes de vicariats ne valent rien , c'eſt l'opinion de M. Chartier , qu'on dit avoir été confirmée par Arrêt ; elle peut être fondée, *in cap. conſtitutus de conceſſ. prabend. Bibliot. Can. to.* 2. p. 665. col. 2.

42 Les Vicariats pour la preſentation ou collation des benefices doivent être inſinuez aux greffes des inſinuations Eccleſiaſtiques auſſi bien que les actes de revocation, *Mémoires du Clergé, to.1.part.1.p.* 162. *n.* 6.

43 Vicaire General créé par le Chapitre, le Siege vacant, ne peut admettre reſignation à cauſe de permutation de benefices. *Mainard , li.* 1. *chap.* 66.

44 Afin que le Vicaire de l'Evêque puiſſe conferer les benefices, il faut qu'il ſoit Eccleſiaſtique, établi Vicaire General & ſpecial, *ad hoc*, à moins qu'il ne s'agiſſe de collations neceſſaires, il faut encore que les Lettres de Vicariat ſoient ſignées de deux témoins & inſinuées ; tel Vicaire n'en peut ſubſtituer un autre s'il ne luy a été accordé ; le Vicaire fermier de ſon Vicaire ne peut conferer. *Vide Deſpeiſſes , tome* 3. *pag.* 405.

45 Vicaire peut conferer & recevoir par inſinuations hors le Dioceſe. Arrêt du Parlement de Bourdeaux du premier Février 1518. *Papon , liv.* 2. *tit.* 1. *n.* 3.

46 Jugé au Parlement de Paris le 4. Mars 1535. que le Vicaire d'un Archevêque, bien qu'il ait pouvoir general, ne peut admettre les reſignations, à moins *ex cauſa permutationis.* Papon, li. 2. tit. 2. n. 4. & Chopin, liv. 2. *de ſacrâ politiâ , tit.* 6. *n.* 6.

47 Les Ordinaires pendant leur abſence, doivent ſubſtituer Vicaires capables pour conferer les Benefices vacans és mois de Graduez ſans déroger à l'autorité de ſe faire eux-mêmes, nonobſtant tels Vicariats ; auront un Regiſtre des collations pour obvier aux fraudes, & ne pourront prendre plus d'un écu pour chacune collation. Arrêt du Parlement de Paris du 19. Janvier 1548 *Papon , liv.* 3 *tit.* 2. *n.* 5.

48 La Proviſion de l'Evêque prévaut à celle du Grand Vicaire, en cas de concurrence. Arrêt du 19. Août 1564. *Chopin , liv.* 1. *de la Police Eccleſiaſtique , tit.* 6. *nombre* 7.

49 Arrêt du Parlement d'Aix du 1. Decembre 1597. qui a jugé que les Vicaires Generaux & Officiaux Forains, doivent être établis en Provence par l'Archevêque d'Avignon & autres, tant ſur la collation des Benefices, Juriſdictions ſpirituelles & temporelles. *Bonface , tome* 3. *liv.* 5. *tit.* 7. *ch.* 1.

50 *Vicarius Epiſcopi conferre poteſt Beneficia extra ſuam Diœceſim.* Jugé le 11. Mars 1613. Mornac, *tit.* 16. *ff. de offio Proconſulis & Legati, Lege* 2.

51 Le Vicaire General ne peut accorder de *Viſa*, ni conferer de Benefice que lorſque l'Evêque eſt hors de ſon Dioceſe. Arrêt du Parlement de Toulouſe du 16. Avril 1666. *La Rocheflavin , livre* 1. *titre* 34. *article* 1.

VICAIRES FORAINS.

52 Des Vicaires Forains ou Doyens Ruraux. *Voyez les Mémoires du Clergé, tom.* 1. *part.* 1. p. 194. & 470.

VICAIRE, OFFICE.

53 Grand Vicaire ne peut pourvoir aux Offices Domaniaux, à moins que cela ne ſoit accordé *ſpeciali nota.* Arrêt du 11. Février 1630. M. l'Avocat General Bignon dit que le pouvoir ne peut même être renfermé ſous ces mots, *in tempore albuſ.* V *Barder,to.* 1. *liv.* 3 *ch* 88. où eſt cité un Arrêt du 22. Janvier 1630. qui ſemble contraire.

VICAIRES PERPETUELS.

54 Au quatriéme Concile de Latran, tenu en 1215. il fut ordonné qu'il ſeroit établi des Vicaires perpetuels és Egliſes deſſervies par Vicaires amovibles. *Voyez le Journal des Aud. tom.* 4. *liv.* 4. *chapitre* 15. qui contient une ample & curieuſe Diſſertation ſur cette matiere.

55 Droits des Curez primitifs & Vicaires perpetuels. *in octavo*, Paris 1658.

56 Vicaires perpetuels, leurs devoirs & leurs droits, par rapport aux Curez primitifs. *Voyez* le mot, *Curez*, *nomb.* 116. & *ſuiv.*

57 Vicaires perpetuels des Curez primitifs. *Voyez les Memoires du Clergé*, tome 1. part. 1. *pag.* 100. *juſqu'à* 211. & 996. art. 24. & tom. 2. part. 2. pag. 922 *juſqu'à* 428.

Les Cures doivent être tenuës par des Vicaires perpetuels, non par des Vicaires amovibles, quoyqu'elles ſoient unies à des Communautez Eccleſiaſtiques. *Ibidem.*

En cas que les Curez primitifs negligent de nommer des Vicaires perpetuels aux Cures deſſervies par des Vicaires amovibles, les Evêques y ſuppléront. *ibid. tom.* 1. *part.* 1. *pag.* 101. *n.* 14.

Des portions congruës des Curez ou des Vicaires perpetuels. *Voyez les Memoires du Clergé*, tome 2. part. 2. *tit.* 12.

58 L'Evêque Dioceſain eſt Juge de la neceſſité des Vicaires dans les Cures. *Memoires du Clergé*, tome 2. part. 2. *pag.* 319. & *ſuiv.*

59 Les Vicaires perpetuels des Paroiſſes doivent les décimes de ce qu'ils prennent en la Paroiſſe, & doivent les Curez primitifs leur faire joüir des ſix vingts livres pour le moins, toute charge déduite. Arrêt du Parlement de Bretagne du 10 Janvier 1619. *Bellordeau, part.* 2. *liv.* 9. *Contr.* 65.

60 Les Vicaires perpetuels ſeront inſtituez dans toutes les Cures unies aux Communautez, tant Seculieres que Regulieres, avec attribution de portion congruë de 300. liv. Arrêt de la Cour de Parlement, portant Reglement general du 15. Mars 1661. & un autre de même du 23 Février 1664. *Scêve, tome* 2. *Centurie* 2. *chap.* 39. De la Gueſſ. *tome* 2. *liv.* 6. *ch.* 15. Des Maiſons, *let. V. n.* 3.

61 Arrêt du Parlement de Provence du 23. May 1661. qui a jugé que la Vicairerie perpetuelle ne peut être établie qu'aux Benefices-Cures, unis aux Manſes Epiſcopales, Abbatiales, ou de Chapitre, & non aux Benefices ſimples. *Boniface , tome* 1. *livre* 1. *titre* 19. *chapitre* 1. où il rapporte un ſemblable Arrêt, qui avoit été rendu le 16. Mars 1644.

62 Vicaireries de *Peronne* déclarées n'être ſujetres de l'Archidiacre, le Chapitre de Peronne étant Curé primitif. Jugé le 14. Août 1674. *De la Gueſſ. tome* 3. *liv.* 8. *chap.* 14.

63 Au même Parlement de Paris, le 16. Decembre 1681 il a été fait un Reglement entre les Curez primitifs, qui ſont les Religieux de Saint Clement de Craon, & leurs Vicaires perpetuels. *Ibid. to.* 4. *li.* 5. *chapitre* 30.

64 L'Evêque peut établir un Secondaire en ſa viſite, quand il le juge être neceſſaire ; il n'y a lieu à interjetter appel comme d'abus d'une telle Ordonnance. Arrêt du Parlement de Grenoble du 3. Decembre 1665. *Beſſe , tome* 1. *liv.* 1. *tit.* 1. *ch.* 4.

65 Secondaire ne peut être établi dans une viſite ſans connoiſſance de cauſe ; les intereſſez non appellez. Arrêt du même Parlement de Grenoble du 5. Septembre 1667. rapporté par *Baſſer, tom.*2. *liv.*1. *titre* 2. *chapitre* 4.

66 Le 12. Juillet 1678. il a été préjugé au Parlement de Toulouſe, que la préſentation des Vicaires amovibles appartenoit non au Curé primitif, mais au Vicaire perpetuel, nonobſtant la poſſeſſion de 40. années, prouvée par le Prieur, Curé primitif ; la raiſon eſt

que le Vicaire perpetuel connoît mieux ce qui convient à son troupeau , *salus populi suprema lex esto.* Arrêts de M. de Catellan , *li. 1. ch. 10.*

67   Déclaration pour faire établir des Curez ou Vicaires perpetuels en titre , dans les Paroisses qui sont desservies par des Prêtres amovibles. A Versailles le 29. Janvier 1686. registrée le 11. Février de la même année.

VICAIRES, PRESEANCE.

67   De la préséance dûe au Grand Vicaire de l'Evêque.
bis. Voyez le mot , *Préséance* , *n.* 143.

VICAIRES, RELIGIEUX.

68   Les Religieux peuvent être Grands Vicaires des Evêques , lorsqu'ils ont d'ailleurs les qualitez requises. *Memoires du Clergé* , *tome* 1. *part.* 1. *p.* 158.

69   *Monachus vel Canonicus regularis Vicarii Episcopi esse possunt.* Voyez *Franc. Marc. tom.* 1. *quest.* 1285.

70   Religieux créé Vicaire par l'Abbé , ou Prieur Commendataire , & non Religieux ; si telle création est autorisée par le Pape , ne peut être révoquée. Arrêt du Parlement de Paris , du 18. Juillet 1514. *Papon* , *livre* 2. *tit.* 2. *n.* 4.

71   Un Vicaire Religieux établi par un Abbé Commendataire , avec l'autorité du Pape , ne peut être révoqué. Ainsi , dit *Rebuffe* , a été jugé contre l'Abbé du Chaïge , par Arrêt du 18. Juillet 1574. autrement un Abbé Commendataire révoqueroit toûjours un Vicaire qui seroit utile à la Religion , & qui ne luy applaudiroit pas. *Bibliotheque Canonique* , *tome* 2. *page* 665. *colonne* 1.

72   Par Arrêt du 12. Decembre 1579. jugé que l'Abbé de Cluny seroit contraint de bailler Vicariat au Prieur de Saint Martin des Champs , pour la profession de ses Religieux. *Biblioth. de Bouchel* , verbo , *Vicaires.*

VICAIRE, REVOCATION.

73   Comment un Vicaire se révoque , & l'effet de la révocation ? V. *Tournet* , *let.* V. *Arr.* 8. *Imbert* , *en son Manuel* , *in verbo* , *Abbas* en parle fort disertement.

74   Vicaire de l'Evêque n'est révoqué par la création d'autre Vicaire , à moins qu'il n'y ait expresse révocation : & le Vicaire révoqué peut avant la notification conferer ; enfin le Vicaire révoqué à son sçû , peut conferer si l'Evêque le permet. Jugé au Parlement de Bourdeaux. *Papon* , *liv.* 2. *tit.* 2. *n.* 4.

75   *Vicarius ab Abbate Commendatario revocari non potest.* Arrêt du 18. Juillet 1514. contre l'Abbé du Chaïge. *alioqui Abbas Commendatarius semper revocaret utilem Religioni.* V. Rebuffe , 1. part. au Chap. *formâ Vicariatûs* , *n.* 198.

VICAIRE, TESTAMENT.

76   Si un Testament reçu par un Prêtre , tenu pour Vicaire d'un Curé d'une Paroisse , qui l'a servie dix ans sans avoir aucun Vicariat , est valable ? Arrêt du Parlement de Paris du 11. Juillet 1590. qui le déclare nul , & enjoint aux Curez de commettre des Vicaires Generaux pour recevoir les Testamens , & aux Vicaires Generaux de faire registrer leur Vicariat , suivant la Coûtume. Voyez *Filleau* , 4. part. quest. 192.
Voyez cy-dessus le Titre des *Testamens*, §. *Testamens* , *Vicaires* , & le Titre suivant *des Vicariats.*

VICARIATS.

A Ce Titre appartient ce qui a été dit cy-dessus au Titre des *Vicaires.*

1   Vicariat d'un Evêque qui a plusieurs Provinces en son Diocése , limité à une desdites Provinces , est bon & valable. Voyez *Carondas* , *liv.* 1. *Rép.* 33.

2   Un Vicaire de M. l'Evêque de Noyon , réquis par celuy à qui il avoit conferé un Benefice , de justifier de son Vicariat , répond qu'il l'a rendu à M. l'Evêque de Noyon ; commandement est fait au Secretaire de l'Evêque aux fins d'exhiber ses Registres ; il declare qu'il ne fait aucun registre des Vicariats ; mais qu'il se souvient que M. l'Evêque a envoyé un Vicariat au

Vicaire ; & que depuis il l'avoit renvoyé à l'Evêque. L'Evêque sommé de montrer ce Vicariat dit qu'il l'a laissé à sa maison prés de Noyon. Autre commandement luy est fait en la personne de son Secretaire , luy étant à Paris. Il fait réponse par son Secretaire , que le Vicariat est rompu & brisé , & outre qu'il n'est Justiciable du Prévôt de Paris , parce qu'il est Pair de France. Le Procureur du Roy requiert ajournement personnel contre ce Secretaire & contre l'Evêque , & conclut à ce qu'il soit contraint d'exhiber ce Vicariat , par saisie de son temporel : ainsi a été jugé de l'opinion de tous les assistans ; d'où l'on peut conclure que l'Ordonnance qui oblige les Collateurs à tenir Registre de leurs Collations , a lieu aussi pour les Vicariats. *Biblioth. Canon.* 10. 2. *p.* 665.

3   Arrêt du Parlement de Paris du 29. Juillet 1519. qui a déclaré nul un Vicariat qui n'étoit signé d'aucuns témoins , *aliàs possent Episcopi cum Secretario semper Vicariatus facere cum amiditatis , & fraudibus est obviandum.* Voyez Rebuffe , sur le Concordat au titre *de Collationibus* , §. *Tentantur*, où il rapporte un Arrêt du 26. Avril 1513. qui a fait défenses aux Conseillers d'accepter les Vicariats des Evêques. L'Edit d'Henry II. prononce la peine de privation de leurs Offices.

4   Vicariats doivent être signez de témoins. Arrêt du Parlement de Paris du 29. Juillet 1519. & doivent être enregistrez. Arrêt du mois de Mars 1548. rapporté par Rebuffe , 1. part. au titre *de Vicariis Episcoporum* , *n.* 13.
Papon , *liv.* 2. *nomb.* 1. rapporte l'Arrêt du 29. Juillet 1519.

5   Par l'Ordonnance de l'an 1554. tous Vicariats doivent être donnez à des François , & les Etrangers en sont incapables. Papon , *liv.* 2. *tit.* 2. *n.* 4.

6   Le Vicariat de *Pontoise* est un Office & non un Benefice ; & Monsieur l'Archevêque de Roüen a droit d'y pourvoir sous le titre d'Official destituable *ad nutum.* Arrêt du Parlement de Paris du 3. Juin 1693. *Journal des Audiences* , *to.* 5. *liv.* 9. *ch.* 16.

VICE.

CE qui est vicieux dans son origine , ne se rectifie pas par le temps. *L.* 29. *D. de reg. jur.*
Vice des Actes & Contracts. Voyez le mot *Nullitez.*

VICE-GERENT.

VIce-gerent. *Vicarius : qui vices alicujus gerit.* Voyez cy-dessus le mot *Vicaires* , & ce qui a été dit au titre des Officiaux.
De officio ejus vicem alicujus judicis vel Præsidis obtinet. C. 1. 50.
De officio adsessorum, D: 1. 22.
De adsessoribus & Domesticis , & Cancellariis judicum. C. 1. 51.
Ut nulli judicum liceat mittere Vicarios, N. 8. c. 4.
Voyez les mots *Juges* , *Lieutenant.*

VICE-LEGAT.

DU Vice-Legat. Voyez le mot *Avignon* , & le titre du Legat.

VICOMTES.

DE la Jurisdiction des Vicomtes. Voyez le mot 1 Bailly , *nomb.* 8. & le mot Juges , *nomb.* 101. & suiv. & Filleau , *part.* 2. *tit.* 5. & Rag ueau.

2   De la competence des Vicomtes de Normandie. Voyez le mot Competente , *nomb.* 61. & suiv.

3   Des Vicomtes de Dauphiné. Voyez Saivaing , de *l'usage des Fiefs* , Chap. 50.

4   Declaration portant Reglement pour la Jurisdiction des Vicomtes de la Province de Normandie , contenant 13. articles. A saint Maur le 14. May 1569. Registrée au Parlement de Roüen le 30. Août suivant.

vant. *Joly , des Offices de France , tome premier , p.* 420.

5   Au Vicomté d'ancienne création appartient la connoissance de la saisie & adjudication par decret des heritages situez, partie dans son Ressort, partie dans les Vicomtez qui en ont été démembrées. Article 8. du Reglement fait au Parlement de Roüen en 1666. *Basnage , à la fin du to.* 1.

Voyez *Ragueau* , verbo *Vicomte.*

VIDAMES.

Voyez *Basnage* en son Commentaire sur la Coûtume de Normandie , *titre de Patronage a'Eglise au Préambule* , & *Ragueau* , verbo *Vidame.*

VIDUITE'

1   *S Padazza Theatrum viduile , seu tractatus de viduitate ,* vol. in fol. *Ferraria* 1672.

2   Du droit de viduité qui a lieu en Normandie. *Voyez* les commentateurs de la Coûtume, *sur l'article* 381. qui porte qu'*homme ayant eu enfant né vif de sa femme joüit par usufruit, tant qu'il se tient en viduité , de tout le revenu appartenant à sadite femme lors de son décez , encore que l'enfant soit mort avant la dissolution du mariage , & s'il se remarie , il n'en joüira que du tiers.*

3   Arrêt du Parlement de Roüen du 22. Decembre 1656. qui a jugé que le pere joüiroit du biens de sa femme à droit de viduité , nonobstant la séparation de biens d'avec luy. *Voyez Basnage , sur l'article* 381. *de la Coûtume de Normandie*

Voyez *Des Maisons , lettre D. nomb.* 10.

VIEILLESSE.

1   *D E Senectutis colenda prærogat. & privilegiis. Per* Fabium Monteleonem.

2   *De Vassallo decrepita ætatis , qui feudum restituit , ut filii investirentur.* Voyez *Consuetud.feud.lib.* 2. tit.14.

VIES.

D Es biens donnez en emphiteose à plusieurs vies. Voyez le mot *Emphiteose , nomb.* 69.

VIGNES.

1   *V Oyez Coquille , tome* 2. *p.* 164. en son Commentaire sur le *treiziéme titre de la Coûtume de Nivernois.*

2   Les Fabriques qui font valoir leurs vignes par les mains des Marguilliers , ne doivent leur le droit de vingtiéme , encore bien qu'il n'y ait point de Déclaration particuliere pour elles , comme pour le reste des Ecclesiastiques , & cela *per extensionem* du privilege des Ecclesiastiques , en ce qui est des Fabriques. Jugé pour la Fabrique de saint Leu de Tavernye. *V.* le 1. *tome du Journal des Audiences , livre* 3. *chapitre* 36.

Voyez cy-dessus le mot *Vendanges.*

2   Vignerons à la journée doivent travailler dés le soleil levé , jusqu'au soleil couché , autrement ne leur est dû salaire. Arrêt du Parlement de Paris de l'an 1391. *Papon , li.* 6. *tit* 12. *n.* 10.

3   En fait de restitution de fruits , réparation d'un fond mis en vigne , on ne peut prétendre le plantement de la vigne , parce que la perception des fruits pendant neuf ans tient lieu de payement. Arrêt du P. de Grenoble du 9. Juillet 1642. *Basset , tom* 1. *liv.* 2. *titre* 24. *chapitre* 5.

4   Si celuy qui a acheté de vieilles vignes , aprés les avoir changées en terres labourables parce qu'elles ne rapportent rien, étant recherché pour un droit de terrage , peut déguerpir ? *Voyez* le mot *Déguerpissement , nomb.* 4.

VIGUIERS.

1   *D E* la Jurisdiction des Viguiers. *Voyez* le mot *Juges, n.* 107. *& suiv,* & *Ragueau* , verbo *Viguier.* Tome III.

Des Viguiers & Juges ordinaires. *Voyez* le 4. *chapitre du traité du Reglement par la Rochestavin* , Escotbiac , *tit.* 9. *& Filleau , part.* 2. *tit.* 5.

2   Arrêt du Parl. de Provence du 24. Janvier 1665. qui ordonne que les Viguiers qui ont Jurisdiction dans un lieu, l'ont dans le terroir dudit lieu. *Boniface, to.* 1. *liv.* 1. *tit.* 9.

VILLE.

1   *C E* qu'on entend par le mot de Ville. *L.* 2. *D. de verb. sign. L.* 15. *& 16. in fine. L.* 87. 139. *&* 147. *eod.*

Voyez les mots *Châtelet , Communauté , Municipal , Officiers de Ville , Public.*

2   Des diverses sortes d'affaires communes des Villes , des distinctions & fonctions des personnes préposées aux charges municipales; des devoirs des Maires & Echevins. *Voyez* le 4. tome des *Loix Civiles, liv.* 1. *tit.* 16, *sect.* 2. & *tit.*16. *sect.* 4.

Le Corps de l'Echevinage de Ville appellé *ædilitium Urbis Collegium ,* par *M. René Chopin* , en son traité de *sacr. polit. liv.* 3. *tit.* 5. *n.* 26.

3   *De Juribus Castro competentibus & ejus pertinentiis.* Voyez *Andr. Gaill , lib.* 2. *observat.* 61.

4   Bâtimens , rües & maisons pour la décoration des Villes. *Voyez* le mot *Bâtimens , nomb.* 6. *& suiv.*

5   Consuls des Villes. *Voyez* le mot *Consuls.*

6   Des comptes des biens & revenus appartenans aux Villes. *Voyez* le mot *Compte , nomb.* 109.

7   Edit intervenu sur la réduction de la Ville d'Orleans. *Voyez* la 5. *action de M. le Bret.*

8   Que les Officiers Royaux ne pourront être promûs és charges & états des Villes. *Ordonnances de* Fontanon , *to.* 1. *li.* 5. *tit.* 3. *p.* 841.

9   Des réparations & fortifications des Villes. *Voyez Ibidem , tit.*7.

10   Que les saillies des maisons és Villes du Royaume. seront abbatuës & retranchées,& de l'entretenement des Ponts , Chaussées , & Chemins. *Ibidem , titre* 5 *page* 846.

11   Baux des maisons appartenantes à la Ville. *Voyez* le mot *Bail , nomb.* 247. *& suiv.*

12   Conseillers de Ville. *Voyez* le mot *Conseillers , nombre* 46.

13   Des Officiers de Ville. *Voyez Du Luc, liv.* 6. *tit.*13. *&* le mot *Officiers , nomb.* 449.

14   Des Capitouls & administrateurs des Villes , & de leur Jurisdiction. *Voyez le Recüeil des Ordonnances par Fontanon, to.* 1. *liv.* 5. *tit.* 2. *p.* 840.

15   De l'excommunication des Villes. *Voyez* le mot *Excommunication , nomb.* 123.

16   Si aprés les changemens qui arrivent en une ville les survivans sont tenus de payer les dettes qui ont auparavant été contractées au nom du public? *Voyez M. le Bret.* Traité *de la Souveraineté du Roy , liv.* 4. *ch.* 10. il rapporte un Arrêt du Conseil du Roy pour la negative , en faveur de ceux qui avoient survêcu la prise de la Rochelle , parce qu'ils étoient censez ne faire plus un Corps de Ville ; d'ailleurs le Roy comme successeur par confiscation de tous les biens communs & patrimoniaux de cette Ville rebelle , s'obligea de les acquitter.

17   Si les grandes rües des Villes doivent être pavées aux dépens du Roy pour être chemins royaux , de certaines toises , & si ce qui est proche des maisons, doit être pavé aux dépens des Maîtres Proprietaires des maisons, & si au marché qui se fait les habitans doivent être appellez ? *Voyez Bouvot , tome* 2. verbo *Chemin , quest.* 4.

18   Arrêt du 8. May 1528. confirmatif de certaine Sentence donnée par les Capitouls de Toulouse qui portoit que ceux qui seront à leur aise seroient contraints bâtir de tuilles. *La Rochestavin ; liv.* 6. *tit.* 42. *Arrêt* 4.

19   Arrêt du dernier May 1541. qui confirme l'Ordon-

nance des Capitouls de Toulouse du 29. May 1541. portant que tous les habitans de ladite Ville seroient tenus abbatre tous auvents, valets, foraigets, capelades & autres édifices faits sur les ruës de la Ville & Fauxbourgs, & iceux édifices mettre & reduire à plomb & droit du fondement, dans un mois à peine de 500. livres. *Ibidem*, *Arrêt* 3.

20 Jugé par Arrêt du Parlement de Paris du 7. Août 1571. que la vente d'un heritage faite à Corps de Ville, n'étoit sujette à retrait; cet Arrêt est rapporté par *Berault*, *sur la Coûtume de Normandie*, *art.* 452.

21 Lettres Patentes du Roy du 11. Novembre 1606. & du 6. Mars 1607. pour l'embellissement de la Ville de Grenoble. *M. Expilly*, *Arrêts* 157. & 158.

22 La garde des clefs de la Ville de Saint Flour appartient au Maire & Echevins & non à l'Evêque. Arrêt du mois de Mars 1617. *Le Bret*, *liv.* 5. *Décis.* 8.

23 Un Curé primitif doit payer le tiers de la capitulation faite par une Ville assiegée pour empêcher la descente des cloches. Jugé au Parlement de Bourdeaux le 15. Mars 1672. *Journal du Palais.*

24 Des rentes sur la Ville. *Voyez* le mot *Rentes*, *nomb.* 306. *& suiv.*

25 Les Villes Capitales ne payent la Taille. *Voyez* le mot *Taille*, *nomb.* 279. *& suiv.*

VIN.

De tritico, vino, vel oleo legato. D. 33. 6.
Vasa vinaria, quid. L. 206. *D. de verb. sign.*
Vin de Messager. *Voyez cy-après le nomb.* 31.

1 *Voyez* le mot *Ban*, *nomb.* 4. & le mot *Roy*, *nom.* 51.

2 Des Officiers qui sont exempts des droits pour les vins. *Voyez* le mot *Exemption*, *nomb.* 124. *& suiv.*

3 Des Jaugeurs, Marqueurs, Mesureurs, Vendeurs, & Controlleurs de vin & autres breuvages & liqueurs. *Ordonnances de Fontanon*, *tome* 1. *liv.* 5. *tit.* 28. *p.* 1138.

4 Vente de vin, & du droit que le Roy ou les Seigneurs ont pour le debiter pendant un mois de l'année, & si ce droit qu'on appelle le ban de May ou le ban d'Août, est cessible? *Voyez Henrys*, *tome* 1. *liv.* 3. *chap.* 3. *quest.* 41.

5 *Vinum venditum in quantitate & mensurâ sub certo pretio: si antequam degustetur, vel post, efficiatur deterius, cujus erit periculum: an ejus qui vendidit, an qui emit?* Voyez *Franc. Marc*, *tome* 2. *quest.* 58.

6 *Vinum non degustatum licet ab emptore dolia vel vasa sint signata, periculum est venditoris, nisi aliud convenit; ut periculum pertineat ad emptorem, duo concurrere debent, primum ut degustatum sit, alterum ut admensum.* Mornac, *l.* 1. §. *si non sunt degustata, ff. de periculo & commodo*, *&c.* & ce suivant le Droit écrit.

7 L'usage est que si le Marchand acheteur achete plusieurs muids de vin, moyennant certain prix pour chaque muid, dont il baille les *arrhes* ou *denier à Dieu*, & marque tous lesdits muids, &c. le danger regarde l'acheteur & non pas le vendeur. Arrêt du 11. May 1548. *Voyez Carondas*, *liv.* 9. *Rép.* 30. où il y a Arrêt du 20. Juillet 1560. au profit du vendeur.

8 Par Arrêt du 10. Février 1550. quelques Chartiers amenant du vin pour M. de Hacqueville Président aux Requêtes du Palais, convaincus d'avoir buffeté le vin, & aprés l'avoir remply d'eau, furent condamnez de faire amende honorable, être battus de verges, & en amende pecuniaire au Roy & à la Partie. *Bibliotheque de Bouchel*, verbo, *Buffeturs de vin.*

9 Fermiers des devoirs de vin & autres breuvages peuvent ouvrir & visiter les caves des Taverniers, non celles des particuliers & encore moins des privilegiez. Arrêt du Parlement de Bretagne du 29. Avril 1559. *Du Fail*, *liv.* 2. *chap.* 68.

10 De la dîme de vin. *Voyez* le mot *Dîme*, *nombre* 475. *& suivans.*

11 Du dommage avenu au vin depuis la vente, sans la faute du vendeur, étant demeuré dans les caves pardevers le vendeur. Jugé pour luy le 20. Juillet 1560. *Carondas*, *liv.* 9. *Rép.* 30.

12 *Henrys*, *tome* 1. *liv.* 4. *chap.* 6. *quest.* 44. examine si une redevance de vin payable en especes, se doit payer en vin de la même année, ou de l'année précedente? Il rapporte un Arrêt du 16. Juillet 1612. rendu au profit du Chapitre de Saint Martin de l'Isle-Barbe, proche la Ville de Lyon, auquel le Prieur de Saint Rambert qui est situé en Forêt est obligé de fournir tous les ans une certaine quantité de vin au mois de Novembre. Par cet Arrêt le Prieur a été condamné de fournir au Chapitre du vin du crû de l'année précedente, c'est-à-dire, du vin vieux, cet Arrêt ne doit pas être tiré à consequence, car il paroît par le vû, qu'il a été rendu, suivant l'usage de tout temps observé; regulierement la redevance en vin se paye de vin recueilli dans l'année de l'échéance de la redevance.

13 Arrêt du 17. Janvier 1615. par lequel il a été jugé que les Officiers domestiques, Commensaux de sa Majesté & de la Reine, ne sont exempts du droit d'appetissement de petites mesures de vin vendu en détail & à pot. *Filleau*, *part.* 3. *tit.* 1. *chap.* 48.

14 Si y ayant impôt sur chaque queüe de vin, qui entre en la Ville, les habitans sont tenus de payer l'entrée du vin provenant de leur crû? *Voyez Bouvot*, *tome* 2. verbo, *Subsides*, *Tailles*, *quest.* 6.

15 De l'imposition des cinq sols pour l'entrée de chaque muid de vin. *Ordonnances de Fontanon*, *tome* 1. *liv.* 3. *tit.* 17. *page* 1117.

16 Il n'est pas permis d'acheter bled ou vin en verd. Arrêt du Parlement de Dijon du 8. Juillet 1566. *Bouvot*, *tome* 2. verbo, *Vente*, *quest.* 15.

17 Le vin vendu se trouvant fraudé, le vendeur n'est tenu de le reprendre, ni en restituer le prix, ayant été goûté, enlevé, & le prix payé. Arrêt du Parlement de Dijon du 11. May 1609. *Bouvot*, *ibidem*, *question* 50.

18 Le droit de huitiéme de vin sur les Hôtelliers, Taverniers, Cabaretiers vendans vin, se doit payer en argent. Arrêt du Parlement de Dijon du 15. Decembre 1610. *Bouvot*, *tome* 2. verbo, *Subsides*, *quest.* 9.

19 Les vins & francs vins ne sont dûs d'une vente resoluë. Arrêt du Parlement de Dijon du 14. May 1612. *Bouvot*, *tome* 2. verbo, *Vente*, *quest.* 61.

20 Les Barons de Vauvert dans le Diocése de Nîmes peuvent dans aucun temps faire interdire à leurs habitans la vente du vin, sauf pour un demi-muid durant cinq semaines en tel temps que bon leur semble, suivant la transaction entre eux passée le 7. Avril 1618. & conformément à celle du 4. des Calendes d'Avril 1235. *La Rocheflavin*, *des Droits Seigneuriaux*, *chap.* 14. *Arrêt* 1.

21 Arrêt du 12. Août 1561. qui permet au Seigneur du lieu de Seysses Tolosanes, contre le Syndic & habitans du lieu de vendre son vin en pots pendant le mois d'Août seulement, à la charge d'avoir du vin potable & que les habitans en puissent acheter, & fait défenses à tous habitans d'en vendre durant ce temps, lesquels neanmoins en pourront vendre & acheter en gros. *Ibid.*

22 Il n'est pas permis à celuy qui a acheté du vin voituré par eau de faire décharger son vin par autres que par des Tonneliers, sans leur payer le droit qui leur est attribué pour cela. Arrêt du 13. Décembre 1652. *Soëfve*, *tome* 1. *Cent.* 4. *chap.* 3.

23 Vente de vin qu'un particulier pourroit recueillir dans sa vigne, moyennant 31. livres la pippe faite huit jours avant les vendanges, est bonne & valable. Arrêt du 21. Janvier 1659. *Notables Arrêts des Audiences*, *Arrêt* 22. De la Guess. *tome* 2. *liv.* 2. *chap.* 3. rapporte le même Arrêt.

24 Si le statut d'une Ville prohibitif de l'entrée du vin étranger dans la Ville, comprend la défense de l'entrée de l'eau de vie, & si les Echevins, de voye de

fait, ont pû faifir les charettes chargées de ladite eau de vie de leur authorité, & les épancher? Arrêt du Parlement de Provence du 12. Juin 1671. qui caſſa la faiſie des charettes chargées de l'eau de vie, l'épanchement & la voye de fait. *Boniface, to. 4. li. 10. tit. 3. chap. 17. 18. & 19.* où il rapporte ſemblables Arrêts des années 1682. & 1684.

25 Arrêt du Conſeil d'Etat du 24. May 1672. contre les nommez Turſt, Suiſſes de Nation, qui les condamne à mettre le tiers de leurs vins fur les Ports & Places, nonobſtant le privilege par eux prétendu, comme Suiſſes. *Voyez les Ordonnances concernant la Jurifdiction de la Ville de Paris, imprimées chez Frederic Leonard en 1676. page 302.*

26 Le bourg d'*Heriſſy* eſt ſujet aux droits de deux fois cinq ſols qui ſe levent ſur le vin; le tranſport fait dans les ſix ſemaines après la vendange, exempte de ces droits. Jugé en la Cour des Aydes de Paris, le 11. Janvier 1673. *Journal du Palais.*

27 Défenſes aux Cabaretiers de mettre dans le vin de la colle de poiſſon, ni d'autres ingrediens. Jugé au Grand Conſeil, le 11. Août 1673. *Ibidem.*

28 *Canonicis à Priore ſancti Ramberti, Senatus praeſtandum eſſe vinum cenſuit, quod anni ſuperioris foret.* Arrêt du 15. Juillet 1612. Mornac, *l. 3. ff. de rebus credit.*

29 Un Bourgeois de Paris qui a des vignes à Tonnerre n'eſt pas obligé du jour de l'ouverture des vendanges à enlever le vin de ſon crû & le faire amener à Paris dans les ſix ſemaines, ſuivant l'article 7. de l'Ordonnance de 1680. touchant les anciens & nouveaux cinq ſols. Arrêt de la Cour des Aydes de Paris du 13. May 1686. *Voyez le Journal du Palais in fol. to. 2, page 601.*

30 Les Paumiers ſont obligez de payer les droits de vente en détail du vin qu'ils ont dans leurs caves, quoyqu'ils diſent qu'ils n'en vendent point, & qu'ils le conſument pour la ſubſiſtance de leur maiſon. Arrêt de la Cour des Aydes de Paris du 25. Avril 1690. *Journal des Audiences, tome 5. liv. 6. chap. 11.*

31 Vin du Meſſager. *Voyez le mot Dépens, nomb. 128.*

VINAIGRIER.

PAr Arrêt du 6. Février 1571. donné entre un particulier Vinaigrier de la ville de Beauvais & les habitans, les Maîtres & Gardes des Vinaigriers de ladite Ville d'autre, ordonné que les parties garderont le Reglement qui avoit été fait environ un an auparavant entre les Vinaigriers de la Ville de Paris. *Bibliotheque de Bouchel, verbo, Vinaigriers.*

VINGTAIN.

1 **D**U droit de Vingtain; ainſi appellé, parce que la vingtiéme partie des fruits étoit autrefois deſtinée aux fortifications des Villes & des Châteaux, & aux réparations des murailles; les Forains n'en payent que la moitié; ce droit eſt réel. *Voyez Guy Pape, queſt. 372.*

2 Du droit de Vingtain, & ſi les Nobles en ſont exempts? *Voyez Salvaing, de l'uſage des Fiefs, ch. 46.* où il dit que le Vingtain eſt un droit qu'a le Seigneur fondé de titre de prendre la vingtiéme partie des fruits croiſſans dans ſa Terre, ou de quelques eſpeces ſeulement, afin de pouvoir fortifier le Château, & clorre le Bourg. Il rapporte un Arrêt du 14. Août 1550. qui déclare les Nobles exempts de ce droit. Ce même Arrêt y a aſſujetti les Forains, c'eſt-à-dire, ceux qui n'ont pas leur domicile dans la Terre, où neanmoins ils poſſedent des heritages. Au *chapitre 48.* il montre que le Seigneur qui a ce droit eſt obligé à maintenir à ſes dépens les murailles du Bourg, s'il n'a titre ou poſſeſſion contraire.

VIOL.

1 **U**Ne femme violée conçoit avec la même facilité & auſſi-tôt que ſi elle y avoit conſenti. Jugé

Tome III.

par Arrêt du Parlement de Toulouſe, ſuivant un rapport de Medecins, & qu'en tel cas *voluntas cogi poteſt non natura, que ſemel irritata jungi voluptate fervefcit, rationis & voluntatis ſenſum amittens.* La Rocheflavin, *liv. 3. lettre R. tit. 2. Art. 1.*

2 Par Arrêt du Parlement de Bourgogne du 7. Février 1618. jugé que celuy qui eſt accuſé d'avoir violé une fille, à la requête du Procureur d'Office, peut demander qu'il ſoit enjoint audit Procureur d'Office, de repréſenter la fille pour être oüie & confrontée à l'accuſé avant que de juger le procès. *Bouvot, tom. 2. verbo, Injure & Batterie, queſt. 16.*

3 Si la converſation d'un particulier avec une jeune fille de ſept ans, avec l'effort à ſa pudicité, prouvée par rapport de Medecins & Chirurgiens, eſt ſuffiſante pour la faire condamner à mort, & s'il eſt tenu de quelques dommages & interêts envers la fille? Le particulier fut condamné au banniſſement perpetuel. *Ibid. tom. 1. part. 3. verbo, Violement.*

4 Force commiſe contre une femme de mauvaiſe vie, n'eſt digne de peine de mort, quand même elle n'auroit commerce qu'avec un ſeul homme; il en ſeroit autrement, ſi cette femme s'étoit mariée ou rétirée. *Voyez Papon, li. 22. tit. 8.*

5 Moins la fille violée eſt âgée, plus celuy qui l'a forcée, eſt criminel. Par cette raiſon, Vital Bargoin, qui avoit forcé une fille âgée, de 4. ans & 9. mois ſeulement, fut condamné à la roüe par le Juge-Mage de Valence; & ce Jugement fut confirmé au Parlement dè Grenoble, le dernier Août 16.6. *Voyez Chorier, en ſa Juriſprudence de Guy Pape, p. 270.*

VIOLENCE.

QUid fit, facere vi, aut clam. L. 73. §. 2. D. de Reg. Jur.

De vi & metu. L. 116. D. de reg. jur.

De his quae vi, metuſve cauſâ, geſta ſunt. C. 2. 20... Dec. Gr. 15. q. 1. c. 1. & q. 6... 20. q. 3... 23. q. 3. q. 5. & 6... Extr. 1. 40... S. 1. 20. V. Crainte. Reſciſſion.

De vi, & de vi armatâ. D. 43. 16... Paul. 5. 6. §. 2. 5. & c. Poſſeſſeur dépoſſedé par force, ou à force armée, & par violence.

Undè vi. C. 8. 4... I. 4. 15. de interd. §. 6... C. Th. 4. 22. De la réintegrande: ſorte d'interdit à celuy qui a été dépoſſedé.

Si per vim, vel alio modo, abſentis poſſeſſio perturbata fit. C. 8. 5.

Ne vis fiat ei qui in poſſeſſionem miſſus eſt. D. 43. 4.

Quod vi aut clam. D. 43. 24. Sorte d'interdit pour la démolition d'un ouvrage fait par force, ou en cachette, ſur le fonds d'autruy.

De vi bonorum raptorum, & de turbâ. D. 47. 8... C. 9. 33... I. 4. 2. Du vol fait avec violence.

Ad legem Juliam de vi publicâ & privatâ. C. 9. 12... D. 48. 6. & 7... C. Th. 9. 10... Paul. 5. 24... Inſt. 4. ult. §. 8... L. 152. D. de reg. jur. Vis publica, propriè ſit cum hominibus armatis. Vis privata, omnis alia vis, praeſertim ſine armis.

De poenâ raptoris equi. Conſt. Imp. Theoph. 5. Récit de l'injuſtice d'un Capitaine qui avoit pris par force un beau cheval à un Soldat; & la punition du Capitaine.

De la violence employée pour extorquer des Contracts. *Voyez le mot, Contract, n. 39. & 40.*

Voyez les mots, Crainte, Dol, Force & Fraude.

VIRILE.

POrtion de l'augment, ou de la ſucceſſion. *Portio virilis.*

Ut mulieres non ſecundò nubentes, dominae ſint partis ſponſalitiae largitatis quantum pars facit unius filii. N. 127. c. 3... Leon. N. 22. La veuve qui ne ſe rémarie pas, a ſa portion virile dans l'augment.

MMmmm ij

Ut patres, qui nuptias non iterant, unius liberorum portionem capiant. Leon. N. 85. Le même, pour les peres qui ne se remarient pas.

Le Patron a aussi sa virile dans la succession de son Affranchi. *L. 145. D. de verb. sign.*

1 Par le mot *Virile*, l'on entend une portion de l'augment que la Loy accorde à la veuve quand elle demeure en viduité. On l'appelle *Virile*, parce qu'elle est égale à la portion d'un des enfans, *habere verò eam & proprietatis tantùm, quantùm filiorum quantitatis faciat: ut secundùm proprietatis rationem unius & ipsi filii personam obtinere videatur.* C'est Justinien qui a accordé cette portion aux veuves qui gardent la viduité, afin qu'elles eussent quelque chose de plus que celles qui se remarient, qui sont réduites au simple usufruit de l'augment.

2 De la portion virile que l'on gagne si l'on ne se remarie point a en l'augment, & si ses Créanciers la peuvent saisir? *Voyez Henrys, tom. 1. li. 4. ch. 6. quest. 55. & tom. 2. li. 4. qu. 26.*

3 Si l'alienation d'un heritage donné pour augment, comprend la virile? *Henrys, to. 1. li. 4. ch. 6. question 56.* s'éleve contre l'Arrêt, qui a jugé que la vente faite par la mere, d'une Terre qui luy tenoit lieu d'augment, ne comprenoit pas la portion virile, cet Arrêt est directement contraire à la Loy *hâc Edictali, §. 3.* qui permet à la mere qui ne se remarie pas de disposer de ce genre de biens à sa volonté, *pro suo arbitrio alienare;* la Loy *si quis* du même titre, dit la même chose, *quomodo voluerit alienare;* la Novelle 22. *chap. 10.* confirme la liberté d'alièner, & ce n'est qu'à l'égard des obligations & des dispositions gratuites qu'elle desire une mention expresse.

4 La virile des gains nuptiaux qui est accordée à la femme, ne s'étant point remariée, ne doit être ajugée à ses Legataires aux d'insuffisance de ses biens. Jugé le 23. Juin 1594. parce qu'elle n'en avoit pas disposé expressément. *Cambolas, li. 2. ch. 4.*

5 La portion virile que les mariez gagnent en ne se remariant pas, est conservée aux enfans contre les Créanciers. Arrêt du Parlement de Toulouse du 19. Février 1631. *Ibid. li. 6. ch. 18.*

6 *Henrys to. 1. li. 4. ch. 6. q 56.* rapporte un Arrêt du 7. Septembre 1644. rendu après une Enquête faite par turbes en la Sénéchaussée de Lyon, qui a jugé que les Créanciers dela mere n'ont aucun droit dans sa portion virile, si elle n'est pas comprise expressément dans l'obligation; mais dans la *qu. 26. du li. 4. to. 2.* il est d'un autre sentiment, & établit démonstrativement qu'il n'est pas necessaire d'une disposition expresse, & que la mere peut disposer de cette portion, comme du surplus de ses biens. *Despeisses, tome 1. p. 299.* dit que les Créanciers de la femme se peuvent faire ajuger cette portion, quoyqu'elle ne leur soit pas obligée expressément, & que cela a été jugé en la Chambre de l'Edit de Languedoc, par Arrêt du 12. Juillet 1628.

7 La virile que la femme gagne sur l'augment par le prédécés de son second mary, en ne convolant pas à de troisiémes nôces, ou par le prédécés de son troisiéme mary, en ne convolant pas à de quatriémes nôces, n'entre pas dans la legitime des enfans du premier ou du second lit, & ne l'augmente pas, quoyque la femme ait disposé nommément de cette virile en faveur d'un des enfans du mariage d'où procede l'augment: Arrêt du Parlement de Toulouse du 5. Mars 1659. après partage, rapporté par *M. de Catellan, li. 4. chapitre 74.*

8 La portion virile gagnée par le survivant des mariez, est acquise à son heritier, quoyqu'il n'en dispose pas expressément. Arrêt du Parlement de Provence du dernier Juin 1660. *Boniface, tome 5. li. 1. tit. 28. chapitre 1.*

9 L'institution universelle, même de l'un des enfans, & l'obligation generale de tous les biens, ne com-

---

prennent pas la portion virile que la femme qui s'abstient des secondes nôces, gagne sur l'augment; il en faut dire de même de la portion virile que le mary gagne sur la dot par le prédécés de sa femme. Cette virile est acquise à la verité en proprieté au survivant, mais c'est une proprieté irreguliere. Il se juge presentement que la virile n'est pas hypothequée, en vertu de l'obligation generale de tous les biens. Il y en a deux Arrêts du Parlement de Toulouse, au commencement & à la fin de 1661. Il a été aussi jugé le 22. Novembre 1671. que la renonciation à tous droits paternels & maternels, ne comprend pas la virile que le pere a gagnée sur la dot par le prédécés de sa femme, dont il n'a pas nommément disposé. Cette virile ne se mêle & ne se confond avec les biens d'une autre nature, que par une disposition particuliere; tant qu'on n'en dispose pas expressément c'est une espece de biens singuliere. *V. M. de Catellan, li. 4. chap. 28.*

10 Dans la Coûtume de *Toulouse* il s'observe que le mary gagne une portion virile de la dot, comme l'un des enfans: ainsi jugé; cette virile doit être reglée, eu égard au nombre des enfans vivans au temps du décés de celuy des conjoints qui meurt le dernier. *Ibid. chapitre 29.*

11 Si la portion virile de la donation de survie dûë au fils, est comprise dans le legs à luy fait, pour tous droits paternels, maternels, fraternels, & autres, à prendre sur les biens & heritages? Arrêt du Parlement d'Aix du 18. Avril 1673. qui juge l'affirmative. *Boniface, to. 5. li. 1. tit. 28. ch. 2.*

V I S A.

1 DES *Visa* que donnent les Ordinaires. *Voyez les Mémoires du Clergé, to. 2. part. 2. tit. 4.*

Voyez les mots *Benefice, Election, Examen, n. 16.* où sont rapportés les articles 2, 3, 4, & 5. de l'Edit de 1695. concernant la Jurisdiction Ecclesiastique.

2 Les Evêques donnant leur *visa* au Beneficier, ne peuvent connoître que de la capacité du Beneficier, & non de la validité de la provision. *Papon, livre 1. titre 4. n. 14.*

3 Les Curez pourvûs par le Pape, doivent avoir le *visa* de l'Evêque Diocesain ou de son Grand Vicaire. *Mémoires du Clergé, to. 1. part. 1. p. 195. & 196. & 996. art. 26.*

4 *Visa* des Ordinaires sur les signatures ou provisions en Cour de Rome. *Mem. du Clergé, to. 2. part. 2. p. 49. 52. & suiv. & p. 69. & suiv.*

5 Un écu, tant pour la lettre que pour le scel d'icelle. *Voyez l'Ordonnance de Blois, art. 12.*

6 Les provisions étant adressées *viciniori Episcopo*, attendu la vacance du Siege, & ayant été donné un *visa* au Clerc seculier par le Chapitre; jugé qu'il n'y avoit lieu à l'appel comme d'abus. *Voyez le Traité de la capacité des Ecclesiast.* fait par M. Du Perray, p. 637.

7 Le *visa* n'est point de la substance de la grace, il fait partie de son execution, cela est si vray qu'on ne considere pas la date du *visa*, mais celle des provisions. *Ibidem, p. 642.*

8 Par Arrêt du Parlement de Paris du 10. Février 1578. sur la Requête du Procureur General, il fut enjoint à tous Archevêques & Evêques de ce ressort de faire résidence en leurs Archevêchez & Evêchez, telle qu'ils sont tenus par le devoir de leurs charges, & par les constitutions de l'Eglise, & où ils s'absenteront de leurs Diocéses pour causes justes & légitimes, de commettre Vicaire en leur absence, & qui seront tenus bailler *visa*, & examiner ceux qui seront pourvûs *in formâ dignum*, & ordonne par maniere de provision & jusqu'à ce que autrement en soit ordonné, que pour ledit *visa*, les Archevêques & Evêques ou leurs Vicaires & Secretaires ne pourront prendre qu'un écu, tant pour la Lettre que pour le scel, & sera le present Arrêt lû & publié par

tous les sieges de ce reffort, même és Siéges des Officialitez, à ce qu'on n'en puiffe prétendre caufe d'ignorance. *Preuve des Libertez , to. 2. ch. 35. n. 71.*

9   Arrêt du Parlement de Paris du 27. Juillet 1590. par lequel la Cour ordonne qu'un pourvû aura le *vifa* d'un autre Evêque que de l'Ordinaire ; à caufe de la difficulté du temps. *V. les Preuves des Libertez , to. 2. ch. 20. n. 38.*

10   Les Evêques ou leurs Grands Vicaires donnans leurs *vifa* aux Beneficiers pourvûs en Cour de Rome, ne peuvent connoître que de la capacité du Beneficier, & non de la validité de la provifion. Arrêt du 17. Juillet 1601. au profit de Me. Philbert Foüillart appellant comme d'abus , contre les Chanoines de Mâcon intimés. *Bibliot. de Bouchel ,* verbo *Vifa.*

11   Arrêt du Parlement de Paris du 17. Juillet 1601. ou 1602. qui a jugé que les Evêques ou leurs Grands Vicaires, baillans leurs *vifa* aux Beneficiers pourvûs en Cour de Rome, ne peuvent connoître que de la capacité du Beneficier,& non pas de la validité de la provifion. *Filleau,* 4. part. quef. 9. & *Chenu,* 1. Cent. quef. 9.

12   Par Arrêt rendu au Parlement de Touloufe le 13. Mars 1697. il fut ordonné que M. de Maroite qui avoit obtenu le *vifa* du Vicaire General de Beziers fans être prefent , (car le *vifa* même marquoit l'abfence,) étant enfuite prefenté à M. l'Evêque de Beziers qui luy accorda un *vifa* dans toutes les formes requifes , il fut declaré y avoir abus dans le titre du Vicaire General, & ni en avoir point dans celuy de l'Evêque. *M. de Catellan , liv. 1. chap. 36.*

VISA, COLLATION ROYALE.

13   Les Collations que le Roy fait ne font point fujettes au *vifa*, à la referve desDignitez d'un Chapitre, quand le Roy les a conferées en regale , comme eft par exemple la Theologale. *Bibliotheque Can. to. 2. p. 186.*

VISA, EXAMEN.

14   De l'examen du Beneficier , & du *vifa* par luy obtenu. *Voyez Defpeiffes , to. 3. tit. 9. fect. 3. p. 433.*

15   Lettres publiées au Parlement de Bretagne le 2. May 1569. par lefquelles le Roy ordonne que tous pourvûs de Benefices-Cures fe prefenteront aux Collateurs , pour être informé de leur vie, doctrine & capacité , à la charge que les Examinateurs ne feront Officiers des Evêques ni Collateurs. *Du Fail , liv. 2. chap. 372.*

16   Signature de Cour de Rome *in formâ dignum ,* le *vifa* doit porter *fufficienti & idoneo examinato ;* l'examen eft neceffaire fuivant l'Ordonnance de Blois, article 12. & de Melun, art. 14. *Voyez M. d'Olive , liv. 1. chap. 16.*

17   Par Arrêt du Parlement de Touloufe du 18. May 1637. il a été jugé que le Vicaire du Chapitre ne pouvoit donner le *vifa fede vacante,* & ce conformément à la glofe de la pragm. tit. de collat. §. item circâ in verbo Legat. La raifon eft que vacante fede , Papa non dirigit litteras in formâ dignum aut difpenfationis Vicario capituli vacante fede , fed Epifcopo viciniori , aut ejus Vicario. Il y a eu depuis Arrêt du Confeil Privé du Roy du 8. Mars 1646. confirmatif du Reglement de 1635. fait en l'Affemblée du Clergé qui l'a ainfi arrêté. *Concile de Trente, Seff. 24. chap. 18. de reform.* Jovet, verbo *Provifions , art. 22.*

18   Le *vifa* ou *forma dignum* doit faire mention de l'examen , autrement il y a abus : cela eft fondé fur l'Ordonnance de Blois, *art. 12.* fur celle de Melun , *art. 14.* & fur l'avis de *Mornac , ad L. 1. ff. de procur.* qui dit que quoyqu'il y ait eu des Auteurs contraires, l'on n'en doute plus aujourd'huy , la Cour l'ayant ainfi jugé fur un *vifa* de M l'Evêque de Lefcar. Un Chanoine de Virens de Roüergue ayant retiré fon Benefice à Blanc fon neveu , qui avoit pris le *vifa* de M. l'Evêque de Rodés , quoyqu'il y eût *capaci & idoneo* , ni ayant ni *reperto* ni *examinato* , quoyqu'il

dit que ces mots préfupofoient l'examen , & qu'il apparût qu'il avoit été examiné , neanmoins à caufe de cette obmiffion , la Cour declara y avoir abus , & renvoya aux Requêtes où la caufe étoit pendante pour juger la complainte. Arrêt du 1. Decembre 1654. Blanc difoit encore que ces Ordonnances n'étoient point penales, & qu'il n'y avoit point de claufe irritante ; on rapporta un femblable Arrêt contre un *forma dignum* de M. de Mende. La même chofe fut jugée le 14. Janvier 1659. en faveur du nommé Boboul Prieur , contre Cariolis , d'un *vifa* d'un délegué par le Vicaire General d'Aix ; parce qu'outre que *delegatus non poteft fubdelegare* , il n'y étoit pas fait mention de l'examen. Cariolis voyant le premier défaut , en ayant pris un fécond du même Vicaire , quoyqu'il y eût *idoneo reperto* , parce qu'il n'étoit pas fait mention de l'examen, il fut declaré auffi abufif ; & l'on oppofoit un Arrêt du 18. Juillet 1673. où un *vifa* de l'Evêque de Condom fur le refus de l'Evêque de Letoure, ne fut pas declaré abufif, c'eft que le Titulaire étoit en poffeffion depuis fept ans : la Cour le maintint pour cette raifon ; bien plus M. Férrier ayant fait un titre à un nommé Roland, du Diocéfe de Nîmes un mois après l'examen , l'ayant fait *abfenti tanquam prafenti nuper examinato* , quoyque *nuper* fignifie *noviter , L. nuper ff. de leg. 1.* neanmoins il y eut partage , parce que *qua funt facti non retrovahuntur , fed qua funt juris , arg. l. 7. ff. de jure codicil. Albert ,* verbo *Evêque , art. 5.*

19   Arrêt du Parlement de Touloufe du 6. Mars 1676. qui met hors de Cour fur l'appel comme d'abus d'un *vifa* conçu fimplement en ces termes , *capaci & idoneo per nofque examinato.* On jugea que l'omiffion du mot *prafenti* n'eft la faute du Secretaire. M. l'Evêque de Vabres qui avoit accordé le *vifa,* declara que le pourvû étoit lors prefent. *Arrêts de M. de Catellan , liv. 1. chap. 47.*

20   Arrêt du Confeil du 24. Avril 1687. qui a caffé les Arrêts du Parlement de Provence , pour avoir pris connoiffance des matieres fpirituelles. *Boniface , to. 3. liv. 1. tit. 5. chap. 5.* Il s'agiffoit particulierement des *vifa*, pour le refus defquels il faut fe pourvoir aux Superieurs Ecclefiaftiques.

21   Arrêt du Parlement de Paris du 30. Decembre 1698. fur le fait de l'Eglife Metropolitaine de Reims , qui declare y avoir abus dans le *vifa* & conclufions capitulaires, données par le Chapitre de ladite Eglife Metropolitaine de Reims , au fieur Bachelier, fur les provifions par luy obtenuës en Cour de Rome , du Doyenné de ladite Eglife ; & ordonne que ledit Bachelier fe retirera pardevers Monfieur l'Archevêque & Duc de Reims , pour prendre fon *vifa* fur les provifions dudit Doyenné , s'il y échoit ; en confequence duquel il fera tenu de reïterer fon inftallation & prife de poffeffion dudit Doyenné. *V. le Recüeil de Decombes , Greffier de l'Officialité de Paris , partie 2. chap. 4. p. 691.*

VISA IN FORMA DIGNUM.

22   Les pourvûs à Rome en la forme *dignum* font tenus fe prefenter à l'Evêque , & être examinez pour obtenir leur *vifa,* & où les impetrans feront trouvez infuffifans & incapables , le Superieur auquel ils auront recours , ne leur pourra pourvoir fans precedente inquifition des caufes du refus ; lefquelles à cette fin les Ordinaires feront tenus d'exprimer & inferer aux actes de leur refus. *Ordonnance de Blois, art. 12. & 13. Edit de Melun , article 14.*

Voyez M. d'Olive , liv. 1. chap. 16.

23   Celuy qui a impetré du Pape un Benefice avec la claufe *in formâ dignum* , peut prendre fon *vifa* de l'Evêque par Procureur , & toutes & quantes fois que l'Ordonnance n'ajoûte point à peine de nullité. *peccari poteft contra edictum. Mornac , l. 1. ff. de procuratoribus & defenfori.*

24   *Qui impetravit Beneficium à Papa in formâ dignum ,*

M M m mm iij

& *ingreditur possessionem, & percipit fructus sine visa,* le Benefice est impetrable ; *Secus, in formâ gratiosâ, tunc potest ingredi possessionem servatis solemnibus.* Mornac, *l. 8. C. de actionibus empti. & l. 1. §. licet ff. de periculo & commod. rei vend.* Voyez la Conference des Ordonnances, *livre* 1. §. 83. Pour obtenir le Benefice du Pape *in formâ gratiosâ,* l'on envoye à Rome une attestation de vie & mœurs & doctrine de la personne ; dans les Cures cela est tres-difficile à obtenir.

25 Curé pourvû *in formâ dignum,* n'ayant pû obtenir le *visa,* fut dit sur l'appel comme d'abus que luy interjetté, qu'il se retireroit vers l'Evêque ou autre Vicaire pour luy délivrer le *visa,* & témoigner de sa capacité ou incapacité. Arrêt du Parlement de Paris du 3. Juin 1585 *Papon, liv.* 1. *tit.* 3. *n.* 8.

26 L'Evêque de Rodez ayant fait dépecher à un Prêtre son *formâ dignum,* pour y avoir omis *examinato & idoneo reperto,* a été jugé sur l'appel qu'il y avoit abus le 19. Janvier 1606. l'Evêque condamné en cent sols d'amende. *La Rochestavin, liv.* 6. *lettre* A. *titre* 5. *Arrêt.* 6.

VISA IN FORMA GRATIOSA.

27 Du *Visa* anticipé qui doit être envoyé en Cour de Rome pour obtenir des provisions en forme gracieuse. *Vide* M. *Duperray en sa capacité des Ecclés.* p. 630. *& suiv.* sçavoir s'il le faut de l'Evêque du Diocese de l'origine, ou du benefice, ou de la demeure actuelle.

28 Ce n'est que le Grand Vicaire qui a la jurisdiction volontaire, & non pas l'Official qui a la Jurisdiction contentieuse qui doit donner le *Visa* ; cependant il n'y auroit abus. *Vide ibid.* p. 636.

REFUS DU Visa.

29 Reglemens des Assemblées generales du Clergé, pour empêcher que les Evêques ou leurs Grands Vicaires ne donnent des *Visa* sur le refus de ceux dont ils ne sont pas superieurs, & qu'ils ne fassent d'autres entreprises les uns sur les autres. *Memoires du Clergé,* tome 2. part 2. p. 52. *& suiv.*

30 Nullité des *Visa* donnez au refus des Evêques Diocesains par d'autres que par leurs superieurs ordinaires. *Ibid.* p. 253. *& suiv.*

31 Défenses à tous Juges d'y avoir aucun égard, cassation des Arrêts rendus au contraire. *Ibid.*

32 Vicaire General déclaré incapable d'entrer aux assemblées du Clergé, pour avoir donné un *Visa* au refus de l'Ordinaire n'étant pas superieur. *Ibid.* p. 58. *n.* 15.

33 Les Vicaires generaux qui contreviennent aux Reglemens, doivent aussi être privez de leurs charges. *Ibid.* p. 59. *n.* 8.

34 Par l'Arrêt du Conseil privé du 11. Juillet 1670. le Roy cassant l'Arrêt du Parlement de Bourdeaux du 23. Février audit an, lequel sur le refus fait par M. l'Evêque de Sarlat, & son Metropolitain, de donner un *Visa* sur les provisions de Cour de Rome, d'un Curé du Diocese de Sarlat, avoit renvoyé la partie pardevant le premier Prêtre constitué en dignité, & tout ce qui avoit été fait en consequence, renvoye en Cour de Rome celuy qui avoit été refusé pour luy être pourvû, à qui il appartiendra. Rapporté dans les *Memoires du Clergé,* to. 2. *partie* 2. *titre* 4. *art.* 20.

35 Si en cas de refus de *Visa* par les Ordinaires, on peut se pourvoir ailleurs que pardevant les superieurs Ecclesiastiques ? *Vide Journ. des Aud.* to. 4. p. 2. *& suiv.* Arrêt du Conseil d'Etat privé du Roy, qui fait défenses au Parlement de Grenoble de contraindre les Ordinaires de donner des collations de benefices ou le *Visa,* & en cas de refus, luy enjoint de les renvoyer pardevant leurs superieurs Ecclesiastiques pour en connoître, & ce conformément à l'art. 64. de l'Ordonnance de Blois. *Vide Duperray,* p. 619. *& p.* 644 quand on a épuisé la dévolution, le Pape renvoye toûjours à l'Ordinaire; la Cour con-

serve aussi les Jurisdictions. Un Gradué ayant interjeté appel comme d'abus du refus du *Visa,* comme étant un deni de Justice, il fut ordonné que le Gradué se retireroit une seconde fois pardevers l'Ordinaire. *Voyez le Journ. du Palais* in 4. *part.* 7. p. 130.

36 Un Evêque avoit refusé de bailler le *Visa,* sous prétexte que le Chapitre s'y opposoit, & empêchoit qu'il ne le donnât, appel comme d'abus de ce refus. Par Arrêt du 17. Juillet 1601. il fut dit que mal & abusivement, le *Visa* a été refusé par l'Evêque. *Bibliotheque de Bonchel,* verbo *Visa.*

37 Un jeune homme ayant été pourvû d'une Chanoinie Theologale, par resignation en Cour de Rome, avec la clause *in formâ dignum novissimâ* se retire au Diocesain, pour avoir titre, Le Diocesain refuse, disant qu'il n'avoit pas étudié le temps porté par le Concordat, qu'il n'étoit, pas aussi *in sacris,* & n'avoit pas l'âge requis ; il a recours à l'un des Evêques voisins, qui l'examine & qui l'admet, aprés luy avoir apparu du refus par acte qui en avoit été dressé. M. le Procureur General releve appel comme d'abus de cette procedure, fondé sur ce que l'Evêque voisin n'avoit pas fait informer des motifs du Diocesain & de la verité d'iceux : On satisfait à cela en faisant voir que le sens de l'Ordonnance n'est pas qu'il soit enquis par témoins des causes du déni, lorsqu'elles se peuvent recueillir du discours du fait, & qu'il y a sujet de passer outre sans user d'autre instruction: on remontre qu'il y a diverses sortes de décrets ; *in formâ dignum,* & que celuy qui en appelle *in formâ dignum novissimâ,* n'est pas suivi de jugement contradictoire, qu'il suffit d'ailleurs que le Predicateur soit tonsuré, & qu'il peut être Predicateur nonobstant sa jeunesse, pourvû qu'elle soit accompagnée de prud'hommie & capacité. Par Arrêt du 6. Février 1604. la Cour déclara qu'en la procedure de l'Evêque de Lombez, il n'y avoit point d'abus. V. le 8. Plaidoyé de Puimisson.

38 *Visa* de la Cure de saint Flour, se doit demander à l'Ordinaire, & au refus à son superieur, non à Monsieur l'Evêque de Clermont. Arrêt du Parlement de Paris du dernier Juillet 1654. *Bardet,* tome 2. *liv.* 3. *chap.* 33.

39 Arrêt du Parlement de Provence du 13. May 1660. qui a jugé que les Evêques commettent abus, quand ils refusent le *Visa* sur la nullité des titres des pourvûs de benefice. *Boniface,* to. 1. *li.* 1. *tit.* 2. *n.* 17.

40 Un Clerc à *visa* pour se mettre en possession d'un Benefice, & luy refuse même les Ordres sacrez, ne peut se pourvoir au Parlement pour être renvoyé devant un autre Evêque ; mais il doit s'adresser au Superieur Ecclesiastique, & défenses au Parlement de Grenoble, conformément à l'article 64. de l'Ordonnance de Blois, de contraindre les Ordinaires de donner des collations de Benefices ou le *visa.* Jugé au Conseil d'Etat du Roy le 7. Decembre 1677. *Journal du Palais; Bibliotheque Canonique,* to. 1. p. 829. *& le Recueil de Decombes Greffier en l'Officialité de Paris,* part. 2. *chapitre* 4. *pag.* 727.

41 Arrêt du Conseil du 16. Avril 1680. qui casse celuy du Parlement de Provence, par lequel ce Parlement au lieu de renvoyer à un Evêque Superieur pour donner un *visa,* avoit renvoyé à un Evêque voisin. V. *les Edits & Arrêts recueillis par l'ordre de* M. *le Chancelier en* 1682.

42 Arrêt du Conseil du 2. Mars 1684. qui casse deux Arrêts du Parlement de Mets, par l'un desquels ledit Parlement avoit commis le Grand Vicaire de M. l'Evêque de Mets, pour donner un *visa* à un Prêtre pourvû en Cour de Rome, d'une Cure du Diocese de Rheims, sur le refus d'un des Grands Vicaires de M. l'Archevêque Duc de Rheims. *Idem* 1687.

43 *Nos Juges ne pourront maintenir en possession d'un Benefice, ceux à qui les Archevêques ou Evêques auront re-*

fafé des Vifa , fi ce n'eft en grande connoiffance de caufe , & fans s'être enquis diligemment, & avoir connu la verité des caufes du refus, & à la charge d'obtenir vifa defdits Prelats ou leurs fuperieurs avant de faire aucune fonction fpirituelle & Ecclefiaftique defdits benefices , art. 9. de l'Edit concernant la Jurifdiction Ecclefiaftique du mois d'Avril 1695.

40   Lorfque nos Cours & autres Juges auront permis aux pourvûs defdits Benefices , à qui les Archevêques ou Evêques auront refufé de donner des Vifa , d'en prendre poffeffion pour la confervation de leurs droits, ils ne pourront y faire aucunes fonctions fpirituelles ou Ecclefiaftiques , en confequence defdits Arrêts & Reglemens, art. 7. de l'Edit concernant la Jurifdiction Ecclefiaftique du mois d'Avril 1695.

V I S I T E.

Joannes Gerfon , de vifitatione Prælatorum , tomo 2.

Petrus Hubertus . de cultu vineæ Domini.

Francifcus Jacobi Trajectenfis, de modo vifitandi & corrigendi fubditos.

Vvenherus Rolevinck , de vifitatione Monafticâ.

Marianus Soccinus , de vifitatione , quæ fit à Prælatis Ecclefiarum.

De vfitationibus. Per Jo. Fran. Pavinum in Baculo Paft.

Per Pet. Suberti. in vineâ Domini.

Et per Marianum.

1   De la vifite des Evêques & Archevêques, & des droits de vifite. Voyez la Bibliotheque Cannonique , to. 2, page 669. Carondas , liv. 1. Rép. 58. Defpeiffes, to. 3. tit. 9. fect. 9. page 438. le petit Recueil de Borjon , to. 1. verbo Archevêque , & la Bibliotheque des Arrêts de Jovet , au mot Vifite des Ordinaires.

2   De la vifite des Archevêques, Evêques , Archidiacres, & autres. Memoires du Clergé, to. 1. part. 1. p. 223. n. 2. p. 225. n. 25. p. 439. jufqu'à 443. & 854. jufqu'à 961.

A quoi les Evêques doivent pourvoir dans leurs vifites. Ibidem.

Vifite des Eglifes , & la maniere de les vifiter. page 439.

Quelles font les chofes dont ceux qui vifitent, doivent particulierement s'informer ? p. 440.

Ce qui doit être principalement obfervé dans les vifites. Ibid. & p. 855. & 860.

3   De ce qui peut , ou ne doit être obfervé dans les vifites. Voyez cy-devant verbo Abus, n. 163.

4   La vifite fe faifant par d'autres que par l'Evêque, l'on n'eft point tenu d'aller au devant en Proceffion. Arrêt du 23. Novembre 1609. Bellordeau , liv. 3. Controverfe 72.

V i s i t e   d e s   A b b e z.

5   Abbayes déchargées de la vifitation. V. Tournet , lettre V. Arr. 23.

6   Les Abbez ont droit de vifite fur les Prieurez dépendans de leurs Abbayes , ils peuvent vifiter plus de deux fois l'an fur les Benefices dépendans de leurs Abbayes , & toties quoties. Arrêt de 1620. rapporté par Tournet, in litt. A. les Religieux de faint Martin de Paris furent déclarez mal fondez en leur appel comme d'abus des Ordonnances & vifites de Monfieur le Cardinal de Retz Archevêque de Paris.

V i s i t e   d e s   A r c h e v e s q u e s   e t   E v e s q u e s.

7   Des Archevêques & Evêques , & de leur vifite. Baffet , to. 2. liv. 1. tit. 2. chap. 3.

8   De la reception des Evêques dans leurs vifites. Mem. du Clergé, to. 1. part. 1. p. 401. & fuiv.

9   Vifite des Provinces par les Metropolitains. Ibid. page. 855.

10   L'Archevêque de Sens a droit de vifiter l'Eglife de Sens , Paroiffes en dépendantes , & l'Eglife Collegiale de Bray dépendante du Chapitre de Sens, comme auffi les Cloîtres des Chanoines defdites Eglifes ,

& l'Hôtel-Dieu de Sens , & tous ceux qui le defervent. Ibid. page 956. & fuiv. & tome 2. add. à la 1. part. p. 263. & fuiv.

11   L'Ordinaire dans le cours de fa vifite peut prendre une fois connoiffance du titre d'un Benefice. Un Evêque du Mans voulut fe faire reprefenter celuy que Sibille Prêtre difoit avoir de Chantre dans l'Eglife de la Trinité de Laval : il troubloit le fervice Divin par l'authorité qu'il fe donnoit dans l'Exercice de fes fonctions. Sur le refus qu'il fit de reprefenter fes titres , M. l'Evêque du Mans rendit fon Ordonnance , & déclara qu'il n'avoit aucun titre , & l'empêcha d'en faire l'exercice. Appel comme d'abus de l'Ordonnance. Arrêt qui déclare n'y avoir point d'abus. S'il y avoit eu un veritable titre , l'Ordonnance auroit reçu atteinte : mais comme les Evêques font les feuls competens de l'érection & fuppreffion des titres , qu'il ne s'agiffoit que de fçavoir fi Sibille en avoit un , & qu'il ne le reprefentoit point , l'Ordonnance ne faifoit qu'une déclaration de la verité du fait, conformément à la Pragmatique. V. M. Du Perray, en fon Livre de la capacité des Ecclefiaftiques , liv. 7. chap. 8. n. 44.

12   L'Evêque en procedant à fa vifite ne doit point fe pourvoir contre les Marguilliers pour les chofes facrées qui fe trouveront neceffaires , mais contre le Curé qui a dû les en avertir, & les y faire contraindre par leur Juge ordinaire. Arrêt du Parlement de Paris du 14. Octobre 1550. Papon , livre 1. titre 11. nombre 3.

13   L'Abbé de faint Valery prétendoit être exempt de la vifite de M. l'Evêque d'Amiens par une poffeffion immemoriale ; Dubois plaidoit pour l'Abbé , Robert pour l'Evêque , Bilin pour les intervenans : la caufe appointée le 5. Février 1664. & la provifion adjugée à l'Evêque ; l'on ne rapportoit aucuns titres de l'exemption ; on alleguoit qu'ils avoient été brûlez. Dictionnaire de la Ville n. 10771.

14   Les Archevêques & Evêques vifiteront tous les ans au moins une partie de leurs Diocefes , & feront vifiter par leurs Archidiacres , ou autres Ecclefiaftiques ayant droit de ce faire fous leur autorité , les endroits où ils ne pourront aller en perfonne , à la charge par lefdits Archidiacres , ou autres Ecclefiaftiques de remettre aux Archevêques ou Evêques dans un mois leurs procez verbaux de vifites , après qu'elles feront achevées , afin d'ordonner fur iceux ce qu'ils eftimeront neceffaire.

Ils pourront vifiter en perfonne les Eglifes Paroiffiales fituées dans les Monafteres , Commanderies , & Eglifes de Religieux qui fe prétendent exempts de leur Jurifdiction ; & pareillement , foit par eux , foit par leurs Archidiacres , ou autres Ecclefiaftiques , celles dont les Curez feront Religieux , & celles où les Chapitres prétendront avoir droit de vifite.

Les Archevêques ou Evêques pourvoiront en faifant leurs vifites (les Officiers des lieux appellez) à ce que les Eglifes foient fournies de Livres, Croix , Calices, Ornemens , & autres chofes neceffaires pour la celebration du fervice Divin ; à l'execution des fondations , à la réduction des Bancs , & même des fepultures qui empêcheroient le fervice Divin , & donneront tous les ordres qu'ils eftimeront neceffaires pour la adminiftration des Sacremens , & bonne conduite des Curez , & autres Ecclefiaftiques Seculiers & Reguliers qui deffervent lefdites Curez : Enjoignons aux Curez , Marguilliers , Fabriciens defdites Eglifes d'executer ponctuellement les Ordonnances defdits Archevêques & Evêques , & à nos Juges , & à ceux des Seigneurs ayant Juftice d'y tenir la main. article 14. 15. & 16. de l'Edit concernant la Jurifdiction Ecclefiaftique du mois d'Avril 1695.

Voyez le mot Archevêque , nomb. 22.

V i s i t e , A r c h i d i a c r e s.

15   Vifite des Archidiacres. Memoires du Clergé , tome 1. part. 1. p. 856.

Archidiaconorum avaritia vocantium in jus Curiones,
16 ut jura visitationum ex pluribus annis penderent, rejecta est à Senatu, le 8. Avril 1556. Mornac, lege unicâ codice de Amoniis & Capitu.

17 Les Prélats & Archidiacres doivent visiter en personne les Eglises & Cures de leur Diocese, & taxer leur droit moderément, & en cas d'empêchement legitime leurs Vicaires Generaux. Conference des Ordonnances, li. 1. §. 54.

18 Les Chapitres des Eglises Collegiales sont sujets à la visite & correction des Archidiacres. Arrêt du 16. Juin 1640. Du Frêne, li. 3. ch. 64.

19 L'Archidiacre dans ses visites a seul le droit de porter l'Etole, & les Curez obligez de la quitter en sa presence. Arrêt du 31. Juillet 1674. De la Guess. to. 3. li. 8. chap. 13.

20 Vicaires de Peronne déclarées n'être sujetes à la visite de l'Archidiacre, le Chapitre de Peronne étant Curé primitif. Jugé le 14. Août 1674. Ibidem, chapitre 14.

21 Bien que le Curé soit réduit à la portion congruë, neanmoins il doit payer le droit de visite de l'Archidiacre. Arrêt du Parlement de Paris du 30. Août 1678. Journ. des Aud. to. 4. liv. 1. ch. 11.
Visite des Archidiacres. Voyez le mot Archidiacre, nomb. 19.

VISITE, CHAPITRE.

22 L'Evêque de Toul peut visiter l'Eglise Paroissiale & Collegiale de Ligny, nonobstant l'exemption prétenduë par le Chapitre de ladite Eglise. Mem. du Clergé, to. 1. part. 1. p. 864.

23 Le Chapitre de Die étoit appellant comme d'abus d'une visite que l'Evêque de Valence avoit faite, & de ce qu'il avoit par une Ordonnance dispensé son Vicaire General de la résidence en un Canonicat de cette Eglise, ordonnant que les distributions quotidiennes luy seroient faites, alleguant que le revenu de ce Benefice ne consistoit qu'en cela, y ayant peu de gros fruits, & de ce qu'il avoit aussi rendu une Ordonnance portant qu'ils feroient faire certaines réparations, sous peine de privation de leur temporel : que l'Evêque avoit touché au temporel, il fut jugé au Parlement de Toulouse le dernier Juillet 1626. qu'il y avoit abus en ses Ordonnances. Quant à la visite il fut reglé à bailler par écrit, les Chanoines alleguant que par la déclaration des Cardinaux sur le chap. 3. de la sess. 24. du Concile de Trente, il n'y avoit point d'incompetence que le Chapitre eût droit de visite sans l'Evêque. Albert, verbo Evêque, art. 11.

24 Le Chapitre d'une Eglise Cathedrale ne peut faire les visites dans le Diocese sede Episcopali vacante. Arrêt du Parlement d'Aix du 26. Février 1693. contre le Prévôt de l'Eglise Cathedrale de Marseille, Grand Vicaire & Official ; le Promoteur condamné aux dépens. Journal du Palais in folio, to. 2. p. 834.

VISITE, CURES.

25 Visite des Cures, même de celles dépendantes des Communautez exemptes. Voyez le mot, Cure, nombre 154. & suiv.

26 De la visite des Cures dépendantes de l'Ordre de Malthe. Voyez le mot, Chevaliers, nombre 97. & suivans.

27 Les Chanoines Réguliers & autres Religieux, étant pourvûs de Cures, sont sujets à la visite de l'Evêque Diocesain, nonobstant tous les privileges & exemptions que leurs Ordres pourroient avoir. Memoires du Clergé, tome 1. part. 1. page 784. n. 5. & suiv. & page 202 jusqu'à 210.

28 Les Evêques Diocesains ont droit de visiter les Cures unies aux Chapitres, & autres Communautez, ou Benefices. Memoires du Clergé, tome 1. part. 1. pag. 854. & suiv.
Même les Cures dépendantes des Chevaliers de Malthe. p. 860. & suiv. & p. 472. & suiv. & encore 470.

Pareillement celles qui sont desservies dans les Eglises exemptes. pag. 864. & 871.

29 Chenu, tom. 1. part. 1. tit. 1. chap. 50. rapporte un Arrêt du 25. Janvier 1629. en faveur des Evêques, qui soûmet à leur visite les Eglises Paroissiales dépendantes de l'Ordre de Malthe, conformément à l'Ordonnance de 1606. portant que les Cures étant dans les Monasteres, Commanderies, & autres Maisons qui se prétendent exemptes, seront visitées par les Evêques, à la charge que la visitation se fera par eux en personne, & sans prendre aucun droit. Il a été ainsi jugé au profit de M. l'Evêque de Poitiers ; mais son Archidiacre a été exclus, dans le cas même d'un Curé, qui n'étoit point Prêtre de l'Ordre de Malthe, mais un Seculier ; cet Arrêt est aussi rapporté au 1. tom. du Journal des Aud. liv. 12. ch. 32.

30 Arrêt du 25. Janvier 1629. qui juge qu'une Cure dépendante de l'Ordre de Malthe, est sujette à la visite de l'Evêque en personne & sans frais. Journal des Aud. tom. 1. liv. 12. chap. 32. & Bardet, tome 1. li. 3. ch. 22.

31 Les Curez exempts de la Jurisdiction des Ordinaires, & soûmis à la Jurisdiction du Chapitre ; mais laissent d'être sujets à la visite & correction des Ordinaires, en ce qui regarde leurs fonctions Curiales, & administration des Sacremens. Jugé le 1. Juin 1646. Du Frêne, li. 4. ch. 42.

32 La Cure de Saint Maximin du Diocese d'Aix, est demeurée unie au Monastere des Religieux de Saint Dominique Reformez de la Ville de Saint Maximin ; par Arrêt du Parlement de Paris du 20. Août 1667. à la charge qu'ils présenteront un de leurs Corps à l'Archevêque Diocesain pour desservir la Cure, qui sera sujete à la Visite & Jurisdiction, comme les autres Curez, & ne pourra être révoqué sans sa permission, sans que les Religieux puissent prétendre d'autres droits Episcopaux. Biblioth. Canon. tome 1. page 369.

VISITE, DOYENS.

33 De la visite des Doyens Ruraux. Mem. du Clergé, to. 1. part. 1. p. 855.

DROITS DE VISITE.

34 Frais de visite, ou droits dûs à l'Evêque. Memoires du Clergé, to. 1. part. 1. p. 855. & suiv. & 507. jusqu'à 910. & Tournet, let. V, Arr. 19.

35 Le droit de visiter peut appartenir à deux Evêques, si le Benefice & ses annexes sont en leurs Dioceses. Bellordeau, part. 2. li. 9. Contr. 71.

36 L'Evêque de Grasse maintenu au droit de visiter les Paroisses dépendantes de l'Abbaye de Saint Honoré de Lerins, de la Congregation de Mont-Cassin. Memoires du Clergé, to. 1. part. 1. p. 865. & suiv.

37 Contre les visites des Archidiacres & Archiprêtres, & les exactions qu'ils commettent sous l'ombre de leur droit de procuration. V. M. le Prêtre, 4. Cent. chap. 72. & Chenu, quest. 104. & 105.

38 Le droit des Evêques ne doit se payer qu'en paste, suivant la décision de Boniface VIII. rapportée in cap. si Episcopus. de off. ord. num. 6. & comme il a été jugé par Arrêt du 12. May 1585. rapporté par Tournet, lettre V. Arr. 19. au contraire du droit, vide tit. Decretalium de censib. extrà & in 6. & an acquiri possit & præscribi possit tempore. Aufert. in decisione Tolosanâ 332. Oldradum, Consil. 172. & 243. Chop. lib. 2. de sacrâ polit. tit. 7. n. 11. & Monast. li. 2. tit. 1. n. 14. Can. inter. cætera 10. qu. 3. & Concil. Trid. sess. 24. chap. 3.

39 Le droit de visite se peut prescrire par une longue possession de franchise, exemption & liberté, pourvû qu'elle soit fondée en Privilege, ou sur une speciale Transaction & Concordat ; mais ce qui est fondé sur le Droit commun, ne se peut prescrire, suivant la Constitution du Pape Innocent III. in cap. 1. cum inoff. de præscript. Guillelmus de Monte Lauduni, ad cap. 1. de censib. Vid. Bellordeau, dans les Statuts de l'Eglise d'Autun. Rubr. 16. de appellat. §. 1.....

Pij

40 · Par Arrêt du 8. Avril 1556. l'Archidiacre d'Auxerre fut maintenu en la possession de prendre le droit de visitation *in peçunia aut in pastu*, au choix du Curé ou Vicaire, en faisant par l'Archidiacre la visitation en propre personne, & en faisant inquisition & procés verbal des heretiques. *Biblioth. de Bouchel*, verbo, *Visitation*.

41 · Les droits de visite s'appellent Procuration, *Procurationes propter jus visitationis debita cap. 23. de censib. visitationis & procurationis Sarcina procurationum visitationibus annexæ. Can. venerabilis eod.* & cela consistoit en la nourriture des Visiteurs & de leurs chevaux. *lib. 4. capitul. cap. 59. in victu & pabulis*; c'est pourquoy le Chapitre *cum Apostolus de censibus*, dit *præter pabula equorum, cibos etiam necessarios, non Epulas solemnes præstari*; & ces droits se taxent par la Cour Seculiere aux Archidiacres visitans les Eglises Paroissiales de leur Archidiaconat. Arrêt du Parlement de Dijon du 1. Février 1559. rapporté par *Févret, en son Traité de l'abus, li. 3. ch. 4. n. 7.*

42 Visitation taxée en deniers, rejettée & déclarée abusive, par Arrêts du Parlement de Paris des dernier Août 1566. & 11. May 1585. *Tournet, let. V. Arr. 23.*

43 · Par Arrêt du 22. Avril 1567. jugé que les droits de visitation se payeront *in pastu vel in pecuniâ*, au choix du Curé ou Beneficier, ordonné que cet Arrêt seroit publié au Diocese de Meaux. *Bibliot. de Bouchel*, verbo, *Visitation*.

44 Droits de visite dûs aux Evêques & Archidiacres, se poursuivent pardevant l'Official. Arrêt du Parlement de Bretagne du 29. Avril 1572. *Du Fail, liv. 1. chapitre 338.*

45 Le droit de visite peut appartenir à deux Evêques, si les Benefices & leurs annexes sont en leurs Dioceses. Arrêt du 18 Février 1609. *Bellordeau, part. 2. liv. 3. Contr. 71.*

46 Les Archevêques, Evêques, & leurs Archidiacres, ne peuvent user de contraintes contre les Beneficiers pour leurs droits de visite. Jugé les 12. May 1583. & 31. May 1593. *Chenu. 2. Cent. qu. 4.*

47 Par Arrêt du 23. May 1583. rapporté par *Févret, Traité de l'Abus, li. 3. ch. 4. n. 7.* jugé que les arrerages du droit de visite ne se peuvent demander. Il y en a aussi plusieurs Arrêts rapportez par *Chenu, en ses Questions notables*; il est à observer que les Cours Souveraines ont débouté les Evêques de la répetition des droits de Procuration & Visitation, s'ils ne l'avoient faite en personne, n'étant pas dûs, *nisi iis qui personaliter munus visitationis impendunt, cap. Procurationes de censibus*, à quoy sont conformes les *art. 6. de l'Ordonnance d'Orleans, & 23. de celle de Blois,* & les Arrêts rapportez par *Chopin, de sacrâ Polit. li. 2. ch. 7. n. 1.*

48 Recteurs ou Curez doivent nourrir l'Evêque lors de la visite, ou payer les droits, qui sont 3. liv. 18. f. & aller au devant en procession. Arrêt du Parlement de Bretagne du 23. Novembre 1609. *Sauvageau, sur Du Fail, li. 2. ch. 136.*

49 Pour la visitation de chaque Paroisse, est dû par le Recteur à l'Evêque 13. liv. 18. fols. Arrêt du Parlement de Bretagne du 2. May 1614. *Bellordeau, part. 2. liv. 9. Contr. 74.*

50 Droit de visite sur les Curez, appartient à l'Evêque, ou en son absence à ses Grands Vicaires, & non à l'Archidiacre. Jugé au Parlement de Paris le 5. Février 1624. en faveur de l'Evêque de Senlis. *Bardet, tom. 1. li. 2. ch. 3.*

51 En 1568. il a été jugé que le droit de visite seroit payé en argent. En 1640. jugé au Privé Conseil, que l'Evêque de Valence feroit sa visite, pourvû que ce fût en personne, & sans frais ni droit de Procuration. *Voyez M. Louet & son Commentateur, lett. V. som, 4.* Voyez *Carondas, liv. 1. Rép, 58.*

52 Le Mardy 7. Janvier 1668 Audience, Grand'-Chambre, plaidans Robert & Abraham, l'Evêque

Tome III.

d'Amiens touchant le droit de visite, gagna sa cause contre le Chapitre de Roye. *D. Et. de la Ville n.* 10773.

53 Un Curé, quoyque réduit à sa portion congruë, doit payer les droits de visite de l'Archidiacre, & non les gros Décimateurs. Jugé à Paris le 30. Août. 1678. *Journal du Palais.*

VISITE DES EVESQUES.

54 Voyez *cy-dessus le nombre 7. & suiv.* & le mot, *Evêque à nombre 266. & suivans*, & le mot, *Taxe, nombre 27.*

55 Visitation se doit faire par l'Evêque en personne. *Bellordeau, part. 2. li. 3. Contr. 50.*

56 Si la visitation se fait par autres que par l'Evêque, on n'est point tenu d'aller au devant en procession. Arrêt du Parlement de Bretagne du 23. Novembre 1609. *Ibid. li. 9. Controv. 71.*

57 Un Evêque faisant sa visite, doit être honnêtement regalé. *Tournet, lettre V. art. 22.*

VISITE, HOPITAUX.

58 De la visite des Hôpitaux. *Voyez* le mot *Hôpital, nomb. 101. & suiv.*

VISITE, PRISONNIERS.

59 Visite des Prisonniers. *Voyez* le mot *Prisonniers, n. 90. & suiv.*

VISITE, RELIGIEUX.

60 Visitation ne se fait en plusieurs Monasteres de l'Ordre de Saint Benoît, prétendans être exempts. *Bellordeau, part. 2. l. 9. controver. 69.*

61 *Inter Religiosos, Priorem & Conventum Sancti Martini de Campis juxtà Parisios, ex unâ parte, & Abbatem Cluniaci ex alterâ dictum fuit, quod dicti de sancto Martino non sunt admittendi ad proponendum quod dictus abbas non possit visitare in dicto privatu suo plusquam bis in anno : & manu tenebitur in possessione & saisinâ per ipsum allegatis, dictos religiosos, in expensis condemnandos.*Bibliotheque de Bouchel *verbo* Visitation.

62 Les Religieux de Saint Martin des Champs prétendoient qu'on ne pouvoit pas faire deux visites en l'année dans leur maison. Jugé au contraire. *Vide Du Moulin, to. 2. p. 581.*

63 Abbez & Abbesses, Prieurs, Prieures n'étant chefs d'Ordre, ensemble tous Chanoines & Chapitres, tant seculiers que reguliers des Eglises Cathedrales ou collegiales, sont indifferemment sujets à la visite du Prelat sans qu'ils puissent s'aider d'aucun privilege. *Conference des Ordonnances, liv. 1. §. 58.*

64 Visite des Eglises exemptes. *Memoires du Clergé, to. 1. part. 1. p. 855.*

65 L'Evêque d'Amiens peut visiter l'Eglise paroissiale de S. Vallery dépendante de l'Abbaye du même nom. *Memoires du Clergé, to. 1. part. 1. p. 878. & suiv.*

66 Visite des Monasteres. *Memoires du Clergé, to. 1. part. 1. p. 858. & suiv. & 903. jusqu'au 910.*

67 Visite des Monasteres de Religieuses. *Memoires du Clergé, to. 1. part. 1. p. 911. & suiv.* Vide supra verbo *Religieux.*

Visite des Monasteres, to. 1. part. 1. p. 858. & 859. n. 12. & to. 2. part. 2. p. 11. & suiv.

68 L'Evêque d'Avranches maintenu au droit de visiter l'Eglise paroissiale du Mont Saint Michel qui dépend de l'Abbaye du même lieu, & qui est à la collation de plein droit de l'Abbé. *Memoires du Clergé, to. 1. part. 1. p. 867. & suiv.*

69 Les Religieux de l'Abbaye de S. Melaine, quoiqu'aggregez à la Congregation des Monasteres exempts de l'Ordre de S. Benoît en France, ne laissent pas d'être sujets à la visite de l'Evêque Diocesain. *Memoires du Clergé, to. 1. part. 1. p. 904. & suiv.* La même chose jugée à l'égard des Chanoines reguliers de l'Abbaye de S. Victor de Paris, nonobstant un acte qui a préjudice de l'union qui avoit été faite à la Congregation réformée des Chanoines reguliers de France. *Ibid. p. 901.*

70 · Les Prêtres de la Congregation de la Doctrine Chrétienne, sont sujets à la visite des Evêques. *Me-*

moires du Clergé, to. 2. add. à la premiere part. p. 170.
& suivantes.

71 Visite des Eglises des Religieux par l'Evèque Diocesain. Memoires du Clergé, to. 1. part. 1 p. 991.

72 En l'absence d'un visiteur d'un Ordre, autres &
d'un autre Ordre, peuvent être commis pour visiter un Monastere. Arrêt de l'an 1599. cité par Peleus,
liv. 2. act. 20.

73 Quoique les Monasteres Benedictins soient sujets
à l'Evèque, selon les Ordonnances Capitulaires de
Charlemagne, conformes à la disposition du Droit Canon, cela n'empeche pas la visitation des superieurs,
sans préjudice du Droit de Visitation appartenant à
l'Evèque comme Diocesain, jugé au Parlement de
Rennes le 25. Janvier 1602. pour le Pere Regnauld
Provincial des Benedictins contre M. l'Evèque de
Vannes, & les Religieux des Abbayes de Saint Melaine, Saint Gildas de Rhuis, Saint Gildas de Boys,
& de Blanche Couronne, confirmé au Grand Conseil le dernier Mars 1604. contre Jean Girard Prieur
Claustral, & Mathieu Ferry, Religieux Profez en
la même Abbaye de Saint Gildas de Rhuis. Bibliot.
Can. to. 2 p. 11. col. 2

74 Les Abbayes & Monasteres de la Congregation
Benedictine, doivent souffrir la visitation & réformation du General & Provincial. Arrêt du Grand
Conseil du dernier Septembre 1605. contre les Religieux de l'Abbaye de Marmoutier. Biblioth. Can.tome
1. p. 11. col. 2

75 L'Ordonnance d'Henry IV. de 1606. porte que les
Evèques pourront visiter les Eglises paroissiales, situées és Monasteres, Commanderies & Eglise des
Religieux qui se prétendent exempts de la Jurisdiction des Ordinaires, sans préjudice de leurs privileges en autre chose, ce qui est confirmé par l'Ordonnance de Loüis XIII. de l'année 1619.
Lorsque ces sortes de questions se sont presentées
elles ont toûjours été décidées par les Parlemens en
faveur des Evèques. Arrêt du Parlement de Paris en
1658. contre l'Abbé de Saint Maur. Bibliot. Can. 10.
2. p. 450.

76 Visitation des Religieux de saint Melaine de Rennes de l'Ordre de saint Benoist, ordonnée être faite
par l'Evèque de Rennes. Arrêt du privé Conseil
du 21. Juin 1624. Tournet, lettre V. art. 33.

77 Voyez le cinquié me Plaidoyé de M. Patru, prononé
cé au Grand Conseil en Juin 1644. pour les Religieuses de Nôtre-Dame de Nevers, appellantes comme
d'abus de la visite que l'Evèque avoit prétendu faire
dans cette Abbaye, & de toute la procedure extraordinaire par luy faite contre leur Confesseur.

78 Arrêt du 6. Mars 1653 qui déclare l'Abbaye de la
Regle Ordre de Cluny, sujette à la visite, & toute
autre Jurisdiction & superiorité de l'Evèque de Limoges. Voyez le 25. Plaidoyé de M. Gaultier, to. 1.

79 Le 26. Août 1653. Arrêt du Conseil Privé servant
de reglement, par lequel l'Evèque du Puy maintenu
au droit de Visite seulement contre des Religieuses.
Henrys, tome 2. liv. 1. q. 1.

80 Bien que de droit commun l'Evèque soit fondé à
visiter toutes les Eglises paroissiales de son Diocese;
neanmoins il y a de certains privileges attachez aux
chefs d'Ordres Religieux, qui font une exception
au Droit commun, comme il a été jugé par Arrêt du
Parlement de Grenoble du 13. Août 1663. pour l'Abbé & Superieur General de l'Ordre de Saint Antoine, appellant comme d'abus de la visite faite par
l'Archevèque & Comte de Vienne dans la Cure de
Saint Antoine. On disoit en faveur de l'Evèque, que
le Concile de Vienne en Dauphiné, a voulu que les
Eglises paroissiales dépendantes des Religieux
exempts, fussent entierement sujetes à la Jurisdiction
de l'Evèque Diocesain, nonobstant qu'elles soient
servies par des Religieux; les constitutions canoniques ne font point de difference de Paroisses regu-

lieres ou seculieres, ou non exemptes pour ce qui
concerne les fonctions curiales, & administration des
Sacremens, dont il y a eu Arrêt au Parlement de Paris le 7. Mars 1646. par lequel Monsieur l'Evèque de
Seez fut maintenu au droit de connoître de toutes les
fautes, crimes & malversations commises par les Religieux & Curez de son Diocese. Bibliotheque, Can. to.
2. p. 448.

81 Les Religieux de Saint Maximin en Provence, sont
sujets à l'Archevèque d'Aix leur Diocesain, pour la
Cure de Saint Maximin; & ledit Archevèque y a
droit de Jurisdiction, visite & correction, nonobstant les Bulles de Boniface VIII. Sixte IV. & autres
Papes: ainsi jugé par un bref d'Urbain VIII. donné
le 12. Novembre 1639. par l'avis de la Congregation
des Cardinaux, rapporté dans les Memoires du Clergé, to. 1. tit. 1. ch. 4. art. 16.

VIVRES.

V Ivres. Cibaria Annona.
De Lege Julia de annona. D. 48. 12 . . . . I. 4.
ult. §. ult. Des abus commis en la police des Vivres,
comme amas de blé, monopole, &c.
De pretio panis Ostiensis. C. Th. 14. 19.
De pretio piscis. C. Th. 14. 20.
Vivres, pour signifier l'entretien. I. 234. §. 2. D.
de verb. sign.
Voyez les mots Alimens, Bled, Nourritures, Pro-
visions, & Bouchel, verbo Vivres.

UNDE VIR ET UXOR.

P Ar la Loy unique au Code li. 6. tit. 18. la succession du mary est déferée à la femme, & la succession de la femme au mary, quand il n'y a point d'autres heritiers.
Cette Loy a lieu quoique l'un ou l'autre des conjoints soit bâtard; ainsi jugé au Parlement de Paris
le 23. May 1630. conformément aux conclusions de
M. Talon Avocat General, qui suivant l'o-
pinion de Du Moulin en France, istud jus utitur ex contractu matrimonii non ex successorio edicto, qu'il se con-
tractoit une alliance & affinité entre le mary & la
femme par leur mariage. M. Talon ajoûta que la
cause du fisc étoit toûjours mauvaise sous les bons
Princes, & que prudemment le Jurisconsulte a répondu, non errare eum qui in dubiis fisci quæstionibus contra fiscum responderit. Journal des Aud. to. 1. liv. 2.
chap. 78.
Voyez cy-dessus le titre des successions, nomb. 587.
& suiv. & le Dig. li. 38. tit. 11.

UNION.

1 D E unionibus Eocles. & Beneficiorum. Per Petrum
de Ubaldis.
Per Jo. Bap. Cacialupum.
Et Per Thom. Campeg. in tract. de potestate Roma.
Pontificis.

2 Petrus de Perusio a fait un Traité des unions, il est
cité par du Moulin & Chopin.

3 Voir Oldrade au Conseil 261. où il examine les
causes requises pour les unions. Defin. Can. p. 887.

4 D'unions de benefices. Voyez Carondas, liv. 7.
Rép. 132. Papon, liv. 3. tit. 7. & la Bibliotheque des
Arrêts de Jouet, p. 73. La Bibliotheque Canonique,
tome 2. verbo Union, p. 671.

5 De variis unionum speciebus. Voyez Pinson, au titre
de Beneficiorum sectione, cap. 3. ad vocabulum quædam,
où il examine.
Quæ Beneficia uniri possint vel non?
Quinam uniones facere possint.
De forma & conditione unionum.
De revocatione unionis.

6 De l'union ou suppression des Prébendes. Voyez
le mot Prebendes, 57. & suiv.

7 Union des Benefices faite auparavant cent ans, appel-

lée par Chopin , *Sacerdotiorum unio plus quàm secularis,* en son Traité de *sacr. polit. liv. 2. tit. 6. nomb. 8.*

8   Des causes des unions des Benefices. *Voyez Tournet , lett. V. Arr. 42.*

9   *De unionibus Beneficiorum. Voyez Rebuffe ,* 1. part. *praxis Benef.* Il explique la 21. regle de Chancellerie Romaine , *de unionibus.*

10   Ceux qui peuvent unir les Benefices , sont premierement l'Evêque , quant à ceux de son Diocese. Rebuffe , *Prat. Benef.* part. 1. chap. 51. nomb. 22.

L'Archevêque de même peut unir ceux de son Diocese , mais non pas ceux qui sont de la collation de son Suffragant, *Ibidem , nomb.* 29. & 30. *Ordonnances d'Orleans , art.* 16. de Blois , *art.* 22. 23. de Melun , *article* 27.

11   L'union ne doit être faite que pour cause utile & necessaire , comme si deux Eglises Paroissiales , voisines étoient l'une , ou toutes les deux ruinées par la guerre. Rebuffe , Prat. Benef. part. 1. chap. 51. nomb. 11. 38. 40. & sur la regle 12. *de Chancel.*

Ou par une grande mortalité. *Ibidem.*

Ou quand le revenu des Cures & Eglises Paroissiales , n'est pas suffisant pour entretenir le Curé. *Ordonnances , de Blois ,* art. 21. *Edit de Melun ,* art. 27. *Ordonn. d'Orleans ,* art. 16. Rebuffe , *ibid.* nomb. 39. 40. 41. & quand le revenu du Monastere ne peut entretenir les Moines. Rebuffe , *ibid.*

12   Quand il y a tel nombre de Prebendes dans les Eglises Cathedrales ou Collegiales , que le revenu avec la distribution quotidienne , ne suffit pas pour soûtenir honnêtement le titre de Chanoine selon la qualité des lieux , & des personnes. *Ordonnances de Blois ,* art. 23.

13   Et par cette union l'une des Eglises est soûmise à l'autre comme accessoire, & l'autre est la principale & superieure. Rebuffe , ibid. nomb. 12.

Ou elles demeurent toutes les deux également principales sous un seul Evêque ou Recteur. *Ibidem ,* nomb. 15.

14   On reconnoîtra par les termes & par la maniere de l'union , si l'une des Eglises est à l'un des Benefices seront sujets à l'autre. *Ibidem , nomb.* 19.

Comme quand il est dit qu'une telle Eglise est unie à cette autre, il semble pour lors que cette telle Eglise est baillée pour accessoire à l'autre; mais s'il étoit dit que les Eglises sont unies ensemble , on ne pourroit pas discerner laquelle seroit la principale , il faudroit alors regarder , si l'une est plus digne , & plus relevée que l'autre , auquel cas la plus digne seroit reputée la principale , & l'autre l'accessoire. Rebuffe , *Prat. Ben.* part. 1. chap. 51. nomb. 16. 17. 18. 19.

S'il n'appert pas laquelle est la principale des deux , elles seront également principales. *Ibid.* nomb. 20.

Et celuy qui a les Benefices , ou les deux Eglises , peut demeurer au lieu qui luy sera le plus commode. *Ibidem ,* nomb. 21.

15   L'union se peut faire de tous Benefices , tant seculiers que reguliers , même des Evêchez. Rebuffe , *Prat. benef.* part. 1. chap. 1. chap. 65. nomb. 3. 4. 5. Févret , *de l'Abus , liv.* 2. chap. 3. art. 1.

16   Le Pape & les Archevêques , Evêques , ou autres fondez en puissance legitime , peuvent unir les Benefices , & de deux n'en faire qu'un , quand la necessité de l'Eglise , ou l'évidente utilité le requiert. Févret , traité de *l'Abus , liv.* 2. chap. 4. art. 1.

17   Les unions faites sans exprimer la cause & sans y appeller ceux qui y ont interêt , sont nulles , & peuvent être perpetuellement révoquées & cassées par appel comme d'abus , par quelque personne qu'elles ayent été faites. Rebuffe , *ibid.* chap. 51. nomb. 43. 44. 45. & 47. Cod. Fab. liv. 7. tit. 18. def. 8.

18   L'on n'ajoûtera aucune foy à l'Acte d'union , quoy-qu'il porte que les solemnitez requises ont été observées à moins qu'il n'en apparoisse. Rebuffe , *Prat. benef.* part. 1. chap. 51. nomb. 4.

        Tome III.

19   Les interessez sont ordinairement l'Evêque & le Chapitre , qui doivent être appellez pour prêter consentement à l'union. Rebuffe , *ibidem ,* chapitre 51. nombres 1. & 2.

Lesquels refusans leur consentement sans cause legitime , on ne laisseroit pas de passer outre. *Ibidem ,* chap. 52. nomb. 3. 4. 5.

20   Les interessez dans les unions peuvent prêter leur consentement devant lesdites unions, ou même après qu'elles sont faites. Rebuffe , *ibidem.* chapitre 76. nombres 10. 11.

21   Le Benefice uni peut être obtenu sans Declaration précedente. Rebuffe , *Prat. benef.* part. 1. *chapitre* 52. nomb. 1. 2.

Laquelle n'est requise qu'en cas d'obreption. *Ibid.* nombre 3.

22   Le Pape dispense quelquefois , ceux , qui tiennent deux petites Eglises , de dire deux Messes les jours de Dimanche , & de Fête , une en chacune des Eglises. Rebuffe , *Prat. benef.* part. 1. chap. 53. nomb. 4.

23   Quelquefois la collation est reservée au Prieur par la fondation ; mais l'autorité de l'Evêque y doit toûjours intervenir. Rebuffe , *Prat. benef.* part. 1. chap. 53. nombre 13.

24   L'union peut être faite des Benefices reservez & même de ceux qui sont possedez. Rebuffe , *Prat. benef.* part. 1. chap. 65. nomb. 25. 31. 33. part. 2. chap. 4. nombre 56. 57.

Mais l'union ne pourra avoir d'effet qu'après la mort de celuy qui a la grace expectative. Rebuffe , *ibidem.*

25   Aux Provisions que l'on obtient de ces deux Benefices, il n'est pas necessaire de faire mention du Benefice , ni de l'Eglise qui a été unie accessoirement à l'autre , mais seulement de la principale. Rebuffe , *Prat. benef.* part. 1. chap. 51. nomb. 13. 14.

26   Mais si elles sont toutes deux également principales , il faudra faire mention de toutes les deux , autrement les Provisions seroient nulles. *Ibid.*

27   Les inferieurs , soit Prieurs ou Abbez , ne peuvent proceder à l'union des Benefices , ni à leur désunion , à moins qu'ils n'en ayent prescrit le droit. Rebuffe , *Prat. benef.* part. 1. chap. 51. nomb. 32. 33. 34. 35. chapitre 54. nomb. 20. 21.

28   Elle se peut faire à temps , ou à perpetuité ; mais les unions à temps ne sont pas reçûes en France. Rebuffe , *Prat. benef.* part. 1. chap. 51. nomb. 6. 7. 8. 9. 46. Févret , *Traité de l'Abus , liv.* 2. chap. 3. art. 2.

29   *Constantiani Concilii decretum , de Beneficiis non copulandis , etiam de Joannitarum & Lazarianorum provinciis , quas vocant preceptorias , esse intelligendum.* Vide Luc. fol. 305.

30   *Beneficiorum vel Collegiorum Ecclesiasticorum conjunctionem non rectè factam, provocatione à veluti abusu , convelli , etiam si longissimum tempus intercesserit.* Vide Luc. ibid.

31   *Adversus Beneficiorum copulationem , antè Constantianam Synodum factam , à veluti abusu provocationem non esse recipiendam , sed ad summum Pontificem recurrendum.* Ibidem.

32   *Ecclesie status an per unionem alteretur ?*

Beneficii uniti in impetratione mentionem facere an , & quando necessum sit ?

Ecclesia exempta , si Ecclesie non exempta uniatur exemptionis privilegium perdit. Voyez Franc. Marc , tome 1. quest. 1567.

33   L'union ne peut être faite des Benefices Reguliers. Henry III. 1579. art. 23.

34   *Non presumitur unitum ex diurnitate ; potest impetrari malè unitum: solus Pontifex non potest unire ; & si, appellatur tanquam ab abusu; unio fit per ordinarios.* Voyez Mornac , l. 10. Cod. de petitione hereditatis.

35   On ne peut unir des Benefices libres à ceux qui sont en patronage. *Memoires du Clergé , tome* 2. part. 2. page 73. & 74.

        N N n n n ij

36 Union non exécutée n'empêche la Provision d'un Benefice. Arrêt du Parlement de Bourdeaux pour la Porterie de Saint Pancrace d'Agen, *Cap. fin. de concess. Preb. in 6. V. la Bibliotheque de Bouchel, verbo, Union.*

37 Union de Benefice libre à celuy qui est en patronage, déclarée nulle. *Memoires du Clergé, tome 2. part. 2. page 73.*

Union des Benefices simples aux Canonicats pour en augmenter le revenu, lorsqu'il n'est pas suffisant. *Ibid. tome 1. part. 1. page 119. & 800. nomb. 15.*

38 Les Ecclesiastiques moindres que l'Evêque ne peuvent pas faire ladite union. *Voyez Despeisses, tome 3. page 426.*

Le Pape seul peut unir les Evêchez.

Dans un Patronage laïc, il faut le consentement du Patron, il faut une cause pour l'union, information préalable, consentement des Paroissiens, elle peut être révoquée par juste cause, comme si la pauvreté cesse.

L'union faite à temps est nulle.

Commanderies de S. Jean de Jerusalem ne peuvent être unies. *Ibidem.*

39 Union de deux Benefices n'empêche la nomination de l'Ordinaire, si les Bulles ne sont levées du vivant du Pape, ni possession prise du Benefice uni, en ce cas on juge qu'il y a inexecution. Arrêt du Parlement de Bourdeaux pour la Porterie de S. Pancrace d'Agen. *Papon, liv. 8. tit. 9. nomb. 4.*

40 Les Evêques pourront proceder à l'augmentation du revenu des Prebendes du consentement du Chapitre & des Patrons, (lorsque le revenu & les distributions quotidiennes des Chanoines ne suffisent pour les entretenir honnêtement selon leur état, & degrez) comme aussi, ils pourront proceder à l'union des Benefices, & distribution des dîmes, quand le revenu des Cures n'est suffisant pour entretenir le Curé. *Henry III. 1579, art. 22. & 1580. art. 27. Charles IX. 1560. art. 16. Cod. Fab. des saintes Eglises, Def. 48. & 49.*

Et quand de deux Eglises Paroissiales voisines, ou toutes deux ont été détruites & ruinées par la guerre. *Rebuffe, en sa Prat. benef. part. 1. chap. de Union. benef. nomb. 11.*

Il n'est pas necessaire que le Recteur de l'Eglise soit appellé pour voir proceder à l'union, mais il suffit après qu'elle sera faite, de la luy signifier, quoique par l'union le pouvoir luy soit ôté de résigner, ou permuter. *Cod. Fab. liv. 1. tit. 2. Déf. 48. aux annot. nomb. 1. ni les Paroissiens, ibid. Cod. Fab.*

Et aux unions qui se font par le Pape, le consentement de l'Evêque n'est pas requis. *Ibid.*

Mais le Procureur du Roy y doit être appellé, autrement, quand la connoissance de cause, & autres formalitez accoutumées n'ont pas été observées, appel comme d'abus en peut être interjetté, même après cent ans. *Cod. Faber, ibidem. déf. 48. liv. 7. tit. 28. définit. 8.*

Dans l'union il faut que la veritable valeur soit exprimée, tant du Benefice que l'on veut unir, que de celuy auquel on veut faire l'union. *Ibidem, aux annot. nomb. 13.*

A moins que l'union ne se fasse à la mense. *Ibid.*

Et l'Evêque ne peut proceder à l'union d'un Benefice d'un autre Diocese. *Ibid.*

Enfin l'union ne se doit faire qu'à défaut d'autre moyen. *Cod. Faber, liv. 1. tit. 2. déf. 52.*

Parce qu'elle est odieuse. *Ibid. déf. 48.*

Autre que l'Evêque ne peut proceder à l'union, qu'avec un mandement special de luy. *Rebuffe, en sa Prat. benef. part. 1. chap. Form. Vicar. Arch. nombres 102. 103.*

41 Arrêt du Parlement de Paris par lequel l'union faite d'une Commanderie de Saint Lazare avec une autre de Saint Jean de Jerusalem par Bulle a été révoquée cent ans après. *Papon, liv. 3. tit. 8. nomb. 4.*

42 Benefice uni à un autre de peu de revenu, ne peut plus se conferer au préjudice de l'union. Arrêt du Parlement de Bretagne du 13. Mars. 1600. *Fournet lettre B. nomb. 80.*

43 Union d'un Prieuré à une Congregation Religieuse jugée valable, par Arrêt du 1. Mars de l'année 1616. on disoit pour l'anéantir qu'elle étoit *non rei ad rem, nec Beneficii ad Beneficium*; mais en consideration de la personne seule, & que la valeur du Benefice uni n'avoit pas été exprimée. On répondoit qu'elle étoit en faveur du Monastere, & que l'expression de la valeur étoit inutile, & que la modicité étoit la principale cause de l'union. *Voyez les Défin. Canoniques, pag. 39. & suiv.*

44 Quoyque l'Ordonnance de Blois excepte les Benefices Reguliers, lorsqu'elle parle des unions, il faut remarquer que l'esprit de l'Ordonnance a été & s'entend d'un Benefice Seculier, avec un Regulier ce qui neanmoins n'empêche pas une grande contestation entre des Religieux Feüillans, & l'Abbé de Gramont, lequel interjetta appel comme d'abus de l'union d'un Prieuré simple à une Congregation de Feüillans, parce que ce Benefice étoit & dépendoit de son Ordre. L'union s'étoit faite sans son consentement qui étoit son moyen d'abus; mais comme il ne communiqua sa plainte pour raison de cette union qu'après 40. ans, le Parlement par son Arrêt mit l'appellation au néant, & ordonna que ce dont étoit appel sortiroit effet, l'Arrêt est du premier May 1616. *Définit. du Droit Canon page 895.*

45 Arrêt du Grand Conseil du 3. Mars 1658. qui a confirmé l'union d'un Benefice temporel à la Congregation de Saint Maur, contre un indultaire qui avoit fait signifier ses Lettres de nomination auparavant. Cet Arrêt est cité dans *Boniface, to. 2. part. 3. li. 2. p. 215.*

46 L'union d'un Benefice à un autre ne se peut faire valablement sans ouïr les parties interessées. Arrêt du Parlement de Paris du dernier May 1660. *Soëfve tome 1. Cent. 1. chap. 24.*

47 Il y a des unions qui se font sans suppression de titres, elle ne sont point reprouvées par les Arrêts. Il y en a un du Parlement de Paris du 5. Janvier 1666. qui confirme l'union d'une Chanoine de l'Eglise Collegiale de Saint Montain de la Fete Diocese de Laon avec la Cure, sans qu'il y ait eu suppression ni du Canonicat ni de la Cure; ensorte que le Titulaire est demeuré & Curé & Chanoine. *Voyez le Journal des Audiences, tome 2. liv. 8. chap. 1.*

48 En cas d'union que l'on veut faire d'un Benefice à un autre, l'Evêque ayant renvoyé à son Official pour faire l'information, *de commodo & incommodo*, l'Official ne peut pas recevoir les défenses des parties au fond; le refus qu'il fait d'en connoître n'est pas un moyen d'appel comme d'abus. Arrêt du Parlement de Paris du 30. Janvier 1691. *Journal des Audiences, tome 5. liv. 7. chap. 8.*

49 Un particulier qui dote une Chapelle qui étoit auparavant de petit revenu, & acquiert par ce moyen le Patronage pour luy & ses heritiers, ne peut dans la suite accorder ce Patronage à une Communauté d'Ecclesiastiques, sans que ses heritiers qui y sont interessez y soient appellés.

L'union d'un Benefice ne peut être faite à une autre Eglise par le Grand Vicaire sans un mandat de l'Evêque *ad id.* On y doit observer les formalitez de l'information *de commodo & incommodo.*

Le titre doit être uni, & non les seuls revenus & droit de Patronage; la Communauté à qui on veut unir le Benefice, doit avoir des Lettres Patentes d'établissement, & celles qu'elle obtient par la suite ne rectifient point l'union.

Le Roy ayant interêt, comme devant recevoir la presentation du Patron par droit de Regale, le Siege vacant, si l'on veut faire l'union de ce Patronage à une Communauté Ecclesiastique, il faut pour la ren-

dre valable qu'elle soit consentie & faite avec ses Officiers, ou qu'au moins on obtienne du Roy des Lettres Patentes , qui confirment nommément cette union, autrement & au défaut de ce que dessus, il y a abus dans l'union. Jugé en la Grand'Chambre du Parlement de Paris, le 22. Juillet 1694. *Journal des Audiences, tome 5. liv. 10. chap. 16.*

UNION ABUSIVE.

50   *Voyez le Conseil 44.* de la nouvelle édition des Oeuvres de M. *Charles Du Moulin*, to. 2. p. 937. où il est parlé des unions abusives,

51   Arrêt du Parlement de Paris du 16. Février 1547. par lequel une union de l'Ordre de S. Lazare à celuy de S. Jean de Jerusalem faite par une Bulle du Pape Innocent VIII. de l'an 1489. est déclarée abusive, n'ayant été executée selon le Decret du Concile de Constance, qui veut que les unions se fassent, en connoissance de cause, avec adresse *in partibus & vocatis quorum interest.* D'ailleurs elle avoit été verifiée en la Cour. *Preuves des Libertez*, to. 2. ch. 36. n. 32. *Papon, liv, 19. tit. 2. nomb. 8.*

52   Sur l'union, abusive, l'on pratique aujourd'huy cette voye d'impetrer le Benefice uni, ensuite l'on forme complainte au possessoire; si l'union est opposée, l'on en appelle comme d'abus. Jugé par plusieurs Arrêts rapportez par *Rebuffe*, au tit. *de unionibus. Papon, liv. 3. tit. 8. n. 3.*

53   L'appel comme d'abus ayant été porté à la Cour d'une union faite avant le Concile de Constance tenu en 1317. l'appellation fut déclarée non recevable, sauf à se pourvoir & à s'adresser au Pape. *Papon, liv. 3. tit. 8. n. 4.*

54   En l'année 1459. la Cure de S. Sauveur fut unie par le Pape au Chapitre de S. Germain de l'Auxerrois; l'union avoit été faite avec quelque solemnité, & avoit duré plus de cent ans, neanmoins sur l'appel comme d'abus interjetté en 1560. elle fut déclarée nulle & abusive; semblable Arrêt du dernier Avril 1575. pour la Cure de Bloun, laquelle avoit été unie à la Collegiale de S. Etienne de Limoges. *Preuves des Libertez, to. 2. tit. 36. n. 32.*

55   Arrêt du Parlement d'Aix du 1. Mars 1640. qui a déclaré l'union des Benefices abusive, faite sans le consentement de M. le Procureur General, & du Patron laïc. *Boniface, to. 1. liv. 2. tit. 18. chap. 1.*

56   Les formalitez établies dans le Concile de Constance pour l'union des Benefices, sont que les interessez y soient appellez, & qu'il y ait preuve de la necessité, ou de l'utilité; elles doivent être observées, à peine de nullité. Jugé le 11. Juillet 1647. qu'il y avoit abus en l'union faite de la Cure de la Paroisse saint Martin de Vienne au Chapitre de l'Eglise Cathedrale, quoique faite 200. ans auparavant. *Jurisprudence de Guy Pape par Chorier, p. 5.*

57   Par l'Arrêt du 31. May 1660. rapporté au 2. *tome du Journal des Audiences, liv. 3. ch. 21.* l'union d'une Cure au Chapitre de l'Eglise de Brignon, faite par M. l'Archevêque de Sens, fut déclarée nulle & abusive pour avoir été faite sans appeller le Patron & le Curé qui étoient les veritables & legitimes contradicteurs, & pour n'avoir aussi appellé le peuple; & enfin en ce que l'on n'avoit point exprimé au Pape la valeur du revenu de la Cure, qui valoit 1200. livres : car dans les unions (dit Rebuffe) il faut une information préalable de la valeur des deux Benefices qu'on unit, afin que le tout se fasse avec connoissance de cause. *Rebuffus prax. benefic. de unionibus benefic. gloss. 5. & 7. & la Biblioth. Can. to. 2. p. 678.*

58   Union de Cure à un Chapitre en vertu des Bulles suivies de deux siécles, & confirmées par trois Arrêts, &c. a été cassée & déclarée nulle, le 24. Mars 1664. *De la Guesse. tom. 2. li. 6, ch. 22.* Des Maisons, *let. V. nomb.* 14. rapporte le même Arrêt, qui se trouve aussi dans les *Arrêts Notables des Aud. Arrêt.* 112.

59   Le Prieuré-Cure de Nôtre-Dame d'Issia de Châ-

teau Royal; &c. ayant vaqué par mort, le sieur de Falconis obtint des Provisions en Cour de Rome, voulant prendre possession les Religieux de S. Maximin s'opposent, prétendant que ce Prieuré étoit uni à leur Maison par Bulle du Pape Sixte IV. même par Lettres Patentes du Roy, suivies d'une possession de 200; ans. Au Grand Conseil, l'union jugée abusive, & le Pourvû en Cour de Rome maintenu & gardé en la possession & jouïssance du Benefice en question. Arrêt du 26. Juillet 1683. *Journal du Palais.*

UNION AUX CHAPITRES.

60   Les unions des Cures à des Chapitres sont les moins favorables; car ces Benefices qui ont charge d'ames, ne doivent point être supprimez sous prétexte d'union : cela est défendu par le Concile de Trente, *sess.* 24. *chap.* 13. excepté le cas auquel une Cure est unie à une autre Cure, & l'Eglise Paroissiale quand elle n'a pas un revenu suffisant pour entretenir le Curé. *Voyez le 2. to. du Jour, des Audiences, liv. 3. chap. 23.*

61   L'union de trois Cures ayant été faite au Chapitre de Beauvais depuis plus de 70. ans, M. Pelegrin ayant impetré celle du Pasillargues, appella comme d'abus; il disoit 1o. Que la Bulle d'union avoit été fulminée par l'Evêque de Nicastre, qui étoit Italien, & que par la regle *de unione*, il falloit que ce fût un Sujet du Roy. 2o. Qu'elle avoit été fulminée hors du ressort. 3o. Que ceux qui avoient déposé lors de la fulmination étoient le Notaire & les Fermiers de ce Chapitre, & qu'ils étoient de la Religion Prétenduë Réformée. 4o. Que par la regle 18. *de union. debent vocari quorum interest*, ce qui n'avoit pas été fait. 5o. Que le Vice-Legat n'avoit pas fait enregistrer ses facultez à la Cour, suivant les Arrêts rapportez par M. *Maynard, liv.* 1. *chap.* 37. L'on répondit qu'il y avoit des Lettres patentes du Roy pour faire executer cette Bulle d'union de 1605. telles Lettres tenoient lieu de registre, la Cour l'avoit ainsi jugé en 1610. Quant à des Benefices unis au College des R. P. Jésuites de Tournay, *Fevret liv. 3. ch.* 4. en rapporte un autre du Parlement de Grenoble; il n'y avoit que deux maisons Catholiques dans cette Paroisse, & ayant eu une autre appellation de la même union; ce Chapitre avoit offert à l'appellant la Vicairerie perpetuelle de Fondevers qui est l'une de ces trois Paroisses, & qu'il offroit à Pelegrin le même avantage quant à la Cure de Pasillarges, neanmoins le Parlement de Toulouse déclara y avoir abus, condamna le Vice-Legat mort depuis long-temps en 200. liv. d'amende, & le Sindic du Chapitre en l'amende envers le Roy & aux dépens. *Albert, verbo Union, art. 2.*

62   En 1483. Sixte IV. accorda Bulles au Chapitre de S. Just de Lyon, par lesquelles il annexa à sa maison la Cure de Villars. Il y eut ensuite quelques transactions entre le Chapitre & les habitans pour la perception des dîmes, confirmées par Arrêt du Senat de Chambery avant l'échange des païs de Bresse & du Marquisat de Saluces. L'un des Chanoines de S. Just chargé de la déserte de la Cure est inquieté par un pourvû en Cour de Rome, lequel appelle comme d'abus de l'union faite *in formâ gratiosâ.* Le Sieur Marquis de Villars pour son droit de patronage, & les habitans pour avoir un Curé en chef intervinnent. Arrêt du Parlement de Dijon du 28. Juillet 1620. qui confirme l'union, & enjoint au Chapitre de fournir Prêtre capable pour la déserte, en sorte que les habitans n'ayent occasion d'en former plainte. Ce qui détermina M. de Xaintonge Avocat General, fût que l'union avoit été faite dans les terres du Duc de Savoye, où ces sortes d'unions ne sont point abusives; d'ailleurs prescription plus que centenaire, enfin Bulles énoncées dans un Arrêt du Senat de Chambery. *Voyez les Plaidoyez de M. de Xaintonge, p.* 506.

63   Union de la Cure d'Issoudun au Chapitre de la même Ville, déclarée valable, à luy enjoint de nommer un Vicaire perpetuel, lequel prendroit l'institution

de M. l'Archevêque de Bourges. Arrêt du 15. Avril 1630. *Bardet*, to. 1. liv. 3. ch. 97.

64 Arrêt du 15. Avril 1630. confirmatif de l'union de la Cure de S. Cyr faite dés l'an 1271. au Chapitre de l'Eglise d'Issoudun. Arrêt semblable en la même année en faveur du Chapitre de S. Morille d'Angers, pour l'union de la Chapelle S. Nicolas à la Fabrique du Chapitre. *Additions à la Bibliotheque de Bouchel*, verbo *Union*.

65 Union d'un Prieuré à la mense Collegiale de la Sainte Chapelle de Bourbon l'Archambault est confirmée, quoyqu'il n'y eût aucunes informations precedentes, par la pauvreté notoire de ce Chapitre. Arrêt du 4. Août 1642. *Bardet*, to. 2. li. 9. eh. 30.

66 * Lettres patentes du 6. May 1643. par lesquelles le Roy confirme & approuve l'union faite du consentement de l'Evêque de Poitiers, d'une Prébende en l'Eglise Cathédrale de la même Ville à la Prévôté. *Preuve des Libertez*, to. 2. ch. 36. n. 45.

L'union en partie du revenu de l'Office de Granger dans l'Eglise de saint Martin de Tours à la mense du Chapitre, quoyque faite sans solemnité, a été confirmée au Parlement de Paris le 16. Juillet 1647. Le motif de l'Arrêt est qu'une telle fonction n'est point un Benefice, mais un Office. *Du Frêne*, livre 5. chapitre 24.

68 De l'union d'une Cure à un Chapitre, où les solemnitez requises par le Concile de Constance ne furent entierement observées. Arrêt du Parlement de Grenoble du 21. Juillet 1647. qui l'a declarée abusive, quoyqu'on alleguât qu'elle fût faite depuis deux siecles. V. *Basset*, ta. 1. liv. 1. tit. 5. ch. 6.

69 De l'union d'une Chapelle au Chapitre de l'Eglise Collegiale sans information precedente; elle ne peut être contestée après plus de 50. ans. Arrêt du Parlement de Paris du 31. May 1649. rapporté par *Soëfve*, to. 1. Cent. 3. chap. 16.

70 Arrêt du 10. Juillet 1651. qui déclare abusive l'union de la Sacristie de l'Eglise Collegiale de S. André de Grenoble à la mense du Chapitre. *Voyez les* 9. & 10. *Plaidoyez de Basset*, *tome* 1. Il disoit pour moyens que l'union étoit faite sans cause vraye ni raisonnable, qu'il n'y avoit point eu d'enquête, que les parties interessées; notamment M. le Procureur General n'y avoient point été appellez, & que la Sacristie avoit été unie à la mense du Chapitre par l'Evêque, lors Prévôt de l'Eglise Collegiale.

71 Une Cure unie à la mense d'un Chapitre, peut être desservie par un Chanoine du Chapitre, en resignant son Canonicat trois mois après qu'il aura été pourvû de la Vicairerie, autrement la Vicairerie impetrable. Jugé le 23. Février 1664. *Des Maisons*, lettre V. n. 3.

72 Arrêt du Parlement d'Aix du 21. Juin 1666. qui a jugé que l'union d'une Cure à la mense d'un Chapitre qui la fait servir par un Prêtre amovible au destituable étoit valable, & non abusive. On opposoit plusieurs fins de non recevoir à l'appellant comme d'abus, qui étant Chanoine du Chapitre avoit juré d'observer les statuts; que cette union étoit faite depuis plus d'un siecle; qu'il falloit distinguer entre les unions faites *in gratiam personæ* qui changent l'état du Benefice, & celles faites *favore Ecclesiæ*. Voyez *Boniface*, to. 1. liv. 2. tit. 18. chap. 3.

73 Arrêt du même Par. de Provence du 19. Juin 1673. qui, sur l'appel comme d'abus de la Bulle d'union, mit les parties hors de Cour & de procez; il s'agissoit d'un Benefice Cure uni à la mense d'un Chapitre sans connoissance de cause & sans formalitez. Tous les Juges étoient d'avis de déclarer abusive cette union de la Cure de Merindol, mais la pauvreté du Chapitre de Salon fut le motif de l'Arrêt. Tous les abus qui peuvent se rencontrer dans les unions y sont rapportez. *Boniface*, to. 3. liv. 6. tit. 4. ch. 2.

UNION PAR LE CHAPITRE.

74 Le Siége Episcopal vacant, c'est au Chapitre à unir,

& ce droit n'est pas dévolu au Métropolitain. *Bibliot. Can.* to. 2. p. 677.

75 On demande si le Chapitre *sede Episcopali vacante*, peut unir les Benefices qui étoient à la Collation de l'Evêque? Cette question n'a point été décidée. *Rebuffe*, au tit. *de unionibus*, n. 36. & *in additionibus ad regulas Cancellariæ* sur la regle *de revocatione unionum*, est d'avis qu'il le peut, *dummodo per eam juri Episcopali nihil detrahatur*; ce qui est assez difficile à concevoir, car il est certain que l'Evêque reçoit toûjours préjudice par l'union.

76 Un Chapitre peut sans formalité unir à sa mense partie du revenu de l'Office de Granger dépendant dudit Chapitre. Jugé le 16. Juillet 1647. *Du Frêne*, liv. 5. chap. 24.

UNION AUX COLLÉGES.

77 Arrêt du Parlement d'Aix du 10. May 1638. qui a jugé qu'un Benefice peut être uni à un College pour l'instruction de la jeunesse. *Boniface*, tome 1. livre 2. tit. 18. chap. 1.

78 Erection d'une Cure en Prieuré simple, pour l'unir à un College n'est point abusive. Arrêt du Grand Conseil du 21. Août 1674. au profit des Jesuites de la ville de Xaintes. V. *le Journ. du Palais*, to. 2. p. 869.

UNION, COMMANDERIES.

79 Commanderies unies. *Voyez* le mot *Chevaliers*, nombre 19.

80 Les Commanderies de S. Jean de Jerusalem, quoy qu'en apparence simples & temporelles administrations, sont comprises au nombre des Benefices dont le Concile de Constance défend les unions. Jugé à Paris le 17. Février 1547. *Papon*, liv. 3. tit. 8. n. 5.

UNION, CONFIRMATION.

81 L'on doit observer les mêmes choses, quand il s'agit de la confirmation des unions déja faites. *Rebuffe*, 1. part. prax. Benef. ch. 76. n. 11. & 12.

UNION AUX CURES.

82 Union de Benefices aux Cures qui n'ont pas assez de revenu. *Mem. du Clergé*, to. 1. part. 1. p. 211. & suiv. & p. 799. & suiv.

83 Une Cure n'étant suffisante pour l'entretenement & nourriture du Curé, il a été ordonné par l'art. 16. de l'Edit fait à la postulation & remontrances des Etats, que les Prélats procederont à l'union des Benefices, & par distribution des dîmes & autres revenus suivant la forme des saints Decrets; s'il n'y a aucunes dîmes, & faute d'icelles, on peut attribuer autres profits par équivalent. Arrêt du 13. Decembre 1565. pour le Curé de saint Innocent, par lequel il fut jugé qu'il prendroit moitié des Offrandes & autres casuels, contre les Chanoines de sainte Opportune Curez primitifs de ladite Eglise. *Papon*, p. 1358. tiré de M. *Bergeron*.

84 Lorsque l'union de deux Cures est de difficile execution, ne pouvant être faite au préjudice d'un tiers sans appeller celuy qui y peut avoir interêt, le Curé qui n'a de quoy vivre, doit presenter Requête à son Superieur, afin d'avoir portion congruë sur les dîmes s'il y en a, ou d'obtenir provision d'alimens contre les Paroissiens, ce que le Superieur Archevêque ou Evêque Diocésain peut ordonner, nonobstant opposition ou appellation quelconques, en attendant mieux. Arrêt du 21. Juin 1593. Le Concile de Trente, pour prévenir ces sortes d'inconveniens, a decreté que desormais ne se fera provision de Benefice, soit qu'il ne puisse nourrir son Curé. *Papon*, p. 1358.

85 Les Chanoines de S. Montain étoient appellans comme d'abus de l'union d'une Chanoinie à une Cure; ils disoient qu'elle étoit contraire aux reglemens de la Cour, qui déclaroient les Chanoines incompatibles avec les Cures, & que cette union étoit sans necessité, puisque le revenu de la Cure étoit de plus de 800. liv. M. l'Evêque de Laon avoit uni une Cure à une Chanoinie, qui seroit comme le Doyen parmi eux, à la charge de mettre un Vicaire dans les Faux-

bourgs, qui feroient confiderez comme Eglifes fuccurfales. L'on difoit de la part du Curé & des habitans, que la ville de la Ferre eft une grande Ville avec deux Fauxbourgs, que pour l'adminiftration des Sacremens un feul Curé ne fuffifoit pas, qu'il y avoit toûjours eu deux Vicaires ftipendiez, & que fi le Curé n'étoit pas Chanoine, il n'auroit pas le moyen d'entretenir les deux Vicaires; qu'il falloit aux uns & aux autres une retribution qui répondît à la dignité du Sacerdoce & de leur miniftere. Par Arrêt du Parlement de Paris du 5. Janvier 1666. la Cour mit fur l'appel comme d'abus hors de procez, ordonna que le Canonicat demeureroit uni à la Cure de la Ferre, & que vacation avenant, la nomination en appartiendra au Chanoine, enfuite à l'Evêque, & ainfi alternativement de l'un à l'autre, & que le Curé fera tenu de faire fa fonction de Curé en perfonne, preferablement à celle de Chanoine, & d'entretenir dans fa Cure deux Vicaires. *Jour. des Aud. to. 2. liv. 8. chap. 1.*

86   Par le chapitre unique de la Clementine *de fuppl. neglig. Prælat.* il eft enjoint aux Evêques Diocéfains de ne pas permettre que les Prélats reguliers uniffent à leur menfe les Eglifes, Prieurez & adminiftrations qui dépendoient d'eux, ni de fouffrir qu'ils fe chargeaffent de nouvelles penfions, ou qu'ils augmentaffent celles qui y étoit déja établies: car quand on défend d'unir des Prieurez, Eglifes, adminiftrations & autres Benefices à la menfe des Prélats reguliers; cela ne s'entend & ne doit avoir lieu qu'à l'égard de ces Benefices, lorfqu'ils ont coûtume d'être poffedez ou gouvernez par des Prieurs & autres Religieux, quoyqu'ils foient deftituables, & qu'on les puiffe faire revenir au Convent; & non pas des Prieurez & autres Benefices, qui font partie de la menfe de ces Prélats reguliers. *Voyez Du Moulin, fur la regle de infirmis, n. 220.*

87   Les Collateurs inferieurs des Benefices autres que les Evêques, comme par exemple les Abbez, peuvent unir les Benefices qui font en leur pleine difpofition: cette queftion eft examinée par la glofe de la Clementine 2. *de reb. Ecclef. non alienand.* fur le mot *Epifcopum*, & par la glofe de la Clementine *ne in agro.* §. *ad hæc de ftatu Monach.* fur le mot *ordinarios*; elle eft auffi traitée par *Rebuff.* en fa pratique Beneficiaire au titre *de unionibus, n. 32. & 33.* & ils conviennent tous qu'au terme du chap. *ficut unic de exceffo Prælat.* il n'y a que l'Evêque qui puiffe valablement unir des Benefices qui font fituez dans fon Diocéfe, enforte que *Abbates Ecclefias etiam pleno jure fibi fubjectas unire non poffunt.* Mais ils apportent une exception à cette maxime, fçavoir fi ces Collateurs inferieurs ont prefcrit la Jurifdiction Epifcopale, ou quafi Epifcopale, auquel cas comme l'union eft de la Jurifdiction Epifcopale &, qu'elle n'eft pas attachée à l'Ordre, ils pourroient proceder à l'union des Benefices dont ils font Collateurs de plein droit, fur tout comme dit la derniere glofe, *circà Prioratus fimplices manuales non habentes curam;* mais pour prefcrire cette Jurifdiction quafi Epifcopale, il faut ou un titre ou un temps immemorial, comme dit *Rebuffe,* qui cite le chap. *auditis extrà de præfcript.* lequel au commencement y eft formel. *Voyez les Défin. du Dr. Can. p. 893.*

UNION DES CURES.

88   De l'union des Cures aux Abbayes. *Voyez le Journal du Palais, in-folio, to. 2. p. 877.*

89   Les Evêques peuvent ériger des Cures dans leurs Diocefes, & unir des Benefices à leurs Seminaires. *Memoires du Clergé, to. 1. tit. 1.*

90   Les unions des Cures à autres Benefices, comme aux Eglifes Collegiales, ou autres femblables, ont été déclarées abufives, par Arrêts du Parlement de Paris, des 1. Avril 1560. & 1. May 1573. *Papon, livre 3. titre 8.*

Plaidoyez & Arrêt du Parlement de Paris du 16.   91
Avril 1575. touchant l'union de la Cure de S. Pierre de Doüé en Anjou, avec l'Eglife Collegiale de Saint Denys de la même Ville; l'union fut déclarée abufive. *V. le Recüeil des Plaidoyers & Arrêts Notables.*

Un Evêque ne peut unir une Cure fans information   92
précedente de la commodité ou incommodité, & confentement des Patrons & Paroiffiens. Arrêt du Parlement de Dijon du 23. Février 1615. *Bouvot, to. 2. verbo, Union de Benefice.*

Union de la Cure de Saint Aubin, à l'Abbaye de   93
Paraclet, déclarée nulle, par Arrêt du 12. Mars 1629. *Tournet, let. V. Arr. 49.*

Cure unie au Chapitre eft valable, en commettant   94
perfonne capable pour la deffervir. Jugé le 15. Avril 1630. *Du Frêne, li. 2. ch. 73.*

Les Cures & les autres Benefices qui ont charge   95
d'ames, ne peuvent pas régulierement être unis aux Abbayes, Prieurez, & Eglifes Collegiales ou Cathedrales, ni même aux Evêchez; comme il eft décidé par le Concile de Trente, feff. 24. *de reformat. cap. 13.* & Chopin, *en fon Traité de la Police Ecclefiaftique, li. 2. tit. 6. nomb. 7. & feqq.* rapporte plufieurs Arrêts, par lefquels on a déclaré abufives des unions des Cures à des Chapitres ou à des Convens; & *Févret* rapporte un Arrêt du Parlement de Paris du 28. Juillet 1646. par lequel on déclara l'union de la Cure du Saulfoy d'Iflan au Chapitre d'Avalon, nulle & abufive, après 40. années de poffeffion. Ce qu'il y avoit de particulier, é. oit qu'il n'y avoit point de création de Vicaire perpetuel, ni d'affignation de portion congruë. *Définitions du Droit Canonique, page 889.*

Jugé par Arrêt du 12. Février 1657. qu'il n'y avoit   96
aucun abus en l'union de l'Eglife Paroiffiale de Saint Gilles de Beauvais, aux Paroiffes de Saint Quentin & Saint Etienne de la même Ville. La raifon de l'union étoit que la moitié des Paroiffiens de l'Eglife Saint Gilles demeuroit dans le fauxbourg, l'autre moitié dans la Ville; en forte que les Portes étant fermées pendant la nuit, il arrivoit fouvent que les malades mouroient fans Sacrement. *Soëfve, tome 2. Cent. 1. chapitre 55.*

Arrêts du Parlement de Provence des 7. Mars 1658.   97
& 5. Decembre 1664. par lefquels le Parlement de Grenoble a déclaré nulle l'union de deux Cures faite à deux Beneficiatures par un Chapitre. *Boniface, to. 1. liv. 2. tit. 18. ch. 4.*

Union de Cure à une Eglife Collegiale, eft nulle.   98
Jugé le 31. May 1660. *Notables Arrêts des Audiences, Arrêt 47.* De la Gueff. *tome 2. li. 3. ch. 1.* rapporte le même Arrêt.

M. l'Archevêque d'Auch unit une Cure, qui étoit   99
d'environ cent Communians; le C••• appella comme d'abus; le Syndic de cette Communauté adherant; les habitans difoient qu'il n'y avoit pas lieu d'unir leur Paroiffe à une autre, & qu'il y avoit du revenu fuffifant, puifque depuis long-temps ils avoient accordé outre la dîme, un droit de prémice au Curé, & que M. l'Archevêque ne l'avoit unie que parce qu'il étoit obligé de payer à ce Curé de tout temps 62. liv. de penfion; d'ailleurs que cette union n'avoit pû être faite fans les appeller. La caufe portée au Parlement de Touloufe le 2. May 1662. la Cour voyant qu'il n'y avoit autre utilité que celle de M. l'Archevêque, déclara y avoir abus: il n'y a un autre moyen d'abus; cette union dépoffedoit le Titulaire fans fon confentement, & fans l'avoir appelé contre la feconde Clementine, *de reb. Ecclef. non alien.* Albert, *verbo, Union, art. 1.*

Les Chapitres & Communautez qui ont les Cures   100
unies à leurs Manfes, font tenus de nommer & prefenter aux Evêques Diocéfains des perfonnes capables, pour être pourvûs des Cures, finon lefdites Cures déclarées vacantes & incompatibles. Arrêt en

forme de Reglement, du 23. Février 1664. contre le Chapitre de Langres. *Soëfve, tome 2. Cent. 3. chap. 6. & le Journal des Audiences, tome 1. li. 6. ch. 15.*

101 Cure unie à un Chapitre en vertu de Bulle, suivie de deux siécles, & confirmée par trois Arrêts, &c. a été cassée & déclarée nulle. Jugé le 24. Mars 1664. *De la Guess. tom. 2. liv. 6. ch. 22. Des Maisons, let. V. nomb. 14.* rapporte le même Arrêt.

102 Union de la Cure de Saint Maximin aux Dominicains de Provence, avec pouvoir d'en nommer sur leur Corps pour desservir la Cure, qui sera sujet à la Visite & Jurisdiction de l'Archevêque d'Aix, comme les autres Curez, & ne pourra être révoqué sans sa permission, & sans qu'à l'avenir les Prieurs & Religieux puissent prétendre aucuns droits Episcopaux. Jugé le 10. Août 1667. *De la Guess. tom. 3. livre 1. chapitre 38. Voyez le Journal du Palais,* où le même Arrêt est rapporté.

103 Cure unie au Chapitre de Ligny en Barrois, pour être desservie par un Chanoine dudit Chapitre, non-obstant l'incompatibilité du Canonicat avec la Cure. Jugé le 17. Mars 1683. *De la Guessiere, tome 4. liv. 6. chapitre 5.*

UNION, DESUNIONS.

104 Voyez *Reb. ffe, part. 1. ch. 79. n. 35. 36. & 37. & cy-*aprés, le nomb. 147. *& suiv.*

UNION, DISMES.

105 Union des dîmes & des Benefices, conforme en quelques choses, & comment elle se doit faire ? *V. Tournet, let. D, n. 120.*

UNION, BENEFICES ETRANGERS.

106 *Uniri potest Ecclesia Parochialis Monasterio Monialium. Rebuffe, 3. part. prax. Benef. sur la Regle 10.* quod quis intelligat idioma. Au même endroit il prouve que *Unio de Beneficio regni, extrà regnum non valet.*

107 Une union faite de deux Benefices en deux Royaumes differens, seroit nulle. *Du Moulin, Consil. 44. Chopin, de sacrâ Polit. li. 2. tit. 6.* Par le Concile de Trente, *de reformat. sess. 14. cap. 9. unio vetita est inter Beneficia diversarum Dioecesum.*
Chopin, de sacrâ Polit. li. 2. tit. 6. num. 7. dit que l'union d'une Cure sise dans le Royaume à un Chapitre, étant hors du Royaume, étoit valable, parce que la Cure & le Chapitre dépendoient d'un même Diocese, qui est celuy de Toul.

108 Un Benefice situé en France, ne peut être uni à un autre Benefice dépendant d'une autre Souveraineté, sans le consentement du Roy de France. Arrêt du 10. Mars 1668. qui juge l'impetration abusive, condamne à la restitution des fruits, le tiers applicable aux réparations, le tiers à l'Hôpital de la Ville, & l'autre tiers à l'Hôpital General de la Ville de Paris. *Soëfve, tome 2. Cent. 4. ch.*

UNION AUX EVESCHEZ.

109 L'union des Benefices simples à la Mense Episcopale faite par l'Evêque, est nulle, quand même le Chapitre y consentiroit. *Clement. de rebus Eccles. non alien. cap. 2. §. final.* parce que dit la Glose *nemo author sibi esse potest in facto proprio. Biblioth Canon. to. 2. page 677.*

110 Un Archevêque qui uniroit un Benefice à un Chapitre pour amortir une pension, l'union seroit abusive. *Tournet, dans ses Arrêts, let. H. n. 49. Guy Pape, en sa quest. 179.*

111 Union faite en 1556. par le Roy Henry II. de la première & principale Dignité de la Sainte Chapelle du Vivier en Brie, à la Dignité Episcopale de l'Evêché de Meaux. *Voyez Henrici secundi Progymnasmata, Arr. 193.*

UNION PAR LES EVESQUES.

112 Confirmation d'union faite par l'Evêque de l'Aumônerie de son Eglise Cathedrale à la Mense du Chapitre, au préjudice des Graducz, qui avoient réquis le Benefice. *Mem. du Clergé, tome 1. part. 1. p. 130.*

L'Evêque a le pouvoir d'autoriser les unions de 113 tous les Benefices de son Diocese, autres que les grands Benefices, dont le Pape seul a la disposition; c'est ce qui est décidé dans le Chapitre *sicut u ire, extrà de exoessibus Pralat. V. les Définit. du Droit Can. page 893.*

Encore que la collation d'un Benefice sû. dévolue 114 de l'Evêque au Metropolitain, en sorte que l'Evêque ne pût pas conferer valablement ce Benefice ; comme il a été dit en parlant de dévolution, sur le mot, *Dévolus,* neanmoins il pourra toûjours unir ce Benefice. *Ibid. p. 894.*

Encore que les Evêques puissent conferer les Bene- 115 fices qui sont à leur disposition, sans prendre l'avis ni le conseil de leurs Chapitres ; neanmoins ils ne peuvent sans le conseil desdits Chapitres proceder à l'union des Benefices de leurs Dioceses : & cela non seulement à cause de l'étroite union qui est entre l'Evêque & son Chapitre, comme entre le Chef & les Membres ; mais aussi parce que du moment qu'il s'agit d'éteindre le titre d'un Benefice, ce qui se fait par l'union, il faut que l'Evêque prenne le consentement de son Chapitre, aussi-bien qu'en matiere d'alienation ; comme il est décidé au Chapitre *Pastoralis extrà de donat.* & c'est la décision de *Rebuffe, tit. de unionibus, num. 103.* & de *Lotherius,* dans son *Traité des Mat. Beneficiales, liv. 1. quest. 28. n. 52. V. les Défin. du Droit Can. p. 894.*

Dans le 36. Chap. des *Preuves des Libertez, tom. 2.* 116 nombre 2. il est fait mention d'une union faite par l'Archevêque de Lyon seul, avec le consentement du Seigneur Patron d'une Eglise Collegiale à un Monastere.

Par l'Edit de 1606. art. 18. il est ordonné que les 117 Evêques pourront unir tant les Benefices Seculiers que Reguliers, ainsi qu'ils le jugeront à propos pour le bien de l'Eglise sans exception, si ce n'est des Offices Claustraux: *Avons ordonné & ordonnons que les Archevêques & Evêques, chacuns en leurs Dioceses, pourront proceder ausdites unions, tant des Benefices Seculiers que Reguliers ; selon qu'ils jugeront être commode pour le bien & utilité de l'Eglise, pourvû toutefois que ce soit du consentement des Patrons & Collateurs, & qu'ils ne touchent aux Offices Claustraux, qui doivent résidence aux Eglises desquelles ils dependent ;* ce qui est suivi par la Jurisprudence des Arrêts ; comme il a été jugé au Parlement, pour la Prévôté de Genesté, Diocese de Limoges, dont la Collation appartenoit à l'Evêque de Tulles, unie à la Chartreuse de Glandiere. On pretendoit que l'union étoit abusive, & qu'elle devoit être révoquée ; & entr'autres moyens on soûtenoit que le Benefice étant Seculier, il ne pouvoit avoir été uni à un Monastere Regulier, par l'Evêque de Limoges ; mais l'union fut confirmée par Arrêt du 6. Février 1681. *Définitions du Droit Canonique, page 895.*

L'Evêque seul & sans le consentement du Chapitre, 118 peut unir deux Benefices de sa Cathedrale, quand il a raison suffisante pour cela. Arrêt du Parlement de Paris du 13. Decembre 1688. au *Journal des Audiences, tome 5. liv. 4. ch. 29.*

UNIONS EN FORME GRACIEUSE.

L'union de la Cure d'Evrolles à l'Eglise Collegiale 119 & Paroissiale de Brinon, faite par l'Archevêque de Sens, a été déclarée nulle & abusive, par Arrêt du 31. May 1660. sur quoy il faut observer qu'il se fait deux sortes d'unions en Cour de Rome, la première, *motu proprio Papæ & in formâ gratiosâ;* les autres avec connoissance de cause, *& in formâ commissionali & delegatoriâ.*

Les unions *in formâ gratiosâ* sans les solemnitez necessaires, ne sont point reçûës en France, elles sont 120 nulles ; l'execution en est déclarée abusive, & la nullité ne s'en couvre point par le temps, ni même par la possession immémoriale : c'est le sentiment de tous les

les Docteurs François. *Rebuffe*, Titre *de unionibus in prax.* Chopin.*de sacr. Polit. lib. 2. tit. 6. art. 7.* Du Luc, tit. *de appellationibus, lib. 2. art. 2.* Ce dernier observe que M. le Procureur General du Parlement fut reçu appellant comme d'abus de l'union des Ordres de Saint Jean & de Saint Lazare, quoyque faite il y avoit cent ans,& l'on déclara l'union nulle, parce qu'elle n'avoit point été faite avec les solemnitez requises.

A l'égard des unions commissionnelles & dérogatoires, elles sont reçuës en France, parce qu'elles sont faites *causâ cognitâ*; il faut que les causes du rescrit soient veritables & legitimes, & c'est une solemnité essentielle d'appeller tous ceux qui ont interêt à l'union.

121 Arrêt du Grand Conseil du 26. Juillet 1683. qui déclare que les unions des Benefices, faites en forme gracieuse, sont abusives,& que l'abus contre le droit public, & contre la discipline de l'Eglise, est imprescriptible. *Boniface, tome 3. livre 6. titre 4. chapitre 3.*

UNION, GRADUEZ.

122 Union des Benefices sujets aux Graduez. *Voyez* le mot, *Gradué, n. 215. & suiv.*

UNION, LEGAT.

123 Le Legat *à Latere* peut aussi unir les Benefices, mais c'est sans préjudice d'ailleurs au droit de l'Evêque. *Rebuffe, prat. benef. part. 1. ch. 51. nomb. 24. 26. 27.*

124 Quand les Legats par leurs facultez ont le pouvoir d'unir les Benefices, ils sont obligez de donner commissions & rescrits delegatoires *in partibus*, à l'effet de faire les unions, suivant la forme prescrite par le Concile de Constance, & non autrement. *Définit. Can. page 425.*

UNION, LETTRES PATENTES.

125 L'union d'un Benefice dépendant de la collation d'une Abbaye de France à une Abbaye étrangere sans Lettres Patentes, déclarée nulle & abusive, le 10. Mars 1668. *De la Guess. to. 3. liv. 2. ch. 7.*

126 Il y avoit anciennement dans l'Eglise saint Honoré de la Ville de Paris vingt & un Chanoines.Plusieurs étant décedez, le revenu ne paroissant pas suffisant on restraignit les Chanoines à douze, & l'on supprima les neuf autres. Cette suppression faite depuis plus de 400. ans, donna lieu à neuf dévoluts; ils se fondoient principalement sur le défaut de Lettres Patentes,lesquelles étoient necessaires à cause du droit & de l'interêt que la Regale forme en faveur de sa Majesté. On répondoit qu'il y avoit plusieurs exemples qui montroient que la coûtume n'étoit point alors d'en obtenir. Arrêt du 28. Mars 1669. qui jugea contre les neuf Dévolutaires qu'il n'y avoit point eu d'abus dans la suppression & union. *Définit. Can. p. 847.*

UNION, MONASTERES.

127 Unions des Monasteres ne se peuvent faire que par ordre du Roy; un Conseiller de sa Cour commis, par Arrêt du Parlement de Paris du 19. May 1511. pour se transporter au Convent de *l'Ave Maria* pour informer de l'état dudit Convent. *Preuves des Libertez, to. 2. ch. 34. n. 10.*

128 Union d'un Prieuré à une Congregation des Religieux Feüillans, jugée valable par Arrêt du premier Mars 1616.quoiqu'on dit que l'Abbé n'eût pas donné son consentement; mais comme le Benefice étoit de fondation Royale, M. le Bret dit que le défaut de consentement n'étoit pas considerable. D'ailleurs l'union étoit faite depuis plus de 40. années. *Le Bret, liv. 4. décis. 8.*

129 Union d'une Cure à une Abbaye de Religieuses qui en avoit la représentation est abusive. Arrêt du 12. Mars 1629. qui déclara la présentation vacant & impetrable, ordonna qu'il y seroit pourvû par l'Evêque de Troyes; à la présentation neanmoins des Religieuses du Paraclet; celuy qui s'étoit fait pourvoir en Cour étant coupable de perfidie envers les Religieuses, M.

Tome III.

l'Avocat General Talon dit qu'il ne devoit gagner sa cause: c'est pourquoi on laissa à l'Abbesse de nommer un autre Curé. *Bardet, tome premier, livre 3. chap. 35.*

130 Arrêt du Parlement de Paris du 20.Août 1667. qui a ordonné que la Cure de la Ville de S.Maximin demeurera unie au Monastere des Religieux Dominicains de la même Ville, à la charge de présenter & nommer un de leur Corps à l'Archevêque d'Aix pour desservir la Cure, lequel sera sujet à la visite & Jurisdiction de l'Archevêque, sans qu'à l'avenir les Prieur & Religieux dudit Convent puissent prétendre aucuns droits Episcopaux. *Boniface, to. 2. part. 3. p. 177.*

131 Quand il s'agit de supprimer un Ordre pour l'unir à un autre, ou bien d'en désunir deux qui auroient été joints, cela se doit faire de l'autorité du saint Siege, les Rois & Princes oüis & appellez; c'est pour cette raison que le Pape Innocent VIII. par Bulle du 28. Mars 1490. ayant fait l'union de l'Ordre des Chevaliers de saint Lazare à celuy de saint Jean de Jerusalem sans que le Roy en fût averti, son Procureur General en appella comme d'abus. *Bibliotheque Can. to. 2 page 677.*

132 L'union du Mont Valerien à la maison des Religieux Dominicains réformez, & ordonné que les Dominicains vuideroient les lieux, & que les Prêtres & Hermites seroient reintegrez en la possession du Mont Valerien, & les Dominicains condamnez à rendre les meubles & papiers par eux pris. Jugé le 30. Juillet 1664. *De la Guessiere, tome 2. livre 6. chapitre 41.*

133 Union de trois Monasteres confirmée sans que les solemnitez necessaires y eussent été gardées: une même Superieure ne peut prendre qualité de Superieure generale & perpetuelle. Jugé le 22. Juin 1666. *Ibid. liv. 8. chap. 12.*

134 Les Ordres Religieux ne peuvent faire aucune union à d'autres Ordres sans permission expresse du Roy, & *Lettres patentes* de sa Majesté; il y a un Edit précis du mois de Juin 1671. enregistré au Parlement, la même année. *Bibliotheque Canonique, to. 2. page 676.*

UNION, ORDRE DE CLUNI.

135 Les Benefices de l'Ordre de Cluni ne peuvent être unis à d'autres Communautez Regulieres ou Seculieres que du consentement de l'Abbé chef, & des Religieux de l'Abbaye de Cluni. Arrêt du Grand Conseil des 30. Septembre 1686. & 11. Mars 1689. Les Evêques n'ont pas même le droit de proceder à l'union de ses Benefices, quand même tout l'Ordre y consentiroit, cela n'appartient qu'au Pape, dont l'Ordre de Cluni qui est appellé *Allodium Ecclesiæ Romanæ*, dépend immediatement. *V. le Journal du Palais, in fol. to. 2. page 761.*

UNION, PAPE.

136 Le Pape peut unir tous Benefices, tant grands que petits, *& per omnes unionis species*, & à luy seul appartient l'union des Evêchez. *Reb. prat. benef. part. 1. ch. 51. n. 23. & 25.* Févret, traité de l'abus, liv. 2. chap. 3. art. 4. & 5.

Et celle des Benefices exempts. *Ibid. n. 22.*

Même au préjudice de l'Evêque, en ce qui est de la collation du Benefice, sauf les droits à luy appartenans d'ailleurs. *Ibidem, chapitre 52. nomb. 7. & 13. Ibid. n. 14.*

A moins qu'il ne s'en soit départi en le quittant. *Ibid. n. 14.*

UNION, PATRON.

137 Les Benefices qui sont en Patronage ne peuvent être unis sans le consentement des Patrons. *Rebuffe, prat. benef. ch. 51. n. 28.*Ordonnance de Blois, art. 23.

138 Les Patrons y doivent encore être appellez, tant les Ecclesiastiques que Laïcs.*Ibid. part. 1. chap. 52. n. 6.* Févret, traité de l'abus, liv. 2. ch. 3. art. 26.

Mais non les Recteurs des Eglises. *Ibidem, nomb. 8. 9. & 10.*

Ni le peuple , lequel neanmoins peut intervenir & s'oppofer. *Ibid. chap.* 76. *n.* 11. *&* 12.

UNIONS PERPETUELLES.

139 Unions temporelles ne font point reçûës en France. Ainfi jugé. *Voyez Rebuffe*, 1. *part. praxis benef. cap. de unionibus* , *n.* 9.

140 L'union pour la vie de celuy en faveur de qui elle & feroit faite n'eft pas aujourd'huy reçûe en France.

141 Arrêt du Parlement de Paris pour la Cure de S. Jean en Greve. *Bibliot. Can.* to. 2. *p.* 671. Le même Arrêt eft rapporté dans *Papon* , *livre* 3. *titre* 8. *nombre* 8.

UNION, REGALE.

142 Quand une Dignité en quelque Eglife eft unie à une Prébende , fi elle vient à vaquer en Regale , le Roy pourvoir auffi à la dignité , quoique ce ne foit qu'une commiffion de l'Evèque. Jugé par Arrêt du dernier Mars 1620. pour la Penitencerie de Rheims. *Ibid. p.* 672. *col.* 1.

143 Unions ou fuppreffions de Prébendes faites fans informations *de commodo aut incommodo* , avec Monfieur le Procureur General , ou fon Subftitut, & fans *Lettres patentes* du Roy, font nulles à l'égard du droit de Regale. Jugé le 7. Juin 1624. *Du Frène* , *liv.* 1. *chap.* 26.

RESIGNATION DES BENEFICES UNIS.

144 Il n'eft pas neceffaire de recourir au Pape , ou au Legat pour les admiffions des refignations en faveur, & pour les creations des penfions qui fe font en confequence des unions , parce que *hic nulla fimonia nulla verita aut fufpecta nundinatio verfatur , fed Ecclefie jurifque communis favor.* V. *Du Moulin* , fur la *Regle de Publicandis. n.* 175.

145 La Regle *de Publicandis* n'a point lieu dans les refignations faites à deffein d'unir le Benefice à une Eglife , c'eft à dire que quoique la poffeffion n'eût pas été prife, ni la refignation publiée dans le temps prefcrit par la Regle, l'union ne laifferoit pas de fubfifter , parce que cette Regle a été établie pour l'avantage même de l'Eglife ; il en feroit autrement des unions perfonnelles , c'eft à dire de celles qui fe font en confideration d'une perfonne particuliere pour ôter le vice de l'incompatibilité, & réünir en fa faveur deux Benefices. *Voyez Du Moulin* , fur cette *Regle* , *n.* 173. *& fuiv. & le n.* 234.

146 De la refignation d'un Benefice dont l'union a été donnée pour avoir fon effet après la mort du Titulaire , quoique celui-cy n'eût point été appellé ; l'on jugea au Parlement de Touloufe le 30. Mars 1676. qu'il n'avoit pû refigner ; le refignataire perdit fa caufe, & la Cour réferva feulement au refignant la joüiffance & les fruits du Benefice fa vie durant. *V. les Arrêts de M. Catellan* , *liv.* 1. *ch.* 50.

UNION, REVOCATION.

147 *De revocatione unionum.* Per Petrum de Perufio.

148 *De unionis revocatione.* Voyez *Rebuffe* , 1. *part. praxis benef.*

149 *De revocatione unionum.* Voyez *les additions de Rebuffe* fur la 12. Regle de Chancellerie , 3. *part. praxis benef.*

150 L'union peut être revoquée quand la caufe pour laquelle elle a été traitée , ceffe. *Rebuff. prat. benef. part.* 1. *chap.* 54. *n.* 12.

Ou quand elle porte prejudice à l'Eglife , ou au fervice Divin, *Rebuf. ibid. n.* 3. 4. 5. *& 13.*

151 Quand elle a été faite par fimonie. *Ibid. n.* 8.

Et elle peut être revoquée par celuy qui l'a faite, mêmement par l'Evèque du Diocefe, & même celle qui auroit été faite par le Pape, ou par fon Legat. *Ibidem* , *n.* 15. 16. 17. *& 18.*

Et encore par le Chapitre *fede vacante* , le Siege vacant. *n.* 19.

152 Il n'y a que le Pape feul qui puiffe faire la défunion

des Eglifes Cathedrales *Rebuffe* , *prat. benef. part.* 1. *chap.* 54. *n.* 21.

Et des Benefices exempts. *Ibid. art.* 22.

L'union étant révoquée, les chofes retournent dans le même état qu'elles étoient auparavant. *Ibidem* , *chap.* 64. *n.* 28. 39. 42. 43. 44.

Et chacun retourne à fon droit, à moins qu'il ne l'ait expreffément quitté. *Ibid. n.* 40. *& 41.*

153 Neanmoins l'alienation faite pour jufte caufe pendant l'union , fubfifte après la défunion. *Ibidem* , *chap.* 54. *n.* 45. *& 46.*

154 La défunion fe fait fans préjudice de ceux qui poffedent les chofes unies , lefquelles ils pourront tenir comme auparavant , pendant leur vie. *Rebuffe* , *ibid. nomb.* 44.

155 L'union des Benefices doit être révoquée avec les mêmes folemnitez qu'elle a été faite. Arrêt du 22. Juin 1673. *Boniface* , to. 3. *li.* 6. *ch.* 1.

156 La réünion qui ramene les chofes aux termes de la fondation eft favorable, il y en a un exemple pour la Cure de faint Mederic de Paris. *Voyez Du Frène* , *dans fon Journal* , *liv.* 1. *chap.* 44. *p.* 35. La difpenfe *ad duo uniformia fub eodem tecto* , eft rejettée, & par confequent abufive.

UNION, CONSENTEMENT DU ROY.

157 Unions ne valent fans le confentement du Patron; aux unions d'Abbayes, ou autres Benefices électifs en France, il faut le confentement du Roy, fans quoi l'appel comme d'abus feroit reçû , même après cent ans. *Papon* , *li.* 3. *tit.* 8. *n.* 2.

158 Un Benefice de France ne peut être uni à un autre de terre étrangere fans le confentement du Roy. *Rebuffe* , *prat. benef. chap.* 51. *n.* 18. *Fèvret* , *traité de l'abus liv.* 2. *chap.* 3. *art.* 28.

159 Les unions d'Abbayes , ou autres Benefices électifs en France, dont la préfentation appartient au Roy, ou de membres d'iceux , & de Benefices en dépendans , ne valent au préjudice du Roy fans fon confentement , & fur l'appel comme d'abus , elles font toûjours annullées ; ce qui a été fouvent jugé, tant par Arrêt du Parlement de Paris , que du Grand Confeil , & telles appellations comme d'abus font reçûës après cent ans. *Tournet* , *lettre* S. *nomb.* 44.

160 L'Archevèque ayant prononcé fur l'union du Prieuré de faint Thibault en Champagne, avec l'Abbaye de faint Hubert en la forêt d'Ardennes au Pays de Liege, fans que le Procureur du Roy eût été appellé, Frere Simon Godefroy en ayant appellé comme d'abus , le Parlement de Paris caffa l'union , par Arrêt du 7. May 1584. *Bibliotheque Canonique* , *tome* 2. *pag.* 678.

161 Union d'un Benefice de fondation Royale qui eft à la nomination du Roy , ne peut être faite que par le Pape que du confentement du Roy , par Lettres expreffes verifiées en Parlement. Arrêt du Parlement de Paris du 26. Février 1611. qui enregiftre des Lettres patentes confirmatives de l'union faite par le Pape du Prieuré de faint Jean de Meffarge au Chapitre de la fainte Chapelle de Bourbon l'Archambault. *Preuves des Libertez* , to. 2. *ch.* 35. *n.* 79.

162 Si l'union d'une Prébende avoit été faite fans le miniftere des Gens du Roy , & que cette Prébende unie à un autre Benefice non fujet à la Regale, venoit à vaquer après la mort de l'Evèque, le Roy la confereroit en Regale , nonobftant l'union. Jugé au Parlement de Paris le 7. Juin 1614. pour une Prébende de faint Mederic de Linas. *Du Frène, Journal des Audiences* , *liv.* 1. *ch.* 26. où il obferve que M. Talon Avocat General reprit un des Avocats qui plaidoient en la caufe, de ce qu'il avoit foûtenu qu'és fuppreffions, ou unions de Benefices qui n'étoient de fondation Royale, M. le Procureur General n'y avoit point d'interêt, & foûtenoit fortement que le droit du Roy & fon interêt s'étendoit generalement fur tous les Benefices, où il y avoit droit de Regale.

163 Unions ou suppressions de Prébendes faites du consentement du Collateur ordinaire, sans information, avec Monsieur le Procureur General, & sans Lettres patentes du Roy, sont nulles & abusives à l'égard du droit de Regale. Arrêt du 7. Juin 1624. *Bardet, to.* 1. *liv.* 2. *chap.* 21.

UNION PAR LE ROY.

164 Le Roy peut unir les Benefices qui sont à sa collation sans Bulles & consentement du Pape; il est censé fondateur de toutes les Eglises, s'il n'y a titre au contraire. Jugé le 8. Février 1604. *M. le Prêtre* 2. *Cent. chap.* 67.

165 Union faite par le Roy d'une Chanoinie & Prébende de l'Eglise Nôtre-Dame de Montbrison à la Fabrique de la même Eglise. Au mois de Decembre 1604. *Preuve des Libertez*, *to.* 2. *ch.* 36. *n.* 41.

UNION AUX SÉMINAIRES.

166 Union des Benefices aux Seminaires. *Memoires du Clergé, to.* 1. *part.* 1. *p.* 296. 297. 298. 302. 303. 310. 311. & 325. 356. 337. & 340.

Et *Ibid. page* 342. 351. 799. *n.* 12. & 13. & *page* 800. il est parlé de l'union des Benefices.

Il n'y a que le Pape les Evêques qui puissent unir les Benefices, le pouvoir qu'en ont les Evêques. *p.* 340. ibid. *p.* 799. & *suiv.*

Conditions requises pour rendre les unions legitimes & canoniques. *Ibid.*

167 Arrêt du 8. Juillet 1631. qui appointe pour sçavoir si l'union du Prieuré de Saint André au Desert, faite au Seminaire de la Ville de Mâcon, est abusive, par le défaut de formalitez? M. l'Avocat General Bignon avoit estimé qu'il y avoit abus. *Bardet, tome* 1. *liv.* 4. *chapitre* 37.

168 Les Evêques peuvent unir aux Seminaires les Benefices vacans, au préjudice des Expectans, Graduez & Indultaires, & telle union jugée valable, nonobstant la requisition faite par un Indultaire. Jugé au Grand Conseil le 7. Février 1667. *De la Guessiere, tome* 3. *livre* 1. *chapitre* 13.

169 Le même Arrêt est rapporté par *Boniface, tome* 2. *part.* 3. *p.* 193. Il s'agissoit de l'union du Prieuré de Saint Raphaël de Cabrieres au Seminaire d'Aix.

UNION PAR UN VICAIRE.

170 *Lotherius*, dans son *Traité des Matieres Beneficiales, liv.* 1. *quest.* 28. *n.* 118. & *seqq.* conclut contre l'opinion de *Rebuffe*, qu'un Vicaire General peut unir les Benefices sans en avoir un pouvoir spécial, par la raison capitale que le Vicaire General peut faire tout ce qui est de la Jurisdiction volontaire, & par consequent il peut unir, cet Acte étant de la Jurisdiction volontaire. *Définitions du Droit Canonique*, verbo, *Union. p.* 894.

UNION, VICAIRES PERPETUELS.

171 On laisse un Vicaire perpetuel en l'Eglise unie accessoirement pour la desservir. *Rebuffe, prat. Benef. part.* 1. *chapitre*, le Vicaire perpetuel, *nombre* 1. 21. & 22.

Sans celuy qui tient l'Eglise principale y puisse faire le Service, si le Vicaire ne veut. *Ibid.*

A moins qu'il ne fût autrement reglé, & disposé par le Titre d'union. *Ibid. n.* 2.

Mais si les deux Eglises Paroissiales unies ensemble, étoient également principales, alors le Curé pourra constituer un Vicaire à temps. *Ibid. n.* 3.

172 Quand les Reguliers ou Seculiers tiennent avec dispense des Prieurez Reguliers, qui ont charge d'ames, on y établit aussi des Vicaires perpetuels. *Ibid. nombre* 11.

Et ces sortes de Vicaires sont quelquefois pourvus sur la présentation du Prieur. *Ibid. n.* 12.

Et quelquefois de plein droit par l'Evêque. *Ibid. nombre* 13.

173 Quand c'est un Benefice simple, qui a été uni, on n'y établit point le Vicaire perpetuel. *Ibidem, chapitre* 53. *nomb.* 5.

Tome III.

Ni quand le Benefice est uni à la Mense de l'Evêque ou du Chapitre. *Ibid. n.* 6.

174 Les Vicaires perpetuels sont reglez à l'*instar* des autres Benefices. *Rebuffe, ibid. ch.* 55. *n.* 14. & 15.

Et le Vicaire perpetuel doit joüir des mêmes privileges dont joüit le Monastere, ou l'Eglise à laquelle le Benefice est uni. *Ibid. n.* 16.

UNIVERSITÉ.

1 DE *Regia Academiarum institutione*. Voyez *Chopin*, en son *Traité du Domaine*, *li.* 3. *tit.* 27.

2 Loisæus, *de Jure Universitatum*, in octavo, *Lugduni* 1627.

3 Université. Voyez hoc verbo, *la Biblioth. du Droit François*, par *Bouchel*.

4 Des Universitez, & qu'il n'appartient qu'au Roy de les fonder & établir. *V. M. le Bret, en son Traité de la Souveraineté, liv.* 4. *ch.* 13.

5 Les Chaires des Universitez mises à la dispute. Voyez le mot, *Chaires.*

6 Reglement pour les Universitez du Royaume, Voyez *Filleau, part.* 3. *tit.* 9.

7 Des Universitez, & des regles qui regardent leur police & discipline, & des devoirs de ceux qui les composent. *V. le* 4. *tome des Loix Civiles, li.* 1. *tit.* 17. Cela ne regarde pas précisément les Universitez Académiques, mais les Communautez des habitans. Il y a des Loix dont l'application peut néanmoins être faite aux Universitez du Royaume, en ce qu'elles forment un Corps qui a des Regles, des Statuts & des Usages.

8 Reglemens touchant les Principaux & Regens établis dans les Colleges des Universitez. *Memoires du Clergé, tome* 2. *part.* 1. *p.* 149.

9 *Voyez les Memoires du Clergé, tome* 2. *part.* 1. *p.* 134. & *suiv.* articles du Cahier presenté au Roy pour la Chambre Ecclesiastique des Etats Generaux de 1614. touchant les Universitez. *tom.* 3. *part.* 8. *p.* 615.

10 Si l'Université est un Corps Laïc. Voyez les Plaidoyez de M. *Servin, tom.* 1. *pag.* 141. & *suiv.* & quel est le droit de Patronage, en vertu duquel le Recteur presente.

11 Les Officiers & Suppôts de l'Université de Poitiers, ne peuvent être reçûs faisans profession de la Religion Prétenduë Réformée. *Voyez les Décisions Catholiques de Filleau, décis.* 90.

12 Universitez & Ecoles publiques ne peuvent être établies en France sans l'autorité & consentement du Roy. *Preuves des Libertez, tom.* 2. *chap.* 37. où il est parlé de l'érection des Universitez d'*Orleans* en 1312. de *Bourges* en 1469. d'*Angoulême* en 1516. de *Rheins* le 30. Mars 1548. réformation de l'Université de *Paris* en 1600. réformation & rétablissement de l'Université d'*Orleans* en 1616.

Voyez cy-après les nombres 28. 36. 39. & 71.

13 Traité des Graduez, de leur établissement, & de leurs droits, où sont expliquez mot à mot les douze Paragraphes du titre des Collations des Benefices, au Concordat fait à Boulogne entre nôtre Saint Pere le Pape Leon X. & le Roy François I. en 1516. & registré en sa Cour de Parlement à Paris, le 22. Mars 1517.

Contenant par chaque mot un Recüeil fort exact des Décisions des plus importantes questions qui se peuvent faire sur le sujet des Graduez, suivant les anciennes & nouvelles Ordonnances, les Libertez de l'Eglise Gallicane, les Arrêts des Cours Souveraines du Royaume, & l'opinion des plus celebres Canonistes, tant anciens que modernes. Imprimé à Paris chez François Grangé en 1710.

Ce nouveau Livre comprend les droits des Universitez, & les regles que doivent suivre les Graduez pour parvenir à une nomination utile, & obtenir le fruit de leur degrez.

Voyez cy-après le nomb. 129.

14 S'il plaisoit au Roy de créér une nouvelle Université, comme l'érection se feroit pour joüir par la nouvelle Université des mêmes Privileges que les autres Universitez du Royaume, il n'y auroit point de doute que cette nouvelle Université ne joüit comme les anciennes, du droit de presenter & nommer aux Collateurs. *Voyez le nouveau Traité des Graduez*, imprimé en 1710. *p. 372.*

15 En 1408. Reglement fait pour les Graduez des Universitez.

1. Que les Seculiers seroient nommez dans le Rôle des Universitez.

2. Que les Abbez & Superieurs d'Ordres pourvoiroient leurs Religieux qui auroient donné leur nom.

3. Que les Benefices de peu de valeur ne tiendroient lieu de rien, attendu qu'il est au pouvoir des Graduez nommez de les refuser.

4. Qu'on ne pourroit se faire inscrire qu'en un seul Rôle.

5. Qu'on n'auroit qu'un mois pour accepter ou refuser le Benefice conferé.

6. Que 400. liv. remplissoient un Gradué à moins qu'on ne fût noble de pere & de mere, ou Docteurs, ou Licentiez, ou Bacheliers, formez en Theologie.

Ces Ordonnances de l'Eglise Gallicane furent annullées par le Cardinal Archevêque de Pise, envoyé à Paris par le Pape Jean XXII.

L'Université de Paris en 1417. appella de l'Ordonnance de ce Legat. *Voyez le nouveau Traité des Graduez* imprimé en 1710. *p. 9. & 10.*

16 Avertissement aux Universitez du Royaume, qui leur défend sous peine de nullité d'accorder des nominations, sinon à ceux qui auront étudié pendant le temps competent, & de les admettre aux degrez *per saltum.*

Et où elles le feroient, elles sont ménacées de la suspension de leurs Charges. *Voyez le nouveau Traité des Graduez*, imprimé en 1710. *p. 370.*

17 Il faut ordinairement trois citations ou monitions, pour pouvoir user des censures & des peines contre les Universitez ; une suffit quand elle part de l'autorité du Prince ou du Juge. *Voyez le nouveau Traité des Graduez*, imprimé en 1710. *p. 370.*

18 Arrêt du Parlement de Paris du 12. Avril 1646. en forme de Reglement ; qui ordonne que ceux du 14. Août 1637. & 13. Avril 1641. seront observez ; & enjoint aux Docteurs des Universitez où il y a exercice public de les garder, & conformément à iceux faire écrire leurs noms, surnoms & Diocese dans un Registre particulier qu'ils tiendront à cet effet ; & défenses aux autres Universitez où il n'y a aucun exercice public de délibrer aux Licences, à peine de nullité. *Soëfve, tome 1. Centurie premiere, chapitre 88.*

19 S'il faut se pourvoir par appel comme d'abus envers un décret, ou pour mieux dire, envers une déliberation de l'Université. Cette question fut agitée & jugée le 21. Novembre 1651. au Parlement de Toulouse, en la cause d'un Curé du Diocese de Comminge, qui disputant une Regence en l'Université de Toulouse, étoit accusé d'avoir mal parlé d'un Religieux, dans l'une des Harangues de ses ouvertures ; c'est pourquoy l'Université par une déliberation, l'excluoit de la dispute. La plus grande raison en faveur de l'Université, étoit que cela se pratique à l'égard des déliberations ou décrets de Sorbonne : neanmoins il fut jugé qu'il falloit se pourvoir par la voye de cassation : la Cour ayant droit de se faire par forme de Reglement, & comme ayant connoissance de l'execution des Edits ; l'Université d'ailleurs n'ayant aucune Jurisdiction, n'en peut par consequent abuser ; s'il se pratique à l'égard des décrets de Sorbonne, qu'on en appelle comme d'abus ; c'est par un privilege particulier, & une Coûtume qui leur a établi

une espece de Jurisdiction en certaines matieres ; & qui à cause de sa Doctrine, est censée un Corps Ecclesiastique. *Albert, let. A. art.* 5.

10 Par Arrêt du Parlement de Paris du 4. Decembre 1662. jugé que les Universitez étoient Corps mixtes, que pour cela elles étoient de fondation Laïque ; cet Arrêt maintint le Chapitre de Rheims, & les trois Facultez, en la possession d'élire le Recteur, le Principal, les Graduez & les Boursiers de College, & jugea qu'on ne pouvoit établir de nouveaux Statuts dans cette Université, au préjudice de son ancien titre d'institution. *Jovet, verbo, Université, nomb. 1.* dit qu'il étoit à la Plaidoyrie. Le même Arrêt est rapporté dans *Des Maisons, let. V. numb. 16, & dans le deux-ième tome du Journal des Audiences, livre 4. chapitre 68.*

11 Dans les Pays Conquis par le Roy, le privilege des Graduez des Universitez de France, a lieu, conformément au Concordat fait entre le Pape Leon X. & le Roy François I. Arrêt du Conseil Privé du 30. Juin 1688. au 2. *tome du Journal du Palais*, in folio, *page 739.*

UNIVERSITE' D'AIX.

12 Arrêt rendu au Parlement d'Aix le 11. Février 1675. qui reforme les corrections excessives de l'Université d'Aix sur ses Membres en cas d'irreverences contre le Recteur & l'Université, & maintient les Docteurs au droit de faire des lectures publiques. *Boniface, tome 3. li. 4. tit. 1. ch. 4.*

13 Lettres Patentes du Roy en forme d'Edit, données à Saint Germain en Laye au mois d'Avril 1679. par lesquelles Sa Majesté regle le temps de l'étude dans les principes de la Jurisprudence, tant du Droit Canon & Civil, que du Droit François ; ensemble la maniere que Sa Majesté entend qu'on soit admis après les études aux degrez de Licence & de Docteur. *Ib.d, chapitre 4.*

Voyez cy-après le nombre 113.

14 Statuts & Reglemens nouveaux du 30. May 1680. de la Faculté du Droit Canonique & Civil en l'Université d'Aix, ajoûtés aux anciens Statuts, ensuite de la Declaration de Sa Majesté & Arrêt du Conseil. *Ibid. chap. 2.*

15 Declaration du Roy portant Reglement pour la Faculté du Droit d'Aix ; du dernier Decembre 1683. *Ibid. chap. 3.*

UNIVERSITE' D'ANGERS.

16 *Voyez Peleus, liv. 2. action 1.* où est rapporté un Arrêt du 22. Decembre 1589. en faveur d'un Docteur de l'Université d'*Angers*, qui fut reçu sans dispute, à laquelle il sembloit être astraint par le Statut & l'Ordonnance.

UNIVERSITE' D'ANGOULESME.

17 Voyez cy-dessus le nombre 12.

UNIVERSITAS AURAICENSIS.

Universitas Auraicensis, sicut aura regitur, non puto eam famosam, in illâ enim non legitur. Voyez *Reboffe, sur le Concordat, au titre de Collationibus.* 8. *Pretereà.*

UNIVERSITE' DE BOURGES.

18 Lettres Patentes portant confirmation d'une Bulle du Pape Paul II. du 19. Novembre 1464. pour le rétablissement de l'Université de *Bourges*. A Marcüil prés Abbeville, en Decembre 1463. registrées au Parlement le 30. Mars 1469. *Chenu, des Privileges de la Ville de Bourges, page* 64. rapporte la Bulle ; & les Lettres se trouvent au *premier vol. des Ordonnances de Loüis XI. fol* 218.

UNIVERSITE' DE CAEN.

19 Declaration pour l'execution de celle du 28. Mars précedent, pour le rétablissement des Etudes du Droit Civil & Canonique dans l'Université de *Caen*, contenant 13. articles. A Versailles le 9. Septembre 1682. registrée au Parlement de Roüen le 9. Decembre de la même année.

UNIVERSITÉ DE CAHORS.

30   Arrêt du Parlement de Touloufe du 30. Janvier 1539. rendu entre les Docteurs Regens de *Cahors*, & le Rapporteur du Sénéchal, qui juge que les Docteurs Regens précederoient tant en l'Auditoire dudit Sénéchal, que tous autres Actes publics. *La Roche-flavin, liv. 5. let. V. tit. 1. Arr.* 14.

31   Par Arrêt rendu au même Parlement de Touloufe, le 9. Avril 1601. défenfes aux Chancelier, & Docteurs Regens de l'Univerfité de *Cahors*, de recevoir aucun Docteur Regent fans difputes publiques, & fuivant les Ordonnances & Arrêts. *Bibl. de Bouchel*, verbo *Univerfité*.

UNIVERSITÉ DE MONTPELLIER.

32   Droits & autorité de l'Evêque de *Montpellier* fur l'Univerfité de cette Ville. *Voyez les Mem. du Clergé*, *tome 2. part. 1. p. 165. & fuiv.*

33   Par Arrêt du dernier Août 1584. fut caffée l'élection faite de deux particuliers à une Regence par les Docteurs de *Montpellier*, à la charge qu'ils partageroient également les gages, jufques à la premiere vacance, qui devoit être baillée à l'un d'eux. *Bibliot. de Bouchel*, verbo, *Univerfité*.

34   L'Evêque de *Montpellier* a pouvoir de donner des Statuts, ou Reglemens à l'Univerfité de *Montpellier*, & de la reformer fi befoin eft, par Lettres Patentes du Roy Loüis XIII. du mois d'Août 1613. confirmatives des droits & prerogatives qui luy appartiennent, verifiées au Parlement de Touloufe le 16 Juillet 1615. *Ibid. page* 165. *art.* 21.

UNIVERSITÉ DE NANTES.

35   L'Univerfité de *Nantes* fut fondée par le Duc François II. en 1460.

Les Libraires, Parcheminiers & Bedeaux de cette Univerfité, joüiffent des Privileges, qui font exemption de foüage, fubfides, emprunts, droits de quintaines, &c. Arrêt du Parlement de Bretagne du 19. Septembre 1572. Ils peuvent vendre leurs Livres en toutes Villes fans empêchement. Arrêt du 14. Août 1618. *Du Fail, liv. 2. ch.* 430.

UNIVERSITÉ D'ORLEANS.

36   Voyez *cy-deffus, le nombre* 12.

Par Arrêt du 24. Mars 1550. la Cour fit défenfes aux Receveur & Docteurs Regens de l'Univerfité d'*Orleans*, de remettre dorénavant les droits des Bourfes aux Ecoliers qui prendront degrez en ladite Univerfité, finon en faveur de pauvreté, & en faifant le ferment, prefens les quatre Procureurs des quatre Nations : enjoint au Receveur d'appeller le Procureur General de l'Univerfité avant que de figner les approbations des Bacheliers & Licentiez. *Corbin, fuite de Patronage, ch.* 286.

37   Arrêt du 25. Juin 1626. qui ordonne que vacation avenant des places des Docteurs Regens de l'Univerfité d'*Orleans*, lefdits Docteurs feront tenus inviter le Lieutenant General, Criminel & Particulier, le Prévôt & Lieutenant de la Prévôté ; enfemble les Avocats & Subftituts du Procureur General, aux Leçons, Difputes, & Elections, qu'il conviendra faire des Contendans les places vacantes, pour avoir par lefdits Magiftrats, voix excitative, & honoraire feulement, demeurant le droit d'élire, aux feuls Docteurs Regens. *Filican, partie* 3. *tit.* 9. *chapitre* 3.

38   Arrêt du Parlement de Paris du 25. Juin 1626. qui ordonne que les Thefes propofées par Jourdain, feront fupprimées, défenfes aux Docteurs Regens de l'Univerfité d'Orleans, & autres de ce reffort, principaux, Grands Maîtres de Colleges, & Profeffeurs en quelque féance que ce foit, permettre que dans leurs Colleges ou Ecoles, foient difputées aucunes Thefes contenant des maximes contraires à l'autorité Royale ; à peine d'en repondre en leurs noms ; faifant droit fur l'intervention des Maire & Echevins d'Orleans, & autres intervenans, a ordonné que

l'Arrêt de l'an 1512. concernant le nombre de huit Docteurs Royaux en cette Univerfité d'Orleans, fera gardé & obfervé, quand l'affluence & multitude d'Ecoliers le requerera : & cependant qu'outre les trois Docteurs qui font à prefent en cette Univerfité & l'inftitutaire, il y aura encore trois Docteurs Regens, faifant le nombre de fix : lefquels fix Docteurs Regens joüiront également des émolumens de leurs charges de Docteurs hors les gages, dont en fera baillé aux deux anciens à chacun 700. liv. &c. Ordonne, vacation avenant de places de Docteurs Regens, que lefdits Docteurs feront tenus inviter les Lieutenans General Criminel & Particulier, le Prevôt & Lieutenant de la Prévôté, enfemble les Avocats & Subftituts du Procureur General aux leçons, difputes & Elections qu'il conviendra faire des contendans les places vacantes, pour avoir par lefdits Magiftrats voix excitative & honoraire feulement, demeurant le droit d'élire aux feuls Docteurs Regens : ordonne que les Lettres Patentes & Arrêt fur icelles intervenu, concernant le temps d'Etude, feront gardés & obfervés felon leur forme & teneur ; mettant fur le furplus des demandes & conclufions des autres intervenans, les parties hors de Cour & de procés, fans dépens ; ordonne que le prefent Arrêt fera lû & publié au Siege Préfidial d'Orleans. *Voyez la Bibliotheque de Bouchel* verbo *Univerfité*.

UNIVERSITÉ DE PARIS.

Voyez cy-deffus le nombre 12.

39   De l'Univerfité de Paris, facultez & fuppôs d'icelle, enfemble de leurs Privileges & Reglemens, concernans ladite Univerfité, Lecteurs, Profeffeurs & Miniftres d'icelle. *Ordonnances de Fontanon*, *tome* 4. *tit.* 11. *page* 413.

40   Divers Reglemens pour la réformation de l'Univerfité de Paris. *Memoires du Clergé, tome* 2. *part.* 1. *page* 154. *& fuiv.*

41   Lettres patentes accordées à l'Univerfité de Paris, tant en faveur des Ecoliers outragez & excedez, que contre les mêmes qui feroient convaincus d'avoir commis quelque crime ou forfait. A Bethfy l'an 1100. *Ordonnances de Fontanon, to.* 4. *p.* 941.

42   En 1342. l'Univerfité de Paris envoya à Clement VI. les Rôles de ceux qu'elle propofoit pour les Benefices, ce qu'on croit qu'elle avoit déja fait dés le temps de Jean XXII.

Ce ne fut que le funefte Schifme entre Urbain VI. & Clement VII. qui commença de détourner ailleurs le cours naturel des dignitez & des Benefices Ecclefiaftiques.

Paul Emile dans la vie de Charles VI. en parle ainfi, cum Clemens fex & triginta fuæ factionis Cardinales haberet eorum cupiditati propè fola Francia propofita erat, quod reliquas terrarum orbis longè maxima ex parte Urbanum Pontificem maximum agnofcerent : qui verò Purpuratorum Clementem fequebantur, facris Francia Beneficiis, ut quæque opulentiffima erant, ità maximè fpe conatu expectationum & refervationum muneribus imminebant, nullo fanctitati honore habito, litterarum mufeique nullo.

En 1408. il fe tint à Paris un Concile ou une Affemblée generale des Prélats de France, où il fut fait plufieurs Reglemens qui apprennent comment les Graduez de l'Univerfitez montoient par degrez à ce comble de privileges, où ils arriverent dans les fiecles fuivans. *Voyez le nouveau Traité des Graduez*, imprimé en 1710 *pag.* 6. *& fuiv.*

43   Ordonnances fur les privileges de l'Univerfité de Paris. A Paris le 21. May 1345. *Ordonnances de Fontanon, to.* 4. *p.* 413.

44   Lettres patentes pour les privileges de l'Univerfité de Paris. Au Louvre prés Paris le 18. Mars 1366. *ordin. antiq. vol. A. fol.* 1. Ordonnances de Fontanon, tome 4. *p.* 414.

45   Déclaration en faveur de l'Univerfité de Paris, à Tours en Janvier 1461. *Ord. Barb. vo. D. fol.* 244.

46 Lettres Patentes , portant confirmation des privileges de l'Univerſité de Paris. A .... en Mars 1488. *Voume des Ordonnances de Charles VIII. fol.* 109.

47 Réformation de l'Univerſité de Paris , avec les Arrêts rendus à ce ſujet. *Paris ,* 160٢. in 8

48 Recüeil de pieces , concernant l'état de l'Univerſité de Paris. *Paris ,* 1653.

49 Statuts de la Faculté de Medecine en l'Univerſité de Paris , avec les pieces juſtificatives de ſes privileges, recüeillis par *Denys Puylu.* Par. 1692.

50 Les Graduez de l'Univerſité de Paris l'emportent ſur les autres Graduez.

51 L'Univerſité de Paris eſt un corps mixte, neanmoins le Recteur doit être Eccleſiaſtique,& les Regens , & ceux qui y demeurent non matiez. Le Recteur a Juriſdiction ſur les Regens & les Bourſiers ; l'appel va directement à la Cour ; elle a ſon Conſervateur : un enfant de ſept ans s'il y a ſon renvoy, en quelque cauſe que ce ſoit , à l'exception des feodales, auquel cas un Ecolier ſe fait recevoir par main Souveraine *offerendo conſignationem jurium* ; il a ſon renvoy devant le Conſervateur , encore bien que les Cardinaux intervinſſent & fiſſent renvoyer au Grand Conſeil , l'Univerſité peut renoncer à ſon privilege. *Mornac, Novella Frederici C. ne filius pro patre.* Voyez *Peleus ,* queſt. 123. Le Veſt , *Arrêt* 219. & 220. touchant le droit de peage. *Voyez Henrys , tome 2. livre premier , queſt.* 30.

52 Il n'y a à Paris que le Droit Civil qui ne s'y enſeigne pas publiquement : mais il ne faut pas que les autres Univerſitez en tirent avantage , car c'eſt par privilege , & par une prérogative ſpeciale , que le droit Romain ne s'enſeigne pas à Paris , à cauſe que c'eſt la Ville Capitale du Royaume, afin qu'on ſçache que les ſujets du Roy ne ſont aucunement liez aux Loix Romaines , & qu'elles ne ſont reçües en France que pour raiſon , comme il eſt remarqué au Chapitre , *ſuperſpeculo. de privilegiis ext.* Voyez *La Bibliotheque Can. to.* 1. *p.* 661. *col.* 1.

53 Le Roy appelle l'Univerſité de Paris ſa tres-chere & amée fille aînée. *Ibidem. p.* 351. *col.* 1.

54 *Bouchel en ſa Bibliotheque du Droit François verbo Barreau ,* dit avoir appris d'un ancien Avocat nommé M. Jean Choart , que voulant un jour plaider pour l'Univerſité de Paris, qui comme fille aînée du Roy a le privilege de plaider au Parlement en premiere inſtance , & du côté de la cheminée qui eſt le Barreau des Pairs , il luy fut conteſté par M. Regnard Avocat du Pape. Maître Choart répondit que le Pape n'étoit qu'un Prince étranger. Par Arrêt il fut dit que l'Univerſité plaideroit du Barreau des Pairs , & le Pape de l'autre Barreau qui eſt du côté des Greffes.

55 Arrêt du Parlement de Paris du 7. Août 1386. qui condamne Robert Dumeſnil , Chevalier, dit Taupin, pour avoir injurié l'Univerſité , à faire amende honorable , & à une amende de 2000. liv. envers le Roy, 1000. liv. envers chacun des freres qu'il avoit battus, 500. liv. pour la ſœur , 200. liv. pour l'Univerſité, les complices pareillement condamnez à faire amende-honorable , à de groſſes amendes, & à tenir priſon juſqu'à ce qu'ils ayent tout accompli. *Jo. Gal. queſtion* 182.

56 Par Arrêt du 13. Septembre 1470. donné entre les Docteurs Regens , & le Syndic des Etudians en l'Univerſité , a été faite taxe des Degrez de Bacheliers, Licence , Doctorat , & de tout ce que les Officiers de l'Univerſité doivent prendre des Ecoliers , & fut le Degré de Licence, taxé à dix-huit écus, & le Doctorat à 10. *Bibliotheque de Bouchel, verbo , Univerſité.*

57 Arrêt du Parlement de Paris du 13. Juin 1534. touchant la réformation de l'Univerſité , & particulierement pour la Faculté de decret & reception des Docteurs en icelle. *Preuves des Libertez , tome 2. chap.* 37. *n.* 8.

58 Le Procureur de la Nation de Picardie en l'Univerſité de Paris , ayant preſenté Requête pour empêcher les Brigues qu'Etienne Coüiller Regent au College du Pleſſis , s'efforçoit de faire à la prochaine Election du Recteur de l'Univerſité , la Cour ordonna qu'inhibitions ſeroient faites à Coüillet, & tous autres qu'il appartiendroit,de faire aucunes brigues,monopoles , abus, aſſemblées illicites , où contraventions aux ſtatuts de l'Univerſité,& Arrêt de la Cour, en procedant à la prochaine Election du Recteur ; mais leur enjoint la Cour de garder & obſerver les Statuts & Arrêts , ſur peine de nullité de l'Election, de mille livres pariſis d'amende au Roy, & de priſon, & pour obvier aux abus, monopoles , brigues & aſſemblées illicites , à ce que les Regens & Suppôts de l'Univerſité qui ont voix élective à l'élection des quatre Intrans , puiſſent donner leurs voix & ſuffrages en pleine liberté & ſeureté , ordonné que l'un des Huiſſiers de la Cour, appellé avec luy tel nombre de Sergens qu'il aviſera, aſſiſtera à l'élection des quatre Intrans , en l'Egliſe de S. Julien le Pauvre , à l'élection du Recteur ,pour empêcher par toute voye de Juſtice les brigues , monopoles & aſſemblées illicites , & qu'aucun ſoit admis à donner voix & ſuffrages s'il n'eſt de la qualité ordonnée par les Statuts & Arrêts du 13. Mars 1550. *Corbin , ſuite du Patronage , chap.* 185.

59 Les Suppôts de l'Univerſité de Paris ſont exempts des commiſſions de Ville , comme de lanternes , boües , &c. par Arrêt du 16. Septembre 1559. pour un Parcheminier ; autre Arrêt du 24. Avril 1561. pour un nommé le Vaſſeur Meſſager Juré. *Le Veſt , Arr.* 219. & 220.

60 Par Arrêt du 14. Février 1563. il fut dit que les deux Scripteurs de l'Univerſité , ſeront pris du corps & Colleges des Ecrivains , & que l'un ſe tiendra en l'Univerſité, l'autre en la Ville. *Bouchel en ſa Bibliotheque , verbo Scripteurs.*

61 Si l'Univerſité eſt un corps Laïc ou Eccleſiaſtique , & du droit de Patronage qu'elle a ſur quelque Benefice? La cauſe appointée le 11. Août 1586. *Chenu, premiere Centurie , queſt.* 7. Voyez *Carondas , liv.* 7. *Rép.* 195. qui rapporte le même Arrêt.

62 *Academia Pariſienſis eſt corpus magis Eccleſiaſticum quam Laïcum ; judicatum anno* 1589. Mornac, *l.* 19. §. *matrem tamen C. de Epiſcopis & Clericis.*

63 Arrêt de la Cour de Parlement du 5. Septembre 1598. portant verification des Statuts de réformation de l'Univerſité de Paris , faits ſous le regne d'Henry le Grand , enſuite duquel ſont les dires & remontrances de M.de Thou,Conſeiller du Roy en ſes Conſeils d'Etat & Privé , & Préſident en icelle Cour de Parlement,en procedant à la publication dudit Arrêt.

Ladite Cour a ordonné & ordonne que leſdits articles ſeront ſuivant la volonté du Roy , regiſtrez en icelle, oüy ce requerant le Procureur General pour être gardés & obſervés ſelon leur forme & teneur,& proceder à l'execution d'iceux en l'aſſemblée generale de ladite Univerſité , & en tous autres lieux , a commis Meſſire Jacques Auguſte de Thou Préſident, Lazare Coquelay , & Edoüard Molé , Conſeillers du Roy en ladite Cour. *Voyez M. Servin , tome* 2, *page* 724.

64 Sommaire du procés d'entre les Imprimeurs & Marchands Libraires & Relieurs demeurans , tenans maiſon & boutique dans l'enclos de l'Iſle du Palais, appellans d'une Sentence contr'eux rendüe par le Lieutenant Civil le 19. May 1616. d'une part , & les Syndics & Gardes de la Communauté des Marchands Libraires Imprimeurs & Relieurs de cette Ville de Paris , intimez , d'autre , auquel eſt déclaré l'étendüe de l'Univerſité de Paris, enſemble l'erreur populaire, que l'Univerſité ſoit renfermée au deſſus de l'Egliſe Saint Yves. *Voyez la Bibliotheque de Bouchel,* verbo *Univerſité.*

65 Reglement de l'Univerſité de Paris , & faculté de

Theologie touchant les Religieux Mendians , ils ne viennent point au Decanat ni au Syndicat , ils ne préfident jamais ; ne participent point au droit d'argent que fe donne aux Docteurs Regens ; il n'y en a qu'un de chaque maifon , des Cordeliers , Auguftins Carmes , & deux des Jacobins. Ils ne fe trouvent point aux comptes ; leur nombre eft fixé ; ils ne portent aucune marque de Docteur non pas même aux Affemblées , ils font ferment après le Doctorat de fe retirer en leurs Convents. *Voyez* la *Biblioth. Can.* to. 2. *p.* 93.

66 Arrêt du Parlement de Paris du 24. Juillet 1626. qui ordonne qu'aux Affemblées qui fe font à la Sorbonne, les Superieurs des quatre Mendians ne pourront député plus grand nombre que deux Docteurs en Theologie de chacun Convent pour affifter & avoir voix déliberative aux affemblées ; le 1. Août fuivant eft intervenu Arrêt interpretatif par lequel la Cour declare n'entendre exclure les Superieurs des quatre Maifons des quatre Mendians qui feront Docteurs, d'affifter en la Faculté de Sorbonne, y avoir féance & voix déliberative comme les autres Docteurs , pourvû qu'ils foient du nombre des deux ordonnez , lequel nombre ne pourra être augmenté , pour quelque caufe que ce foit. *Biblioth. Canonique* , tome 2. *page* 94.

67 Declaration portant renvoy de tous les procez de l'Univerfité de Paris en Corps au Parlement , & des particuliers qui la compofent, devant le Prévôt de Paris. A Paris en Septembre 1651. regiftrée le 5. Septembre 1651. 8. *Volume des Ordonnances de Louis XIV.* folio 444.

68 De l'Univerfité de Paris qui eft un Corps Lay , & du droit de Patronage qu'elle a fur quelques Benefices , fçavoir fur les Cures de Saint André des Arcs , Saint Germain le Vieux, & Saint Côme. *Voyez Filleau,* part. 4. queft. 17. & les *Plaidoyers de M. Servin.*

69 Les Cures dépendantes de l'Univerfité de Paris ne peuvent être refignées en Cour de Rome *fpretâ Univerfitate* , comme un Corps mixte , Ecclefiaftique & Laïc. Jugé pour la Cure de Saint Côme de Paris en faveur de M. Denis Deffita Docteur de Sorbonne , par Arrêt du premier Avril 1667. *Journal des Audiences* , tome 3. liv. 1. chap. 24.

70 Jugé par Arrêt du mois d'Avril 1667 que l'Univerfité de Paris eft un Corps Laïc & qu'elle joüit du droit des Patrons Laïcs à l'effet de ne pouvoir être prevenuë par la Cour de Rome. Le fieur Déffita pourvû par l'Univerfité de Paris & le fieur Lifot par la Pape, la Cour maintint & garda l'Univerfité en la poffeffion du Patronage Laïc des Cures de faint Côme faint Damien , & de faint Germain le Vieil. En confequence, Deffita maintenu en ladite Cure de faint Côme fans reftitution de fruits & fans dépens. Arrêt du premier Avril 1667. *De la Gueff.* tome 3. liv. 1. chap. 24. Soëfve , tome 2. *Cent.* 3. chap. 94. date le même Arrêt du 2. Avril.

71 Il a été jugé que les Graduez de l'Univerfité de Paris , pouvoient fe faire nommer fur les Benefices des Villes où il y avoit des Univerfitez, les autres ont auffi ce privilege qui eft accordé en faveur des Etudes, en quelque lieu qu'elles fe faffent , pourvû que ce foit une Univerfité fameufe. *Le Prêtre,* 2. Cent. chap. 31. & *Biblioth. Canon.* tome 2. page 47.

UNIVERSITE' DE REIMS.

72 *Voyez cy-deffus le* nomb. 12.

Chartres & Lettres Patentes concernans les privileges de l'Univerfité de Reims 1620.

73 Le Chapitre de Reims (le Siége Archiepifcopal vacant) a été maintenu dans la poffeffion de nommer le Recteur & les Grands Maîtres, Principaux & Bourfiers de l'Univerfité. *Journal des Audiences* , tome 2. liv. 4. chap. 68.

74 On ne peut établir de nouveaux Statuts dans l'Univerfité de Reims au préjudice de l'ancien titre. Le Chapitre de Reims , le Siége Epifcopal vacant , nomme le Recteur & Officiers de l'Univerfité. Arrêt du 4. Décembre 1662. *De la Guéff.* tome 2. liv. 4. chap. 68. & *Des Maifons , lettre V. nomb.* 16.

UNIVERSITE' DE TOULOUSE.

De l'Univerfité de Touloufe. *Voyez la Rocheflavin,* 75 liv. 5. tit. 1.

Medecins & Chirurgiens de l'Univerfité de Tou- 76 loufe. *Voyez* le mot *Chirurgiens* , nomb. 37.

Le 1. Février 1479. par Arrêt donné entre le Syn- 77 dic des Ecoliers , & Docteurs de l'Univerfité de Tou- & loufe , la forme de la matricule des Ecoliers eft pref- 78 crite , avec défenfes aux Ecoliers d'accepter aucune ceffion à peine de 200. liv. fi ce n'eft au cas de l'Ordonnance. *Biblioth. de Bouchel* , verbo , *Univerfité.*

Arrêt du 20. Juillet 1486. entre le Procureur Ge- 79 neral & le Syndic de Touloufe : Enjoint aux Docteurs Regens d'élire en leurs propres perfonnes , & de n'y commettre aucun fubftitut , à peine d'être privez de leur Regence , ni d'élire en lieux privés , & que les émolumens feront diftribuez également , fauf les trois du decret , qui ne pourront prendre que pour deux , avec défenfes de prendre d'argent d'aucun Ecolier ; comme auffi enjoint aux Ecoliers de leur porter honneur & reverence , fur peine de prifon. *Ibidem.*

Arrêt des privileges & confervations de l'Univer- 80 fité du 7. Septembre 1499. & du même jour autre Arrêt de Reglement de l'Univerfité de Cahors. La Rocheflavin , liv. 5. lettre V. tit. 1. Arr. 5.

Arrêt du Grand Confeil du 5. Août 1531. qui con- 81 damne le Syndic des Capitouls de Touloufe aux dépens de l'execution faite fur les biens de deux Docteurs Regens en l'Univerfité , pour raifon de certaine taxe pour l'entretenement des Hôpitaux , & declare les Docteurs exempts de telle charge , & par Arrêt du même Grand Confeil du 21. Février 1533. confirmé, lefdits Capitouls s'étant pourvûs par autre Requête , contre le Syndic des Docteurs Regens. *Ibidem* , Arr. 7.

Anno Domini millefimo , quingentefimo , trigefimo ter- 82 *tio , die Veneris , primâ menfis Augufti Rex Francifcus primus hujus nominis Francorum Rex in fuo novo ingref-fu in hanc urbem magnificam Tolofanam , conceffit floren-tiffima illius Univerfitati nobile & egregio Blafio Auriolo Doctore Regente pro eâ orante , privilegium creandi milites , & die Lunæ , primâ menfis Septembris immediate fequente dictus Auriolus fuit factus primus miles , fub Domino Petro Daffis , Doctore Regente , legum comite , fervatis folemnitatibus in ftatutis militaribus contentis.* Ibidem , *Arr.* 41.

Arrêt du Grand Confeil du 29. Août 1534. rendu 83 entre le Syndic des Docteurs Regens & les Capitouls de Touloufe , qui declare lefdits Docteurs Regens exempts de toutes charges. La Rocheflavin , liv. 5. lettre V. tit. 1. Arr. 9.

Arrêt du 22. Mars 1538. qui défend aux Docteurs 84 Regens de poftuler en la Cour , & pardevant d'autres Juges inferieurs. Arrêt femblable du 22. Mars 1548. *Ibidem* , Arr. 12. & M. d'Olive , liv. 1. chap. 34.

Le 15. May 1540. furent donnés deux Arrêts , l'un 85 concernant la reformation de l'Univerfité, l'autre fur l'incendie des Etudes. La Rocheflavin , liv. 5. lettre V. tit. 1. Arr. 18.

Les nouveaux Docteurs Regens qui veulent préten- 86 dre aufdites regences doivent préalablement répondre par trois jours publiquement fur la loy & Chapitre qui leur fera donné par le Chancelier & commiffaire à ce députez , fuivant la forme prefcrite par Arrêt du 18. Mars 1543. *Voyez le Journal du Palais* , du 11. Janvier 1674. Ibidem , Arr. 19.

Par Arrêt du 12. Septembre 1547. furent mainte- 87 nus les Docteurs Regens en leurs privileges accordés par les Edits obtenus du Roy. La Rocheflavin , livre 5. lettr. V. tit. 1. Arr. 23.

88 Le 21. Juin 1553. il a été ordonné que M. Martin Rosset Docteur Regent en Droit Canon sur certaines Lettres Patentes qu'il avoit obtenuës du Roy concernant la faculté d'obtenir la premiere Regence vacante en Civil, répondroit publiquement en Civil. *La Rocheflavin, liv. 5. lettre V. tit. 1. Arrêt 23.*

89 Arrêt du 18. Avril 1564. qui ordonne à chacun des Regens en la Faculté des Arts en l'Université de *Toulouse* de continuer une Leçon ordinaire au College de Lesquille sans aucune interruption ou discontinuation, & à faute de ce faire, sont declarez privez de tous les émolumens de leurs Regences pour le temps qu'ils cesseront, & ne vaqueront ausdites lectures, lesquels émolumens en ce cas accroîtront aux autres Regens de la Faculté continuant les lectures. *Bibliot. Canon. tome 1. page 295.*

90 Arrêt du 7. Février 1568. touchant l'Université de *Toulouse*, concernant beaucoup de choses. *La Rocheflavin, liv. 5. lett. V. tit. 1. Arrêt 24.* il ne les specifie pas; recourir à l'Arrêt.

91 Arrêt du 26. Août 1570. en entherinant certaines Lettres Patentes du Roy, qui declare les Docteurs Regens de l'Université de *Toulouse* exempts des deniers royaux ordinaires contre le Syndic de la Ville. *Ibidem, Arr. 36.*

92 Le 23. Octobre 1570. en Audience Bertrand Perreri Docteur Regent, étant Recteur, pour avoir fait certain Reglement concernant les lectures, fut condamné en 100. liv. d'amende, & pour certaine immodestie par luy commise après la prononciation de l'Arrêt en autres 100. livres. *La Rocheflavin, ibidem, Arrêt 27.*

93 Arrêt du dernier Juillet 1571. entre le Procureur du Roy & les Docteurs Regens, concernant Reglement de l'Université. *La Rocheflavin, ibidem, Arrêt 28.*

94 Arrêt du Parlement de Toulouse du 8. Mars 1575. contenant Reglement pour la reformation des Colleges fondez en cette ville. *Bibliotheque Canonique, tome 1. page 293.*

95 Arrêt du 18. Août 1582. qui défend tant au Chancelier que Docteurs, de ne recevoir aucuns en Regence vacante, sans avoir préalablement répondu publiquement. *La Rocheflavin, liv. 5. lettre V. tit. 1. Arrêt 32.*

96 Par Arrêt du dernier Avril 1584. fut cassée l'Election faite de deux à une Regence par les Docteurs de Montpellier, à la charge qu'ils partageroient également les gages jusqu'à la premiere vacante qui devoit être donnée à l'un d'iceux. *La Rocheflavin, ibid. Arrêt 33.*

97 Arrêt du 30. Decembre 1584. qui fait défenses à un Grammairien de poursuivre ou s'ingerer à la charge de Recteur de l'Université, sur les peines portées par l'Arrêt du 8. Juillet 1566. & enjoint tant à luy qu'à tous autres Regens de ladite Université de se comporter tant és Ecoles de Droit, qu'ailleurs à la Ville, & Actes publics, avec habit décent, propre & convenable à leur profession & porter le chaperon de Regent, comme de tout temps leurs prédecesseurs avoient accoûtumé, à peine de 500. livres, privation de leurs droits, & autre arbitraire. *La Rocheflavin, ibidem, Arrêt 39.*

98 Arrêt du 14. Août 1586. à la Requête du Procureur General, qui défend au Recteur de l'Université de Toulouse, & aux Bedeaux, de n'expedier aucune matricule que préalablement il n'apparût au Docteur & Regent, que l'Ecolier avoit étudié six mois auparavant en ladite Université, & après le Docteur Regent luy signera ladite matricule, & ce fait il la portera au Matriculeur qui enregistrera ledit Docteur en ladite matricule, & après les portera sceller au Recteur de ladite Université, & icelles scellées les portera au Bedeau pour les signer & y mettre *ad Mandatum*, ou *ex Mandato Domini Rectoris* avec inhibitions & dé-

fenses, tant au Recteur que Docteur Regent d'en expedier aucune qu'en la forme susdite, sur peine de faux & amende arbitraire, & être privez de tous honneurs, privileges & libertez de ladite Université. *La Rocheflavin, liv. 5. lettre V. tit. 1. Arrêt 1.*

99 Arrêt du 28. Novembre 1587. portant que les Prieurs des Colleges de Toulouse rendront compte & payeront le reliqua trois mois après leur charge finie, sur peine de privation de leurs places Collegiales & contraintes par corps. *Biblioth. Canon. tome 1. p. 295. col. 2.*

100 Arrêt rendu au même Parlement de Toulouse le 19. Avril 1602. qui défend aux Chevaliers, & Docteurs Regens de l'Université de Cahors, de recevoir aucun Docteur Regent sans disputes publiques, suivant les Ordonnances & Arrêts. *La Rocheflavin, liv. 5. tit. 1. Ar. 38.*

UNIVERSITE' DE VALENCE.

101 Université de Valence. *Mem. du Clergé, tome 2. part. 1. p. 168. & suiv.*

Droits & autorité de l'Evêque de Valence sur cette Université. *Ibidem.*

102 On commence à ne donner dans l'Université de Valence depuis l'Edit du mois d'Avril 1679. fait pour le reglement des Universitez, que des Lettres de Licence aux François, & on n'en donne de Doctorat qu'aux Etrangers; il n'y a pourtant pas apparence que dans ce nouvel usage on pût disputer aux Avocats seulement licentiez, aucun des privileges des Avocats Docteurs: neanmoins un Licentié ayant été aggregé comme Docteur dans la Faculté de Medecine, aux Professeurs de l'Université de Valence, cette aggregation fut déclarée nulle, par Arrêt du Parlement de Grenoble du 4. Février 1645. rapporté par *Chorier, en sa Jurisprudence de Guy Pape, p. 119.*

UNIVERSITEZ, CHAIRES.

103 Chaires qui se donnent à la dispute. *Voyez* les mots *Chaires & Docteur.*

CHANCELIER DE L'UNIVERSITE'.

104 Du Chancelier de l'Eglise & Université de Paris, & de sainte Geneviéve. *Voyez le Recueil de Decombes Greffier de l'Officialité, part. 2. chap. 6. p. 818.* & cy-dessus *Chancelier, nomb. 15. & suiv.*

105 Le 6. Février 1529. l'Université de Paris vint se plaindre au Parlement que son Chancelier prenoit argent pour faire des Maîtres és Arts ou Docteurs. *Bibliotheque de Bouchel, verbo Abus.*

106 Le Chancelier de l'Eglise de l'Université de Paris ne doit donner des absolutions à cautele ni des collations sur presentations des patrons, signatures de Cour de Rome & permutations. *Mem. du Clergé, to. 2. part. 2. p. 59. & 60.*

Voyez au 1. tome de cet Ouvrage le mot *Chancelier*, §. Chancelier de l'Université.

UNIVERSITE', CHANOINES.

107 Ceux qui lisent dans les Universitez étant Chanoines, ne doivent joüir d'aucuns fruits de leurs Prébendes, qu'ils n'en ayent pris possession en personne. *Mem. du Clergé, to. 2. part. 2. p. 382.*

108 Le 1. Avril 1669. le Roy renvoya par Arrêt de son Conseil d'Etat Privé pardevant les Commissaires députés pour la reformation des Universitez, pour à leur rapport être par sa Majesté ordonné ce que de raison des parties qui contestoient au sujet de la résidence. Un Professeur de Theologie de Sorbonne prétendoit joüir des fruits de sa Prébende & être réputé present; les Chanoines de Chartres prétendoient le contraire. *Vide* la compilation des Arrêts du Conseil d'Etat, *p. 12.*

CONSERVATEURS DES UNIVERSITEZ.

109 Conservateur des Privileges Royaux de l'Université, appellé par Chopin, *Academicus Regiorum Privilegiorum servator. Lib. 2. de sacr. polit. tit. 5. n. 7.*

110 Conservateurs des Privileges Apostoliques de l'Université de Paris. *V. Tournet, lettre F. Arr. 61.*

Conservateurs

111 Conservateurs des Privileges des Universitez. *V.* le mot *Conservateurs, nomb. 9. & suiv.* Corrozet, *au chap. 25. des antiquitez de Paris,* & la *Bibliotheque Canonique, to. 1.* verbo *Clercs d'Eglise, p. 26. col. 1.*

112 Conservateurs des Privileges des Universitez. *Mem. du Clergé, to. 2. part. 1. p. 151.*

113 Du Privilege accordé à ceux qui ont étudié en des Universitez célébres de porter leurs causes aux Conservateurs. *Voyez* Despeisses, *to. 2. p. 457. n. 20.*

114 Deux Arrêts du Conseil Privé, l'un du 17. Decembre 1604. & l'autre du 13. Decembre 1605. par lesquels il a été jugé que les Principaux de l'Université de Paris ne-peuvent être contraints de plaider aux Requêtes du Palais, au préjudice de leurs Privileges qu'ils ont de plaider pardevant le Prévôt de Paris. *Filleau, part. 3. tit. 9. ch. 11.*

Voyez le mot Conservateurs.

UNIVERSITE', DIGNITEZ.

115 *Voyez le mot* Dignitez.

Dignitez des Eglises Cathedrales ne sont sujettes aux Graduez nommez par les Universitez. Jugé le 23. Février 1638. *Du Frêne, liv. 3. chap. 48. Voyez la Conference des Ordonnances, livre 1. titre 3. partie 2. §. 96.*

UNIVERSITE', DOCTEUR.

116 *Voyez* le mot *Docteur.*

UNIVERSITEZ ÉTRANGERES.

117 Les Universitez étrangeres ne peuvent joüir du Privilege de nommer comme les Universitez de France, qui ont seules ce Privilege. *Voyez le nouveau traité des Graduez, imprimé en 1710. p. 371.*

118 Les Universitez de France ont seules le Privilege de nommer & presenter aux Collateurs leurs éléves ; & il ne suffiroit pas d'avoir étudié à Padoüe ou à Salamanque, quoyque ces Universitez soient trés fameuses ; les dégrez qu'on y prendroit, seroient infructueux pour joüir du Benefice des Graduez ; les Parlemens n'y ont point d'égard.

Il y a deux Arrêts qui ont jugé la question, rapportez par *M.* Loüet, *litt. G. som. 1.* le premier du 14. Février 1595. & l'autre du 18. Avril 1602. lett. G. n. 10. *hinc tit ut Graduatus in Universitate extrà Regnum non gaudeat Privilegiis Regni, nec Ordinarius cogi potest ei conferre Beneficium in mensibus Graduatorum vacans, licet Concordatum generaliter, & indistinctè loquatur de his qui studuerunt in Universitate famosâ & privilegiatâ,* Rebuff. *nom. quæst. 10. n. 5. & in nom. tit. de coll. §. 1.* verb. *Privilegiata.* Mol. *ad Reg. de Inf. resig. n. 118.*

119 *Voyez* Rebuffe, *in quæst. 10. n. 5.* où il rapporte au long les raisons de necessité de politique & de convenance, pour rendre les seules Universitez du Royaume capables de nommer & presenter aux Collateurs François.

120 Comme les Universitez des Royaumes étrangers ne peuvent présenter aux Collateurs François, aussi les Universitez de France ne peuvent présenter aux Collateurs étrangers : c'est un Privilege auquel on ne peut rien ajoûter. *Voyez le nouveau traité des Graduez, imprimé en 1710. page 371.*

121 Arrêt du Parlement de Dijon du 20. Juillet 1666. en consequence de la Déclaration du Roy du 30. Decembre 1663. portant défenses à toutes personnes de se presenter au serment d'Avocat, & à la reception d'autres charges de Magistrature en vertu de Lettres de *Bacalaureat* en forme de Licence, obtenuës aux Universitez d'Avignon & d'Orange, à peine de nullité de leur reception & 1000. liv. d'amende, & de faire la fonction d'Avocat & de Magistrat, qu'ils n'ayent rapporté des Lettres de Licence de l'une des Universitez deuëment approuvées. Boniface *, tome 3. liv. 4. tit. 1. ch. 5.*

122 Par un Arrêt du Conseil d'Etat du 30. Juin 1688. rapporté *au Journal du Palais* in fol. *to. 2. pag. 739.* il a été jugé que le Privilege des Graduez des Uni-

Tome III.

versitez de France a lieu dans les Païs conquis par le Roy. L'accessoire participant toûjours des droits du principal, les Païs conquis étant regis par les mêmes Loix, ils doivent profiter des mêmes Privileges.

UNIVERSITE', ETUDES.

Voyez cy-dessus *le nombre 22.*

123 Une Université ne peut nommer un Ecolier qui n'auroit pas étudié le temps competent pour son degré ; & il ne rétabliroit point cette nullité de nomination en étudiant aprés être nommé. Rebuffe sur le mot *nisi eos qui secundùm præfata tempora studuerint,* rapporte un Arrêt du 1. Avril 1522.

124 Dans les nominations, les Universitez doivent sur peine de nullité, exprimer le commencement & la fin du temps d'études de ceux qu'ils auront nommez. Arrêt du 28. May 1663. Loüet, *litt. G. n. 3. aux addit.* La Guessiere, *to. 2. liv. 5. ch. 24.*

125 Le certificat du temps des études doit être émané par le Recteur & l'Université, & non par le Recteur & par une des Facultez. *Voyez le nouveau traité des Graduez, imprimé en 1710. pag. 373.*

126 Il est arrêté en la Cour, qu'une attestation du temps d'étude n'est valable *sub hâc formâ . Nos Decanus & Facultas notum facimus quod talis studuerit & est actu studens, legens prout Regentis fide digni testimonio nobis legitimè fuit facta fides. Primo, quin per hæc verba prout Reg. fid. &c. dicta attestatio decani & Facultatis se restringit ad testimonium unius scilicet Regentis tantùm. Secundò quod in tali attestatione Facultas duntaxat loquitur ; cùm tamen in concordat. tit. de collat. in vers. præfatique Graduati, cautum sit quod attestationes hujusmodi debeant fieri sub nomine Universitatis ; & non Facultatis tantùm : &c. Vide per ,Litteras patentes dictæ Universitatis manu scriba, & sigillo Universitatis signatas. Vide* Rebuff. *in vers. manu scriba, & in sua Gloss. Vide contrà hoc l'Ordonnance du Roy Loüis XII. art. 17. 1512.* & la *Bibliotheque de Bouchel,* verbo *Testimoniales.*

Voyez le mot *Etudes.*

UNIVERSITE', EXEMPTIONS.

127 Des exemptions accordées aux Universitez. *Voyez* le mot *Exemption, n. 136. & suiv.* & cy-aprés *le n. 138. & suiv.*

UNIVERSITE' FAMEUSE.

128 Université fameuse, est celle dans laquelle il y a un nombre reglé de Professeurs qui regentent actuellement, établie par ordre du Roy & du consentement du Pape.

UNIVERSITEZ, GRADUEZ.

Voyez cy-dessus *le nomb. 13.*

129 Pour joüir des Privileges attribuez aux Graduez nommez, il faut prendre une nomination d'une Université, & notifier le tout aux Collateurs. *Voyez le nouveau traité des Graduez, imprimé en 1710. p. 247.*

130 Les Universitez, quoyque non remplies des quatre Facultez, ne laissent pas de nommer : elles n'en sont pas moins Universitez. De plus le Concordat ne requiert pas que les Universitez soient composées des quatre Facultez. Rebuffe, *nom. quæst. 6.*

131 Les Facultez ne peuvent jamais nommer, quand même elles seroient toutes assemblées, si cela se fait sans le Recteur qui en est le chef. Rebuffe, *n. question 6. nomb. 17.*

132 S'il y avoit plusieurs Secretaires d'une Université, le seing de l'un d'eux suffiroit, ou de son Substitut, sans que le Gradué fût obligé de prouver que celuy qui auroit signé les Lettres fût pour lors Substitut du Secretaire. A Paris les Lettres ne sont signées que par le Bedeau de la Faculté qui les accorde, & non pas par le Secretaire de l'Université, ce que le Parlement autorise. *Voyez le nouveau traité des Graduez, imprimé en 1710. p. 269.*

133 Ceux qui ont obtenu leurs degrez selon les Statuts de la Faculté où ils ont étudié, aprés le temps d'études competent pour leurs degrez, peuvent avec

P p p p p

affeurance compter que l'Université ne leur refusera pas la grace de les nommer ; & où elle le feroit , ils pourroient , après des fommations honnêtes , l'y contraindre pardevant le Juge Royal des lieux. Car quoi que les nominations foient une grace, generalement parlant , que fait une Université à un Gradué de le prefenter à des Collateurs; cependant on les doit encore regarder comme une Juſtice qu'elle rend au merite d'un Gradué , & comme la récompenſe de ſes veilles & de ſes travaux. *Voyez le nouveau traité des Graduez imprimé en* 1610. p. 375.

134   On eſt aujourd'huy diſpenſé de ſe pourvoir contre les Univerſitez : elles ont plus ſouvent tort de prefenter des hommes ignorans, que de refuſer qui que ce ſoit, outre que ſi elles étoient difficiles à accorder leurs nominations , les prétendans ſe feroient graduer ailleurs , ce qui diminuëroit leur petit profit , *quæſtum Academicum.* Voyez *ibi item* , p. 375.

Voyez le mot Gradué , où cette matiere a été amplement traitée.

Université, Jesuites.

135   Si les Jéſuites ont droit d'être admis dans les Univerſitez ? *Voyez le mot* Jéſuite , *nomb.* 29. & ſuiv.

Les Jéſuites peuvent décaniſer en la Faculté des Arts de l'Univerſité de Poitiers , aux droits honorifiques, & non pas percevoir les émoluments attachés au Doyenné. Arrêt du Parlement de Paris du 3. Février 1696. *Journal des Audiences tome* 5. *livre* 12. *chapitre* 4.

Université, Patronage.

136   Patronage de l'Université. *Voyez le mot* Patronage , *nomb.* 213. & 214.

137   Par Arrêt du Parl. de Paris du 4. Mars 1667. que *Jovet rapporte,* verbo Univerſité, *nomb.* 1. jugé que l'Univerſité de Paris étoit en Patronage Laïc , & en conſequence, la Cour adjugea la Cure de ſaint Coſme à Maître Deffita , pourvû par l'Univerſité contre un pourvû en Cour de Rome ; & ordonna que vacance avenant , l'Univerſité y pourvoira en qualité de Patron Laïc ; ce qui avoit été jugé auparavant par Arrêt du 12. Août 1586. & auparavant en 1573, rapporté par *M. Servin, en ſon to.* 1.

Privileges des Universitez.

Voyez cy-deſſus le nomb. 117.

138   Privileges des Univerſitez, *Mem. du Clergé*, to. 2. *part.* 1. *p.* 134. *& ſuiv.*

139   Privileges des Ecoliers étudians dans les Univerſitez, & pour combien de temps? *Mem. du Clergé*, to. 2. *part.* 1. *p.* 134. *& ſuiv.* & encore 141.

Leſdits Privileges n'ont lieu pour ceux qui agiſſent par ceſſion de droits , tranſports &c. *Ibidem , & page* 154.

140   Privileges octroyez par les Rois de France à l'Univerſité de Paris , Suppôts , Officiers , & Serviteurs d'icelle. Enſemble les Arrêts du Conſeil Privé confirmatifs des Privileges.

141   L'Univerſité n'eſt privée de ſes privileges Royaux & Apoſtoliques *ipſo facto* , quand elle a accordé une nomination à un Gradué qui n'avoit pas étudié le temps competent , ou auquel elle a donné un degré ſuperieur , avant qu'il eût l'inferieur , comme ſi elle avoit accordé le degré de Licentié avant celuy de Bachelier. Cette interruption & déreglement d'ordre , eſt menacé de privation de Privilege ; mais cette peine n'eſt que comminatoire. *Voyez le nouveau traité des Graduez imprimé en* 1710. p. 375. & 376.

142   Arrêt du Grand Conſeil qui ordonne qu'il ſera procedé à la lecture des Lettres de Privilege accordées à l'Univerſité , ſauf aux Cardinaux de s'y oppoſer pour leurs droits ; & après la lecture faite des Lettres , oüi ſur ce le Procureur General du Roy , le Conſeil a ordonné qu'elles ſeroient enregiſtrées és Regiſtres du Conſeil.

143   Arrêt du Conſeil Privé du 12. Decembre 1543. portant que le Privilege accordé par ſa Majeſté

aux Cardinaux d'attirer au Grand Conſeil tous les procez qu'ils auroient pour cauſe des Benefices qui dépendent d'eux , n'aura point lieu contre ceux accordez à l'Univerſité , leſquels ſont de nouveau confirmez & approuvez , à l'effet d'être jugez par les Conſervateurs. *Bibliot. Can.* to. 1. *p.* 351. *& ſuiv.*

144   Arrêt du Conſeil d'Etat du 21. Juillet 1618. pour les Officiers des Univerſitez , ſur l'exemption des droits des francs-Fiefs , & nouveaux acquets. *Filleau* , *part.* 3. *tit.* 9. *chap.* 16.

145   Arrêt de la Cour des Aydes du 14. Janvier 1623. pour l'exemption de payer de gros & 20. ſ. en faveur des Officiers de l'Univerſité. *Filleau* , *part.* 3. *titre* 9. *chap.* 17.

Voyez cy-deſſus le mot Regens.

Université, Professeur.

146   *Voyez les mots* Chaire & Profeſſeur.

Recteur de l'Université.

147   Elections du Recteur, & des autres Officiers des Univerſitez. *Memoires du Clergé* , *tome* 2. *part.* 1. *page* 144. *& 161.*

148   Le 6. Janvier 1539. ordonné que l'élection du Recteur de l'Univerſité ſeroit faite par le Chancelier & Docteurs Regens , à l'aſſiſtance de deux Meſſieurs de la Cour. *Bibliotheque de Bouchel* , verbo , Univerſité.

149   Le 23. Octobre 1570. Bertrand Pereri Docteur Regent étant Recteur , pour avoir fait certains Reglemens concernant les lectures , fut condamné en cent livres d'amende, & pour certaine immodeſtie par luy commiſe après la prononciation de l'Arrêt , en autre cent livres. *Ibid.*

Voyez cy-deſſus le mot Recteur.

Université, Regens.

150

151   La forme de proceder à l'élection des nouveaux Docteurs Regens fut preſcrite par Arrêt du 18. Mars 1543. ſçavoir , que ceux qui veulent prétendre aux Regences, doivent préalablement répondre par trois jours publiquement ſur la Loy & Chapitre qui leur ſera baillée par le Chancelier & Commiſſaires à ce députez. *Biblioth. de Bouchel* , verbo Univerſité.

152   Le 21. Juin 1553. ordonné que M. Martin Roſſet Docteur Regent en Canon , ſur certaines Lettres patentes qu'il avoit obtenuës du Roy , concernant faculté d'obtenir la premiere Regence vacante en Civil , répondroit publiquement en Civil. *Biblioth. de Bouchel* , verbo Univerſité.

153   Par Arrêt du 18. Avril 1582. fut défendu tant au Chancelier que Docteurs de recevoir aucuns en Regences vacantes ſans avoir préalablement répondu publiquement. *Ibidem.*

154   Paction faite entre trois prétendans à des Chaires de Profeſſeurs en Droit en l'Univerſité d'Angers , que celui des trois qui en demeureroit exclus , ſeroit payé par les deux autres d'une certaine ſomme par forme de penſion viagere par chacun an , jugé illicite & contre les bonnes mœurs, à cauſe de la faveur & parenté des Docteurs. Arrêt du 5. Juin 1651. qui ordonna que les Chaires ſeroient nouvellement diſputées, & renvoya la diſpute en l'Univerſité d'Orleans. *Soefve, to.* 1. *Cent.* 3. *ch.* 78.

Voyez cy-deſſus le mot Regens.

VOEUX.

D E voti*s. Lex* 12. *tabb.*

De voto , & voti redemptione. D. Gr. 27. q. 1. & 2. .... 32. q. 8 .... *Extr.* 3. 34 ... S. 3. 15 .... *Extr. Jo.* 6.

De pollicitationibus. D. 50. 12. Dans ce titre il eſt traité du vœu, L. 2 parce qu'il eſt une eſpece de Pollicitation, que l'on définit , *promiſſum ſolius offerentis.*

De oblatione votorum. C. 12. 49 .... C. Th. 7. 24. Au commencement de chaque année les Villes faiſoient des vœux pour le Prince , & luy offroient une livre d'or.

1 Arrêt du Parlement de Toulouse du 7. Février 1615. les Chambres assemblées, par lequel entr'autres choses, il est ordonné qu'à la requête du Procureur General du Roy, il sera enquis des vœux préjudiciables à l'Etat, qui se font sous prétexte de Religion par aucuns Prêtres, & autres. *Preuves des Libertez, 10. 2. chap. 35. n. 83.*

2 L'enfant qui a promis d'accomplir les vœux de son défunt pere, & est refusant d'y satisfaire sans cause legitime, doit être privé de sa succession. le même de celuy qui étant heritier n'execute pas la volonté de son pere. *Brodeau sur M. Loüet, lettre H somm. 5. nomb. 2. fine.*

3 Vœux des Fidelles. *Voyez* les mots *Fondation, Oblations & Offrandes.*

VŒUX DE RELIGION.

4 *Voyez* les mots *Novices, Profession, Religieux, toto titulo,* & principalement le *nomb* 191.

5 Touchant les vœux de Religion, & en particulier sur les vœux qui se font par les Jésuites. *Voyez Bardes, 10. 1. liv. 4. chap. 5.*

6 Si les vœux faits dans une Congregation qui n'est pas encore établie, peuvent être bons? *Voyez des Maisons, lettre V. nomb. 6.*

7 Nulle puissance spirituelle ou seculiere, même les deux conjointement ne peuvent changer une regle reçûë dans l'Eglise, ni rien innover sans le consentement de ceux qui y sont, ou celles qui s'y sont soûmis par vœu solemnel; autrement le vœu seroit un piege pour surprendre ceux & celles qui s'étant soûmis volontairement à vivre sous l'obedience d'une Superiorité amovible, se trouveroient engagez contre leur regle de subir la loi & le joug d'une Superiorité perpetuelle, *Voyez le 17. Plaidoyé de M. Patru.*

Une Religieuse de saint Sulpice fait citer l'Abbesse pardevant l'Official de Rennes, pour voir declarer nul son vœu. L'Official donne commission à tous Sergens Royaux de signifier la requête, permet d'informer, & declare que le vœu est forcé, permet à la Religieuse de prendre telle vocation que Dieu lui conseillera. Appel comme d'abus; 1º. l'on dit, l'Official n'a pû connoître des Sergens Royaux; 2º. Il falloit un Bref Apostolique; enfin l'Official a delegué des Juges Royaux inferieurs pour informer; s'il y avoit appel de leur procedure, il faudroit que l'Official *ut delegans* en connût, ce qui est absurde. Arrêt du Parlement de Bretagne du 17. Avril 1578. qui declare toutes les procedures abusives. Ordonné que l'intimée reprendra l'habit de Religieuse, rentrera en l'Abbaye, si mieux elle n'aime demeurer avec la Prieure du Teillay sa sœur pour vivre religieusement; & aura (les appellans l'offriroient) 600. liv. par an, tant & si longuement qu'elle vivra religieusement, & portera l'habit, sauf à elle à se pourvoir, où & ainsi qu'elle, verra à avoir à faire, condamné és dépens. *Du Fail, liv. 1. ch. 452.*

9 Arrêt du 7. Septembre 1588. par lequel Damoiselle Françoise Cottin, quoiqu'elle eût demeuré 10. ans dans un Monastere, qu'elle y eût porté l'habit de l'Ordre, qu'on representât 8. ou 10. quittances de sa pension, où l'Abbesse la qualifioit de Religieuse & Professe a été reçûë à partager la succession de ses pere & mere. *Plaidoyers de Corberon, p. 481.*

10 & 11 Dans le recüeil des Plaidoyers de M. de Corberon, Avocat General au Parlement de Mets, il y a trois Plaidoyers, sçavoir le 97. qui est de M. Anne Robert, pour une Religieuse qui demandoit à être restituée contre ses vœux 40. ans après sa profession, n'ayant pû le faire pendant le vivant de son pere, & depuis les troubles de la Religion etant survenus. Le 98. est de M. de sainte Marthe, pour Damoiselle Barbe Girard, qui demandoit partage après avoir demeuré 34. années en Religion, où elle avoit été mise par force : & le troisiéme qui est le 99. est de M. Antoine Arnaud, pour le sieur Girard Seigneur de la

Roussiere, qui les soûtenoit non recevables en leurs demandes. le Plaidoyé de M. Servin Avocat General, est inseré ensuite. Par Arrêt de l'année 1590. la Cour appointa les parties au Conseil, & cependant adjugea à chacune des deux sœurs 100. écus, & 50. écus par an pour l'avenir à chacune d'elles.

12 Quelquefois les parens qui ont abusé de l'autorité qu'ils ont eu sur leurs enfans en les forçant d'entrer dans des Cloîtres, font des declarations pour les aider à en sortir ; mais si ces declarations ne sont pas accompagnées de certaines circonstances, c'est-à-dire, si le rescrit n'est pas obtenu dans les 5. ans de la profession, s'il n'est pas justifié qu'il y a eu force capable d'abbatre un homme constant, & ainsi des autres, pour lors ces declarations sont inutiles & infructueuses, les Arrêts l'ont ainsi jugé, il faut ajoûter celuy de la nommée Loüise Dantail, rendu le 21. Février 1645. elle fut condamnée à rentrer dans son Monastere, encore qu'il fût pleinement justifié que le pere de cette fille l'avoit obligée par force à faire des vœux. *Definitions du Droit Canonique, page 912. & cy-après le n. 40.*

13 Le Samedy 2. Août 1664. à la Grand'Chambre, la cause de Marie Henriette de Monthebeine qui étoit sortie du Monastere, contre la Dame du Châtelet sa mere, fut jugée, & dit sur les Lettres en forme de Requête civile, & icelles entherinant les parties remises, &c. & après le desistement de l'appel comme d'abus de la part de la mere, sur l'appel hors de Cour; & sur l'appel comme d'abus interjetté de la fille, mal nullement & abusivement procedé, qu'elle se pourvoiroit pardevant l'Official de Noyon, & le Superieur de l'Abbaye au Bois, autre que celuy dont étoit appellé pour faire enquête, touchant son Rescrit, & à elle ordonné de se mettre dans une Maison religieuse de Paris, où la mere sera tenuë de payer une pension competente & sans dépens.

14 Vœux d'un jeune homme qui prétendoit avoir fait ses vœux par force, & avoit protesté devant Notaire & deux témoins, sa protestation non signifiée au Superieur regulier, ni à l'Evêque, mais il l'avoit gardée par devers luy, & avoit fait ensorte d'y joindre une declaration de sa mere, que jamais son fils n'avoit eu inclination pour la Religion, condamné à rentrer dans son Monastere. Arrêt du 13. Octobre 1665. *Des Maisons, lettre V. nomb. 9.*

15 Jacques le Févre fait profession dans les Capucins d'Amiens ; trois années après il quitta l'habit, va en Flandre, s'enrôle, embrasse le Calvinisme : il revient en France, se marie, à des enfans; ensuite il se pourvoit en Cour de Rome, obtient un bref qui l'absout de son apostasie, & luy permet neanmoins de demeurer avec sa femme, aux conditions & restrictions portées par ce Rescrit. Jacques le Févre fait signifier à ses coheritiers son Rescrit, & une Ordonnance du Lieutenant General d'Abbeville, portant permission de les assigner pour proceder au partage. Ils interjettent appel simple de cette Ordonnance, & appel comme d'abus de l'obtention du rescrit. Arrêt qui dit qu'il n'y a abus, fait main-levée des saisies, & ordonne que F. Jacques le Févre sera tenu de se retirer dans son Convent, sauf à luy à se pourvoir par les voyes de Droit. Il obtient un nouveau Bref pour être relevé de l'émission de ses vœux ; ce Bref est adressé à l'Official & au Gardien des Capucins d'Amiens, qui le declarent non recevable. Il interjette appel comme d'abus. Arrêt du Parlement de Paris, du 15. Avril 1684. qui sans avoir égard à l'intervention de sa femme & de ses enfans, dit qu'il n'y a abus. Les fins de non recevoir étoient tirées de ce qu'il ne paroissoit pas en habit de Religieux, le défaut de reclamation dans les cinq ans; l'on auroit qu'il y avoit obreption, n'ayant point parlé dans la suplique ni de son mariage ni de son herésie, que ce rescrit étoit annal, & que deux années, huit mois

écoulées depuis, le rendoient caduc. *Voyez le Journal du Palais*, to. 2. p. 981.

DISPENSE DES VŒUX.

16 Dés Difpenfes de Vœux. *Voyez* le mot *Difpenfe*, *n.* 91. *& fuiv.*

17 Le Pape peut difpenfer un moine du vœu de chaſteté pour un bien public. *Voyez Maynard livre 9. chap. 22.*

18 L'Evêque peut difpenfer du vœu de ne point ſe marier; il faut recourir au Pape pour la difpenfe du vœu de virginité, elle s'accorde rarement.

NULLITE' DES VŒUX.

19 Superieurs des Maiſons Religieuſes, ne peuvent déclarer nul le vœu d'un Religieux, ſous prétexte qu'il eſt atteint du mal caduc. Arrêt du 16. Juin 1616. qui enjoint aux Minimes de reprendre l'appellant en leur Religion, & luy rendre ſon habit de Religieux, pour y vivre avec eux ſelon ſon vœu & profeſſion. *Bardet*, to. 1. li. 2. ch. 87.

20 Vœu d'un Cordelier avant l'âge de 16. ans ſur un faux baptiſtaire eſt nul, & la nullité prononcée par le Pere Provincial, jugée valable. Arrêt du 8. Avril 1691. *Du Frêne*, liv. 2. ch. 95.

21 Vœux de François Jariel Religieux declarez nuls par Arrêt du 7. Juillet 1682. *De la Gueſſ.* tome 4. liv. 5. chap. 21. pour avoir été reçu avant l'âge de 16. ans, & par Arrêt du Conſeil, l'Arrêt du 7. Juillet 1682. caſſé, & Jariel renvoyé pardevant les Juges Superieurs Eccleſiaſtiques ſur la nullité prétenduë de ſes vœux. Arrêt du 3. Juillet 1685. *De la Gueſſ.* tome 4. liv. 8. chap. 48.

VŒUX, MARIAGE.

22 Une Religieuſe ſortie du Monaſtere où elle avoit porté l'habit, ſe maria, eut un enfant, & mourut; le pere fit aſſigner les freres & ſœurs de la défunte, afin de proceder à un partage; ceux cy prétendirent le fils inceſtueux & pere non recevable. Le pere oppoſoit qu'on ne rapportoit aucune preuve du vœu. Les défendeurs diſoient au contraire qu'elle étoit ſuffiſamment établie par une donation que la novice avoit faite deux jours avant ſa profeſſion, par des aſſemblées capitulaires, & autres actes qu'elle avoit ſouſcrits comme profeſſe. Arrêt du 13. Decembre 1607. qui met le pere hors de cour. *Le Bret*, liv. 4. deciſion 12.

23 Un mariage contracté par un Religieux profez de la Doctrine Chrêtienne, ſous prétexte de quelque formalité omiſe en l'établiſſement de ſon Ordre, eſt nul, & non valablement contracté. Arrêt du 18. May 1645. *Du Frêne*, liv. 4. chap. 23. où il eſt parlé bien au long des Peres de la Doctrine Chrêtienne & de leur Ordre.

24 Religieuſe qui reclame dans les cinq ans contre ſes vœux, & qui obtient ſon Bref, renvoyée au ſiecle, enſuite elle s'eſt mariée. Arrêt du 3. Avril 1664. *De la Gueſſ.* tome 2. li. 6. chap. 24.

25 La Doré Derva avoit quitté le Cloître, & avoit obtenu un reſcrit du Pape, & ſans l'avoir fait entheriner elle s'étoit mariée, avoit des enfans; la Cour ſans avoir égard à l'intervention deſdits enfans, fit défenſes au nommé Montfort ſon prétendu mary, de la hanter ni frequenter à peine de la vie; ordonna que la Religieuſe rentreroit dans ſon Cloître; & après l'Arrêt prononcé, la Cour d'Office fit défenſes à toutes Religieuſes qui auroient obtenu des Reſcrits, de ſe marier avant l'entherinement, à peine de la vie, tant à elles qu'à ceux qui les épouſeroient. Arrêt du Lundy 9. Juillet 1668. plaidans Robert & le Verrier à la Grand'Chambre. *De la Gueſſiere*, tome 3. liv. 2. chap. 19.

26 Jugé au Parlement de Paris le 21. Janvier 1669. que pendant l'appel ſimple de la Sentence d'entherinement d'un Reſcrit de Cour de Rome, obtenu par une Religieuſe pour l'annullation de ſes vœux, le Juge d'Egliſe qui eſt ſaiſi de l'appel, ne peut ſans

abus, faire défenſes à la Religieuſe qui s'eſt mariée depuis ladite Sentence, & à celuy qu'elle a épouſé, d'habiter enſemble ſous peine d'excommunication. *Sœ́ſue*, tome 1. Cent. 4. chap. 31.

27 Un parent éloigné d'un Religieux, eſt recevable à ſe plaindre du Bref & de la Sentence déclaratoire de la nullité de ſes vœux, nonobſtant deux mariages contractez pendant 17. années que le Religieux a parû libre dans le ſiecle; & on peut luy oppoſer le défaut de réclamation dans les cinq ans. Jugé à Aix le 18. May 1679. *Journal du Palais*.

28 La Cour ſans s'arrêter à l'intervention de Collaſſe Bouthillier & de ſes enfans, ni aux demandes de Jacques le Févre, qui avoit été Capucin & avoit quitté l'habit & épouſé ladite Bouthillier, dont elle les débouté; & tant ſur l'appel de la profeſſion que de la Sentence définitive de l'Official d'Amiens, dit qu'il y a abus, condamne l'appellant à l'amende & aux dépens. Jugé à Paris, l'Arrêt ſans date du jour & de l'année. *Journal du Palais*, fine.

VŒUX, RECLAMATION.

29 De la reclamation contre la profeſſion. *Voyez* le mot, *Profeſſion*, *n.* 45. *& ſuiv.*

30 Des Religieux qui reclament contre leurs vœux. *Voyez les Memoires du Clergé*, tome 1. part. 1. p. 234. où il eſt dit qu'ils ne peuvent quitter l'habit juſqu'à ce qu'ils ſoient reſtituez au ſiecle.

31 La connoiſſance de la validité des vœux appartient à l'Ordinaire. *Memoires du Clergé*, tome 1. part. 1. pag. 235. juſqu'à 244.

32 Par Arrêt du Parlement de Touloſe du 12. Janvier 1616. en la cauſe de M. Villaret, appellant comme d'abus de la fulmination de la Bulle de ſecularization obtenuë par Labé, cy-devant Religieux Profés de l'Ordre de Saint Dominique, où il avoit demeuré Profés 28. ans, ayant exercé la Charge de Superieur: il fut jugé que par le Reſcrit fondé ſur ce qu'il avoit fait profeſſion avant les 16. ans, & que ſon pere l'avoit forcé, lequel contenoit encore relief de n'avoir pas reclamé dans les cinq ans, il n'y avoit point d'abus. Arrêt ſemblable du 10. Juin 1618. à l'égard d'un Feüillant, qui avoit été Religieux pendant vingt ans. *Cambolas*, li. 6. ch. 38.

33 Le Pape reſtituant un Religieux après les cinq ans, cette reſtitution ne peut nuire au tiers. Jugé au Parlement de Toulouſe, le 7. Decembre 1631. pour un tiers acquereur, contre une fille qui avoit demeuré vingt-trois ans dans un Monaſtere, où elle avoit fait profeſſion à l'âge de 15. ans: il fut auſſi jugé qu'il n'y avoit point d'abus au Reſcrit pour elle obtenu. *Cambolas*, ibid.

34 En fait de Profeſſion Eccleſiaſtique; quand un Religieux a demeuré cinq ans dans un Convent, après l'année de Noviciat, & y a vécu comme les autres Religieux, il ne peut en ſortir ni diſpoſer de ſes biens. Arrêt du Grand Conſeil du 21. Février 1671. & en tel cas la clauſe relative du laps de cinq ans inſerée dans le Reſcrit pour la caſſation des vœux, doit être rejettée comme abuſive, à cauſe de la contravention au Concile de Trente. *Graverol ſur la Rocheflavin*, li. 6. titr. 48. Arr. 2.

35 Arrêt rendu au Parlement de Paris au mois de Juin 1612. qui déboute une Religieuſe, laquelle n'avoit reclamé dans les cinq ans; elle en avoit laiſſé paſſer vingt ſans ſe plaindre. *Le Bret*, li. 4. déciſ. 11.

36 Religieux de Saint Victor déclaré non recevable à reclamer contre ſes vœux après les cinq ans. Arrêt du 27. Février 1614. L'Official de Paris fit une Enquête des faits de violence alleguez ſans appeller la mere de l'expoſant; l'Enquête évoquée à Rome, on expedie un Reſcrit: la mere interjetta appel comme d'abus; M. Servin Avocat General, requit que défenſes fuſſent faites à tous Officiaux de plus faire telles procedures, à peine d'être déclarez criminels de Leze-Majeſté. *Voyez Bardet*, tome 1. liv. 2. chap. 10.

37   Vœu forcé à l'âge de quinze ans, sans Noviciat, sans porter l'habit, ni sans faire fonction de Religieux, déclaré nul après les cinq ans. Arrêt du 8. Avril 1625. L'Official avoit ordonné qu'il seroit tenu de prendre l'habit dans huitaine, ce qui fut trouvé abusif. Bardet, to. 1. li. 2. chapitre. 35.

Jugé par Arrêt du 4. Mars 1627. qu'une Religieuse n'est recevable à reclamer contre son vœu après les cinq ans. Ibid. ch. 101.

58   Par Arrêt du Parlement de Toulouse du 14. Decembre 1632. jugé que les Religieux restituez contre leur vœu & leur profession, ne sont en droit & ne peuvent reprendre leur patrimoine aliené, pendant qu'ils étoient dans le Cloître, Restitutio enim principis, dit la Glose, non trahitur retro contrà jus quæsitum alteri, unde damnatus restitutus à principe, non revocat bona alienata. M. d'Olive, li. 1. chap. 5. où il rapporte autre Arrêt du 8. Juillet 1636. qui a jugé que les hemorroïdes n'étoient point capables de donner lieu à revenir contre la profession Jovet, verbo, Religieux, n. 71.

39   Arrêt du 8. Juillet 1636. qui appointe pour sçavoir si un Religieux qui a pris l'habit à neuf ans, n'a fait l'année entiere de Noviciat dans le même Convent, & depuis sa profession a toûjours porté l'habit seculier en la maison de son pere, est recevable à reclamer après les cinq ans. M. Bignon, Avocat General, se détermina en sa faveur, sur le fondement qu'il y avoit eu une reclamation perpetuelle de la part du fils, par la conservation de l'habit seculier ; c'étoit en la cause de Claude Dinet, fils de M. de Montifroy, Président en la Chambre des Comptes de Rennes. Bardet, tom. 2. liv. 5. ch. 25.

40   Une Religieuse prétendant avoir été contrainte à faire profession, n'est recevable à reclamer contre ses vœux après cinq ans, & la clause employée dans le Rescrit pour être relevée du laps des cinq ans, est abusive. Arrêt du 16. Février 1645. dans la celebre cause de la Demoiselle Louïse Dantail, dont le mariage fut déclaré abusif ; ordonné qu'elle rentreroit dans le Monastere. Soëfve, tom. 1. Cent. 1. 77. Tous les Auteurs rapportent cet Arrêt, comme un des plus importans. La Demoiselle Dantail s'étant pourvûë par Requête Civile, le Jugement fut renvoyé au Parlement de Mets, qui la conserva en la possession de son mariage. Voyez le vingt-uniéme Plaidoyé de M. Gaultier, tome 1.

41   Religieuse qui après un Noviciat de cinq mois dans le Convent, & le reste de l'an chez son pere, a fait profession, & est ensuite demeurée cinq ans sans reclamer, n'est pas recevable à se plaindre contre son vœu. Arrêt du 11. May 1647. Du Frêne, li. 5. ch. 17.

42   Religieuse non recevable après les cinq ans de sa profession à reclamer contre ses vœux, quoyque faits avant l'âge de seize ans accompli. Arrêt du 12. Mars 1648. la Cour ne jugea pas que le vœu étoit valable ; cela appartient à la Jurisdiction Ecclesiastique ; mais elle se fonda sur la fin de non recevoir, & la prescription des cinq ans établie, propter commune tranquillitatis religionis bonum. Soëfve, tome 1. Centurie 2. chapitre 73.

43   Religieuse condamnée de se réintegrer dans son Monastere, quoiqu'elle eût reclamé dans les cinq ans. L'on montroit qu'elle n'avoit souffert aucune violence ; que pendant son Noviciat elle avoit toûjours été sous la conduite & discipline de l'Abbesse, soit dedans, soit dehors le Monastere, quoyqu'elle eût prononcé ses vœux en Langue Latine ; on luy avoit fait entendre le contenu ; & qu'enfin c'étoit l'usage dans l'Ordre de Saint Benoît. Arrêt du 14. May 1648. Ibid. chap. 85.

44   Après les cinq ans on ne peut plus être restitué. Arrêt des Grands Jours de l'année 1655. contre Alexandre Beaufort, Religieux Profés de l'Abbaye de Belaigne, par lequel il fut condamné de rentrer dans

l'Abbaye d'où il étoit sorti, faute par luy d'avoir reclamé dans les cinq ans portez par la Constitution Canonique. Au lieu d'obeïr à cet Arrêt, il se porta à tant de violences contre le sieur de Beaufort son frere, qui s'opposoit à sa sortie, qu'il voulut l'assassiner; en sorte qu'ayant donné sa Requête à la même Cour, il obtint un second Arrêt, portant permission d'informer, & decret de prise de corps, avec défenses à la mere, & à tous autres de luy donner aucune retraite dans leur maison.

Autre Arrêt du 18. Août 1666. contre la nommée Adrienne Gautier, Ursuline, laquelle n'ayant reclamé que dix ans après ses vœux & sa profession, fut condamnée de rentrer dans un Monastere des Ursulines.

Autre Arrêt du 14. Mars 1669. contre une fille qui avoit fait profession dans le troisiéme Monastere des Ursulines de la Ville de Lyon, laquelle fut pareillement condamnée à rentrer incessamment dans l'Ordre qu'elle avoit quitté, par la seule raison qu'elle n'avoit reclamé que huit ans après sa profession, avec dépens : & pour punir ceux qui l'avoient forcée à faire profession, la Cour condamna leurs heritiers de fournir à cette fille une pension telle qui seroit arbitrée par M. l'Archevêque de Lyon, pour vivre dans le Monastere qu'il luy indiqueroit. Definitions du Droit Canonique, page 910.

On ne peut reclamer contre des vœux après les cinq ans portez par les Constitutions Canoniques. Arrêt du 23. Août 1661. Des Maisons, let. V. nomb. 6.   45

Religieuse après les cinq ans, ne peut reclamer contre ses vœux, ni se pourvoir, n'articulant ni force ni violence. Arrêt du 18. Août 1666. Des Maisons, let. V. nombre 10.   46

Arrêt du Parlement de Provence du 25. Février 1678. qui a ordonné que la Religieuse sortie du Monastere en habit seculier, pour poursuivre la dissolution de ses vœux, doit réintegrer le Monastere ; trouvée en cet état le Juge seculier n'a pû l'emprisonner. Boniface, tome 3. liv. 7. tit. 12. ch. 1.   47

Arrêt du 6. Mars 1679. qui a jugé que la reclamation des vœux d'un Religieux doit être faite par écrit, & dans les cinq ans ; & le Rescrit ayant été annullé, le Religieux doit être renvoyé au Cloître. Ibid. tit. 7. chapitre 1.   48

Arrêt rendu au même Parlement de Provence, le 14. Mars 1679. qui ordonna qu'une Religieuse sortie de son Convent pour poursuivre l'annulation de ses vœux, se retireroit dans le Cloître, avec inhibition de converser en habit seculier. Boniface, ibid. tit. 12. chapitre 2.   49

De la reclamation faite par un Religieux Cordelier contre ses vœux, douze années après sa profession. Jugé au Parlement de Paris le 8. Juillet 1680. qu'il n'y avoit abus, ni dans l'obtention du Rescrit, ni dans la procedure de l'Official. Il n'y avoit point eu de probation durant le Noviciat ; il avoit été interrompu pendant deux mois ; le Religieux avoit été reçu par un Superieur sans pouvoir ; la profession avoit été faite avant seize ans. L'Arrêt renvoya par-devant l'Official de Chartres pour y proceder, suivant les derniers erremens, & adjugea 100. liv. de provision alimentaire sur les successions. Soëfve, tome 2. Cent. 4. ch. 97.   50

VŒUX, RESTITUTION.

Une Religieuse qui a été forcée par ses proches parens de prononcer ses vœux, a été restituée. Voyez Des Maisons, let. V. n. 7.   51

Religieuse restituée contre ses vœux, est capable de succession. Arrêt du Parlement de Bretagne du 4. Septembre 1565. Du Fail, liv. 3. ch. 61.   52

Restitution contre les vœux, se doit faire avec les parens du Religieux. Arrêt du 11. Mars 1631. Bardet, tome 2. liv. 1. ch. 14. M. Talon Avocat General, dit qu'il étoit raisonnable d'ajuger quelques alimens mo-   53

PPppp iij

diques à ce Religieux, & que la Cour l'avoit fait ainsi dans la cause Dallegrin; l'Arrêt n'en donna pourtant aucuns.

54 Chevalier de Malthe qui a fait casser son vœu par Sentence du Juge d'Eglise; mais depuis déclarée abusive, est capable de Commanderie à son tour. Jugé le 13. Mars 1628. *Du Frêne, liv. 1. ch. 13.*

55 Les Religieux restituez contre leur profession, ne sont en droit de reprendre leur patrimoine aliené, pendant qu'ils étoient dans le Cloître l'espace de 20. ans sans avoir reclamé. Arrêt du 14. Decembre 1632. *M. d'Olive, liv. 1. ch. 17.*

56 Un particulier entré dans les Recollets, par défespoir de n'avoir réüssi en un mariage, y ayant fait profession, nonobstant une maladie de six mois qu'il avoit euë durant son Noviciat, est restituable contre son vœu. Arrêt du 28. Juin 1641. *Du Frêne, livre 3. chapitre 77.*

57 Arrêt du Parlement de Paris du 11. Juillet 1658. intervenu dans la cause des Daubriots de Courfraut qui leur ajuge la succession de leur pere, lequel avoit fait ses vœux par force. *Voyez les Plaidoyers de M. de Montauban, & Des Maisons, lettre V. nomb. 4.*

58 Autre Arrêt du 21. Juillet 1659. rapporté par le même *Des Maisons, lettre V. nomb. 5.* par ces deux Arrêts l'on peut voir qu'il faut être en pleine liberté pour faire des vœux.

59 Une Religieuse qui a été forcée de prononcer des vœux par ses proches parens, a été restituée. Arrêt du 3. Avril 1664. *Des Maisons, lettre V. nomb. 7.*

60 Une Religieuse qui a fait ses vœux par force & violence, en peut poursuivre la nullité par un rescrit, *si precess veritate nitantur.* Arrêt du 2. Août 1664. *Ibid. nomb. 8.*

VOEUX RESCRIT.

61 Le Pape accorde quelquefois des rescrits pour le laps de cinq ans, nous les recevons en France. *Voyez l'Auteur des Défin. Canon. lettre V. verbo, Vœux de Religion,* où sont les deux notes qui suivent.

62 Lorsque le Religieux, qui prétend avoir fait Profession par force, se pourvoit contre ses vœux, & qu'il est encore dans les cinq ans, le rescrit qu'il obtient pour faire declarer sa Profession nulle, contient toûjours cette clause, *qui ut asserit intrà quinquennium regularibus à Concilio Tridentino ad reclamandum præfixum adhuc existit;* & ensuite le Decret, *dummodo quinquennium à die emissæ professionis elapsum non sit.* Et quand le Religieux a reclamé dans les cinq ans du Concile, le Rescrit contient aussi la clause suivante: *Contrà quam formaliter intrà quinquennium regularibus, à Concilio Tridentino ad reclamandum præfixum reclamavit.* Ensuite est le Decret, *Dummodo tempore reclamationis prædictæ quinquennium à die emissæ professionis elapsum non esset.* Mais après les cinq ans le Religieux n'ayant point reclamé, les Officiers de la Daterie ne laissent pas d'accorder un rescrit de restitution pour être relevé du laps des 5. ans portez par le Concile, pourvû que les impressions de force & de crainte ayent toûjours duré, *vi & metu durantibus,* & que la cause qui a empêché la reclamation ait continué.

Il est encore du stile ordinaire de mettre cette clause dans le Bref. *Dummodo dictus exponens dictam professionem tacitè, vel expressè numquam ratificaverit.*

En effet le Pape n'entend point dispenser une personne qui auroit ratifié une profession qui seroit soupçonnée de nullité.

63 Les Rescrits declaratoires de nullité de Profession, contiennent toûjours l'expression de ce Decret, pourvû que l'exposant n'ait point ratifié sa Profession tacitement, ou expressément. *Dummodo dictus exponens professionem hujusmodi tacitè, vel expressè, non ratificaverit.* Et quand il se trouve que le Religieux a ratifié sa Profession, il doit aussi se faire relever de la ratification comme de la Profession, & il peut en obtenir la restitution en cas que sa ratification ait eu la

même cause que la Profession, & qu'il ait ratifié par les mêmes motifs & les mêmes impressions de force & de crainte, ce que les Officiers expliquent en ces termes: *Dictamque professionem vi & metu prædictis durantibus ratificare coactus fuit.* Ensuite est le Decret, pourvû que l'Exposant n'ait ratifié que de la maniere cy-dessus: *Dummodò idem orator professionem hujusmodi tacitè vel expressè, non alias, quam ut præfertur, ratificaverit.* Mais la ratification pour être valable doit être précedée d'un nouveau Noviciat, ainsi il faut qu'elle soit expresse, suivant l'article 45. de l'Ordonnance de *Moulins,* les Professions tacites sont rejettées en France; les Ultramontains même qui les approuvent sont d'avis, qu'on ne peut revalider des vœux précedemment nuls que par une profession expresse. *Namque ad professionem expressam clarum est eam convalidare actus nullum præcedentem,* dit *Amydenius* après *Rodrigues,* livre 1. *de stilo Datariæ, cap. 12. num. 25.* Les exercices pratiques par les Religieux quelque volontaires qu'ils paroissent, ne peuvent avoir l'effet d'une ratification, parce que tout cela se fait *ex consuetudine Religionis. Non convalidatur professio per actus proprios professorum, etiam si voluntarii videntur, durante causâ metus factis.* Thesaurus de pœnis ecclesiasticis, part. 2. verbo, *Monialis.*

64 Quelque juste cause qu'ait une Religieuse pour se faire dévoiler, il faut qu'elle obtienne un Rescrit du Pape, &c. *Voyez Carondas, liv. 7. Rép. 108.*

65 Il a été jugé le 15. Juin 1564. qu'il y avoit abus en un rescrit impetré du Pape, par lequel *authoritate Apostolica,* étoit mandé à l'Official de *Tours* de proceder à l'execution & remettre en possession de biens une Religieuse de Poitou de la maison de Ponsac & connoître de la demonachation: il fut ordonné que pendant le procés & enquête des efforts & violence du pere & de la demonachation, la Religieuse rentreroit avec l'habit à saint Pierre de Poitiers & l'heritier cousin d'elle qui avoit été dépossedé remis en possession; l'abus consistoit en ce que le Rescrit portoit *authoritate Apostolica.* Arrêt semblable du 21. Juillet 1573. *Papon, liv. 19. tit. 2. nomb. 16.*

66 Religieux restitué contre son vœu fait avant l'âge par son Superieur, sans aucun rescrit du Pape, les parens avoient montré un Extrait baptistaire. Arrêt du 8. Avril 1631 qui sur leur appel comme d'abus, & prétenduë folle intimation des Cordeliers de *Laval,* mit les parties hors de Cour, sans neanmoins tirer à consequence pour le regard de la Jurisdiction. *Bardet, tome 1. liv. 4. chap. 23.*

67 Pour reclamer contre ses vœux, on n'est pas obligé d'obtenir rescrit dans les cinq ans; mais il suffit de protester pardevant personnes publiques dans les cinq ans. Jugé le 14. Juillet 1631. *Bardet, tome 1. liv. 4. ch. 42.* M. Talon Avocat General dit, que la reclamation dans les cinq ans étoit de tout temps observée dans le Royaume par une loy non écrite, & non pas en vertu du Concile de Trente. Cette observation est fondée sur la disposition de droit *ne de statu defunctorum post quinquennium quæratur.* La cause d'état est d'une telle importance, qu'on ne doit pas permettre de la revoquer en doute après un aussi long-temps.

68 Dispense & restitution en entier contre les vœux, ne peut être valablement faite qu'après un rescrit obtenu en Cour de Rome, & les Superieurs de l'Ordre qui les déclare nuls, commettent abus; ainsi jugé le 12. Juillet 1635. contre le General de Prémontré, qui avoit restitué au siecle François Guinay. L'Arrêt prononça qu'il y avoit abus, sauf à l'Intimé à se pourvoir ainsi qu'il verra être à faire par raison, soit pardevant l'Official ou autrement, & sauf à se servir des actes & preuves de violence déja faites au procés. *Bardet, tome 1. liv. 4. chap. 21.*

69 Les Sentences des Officiaux renduës sur les reclamations contre les vœux sans aucun rescrit & les Arrêts qui ont confirmé ces Sentences, ou qui ont renvoyé ces

fortes de causes fans referit aux Officiaux , font des preuves incontestables de la Jurifdiction des Ordinaires en cette matiere. Le 22. Janvier 1655. l'Official de Bourdeaux ayant fans aucun Bref en premiere inftance déclaré la profession de Paul Gibieuf Capucin, nulle & invalide, fur l'appel comme d'abus, les parties furent mifes hors de Cour & de procés. François Gaigné Religieux de l'Etoille de l'Ordre de Prémontré au Diocéfe de Chartres, fur l'appel comme d'abus de la Sentence du General du même Ordre , la Cour le 11. Juillet prononça qu'il avoit été mal , nullement , & abufivement procedé, fauf aux parties à fe pourvoir par-devant l'Official de Chartres , lequel declara les vœux nuls & invalides fans qu'il eût obtenu aucun referit. Anne de Mondoüet ayant procedé fans referit fur la nullité de fes vœux pardevant l'Official de Chartres , la caufe dévoluë par appel fimple devant l'Official de Sens le 18. Septembre 1673. les vœux furent declarez nuls le 23. Juin 1574. & le 2. May 1584, les vœux de Magdelaine Riviere , & ceux d'Antoinette des Châteaux, en premiere inftance fans referit furent declarez nuls par le même Official , Défuit. Canon. page 46. verbo , Abus.

70 Le Religieux qui a reclamé dans les cinq ans du Concile, peut impetrer referit de fa Sainteté & faire proceder à la caffation de fa profession hors ce temps là. 2°. Le Pape peut habiliter ad futuras fuccessiones , ceux qui font originaires du Comtat Venaiffin où le Pape eft Seigneur temporel. Arrêt du Parlement de Grenoble du 3. Avril 1656. Voyez le 17. Plaidoyé de Baffet , tome 1.

71 Une fille mife dès l'âge de trois ans dans un Monaftere , & prétendant avoir été violentée dans l'émiffion de fes vœux , rendit plainte à M. l'Evêque de Clermont , le fuppliant de pourvoir à fon état. L'Evêque fe tranfporta au Convent, entendit la Superiore & les Religieufes, en dreffa procez verbal, & rendit fon Ordonnance portant que la Professe fe pourvoiroit en Cour de Rome à l'effet d'obtenir un referit pour être reftituée contre fes vœux; ce qu'elle fit; fes parens interjetterent appel comme d'abus de la procedure de l'Evêque , difant qu'il n'avoit point la jurifdiction contentieufe ; mais on répondoit que l'Evêque n'avoit rien jugé , qu'il n'avoit fait que l'inftruire fa Religion. Arrêt du 3. Avril 1664. qui met hors de Cour fur l'appel comme d'abus. Soëfue, tome 2. Cent. 3. chap. 13.

72 Arrêt du 15. Decembre 1670. qui déclare abufif un referit du Vice legat d'Avignon en nullité de vœux , la reclamation des vœux n'ayant pas été faite dans les cinq ans. Boniface, tome 3. liv. 5. tit. 4. chap. 5. où il obferve fe tranfporter les facultez de Vice-legat portent pouvoir d'accorder tels referits; mais le moyen d'abus étoit fondé fur ce que le referit étoit obreptice & fubreptice , le Religieux n'ayant pas declaré qu'il avoit par une tranfaction faite avec fes parens ratifié fes vœux.

Quoyque par le Concile de Trente Seff. de Regul. 73 chapitre 19. il foit porté que celuy qui reclame doit deduire fes raifons devant fon Superieur & fon Ordinaire, c'eft-à-dire , felon la declaration des Cardinaux devant l'Ordinaire & le Superieur du Monaftere dans lequel , il a fait Profession il a été neanmoins jugé au Parlement de Paris le 2. Mars 1675. que le nommé Lagarde qui avoit fait Profession dans le Monaftere de la Baftide des Feüillans , & enfuite étant allé au Convent des Feüillans de Paris pour fes études , s'étoit valablement adreffé à M. le Cardinal de Vendôme Legat à Latere , pour reclamer contre fes vœux. Ce Cardinal delegua l'Official de Paris & le General de l'Ordre qui alors y refidoit; ils declarerent la Profession nulle , & l'on jugea qu'il n'y avoir point d'abus. Voyez les Arrêts de M. de Catellan, liv 1. ch. 20.

74 Un Religieux peut reclamer contre fes vœux & proceder pardevant l'Ordinaire fans referit du Pape.

Arrêt du 31. May 1691. Au Journal des Audiences , tome 5. liv. 7. chap. 28.

VOIAGES.

Voyez cy-après Voyages.

VOIE-DE-FAIT.

VOIE-de-fait. Ufer de voie-de-fait. Sibi jus dicere : feipfum ulcifci.
Quando liceat unicuique , fine judice , fe vindicare, vel publicam devotionem. C. 3. 27. En quel cas il eft permis de fe défendre foi-même , & de fe faire juftice par voie-de-fait ? Ce titre permet auffi d'ufer de voie-de fait envers les Soldats deferteurs, & de les arrêter: vindicare publicam devotionem. Milites publicè devoti funt : igitur , qui ab eâ devotione defcifcunt , deferta militiâ , devotionem publicam ladunt.
Voyez les mots, Crime, Délit, Violence.

VOIER.

Ainfi eft appellé l'Officier qui a le foin des chemins publics. Viocurus. Viarum curator.
La Police & la Voïerie étoient exercées en partie, par les Ediles à Rome.
De locis & itineribus publicis. D. 43. 7. Ce Titre , & les deux fuivans concernent la Voirie pour les chemins de la campagne.
Ne quid in loco publico , vel itinere fiat. D. 43. 8.
De viâ publicâ , & itinere publico reficiendo. D. 43. 11.
De viâ publicâ , & fi quid in eâ factum effe dicatur. D. 43. 10. Ce Titre concerne la Voirie des ruës de la Ville.
Voyez Edile. Police.
Voyez hoc verbo , Voïer , la nouvelle Edition des Droits Royaux & Seigneuriaux de Ragueau , autrement le nouveau Gloffaire du Droit François.
Edit portant rétabliffement de l'Office du grand Voyer de France, créé par celuy du mois de May 1599. pour être exercé triennalement , & en tant que befoin feroit , création de trois Offices de Confeillers du Roy , Grands Voyers & Surintendans Generaux des Ponts & Chauffées de France , ancien , alternatif & triennal , nonobftant les Edits de fuppreffion des mois de Février 1626. &c. A Paris en May 1645. regiftré au Parlement le 7. & en la Chambre des Comptes le 11. fuiv. Premier volume des Ordonnances de Louis XIV. fol. 522.
Voyez le Titre fuivant.

VOIRIE.

Voyez le Titre précedent & celuy des Treforiers de France.
Les Voiries ou chemins publics appartiennent au 1 Roy, même dans les Duchez , Comtez & autres Terres & Seigneuries des Prélats & Barons. l'an 1290. par lequel la Voirie du Comté d'Anjou n'étant encore au Roy lui fut adjugée contre le Comte. Voyez la Bibliotheque de Bouchel , verbo , Voirie.
Droit de voirie , à la fin du procez verbal de la 2 Coûtume du Grand Perche , ou de Voüerie ; c'eft-à-dire de Juftice, de laquelle font gardiens & Protecteurs les Avoïers ou Avoüez , duquel droit a été donné Arrêt entre le Roy , l'Abbé & Convent de Saint Germain des Prez à Paris en Novembre 1583. Ibidem.
Les Religieux , Prieur & Convent de faint Martin 3 des Champs , ceux de faint Germain des Prez , &c. joüiffent du droit de Voirie au dedans de leurs hautes Juftices exercées en cette Ville de Paris : pareillement l'Abbé , Religieux & Conventé fainte Genevieve. Arrêt rendu avec M. le Procureur General le 20. Août 1401. Bacquet des Droits de Juftice, chap. 28. nomb. 22.

4 En un Arrêt de la Cour du 14. Janvier 1407. pour le Prieur de S. Martin des Champs à Paris, il est dit que le Roy prétend la Voirie & Justice par toutes les ruës au dedans des anciens murs de Paris, & un plaidoyer du 5. Septembre 1404. pour le different de la Justice entre le Roy & l'Evêque de Paris, il est fait mention de la voirie de l'Evêque, & si le Voyer est haut-Justicier. *Bibliotheque de Bouchel* verbo , *Voirie.*

Voyez le mot *Chemin.*

VOISIN.

1 VOisins d'un Avocat qui l'incommodent. *Voyez* le mot *Avocat*, nomb. 5. & suiv.

2 *Privato licitum non est in domo suâ artem exercere per quam vicini malo odore vel fetore circumveniantur.* Voyez *Franc. Marc.* 10. 2. quest. 483.

Si le voisin peut être contraint par son voisin de refaire, ou réparer l'heritage commun , ou bien s'il est tenu seulement de s'abstenir du fruit & usage de l'heritage commun ; & comment doivent partir les fruits en l'année du remboursement? *Voyez Coquille,* to. 2. quest. 75.

VOISIN, ARBRES.

3 Si le voisin peut se plaindre de l'ombrage causé dans sa maison par la hauteur des arbres ? *Voyez* le mot *Arbres.*

Boulangers ne peuvent se servir dans leurs maisons de moulins à bluter farine , à cause de l'incommodité qu'en reçoivent les voisins. *Voyez* le mot *Boulanger* , nomb. 17.

VOISIN, BASTIMENS.

4 Bâtimens qui incommodent le voisin. *Voyez* le mot *Bâtimens* , nomb. 80. & suiv.

5 *Quòd ad amulationem & injuriam alterius aedificare non liceat.* Voyez *Andr. Gail.* lib. 2. observat. 69.

6 Par Arrêt du Parlement de Toulouse du 8. May 1528. il fut dit que quand le voisin n'a moyen ou volonté de bâtir , il est tenu de bailler terre ou place à son voisin qui veut bâtir , lequel est tenu de la prendre , & ne peut rien demander de la construction d'icelle , jusques à ce & à proportion seulement que ledit voisin s'en voudra aider , & alors par la moitié des frais seulement. *La Rochesavin* , livre 2. lettre M. tit. 1. Arr. 1.

VOISIN, CHEMIN.

7 Voisin, comment tenu de donner un chemin? *Voyez* le mot *Chemin* , nomb. 31. & suiv.

VOISIN, HERITAGE.

8 Heritages voisins. *Voyez* le mot *Heritages* , nomb. 8.

VOISIN, PAVE.

9 Par Arrêt du 14. Août 1566. prononcé en Robes rouges , jugé que le Seigneur haut Justicier est tenu contribuer au premier pavé qui est mis devant la maison du sujet qui doit censive à autre , mais bien le proprietaire & le sieur censier par moitié. *Voyez la Bibliotheque de Bouchel*, verbo *Voirie.*

VOISIN, TUTELLE.

10 Si le Voisin peut être contraint d'être Tuteur ? *Voyez cy-dessus* le mot *Tutelle* , nomb. 351.

VOITURIERS.

VOiture. Voiturier par eau , ou par terre. *Vectura. Qui vectram facit. Nauta, &c.*

Nauta , caupones , stabularii , ut recepta restituant. D. 4. 9. Voituriers sont responsables du vol & du dommage fait par leurs gens ou Commis. *Inst.* 4. §. 3.

Furti adversus nautas , caupones , stabularios. D. 47. 5.

De exercitoriâ & institoriâ actione , & de institoribus , &c. *Voyez Commis.*

De naviculariis , seu naucleris , publicas species transportantibus. C. 11. 1... *C. Th.* 13. 5. Les biens des Voituriers sont garans de leurs fonctions.

De navibus non excusandis. C. 11. 3... *C. th.* 13. 7.

Aucun vaisseau n'est dispensé de voiturer les Tributs publics.

No quid oneri publico imponatur. C. 11. 4.... C. th. 13.

8. Défense aux particuliers de rien mettre sur les vaisseaux qui portent les Tributs publics.

De Murilegulis... & Bastagariis. C. 11. 7... C. th. 10. 20.

Bastagarii, étoient les Voituriers des choses portées *in aerarium : ἀπὸ τῦ βαϛάσαι* , porter.

De cursu publico , & angariis , & parangariis C. 12. 51... C. th. 8. 5. V. Poste.

Des engagements des voituriers par terre & par eau. *Voyez* le premier tome des *Loix Civiles* , titre 16. section 2.

1 Ils ont un privilege sur les marchandises qu'ils ont voiturées. *Loix Civiles* , to. 2. liv. 3. titre 1. section 5. nomb. 9.

2 Des voituriers tant par eau que par terre. *Voyez la fin de la troisiéme édition des Arrêts recueillis par Philippi.*

3 *Du Mardy antè Nativitatem Domini. anno* 1315. jugé que les voituriers du long de la Seine seroient payez en monnoye courante & de mise à Paris , & non du Pays d'où ils viennent.. *Feuillet* 305. *A. Corbin suite de Patronage* , chap. 142.

4 Voituriers, faute d'avoir rapporté certificat dans le temps accordé , peuvent être contraints par corps, ou bien faute de payer l'imposition foraine , sur tout quand il y a promesse de faire l'un des deux , & que le temps accordé est passé. Arrêt des Generaux du 12. Juillet 1540. *Papon, liv.* 13. tit. 9. n. 8.

5 Des voituriers d'Anjou avoient percé & buffeté des vins & rempli d'eau , sable , ou autre chose. M. Simon Sagayer Docteur en Medecine auquel en appartenoit deux pipes ayant fait instance, les voituriers ont été condamnez payer 16. livres parisis , pour les deux pipes , absous Sagayer de la voiture,& fait défenses à tous voituriers de vin par eau & par terre, leurs gens , serviteurs & entremetteurs de boire des vins à eux commis pour mener ou conduire , & de les remplir d'eau, sable , ou autres choses dont les vins soient empirez , sur peine de punition corporelle , & que les défenses seroient publiées par les carrefours de la Ville d'Anjou à jour de marché , dont le Sénéchal certifiera la Cour au mois. Arrêt du 7. Decembre 1548. *Corbin , suite de Patronage* , chapitre 243.

6 Arrêt du Parlement de Paris du 10. Février 1550. contre des Charriers lesquels pour avoir buffeté des vins qu'ils conduisoient , & rempli le tonneau d'eau, ont été condamnez à faire amende honorable , au foüet , & en deux amendes vers le Roy , & Monsieur le Président Hagueville partie interessée , avec défenses de plus y retourner , & à tous de tomber en pareille faute à peine d'être pendus. *Papon, liv.* 13. tit. 9. n. 1.

7 Un voiturier délinquant est punissable & responsable où il doit rendre sa marchandise. Arrêt du 9. Février 1577. *Papon ; liv.* 23. tit 9. n. 1.

8 Deux voituriers se chargeant de conduire les marchandises , sont tenus l'un pour l'autre de ce qui se trouve perdu. *Voyez Bouvot,* to. 1. part. 2. verbo *Voiturier.*

9 Voiturier par eau est obligé de representer les ballots & bahus qui luy ont été donnez à porter , bien qu'il n'en soit chargé par aucun Registre , & en ce cas la preuve par témoins au dessus de cent livres reçûë. Arrêt du 30. May 1656. *Du Frêne,* livre 8. chapitre 41.

10 Jugé en la premiere Chambre de la Cour des Aydes de Paris que les Marchands qui envoient des marchandises aux Marchands Bourgeois d'Orleans qui ne payent ni droit de gros , ni sol pour livre , sont obligez de faire passer leurs lettres de voiture pardevant Notaires dans les lieux où il y en a , sinon de

les

les faire viser par les Commis s'il y en à , ou par le Curé, Vicaire, ou Greffier de leurs Jurisdictions. *Journ. des Aud. to. 5. liv. 7. chap. 46.*

VOIX.

Voyez le mot *Opinion.*

VOIX, CHAPITRE.

1   Voix des Chanoines en Chapitre. *Voyez* le mot *Chanoines, nomb.* 159. *& & suiv.*

VOIX, ELECTION.

2   De la pluralité des voix dans les Elections. *Voyez* le mot *Election, nomb.* 112. *& suiv.*

3   En Janvier 1571. jugé que l'Evêque aura une voix, le Chapitre une autre , & le Syndic une autre. *La Rocheflavin, li.* 6. *tit.* 36. *Arr.* 6.

4   L'absent ne peut avoir voix en une élection par Procureur. Jugé le 7. Mars 1600. *Carondas, livre* 13. *Réponse* 1.

VOIX, JUGES.

5   Edit du Roy du mois de Janvier 1681. portant que les voix des Officiers des Cours & Sieges, tant titulaires, honoraires, que veterans qui seront parens aux degrez y mentionnez , ne seront comptées que pour une lors qu'elles seront uniformes. *Voyez le Recüeil de Decombes , Greffier en l'Officialité de Paris,* 1. *part. chap.* 3. *page* 333.

6   Les voix des pere & fils, de deux freres, beau-pere, & gendre , oncle & neveu étant d'un même avis en affaires generales & publiques, doivent être réduites à une. Arrêt du Conseil d'Etat du 30. Août 1687. *Au Journal des Aud.* 10. 5. *liv.* 3. *ch.* 13.

VOL.

1   DU crime de larcin. *Voyez Despeisses , tome* 2. *tit. des crimes ,* & *Causes criminelles , part.* 1. *titre* 12. *sect.* 2. *art.* 6.

2   Accusation de vol. *Voyez* le mot *Accusation , nombre* 48.

3   Des voleurs, aggresseurs, & guetteurs de chemins, & peines d'iceux , & que les condamnez à mort seront reçûs à confession. *Ordonnances de Fontanon , to.* 1. *li.* 3. *tit.* 67. *p.* 690.

4   Du vol. *Voyez les Observations de Julius Clarus ,* liv. 5. *Sententiarum , §. furtum ,* & les Annotations qui sont à la fin de l'ouvrage de ce même Auteur.

5   *Furtum qualificatum translatum per furem in aliâ jurisdictione quàm factum sit contractando novum furtum dicitur : nec fur ad locum delicti remittendus est , cùm puniri possit.* Voyez *Franc. Marc.* 10. 2. *qu.* 176.

6   *An Dominus territorii teneatur depradato resarcire rapinam in territorio suo commissam?* Voyez *Andr. Gaill, li.* 2. *observat.* 64.

7   Si le dépositaire est tenu de rendre la chose passée qui luy à été volée ? *Voyez* le mot *Dépôt , nombres* 64. *& 65.*

8   Si un ami se charge de quelque argent , & en chemin le perd, s'il est tenu de la perte ? *Voyez Bouvot , to.* 2. *verbo Messager.*

9   L'associé qui dit avoir été volé, est obligé de dresser état de son voyage. Arrêt rendu au Parlement de Dijon le 11. Janvier 1609. *Bouvot , tome* 2. *verbo Societé , Communauté , quest.* 7.

10   Jugé qu'un associé au fait de marchandise, Serviteur, Procureur, ou Facteur d'un Marchand, s'il fait quelque perte étant pris des voleurs, la perte regarde le Maître & associé. *Voyez Papon, livre* 6. *titre* 5. *nombre* 3.

11   Anciennement ceux qui étoient volez sur les grands chemins pouvoient se pourvoir pour leur remboursement contre celuy qui levoit le peage, & avoit la Justice, lequel étoit tenu de le rembourser, & le dédommager. Arrêt du Parlement de là Purification 1169. contre le Seigneur de Vernon, & contre le Comte de Bretagne ,. és Arrêts de Bretagne de la Pentecôte 1273. & contre le Comte Dartois, és Arrêts de la Toussaint 1287. & par autre Arrêt de la Toussaint 1295. le Roy fit rembourser le vol fait en sa Justice , parce que le Seigneur prenant peage étoit obligé de tenir les passages sûrs contre les particuliers , autrement tenu récompenser la perte. Arrêt de la Chandeleur 1254. ce qui avoit lieu seulement à l'égard des Vols faits en plein jour depuis le soleil levant jusques au couchant , car devant & après le Seigneur n'en étoit plus tenu, comme il a été jugé par plusieurs Arrêts. *La Rocheflavin , des Droits Seigneuriaux, chap.* 8. *Arr.* 8.

12   Perquisition de chose dérobée ne se doit faire en la maison d'autruy sans information préalable , & sans permission du Juge ; autrement & si la chose dérobée ne se trouvoit , le Maître de la maison pourroit se plaindre de l'injure. Arrêt du Parlement de Bourdeaux. *Papon , liv.* 23. *titre* 6. *n.* 3. *& décision* 174. de *M. Boyer.*

13   En 1596. année sterile & malheureuse , un vigneron chargé d'une femme & plusieurs enfans , trouvant la porte de son voisin ouverte emporta de la pâte qui étoit sur sa table. Les Officiers après une longue procedure le condamnent à rendre la valeur de la pâte , en l'amende de cent sols , & aux dépens. Appel *Voyez* le 4. Plaidoyé de M. Bouchin Procureur du Roy au Siege de Baune ; il conclut au mal jugé, & à décharger de l'amende, d'autant plus que les Avocats demeuroient d'accord que la partie plaignante avoit été satisfaite.

14   Celuy qui prétend avoir été volé doit prouver ce qui luy a été pris ou par témoins, ou par écrit , comme un messager le peut prouver par son Registre , qui est ou doit être chargé des pacquets & des sommes qu'il porte. Des Marchands contre une hôtesse de Lyon pour 300. écus qu'ils prétendoient leur avoir été volez , pour n'avoir pû prouver qu'ils les avoient apportez en la maison , auront débouttez de leur demande. Jugé le 15. Mars 1608. *M. le Prêtre ,* 1. *Cent. chap.* 19. *in margine* , où sont rapportez plusieurs exemples touchant les hôtes , & plusieurs jugemens intervenus sur ce sujet.

15   Touchant un vol fait pendant la guerre, de quelques bestiaux , à celuy qui venoit de les voler à un autre. Arrêt du Parlement de Mets du 24. Novembre 1636. qui condamne le voleur à rendre. *Voyez le* 7. Plaidoyé de M. Corberon.

16   Arrêt du Parlement de Provence du 16. Novembre 1640. qui a jugé qu'il suffit à celuy qui est saisi d'une chose dérobée, d'alleguer son auteur pour être excusé de crime. *Boniface , to.* 2. *part.* 3. *livre* 1. *tit.* 5. *chap.* 1.

17   Arrêt rendu au même Parlement le 26. Janvier 1647. qui a jugé que la perquisition & recherche des choses dérobées est défenduë dans la maison d'autrui, excepté en cas d'information précedente , ou flagrant délit. *Boniface , tome* 2. *part.* 3. *livre* 1. *titre* 5. *chapitre* 4.

ACHAT DE LA CHOSE VOLEE.

18   Acheteur de la chose dérobée. *Voyez* le mot *Achat , nomb.* 9.

19   Un Piémontois condamné envers le Prieur de S. Martin des Champs à 43. marcs d'argent, & 16. marcs 5. onces , & 15. estellins d'autre , ou la valeur qu'il avoit acheté d'un Religieux qui les avoit soustraits de la Chasse de saint Martin , & outre ce fut condamné en 40. livres d'amende envers le Roy : ce qui servit de motif à la condamnation , fut qu'il y avoit encore quelques plis des têtes des images , & que le Religieux étoit venu en habit seculier & pendant la nuit dans la maison du Piémontois. *Papon , li.* 1. *tit.* 5. *n.* 38. Il ne date point l'Arrêt.

20   Un Orfévre ayant acheté d'un Prêtre un diamant dérobé , fut condamné à le rendre sans restitution du prix , sauf à luy à se pourvoir contre le vendeur. Arrêt du Parlement de Dijon du 19. Fé-

vrier 1616. *Bouvot*, tome 2. verbo *Renonciation*, question 1.

21 Proprietaire vendique fa chofe dérobée fans reftitution de prix; il s'agiffoit d'une chapelle d'argent doré qu'un Orfévre avoit achetée de celuy qui l'avoit volée. Arrêt du Parlement de Paris du 27. Mars 1618. *Bardet*, tome 1. *liv.* 1. *ch.* 15.

22 Arrêt du Parlement de Provence du 9. Janvier 1643. qui a jugé que la chofe dérobée peut être prife par le Maître en quelque part qu'il la trouve, même d'un acheteur de bonne foy; il s'agiffoit d'une barque volée. *Boniface*, tome 2. *partie* 3. *livre* 1. *titre* 5. *chapitre* 2.

23 Une chofe dérobée ne peut être vendiquée par le proprietaire d'icelle fans en rendre le prix à celuy qui l'a achetée de bonne foy. M. Bignon, Avocat General, avoit conclu à ce que pour la feureté du public, l'Orfévre qui avoit acheté le diamant fût condamné purement & fimplement à le reftituer. Arrêt du 9. Decembre 1648. *Soëfve*, tome 1. *Cent.* 2. *chap.* 96.

VOL A L'AUDIENCE.

24 Coupeur de bourfes furpris en l'Audience du Parlement de Paris durant les plaids, fon procès luy eft fait fur le champ; & parce qu'il n'y avoit preuve que de fa confeffion, il fut banni à perpetuité: une demi heure auparavant un autre Coupeur de Bourfes, convaincu par témoins, fut condamné d'être pendu & étranglé: le premier Préfident Lizet, après l'Arrêt prononcé, dit la raifon de la diverfité des jugemens contre le dernier accufé, il n'y avoit preuves que de fa confeffion, felon la décifion de la Loy 2. §. *Divus D. de quaftionibus.* Biblioth. Du Droit François, par *Bouchel*, lettre C. verbo, *Coupeur de Bourfes*, p. 695. à la fin.

VOL, BESTIAUX.

25 Jugé au Grand Confeil le 20. Decembre 1709. que le vol de beftiaux en pleine campagne étoit un cas Prévôtal. La connoiffance en fut renvoyée au Prévôt des Maréchaux de Bayeux. M. Chevalier plaidoit pour le Procureur du Roy en la Maréchauffée, demandeur en Reglement de Juges. M. Brillon, pour le Procureur du Roy au Bailliage de Thorigny. M. Du Puy, Avocat General, fonda fes Conclufions fur la qualité du crime, qui étoit public, & femblable à celuy féverement puni chez les Romains, & connu parmi eux fous le nom d'*Abigeat*, dont il y a plufieurs titres dans le Droit. *Voyez* le mot, *Abigeat.*

VOL SUR GRAND CHEMIN.

26 Anciennement fi un homme étoit détrouffé en chemin public, le Seigneur qui levoit le péage, & avoit Juftice au lieu, étoit tenu de le rembourfer, comme il a été jugé contre le Seigneur de Vierzon, aux Enquêtes du Parlement, de la Purification 1269. & contre le Comte de Bretagne, aux Arrêts de la Pentecôte 1273. & contre le Comte d'Artois, dans les Arrêts de la Touffaints 1287. mais fi le meurtre fe faifoit devant foleil levé & après foleil couché, le Seigneur n'en étoit tenu. Jugé pour le Comte d'Artois & de Saint Paul, à la Touffaints 1265. auffi par un Arrêt de la Touffaint 1295. appert que le Roy fit rembourfer le détrouffement fait en fa Juftice & en voye publique. *Voyez la Bibliotheque de Bouchel*, verbo, *Péage.*

27 Un ferviteur de Marchand eft volé par les chemins, il fait pourfuite contre les voleurs, achete un autre cheval, & acheve fon voyage. Le Maître à fon retour luy demande compte, & ne veut avoir égard au vol. Arrêt du 1. Février 1578. qui décharge le ferviteur de la fomme qui luy avoit été volée, & le Maître condamné à luy payer les dépens de fon voyage & pourfuite, & le cheval qu'il avoit acheté. *Carondas*, *liv.* 7. *Rép.* 186.

VOL DOMESTIQUE.

28 Anciennement à Tours les vols domeftiques étoient

punis par amputation de membres; ce qui fut réformé par Arrêt de l'an 1269. *Papon*, *liv.* 23. *tit.* 6. *Arrêt* 4.

Vol domeftique doit être puni de mort. Arrêts du **29** 13. Septembre 1532. & de l'année 1558. par lefquels deux domeftiques, l'un pour avoir volé 1500. liv. & l'autre 60. liv. à leurs Maîtres, ont été condamnez à être pendus. *Ibid. n.* 2.

Celuy qui adreffe un ferviteur à un particulier, & **30** le luy recommande, fi le ferviteur le vole, il n'eft pas tenu du vol, ni la preuve par témoins du cautionnement recevable. Arrêt du 16. Février 1599. *Carondas*, *liv.* 10. *Rép.* 63.

VOL DANS L'EGLISE.

Arrêt du Parlement de Roüen du 11. Octobre 1555. **31** par lequel un Larron qui avoit commis un larcin dans l'Eglife, fut débouté de l'immunité qu'il prétendoit, à caufe du lieu. *Preuves des Libertez*, tome 2. *ch.* 36. nombre 37.

VOL DANS HÔTELLERIE.

Un Hôte en chambre garnie eft refponfable des **32** hardes & argent portez par celuy qui loge en ladite chambre, encore bien que les hardes fuffent mifes dans un cabinet qui fermoit à clef, & duquel le Locataire avoit la clef. Jugé le 12. Decembre 1654. à la Tournelle. *Du Frêne*, *liv.* 8. *ch.* 2.

MESSAGERS VOLEZ.

Voyez le mot, *Meffagers*, nombre 11. & fui- **33** vans.

PEINE DU VOL.

Arrêt du dernier Février 1519. contre Jean de la **34** Haye, dit Hennequin, par lequel ayant eu pour larcin les deux oreilles coupées, il a été condamné pour autre fecond larcin à avoir le refidu des deux oreilles coupées, & être fuftigé la corde au col, & banni du Royaume à toûjours. *Biblioth. de Bouchel*, verbo, *Oreilles.*

Declaration portant que ceux qui feront convain- **35** cus d'avoir volé dans les Maifons Royales, feront punis de mort. A . . . . . au mois de Novembre 1530. *Voyez* celle du 15. Janvier 1677.

Arrêt du Parlement de Provence du 27. May 1667. **36** qui a jugé que le larcin d'inftrumens de labour, eft qualifié & public, & comme tel peut être pourfuivi à la Requête du Procureur du Roy, au Procureur Fifcal, fans intervention de partie civile. *Boniface*, tome 2. *part.* 3. *liv.* 1. *tit.* 5. *ch.* 3.

Declaration portant peine de mort contre ceux **37** qui voleront dans les Maifons Royales, en interprétation de celle du 15. Janvier 1677. A Verfailles en Septembre 1681. regiftrée au Grand Confeil le 15. du même mois.

Declaration du Roy du 7. Decembre 1682. portant **38** peine de mort contre ceux qui voleront dans les Maifons Royales, cours, avant-cours, cours des cuifines & écuries. *V.* les *Edits & Arrêts reeüillis* par l'ordre de *M. le Chancelier* en 1687.

VOL DU CHAPON.

VOyez *au premier Volume de ce Recueil*, le mot, *Aîneffe*, nombre 101. & Ragueau, verbo, Vol.

Vol de chapon en droit d'aîneffe, emporte l'étenduë & environ du Château, à prendre depuis le foffé limité, à un arpent de terre fimple, & non où feroit le moulin bannal. *Papon*, *liv.* 21. *tit.* 5. *n.* 2.

VOLIERE.

MAdemoifelle Alegrin avoit empêché M. Quelin, Confeiller au Châtelet, d'achever un volet à pigeons, qu'il avoit commencé à faire conftruire en fa maifon fife à Amblainvilliers, parce qu'elle difoit que n'ayant pas cinquante arpens de terre, cela luy devoit être permis, fuivant la Coûtume de Paris. Le fieur Quelin répondoit que cet article n'avoit été refolu lors de la réformation de la Coû-

tume, mais fur l'intervention du Prévôt des Marchands, qui s'y étoit opposé pour la liberté; mais l'article étoit demeuré indécis; fur ce les parties appointées en droit de par le Prévôt de Paris: appel en la Cour, & en caufe d'appel, Requête pour évoquer le principal. Par Arrêt Robert Defmarchez, & Talon, plaidans, le Lundy 26. Février 1601. les parties appointées au Confeil; & cependant défenfes de paffer outre à la conftruction dudit voler. *Voyez* cette queftion traitée par *Guibert*, qui eft à la fin de *Quæftiones juris de columbario animæ*. Vide Platonem, *in Theæteto*. *De columbis veneris.* Vid. Athenæum *Des Colombiers.* Vid. Chaffan. *in Conf. Burg.* M. Charles Du Moulin, *fur la Coût. de Blois.* Biblioth. du Droit François, par *Bouchel*, verbo, *Colombier*, page 695. à la fin. Le même Arrêt eft rapporté au *troiſiéme tome de Bouchel*, verbo, *Voliere*.

Voyez *au premier Tome de ce Recueil*, le mot, *Colombier*.

VOLONTE'.

1   **I**Ntention, *mens, voluntas.*
On a plus d'égard à la volonté qu'aux paroles. *Loy.* 116. D. de verb. fign.

2   Volonté d'un furieux, eft nulle. *L.* 40. D. de Reg. Juris.

3   Queftion fur l'interpretation de la volonté du Teftateur. *Voyez Carondas, liv.* 4. Rép. 68.

4   *Vide L.* 3. *de regulis juris. Ejus eft non nolle qui poteſt velle, & L.V. velle non creditur qui obfequitur imperio patris vel domini. Vice verſa, etiam ejus eft velle qui poteſt nolle.*

5   *Voluntas conjectura quaſi quæſtio facti eft in æſtimatione judicis, L. Voluntatis, C. de fideicom. L. ex verbis. C. de donat. inter vir. & uxor. Nec una tamen conſtitui eſſe debet, concurrant plures neceſſe eſt antequam quicquam ex eis conſtituere rectè poſſit, ne ſub poteſtate juriſdictionis, vel ſpecie quaque prima oblata voluntatis eyret perniciofiſſimè. Exempla ſunt in L. Librorum, §. quod tamen. De Leg.* 3. & *in L. prædiis, §. Balneas, eodem, tit. Jac. Cujac. Conſult.* 35.

6   *Voluntatem potius quàm ſcriptum ſequendum.* Joan. Coral. *lib.* 2. Miſcell. cap. 18. Bald. *in L. Si defunctus, C. de ſuis & legit. Unde eleganter Cicero pro Cæcinnâ Scriptum ſequi calumniatoris eſt: boni autem judicis voluntatem ſcriptoris, authoritate defendere,* &c.

Voluntas non exitus ſpectandus. Omnia honeſta opera voluntas inchoat, occaſio perficit. Sæpè honorata virtus eft, etiam ubi eam fefellit exitus. Scelera quoque quamvis citrà exitum ſubſederunt puniuntur. Nec infælix virtus amittit gloria titulum, ſed cui virtutis intercipit fortuita fælicitas. Senec. *lib.* 4. Contr. 7.

Voluntas non voce tantùm, ſed manu & vultu ſignificatur. Quintil. *Declam.* 247. p. 11.

Petrus Victorius, li. 7. Var. *lect. cap.* 9. *Non facta, ſed voluntatem in judicando ſpectari oportere, auctoritate magnorum virorum docet.*

7   *Cùm de voluntate ſit mentio, de liberâ intelligendum eſt, L. Cùm quidam.* 2. in princ. D. de legat. 2. *L. fideicommiſſæ.* §. quanquam. De legat. 3. & voluntas libera dicitur quæ eſt æquipollens ad omnem actum contradictionis, alioqui non eſt libera: nam ſi quid vel minimum potentiæ detrahatur, omnis libertas adempta intelligitur, L. ſi optio. D. Qui & à quib. & itâ inquit Bald. in L. quidam in elogio num. 11. C. de jure delib. Nam illud dicitur eſſe liberum, quod fit nullo cogente imperio, nullaque urgente neceſſitate: ſed ſpontaneâ virtute, L. Si quis major. C. de tranſact. Et voluntas quidem præciſè cogi non poteſt, L. Cùm proponas, C. de hered. inſtit. Nam voluntas eſt animi motus nullo cogente imperio, & ſi cogatur, vim patitur, & in ſuo arbitrio non eſt, L. Dudum, C. de contr. empt. Itaque ne voluntate fieri dicitur quod ex libero mentis arbitrio proficiſcitur, ca. 1. verſ. ex voluntate 15. qu. 1. & velle non creditur, qui obſequitur imperio patris vel domini. L. Velle. De Reg.*

Tome III.

Jur. Unde etiam voluntas coacta propriè voluntas dici non poteſt, quia nihil conſenſui tam contrarium quàm vis & metus, L. Nihil conſenſui. De Reg. Jur. Et licet coacta voluntas, voluntas dicatur, L. ſi mulier, §. ſi metu. D. quod met. cauſâ, L. ſi patre cogente, De ritu nupt. tamen illa voluntas eſt oppreſſa ſeu depreſſa, ut idem Bald. ſcribit in C. verum, in fin. & in c. cum contingat, nu. 4. De jurejurando: nam voluntas meticuloſa habet in ſuperficie volitionem, & in medullâ nolitionem. Jaſ. in L. Rem quæ nobis, num. 3. *De acquir. poſſeſſ. Unde etiam ſi quis metu compulſus conſentiat, juſtè ſuccurritur ei per in integrum reſtitutionem, L. D. L. ſi mulier, §. ſi metu. D. quod metûs cauſâ, quod quidem Edictum Spiritus S. poſuit in ore Prætoris, & ex vox Dei prolata ab homine, ut refert Bald. in Rub. De Controverſ. inveſtit. & in L. Nominationes, num.* 5. *C. de appell. & Boër. in deciſ.* 100. *num.* 1. *Item voluntas coacta ſecundùm qualem qualem ſignificationem voluntas dicitur, quando præciſè violentia non inferatur, ſed ſub conditione: veluti ſi quis alicui ıtâ dixerit, ſi hoc non feceris, te interficiam: in eo enim quod quis elegit facere potius quàm mori, c. meritò.* 15. *qu. 1, c. Majores, §. Item quæritur. De baptiſ. Et quidem dicitur neceſſitas conſequentiæ: voluntas enim eſt quòd liberè vult antecedens, hoc eſt mortem effugere, vel tormenta vitare, & ex eâ conſequitur ad volendum conſequens: ut Bartolus declarat in Extravagant. Ad reprimendum, in verb. videbitur. Imò etiam quod quid facit metu imminentis periculi, liberè facit: veluti ſi quis ſubortâ gravi tempeſtate, merces ſuas in mare projiciat, ne naufragium patiatur, & pereat; aut etiam ſi id faciat quod Tyrannus juſſerit, niſi malit parentes & liberos, quos ipſe Tyrannus habet in ſuâ poteſtate, interfici, ut docet Ariſtot. li.* 3. *Ethic. ca.* 1. & *ſeq. Tiraq. in Tract. du retrait lignager.* §. 31. *Gloſ.* 1. num. 66. *Et hæc quidem dicitur voluntas mixta, partim ſcilicet coacta, & partim ſpontanea. Ceterùm quando quis præciſè cogitur aliquid facere, nullo modo videtur conſentire, imò dicitur pati potius quàm agere, ex ſacris. Quod met. cauſ. D. C. Majores, §. Item quæritur. D. baptiſ. Decius in L. Velle. num.* 6. *De Reg. Jur, Et quemadmodum hæc vis præciſa ſeu abſoluta diſtinguatur a conditionali quæ mixtam habet voluntatem,* explicat *Paul. Caſtr. in L. qui in alienâ. §. Celſus, num.* 4. *D. acquir. hæred. Hæc Fr. Mantin. lib.* 1. tit. 4. *de conjectura ult. volunt.*

D'efforts en delits fans effet. *Papon, li.* 23. *Ar. tit.* 10.

Non unum promittendi genus eſt. Voluntas hominum non tantùm voce ſignata eſt. An verò ſi manu promiſſiſſet, aut vultu annuiſſet deaiſſe fidem, & confirmaſſe ſpem puella videretur, &c. *Quintil. Declam.* 247.

M. Tull. pro Milone de ſervo P. Clodii cum ad Pompeium interficiendum deprehenſo. Perindè, inquit, *quaſi exitus rerum, non hominum conſilia legibus vindicentur, minùs dolendum fuit re non perfectâ; ſed puniendum certè nihilominùs.*

VOULRIE.

COûtume de *Vitry*, art. 70. 100. 141. 143. & au procés verbal de la Coûtume de *Laon.*

1   C'eft la puiffance de pere & mere: *ſignificat etiam patris domicilium, paternos lares vel penates. Sic hodiè hanc lineam ducendo hanc exerceo artem, quam velim liceat imitari, modò ne invideant. In quemquam autem non cadit tam abſolutum opus, ut gloria artis efferri debeat.* Indice de Ragueau, verbo, Voulrie.

2   Voulrie. *Advocatia.* C'eft le droit qui eft dû pour la défenſe ou protection. En l'aveu rendu par le Vidame de Châlons à l'Abbé l'an 1581. *Item*, un touleu de ſel appellé *Voulrie*, qui eft tel que chacune charrette chargée de ſel, amenée audit Châlons, nous doit quatre deniers tournois; & chacun char huit deniers tournois, & de long-temps ne vaut aucune choſe. *M. Galand.*

3   *Loyſel*, en ſes Inſtitutes Coûtumieres, *liv.* 1. tit. 4. fait fur cette ſorte de droit qu'il appelle *Voulrie*, les obſervations ſuivantes.

I. Bail, Garde, Mainbourg, Gouverneur, legitime Administrateur & Regentant, sont quasi tout
un: combien que jadis, & encore en aucuns lieux,
Garde se dit en ligne directe, & Bail, en collaté-
rale.

II. Les enfans sont en la Voultie & Mainbournie
de leurs pere ou mere, soient francs ou serfs, majeurs
ou mineurs.

III. Le mary est Bail de sa femme.

IV. Il n'accepte Garde, ni Bail qui ne veut.

V. Tuteur & Curateur n'est qu'un.

VI. Les Tutelles sont datives.

VII. Toutefois quand par le Testament y a Tuteur
nommé, il doit être confirmé, si les parens n'alleguent cause legitime, que le défunt eût vrai-semblablement ignorée.

VIII. Les Baillies ou Gardes sont coûtumieres.

IX. Le mineur n'a Bail ni Tutelle d'autruy.

X. Gardiens & Bailliftres sont tenus faire visiter
les lieux dont ils joüissent, afin de les rendre en bon
état.

XI. Qui Bail ou Garde prend, quitte le rend.

XII. Par l'ancienne Coûtume de France, les Gardiens ou Bailliftres, ni les Nobles mineurs de vingt
ans, & les non-nobles de quatorze, ne pouvoient
intenter, ni être contraints de défendre en action
petitoire, de ce dont ils étoient saisis, comme heritiers; ce qui fut corrigé par l'Ordonnance du Roy
Philippes de Valois, de l'an 1330. en les pourvoyant
à cette fin de Curateurs.

XIII. Bail se regle le plus souvent suivant les successions, & se donne coûtumierement à ceux qui sont
plus proches du côté dont le Fief vient.

XIV. En vilainie, cotterie, ou roture, n'y a Bail.

XV. En pareil degré l'aîné sera préféré aux autres.

XVI. Les Bailliftres qui entrent en foy en leurs
noms, la reçoivent aussi des vassaux de leurs mineurs,
& en doivent & prennent les raçhats.

XVII. Garde doit rachat & finance pour les Fiefs
dont il fait les fruits siens.

XVIII. Relief de Bail se paye toutefois & quantes
qu'il y a nouveaux Bailliftres.

XIX. Tuteurs & Curateurs n'entrent point en foi;
aussi ne doivent-ils point de rachat; ains demandent
souffrance pour leurs mineurs, laquelle doit être accordée; mais peuvent recevoir l'hommage des Vassaux.

XX. Bailliftres ni Tuteurs ne reçoivent aveus; &
ne les baillent.

XXI. Bail ou Garde ne se peut transporter à autruy.

XXII. Bail ou Garde se perd par mésusage, ou quand
le Gardien se remarie; & finit par la majorité ou décés du mineur.

XXIII. La majorité, en ce cas, est aux mâles à 14.
15. 18. & 20. ans, selon la diversité des Coûtumes;
mais en ce qui concerne l'alienation de l'immeuble,
elle se doit prendre à 25. ans.

XXIV. Si le Bailliftre rend la terre à son mineur
avant son âge, ses hommes ne luy feront point hommage, s'ils ne veulent; comme aussi son Seigneur ne
l'y recevra, s'il ne luy plaît.

XXV. Tuteurs & Bailliftres doivent incontinent
faire inventaire des meubles & titres des mineurs.

XXVI. Inventaires peuvent être faits à la requête
de ceux qui y prétendent interêt.

XXVII. Et par nos Coûtumes se faisoient par les
Notaires & Tabellions, selon ce qui est remarqué par
Jean Favre.

VOYAGES.

1 **D**Es voyages qui sont dûs, & doivent être ajugez
dans la taxe des dépens. *Voyez* le mot, *Dépens,*
nombre 217. & *suiv.* où est au long rapporté l'Arrêt de

Reglement fait au Parlement de Paris le 10. Avril
1691. sur les voyages & séjours.

Arrêt rendu au Parlement de Provence le 29. Mars
1643. qui a reglé la taxe des Lieutenans à 12. livres,
celle des Greffiers & Procureurs à 6. liv. quand ils
voyagent. *Boniface*, tome 1. livre 1. titre 10. nomb. 26.

Pour faciliter la taxe de dépens, & empêcher qu'il
ne soit employé dans les Declarations, autres droits que
ceux qui sont legitimement dûs, & qui doivent entrer
en taxe, sera dressé à la diligence de nos Procureurs Ge-
neraux, & de nos Procureurs sur les lieux, & mis dans
les Greffes de toutes nos Cours, Sièges & Jurisdictions, un
Tableau ou Registre, dans lequel seront écrits tous les
droits qui doivent entrer en taxe, même ceux des décla-
rations, assistances de Procureurs, & droits necessaires
pour parvenir à la taxe, ensemble les voyages & sé-
jours, lesquels pourront y être employez & taxez, sui-
vant les differens usages de nos Cours & Sièges, qualitez
des Parties, & distance des lieux. Voyez l'Ordonnance
de 1667. tit. 31. art. 13.

Sur cet article M. *Philippes Bornier*, en sa Conference
des Ordonnances, fait l'observation, & rapporte
l'Arrêt qui suit.

Le Parlement de Bretagne par le Reglement qu'il a
fait du salaire des Procureurs, a ordonné entr'autres
choses, que pour les voyages & séjours des parties aux
procés évoquez, le tiers examinateur se conforme-
roit à cet article & au suivant; & que pour ceux de
la Province Sa Majesté seroit tres-humblement sup-
pliée d'avoir agréable qu'il en fût usé comme par le
passé, & qu'il fût alloué trois voyages à la partie. Il
fut rendu Arrêt au Conseil d'Etat le 1. Avril 1669.
par lequel il fut enjoint en procedant à la taxe de dépens, de taxer indistinctement, tant aux procés évoquez qu'aux autres, les voyages & séjours qui doivent entrer en taxe, dont il apparoîtra, selon l'article
suivant; & enjoint au Procureur General dudit Parlement de tenir la main à l'observation entiere de
l'Ordonnance, & à l'execution de cet Arrêt, & d'a-
vertir Sa Majesté des contraventions. Cet Arrêt est
fondé sur ce que si cette restriction des voyages avoit
lieu, elle anéantiroit le principal fruit qui doit revenir aux Sujets de Sa Majesté, de la réformation de la
Justice, & de l'execution de l'Ordonnance. Cela a été
encore confirmé par un autre Arrêt du Conseil du
25. Novembre 1669. rapporté dans le *Recüeil des*
Arrêts donnez en interprétation de l'Ordonnance,
page 169. qui casse un Arrêt du Parlement de Provence, lequel apportoit quelque modification à l'execution de cet article & du suivant; & parce que
par ledit Arrêt du Parlement de Provence il étoit
ordonné, que tres-humbles remontrances seroient
faites à Sa Majesté, & cependant que l'Arrêt seroit
executé sous son bon plaisir; celuy qui avoit présidé,
fut ajourné & interdit. Au Parlement de Paris, & aux
autres Jurisdictions qui sont dans l'enclos du Palais,
l'on ne taxe pour tout séjour que le voyage & le retour à raison de dix lieües de France par jour, &
quatre jours de séjour pour faire expedier l'Arrêt; &
s'il y a eu des vacations, on taxe deux jours de séjour
pour chaque vacation ou consignation consommée.

Un Officier qui a le domicile de sa Charge dans
une Ville, & qui habite dans une autre, ne peut dans
l'adjudication des dépens faire taxer les voyages du
lieu de sa demeure à celuy où il exerce sa Charge;
parce que son domicile est censé être où il exerce son
Office, suivant l'observation de *Mornac*, sur la Loy
penult. ff. de Senator. Cela a été ainsi jugé par divers
Arrêts du Parlement de Provence, & entr'autres,
contre un Tresorier General de France en la Generalité d'Aix, habitant à Marseille, lequel ayant obtenu une condamnation de dépens, & fait taxer les
voyages de Marseille à Aix, cette taxe fut infirmée,
sur ce qu'il devoit être reputé domicilié dans Aix, où
il étoit Officier, & non pas dans Marseille; & à l'é-

gard des dépens ajugez à un étranger du Royaume, les voyages ne font pas taxez du lieu de fon habitation, mais feulement de l'extrêmité de la Province. Ces Arrêts font rapportez pas *Boniface, tome* 1. *liv.* 1. *tit.* 25. *nomb.* 8. & *liv.* 8. *tit.* 21. *chap. unique.*

5   *Les voyages & féjours qui doivent entrer en taxe, ne pourront être employez ni taxez, s'ils n'ont été veritablement faits & dû être faits, & que celuy qui en demandera la taxe ne faffe apparoir d'un acte fait au Greffe de la Jurifdiction, en laquelle le procez fera pendant, lequel contiendra fon affirmation, qu'il a fait exprès le voyage pour le fait du Procez, & que l'acte n'ait été signifié au Procureur de la Partie auffi-tôt qu'il aura été passé, & le féjour ne pourra être compté que du jour de la fignification.* Ordonnance de 1667. *tit.* 31. *art.* 14.

6   Par l'article 63. du Reglement du Confeil de l'année 1660. il eft porté que la taxe du féjour des Parties ne commence que du jour de l'appointement figné pour cet effet, il faut par l'article fuivant du même Reglement, que du moment qu'une partie eft à la fuite du Confeil pour faire inftruire ou juger fon procez, ou qu'elle y a envoyé quelqu'un, elle faffe fignifier à la Partie au contraire, qu'elle eft partie de chez elle exprés, & qu'elle eft arrivée, afin qu'en cas d'adjudication des dépens, fon féjour luy puiffe être taxé legitimement.

Il faut encore obferver que par l'article 89. du Reglement de 1673. fait par le Confeil d'Etat, il eft dit que *les Avocats du Confeil ne pourront employer dans leurs Memoires de frais, & ne leur feront paffez en taxe aucuns voyages par eux faits pour leurs Parties, à Saint Germain, à Verfailles & autres lieux, à peine d'exaction.* V. *l'Ordonnance de 1667.tit.31.& aux notes art.* 14.

7   Par l'article 76. du Reglement du Confeil, il eft encore porté, que *les Procurations pour affirmer les voyages contiendront tout au long le temps que la Partie ou fon Procureur feront partis, le nom, la qualité & la demeure de ce Procureur, & où le Procureur qui auroit fait juger l'inftance s'en feroit retourné fans faire taxer les dépens, la Procuration pour faire taxer fon voyage fera par luy fignée & enfemble par la Partie.*

L'article fuivant porte que *les Procurations pour affirmer ne feront point reçnës, dont les articles des voyages auront été laiffez en blanc, ou cottez feulement fans aucune expreffion du contenu aufdits articles, & le* 78. porte, *qu'aufdites Declarations de dépens ne fera taxé aucun voyage, féjour, ni retour aux Parties pour être venuës, ou envoyées à la fuite du Confeil depuis les Arrêts adjudicatifs defdits dépens à l'effet de faire proceder à la taxe d'iceux.*

8   Par Arrêt du Confeil d'enhaut, donné à Verfailles le 26. Octobre 1683. il a été ordonné, que les frais qu'il conviendra faire pour l'inftruction des procez criminels, & execution des jugemens qui interviendront fur iceux, aufquels il n'y aura point de Partie civile, & dont fa Majefté eft tenue, feront pris fur le revenu de fes Domaines, & payez par les Fermiers d'iceux fur les executoires des Juges, vifez par les fieurs Intendans & Commiffaires départis dans les Provinces, dans lefquels executoires ne feront compris aucunes épices, droits & vacations des Juges, ni les droits & falaires des Greffiers, mais feulement la fimple nourriture & frais de voiture des Juges & Officiers qui fe tranfporteront hors de leur réfidence à l'effet defdites inftructions; lefquels nourriture & frais de voiture font reglez par provifion à quinze livres à un Préfident ou Confeiller de Cour fuperieure, dix livres au Subftitut du Procureur General, fept livres dix fols au Greffier du Greffier en Commis, compris les expeditions, & cinq livres à l'Huiffier, le tout par jour. Et quant aux Officiers inferieurs, fept livres dix-fols au Lieutenant General, au General, Confeiller ou Affeffeur, cent fols au Procureur du Roy, quatre livres quinze fols au Greffier, compris les expeditions: feront auffi compris dans lefdits

executoires, le pain, medicamens, & conduite & capture, ou affigneront les témoins, les falaires & voyages des témoins, & les frais des executions, fauf à répondre les fommes contenuës aux exécutoires fur les deux tiers des biens confifquez des condamnez & executez; & à cet effet que les Arrêts & jugemens en dernier reffort, portant confifcation, feront mis aux mains des Fermiers Generaux, pour en pourfuivre le recouvrement. Et par autre Arrêt dudit Confeil du 25. Novembre audit an, expliquant ledit Arrêt, fa Majefté a ordonné, qu'il ne pourra être délivré executoire par les Juges pour les frais de l'inftruction des procés criminels, & execution des jugemens qui interviendront fur iceux, aufquels il n'y aura point de Partie civile, & dont fa Majefté eft tenue, que lorfqu'il fera queftion de la punition des meurtres, viols, incendies, vols de grand chemin & autres crimes de cette nature.

V O Y E R.

V Oyez cy-deffus les Titres, *Treforiers de France, Voier, & Voirie.*

V R A I C H.

V Raich, Vraicq, ou Varech, c'eft une herbe qui croît au bord de la mer, & dont fe fervent les Laboureurs pour engraiffer leurs terres. Quelques Seigneurs de Normandie, qui ont droit de *Varech*, ont prétendu avoir droit de *Vraich*, & qu'en vertu de ce dernier droit, ils pourroient empêcher leurs vaffaux & les habitans de leurs Paroiffes, d'amaffer le *Vraich* & de le porter fur leurs terres. Mais par Arrêt rendu au Parlement de Roüen le 18. May 1624. les habitans de Saint Remy ont été maintenus contre leur Seigneur, en la liberté d'amaffer le *Vraich.*

Bafnage, fur l'article 601. de la Coûtume de Normandie, remarque qu'en 1635. on mit le *Vraich* en party, que le Traitant le faifoit brûler, qu'il en vendoit les cendres fort cher, & qu'il fit faire defenfes à toutes perfonnes d'en enlever, mais fur les plaintes qui en furent faites, le Parlement de Roüen donna un Arrêt le 14. Decembre 1635. par lequel il défendit au Partifan de le brûler, n'y d'en empêcher l'ufage aux Riverains. *Voyez le titre* 10. *du livre* 4. *de l'Ordonnance de la Marine.*

Voyez fur ce mot le *Gloffaire du Droit François*, ou *la nouvelle édition des Droits Royaux & Seigneuriaux*, par *Ragueau*, & cy-deffus le mot, *Varech.*

U S A G E S.

1   I L faut diftinguer entre l'ufage qui eft une coûtume, & l'ufage qui eft un droit d'ufer d'une chofe & d'en avoir la jouïffance.

    U S A G E S, C O N C I L E.
2   *Dans la Bibliotheque du Droit François par Bouchel, tome* 3. verbo, *Ufages, page* 928. à la fin il a plufieurs Arrêts du Confeil Privé du Roy concernant les ufages du Concile de Trente.
Voyez le mot *Concile.*

    U S A G E, C O U S T U M E.
3   Sur la queftion de fçavoir fi l'ufage devoit être fuivi contre la difpofition de la Coûtume. Arrêt du Parlement de Paris du 4. Février 1593. qui appointa. *Bibliotheque du Droit François par Bouchel*, verbo, *Coûtume*, & M. le *Prêtre*, 1. *Centurie, chap.* 54.
4   *Voyez* le mot *Coûtume, nombre* 57. où eft rapporté un Arrêt du 19. Janvier 1591. qui a jugé que quand il y a Ordonnance contraire à la Coûtume *Statur confuetudini.*

Ufages mauvais & illicites. *Voyez* le mot *Coûtume, nombre* 29. & *fuiv.*

U S A G E, D R O I T D'U S A G E.

1   U Sage: Le droit & la maniere de fe fervir de quelque chofe. *Ufus.*

De usu & habitatione. Inst. 2. 5... D. 7. 8.

De usufructu, & habitatione, & ministerio servorum. C. 3. 33.

De usu, & usufructu, & reditu, & habitatione, & operis, per legatum vel fideicommissum datis. D. 33. 2.

De operis servorum. D. 7. 7. C'est le droit de se servir des Esclaves & de les faire travailler, *veluti jumenta.*

Quid sit usus servorum : Le service, & l'usage. *L. 203. D. de verb. sign.*

De usufructu earum rerum quæ consumuntur, vel minuuntur. D. 7. 5.

Quibus modis usufructus, vel usus amittitur. D. 7. 4.

Voyez les mots *Bois, Communes, Pâturages & Prez,* & hoc verbo, *Usages,* la *Bibliotheque de Jovet.*

2 Un usage délaissé à un particulier ses hoirs & ayant cause, *hæredes ita excreverant,* qu'il s'en trouve un fort grand nombre. Le Roy ou Madame de Savoye qui étoit au lieu du Duc Jean de Berry, qui avoit octroyé l'usage, disoit que *nimis excreverant* n'étoit fort dommageable. Le premier Juge l'avoir limité aux freres des parens, qui étoient auparavant 40. ans. Par Arrêt il fut dit qu'il sera pris pour tous ses hoirs qui se trouveront de celuy auquel l'usage avoit été donné. *Montholon.*

3 Si la charge de prendre marque en usage de bois pour bâtir, se peut prescrire contre le Seigneur foncier ? *Voyez* Coquille, tome 2. quest. 81. où il observe que pour la marque, l'Usager doit exposer au Seigneur foncier du bois, ou à ses Officiers quel bâtiment il veut faire, afin que le Seigneur puisse connoître, quelle quantité de bois il luy faut, & de quelle grosseur & qualité. Et si l'Usager vouloit faire un bâtiment trop somptueux & superflu selon la qualité de son tenement, le Seigneur luy peut refuser ce qui seroit outre la moderation. A quoy fait la loy *ergo, l. ex inœo, ff. de servit. rust. præd.* Jugé en la Chambre des Eaux & Forêts, que si l'Usager a commodité passable de recouvrer pierre, chaux & tuile, le Seigneur luy pourra refuser bois à faire murailles de Bois & à couvrir de chaume.

4 Ce que c'est, en usage de paisson, *porc de sa nourriture ?* Voyez Coquille, tome 2. quest. 83. il dit que le nombre des porcs doit être moderé selon l'ancien ménage du proprietaire : car s'il sur ssoit ce nombre, on présumeroit que ce fût par negociation, non sujette à l'usage, & non par ménage rustique. Et en telles servitudes *etiam* les Usagers entr'eux peuvent contraindre l'un à l'autre à ce que nul d'eux ne charge l'usage, sinon selon que son tenement peut vray-semblablement porter, en comparant les tenemens les uns aux autres, *per l. si partem, ff. de servit. rust. præd.* Ainsi le tiennent & décident Steph. Bertrand. consil. 240. vol. 3. & Cravete, consil. 60. & allegat dictus Alberinum in l. Imperatores. ff. si servit. vendæ.

5 Si le droit d'usage peut être vendu par l'usager & de la maniere d'user ? *Voyez* le même Coquille, tome 2. question 303.

6 Usage & joüissance ancienne doit l'emporter. Ainsi jugé le 22. Novembre 1611. Mornac, *l. unica, ff. si quis jus dicenti non, &c.*

7 Par Arrêt du 19. Avril 1611. rapporté par *Joly, l. 3. chap.* 19. il a été jugé que les Juges des Eaux & Forêts, doivent connoître des usages privativement aux Juges ordinaires.

8 Edit du Roy du mois d'Avril 1667. portant pouvoir aux Communautez de rentrer dans leurs usages. *Boniface,* tome 2. part. 3, liv. 2. tit. 1. chap. 23.

USAGE, BOIS,

9 Usage de bois. *Voyez* le mot *Bois,* nomb. 77. & suivans & Du Luc, liv. 6. tit. 7.

10 Des chauffages & autres usages de bois, tant à bâtir qu'à reparer. *Voyez* l'Ordonnance des Eaux & Forêts, tit. 19.

11 *Usus sylvæ concessus huic vel illi privato, ab eo cesti cuiquam non potest, quâcumque de causâ id fiat. Mornac, l. 7. ff. de usu & habitatione.*

12 Le proprietaire d'un bois laissant à l'usager où il puisse prendre son usage, le proprietaire peut faire son profit du surplus. *Voyez Du Luc, livre 6. titre 7. chap. 2.*

13 Usage de Manans & Habitans en une Forêt restraint à la tierce partie. *Voyez Du Luc, livre 6. titre 7. chap. 3.*

14 Declaration sur le droit d'usage que les habitans de Montargis ont dans la Forêt de Montargis. A Bourges le 22. Novembre 1447. *Privil. de Mont. p. 32. La Thaum f. p. 410.*

15 Habitans ayant droits d'usage de bois & forêt n'en peuvent user à leur discretion, quoique ce soit pour leurs affaires, mais ils doivent avertir le Forestier, & luy faire marquer les arbres dont ils auront affaires, & s'il n'y satisfait, ils peuvent en couper sans fraude. Jugé par plusieurs Arrêts. *Papon, liv. 14. titre 3. nombre 4. & Imbert.*

16 Arrêt du Livre Olim. fol. 33. par lequel il est défendu aux pauvres gens de vendre leurs usages en la Forêt à gens puissans & riches. *Papon, livre 13. titre 2. nomb. 4.*

17 Pour droits d'usages & reglement d'iceux, Arrêt de la Cour de 1287. contre les Religieux de Mortemer, touchant l'usage qu'ils prétendoient en la Forêt de Lyons : Reg. 2. fol. 77. Le Plaidoyé du 11. Février 1528. & le *Dictum* prononcé le 3. Juillet entre les habitans de saint Etienne de Chigné, & M. Jean Binet. L'Arrêt de Reglement des usages de S. Mards entre les habitans & Loüis Raguier, Jacques de Pied de-Fer, &c. Entre les jugez prononcez le premier Février 1535. Le grand Arrêt des usages du Hayer de Jugny entre Jean de la Val sieur de Châteaubriant, & Messire Menault de Martheri Evêque de Conserans Tuteur des enfans du sieur de Lautere, & Charlotte d'Albret, les Religieux de Monstier-la-Celle joints, du 17. Juillet 1547. par lequel les habitans de la Proisse de Mouffey & hameaux sont déboutez du droit d'usage dudit Hayer, sauf le droit de vain pâturage pour les usages & Forêts d'icelles, Arrêts au contraire. Les Arrêts de Vignori, de Cussangi, & de Chavigny du 16. Juin 1548. l'Arrêt de Reglement entre Hector de saint Blaise sieur de Poüy, demandeurs en execution de deux Arrêts des 21. Decembre 1546. & 7. Septembre 1548. par lesquels est jugé quelles maisons de son Village seront usageres, & quelles non ; & cependant par provision sera divisé un tiers par divis aux habitans pour leur droit d'usage, tant en chauffage, mesurage, qu'autrement, sauf à restraindre s'il y échet, & est dit enfin de cause & comment ils doivent user, du premier Juillet 1552. l'Arrêt contre Frere Charles Daulery Tresorier de saint Benoît sur Loire, sieur de Villiers saint Benoît, & les habitans du lieu, du 3. Septembre 1552. par lequel sont ajugez aux habitans les deux tiers en droit d'usage & pâturage aux charges & Reglemens portez par les Arrêts, & au sieur le tiers en propriété. *Voyez* la *Bibliotheque de Bouchel,* verbo *Usages. p. 933.*

18 Les usagers ne peuvent prendre les arbres abbatus par les orages ; ainsi jugé au Parlement de Dijon le 7. Avril 1639. Monsieur le Prince étant sur les rangs contre les habitans de Pisy. *V. Taisand sur la Cour. de Bourg tit. 13. art. 2. n. 3. qui fait les notes suivantes.*

19 Si le Seigneur ou proprietaire d'une Forêt peut restraindre les usagers à une certaine portion ? *Voyez* cette question amplement traitée par *Salvaing, de l'usage des Fiefs, chap. 96.* où il dit, il n'est décidé par aucune loy du Droit que le proprietaire puisse reduire & limiter l'usage à une certaine portion de la Forêt, au contraire Balde écrivant sur la loy penultième, §. licet tam angustus D. de usu & hab. con-

clut que la faculté qui appartient à quelqu'un ne peut point être malgré lui reftrainte,& limitée. Pour foûtenir cette opinion, il fe trouve un Arrêt du Parlement de Grenoble rapporté par *François Marc, en fes décifions*, *to.* 1. *décif.* 297. par lequel il fut jugé que l'Abbé de Lioncel ayant paffé des albergemens à des particuliers aux montagnes de Miffon & de Salées fituées dans le Madement de faint Nazaire en Royans etant du domaine Delphinal, ne l'avoit pû faire au préjudice du droit de bucherage que les habitans jurifdictiables du Dauphin avoient aux mêmes montagnes; les baux emphiteofes ayant été caffez par le même Arrêt, & les droits de champart appellez communément tafques dûs par les nouveaux cultivateurs ayant été fequeftrez, jufqu'à ce que les habitans euffent été indemnifez.

Ceux qui tiennent l'opinion contraire difent que le droit d'ufage concedé par le proprietaire ne doit jamais être fi diffus, & fi étendu que celuy-ci foit entierement privé du fruit de fa proprieté. *Matth. de Afflittis*, attefte en fa décifion 290. avoir ainfi jugé par le Confeil fouverain de Naples. Arrêt femblable du Parlement de Paris du 5. Mars 1531. par lequel Pierre d'Angeft & Marie des Ateaux firent reftraindre à une certaine portion de leur Forêt l'ufage univerfel prétendu par Loüis Videlan, l'Arrêt eft rapporté par *Du Luc*, *livre* 3. *tit.* 7. *de ufu nemorum*, *art.* 2. cette maniere de juger a été depuis gardée comme le témoigne *Nicolaus Valla*, *de rebus dubiis tract.* 7. *fub finem*, en ces termes, *nihilominus hic ufus debet reftringi ad certam partem nemoris congruam, tertiam aut quartam ne proprietas Domino reddatur inutilis*, *& hoc jure utimur*, & même avant l'Arrêt de 1531. il en avoit été donné un au même Parlement le 22. Decembre 1515. entre Marie de S. Palais & les Religieux de la Prée, lefquels voulant empêcher qu'elle ne fit couper fa Forêt à caufe de l'ufage qu'ils foûtenoient y avoir, furent reftraints à cinquante arpens de bois, le refte luy demeurant libre pour en difpofer comme elle voudroit. Cet Arrêt rapporté par *Guenois*, *en la conference des Ordonnances*, *titre des Eaux & Forêts*, *annot.* 20. *livre* 11.

20 Monfieur le Duc de Lefdiguieres ayant obtenu du Roy le don des deux tiers de la coupe de la Forêt de Clais fituée en Dauphiné dans la terre de Beauvoir en Royans, l'autre tiers refervé aux ufagers; dans les Lettres de don en date du 17. Juillet 1649. les habitans du lieu, le Prieur & les Religieux de l'Ordre des Carmes fondez au même lieu par les anciens Dauphins, s'oppoferent à la verification du don, alleguans que par leurs anciennes conceffions, dont ils produifoient les titres en bonne forme, ils avoient droit de bucheter dans toute la Forêt, & d'exercer leur faculté *in folidum*: & qu'ainfi ils ne pouvoient être reftraints au tiers porté par les Lettres; fur quoi ayant apparu à la Chambre des Comptes, par un procez verbal fait auparavant fur les lieux, elle fit le tiers refervé pouvoit fuffire aux ufagers, elle fit Arrêt le 14. Août 1653. par lequel en déboutant les oppofans de leur requête, elle verifia les Lettres de don pour en joüir par l'impetrant felon leur forme & teneur; à la charge que le tiers refervé pour les ufagers, feroit laiffé en lieu commode fans divifion fuivant la limitation qui en feroit faite par le Commiffaire, lequel feroit à ces fins député, & interreffez & le Foreftier à ce voir faire appellez. Le même Arrêt porte qu'aux endroits où la coupe fe fera il fera laiffé de trente en trente toifes des balliveaux de gros arbres, avec injonction au Foreftier de tenir la main tant à la confervation des balliveaux, que des jeunes plantes qui naîtront, lefquelles feront défenfables jufqu'à ce qu'elles foient d'une hauteur fuffifante pour être exemptes du dommage du bétail, pour après être les ufages & facultez des oppofans réta-

blis fur toute la Forêt, conformément à leurs titres. Cette derniere partie d'Arrêt n'a pas été mife fans fujet, mais pour montrer que comme la faculté de l'ufager ne peut être reftrainte que pour laiffer le moyen au Seigneur de tirer quelque profit de fa proprieté, auffi quand la confideration de ce profit a ceffé, il doit être permis à l'ufager de reprendre l'exercice de fa faculté dans toute fon étenduë. *Taifand,ibid.*

21 Il a été préjugé au Parlement de Grenoble le 4. Mars 1665. par interlocutoire entre les Seigneurs de Roybons & les habitans de Dionay, que fi par procedure rapporté il apparoiffoit qu'en détrayant les portions des bois défrichez ou albergez, il en reftoit fuffifamment à ceux de Dionay pour leur ufage, ils n'avoient pas eu fujet de fe plaindre, & que les albergemens alors étant être diffinitivement maintenus; ce qui confirma que le Seigneur pour tirer quelque profit de fa proprieté peut reftraindre les ufagers à une certaine portion de la Forêt, la moins incommode, pourvû qu'elle fuffife pour l'ufage. Autre chofe feroit fi des communautez affociées au droit d'ufage dans les bois communs, ou pâturages demandoient la divifion & partages entre elles, ce qui leur a été refufé quelquefois, comme il paroît de l'Arrêt du Parlement de Paris du mois de Decembre 1608. rapporté par *M. le Bret*, *en fa décif.* 6.

Au refte, continuë *Salvaing*, quand j'ay mis en queftion fi le Seigneur ou proprietaire d'une Forêt peut réduire les ufagers à une certaine portion, j'ay entendu parler du Seigneur qui juftifie par titres fa proprieté contre les ufagers: car il ne s'enfuit pas que pour être Seigneur Jufticier du territoire dans les limites duquel la Forêt eft fituée, il foit proprietaire de la Forêt, au contraire la préfomption eft pour les habitans. Ce même Auteur finit ce chapitre par cette obfervation, J'ay lû dans les Regiftres du Parlement de Grenoble un Arrêt du 29. Mars 1510. donné entre les habitans d'Ornacieu, & les Seigneurs de la même terre, par lequel ceux-cy qui avoient albergé une partie de leurs bois au préjudice des habitans qui étoient ufagers, en forte qu'il n'en reftoit pas fuffifamment pour leurs ufages & champoyages, furent condamnez à rétablir les bois & pafcages en leur premier état, & faute d'y fatisfaire dans le temps qui leur fut préfigé, que les habitans feroient déchargez à proportion de la redevance qu'ils faifoient pour les mêmes ufages.

Usages, Communes.

22 Si l'ufage eft concedé en une Communauté d'habitans, les ménages des nouveaux furvenus ne doivent charger l'ufager. Et fe difent nouvellement venus depuis 30. ans, quant aux Seigneurs Laïcs, & 40. aux Ecclefiaftiques. *Du Luc en fon recueil d'Arrêts*, *livre* 7. *tit.* 7. *nomb.* 3. dit avoir été jugé pour l'Abbé de faint Remi de Reims, à la prononciation de Septembre 1545. *Voyez la Bibliotheque de Bouchel*, *verbo Ufage.*

23 Arrêts en jugemens pour les partages d'entre les Seigneurs & les habitans ufagers d'une Paroiffe, comme ils doivent ufer & joüir des communaux & ufages, tant pour bâtir, chauffages, que pour la nourriture de leur bétail. *Filleau*, 2. *partie*, *tit.* 8. *chap.* 10.

24 De l'ufage des bois communs entre le Seigneur & les habitans de la Paroiffe. *Voyez Henrys*, *to.* 1. *liv.* 3. *chap.* 3. *queft.* 43. où il y a Arrêt du 23. Mars 1561. qui regle le differend, *& livre* 4. *chapitre* 6. *queftion* 79.

25 Par Arrêt du Parlement de Dijon du 11. May 1609. rapporté par *Bouvot*, *tome* 1. *partie* 1. in verbo *Communauté*, il a été jugé qu'un particulier habitant ne pouvoit faire garder fes beftiaux à part, mais qu'il étoit tenu de les commettre à la garde publique.

26 Par Arrêt du 2. Avril 1613. rapporté par *Joly*, *liv.*

2. *chap.* 64. 65. *&* 66. il a été jugé que prez, pâturages, étangs, marais communs fe pouvoient partager par moitié entre le Seigneur à fa plus grande commodité, & les habitans fes fujets, réfervée au Seigneur fur la part des habitans, la Juftice & Seigneurie directe & fonciere, & furent faites défenfes aux ufagers de vendre ni engager leurs ufages, & le Seigneur reçû à demander partage dans les bois defquels les habitans avoient droit d'ufage.

27 Par Arrêt du Parl. de Dijon du 13. May 1615. rapporté par *Bouvot*, *tome* 1. *part.* 1. *in verbo Coûtume*, *queft.* 2. jugé qu'un pré fermé appartenant à un particulier n'étoit fujet au droit de parcours, bien qu'au lieu où il étoit fitué la Coûtume fût d'envoyer par les beftiaux leurs manans pâturer aprés la premiere herbe. La raifon eft que le droit de parcours n'eft pas une fervitude réelle qui affecte le fond, mais feulement les fruits ; par cet Arrêt il fut jugé que le poffeffoire étoit de droit, & que *habebat caufam mixtam proprietatis.*

28 Droit de parcours en Bourgogne, *vide eumdem* Bouvot, *en fes Notables Arrêts in verbo Droits de Parcours, queft.* 1.

29 Les pâturages ne fe peuvent partager entre les communes, *ut competentem quifque portionem hâbeat,* mais il faut qu'ils en ufent en commun, fans que l'un puiffe provoquer l'autre au partage : C'eft une exception de la regle de droit qui a introduit *judicium communi dividundo, ne quis in communione remanere cogatur :* car elle n'a lieu *in his qua funt univerfitatis nec fingulorum, ut funt theatra, ftadia,* &c. *Idem de pafcuis, parag.* 1. *inftit. de rer. divif.* Tellement que la forme & la nature n'en peut être changée par les particuliers ; or les Seigneurs font en cela favorifez par les Arrêts, *ut fibi competentem portionem habeant & in parte divifa pafcua,* & peuvent provoquer à partage leurs manans, pour leur voir affigner une part féparée des pâturages, qui eft ordinairement le tiers, *l.* 1. *Cod. de pafcuis, lib.* 10. Arrêt de l'Edit de l'an 1603. rapporté par *M. Bouguier, lettre P. chapitre* 20. Autre de 1615. rapporté par Bouvot, *M. Boyer, queftion* 1. Vide Bouvot, *tome* 1. *verbo Ufage.*

30 Les ufages & pâtis des Communautez ne peuvent être faifis réellement pour dettes de leur Communauté, parce qu'elle jouit des droits des mineurs, *refpublica jure minoris utitur,* dit la loy, & par confequent comme les biens des mineurs ne peuvent être vendus & ajugez par decret, que difcuffion faite des meubles, ou chofes mouvantes qui leur appartiennent felon la loy à *divo Pio, parag. in venditione ff. de re jud.* par la même raifon les pâtis ne peuvent être vendus, que difcuffion faite des meubles de tous les habitans ; & à cela eft conforme l'intention de ceux qui ont liberalement donné ces pâtis à la Communauté des habitans, afin qu'ils leur demeuraffent pour leur ufage perpetuel, & leur fervant de nourriture pour leurs beftiaux, qu'ils euffent de quoy fe nourrir & fubvenir à leurs familles. Arrêt du 23. Août 1651. *Journal des Audiences, tome* 1. *livre* 7. *chap.* 1.

31 Le 24. May 1658. en l'Audience de la Grand'-Chambre de relevée, il a été jugé qu'un Seigneur haut-Jufticier cenfer ne pouvoit demander partage d'une Commune aux habitans de la Paroiffe qui y avoient ufage ; & M. l'Avocat General Bignon, dit que pour demander partage, il en falloit avoir au deffus de cinquante arpens. *Jovet,* au mot, *Ufages, n.* 5.

32 Par Arrêt du Parlement de Paris, du 5. Avril 1667. de la Cinquiéme des Enquêtes, au rapport de M. l'Hilin, pour M. de Poillecourt, contre la Demoifelle de Radoüay, un partage d'ufages & de prez contre ledit fieur de Poillecourt, & les habitans dudit lieu, a été confirmé, nonobftant que ladite Demoifelle prétendît avoir droit d'entrecours. *Jovet,* au mot, *Ufage, nombre* 11.

Le Mardy 24. Novembre 1664. au Rôlle de Vermandois, il a été jugé que le fieur de Boulan feroit tenu de fe défifter de trois arpens d'ufages par luy acquis des habitans d'Ecli, retirer les bâtimens qu'il avoit fait faire fur iceux, & condamné payer 400. liv. aux Adminiftrateurs de l'Hôtel-Dieu de Rheims, les parties, pour tous dépens, dommages & intérêts, & aux dépens vers la Demoifelle de Gaumont, intervenante ; & ce en confequence de la Declaration du Roy du 17. May 1659. qui a ordonné aux Communautez de rentrer en la poffeffion de leurs ufages alienez pendant les guerres ; & la Cour enjoignit à ladite Communauté d'Ecli de rentrer en la poffeffion defdits ufages, & de tous les autres par elle alienez, fi mieux ledit de Boulan n'aimoit donner à ladite Communauté trois fois la valeur defdits ufages vendus. Le particulier étoit que Boulan avoit bâti au préjudice de la dénonciation de nouvel œuvre, & de ce que ladite Declaration luy avoit été fignifiée le 2. Juin 1659. Le fieur de Boulan difoit qu'il avoit part à ladite Seigneurie d'Ecli, & qu'il pouvoit demander triage ; mais M. l'Avocat General Talon, en concluant contre Boulan, dit qu'il n'y avoit point de mauvais ufage de la part des habitans dudit Ecli, cas feul dans lequel le partage fe pouvoit demander ; il ajouta que ladite Declaration avoit été faite par un efprit de police, & par le motif de faire rétablir les villages de la frontiere pour la nourriture des beftiaux, étant ainfi de néceffité & non de faculté, & que tous habitans étoient tenus de rentrer dans leurs ufages alienez ; ce qui fut ainfi jugé par Arrêt, tellement que les Communautez péuvent rentrer de plein fault en leurs ufages, fans rendre que ce qui fera juftifié avoir tourné à leur profit & à leur utilité. *Jovet,* au mot, *Ufages, nombre* 4. dit avoir oüi prononcer l'Arrêt.

USAGE, HABITATION.

34 De l'ufage & habitation ; de l'ufufruit des chofes qui fe confument par l'ufage, ou qui fe diminuent ; des engagemens de l'Ufager envers le proprietaire ; des engagemens du proprietaire envers l'ufufruitier, & envers l'ufager ; comment finiffent l'ufage & habitation ? *Voyez* le. 1. tome *des Loix Civiles*, li. 1. tit. 11.

Voyez *au fecond tome de ce Recüeil,* le mot, *Habitation,* & le Titre fuivant de *l'ufufruit* ; ces deux Titres ont affez de rapport.

USUCAPION.

1 DE *Ufucapionibus, lib.* 2. *Inftit. tit.* 6. *& lib.* 7. Cod. tit. 26. *& li.* 41. Dig. tit. 3. *& li.* 2. *Decret. tit.* 26. *& fext. tit.* 13.

De *ufucapione transformandâ,* *& fublatâ differentiâ rerum mancipi & nec mancipi. li.* 7. Cod. tit. 31.

De *ufucapione pro donato. li.* 7. Cod. tit. 27.

Pro dote, li. 7. Cod. tit. 28.

Pro emptore, vel transactione. ibid. tit. 26.

Pro harede. ibid. tit. 19.

De 30. *annorum ufucapione.* Grimoald. Longobard. Rex tit. 1.

2 *Ad ufucapionem femper verus titulus requiritur; nam falfus nil prodeft, L.* 3. C. de ufuc. pro don. *& Cujac. ad* H. tit. Idem bona fides requiritur, fed fatis eft fi initio bona fides intervenerit, ut l. bona fidei, D. de adquir. ver. dominio; quod tamen Lateranenfe Concilium non admittit. C. 41. Cujac. ad tit. C. de ufuc. transform. at in tricennio juftus titulus non exigitur, L. 2. C. de prafcript. 30. ann. Cujac ibid.

Ad ufucapionem rei aliena vendita, fi mobilis fit, requiritur bona fides emptoris & venditoris, fi immobilis, empt. tantúm.

Voyez le mot, *Prefcription.*

USUFRUIT.

DE *Ufufructu. Inft.* 2. 4.
De *ufufructu, & quemadmodum quis utatur, fruatur. D.* 7. 1.

De

De ufufructu, & habitatione, & ministerio servorum. C. 3. 33.

De ufufructu accrescendo. D. 7. 2.

Quando dies ufufructus legati cedat. D. 7. 3. Quand commence l'ufufruit legué.

Quibus modis ufufructus vel usus amittitur. D. 7. 4.

De ufufructu earum rerum quæ usu consumuntur, vel minuuntur. D. 7. 5.

Si ufufructus petatur, vel ad alium pertinere negetur. D. 7. 6. Ce Titre parle des actions pour demander, & pour défendre l'ufufruit : *Actio confessoria & negatoria, de quibus. Vide tit. 6. §. 2. Inst. li. 4.*

Ufufructuarius quemadmodum caveat. D. 7. 9.

De usu & habitatione. D. 7. 8... Inst. 2, 5. L'ufage & l'habitation approchent de l'ufufruit.

De usu, & ufufructu, & reditu, & habitatione, & operis per legatum vel fideicommissum datis. D. 33. 2.

Si secundò nupserit mulier, cui maritus ufufructum reliquit. C. 5. 10... C. Th. 3. 9... N. 22. c. 32.

Voyez l'article précédent, *Ufage.*

1   De la nature de l'ufufruit, & des droits de l'ufufruitier ; de l'ufufruit des chofes qui fe confument par l'ufage, ou qui fe diminuënt ; des engagemens de l'ufufruitier & de l'ufager, envers le propriétaire, & de ceux du propriétaire envers eux, comment finit l'ufufruit ? *Voyez le premier tome des Loix Civiles, liv. 1. tit. 11.*

2   Il y a des Coûtumes où l'ufufruit eft appellé *Viage* ; elles font dénommées dans le Gloffaire du Droit François, ou nouvelle édition des Droits Royaux & Seigneuriaux de Ragueau, verbo, *Viage.*

3   De l'ufufruit. *Voyez Papon, liv. 14. tit. 2.*

4   De la conftitution de l'ufufruit. *Voyez Despeisses, tom. 1. tit. des Contrats, part. 2. des servitudes, art. 1. page 544.*

5   *Ufusfructus bonorum & castrorum in quibus sint silva, nemora, saltus, vivaria, parcus, flumina & stanna si relictus sit, piscationis & venationis jus relictum censetur. Voyez Franc. Marc. tom. 1. qu. 531.*

6   L'ufufruitier doit prendre & accepter la poffeffion par les mains de l'héritier. *Voyez Franc. Marc. to. 1. qu. 811.*

7   Une maifon brûlée en laquelle la veuve avoit droit d'ufufruit & de douaire, & les heritiers de proprieté, eft réparée par les heritiers : la veuve veut demeurer à fon ufufruit, offrant les frais & dépens de la réparation : elle dit auffi que fi tout n'étoit point brûlé ; mais qu'il étoit demeuré un celier & un puits, exempts du feu, outre la place & fonds où étoit la maifon. Les heritiers difent que par tel incendie, *neque are, neque sementorum ufufructum deberi*, par Arrêt du Parlement de Paris, il eft dit que du celier & du puits le revenu fera eftimé à certaine fomme, qui fera annuellement payée à la veuve pour fon douaire & ufufruit. *Bibliotheque de Bouchel*, verbo, *Ufufruit.*

Voyez cy-après le nombre 94.

8   *Henrys*, tome 1. liv. 4. chap. 6. queft. 45. traite une queftion particuliere à fon Pays ; fçavoir, fi le profit provenant du charbon que l'on tire de la terre appres de la Ville de Saint Etienne, doit appartenir aux propriétaires ou à l'ufufruitier. Il dit avoir jugé en qualité d'Arbitre, que ce profit appartient au mary pendant la vie de la femme, & au pere en qualité d'heritier fiduciaire de la mere ; en forte que le fils n'étoit pas bien fondé à fon pere des revenus que le pere avoit tirez d'une femblable miniere ou perriere, pendant la vie de fa femme, & depuis fon décés jufqu'au jour de la reftitution du fideicommis par luy faite à fon fils. *Henrys* dit avoir ainfi jugé la caufe fur des circonftances particulieres, qu'il explique ; mais dans la thése generale, il prouve que le charbon que l'on tire dans les mines de S. Etienne, n'appartient point à l'ufufruitier, parce que ce tirage détruit le fond ; par cette raifon il faut dire la con-

Tome III.

traire à l'égard des carrieres où l'on tire de la pierre, puifque le tirage de la pierre ne fait préjudice au fonds, que pendant le temps que l'on tire la pierre ; car après l'on bouche le trou par où l'on a tiré la pierre ; enfuite l'on cultive & enfemence le fonds, qui produit de la même maniere qu'il faifoit auparavant.

9   Si le revenu du domaine, duquel l'ufufruit a été délaiffé, appartient à l'ufufruitier, les termes des Fermes du Domaine étant échûs après la mort du Teftateur, & les fruits recüeillis auparavant ? *Voyez Bouvot*, tome 1. partie 1. verbo, *Ufufruit*, queft. 2.

10   Si le mary a délaiffé à fa femme l'ufufruit à la charge de payer les charges hereditaires, & de nourrir les enfans, & déclaré qu'il vouloit qu'elle ne fût tenuë à rendre compte des fruits, quel eft l'effet de telle difpofition ? *Ibid. queft. 3.*

11   Si l'ufufruitier de tous biens eft tenu de payer les arrerages des rentes foncieres & viageres, frais de procés, tailles, & tenu aux réparations du chemin, & autres charges ? *Voyez Ibidem*, & au mot, *Ufufructuaire.*

12   Si l'ufufruitier eft tenu de payer fa cotte d'un impôt fait pour fortification de la Ville, ou le propriétaire ? *V. Ibid. to. 2.* verbo, *Subfides*, qu. 7.

13   Extinction de quelque heritage baillé jufques à ce que payement ait été fait de certaine fomme, fe doit faire par les heritiers immobiliaires feuls. Arrêt à Noël 1550. *Carondas, liv. 6. Rép. 5.*

14   *Amœnitas pretiosi nemoris non debet ab ufufructuario succindi.* Arrêt du 18. Février 1617. Mornac, *L. 16. §. si forte circa finem. ff. de ufufructu, & quemadmodum*, folio 333.

15   Jugé par Arrêt du 2. Mars 1654. qu'un pere ou une mere ne peuvent reduire l'un de leurs enfans à l'ufufruit de fa portion hereditaire, & en donner la proprieté aux autres enfans. *Soëfve*, tome 1. Centurie 4. chapitre 5.

USUFRUIT, ACCROISSEMENT.

16   Accroiffement en ufufruit. *Voyez le mot, Accroissement, nombre 54.*

USUFRUITIER, ACTION.

17   *Proprietarius ufufructu prudente quod contra ufufructuarium experiri possit. Voyez Franc. Marc. tom. 1, queft. 309.*

18   *Sententia lata contra haredes ; an executio in bonis hereditariis in ufufructuarii prejudicium fieri possit ? V. Ibid. queft. 825.*

19   *Sententiam latam contra ufufructuarium proprietario non prejudicare. Bart. tenet.* Voyez *ibidem*, tome 1. queft. 878.

20   Si l'ufufructuaire qui doit avoir le foin de la caufe de l'ufufruit, eft obligé de dénoncer au propriétaire le danger de la perte des actions hereditaires, s'il n'en veut pas être refponfable, & fi cette dénonciation doit être faite au propriétaire qui le fçait ? Arrêt rendu au Parlement de Provence le 23. Juin 1687. qui décharge l'ufufructuaire de la perte des actions, le propriétaire ayant fçû le danger de la perte. *Boniface*, tome 5. liv. 1. tit. 19. ch. 1.

USUFRUIT, ALIENATION.

21   *Alienationis prohibitionis appellatione, etiam ufufructus prohibitus censetur. Voyez Franc. Marc. tom. 1. queft. 870.*

22   L'ufufruit peut être vendu & jugé par decret. Arrêt rendu au Parlement de Bourdeaux le 23. Juillet 1550. qui déboute un fils de l'oppofition par luy formée afin de diftraire aux criées d'un ufufruit de biens appartenans au pere, à la charge neanmoins par l'adjudicataire de le nourrir, de même que faifoit le pere. *Papon, liv. 14. tit. 2. n. 8.*

23   *Lesio ultra dimidiam justi pretii in ufufructu non admittitur propter incertitudinem.* Arrêt du 7. Janvier 1593. Mornac, *L. 2. circa medium, Cod. de refcindenda venditione.*

RRrr

USUFRUIT, AMENDES.

24 Les amendes appartiennent à l'usufruitier. *Voyez Renusson, Traité du droit de Garde-Noble & Bourgeoise, page 99.*

USUFRUIT, ARBRES.

25 Arbres tombez par l'impetuosité des vents, n'appartiennent pas à l'usufruitier. *Voyez le mot, Arbres, nombre 22. & suiv.*

USUFRUIT, ASCENDANS.

26 Si les ascendans succedent en l'usufruit à leurs enfans aux biens par eux acquis? *Voyez le mot, Succession, n. 592. & 593.*

USUFRUIT, BAIL.

27 Des baux passez par l'usufruitier. *Voyez le mot, Bail, n. 250. & suiv.*

28 Des baux à vies. *Voyez le mot, Bail, nombre 238. & suivans.*

USUFRUIT, BANNI.

29 *Usufructu, filiis alendo uxori concesso; ad eum plenè consequendum, filios exulantes pro mortuis non haberi. Vide Luc, li. 8. tit. 8. cap. 4.*
Voyez cy-après le nombre 41.

USUFRUIT, BASTIMENS.

30 Voyez cy-après le nombre 148.

USUFRUIT, BOIS.

31 Par Arrêt du 2. Août 1612. rapporté par *Joly, liv. 1. chap. 57.* il a été jugé qu'un usufruitier ne peut empêcher le proprietaire de vendre & faire abbattre un bois de haute futaye, en l'indemnisant.

USUFRUIT, CAUTION.

32 De la caution que l'usufruitier est obligé de donner. *Voyez le mot, Caution, n. 273. & suiv.*

33 *Usufructuarius an antè præstitam cautionem fructus suos faciat?* Voyez *Andr. Gaill, li. 2. observat. 46.*

34 *Usufructuarius an curatoriam cautionem præstare possit?* Ibidem, *observat. 47.*

35 *Uxor relicta usufructuaria omnium bonorum, liberis, vel extraneis, scriptis hæredibus quâ consequatur?* V. Ibid. *observat. 144.*

36 *Cautio usufructuaria an a testatore remitti possit?* V. Ibid. *observat. 145.*

37 *Cavendi modus per usufructuarium de rebus quæ usu consumuntur, aut veterascunt, aut corrumpuntur.* Voyez *Franc. Marc. to. 1. quæst. 816.*

38 *Testator cautionis præstationem ei cui usufructus in testamento relictus est, remittere non potest: secus si ex contractu usufructus deberetur.* Voyez ibidem, *tom. 1. quæst. 818.*

39 L'ayeul mauvais administrateur & usufruitier, ne peut en offrant de donner caution, se conserver l'usufruit; mais l'interêt luy doit être ajugé à proportion pour ses alimens. Arrêt du Parlement de Bordeaux, du 18. Juin 1521. pour un petit-fils. *Papon, liv. 14. tit. 2. n. 6.* & la *Biblioth. du Droit François, par Bouchel, verbo, Usufruit.*

39 bis Par Arrêt du Parlement de Toulouse, donné le 7. jour de Decembre 1622. au rapport de M. d'Assezat, en la seconde Chambre des Enquêtes, il fut dit, que l'usufruitier étoit tenu de bailler caution, d'user de l'heritage en bon pere de famille. *Cambolas, livre 4. chap. 43. nomb. 5.*
La même chose avoit été jugée au Parlement de Grenoble, par Arrêt de l'an 1616. entre les Morels. *Basset, en ses Arrêts, tome 2. liv. 5. tit. 10. chap. 1.*

USUFRUIT, CONFISCATION.

40 Usufruit n'est perdu par la confiscation à laquelle le delit du proprietaire a donné lieu. *Voyez le mot, Confiscation, n. 139.*

41 Si le banni à perpetuité est usufruitier d'un heritage, le Seigneur confiscataire en joüira au lieu du banni, jusqu'à ce que sa mort naturelle soit prouvée; comme il a été jugé par Arrêt de l'Echiquier, du 16. Mars 1604. rapporté par *Berault, sur l'art. 143. de la Coût. de Normandie.*
Voyez cy-dessus le nombre 29.

42 Celuy qui a l'usufruit des biens confisquez sur le proprietaire, ne doit point en souffrir, & l'execution doit être surcise jusqu'après sa mort. Arrêt du Parlement de Bourdeaux du 28. Juillet 1521. pour le pere du Chevalier de Lusignan. *Papon, liv. 14. tit. 2. nomb. 9.*

USUFRUIT, CONJOINTS.

43 La Coûtume qui desire que le mary ou la femme décedant sans enfans, le survivant succede en l'usufruit de tous les biens, n'empêche de tester, mais regarde seulement la succession *ab intestat,* Voyez *Carondas, liv. 11. Rép. 51.*

44 La femme s'étant constituée en dot tous ses biens presens & à venir, on ne luy peut leguer ni donner quelque chose sous cette condition, que le mary n'en pourra pretendre l'usufruit. Voyez *Duperrier, liv. 1. quæst. 10.*

45 Si le mary donne l'usufruit à sa femme, dont il a des enfans. 2. Ou la femme au mary, aux lieux où par la Coûtume le mary n'est pas usufruitier des biens de ses enfans, la femme & le mary ne pourront pretendre sur ledit usufruit que leurs alimens. *Boër, décis. 61. nomb. 2. & 3. 1. id. Papon, li. 14. tit. 2. n. 1. id. Faber, C. de legat. def. 14. in matre filio hærede instituto non extranes, 1. cont. Faber, C. de legat. def. 14. glos. 1.* Si la mere est chargée de payer les charges, & entretenir ses enfans. 2. *id. Mantic. li. 9. tit. 7. n. 10. etsi liberi sint ex alio matrimonio, n. 13. & quamvis liberaverit à rationibus n. 26. id. Mantic. li. 9. tit. 7. n. 12. in matre & sorore & similibus testatoris, cont. Fachin, li. 5. ch. 47. vid. Mantic. li. 6. tit. 8. n. 18. & tit. 11. n. 11. & li. 9. tit. 7. id. in matre testatoris. Maynard, li. 5. chap. 100. vid. Graff. §. Legatum quæst. 24. & quæst. 30. n. 2.* Nous pratiquons dans ce Ressort la décision cy-dessus de M. Boyer, quand la femme est faite dame & maîtresse usufruitiere. C'est l'observation que fait *M. Abraham la Peirere, en ses décisions du Palais, let. V. n. 73.*

46 Usufruit des acquisitions faites pendant le mariage, ne peut être stipulé au profit du survivant. Arrêt du 3. Février 1631. *Bardet, tom. 1. liv. 4. ch. 6.*
Voyez cy-après le nombre 78. & suiv.

USUFRUIT DES CONQUESTS.

47 Usufruit des acquêts, conquêts, par Contract de mariage entre le mary & la seconde femme, le mary avoit fait les acquisitions sous le nom des enfans de son premier lit en fraude de sa femme. Jugé au profit de la femme le 21. Juillet 1565. *Carondas, livre 8. Réponse 22.*

USUFRUIT, DETTES.

48 Si l'usufruitier est tenu des dettes? *Voyez le mot, Dettes, n. 173. & suiv.*
Comment l'usufruitier contribuë aux dettes? *Voyez l'Auteur des Observations sur Henrys, tom. 2. livre 6. quæst. 16.* où il rapporte le sentiment de tous ceux qui ont agité cette question.

49 *Usufructuarius omnium bonorum an ad alienum & legata solvere teneatur?* Voyez *Andr. Gaill, li. 2. observat. 146.*

50 S'il y a usufruit de tous biens, comment le payent les dettes? *Voyez Bouvot, tome 2. verbo, Succession, question 4.*

51 *Usufructuarius an ad debita teneatur, usufructu majoris partis bonorum, quod loco portionis habeatur, & sic ad debitorum præstationem pro rata teneatur?* Voyez *Franc. Marc. to. 1. quæst. 833.*

52 *Usufructuaria universalis omnium bonorum, vel quota quod ad alienum solvere teneatur, & finito usufructu, id quod solutum erit ex hæreditate deducere potest.* Ibidem, *quæst. 840.*

53 Usufruit à deux futurs conjoints en une maison à eux délaissée, jusques au payement de 251. liv. si les obligez décedent laissant des heritiers mobiliaires & immobiliaires, les mobiliaires n'en sont tenus, parce que telle dette est réputée immobiliaire. Arrêt du

20. Decembre 1550. *Le Vest*, *Arr*. 44. Voyez *Chopin*, *Cout. de Paris*, *liv*. 2, *tit*. 5. *n*. 22.

USUFRUIT, DONATION.

54 De l'usufruit par rapport au don mutuel en usufruit. *Voyez Ricard*, *tome* 2. Traité du *Don mutuel*, *chapitre* 8.

55 Celuy qui ne peut disposer que du tiers de ses biens, ne peut donner que l'usufruit du même tiers. Arrêt du 15. Novembre 1537. *Bibliotheque de Bouchel*, *verbo*, *Disposition testamentaire*.

56 Donation entre homme & femme prohibée par la Coûtume ne vaut même en usufruit, encore que le consentement de l'heritier y soit. Arrêt du 9. Avril 1549. *Le Vest*, *Arrêt* 25.

57 Somme de deniers donnée à vie avec pension excessive, le donataire ne payant pas la pension & ayant hypotequé des effets qui ne luy appartenoient pas, poursuivi comme stellionataire, & tel condamné interjette appel, obtient Lettres contre le Contract de donation; les Lettres entherinées,& condamné à rendre 1000. livres qu'il avoit reçûs, avec les interets du jour du Contract au denier dix-huit, &c. Jugé le 29. Avril 1661. *De la Guess*, *tome* 2. *livre* 4. *chap*. 25.
Si la donation d'usufruit est sujete à insinuation? *V.* le mot *Insinuation*, *nomb*. 189.

USUFRUIT, DOT.

58 Jugé par Arrêt du 21. Juin 1656. rapporté par *Henrys*, *tome* 1. *liv*. 5. *quest*. 15. que le legs fait à la femme de l'usufruit de quelques heritages pour luy tenir lieu de sa dot, ne peut emporter la proprieté.

USUFRUIT, DOÜAIRE.

59 Si le doüaire de la veuve est réputé usufruit quant à tous effets, même pour le gain des fruits? *Voyez Coquille*, *tome* 2. *quest*. 290.

60 L'usufruit dont une veuve a droit par la Coûtume à Tournay sur les biens de son mary, ne s'étend pas sur les biens qui se trouvent encore chargez de fideicommis. Arrêt du Parlement de Tournay du 6. Juin 1693. *Pinault*, *tome* 2. *Arrêt* 263.

USUFRUIT, DROITS FEODAUX.

61 Usufruitier ne doit relief ni autres droits de fief. *Voyez la nouvelle Edition des œuvres de M. Charles du Moulin*, *tome* 2. *page* 684.

62 Les lods & ventes appartiennent à l'Usufruitier, & le profit de la commise au proprietaire. *Voyez Guy Pape*, *quest*. 411.

63 Le 1 Février 1518. fut prononcé Arrêt au profit de M. Charles de Rohan, Chevalier Seigneur de Gié Comte, Usufruitier de Gayse, appellant du Bailly de Vermandois, ayant saisi l'usufruit de Gayse, contre le Procureur General, prenant la cause pour son Substitut; par cet Arrêt il fut dit que le Procureur General avoit fait mal & induëment saisir l'Usufruitier; il fut décidé que l'Usufruitier ne doit relief, ni autre droit, profit, & émolument de fief, *dixit in consuet. Parisi.§*. 22. *q*. 40. 42. 46. 47. *C. M.* Voyez *la Bibl. de Bouchel*, *verbo*, *Usufruit*.

64 Jugé par Arrêts des 16. Février 1587.& 21. Juin 1597. que l'Usufruitier d'un fonds heritage, n'est tenu acquiter le rachat ou relief, mais bien le proprietaire d'iceluy qui est heritier du defunt. La raison est que l'Usufruitier ne peut joüir de l'heritage feodal qui est legué, sans payer le relief qui est dû par le décés du Testateur, & qu'à faute du payement du droit de relief,le Seigneur de fief peut exploiter le fief, & faire les fruits siens. *M. Louet*, *lettre V. nomb*. 9.

65 Arrêt du Parlement de Paris du 27. May 1672. donné en la Coûtume de Chartres, qui condamne une veuve à payer le relief de la part de son mary, dont elle devoit joüir, en vertu de la clause de son Contract de mariage, qui donne tout le profit de la communauté au survivant. *Journal du Palais*.

66 Voyez *Mornac*, *l*. 60. §. *vehiculum*, *ff. Locati & conducti*, fol. 736. Voyez le *Journal du Palais* 11. part.
Tome III.

fol. 19. où vous trouverez Arrêt du 18. Février 1688. qui déboute le Fermier de Saint Germain des Prez de sa demande des lods & ventes pour un usufruit, avec dépens; l'Arrêt rendu au Grand Conseil.

USUFRUIT, DROITS HONORIFIQUES.

67 Les droits honorifiques n'appartiennent point à l'Usufruitier. *Voyez le mot Droits honorifiques*, *nombre* 75.

68 Par Arrêt du 5. Juillet 1554. il a été jugé que les droits honorifiques n'appartiennent pas à l'Usufruitier. *Tronçon*, *sur la Coûtume de Paris*, *art*. 2. *in verbo*, *Usufruitier*. La raison est, *quia civilis rerum actus & jura competunt potius Domino quam usufructuario possessori. l. Item apud Labeonem. §. sed si usumfructum. ff. de injur.* suivant l'opinion de *M. Charles du Moulin*, *sur la Coûtume de Paris*, *tit*. 1. §. 1. *num*. 19.

ESTIMATION DE L'USUFRUIT.

69 Usufruit & de son estimation. *Voyez Peleus*, *quest*. 66. & *Bacquet*, *des Droits de Justice*, *chapitre* 21. *nombre* 19.

70 De l'usufruit des conquets. *V. M. le Brun*, *des Successions*, *liv*. 1. *chap*. 5. *sect*. 3. il observe que le dernier usage est, quand l'Usufruitier est au dessous de l'âge de 30. ans, d'estimer l'usufruit à la moitié de la valeur de la chose, dont il a l'usufruit, que s'il a depuis 30. jusqu'à 60. on l'estime au quart.

USUFRUIT, EXTINCTION.

71 Usufruit éteint retourne & est consolidé à la proprieté. *Voyez le liv*. 2. *des Institutes*, *tit*. 4. *de usufruct*. §. *finitur*.

72 *Ususfructus stagni legatus, stagnum exaruit, mutatâ re usufructûs extinguitur*, Mornac, *l*. 10. §. *sed & si stagni*, *ff. quibus mod. usufruct.*

73 *Usufructu perdito, perduntur & alimenta, ut quæ usufructûs accessoria sint.* Voyez *Franc. Marc.* tome 1. quest. 851.

74 *Jus retentionis an in bonis usufructûs finito usufructu competat?* Vide *Franc. Marc.* tome 1. quest. 862.

75 *Proprietarius usufructu finito à proprietate usufructuarium expellere non debet.* Vide *Franc. Marc.* tome 1. quest. 865.

76 Une maison dont une veuve avoit l'usufruit ayant été brûlée à l'exception d'un puits & du cellier, il fut ordonné que les heritiers qui l'avoient fait rebatir en joüiroient & que l'estimation seroit faite de ce qui n'avoit été brûlé, dont le revenu fixé à une somme luy seroit annuellement payé. *Papon*, *liv*. 4. *titre* 2. *nombre* 4.

77 Par Arrêt du Parlement de Grenoble du 8. Juin 1459. qui a jugé qu'un usufruit retenu ou acquis à deux est éteint de la moitié, si l'un d'eux meurt. *Bibliotheque de Bouchel* verbo, *Usufruit*.

USUFRUIT, FEMME.

Voyez cy-dessus le nombre 43. & suiv.

78 *Uxor cui usufructus omnium bonorum mobilium & immobilium relictus est, jura dotalia, quæ per viam contractûs vel hominis dispositione debentur, petere potest: secius quò ad alimenta, annuum luctûs, & vestes lugubres.* Vide *Franc. Marc.* tome 1. quest. 817.

79 *Mulier usufructuaria relicta stantibus liberis, quòd tantùm ad alimenta relicta censeatur.* Vide *Franc. Marc.* tome 1. quest. 841.

80 *Uxor cui usufructus media partis bonorum est relictus, quod totum usumfructum ex quo substitutus est extraneus capere potest.* Voyez *Ibidem*.

81 La femme usufruitiere n'a pas la liberté de procurer le payement de sa dot, à cause qu'il faudroit qu'elle agit contre elle même. L'heritier n'est pas chargé de ses habits de deüil ni de ses alimens, non plus que de ce qui regarde les charges & les devoirs des fonds, & les dépenses ordinaires & necessaires. Neanmoins les émolumens des protocoles de son mary, s'il étoit Notaire n'y sont pas compris. *Guy Pape*, *q*. 189. 248. & 541. où il traite du legs d'usufruit.

81 La Coûtume en Normandie de donner à la femme la moitié par usufruit aux acquêts faits en Caux , est fondée principalement sur un Arrêt du 8. Mars 1517. donné pour la Dame d'Etouteville , aprés une enquête par turbes de la Coûtume du païs touchant les conquêts. *Basnage , sur la Coûtume de Normandie , article 329.*

82 *Tabulis nuptialibus conventum est , ut si emeretur domus constante matrimonio , eâ superstes conjugum quamdiu viveret fueretur ; domus due per intervalla temporum empta sunt , quarum postrema pretiosior : judicatum est matrem fruituram domo de quâ lis erat secundùm conditiones quas ipsamet mater obtulerat.* Arrêt du 25. Juillet 1541. Mornac , l. 14. Cod. de usufructu & habitatione.

83 Par Arrêt du Parlement de Bourdeaux du 12. Octobre 1548. il fut dit qu'une veuve usufruitiere , dépossedée aprés la mort de son mary , doit être reintegrée , car un Usufruitier joüit naturellement & peut intenter l'interdit *unde vi* , que nous appellons reintegrande , si elle est dépossedée ou empêchée de joüir. *V. La Bibliotheque de Bouchel, verbo , Usufruit.*

85 Usufruit laissé à la femme ayant enfans , doit être entendu d'une prérogative seule , & limité à sa nourriture & entretenement. Arrêt du Parlement de Paris du 4. Avril 1550. *Bibliotheque de Bouchel , verbo , Usufruit.* Papon rapporte le même Arrêt , *livre 4. titre 2. nombre 1.* mais il le date du 4. Août 1550.

86 Suivant la Doctrine de *M. Maynard , liv. 5. chap. dernier* , l'usufruit de tous les biens legué par le mary à la femme ayant enfans est restraint à son entretenement *& ad præminentiam in domo.* Arrêt du Parlement de Toulouse du 9. Septembre 1617. Que si l'usufruit est donné à la charge de nourrir & entretenir les enfans communs , elle n'est pas obligée de rendre compte des fruits. Arrêt du 17. Juin 1647. aprés partage. *Voyez les Arrêts de M. de Catellan , livre 2. chapitre 39.*

87 La femme à qui l'usufruit est legué par son mary , d'une partie de ses biens ou du total , ne peut pendant l'usufruit repeter sa dot & ajencement. *V. M. Maynard , li v. 5. chap. 2.*

Cette décision est veritable lorsque la femme a l'usufruit du total des biens de son mary : mais elle est trés-fausse , quand elle n'a l'usufruit que de certains corps d'heritage , suivant la Loy unique. *§. primum itaque C. de rei uxor. act.* La Peirere , *lettre V. nomb. 88.*

88 C'est une chose constante , que quand le mary laisse l'usufruit de tous ses biens à sa femme ayant des enfans instituez heritiers , cela ne s'entend que de la nourriture ou alimens & de la prérogative dans la maison. *M. Maynard, li. 5. ch. dernier* en rapporte les Arrêts , neanmoins il s'en trouve deux contraires , l'un du 9. Septembre 1627. en la cause d'Anne Casel, contre Jeanne Garidel , & l'autre le 15. Juillet 1651. en la cause de Jacques Ichy & Boissel , par lesquels les fruits laissez n'eurent pas lieu & la marâtre ne furent pas reduits à cela ; mais sans doute il falloit qu'il y eût quelque circonstance qui fit rendre ainsi ces Arrêts. *Albert , verbo, Usufruit.*

89 L'usufruit de quelques heritages legué à la femme pour luy tenir lieu de sa dot , n'emporte pas la proprieté. Arrêt du 21. Juin 1656. *Henrys , tome 2. liv. 5. quest. 15.*

90 Arrêts du Parlement de Provence de 1638. & 1678. qui ont jugé que l'usufruit legué à la seconde femme étoit reductible à la moindre portion d'un des enfans du premier lit. Cette question s'étant presentée en 1682. par Sentence du Lieutenant de Digne , les enfans furent deboutez de leur demande en reduction ; ils appellerent ; on transigea sur l'appel. *Voyez Boniface , tome 5. liv. 2. tit. 2. chap. 7.*

USUFRUIT, FIEF.

91 De l'usufruit du fief. *Voyez* le mot , *Fief, nombre 158. & suiv.*

USUFRUIT, FOY ET HOMMAGE.

92 Si l'Usufruitier est tenu de porter la foy & hommage ou si elle est duë par le proprietaire? *Voyez* le mot *Foy & hommage , nomb. 58.*

USUFRUIT, FRUITS.

93 Arrêt du Parlement de Provence rendu le premier jour de Decembre 1657. en la cause de M. le Président de Gourgues , au rapport de M. Ponnat , en la troisiéme Chambre , par lequel il fut dit , que l'Usufruitier ne pouvoit demander les fruits pendant au temps de la mort. *Voyez Basset , tome 2. liv. 5. titre 10. chapitre 1. & cy-aprés le nombre 115.*

USUFRUIT, INCENDIE.

94 *Maynard, li. 8. ch. 38.* rapporte un Arrêt du Parlement de Toulouse en 1570. qui a jugé que l'usufruit d'une maison finit par l'incendie & ne se continuë pas sur la nouvelle construction.

Voyez cy-dessus les nombres 7. & 76.

USUFRUIT, LABOURS.

95 Par Arrêt du Parlement de Paris du 7. Septembre 1570. il a été jugé que l'Usufruitier doit joüir de l'heritage duquel l'usufruit luy a été donné , en tel état qu'il se trouve , sans rembourser les labours. Cet Arrêt est rapporté par *Bacquet* , Traité des Droits de Justice , chap. 16. nomb. 58.

USUFRUIT, LEGITIME.

96 De l'usufruit de la legitime. *Voyez* le mot *Legitime. nomb. 300. & suiv.*

USUFRUIT, LEGUE'.

97 D'un legs d'usufruit. *Voyez les Loix Civiles , tome 3. liv. 4. sect. 5. Franc. Marc , tome 1. quest. 33. & M. Loüet , lettre V. somm. 8.*

98 Legs de l'usufruit de tous les biens , ou d'une partie. *Voyez* le mot *Legs , nomb. 671. & suiv.*

99 Si aucun peut leguer l'usufruit de tout son heritage au lieu de la proprieté de la cinquiéme? *Voyez Coquille tome 2. quest. 226.*

100 *Usufructus legatum uxori quod liberos alere tenetur etiam si ex alieno sint matrimonio , aut alimentis contenta esse teneatur. Vide Franc. Marc. tome 1. quest. 847.*

101 *Legatarius usufructus legatum accipere ante hæreditatem aditam , non debet , nec possessionem propriâ authoritate accipere. Voyez Franc. Marc. tome 2. quest. 493.*

102 Testament ne vaut auquel les enfans sont instituez heritiers seulement en la proprieté , l'usufruit laissé au mary. Ainsi jugé au Parlement de Dijon les 8. Janvier 1565. & 9. Mars 1575. *Bouvot , tome 2. verbo , Testament , quest. 15.*

103 Jugé que la femme à laquelle son mary a legué l'usufruit de certains biens , ne pouvoit en retenir l'usufruit & poursuivre la repetition de ses dot & augment , suivant l'Edit de *alter utro* à moins que la volonté du Testateur ne fût expresse , portant qu'elle auroit l'une & l'autre , à quoy n'est point dérogé par la décision de Justinien : or ce qui a été jugé en l'usufruit particulier, à plus de raison quand l'usufruit de tous les biens est laissé à la femme. *Voyez Maynard , liv. 6. chap. 2.*

104 Un pere laissant l'usufruit de ses biens à sa femme ne peut priver leurs enfans des fruits de leur legitime depuis le jour de son décés ; il se juge au Parlement de Toulouse que tel usufruit de tous les biens leguez a la femme ayant enfans est restraint à son entretien & nourriture. Papon rapporte un Arrêt du Parlement de Paris conforme à cela au tit. d'*Usufruit* Arrêt 1. & de *mort civile* , Arrêt 2. mais si les enfans viennent à deceder avant leur pere , leurs heritiers étrangers & collateraux n'empêcheront pas la mere de joüir du plein usufruit , sauf des legitimes ; & cela a lieu , encore que le Testateur ait laissé l'usufruit non à sa femme , mais à sa mere ayeule desdits enfans. Ainsi jugé

par Arrêt du Parlement de Touloufe au mois de Decembre 1576.

105   Arrêt donné aux grands Jours de Lyon de l'an 1596. qui a jugé qu'un Teftateur ayant donné à fon beaufrere les fruits d'une terre, jufqu'à ce que certains enfans aufquels il leguoit la propriété euffent atteint l'âge de 25. ans, que le legataire des fruits étant décedé avant que les legataires de la propriété euffent atteint l'âge prefcrit par le Teftateur, que l'ufufruit ne laiffoit pas d'être confolidé à la propriété dès l'inftant du décès de ce legataire. *M. René Chopin en fon Commentaire, fur la Coûtume de Paris, liv. 2. tit. 3. nomb. 61.* fait mention d'un Arrêt intervenu au rapport de M. Deligneris, au mois de Février de l'année 1540. par lequel il a été femblablement jugé qu'un pere & une mere ayant donné à l'un de leurs enfans une maifon fize en cette Ville de Paris qui étoit un acquet de leur communauté, avec rétention d'ufufruit de la totalité de la maifon au profit des donateurs, & du furvivant des deux la moitié de l'ufufruit étoit demeurée confolidée à la propriété au profit du donataire par le prédecez du pere, & non feulement que la mere n'en pouvoir pas joüir, parce que c'étoit un avantage indirect aux termes de l'ancienne Coûtume, mais auffi que les autres enfans heritiers de leur pere étoient mal fondez à prétendre que la joüiffance leur en devoit appartenir durant la vie de leur mere. *Voyez Ricard, des Donations, part. 3. chap. 4. fect. 5. n. 529.*

106   Legs fait de l'ufufruit de tous les biens pendant neuf ans, eft valable dans la Coûtume d'Amiens, fi mieux n'aime l'heritier abandonner en propriété au legataire les meubles & acquêts, & quint des propres. Arrêt du 20. Janvier 1632. *Bardet, to. 2. liv. 1. chap. 2.*

Le même Arrêt eft cité par *Du Frêne, livre 3. chap. 104.* mais Bardet obferve que la citation eft mal faite par Du Frêne, qui n'étoit pas même inftruit des qualitez des parties, puis qu'il a crû que le legs avoit été fait par la femme à fon mari, au lieu que c'étoit la femme qui étoit legataire du mari: mais il s'eft encore plus trompé dans la décifion de l'Arrêt en fuppofant qu'il a jugé que le legs de l'ufufruit de tous les propres eft réductible à l'ufufruit des meubles & acquêts, & du quint des propres dont la Coûtume permet de difpofer.

107   Caufe appointée pour fçavoir fi dans la Coûtume d'Amiens l'ufufruit legué à la femme par fon mari fe perd par fon fecond mariage. Arrêt du 20. Juillet 1634. *Bardet, to. 2. liv. 3. chap. 32.*

108   Le legs d'ufufruit jufques à certains temps, ou jufqu'à l'échéance de certaine condition, finit par la mort du légataire avant le temps marqué, ou avant l'évenement de la condition; & ce légataire ne tranfmet pas à fes heritiers le droit de joüir des fruits jufques au temps marqué, ou jufques à l'évenement de la condition, parce qu'il eft de l'effence de l'ufufruit d'être éteint & confolidé à la propriété par la mort du legataire. C'eft la décifion expreffe de Juftinien dans la loi *ambiguitatem Cod. de ufuf.* Il en eft de même du legs des fruits & revenus. Cette queftion fut ainfi jugée au Parl. de Touloufe le 29. Août 1678. *Voyez M. de Catellan, liv. 2. ch. 50.*

109   *Henrys, tome 2. liv. 5. queft. 15. chap. 4.* rapporte un Arrêt du Parlement de Paris du 22. Juin 1656. qui a jugé que le legs d'un ufufruit d'un domaine fait par un mari à fa femme pour luy tenir lieu de fa dot; n'emporte pas la propriété de ce domaine, & qu'après la mort de la femme il doit revenir aux heritiers du mari.

USUFRUIT, LODS.

110   Si les lods font dûs de l'heritage vendu avec rétention d'ufufruit? *Voyez le mot Lods & Vente, nombre 379.*

Voyez cy-deffus le nomb. 61. & fuiv.

USUFRUIT, MARI.

111   L'ufufruit attribué aux meres par l'Edit de 1567. ne doit leur demeurer au cas de la fubftitution pupillaire expreffe. Cette fubftitution faite par le mari au profit de fa femme eft fujete à l'Edit des fecondes nôces. *Voyez Ricard, traité des Subft. part. 1. chap. 2. nomb. 69, & fuiv.*

112   Un ufufruit conftitué en dot à la femme eft acquis au mari pendant fa vie, & n'eft point rendu à la femme après la diffolution du mariage. Arrêt du Parlement de Provence du 23. May 1664. *Boniface, tome 1. liv. 6. tit. 3. chap. 13.*

Voyez cy-deffus le nomb. 43 & fuiv.

USUFRUIT, MERE.

113   Si l'ufufruit de tous biens eft délaiffé à la femme par le mari qui a des enfans, fi cet ufufruit eft réduit à la nourriture de la mere, ou à quelque préeminence ou prérogative qu'elle doit toûjours avoir en la maifon du mary? *Voyez Bouvot, to. 1. part. 1. verbo Ufufruit, queft. 3.*

114   Es cas où la mere eft préfumée alimentaire, quoique faite ufufruitiere par le Teftament de fon mary, la préfomption ceffera, & l'ufufruit deviendra formel; fi la fucceffion tombe entre les mains de l'étranger fubftitué aux enfans, *Mantic. lib. 9. tit. 7. n. 19. id. Coquille, queft. 156. id. Mainard, lib. 5. chap. 100. id. Graffus, §. Legatum queft. 24. n. 4.*

Arrêt rendu au Parlement de Bourdeaux le 6. Juillet 1657. au rapport de Monfieur de Pomiers Doyen de la Cour, après partage fait en l'Audience Feu Laforgue Bourgeois de Bourdeaux, par fon Teftament avoit fait Jeanne Peyronin fa femme, Dame maîtreffe & ufufruitiere de fes biens, fans rendre compte ni prêter le reliqua, gardant viduité: Et inftitué une fienne fille unique fon heritiere univerfelle; & en cas que fadite fille décédât fans enfans, luy fubftitua Odette Lafoffe fa fœur, Ladite fille & heritiere étant décedée fans enfans; procez fur ce que ladite Odette de Lafoffe prétendoit que par vertu de la fubftitution & par le décez de ladite fille heritiere, l'ufufruit avoit pris fin: jugé le contraire, en infirmant le jugement de Meffieurs des Requêtes, & ladite Peyronin veuve maintenuë dans l'ufufruit. Cet Arrêt juge deux chofes, l'une que la femme n'étant que fimple *maffaria* pendant la vie des enfans, devient ufufruitiere formelle après le décez des enfans; l'autre, que l'heritiere inftituée étant chargée de l'ufufruit, la fubftitution l'eft de même, à quoy eft conforme la Loy, *licet, ff. de legat. 1.* La Peirete *en fes décifions du Palais lettre V. nomb. 78.*

MORT DE L'USUFRUITIER.

115   L'ufufruitier mourant, fon heritier ne gagne que les fruits coupez avant le décez. Arrêt du 19. May 1589. *Chopin, fur la Coûtume d'Anjou, liv. 3. chapitre 3. titre 1. article 4. Papon, livre 14. titre 2. nomb. 13. & cy-deffus le nomb. 93.*

USUFRUITIER, OFFICIERS.

116   Deftitution faite par l'ufufruitier. *Voyez le mot Ufufruit, nomb. 93. & fuiv.*

117   Arrêt du Parlement de Touloufe du 17. Mars 1571. pour la Dame de la Motte ufufruitiere de la place de l'Ifle, qui a jugé que la création des Officiers de ladite place luy appartenoit, contre le proprietaire, *quia jurifdictio eft in ufufructu.* Oldrad. *Confl. 124. in l. fi. ff. foluto matrimonio.* La Rocheflavin, *livre 5. tit. 3. Arr. 1.*

118   Un ufufruitier ne peut difpofer des Offices, ni pourvoir aux furvivances, ce droit appartient au Seigneur proprietaire. Arrêt du Parlement de Paris du 27. Mars 1648. en faveur du Duc de Mantoüe; il s'agiffoit d'un Office de Capitaine de Grurie dans la Province de Nivernois. *Soëfue, tome 1. Centurie 2. chapitre 77.*

USUFRUIT AU PERE.

119   *Patri debitus ufufructus,* & comment? *Voyez la Bi-*

bliotheque du Droit François par *Bouchel*, verbo *Usu-fruit*, p. 936. col. 2.

120 Le pere n'a point d'usufruit *in eis quæ donantur filia ab extraneo causâ dotis, quia actio pro dote adventitia filia, non patri competit, & qui habet actionem rem habere dicitur.* Ainsi jugé. *Bibliotheque de Bouchel*, verbo *Usufruit*.

121 Si la mere est constituée usufruitiere de tous les biens des mineurs, elle aura l'entiere administration des biens procedans du pere, ne sera tenu de leur rendre aucun compte, mais seulement de les nourrir & entretenir. Tel usufruit cessera quand ils seront majeurs ou mariez. Ainsi jugé. *Bibliotheque de Bouchel*, verbo *Usufruit*.

122 Si le pere en Païs de Droit écrit a l'usufruit des biens échûs à son fils, & petit fils, nonobstant le mariage d'icelui, & s'il les a perçus, ou laissé à percevoir? *Voyez Bouvot*, tome 1. part. 2. verbo. *Pere usufructuaire*.

123 Jugé que le pere a l'usufruit des biens adventifs de son fils, quoique le pere fût remarié. *Papon*, liv. 7. tit. 1. n. 4. où il observe qu'és pays qui se conduisent par le Droit des Romains, tel usufruit n'est en usage certain comme au païs Coûtumier.

124 Le pere ne conserve pas l'usufruit des biens maternels après le decez de son fils, qui étoit chargé de les rendre à un étranger après sa mort sans enfans. *Du Perrier*, liv. 3. quest. 9.

125 Un fils s'étoit opposé aux criées de certains biens desquels son pere étoit usufruitier, & ce fils proprietaire l'usufruit fini, saisis sur son pere faute de payement de certaine somme, & tendoit à distraction. Jugé que l'usufruit des biens saisis & criez appartenans au pere débiteur, seroit vendu & ajugé pour le temps de la vie du pere, & le fils proprietaire débouté de son opposition, à la charge toutefois de nourrir le fils, ainsi que faisoit le pere pour luy conserver la propriété, & l'empêcher d'être vendu & dissipée. Arrêt de Bordeaux du 23. Juillet 1520. *Bibliotheque de Bouchel*, verbo *Usufruit*.

126 Comme en France les peres n'ont pas sur leurs enfans la puissance que le droit leur donne, aussi n'ont-ils pas l'usufruit des biens à eux échûs. Arrêt du Parlement de Paris de l'an 1538 Neanmoins dans un procez de la Rochelle il y a eu Arrêt contre un fils qui fit demander à sa belle mere veuve de son pere les fruits qu'il avoit pris de son vivant és biens maternels; elle se défendoit par la Loy *cum oportet. C. de bon. qua lib.* la prétention du fils fut condamnée, *eà forsan causâ quod indecens videri potuit*, de rechercher après la mort du pere, ses heritiers. *Papon*, livre 14. tit. 2. n. 10.

127 Dans le Ressort du Parlement de Toulouse, regi par le Droit écrit, le pere a l'usufruit de tous les biens de ses enfans, encore qu'ils soient mariez; mais c'est à la charge audit cas d'assigner pension & meubles ausdits enfans mariez pour leurs nourritures & entretenement, suivant la faculté des biens qu'ils possedent, au dire & ordonnance des proches parens; comme il a été jugé par Arrêt du même Parlement, du premier Février 1572. rapporté par *M. Mainard*, liv. 3. ch. 73. de ses questions notables, & La Rochestavin, liv. 5. tit. 3. Arr. 2.

128 Par Arrêt du P. de Toulouse du mois de Decembre 1582. rapporté par *Mainard*, liv. 3. ch. 74. jugé que le pere n'avoit l'usufruit és biens acquis à sa fille par testament d'un sien oncle, qui l'avoit instituée heritiere, à la charge d'épouser un tiers, *per quem steterat*; s'étant remariée ailleurs, ce qui a été tiré du Droit par lequel *pater usum fructum non habet in iis quæ donantur filia ab extraneo, dotis causâ, quia cum actio sit pro dote adventitiâ, meritò dicendum patrem nullum jus habere; cum qui habeat actionem, rem habere dicatur. l. 2. §. 1. l. Caius. ff. solut. mat.*

129 Par Arrêt de 1584. rapporté par *M. de Montholon*, Arrêt 25. il a été jugé que la donation entre conjoints qui ne valoit que pour usufruit, y ayant enfans, vaudra pour la proprieté, les enfans venans à deceder, les pere & mere vivans.

130 Par deux Arrêts l'un du premier Avril 1586. rapporté par *Chopin*, sur l'article 230. de la Coutume de Paris, liv. 2. tit. 5. n. 14. & l'autre du 8. May 1606. rapporté par *M. Bouguier*, lettre V. chap. dernier, la sœur uterine a été maintenuë en la proprieté & possession des heritages délaissez par ses deux freres uterins à l'exclusion du pere, & que les 230. & 314. articles de la Coûtume de Paris s'expliquoient l'un l'autre.

131 Les pere & mere jouïssent par usufruit des conquêts faits propres à leurs enfans après le decez desdits enfans. Arrêt du 14. Septembre 1581. *M. le Prêtre*, 3. Cent. chap. 92. Voyez les articles 230. & 314. de la Coûtume de Paris, lesquels semblent contraires. Jugé que le 230. est l'exception du 314. Arrêt du 8. May 1608. *M. Bouguier*, lettre V. nomb. 4. Voyez *Carondas*, liv. 8. rép. 35. ch. 92.

132 Par Arrêt du Parlement de Toulouse du 8. Juillet 1597. rapporté par *M. Cambolas*, livre 2. chap. 7. de ses décisions notables de Droit, il a été jugé que l'usufruit que le pere a sur les biens adventifs de son fils, ne s'éteint que par la mort du pere, non par celle du fils, vû que par la constitution de Justinien en la loy *cum oportet. Cod. de bonis qua lib.* cet usufruit entre au lieu de la proprieté que le pere avoit anciennement aux biens adventifs de son fils. Cette question est décidée en termes formels en la loi derniere, *Cod. de usufructu.*

133 Par Arrêt du Parlement de Toulouse de l'an 1598. il a été jugé suivant l'opinion de *Joannes Faber*, sur les Institutes *quibus non est permissum facere testamentum. §.1.* qu'encore que l'usufruit des biens adventifs appartienne aux creanciers du pere; neanmoins il en faut distraire les nourritures du fils, pour ce qui est necessaire pour ses affaires, d'autant que cela n'est point censé faire partie de l'usufruit qui luy appartient. *l. ult. §. ubi autem & sequent. Cod. de bon. qua liber.*

134 L'usufruit acquis au pere sur les biens de ses enfans, finit par leur emancipation, qui n'est point sujette à l'action revocatoire de la part des creanciers du pere. Jugé le 30. May 1636. *Bardet*, tome 2. livre 5. chap. 19.

135 Arrêt du Parlement de Toulouse du 22. Juin 1638. qui prive le pere remarié de l'usufruit des biens de sa fille: la circonstance, que cette fille étoit hors de chez son pere depuis quinze ans, & que c'étoit dans Toulouse où la Coûtume semble emanciper les filles mariées, fut sans doute le motif de l'Arrêt. *Albert*, lettre P. verbo *Pere*.

136 Le pere ne doit point avoir usufruit de la portion de ses enfans d'un heritage auquel il succede avec eux. Arrêt du P. de Grenoble du 5. Février 1661. *Basset*, to.2. li.4. tit. 10. ch. 5. où il observe que si l'usufruit est prohibé au pere, l'administration des biens du fils lui est aussi défenduë; & on décerne un Curateur au fils. L'Arrêt qu'il dit l'avoir ainsi jugé, n'est point daté.

137 L'ayeul paternel n'a point l'usufruit des biens de son petit fils qu'il administre, mais il en est comptable. Arrêt du P. d'Aix du 23. Mars 1669. *Boniface*, tome 2. part. 3. li. 2. page 217.

138 Le pere n'a point l'usufruit *in bis quæ donantur filiæ ab extraneo causâ dotis. L. 2. §. 1, Caius ff. soluto mairim. quia actio pro dote adventitia filiæ, non patri competit, & qui habet actionem, rem habere dicitur.* Bart. Jason, & alii DD. in cl. §. 1. l. 2. & in l. placet. Il faut observer que la consideration de la dot cessant, l'usufruit des biens de la fille appartient incontestablement au pere à cause de la puissance

qu'il 'a fur fes enfans ; jufques-là , que quand une perfonne leur auroit donné fes biens , ou les auroit inftitué en iceux par teftament , & chargé quelqu'un de l'adminiftration , le pere fe pourroit faire maintenir en Juftice en la joüiffance defdits biens , à moins que le donateur ou le teftateur ne luy eût expreffément défendu ladite adminiftration. Arrêt de l'année 1675. *La Rochefavin, liv. 5. tit. 3. Arr. 3.*

139 L'ufufruitier d'un fief dominant peut exercer le Retrait feodal en fon nom , mais après fon ufufruit fini ,le fief retiré retourne au proprietaire avec l'autre comme y étant confolidé , pourvû qu'il rembourfe l'ufufruitier , ou fes heritiers du prix , dans le temps préfini par le Juge , autrement le fief retiré demeure à l'ufufruitier , ou à fes heritiers ; tel eft l'ufage ; il y en avoit Arrêt dés l'ancienne Coûtume , du 3. Février 1571. nonobftant l'opinion contraire de Du Moulin , & en ce cas il faut dire que le proprietaire eft tenu d'en invefter l'heritier de l'ufufruitier fans en prendre de droits, fi ce n'étoit qu'il en fût dû pour fa mutation particuliére. *Voyez M. Du Pleffis, traité des Fiefs , livre 7. chap. 2.*

140 Un homme ayant droit d'ufufruit fa vie durant fur quatre boiffelées de terre, vend fon droit au proprietaire la fomme de vingt-deux écus , dont le proprietaire doit bailler deux écus comptant ; & pour le payement des vingt écus reftans, il donne deux boiffelées de terres , faifant partie defdites quatre boiffelées : ce fait, le proprietaire au nom de fon fils, veut retirer ces deux boiffelées. L'autre dit que c'eft une permutation, & qu'il n'y a droit de retrait; que jamais fon intention n'a été de quitter fon ufufruit, finon à la charge de s'approprier les deux boiffelées. Par Sentence du Juge de Montereau , le fils reçû au retrait: appel devant le Bailly de Saumur , où l'appellant incidemment prend Lettres pour faire caffer le Contract, fondé fur lézion d'outre moitié de jufte prix. Le proprietaire dit qu'ufufruit eft meuble , & qu'en meuble il n'y a lieu de reftitution. Le Bailly de Saumur appointe les Parties à informer. Appel. M. Seguier montra que *ufufructus neque inter immobilia numeratur, fed eft quid tertium.* Par Arrêt, l'appellation , &c. & les parties hors de Cour & de procès. *Voyez la Bibliotheque de Bouchel , verbo , Ufufruit.*

Usufruit, Prescription.

141 *Ufusfructus antequam conftituatur non nifi triginta annis præfcribitur , conftitutum verò decem annis inter præfentes & viginti inter abfentes.* Voyez *Franc. Mare. tom. 1. queft. 819.*

142 *Carondas, liv. 11. Rép. 37.* rapporte un Arrêt du 4. Juillet 1598. qui juge que la prefcription court contre le proprietaire, pendant que l'ufufruit eft à un autre qui en joüit. *Voyez la Coûtume de Paris , article 105.*

Usufruit, Profession Religieuse.

143 Par le Droit Civil & Canon , l'ufufruit ne finit point par l'entrée au Monaftere ; mais par la Coûtume de France l'ufufruit ne paffe point au Monaftere, il paffe à l'heritier du Moine, qui en joüit durant la vie d'iceluy , & ne rétourne au proprietaire,qu'après la mort du Moine ; ainfi jugé par Arrêt du Parlement de Paris , rapporté par *Carondas ,liv. 94. chap. 29.* Voyez *Mainard , liv. 9. ch. 26.*

144 La profeffion en Religion n'éteint point l'ufufruit, fi ce n'eft dans les Mendians. Arrêt du Parlement de Grenoble de l'an 1461. *Papon , livre. 14. titre 2. nombre 5.*

145 L'ufufruit n'eft point éteint par la profeffion Monachale ; il fut ordonné qu'il appartiendroit au Syndic des Religieufes, tant que l'ufufruitier vivroit. Arrêt du Parlement de Bourdeaux du dernier Janvier 1612.*Voyez les Plaidoyez celebres dédiez à M. de Némond,p. 96.*

Usufruit, Propres.

146 De la difpofition de l'ufufruit des propres. *Voyez* le mot , *Propres , n. 148. & fuiv.* & cy-deffus, le nombre 15. où il eft parlé de l'ufufruit laiffé par pere & mere à un de leurs enfans de fa portion hereditaire.

147 Le 28. jour de Novembre 1557. jugé au procès d'entre Guillaume Pinault & Jean Lainé , que le legs d'un ufufruit de tous les propres, ne fe devoit pas feulement reduire au quint des propres,en la Coûtume de la Prévôté & Vicomté de Paris , par laquelle on peut difpofer du quint de fes propres , mais au quint de l'ufufruit des propres: & la raifon de cela , d'autant que l'intention du Teftateur n'a pas été de donner aucune proprieté des propres ; mais feulement l'ufufruit, & que *in legatis non fit extenfio de ufufructu ad proprietatem : quod teftator voluit , non potuit , quod potuit , non fecit :* aucuns voulans réduire le legs au quint des propres. Le procès parti en la feconde Chambre des Enquêtes,depuis en la troifiéme Chambre , & départi en la premiere. *Voyez M. Loüet , lettre V. fommaire 8. & Bouvot , part. 1. in verbo, Ufufruit.*

Usufruit, Reparations.

148 L'ufufruitier n'eft tenu des groffes réparations , mais feulement des menuës. *Bouvot , tome 1. partie 2.* verbo , *Ufufruituaire , queft. pénultiéme.*

149 *Modica refectiones pertinent ad fructuarium.* Mornac, *L. 8 ff. de ufufructu & quemadmodum , &c.*

Usufruit, Retrait.

150 Le Seigneur peut , l'ufufruit éteint, retenir ce que l'ufufruitier a acquis par retrait feodal en rendant le ptix.*Voyez cy- deffus le n. 139.& le mot, Retrait,n. 125.*

Usufruit, Saisie.

151 Le Créancier ne peut faire faifir les biens fur l'ufufruitier , quoyque la proprieté appartienne à fon debiteur,&c. Arrêt du 4. Juillet 1584. *Carondas,li. 7. Réponfe 117.*

Usufruit, Secondes Nôces.

152 Si le pere perdant par un fecond mariage la proprieté de la portion virile, qu'il avoit gagnée par la mort de fon fils prédecedé , perd auffi l'ufufruit des autres portions de fes enfans ? *Voyez Duperrier , li. 1. queft. 16.* où il fait cette obfervation. Les derniers Arrêts ont confirmé la difpofition de Jean Ripa,*in §. illud L. fœmina Cod. de fecundis nuptiis,* fuivie par M. *Boyer, décif. 190.* Que fi le pere fe remarie après avoir fuccedé à l'un de fes enfans , & perdu l'ufufruit des portions des autres , il perd auffi la proprieté de fa portion, fuivant l'Authent. *ex teftamento Cod. de fecundis nuptiis,* tirée de la Novelle 22. chapitre 46. Que fi cette fucceffion luy arrive après le fecond mariage , il conferve l'ufufruit des portions des autres enfans; parce que n'ayant jamais acquis la proprieté de fa portion virile, de laquelle proprieté il fe trouve privé par les fecondes nôces ; il ne peut pas être privé de fon ufufruit, qui ne luy eft ôté par la Novelle 118. qu'en confideration de la proprieté qu'elle luy deffere ; mais je ne trouve point cette diftinction raifonnable, & il me femble qu'en l'un & l'autre cas le pere doit conferver & reprendre fon ufufruit. *Voyez le mot, Nopces , numb. 129. & fuiv.*

Usufruit, Taille.

153 L'ufufruitier eft tenu de la Taille. *Voyez le mot, Taille , nombre 282. & 283.*

USURE.

1 DU prêt & de l'ufure. *Voyez le 1. tome des Loix Civiles, liv. 1. tit. 6.*
De ufuris. D. Gr. diff. 47. 6. 1. 2. 4. & 5... Diff. 88. 6. 11... Caufa 14. q. 4. 5. & 6... Extr. 5. 19... S. 5. 5... Cl. 55... Inft. L. 4. 7.
Cod. 4. 32... Paul. 2. 14... L. 11. tabb. t. 15.
De ufuris & fructibus , & caufis , & omnibus accefionibus, & morâ. D. 22. 1.

2   *De usuris*, L. 22. tit. 1. D. li. 4. Cod. tit. 32. li. 15. *Decr. tit.* 19. *li.* 5. *sext. tit.* 5. *l.* 4. *Clém. tit.* 6.

3   *De nautico fœnore. li.* 22. *D. tit.* 2. *li.* 4. *C.* 4. *tit.* 33.
De nauticis usuris. Novell. 110.

4   *De usuris & fructibus legatorum & fideicommissorum. Cod.* 6. *tit.* 47.

5   *De extinctione & sublatione usurarum , & fine , & rationibus promissionis illarum.* Dig. li. 22. c. 4.

6   *De usuris pupillaribus. Cod.* 5. *tit.* 56.
De usuris judicata. Cod. 7. *tit.* 54.
De usuris suprà duplum computandis. Novell. 138.

7   *De usurâ. Constit. Imp.* 2. *Niceph.*

8   *Quod Episcopus , Presbyter & Diaconus non debeat usuras accipere. Can. ap.* 44.

9   *De contractu fœneratitio.* Boër , *Consil.* 11.

10   *De fœnere , seu usurario, mutuo,& de usuris.* D. l. 22. caput 3. *Voyez le Traité de Maistre Charles Du Moulin.*

11   *De contractibus usurariis & commutativis , eorumque differentiis.* Argentr. *Consil.* 3.

12   *De usuris. Per Archiepiscopum Florentinum.*
Per Guidonem Papæ.
Per Guillelmum Bont.
Per Laurent. de Rodulphis.
Per Ambrosium de Vignate, & est rep. C. salubriter de usuris.
Per Antonium de Rosellis.
Per Antonium Massam Galesium.
Per Authorem incertum.
Per Franciscum de Platea.
Per Tho. de Vio. in tractatu de Cambiis.
Per Alex. Ariostum ,Ordinis Minorum.
Per Franciscum Hottomanum.
Et per Frat. Dominicum Sotum, in tracta. de justi. & jure.
Martini , *ab Aspilcuetâ , Commentarius resolutorius de usuris.*
Petrus Wel , *de usuris.*
Raymundus , *de usuris.*
Joannes Medina , *in codice de restitutione.*
Ambrosius de Vignate , *de usuris.*
Ægidius Bethsburgius , *de usurâ centesimâ.*
S. Antonii , *Tractatus de usuris.*
Guillelmi Bont. *Tractatus de usuris.*
Franciscus de Platea , *de usuris.*
Joannis Baptistæ Lupi , *de usuris & commerciis illicitis Commentariorum , lib.* 4.
Laurentius Rodulphus , *de usuris.*
Joannis Pefferkorn , *hostis Judæorum , contra eorum usuras & dolos.*
Sixtus Medices , *de usuris Judæorum.*
Sylvester , *per Tractatus* 9.
S. Thomas , 22. *quæst.* 78.
Angeli Perusini , *Consilium in materiâ usurarum disputatio. prima , de Testamento usurarii , septima de Testamento usurariis manifesti.*
Dominici Soti , *de jure liber sextut.*
S. Bernardini , *sermones multi in opere de Evangelio æterno.*
Bartholomæi Romulæi *compendium.*
Alexander Nevus , *Consilium contra Judæos fœnerantes.*
Thomas Vius Cajetanus , *de usurâ opusculo* 7. *tomo* 2.
Salmasius de usuris , *in* 8. Leyde 1638.

13   Antonius *in summa* 2. *part. tit.* 1. *cap.* 6. 7. 8. 9. 10. 11. *has tractat quæstiones. De usurâ sub formâ sermonis declarat ipsius continuationem periculosissimam, & extensionem copiosissimam, & palliationem fraudulentissimam , ex quo ferè per universum non deficit in plateis usura.*
De multiplici modo usurarum, ut committitur in mutuis expressis ,in pignoribus , depositis & animalibus , atque in Cambiis.

De contractibus usurariis puta emptione & venditione ad terminum.
Vere beati qui terminum positum transgressi non sunt neque conversi aperire terram.
De participatione & cooperatione usuræ nomine Tutorum , Notariorum , Prælatorum , consentientium , & famularum.
De manifestis usurariis , si recipi possunt ad Ecclesiasticam sepulturam.
De materiâ montis Florentiæ Præstitorum Venetiis, & locorum Gennæ.

14   *Voyez la nouvelle édition des œuvres de* M. Charles du Moulin , *tome* 2. *page* 1. *& suiv.* où *est tractatus contractuum & usurarum , redituumque pecuniâ constitutorum ,* il parle de *trajectitiis ,* c'est-à-dire de l'argent qu'on met sur les vaisseaux, *mercatores tolerabilius fœnerantur ,* pag. 88. *&* 254. 274.
De Judæis & usuris. Voyez Ibidem , page 527.
Voyez Philbert Collet , Traité *in* 12. imprimé en 1690.
Le Correur Prêtre d'Amiens , *en* 1684. le Traité du Commerce & du Change par le Pere Thomassin. *Tractatus de usurâ & fœnore* par Gayette *in* 4. chez *Arnoul Seneuse* en 1688.

15   *Pro illis qui dicuntur Usurarii , & quis dicatur manifestus Usurarius.* Angel. Perus. *Consil.* 9.
Turpia lucra fœnoris , & velox inopes usura trucidat. Auson. *Eclog. de vitâ humanâ.*

16   *De Usuris in sortem redactis. Unde anatocismus factus atque unum debitum ex sorte & usuris constatum , posteà fundus in solutum creditoris datus an contractus sit usurarius , & imperceptibilis aut commutativus , ut ex eo dominium transferatur ?* V. Argentræus , *Consil.* 3.

17   Usuræ. *Voyez hoc verbo ,* la Biblioth. du Droit François par Bouchel , *ubi multa.*
Voyez dans le present recüeil, les mots *Anatocisme, Antichrese , Arrerages , Contract pignoratif , interêt, & Rentes , nombre* 914. *& suiv.*

18   *Voyez* la conference des Ordonnances , liv. 4. titre 6. & Papon , liv. 11. des Arrêts , titre 7. *& tractatum* Caroli Molinæi , *de usuris.* Item ejusdem Labyrinthum *de eo quod interest.*

19   Usures défenduës à toutes personnes. Ordonnances de Saint Loüis en l'an 1254. Philippes IV. 1311. & 1312. & 1318. article 14. Philippes VI. 1349. art. 19. 20. & 21. Louis XII. 1510. Charles IX. 1567. & 1570. Henry III. 1576. 1577. & 1579. article 202. & 1579. & 1580. & 81. 82. 84. 86. & 88.

20   L'execution d'une Obligation ou Contract garantigié , *non impeditur per exceptionem usurarum.* Angel. *& Imol. in l.* 4. *§. Condemnatum ;* D. *de re judic.* Bart. *Consil.* 18. *libr.* 1. & Tiraq. *tract. de retract. convent. §.* 1. *Glos.* 1. *num.* 38.

21   Des Usuriers & usures prohibées. Ordonnances de Fontanon , tome 1. liv. 3. chap. 74. page 675.

22   Edit qui porte Reglement pour les interêts des sommes qui seront prêtées, & qui prononce la confiscation de corps & de biens contre les Usuriers. A Montargis le Samedy devant la Purification de la Vierge 1311. Fontanon , tome 1. pag. 675.

23   Declaration en interpretation de l'Edit de 1311. contre les Usuriers , portant modification de la peine

24   de confiscation de corps & de biens , pour les Usures de menuë quantité. A Poissy le 8. Decembre 1312. Ibidem , pag. 676.

25   Edit portant qu'il sera procedé contre les Usuriers, par les peines contenuës dans les Ordonnances. A Paris en Août 1576. registré le 7. Septembre de la même année. Fontanon , Ibidem , pag. 679.

26   *Voyez* Renusson , au Traité des Propres , pag. 444. où à l'occasion des rentes constituées, il parle de ce qui se pratiquoit chez les Romains touchant l'usure conventionelle & les differens changemens depuis apportez dans la stipulation d'interêt.

27   *Contractus antichreseos an sit usurarius ? Voyez* Andr. Gaill , *lib.* 2. *Observ.* 3.

Pactum

28 *Pactum usurarium contractui licito adjectum, an totum contractum vitiet?* Voyez *Andr. Gaill. lib. 2. observat. 4.*

29 *De usuris & utrum earum stipulatio vitiet contractum principalem?* Voyez *ibidem, observ. 5.*

30 Touchant l'usure. *Voyez les Mémoires du Clergé, tome 1. part. 1. page 468. & 469.*

31 Sur le sujet des usures. *Voyez M. Dolive, liv. 4. ch. 19. Anne Robert, rerum judicatarum, liv. 1. ch. 8. & Henrys, tome 1. liv. 4. quest. 9.*

32 L'Ordonnance de Charles IX. porte : *Défendons à tous Marchands & autres, de quelque qualité qu'ils soient, de supposer aucun prêt de marchandise, appellé perte de finances, laquelle se fait par revente de la même marchandise à personnes supposées; & à peine contre ceux qui en useront, en quelques sortes qu'elles soient déguisées, de punition corporelle & confiscation de biens, sans que nos Juges en puissent modérer la peine.* Etats d'Orleans, art. 141.

Celle d'Henry III. porte : *Faisons inhibitions & défenses à toutes personnes, de quelque état, sexe & condition qu'elles soient, d'exercer aucune usure, ou prêter deniers à profits ou interêts, ou bailler marchandises à perte de finance, par eux ou par autres, encore que ce fût sous prétexte de commerce, & ce sur peine pour la premiere fois, d'amende honorable, bannissement & condamnation de grosses amendes, dont le quart sera adjugé aux dénonciateurs : & pour la seconde fois, de confiscation de corps & de biens; & que vray semblablement Nous voulons être observé contre les proxenetes, médiateurs & entremetteurs de tels trafics & contracts illicites reprouvez, sinon au cas qu'ils vinssent volontairement à revelation, auquel cas ils seront exempts de ladite peine.* Etats de Blois, article 202.

Et par l'article 662. de la même Ordonnance : *Enjoignons à tous Juges de garder & faire garder très-étroitement l'Ordonnance faite sur la revente des Marchandises, qu'on appelle perte de finance, & non seulement dénier action à tels vendeurs & supposeurs de prêts; mais aussi procéder rigoureusement contre eux & contre leurs Courtiers & racheteurs, qui se trouvent sciemment être participans de tels trafics & marchandises illicites, par mulctes, & confiscations de biens, amendes honorables, & autres peines corporelles selon les circonstances.*

33 Conjectures d'une obligation usuraire. *Voyez Peleus, quest. 12.*

34 De l'établissement d'un Mont-de-Piété, ordonné dans chacune des Villes & Justices Royales par Loüis XIII. en 1626. *Voyez Joly des Offices de France, page 1946. & cy-dessus lettre M. verbo, Mont-de-Pieté.*

35 Les interêts qui excedent le taux de l'Ordonnance sont usuraires. *Voyez le mot Interêts, nombre 192. & suivans.*

36 Si le Contract de constitution de rente des bœufs vendus est reputé usuraire, & si les arrerages payez doivent être précomptez au sort principal?
Si le vice d'usure peut être couvert par transaction? *Voyez Bouvot, tome 1. partie 3. verbo, Contract usuraire, quest. 1.*

37 Si les arrerages dont l'on compose un principal, produisent usure? *Voyez le mot Arrerages, nomb. 87. & suiv.*

38 *Plaidoyers de M. Seguier,* touchant les Contracts usuraires ou d'engagement, déguisez en vente. *Voyez le Recueil des Plaidoyers & Arrêts notables imprimez en 1645.*

39 Par Arrêt du Parlement de Bourdeaux sans date, il a été jugé que sans pleine concurrence de ces trois circonstances. 1. de la coûtume usuraire de l'acheteur. 2. de la modicité du prix. 3. de la faculté de pouvoir racheter, une vente ne peut être déclarée usuraire. *Voyez Papon, liv. 12. tit. 7. Arr. 3.*

40 Si un Contract est reputé usuraire, quand il y a vente de bled, vin, bétail, avec stipulation d'interêt?
Tome III.

Voyez Bouvot, tome 1. partie 2. verbo, Usure, question dernière.

41 Le Contract par lequel on prête à moitié de profit & de perte, n'est point usuraire; la Coûtume generale du Dauphiné l'approuve, & le Droit canon ne le condamne point. *Voyez Guy Pape, quest. 186.*

42 *De annuis redditibus, sive appensionamentis, & pensionibus hujusmodi contractus liciti sunt.* Voyez *Franc. Marc, tome 2. quest. 11.*

43 Quand le Contract d'engagement est censé usuraire, & quand on peut imputer le surplus des fruits au sort principal? *Voyez Albert, lettre C. verbo, Contract, art. 7.* on en rapportant des Arrêts contraires du Parlement de Touloufe, il dit que la Cour a accoûtumé d'examiner en l'engagement, si la lezion est grande; car si elle est petite, elle considere que cela se jugeoit à la rigueur & qu'il fallût qu'un engagiste rendît compte de Clerc à Maître, personne ne voudroit prendre en engagement; il faut seulement observer que quelques Juges font difference, si le Contract est conçu en ces termes, sçavoir, qu'un tel joüira jusqu'à ce qu'il soit achevé de payer, alors il n'y a point de question & il doit imputer le surplus des interêts : il en est autrement lorsqu'il est dit, qu'il joüira jusqu'à ce que le débiteur l'ait payé.

44 Jugemens & Arrêts donnez sur Contracts usuraires ne passent point en force de chose jugée, à moins qu'il n'ait été principalement question de l'usure & que la Cour n'en ait point trouvé; auquel cas on ne pourroit nouvellement intenter procez : secùs, s'il ne s'est point agi de la validité du Contract, par exemple, les Marguilliers de Saints Innocens, par un Arrêt de discussion, avoient été mis les premiers en ordre, le Créancier posterieur à qui cette collocation faisoit tort, contesta le titre des Marguilliers, & dit qu'il y avoit usures dans la clause, portant que le débiteur de la rente ne pourroit la racheter avant quatre ans. Arrêt du Parlement de Paris du 7. Mars 1513. qui declare le Contract nul, & qui impute au sort principal les arrerages reçus. *Papon, liv. 12. tit. 7. nomb. 23.*

45 Arrêt du 18. Juin 1538. par lequel un Contract de gazailles d'une paire de bœufs pour un carton de bled par chacun an, a été déclaré nul comme usuraire, avec amende. *La Rocheflavin, livre 2. lettre G. tit. 3.*

46 Clauses usuraires rendent les autres nulles. Arrêt du Parlement de Paris des 8. ou 9. May 1558. *Papon, liv. 12. tit. 7. nombre 31.*

47 S'il y a vente de trois journaux de vigne pour 60. livres avec faculté de rachat pour quatre ans, le même jour amodiation pour trois feüillettes de vin, tel Contract n'est valable. Arrêt du Parlement de Dijon du 31. Juillet 1567. & les usures des usures ne peuvent être demandées. *Bouvot, tome 1. verbo, Usures, quest. 1.*

48 Le debiteur d'une obligation de 440. liv. prêtez comptant en presence de Notaire & témoins, est recevable à prouver le fait que les quarante livres n'ont été payées, & que c'étoit pour arrerages. Arrêt du Parlement de Dijon de l'an 1571. *Bouvot, tome 2. verbo, Usures, quest. 11.*

49 Contract usuraire cassé par Arrêt du Parlement de Bretagne du 28. Février 1575. Il fut dit que le vendeur rentreroit en la possession de ses heritages, en remboursant le sort principal, loyaux coûts, sans restitution de fruits & pour cause. *Du Fail, liv. 1. chap. 394. Au chapitre 411.* il rapporte un autre Arrêt du 24. Octobre 1576. rendu dans une espece à peu prés semblable.

50 Edit du Roy Henry IV. de l'an 1594. verifié le 2. Septembre 1597. qui enjoint à tous ceux qui auront pris à grosse usure & interêts excedans le cours limité, par les Ordonnances de le vouloir declarer; ce qui avoit été ordonné sous le Regne precedent par un Arrêt du premier Février 1577. *Voyez Chorier, en sa Jurisprudence de Guy Pape, page 278.*

51 Il est permis au Créancier posterieur de soûtenir le Contract pignoratif & usuraire contre le possesseur, & le faire compter des fruits. *Faber, Cod. de luit: pignor. def. 18.*

52 En accusation d'usure, le Créancier est obligé d'exhiber son livre de raison. 2. Et d'accepter le serment qui luy est deferé par le débiteur ou le referer. *Olive, lib. 4. cap. 19. cum glos. 1. id Fachin, lib. 11. cap. 87. 1. id. Mornac, ad L. 1. C. de edend. M. Abraham La Peirere, en ses décisions du Palais, let. V. nombre 101.* fait cette courte observation, Entends encore bien que le Créancier ne soit ni Banquier ni Marchand, ni obligé à tenir livre.

53 Par Arrêt du Parlement de Toulouse du 16. Août 1619. suivant la constitution du Concile de Vienne, un particulier qui étoit en prevention d'usure, fut contraint par toutes voyes dûës & raisonnables, de remettre au Greffe ses livres de raison pour instruire l'accusation intentée contre luy, quoyque regulierement, *nemo contrà se instrumenta edere debet*; & par le même Arrêt, il fut jugé que lorsque les preuves sont incertaines, *illud per juramentum potest suppleri; juxtà Accursium, ad L. 3. §. quacumque de jurejur.*

54 *Fœneratores S C. jubentur duas partes patrimonii in solo collocare, & consiscantur qui partem dimidiam rei familiaris in pecunia habent, apud Suet. id Aug. sic Trajanus ut legitur apud Plinium, 6. Epist. ambitum in quo ingens pecunia consumebatur corrumpendorum suffragiorum causâ repressit, candidatis tertiam partem patrimonii in eâ quâ solo continentur, conferre jussit. Cujac. ad 1. t. c. ad L. Jul. de ambi.*

Depuis, la Cour par ces Arrêts, a improuvé ces dénonciations publiques. Arrêt du 11. Mars 1623. entre Antoine de Montforbier, dénonciateur, appellant & intimé, & Catherine Chalmot intimée, en la Chambre de l'Edit, procés par écrit: ledit de Montforbier déclaré non recevable; défenses à luy & à tous autres, soy-disans dénonciateurs publics, de faire informer à leur Requête contre les accusez d'usures, & aux Juges des lieux d'y avoir égard, sauf au Substitut du Procureur General, & aux parties interessées à se pourvoir par les voyes de Droit, ledit Montforbier condamné aux dépens. Pareil Arrêt entre Urbain Vivier appellant, & J. Baufran, intimé, en mêmes termes, du 18. Mars 1625. *Additions à la Bibliotheque de Bouchel, verbo, Usures.*

55 Le vendeur ne peut point sans stipuler l'interêt du prix de la vente, au de là du legitime interêt. *Du Frêne, liv. 5. chap. 38.* M. La Peirere, *en ses décisions du Palais, let. V. nom. 103,* dit, Je fais grand doute en cette décision, parce qu'en fait de vente, chacun pacte fait partie du Contract & du prix porté par iceluy: & ainsi cet excés d'interêt fait partie du prix, & n'est pas usure.

55 bis. En prêt d'argent ce pacte est illicite & usuraire, si celuy qui prête stipule tout le profit, & se reserve le principal sans risque, ne sera pourtant usuraire, si celuy qui reçoit l'argent, & le fait valoir à part à la moitié du profit, sans courir risque du principal, ou s'il ne court risque que de la moitié. *Ferrer. question. 186. cont. Mornac, ad L. 8. Codice, de pactis.*

Arrêt rendu au Parlement de Bourdeaux le 9. Mars 1667. au rapport de M. Dussaut, en la Grand'-Chambre. Un Créancier prête la somme de 1000. livres, & stipule que du profit que ses debiteurs feront de ladite somme, ils luy en donneront le quart au lieu d'interêt. Le Créancier à faute du payement de ladite somme, ayant fait proceder par saisie & criées, sur les biens de ses debiteurs, ou l'un d'eux, le debiteur demande la cassation de la saisie, qu'il fonde sur ce qu'il prétendoit que c'étoit un Contract de societé, & offroit de rendre compte des effets de ladite societé ou autrement que c'étoit un Contract usuraire. La Cour jugea qu'il n'y avoit point de societé, &

que c'étoit un Contract de prêt, & confirma la saisie. Il faut présupposer que la Cour connut qu'il n'y avoit point eu de profit; car autrement je crois, suivant la décision, que le pacte du quart du profit étoit usuraire. Cet Arrêt est rapporté par *La Peirere, en ses décisions du Palais, let. V. n. 89.*

56 Un interêt excedant la taxe des Ordonnances, *non potest cadere in conventionem*, en tant que réprouvé & usuraire, & en Justice on le réduit toûjours *ad legitimum modum*, en imputant l'excedant sur le sort principal, quelque Contract qu'on ait passé; il en faut excepter les usures maritimes, de même les Traitez faits avec le Prince, lequel étant au dessus des Loix, & ne pouvant pas dire qu'il ait été lezé, peut par consequent stipuler un interêt, suivant que l'état des affaires du Royaume l'y oblige, sans qu'il puisse venir contre son fait; un Contract de prêt passé par le Souverain, n'est jamais sujet à restitution en entier; s'agit-il d'un emprunt, comme celuy que fit le Roy Henry II. en l'année 1555. qui prit de l'argent des Banquiers à raison de quatre pour cent pour foire; on excepte encore les stipulations entre Marchands & avec les Partisans. *Graverol sur la Rochestlauin, liv. 5. tit. 5. Arr. 2.*

57 Une promesse de soy usuraire, ne peut devenir une constitution, quoyque pendant un temps le debiteur en ait payé les interêts, comme arrerages de rente. Jugé au Parlement de Roüen le 15. Decembre 1689. contre un Créancier qui avoit reçû les interêts pendant quarante années, d'une somme de 600. livres qu'il avoit prêtée par billet, conçû en ces termes: *Je reconnois que M. de la Cour, mon beau-frere m'a prêté la somme de 600. liv. que je promets luy rendre toutefois & quantes, & de luy en payer l'interêt tant que j'auray l'argent.* Le Créancier ayant fait la demande de ces interêts, fut condamné à imputer ceux qu'il avoit reçûs sur le principal, & à rendre le surplus; quoyqu'il opposât que le debiteur avoit acquis un fonds de cette somme, qui produisoit des fruits. *Recüeil des Arrêts du Parlement de Roüen, page 151. & suivante,* étant ensuite de l'*esprit de la même Coûtume.*

USURE, ACCUSATION.

58 Voyez cy-dessus le nombre 54.
Accusation d'usure par les parens. Voyez le mot, *Accusation, nombre 35.*

59 Voyez, le 16. Plaidoyé de M. Gaultier, tome 1. où il rapporte plusieurs Arrêts, qui ont déclaré non recevables les dénonciateurs publics en fait d'usure, sauf aux Substituts de M. le Procureur General, & aux Parties interessées à se pourvoir par les voyes de Droit. On peut prendre des Lettres de Rescision, & alleguer pour moyen l'usure, auquel cas les interêts seroient imputez au principal, & quelquefois l'obligation cassée.

60 Prouvé qu'en Normandie si l'on accusoit un mort d'avoir exercé usure dans l'an avant sa mort, ses biens étoient saisis & information faite; s'il étoit reconnu coupable, il y avoit condamnation du Parlement de l'an 1258. *Corbin, suite de Patronage, chapitre 312.*

61 Arrêt du Parlement de Paris du 26. Juillet 1565. publié le 1. Août suivant, par lequel la Cour ayant égard à la Requête faite par le Procureur General, a ordonné qu'il y aura monition en termes generaux, sans nulle exception, contre tous ceux & celles, de quelque état, qualité & condition qu'ils soient, qui sous ombre & prétexte de trafic public, & autrement, baillent & prêtent deniers à usure, tant par eux que par gens attitrez, que interposez, laquelle monition sera publiée dans les Eglises de cette Ville & Fauxbourgs, & autres lieux où il appartiendra; défenses à toutes personnes de quelque qualité & condition qu'ils soient, Marchands, ou autres, tant hommes que femmes, d'exercer usure, par eux ou par gens attitrez ou interposez, ni de prêter deniers sous pré-

texte de commerce public, à intérêt, soit sur gages ou autrement, sur peine de confiscation de corps & de bien : Enjoint à tous ceux & celles qui en sçavent & connoissent quelques-uns, d'en venir à revelation, sur peine de cent livres paris d'amende, applicable au Roy, & de punition corporelle ; à ce que telle maniere de gens, comme pestilens & pernicieux à la chose publique soient du tout exterminez ; & sera le present Arrêt lû & publié à son de trompe & cry public par cette Ville de Paris, & Fauxbourgs d'icelle, & lieux & carrefours accoûtumez , à y faire cry & publication , à ce qu'aucun n'en puisse prétendre cause d'ignorance. *Bibliotheque de Bouchel*, verbo , *Usures.*

61   Le 24. Novembre 1576. par Arrêt rendu à la Requête du Procureur General du Roy, a été enjoint de faire la recherche des Usuriers, même par censures & monitions, la connoissance & revelation neanmoins reservée aux Curez ; & par appel , depuis la connoissance en a été attribuée à la premiere Chambre des Enquêtes. *Papon, liv.* 12. *tit.* 7. *initio.*

63   Depuis la Cour par les Arrêts a improuvé les dénonciations publiques. Arrêt du 11. Mars 1623. sauf au Substitut du Procureur General, & aux parties interessées à se pourvoir par les voyes de Droit. Même Arrêt le 18. Mars 1625. *Additions à la Bibliot. de Bouchel*, verbo, *Usures.*

USURE, ANATOCISME.

64   L'anatocisme est usuraire ; on ne peut jamais exiger legitimement interêt d'interêts : comme les fruits ne produisent pas d'autres fruits , les interêts qui sont les fruits de l'argent , ne produisent pas d'autres interêts ; les Créanciers qui les auroient prétendus ont été condamnez à imputer sur le principal ceux qu'i leur avoient été payez volontairement. Arrêts du Parlement de Grenoble des 9. Juillet & 3. Août 1611. *Voyez M. Expilly, chap.* 49. & *Chorier , en sa Jurisprudence de Guy Pape , pag.* 278.

Voyez *au premier tome de ce Recueil*, le mot , *Anatocisme.*

L'anatocisme est permis en compte de Tutelle en faveur des mineurs. *Voyez* le mot, *Compte, numb.* 107.

USURE, ANTICRESE.

65   Voyez le mot , *Anticrese.*

USURE, ARRERAGES.

66   Des arrerages qui convertis en fonds , donnent lieu au soupçon & inculpation d'usure.

Voyez le mot , *Arrerages, nombre* 87. & *suivans*, & cy-après *le nombre* 107. & *suiv.*

USURE, BAIL.

67   Vice d'usure n'est considerable en baux à ferme & moisson , comme en prêt d'argent. Un Commandeur ayant stipulé par le bail qu'il avoit fait à son Fermier, qu'à faute de payer le prix dans les termes marquez, il payeroit cinquante sols par jour ; & le Fermier ayant pris des Lettres de Rescision ; par Arrêt rapporté sans date, il a été jugé qu'il n'y avoit point d'usure , attendu les obligations étroites des Commandeurs pour leurs responsions. *Papon, livre* 12. *titre* 1. *nombre* 32.

68   Vente faite à vil prix avec faculté de rachat , & bail à ferme au vendeur , fut declarée usuraire. Arrêt du 14. Juillet 1573. *Papon, liv.* 12. *tit.* 7. *numb.* 4. & *Chopin*, au 2. Liv. de *Privil. Rustic.* part. 1. cap. 6. .

USURE, DENIERS PUPILLAIRES.

69   Il n'est pas licite de stipuler des interêts pour obligations personnelles, encore que le prêt procede de deniers pupillaires. Arrêts des 15. Mars 1594. 8. Janvier 1604. & 1. Juin 1604. *Chenu* .2. *Cent. quest.* 40. avec Declaration du Roy Henry IV. pour le Pays de Berry, pour les interêts du passé , avec défenses de prêter à l'avenir , avec stipulation de profit par obligations personnelles, le 17. Février 1605. Le même obtenu pour les habitans d'Angers. *Ibidem.* Les de-

Tome III.

niers pupillaires peuvent être baillez à interêts, à raison de l'Ordonnance par cedulles & obligation. Arrêt du 14. Mars 1598. *Brodeau sur M. Loüet, let.* I. *somm.* 7. *nomb.* 7.

Usura usurarum, an possint exigi ? Voyez *M. le Prêtre , 2. Cent. chap.* 30.

USURE, FEMMES.

70   Les femmes peuvent être accusées en crime d'usures. Arrêt du Parlement de Provence du 8. May 1677. *Boniface, tome* 5. *liv.* 3. *tit.* 15. *ch.* 2.

USURE, FONDATION.

71   L'usurier ne peut acquerir le droit de patronage , par la fondation de l'Eglise & dotation, parce qu'on ne peut point faire d'aumônes ou autres œuvres pies des biens mal acquis. *Biblioth. Canon. tome* 2. *p.* 183.

USURE, INTERESTS.

72   *In condictione indebiti , non veniunt usura.* Henrys , tome 2. liv. 4. quest 32. Mornac est de contraire avis, sur la Loy 1. Cod. de condictione indebiti.

73   Joannes Grivel , in decisione 149. Senatus Dolani traite cette question. Un Testateur ayant legué à deux niéces, & à chacune 100. liv. pour leur être payées, quatre ans après leur mariage, avec cette clause , *qu'en casque son heritier ne les voudroit payer , le Testateur vouloit qu'ils portassent arrerages au four de six pour cent* ; il fut jugé que ce revenu n'étoit point usure , ni le legat usuraire ; l'heritier fut condamné à payer la somme & les interêts.

74   *Pensio quæ duodecim pro centum annuatim solvitur , usuram sapit , nec juri offerendi locus est.* Voyez *Franc. Marc. tom.* 2. *quest.* 595.

75   Ludovicus à Pegnera, *decisione* 145. *agitat an conventio facta quod durante termino ad solvendum detur certa quantitas ratione interesse, sit usuraria vel non.*

76   *Usura si duplicent sortem , debitum extinguunt.* Jugé au Parlement de Toulouse. *Biblioth. de Bouchel*, verbo, *Usure.*

77   Par Arrêt du 13. Juin 1559. rendu sur une execution faite contre un debiteur de la somme de 700. liv. qui luy avoit été donnée par prêt mutuel à interêt & profit usuraire ; il fut dit qu'il avoit été mal & abusivement procedé & contracté ; ordonné que le profit usuraire , tant dû que payé , seroit, répeté & ajugé au Roy, & les parties respectivement condamnées, chacune en une amende pour la faute commise. *Papon, liv.* 12. *tit.* 7. *n.* 32.

78   Il est dit dans une obligation que l'interêt sera payé à raison de huit pour cent. Arrêt du Parlement de Bretagne du 18. Février 1577. qui condamne seulement à payer le principal ; commission décernée au Procureur General pour informer à l'encontre de ceux qui exercent usures illicites. *Du Fail, li.* 3. *ch.* 103. Voyez le mot , *Interêt.*

USURE, JUGE.

79   *Crimen usurarum est mixti fori , & ideò judices saculares de his cognoscere possunt inter laicos. Ità fuit practicatum apud judices delegatos à Rege pro puniendis usuris per rationes Doctorum quæ allegantur per Paulum in cap. cum sit generale : de foro comp. quamvis Bart. in L. cum invocatione cessante de Episcop. & Clericis , & in L. quoties Cod. de Judic. dixerit contrarium quando quæritur de jure non de facto scil. contractus sit ne usura ejus an non, quam opinionem sequitur Auferrius in suâ repetit. C.* 1. *de off. ord.* fol. 112.

80   *Crimen usurarum cujus fori sit & an præventioni sit locus , & an præventio per simplicem informationem facta censeatur ?* Voyez *Franc. Marc. to.* 1. *quest.* 535.

81   Prêtre accusé d'usure, jugé par le Juge d'Eglise. *Chopin, li.* 2. *de sacr. polit. tit.* 2. *n.* 17. Tournet, *let.* P. *Arrêt* 189.

82   Par le Reglement du Parlement de Grenoble, de l'an 1560. il n'est permis qu'aux Juges Seculiers de connoître de l'usure & des conventions illicites; permis à tous d'en connoître. *Voyez Chorier , en sa Jurisprudence de Guy Pape , p.* 279.

83 S'il s'agit du crime d'usure contre un Ecclesiastique, c'est son Juge qui en doit connoître, à la charge du cas privilegié; comme il a été jugé par les Arrêts. Si un Prêtre ayant dissimulé son état avoit fait commerce & negocié des lettres de change, il pourroit être condamné par corps comme marchand par des Juges Consuls? Cette question s'étant presentée contre un Prêtre de Bourdeaux, il fut condamné par corps; Sentence des Juges Consuls, qui fut confirmée par Arrêt du 9. Août 1609. rapporté par *Mornac. & M. Du Perray*, *page* 245.

84 Arrêt rendu au Parlement d'Aix le 5. May 1670. qui a jugé que l'usure commise par un Prêtre est de la connoissance du Juge Laïc. *Boniface*, *tome* 3. *livre* 1. *tit.* 2. *chap.* 1.

USURE, MARCHANDS.

85 Le commerce est si favorable que l'Ordonnance d'Orleans, qui en l'article 60. permet aux Marchands de prendre l'interêt au denier douze, n'a été corrigée pour ce chef, ni par l'Ordonnance du mois de Juillet 1601. ni par la Declaration du mois de Septembre 1679. les Marchands sont aussi privilegiez en matiere d'interêts pour faciliter, & pour entretenir le commerce. *L. eos qui* 26. *C. de usur. & ibi DD.* Voyez cy dessus le nomb. 56.

USURE MARITIME.

86 De l'usure maritime, ou argent à la grosse avanture. Voyez les *Observations d'Hevin sur Frain*, page 316. Ces Observations regardent aussi les autres especes d'usures.
Voyez les mots *Commerce*, *Marchands*, *Mer*.

USURE, PEINE.

87 De l'usure, & de la peine des usuriers. *Voyez Julius Clarus*, liv. 5. *Sententiarum*, §. *Usura*, & les Annotations qui sont à la fin de l'ouvrage du même Auteur.

88 *Majores nostri sic habuere, & ita in legibus posuere, furem dupli condemnari, fœneratorem quadrupli. Quanto pejorem civem existimarint fœneratorem, quàm furem, hinc licet existimari. M. Cato in princip. libri 1. de re Rustic.*

89 Edit en 1311. qui porte reglement pour les interêts des sommes portées, & qui prononce la confiscation de corps & des biens contre les usuriers. *Voyez Fontanon, to.1.p.675* En l'année 1312. cette peine fut modifiée pour les usures de menuë quantité.
Ordonnance contre les Juifs & Usuriers en l'année 1565.

90 Quand il est question d'une usure excessive, & dont on fait métier, la confiscation emporte ordinairement tout le bien; ce qui a été pratiqué en l'an 1254. sous Louis II. en 1300. sous Philippes *le Bel* en 1347. sous Philippes de Valois, après que sur la recherche qui fut faite des usures par eux commises, on eut découvert que pour 240000. liv. ils avoient tiré en peu d'années 14 millions 300000. livres. *Graverol sur la Rochestavin*, *liv.* 5. *tit.* 5. *Arr.* 4.

91 Arrêt du 9. Novembre 1558. qui condamne un Bachelier & un Marchand de Toulouse prévenus d'usures chacun en 1500. livres d'amende, & rendre à ceux de qui ils avoient extorqué, & neanmoins bannis; c'est à sçavoir, le premier perpetuellement du Ressort, & le second pour cinq ans de la Sénéchaussée. *La Rochestavin*, *liv.* 5. *tit.* 5. *Arr.* 5.

92 Le 14. Août 1567. le nommé Barde pour avoir prêté argent à usure à 20. & 40. pour 100. a été condamné à faire amende honorable, banni du lieu de son habitation pour cinq ans, les sommes & interêts confisquez, partie au Roy, partie aux pauvres, & réparation du Palais. *La Rochestavin*, *livre* 5. *titre* 5. *Arrêt* 4.

93 La peine ordinaire des usuriers est l'amende honorable. Arrêts des 30. Janvier 1578. & 25. Juin 1684. & quoique par l'Ordonnance de Moulins l'accusateur soit tenu d'avancer les frais, il y a exception en ma-

tiere d'usure où l'accusé est obligé de les avancer. Arrêt du 3. Janvier 1569. *Papon*, *livre* 12. *titre* 7. *nombre* 27.

94 Le 18. Mars 1581. un habitant de Toulouse qui avoit été condamné à être pendu pour usures manifestes, a été seulement condamné en 1200. écus d'amende par jugement des Requêtes. Un nommé la Roche Medecin de Toulouse a été condamné en 400. écus d'amende, & a acquiescé à ladite condamnation. Autre Arrêt du 8. Avril 1581. qui condamne un Usurier en 600. écus, *La Rochestavin*, *livre* 5. *titre* 5. *Arrêt* 6.

95

Le même Arrêt est rapporté par *Bouchel*, *en sa Bibliotheque du Droit François*, verbo *Usure*. Il le date du 8. Mars 1581.

96 La peine des usuriers sous le regne d'Henry III. a toûjours été pecuniaire. Arrêt du premier Août 1584. rendu par les Commissaires départis dans le Dauphiné, portant condamnation seulement de 150. livres d'amende vers le Roy. *Voyez Chorier en sa Jurisprudence de Guy Pape*, p. 279.

97 Au mois d'Août 1603. un homme pour crime d'usure fit amende honorable en l'Audience de la Grand'Chambre, *novum & inauditum*. Voyez la *Biblioth. de Bouchel*, verbo *Usures*, où il dit, comme je l'ai appris de mes anciens, quelque griève & insigne qu'ait été l'usure, comme de ceux dont l'un fut condamné en 16000. liv. l'autre en 20000. livres applicables à refaire la couverture du Palais.

98 Arrêt du Parlement de Provence du 23. Décembre 1676. portant reglement contre les Usuriers, qui ordonna la punition de leurs usures. *Boniface, tome 5. li. 3. tit. 15, chap. 1.*

USURE, PRESCRIPTION.

99 L'usure ne se couvre point par quelque temps que ce soit. *Voyez Filleau*, *part.* 4. *quest.* 140.

100 Arrêt du Parlement de Provence du 14. Mars 1647. a jugé que les usures sont imprescriptibles, & qu'elles ne sont point couvertes par transactions, & par le consentement des parties. *Boniface, to. 1. liv. 8. tit.* 2. *chap.* 8.

101 *Henrys*, *tome* 2. *livre* 4. *question* 33. examine si l'usure peut être couverte par la peremption d'instance; si une personne condamnée à payer des interêts usuraires, ayant appellé du jugement, & laissé perir l'instance d'appel, si la Sentence demeure confirmée de plein droit, & si l'appellant ne peut plus objecter le vice de l'usure? Aujourd'huy cela ne fait plus de difficulté, car dans l'Arrêt de reglement fait au sujet des peremptions le 8. Mars 1692. il y a un article exprès qui porte que les appellations tombent en peremption, & emportent de plein droit la confirmation de la Sentence.

102 Ceux qui sont prévenus du crime d'usure sont tenus d'exhiber leurs livres de raison pour en tirer quelque preuve de leur crime. *Despeisses*, *tome* 2. *de l'ordre Jud. és causes Civiles, liv.* 5. *page* 469.

USURE, PREUVE.

103 *Ad præsumptionem contractus usurarii, quæ requirantur? Vide Tiraq. 1. in præfat.* Traité du retrait conventionnel, *num.* 5. *& 6.*

104 *Ad probandos contractus usurarios admittuntur & sufficiunt probationes, quæ in aliis causis essent minùs sufficientes propter excogitatas fraudes & calliditates quæ in tractatibus fœneratoriis fieri solent, ut Jo. And. in C. ex litteris, & C. 2. ext. de jurejur. Tiraq. ibid. num. 36.*

105 Jugé au Parlement de Paris le 31. Mars 1648. que la preuve par témoins est recevable en fait d'usure. *Soefve, to. 1. Cent. 3. ch.* 78.

106 L'article 21. du titre 21. de l'Ordonnance du mois d'Avril 1667. défend de faire oüir plus de dix témoins sur un même fait, *ne effrenatâ potestate ad vexandos homines superflua multitudo testium pertrahatur. L.* 1.

in fi. ff. de Test. ce qui n'a pas lieu en matiere criminelle. Il y en a qui exceptent de la disposition de l'Ordonnance le fait dans lequel il s'agit d'usure, auquel cas dix témoins n'en valent qu'un, à cause que les témoins ne doivent pas être parties, & qu'en fait d'usure il n'y a gueres que les parties mêmes qui puissent déposer. *Voyez le Commentaire de M. Philippes Bernier, sur cet art.*

USURE, RENTES.

107 Un Laboureur assigne sur un heritage sis à Paris douze septiers de bled froment rendu à Paris le jour de la Chandeleur, moyennant cent livres tournois. Le creancier n'étant pas payé s'adresse à l'acquereur des heritages sujets à sa rente. Celuy-ci dit que le contrat est usuraire. Le creancier offre de remettre la rente en deniers, & à la quinzieme partie du sort. Arrêt qui déclare le contrat illicite, comme fait en fraude de la prohibition, tout compté au sort. *Biblioth. de Bouchel,* verbo *Usures.*

108 Arrêt du 15. Juin 1425. qui déclare usuraire & illicite un contrat par lequel un vendeur de rente fonciere à prix d'argent s'étoit obligé de rembourser à l'acheteur son sort à sa volonté, à quoi il ne pourroit contraindre. *Papon,* livre 12. titre 7. n. 7.

109 La liberté de racheter une rente doit être exprimée dans le contrat, mais il ne peut être mis qu'elle ne pourra être rachetée avant un certain temps, ou qu'en cas de rachat l'année commencée sera payée, autrement le tout est usuraire. Arrêt du Parlement de Paris du 2. May 1513. Il étoit dit que le débiteur ne pourroit racheter avant cinq ans. *Papon,* liv. 12. tit. 7. n. 25.

110 Par Arrêt du Parlement de Paris du 16. Juin 1521. fut déclaré usuraire un contrat où il étoit dit que le premier terme de la rente écheoit à Noël, & la vente se faisoit à la Toussaint. *Biblioth. de Bouchel,* verbo *Usures.*

111 Acceleration du terme rend la rente nulle. Par Arrêt du 17. Juin 1521. une rente constituée à prix d'argent à la Fête de Toussaints, pour avoir dit que le premier payement & terme de la rente étoit accordé à Noël, fut déclarée usuraire. La même a été jugé en une rente en blé, par Arrêt du mois de Novembre 1531. *Papon,* liv. 12. tit. 7. nomb. 24. Biblioth. de Bouchel, verbo *Acceleration.*

112 En 1509. un Parisien achete une rente de 18. septiers de froment au prix de 240. livres. Un an après le débiteur demande que le contrat soit déclaré usuraire. Le creancier dit que lors du contrat le septier ne valoit que dix livres. Le premier Juge admet la preuve du fait. Arrêt du 9. Février 1511. qui prononce mal jugé émendant le Jugement évoquant le principal, le contrat déclaré nul & usuraire, & le tout reçû, compté au sort principal, & le creancier condamné aux dépens, tant de la cause principale, que d'appel. *Bibliot. de Bouchel,* verbo *Usure.*

113 On peut constituer rente sur soy pour une somme de deniers dûë à prix, non payée au terme échû, titre 5. May 1533. *Papon,* livre 12. tit. 7. nomb. 10.

114 Le 23. Août 1533. Arrêt du Parlement de Paris par lequel une rente constituée à dix pour cent réduite au denier 15. pour les arrerages à payer, nonobstant qu'il y eût 54. ans de prescription. Toutefois il fut dit que la prescription serviroit quant au rachat, & qu'en ce faisant la rente ne seroit rachetable. *Bibliot. de Bouchel,* verbo *Usure.*

115 Arrêt du Parlement de Paris du 10. Decembre 1531. qui déclare usuraire un contrat, par lequel un débiteur s'étoit obligé de payer une certaine somme à luy prêtée dans Pâques, sinon & à faute de ce faire, déslors il avoit vendu, constitué rente au denier 11. 15. ou 20. *Papon,* liv. 12. tit. 7. n. 10.

116 Le Vicomte de Montbas vend 800. livres de rente à la Dame de Graville pour 10000. livres avec clause qu'elle joüiroit par ses mains de son fief, seroit les fruits siens pour le payement des arrerages sans déduction en cas de rachat de ce que les fruits auroient plus valu; & outre, que si le debiteur ne rachetoit la rente dans huit ans, la terre seroit acquise à la Dame de Graville. Arrêt du Parlement de Paris de 1533. qui déclare le contrat nul, & condamne la Dame de Graville de rendre ce qu'elle avoit perçû des fruits outre sa rente, & comme cette somme se montoit à 10000. livres, il fut dit par autre Arrêt que la motié de la rente étoit rachetée, l'autre moitié déclaré rachetable toutefois & quantes, en donnant autres 10000. livres. *Papon, liv. 12. tit 7. nomb. 2.*

117 *Bouchel en sa Biblioth.,* verbo *Usures,* rapporte le même Arrêt avec ces circonstances. Un Seigneur de Nemours vend 800. liv. de rente à une Dame pour le prix de 10000. l. avec clause qu'elle joüiroit d'un certain Château à luy appartenant, seroit les fruits siens pour le payement des arrerages sans déduction, en cas de rachat de ce que les fruits avoient plus valu que la somme de 800. l. par an; il y avoit encore cette clause, si le Seigneur ne rachetoit dans huit ans la terre, elle appartiendroit à la creanciere de la rente pour l'acquit. Après les huit années expirées, le Seigneur de Nemours prend Lettres pour faire déclarer le contrat nul; Sentence du Prévôt de Paris en sa faveur, & qui impute tout au sort principal. Sur l'appel interjetté par la Dame, Arrêt de 1533. qui met l'appellation, & ce dont avoit été appelé au neant, & en émendant le Jugement, les pactions vicieuses sont déclarées nulles, au surplus, l'achat de la rente valable, l'appellante condamnée à se désister de la terre, & rendre ce qu'elle avoit perçû des fruits outre sa rente. Ce surplus montoit à 10000. liv. Par autre Arrêt la moitié de la rente fut déclarée rachetée, & le résidu rachetable toutefois & quantes en fournissant 10000. livres.

118 Guillaume Frain avoit acheté 19. fols de rente sur l'heritage, & employé au contrat principal 4. livres d'arrerages, faisant le total 33. fols de rente. Par Arrêt du Parlement de Bretagne du premier Octobre 1535. la Cour rejette l'augmentation de 4. liv. comme usuraire. *Du Fail, liv. 3. chap. 417.*

119 Les rentes constituées au denier dix ont été tolerées; mais si on les constituoit au dessous du denier dix elles étoient réputées usuraires, & valablement annullées, les fruits & arrerages précomptez & déduits sur le sort principal; ainsi pratiqué en une rente de 150. livres par an pour le prix de 1200. livres, 600. livres une dette inutile, qui fut jugée avoir été donnée pour argent comptant *in fraudem usurarum,* au sieur Pommereul Maître des Comptes, laquelle rente de 150. livres ne fut moderée & réduite à celle de 100. livres pour celle de 1200. livres, telle qu'elle eût pû être bonne & valable, *ab initio,* si elle n'eût compris les 50. livres, mais elle fut déclarée totalement nulle, illicite & reprouvée, les arrerages reçûs déduits & précomptez *in sortem;* c'est à sçavoir, sur les 1200. livres qui avoient seulement été déboursez, sans avoir aucun egard à la dette inutile comme ayant été apposée au contrat, *in fraudem usurar. irà fuit postea judicatum in magnâ Camerâ Inquestar.* le 16. Mars 1537. *Bibliotheque de Bouchel,* verbo *Usures.*

120 Arrêt du Parlement de Paris du 8. Octobre 1540. qui a déclaré usuraire un contrat de vente d'un poinçon de vin pour dix livres de rente, l'acheteur condamné en l'amende envers le Roy, & au dépens. *Papon, liv. 12. tit. 7. n. 13.*

121 Si un Marchand avant le terme de l'obligation qui luy est faite pour marchandises venduës, prend un contrat de constitution de rente, il est usuraire. Arrêt solemnel à Paris le 2. May 1543. *Bibliotheque de Bouchel,* verbo *Usures. Voyez Papon, livre 12. titre 7. n. 8.* il date l'Arrêt de 1513.

S S ssss iij

112 Arrêt du Parlement de Paris du 19. May 1543. qui ordonne l'execution d'un Contract de constitution d'une rente au denier dix. Le successeur & heritier du débiteur prétendoit qu'elle étoit usuraire, & qu'il falloit la reduire au denier quinze; mais la Cour fut muë par le grand laps de temps qui étoit de six-vingts ans. De plus le Créancier avoit obtenu des jugemens qui declaroient certains fonds du débiteur hypothequez à la rente. *Papon, livre 12. tit. 7. n. 9.*

123 Par plusieurs Arrêts du Parlement de Paris il a été declaré usuraire & illicite de faire achat de rente, & prix d'arrerages d'autre rente precedente : car ce sont *usuræ usurarum*. Mais le doute a été grand, si des arrerages de telle rente le débiteur baille en payement & vend un fond, telle vente peut être soûtenuë à raison de ce que si le Créancier étoit payé de ces arrerages, il pourroit employer la somme en fond ? Par Arrêt du 10. Décembre 1548. telles ventes declarées valables. *Bibliotheque de Bouchel, verbo, Usures.*

124 L'achat d'un muid de froment de rente annuelle pour 100. livres, du 13. Mars 1549. reduit à raison de quinze deniers pour livre, & quoique l'achat ait fait en 1510. neanmoins il fut permis au vendeur de racheter en baillant le sort toutes & quantes fois. *Ibidem.*

125 Arrerages dûs montant à 80. livres, on en compose un principal produisant 4. livres de rente. Arrêt du Parlement de Bretagne du 25. Février 1567. qui casse le Contract comme usuraire. *Du Fail, livre 3. chapitre 101.*

126 Prêt avec constitution de rente faite *ex intervallo*, n'est estimée usuraire. Arrêt du 5. Février 1577. pour Marguerite Minard ou ses heritiers, contre certains financiers ayant emprunté d'elle 2400. écus d'or à la charge que si on ne les rendoit, l'an passé, on en payeroit les interêts. *Bibliotheque de Bouchel, verbo, Prêt.*

127 La Cour du Parlement de Toulouse abhorre les usures plus que toute autre. Arrêt du 17. Septembre 1583. qui declare nul un Contract portant vente de trois cens septiers de seigle de rente estimée à 20. sols le septier, pour le prix de trois mille livres, après que le vendeur eut payé la rente de trois cens livres ; vingt ans durant montant à six mille livres, ordonné que le Contract seroit cancellé. Le procez parti en trois Chambres assemblées. *Maynard, livre 2. ch. 37.*

128 *Vetustas, non confirmat contractum usurarium sed Senatus judicavit annuam illam frumenti præstationem ad legitimum duodecima sortis modum reduci debere, adjecta redimendi quoties debitor vellet facultate, ut interea annuitim non alium reditum præstari oporteret quam pecuniarium, idque non ex prisca veteris monetæ bonitate, sed habita ratione æstimationis nummorum quales nunc in commercio sunt.* Jugé le 1. Avril 1586. Anne Robert, *rerum judicat. liv. 4. chap. 18.*

129 Arrêt du Parlement de Provence du 14. Février 1619. qui a jugé que la rente des brebis en argent, est usuraire. *Boniface, tome 5. liv. 3. tit. 15. ch. 3.*

Les motifs de l'Arrêt ne sont point rapportez. *Boniface* observe seulement que cet Arrêt est rapporté par *M. Mourgues*, en ses *Arrêts*, qui remarque que depuis les parties transigerent, & que la rente du bétail restituable de même âge, est censée usuraire.

Voyez Angelus de Perigliis en ses deux traitez de *Societatibus animal. & de Societ. animal.*

Voyez cy-dessus au mot *Rentes*, nomb. 314. & suiv. les differentes especes où la constitution de rente peut être usuraire.

USURPATION.

DE usurpationibus, lib. 6. 41. D. 9. tit. 3.

USURPATEURS DE BENEFICES.

1 De l'usurpation des Benefices, des biens & lieux qui en dépendent. *Voyez les Memoires du Clergé, to. 2. part. 1. tit. 19.*

2 Des usurpateurs des Benefices, & autres biens Ec-

clesiastiques; ensemble de la restitution d'iceux. *Ordonnances de Fontanon, tome 4. tit. 10. p. 505.*

CHEMIN USURPE'.

3 Usurpation d'un chemin. *Voyez le mot, Chemin, nombre 38.*

USURPATEURS DES BIENS D'EGLISE.

4 Ce nom n'est pas donné seulement à ceux qui s'emparent des biens d'Eglise avec violence, mais à ceux qui les acquierent sans les solemnitez prescrites pour la validité de ces sortes d'alienations.

Voyez le mot *Alienation n. 92.* où est un titre singulier des alienations des biens d'Eglise.

USURPATEURS, NOBLESSE.

5 Usurpateurs de la Noblesse. *Voyez le mot Noblesse, nomb. 112. & suiv.*

Les derniers Edits prononcent des amendes si severes contre les faux nobles, qu'il y a lieu d'esperer que les hommes se gueriront de cette fade & sterile vanité par l'exemple de ceux qui en ont subi la peine.

UTENCILES.

*U*Tencile pour les Soldats.

De Salgamo hospitibus non præstando. C. 12. 41. C. Th. 7. 9. Salgamum, signifie proprement, Esculenta, quæ ad condiendum valent ; mais la signification de ce mot s'étend aux choses que l'on fournissoit aux soldats dans leur logement : nous les appellons l'Utencile. Ce titre défend aux Soldats, & autres d'exiger l'utencile de ceux chez qui ils logeoient.

Voyez les mots *Gens de guerre, Guerre, & Soldats.*

UTERIN.

*F*Rere Uterin. *Voyez lettre D, verbo, Double lien, & le mot Frere.*

En pays de Droit écrit le frere uterin exclut les cousins paternels aux acquêts du père échus au fils *de cujus successione agitur.* Arrêt du Parlement de Paris du 17. Septembre 1581. la raison de l'Arrêt est que le Droit civil n'a point consideré la regle *Paterna paternis*, n'y fait la difference des parens paternels pour les preferer aux maternels, *sed proximiorem vocat hæredem cujuscumque sexûs L. maximum vitium. C. de legit. hæred.* & y est plus exprès par la Loy des douze tables *quæ proximiorem agnatium hæredem esse jubebat.* Voyez *M. Loüet, lettre V. somm. 3.*

UTILITE' PUBLIQUE.

1 L'Utilité publique est toûjours preferable à l'utilité particuliere, *L. venditor. in fine. De communi præd. L. 2. D. comm. divid L. actione 65. §. Labeo D pro socio.*

2 La Republique ou le Prince peut prendre le bien des particuliers pour le bien public en les remboursant neanmoins, comme il a été jugé contre le Syndic de la ville d'Alby, qui fut condamné de payer des sommes considerables pour reédifier le Convent des Carmes dans ladite ville au lieu de celuy qu'on leur avoit démoli pour les fortifications de la ville. *La Rocheflavin, liv. 6. tit. 42. Arr. 3.*

Quod princeps ob publicam utilitatem res privatorum auferre possit. Voyez *Andr. Gaill, lib. 2. observ. 56.*

Lods & ventes ne sont dûs pour vente faite pour la necessité & utilité publique. *Voyez le mot Lods & Ventes, nomb. 384. & suiv.*

Voyez le mot *Bâtiment*, nomb. 66. & suiv. où il est parlé des ouvrages publics, & le mot *Public.*

VUE.

*V*Uë. *Prospectus. Lumen.*

De novi operis nuntiatione maritimi aspectûs, Nov. 63. & 165. contre ceux qui faisoient bâtir pour ôter aux voisins la vûë de la mer.

Voyez le mot *Fenêtres*, & le titre *des Servitudes*, nomb. 53. & suiv.

WEST ET DEWEST.

S I dans la Coûtume de Soiſſons, Bailliage de Vermandois, dans une donation de la femme au mary
par Contract de mariage Weſt & de Weſt eſt neceffaire ? Arrêt du Parlement de Paris du 22. Decembre
1676. qui appointe. Les raiſons de part & d'autre, ne
ſont point rapportées ; il eſt dit ſeulement que depuis
l'appointement les parties s'accommoderent. *Journal
des Audiences, tome 3. liv. 11. chap. 32.*

Y

YVETOT.

I L y a en Normandie une eſpece
de Principauté, ſçavoir celle d'Y-
vetot, dont autrefois le Roy a prétendu avoir la garde Noble & par
un Arrêt du 23. Novembre 1503. il
fut jugé par proviſion que la Principauté du Roïaume d'Yvetot tom-
boit en garde, entre M. le Procureur General du Roy
& Meſſire René de Clermont ayant le droit du Roy,
& Guy Chenu Tuteur des enfans de Penot-Chenu,
Seigneur d'Yvetot, *Baſnage, ſur l'art. 215. de la Coûtume de Normandie.*

YVRESSE.

V Oyez hoc verbo , *la Bibliotheque du Droit
François par Bouchel.*
L'yvrognerie eſt une cauſe de ſéparation. *Voyez* le
mot *Séparation , nombre* 150. *& ſuiv.*
Le reproche contre un témoin fondé ſur ce qu'il eſt
yvrogne, n'eſt pas admiſſible. Jugé au Parlement de
Toulouſe le 18. Mars 1667. *Voyez M. de Catellan ,
liv. 9. chap. 7.* il obſerve que la Juriſprudence a continué de ſe conformer à cet Arrêt.
Voyez cy-deſſus le Titre *des Témoins , aux nombres*
209. *&* 210.

FIN.

Ludovici de Vi...

mento parisiensi ...